略語 (2)

- 【医】……医学, 医療
- 【印】……印刷
- 【イ教】……イスラム教
- 【映】……映画
- 【エレ】……エレクトロニクス
- 【園】……園芸
- 【演】……演劇
- 【菓】……菓子, 製菓
- 【化】……化学
- 【貨】……貨幣
- 【貝】……貝類
- 【楽】……音楽
- 【カト】……カトリック
- 【海】……海洋学, 海事
- 【紙】……紙, パルプ
- 【解】……解剖, 解剖学
- 【革】……皮革
- 【気】……気象
- 【機】……機械
- 【記】……記号, 記号学
- 【キ教】……キリスト教
- 【ギ教】……ギリシア正教
- 【金】……金属, 金属工芸
- 【軍】……軍事
- 【晶】……結晶
- 【建】……建築
- 【言】……言語
- 【経】……経済, 経営
- 【計】……計量(単位)
- 【広】……広告
- 【光】……光学
- 【鉱】……鉱物, 鉱山
- 【航】……航空
- 【考古】……考古学
- 【古生】……古生物
- 【古史】……古代史
- 【古ロ】……古代ローマ
- 【古ギ】……古代ギリシア
- 【昆】……昆虫
- 【細】……細菌学
- 【詩】……詩法
- 【史】……歴史
- 【車】……自動車
- 【歯科】……歯科
- 【社】……社会学
- 【写】……写真
- 【狩】……狩猟
- 【宗】……宗教
- 【植】……植物, 植物学
- 【食】……食肉, 食品
- 【情報】……情報科学
- 【神】……神学
- 【心】……心理
- 【人】……人類学
- 【数】……数学
- 【スポ】……スポーツ
- 【生】……生物学, 遺伝学
- 【聖】……聖書
- 【税】……税制
- 【生化】……生化学
- 【生理】……生理学
- 【占】……占星術
- 【繊】……繊維
- 【像】……図像, 図像学
- 【態】……生態学
- 【地】……地質, 地形
- 【畜】……畜産
- 【彫】……彫刻
- 【鳥】……鳥類
- 【通】……通信
- 【哲】……哲学
- 【天】……天文学
- 【電】……電気
- 【土】……土壌
- 【動】……動物, 動物学
- 【陶】……陶芸
- 【馬】……馬術, 馬事
- 【美】……美術, 絵画
- 【微生】……微生物
- 【ビリ】……ビリヤード
- 【文】……文学, 文学史
- 【フェ】……フェンシング
- 【物】……物理, 原子力
- 【仏】……仏教
- 【服】……服飾
- 【仏史】……フランス史
- 【法】……法律, 法学, 国際法
- 【蜂】……養蜂
- 【封】……封建制
- 【宝】……宝石, 宝飾
- 【簿】……簿記
- 【本】……製本
- 【民】……民族, 民族学
- 【紋】……紋章
- 【薬】……薬学
- 【油】……石油
- 【ユ教】……ユダヤ教
- 【料】……料理
- 【林】……林業
- 【レト】……レトリック

SHOGAKUKAN
Dictionnaire de poche
francais-japonais
japonais-francais

ポケットプログレッシブ
仏和・和仏辞典
©Shogakukan 1994,1999,2006

制 作	直居裕子	
資 材	市村浩一	
制作企画	岩重正文	
販 売	栗原 弘	
宣 伝	下河原哲夫	
編 集	三谷博也	
装 丁	有限会社バンブー・アイランド	
装 画	アメディオ・モディリアーニ	
	©photoRMN/J.G.Berizzi/distributed by Sekai Bunka Photo	
地図作成	表現研究所／平林邦史	

まえがき

男性名詞の sarcophage は昔から「石棺」という意味である．sarco は「肉」，-phage は「…を食べるもの」を意味する．sarcophage は，語源的には「肉を食べるもの」という意味のことばなのである．

ちょっと不気味だが，実際，sarcophage は女性名詞としては昆虫の「ニクバエ」を指す．

棺の中のなきがらは，やがては骨だけになる．それで sarcophage か，なるほど，とわたしは納得した気分でいた．

ところが，あるとき，あらためて語源を調べてみると，古代人は石棺の石に遺骸の消失を速める効果があると信じていたことがわかった．そういえば，こんにちでは華やかなショッピングセンターになっているパリのレ・アルは，昔は生鮮食品をあつかう活気に満ちたパリ中央市場だったが，さらに大昔，中世にはあの場所は広い墓地だった．その土は埋葬された遺骸をすみやかにきれいな骨にしたといわれている．

sarcophage は，たんなることばの綾というよりも，古代人にとってはむしろ即物的な事実をあらわすことばだったようである．

こんにちではフード付きの「寝袋」を sarcophage という．つい，よせばいいのに，と思ってしまうが，寝袋にくるまって眠る当の本人たちにとっては，軽いジョークにすぎないのかもしれない．

ところで，フランス語の新聞や雑誌には，このことばはまたまったく別の意味で顔を出す．旧ソビエト，現在のウクライナのチェルノブイリ原発．1986年の事故直後からあの原子炉を覆っている分厚いコンクリートの遮蔽を，フランス語では sarcophage というのである．この巨大な「石棺」もいまでは老朽化が進み，ひび割れが入っているという．

妙な例をひいてしまった．わたしがいいたかったのは，時代はいつのまにかうつろい，ことばもまた時代とともに変化するというあたりまえのことである．

1999年の第二版から，7年．ことばのうつりかわりはますます速くなってきている．今回本辞典の改訂にたずさわって，そのことを痛感させられた．新語・新語義をすこし補う程度の改訂作業を考えていたのだが，終わってみると加筆・手直しはかなりの分量に達した．フランス語が，それだけ変化しているのである．

フランス語に堪能な方には，読書や会話の道具として．と同時に，フランス語初心者にも，わかりやすく，役立つように．そういう狙いには，初版以来，なんの変更もない．おそろしいことに，はやくも小さな「石棺」になりかけていた本辞典の中身は，今回の改訂で完全によみがえったといえると思う．願わくば，この改訂版が，フランス語の世界にむかってひらいた，小さいながら風通しのいい窓として役に立ってくれんことを．

2006年1月

田桐　正彦

初版はしがき（抄）

sur le terrain という言葉がさいきんフランスではよく使われる。「現場で」「実地に」という意味である。このポケット判仏和辞典は、まさしく sur le terrain で役に立つことをめざして作られた。「現場主義」こそこの辞書の合言葉である。

各界の第一線で活躍している人々が、現場で出会うフランス語の意味を的確につかむには、それに対応する日本語が正確に示されている辞書が必要であることはいうまでもない。例えば échéance という語がある場合には「投票日」を指すことをズバリ明記するといったいわばディジタル性が現代の仏和辞典には最小限要求されているのではなかろうか。新語、新語義、専門語でディジタル性を追い求めるだけでなく、ごくふつうの語、表現が実際に使われる場で帯びる意味を的確に切れ味よく記述すること、これが私たちが標榜する「現場主義」の真の意味である。

本辞典の特徴は次のとおりである。

(1)最新の新語・専門語・略語を厳選しつつぎりぎりまで追求した。
(2)重要語・機能語は必要に応じて記述の充実をはかった。
(3)新聞・雑誌を読むのに必要な成句・用例を可能なかぎり採用した。
(4)誤読されやすい語には発音を示した。
(5)必要に応じて用語コラムを設け、関連語情報を示した。
(6)地名の固有名詞はフランス以外についても必要と思われるものを可能なかぎり採用した。

1993年9月

大賀　正喜

■監修
大賀　正喜

■編者
田桐　正彦

■校閲
泉　利明
瀬倉　正克
日野西　康夫
吉田　典子

和仏辞典 第3版
佐々木　泰幸
Dominique Loreau
David Ribeiro

（第2版）
小倉　孝誠

■執筆
佐藤　公彦
高尾　歩
西山　教行
久松　健一
日比野　雅彦
藤井　契
藤井　宏尚
升水　龍樹
村上　伸子
森　繁

■専門語
布山　喜章
田中　淳司

■編集協力
佐藤　若菜

凡　例

I 見出し語

1. 見出し語は現用フランス語の基本を成す約36,000語に，専門語，固有名詞，略語，動詞の活用形を加えて，アルファベット順に配列した．約56,000語収録．

2. 見出し語中の一部分が省略可能な場合は，その該当部分を( )に入れて示した．また，スラッシュ(/)のあとに示した語は，冒頭に示した語の異形であることを示す．
   異形として示した語の品詞は，前の語形と共通の場合はまとめて末尾に表示し，異なる場合は，それぞれの語形のあとに示した．

   alco(o)test 男
   aléoute / **aléoutien, ne** 形
   alevinier 男 / **alevinière** 女

3. 同一綴り字の配列順は，大文字，小文字の順とした．

4. 性・数による変化は，変化する部分をイタリック体で示した．

   éleveur, se 名
   éliminateur, trice 形
   éditorial, ale; 《男複》 **aux** 形
   enfeu; 《複》 **x** 男

   なお，形と名のラベルで女性形をあげていないものは男女同形であることを示す．

   antichar 形

5. 複数形は語末に s がつくだけの規則的変化は -al で終わる語以外省略した．複数不変の語には《不変》のラベルを付したが -s, -x, -z で終わる語については《不変》の表示を省略した．複数形に異形がある場合，頻度の高い方を示したあと（または…）として示した．

   soprano; 《複》 ~**s** (または **soprani**) 男
   idéal, ale; 《男複》 **aux** (または **als**) 形

6. 同一語で品詞が異なる場合は，— で示した．

7. 前置詞などを前に伴う見出し語は，その見出し語部分の末尾に( )内で示した．

   affilée (d') 副句

8. 見出し語以外の大文字のアクサンは省略した．

II 発音

1. 発音欄は注意を要する語にだけ付し，該当部分の発音のみを表示した．

2. 見出し語が 2 語以上併記の際，同じ発音の場合は冒頭の語に示し，異なる場合はそれぞれの語の直後に示した．

3. リエゾン，エリジョンしない有音の h，および y は，見出し語の左肩に ' 印をつけて区別した．

III 動詞の活用形

1. 第一群，第二群規則動詞を除き，巻末の動詞活用表に付した番号を品詞欄の前に示した．

   engoncer 1 他
   entrouvrir 16 他

2. 見出し語に採用した活用形は，不規則動詞の重要なものに限り，適宜省略した形も取り入れて示した．

IV 品詞, 語義

1. 品詞は, 別掲(表紙の見返し)のように, 名, 自などの略号で示した. 同一見出し語内で複数の品詞を記述する際は, 前述のように ── を用いて示した. ただし, 代名動詞が準見出し語となる場合は, ── se ~ (または s'~)のように示し, 品詞の表示は省略した.

   ébranler 他 揺るがす… ── s'~ ❶ 動き出す…

2. 語義は❶, ❷, ❸…で示し, その上位区分は **1**, **2** とした.

3. 前置詞が語義と密接に関連する場合は, 訳語の前の (( )) 内で次のように示した.

   accéder 6 自 ((à)) ❶ (…に) 達する, 至る.
   ❷ (…を) 獲得する.

4. 2つの品詞の見出し語表示が同一でなおかつ訳語の一部を共有する場合は, 品詞を併記して次のように示した.

   éligible 形, 名 被選挙資格のある(人)

V 用例, 成句

1. 用例は各語義区分内で, ▶ を冠して列記した. 継続する各用例はスラッシュ(/)で区切りをつけた.

2. 用例中, 見出し語相当部分はスワングダッシュ(~)で示したが, 複数形・女性形, あるいは大文字の場合は, それぞれ ~s, ~e, A~ などのように掲出し, 代名動詞は se ~, s'~ のように示した.

   ただし, 動詞の活用形と見出し語の字数が3文字までの語は, それぞれ全形をイタリック体で示した.

3. 成句欄には ◊ 印を冠し, 各品詞ごとにまとめ, 項目の末尾にイタリック体の太文字でアルファベット順に配列した. その際, 見出し語相当部分はスワングダッシュ(~)で示した.

VI 派生語

相前後する見出し語の記述から, 訳語が自明な場合は, それぞれの見出し語の項目末尾に, ◘ を冠して掲出した. 訳語は付さず, 性・数および品詞の表示は見出し語に準じて次のように表示した.

ellipsoide 男… ◘ ellipsoid*al, ale*; ((男複)) *aux* 形
emmagasiner 他… ◘ emmagasinage/emmagasinement 男

囲み欄 目次

- automobile 自動車 …… 55
- beaux-arts 美術 …… 71
- cinéma 映画 …… 133
- cuisine 料理 …… 180
- entreprise 企業 …… 259
- football サッカー …… 303
- fruit 果物 …… 314
- grades militaires
  軍隊の階級 …… 335
- légume 野菜 …… 414
- liturgique 典礼暦年 …… 422
- musique 音楽 …… 474
- nombre 数 …… 485
- onomatopée 擬音語 …… 498
- poste 郵便 …… 562
- ski スキー …… 665
- terminale 最終学級 …… 705
- vin ワイン …… 747

A, a

A¹, a 男 フランス字母の第1字.

A² 《記》 ❶ ampère アンペア. ❷ autoroute 高速道路. ► A1 1号線. ❸ 《楽》(英語・ドイツ語音名の)イ音, イ調.

a¹ 《記》《計》are アール.

a² 活 ⇨ avoir.

Å 《記》 angström オングストローム.

à 《記》 (à + le → au, à + les → aux と縮約) ❶ 《名詞, 代名詞を伴って》 《場所》…に［で］. ► au Japon 日本へ［では］. ❷《時間》…に. ► à cinq heures 5時に. ❸《対象》…に. ► donner qc à qn …を…に与える. ❹《分離》…から. ► échapper à … …から逃れる. ❺《所属》…の. ► C'est à moi. これは私のです. ❻《目的》…のために［ための］. ► tasse à thé ティーカップ. ❼《特徴》…のついた. ► stylo à bille ボールペン. ❽《様態, 手段》…で. ► à pied 徒歩で. ❾《程度, 結果》…に至るほど. ► à ma surprise 驚いたことに. ❿《配分, 単位》…当たり. ► 80 kilomètres à l'heure 時速80キロ. ⓫《漸進》…ずつ. ► pas à pas 一歩一歩. ⓬《値段, 数量》► le menu à cent francs 100フランの定食. ⓭《資格》…として. ► prendre qn à témoin …を証人とする. ⓮《比較》…より. ► préférer A à B BよりAを好む.

❷《不定詞を伴って》 ❶《義務, 予定》…すべき. ► J'ai beaucoup de choses à faire. しなければならないことがたくさんある. ❷《目的, 限定》…するのに, …するの, …するので. ► une chanson agréable à entendre 聞いて心地よい歌. ❸《対象》…することを［に］. ► commencer à travailler 仕事を始める. ❹《程度》…するほどの. ► Il est homme à … 彼は…するような［しかねない］男だ. ❺《条件, 仮定, 譲歩》…すれば, …するとしても. ► à l'en croire 彼(女)を信じるならば. ❻《理由, 原因》…することで. ► passer le temps à lire 読書をして時を過ごす. ❼《状態》…している. ► La voici à pleurer. ほら彼女が泣いている［泣き出した］.

◊ *A est à B ce que C est à D.* AのBに対する関係はCのDに対する関係に等しい. *à la ...* …風［式］の［に］.

A. 《略》Altesse 殿下.

aa 《記》《ギ》《医》《薬》ana 各同量(処方指示で用いる).

abaca 男 マニラ麻.

abacule 男 《建》テッセラ, モザイクタイル(モザイク用の大理石).

abaissable 形 引き下げられる.

abaissant, e 形 品位を落とす.

abaisse 女 アペッス(小麦粉の生地).

abaisse-langue 男《不変》舌圧子(舌を押さえる器具).

abaissement 男 低くすること; 減少;《古風》堕落; 衰徴;《古》卑下; 屈辱.

abaisser 他 下げる, 減らす, 弱める.
— s'〜 下がる; 身を落とす.

abaisseur 男《解》制筋.

abajoue 女《動》頬(※)袋.

abandon 男 ❶ 捨てること, 放棄, 断念;《法》遺棄; 委付;《スポ》棄権. ❷ 見捨てられた状態. ❸ 屈託のなさ; 投げやり, 無確着(勇ゐ). ❹ 身をゆだねること.
◊ *à l'~* 見捨てられた; ほったらかしの.

abandonné, e 形 ❶ 捨てられた. ❷ もう使われていない. ❸ くつろいだ; 投げやりの. — 名 見捨てられた人.

abandonner 他 ❶ 捨てる, 見捨てる; 離れる; 放棄する. ❷ 断念する. ❸ 譲る, ゆだねる. — 自 ❶《スポ》身をゆだねる. ❷ 戦意［勇気］を失う.

abandonnique 形《心》遺棄神経症の.

abaque 男 ❶ 数え玉; そろばん.❷《数》〜 cartésien 計算図表.

abasie 女《医》歩行不能(症).

abasourdi, e 形 啞(³)然とした; 耳が一時間こえなくなった.

abasourdir 他 啞(³)然とさせる; 耳をろうする. ☐ **abasourdissant, e** 形

abasourdissement 男《文章》茫(³)然たる; 耳をろうすること.

abâtardir 他 退化［堕落］させる; 台なしにする. — s'〜 退化［堕落］する, 台なしになる.

abâtardissement 男 退化.

abat-foin 男《不変》(家畜小屋の)干し草落とし口.

abat-jour 男《不変》❶(電気スタンドの)笠; (帽子の)庇(※). ❷ ブラインド, よろい戸; 明かり窓.

abats 男複《料》内臓, 足, 頭.

abat-son 男 (鐘楼の)破音(篇ん).

abattable 形 ❶ 取り壊し［伐採］できる. ❷ 畜殺できる.

abattage 男 ❶ 切り倒し, 取り壊し; 畜殺. ❷ 快活, 元気. ❸《鉱》採掘, 採炭. ◊ *vente à l'~* 粗悪品の大量大安売り.

abattant 男 (机などの)垂れ板.

abattée 女《航》失速;《海》(帆船が)風位からそれること; 針路変更.

abattement 男 ❶ 衰弱; 落胆. ❷ 割引; 控除.

abatteur 男 ❶ 伐採人, 木こり. ❷ 畜殺業者.

abatteuse 女 売春婦.

abattis 男 ❶ (切り倒された木などの)堆積. ❷《複数》(家禽(³)の)くず肉(頭, 手羽, 脚, 臓物など).《俗》(人間の)手足. ❸《軍》逆茂木(²), 鹿砦(³).

abattoir 男 畜殺場; 殺戮(³ゞ)の場.

abattre 他他 ❶ 切り倒す, 取り壊す, 撃ち落とす. ❷ 撃ち殺す; 打ちのめす; 鎮める. ❸ (仕事を)こなす; (距離を)進む. ❹ (手の内を)見せる. — s'〜 ❶ 倒れる. ❷《sur》(…に)襲いかかる.

abattu, e 形 (abattre の過去分詞)

abat-vent

裏఩した; 打ちのめされた.
— 男 撃鉄を起こした状態.
abat-vent 男《不変》《建》がらり板; 小庇(ひさし); 煙突帽.
abat-voix 男 天蓋(がい).
abbatial, ale [abei]形《男複》**aux** 形 大修道院(長)の.
— 女 大修道院付属教会.
abbaye [abei] 女 大修道院.
abbé 男 司祭, 神父; 大修道院長.
abbesse 女 女子大修道院長.
abbevillien, ne 形《考古》アブビル文化の.
abc 男《不変》初歩, イロハ.
abcéder 自 ① 膿瘍(のうよう)になる.
abcès [ap-] 男《医》膿瘍(がん). ◇**crever** [**vider**] **l'~** 膿(う)を出す; 荒っぽい打開策を取る.
abdicataire 形, 名 聖職者身分を捨てた(人).
abdication 女 放棄; 退位, 譲位, 退任.
abdiquer 他 ❶ 王座を捨てる; 降参する. ❷ 退[譲]位する.
— 自 放棄する; 退く.
abdomen [-men] 男 腹部.
abdominal, ale 形《男複》**aux** 形《腹(部)の. — 男 腹筋(運動).
abducteur 男, 形《生理》外転筋(の).
abduction 女《生理》外転.
abécédaire 男 初歩読本.
abée 女 (水車の)水口.
abeille 女《虫》ミツバチ.
abeiller, ère 形 ミツバチの.
— 男 地域・法律 養蜂場.
abélien, ne 形《数》アーベルの.
aber 男《地理》深い河口.
aberrance 女《統計》異常値.
aberrant, e 形 非常識な; 異常ない.
aberration 女 ❶ 錯乱, 錯誤, 勘違い. ❷《天》光行差;《光》収差.
abêtir 他 愚かにする.
— **s'~** 愚かになる.
abêtissant, e 形 愚かにする.
abêtissement 男 愚かにする[なる]こと.
abhorrer [-bɔ-] 他《文章》忌み嫌う.
abies [-bjes] 男《植》モミ.
abîme 男 ❶ 深淵(えん); 溝. ❷ 破滅. ❸ 権化. ◇**en ~** ⇒ **abyme**.
abîmé, e 形 ❶ 傷んだ. ❷《**dans**》(…に)沈んだ.
abîmer 他 痛める. — **s'~** ❶ 傷む, 傷める. ❷《**dans**》(…に)沈む.
ab intestat [abē-] 《ラ》副 句, 形句《法》遺言なしに[の].
abiogenèse 女《生》自然発生(説).
abiotique 形 生存に適しない.
abject, e [-kt] 形 下劣な.
abjection 女 下劣さ.
abjuration 女 放棄; 放棄, 撤回. (宗教, 主義を)捨てる.
ablastine 女《医》アブラスチン.
ablatif 男《言》奪格.
ablation 女 ❶《医》切除. ❷《地理》(岩石の)削磨.
ableret 男《漁》四つ手網.
ablette 女《魚》ギンヒラウオ.

---

deux 2

ablution 女 ❶ 沐浴(もくよく), 禊(みそぎ);《カト》洗浄. ❷ 身体を洗う こと.
ABM 男《略》《英》《軍》antiballistic missile 対弾道弾ミサイル.
abnégation 女 自己犠牲, 献身.
aboiement 男 (犬の)ほえ声.
abois 男複 **aux** — 追い詰められた, 窮地に立たされた.
abolir 他 (制度, 慣習を)廃止する.
abolition 女 (制度, 慣習の)廃止.
abolitionnisme 男 死刑[奴隷制]廃止論.
abolitionniste 形 死刑[奴隷制]廃止(論)の.
— 名 死刑[奴隷制]廃止論者.
abominable 形 おぞましい, ひどい. ❏**abominablement** 副
abomination 女 おぞましいもの[こと], 嫌悪.
abominer 他 嫌悪する.
abondamment 副 多量に, 豊富に, 十分に.
abondance 女 ❶ 豊富, 多量. ❷ 豊作, 豊饒(じょう); 富裕. ❸ 雄弁.
abondant, e 形 豊かな.
abondement 男 補助金.
abonder 自 ❶ たくさんある. ❷《**en**》(…に)富む. ❸ — **dans le sens de** … と同意見である.
abonné, e 形 ❶ 予約購読[使用契約]をしている. ❷ 常連である.
— 名 予約購読者, 定期券利用者, (ガス, 電話などの)加入者.
abonnement 男 予約購読(料), 加入契約(料).
abonner 他 予約購読[加入]させる.
— **s'~** 予約購読[使用契約]をする.
abord 男 ❶ (人に対する)態度, 物腰. ❷《複数》近辺. ◇**au premier** [**de prime**] — 一目見て, 一見. (**tout**) **d'~** 最初に[は]まず; そもそも.
abordable 形 近づきやすい; (値段が)手ごろな.
abordage 男 接舷(しての攻撃).
aborder 他 ❶ 近づく; 話しかける; 取りかかる. ❷《海》衝突する; (敵船に)乗り込む.
— 自 接岸する.
aborigène 名, 形 原住民(の).
abortif, ve 形 流産の; 流産をさせる.
— 男 妊娠中絶薬.
abot 男 地域 (馬の)足かせ.
abouchement 男 (管の)接合.
aboucher 他 (管を)接合する.
— **s'~** 《**avec**》(…と)接触する.
abouler 他 俗 与える.
— **s'~** 俗 来る.
aboulie 女 無気力;《心》無為. ❏**aboulique** 形
abouter 他 ❶ 接合する. ❷ 剪定(せんてい)する. ❏**aboutement** 男
abouti, e 形 成功した.
aboutir 自 ❶ 達する, 至る. ❷ 成功する, うまくいく.
aboutissants 男複 ⇨ **tenant** .
aboutissement 男 結果, 到達点; 終結.
ab ovo [-bɔ-] 副句《ラ》最初から.
aboyer 10 自 ほえる; 怒鳴く.
aboyeur, se 名 うるさくほえる; わめ

abracadabra 男 アブラカダブラ(カバラ秘法の呪文これ).

abracadabrant, e 形 奇妙な, 途方もない.

abraser 他 研磨する.

abrasif, ve 形 研磨用の.
— 男 研磨材.

abrasion 女 研磨; 摩耗; 〖地理〗海食; 〖医〗表皮剥脱(は); 擦傷(は).

abréaction 女 〖心〗〖解〗除反応.

abrégé 男 要約; 概説書. ► **en** ~ 略して〔で〕, 要約して〔で〕.

abrégement / abrègement 男 短縮.

abréger 7 他 短縮［要約］する.

abreuver 他 ❶ 〔家畜に〕水を飲ませる; 〔土地を〕潤す. ❷ 浴びせる.
— **s'**~ 水を飲む.

abreuvoir 男 〔家畜の〕水飲み場.

abréviatif, ve 形 省略を示す.

abréviation 女 略語, 略号.

abri 男 避難所; 山小屋, 待合所, 待避壕(ち). ► **à l'**~ **(de ...)** 〔…の〕危険を免れて, 安全に.

abribus [-s] 男 屋根付きのバス待合所.

abricot 男 アンズ.
— 形 〔不変〕アンズ色の.

abricoté, e 形 *gâteau* ~ アプリコット・ケーキ. *pêche* ~*e* アプリコット・ピーチ. — 男 アンズの砂糖漬け.

abricotier 男 〖植〗アンズの木.

abri-sous-roche, 〔複〕 **~s-~** 男 〖考古〗岩陰遺跡.

abrité, e 形 安全な, 保護された.

abriter 他 保護する, 収容する.
— **s'**~ 避難する; 隠れる.

abrivent 男 風よけ.

abrogatif, ve / abrogatoire 形 〔法などの〕廃止する.

abrogation 女 〔法などの〕廃止.

abroger 2 他 廃止する.

abrupt, e [-pt] 形 ❶ 切り立った, 険しい, 急な. ❷ ぶっきらぼうな.
◇**abruptement** 副

abruti, e 形, 名 ぼうっとなった〔人〕, ばかな〔人〕.

abrutir 他 へとへとにさせる; 愚かにする. — 男 頭がぼうっとなる.
— **s'**~ 頭がぼうっとなる.

abrutissant, e 形 ぼうっとさせる.

abrutissement 男 愚鈍化.

A.B.S. 男 〔略〕〖英〗 *système* ~ アンチロックブレーキングシステム.

abscisse 女 〖数〗横［x］座標.

abscons, e 形 やたら難解な.

absence 女 ❶ 不在, 欠席; 〖法〗生死不明; 欠勤. ❷ 放心; 記憶喪失.

absent, e 形 ❶ 不在の, 欠席の; 〖法〗生死不明の. ❷ ない, 欠けている. ❸ 放心した. — 名 不在者, 欠席者; 〖法〗生死不明者.

absentéisme 男 ❶ 欠勤, 欠席. ❷ 不在地主制.

absentéiste 形, 名 ❶ よく休む〔人〕, 常時不在の〔地主〕.

s'absenter 代動 〔**de**〕〔…を〕留守にする; 欠勤する.

abside 女 〔教会の〕後陣.

absidiole 女 〖建〗小後陣.

absinthe 女 ❶ 〖植〗ニガヨモギ. ❷ アブサン酒.

absinthisme 男 アブサン中毒症.

absolu, e 形 ❶ 絶対的な. ► *arme* ~*e* 最終兵器. ❷ 断定的な; 高飛車な. ❸ 〖言〗絶対的な, 独立の.
— 男 〖哲〗絶対的なもの; 〖哲〗絶対性.
◇**dans l'**~ 無条件で.

absoluité 女 〖哲〗絶対性.

absolument 副 ❶ 絶対に, まったく〔返答〕まさに. ❷ 〖文法〗目的語なしに.

absolution 女 〖カト〗罪の赦(ゆ)し, 赦免; 〖法〗無罪放免, 公訴棄却.

absolutisme 男 絶対主義.

absolutiste 形 絶対主義の. — 名 ❶ 絶対主義者. ❷ 絶対盲信的である人.

absolutoire 形 〖法〗刑の免除の.

absolv- 語 ⇒ absoudre.

absorbable 形 吸収される.

absorbance 女 〖光〗吸光度.

absorbant, e 形 吸収する; 没頭させる. — 男 〖化〗吸収剤〖剤〗.

absorbé, e 形 没頭した; 吸収された.

absorber 他 ❶ 吸収する, 飲む, 食べる. ❷ とらえて離さない; 使い果たす. ❸ 〔作業を〕こなす.
— **s'**~ 〔**dans**〕〔…に〕没頭する.

absorption 女 吸収, 摂取.

absorptivité 女 〖化〗吸収性.

absoudre 82 他 許す; 〖カト〗罪の赦(ゆ)しを与える; 〖法〗無罪とする, 公訴棄却する.

absoute 女 〖カト〗 ❶ 赦罪〔式〗聖木曜日のミサの前の罪の赦(ゆ)し.

s'abstenir 28 代動 ❶ 〔**de**〕〔…を〕断つ, 控える. ❷ 口を出さない, 遠慮する; 棄権する.

abstention 女 棄権; 回避.

abstentionnisme 男 投票拒否, 棄権〔主義〕.

abstentionniste 形, 名 投票棄権する〔人〕, 棄権主義の〔人〕.

abstinence 女 節制, 断食; 断つこと; 〖カト〗小斎.

abstinent, e 形, 名 節制〔禁欲〕している〔人〕.

abstract 男 〖英〗要旨, 要約.

abstraction 女 ❶ 抽象〔作用〕; 抽象概念. ❷ 現実離れ, 夢想.
◇ ~ *faite de ...* …を考慮に入れなければを除けば. *faire* ~ *de ...* …を考慮に入れないを除く.

abstraire 68 他 分離する, 抽象する.
— **s'**~ 〔**de**〕〔…から〕離れる, 〔…を〕違ぎえる, 忘れ去る.

abstrait, e 形 抽象的な, 難解な.
— 男 抽象; 抽象美術.

abstraitement 副 抽象的に; 理論的には; 理屈では.

abstrus, e 形 難解な.

absurde 形 ばかげた, 不条理な.
— 男 ばかげたこと, 不条理.

absurdement 副 ばかばかしくも, 不条理なことに.

absurdité 女 ばからしさ, 不条理.

Abū Dhabī

Abū Dhabī / Abū Ẓabī アブダビ (アラブ首長国連邦の首都).
Abuja アブジャ(ナイジェリアの首都).
abus 男 ❶ 乱用, 悪用, 誤用. ❷ [多く複数] 悪習. ◇ *Il y a de l'~.* 図 それは言い[やり]すぎだ.
abuser 自 (*de*) (…)を乱用[悪用]する; (…)につけ込む; (…)をもてあそぶ. ── 他 欺く. ── s'~ 思い違いをする.
abusif, ve 形 過度の, 不当な. ▶ parents ~s 子に干渉しすぎる親.
abusivement 副 誤って, 過度に.
abyme 男 en ~ (劇中劇など)入れ子構造の.
abyssal, ale 形 [男複] *aux* 深海の; 深層の.
abysse 男 深海(部), 海溝.
abyssin, e / abyssinien, ne 形 アビシニアの.
── **abyssin** 男 アビシニア(猫).
Ac [記] [化] actinium アクチニウム.
A.C. [略] Ante Christum 紀元前.
acabit 男 [軽蔑] 性質, タイプ.
acacia 男 アカシア.
académicien, ne 名 アカデミー会員; アカデミー・フランセーズ会員.
académie 女 ❶ 学士院, 芸術協会. ▶ *A~* アカデミー・フランセーズ. ❷ (絵画, 音楽の)学院. ❸ (大学の)学区. ❹ [美] 裸体画の習作.
académique 形 ❶ アカデミーの; アカデミー・フランセーズの. ❷ 型にはまった; 学者ぶった. ❸ 大学区の.
── 男 形にとらわれた画家 [芸術].
académiquement 副 もったいぶって; 型にはまって.
académisme 男 形式主義, アカデミズム.
Acadie 女 アカディア(カナダ南東部の旧フランス植民地).
acadien, ne 形 アカディアの; アカディア語の. ── 名 ⟨A~⟩ アカディア地方の人. ── 男 (フランス語の)アカディア方言. ── [地] アカディア階.
acajou 男 マホガニー; マホガニー色.
── 形 [不変] マホガニー色の.
acalorique 形 低カロリーの.
acanthe 女 [植] アカンサス. (コリント式柱頭の)アカンサス模様.
a cappella 形句, 副句 [楽] ア・カペラの[で], 無伴奏の[で].
acariâtre 形 気難しい, ロうるさい.
acaricide 形 ダニを駆除する.
── 男 ダニ駆除剤, 殺ダニ剤.
acariens 男複 ダニ目.
accablant, e 形 耐えがたい; 邪魔な. ❷ [証拠が]決定的な.
accablé, e 形 押しつぶされた, 打ちのめされた.
accablement 男 打ちひしがれること, うんざりすること.
accabler 他 ❶ 苦しめる, 参らせる. ❷ 浴びせかける; (*de*) (…)を過剰に与える.
accalmie 女 小休止, 鎮静.
accaparement 男 独占, 専有; 買い占め.

accaparer 他 独占する, 専有する, 買い占める; 心を奪う; 忙殺する.
accapareur, se 形, 名 買い占めをする(人); 独占する(人).
accastillage 男 [海] (帆船の)索具, 操帆装置; [旧] 乾舷(けん).
accédant, e 形 (財産などの)有資格者.
accéder 自 (*à*) ❶ (…)に達する, 至る. ❷ (…)を獲得する. ❸ (…)を受け入れる.
accelerando [-ksele-] 副 (伊) [楽] アッチェレランド.
accélérateur, trice 形 加速する, 促進する. ── 男 アクセル, スロットル; 促進剤, 加速剤.
accélération 女 加速; 促進; [物] 加速度.
accéléré, e 形 加速された, 速くなった. ── 男 [映] コマ落とし.
accélérer 他 ❶ 速める; 促進する. ── 自 加速する; アクセルを踏む; 急ぐ. ── s'~ 速まる, 勢いを増す.
accélérographe / accéléromètre 男 加速度計.
accent 男 ❶ アクセント, 抑揚, 口調, 語調; アクセント符号. ❷ 訛(なま)り.
◇ *mettre l'~ sur* …を強調する.
accentuable 形 アクセントを置ける.
accentuation 女 ❶ アクセントを置くこと; アクセントの置き方; アクサン記号をつけること. ❷ 増大, 強化.
accentué, e 形 ❶ アクセントのある; アクサン記号のついた. ❷ 強調された, 目立つ.
accentuel, le 形 [音声] アクセントの; アクセントの.
accentuer 他 ❶ アクセントを置く; ❷ 強調[増大, 強化]する. ── s'~ ❶ アクセントが置かれる; アクサン記号がつく. ❷ 顕著になる; 増大する.
acceptabilité 女 ❶ (公害, 汚染などの)許容範囲. ❷ [言] (言表の)容認可能性.
acceptable 形 容認できる, 受容可能な.
acceptation 女 ❶ 承諾, 受諾; 受容; 受理, 受領. ❷ (手形の)引き受け.
accepter 他 ❶ 受け取る; 受け入れる. ❷ [商] (手形を)引き受ける.
── s'~ ❶ 認められる, 容認される.
accepteur, se 名 (手形の)引受人.
── 男 [化] [物] 受容体; アクセプタ.
acception 女 (語の)意味, 語義. ❷ 特別扱い, えこひいき.
accès 男 ❶ 到達, 接近; 接触, 面会; 加盟; 近づけ[入れ]ること. ❷ 通路, 入り口. ❸ 獲得, 入手, 抗昇. ❹ 発作(感情)の激発. ❺ 理解, 把握; 鑑賞. ❻ [情報] アクセス.
◇ *avoir ~ à* [*auprès de*] … …に入れる, 近づける; を自由に扱える.
donner ~ à … …に通じる; ～の門戸を開く. *par ~* 発作的に.
accessibilisation 女 (身体障害者の)公共施設へのアクセス確保.
accessibilité 女 近づきやすさ, 到達できること; 獲得可能性; 獲得levels能.

accessible 形 近づきやすい; 入手[理解]しやすい; 影響されやすい.

accession 女 到達; 獲得;〖法〗加盟; 添付.

accessit [-t] 男 次点, 佳作.

accessoire 形 ❶（多く複数）付随的なもの[道具], 付属品;〔芝居などの〕小道具. ❷ 副次［二次］的なこと.
— 男 付随的もの, 副次［二次〕的なこと.

accessoirement 副 付随的に, ついでに; 必要ならば.

accessoiriser 他（装いに）小物やアクセサリーを加える.

accessoiriste 名 ❶〔芝居の〕小道具係人. ❷ 自動車用品販売業者.

accident 男 ❶ 事故. ❷ 偶然の出来事, 不測の事態; (複数)〘文章〙人生の波乱, 浮沈. ❸ ～ de terrain 土地の起伏. ◇par ～ 偶然に.

accidenté, e 形 ❶ 事故に遭った. ❷ 起伏の多い, 変化に富む.
— 名 事故の犠牲者.

accidentel, le 形 偶然の; 事故による.
— 男 偶然[偶有]性; 偶発事.

accidentellement 副 ❶ 偶然に, 思いがけず. ❷ 事故で.

accidenter 他 ❶〘話〙（事故で）損害を与える. ❷ 波乱をもたらす.
— s'～ 起伏がつく, 変化に富む.

accidentier 男 事故を起こした人.

accidentogène 形（交通）事故の原因となる.

accidentologie 女 交通事故研究.

accise 女（カナダの宝石・酒・タバコの）消費税.

acclamation 女 歓声, 喝采.

acclamer 他 歓呼して迎える, 喝采（誌）を送る.

acclimatation 女（気候）順化.

acclimatement 男（環境への）順応［適応］, 気候順化.

acclimater 他 ❶ 順応［適応, 順化］させる. ❷（思想, 風習を）定着させる. —s'～ ❶ 順応［適応, 順化］する, 慣れる. ❷（風習が）定着する.

accointances 女複〘軽蔑〙付き合い, なれ合い.

s'accointer 代動 語（avec）（…と）つるむ.

accolade 女 ❶〔儀式での〕抱擁. ❷〔騎士叙任式の〕抱擁儀礼. ❸ ブレース, 中かっこ（{ }）.

accolage 男 〖園〗誘引（ブドウや果樹のつるや枝を支柱に結びつけること）.

accolement 男 連結; 癒着.

accoler 他 ❶ 並置する; 連結する. ❷ ブレース［中かっこ（ ）］でくくる. ❸〖園〗（つる, 枝を）支柱に結びつける.

accommodant, e 形 気安い, 協調的な;〔軽蔑〕迎合的な.

accommodat 男〖生〗（非遺伝性の）順応.

accommodation 女 ❶ 適応, 順応, 順化. ❷（目の）調節（作用）.

accommodement 男 妥協, 和解, 示談.

accommoder 他 ❶ 調理する. ❷ 合致させる, 適応させる. ❸（目の）焦点を合わせる. — 自 焦点が合う.
— s'～ ❶ (de)（…で）我慢する, 満足する. ❷ (à)（…に）順応する. ❸ 妥協する; 協調する.

accompagnateur, trice 名 付添人, ガイド, 添乗員; 伴奏者.

accompagné, e 形 (de)（…を）伴う,（…に）付き添われた.

accompagnement 男 ❶〘文章〙同伴, 随行; 同行者. ❷ 付随物;（料理の）付け合わせ. ❸〖楽〗伴奏.

accompagner 他 ❶（人に）同行する, 付き添う;（物事に）伴う, 付随する. ❷ ～ A de B A に B を添える. ❸（人の）伴奏をする.
— s'～ (de)（…を）伴う.

accompli, e 形 ❶ 完全な; 成し遂げられた. ► le fait ～ 既成事実. ❷（時間が）経過した, 過ぎ去った.
— 男〘言〙完了相.

accomplir 他 実行する, 成し遂げる, 果たす. — s'～ 実行される, 成就する, 起こる, 生じる.

accomplissement 男 実行, 完了.

accord 男 ❶ 一致, 調和. ❷ 同意, 承諾. ❸ 協定. ► ～ vertical〘経〙垂直的協定. ❹〖楽〗和音; 調律. ❺〖電〗同調, チューニング.
◇D'～. はい, オーケー, 分かった. être d'～ avec ... …と同意見である. mettre d'～ ... …を和解させる. se mettre d'～ 合意［和解］する. tomber d'～ 合意に達する.

accordable 形 ❶（意見などが）両立可能な, 調整できる;〖楽〗調律できる.

accord-cadre 名（複）～s-~s 男（労使間, 政府・組合間）の基本協定.

accordéon 男 アコーデオン.
◇en ～ ひだのついた; しわくちゃになった.

accordéoniste 名 アコーデオン奏者.

accorder 他 ❶ 認める; 与える. ❷ 調和させる. ❸〖楽〗調律する;〖文法〗一致させる;〖電〗同調させる.
— s'～ ❶ 同意する, 一致して［協力して］…する; 仲がいい. ❷（物が調和する; 与えられる. ❸ 自分に（…を）与える, 獲得する. ❹〖文法〗一致する.

accordeur, se 名 調律師.

accordoir 男〖楽〗調律工具.

accore[1] 男/女〔建造中の船の支柱.

accore[2] 形 切り立った.

accort, e 形〘文章〙愛想がよくて快活な.

accostable 形 接岸できる; 近づきやすい.

accostage 男 ❶（船の）横づけ; ドッキング. ❷ 語 近づいて話しかけること.

accoster 他 ❶ 近づいて話しかける. ❷（船が）横づけする; ドッキングする.

accot 男〖園〗〔霜よけの〕土, わら.

accotement 男 路肩（ぷん）, 道端;（線路両側の）道床部分.

accoter 他 もたせかける.
— s'～ もたれる, 寄りかかる.

accotoir 男 ひじ掛け.

accouchée 女 産婦.

accouchement 男 出産;（困難な）

accoucher

創作, 制作.

accoucher 自 ❶ (de) (…を)出産する; 生み出す; 引き起こす, もたらす. ❷ 話 思い切って口に出す.
── 他 分娩(発)させる.

accoucheur, se 名 産科医;(作品, 思想)の産婆役. ── 女 産婆.

accoudement 男 ひじをつくこと; (ひじとひじをつける)整列.

s'accouder 代動 ひじをつく.

accoudoir 男 ひじ掛け;手すり.

accouer 他 (馬を縦列につなぐ).

accouple 女 (猟犬用の)綱, 革ひも.

accouplement 男 ❶ 結合, 連結, 接続;《機》(回転軸の)カップリング, 継手, クラッチ. ❷ 交尾;交配.

accoupler 他 連結する;(2つ1組に)つなぐ, 組み合わせる. ❷ 番(%)いにする, 交尾させる. ── s' ~ 代動 (être ~) くっつく, できる. 《軽蔑》(男女が)くっつく, できる.

accourir 自 (助動詞は多く avoir) 駆けつける, 走って来る.

accoutrement 男 おかしな身なり.

accoutrer 他 おかしな服装をさせる.
── s' ~ 奇妙な身なりをする.

accoutumance 女 慣れ, 順応; (薬物への)依存.

accoutumé, e 形 ❶ (à) (…に)慣れた. ❷ いつもの. ── 女 comme à l' ~ いつものように, 例のように.

accoutumer 他 慣らす, 習慣づける.
── s' ~ 慣れる, 習慣がつく.

accouvage 男 人工孵化(法).

Accra アクラ (ガーナ共和国の首都).

accrédité, e 形 (accréditer の過去分詞) être ~ auprès d'une banque ある銀行の信用貸しを受けている.
── 名 信用状受領者.

accréditer 他 ❶ (ニュースなどの)真実性を裏づける. ❷ 信用状を与える,(外交官に)信任状を与える.
── s' ~ (うわさなどが)広まる.
☐ **accréditation** 女

accréditif, ve 形 保証人.

accréditif, ve 形《経》信用を与える. ── 男 信用状;信用貸し.

accrescent, e 形《植》(子房以外の花の各部が)花後も肥大する.

accrétion 女 ❶ (自然界の集積現象). ❷《天》《地》アクリーション.

accrobranche / accrobranche 男《スポ》木登り.

accroc [akro] 男 ❶ かぎ裂き. ❷ 事故, 支障;違反, 汚点.

accrochage 男 ❶ かけること;(注意をひくこと). ❷ 接触, 交渉;話 口論, 喧嘩(祭);接触事故. ❸ (コマーシャルの時間帯冒頭を告げる)コマーシャル(メント). ❹《軍》小規模な戦闘.

accroche 女《広》ヘッドライン, ヘッドコピー.

accroché, e 形 ❶ (à) (…に)ひっかかった;執着した. ❷ 根性のある;勇気[根性]のある, たくましい.

accroche-cœur 男 こめかみのあたりでカールした毛.

accroche-plat 男 装飾用の大皿掛け.

accrocher 他 かける, ひっかける; (車で)ひっかける. ❷ 引き寄せる;ものにする;(競争者を)出し抜く, (輝きを)帯びる. ❸ 話 呼び止める, 引き止める. ❹《軍》(敵軍と)小競り合いをする.
── 自 ❶ (sur) (…に)ひっかかる. ❷ 人目を引く, 人気を博する;成功する.
── s' ~ 代動 ❶ (à) (…に)ひっかかる;しがみつく;執着する.《スポ》(…に)ぴったりマークをする. ❷ (avec) (…と)口論する. ❸ (車が)衝突する;連結される. ❹ がんばる, 粘る. ◇Tu peux te l' ~. 話 無理だよ, あきらめな.

accrocheur, se 形 ❶ 粘り強い. ❷《軽蔑》人目を引く, これ見よがしの.
── 名 粘り強い人.

accroire 他 faire [laisser] ~ 信じ込ませる.
◇en faire ~ à … …を欺く, だます.

accroissement 男 増大, 増加;発展, 拡張.

accroître 50 他 増大[増加]させる; 高める.
── s' ~ 増大[増加]する;高まる.

accroupi, e 形 しゃがんだ.

s'accroupir 代動 しゃがむ.
☐ **accroupissement** 男

accru, e 形 (accroître の過去分詞) 増大[増加]した;発展を遂げた.

accu 男 (多く複数) 蓄電池.

accueil 男 (人を)迎えること, 受け入れ;(作品, 意見などの)受け止め方.

accueillant, e 形 歓迎する, 厚遇する;愛想のいい.

accueillir 18 他 ❶ 迎える, 受け入れる;収容する;(家に)泊める. ❷ (出来事が)見舞う, 襲う.

aculer 他 追い込む, バックさせる. ~ qn à … …に余儀なく…させる.

acculturation 女《社》文化変容 (異文化的接触による相互的変容);異文化への適応.

acculturer 他《社》文化変容を起こさせる.

accumulateur 男 蓄電池;《情報》 アキュムレータ.

accumulation 女 蓄積, 集積;蓄電, 蓄熱;《地理》堆積(作用).

accumuler 他 蓄積する;積み重ねる;集める. ── s' ~ 堆積する.

accusateur, trice 形, 名 告発[起訴]する(人), 非難がましい(人). ── 男 public (フランス革命時代の)検察官.

accusatif 男《言》対格.

accusation 女 ❶ 非難, 糾弾;《法》起訴. ❷ 検察局;検察官.

accusatoire 形《法》起訴の.

accusé, e 形 ❶ 起訴された. ❷ 際立つ. ── 名《法》被告人. ── 男 de réception (郵便物, 荷物の)受け取り通知, 受領証.

accuser 他 ❶ 非難する;《法》起訴する. ~ A de B A を B のかどで責める[起訴する], B を A のせいにする. ❷ はっきり示す;目立たせる, 強調する. ❸ ~ réception (郵便物, 荷物等の)受領を通知する. ── s' ~ ❶ (de) (…を)認める, 自白する. ❷ 際立つ.

ace [es] 男《スポ》サービスエース.

acéphale 形 無頭の;首長を置かな

acerbe 形 辛辣(しんらつ)な；酸っぱい，苦い，渋い；どぎつい．

acéré, e 形 鋭い；辛辣な．

acérer ⑥ 他 鋭くする，研ぐ．

acescence 女 酸敗．

acescent, e 形 酢酸臭のある，酸っぱくなりかけた．

acétamide 男【化】アセトアミド．

acétate 男【化】アセテート，アセタート．

acéteux, se 形 酸っぱい．

acétification 女 酢化．

acétifier 他 酢化する．

acétimètre 男 酢酸計(比重)計．

acétobacter 男【不変】酢酸菌．

acétone 女【化】アセトン．

acétyle 男【化】アセチル(基)．

acétylène 男【化】アセチレン．
□**acétylénique** 形

acétylsalicylique 形【化】acide ～ アセチルサリチル酸．

achaine [-ke-] 男 = akène．

achalandage 男【商】顧客．

achalandé, e 形 品物の豊富な．

achalander 他 (店に) 商品を供給する；客を集める．

achards 男複【料】アチャラ漬け．

acharné, e 形 ❶ 激烈な，執拗(しつよう)な；熱心な．► ～ à ... ...に熱中した．❷ 真っ向から反対「攻撃」する．

acharnement 男 激しさ，執拗さ．

s'acharner 代動 ❶ (contre, sur, après) (...と) 激しく戦う．❷ (à) (...に) 夢中になる．

achat 男 ❶ 購買，購入；買った物，買い物．❷ (複数)【簿】(資産仕入れの)総額．

achéen, ne 形 (古代ギリシア) アカイアの．— 名 (A～) アカイア人．— 男 アカイア方言．

acheminement 男 ❶ 輸送，運送；運行．❷ 歩み，前進；道程．❸【情報】回線接続法，ルーティング．

acheminer 他 ❶ 進ませる，向かわせる；(目的，結果に) 導く．❷ 運ぶ，発送する．— **s'～** 向かう，進む．

Achéron [-ke-] 男【ギ神】アケロン (冥界(めいかい)を流れる川)．

acheter ⑤ 他 ❶ 買う，購入する；買収する，金で買う；(犠牲を払って) 手に入れる．— **s'～** ❶ 自分のために買う．❷ 買える，買われる．

acheteur, se 名 買う人；仕入係，バイヤー．

acheuléen, ne 形【考古】アシュール文化(期)の．— 男 アシュール文化(期)．

achevé, e 形 ❶ 完成「完了」した；完全な，完璧(かんぺき)な；(反語的)この上ない．❷ 疲れ果てた，打ちのしがれた；俗死んだ．► ～ d'imprimer 奥付．

achèvement 男 ❶ 完了，完成；完璧(かんぺき)さ．❷ とどめの一撃．

achever ⑤ 他 ❶ 終わらせる，完遂「完成」する．► ～ de + inf. ...し終える；...することに成功する．❷ 破滅させる；破産させる；ぐったりさせる；とどめを刺す．— **s'～** 終わる；達成される，でき上がる．

Achille [-fil]【ギ神】アキレス．► talon d'～ 弱点，アキレス腱(けん)．

achillée [-kile] 女【植】ノコギリソウ属(キク科)．

acholie [-ko-] 女 胆汁欠乏(症)．

achondrite 女【天】エコンドライト，非球粒隕石．

achoppement 男 つまずき，障害．

achopper 自 (sur, à) (...に) つまずく，難儀する．— **s'～** (à) (...に) 直面して足踏みする．

achromat 男【光】アクロマート，色消レンズ．

achromatique 形 ❶【光】色消しの，色収差を補正した；無色の．❷【生】非染色性の．

achromatiser 他【光】色消しにする，色収差を補正する．

achromatisme 男 ❶【光】色消し．❷【美】(色を配合して行う) 色消し．

achromatopsie 女【医】色盲．

achromie 女【医】色素欠乏症．

acide ❶ 酸っぱい，酸(性)の．❷ 刺激的な；辛辣(しんらつ)な．— 男 ❶【化】酸．❷ 俗 LSD．❸ 辛辣さ．

acidifiable 形 酸性化され得る．

acidification 女【化】酸性化；(乳製品の) 酸敗；【油】酸処理．

acidifier 他【化】酸性化にする；【油】(油井を) 酸処理する；【料】レモン汁，酢などを加える．□**acidifiant, e** 形

acidimètre 男 酸適定器．

acidité 女 ❶ 酸っぱさ，酸味；【化】酸性度．❷ 辛辣(しんらつ)さ，辛辣味．

acidophile 形【生】好酸性の．

acidose 女【医】アシドーシス，酸血症．

acidulé, e 形 少し酸っぱい．

aciduler 他 少し酸っぱくする．

acier 男 鋼鉄，スチール．

aciéré, e 形 鋼を含む；鋼で被覆された．► fonte ～e 鋳鋼．

aciérer ⑥ 他 (鉄を) 鋼にする；(鋼のように) 硬質化する；鋼で被覆する．

aciérie 女 製鋼所．

aciériste 男 製鋼技師，製鋼業者．

acinus [-s]；(複) **i** 男【解】腺(せん)房，腺胞．

acmé 男/女 最盛期，頂点．

acné 女【医】痤瘡(ざそう)，アクネ．

acnéique 形【医】アクネ性の．

acnodal, ale; 男 複 **aux** 形【数】point ～ 孤立点．

acolyte 男 ❶ 手下，取り巻き．❷【カト】侍祭；侍者．

acompte [-kɔ̃:t] 男 ❶ 前金，内金，分納金．❷ 前もってちょっぴり味わう楽しみ．

acon 男 (平底の) 艀(はしけ)，平底舟．

aconage 男 艀(はしけ) による貨物運送；(船の) 貨物積卸し．

aconier 男 沖仲仕．

aconit [-t] 男【植】トリカブト．

aconitine 女【化】【薬】アコニチン．

a contrario 副 (ラ) 反対対推論による (より)．

s'acoquiner 代動 (よくない連中と) 付き合う，仲間になる．□**acoquinement** 男

acore 男【植】ショウブ.
à-côté 男 ❶ 枝葉末節. ❷《多く複数》副収入；余分の出費.
acotylédone 形 無子葉の.
acoumètre 男 ⇨ audiomètre.
acoumétrie 女 ⇨ audiométrie.
à-coup 男 動きの不調, 変調. ◇ par ~s 断続的に. sans ~s 順調に.
acouphène 男【医】耳鳴.
acouphénien 男 耳鳴患者.
acousmie 女【医】幻聴.
acousticien, ne 名 音響学者［技術者］.
acoustique 形 聴覚の, 聴くための；音響(学)の.
　— 女 音響(効果)；音響学.
aqua-toffana [-kwa-] 女 アクアトファナ(16, 17世紀イタリアの毒薬).
acquér- ⇨ acquérir.
acquéreur 男 買い手.
acquérir 27 他 ❶ 取得する, 獲得する. ❷ 得とさせる, もたらす.
　—s'~ ❶ 得られる, 自分のものになる. ❷《自分のために》獲得する.
acquerr-, acquiér-, acquièr- 活 ⇨ acquérir.
acquêt 男【法】(夫婦財産制の)後得財産.
acquiescement 男 同意, 承諾；【法】同意.
acquiescer 自(à)(…に)同意する；【法】(請求, 判決を)認諾する.
acquîmes, acquirent, acquis(s-), acquit, acquît(s-) 活 ⇨ acquérir.
acquis, e 形 ❶ 獲得された, 後天性の；確実な, 既定の. ❷(à)賛同する. — 男 (獲得された)知識, 経験, 後天的性質；成果.
acquisitif, ve 形 ❶【法】取得の. ❷ 購買を促す.
acquisition 女 ❶ 購入, 取得；取得物；獲得, 習得. ❷(目標の)捕捉(ℓ). ❸【情報】(データの)収集.
acquit 男 受取, 領収証, 受領証.
◇par ~ de conscience 念のために. pour ~ 領収［受領］済.
acquit-à-caution 男《複》~s-~~【税】保税品輸出許可証.
acquittable 形 支払い［納入］可能な；支払われる［納入される］べき.
acquittement 男【法】無罪判決；弁済, (義務の)履行.
acquitter 他 ❶ 無罪を言い渡す；(義務, 負債などから)解放する. ❷(約束などを)果たす；(借金, 料金を)支払う. ❸ 領収済の署名をする, 領収書を出す. — s'~ は ❶(de)(…の)果たす. ❷ 報いる, 恩返しをする；【ゲーム】負けを取り戻す.
acra 男 アクラ(クレオール料理の揚げ物).
acre 女 エーカー.
âcre 形 刺激的な, えぐい；辛辣な.
âcreté 女 えぐいさ, 辛味；辛辣さ.
acridiens 男《複》バッタ科.
acrimonie 女 とげとげしさ.
acrimonieux, se 形 辛辣(ℓ)な, とげとげしい.

acrobate 名 軽業師, 曲芸師.
acrobatie [-si] 女 軽業, アクロバット. ▫acrobatique 形
acrocyanose 女【医】先端［肢端］チアノーゼ.
acrodynie 女【医】先端疼痛(ℓℓ).
acroléine 女【化】アクロレイン.
acromégalie 女【医】先端巨大症.
acromion 男【解】肩峰(ℓℓ).
acronyme 男 頭字語(例：ovni = objet volant non identifié).
acrophobie 女 高所恐怖(症).
acropole 女【古ギ】アクロポリス.
acrosport 男 アクロスポーツ(体操などとアクロバットを融合させた競技).
acrostiche 男【詩】アクロスティック(の), 折句(の)(各行の初めの字をつなぐと人名や語句キーワードになる).
acrotère 男【建】アクロテリオン. ❷ パラペット, 胸壁.
acrylique 形【化】アクリルの.
　— 男 アクリル(樹脂, 繊維).
actant 男 ❶【言】行為主；行為項. ❷【文】(物語の構造分析の)行為項.
acte¹ 男 ❶ 行為. ► juridique【法】法律行為 / ~ de parole [de langage]【言】言語行為. ❷ 証書；《複数》議事録；記録. ❸【カト】信心の業(ⁿ)；折り.
◇demander [donner] ~ de ... …の公式［法的］確認を求める［与える］. dont ~ (証明書)に上記証明する. faire ~ de ... を行為に移す；…として振る舞う. prendre ~ de ... を公式に認める；(後日のため)…をしっかり覚えておく.
acte² 男【戯曲の】幕.
actée 女【植】ルイヨウショウマ.
acter 他 承認する.
acteur, trice 名 ❶ 俳優；張本人. ❷【文】(物語の構造分析の)演技者.
actif, ve 形 ❶ 活発な, 積極的な；活動中の. ► population ~ve 就業［労働］人口. ❷ 効力の強い. ❸【化】旋光性の（金属が）触媒活性を持つ；【土】動物や微生物に富む. ❹【法】able dettes ~ves 債権. ❺【文法】voix ~ve 能動態. ❻【電】courant ~ 有効電流. ❼【鉄道】garage ~ 追い越し駅. — 男《複》労働人口.
　— 男【法】資産, 積極財産；借方；【文法】能動態. ◇ à son ~ 功績として. ❷ 安現役軍.
actinie 女 イソギンチャク.
actinique 形 光化学作用を有する；化学線(作用)の.
actinisme 男 化学線作用.
actinite 女【医】日光皮膚炎.
actinium 男【化】アクチニウム.
actinométrie 女 光量測定.
actinomycète 男【細】放線菌.
action¹ 女 ❶ 行為, 行動, 行動. ► être en ~ 活動中である. ❷ 運動, 闘争；戦闘. ❸ 作用, 影響力. ► sous l'~ de ... …の作用で, …の影響で. ❹ プロット. ❺ イベント, パフォーマンス. ❻【法】(1)(裁判上の)訴え, 訴権. ► ~ en justice. (2) ~ d'office (行政庁の)職権行動, 即時強制.

action² 女 株, 株式.
actionnaire 名 株主.
actionnariat 男 従業員持株制度 (= ～ ouvrier); 株主であること; 〖集合的〗株主.
actionnement 男 操作; 作動.
actionner 他 ● 作動させる. ❷〖法〗相手取って訴訟を起こす.
actionneur 男〖機〗作動機, 始動装置.
activateur, trice 形 活性化する. ―男〖化〗活性化剤.
activation 女 ❶ 活発化, 活性化. ❷〖情報〗起動, 実行.
activement 副 活発に; 積極的に.
activer 他 促進する, 強める, 活性化する. ―s'～ 活発に動く〔働く〕.
activeur 男〖化〗活性化剤.
activisme 男 積極的行動主義;〖哲〗活動主義. □activiste 名.
activité 女 ❶ 活動(特に経済〔生産〕活動); 活気. ❷ 機能, 作用. ◇en ～ 現役の, 在職中の; 活動〔操業, 営業〕中の.
actomanie 女 悪徳農奴診療.
actuaire 名 保険数理士.
actualisation 女 ❶ 現代化; 現実化, 実施. ❷〖経〗アクチュアリゼーション(将来の価値を現在の価値で見積もること);〖情報〗更新.
actualiser 他 ❶ 現代化する, 現代の意味を与える. ❷ 現実化する, 実施する. ❸〖経〗(将来の価値を現在の価値で見積もる);〖情報〗更新する. ―s'～ ❶ 今日的な意義を帯びる. ❷ 現実化する.
actualité 女 ❶ 今日的な意義〔興味〕; 時事, 現状. ❷(複数)(特に映像的な)ニュース. ◇d'～ 今日的な意義のある.
actuariat 男 保険数理士職.
actuariel, le 形 ❶ 保険数理の. ❷ taux ～ (資本の)収益率.
actuel, le 形 ❶ 現在の, 今の. ❷ 今日的な, 現代的な意義のある. ❸ 現実(態)の. ―男 現在.
actuellement 副 現在, 目下.
acuité 女 鋭さ, 強さ, 深刻さ, 重大さ.
acul [-ky] 男 カキ養殖場の外縁.
aculéates 男〖昆〗有剣類.
acuminé, e 形〖植〗鋭尖(えいせん)形の;〖医〗先端がとがった.
acupuncteur, trice [-põ-] 名 鍼(はり)師.
acupuncture [-põ-] / **acuponcture** 女 鍼(はり)術, 鍼(はり).
acutangle 形〖数〗鋭角の.
acyclique 形 非周期的な; 循環性のない.
A.D.〖略〗❶ 〖ラ〗Anno Domini 西暦(紀元). ❷ Action directe アクション・ディレクト(フランスの極左テロ組織).
ADA [ada] 男〖情報〗エイダ(プログラミング言語の一つ).
adage¹ 男〖法〗法諺(ほうげん).
adage² 男〖バレエ〗アダージュ.
adagio [-(d)ʒjo]〖伊〗副〖楽〗アダージョ, ゆっくりと. ―男 アダージョの曲.
Adam〖聖〗アダム.
adamantin, e 形 ダイヤモンドのような; エナメル質の.
adamique 形 アダムの(ような).
adamisme 男 アダム派の教義.
adaptabilité 女 適合〖順応〗性.
adaptable 形 適合させ得る, 適応性のある; 脚色し得る; 取り付け得る.
adaptateur, trice 名 脚色家. ―男〖機〗アダプター.
adaptatif, ve 形〖態〗適応性のある. ▶ radiation ～ve 適応放散.
adaptation 女 ❶ 適応, 順応; 適用. ❷ 脚色; 編曲.
adapté, e 形 適合〔編曲〕した; 脚色〔編曲〕された; 取り付けられた.
adapter 他 ❶ 適合〔順応〕させる. ❷ 脚色〔編曲〕する. ❸ 取り付ける. ―s'～ ❶ 適合〖順応〗する; 脚色〔編曲〕される. ❷ 取り付けられる.
A.D.A.V. [adav]〖略〗〖航〗avion à décollage et atterrissage verticaux 垂直離着陸機.
addenda [-dē-] 男〖不変〗〖ラ〗付録, 補遺, 補注.
addiction 女〖英〗(薬物などの)常用癖.
additif, ve 形 追加の;〖数〗加法的な;〖医〗習慣性の, 依存性の. ―男 付加条〔条項〕; 添加剤, 添加物.
addition 女 ❶ 付加, 添加; 累積. ❷ 添加物, 付録, 補足. ❸ 足し算, 加法. ❹ 勘定, 勘定書. ❺〖言〗(生成文法で)付加.
additionnel, le 形 追加の.
additionner 他 加える, 合計する. ―s'～ 代動 加わる, 積み重なる.
additionneur 男〖情報〗加算器〔回路〕.
adducteur 男, 形男 導水路の;〖解〗内転筋の.
adduction 女〖生理〗内転; 導水.
adénine 女〖化〗アデニン.
adénite 女〖医〗腺炎.
adénocarcinome 男〖医〗腺癌.
adénoïde 形〖解〗腺様の.
adénoïdectomie 女〖医〗アデノイド切除術.
adénome 男〖医〗腺腫(しゅ).
adénopathie 女〖医〗腺病.
adénosine 女〖化〗アデノシン.
adénovirus 男〖医〗アデノウイルス.
adent 男〖建〗蟻継(ありつぎ).
adepte 名 信者; 信奉者; 愛好者.
adéquat, e [-kwa, at] 形(à) …にぴったりの, 適切な. □adéquatement 副.
adéquation [-kwa-] 女 適合; 妥当性.
adessif 男〖言〗面格.
adhérence 女 ❶ 張り付くこと, 接着, 粘着; 付着;〖医〗癒着. ❷(タイヤの)グリップ力. ❸〖喩〗適合, 合致.
adhérent, e 形 密着する, 粘着力のある. ―名 加入者, 会員; 支持者.
adhérer 自動 ❶(à) …に加盟〔加入〕する; 賛同する. ❷(…に)密着〔接着〕する.
adhésif, ve 形 接着〔粘着〕する. ―男 接着剤; 接着テープ, 絆創膏, シール.

adhésion 女 入会, 加入, 加盟; 賛同, 支持; 信奉.

ad hoc [adɔk] 形句《不変》(ラ) 専用の, 適切な; 《皮肉》適格の.

ad hominem [adminem] 形句《不変》(ラ) argument ～ 対人論法.

adiabatique 形《物》断熱性の.

adiabatisme 男《物》断熱状態.

adiante / adiantum 男《植》アジアンタム; ホウライシダ.

adieu 間 (長期の別れ, 永別の際のさようなら). — **adieu**; 《複》x 男 別れ(の言葉).

adieu va / à-Dieu-va(t) [-(t)] 間 一か八かで運任せだ.

adipeux, se 形《軽度》脂肪太りの; 《解》脂肪(質)の.

adiposité 女 脂肪過多, 肥満.

adjacent, e 形 (à) (…に) 隣接した.

adjectif, ve 形 形容詞的.
— 男 形容詞.

adjectival, ale 形《男複》 aux 形 形容詞的.

adjectivé, e 形 形容詞化された.

adjectivement 副 形容詞的に.

adjoindre 51 他 (補助を) つける.
— **s'～**(助手などを) 自分につける.

adjoint, e 形 補助の;《数》随伴の.
— 名 補佐する人;(市町村の) 助役.

adjonction 女 付加; 加入; 併合.

adjudant 男《軍》曹長; 証 威張りくさった人. ► ～ **-chef** 上級曹長.

adjudicataire 名《法》競落(ボシ)人, 落札者.

adjudicateur, trice 名《法》競売(ボウ)人.

adjudicatif, ve 形《法》競売の, 入札の, 競落(ボウ)の, 落札の.

adjudication 女《法》競売(ボウ), 入札; 競落(ボウ), 落札.

adjuger 他 ❶ 競売で売却する; (入札で) 請け負わせる. ❷ 授与する;《法》(判決によって) 与える, 請求を認容する. — **s'～** 勝手に自分の物にする; (賞などを) 獲得する.

adjuration 女 懇願.

adjurer 他 ❶ 懇願する. ❷《文章》証人とする.

adjuvant, e 形 補助の, 補強の.
— 男 補助物;《文章》補助, 助成.

adjuvat 男《解剖》の助手職.

ad libitum 副句《ラ》自由に;《楽》即興的に, アドリブで.

ad litem [-tem] 形句《ラ》《法》訴訟のための.

admettre 53 他 ❶ 入場 [加入, 入学] を許可する; 収容できる. ❷ 認める, 容認する.

administrateur, trice 名 管理者, 取締役; 《行政》行政官. ► ～ **comptable [judiciaire]** 計理官 [裁判所が選任する財産管理人] / ～ **système**《情報》システム管理者.

administratif, ve 形 管理の, 行政の; お役所仕事的な. ► ～ **acte** ～ 行政行為.

administration 女 ❶ 管理, 経営, 行政. ❷ 官公庁, 行政機関;《集合的》公務員, 役人. ► ～ **privée [pu-blique]** 民間 [公共] 機関. ❸《医》(薬の) 投与;《カト》(秘跡の) 授与;《法》～ **de la preuve** 証明.

administrativement 副 管理 [行政] 上; 行政的に.

administré, e 形 管理された, 統治された;《国家》の被統治者.
— 名 行政客体, 県 [市, 町, 村] 民.

administrer 他 ❶ 経営する, 管理する, (国, 地方などの) 行政を行う. ❷ (薬を) 投与する;《治療》を施す. ❸ (罰などを) 与える. ❹《カト》(秘跡を) 授ける;《法》(証拠を) 提出する. — **s'～** 自分の物にする.

admirable 形 見事な, 素晴らしい;《皮肉》あきれるほどの.
▫ **admirablement**

admirateur, trice 形, 名 賛美する(人).

admiratif, ve 形 感嘆した.

admiration 女 感嘆(の的).

admirativement 副 感嘆して; 見とれて.

admirent 活 ⇨ admettre, admirer.

admirer 他 見とれる, 感嘆する;《皮肉》驚きあきれる. — **s'～** 自己陶酔する. ❷ 互いに敬服しあう.

admis, e 形 ❶ 入場 [加入, 参加] を許可された; 合格した. ❷ 当然 [正しい] と認められた. — 名 入学 [進級, 入社, 昇級] 試験合格者.

admis(-), admit, admît(-) 活 ⇨ admettre.

admissibilité 女 受け入れ得ること; 第2次 (口述) 試験受験資格.

admissible 形 受け入れられる, 採用できる; 第2次 (口述) 試験の受験を許された. — 名 第1次試験合格者.

admission 女 入場 [加入, 入学] 許可; 採用;《法》(証拠) の採用.

admittance 女《電》アドミタンス.

admonestation 女 叱責(分), 譴(ヶ)責, 戒告.

admonester 他 叱責(分) する.

admonition 女 叱責, 譴責, 説諭.

ADN / A.D.N. 男《略》《生化》 acide désoxyribonucléique デオキシリボ核酸 (英語 DNA). ► ～ **poubelle** ジャンク DNA (現段階で役割が不明なもの).

adolescence 女 青年期, 思春期;《集合的》若者.

adolescent, e 形 青年期の, 青 [少] 年の. — 名 青 [少] 年.

adonis [-s] 男 ❶《A～》《神話》アドニス. ❷ 美男子. ❸《昆》アドニスヒメシジミ. — 女《植》フクジュソウ.

s'adonner 代動 (à) (…に) 専心する [没頭する].

adoptable 形 養子《養女》にできる;(意見の) 採用できる.

adoptant, e 名 養親.

adopté, e 形 養子《養女》になった; 採用された. — 名 養子, 養女.

adopter 他 ❶ (案などを) 採用 [採択] する. ❷ 養子にする.

adoptif, ve 形 ❶ 養子 (縁組) の. ❷ **patrie** ～**ve** 第二の祖国, 帰化した

国.
adoption 囡 ❶ 採用, 採択. ❷ 養子縁組. ◊d'～ (生まれによるのではなく)選び取った.
adorable 形 実にかわいい; すてきな. ▫**adorablement** 副
adorateur, trice 名 ファン, 崇拝者; 礼拝者.
adoration 囡 熱愛, 崇拝; 礼拝.
adorer 他 大好きである; 礼拝[崇拝]する.
ados 男 ❶ (寒風よけの)盛り土 [わら, 堆肥の山]. ❷ 畝.
adossé, e 形 ❶ (à, contre) (…を)背にした; 背中合わせになった.
adossement 男 ❶ (à, contre) (…を)背にすること. ❷ (寒風よけに)土 [わら, 堆肥] を盛ること.
adosser 他 (à, contre) (…に)もたせかける, (…を)背にして置く.
—**s'～** 背をもたせかける, 背にする.
adoubement 男 騎士叙任式; (14世紀以前の)甲冑(ちゅう).
adouber 他 騎士の称号を授ける; 一流と認める.
adouci, e 形 和らいだ.
adoucir 他 和らげる, 緩和 [軽減] する; 滑らかにする, 磨く; (水を)軟水にする. —**s'～** 和らぐ; まろやかに [滑らか] になる.
adoucissant, e 形 和らげる; 緩和する. —男 鎮痛剤; [繊] 柔軟剤.
adoucissement 男 和らげる [和らぐ] こと, 軽減, 緩和.
adoucisseur 男 軟水化器.
ad patres [-s] 副句 《ラ》祖先のいる所へ.
adragante 形 囡 gomme ～ トラガカントゴム, トラガゴム.
adrénaline 囡 アドレナリン.
adrénergique 形 〖生理〗アドレナリン作用(性) [作動(性)] の.
adressage 男 〖情報〗アドレス指定.
adresse[1] 囡 ❶ 住所, あて名. ❷ (辞書などの)見出し; 〖情報〗アドレス, 番地. ❸ 上奏, 請願. ◊à l'～ de …にあてて [た], 向けて [た].
adresse[2] 囡 器用さ, 巧みさ; 機転, 巧妙さ; 抜け目のなさ.
adresser 他 (言葉を)かける; (手紙などを)送る; 献呈する; 差し向ける, 行かせる. —**s'～** ❶ 話しかける, 言葉をかける; 出向く; 問い合わせる; 照会する. ❷ (à) …向けのものである.
adret 男 〖地〗(山岳地方の)南向き斜面.
Adriatique 囡 アドリア海.
adroit, e 形 器用な, 巧みな; 巧妙な, 抜け目ない. ▫**adroitement** 副
ADSL 男 〖略〗〖英〗非対称デジタル加入者回線.
adsorbant, e [at-] 形 〖物〗〖化〗吸着する.
adsorber [at-] 他 〖物〗〖化〗吸着する. ▫**adsorption** 囡
adstrat 男 〖言〗傍層.
adulaire 囡 〖鉱〗氷長石.
adulateur, trice 形, 名 へつらう(人).
adulation 囡 褒めそやすこと; 追従.

aérocapture

aduler 他 褒めそやす; へつらう.
adulte 形 成人した, 発達した. —名 大人, 成人; 〖生〗成体, 成虫, 成獣.
adultération 囡 混ぜ物をすること; 偽造, 贋造(がん).
adultère 形 不倫の. —名 ❶ 不倫をはたらく夫[妻]. —男 不倫.
adultérer 他 混ぜ物をする; 偽造 [贋(がん)造] する.
adultérin, e 形 不義による.
adultescent 男 若者文化を楽しみ続けている中年(の人).
ad valorem [-rem] 形句 〖不変〗《ラ》〖税〗従価の.
advection 囡 〖気〗移流.
advenir 28 自 〖多く非人称で〗(助動詞être) 起こる, 生じる.
◊*Advienne que pourra!* どうしようと構うものか, なるようになれ.
adventice 形 ❶ 付随的な, 偶発的な; 〖哲〗(観念が)本有的でない, 感覚によって得た. ❷ 〖植〗雑草の.
adventif, ve 形 〖植〗不定の; 〖地理〗(火山が)寄生の, 側火山の.
adventiste 名, 形 〖宗〗(19世紀米国の)キリスト再臨派(の).
adverbe 男 〖文法〗副詞.
adverbial, ale [男 複 *aux*] 形 〖文法〗副詞の, 副詞的の. ▫**adverbialement** 副
adversaire 名 敵, 相手, 対抗者.
adversatif, ve 形 〖言〗反意の.
adverse 形 〘文章〙 敵対する; 反対の.
adversité 囡 逆境, 災難.
aède 男 〖古〗吟唱・叙事詩人.
A.-É.F. 囡 〖略〗⇨ Afrique-Équatoriale française.
ægagropile [e-] 男 〖獣医〗胃毛球.
A.E.L.E. 囡 〖略〗 Association européenne de libre-échange ヨーロッパ自由貿易連合, エフタ(英語 EFTA).
A.E.N. 囡 〖略〗 l'Agence de l'O.C.D.E. pour l'énergie nucléaire OECD 原子力機関(英語 OECD-NEA).
aérage 男 (坑道などの)通風, 換気.
aérateur 男 換気装置.
aération 囡 通風, 換気.
aéraulique 囡, 形 空気力学の.
aéré, e 形 風通しのよい; 密でない; (余白があって)読みやすい, 見やすい. ❷ centre ～ 休日託児所.
aérer 6 他 換気する, 外気にさらす; ほす, 軽やかにする; (文章に)余白を取ってすっきりさせる. —**s'～** 外気に当たる; 頭 気晴らしをする.
aérien, ne 形 ❶ 空気 [大気] の; 空中の; (鉄道が)高架の. ❷ 航空の; 空軍の. ❸ 軽やかな. —男 アンテナ.
aérifère 形 〖植〗空気を運ぶ.
aérium 男 療養所.
aérobic 男 エアロビクス.
aérobie 形 〖生〗好気性の; 〖航〗空力推進の. —男 〖生〗好気菌; 〖航〗内燃機関.
aérobiose 囡 〖生〗好気生活.
aérocapture 囡 〖航〗エアロキャプチャ.

aéro-club

aéro-club [-klœb] 男 飛行クラブ, 民間パイロット養成センター.
aérodrome 男 飛行場.
aérodynamique 女,形 空気[空]力学(の); 空力特性の良い.
aérodynamisme 男 流線型.
aérodyne 男 重航空機.
aérofrein 男 エアブレーキ; [航]スポイラ.
aérogare 女 ❶ (空港の)エアターミナル. ❷ 空港行きバス発着所.
aérogel 男 エアロジェル.
aéroglisseur 男 エアクッション・ビークル.
aérogramme 男 航空書簡.
aérographe 男 エアブラシ.
aérolit(h)e 男 隕石,隕(\\)石.
aérologie 女 高層気象学, 気象物理学.
aéromobile 形 空中機動の.
aéromodélisme 男 模型飛行機の製作[操縦].
aéronaute 名 気球[飛行船]搭乗員.
aéronautique 形 航空の; 航空学の. —女 ❶ 航空学. ❷ ~ navale 海軍航空学.
aéronaval, ale;《男 複》**als** 形 [軍]海空の.
—女《多く A~》海軍航空隊.
aéronef 男 航空機(飛行機, ヘリコプター, 飛行船などの総称).
aéronomie 女 超高層大気物理学, 大気学.
aéropathie 女 [医]航空病.
aérophagie 女 [医]空気嚥下(¿)症, 呑気(¿)症.
aéroplane 男 古 飛行機.
aéroponique 形 水気耕(栽培)の.
aéroport 男 空港, エアポート.
aéroporté, e 形 [軍]空輸[空挺(¿)]の.
aéroportuaire 形 空港の.
aéropostal, ale;《男 複》**aux** 形 航空郵便の.
aéroréfrigérant, e 形 空気冷却の. —男 空気冷却器.
aéroscope 男 (大気中の)塵埃(¿)計器.
aérosol [-sɔl] 男 ❶ スプレー(機構). ❷ [物]煙霧質, エアロゾル.
aérosolthérapie 女 [医]エアロゾル吸入治療.
aérospatial, ale;《男 複》**aux** 形 航空宇宙の. —女 航空宇宙産業.
aérostat 男 軽航空機(気球, 飛行船の総称).
aérostatique 女 空気静力学.
aérostier 男 軽航空機操縦者.
aérotechnique 形 航空工学(の).
aéroterrestre 形 空陸両面の, 陸空軍の.
aérothermique 形 [航]空力加熱の, 空気熱力学(上)の.
aérotrain 男 エアロトラン(モノレール上で浮上する高速列車).
aérotransport 男 [軍]空輸.
aérotransporté, e 形 ⇨ aéroporté.

æschne [ɛskn] 女 [昆]ルリボシヤンマ.
æthuse [e-] 女 [植]ドクゼリ.
aétite 女 [鉱]アエタイト, イーグルストン.
Afars et des Issas (Territoire français des) フランス海外領アファール・イッサ(ジブチ共和国の独立以前の名).
A.F.A.T. [afat] 女《略》[軍] auxiliaire féminine de l'armée de terre 陸軍婦人補助隊(員).
affabilité 女 愛想のよさ, 親切さ.
affable 形 愛想のよい. ⇨**affablement** 副
affabulation 女 筋立て, プロット; 作り話.
affabuler 他 (筋立てを)作る.
—自 作り話をする.
affacturage 男 [商]ファクタリング, 債権買収.
affadir 他 味をなくさせる, 色あせさせる; 精彩のないものにする.
affadissement 男 味がなくなること, 色があせること; 精彩[面白み]が欠けること.
affaibli, e 形 衰えた; 弱くなった.
affaiblir 他 衰弱させる, 弱める.
—s'~ 衰える, 弱まる.
affaiblissant, e 形 弱らせる.
affaiblissement 男 衰弱, 低下.
affaiblisseur 男 [写]減力液.
affaire 女 ❶ 事, 問題, 用事, 関心事. ▶ C'est (une) ~ de goût. それは好みの問題だ. ❷ 事件, 紛争, 訴訟事件; 面倒な事, 厄介. ▶ ~ de vol 窃盗事件 / ~ de corruption 贈収賄事件 / ~ palestinienne パレスチナ紛争 / Ce n'est pas une ~. それはたいしたことではない. ❸ 取引, 売買; 事業, 会社;《複数》ビジネス. ▶ homme d'~s 実業家, ビジネスマン. ❹《複数》(個人の)経済状態; 資産. ▶ Il a fait ses ~s. 彼は一財産築き上げた. ❺《複数》身の回りの品, 持ち物, 衣類. ❻《複数》(政治・経済的)な情勢, 事情. ▶ expert des ~s asiatiques アジア情勢の専門家. ❼《複数》話 情事, 恋愛. ▶ Où en sont tes ~s? 彼(女)との仲はどこまで行っているんだい?
◇avoir ~ à ... …を相手にする, …に用がある. (être) à son ~ 得意そうにしている, お手のものだ. faire ~ (avec ...) (…と)取引する; 意見が一致する. faire l'~ (de ...) (…の)気に入る, 目的にかなう. faire son ~ de ... …を引き受ける, 面倒を見る.
affairé, e 形 多忙, 忙しそうな.
affairement 男 多忙; 慌ただしさ.
s'affairer 代動 忙しくする[働く].
affairisme 男 あくどい金もうけ(主義), 利権あさり. ⇨**affairiste** 名
affaissé, e 形 ❶ へこんだ, たわんだ, 沈下した. ❷ (人が)くずおれた.
affaissement 男 沈下, 重みでたわむこと; 衰弱, 落ち込み.
affaisser 他 へこませる, たわませる; 参らせる; 衰弱させる.

—**s'~** 沈下する; たわむ; 崩壊する; くずれる, 壊れる.

affaitage / affaitement 男 (鷹の)訓練.

affalé, e 形 ぐったりと伸びている.

affaler 他 [海] (ロープを)下ろす.
—**s'~** 倒れ込む, くずれおちる.

affamé, e 形, 名 (**de**) (…に)飢えた(人).

affamer 他 飢えさせる.

affameur, se 名 人々を飢餓[貧窮]に陥れる者.

afféager ② 他 [史] (封)分を一部譲渡する.

affect [-kt] 男 [心] 情動.

affectation¹ 女 割り当て; 配属; (配属された)職務.

affectation² 女 気取り, わざとらしさ; (**de**) (…の)ふりをすること.

affecté¹, **e** 形 割り当てられた, 配属された.

affecté², **e** 形 気取った, 見せかけた.

affecté³, **e** 形 影響をこうむった; 冒された; 心を動かされた, 悲しんだ.

affecter¹ 他 割り当てる; 配属する.

affecter² 他 ふりをする, 装う; (ある形態, 様相を)呈する.

affecter³ 他 悲[苦し]ませる, こころかかわる, 関係する; 悪影響[害]を与える. —**s'~** 悲しむ, 苦しむ.

affectif, ve 形 感情の.

affection 女 ❶ 愛情, 友情; [心] 感情. ❷ [医] 疾患, 症状.

affectionné, e 形 ❶ [手紙の末尾で] 親愛なる. ❷ 愛された, 好みの.
—名 [手紙の末尾で] Votre ~. 親愛なる者より.

affectionner 他 愛情を抱く.

affectivité 女 情動性; 感受性.

affectueusement 副 愛情をこめて.

affectueux, se 形 愛情深い, 愛情のこもった.

affenage 男 飼料をやること.

afférent, e 形 ❶ [法] (**à**) (…に)帰属する. ❷ [解] 求心性の, 輸入の.

affermage 男 (農地の)賃貸借(料). ❷ (公共事業の)請負; 広告スペースの賃貸[売買]契約.

affermer 他 (農地を)賃貸し[賃借り]する. ❷ 請け負わせる[請け負う].

affermir 他 強固にする. —**s'~** 強固になる.

affermissement 男 強化.

afféterie 女 文語 気取り.

affichage 男 掲示, 表示; ひけらかし; [情報] ディスプレー. ► ~ différentiel [生] ディファレンシャルディスプレイ(遺伝子発現の様相を調べる手法) / ~ tête haute [航] ヘッドアップディスプレイ.

affiche 女 ❶ ポスター, 張り紙, びら; (劇場, 音楽会などの)プログラム. ❷ 出演者陣, キャスト. ◇ **mettre à l'~** … …の上演を予告[宣伝]する. **quitter l'~** 上演されなくなる. **tenir l'~** ロングランとなる. **tête d'~** 主役.

afficher 他 ❶ 掲示する, 広告する, [情報] 表示する; 上演中である. ❷ 見せつける. —**s'~** ❶ 人目をはばからない;

► **s'~** (**comme**) … …ぶる. ❷ 掲示される, 公然と示される.

affichette 女 小判のポスター, びら.

afficheur, se 名 ❶ ポスター広告業者; ポスター張り. —男 (時計などの)表示板; [情報] アジャスタ.

affichiste 名 ポスターデザイナー.

affidavit [-t] 男 [英] [法] (外国人が, 本国で課税されている有価証券の免税を請求する)申告書, 非課税証明書.

affilage 男 研ぐこと, 刃付け.

affilé, e 形 鋭い; 鋭敏な.

affilée (**d'**) 副 ぶっ通しで, 続けて.

affiler 他 ❶ (砥)石で)研ぎ上げる. ❷ (金属を)線引きする.

affiliation 女 加入, 加盟, 入会; 提携, 系列.

affilié, e 形 加盟した; 相互に提携した. —名 加入者, 会員; 提携会社.

affilier 他 加盟[入会]させる. —**s'~** ❶ (**à**) (…に)加盟[入会]する. ❷ メンバーに加える.

affiloir 男 ホーニング工具, 砥(と)石.

affinage 男 精練, 精製; 熟成.

affine 形 [数] アフィンの.

affinement 男 ❶ 洗練, やせさせること; [金] (結晶組織の)細粒化.

affiner 他 ❶ 細く[薄く, 鋭く]する; 精練する, 精製する; 熟成させる. ❷ 練り上げる, 洗練する. —**s'~** ❶ 洗練される. ❷ 細く[細かく, 鋭く, 薄く]なる; 精錬される.

affineur, se 名 精錬工.

affinité 女 共通点, 類似性; 親近感; [化] 親和力; [法] 姻戚(せき)関係.

affiquet 男 (服や帽子に留めるアクセサリー; (編物針の)キャップ).

affirmatif, ve 形 断定的な; 確信に満ちた, 肯定の. —女 肯定. ► **dans l'~** 同意の場合は. —副 はい, イエス.

affirmation 女 ❶ 断言, 表明; 明確化; [法] 主張, 確認. ❷ 肯定命題.

affirmativement 副 肯定的に.

affirmer 他 ❶ 断言する, 主張する; はっきり示す, 明示する. ❷ 肯定する. —**s'~** 明確になる.

affixal, ale (男 複) **aux** 形 [言] 接辞の.

affixe 男 [言] 接辞. —女 [数] 複素座標.

affleurement 男 露出, 発現.

affleurer 自 (表面に)姿を現す, 顔をのぞかせる. 他 ~ すれすれにする.

afflictif, ve 形 [法] **peine** ~**ve et infamante** 体刑・名誉刑.

affliction 女 文語 苦悩, 悲嘆.

affligé, e 形, 名 苦しんだ(人); 深く悲しんだ(人).

affligeant, e 形 苦しめる, 痛ましい; あきれはてた.

affliger ② 他 深く悲しませる; (不幸などが)襲う. —**s'~** (**de**) (…を)深く悲しむ, 悩む.

affluence 女 大勢, 群衆; ラッシュ, 人ごみ.

affluent, e 形 (河川に流れ込む)支流の. —男 支流; 枝流.

affluer 自 押し寄せる; 流れ込む.

afflux

afflux 男 殺到, 流入, 集中; 横溢.
affolant, e 形 ❶ 狂乱させる, ひどく心配な. ❷〖否定文で〗素晴らしい.
affolé, e 形 動転した; (機械などが)狂った, 空転する.
affolement 男 ❶ 狂乱, 逆上. ❷ (機械の)狂い, オーバーラン.
affoler 他 ❶ 逆上させる; おびえさせる; 夢中にさせる. ❷ (機械を)狂わせる. **— s'～** ❶ 取り乱す, おびえる. ❷ (機械が)狂う; 空転する.
affouage 男 (入会地の)薪(ﾀｷｷﾞ)採取権.
affouagé, e / affouagiste 名 薪(ﾀｷｷﾞ)伐採権保有者.
affouager 他 (薪(ﾀｷｷﾞ)伐採権保有者の)名簿を作る.
affouillement 男〖地〗洗掘.
affouiller 他 (流水が川岸を)洗掘する.
affourcher 他〖海〗双錨泊(ｿｳﾋﾞｮｳﾊﾞｸ)させる.
affour(r)agement 男 飼料を与えること.
affour(r)ager 他 飼料を与える.
affranchi, e 形 ❶慣習にとらわれない. ❷切手をはった, 郵便料金支払済み. ❸解放された. **—** 名 規範にとらわれない人; 解放奴隷〖義婦〗.
affranchir 他 ❶解放する. **～** A de B AをBから自由にする, AにBを免除する. ❷(悪党の仲間に)入れる; (秘密を)教える. ❸(郵便料金を)支払う. **— s'～** 〈de〉(…から)解放される; (…)を免れる.
affranchissable 形 郵送可能な.
affranchissement 男 ❶ 解放. ❷〖郵〗料金の納付.
affres 女複〖文章〗苦悩, 不安, 恐怖.
affrètement 男 チャーター; 〖海〗傭船(ﾖｳｾﾝ)契約.
affréter ⑥ 他 チャーターする.
affréteur 男 借り主; 傭(ﾖｳ)船主.
affreusement 副 恐ろしく; ものすごく.
affreux, se 恐ろしい, ひどく醜い, 不快な, 嫌な; 極度の.
affriander 他 古/文章 おびき寄せる; 誘惑する.
affriolant, e 形 魅力的な.
affrioler 他 魅惑〖誘惑〗する.
affriquée 女, 形 & 形〖音声〗破擦音(の).
affront 男 侮辱; 古 無礼.
affronté, e 形〈à〉(…と)対決した, 直面した.
affrontement 男 対立; 衝突.
affronter 他 ❶ 立ち向かう. ❷ (2つの部材を)突き付ける, 突き合わせる. **— s'～** 敵対する, 対立する; 〈à〉(…に)直面する; 直面する.
affruiter 自 実を結ぶ.
— 他 果樹園を植える.
affublement 男 奇妙な服装.
affubler 他 (奇妙な服などを)身に着けさせる; (妙な名前, 肩書を)つける. **— s'～** (奇妙な服を)身に着ける; (妙な名前, 肩書)名乗る.

quatorze 14

affusion 女〖医〗灌注(ｶﾝﾁｭｳ); 〖カト〗注水.
affût 男 ❶ 待ち伏せ(する場所). ❷〖軍〗砲架, 銃架.
affûtage 男 研ぐこと, 研磨.
affûter 他 研ぐ, 研削する.
affûteur, se 名 ❶ 研ぎ師; 研削工. **—** 女 工具研削機, グラインダー.
affûtiaux [-tjo] 男複 昔の装身具; がらくた; 道具.
afghan, e 形 アフガニスタンの. **—** 名 〈A～〉アフガニスタン人. **—** 男 アフガニスタン語, パシュトー語.
Afghanistan 男 アフガニスタン.
aficionado 男〖西〗(闘牛などの)熱狂的ファン.
afin de 前句 文章 ～ + inf. …するために.
afin que 接句 文章 ～ + subj. …するために.
aflatoxine 女〖生化〗アフラトキシン.
AFNOR [afnɔr] 女〖略〗Association française de normalisation フランス工業標準化協会.
afocal, ale; 〖男複〗**aux** 形〖光〗無限遠焦点の.
a fortiori [-sjo-] 副句〖ラ〗ましてや.
A.F.-P. 女〖略〗 Agence France-Presse フランス通信社.
africain, e 形 アフリカの. **—** 名 〈A～〉アフリカ人.
africaniser 他 アフリカ化する; (行政, 企業などを)アフリカ人の管理下に置く. ◇**africanisation**
africanisme 男 アフリカ学; アフリカ語法.
africaniste 形, 名 アフリカ学の(専門家).
afrika(a)ns [-s] 男 アフリカーンス語. **—** 形 アフリカーナーの.
afrikaner / afrikaander 形 アフリカーナーの (南アフリカ共和国のオランダ系白人)の. **—** 名 〈A～〉アフリカーナー.
Afrique 女 アフリカ.
Afrique du Sud [-d] 女 南アフリカ共和国.
Afrique-Équatoriale française 女 旧フランス領赤道アフリカ (1910-58).
Afrique-Occidentale française 女 旧フランス領西アフリカ (1895-1958).
afro 形〖不変〗(髪形が)アフロの.
afro-américain, e 名, 形 (アフリカ系)アメリカ黒人(の).
afro-asiatique 形 アジア・アフリカの.
afro-cubain, e 形 キューバの黒人の. **—** 名 〈A～〉キューバの黒人.
after-shave [-tœrʃeːv] 男〖不変〗〖英〗アフター・シェーブ・ローション.
Ag 〖記〗〖化〗 argent 銀.
agaçant, e 形 神経をいらだたせる.
agacement 男 いらだち.
agacer ① 他 ❶ いらだたせる, 不快感を抱かせる. ❷ 古/罵 (男の)気を引く. **— s'～** いらだつ.
agacerie 女 媚び〖態〗, 思わせぶり.

agalactie / agalaxie 女【医】無乳症.

agame 形【生】無性生殖の.

Agamemnon [-mɛm-] 男【ギ神】アガメムノン.

agami 男【鳥】ラッパチョウ.

agammaglobulinémie 女【医】無ガンマグロブリン血症.

agape 女 ❶ (複数)〖ふざけて〗(仲間内の)宴会, 会食. ❷〖宗〗愛餐(なん).

agar-agar; (複) ~s~s 男【マラリ】寒天.

agaric 男【菌】ハラタケ.

agassin 男(ブドウの)元芽(なん).

agate 女 瑪瑙(めのう); (瑪瑙に似せた)縞(むま)入りガラス.

agave 男【植】リュウゼツラン.

age 男(漿しょの)絨(こぜ)げ.

âge 男 ❶ 年齢, 年. ► âge scolaire 学齢. ❷ (一生のある)年代; 老齢. ❸ (歴史的な)時代. ◇*entre deux âges* 壮年[中年]の. ◇*être d'âge à ...* = *être en âge de ...* ... にふさわしい[...できる]年齢である. *hors d'âge* 時代遅れの, 古びた.

âgé, e 形 ...歳の; 老齢の.

Agen アジャン (Lot-et-Garonne 県の県庁所在地).

agence 女 ❶ 代理店; 通信社 (= ~ de presse). ❷ (銀行などの)支店, 営業所. ❸ (組織の名称として) ...機関, 公団.

agencement 男 配置, 配列.

agencer 他 組み合わせる, 配列[配置]する.
—s'~ 配列[配置]される.

agenda [-ʒɛ̃-] 男(日付け入りの)手帳. ► ~ électronique 電子手帳.

agénésie 女【生】(器官の)無発生, 非形成, 無発育.

agenouillé, e 形, 名 ひざまずいた(人); 屈従した人.

agenouillement 男 ひざまずくこと; 服従; 【スキー】えの字姿勢.

s'agenouiller 代動 ひざまずく; 屈伏[服従]する.

agenouilloir 男 祈祷(きとう)椅子; 小祈祷台.

agent¹ 男 ❶ 係員; 警官; 代理人, 仲介者. ❷ スパイ; 手先, 回し者.

agent² 男 ❶ 作因, 動因; 薬品. ❷ 張本人, 主導者. ❸【文法】動作主. ❹【食】~ de conservation 防腐剤. ❺【車】~ de refroidissement 冷却水, クーラント.

ageratum [-ʒe-] / **agérate** 男【植】カッコウアザミ.

AGETAC 関税貿易一般協定(英国 GATT).

aggiornamento [-dʒjɔrnamen-] 男【伊】刷新, 近代化; カトリック教会の改革.

agglomérant, e 形【言】=s 膠(にかわ)着言語.
—男 結合剤.

agglomérat 男 凝集物; 寄せ集め; (凝灰)集塊岩.

agglomération 女 都市圏; 集落; (人などの)集まり.

aggloméré, e 寄せ集まった, 集中した; 市街化した.
—男(固めて作った)燃料; 【建】人造建材.

agglomérer ⑥ 塊にする, 凝集する. —s'~ 塊になる, 密集する.

agglutinant, e 形 粘着【凝集】性の; 【言】膠(にかわ)着(型)の.

agglutination 女 粘着, 凝集; 【言】膠着.

agglutiner 他 粘着させる; 凝集【膠(にかわ)着】させる.
—s'~ 密着する; 寄り集まる.

agglutinogène 男 凝集原.

aggravant, e 形 悪化させる; 悪化させる.

aggravation 女 悪化; (負債などの)増加, (刑の)加重(さん).

aggraver 他 悪化させる, 重くする, 激しくする. —s'~ 悪化する; 重く[激しく]なる.

aggro 男 攻撃的態度.

agile 形 身軽な, 機敏な; 鋭敏な.

agilement 副 機敏に; 鋭敏に.

agilité 女 敏捷さ; 鋭敏さ.

agio 男(銀行の)手形割引料金; (為替, 株式の)打歩(うちぶ); 利鞘(さや); 差益.

agiotage 男(不正な)投機売買.

agir 自 ❶ 振る舞う; 行動する. ❷ (sur)(...に)影響を及ぼす, 作用する. ❸ (auprès de)(...に)働きかける. ❹ (contre)【法】(...に対し)訴えを起こす. —他 文章動かす, 駆り立てる.
—s'~〚非人称構文で〛(de)(...が)問題である, (...に)かかわる; それは...である. ► J'ai un problème; il s'agit de mon travail. 困ったことがある, 仕事のことなのだ.
◇*Il s'agit de + inf.* [*que + subj.*] ...しなければならない.

âgisme 男 高齢者差別.

agissant, e 形 影響力【効力】のある; 活発な.

agissement 男 (多く複数) 背徳行為; 策略.

agitateur, trice 名 アジテーター, 扇動者. —男 攪拌(かくはん)装置.

agitation 女 揺れ, 動揺, 不安; 興奮状態; 混乱, 騒乱.

agitato 【伊】【楽】アジタート, 興奮して.

agité, e 形, 名 動き回る(人), 落ち着きのない(人); 興奮した(人).

agiter 他 ❶ 振る; 動揺させる; 扇動する; 振りかざす. ❷ 討議する.
—s'~ 動き回る; 揺れる; 扇動される; [話] 行動を起こす, 働きかける.

agit-prop [-ʒitprɔp];(複) s~s~ 女 アジプロ, 扇動的宣伝.

agnat, e [-gna, at] 名【口法】男系の親族.

agnathe [-gna-] 形【動】顎(えりの)のない. —男(複数) 無顎(ない)類, 円口類.

agnation [-gna-] 女【口法】男系の親族関係.

agneau; (複) x 【男】子羊; ラム.

agnel 男 アニェル金貨(12-15世紀).

agnelage 男(羊の)分娩(べん)期.

agneler ④ ③ 自(羊が)分娩する.

agnelet 男 小さい子羊.

A

agneline 囡 ラムズウール.
agnelle 囡 (1歳以下の)雌の子羊.
agnosie [-gnɔ-] 囡〖心〗失認(症).
agnosticisme [-gnɔ-] 男〖哲〗不可知論.
agnostique [-gnɔ-] 形 不可知論(者)の. ―名 不可知論者.
agnus(-)castus [agnyskastys] 男〖植〗セイヨウニンジンボク.
Agnus(-)Dei [agnysdei] 男〖不変〗〖カト〗❶ 平和の賛歌. ❷ (a-)子羊を刻んだ蠟製[ワックス]メダル.
agonie 囡 臨終, 断末魔.
agonir 他 A de B A に B(罵言など)を浴びせる.
agonisant, e 形, 名 瀕死の(人).
agoniser 自 死に瀕している.
agoniste 男 形 主動筋(=muscle ~).
agora 囡 ❶〖古〗アゴラ, 広場. ❷ 中心街.
agoraphobie 囡〖心〗広場恐怖(症). □**agoraphobe** 形.
agouti 男〖動〗オオテンジクネズミ.
agrafage 男 (ホック, 留め金を掛けること; (ホチキスで) 綴じ)ること.
agrafe 囡 ❶ ホック, 留め金; ホチキスの針, クリップ; (瓶の)栓止め金具. ❷〖医〗クリップ;〖建〗かすがい.
agrafer 他 ❶ ホックで留める, ホチキスで綴じる. ❷ 話 ひっつかまえる; 引き留める. ―**s'~** (ホックなどで)留まる.
agrafeuse 囡 ホチキス.
agrainer 他 (動物に)穀粒をまく.
agraire 形 農地の, 土地の.
agrammatical, ale (男 複) **aux** 形〖言〗非文法的な.
agrammaticalité 囡〖言〗非文法性.
agrammatisme 男〖心〗失文法(症).
agrandir 他 大きくする, 拡張する;力強く[気品を]する.
―**s'~** 大きくなる, 広がる; 自宅を増築する, 広い家に移る.
agrandissement 男 拡大, 拡張, 増強.
agrandisseur 男〖写〗引き伸ばし機.
agranulocytose 囡〖医〗顆粒(ジ)球減少(症), 無顆粒球症.
agraphie 囡〖心〗失書(症).
agrarien, ne 形 土地均分論(者)の;〖史〗(19世紀ドイツの)農本党の. ―名 土地均分論者; 農本家.
agréable 形 快い, 楽しい; (à…) (…の)気に入る.
agréablement 副 心地よく, 楽しく.
agréé, e 形 公認[認可]された. ―男〖法〗商事裁判所弁護士.
agréer 他 受け入れる, 承認する; 公認[認可]する. ―自 [文章] (à) (…の)気に入る.
agrég [-g] 囡〖話〗教授資格(試験).
agrégat 男 (雑多な)集まり, 集合体; 集計(量); 〖楽〗音塊.
agrégatif, ve e 名 形 大学教授[上級教員]資格試験準備学生(の).

agrégation 囡 ❶ (中等教育の)上級教員資格(試験); (法学, 経済学, 医学, 薬学の)大学教授資格(試験). ❷ 集まり; 集合.
agrégé, e 形 ❶ 教授[上級教員]の資格を持つ. ❷ 凝集した. ―名 教授[上級教員]の資格を持つ人.
agréger ⑦ 他 凝集させる; (à) (…に)加入する; (à) (…に)加入する. ―**s'~** 凝集する; (à) (…に)加入する.
agrément 男 ❶ 楽しみ, 魅力. ► voyage d'~ 観光旅行 / jardin d'~ ガーデニングを楽しむ庭. ❷ 承認, 認可.
agrémenter 他 飾る; 楽しくする. ―**s'~** (de) (…で)飾られる.
agrès 男 複 体操器具;〖海〗索具, 操帆装置.
agresser 他 攻撃する, 傷つける, 挑発する.
agresseur 男 形 攻撃[襲撃]者; 侵略者. ―形 攻撃[侵略]性の.
agressif, ive 形 攻撃[積極]的な; 有害な. □**agressivement** 副.
agression 囡 攻撃, 侵略; 精神的圧迫, 有害作用.
agressivité 囡 攻撃[侵略]的な性質; (周囲への)影響 害, 害.
agreste 形 [文章] ひなびた.
agricole 形 農業の.
agriculteur, trice 名 農業従事者[経営者], 農業者.
agriculture 囡 農業; 農法. ► ~ des molécules 分子農業(植物に人間などの遺伝子を導入して医薬品を作ること) / ~ raisonnée 合理的農業.
s'agriffer 代動 (à) (…に)爪を立ててしがみつく.
agrile 男〖昆〗ナガタマムシ.
agrion 男〖昆〗イトトンボ.
agriote 男〖昆〗コメツキムシ.
agripaume 囡〖植〗メハジキ.
agrippement 男 つかむ[しがみつく]こと; 〖心〗réflexe d'~ (新生児の)把握反射.
agripper 他 つかむ, 捕える.
―**s'~** (à) (…に)しがみつく.
agritourisme 男 農地観光.
agro(-)alimentaire 男, 形 農産物加工業(の).
agrochimie 囡 農芸化学.
agro-industrie 囡 農業関連産業.
agrologie 囡 応用土壌学.
agronome 名 農学者; 作物学者.
agronomie 囡 農学; 作物学.
agronomique 形 農学の; 作物学の.
agro-pastoral, ale; (男 複) **aux** 形 農牧業の.
agrostis [-s] / **agrostide** 囡〖植〗コヌカグサ.
agrotis [-s] 男〖昆〗モンヤガ.
agrotourisme 男 ⇨ agritourisme
agrume 男〖植〗柑橘(ホネ)類(の木).
agrumiculture 囡 柑橘栽培.
aguerrir 他 戦争に慣れさせる. (à, contre) (…に)慣らす.
―**s'~** 慣れる.

aguets 男複 aux 〜 見張って、油断なく; 待ち伏せして.
agueusie 女〖医〗無味覚(症).
aguichant, e 形 誘惑する、挑発的な.
aguiche 女 キャッチフレーズ、アイキャッチフレーズ.
aguicher 他 誘惑［挑発］する.
aguicheur, se 名, 形 誘惑［挑発］する(人).
Ah 〖記〗ampère-heure アンペア時.
ah 間 ああ. ◇ *Ah ah!* (驚き、当惑、落胆）ああっ、あーあ! ◇ (皮肉、挑発)え、い. ◇ *Ah bon!* (了解)ああそう.
ahuri, e 形, 名 呆(た)然とした(人).
ahurir 他 呆(た)然とさせる、面食わせる. □ ahurissant, e 形
ahurissement 男 茫(ぼ)然自失.
ai 活 ⇨ avoir.
aï 男〖動〗ミユビナマケモノ.
A.I. 〖略〗altesse impériale (皇帝の直系の)殿下.
aiche 女 ⇨ esche.
A.I.D. 女〖略〗Association internationale de développement 国際開発協会, 第二世銀(英語 IDA).
aide 女 ❶ 援助, 財政援助, 助成金. ❷ 〖複数〗扶助. ◇ *à l'~ de …* …を使って、の助けを借りて. ── 名 助手, 補佐. ► 〜 familiale ホームヘルパー / 〜-comptable 会計補佐 / 〜 de camp 副官 / 〜 ménagère (高齢者介護の)ヘルパー / 〜-soignant(e) 準看護人.
aide-mémoire 男〖不変〗(暗記本位の)要約参考書, 便覧.
aider 他 手伝う, 助ける. ► 〜 … à + inf. …が…するのを助ける. ── 間 (à) (…に)役立つ. — **s'~** 代 (de) (…)を使う. ❷ 助け合う.
aie(-) 活 ⇨ avoir.
aïe [aj] 間 痛い; いやはや(苦痛, 困惑など).
A.I.E.A. 女〖略〗Agence internationale de l'énergie atomique 国際原子力機関(英語 IAEA).
aïeul, e 男〖文章〗祖父, 祖母.
aïeux 男複〖文章〗先祖. ◇ *Mes 〜!* ああ, 驚き, 賛嘆など.
aigle 男 ❶ 〖鳥〗ワシ. ❷ 頭の切れる人, 傑物. ❸ 〖A〜〗〖天〗驚座. ── 女 ❶ 雌ワシ. ❷ (ローマ帝国, ナポレオン軍の)ワシの標章.
aiglefin 男 ⇨ églefin.
aiglon, ne 名 ワシの仔.
aigre 形 ❶ 酸っぱい. ❷ 甲高い; 肌を刺すような; とげとげしい. ── 男 酸っぱい味［におい］; 険悪な状態.
aigre-doux, ce; 〖複〗*〜s-〜*, *〜s-〜ces* 形 甘酸っぱい; 優しそうでいて刺(とげ)のある.
aigrefin 男 詐欺師, いかさま師.
aigrelet, te 形 ❶ 少し酸っぱい. ❷ ちょっと甲高い〖とげとげしい〗.
aigrement 副 辛辣に; 甲高く.
aigremoine 女〖植〗キンミズヒキ.
aigrette 女 ❶ 冠羽; 冠毛状の飾り. ❷〖鳥〗シラサギ. ❸〖植〗冠毛.
aigreur 女 ❶ 酸っぱさ, とげとげしさ.
❷〖複数〗胸焼け.
aigri, e 形 酸っぱくなった;(辛酸をなめて)気難しくなった.
── 名 気難しくなった人.
aigrin 男〖園〗リンゴ〖ナシ〗の若木.
aigrir 他 酸っぱくする; 気難しくする.
── 自 酸っぱくなる.
— **s'~** 代 酸っぱくなる; 気難しくなる.
aigu, ë 形 ❶ 鋭い, とがった; 甲高い; 激しい, 深刻な. ❷〖医〗急性の. ◇〖文法〗accent 〜 アクサンテギュ(´). ❸〖楽〗高音.
aigue-marine; 〖複〗*〜s-〜s* 女〖鉱〗アクアマリン.
aiguière 女 (18世紀頃の)水差し.
aiguillage [-gɥi-] 男 ❶ 方向つけ, 進路指導〖決定〗; 〖鉄道〗分岐器〖転轍(てつ)器〗(の操作).
aiguillat [-gɥi-] 男〖魚〗ツノザメ, 〖特に〗アブラツノザメ.
aiguille [-gɥi-] 女 ❶ 針. ❷ (鐘楼の)尖塔(せんとう); 〖地〗針峰; 〖鉄道〗転轍(てつ)器; 〖植〗針葉.
aiguillée [-gɥi-] 女 一針分(の糸の長さ).
aiguiller [-gɥi-] 他 (列車の)ポイントを切り替える; 導く.
— **s'~** 代 向かう, 進む.
aiguilleté, e [-gɥi-] 形〖繊〗ニードルパンチされた.
aiguillette [-gɥi-] 女 ❶ (軍服などの)飾りひも, 飾緒(しょ). ❷〖料〗エギュイエット(牛のランプ上肉); 鳥の薄切り胸肉.
aiguilleur [-gɥi-] 男 ❶ 転轍(てつ)手. ❷ 〜 du ciel 航空管制官.
aiguillon [-gɥi-] 男 ❶ 奮起させるもの, 刺激; (牛追い用の)突き棒; 〖植物の〗刺(とげ), (ハチ, サソリの)針.
aiguillonner [-gɥi-] 他 刺激する, 鼓舞する; (牛を)突き棒で追う.
aiguillot [-gɥi-] 男〖海〗ピントル(舵(かじ)の軸).
aiguisage / **aiguisement** 男 研ぐこと, 研磨.
aiguiser 他 研ぐ; 磨きをかける, 鋭くする; かき立てる.
— **s'~** 代 鋭くなる, 研ぎ澄まされる.
aiguiseur, se 名, 形 研刃工の, 研ぎ師(の).
aiguisoir 男 研削器, グラインダー.
aïkido 男〖日本〗合気道.
ail [ɛj] 男; 〖複〗*〜s* (または *aulx* [o])〖植〗ニンニク.
aile [ɛl] 女 ❶ (昆虫の翅(はね)の) ❷ 手羽肉. ❸ 〖建〗〖軍〗翼(よく); 〖スポ〗ウイング; 〖車〗フェンダー.
◇ 〜 libre ハンググライダー. *battre de l'〜* = *ne battre que d'une* (事業などが)不振である. *d'un coup d'〜* 直行便で, 一飛びで. *voler de ses propres 〜s* 独り立ちする.
ailé, e 形 翼のある.
aileron 男 鳥の翼の先端部; 補助翼; (サメなどの)ひれ; 〖建〗渦形装飾.
ailette 女 (タービンの)推進翼;(放熱用の)フィン, フィン(魚雷の)安定翼, スタビライザー; (建物の)小翼.
ailier, ère 名〖スポ〗ウイング.

aillade

aillade 囡 アイヤード(ニンニク入りクルトン);ニンニク入りドレッシング.
aille(-) 話 ⇨ aller.
ailler 他 ニンニクをこすりつける[差し込む].
ailleurs 副 よそに, よそで(は).
◇*d'* ～ それに, そもそも;もっとも, …ではあるが;ほかの所[理由]から. *par* ～ 一方から, 反面;ほかの場合には. ◻**aimablement** 副
aïlloli 男 アイオリ(ニンニク入りマヨネーズソース).
aimable 形 ❶感じのいい, 心地よい;優しい, 親切な. ❷《反語的に》わりない, 嫌な. ◻**aimablement** 副
aimant¹ 男 磁石.
aimant², e 形 情愛の深い, 優しい.
aimantation 囡 磁化;磁力.
aimanter 他 磁化する.
aimantin 男 マグネット.
aimé, e 形, 名 愛されている(人).
aimer 他 愛する, 好む. ◇～ *mieux* …の方を好む. —**s'**～ ❶《自分の姿, 状態が》気に入っている. ❷愛し合う.
Ain 男 ❶ アン県 [01]. ❷ アン川(ローヌ川支流).
aine 囡 《解》鼠蹊(そけい)部.
aîné, e 形 年上の;最年長の.
—名 長男, 長女;年長者.
aînesse 囡 《史》*droit d'*～ 長子相続権.
aïnou 形《不変》アイヌの. —名《A～》アイヌ人. —男 アイヌ語.
ainsi 副 この[その]ように, そうすれば;《文頭》そういうわけで;たとえば.
◇～ *que* …のように, …と同様に, 並びに. ～ *soit-il* アーメン. *C'est que* … こうして…. *et* ～ *de suite* 以下同様. *il en est* ～ 事情がそういう事である. *pour* ～ *dire* 言わば.
aïoli 男 ⇨ ailloli.
air¹ 男 ❶空気;風;空. ❷航空. ❸雰囲気, 環境. ◇*en l'air* 空中に[で];でたらめに, 放り出して. *être dans l'air* 流行[普及]している. *l'air du temps* 時代の風潮. *ne pas manquer d'air* 図々しい. *plein air* [plɛnɛːr] 野外.
air² 男 顔つき, 外観;態度.
◇*avoir l'air* + 形容詞 [*de* + 名詞, *inf.*] …のように見える. *n'avoir l'air de rien* たいしたものではない. *prendre de grands airs* 尊大に構える. *sans en avoir l'air* そうは見えないが.
air³ 男 歌曲.
airain 男《文章》 ❶*d'*～ 堅固な;容赦しない. ❷青銅.
airbag [-g] 男《英》エアバッグ.
airbus [-s] 男 エアバス.
aire 囡 ❶平らな地面, エリア;領域, 範囲;面積. ❷ 脱穀場;猛禽の巣.
airedale [-del] 男《英》エアデール・テリア.
airelle 囡 コケモモ[スノキ](の実).
airer 自《猛禽が》巣を作る.
air-sol 男《不変》空対地の.
ais 男 (印刷, 製本用の)板, 台.
aisance 囡 ゆとり, 自然さ.
◇*cabinets* [*lieux*] *d'*～ 便所.

---

aise 囡 ❶《複数》(生活の)快適さ, 安楽. ❷《文章》満足, 喜び. ◇*à l'*～ = *à son*～ くつろいで, 気ままに;たやすく;裕福に, 不自由なく;《約束などを》守らない. —形《文章》満足している.
aisé, e 形 くつろげる;ゆとりのある;《文章》容易な. ◻**aisément** 副
Aisne [ɛn] 男 エーヌ県 [02].
—囡 エーヌ川(オアーズ川支流).
aisselle 囡 わきの下.
ait 話 ⇨ avoir.
Aix-en-Provence [ɛksɑ̃-] 《町名》エクス=アン=プロヴァンス [県13].
aixois, e 形 エクス=アン=プロヴァンスの;エクス=レ=バン Aix-les-Bains (フランス南東部の町)の.
—名《A～》エクス=アン=プロヴァンスの人;エクス=レ=バンの人.
A.J. 囡《略》Auberge de la jeunesse ユースホステル.
Ajaccio アジャクシオ (Corse-du-Sud 県の県庁所在地).
ajiste 名 ユースホステル会員(の).
ajointer 他 端と端を結合させる.
ajonc [aʒɔ̃] 男《植》ハリエニシダ.
ajour 男《建》透かし彫り, 目透かし;(レースや刺繡の)透かし.
ajouré, e 形 明かり取りをつけた;透かし細工[模様]を施した.
ajourné, e 形 ❶延期された. ❷不合格の. —名 不合格者;召集延期者.
ajournement 男 ❶延期. ❷落第, 不合格.
ajourner 他 延期する;《候補者などを》次回の審査へ回す, 落第させる. —**s'**～ 延期される.
ajout 男 追加;加筆.
ajouter 他 付け加える;言い足す.
◇～ *foi à* …を信じる.
—自 (à) (…を)増やす, 増大させる.
—**s'**～ 付け加わる.
ajustage 男《機》(部品の)はめ[すり]合わせ. ❷ 貨幣の量目規定を守ること.
ajusté, e 形 ぴったりした.
ajustement 男 適合, 調整.
ajuster 他 ❶調整する, 適合[合致]させる;《機》(部品を)すり[はめ]合わせる. ❷(銃で)ねらう.
—**s'**～ 適合[合致]する.
ajusteur, se 名 仕上げ工.
ajutage 男 ノズル, 放水管.
akène 男《植》瘦(そう)果.
akinésie 囡《医》無動(症), 失動(症), 運動不能(症).
akkadien, ne 形 (古代メソポタミア)アッカドの. —名《A～》アッカド人. —男 アッカド語.
akvavit [-wavit] 男《スウェーデン》アカビット (芳香性のブランデー).
Al《記》《化》aluminium アルミニウム.
alabandine 囡 硫マンガン鉱.
alabastrite 囡《鉱》雪花石膏(せっこう), アラバスター (工芸品の材料).
alacrité 囡《文章》快活さ.
alaire 形《動》翼(つばさ)の.
alaise 囡 ❶防水シーツ. ❷継ぎ板.
alambic 男 蒸留器.

alambiqué, e 形 凝りすぎた.
alandier 男〖陶〗焼成炉の火室.
alanguir 他 疲れさせる, 生気をそぐ.
— **s'—** 衰弱する.
□**alanguissement** 男
alanine 女〖生化〗アラニン.
alarmant, e 形 憂慮すべき.
alarme 女 警報, 不安, 恐れ ▶ antiintrusion（車の）盗難防止アラーム.
alarmer 他 不安にする.
— **s'—** 不安になる.
alarmisme 男 不安をあおる傾向〖風潮〗.
alarmiste 形, 名 不安をあおる(人), 人騒がせな(人).
alastrim [-trim] 男〖医〗小痘瘡.
alaterne 男〖植〗クロウメモドキ.
albanais, e 形 アルバニアの.
— 名〈A〜〉アルバニア人.
— 男 アルバニア語.
Albanie 女 アルバニア.
albâtre 男〖鉱〗アルバスター; (アラバスター製の)彫刻, 工芸品.
◊ **d'—** 〖文章〗透き通るように白い.
albatros [-s] 男〖鳥〗アホウドリ.
albédo 男〖天〗アルベド, 反射能.
Albi アルビ(Tarn 県の県所在地).
albien, ne 形〖地〗アルビアン期の.
— 男 アルビアン期.
albigeois, e 形 アルビの. — 名〈A〜〉アルビの人. — 男単 アルビ派, カタリ派(異端とされた).
albinisme 男 白皮症, 白子症.
albinos [-s] 形, 名 白皮症の(人, 動物).
albite 女〖鉱〗曹長石(ᠻ(ょ).
— 女 白膜.
albuginé, e 形〖解〗(膜が)白い.
albugo 男〖ラ〗(角膜, 爪の)白斑.
album [-ɔm] 男 アルバム.
albumen [-men] 男〖ラ〗卵白; 胚乳.
albumine 女〖生化〗アルブミン. ▶ avoir de l'— 尿にたんぱくが出る.
albuminé, e 形 胚(は)乳のある.
albumineux, se ❶〖生化〗アルブミン[たんぱく質]を含んだ;〖医〗たんぱく尿(症)の. ❷ 蒼(ǎ)白な.
albuminurie 女〖医〗たんぱく尿(症).
albumose 女〖生化〗アルブモース, プロテオース.
alcade 男 (スペインの)市町村長.
alcalescence 女 弱アルカリ性.
alcali 男 ❶〖化〗アルカリ. ❷ 〜 volatil アンモニア水.
alcalifiant, e 形 アルカリ化する, アルカリ性にする.
alcalimètre 男〖化〗アルカリメーター, 炭酸定量器.
alcalimétrie 女〖化〗アルカリ定量, アルカリ滴定.
alcalin, e 形〖化〗アルカリ性の; 塩基性の.
alcaliniser 他 アルカリ化する.
alcalinité 女 アルカリ性.
alcalino(-)terreux, se 形〖化〗métaux 〜 アルカリ土類金属.

alcaloïde 男〖化〗アルカロイド.
alcalose 女〖医〗アルカローシス.
alcarazas [-s] 男 素焼きの壺(ぼ).
alcazar 男〖西〗ムーア人の城郭宮殿, アルカサル.
alcène 男〖化〗アルケン, オレフィン.
alchémille 女〖植〗ハゴロモグサ.
alchimie 女 錬金術.
alchimique 形 錬金術の.
alchimiste 名 錬金術師.
alcool [-kɔl] 男 アルコール, 酒類.
alcoolat [-kɔ-] 男〖薬〗アルコーラ.
alcoolature [-kɔ-] 女 アルコール浸剤.
alcoolé [-kɔ-] 男 アルコール製剤.
alcoolémie [-kɔ-] 女〖医〗アルコール血(症).
alcoolification [-kɔ-] 女 アルコール発酵.
alcoolique [-kɔ-] 形 アルコールの; アルコール中毒の.
— 名 アルコール中毒者.
alcoolisable [-kɔ-] 形 アルコール化できる.
alcoolisation [-kɔ-] 女 アルコール化; アルコール添加.
alcoolisé, e [-kɔ-] 形 アルコール入りの.
alcooliser [-kɔ-] 他 アルコール化する; アルコールを加える;〖医〗アルコール中毒にする. — **s'—** 酔っぱらう; アルコール中毒になる.
alcoolisme [-kɔ-] 男 アルコール中毒, 飲酒癖.
alcoolo [-kɔ-] 形, 名〖話〗アルコール中毒の(人).
alcoologie [-kɔ-] 女 アルコール依存症研究.
alcoologue [-kɔ-] 名 アルコール依存症専門医.
alcoomètre [-kɔ-] 男 アルコール計(アルコール濃度を計る器具).
alcoométrie [-kɔ-] 女 アルコール定量.
alco(o)test [-kɔtest] 男 飲酒検知器; アルコール検査.
alcôve 女〖建〗アルコーブ(寝台を置くために壁に設けたくぼみ).
◊ **d'—** 〖文章〗情事にまつわる.
alcyne 男〖化〗アルキン.
alcyon 男 ❶〖ギ神〗アルキュオネ(幸福の前兆とされる鳥). ❷〖動〗ウミトサカ.
alcyonaires 男複〖動〗ウミトサカ綱.
alcyonien, ne 形〖ギ神〗アルキュオネの; 穏やかな.
aldéhyde 男〖化〗アルデヒド.
al dente [-dente] 形句〈不変〉〖伊〗〖料〗固めに煮た〖ゆでた〗.
aldol 男〖化〗アルドール.
aldose 男〖化〗アルドース.
aldostérone 女〖化〗〖生化〗アルドステロン(副腎皮質ホルモンの一つ).
ale [ɛl] 女 エール(英国のビール).
aléa 男 偶然, 運; 危険, 不測の事態.
aléatoire 形 偶然に左右される, 予測不可能な; 不確実な. ▶ accès 〜〖情報〗ランダムアクセス / nombres 〜 s

alémanique

【数】乱数 / échantillonnage ～【統計】無作為抽出法.
—男 不確実性,危険性.

alémanique 形 ❶ ドイツ語圏スイス(人)の. ❷ アレマニア語の. —男 アレマニア語(高地ドイツ語の方言).

A.L.E.N.A. 男(略) Accord de libre-échange nord-américain 北米自由貿易協定(英語 NAFTA).

Alençon アランソン (Orne 県の県庁所在地).

alène 女 革通し.

alénois 形【植】cresson ～ コショウソウ.

alentour 副 近くに,周囲に. —男 (複数)周囲,付近;関連事項. ◇ *aux* ～ *s de* …ころ,およそ…;…の近くに.

aléoute / aléoutien, ne 形 アリューシャン列島 îles Aléoutiennes の.

aleph [-f] 男 アレフא(ヘブライ語アルファベットの第1字).

alérion 男【紋】アレリオン(くちばしと足のない鷲(♂)).

alerte¹ 女 ❶ 警報;警戒. ❷ 脅威,危機. —間 気をつけろ,警戒せよ.

alerte² 形 敏捷な,活発な,生き生きした. □**alertement** 副

alerter 他 警告する,通報する,警戒心を起こさせる.

alésage 男【車】ボア;【機】中ぐり[ボーリング]加工,リーマー通し.

alèse 女 ⇨ alaise.

aléser 他【機】中ぐり[ボーリング]加工をする,リーマー通しをする.

aléseur, se 名 中ぐり工. —男(油)リーマー(坑壁を拡げる掘削具具). —女 中ぐり盤,穿孔(特)機.

alésoir 男 穴あけ工具.

aleurite 女【植】アブラギリ.

aleurode 男【昆】コナジラミ.

aleurone 女【生】糊粉.

alevin 男 稚魚.

aleviner 他 稚魚を放流する. □**alevinage** 男

alevinier / alevinière 女 稚魚養殖池.

Alexandrie [aleksā-] アレキサンドリア(エジプトの都市).

alexandrin¹**, e** [aleksā-] 形 アレキサンドリアの.
—男 アレキサンドリア学派.

alexandrin² [aleksā-] 形 男, 男性アレクサンドランの,12音節詩句の).

alexandrinisme [aleksā-] 男 アレクサンドリア文明;【哲】アレクサンドリア学派の新プラトン主義哲学.

alexandrite [aleksā-] 女【鉱】アレキサンドライト.

alexie [aleksi] 女【心】失読(症).

alezan, e 形 栗毛の. —男 栗毛馬.

alfa 男 エスパルト,アフリカハネガヤ(繊維を製紙原料とする).

alfatier, ère 形 エスパルト栽培[加工]の. —男 エスパルト刈り入れ人.

algarade 女 喧嘩(ポ)口論.

algazelle 女【動】シロオリックス.

algèbre 女 代数(学);訳訳の分からないこと.

algébrique 形 代数(学)の. □**algébriquement** 副

Alger アルジェ(アルジェリアの首都).

Algérie 女 アルジェリア.

algérien, ne 形 アルジェリアの. —名 (A-) アルジェリア人.

algérois, e 形 アルジェの.
—名 (A-) アルジェの人.

algicide 男 藻類を枯らす薬剤.

algide 形 悪寒を伴う.

algidité 女【医】悪寒.

algie 女【医】(非器質性の)疼(ド)痛.

alginate 男【化】アルギン酸塩.

algine 女【化】アルギン.

alginique 形【化】acide ～ アルギン酸(褐藻類から抽出される酸).

algique 形【医】疼(ド)痛の.

algoculture 女 藻類栽培.

algologie 女 藻類学.

algonkien, ne / algonquien, ne 形 男【地】アルゴンキア界の. ❷ ⇨ algonquin.
—男 アルゴンキア学派.

algonquin, e 形 アルゴンキン族の(人).

algorithme 男【数】アルゴリズム.

algorithmique 形 アルゴリズムの. —女【情報】アルゴリズム研究.

algue 女 藻類.

alias [-s] 副 またの名は,別名. —男【情報】エイリアス.

alibi 男 アリバイ;口実.

aliboron 男 ロバ;無知なやつ,知ったかぶり.

aliboufier 男【植】エゴノキ.

alicament 男 栄養調整食品.

alicante 男 アリカンテ酒(スペイン産の赤ワイン);グルナッシュ(ブドウの一種).

alidade 女【測】アリダード,方向視準定規.

aliénable 形【法】譲渡できる. □**aliénabilité** 女

aliénant, e 形 疎外する.

aliénataire 名【法】譲受人.

aliénateur, trice 名【法】譲渡人.

aliénation 女 喪失,放棄;【法】譲渡;【哲】(自己)疎外;古風 精神病.

aliéné, e 形 ❶ 疎外された;【法】譲渡された. ❷ 古風 気の狂った.
—名 精神障害者(今日では行政用語).

aliéner 他 失わせる;失う;疎外する;【法】譲渡する. —s' ～ 失う.

aliéniste 名 古 精神科医.

alifère 形【昆】翅のある.

aliforme 形【解】翼状の,羽状の.

alignement 男 ❶ 一列に並ぶ[並べる]こと,列. ❷ (sur) (…への)追随,同調. ❸ 公道と建築物との境界線. ❹【考古】列石. ❺【経】～ monétaire 通貨調整(為替相場調整).

aligner 他 ❶ 一列に並べる;列挙する. ❷ (sur) (…に)合わせる. ❸ 語 (即金で)払う. ❹【軍】(兵士を)部隊に登録する. —s' ～ 一列に並ぶ;(sur) (…に)同調する. ◇ *Tu peux toujours t'* ～ *!* 図 いつでも相手になってやろう,おまえなんかとひねりだ.

aligoté 男 アリゴテ(ブルゴーニュ地方の白ブドウ品種,それから作るワイン).

aliment 男 食料, 食品, 糧;《複数》《法》扶養料 ▶ ～ fonctionnel 機能性食品.
◇donner [fournir] un ～ à … …に絶好の材料を提供する, をあおる.

alimentaire 形 食料の[食品の];食うための, 金もうけの;《法》扶養の.
— 男 食品業界[産業].

alimentateur, trice 形 補給する. — 男 補給装置.

alimentation 女 ❶ 供給, 補充;《特に》食物の供給[補給]. ❷ 食物をとること, 栄養摂取. ❸ 食料品, 食品業.

alimenter 他 食物を与える;供給[給電, 給水]する;維持[助長]する.
— s' ～ 食物[食事]をとる;《de》 …を摂取する.

alimenteur 《機》 ～ automatique 自動給水機.

aliment-santé;《複 ～s-～》男 健康食品.

alinéa 男 ❶ 改行, 字下げになった行. ❷《改行による》段落.

alios [-s] 男《ランド地方の》砂岩.

aliquante 形女《数》割り切れない.

aliquote 形女《数》割り切れる, 整除できる.

alise 女《植》ナナカマド類の実.

alisier 男《植》サジオモダカ.

alisma 男《植》サジオモダカ.

alismacées 女複《植》オモダカ科.

alité, e 形《患者が床に就いた》, 安静を要する. — 名 安静患者.

alitement 男《病人を》床に就かせること;病床に就くこと.

aliter 他 病人を床に就かせる.
— s' ～ 《病気で》床に就く.

alizari 男 セイヨウアカネの根.

alizarine 女《化》アリザリン.

alizé, e 形, 男 貿易風の.

alizier 男 ⇨ alisier.

alkékenge 男《植》ホオズキ.

alla 活 ⇨ aller.

allache 女《魚》カタボシイワシ.

Allah アッラー《イスラム教の神》.

allai(-), **allâmes**(-), **allas**(-), **allât**(-) 活 ⇨ aller.

allaitement 男 哺(ホ)乳, 授乳.

allaiter 他 哺(ホ)乳[授乳]する.

allant, e 形 (aller の現在分詞用)文語 活動的な, 元気な. — 男 活力, 元気.

allantoïde 女《生》尿膜.

allé, e aller の過去分詞.

alléchant, e 形 そそりそうな, 食欲をそそる;魅力的な.

allécher 6 他 食欲をそそる;誘惑する, つる.

allée 女 ❶ 並木道, 散歩道;《教会, 劇場などの》通路. ❷ ～ et venue 行き来;《複数》奔走.

allégation 女 申し立て;引用.

allège 女《海》艀(ハシケ);《建》窓壁;《鉄道》炭水車, テンダー.

allégé, e 形, 名 低脂肪の食品.

allégeance 女 ❶《国家, 組織への》従属, 忠誠;《封建制下での》忠誠. ❷《ヨット》ハンディキャップ.

allégement 男 ❶ 軽減;《文章》緩和, 慰め. ❷《スキー》抜重.

alléger 7 他 軽くする, 軽減する;《苦しみを》和げる.
— s' ～ 身軽になる;軽くなる;和らぐ.

allégorie 女《文》寓意;寓意作品.

allégorique 形 寓(グウ)意の.
◇allégoriquement 副

allégoriser 他 寓意的に説明する.

allègre 形 陽気な, 溌剌(ハツラツ)とした.

allègrement/allégrement 副 陽気に, 快活に;《皮肉》ほいほいと, 無頓着に.

allégresse 女 歓喜, 大喜び.

allegretto [-e-]《伊》副, 男《楽》アレグレット(の曲).

allégretto アレグレット(の曲).

allegro [-e-]《伊》/**allégro** 副, 男《楽》アレグロ(の曲).

alléguer 6 他 申し立てる, 口実にする;引用する.

allèle 男《生》対立遺伝子.

alléluia [-luja] 間 アレルヤ, ハレルヤ《神をたたえる叫び》. — 男 アレルヤ唱.

Allemagne 女 ドイツ.

allemand, e 形 ドイツの. — 名《A～》ドイツ人. — 男 ドイツ語. — 女 アルマンド《16世紀, ドイツで生まれた4拍子のダンス》.

allène 男《化》アレン, プロピジエン.

aller[1] 自 ❶ 行く, …に行く;至る. ❷ 健康である, 《体の具合が》…である. ► Comment allez-vous? 御機嫌いかがですか. ❸《機械, 活動が》機能する, 進む. ❹ 似合う, 合う;都合が良い. ► Le vert te va très bien. 君は緑色がとてもよく似合う. ❺《近接未来》…するところだ. ► Je vais partir tout de suite. 私はすぐ出発します. ❻《ジェロンディフを伴って》次第に…する. ► ～ en s'améliorant 次第によくなる.
◇～ de soi;～ sans dire 言うまでもない. Allez [Allons, Va!] さあ, ほら[励まし, いらだちなど]. Ça va. 元気だ;うまくいく;結構だ. Il en va … 事態は…だ. Il y va de … …にかかわる, の問題だ. laisser ～ 放任する, 成り行きに任せる. Va pour …. …でよい, 受け入れよう. y ～ 《様態の副詞句を伴って》振る舞う. y ～ de … …を投資する, 賭ける;提供する, 持ち出す.
— s'en ～ 立ち去る;消える, なくなる;死ぬ.

aller[2] 男 行くこと, 行き(の切符).

allèrent 活 ⇨ aller.

allergène 男《医》アレルゲン.

allergie 女 アレルギー.

allergique 形 アレルギー(体質)の(人);《à》 …が嫌いな(人).

allergisant, e 形 アレルギーを引き起こす

allergologie 女 アレルギー学.

allergologiste / allergologue 名 アレルギー学者.

aller-retour;《複》～s-～s 男 往復.

alleu 男《史》《領主の支配の及ばない》自由[自有]地.

alleutier 男《史》自由[自有]地所有者, 自由農民.

allez

allez 活 ⇨ aller.
alliacé, e 形 ニンニク(臭)の.
alliage 男 合金; 合金を作ること; 不純物.
alliaire 女〖植〗カキネガラシ.
alliance 女 ❶ 同盟; 協調, 友好; 調和. ❷ 結婚指輪; 結婚, 姻戚関係. ❸〖キ教〗(神と人間の)契約. ❹〖レト〗~ de mots 撞(ど)着語法. ❺ A~ française アリアンス・フランセーズ(仏語普及機関).
allié, e 形 同盟の, 同盟[連合]国の; 姻戚(ミミセ)関係にある; 調和した. ━名 同盟国, 連合国; 支持者; 縁戚, 姻族.
Allier 男 ❶ アリエ県 [03]. ❷ アリエ川(ロアール川支流).
allier 他 ❶ うまく組み合わせる, 調和させる; 同盟させる; 縁組みさせる. ❷(金属を)合金にする. ━**s'~** ❶ 同盟を結ぶ; 縁組みをする; 調和する.
alliez, allions 活 ⇨ aller.
alligator 男〖英〗〖動〗アリゲーター.
allitération 女〖レト〗頭韻(法).
allô 間(電話で)もしもし.
allocataire 名〖手当〗受給者.
allocation 女 支給(金), 手当.
allocentrisme 男 他者中心主義.
allochtone 形〖生〗他生の.
allocutaire 名〖言〗応答者.
allocution 女(短い)演説, 談話; 〖言〗話しかけ.
allodial, ale 形(男複)**aux** 形〖史〗自由[自有]地の.
allogamie 女〖生〗異花受粉, 他家.
allogène 形, 名〖民〗(一国内で)異民族の(人), 少数民族の(人).
allogreffe 女〖医〗同種異系移植(片).
allonge 女 ❶ 継ぎ足し板[材], 延長コード. ❷(ボクサーの)リーチ. ❸〖食〗(肉をつるす)鉤(ᵏ).
allongé, e 形 ❶ 横たわった, 寝そべった. ❷(顔つきが)がっかりした.
allongement 男 延長, 伸長; 伸び; 寝そべること.
allonger ② 他 ❶ 長くする, 伸ばす; 薄める, 延ばす. ❷ 横たえる, 寝かせる; 傾け倒す. ❸ 話(打撃を)加える; (金を)払う. ❹ **~** *la sauce* 話 だらだら話す[書く]. **~** *le pas* 急ぐ. **~** *le visage* [*le nez, la figure*] 失望[驚き]を表に表す.
━自 長くなる, 伸びる.
━**s'~** ❶ 長くなる, 伸びる; 横になる. ❷(顔)が失望の色を浮かべる.
allopathe 形, 名〖医〗逆症療法の(専門医).
allopathie 女〖医〗逆症療法.
□**allopathique** 形
allophone 形, 名 外国語を母語とする(人).
allotropie 女〖化〗同素(体).
allouer 他 支給する; 割り当てる.
alluchon 男(植込み歯車の)歯.
allumage 男 点火(装置), イグニッション.
allumé, e 形 ❶ 点火された; 明かりのついた. ❷ ほてった; かきたてられた.
allume-cigare(s) 男(自動車の)ライター.
allume-feu〖複〗**~(x)**男 携帯型点火用バーナー; 焚付(ホシェン).
allume-gaz [-z] 男〖ガス点火器.
allumer 他 ❶ 火をつける; 明かりをつける; スイッチを入れる. ❷(感情を)かきたてる; 挑発する. ━**s'~** ❶ 火がつく; 明かりがともる; スイッチが入る. ❷ かきたてられる. ❸(目, 表情が)輝く.
allumette 女 ❶ マッチ. ❷〖料〗アリュメット(細長く切った野菜).
allumettier, ère 名 マッチ製造業者.
allumeur, se 名(昔のガス灯などの)点灯夫[人]. ━男 点火装置, ディストリビュター. ━女 色情的な女.
allure 女 ❶ 様子, 外観; (多く複数) 振る舞い, 態度. ❷ 速さ, 速力, 足どり; (物事の)運び具合, 進展, 成り行き. ❸ 馬 歩法. ❹ 威厳, 卓越.
alluré, e 形 上品な, しゃれた.
allusif, ive 形 ほのめかしの.
allusivement 副 ほのめかして.
allusion 女 ほのめかし.
alluvial, ale 形 (男 複) **aux** 〖地〗沖積土の, 沖積層の.
alluvion 女〖沖積土〗層; (沖積土による)新生地, 寄洲(ᵏ).
□**alluvionnaire** 形
□**alluvionnement** 男 沖積層の堆積.
alluvionner 自(河川が)沖積土を運ぶ.
allyle 男〖化〗アリル(基).
almanach [-na] 男 暦, 年鑑.
almandin 男〖鉱〗アルマンディン.
almée 女(古代エジプトの)踊り子.
almicantarat 男〖天〗高度圏.
aloès [-s] 男〖植〗アロエ.
alogique 形〖哲〗没論理的な.
aloi 男 *de bon* ~ 良質な / *de mauvais* ~ 悪質な.
alopécie 女〖医〗脱毛症.
alors 副 ❶ その時; それでは; それゆえ. ❷ 話〖駁立の, 驚き, 感嘆, 疑問などの強調〗まったく.
◇ ~ *que* + *ind.* ...なのに; ...の時に.
alose 女〖魚〗ダイセイコウヒラ.
alouate 男〖動〗ホエザル; (特に)アカホエザル.
alouette 女〖鳥〗ヒバリ.
alourdi, e 形 重い, 重くなった; 肥えた, 鈍った.
alourdir 他 重くする; 悪化させる; 鈍らせる. ━**s'~** ❶ 重くなる. ❷ 悪化する.
alourdissement 男 重くなる[す]ること; (負担の)増加; 鈍ること.
aloyau [-jo] **ⓧ** 男〖食〗アロワヨー(ロース, ランプを含む牛肉の部位).
alpaga 男〖動〗〖繊〗アルパカ.
alpage 男 山岳高地の夏季牧場; (高地への)移牧.
alpaguer 他 捕らえる; 取る.
alpax [-ks] 男〖商標〗〖金〗アルパックス(アルミニウムとケイ素の合金).
alpe 女 夏季牧場 (=alpage).
alpenstock [-pen-] 男〖独〗登山杖.
Alpes 女 複 アルプス山脈.

Alpes-de-Haute-Provence 女複 アルプ=ド=オート=プロヴァンス県 [04].

Alpes-Maritimes 女複 アルプ=マリティーム県 [06].

alpestre 形 アルプス地方(特有)の; 亜高山性の.

alpha 男 (ギリシア字母の第1字). ► l'~ et l'oméga 初めと終わり. ❷ 〖天〗 《A~ / l'~》α星.

alphabet 男 アルファベット; 初歩読本; 入門書.

alphabétique 形 アルファベットの; アルファベット順の. □**alphabétiquement** 副

alphabétisation 女 (成人の)読み書き教育; 識字運動; (移民の)語学教育.

alphabétisé, e 形, 名 成人読み書きを学んだ(人).

alphabétiser 他 成人読み書きを教える.

alphabétisme 男 単音文字法.

alphanumérique 形 文字と数字を兼ねた[を組み合わせた、に対する].

alpin, e 形 ❶ アルプスの; 山岳の; 高山性の. ❷ アルペン種目の. ❸ chasseur ~ アルプス猟歩兵.

alpinisme 男 アルピニズム, 登山.

alpiniste 名 アルピニスト, 登山家.

alpiste 男 〖植〗 カナリークサヨシ.

Alsace [-zas] 女 アルザス地方(フランス東部, ドイツに接する).

alsacien, ne [-za-] 形 アルザスの.
— 名 《A~》 アルザス人.
— 男 (ドイツ語のアルザス方言).

altaïque 男, 形 アルタイ諸語(の).

altérable 形 変質[悪化]しやすい. □**altérabilité** 女

altérant, e 形 喉(?)の渇く; 変質させる.

altération 女 ❶ 変質, 悪化; 歪(?)曲; 変造, 改竄(?). ❷ 〖楽〗 調号, 変化[臨時]記号.

altercation 女 (激しい)口論.

altéré, e 形 ❶ 変質した, 歪んだ. ❷ 渇いた; 《de》(…に)飢えた.

alter ego [-tere-] 男 (ラ) 分身, 親友, 腹心; 同僚.

altérer ⑥ 他 ❶ 変質(させる); 損ねる, 害する, 歪める; 歪(?)曲 [変造, 改竄(?)] する. ❷ 喉(?)を渇かせる. ❸ 〖楽〗 ~ une note 半音上げる[下げる].
— s'~ 変質する; 悪化する.

altermondialisation 女 もう一つのグローバル化.

altermondialiste 形, 名 もう一つのグローバル化を推進する(人).

alternance 女 ❶ (規則的な)交替. ❷ 〖物〗〖電〗 半周期; 〖農〗 ~ des cultures 輪作; 〖詩〗 ~ des rimes 韻交替(男性韻, 女性韻の交互配置); 〖音声〗 ~ vocalique 母音交替.

alternant, e 形 交替する; 〖農〗 輪作の.

alternat 男 ❶ 〖法〗(条約の署名の)交互先願権. ❷ 〖農〗 輪作.

alternateur 男 〖電〗 交流発電機.

alternatif, ve 形 ❶ 交替の, 交互の, 周期的な; 二者択一の. ❷ 代替の; (既成と異なる)オルタナティブの; 代替医学の. — 女 交替; 二者択一, 選択肢; 《à》(…に)代わるもの.

alternativement 副 交替で, 交互に.

alterne 形 〖植〗(葉などの)互生の; 〖数〗 angles ~s 錯角.

alterné, e 形 交替の; 〖数〗 トピハシン.

alterner 自 交替し合う, 交互に入れ替わる. — 他 交互に行う; 〖農〗 ~ des cultures 輪作する.

Altesse 女 (王族, 皇族に対する敬称で)殿下. ► Votre ~ (呼びかけで)殿下 / Son ~ Royale le prince de ... …王国皇太子殿下.

althæa [-te-] 男 〖植〗 タチアオイ.

altier, ère 形 尊大な, 横柄な.

altimètre 男 高度計.

altiport 男 山岳飛行場.

altise 女 〖昆〗 トビハムシ.

altiste 名 ビオラ [アルトサックス] 奏者.

altitude 女 ❶ 海抜, 標高; 高度. ❷ 高所, 高地.

alto 男 〖伊〗〖楽〗アルト; アルト楽器; ビオラ.

altocumulus [-s] 男 高積雲.

altostratus [-s] 男 高層雲.

altruisme 男 愛他心, 利他主義.

altruiste 形, 名 愛他的な(人), 利他的な(人), 利他主義の(人).

altuglas [-s] 男 アクリル樹脂.

alucite 女 〖昆〗 ツヅリガ.

aluminage 男 〖繊〗 アルミナ媒染.

aluminate 男 〖化〗 アルミン酸塩.

alumine 女 〖化〗 アルミナ, 酸化アルミニウム.

aluminiage 男 / **aluminisation** 女 アルミニウム被覆.

aluminium 女 〖英〗 アルミニウム.

aluminothermie 女 〖金〗 テルミット溶接.

aluminure 女 ⇨ aluminiage.

alun 男 〖化〗 ミョウバン.

aluner 他 ミョウバン液に浸す.

alunifère 形 ミョウバンを含む.

alunir 自 月面着陸する.

alunissage 男 月面着陸.

alunite 女 〖鉱〗 ミョウバン石.

alvéolaire 形 ❶ 〖解〗 歯槽の; 〖音声〗 歯茎の.
— 女 〖音声〗 歯茎音.

alvéole 女 ❶ (ハチの)巣房. ❷ 〖解〗 ~s dentaires 歯槽. ~s pulmonaires 肺胞.

alvéolé, e 形 巣房状の, くぼみの多い.

alysse 女 / **alysson** 男 〖植〗 アリッサム.

alyte 男 〖動〗 サンバガエル.

alzheimer [-zaj-] 男 アルツハイマー病 (=maladie d'A~).

Am 男 〖化〗 américium アメリシウム.

A/m 男 〖記〗(記号) ampère par mètre アンペア毎(レ)メートル.

a.m. (略)〖ラ〗 ante meridiem 午前.

amabilité 女 親切, 優しさ; 親切な行為[言葉], 心遣い.

amadou 男 火口(⦅?⦆).

amadouer

amadouer 他 機嫌を取る．
—**s'~** おとなしくなる．
amadouvier 男〖菌〗ツリガネタケ．
amagnétique 形 非磁性(体)の．
amaigri, e 形 やせた．
amaigrir 他 やせさせる；(土地を)やせさせる．—**s'~** やせる． □amaigrissant, e 形
amaigrissement 男 やせていること，やせさせること；細く[薄く]すること．
amalgamation 女〖金〗アマルガム化法．
amalgame 男 ❶ 混合物；〖金〗アマルガム．❷ 同一視，同類扱い．
amalgamer 他 アマルガムにする；混合する．—**s'~** 混合する．
aman [aman] 男 アマーン(イスラム圏で生命と財産を保証する通行券)．
amande 女 アーモンド；(果実の)仁．
◇en ~ アーモンド型の，切れ長の．
amandier 男 アーモンドの木．
amandine 女〖菓〗アーモンドクリーム入りケーキ；アーモンドゼリー．
amanite 女〖菌〗テングタケ．
amant 愛人，情夫；〔複数〕愛人同士；固 恋人(この意味では女性形も用いる)．
amarantacées 女複〖植〗ヒユ科．
amarante 女〖植〗ヒユ属； ハゲイトウ．—形〔不変〕けいとう色の．
amareyeur, se カキ養殖場の労働者．
amaril, e 形〖医〗黄熱の．
amariner 他 ❶船上生活に慣れさせる．❷(拿捕した)船に乗組員を送り込む．—**s'~** 海に慣れる．
amarrage 男 停泊，係留；(宇宙船の)ドッキング．
amarre 女 係船[係留]索；ロープ．
amarrer 他 つなぐ；つなぎ止める，くくりつける．—**s'~** 〖海〗係留索でつながれる，停泊する．
amaryllidacées 女複〖植〗ヒガンバナ科．
amaryllis [-s] 女〖植〗アマリリス．
amas 男 堆積；蓄積，集積；群れ，一団．
amasser 他 集める；蓄積する．—**s'~** 集まる，たまる．
<u>amateur, trice</u> 名 愛好家，アマチュア；(特に)美術品収集家；目利き，通；買い手，ごひいき．◆en ~ (軽度)道楽で，遊び半分に．
—形 愛好家の；アマチュアの．
amateurisme 男 アマチュア資格[精神]；(軽蔑)素人芸，道楽仕事．
amazone 女 ❶ 女性騎手，馬に乗る婦人；〖ギ神〗男勝りの女性．❷ monter en ~ 横乗りする．❸ 婦人用乗馬服．
Amazones 〖ギ神〗アマゾネス．
amazonite 女〖鉱〗アマゾナイト．
ambages 女複 sans ~ 率直に，ずばりと．
<u>ambassade</u> 女 ❶大使館；使節団；大使の職．❷使い．
◇en ~ 大使として；使者[代表]として．
<u>ambassadeur</u> 男 ❶大使，使節，使者，代表．❷使い．
ambassadrice 女 女性大使；大使夫人．

ambiance 女 環境，雰囲気；(特に)楽しい雰囲気．
ambiant, e 形 周囲の．
ambidextre 形,名 両手利きの(人)．
ambigu, ë 形 ❶ 曖昧(ホュ)な；謎(ホュ)めいた．❷ 怪しげな．
ambiguïté [-gɥ-] 女 曖昧さ；曖昧な表現．
ambiophonie 女 サラウンド効果．
ambisexué, e 形〖医〗両性併存的なバイセクシャルの．
ambitieux, se 形 野心的な；大げさな． □ambitieusement 副
<u>ambition</u> 女 野心；願望．
ambitionner 他 追い求める，切望する．
ambivalence 女〖心〗アンビヴァレンツ，両価性；両面[両義]性．
ambivalent, e 形〖心〗アンビヴァレント[両価性]の；両面性[両義性]を持つ．
amble 男〖馬〗側対歩．
ambler 自〖馬〗側対歩で歩く．
amblyope 形 弱視の(人)．
amblyopie 女〖医〗弱視．
amblyoscope 男 弱視計．
amblystome 男〖動〗トラフサンショウウオ(幼形成熟するものもある)．
ambon 男 (中世教会の)朗読台；説教壇．
ambre 男 ❶ 琥珀(ミェ)；琥珀色．❷ 竜涎(メキュ)香．
ambré, e 形 琥珀色の；竜涎香の香りがする．
ambréine 女〖化〗アンブレイン．
ambrer 他 琥珀(ミェ)色に染める；竜涎(メキュ)香の香りをつける．
ambrette 女〖植〗アンブレットシード(トロロアオイモドキの実)．
ambroisie 女〖ギ神〗アンブロシア(神々の食物)；文翼 美味な料理，珍味． □ambrosiaque 形
ambrosien, ne 形〖カト〗アンブロシウス(式)の．
ambulance 女 救急車；(昔の)移動野戦病院．
◇tirer sur une ~ [l'~] 弱っている人に追い打ちをかける．
ambulancier, ère 名 移動救急要員，救急看護隊員．
ambulant, e 形 巡回[移動]する．
ambulatoire 形〖医〗外来(通院患者)(対象)の；〖動〗歩行用の；〖古法〗移動して滞在する．
âme 女 ❶ 魂；精神，心，心情，感情．❷ 人；住民．❸ 中核，精髄；指導者，中心人物．❹ (コードの)心，心線；(砲の)内腔．◇âme qui vive 〔否定文で〕人っ子一人． état d'âme 心の状態．états d'âme 心の迷い． rendre l'âme 死ぬ．
améliorable 形 改良[改善]できる．
améliorant, e 形 改良[改善]する．
<u>amélioration</u> 女 改良，改善，向上；(天候，健康の)回復；〔複数〕改装，修繕．

améliorer 他 改良[改善]する, 向上させる. —**s'~** 改善[改良]される, (健康, 天候が)回復する.

amen [-men] アーメン. ◇**dire** ~ 語 同意する, 認める.

aménageable 形 整備[改装]可能.

aménagement 男 ❶ 整備; 開発; 改装. ❷ 調整, 修正.

aménager ② 他 ❶ (部屋, 施設, 土地を)整備する, 設備を施す [en] (…に)改造する. ❷ 調整 [修正] する.

aménageur, se 整備する人.

amendable 形 修正[改良]できる.

amende 女 罰金. ◇**être mis à l'**~ 罰金を取られる. **faire** ~ **honorable** 公に謝罪する.

amendement 男 修正(案); (土壌の)改良.

amender 他 (法案などを)修正する; (土地を)改良する.

amène 形 (皮肉)愛想のよい, 心からの.

amenée 女 [農] (水を)引くこと.

amener ③ 他 ❶ 連れてくる[行く]; 導く, 運ぶ; (話などを)もってゆく; (ある事態を)もたらす. ❷ 仕向ける. ❸ (網, 魚を)引き寄せる. —**s'~** 語 来る, やって来る.

aménité 女 ❶ 愛想のよさ, 穏やかさ, 親切さ. ❷ 《複数》(反語で)とげのある言葉.

aménorrhée 女 [医] 無月経.

amentales 女複 / **amentifères** 男複 [植] 尾状花目.

amenuisement 男 薄くする[なる]こと.

amenuiser 他 細く[小さく, 薄く, 弱く]する. —**s'~** 細く[小さく, 薄く, 弱く]なる.

amer¹, ère 形 ❶ 苦い; つらい; 辛辣(パラシ)な. — 男 苦いもの, 苦味剤[酒]; (動物の)胆汁.

amer² 男 [海] 標識.

amèrement 副 つらく; 辛辣に.

américain, e 形 アメリカの. **nuit** ~**e** [映] 擬似夜景. **vedette** ~**e** 前座. — 男 米語. — 女 米国製自動車(たばこ); (自転車の)アメリカレース.

américaniser 他 アメリカ化する. —**s'~** アメリカ化する. □**américanisation** 女

américanisme 男 米語特有の語法; 米国のふれこアメリカ研究.

américaniste 名 アメリカ学者. — 形 アメリカ研究の.

américium 男 [化] アメリシウム.

amérindien, ne 形 アメリカ・インディアンの. — 名 (A~) アメリカ・インディアン.

Amérique 女 アメリカ; アメリカ合衆国.

Amerlo(t) 名 [俗] アメリカ人.

amerrir 自 着水する. □**amerrissage** 男

amertume 女 苦さ; つらさ.

améthyste 女 [宝] アメシスト.

amétrope 形 [医] 非正視の.

— 名 非正視患者.

ameublement 男 (集合的)家具, 調度品.

ameublir 他 (土壌を)すき返して柔らかくする. □**ameublissement** 男

ameuter 他 (騒いで)寄せ集める; 扇動する. —**s'~** 結集する; 蜂起する.

amharique [ama-] 男 アムハラ語.

ami, e 名 ❶ 友達, 恋人 (=petit(e) ~(e)); 愛好家. ◇**faux ami** 空似言葉(形が似ていて意味の異なる外国語の単語). **prix d'**~ 特価. — 形 親しい, 友好的な; 愛好する.

amiable 形 [法] 協議による. ◇**à l'**~ 示談[協議]による[によって]. □**amiablement** 副

amiante 男 アスベスト, 石綿.

amiante-ciment:《複》~**s-** ~**s** 石綿セメント.

amibe 女 アメーバ.

amibiase 女 [医] アメーバ症.

amibien, ne 形 アメーバ性[症]の. — 男 《複数》[動] アメーバ目.

amiboïde 形 アメーバ(のような).

amical, ale 形 (男複) **aux** 形 好意的 [友好的] な, 親善の. — 女 友の会.

amicalement 副 友情を込めて, 親しく好意的 [友好的] に. ◇**A**~ (**vôtre**). (手紙でさようなら.

amide 男 [化] アミド.

amidon 男 でんぷん; でんぷん糊.

amidonner 他 糊(%)付けする. □**amidonnage** 男

amidonnier, ère 形 でんぷん製造の. — 名 でんぷん製造 [販売] 業者.

amidopyrine 女 [薬] アミノピリン (解熱鎮痛薬).

Amiens アミアン (Somme 県の県庁所在地).

amimie 女 [医] 無表情.

amincir 他 やせさせる, 細く [薄く] する. —**s'~** やせる; 細く [薄く] なる. □**amincissement** 男

amincissant, e 形 やせさせる.

amine 女 [化] アミン.

aminé, e 形 [生化] アミノ酸の. **acide** ~ アミノ酸.

aminoacide 男 [生化] アミノ酸.

aminoplaste 男 [化] アミノ樹脂.

amiral, e 形 (男複) **aux** 形 司令官 [提督] の乗る; 旗艦の. — 男 ❶ 海軍上級大将, 司令官, 提督. ❷ ~ **de France** 海軍元帥. ❸ [史] フランス大提督; 地方大提督. — 女 提督夫人.

amirauté 女 ❶ 海軍提督の職[位]. ❷ 海軍本部; 将官庁.

amitié [-tje] 女 ❶ 友情; 好意; 親切; 好好; 《複数》友情のしるし, 友人. ◇**faire à ... l'**~ **de** + **inf.** …に親切に…してやる. **faire ses** ~**s à** …によろしくと伝える. **prendre ... en** ~ …に目をかける.

amitose 女 [生] 無糸分裂.

ammoniac, que 形 アンモニアの. — 男 アンモニア. — 女 アンモニア水.

ammoniacal, ale 形 《男複》**aux** 形 アンモニアの; アンモニア性の.

ammonisation 女 [土] アンモニア化成.

ammonite

ammonite 囡《古生》アンモナイト.
ammoniurie 囡 アンモニア尿.
ammophile 囡《昆》ジガバチ.
— 形《植物の》砂地を好む.
amnésie 囡 健忘(症), 記憶喪失.
amnésique 形, 名 健忘症の(患者), 記憶喪失の(人).
Amnesty International 囡 アムネスティ・インタナショナル.
amniocentèse [-sɛ̃-] 囡《医》羊水穿刺(ﾋｬ).
amnios [-njo(ɔ)s] 男《生》羊膜.
amnioscopie 囡 羊水鏡検査.
amniotes 男複《動》羊膜類, 有羊膜類.
amniotique 形 羊膜の. ▶ liquide ～ 羊水.
amnistiable 形 大赦に値する.
amnistie 囡 大赦.
amnistié, e 形, 名 大赦を受けた(者).
amnistier 他 大赦を与える.
amocher 他 痛めつける; 壊す.
— s'～ 話 痛めつけられる.
amodiataire 名《農地の》経営受託者.
amodiateur, trice 名 経営委託者.
amodier 他 委託する, 転貸する.
amoindrir 他 弱める, 小さくする.
— s'～ 弱まる, 小さくなる.
▫amoindrissement 男
amollir 他 柔らかくする; 柔弱にする.
— s'～ 柔らかくなる.
amollissant, e 形 柔弱にする.
amollissement 男 柔らかくする[なる]こと; 柔弱化.
amome 男《植》アモムム.
amonceler ④ 他 積み上げる; 寄せ集める. — s'～ 積み重なる; 寄せ集まる. ▫**amoncellement** 男
amont 男 川上, 上流;《経》上流部門;《スキー》山側の, 山足. — 形《不変》《スキー》山側の, 山足の.
amontillado 男《西》アモンチラード(辛口のシェリー).
amoral, ale 形;《男複》**aux** 形 道徳と無関係な; 道徳意識のない.
amoralisme 男 道徳観念の欠如[否定].
amoralité 囡《事物の》無道徳性; 道徳心の欠如.
amorçage 男《交渉などの》開始;《釣》餌(ｴ)をつける[まく]こと;《電》起動; 放電開始.
amorce 囡 ❶ 端緒, 糸口; 兆し. ❷《釣》撒き餌. ❸ 起工部分; 起爆薬, 雷管, 導火線;《フィルムやテープの》リーダー.
amorcer ① 他 開始[起工]する;《釣》餌をつける; 撒餌(ﾏｷ)でおびき寄せる. — s'～ 始まる.
amorçoir 男 撒餌(ﾏｷ)をする道具.
amoroso 副《伊》アモローソ, 愛情を込めて.
amorphe 形 ❶ 特徴を欠く, 無気力な. ❷ 無定形の;《晶》アモルファスの, 非晶質の.
amorti, e 形 和らいだ;《減価》償却した. — 男 トラッピング; ドロップショット.
amortir 他 ❶ 和らげる. ❷《減価》償却する. ❸《サッカーで》トラッピングする;《テニスで》ドロップショットする;《卓球で》プッシュする.
— s'～ 和らぐ;《減価》償却される.
amortissable 形 償却し得る.
amortissement 男 緩和;（負債の）償却; 減価償却.
amortisseur 男 緩衝装置.
amour 男 文章語では, 複数が女性名詞扱いされる. ❶ 愛; 恋愛; 好み, 愛着. ❷ いとしい人; 情熱の対象, 好きなもの. ❸《動物の》発情. ❹（ときに A～）愛の神, キューピッド.
◇ faire l'～ 性交する. pour l'～ de Dieu お願いですから. un ～ de ... ととてもすてきな[かわいい]….
s'amouracher 代動（de）（…に）のぼせ上がる.
amourette 囡 浮気, かりそめの恋.
amourettes 囡複《料》（子牛, 牛の）脊髄(ｾﾞｷ).
amoureusement 副 愛情を込めて; ほれぼれと; 入念に.
amoureux, se 形 ❶（de）（…に）恋している; 夢中な. ❷ ほれっぽい, 恋愛で満ちた. — 名 ❶ 恋をしている人; 恋人. ❷ 愛好家.
amour-propre《複》～ s-～ s 男 自尊心; うぬぼれ.
amovible 形 取り外しのできる;《法》免職［解任, 転任］され得る. ▫**amovibilité** 囡
ampélographie 囡 ブドウ研究.
ampélopsis [-s] 男《植》ノブドウ属.
ampérage 男《電》電気量.
ampère 男《計》アンペア.
ampère-heure《複》～ s-～ s 男《電》アンペア時.
ampèremètre 男《電》電流計.
ampère-tour《複》～ s-～ s 男《電》アンペア回数.
amphétamine 囡《薬》アンフェタミン.
amphi 男 話 階段教室, 講堂.
amphibie 形 水陸両生［両用］の. — 男 両生動物; 水陸両用機.
amphibiens 男複《動》両生類.
amphibiose 囡《生》水陸両生.
amphibole 男《鉱》角閃(ｾﾝ)石.
amphibologie 囡《言》文意多義. ▫**amphibologique** 形
amphibraque 男《詩》短長短格.
amphictyonie 囡《古史》隣保同盟.
amphigouri 男 前後矛盾文;《文章》支離滅裂. ▫**amphigourique** 形
amphimixie 囡《生》両性混合.
amphineures 男複《動》双殻綱.
amphisbène 男《動》ミミズトカゲ;《神話》両頭有翼の蛇.
amphithéâtre 男 ❶ 円形劇場［闘技場］; 階段教室;《演劇》階段桟敷(の観客);《地理》階段状の地形.
amphitryon 男《文章》（食事の）招待主.

analyste-programmeur

amphore 女《古史》両耳付きの壺.
ample 形 ゆったりした; 内容の豊かな [広い]; 詳細な.
amplement 副 ゆったりと; 豊かに; 詳細に.
ampleur 女 ❶ 広がり, 広がり; 豊富さ; 重要性. ❷ 服のゆとり.
ampli 男 アンプ, 増幅器.
ampliateur, trice 名《法》複本作成者.
ampliatif, ve 形 補足の;《法》複本の.
ampliation 女《法》複本, 写し; (訴状の)補充.
amplifiant, e 形 拡大[増幅]する.
amplificateur, trice 形 拡大[増幅]する; 誇張する. — 男 アンプ, 増幅器.
amplification 女 拡大, 増大; 潤色;《電》増幅.
amplifier 他 拡大[増幅]する; 誇張する. — s'~ 拡大する, 増幅[誇張]される.
amplitude 女 ❶ (周期変動の)上・下限の差;《特に》《気》気温較差;《物》振幅;《海》潮差. ❷ 重大さ.
ampli-tuner [-ne[œ]ːr] 男《複》 ~s-~s レシーバー.
ampoule 女 ❶ 電球; アンプル(剤);《史》sainte ~ (フランス王の塗油式の)聖油瓶. ❷ 水ぶくれられ, 水疱.
ampoulé, e 形 仰々しい.
amputation 女 切断(術); 削除, 削減.
amputé, e 形 (de) (…を)切断[削除]された. — 名 切断を受けた人.
amputer 他 ❶ 切断手術を施す. ❷ ~ A (de B) Aから(Bを)削除する. — s'~ ❶ (de)自分の(体の一部を)切断する. ❷ 切断される.
Amsterdam [-dam] アムステルダム.
s'amuïr 代動《音声》無音になる.
amuïssement 男 無音化.
amulette 女 お守り.
amure 女《海》(帆の)タック; タックを止める索具.
amusant, e 形 楽しい, 面白い.
amuse-gueule 男《複》 ~(s) 口語 (食前酒に添える)おつまみ(レストランでは amuse-bouche という).
amusement 男 楽しみ, 気晴らし.
amuser 他 楽しませる; 気をそらす. — s'~ 楽しむ; 時間をむだにする;《de, aux dépens de》 (…を)からかう.
amusette 女 ちょっとした気晴らし.
amuseur, se 名 人を楽しませる人.
amygdale [-mi(g)-] 女 扁桃.
amygdalectomie [-mi(g)-] 女《医》扁桃摘除(術).
amygdalite [-mi(g)-] 女《医》扁桃炎.
amylacé, e 形 でんぷん(質)の.
amylase 女《生化》アミラーゼ.
amyle 男《化》アミル.
amyotrophie 女 筋萎縮症.
an 男 年, 歳. ▸ le jour de l'an 元旦 /Il a vingt ans. 彼は20歳だ.
◊ bon an mal an [bonɑ̃malɑ̃] 良い年悪い年を平均して.
ana 男《不変》語録, 名言集, 逸話集.
anabaptisme [-batism] 男《キ教》再洗礼派の教義.
anabaptiste [-batist] 形, 名 再洗礼派の(教徒).
anabolisant, e 形 同化促進性の. — 男 同化促進物質.
anabolisme 男 同化(作用).
anabolite 男 同化物質.
anacarde 男 カシューナッツ.
anacardiacées 女複《植》ウルシ科.
anacardier 男 カシューナッツの木.
anachorète [-kɔ-] 男《キ教》独住修士; 世捨て人.
anachorétisme [-kɔ-] 男 独住[隠遁](生活).
anachronique 形 年代[日付]を間違えた; 時代錯誤の, 時代遅れの. □anachronisme
anacoluthe 女《言》破格構文.
anaconda 男《動》アナコンダ.
anacrouse 女《詩》行頭余剰音;《楽》アナクルーシス.
anaérobie 形《生》嫌気性の. — 男 嫌気性生物.
anaglyphe 男 立体写真.
anaglyptique 女, 形 点字印刷 (の).
anagnoste [-gnɔ-] 男 (教会の)朗読師.
anagogie 女《宗》法悦;《神》(聖書の)神秘的解釈.
anagramme 女 綴り変え.
anal, ale 男複 **aux** 形 肛(う)門の. — 男《心》肛門性格者.
analeptique 形《医》興奮性の. — 男 興奮薬.
analgésie 女《医》無痛症.
analgésique 形《医》鎮痛性の. — 男 鎮痛薬.
anallergique 形 非アレルギー性の.
analogie 女 類似; 類推(作用).
analogique 形 類推による; 類似の;《情報》アナログの. □analogiquement
analogisme 男 類推(論)法.
analogue 形, 男《à》(…に)類似した(物, 人).
analphabète 形, 名 読み書きのできない(人).
analphabétisme 男 読み書きできないこと, 識字能力がないこと.
analysable 形 分析できる.
analyse 女 ❶ 分析;《本などの》要約, 梗概. ❷《数》解析(学);《通》走査. ◊ en dernière ~ 要するに.
analysé, e 名 (精神分析の)被分析者(ラカン派では analysant(e) という).
analyser 他 分析する; 要約する; 精神分析する. — s'~ 自己分析する; 分析[要約]される.
analyseur 男 分析機.
analyste 名 分析家; 精神分析学者.
analyste-programmeur, se 名《情報》アナリスト・プログラマ.

analytique

analytique 形 分析的な；要約的；精神分析の． —女 [哲] 分析論．
analytiquement 副 分析的に．
anamnèse 女 ❶ 既往症．❷ [カト] 記念唱．
anamorphose 女 ❶ [美] アナモルフォーズ（球面鏡により歪（ゆが）める描法）．
ananas [-(s)] 男 パイナップル．
anapeste 男 [詩] 短短長格．
anaphore 女 [レト] 頭語句］反復；[言] 照応．□anaphorique 形
anaphrodisie 女 [医] 無性欲症．□anaphrodisiaque 形
anaphylaxie 女 [医] アナフィラキシー．□anaphylactique 形
anar 名, 形 無政府状態（の），アナーキスト（の）．
anarchie 女 無政府状態；無秩序．
anarchique 形 無政府状態の，無秩序の．□anarchiquement 副
anarchisant, e 形 無政府主義的傾向の．
anarchisme 男 無政府主義，アナーキズム．
anarchiste 形 無政府主義（者）の；権威を否定する，秩序を無視する． —名 無政府主義者；反逆者．
anarcho [-ko] 名 無政府主義者．
anarcho-syndicalisme [-ko-] 男 アナルコ・サンディカリズム．
anarthrie 女 [医] 構語障害，失構語症．
anasarque 女 [医] 全身浮腫．
anastigmat, e 形, 男 [光] アナスチグマート（の），非点収差を補正した（レンズ）．□anastigmatique 形
anastomose 女 [解] 吻合（ごう）；[医] 吻合術．□anastomoser 他
anastrophe 女 [言] 転置，局部的倒置．
anathématiser 他 ❶ [カト] 破門する．❷ [文語] 排斥する；呪う．
anathème 男 ❶ [カト] 破門，アナテマ，異端排斥．❷ [文語] 排斥；呪い． —名 破門［排斥］された人．
anatidés 男 [鳥] ガンカモ科．
anatife 男 [動] エボシガイ．
anatocisme 男 複利法，重利．
anatomie 女 ❶ 解剖学．❷ 解剖学的構造；解剖体；解剖模型［標本］；体形；（ふざけて）肉体，裸．
anatomique 形 解剖（学）の．□anatomiquement 副
anatomiste 名 解剖学者．
anatomopathologie 女 病理解剖学．□anatomopathologiste 名
anatoxine 女 [医] アナトキシン．
anavenin 男 [医] アナベニン（蛇毒に効くワクチン）．
ANC (略)(英) African National Congress アフリカ民族会議．
ancestral, ale 形;(男 複) **aux** 形 ❶ 父祖伝来の．❷ 古来の，大昔の．
ancêtre 名 ❶ 祖父母以前の祖先，祖先；(複数) 遠い先祖．❷ 創始者；（製品の）祖型．❸ 話 [皮肉] 老人，じいさん；長老．

anche 女 (管楽器の) リード．
anchois 男 [魚] アンチョビー．
ancien, ne 形 ❶ 古い，昔（から）の；古代の．❷ 元…の，旧…．❸ 先輩の，古参の． —名 ❶ 先輩，古参；❷ 年長者，古寄，長老． —男 ❶ 古物，骨董（ちょう）品；中古家屋．❷ [多く A ~s] 古代人；古典古代の作家．❸ (同名の人物を区別して) 大…．
anciennement 副 昔は，以前は．
ancienneté 女 勤続年数；古さ．
ancillaire [-lɛ:r] 形 [文語] 召し使いの女の，小間使いの．
ancolie 女 [植] オダマキ．
ancrage 男 定着，固定；投錨（とうびょう）；錨地．◇ **point d'~** 固定点，かなめ．
ancre 女 錨（いかり）；[建] (T, X 字型などの) 控え金物；（時計の）アンクル．
ancrer 他 錨（いかり）で止める；定着させる． — **s'~** 投錨（とうびょう）する；定着する．
andain 男 ❶ (刈り取った) 牧草［麦わら］の列；森林の帯状伐採地．
andalou, se 形 アンダルシアの． —名 ❶(A~) アンダルシアの人． —男 アンダルシア方言．
Andalousie 女 アンダルシア (スペイン南部の地方).
andante [-t(e)] (伊) 副 [楽] アンダンテ，歩くような速さで． —男 アンダンテ (ソナタなどの) 緩徐楽章).
andantino (伊) 副, 男 [楽] アンダンティーノ (の曲).
andésite 女 [鉱] 安山岩．
andin, e 形 アンデス山脈の．
— 名 (A~) アンデス山地の人．
Andorre 女 アンドラ公国．
Andorre-la-Vieille 女 アンドラ＝ラベリャ (アンドラ公国の首都).
andouille 女 [料] アンドゥイユ (そのまま食うソーセージ)．❷ 話 間抜け．
— 男 間抜けな人，とんま．
andouiller 男 (鹿の) 枝角．
andouillette 女 [料] アンドゥイエット（焼いて食すソーセージ）．
andrène 男 [昆] ヒメハナバチ．
andrinople 女 トルコ赤の綿布．
androcée 男 [植] 雄蕊の群．
androcéphale 形 [考古] (彫像などの) 人頭獣身の．
androgène 形, 男 [生化] 雄性の (ホルモン物質)．
androgenèse 女 [生] 雄核発生．
androgénote 男 [生] 雄核発生胚 (ゲノムインプリンティング研究の材料となる)．
androgyne 形 男女両性の；雌雄同株の． —男 ❶ 両性具有者；[神話] アンドロギュヌス．
androgynie 女 両性具有．
androïde 男 アンドロイド．
andrologie 女 男性医(学)，男性泌尿器学．
Andromède 女 [ギ 神] アンドロメダ；[天] アンドロメダ (座)．
andropause 女 男性更年期．
androstérone 女 [生化] アンドロステロン．
âne 男 ❶ ロバ；ばか．❷ 万力（まんりき）．
anéanti, e 形 無に帰した；疲れ果て

anéantir 他 無に帰せしめる；全滅させる；疲れ果てさせる；打ちのめす．
— **s'~** 無に帰する；全滅する；沈み込む；没頭する．

anéantissement 男 ❶ 消滅,絶滅；廃止；死. ❷ 疲労困憊(ﾋﾞｮｳ)；茫(ﾎﾞｳ)然自失. ❸《宗》解脱；恭順.

anecdote 囡 逸話；些末事.

anecdotier, ère 图 逸話を語る人；逸話収集家.

anecdotique 形 逸話的な；些末な.

ânée 囡 ロバ1頭に積まれる荷物の量.

anémiant, e 形 貧血の原因になる；疲労させる．
— 男 貧血［疲労］の原因となるもの.

anémie 囡 貧血；衰退.

anémié, e 形 貧血した；衰退した.

anémier 他 貧血を起こさせる；衰えさせる．— **s'~** 貧血を起こす；衰える.

anémique 形 貧血の；衰退した.

anémographe 男 自記風速計.

anémomètre 男 風速計.

anémométrie 囡 風速［気体流速］測定法.

anémone 囡 ❶《植》アネモネ．❷《動》— de mer イソギンチャク.

anémophile 形《植》風媒の.

anémophilie 囡《植》風媒.

anencéphale 男, 形《医》無脳体(の).

anergie 囡《医》アネルギー.

ânerie 囡 無知，愚かさ；愚行.

ânesse 囡 雌ロバ.

anesthésiant, e 形, 男 ⇨ anesthésique.

anesthésie 囡 麻酔；無感覚，無感動.

anesthésier 他 麻酔をかける．— **s'~** 無感覚［無気力］になる.

anesthésiologie 囡 麻酔学.

anesthésiologiste 图 麻酔科医；麻酔学者.

anesthésique 男, 形 麻酔の(薬)；無感覚［無気力］にする(もの).

anesthésiste 图 麻酔医.

aneth [-t] 男《植》イノンド(果実は興奮剤, 消化剤, 香味料).

anévrisme / anévrysme 男《医》動脈瘤(ﾘｭｳ).

anfractuosité 囡 くぼみ, 穴.

angarie 囡《法》船舶徴用.

ange 男 ❶ 天使；天使のような人；かわいい人［子供］．❷ 語 番人, 護衛；看守, 警官．◇ *être aux ~s* うっとりしている．*Un ~ passe.* 天使が来たみたい（気ま ずい沈黙時のセリフ）.

angéiologie [-ʒeʝo-] 囡 ⇨ angiologie.

angélique 形 天使の．▶ salutation ~ 天使祝詞, アベ・マリア．— 囡《植》アンジェリカ(茎の砂糖漬. **‖angéliquement** 副

angélisme 男 絶対主義.

angelot 男 子供の天使.

angélus [-s] 男《カト》お告げの祈り；お告げの鐘.

Angers アンジェ(Maine-et-Loire 県の県庁所在地).

angevin, e 形 アンジェの；アンジュー・Anjou 地方の．— 名《A~》アンジュ, アンジュー地方の人.

angine 囡《医》❶ アンギナ, 口峡炎．❷ ~ de poitrine 狭心症.

angineux, euse 形《医》アンギナ［口峡炎, 狭心症］の(患者).

angiocardiogramme 男《医》血管心臓造影図.

angiocardiographie 囡《医》血管心臓造影(法).

angiographie 囡《医》血管造影(法).

angiologie 囡《医》脈管学.

angiologue 图《医》脈管学者.

angiome 男《医》血管腫(ｼｭ).

angioplastie 囡 血管形成術.

angiospasme 男《医》血管痙(ｹｲ)縮.

angiospermes 囡複《植》被子植物亜門.

anglais, e 形 ❶ イギリス(人)の；イングランド(人)の．❷ 英語の．❸《料》crème ~e カスタード・ソース．◇《A~》イギリス人；イングランド人．— 男 英語．❶《A~》 イギリス風書体(右傾の草書体). ❷《複数》長い巻き毛. ❸ à l'~ イギリス風(塩水で煮た). ◇ *filer [partir, s'en aller] à l'~* いとまごいもせずにこっそり立ち去る.

angle 男 ❶ 角(ｶｸ)；隅. ❷ 角, 角度；撮影アングル；観点. ❸ とげとげしさ．◇ *faire un ~* 曲がる.

Angleterre 囡 英国, イングランド.

anglican, e 形《宗》英国国教(徒)の．— 名 英国国教徒.

anglicanisme 男 英国国教.

angliche 形 俗 イギリスの．— 名《A~》俗 イギリス人.

angliciser 他 英語［英国］風にする．— **s'~** 英語［英国］風になる.

anglicisme 男 英語からの借用語；英語特有の語法.

angliciste 图 英語［英文］学者, 英国文化研究者；英語専攻の学生.

anglo-américain, e 形, 男 英米の(人)；英国系米国人(の).
— 男 米語.

anglo-arabe 形, 男 アングロアラブ種の(馬).

anglomane 形 英国かぶれの(人).

anglomanie 囡 英国かぶれ.

anglo-normand, e 形 イングランドとノルマンディーの．— 名 (チャンネル諸島に住む)アングロノルマン人．— 男 アングロノルマン語.

anglophile 形, 名 イギリスびいきの(人)；(特に) (政治的)親英派の(人).

anglophilie 囡 英国びいき.

anglophobe 形, 名 英国嫌いの(人).

anglophobie 囡 英国嫌い.

anglophone 形 英語を話す；英語圏の．名 英語を話す人.

anglo-saxon, ne 形 英国(系)の人の；古期英語の．— 名《A~》アングロサクソン人．— 男 アングロサクソン語.

angoissant, e 形 不安に陥れる.

angoisse

angoisse 囡 ❶ 不安, 苦悩. ❷ 囲 どうしようもないもの.

angoissé, e 形, 名 ひどく不安な(人); 苦悩に満ちた(人).

angoisser 他 ひどく不安にする. — **s'~** ひどく不安[心配]になる.

Angola 男 アンゴラ.

angolais, e 形 アンゴラの. — 名 《A~》アンゴラ人.

angon 男 《史》(フランク族の)投げ槍(ヤ); 《漁》ヤス.

angor 男 アンギナ(窒息性絞[扼]痛); 狭心症.

angora 形 アンゴラ(種)の. — 男 アンゴラヤギ[猫, ウサギ]; 《繊》アンゴラ毛.

Angoulême アングレーム(Charente 県の県庁所在地).

Angoumois 男 アングーモア地方.

angstrœm /ɑ̃g[an]strœm/ /**angström**/ 男 《計》オングストローム(記号Å).

anguille 囡 ウナギ.

anguillère 囡 ウナギ養殖池.

anguillidés [-li-] 男複《魚》ウナギ科.

anguillule [-lyl] 囡 センチュウ(線虫).

angulaire 形 角(炊)の; 角張った; 《数》角度の, 角度の. ◇ **pierre ~** 隅石; かなめ.

anguleux, se 形 角(冬)の多い, 角張った, ぎざぎざの; とげとげしい.

angustifolié, e 形 細い葉の.

anhélation [ane-] 囡《医》呼吸促迫.

an(h)idrose [ani-] 囡《医》無汗症, 無発汗症.

anhydre [ani-] 形《化》無水の.

anhydride [ani-] 男《化》無水物.

anicroche 囡《略》(些細な)支障.

ânier, ère 名 ロバ引き.

aniline 囡《化》アニリン.

animadversion 囡 反感, 敵意.

animal; (複) **aux** 男 動物; 畜生, ばか. — **animal, ale**; (男複) **aux** 形 ❶ 動物の; 動物的な. ◇ **chaleur ~ale** 体熱. ❷《哲》**esprits ~aux** 動物精気.

animalcule 男 微小動物.

animalement 副 動物的に; 本能的に.

animalerie 囡 ❶ 実験動物飼育場. ❷ 動物売買.

animalier, ère 形 動物の. — 名 動物画家[彫刻家]; 動物飼育係.

animalité 囡 動物性; (人間の)獣性.

animateur, trice 名 ❶(会合の)推進者(レジャー施設の)アニメーター; 司会者. ❷《映》アニメーター. — 形 推進役の.

animation 囡 活気, 人出; (団体活動の)推進, 指導; 《映》動画, アニメーション.

animato 副《伊》《楽》アニマート, 生き生きと.

animatronique 囡 アニマトロニクス(動物や人間の動きをするロボットを電子工学で制御する方法).

trente 30

animé, e 形 ❶ 生命のある; 活発な; (物が)動く; 《映》アニメーションの.

animer 他 ❶ 活気づける, にぎわす, 活性化する; 司会をする; 推進する. ❷ 駆り立てる. ❸ 生命を吹き込む; 《映》アニメ撮りする. — **s'~** ❶ 活気づく; 生命を得る, 動く; 夢中になる.

animisme 男 アニミズム.

animiste 形, 名 アニミズムの(信奉者).

animosité 囡 敵意; 激高; 激しさ.

anion 男《化》陰イオン.

anis [-s] 男 ❶ 《植》アニス(果実は香辛料, 薬用). ❷ **faux ~** ⇨ aneth.

aniser 他 アニスの香りをつける.

anisette 囡 アニス酒, アニゼット.

anisométropie 囡《医》不同視, 屈折(左右)不等.

anisotropie 囡《晶》異方性.

Anjou 男 アンジュー地方(仏西部).

Ankara アンカラ(トルコの首都).

ankylose 囡《医》強直(症), 関節強直症. ❷ 沈滞, 停滞.

ankylosé, e 形 関節が強直した.

ankyloser 他 関節を強直させる, 鈍らせる. — **s'~** 関節が強直する; 鈍る.

ankylostomiase 囡《医》鉤(ﾌ)虫症(寄生虫による悪性貧血症).

annal, ale (男複) **aux** 形《法》1年間有効の.

annales 囡複 年代記; 年報; …史.

annaliste 名 年代記作者.

Annam [a(n)nam] 男 アンナン(ベトナム中部).

annamite 形 アンナンの. — 名 《A~》アンナン人.

anneau; (複) **x** 男 輪; 指輪; 環状バイパス; 年輪; (複) 《スポ》つり輪.

Annecy アヌシー(Haute-Savoie 県の県庁所在地).

année 囡 ❶ 年; 年度; 学年; 歳; 《複数》年代; 時期. ▶ **les ~s folles** 狂乱時代(1919 年〜29 年). ❷ …年[年度].

année-lumière; (複) **~s-~** 囡《天》光年.

annelé, e 形 ❶ 輪になった; カールした. ❷《建》**colonne ~e** 環綾(ﾂﾅ)のある円柱.

anneler 4 他《畜》鼻輪をつける.

annelet 男 小環; 《建》(円柱の)環緑(ﾘﾝ).

annélides 囡複《動》環形動物(門).

annexe 形 付属の. — 囡 ❶ 別館; 支店, 支局; 《カト》付属聖堂, 支教会. ❷ 付属[添付]文書; 補遺, 付録; 付属物.

annexer 他 付け加える; 併合する; 加入させる. — **s'~** ❶ 独占する; 併合する. ❷ 併合される.

annexion 囡 併合; 掌握, 支配.

annexionnisme 男 併合主義[政策].

annexionniste 形 併合主義の, 併合論の. — 名 併合主義者, 併合論者.

annihilation 囡 無に帰すこと, 消滅.

annihiler 他 無に帰せしめる, 消滅させる; 意欲を失わせる. —**s'~** 無になる.

anniversaire 男 記念日［祭］; 誕生日; 命日. —形 記念日の.

annonce 女 ❶ 知らせ, 発表; アナウンス; 広告, 案内;《カード》コール. ❷ 前兆.

annoncer 1 他 ❶ 知らせる; 発表する;（客の）来訪を告げる. ❷ 予告する; 兆しとなる. —**s'~** ❶ 兆しがある. ❷ 語 (客が)名を告げる.

annonceur, se 名 アナウンサー. —男 スポンサー; 広告業者.

annonciateur, trice 形, 名 予告する（人）, 前触れ（の）. —男《鉄道》の警報器;（回線使用状況の）表示器.

Annonciation 女《カト》神のお告げ（受胎告知）; お告げの祭日（3月25日）.

annoncier, ère 名（新聞の）広告係.

annotateur, trice 名 注釈者.

annotation 女 注, 注釈, 書き込み.

annoter 他 注をつける;（教師が宿題, 答案に）意見, 注意を記入する.

annuaire 男 年鑑, 年報,（年刊の）人名録; 電話帳.

annualiser 他 1年ごとにする. □**annualisation** 女

annualité 女 年度制, 年次制; 年刊制.

annuel, le 形 ❶ 1年間の; 例年の, 年1回の; 1年生の. ❷《史》droit ~ 官職世襲税.

annuellement 副 毎年に; 年間に.

annuité 女 年賦払い; 年賦償還金; 年金;（年金計算の）勤続年数.

annulable 形 破棄できる; 取り消せる.

annulaire 男 薬指. —形 環状の.

annulation 女 取り消し; 破棄, 廃止.

annuler 他 取り消す, 破棄する; 無にする. —**s'~** 無効になる; 相殺される.

anobli, e 形 貴族に叙せられた; 気高くなった. —名 貴族に叙せられた人.

anoblir 他 ❶ 爵位を与える;（名前を）貴族風にする. ❷ 気高く［高尚に］する. —**s'~** 貴族になる; 貴族を僭称（せんしょう）する. □**anoblissement** 男

anode 女《物》陽極, アノード.

anodin, e 形 取るに足りない,（けがなどが）軽い; ぱっとしない.

anodique 形《電》陽極の.

anodiser 他《金》陽極処理をする.

anodonte 形 歯のない. —男《貝》ドブガイ.

anodontie 女《医》無歯症.

anomal, ale 形,《男複》**aux** 形 例外的な; 変則の, 不規則な.

anomala 男《昆》コガネムシ.

anomalie 女 異常, 異例, 変則.

anomie 女 アノミー（社会解体期の無規律状態）;《心》法律喪失症.

ânon 男 ロバの子; 小さなロバ.

anonacées 女複《植》バンレイシ科.

ânonnement 男 たどたどしい朗読［話しぶり］.

ânonner 他, 自 つかえながら朗読［暗唱, 演奏］する.

anonymat 男 匿〔名〕名; 作者不明; 無名. ❷ 個性〔特徴〕のなさ.

anonyme 形 ❶ 匿〔名〕名の; 作者不明の. ❷ 名前の分からない, 無名の. ❸ 個性がない; ありふれた. ❹ société ~ 株式会社. —名 匿名者［無名］の人.

anonymement 副 匿〔名〕名で.

anonymiser 他 匿〔名〕名にする.

anophèle 男《昆》ハマダラカ.

anorak [-k] 男 アノラック.

anordir 自（風向きが）北に変わる.

anorexie 女《医》無食欲症.

anorexigène 形《医》食欲抑制剤. —形 食欲抑制の.

anorexique 形, 名《医》無食欲症の（人）.

anorganique 形 非器質性の.

anormal, ale,《男複》**aux** 形 ❶ 異常な, 例外的な; 変則の. ❷ 不当な, 不公平な. ❸ 異常者, 変質者. —名 異常者, 変質者.

anormalement 副 異常に, 例外的に.

anormalité 女 異常, 異例, 変則.

anosmie 女《医》無嗅(きゅう)覚（症）.

anoures 男複《動》無尾類.

anovulation 女《医》無排卵.

anovulatoire 形《医》無排卵(性)の; 排卵を抑止する.

anoxie 女《医》無酸素症, 酸素欠乏.

A.N.P.E. 女 Agence nationale pour l'emploi 職業安定所.

ansériformes 男複《鳥》ガンカモ目.

ansérine 女《植》アカザ.

anspect 男（車両などを動かす）てこ.

antagonique 形 対立した.

antagonisme 男 対立, 対抗, 敵対関係.

antagoniste 形 対立する. —名 反対者, 対抗者, 敵. —形《薬》拮抗薬;《解》拮抗筋; 対合（つい）筋.

antalgique 形《医》鎮痛の. —男 鎮痛薬.

antan (d') 形 [文語 昔の, 往時の.

antarctique 形 南極大陸の. —男（A~）南極大陸. —女（A~）南極周辺の壁端柱.

ante 女（古代寺院正面の）壁端柱.

antébois / antébois 男（壁面保護用の）幅木, 縁木.

antécambrien, ne 形, 男 ⇒ précambrien.

antécédent, e 形 以前の; 先行する. —男 ❶ 前例;《複数》前歴; 病歴. ❷《文法》先行詞;《論》前件;（出の）前項;《薬》対応法の先行句.

antéchrist [-st] 男《キ教》反キリスト.

antédiluvien, ne 形 ノアの洪水以前の; 語 大昔の.

antéfixe 女《建》軒端飾り.

antéflexion 女《医》(子宮）の前屈.

antéhypophyse 女《生理》下垂体前葉.

antenais, e 形（羊が）1歳の.

anténatal, ale,《男複》**als** 形

antennaire

《医》出産前の.
antennaire 形《昆》触角の.
antenne 囡 ❶ アンテナ. ❷ (テレビ, ラジオの) 放送. ~ Je donne l'~ à Paris. (中継放送でアナがパリどうぞ. ❸ 情報源, 情報提供者. ❹ 支局, 支局, 出張所. ❺ (節足動物の) 触角.
antenniste 名 アンテナ設置者.
antennule 囡《動》小[第一]触角.
antépénultième 形, 名《音声》語末から3番目の(音節).
antéposé, e 形《言》前置された.
antérieur, e 形 l) 時間の, 前の; 前方の;《文法》passé [futur] ~ 前過去 [未来]. ── 囲 前肢.
antérieurement 副 (à) (…の) 以前には.
antériorité 囡 (時間的に) 先であること, 先行;《文法》先立性.
antérograde 形《心》amnésie ~ 前向健忘 (外傷以後の健忘).
antéversion 囡《解》前傾.
anthélie 囡《天》向 [反対] 幻日.
anthémis [-s] 囡《植》カミツレモドキ.
anthère 囡《植》葯(や).
anthéridie 囡《植》造[蔵] 精器.
anthèse 囡《植》開花; 開花期(間).
anthocéros 囡《植》ツノゴケ.
anthologie 囡 詞華集; 傑作集.
anthonome 囲《昆》ハナゾウムシ.
anthracène 囲《化》アントラセン.
anthracite 囲 無煙炭.
── 形 (不変) チャコールグレーの.
anthracnose 囡《植》炭疽(そ)病.
anthracose 囡《医》炭粉症.
anthraquinone 囡《化》アントラキノン.
anthrax [-ks] 囲《医》癰.
anthrène 囲《昆》マルカツオブシムシ.
anthropique 形《地理》人間の活動による.
anthropobiologie 囡 自然人類学.
anthropocentrique 形 人間中心的な.
anthropocentrisme 囲 人間中心主義.
anthropographie 囡 人類誌(学).
anthropoïde 形《動》人類に似た.
── 囲 類人猿.
anthropologie 囡 人類学; 人間学 [論].
anthropologique 形 人類学的.
anthropologue / anthropologiste 名 人類学者; 自然人類学者.
anthropométrie 囡 人体計測(法);《法》人体鑑識.
◇anthropométrique
anthropomorphe 形 人間の形をした, 人間を模した.
anthropomorphique 形 神人同形の; 擬人の.
anthropomorphiser 囲 人間の形で表現する, 人間と同一視する.
anthropomorphisme 囲 神人同形論; 擬人化すること.

trente-deux 32

anthropomorphiste 形 神人同形論の; 擬人化の.
── 名 神人同形論者.
anthroponyme 囲 人名.
anthroponymie 囡 人名論; 人名語源研究.
anthropophage 名, 形 人食い(の).
anthropophagie 囡 食人の風習.
anthropopithèque 囲 猿人.
anthropotechnique 囡, 形 (広義の) 人間工学(の).
anthropozoïque 形 ère ~ 人類の出現する時代(第四紀初期).
antiacarien, enne 形 ダニ駆除の(薬剤).
antiacnéique 形《医》アクネ治療の(薬).
antiaddictif, ve 形《医》耽溺(たん)抑制(剤)の.
antiadhésif, ve 形 こびりつきを防ぐ(加工).
antiaérien, ne 形 対空 [高射, 防空] の.
anti-âge 形 (不変) 抗老化の, 抗加齢の.
antialcoolisme [-kɔ-] 囲 禁酒運動; 禁酒. ◇antialcoolique
antiallergique 形《医》抗アレルギー性の. ── 囲 抗アレルギー剤.
antiaméricanisme 囲 反米主義.
antiangiogénèse 囡《医》(腫瘍(よう)の) 血管新生阻害剤.
antiatomique 形 (原爆の) 放射能を防ぐ.
antiavortement 形 (不変) 人工妊娠中絶に反対する.
antibiogramme 囲《生》アンチビオグラム, 薬剤反応検査.
antibiothérapie 囡《医》抗生剤療法.
antibiotique 囲, 形 抗生物質(による).
antiblocage 形 (不変)《車》アンチロックの.
antibois 囲 ⇒ antebois.
antibrouillage 囲 電波妨害防止.
antibrouillard 形 (不変) phare ~ フォグランプ.
antibruit 形 (不変) 防音の, 騒音防止の.
anticalcaire 形, 囲 水垢(あか)の付着を防ぐ(加工, 装置).
anticancéreux, se 形 制がん [がん] の. ── 囲 制がん剤.
anticapitaliste 形 反資本主義の.
── 名 反資本主義者.
anticasseurs 形 loi ~ 破壊者取締法.
anticernes 囲 (目の) 隈(くま)隠し用化粧品. ── 形 隈隠しの.
antichambre 囡 玄関口にある部屋; 控室; 前段階, 一歩手前.
◇faire ~ (面会の前に)長時間待たされる.
antichar 形 対戦車用の.

anti-inflammatoire

antichoc 形《不変》衝撃を和らげる.
antichrèse 囡《不動産》質.
antichrist [-st] 男 ⇨ antéchrist.
anticipation 囡 ❶ 前もって行うこと; 予想, 予測; 前借し. ▶ littérature d'~ SF. ❷《楽》先行音;《商》分割先払い;《スポ》(ターンの)きっかけ.
anticipé, e 形 期日前の; 前もっての. ▶ législatives ~es 繰り上げ総選挙.
anticiper 自 (sur)(…を)先取りする;(…に)あらかじめ備える.
— 他 (期限より)前に行う.
anticlérical, ale;《男複》**aux** 形 教権介入反対の.
— 名 反教権主義者.
anticléricalisme 男 反教権主義.
anticlinal, e;《男複》**aux** 形《地》(褶)曲がり背斜の.
anticoagulant, e 形 血液凝固を阻止する. — 男 抗凝固薬.
anticohabitationniste 形 保革共存政権に反対の.
— 名 保革共存政権反対論者.
anticolonialisme 男 反植民地主義. □anticolonialiste 形名
anticommunisme 男 反共主義. □anticommuniste 形名
anticonceptionnel, le 形 避妊の; 産児制限の. — 男 避妊薬.
anticoncurrentiel, le 形《経》競争主義に反対する.
anticonformisme 男 反画一[反順応]主義. □anticonformiste 形名
anticonjoncturel, le 形《経》景気立て直しの.
anticonstitutionnel, le 形 憲法に違反する, 違憲の. □anticonstitutionnellement 副
anticopie 形《不変》違法コピー防止の.
anticorps 男《医》抗体.
anticorrosion 形《不変》腐食防止の.
anticryptogamique 形 殺菌の, かび防止の. — 男 殺菌剤.
anticyclique 形 景気(循環)対策の.
anticyclonal, ale;《男複》**aux** 形《気》高気圧の.
anticyclone 男《気》高気圧.
antidate 囡 前日付.
antidater 他 前日付にする.
antidémarrage 男, 形《不変》《車》イモビライザー(の).
antidémocratique 形 反民主主義の.
antidépresseur 形男《医》抗うつの.
antidépressif, ve 形 抗うつの.
antidérapant, e 形 滑り止めの.
— 男《車》ノンスキッドタイヤ.
antidiphtérique 形《医》ジフテリア治療[予防]の.
antidopage / **antidoping** [-piŋ] 形《スポ》ドーピング防止の.
antidote 男 解毒薬; 憂さ晴らし.
antidotisme 男《医》解毒.

antidouleur 形《不変》肉体的苦痛からの解放をめざす; 鎮痛の.
— 男 鎮痛剤.
antidumping [-dœmpiŋ] 形《不変》ダンピング防止の.
antiémétique 形《医》制吐作用の. — 男 制吐[鎮吐]剤.
antienne 囡 繰り言;《カト》交唱.
antiesclavagiste 形 奴隷制反対の. — 名 奴隷制廃止論者.
antifasciste 形, 名 反ファシズムの(人), 全体主義[極右]に反対する(人).
antifongique 形《医》抗真菌症の. — 男 抗真菌薬.
antifriction 形《不変》減摩の.
antifumée 形《不変》(油)黒煙を防止する. — 男 黒煙防止剤.
anti-g 形《不変》《航》耐加速度の.
antigang [-gãg] 形《不変》凶悪犯罪対策の.
antigel 男 凍結防止剤, 不凍液.
— 形《不変》凍結を防ぐ.
antigélif 形 凍結防止の.
antigène 男《医》抗原. ▶ ~ de fécondation 精子抗原(不妊の原因となる). □antigénique 形
antigivrant, e / **antigivreur, se** 形 着氷を防止する, 防氷の. — 男 防氷装置, 防氷剤.
antiglisse 形《服》滑り止め加工をした.
Antigone 《ギ神》アンティゴネ.
antigouvernemental, ale;《男複》**aux** 形 反政府の.
antigravitation 囡《物》反重力, 反引力.
antiguerre 形, 名《不変》戦争反対の(人), 反戦の(人).
antihalo 形《不変》《写》ハレーション防止の.
antihausse 形《不変》物価上昇を抑制する.
antihémophilique 形 止血(剤)の.
antihéros 男 アンチヒーロー(華々しい資質を持たない主人公).
antihistaminique 形《薬》抗ヒスタミンの. — 男 抗ヒスタミン薬.
antihumain, e 形 人間性に反する, 非人間的な; 人間に敵対する.
antihygiénique 形 不衛生な.
anti-immigrés 形 移民労働者を敵視の.
anti-impérialisme 男 反帝国主義.
anti-impérialiste 形 反帝国主義の. — 名 反帝国主義者.
anti-infectieux, se 形 抗感染性の. — 男 抗感染薬.
anti-inflammatoire 形 抗炎症性の. — 男 抗炎症薬.

anti-inflationniste 形 反インフレの.

anti-intellectualiste 形 反知性主義の.

antiintrusion 囡 (車の)盗難防止装置. — 形 家屋侵入防止の.

anti-japonais, e 形 反日の.

antijeu 男 [スポ] アンフェアな行為.

anti(-)jeunes 形 青少年差別の.

antilithique 形 [薬] 結石阻止の. — 男 結石阻止薬.

antillais, e 形 アンティル諸島の. — 图 《A~》アンティル諸島の人.

Antilles [-tij] 囡複 アンティル諸島.

antilogarithme 男 [数] 真数.

antilogique 形 論理に反する.

antilope 囡 [動] レイヨウ(オリックスなど); [革] アンティロープ.

antimatière 囡 [物] 反物質.

antimigraineux, se 形 偏頭痛に効く. — 男 頭痛薬.

antimilitarisme 男 反軍国主義, 反軍思想.

antimilitariste 形 軍国主義反対の. — 图 反軍国主義者.

antimissile 形, 男 [軍] 対ミサイル用の.

antimite(s) 形 防虫の. — 男 防虫剤(ナフタリン, ショウノウなど).

antimitotique 形 [薬] 抗有糸分裂の. — 男 抗有糸分裂薬.

antimoine 男 [化] アンチモン.

antimondialisation 囡 反グローバル化.

antimondialiste 形, 图 グローバル化に反対する(人).

antimonié, e 形 [化] アンチモンを含んだ.

antimycosique 形, 男 ⇒ antifongique.

antinational, ale; (男複) **aux** 形 反国家的, 国益に反する.

antinazi, e 形, 图 反ナチの(人).

antinérralgique 形, 男 [薬] 神経痛治療の(薬).

antinomie 囡 矛盾; 二律背反; パラドックス. □**antinomique** 形.

antinucléaire 形 核兵器反対の, 反核の; 原発反対の. — 图 反核主義者; 原発反対論者.

antiobésité 形 肥満防止(薬).

antioxydant, e 形 酸化を抑制する. — 男 酸化防止剤.

antipaludéen, ne 形, 男 抗マラリアの(薬).

antipape 男 [宗] 対立教皇.

antiparallèlement 副 [生] 逆平行に.

antiparasite 形 雑音防止の. — 男 雑音防止装置, ノイズ・サプレッサ.

antiparasiter 他 雑音防止装置をつける.

antiparlementaire 形 反議会主義の, 議会制度反対の. — 图 反議会主義者.

antiparlementarisme 男 反議会主義.

antiparti 形 [不変] 图 党の路線に対立する(党員).

antiparticule 囡 [物] 反粒子.

antipasti 男複 (イタリア料理)前菜.

antipathie 囡 反感, 反発.

antipathique 形 反感を招く, 嫌な.

antipatriotique 形 [文語] 愛国心のない; 反愛国主義の. □**antipatriotisme**

antipelliculaire 形 ふけ取り[防止]の.

antipersonnel 形 [不変] [軍] 対人の.

antiphonaire 男 [カト] 交唱聖歌集.

antiphrase 囡 [レト] 反語(法).

antipirate 形 違法コピー防止の.

antipodal, ale 形; (男複) **aux** 形 対蹠(ﾀｲｼｮ)地点にある.

antipode 男 対蹠(ﾀｲｼｮ)地[点]; (多く複数)遠隔地. ◇ **à l'~** [aux ~s] **de** ...…と正反対に, かけ離れて.

antipodisme 男 足芸.

antipodiste 图 足芸師.

antipoison 形 [不変] centre ~ 中毒治療センター.

antipoliomyélitique 形 [医] 抗ポリオ性の.

antipollution 形 [不変] 汚染[公害]防止の.

antiprotéase 形 [薬] プロテアーゼ阻害薬.

antiprotectionniste 形, 图 保護貿易反対の(人).

antiproton 男 [物] 反陽子.

antipsychiatre [-kja-] 图 反精神医学派の精神科医.

antipsychiatrie [-kja-] 囡 反精神医学(精神障害を社会状況と結びつけて考える立場).

antiputride 形 防腐の. — 男 防腐剤.

antipyrétique 形 [医] 解熱の, 解熱作用のある. — 男 解熱剤.

antipyrine 囡 [薬] アンチピリン.

antiquaille 囡 古いがらくた.

antiquaire 图 古美術商, 骨董(ｺﾂﾄｳ)屋, 古道具屋.

antique 形 ❶ 古代の; (特に) 古代ギリシア・ローマの. ❷ 古い, 昔の; 古風な. — 男 古代の技法[様式]; 古代美術品. — 囡 [印] アンチック体.

antiquisant, e 形 [美] 古典古代を模した.

antiquité 囡 ❶ 《A~》古代; (特に) 古代ギリシァ・ローマ(文明). ❷ 《複数》古代の遺物; 古美術, 骨董(ｺﾂﾄｳ)品. ❸ 語がらくた; 旧習. ❹ 大昔, 古さ.

antirabique 形 抗狂犬病の.

antiracisme 男 反人種差別(主義).

antiraciste 形, 图 人種差別に反対の(人).

antiradar 形 [不変] [軍] レーダー妨害用の. — 男 レーダー妨害装置.

antiradiation 形 [不変] 放射線防護の.

antirationnel, le 形 反合理的な, 反理性的な.

antireflet 形 [不変] 反射防止の.

antiréglementaire 形 規則に

反する.
anti-rejet 男 拒絶反応抑止剤.
antireligieux, se 形 反宗教的な.
antirépublicain, e 形 共和制に反対の. —名 共和主義者.
antirétroviral, ale;（男 複）**aux** 形;《医》抗レトロウイルスの（薬）.
antirides 形 しわ防止の, しわ取りの;（塗料の）皮張り防止の.
antiroman 男 アンチロマン, 反小説（サルトルの造語）.
antirouille 形（不変）錆止めの. —男 防錆（ぼうせい）剤, 腐食防止剤.
antiroulis 形 横揺れ防止の.
antisatellite 形, 男 衛星攻撃用の（兵器）.
antiscientifique 形 反科学的な.
antisèche [-sɛʃ] 男/女 語 カンニングペーパー.
antiségrégationniste [-se-] 形, 名 人種差別［隔離］に反対する（人）.
antisémite [-se-] 形 ユダヤ人排斥の. —名 反ユダヤ主義者.
antisémitisme [-se-] 男 反ユダヤ主義, ユダヤ人排斥運動.
antisens 男《生》アンチセンス RNA.
antisepsie [-sep-] 女《医》消毒［殺菌, 防腐］(法).
antiseptique [-sɛp-] 形《医》消毒の, 殺菌の；防腐の. —男 消毒薬, 殺菌剤；防腐剤.
antisida [-si-] 形（不変）エイズ防止の.
antisismique [-sis-] 形 耐震の.
antisocial, ale [-so-];（男 複）**aux** 形 公共の福祉に反する；反社会的な.
anti-sous-marin, e [-su-] 形《軍》対潜水艦の, 対潜の.
antispam 形 迷惑メール対策の.
antispasmodique [-s-] 形 抗痙攣（けいれん）性の. —男 鎮痙（ちんけい）剤.
antisportif, ve 形 スポーツ嫌いの, スポーツマンシップに反する.
antistatique 形 帯電防止の. —男 帯電防止剤.
antisudoral, ale [-sy-];（男 複）**aux** 形 制汗性の. —男 制汗剤.
antitabac [-ba] 形（不変）嫌煙の.
antitache(s) 形 しみ防止の.
antiterroriste 形 テロリズムと闘う, テロ抑止の.
antitétanique 形 抗破傷風の.
antithermique 形《医》解熱用の. —男 解熱剤.
antithèse 女 ❶ 正反対；《レト》対照法, 対句（法）；《哲》反定立.
antithétique 形 正反対の；《レト》対照法的な；《哲》反定立を含む.
antithyroïdien, ne 形《医》抗甲状腺の. —男 抗甲状腺剤.
antitoxine 女《医》抗毒素.
antitoxique 形《医》抗毒性の.
antitrust [-trœst] 形（不変）独占禁止の.
antituberculeux, se 形 結核予防の；《医》抗結核性の.

antitussif, ve 形《医》鎮咳（ちんがい）性の. —男 鎮咳剤.
antiulcéreux, se 形《医》抗潰瘍（かいよう）性の. —男 抗潰瘍性薬.
antivaricelle 形《医》抗水痘ワクチンの.
antivariolique 形《医》天然痘予防の, 痘瘡（とうそう）予防の.
antivenimeux, se 形《医》抗蛇毒性の.
antiviral, ale;（男 複）**aux** 形《医》《情報》抗ウイルスの.
antivirus 男《医》抗ウイルス；《情報》抗ウイルスソフト.
antivol 男（自動車などの）盗難防止装置. —形（不変）盗難防止の.
antonomase 女《レト》換称（法）.
antonyme 男 反意語, 反義語, 対義語. —形 反意の.
antonymie 女 反意［反義, 対義］性；《レト》反義語法.
antre 男 洞窟（どうくつ）；隠れ家；危険な場所；引きこもる場所；『部屋』.
anurie 女《医》無尿（症）.
anus [-s] 男《解》肛門（こうもん）(口).
Anvers アントワープ（ベルギーの都市）.
anversois, e 形 アントワープの. —名（A～）アントワープの人.
anxiété 女 不安, 心配.
anxieusement 副 心配して, 不安げに.
anxieux, se 形 ❶ 不安の, 心配な. ❷ être 〜 de … …したくてじりじりする. —名 心配性の人.
anxiogène 形 不安を引き起こす.
anxiolytique 形《医》抗不安を鎮める. —男 抗不安薬.
A.O.C. 女 appellation d'origine contrôlée 原産地呼称統制.
aoriste 男《文法》アオリスト.
aorte 女《解》大動脈.
aortique 形《医》大動脈の. —名 大動脈疾患のある人.
aortite 女《医》大動脈炎.
août [u]（ときに [ut]）男 ❶ 8月. ❷《カト》le Quinze-A〜 聖母の被昇天 (=Assomption).
aoûtien, ne [ausjɛ̃, ɛn] 名 8月にバカンスをとる人.
Ap. = apud …に（あり）.
apache 男 古風（都会の）ごろつき.
apaisant, e 形 落ち着かせる.
apaisement 男 鎮静, 和らぎ；（人を）安心させるための約束［声明］.
apaiser 他 なだめる；和らげる. —s'〜 和らぐ, 静まる.
apanage 男 ❶ 特性；特権；専有物. ❷《史》国王親族封, 親王采（さい）地.
apanager ② 他《史》親王采（さい）地を与える.
a pari [ラ] 副句, 形句（不変）同じ理由により［よる］.
aparté 男 傍白, わきぜりふ；（会合でのひそひそ話.
apartheid [-ted] 男 アパルトヘイト.
apathie 女 無気力, 無関心, 無感動.
apathique 形 無気力な（人）, 無関心な（人）.
apatite 女《鉱》燐灰（りんかい）石.

apatride 名〖法〗無国籍者.

apax [-ks] 男 ⇨ hapax.

a.p.d.r.〖略〗〖史〗avec privilège du roi 国王允\u3000認の(の出版物).

APEC 男〖略〗(forum de) Coopération économique Asie-Pacifique アジア太平洋経済協力会議.

APEL 男〖略〗(Société des) autoroutes Paris-Est-Lorraine パリ-東部-ロレーヌ高速道路(会社).

aperception 女〖哲〗統覚.

apercevoir 46 他 見る, 目に入る; 悟る. **—s'~** ❶ 〖de〗気づく. ❷ 互いに気づく. ❸ (物が)見える, 認められる.

aperçu, e 男 概観; 概要; 洞察, 着眼.

apériodique 形〖物〗非周期的な; 非振動の.

apériteur 男〖法〗代表保険会.

apéritif 男 食前酒(の時間); (料理と飲み物の出る)パーティー. **—apéritif, ve** 形 文章 食欲を増進する.

apesanteur 男 無重力(状態).

apétale 形〖植〗花弁のない.
— 女〖複数〗無花弁花類.

à-peu-près 男 だいたいのところ, 概算.

apeuré, e 形 おびえた.

apeurer 他 おびえさせる, 怖がらせる.
—s'~ 怖がる.

apex [-ks] 男〖ラ〗先端.

aphasie 女 失語症.

aphasique 形, 名 失語症の(患者).

aphélie 男〖天〗遠日(えん)点.

aphérèse 女〖言〗語頭音消失.

aphidiens 男〖複数〗〖昆〗アブラムシ.

aphone 形 声が出ない; 失声症の.

aphorisme 男 アフォリズム, 警句, 格言;〖軽蔑〗月並な格言.

aphrodisiaque 形 催淫(さいん)性の.
— 男 催淫薬.

Aphrodite〖ギ神〗アフロディテ.

aphte 男〖医〗アフタ(粘膜の小潰瘍).

aphteux, se 形 アフタ性の.

A.P.I. 男〖略〗〖言〗alphabet phonétique international 国際音標文字, 国際音声字母.

à-pic 男〖不変〗絶壁.

apical, ale; (男複) **aux** 形 先端の; 〖言〗舌尖(せん)の. **—** 女 舌尖音.

apicole 形 養蜂の.

apiculteur, trice 名 養蜂家.

apiculture 女 養蜂.

apiéceur, se 名 回 裁縫師, 縫い子.

apifuge 形〖農〗ミツバチ防除の.

apion 男〖昆〗ホソクチゾウムシ.

apiquer 他〖海〗(帆桁(ほ)などを)傾ける.

apitoiement 男 同情, 哀れみ.

apitoyant, e 形 哀れな.

apitoyer 10 他 同情を引く.
—s'~〖sur〗(…に)同情する.

aplanétique 形〖光〗無収差の.

aplanir 他 平らにする; (道路などを)容易にする; (困難などを)取り除く.
— 平らになる; 容易になる; 取り除かれる. **◻aplanissement** 男

aplasie 女〖医〗(器官, 組織の)形成不全(症). **◻aplasique** 形

aplat / à-plat 男 全面単色, ベタ; (折ってないか)平らな紙.

aplati, e 形 平たくなった.

aplatir 他 ❶ 平たくする; ぺしゃんこにする; 窩 やり込める. ❷〖目的語なし〗(ラグビーで)トライする. **—s'~** ❶ 平たくなる, ぺしゃんこになる; 長々と寝そべる; ばったり倒れる; 窩 平身低頭する. ❷ (髪を)ぴったりなでつける.

aplatissement 男 ❶ 平らになる[する]こと; つぶす[つぶれる]こと; 壊滅, 衰弱; 凡庸〖平板〗化. ❷ 追従.

aplatissoir 女 圧延ハンマー, 平延機.

aplatissoire 女 圧延ハンマー, 平延機.

aplomb 男 ❶ 鉛直, 垂直; 均衡, 安定性. ❷ 平静. ❸ 厚かましさ.

apnée 女〖医〗無呼吸; 一時呼吸停止. **~ syndrome d' ~ du sommeil** 睡眠時無呼吸症候群.

apnéiste 名 呼吸停止に陥った人.

apoastre 男〖天〗遠星点.

apocalypse 女 ❶ 黙示録;《A~》ヨハネの黙示録. ❷ 大惨事.

apocalyptique 形 ❶ 黙示録の; ヨハネ黙示録の. ❷ 象徴的で分かりにくい. ❸ 阿鼻(あび)叫喚の.

apocope 女〖言〗語尾音消失.

apocryphe 形 正典外の; 疑わしい.
— 男〖複数〗聖書外典, アポクリファ; 偽書, 典拠の怪しい本.

apocynacées 女複〖植〗キョウチクトウ科.

apode 形〖動〗無足の; 腹鰭(はらびれ)のない. **—** 男〖複数〗無足類.

apodictique 形〖哲〗必然的な.

apodose 女〖言〗帰結節.

apogamie 女〖植〗無配生殖.

apogée 男 頂点, 絶頂;〖天〗遠地点.

apolitique 形, 名 政治色のない(人), ノンポリの(人).

apolitisme 男 非政治性, ノンポリの態度.

apollinien, ne 形 アポロン神の;〖哲〗アポロン型の(ニーチェの用語).

apollon 男 ❶《A~》〖ギ神〗アポロン. ❷〖諧〗美男子;〖昆〗アポロチョウ.

apologétique 形 弁明の; キリスト教擁護の. **—** 女〖キ教〗護教学.

apologie 女 弁明, 正当化; 賛辞.

apologiste 名 文章 弁護[擁護]者;〖キ教〗護教論者.

apologue 男 教訓話.

apomixie 女 アポミクシス, 単~ paternelle 進性無配偶生殖.

apomorphie 女〖生〗子孫形質(状態).

aponévrose 女〖解〗腱膜(けん).

aphonie 女〖音声〗母音交替.

apophtegme 男 警句, 箴言(しん), 格言.

apophyse 女〖解〗骨端, 骨突起.

apoplectique 形〖医〗卒中の; 卒中体質の. **—** 名 卒中体質の人.

apoplexie 女〖医〗卒中(発作).

apoprotéine 女〖生化〗アポたんぱく.

apoptose 女〖生〗アポトーシス(遺伝子機構の作動により生じる自律的細胞死).

aporie 女〖哲〗アポリア.

apostasie 囡 背教, 棄教; 転向; 脱党.

apostasier 他 (信仰などを)捨てる; 転向する; 脱党する.

apostat, e 形 背教の; 転向した. — 名 背教者; 転向者; 脱党者.

aposter 他 配置する, 見張りに立てる; 待たせておく.

a posteriori [-te-] 《ラ》副句, 形句 《不変》経験に基づいて 〖基づく〗.

apostille 囡 欄外補正, 追加知事項; (添付された) 推薦文.

apostiller 他 欄外補正をする; 推薦文をつける.

apostolat 男 ❶ 使徒職; 伝道, 布教; (思想の) 宣伝. ❷ 献身を要する任務, 聖職.

apostolique 形 使徒の; 使徒伝来の; ローマ教皇庁の, 司教区の.

apostoliquement 副 使徒のように, 使徒にふさわしく.

apostrophe 囡 ❶ アポストロフ, 省略記号('). ❷[言]呼びかけ, 『レト』 呼(こ)法. ❸ 乱暴な呼びかけ, ののしり言葉.

apostropher 他 ぞんざいに呼びかける; ののしる. — 代動 ののしり合う.

apothème 男 〖数〗垂線(の長さ).

apothéose 囡 最高の栄誉; 最高潮; フィナーレ; 神格化.

apothicaire 男 compte d'~ こまごました勘定書.

apôtre 男 (キリスト教の) 使徒; 伝道者. ◇faire le bon ~ 善人ぶる. — 名 (主義, 思想の) 宣伝者.

appalachien, ne 形 アパラチア山脈の.

apparaître 50 自 (助動詞 être) 現れる; …のように見える. — Il apparaît que … …が明らかになる;…と思われる.

apparat 男 ❶ 壮麗さ, 盛大さ. ❷ lettres d'~ アラビア風装飾文字. ~ critique (校訂本の) 脚注.

apparatchik [-tʃik] 男 《露》(政党や組合の) 顕役.

apparaux 男複〖海〗船具, 装具.

appareil 男 ❶ 器具, 装置; 機械; 器官. ❷ ~ informationnel 情報家電, ネット家電. ❸ カメラ (~ de photo); 電話, 受話器; 飛行機. ~ photo numérique デジタルカメラ. ◇dans le plus simple ~ 〚話〛素っ裸で.

appareillage 男 ❶ 〖集合的〗装置. ❷〖海〗出港準備.

appareillement 男 (対の物を)そろえること; 番(つが)わせること.

appareiller[1] 自 出港する. — 他 〖海〗(船の)出港準備をする;〖建〗石割りをする;〖医〗人工器具をつける.

appareiller[2] 他 (対の物を, 似たものを) そろえる. — s'~ 〈à, avec〉 (…に) よく合う, 調和する.

apparemment 副 見たところ; あらく.

apparence 囡 ❶ 外見, うわべ. ❷ 痕跡(こんせき).

apparent, e 形 はっきり見える; 明白な. ❷ うわべの.

apparenté, e 形 ❶ 縁続きの; 類似した; 〈他党派と〉協定を結ぶ.

apparentement 男 縁組み, 姻戚(いんせき)関係; (政党間の) 選挙協力.

s'apparenter 代動 類似する, 共通点を持つ; 縁続きになる; 〈他の党派と〉協調する, 選挙協定を結ぶ.

appariement 男 対にする 〖そろえる〗こと; 対, そろい; 番(つが)い形成.

apparier 他 対にする, (対にして) そろえる; (鳥を) 番わせる. — s'~ (鳥の) 番う.

appariteur 男 (大学などの) 守衛; 下級職員.

apparition 囡 出現; 幻; 亡霊.

apparoir 自 非人称〖法〗明白である.

appartement 男 アパルトマン, マンション (集合住宅内の1世帯住居).

appartenance 囡 帰属, 所属.

appartenir 28 自〈à〉 (…の)ものである, (…に) 属する. — s'~ 自由に振る舞える.

apparu(-), apparû- 〚活〛⇒ apparaître.

appas 男複 (女性の性的魅力); 胸元.

appât 男 餌(えさ); 誘惑.

appâter 他 ❶ 餌(えさ)でおびき寄せる; 誘惑する. ❷ (罠に, 釣り針に)餌をつける. ❸〖畜〗強制給餌する.

appauvri, e 形 貧しくなった. ► uranium ~ 劣化ウラン.

appauvrir 他 貧しくする; 衰えさせる. — s'~ 貧しくなる; 衰える. □**appauvrissement** 男

appeau 男 複 x 男 罠(わな); 鳥笛.

appel 男 ❶ 呼ぶこと, 呼び声; (電話の) 呼び出し; 点呼; 召集; 集合らっぱ. ❷ 呼びかけ, 訴え; 誘惑, 魅力. ❸〖法 控訴〗〚スポ〛踏み切り. ❹ ~ d'offres publics 公共事業入札. ◇à l'~ de … …の呼びかけに応じて. faire ~ à … …に訴える, 援助を求める. prix d'~ 客寄せ価格, 超特価. sans ~ 決定的な 〖に〗.

appelant, e 形 控訴する. — 名 控訴人. — 男〖狩〗おとりの鳥 (木製, 剣(けん)製も).

appelé, e 形 ❶ …と呼ばれる, という名の. ❷〈à〉(…を) 約束された, (…する) 見込みの. — 男 召集兵, 徴兵.

appeler 4 他 ❶ 呼ぶ, 召喚 〖召集〗する; 名づける. ❷ 電話をかける. ❸ (必然的に) もたらす; (解決を) 必要とする; (罰を) 求める, 的る; (注意を) 促す. ❹ 〈à〉(…するよう) 呼びかける; (地位に) 就ける. — 自〖法〗en ~ 控訴する. — s'~ ❶ …という名前である. ❷ 呼び合う.

appelette 囡 ⇒ appliquette.

appellatif, ve 形〖言〗呼びかけの. — 男 呼びかけ詞.

appellation 囡 呼び名, 呼称.

appendice [-pē-] 男 (巻末の) 補遺; 付属物; 虫垂.

appendicectomie [-pē-] 囡〖医〗虫垂切除(術).

appendicite [-pē-] 囡 虫垂炎.

appendiculaire [-pē-] 形 付属

appentis

物; 虫垂の.
— 男《複数》【動】尾曳類.
appentis 男 庇(ひさし); 差し掛け屋根; (差し掛け)小屋〔納屋, 車庫〕.
appert 匿 ⇨ apparoir.
appertisation 囡 加熱殺菌処理.
appesantir 他 重くする。 — s'~ 重くなる, のしかかる; くどくど述べる. □**appesantissement** 男
appétence 囡 文章 欲求, 渇望.
appétissant, e 形 食欲〔情欲〕をそそる.
appétit 男 食欲, 欲求; 欲求.
applaudimètre 男《ふざけて》喝采音量計, 人気測定器.
applaudir 自 ① 拍手喝采する. ② (à)(…に)賛成する. — 他 拍手を送る; 感心する. — s'~ (de)(…に)満足する;(…を)自慢する.
applaudissement 男 拍手喝采 (通常複); 文章 賛同, 賞賛.
applicable 形 適用できる; 実行できる; 充当し得る; 付着〔接着, 塗布〕し得る. □**applicabilité** 囡
applicateur, trice 形 適用の.
— 男 実施者, 実用化する人.
— 男 塗布器[具], 綿棒.
application 囡 ① 塗布, 取り付け, 貼り付け. ② 適用, 応用; 実施; 充当; 用途. ③ 熱心, 勤勉. ④ アップリケ. ⑤《情報》アプリケーション.
applique 囡 ① 壁灯, ブラケット灯. ② 化粧〔補強〕材(の取り付け).
appliqué, e 形 応用[適用, 実施]された. ② 熱心な, 勤勉な. ③ 塗られた, 張られた, 取り付けられた.
appliquer 他 ① (sur)(…に)塗る, 張る, 取り付ける, 押し当てる. ②(à)(…に)適用〔応用〕する; 傾注する; 当てる; 付与する; 課す. ③ 実行〔実施〕する. — s'~ ① 張り付く, くっつく; 適用〔応用〕される. ② 専念する.
appliquette 囡《情報》アプレット.
appoggiature 囡《楽》アポジャトゥーラ, 前打音.
appoint 男 ① 端数の金額. ② 補助; 援助; 寄与. ◇ d'~ 補助的な.
appointage 男 (先端を)とがらすこと; 縫合.
appointé, e 形 給料をもらっている.
— 男 給料取り, サラリーマン.
appointements 男複 給料, 固定給.
appointer[1] 他 給料を払う.
appointer[2] 他 とがらす; 先端をよらせる; 縫い合わせる.
appontage 男 (空母への)着艦.
appontement 男 桟橋.
apponter 自 (空母に)着艦する.
apponteur 男《軍》 艦長指揮士官.
apport 男 ① 貢献; 供給(物); 援助(物資). ②【法】(1) 出資. (2) ~ en communauté 夫婦の持ち寄り財産.
apporter 他 ① 持ってくる, 運んでくる. ② 与える; もたらす. ③ (注意, 熱意を)注ぐ.
apporteur, se【法】出資者.
apposé, e 形 同格に置かれた.
apposer 他 張る; (印を)押す; (署名を)添える; 【法】(条項などを)加える.
apposition 囡【文法】同格. ② 貼(は)り付け; (署名を)添えること.
appréciable 形 ① 評価できる, かなりの; 貴重な. ② 測定可能な, 感知できる. □**appréciabilité** 囡
appréciateur, trice 男 評価〔鑑定〕能力のある.
— 名 評価〔鑑定〕する人.
appréciatif, ve 形 評価〔鑑定〕を示す.
appréciation 囡 評価, 鑑定; 判断; 感想, 批評.
apprécier 他 ① (高く)評価する. ② 感知〔把握〕する. — s'~ ① 高く認められる; 価値が上がる. ② (高く)評価し合う.
appréhender 他 ① 恐れる, 心配する. ② 把握する. ③ 逮捕する. — s'~ ① 自分自身を把握する. ② 把握される.
appréhension 囡 ① 不安. ② 把握, 理解〔力〕.
apprenant, e 名 学習者.
apprendre 他 ① 知る; 学ぶ; 習う; 覚える. ② ~ A à B B にAを知らせる〔教える〕. ③ 語 思い知らせる.
— s'~ 学習される, 覚えられる.
apprenti, e 名 実習〔研修〕生, 見習い; 初心者.
apprentissage 男 実習〔見習い, 研修〕(期間).
apprêt 男 ① わざとらしさ, 気取り. ② 仕上加工(材); 下塗り. ③ 古風 調理;《複数》支度, 準備.
apprêté, e 形 不自然な, 凝った.
s'apprêter 代動 ① (à)(…の)準備をする; まさに(…しようと)している. ② 身支度をする. — **apprêter** 他 準備する; 仕上げ〔細工〕を施す.
apprêteur, se 名 仕上げ工.
appri-, appri- 匿 ⇨ apprendre.
apprivoisable 形 飼い慣らせる.
apprivoisé, e 形 飼い慣らされた.
apprivoiser 他 飼い慣らす; 文章(人を)手なずける. — s'~ ① 飼い慣らされる. ② 文章(à)(…に)慣れる. □**apprivoisement** 男
approbateur, trice 形, 名 賛同する(人), 賛成する(人).
approbatif, ve 形 賛成〔承認〕の; 賛賞の.
approbation 囡 同意, 賛成; 承認;【史】出版許可;【カト】聴罪許可.
approbativité 囡【心】是認性向.
approchable 形 近づきやすい, 近寄れる.
approchant, e 形 似ている; 近い.
approche 囡 近づくこと, 接近; アプローチ;《複数》付近, 周辺. ◇ à l'~[aux ~s] de … …が近づくと.
approché, e 形 おおよその.
approcher 他 ① (de)(…に)近づける. ② 近づく, 近寄る; 交尾する. — 自 ① (de)(…に)近づく; 近い, 匹敵する. ② (時間, 出来事, 天候などが)迫る. — s'~ (de)(…に)近づくと; 近い, 匹敵する.
approfondi, e 形 (知識, 研究が)

approfondir 他 深める. **—s'~** 深くなる; 深刻化する. ◘**approfondissement** 男

appropriable 形 取得[占有]できる.

appropriation 女 ❶ 取得, 所有, 占有; 横領. ❷ 適応; 適合.

approprié, e 形 ❶ 適応した, ふさわしい. ❷ 取得[所有, 占有]された.

approprier 他 (à) (…に) 合わせる, 適応させる. **—s'~** 我が物とする, 占有する; 横領する.

approuver 他 同意する; 承認[認可]する.

approvisionnement 男 供給, 補給, 調達; 装備(ソウ); 《多く複数》貯蔵品, 補給物資.

approvisionner 他 ❶ (de, en) (…を)供給[補給]する. ❷ (口座に)金を振り込む, 入金する. **—s'~** (de, en) (…を)買い込む, 仕入れる.

approvisionneur, se 名 供給者, 卸商; 供給地.

approximatif, ve 形 おおよその; 不明確な.

approximation 女 概算, 近似値; 近似したもの.

approximativement 副 おおよそ, 概算で.

appui 男 ❶ 支え; 支持(者), 援助(者). ❷ 捕まる所, 足場.
◇**~ à l'~** …を証拠として. **à l'~ de ...** …の裏付けとして.

appui-bras;《複》**~s~** / **appuie-bras** 男《不変》(座席の)ひじ掛け.

appuie(-) 活 ⇨ appuyer.

appui-livres;《複》**~s~** 男 ブックエンド.

appui-main;《複》**~s~** / **appuie-main** 男《不変》《美》ひじ支え.

appui-nuque;《複》**~s~** / **appuie-nuque** 男《不変》男 (椅子の)首支え.

appui-tête;《複》**~s~** / **appuie-tête** 男《不変》男 (美容院などの椅子の)頭支え; ヘッドレスト.

appuyé, e 形 ❶ 力が入った, 強調した; 押しつけがましい. ❷ (sur, à, contre) (…に)寄りかかった, 支えられた; (par) (…に)支持された. ❸ (sur) (…に)基づいた.

appuyer 11 他 ❶ 支える; 支持する; (sur, contre, à) (…に)もたせかける. ❷ (sur) (…に)押しつける. ▶ **~ le doigt sur ...** 指で…を押す. ❸ (sur) (…に)基づかせる. **—自** (sur) (…を)押す, 押さえつける; 強調する. ❷ (sur, contre, à) (…に)支えられて[もたれかかって]いる. ❸ (sur, à) (ある方向に)向く, 寄る. **—s'~** ❶ (sur, à, contre) (…に)もたれかかる, 支えられる. ❷ (sur) (…に)基づく. ❸ 口 (厄介事を)しいられ込む, 我慢して…する.

apragmatisme 男《心》実際行動不能.

apraxie 女《心》失行(症).

âpre 形 ❶ 不快な, 嫌な, 厳しい, 激しい. ❷ 口 (à) (…に)貪(ドン)欲な.

aprème 副《不変》口 午後.

âprement 副 激しく, 厳しく; 固 貪欲に.

après 前 ❶ 《時間, 順序》…のあとに, 次に. ❷ 《場所》…の向こうに, 通過したところに. ❸ 《対象》…を求めて. ▶ **courir ~ l'argent** 金もうけに血眼になる. ❹ 語 (à, sur, contre の代用) …に, の上に, に対して.
◇**~ coup** あとになって, 遅ればせに. **~ que ...** …したあとで. **~ quoi** そのあとで. **~ tout** 結局, 要するに. **d'~ ...** …によれば; に基づいて. **être ~ ...** …に専念する, を引き受ける; …につきまとう. **l'un ~ l'autre** 次々に, 代わる代わる.
—副 あとで; その次に; その向こうに; そのあとで. ▶ **Et ~?** それで, それから.

après-demain 副 あさって.

après-dîner 男 夕食後.

après-guerre 男 女 戦後.

après-midi 男 女《不変》午後.

après-rasage 男 アフターシェーブローション [クリーム].
—形《不変》ひげそりあと用の.

après-shampooing [-ʃɑ̃pwɛ̃] 男 ヘアリンス, ヘアトリートメント.

après-ski 男 アフタースキー; (スキー場でばく)スノー・ブーツ.

après-soleil 男 日焼け後のケアクリーム [ローション].
—形《不変》日焼けしめの.

après-souper 男 固 旧 夕食後.

après-vente 形《不変》販売後の.

âpreté 女 ❶ 激しさ, 厳しさ; 不快な刺激, 不快さ. ❷ 貪欲さ.

a priori (ラ) 副《不変》アプリオリに [な]; 速断で [の]. **—形《不変》** ❶ 先験的推論 [認識]. ❷ 予断.

apriorique 形 先験的な.

apriorisme 男 先験的推論; 先験主義.

aprioriste 形《哲》先験主義の.
—名 先験主義者.

A.P.R.O.N.U.C. (略) Autorité provisoire de l'ONU au Cambodge 国連カンボジア暫定統治機構.

à-propos 男 臨機応変; 機転; 折に触れての詩.

aprosexie [-sɛk-] 女《心》注意集中不能(症).

apside 女《天》アプス, 長楕端.

apte 形 (à) (…に)適した; (…の)能力 [素質] がある; 《法》(…の)資格がある.

aptère 形《昆》[翅面狂列] のない.

aptérygotes 男複《昆》無翅類.

aptéryx [-ks] 男《鳥》キーウィ.

aptitude 女 (à) (…に対する)適性, 素質, 能力.

aptyalisme 男《医》無唾(ダ)液(症), 唾液欠乏(症).

apurer 他 (会計を)検査する; (負債を)清算する. ◘**apurement** 男

apyre 形 耐火 [不燃] 性の.

apyrétique 形《医》無熱(性)の.

apyrexie 女 無熱, 発熱間欠期.

aquacole [-kwa-] 形 ⇨ aqui-

aquaculteur, trice [-kwa-] 名 ⇨ aquiculteur.

aquaculture [-kwa-] 女 ⇨ aquiculture.

aquafortiste [-kwa-] 名 エッチング画家.

aquagym [-kwaʒim] 女 アクアジム(プールで行う運動).

aquamanile [-kwa-] 男 (洗手用の)水受け皿；水差し.

aquanaute [-kwa-] 名 海底探検家,長期潜水夫.

aquaplanage [-kwa-] / **aquaplaning** [-niŋ] 男《車》ハイドロプレーニング.

aquaplane [-kwa-] 男 アクアプレン(水上スキーの前身)；水中翼船.

aquarelle [-kwa-] 女 水彩画；(透明)水彩絵の具.

aquarelliste [-kwa-] 名 水彩画家.

aquariophile [-kwa-] 形, 名 観賞魚を愛好する(人).

aquariophilie [-kwa-] 女 鑑賞魚趣味[飼育].

aquarium [-kwa-] 男 水槽；水族館.

aquatinte [-kwa-] 女 アクアチント技法[版画].

aquatique [-kwa-] 形 水辺の, 水生の.

aquavit [-kwavit] 男 ⇨ akvavit.

aqueduc 男 水道, 送水路；水道[水路]橋.

aqueux, se 形 水っぽい, 水気の多い.

aquicole [-kɥi-] 形 水産養殖業の；水生の.

aquiculteur, trice [-kɥi-] 名 水産養殖業者.

aquiculture [-kɥi-] 女 水産養殖(業)；水耕(法).

aquifère [-kɥi-] 形 水を含んだ[導く].

aquilin, e 形 ワシのくちばし形の.

aquilon 文章 北風.

aquitain, e 形 アキテーヌ地方の. ——名《A～》アキテーヌ地方の人.

Aquitaine 女 ❶ アキテーヌ地方(フランス南西部). ❷ アクィタニア(古代ローマのガリア属州の一つ).

aquitanien, ne 形 地《地》アキテーヌ階の. ——男 アキテーヌ階.

Ar [記][化] argon アルゴン.

A.R.(略) altesse royale (直系王族の)殿下.

ara 男[鳥] コンゴウインコ.

arabe 形 アラビアの, アラブの；アラブ人の；アラビア語の. ——名《A～》アラビア人, アラブ人. ——男 アラビア語；アラブ(馬).

arabesque 女[美] アラベスク.

arabica 女 アラビカ(コーヒー).

Arabie Saoudite 女 サウジアラビア.

arabique 形 アラビアの.

arabisant, e 名 アラビア語学者；アラブ問題専門家. ——形 アラブ化する.

arabisation 女 アラブ化.

arabiser 他 アラブ化する. ——**s'~** 代 アラブ化する.

arabisme 男 アラビア語法；アラブの風習；アラブ民族主義.

arable 形 耕される；耕作に適した.

arabo-andalou, se 形 アラブ＝アンダルシアの.

arabo-islamique 形 アラブ＝イスラムの.

arabophone 形, 名 アラビア語を話す(人).

aracées 女複[植] サトイモ科.

arachide 女 落花生, ピーナッツ.

arachnéen, ne [-kneɛ̃] 形 クモの；(クモの巣のように)軽い,薄い.

arachnides [-knid] 男複[動] クモ類.

arachnoïde [-kno-] 女[解] クモ膜. ▫**arachnoïdien, ne**

Aragon 男 アラゴン(スペイン北東部の地方).

aragonais, e 形 アラゴン地方の；アラゴン人の. ——名《A～》アラゴン人. ——男 アラゴン方言.

aragonite 女[鉱] 霰(あられ)石.

araignée 女 ❶[動] クモ. ▶ toile d'~ クモの巣. ❷ つるや鉤(かぎ)；[漁] 刺し網；[農] 擬餌鉤(かぎ). ❸[食] 骨盤周辺の牛肉. ▶ avoir une ~ dans le plafond 話 少し頭が変だ.

araire 男 無輪犂(すき).

araméen, ne 形 アラム人の. ——名《A～》アラム人. ——名 アラム語.

aramide 形 アラミド繊維の.

aramon 男 アラモン(ブドウの一品種).

aranéides 男複[動] 真正クモ目.

arasement 男[建] 水平化；水平積み；[地] 平坦化作用.

araser 他[建] 高さをそろえる；水平積みにする；[地] 平坦化する.

aratoire 形 耕作の.

araucaria 男[植] ナンヨウスギ.

arawak [-k] 男 アラワク語.

arbalète 女 弩(いしゆみ)；[猟] 罠(わな)；水中銃.

arbalétrier 男 弩弓(いしゆみ)の射手；[魚] モンガラカワハギ；[建] 合掌.

arbitrable 形 調停できる.

arbitrage 男 ❶ 仲裁, 調停；[スポ] 判定. ❷ (株式の)鞘(さや), (為替相場の)鞘取り操作.

arbitragiste 形[経] 鞘取(さやど)り売買の. ——名 鞘取商人.

arbitraire 形 ❶ 自由意思による, 任意の；勝手な, 恣(し)意的な. ❷ 専制的な, 独裁的な. ——男 独裁, 専制；[言] 恣意性.

arbitrairement 副 ❶ 勝手に, 恣意的に. ❷ 専権的に, 不当に.

arbitral, ale [男複] **aux** 形 仲裁の, 調停の；審判の.

arbitralement 副 仲裁[調停]によって.

arbitre 男 ❶ 仲裁[調停, 裁定]者；[スポ] 審判. ❷ (情勢を)左右する存在. ❸ libre ~ 自由意志.

arbitrer 他 ❶ 仲裁[裁定, 調停]す

architecture

arboré, e 形 木の植わった [茂った].
arborer 他 ❶ これ見よがしに身に着ける;あらわに示す. ❷ (派手な見出しを)掲げる;(旗を)掲げる.
arborescence 囡 ❶ 高木性, 木本性. ❷ 文章 樹木状であること.
arborescent, e 形 高木性の;樹形の.
arboretum [-re-] 男 樹木園.
arboricole 形 樹木栽培の;樹上に住む.
arboriculteur, trice 名 樹木栽培家.
arboriculture 囡 樹木栽培.
arborisation 囡 樹枝状結晶;樹枝模様.
arborisé, e 形 木の植わった;樹枝状結晶の.
arbouse 囡 〘植〙西洋ヤマモモの実.
arbousier 男 〘植〙西洋ヤマモモ.
arbovirus [-s] 男 〘医〙アルボウイルス.
arbre 男 ❶ 木. ❷ 〘機〙シャフト,軸. ❸ 枝分かれ図;〘言〙樹形図. ▶ ~ généalogique 系統樹;家系図.
arbrisseau;〘複〙x 男 (1-4 m の)低木, 灌(ホメ)木.
arbuste 男 (7 m 以下の)低木, 灌(ホメ)木.
arbustif, ve 形 低木[灌(ホメ)木]の.
arc 男 ❶ 弓;弓形. ❷ 〘建〙アーチ;〘数〙弧;〘電〙アーク. ー *arc de triomphe* 凱旋(ホメ)門.
ARC 男 〘不変〙エイズ関連症候群.
arcade 囡 ❶ アーチ形建造物;〘複〙アーケード. ❷ (眼鏡の)ブリッジ.
Arcadie 囡 アルカディア (古代ギリシャの地方).
arcane 男 秘密, 神髄, 奥義.
arcanne 囡 〘建〙代赭(タキ)石.
arcanson 男 ⇨ colophane.
arcature 囡 小アーケード (状装飾).
arc-boutant;〘複〙s~s 男 〘建〙飛梁(ミョキ), 飛控え.
arc-bouté, e 形 踏んばった.
arc-bouter 他 飛梁(ミョキ)を架け渡す. ー **s'~** (contre, à, sur) (…をたてにして) 踏んばる.
arc-doubleau;〘複〙s~x 男 〘建〙横断アーチ.
arceau;〘複〙x 男 アーチ形のもの;〘建〙(ボールトの) リブ.
arc-en-ciel;〘複〙s~s-~ 男 (発音は単数形と同じ)〘気〙虹(ホ);〘魚〙ニジマス. ー 形 〘不変〙虹色の.
archaïque [-ka-] 形 古語法の;時代遅れの;〖美〗アルカイックの.
archaïsant, e [-ka-] 形, 名 古語を用いる(人), 擬古調の(作家).
archaïsme [-ka-] 男 古語;古風な表現;古風, 時代遅れ (芸術上の) 擬古主義.
archange [-kɑ̃:ʒ] 男 大天使.
□ **archangélique** 形
arche¹ 囡 ❶ ノアの箱船;(象徴的に)教会. ❷ (宝物や古文書を保管した) 櫃(ハト); 〖ユダヤ教〙 ~ d'alliance [sainte] 契約の箱 (十戒の石板を収めた箱).
arche² 囡 〘建〙(橋, 陸橋の) アーチ. ー *la Grande A~* (パリのデファンス地区の) アルシュ.
archéen, ne [-ke-] 形 〘地〙始生界[代]の, 太古界[代]の. ー 男 始生界[代], 太古界[代].
archégone [-ke-] 男 〘植〙造卵[蔵卵]器.
archéo- [-ke-] 形, 名 旧式の(人), 古くさい(人).
archéobactérie 囡 〘生〙古細菌.
archéologie [-ke-] 囡 考古学.
archéologique [-ke-] 形 考古学の.
archéologue [-ke-] 名 考古学者.
archéoptéryx [-keɔpteriks] 男 〘古生〙始祖鳥.
archer 男 (弓の) 射手(シャ). ー *le petit ~* 〘詩語〙キューピッド.
archère 囡 矢狭間(ザマ).
archerie 囡 弓術の (道具).
archet 男 〘楽〙(弦楽器の)弓.
archèterie 囡 〘楽〙弓製造業.
archetier, ère 名 〘楽〙弓製造業者.
archétype [-ke-] 男 ❶ 原型;手本, 模範. ❷ 〘文〙(同系写本群の源に想定される)原典;〘心〙元型 (ユングの用語). □ **archétypal, ale**;〘複〙**aux** / **archétypique** 形
archevêché [-ʃə-] 男 大司教(管)区;大司教のある都市;大司教職.
archevêque [-ʃə-] 男 大司教 (カトリックの) 大司教;(ギリシャ正教の) 大主教;(プロテスタントの) 大監督.
archidiaconat 男 司教代理職.
archidiacre 男 司教代理 (初代教会の) 助祭長.
archidiocésain, e 形 大司教(管)区の.
archidiocèse 男 大司教区.
archiduc 男 ❶ 大公 (1453 年 - 1918 年のオーストリア皇子の称号). ❷ 〖料〗*à l'~* アルシュデュック風.
archiduché 男 大公国, 大公国.
archiduchesse 囡 大公妃;オーストリア皇女.
archiépiscopal, ale;〘男複〙**aux** 形 大司教の.
archiépiscopat [-k[ʃ]i-] 男 大司教職[任期].
archipel 男 列島;群島;群れ.
archiprêtre 男 地区主席司祭の;〖旧〗首席司祭の.
archiprêtré 男 地区主席司祭 (総代), 教区代理;古参神父の尊称;〖旧〗首席司祭.
architecte 名 建築家;設計技師;考案者, 創始者.
architectonique 形 建築術の, 建築技法にかなった;構造の;体系的な.
architectural, ale;〘男複〙**aux** 形 建築の, 建築術の.
architecture 囡 ❶ 建築;建築術[学]. ❷ 建築様式 (建築の構造;(作品などの)構成. ❸ 文章 建築[建

architecturer

造)物.
architecturer 他 構築[構成]する.
architrave 囡〖建〗アーキトレーブ;(上)額縁.
architravée 囡〖建〗アーキトレーブ・コーニス (=corniche ~).
archivage 男 古文書の保存.
archiver 他 古文書として保存する.
archives 囡複 ❶(集合的)古文書. ❷ 古文書館;資料部,資料室.
archiviste 名 古文書保管者[学者].
archiviste-paléographe; 〖複〗~s-~s 古文書学士.
archivistique 囡 古文書学.
archivolte 囡〖建〗アーキボールト, 飾り迫縁(ぎ).
archontat [-kɔ̃-] 男〖古〗アルコンの職[任期].
archonte [-kɔ̃:t] 男〖古ギ〗執政官, アルコン.
arçon 男〖馬〗鞍骨(総);(ブドウを)弓状に曲げた枝.
◇ vider les ~s 落馬する.
arçonner 他 (枝を)弓状に曲げる.
arc-rampant; 〖複〗~s-~s 〖建〗段違いアーチ.
arctique 形 北極(地方)の.
— 男〈A~〉北極(地方).
Ardèche 囡 ❶ アルデーシュ県[07]. ❷ アルデーシュ川(ローヌ川支流).
ardemment 副 熱心に, 熱烈に.
ardennais, e 形 アルデンヌの.
— 名〈A~〉アルデンヌ人.
Ardennes 囡複 アルデンヌ県[08].
ardent, e 形 ❶ 情熱的な, 熱烈な; 激しい. ❷ 燃えている, 火のついた. ❸〖文章〗燃えるような.
ardeur 囡 ❶ 熱意, 情熱さ, 激しさ. ❷〖文章〗激しい暑さ[熱さ];熱.
ardillon 男 (バックルなどの)留め金, 針;(釣り鉤(?)の)あご, かえし.
ardoise 囡 ❶ スレート, 粘板岩;(筆記用の)石盤. ❷〖話〗つけ, 借り.
ardoisé, e 形 スレート[青灰]色の.
ardoiser 他 (屋根を)スレートでふく; スレート色にする[塗る].
ardoisier, ère 形 スレート(質)の.
— 男 スレート採掘業者[工].
— 囡 スレート採掘場.
ardu, e 形 難しい;険しい.
are 男〖計〗アール.
aréage 男 アール単位の土地測量.
arec 男〖植〗ビンロウ;ビンロウジ, ビンロウの実.
aréflexie 囡〖医〗無反射(症).
aréique 形〖地〗(地域が)川のない.
areligieux, se 形 無宗教の, 非宗教的な.
arénacé, e 形 砂岩質の; 珪(?)質砂層の多い.
arénavirus [-s] 男〖医〗アレナウイルス.
arène 囡 闘技場, 闘いの場; 〖複数〗円形劇場, 闘牛場.
arénicole 形〖生〗砂中にすむ, 砂生性の.
arénisation 囡〖地〗砂粒化.

aréolaire 形〖解〗乳輪の;〖医〗紅暈(うん)の.
aréole 囡〖解〗乳輪, 乳頭輪;〖医〗輪(), 暈.
aréomètre 男 液体比重計.
aréopage 男〖文章〗(学者の)会合.
aréostyle 男〖建〗疎柱式(建物).
aréquier 男〖植〗ビンロウ.
arête 囡 ❶(魚の)骨. ❷(2つの面が合う)角, 稜(?); 尾根, 山稜. ❸〖植〗の芒(?).
arêtier 男〖建〗隅棟(ひ);隅合掌; 棟包み.
arêtière 囡〖建〗棟瓦(総);(交差ボールトの)稜(?)線.
a-reu a-reu 間 アブブブ, アバババ (赤ん坊が機嫌のいいときに出す声).
argas [-s] 男〖動〗ダニ.
argent 男 ❶ お金; 銀(製品); 銀貨. ❷ ~ électronique 電子マネー/ ~ souple 〖政〗ソフトマネー(規制を受けない政治資金).
argentage 男 ⇨ argenture.
argentan 男 洋銀.
argenté, e 形 ❶ 銀色の; 銀めっきした, 銀張りの. ❷〖話〗金持ちの.
argenter 他 銀めっきする, 銀張りにする;〖文章〗銀色にする.
— s'~ 銀色になる[輝く].
argenterie 囡 銀(食)製器; 銀めっき製品.
argenteur, se 名 銀めっき工, 銀張り工.
argentier 男 ❶ grand ~ (アンシャンレジーム下の)大蔵卿(?);〖話〗大蔵大臣. ❷ 銀食器戸棚.
argentifère 形 銀を含む;〖話〗金をもたらす.
argentin¹, e 形〖文章〗(音が)銀鈴を振るような, 高く澄んだ.
argentin², e 形 アルゼンチンの.
— 名〈A~〉アルゼンチン人.
Argentine 囡 アルゼンチン.
argentique 形〖化〗銀を含んだ.
argentite 囡〖鉱〗輝銀鉱.
argenton 男 ⇨ argentan.
argenture 囡 銀張り, 銀めっき.
argilacé, e 形 粘土質の.
argile 囡 粘土, クレー.
argileux, se 形 粘土のような; 粘土を含む; 粘質の.
argon 男〖化〗アルゴン.
argonaute 男 ❶〖動〗アオイガイ, カイダコ. ❷ 入門用小型ヨット. ❸〈A~s〉〖神〗アルゴナウタイ(アルゴ船乗組員).
argot 男 隠語, スラング.
argotier, ère 名 隠語を多用する人.
argotique 形 隠語の, 隠語的な.
argotisme 男 隠語, 隠語的表現.
argotiste 名 隠語研究家.
arguer [-gɥe] 他〖文章〗❶ …という理由を持ち出す. ❷ ~ A de B BからAを結論する. — 自 (de) (…を)口実にする.
argousier 男〖植〗ヒッポファエ.
argousin 男 ❶ ガレー船の監視人; 獄卒; 〖古〗〖軽蔑〗警察官; 見張り番.
argument 男 ❶ 論拠; 説得手段;議論; 論法. ~ de vente (商品

の)歌い文句。❷筋書き,粗筋。◇*tirer ~ de ...* …を論拠[口実]にする。

argumentaire 男 商品説明つきカタログ。

argumentateur, trice 形 論証[議論]好きな(人), 理屈っぽい(人)。

argumentation 女 論拠の列挙, 立論, 論証。

argumenter 自 ❶議論する, 論証する。❷ (de) (…を)論拠[口実]にする。— 他 (論文, 主張などを)きちんと論理的に展開する。

argus [-s] 男 ❶ (A~) [ギ神] アルゴス。❷ (多く A~) (中古車などの)専門情報誌。❸ マジックミラー。❹ 監視, スパイ; 慧(!)眼の士。❺ [鳥] セイラン; [昆] シジミチョウ。

argutie [-si] 女 珍妙な議論, へ理屈。

argyronète 女 [動] ミズグモ。

argyrose 女 鱗銀症; [医] 銀症。

aria¹ 女 古・話 厄介事。

aria² 女 [伊] [楽] アリア。

Ariane 女 アリアン(ヨーロッパ共同開発のロケット); [ギ神] アリアドネ。

arianisme 男 [キ教] (異端の)アリウス主義。

aride 形 乾燥した; 無味乾燥な。

aridité 女 乾燥, 乾き; 無味乾燥。

Ariège 女 アリエージュ県 [09]; アリエージュ川(ガロンヌ川支流)。

ariégeois, e 形 アリエージュ県の。— 名 (A~) アリエージュ県の人。

arien, ne 形 [キ教] アリウス派の(信者)。

ariette 女 [楽] アリエッタ, 小アリア。

arille 男 [植] 種衣, 仮種皮。

arioso 男 [伊] [楽] アリオーソ。

ariser 他 [海] (帆を)縮める。

aristo 名, 形 話 貴族(の), お偉方(の)。

aristocrate 名 貴族; 貴族政治主義者; エリート。— 形 貴族の, 貴族的な; 貴族政治主義の。

aristocratie [-si] 女 ❶貴族階級; 《集合的》貴族。❷ 特権階級; エリート集団。❸ 貴族政治; 貴族制。 □**aristocratique** 形

aristoloche 女 [植] ウマノスズクサ。

aristophanesque 形 アリストファネス風の。

aristotélicien, ne 形 アリストテレス哲学 [学派] の。— 名 アリストテレス学派の人。

aristotélisme 男 アリストテレス哲学 [学説]; (中世の)アリストテレス主義。

arithméticien, ne 名 算数家; 整数論の専門家。

arithmétique 形 ❶算数[計算, 演算]の。❷当然の, 確かな。— 女 算数, 算術; 計算(方法); 整数論。
□**arithmétiquement** 副 算術的に; 話 論理的に, 必然的に。

arithmographe 男 計算尺。

arithmomancie 女 数占い。

arithmomètre 男 古 (初期の)計算器。

arkose 女 [地] アルコース(砂岩)。

arlequin 男 ❶ (A~) [演] アルルカン(コメディア・デラルテの道化役)。❷ 《同格的》アルルカン風の; (色とりどりの)菱形模様の。

arlequinade 女 (アルルカンを主役とする)道化芝居; (アルルカンの)おどけ; くだらない話; [複数] 珍妙な作品。

arlésien, ne 形 アルルの。— 名 (A~) アルルの人。
◇ l'*Arlésienne* (ビゼーの『アルルの女』から)噂の主なのに姿を見せない人物。

armada 女 (西) ❶ 大艦隊。❷ 話 多数, 大勢。

armagnac 男 アルマニャック(ブランデー); (A~) アルマニャック地方。

armateur 男 船主; 船舶艤装(!)業者。

armature 女 骨組み; 土台, 骨格; [楽] 調号。

arme, e 女 ❶ 武器, 兵器。❷ [複数] 軍隊; 軍務; フェンシング; 紋章。◇ *Aux ~s!* 武器を取れ。 *par les ~s* 武力で。 *passer l'~ à gauche* 話 死ぬ。

armé, e 形 武装した; 強化した。► béton ~ 鉄筋コンクリート。
— 男 射撃準備完了の状態。

armée 女 軍, 軍隊; 集団, 大群。

armement 男 ❶ 武装; 《集合的》兵器; [複数] 軍備。❷ [海] 艤(!)装; 海運業(界)。

Arménie 女 アルメニア。

arménien, ne 形 アルメニアの; アルメニア教会の。— 名 (A~) アルメニア人。— 男 アルメニア語。

armer 他 ❶ 武装させる; 防備を施す。❷ (contre) (…に)敵対させる; (…に)対抗できるよう鍛える。❸補強する, 強化する。❹ (銃を)装塡(!)する; (船を)艤(!)装する。❺ [史] (騎士に)叙任する。— s'~ 武装する; 防備する。

armet 男 [史] (14-17世紀の, 頭から頸(!)まで覆う)騎兵用のかぶと。

armeuse 女 (ケーブルの)外装機。

armillaire [-mileːr] 形 環(!)できでている, 環状の。— 女 [菌] ナラタケ。

armistice 男 休戦(協定)。

armoire 女 衣装だんす, 整理戸棚。

armoiries 女複 (盾型の)紋章。

armoise 女 [植] ヨモギ。

armon 男 (馬車の鴛繋(!)の)横木。

armorial, ale 《男複》 **aux** 形 紋章の(ついた)。— 男 紋章集。

armoricain, e 形 アルモリカの。— 名 (A~) アルモリカの人。

armorier 他 紋章で飾る。
□**armorié, e** 形

Armorique 女 アルモリカ(7世紀以前のブルターニュ地方を指す名)。

armure 女 ❶ 甲冑(!!); 護身具。❷ [動] 被甲; (ケーブルの)外装。❸ [繊] 織り方; [楽] 調号。

armurerie 女 兵器庫; 兵器工場, 銃店; 銃砲販売業。

armurier 男 武器製造業者, 銃砲販売業者。

ARN / A.R.N. 男 《略》 [生化] acide ribonucléique リボ核酸, RNA。 ► ARN catalytique RNA 触媒 / ARN interférent RNA 干渉。

arnaque

arnaque 女 詐欺, かたり.
arnaquer 他俗 ぺてんにかける; 捕える.
arnaqueur, se 名俗 ぺてん師.
arnica 男〖植〗アルニカ;〖薬〗アルニカチンキ(打撲傷, 捻挫の鎮痛剤).
arobas / arobase 男 アットマーク(@).
aromate 男 香辛料, 香料; 芳香物質.
aromatique 形 芳香性の;〖化〗芳香族の. ─ 男〖化〗芳香族化合物.
aromatisant, e 形 芳香物質の. ─ 男 芳香物質
aromatisé, e 形 香りをつけた.
aromatiser 他 芳香[風味]をつける;〖化〗芳香族化する.
arôme / arome 男 芳香, 香り.
aronde 女 assemblage à queue d'~〖建〗蟻(あり)継ぎ.
arpège 男〖楽〗アルペッジョ, 分散和音.
arpéger ⑦ 他〖楽〗アルペッジョで弾く.
arpent 男 ❶〖計〗アルパン(面積の旧単位. パリでは約19アール, 地方では約51.07アール). ❷ わずかな土地.
arpentage 男 測量(技術).
arpenter 他 ❶〈土地を〉測量する. ❷ 大股(ぉぉまた)で歩き回る.
arpenteur 男 測量士.
arpenteuse 女〖昆〗シャクトリムシ.
arpète / arpette 名 俗 見習い.
arpion 男 俗 足;〈複数〉足の指.
arqué, e 形 弓形に曲がった.
arquebuse 女 ❶ (16, 17世紀の)小銃. ❷ eau d'~ 傷薬.
arquebusier 男 ❶〖史〗火縄銃[車輪式銃]兵; 火縄銃[車輪式銃]製造人.
arquer 他 弓形に曲げる.
─ s'~ 弓なりに曲がる, たわむ.
arr.〖略〗arrondissement 区; 郡.
arrachage 男 引き抜く[掘り出す]こと.
arraché 男 (重量挙げの)スナッチ. ◇à l'~ 力づくの[で].
arrache-clou 男 釘抜き.
arrachement 男 別離(のつらさ).
arrache-pied (d'~) 副 句 たゆまず
arracher 他 ❶ 引き抜く; 引きちぎる. ❷ AよりBからAを取り上げる[引き離す]. ❸〈de〉(手, 腕などから)取り上げる, 引き離す.
─ s'~ ❶〈à, de〉(…から)自分を引き離す. ❷ 自分の(…を)引き抜く. ❸ 奪い合う. ❹ 引き抜かれる.
arracheur, se 名 引き抜く人.
─ 男 (バレエなどの)掘り取り機.
arrachis 男 根こぎした木[株];(根こぎした)開墾地.
arrachoir 男〖農〗掘り取り機.
arraisonner 他〈船を〉立入検査[臨検]する.**arraisonnement** 男
arrangeant, e 形 協調的な.
arrangement 男 ❶ 配置, 整理; 協定, 取り決め; 示談, 調停. ❷〖楽〗編曲, アレンジ;〖数〗順列.
arranger 他 ❶ 整える; 手配する, 準備する; 修理する. ❷ アレンジする, 脚色する; 調停する, 解決する. ❸ (予定,

約束などが…に)都合がよい. ❹ 俗 ひどい目に遭わせる;悪口を言う;だます.
─ s'~ ❶ (事態の)好転をする;(紛争の)解決する. ❷ 手はずを整える;〈à〉(…で)我慢する. ❸ 和解する;折り合いをつける. ❹ 修理される. ❺ 化粧を直す;容姿を整う.
arrangeur, se 名 (問題などの)まとめ役; 編曲者.
arraphique 形 reliure ~ 無線綴(とじ)製本.
Arras [-s] アラス (Pas-de-Calas 県の県庁所在地).
arrérages 男〈複数〉❶ (年金, 利息の)定期支払〈支払〉額. ❷ 古 延滞金, 未納金.
arrestation 女 逮捕; 勾(ぅ)留, 拘置. ► ~ préventive 予防拘禁.
arrêt 男 ❶ 停止, 休止, 中断. ❷ 停留所. ❸〖法〗(破毀(き)院, 控訴院などの)判決;〖文語〗(天の) 裁き. ❹〖法〗 mandat d'~ 逮捕状. maison d'~ 拘置所. ❺〈複数〉〖軍〗営倉中の禁足. ❻〖フェンシング, 阻止打〕; ~ de volée (ラグビーの)フェアキャッチ. ◇coup d'~ 歯止め. sans ~ 絶えず. tomber [rester] en ~ 棒立ちになる.
arrêté, e 形 決まった, 確固たる; 止まった, 停止[中断]した.
─ 男 ❶ 法令, 布告. ❷〖経〗~ de compte 利息の確定.
arrêter 他 ❶ 止める; やめる, 中止する. ❷ 阻止する, 抑える. ❸ 決定する. ❹ 逮捕する. ❺〈sur〉(…に)視線, 考えなどを〉釘付けにする. ─ 自 止まる, 停止する; やめる. ─ s'~ ❶ 止まる; 立ち止まる, とどまる. ❷〈de〉(…する のを)やめる. ❸〈à, sur〉(…に)注意を向ける, こだわる;〈…に〉(選択)定まる.
arrêtiste 男 判例集編集解説者.
arrétoir 男〖機〗止めの金具.
arrhes 女 複 手付け金, 予約金.
arriération 女 精神薄弱.
arrière 男 ❶ (乗り物の)後部;〖軍〗銃後;〈複数〉後方基地;〖スポ〗後衛. ◇en ~ (de …) (…の)後ろに[で];(…より)遅れて.
─ 形《不変》後ろの, 後方への, 後方からの. ─ 間 后下がれ.
arriéré, e 形 発達が遅れている; 時代遅れの. ❷ 知能の発達の遅れている.
─ 男 未払い金; 滞り.
arrière-ban 男 ⇔ ban.
arrière-boutique 女 店舗の奥の部屋.
arrière-cour 女 裏庭.
arrière-cousin, e 名 遠縁のいとこ;またいとこ.
arrière-fond 男 奥底; 背景.
arrière-garde 女〖軍〗後衛. ◇d'~ 時代遅れの.
arrière-gorge 女 咽(のど)の奥.
arrière-goût 男 後味.
arrière-grand-mère;〈複〉~~s-~s 女〈曾〉祖母.
arrière-grand-oncle;〈複〉~~s-~s 男〈曾〉祖父の兄弟.
arrière-grand-père;〈複〉~~s-~s 男 曾祖父.

arrière-grands-parents 男複《複》祖父母.
arrière-grand-tante;《複》~~s~~s 女《複》曾祖父の姉妹.
arrière-neveu;《複》x 男甥[姪]の息子.
arrière-nièce 女甥[姪]の娘.
arrière-pays 男 内陸地域;後背地.
arrière-pensée 女 下心, 魂胆.
arrière-petite-fille;《複》~~s~~s 女 曾孫女, ひまご娘.
arrière-petite-nièce;《複》~~s~~s 女 甥[姪]の孫娘.
arrière-petit-fils [-fis];《複》~~s~~s 男 曾孫男, ひまご.
arrière-petit-neveu;《複》~~s~~s~x 男 甥[姪]の孫息子.
arrière-petits-enfants 男複 曾孫, ひまご.
arrière-plan 男 背景; 目立たぬ立場.
arriérer ⑥返(支払い)を遅らせる.
arrière-saison 女 晩秋, 初冬.
arrière-salle 女 奥の広間.
arrière-train 男(動物の)後半身;(4輪車の)後部.
arrimer 他(荷を)整然と積む; 固定する. □**arrimage** 男
arrimeur 男 沖仲仕.
arrivage 男 入荷; 入荷品;《話》(観光客などが)どっと押し寄せること.
arrivant, e 男 到着した人.
arrivé, e 形 到着した; 新来の; 成り上がりの. ―男 到着者.
arrivée 女 ❶ 到着, 到来;(駅の)到着場所『スポ』ゴール. ❷ (燃料などの)注入[引き入れ](口).
arriver 自(助動詞 être) ❶ 着く, 到来する; 届く, 達する. ❷ (考え, 思いが)浮かぶ. ❸ 成功[出世]する. ―~ à + inf. …することに成功する. ❹ (出来事が)起こる. ❺ (非人称) Il arrive … …が起こる; …することがある.
◊ *en ~ à ...* ついに…(する)までに至る.
arrivisme 男 出世主義, 出世欲.
arriviste 形, 名 出世欲の強い(人).
arroche 女『植』ハマアカザ.
arrogamment 副《文章》横柄に, 傲慢に.
arrogance 女 横柄, 傲慢さ.
arrogant, e 形, 名 横柄[傲慢]な(人).
s'arroger ②代動 不当に取得する.
arroi 男《文章》そびえの一行, 行列.
arrondi, e 形 ❶ 丸みのある. ❷ 端数をなくした. ―男 丸くなった部分, 丸み; 数字の切り上げ[下げ], 丸めた数字.
arrondir 他 ❶ 丸くする. ❷ (財産を)増やす. ❸ 端数を捨てる, 概数にする. ❹『服』(スカートの)床上り寸法[ヘムライン]をそろえる.
― s'~ ❶ 丸くなる. ❷ 私財を増やす; (資産が)増える.
arrondissage 男 丸みづけ(数値の)丸め.
arrondissement 男 ❶ 区;(大都市の)区(鉄道, 海, 森林の管区, 管轄区域. ❷ ⇒ arrondissage.

arrosage 男 ❶ 水まき, 散水. ❷ 集中砲火『爆撃』. ❸ 贈賄(なる), 買収;(仲間内の)祝賀パーティー.
arrosé, e 形 ❶ 水をまかれた, ぬれた; 降水のある, 河川の多い. ❷『料理, 飲食』(酒を加えた);(食事の際)ワインを伴う.
arroser 他 ❶ 水をかける[まく]; 潤す. ❷ (de, avec)(…を)かける, 注ぐ, 浴びせる;(食事に酒を)添える. ❸『話』(…を)祝って飲む. ❹『話』賄賂(???)を贈る, 買収する.
―s'~ 『話』酒がつく; 酒で祝われる.
arroseur, se 散水作業員. ―男 スプリンクラー. ―女 散水車.
arrosoir 男 じょうろ.
◊ *l'~ arrosé*『話』墓穴を掘ったやつ.
arrow-root [arorut] 男『英』『植』クズウコン;くず粉.
Arsenal (bibliothèque de l') アルスナル図書館(パリ第4区).
arsenal;《複》**aux** 男 ❶『軍』海軍造船所; 兵器廠(?); 軍需; 大量の武器. ❷ 装備一式. ❸ 攻撃・防御手段.
◊ *un ~ de ...* 大量の….
arséniate 男『化』ヒ酸塩.
arsenic 男『化』ヒ素(化合物).
□**arsenical, ale**;(男複)**aux** 形
arsénieux 形『化』acide ~ 亜ヒ酸.
arsénique 形 acide ~ ヒ酸.
arsénisé, e 形 ヒ素を含む.
arsénite 女 亜ヒ酸塩[エステル].
arsouille 名 ならず者, ごろつき.
―形 やくざな.
art 男 ❶ 芸術; 美術; 技法, 技術, 術, 巧みさ. ― *arts et métiers* 技術工芸.《複数》自由学芸(中世の大学で教えた文法, 修辞, 論理, 算術, 幾何, 天文, 音楽の7科目).
artefact [-tefakt] 男『英』人工物;「考古」遺物; モノ(有形文化財産);『医』人工産物, 人為構造.
Artémis [-s] 女『ギ神』アルテミス.
artère 女 動脈; 幹線道路; 大通り; 送電線; ガス輸送本管.
artériel, le 形 動脈の.
artériographie 女『医』動脈造影(法).
artériole 女 動脈, 小動脈.
artériosclérose 女『医』動脈硬化(症).
artérite 女『医』動脈炎.
artéritique 形『医』動脈炎の; 動脈炎にかかった人.
artésien, ne 形 アルトワ Artois 地方の. ―名(A~)アルトワの人.
arthralgie 女『医』関節痛.
arthrite 女『医』関節炎.
arthritique 形『医』関節病体質の; 関節炎の; 関節炎にかかった. ―名 関節病体質の人; 関節炎患者.
arthritisme 男『医』関節病体質.
arthrographie 女『医』関節造影.
arthropathie 女『医』関節症.
arthropodes 男複 節足動物.
arthroscopie 女『医』関節鏡.
arthrose 女『医』(炎症性でない)関節症.

arthrotomie 囡 関節切開(術).
artichaut 男〖植〗アーティチョーク.
artichautière 囡 アーティチョーク畑; アーティチョーク用の皿(鉢).
article 男 ❶ (新聞, 雑誌の)記事; 論文. ❷ (規約, 文書などの)条項, 箇条; (辞書などの)項目, (法文の)条. ❸ 点, 問題, 事柄. ❹ 品物, 商品; 〖経〗指定品目. ❺ 〖言〗冠詞. ◇à l'~ de la mort 臨終に. ~ de foi 信じて疑わない事柄, 金科玉条; 〖カト〗信仰箇条. faire l'~ 売り込む, 誉めそやす. sur l'~ de ... ... に関して.
articulaire 形 関節(性)の.
articulation 囡 ❶ 〖解〗関節; 〖機〗継手; ヒンジ. ❷ 有機的連関, 結合, 構成, 筋立て. ❸ (明瞭な)発音; 〖楽〗アーティキュレーション; 〖言〗分節; 調音. ❹ 〖法〗(書面による)逐条的陳述.
articulatoire 形 〖言〗調音の, 分節の.
articulé, e 形 連結した; 有機的に構成された; 関節のある; はっきり発音された, 分節された.
— 男複 〖動〗体節動物, 環節動物.
articuler 動 ❶ 明瞭に(区切って)発音する; 口に出す. ❷ 有機的に構成する, 関連づける; 連結する. ❸ 〖法〗逐条的に陳述する.
◇s'~ ❶ 連結する, つながる; かみ合う; 構成される. ❷ 発音〖調音〗される.
articulet 男 小記事; 三文記事.
artifice 男 トリック, からくり, 計略; 技巧, うまいやり方.
◇feu d'~ 花火; 才気煥発.
artificiel, le 形 人工の; 人為的な, 不自然な, わざとらしい. ► mouche
~le〖釣〗毛鈎(ぱ), フライ.
▫artificiellement 副
artificier 男 花火職人; 花火師.
artificieux, se 形 〖文章〗狡猾(話)な; 巧妙な. ▫artificieusement 副
artillerie 囡 〖集合的〗砲, 大砲; 砲兵隊.
artilleur 男 砲兵.
artimon 男 〖海〗後檣(ホネ), ミズンマスト; スパンカー.
artiodactyles 男複 〖動〗偶蹄(ネキ)目.
artisan, e 名 ❶ 職人. ❷ 〖de〗(...を)作り上げた人; (...の)張本人.
artisanal, ale (男複) **aux** 形 職人の; 手仕事の, 手作りの; 機械化されていない. ▫artisanalement 副
artisanat 男 職人仕事, 手仕事; 職人階級;〖集合的〗職人.
artiste 名 ❶ 芸術家; アーティスト; 画家, 彫刻家. ❷ 名人, 達人.
— 形 芸術家気(肌)の, 芸術家的.
artistement 副 趣味よく, 巧みに.
artistique 形 芸術的の; 芸術的な, 美的な.
artistiquement 副 芸術的に; 巧みに, 美しく.
Artois 男 アルトア地方(北仏の旧州).
artothèque 囡 美術品貸し出し館.
arum 男 〖植〗アラセイトウナンショウ.
aruspice 男 〖古ロ〗腸卜(ネネュ゙)官.

aryen, ne 形 アーリア人の;〖言〗インド・イラン語派の.
— 名〖A~〗アーリア人.
arythmie 囡〖医〗不整脈.
arythmique 形〖医〗不整な.
As〖記〗〖化〗arsenic ヒ素.
as¹ [-s] 男 ❶ エース; 1の目; 圏 第一人者. ❷〖スポ〗(ボートの)整調手.
◇passer à l'as 圏 忘れられる, 飛ばされる. plein aux as 圏 金をたんまり持っている.
as² 活 ➪ avoir.
A.S.〖略〗altesse sérénissime (傍系王・皇族に対して) 殿下.
ASA 男 (不変)〖写〗アーサ(フィルムの感度指数).
asbeste 男/囡 アスベスト, 石綿.
asbestose 囡〖医〗石綿肺(沈着)症(石綿粉末吸入が原因の肺疾患).
ascaride / ascaris [-s] 男〖動〗カイチュウ(回虫).
ascaridiose / ascaridiase 囡〖医〗回虫症.
ascendance 囡 ❶〖集合的〗先祖, 祖先;家系, 血統. ❷ (天体の)上昇;上昇気流.
ascendant, e 形 上昇する.
— 男 ❶ (上位の者の)影響力, 支配力;〖占〗上昇宮. ❷(多く複数) 先祖.
ascenseur 男 エレベーター.
◇renvoyer l'~ エレベーターを1階に戻してくれる; 圏 借りを返す, 恩返しする.
ascension 囡 ❶ 上昇; 登山; 昇進, 出世, 台頭. ❷〖l'A~〗〖カト〗主の昇天の祭日).
ascensionnel, le 形 上昇の.
ascensionner 自, 他 登攀(ポ)する.
ascensionniste 名 登山家.
ascensoriste 名 エレベーター技師.
ascèse 囡 苦行; 禁欲;〖カト〗修徳.
ascète 名 苦行者; 禁欲的な人.
ascétique 形 苦行〖禁欲〗の; 修徳の; 苦行者の. — 名 修徳神学.
ascétisme 男〖哲〗禁欲主義〖生活〗; 苦行, 修道;〖カト〗修徳.
ascidie 囡〖動〗ホヤ;〖植〗杯葉, 嚢(?)状葉.
ASCII [-ki] 男〖情報〗Code ~ アスキーコード.
ascite 囡〖医〗腹水.
ascitique 形〖医〗腹水の; 腹水のたまった. — 名 腹水患者.
asclépiadacées 囡複〖植〗ガガイモ科.
asclépiade¹ 囡 / **asclépias** [-s] 男〖植〗トウワタ; アスクレピアス.
asclépiade² 男, 形〖詩〗アスクレピアデス格(の).
ascomycète 男 子嚢(シ゚ぅ)菌類.
ascorbique 形〖化〗acide ~ アスコルビン酸.
ascospore 男〖菌〗子嚢胞子.
asdic 男〖英〗潜水艦探知機.
aselle 男〖動〗ミズムシ.
asémantique [-se-] 形〖言〗無意味な.
asémie [-se-] 囡〖心〗象徴不能(症), 失記号.
asepsie [-sep-] 囡〖医〗無菌(法);

aseptiser [-sɛp-] 他【医】滅菌[殺菌]する；人間[面白み]をなくす。 □aseptisé, e 形 aseptisation 女

asexualité [-sɛksɥ-] 女【生】無性状態。

asexué, e [-sɛksɥ-] 形【生】無性の；性を感じさせない。

ashkénaze 名, 形 アシュケナージ(の)(ドイツ・ポーランド・ロシア系ユダヤ人)。

ashram [-ram] 男 (インドの)修行場。

asiadollar 男【米】アジアダラー。

asialie [-sja-] 女 ⇨ aptyalisme.

asiate 形【侮】アジア(人)の。
— 名 〈A〜〉アジア人。

asiatique 形 アジア(人)の。
— 名 〈A〜〉アジア人。

ASIC [azik] 男【情報】特定用途向け集積回路。

Asie 女 アジア。

asilaire 形 養老院の；精神病院の。

asile 男 逃げ場, 隠れ家；[古風]保護[収容]；施設；養老院；精神病院；【史】(中世の)アジール, 聖域。

A.S.M.P. ⇨ air sol moyenne portée 空対地中距離ミサイル。

asocial, ale [-so-], 形, 名 社会生活に適合しない(人), 人付き合いの嫌いな(人)。

asparagus [-gys] 男【ラ】【植】クサスギカズラ；(観葉の)アスパラガス。

aspartame 男 アスパルターム(低カロリーの砂糖代替品)。

aspartique 形【生化】acide 〜 アスパラギン酸。

aspe 男 糸繰り機；(リスの)回転かご。

aspect [-pɛ] 男 (目などの)面, 見た目；様子, 外観；【文法】相, アスペクト。

aspectuel, le 形【文法】相の, アスペクトの。

asperge 女 アスパラガス；[話]のっぽ。

asperger ② 他 水をかける；振りかける。— s'〜 ❶ (de) (…を)自分に振りかける。❷ s'〜 A de B = s'〜 B sur A (体の一部)にBを振りかける。

aspergès [-s] 男【カト】聖水散布器[式]。

aspergille [-ʒil] 男 ⇨ aspergillus.

aspergillus [-ʒilys] 男【菌】コウジカビ。

aspérité 女 ざらざら, でこぼこ；がさつ。

aspermatisme 男【医】射精不能。

asperme 形【植】種子をつけない。

aspermie 女【植】無種子；【医】無精液症。

asperseur 男 散水装置。

aspersion 女 振りかけること；【カト】聖水散布。

aspersoir 男【カト】聖水散布器；じょうろの口。

asphaltage 男 アスファルト舗装。

asphalte 男 アスファルト；話 (アスファルト舗装の)道路, 舗道。

asphalter 他 アスファルト舗装する。

asphaltique 形 アスファルト質の。

asphaltite 女 アスファルト鉱。

asphodèle 男【植】ツルボラン。

asphyxiant, e 形 窒息させる；息詰る。

asphyxie 女 窒息；停滞, 麻痺。

asphyxié, e 形, 名 窒息した人。

asphyxier 他 窒息させる；停滞, 麻痺させる。— s'〜 窒息[ガス自殺]する；停滞する；危機に陥る。

aspi 男 aspirant の略。

aspic 男【動】アスプクサリヘビ；【植】スパイク(ラベンダーの一種)。

aspic² 男【料】アスピック(肉, 野菜のゼリー寄せ)。

aspidistra 男【植】ハラン。

aspirant, e 形 吸い上げる。
— 男【軍】見習い士官。

aspirateur 男 掃除機；換気扇；換気装置；吸引[吸入]器。

aspiration 女 ❶ あこがれ, 切望。❷ 吸気；吸引。

aspiré, e 形【音声】帯気音の, 有気の。— 男 h 〜 (フランス語のいわゆる)有音の h.

aspirer 自 ❶ (à) (…を)熱望する。❷ 息を吸う。— 他 吸い込む。

aspirine 女 商標 アスピリン。

aspiro-batteur 男 (回転ブラシ付き)電気掃除機。

asple 男 ⇨ aspe.

asque 男【菌】子嚢(のう)。

assagir 他 おとなしくする；穏やかにする。— s'〜 おとなしく[穏やかに]なる。 □assagissement 男

assaillant, e 形 攻撃する。— 男 攻撃者；【史】(騎馬試合での)挑戦者。

assaillir 17 他 襲う；(de) (…で)悩ませる, 攻めたてる。

assainir 他 清潔にする；正常[健全]化する, 浄化する；安定する, 浄化される。— s'〜 清潔になる；安定する；浄化される。 □assainissement 男

assainisseur 男 脱臭剤；空気浄化装置。

assaisonnement 男 味付け；(砂糖以外の)調味料。

assaisonner 他 味付けする；興趣を添える；話こっぴどくやっつける。

assamais, e 形 アッサム Assam の。

assarmenter 他 (ブドウの枝を)切り取る。

assassin 男 人殺し, 暗殺者。— **assassin, e** 形 悩殺する；人殺しの。

assassinat 男 殺人；暗殺；謀殺。

assassiner 他 殺す；暗殺する；(自由・芸術などを)蹂躙(じゅうりん)する；適法外な値を吹っかける。— s'〜 殺し合う。

assaut 男 攻撃, 襲来；試合。◇faire 〜 de … …を競う。prendre d'〜 … …を襲う。…に殺到する。

assèchement 男 乾かす[乾く]こと；干拓。

assécher 6 他 干す, 乾かす, 干拓する。— s'〜 乾く, 干上がる。

A.S.S.E.D.I.C. [asedik] 女〈略〉Association pour l'emploi dans l'industrie et le commerce 商工業雇用協会。

assemblage 男 組み立て；寄せ集め；組み合わせ；【美】アサンブラージュ；【ワイン】ブレンド。

assemblé 男【バレエ】アサンブレ。

assemblée 囡 集まった人々；会議, 会合；議会, 議院. ▶ A～ nationale 国民議会（フランスの下院）.

assembler 他 寄せ集める；組み立てる；縫い合わせる. ――s'～ 集まる.

assembleur, se 图 組み立て工；集める人. ―― 男 [情報] アセンブラ；《下請部品を完成させ自社ブランドで売る》コンピュータ販売者. ―― 男 [本] 丁合機.

assener [-se-] 3／**asséner** 他《痛打を食らわす（言葉, 視線など）をぶつける, 突きつける.

assentiment 男 同意, 賛同；承認.

asseoir 41 他 ❶ 座らせる；据える, 築く. ❷ 話 唖〜然とさせる. ❸ [税]（課税の）対象額を定める.
――s'～ 座る；（評価が）定まる.

assermenté, e 形 宣誓した.

assermenter 他 宣誓させる.

assertif, ve 形 [言] 断定の.

assertion 囡 主張, 断言, 断定.

assertorique 形 [哲] jugement ～ 実然（確然的, 正然的）判断（カントの用語）.

asservir 他 隷属させる, 奴隷化する；制御[抑制]する. ――s'～ 隷属する, 奴隷となる. ❷（…に）自分に服従させる. □asservissant, e 形

asservissement 男 隷属, 服従；奴隷状態.

assesseur 男 ❶ 補佐, 陪席者. ❷（刑)予予備審査の参考員.

assey- 話 ⇨ asseoir.

assez 副 十分に；かなり；まあまあ.
◇～ de ... 充分な…. en avoir ～ (de ...)（…に）うんざりする.

assibilation 囡 [言] 歯擦音化.

assidu, e 形 欠席［欠勤］しない；勤勉な；たゆまぬ；常連の, つきまとう. ―― 图 [文語]（場所に）通いつめる人, 常連.

assiduité 囡 精勤；勤勉；通いつめる［つきまとう］こと.

assidûment 副 せっせと, 熱心に.

assied(s), assiér- 話 ⇨ asseoir.

assiégé, e 形 包囲［攻囲］された；つきまとわれた. ―― 图 包囲［攻囲］された人；[集合的] 籠城軍.

assiégeant, e 形 包囲［攻囲］する. ―― 图 包囲者；[集合的] 攻囲軍.

assiéger 7 他 包囲［攻囲］する；閉じ込める；殺到する；つきまとう.

assiette 囡 ❶ 皿；[料] 盛り合わせ. ❷ 騎手の姿勢；安定, 据え. ❸ 土地, 地盤；[法]（課税の）基礎, 査定対象, 算定基準. ◇ne pas être dans son ～ 気分が悪い.

assiettée 囡 1 皿分.

assignat 男 [史] アシニャ紙幣.

assignation 囡 割り当て；指定；[法]（民訴で）呼び出し（状）.

assigner 他 割り当てる；指定する；任命する；[法] 召喚する.
――s'～ 引き受ける, 自分自身に課す.

assimes, assirent, assis(-) 話 ⇨ asseoir.

assimilable 形 同一視できる；同化［消化吸収］し得る.

assimilation 囡 同一視, 同列に扱うこと；同化, 消化, 吸収.

assimilatoire 形 [音声] 同化作用の.

assimilé, e 形 同一視された；相当する；同化［消化］された. ―― 图（ある役職, 階級の）相当官［職］.

assimiler 他 ❶ (à)（…と）同一視する, 同列に置く. ❷ 消化［吸収］する；同化する. ――s'～ ❶（…と）自分を同一視する；同一視される；同化［消化］される. ❷（…に）同化される.

assis, e 形 座っている；安定した, 落ち着いた；[法] magistrature ～e（集合的）裁判官. ―― 男 voter par ～ et levé 起立採決する.

Assise アッシジ（イタリア中部の町）.

assise 囡 ❶ 基礎, 基盤；層, 列. ❷ [複数] 総会, 会議；[法] 重罪裁判（所）；[史] 臣下会議；巡回裁判；法令集.

assistanat 男（大学の）助手職.

assistance 囡 ❶ 補助, 援助, 協力；《A～》養護施設. ❷ 出席, 立ち会い；[集合的] 出席者；観衆, 聴衆.

assistant, e 形 ❶ 助手の. ▶～ (numérique) personnel 携帯情報端末, PDA／～ satellite personnel パーソナルサテライトアシスタント（国際宇宙ステーションのクルーを支援するロボット）／～ social ソーシャルワーカー. ❷ 参加者, 聴衆, 観衆. ―― 形 補佐する.

assisté, e 形 補佐された, 助けられた；補助装置のついた. ―― 图（生活保護など）社会扶助を受けている人.

assister 自 (à)（…に）出席する, 立ち会う；（…を）目撃する.
―― 他 助ける, 補佐する；援助する.

assit, assit(-) 話 ⇨ asseoir.

associatif, ve 形 ❶ 会（団体）の. ❷ 連想［連合］の.

association 囡 ❶ 会, 団体, 協会, 組合, 結社. ❷ 協力, 提携；参加. ❸ 組み合わせ, 配合；[心] 連想, 連合.

associationnisme 男 [心] 連合主義；[社] 協同主義.

associé, e 形 連合した, 参加した；正規に準ずる；(à)（…と）結びついた. ―― 图 協力者, 会［組合］員；社員；株主, 出資者；共同経営者.

associer 他 ❶ 結びつける, 組み合わせる；共にする. ❷ ～ A à B A に B を共にさせる, A を B の仲間にする. ❸（…を）自分の協力者にする. ❹ 協力し合う；互いに調和する.
――s'～ ❶ 加わる, 協力する；交際する, 調和する. ❷ (à)（…に）共にする. ❸（…を）自分の協力者にする. ❹ 協力し合う；互いに調和する.

assoi- 話 ⇨ asseoir.

assoiffé, e 形 喉（の）の渇いた；《de》（…に）飢えた；[文語] 水不足の.

assoiffer 他 喉（の）を渇かせる；欲望をかき立てる.

assolement 男 [農] 輪作.

assoler 他 輪作用に割り付ける.

assombrir 他 暗くする, 悲しませる, 陰鬱にする；悪化させる.
――s'～ 暗くなる；悪化する.
□assombrissement 男

assommant, e 形 ひどく退屈な, うんざりさせる.

assommer 他 撲殺する；殴る；打ち

assommoir 男 畜殺斧(%); 梶(%)棒; 古・俗 居酒屋.

assomption 女 ❶《A~》《カト》聖母の被昇天; 聖母被昇天の祝日(8月15日). ❷《哲》仮定;《論》(三段論法の)小前提.

assonance 女《詩》半諧音(belle ou rêve のような同一の強勢母音の反復).

assonancé, e 形《詩》半諧音の.

assonant, e 形《詩》(強勢母音が)半諧音の関係にある.

assorti, e 形 似合う;《de》(…を)伴う; 品物の豊富な; 盛り合わせの.

assortiment 男 ❶ 組み合わせ, 取りそろえ; 盛り合わせ. ❷ 一揃い.

assortir 他 ❶ 調和させる, 組み合わせる. ❷ ~ A de B A に B を伴わせる. —**s'~** ❶ 釣り合う, 調和する. ❷《de》(…を)伴う.

assoupi, e 形 まどろんだ; 弱まった.

assoupir 他 まどろませる; 和らげる. —**s'~** ❶ まどろむ. ❷ 鎮まる.

assoupissement 男 まどろみ; 弱まり.

assouplir 他 柔らかく[穏やかに]する. —**s'~** 柔らかく[穏やかに]なる. ▫**assouplissement** 男

assouplissant / assouplisseur 男 柔軟化剤.

assourdi, e 形 弱まった, 鈍った.

assourdir 他 耳を聾(%)する(音, 色, 光を)弱める; 防音にする. —**s'~**(声, 音が)弱まる.

assourdissant, e 形 耳を聾(%)する; 騒々しい.

assourdissement 男 耳を聞こえなくすること; 消音; 防音.

assouvir 他 満足させる. —**s'~** 満たされる;《de》(…に)堪能する.

assouvissement 男 充足, 満足.

assoy- 活 ⇒ asseoir.

assuétude 女《心》習慣性, 依存.

assujetti, e 形 拘束[支配]されて, 義務を負った; 固定された. —名 支払い[納税]義務者; 強制加入者.

assujettir 他 ❶ ~ A à B A を B に従わせる; A に B を課す. ❷ 固定する; 隷属させる. —**s'~** ❶ 服従する. ❷《à》(…を)自分に服従させる.

assujettissant, e 形 拘束する.

assujettissement 男 従属; 拘束; 隷属.

assumer 他 引き受ける, 容認する. —**s'~** 自分を受け入れる.

assurable 形 保険のかけられる; 保険で填補(%^)され得る.

assurage 男《登山》確保(滑落防止技術).

assurance 女 ❶ 自信. ❷ 保証; 保険(料);《複数》保険会社.

assurance-crédit;《複》~s-~s 女 信用保険, 貸倒保険.

assurance-maladie;《複》~s-~ 女 健康保険.

assurance-vie;《複》~s-~ 女 生命保険.

assuré, e 形 ❶ 確実な; 保証された, 確信した. ❷ 保険をかけた. —名 保険契約者; 被保険者.

assurément 副 確かに;《返答》もちろん, そのとおり.

assurer 他 ❶ 確実に行う; 保証[保障]する; 断言する; 確信させる. ❷ 保険をかける. ❸ 固定する. —自 (ある方面で)できる, しっかりしている. —**s'~** ❶ 確かめる, 確信する. ❷ 身を守る, 備える; 保険に入る.

assureur 男 保険業者.

Assyrie 女 アッシリア.

assyrien, ne 形 アッシリアの. —名《A~》アッシリア人.

astate 男《化》アスタチン.

aster 男《植》シオン;《生》星状体.

astérides 男複《動》ヒトデ綱.

astérie 女《動》ヒトデ.

astérisque 男 アステリスク, 星印(*).

astéroïde 男 小惑星, 小遊星.

asthénie 女《医》無力(症).

asthénique 形《医》無力(症)の. —名 無力症患者.

asthénosphère 女《地》岩流圏.

asthmatique [asma-] 形《医》喘(%)息の. —名 喘息患者.

asthme [asm]《医》喘(%)息.

asti 男《ワイン》アスティ(イタリア産の発泡性マスカットワイン).

asticot 男 組(%); 蛆(%)野郎, やつ.

asticoter 他 いらいらさせる.

astigmate 形, 名 乱視眼の, 乱視の.

astigmatisme 男 乱視;《光》非点収差.

astiquage 男 磨くこと, 艶(%)出し.

astiquer 他 磨く, 艶(%)出しする. —**s'~** 念入りに化粧する, めかす.

astragale 男《解》(足根骨の)距(%^)骨;《植》レンゲソウ.

astrakan 男 アストラカン(子羊の毛皮).

astral, ale;《男複》**aux** 形 ❶ 星の, 天体の. ❷ lampe ~ale 無影灯.

astre 男 天体, 星.

astreignant, e 形 骨の折れる, 手の離せない.

astreindre 80 強いる, 従わせる. —**s'~**《à》強いて…する.

astreinte 女 強制, 束縛;《法》(民事の)罰金強制. ◊**d'~**（服務規定で）待機中の.

astringent, e 形 収斂(%^)性の. —男 収斂薬. ▫**astringence** 女

astrobiologie 女 宇宙生物学.

astrolabe 男 アストロラーベ(天体の位置を測る望遠鏡).

astrologie 女 占星術. ▫**astrologique** 形

astrologue 名 占星術師.

astronaute 名 宇宙飛行士.

astronautique 女 宇宙航行学. —名 宇宙航行(学)の.

astronef 男 宇宙船.

astronome 名 天文学者.

astronomie 女 天文学.

astronomique 形 ❶ 天文の, 天文学の. ❷ 語 天文学的.

astrophysicien, ne 名 天体物理学者.

astrophysique

astrophysique 女 天体物理学.
astuce 女 (よい意味で)巧妙さ；機転；[語]アイデア商品；新機軸；冗談，しゃれ.
astucieusement 副 巧みに.
astucieux, se 形 巧妙な；創意に富む，新機軸の.
asymétrie [-si-] 女 不均斉；非対称. □**asymétrique** 形
asymptomatique [-sɛ̃-] 形 [医] 無症候性の.
asymptote [-sɛ̃-] 形 [数] 漸近線. ― 女 漸近の，漸近的な.
asynchrone [-sɛ̃-] 形 非同期の.
asyndète [-sɛ̃-] 女 [言] 連結辞省略.
A.T. 男 《略》Ancien Testament 旧約聖書.
ataraxie 女 [哲] アタラクシア，精神の平静. □**ataraxique** 形
atavique 形 遺伝の，先祖伝来の；[生] 隔世遺伝の.
atavisme 男 遺伝，遺伝の特性；[生] 隔世遺伝；先祖返り.
ataxie 女 [医] 運動失調.
atchoum [-tʃum] 間 ハクション.
atèle 男 [動] クモザル.
atelier 男 ❶ 作業場，アトリエ；小工場；[集合的] 作業員，弟子，門下生；(芸術家の)一派. ❷ 研究会：ワークショップ.
atémi 男 [日本語] 当て身.
atemporel, le 形 時間を超越した，永遠の；[言] 超時的な.
ater 名 《略》attaché temporaire d'enseignement et de recherche (大学の)任期制助手.
atermoiement 男 [法] (和議による)支払い猶予；(多く複数) 延期；優柔不断.
atermoyer 自 時間稼ぎをする，引き延ばしをする，ぐずぐずする.
athanor 男 [錬] 炉.
athée 形 無神論の. ― 名 無神論者.
athéisme 男 無神論.
Athéna [ギリシャ] アテナ，アテネ.
athénée 男 アテネ；学院；(ベルギーの)中等学校.
Athènes アテネ(ギリシャの首都)；古代ギリシアの)アテナイ.
athénien, ne 形 アテネの；アテナイの. ― 名 [A～] アテネの人；(古代の)アテナイ人. ― 女 アテニエンヌ(3脚テーブル).
athermane 形 [物] 不透熱性の.
athermique 形 [化] 無熱の.
athérogène 形 [医] 粥(ヒル)状硬化の.
athérome 男 [医] アテローム，粥腫(ヒル).
athérosclérose 女 [医] 粥(ヒル)状硬化，アテローム(性)動脈硬化(症).
athlète 名 [古] 闘技者；陸上競技の選手，運動選手；筋骨たくましい人. ― 男 [古] 闘技者，競技者.
athlétique 形 陸上競技の，運動競技の；運動選手の；筋骨たくましい.
athlétisme 男 陸上競技.
athrepsie 女 [医] 無栄養症.
athymie 女 [心] 感情鈍麻；痴呆

(ホѷ)，無気力.
atlante 男 [建] 男像柱.
Atlantide 女 アトランティス.
atlantique 形 大西洋の；大西洋沿岸諸国の. ― 男 [A～] 大西洋.
atlantisme 男 大西洋同盟振興主義，親米路線.
Atlas [-s] [ギリシャ] アトラス.
atlas [-s] 男 地図帳；[解] 第一頸椎(ᡛᢖ)；[昆] ヨナグニサン.
atmosphère 女 雰囲気；大気，(大)気圧；空気. ▶ ~ normale 標準大気圧，平圧.
atmosphérique 形 大気の，(大)気圧の. ― 男 空電(大気中に起こる電気的雑音).
atoll 男 [地理] 環礁.
atome 男 [理] 原子力；微量.
◇avoir des ~s crochus (avec ...) 男 (...と)心が通じ合う.
atomicité 女 [化] 原子数；[経] 原子力の構成(完全競争の状態).
atomique 形 原子力の，核の.
atomisation 女 ❶ 核兵器による破壊. ❷ 細分化，分裂；霧化；微粒子化.
atomisé, e 形 被爆した；細分化された. ― 名 原爆被災者.
atomiser 他 ❶ 微粒子[霧状]にする；分裂させる. ❷ 核兵器で破壊する. ― s'~ 代動 [細分化] する.
atomiseur 男 スプレー.
atomisme 男 [哲] 原子論；[化] 原子仮説；[心] 原子主義.
atomiste 名，形 原子物理学者(の)；[哲] 原子論者の.
atomistique 形 [哲] 原子論の；[経] 原子力の. ― 女 [哲] 原子論(説).
atonal, ale 男 形 **als**(または **aux**) [楽] 無調の.
□**atonalité** 女
atone 形 ❶ 無気力な；単調な. ❷ [医] 弛(ᐢ)緩した；[音声] 無強勢の.
atonie 女 無気力，弛(ᐢ)緩；[医] 無緊張症，アトニー. □**atonique** 形.
atopie 女 [医] アトピー.
atopique 男，形 [医] 遺伝的のアトピー傾向者の.
atours 男複 文語 [ふざけて] (女性の)装飾品，衣装.
atout 男 切り札；有利な条件.
A.T.P. 女 [生化] acide adénosine-triphosphate アデノシン三リン酸.
atrabilaire 形，名 文語 気難しい(人)，怒りっぽい(人).
âtre 男 暖炉；(暖炉の)火床，炉床.
atrésie 女 [医] (器官の)閉鎖(症).
atrichie 女 [医] 無毛(症).
atrium 男 [ラ] ❶ [建] アトリウム. (1) 古代ローマの住宅の中庭. (2) 初期教会堂の前庭. ❷ [解] (耳の)鼓室下方部；[動] 気門室.
atroce 形 残忍な，むごたらしい；ひどい，怒りっぽい. □**atrocement** 副
atrocité 女 残忍さ；残虐行為；醜悪なもの；ひどい悪口.
atrophie 女 減退，衰弱；[医] 萎(ᐸ)縮(症).
s'atrophier 代動 減退[衰弱]する；

〖医〗萎(イ)縮する.
—**atrophier** 他 減退〔衰弱〕させる；萎縮させる.
□**atrophié, e** 形

atropine 女〖化〗アトロピン.

attablé, e 形 食卓に着いた.

s'attabler 代動 食卓に着く；文章仕事にかかる.

attachant, e 形 興味をそそる，心を引く.

attache 女 ❶ つなぐもの，留め具（ひも，クリップ，ホチキス，ボタンなど）．❷（四肢，指の）付け根；《複数》手首；足首．❸《複数》コネ，縁戚(セキ).〖雑誌〗◇à l'~ つながれた．port d'~ 母港（人が舞い戻るような）；本拠，地元．

attaché, e 形 ❶ つながれた，留めてある．❷（à）（…に）結びついた；（…に）伴う；（…に）愛着を持った；（…に）配属された，依存する．— 名 大使〔公使〕館員；補佐官，補佐役．

attaché-case [-ke:z] 男 《英》アタッシェ・ケース．

attachement 男 ❶ 愛着；執着．❷（工事の）進捗検査簿，工事日誌．

attacher 他 ❶ つなぐ，留める，結びつける．❷ ～ A à B B に A の価値を認める．❸（sur）（…に）向ける．— 自 〖料理〗焦げ付く．— s'~ ❶（à）くっつく，付随する．❷（à）（…に）愛着を覚える；専念する．❸（à）（…に）身を捧げる．❹（服）のボタンなどで留められる．

attagène 男〖昆〗ヒメカツオブシムシ．

attaquant, e 形, 名 攻撃する人．

attaque 女 攻撃；非難；発作，（容態の）急変．◇d'~ 元気な．

attaquer 他 ❶ 攻撃する，襲う；むしばむ；非難する．❷ 挑む，立ち向かう；始める，取りかかる．— s'~ ❶（à）（…と）戦う，（…を）非難する；（…に）取りかかる．❷ 攻撃し合う．

attardé, e 形, 名 遅れた(人)；知恵遅れの(子供)；時代遅れの(人)．

s'attarder 代動 遅くまでいる；長居する；（à, sur）（…に）手間取る．
— **attarder** 他 遅らせる．

ateign- 活 ⇒ atteindre．

atteindre 80 他 ❶ 到着〔到達〕する；手が届く追いつく；連絡をつける．❷ 当てる，当たる．❸ 襲う；傷つける．— 自 文章 （à）（…に）（努力して）到達する．

atteint, e 形（atteindre の過去分詞）❶ 傷つけられた，打撃を受けた（病気に）冒された．❷ 達成された．

atteinte 女 ❶（…の）侵害，毀(キ)損．❷《複数》（天候の）被害，（病気，老衰の）兆候，徴候．❸ 達成；到達．◇hors d'~（de …）（…の）手の届かない所に；（…から）安全に．

attelage 男（牛，馬を）つなぐこと；引き具（の付け方）；1 組の牛〔馬〕（車両の）連結（器）．

atteler 4 他 つなぐ；連結する；（仕事に）就かせる．— s'~（à）（…に）取り組む；つながれる．

attelle 女 鎖分木；〖医〗副木．

attenant, e 形 隣接した．

attendant (en) 副句 それまで，（…

attendre 58 他 待つ；予想する，期待する．◇se faire ~ 待たせる，なかなか来ない．— 自 ❶ 待つ；《après》（…を）待ちかねる；当てにする．❷ 後回しにできる；長持ちする．— s'~（à）（…を）予想する，覚悟する．

attendri, e 形 柔らかくなった；ほろりとした，優しい，和んだ．

attendrir 他 柔らかくする；ほろりとさせる；和らげる．— s'~ 柔らかくなる；ほろりとする；和らぐ．

attendrissage 男 食肉軟化処理．

attendrissant, e 形 いじらしい，ほろりとさせる．

attendrissement 男 感動，同情，柔らかくなる〔なる〕こと．

attendrisseur 男 肉たたき．

attends 活 ⇒ attendre．

attendu, e 形（attendre の過去分詞）待ち望まれていた；予想された．— 前 文章 （…）ゆえに，にかんがみ．— 男《多く複数》〖法〗（判決などの）理由．

attentat 男 テロ，襲撃；侵害；侵犯．~ à la pudeur 強制猥褻(ワイセツ)罪．

attentatoire 形（à）（…を）侵害する．

attente 女 ❶ 待つこと；待ち時間．❷ 期待，予想．

attenter 自（à）（…を）奪おうとする；侵害〔侵犯〕する．

attentif, ve 形 注意深い；（à）（…に）注意を払う；（…するように）努める，気をつける．

attention 女 注意(力)；思いやり，配慮．◇à l'~ de … …様あて．faire ~ 気をつける，用心する．

attentionné, e 形 思いやりのある．

attentisme 男 日和見主義，静観主義．□**attentiste** 形 名

attentivement 副 注意深く．

atténuant, e 形 ❶ 和らげる，軽減する．❷ 〖法〗 circonstaces ~es 軽減情状．

atténuateur 男 〖エレ〗減衰器．

atténuation 女 軽減；緩和；〖物〗減衰．

atténuer 他 弱める，和らげる．
— s'~ 和らぐ，弱まる，減じる．

atterrage 男 〖海〗陸地初認；初認陸地．

atterrer 他 打ちのめす；愕(ガク)然とさせる．□**atterrant, e** 形

atterrir 自 ❶ 着陸する；たどり着く．

atterrissage 男 着陸．

atterrissement 男 堆積地，州，堆積土砂．

atterrisseur 男 〖航〗着陸装置．

attestation 女 証明書；証明，証言；証拠；実例．

attesté, e 形 実証された．

attester 他 証明〔証言〕する；（神，天に）誓う．

atticisme 男（ギリシア語の）アッティカ風語法．

attiédir 他 ぬるくする；（情熱などを）冷ます．— s'~ 熱が冷める．□**attiédissement** 男

attifement / attifage 男 異

attifer

様な身なり，センスの悪い服装．
attifer 他 異様な身なりをさせる．
— **s'~** 異様な服装をする．
Attique 女 アッティカ(ギリシア南東地方).
attique 形 アッティカの；アテナイ Athènes の，アテナイ人の．
— 男 アッティカの方言．
attirail 男 (ごたごたした)道具一式；話 大量の不用品．
attirance 女 誘引力，魅力．
attirant, e 形 魅力的な．
attirer 他 引き寄せる；招く．— **s'~** (…を)自分に招く；引き付け合う．
attiser 他 あおる．— **s'~** かき立てられる；互いに情熱をかき立て合う．
attisoir / attisonnoir 男 火かき(棒).
attitré, e 形 正式の資格を持つ；出入りの，ひいきの．
attitude 女 態度；姿勢；見せかけ；[バレエ]アティテュード．
attorney 男 (英) 弁護士，法律家．
attouchement 男 触れること；愛撫(ぶ)；自慰．
attractif, ve 形 引き付ける；魅力のある．
attraction 女 ❶ 引き付けること；引力；魅力；呼び込の話 興味的の；アトラクション；遊戯(施設)．▶ centre d'~ 人が集まる中心地 / parc d'~s 遊園地 / pôle d'~ 注目の的；(経済活動の)誘致拠点．❷ [言] 牽(ナン)引．
attractivité 女 魅力度．
attrait 男 魅力，誘惑；好み，愛着；[神] (神による)召し出し，召命．
attrapade 女 / **attrapage** 男 叱(ジン)責，非難；口論，喧嘩(ケン).
attrape 女 ❶ 話 des farces et ~s いたずら玩(ゲン)具．❷ 古風・話人をかつぐこと，いたずら．
attrape-jeune; (複) ~**s** 男 若者向け製品．
attrape-mouche; (複) ~(**s**) 男 ハエ取り紙；食虫植物．
attrape-nigaud; (複) ~(**s**) 男 子供だまし，見え透いた手．
attraper 他 ❶ 捕まえる；つかむ；間に合う．❷ (病気に)かかる；(悪癖に)陥る；(打撃などを)食らう．❸ 上手にまねる．❹ 命中する．❺ しかる；だます，ぬっかりさせる．
— **s'~** ❶ 話 (病気が)移る，(悪癖が)つく．❷ 話 非難し合う；つみ合う．ぶつかる；捕獲される；ひっかかる．
attrape-tout 形 (不変) (政党が)幅広い層の支持を狙う．
attrayant, e 形 魅力のある．
attribuable 形 《à》(…に)帰せられる(べき)．
attribuer 他 《à》(…に)割り当てる，与える；(…にあると認める；(…に)帰する；(…の)作と見なす．
— **s'~** 我が物とする．
attribut 男 ❶ 属性，象徴．❷ [言] 属詞；[論] 述語．
attribution 女 割り当て，授与；帰属；[複数] 権限．
attristant, e 形 悲しい．

attrister

attrister 他 悲しませる．
— **s'~** 《de》悲しむ，悲しくなる．
attroupement 男 人だかり；不穏な群衆；群れ集まること．
attrouper 他 寄せ集める．
— **s'~** 寄り集まる，群がる．
atypique 形 ❶ 型破りの．❷ [生] [医] 異型の．▶ pneumonie ~ 新型肺炎．
Au [記] [化] or 金．
au ⇨ à.
aubade 女 [楽] オーバード(戸口や窓の下で夜明けや午前に行う奏楽，その曲)．
aubaine 女 思わぬ幸運；もうけ物．
Aube 女 ❶ オーブ県 [10]．❷ オーブ川(セーヌ川支流)．
aube¹ 女 夜明け；黎(ゼ)明期．
aube² 女 [カト] 白衣，アルバ．
aube³ 女 (水車の)水受け板；(外車船の)外車；(タービンなどの)羽根．
aubépine 女 [植] サンザシ．
aubère 形 栗粕毛の．— 男 栗粕毛．
auberge 女 ❶ (田舎の)小レストラン兼ホテル；田舎風レストラン．❷ A~ de (la) jeunesse ユースホステル．◇**ne pas être sorti de l'~** 話 厄介事からまだ抜け出していない．
aubergine 女 ❶ [植] ナス．❷ 話 (70年代パリの)補助婦人警官．
— 形 (不変)なす色の，暗紫色の．
aubergiste 男 ❶ 田舎の小ホテルの主人；(ふざけて)(カフェ，レストランの)主人．❷ père [mère] ~ (ユースホステルの)ペアレント．
aubier 男 辺材，白太(ダ)．
aubin 男 [馬] 不正駆歩．
auburn 形 (不変) (英) (髪が)赤茶色の．
Auch [o:ʃ] オーシュ(Gers 県の県庁所在地)．
aucun, e 形 (不定) どんな…も(…ない)；どんな，なんらかの．— 代 (不定) ❶ 何も [どれも，だれも] (…ない)；だれかだれか，何か．❷ d'~s 古風 一部の人々．
aucunement 副 全然，少しも．
audace 女 大胆；厚かましさ．
audacieux, se 形 ❶ 大胆な(人)；斬(シン)新な(ことをする人)．❷ 厚かましい(人)．◘**audacieusement** 副
Aude 男 ❶ オード県 [11]．❷ オード川(地中海に注ぐ)．
au-dedans 副 中で [に]；国内で [に]；内心で [に]．
◇~ **de** …の中で [に]．
au-dehors 副 外で [に]；国外で [に]；外見上 [に]．
◇~ **de** …の外で [に]．
au-delà 副 その向こうに [で]；それ以上 [以外] に．◇~ **de** …の向こうに，を越えて．— 男 あの世．
au-dessous 副 下に；それ以下に．
◇~ **de** …の下に，を下回る．
au-dessus 副 上に；それ以上．
◇~ **de** …の上に，を上回る．
au-devant 副 前に；迎えに．
◇~ **de** …に先んじて；を迎えに．
audible 形 聴き取れる；聴くに堪える．◘**audibilité** 女
audience 女 ❶ (大衆の)支持；[集

audiencier 男《法》法廷の.
— 男 法廷執達吏.

audimat [-mat] 男《商標》オディマ(視聴状況記録装置); 視聴人数, 視聴率.

audimètre 男 オーディメータ(ラジオの聴取率測定器).

audimétrie 女 聴取率測定.

audimutité 女《心》聴唖(ちょう).

audioconférence 女 電話会議.

audiofréquence 女 可聴周波数[振動数].

audiogramme 男 聴力図.

audioguide 男 オーディオガイド(博物館などの音声解説).

audiologie 女 聴覚学.

audiomètre 男 オーディオメータ; 聴力計.

audiométrie 女 聴力検査.

audionumérique 形 デジタル・オーディオの.

audiophile 男 オーディオ・マニア.

audiophone 男 補聴器.

audioprothésiste 名 補聴器士.

audiovisuel, le 形 視聴覚の, AV の. — 男《マスメディアとしての》ラジオ・テレビ; 視聴覚設備[器材]; 音響・映像, AV.

audit[1] 男《英》《会計》監査(役).
audit[2] 男 ledit.

auditer 他 会計監査する.

auditeur, trice 名 ❶ 聴衆, 聴取者;《言》聞き手. ～ libre (大学などの)聴講生. ❷ 会計監査役.

auditif, ve 形 耳の, 聴覚[聴力]の.

audition 女 ❶ 聴く こと; 聴覚, 聴力;《法》聴聞, 尋問. ～ publique 公開ヒアリング, 公聴会. ❷ オーディション.

auditionner 他 オーディションを受ける. — 自 オーディションをする (CD などを)試聴する.

auditoire 男《集合的》聴衆; 読者.

auditorat 男 傍聴官の職;《司法修習生の》修習期間.

auditorium 男《ラ》スタジオ, 録音[試聴]室; ホール.

audomarois, e 形 サン=トメール Saint-Omer の.
— 名《A～》サン=トメールの人.

auge 女《特に豚の》飼い桶(ない);(セメントなどをこねる)ふね, 平桶.

auget 男《鳥の》餌(ネ)入れ;(水車などの)バケット.

augmentatif, ve 形《言》拡大の.
— 男 拡大辞.

augmentation 女 増加, 増大; 値上がり; 賃上げ, 昇給.

augmenter 他 増す; 上げる; 広げる; 昇給する. — 自 増加[増大]する; 高まる; 値上がりする.
— s'～ (de) (…だけ)増す.

augure 男 ❶ 予測 [予言]する人; 前兆. ❷《古い》占い師(ぷ), 占い.

augurer 他 占う; 予測する.

auguste 形 ❶《文章》尊敬すべき, 厳かな. ❷ 王侯の, 高貴な. — 男 ❶《A～》アウグトゥス(ローマ皇帝の尊称). ❷《サーカスの》道化師.

augustin, e 形 アウグスティヌスの.
— 名 アウグスティヌス[アウグスチノ]会修道者.

augustinien, ne 形 アウグスティヌス学派の. — 名 アウグスティヌス教説信奉者, ジャンセニスト.

augustinisme 男 アウグスティヌスの教説.

aujourd'hui 副 本日, 今日; 今日では.

aulnaie [one] 女 ハンノキの植え込み.

aulne [o:n] 男《植》ハンノキ.

aulx [o] 古風 ail の複数形.

aumône 女 施し, 施し物; 情け, 恵み;(教会の)寄進財産.

aumônerie 女 ❶ 施設付き司祭の職;〔施設の〕司祭館;〔集合的〕施設付き司祭. ❷ (修道院の)施物所.

aumônier 男 ❶ 施設付き司祭. ❷ grand ～ de France フランス宮廷司祭.

aumônière 女 (昔の, ベルトに下げた)巾着(シ).

aunaie 女 ⇨ aulnaie.

aune[1] 女 オーヌ(布地の長さの旧単位. パリでは約1.188 m); オーヌ尺.

aune[2] 男 ⇨ aulne.

aunée 女《植》オグルマ.

Aunis [-s] 男 オニス地方(フランス西部の旧州).

auparavant 副 前に, 以前に; その前に, 前もって.

auprès de 前句 …のそばに; …のもとで; …に対して; …の間で; …に比べて.

auquel 代《疑問》《関係》, 形《関係》 ⇨ lequel.

aura 女 オーラ, 霊気.

aura(s), **aurai**(-), **aurez** 活 ⇨ avoir.

aurélie 女《動》ミズクラゲ.

auréole 女《聖人像などの》後光, 光輪, 光背; 栄光;(太陽や月の)かさ.

auréoler 他 後光[光輪]で包む; 栄光[威光]を与える.
— s'～ 後光[栄光]に包まれる.

auréomycine 女《薬》オーレオマイシン.

auriculaire 形 ❶《解》耳の, 耳状の; 心耳の. ❷《法》témoin ～ 自分の耳で聴いた事柄を証言する証人.
— 男 小指.

auricule 女《解》耳介; 心耳.

auriez, aurions, aurons, auront 活 ⇨ avoir.

aurifère 形 金を含有する; 金の採れる.

aurifier 他 金箔充填(タンテタ)する. ⇨ **aurification** 女

aurige 男 (古代の)戦車競走の御者.

Aurillac オーリヤック (Cantal 県の県庁所在地).

aurochs [-rok] 男《動》オーロックス (絶滅した欧州産の野牛).

auroral, ale 形;《男複》 **aux** 形 夜明けの; オーロラの.

aurore 女 ❶ 夜明け(の光), 黎(れい)明

auscitain

期; 太陽の昇る彼方, 東方. ❷ 極光, オーロラ.

auscitain, e 形 オーシュ Auch の.
— 男 《A〜》オーシュの人.

auscultation 女 聴診.

ausculter 他 聴診する.

auspices 男複 ❶ 幸(さ先, 前触れ; 《古ロ》鳥占い. ❷ 庇(ぴ)護; 指導.

aussi 副 ❶《同等比較》同じくらい, 同じほど, 同じように. ► Il est 〜 gentil que sa femme. 彼は奥さんと同じくらい親切だ. ❷ これ [あれ, それ] ほど, そんなに. ❸ もまた, やはり.
◊〜 **bien** (**que** ...)（…と）同じく.
〜 **loin que** ... …する限り遠く［昔］.
〜 **longtemps que** ... …する限り.
〜 ... **que possible** できるだけ….
〜 ... **que + subj.** いかに …であろうと.
—接《文頭》だから, それゆえに.
◊〜 **bien** であれ, いずれにせよ.

aussitôt 副 直ちに, すぐに; 即刻.
◊〜 **que** ... …するとすぐに.

austère 形《自分に》厳しい; 飾りのない地味な. □**austèrement** 副

austérité 女 ❶《性格》簡素; 《財政の》引き締め; 《複数》難行, 苦行.

austral, ale (男複) **als** (または **aux**) 形 南の; 南半球の; 南極の. ► terres Australes et Antarctiques françaises 南極大陸内フランス領土.

Australie 女 オーストラリア.

australien, ne 形 オーストラリアの.
— 男《A〜》オーストラリア人.

australopithèque 男 アウストラロピテクス（東アフリカの化石人類）.

autan 男 南東風, オタン（フランス中南部に吹く強風）.

autant 副 ❶ 同じくらい, 同様に. ► Elle mange 〜 que lui. 彼女は彼と同じくらい食べる. ❷ これ [それ, あれ] ほど. ► Pourquoi travaille-t-il 〜? 彼はどうしてそんなに働くのだろう.
◊**A**〜 (**de**) ..., 〜 **que** ... …と同じだけ…. **A**〜 **le** théâtre m'amuse, 〜 le ciné m'ennuie. 芝居は面白いと感じる分, 映画は物足りない. **A**〜 **dire que** ... いわば…と同然である. 〜 **que possible** できる限り. 〜 **que + ind.** …と同じだけ. 〜 **que + subj.** …の限りでは. **A**〜 + **inf.** …する方がましだ;…するも同然である. **d**'〜 それに応じて, その分だけ. **d**'〜 **mieux [plus, moin]** (**que** ...) …だからいっそう. **d**'〜 **que** ... …だから. **en faire** 〜 同じことをする. **pour** 〜 にもかかわらず. **pour** 〜 **que + subj.** …である限りは.

autarcie 女 自給自足体制［経済］.
□**autarcique** 形

autel 男 祭壇; 《古代宗教の》供物台; 《文章》宗教; 教会.

auteur, trice《稀に女性形 **auteure**》名 ❶《作家, 著者; 作者; 創始者, 考案者. ❷ 張本人, 犯人.

authenticité 女 本物であること, 真正さ; 信憑(しんぴ)性; 真率, 誠実み.

authentifier 他 認証する; 鑑定す

る. □**authentification** 女

authentique 形 本物の, 真正の; 本心の, 真情の;《法》公署の.

authentiquement 副 真に, 本当に; 正しく, 間違いなく.

autisme 男《心》自閉(症).

autiste 形, 名《心》自閉症の(人).

auto 女 自動車.

autoaccusation 女 自責.

autoadhésif, ve 形 接着式の, 糊(♡)付きの. —男 接着テープ, 糊付きシール, ステッカー.

autoalarme 男 自動警急信機.

autoallumage 男 自己発火.

autoanalyse 女《心》自己分析.

autoberge 女 堤防道路.

autobiographe 名 自叙伝作者.

autobiographie 女 自叙伝, 自伝. □**autobiographique** 形

autobronzant, e 形 セルフタンニングの, 人工日焼けさせる.
—男 セルフタンニング剤.

autobus [-s] 男 路線バス.

autocar 男《英》長距離 [観光] バス.

autocaravane 女 キャンピングカー.

autocassable 形（アンプルが）手で折って開けられる.

autocensure 女 自己検閲, 自主規制, 自粛.

s'autocensurer 代動 自主規制する.

autochenille 女 キャタピラー車.

autochrome 形《写》オートクロームの. — 女 オートクローム乾板.

autochtone [-tɔk-] 形 土着の, 現地の. — 名 現地人, 先住民.

autocinétique 形 自動 [自発] 運動の.

autoclave 形 自動密閉式の.
— 男 耐圧釜(ガ); 加圧蒸気滅菌器.

auto(-)**coat** [-kɔ:t] 男 カーコート, ドライバー用ハーフコート.

autocollant, e 形 接着式の, 糊付きの. —男 ステッカー, シール.

autoconcurrence 女 自社競争.

autoconduction 女《電》誘導電導.

autoconfiguration 女《情報》自動設定.

autoconsommation 女《経》自家消費.

autocorrection 女 自己修正, 自動修正;《言》自己訂正.

autocouchette(s) 形《不変》⇨ autos-couchettes.

autocrate 名, 形 専制君主（の）; 独裁者（の）.

autocratie [-si] 女 専制 [政治], 独裁(政治). □**autocratique** 形

autocrine 形《生》オートクラインの（細胞の産生物質が自らに影響を及ぼす）.

autocritique 女 自己批判.

autocuiseur 男 圧力鍋 [釜].

autodafé 男 焼却; 焚(た)き書;《異端者の》火刑, 処刑.

autodéfense 女 自衛.

autodérision 女 自己嘲弄(ちょ).

autodestructeur, trice 形 自

autodestruction 囡 自己破壊；自殺.

autodétermination 囡 ❶ le droit à l'~ 民族自決権. ❷ 自主的決定.

s'autodétruire 代動 自己破壊する；自殺する.

autodictée 囡 書き取りの自習.

autodidacte 形 名 独学の(人).

autodirecteur 男 (ミサイルの)自動追尾装置.

autodiscipline 囡 自己規制.

autodrome 男 (自動車, オートバイの)レースコース, テストコース.

auto-école 囡 自動車教習所.

autoévaluation 囡 [医] 自己評価.

autoérotisme 男 [心] 自体愛.

autoexcitateur, trice 形 [電] 自励(式)の.

autofécondation 囡 [植] 自家稔性.

autofiction 囡 自伝的小説.

autofinancement 男 [経] 自己金融.

s'autofinancer ❶ [経] ❶ 自己金融する. ❷ 独立採算制をとる.
—**autofinancer** 他 自己資金でまかなう.

autofocus [-s] 形, 男 オートフォーカスの(カメラ).

autogamie 囡 [生] 自家生殖.

autogène 形 soudage [soudure] ~ ガス溶接.

autogéré, e 形 自主管理の.

autogérer ⑥ 他 自主管理する.
—**s'~** 自主管理される.

autogestion 囡 自主管理.

autogestionnaire 形 自主管理の.

autogire 男 [航] オートジャイロ, ジャイロプレーン.

autographe 男 (有名人の)サイン.
—形 自筆の, 肉筆の.

autographie 囡 直描転写石版.

autogreffe 囡 [医] 自己移植.

autoguidage 囡 (飛行機, ミサイルなどの)ホーミング, 自動誘導.

autoguidé, e 形 自動誘導による.

auto-immun, e 形 [医] 自己免疫(性)の. ▶ maladie ~e 自己免疫疾患.

auto-immunité / auto-immunisation 囡 [医] 自己免疫.

auto-imposition 囡 [経] 自己課税(公共機関への課税).

auto-inductance 囡 [電] 自己インダクタンス, 自己誘導係数.

auto-induction 囡 [電] 自己誘導.

auto-infection 囡 自己感染.

auto-intoxication 囡 [医] 自家中毒.

autolyse 囡 [生] 自己分解；[医] 自殺.

automaintenance 囡 全員参加の生産保全, TPM.

automate 男 ロボット；オートマトン.

automaticité 囡 (機械の)自動性.

automation 囡 [英] オートメーション. ⇨ automatisation

automatique 形 ❶ 自動の；無意識の, 不随意の. ❷ 定まった, 前もって決まった；[話] 必然的な.
—男 ダイヤル式電話機；自動拳銃.
—囡 オートメーション工学.

automatiquement 副 ❶ 自動[機械]的に, 無意識に. ❷ [話] 必然的に[不可避的に].

automatisation 囡 自動化, オートメ化；オートメーション.

automatiser 他 オートメ化する.
—**s'~** オートメ化される.

automatisme 男 ❶ 無意識的な[機械的な]動作. ❷ オートメーションシステム. ❸ (シュルレアリスムの)自動記述.

automédication 囡 セルフ・メディケーション.

automitrailleuse 囡 [軍] 機関銃装備装甲車両.

automn|al, ale 形 [-to(m)nal] ; (男複) **aux** 形 秋の.

automne [o[o]tən] 男 秋.

automobile 囡 自動車；自動車の運転, モータースポーツ；自動車産業.
—形 原動機で動く；自動車の.

automobilisme 男 自動車産業；モータースポーツ.

automobiliste 名 (自家用車の)ドライバー.

automorphisme 男 [数] 自己同

---

automobile 自動車

種類 セダン berline / クーペ coupé / GT カー grand tourisme / スポーツカー voiture de sport / オープンカー décapotable, cabriolet (カブリオレ) / ステーションワゴン break / ライトバン fourgonnette / 有蓋トラック fourgon / トラック camion / 小型トラック camionnette / トレーラー remorque / タンクローリー camion-citerne / バス autobus / 観光[長距離] バス autocar, car / マイクロバス minibus / パトカー (消防車) voiture de police [pompiers] / 救急車 ambulance / 清掃車 benne à ordures.

各部名称 車輪 roue (タイヤ pneu, ホイールキャップ enjoliveur) / バンパー pare-chocs / ナンバープレート plaque d'immatriculation / ヘッドライト phare / ウィンカー clignotant / ボンネット capot / フェンダー aile / ワイパー essuie-glace / バックミラー rétroviseur / ドア portière / ドア把手 poignée / ルーフ pavillon / トランク coffre / テールランプ feu arrière / ブレーキ [バック] ランプ feu de stop [recul] / 排気管 tuyau d'échappement / 安全ベルト ceinture de sécurité / ハンドル volant / クラッチ pédale (d')embrayage / フット [ハンド] ブレーキ frein à pied [main] / アクセル accélérateur / シフトレバー levier de changement de vitesse / 燃料計 jauge d'essence

automoteur

形(写像).
automoteur, trice 形 自走(型)の. — 男 大型輸送船; 〖軍〗自走砲. — 女 〖鉄道〗電動車.
automutilation 女 〖医〗自傷.
autoneige 女 〖カナダ〗雪上車.
autonettoyant, e 形 セルフ・クリーニング式の.
autonome 形 ❶ 自治(自主管理)の; 自立した. ❷ 無党派急進主義の. — 名 無党派急進主義者.
autonomie 女 ❶ 自治(権), 自立, 自主性. ❷ 走行[航続]距離; 連続動作能力.
autonomisation 女 (青少年の)自立.
autonomiste 形 自治論者(の); 独立主義の. — 名 自治論者, 自治[独立]主義者.
autonyme 形, 男 〖言〗自己指示的な(語).
autonymie 女 〖言〗自己指示. ▫**autonymique** 形
autopalpation 女 〖医〗自己触診.
autophosphorylation 女 〖生〗自己リン酸化.
autopiqueur 男 〖医〗自動採血器.
autoplastie 女 〖医〗自己形成.
autopompe 女 消防自動車.
autoportant, e 形 〖建〗(ポールが)自己支持形の.
autoportrait 男 自画像.
autoprescription 女 〖医〗自己処方.
s'autoproclamer 代動 (地位, 称号を)自分自身に与える.
autoproduction 女 (音楽の)自主制作.
autopropulsé, e 形 自動推進の.
autopropulseur 形, 男 (ロケット弾の)自動推進装置(付きの).
autopropulsion 女 自動推進.
autopsie 女 死体解剖, 剖検, 検死.
autopsier 他 解剖[剖検]する.
autopunition 女 〖心〗自己懲罰.
autoradio 女 カーラジオ.
autorail 男 気動車.
autoréglage 男 (機械の)自己制御, 自動調整.
autorégulateur, trice 形 (システムが)自動制御の, 自己調整の.
s'autoréparable 形 自癒作用のある; 自動的に直る.
s'autorépliquer 代動 〖生〗自己を複製する.
autoreverse 形 〖英〗オートリバースの.
Autriche 女 オーストリア.
autorisation 女 認可; 許可(証), 許可状.
autorisé, e 形 許可された; 権威[定評]ある.
autoriser 他 許可する; 可能にする. — **s'~** (de) (…を)盾にとる, 根拠[口実]にする; 自分に許す.
autoritaire 形 名 権威主義的な(人); 独裁的[専横的]な(人). ▫**autoritairement** 副
autoritarisme 男 独裁的[専横

的]傾向; 権威主義.
autorité 女 権力; 当局, 官庁; 権威, 影響力; 《複数》官憲. ◇**d'~** 独断で; 威圧的に. **de sa propre ~** 独断で, 自分勝手に.
autoroute 女 高速道路, 自動車専用道路. ~ **de l'information** 情報ハイウェー. ▫**autoroutier, ère** 形
autosatisfaction [-sa-] 女 自己満足; 〖心〗自己充足.
autos-couchettes train ~ 自動車用寝台車連結寝台列車.
auto(-)stop [-p] 男 ヒッチハイク.
auto(-)stoppeur, se 男女 ヒッチハイカー.
autosuffisance [-sy-] 女 自給自足, 自給能力. ▫**autosuffisant, e** 形
autosuggestion [-sy-] 女 自己暗示.
autotensiomètre 男 〖医〗自動血圧計.
autotomie 女 〖動〗自切.
autotour 男 (レンタカー・ホテル代込みの)オートツアー.
autotracté, e 形 自走式の.
autotransformateur 男 〖電〗オートトランス.
autotransfusion 女 〖医〗自家輸血(法).
autotrophe 形 〖生〗無機栄養の.
autour¹ 周りに, あたりに. ◇**~ de** …の周りに, 近くに.
autour² 男 〖鳥〗オオタカ.
autovaccin 男 自家ワクチン.
autre 形 (不定) ❶ 他の, 他の; もう一方の. **Venez un ~ jour.** また別の日にいらしてください/**l'~ jour** 先日/**l'~ côté** 反対側. ❷ 格別の, 比べものにならない. **~ chose** 別のこと[物]. **d'~ part** 他方では, さらに. **l'~ monde** あの世, 来世. **l'un(e) et l'~ …** どちらの~も. **nous [vous] ~s** (他の人々との違いを強調して)我々[あなた方].
— 代 (不定) 別の人[物]; もう一方. ◇**À d'~s!** 話 私はだまされないよ. **de temps à ~** ときどき. **d'un(e) … à l'~** 一方の…から他方へ. …によって, …ごとに; …の間に. **entre ~s** 中でも, とりわけ. **l'un(e) et l'~ [les un(e)s et les ~s]** どちらも. **l'un(e) l'~** 互いに. **un jour ou l'~** いつかそのうち.
autrefois 副 昔, かつて, 以前は.
autrement 副 別な風に; より一層, はるかに; さもなければ; それを除けば. ◇**~ dit** 換言すれば. **pas ~ 話** あまり(…ない).
Autriche 女 オーストリア.
autrichien, ne 形 オーストリアの. — 名 《A~》オーストリア人.
autruche 女 〖鳥〗ダチョウ. ◇**politique de l'~** 危険を直視しない態度.
autrui 代 《不定》他人.
autunite 女 〖鉱〗ウラン石.
auvent 男 庇, 廂(ひさし); 〖園〗(果樹棚(だな)の)風[雨]よけ.
auvergnat, e 形 オーヴェルニュの. — 名 《A~》オーヴェルニュ人.

— 男 オーヴェルニュ方言.
Auvergne 女 オーヴェルニュ地方.
aux ⇨ à.
Auxerre [osɛːr] オーセール (Yonne 県の県庁所在地).
auxiliaire 形 補助の. — 名 補助者; 臨時職員, 嘱託. ▶ — de vie sociale 介護士. — 男【文法】助動詞.
auxiliairement 副 補助的に; 助動詞として.
auxiliariat 男 助教員の職.
auxine 女【生】オーキシン.
auxquels, auxquelles [okɛl] 代(疑問)(関係), 形(関係) ⇨ lequel.
AV (略) audiovisuel 音響・映像.
avachi, e 形 型崩れした; 無気力でぐったりした.
avachir 他 (服などを)型崩れさせる; 無気力にする. ▶ s'— 型崩れする; だらける. □**avachissement** 男
avai- 活 ⇨ avoir.
aval¹ 男 川下, 下流;【経】下流部門;【スキー】谷側, 谷足.
— 男 (不変)【スキー】谷側の, 谷足の.
aval²; (複) **als** 男 支持;【法】手形保証.
avalanche 女 雪崩; 大量.
avalancheux, se 形 雪崩の起きやすい.
avaler 他 飲み込む; むさぼり読む; うのみにする; (感情を)押し殺す.
avaleur, se 形 ▶ — de sabres 剣を飲んで見せる芸人.
avaliser 他 支持する;【法】(手形を)保証する.
avaloir 男 (暖炉の)排気口; (道の)排水溝.
à-valoir 男 (不変) 内金, 前払い.
avaloire 女【馬】鞍(くら)革.
avance 女 先立つこと, リード, 優位; 前払い, 前貸し; (複数) 提案; 言い寄り. ◇ à l'~ = d'~ = par ~ 前もって. en ~ (予定より)早く; (他より)進んで.
avancé, e 形 進んだ; 先進の; はかどった; 傷みかけた; 前方の. — 女 前進, 進出, 進展; 突出部;【釣】鈎素(はりす).
avancement 男 移動, 昇級 · 進展, 向上; 前に出すこと, 突出部.
avancer ① 他 ❶ 前に出す (意見などを)持ち出す. ❷ 早める; はかどらせる; (時計を)進ませる. — 自 進む; 突き出ている; 昇進する. — s'~ 進む; 突き出ている; 思い切ったことを言う (行う).
avanie 女 公然の侮辱.
avant 前 ❶ (時間, 順序)…までに, の前に, 以内に; より先に, 上位に. ❷ (場所)…の手前に.
◇ ~ de + inf. [~ que (ne) + subj.] …する前に. ~ tout = ~ toute chose 何よりもまず, 第一に.
— 副 以前に [より]; 先に; 手前に.
◇ d'~ 前の, 先の. en ~ 前に, 先に. mettre … en ~ …を強調する, 前面に出す.
— 男 前部;【軍】前線;【スポ】フォワード. ◇ aller de l'~ (障害をものともせず)前進する; 積極的に行動する.
— 形 (不変)前 (部)の.

avantage 男 優位; 長所; 特典; 利益; (テニスで)アドバンテージ.
◇ ~ en nature 現物給与. avoir ~ à … …した方がよい. tirer ~ de … …を生かす.
avantager ② 他 有利にする; 利益 (特典)を与える; 魅力を引き立たせる.
avantageusement 副 有利に; 好意的に; 有利な形で; 傲(おご)慢に.
avantageux, se 形 有利な; 格安な; 引き立たせる; 傲(おご)慢な.
avant-bec 男 (橋脚の)水よけ, 水切り, 流水よけ.
avant-bras 男 前腕.
avant-centre; (複) ~(s)-~s 男【スポ】センターフォワード.
avant-clou 男 手錐(ぎり).
avant-corps 男 (建物正面の)張り出し部.
avant-cour 女 前庭.
avant-coureur 形 前触れの.
avant-dernier, ère 形, 名 最後から2番目の(人, もの).
avant-garde 女【軍】前衛の; (進歩発展, 芸術上の)前衛, 先端.
avant-gardisme 男 前衛主義.
avant-gardiste 形 前衛的な.
— 名 前衛芸術家.
avant-goût 男 前兆, 予感.
avant-guerre 男 女 戦前.
avant-hier [-tjɛːr] 副 一昨日.
avant-port 男 外港.
avant-poste 男【軍】前哨(しょう).
avant-première 女 試写会.
avant-projet 男 草案; 青写真, 模型, 雛型(ひながた).
avant-propos 男 (短い)前書き, 序文.
avant-scène 女 (舞台両側2階, 3階の)貴賓席; 前舞台.
avant-soirée 女 (テレビの)午後8時前の時間帯.
avant-soleil 男 日焼け止めクリーム [ローション].
avant-toit 男【建】軒先.
avant-train 男 (馬車の)前車軸部.
avant-veille 女 前々日.
avare 形 けちな (de) (…を)節約する. — 名 けちな人.
avarice 女 けち; 物惜しみ.
avaricieux, se 形 けちけちした.
avarie 女 (船, 積み荷の)損傷, 損害.
avarier 他 損害 [損傷] を与える; 傷める. ▶ s'~ 損傷を受ける, 傷む. □**avarié, e** 形
avatar 男 ❶ 変化, 変更, 紆(う)余曲折; 災難, 不幸. ❷【情報】アバター (仮想現実における自分の化身).
Avé / Ave Maria [-ve-] 男 (不変)【カト】天使祝詞, アヴェ · マリア.
avec 前 ❶ (同伴)…と一緒に, とともに. ▶ danser ~ … …と踊る. ❷ (関係, 対象)…と; être bien ~ … …と仲が良い. ❸ (所有, 付属)…を持って, のついた. ❹ (手段)…を使って, によって. ▶ frapper ~ un mar-

aveline

teau ハンマーで打つ. ❺《様態》…を伴って. ～ plaisir 喜んで.
◇～ ça そのうえ, おまけに. d'～ …《分離, 区別》…との, …から.
— それを持って, それとともに.

aveline 囡《植》ヘーゼルナッツ.
avelinier 男《植》セイヨウハシバミ, ヘーゼルナッツの木.
aven [-ven] 男《地》カルスト煙突.
avenant[1], e 形 愛想がよい, 感じがいい. ◇à l'～ 同様に; 相応に[の], くわしく.
avenant[2] 男《法》契約変更.
avènement 男 到来; 即位.
avenir[1] 男 将来; 将来性.
avenir[2] 男《法》出廷催告状.
avent 男《十教》待降節.
aventure 囡 ❶ 出来事, 事件. ❷ 冒険; 色恋沙汰(ざた), 情事. ◇à l'～ 行きたりに, 当てずっぽうに.
aventuré, e 形 危険な, 大胆な.
aventurer 他 危険にさらす.
— s'～ 冒険を試みる, 危険を冒す.
aventureux, se 形 冒険好きな, 向こう見ずな; 波乱に富む, 危険な.
⬜aventureusement 副
aventurier, ère 名 ぺてん師; 冒険家.
aventurine 囡《鉱》砂金石.
aventurisme 男《政治上の無定見な》冒険主義. ⬜aventuriste 形
avenu, e 形 nul et non ～ 存在しない, 効力のない.
avenue 囡 大通り, 並木道.
avéré, e 形 確かな; 明白な.
s'avérer 自代動 (…であるのが) 明らかになる.
averroïsme 男 アベロエス主義.
avers 男《貨幣, メダルの》表.
averse 囡 にわか雨; 多量.
aversion 囡 嫌悪.
averti, e 形 熟知した; 老練な.
avertir 他 知らせる; 警告する, 注意する.
avertissement 男 知らせ, 通知, 予告; 忠告, 警告; 諫(かん)責《書物の前書き》; 《税》納税通知.
avertisseur, se 形 警報の [警告] の. — 男 警報器, 警笛.
avestique 男 アベスタ語.
aveu 男《複》x 告白, 自白.
◇de l'～ de ... …の証言 [意見] では. homme sans ～ 無頼漢.
aveuglant, e 形 まばゆい; 明白な.
aveugle 形 盲目の; 盲目的な; 《地》vallée ～ 盲谷(もうこく)《河川が消失する河谷》. — 名 盲人.
aveuglement 男 無分別; 逆上; 片意地.
aveuglément 副 盲目的に, 無分別に.
aveugler 他 ❶ 失明させる; 分別を失わせる. ❷ 《穴などを》ふさぐ.
— s'～ 自分 [無分別] になる.
aveuglette (à l') 副 手探りで; 行き当たりばったりに.
aveulir 他 《文章》 無気力にする.
— s'～ 無気力になる.
⬜aveulissement 男

Aveyron 男 ❶ アヴェロン県 [12]. ❷ アヴェロン川 (タルン川支流).
avez 活 ⇒ avoir.
aviaire 形 鳥の.
aviateur, trice 名 飛行士.
aviation 囡 航空, 飛行; 航空機産業; 航空機隊.
avicole 形 家禽(かきん)飼育の.
aviculteur, trice 名 家禽飼育者.
aviculture 囡 家禽飼育.
avide 形 貧欲な; 飢えた; 《de》…を渇望する.
avidement 副 熱心に; 貧《欲》に.
avidité 囡 貧欲; 渇望; 貧い意地.
aviez 活 ⇒ avoir.
avifaune 囡《動》鳥類相.
Avignon アヴィニョン (Vaucluse 県の県庁所在地).
avilir 他 堕落させる; 価値を下げる.
— s'～ 堕落する; 価値が下がる.
avilissant, e 形 堕落させる.
avilissement 男 堕落; 価値の下落.
aviné, e 形 酔っぱらった.
aviner 他 《ワイン》《新しい樽を》ワインで湿らせる.
avion 男 飛行機. ▶ par ～ 航空便 (で) / ～ à grande vitesse 次世代コンコルド.
avion-cargo;《複》～s-～s 男 貨物輸送機.
avion-citerne;《複》～s-～s 男 《空中》給油機.
avion-école;《複》～s-～s 男 練習機.
avionique 囡 航空電子工学.
avionnette 囡 軽飛行機.
avionneur 男 機体組立工.
avions 活 ⇒ avoir.
aviron 男 オール; ボートレース.
avis 男 意見; 忠告, 通知, 指示.
◇à mon ～ 私の意見では. ～ au lecteur リ注意. être d'～ de + inf. [que + subj.] …すべきだと考える.
avisé, e 形 思慮深い; 適切な.
aviser[1] 他 通知する, 予告する.
aviser[2] 他 ふと見つける.
— 自 (à) (…を) 熟考する.
— s'～《de, que》(…に) 気づく; 《de》…する気になる, してみす.
aviso 男《軍》 潜航撃艦, 護衛艦.
avitailler 他 (航空機, 船に) 燃料 [食糧] を補給する.
avitaminose 囡《医》ビタミン欠乏症.
avivement 男《医》創更新, 更新.
aviver 他 ❶ 生き生きとさせる, 盛んに [強く] する; 剥激する. ❷ 《建》《梁(はり)の》角を鋭く削る.
— s'～ 活気づく; 強くなる.
avocaillon 男 語 へっぽこ弁護士.
avocat[1], e 形 ❶ 弁護士. ❷ ～ général 法院判事.
avocat[2] 男 アボカドの果実.
avocatier 男《植》アボカド.
avocette 囡《鳥》ソリハシセイタカシギ.
avodiré 男《植》アボジレ.
avoine 囡《植》エンバク, カラスムギ.

avoir — azyme

avoir 他 ① ❶ 持つ,持っている;手に入れる. ►*J'ai* vingt ans. 私は20歳です. ❷ (幸運などに)恵まれる;(事故などに)見舞われる,(病気に)かかる. ►~ du beau temps 好天に恵まれる/Ma voiture *a eu* une panne d'essence. 私の車はガス欠になった. ❸ (動作,発言)する. ►Elle *eut* un cri. 彼女は叫び声を上げた. ❹ 語 だます;やっつける;仕留める. ►se faire ~ 一杯食わされる.
② [助動詞として,複合時制を作る] ►Je *n'ai* pas encore déjeuné. まだ昼食を済ませていない(直説法複合過去). ◇~ à + inf. …しなければならない. en ~ ひどい目にあう;腹が立つ. en ~ à [après, contre] …を恨んでいる,に腹を立てている. en ~ pour … だけ費用[時間]がかかる. …だけ続く. il *y a* ⇒ il y a. n'~ plus qu'à + inf. もはや…するしかない. n'~ qu'à + inf. …しさえすればよい.
——男 財産,資産;〔簿〕貸方.

avoisinant, e 形 近接の,近くの.

avoisiner 他 隣接している;近い,似ている.

avons 活 ⇨ avoir.

avortement 男 ❶ 流産;中絶. ❷ 破綻(はたん),挫(ざ)折.

avorter 自 ❶ 中絶する;流産する. ❷ 破綻(はたん)[挫(ざ)折]する.
——他 中絶させる.

avorteur, se 男 無認可の堕胎医.

avorton 男 うらなり,ちび;発育不全の動植物.

avouable 形 おおっぴらにできる,恥じるところのない.

avoué[1] 男 〔法〕代訴士.

avoué[2], **e** 男,形 告白[公表]された,認められた.

avouer 他, 自 告白する,認める.
——**s'~** 自分を…であると認める.

avril 男 4月.

avulsion 女 抜歯.

avunculaire [-v5-] 形 〔民〕〔法〕おじの;おばの.

axe 男 ❶ 軸,中心線. ❷ 幹線. ❸ (行動の)基軸,路線. ❹ 〔多く A~〕枢軸(国).

axène / axénique 形 無菌(性)の,純培養の.

axénisation 女 無菌化.

axer 他 〔sur, autour de〕(…を中心に)展開[配置]する;(…の方へ)向かせる.

axérophtol 男 〔生化〕アクセロフトール,ビタミンA.

axial, ale 形〔男複〕**aux** 形 軸の;軸に沿った.

axile 形 〔植〕軸を形成する,軸の; 〔植〕placentation ~ 中軸胎座.

axillaire [-lɛːr] 形 〔解〕腋窩(えきか)の; 〔植〕葉腋(ようえき)にある.

axiologie 女 〔哲〕価値論,価値学.
◊**axiologique** 形

axiomatique 形 公理的,自明の.
——女 〔数〕公理系;公理論.

axiomatiser 他 公理化する.

axiome 男 自明の原則[基準];格言;〔数〕〔論〕公理.

axis [-s] 男 〔解〕軸椎,第二頸椎.

axisymétrique 形 軸対称の.

axolotl [-tl] 男 〔アステカ〕〔動〕アホロートル (メキシコ産サンショウウオ).

axone 男 〔解〕軸索.

axonométrie 女 〔建〕軸測投影(法). ◊**axonométrique** 形

ay [ai] 男 アイ(シャンパン).

ayant avoir の現在分詞.

ayant cause;〔複〕~s ~ 男 〔法〕承継人.

ayant droit;〔複〕~s ~ 男 〔法〕権利承継人.

ayatollah 男 アヤトラ (イスラム教シーア派の指導者).

aye-aye [ajaj];〔複〕~s-~s 男 アイアイ (マダガスカル島産のサル).

ayez, ayons 活 ⇨ avoir.

aymara [ai-] 形 アイマラ人の.
——名〔A~〕アイマラ人.
——男 アイマラ語.

azalée 女 〔植〕アザレア.

azéotrope 形 共沸混合物.

azéotropique 形 〔物〕共沸の.

azerbaïdjanais, e / **azéri, e** 形 アゼルバイジャン Azerbaïdjan の.
——名〔A~〕アゼルバイジャン人.

azerole 女 アゾロール(の実).

azerolier 男 〔植〕アザゴール.

azilien, ne 形 〔考古〕アジル文化の.
——男 アジル文化.

azimut [-t] 男 〔天〕〔物〕方位,方位角. ◊tous ~s 全方位の.
◊**azimutal, ale**; 〔男複〕**aux** 形

azimuté, e 形 話 気が触れた.

azoïque[1] 形 動物が生息していない;〔地〕無生代の.

azoïque[2] 男, 形 アゾ化合物(の).

azoospermie 女 〔医〕無精子症.

azotate 男 〔化〕硝酸塩.

azote 男 〔化〕窒素.

azoté, e 形 窒素を含む.

azotique 形 〔化〕硝酸の.

azotite 男 〔化〕亜硝酸塩.

azotobacter 男 〔生〕窒素菌.

azoture 男 〔化〕アジ化水素酸塩.

azoturie 女 〔医〕窒素尿(症).

AZT 男 商標 〔業〕アジドチミジン(エイズ治療薬).

aztèque 形 アステカ人の.——名〔A~〕アステカ人. ——女 アステカ語.

azulejo [-zulexʃo] 男 〔西〕アスレホ(陶製タイル).

azur 男 文章 空色;〔詩〕青;青色ガラス;〔紋章〕青.

azurage 男 (繊維や紙の)青み付け.

azuré, e 形 文章 空色の.

azuréen, ne 形 コート・ダジュール Côte d'Azur の. ——男 コート・ダジュールで休暇を送る人々.

azurer 他 青く染める[塗る].

azurite 女 〔鉱〕藍(あい)銅鉱.

azygos [-s] 形 〔不変〕〔解〕不対の,対をなさない. ——男 奇静脈.

azyme 形 pain ~ 聖体用のパン; (ユダヤ教の過越の祭に食べる)種なしパン. ——男 種なしパン,無酵母パン.

B, b

B¹, b 男 フランス字母の第2字.
B² [記] ❶ 〖化〗 bore ホウ素. ❷ 〖楽〗ドイツ音名の変ロ音 [調]; (英語音名の)ロ音 [調]. ❸ 〖計〗 bel ベル.
b [記] 〖物〗 barn バーン.
Ba [記] 〖化〗 baryum バリウム.
B.A. 〖略〗 (ときに皮肉で)善行.
baba¹ 形 〖不変〗 あっけにとられた.
baba² 男 (ポーランド)〖菓〗ババ.
b.a.-ba 〖不変〗語 基本, いろは.
babaterie 女 〖俗〗パンク église の特徴.
Babel (tour de) バベルの塔.
babélisme 男 (異なる言語の飛び交う)混乱; 専門語の乱用).
babeurre 男 バターミルク, 酪漿.
babil 男 (子供などの)おしゃべり.
babillage 男 (たわいない)おしゃべり(をすること).
babillard, e 形, 名 〖文章〗おしゃべりな(人). ― 男〖俗〗手紙. ― 男〖情報〗電子掲示板, BBS.
babiller 自〖俗〗おしゃべりをする.
babine 女 (動物の)垂れた唇; 〖俗〗唇.
babiole 女 つまらない物 [こと].
babiroussa 男 〖動〗バビルサ.
bâbord 男 〖海〗左舷(げん).
babouche 女 バブーシュ(トルコ風の室内履き).
babouin 男 〖動〗ヒヒ.
babouvisme 男 バブーフ主義(共産主義思想の先駆).
baby [bebi] 男 〖英〗〖不変〗ベビー用の; 小型の. ― **baby**; 〈英〉〜**s** (または **babies**) 男 (ウイスキーのミニボトル.
baby-beef [be(a)bibif] 男 〖英〗ベビービーフ, 食用の幼牛.
baby-boom [be(a)bibum] 男 〖英〗ベビーブーム.
baby-boomeur, se [be(a)bibu-] 名 ベビーブームに生まれた人, 団塊の世代の人.
baby-foot [be(a)bifut] 男 〖不変〗(卓上の)サッカーゲーム.
Babylone バビロン(古代バビロニアの首都).
Babylonie 女 バビロニア(古代メソポタミア南部).
babylonien, ne 形 バビロニアの; バビロンの. ― 名 (B〜) バビロニア人; バビロン人. ― 男 バビロニア語.
baby-sitter [be(a)bisitœːr] 名 〖英〗ベビーシッター.
□**baby-sitting** [-tiŋ] 男
bac¹ 男 渡し船; (小型のフェリー; (平底の容器) 桶(おけ), 槽.
bac² 男 バカロレア.
bacante 女 ⇨ bacchante².
baccalauréat 男 バカロレア資格(試験), 大学入学資格(試験).
baccara 男 〖カード〗バカラ.
baccarat 男 バカラ(クリスタルガラス).
bacchanale [-ka-] 女 ❶ 〖複数〗

〖古〗バッカス祭. ❷ 〖文章〗乱痴気騒ぎ.
bacchante¹ [-ka-] 女 ❶ 〖古ギ〗ディオニュソスの巫女(ふ). ❷ 〖文章〗乱酔する女, 淫奔(いんぽん)な女.
bacchante² [-ka-] 女 〖多く複数〗〖俗〗ロひげ, 上口ひげ.
Bacchus [-kys] 〖ロ神〗バッカス.
baccifère 形 〖植〗漿(しょう)果のなる.
bacciforme 形 〖植〗漿(しょう)果状の.
bâchage 男 防水シート(幌(ほろ))をかけること.
bâche 女 ❶ 防水シート, 幌, 帆布. ❷ 〖園〗(促成用の)フレーム, 温床; 〖機〗タンク, (水力タービンの)ケーシング.
bachelier, ère 名 大学入学資格者, バカロレア合格者. ― 男 〖史〗騎士候補[志願]者.
bâcher 他 防水シートで覆う.
bachi-bouzouk [-k] 男 〖史〗(オスマン・トルコの)臨時雇い兵.
bachique 形 (ローマ神話の)バッカスの; 酒の, 酒飲みの.
bachot¹ 男 渡し舟, (平底の)小舟.
bachot² 男 〖俗〗バカロレア.
bachotage 男 〖俗〗猛勉強.
bachoter 自〖俗〗猛勉強をする.
bacillaire [-(l)lɛːr] 形 〖医〗桿(かん)菌性の; 結核菌の. ― 名 桿菌性疾患者; 肺結核患者.
bacille [-sil] 男 〖医〗桿菌, バチルス.
bacilliforme [-(l)li-] 形 桿(かん)菌状の.
bacillose [-(l)loːz] 女 〖医〗細菌感染(症); 肺結核.
bacillurie [-(l)ly-] 女 〖医〗桿(かん)菌尿(症).
background [-grawnd] 男 〖英〗背景, 前後の事情.
bâclage 男 (仕事を)ぞんざいに片づけること.
bâcle 女 門(かんぬき).
bâcler 他 ぞんざいに片づける.
bacon [beko(œ)n] 男 〖英〗ベーコン(薫製にした豚肉).
bactéricide 形 〖医〗殺菌性の. ― 男 殺菌剤.
bactéridie 女 脾臓(ひぞう)炭疽(そ)菌.
bactérie 女 細菌, バクテリア.
bactérien, ne 形 細菌(性)の.
bactériologie 女 細菌学.
bactériologique 形 細菌の.
bactériologiste 名 細菌学者.
bactériophage 男 〖生〗バクテリオファージ.
bactériostatique 形 〖医〗静菌(性)の. ― 男 静菌薬.
badaboum [-m] 間 ドシン, ドスン(物が落ちる音).
badaud, e 形, 名 物見高い(人), 野次馬根性の(人).
badauderie 女 〖文章〗物見高さ, 野次馬根性.
baderne 女 〖俗〗老いぼれ軍人; 役立たずの老いぼれ.

badge [-dʒ] 囡〖英〗バッジ, 記章; 〖情報〗(リーダーに通すプラスチック製の)身分証明カード.

badger [-dʒe] 他カードをリーダーに通す.

badgeuse [-dʒøz] 囡(カードを通す)識別機; タイムレコーダー.

badiane 囡〖植〗シキミ; トウシキミ.

badigeon 男石灰水塗料.

badigeonner 他(ペンキ, 薬, 化粧品を…に)塗る. **— se** 自分に(薬剤, 化粧品を)塗る. ✿ **badigeonnage** 男

badigeonneur 男ペンキ塗, 塗装工; 三文画家.

badigoinces 囡複〖話〗唇.

badin¹, **e** 形〖文章〗冗談好きな; ちょっとふざけた.

badin² 男〖航〗対気速度計.

badinage 男〖文章〗ふざけ; 軽口.

badine 囡棒, 鞭(½).

badiner 自冗談を言う, ふざける.

badinerie 囡〖古〗冗談, ふざけ.

bad(-)lands [-lɑ̃ds] 囡複〖地〗(米)〖地〗悪地(毛)地形.

badminton [-mintɔn] 男〖英〗バドミントン.

baffe 囡〖俗〗平手打ち.

baffle 男〖英〗(スピーカーの)バッフル; エンクロージャー.

bafouer 他愚弄する; 無視する.

bafouillage 男〖話〗口ごもること; 不明瞭な言葉〖文章〗.

bafouille 囡〖俗〗手紙.

bafouiller 自〖話〗口ごもる, もごもご言う. —他〖話〗口ごもって言う.

bafouilleur, se 形, 名〖話〗口ごもって不明瞭に話す(人); 訳が分からないことを言う(人).

bâfrer 他, 自〖俗〗むさぼり食う.

bâfreur, se 名〖俗〗むさぼり食う人; 大食漢.

bagage 男 ❶ (旅行用の)荷物, かばん. ❷ 知識, 教養, 学識. ◇ **faire ses ~s** 荷造りをする. 〖話〗出発した. *partir avec armes et ~s* 所持品全部を持って立ち去る. *plier ~s* そそくさと立ち去る, 逃げ出す.

bagagerie 囡 (客車の)手荷物置場.

bagagiste 男ポーター.

bagarre 囡乱闘; 争い; 熱戦.

bagarrer 自闘争する; 論戦する. **— se** 喧嘩(☆)する.

bagarreur, se 形, 名〖話〗喧嘩[論争]好きな(人).

bagatelle 囡 ❶ 取るに足りないもの[こと]; わずかな金額. ❷ 〖話〗肉体交渉.

Bagdad [-d] バグダッド(イラクの首都).

bagnard 男徒刑囚.

bagne 男徒刑場, 監獄; 強制労働, 酷使〖虐待〗される場所; つらい単調な仕事.

bagnole 囡〖話〗自動車; ぽんこつ車.

bagou(t) 男〖話〗♡舌, 口達者.

baguage 男(鳥の)バンディング.

bague 囡 ❶ 指輪; リング, 環; (鳥の脚の)環; (葉巻の)帯; 〖建〗(円柱などの)環状刻(¾)形.

baguenaude 囡 ❶ ホウコウマメの実. ❷〖話〗ぶらつくこと.

baguenauder 自〖話〗ぶらつく(= **se ~**).

baguenaudier 男〖植〗ホウコウマメ(地中海地方産).

baguer¹ 他(指)輪をはめる.

baguer² 他〖服〗しつけをする; 仮縫いする.

baguette 囡 ❶ 細い棒, 杖(¾); タクト; 箸(½); 鞭(½). ❷〖パン〗バゲット. ❸〖建〗丸刻(½)形; 玉縁(¾); 〖服〗(ストッキングなどの)縦の飾り.
◇ **à la ~** 厳しい指揮のもとに.

baguettisant 男 ⇨ sourcier.

baguier 男宝石箱.

bah 間まさか, ふうん, なあに, へえ(疑い, 無関心, 驚きなど).

Bahamas 男複バハマ国.

Bahreïn [-rein/-ren] / **Bahrain** 男バーレーン国.

bahut 男 ❶ (民芸調の丈の低い)食器戸棚. ❷〖話〗中学, 高校; タクシー, 車.

bai, e 形, 名鹿毛(½)の(馬).

baie¹ 囡〖地〗湾.

baie² 囡〖建〗開口(部), 窓, 出入り口.

baie³ 囡〖植〗漿(½)果.

baignade 囡水浴(場).

baigner 他 ❶ 浸す, 沈める; 入浴[水浴]させる; (顔や体を)ぬらす. ❷ (川などが)流れる; (光, においなどが)包む. ━ 自 つかる, 浸る; 包まれる. **— se** 水浴びする; 風呂に入る.

baigneur, se 名水浴する人. ━ 男(セルロイドの)ベビー人形.

baignoire 囡浴槽; (劇場の1階ボックス席; (潜水艦の)司令塔上部展望塔.

bail 〖複〗**baux** 男賃貸借(契約); 〖話〗期間.

bâillement 男あくび; すき間; たるみ.

bailler 他 *Tu me la bailles belle [bonne]!* 一杯食わせようというので, その手には乗らぬよ.

bâiller 自あくびをする; きちっと閉まっていない, たるむ.

bailleur, eresse 名 ❶ 賃貸人. ❷ ~ **de fonds** 出資者, スポンサー.

bailli 男〖史〗(中世の)国王代官; (近世の)バイ裁判所長官.

bailliage [-jɑʒ] 男〖史〗バイ裁判所(管区).

bâillon 男猿轡(½½½); 言論の統制.

bâillonner 他猿轡(½½½)をかませる; 言論を統制[抑圧]する. ✿ **bâillonnement** 男

bain 男 ❶ 入浴; 海水浴, 水浴. ❷ 風呂の水, 浴槽; (物を浸す)溶液; 水槽; 〖複〗入浴施設, 海水浴場.
◇ ~ **de bouche** うがい(薬). ~ **de foule** 大衆との接触. ~ **de soleil** 日光浴. *envoyer au* ~ 〖話〗厄介払いする. *être dans le* ~ 〖話〗深くかかわっている; 内情に詳しい. *mettre dans le* ~ 〖話〗危険な立場にかかわり合わせる. *se remettre dans le* ~ 元の環境[仕事]に慣れる.

bain-marie: **~s-~** 男湯煎(¾½)(鍋(½)).

baïonnette

baïonnette 囡 ❶ 銃剣. ❷《電》douille 〜 差し込みソケット.

baïram [-ram] 男《イ教》バイラム祭.

baise 囡〚俚〛セックス.

baise-en-ville 男《不変》〚語〛化粧[洗面]用具入れ.

baisemain 男（手への）キス；《史》（封主の手に接吻する）臣従の儀式.

baisement 男《カト》le 〜 des pieds（洗足式の）司祭による足への接吻（式）.

baiser 男 キス.
— 他《文章》（儀式的に）接吻(笠)する；〚語〛セックスする；だます；取り押さえる. — 自〚語〛セックスする.

baisoter 他 何度も軽くキスする.

baisse 囡 低下，減少；下落；値下げ.
◇ *jouer à la* 〜 相場の下げを見越して先売る.

baisser 他 ❶ 下げる；伏せる；弱める；安くする. ◇ 〜 *la garde* すきをみせる. 〜 *la tête* うつむく. 〜 *les bras* 降参する；断念する. — 自 低下する；減る；弱くなる；低下する；安くなる.
— **se** 〜 ❶ 身をかがめる.

baissier, ère 名, 形《証》弱気筋（の）.

baissière 囡《農》雨水溜(笠).

bajoue 囡《哺》（乳動物の）頬[垂]；〚語〛たるんだ頬.

bajoyer [-jeʃ] 男《土木》（水門などの）側壁；（河川などの）擁壁，土止(笠)壁.

bakchich [-kʃiʃ] 男 賄賂(ᡬᡬ)；チップ.

bakélite 囡 商標 ベークライト.

baklava 囡《トルコ》《菓》バクラバ.

bal 《複》**als** 男 舞踏会，ダンスパーティー；舞踏会場，ダンスホール.

balade 囡〚語〛散歩；遠出.

balader 他 散歩させる，連れ歩く；持ち歩く.
◇ *envoyer* 〜 追い払う；ほうり出す.
— **se** 〜 〚語〛散歩する，ぶらつく.

baladeur, se 形 ❶ ぶらぶら歩きが好きな. ❷ *micro* 〜 移動マイク.
— 男 携帯用ヘッドフォンステレオ.
— 他 ハンドフリー.

baladin, e 名 大道芸人，道化師.

balafre 囡（顔の）切り傷；傷跡.

balafré, e 形, 名 切り傷[傷跡]のある（人）.

balafrer 他 切り傷を負わせる.

balai 男（箒〚語〛終電，終バス；ワイパーブレード. ◇ *coup de* 〜 突然の[大量の]解雇. *Du* 〜！〚語〛行っちまえ，出て行け. *manche à* 〜 箒の柄；操縦桿(笠)；〚語〛やせっぽち.

balai-brosse《複》〜**s**〜**s** 男（床磨き用の）柄付きブラシ.

balaie- ⇨ balayer.

balalaïka 囡《楽》バラライカ.

balance 囡 ❶ 秤(笠)，天秤(笠). ❷ 平衡状態，均衡. ❸ 収支（表）；差引，残高；《複数》貸借残高. ❹（オーディオのバランス調整. ❺《B〜》《天》天秤座；［占］天秤宮.
◇ *faire pencher la* 〜 *en faveur de ...* ...に有利に取り計らう；肩を持

つ. *jeter ... dans la* 〜（物事の決定に際して）...に物を言わせる. *mettre ... en* 〜 ...の利点，欠点を検討する；...を秤にかける. *peser dans la* 〜 重きをなす. *tenir la* 〜 *égale* 公平な立場をとる.

balancé, e 形 釣り合い[均斉]のとれた.

balancelle 囡 ❶（数人掛けの）ブランコ型ガーデンチェア. ❷（昔の1本マストの）大型漁船，輸送船.

balancement 男 ❶ 揺れ，揺れ動き. ❷ 釣り合い，均衡.

balancer 他 ❶ 揺り動かす. ❷ 投げる，投げ捨てる；追い出す. ❸〚語〛（悪口などを）浴びせる. ❹《文章》釣り合わせる；比較検討する.
— 自《文章》ためらう.
— **se** 〜 ❶ 体を揺する；揺れる；シーソー［ぶらんこ］遊びをする. ❷ 釣り合う，均衡を保つ. ◇ *s'en* 〜 〚語〛気にしない.

balancier 男 振り子；（綱渡り芸人の）長い棒.

balancine 囡《航》翼端車輪；《海》斜桁吊索(笠笠).

balançoire 囡 シーソー；ぶらんこ.

balane 囡《動》フジツボ類.

balanite 囡《医》亀頭(笠)炎.

balayage 男 掃除，一掃；（サーチライトなどの）探照；〚エレ〛走査.

balayer 他 ❶ 掃く，掃除する；一掃［排除］する；一面に降り注ぐ. ❷ 解雇する. ❸（画像信号を）走査する.

balayette 囡 小箒(笠)，ハンド・ブラシ.

balayeur, se 名 道路清掃人.
— 囡 道路清掃車.

balayures 囡複 ごみ，屑(笠).

balbutiant, e [-sjɑ̃, ɑ̃:t] 形 口ごもった，片言の.

balbutier [-sje] 自 ❶ 口ごもって言う，片言を言う. ❷（科学技術などの）揺籃(笠)期にある. — 他 口ごもって言う.
□ *balbutiement*

balbuzard 男《鳥》ミサゴ.

balcon 男 バルコニー；（バルコニー，窓の）手すり；2 [3] 階正面桟敷.

balconnet 男 ストラップレス・ブラジャー.

baldaquin 男 天蓋(笠).

bale 囡 ⇨ balle³.

baleine 囡《クジラ》鯨，鯨のひげ；（コルセット，傘などの）骨.

baleiné, e 形 鯨のひげ［プラスチックなどの］を入れた.

baleineau 《複》**x** 男 鯨の子.

baleinier, ère 形 捕鯨の. — 男 捕鯨船（の乗組員）. — 囡 キャッチャーボート，捕鯨船(笠)；作業艇.

baleinoptère 男《クジラ》ナガスクジラ.

balès [-s] / **balèze** / **balaise** 形, 名 屈強でかい（人），たくましい（人）.

balèvre 囡《建》積石の突出した部分，目違い，迫［出］出し.

balisage 男（ブイによる）航路標示；航路標識の設置；（集合的）航路標識，航路標示.

balise¹ 囡 航路標識；ラジオビーコン，ブイ；（カーブなどを示す）警戒標識.

balise² 囡 カンナの実.
baliser 他 航路標識[ラジオビーコン]を設置する; 標識を立てる. ―― 自 囲 怖がる.
baliseur 男 標識設置[監視]員; 〔航路標識の〕設標[監視]船, 灯台巡視船.
balisier 男〔植〕カンナ.
baliste 囡〔史〕弩砲(ど).
balisticien 男 弾道学者.
balistique 形 弾道(学)の. ―― 囡 弾道学.
balivage 男〔林〕保残木の指定.
baliveau 男(複) **x** 囡 ❶ 第1代4上木(ばっ); 〔土木〕足場丸太.
balivernes 囡複 冗談, たわごと.
balkanique 形 バルカンの.
balkanisation 囡 領土の分裂; 分断化政策; 〔組織や制度の〕細分化.
balkaniser 他 細分化する. ―― **se** ～ 細分化される.
Balkans (péninsule des) バルカン半島.
ballade 囡 ❶〔文〕バラード. (1) 14世紀に定型化した叙情詩. (2) ロマン主義以降の物語詩. ❷〔楽〕バラード.
ballant, e 形 揺れている, だらりとした. ―― 男 揺れ.
ballast [-st] 男〔鉄道〕バラスト.
ballaster 他〔海〕バラストを積む; 〔鉄道〕バラストを敷く.
ballastière 囡 砕利採取場.
balle¹ 囡 ❶ ボール; 弾丸; (複数) 俗 フラン. ◇ **prendre** [**saisir**] **la** ～ **au bond** 好機を捕らえる.
balle² 囡〔商品の〕荷, 梱(b).
balle³ 囡〔穀物の〕殻, 穀殻[もみ].
baller 自 文章 揺れ動く, ぶらぶらする. ❷ 古・文章 踊る.
ballerine 囡 バレリーナ; バレリーナシューズ(バレエシューズ風のはいた靴).
ballet 男 ❶ バレエ(音楽); [集合的] バレエダンサー; バレエ団. ❷〔政治的〕かけひき.
ballet(t)omane 名 バレエ愛好家.
ballon 男 ❶〔大型の〕ボール; ゴム風船; アルコール検査用風船); 気球. ～ **gastrique**〔医〕胃内バルーン. ❷ バルーングラス(1杯); 丸底フラスコ. ❸ 古 風 〔漫画の〕吹き出し. ❹〔ヴォージュ山脈の〕山頂の丸い山. ◇ ～ **d'essai** 観測気球; 世論の反応を見るための試み. ～ **d'oxygène** 酸素ボンベ; (一時的な)助け.
ballonné, e 形 膨らんだ, 張った.
ballonnement 男〔医〕鼓腸.
ballonner 他 膨らます. ―― **se** ～ 膨れる, 張る.
ballonnet 男 小気球, 小風船.
ballon-sonde 男(複) ～**s**-～**s** 観測気球.
ballot 男 ❶〔商品, 衣類などの〕包み, 荷物; 言語 ばか, 薄のろ.
ballotte 囡〔植〕シソ科の一属.
ballotin 男〔菓子の〕紙箱.
ballottage 男〔第1回投票での〕当選未定(どの候補者も絶対多数に満たない状態).
ballottement 男 激しい揺れ.
ballotter 他 激しく揺さぶる. ▶ **être ballotté** entre A et B A と B の間を揺れ動く. ―― 自 揺れ動く.
ballottine 囡〔料〕バロティン.
ball-trap [-p] 男〔英〕〔スポ〕クレー射撃; トラップ, クレー放出機.
balluchon 男 古〔衣類, 身の回り品の〕包み. ◇ **faire son** ～ 囲 出発する, 旅立つ.
Balme (col de) バルム峠(スイス国境にあるアルプス山脈の峠).
balnéaire 形 海水浴の.
balnéation 囡〔医〕浴療法.
balnéothérapie 囡〔医〕温泉療法, 鉱泉療法.
bâlois, e 形 バーゼル Bâle の. ―― 名 (B～) バーゼルの人.
balourd¹, e 形, 名 愚鈍な(人), 不器用な(人); やぼな(人).
balourd² 男〔機〕偏心.
balourdise 囡 愚かな行為[言葉], へま; 愚かさ.
balsa [-za] 男〔植〕バルサ(材).
balsamine [-za-] 囡〔植〕ホウセンカ.
balsamique [-za-] 形 バルサムを含む; 芳香性の.
balte / baltique 形 バルト海(沿岸)の.
balthazar / balthasar 男 シャンパンの特大瓶(普通サイズ16本分).
baluchon 男 = balluchon.
balustrade 囡 欄干(な), 手すり.
balustre 男〔建〕バラスター; (椅子の背もたれの)小柱.
balzacien, ne 形 バルザック Balzac の; バルザック風の.
balzan, e 形〔馬が〕四肢下部に白斑(はん)のある. ―― 囡〔四肢下部の〕白斑.
bambin 男 圏 坊や, お嬢ちゃん.
bambocher 自 古風・言 放蕩(はっ)にふける; 浮かれ騒ぐ.
bambocheur, se 名, 形 古 放蕩(はっ)者の, 道楽者の).
bambou 男 タケ; ササ; 竹材. ◇ **avoir le coup de** ～ どっと疲れが出る; 発狂する.
bamboula 囡 古風・言 浮かれ騒ぐ.
bambouseraie 囡 竹林.
ban 男 ❶ (複数)〔婚姻の〕事前の公示. ❷〔出し物の前に, らっぱ, ファンファーレ;[集合]拍手喝采(な); 手拍子. ❸〔古法〕(領主による)布告; 家臣の召集; (領主の)罰令権. ◇ **être en rupture de ban (avec ...)** (…との)しがらみを断っている. **le ban et l'arrière-ban** 全員. **mettre A au ban de B** A を B からのけ者にする. **ouvrir** [**fermer**] **le ban** (らっぱ手, 太鼓手が) 式典開始[終了]のらっぱ, 太鼓を鳴らす. **un ban pour ...** …に拍手を.
banal, ale 形 (複) **als** 形 ❶ 平凡な. ❷〔史〕〔領主の〕罰令権の及ぶ; 使用強制権の及ぶ. この意味では男性複数形は banaux. □ **banalement** 副
banalisation 囡 通俗化, 大衆化, 汎化.
banaliser 他 ❶ 平凡なものにする, 通

俗化[大衆化]する. ❷ (自治権などから) 施設などから) 特権を外す; 識別標を外す. **—se** = 平凡 [月並] になる.

banalité 囡 ❶ 平凡, 月並; 〘多く複数〙平凡なこと. ❷ 〘史〙 (先人の発明の) 使用強制権.

banane 囡 ❶ バナナ (の実). ❷ 俗 電池; 俗 戦功章; 話 (自動車の) バンパーガード.

bananeraie 囡 バナナ畑 〘農園〙.

bananier, ère 形; (男名) als: **république ~ère** バナナ共和国 (中南米の政治的に不安定な国々).
—— 男 バナナ(の木); バナナ輸送船.

banc [bɑ̃] 男 ❶ ベンチ, 長椅子; 席; 作業台; 試験台. ❷ 堆積, 州(す), 層; (魚の) 群れ.
◊ **~ d'essai** 試験台; 試金石, 登竜門. **sur les ~s** 学校で, 学生時代に.

bancable 形 (中央銀行であるフランス銀行の) 手形割引条件を満たす.

bancaire 形 銀行の, 銀行業務の.

bancal¹, ale 形; (男名) **als**: (脚が) 湾曲した; 足の不自由な; (家具が) 脚の長さがふぞろいの; 基礎のあやふやな.

bancal² (複) **als** 軽騎兵用サーベル.

bancassurance 囡 銀行による保険販売.

bancatique 囡 〘情報〙 エレクトロニックバンキング, 電子的銀行業.

banche 囡 〘建〙 堰(せき)板, 型枠.

bancher 他 〘建〙 型枠に流し込む; 型枠を据え置く.

banco (伊) [カード] 親との 1 対 1 の勝負. ◊ **B~!** 〔挑戦, 依頼に応じて〕 よし, 受けて立つ.

bancoulier 男 〘植〙 バンコールアブラギリ.

bancroche 形 古・話 にみ股(また)の.

banc-titre 〈複 ~s-~s〉 男 字幕撮影装置, テロップ台.

bandage 男 包帯; 包帯をすること; 〔車〕タイヤ; 〔鉄道〕 (車輪のリムに巻く) 鉄帯.

bandagiste 名 包帯製造 〔販売〕 業者.

bandana 男 バンダナ.

bande¹ 囡 ❶ 帯, テープ, バンド; 帯封; 包帯. ❷ 帯状の区画; 車線. ❸ (録音・録画用のテープ; フィルム); 映画. ❹ **~ dessinée** こま割り漫画. ❺ 〘物〙 帯域. ❻ 〘ビリ〙 クッション.
◊ **donner de la ~** (船が) 傾く. **par la ~** [話] 間接的に.

bande² 囡 一味, グループ, 団.

bande-annonce (複 ~s-~s 囡) (映画の) 予告編.

bandeau (複) **x** 鉢巻き, ヘッドバンド; 目隠し; (複) 真ん中分けの頭髪.

bandelette 囡 細い布帯 [テープ].

bander 他 ❶ 包帯 [目隠し] をする. ❷ ぴんと張る, 強く引く.
—— 自 勃起(ぼっき) する.

bandera [-de-] 囡 〘西〙 (スペイン外人部隊の) 中隊.

banderille 囡 バンデリリャ 〔闘牛で牛の背に刺す飾り付きの槍(やり)〕.

banderillero [-derijero] 男 〘西〙 バンデリリェロ 〔槍で牛を突く役の闘牛士〕.

banderole 囡 (文字を書いた) 横断幕, 吹き流し; (槍 [旗などの] 細長い旗.

bande-vidéo (複) **~s~~** 囡 ビデオテープ.

bandit 男 強盗; 山賊; 悪党.

banditisme 男 強盗; (集合的で) 犯罪 (行為).

bandonéon 男 〘楽〙 バンドネオン.

bandothèque 囡 磁気テープライブラリ.

bandoulière 囡 (銃, 剣の) 肩ひも.

bang [bɑ̃ŋ] 男 バーン, ドーン.
—— 間 (飛行機の) 衝撃波音.

Bangladesh [-ʃ] 男 バングラデシュ.

banian 男 ❶ (バラモン教徒の) インド商人. ❷ 〘植〙 ベンガルボダイジュ, バンヤンジュ.

banjo [-(d)ʒo] 男 〘米〙バンジョー.

bank-note [-knɔt] 囡 〘英〙 旧風 (英国の) 紙幣.

banlieue 囡 郊外.

banlieue-dortoir; (複) **~s-~s** 囡 ベッドタウン.

banlieusard, e 名 (特にパリの) 郊外の住民.

banlon 男 商標 〘織〙 バンロン.

banne 囡 (店先の) 日よけ; 雨よけ; (果物などを運ぶ) 柳かご.

bannette 囡 小かご; 簡易寝台.

banni, e 形, 名 (国外) 追放された(者).

bannière 囡 ❶ (行列で持ち歩くの) ぼり; 〘史〙 (領主の) 旗印; (都市, 同職組合の) のぼり; (インターネットのバナー広告. ❷ シャツの裾(すそ).
◊ **C'est la croix et la ~ pour ...** するのは大事だ. **sous la ~ de ...** を旗印に; に味方して.

bannir 他 追放する; 排除する.

bannissement 男 (国外) 追放; 〘法〙 追放刑.

banque 囡 銀行; 銀行業務; 〘ゲーム〙 親元, 胴元; 親元にある金. **~ à domicile** 〘金融〙 ホームバンキング / **~ de clones** 〘生〙 クローンバンク / **~ génomique** 〘生〙 ゲノムバンク.

banquer 自 支払う, 金を出す.

banqueroute 囡 〘法〙 破産 (罪); 大失敗, 挫(ざ)折.

banqueroutier, ère 名 破産者, 倒産した人.

banquet 男 宴会, 祝宴, コンパ.

banqueter ④ 自 宴会に列席する; (大勢で) ごちそうを食べる.

banqueteur, se 名 宴会列席者, 大勢でよく食べ歩く人.

banquette¹ 囡 長椅子, スツール, (横長の) 座席, シート.

banquette² 囡 盛り土; 台地; 〘ゴルフ〙 バンカー.

banquier, ère 名 銀行家, 銀行業者; 出資者; 〘ゲーム〙 親元, 胴元.

banquise 囡 流氷, 氷原.

banquiste 男 大道芸人.

bantou, e 形 バントー系の.

—名 (B~) バントゥー人.
— 男 バントゥ諸語.
bantoustan 男 (昔の南アの)黒人居住区.
banyuls [baɲuls] 男 (ワイン)バニュルス.
baobab [-b] 男 (植) バオバブ.
baptême [batem] 男 ❶ 洗礼(式); 最初の体験; (船などの)祝別式, 命名式.
baptisé, e [bati-] 形 受洗者.
baptiser [bati-] 他 ❶ 洗礼を授ける; 洗礼名[名前]をつける, 命名する. ❷ 話 水を加えて, 水で薄める. ❸ 話 (新品を)初めて汚す.
baptismal, ale [bati-]; (男複) **aux** 形 洗礼の.
baptisme [bati-] 男 (キ教)バプテスト派の教義.
baptistaire [bati-] 形 洗礼を証明する. — 男 洗礼証明書.
baptiste [bati-] 形 バプテスト派の. — 名 バプテスト教会信者.
baptistère [bati-] 男 洗礼室; 洗礼堂.
baquet 男 桶, たらい; バケットシート.
baquetures 女複 (樽から下の桶(%)に)こぼれたワイン.
bar¹ 男 酒場, バー, パブ; カウンター; ホームバー; サイドボード.
bar² 男 (魚)スズキ.
bar³ 男 (計)バール(気圧の単位).
baragouin 男 話 訳の分からない言葉; (意味不明の)外国語.
baragouinage 男 話 訳の分からない話 [話し方].
baragouiner 他 (外国語を)下手に話す; 分かりにくく言う. —自 訳の分からない言葉を話す. □baragouineur, se
baraka 女 (アラビア)語 幸運.
baraque 女 バラック; 仮兵舎; 話 家; あばら家.
baraqué, e 形 話 大きくてがっしりした.
baraquement 男 バラック, 飯場; 仮兵舎.
baraquer 自 (ラクダが)うずくまる.
baraterie 女 (海)(船主, 荷主に対する船長, 船員の)詐取, 詐欺.
baratin 男 話 長広舌, 口車, 甘言.
baratiner 自 話 ぺらぺらしゃべる. — 他 話 だます, 口車に乗せる.
baratineur, se 名, 話 口のうまい(人).
barattage 男 チャーニング(バター製造用にクリームを撹拌(%)すること).
baratte 女 (バター)チャーン.
baratter 他 チャーニングする.
barbacane 女 (古城の)水抜き孔; 銃眼.
Barbade 女 バルバドス(共和国).
barbant, e 形 話 退屈な.
barbaque 女 話 (質の悪い)肉.
barbare 形 ❶ 話 未開の; 粗野な; 残忍な; (古代ギリシア・ローマ, キリスト教徒から見て)外国の, 異国の. ❷ 話 粗野な[趣味の悪い]人; 異邦人, バルバロイ.
— 名 未開人; 粗野な[趣味の悪い]人; 異邦人, バルバロイ.

barbaresque 形 バーバリ Barbarie(アフリカ北西部の海岸地方)の. — 名 (B~) バーバリ人.
barbarie 女 残忍, 野蛮; 粗野; 文章 文明化されていない状態, 未開.
barbarisme [言] 不純正語法.
barbe¹ 女 ❶ (あご, 頬の)ひげ; (動物の)ひげ; (大麦などの)芒(ã). ❷ (菓) ~ à papa 綿菓子.
◊à la ~ de ... ... の鼻先で. La ~ ! 話 もうたくさんだ. vieille ~ 老いぼれ.
barbe² 男 バルブ(北アフリカ産の乗用馬).
barbeau¹; (複) **x** 男 (魚)ニゴイ; 話 (売春婦の)ひも.
barbeau²; (複) **x** 男 (植)ヤグルマギク. — 形 (不変) bleu ~ 鮮やかな青.
barbecue [-kju] 男 (米)バーベキューセット; バーベキュー.
barbe-de-capucin; (複) ~s-~-~ 女 (植)キクニガナ.
barbelé, e 形 刺(&)のある.
— 男 有刺鉄線; 鉄条網.
barbelure 女 刺; 鉄条網.
barber 他 話 うんざりさせる.
— **se ~** 話 退屈する.
barbet 男 バーベット(犬).
barbette 女 ❶ バルベット(昔の修道女や未亡人が用いたハイスタンド・カラーの胸当て). ❷ 話 工兵隊, 工兵科. ❸ (城の)砲座.
barbiche 女 やぎひげ.
barbichette 女 小さなやぎひげ.
barbichu, e 形, 名 やぎひげを生やした(人).
barbier 男 古 ひげそり人; 理髪師.
barbifiant, e 形 話 退屈させる, うんざりさせる.
barbifier 他 ❶ 話 退屈させる. ❷ 古 ひげをそる.
barbille 女 (硬貨やメダルの縁に残った)まくれ.
barbillon 男 (魚の)ひげ; (鯨の雄の)肉垂れ.
barbital; (複) **als** 男 (薬) バルビタール.
barbiturique 形 (化) acide ~ バルビツル酸. — 男 バルビツル酸剤.
barbiturisme 男 (医) バルビタール中毒.
barbon 男 古風/ふざけて 年寄り.
barbotage 男 (水や泥の中で)跳ね回ること; 話 盗み.
barbote 女 ⇨ barbotte.
barboter 自 ❶ (水や泥の中を)跳ね回る; ぬかるみを歩く. ❷ 泥沼にはまる, 窮地に陥る. — 他 話 (à) (... から)盗む, ちょろまかす.
barboteur, se 名 話 泥棒.
barboteuse 女 ロンパース.
barbotière 女 (アヒルの遊ぶ)沼.
barbotin 男 (機) (キャタピラの)駆動輪; (海) (揚錨(_)機の)ワイルド・キャット, 鎖車.
barbotine 女 (陶) 泥漿(_); (土木) スラリー.
barbotte 女 (魚) ドジョウ.

barbouillage / barbouillis 男 塗りたくること; 粗塗り; 下手な絵.
barbouille 女 話 絵描き[ペンキ屋]稼業; 下手な絵.
barbouiller 他 汚す; 書きなぐる; 話 (胃, 胸を)むかつかせる. — **se ~** ~(…)で汚す.
barbouilleur, se 名 ヘボ作家.
barbouze 女 話 ① ひげ. ② 秘密捜査官スパイ. 旧 この意味ではときに 男.
barbu, e 形 ひげを生やした, ひげのある. — 男 ひげを生やした人. — 男 〖魚〗ナメタビラメ.
barbule 女 〖動〗小羽枝(しょう).
barcarolle 女 バルカロール(ゴンドラ舟歌).
barcasse 女 俗(貶) ; 話 ぼろ船.
barcelonais, e 形 バルセロナの. — 名 (B~)バルセロナの人.
Barcelone バルセロナ.
bard 男 荷物運搬用担架, 担い台; 手押し車.
barda 男 軍隊用具一式; 厄介な荷物.
bardage 男 ① 資材運搬. ② (建物などを保護する)板囲い.
bardane 女 〖植〗ゴボウ.
barde[1] 男 (古代ケルトの)吟唱詩人; 〖文章語〗詩人; 話 民謡歌手.
barde[2] 女 〖料〗(ローストする肉に巻く)脂身.
bardé, e 形 補強された; 覆われた; 万全の備えがある.
bardeau[1] 男 (複) x 屋根板; 柿(こけら)板; 下地板, (屋根の)野地板.
bardeau[2]; 男 (複) x ⇒ bardot.
barder[1] 他 覆う, 補強する; (肉を)脂身で巻く.
barder[2] 自 話 険悪な事態になる, 一波乱ある. ▶ **Ça barde.** やばいや.
bardis 男 〖海〗(船倉の)仕切り板.
bardot 男 ケッティ(雄馬と雌ロバとの雑種).
bare(-)foot ベアフット(板の代わりに足の裏で滑るスキー).
barème 男 計算表, 一覧表.
baresthésie 女 〖医〗圧覚.
baréter 他 自 ⇒ barrir.
barge[1] 女 〖海〗鮮行き(横帆を持つ)平底船. ② 干し草の山.
barge[2] 女 〖鳥〗オグロシギ.
barge[3] 形, 名 話 ちょっといかれた(やつ).
barguigner 自 古風, 話 ためらう.
barigoule 女 〖料〗à la ~ バリグール風(詰め物をした白ワインの蒸し煮).
baril 男 小樽; ① 樽分; 〖計〗バレル.
barillet 男 小樽; (機械の)円筒室, シリンダ; (リボルバーの)弾倉.
bariolage 男 不調和な配色, 雑色(にすること); こみあい.
bariolé, e 形 配色のけばけばしい; ごたまぜの, 雑色の.
barioler 他 (雑多な色で)塗りたくる.
bariolure 女 (配色の)けばけばしさ.
barjo 形, 名 ⇒ barge[3].
barkhane [-kan] 女 〖地理〗バルハン(三日月形の砂丘).
Bar-le-Duc バール=ル=デュック(Meuse 県の県庁所在地).

barlong, ue 形 〖建〗縦長の.
barlotière 女 (ステンドグラスの)鉄桟.
barmaid [-med] 女 〖英〗女性のバーテンダー, バーのホステス.
barman [-man] 男 (複) ~s (または **barmen**) 〖英〗バーテンダー.
bar-mitsvah 女 〖不変〗〖ユ教〗バル・ミツバー(成人式).
barn [-rn] 男 〖物〗バーン(原子核の衝突断面積の単位).
barographe 男 自記気圧計, 自記高度計.
baromètre 男 気圧計, 晴雨計; 指標, バロメーター.
barométrie 女 気圧測定法.
barométrique 形 気圧計[晴雨計]の; 気圧(測定)の.
baron[1] 男 ① 男爵; (財界の)大物; 話 共犯者; さくら. ② 〖史〗(国王直臣の)高級貴族.
baron[2] 男 (子羊や羊の)下半身肉.
baronnage 男 男爵位; (集合的で)男爵; 男爵の家臣.
baronne 女 女男爵; 男爵夫人.
baron(n)et 男 〖英国の〗准男爵.
baronnie 女 男爵領.
Baronnies 女 複 バロニー地方(アヴィニョン北東にあるアルプスに連なる山地).
baroque 形 風変わりな, 奇妙な; バロック様式の. — 男 ① バロックの芸術家. — 男 バロック様式; バロック建築[絵画, 文学, 音楽].
baroqueux, se 名 バロック音楽の専門家.
baroquisme 男 バロック的傾向.
baroscope 男 検圧計, 晴雨計.
barotraumatisme 男 〖医〗気圧障害.
baroud [-d] 男 俗 戦闘. ◇ ~ d'honneur 最後の名誉をかけた戦い.
baroudeur, se 名 戦闘的な人(団体); 冒険好き, 冒険家.
barouf(le) 男 俗 大騒ぎ, 喧嘩(けんか).
barque 女 ボート, 小船.
barquette 女 〖菓〗バルケット(舟形の小タルト).
barracuda [-ku-] 男 〖西〗〖魚〗カマス.
barrage 男 ① ダム, 堰(せき); 通行止め, 封鎖; 柵(さく); 障害物; 非常線; 妨害. ② 〖スポ〗(同点者同士の)決定戦. ◇ **tir de ~** 弾幕; 反対[抵抗]運動.
barragiste 名 決定戦出場者.
barranco 男 〖西〗〖地理〗火口瀬.
barre 女 ① 棒; 閂(かんぬき); 〖スポ〗(バレエの練習用の)バー; (スポーツの棒, バー, ~ **de combustible** 燃料棒. ② (裁判官と傍聴人の間の)柵(さく); 話 法廷; 証人席; 〖楽〗小節線. ④ 〖海〗舵(かじ); 舵柄. ⑤ 海嘯(かいしょう), 高潮; 州(ず), 砂州. ⑥ 〖複〗〖ゲーム〗鬼ごっこ, 陣取り遊び. ◇ **avoir [prendre] ~(s) sur ...** …の優位に立っている[立つ]. **coup de ~** 疲労; 極度の疲れ. **le ~ de + 数量表現** …のライン. **tenir la ~** 舵を取る, 指導の立場に立つ.
barré, e 形 通行を遮断した; 線の引かれた; 抹消された. — 男 〖紋〗ベンディ・

barreau 男 《複》**x** 男 格子, 桟; (法廷の) 弁護士席; 弁護士業 [会].

barrel 男 《米》バレル(アメリカの石油容量単位. 159*l*).

barrement 男 (小切手の)線引き.

barrer 他 ❶ 遮断する; 妨害［阻止］する. ❷ 線を引く; 抹消する; (小切手を)線引きする. ❸ 舵(*か*)を取る.
—se ~ 語 立ち去る, 逃げ出す.

barrette¹ 女 《カト》ビレッタ(四角形の縁なし帽).

barrette² 女 棒型ブローチ; 髪留め, 飾りピン; バレット, 棒皮(*ばうひ*).

barreur, se 名 舵手(*だしゅ*); (ボート競技の) コックス.

barricade 女 バリケード, 障害物；《複》内乱, 暴動.

barricader 他 固く閉ざす; バリケードで封鎖する. **—se ~** バリケードに立てこもる; 隠れて身を守る.

barrière 女 柵(*さく*); 遮断機; 障壁, 障害；《比》(市門の)税関; 関税徴収所. **~ de sécurité** 《情報》ファイアウォール/**~ génétique** 《生》遺伝的障壁.

barrique 女 (200-250*l* 入りの)大樽；大樽1杯分；語 でぶ.

barrir 自 (象, サイが)鳴く.
口**barrissement** 男

barrot 男 《海》梁(*はり*), ビーム.

bartavelle 女 《鳥》ナンオウイワシャコ(最高の狩猟の獲物とされる).

barycentre 男 《数》重心.

barye 女 《物》バリー(圧力の単位).

barymétrie 女 《動》(胸囲測定などによる)体重見積り.

baryon 男 《物》バリオン.

barytine 女 《鉱》重晶石.

baryton 男 《楽》バリトン(歌手).

baryum 男 《化》バリウム.

barzoï [-zɔj] 男 ボルゾイ.

bas¹, **se** 形 ❶ 低い; 低地の; 下流の; 浅い. ❷ 安い; 弱い; 劣った; 卑劣な. ❸ (日が)暮れかけている, (空が)曇っている. ❹ 後期の.
◇*au bas mot* 低く見積もっても. *en ce bas monde* この世で. *faire main basse sur ...* を盗む.
—副 低く, 下に; 小声で, 低音で.
◇*Bas les armes!* 武器を捨てろ. *être très bas* 衰弱している, 危篤状態だ.
—男 下部, 下部; 低音(部).
◇*À bas ...!* …打倒! *en bas* 下に[で], 下に; 1階に, 階下に.

bas² 男 ストッキング; 長靴下. ◇*bas de laine* 語 へそくり(の隠し場所).

basal, ale [男複] **aux** 形 ❶ 基本的な, 基礎の. ❷《解》**membrane ~ale** 基底膜.

basalte 男 《地》玄武岩.
口**basaltique** 形

basane 女 羊のなめし革.

basaner 他 日焼けさせる, 浅黒くする.
口**basané, e** 形

bas-bleu 男 語 文学かぶれの女, 才女気取り.

bas-côté 男 路側帯, 路肩; (教会の)側廊.

basculant, e 形 上下に動く, 傾く.

bascule 女 台枠(*だいわく*), 計量台; シーソー. ◇*fauteuil* [*cheval*] *à ~* ロッキングチェア[揺り木馬].

basculement 男 上下運動; 転覆, 転倒; 転向; 急変.

basculer 自 上下に動く, 傾く; 平衡を失う; ひっくり返る; (別の立場, 方向に)転換する, 急変する.
—他 傾ける, ひっくり返す.

basculeur 男 荷降ろし装置.

bas-de-chausses 男 バ・ド・ショース(中世の男子用タイツ).

base 女 ❶ 土台, 基部; 底辺[面]. **~ de données** 《情報》データベース. ❷ 基礎, 原理. ❸ 基地. ❹ (集合的)下部組織. ❺ 主成分; (化粧品などの)下地, ベース. ❻《化》塩基.

basé, e 形 *(sur)* (…に)基づいた. ❷ (場所)を基地とする.

base-ball [bezbo:l] 男 《英》野球.

Basedow [bazdo] (**maladie de**) バセドー氏病.

baselle 女 《植》ツルムラサキ.

Bas-Empire [-zɑ̃-] 男 後期ローマ帝国.

baser 他 *(sur)* (…)に基礎を置く, 基づかせる. ❷ (兵器, 部隊などを…)に配備する. **—se ~** *(sur)* (…)を根拠とする, (…)に基づく.

bas-fond 男 浅瀬; くぼ地, 低地;《複》(社会の)下層.

basic 男 《米》(しばしば **B~**)《情報》ベーシック(プログラミング言語の).

basicité 女 《化》塩基度[性].

baside 女 (担子菌類の)担子器.

basidiomycètes 男複 《植》担子菌類.

basilaire 形 《解》基部の, 基底の.

basileus [-s] 男 (ビザンチン帝国の)皇帝.

basilic¹ 男 《植》バジリコ.

basilic² 男 ❶ 《動》バシリスク(イグアナ科のトカゲ). ❷《神話》バシリコス(一にらみで人を殺す蛇).

basilical, ale [男複] **aux** 形 《建》バシリカ式の.

basilique¹ 女 ❶《カ教》大聖堂, バシリカ. ❷《古史》バシリカ(キリスト教徒が使った古代ローマの集会所);《建》バシリカ式聖堂.

basilique² 形 《解》**veine ~** 尺(*しゃく*)側皮静脈. **—**女 尺側皮静脈.

basin 男 《織》バザン, 西洋綾子(*さや*).

basique¹ 形 《化》塩基性の.

basique² 形 ベーシックな.
—男 (服装の)ベーシック.

bas-jointé, e 形 《畜》(馬が)臥繫(*がけい*)の.

basket [-t] 男 バスケット・シューズ.

basket(-ball) [-t(bo:l)] 男 《米》バスケットボール.

basketteur, se 名 バスケットボールの選手.

bas-mât 男 《海》下檣(*かしょう*).

basmati 男 (インド産の)バスマティ米.

basoche 女 語 《集合的》《軽度》法律関係の連中, 法律屋.

basophile

basophile 形《生》塩基性色素に染まりやすい.

basquais, e ❶【料】poulet (à la) ～e 若鶏のバスク風(白ワイン煮). ❷ 男 バスクの.

basque¹ 形 バスクの; バスク語の. ── 名《B～》バスク地方の人, バスク人. ── 男 バスク語.

basque² 男 (上着の)裾.

basquine 女 バスクスカート.

bas-relief 男《美》浅浮き彫り.

Bas-Rhin 男 バ=ラン県 [67].

basse¹ 女《楽》バス; バス歌手; ベース; 低音.

basse² bas¹ の女性形.

basse-cour 女《複》～s–~s 女 飼育場; 鶏〖ウサギ〗小屋;《集合的》家禽, 小家畜.

bassement 副 下品に; 卑劣に; 浅ましく.

Basse-Normandie 女 バス=ノルマンディー地方(フランス北西部).

Basses-Alpes 女複 バス=ザルプ地方(アルプ=ド=オート=プロヴァンス県の旧称).

bassesse 女 下品さ, 卑しさ; 卑屈;《複》卑劣な行為, 浅ましい行い.

basset¹ 男 バセット犬.

basset² 男《楽》cor de ～ バセットホルン.

basse-taille 女《複》～s–~s 女《楽》バス・ターユ;【工芸】浅浮き彫り.

Basse-Terre バステール (Guadeloupe 県の県庁所在地).

Bassigny 男 バシニー地方(パリ盆地の南東).

bassin 男 ❶(人工の)池, 貯水槽, ダム; プール; 金だらい, 洗面器; 大皿, 鉢; おまる. ❷《海》ドック. ❸盆地; 流域; 鉱床.

bassine 女 ボール, 鍋;《複》たらい; ボール〖鍋, たらい〗1杯分の量.

bassiner 他動《古風・話》(むだ話や質問などで)うんざりさせる.

bassiner 他 ❶(体の一部を)軽く湿らせる. ❷(寝る前に)温める.

bassinet 男 ❶【解】腎盂（じんう）, 腎盤. ❷古(教会の)献金用小鉢.
◇cracher au ～ 話 しぶしぶ金を出す.

bassinoire 女《古風》(長い柄のついた)ベッド用の炭火あんか.

bassiste 男 コントラバス奏者, ベーシスト.

basson 男《楽》❶ ファゴット, バスーン. ❷ ファゴット〖バスーン〗奏者.

bassoniste 名 ⇨ bassiste.

basta 間《伊》話 もうたくさんだ.

bastaing 男 ⇨ basting.

baste¹ 男《古》【ゲーム】(オンブルで)クラブのエース.

baste² 男《古》(収穫したブドウ用の)木箱.

basterne 女《史》(古代ローマの)輿（こし）;《ゲルマン民族の》牛車.

Bastia バスティア (Haute-Corse 県の県庁所在地).

bastiais, e 形 バスティアの. ── 名《B～》バスティアの人.

bastide 女 (プロヴァンス地方の)農家; 別荘; (中世の)城塞(じょうさい)都市.

bastidon 男 小別荘.

bastille 女 ❶ (中世都市の)城塞. ❷《B～》(昔の)バスティーユ監獄. ►la place de la B～ バスティーユ広場. ❸文章 強圧, 迫害.

basting [-s] 男 銃弾; 薬莢（やっきょう）.

bastingage 男 (船の)手すり.

bastion 男 稜堡（りょうほ）; 防衛拠点;（主義, 思想の）拠点.

bastonnade 女 棒の連打; 棒打ちの刑.

bastos [-s] 女 話 銃弾; 薬莢（やっきょう）.

bastringue 男 話 ❶ 道具一式, 手回り品, 所持品; がらくた. ❷ 喧騒（けんそう）; 騒々しい楽団〖音楽〗;（場末の)ダンスパーティー; 場末の酒場.

bas-ventre 男 下腹.

bat 活 ⇨ battre.

bât 男 (馬, ロバなどの)荷鞍(にぐら). ◇Voilà où le bât blesse. そこが弱点だ.

bataclan 男 話・古 邪魔になる荷物; がらくた. ◇et tout le ～ その他もろもろ, 一切合財.

bataille 女 戦闘, 戦い; 喧嘩（けんか）, 戦争ごっこ;【ゲーム】バタイユ.
◇～ rangée 全面衝突, 乱闘.

batailler 自 戦う.

batailleur, se 形, 名 好戦的な(人), 喧嘩（けんか）早い(人).

bataillon 男 ❶ 大隊. ►chef de ～ 陸軍少佐. ❷ 群れ, 大勢.

bâtard, e 形 ❶ 非嫡出の, 私生の. ❷ 雑種の; 異種混合の, 折衷の. ── 名 非嫡出子, 私生児; 雑種; 雑種犬. ── 男【パン】バタール. ── 女 折衷書体.

bâtardeau;《複》x / **batardeau**;《複》x 男《水面下の工事で》締切り; 潜函（せんかん）, ケーソン.

bâtardise 女 非嫡出, 庶出.

batave 形 バタヴィ人の;《文章》オランダの. ── 名《B～》バタヴィ族(ゲルマン人の一部族).

batavia 女 チシャ, レタス.

batavienne 女 larme ～ ルパート王子の滴(洋ナシ形のガラス小片).

bateau;《複》x 男 ❶ 船, ボート; 船1隻分. ❷ (歩道の)切り下げ. ── 形《不変》舟形の;話 眉唾(まゆつば)な.

bateau-citerne;《複》～x–~s 男 タンカー.

bateau-feu;《複》～x–~x / **bateau-phare**;《複》～x–~s 男 灯船.

bateau-lavoir;《複》～x–~s 男 ❶古 洗濯船(川での共同洗濯場). ❷《le B～-L～》洗濯船(ピカソら画家文人が黄金時代を過ごした, モンマルトルの下宿屋).

bateau-mouche;《複》～x–~s 男 バトー・ムーシュ(セーヌ川の遊覧船).

bateau-pilote;《複》～x–~s 男 水先船, パイロットボート.

bateau-pompe;《複》～x–~s 男 消火艇.

bateau-porte: 《複》~x-~s 男 〖土木〗浮き戸.

batée 女 〖椀(わん)かけ選鉱用〗木皿.

batelage 男 (船頭の)賃金; 艀(はしけ)賃; 艀による運送.

batelée 女 古 (船の)積荷.

bateler 4 自 古 大道芸を演じる.

batelet 男 文章 小舟.

bateleur, se 名 大道芸人, 手品師, 軽業師, 道化師.

batelier, ère 名 (川船の)船頭; 渡し守.

batellerie 女 (河川の)水上輸送 [交通]業; 《集合的》川船.

bâter 他 荷鞍(にぐら)をつける.

bat-flanc 男 《不変》 〖厩(うまや)〗舎, 寄宿舎の寝室の間仕切り板; 簡易ベッド.

bath [-t] 形 《不変》俗 古 話 すてきな, すてきな.

batholite 男 〖地〗バソリス.

bathyal, ale 《男複》 **aux** 形 〖海〗大陸斜面の.

bathymètre 男 深度計, 測深器.

bathymétrie 女 (海の)測深.

bathypélagique 形 〖海〗中深海の.

bathyscaphe 男 バチスカーフ (深海潜水艇).

bathysphère 女 〖海〗潜水球.

bâti, e 形 建てられた; 建物の建っている; 作り上げられた. ► Il est mal ~. 彼は貧弱な体格だ.
— 男 ❶ (戸, 窓の)枠, 建具枠; (機械の)フレーム. ❷ 仮縫い; しつけ糸.

batifoler 自 話 はしゃぎ回る; ふざける; 古風 いちゃつく. ◇**batifolage** 男

batifoleur, se 名 ふざけ好きな人.

batik [-k] 男 バティック染め.

batillage 男 〖河川〗横波.

bâtiment 男 ❶ 建物, 建造物; 建築(業). ► ~ intelligent インテリジェントビル. ❷ 船舶.

bâtir 他 建てる, 建造 [建設] する, 築く, 作る; 〖服〗仮縫いする.
— **se ~** ❶ 自分の(…を)築く. ❷ 建設される; 作り上げられる.

bâtisse 女 (悪い意味で)巨大な建造物. ❷ (建物の)石造部分, 土台.

bâtisseur, se 名 建築家; 建築家; 建設者; 作り手.

batiste 女 〖織〗(麻)バチスト.

batobus 男 バトビュス (セーヌ川を走る水上バス).

bâton 男 ❶ 棒; 杖(つえ); ❷ 支え; 棍(こん)棒; 棒打ちの刑. ❸ 棒状のもの; リップスティック. ❹ (文字の)縦横の線. ❺ 強硬策, 強権.
◇**à ~s rompus** 脈絡なく, 脈絡のない. **à coups de ~** 棒を振りあげて. **avoir son ~ de maréchal** 最高の地位に就く. **~ de vieillesse** 老人の杖; 老後の面倒を見てくれる人. **faire des ~s** (習い始めの子供が)字の練習をする. **mener une vie de ~ de chaise** 放蕩(ほうとう)生活を送る. **mettre des ~s dans les roues à …** …の邪魔をする.

bâtonnat 男 弁護士会会長の職 [任

bâtonner 他 棒で打つ.

bâtonnet 男 小さな棒.

bâtonnier 男 弁護士会会長.

batoude 女 (サーカスで)跳ね板.

bats, battai- 活 ⇨ **battre**.

battage 男 ❶ 打つ [たたく] こと; 麦打ち [脱穀] (の時期). ❷ 話 鳴り物入りの宣伝; 誇張.

battant, e 形 打ちつける; ばたつく; 鼓動する, 脈打つ. ◇**à … heure(s) ~e(s)** …時きっかりに. — 男 ❶ (鐘の)舌; 扉; 跳ね板, 跳ね蓋(ぶた). ❷ 闘志のある人, 一匹狼. ❸ 《複》〖商〗手びで; 策略. ◇**~ de cuisine** 台所用具一式. **mettre une arme en ~** 火器を発射できる状態にする.

batte 女 棒; 槌(つち); バット.

batte(-) 活 ⇨ **battre**.

battellement 男 〖建〗(瓦(かわら)を厚く積んだ)軒端.

battement 男 ❶ (繰り返し)打つこと; 拍手; (水泳の)キック, ビート. ❷ 待ち時間, 余裕時間.

batterie 女 ❶ 電池, バッテリー. ❷ 砲兵中隊; 砲台; 砲列; (集合的)打楽器; ドラムス. ❸ 《複》手だて; 策略. ◇**~ de cuisine** 台所用具一式. **mettre une arme en ~** 火器を発射できる状態にする.

batteur, se 名 打ちたたく人; 打楽奏者; ドラマー. — 男 〖料〗撹拌(かくはん)器, ビーター. — 名 〖農〗脱穀機.

batti-, batti- 活 ⇨ **battre**.

battle-dress [-s] 男 《英》戦闘服; ミリタリー調のジャンパー.

battoir 男 洗濯べら; 話 ごつい手.

battre 48 他 ❶ 打つ, 殴る; 砲撃する. ❷ (敵, 記録を)破る. ❸ (強く)かき混ぜる; (カードを)切る; (リズムを)刻む. ❹ 踏破する. ❺ 鋳造する; 脱穀する. ❻ (船旗を)掲げる. — 自 ❶ (de) (…を)打つ. ► ~ du tambour 太鼓をたたく; ► ~ des mains 拍手する. ❷ (心臓の)脈を打つ; (戸などが)ばたばたする; (太鼓などが)鳴る. ❸ 《contre》(…に)打ち当たる, ぶつかる. — **se ~** ❶ 殴り合う. ❷ 《contre, avec》(…と)戦う. ❸ 自分の(…を)打つ.

battu, e 形 (battre の過去分詞)打たれた, 敗れた; 敗北した; 踏み固められた; かき混ぜ [泡立て] られた. ◇**sentier** [**chemin**] **~** 踏み固められた道; 《複》紋切り型, 常套(じょうとう)手段. **yeux ~s** くまのできた目. — 男 敗者.

batture 女 〖カナダ〗浅瀬, 磯, 礁.

Batz (île de) バ島 (ブルターニュ半島北岸).

bau: 《複》**x** 男 (船の)最大幅; (船の)横梁(はり).

baud 〖情報〗ボー (情報伝達の速度単位).

baudelairien, ne 形 ボードレール(風)の.
— 男 ボードレール研究者 [愛好家].

baudet 男 話 ロバ.

baudrier 男 (剣や旗の)負い帯; (落下防止用)安全ベルト; (登山)ハーネス.

baudroie 女 〖魚〗アンコウ.

baudruche 女 〖料〗羊腸膜; (風船用のゴム)薄膜; 見かけ倒しの人); 空論.

bauge 女 (イノシシなどの)巣, ほら穴;

Bauges

汚い場所.
Bauges 男 ボージュ山地(アルプス山脈西端).
bauhinie 女 / **bauhinia** 女 〔植〕バウヒニア.
baume 男 芳香性樹脂, バルサム; 〖文章〗(心の)慰め.
baumé 男 ボーメ比重計.
baumier 男 〔植〕バルサムモミ.
baux ⇨ bail, bau.
bauxite 女 〔鉱〕ボーキサイト.
bavard, e 形 おしゃべりな; 冗漫な.
— 名 おしゃべりな人.
bavardage 男 おしゃべり; (文章の)冗長; (多く複数)悪口; ゴシップ.
bavarder 自 おしゃべりをする; 秘密を漏らす; 陰口をきく.
bavarois, e 形 バイエルン Bavière の. — 名 (B~) バイエルン人. — 女 〖菓〗ババロア.
bavasser 自 ぺちゃくちゃしゃべる; 陰口をたたく.
bave 女 よだれ; 粘液; 悪口.
baver 自 ❶ よだれ[口中の飲食物]を垂らす; 泡を吹く; 粘液を出す; 毒液を吐く. ❷ 流れ出る, にじむ. ❸ (de) (感情を)あらわにする. ❹ 〖俗〗うやうや 〖文章〗(sur) (…の)悪口を言う.
◇en ~ 〖話〗(つらい仕事で)苦労する.
bavette 女 (エプロンなどの)胸当て; 〖食〗バヴェット(牛の腹部肉).
◇tailler une ~ 〖話〗おしゃべりをする.
baveux, se 形 よだれを垂らした; にじんだ(オムレツが)中身の柔らかい.
Bavière 女 バイエルン, バヴァリア(ドイツ南東部地方).
bavocher 自 不鮮明に印刷される, にじむ.
bavochure 女 (印刷の)版ずれ, にじみ.
bavoir 男 よだれ掛け.
bavolet 男 (農婦のフード付き帽子); (婦人帽の)飾りリボン.
bavure 女 (印刷などの)にじみ; 過ち, 失策, 失態; 権力の乱用.
◇sans ~ 〖話〗完璧な[に].
bayadère 女 [baja-] 女 (ヒンズー教の)舞姫, 巫女(?).
— 形 鮮やかな多色縞の.
bayer [baje] 12 自 ~ aux corneilles ぼんやりしている.
bayou [baju] 男 〔地理〕(米国ルイジアナ州の)緩流河川, 沼沢性の湖.
Bayram [bairam] 男 ⇨ Bairam.
bazar 男 ❶ 乱雑に散らかった物, さまざまとした所持品. ❷ 雑貨店(中近東や北アフリカの).
◇de ~ 粗悪な, 安物の. et tout ce ~ その他もろもろ, 一切合切.
bazarder 他 急いで処分する, (安値で)売り払う.
bazooka [-zu-] 男 〖米〗バズーカ砲.
B.C.B.G. (略) 語 bon chic bon genre ⇨ chic.
BCE (略) Banque Centrale Européenne 欧州中央銀行.
B.C.G. (略) Bacille bilié de Calmette et de Guérin BCGワクチン.
bd. 男 (略) boulevard 大通り.

B.D. 女 (略) bande dessinée 漫画.
beach-volley 男 [bit[-]] 男 ビーチバレー.
beagle [bigl] 男 〖英〗ビーグル犬.
béance 女 大きく口を開けていること.
béant, e 形 大きく開いた.
Béarn [-n] 男 ベアルン地方(南仏の旧州).
béarnais, e 形 ベアルン地方の. ► sauce ~e ベアルネーズソース.
— 男 (B~) ベアルン地方の人; ⟨le B~⟩ アンリ4世の別名.
— 男 ベアルネーズソース.
beat¹ [bit] 〖英〗 形 〖不変〗ビート族(の).
beat² [bit] 男 〖米〗〖楽〗ビート.
béat, e 形 屈託のない; おめでたい, 満足しきった; 〖カト〗至福の.
béatement 副 屈託なく, おめでたそうに, 満足げに.
béatification 女 〖カト〗列福(式).
béatifier 他 〖カト〗列福する.
béatifique 形 〖カト〗至福を与える.
béatitude 女 至福.
beatnik [bitnik] 〖英〗 名, 形 ビート族(の).
beau, belle 〖男性第2形〗**bel**; 〖男複〗**x** (⇨ bel は母音・無音の h で始まる男性名詞の前で用いる) 形 ❶ 美しい; (幼児などが)かわいい. ❷ 快い, すてきな. ❸ 見事な, 素晴らしい, 立派な; 有利な, 好都合の. ❹ 大きな; かなりの. ❺ (天気が)晴れた. ❻ 〈反語的〉結構な.
◇de plus belle いっそう激しく, 前よりひどく. en apprendre [dire] de belles ひどい噂を聞く[と言う]. en faire de belles ばかなことをする. Il y a ~ temps que ... とっくに久しい. le bel âge de 青春. se faire ~ [belle] めかし込む. Tout cela est bel et bon, mais ... それは確かにそうだが, しかし … un ~ jour [matin, soir] ある日 [朝, 晩]. un bel âge 老年.
— **beau** / **bel** 男 ◇avoir beau + inf. …してもむだである; いかに…しようとも. bel et bien 本当に. Il ferait beau voir que + subj. …というのはもう上等だ, …とひどい目にあう.
— **beau**; (複) **x** 男 美, 美しい物; 大事な部分, 面白いところ.
◇C'est du ~! ひどい; (行儀の悪い子に)いけません. en ~ 楽観的に, よい方に. (et) le plus ~, c'est que ... (それに)何より驚くのは…である. faire le ~ (犬が)ちんちんする. vieux ~ いい年のプレイボーイ.
Beaubourg ボブール(パリのポンピドゥー・センター界隈).
Beauce 女 ボース地方(パリ南部).
beauceron, ne 形 ボース地方の.
— 名 (B~) ボース地方の人.
beaucoup 副 ❶ たくさん, 大いに, たいへん. ❷ (名詞的)多くの人; 多くの物[事柄]. ❸ 〖比較級, trop の前で〗ずっと, はるかに.
◇à ~ près まったく. ~ de ... たく

さんの…. *C'est ~ dire.* それは言いすぎだ. *C'est (déjà) ~ de + inf.* [*que + subj.*]…だけでもたいしたものだ. *de ~* ずっと, はるかに. *être pour ~ dans ~.* …に大いに関係がある. *un peu ~* ちょっと…すぎる.

beauf 男 俗 義理の兄弟; 小市民.

beau-fils [-fis] 男 《複》*~x-~* 男 義理の息子, 継(は)子; 婿(は).

beau-frère; 《複》*~x-~s* 男 兄, 義弟.

Beaujolais 男 ボージョレ (ブルゴーニュ地方南部の地域).

beaujolais 男 《ワイン》ボージョレ.

beaune 男 《ワイン》ボーヌ.

beau-parent; 《複》*~x-~s* 男 義理の親; 夫[妻]の家族.

beau-père; 《複》*~x-~s* 男 父, 舅(蠑); 継父(娼).

beaupré 男 《海》斜檣(は).

beauté 女 ❶ 美, 美しさ; 立派さ, 見事さ, 高貴さ. ❷ 美人. ❸ 《複数》美しい物[場所], 名品; 魅力.
◇*en ~* 立派に[見事に]. *se faire [se refaire]* 〜 化粧する[を直す].

Beauvais ボーヴェ (Oise 県の県庁所在地).

beaux-arts 男複 美術 (美術に音楽, 舞踊を含めた)芸術;《les B~-A~》美術学校, ボザール.

bébé 男 赤ん坊, ベビー人形. ▶ ‐chat 子猫.

bébé-éprouvette;《複》*~s-~* 男 話 試験管ベビー.

bébête 形 幼稚な.

be-bop [bibop] 男《米》ビバップ.

bec 男 くちばし; 口口; 先端; 注ぎ口; バーナー; ガス灯;《楽器の》マウスピース.
◇*clouer le bec* 黙らせる. *prise de bec* 口論. *rester le bec dans l'eau* 返答に詰まる: お手上げである. *tomber sur un bec (de gaz)* 思わぬ障害にぶつかる.

bécane 女 話 自転車, バイク; 隠 道具, 機械.

bécard 男《魚》鼻曲がりザケ;《巨大な》カワカマス.

bécarre 男《楽》本位記号(♮).

bécasse 女《鳥》ヤマシギ; 話 ばかな女. — 形 ばかな.

bécasseau;《複》*x* 男《鳥》小形のシギ類; ヤマシギのひな.

bécassine 女《鳥》ジシギ類;《特に》タシギ; 話 お人好しで間抜けな娘.

because / bicause [bi-]《英》 前, 接話 …だから.

bec-croisé;《複》*~s-~s* 男《鳥》イスカ(くちばしが交差している).

bec-de-cane;《複》*~s-~~* 男 ばね錠(の舌);(くちばし型の)ノブ.

bec-de-corbeau;《複》*~s-~~* 男 ペンチ;(切っ先の湾曲した)刃物.

bec-de-lièvre;《複》*~s-~~* 男 兎唇(の人).

bec-de-perroquet;《複》*~s-~~* 男《医》オウムのくちばし (リウマチの症状).

becfigue 男 南仏 秋に渡りの途中でイチジクを食べに群がる鳥の通称.

béchage 男 話 誹謗(ぼう), 中傷.

béchamel 女 ベシャメルソース.

bêche 女 シャベル, 鋤(す).

bêche-de-mer;《複》*~s-~~* 女《動》ナマコ.

bêcher¹ 他 鼻であしらう.

bêcher² 他 (土地を)すく.

bêcheur, se 形, 名話 尊大な(人), 気取った(人).

bêcheveter ④ 他 古 (本などを)互い違いに積む.

bécot 男 話 (軽い)キス.

bécoter 他 話 (軽く)キスする.
— *se ~* 話 (軽く)キスし合う.

becquée 女 (親鳥がひなに与える)餌(さ); (くちばしでついばむ)一口分の餌.

becquerel 男《理》ベクレル (放射能の SI 単位).

becquet 男 付箋(ちゃく);《演》(作者による)わずかな追加.

becquetance / bectance 女 俗, 食事.

becqueter ④ 他 くちばしでつつく, ついばむ; 話 食べる.

bedaine 女 話 太鼓腹.

bédane 男 (ほぞ穴用の)向待(ちのみ);(金工用の)えぼしたがね.

bédé 女 話 漫画(B.D.).
◎**bidauté** 名

bedeau;《複》*x* 男 (教会の)奉仕者, 案内係.

bédégar 男 バラの虫こぶ.

---

beaux-arts 美術

美術館, 博物館 musée /展覧会 exposition /絵画 peinture (個々の作品は tableau) /画家 (artiste-)peintre /油絵 huile, peinture à l'huile /水彩 aquarelle /素描 dessin /クロッキー croquis /パステル画 pastel /木炭画 fusain /淡彩 [水墨] 画 lavis /風景画 paysage /静物画 nature morte /肖像画 portrait /自画像 autoportrait /人物画 peinture de personnages /裸体画 nu /パレット palette /筆 pinceau /イーゼル chevalet /スケッチブック cahier de croquis

版画 gravure, estampe /版画家 graveur /木版 [銅版] 画 gravure sur bois [cuivre] /リトグラフ lithographie /エッチング eau-forte

彫刻 sculpture /彫刻家 sculpteur /彫像 statue /胸像 buste /トルソ torse /頭像, 首 tête /マスク, 半面像 masque

美術史 histoire de l'art /ロマネスク美術 roman /ゴシック美術 gothique /マニエリスム maniérisme /自然主義 naturalisme /バロック baroque /ロココ rococo /ロマン主義 romantisme /写実主義 réalisme /印象主義 impressionnisme /点描主義 pointillisme /ナビ派 nabisme /アールヌーヴォー art nouveau /フォーヴィスム fauvisme /キュビスム cubisme /未来派 futurisme /素朴派美術 art naïf /シュルレアリスム surréalisme

bédéphile

bédéphile 名, 形 漫画愛好家[収集家](の).
bédéthèque 女 漫画のコレクション; [図書館の]漫画コーナー.
bedon 男 太鼓腹.
bedonnant, e 形 図腹の出た.
bedonner 自 腹が出る.
bédouin, e 形 ベドウィンの.
——名 《B~》ベドウィン人.
bée 形 女 bouche bée 口をぽかんと開けて, 唖〈あ〉然として.
béer 自 語 ぽっかり口を開ける; 口を開けて見とれる; 唖〈あ〉然とする.
beffroi 男 (中世自由都市の)鐘楼; 鐘, 警鐘.
bégaiement 男 どもり; (幼児の)片言; たどたどしい試み, 手探り状態.
bégayant, e 形 どもる, 口ごもりがちな; はっきりしない.
bégayer 12 自, 他 どもりながら言う, 口ごもる, たどたどしく話す.
——名 どもる人.
bégayeur, se 形 どもる, 言葉がつかえる. ——名 どもる人.
bégonia 男 《植》ベゴニア.
bègue 形, 名 吃音〈きつおん〉障害のある(人).
béguerer 5 自 (ヤギが)鳴く.
bégueule 女 淑女ぶった女.
——形 上品ぶった, 取り澄ました.
bégueulerie 女 古風/文章 淑女ぶった態度.
béguin 男 ❶ ベギン会修道女の頭巾〈ずきん〉; ビギン(帽). ❷ 話 (一時の)恋心; 恋人.
béguinage 男 ベギン会修道院.
béguine 女 ベギン会修道女.
bégum 女 ベガム(インド王侯の母, 姉妹, 夫人に対する敬称).
behaviorisme [bie(a)-] / **béhaviorisme** 男 《心》行動主義. ⟐ **behavioriste** / **béhavioriste** 形 名
beige 名, 形 ベージュ色(の).
beigeasse / **beigeâtre** 形 ベージュっぽい; 薄汚れたベージュの.
beigne 女 話 平手打ち.
beignet 男 《料》ベニエ(フリッター, 衣揚げ).
Beijing [bejdʒiŋ] ⇨ Pékin.
beïram [-ram] 男 ⇨ baïram.
béjaune 男 (若鳥の) 黄色いくちばし, 若鳥.
bel¹ beau の男性形 2 形.
bel² 男 《計》ベル(10 décibel).
bélandre 女 (北仏, ベルギー, オランダで使用されていた)運搬船.
bêlant, e 形 (羊, ヤギが)めえと鳴く; 語 憐えな声［哀れっぽい口調］の.
bel canto 男 《伊》《楽》ベルカント.
bêlement 男 羊［ヤギ］の鳴き声; 憐えな声; 泣き言, 愚痴.
bélemnite [-lem-] 女 《古生》矢石類.
bêler 自 (羊, ヤギが)めえと鳴く; 憐えな声で話す［歌う］; 語 泣き言を並べる.
belette 女 《動》イタチ(イタチ科).
belge 形 ベルギーの.
——名 《B~》ベルギー人.
belgeoisant, e 形 ベルギー特有のフランス語の語法.
Belgique 女 ベルギー.
bélier 男 ❶ 雄羊. ❷ 《B~》《天》牡羊〈おひつじ〉座; 《占》白羊宮.
bélière 女 (群れを先導する羊の)鈴.
bélinogramme 男 ブラン式電送写真.
bélinographe 男 ブラン式電送写真装置.
Belize [be-] ベリーズ(中米の国. かつての英領ホンジュラス).
belladone 女 《植》ベラドンナ.
bellâtre 男 《軽蔑》のっぺりした美男.
belle beau の女性形.
belle-dame; (複) ~s-~s 女 《昆》ヒメアカタテハ; 《植》ベラドンナ.
belle-de-jour; (複) ~s-~-~ 女 ❶ 《植》ヒルガオ. ❷ (昼の)売春婦.
belle-de-nuit; (複) ~s-~-~ 女 ❶ 《植》オシロイバナ. ❷ 夜の女, 売春婦.
belle-doche; (複) s-~s 女 《俗》姑〈しゅうとめ〉.
belle-famille; (複) ~s-~s 女 姻語 夫［妻］の家族.
belle-fille; (複) ~s-~s 女 義理の娘, 継娘〈ままむすめ〉; 嫁.
bellement 副 文章 tout ~ あっさりと, きっぱりと.
belle-mère; (複) ~s-~s 女 義母, 姑〈しゅうとめ〉; 継母.
belles-lettres 女複 文芸.
belle-sœur; (複) ~s-~s 女 義姉, 義妹.
bellicisme 男 好戦主義; 主戦論. ⟐ **belliciste** 形 名
bellifontain, e 形 フォンテーヌブロー Fontainebleau の.
——名 《B~》フォンテーヌブローの人.
belligérance 女 交戦［戦争］状態.
belligérant, e 形 交戦中の, 参戦している. ——男 《多く複数》交戦国, 戦争当事国; 戦闘員.
belliqueux, se 形 好戦的な; 戦意高揚の.
bellot, te 形, 名 古風 かわいい(子供).
Bellovaques 男複 ベロワキ族(ガリア人の一部族).
belluaire 男 ⇨ bestiaire¹.
belon 女 ブロン牡蠣〈ガキ〉.
belote 女 《カード》ブロット.
bél(o)uga 男 ❶ 《動》シロイルカ; 《魚》サメ, マブカ類の総称; 《特に》ベルーガ. ❷ 小型ヨット.
belvédère 男 展望台.
bémol 男 《楽》変記号, フラット(♭).
♢ *mettre un* ~ フラットを付ける; 口調を和らげる.
bémoliser 他 半音下げる.
ben [bɛ̃] 副 うん, まあ, ねえ.
bénard, e 形 (錠が)両側きの.
——女 (内外から同じ鍵で開けられる)両面シリンダー錠.
bénédicité 男 《カト》食前の祈り.
bénédictin, e 形 名 ベネディクト修道会; 篤学の士. ——女 《B~》商標 ベネディクティン(リキュール).

berginisation

bénédiction 囡 ❶ 祝別(式); 降福式; 祝福. ❷ (神の)加護, 天の恵み. ❸ 同意.
bénef 男 俗 utile, もうけ.
bénéfice 男 ❶ 利益; 利点, 得; 法 (法律が認める)利益, 特典. ◇*au ～ de ...* (...)のために; で特典により. *sous ～ d'inventaire* あとで確認するという条件で.
bénéficiaire 名 利益を受ける人, 受益者, 受給者. — 形 ❶ 利益を生む. ❷ (*de*) (...を)受けている.
bénéficier¹ 自 (*de*) (...の)恩恵に浴する, (...を)享受する.
bénéficier² 男 カト 聖職禄(?)所有者.
bénéfique 形 有益な, ためになる.
Benelux [benelyks] 男 ベネルクス (ベルギー, オランダ, ルクセンブルク).
beneluxien, ne [bene-] 形 ベネルクスの.
benêt 男, 形 男 とんまな; とんま.
bénévolat 男 無料奉仕, ボランティア活動.
bénévole 形 無報酬の, 篤志の.
— 名 無償奉仕者, ボランティア.
bénévolement 副 無償で.
Bengale [bẽ-] 男 ベンガル地方.
bengali, e [bẽ-] ; 複) ～(*s*) 形 ベンガルの. — 名 (B～)ベンガル人. — 男 ベンガル語; 鳥 カエデチョウ, (特に)ベニスズメ.
béni, e 形 (神に)加護された, 祝福された; 祝別された.
bénignement 副 軽く; 寛大に, 穏やかに.
bénignité 囡 ❶ (病気の)軽さ; 良性. ❷ 古 文章 温厚さ, 優しさ, 寛大さ.
Bénin ベナン (アフリカ西部の国).
bénin, igne 形 ❶ 軽微な, 軽い; 良性な. ❷ 文章 寛大な; 柔和な.
béninois, e 形 ベナンの.
— 名 (B～)ベナン人.
béni-oui-oui 男 不変 語 言いなりになる人, イエスマン.
bénir 他 ❶ (...に)神の恵みのあるように祈る; 祝別[祝別]する. ❷ たたえる, 感謝する. ❸ (神が)加護する. ◇*Que Dieu vous [te] bénisse.* 神のお恵みを(くしゃみをした人に言う言葉).
bénissseur, se 形, 名 (ふざけて)お世辞を言う(人), 口先のうまい(人).
bénit, e 形 祝別された. ◇*C'est pain ～*. それは当然の報酬だ, ありがたくだろう.
bénitier 男 (教会の)聖水盤; 貝 シャコガイ.
benjamin [-ʒa-] 男 末っ子.
benji バンジージャンプ.
benjoin [bẽ-] 男 ベンゾイン樹脂, 安息香.
benne 囡 バケット, トロッコ, 鉱石運搬車; (ロープウェーの)ゴンドラ (ダンプカーの)可動式荷台; (クレーンの).
benoît, e 形 穏やかで温和な; 穏やかな.
— 名 植 ダイコンソウ.
benoîtement 副 文章 殊勝げに.
benthique [bẽ-] 形 水底の.

benthos [bẽto:s] 男 生 (水底に群生する)底生生物.
benzène [bẽ-] 男 化 ベンゼン.
◇ *benzénique* 形
benzine [bẽ-] 囡 ベンジン, 揮発油.
benzoïque [bẽ-] 形 化 *acide ～* 安息香酸.
benzol [bẽ-] 男 化 ベンゾール.
benzolisme [bẽ-] 男 ベンゾール中毒.
Béotie [-si] 囡 ボイオティア地方 (ギリシア中部).
béotien, ne [-sjẽ, ɛn] 形, 名 愚鈍な(人), 無教養な(人).
béotisme 男 愚鈍, 無教養, がさつ.
B.E.P. 男 略 brevet d'études professionnelles 職業教育免状.
B.E.P.C. 男 略 brevet d'études du premier cycle du second degré (中等教育第一期課程修了)証書.
béquée 囡 ⇨ becquée.
béquet 男 ⇨ becquet.
béqueter 4 他 ⇨ becqueter.
béquillard, e 形, 名 松葉杖をつく (人).
béquille 囡 松葉杖(?); 支え; (オートバイなどの)スタンド.
béquiller 他 (支柱で)支える.
ber 男 海 進水架; 船架.
berbère 形 ベルベル人の. — 名 (B～)ベルベル人. — 男 ベルベル語.
bercail 男 (単数形のみ)家庭, 生家; 故郷.
berçante 囡 カナダ ロッキングチェア.
berce¹ 囡 植 ハナウド.
berce² 囡 ベルギー 揺りかご.
berceau (複 *x*) 男 揺りかご; 幼児期; 揺籃(?)期; 樹木のアーケード.
bercelonnette 囡 小型の揺りかご.
bercement 男 静かに揺すること; 揺れ, たゆたい.
bercer 1 他 ❶ 揺する; 和ませる, 和らげる. ❷ 当てはぐらかす.
— se ～ (*de*) (夢想に)ふける.
berceur, se 形 単調に揺れる; 眠けを誘う. — 囡 子守歌; ロッキングチェア.
Bercy ベルシー地区 (パリ市にあり大蔵省, スポーツセンターがある).
béret 男 ❶ ベレー帽. ❷ 軍 *～ rouges* 落下傘部隊の隊員. *～ verts* (米国の)グリーンベレー. *～ bleus* 国連監視団.
bérézina 囡 大敗北.
bergamasque 囡 ベルガマスカ(イタリア北部ベルガモ地方左起源の舞踊, 舞曲).
bergamote 囡 ベルガモットの実(入りキャンディー).
bergamotier 男 植 ベルガモット.
berge¹ 囡 河岸, 堤; 土手道; 路肩.
berge² 囡 俗 ...歳.
berger, ère 名 ❶ 羊飼い; 指導者. ❷ (17世紀の田園詩や小説の)恋人.
— 男 牧羊犬. ▶ *～ allemand* シェパード. — 囡 ロッキング付き安楽椅子.
bergerie 囡 ❶ 羊小屋; 田園詩. ❷ (デパートの)売り場カウンター.
bergeronnette 囡 鳥 セキレイ.
berginisation 囡 ベルギウス法 (石炭液化法).

bergsonien

bergsonien, ne [-g(k)-] 形 ベルクソン(哲学)の.
bergsonisme [-g(k)-] 男 ベルクソン哲学.
béribéri 男《医》脚気(ポッ).
berk [-k] 間 オエ, ゲー.
berkélium 男《化》バークリウム.
Berlin ベルリン.
berline 女 (フォードア)セダン; 鉱石運搬車; ベルリン型馬車(御者席が外にある4人乗り4輪箱馬車).
berlingot 男 ベルランゴ(4面体の飴いぼタンジ); テトラパック.
berlinois, e 形 ベルリンの.
 ― 名 (B~) ベルリンの人.
berlue 女 幻覚, 錯覚; 幻想.
berme 女 (堤防の)犬走り, 小段.
bermuda 男 (米) バーミューダ.
bermudien, ne 形 バーミューダ Bermudes 諸島の.
bernache / bernacle 女 《鳥》ジュウカラガン.
bernardin, e 名 ベルナルド会修道士[女]; 《誤用で》シトー会士.
bernard-l'(h)ermite 男 《不変》《動》ヤドカリ類.
Berne ベルン(スイス連邦の首都).
berne 女 en ― 半旗の, 巻かれた.
berné, e 形, 名 だまされた(人).
berner 他 だます, かつぐ.
bernique¹ / bernicle 女 《貝》陣笠(ガ)形の貝.
bernique² 間 古風 だめだ, おおいにくさま(落胆, 拒否).
bernois, e 形 ベルンの; ベルン地方の.
 ― 名 (B~) ベルンの人.
berrichon, ne 形 ベリー地方の.
 ― 名 (B~) ベリー地方の人.
Berry ベリー地方(フランス中部の旧州).
bersaglier [-salje] 男 (イタリアの)狙(ネ)撃隊員.
berthe 女 (婦人服の)飾り肩掛け.
berthon 男 《海》カンバスボート.
bertillonnage 男 ベルティヨン式人体測定法(犯人識別法).
béryl 男 《鉱》緑柱(ホニ)石, ベリル.
béryllium 男 《化》ベリリウム.
berzingue (à tout(e)) 副俗 全速で; 最大限に.
besace 女 ずだ袋, 合切袋.
besaiguë 女 《建》(柄の)用のみ.
Besançon ブザンソン(Doubs 県の県庁所在地).
besant 男《史》ビザンティン金貨;《建》円盤装飾;《紋》ビザント.
bésef / bézef 副《多く否定的表現で》たくさん, 大いに.
besicles [be(a)-] / **bésicles** 女 複 《古》(丸型の)眼鏡;《ふざけて》眼鏡.
bésigue 男 《ゲーム》ベジーグ.
besogne 女 仕事, 労役. ◇*aller vite en ―* 仕事が手早い; 手を抜く.
besogner 自 働く.
besogneux, se 形, 名 つらい仕事をしている(人); 金に乏しい(人).
besoin 男 ❶ 欲求; 必要(物); 需要; 《複数》生活必需品; 生活費; 《俗》排泄(?)の欲求. ❷ 貧困, 窮乏.

◇*au* [*en cas de*] *~* 必要な場合には. *avoir ~ de* ... [*que* + subj.] ... を必要とする. *avoir bien ~ de* ... 《反語》...すぐではない. *Il est ~ de* ... 《文語》...する必要がある. *si est ~ s'il en est* もし必要なら.
bessemer 男《冶》ベッセマー転炉.
Bessin 男 ベサン地方(ノルマンディー地方の牧畜地帯).
besson, ne 名 地域 双子.
bestiaire¹ 男 (古代ローマの)闘獣士.
bestiaire² 男 (中世の)動物誌[図像集];(近代の)動物詩集[画集].
bestial, ale (男複) *aux* 形 獣のような. □*bestialement* 副
bestialité 女 獣性.
bestiaux 男複 家畜.
bestiole 女 小動物; 虫.
best-of [-tɔf] 男 ベストアルバム;(テレビの)名場面集.
best-seller [bɛstsɛlœːr] 男《米》ベストセラー.
bêta¹, sse 形, 名 話 ばかな(人).
bêta² 男 ベータ (B, β) (ギリシア字母の第2字).
bêtabloquant 男 《医》ベータ遮断薬(高血圧治療用).
bétail 男 (集合的)家畜.
bétaillère 女 家畜輸送トラック.
bêtathérapie 女 《医》(腫瘍(タホョ)の)ベータ線療法.
bêtatron 男 《物》ベータトロン.
bête 女 ❶ 動物; 獣; 家畜; 虫. ❷ 獣(ブ)のような人; 馬鹿よし; おばかさん.
◇*~ à concours* 試験の虫, がり勉. *~ noire* 嫌悪の的, 苦手. *chercher la petite ~* 重箱の隅をほじくるようにあら捜しをする. *comme une ~* 話 非常に; がむしゃらに. *faire la ~* ばかのふりをする, とぼける; ばかなことをする [言う]. *petite ~* 虫; 小動物.
 ― 形 愚かな; 軽率な.
◇*~ à pleurer* = *~ comme ses pieds* とことんばかな, 愚にもつかない. *C'est ~ comme chou.* ごく簡単なことだ. *C'est ~ de + inf.* [*que* + subj.] ... は残念だ.
bétel 男 ❶《植》キンマ. ❷ ベテル(キンマの葉で包んだロ中清涼剤).
bêtement 副 ❶ 愚かに; 意味もなく. ❷ tout ― 単に, 率直に.
Bethléem [-ɛm] ベツレヘム(ヨルダン西部の町).
bêtifiant, e 形 ばかげた, 程度の低い.
bêtifier 自 ばかなことをする [言う].
Bétique 女 バティカ地方(アンダルシア地方に当たる古代ローマ帝国の属州).
bêtise 女 ❶ 愚かさ; 愚かな言動, へま, どじ; くだらぬこと.
bêtisier 男 笑話集, 珍聞録.
bétoine 女《植》イヌゴマ; カッコウチョウロギ.
bétoire 女 《地》(カルスト台地の)天然の小井戸.
béton 男 コンクリート;(コンクリートに囲まれた)都市; 話 「強固な」もの. ― *~ armé* 鉄筋コンクリート.
bétonnage 男 コンクリートの打ち込み;《スポ》全員でのディフェンス.

bétonné, e 形 コンクリートの.
bétonner 他 コンクリートで固める.
——自[スポ]全員でディフェンスする.
bétonneur 男 (環境に配慮しない)悪質な不動産開発[建築]業者.
bétonnière / bétonneuse 女 コンクリートミキサー.
bette 女[植]フダンソウ.
betterave 女[植]テンサイ, サトウダイコン.
betteravier, ère 形 テンサイ(栽培)の. ——男 テンサイ栽培者.
bétulacées 女[植]カバノキ科.
bétyle 男[考古]聖石.
beuglant 男[古風](場末の)ナイトクラブ.
beuglante 女[俗]がなり立てる歌; 抗議の叫び.
beugler 自 (牛が)鳴く; どなる, わめく; うるさい音を立てる. ——他 声を張り上げて言う[歌う]. ✿**beuglement** 男
beur 男, 形 (不変)[俗](フランス生まれの)アラブ系移民の2世(の若者)(の).
beurette 女[俗] アラブ系移民の女の子.
beurk [-k] 間 ⇨ berk.
beurre 男 バター. ◇~ noir 焦がしバター; 青あざ. compter pour du ~ (fondu) 問題にならない. faire [battre] son ~ 大金を稼ぐ. mettre du ~ dans les épinards [諺]生活が楽になる.
beurré, e 形 バターを塗った; [俗]酔っぱらった.
beurré[1] 男 バターナシ.
beurré[2] 男[植]洋ナシの一種.
beurrer 他 バターを塗る.
——se ~ [俗]酔っぱらう.
beurrerie 女 バター製造(所).
beurrier, ère 形 バター(製造)の.
——男 バターケース[皿].
beuverie 女 酒宴, どんちゃん騒ぎ.
bévatron 男[物]ベバトロン.
bévue 女 ばかげた誤り, 大失敗.
bey 男[トルコ][史]ベイ(トルコの高級武官, 地方長官, 総督の称号).
✿**beylical, ale** [男複] **aux** 形
beylisme 男 ベーリスム(スタンダールの小説に見られる個人主義的, 情熱的な生き方).
Beyrouth ベイルート.
bézef 副 ⇨ bézéf.
bézoard 男[獣医] 胃石.
B.F. 女 (略) ❶ Banque de France フランス銀行. ❷ [電] basse fréquence 低周波.
Bhoutan 男 ブータン(王国).
Bi [記] [化] bismuth ビスマス.
biais, e 形 斜めの, はすかいの. ——男 ❶ 斜め, 傾斜; バイアス. ❷ 一面; 見地, 観点. ❸ 遠回しの手段[表現]; うまい逃げ道; 逃げ口上. ◇de [en] ~ 斜めに; 間接的に, 遠回しに. par le ~ de … …という手段で.
biaiser 自 ❶ 遠回しの手段[表現]をとる; 言い逃れをする. ❷ 斜めになっている. ——他 手心を加える.
biathlète 名 バイアスロン競技者.
biathlon 男[スポ] バイアスロン.

biaural, ale ; [男複] **aux** 形 ⇨ binaural.
biauriculaire 形[生理]両耳(性)の; [解]両心耳の.
bibande 形 2周波数帯対応の.
bibasique 形[化] 2塩基性の.
bibelot 男 置物, 工芸[骨董]品.
biberon 男 哺(乳)瓶; (病人用の)吸い飲み.
biberonner 自[俗]大酒を飲む.
bibi[1] 男[俗] (小さい)婦人帽.
bibi[2] 男[俗] 私.
bibine 女[俗] 安酒; まずいビール.
bible 女 ❶ (la B~) 聖書; [文]聖書(中世の世相を描いた風刺書). ❷ papier ~ インディアペーパー.
bibliobus [-s] / **bibliocar** 男 移動図書館.
bibliographe 名 書誌学者.
bibliographie 女 参考文献目録; (新聞, 雑誌の)新刊案内; 書誌学.
✿**bibliographique** 形
bibliomanie 女 蔵書癖, 稀覯(きこう)書収集熱.
bibliophile 名 愛書家, 稀覯(きこう)書収集家. ✿**bibliophilie** 女
bibliopoche 女 文庫本 [ペーパーバック] 専門店.
bibliothécaire 名 図書館員, 司書.
bibliothéconomie 女 図書館学.
bibliothèque 女 図書館, 図書室; 書庫, 書棚; 本棚, 叢書; 蔵書; [情報] ライブラリ; [生] DNA ライブラリ.
biblique 形 聖書の(ような).
bibliste 名 聖書研究者.
bic 男 商標 ボールペン.
bicaméralisme / bicamérisme 男 二院制.
✿**bicaméral, ale** ; [男複] **aux** 形
bicarbonate 男[化]重炭酸塩. ——~ de sodium 重曹.
bicarré, e 形[数] 4 次[4 乗べき]の.
bicentenaire 男, 形 200 年(を経た); 200年記念(の).
bicéphale 形 双頭[二頭体]の.
biceps [-ps] 男 力こぶ; 二頭筋.
biche 女 雌鹿.
bich(e)lamar 男[言]ビーチラマー(メラネシア語と英語の混成語).
bicher 自 ❶ [俗](非人称構文で)うまくいく. ❷ [俗]喜ぶ.
bichette 女 ❶ 若い雌鹿. ❷ ma ~ ねえ君, おまえ.
bichof 男 ビショップ(ワインにレモン, オレンジを入れた飲料).
bichon, ne 名 マルチーズ.
bichonner 他 着飾らせる; かわいがる, 世話をやく. ——se ~ めかし込む.
bichromate 男[化]重クロム酸塩.
bichromie 女 2色刷り.
bicipital, ale ; [男複] **aux** 形 [解]二頭筋の.
bickford [-d] 男[英] ビックフォード導火線.
bicolore 形 2色の.
biconcave 形 両凹の.

biconvexe

biconvexe 形 両凸の.
bicoque 女 園 あばら家, バラック.
bicorne 男 二角帽(ナポレオンの肖像画などに見られる).
bicot¹ 男 子ヤギ.
bicot² 男 《軽蔑》アラブ人.
bicourant, e 形《不変》[鉄道]交直両用の.
bicross [-s] 男 バイシクルモトクロス(用自転車).
biculturalisme 男 2 文化の共存.
biculturel, le 形 2 文化を持つ.
bicycle 男 (大きな前輪にペダルがついた)旧式の自転車.
bicyclette 女 自転車.
bidasse 男 俗 兵隊.
bide 男 話 腹; 大失敗; 不入り.
bident 男 (干し草用の)二股(た)フォーク.
bidet 男 ビデ; 小馬.
bidoche 女 話 肉; 悪質の肉.
bidon 男 ❶ 缶, 容器, 水筒; 話 (単車の)ガソリンタンク; 話 腹. ❷ du 〜 話 うそ, でたらめ.
 — 形《不変》偽の, 見せかけの.
bidonnage 男 話 だますこと, いんちき.
bidonnant, e 形 話 おかしくてたまらない.
bidonner 他 話 だます.
 —se 代 話 笑いこける.
bidonville [-l-] 男 スラム街.
bidouiller 他 話 応急修理する, 日曜大工で作る; 話 カスタマイズする. ▫**bidouillage**
bidouilleur, se 名 話 日曜大工[手仕事]をする人.
bidule 男 話 あれ, それ, しろもの.
bief 男 (運河の)水門間の区間(水車への)導水路.
bielle 女 [機] リンク, ロッド.
biellette 女 [機] 小型ロッド.
Biélorussie 女 ベラルーシ.
biélorusse 形, 名 ベラルーシの(人).
 — 男 ベラルーシ語.
bien 副 ❶ よく, 順調[健康]に; 上手に; 正しく, 立派に; 親切に, 好意的に. ❷ 大いに, とても, たいへん. 本当に; とにかく, まあ. ❸ 確かに, 本当に. ❹ たっぷり, 少なくとも. ❺ — des [du, de la] ... 多くの... ◊〜 à vous(手紙の末尾で)敬具. — que + subj. ...ではあるが, にもかかわらず. Ça fait — de + inf. ...するのが格好がいい, 聞こえがいい. C'est — fait (pour ...). (...には)当然の報いだ. faire — よく映える, 似合う. faire — de + inf. ...するのは立派で[賢明な]ことだ. ni — ni mal まあまあ; はっきりしない態度で.
 —間 よし, 結構, 承知しました; では, さて. —形《不変》心地よい; 元気をつける; 立派な, 正しい; 仲がよい. ❷ (成績で)優. ► très 〜 秀/assez 〜 良.
 ◊C'est — à vous de + inf. ...してくださるとは御親切なことです.
 — 男 ❶ 善, 善行. ❷ 利益, 幸福. ❸ 財産, 不動産; 財.
 ◊dire du 〜 de ... ...をよく言う.

en 〜 よい方に, 好意的に. en tout 〜 tout honneur 善意で, 誠意をもって. faire du 〜 ...のためになる, よい効果をもたらす.
bien-aimé, e [bjɛ̃ne-] 形, 名 最愛の(人).
bien-dire 男《不変》古風 能弁; 雄弁術.
bien-être [bjɛ̃nɛ-] 男《不変》満足, 幸福; 快適; 裕福; 福祉.
bienfaisance [-fə-] 女 善行, 慈善.
bienfaisant, e [-fə-] 形 恩恵をもたらす; 健康によい; 文章 慈悲深い.
bienfait 男 恩恵, 効用; 文章 善行, 親切.
bienfaiteur, trice 名 恩人; 慈善家, 後援者.
 — 形 慈善的な, 後援する.
bien-fondé 男 正当さ, 適切さ; [法]適法性.
bien-fonds :《複》 〜s-〜 [法] 不動産.
bienheureux, se [bjɛ̃nœ-] 形 幸運な, 好都合な.
bien-jugé 男 [法] 適法な判決.
biennal, ale《男複》**aux** 形 2年間の, 2年ごとの. —女 ビエンナーレ.
bien-pensant, e 形, 名 保守的な(人).
bienséance 女 文章 礼儀,《複数》作法, しきたり.
bienséant, e 形 古/文章 礼儀[しきたり]にかなった.
bientôt 副 じきに, 間もなく, 近いうちに. ◊**A** 〜. 話 近いうちに, 近いうちに.
bienveillance 女 好意, 厚情; 親切, 思いやり.
bienveillant, e 形 好意的な; 親切な. ▫**bienveillamment**
bienvenir 他 文章 se faire 〜 歓迎される.
bienvenu, e 形 文章 時宜にかなった, 当を得た; 歓迎される. —名 歓迎される人[物]. —女 歓迎.
bière¹ 女 ビール. 〜 (à la) pression 生ビール.
 ◊Ce n'est pas de la petite 〜. ただ事[だだ事]ではない.
bière² 女 棺, 柩(ひつぎ).
bièvre 男 話 ビーバー.
biface 男 [考古] 握斧(あくふ), 両面加工石器.
biffe 女 俗 歩兵部隊.
biffer 他 線を引いて消す. ▫**biffage**
biffin 男 俗 屑(くず)屋; 歩兵.
biffure 女 抹消線[箇所].
bifide 形 [生] 二裂[二股(ふたまた)]の.
bifidus [-s] 男 ビフィズス菌.
bifilaire 形 [物] 2本糸[線]の; 2本巻きの.
bifocal, ale《男複》**aux** 形 [光] 二焦点の.
bifteck [-tɛk] 男 ステーキ(用の肉); 話 生活の糧, 生活費; 利益. 〜-frites ポテト添えビーフステーキ.
bifurcation 女 分岐(点), 三叉(さんさ)路; 岐路, 進路の選択[変更]. ► gare

bifurquer 自 分岐する;《sur, vers》(…の)方向に転換する.

bigame 形 重婚の. — 名 重婚者.

bigamie 女 重婚.

bigarade 女 ダイダイの実.

bigaradier 男【植】ダイダイ.

bigarré, e 形 雑色の, 色とりどりの; 雑多な; 多様な.

bigarreau 《複》x 男【植】ビガロー種(のサクランボ).

bigarrer 他 雑多な色[模様]をつける; 不統一にする.

bigarrure 女 雑色, 雑多な模様; 不調和.

big(-)bang [bigbɑ̃:ŋ]男《米》【天】ビッグバン.

Bige 形 (不変) Billet ～ (ヨーロッパ鉄道の)学割切符.

bigle 形, 名 固 斜視[近視]の(人).

bigler 自《sur, dans》(…を)横目[義(ぎ)眼]の目で見る.
— 他 横目で〔物欲しそうに〕見る.

bigleux, se 形, 名 圇 斜視の(人); 目の疲い(人).

bignone 女 / **bignonia** 男【植】ビグノニア, ツリガネカズラ.

bignoniacées 女複【植】ノウゼンカズラ科.

bigophone 男 圇 電話;【楽】ビゴフォン.

bigorne 女 角金敷(ﾗﾜﾞ);【楽】戦闘靴;喧嘩(ｹﾝｶ).

bigorneau 《複》x 男【貝】ヨーロッパタマキビ.

bigorner 他 圇 殴る; ぶつける, 壊す.
— se ～ 圇 殴り合う.

bigot, e 形, 名 信心[迷信]に凝り固まった(人).

bigoterie 女 / **bigotisme** 男 偏狭な信心, 狂信.

bigouden, ène [-dɛ̃, ɛn] 形 ビグダン地方(ブルターニュ半島南西部)の.
— 名 (B～) ビグダン地方の人. — 女 (ビグダン地方特有の) 円筒形婦人帽.

bigoudi 男 (美容の) カールクリップ.

bigourdan, e 形 ピゴール Bigorre (ピレネー山麓(ﾛ))の地方の.
— 名 (B～) ピゴール地方の人.

bigre 間 圇 ちえっ, わぁ(驚き, 驚き).

bigrement 副 ひどく, すごく.

bigrille 女【エレ】4極管.
— 形 格子[グリッド]の2つある.

bigue 女 デリッククレーン;【海】ヘビー・デリック.

biguine 女【ダンス】ビギン.

bihebdomadaire 形 週2回の.

bihoreau 《複》x 男【鳥】ゴイサギ.

bijectif, ve 形【数】全単射の.

bijection 女【数】全単射.

bijou 《複》x 男 宝石; 装身具; 珠玉の作品.

bijouterie 女 宝石店;《集合的》宝石類, アクセサリー.

bijoutier, ère 名 宝石商, 宝石[貴金属]細工師.

bikini 男 ビキニ.

bilabiale 女 両唇音.

bilabié, e 形【植】二唇形の.

bimétallisme

bilame 男【金】バイメタル.

bilan 男 ❶ 貸借対照表, バランスシート. ❷ (惨事などの) 総括; 現状; 被害状況, 死傷者数. ❸ 圇 ～ de santé 健康診断, 人間ドック.

bilatéral, ale 《男性複》aux 形 両側の, 双方の; 2国間の;【法】双務的な. — 女【音声】両側音.
□**bilatéralité** 女

bilboquet 男 剣玉.

bile 女 ❶ 胆汁. ❷ 心配; 怒り.

se biler 代動 圇 くよくよする, 気をもむ.

bileux, se 形 圇 苦労[心配]性の.

bilharzie / **bilharzia** 女【医】ビルハルツ住血吸虫.

bilharziose 女【医】住血吸虫症.

biliaire 形 胆汁の.

bilié, e 形 胆汁を含む.

bilieux, se 形 胆汁の; 胆汁過多の; 怒りっぽい. — 名 気難しい人.

biligenèse 女【生理】胆汁産出.

bilinéaire 形【数】双線形の.

bilingue 名, 形 バイリンガル(の).

bilinguisme [-gųi-] 男 2言語併用.

billard 男 ビリヤード(場);圇 手術台; 広く平坦(ﾀﾝ)な道; たやすいこと.

bille[1] 女 ❶ (ビリヤード, ルーレットなどの) 球; ビー玉;《複数》ビー玉遊び. ❷ 圇 顔. ◇ ～ en tête 遠慮なく; 決然として. *reprendre [retirer] ses ～s* 手を引く.

bille[2] 女 原木, 丸太.

billet 男 ❶ 切符, 券. ❷ 紙幣, 札; 手形. ❸ (新聞のコラム. ❹ 招待状, メッセージ. ❺ 証明書. ❻ 圇 10フラン; 旧1000フラン.
◇ *Je vous en donne [fiche] mon ～.* その点は私が保証します.

billette 女【薪(ｶ)】炭材;【金】ビレット;【建】千鳥つづき棒飾り.

billetterie 女 切符の販売業務; 切符売り場, プレイガイド; 現金自動支払い機.

billettiste 名 コラムニスト.

billevesée [bilj-.] 女 文章 くだらない話, ナンセンス.

billion [-lj5] 男 1兆.

billon 男 ❶【農】畝. ❷ 原木, 丸太. ❸ 補助貨幣.

billot 男 ❶ 薪(ﾀｷ)割り台, 肉切り台;(昔の) 断頭台. ❷ (牛, 猟犬の) 足かせ棒.

bilobé, e 形【植】二葉の;【建】(アーチが) 双葉状の.

biloculaire 形【植】二室の.

biloquer 他 深く耕す.

bimbeloterie 女 雑貨類製造販売; 《集合的》雑貨類.

bimbelotier, ère 名 雑貨製造[販売]業者.

bimensuel, le 形 月2回の, 半月ごとの. — 男 月2回刊の雑誌[新聞].
□**bimensuellement** 副

bimestre 男 2か月(間).

bimestriel, le 形 隔月の.
— 男 隔月刊の刊行物.

bimétallique 形【金】バイメタルの.

bimétallisme 男【経】(金銀) 複本

位制.
bimétalliste 形〖経〗複本位制の.
— 名 複本位制論者.
bimillénaire 男, 形 2000(周)年(の); 2000年記念の.
bimoteur 男, 形 双発の.
— 男 双発機.
binage 男〖田畑の表耕; 2回目の耕耘(ﾁﾝ)〗;〖ｶﾄ〗ミサ重祭.
binaire 形 ❶ 2つの要素から成る; 2進法の;〖楽〗2拍子系の. ❷〖善か悪かというような, 単純な〗二元的の. ❸〖天〗連星.
binard / binart 男 石材運搬車.
binarisme 男〖言〗二項対立論.
binational, ale 形;〔男複〕*aux* 形 二重国籍の; 2国の管理下にある.
binaural, ale 形;〔男複〕*aux* 形〖音響〗バイノーラルの.
biner 他 2度目の耕耘(ﾁﾝ)をする.
— 自〖ｶﾄ〗同じ日に2度ミサを挙げる.
binette¹ 囡 2度すき〖除草〗用鍬(ｸﾜ)〖農具〗.
binette² 囡 面つら, 顔.
bing 擬 ガチャン.
bing [biŋ] 男〖英〗ビンゴ.
bingo [biŋgo] 男〖英〗ビンゴ.
biniou 男 ビニウ(ブルターニュ地方のバグパイプ). ⇨ *bombarde*
binoclard, e 形, 囡名 眼鏡をかけている(人).
binocle 男 鼻眼鏡; 囡複 眼鏡.
binoculaire 形 双眼の.
binôme 男 ❶ 2組; 2人組;〖数〗2項式. ❷〖〗(一緒に発表などをする学生の)相棒.
binomial, ale 形;〔男複〕*aux* 形 2項式の.
binominal, ale 形;〔男複〕*aux* 形 nomenclature ~ale 二〖命〗名法(属名と種名で一つの種を表す).
bintje [bintʃ-ʃ] 囡 ビンチェ(ジャガイモの一種).
bio¹ 男 伝記 伝記.
bio² 名, 形〖多く不変〗形 有機栽培(の), 天然の. — 男 manger ~ 名 安心なものを食べる.
bioaccumulation 囡〖環境〗生体蓄積, 生物濃縮.
bioacoustique 囡 生物音響学.
bioastronomie 囡 宇宙生物学.
biocarburant 男 生物燃料.
biocatalyseur 男〖生化〗生体触媒.
biocénose / biocœnose [-se-] 囡〖生〗(生物)群系.
biochimie 囡 生化学.
biochimique 形 生化学の.
biochimiste 名 生化学者.
biocide 形〖化〗殺生物剤(殺虫剤, 除草剤など). — 男 殺生物(性)の.
bioclimat 男〖生〗(生物)気候. **◇ bioclimatique** 形
bioclimatologie 囡〖生〗(生物)気候学. **◇ bioclimatique** 形
biocompatible 形〖医〗生物学的適合(性)の. **◇ biocompatibilité** 囡
bioconversion 囡〖生〗生物の変換.
biodégradable 形 微生物によって分解される. **◇ biodégradabilité** 囡
biodégradation 囡 微生物による分解.
biodesign 男 バイオデザイン.
biodiesel 男 バイオディーゼル燃料.
biodistribution 囡〖生〗生体内分布.
biodiversité 囡 生物の多様性.
bioélectricité 囡 生物電気.
bioélément 男〖生化〗生元素, 生体元素.
bioénergie 囡 生体エネルギー. **◇ bioénergétique** 形
bioéquivalence 囡〖医〗生物学の等価.
bioéthique 囡 生命倫理, バイオエシックス.
biofilm 男〖生〗バイオフィルム, 生物膜.
biogenèse 囡 生命発生, 生命の起源. **◇ biogénétique** 形
biogénie 囡 継生説, 生物発生説.
biogéographie 囡 生物地理学.
biographe 名 伝記作者.
biographie 囡 伝記.
biographique 形 伝記の.
bio-industrie 囡 バイオインダストリー(生物工学を利用した産業).
bio-informatique 囡 生命情報科学.
bio-informaticien, ne 名
biologie 囡 生物学.
biologique 形 生物学の; 自然食品の. ▸ agriculture ~ 有機農業.
biologiser 他 生物学的に説明する.
biologiste 名 生物学者.
bioluminescence 囡 生物発光.
biomagnétisme 男 動物磁気.
biomasse 囡 バイオマス, 生物量.
biomatériau 男 *x* 男 (人工臓器用の)生体適合材料.
biome 男 バイオーム, 生物群系.
biomédical, ale 形;〔男複〕*aux* 形 生物学と医学にまたがる, 生物医学的な.
biométrie 囡 生物測定学.
◇ biométricien, ne 名
◇ biométrique 形
biomoléculaire 形 生物分子の; 分子生物学の.
bionique 囡 生体工学, バイオニクス.
biopesticide 男 生物源農薬, 生物農薬.
biophysique 囡 生物物理学.
◇ biophysicien, ne 名
biopsie 囡〖医〗生検, バイオプシー.
biopuce 囡〖生〗バイオチップ, 生体素子.
biorégulation 囡〖生〗生体防御.
bioremédiation 囡〖環境〗バイオレメディエーション, 生物修復.
biorythme 男 バイオリズム.
biosciences 囡複 生命科学.
biosphère 囡 生物圏.
biosynthèse [-sε-] 囡〖生化〗生合成. **◇ biosynthétique** 形
biote 男 生物相.
biotechnologie / biotechnique 囡 生物工学, バイオテクノロジー.
biotechnologique / biotechnique 形 バイオテクノロジーの.
bioterrorisme 男 生物テロ.

□**bioterroriste** 名
biothérapie 女 [医] 生物療法.
biotine 女 [生化] ビオチン.
biotique 形 生物の, 生命維持の.
biotite 女 [鉱] 黒雲母(うんも).
biotope 男 生息場所, ビオトープ.
biotype 男 体型類型.
biotypologie 女 体型類型学.
biovigilance 女 バイオ製品 [農具] の安全性チェック; [医] (治療に用いる) 生体組織の安全検査(装置).
bip 男 ピーという音; 語 ピーという音を出す装置.
bipale(s) 形 2翼 [2枚羽根] の.
biparti, e / bipartite 形 2つの要素から成る; 2政党 (間) の.
bipartisme 男 二大政党制.
bipartition 女 分裂.
bip-bip [bipbip] 男 ピーピーという音.
bipède 形 2本足の.
——男 二足動物, 人間.
bipenne[1] 女 [考古] 両刃石斧(ふ).
bipenne[2] / **bipenné, e** 形 [植] (葉が) 2回羽状の.
biper, bipeur 男 ポケットベル.
biphasé, e 形 [電] [金] 2相の.
biplace 形 2人乗りの, 複座の.
——男 複座機.
biplan 男 複葉機.
bipoint 男 [数] 2点の対; ベクトル.
bipolaire 形 二極の.
bipolarisation 女 両極化.
bipolarisé, e 形 二極化した; 二分された.
bipolarité 女 両極性, 二極性.
bipoutre 形 [航] 双胴の.
biquadratique [-kwa-] 形 [数] 4乗の, 4次の.
bique 女 話 雌ヤギ.
biquet, te 名 話 子ヤギ.
biquotidien, ne 形 日に2回の.
birapport 男 [数] 複比, 非調和比.
biréacteur 男 双発ジェット機.
B.I.R.D. 女 [略] Banque internationale pour la reconstruction et le développement 国際復興開発銀行(英語 I.B.R.D.).
biréacteur 男 双発ジェット機.
biréfringence 女 [光] 複屈折.
□**biréfringent, e** 形.
biribi 男 ❶ [ゲーム] (イタリア起源の昔のロトの一種. ❷ (B〜) 俗 北アフリカの囚人部隊.
birman, e 形 ビルマ [ミャンマー] の.
——名 (B〜) ビルマ人.
Birmanie 女 ビルマ (ミャンマーの旧称).
biroute 女 俗 (飛行場で風向きを示す) 吹き流し.
bis[1]**, e** 形 灰褐色の. ▶ pain 〜 (麸(ふ)入りの) ブラウンブレッド.
bis[2] [-s] 男 アンコール. ——副 (番号, 条項などで) …の2.
bisaïeul, e 名 支 (祖父 [母]).
bisaiguë 女 ⇨ besaiguë.
bisannuel, le 形 2年ごとの; [植] 2年生の.

bisbille 女 話 ちょっとした喧嘩(けんか), 仲違い.
biscaïen, ne [-jɛ̃, ɛn] / **biscayen, ne** 形 ビスカヤ (スペイン) の. ——名 (B〜) ビスカヤの人.
Biscaye [-kaj] ビスカヤ (スペイン北部の州).
bischof ⇨ bichof.
biscornu, e 形 でこぼこした, 不格好な; 話 とっぴな.
biscotin 男 (小さい) ビスケット.
biscotte 女 ビスコット, ラスク.
biscotterie 女 ビスコット製造(工場).
biscuit 男 ❶ ビスケット, クッキー; 乾パン. ❷ スポンジケーキ. ❸ 素焼きの陶磁器.
biscuiter 他 [陶] 素焼きする.
biscuiterie 女 ビスケット製造(工場).
bise[1] 女 寒風, 北風.
bise[2] 女 話 (頬(ほお)への) キス.
biseau 男《複》x 面取り (した縁); のみ.
biseautage 男 面取り.
biseauter 他 縁を斜めに切る, 面取りする; (カードの) 縁に細工する.
biser[1] 自 (穀類が傷んで) 黒くなる.
biser[2] 他 話 キスする.
biset 男 [鳥] カワラバト.
bisexualité [-sɛ-] 女 ❶ 両性具有, 雌雄同体. ❷ バイセクシャルであること.
bisexué, e [-sɛ-] 形 両性具有の; 両性の.
bisexuel, le 形, 名 バイセクシュアルの(人).
bismuth [-t] 男 [化] ビスマス.
bismuthine 女 [化] ビスマスチン.
bison 男 [動] バイソン.
bisontin, e 形 ブザンソン Besançon の. ——名 (B〜) ブザンソンの人.
bisou 男 話 キス.
bisque 女 [料] ビスク (エビ, カニなどを殻ごと裏ごししたポタージュ).
bisquer 自 話 くやしがる, 不機嫌になる.
bissecteur, trice 形 [数] 2等分する.
——女 2等分線.
bissection 女 [数] 2等分.
bissel 男 [鉄道] ビッセル台車.
bisser 他 アンコールを求める [に応えて演奏する].
bissextile 形 女 année 〜 閏(うるう) 年.
bistorte 女 [植] イブキトラノオ.
bistouille 女 (北仏, ベルギーで) ブランデー入りコーヒー.
bistouri 男 (外科用の) メス.
bistournage 男 [獣医] 去勢手術.
bistre 男 ビストル色, 濃褐色.
——形 (不変) 濃褐色の.
bistré, e 形 濃褐色の.
bistrer 他 濃褐色にする.
bistro(t) 男 ビストロ, 居酒屋.
bisulfate [-syl-] 男 [化] 重硫酸塩.
bisulfure [-syl-] 男 [化] 二硫化物.
bit [-t] 男《米》[情報] ビット. ▶ 〜s par seconde ビット毎秒.
B.I.T. 男 [略] Bureau internatio-

bite

nal du travail 国際労働機関(ILO)事務局.
bite 女 ⇨ bitte².
bitension 形 《不変》2種の電圧で使用できる.
bitonal, ale 《男複》**aux** 形 《楽》複調性の.
bitoniau, bitonio x 男 話 あれ, 何とかいう物; 押しボタン.
bitte¹ 女 《海》[繫柱, ビット; 繫留柱, ボラード.
bitte² 女 俗 ペニス.
bitter 男 苦味酒, ビター.
bit(t)ure 女 俗 酔い, 酩酊(ぷい).
   ◇ **à toute** ~ 全速で.
se bit(t)urer 代動 俗 酔っぱらう.
bitumage 男 アスファルト舗装.
bitume 男 アスファルト; 《絵》ビチューム(暗褐色の絵の具).
bitumer 他 アスファルトで舗装する.
bitumineux, se / bitumeux, se 形 アスファルト混合の.
biunivoque 形 《数》1対1の.
bivalence 女 掛け持ち; 両義性; 《化》2価; 《論》二価性.
   □ **bivalent, e** 形
bivalve 形 二枚貝の.
   — 男 《複》二枚貝類.
bivitellin 形 二卵性の.
bivouac 男 野営(地); 《登山》ビバーク. □ **bivouaquer** 自
bizarre 形 奇妙な.
bizarrement 副 奇妙に; 不可解なことに.
bizarrerie 女 奇妙, 特異; 奇行.
bizarroïde 形 話 奇ちょきりんな.
bizou ⇨ bisou.
bizuter 他 《新入生に》いたずらを仕掛ける. □ **bizutage** 男
bizut(h) 男 俗 新入生; 話 新人, 新米.
Bk 《記》《化》berkélium バークリウム.
blabla(bla) / bla-bla(-bla) 男 《不変》おしゃべり, 駄弁.
black-bass [-s] 男 《米》《魚》ブラックバス.
blackbouler 他 話 落選[落第]させる; はねつける. □ **blackboulage** 男
black-jack [-k] 男 《英》ブラックジャック.
black-out [-kawt] 男 《不変》灯火管制; 停電; 報道管制, 箝口(な)令.
black-rot [-t] 男 《米》《植》黒斑病, 黒腐れ病, 黒腐れ病.
blafard, e 形 青白い; ほの暗い.
blague¹ 女 回うそ; 冗談; へま.
blague² 女 たばこ入れ.
blaguer 自 でたらめな[冗談を]言う.
   — 他 からかう.
blagueur, se 形, 名 でたらめを言う(人), 冗談好きな(人).
blair 男 俗 鼻; 顔.
blaireau 《複》**x** 男 《動》アナグマ. ❷ ひげそり用ブラシ; 絵筆.
blairer 他 俗 我慢する.
blâmable 形 非難に値する.
blâme 男 非難, 譴(け)責, 戒告.
blâmer 他 非難する; 譴(け)責する, 戒

告処分にする. **— se** ❶ 自分を責める. ❷ 非難し合う.
blanc, che [blã, ã:ʃ] 形 ❶ 白い, 白紙の, 白地の, 白髪の; 無色の; 青ざめた; 話 日焼けしていない. ❷ 実効のない. ► **examen** ~ 模擬試験 / **mariage** ~ 性生活のない結婚 / **vers** ~ 無韻詩 / **voix** ~**che** 抑揚のない声. ❸ 汚れのない, 潔白な. ► **avoir les mains** ~**ches** 手を汚していない/**Il n'est pas** ~. 彼はシロじゃない. ❹ **carré** [**rectangle**] ~ 《フランスのテレビで》成人向けの白い四角のマーク. — 名 《多く**B**~》白人.
— 男 ❶ 白, 白色; 白い物[部分]; 白い衣服, リンネル製品, 白ワイン, 白身, 白色顔料[塗料], おしろい. ❷ 余白; 空白, (話の途切れ), 沈黙. ❸ 《農》うどん粉病.
   ◇ **à** ~ 白く, 白くなるまで; 空砲の[で]. — **de** ~ 白ブドウだけで作った白ワイン. **noir sur** ~ 明らかに, 反論の余地なく. **regarder dans le** ~ **des yeux** 顔をまともに見据える. **signer un chèque en** ~ 持参人払いの小切手を出す.
— 名 《俗》ヘロイン, コカイン; 《楽》二分音符. — 副 **voter** ~ 白票を投じる.
blanc-bec [blã-]; 《複》~**s**-~ 男 青二才.
blanc-étoc[-ke-; 《複》~**s**-~**s** / **blanc-estoc** [-ke-]; 《複》~**s**-~**s** 男 《林》皆伐.
blanchaille 女 コイ科の小魚.
blanchâtre 形 白みがかった.
blanchet 男 《印》ブランケット.
blancheur 女 白さ, 白色.
blanchi, e 形 白くなった, 洗濯した; 白髪の; 嫌疑が晴れた.
blanchiment 男 ❶ 白塗り, 漂白. ❷ (不正取得金を金融機関を経て)浄化すること, マネーロンダリング.
blanchir 他 ❶ 白くする[塗る], 漂白する; 洗濯する; 無罪を証明する. ❷ 湯がく, ゆでる. ❸ マネーロンダリングする.
— 自 ❶ 白くなる; 白髪になる; 老いる.
— se ❶ (自分の嫌疑[汚名]を)晴らす. ❷ (自分の衣服などに)白いものをつける.
blanchissage 男 クリーニング; (砂糖の)精製.
blanchissant, e 形 白くする[なる].
blanchissement 名 白くなること.
blanchisserie 女 クリーニング店[業].
blanchisseur, se 名 クリーニング業者, 洗濯屋.
blanc-manger [blãmãʒe]; 《複》~**s**-~**s** 男 《料》ブランマンジェ(アーモンド乳のゼリー寄せ).
blanc-seing [blã-]; 《複》~**s**-~**s** 男 白地証書(への署名).
   ◇ **donner un** ~ 全権を委任する.
blanquette 女 ❶ ブランケット(発泡性白ワイン). ❷ 子羊[子牛, 鶏]のクリーム煮.
blaps [-ps] 男 《昆》クロゴミムシダマシ.

blase 男⇒女 名前; 鼻.
blasé, e 形, 名 無感動な [冷めた] (人).
blasement 男 無感動; 飽き.
blaser 他 無感動にする, 飽きさせる. **—se ~** 無感動になる, 飽きる.
blason 男 紋章; 紋章学; 〖文〗ブラゾン (16世紀に流行した平面定型詩).
blasonner 他 (紋章を) 描く; (紋章の) 図形を説明する.
blasphémateur, trice 形, 名 冒瀆(とく)的な(人).
blasphématoire 形 冒瀆的な.
blasphème 男 冒瀆(とく)的な言葉.
blasphémer 6 自, 他 冒瀆する, 侮辱する.
blastoderme 男 〖生〗胚(はい)盤葉, 胚葉盤.
blastogenèse 女 〖生〗胚(はい)(子)発生, 胞胚形成.
blastomère 男 〖生〗分割球.
blastomycètes 男複 〖菌〗不完全酵母菌類.
blastopore 男 〖生〗原口, 胞胚(はい)孔.
blastula 女 〖生〗胞胚(はい).
blatérer 6 自 (羊, ラクダが) 鳴く.
blatte 女 ゴキブリ.
blaze 男 俗 鼻.
blazer [-zœ:r/-zɛ:r] 男 〖英〗ブレザー.
blé 男 ❶ 小麦; 穀物. ❷ 俗 金(かね).
◊ **blé en herbe** 青い麦; 若者. **manger son blé en herbe** 収入を見越して金を使う.
bléca 男俗 流行に遅れている.
blèche 形 軟弱な.
bled [-d] 男 (北アフリカの) 内陸部, 奥地; 俗 僻(へき)地.
blême 形 青白い, 青ざめた; ほのかな.
blêmir 自 青白くなる, 青ざめる. **—他** 青白くする.
blêmissement 男 青ざめること.
blende [blɛ̃d] 女 閃(せん)亜鉛鉱.
blennie 女 〖魚〗イソギンポ.
blennorragie 女 〖医〗膿(のう)漏症. ✥ **blennorragique** 形
blépharite 女 〖医〗眼瞼(けん)炎.
bléser 6 自 ([ʃ] を [s], [ʒ] を [z] と) 歯音下手の発音をする. ✥ **blèsement** 男

Blésois / Blaisois 男 ブレゾア地方 (ロアール川中流).
blessant, e 形 侮辱的な; 不愉快な.
blessé, e 形 傷ついた; けがをした. **—名** 負傷者, けが人.
blesser 他 傷つける; 痛め [不快感] を与える; ⟨文⟩背く, 反する; 害する. **—se ~** 傷つく; けがをする.
blessure 女 傷; けが; 痛手.
blet, te 形 熟れすぎた.
blette 女 ⇒ bette.
blettir 自 熟しすぎる. ✥ **blettissement** 男 / **blettissure** 女
bleu, e 形 ❶ 青い; 青ざめた; 青あざができた. **maladie ~e** 〖医〗青色(せい)病 / **zone ~e** 駐車時間制限区域. ❷ 〖料〗(ステーキなどが) ブルーの (レアより生に近い). ◊ **(en) être [rester]**

~ あっけにとられる. **peur ~e** 激しい恐怖. **sang ~** 高貴の血筋.
—名 新入り.
—男 ❶ 青, 青色; 作業服; 青色塗料 [染料]; (洗濯に用いる) 蛍光染料. ❷ 話 青あざ. ❸ 〖料〗 魚(さかな)を) クールブイヨンで煮た. ❹ ブルーチーズ.
◊ **n'y voir que du ~** さっぱり訳が分からない. **passer au ~** 隠す; くすねる; なくす; 盗る.
bleuâtre 形 青みがかった.
bleuet 男 〖植〗ヤグルマギク.
bleuir 他 青くする. **—自** 青くなる. ✥ **bleuissement** 男
bleusaille 女 俗 (集合的) 新兵.
bleuté, e 形 薄青い.
bleuter 他 薄く青みをつける.
bliaud 男 ブリオー (中世の衣服).
blindage 男 装甲; 遮蔽(へい)物.
blinde 女 〖軍〗(塹壕(ざんごう)の) 天蓋(ふた) 支柱.
blindé, e 形 ❶ 装甲化した; 機甲化した; 鋼板で補強された; 話 強く [免疫に] なった. **—男** 装甲車両.
blinder 他 ❶ 装甲化する; 鋼板で覆う; 遮蔽(へい)する. ❷ 話 図太くする, 強くする. **—se ~** 団結する.
blini(s) [-(s)] 男 〖料〗ブリニ (キャビアなどを添えるロシアのパンケーキ).
blister 男 (台紙と透明なカバーからなる) パッケージ.
blitzkrieg 男 電撃戦.
blizzard 男 〖米〗ブリザード.
bloc 男 ❶ ユニット; 一式; (建物の) 一群, ブロック. ❷ メモ帳. ❸ 全体, 総体; (政治・経済の) 集まり, グループ. ❹ 話 刑務所, 留置場. ❺ 〖土木〗ブロック; コンクリートブロック.
◊ **à ~** 完全に, 最大限に. **en ~** 一まとめにして, 全体で, 大ざっぱに. **être à ~** 忍耐の限界である. **faire ~** 団結 [連帯] する. **(tout) d'un ~** 全体で, 全身で.
blocage 男 ❶ (賃金の) 凍結; 停止, 固定, 締め付け. ❷ (無意識の) 拒絶反応. ❸ 砕石.
blocaille 女 〖建〗割ぐり石, 砂利.
bloc-cuisine; (複) **~s-~s** 男 ユニットキッチン.
bloc-cylindres; (複) **~s-~s** 男 シリンダブロック.
bloc-diagramme; (複) **~s-~s** 男 〖地理〗ブロックダイヤグラム.
bloc-eau; (複) **~s-~x** 男 水洗ユニット.
bloc-évier; (複) **~s-~s** 男 流し台ユニット.
blockhaus [blɔkoːs] 男 〖独〗トーチカ, コの字型砦.
bloc-moteur; (複) **~s-~s** 男 〖車〗パワーユニット, パワープラント.
bloc-notes; (複) **~s-~** 男 (1枚ずつ切り取れる) メモ帳. **~ électronique** 携帯情報端末, PDA.
blocus [-s] 男 封鎖; 包囲. **~ économique** 経済封鎖.
blog 男 〖インターネット〗ブログ.
Blois ブロア (Loir-et-Cher 県の県庁所在地).

blond

blond, e 形 ブロンドの; 淡い黄色の. —男 金髪の人. —男 淡い黄色.
—女 淡色ビール[普通のビール]; 黄色のたばこ[軽めのタバコ]. ⇨ brune.

blondasse 形 あせたブロンド[黄色]の(人).

blondeur 女 金髪の輝き.

blondin, ine 形, 名固 ブロンドの髪の(子供, 青年, 娘).

blondin¹ 男 [機] ケーブルクレーン.

blondinet, te 形, 名 ブロンドの髪の(子供).

blondir 自 ブロンド[黄金色]になる. —他 (髪を)ブロンドに染める. —**se ~** (自分の髪を)ブロンドに染める.

bloqué, e 形 動けない; 動かない; 凍結された; 行き詰まった.

bloquer 他 ❶ 動けなくする; 固定する, 締める; (通行を)止める; 封鎖する; 停止させる; 妨げる, 凍結する. ❷ どうしていいか分からなくする. ❸ 一つにまとめる. ❹ (ボール)をブロックする. —**se ~** 動かなくなる, 停止する; 行き詰まる; 拒絶反応を示す.

se blottir 代動 縮こまる, 丸くなる; 隠れる.

blousant, e 形 ブラウジングした, 膨らみを持たせた.

blouse 女 ❶ 仕事着, 作業服. ❷ (婦人用)ブラウス.

blouser¹ 自 [服] ブラウジングされている, (ギャザーで)身頃が膨らんでいる.

blouser² 他 たぶらかす. —**se ~** 間違える.

blouson 男 ジャンパー, ブルゾン.

blousse 女 [繊] 短繊維.

blue-jean(s) 男 (複) **~~s** [bludʒin] (英) ジーンズ.

blues [bluz] 男 (米) ブルース.

bluette 女 文芸 軽妙な小品.

bluff [blœf] 男 (米) こけおどし, はったり; (ポーカーで) ブラフ.

bluffer [blœ-] 他 はったりを利かす, 虚勢を張る; (ポーカーで)ブラフをする. —他 はったりをかける; だます.

bluffeur, se 名, 形 はったり屋(の), ほら吹き(の).

blush [blœʃ] 男 頬紅(ﾍﾞﾆ).

bluter 他 ふるい(篩)に掛ける; ふるい分けする. ◻**blutage** 男

bluterie 女 ふるい場; 製粉機.

blutoir 男 (小麦粉の)篩(ふるい)機.

B.N. 男 (略) Bibliothèque nationale (パリの)国立図書館.

B.O. 女 (略) bande originale (映画の)サウンドラ.

boa 男 ❶ [動] ボア. ❷ [服] ボア(羽毛, 毛皮などの細長い婦人用肩巻き).

bob [-b] 男 [スポ] ボブスレー.

bobard 男 虚報, うそ, デマ.

bobèche 女 (燭)(ｼｮｸ)台の蠟(ﾛｳ)受け.

Bobigny ボビニー(Seine-Saint-Denis 県の県庁所在地).

bobinage 男 (糸, フィルムの)巻き取り; [電] 巻線.

bobine 女 ❶ ボビン, ロール, スプール. ❷ 点火コイル. ❸ (変な)顔; 表情.

bobineau 男 (複) **x** / **bobinot**

(テープなどの)リール; [繊] ボビンクリール.

bobiner 他 巻き取る[戻す].

bobo¹ 男 幼児語/曖 痛み, かすり傷.

bobo² 男 ブルジョアボヘミアン(ボヘミアン志向のニューリッチ層).

bobonne 女 曖 かみさん, 古女房.

bobsleigh [-sleɡ] 男 (米) ボブスレー.

bocage 男 ❶ [地理] ボカージュ(畑, 農家を生け垣や林で区切った, 仏西部に見られる風景). ❷ 文章 小さな森; 木陰.

bocager, ère 形 ボカージュの.

bocal (複) **aux** 男 広口瓶, 壺.

bocarder 他 (鉱石を)粉砕する. ◻**bocardage** 男

boche 形 古風 (軽蔑) ドイツの. —名 (B~) 古風 (軽蔑) ドイツ人[兵].

bock 男 古風 ボック(注文できる生ビールの最少量). ❷ ボックビール(ドイツの黒ビール).

bodhisattva [-disatva] 男 (不変) (サンスクリット) 菩薩(ぼさつ).

body, (複) **~s** [-dies] 男 (英) 女性用)胴着, ボディス.

bodyboard [-bord] 男 商標 ボディボード(腹ばいか立て膝で滑る簡単なサーフィン, およびボード).

bodybuilding [-bildiŋ] 男 ボディービル.

bodybuildé, e 形

boësse 女 ブラシ, 金属製刷毛(ﾊｹ).

boette [bwɛt] 女 / **boët(t)e** [bwɛt] 女 (海釣りの)餌(ﾓﾉ); 餌魚.

bœuf [bœf]; (複) **~s** [bø] 男 ❶ 牛; 牛肉. ❷ 頑健な人; よく働く人; 少し鈍い人. ❸ ジャムセッション.

◇ **avoir un ~ sur la langue** 口止め料を握らされて黙っている. **mettre la charrue avant [devant] les ~s** 物事の順序をあべこべにする.

—形 (不変) 話 すごい, でかい.

bof 間 ほう, ふうん(軽蔑, 懐疑).

boghead [-ɡɛd] 男 ボッグヘッド炭.

boghei [-ɡɛ] / **boghey** 男 ❶ 1頭立て軽装無蓋(ﾑｶﾞｲ)(2) 輪馬車.

bogie [-ʒi] / **boggie** [-ɡi/-(ɡ)ʒi] 男 (英) [鉄道] ボギー台車.

Bogotá ボゴタ(コロンビアの首都).

bogue¹ 女 (栗の)いが.

bogue² 男 [コンピュータ] バグ. ◻**bogué, e** 形 バグのある.

Bohai [bohaj] 渤海(ﾎﾞｯｶｲ).

Bohême ボヘミア(チェコ西部).

bohème 名 ボヘミアン. —形 ボヘミアンの; (集合的に)ボヘミアン; 自由気ままな生活.

bohémien, ne 形 ボヘミアの; ジプシーの. —名 (B~) ボヘミア人. ❷ ジプシー; 語 浮浪者.

boire 他 自 ❶ 飲む; 吸う, 吸い込む; 受ける, 受け入れる; 文章 甘受する. ❷ (目的語なしに)酒[飲み物]を飲む; 乾杯する. ► **Donnez-moi à ~.** 飲み物をください. ◇ **~ comme un trou** 大酒を飲む. ~ **les paroles de …** の言葉に聞き入る. **Il y a à ~ et à manger.** 良いところと悪いところが

る. —se ~ (飲み物が)…で飲まれるべきである.
—男 en perdre [oublier] le ~ et le manger 寝食を忘れる.

bois[1] 男 ❶ 森、森林. ❷ 木;木材;薪(荒), たきぎ;木質部分;(特に)柄、取っ手. ❸ 木版(画). ❹《複数》木管楽器;鹿の角, 枝角(絞); 諺(サッカーなどの)ゴールの旧単位. ◇être du ~ dont on fait des flûtes (性格が)付き合いやすい. homme des ~ 野蛮人、田舎者. ne pas être de ~ 石ころでもない. toucher du ~ (うっかり悪いことをしてしまったときに)身近の木でできた物に触れて厄よけをする.

bois[2] 直 ⇨ boire.
boisage 男 板張り(鉱山の)坑木.
boisé, e 形 森で覆われた;植林された.
boisement 男 植林.
boiser 他 植林する;板張りにする;《鉱》坑木を当てる.
boiserie 女(天井, 壁の)板張り.
boiseur 男 坑木係;木版刻み大.
boisseau 《複》x 男 ボワソー(穀量の旧単位、約12.7l). ◇mettre sous le ~ 秘密にしておく.
boisselier 男 升(桶)師、笊(ざ)師、籠師. □boissellerie
boisson 女 飲み物;アルコール飲料. ◇être pris de ~ 酔っている.
boit 直 ⇨ boire.
boîte 女 ❶ 箱;缶, 缶詰;郵便ポスト, 郵便受け. ~ postale 私書箱. 諺 ナイトクラブ、キャバレー(=~ de nuit);職場;家; 諺 リセ;学校. ~ quitter sa ~ = 勤め先を辞める.《解》膣(\%)部 = / 《車》~ de vitesses ギアボックス、トランスミッション. ~ quantique《物》量子ドット/ ~ RPG《生》RPG ボックス.
◇~ à [aux] lettres 郵便ポスト, 郵便受け;(非合法組織の)連絡員. ~ noire ブラックボックス(ボイス・レコーダーとフライト・レコーダーの入った箱). mettre en ~ ばかにする, からかう.

boiter 自 足が不自由である;不安定である, ぐらぐらする. ロboitement 男
boiterie 女 足の不自由さ.
boiteux, se 形 足が不自由な;不安定な, 不備な. —名 足の不自由な人.
boîtier 男 ❶ 収納箱;ケース(カメラのボディ). ❷ (議院内の)代理投票人.
boîtiller 自 軽く足を引きずる. ロboitillement 男
boit-sans-soif名《不変》酔っぱらい, 大酒飲み.
boitte 女 ⇨ boette.
boive(-) 接 ⇨ boire.
bol[1] 男 ❶ 椀(*), 鉢, (大きめの)カップ. ❷ 諺 運;胃;肌(%). ◇en avoir ras le bol = en avoir son bol 諺 うんざりだ.
bol[2] 男 ❶ 粘土;大型丸薬. ❷ bol alimentaire 口中の食物の塊.
bolchevik [-k] 男 / **bolchevique** 男 ボルシェビキ. 形 共産主義者. —形 ボルシェビキの.
bolcheviser 他 ボルシェビキ化する.
bolchevisme 男 ボルシェビズム.

boldo 男《植》ボルド.
bolduc 男(包装用)色リボン.
bolée 女 碗(%) 1杯分.
boléro 男《楽》《服》ボレロ.
bolet 男《菌》イグチ, アワタケ.
bolide 男 速い車;目にも止まらぬパンチ;不意打ち.
bolier 男《漁》船底引き網.
bolivar 男 ボリバル(ベネズエラの通貨単位);ボリバル帽.
boliviano 男 ボリビアノ(ボリビアの通貨単位).
Bolivie 女 ボリビア.
bolivien, ne 形 ボリビアの.
—名《B~》ボリビア人.
bollard 男《海》繋(2)柱、ボラード.
bolognaise 形女《料》sauce ~ ミートソース.
Bologne ボローニャ(イタリアの都市).
bolonais, e 形 ボローニャの.
—名《B~》ボローニャの人.
bombage 男 ❶ (スプレーによる)落書き;(ガラスの)型押し.
bombagiste 男 ガラス職人.
bombance 女 ごちそう, 大宴会.
bombarde 女 ❶ (昔の)射石砲;ボンバルド(ブルターニュ地方の笛、オーボエの前身. biniou と踊りの伴奏をする).
bombardement 男 ❶ 砲撃;爆撃;(紙吹雪などを)浴びせること. ❷《物》(原子核の)衝撃;(放射線)照射.
bombarder 他 ❶ 砲撃[爆撃]する;(de)(…を)投げつける, 浴びせる;(執拗に…)攻めにする. ❷ 突然任命する, 抜擢する. ❸《原子核を)衝撃する.
bombardier 男 爆撃機;爆撃手.
bombardon 男《楽》ボンバルドン.
bombe[1] 女 ❶ 爆弾, 砲弾;花火玉;爆弾発言, 決定的証拠;特ダネ. ❷ (エアゾル式)スプレー;《菓》ボンブグラッセ(=~ glacée). ❸ 飛蹄帽.
◇comme une ~ 突然, 不意に.
bombe[2] 女 酒乱狂飲宴, 大酒盛り.
bombé, e 形 凸型の, 膨らんだ.
bombement 男 凸型;膨らみ, 反り.
bomber 他 ❶ 凸形にする;膨らます, 反らせる. ❷ スプレーで落書きする.
—自 ❶ 凸形になる;膨らむ, 反る. ❷ 諺 猛スピードで行く.
bombeur, se 名 スプレーで落書きする人.
bombyx [-ks] 男《昆》カイコガ.
bôme 女《海》ブーム(円材);クラブ.
B on(略) baron 男爵.
bon, ne ❶ 形 ❶ よい、優れた、正しい;適した;有効な、通用する. ❷ おいしい、心地よい、楽しい. ❸ かなりの、たっぷりの;ひどい. ❹ 優しい、親切な、友好的な;おとなしい、単純な. ❺ 諺《pour》(…を)免れられない.
◇A quoi bon (…) ? (…が)何の役に立つのか. Elle est bien bonne. 諺 そいつはおかしな話だ. en avoir de bonnes ばかげたことを考える[言う]. pour (tout) de bon 本当に, 本気で.
—男 ❶ 善人. ❷ un bon [une bonne] à rien 役立たず. —男 面白い話. ◇à la bonne よい方に, 楽観的

bonace

に。—間 よし、分かった。◇*Ah bon.* へえ、ああそう。 ❶ いい面、長所；面白み。 ❷ 引き換え券、金券；債権、証券、証書。► *du Trésor* 国債。

bonace 囡 凪に。

bonapartisme 男 ボナパルト主義（ナポレオン1世・3世の統治形態）。□**bonapartiste**

bonasse 形 人がよすぎる、まぬけな。□**bonasserie** 囡

bonbec 男 〖俗〗菓子；ポンポン。

bonbon 男 ボンボン、キャンディー。

bonbonne 囡 細口大瓶。

bonbonnière 囡 ボンボン入れ；小ぎれいな家、しゃれたアパルトマン。

bon-chrétien 男〖園〗ボンクレティアン（ナシの品種）。

bond 男 ❶ 跳躍、ジャンプ；バウンド、跳ね返り。❷ 飛躍、躍進；急騰。◇*d'un (seul)* ~ 一跳びで、一挙に。*faux* ~ イレギュラーバウンド；約束破り。*ne faire que qu'un* ~ 大急ぎで行く。*par* ~*s* 跳び跳びで；飛躍的に。

bondage 男 ボンデージ、緊縛。

bonde 囡〖流し、浴槽の〗栓；〖樽の〗栓、口〖口〗、栓。

bondé, e 形〖超〗満員の。

bondieuserie 囡〖語〗〖悪趣味な祭具〗;盲信的な信心。

bondir 自 ❶ 飛ぶ、跳ねる；飛び上がる；〖胸が〗高鳴る。❷ 駆けつける；〖sur〗…に飛びかかる、飛びつく。

bondissement 男〖文章〗躍る；高揚、〖胸の〗ときめき。

bondon 男〖樽の〗栓。

bonheur 男 ❶ 幸福、幸運。❷〖表現の〗見事さ、巧み。◇*au petit* ~ を天に任せて、行き当たりばったりに。*faire* ~ *de* … ~ を幸せにするの役に立つ。*par* ~ 幸運にも。

bonheur-du-jour:〖複〗~*s*-~-~ 男〖18世紀の〗婦人用飾り棚書き物机。

bonhomie 囡 善良さ、親切さ、率直さ、気立てのよさ。

bonhomme:〖複〗*bonshommes*〖俗語では ~*s*〗男 ❶ 語 人、男、やつ；幼児語 おじさん。► *de neige* 雪だるま。❷ 夫、亭主；兵卒。◇*aller [faire] son petit* ~ *de chemin* 地道にこつこつと進める。*petit* ~ 坊や。

— **bonhomme:**〖複〗~*s* 文章 善良な、お人よしの、素朴な。

boni 男 剰余金、利潤；特別手当。

boniche 囡〖軽蔑〗女中、下女。

bonichon 男〖服〗小型のボンネット。

bonification 囡 改良、改善；金利補助金；〖スポーツ〗アドバンテージ。

bonifier 他 改良する、向上させる；よくする。—**se** ~ よくなる。

boniment 男 誇大な宣伝文句、口上；〖語〗でたらめ。□**bonimenter** 自

bonimenteur, se 图 香具師〖て〗師；〖語〗はったり屋。

bonite 囡 〖魚〗カツオ、ハガツオ。

bonjour 男 ❶ おはよう〖ございます〗、こんにちは；ただいま、お帰りなさい。❷〖皮肉〗結構な…だよ。 ◇*Bien le* ~. ではまた。*C'est simple comme* ~. ご簡単だ。

Bonn ボン（ドイツの都市）。

Bonne 囡 baronne 男爵夫人。

bonne¹ 囡 ❶〖住み込みの〗お手伝い、女中。❷ ~ *d'enfant* 子守。

bonne² bon の女性形。

Bonne-Espérance (cap de) 喜望峰。

bonne-maman:〖複〗~*s*-~*s* 囡〖幼児語〗おばあちゃん。

bonnement 圖 *tout* ~ 本当に、まったく；要するに。

bonnet 男 ❶ 縁なし帽、頭巾〖が〗、ボンネット；〖ブラジャーの〗カップ。❷〖生〗反芻胃〖い〗胃の第2室。◇*avoir la tête près du* ~ 語 短気である。*C'est blanc* ~ *et* ~ *blanc.* どちらでも同じことだ。*gros* ~ 大物。*prendre sous son* ~ … 独断で「自分の責任で」…する。

bonneteau:〖複〗*x* 男 いかさま賭博〖く〗く〗（3枚のカードを動かして当てさせる）札当てゲーム。

bonneterie 囡 ニット製造業；メリヤス製品（の店）。

bonneteur 男 札当て賭博〖く〗屋、いかさま賭博師。

bonnetier, ère 图 メリヤス製品製造〖販売〗人。—囡 小だんす。

bonnette 囡 補助レンズ；〖望遠鏡の〗サングラス。

bonniche 囡 ⇒ boniche.

bonobo 男 ピグミーチンパンジー。

bon-papa:〖複〗~*s*-~*s* 男〖幼児語〗おじいちゃん。

bonsaï 男〖日本〗盆栽。

bonsoir 男 今晩は；さようなら、お休みなさい；おさらば！だ、それまでさ。

bonté 囡 ❶ 善良さ；親切、好意；〖複数〗親切な行為〖態度〗。◇~ *divine!* = ~ *de Dieu!* おお、きっと。

bonus [-s] 男〖英〗賞与；〖自動車保険の〗無事故割引。

bonze 男〖仏教の〗坊主；語 大御所、お偉方。

bonzerie 囡〖仏教の〗寺院。

bonzesse 囡〖仏教の〗尼；尼寺。

boogie-woogie [bugiwugi] 男〖米〗〖楽〗ブギウギ。

bookmaker [bukmekœːr] / **book** 男〖英〗〖競馬の〗ノミ屋。

booléen, ne [buleɛ̃, ɛn] / **boolien, ne** 〖数〗ブール〖理論〗の。

boom [bum] 男〖英〗急上昇、発展、ブーム；大安売り；語 パーティー；学園祭。

boomer [bumœːr] 男〖英〗〖オーディオの〗ウーファー。

boomerang [bumrãːg] 男〖英〗ブーメラン。

booster¹ [bustœːr] 男〖英〗ブースター；送風機、圧縮機。

booster² [buste] 他 語 強化する；刺激する。

bootlegger [butlegœːr] 男〖米〗〖禁酒法時代の〗酒類密輸入者。

boots [buts] 男複〖英〗ブーツ。

bop [-p] 男 ⇒ be-bop.

boqueteau;《複》**x** 男 林；木立，茂み．

bora 女 ボラ（アドリア海北岸の寒風）．

borain, e 形, 名 ⇨ borin.

borane 男《化》ボラン．

borasse / borassus [-s] 男《植》パルミラヤシ．

borate 男 ホウ酸塩［エステル］．

borax [-ks] 男《化》硼砂($\tfrac{}{}$)，ボラックス．

borborygme 男《医》腹鳴($\tfrac{}{}$)，グル音；語 不明瞭な言葉；ごぼごぼいう音．

borchtch [-rtʃ] 男 ⇨ bortsch.

bord 男 ❶ 岸；道端，縁，端． ◆ au ～ de la mer [route] 海辺道[道端]に． ❷ 船；飛行機；《海》舷(%)，舷側． ◆ commandant de ～ 機長／personnel [hommes] de ～ 乗組員／journal [carnet] de ～ 航海日誌，飛行日誌． ❸ 階層，立場縁． ◇ à ～ (船，飛行機，車に)乗って． ～ à ～ 縁と縁を接触させて． sur le [sur les] ～ de ... 今にも…しそうである． virer de ～ 方向転換する．

bordages 男複 (船を覆う)張り板．

bordé, e 形 (de) (…に)縁取られた，(…が)並んだ． —— 男《海》(船の外側の)板張り，被覆．

Bordeaux ボルドー (Gironde 県の県庁所在地).

bordeaux 男 ❶《ワイン》ボルドー． ❷赤紫色． —— 形 《不変》赤紫色の．

bordée 女 ❶ 舷(%)側砲；一斉射撃． ❷ (ジグザグ帆走の)ひと間切(%)りの距離． ❸ (船の)当直員，当直． ◇ tirer une ～ 語 上陸して楽しむ[飲む].

bordel 男 売春宿；乱雑．

Bordelais ボルドー (地方) の．

bordelais, e 形 ❶ ボルドー (地方) の． ——名《B～》ボルドー (地方) の人． ——女 ❶ ボルドーワインの大樽；(古典的な型の)ワイン瓶． ❷《料》à la ～ ボルドー風．

bordélique / bordéleux, se 形 俗 散らかった；ルーズな．

border 他 ❶ 縁取る；沿って続く[並ぶ]. ❷ ベッドメイクする；(人の)ベッドを整える．

bordereau;《複》**x** 男 明細書．

bordier¹, **ère** 形 ❶ 《地理》mer ～rère 縁海． ❷ 傾きやすい．

bordier², **ère** 名《史》小作農．

bordigue 女 梁($\tfrac{}{}$)；生け簀($\tfrac{}{}$).

bordure 女 縁，へり；沿岸，沿道．

bordurette 女 車線分離帯．

bore 男《化》ホウ素．

boréal, ale;《男複》**aux** 形 北の；北半球の；北極(圏)の．

Borée 《神》ボレアス (北風の神).

borgne 形 片目の，片眼の；不完全ないかがわしい；窓[開口部]のない． ➤ fenêtre ～ (外の見えない)明かり取り窓． ——名 片目の人．

borin, e 形 ボリナージュの． ——名《B～》ボリナージュの人．

Borinage 男 ボリナージュ地方 (ベルギー南部).

borique 形 acide ～ ホウ酸．

boriqué, e 形 ホウ酸を含んだ．

bornage 男 境界決定，標石設置；制限，限定．

borne 女 ❶《複》限界，限度． ❷ 標石；境界標識；(鎖を巡らした)小石柱；車輪止め；円形ベンチ． ❸ ～ d'incendie 消火栓． ❹ 1 キロメートル． ❺《電》端子，極．

borné, e 形 限られた，囲まれた；偏狭な．

borne-fontaine;《複》~s-~s 女 (道路の) 水道栓．

borner 他 境界を定める [をなす]；(à) (…に) とどめる． —— **se ~** (à) (…に) とどめる，限定する．

bornoyer 10 自 片目をつぶって直線[水平]を見る． —— 他 一直線[水平]に据える．

borraginées / borraginacées 女複《植》ムラサキ科．

Borsalino 男 商 ボルサリーノ (男子帽).

bort 《宝》ボード (研磨用のダイヤモンドの屑($\tfrac{}{}$)).

bortsch [-rtʃ] 男《料》ボルシチ．

bosco 男 甲板長，ボースン．

boskoop [-kɔp] 女 ボスコップ種(リンゴの一種).

bosniaque / bosnien, ne 形 ボスニアの． ——名《B～》ボスニアの人．

Bosnie-Herzégovine 女 ボスニア・ヘルツェゴヴィナ．

boson 男《物》ボソン，ボース粒子．

bosquet 男 林；植え込み，木立．

boss [bɔs] 男《米》語 ボス，雇用主．

bossage 男 《建》切石を積み出し仕上げ．

bossa-nova;《複》~s-~s 女《ポルトガル》《楽》ボサノバ．

bosse 女 こぶ；隆起，凹凸；語 才能． ◇ ne rêver [chercher] que plaies et ~s 喧嘩(%)っ早い． rouler sa ~ 語 流れ者として暮らす；転々と旅をする．

bosselage 男 浮き彫り．

bosseler ④ 他 でこぼこにする． —— **se ~** へこむ．

bossellement 男 浮き彫りをつけること；凹凸．

bosselure 女 浮き彫り，打ち出し模様．

bosser 他, 自 猛烈に勉強[仕事]する．

bossette 女 (轡($\tfrac{}{}$)の)飾り金；(引き金の)突起．

bosseur, se 形 名 が勉強家の(，働き者の)．

bossoir 男《海》ダビット，つり柱．

bossu, e 形 背骨の曲がった，背中が，こぶのある． ——名 背骨の曲がった人． ◇ rire comme un ~ 語 大笑いする．

bossuer 他 語 でこぼこにする．

boston 男《楽》ボストンワルツ．

bostryche 男《昆》ナガシンクイムシ；キクイムシ．

bot, e 形 ねじれた，湾曲した．

botanique 形 植物(学)の． ➤ jardin ～ 植物園． —— 女 植物学．

botaniste 名 植物学者．

bothriocéphale 男《動》コウセツ

レットウジョウチュウ.
botrytis [-s] 男 【菌】ボトリティス.
Botswana 固 ボツワナ共和国.
botte¹ 囡 長靴, ブーツ. ◊ cirer [lécher] les ~s de … …にへつらう. en avoir plein les ~s うんざりする. être à la ~ de … …に従っている. sous la ~ 支配下に.
botte² 囡 束; 隠 優等生.
botte³ 囡 〖フェ〗突き; 語 意表を突く質問, 厳しい批判. ◊ ~ secrète 不意打ち.
botté, e 形 長靴［ブーツ］を履いた.
botteler 4 他 (干し草を) 束ねる.
botteleur, se 名 〖農〗束ねる人. — 男 バインダー.
botter 他 ❶ 気に入る, 好都合である. ❷ 蹴る. ❸ ブーツを履かせる.
botteur 男 (ラグビーの) キッカー.
bottier 男 (オーダーメードの) 靴屋;(昔の) 靴職人.
bottillon 男 アンクル［ハーフ］ブーツ.
bottin 男 電話帳; 年鑑; リスト.
bottine 囡 深靴, ハーフブーツ.
botulique / botulinique 形 ボツリヌス菌［中毒］の.
botulisme 男 ボツリヌス中毒症.
boubou 男 ブーブー (アフリカ人の長衣).
boucaner 他 ミミズクが鳴く.
bouc 男 雄ヤギ; やぎひげ; 語 好色な人. ◊ ~ émissaire (ユダヤ教の) 贖罪のヤギ; スケープゴート.
boucan 男 語 大騒ぎ; 抗議.
boucaner 他 語 薫製にする;(肌を)焼く. □boucanage 男.
boucanier 男 (西インド諸島の) 野牛猟師; 海賊.
boucau 男 〖複〗(x) 地 域 港の入り口.
boucaud 地〖動〗エビジャコ類.
bouchage 男 栓をすること.
boucharde 囡 〖建〗石材表面仕上げ用ハンマー; 〖土木〗セメントローラー.
bouche 囡 ❶口; 開口部, 出入り口; 〖複数〗河口, 湾口. ► ~ de chaleur 温風口 / ~ d'air 換気口. ❷ 扶養家族. ❸ 後味. ◊ avoir la ~ pleine de … …のことを吹聴する. ~ à feu 大砲. commerces de ~ 食品[外食]産業. faire la fine ~ 通ぶる, 小うるさい. fine ~ 食通. la ~ en cœur 人の好きそうな顔(で). la ~ pleine 口を頬ばる.
bouché, e 形 栓をされた, ふさがった; 語 愚鈍な.
bouche-à-bouche 男 〔不変〕口対口人工呼吸(法).
bouche-à-oreille 男 〔不変〕ロゲで, 口コミ.
bouchée 囡 (食物の) 一口分; チョコレートの一口菓子; 〖料〗ブッシェ(一人前の小型パイ). ◊ mettre les ~s doubles さっさと片づける. ne faire qu'une ~ de … …をペろりと平らげる; 楽勝する. pour une ~ de pain ただ同然で.
boucher¹ 他 ❶ ふさぐ, 栓をする; 妨げる, 遮る. ◊ en ~ un coin à … …を唖然(あぜん)とさせる.

— se ~ 自分の(…を)ふさぐ.
boucher², **ère** 名 肉屋; 畜殺業者. — 男 残虐な男; 語 やぶ医者. — 形 食肉用の.
boucherie 囡 肉屋; 食肉業; 殺戮.
bouche-trou 男 語 穴埋め, 間に合わせ.
bouchon 男 ❶ 栓; キャップ;(管などの)詰まり; 交通渋滞. ❷ (わら, 干し草の)束;(釣りの)浮き. ◊ C'est plus fort que de jouer au ~. 語 驚いた, 信じられない.
bouchonnage / bouchonnement 男 わら束でこすること.
bouchonné, e 形 コルク臭い.
bouchonner 他 わら束でこする; マッサージする. — 自 渋滞する.
bouchonnier, ère 名 コルク栓製造［販売］業者.
bouchot 男 養殖場.
bouchoteur 男 ムール貝養殖業者.
bouclage 男 ❶ 締める［留める］こと, 閉じ込めること; 包囲. ❷ (髪を)カールすること. ❸ (新聞の)締め切り.
boucle 囡 ❶ バックル, 留め金; 輪; ループ. ► ~ d'oreille イヤリング. ❷ 巻き毛. ❸ (河川の) 湾曲部; 1 周するコース［レース］.
bouclé, e 形 巻き毛の; 閉め切った; 閉じこもった.
bouclement 男 (牛, 豚などに) 鼻輪をつけること.
boucler 他 ❶ (バックルなどで) 締める, 留める; 閉じる; 包囲する; 閉じ込める. ❷ 終える; 締め切る; 収支を合わせる; 1 周する, 走破する. ❸ (…に) 輪を作る;(髪を)カールさせる. ❹ (家畜に) 鼻輪をつける. ◊ ~ la boucle 1 周［1 回転］する, ワン・サイクル終了する. la ~ 語 口をつぐむ. — 自 (髪の) 巻き毛になる. — se ~ ❶ (自分の髪を) カールする. ❷ 閉じこもる.
bouclette 囡 小さい巻き毛.
bouclier 男 盾; 防御; 〖地〗楯〔状〕地; 〖動〗甲殻, 甲皮; 翅鞘(ししょう). ◊ levée de ~s 抗議デモ, 反対運動.
boucot ⇒ boucaud.
bouddha 男 仏陀(ぶった); 仏像; 仏画.
bouddhique 形 仏教の.
bouddhisme 男 仏教.
bouddhiste 名 仏教徒. — 形 仏教の, 仏教徒の.
bouddhologie 囡 仏教学.
bouder 自する. — 他 無関心を示す, 避ける.
bouderie 囡 すねること; 敬遠.
boudeur, se 名 すぐふてくされる(人), 不機嫌な(人).
boudin 男 ❶ ブーダン(= ~ noir)(豚の血と脂身で作る腸詰め); 円筒状のもの; 語 太い指. ❷ 語 ぶす. ◊ s'en aller [tourner, finir] en eau de ~ 語 失敗に終わる.
boudinage 男 押し出し(成形).
boudiné, e 形 窮屈な服を着た; ずんぐりした.
boudiner 他 語 (服が) 締めつける.
boudineuse 囡 押し出し(成形)機.
boudoir 男 (婦人の) 居間; 閨(ねや)房.

boue 囡 泥, ぬかるみ; 澱(!)), 沈殿物; [文章]汚場, そけが; 堕落.
bouée 囡 ブイ, 浮き袋; 頼人の綱.
bouette 囡 ⇒ boette.
boueur 男 清掃作業員.
boueux/bouneux 男 清掃作業員.
boueux, se 形 泥の, 泥だらけの; どろどろした.
bouffant, e 形 膨らんだ.
bouffarde 囡 [話] 大きく太いパイプ.
bouffe[1] 男 [楽] opéra(-)~ オペラ・ブッファ. ━ 男 オペラ・ブッファの歌手[道化役].
bouffe[2] 囡 [話] 食べ物, 料理; 食事.
bouffée 囡 一吹き, 一息; 激発, 発作. ◇par ~s ときどき, 間を置いて.
bouffer 自 膨れる. ━ 他 [話] 食べる; 消費する; 忙殺する. ► se ~ le nez 口論[喧嘩(ウ,)]する.
bouffetance 囡 [話] 食べ物, 食料.
bouffette 囡 糸やリボンの小さな房.
bouffeur, se 男 [話] 大食漢.
bouffi, e 形 むくんだ, はれた; うぬぼれた; 誇張した. ━ 男 薫製ニシン.
bouffir 他 むくませる, はれ上がらせる. ━ 自 むくむ, はれる.
bouffissage 男 ニシンの薫製.
bouffissure 囡 はれ, むくみ; 誇張, 仰々しさ.
bouffon, ne 形 滑稽な. ━ 名 道化役; 笑い物.
bouffonner 自 [文章]おどける; 気取る. ⇨ bouffonnerie
bougainvillée [-le] / **bougainvillier** [-lje] 囡 [植]ブーゲンビレア.
bouge 男 ❶ いかがわしいバー[ホテル]; むさ苦しい家. ❷ 膨らんだ[曲がった]部分, 反り.
bougeoir 男 ろうそく立て.
bougeotte 囡 じっとしていられない性分; 旅行癖.
bouger 自 ❶ 動く, 身動きする; 移動する; 行動を起こす; 変質[変化]する. ━ 他 移動させる, 動かす. ► se ~ 体を動かす; 移動する; 行動する.
bougie 囡 ろうそく; [点火]プラグ; [計]燭(ジ)[光度の旧単位].
bougnat 男 [古・話]石炭商, 炭屋.
bougon, ne 名, 形 ぶつぶつ不平を言う(人); 機嫌の悪い(人).
bougonner 自, 他 ぶつぶつ言う. ⇨ bougonnement
bougran 男 バックラム.
bougre, sse 名 [話]やつ, 野郎; あま. ━ 間 ちぇっ, 畜生, わあ(怒り, 驚き, 感嘆).
bougrement 副 とても, ひどく.
boui-boui 男 [複] ~s-~s [話]いかがわしいカフェ; 安食堂; 場末のミュージックホール.
bouif 男 [話] 靴屋.
bouillabaisse 囡 [料]ブイヤベース.
bouillant, e 形 沸騰している; 熱い; [文章]熱烈な, 激しやすい.
bouillasse 囡 [話] 泥.
bouille 囡 [話] 顔.
bouille(-) 活 ⇒ bouillir.
bouilleur 男 蒸留酒[ブランデー]を作る人.
bouilli, e (bouillir の過去分詞) 沸かした; 煮えた; 煮沸消毒された. ━ 男 ゆで肉. ━ 囡 ❶ 粥(ヨ); 曖昧模糊(アマィ,ヨ)とした, 混乱したもの. ❷ ~ bordelaise ボルドー液(殺菌剤). ◇C'est de la ~ pour les chats. [話]ちんぷんかんぶんだ; むだだ.
bouillir 24 自 ❶ 沸騰する; 煮える, ゆだる. ❷ [文章] 興奮する, 激高する. ━ 他 沸騰させる, 煮る.
bouillissage 男 [紙]蒸解す(製糖で)糖汁の加熱.
bouilloire 囡 やかん, 湯沸かし.
bouillon 男 スープ, ブイヨン; 泡, 気泡; 泡立ち. ◇boire un ~ (水泳中に)水を飲む; 大損する. ~ de culture 温床. ~ d'onze heures 毒入りの飲み物.
bouillon-blanc [-blɑ̃]; [複] ~s-~s [植]ビロードモウズイカ.
bouillonnant, e 形 泡立つ, 沸き立つ.
bouillonnement 男 沸騰; 興奮, 激動.
bouillonner 自 ❶ 沸騰する; (思想などが)わき出る; 興奮する, 激する. ❷ (新聞, 雑誌が)たくさん売れ残る. ━ 他 [服]ひだ取りする.
bouillons 活 ⇒ bouillir.
bouillotte 囡 湯たんぽ.
bouillotter 自 ことこと煮える.
boulaie 囡 カバノキ林.
boulange 囡 [話] パン製造[販売]業.
boulanger[1], **ère** 名 パン屋. ━ 男 パン屋の, パン製造の.
boulanger[2] 他, 自 (パンを)作る[焼く].
boulangerie 囡 パン屋; パン製造[販売].
boulangisme 男 ブーランジスム(1885-89年のブーランジェ将軍主導の第3共和制打倒運動).
boulbène 囡 珪(ﾄ)質の土.
boulder 男 [土] 巨礫(に), 漂礫.
boule[1] 囡 ❶ 球, 玉, ボール; [トラックボール (カジノのプール(ルーレットの一種); [複数]ペタンク (= jeu de ~s). ► ~ à thé 茶こし. ❷ [話] 頭. ◇avoir les ~s 恐れる, 怒る. ► en ~ 丸くなって; かっとなって, 怒って. faire ~ de neige 雪だるま式に大きくなる. perdre la ~ 気が狂う, 逆上する.
boule[2] 囡 ⇒ boulle.
boulé 囡 [古ﾉ]ブーレー(ポリスの評議会).
bouleau [複] x 男 [植]カバノキ, シラカバ.
boule-de-neige [複] ~s-~~ [植]セイヨウテマリカンボク, スノボール.
bouledogue 男 ブルドッグ.
bouler 自/地域 ごろごろ転がる. ► envoyer ~ 追い払う.
boulet[1] 男 ❶ (昔の)砲弾; (昔, 囚人の足につけた)大きな鉄の玉; 厄介, 重荷, 足かせ. ❷ たどん. ❸ [獣医] 球節. ◇tirer sur ... à ~s rouges ... を激しく攻撃する.

bouleté, e 形 〖獣医〗球節を脱臼(だっきゅう)した.

boulette 女 ❶ 小さい球; 〖料〗ミートボール; 揚げ団子. ❷ 話 大失敗, 間違い.

boulevard 男 ❶ (一般に, 並木のある)大通り. ▶ le ~ périphérique (パリの)環状高速道路/les (Grands) B~s グランブールヴァール(パリのマドレーヌ寺院からレピュブリック広場に至る通り). ❷ 軽演劇 (=théâtre de ~).

boulevardier, ère 形 昔の軽演劇風の; 軽妙な, 通俗的な.

bouleversant, e 形 衝撃的な; 感動的な.

bouleversé, e 形 混乱した; 動転[感動]した.

bouleversement 男 変動, 激変, 大混乱; 動転.

bouleverser 他 一変させる; 動転[感動]させる; 乱す, 散らかす.

boulgour 男 〖料〗潰した小麦.

boulier 男 そろばん.

boulimie 女 大食症; 強い欲求.

boulimique 形, 名 大食症の(患者).

bouline 女 〖海〗はらみ綱, ボーライン.

boulingrin 男 芝地.

boulinier 男 bon ~ (逆風を利用して)間切る帆船. mauvais ~ 風下に流されやすい帆船.

boulisme 男 (ペタンクなどの)球戯, ボールゲーム.

bouliste 名 (ペタンクなどの)プレーヤー, ボーラー.

boulle 男 ブール象嵌式(の)(の家具).

Boul'Mich' 男 話 ブルミッシュ, サンミシェル大通り.

boulocher 自 毛玉ができる.

boulodrome 男 (ペタンクなどの)球戯場.

Boulogne (bois de) ブーローニュの森(パリ西部の公園).

bouloir 男 〖建〗(モルタルを混ぜる)こねぐわ.

boulomane 名 (ペタンクなどの)愛好家.

boulon 男 ボルト, ピン.

Boulonnais 男 ブーロネ地方(北仏, パド゠カレ県).

boulonner 他 ボルトで締める. ― 自 話 よく勉強する. □ **boulonnage** 男

boulonnerie 女 ボルト工場[販売店]; ボルト類.

boulot¹ 男 話 仕事, 職.

boulot², te 形, 名 ずんぐりした(人).

boulotter 他 話 食べる.

boum¹ [bum] 間 ドーン, バーン.
― 男 ドーン[バーン]という音; 大成功, 躍進; 大忙し.

boum² [bum] 女 話 (若者が自宅で開く)ダンスパーティー.

boumer 自 話 Ça boume. うまくいっている; 元気だ.

bouquet¹ 男 ❶ 束; 花束. ▶ ~ garni 〖料〗ブーケガルニ. ❷ 木立, 茂み. ❸ 〖ワイン〗ブーケ, 熟成香. ❹ 最後の花火. ◊ C'est le ~. それはひどい, 最悪だ.

bouquet² 男 〖動〗スジエビ; 〖狩〗野ウサギ.

bouqueté, e 形 〖ワイン〗ブーケのある.

bouquetière 女 花売り娘[女].

bouquetin 男 〖動〗アイベックス.

bouquin¹ 男 話 本.

bouquin² 男 年老いた雄ヤギ; 〖狩〗雄ウサギ.

bouquiner 自, 他 話 (本を)読む.

bouquinerie 女 古本あさり; 古本売買.

bouquineur, se 名 読書家; 古書愛好家.

bouquiniste 名 古本屋.

bourbe 女 泥, 池の底の泥.

bourbeux, se 形 泥だらけの, ぬかるんだ.

bourbier 男 泥沼, ぬかるみ; 苦境, 窮地.

bourbillon 男 〖医〗癰(よう)中心.

Bourbon ❶ (les ~s) ブルボン王家. ❷ palais ~ ブルボン宮(パリ左岸, 現在は国民議会議事堂).

bourbon 男 〖米〗バーボン.

bourbonien, ne 形 ブルボン王家の.

Bourbonnais 男 ブルボネ地方(ほぼ現在のアリエ県に当たる旧州).

bourbonnais, e 形 ブルボネ地方の. ― 名 (B~)ブルボネ地方の人.

bourdaine 女 〖植〗セイヨウクロウメモドキ.

bourde 女 大失敗; うそ.

bourdigue 女 ⇨ bordigue.

bourdon¹ 男 巡礼杖(つえ).

bourdon² 男 ❶ 〖昆〗マルハナバチ. ❷ 低音管, (低い音で鳴る)大鐘; 話 ふさぎの虫.

bourdon³ 男 〖印〗脱字, 組み落とし.

bourdonnant, e 形 ぶんぶんいう; ざわめく.

bourdonner 自 ぶんぶんいう; うなりを立てる; ざわめく; 耳鳴りがする. □ **bourdonnement** 男

bourg 男 (市(いち)の立つ)大きな村, 小さな町; (町, 村の)中心部.

bourgade 女 村, 部落.

Bourg-en-Bresse [-kā-] ブール゠カンブレス(Ain 県の県庁所在地).

bourgeois, e 形, 名 ❶ 資産家, ブルジョア. ▶ petit ~ 中産階級の人. ❷ (軽蔑)保守的な人; 俗物, 凡人. ❸ (軍人に対して)民間人. ❹ 〖史〗(中世の)都市住民, 市民特権を持つ住民; (大革命以前の)平民, 第三身分.
― 男 ❶ ブルジョアの, 資産家の. ❷ 中流家庭にふさわしい. ▶ cuisine ~e いくどくはないがおいしい料理. ❸ (軽蔑)小市民的な, 保守的な; 俗物的な.
― 女 話 古風・俗 女房, かみさん.

bourgeoisement 副 堅実に; 〖法〗住宅として.

bourgeoisie 女 ❶ ブルジョアジー, 有産階級. ▶ la grande ~ 資本家階級/la petite ~ 小市民階級, 中産階

bourgeois, e 名 ❶ ブルジョワ, 有産階層. ❷ 《史》(大革命以前の)市民階級; droit de 〜 (中世都市住民の)市民特権.

bourgeon 男 芽.

bourgeonnement 男 発芽.

bourgeonner 自 ❶ 芽を出す. ❷ 吹き出物ができる; (傷が盛り上がって)癒着する.

bourgeron 男 古風 作業服.

Bourges ブールジュ (Cher 県の県庁所在地).

bourgmestre [-g-] 男 (ベルギー, スイスなどの)市[町]長.

Bourgogne 女 ブルゴーニュ地方(フランス中東部).

bourgogne 男 《ワイン》ブルゴーニュ.

bourguignon, ne 形 ブルゴーニュの. ― 名《B〜》ブルゴーニュ人. ― 男《料》ブルゴーニュ風牛肉の赤ワイン煮. ― 女《ワイン》ブルゴーニュ瓶.

bourlinguer 自 ❶ (船が)難航する. ❷ 方々航海する; 話 各地を旅行[放浪]する.

bourlingueur, se 形, 名 旅行[冒険]好きの(人); 放浪生活を送る(人).

bourrache 女 《植》ルリジサ; ルリジサの煎じ薬.

bourrade 女 小突くこと, 突き飛ばすこと.

bourrage 男 詰める[詰まる]こと; 詰め物; 紙詰まり. ◇〜 de crâne 洗脳; 詰め込み勉強 [教育].

bourrasque 女 突風, 旋風; 《文章》(感情の)激発, 発作; 突発的な行動 [事件].

bourratif, ve 形 話 たっぷりの; 胃にもたれる, こってりした.

bourre[1] 女 ❶ (牛馬などの)毛の塊, 毛屑(くず); 繊維屑; (木の芽などの)綿毛. ❷ 詰め物. ◇de première 〜 話 最高の. être à la 〜 話 遅れている; 焦っている.

bourre[2] 男 俗 警官, でか.

bourré, e 形 ❶ (de)(…が)いっぱい詰まった, ぎゅうぎゅう詰めの. ❷ 話 酔っぱらった.

bourreau 男 《複》x 名 ❶ 死刑[体刑]執行人; 残虐な人. ◇〜 des cœurs 女たらし. 〜 de travail 仕事の鬼.

bourrée 女 ブーレ(民族舞踊); ブーレの曲.

bourrèlement 男 《文章》精神的苦痛, 苦悩.

bourreler 4 他 文章 責めさいなむ.

bourrelet 男 ❶ すき間ふさぎ, 目張り材. ❷ 輪状の膨らみ, 丸みを帯びた縁(ふち); 隆起; 贅(ぜい)肉, たるみ.

bourrelier, ère 名 馬具職人 [商]; 革細工職人 [商].

bourrellerie 女 馬具製造 [販売]; 革細工製造 [販売].

bourrer 他 ❶ (de) (…で)いっぱいにする, (…を)詰め込む; (…を)食べさせる. ❷ 話 殴る. ◇〜 le crâne でたらめを吹き込む, 洗脳する. ― 自 ❶ 話 急ぐ. ❷ (食物が)満腹にする; 胃にもたれる; 紙詰まりをする. ― se 〜 (de)(…を)たらふく食べる; 酔っぱらう.

bourriche 女 かご(の中身).

bourrichon 男 話 頭.

bourricot 男 小さなロバ.

bourrin 男 話 馬.

bourrique 女 ❶ 雌ロバ; ロバ; 話 石頭; ばか. ◇faire tourner ... en 〜 話 …を怒らせる.

bourriquet 男 小形のロバ; ロバの子; 《印》石版石研磨機.

bourroir 男 込め棒, 突き棒.

bourru, e 形 無愛想な; 粗い; 精製されていない; まだ熟成していない.

Bourse 女 ❶ 証券取引所; 株式市場; 株価. ▶ cours de la 〜 株式市場. ❷ 〜 du travail 労働組合会館. 〜 de l'emploi 職安.

bourse 女 ❶ 財布; 財布の金. ❷ 奨学金, 給費. ❸ 《複数》陰嚢(いんのう). ◇faire 〜 commune [à part] 生計を一つに[別々に]する. sans 〜 délier 一銭も払わずに.

bourse-à-pasteur; 《複》〜s-〜〜 女 《植》ナズナ, ペンペングサ.

boursicoter 自 小口の相場を張る.
■ **boursicotage** 男

boursicoteur, se 名 小口の相場を張る人.

boursier[1], **ère** 名 株式仲買人. ― 形 証券取引の.

boursier[2], **ère** 名 給費生, 奨学生. ― 形 奨学金を受けている.

boursouflage / **boursouflement** 男 膨らみ, 腫(は)れ.

boursouflé, e 形 膨らんだ, 腫(は)れ上がった; 誇張された.

boursoufler 他 膨らませる, 腫(は)れ上がらせる. ― se 〜 膨らむ, 腫れ上がる.

boursouflure 女 膨らみ, 腫(は)れ; 誇張.

bous ⬦ **bouillir**.

bousculade 女 乱暴に押すこと, 突き飛ばすこと; 人込み; 大騒ぎ, 大慌て.

bousculer 他 ぶつかる, 突き飛ばす; ひっくり返す, 覆す; 急がせる, せかす; 邪険に扱う. ― se 〜 押し合いへし合いする; 話 急ぐ.

bouse 女 牛糞(ふん).

bouseux 男 《軽蔑》百姓.

bousier 男 《昆》クソムシ (糞虫)類.

bousillage 男 (わらを泥に混ぜた)荒壁土; 話 やっつけ仕事; 壊すこと.

bousiller 他 ぞんざいにする; 壊す; 殺す.

bousilleur, se 名 雑な仕事をする人; なんでも壊してしまう人.

bousin 男 (質の悪い)泥酔.

boussole 女 羅針盤[儀], 磁石. ◇perdre la 〜 話 気が狂う.

boustifaille 女 話 食い物; ごちそう.

boustrophédon 男 《言》犂(すき)耕体.

bout[1] 男 ❶ 端, 先, 末端; 果て, 終わり. ❷ un 〜 de …の断片; ちょっとした…; 短い…. ▶ un 〜 de lettre 短い手紙 / un (bon) 〜 de temps (反語的)かなりの時間. ◇à 〜 (de ...) (…の)尽きた; 疲れ果

bout

た. *au ~ de ...* …の果てに, 終わりに. *~ à ~* 端に端を合わせて. *Ce n'est pas le ~ du monde.* それはそんなに難しくない. *commencer par un ~* (どこからでも)とにかく事を始める. *du ~ des dents [lèvres]* しぶしぶ. *en connaître un ~* よく知っている. *pousser à ~* 怒らせる. *venir à ~ de ...* …を果たして打ち勝つ.

bout² 男 ⇨ bouillir.

boutade 女 警句, 機知; 冗談.

boutargue 女 ⇨ poutargue.

bout-dehors 《複》 **~s-~** 男 《海》ブーム, 斜桁(しゃこう).

boute-en-train 男《不変》座をたのしくする人.

boutefeu 男《複》**x** 古風扇動者.

boute-hors 男 ⇨ bout-dehors.

bouteille 女 瓶; 瓶の中身; ワイン, 酒; ボンベ. ◇*avoir* [*prendre*] *de la ~* (酒が)年を経て黙っている;(人が)年を取る. *la ~ à l'encre* 語 もつれきった状態.

bouteillerie 女 瓶製造[販売]業; 瓶製造工場.

bouteillon 男 《野営用》の大鍋.

bouter 他古置く; 追い払う.

bouterolle 女 **①** (鞘(さや)の)鐺(こじり). **②** ウォード(錠の中の突起).

bouteroue 女 車輪よけ.

boute-selle 女《不変》《古》《軍》装鞍(そうあん)らっぱ.

bouteur 男 ブルドーザー.

boutique 女 **①** 店, 小売店; ブティック. **②** 語 (居心地の悪い)家, 職場. ◇*parler ~* 語 自分の商売の話をする.

boutiquier, ère 名 小売店主. —男 いかにも商売人らしい.

boutoir 男 イノシシ[豚]の鼻. ◇*coup de ~* 激しい攻撃.

bouton 男 芽, 蕾(つぼみ);(服, 器具の)ボタン; 取っ手; 吹き出物, 発疹(ほっしん), にきび. ◇*en ~* 未発のまま.

bouton-d'argent《複》**~s-~** 男《植》小白花をつける草.

bouton-d'or;《複》**~s-~** 男 キンポウゲ(など)黄金色の小花をつける草.

boutonnage 男 ボタンをかけること; ボタンのかけ方.

boutonner 自 芽を出す, 蕾(つぼみ)をつける; 吹き出物ができる; ボタンがかかる. —他 ボタンをかける. —*se ~* ボタンをかける.

boutonneux, se 形 吹き出物[にきび]のできた.

boutonnier, ère 形 ボタン 製造[商]. —女 ボタンホール; 語 切り傷.

bouton-pression;《複》**~s-~** 男《服》スナップ.

boutre 男 ダウ(アラビアの小型帆船).

bout-rimé;《複》**~s-~s** 男 題韻詩(与えられた韻で作る).

bouturage 男 挿し木[挿し芽]による繁殖.

bouture 女 挿し木, 挿し芽.

bouturer 他挿し木[挿し芽]する. —自 不定根が出る.

bouverie 女 牛小屋, 牛舎.

bouvet 男 溝鉋(みぞかんな).

bouveteuse 女《建》鉋(かんな)盤, 機械鉋.

bouvier, ère 名 牛飼い. —男 *~ des Flandres* フランドル・ブービエ犬.

bouvière 女《魚》ヨーロッパタナゴ.

bouvillon 男 若い雄の去勢牛.

bouvreuil 男《鳥》ウソ.

bouvril 男 (畜殺場の)牛小屋.

bovarysme 男 ボヴァリスム, 若い女性の現実逃避(フロベールの小説から).

bovidés 男《複》《動》ウシ科.

bovin, e 形 牛の; 冴えない, 鈍重な. —男 牛.

bovinés 男《複》《動》ウシ類.

bowling [boliŋ/bu-] 男《米》ボウリング(場).

bow-window [bowindo] 男《英》出窓.

box [-ks];《複》**~**(**es**) 男《英》(部屋, ガレージの)仕切った一区画;(1, 2台用の)個室; 仕切り病室; 被告[判事]席; 馬房; 厩(うまや)舎の仕切り.

box-calf [-kskalf] / **box** 男《米》ボックスカーフ.

boxe 女 ボクシング.

boxer¹ 自, 他 ボクシングをする; 殴る.

boxer² 男《独》ボクサー犬.

boxer-short [-ksœrʃɔrt] 男《英》トランクス.

boxeur, se 名 ボクサー; ボクシングをする人.

box-office [-kso-] 男《米》興行成績, 売り上げ[人気]順位.

boy [bɔj] 男《英》(植民地での)召し使いの少年;(群舞の)男性ダンサー.

boyard [bɔj-] 男 (スラブ諸国の)旧貴族; Boyard ボヤール(紙巻きタバコ).

boyau;《複》**x** 男 **①** 腸; ガット(弦); 管, ホース, チューブ. **②** (細長い)通路, 小道;《軍》連絡濠.

boyauderie 女《食》腸の処理加工(場).

boyaudier, ère 形 腸処理加工の. —名 腸処理加工業者.

boycottage [bɔj-] / **boycott** [-t] 《英》男 ボイコット, 不買[不売]運動.

boycotter [bɔj-] 他 ボイコットする, 排斥する. ◇*boycotteur, se* 名

boy-scout [bɔjskut];《複》**~**(**s**)**-~**(**s**) 男 語 単純素朴な理想家; ボーイスカウト.

B.P. 記 **①** 略 boîte postale 私書箱. **②** 略 brevet professionnel 職業教育修了証書.

BPCO 略《医》bronchopneumopathie chronique obstructive.

Bq 記《計》ベクレル.

Br 記《化》brome 臭素.

brabançon, ne 形 (ベルギーの)ブラバント Brabant 地方の. —名 (B〜) ブラバントの人.

Brabançonne 女 ベルギー国歌.

brabant 男 (金属製の)車輪犂(すき).

bracelet 女 ブレスレット; 腕時計のバンド; リストパッド.

bracelet-montre;《複》**~s-**

〜s 男 ブレスレットウォッチ.

brachial, ale [-kjal];《男 複 **aux**》形《解》腕の.

brachio(-)céphalique [-kjɔ-] 形《解》腕頭の.

brachiopodes [-kjɔ-] 男複《動》腕足類.

brachycéphale [-ki-] 形,名《人》短頭の(人).

braconnage 男 密猟, 密漁.

braconner 自 密猟する, 密漁する.

braconnier, ère 名 密猟[密漁]者. ── 形 密猟[密漁]の.

bractée 女《植》包葉, 苞. □**bractéal, ale**;《男複》**aux** 形

bractéole 女 ❶《植》小包葉, 小苞(½). ❷《金》傷物の金箔(½).

brader 他 大安売りする; やすやすと放棄する. □**bradage** 男

braderie 女 在庫品処分セール; 住民バザー(《領土の放棄, 見限り.

bradeur, se 名 安売りする人; やすやすと放棄する人[見捨てる].

bradycardie 女《医》徐脈.

bradype 男《動》ナマケモノ.

braguette 女 ズボンの前あき.

brahmane 男 バラモン(婆羅門).

brahmanique 形 バラモン教の.

brahmanisme 男 バラモン教.

brahmi 女 ブラフミー文字.

brahmine 女 バラモンの妻, 婦人.

brai 男 ピッチ(原油蒸留後の残留物).

braient 活 ▷ **braire**.

braies 女複 プレ(ゴール人やゲルマン人が着用したゆったりしたズボン).

braillard, e / brailleur, se 形, 名 わめく(人).

braille 男 点字.

brailler 自 わめく, がなる; 泣きわめく. ── 他 話 わめく. □**braillement**

braiment 男 (ロバの)鳴き声.

brainstorming [brɛnstɔrmiŋ] 男《米》ブレーンストーミング.

brain-trust [brɛntrœst] 男《米》ブレーントラスト, (非公式の)顧問団.

braire 68 自 (ロバが)鳴く; 話 泣きわめく.

braise¹ 女 燠(⅓); 消し炭.

braise² 女 俗 金(½).

braisé, e 形 蒸し煮した.

braiser 他, 自 弱火で蒸し煮する.

braisette 女 細かい燠(⅓)[消し炭].

braisière 女 蒸し鍋; 火消し壺(⅔).

brait 活 ▷ **braire**.

brame¹ / bramement 男 鹿の鳴き声.

brame² 女 スラブ, 半製品地金.

bramer 自 (鹿が)鳴く; 話 大声で泣く, わめく.

bran 男 粗糠(¼); 古・卑 糞(½).

brancard 男 担架(の柄)(馬車の)梶(½)棒, 轅(½).

brancardier 他 担架で運ぶ.

brancardier, ère 名 担架係.

branchage 男 (1本の木の全部の)枝(切り取った)枝, 堆積枝.

branche 女 ❶ 枝; 枝状のもの; 支幹, 支流; 家系, 系統; ❷ 分野, 部門; 分派;《文》枝篇(½), (寓話詩などの各挿話). ◇**avoir de la 〜** 血筋がよい; 気品がある. **vieille 〜** 仲間.

branché, e 形 ❶〔sur〕(…)につながった;(…)と》なっている. ❷ 流行の, 流行に通じた. ── 名 流行の先端を行く人.

branchement 男 ❶ 接続, 配置. ❷ 分岐管, 引き込み線. ❸《鉄道》〜 **de voie** 分岐器.

brancher 他〔sur〕(…)につなぐ; 向ける; 紹介する. **se 〜**〔sur〕(…)につながる; 向かう; 興味を持つ; (…)を受信する.

branchette 女 小枝.

branchie 女 鰓(¾). □**branchial, ale**;《男複》**aux** 形

branchiopodes [-kjɔ-] 男複《動》鰓(¾)脚類.

branchu, e 形 枝が多い[よく茂った].

brandade 女《料》ブランダード(干ダラのペースト).

brande 女 松林の下生え; (ヒースの生える)荒野.

Brandebourg ブランデンブルク(ドイツの都市).

brandebourg 男《服》(上衣の)飾りもも; (軍服の)肋骨(⅓).
── 女 長袖(¼)外套(½).

brandebourgeois, e 形 ブランデンブルクの.
── 名 (B〜)ブランデンブルクの人.

brandir 他 振りかざす, 振り回す.

brandon 男 火の粉; 燃え残り;《文章》〜 **de discorde** 不和の火種; いざこざの火つけ役.

brandy;《複》〜**s** / 〜**dies** 男《英》ブランデー.

brane 女《天》余剰次元.

branlant, e 形 揺れる, ぐらつく, 不安定な.

branle 男 大きな揺れ, 振動. ◇**donner le 〜 à …** (…)に弾みをつける, を始動させる. **mettre en 〜** 大きく揺する; 始動させる. **se mettre en 〜** 動き出す.

branle-bas 男 てんやわんや, 大騒動; 戦闘準備.

branlement 男 〜 **de tête** 首を縦[横]に振ること.

branler 他 〜 **la tête** 首を縦[横]に振る. ❷ 話 ゆする. ── 自 ぐらぐらする, 不安定である. **se 〜** 俗 オナニーする.

braquage 男 ❶ 操舵(½), ハンドルを切ること. ❷ 話 ピストル強盗, 武装襲撃.

braque 男 ポインター犬. ── 形 話 少し頭がおかしい.

braquer 他 ❶〔sur, vers〕(…)に向ける, 回す. ❷〔contre〕(…)に対する反発[反感]を引き起こす. ❸ 襲撃する; 武器で脅す. ── 自 ハンドルを切る; (車が)曲がる. **se 〜**〔sur, vers〕(…)に向けられる.

braquet 男 (自転車の)ギア比.

braqueur 男 話 拳(½)銃強盗.

bras 男 ❶ 腕; 人手; 協力者; 助力. ❷

brasage

ひじ掛け;(器具の)柄, アーム. ❸ 権力, 威力. ► le ~ de Dieu 神の力 / ~ séculier [史]世俗裁判権. ❹ (河川の)分流. ❺ (馬の)前脚(タコなどの)足.
◇à ~ 手動[人力]の. a ~ le corps ⇨ bras-le-corps. à ~ raccourcis 力を込めて; 猛烈に. à tour de ~ 全力で; 惜しみなく. avoir le ~ long 影響力がある, 顔が広い. avoir les ~ rompus 腕がひどく疲れる. ~ de fer 腕相撲; 対決. ~ dessus, ~ dessous 腕を組んで. couper [casser, rompre] ~ et jambes à... …をぐったり[茫(ぼう)然]とさせる. Les ~ m'en tombent. 唖(あ)然とする.

brasage 男蠟付け.
braser 他蠟付けする.
brasero [-ze-] 男[西]金属製焜(こん)炉, 火鉢.
brasier 男燃え盛る火; 激情.
brasiller 自燃え上がる; きらめく.
bras-le-corps (à) 副包 胴に腕を回して; 敢然と.
brassage[1] 男混合; 交流; ビール製造.
brassage[2] 男[海]転桁(てんこう)(さ).
brassard 男腕章.
brasse 女 ❶ 平泳ぎ. ► ~ papillon バタフライ. ❷ 尋(ひろ)(昔の単位, 両手を伸ばした長さに相当. 1.66 m).
brassée 女 一抱え.
brasser[1] 他 かき回して, (金を)動かす; 手がける; (ビールを)醸造する.
◇ se ~ 混じり合う.
brasser[2] 他[海]転桁する.
brasserie 女 ビール醸造業[工場]; (大きな)バブ.
brasseur[1], se 名 ❶ ビール業者. ❷ ~ d'affaires 手堅実業家.
brasseur[2], se 名 平泳ぎ選手.
brassière 女 ❶ 幼児用肌着[セーター]; 救命衣.
brassin 男 ビール醸造桶(おけ); (ビール用)麦芽汁の原料.
brasure 女 蠟付け; 蠟.
bravache 形, 男 ❷ 空威張りをする(人), 虚勢を張る(人).
bravade 女 挑戦的態度, 強がり.
brave 形 勇敢な;(名詞の前)善良な.
— 名 勇敢な人.
bravement 副 勇敢に; 大胆に, きっぱりと.
braver 他 立ち向かう, ものともしない.
bravissimo 間 [伊]最高にうまいぞ, いいぞ.
bravo [伊] 間 ブラボー.
— 男 拍手喝采(さい).
bravoure 女 ❶ 勇気, 大胆さ. ❷ morceau de ~ 見せ[聞かせ]所, きわ.
Bray ブレ地方(ノルマンディー北部).
brayer [-je] 男[建]《石材などのつり索》女[楽](鐘の舌の)つり革.
Brazzaville [-(d)zavil] ブラザヴィル(コンゴの首都).
break [brɛk] 男[英] ❶ ステーションワゴン;(御者台の高い)4 輪馬車. ❷

(ジャズの)ブレーク;(テニスの)ブレーク;(格闘技の)ブレーク. ❸ 小休止, ひと休み.
breakfast [brɛkfəst] 男[英](英国風の)朝食.
brebis 女 雌羊; 忠実な信者, 神の僕(しもべ); 優しい[純真な]人.
◇ ~ galeuse 嫌われ者.
brèche[1] 女 ❶ 割れ[裂け]目, 穴; 突破口. ❷ (刃の)こぼれ,(縁の)欠け傷; 損害, 痛手.
◇ battre en ~ 徹底的に攻撃する. être sur la ~ 絶えず活動している.
brèche[2] 女[地]角礫(れき)岩.
bréchet 男 (鳥の)竜骨突起.
bredouille 形 収穫[成果]のない.
bredouiller 自 他 (分かりにくく)早口で話す; 口ごもる. ◘ **bredouillement** / **bredouillage** / **bredouillis** 男
bredouilleur, se 形, 名 早口で分かりにくい話し方をする(人).
bref[1], **ève** 形 ❶ 短い, 簡潔な; そっけない. ◇ pour être ~ 要するに. — 副 要するに,(一言で言えば)(=en bref).
bref[2] 男 教皇書簡; 聖務案内.
Bréhat (île de) ブレア島(ブルターニュ半島北端).
breitschwanz [brɛt∫vāts] 男 [独]死産または生後間もなく死んだ子羊の毛皮.
brelan 男 スリーカード; (ダイスで)同じ目を3つ出すこと.
brêler 他 縄で固定する.
breloque 女 (腕輪などの)小さな飾り. ◇ battre la ~ 調子がおかしい.
brème[1] 女 セタカウオ.
brème/brême 女 俗 トランプ.
bren 男 ⇨ bran.
Brésil ブラジル.
brésilien, ne 形 ブラジルの.
— 名 (B~) ブラジル人.
— 男 ブラジル・ポルトガル語.
brésiller 他 微 粉々にする.
— 自 ほろぼろに砕ける.
◇ se ~ 細かく砕ける.
bressan, e 形 ブレス地方の.
— 名 (B~) ブレス地方の人.
Bresse ブレス地方(フランス中東部).
Bretagne 女 ブルターニュ地方.
bretèche/bretesse 女 (城の)張り出し物見(さく)[下町]船楼(さく).
bretelle 女 ❶ 負い革[ひも], ストラップ; サスペンダー. ❷ (高速道路の)ランプ;[鉄道]交差渡り線. ◇ remonter les ~s à qn ~を責める.
breton, ne 形 ブルターニュの; ブルトン語の. — 名 (B~) ブルターニュ地方の人. — 男 ブルトン語.
bretonnant, e 形 ブルトン語を話す.
bretteler 他/**bretter** 他 (歯のついた工具で)筋[縞(しま)]をつける.
bretteur 男 剣の戦いを好む人.
bretzel [-tsɛl -tzɛl] 男/女 ブレッツェル(8の字型クラッカー).
breuvage 男 飲み物.
brève 形 bref[1] の女性形.

brevet 男 ❶ 免状; 特許. ❷ 証拠; 保証.
brevetable 形 特許を受けられる.
breveté, e 名・形 免状 [特許] を持つ(人).
breveter ④他 特許を与える.
bréviaire 男 座右の書; 〖カト〗 聖務日課書.
bréviligne 形 短肢の.
briéveté 女〘音声〙音の短さ.
B.R.I. 女〘略〙Banque des règlements internationaux 国際決済銀行(英語 B.I.S.).
briard, e 形 Brie 地方の.
—名〈B~〉ブリー地方の人.
—男 ブリアール犬.
bribe 女 残り, 屑(くず); 断片.
bric-à-brac [-ka-] 男〘不変〙雑多な] 骨董(こっとう)品(店); 陳腐な趣味 [手法].
bric de broc (de) [-ked-] 副句 雑然と寄せ集めて.
brick 男 ブリッグ(2檣(しょう)横帆船).
bricolage 男 日曜大工, 修繕, 工作; やっつけ仕事; (金にならない) 片手間仕事.
bricole 女 ❶ 取るに足りない物 [事]; 小物, (小さな) 修理仕事, 手仕事. ❷ (馬具の) 胸繋(むながい); 背負い革.
bricoler 自 日曜大工をする; (修理などの) 手間仕事をして生計を立てる; 雑用をする.
—他 自分で修繕する, こしらえる.
bricoleur, se 名 日曜大工; 器用な人, 何でも屋.
—形 器用な; 日曜大工の.
bride 女 ❶ (馬の頭部につける) 勒(ろく); 手綱. ❷ 〘服〙あごひも; 縁かがり; 〘機〙輪金; フランジ.
◊ **à** ~ **abattue** 全速で. **tenir** ~ **en** ~ …の手綱を締める, …を抑える. **tourner** ~ 引き返す.
bridé, e 形 ❶ 束縛 [抑制] された. ❷ **yeux** ~~ (黄色人種の) 細い目.
brider 他 ❶ (馬に) 勒(ろく)を着ける; (衣服が) 締めつける. ❷ 文語 束縛する; 抑える. ❸ 〘機〙フランジで固定する.
bridge 男〘英〙❶〘カード〙ブリッジ. ❷ (歯の) ブリッジ.
bridger ②自 ブリッジをする.
▷**bridgeur, se** 名
bridon 男 水勒(すいろく) 頭絡 (単純な馬銜(はみ)をつけた頭絡).
Brie 女 ブリー地方 (パリ東方).
briefer 他 〖英〗 打ち合わせ, 状況報告, 方針指示.
briefing [-fiŋ] 男〘英〙打ち合わせ, 状況報告, 方針指示.
brièvement 副 簡潔に.
brièveté 女 短さ, 簡潔.
brif(f)e 女 食べ物; 食事, がつがつ食べること. ❷ 古・語 パンの大きな1片.
briffer 他, 自 食べる.
brigade 女 ❶ 〘軍〙旅団. ❷ 分隊, 班, 組, チーム. ◊ ~ **verte** 環境監視団.
brigadier[1] 男 (床を3回突いて開幕

briqueterie

を告げる) 突き棒.
brigadier[2], ère 名 上等兵; 巡査部長; (官公庁の) 主任 [係長]; 〘略〙高級将校.
brigadier-chef, ère-; 〘複〙~s-~s 名 兵長; 主任巡査部長.
brigand 男 悪者, 悪がき; 古風 山賊, 強盗. ◊ **histoires de** ~~ 大ぼら.
brigandage 男 強盗, 略奪; 悪質な行為, 不正.
brigandine 女 鎖かたびら.
brigantin 男 2本マストの小帆船.
brigantine 女〘海〙スパンカー (最後端, 最下層の縦帆).
brigue 女 文語 策略.
briguer 他 熱望する; 志願する, (…に) 立候補する.
brillamment 副 輝かしく; まばゆく.
brillance 女 文語 輝き; 光沢.
brillant, e 形 輝く; 輝かしい; 優れた. —男 輝き; 文語 派手 [華美] な外見; 〘宝〙 ブリリアントカット.
brillanter 他 (宝石を) ブリリアントカットにする; 輝かす.
brillantine 女 ポマード.
brillantiner 他 ポマードをつける.
briller 自 輝く, 光る; 目立つ, 秀でる.
brimade 女 新入生 [新兵] いじめ, 嫌がらせ, 虐待, 冷遇.
brimbaler 他, 自 ⇨ **bringuebaler**.
brimborion 男 がらくた, 安物.
brimer 他 苛(いじ)める; 嫌がらせをする; 抑圧する.
brin 男 ❶ 茎; (糸の) 切れ端, 1片, 1本; 少量. ❷ 〘繊〙子縄, 撚(よ)り糸; (麻などの) 繊維. ❸ 〘生〙~ **plus** プラス鎖.
◊ **beau** ~ **de fille** すらりとした娘. **un** ~ **de** … わずかの…, 軽い….
brindezingue 形 語 酔っぱらった; 気の触れた. —名 狂人.
brindille 女 小枝.
bringue[1] 女 語 **une grande** ~ のっぽでひょろひょろした娘.
bringue[2] 女 酒盛り, どんちゃん騒ぎ.
bringuebaler / brinquebaler 他 揺する; 揺らして運ぶ.
—自 激しく [がたがた] 揺れる.
brio 男〘伊〙腕のさえ, 名人芸; 潑剌(はつらつ)さ.
brioche 女 ブリオッシュ (パン); 語 腹, 太鼓腹.
brioché, e 形 ブリオッシュのような.
briochin, e 形 サン=ブリュー Saint-Brieuc の.
—名〈B~〉サン=ブリューの人.
brique 女 煉瓦(れんが); 煉瓦形のもの, (飲料の) パック; 語 100万旧フランの札束. —形 不変 煉瓦色の.
briquer 他 ごしごし磨く.
briquet[1] 男 ライター, 点火器.
briquet[2] 男 ブリケ (小形の猟犬).
briqueter ④他 煉瓦(れんが)造りにする; 煉瓦模様の塗装を施す.
▷**briquetage** 男
briqueterie 女 煉瓦(れんが) 工場.

briquetier

briquetier 男 煉瓦製造工.
briquette 女 煉(紅)炭; 小塊瓦(紅).
bris 男 [法] 故意の破壊物, 毀(記)損. ▶～ de clôture 不法侵入.
brisant, e 形 破壊力の強い; 波の砕け散る. ── 男 岩礁; 砕け散る波.
briscard 男 古参兵; 老獪な人物.
brise 女 そよ風.
brisé, e 形 壊れた, 破れた; くじかれた; へたばった; 声のかすれた. ジグザグの, 折り畳み式の. ▶ ligne ～e 折れ線.
brise-bise 男 (不変) 半カーテン.
brisées 女 (複) (獣道を示す) 折れ枝. ◊ aller [marcher] sur les ～ de ... …の縄張りを侵す.
brise-fer 男 (不変) 乱暴な子.
brise-glace(s) 男 (不変) 砕氷船.
brise-jet 男《複》(蛇口などの)活栓.
brise-lames 男 防波堤.
brisement 男 文章 破壊すること; 砕く[砕ける]こと.
brise-mottes 男 大きな土塊(窄)を砕く機械.
briser 他 壊す, 砕く; 打ち切る, 断つ; 打ち砕く, 打ちのめす; 疲労困憊(窒)させる; 《新しい靴を》柔らかくする. ── 男 ❶ 線を切る. ❷ 波が砕ける. ── se ～ 砕ける; 壊れる; 挫折する, 失敗する.
brise-soleil 男 (不変) ひさし, ルーバー, 日よけ.
brise-tout 男 (不変) (なんでも壊してしまう) そそっかし屋.
briseur, se 男 破壊者.
brise-vent 男 (不変) (植物などの)風よけ, 防風林.
brisis 男 (マンサード屋根下半の)急勾配(窒)部分.
briska 女 ロシア風軽四輪馬車.
brisquard 男 ⇨ briscard.
brisque 女 [カード] (grand) ～ マリッジ.
bristol 男 [英] ブリストル (上質厚紙); [古風] 名刺.
brisure 女 割れ目, 裂け目; 砕片.
britannique 形 イギリスの.
── 名 B～) イギリス人.
brittonique 形 ブリトン人の.
── 男 ブリトニック語語.
brize 女 [植] コバンソウ.
broc [bro] 男 水差し.
brocante 女 古物売買; フリーマーケット; 《集合的》リサイクル品.
brocanter 自 古物を商う.
brocanteur, se 男 名 古物商, 骨董(筌)屋; リサイクル品を売買する人.
brocard¹ 男 《多く複数》文章 嘲笑, あざけり.
brocard² 男 ノロ(ジカ)の若雄.
brocarder 他 文章 あざける.
brocart 男 [繊] ブロケード.
brocatelle 女 [繊] ブロカテル; [鉱] 斑(紅)岩大理石.
brochage 男 (本の) 仮綴(を)じ; [繊] ブロケード.
brochant, e 形 [紋] 重ね図形の.
broche 女 ❶ 串焼き. ❷ ブローチ. ❸ (紡績機のボビンの) スピンドル; (プラグの)ピン, 歯; 小型鍵(を)のスピンドル, ピン, ブローチ; (外科手術に使う) 鋼棒.
broché, e 形 仮綴(を)じの, ペーパーバックの; [繊] ブロケードの.
── 男 ブロケード(の織物).
brocher 他 (本を) 仮綴じにする; [繊] (布地を) ブロケードにする; [機] ブローチで削る. ◊ et, brochant sur le tout 文章 さらに, そのうえ.
brochet 男 [魚] カワカマス.
brochette 女 小串(を); 串焼き; [服] ブロシェット (略章を胸に留める細ピン). ◊ une ～ de ... 一列に並んだ…, 一群の….
brocheur, se 男 仮綴(を)じ工; ブロケード織工. ── 女 仮綴機.
brochure 女 ❶ 仮綴(を)じ本; パンフレット; 仮綴じ(工場). ❷ ブロケードの浮き模様, 綿(紅)模様.
brocoli 男 ブロッコリー.
brodequin 男 編み上げ靴.
broder 他 刺繍する.
── 自 尾ひれをつける, 誇張する.
broderie 女 刺繍(業).
brodeur, se 男 刺繍職人.
── 女 刺繍機械.
broie 女 [繊] 麻打ち機.
broiement 男 砕くこと, 粉砕.
broker 男 [英] (株式) 仲買人.
brome¹ 男 [植] スズメノチャヒキ.
brome² 男 [化] 臭素.
broméliacées 女複 [植] パイナップル科, アナナス科.
bromhydrique 形 [化] acide ～ 臭化水素酸.
bromique 形 [化] acide ～ 臭素酸.
bromisme 男 [化] 臭化物, 臭化水素酸塩. ❷ ブロマイド印画紙.
bronca 女 [西] (人々の) 抗議の叫び, 怒号.
bronche 女 気管支.
broncher 自 感情を表に出す, 身じろぎする; [古風] (馬が) つまずく, しくじる.
bronchiole 女 [解] 細気管支.
bronchiolite 女 [医] 細気管支炎.
bronchique 形 [解] 気管支の.
bronchite 女 [医] 気管支炎.
bronchiteux, se 形 気管支炎にかかりやすい人.
bronchitique 形 [医] 気管支炎 (性) の; 気管支炎にかかった.
── 名 気管支炎患者.
broncho-pneumonie [-kɔ-] 女 [医] 気管支肺炎.
bronchopneumopathie chronique obstructive 女 [医] 慢性閉塞性肺疾患.
bronchorrhée [-kɔ-] 女 [医] 気管支漏.
bronchoscope [-kɔ-] 男 [医] 気管支鏡.
bronchoscopie [-kɔ-] 女 [医] 気管支鏡検査 (法).
brontosaure 男 [古生] ブロントザウルス, 雷竜.

bronzage 男 ❶ 肌を焼くこと；日焼け．❷ ブロンズ仕上げ．
bronzant, e 形 日焼けさせる．
bronze 男 ブロンズ（像），青銅（製品）．
bronzé, e 形 日焼けした；青銅色［ブロンズ仕上げ］の．
bronzer 他 日焼けさせる；ブロンズ風に仕上げる．—自 日焼けする．
　— se ～ 肌を焼く．
bronzette 女 語 日光浴．
bronzeur, se 名 ブロンズ仕上げ工．
bronzier, ère 名 ブロンズ鋳造師．
brook [bruk] 男〘英〙（競馬の障害物レースで）水濠 (ごう)．
broquette 女 鋲 (びょう)．
brossage 男 ブラッシング．
brosse 女 ブラシ，絵筆，刷毛 (はけ)（ブラシ状の）毛先の立った髪形．
　◊ *passer [manier] la* ～ *à reluire* 語 ごまをする．
brosser 他 ブラシをかける；(刷毛 (はけ) で）さっと塗り上げる；粗塗りする．◊ ～ *un tableau de ...* の状況を概観する．— **se** ～ 自分の（…に）ブラシをかける；語 なしで済ませる，あきらめる．
brosserie 女 ブラシ類の製造［販売］；ブラシ類製造工場；ブラシ製品．
brossier, ère 名 ブラシ職人．
brou 男 ❶ ～ *de noix* クルミ酒．❷（クルミなどの）果皮．
brouet 男 薄いスープ；箇 煮込み．
brouette 女（1輪の）手押し車．
brouettée 女 手押し車1台分．
brouetter 他 手押し車で運ぶ．
brouhaha 男 ざわめき．
brouillage 男 電波妨害；混信．
brouillamini 男 語古 紛糾，混乱．
brouillard[1] 男 霧，もや．► ～ *photochimique* 光化学スモッグ．
brouillard[2] 男 当座帳．
brouillasse 女 霧雨，もや．
brouillasser 非人称 霧が立ち込める．
brouille 女 いさかい，不和．
brouillé, e 形 ❶ 混乱した，かき混ぜられた；曇っている．► ～ *œufs* ～ *s* スクランブルエッグ．❷ 仲たがいした．箇 (*avec*)（…の）と苦手な．
brouiller 他 ❶ ごちゃごちゃにする，かき混ぜる；混乱させる；濁らせる，曇らせる；にじませる．❷ 仲たがいさせる．◊〘通〙雑音を入れる；電波妨害する．
　— se ～ ❶ 混乱する；曇る；濁る；（目が）かすむ．❷ 仲たがいする．箇 (*avec*)（…の）と苦手である．
brouillerie 女 古 一時的な［たわいない］仲たがい．
brouilleur 男〘通〙妨害機．
brouillon[1], **ne** 形 混乱を招く，いざこざを起こす；混乱した．
　— 名 古風 トラブルメーカー．
brouillon[2] 男 下書き．
brouillonner 他 下書きをする；走り書きする．
broum [-m] 男 ブーン（モーターの音）．
broussaille 女 茂み，やぶ．► *cheveux en* ～ (*s*) ぼさぼさの髪．
broussailleux, se 形 茨［雑草］の茂った；もじゃもじゃの．
broussard 男〔アフリカなどの〕叢 (そう) 林生活者．
brousse[1] 女 ❶（熱帯の）低木林（帯）．❷ 俗く地〉語 田舎．
brousse[2] 女 新鮮な《チーズ》ブルース．
broussin 男〘林〙瘤 (こぶ)．
brout 男 若草，新芽；〘獣医〙*mal de* ～ 若芽病《動物の食べすぎによる腸炎》．
broutard / **-t** 男〘畜〙離乳乳期の子牛．
brouter 他（動物が）食べる．—自（装置が）がたつく，スムーズに動かない．
　◊ **broutement** 男
broutille 女 些 (さ) 事，つまらぬ物．
brownie [bro-] 女 ブラウニー（ナッツ入り小型チョコレートケーキ）．
brownien, ne [brɔnjɛ̃, ɛn/braw-] 形 *mouvement* ～ ブラウン運動．
browning [brɔniŋ/braw-] 男〘米〙商標 ブローニング自動拳 (けん) 銃．
brown sugar [brɔnʃugar/brawn-] 男（不変）〘英〙未精製ヘロイン．
broyabilité 女 もろさ．
broyage 男 砕くこと，粉砕．
broyer [10] 他 細かく砕く，すりつぶす，押しつぶす；打ち砕く，打ちのめす．
　◊ ～ *du noir* 気がふさぐ．
broyeur, se 形 砕くこと，粉砕する．—名（鉱石などを）砕く職人．◊ ～ *du noir* 陰気な人．—男 粉砕機，グラインダーミル，クラッシャー．
brrr 間 ぶるぶる，ひゃあ（寒さ，恐怖）．
bru 女 息子の嫁．
bruant 男〘鳥〙ホオジロ．
brucella 女〘細〙ブルセラ菌．
brucelles 女複 ピンセット．
brucellose 女〘医〙ブルセラ症．
bruche 女〘昆〙マメゾウムシ類．
brugnon 男〘植〙ネクタリン．
bruine 女 霧雨；小雨．
bruiner 非人称 霧雨が降る．
bruineux, se 形 霧雨の（降る）．
bruir 他（布）に湯のしする．
bruire [54] / **bruisser** 自文章 かすかな音を立てる．
bruiss- 活 ⇨ bruire.
bruissage 男 湯のしした布．
bruissement 男 ざわめき，かすかな音．
bruit[1] 男 音，物音；騒音；雑音，ノイズ．うわさ，風説．
　◊ *faire du* [*beaucoup de, grand*] ～ 音を立てる；騒ぎ立てる；反響を呼ぶ．*sans* ～ 静かに，ひっそり．
bruit[2] 活 ⇨ bruire.
bruitage 男 音響効果．
bruiter 他 効果音を作る．
bruiteur, se 名 音響効果師．
brûlage 男 焼くこと；〘美容〙毛先焼き．
brûlant, e 形 ❶ 焼けるように熱い；熱烈な．❷ 危険な，うかつに手を出せない．
brûlé, e 形 ❶ 焼けた，焦げた；日焼けした．❷ 信用を失った．❸ (*de*)（…に）駆られた．◊ *cerveau* ～ ＝ *tête* ～ 無鉄砲な人；激情家．—名 やけどを負った人；火刑

brûle-gueule

に処せられた人. ― 男 焦げたもの, 焦げ. ◇*sentir le* ~ 焦げたにおいがする; 雲行きが怪しい.
brûle-gueule; 《複》~(s) 男 短いパイプ.
brûle-parfum; 《複》~・~s 男 香炉.
brûle-pourpoint (à) 副 いきなり.
brûler 他 ❶ 焼く, 燃やす; 焦がす; やけどさせる; 《食品を》こがす. ❷ 《燃料を》消費する; 爆発させる. ❸ 焼けるような痛みを与える, ひりひりさせる; 傷める, 損なう. ❹ 《心を》かき立てる. ❺ 止まらずに通過する (信号, regex). ❻ 《ある点を》無視する. ❻ 正体を暴く; 信用を失わせる; 撃ち殺す. ◇~ *la politesse* 挨拶(忠)をしないで立ち去る [通り過ぎる]. ~ *les étapes* [*étapes*] 先を急ぐ; 早く昇進する. ― 自 ❶ 燃える, 燃焼する; 焼ける; 《電灯などが》ともる. ❷ 焼けつくように熱い [暑い], 焼けるように痛い. ❸ 《de》《激しい感情に》燃え上がる (…したくて) じりじりする. ❹ 《クイズなどで》正解まであと一歩のところにいる.
― **se** ~ やけどする; 焼身自殺する.
brûlerie 女 コーヒー焙煎(豺)所.
brûleur 男 バーナー, 火口.
brûlis 男 焼畑.
brûloir 男 焙煎(豺)機.
brûlot 男 ❶ 《敵船焼き討ちのため火をつけて流す》火船(钌). ❷ 激しい論調の新聞, 攻撃文.
brûlure 女 ❶ やけど; 焼け焦げ; 焼けつくような痛み. ❷ 《日照りによる植物の》焼け枯れ; 霜焼け.
brumaire 男 ブリュメール, 霧月(フランス革命暦第2月).
brumasse 女 霧もや.
brume 女 霧, もや; 文章 もうろうとしていること.
brumer 非人称 もやがかかる.
brumeux, *se* 形 もやのかかった; 不明瞭な, 漠然とした.
brumisateur 男 商標 肌用トリートメントスプレー.
brumisation 女 人工噴霧.
brun, *e* 形 褐色の; 褐色の髪《肌》の.
― 名 黒褐色の髪の人. ― 男 褐色の絵の具. ― 形 黒褐色のたばこ 《濃厚な味わい》; 黒ビール. ⇨ blonde.
brunante 女 カナダ 夕暮れ.
brunâtre 形 褐色 [茶色] がかった.
brunch [brœntʃ] 男; 《複》~(*e*)*s* 男 《英》ブランチ.
Brunei 男 ブルネイ・ダルサラーム国.
brunet, *te* 形 褐色の髪の人, ブルネットの人.
brunir 他 褐色にする [塗る]; 磨く.
― 自 褐色になる, 日焼けする.
― **se** ~ 肌を焼く, 褐色になる.
brunissage 男 《金属》の出し.
brunissement 男 褐色になること; 日焼け.
brunisseur, *se* 名 研磨工人; 艶(?)出し師. ― 男 サンゴル.
brunissoir 男 研磨器具; 《版画》バニシャー; 《機》バニシ盤.
brunissure 女 研磨; 光沢.

96

brushing [brœʃiŋ] 男 《英》ヘアブロー.
brusque 形 突然の, 急激な; ぶっきらぼうな.
brusquement 副 突然, いきなり; 固 ぶっきらぼうに.
brusquer 他 ❶ 乱暴 [ぞんざい] に扱う. ❷ 《期日などを》早める; 切り上げる.
brusquerie 女 ❶ ぶっきらぼう, ぶっきらぼうさ. ❷ 唐突, 不意.
brut, *e* [bryt] 形 ❶ 未加工の, 元のまま. ❷ 粗暴な, 野蛮な. ► *bête*―*e* 乱暴者; ある力 / force ~ する暴力. ❸ 《経》《税金, 諸経費を差し引く前の》総額の; 《風袋(款)込み》総重量の. ► *produit national* ~ 国民総生産. ❹ 《シャンパンなどが》極辛口の. ― 副 税 [諸経費] 込みで; 総額で; 風袋込みで. ― 男 ❶ 原油; 極辛ロシャンパン [シードル]; 給与総額. ― 女 粗野 [無教養] な人; 乱暴者. 文章 野獣.
brutal, *ale*; 《男複》*aux* 形 ❶ 粗暴な, 乱暴な; 容赦ない, 厳しい. ❷ 突然の, 急激な. ― 名 乱暴者.
▫ **brutalement**
brutaliser 他 暴力を振るう, 虐待する; つっけんどん [乱暴] に扱う.
brutalité 女 ❶ 荒々しさ; 暴力, 暴言; 唐突さ.
brution 男 話 陸軍幼年学校生徒 [卒業生].
Bruxelles [-sɛl] ブリュッセル.
bruxellois, *e* [brysɛ-] 形 ブリュッセルの. ― 名 《B~》ブリュッセルの人.
bruyamment 副 騒々しく.
bruyant, *e* 形 騒々しい 《悪い意味》 うわさの高い, 鳴り物入りの.
bruyère [bryjɛ:r/brųi-] 女 《植》エリカ, ヒース; ヒースの荒野.
bryologie 女 コケ類学, 蘚苔(?)学.
bryophytes 男複 コケ類, 蘚苔類.
bryozoaires 男複 苔虫(?)類.
B.T. 男 《略》brevet de technicien 技術者免状.
B.T.S. 男 《略》brevet de technicien supérieur 上級技術者免状.
bu, *e* (*boire*の過去分詞) 俗 酔っぱらった.
buanderie 女 洗濯場.
buandier, *ère* 名 洗濯をする人.
bubale 男 ハーテビースト (レイヨウ類).
bubble-gum [bœbœlgɔm] 男; 《複》~*s*・~*s* 男 《英》風船ガム.
bubon 男 《医》横痃(?).
bubonique 形 横痃(性)の.
Bucarest [-st] ブカレスト.
buccal, *ale*; 《男複》*aux* 形 口腔(?)の, 口の.
buccin 男 ❶ 《貝》エゾバイ. ❷ 《古代ローマ軍の》らっぱ.
buccinateur 男 《解》頬筋.
bucco-dentaire 形 《解》歯科口腔(?)の.
bucco-génital, *ale*; 《男複》*aux* オーラルセックスの.
bûche 男 薪(?); 丸太, のろま. ◇*prendre* [*ramasser*] *une* ~ 転倒 [転落] する.
bûcher 男 ❶ 薪(?)小屋, 薪置き場.

❷ 火刑台; 焚(た)き書台; 火葬台.
bûcher² 他, 自動 猛勉強する.
bûcheron, ne 名 木樵(きこり); 木樵の妻.
bûchette 女 木切れ, 薪(まき).
bûcheur, se 形 名 がり勉をする(人).
bucolique 形 文章 田園(詩)の, 牧歌的な. — 女 田園詩.
Budapest [-st] ブダペスト.
budget 男 予算; 家計; 懐中金.
budgétaire 形 予算の.
budgétisation 女 予算計上 [配分].
budgétiser / budgéter ⑥ 他 予算に計上する.
budgétivore 形 俗 予算(税金)を食う. — 名 税金泥棒.
buée 女 水蒸気, 結露.
Buenos Aires [bɥenozɛːr] ブエノスアイレス.
buffet 男 ❶ 食器棚; 立食パーティーの(料理), 立食用テーブル; レストラン, ビュッフェ. ❷ 俗 胃袋; 腹; 胸. ❸ (パイプオルガンの)ケース, 全体.
buffetier, ère 名 (駅の)飲食物販売者; ビュッフェ経営者.
buffle 男 水牛; 水牛の革; 水牛の角.
buffleterie 女 (兵隊の)革装具.
bufflon 男 動 若い水牛.
bufflonne / buffleuse 女 水牛の雌.
bug [bœg] 男 情報 バグ (=bugue).
Bugey 男 ビュジェ地方(ジュラ山地南部).
buggy [bœgi] 男 英 バギー車.
bugle¹ [-] 男 英 楽 ビューグル.
bugle² 男 植 キランソウ.
buglosse 女 植 アンチューサ.
bugne 女 料 ビューニュ(リヨンの揚げ菓子).
bugrane 女 植 マメ科の多年草.
building [bildin] 男 米 ビルディング.
buire 女 (中世の)取っ手付きの水差し形容器.
buis 男 植 ツゲ.
buisson 男 (野生の低木の)茂み, 藪(やぶ)林; 料 (エビやアスパラガスの)ピラミッド盛り.
buisson-ardent (複) ~s-~s 男 植 トキワサンザシ.
buissonneux, se 形 茂みの多い, やぶ状の.
buissonnier, ère 形 わき道にそれた; 自由な. ◊ faire l'école ~ère 学校(仕事)をさぼる.
bulb [bœlb] 男 英 球状船首.
bulbaire 形 解 延髄の.
bulbe 男 球根; 解 延髄; 建 葱(たま)花形屋根.
bulbeux, se 形 球根を持つ; 球根状の.
bulbiculture 女 園 球根栽培.
bulbille 女 植 珠芽(しゅが).
bulb-keel [bœlbkil] 男 英 (小型ヨットの)球状竜骨.
bulgare 形 ブルガリアの.

— 名 (B~) ブルガリア人.
— 男 ブルガリア語.
Bulgarie 女 ブルガリア.
bulge [bœldʒ] 男 英 バルジ(魚雷から船体を守る膨らみ).
bullaire 男 教皇勅書集.
bulldog [buldɔg] 男 ブルドッグ.
bulldozer [buldozɛ(ɛ)ːr] 男 米 ブルドーザー; 猛進型の人も物.
bulle¹ 女 ❶ 泡, 気泡; (漫画の)吹き出し; 医 水疱(ほう); ❷ (新生児の)保育器; 安心して羽根を伸ばせる場所. ❸ (経済の)バブル. ❹ 話 零点.
bulle² 女 教皇勅書 [教書]; 史 印璽(じ)(の)鉛 [金] の玉).
bulle³ 男 (不変) マニラ紙(の).
bullé, e 形 verre ~ バブルガラス.
buller 自動 何もしないでいる; 気泡 [水泡] を生じる.
bulletin 男 ❶ (公的な)報告(書); 証明書, 通知書, 成績表; 会報, 年報, 紀要. ❷ ニュース. ❸ 投票用紙.
bulletin-réponse (複) ~s-~(s) 男 応募用紙.
bulleux, se 形 医 水疱(性)の.
bull-finch [bulfinʃ] (複) ~es 男 英 馬 障害用生け垣.
bull-terrier [bul-] 男 英 ブルテリア(犬).
bulot 男 エゾバイ.
bûmes 活 ⇨ boire.
buna 男 独 商標 ブナ(合成ゴム).
bungalow [bœ̃galo] 男 英 バンガロー.
bunker¹ [bunkœ(ɛ)ːr] 男 独 (第2次大戦中のドイツ軍の)コンクリート掩蔽壕(えんぺいごう), トーチカ.
bunker² [bœnkœ(ɛ)ːr] 男 英 ゴルフ バンカー.
Bunsen [bunzen] 男 (bec) ~ 化 ブンゼンバーナー.
buprestre 男 昆 タマムシ.
buraliste 名 窓口職員; たばこ店主.
bure¹ 女 繊 ブール(褐色の厚地毛織物); ブール地の服; 修道服.
bure² 男 鉱 盲立坑(もうりっこう).
bureau 男 (複) x ❶ 机. ❷ 事務室, 研究室; 書斎. ❸ 会社, オフィス; 支店 [店, 局]; 部局, 部署, 部課. ❹ (公的)事業 [販売]所; 窓口, 切符売場. ► ~ de poste 郵便局. ❺ (集合的)社員, 職員. ❻ 情報 デスクトップ. ► ~ de vote 投票所; 選挙委員.
bureaucrate 名 官僚; 事務屋, 小役人.
bureaucratie [-si] 女 官僚制, 官僚主義; (集合的)役人.
◆ **bureaucratique** 形
bureaucratiser 他 官僚化する, 官僚の支配下に置く.
— se ~ 官僚主義が強まる.
◆ **bureaucratisation** 女
bureautique 女 オフィスオートメーション(の).
◆ **bureauticien, ne** 名
burent 活 ⇨ boire.
burette 女 食卓用小瓶, 調味料入れ; 油差し; カト (ミサに用いる水, ぶどう酒の)小瓶; 化 ビュレット.

burgau

burgau; (複) **x** 男 螺鈿(%)用の貝類; 青貝.

burgaudine 女 青貝.

burgrave 男 [史]ブルクグラーフ, 神聖ローマ帝国の城主.

burin 男 ビュラン, 鏨(%)の, のみ; ビュラン彫りの版画.

burinage 男 鏨(%)で削ること.

buriné, e 形 深いしわの刻まれた.

buriner 他 形 鏨(%), ビュランで彫る; [文章]力強く記述する.

burineur 男 鏨(%)工, のみ彫り職人.

burka 女/男 ⇨ burqa.

Burkina Faso [burkinafaso] 男 ブルキナ・ファソ(アフリカ西部の国).

burlesque 形 滑稽な; ビュルレスクの. ― 男 滑稽さ; [映][文]ビュルレスク(の作家, 役者).

burnous [-(s)] 男 [服]バーヌース(アラブ人の頭巾(%))付き袖(%)なし外套(%));バーヌーススタイルのケープ.

burqa 女 [服]ブルカ(アフガニスタン女性の全身をおおう服).

Burundi [burun-] 男 ブルンジ(アフリカ中東部の国).

bus[-s] 男 バス.

bus[-s] 男 [情報]母線, バス.

bus[活 ⇨ boire.

busard 男 [鳥]チュウヒ.

busc [コルセットの]張り骨; (水門の)扉受け; 銃床の屈曲部.

buse[女] [鳥]ノスリ; 男 ばか.

buse[女 導管, パイプ; ノズル.

bush [buʃ]; (複) **~es** 男 [英] [地理] (乾燥地帯の)叢(%)林.

business [biznes] 男 [英] [話] ❶ ややこしい事柄; 利, 得, それっ, め 《英》.

businessman [biznesmã]; (複) **businessmen** (または **~s**) 男 [英]ビジネスマン, 実業家.

businesswoman [biznesswumã]; (複) **-women** (または **~s**) 女 [英]ビジネスウーマン, 女性実業家.

busqué, e 形 (弓形の)張り出した, 曲がった. ► **nez ~** わし鼻.

busquer 他 [服] 張り骨をつける; [文章]弓形に曲げる.

buss-, but, bût 活 ⇨ boire.

busserole 女 [植] ウラシマツツジ.

buste 男 上半身; 胸像; バスト.

bustier, ère 名 胸像彫刻家.
― 男 ストラップレス, ロング・ブラジャー.

but [-(t)] 男 目的, 目的地; 標的; [スポ] (サッカーの)ゴール; 得点; (ペタンクの的).
◊ **dans le but de ...** ...する目的で. **de but en blanc** いきなり, 単刀直入に. **toucher au but** 目的に近づく; 核心を突く.

butadiène 男 [化]ブタジエン.

butane 男 [化]ブタン.

butanier 男 液化ガス・タンカー.

buté, e 形 頑固な.
― 女 [土木] 迫台(%); 橋台; [機]押しボタンなどの制御機;止め(金具).

buter[自❶(contre, sur, à)(...に)ぶつかる, つまずく, (contre)(建築物が(...に)支えにする. ❸[スポ]ゴール(得点)する. ― 他 ❶ ぶつかる. ❷ (突っかいで)支える, 固定する. ❸ いこじにする.
― **se ~** ❶ (à) (...に)ぶつかる, 遭遇する. ❷ いこじになる; 固執する.

buter[2] ⇨ butter.

bûtes, bûtez ⇨ boire.

buteur 男 (サッカーの)ポイントゲッター; (ラグビーの)キッカー.

butin 男 戦利品; 盗品; 収穫, 成果.

butiner 自 (ハチが蜜(%)を集める; (情報などを)拾い集める, 採集する.
― 他 蜜を集める.

butineur, se 名 蜜(%) などをあさる. ― 女 働きバチ.

butoir 男 止め, 緩衝装置; [鉄道]車止め; (ドアの)戸当たり. ► **date ~** タイム・リミット.

butome 男 [植]ハナイ.

butor 男 [鳥]ヨシゴイ類; 話 無神経なやつ, 無作法者.

butte 女 小さな丘; 標的を据える盛り土. ► **être en ~ à ...** ...の的になる.

butter 他 根元に土をかぶせる; (土を)盛る, 鞍状にする.

buttoir / butteur 男 [農]作溝機; 小土鋤(%)].

butyle 男 [化]ブチル(基).

butylène 男 [化]ブチレン.

butyrate 男 [化]酪酸塩[エステル].

butyreux, se 形 ❶ バターのような. ❷ **taux ~** (牛乳の)乳脂率.

butyrique 形 ❶ 乳脂肪分の. ❷ **acide ~** 酪酸. **fermentation ~** 酪酸発酵.

butyromètre 男 ブチロメーター(牛乳の脂肪分を測定する乳脂計).

buvable 形 飲める; 話 許容できる; 経口摂取の.

buvai- 活 ⇨ boire.

buvard 男 吸い取り紙(を敷いたデスクパッド).

buvée 女 [畜] (糠(%)や穀物の粉を水に溶いた)家畜用飲料.

buvetier, ère 名 (駅, 劇場の)軽食堂の経営者.

buvette 女 (駅, 劇場の)軽食堂, ビュフェ(湯治場の)鉱泉飲み場.

buveur, se 名 酒飲み; (酒場などの)客; 鉱泉を飲む人.

buvez, buvi-, buvons 活 ⇨ boire.

buxacées 女複 [植]ツゲ科.

B.V.A. / BVA 男 [略] Brulé Ville associés 市場調査・世論調査の機関.

B.V.P. 男 [略] Bureau de vérification de la publicité 広告審査機関.

bye-bye [bajbaj] / **bye** 間 [英]バイバイ.

byssinose 女 [医]綿肺(症).

byssus [-s] 男 [動]足糸(%).

byte [bajt] 男 [情報]バイト.

Byzance ビザンティウム(古代トラキア地方の町, 後のコンスタンティノープル).

byzantin, e 形 ❶ ビザンティウムの; ビザンティン帝国の. ❷ (議論が)空疎な. ― 名 (B~) ビザンティン人.

byzantinisme 男 空疎な議論.

byzantiniste 名 ビザンティン学者.

C , c

C¹, c 男 フランス字母の第3字.

C² 《記》❶《化》carbone 炭素. ❷《計》(1) coulomb クーロン. (2) degré Celsius セ氏〜度. ❸《楽》ハ音; ハ調. ❹(ローマ数字の) 100.

c 《記》《計》centi センチ.

c' ce² の省略形.

ç' ce² の省略形(母音字 a の前で).

Ca 《記》《化》calcium カルシウム.

ça 代 (中性・指示)(口語では cela の代用) ❶ それ, これ, あれ. ❷ 非人称主語 il の代用) ▶ *Ça arrive qu'il se trompe.* 彼が間違うこともある.
◇*avoir de ça* あれ(魅力, 知恵, 勇気, 金など)がある. *C'est ça.* そうです, そのとおり. ❸ 痛而厚な皮肉・反語になる場合もある. *C'est toujours ça (de gagné).* それだけでもまずまずだ. *Il y a de ça.* まあそんなところだ. *Pas de ça!* まっぴらだ; それは駄目だ. *pour ça* そのために; (否定文で)だからといって. *sans ça* さもなければ.

ça 男《心》イド, エス.

çà 副 *çà et là* あちらこちら. —— 間 *Ah çà!* ああ; さあ(驚き, 憤慨, 激励).

ca. 《記》《計》centiare センチアル.

C.A. 《略》chiffre d'affaires 総売上高.

cab [-b] 男《英》❶ 1頭立て2輪車.

cabale 女 ❶ 陰謀, 策動; (陰謀の)一味. ❷ カバラ(=kabbale).

cabaler 自 陰謀を企てる.

cabaliste 名 カバラ学者.

cabalistique 形《占》カバラの; 降神術の; 神秘的な; 難解な.

caban 男 ピージャケット.

cabane 女 小屋; 俗 刑務所.

cabanon 男 (浜辺の)小屋; (南仏で)別荘; 独房; 拘禁用隔離病室.

cabaret 男 ❶ キャバクラブ; 古 居酒屋; リキュール・セット (の収納箱).

cabaretier, ère 名 古 居酒屋の主人 (おかみ).

cabas 男 買い物かご [袋]; 果物かご.

cabèche 女 俗 頭.

cabestan 男《機》キャプスタン.

cabiai 男《動》カピバラ, ミズブタ.

cabillaud 男《料》生ダラ.

cabine 女 小室; 船室, キャビン; 操縦 [運転]室; エレベーターのケージ. ▶ 〜 *téléphonique* 電話ボックス. 〜 *d'essayage* 試着室. *—— de bain* 更衣室.

cabinet 男 ❶ 小部屋; 書斎, 事務室. ❷ 事務所; 診察室; (医者, 弁護士などの)業務; 顧客, 患者. ❸ (収集品の)陳列室; コレクション. ❹ (多く複数形で)便所 (=〜s *d'aisances*). ❺ 内閣, 政府; 官房.

câblage 男 ❶ ロープ [ケーブル]製造; ワイヤリング, 配線. ❷ 打電.

câble 男 ❶ ロープ, ケーブル. ❷ 電報, 電信.

câblé, e 形 ❶ 撚(ょ)り合わされた. ❷ 有線の; 流行の先端を行く, 情報通の.

câbler 他 ❶ 撚(ょ)り合わせる. ❷ 打電する. ❸ 配線する; ケーブルを敷設する.

câblerie 女 ロープ [ケーブル]製造(工場).

câbleur, se 名 (電線の)架設職工, ケーブル工.

câblier 男 海底ケーブル敷設船; ケーブル製造者.

câbliste 名 ケーブルマン(カメラの配線操作係).

câblodistribution 女 ケーブルテレビ(網). □*câblodistributeur* 男

câblogramme 男 古 (海底電線による)海外電報.

câblo-opérateur 男 ケーブルネットワーク会社.

cabochard, e 形 頑固な(人).

caboche 女 頭; (靴の)びょう釘.

cabochon 男 ❶ カボション(曲面状に磨いた宝石). ❷ 飾り釘.

cabosse 女《植》カボス, カカオの実.

cabosser 他 でこぼこにする, へこませる.

cabot 男 話 ❶ 犬. ❷ 大根役者; 気取り屋. ❸《魚》カジカ科の魚.

cabotage 男 沿岸航海 [貿易].

caboter 自 沿岸航海 [貿易]をする.

caboteur 男 沿岸航海船.

cabotin, e 形 大根役者の; 芝居がかった人, 気取り屋.
—— 名 役者, 気取り屋.

cabotiner 自 語 下手な演技をする; 芝居がかった態度を取る, 気取る. □*cabotinage* 男

caboulot 男 語 (常連客相手の)小さなカフェ.

cabrer 他 ❶ 後肢で立たせる; (機首を上に向ける)《目的語なしに》急上昇する. ❷ 反抗させる; 怒らせる.
—— se —— 自 ❶ 後足で立つ; 機首を上げる. ❷ 反発する; 憤慨する.

cabri 男 子ヤギ.

cabriole 女 跳ね回ること; とんぼ返り; 身をかわすこと; はぐらかし.

cabrioler 自 跳ね回る; とんぼ返りをする.

cabriolet 男 オープンカー, カブリオレ; (折り畳み式幌付き)1頭立て2輪車.

C.A.C./CAC [kak] 男《略》Compagnie des agents de change. ▶ (indice) CAC 40 パリ証券取引所特定銘柄40社平均株価指数.

caca 男 ❶ うんこ; 汚らしいもの; 無価値なもの. ❷ *d'oie* 黄緑色.

cacahouète / cacahuète 女《俗》ラッカセイ(の実).

cacao 男《西》カカオマメ; ココア.

cacaoté, e 形 カカオ入りの.

cacaoui 男 コオリガモ.

cacaoyer [-oje] /**cacaotier** 男《植》カカオの木.

cacaoyère [-oje:r] / **cacao-**

cacarder

tière 女 カカオ畑 [農園].
cacarder 自 (ガチョウが) ガァガァ鳴く.
cacatoès [-s] 男 [鳥] オウム.
cacatois (帆船のロイヤルマストの) 最上檣(はう)(帆).
cachalot 男 [動] マッコウクジラ.
cache 女 隠し [隠れ] 場所.
— 男 [情報] キャッシュメモリ; [写] ネガマスク; [映] マスク.
caché, e 形 隠れた.
cache-cache 男 (不変) かくれんぼ.
◇ *jouer à ~* かくれんぼをする; 行き違いになる.
cache-cœur (複) ~(s) 男 [服] クリスクロス・ホルタートップ (胸部で交差させ, 背中を露出にしたトップス).
cache-col; (複) ~(s) 男 [服] スカーフ.
cachectique 形 [医] 悪液質の; 悪液質にかかった. — 名 悪液質患者.
cache-entrée 男 (不変) 鍵穴隠し.
cache-flamme; (複) ~(s) 男 (銃口の閃(ひ)光を遮蔽(しゃ)する) 消炎器.
cachemire 男 カシミヤ; カシミヤのショール; ペーズリー柄.
cachemirien, ne 形 (インドの) カシミール Cachemire 地方の. — 名 (C~) カシミール人. — 男 カシミール語.
cache-misère 男 (不変) (上に着る) ぼろ服.
cache-nez 男 襟巻, マフラー.
cache-pot 男 (不変) 鉢カバー.
cache-poussière 男 (不変) (昔の) ダスターコート.
cache-prise; (複) ~(s) 男 (危険防止の) コンセントカバー.
cacher¹ 他 隠す; 遮る; 内に含む, 内蔵する; 秘める. ◇ *L'arbre cache la forêt.* 木を見て森を見ず.
— **se** ~ 隠れる; 見えなくなる. ② (de) (…を) 隠す.
cacher² [カシェール] 形 kasher.
cache-radiateur 男 (不変) ラジエーターカバー.
cacherout [-t] 女 ⇨ kashrout.
cache-sexe; (複) ~(s) 男 ビキニショーツ, (ストリッパーなどの) バタフライ.
cachet 男 ① 印, カプセル剤 (薬の) 1包. ② 印, スタンプ; 封印, 封蠟(らふ). ③ 特徴, 個性. ④ 出演料, ギャラ; (1回ごとの) 受講料, 謝礼金. ► *courir le ~* 個人教授で生活費を稼ぐ.
cachetage 男 封印(すること).
cache-tampon; (複) ~(s) 男 [ゲーム] 隠し遊び.
cacheter 他 封をする; 封印する.
cachetonner 自 端役で出演する.
cachette 女 隠し [隠れ] 場所. ◇ *en ~* 隠れて, こっそり.
cachexie 女 [医] 悪液質.
cachot 男 独房; (多く複数) 監獄.
cachotterie 女 話 秘密めかすこと; つまらない隠しだて.
cachottier, ère 形, 名 話 秘密めかす (人), こっそりとやる (人).
cachou 男 [薬] カテキュ (口臭を消す) カテキュ入りドロップ.

cent 100

— 形 (不変) 赤褐色の.
cacique 男 ① (高等師範学校の) 首席合格者. ② (中南米の先住民の) 首長, ボス, カシーク.
cacochyme 形 名 病弱な (人).
cacographe 名 文章 悪筆家; 悪文家.
cacographie 女 文章 悪筆; 悪文.
cacolet 男 背をわした座席が 2 つついた鞍.
cacophonie 女 耳障りな繰り返し; (不快な) 騒音, 騒ぎ.
cacophonique 形 耳障りな; 騒がしい.
cacosmie 女 悪臭症; 嗅覚異常.
cactacées / cactées 女 [植] サボテン科.
cactus [-s] 男 [植] サボテン; 話 障害, 困難.
c.-à-d. [setadi:r] (略) ⇨ *c'est-à-dire*.
cadastre 男 土地台帳, (役所の) 土地台帳課.
cadastral, ale; (男複) *aux* 形.
cadastrer 他 (地域の) 土地台帳を作成する; 登記する.
cadavéreux, se 形 死人 [死体] のような.
cadavérique 形 死体の; 死人のような.
cadavre 男 死体; 話 (酒の) あき瓶.
◇ ~ *exquis* 絶品の死体 (別人が前を見ずに詩を継いでいく遊び).
caddie 男 (英) (ゴルフの) キャディー; (スーパー, 空港などの) カート.
cade 男 [植] ビャクシン.
cadeau; (複) *x* 男 贈り物, プレゼント. ◇ *Ce n'est pas un* ~. 話 厄介だ; 嫌なこと [やつ] だ. *faire* ~ *de A à B* A を B にプレゼントする. *ne pas faire de* ~ *(x) à …* 話 …に手厳しく当たる.
cadenas 男 南京錠.
cadenasser 他 南京錠をかける; 話 閉じ込める.
cadence 女 ① リズム, 拍子; 韻律; (仕事などの) テンポ. ② [楽] 終止 (形), カデンツ; [軍] (1 分間の) 連続発射回数. ◇ *en* ~ 規則正しいリズムで.
cadencé, e 形 リズミカルな.
cadencer 他 一定のリズムをつける; 韻律をつける.
cadenette 女 ラブロックス (ルイ 13 世時代に流行した兵士の髪形); 小さな編毛.
cadet, te 形, 名 弟, 妹; 末っ子; 年下の者; 後輩; 最年少者. ② [スポ] 少年クラスの選手. ◇ *C'est le de mes soucis.* 話 そんなことは少しも気にしていない. — 形 ① 年下の; 末っ子の. ② 分家の. — 名 ① [史] (従軍した) 青年貴族. ② (米国, 英国の) 士官学校生徒. ③ (ゴルフの) キャディー.
cadi 男 カーディ (イスラム教国の裁判官).
cadmiage 男 [金] カドミウムめっき.
cadmier 他 カドミウムめっきする.
cadmium 男 カドミウム.
cadogan 男 ⇨ *catogan*.
cador 男 話 大; 大物, 第一人者.

cadrage 男 (カメラの)フレーミング; 〖印〗割付け.
cadran 男 (時計の)文字盤; 計器盤; (電話の)ダイヤル. ◊ *faire le tour du ~* 12時間ぶっ続けに眠る.
cadrat 男 〖印〗クワタ.
cadratin 男 〖印〗全角のクワタ.
cadrature 女 (時計の)針回し機構.
cadre 男 ❶ 額縁; 枠; 枠組、骨組. ❷ 環境. ❸ 範囲, 限界. ❹ 幹部, 管理者; 役職表, 職員名簿. ◊ *dans le ~ de ...* …の枠内で; 〜の一環として.
cadrer 自 (avec) (…と)合う, 一致する. —他 (映画, テレビの)カメラマン.
cadreur, se (映画, テレビの)カメラマン.
caduc, que 形 ❶ 時代遅れの, 廃れた; 〖法〗無効の, 失効した; 〖古〗老朽化した; 老衰した. ❷ 〖生〗(音声)脱落性の. —女 〖解〗(子宮の)脱落膜.
caducée 男 ❶ 医師〖薬局〗のシンボル(1匹の蛇が巻きついた杖(2)). ❷ ヘルメスの杖(2匹の蛇が巻きついた杖).
caducifolié, e 形 落葉する.
caducité 女 ❶ 時代遅れ, 古さ; 〖法〗失効. ❷ 〖植〗脱落性.
cadurcien, ne 形 カオール Cahors の. —名 (C~) カオールの人.
cæcal, ale [se-] 男複 aux 形 〖解〗盲腸の.
cæcum [se-] 男 〖解〗盲腸.
Caen [kɑ̃] カーン (Calvados 県の県庁所在地).
caenais, e [kane, ε:z] 形 カーンの. —名 (C~) カーンの人.
cæsium [se-] 男 〖化〗セシウム.
cafard[1] 男 ❶ 〖昆〗ゴキブリ, アブラムシ; 〖動〗ふさぎの虫, 憂うつ.
cafard[2], **e** 形 名 告げ口をする生徒; 密告者; 〖古〗偽善者.
—形 信仰家ぶった.
cafarder 他 密告する, 告げ口をする. □ cafardage 男
cafarder[2] 自 気がめいる.
cafardeur, se 形 名 告げ口をする(人), 密告する(人).
cafardeux, se 形 気のめいった; 陰気な.
caf'conc' [kafkɔ̃:s] 男 話 カフェ・コンセール.
café 男 ❶ コーヒー; コーヒー豆. ❷ カフェ, 喫茶店;(食後の)コーヒーの時間. ◊ *C'est (un peu) fort de ~.* 大げさだ, ひどすぎる, 信じられない.
—形 〖不変〗コーヒー色の.
café-concert 男 〖複〗 ~s-~s カフェ・コンセール (飲み物付きで歌やショーを見せる店).
caféier 男 コーヒーの木.
caféière 女 コーヒー畑〖園〗.
caféisme 男 カフェイン中毒.
cafetan 男 カフタン (中近東の腰帯を巻いて着用する盛装用長衣).
cafeteria [-fete-] 女 〖英〗/ **cafétéria** 女 カフェテリア.
café-théâtre 男 〖複〗 ~s-~s カフェ・テアトル (非商業的な小劇場);(軽演劇を見せる)演芸カフェ.

cafetier, ère 名 カフェの店主.
—エ女 コーヒーポット; コーヒーメーカー.
cafouillage 男 不手際, まごつき; (機械などの)不調.
cafouiller 自 話 もたつく.
cafouilleux, se / cafouilleur, se 形 へまな; 混乱した.
—名 話 混乱を引き起こす人, どじ.
cafouillis 男 話 混乱, もたつき.
caftan 男 ⇨ cafetan.
cafter 自 他 俗 密告する.
C.A.G. contrôle automatique de gain 〖電〗自動利得制御.
cage 女 ❶ 檻(おり), 鳥かご; 〖話〗監獄. ❷ ボックス, 箱. ❸ (サッカーなどの)ゴール. ❹ ~ d'ascenseur エレベーターシャフト. ~ d'escalier 階段設置スペース.
cageot 男 木枠箱, 柳かご.
cagibi 男 小部屋, 物置.
cagna 女 話 待避壕; あばら家.
cagne 女 ⇨ khâgne.
cagneux[1], **se** 形 名 X脚の(人).
cagneux[2], **se** 名 ⇨ khâgneux.
cagnotte 女 (ゲームの)賭(か)け金入れ;(集まった)賭け金; 賭け箱; 共同積み立て金;(家庭, 個人の)貯え.
cagot, e 形 名 古風 偽善的な(人); 篤信家ぶった.
cagoterie 女 古風 狂信的な言動, 信心家ぶった態度.
cagoulard 男 カグール団員 (昔のファシスト).
cagoule 女 (目, 口, 鼻の部分に穴をあけた)覆面;(顔だけ出る)防寒帽; 頭巾(ずきん)付き外套.
cahier 男 ❶ ノート. ❷ (誌名として) カイエ, 研究手帳. ❸ 〖法〗 ~ des charges 受注条件明細書; 〖印〗折丁.
cahin-caha 副 話 どうにかこうにか.
Cahors カオール (Lot 県の県庁所在地).
cahot 男 (でこぼこ道を行く車の)揺れ; でこぼこ;〖複〗困難, 障害.
cahotant, e 形 揺れる; でこぼこす; (筆跡)の乱れた.
cahotement 男 (車の)揺れ.
cahoter 他 (車, 乗客を)揺らす; 翻弄(ほんろう)する. —自 揺れる, がたがたする.
cahoteux, se 形 (道)がでこぼこの.
cahute 女 バラック; 粗末な住居.
caïd [-d] 男 カイド (イスラム教の地方官); 話 ボス, 親分.
caïdat 男 ボスの権力〖地位〗; 親分子分の関係.
caïeu ; 〖複〗 x 〖植〗分球, 小球.
caillage 男 凝結, 凝固.
caillasse 女 (集合的)小石.
caillasser 他 石を投げる.
caille 女 ウズラ; 〖話〗子供や女性に愛情を込めて)おまえ, 君.
caillé, e 形 〖食〗カード(脱脂乳の凝固物); フレッシュチーズ.
caillebotis 男 (船の昇降口の)格子蓋(ぶた);(ぬかるみに敷かれる)丸太.
caillebotte 女 ⇨ caillé.
caillement 男 凝結, 凝固.
cailler 他 凝結, 凝固させる.
—自 凝結〖凝固〗する; 話 冷える, 凍(い)てつく;〖非人称〗冷える.

caillette

—**se ~ ❶** 凝結 [凝固] する. **❷** 話 *se (les)* ~ 凍える.
caillette 囡 [動] 第四胃.
caillot 囲 凝固物；血餅(ﾍﾟｷ).
caillou 囲 (複 **x**) 小石, 砂利；俗 頭, 禿(ﾊｹ)頭.
cailloutage 囲 砂利を敷くこと；砂 利道.
caillouter 他 砂利を敷く.
caillouteux, se 厖 石ころだらけの.
cailloutis 囲 舗装用砕石(の敷設).
caïman 囲 [動] カイマン (中南米産の ワニ).
Caïn [kaɛ̃] [聖] カイン.
caïque 囲 カイーク (手こぎボート).
Caire (Le) カイロ (エジプトの首都).
cairn [-rn] 囲 ケルン, 積石.
cairote 形 カイロの.
— 名 (C~) カイロの人.
caisse 囡 ❶ 箱, ケース；1 箱分. ❷ 金庫；資金；(金融機関としての)金庫, 基金. *~s de l'Etat* 国庫. ❸ レジ, 精算窓口；会計(課), 帳場. ❹ 車 体；圉 車. ❺ 囲 胸. ❻ [解] ~ *du tympan* 鼓室. ❼ [楽] 太鼓. *◊ ~ noire* 隠し資金. 裏金. *Vous passerez à la ~.* お前(たち)は首だ.
—grosse ~ 大太鼓.
caisserie 囡 箱製造 (工場).
caissette 囡 小箱.
caissier, ère 名 レジ係；会計係.
caisson 囲 小ケース；[軍] 輸送車両；[土木] 潜函(ｾﾝｶﾝ), ケーソン；[建] 格間.
cajeput [-t] 囲 [植] カユプテ；カユプ テ油.
cajoler 他 かわいがる；おもねる.
cajolerie 囡 優しい言葉 [態度], 甘や かし；おもねり.
cajoleur, euse 形, 名 甘い言葉をかけ る(人), 御機嫌をとる(人).
cajou 囲 カシューナッツ.
cajun 形 ケイジャン (米国ルイジアナの フランス系住民)の. — **Cajun**; (複) ~(**s**) 名 ケイジャン.
cake [kɛk] 囲 [英] ❶ パウンドケーキ. ❷ *en ~* 固形の.
cake-walk [kɛkwɔk] 囲 [米] ケーク ウォーク (20 世紀初頭のダンス).
cal¹ 囲 (複 **als** 囲) (手足の)たこ, まめ；(木の)瘤.
cal² [記] [計] calorie カロリー.
calabrais, e 形 カラブリア Calabre 地方(イタリア南部)の.
— 名 (C~) カラブリアの人.
caladium 囲 [植] カラジューム.
calage 囲 固定, 据え付け；(機械の) 不意の停止, エンスト.
Calais [町名] カレー [県 62]. ▶ *Pas de ~* ドーバー海峡.
calaisien, ne 形 カレーの.
— 名 (C~) カレーの人.
calaison 囡 [海] 喫水.
calamar 囲 [動] イカ.
calambac 囲 沈香(ｼﾞﾝ).
calame 囲 (古代の)アシの筆.
calaminage 囲 カーボン付着.
calamine 囡 カーボン (エンジンなどに 蓄積した煤(ｽｽ)).
calaminé, e 形 カーボンのついた.

cent deux **102**

se calaminer 代動 カーボンがつく.
calamistré, e 形 ポマードをつけた；カールした.
calamité 囡 災害；不幸, 災難.
calamiteux, se 形 [文章] 災害が多 い, 災いをもたらす；哀れな, 悲惨な.
calancher 自 俗 死ぬ.
calandrage 囲 艶(ﾂﾔ)出し.
calandre¹ 囡 [鳥] クロエリヒコウテン シ；[昆] コクゾウムシ.
calandre² 囡 ❶ ラジエーターグリル. ❷ (布, 紙の)艶(ﾂﾔ)出し機.
calandrer 他 艶出し機にかける.
☐**calandreur, se** 名
calanque 囡 [地理] 細長い入り江.
calao 囲 [鳥] サイチョウ.
calcaire 形 石灰質の；[化] カルシウム の. — 囲 石灰岩 [質].
calcanéum 囲 [解] 踵(ｶｶﾄ)骨.
calcédoine 囡 [鉱] 玉髄(ｷﾞｮｸｽｲ).
calcémie 囡 [医] カルシウム血 (症).
calcéolaire 囡 [植] カルセオラリア.
calci- calcif-.
calciférol 囲 [化] ビタミン D_2.
calcification 囡 [医] 石灰化.
calcifié, e 形 石灰化した.
calcin 囲 石灰層, 石灰質の湯垢(ﾕｱｶ)；カレット.
calciner 他 焦がす；黒焦げにする；焼 き尽くす. ☐**calcination** 囡
calcique 形 カルシウムの, 石灰の；カ ルシウムを含む.
calcite 囡 [鉱] 方解石.
calcium 囲 カルシウム.
calcul¹ 囲 計算；算数；予測, 目算；思惑；計略. *◊ ~ mental* 暗算.
calcul² 囲 [医] 結石.
calculable 形 計算 [測定, 予測] で きる. ☐**calculabilité** 囡
calculateur, trice 形, 名 計算する (人)；打算的な(人). — 囲 計算機.
— 囡 卓上計算器, 電卓.
calculé, e 形 計算された, 打算的な；予測される.
calculer 他 計算 [算出] する；予測す る；(言葉, 行為を) 慎重に選ぶ.
— 自 計算する；節約する.
—**se ~** 代動 計算される.
calculette 囡 小型 [ポケット] 電卓.
calculeux, se 形 結石の.
Calcutta カルカッタ.
caldarium 囲 [ラ] [古] カルダリウム (公衆浴場の高温浴室).
caldeira 囡 [ポルトガル] [地] カルデラ.
cale¹ 囡 船倉(ｾﾝｿｳ)；船台, 乾ドック. *◊ être à fond de ~* 話 無一文である.
cale² 囡 かいもの, くさび；輸止め. *◊ ~ de départ* スターティング・ブロック.
calé, e 形 ❶ 物知りの, できる；難しい, 込み入った. ❷ 身を落ちつけた；満腹の.
calebasse 囡 ヒョウタン；俗 頭；垂れ 乳.
calebassier 囲 [植] カラバシノキ.
calèche 囡 小型 4 輪馬車.
caleçon 囲 パンツ；(網)タイツ.
caleçonnade 囡 際(ｷﾜ)どい芝居；濡(ﾇ)

Calédonie 囡 カレドニア(スコットランドの旧称).
calédonien, ne 形 カレドニアの. —名《C～》カレドニアの人.
calembour 男《同音異義の》語呂(ご)合わせ, 地口(ごち).
calembredaine 囡 ばか話, 冗談, でたらめ.
calendaire 形《法》jour ～ (労使間の団体協約で定められた)暦日.
calendes 囡複《古》ついたち.
◇renvoyer [remettre] aux ～ (grecques) 無期延期する.
calendrier 男 ❶暦(こよみ), 暦法; カレンダー. ❷日程, スケジュール.
cale-pied 男 (ペダルの)トークリップ.
calepin 男 手帳, メモ帳.
caler¹ 他 ❶(くさびなどで)固定する. ❷ 話 ～ l'estomac (食物がおなかを一杯にする. —se ～ 話 ゆったりと腰を下ろす. ❸話 se ～ les joues [l'estomac] たらふく食う.
caler² 自 ❶ エンストする. ❷ (sur …)(…を)あきらめる; (…に)屈伏する. ❸話 これ以上食べられない. —他 (エンジン)を止める, エンストさせる.
caler³ 他 (マストを)下ろす.
—自《海》喫水がある.
caleter 5 自 俗 走って逃げる.
calfat 男《海》コーキング工.
calfater 他《海》(船板の継ぎ目を)コーキン(填隙)する. ◆**calfatage** 男
calfeutrage / calfeutrement 男 (窓などの)目張り(用の詰め物).
calfeutrer 他 目張りする.
—se ～ 閉じこもる.
calibrage 男 ❶キャリブレーション; 口径測定. ❷(大小による)選別.
calibre 男 ❶内径, 口径; 直径. ❷ゲージ, 測定器. ❸重要性, 規模, 程度.
◇gros [petit] ～ 大物[小物].
calibrer 他 ❶口径[直径]を決める[測定する]; 大きさで分類する. ❷(原稿の)ページ数を見積る.
calibreur 男 口径測定器, ノギス; (卵などの)選別機.
calice¹ 男《カト》カリス, 聖杯.
◇boire [avaler] le ～ jusqu'à la lie 文章 苦難を忍ぶ.
calice² 男《植》萼(がく).
calicot 男 ❶横断幕; ❷《織》キャラコ.
calicule 男《植》副萼(ふくがく).
califat 男 カリフの位[在位期間].
calife 男 カリフ(イスラム世界の最高指導者).
Californie 囡 カリフォルニア.
californien, ne 形 カリフォルニアの. —名《C～》カリフォルニアの住民.
californium 男《米》《化》カリホルニウム.
califourchon (à) 副 馬乗りになって, またがって.
câlin, e 形 甘えた, かわいらしい; 甘やかす, 優しい. —名 甘えん坊; 甘やかす人. —男 抱擁, 愛撫(ぶ).
câliner 他 かわいがる, 優しくする.
câlinerie 囡《多く複数》甘えた態度; 甘い言葉; 愛撫(ぶ).
calorne 囡《海》(重い物を引き揚げる)パーチェス, 複合テークル.
calisson 男《菓》アーモンドの砂糖漬け.
calleux, se 形 (皮膚の)硬くなった, たこのできた.
call-girl [kɔlgœrl]《英》コールガール.
calligramme 男 カリグラム.
calligraphe 名 書家, 能書家.
calligraphie 囡 カリグラフィー(凝った書体で書く西洋書道); 書家の作品.
calligraphier 他 凝った書体で書く.
calligraphique 形 書の, 書道[能書]家の.
callipyge 形 尻(しり)の美しい.
callosité 囡 皮膚のたこ.
calmar 男《動》イカ.
calme 形 静かな, 穏やかな; 平静な; 停滞している. —男 静けさ, 穏やかさ; 凪(なぎ); 平静; 落ち着き.
calmement 副 平穏に; 落ち着いて.
calmer 他 鎮める; 落ち着かせる.
—se ～ 静まる, 和らぐ; 落ち着く.
calmir 自《海》凪(な)ぐ.
calmodulin 囡《生化》カルモジュリン.
calo 男 カロ語(ジプシー言葉が入ったスペイン語の隠語).
calomel 男《化》《薬》カロメル.
calomniateur, trice 形, 名 中傷する(人).
calomnie 囡 中傷.
calomnier 他 中傷する.
calomnieusement 副 不当に, 中傷して.
calomnieux, se 形 中傷の.
caloporteur 形 男《機》fluide ～ 冷却液.
calorie 囡 カロリー.
calorifère 男 セントラル・ヒーティング, 集中暖房装置.
calorifique 形 熱をもたらす, 熱の.
calorifuge 形 断熱性[保温性]の. —男 断熱[保温]材.
calorifuger ② 他 断熱材で覆う, 断熱加工する.
calorimètre 男 熱量計.
calorimétrie 囡 熱量測定.
caloriporteur 形 ⇨ caloporteur.
calorique 形 熱[カロリー]の.
calorisation 囡《金》カロライジング, アルミニウム被膜処理.
calot¹ 男 兵士, 警察官の略帽.
calot² 男 ビー玉; ❷目玉.
calotin, e 形, 名 話《軽蔑》信心でこちこちの(人).
calotte 囡 ❶カロット(聖職者などの椀(わん)形の帽子); (帽子の)山. ❷《軽度》司祭士[信者]連中. ❸話 平手打ち. ❹《建》円天井.
calotter 他 顔をひっぱたく.
caloyer, ère [-je, jɛːr] 名 (ギリシ

calquage 男 トレーシング;模倣.

calque 男 透写(図),トレース;模倣,剽窃(ひょう); 焼き直し; [言]敷き写し; トレーシングペーパー.

calquer 他 透写する; 模倣する.

calter 自 ⇔ caleter.

calumet 男 (アメリカ先住民族の)長い柄のパイプ.

Calvados [-s] 男 カルヴァドス県[14].

calvados [-s] / **calva** 男 カルヴァドス(りんご酒を蒸留したブランデー).

calvadosien, ne 形 カルヴァドス県の. —名 (C~)カルヴァドス県人.

calvaire 男 ❶ (C~)カルヴァリオの丘(キリスト磔刑(はっ)の地). ❷ キリスト磔刑像[図]; 試練, 苦難.

calville [-l] 男 (複)~(s) カルヴィル(リンゴの一品種).

calvinisme 男 カルヴァン主義.

calviniste 形 名 カルヴァン主義の(人).

calvitie [-si] 女 はげ; はげ頭.

Calypso 女 [ギ神]カリプソ.

calypso 男 (米)カリプソ(ジャマイカのダンス, 音楽).

camaïeu ; (複) x 男 単彩画(法).

camail 男 鎖かたびら製の頭巾(な), (聖職者の)頭巾付きケープ; (おんどりなどの)首[胸]の羽毛.

camarade 名 仲間, 同僚; 同志.

camaraderie 女 仲間意識; 友情.

camard, e 形, e 男 しし鼻の(人). —女 (la c~)死神.

camarguais, e 形 カマルグ地方の. —名 (C~)カマルグ地方の人.

Camargue 女 カマルグ(南仏のデルタ地帯).

camarilla 女 [西][史](スペイン王の)側近; (俗)黒幕グループ.

cambial, ale ; 男 (複) **aux** 形 為替の.

cambiste 名 [証]両替商, 為替ブローカー. —形 為替取引の.

cambium 男 [植]形成層.

Cambodge 男 カンボジア.

cambodgien, ne 形 カンボジアの. —名 (C~)カンボジア人. —男 カンボジア語(クメール語).

cambouis 男 変質油.

cambrage / cambrement 男 反りかえった[反らす]こと.

cambré, e 形 弓形の, 湾曲した.

cambrer 他 弓形に曲げる, 反らせる. **—se ~** 反り身になる, 胸を張る.

cambreur 男 (靴の)アーチのある人.

cambrien, ne 形 [地]カンブリア期の. —男 カンブリア紀.

cambriolage 男 押し込み強盗, 空き巣, 泥棒.

cambrioler 他 強盗 [空き巣]に入る, 空き巣をする.

cambrioleur, se 名 押し込み強盗, 空き巣ねらい.

cambrous(s)ard, e 形 名 (軽蔑)田舎者, 百姓.

cambrous(s)e 女 俗 田舎.

cambrure 女 反り, 弓形; 土踏まず.

cambuse 女 俗 むさ苦しい部屋, あばら屋; (船の)食糧貯蔵室.

cambusier 男 食糧貯蔵係; 食堂係.

came¹ 女 [機]カム.

came² 女 俗 商品, 国 麻薬, コカイン.

camé, e 形, 名 麻薬中毒の(人).

camée 男 カメオ.

caméléon 男 ❶ カメレオン. ❷ 無節操な人. ◇ **caméléonesque** 形

camélia 男 [植]ツバキ.

camélidés 男[複] [動]ラクダ科.

camelina / cameline 女 [植]カマナズナ.

camelle 女 (塩田の)塩の山.

camelot 男 ❶ 行商人, 露天商. ❷ [史]~ **du roi** カムロ・デュ・ロア(極右王党派).

camelote 女 粗悪品, ぞんざいな仕事; 品物, 商品; 麻薬.

camembert 男 カマンベールチーズ; 国 円グラフ.

se camer 代動 俗 麻薬をやる.

caméra 女 (映画の)カメラ, テレビ[ビデオ]カメラ. **►** ~ **à positron** [医] ポジトロンスキャナー(脳の断層撮影装置).

cameraman [-man]; (複) **men** 男 (米)カメラマン.

camérier 男 教皇侍従.

camériste 女 小間使い; 侍女.

camerlingue 男 [カト]教皇庁主席枢機卿[官].

Cameroun [-mrun] 男 カメルーン(西アフリカの国).

camerounais, e 形 カメルーンの. —名 (C~)カメルーン人.

caméscope 男 商標 ビデオカメラ.

camion 男 トラック.

camion-citerne; (複) ~**s**–~**s** 男 タンクローリー.

camionnage 男 トラック運送(費).

camionner 他 トラックで運ぶ.

camionnette 女 小型トラック.

camionneur, se 名 トラックの運転手 [運送業者].

camisard 男 [史]カミザール(反乱を起こしたヴェンヌ地方の新教徒).

camisole 女 キャミソール; 拘束衣.

camomille 女 [植]カミツレ.

camouflage 男 カムフラージュ; 偽装(工作).

camoufler 他 偽装[カムフラージュ]する. **—se ~** 代動 隠れる.

camouflet 男 [文雅]侮辱, 屈辱.

camp 男 ❶ 野営(地); 基地; キャンプ(場); 収容所. ❷ 対立陣営; (試合で)サイド, チーム. ◇ ~ **volant** 仮設キャンプ; 放浪生活, 仮住まい; 臨時雇い. **ficher** [**foutre**] **le** ~ 話 立ち去る, ずらかる; だめになる, 消えうせる. **lever le** ~ 話 出発する, 立ち去る; 逃げる.

campagnard, e 形 田舎の; 田舎風の; 粗野な. —名 田舎者.

campagne 女 ❶ 田舎, 農村; 田畑. - **maison de** ~ 別荘 / **pain de** ~ 田舎風パン(大きな丸形). ❷ 平地, 平原. ❸ キャンペーン; 軍事行動; 戦役; 遠征. ◇ **battre la** ~ くまなく探し回る; とめどのない空想[おしゃべり]にふける. **se mettre en** ~ 奔走する.

campagnol 男《動》ハタネズミ.
campane 女《建》〈鐘を逆さにした形の柱頭の持送り積み〉;《家畜の》鈴.
campanien, ne カンパニア(イタリア南部)の. —名《C～》カンパニアの人.
campanile 男 独立した鐘楼(屋上の小鐘楼,頂塔.
campanulacées 女《複》《植》キキョウ科.
campanule 女《植》ツリガネソウ.
campé, e 形 しっかりと据えられた;毅然(き)とした. ◇ *bien* ～ 巧みに描写された[演じられた].
campêche 男《植》ログウッド.
campement 男 ❶ 野営(地),キャンプ(場);仮住まい. ❷《集合的》キャンプをしている人たち.
camper 自 キャンプ[野営]をする;仮住まいをする. —他 ❶ 生き生きと描写する. ❷ 野営させる;しっかりと置く. —*se*— ❶ 大胆に身構える;仮住まいをする.
campeur, se 名 キャンプする人.
camphre 男《化》脳.
camphré, e 形 樟(く)脳入りの.
camphrier 男《植》クスノキ.
campignien 男《考古》カンピニー文化. □**campignien, ne** 形
camping [-piŋ] 男《英》キャンプ(場).
camping-car [-piŋ-] 男 キャンピングカー.
camping-gaz [-piŋgɑːz] 男《商標》携帯用焜(こ)炉.
campo 男 昼休み,休暇.
campus [-s] 男《米》(大学の)キャンパス;大学.
camus, e 形,名 鼻の低い(人),獅子(じ)鼻の(人).
Canaan《聖》カナンの地.
Canada 男 カナダ.
canada 女 カナダ(リンゴの一種).
canadair 男 (山火事を消す)散水用飛行機.
canadianisme 男 カナダフランス語特有の語法.
canadien, ne 形 カナダの. —名《C～》カナダ人. —女 (毛皮などを裏張りした)カナディエンヌ・ジャケット;カナディアン・カヌー;小型テント.
canaille 女 ごろつき;いたずらっ子. —*canaille*《複》～(*s*) 形《下卑た;不良っぽい,俗っぽい.
canaillerie 女 卑しさ,下品な言葉.
canal 男《複》*aux*《男》❶ 運河,水路;海峡. ❷ パイプ,輸送;伝達手段《媒体》. ❸ チャンネル,周波数帯. ► C～ + カナル・プリュス(フランスの有料テレビ放送局).
◇ *par le* ～ *de* ... ... を通して.
canalisable 形 運河にできる.
canalisation 女 ❶ 航行可能にすること;運河開設. ❷ 配管,配線;導線.
canaliser 他 ❶ 航行可能にする;運河を開く. ❷ 一定方向に向かわせる,整理調停する.
cananéen, ne 形 カナン(の地)の. Ca-

naan の. —名《C～》カナン人. —男 カナン語.
canapé 男 長椅子,ソファ;《料》カナッペ.
canapé-lit《複》～*s*-～*s* 男 ソファーベッド.
canaque 形 カナカ族の. —名《C～》《複》*s* カナカ族(ニューカレドニアの先住民).
canard 男 ❶ アヒル;カモ. ❷ 語 虚報,デマ;新聞. ❸ 予想外の外し音[音],金切り声. ❹《酒などに浸けた》角砂糖. ❺ 吸い飲み.
◇ ～ *boiteux* 経営不振の企業.
canarder 他 語 隠れて撃つ.
canardière 女 アヒル飼育用の池;カモ撃ち場[銃].
canari 男《鳥》カナリア.
canarien, ne 形 カナリア諸島の. —名《C～》カナリア諸島の人.
Canaries カナリア諸島.
canasson 男 語 やせ馬,駄馬.
canasta 女《西》カナスタ(トランプ遊びの一種).
Canberra キャンベラ(オーストラリアの首都).
cancan¹ 男 語 陰口,悪口.
cancan² 男 フレンチ・カンカン.
cancaner 自 悪口を言う;(アヒルが)嗚く.
cancanier, ère 形,名 陰口を利く(人).
cancer 男 ❶ がん;厄介なもの. ❷《C～》《天》蟹(か)(座);《占》巨蟹(き)宮. ❸《動》エビ.
cancéreux, se 形 がん性の;がんにかかった. —名 がん患者.
cancérisation 女《医》がん化.
se **cancériser** 代動《医》がん化する. □**cancérisé, e** 形
cancérogène / **cancérigène** 形 発がん性の. —男 発がん物質. □**cancérogènèse** 女
cancérologie 女 がん学.
cancérologique 形 がん学の.
cancérologue 名 がん専門医.
cancérophobie 女 がん恐怖(症). □**cancérophobe** 形
canche 女《植》コメススキ.
cancoillotte 女 カンコワイヨット・チーズ.
cancre 男 語 劣等生,怠惰な生徒.
cancrelat 男《昆》ワモンゴキブリ.
candela [-de-] 女 カンデラ(光度の単位).
candélabre 男 枝付き大燭(しょく)台.
candeur 女 純真さ.
candi, e 形 ❶ 砂糖漬けの. ❷ *sucre* ～ 氷砂糖.
candida 男《菌》カンジダ.
candidat, e 名 志願[候補]者,受験者.
candidature 女 立候補,出願.
candide 形 純真な;無邪気な.
candidement 副 純真に.
candidose 女 カンジダ症.
candir 他 ❶ ⟨砂糖を⟩結晶させる. —*se*— 代動 ⟨砂糖が⟩結晶化する;糖衣を着せられる. □**candisation** 女

cane 囡 アヒル[カモ]の雌.
canéficier 男[植]ゴールデンシャワー・ツリー, プディングパイプの木).
canepetière 囡[鳥]ヒノウガン.
canéphore 囡[古才]カネーフォロス(頭にかごを載せて運ぶ娘);[建]カネフォーラ(頭にかごを載せた女性像の柱).
caner 自話 しりごみする;俗 ずらかる, くたばる.
canetage 男 ⇨ cannetage.
canetière 囡 ⇨ cannetière.
caneton 男 アヒル[カモ]の子.
canette[1] 囡 雌アヒル[雌ガモ]のひな; 小ガモ.
canette[2] 囡 糸巻き; 小瓶.
canevas 男 ❶ 下絵, 素描; 骨子, 構想. ❷ キャンパス地, 帆布(縫い取りタピスリーの基布); 刺繍用キャンバス.
canezou 男[服]大型ショール; 袖(⁵)なしジャケット.
cange 囡(昔のナイル河の)小帆船.
cangue 囡[史](中国の)首枷(⁵).
caniche 男 プードル.
caniculaire 形 焼けつくような.
canicule 囡 盛夏; 猛暑, 熱波.
canidés 男複[動]イヌ科.
canif 男 折り畳みナイフ.
canin, e 形 犬の. —囡[解]犬歯.
caninette 囡 商標 カニネット(犬の糞(⁵)収集専用バイク).
canisse 囡 地域 長いアシ.
canissier 男 葦(⁵)囲い[敷資(⁵)]作り職人.
canitie [-si] 囡 白毛(症), しらが.
caniveau 男(複) **x** 囡(歩道の)排水溝, 側溝.
canna 男[植]カンナ.
cannabinacées 囡複[植]アサ科.
cannabique 形 大麻の.
cannabis [-s] 男 大麻, マリファナ.
cannabisme 男 大麻中毒(慢性).
cannage 男(椅子の)籐(⁵)張り.
cannaie 囡 アシ原.
canne 囡 ❶ 杖, ステッキ; 竿(⁵); (スキーの)ストック. ❷ ～ à sucre サトウキビ. ❸(ガラス作りの)吹き竿(⁵). ◇ ～ *blanche* 白い杖; 盲人.
canné, e 形 籐(⁵)張りの.
canneberge 囡[植]ツルコケモモ.
canne-épée 囡 仕込み杖.
cannelé, e 形 縦溝のある, すじ入りの.
cannelier 男[植]ニッケイ.
cannelle[1] 囡 肉桂(ﾆｯｹｲ), シナモン.
cannelle[2] 囡(樽などの)取り付け栓口, 栓, コック(;(織機の)ボビン.
cannelloni 男;(複) ～(**s**) 男[料]カネロニ.
cannelure 囡(物の表面の)縦溝, 条線, 条溝.
canner[1] 他(椅子に)籐(⁵)を張る.
canner[2] 自 ⇨ caner.
Cannes (町名)カンヌ[県06].
cannetage 男 管に糸を巻くこと.
cannetière 囡[繊]管巻き機.
cannetille 囡 カンティーユ(撚(⁵)りを施した金, 銀の刺繍糸).
cannette 囡 ⇨ canette[2].
canneur, se 名(椅子の)籐(⁵)張り職人.

cannibale 形 人食いの; 残忍な. —名 人食い人種; 残忍な人.
cannibalique 形[心]食人的.
cannibaliser 他 ❶(別の製品を修理するための製品を)解体して部品を取り出す. ❷(ある製品が同じメーカーの別の製品と)競争する.
◇ cannibalisation
cannibalisme 男 人食い(の風習); 残忍さ.
cannisse 囡 長いアシ.
canoë 男 カヌー; カヌー競技.
canoéisme 男 カヌーこぎ, カヌー競技.
canoéiste 名 カヌーに乗る人, カヌー競技者.
canon[1] 男 大砲; 砲身, 銃身;俗(ふたつぎいだ)ワイン1杯; 美人. ►～ à particules [生]パーティクルガン法. —形《不変》大砲並みの; すごい, 美人の.
canon[2] 男 ❶[文献]規範, 手本; モデル. ❷ 教会法(＝droit ～), 教会法令集; 聖典;(特に)聖書正典. ❸[楽]カノン; 輪唱.
cañon [-ɲɔ̃] 男[西]峡谷.
canonial, ale 形(男複) **aux** 形 宗規にかなった.
canonicat 男[カト]司教座聖堂参事会員の職[地位].
canonicité 囡 教会法にかなうこと; 正当[規範]性.
canonique 形 教会法にかなった, 宗規上の; 規則にかなった. ◇ *âge* ～ 規定年齢, 40歳(聖職者の家政婦となる最低年齢)当なりの年配.
canonisation 囡[カト]列聖(式).
canoniser 他[カト]列聖する.
canoniste 男 教会法学者.
canonnade 囡 砲撃.
canonnage 男 砲撃, 砲術.
canonner 他 砲撃する.
canonnier 男 砲手.
canonnière 囡 砲艦.
canope 男[古代エジプト]ミイラの臓器を納めたカノープス壺(⁵).
canopée 囡(森林の)林冠.
Canossa カノッサ(北イタリアの村).
canot 男 ボート, 小舟.
canotage 男 ボート遊び.
canoter 自 ボートに乗る.
canoteur, se 名 ボート遊びをする人.
canotier 男 ❶ ボートの漕(⁵)ぎ手. ❷ カンカン帽.
cantabile [-le][伊]副[楽]カンタービレで. —男 カンタービレの曲.
Cantal カンタル県[15].
cantal 男 カンタル・チーズ.
cantaloup 男 カンタループ(濃いオレンジ色の果肉のメロン).
cantate 囡[楽]カンタータ.
cantatrice 囡 女性声楽家.
canter 男[英](競馬で)キャンター(ゆっくりとした駆け足).
cantharide 囡 ツチハンミョウ科の甲虫(⁵)を含めた総称(⁵).
cantilène 囡 哀しい単調な歌[旋律]; カンティレーヌ(中世の歌曲).

cantilever 《男, 形》《不変》《建》片持ち梁《(庇(ひさし)などの一端だけ固定された梁》(の).

cantine 女 ❶ 社員[学生]食堂. ❷ (軍人の)旅行用トランク.

cantiner 自動《囚人が》刑務所の売店で買い物をする.

cantinier, ère 名 食堂の従業員.

cantique 男 聖歌, 賛美歌.

canton 男 ❶ 小郡. ❷ (鉄道, 道路の)維持・管理上の)区間. ❸ (スイスの)州.

cantonade 女 舞台裏. ◇parler [dire, raconter] à la ～ 聞こえよがしに言う; 誰それかまわず話す.

cantonais, e 形 広東の. ― 名 《C～》広東人. ― 男 広東語.

cantonal, ale (男複) **aux** 形 小郡の; (スイス)州の.
― 女 県議会選挙.

cantonnement 男 宿営(地).

cantonner 他 男 ❶ 宿営させる; 隔離する. ❷ ～ qn (dans qc) …の活動を(…に)制限する. ― 他動させる.
― **se ～** 閉じこもる; (à) (…に)専念する.

cantonnier 男 道路[保線]作業員.

cantonnière 女 ❶ (カーテンレールなどを隠す)布飾り. ❷ 隅家具.

canulant, e 形 (話)《いらいらさせる, うっとうしい.

canular 男 (人を)担ぐこと; 悪ふざけ; 冗談. ◘**canularesque** 形

canule 女《医》カニューレ; 管.

canuler 他 うんざりさせる.

canut, use 名 (リヨンの)絹織物工.

canyon 男《西》峡谷.

canyoning [-niŋ] 男 キャニオニング.

canzone [-tsone] 女《複》〜**s** (また *canzoni*) (伊) カンツォーネ.

C.A.O. 女《略》《情報》conception assistée par ordinateur コンピュータ支援設計(英語 CAD).

caouan(n)e 女《動》アカウミガメ.

caoutchouc [kautʃu] 男 ❶ ゴム. ❷ ゴムひも, 輪ゴム, ゴムノン; レインコート;《複数》ゴム靴, オーバーシューズ; ゴムノキ.

caoutchoutage 男 ゴム引き.

caoutchouter 他 ゴム引きする.

Cap [-p] (Le) ケープタウン(南アフリカ共和国の都市).

cap [-p] 男 ❶ 岬. ❷ 針路. ❸ 危機. ◇*de pied en cap* 足の先から頭のてっぺんまで.

C.A.P. 男《略》certificat d'aptitude professionnelle [pédagogique] 職業[教員]適格証.

C.A.P.A. 男《略》certificat d'aptitude à la profession d'avocat 弁護士資格認定証.

capable 形 (de) …できる; (…する)可能性がある; 有能な. ◇*de tout* どんなことでもいとわない[やりかねない].

capacimètre 男《電》容量計.

capacitaire 名 法律職適格証取得者. ― 男 suffrage ～ (有識者による)制限選挙.

capacitance 女《英》《電》容量性.

capacitation 女《生》受精能獲得.

capacité 女 ❶ 能力; 《複数》才能, 力量. ❷ 容積, 容量, 収容力.

caparaçon 男 (盛装用)馬鎧(よろい), 飾り馬衣.

caparaçonner 他 馬衣で飾る; くるむ.

cape 女 ❶ ケープ. ▶*film de* ～ *et d'épée* 冒険活劇映画. ❷ (葉巻の)外巻き葉. ❸《海》漂瑛(ひょうびょう), ライナー.

capéer 自 ⇔ capeyer.

capelan 男《魚》チチュウカイコダラ; カラフトシシャモ.

capeline 女 つばの広い婦人帽.

caper 他 (葉巻を)巻く.

C.A.P.E.S. [kapɛs] 男《略》certificat d'aptitude pédagogique à l'enseignement secondaire 中等教員免状.

capésien, ne [-sjɛ̃, ɛn] 名 中等教員免状 C.A.P.E.S. 取得者[取得志願者].

C.A.P.E.T. [kapɛt] 男《略》certificat d'aptitude au professorat de l'enseignement technique 技術教員免状.

capétien, ne [-sjɛ̃, ɛn] 形 カペー朝の.

capeyer 12 b 自《海》漂流(ひょうびょう)する (荒天時, その場で止めるよう操船する).

capharnaüm [-naom] 男《話》乱雑に散らかった場所; がらくたの山.

capillaire [-lɛ:r] 形 毛髪の; 毛細管の.
― 男 毛管, 毛細管;《植》ハコネシダ.

capillarité [-la-] 女 毛状(化); 毛(細)管状態[現象].

capilliculteur, trice [-li-] 名 理容師.

capilliculture [-li-] 女 理容.

capilotade (**en**) 副句 粉々に, ぐしゃぐしゃに; 痛んで.

capiston 男《話》大尉, 中隊長.

capitaine 男 大尉; 船長; 主将.

capitainerie 女 港湾事務所.

capital¹, ale (男複) **aux** 形 ❶ 主要な, 重大な. ❷ 死刑の, 死刑に値する. ❸ lettre ～ale 大文字.
― 女 首都; 中心地; 大文字.

<u>**capital²**</u> 男《複》**aux** ❶ 財産, 資産(精神的な)富. ❷ 資本, 資本金;(借金の)元金;《複数》資金;(集合的)資本家.

capitalisable 形 資本化できる.

capitalisation 女 ❶ 資本化, 資本[元本]組入れ. ❷ 蓄積, 蓄財.

capitaliser 他 ❶ 資本化する, 資本[元本]に組入れる. ❷ 蓄える.
― 自 蓄財する, 金をためる.

capitalisme 男 資本主義.

<u>**capitaliste**</u> 形 資本主義の, 資本家の. ― 名 資本家;《話》金持ち.

capital-risque 形 資本(単数形のみ) 危険投資資本, ベンチャーキャピタル.

capital-risqueur 男 ベンチャーキャピタリスト.

capitan 男《文語》空威張りをする男, 虚勢を張る男.

capitation 女[史]カピタシオン(人頭税).
capiteux, se 形 強い, 濃厚な; [文章] 官能に訴える[魅惑]的な.
capiton 男[詰め物用]絹屑(ﾞ)繊維; 緩衝物, クッション.
capitonnage 男 布張り; 詰め物.
capitonner 他(椅子などを)布張りする. **—se** 〜 〔語〕厚着する, 衣服にぬくぬくとくるまる.
capitulaire 形 教会参事会の.
— 男(フランク王の)王令.
capitulard, e 形[軽蔑]降伏論者の; 腰抜けの.
capitulation 女 降伏; 降伏条約; 妥協, 譲歩; 変節.
capitule 男[植]頭状花序, 頭花.
capituler 自 降伏[降参]する.
capoeira 女 カポエイラ(ブラジルのダンス風格闘技).
caponnière 女(城の)連絡壕(ﾞ); 小堡(ﾞ)塁.
caporal, ale 男[複] **aux** 形 上等兵; (昔の)伍(ﾞ)長.
— 男 カポラル(たばこの一種).
caporal-chef, ale-~, 男(複) **caporaux-~s** 名[軍]兵長.
caporaliser 他 軍国[独裁]主義体制下におく.
caporalisme 男[軽蔑]軍国主義(体制); 権威的振る舞い[性格].
capot[1] 男[車]ボンネット; 保護カバー.
capot[2] 形[不変][カード]1トリックも取れない.
capotage 男 転覆, 横転.
capote 女(オープン車の)幌(ﾞ); 軍用コート; 圖 コンドーム.
capoter[1] 他 幌をかける.
capoter[2] 自 転覆[反転]する.
cappa (magna) [(-gna)] 女 [カト]カッパ・マグナ(高位聖職者の祭式用マント).
cappelletti [-peleti] 男[複数] [料]カペレッティ(小型のパスタ).
cappuccino [-putʃi-] 男[料]カプチーノ.
câpre 女[料]ケーパー.
capriccio [-tʃjo] 男[楽]カプリッチオ, 奇想曲.
caprice 男 **①** 気まぐれ; 思いつき; わがまま; 予測のつかない[急激な]変化; かりそめの恋; 一時的な熱中. **②** [楽]カプリッチオ, 奇想曲; [美]奇想画.
capricieusement 副 気まぐれに.
capricieux, se 形 気まぐれな; わがままな; 変化に富む.
— 名 気分屋; 気ままな[わがまま]な人.
capricorne 男 **①** (C~)[天]山羊(ﾞ)(座); [占]磨羯宮(特ﾞ). **②** カミキリムシ.
câprier 男[植]ケーパー.
caprifoliacées 女[複] スイカズラ科.
caprin, e 形 ヤギの, ヤギ科の; 山羊属の.
capron 男[植]エゾヘビイチゴの実.
capselle 女[植]ナズナ, ペンペンパグサ.
capsidaire 形 カプシドの.
capside 女[生]カプシド(ウイルスのたんぱく質外被).

capsulaire 形[植]蒴(ﾞ)状の.
capsule 女 **①** 口金, 王冠, キャップ.
▶ 〜-congé 酒税支払証明付きキャップシール. **②** カプセル錠; 宇宙カプセル; [植]蒴果(ﾞ); [解]嚢.
capsuler 他 口金[王冠]を取り付ける. □ capsulage
captable 形 受信可能.
captage 男(水, 電気などを)引くこと; (集合的)集水施設.
captal 男[史](中世ガスコーニュ地方の)隊長, 首領.
captateur, trice 名[法](無償贈与の)騙取(ﾞ)人.
captatif, ve 形[心]独占したがる.
captation 女[法](無償贈与の)騙(ﾞ)受.
captativité 女[心]独占的傾向.
captatoire 形[法](無償贈与の)騙(ﾞ)受をねらった.
capter 他 巧みに引き寄せる[手に入れる]; 受信する; 取り込む; 集塵する.
capteur 男[科学制御用]センサー; 太陽熱集積器(e~ solaire).
captieux, se 形[文章]まことしやかな. □ captieusement
captif, ve 形 **①** 捕虜の, とらわれの身の(檻(ﾞ)に入れられた. ▶ ballon 〜 係留気球. **—** 名[文章] 捕虜, 虜囚.
captivant, e 形 心を奪う, 魅惑する.
captiver 他 心をとらえる, 魅惑する. **—se** 〜 (à, pour)(…)に夢中になる.
captivité 女 捕虜生活; とらわれの身.
capture 女 逮捕; 捕獲; 獲物, 捕獲品; 漁獲(量); 拿(ﾞ)捕; 押収.
capturer 他 逮捕[捕獲]する; 拿(ﾞ)捕[押収]する. **—se** 〜 捕らえる.
capuce 男(カプチン会修道者などの用いている)先のとがった頭巾(ﾞ).
capuche 女(取り外し式)フード; (肩覆い付き)婦人用頭巾(ﾞ).
capuchon 男 フード; フード付きケープ; キャップ, 蓋.
capuchonné, e 形 ふたの付いた.
capucin, e 名 カプチン会修道者.
capucine 女[植]キンレンカ.
— 形[不変] 赤いたい色の.
capulet 男(昔のピレネー地方の)女性用頭巾(ﾞ).
Cap-Vert [-p-] 男 カーボベルデ(共和国).
caque 女(塩漬けニシン詰めの)樽.
caquelon 男 フォンデュ鍋.
caquer 他(魚を)樽に詰める.
caquet 男(無遠慮な)おしゃべり, 自慢話, 陰口; (鶏が卵を産むときのくわっくわっという)声. ▶ rabattre [rabaisser] le 〜 à [de]... …を黙らせる.
caquetage / caquettement 男(無遠慮な)おしゃべり; (めんどりが卵を産むときの)くわっくわっと鳴くこと[声].
caqueter 自(めんどりがくわっくわっと鳴く; (無遠慮に)おしゃべりをする, むだ口をたたく.
car[1] 接 なぜなら, というのは.
car[2] 男 長距離[観光]バス; 護送車.

carabe 男 〖昆〗オサムシ.
carabin 男 〖俗〗医学生.
carabine 女 カービン銃.
carabiné, e 形 〖話〗激しい, ひどい.
carabinier 男 (カービン銃を持った)兵士; (イタリアの)憲兵; (スペインの)税関吏.
Caracas [-s] カラカス(ベネズエラ共和国の首都).
caraco 男 〖古〗カラコ(昔の腰丈の女性用上着).
caracole 女 〖馬〗半回転, 旋回.
caracoler 自 〖馬〗(馬が)(半)回転する, 跳ね回る; (騎手が)(半)回転を行う, 馬を跳ね回らせる.
caractère 男 ❶ 性格, 性質, 特徴; 気骨(のある人). ❷ 文字, 活字; 字体. 性格障害の. —les 性格障害児.
caractériel, le 形 性格(上)の; 性格障害の. —名 性格障害児.
caractérisation 女 特徴[性格]づけ; 特徴の現れ方[形成].
caractérisé, e 形 典型的な.
caractériser 他 特徴づける, 特色を成す. —se ~(par)(…によって)特色づけられる, (…を)特色とする.
caractéristique 形 特徴的な, 特有の. —女 特徴, 特性, 特色.
caractérologie 女 性格学.
caracul 男 カラクール種(の羊); カラクール毛皮, アストラカン.
carafe 女 カラフ, 卓上用ガラス瓶; カラフ1杯分(量). ◇laisser en ~ 置き去り[のけ者]にする. rester [être] en ~ きりぼうけを食う, ほうっておかれる; 立往生する; 故障している.
carafon ❶ カラフォン, 小型ガラス瓶; カラフォン1杯分. ❷ 頭.
caraïbe 形 カリブの. —名 (C~)カリブの人. ◆mer des C~s カリブ海.
carambolage 男 〖ビリ〗キャロム(手球を2つの的球に続けて当てること); 〖話〗連続衝突.
caramboler 自 〖ビリ〗キャロムする. —他 〖話〗次々とぶつける. —se ~ 〖話〗玉突き衝突する.
carambouillage 男/**carambouille** 女 取り込み詐欺.
carambouilleur, se 名 取り込み詐欺師.
caramel 男 キャラメル; キャラメルソース. —形 〖不変〗カラメル色の.
caramélé, e 形 あめ状の; カラメル風味の; あめ色の.
caramélisation 女 カラメル化.
caraméliser 他 (砂糖を)カラメルにする; カラメルをかける[加える]. —自 (砂糖が)カラメルになる(=se ~).
carapace 女 (カメ, 甲殻; 〖俗〗(堅い)履い; (精神的な)殻, 鎧(よろい).
se carapater 代動 〖俗〗ずらかる.
caraque 女 カラク船(昔の大型商船).
carassin 男 〖魚〗ヨーロッパブナ.
carat 男 金位; カラット. ◇dernier ~ 最終期限.
caravanage 男 オートキャンプ(場).
caravane 女 ❶ 隊商, キャラバン; (旅行者の)一行; キャンピングトレーラー.
caravanier, ère 名 ❶ (隊商の)らくだ引き; オートキャンプする人.

caravan(n)ing [-niŋ] 男 〖英〗オートキャンプ(場).
caravansérail 男 隊商宿; 〖文章〗外国人の集まる場所.
caravelle 女 ❶ (C~) カラベル機(フランス製中距離ジェット機). ❷ カラベル船(13-16世紀の小型帆船).
carbochimie 女 石炭化学.
carbonade 女 ➪ carbonnade.
carbonado 男 カルボナード, 黒ダイヤ.
carbonarisme 男 カルボナリの主義[運動].
carbonaro; (複) i 男 〖伊〗カルボナリ, 炭焼き党員(19世紀イタリア, フランスで活躍した秘密結社).
carbonate 男 〖化〗炭酸塩, 炭酸エステル.
carbonater 他 炭酸(塩)化する.
carbone 男 炭素; カーボン紙.
carbonifère 形 石炭[炭質物]を含む. —男 〖地〗石炭紀[系].
carbonique 形 〖化〗炭酸の.
carbonisation 女 炭化, 黒焦げ.
carboniser 他 炭化する; 黒焦げにする. —se ~ 炭化する, 炭になる; 黒焦げになる.
carbonnade 女 肉の炭火焼き.
carburant, e 形 炭化水素を含む. —男 気化燃料.
carburateur 男 キャブレター.
carburation 女 (燃料の)気化.
carbure 男 〖化〗炭化物; カーバイド.
carburé, e 形 ❶ 炭素を含む. ❷ air ~ 混合気体, 気化燃料.
carburéacteur 男 〖航〗ジェット燃料.
carburer 自 燃料を気化する; 〖話〗順調に運ぶ; 頭を働かせる.
—他 (燃料を)気化させる.
cacailler 自 (ウズラが)鳴く.
carcajou 男 〖動〗アメリカアナグマ.
carcan 男 (昔の刑罰用の)首かせ; 拘束, 束縛.
carcasse 女 (動物の)骸(むくろ)骨; 骨組み; 〖食〗枝肉; 〖話〗体.
Carcassonne カルカソンヌ(Aude 県の県庁所在地).
carcel 男 〖古〗カルセルランプ.
carcéral, ale;(男複) aux 形 刑務所の[における].
carcinogène 形 発がん性の. —男 がん原性物質, 発がん物質.
carcinogenèse 女 〖医〗がん化.
carcinoïde 名, 形 〖医〗カルチノイド(の).
carcinologie 女 腫瘍(しゅよう)[がん腫]学.
carcinomateux, se 形 がん性の.
carcinome 男 〖医〗上皮腫(しゅ).
cardage 男 〖繊〗カーディング.
cardamine 女 〖植〗タネツケバナ.
cardamome 女 〖植〗カルダモン.
cardan 男 〖機〗ユニバーサルジョイント.
carde[1] 女 〖料〗カルドンの葉脈(う).
carde[2] 女 〖繊〗梳綿(そめん)機, 梳毛機; 梳(す)き櫛(くし).
carder 他 (繊維を)梳(す)く.
cardère 女 〖植〗ナベナ.

cardeur, se 名 梳毛(うぅ)[梳綿]工. ━ 女 梳毛[梳綿]機.
cardia 男 [解] 噴門.
cardial, ale (男複) **aux** 形 [解] 噴門の.
cardialgie 女 [医] 噴門[心臓]痛.
cardiaque 形 心臓の; 心臓病の. ━ 名 心臓病患者.
cardigan 男 [英] カーディガン.
cardinal[1]**, ale** (男複) **aux** 形 基本的な, かなめとなる. ♦ nombre ～ 基数. ━ 男 基数形容詞.
cardinal[2] 男;(複) **aux** [カト] 枢機卿(きょう); [鳥] ショウジョウコウカンチョウ.
cardinalat 男 [カト] 枢機卿の位.
cardinalice 形 枢機卿(きょう)の.
cardiogramme 男 [医] 心拍(動)曲線, カルジオグラム.
cardiographe 男 [医] 心拍(動)記録器, カルジオグラフ.
cardiographie 女 [医] 心拍動記録法, カルジオグラフィ.
cardioïde 女 [数] カージオイド形の.
cardiologie 女 心臓(病)学.
cardiologue 名 心臓病専門医.
cardiomégalie 女 [医] 心肥大.
cardiomyocyte 男 [医] 心臓の筋細胞.
cardiomyopathie 女 [医] 心筋症.
cardiopathie 女 心臓疾患.
cardioprotecteur, trice 形 [医] 心庇護的の.
cardio-pulmonaire 形 心肺性の.
cardio-respiratoire 形 心肺(機能)の.
cardiotonique 形 強心性の. ━ 男 強心薬.
cardio-vasculaire 形 心臓血管の.
cardite[1] 女 トマヤガイ族の二枚貝.
cardite[2] 女 心臓炎.
cardon 男 [植] カルドン.
carême 男 [カト] 四旬節, (四旬節中の)断食. ◊ arriver [tomber] comme mars en ～ 必ずやって来る. face de ～ いかめしい陰気な顔(の人物).
carême-prenant 男;(複) ～s-～s 灰の水曜日に先立つ3日間.
carénage 男 ❶ 船底の修理[掃除]; ドック. ❷ (船体, 車体などの) 流線化.
carence 女 ❶ 欠如; 無策, 無力, 無能. ❷ délai de ～ 保険外期間.
carène 女 [海] 船底; 船底修理 [清掃].
caréner 他 ❶ 船底を修理 [清掃] する. ❷ 流線型にする.
carentiel, le 形 [医] 欠乏(症)の; 欠乏によって起こる.
caressant, e 形 なでるような, 優しさのこもった; 甘えん坊の.
caresse 女 愛撫(な); 心地よく触れること.
caresser 他 なでる, 愛撫(な)する; 優しく触れる; (構想などを)温める. ━ se ～ 愛撫し合う.
caret[1] 男 (網製造用の) 麻の単糸 (=fil de ～).
caret[2] 男 [動] アカウミガメ.
carex [-ks] 男 [ラ] [植] スゲ.
car-ferry (複) ～**s** (または **-ies**) 男 [英] カーsフェリー.
cargaison 女 (船の) 積み荷, 貨物; 多数.
cargo 男 [英] ❶ 貨物船. ❷ avion-～ 貨物輸送機.
cargue 女 [海] 絞り綱.
carguer 他 (帆を) 絞り綱で絞る.
cari 男 カレー.
cariacou 男 [動] オジロジカ.
cariant, e 形 虫歯の元になる.
cariatide 女 [建] (ギリシアの) 女像柱, カリアティッド.
caribou 男 [動] カリブー.
caricatural, ale (男複) **aux** 形 戯画化した, 風刺的な.
caricature 女 ❶ 戯画, 風刺劇画, カリカチュア; 風刺, 戯画化. ❷ 模倣物.
caricaturer 他 風刺画 [漫画] に描く; 風刺する; 歪(ゆが)曲する.
caricaturiste 名 風刺画家, 漫画家.
carie 女 虫歯; カリエス.
carié, e 形 虫歯の, 虫歯になった.
carier 他 虫歯にする. ━ se ～ 虫歯になる.
carieux, se 形 虫歯の.
carillon 男 ❶ カリヨン (教会の塔の組み鐘); (にぎやかな) 鐘の音. ❷ チャイム; チャイム式時計. ❸ [楽] カリヨンを模した楽曲.
carillonné, e 形 fête ～e (カリヨンを鳴らす) 大祝日.
carillonner 自 カリヨンの音を響かせる; 呼び鈴を騒々しく鳴らす. ━ 他 カリヨンで告げる; [話] 鳴り物入りで触れ回る. ◻ **carillonnement** 男
carillonneur, se 名 カリヨンを鳴らす[演奏する]人.
carinates 男複 [鳥] 胸峰(きょうほう)類, 深胸類.
cariogène 形 虫歯を発生させる.
cariste 名 (フォークリフトなどの) 産業車両の運転手.
caritatif, ve 形 愛徳の; 慈善の.
carlin 男 パグ (愛玩(がん)犬).
carline 女 [植] チャボアザミ.
carlingue 女 (飛行機の) 機内, キャビン.
carlinguier 男 (飛行機の) キャビン [客室] 組み立て工.
carmagnole 女 [服] [楽] カルマニョール (大革命期の上着, 革命歌, ダンス).
carme 男 [カト] カルメル会修道者.
carmel 男 [カト] ❶ カルメル会修道院. ❷ (le C～) カルメル会.
carmeline 女 カーメリン (= laine ～).
carmélite 女 カルメル会修道女.
carmin 洋紅(色), カーマイン. ━ 形 [不変] 洋紅色の.
carminatif, ve 形 [医] 駆風薬の, 腸内のガスを除去する.
carminé, e 形 [文章] 洋紅色の; カーマインを含む.
carnage 男 殺戮(さつ), 虐殺.

carnassier, ère 形 肉食性の．
— 男 肉食動物．

carnassière 女 〔猟師の〕獲物袋．

carnation 女〔白人の〕肌の色．

carnaval〔複〕**als** 男 謝肉祭, カーニバル；〔C~〕カーニバルの人形．

carnavalesque 形 謝肉祭［カーニバル］の；カーニバル的な, 異様な．

carne 女 固い肉；老いぼれ馬．

carné, e 形 肉からなる．

carneau 男 / **carnau**;〔複〕**x** 男〔煙突の〕煙道．

carnet 男 ❶ 手帳；帳簿；成績簿．❷〔切手, 切符の〕1綴り．❸ 消息欄．

carnier 男 小型獲物袋．

carnivore 形 肉食性の；固 肉が好きな．— 名 肉食動物〔植物〕；固 肉が好きな人．—〔複数〕固肉食植物．

carolingien, ne 形 カロリング朝の．—男複〔C~〕カロリング朝．

carolus [-s] 男〔貨〕カロルス（シャルル8世治下に鋳造された銀貨）．

caronade 女〔旧〕カロネード砲．

caroncule 女〔動〕丘, 小丘；〔動〕（とさかなどの）肉阜(にくふ)．

carotène 男〔化〕カロチン．

carotide 女〔解〕頚(けい)動脈．
□**carotidien, ne** 形．

carottage 男 詐欺．

carotte 女 ニンジン（ニンジン形のたばこ屋の赤い看板）；巻いたかみたばこ；〔試掘した〕円塔状の土．◇**Les ~ sont cuites.** 話 もう済んだことだ；万事休す．**poil de ~** 赤毛の；赤毛の人．
— 形〔不変〕にんじん色の, 赤茶色の．

carotter 他 だまし取る；試掘する．— 自〔sur〕…の一部をくすねる．

carotteur, se / carottier, ère 形, 名 だまし取る（人）．

carotteuse 女 / **carottier** 男〔鉱〕試錐機．

caroube / carouge 女〔植〕イナゴマメの実．

caroubier 男〔植〕イナゴマメ．

carpaccio 男〔料〕カルパッチョ．

carpatique 形 カルパティア山脈 Carpates の．

carpe¹ 女〔魚〕コイ．
◇**saut de ~** 跳ね起きること；ジャックナイフ（ダイビングの型）．

carpe² 男〔解〕手根(しゅこん)骨．

carpeau;〔複〕**x** 男 若いコイ．

carpelle 男〔植〕心皮〔めしべの〕心皮．

carpette 女 カーペット；マット．

carpettier 男 敷物織工．

carpiculture 女 コイの養殖．

carpien, ne 形 手根（骨）の．

carpillon 男 コイの稚魚．

carquois 男 矢筒．

carrare 男 カララ産の白大理石．

carré, e 形 正方形の；四角い；角張った．❷ 平方の．❸ きっぱりした, 率直な．— 男 ❶ 正方形；4角形；〔四角い〕土地,（畑の〕区画．❷〔数〕2乗, 平方．❸〔海〕~ **des officiers** 士官食堂．❹（ポーカーで）フォア・カード．❺〔髪の〕ブラントカット（= coupe au ~）．❻ 骨付き背肉．

— 女 部屋．

carreau;〔複〕**x** 男 ❶（格子状の）窓ガラス；タイル, 床石；タイル張りの床〔壁〕．❷ 四角い紙, 替糊縞, チェック．❸（トランプの）ダイヤ．❹ 区域, 施設．► ~ **de mine** 鉱山地上施設．❺〔大弓の〕四角い矢．
◇**demeurer [rester] sur le ~** 話 失敗する, 除外される；のびている．**laisser sur le ~** 話 のばす, 殺す．**se tenir [se garder] à ~** 話 用心する．

carrefour 男 交差点, 十字路；合流点, 交流地；岐路．

carrelage 男 タイル張り〔敷く〕．

carreler 4他 タイルを張る．

carrelet 男〔魚〕プレイス（カレイ科）；〔漁〕四つ手網．

carreleur 男 タイル加工．

carrément 副 きっぱりと, 思い切って；確実に, 少なくとも．

carrer 他 四角にする；2乗する．**se ~** ゆったり座る；悠(ゆう)然と構える．

carrick 男 カリック（幅広の外套）．

carrier 男 石切工, 採石業者．

carrière¹ 女 石切場, 採石場．

carrière² 女 職業；キャリア, 経歴；昇進；〔C~〕外交官の職；文章 生涯．
◇**donner ~ à …** …を自由に活動させる, 野放しにする．

carriérisme 男 出世主義．

carriériste 名 出世主義者．

carriole 女 2輪馬車．

carrossable 形 車の通れる．

carrossage 男〔車〕ボディの取り付け．

carrosse 男（豪華な）4輪馬車．

carrosser 他 ボディを取り付ける．

carrosserie 女 車体（製造）；電気製品などのボディ．

carrossier 男 車体設計・製造者, カーデザイナー；〔自動車修理の〕板金工．

carrousel 男 ❶〔馬〕馬術演技供覧；騎馬パレード（場）．❷ めまぐるしい往来；回転装置．

carroyage 男〔地図上の〕方眼網．

carroyer 10他〔地図などを〕碁盤格子状に区切る．

carrure 女 肩幅；〔人間の〕器, 力量．

carry 男 ⇨ **curry**．

cartable 男 通学かばん．

carte 女 ❶ 証明書．~ **d'identité** 身分証明書 / ~ **de séjour** 滞在許可証 / ~ **orange** （パリの）バス・地下鉄共通定期券 / ~ **d'identité de tumeurs**〔医〕がん ID カード（略 CIT）．❷〔銀行, 電話などの〕カード．~ **de crédit** クレジット・カード / ~ **bleue**（フランスの銀行グループの）キャッシュ・カード, クレジット・カード / ~ **de paiement** カード式支払．❸ 名刺（= ~ **de visite**）．❹ 絵はがき（= ~ **postale**）, グリーティングカード．❺ メニュー；一品料理．❻ トランプの札．❼ 地図．
◇**à la ~** アラカルトで；自由選択の．**brouiller les ~s** カードを切る；事態を混乱させる．**maîtresse** 切り札．**donner ~ blanche** 白紙委任する．**jouer [mettre] ~s sur table** 手

の内を見せる, 正々堂々と振る舞う. **jouer la ~ de ...** …の値を選ぶ. **tirer [faire] les ~s à ...** カードで…の運を占う.

cartel 男 ❶ カルテル; 連合. ❷ (時計や額の) 縁飾り; 掛時計.

carte-lettre 女 (複) ~s-~s 女 郵便書簡, ミニレター.

cartelliser 他 カルテル化する, 連合させる. ◇**cartellisation** 女

carter 男 カバー, カルター.

carte-réponse 女; (複) ~s-~s 女 (アンケートなどの) 回答用はがき.

carterie 女 絵葉書販売 [業].

cartésianisme 男 デカルト (派) の哲学.

cartésien, ne 形 デカルト (哲学) の; デカルト的な. ― 名 デカルト主義者; 論理的で明晰(%)な人.

Carthage カルタゴ (北アフリカの古代都市国家).

carthaginois, e 形 カルタゴの. ― 名 〈C~〉カルタゴ人.

cartilage 男 〖解〗軟骨.

cartilagineux, se 形 軟骨の.

cartogramme 男 統計地図.

cartographe 名 地図作成者.

cartographie 女 地図作成.

cartographique 形 地図作成の.

cartomancie 女 カード占い.

cartomancien, ne 名 カード占い師.

carton 男 ❶ ボール紙, 厚紙, ボール箱; 書類整理箱. ― **à dessin** 大型のボール紙製画用紙入れ. ❸ (射撃訓練の) 標的. ◇**faire un ~** 標的を撃つ, 狙撃(%)する.

carton-feutre; (複) ~s-~s 男 フェルト紙.

cartonnage 男 厚紙製品 (製造); ボール箱; 紙器; 厚表紙製本.

cartonné, e 形 厚紙 [ボール紙] でできた; 厚表紙製本の.

cartonner 他 厚表紙製本にする.

cartonnerie 女 厚紙 [ボール] 製造 (所).

cartonneux, se 形 厚紙 [ボール紙] のような.

cartonnier, ère 形 厚紙 (製品) を製造 [販売] する. ― 名 厚紙製品の製造 [販売] 人. ― 男 書類整理棚.

carton-paille; (複) ~s-~s 男 黄板 (紙), 黄ボール.

carton-pâte; (複) ~s-~s 男 チップボール (紙, ボール紙を原料とする板紙).

carton-pierre; (複) ~s-~s 男 石のように成形した板紙.

cartoon [-tun] 男 〖英〗漫画, アニメーション映画.

cartophile / **cartophiliste** 名 絵はがき収集家.

cartothèque 女 地図資料室.

cartouche¹ 女 ❶ 薬筒, 実包; カートリッジ, ボンベ. ❷ (たばこの) カートン.

cartouche² 男 (バック建築の) 渦文装飾; 〖図学〗でタイトルボックス; 〖考古〗(古代エジプトの象形文字の王名を囲む長円形の飾り枠.

cartoucherie 女 弾薬製造所.

cartouchière 女 弾薬入れ; 弾帯.

carvi 男 〖植〗キャラウェー, カルム (の実).

cary 男 カレー.

caryatide 女 ⇨ cariatide.

caryocinèse 女 〖生〗有糸分裂.

caryophyllacées 女複 〖植〗ナデシコ科.

caryopse 男 〖植〗穎(%)果.

caryotype 男 〖生〗核型.

cas¹ 男 ❶ 場合, ケース, 事例; 症例, 患者. ❷ 事態; (原因, 理由となる) 事実, 事由. ❸ 語 訴人.
◇**au cas [dans le cas] où + cond.** …の場合には. **C'est le cas de le dire.** その言葉はこの場合にぴったりだ. **en tout [tous] cas = dans tous les cas** いずれにせよ, とにかく. **faire cas de ...** …を尊重 [重視] する.

cas² 男 〖文法〗格.

Casablanca カサブランカ (モロッコの都市).

casanier, ère 形, 名 出不精な (人).

casaque 女 競馬騎手のシャツ; (キャミソールに似た) 婦人用上着.
◇**tourner ~** 変節 [転向] する.

casaquin 男 (18世紀の) 短いキャミソールの一種.

casbah [kaz-] 女 カスバ (アラブ諸国の首長の住む城, またその周辺の町).

cascade 女 滝; 連続; (映画の) スタント. ◇**en ~** 連続して, 次々と.

cascader 自 滝となって落ちる.

cascadeur, se 名 スタントマン.

cascatelle 女 小さな滝.

case¹ 女 (原住民の) 住居; 小屋.

case² 女 ❶ 升目, 枠; 仕切り. ❷ 語 知恵, 頭.

caséine 女 〖化〗カゼイン.

casemate 女 トーチカ.

caser 他 語 押し込む; 職 [住まい] を世話する; 結婚させる.
― **se ~** 代 入り込む; 結婚する.

caserne 女 兵舎; 部隊; (個性のない) 大きな建物.

casernement 男 (部隊を) 兵舎に収容すること; 駐屯; 兵舎.

caserner 他 駐屯させる.

casernier 男 〖軍〗兵営監守.

cash [-ʃ] 〖英〗副 現金で.
― 男 現金; 手付金, 前払金.

cash-flow [-flo] 男 〖英〗〖経〗現金資金, キャッシュ・フロー.

casher [-ʃɛr] 形 ⇨ kasher.

cashmere [kaʃmir] 男 ⇨ cachemire.

casier 男 ❶ (仕切られた) 整理箱, 整理棚; メールボックス. ❷ ~ judiciaire 前科簿 (保存簿). ❸ (エビ, カニを採る) かご.

casimir 男 カージミア (昔の綾(%)織物).

casing [keziŋ] 男 〖英〗〖油〗〖機〗ケーシング (設置).

casino 男 〖伊〗カジノ.

casoar 男 (陸軍士官学校の) 紅白の羽飾り; 〖鳥〗ヒクイドリ.

Caspienne 女 カスピ海.

casque 男 ヘルメット; ヘッドホン; (美容院の)大型ヘアドライヤー; かたど. ◊ ~s bleus 国連軍.

casqué, e 形 ヘルメットをかぶった.

casquer 自他 金を払う[出す].

casquette 女 ❶ 庇(ひさし)のある帽子, ハンチング; 制帽. ❷ 肩書; 役職.

cassable 形 壊れやすい.

cassage 男 砕くこと.

cassandre 女 不吉な予言をする者.

cassant, e 形 ❶ 壊れやすい, もろい. ❷ 横柄な; 疲れさせる.

cassate 女 [菓] (砂糖漬け果物入り)アイスクリーム.

cassation¹ 女 (判決の)破棄(き).

cassation² 女 [楽] カッサツィオーネ.

cassave 女 [菓] カッサーブ(パンケーキ).

casse¹ 女 破損; 廃物; スクラップ, 廃品; 話 押し込み強盗.

casse² 女 センナ葉(緩下剤).

casse³ 女 [印] 活字ケース.

casse⁴ 女 (ガラス職人が用いる鉄製の)柄杓(ひしゃく).

cassé, e 形 壊れた, 割れた, 折れた; 腰の曲がった; しゃがれた.

casse-cou 男 《不変》 危険な場所[道]; 話 向こう見ず.
◊ crier ~ 危険を知らせる.
— 形 《不変》 向こう見ずな.

casse-croûte 男 《不変》 軽食, 弁当.

casse-croûter 自他 (軽い)食事をする; 弁当を食べる.

casse-cul [-ky] 形 《不変》, 名 《不変》 うんざりさせる(人, もの).

casse-gueule 男 《不変》 危険な場所 [企て]; 向こう見ず.
— 形 《不変》 危険な; 向こう見ずな.

cassement 男 ~ de tête 神経の疲労; 心労, 頭痛の種.

casse-noisettes / **casse-noix** 男 クルミ割り器.

casse-pattes 男 俗 強い火酒.

casse-pieds 形, 名 俗 うんざりさせる(人, もの).

casse-pierre(s) 男 《不変》 [植] ヒカゲミズ.

casse-pipe(s) 男 《不変》 戦争; 前線; 射的場.

casser 他 ❶ 割る, 壊す, 折る, 切る, 崩す. ▶ ~ les prix 値崩れさせる / ~ la voix 声をかすれさせる. ❷ 放棄 [解消]する, 無効にする. ❸ 降格 [免職]する.
◊ à tout ~ 思い切り, ものすごく [い]; せいぜい. Ça ne casse rien. たいしたことない. ~ la tête うるさい; うんざりさせる. ~ les oreilles うるさい. ~ les pieds うんざりさせる.
— 自 壊れる, 割れる, 折れる, 崩れる (=se ~).
— se ~ 自分の(…を)折る. ❷ 話 いちはやく立ち去る, 逃げる. ❸ 俗 ne pas se ~ 努力[苦労]しない.
◊ se ~ la tête 頭を絞る. se ~ le nez 失敗する. se ~ le nez (à la porte de …) (…の家に)訪ねたが留守である. se ~ les pieds うんざりする.

casserole 女 片手鍋; 話 音程の狂ったピアノ[楽器, 音声]. ◊ passer à la ~ 俗 ひどい目にあう; 殺される. traîner une ~ すい事をしでかす.

casse-tête 男 《不変》 ❶ 棍(こん)棒. ❷ 根気のいる仕事, 厄介な問題; ジグソーパズル; 騒音.

cassette 女 カセット(テープ); (貴重品を入れる)小箱; 王侯の個人財産; 語 貯金, へそくり. ▶ ~ d'expression [生] 発現カセット.

casseur, se 名 物を壊す[混乱させる]人; 破壊活動家; (車の)スクラップ業者.
— 形 よく物を壊す; 破壊する.

cassier 男 [植] カワラケツメイ; キンゴウカン.

Cassiopée 女 [ギ神] カシオペイア; [天]カシオペア(座).

cassis¹ [-s] 男 クロスグリ(の実); カシス酒.

cassis² [-(s)] 男 (道路などの)くぼみ, 陥没.

cassitérite 女 [鉱] 錫石(しゃく).

cassolette 女 香炉; カソレット(香炉の形をしたオードブルなどの容器).

casson 男 砂糖の塊.

cassonade 女 粗糖.

cassoulet 男 カスレ(白インゲン豆と肉の煮込み).

cassure 女 裂け目, 割れ目; ひび; 断絶, 仲たがい; 折り目, 折り返し.

castagne 女 俗 けんか; パンチ.

castagnettes 女複 カスタネット.

caste 女 カースト; 特権階級.

castel 男 小さい城, 邸.

castillan, e 形 カスティーリャの.
— 名 カスティーリャ人.
— 男 カスティーリャ語.

castine 女 [金] 溶剤用石灰石.

casting [-tiŋ] 男 キャスティング, 配役.

castor 男 ビーバー(の毛皮).

castorette 女 模造ビーバー皮.

castoréum 男 海狸(かいり)香.

castrat 男 去勢された男; [楽] カストラート, 去勢歌手.

castrateur, trice 形 [心] 去勢コンプレックスを招く; ひどく厳格な.

castration 女 去勢; [農] 除雄.

castrer 他 去勢する.

castrisme 男 カストロ主義.

castriste 形, 名 カストロ主義の(人).

casuarina 男 モクマオウ.

casuel, le 形 文章 偶然の; 臨時の.
— 男 奉納金(聖職者への謝礼).

casuiste 男 [神] 決疑論者; 詭(き)弁家.

casuistique 女 [神] 決疑論; 詭(き)弁.

casus belli [-s-] 男 《不変》 [ラ] 戦争の原因.

C.A.T. 男 (略) Centre d'aide par le travail 障がい者自立支援センター.

catabolique 形 異化(作用)の.

catabolisme 男 [生理] 異化.

catabolite 男 [生理] 異化代謝産物.

catachrèse 囡 〖レト〗転化表現.
cataclysme 團 大災害; 激変, 破局; 動乱. ◆ **cataclysmal, ale**; (男複) **aux** / **cataclysmique** 形.
catacombes 囡複 地下墓地, カタコンベ.
catadioptre 團 〖車〗反射鏡.
catadioptrique 形 〖光〗反射と屈折の両結像系を組み合わせた.
catafalque 團 遺体安置壇.
cataire 囡 〖植〗イヌハッカ.
catalan, e 形 カタロニアの.
— 名 (C～) カタロニア人.
— 團 カタロニア語.
catalectique 形 〖詩〗欠節詩行の.
catalepsie 囡 〖心〗カタレプシー, 強硬症.
cataleptique 形, 名 カタレプシーの(患者).
catalogage 團 目録〔カタログ〕作成; 類別.
Catalogne 囡 カタロニア(スペイン北東部地方).
catalogue 團 カタログ, 目録; 蔵書目録.
cataloguer 他 目録〔カタログ〕にする; 類別する, レッテルをはる.
catalpa 團 〖植〗キササゲ.
catalyse 囡 〖化〗触媒反応〔作用〕.
catalyser 他 〖化〗❶ 触媒作用を及ぼす. ❷ 引き起こす; 結集する.
catalyseur 團 〖化〗触媒の〔による〕.
catalytique 形 触媒の〔による〕.
catamaran 團 〖海〗双胴船.
cataphote 團 面鏡, 反射鏡.
cataplasme 團 パップ剤, 湿布.
cataplexie 囡 〖医〗カタプレキシー.
catapultage 團 〖航〗カタパルトによる射出.
catapulte 囡 〖航〗カタパルト; 〖史〗(城攻めに用いた)大型投石器.
catapulter 他 カタパルトから射出する; 抜擢(ばってき)する; (地方に)飛ばす.
cataracte¹ 囡 瀑(ばく)布, 大滝.
cataracte² 囡 〖医〗白内障.
catarrhal, ale; (男複) **aux** 形 〖医〗カタル性の.
catarrhe 團 〖医〗カタル.
catarrheux, se 形, 名 〖医〗カタルにかかりやすい〔かかった〕(人).
catastrophe 囡 大災害, 大惨事; 破局; (個人的な)不幸, 不運の災厄; 面倒, 厄介事, 災難. ► théorie des ～s 〖数〗カタストロフィー理論.
◆ en ～ 緊急に〔で〕; 大慌てで〔で〕.
catastrophé, e 形 話 がっくりした, 打ちのめされた.
catastropher 他 話 がっくりさせる; 茫(ぼう)然とさせる.
catastrophique 形 大災害の; 破局の, 壊滅的な; 話 悲惨な, 最悪の.
catastrophisme 團 極端な悲観主義〔危機論〕; 〖地〗天変地異説.
catastrophiste 形 極端に悲観的な.
catatonie 囡 〖心〗緊張病.
catatonique 形, 名 緊張病の(人).
catch [-tʃ] 團 〖英〗プロレス.

catcher [-tʃe] 自 プロレスをする.
catcheur, se [-tʃœːr, øːz] 名 プロレスラー.
catéchèse 囡 〖キ教〗カテキシス, 教理教育.
catéchine 囡 〖化〗カテキン.
catéchiser 他 〖キ教〗問答形式で教理を教える; 教条を教え込む; 説得する, 諭す. ◆ **catéchisation** 囡.
catéchisme 團 〖キ教〗カテキズム, 教理問答書; カトリック教要理, 公教要理; (プロテスタントで)信仰問答.
catéchiste 名 〖キ教〗教理問答の教師.
catéchistique 形 〖キ教〗教理問答〔教育〕の.
catécholamine 囡 〖生理〗カテコールアミン(アドレナリンなどのアミノ類).
catéchumène [-ky-] 名 ❶ 〖キ教〗洗礼志願者; 公教要理受講者. ❷ 入門者.
catégorème 團 〖哲〗自足的名辞.
catégorie 囡 カテゴリー; 種類; 等級; 階級; 〖哲〗[言] 範疇.
catégoriel, le 形 職種[部門]別の; 〖哲〗範疇(はんちゅう)の.
catégorique 形 断定的な, 断固とした; 〖哲〗定言的な.
catégoriquement 副 きっぱりと.
catégorisation 囡 (カテゴリーによる)分類, 類別, 類型化.
◆ **catégoriser**
caténaire 囡 〖鉄道〗カテナリー吊架.
caténane 囡 〖生化〗カテナン.
catgut [-t] 團 〖英〗〖医〗腸線.
cathare 名 〖宗〗カタリ派の(信徒).
catharisme 團 〖宗〗カタリ派の教義.
catharsis [-s] 囡 カタルシス.
cathartique 形 〖医〗下剤の; 〖心〗カタルシスの. — 團 下剤.
cathédrale 囡 (司教座のある)大聖堂, カテドラル.
— 形 (不変) verre ～ 不透明な板ガラス(模様を刻印した)型板ガラス.
cathèdre 囡 〖キ教〗司教座.
catherinette 囡 (11月25日の聖カタリナ祭を祝う)未婚の25歳の娘.
cathéter 團 〖医〗カテーテル.
cathode 囡 陰極.
cathodique 形 陰極の〔から出る〕; 話 テレビの, ブラウン管の.
catholicisme 團 カトリシズム, カトリック教.
catholicité 囡 カトリック教義にかなうこと; 全カトリック教徒.
catholique 形 カトリックの. ◆ **pas (très)** ～ 良心に背いた; 普通でない.
— 名 カトリック教徒.
catilinaire 囡 〖文章〗容赦ない非難.
catimini (en) 副 ひそかに人目を盗んで.
catin 囡 古風 身持ちの悪い女; 売春婦.
cation [-sjɔ̃] 團 〖英〗陽イオン.
catir 他 (布の)艶(つや)出しをする.
catnat 囡 自然災害.
catoblépas [-s] 團 カトブレパス(首が長く頭が地をはう伝説上の怪獣).
catogan 團 〖英〗カトガン(18世紀に流行したリボンでうなじに束ねた髪形).
catoptrique 形 反射光の.

—— 男 反射光学.
cat(t)leya [-le-] 男 カトレア.
Caucase 男 カフカス山脈.
caucasien, ne 形 カフカス地方の.
—— 名 (C~) カフカス地方の人.
cauchemar 男 悪夢; 苦手.
cauchemarder 自 悪夢を見る.
cauchemardesque/cauchemardeux, se 形 悪夢のような.
cauchois, e 形 コー Caux 地方の.
—— 名 (C~) コー地方の人.
caucus [-s] 男 《米》政党の領袖(会合).
caudal, ale; 《男複》**aux** 形 《動》尾の, 尾部の. —— 名 《魚の》尾ひれ.
caudataire 男 《教皇の》裳裾(すそ)持ち; 取り巻き, 腰巾着(ちゃく).
caudillo [kawdijo/ko-] 男 《西》(スペイン, ラテンアメリカの政権を握った)将軍; スペイン総統.
caudrette 女 《漁》網のたいすくい網.
cauri(s) [-(s)] 男 《貝》タカラガイ.
causal, ale;《男複》**als** (または **aux**) 形 原因を示す.
—— 女 《文法》原因節.
causalgie 女 《医》灼(しゃく)熱痛.
causalisme 男 《哲》因果説.
causalité 女 因果関係.
causant, e 形 話好きな.
causatif, ive 形 《言》使役の.
cause 女 ❶ 原因, 理由. ❷ 大義, 主義主張, 立場. ❸ 訴訟(事件).
◇ à ~ de ... …の理由で[せい]で. en ~ 係争中の; 問題の, 疑われている; かかわる. et pour ~ それもそのはずだ. faire ~ commune 手を結ぶ. hors de ~ 無罪の; 無関係の; 問題外の. La ~ est entendue. 本件は結審した; 議論は出尽くした. pour ~ de ... …につき, の理由で.
causer[1] 他 引き起こす.
causer[2] 自 話す, おしゃべりをする; 陰口を言う. ◇ Cause toujours. 好きなだけしゃべるがいい. trouver à qui ~ 手ごわい人を相手にする.
causerie 女 雑談; 談話.
causette 女 ちょっとした雑談;《情報》チャット (=chat).
causeur, se 名 話し好きの[話のうまい](人). —— 男 2人掛けソファ.
causse 男 石灰岩台地.
causticité 女 腐食性; 辛辣(しんらつ)さ.
caustique 形 腐食性の; 辛辣(しんらつ)な.
—— 男 腐食剤.
cauteleux, se 形 険しんな.
cautère 男 《医》焼灼(しゃく)器[剤].
cautérisation 女 《医》焼灼.
cautériser 他 《医》焼灼する.
caution 女 保証金, 担保; 保証金; 敷金; 保証人; 保証, 推奨; 支援. ◇ sujet à ~ 当てにならない.
cautionnement 男 保証金, 供託金; 保証, 保証契約; 支持, 賛同.
cautionner 他 支持[賛同]する; 保証する.
cavaillon 男 カヴァイヨン (メロンの一品種).
cavalcade 女 騎馬パレード, 山車行列; 騒々しい一団.

cavalcader 自 走り回る.
cavale 女 《俗》逃亡; 《詩》雌馬.
cavaler 《俗》—— 自 走る, 逃げ出す (= se ~). —— 他 うんざりさせる.
cavalerie 女 騎兵隊; 機甲部隊; 《集合的》馬.
cavaleur, se 形, 名 《男》好きな(人), 浮気な(人).
cavalier, ère 名 騎手, 馬に乗る人; パートナー.
◇ faire ~ seul 単独行動をとる.
—— 形 乗馬用の; 横柄な, 無作法な.
—— 男 騎兵; 戦車兵 (チェスの)ナイト; (タロットカードの)騎士; U字型の釘.
cavalièrement 副 無礼な態度で, ぞんざいに.
cavatine 女 《楽》カバティーナ (オペラの独唱曲).
cave[1] 女 ❶ 地下室; 地下酒場 [ダンスホール]. ❷ ワイン貯蔵室; 貯蔵ワイン. ❸ キャビネット, ケース. ❹ 賭(か)け金.
cave[2] 形 ❶《文章》くぼんだ. ❷ veine ~ 大静脈.
cave[3] 男 愚直な人, 素人; かも, 間抜け.
caveau 男《複》**x** 地下埋葬室 [所], 地下倉; シャンソン歌手が歌うクラブ.
caveçon 男《馬》鼻革(ばな).
caver[1] 他 自 うがつ.
caver[2] 自 賭(か)ける.
caverne 女 洞穴; 《医》空洞.
caverneux, se 形 ❶ voix ~se くぐもった低い声. ❷《医》空洞性の; 海綿状の.
cavernicole 形, 名 洞窟(どうくつ)にすむ (動物).
cavet 男《建》小えぐり (断面が4分円形の窪(くぼ)み).
caviar 男 キャビア.
caviardage 男 (検閲による)削除.
caviarder 他 削除する.
cavicornes 男《複》《動》洞角類.
caviste 名 酒庫係.
cavitation 女《物》空洞現象.
cavité 女 穴, くぼみ, 空洞; 《解》腔(う), 窩(か).
Cayenne [kaj-] カイエンヌ (南米のフランス領ギアナの首都).
cayeu(x) 男《複》**x** = caïeu.
Cb《記》《化》colombium コロンビウム (英語で niobium の旧称).
cb. 略 ➪ contrebasse
C.B. [sibi] 女《略》Citizen's Band 市民バンド; (CB 周波数帯用)トランシーバー.
C.B.I. 女《略》Commission baleinière internationale 国際捕鯨委員会.
Cc《記》《医》Rh 式血液型の抗原群.
C.C. 男《略》compte-courant 当座勘定.
C.C.D. 男《略》Conseil de coopération douanière 通関協力会議.
C.C.E.I. 女《略》Conférence sur la coopération économique internationale 国際経済協力会議.
C.C.P. 男《略》compte courant postal 郵便振替口座.

CD 男《略》Compact Disc コンパクトディスク.

Cd 《記》《化》cadmium カドミウム.

cd 《記》《計》candela カンデラ.

C.D.D. contrat à durée déterminée 有期雇用契約.

C.d.F. 男《略》Charbonnages de France フランス炭田公団.

C.D.I. ❶ Centre de documentation et d'information 資料情報センター. ❷ contrat à durée indéterminée 無期雇用契約.

CD-I 《不変》《略》《英》 compact disc interactive 対話型CD.

CD-ROM 男《略》《英》compact disc read only memory シー・ディー・ロム.

C.D.S. 《略》Centre des démocrates sociaux 社会民主中道派.

Ce 《記》《化》cérium セリウム.

ce¹, cette《男性第2形》**cet**;《複》**ces** 形《指示》(cet は母音・無音のh で始まる男性名詞単数の前で用いる) この, その, あの. ➤ *ce matin* 今朝／*ce soir* 今晩／*cette nuit* 昨夜; 今夜. ❷ 次に述べる, 以下の. ❸《後ろに来る限定節［節］と相関的に, 形容される名詞を限定する》➤ *ce livre dont vous avez besoin* あなた(方)が必要としている本. ➤ *un(e) de ces ...* これらの…のうちの…; 〖口〗ひどい, ものすごい.

ce² 代《中性・指示》(e, é の前で c', a の前で ç' となる) ❶《être の主語である》それ, あれ. ➤ *C'est nous.* これは私たちです／《文頭, 文末の主語を受ける》*L'essentiel, c'est que ...* 重要なのは…／《形式主語》*C'est ... de [que, qui] ...* …は…だ, …であることは〖もの〗. ❷《関係代名詞の先行詞》…であること〖もの〗. ➤ *ce qui compte* 重要なこと／*tout ce que j'ai* 私の持っているすべてのもの／《前の文全体を受ける》*Ils n'ont pas d'enfants, ce qui est dommage.* 彼らには子供がない, 残念なこと／*ce qui fait que ...* …, という訳で…／《という結果になった》／《間接疑問節》*Je me demande ce qui s'est passé.* 何が起こったんだろう.／《感嘆文》*Ce que ...* ！ なんて…だろう.

◊*ce disant [faisant]* そう言い[し]ながら、*ce (me) semble* 私が思うに. *et ce* それも, しかも. *pour ce faire* そうするために. *sur ce* そう言って; それでは, これで.

C.E. 《略》 ❶ cours [cycle] élémentaire (初等教育課程の)初級科. ❷ comité d'entreprise ⇨ comité.

C.E.A. 《略》 ❶ Commissariat à l'énergie atomique 原子力庁. ❷ compte d'épargne en actions 証券(株式)投資信託.

céans 副 maître [maîtresse] de ~ この家の主人［女主人］.

C.E.A.P. 《略》Coopération économique Asie-Pacifique アジア太平洋経済協力会議 (英語 APEC).

cébiste 名 CB で無線通信をする人.

C.E.C.A. 《略》Communauté européenne du charbon et de l'acier ヨーロッパ石炭鉄鋼共同体 (英語 ECSC).

ceci 代《中性・指示》これ, このこと; 次に述べること, 以下のこと. ◊ *~ fait* そうした上で. *et ~* それも, おまけに.

cécidie 女《植》癭瘤(ぷ); 虫癭; 菌瘤.

cécité 女盲目; 失明;《文章》無分別.

cédant, e ❶ 形 譲る.《法》売却［譲渡］する. —— 名 譲渡人.

céder ❶ 他 譲る;《法》売却［譲渡］する. ◊*ne pas se ~* ひけをとらない. —— 自 (à) (…に) 譲歩する; 屈する, 負ける. ❷ 折れる, 曲がる; 屈する, なくなる, 消える. ❸ 身を任せる.

cédérom [-rom] 男 ⇨ CD-ROM.

cédéthèque 女 CD のコレクション; CD 貸出しコーナー.

cédétiste 形, 名 フランス民主主義労働同盟 C.F.D.T. 加盟の(組合員).

CEDEX [sedeks] / **cedex** 男《略》courrier d'entreprise à distribution exceptionnelle セデックス (大口利用者あて特別配達郵便物).

cédille 女《文法》セディーユ (̧).

cédrat 男 シトロンの実.

cédratier 男《植》シトロンの木.

cèdre 男 ヒマラヤスギ(材).

cédulaire 形《税》所得種別の.

cédule 女 (1948年以前の税法で)所得申告書; 所得種別.

C.E.E. 《略》Communauté économique européenne ヨーロッパ経済共同体 (英語 EEC).

C.E.E.A. 《略》Communauté européenne de l'énergie atomique ユーラトム, ヨーロッパ原子力共同体 (英語 EURATOM).

C.E.G. 《略》collège d'enseignement général 普通教育コレージュ.

C.E.I. 《略》Communauté des États indépendants 独立国家共同体 (旧ソ連).

cégésimal, ale;《男複》**aux** 形 C.G.S. 単位系の.

cégétiste 形, 名 (フランス) 労働総同盟 C.G.T. 加盟の(組合員).

ceign-, ceins, ceint 活 ⇨ ceindre.

ceindre ❶ 他《雅文》 ➊ (A (de B) / B を A に)巻く, つける. ❷ 身に着ける.

ceinturage 男《林》(伐採する木に)環状の目印をつけること.

ceinture 女 ❶ ベルト, バンド, 帯; 環状に取り巻く物; 環状線. ❷ ウエスト. ◊*se mettre [se serrer] la ~ =faire ~* 〖話〗食事を抜く; 倹約する.

ceinturer 他 ❶ 体に組みつく; 取り囲む［巻く］. ❷ (木に)環状の目印をつける.

ceinturon 男 (軍隊の)ベルト.

cela 代《中性・指示》それ, あれ, これ; そのこと, いま述べたこと. ➤ *~ et ceci = ceci et ~* これとあれ［あれ］／*Je vous prête ~.* これをあなたにお貸しします.〖口〗ceci と対比的に用いるとき違いの指すが, 単独では近いものを指す／《形式主語》*C~ me fait plaisir de ...* …してうれしい. ◊*avec ~* その上; それにもかかわらず. *de ~* それについて; それ以来.

pour ～ そのために；その点について；〖否定文で〗だからといって．

céladon 男 淡緑色；〖陶〗青磁．
— 形〖不変〗淡緑色の．

célébrant 男 ミサ執行司祭．

célébration 女〖式〗の挙行；祝賀．

célèbre 形 有名な．

célébrer ⑥ 他 挙行する；祝う；称賛する．— **se** ～ 挙行される．

celebret [sele-] 男〖不変〗〖カト〗ミサ執行許可証．

célébrité 女 名声；有名人．

celer ⑤ 他 隠す．

céleri 男 セロリ． ► ～-rave 根セロリ．

célérifère 男 セレリフェール (18世紀末の木製2輪車．自転車の前身)．

célérité 女〖文章語〗迅(じん)速．

célesta 男〖楽〗チェレスタ．

céleste 形 空の，天の；天国の；神の；妙なる．

célestin 男 ケレスティヌス会修道士．

célibat 男 独身．

célibataire 形, 名 独身の(人)．

cella 女; (複) **cellae** [-le] 女〖ラ〗〖考古〗(神殿の)神像安置室．

celle celui の女性形．

cellier 男 貯蔵室．

cellophane 女〖英〗商標 セロハン．

cellulaire 形 ❶ 細胞の． ❷ 独房の；囚人護送の． ❸ **téléphone** ～ セル電話．

cellular 男〖英〗〖繊〗セルラーファブリック (シャツや下着)．

cellule 女 ❶ 細胞． ❷ 独房，営倉；独居房． ❸ 特別対策班，専門委． ❹〖通〗〖情報〗セル；(プレーヤーの)カートリッジ；～ **solaire** 太陽電池． ～ **photo**-**électrique** 光電管． ❺ 〖蜂〗巣房(ぼう)．

cellulite 女〖医〗蜂巣(ほうそう)〖繊〗炎．
□**cellulitique** 形

celluloïd [-d] 男 商標 セルロイド．

cellulose 女 セルロース．
□**cellulosique** 形

CELT [selt] 男〖英〗compte d'épargne à long terme 長期定期預金．

celte / **celtique** 形 ケルト人の．
— **Celte** 男 ケルト人．
— **celtique** 男 ケルト語．

celtisant, e 形, 名 ケルト語(学)の学者．

celui, celle; (男 複) **ceux** 代〖指示〗❶ 〖前出の名詞の重複を避けるための代用形として用いる〗それ，もの． ▸ **Ce chapeau est ～ de mon père.** この帽子はどちらかというと父のです／**ma mère et celle de Paul** 私の母とポールの母． ❷ 〖限定句[節]を伴って〗(…である)人．► **～ qui** … …な人々． ❸ celui-ci, celui-là〖並列して前者，後者，次の[以下の]こと． celui-là (celui-ci と対比的に用いて) あれ，あの人，前者；〖単独で〗これ，この人． celle-là この女性／；この件，この話．

cément 男〖歯〗のセメント質．

cémentation 女〖金〗浸炭．

cémenter 他〖金〗浸炭する．結した．

cénacle 男 小グループ，結社．

cendre 女 灰； (複数) (火葬後の)遺骨；遺骸(がい)．► **le mercredi des C**～**s**〖カト〗灰の水曜日． ◇ **couver sous la ～** くすぶる；ひそかに進行する． **Paix à ses ～s!** 死者をむち打つな．

cendré, e 形 ❶ 灰(白)色の；灰〖石炭殻〗をまいた． ❷ 〖天〗**lumière** ～ 地球照． — 男〖スポ〗石炭殻(敷きとしたトラック)；散弾；(釣り用の鉛の)おもり．

cendrer 他 灰(白)色にする；灰〖石炭殻〗をまく．

cendreux, se 形 灰まみれの；灰(白)色の；灰状の．

cendrier 男 灰皿；灰受け．

cendrillon 女 ❶ (C～)シンデレラ． ❷ 下女．

Cène 女 キリストの最後の晩餐(ばん)(図)；(プロテスタントの)聖餐式．

cenelle 女 セイヨウサンザシの実；セイヨウヒイラギの実．

cénème 男〖言〗表現素．

cénesthésie 女〖生理〗体感．

cénobite 男〖キ教〗共住生活修道士；〖動〗オカドカリ．

cénobitique 形 共住生活修道士の．

cénobitisme 男 共住生活修道生活．

cénotaphe 男 墓標，記念碑．

cénozoïque 男, 形〖地〗新生代の．

cens [-s] 男〖史〗(中世の農民に領主の課した)サンス地代． ❷ 選挙・被選挙資格に必要な納税額．

censé, e ～ + inf. …と見なされている．

censément 副 たしかに；いわば．

censeur 男 ❶ 検閲官，審査員；あら捜し屋． ❷ (リセの)学監． ❸〖古ロ〗監察官．

censier, ère 形, 名〖史〗サンス地代を支払う(徴収する)(者)．
— 男 土地台帳．

censitaire 男〖法〗〖史〗選挙資格者．— 形 選挙権取得権に基づく．

censive 女〖史〗サンス地代を課せられた土地．

censorat 男 (リセの)学監の職[任期]；〖古ロ〗監察官の職[任期]．

censorial, ale (男 複) **aux** 形 検閲の，検閲官の．

censuel, le 形〖史〗サンス地代の；サンス地代の課された．

censurable 形 検閲の対象となる；非難すべき．

censure 女 ❶ 検閲；検閲機関． ❷ 非難；譴(けん)責．

censurer 他 ❶ 検閲によって禁止する[削る]． ❷ 譴(けん)責する．
— **se** ～ 表現を自主規制する．

cent[1] 形 数〖縮まるときは不変〗❶ 100の；100番目の． ❷ たくさんの． ◇ ～ **sept ans** 非常に長い間． — 男 100；100番地． ◇… **pour** ～ …パーセント．

cent[2] [sent] 男〖英〗セント．

cent[3] サン，サンチーム (1ユーロの100分の1)．

centaine 女 ❶ 100倍；100の位． ❷ およそ100；100個；100歳．

centaure 男 ❶〖多く C～〗〖ギ神〗ケンタウロス． ❷〖文章語〗(乗り物と一体感のある) 名騎手；乗り手． ❸ (C～)〖天〗

centaurée 囡 ケンタウルス(座).
centaurée 囡 ヤグルマギク.
centavo [sen-] 男《西》センターボ (ラテンアメリカ諸国の通貨単位).
centenaire 形 100年(以上)たった. ——名 100歳(以上)の人. ——男 100周年, 100年祭.
centenier 男《史》百人隊長.
centésim|**al, ale** 形;(男複)**aux** 形 100分の1の, 100分法の.
cent-garde 男 (ナポレオン3世の)近衛(の)騎兵.
centiare 男《計》センチアール.
centième 数 100番目の;100分の1の. ——名 100番目の人[物]. ——男 100分の1;ごく少量,ほんの少し. ——囡 100回目の上演.
centigrade 男《計》センチグラード (100分の1グラード). ——形 ℃氏の.
centigramme 男《計》センチグラム.
centilitre 男《計》センチリットル.
centime 男 ❶ サンチーム(100分の1ユーロ[フラン]). ❷ ごくわずかの金. ◇《経》—s additionnels 付加税.
centimètre 男 センチメートル;巻き尺.
centon 男 (引用句による)継ぎはぎの詩文;独創性のない作品.
centrafricain, e 形 中央アフリカの. ——名 (C~) 中央アフリカ人.
centrage 男 中心(線)の決定;(工作機の)心出し;センタリング.
centr|**al, ale** 形;(男複) **aux** 形 中心[中央]の;主要な. ——男 ❶ 電話交換局;中央電報局;中央情報処理装置. ❷ 発電コート. ❸ 発電所中央機所;(C~) パリ中央工芸学校 (=Ecole centrale).
centralis|**ateur, trice** 形 中央に集める;中央の.
——名 中央集権主義者.
centraliser 他 中央に集める;中央集権化する. ◇**centralisation**
centralisme 男 中央集権制.
centraméricain, e 形 中米の. ——名 (C~) 中米の人.
Centre 男 サントル地方(フランス中部).
centre 男 ❶ 中心, 中央, 中心地;都市, (町の)中心街;中心施設, センター. ◇~ d'appels コールセンター. ❷ 中道派(政党);《スポ》センター;センタリング;《解》《生理》中枢.
centrer 他 中心[中央]に置く;(sur)(…に)向ける, 集中させる;《スポ》センタリングする.
centre-ville [-l] 男 繁華街.
centrifugation 囡 遠心分離.
centrifuge 形 遠心力[性]の.
centrifuger ② 他 遠心分離する.
centrifugeur 男 遠心分離機.
centrifugeuse 囡 遠心分離器;ジューサー.
centripète 形 求心[向心]性の.
centrisme 男 中道主義[政治].
centriste 名 中道派の(人).
centromère 男《生》動原体.
cent-suisse 男《史》(フランス国王の警護に当たった)スイス衛兵.
centuple 形, 男 100倍(の).
centupler 他 100倍にする;何倍にも増やす. ——国 100倍になる;何倍にも増す.
centurie 囡《古》百人隊.
centurion 男《古》百人隊長.
cénure 男《獣医》共尾虫.
cep [p-] 男 ブドウの株.
cépage 男 ブウ品種;ブドウの苗木.
cèpe 男《菌》セップ, ヤマドリタケ.
cépée 囡 若枝の群がり.
cependant 副 ❶ しかしながら, それにもかかわらず. ❷ その間に.
◇~ que … …している間に;…なのに.
céphalalgie / **céphalée** 囡《医》頭痛.
céphalique 形《解》頭の.
céphalopodes 男複《動》頭足類.
céphalo-rachidien, ne 形《解》頭部[脳]と脊柱の.
céphalothorax [-ks] 男《動》(クモ類, 甲殻類の)頭胸部.
cérambycidés 男複《昆》カミキリムシ科.
cérambyx [-ks] 男《昆》カミキリムシ.
cérame 男《考古》陶器.
céramide 囡《生化》セラミド.
céramique 囡 陶業, 窯業, 陶磁器;セラミックス.
——形 陶芸の, 窯業の.
céramiste 名 陶芸家, 陶工;窯業家.
céraste 男《動》ツノクサリヘビ.
cérat 男《薬》蠟硬膏(ろうこうこう).
cerbère 男 融通の利かない管理人[門番].
cercaire 囡《動》有尾幼虫.
cerceau 男;(複) **x** 囡(輪回し遊び, 曲芸の)輪;(半)円形の枠.
cerclage 男 輪箍(わがね)をはめること;(荷などの)ひも掛け.
cercle 男 ❶ 円, 輪, 円形;輪金, たが;腕輪. ❷ サークル, クラブ;集会場. ❸ 範囲, 領域. ❹ 循環. ❺《天》圏, 環. ◇~ vicieux 悪循環, 堂々巡り.
cercler 他 輪[たが]をはめる.
cercopithèque 男《動》オナガザル.
cercueil 男 棺;文豪箱.
cerdan, e 形 セルダーニュ Cerdagne の. ——名 (C~) セルダーニュ人.
céréale 囡 穀物;穀物食, シリアル.
céréal|**ier, ère** 形 穀物の.
——男 穀物生産者.
cérébelleux, se 形《解》小脳の.
cérébr|**al, ale** 形;(男複) **aux** 形 脳[大脳]の;頭を使う, 知的な.
——名 知性派, 主知的な人.
cérébro-spinal, ale 形;(男複) **aux** 形《解》脳脊髄の.
cérémoni|**al**;(複) **als** 男 (儀式などの)しきたり, 礼式;礼儀, 作法;《カト》典礼[儀式]書.
cérémonie 囡 ❶ 儀式, 式;祭礼. ❷ 礼儀. ❸ ~ du thé 茶道.

◊en (grande) ~ 盛大に, 厳かに.
cérémoniel, le 形 ❶ 儀式の. ❷ 〖文章〗形式ばった, 堅苦しい, 気取った.
cérémonieux, se 形 もったいぶった, 格式ばった. ⇨**cérémonieusement** 副
Cérès [-s] 女〖ロ神〗ケレス;〖天〗ケレス, セレス.
cerf [sɛːr] 男 雄鹿.
cerfeuil 男〖植〗セルフィーユ.
cerf-volant [sɛːrvɔ-]; (複) ~s-~s 男(紙)凧; スポーツカイト;〖昆〗クワガタ.
cerf-voliste [sɛːrvɔ-]; (複) ~s-~s 名 スポーツカイトをする人.
cerisaie 女 サクランボ畑.
cerise 女 サクランボ. —形《不変》真紅の. —男 真紅.
cerisier 男 桜, 桜材.
cérit(h)e 男〖貝〗オニノツノガイ.
cérium 男〖化〗セリウム.
cerne 男 ❶ (目の緑の)隈(くま); 青あざ; 染み抜きした円い跡. ❷〖美〗輪郭線.
cerné, e 形 (目が)隈(くま)のできた.
cerneau ;(複) x 男 (完熟前の)クルミ(の中身).
cerner 他 取り巻く[囲む]; 縁取る; (問題などの)範囲を明確にする.
céroplastique 女 蠟(ろう)型法.
cers [-s] 男 (地)域セルス(ラングドック地方南部に吹く激しい西風).
certain, e 形 ❶ 確かな, 確信した. ❷ ある…; かなりの…, 相当の…;《複数》いくつかの…. ❸ …とかいう人. — **certains, es** 代《不定》ある人々, いくつかのもの. —男 確実さ.
certainement 副 確実に; もちろん.
certes 副 確かに(…だが).
certif 男〖俗〗certificat の略.
certifiant, e 形 資格を取得できる.
certificat 男 ❶ 証明書, 証書; 初等教育修了証書. ❷ 資格取得試験.
certificateur 男 証明者, 保証人.
certification 女〖法〗証明;〖商〗(小切手の)支払保証;〖献〗耐空証明.
certifié, e 形 ◆ 中等教員免状 C.A.P.E.S.[技術教員免状 C.A.P.E.T.]を取得した. ❷〖法〗copie ~e conforme 正本と一致する写し. chèque ~ (署名が)保障された小切手. ◆ 中等教員免状取得者.
certifier 他 証明[保証]する.
certitude 女 確実性, 確かさ; 確信.
céruléen, ne 形〖文章〗青みがかった, 空色の.
cérumen [-mɛn] 男 耳垢(みみあか).
céruse 女〖化〗白鉛, 鉛白.
cervaison 女〖狩〗雄鹿の肥満の時期.
cerveau ;(複) x 男 脳; 頭脳; 中枢機関.
cervelas 男 セルブラソーセージ.
cervelet 男 小脳.
cervelle 女 脳髄, 脳みそ. ◊*brûler la ~* 〖話〗頭をピストルでぶち抜く.
cervical, ale;(男 複) **aux** 形〖解〗頚(けい)の.
cervicalgie 女〖医〗頚(けい)部痛.
cervidés 男 複〖動〗シカ科.
Cervin le mont ~ マッターホルン.

cervoise 女 (昔の大麦の)ビール.
ces ce, cette の複数.
CES 男 (略) contrat emploi solidarité 雇用連帯契約.
C.E.S. 男 (略) collège d'enseignement secondaire 中等教育コレージュ.
césalpinées 女 複〖植〗マメ科ジャケツイバラ亜族.
césar 男 ❶ カエサル, ローマ皇帝; カイザー, ドイツ皇帝. ❷ 独裁者. ❸〖映〗セザール賞.
césarien, ne 形 カエサルの, ローマ皇帝の; 独裁(者)の.
césarienne 女 帝王切開.
césarisme 男 シーザーの政体.
césium 男〖化〗セシウム.
cessant, e 形 toute(s) chose(s) ~e(s) ほかはすべて後回しにして.
cessation 女 停止, 中止.
cesse 女 中止; 中断. ◊*sans ~* 絶えず, ひっきりなしに.
cesser 他 中止する. —自 終わる, やむ.
cessez-le-feu 男《不変》停戦, 休戦.
cessible 形〖法〗譲渡可能な.
cession 女〖法〗譲渡.
cessionnaire 名〖法〗譲受人.
c'est-à-dire 接 すなわち, 言い換えると; いやっぱり.
cestodes 男 複〖動〗条虫類.
césure 女 (詩の)句切り.
cet ce の男性形 2 形.
C.E.T. 男 (略) collège d'enseignement technique 技術教育コレージュ.
cétacés 男 複〖動〗鯨類.
cétane 男〖化〗セタン.
cétérac(h) [-k] 男 チャセンシダ.
cétogène 形〖生化〗ケト原性の, ケトン体を生成する.
cétoine 女〖昆〗ハナムグリ.
cétone 女〖化〗ケトン.
cétonique 形〖化〗ケトンの.
cétonurie 女〖医〗ケトン尿(症).
cette ce の女性形.
ceux celui の複数形.
Cévennes 女複 セヴェンヌ(中央山地南東部の国立公園地帯).
cévenol, e 形 セヴェンヌ地方の. —名 (C~)セヴェンヌ地方の人.
cf. [kɔfɛr] (略) ⇨ **confer**.
C.F. 男 (略) coût et fret 運賃込み価格.
C.F.A. 男 (略) ❶ Communauté financière africaine アフリカ財政金融共同体. ❷ (franc) *C.F.A.* CFA フラン(アフリカの一部の共通通貨単位).
C.F.A.O. 女 (略) Conception et fabrication assistées par ordinateur コンピュータ援用設計製造.
C.F.C. 男 (略) chlorofluorocarbure フロンガス.
C.F.D.T. 女 (略) Confédération française démocratique du travail フランス民主主義労働同盟.
C.F.E.-C.G.C. 男 (略) Confédération française de l'encadrement- Confédération générale des cadres フランス幹部職員同盟.

C.F.P.

C.F.P. 〖略〗 ❶ 囡 Compagnie française des pétroles フランス石油会社. ❷ 男 franc des Colonies françaises du Pacifique 仏領太平洋植民地フラン.

C.F.T.C. 〖略〗 Confédération française des travailleurs chrétiens フランス・キリスト教労働者同盟.

cg 〖略〗 centigramme センチグラム.

C.G.C. 囡 〖略〗 Confédération générale des cadres 幹部総同盟.

C.G.P.M.E. 囡 〖略〗 Confédération générale des petites et moyennes entreprises 中小企業総連合.

C.G.S. 男 〖物〗 centimètre, gramme, seconde CGS単位系, センチメートル・グラム・秒系.

C.G.T. 囡 〖略〗 Confédération générale du travail 労働総同盟.

C.G.T.-F.O. 囡 〖略〗 Confédération générale du travail-Force ouvrière 労働総同盟-労働者の力派.

CH ⇨ chapitre.

ch 男 〖略〗 ❶ 〖数〗cosinus hyperbolique 双曲線余弦. ❷ 〖計〗cheval-vapeur 工率, 馬力.

chabichou 男 シャビシューチーズ.

chablis 男 ❶ シャブリ (ブルゴーニュ白ワイン). ❷ 倒木.

chabot 男 〖魚〗カジカ.

chabrol / chabrot 男 シャブロル, シャブロ (皿に残ったスープに赤ワインをついで飲むワインスープ).

chacal 〈複〉 als 男 〖動〗ジャッカル; 卑劣漢, 残忍な男.

cha-cha-cha [tʃatʃatʃa] 男 〖不変〗チャチャチャ (メキシコのダンス).

chacon(n)e 囡 〖楽〗シャコンヌ.

chacun, e 代 〖不定〗〖単数形のみ〗それぞれ, 各自; だれでも. ◇tout un ~ だれもが. ~ chacun avec (sa) ~ それぞれ自分の女性を伴って.

chafouin, e 形 陰険な.

chagrin[1] 男 悲しみ, 心痛; 固 不機嫌.
— **chagrin, e** 形 〖文章 陰気な.

chagrin[2] 男 〖革〗シャグリーン (製本用). ◇peau de ~ あら皮; だんだん減ってなるもの.

chagrinant, e 形 悲しませる.

chagriner[1] 他 悲しませる; 固 いらいらさせる. — **se** ~ 悲しむ.

chagriner[2] 他 〖革〗にプリント〖型押し〗する.

chah ⇨ schah.

chahut 男 大騒ぎ, ばか騒ぎ; (抗議の)野次, 騒音.

chahuter 自 騒ぎ立てる.
— 他 やじる; 非難する; 手荒に扱う.

chahuteur, se 形, 名 騒々しい(人), よく騒ぐ(人).

chai 男 酒類貯蔵庫; 酒倉.

Chaillot (Palais de) (パリの)シャイヨー宮.

chaînage 男 〖建〗補強鉄; 配筋(補強); チェーン測量; 〖情報〗チェーンを組むこと.

chaîne 囡 ❶ 鎖, チェーン; 連鎖, 連続; 流れ作業; 〖文章〗絆(㍑); 束縛, 隷属. ❷ チェーン店, 系列; 放送網, チャンネル. ❸ ステレオ. ❹ 〖地〗山脈. ❺ 〖繊〗経(㍑)糸.
◇à la ~ 流れ作業で;次々に. en ~ 連鎖的な. faire la ~ 列を作る.

chaîner 他 (タイヤに)チェーンをつける; 〖建〗補強する.

chaînette 囡 小さな鎖.

chaînon 男 ❶ (鎖の)環, (つながりを成す)一要素; (山脈の)支脈; 山稜. ❷ 〖古生〗 ~ manquant ミッシング・リンク, 失われた環.

chair 囡 ❶ 肉; 食肉, (魚の)身, 果肉; (キノコの)肉, (園類の)子実体の肉質. ❷ 肉体, 肉欲;〈複数〉〖美〗裸体部分.
◇ ~ à canon 大砲の餌食(㍑), → 兵卒. couleur ~ 肌色の. en ~ et os 自ら; 生身の, 現に生きている. être bien en ~ 太っている. la ~ de poule N肌. n'être ni ~ ni poisson どっちつかず[優柔不断]である.

chaire 囡 教授の職; 講座; 教壇; 説教壇.
◇être [rester] assis entre deux ~s 不安定な立場にある.

chaisier, ère 名 貸し椅子の料金徴集人.

chaland[1] 男 艀(㍑).

chaland[2], e 名 固 (商店の)お得意, 来店客.

chaland-citerne〈複〉~s-~s 男 平底タンカー.

chalandise 囡 zone de ~ ショッピング・ゾーン, 商店街.

chalaze 囡 カラザ (卵黄の両側の稠(㍑)密な卵白).

chalazion 男 〖医〗(まぶたの)霰粒腫(㍑).

chalcographie [kal-] 囡 銅版〖凹版〗画.

chaldéen, ne [kal-] 形 カルデアChaldée (古いメソポタミア南部)の.
— 名 (C~)カルデア人.

châle 男 ショール, 肩掛け.

chalet 男 山小屋.

chaleur 囡 暑さ;〈複数〉暑い時期; 熱; 熱意; 興奮, 熱気; 発情(期).
◇craint la ~ 要冷蔵.

chaleureusement 副 熱烈に; 真心から.

chaleureux, se 形 熱心な; 真心のこもった.

châlit 男 ベッドの枠.

challenge 男 〖英〗選手権試合.

challenger [-ʒe[œ]r] 男 〖英〗/ **challengeur** 男 挑戦者.

chaloir 非人称 Peu me chaut ~ …はどうでもよい.

Châlons-sur-Marne シャロン=シュール=マルヌ (Marne 県の県庁所在地).

Chalosse 囡 シャロッス (アキテーヌ地方南部の丘陵地帯).

chaloupe 囡 ランチ; 艦載ボート.

chaloupé, e 形 体を揺する (ダンスが)スイングした.

chalouper 自 体を揺すって歩く; スイ

chalumeau 男《複》*x* トーチ, 吹管；〖楽〗シャリュモー（クラリネットの前身）.

chalut 男 トロール網.

chalutier 男 トロール船.

chamade 女〔降状を告げる〕太鼓「らっぱ」の合図. ◇battre la ~ 激しく動悸(ξ)を打つ.

se chamailler 代動 つまらないことで喧嘩(ニᴬ)をする.

chamaillerie / chamaille 女《多く複数》喧嘩, 口論.

chamailleur, se 形, 名 喧嘩好きの(人).

chaman [-man] 男〖民〗シャーマン.

chamanisme 男 シャーマニズム.

chamaniste 名 シャーマニズムの(信徒).

chamarré, e 形《de》（…で）飾りたてた；〔服が〕カラフルな；飾りたり〔勲章〕の付いた.

chamarrer 他 派手に飾り立てる.

chamarrure 女 けばけばしい飾り.

chambard 男 騒動.

chambardement 男 騒動, 混乱.

chambarder 他話 ひっくり返す.

chambellan 男〖史〗侍従.

chambertin 男 シャンベルタン（ブルゴーニュの赤ワイン）.

Chambéry シャンベリー（Savoie 県の県庁所在地）.

chambouler 他話 ひっくり返す.
□chamboulement 男

chambranle 男〖建〗〔窓, 戸口の〕縁枠.

chambray 男〖繊〗シャンブレー.

chambre 女 ❶ 部屋, 寝室 (= à coucher). ❷ 会議所, 組合. ❸《C~》議院. ❹〖法〗〔裁判所の〕部；〖軍〗~ de sûreté〔憲兵隊の〕営倉；〖楽〗musique de ~ 室内楽；〖経〗~ forte〔銀行の〕金庫室,〖機〗〔内燃機関, ボイラーの〕室；〖写〗~ noire 暗箱；暗室. ❺ ~ à air〔タイヤの〕チューブ.
◇en ~ 自宅で；素人で. faire sa ~ 寝室を片づける. femme [valet] de ~ メイド［部屋係］. garder la ~〔病気で〕家に引きこもる.

chambrée 女 同じ寝室, 共同寝室；《集合的》同室の人々.

chambrer 他 ❶ （ワインを）室温にする. ❷ （周囲から）切り離す；話 ばかにする.

chambrette 女 小部屋.

chambrière 女 ❶ 文章 小間使い, 侍女. ❷ （2輪馬車の）架台. ❸〖馬〗長鞭(⅗).

chambriste 名 室内楽演奏家.

chameau 男《複》*x* ラクダ；〖繊〗キャメル；話 意地悪〔嫌な〕なやつ. —形《不変》頑固な.

chamelier, ère 名 ラクダ引き.

chamelle 女 雌ラクダ.

chamito-sémitique [ka-] 形 ハム・セム諸語(の).

chamois 男〖動〗シャモア, カモシカ革, セーム革；〖スポ〗シャモア（スキー学校のスキー検定）. —形 淡黄色の.

chamoiser 他〔革〕油なめしする.
□chamoisage 男

chamoisine 女 空拭き用の布切れ.

chamoniard, e 形 シャモニーの. —名《C~》シャモニーの人.

champ 男 ❶ 畑；《複数》農地, 放牧地；〖軍〗野原, 田園. ❷ …場. ~ de bataille 戦場. ❸ 範囲, 分野, 領域；〖物〗場, 界.

Champagne 女 シャンパーニュ地方（パリ東部）.

champagne 男 シャンパン. ► ~ nature（非発泡性の）シャンパーニュワイン. —形《不変》シャンパン色（淡黄色）の.

Champagne-Ardenne 女 シャンパーニュ＝アルデンヌ地方（フランス北東部）.

champagniser 他（原酒ワインを）シャンパンにする.
□champagnisation 女

champart 男 ❶（飼料用）混合麦. ❷史 物納地代.

Champ-de-Mars [-s] シャン＝ド＝マルス（エッフェル塔がある広場）.

champenois, e 形 シャンパーニュ地方の. —《C~》シャンパーニュ地方の人. —女 シャンパン用の瓶.

champêtre 形 文章 田園の.

champignon 男 ❶ キノコ, 菌類. ❷ ~ atomique きのこ雲. ❸ 話 アクセルペダル. ❹〔帽子掛けの頭部〕. ◇pousser [venir] comme un ~ どんどん大きくなる.

champignonnière 女 マッシュルーム栽培舎.

champignonniste 名 マッシュルーム栽培者.

champion, ne 名 ❶ チャンピオン；名選手；第一人者, ナンバーワン. ❷ 文章 擁護者, 支持者；体現者, 権化. ❸ 話《間投詞的》素晴らしい, すごい. —形 一流の.

championnat 男 選手権試合.

champleyer [ʃɑ̃l-] 他 彫金する.

Champs-Élysées (les)（パリの）シャンゼリゼ大通り.

chamsin [kamsin/xam-] 男 ⇒ khamsin.

chançard, e 形, 名 話 幸運な人.

chance 女 ❶ つき, 幸運；《多く複数》（成功の）可能性, 見込み, チャンス. ◇*Bonne* ~! 幸運を祈ります. *C'est bien ma* ~!《反語的》ついてるなあ.

chancelant, e 形 よろめく, ぐらつく.

chanceler ④ 自 ぐらつく, よろめく.

chancelier, ère 名 ❶（印章を預かる）事務局長；外務書記；総裁. ❷（ドイツ, オーストリアの）首相；（ドイツ以外の）帝国の）宰相. ❸ C~ de l'Echiquier（英国の）大蔵大臣. ❹史 大法官.

chancelière 女 ❶ 事務局長［総裁, 大法官］夫人. ❷（昔の）足温袋.

chancellerie 女 ❶（大使館などの）事務局. ❷ Grande ~ レジオンドヌール賞勲局. ~ des universités 大学

chanceux

区事務所. ❸ 司法省;〚史〛大法官府.

chanceux, se 形, 名 幸運な(人).

chancir 自 カビが生える(=se ~).

chancre 男〚医〛下疳(ガン); 潰瘍(ヨウ); 〚文語〛(根深い)悪(弊). ◇*manger comme un* ~ 語 がつがつ食う.

chandail 男 セーター.

chandeleur 女〚カト〛主の奉献の祝日; 聖マリアの清めの祝日 (2月2日).

chandelier 男 燭(ショク)台; ろうそく製造[販売]者.

chandelle 女 ろうそく. ◇*brûler la* ~ *par les deux bouts* 乱費する. *devoir une belle [fière]* ~ *à ...* に大恩を被る. (*en*) *voir trente-six* ~*s* 目から火が出る, 目がくらむ. *faire des économies de bouts de* ~ けちくさい倹約をする. *Le jeu n'en vaut pas la* ~, 割に合わない, 骨折り損である.

chanfrein 男 ❶ (馬などの)鼻づら. ❷〚建〛隅切り(面), 面取り.

chanfreiner 他〚建〛面取りする. ⇨chanfreinage 男

change 男 ❶ 両替(所); 為替(相場). ❷ 替わりのもの, 替え. ▶ ~ complet 紙おむつ. ◇*donner le* ~ *à ...* に偽物をつかませる; をだます, に本心を隠す. *gagner* [*perdre*] *au* ~ 得[損]に交換をする.

changeable 形 変更可能な.

changeant, e 形 変わりやすい; 気まぐれな; さまざまに変化する, 玉虫織の.

changement 男 ❶ 変化, 変更; 交替, 転換. ❷ 乗り換え.

changer 2 他 ❶ 変える, 改める; 交替させる. ❷ (*pour, contre*) (…と)交換する, 取り替える. ❸ (*en, pour, contre*) (…と)両替する; 小銭にする. ❹ 着替えさせる. ── 自 ❶ 変わる, 変化する. ❷ (*de* …に)変える; 乗り換える. ❸ 入れ替わる. ◇*pour* ~ (皮肉)相変わらず. **── se ~** ❶ 着替える; 身なりを整える, 変わる. ❷ 自分を変える; 気分転換をする.

changeur, se 両替商; (銀行の)両替係. ── 男 ❶ (自動)両替機. ❷ オートチェンジャー.

chanoine 男 司教座聖堂参事会員.

chanoinesse 女 ❶〚カト〛盛式修道会修道女; ❷ 聖職禄(ロク)を得ている修道女.

chanson 女 ❶ 歌;〚文〛(中世フランスの)叙事[叙情]詩. ❷ (軽蔑)口癖; 決まり文句. ▶ *On connaît la* ~! もうそのせりふは聞き飽きた.

chansonner 他〔古風〕風刺のある歌を作る.

chansonnette 女 軽い小曲, 小唄.

chansonnier, ère 男 シャンソニエ (歌, 小話を聴かせる芸人).

── 男 歌謡集; (中世の)詩歌集.

chant[1] 男 ❶ 歌, 歌唱, 歌, 歌声. ❷ 音色; (鳥などの)鳴き声. ❸〚文〛(吟唱される)叙事[叙情]詩; 詩編, 詩節.

chant[2] 男〚建〛長手.

chantable 形 歌うことのできる.

chantage 男 ゆすり, 恐喝; 脅し.

chantant, e 形 歌うような; 歌いや

すい; 主旋律を歌う.

chanteau 男〘複〙x 男 パン[布地]の切れ端.

chantefable 女 (中世の)歌物語.

chantepleure 女〚ワイン〛漏(ロ)斗具; (樽の)飲み口; (畑の)水はけ口.

chanter 自 歌う; 鳴く, さえずる; 音を立てる, 鳴る. ◇*C'est comme si on chantait*. 語 むだだ, 何の効果もない. *faire* ~ 恐喝する. *si ça me chante* 語 気が向けば.

── 他 ❶ 歌う; 歌で祝う, 詩歌でたたえる. ❷〔皮肉〕言う, ほざく.

chanterelle[1] 女〚楽〛シャントレル (最高音の弦). ◇*appuyer sur la* ~ 要点[急所]を突く.

chanterelle[2] 女〚菌〛アンズタケ.

chanteur, se 男 歌い手, 歌手. ◇ *maître*(-)~ ゆすり屋.

── 男 *oiseaux* ~ 鳴禽(キン).

chantier 男 ❶ 建設[工事, 作業]現場; 造船所. ❷ 資材置場, 倉庫; 作業台; (酒樽の)置き台;〚海〛艤艇架, トトチック. ❸ 語 乱雑な場所. ❹ 大仕事.

◇*en* ~ 作業中[進行中]の. *mettre en* [*sur le*] ~ 着手[着工]する. *mise en* ~ 着手, 着工.

chantilly 女 ホイップ・クリーム.

chantonnement 男 鼻歌.

chantonner 自 鼻歌を歌う, ハミングする. ── 他 ハミングする, 口ずさむ.

chantoung 男 ⇨ shant(o)ung.

chantourner 他 切り抜く, 曲線状にひく.

chantre 男 ❶〚聖〛聖歌隊主席歌手, 聖歌隊長; 礼賛者.

chanvre 男 アサ, 大麻.

chanvrier, ère 形 アサ[大麻]の.

chaos [kao] 男 大混乱, 無秩序; 混沌(トン), カオス.

chaotique [kao-] 形 混沌(トン)とした, 混乱した; 乱雑な.

chaouch [-ʃ] 男 (中東, 北アフリカの)守衛, 門衛; 警備員.

chapardage 男 語 盗み.

chaparder 他 語 くすねる.

chapardeur, se 語 盗癖のある.

── 名 こそ泥, 万引きの常習犯.

chape 女 ❶〚カト〛大外衣(祭式用袖無しマント). ❷ 覆い, カバー (タイヤのトレッド).

chapeau 男〘複〙x 男 ❶ 帽子; (キノコの)笠(サ). ❷ (新聞, 雑誌の)リード. ❸〚楽〛~ *chinois* クレッセント (鈴をつるした打楽器).

◇*C~*! 脱帽だ. ~ *bas* 脱帽して; うやうやしく. *coup de* ~ 帽子を軽く持ち上げる挨拶; 敬意の表明. *faire porter le* ~ *à ...* …に責任を負わせる. *sur les* ~ *de roue* 全速力で. *travailler du* ~ 語 少し頭がおかしい.

chapeautage 男 語 権限, 監督.

chapeauté, e 形 語 帽子をかぶった.

chapeauter 他 帽子をかぶせる; 取り仕切る, 監督する.

chapelain 男 礼拝堂付き司祭[牧師].

chapelet 男 ロザリオ(の祈り), 数珠.

◊**un ~ de ...** 一連の….
chapelier, ère 图 帽子製造［販売］業者；帽子屋. — 厖 帽子製造［販売］の，(帽子を)被る[用]帽子入れ.
chapelle 囡 ❶ 礼拝堂；(教会堂内部の)小聖堂. ❷ ~ ardente 柩(ﾋﾂぎ)安置所. maitre de ~ 教会合唱隊長. ❸〔閉鎖的な〕グループ.
chapellerie 囡 帽子製造［販売］；帽子店.
chapelure 囡 パン粉.
chaperon 男 ❶ 介添え役. ❷〔中世の〕頭frequent. ❸〔化〕シャペロン.
chaperonine 囡〔化〕シャペロニン，分子シャペロン.
chaperonner 他 付き添う.
chapiteau 男〔複〕**x** 囡 柱頭；(サーカスの)テント.
chapitral, ale 男〔複〕**aux** 厖 参事会〔修道院修道士の〕.
chapitre 男 ❶ 章；(予算の)項目；主題，問題. ❷ 教会参事会；修道院修士会. ◊**au ~ de ...** …の項［章］に関して (= sur le ~ de). **avoir voix au ~** 発言権を持つ.
chapitrer 他 しかる，訓戒する.
chapka 囡〔服〕シャプカ (ロシアの防寒帽).
chapon 男 ❶〔食〕ヌキ，去勢鶏. ❷〔古風〕(めんどり)を食用に飼育する.
chaponner 他 ❶ (若いおんどり)を去勢する. ❷〔古風〕(めんどり)を食用に飼育する.
chapska 囡 シャプスカ (第2帝政期の騎兵が用いた軍帽).
chaptaliser 他〔ワイン〕糖分を添加する. □**chaptalisation**
chaque 厖〔不定〕〔単数形のみ〕❶ それぞれの；どの…も. ❷ 毎…，…ごとに. **~ jour** 毎日.
— 代〔不定〕それぞれ.
char[1] 男 ❶ 戦車. ❷〔古代の〕2輪車〔戦車〕；〔祭りなどの〕山車(だし)；4輪荷車. ❸ ~ funèbre 霊柩(ﾘﾖうきゅう)車；~ à voile ランドヨット，アイス・ヨット.
char[2] 男 こけおどし，うそ.
charabia 男 わけの分からない言葉〔文体〕.
charade 囡 言葉当て遊び；ジェスチャー・ゲーム (= ~ en action).
charadriidés [ka-]〔男複〕〔鳥〕チドリ科.
charales [ka-]〔囡複〕〔植〕シャジクモ目.
charançon 男〔昆〕ゾウムシ.
charançonné, e 厖 ゾウムシに食われた.
charbon 男 ❶ 石炭；木炭，炭；石灰［炭］の粉. ❷〔医〕炭疽(たんそ). **~ animal**〔腸炭素用〕獣炭末. ❸〔農〕黒穂病；〔美〕デッサン用木炭.
◊**aller au ~** 嫌な仕事［役回り〕を引き受ける. **être sur des ~s ardents** じりじり〔はらはら〕している.
charbonnage 男 採炭法；〔複数〕炭田，炭鉱.
charbonner 自 (炭)などで黒くする. — 自 炭化する，いぶる. — **se ~** 自分の(…)を黒くする；炭化する.
Charbonnerie 囡〔史〕カルボナリ党.

charbonneux, se 厖 炭［石炭］のような，黒く汚れた.
charbonnier, ère 图 石炭産業の. — 图 石炭商，炭屋；炭焼き人；カルボナリ党員. ❷ **foi du ~** 素朴な信仰. — 男 運炭船. — 男〔森の〕炭焼き場. ❸〔鳥〕シジュウカラ.
charcuter 他 下手な手術を施す；切り刻む. □**charcutage** 男
charcuterie 囡 豚肉店，豚肉加工業；豚肉加工食品.
charcutier, ère 图 豚肉加工業者，豚肉屋. — 厖 豚肉加工の.
chardon 男〔植〕アザミ.
chardonneret 男〔鳥〕ゴシキヒワ.
charentais, e 厖 シャラント県の.
— 图〔C~〕シャラント県の人.
— 囡 シャラント・スリッパ.
Charente 囡 ❶ シャラント県 [16]. ❷ シャラント川.
Charente-Maritime 囡 シャラント＝マリティム県 [17].
charge 囡 ❶ 荷，積荷，積載量；荷重；〔電〕充電，負荷；〔銃砲〕への投入量，(火薬の)装薬量. ❷ 負担；扶養；責任，任務，(公)職. ❸〔被告に〕不利な要素〔証拠，証言〕. ❹〔複数〕(金銭的)負担，出費；税金額；(借家人の負担する)雑費，管理費；〔法〕**~s sociales** (事業主の)社会保障費負担. ❺ 戯画，風刺；猛攻撃，突撃(らっぺ). ❻〔情報〕ロード.
◊**à ~ de ~** (…する)という条件で. **être à ~ à ...** …の負担になる. **prise en ~** 世話，扶養；(タクシーの)基本料金；(社会保障の)払い戻し. **revenir [retourner] à la ~** やり直す.
chargé, e 厖 ❶ (**de**) (…を)積んだ，持った；装備〔セット〕された；(…で)いっぱいの；重責いい；多忙な. ❷ (**de**) (…について)責任のある. ❸ 誇張〔戯画化〕された. ❹ **lettre ~** 保険付き書状. — 名 ~ **d'affaires** 代理公使. **~ de cours** (大学の)非常勤講師. **~ de mission** 特別な任務を帯びた官吏〔使節〕.
chargement 男 荷物の積載；積み荷，装填(そう);補充.
charger② 他 ❶ (…)に荷を積む〔運ばせる〕；(荷物を)積む；装(よそう)う；装填(てん)［充電〕する. ❷ ~ A **de** B **à** C A にB(の責任)を負わせる［課す，担当させる］. ❸ の負担にする；突撃する，襲いかかる；罪を負わせる，不利な証言をして悪く言う；戯画化［誇張〕する. ❹〔情報〕ロードする. ❺ — 自 突撃する.
— **se ~** 他 (**de**) (…)を引き受ける，担当する；(…の)責任を負う. ❷ 荷が積み込まれる；セットされる.
chargeur, se 图 荷を積む人；(船荷の)荷主；装填(てん)係.
— 男 装填装置；弾倉；充電器；(フィルムの)マガジン；〔情報〕ローダ.
— 囡 自動装填器；ローダー.
charia 囡〔イ教〕シャリーア，聖法.
chariot 男 ❶ 〔4輪の〕荷車；荷物運搬車，カート，ワゴン. ❷ (機械の)移動

chariotage

chariotage 男 〖機〗ならし旋盤加工. ◘**charioter** 他

charismatique [ka-] 形 カリスマの; カリスマ的な.

charisme [ka-] 男 カリスマ(性).

charitable 形 慈善を施す; 慈悲深い. ◘**charitablement** 副

charité 女 隣人愛, 思いやり; 慈善, 奉仕, 施し,〖神〗愛徳, カリスマ.

charivari 男 けたたましい物音.

charlatan 男 いかさま治療師, やぶ医者; ほら吹き, 山師;（昔の）大道薬売り, 抜歯屋. ——形 いんちきな.

charlatanerie / **charlatanisme** 男 ぺてん, いかさま.

charlatanesque 形 いかさまの, いんちきの.

charleston [-les-] 男 チャールストン.

Charleville-Mézières [-vil-] シャルルヴィル=メジエール（Ardennes 県の県庁所在地）.

charlot 男〖語〗ふざけた男.

charlotte 女〖菓〗シャルロット.

charmant, e 形 かわいい, すてきな;（********的）素晴らしい.

charme[1] 男 魅力の;《複数》古風 呪術的魅力. ◇**faire de ~** 誘惑する. **se porter comme un ~** 元気溌剌(はつ)としている.

charme[2] 男〖植〗クマシデ.

charmer 他 魅了する, 楽しませる;（蛇）を操る.

charmeur, se 名 ❶魅力的な人. ❷ **~ de serpents** 蛇使い. ——形 魅惑的な.

charmille 女（トンネル状の）クマシデの並木道.

charnel, le 形 肉体[肉欲]の.

charnellement 副 肉体的に; 肉欲に.

charnier 男 死体置場; 納骨堂.

charnière 女 蝶番(ちょうつがい); 接点, 転回点, 変わり目.

charnu, e 形 肉でできた; 肉付きのいい; 果肉の多い.

charognard 男 ハゲタカ;（人の不幸を食い物にする）悪党, 人でなし.

charogne 女（腐った）死骸(がい); 腐肉; ろくでなし, 悪党.

Charol(l)ais 男 シャロレー地方.

charol(l)ais, e 形 シャロレー地方の. ——名 〖C~〗シャロレー地方の人. ——名〖食〗シャロレー(牛の品種).

Charon [ka(ɑ)-] 〖ギ神〗カロン（冥(めい)府の川ケロンの渡し守）.

charpente 女 骨組み, 骨格; 屋根組.

charpenté, e 形 がっしりしている; 構成がしっかりしている.

charpenter 他（建組み用材木を）切る, 削る;（作品などの）骨組みを作る.

charpenterie 女 ❶大工仕事. ❷（大工の）仕事場; 建造用建材[置場].

charpentier 男 大工.

charpie 女 ほぐした古布; ずたずた[ぼろぼろ]の状態.

charretée 女 荷車1台分; 語 多量.

charretier, ère 名 荷車引き.

charretin / **charreton** 男 大八車; 手押し車.

charrette 女（2輪の）荷車;〖語〗(解雇された)一団, 一組;（締め切り前の）最後の追い込み.

charriage 男 荷車[流れ]による運搬;〖地〗かつぎこと, べてん.

charrier 他 荷車で運搬する;（川が土砂などを）運ぶ;〖地〗かつぐ.
——自〖俗〗冗談が過ぎる, 大げさに言う.

charroi 男 荷車での運搬.

charron 男（昔の）車大工.

charroyer 他 荷車で運ぶ.

charrue 女 犁(すき), プラウ.

charte 女 古文書;《多く C~》憲章.

charter [-tɛ(œ):r] 男〖英〗チャーター便. ◘**chartériser** 他

chartisme 男（19世紀英国の）チャーチスト運動.

chartiste[1] 名（パリの）古文書学校の学生[卒業生].

chartiste[2] 形, 名 チャーチスト運動の（参加者, 支持者）.

chartrain, e 形 シャルトル（大聖堂）の. ——名〖C~〗シャルトルの人.

Chartres シャルトル（Eure-et-Loir 県の県庁所在地）.

Chartreuse シャルトルーズ山地（フランス南東部）.

chartreux, se 名〖カト〗カルトゥジオ会修道者. ——男 シャルトルーズ（リキュールの一種）; カルトゥジオ会修道院. ——名 シャルトルー（ネコの品種）.

chartrier 男（修道院の）古文書集成, 古文書保管所[者].

Charybde [ka-] **tomber de ~ en Scylla** 一難去ってまた一難.

chas 男（針の）穴.

Chassagne-Montrachet [-m3ra-] 男 シャサニュ=モンラシェ（ブルゴーニュワイン）.

chasse 女 ❶《à》…狩り, 採集; 狩猟期; 獲物, 成果. ❷《à》…の追求, 追跡, 撃退, 排斥;〖軍〗追撃; 戦闘機隊. ❸（トイレの）水洗装置（= ~ d'eau）, 放水.
◇**donner la ~ à ...** …を追いかける. **se mettre en ~** 探し始める.

chassé 男〖バレエ〗シャッセ.

châsse 女〖カト〗聖遺物箱.

chasse-clou 男 釘締め.

chassé-croisé 《複》**~s ~s** ❶〖ダンス〗クロスシャッセ. ❷ちぐはぐ, 行き違い;（地位, 役職の）交換.

chasselas 男 シャスラ（ブドウの品種）.

chasse-mouches 男 ハエたたき.

chasse-neige 男〖不変〗❶除雪機[車]. ❷〖スキー〗プルーク.

chasser 他 狩る, 狩り立てる; 追う, 追い払う; 追い求める, 収集する.
——自 押し流される; 横滑りする.

chasseresse 形女, 女〖詩語〗狩りをする(女).

chasse-roue 男 車輪止め.

chasseur, se 名 猟師, 狩人(びと);（熱心に）追い求める人; 収集家.
——男 ボーイ; 兵士; 戦闘機（乗り）; 〔神

chassie 女 船やに.
chassieux, se 形, 名 目やにの出ている人.
châssis 男 ❶ 框(かまち); カンバス枠; (温室の)フレーム; (カメラの)取り枠, マガジン. ❷ (車の)シャーシー. ❸ 俗 un beau ～ 見事な体.
châssis-presse 男『写』焼枠.
chaste 形 純潔な; 貞淑な.
chastement 副 清らかに.
chasteté 女 純潔, 貞潔.
chasuble 女 カズラ (司祭がミサで羽織る袖口無しの外衣); 『服』robe ～ (婦人の)ジャンパードレス.
chat¹, te 名 ❶ 猫. ❷【男性形】鬼ごっこ; 鬼. ❸【女性形】甘え上手な女性. ◇appeler un ～ un ～ 歯に衣着せぬ. avoir un ～ dans la gorge 急にしゃがれた声になる. écriture de ～ 悪筆. ▶ Il n'y a pas un ～. 人っ子一人いない.
chat² [tʃat] 男『情報』チャット.
châtaigne 女 栗(くり)(の実); 俗 (顔面への)一発, げんこ.
châtaigneraie 女 栗(くり)林[畑].
châtaignier 男 栗の木.
châtain 形 栗(くり)色の(髪の).
— 男 栗色.
château 〖複〗 x 男 ❶ 城, 城館, 宮殿; 大邸宅 [別荘]; 『ワイン』シャトー (ボルドー地方のブドウ園). ◇～ fort 中世の城塞(じょうさい). ❷【土木】～ d'eau 貯水塔, 給水塔. ❸ 船橋, 船首[船尾]楼. ◇～x en Espagne 現実離れした計画.
chateaubriand / châteaubriant 男『料』シャトーブリアンステーキ.
Château-Margaux 男『ワイン』シャトー・マルゴー (ボルドー赤ワイン).
Châteauroux シャトールー (Indre 県の県庁所在地).
Château-Yquem [-ikɛm] 男 シャトー・イケム (ボルドー白ワイン).
châtelain 男 城主; 大邸宅の主.
châtelaine 女 城主の奥方; 大邸宅の女主人.
châtelet 男 小さな城; 小城塞(じょうさい).
châtellenie 女『史』城主支配権(の及ぶ領地).
chat-huant [ʃaɥɑ̃]〖複〗 ～s-~s 男『鳥』モリフクロウ.
châtier 他 文章 罰する, 懲らしめる; 推敲(すいこう)する.
chatière 女 猫の出入り口; 抜け穴; 換気口.
châtiment 男 罰, 懲罰.
chatoiement 男 玉虫色の輝き.
chaton¹ 男 子猫; 〖複〗 尾状花序.
chaton² 男 (指輪の)伏せ込み枠.
chatonner 自 ❶【動】(猫が)子を産む. ❷【植】尾状花序をつける.
chatouille 女話 くすぐること; くすぐったさ.
chatouillement 男 くすぐり; くすぐったさ; むずむず[ちくちく]する感じ.
chatouiller 他 くすぐる; ちくちく[快く]刺激する; そそる, かき立てる.

chatouilleux, se 形 くすぐったがりの; 敏感な, 神経質な.
chatouillis 男話 軽くくすぐること.
chatoyant, e 形 玉虫色に光る.
chatoyer 10 自 玉虫色に光る; 多彩に輝く.
châtrer 他 去勢する; 一部削除する.
chatte chat の女性形.
chattemite 女 文章 猫かぶりの人.
chatter [tʃa-] 自 チャットに参加する.
chatteur, se [tʃa-] 名 チャットに参加する人.
chatterie 女 甘いもの; 甘えた態度; 追従(ついしょう).
chatterton 男 粘着絶縁テープ.
chat-tigre 男〖複〗～s-～s 野生ネコ (オセロット, サーバルキャットなど).
chaud, e 形 ❶ 熱い, 暑い, 温かい; (衣服などが)暖かい. ❷ 熱心な, 熱烈な, 激しい; 緊迫した, 不穏な, 騒然とした; かっとなりやすい.
◇ne faire ni ～ ni froid à ... …には痛くもかゆくもない.
— 副 熱いうちに; 熱くて.
◇tenir ～ (衣類が)暖かい.
— 男 熱さ, 暑さ, 暖かさ; 熱い飲食物.
◇à ～ 熱して; 切迫した状態で. avoir ～ 暑い; 暖かい. J'ai eu ～. 怖い思いをした. un ～ et froid 悪寒, 寒気.
— 女 (暖を取るための)火.
chaudement 副 暖かく; 熱心に, 熱烈に.
chaud-froid〖複〗～s-～s 男『料』ショーフロワ (鶏肉などにゼリーをかけた冷製料理).
chaudière 女 ボイラー.
chaudron 男 (つる付きの)大鍋; 殺気立った[ごった煮]楽器.
chaudronnerie 女 ❶ 鍋釜(なべかま)類; 鍋釜製造 [販売] 業; 鍋釜製造 [販売] 所. ❷ 金属加工; 槌(つち)打ち加工.
chaudronnier, ère 名 鍋釜(なべかま)製造 [販売] 業者; 鋳掛け屋.
chauffage 男 暖房(装置), ヒーター.
chauffagiste 男 暖房専門家.
chauffant, e 形 暖める, 熱する.
chauffard 男 スピード狂.
chauffe 女 (暖房のための)火焚(ひた)き; 加熱; 燃焼時間.
chauffe-assiette(s) 男 皿温め器.
chauffe-bain 男 (風呂用)瞬間湯沸かし器.
chauffe-biberon 男 哺(ほ)乳瓶温め器.
chauffe-eau〖複〗～(x) 男 湯沸かし器.
chauffe-plat(s) 男 (料理の)保温器.
chauffer 他 ❶ 暖める, 熱する; 暖房する; 話 煽(あお)り立てる; 活気づける. ❷ 盗む. ◇～ les oreilles à [de] … …をいら立たせる, 激昂(げっこう)させる.
— 自 暖まる, 熱くなる.
◇Ça va ~. = Ça chauffe. 話 これは一騒動持ち上がるぞ.
— se ～ 暖まる; 暖房を使う; ウォーミングアップをする.

◊ *montrer à ... de quel bois on se chauffe* …に目にもの見せる.

chaufferette 囡 足温器.

chaufferie 囡 ボイラー室.

chauffeur 男 運転手, ボイラーマン.

chauffeuse 囡 (炉端の)椅子.

chaufournier 男 石灰製造工.

chaulage 男 石灰施用〔散布〕.

chauler 他 石灰処理する.

chaumage 男 切り株の掘り起こし.

chaume 男 (穀物の)刈り株(畑); わらぶき.

chaumer 他, 自 切り株を刈る.

chaumière 囡 わらぶきの家; 田舎風レストラン;《複数》語 家族.

chaumine 囡 小さなわらぶきの家.

Chaumont ショーモン (Haute Marne 県の県庁所在地).

chausse 囡 ❶《複数》(昔のタイツ状の)ズボン. ❷ (じょう圧の)濾(し)布.

chaussée 囡 車道, 路面; 土手道, 堤防.

chausse-pied 男 靴べら.

chausser 他 ❶ (靴などを)履く; 〈de〉 (…を)履かせる. ❷ (靴が)(…の)足に合う. ◊ *se faire* ~ 靴を履かせてもらう〔靴屋に作らせる〕. — 自 ❶ (靴が)足に合う. ❷ 〈du〉(…サイズの)靴を履く. — se ~ 靴を履く〔買う〕.

chausse-trap(p)e 囡 罠(わな), 落とし穴.

chaussette 囡 靴下.

chausseur 男 靴屋.

chausson 男 ❶ 室内履き; (乳児用の)毛糸の靴. ❷《靴》半ひ型パイ.

chaussure 囡 ❶ 靴, 履き物. ❷ 靴製造業; 靴屋.
◊ *trouver* ~ *à son pied* 自分の求めていた物〔相手〕を見つける.

chaut 活 ⇨ chaloir.

chauve 形 禿げた(はげた).

chauve-souris:《複数》~s-~s 囡 《動》コウモリ.

chauvin, e 形 (盲目的な)愛国心の. — 名 盲目的愛国者.

chauvinisme 男 盲目的愛国心.

chaux 囡 石灰. ◊ *bâti à* ~ *et à sable* [*ciment*] がっしりした.

chavirement / chavirage 男 ひっくり返ること, 転覆; 動転.

chavirer 自 転覆する, ひっくり返る; よろめく; 動転する. — 他 転覆させる, ひっくり返す; 動転させる.

chebec [ʃe-] 男 ジベック(地中海で使われた3本マストの小型帆船).

chéchia 囡 シェシア(イスラム系アフリカ人の円錐形の帽子).

check-list: [(t)ʃɛklist] 囡《英》(飛行機の機体装置の)チェックリスト.

check-up [(t)ʃɛkœp] 男《不変》《英》健康診断; 総点検.

cheddar 男 チェダー(チーズ).

cheeseburger 男 チーズバーガー.

cheese-cake 男 チーズケーキ.

chef 男 ❶ 長, リーダー—; 料理長, シェフ; 語 第一人者. ❷《法》~ *d'accusation* 告訴理由.
◊ *au premier* ~ 何よりも. *de ce* ~ かかる理由により, かかる次第で. *du*

son (propre) ~ 自ら; 独断で. *du* ~ *de ...* 《法》…の権利委譲により.

chefaillon 男 いやな上司.

chef-d'œuvre [ʃed-]:《複数》~*s-* ~ 男 ❶ 傑作; 代表作品. ❷ ~ *de ...* 見事なの…の極み.

chefferie 囡 ❶《民》首長制〔領〕. ❷ (1945年以前の)工兵管区.

chef-lieu:《複数》~*s-* ~ *x* 男 県庁〔都政庁〕所在地.

cheftaine 囡 (カブスカウト, ガールスカウトの)女性隊長.

cheik(**h**) [-k] 男 シャイフ(アラブの族長, イスラム教の長老).

chélite [kei-] 囡《医》口唇炎.

chéiroptères [kei-] 男複 ⇨ chiroptères.

chelem [ʃlem] 男《ゲーム》(グランド)スラム.

chélidoine [ke-] 囡《植》クサノオウ.

chéloïde [ke-] 囡《医》ケロイド.

chéloniens [ke-] 男複 カメ類.

chemin 男 ❶ 道; 道のり, 距離;《物》軌道, 軌跡. ❷ 方法, 手段. ❸ ~ *de fer* 鉄道; 鉄道模型;《複数》鉄道会社. ❹ ~ *de table* (細長い)テーブル掛け; ~ *d'escalier* 階段のカーペット.
◊ *Allez votre* ~. 行きたまえ. ~ *faisant* 道々. *en* ~ 途中で. *être en [dans le] bon* ~ うまくいっている. *faire du* ~ 進展〔進歩〕する; 出世する. *faire la moitié du* ~ 譲歩する. *faire voir du* ~ *à* ... …を痛い目にあわせる. *montrer* [*tracer*] *le* ~ 先駆けとなる, 手本を示す. *ne pas en prendre le* ~ 実現にはほど遠い. *ne pas y aller par quatre* ~ *s* 回り道しない. *rester dans le droit* ~ 身持ちがいい. *sur le* ~ *de* ... ...への途中で.

chemineau:《複数》~ *x* 男 (農家を渡り歩く)季節労働者; 浮浪者.

cheminée 囡 ❶ 暖炉, マントルピース; 煙突, ダクト, パイプ. ❷ (火山の)火道;《登山》チムニー(岩壁の縦穴).

cheminement 男 歩み, 前進; 進展.

cheminer 自 (ゆっくり着実に)進む; 進展する; (長い道のりを)歩く.

cheminot 男 鉄道員.

chemisage 男 (使用面の)保護被覆.

chemise 囡 ❶ ワイシャツ, シャツ; (婦人, 子供用の)肌着. ❷ 紙ばさみ, ファイル. ❸《機》被覆(保護服).

chemiser 他 (使用面を)被覆する.

chemiserie 囡 (シャツなどの)紳士用品製造業; 紳士洋品販売店.

chemisette 囡 ❶ (男物の)開襟半袖(③シャツ. ❷ シュミゼット(婦人・子供用の半袖または長袖ブラウス).

chemisier, ère 名 (シャツなどの)紳士洋品製造業者. — 男 (婦人用の)シャツブラウス.

chémocepteur, trice / chémorécepteur, trice 形《生》化学刺激受容の.
— 男 化学刺激受容器.

chênaie 囡 ナラ[カシ]林.
chenal; 《複》**aux** 男 ❶ (港などの狭い) 水路; (工場などの) 用水路.
chenapan 男 悪党, ならず者.
chêne 男 [植] コナラ; オーク材.
chéneau; 《複》**x** 男 軒樋.
chêne-liège; 《複》**～s--～s** 男 [植] コルクガシ.
chenet 男 (暖炉の) 薪(まき)載せ台.
chènevière 囡 麻畑.
chènevis 男 アサの実.
chenil 男 犬小屋; 犬の飼育場; あばら家.
chenille 囡 毛虫, 芋虫; キャタピラ.
chenillé, e 形 キャタピラ付きの.
chenillette 囡 [軍] 小型キャタピラ式装甲車両.
Chenonceaux シュノンソー(城で有名なロアール河畔の町).
chénopode [ke-] 男 [植] アカザ.
chénopodiacées [ke-] 囡複 [植] アカザ科.
chenu, e 形 [文章] 白髪になった; 梢(こずえ)の枯れた.
cheptel 男 家畜 (=～ vif); (一定地域の) 家畜総頭数.
chèque 男 ❶ 小切手. **~ au porteur** 持参人払い小切手 / **barré ~** 線引小切手 / **~ de voyage** トラベラーズチェック / **~ sans provision** 不渡り小切手. ❷ **～, ...** 用の券 [クーポン]. **~-déjeuner** 昼食券.
chéquier 男 小切手帳.
Cher 男 ❶ シェール県 [18]. ❷ シェール川 (ロワール川支流).
cher, ère 形 ❶ 大切な, 貴重な; 愛する, 親しい. ❷ 高価な, 経費のかさむ.
— 副 ❶ 高値で, 高く. ❷ 大きな犠牲を払って. — 名 いとしい人.
Cherbourg シェルブール (英仏海峡沿いの町).
chercher 他 ❶ 探す, 探し求める; 探る, 考える; 思い出そうとする. ❷ **~ à + inf.** ... しようと努める, 試みる. ❸ 国 挑発する.
◇ **aller ~ [venir]** 迎えに行く [来る], 取りに行く [来る]. **aller ~ dans les + 数量表現** おおよそ... に上る [かかる]. **l'avoir cherché** 自業自得である.
— **se ~** ❶ 探し合う. ❷ 己を知ろうとする.
chercheur, se 名 探す人; 研究者.
— 形 探究心旺盛な.
— 男 《望遠鏡の》ファインダー.
chère 囡 [文章] 料理; ごちそう.
chèrement 副 ❶ 高い犠牲を払って. ❷ [文章] 愛情を込めて.
chéri, e 形 いとしい, 大切な.
— 名 いとしい人; [呼] お気に入り.
chérif 男 シャリーフ (ムハンマドの子孫). ◻ **chérifien, ne** 形
chérir 他 愛する; 執着する.
chérot 形 [話] 値の張る.
cherr- 活 ⇨ **choir**.
cherry [ʃeri]; 《複》**~s** (または **cherries**) 男 チェリーブランデー.
cherté 囡 値段が高いこと; 物価高.
chérubin 男 ケルビム, 智(ち) 天使; 愛

らしい子供.
chervis 男 [植] ムカゴニンジン.
chétif, ve 形 虚弱な; 発育の悪い; [文章] 貧弱な, 不十分な.
chevaine 男 [魚] チブ.
cheval; 《複》**aux** 男 ❶ 馬; [特に] 雄馬; 馬力, 馬の力, 馬術. ❷ 乗馬, 馬術. ❸ 優れた働き者, 頑健で疲れを知らない人; 大agen. ❹ [軍] 馬力, 仏馬力 (=～-vapeur). **~ fiscal** 課税馬力 / **une quatre ~aux** (課税馬力で) 4馬力の車. ❺ **~ d'arçons** (体操の) 鞍(くら) 馬. ❻ **~ de saut** 跳馬. ❼ [ゲーム] **petits ~aux** 競馬ゲーム. ❽ 国 (チェスの) 駒.
◇ **à ~** 馬に乗って [乗った]. **à ~ sur** ... ... に馬乗りになって; ... に厳格な. **C'est le bon [mauvais] ~.** あれは見込みのある [ない] やつだ. **changer son ~ borgne pour un aveugle** さらに泥沼にはまる, ばかを見る. **~ de bataille** 得意の話題, おはこ. **fièvre [remède] de ~** 高熱 [劇薬]. **monter sur ses grands ~aux** いきり立つ, 居丈高になる. **(vieux) ~ de retour** 再犯, 常習犯.
chevalement 男 [建] 控え.
chevaler 他 ❶ 支柱をかう. ❷ 架台に載せる.
chevaleresque 形 騎士にふさわしい; 高貴な.
◻ **chevaleresquement** 副
chevalerie 囡 騎士制度; 騎士道 [団].
chevalet 男 画架台; イーゼル; (弦楽器の) 駒(こま), ブリッジ.
chevalier 男 ❶ 騎士; (貴族制度の) ナイト. ❷ シュヴァリエ章 (佩(はい)用者).
◇ **~ servant** 女性に尽くす男.
chevalière 囡 (紋章や頭文字を刻んだ) 印台指輪.
chevalin, e 形 馬の; 馬のような.
cheval-vapeur; 《複》**chevaux-~** 男 仏馬力.
chevauchant, e 形 [植] またぎ重なった. **~ tuiles ~es** (本瓦葺(かわらぶ) などでの) 牡(おす) 瓦.
chevauchée 囡 [文章] 騎行.
chevauchement 男 (部分的に) 重なり合うこと.
chevaucher 自 ❶ (部分的に) 重なり合う, 重複する. ❷ [文章] 馬に乗っていく. — 他 馬乗りになる, またがる; 重なっている. — **se ~** 代動 重なり合う.
chevau-léger 男 近衛軽騎兵.
chevêche 囡 [鳥] コキンメフクロウ.
chevelu, e 形 髪が豊かな (根, 種子などが) 毛のある.
chevelure 囡 ❶ [集合的] 頭髪; 長く豊かな髪. ❷ コマ (彗(すい) 星の尾).
chevenne / chevesne [-ven] 男 ⇨ **chevaine**.
chevet 男 ❶ 枕(まくら) 元. ❷ (教会の) 後陣.
chevêtre 男 [建] つなぎ材; [医] 下顎(がく) 固定帯.
cheveu; 《複》**x** 男 ❶ 髪の毛; [集合的] 頭髪 (=**chevelure**). ❷ 国 厄介, 障害.

cheveu-de-Vénus

◇*arriver* [*venir*] *comme des ~x sur la soupe* 的はずれである, 本題と関係ない. *avoir mal aux ~x* 二日酔いで頭が痛い. *avoir un ~ sur la langue* 訛(ෳり)がある. *Cela ne tient qu'à un ~ (que ...). = Il s'en faut d'un ~ (que ...).* 間一髪である[…しそうになる]. *couper les ~ en quatre* 細かいことにこだわりすぎる. *se faire des ~x (blancs)* 心配する. *se prendre aux ~x* 取っ組み合いをする. *tiré par les ~x* こじつけの.

cheveu-de-Vénus [-s];(複) ~x-~-~ 男【植】アジアンタム.

chevillard 男 食肉卸商.

cheville 女 ❶ 踝(≤). ❷ 木釘,ボルト受け,ナット. ❸【詩】(韻律合わせの)余分な語, 埋草. ❹【楽】(バイオリンなどの)糸巻 ~ *ouvrière* 連結ボルト; 中心人物. *être en ~ avec ...* …と組んでいる, 利害をともにしている. *ne pas arriver à la ~ de ...* …の足下にも及ばない.

chevillé, e 形 釘打ちされた, ボルトで締められた. ◇*avoir l'âme ~ au corps* 生命力が強い. *avoir l'espoir ~ à l'âme* 決してくじけない.

cheviller 他 釘打ちにする; ボルトで締める.

chevillette 女 困(木製の)挿錠(ｷ).

chevillier 男 (弦楽器の)糸蔵(ㄹ).

cheviotte 女 【繊】チビオット.

chèvre 女 ❶ ヤギ; 雌ヤギ. ❷ 雌ヤモフ; 雌. ◇*ménager la ~ et le chou* 語 二股をかける, 態度を保留する. —男 ヤギ乳チーズ.

chevreau ;(複) *x* 男 ❶ 子ヤギ; (子ヤギの)なめし革, キッド.

chèvrefeuille 男 【植】スイカズラ.

chevreter 自 / **chevretter** 自 (ヤギが)子を産む.

chevrette 女 ❶ 小さな(雌)ヤギ, 子ヤギ. ❷ 雌ノロジカ(子).

chevreuil 男【動】ノロジカ.

chevrier, ère 名 ヤギ飼い.

chevrier 男 インゲンの一品種.

chevrillard 男 ノロの子.

chevron 男 ❶【建】垂木(ｲｷ). ❷ ジグザグ模様; 杉綾(ｽｷ); (軍人の)山形袖(ｼｯ)章.

chevronné, e 形 ベテランの; (軍人が)山形袖(ｼｯ)章をつけた, 古参の.

chevrotage 男 ヤギの出産.

chevrotain 男【動】マジカ(類).

chevrotant, e 形 (声が)震えた.

chevrotement 男 震え声; 声の震え.

chevroter 自 ❶ (ヤギが)子を産む. ❷ メエーと鳴く; 震え声で話す[歌う].

chevrotin 男 ノロの子; (子ヤギかのなめし革; シュヴロタン(ヤギ乳チーズ).

chevrotine 女【猟】鹿弾(ｼｶ).

chewing-gum 男 [ʃwingɔm] 【米】チューインガム.

chez 前 ❶ …の家に, 店で; (号室で)…の店. ❷ …の国では: 集団において. ❸ …(の精神, 身体などに)おいて; …の作

品中で.

◇*chez-moi / chez-soi / chez-toi* 男(不変) 自宅, マイホーム.

chiadé, e 形 難解な; 念入りな.

chiader 他, 自 (…に)備えて猛勉強する; 深く掘り下げる, 念入りにやる.

chialer 自 話 泣く.

chialeur, se 形 泣き虫(の).

chiant, e 形 卑 うんざりする.

chianti [kja-] 男 キャンティ(イタリア中トスカナ地方産の赤ワイン).

chiard 男 卑 ガキ.

chiasma [kja-] 男【解】交叉(ｺｳ); 【生】染色体交叉.

chiasme [kja-] 男【レト】交差法.

chiasse 女 ❶ 話 下痢; 面倒, 厄介.

chibouque / chibouk [-k] 男 (トルコの)きせる.

chic;(複) ~ (-s) 形[男女同形] ❶ 粋(ｽｲ)な, シックな. ❷ 話 素晴らしい, 快適な; 感じのいい; 親切な.
—男 粋(ｽｲ)な, シック, おしゃれ.

◇*avoir le ~ pour [de] ...* …がうまい. *bon ~ bon genre* 形 名 語 上品なブルジョワ的. *de ~* モデルなしで; 厳密さにこだわらず, 感覚的に.
—間 話 すてきだ, すごいぞ.

chicane 女 ❶ 言いがかり, 難癖; (訴訟で)ことさら紛糾を求めること. ❷ 煩雑な訴訟手続; (ジグザグに置かれた)障害物; 障害物を縫(ｽ)う通路.

◇*en ~* ジグザグに.

chicaner 他 自 ~ A sur B = ~ B à A Bのことで A に難癖をつける, 言いがかりを言う. ❷ 悩ませる, 苦しめる. —自 (sur) (…のことで)言いがかりをつける.

chicanerie 女 言いがかり; 文句.

chicaneur, se / chicanier, ère 形 名 言いがかり屋の(人).

chicano [tji-] 名 形 チカーノ(の), メキシコ系米国人の.

chiche[1] 形 (de) …を出し惜しむ; けち臭い.

chiche[2] 形 (de) …できる.
—間 話 よし見ていろ.

chiche[3] 形 *pois ~* エジプトマメ.

chiche-kebab [-kebab] 男【料】シシカバブ.

chichement 副 けちけちと, つましく.

chichi 男 気取り.

chichiteux, se 形, 名話 気取った(人), もったいぶった(人).

chicle [tʃi-] 男 チクル(ガムの原料).

chicon 男【植】タチチシャ; キクヂシャ, アンディーブ.

chicorée 女【植】キクヂシャ, チコリ; (飲料にする)チコリの根の粉末.

chicot 男 (歯の)残根, みそっ歯; 切り株.

chicotin 男 (アロエの)苦い液汁.

chiée 女 卑 多数, 大量.

chien, ne 男 ❶ 犬. ❷ 語 けち, 締まり屋. *de ~ =* ～(ne) *de ~* ひどい[惨めな]; ► *mal de ~* たいへんな苦労[苦痛] / *temps de ~* 悪天候 / *ne de vie* 悲惨な生活.

◇*Ce n'est pas fait pour les ~s.* それを利用しない手はない. *comme*

et chat 犬猿の仲で. **comme un ~ ひどい, ひどく; 惨めに. entre ~ et loup** たそがれに. **être coiffé à la ~** 髪がもつれている, 前髪が垂れている. **garder à ... un ~ de sa ~ne** …に恨みを晴らそうとしている. **ne pas donner sa part aux ~s** 自分の権利[地位, 取り分]を手放そうとしない. **ne pas être bon à jeter aux ~s** なんの値打ちもない. **Nom d'un ~!** 畜生. **se regarder en ~s de faïence** じっとにらみ合う.
——形 けちな; 意地悪な.
——男 ❶ (女性の)魅力. ❷ 鑿鉄.
◇**en ~ de fusil** 体を丸めて.

chien-assis; (複) **~-~** 男屋根窓.

chiendent 男 ❶ [植] シバムギ. ❷ **brosse de ~** たわし. ❸ 厄介なこと.

chienlit 女 ❶ 混乱, 無秩序; 騒乱. ❷ 固 仮装行列.

chien-loup; (複) **~s-~s** 男 シェパード.

chiennerie 女 ❶ ~ **de ...** いまいましい…. ❷ けち, 貪欲.

chier 自 固 糞(ﾏど)をする.
◇**faire ~** うんざりさせる.

chiffe 女 固 無気力な人.

chiffon 男 ❶ 雑巾[布]; ぼろ切れ; しわくちゃの服 [紙]; 紙屑(ﾏず). ❷ (複数) (女性用の)服飾品.
◇**parler ~s** おしゃれの話をする.

chiffonnade 女 固 シフォナード (バター煮した野菜や香草の糸切り).

chiffonnage / chiffonnement 男 しわくちゃ; しわ.

chiffonné, e 形 しわくちゃの.

chiffonner 他 ❶ しわくちゃにする. ❷ 困らせる, 悩ます.

chiffonnier, ère 名 ❶ 屑(ﾗず)屋. ◇**se battre comme des ~s** 激しく争い合う. ——男 縦長の整理だんす.

chiffrable 形 計算できる, 見積もれる; 数で表せる.

chiffrage 男 算定, 見積もり; 暗号化.

chiffre 男 ❶ 数字; 数; 総額. ❷ 暗号; 暗号局 [課]; (錠などの)暗証番号; (頭文字の)組み合わせ文字.
◇**~ d'affaires** 売り上げ高, 取引総額. **faire du ~** 売り上げを伸ばす.

chiffré, e 形 ❶ 数字で書かれた; 番号を打たれた. ❷ 計算された.

chiffrement 男 暗号化; 暗号文作成.

chiffrer 他 ❶ A à B を A と B と算定する. ❷ 暗号で書く. ❸ 番号をつける. ——自 ❶ 大変な額になる. ——**se ~** (à) …に達する, 総計が…になる.

chiffreur, se 名 暗号作成[解読]係.

chiffrier 男 会計簿.

chignole 女 ドリル; 固 ぽんこつ車.

chignon 男 シニョン, 束髪.

chihuahua [(t)fiwawa] 男 チワワ.

chiisme 男 [イ教] シーア派.

chiite 名, 形 シーア派教徒(の).

Chili 男 チリ(共和国).

chili [(t)fi-] 男 [料] チリ.

chilien, ne 形 チリの.
——名 (~-) チリ人.

chilom [-lom] 男 大麻用長ギセル.

chimère 女 ❶ (~-) [ギ神] キマイラ (頭がライオン, 胴がヤギ, 尾が蛇の火を吐く怪物). ❷ 空想, 夢. ❸ [魚] キメラ.

chimérique 形 空想的(好き)な.

chimie 女 化学.

chimiorésistant 形 (病原菌が)化学薬剤に対して抵抗力がある.
□**chimiorésistance** 女.

chimiosynthèse [-sē] 女 [生] 化学合成.

chimiothérapeute 名 (がん)化学療法専門医.

chimiothérapie 女 [医] (がん)化学療法. □**chimiothérapique** 形.

chimique 形 化学の, 化学的な.

chimiquement 副 化学的に; 化学作用によって.

chimiquier 男 化学物質 [製品] 輸送船.

chimisme 男 [生] 化学作用.

chimiste 名 化学者.

chimpanzé 男 チンパンジー.

chinage 男 古物売買; 冷やかし.

chinchilla [-ʃila] 男 [西] チンチラ (の毛皮).

Chine 女 中国.

chine[1] 男 唐紙; 中国製磁器.

chine[2] 男 ❶ 古物の売買; 古物屋. ❷ **vente à la ~** 戸別訪問販売.

chiné, e 形 (布が) 斑(ﾏだ)模様を織りこんだ.

chiner 自 古物 [骨董(ﾏど)品] を探す.
——他 冷やかす.

chineur, se 名 古物商, 骨董(ﾏど)屋.

chinois, e 形 ❶ 中国の; 中国語 [人] の; 中国風の. ❷ 固 うるさい, 手をやこましそうな; 込み入った, 煩瑣(ﾏど)な.
——名 (~-) ❶ 中国人. ❷ 固 うるさい人. ——男 ❶ 中国語. ❷ [料] シノア (円錐(ﾏど)形の濾(ﾏ)し器). ❸ 固 ちんぷんかんぷん事.

chinoiser 自 固 うるさく文句をつける.

chinoiserie 女 ❶ 固 面倒なこと; 中国風装飾をモチーフに, 中国(風)の工芸品. ❷ 固 めんどな煩わしさ.

chintz [ints] 男 [英] (家具装飾品用の)木綿更紗(ﾏと), チンツ.

chinure 女 (織りの)斑(ﾏ)模様.

chiot 男 子犬.

chiotte 女 固 ❶ (複数) 便所. ❷ 自動車. ❸ 不愉快なこと, 厄介なこと.

chiourme 女 [集合的] (昔の)ガレー船の漕(ﾏ)ぎ手.

chip [-p] 男 [エレ] チップ; 集積回路.

chiper 他 固 (…から)くすねる.

chipeur, se 形, 名 盗みをする(人), 盗癖のある(人).

chipie 女 固 嫌な女.

chipolata 女 固 チポラタ・ソーセージ (羊の腸詰の小型ソーセージ).

chipoter 自 固 ❶ (**sur**) (…に)いやいや食べる; (些細(ﾏな)なことに)文句をつける. ——他 固 けちくさく値切る; (出費に)ぶつぶつ文句を言う. ——**se ~** 固 つまらぬことで言い争う.
□**chipotage** 男.

chipoteur, se 形, 名 いやいや食べる(人); つまらない文句をつける(人); けちくさく値切る(人).

chippendale [ʃipεn-] 形《不変》チッペンデール様式の.

chips [-ps] 女複《英》ポテトチップス.

chique 女 ❶ 噛(ホ)みたばこ. ❷ 国頬(ほ)[歯ぐき(ほ)]のはれ. ❸ 昆 スナミズ.

chiqué 男国 気取り, わざとらしさ; こけおどし.

chiquement 副国 ❶ 粋(いき)に, シックに. ❷ 親切に.

chiquenaude 女 指ではじくこと; 軽い衝撃.

chiquer 他, 自 噛(か)みたばこをかむ.

chiqueur, se 名 噛みたばこ愛好家.

chiral, ale 〔男複〕**aux** 形《化》キラルの, 実像と鏡像が重ならない.

chirographaire [ki-] 形 ❶《法》無担保の. ❷《史》自筆[私署]証書の.

chiromancie [ki-] 女 手相占い.

chiromancien, ne [ki-] 名 手相見.

chiropracteur, trice [ki-] / **chiropraticien, ne** 名《医》指圧療法師.

chiropraxie [ki-] / **chiropraxie** 女《医》指圧療法, カイロプラクティック.

chiroptères [ki-] 男複《動》翼手目〔類〕(コウモリなど).

chirurgie 女 外科(学). ◇**chirurgical, ale**;〔男複〕**aux** 形

chirurgien, ne 名 外科医.

chirurgien-dentiste〔複〕~**s**~**s** 名 歯科医.

chistera (t)ʃiste-] 女[男]《スポ》セスタ(ペロタの細長いかご状のラケット).

chitine [ki-] 女《生》キチン(質). ◇**chitineux, se** 形

chiure [ki-] 女 (虫の)糞(ふん).

ch.-l. 男《略》⇨ chef-lieu.

chlamyde [klamid] 女《古代》クラミュス(若者が戸外で着たマント).

chlinguer [-lɛ̃-] 自《俗》臭い.

chloasma [klo-] 男《医》肝斑(はん); 妊婦特有の顔.

chlorage 男《繊》塩素処理.

chloration 女 (水の)塩素処理.

chlore 男《化》塩素.

chloré, e 形 塩素を含む.

chlorelle [-el] 女《植》クロレラ.

chloreux 形《化》acide ~ 亜塩素酸.

chlorhydrique 形《化》acide ~ 塩酸.

chlorofluorocarbone / chlorofluorocarbure 男 (多く複数)フロンガス.

chloroforme 男《化》クロロホルム.

chloroformer 他 クロロホルムで麻酔する〔眠らせる〕; 麻痺(ひ)させる. ◇**chloroformé, e** 形

chloroformisation 女《医》クロロホルム投与.

chlorophycées 女複 緑藻類.

chlorophylle 女 葉緑素, クロロフィル. ◇**chlorophyllien, ne** 形

chlorose 女 ❶《医》萎黄(い)病. ❷《植》白化: 退緑.

chlorotique 形, 名《医》萎黄病にかかった(人).

chlorure 男《化》塩化物. ▶~**s** décolorants 漂白剤.

chnoque, che 男, 女 ⇨ schnock.

choc 男 衝突, 衝撃(音); ショック, 激しい抵触; 対立; 攻撃, 突撃. ◇**en** ~ **retour** 反動, 結果, 報い. **de** ~ 突撃の; 行動的な. — 形《不変》衝撃的な.

chochotte 女《軽蔑》上品ぶった女.

chocolat 男 ココア; チョコレート. — 形《不変》チョコレート色の.

chocolaté, e 形 チョコレートの.

chocolaterie 女 チョコレート製造工場[店].

chocolatier, ère 形 チョコレート製造〔販売〕業者. — 男 ココア沸かし.

chocottes 女複 国 恐怖.

chœur [kœ:r] 男 ❶ 合唱団, コーラス; (教会の)聖歌隊; 合唱(曲). ❷ (同意見の人々の)一群, 一団; 異口同音の言葉. ❸ (教会の)内陣. ❹ (ギリシア悲劇の)合唱隊, コロス. ◇**en** ~ 一斉に. **enfant de** ~ ミサの侍者; 世間知らず. ◇**laisser** ~ 見捨てる.

choir 36 自 文章 落ちる, 倒れる. ◇**laisser** ~ 見捨てる.

choisi, e 形 精選[洗練]された.

choisir 他 ❶ 選ぶ. ❷ (…することに, …かどうか, いつまで…に)決める. — 自 選ぶ, 選択する. — **se** ~ ❶ 自分のために選ぶ. ❷ 選び合う.

choix 男 ❶ 選択, 選出. ❷ 選択権; 選択の余地〔自由〕. ▶ Vous avez le ~ entre A et B. AでもBでも自由に選んで下さい. ❸ (商品などの)選択の種類; 品数. ❹ 精選品; 選集. ❺ (品物の品質, 等級. ◇**au** ~ 好みに応じて; 抜擢(ばって)[選別]によって. **A votre** ~. 自由に選んでください. **de** ~ えり抜きの, 極上の. **faire de** ~ …を選ぶ. **sans** ~ 手当たり次第に.

cholécystite [kɔ-] 女《医》胆嚢(のう)炎.

cholédoque [kɔ-] 形《解》canal ~ 総胆管.

cholélithiase [kɔ-] 女《医》胆石症.

choléra [kɔ-] 男 コレラ; 国 意地の悪い人.

cholérique [kɔ-] 形, 名 コレラの(患者).

cholestérol [kɔ-] 男 コレステロール.

cholestérolémie [kɔ-] 女 コレステリン血(症).

chômable 形 (祝日が)休みになる.

chômage 男〔単数形のみ〕❶ 失業; 失業者救済補助. ❷ 操業停止. ▶~ **partiel** 操業短縮.

chômé, e 形 (祝祭日などで)休業の, 休みの.

chômer 自 失業する; (事業などが)行き詰まる; (資本, 設備などが)遊んでい

chômeur, se 名 失業者.

chope 女 ジョッキ(1杯分).

choper 他 ❶ (…) (…から)盗む. ❷ 捕まえる. ❸ (病気などに)かかる.

chopine 女 (ワインの)瓶.

chopper 自《文章》つまずく; 間違う; とどこおる.

chop suey [-psju/-psye] 男 チャプスイ(中華の炒め煮).

choquant, e 形 不快な; とんでもない.

choquer 他 ❶ 不快にする, 傷つける; (良識などに)反する. ❷ (精神的に)ショックを与える. ▶ *être choqué de* …に気分を害する. ━ **se ～** (*de*) (…に)気を悪くする, 腹を立てる.

choral, ale [ko-]; 複 **als** (稀に **aux**) 形 合唱団の, 合唱用の. ❷ 賛美歌; [楽] コラール.
━女 合唱団.

chorédrame [ko-] 男 舞踊劇.

chorée [ko-] 女 [医] 舞踏病.

chorège [ko-] 男 《古ギ》合唱隊長.

chorégie [ko-] 女 合唱隊長の職.

chorégraphe [ko-] 名 振付師.

chorégraphie [ko-] 女 振り付け.

chorégraphier [ko-] 他 振り付けをする.

chorégraphique [ko-] 形 バレエ〔ダンス〕の; 振り付けの.

choréique [ko-] 形, 名 舞踏病の(患者).

choreute [ko-] 名 (古代ギリシャ劇の)合唱隊員, コロスのメンバー.

choriste [ko-] 名 合唱団員.

chorizo [tʃo[o]-/ʃo-] 男《西》チョリソー(とうがらし入りソーセージ).

choroïde [ko-] 女 [解] (眼球の)脈絡膜.

chorus [kɔrys] 男 ❶ **faire ～** (*avec* …) (…と)口をそろえる, 唱和する. ❷ コーラス(ジャズの演奏単位).

chose 女 ❶ 物; こと, もの. ▶ *C'est la même ～.* それは同じこと〔もの〕だ. ❷ (複数)事態, 状況. ▶ *regarder les ～s en face* 現実を直視する. ❸ 物も同然の人, 魂の抜け殻; 操り人形. ▶ *faire ～ de qn sa ～* …を自分の所有物のようにする, 操り人形にする.
◇ *dire bien des ～s* (*aimables*) よろしく言う. *faire bien les ～s* 万事手抜かりなくやる, することに金を惜しまない; 金に糸目をつけない. *ne pas faire les ～s à demi* [*moitié*] もしごとを中途半端にしない[金を出し惜しみしない]. *parler* [*causer, discuter*] *de ～s et d'autres* いろいろな話をする.
━ 男《話》(はっきり名前を言わずに)だれそれさん; あれ. ━ 形 **un peu** [*tout*] **～** なんとなく居心地が悪い.

chosifier [哲] 物象化する.
❑ **chosification** 女

chou; 複 **x** 男 ❶《植》キャベツ. ❷ シュークリーム(**～ à la crème**). ❸《服》(リボンなどの)蝶々結び.
◇ *aller planter ses ～x* 田舎に引きこもる; 楽な仕事に転職する. *bout de ～* おちびちゃん. *être dans les ～x* びりになる; 試験に落ちる; 気を失う. *faire ～ blanc* 失敗する. *faire ses ～ x gras de …* …を喜んでもらう; 食い物にする.
━ **chou, te**;《男複》**x** 名 形 かわいい子, いとしい人. ━ **mon ～** 愛しい子; すてきな.

chouan 男《史》ふくろう党員(1793年に結成された反革命王党派).

chouannerie 女 ふくろう党の蜂起.

choucas 男 [鳥] コクマルガラス.

chouchen [-ʃen] 男 シュシェン(はちみつ酒).

chouchou 名《話》お気に入り.
━ 男 (ゴム芯の)布の髪留め.

chouchouter 他 甘やかす, えこひいきする. ❑ **chouchoutage** 男

choucroute 女 [料] シュークルート(発酵させた千切りの塩漬けキャベツ).

chouette¹ 女 フクロウ.
◇ *vieille ～* 意地悪ばあさん.

chouette² 形《話》すてきな, すごい.
━ 間 《～ (alors)!》しめた, やった.
❑ **chouettement** 副

chou-fleur;《複》**～x-～s** 男 カリフラワー.

chouiner 自《話》しゃくりあげる, 泣く.

chou-navet;《複》**～x-～s** 男 [植] ルタバガ, スウェーデンカブ.

choupette 女 (乳幼児の)髪の房.

chouquette 女 ベビー・シュークリーム.

chou-rave;《複》**～x-～s** 男 [植] コールラビー, カブキャベツ.

chouriner 他《俗》短刀で刺す.

choute chou の女性形.

chow-chow [ʃoʃo];《複》**～s-～s** 男 チャウチャウ犬.

choyer 他 かわいがる; (感情, 考えを)抱く, はぐくむ.

chrême 男 [キ教] 聖香油.

chrémeau; 複 **x** 男 [キ教] ❶ 聖香油をぬぐ布. ❷ (洗礼を受けた子供にかぶせる)白布帽子.

chrestomathie 女 古典名文[名詩]選.

chrétien, ne 形 キリスト教(徒)の; キリスト教徒にふさわしい, 隣人愛あふれる. ━ 名 キリスト教徒.

chrétiennement 副 キリスト教徒らしく.

chrétienté 女《集合的》キリスト教徒[国, 世界].

chris(-)craft [-ft] 男《不変》商標 クリスクラフト(モーターボート).

christ [krist] 男 ❶ (**C～**) キリスト. ❷ 磔刑(は付)のキリスト像.

christiania 男《スキー》クリスチャニア.

christianiser 他 キリスト教に改宗させる; キリスト教化する. ━ **se ～** キリスト教に改宗する; キリスト教化する. ❑ **christianisation** 女

christianisme 男 キリスト教.

christique 形《キ教》キリストの.

chromage 男 クロムめっき.

chromatique 形 [楽] 半音(階)

chromatisme の; [光]色彩の; [生]染色体の.
chromatisme 男 [文章]色彩, 彩色; [楽]半音階主義 [多用]; [光]収差.
chromatophore 男 [生]色素胞; 色素体.
chromatopsie 女 [医]色覚; 色視(症).
chrome 男 [化]クロム; [複数]クロムめっき部分.
chromé, e 形 ❶ クロムを含む; クロムめっきした. ❷ [革] cuir ~ クロム革.
chromer 他 クロムめっきする.
chromisation 女 [金]クロマイジング(クロムによる鉄器表面の合金化).
chromiste 名 [印] (カラー印刷の)写真製版工.
chromo 男 多色刷石版画.
—— 男 [軽蔑]けばけばしい彩色画.
chromogène 形 [化]色原体の; [写]発色の.
chromolithographie 女 多色刷石版技法 [画].
chromosome 男 染色体.
chromosomique 形 染色体の.
chromotypographie / chromotypie 女 [印]カラー [プロセス] 印刷.
chronicisation 女 (疾患の)慢性化. ◊**se chroniciser** 代動
chronicité 女 慢性状態.
chronique 形 ❶ 慢性の, 編年史の. ❷ コラム; 時評. ❸ うわさ, ゴシップ.
chronique 形 慢性化の.
chroniquement 副 慢性的に.
chroniquer 自 コラム記事を書く.
—— 他 時評欄で扱う.
chroniqueur, se 名 時評欄担当記者. —— 男 年代記作者, 編年史家.
chrono 男 ストップウォッチ; クロノメーター.
chronobiologie 女 時間生物学. ◊**chronobiologiste** 名
chronographe 男 [天]クロノグラフ; ストップウォッチ機能付時計.
chronologie 女 年表, 年譜; 年代順.
chronologique 形 年代順の, 年代学の. ◊**chronologiquement** 副
chronophage 形 時間を食う.
chronométrage 男 時間測定.
chronomètre 男 ストップウォッチ; クロノメーター.
chronométrer 6他 (ストップウォッチで)計時する; (…の)時間を正確に測定する.
chronométreur, se 名 時間測定係, タイムキーパー.
chronométrique 形 クロノメーターの; (時間の)正確な.
chronorupteur 男 [電] (自動的に切れる)タイマーの一種.
chrysalide 女 蛹(さなぎ).
chrysanthème 男 菊.
chryséléphantin, e 形 [古い] 金と象牙(ぞうげ)の.
chrysocale / chrysocalque 男 [金]模造金.
chrysolite 女 [鉱]クリソライト.

chrysomèle [kri-] 女 [昆]ハムシ.
chrysomélidés 男複 [昆]ハムシ科.
C.H.S. 男 [略] Centre hospitalier spécialisé 特別医療センター(精神病院の正式名称).
chthonien, ne 形 [ギ神](神々の)冥(めい)界の.
chu, e choir の過去分詞.
chu- 略 ⇒ choir.
C.H.U. 男 [略] Centre hospitalo-universitaire 大学病院センター.
chuchotement 男 ささやき, ひそひそ話.
chuchoter 自 ささやく, ひそひそ話をする; ざわめく. —— 他 ささやく.
chuchoterie 女 [古・話]内緒話; 陰口, うわさ.
chuchoteur, se 名 ささやき声の(人); ひそひそ話の好きな(人).
chuchotis 男 かすかなささやき.
chuintant, e 形 [音声]シュー音の.
—— 女 シュー音の[ʃ], [ʒ].
chuintement 男 ❶ [言]シュー音を出すこと; [s], [z] を [ʃ], [ʒ] と発音する誤り. ❷ しゅうしゅうという音.
chuinter 自 (フクロウが)鳴く; (ガスなどが)しゅうしゅういう; [音声]シュー音を出す.
chut [-t] 間 しっ, 静かに.
chute 女 ❶ 転倒, 転落; 落下; 脱落. ❷ 低下, 減少, 下落; 挫(くじ)折, 失敗, 没落; 崩壊; 堕落. ❸ 滝 (= ~ d'eau). ❹ 終結部, 結び (詩句, 楽句中で声を落とすところ). ❺ [裁断後の]残片, 切れ端. ❻ [ゲーム] (ブリッジで)ダウン. ◊~ **des reins** 腰(こし). ~ **libre** 自由落下; (価値, 信用の)急激な低下. **point de ~** 落下点; 落ち着き先.
chuter[1] 自 倒れ込む, 低下する; [話]落ちる, 倒産する; 失敗する.
chuter[2] 他 しっ [静かに] と言う.
chutney [ʃœt-] 男 [料]チャツネ.
chva [ʃva] 男 [言]シュワー, 曖昧(あいまい)母音.
chyle 男 [生理]乳糜(にゅうび).
chyme 男 [生理]糜粥(びじゅく).
Chypre 女 キプロス(共和国).
chypre 男 キプロスワイン; シープル(香水の一種).
chypriote 形 キプロス島の.
—— 名 (C~) キプロス島の人.
—— 男 (ギリシア語の)キプロス方言
ci[1] 副 ❶ **ce** [cet, cette, ces] ... -**ci** この…. ❷ celui [celle, ceux, celles]-**ci** こちらの人 [もの]; 後者. ❸ **ci**-... ここに…. ~ **témoins** ci-présents ここに出席の証人.
ci[2] 代 [指示]これ. ◊**comme ci comme ça** 話 まあまあ.
ciao [tʃao] 間 [伊]さよなら.
ci-après 副 ❶ 以下に, 次に, 下記に. ❷ 今後, 将来.
cibiste 名 ⇒ cébiste.
ciblage 男 [広]ターゲット設定. ▶ ~ **de mutations induites par le génome** [生]誘発原因判断標的法.
cible 女 的; 目標.

ciblé, e 形 [広]ターゲットを絞り込んだ.
cibler 他 [広]ターゲットを定める.
ciboire 男 [カト]シボリウム, 聖体容器 (聖体拝領のパンの器).
ciboule 女 ネギ; 俗頭.
ciboulette 女 [植]アサツキ.
ciboulot 男 俗頭.
cicatrice 女 傷跡.
cicatriciel, le 形 傷跡の; 瘢痕(ぱん)の.
cicatrisable 形 (傷が)癒合し得る.
cicatrisant, e 形 癒合を促進する.
—— 男 癒合剤; 瘢痕(ぱん)形成剤.
cicatrisation 女 (傷の)癒合; [医]童心の傷がいえること.
cicatriser 他 (傷口を)癒合させる; いやす.
—— 自 癒合する, 治る (=se ～).
cicéro 男 [印]シセロ (欧文活字の大きさの古称. 12ポイントに相当する.
cicérone 男 (外国人相手の)ガイド.
cicindèle 女 [昆]ハンミョウ.
ciclosporine 女 [薬]シクロスポリン (臓器移植での拒否反応を抑制する).
ci-contre 副 反対ページに; 欄外に.
ci-dessous 副 下に, 下記に.
ci-dessus 副 上に, 上記に.
ci-devant 副 前に, 先に, 前記で.
—— 形 (不変)旧…, 元….
—— 名 (不変)旧貴族.
cidre 男 シードル, りんご酒.
cidrerie 女 シードル醸造所 [法].
Cie [kɔ̃pani] (略) compagnie 会社.
ciel; [複] ～s (または cieux) 男 ① 空, 天. ② 気候, 風土; 地方. ③ 天国; 神; 摂理. ④ (寝具の)天蓋(がい), 天幕. ◇à ～ ouvert 戸外の [で]; あけっぴろげの [で]. au nom du ～ 後生だから; entre ～ et terre 空中に, 宙ぶらりんの [で]. tomber du ～ 突然やってくる; あっけにとられる.
—— **ciel** / **cieux** 間 ありがたい; どうしよう, なんてことだ (= Juste ～!).
—— 形 (不変)空色の (=bleu ～).
cierge 男 (教会用の)大ろうそく; [植]ハシラサボテン.
cieux ciel の複数形.
CIF (略) [英] 形, 副 cost, insurance, and freight 運賃保険料込み渡しの [で].

cigale 女 [昆]セミ; [動] ～ de mer セミエビ, シャコ.
cigare 男 葉巻.
cigarette 女 紙巻きたばこ.
—— 形 (パンツが)細身の.
cigarettier 男 紙巻きたばこ製造者.
cigarier, ère 名 葉巻工場の従業員, たばこ工場の従業員.
cigarillo 男 [西]シガリロ (細巻きの葉巻).
ci-gît 男 [複] **ci-gisent** (墓碑銘で)……ここに眠る.
cigogne 女 [鳥]コウノトリ.
ciguë 女 ドクニンジン(の毒).
ci-inclus, e 形 同封の.
ci-joint, e 形 添付の, 同封の.
cil 男 まつげ.
ciliaire 形 まつげの.
cilice 男 (修道者の)苦行衣.
cilié, e 形 まつげのある; [生]繊毛のある.
—— 男複 繊毛虫類.
cillement 男 まばたき.
ciller 自 まばたきする. ◇ne pas ～ まばたき一つしない; 微動だにしない.
—— 他 [文学] (目を)しばたく.
cimaise 女 ❶ [建]サイマ, 刳(く)形. ❷ (展覧会場の)絵の展示場所.
cime 女 頂, 頂上; 絶頂.
ciment 男 セメント; (精神的な)絆(きずな), 結び付き.
cimenter 他 ❶ セメントで接合する; セメントを塗る. ❷ 強固にする. —— se ～ 強化される. ⇨ **cimentation** 女.
cimenterie 女 セメント工業 [工場].
cimentier 男 左官, セメント工.
cimeterre 男 偃月(えんげつ)刀.
cimetière 女 ❶ 墓地, 墓場. ❷ 廃品置場, 廃物処理場.
cimier 男 (かぶとの)羽根飾り.
cinabre 男 ❶ [鉱]辰砂(しんしゃ). ❷ 朱色, 鮮紅色.
cincle 男 [鳥]カワガラス.
cindynique 女 危険予防学. ⇨**cindynicien, ne** 名.
ciné 男 [話] 映画館.
cinéaste 名 映画監督.
ciné-club [-klœb] 男 シネクラブ; 映画研究会.
cinéma 男 ❶ 映画; 映画界. ❷ 映画館. ❸ 話 芝居, はったり.
cinémanie 女 映画マニア.

---

cinéma 映画
—— クレジットタイトルの読み方 ——

distribution 配給 / co(-)production 共同製作 / un film de... 監督 / scénario et dialogue(s) 脚本 / adaptation 脚本 / d'après [inspiré du] roman de... 原作 / musique (de)... 音楽 / directeur [direction] de la photographie..., image(s) (de)..., prise(s) de vue(s)..., caméra man カメラマン / assistant réalisateur [à la réalisation] 助監督 (演出補佐)
décor(s) (de)..., chef décorateur..., ensemblier 大道具 / accessoiriste 小道具 / chef maquilleuse [ma-quilleur]..., maquillage... メイキャップ/ coiffures ヘアメイク / costumes (de)... 衣装 / scripte..., script-girl... スクリプター [記録]... / son (de)..., ingénieur du son..., 録音... / photographe スチール / régisseur général..., régie (de)... 制作進行 / montage (de)..., chef monteur [monteuse]... 編集 / montage son [sonore] 録音編集 / effets spéciaux 特殊効果/ studio 撮影所, ラボラトリー 現像所 / directeur [direction] de (la) production..., producteur exécutif..., produit par... 製作 ... / visa de contrôle N°... 検閲第一号

Cinéma Scope 商標／**ciné-mascope** 男[映]シネマスコープ.

Cinémathèque 女 シネマテーク, フィルム・ライブラリー.

cinématique 女, 形 運動学の.

cinématographe 男 ❶ シネマトグラフ(リュミエール兄弟の発明した撮影機兼映写機). ❷ 古風 映画.

cinématographie 女 映画術.

cinématographier 他 映画に撮る.

cinématographique 形 映画の. ► industrie ～ 映画産業.

cinéma-vérité 女 シネマ・ヴェリテ(インタビュー中心のドキュメンタリー).

cinémomètre 男 回転速度計.

ciné(-)parc 男 カナダ ドライブインシアター.

cinéphile 名, 形 映画ファン(の).

cinéraire 形 死者の灰を納める.

cinérama 男 商標 シネラマ.

cinérite 女[地]凝灰(かい)岩の一種.

cinéroman 男 ❶ 映画の写真をもとに作られた映画フォトストーリー. ❷ (無声映画の)連続活劇, シリーズ映画.

ciné-shop [-ʃɔp] 男 シネショップ(映画関係の本, ポスターなどを売る店).

cinéthéodolite 男 映像による経緯儀.

cinétique 形 動力学的な.
— 女 動力学；[化]反応運動論.

cing(h)alais, e 形 セイロン Ceylan の, スリランカ Sri Lanka の.
— 名 (C～)セイロン人, スリランカ人.
— 男 シンハラ語.

cinglant, e 形 仮借ない；(雨, 風が)激しく降る；痛烈な.

cingle 男 ドルドーニュ川の屈曲部.

cinglé, e 形, 名 話頭のおかしい(人).

cingler[1] 自 文語 (船が)向かう.

cingler[2] 他 強く[絶え間なく]打つ；非難[攻撃]する.

cinnamome 男[植]クスノキ, ニッケイ, ケイジ.

cinoche 男 俗 映画館.

cinq [-k] 男[数](不変)(子音字と有音の h の前では [sɛ̃]) が原則だが, [sɛ̃:k] とも発音する)5つの；5番目の. ◊ ～ minutes ごくわずかの時間. les ～ lettres [sr̃] (くそっ(5文字便 merde の遠回しな表現).
— 男 (不変)(常に [-k])5；5日；5番；5番目；5号.
◊ en ～ sec すばやく. Il [C'] était moins ～. 危うく間に合った.

cinq-à-sept [-kasɛt]男(不変)(夕方の)パーティー.

cinquantaine 女 およそ50(歳).

cinquante 形[数](不変)50の；50番目の. ❷ 50番.

cinquantenaire 形 50歳の.
— 名 50歳[代]の人.
— 男 50周年, 50年祭.

cinquantième 形 50番目の；50分の1の. ❷ 名 50番目の人[物]. — 男 50分の1.

cinquième 形 5番目の；5分の1の. ❷ 名 5番目の人[物]. — 男 5分の1；6階；第5区. — 女 第5学級(⇒ terminale)；(ギアの)5速.

cinquièmement 副 5番目に.

cintrage 男 曲げ加工.

cintre 男 ❶ 洋服掛け, ハンガー. ❷[建](円天井, アーチなどの)湾曲面, 内輪. ❸(複数)(舞台天井の)簀子(こ).

cintré, e 形 ❶ アーチ形の. ❷ウエストを絞った. ❸ 俗 頭が少し変な.

cintrer 他 アーチ形に造る, 曲げ加工する；(仕立て服の)ウエストを絞る.

cipaye [-paj] 男 (インド駐在英仏軍の)インド人兵士, セポイ.

cipolin 男 雲母(うんも)大理石.

cippe 男[古史](墓標, 里程標として用いた)標柱, 標石.

cirage 男 ❶ ワックス；靴墨. ❷ ワックス塗り, 蠟(ろう)引き；靴磨き.
◊ être dans le ～ 朦朧(もうろう)としている.

circadien, ne 形[生]日周期の.

circaète 男[鳥] ハラジロワシ.

circoncire 69 他 割礼を行う.

circoncis, e 形, 名 割礼を受けた(男)；(軽蔑) ユダヤ教徒, イスラム教徒.

circoncision 女 割礼.

circonférence 女 円, 円周；周囲, 周り.

circonflexe 形[文法] accent ～ アクサン・シルコンフレックス(^).

circonlocution 女 婉曲な表現.

circonscription 女 区画, 管轄区域；選挙区.

circonscrire 78 他 (土地などを)囲む, 境界を定める；(問題, 対象を)限定する；(災害などの)広がりを防ぐ.
— se ～ 限定[制限]される.

circonspect, e [-(kt), kt] 形 用心深い, 慎重な, 熟慮する.

circonspection 女 用心深さ, 慎重さ.

circonstance 女 ❶(多く複数)情勢, 状況；事情. ► ～s atténuantes[法]情状酌量. ◊ de ～ その場にふさわしい；ある出来事に関した.

circonstancié, e 形 詳細な.

circonstanciel, le 形[文法]状況による[応じた]；[文法]状況を示す.

circonvenir 28 他 籠絡(ろうらく)する, 丸め込む.

circonvolution 女 渦巻, 渦状回.

circuit 男 ❶ 周囲, 一周；(競走路の)コース, サーキット；周遊；⋯巡り. ❷ 複雑な経路；たらい回し. ❸[経]流通(経路)；[電]回路, 回線.
◊ en ～ fermé — 定範囲内の[で]；閉鎖的な[に]. être hors ～ (流れから取り残されている, 局外に置かれている. remettre dans le ～ 再び用いる[流通させる].

circulaire 形 円の, 丸い, 環状の；周遊の；堂々巡りの.
— 女 回状, 通達.

circulairement 副 円形に.

circulant, e 形 流通[循環, 巡回]する.

circulariser 他 (軌道を)円形にする.

circularité 女 円形, 環状(性).

circulation 女 ❶ 循環；血行.

交通(量), 通行. ❸ 流通; 流布.
circulatoire 形『解』血液循環の.
circuler 自 ❶ 循環する, 流れる. ❷ 通行する. ❸ 流通する; 流布する.
circumambulation [-kɔ̃ma-] 女 (呪いや祈願で)周りを回ること.
circumlunaire [-kɔm-] 形 月の周囲の; 月に関する.
circumnavigation [-kɔm-] 女 周航.
circumpolaire [-kɔm-] 形 北極[南極]を巡る;『天』天の北極[南極]に近い.
cire 女 蝋(ろう); 蜜蝋(みつろう); ワックス; 封蝋.
ciré, e 形 ワックスをかけた, 蝋(ろう)引きした; 防水の. —男 防水加工した布.
cirer 他 ワックスを塗る, 蝋(ろう)を引く; 靴墨で磨く.
cireur, se 名 靴墨で磨く人; 靴磨き. —男 (床のワックスがけ用)ポリッシャー.
cireux, se 形 蝋のような色の.
cirier, ère 形 蝋(ろう)をつくる.
—男 ❶ ろうそく製造[販売]業者, 蝋細工師. ❷『植』ヤマモモ.
—女 巣作りバチ.
ciron 男『昆』コナダニ.
cirque 男 サーカス; 話騒ぎ, 混乱; 面倒; 円形競技場;『地形』カール, 圏谷.
cirrhose 女 肝硬変.
◊**cirrhotique** 形
cirrocumulus [-s] 男 巻積雲.
cirrostratus [-s] 男 巻層雲.
cirrus [-s] 男 巻雲(けんうん).
cirse 男『植』アザミ.
cisaille 女 (多く複数)大ばさみ; せん断機.
cisaillement 男 ❶ せん断, 切断. ❷ 交差点.
cisailler 他 せん断する, 挟み切る; (刃物で)傷つける.
cisailleuse 女 せん断機.
cisalpin, e 形 (ローマから見て)アルプスのこちら側の.
ciseau 男 [複] x 複複 はさみ. ► —x moléculaires『生』分子バサミ. ❷ のみ, 鑿(のみ). ❸ [複数]挟み飛び; (レスリングの)シザーホールド.
ciseler 他 彫金する, 刻みを入れる; 推敲(すいこう)する.
◊**cisèlement / ciselage** 男
ciselet 男 小型のみ, 彫刻刀.
ciseleur 男 彫金師.
ciselure 女 彫金細工.
cisjuran, e 形 (パリから見て)ジュラ山脈のこちら側の.
ciste 男『植』ハンニチバナ科の小低木.
cistercien, ne 形, 名 シトー会の(修道者).
cistre 男『楽』シターン(16, 17世紀の撥(ばち)弦楽器).
cistude 女『動』ヨーロッパヌマガメ.
citadelle 女 城塞(じょうさい), 砦(とりで); 拠点.
citadin, e 形, 名 ❶ 都市の ❷ 都市生活の. —男 都市走行用の車.
citation 女 ❶ 引用(文). ❷ (裁判所への)召喚(状). ❸『軍』表彰.

clabaudeur

cité 女 ❶ 都市の;《C～》(中世以来の)旧市街. ❷ 集合住宅地区. ❸ (古代の)自治共同体, 都市国家.
◊*droit de ～* 市民権.
cité-dortoir 女[複] ～s-～s ベッドタウン.
cité-jardin 女[複] ～s-～s 田園都市.
citer 他 ❶ 引用する; 引き合いに出す, 挙げる. ❷ 召喚する; 表彰する. —**se ～** 自分を引き合いに出す.
citerne 女 雨水だめ, 貯水槽; タンク.
cithare 女『楽』❶ チター(南ドイツ, オーストリアの撥(ばち)弦楽器). ❷ キタラ(古代ギリシアの撥弦楽器).
cithariste 名 チター奏者.
citizen band [-zanbɑ̃d] 女 ⇨ C.B.
citoyen, ne 名 ❶ 市民, 国民. ❷ 話 野郎, やつ. ❸『史』市民, 同志(フランス革命時の, monsieur, madame, mademoiselle の代わりの呼称).
—形 市民的な, 市民らしい.
citoyenneté 女 市民権.
citrique 形『化』acide ～ クエン酸.
citron 男 レモン; 俗 顔, 頭.
—形『不変』レモン色の.
citronnade 女 レモネード.
citronné, e 形 レモン入りの, レモンの香りの.
citronnelle 女 ❶ レモンの香りのする植物. ❷ シトロネル(リキュール).
citronnier 男 レモンの木.
citrouille 女 カボチャ; 俗 (大きな)頭.
cive / civette 女 ⇨ ciboulette.
civelle 女『魚』シラスウナギ.
civet 男『料』シヴェ(ウサギ, 鹿などの赤ワイン煮込み).
civette 女 ❶『動』ジャコウネコ. ❷ 霊猫(れいびょう)香.
civière 女 担架.
civil, e 形 ❶ 市民の, 民間の, 文民の; 世俗の, 非宗教的な;『法』民事の. ❷ 古風 礼儀正しい. —男 ❶ 一般市民; 民間人. ❷ 市民生活. ❸『法』民事. ◊*en ～* 私服[平服]で.
civilement 副 ❶『法』民事上, 民法上. ❷ 宗教の儀式によらずに.
civilisateur, trice 形 文明化を促進する, 開化する.
civilisation 女 文明; 文明化, 開化.
civiliser 他 文明化[開化]する; 話 行儀を教える, 洗練させる. —**se ～** 文明化[開化]する; 話 礼儀正しくなる, 洗練される. ◊**civilisé, e**
civiliste 名 民法学者.
civilité 女 ❶ [複数]文章 敬意, 挨拶. ❷ 古風 儀礼, 礼儀作法.
civique 形 公民の, 市民の.
civisme 男 公民精神, 市民意識.
Cl『記』『化』chlore 塩素.
cl『記』centilitre センチリットル.
clabauder 自 文章 わめき立てる; 悪口を言う. ◊**clabaudage** 男
clabauderie 女 文章 悪口, 中傷.
clabaudeur, se 形, 名 文章 騒がしくわめき立てる(人), 悪口を言う(人).

claboter 自 死ぬ.
clac 間 ピシャリ, ビシャリ, カチャッ.
clade 男《生》クレード(共通の祖先を持つ動植物群).
cladisme 男《生》分岐学.
cladistique 形《生》分岐学の.
　――女 分岐学.
cladogramme 男《生》分岐図.
clafoutis 男《菓》クラフティ(果物とクレープ生地を流し込んで焼く).
claie 女(柳の枝の)簀子(ﾆ); 金網.
clair, e 形 ❶ 明るい; (色の)薄い, 淡い. ❷ 透明な, 澄んだ; (ソースなどが)薄い. ❸ (音, 声が)よく通る, 明瞭な. ❹ 明快な, 分かりやすい; 明白な.
◇Son affaire est ~e. 彼(女)は罪を受けずに済むまい.
　――副 明らかに; はっきりと, 明確に.
　――男 光, 明るさ. ❷《複数》(絵画などの)明るい部分.
◇en ~ 明確に: はっきり言えば; (暗号でなく)普通の文字で[の]. le plus ~ de … …の大部分; 重要部分, 核心. mettre au ~ 清書する; はっきりさせる. tirer au ~ 明らかにする. ~ de lune カキ養殖池; 養殖カキ(=fine de ~).
clairance 女 ❶《生》清掃率, 浄化値. ❷《航》クリアランス.
clairement 副 はっきりと, 明確に.
clairet, te 形 (色, 濃度が)薄い; (声が)よくとおる. ――男 薄色の赤ワイン.
claire-voie 《複》~s-~s 女 ❶ 透かし垣根; 柵(ﾊ).
clairière 女(森林中の)空地.
clair-obscur;《複》~s-~s 男 ❶ キアロスクーロ, 明暗描法[効果]. ❷ 淡い光, 薄明かり.
clairon 男(軍隊の)ラッパ; ラッパ手.
claironnant, e 形 甲高い.
claironner 他(吹聴(ｼﾞ)…する.
　――自 甲高い声をだす; 歓呼をあげる.
clairsemé, e 形 まばらな.
clairvoyance 女 ❶ 洞察力, 先見の明; (超心理学で)透視.
clairvoyant, e 形, 名 ❶ 洞察力のある(人).
clam [klam] 男《英》《貝》ハマグリ.
clamecer 自 ⇒ clamser.
clamer 他 大声で叫ぶ, わめく.
clameur 女 騒然たる叫び, 騒ぎ; ごうごうたる非難, 激しい抗議.
clamp [-p] 男《医》鉗子(ｶﾝ).
clamper 他《医》鉗子(ｶﾝ)をかける.
clamser 自 死ぬ.
clan 男《英》仲間, 派閥; 氏族;《民》クラン.
clandestin, e 形 秘密の, 隠れた; 違法の, 闇(ﾔﾐ)の.
clandestinement 副 ひそかに; 不法に.
clandestinité 女 秘密の, 非合法性.
clanique 形 一味の, 仲間の; 氏族の;《民》クランの.
clanisme 男 派閥主義.
clap 男《映》カチンコ.
clapet 男 弁, バルブ;《口》おしゃべり. ◇Ferme ton ~! 黙れ.
clapier 男 ウサギ小屋.

clapir 自 (ウサギの)鳴く.
clapotage / clapotement / clapotis 男 波だち; ひたひたいう音.
clapoter 自 (波が)ひたひた[ぴちゃぴちゃ]音を立てる.
clappement 男 舌鼓, 舌打ち.
clapper 自 舌鼓を打つ, 舌打ちする.
claquage 男 肉離れ.
claquant, e 形《口》疲れさせる.
claque[1] 女 ❶ 平手打ち. ❷《集合的》さくら. ❸ 失敗, 損害. ◇en avoir sa ~ (de…) (…は)もうたくさんだ. tête à ~ 不愉快な顔; 嫌なやつ.
claque[2] 男 オペラハット(=chapeau ~); 俗売春宿.
claquement 男 パタン, カチカチ, パタパタ, ピシッ (戸, 歯, 旗が立てる音).
claquemurer 他 閉じ込める.
　――se ~ 閉じ[引き]こもる.
claquer 自 音を立てる, 鳴らす. ❷ 壊れる, 切れる, 破裂する; 死ぬ. ◇ ~ dans la main 失敗する, つぶれる. ――他 ❶ 平手打ちを食わす; ぱたんと閉じる. ❷ 浪費する; へとへとにさせる. ◇ ~ la porte au nez de [à] … …に門前払いを食わせる.
　――se ~ ❶ 自滅する. ❷ (自分のアキレス腱などを)切る, 痛める.
claquette 女 ❶《映》カチンコ. ❷《複》タップ; タップダンス.
clarificateur, trice 形 明確にする, 明らかにする.
clarifier 他 ❶ 浄化する, 濾(ｺ)す. ❷ 明確にする. ――se ~ ❶ 澄む; はっきりする. ❷ clarification.
clarine 女(家畜の)鈴.
clarinette 女 クラリネット.
clarinettiste 名 クラリネット奏者.
clarisse 女《カト》クララ会修道女.
clarté 女 ❶ 光, 明かり; 明るさ. ❷ 透明さ, 澄んでいること. ❸ 明晰(ﾐﾝ)さ, 明瞭さ. ❹《複数》文章 知識, 情報.
clash [-ʃ] 男;《複》~(e)s 男《米》衝突, 激しい対立, 決裂.
class [-s] 形《不変》口 優れた, しゃれた.
classe 女 ❶ 階級, 階層; 身分. ❷ 種類, タイプ; 等級. ❸ 学級, クラス; 教室(=salle de ~); 授業. ◇ livre de ~ 教科書. ❹《軍》(兵隊の)入隊期; 同年兵.
◇avoir ~ 授業がある. avoir de la ~ 品 [才能] がある, 優れている. ~ verte [de neige] 林間学校[スキー教室]. de ~ 一流の. en ~ 学校で [に]. faire ~ (先生が)授業中である. faire la ~ の授業をする; 教職に就いている. faire ses ~ s 新兵教育を受ける; (仕事などで)経験を積む.
　――形《不変》口 上品な, 優雅な, 洗練された.
classement 男 ❶ 分類, 整理. ❷ 席次, 順位; 格付け.
classer 他 ❶ 分類 [整理] する; ランク付けする; 認定する. ❷ 処理 [解決] 済みとする; 見限る.
　――se ~ ❶ 分類される; 第…位になる.
classeur 男 (分類用)ファイル; キャビネット.

classeuse 囡 ~ totalisatrice 費目別合計金銭登録器.

classicisme 男 ❶ 古典主義. ❷ 古典的風格; 伝統の尊重.

classieux, se 形 上流(階級)の.

classificateur, trice 形, 名 分類[整理]する(人).

classification 囡 分類(法).

classificatoire 形 分類に役立つ; 類別的な.

classifier 他 分類[類別]する.

classique 形 ❶ (古代ギリシア・ローマを指して)古典の. ❷ 古典主義の. ❸ 規範となる, 権威のある; 伝統[正統]的な. ❹ ありきたりの, 月並な, 通常の. ❺ 学校で教えられる.
— 男 ❶ (古代ギリシア・ローマの)古典作家; (17世紀の)古典主義作家; 古典主義者. ❷ 古典的作家[作品]. ❸ クラシック音楽[バレエ].
— 囡 (自転車の)クラシックレース.

classiquement 副 古典的に; 伝統的に, 慣例的に; ありきたりの方法で.

claudicant, e 形 足の不自由な.

claudication 囡 足が不自由なこと; 跛行(はこう).

claudiquer 自 足を引きずって歩く.

clause 囡 (契約などの)条項.
◇~ **de style** (契約書の)決まり文句, 例文; たいした意味のない言葉.

claustra 男(複) ~(s) 形 囡【建】クロストラ(採光用の穴をあけた仕切り壁や間仕切り).

claustral, ale 形【男複】**aux** 形 修道院内の; 厳格な.

claustration 囡 文章 監禁, 幽閉; 蟄(ちっ)居.

claustrer 他 文章 閉じ込める.

claustrophobe 形 閉所恐怖症(の患者).

claustrophobie 囡 閉所恐怖症.

clavaire 囡【菌】ホウキタケ.

claveau;(複) **x** 男【建】迫(せ)り石.

clavecin 男【楽】チェンバロ.

claveciniste 名 チェンバロ奏者.

clavette 囡 (機械部品などの固定用)キー, ピン; 楔(くさび).

clavicorde 男【楽】クラヴィコード(ピアノの前身).

clavicule 囡【解】鎖骨.

clavier 男 ❶ 鍵(盤). ❷ キーボード. ❸ 声域, 音域; (才能などの)広がり, 幅.

claviériste 名 キーボード奏者.

claviste 名【印】キーパンチャー.

clayère 囡 カキ養殖池.

clayette 囡 かご; 小型の簀子(すのこ) (冷蔵庫の棚).

clayon 男 柳のかご[ざる].

clayonnage 男 土留め.

clean [klin] 形(不変) きれいな, 清潔な; 麻薬をやっていない.

clebs [-ps] 男 俗 犬.

clef [kle] / **clé** 囡 ❶ 鍵(かぎ). ❷ 手がかり, 糸口; (謎解きの)キーワード, コード. ❸ (成功への)足がかり; 要所. ❹ (他の名詞と多くハイフンで結びついて)鍵になる, 主要な. ▷ **point(-) ~** キーポイント. ❺ スパナ; 鍵穴, コック. ❻【楽】音部記号; (管楽器の)キー.

◇**à la** ~ 当然の結果[報い]として. ~ **de voûte**【建】ボールトの要(かなめ); 要, 根本. ~**s en main** (売却, 購入に際して)すぐ使える状態で[の], 即日入居可能な. **la ~ des champs** 行動の自由. **mettre la ~ sous la porte** こっそり引っ越す, 夜逃げする. **roman à ~(s)** モデル小説. **sous ~** 鍵をかけて, 閉じ込めて.

clématite 囡【植】クレマチス.

clémence 囡 寛大さ; 穏やかさ, 温暖.

clément, e 形 寛大な; 穏やかな, 温暖な.

clémentine 囡【植】クレマンティヌ (オレンジとミカンの交配種).

clémentinier 男【植】クレマンティヌの木.

clémenvilla [-la] 囡 クレマンヴィラ(柑橘類の一種).

clenche 囡 (錠の)掛け金.

clepsydre 囡 (古代ギリシアの)水時計.

cleptomane 名 盗癖狂の人.

cleptomanie 囡 盗癖狂.

clerc [klɛːr] 男 ❶ (代訴士, 公証人の)助手. ❷ 聖職者.
◇**ne pas être ~ en la matière** それについては無知[無能]である.

clergé 男 (集合的) 聖職者.

clergyman [-man];(複) **men** [-mɛn] 男【英】(英国国教会の)聖職者, 牧師.

clérical, ale 形【男複】**aux** 形 聖職者の; 聖職者至上主義者の, 教権支持の. — 名 聖職者至上主義者, 教権支持者.

cléricalisme 男 聖職者至上主義 (聖職者が政治力などに干渉すること).

cléricature 囡 聖職者[公証人補]の身分.

Clermont-Ferrand クレルモンフェラン (Puy-de-Dôme 県の県庁所在地).

clic 間 カチッ, ピシッ.
— 男【情報】クリック.

clic-clac 男(不変) 商標 ソファーベッド.

cliché 男 ❶ 月並な表現[考え]. ❷【印】版;【写】ネガ; 写真.

clicher 他【印】製版する.

clicherie 囡【印】製版所.

client, e 名 ❶ 客, 依頼人, 患者; 取引先, クライアント. ❷ なじみ客, 常連. ❸ 話 やつ. ❹【情報】クライアント.

clientèle 囡 ❶ (集合的)客, 依頼人, 患者; 取引先; ひいき客. ◇**accorder [retirer] sa ~ à ...** …の店のなじみになる[なじみをやめる]. ❸ (集合的)支持者.

clientélisme 男 利益誘導政策, 人気取り政策. ▷ **clientèle**

cligner 他 (目を細める). ❶ (目を)細める, しばたたく. — 自 **~ de l'œil** ウィンクする. ❷ **~ des yeux** 目を細める[しばたたく]. ❸ (目が)まばたきする; 点滅する.
▷ **clignement** 男

clignotant, e 形 まばたく, 点滅する. — 男 ウィンカー;【経】赤信号, 危

clignotement 男 危険警告指示灯.

clignoter 自 まばたきする, 点滅する, またたく.

clignoteur 男 ⇨ clignotant.

climat 男 ❶ 気候, 風土. ❷ 環境, 雰囲気; 情勢, 風潮.

climatérique 形 厄の. ―― 女 厄年.

climatique 形 ❶ 気候の, 風土の. ❷ **station** ～ 保養地.

climatisation 女 冷房, 空調.

climatisé, e 形 空調設備を備えた.

climatiser 他 空調設備を付ける.

climatiseur 男 空調［冷房］装置.

climatisme 男 保養地運営上の問題, クリマティズム.

climatologie 女 気候学.

climatologique 形 気候学の.

climatologue / climatologiste 気候学者.

climax [-ks] 男 クライマックス.

clin d'œil (複) ～**s** ～ (ときに ～**s d'yeux**) 男 目くばせ, ウィンク. ◇**en un** ～ またたく間に.

clinicat 男 臨床教育担当医の職.

clinicien, ne 名 臨床家 (=médecin ～).

clinique 形 臨床の. ―― 女 ❶ 私立病院. ❷ 臨床医学［教育］.

cliniquement 副 臨床的に.

clinomètre 男 傾斜計.

clinquant, e 形 金ぴかの, けばけばしい. ―― 男 けばけばしさ; 粗悪な模造品.

clip¹ [-p] 男〔英〕クリップ (ブローチ, イヤリングなどバネ式金具で留める宝飾品).

clip² [-p] 男〔米〕プロモーションビデオ.

clipper 他 クリップで固定する.

cliquable 形〔情報〕クリックできる.

clique 女 ❶ 一味, 仲間; 徒党, 派閥. ❷ (太鼓などの) 軍楽隊. ◇**prendre ses** ～**s et ses claques** 話 (一切合切持って) 急いで立ち去る.

cliquer 自〔情報〕クリックする.

cliquet 男 (車の) 歯止め.

cliqueter ④ 自 がちゃがちゃいう.

cliquetis / cliquètement 男 ❶ (固い物どうしの) かち合う音. ❷ ～ **de mots** 内容のない大げさな言葉遣い.

clisse 女 ❶ (柳の小枝などで編んだ) ざる. ❷ 瓶覆い.

clitocybe 男〔菌〕カヤタケ.

clitoridectomie 女 陰核切除.

clitoridien, ne 形 クリトリスの.

clitoris [-s] 男 クリトリス.

clivable 形 劈開し得る.

clivage 男 ❶ 区分, 分化, 分裂. ❷ (鉱物などの) 劈(へき)開.

cliver 他 分裂［分化］させる, (鉱物を) 劈(へき)開させる. ―**se** ～ 分裂する; 劈開する.

cloaque 男 汚水だめ; 不潔な場所; (悪の) 巣窟(くつ).

clochard¹, e 名 浮浪者.

clochard² 男 クロシャール (リンゴの品種).

clochardiser 他 浮浪者化する. ―**se** ～ 浮浪者化する. ⇨ **clochardisation** 女

cloche¹ 女 ❶ 鐘; 鐘の音. ❷ (鐘型の) カバー. ❸ **jupe** ～ 鐘型スカート.

cloche² 女 ❶ とんま, 間抜け. ❷ 浮浪者総称;〔集合的〕浮浪者. ―形 間抜けな, 滑稽な.

cloche-pied (à) 副 片足けんけんで.

clocher¹ 男 ❶ 鐘楼. ❷ 生まれた故郷; (自分の住む) 教区, 町. ◇**esprit de** ～ 狭い愛郷心. **querelles [rivalités] de** ～ 偏狭な対立.

clocher² 自 話 しっくりしない, うまくいかない.

clocheton 男 小尖塔.

clochette 女 ❶ 小さな鈴; 鐘形の花.

clodo(t) 男 話 浮浪者.

cloison 女 仕切り壁, 隔壁; 仕切り; 障壁, 隔たり.

cloisonnage / cloisonnement 男 間仕切り; 区分, 細分化; 障壁.

cloisonner 他 仕切る; 分割［細分］する. ⇨ **cloisonné, e** 形

cloître 男 (修道院の中庭を囲む) 列柱廊, クロイスター; 修道院.

cloîtré, e 形 修道院にこもった. ❷ 閉じこもった, 世間から離れた.

cloîtrer 他 修道院に入れる; 閉じ込める, 隔離する. ―**se** ～ 引き［閉じ］にこもる, 専心する.

clonage 男〔生〕クローン化. ～ **humain** 人間のクローン化 / ～ **positionnel** シスポジショナルクローニング.

clone 男〔生〕クローン;〔情報〕互換機.

cloné 形 クローン化された. ― **brebis** ～ **e** クローン羊.

cloner 他〔生〕クローン化する.

clonie 女〔医〕間代痙攣(けいれん).

clope 男 話 吸い殻. ―女 俗 紙巻きたばこ.

cloper 自〔話〕たばこを吸う.

clopin-clopant 副 話 足を引きずって［よたよたと］.

clopiner 自 話 足を引きずって歩く.

clopinettes 女 話 何もないこと, 無, ゼロ; すずめの涙.

cloporte 男 ワラジムシ.

cloque 女 皮膚炎; 気泡.

cloqué, e 形 ❶ 気泡［水泡］を生じた. ❷ **étoffe** ～**e** クロッケ (刺し子風の浮模様の織物).

cloquer 自 気泡［水泡］を生じる; 火［水］膨れになる.

clore 74 他 ❶ 終える, 終了を告げる. ❷ 古風 (柵(さく)などで) 囲う; 閉じる.

clos¹, e 形 ❶ 終了した. ❷ 閉じられた; 囲まれた. ◇**les yeux** ～ 目をつぶって; やみくもに.

clos² 男 (囲いのある) 畑; ブドウ畑.

clos³, clôs-, clôt 形 ⇨ **clore**.

clôture 女 ❶ 囲い, 塀, 垣, 柵(さく). ❷ 終了; 閉店; 閉鎖. ❸ (修道院の) 禁域.

clôturer 他 囲う; 終える, 閉じる.

clou 男 ❶ 釘, 鋲(びょう). ❷〔複数〕横断歩道. ❸ 話 質屋. ❹ 話 **vieux** ～ ぽんこつ (機械), おんぼろ自転車［自動車］. ❺ (催し物の) 呼び物, 目玉. ❻ 話 はれもの, おでき. ❼ ～ **de girofle**

丁字(ⅾ), クローブ. ◊ *Ça ne vaut pas un ~*. 一文の値打ちもない. *Des ~s!* とんでもない, 勝手にしろ. *Un ~ chasse l'autre.* 新しい人[物]が前の人[物]を忘れさせる.

clouer 他 ❶ 釘[鋲(ひょう)]を打つ; 釘[鋲]で打ちつける. ❷ 釘づけにする, 動けなくする. ◊ *~ le bec à* ... …を黙らせる. ⟹ **clouage**

cloutage 男 飾り鋲(びょう)[釘]打ちつけこと.

clouté, e 形 ❶ 飾り鋲(びょう)[釘]を打った. ❷ *passage ~* 横断歩道.

clouter 他 飾り鋲[釘]を打つ.

clouterie 女 釘製造[販売]; 釘製造所[工場].

clovisse 女 ハマグリ, アサリの類.

clown [klun] 男 (英) ピエロ, 道化師; ひょうきん者.

clownerie [klu-] 女 道化, おどけ.

clownesque [klu-] 形 道化(師)の; 滑稽な.

cloyère 女 (カキ, 魚の) かご; かご1杯分.

club [klœb] 男 (英) ❶ クラブ; 結社. ❷ (ゴルフの) クラブ. ❸ ひじ掛け椅子.

clunisien, ne 形 クリュニー修道院の; クリュニー様式の.

clupéidés 男複 〖魚〗ニシン科.

cluse 女 〖地〗峡谷.

clystère 男 古 浣(かん)腸.

Cm 〖記〗〖化〗curium キュリウム.

cm 〖記〗〖計〗centimètre センチメートル.

C.M. 男 (略) cours [cycle] moyen (初等教育課程の) 中級.

C/N 〖略〗〖計〗rapport *C/N* 炭素率, C/N 比.

C.N.A.M. 男 (略) Conservatoire national des arts et métiers 国立工芸院.

C.N.C. 男 (略) Centre national de cinématographie フランス中央映画庁.

C.N.D.C. 男 (略) Centre national de danse contemporaine 国立現代舞踏センター.

C.N.E.S. 男 (略) Centre national d'études spatiales 国立宇宙研究センター.

C.N.I. 男 (略) Centre national des indépendants 独立派全国センター (保守穏健派と旧貴族階級による政治結社).

C.N.J.A. 男 (略) Centre national des jeunes agriculteurs 青年農業者全国センター.

C.N.P.F. 男 (略) Conseil national du patronat français フランス経営者全国評議会.

C.N.R. 男 (略) Conseil national de la Résistance 全国抵抗評議会.

C.N.R.S. 男 (略) Centre national de la recherche scientifique 国立科学研究センター.

C.N.U.C.E.D. 女 (略) Conférence des Nations unies sur le commerce et le développement 国連貿易開発会議 (英語 UNCTAD).

C.N.U.E.D. 女 (略) Conférence des Nations unies sur l'environnement et le développement 国連環境開発会議 (英語 UNCED).

Co 〖記〗〖化〗cobalt コバルト.

C/O (略) (英) care of …方, …気付.

Co. (略) ⇨ **compagnie**.

C.O. 男 (略) compte ouvert オープン勘定, 清算勘定; 当座勘定.

coaccusé, e 名 〖法〗共同被告人.

coach [kotʃ] 男 ❶ (英) コーチ; (企業で) 新人のコーチ役.

coaching [kotʃɛ] 男 コーチする, コーチング.

coacquéreur 男 共同取得者.

coadjuteur 男 〖カト〗司教補佐.

coadministrateur, trice 名 共同管理人[管財人].

coagulabilité 女 凝固[凝結]性.

coagulable 形 凝固[凝結]し得る.

coagulant, e 形 凝固[凝結]させる, 凝固[凝結]性の.
— 男 凝固剤.

coagulation 女 凝固, 凝結, 凝集.

coaguler 他 凝固[凝結]させる, 固まらせる.
— 自 凝固する, 固まる (se ~).

coalisé, e 形 同盟 [連合] した.
— 名 同盟の一員; (複数) 連合国[軍].

coaliser 他 同盟 [連合] させる; 結束させる. — se ~ 同盟 [連合] する; 団結する, 結束する.

coalition 女 同盟, 連合, 協定.

coaltar [kol-] 男 (英) コールタール.

coaptation 女 〖生〗コアプテーション, 内部適応; 〖医〗(骨折の) 接合.

coassement 男 カエルの鳴き声.

coasser 自 (カエルが) 鳴く.

coassocié, e 名 (事業の) 協同者.

coati 男 〖動〗ハナグマ.

coauteur 男 共著者; 〖法〗共同正犯.

coaxial, ale; (男複) **aux** 形 同軸の.

C.O.B. 女 (略) Commission des opérations de Bourse 証券取引委員会.

cobalt [-lt] 男 ❶ 〖化〗コバルト. ▶ *bombe au ~* 〖医〗コバルト治療装置. ❷ コバルト色, コバルトブルー.

cobaltine 女 〖鉱〗輝コバルト鉱.

cobaltothérapie 女 コバルト療法.

cobaye [-baj] 男 モルモット; 実験材料.

cobéa / cobéo 男 〖植〗ツルコベア.

cobelligérant, e 形 共同交戦の.
— 男 共同交戦国, 盟邦.

cobra 男 〖動〗コブラ.

coca 女 ❶ 〖植〗コカ. ❷ 男 コカコーラ.
— 男 コカの (コカの葉から採るかみたばこのようなもの).

coca-cola 男 (不変) (英) 商標 コカコーラ.

cocagne 女 *mât de* ~ 宝棒 (祭などで参加者がよじ登って, つるした賞品を取る, 滑りやすい高い棒). *pays de ~* 桃源郷. *vie de ~* 安楽な生活.

cocaïer 男 [植] コカ.
cocaïne 女 コカイン.
cocaïnomane 名 コカイン中毒者.
cocarde 女 ❶ 花形帽章 [標章]; 国籍標識. ❷ (リボンの) 飾り結び.
cocardier, ère 形 ❶ (熱狂的な) 愛国主義の. ❷ 盲目的愛国主義者.
cocasse 形 滑稽な, 奇妙な.
cocasserie 女 滑稽さ, 珍妙さ.
coccidie 女 [動] コクシジウム.
coccinelle 女 [昆] テントウムシ.
coccyx [-ksis] 男 [解] 尾骨.
◇**coccygien, ne** 形
coche[1] 男 (昔の) 乗合馬車, 駅馬車.
◇*manquer* [*louper*, *rater*] *le* ~ 好機を逸する.
coche[2] 男 ~ *d'eau* (馬が引く) 川船.
cochenille 女 [昆] エンジムシ; カイガラムシ.
cocher[1] 男 御者. ◇*Fouette*, ~! 語 さあ行こう; 頑張れ.
cocher[2] 他 印をつける. 註 フランスでは該当項目に × 印をつける.
côcher 他 (家禽の雄が) 交尾する.
cochette 女 未経産豚.
cochère 形女 *porte* ~ (車の通行可能な両開きの表門, 正門.
cochet 男 雄の若鶏.
cochevis 男 [鳥] カンムリヒバリ.
cochléaria [-kle-] 男 [植] トモシリソウ.
cochlée [-kle] 女 [解] (内耳の) 蝸牛 (管).
cochon 男 ❶ 豚, 豚肉. ❷ ~ *d'Inde* テンジクネズミ, モルモット. ◇*de* ~ 悪い, 不快な. *donner des confitures à un* ~ 豚に真珠. *Je n'ai pas gardé les* ~*s avec vous*. 私はあなたと仲よくしたことはない; 単独に(語関), 下劣なやつ.
—**cochon, ne** 形 ❶ 不潔な人, だらしない人. ❷ 卑劣な奴, 下劣なやつ.
—形 汚い, みだらな, 下劣な.
◇*Ce n'est pas* ~. そいつ [こいつ] は悪くない.
cochonnaille 女 語 豚肉加工食品; 簡単な豚肉料理.
cochonner 他 ぞんざいに [雑に] やる; 汚す.
cochonnerie 女 語 ❶ 卑猥 (窴) な言動や行為. ❷ 粗悪品, がらくた.
cochonnet 男 ❶ (ペタンクの) 的球 (琮), ビュット, コショネ. ❷ 子豚.
cochylis [-kilis] 男 [昆] ホソハマキ.
cocker 男 [英] コッカースパニエル.
cockpit [-t] 男 [英] 操縦席.
cocktail [-tel] 男 [英] ❶ カクテル; 混合. ❷ カクテルパーティー. ❸ ~ *Molotov* 火炎瓶.
coco[1] 男 ❶ ココヤシ (の実), ココナッツ. ❷ 甘草水 (カンゾウの汁入り飲料水).
coco[2] 男 ❶ 幼児語 卵. ❷ *mon petit* ~ ちびちゃん.
coco[3] 男 語 奇妙なやつ, 怪しい男.
coco[4] 男 語 (軽蔑) 共産党員.
coco[5] 女 語 コカイン.
cocon 男 繭.
cocontractant, e 名 [法] 共同契約者.

---

cocooning [-kunin] 男 コクーニング (安楽を求めて自己の殻に閉じこもる傾向).
cocorico 男 ⇨ coquerico.
cocoteraie 女 ココヤシの林.
cocotier 男 ココヤシの木.
cocotte[1] 女 ❶ 幼児語 めんどり, こっこ. ❷ 折鶴の鶴. ❸ 語 女の子, 女性に対する呼びかけ おちびちゃん, かわいちゃん. ❹ (馬を励ます掛け声で) はい, どう. ❺ 語 馬賊女; 売春婦.
cocotte[2] 女 ココット, 両手鍋.
cocotte-minute 女 商標 圧力鍋.
cocu 男 [俗] 「恋人」を寝取られた男; ばか, 間抜け. ◇*veine de* ~ たいへんな幸運, ばかづき. —**cocu, e** 形 寝取られた, だまされた.
cocuage 男 [俗] 妻を寝取られたこと.
cocufier 他 (夫を) 寝取る.
cocyclique 形 [数] 共円の (いくつかの点が同一円周上にある).
coda 女 [伊] [楽] コーダ.
codage 男 コード化; 記号 [符号, 略号] 化.
codant, e 形 [生] *séquence* ~ *e* コード配列.
code 男 ❶ 法典, 法; 規範, 作法. ❷ 符号, 暗号; コード, 記号体系. ❸ (複数) [車] ロービーム.
codé, e 形 コード化 [符号化] された.
code-barres (複) ~*s*-~ 男 バーコード.
codécider 他 共同で決定する.
codécision 女 共同決定.
codéine 女 [化] コデイン.
coder 他 コード化する, 記号 [符号, 略号, 暗号] 化する.
codétenteur, trice 名 [法] 共同所有者.
codétenu, e 名 同囚, 刑務所仲間.
codeur, se 名 [情報] プログラマ.
—男 符号化回路 [装置].
codex [-ks] 男 ❶ [古] ❶ 薬局方 (%), 製剤 ・ 処方集. ❷ (聖書などの) 古写本.
codicillaire [-le:r] 形 [法] 遺言変更証書に記された (によって定められた).
codicille [-l] 男 遺言変更証書.
codification 女 ❶ 法典編纂 (%%), (慣習法などの) 成文化, 法典化. ❷ 体系化; コード化.
codifier 他 ❶ 法典に編纂 (%%) する, 法典化する. ❷ 体系化 [コード化] する.
codirecteur, trice 名 共同管理 [経営] 者. —名 共同管理 [経営] 者.
codirection 女 共同管理 [経営].
codominance 女 [生] 共優性.
coéchangiste 名 [法] (財貨) 交換の一方の当事者.
coéditeur, trice 形 共同で出版する, 共編の. —名 共同出版者.
coédition 女 共同出版.
coéducation 女 共同教育, 男女共学.
coefficient 男 ❶ (試験の) 配点指数. ❷ 係数, 率, 度. ❸ (計算に関する) 要因, 比率.
cœlacanthe [se-] 男 [古生] シーラカンス.
cœlentérés [se-] 男複 [動] 腔腸動物 (門).

cœliaque [se-] 形『解』腹腔(ﾌﾞｸ)の.
cœlioscopie [se-] 女『医』腹腔鏡検査.
coentreprise 女 ジョイント・ベンチャー.
cœnure [se-] 男『獣医』共尾虫.
coépouse 女 (一夫多妻での)妻の一人.
coéquation 女 租税の割り当て.
coéquipier, ère 名 チームメイト.
coercible 形 抑制[圧縮]できる.
coercitif, ve 形 強制的な.
coercition 女 強制(権).
cœur 男 **❶** 心臓; 胸. ▶ faire battre le ~ をどきどきさせる / lever [soulever] le ~ をむかむかさせる / mal au ~ 吐き気. ▶ à ~ ouvert 心を開いて, 打ち解けた / aller (droit) au ~ 感動させる / de bon [grand, tout (son)] ~ 心から, 喜んで / tenir à [au] ~ …の気がかりである. **❸** やる気; 勇気. ▶ Le ~ n'y est pas. やる気がない, 心ここにあらずである / avoir le ~ à + inf. …するつもりである / avoir le ~ de + inf. …する勇気がある. **❹** 愛情; 真心, 思いやり. ▶ homme de ~ 心優しい人. **❺** (ある性格の)人. ▶ C'est un ~ d'or [de pierre, de tigre]. あれは実に優しい[冷酷な, 残忍な]人だ. **❻** mon (petit) ~ (呼びかけ)ねえ, あなた[君]. **❼** 『比』中心; 核心, 最奥; (原子炉の)炉心; 樹心, 心材 (=bois de ~). **❽** ハート型ブローチ (ペンダント); (トランプの)ハート. ▶ fromage fait à ~ 芯まで熟成したチーズ.
◊ à ~ joie 思う存分, 心ゆくまで. avoir à ~ de + inf. …に熱心である. avoir du ~ au ventre 根性がある. avoir le ~ gros [léger] 悲しくて胸が詰まる[晴々とした気分である]. avoir le ~ sur la main [les lèvres] 気前がいい[吐きそうである]. avoir le ~ sur le ~ が胃にもたれている; 胸にしこりとなっている. beau comme un ~ 非常に美しい. donner [mettre] du ~ au ventre 勇気づける. en avoir le ~ net 事柄をはっきり知る, 見極めがつく. être de (tout) ~ avec ... …に共感する. ne pas porter ~ dans son ~ を嫌っている. par ~ 暗記して, そらで. si le ~ vous en dit その気があるなら.
cœur-de-pigeon;《複》〜s-~~ 男 サクランボの品種.
coexistence 女 共存.
coexister 自 共存[両立]する.
coffin 男 砥(ﾄ)石入れ.
coffrage 男 **❶** (コンクリートの)型枠; 型枠の組み立て, 型枠工事. **❷** (坑道や堀などの)土止め板, 壁[板枠.
coffre 男 **❶** (ふた付きの)大箱. **❷** 金庫. **❸** (自動車の)トランク. **❹** 胸部; 胃; 肺. ▶ avoir du ~ 胸が大きく深厚い; 声量がある; 勇気がある.
coffre-fort;《複》〜s-~s 男 金庫.
coffrer 他 **❶** 話 逮捕される, 牢(ﾛｳ)へ入れる. **❷** 『土木』(…に)枠板を組む.

coffret 男 小箱;(分冊をまとめて収納した)箱入り本; ボックスもの.
coffreur 男『土木』型枠工事作業員.
cofinancer 他 (プロジェクトなどに)共同出資する. ▷**cofinancement** 男
cogénération 女 コージェネレーション(1つのエネルギー源から複数の形態のエネルギーに変換すること).
cogérance 女 共同管理.
cogérant, e 名 共同管理人.
cogérer ⑥ 他 共同管理する.
cogestion 女 共同管理; 共同法定(従業員の経営参加).
cogiter 自, 他 話 思索する, 熟考する. ▷**cogitation** 女
cogito 男『哲』コギト(デカルトの命題 Cogito, ergo sum.「我思う, ゆえに我在り」の略).
cognac 男, 形《不変》コニャック(色の).
cognassier 男『植』マルメロ.
cognat [-gna] 男『ロ法』血族.
cognation [-gna-] 女『ロ法』血族関係.
cogne 男 俗 警官, お巡り.
cognée 女 斧(ｵﾉ), 鉞(ﾏｻｶﾘ). ◊ jeter le manche après la ~ あきらめる.
cognement 男 たたくこと; こつこつという音;(エンジンの)ノッキング.
cogner 他 ぶつかる; ぶつける; たたく; 殴る. ― 自 (sur, à) (…を)たたく;(dans)(…に)ぶつかる. **❷** どんどんと音を立てる(機械がノッキングする. ― se ~ ぶつかる(自分の手足などを)ぶつける. se ~ la tête contre les murs 悪戦苦闘する.
cogniticien, en [-gni-] 名 知識工学技術者.
cognitif, ve [-gni-] 形 認識の.
cognition [-gni-] 女 認識能力.
cohabitation 女 同居; 同棲(ｾｲ); 保革共存.
cohabitationniste 名 保革共存主義者.
cohabiter 自 同居[同棲(ｾｲ)]する; 共存する.
cohérence 女 一貫性, 整合性, まとまり.
cohérent, e 形 首尾一貫した, 一貫性のある; まとまりのよい;『光』干渉性の.
cohériter 自 共同で相続する.
cohéritier, ère 名 共同相続人.
cohésif, ve 形 結合《凝集》する.
cohésion 女 結合, まとまり, 統一;『物』凝集力.
cohorte 女 **❶** 話 一群, 一団. **❷** 『古ロ』歩兵隊.
cohue 女 群衆; 雑踏, 混雑.
coi, te 形 en rester **coi** 呆(ｱｯｹ)然として声も出ない.
coiffage 男『歯科』覆髄法; ヘアの仕上げ; ~ naturel 天然パーマ.
coiffant, e 形 (帽子が)よく似合う.
coiffe 女 (地方色豊かな女性用の)かぶり物, 帽子; 帽子の裏; 覆い, カバー.
coiffé, e 形 **❶** 髪を結った, 調髪された(髪の)形の整った. **❷** (de) (…を)かぶった.

coiffer ❸ (de) (…に)のぼせている.
◇**être né** ～ 幸運児である.

coiffer 他 ❶ 髪を結う(整える), 散髪する. ❷ (帽子などを)かぶせる. ❸ (de) (…を)かぶせる. ❹ (組織のトップに立つ, 支配下に置く. ❺ (ゴールを越えて)追い抜く. ◇～ Sainte Catherine (女性が)未婚で25歳を迎える.
——**se** ～ (自分の髪を結う(整える).

coiffeur, se 名 理髪師, 美容師. ◇ **des minutes de** ～ かなりの時間.
—— 女 鏡台, ドレッサー.

coiffure 女 髪形, ヘアスタイル; 理髪, 整髪. ► **salon de** ～ 理髪店, 美容院. ❷ かぶり物, 帽子.

coin 男 ❶ 隅, コーナー; 角(ど); 端; 片隅. ❷ (新聞などの)欄, コーナー. ❸ 楔(くさび). ❹ 楔形の留め具. ❺ (貨幣などの)鋳型印抜型.
◇**au** ～ **du feu** 炉辺で. **aux autre** ～**s de** ～ …の至る所で [に]. ～ **d'un bois** 人里離れた寂しい場所. ～ **fenêtre** [**couloir**] (列車の)窓側 [通路側]の席. **dans tous les** ～**s** 至る所々で. **en boucher un** ～ **à** …をびっくりさせる. **le**(**s**) **petit**(**s**) ～**s** トイレ. **regard en** ～ 流し目.

coinçage 男 楔(くさび)で留めること.

coincement 男 ❶ 故障(と)の詰まり. ❷ (フリークライミングで)ジャム.

coincer 他 ❶ 楔(くさび)で固定する, 動かなくする. ❷ 追い詰める; 立ち往生させる; 話捕まえる. ❸ 話 (通路などが)ふさぐ. ——**se** ～ ❶ (体の一部を)挟む (関節などを)くじく. ❷ 動かなくなる, 故障する.

coïncidence 女 ❶ (偶然の)一致; 【数】合同.

coïncident, e 形 一致する, 合同の; 同時(発生)の.

coïncider 自 一致する, 符合する; 同時に起こる.

coin-coin 男 (不変) (アヒルの)があがあという鳴き声.

coïnculpé, e 名 共同被疑者.

coing 男【植】マルメロの実.
◇**être jaune comme un** ～ 顔が真っ黄色である.

coït [-t] 男 性交; 交尾.

coite **coi**の女性形.

coïter 自 性交する; 交尾する.

coke¹ 男【英】コークス.

coke² 女 話 コカイン.

cokéfaction 女 (石炭の)コークス化;【油】コーキング.

cokéfiable 形 コークスにできる.

cokéfiant, e 形 コークス化する.

cokéfier 他 コークスにする.

cokerie 女 コークス製造工場.

col 男 ❶ 襟, カラー. ► **col montant** ハイネック / **col officier** 詰め襟 / **mandail à col roulé** タートルネックセーター. ❷ (瓶などの)首. ❸ 峠.
◇**col blanc** [**bleu**] ホワイト [ブルー] カラー, 事務 [肉体] 労働者か. **faux col** ❶ 替えカラー. ❷ ビールの泡.

cola 男 ⇨ **kola**.

colature 女 濾(こ)過液; 濾過液.

colback [-k] 男 ❶ 前立て付き毛皮の縁なし軍帽. ❷ 話 襟首, 首筋.

colbertisme 男【経】コルベール主義, 重商主義.

colchicine 女【化】コルヒチン.

colchique 男【植】イヌサフラン.

colcotar 男【化】ベンガラ.

cold-cream [kɔldkrim] 男【英】コールドクリーム.

col-de-cygne 男 (複) ～**s**-～-～ ❶ グースネック水栓, S字形コック.

coléoptères 男複【昆】甲虫目.

colère 女 怒り. ◇**faire** [**piquer**] **des** ～ 癇癪(かんしゃく)を起こす.

coléreux, se / **colérique** 形, 名 怒りっぽい.

colibacille [-l] 男 大腸菌.

colibacillose [-lo:z] 女 大腸菌感染症.

colibri 男【鳥】ハチドリ.

colifichet 男 (安物の)アクセサリー, 小間物.

colimaçon 男 食用カタツムリ; 螺旋.

colin¹ 男【魚】❶ ホンメルルーサ. ❷ シロイトダラ.

colin² 男【鳥】アメリカウズラ.

colin-maillard 男 目隠し鬼.

colinot / colineau 男 小型のホンメルルーサ [シロイトダラ].

colin-tampon 男 (不変) **se soucier de qc comme de** ～ …を無視する, ばかにする.

colique¹ 女 下痢; 仙痛, 腹痛. ◇ **avoir la** ～ 下痢している; 話 怖がる. **Quelle** ～**!** 話 嫌いだなあ; 嫌なやつだ.

colique² 形 名 結腸の.

colis 男 小包, 小荷物.

Colisée 男 (ローマの)コロセウム, 円形闘技場.

colistier, ère 名 連立候補者.

colite 女【医】大腸炎, 結腸炎.

colitigant, e 名【法】**parties** ～**es** 係争の当事者, 双方.

collabo 名 (軽蔑)対独協力者.

collaborateur, trice 名 ❶ 協力者; 共同執筆 [制作] 者. ❷ (1940-44年のドイツ占領期の)対独協力者.

collaboration 女 協力, 共同研究 [事業]; 寄稿. ❷ 対独協力.

collaborationniste 名 対独協力主義者; 対独協力主義の.

collaborer 自 ❶ (à) (…に)協力する; 寄稿する. ❷ (1940-44年のドイツ占領期に)対独協力する.

collage 男 ❶ 張ること, 接着. ❷【美】コラージュ. ❸ 話 内縁関係, 同棲.

collagène 男【化】コラーゲン (の), 膠原(こうげん)質の.

collagénose 女【医】膠原病.

collant, e 形 ❶ べとつく, くっつく; 接着力のある. ❷ 体にぴったりの. ❸ 話 うるさくつきまとう.
—— 男 タイツ; レオタード; パンティーストッキング. —— 女 話 試験通知.

collapser 自 失神する.

collapsus [-s] 男【医】虚脱(状態).

collatéral, ale 男 (複) **aux** 形 ❶ 側面の, 横手の.【法】傍系の. ❷【地理】**points** ～**aux** 八方位.

— [名] ❶《複数》《法》傍系血族. ❷（教会の）側廊.

collation [女] ❶（午後の）軽食, おやつ. ❷ 授与. ❸ 照合, 校合(きょう).

collationner [他] ❶ 照合する, 校合(きょう)する. ❷ 丁寧に調べする.
◆**collationnement** [男]

colle [女] ❶ 糊(のり), 接着剤; 膠(にかわ). ❷ [話] 厄介な質問 [問題]; 認定試験; (罰としての) 居残り, 休日登校.

collé, e [形] ❶ 張られた; ぴったりくっついた. ❷ [話] 居残りさせられた; 落第した. ❸ [話] 同棲している.

collectage [男] 集めること.

collecte [女]（寄付, 署名などの）募集, 募金; 収集, 回収.

collecter [他] 集める, 募る; 収集する, 買い集める; 獲得する.

collec|teur, trice [名] 寄せ集める人.
— [名]（寄付, 資金の）募集係. — [男] ❶（排水の）収集管; 排水弁. ❷（トランジスタの）コレクター. ❸【電】整流子.

collectif, ve [形] ❶ 集団の, 共同 [共通] の. ❷ [言] 集合的な. — [男] ❶（共通の目的のための）集団, スタッフ. ❷ 補正予算案. ❸ [言] 集合名詞.

collection [女] 収集（品）, コレクション; 全作品集, 叢書(そうしょ); (服飾の) 新作コレクション.
◆ **une ～ de ...** たくさんの….

collectionner [他] 収集する. ❷ [話]（失敗などを）重ねる.

collectionneur, se [名] 収集家.

collectivement [副] 共同で, 集団で; [文法] 集合名詞として.

collectiviser [他] 共有化する, 集産化する. ◆**collectivisation** [女]

collectivisme [男] 集産主義.

collectiviste [形] 集産主義（者）の.
— [名] 集産主義者.

collectivité [女] ❶ 集団, 団体. ❷（行政区分としての）公共団体.

collector [男]《英》収集家の垂涎(すいぜん)の的, 逸品.

collège [男] ❶ コレージュ, 中学校. ❷ C～ de France コレージュ・ド・フランス（パリにある公開講座制の高等教育機関）. ❸（同位階, 同権利を持つ人々の）団体, 会. ❹（選挙区内の）全有権者, 選挙母体.

collégial, ale《男複》**aux** [形] ❶ 集団による; 合議制の. ❷《カト》聖堂参事会の. — [女]《カト》参事会教会.

collégialement [副]

collégialité [女] [法] [議]（議）指導制;（裁判所などの）合議制.

collég|ien, ne [名] ❶ コレージュの生徒, 中学生. ❷ 世間知らず, 青二才, うぶ.

collègue [名] 同僚, 仲間; 同役.

coller [他] ❶ 張る, 接着する; べとつかせる; くっつける. ❷ [話] 押し込む; ほうり投げる. ❸ [話]（嫌なものを）押しつける, 課す, 食らわす. ❹ [話]（…に）難問をかけさせる; 付きまとう. ❺ [話] 落第させる; 居残らせる. — [自] ❶ くっつく; べとつく; 適合する. ❷ 調和する. ❸ 順調にいく. — se ～ ❶ 張られる. ❷ へばりつく, くっつく; つきまとう. ❸ くっつき合

う. ❹ [話]（à）（…に）精を出す. ❺ 我慢する, 耐える.

collerette [女]《服》コルレット（ギャザーのついたレースなどの飾り襟）.

collet [男] ❶《服》短いケープ;（肩を覆うほど大きなレースなどの）襟. ❷《狩》輪縄(わなわ), くくり罠(わな). ❸ 【解】歯頚(しけい)（歯の付け根）. ◆ ～ **monté** お高くとまった. **saisir [prendre] ... au ～** …の襟首をつかまえる.

se colleter [代動] つかみ合いをする, 格闘する; 立ち向かう.

colleteur [男]《狩》差し(さし)くくり罠(わな)を仕掛ける人.

colleur, se [名]（ポスターなどを）張る人;（口頭試問の）試験官. — [男] ❶《付け器》接着装置. ❷《映》スプライサー（編集の際にフィルムをつなぐ器具）.

colley [kɔle] [男] コリー（犬）.

collier [男] ❶ ネックレス; 首輪. ❷（もみあげまでの）細いあごひげ.
◆ **～ de misère** つらい仕事. **donner un coup de ～** ひとふんばりする. **prendre le ～** つらい仕事に取り組む.

colliger [2] [他] [文章] 収集する; まとめる.

collimateur [男] [光] コリメーター.
◆ **avoir [prendre] ... dans le ～** …にねらいをつける, 監視する.

collimation [女] [光] 視準.

colline [女] 丘, 小山.

collision [女] 衝突; 対立, 争い.

collisionneur [男] [物] 粒子加速器.

collocation [女] ❶ [法]（債権者の）順位決定. ❷ [言] 連語特性, コロケーション.

collodion [男] [化] コロジオン.

colloïde [男] [化] コロイド, 膠(にかわ)質.
◆**colloïdal, ale**《男複》**aux** [形]

colloque [男] 討論会, シンポジウム. ❷ 対話, 会談.

collusion [女] 共謀, 結託, 談合.

collusoire [形] [法] 共謀による.

collutoire [男] うがい薬.

colluvion [女] [地] 崩積性物質, コルビウム; 崩積層.

collybie [女] [菌] モリノカレバタケ.

collyre [男] 洗眼剤.

Colmar コルマール（Haut-Rhin 県の県庁所在地）.

colmatage [男] ふさぐ[詰まる]こと.

colmater [他] ❶ ふさぐ, 詰める; 補填(ほてん)する. ❷ [農]（低地を）高くする（やせ地を）改良する.

colo [女] [林間[臨海]] 学校.

colocase [女] [植] サトイモ, タロイモ.

colocataire [名] 共同借家人.

colocation [女] 共同借家.

cologarithme [男] [数] 余対数.

Cologne ケルン（ドイツの都市）.

colombage [男] [建] ハーフティンバー（壁から柱などの木材が露出した造り）.

colombe [女] ❶ [鳥]（小・中形の）ハト; 白鳩(はと). ❷ ハト派.

Colombie [女] コロンビア（共和国）.

colomb|ien, ne [形] コロンビアの.
— [名]（C～）コロンビア人.

colombier [男] ハト小屋.

colombin, e 形 赤紫色の.
— 男 ❶ 〖鳥〗ヒメモリバト. ❷ 〖陶〗(巻積(ホネッ)などに用いる)土のひも.

Colombo コロンボ(スリランカの都市, もと首都).

colombo 男 ❶ コロンボ(薬用植物). ❷ コロンボ(香辛料を利かせた煮込み).

colombophile 形 名 伝書バトを飼育する(人).

colombophilie 女 伝書バト飼育.

colon¹ 男 ❶ 植民者, 開拓者. ❷ (植民地に住む)本国人. ❸ 林間〖臨海〗学校の生徒. ❹ 〖法〗小作人.

colon² [-lɔ̃] 〜*es* / **colón** [-lɔn]《複》〜**es** 男 コロン(コスタリカ, エルサルバドルの通貨単位).

côlon 男 〖解〗結腸.

colonel, le 男 ❶ 陸軍〖空軍〗大佐, 連隊長. ❷ 大佐夫人.

colonial, ale 形 《男複》 *aux* 形 植民地の. — 名 植民地駐在軍人; 植民地在住者.

colonialisme 男 植民地主義.

colonialiste 形 植民地主義(者)の. — 名 植民地主義者.

colonie 女 ❶ 植民地;(集合的)植民者. ❷ (集合的)同郷の同胞, 同郷人グループ;(共同生活者の)集団. ❸ 林間〖臨海〗学校. ❹ 〖生〗コロニー, 群体(同一種生物の群れ).

colonisable 形 植民地化し得る.

colonisat**eur, trice** 形 植民地を行う, 植民地を建設する. — 名 植民地の建設者(開拓者).

colonisation 女 ❶ 入植; 植民地化;(植民地の)開発. ❷ (商業目的の)開発.

colonisé, e 形 植民地化された. — 名 植民地化の被支配者.

coloniser 他 ❶ 植民地化する; 植民を行う. ❷ 大挙して来る, 占領する.

colonnade 女 〖建〗列柱.

colonne 女 ❶ 円柱(円柱形の)碑; 円柱状の物. ❷ (印刷物の)段; 欄, 記事. ❸ 縦列, 縦隊;(縦長の)棚, ラック. ❹ (数字の)位. ❺ 〖解〗〜 *vertebrale* 脊(*)柱.
◇*cinquième* 〜 第五列, スパイ.

colonnette 女 小円柱.

colonoscopie 女 ⇒ coloscopie.

colopathie 女 〖医〗結腸疾患.

colophane 女 松やに.

coloquinte 女 〖植〗コロシント(ウリ科スイカ属).

colorant, e 形 着色する, 染色する. — 男 着色剤; 染料, 顔料.

coloration 女 ❶ 着色, 染色; 〖美容〗毛染め, カラリング; 色, 色合い. ❷ 〖音〗コロラトゥーラ.

coloratura 女 〖音〗コロラトゥーラ.

coloré, e 形 ❶ 着色した;(赤く)染まった. ❷ 生彩のある, 生き生きした. ❸ 《de》(…の)色違い現れた.

colorectal, ale 形 《男複》 *aux* 形 結腸・直腸の.

colorer 他 ❶ 着色する, 染める. ❷ 《de》(…の)色合いを与える, 含みを持たせる. — *se* 〜 ❶ 色づく, 染まる. ❷ 《de》(…の)色合い[含み]を帯びる.

coloriage 男 彩色, 着色; 塗り絵.

colorier 他 色を塗る, 彩色する.

colorimètre 男 彩色計, 測色計.

colorimétrie 女 色度測定, 測色.

coloris 男 ❶ 〖美〗配色〖彩色〗法, 配色法の効果. ❷ 色, 色合い; 色調(シャ).

colorisation 女 〖映〗(白黒映画の)着色, カラー化;〖絵〗彩色.

coloriste 名 色彩表現に優れた画家, 色彩画家; 配色〖彩色〗の専門家.

colorthérapie 女 〖医〗色彩治療(法).

coloscopie 女 〖医〗結腸鏡検査.

colossal, ale 《男複》 *aux* 形 巨大な. **colossalement** 副

colosse 男 ❶ 〖考古〗巨像. ❷ 巨人; 大立者; 巨大組織, 大企業.

colostrum 男 初乳.

colportage 男 ❶ 行商, 訪問販売. ❷ 吹聴(テホッ), 喧伝(ス).

colporter 他 ❶ 行商する, 売って回る. ❷ 吹聴する, 言いふらす.

colporteur, se 名 ❶ 行商人, 訪問販売のセールスマン. ❷ 吹聴者.

colposcopie 女 〖医〗腟(¾)鏡検査.

colt [-lt] 男 〖米〗商標コルト; 自動拳(*)銃.

coltinage 男 重い荷物の運搬; 荷役.

coltiner 他 担ぐ, 運ぶ. — *se* 〜 圃 (つらい仕事)を引き受ける, する.

columbarium [-lb-] 男 納骨堂.

columelle 女 〖動〗軸柱, 殻軸;〖解〗(内耳の)蝸牛(ネ゚)軸.

columérie**n, ne** クロミエ Coulommiers の. — 名 《C〜》クロミエの人.

colvert 男 〖鳥〗マガモ.

colza 男 〖植〗セイヨウアブラナ, ナタネ.

colzatier, ère 名 〖農〗セイヨウアブラナの栽培者.

coma 男 〖医〗昏睡(冫ミ).

comandant, e 名 〖法〗共同委託者.

comateux, se 名 形 〖医〗昏睡(冫ミ)の. — 名 昏睡患者.

combat¹ 男 ❶ 戦い, 戦闘, 闘争; 対立, 争い. ❷ (スポーツの)試合.
◇*mettre ... hors de* 〜 …の戦闘能力を失わせる.

combat² 活 ⇒ combattre.

combatif, *ve* 形 闘争的な.

combativité 女 闘志; 戦意.

combattant, e 形 戦う.
— 名 殴り合う人.
— 男 実戦兵, 兵士; 戦闘員.

combattre 他 戦う, 立ち向かう, 反対〖攻撃〗する. — 自 戦う, 立ち向かう. — *se* 〜 相争う, 一戦交える.

combattu, e ⇒ combattre の過去分詞.

combe 女 背稜谷.

combien 副 ❶ 《疑問》どれだけ, いくら, 〜 *ça fait* 〜? 圃 いくらになりますか/〜 *de* …. どれだけ〖何人〗の…. ❷ 《感嘆》なんて, どれほど. 〜 〜 *de* … どれほど多くの…. 《譲歩》〜 *de* … *que* + subj. いかに…しょうとも.
◇*je ne sais* 〜 (*de* …) 数えきれないほど多くの(…). ô 〜! 文章 《文中, 文末で》あぁどんなにか, おおまことに.

—男《不変》話 ❶ 何日; 何番目. ▶ Le ~ sommes-nous aujourd'hui? 今日は何日だっけ. ❷ tous les ~ 何分 [何時間] おきに.

combientième 形 俗 何番目の, 何日目の. —名 何番目の人.

combinable 形 組み合わせ得る, 結合できる; 化合可能.

combinaison 女 ❶ 組み合わせ, 配合; 結合. ❷ 〘金庫〙の組み合わせ数字 [文字]. ❸ 術策, たくらみ. ❹ 《服》オーバーオール, ジャンプスーツ; スリップ. ~ de plongée 潜水服. ~ spatiale 宇宙服. ❺ 組み合わせ物; 〘化〙化合(物).

combinard, e 形, 名 悪賢い(人), ずるい(やつ).

combinat 男 (旧ソ連の)コンビナート, 総合工場.

combinateur 男 (自動車の)コンビネーションスイッチ.

combinatoire 形 組み合わせの, 結合する. —女 〘数〙組み合わせ数字; 組み合わせ理論.

combine 女 俗 術策, うまい手口.

combiné, e 形 組み合わされた, 結合 [連合] した. ❷ 〘陸・海・空〙 3軍連合の. —男 ❶ 受話器. ❷ 〘スポ〙(特にスキーの)複合競技. ❸ 〘服〙コースレット, オールインワン.

combiner 他 ❶ 組み合わせる, 配合する; 計画する. ❷ 〘化〙化合させる. —se ~ 組み合わされる; 巧みに構成される.

comble 男 ❶ 最高度, 絶頂, 頂点. ❷ 屋根組み; 《多く複数》屋根裏(部屋). ◊ C'est le [un] ~! それはひどい. Le ~, c'est que ~ = Le est que ... ひどいことに…. pour de ... さらに…なことに.
—形 満員の, いっぱいの. ◊ faire salle ~ 大入りになる; 大当たりする.

comblé, e 形 満ち足りた, 幸せな (願いなどが) かなえられた.

comblement 男 埋めること, 埋め立て.

combler 他 ❶ 埋める, 補う, カバーする; 満たす; 十分に満足させる. ❷ 《de》(...を)いっぱいに与える.

comburant, e 形 〘化〙支燃性の. —男 支燃性物質.

combustibilité 女 可燃性, 燃焼力.

combustible 形 可燃性の, 燃える. —男 燃料.

combustion [-tjɔ̃] 女 燃焼.

come-back 男 《単数形のみ》《英》カムバック, 復帰.

Comecon [kɔmekɔ̃] 男 〘略〙《英》Council for Mutual Economic Assistance コメコン, 東ヨーロッパ経済相互援助会議.

comédie 女 ❶ 劇, 喜劇. ❷ 茶番, 芝居; 話 ばかげたふるまい手順, 面倒.

Comédie-Française 女 コメディ=フランセーズ(パリにある国立劇団).

comédien, ne 名 ❶ 俳優, 役者; 芝居がかった人, うそつき.
—形 うわべを装った, 芝居がかった.

comédogène 形 にきびの原因となる.

comédon 男 にきび.

comestible 形 食べられる, 食用の. —男《複数》食物, 食料品.

cométaire 形 〘天〙彗星の.

comète 女 〘天〙彗星.
◊ tirer des plans sur la ~ 実現しそうもない計画を立てる.

comice[1] 男 ❶ 《複数》〘古し〙民会. ❷ 〘史〙(フランス革命期の)選挙人集会. ❸ ~(s) agricole(s) (19世紀後半の)農業共進会〘振興会〙.

comice[2] 男 洋ナシの品種.

comics [-ks] 男 《米》漫画.

comique 形 ❶ 滑稽な, おかしい. ❷ 喜劇の. —男 ❶ 道化役; 喜劇役者; 話 ひょうきんな者. ❷ 喜劇作家. —男 滑稽さ, おかしさ, 喜劇性.

comiquement 副 滑稽に, 面白おかしく.

comité 男 委員会. ▶ ~ d'entreprise (労使の代表から成る)企業委員会. ◊ en petit ~ = en ~ restreint 内輪で.

comitial, ale; 《男複》aux 形 〘医〙てんかんの.

comitialité 女 〘医〙てんかん.

comma 男 〘楽〙コンマ.

command 男 〘法〙(競売の)真の取得者.

commandant 男 ❶ 指揮官, 司令官; 船長, 艦長, 機長. ❷ 〘陸・空軍の〙少佐; 〘海軍の〙佐官.

commande 女 ❶ 注文(品). ❷ 操縦, 制御, コントロール; 操縦〘制御〙装置. ❸ 事業の指揮, 管理. ❹ 〘情報〙命令, コマンド.
◊ de ~ うわべの, 装った. sur ~ あつらえの, 注文に応じた; 指図どおりに.

commandement 男 ❶ 命令; 号令. ❷ 指揮(権). ❸ 軍事統制権, 総指揮権; 〘軍〙司令部. ❹ (宗教, 道徳上の)戒律, 掟. ▶ les dix ~s 十戒. ❺ 〘法〙差押えと前支払催告.
◊ être au ~ (競争で)トップに立つ; 指揮をとる.

commander 他 ❶ 命じる, 号令をかける, 指図〘指揮〙する. ❷ 注文する; 依頼する. ❸ 必要とする; 強いる; 引き起こす. ❹ (…への)進入をチェックする; 見下ろす. ❺ 操作〘制御〙する. —自 ❶ (à)(…を)指図〘指揮〙する, 支配する; 制御する, 自由にする. ❷ 優先する. ❸ 注文をする.
—se ~ ❶ (感情などが)押しつけられる, 思いどおりになる. ❷ (部屋の互いに)つながっている, 隔てられていない.

commanderie 女 〘史〙修道騎士の所領.

commandeur 男 コマンドゥール章 (佩〘匠〙用者). ▶ croix de ~ レジオンドヌール3等十字勲章.

commanditaire 男, 形 有限責任社員の; 出資者の.

commandite 女 〘経〙société en ~ 合資会社.

commandité, e 名 〘法〙(合資会社の)無限責任社員.

commanditer 他 出資する。
commando 男 《ポルトガル》特別攻撃隊, コマンド; ゲリラ(兵)。
comme 接 ❶《類似・例示》…のように[な]。 ► rapide ～ un lapin ウサギみたいにすばしこい。 ❷《並置》…も…も。 ► La mère ～ la fille aiment beaucoup les fleurs. 母娘とも花が大好きだ。 注 動詞句や複数形。 ❸《資格》…として。 ► prendre des fruits ～ dessert デザートに果物を食べる。 注 後続名詞は原則的に無冠詞。 ❹《同時》…していた時に。 ► Le téléphone a sonné ～ je sortais de l'appartement. アパルトマンを出ようとしていた時に電話が鳴った。 注 後続の動詞は多く半過去。 ❺《理由》…なので, ～ la voiture est en panne, il faut y aller en train. 車が故障しているので、列車で行かなくてはならない。 ❻ 形容詞＋～＋人称代名詞主語＋être 活用形 …ない[で]。 ► Maigre ～ il est, il mange beaucoup. やせているが、彼がよく食べることもある。 ❼《表現の緩和》いわば。 ► Elle était ～ amoureuse. 彼女は, まあ, のぼせていたのだ。 ◇*C'est tout ～*. 語《…も》同然だ。 *～ ça* [*cela*] 語 この[その]ように[な]、こう[そう]すれば; すな… *～ ci ～ ça* 語 まあまあだ。 *～ de juste* [*raison*] 語 当然ながら, ～ *quoi* つまり, 要するに, そういうわけで; …という内容の。 *～ si* ＋直説法半過去法[大過去]まるで…のように。
── 副 ❶《感嘆》なんと。 ❷《間接疑問》どれほど。 ◇*～ vous y allez ! êtes* と言うよ, 例て試してしょう。 *Dieu sait ～*. 神のみぞ知る［怪しげな]やり方で。 *il faut voir ～* 見事に。

commedia dell'arte [-medi-jade(l)larte] 女 《伊》演劇 コメディア・デラルテ(伝統的役柄の衣装と仮面を用いる16, 17世紀イタリアの即興喜劇)。
commémoratif, ve 形 記念の。
commémoration 女 記念祭; 記念, 追悼。
commémorer 他 (…を)記念して式典を行う, 祝賀する。
commença(-) ⇒ commencer.
commençant, e 名 初心者, 入門者。 ── 形 初めの, 初期の; 基礎の。
commencement 男 ❶ 初め, 始まり。 ❷《複数》初期; 初歩, 基礎。
commencer 1 他 ❶ 始める。 ❷ (…の) 初めにある, 冒頭に来る。 ── 自 始まる; 始める; (à) …し始める。 ◇*à ～ par …* …を始めとして。
commende 女 《キ教》空位聖職禄; 《旧》臨時保有。
commensal, ale ; aux 名 ❶ 《文章》食卓を共にする仲間; 客。 ❷《生》片利共生生物。 ── 形《生》片利共生の。
commensalisme 男《生》片利共生。
commensurable 形《数》通約できる; 同じ単位で計れる。

comment 副《疑問》❶ どのように[な], どんな。 ❷ どうして, なんで。 ❸《聞き返し, 驚き, 憤慨》えっ, なに, なんだって。 ◇*～ donc !* ＝*Et ～ !* もちろんですとも, どうぞどうぞ。 *Dieu sait ～* 神のみぞ知る［怪しげな]やり方で。 *je ne sais ～* どのようにしてかは知らないが。 *n'importe ～* どんなふうでもいいから, でたらめに; とにかく。 ── 男《不変》やり方, どのようにしてということ。
commentaire 男 ❶ 解説, 論評, コメント; 注釈。 ❷ 意地の悪い解釈, とやかく言うこと。
commentateur, trice 名 ❶ 解説者; ナレーター。 ❷ 注釈者。
commenter 他 解説する; 注釈する。
commérage 男 世間話, よもやま話; 陰口, ひそひそ話。
commerçant, e 名 商人。 ► gros ── 卸商人。 ── 形 商業の(盛んな); 商店の多い; 商売上手な。
commerce 男 ❶ 商業, 商売, 商取引; 貿易。 ► ～ de détail [de gros] 小売［卸売]業／ ～ électronique (ネット上の)電子商取引。 ❷ 商店(集合的)商人; 商業界。 ► petit ── 零細小売業。 ❸ 世風(恥ずべき)取引。 ❹《文章》交際, 人間関係; 交流。 ◇*être dans le ～* 市販されている; 商売に携わっている。 *hors ～* 非売の。
commercer 1 自 商売をする; 貿易をする。
commercial, ale ; aux 形 商業の, 営業の, 貿易の; 金もうけが目的の。 ── 男 (企業の)営業部門。 ── 男 商用車。
commercialement 副 商業的に, 商業的見地から言えば。
commercialiser 他 商品化する, 販売する。 □ **commercialisation** 女
commère 女 おしゃべり女, うわさ好きな人。
commérer 6 自《古·風》おしゃべり【うわさ話]する。
commettage 男《索の》撚(ょ)り。
commettant 男 委任者, 委託者。
commettre 65 他 ❶ (過ちなどを)犯す; (過失)(失態)など)を書く。 ❷ 任ずる。 ❸《法》委任する。
── se ── ❶ (過ちなどが)なされる, 行われる。 ❷ かかわり合いになる。
comminatoire 形《文章》脅迫的な, すごみのきいた。
commis¹ 男 ❶ 下級官吏, 事務職員; 店員。 ► grand ── de l'État 政府高官, 高級官僚。
commis² ⇒ commettre.
commisération 女《文章》同情, 憐憫(ぴん)。
commissaire 男 ❶ 委員, 役員。 ► ～ aux comptes (会計)監査役 ／ ～ de l'air [de la marine] [海軍]主計官。 ❷ 警視。 ► ～ principal 警視正。 ❸ ～ du [de] bord (客船の)パーサー, 事務長。
commissaire-priseur ; 《複》*～s-～s* 競売史。
commissariat 男 ❶ 警察署。 ❷ 委員の職; 委員会(事務局)。

compagnie

commission 囡 ❶ 用事, 使い走り; 伝言. ❷《複数》買物, 買った品. ❸ 委員会. ▶ ~ de contrôle 監査委員会;《映画の検閲機関》映倫. ❹ 手数料, 歩合. ❺ 委任, 委託;《委託された》職務, 権限; 代理〔取次〕業.
◇faire la grosse [petite] ~ 〘幼児語〙うんち〔おしっこ〕をする.

commissionnaire 男 ❶ 仲介〔取次, 代理〕業者, 仲買人. ❷ 使い走りをする人; メッセンジャーボーイ.

commissionner 他 権限〔職務〕を委託〔委任〕する; 売買を委託する.

commissoire 形〘法〙契約解除を規定する.

commissure 囡〘解〙交連. ▶ ~ des lèvres 口角.

commodat 男〘古法〙使用貸借.

commode 形 ❶ 便利な, 好都合の. ❷ 容易な, 簡単な. ❸ 気さくな, 付き合いやすい. ❹〘古〙厳しさを欠く, たるんだ. —— 囡 整理だんす.

commodément 副 心地よく, 快適に.

commodité 囡 ❶ 便利さ, 快適さ;《複数》便利な器具〔設備〕;《上下水道, 電気の》住居諸設備.《複数》〘古風〙便所.

commodore 男〘英〙《米, 英海軍の》戦隊指揮官;《米海軍の》准将.

commotion 囡 ショック, 衝撃; 動揺.

commotionner 他 衝撃を与える.

commuable 形〘法〙減刑できる.

commuer 他〘法〙減刑する.

commun, e 形 ❶ 共通の, 共有の, 共同の; 公共の. ❷ 普通の, 平凡な. ❸ 粗野な, 下品な.❹〘文法〙nom ~ 普通名詞.
—— 男 ❶ 大多数, 一般. ▶ le ~ des mortels 一般大衆. ❷《複数》付属建物. ◇en ~ 共同で〔の〕; 公共の. hors du ~ 並外れた, 非凡な.

communal, ale 形《男複》**aux** ❶ 市町村の, 地方自治体の; 公営〔公立〕の. —— 男複 共同地, 入会地. —— 囡 公立小学校.

communard, e 形, 名 (1871年の) パリ・コミューンの (参加者).

communautaire 形 ❶ 共同の, 共同体の. ❷ ヨーロッパ共同体の. —— 名 ヨーロッパ共同体に属する人.

communautarisme 男〘社〙少数民族分離主義.

communauté 囡 ❶ 共同, 共有; 共通性, 共同社会, 連合体. ▶ C~ européenne ヨーロッパ共同体/C~ des Etats indépendants 独立国家共同体 (旧ソ連). ❷ 宗教団体, 修道者共同体; 修道会. ❸〘法〙(夫婦の) 共同生活; 共通財産(制). ❹〘心〙~ thérapeutique 精神の集団療法.

commune 囡 市町村; 地方自治体. ▶ la C~ de Paris パリ・コミューン (1871年3月18日 — 5月28日). ❷〘史〙《中世の》自治都市. ❸ ~ populaire (中国の) 人民公社. ❺ la Chambre des C~s = les C~s 英国下院.

communément 副 普通, 一般に.

communiant, e 名《カトリックで》聖体拝領者;《プロテスタントで》聖餐(㍻)拝受者.

communicable 形 伝達できる.

communicant, e 形《複数》連結された, 連絡し合う.

communicateur, trice 名 広報担当; アナウンサー; 説明のうまい人.

communicatif, ve 形 (感情などが) 伝染しやすい. ❷ あけっぴろげな, 話好きの.

communication 囡 ❶ コミュニケーション; 伝達; 広報 (活動); 伝言, 通信; 通話. ❷ (学会などの) 報告, 発表. ❸ 交通; 連絡, 接続. ❹ (本の) 閲覧. ▫communicationnel, le 形

communier 自 ❶《カトリックで》聖体拝領をする;《プロテスタントで》聖餐を受ける. ❷《dans》(…と) 分かち合う, 共有する.

communion 囡 ❶《キ教》(1)《カトリックで》聖体拝領; 聖体の秘蹟. (2)《プロテスタントで》降餐式. ❷《文章》同じ宗教の信徒共同体, 宗派. ❸ (思想, 感情の) 一致; 一体性.

communiqué 男 声明, コミュニケ.

communiquer 他 ❶ 伝える, 知らせる. ❷ 渡す; 貸し出す (病気を) 移す. —— 自 ❶ 連絡を取る; 通信する. ❷ つながる; 連結する. ❸ 考え〔気持ち〕を伝える《sur》(…について) 声明を発表する.
—— **se** ~ 伝わる, 広がる, 伝染する.

communisant, e 形 共産主義に同調した, 共産党支持の. —— 名 共産党同調者〔シンパ〕.

communisme 男 共産主義.

communiste 形 共産主義の, 共産党的. —— 名 共産主義者, 共産党員.

commutable 形〘言〙換え可能な;〘数〙(集合の2つの元が) 可換な.

commutateur 男〘電〙整流子;(切り換え) スイッチ.

commutation 囡 ❶ (要素の) 入れ換え, 交換;〘言〙換え;〘電〙切り換え; 整流, 転流. ❷〘法〙~ de peine (大統領恩赦による) 減刑.

commutatrice 囡〘電〙回転変流機.

commuter 他 (2つの要素を) 入れ換える;〘言〙換える; 切り換える.

comorien, ne 形, 名 コモロ連合国の. —— 名《C~》コモロ人.

compacité 囡 密度, 緻(㍾)密性.

compact, e [-kt] 形 ❶ 密度の高い, 緻(㍾)密な; 密集した. ❷ 小型の. —— 男 コンパクトディスク (= compact disc, disque compact); ミニコンポ; 小型カメラ.

compactable 形 圧縮可能な.

compactage 男 圧縮;〘土木〙締固め. ▫**compacter** 他

compagne 囡 ❶《女性の》連れ, 仲間. ❷《文章》妻, 伴侶(㍾); 愛人.

compagnie 囡 ❶ いること, 同席, 同行; 連れ;《集合的》一同. ❷ 会社, 商社, 商会. ❸ 会, 団体; 劇団.

compagnon 一座. ► C~ de Jésus イエズス会. ❹ (1) (歩兵, 工兵などの)中隊. ❷ C~s républicaines de sécurité 共和国機動隊. ❺ (鳥獣の同種の)群れ, コロニー.
◇de bonne [mauvaise] ~ 品のよい[悪い]. en galante ~ 女連れで. ... et ~ ...会社[商会] (et Cⁱᵉ と略す); ...とその同類. fausser ~ à... ...に挨拶もせずに立ち去る. Je vous laisse en bonne ~. あとは皆さんと楽しくどうぞ, お先に失礼します. tenir ~ à... ...に付き添う.

compagnon 男 ❶ (男性の)仲間, 友達, ❷ 〖古 К〗夫, 伴侶(はんりょ); 内縁の夫. ❸ ペット. ❸ 職人; 大工; 〖史〗(同職組合の)職人.

compagnonnage 男 ❶ 〖史〗職人〔同業〕組合, ギルド; 職人身分; 職人修業期間.

comparable 形 比べられる, 匹敵しうる; 似通った.

comparaison 囡 ❶ 比較, 対比. ❷ 比喩, たとえ; 〖レト〗直喩.
◇en ~ (de ...) (...と)比べれば. par ~ (avec ...) (...に)比較して. sans ~ (avec ...) (...とは)比べものにならないほどに.

comparaître 50 自 出頭する.

comparateur 男 コンパレーター, 比較測長〔測定〕器.

comparatif, ve 形 比較の, 比較に基づく. ——男 〖文法〗比較級.

comparatisme 男 (言語学, 文学の)比較研究. □comparatiste 名

comparativement 副 比較的, 比較して.

comparé, e 形 比較された; 比較研究の(こと), ...に比べての.

comparer 他 ❶ (à, avec, et) (...と)比べる, 比較する. ❷ (à) (...に)たとえられる, 例える. ——se ~ (à) 自分を (...と)比べる; 比較される; たとえられる.

comparse 名 端役; 手先, 下っ端.

compartiment 男 ❶ 仕切り, 区画; 格子(模様). ❷ (列車の)コンパートメント; ボックス席.

compartimentage 男 / **compartimentation** 囡 仕切り, 区分; 細分化.

compartimenter 他 仕切る, 区分する; 細分化する.

comparution 囡 〖法〗出頭, 出廷. ► mandat de ~ 召喚状.

compas 男 ❶ コンパス. ❷ 羅針盤.
◇avoir le ~ dans l'œil 正確に目測する.

compassé, e 形 堅苦しい; もったいぶった.

compasser 他 コンパスで測る.

compassion 囡 〖文章〗同情, 哀れみ.

compassionnel, le 形 同情に訴える; 同情からの.

compatibilité 囡 ❶ 両立(性), 適合性. ❷ 〖情報〗互換性.

compatible 形 ❶ 相いれる, 両立し得る; 〖医〗適合する. ❷ 互換性のある.

compatir 自 (à, avec) (...に)同情する.

compatissant, e 形 同情的な, 思いやりのある.

compatriote 名 同国〔同郷〕人.

compendieux, se 形 〖古〗簡潔な.
□compendieusement 副

compendium 男 〖ラ〗要約, 大要.

compensable 形 償われ得る, 埋め合わせができる.

compensateur, trice 形 ❶ 償う, 補償の. ❷ 補正する.

compensation 囡 ❶ 補償, 代償, 埋め合わせ. ❷ (負債などの)相殺. ❸ 〖経〗手形交換による決済〔清算〕. ► chambre de ~ 手形交換所.
◇en ~ その代わり.

compensatoire 形 償う, 埋め合わせをする.

compensé, e 形 釣り合いのとれた. à semelle ~e ウェッジ・ヒール.

compenser 他 償う, 補う, 埋め合わせる; 釣り合わせる; 〖法〗(債務を)相殺する. ——se ~ 互いに補い合う; 補われる, 埋め合わされる; 釣り合う.

compère 男 さくら, 相棒. ❷ 〖古風・友愛〗仲間.

compère-loriot 男 (複) ~s-~s (まぶたの)ものもらい.

compétence 囡 ❶ (判断, 処理の)能力, 力量; 〖言〗言語能力. ❷ 専門家, 権威者. ❸ 管轄, 権限.

compétent, e 形 ❶ 有能な, 適任の; 知識が豊富な. ❷ 権限のある, 管轄権をもつ.

compétiteur, trice 名 競争相手, 対戦者.

compétitif, ve 形 競争力のある; 〖経〗自由競争の.

compétition 囡 競争, 対抗; 競技, 試合.

compétitivité 囡 競争力.

compilateur, trice 名 ❶ 資料整理係, 編纂(へんさん)者. ❷ 盗作者. ——男 〖情報〗コンパイラー.

compilation 囡 ❶ 集成, 編纂; 編集物. ❷ 剽窃(ひょうせつ)作品, 盗作本. ❸ 〖情報〗コンパイル.

compiler 他 ❶ 編纂(へんさん)する. ❷ 剽窃(ひょうせつ)〔盗用〕する. ❸ 〖情報〗コンパイルする.

complainte 囡 ❶ 〖法〗占有保持の訴え. ❷ 嘆き歌, 哀歌.

complaire 73 自 〖文章〗(à) (...の)気に入るようにする, (...を)喜ばせる.
——se ~ (dans, à) (...に)喜びを見出す, 面白がる.

complaisamment 副 ❶ 好意をもって. ❷ いい気になって.

complaisance 囡 ❶ 心遣い, 気配り, 親切, 好意. ❷ 甘やかし; 媚(こび)へつらい; 寛容さ, 自己満足. ❸ ~ de soi 自うぬぼれ, 自己満足. ❹ pavillon de ~ 便宜置籍旗(船).
◇certificat [attestation] de ~ (資格などに)発行された情実的証明書. de ~ お愛想の, お義理の.

complaisant, e 形 ❶ 愛想がよい, 好意的な. ❷ 寛大な, 甘い. ❸ うぬぼれた, 自己満足した.

complanter 他 (異なった植物を)一緒に植える.

complément 男 ❶ 補足[補完]物；(支払いの)残額．❷ 補語．❸ [数] ～ d'un angle ある角の余角．

complémentaire 形 補足する；相補的な．► couleurs ～s 補色．

complémentarité 女 補完性；相補性．

complet, ète 形 ❶ 完全な，全部そろった；完璧(%*)な．❷ 満員の．◊ à temps ～ (パートでなく)本採用で，フルタイムで．C'est ～ ! 泣き面に蜂だ，ひどすぎる．
——男 三つ揃い，スーツ．
◊ au (grand) ～ 何一つ欠けずに；全員そろって．

complètement 副 完全に，すっかり，まったく．
——男 完全にすること，仕上げ．

compléter 6回 他 補完する；仕上げる．——se ～ ❶ 完全なものになる．❷ 補い合う．

complétif, ve 形 [言]補語の役割をする，補足の．

complétude 女 [論] (理論の)完全性．

complexe 形 ❶ 複雑な，込み入った；複合の．◊ nombre ～ 複素数．——男 ❶ 複雑なもの；複合的なもの．❷ コンビナート；総合施設．❸ コンプレックス；［医］症候群．
◊ sans ～ (s) 平然と，屈託なく．

complexé, e 形, 名 劣等感を持った(人)．

complexer 他 劣等感を与える，気後れさせる．

complexifier 複雑化する．
——se ～ 代回 複雑化する．
⚫**complexification** 女

complexion 女 体質，体格．

complexité 女 複雑さ，複合性．

complication 女 ❶ 複雑さ．❷ 紛糾，もめ事；併発，合併症．

complice 形 ❶ 共犯の．❷ 好都合の．❸ (態度などが)暗黙の了解を示す．
——名 共犯(者)．

complicité 女 ❶ 共犯，共謀；結託．❷ 暗黙の合意；示し合わせ．

complies 女複 [カト]終課．

compliment 男 ❶ 褒め言葉；お世辞；祝辞．❷ (第三者への)挨拶の言葉．► Vous ferez mes ～ à ...... によろしく．◊ Mes ～s ! 素晴らしい，上出来だ．retourner son ～ à ... ...に即座に褒め返す［応酬］する．

complimenter 他 お祝いを言う，褒める；お世辞を言う．

complimenteur, se 形, 名 お世辞を言う(人)，へつらう(人)．

compliqué, e 形 複雑な，込み入った．❷ 気難しい．——名 気難しい人．

compliquer 他 複雑にする．
——se ～ 複雑になる；悪化する．

complot 男 陰謀；内密の計画．

comploter 他 (陰謀を)たくらむ；ひそかに計画する；陰謀を企てる．

comploteur, se 名 陰謀家．

componction 女 ❶ もったいぶった，しかつめらしさ．❷ [旧キリ](罪の)悔恨．

comporte 女 ブドウを運ぶ桶(%).

comportement 男 行動，振る舞い；態度．

comportemental, ale (男複 **aux**) 形 [心]行動の．

comportementaliste 名 行動主義者；行動療法士．
——形 行動主義の；行動療法の．
⚫**comportementalisme** 男

comporter 他 含む．——se ～ 振る舞う，行動する；機能する，動く．

composacées 女複 [植]キク科．

composant, e ❶ 含む[合成]する，複合の．► intérêts ～s 複利 / passé ～ 複合過去 / corps ～ 化合物．
——男 成分 [合成]物；［化］化合物；［言］合成語，複合語．
——女複 [植]キク科．

composé, e 形 ❶ 構成［合成］する，複合の．► intérêts ～s 複利 / passé ～ 複合過去 / corps ～ 化合物．
——男 混合［合成］物；［化］化合物；［言］合成語，複合語．
——女複 [植]キク科．

composer 他 ❶ 作る，成す，構成する；創作する．❷ ［印］活字に組む．❸ (電話番号を)回す［押す］．❹ 文章(表情などを)装う．
——自 ❶ 妥協する，譲歩する；(原則を)曲げる．❷ 答案を書く．
——se ～ ❶ de (...から)成る．❷ 古風 (表情などを)装う．

composeuse 女 [印]植字機．

composite 形 ❶ 混成の，寄せ集めの；［建］コンポジット様式の．❷ [化] matériau ～ 複合材料．

compositeur, trice 名 ❶ 作曲家．❷ ［印］植字工．

composition 女 ❶ 構成，組み立て；組成，成分．❷ 創作，作曲，execution；作品．❸ 作文；試験．❹ ［印］植字；組み版．◊ (être) de bonne ～ 協調性がある；くみしやすい．

compost [-st] 男 堆肥，腐葉土．

compostage[1] 男 堆肥を施すこと．

compostage[2] 男 (切符，書類に)パンチ[日付，番号]を入れること，印字．

composter[1] 他 堆肥を施す．

composter[2] 他 (切符に自動改札機で)改札印を入れる；(日付，番号などを)打つ，印字する．

composteur 男 自動改札機；(文字，数字を打つ)スタンプ，ナンバリング．

compote 女 コンポート，果物の砂糖煮．◊ en ～ 痛めつけられた．

compotier 男 (コンポートや果物を盛る)脚付きグラス，コンポート鉢．

compound [-pund] 形 [不変][英]複合の，複式の．

compréhensible 形 理解しやすい；もっともな．
⚫**compréhensibilité** 女

compréhensif, ve 形 ❶ 理解のある，寛大な．❷ [論]内包の．

compréhension 女 ❶ 理解，理解力；思いやり，寛容．❷ 分かりやすさ；[論]内包．

comprendre 87 他 ❶ 理解する，分かる；納得する．❷ 含む；含める．
◊ ～ les choses 物分かりがいい，寛大

comprenette

—se ⇨ 理解される; 理解し合う.
comprenette 囡 話 理解力.
compresse 囡 ガーゼ, 圧迫布.
compresser 他 詰め込む, 押し込む.
compresseur 男【機】コンプレッサー, 圧縮機.
compressible 形 ❶ 圧縮できる. ❷ 削減[削減]できる. ‖**compressibilité** 囡
compressif, ve 形 圧縮[圧迫]する; 医 抑圧的な.
compression 囡 圧縮, 圧迫; 削減, 縮小.
comprimable 形 圧縮できる.
comprimé, e 形 圧縮[圧迫]された; 医 抑圧された. —男 錠剤.
comprimer 他 圧縮[圧迫]する. ❷ 削減[縮小]する;(感情を)抑える.
comprimes, comprirent 活 ⇨ comprendre.
compris[1], **e** 形 ❶ 含まれた, 挟まれた. ❷ 理解された. ◇ (*C'est* ~? 分かったか. *C*—! 分かった. *y* ~ [*non* ~] …を含めて[含まずに].
compris[2] **comprit, comprit**(-) ⇨ comprendre.
compromettant, e 形 危険にさらす; 巻き添えにする.
compromettre 65 他 ❶ 危険にさらす; (危険なことに)巻き込む. ❷ 評判を傷つける. —自【法】仲裁契約を行う. **—se** ❶ 自分の(評判)を危険にさらす. ❷ 巻き込まれる.
compromis, e 形 (compromettre の過去分詞) ❶ 危険にさらされた; 評判を傷つけられた. ❷ 巻き込まれた. —男 ❶ 妥協; 示談;【法】仲裁契約. ❷ 中間[の状態].
compromission 囡 ❶ 身[立場]を危険にさらすこと. ❷ 妥協.
compromissoire 形【法】仲裁(契約)の.
comptabiliser [kɔ̃ta-] 他 帳簿に記入する; 見積もる.
‖**comptabilisation** 囡
comptabilité [kɔ̃ta-] 囡 ❶ 会計, 簿記(学). ❷ 会計課, 経理部.
comptable [kɔ̃ta-] 形 ❶ 会計の, 簿記の. ❷ 文語 責任のある. ❸【言】可算の. —男 会計係, 会計士.
comptage [kɔ̃ta-] 男 数えること, 集計.
comptant [kɔ̃tɑ̃] 形副 現金の.
◇ *argent* ~ 現金; 確実なもの.
—男 現金. —副 現金[即金]で.
compte [kɔ̃t] 男 ❶ 計算; 勘定, 会計(報告). ► *Le* ~ *n'y est pas*. 計算が合わない. ❷ 口座, 預金. ► ~ *chèque postal* 郵便振替口座. ❸ 借り[貸し]分.
◇ *à bon* ~ 安上がりに. *à ce* ~(-*là*) そんな事情なら, そういうわけでは. *à son* ~ 自営で[の], 自分で[の], 自立して. *au bout du* [*à la fin du, en fin de*] ~ 結局, 要するに. *avoir son* ~ 話 ひどい目にあう; 殺される. *demander* ~ *de* …についての説明[弁明]を求める. *donner son* ~ *à* … …に勘定を支払う; …を解雇する. *être en* ~ *avec* … …と取引[貸借関係]がある. *laisser pour* ~ (買った商品を)引き取らない; 見捨る, 無視する. *mettre A sur le* ~ *de B* AをBのせいにする. *sur le* ~ *de* … …の(利益の)ために. *pour mon* ~ 私としては. *rendre* ~ *de* … …の報告[説明, 釈明]をする; 責任を取る. *rendre des* ~*s* 釈明する. *se rendre* ~ *de* [*que*] … …に気がつく, 分かる. *Son* ~ *est bon*. 話 あいつもつらおしまいだ. *sur le* ~ *de* … …に関して. *tenir* ~ *de* … …を考慮に入れる. *trouver son* ~ *à* … …で得をする.
compte(-)**chèques** [kɔ̃t-]; 《複》 ~*s*(-) ~*s* 男 小切手預金.
compte-fils [kɔ̃tfil] 男 固定式拡大鏡.
compte-gouttes [kɔ̃t-] 男 ❶ 滴瓶; ピペット, スポイト.
compter [kɔ̃te] 他 ❶ 数える;(ある数に)及ぶ; 数に入れる, 考慮する. ❷ 見積もる; 請求する. ❸ 支払う. ❹ (金を)出し惜しむ. ❺ ~ + inf. …するつもりである. ❻ ~ *que* … …と思う, 期待する. ◇ *On ne compte plus* … …は数えきれない. *On peut* ~ … …は数えるほどしかない. *sans* ~ [*que*] … …を別にしても, その上 ~ *de*. *Ses jours sont comptés*. 彼(女)は余命いくばくもない.
—自 ❶ 数を数える. ❷ 重要である. ► *Ce qui compte, c'est* … 重要なのは… である. ❸ (*sur*) (…)に当てにする. ❹ ~ *avec* [*sans*] … …を考慮に入れる [しない]. ❺ (*parmi*, *au nombre de*) (…の中に) 数えられる [(*pour*) (…分に) 当たる, (…の) 価値がある. ❻ 倹約する. ► *sans* ~ 気前よく.
◇ *à* ~ *de* + 日付 …から.
—se ~ 数えられる.
compte(-)**rendu** [kɔ̃t-]; 《複》 ~*s*(-)~*s* 男 報告; 書評; 議事録.
compte-tours [kɔ̃t-] 男 回転計, タコメーター.
compteur [kɔ̃tœːr] 男 メーター.
comptine [kɔ̃tin] 囡 (鬼を決めるときなどに歌う) 童歌.
comptoir [kɔ̃twaːr] 男 ❶ カウンター;(商店の)売り台. ❷ (名称で) 銀行;(植民地の)商館. ► ~ *des entrepreneurs* 不動産開発銀行.
compulser [kɔ̃-] 他 調べる, 参照する.
compulsion 囡【心】強迫.
‖**compulsif, ve** 形
comput [-t] 男 (移動祝日の, 特に復活祭の)期日算定.
computation 囡 (移動祝日の)期日算定すること.
comtal, ale; 《男複》 *aux* 形 伯爵の, 伯爵領の.
comtat 男 伯爵領.
comte 男 伯爵.
comté[1] 男 ❶ 伯爵領. ❷ (英仏・アングロサクソン諸国の)地域、州.
comté[2] 男 コンテチーズ.

concordance

comtesse 囡 女伯爵；伯爵夫人．
comtois, e 厖 フランシュコンテ Franche-Comté 地方の．— 图 《C～》フランシュコンテ地方の人．
comtoise 囡 大型振子時計．
con, ne 图, 厖 ばか(な)．
— 男 женской部分.
Conakry コナクリ（ギニアの首都）．
conard, e 图, 厖 ばか(な)．
conasse 厖 变, 囡 ばかな(女)．
concasser 他 細かく砕く．
✍**concassage** 男

concasseur 男 クラッシャー, 砕石機．

concaténation 囡 《観念, 概念などの》つながり, 連鎖；《情報》連結．
concave 厖 凹(面)の, くぼんだ．
concavité 囡 凹状；凹面；くぼみ．
concéder ⑥ 他 《権利を》譲渡(許可)する, 譲歩して認める；《得点を》許す．
concélébrer ⑥ 他 《カト》《ミサを》共同であげる．✍**concélébration** 囡
concentration 囡 ❶ 集中；精神集中；集中[密集]地. ➤ camp de ～ 強制収容所. ❷ 濃度, 濃縮．
concentrationnaire 厖 強制収容所の.
concentré, e 厖 ❶ 集中した；精神を集中した. ❷ 濃縮した；《香りなどが》強い. — 男 濃縮飲[製品]．
concentrer 他 ❶ 集中する, 一箇所に集める. ❷ 濃縮する．
— **se** ～ 集中する, 精神集中をする．
concentrique 厖 《円などが》同心の；求心的な．
concept [-pt] 男 概念, 構想, 発想．
concepteur, trice 图 企画立案者．
conception 囡 ❶ 着想, 構想. ❷ 観念；見解；理解[力]；ものの考え方, 価値観. ❸ 妊娠, 受胎．❹《情報》～ assistée par ordinateur コンピュータによる設計支援技術．
conceptualiser 他 《…から》概念を形成する；《…》を概念化する．
✍**conceptualisation** 囡
conceptualisme 男 《哲》概念論．
conceptuel, le 厖 ❶ 概念の, 概念的な. ❷ 《美》art ～ コンセプチュアルアート．
concernant 前 …に関して, 関する．
concerné, e 厖 《par》《…と》関係する[がある]．
concerner 他 関係がある, かかわる. ◆**en** [**pour**] **ce qui concerne** …に関しては．
concert 男 ❶ 演奏会, コンサート；合奏(曲). ➤ ～ de protestations ごうごうたる抗議. ❷ 文章 協議, 協力．
◆**de** ～ 協力[一致]して．
concertant, e 厖 《楽》symphonie ～e 協奏交響曲．
concertation 囡 協議．
concerté, e 厖 協議[合議]に基づく. ➤ économie ～e 協議経済．
concerter 他 協議する, 打ち合わせる. — **se** ～ 協議する；共謀する．
concertino 男《伊》小協奏曲．

concertiste 图《コンサートの》演奏者；《コンチェルトの》ソリスト．
concerto 男《伊》協奏曲．
concessif, ve 厖《文法》譲歩の. — 囡 譲歩節．
concession 囡 ❶ 譲歩, ❷ 委譲；《委譲された》土地, 払い下げ地. ❸ 利用［施業］権の認可, 《特約店》契約．
concessionnaire 图 譲り受け人；《認可の》獲得者. ❷《商》総代理店. ❸《払い下げ地を》譲り受けた；利用権を得た．
concevable 厖 考えられる, 理解できる, 納得できる．
concevoir ㊹ 他 ❶ 思いつく, 考え出す；理解「納得」する；《文章》《感情を》抱く. ❷《子を》宿す, 妊娠する．
— **se** ～ 考えられる；理解できる．
concevr- ⇨ concevoir.
conchyliculture [-ki-] 囡 貝の養殖. ✍**conchyliculteur, trice** 图
concierge 图 ❶ 管理人, 守衛. ❷ 囗 おしゃべり女人, ゴシップ屋．
conciergerie 囡 ❶ 守衛詰所. ❷《C～》《史》パリ高等法院付属監獄．
concile 男《宗》公会議．
conciliable 厖 両立しうる[妥協]し得る．
conciliabule 男 内緒話, 密談．
conciliaire 厖《宗》公会議の；公会議に出席する［参加する］．
conciliant, e 厖 妥協的な, 協調性のある．
conciliateur, trice 图 仲裁人, 調停人. — 厖 和解を図り, 調停する．
conciliation 囡 和解, 協調；《法》調停．
conciliatoire 厖《法》調停の．
concilier 他 ❶ 和解させる；両立させる；《法》調停する. ❷《好意などを》得させる. ❸《好意などを》勝ち得る, 味方につける. — **se** ～ 両立する．
concis, e 厖 簡潔な, むだのない．
concision 囡 簡潔, むだのなさ．
concitoyen, ne 图 同国[同郷]人．
conclave 男《カト》教皇選挙会議．
conclu, e conclure の過去分詞．
concluant, e 厖 決定的な．
conclure ㊹ 他 ❶《契約を》結ぶ. ❷ 終える, 締めくくる；結論する．
— 自 ❶ 結論を下す；締めくくる. ❷《à》《…と》判断［結論］する．
— **se** ～ 締め括られる；《ある結果に》終わる, 結論が下される．
conclusif, ve 厖 結論を示す, 結びの．
conclusion 囡 ❶ 結末；《副詞的》結局. ❷《契約などの》締結. ❸《複数》《法》《裁判上の》結論的申立て；論告, 告訴状．
concluss-, conclut-, con-clût(-) 活 ⇨ conclure.
concocter 他 ❶ 念入りに準備する, 練り上げる. — **se** ～ 仕上げられる．
conçoi- 活 ⇨ concevoir.
concombre 男 キュウリ．
concomitant, e 厖 付随する, 同時に起こる. ✍**concomitance** 囡
concordance 囡 ❶ 一致, 符合．

concordant

❷ 用語索引, コンコーダンス.
concordant, e 形 一致[符号]する.
concordat 男 ❶ (ローマ教皇庁と政府間の)政教条約. ❷ [商]強制和議.
concordataire 形 ❶ [カト]政教条約の. ❷ [法]強制和議を認められた.
concorde 女 ❶ 和合, 融和. ❷ la place de la C～ (パリの)コンコルド広場. ― (le C～)コンコルド(超音速旅客機).
concorder 自 一致[符号]する, 合う.
concourant, e 形 一点に集中する.
concourir 23 自 ❶ (à) (…のために)協力[貢献]する. ❷ コンクールに参加する, 競う.
concouriste 名 (コンクールやクイズ番組への)参加者.
concours 男 ❶ 選抜試験; コンクール. ❷ [スポ]競技会; フィールド競技. ◇～ complet 総合馬術競技. ❸ 協力, 援助; 一致, 符合.
concret, ète 形 具体的な, 具象的な. ❷ 実際的な; 現実の.
― 男 具体的なもの, 具象.
concrètement 副 具体的に; 実際上.
concrétion 女 凝固(物), 凝結(物); [医]結石, 腫瘍(ほう).
concrétisation 女 具体化; 実現.
concrétiser 他 具体化[実現]する.
― se ～ 具体化[実現]する.
conçu, e 形 (concevoir の過去分詞)考案された.
concubin, e 名 内縁の夫[妻].
concubinage 男 内縁関係, 同棲(せい).
conçûmes 活 ⇨ concevoir.
concupiscence 女 欲望[肉欲], (特に)色欲.
concupiscent, e 形 文語 貪欲な; 情欲にふける; みだらな, 猥褻(わいせつ)な.
concurent 活 ⇨ concevoir.
concurremment 副 ❶ 同時に. ❷ 協力して, 相まって; 競争して.
concurrence 女 競争; 競争相手. ◇jusqu'à ～ de + 金額 …に達するまで.
concurrencer ① 他 競争する.
concurrent, e 形 競争する; 競争相手の. ― 名 競争者.
concurrentiel, le 形 競争の行われている; 競争に耐える.
conçus(-) 活 ⇨ concevoir.
concussion 女 [法]公金横領.
concussionnaire 形 [法]公金横領の. ― 名 公金横領者.
conçut, conçût(-) 活 ⇨ concevoir.
condamnable [-dana-] 形 罰せられるべき, 非難されるべき.
condamnation [-dana-] 女 ❶ 有罪判決, 刑の宣告; 刑. ❷ 非難, 糾弾; 減刑(きん).
condamnatoire [-dana-] 形 [法]有罪の.
condamné, e [-dane] 形 ❶ 有罪[死, 不治]の宣告を受けた. ❷ 閉鎖された, 立入禁止の. ― 名 受刑者.

condamner [-dane] 他 ❶ 刑を宣告する, 有罪判決を下す; 非難する, 禁じる; 非[有罪]を証明する. ❷ (à) (…)を強いる, 余儀なくさせる. ❸ [死, 不治]を宣告する. ❹ 閉鎖する, 立入禁止にする.
◇ se ～ (à) (…に)強いられる.
condensable 形 圧縮し得る.
condensat 男 凝縮液[物], 縮合物.
condensateur 男 [電]コンデンサー.
condensation 女 凝縮, 凝結, 液化; [化]縮合.
condensé, e 形 濃縮[凝縮]した; 要約した, 簡潔な. ― 男 要約, 摘要.
condenser 他 濃縮[凝縮]する, 液化する; 要約する; [情報](データ)をバックする. ― se ～ (気体が)液化する, 凝縮する.
condenseur 男 [機]復水器[口]; [化]冷却器, 凝縮器; [光]集光レンズ.
condescendant, e 形 尊大な, 恩着せがましい. ◇condescendance
condescendre 58 自 文語 (à) (…)に尊大な態度で応じる [同意する].
condiment 男 調味料, 香辛料; (特にフレンチマスタード.
condisciple 名 同級生, 学友.
condition 女 ❶ (多く複数)(環境としての)条件, 状況; (支払いなどの)条件, 料金, 報酬. ❷ (限界としての)条件, 宿命. ～ humaine 人間の条件. ❸ (社会での)地位, 階層. ❹ 心身の状態, コンディション. ❺ (求められる)条件, 前提条件.
◇à ～ 返品可能の条件付きで, 委託の, à ～ de + inf. [que + subj.] …という条件で. mettre en ～ を (宣伝などで) …を操作する; のコンディションを調整する. sous ～ いくつかの条件付きで; 返品可能という条件付きで.
conditionné, e 形 ❶ 条件づけられた; 影響[制約]を受けた. ❷ 整った, 整備[調整]された. ▶ air ～ 調和空気; エアコン. ❸ 包装された.
conditionnel, le 形 ❶ 条件付きの. ❷ [文法]mode ～ 条件法. proposition ― le ～ 条件節. ❸ [心]réflexe [stimulus] ～ 条件反射[刺激]. ❹ [文法]条件法. ― 女 [文法]条件節.
conditionnellement 副 条件付きで.
conditionnement 男 ❶ 条件づけ; (世論などの)操作; 調整, 調節. ❷ 包装.
conditionner 他 ❶ 条件づける; 左右する, 決定する; 操作する; 調整する. ❷ 包装する.
conditionneur, se 名 包装業者. ― 男 空調装置; 食品包装装置; ヘアコンディショナー, リンス.
condoléances 女複 お悔やみ, 弔意.
condom [-dɔm] 男 [英]コンドーム.
condominium 男 [英] ❶ (植民地の)共同統治. ❷ 分譲マンション.
condor 男 [鳥]コンドル.
condottiere [-tjɛːr] 男 [複] ～s

confluer

(ときに **condottieri**)男《伊》(中世イタリアの)傭兵,傭兵(隊長).

conducteur, trice 名 運転手,操作係;指導者;監督.━━ de travaux 現場監督.━━ 男 (熱,電気の)(伝)導体.━━ 形 伝導する,伝導性の.♢ **fil** ━━ 指導原理.

conductibilité 女《物》伝導体.

conductible 形 伝導性の.

conduction 女 伝導.

conductivité 女《物》伝導(率).

conduire 78 他 ❶ 連れて行く;導く,(…するように)仕向ける. ❷ 運転[操作]する;指揮[監督]する. ❸ (電気,熱などを)伝える;(水などを)引く.━━ 自 ❶ 車を運転する. ❷ (à)(…に)到る.━━ se ━━ 行動する,振る舞う.

conduis(-), conduit 活 ⇨ **conduire**.

conduit 男 ❶ 配管,パイプ,ダクト. ❷《解》管.

conduite 女 ❶ 振る舞い,行動,素行. ❷ 運転,操作;指揮,監督,経営. ❸ 案内,引率. ❹ 導管.♢ **acheter une** ━━ 語 素行を改める.

cône 男 円錐(な)(形のもの);《軍》弾頭;《植》球果.

conf. (略)《ラ》**confer** 参照.

confection 女 作成;調理;既製服製造.

confectionner 他 作る.

confectionneur, se 名 既製服の製造業者[メーカー].

confédéral, ale (男複) **aux** 形 連邦の;連盟[同盟]の.

confédération 女 連邦;連盟,同盟.

confédéré, e 形 連合した.━━ 男 (les C~s)(米国南北戦争の)南軍.

confédérer 6 他 連合[同盟]させる.━━ se ━━ 連合[同盟]する.

confer (ラ)参照,比較せよ.

conférence 女 会議,協議;講演,講義.♢ ━━ **de presse** 記者会見.

conférencier, ère 名 講演者,講師.

conférer 6 他 授ける,与える.━━ 自 協議[相談]する.

confesse 女 告白.

confesser 他 ❶ 白状する,認める.《カト》告解する. ❷ 告白を聴く;語 白状させる. ❸ 実(信仰などを)表明する.━━ se ━━ 告解[告白]をする.

confesseur 男 聴罪司祭;(打ち明け話の)聞き手.

confession 女 ❶ 白状,告白;《カト》告解. ❷ 宗教,宗派;信仰の表明.

confessionnal (複) **aux** 男 告解場.

confessionnalisme 男 (世俗性に対して)宗教性,宗教色.

confessionnel, le 形 宗派の;信仰(宗教)の.

confessionnellement 副 宗派において.

confetti (複)(━━ **s**)男《伊》(祭りなどで投げ合う)紙吹雪.

confiance 女 ❶ 信頼,信用(国民議会による政府への)信任. ❷ 自信(= ━━ **en soi**).♢ **de** ━━ 信用できる,信用して. **en (toute)** ━━ 安心して. **poser la question de** ━━ (政府が議会に)信任投票を求める.

confiant, e 形 ❶ 信頼[信用]している;信用しやすい. ❷ 自信のある.

confidence 女 打ち明け話,秘密の話.♢ **en** ━━ 内密に.**mettre ... dans la** ━━ …に秘密を打ち明ける.

confident, e 名 秘密を打ち明ける相手.

confidentialité 女 秘密保持.

confidentiel, le 形 内密の;(公開が)限定された. **C~** (手紙で)親展;(書類の)丸秘.

◻ **confidentiellement** 副

confier 他 託す;打ち明ける.━━ se ━━ ❶ 意中を打ち明ける;打ち明け合う. ❷ 頼る.

configuration 女 形状,地形;様相,状況;《情報》環境設定;動作環境.

configurer 他《情報》環境設定をする.

confiné, e 形 こもった;閉じ込められた.

confinement 男 ❶《文章》閉じ込める[こもる]こと;隔離. ❷ 専念;限定.

confiner 自 (à) (…と)隣接する;近似している.━━ 他 閉じ込める.━━ se ━━ 閉じこもる;専念する.

confins 男複 ❶ 境界(地域),境目. ❷ 果て,極限.

confire 69 他 (食べ物を)漬ける.━━ se ━━ 漬けられる;《文章》浸りきる.

confirmand, e 名《カト》受堅者.

confirmatif, ve 形《法》**acte** ━━ 追認,原判決維持.

confirmation 女 ❶ 確認,確証. ❷《法》追認;原判決維持. ❸《カト》堅信(の秘跡).

confirmer 他 ❶ 確認[立証]する;堅固にする,確信を抱かせる. ❷《カト》堅信の秘跡を授ける.━━ se ━━ ❶ 確認される. ❷ 確信を持つ.

confiscation 女 没収(財産).

◻ **confiscatoire** 形

confiserie 女 糖菓製造(工場);菓子屋,菓子類.

confiseur, se 名 糖菓製造[販売]業者;菓子屋.

confisquer 他 (à) (…から)押収する,没収する;取り上げる.

confit, e 形 ❶ 漬けた;(液体に)漬かった. ❷《文章》甘ったるい,わざとらしい.━━ 男 コンフィ,脂肪漬け.

confiture 女 ジャム.

confiturerie 女 ジャム製造(工場).

confiturier, ère 名 ジャム製造[販売]業者.━━ 男 ジャム入れ.

conflagration 女 ❶《文章》(国際的)動乱,紛争,対立. ❷ 固 大火.

conflictuel, le 形 闘争の,対立の;《心》葛藤(ぎ)の.

conflit 男 ❶ 衝突,対立;紛争. ❷《心》葛藤(ぎ);《法》抵触.

confluence 女 合流.

confluent 男 (川などの)合流点.

confluer 自《文章》合流する;集結する.

confondant, e 形 驚愕(きょうがく)させる, 呆(あき)然とさせる.

confondre 他 ❶ 混同する, 取り違える；一つにする. ❷ 驚愕(きょうがく)させる, 呆(あき)然とさせる；やり込める. **— se ~** ❶ 一つになる；混同される. ❷ 〖文章〗**(en)** (…を)何度も繰り返す.

confondu, e 形 ❶ 啞(あ)然とした. ❷ 混じり合った, 一体の. ❸ 混じり合う, 一体の.

conformation 女 形態, 構造. ► **vice de ~** 〖医〗先天的奇形.

conforme 形 ❶ **(à)** (…に)かなった, 合致(一致)した. ► **pour copie ~** 〖法〗原本と相違なきことを証す. ❷ 規範的な, 型どおりの. ❸ 〖数〗等角の, 共形の.

conformé, e 形 **bien [mal] ~** (肉体的に)正常な [障害のある].

conformément 副 **(à)** (…に)従って, 応じて.

conformer 他 〖文章〗一致 [順応] させる. **— se ~** 順応する, 合わせる.

conformisme 男 ❶ (体制)順応主義, 慣例遵守. ❷ 英国国教優奉主義.

conformiste 名 ❶ (体制)順応主義者. **— 形** 順応主義的な, 因襲的な.

conformité 女 ❶ 一致, 合致, 適合；❷〖数〗(写像の)等角性. ► **en ~ avec ...** ❶に合致して；従って.

confort 男 ❶ 快適な設備[生活], 快適さ. ► 〖形容詞的〗**tout ~** 〜 設備の完備した. ❷ 安楽, 安逸. ❸ **médicament de ~** 患者を楽にする薬(解熱剤, 鎮痛剤など).

confortable 形 ❶ 快適な, 安楽な. ❷ 相当な, かなりの.

confortablement 副 ❶ 快適に, 安楽に. ❷ 相当に, かなり.

conforter 他 ❶ 堅固にする, 強化する. **— se ~** 堅固になる.

confortique 女 (オフィス内の)居住性の追求.

confraternel, le 形 同僚[業]の.

confraternité 女 同僚であること；同僚のよしみ.

confrère 男 同僚, 同業者.

confrérie 女 兄弟会, 信心会.

confrontation 女 ❶ 対面, 対決；紛争, 衝突；〖法〗対質. ❷ 比較, 対照, 照合.

confronter 他 ❶ 対面[対決]させる. ❷ 比較[照合]する. ❸ **être confronté à ...** …に直面している. **— se ~** ❶ 対決する, 立ち向かう. ❷ 対決し合う. ❸ 比較対照される.

confucéen, ne / confucianiste 形 儒教の. **— 名** 儒学者.

confucianisme 男 儒教.

confus, e 形 ❶ 乱雑な; 混乱した, 不明瞭な. ❷ 当惑[恐縮]した.

confusément 副 雑然と, 無秩序に；漠然と.

confusion 女 ❶ 乱雑な; 混乱, 混沌. ❷ 混同, 取り違え；思い違い. ❸ 当惑, 恐縮. ❹ **~ mentale** 精神錯乱. ❺ 〖法〗**~ des peines** 刑罰の吸収.

confusionnel, le 形 精神錯乱の.

confusionnisme 男 混迷に導くこと；人心の攪(かく)乱.

congé 男 ❶ 休暇, 休み. ► **~ (-)formation** 研修休暇. ► **parental** **d'éducation** 育児休暇. ❷ 辞職, 解雇, 解任. ❸ 〖賃貸契約の解約の申し込み [告知]. ❹ (商品の運搬許可；出港許可[証]. ◇ **prendre ~ (de ...)** (…に)別れを告げる.

congédiable 形 ❶ 解雇できる. ❷ 休暇を取れる.

congédiement 男 ❶ 解雇. ❷ 〖賃貸契約の〗解約の申し入れ[告知].

congédier 他 帰ってもらう, 追い出す；解雇する.

congelable 形 凝固[凍結]し得る.

congélateur 男 冷凍庫[器], フリーザー.

congélation 女 凝固, 凍結；冷凍.

congeler 他 ❶ 凝固[凍結]させる. ❷ 冷凍する. **— se ~** ❶ 凝固[凍結]する, 凍る.

congénère 名 ❶ 同種[同類]の生物. ❷ 〖軽蔑〗同類, 似た者.

congénital, ale 形 〖男複〗**aux** 先天性の；生まれつきの, 生来の. ⋄ **congénitalement** 副

congère 女 (雪の)吹溜(だまり).

congestif, ve 形 うっ血性の.

congestion 女 充血, うっ血.

congestionner 他 ❶ 充血[うっ血]させる. ❷ (場所をふさぐ.

conglomérat 男 ❶ 礫岩(れき). ❷ 寄せ集め, 集団；〖経〗コングロマリット, 複合企業.

conglomération 女 一塊にすること；凝集.

conglomérer 他 一塊にする, 凝集する. **— se ~** 凝集する.

conglutiner 他 粘着させる；〖医〗癒着させる. ⋄ **conglutination** 女

Congo 男 コンゴ(共和国).

congolais, e 形 コンゴの. **— 名** (**C~**) コンゴ人. **— 男** ココナツケーキ.

congratulation 女 〖多く複数〗〖文章〗(大げさな)祝いの言葉, 賛辞.

congratuler 他 〖文章〗(大げさな)祝いの言葉をかける, 賛辞を述べる.

congre 男 〖魚〗モトナナゴ.

congréganiste 形, 名 (単式誓願)修道会(の会員).

congrégation 女 ❶ (単式誓願)修道会. ❷ 信心会, 愛徳会. ❸ (ローマ教皇庁の)聖省. ❹ (**la C~**) 〖史〗コングレガシヨン(復古王政期の極右的な宗教団体).

congrégationalisme 男 (プロテスタントの)会衆制, 会衆主義.

congrès 男 ❶ 会議, 大会, 学会. ❷ (**C~**) (米国の)国会；(フランスの)上下両院合同会議.

congressiste 名 (会議の)参加者, 出席者.

congru, e 形 ❶ 〖数〗合同の. ❷ **portion ~e** 生活ぎりぎりの収入[食糧].

congruent, e 形 〖数〗合同の.

congrûment 副 〖文章〗適切に, 正しく.

conicité 女 円錐形.

conifère 男 〖植〗針葉樹.

conique 形 円錐形の. **— 女** 円錐曲

conjectural, ale 形;《男複》**aux** 形 推測に基づく、憶測の。
◻**conjecturalement** 副
conjecture 女 推測、憶測．
conjecturer 他 推測［憶測］する．
conjoint, e 形 ● 結びついた、付随した。► note ~e（テキストの）付注．❷ 共同の；共通の．
── 名 配偶者；《複数》夫婦．
conjointement 副《文章》共同して；一緒に．
conjoncteur 男《電》遮断器．❷（電話の）ジャック、投入開閉器．
conjonctif, ve 形《解》結合(性)の；《文法》接続(詞)の．
conjonction 女 ●《文章》結合；出会い．❷《文法》接続詞；《論》連言(2ﾝ)，合接．❸《天》合(5ﾞ)．
conjonctival, ale 形;《男複》**aux** 形《解》結膜の．
conjonctive 女《解》結膜；《文法》接続詞節．
conjonctivite 女《医》結膜炎．
conjoncture 女 情勢、局面；経済情勢、景気．
conjoncturel, le 形 経済情勢の、景気の．
conjoncturiste 名 景気アナリスト．
conjugable 形《文法》活用できる．
conjugaison 女 ●《文法》動詞の活用(表)；（一定の活用に従う）動詞群．❷《文章》結合．❸《生》接合．❹《解》trous de ~ 椎(2)間孔．
conjugal, ale 形;《男複》**aux** 形 夫婦の．
conjugalement 副 夫婦として．
conjugateur 男（ワープロの）動詞活用ソフト．
conjugué, e 形 ● 結合された、一体となった．❷（動詞の）活用した．❸《数》共役の．❹《植》**feuilles** ~**es** 二出複葉．── 女《植》接合藻類．
conjuguer 他 ●（動詞を）活用させる．❷ 結合させる、一つにする．── **se** ~ ●（動詞が）活用する．❷ 結合する．
conjurateur, trice 名 悪魔祓(ﾊﾞﾗ)いの祈祷(ﾄｳ)師．
conjuration 女 ● 陰謀、謀反．❷（危険の）回避；悪魔祓い(ﾊﾞﾗ)、呪文(ﾓﾝ)．
conjuré, e 名 陰謀の荷担者、謀反人．
conjurer 他 ● 懇願する．❷ 避ける；（悪霊を）祓(ﾊﾗ)う．❸《文章》くらむ．
connais(-) 活 ⇨ connaître.
connaissable 形 知り得る、認識可能．
connaissance 女 ● 知っていること；《多く複数》知識．❷ 理解；認識、意識、知覚．► sans ~ 気絶して．❸ 面識；交際；知人、人《法》（訴訟上の）審理．◇**à ma** ~ 私の知る限りでは．**de** (**sa**) ~ 知っている．**en** (**toute**) ~ **de cause** 事情を心得て．**être en pays de** ~ 親しい人々に囲まれて；得意の分野である．**faire** ~ **avec** ... …と知り合う；…に初めて接する．
connaissement 男 船荷証券．

connaisseur, se 名 玄人、通(3ﾞ)、目利き．── 形 玄人らしい．
connaître 他 ● 知っている；面識がある、行ったことがある．❷（ある状態、変化を）知る、経験する、見る．❸ 認める．◇**Ça me connaît.** 語 それならお手のものだ。**Je ne connais que ça.** 語 それならよく知っている，（度忘れしたときに）思い出せないはずがないんだけど；これが一番いい．**ne** ~ **que** ... …しか念頭にない、～を名乗る；有名になる．
──自《法》**de**（…の）裁判権を持つ．── **se** ~ ● 知り合う．❷ 自分を知る．◇**ne plus se** ~（怒りで）我を忘れる．**s'y** ~ **en** ... …のことに詳しい．
connard, e 形 名 ⇨ conard.
connasse 形女 名 ⇨ conasse.
connecter 他 つなぐ；接続する．► **système connecté** オンラインシステム．── **se** ~ 代動 ネットワークに接続する、ログインする．
connecteur 男《電》コネクター；《論》結合子．
connectique 女《電》《情報》接続技術［装置］．
connecticien, ne 名 接続技術者．
connerie 女 語 愚かなこと．
connétable 男《史》大元帥．
connexe 形 密接な関係の；《数》連結の．
connexion 女（密接な）関係；結合；《電》《情報》接続；結線；コネクション．
connexionnisme 男（認知科学で）コネクショニズム．
connexité 女（密接な）関連性．
connivence 女《文章》暗黙の了解、示し合わせ、共謀．
connotation 女《言》コノテーション、共示、暗示的意味；《論》内包．
connoter 他《言》共示する；《論》内包する．
connu, e 形,（connaître の過去分詞）● 有名な；ありふれた．❷ 知られた、既知の．── 男 既知（のこと）．
connu-, connû- 活 ⇨ connaître.
conque 女 ●《貝》ホラガイ、ホタテガイ．❷《解》耳甲介；《建》（貝殻状の）ボールト．
conquérant, e 名 形 征服する；魅惑しようとする；勝ち誇った．── 名 征服者、人《異性》の心をつかむ人．
conquérir 27 他 征服する；獲得する；魅了する．── **se** ~ 勝ち取られる．
conquet 男 ワイン醸造桶(ﾃ)．
conquêt 男《法》取得財産．
conquête 女 征服（したもの）、獲得（物）；征服したもの；征服した女［男］．
conqui-, conquî- 活 ⇨ conquérir.
conquis, e 形 (conquérir の過去分詞) 征服された；勝ち取られた；獲得された．
conquistador 名;《複》~(**e**)**s** 男《西》《史》コンキスタドール．
consacrant 形男《カト》叙階する；聖別する．── 男 叙階司教；聖別司祭．
consacré, e 形 ささげられた；神聖な、

【カト】聖別された;(表現, 権利などが)認められた, 慣用の.

consacrer 他 ❶ささげる, 割り当てる. ❷【カト】聖別する. ❸ 慣例として認める, 慣用化する.
— **se** ~ 身をささげる.

consanguin, e 形 同父母の; 近親の. —名《複数》異母兄弟[姉妹]; 近親婚.

consanguinité [-gi-/-gui-] 女 父系血族関係; 近親関係, 血統;《生》近親交配.

consciemment 副 意識的に, わざと.

conscience 女 ❶ 意識, 自覚. ❷ 良心; 誠意, 熱意.
◊ avoir bonne [mauvaise] ~ 良心に恥じるところがない [良心がとがめる]. avoir [prendre] ~ de ... を意識している[する]. avoir la ~ large [élastique] 道徳的にルーズである. avoir ... sur la ~ …が気をさいなむ. cas de ~ 良心の問われる問題[状況]. en ~ 正直に言って. liberté de ~ 信教の自由. opprimer les ~s 思想信教の自由を奪う.

consciencieux, se 形 良心的な(人), まじめな(人); 丹念な(人).
▫**consciencieusement** 副

conscient, e 形 意識のある, 意識のある, 自覚のある. —男《心》意識.

conscientisation 女 意識化.

conscientiser 他 意識化させる; 政治的に目覚めさせる.

conscription 女 軍籍登録, 徴兵.

conscrit 男 徴兵適齢者; 新兵; 図 新米.

consécrateur 男【カト】叙階司教; 聖別司祭. —形 男 叙階「聖別]する.

consécration 女 ❶ 容認; 確立. ❷【カト】聖別; 奉献.

consécutif, ve 形 ❶ 相次ぐ, 引き続く. ❷ (à) (…の結果として生ずる, (…に)由来する. ❸【文法】proposition —ve 結果節.

consécution 女 継起, 連続; 連関.

consécutivement 副 引き続いて;(à) (…の)結果として.

conseil 男 ❶ 助言, 忠告; そのかし. ❷ 顧問, コンサルタント. ❸ 会議, 評議会. ▶ ~ d'administration 取締役会, 理事会 / ~ général 県会 / ~ municipal 市町村参事会 / C~ d'Etat コンセイユ・デタ, 国務院 / C~ de Sécurité 国連安全保障理事会.

conseiller 他 勧める; 忠告する, 助言をあたえる.
— **se** ~ 助言を求める, 相談する.

conseiller², **ère** 名 ❶ 助言者, 顧問. ❷ 評議員, 議員; (上級裁判所の)裁判官.

conseilleur, se 名《軽蔑》おせっかい焼き.

consens, consent(-) 活 ▷ consentir.

consensuel [-s] 形 同意の, コンセンサス. ▫**consensuel, le** 形

consentant, e 形 同意[合意]する;(女が)男の求めに応じる.

consentement 男 同意, 承諾. ▶ ~ éclairé インフォームド・コンセント.

consentir 自直 [à] (…に)同意する; 容認する, 許可する.

conséquemment 副 結果として; 従って.

conséquence 女 ❶ 結果; 帰結, 結論. ▶ de ~ 重大な / en ~ その結果; 従って, それ相応に.

conséquent, e 形 ❶ 首尾一貫した; (à, avec) (…と)合致した. ❷ 図 重要な; かなりの. ▶ par ~ 従って.
—男【論】後件;【数】後項.

conservateur, trice 名 ❶ 保守党員;《集》~s 保守派. ❷ 保管者, 司書, 学芸員. ❸ 防腐剤; 冷蔵室.
—形 ❶ 保守的な, 保守主義の. ❷ 保存[保管, 保護]する.

conservation 女 ❶ 保存, 保管; 貯蔵. ❷《物》loi de ~ 保存法則.

conservatisme 男 保守主義.

conservatoire¹ 男 コンセルヴァトワール(音楽, 美術などの学校).

conservatoire² 形【法】保全の.

conserve 女 缶詰, 瓶詰.
◊ de ~ 一緒に.

conservé, e 形 保存された.

conserver 他 保存する, 保つ.
— **se** ~ 長持ちする.

conserverie 女 缶詰工場[製造].

conserveur 男 缶詰製造業者.

considérable 形 大きな, たいへんな, 重要な.

considérablement 副 著しく, 大いに.

considérant 男【法】前文, 理由(書).

considération 女 ❶ 考慮, 配慮; 《複数》考察. ❷ 尊敬, 敬意.
◊ en ~ de ... …を考慮して.

considérer 他 ❶ (comme) (…と)見なす. ❷ 考える, 思う; 考察する. ❸ 注視する; 尊敬する.
— **se** ~ 自分を(…と)見なす.

consignation 女 ❶【法】供託(金);(商品の)委託(品). ❷ (容器の)保証金(制度).

consigne 女 ❶ (手荷物の)一時預り所. ▶ ~ automatique コインロッカー. ❷ (容器の)保証金. ❸ 命令, 指令;【軍】外出禁止命令; 居残りの(罰).

consigner 他 ❶ 預ける; 供託[委託]する. ❷ (容器の)保証金を取る. ❸ 記録[記載]する;【情報】ログをとる. ❹ 外出[立入り]を禁じる.

consistance 女 ❶ 粘り, とろみ. ❷ 確実さ.

consistant, e 形 ❶ 粘りけのある, 濃い. ❷ しっかりした, 確実な.

consister 自 ❶ (en) (…から)成る, 構成される. ❷ (en, dans) (…にある, 存する. ❸ (à) (…することにある.

consistoire 男 (カトリックの)枢機卿【宗】会議;(プロテスタントの)宗務局; (ユダヤ教の)長老会議.
▫**consistorial, ale** 形

consœur 女 (女の)同僚, 同業者.

consolable 形 慰められる.

consolant, e 形 慰めとなる.

consolateur, trice 形, 名 慰める(人).

consolation 女 慰め; 慰めとなるもの. ◊*lot* [*prix*] *de* ~ 残念賞.

console 女 コンソール(テーブル); (パイプオルガンの)演奏台; (棚形)持送り. ► ~ *de jeu* テレビゲーム機.

consoler 他 慰める; 和らげる. ► ~ A de B AのBを慰める.
— **se** ~ ❶ 自分を慰める; 《de》(…から)立ち直る. ❷ 慰め合う.

consolidation 女 強化, 補強; 〖経〗長期化.

consolidé, e 形 ❶ 強化[補強]された. ❷〖経〗*fonds* ~s 公債整理基金, 総合基金.

consolider 他 強化[補強]する; 〖経〗長期化する.
— **se** ~ 強化される.

consommable 形 消費し得る; 飲食できる.

consommateur, trice 名 消費者; (カフェなどの)客.

consommation 女 ❶ 消費(量); (カフェでの)飲食物 [代]. ❷〖文章〗完遂, 成就.

consommatoire 形 消費の.

consommé, e 形 完璧(%)の; 熟達した; 消費された. — 男 コンソメ.

consommer 他 ❶ 消費する, 消費者として楽しむ; 飲み食いする. ❷ 完遂[完成]する.
— 自 (カフェで)飲み食いする.

consomptif, ve 形 消耗性の.

consomption 女 衰弱, 消耗.

consonance 女 (語句の)音の響き; 〖楽〗協和(音); 〖ト〗語尾類音.

consonant, e 形 〖楽〗協和音の; 〖ト〗語尾類音の.

consonantique 形 〖音声〗子音の.

consonantisme 男 〖音声〗子音組織.

consonne 女 子音; 子音字.

consort 形男 *prince* ~ (英国, オランダの)女王の夫君.
— 男 《複数》 一味.

consortium [-sjom] 男 《英》企業集団, コンソーシアム.

conspirateur, trice 名, 形 陰謀家(の).

conspiration 女 陰謀, 共謀.

conspirer 自 ❶ 陰謀を企てる. ❷ (à) (…へと)一致して向かう.

conspuer 他 (大勢が)罵倒(%)する.

constamment 副 絶えず, いつも.

constance 女 恒常性; 一貫性; 〖語〗辛抱強さ.

constant, e 形 一定の; 絶え間ない; 粘り強い. ► 《与え複数》恒常的な特徴; 〖数〗定数.

constat 男 ❶〖法〗調査; 《de》(…であることの)証明. ► ~ *amiable* (保険会社に送る)事故確認書. ❷ 総括; 現実の状況.

constatation 女 確認, 証明; 確認事項.

constater 他 確認する, 認める; 記載[証明]する.

constatif, ve 形 〖言〗〖論〗(文が)確認的な.

constellation 女 星座; 点在するもの.

constellé, e 形 星をちりばめた; 《de》(…に)ちりばめた.

consteller 他《de》(…を)ちりばめる.

consternant, e 形 愕(%)然[唖(%)然]とさせる; 悲しみに突き落とす.

consternation 女 茫(%)然自失; 落胆, 悲嘆.

consterner 他 愕(%)然 [茫(%)然]とさせる; 悲嘆に暮れさせる.

constipant, e 形 便秘の原因の.

constipation 女 便秘.

constipé, e 形, 名 ❶ 便秘している(人). ❷ 語 当惑した(人); しゃっちょこばった(人).

constiper 他 便秘させる.

constituant, e 形 構成する; 憲法を制定する. — 男 成分, 構成要素; 憲法制定議会議員. — 女 憲法制定議会.

constitué, e 形 構成[組織]された; 憲法で定められた. ► *être bien* ~ 体格がよい/ *corps* ~ 国家機関.

constituer 他 ❶ 成す, である; 構成[形成]する, 作り上げる; 設立する. ❷〖法〗指定[任命, 設定]する. — **se** ~ ❶ 構成[形成]される. ❷ 自ら…になる. ► *se* ~ *prisonnier* 自首する.

constitutif, ve 形 構成的な; 〖法〗権利を設定する.

constitution 女 ❶ 構成, 設立, 作成; 構成内容, 組成. ❷ 体質, 体格. ❸〖法〗設定; 任命. ❹《C~》憲法.

constitutionnaliser 他 〖法〗合憲性を与える.

constitutionnaliste 名 憲法学者.

constitutionnalité 女 合憲性.

constitutionnel, le 形 ❶ 憲法の; 立憲的な; 合憲の. ❷ 体質の, 体質的な. ▫**constitutionnellement** 副

constricteur 男 〖解〗(筋肉の)収縮する, 括約(%)的な; (獲物を)絞め殺す. — 男 括約筋, 収縮筋.

constriction 女 (筋肉などの)収縮; 締めつけられる感じ.

constructeur, trice 名 建造者, 製作者; 建築家.
— 形 建設〖建設〗する; 建設的な.

constructif, ve 形 建設的な, 積極的な.

construction 女 ❶ 建設, 製造; 建造物; 建設 [製造] 業界. ❷ 構造; 構成(知の); 〖言〗構文. ❸ 作図.

constructivisme 男 〖美〗構成主義. ▫**constructiviste** 形

construire 70 他 建築 [建造] する; 作り上げる; 作図する. — **se** ~ ❶ 建造の(…を)建築する [築く]. ❷ 建設 [建造] される; 構成される.

consubstantialisme 男 〖神〗(父と子と聖霊の)同一実体説.

consubstantialité 女 〖神〗(父と子と聖霊の)同一実体性.

consubstantiation 女 〖神〗実

consubstantiel 体共存説.
consubstantiel, le 形 ❶〖神〗(父と子と聖霊が)同質〖同体〗の. ❷ (à, avec) (…と)一体の, 不可分の.
consul 男 ❶ 領事. ❷〖仏史〗(1799-1804 年の)執政;〖古〗執政官. ▫**consulaire** 形
consulat 男 ❶ 領事館, 領事の職. ❷ (le C~)〖仏史〗執政政府 (1799-1804).❸〖古〗執政官の職〖任期〗.
consultable 形 参照〖閲覧〗できる.
consultant, e 名, 形 顧問(の); 相談役(の).
consultatif, ve 形 ❶ 諮問の. ❷ voix ~ve (投票権のない)意見.
consultation 女 ❶ 意見の聴取; 参照. ~ de l'opinion 世論調査 / ~ électorale 投票によって民意を問うこと. ❷ 診察; (専門家の)助言, 相談.
consulter 他 ❶ 相談する, 診察を受ける. ~ un médecin などい, 参照する. ─自 診察する; 受診する. ─ **se** ~ 相談し合う.
consumer 他 焼き尽くす;〖文章〗憔悴(しょうすい)させる. ─ **se** ~ 燃え尽きる; 憔悴する.
consumérisme 男 消費者運動; 大量消費(主義). ▫**consumériste** 形
contact [-kt] 男 ❶ 接触, 連絡, 交渉; 触れ合い; 交戦; 知り合い. ▶ verre [lentille] de ~ コンタクトレンズ. ❷ スイッチ;〖電〗接点. ~ clef de ~ エンジンキー.
contacter 他 連絡を取る.
contactologie 女 コンタクトレンズ学.
contage 男〖医〗伝染毒.
contagieux, se 形 伝染性の. ─名 伝染病患者.
contagion 女 伝染, 感染.
contagionner 他 感染させる.
contagiosité 女 伝染性.
container 男〖英〗コンテナ.
contamination 女 汚染, 感染;〖言〗混交.
contaminer 他 汚染する; 感染させる; 悪影響を与える.
conte 男 短い物語, 童話, 短編小説.
contemplateur, trice 名〖文章〗熟視する人, 観察者; 瞑想する人.
contemplatif, ve 形 ❶ 瞑(めい)想にふける. ❷ ordre ~ 観想修道会. ─名 瞑想家; 観想修道者.
contemplation 女 凝視, 熟視; 瞑想;〖キ教〗観想.
contempler 他 凝視〖熟視〗する; 瞑想する. ─ **se** ~ 自らを凝視する.
contemporain, e 形 同時代の, 現代の; 同時代人. ▫**contemporanéité** 女
contempteur, trice 名〖文章〗軽蔑する人, 中傷家.
contenai 活 ⇨ contenir.
contenance 女 ❶ 容量, 容積; 面積. ❷ 態度, 様子; 平静, 落ち着き.
contenant 男 入れ物, 容器.

conteneur 男 コンテナ.
contenir 28 他 ❶ 含む, 収容する, (容積, 面積などを)持つ. ❷ 抑制する, 制止する. ─ **se** ~ 自制する.
content, e 形 満足した, うれしい. ─男 ❶ 十分なもの.
◊ tout son ~ 心ゆくまで.
contentement 男 満足, 充足.
contenter 他 満足させる; 納得させる. ─ **se** ~ 《de》(…で)満足する〖我慢〗する; (…するに)とどめる.
contentieux, se 形 争点となる; 訴訟〖係争〗の. ─男 ❶〖集合的〗訴訟, 紛争の争点. ❷ 訴訟課.
contention 女 緊張, 集中;〖医〗固定.
contenu, e 形 (contenir の過去分詞)含まれた, 入った; 抑えられた. ─男 中身; 内容.
conter 他 話して聞かせる, 物語る; (でたらめを)言う.
◊ en ~ à ... …をだます.
contestable 形 異論の余地がある, 疑わしい.
contestataire / contestateur, trice 形 異議を申し立てる(人), 反体制派の(人).
contestation 女 ❶ 異議, 異論. ❷ 争い; 係争. ❸ (体制への)異議申し立て.
conteste (sans) 副句 異論の余地なく.
contester 他 異議を唱える, 疑義を差し挟む. ─自 (体制に)異議を申し立てる, 反対する.
conteur, se 名 物語作者; 語り手.
contexte 男 文脈; 状況, 背景.
contextualisation 女 文脈にてはめること, コンテクスト化.
contextuel, le 形 文脈上の.
contexture 女 (筋肉, 織物の)組織; 織り方.
contien- 活 ⇨ contenir.
contigu, ë 形《à》(…に)隣接する; 密接に関連する.
contiguïté 女 隣接; 類似性.
continence 女〖キ教〗禁欲;(言葉遣いの)節度.
continent¹, e 形 禁欲の; (言葉遣いに)節度のある.
continent² 男 大陸;《特に》ヨーロッパ大陸; 本土.
continental, ale;《男複》**aux** 形, 名 (ヨーロッパ)大陸の(住民).
contingence 女〖哲〗偶然性;《複数》偶発事;《複》些細事柄.
contingent, e 形 ❶ 偶発的な, 不慮の;〖哲〗偶然の. ❷ 副次的な, 小さな. ─男 ❶ 分け前, 分担; 輸入〖輸出〗割当量. ❷〖軍〗《集合的》徴集兵.
contingentaire 形 (輸出入の)割り当ての.
contingentement 男 輸(出)入量制限〖割り当て〗.
contingenter 他 (輸出入で生産物を)割り当てる〖制限する〗.
continmes, contins, contint (-), contînt (-) 活 ⇨ contenir.

continu, e 形 連続した, 絶え間ない. ► courant ~ [電] 直流 / journée ~e [労] (終業を早める) 昼食時間短縮制. —男 連続.

continuateur, trice 名 後継[継承]者.

continuation 女 継続, 続行; 続編. ► Bonne ~! 圃 じゃあ頑張って.

continuel, le 形 絶え間ない, 頻繁な. ✿**continuellement** 副

continuer 他 続ける; 受け継ぐ; 延長する. —自 続く, 続けている; (à, de) (…し)続ける.
—**se ~** 継続される; 続く.

continuité 女 連続(性), 継続(性).

continûment 副 絶え間なく, 連続して.

continuum 男 『物』連続体.

contondant, e 形 打撲傷を負わせる.

contorsion 女 (手足などを)ねじ曲げること; 大げさで滑稽な身振り, 気取った仕草.

se contorsionner 代動 (身体を)ねじる, (顔を)しかめる; 大げさで滑稽な仕草をする; 気取る.

contorsionniste 名 アクロバット曲芸師.

contour 男 輪郭, カーブ, 蛇行.

contourné, e 形 曲がりくねった; 複雑な形の; 気取った.

contournement 男 迂(ぅ)回; 回り回避.

contourner 他 迂回する; 回避する.

contraceptif, ve 形 避妊の.
—男 避妊薬.

contraception 女 避妊.

contractant, e 形 契約の.
—名 契約者.

contracté, e 形 硬直した, ひきつった, 緊張した; 『言』縮約の.

contracter¹ 他 ❶ (契約などを)結ぶ; (義務, 債務を)負う. ❷ (習慣, 癖を)身につける; (病気に)かかる.

contracter² 他 収縮 [緊張] させる, こわばらせる.
—**se ~** 収縮 [緊張] する; こわばる.

contractile 形 [生理] 収縮性の.

contraction 女 陣痛; 収縮, (顔, 表情の)ひきつり; 『言』縮約.

contractualisation 女 臨時職員化.

contractualiser 他 臨時職員にする.

contractuel, le 形 契約による; 臨時の. —名 (官公庁の)臨時職員; (駐車違反を取り締まる)警察補助員. ✿**contractuellement** 副

contracture 女 (筋肉の)拘(ぅ)縮.

contradicteur 男 反論者.

contradiction 女 矛盾; 反論, 反駁(はぐ). ✿ esprit de ~ あまのじゃく.

contradictoire 形 矛盾した, 反対の; 討論の行われる.

contradictoirement 副 矛盾して; 反対して; 『法』対審で.

contragestif, ve 形 避妊(薬)の.
—男 避妊薬.

contragestion 女 避妊(法).

contraign- 活 ⇨ contraindre.

contraignable 形 (法的に)拘束し得る.

contraignant, e 形 強制 [拘束] する.

contraindre 79 他 (à, de) (…を)強制する; 拘束する; 抑える.
—**se ~** (à) (無理に) (…に)努める.

contraint, e 形 (contraindre の過去分詞) 強制された; ぎこちない, 不自然な. ❶ 強制, 拘束, 制約. ❷ 遠慮, 気おくれ, 気詰まり.

contraire 形 ❶ (à) (…と) 反対の, 逆の. ❷ 不利な, 有害な.
—男 反対(のこと, 人);『言』反意語. ✿ au ~ 反対に, それどころか.

contrairement 副 (à) (…に)反して.

contralto 男 [伊] コントラルト(歌手).

contrapuntique [-pɔ̃-] 形 [楽] 対位法の.

contrapuntiste [-pɔ̃-] / **contrapontiste** / **contrapointiste** 名 [楽] 対位法を用いる作曲家.

contrariant, e 形 不愉快な; 困った; 分からず屋の.

contrarié, e 形 いらだった; 妨げられた. ❷ コントラストの効いた.

contrarier 他 ❶ (逆らって)いらだたせる; 妨げる. ❷ (色, 形などに)コントラストをつける.

contrariété 女 (反対による)いらだち, 不満; いらだちの種.

contrastant, e 形 対照をなす.

contraste 男 対照, コントラスト. ► substance de ~ [医] 造影剤.

contrasté, e 形 対照的な; コントラストの強い.

contraster 自 対照をなす.

contrastif, ve 形 『言』対比 [対照] 的な.

contrat 男 ❶ 契約, 契約書. ❷ (bridge) ~ コントラクト・ブリッジ.

contravention 女 違反(調書); 罰金.

contraventionnel, le 形 『法』 違反に当たる.

contre 前 ❶ (対立, 敵対) …に対抗して, 反して. ❷ 『予防, 防御』 …に対して, 備えて. ❸ 『近接, 接触』 …のそばに; 接触して. ❹ 『交換』 …と引き換えに. ❺ 『対比』 A — B A対Bの割合で. —副 ❶ ぴったりくっついて. ❷ 反対して. ✿ par ~ その代わり.
—男 (不変) ❶ 反対(意見, 物); 短所. ❷ 『スポ』反撃; (ボクシングの)カウンターブロー; (バレーボールの)ブロック;『カード』(ブリッジの)ダブル.

contre-allée 女 側道.

contre-amiral;『複』**aux** 男 海軍少将.

contre-appel 男 [軍] 臨時点呼, 再点呼.

contre-assurance 女 補充保険.

contre-attaque 女 反撃; 逆襲.

contre-attaquer 他, 自 反撃 [逆襲] する.

contrebalancer ① 他 釣り合う;

四駆する；相殺する．
— **se ～** ❶ 互いに釣り合う；相殺し合う．❷俗 s'en ～ 気にしない．
contrebande 女 密輸入(品)．
contrebandier, ère 名 密輸入者．
contrebas (en) 副句 下方に, 低い方に．
contrebasse 女 コントラバス．
— 名 コントラバス奏者．
— 形 バスの, ベースの．
contrebassiste 名 コントラバス奏者．
contrebasson 男 コントラファゴット．
contre-braquer 自 逆ハンドルを切る．
contrecarrer 他 真っ向から反対する；妨げる．
contrechamp 男[映]〔アングルを正反対側に移す〕切り返し(ショット)．
contre-chant 男[楽]対(位)旋律．
contrecœur (à) 副句 しぶしぶ．
contrecoup 男 (出来事の)反響, とばっちり, 余波．
contre-courant 男 逆流．
contre-culture 女 (既存の文化を否定する)対抗文化．
contredanse 女 ❶ 話 交通違反．❷ コントルダンス(数組の男女が向かい合って踊るダンス)．
contredire 76他 反対[反論]する；食い違う, 反する．
— **se ～** ❶ 矛盾したことを言う．❷ 相反する, 相いれない．
contredit (sans) 副句 文章 異論の余地なく．
contrée 女 古風[文章]地方, 国．
contre-emploi 男 ミスキャスト．
contre-enquête 女 再調査；再検証．
contre-épreuve 女 対照, 検証；(賛成投票の確認の)反対票の集計．
contre-espionnage 男 防諜(ぼうちょう)機関；対諜報, 防諜活動．
contre-exemple 男 (命題や定理の)反例．
contre-expertise 女 再鑑定．
contrefaçon 女 偽造(物)．
contrefacteur, trice 名 (紙幣の)偽造者．
contrefaire Ⅵ他 ❶ まねる；偽造する．❷ (声, 筆跡などを)変える．
contrefait, e 形 ❶ (体形が)ゆがんだ, 奇形の．❷ 偽造の．
contre-feu 男 (複) x 形 (暖炉の)炉背, 背壁．
se contreficher 代動 俗 (de) (…を)完全に無視する, ばかにする．
contre(-)filet 男 サーロイン．
contrefort 男 [建]控え壁；(靴の)かかと革；[地理](山の)支脈．
se contrefoutre 66代動 俗 (de) (…を)完全に無視する, ばかにする．
contre-haut (en) 副句 高い所に, 上に．
contre-indication 女 [医]禁忌(ある療法や投薬を施せない状態)．

contre-indiqué, e 形 [医]禁忌の；不適当な．
contre-indiquer 他 [医]禁忌を示す．
contre-interrogatoire 男 [法]反対尋問．
contre-investissement 男 [心]逆備給, 反対充当．
contre-jour 男 逆光(線)；逆光写真．
contre-la-montre 男 (不 変) (自転車の)タイムトライアル．
contre-lettre 女 [法]反対証書．
contremaître, sse 名 監督, 現場主任, 職工長．
contremander 他 (命令を)取り消す．
contre-manifestant, e 名 対抗デモ参加者．
contre-manifestation 女 (デモに反対する)対抗デモ．
contre-manifester 自 対抗デモを行う[に参加する]．
contremarche 女 [建]蹴(け)込み(板), 蹴上げ；[軍]後退行動．
contremarque 女 (劇場の)一時外出券；預かり証；(貨物につける)副票．
contre-mesure 女 ❶ 対抗措置, 対策．❷ [楽] à ～ テンポを崩して．
contre-mur 男 [建]控え壁．
contre-offensive 女 [軍]攻撃転化(防御を故棄し, 全線が攻勢に出る戦略)；反撃行動, 巻き返し．
contre-ordre 男 ⇨ contrordre.
contrepartie 女 ❶ 代償, 補償．❷ 反対意見, 反論．
contre-passation 女 / **contre-passement** 男 [簿](帳簿の誤記の)修正記入．
contre-passer 他 [法](為替手形を振出人へ)返還する；[簿]修正記入する．
contre(-)pente 女 反対斜面．
contre-performance 女 [スポ]番狂わせの敗戦．
contrepet 男 コントルペトリ遊び．
contre(-)pèterie 女 コントルペトリ(文字または音節を置き換えて際どい言葉に作り替える言葉遊び)．
contre-pied 男 逆, 正反対．
contre-plaqué 男 合板, ベニヤ板．
contre-plongée 女 [映][テレビ]あおり撮影(仰角撮影)．
contrepoids 男 ❶ 釣り合いおもり, 分銅．❷ 抑止力, カウンターバランス．
contre-poil (à) 副句 逆なでに．
contrepoint 男 [楽]対位法．
contrepointiste 名 ⇨ contrapuntiste.
contrepoison 男 解毒薬；予防策．
contre-pouvoir 男 対抗[反対]勢力．
contre-prestation 女 [民](給与に対する)対価．
contre-productif, ve 形 逆効果の．
contre-projet 男 対案．
contre-propagande 女 (政治的な)逆宣伝．

contre(-)proposition 女 反対提案.

contre(-)publicité 女 対抗宣伝[広告]；(宣伝の) 逆効果.

contrer 他 [俗] 反撃する. ― 自 [カード] (ブリッジで) ダブルをかける.

contre-rail 男 [鉄道] ガードレール.

Contre-Réforme 女 反宗教改革 (16, 17世紀のカトリック教会内部の自己改革運動).

contre-révolution 女 反革命.

contre-révolutionnaire 形 反革命の. ― 名 反革命家.

contrescarpe 女 (城塞の堀の) 外岸壁.

contreseing [-sɛ̃] 男 [法] 副署.

contre(-)sens [-sɑ̃s] 男 ❶ 誤解, 誤訳. ❷ 非常識, 愚行. ❸ 逆方向.

contresigner [-si-] 他 副署する.

contre-sujet 男 [楽] (フーガの) 対主題.

contretemps 男 ❶ 不慮の出来事, 不都合. ❷ [楽] シンコペーション. ◇ à ～ 折しもく, 具合の悪いときに；拍子を外して.

contre-terrorisme 男 報復テロ.

contre-terroriste 形, 名 報復テロを行う(人).

contre-torpilleur 男 駆逐艦.

contre-transfert 男 [心] 逆転移.

contretype 男 [写] [映] デュープ (複製ネガまたはポジ).

contre-valeur 女 [経] 代価.

contrevenant, e 名 違反者.

contrevenir 自 [à] (…に) 違反する.

contrevent 男 (風雨よけの) 鎧(ﾖﾛｲ)戸, シャッター.

contreventement 男 [建] 対風構.

contre(-)vérité 女 真実に反する断言；虚偽の申し立て.

contre-visite 女 再診察 [検査].

contre-voie (à) [鉄道] ホームの反対側[から]；進行方向に逆.

contribuable 形 納税者.

contribuer 自 [à] (…に) 貢献する；(…の) 原因となる；(…を) 負担する.

contributif, ve 形 [法] 出資[納税]の.

contribution 女 ❶ 協力, 貢献；分担(額). ❷ (多く 複 数)税金 (C～s) 税務署. ◇ mettre … à ～ …を頼りにする, …の力を借りる.

contrister 他 [文章] (深く) 悲しませる.

contrit, e 形 [文章] 後悔している；恥じている.

contrition 女 [カト] 痛悔；[文章] 後悔.

contrôlable 形 検査 [検証] できる.

contrôle 男 ❶ 検査, 点検, テスト；監視, 管理；検査所, 改札口, 受付. ❷ 統制, 制御, 抑制. ❸ 名簿, 登録簿. ❹ (貴金属の) 純分検査印 [検査所].

contrôler 他 ❶ 検査 [点検] する, チェックする. ❷ 制御 [抑制] する. ❸ (ある地域を) 制圧する. ― se ～ 自制する.

contrôleur, se 名 検札係, 車掌；検査 [監査] 官；[航] 航空管制官. ― 男 [機] 制御装置, モニター.

contrordre 男 命令の取り消し.

controuvé, e 形 [捏](ﾂ)造された.

controversable 形 議論の余地のある, 疑わしい.

controverse 女 論争.

controversé, e 形 論争の的となった, 異論の多い.

controversiste 名 宗教論争の論客.

contumace 女 [法] 欠席 (判決). ― contumace / contumax [-ks] 形, 名 欠席している(被告人).

contus e 形 打撲傷を負った.

contusion 女 挫(ｻﾞ)傷, 打撲傷.

contusionner 他 打撲傷 [挫傷] を与える.

conurbation 女 連合都市；都市圏.

convaincant, e 形 説得力に富む.

convaincre 他 ❶ 形 説得する, 納得させる. ❷ [文章] (罪状などを) 認めさせる. ― se ～ [de] (…を) 納得 [確信] する.

convaincu, e 形 (convaincre の過去分詞) ❶ 確信している. ❷ 自信たっぷりの.

convalescence 女 回復期.

convalescent, e 形, 名 回復期の (病人).

convecteur 男 対流式暖房器.

convection 女 [物] [電] 対流.

convenable 形 ❶ 適当な；礼儀にかなった, きちんとした. ❷ 語 まずまずの.

convenablement 副 ❶ 適切に；礼儀正しく, きちんと. ❷ まあ満足できる程度に.

convenance 女 ❶ (複数) 都合；礼儀作法. ❷ [文章] 適切, 適合；一致. ◇ à sa ～ 彼(女)の好きな [都合のよい]. *mariage de ～* 打算的な結婚.

convenir 自 ❶ [à] (…に) ふさわしい, 適している；(非人称構文) Il convient à … de + inf. …には…が合っている. ❷ (事実を) 認める；取り決める, 合意する. ― (非人称構文) Il a été convenu que … …が決まった. ― se ～ 互いに似たところがある；互いに気に入る.

convent 男 (フリーメーソンの) 総会.

convention 女 ❶ 協定(の条項). ❷ (多く 複数) 慣習, 約束事. ❸ 立憲 [改憲] 議会；(米国大統領候補選出の) 党大会.

convention(n)alisme 男 慣例主義.

conventionné, e 形 保険医協定に加入した.

conventionnel, le 形 ❶ 慣例的な, 型にはまった；儀礼的な. ❷ [法] 合意による, 契約 [協定] に基づく. ❸ (兵器が) 通常型の, 通常の. ― 名 (C～) フランス国民公会議員.

conventionnellement 副 合

conventionnement 男 保険医協定への加入.

conventionner 他 保険医協定に加入させる.

conventuel, le 形 修道院の.

convenu, e 形 (convenir の過去分詞) 取り決められた; 型にはまった, 儀礼的な.

convergence 女 集中, 収束, 収敛; 結集, 一致.

convergent, e 形 集中する, 収束 [収敛] する; 一致する.

converger ② 自 集中する, 収敛する; 一致する.

convers, e 形 《論》換位の.

conversation 女 会話, おしゃべり; 会談, 交渉; 談論.

conversationnel, le 形 《情報》対話式の. — 女 会話型 (コンピュータ); 端末機.

converser 自 親しく話す.

conversion 女 ❶ 改宗, 改心; 転向. ❷ 変換, 転換 (労働者などの配置転換; 《企業などの》転換; (公債, 年金などの) 借り換え, 切り換え; (証券等の) 転換 (紙幣の) 兌換(カ゛).

converti, e 名 改宗 [回心] した (人); 転向した(人).

convertibilité 女 《経》 転換 [転換可能] 性; 兌換(カ゛)性.

convertible 形 《経》 転換 [兌換(カ゛)] できる; 変え得る. — 男 《航》 垂直離着陸機.

convertir 他 ❶ (à) (…に) 改宗 [回心] させる; 従わせる, 転向させる. ❷ (en) (…に) 換える, 変える. — se ~ ❶ (à) (…に) 改宗 [回心] する; 意見を変える. ❷ 転業 [転職] する.

convertissement 男 《経》 (貨幣の) 兌換(カ゛); (証券などの) 現金化.

convertisseur 男 《電》 コンバータ, 変換器; 《金》 転炉.

convexe 形 凸状の, 凸面の.

convexion 女 《物》 凸面対流.

convexité 女 凸状, 凸面.

conviction 女 ❶ 確信, 自信. ❷ 《多く複数》信念, 信条. ❸ ひどくまじめ, 真剣さ. ❹ 《法》 証拠(品).

convien- ➡ convenir.

convier 他 (食事, 会合などに) 招く; 促す; 誘う.

convînmes, convins(-), convint, convint(-) 活 ➡ convenir.

convive 名 (招待) 客; 会食者.

convivial, ale; (男複) **aux** 形 《社》 共生的; 宴会好きな.

convivialiser 他 ともに飲み食いできる楽しい場所にする. — 自 宴会に集まる.

convivialité 女 《社》 共生, 自律共同性; 会食趣味; 《情報》 使いやすさ.

convocable 形 招集できる.

convocation 女 招集, 呼び出し; 招集(状), 出頭命令(書).

convoi 男 ❶ (軍隊の) 輸送隊 [輸送] 船団. ❷ (人や車の) 列, 葬列. ❸ 列車.

convoiement 男 ➡ convoyage.

convoiter 他 欲しがる, 渴望する.

convoiteur, se 形 名 《古》 食(ジ)欲な(人).

convoitise 女 渴望, 貪欲.

convoler 自 (再び)(仮令)結婚する.

convolvulacées 女複 《植》 ヒルガオ科.

convolvulus [-s] 男 《植》 サンシキヒルガオ.

convoque 女 《軍》 警察の呼び出し状.

convoquer 他 (会議などを) 招集する; 召喚する, 出頭を命じる.

convoyage 男 護送.

convoyer 10 他 護送 [護衛] する.

convoyeur, se 護送 [護衛] する. — 名 (輸送の) 警護係; 《軍》 輸送 [護送] 兵. — 男 《軍》 護衛艦; 《コ》 コンベヤー.

convulsé, e 形 痙攣(ケ゛)した, ひきつった.

convulser 他 痙攣させる, ひきつらせる. — se ~ 痙攣する, ひきつる.

convulsif, ve 形 痙攣(ケ゛)的な; 《医》 痙攣性の.

convulsion 女 ❶ 《多く複数》 痙攣, ひきつけ. ❷ 体の震え, わななき. ❸ 激動, 混乱.

convulsionnaire 名 痙攣を起こす人; 《複》 《キ教》 (18世紀初期の) 狂信的なジャンセニストたち.

convulsionner 他 痙攣(ケ゛)させる, ひきつらせる.

convulsivement 副 痙攣したように.

cooccupant, e 名 《法》 共同占有者. — 形 共同で占有する.

cookie [kuki] 男 ❶ クッキー. ❷ 《情報》 クッキー (サイトのユーザー識別情報).

cool [kul] 《英》 形 不変 語 クールな, 冷静な. — 男 クールジャズ (=jazz cool).

coolie [kuli] 男 《英》 苦力(ク゛ー), 人夫.

coopérant, e 名 海外協力派遣員. — 形 協力的な.

coopérateur, trice 名 形 協力者(の); 協同組合員(の).

coopératif, ve 形 協同組合の; 協力的な. — 女 協同組合(店舗).

coopération 女 協力; (発展途上国への) 援助(政策); 協同組合方式, 協業.

coopératisme 男 協同組合制.

coopérer ⑥ 自 (à) (…に) 協力する.

cooptation 女 現会員による (新会員の) 選考 [指名].

coopter 他 (現会員が新会員を) 選ぶ. — se ~ 新会員に選ばれる.

coordinateur, trice 形 調整する. — 名 調整役, コーディネーター.

coordination 女 ❶ 調整, 連携. ❷ 《文法》 等位. ❸ (無所属のストライキ参加者の) 代表者組織.

coordonnant 男 《文法》 等位詞.

coordonnateur, trice 形 名 調整する(人).

coordonné, e 形 ❶ 連携した；調整のとれた；コーディネートされた. ❷『文法』等位の.
— 女 ❶『複数』連絡先. ❷『複数』『数』座標；『測』〜s géographiques 経緯度. ❸『文法』等位節.

coordonner 他 連携させる；調整する；組み合わせる，コーディネートする；『文法』等位に置く.

copaïer [-paje] 男『植』コパイバノキ.

copain, ine 名 形 ❶ 仲間，友達. ❷ petit 〜 [petite 〜ine] 恋人，相棒. — 形 男 仲がよい.

copal；〖複〗**als** 男『西』コーパル（樹脂）.

coparent 名 親権を分かちもつ者；生みの親の再婚相手.

coparentalité 女 親権の行使；義理の親としての立場［責任］.

copartage 男『法』（相続財産の）共同分割.

copartageant, e 形 共同分割にあずかる人.

copartager ② 他『法』（相続財産を）共同分割する.

coparticipant, e 形 名『法』共同参加している（人）.

coparticipation 女『法』共同分配［分担］.

copayer [-paje] 男 ⇨ **copaïer**.

copeau；〖複〗**x** 男 おが屑［切り［削り］屑］.

Copenhague [-penag] コペンハーゲン.

copernicien, ne 形 名 コペルニクス説の（支持者）.

copiage 男『機』カンニング，書き写し；〖機〗（ひな型の）複製.

copie 女 ❶ 写し，コピー，複製，複写，プリント. ❷〖軽蔑〗模倣. ❸ 答案〖用紙〗；レポート（用紙）. ❹ 原稿.

copier 他 書き写す，模写する；模倣する，剽窃(ひょうせつ)する.
◇ Vous me la copierez. 〖話〗もう一度言って［やって］みろ.
— 自 カンニングする.

copier-coller 男〖不変〗『情報』コピー・アンド・ペースト.

copieur, se 形 まる写しする（生徒）；模倣する（人）. — 男 複写機.

copieusement 副 たっぷり，たくさん.

copieux, se 形 たくさんの，たっぷりの.

copilote 名 副操縦士.

copiloter 他 複数で操縦する.

copinage 男〖軽蔑〗友達付き合い；〖軽蔑〗仲間うちの助け合い.

copine **copain** の女性形.

copiner 自 友達付き合いをする.

copinerie 女 友達付き合い；〖集合的〗仲間.

copiste 名 写字生，写譜人.

coposséder ⑥ 他『法』共同で占有［所有］する.

coppa 女『料』コッパ（塩漬豚肉）.

copra(h) 男『植』コプラ.

coprésidence 女 共同議長（職）.

coprésident, e 名 共同議長団のメンバー.

coprésider 他 共同で議長を務める.

coprin [菌] ヒトヨタケ.

coprocesseur 男『情報』コプロセッサ.

coproduction 女 共同製作；合作（映画）. ◇ **coproduire**

coprolalie 女『心』汚言癖(へき).

coprolithe 男『地』糞(ふん)石.

coprologie 女『医』糞便学.

coprophage 形『昆』食糞(ばつ)性の. — 名〖複数〗クソムシ類.

coprophile 形 名『医』嗜糞(しふん)症（の患者）. — 女 嗜糞症.

copropriétaire 名『法』共同所有者.

copropriété 女『法』共有（物）.

copte 名 コプト人（語）の. — 名〖C〜〗コプト人. — 形 コプトの.

copulatif, ve 形『言』繋(けい)辞の.

copulation 女『生』接合；交尾，交接.

copule 女『言』繋(けい)辞.

copuler 自 交尾する；〖ふざけて〗（人が）性的関係をもつ.

copyright [-rajt] 男〖英〗著作権，版権.

coq¹ [-k] 男 ❶ おんどり；『料』若鶏. ❷（鶏以外の鳥の雄；風見鶏；〖スポ〗poids **coq** バンタム級.

coq² [-k] 男（船の）コック，調理員.

coq-à-l'âne 男〖不変〗急に話題が変わること，支離滅裂な話.

coquard / coquart 男〖話〗（殴られてきた）目の隈(くま).

coque 女（木の実や卵の）殻；船体，機体；『建』〖機〗シェル構造；モノコック；〖貝〗ザルガイ.

coquecigrue 女 空想，ほら話.

coquelet 男『料』若鶏.

coquelicot 男『植』ヒナゲシ.
— 形〖不変〗ヒナゲシ色の，深紅色の.

coqueluche 女 ❶ 百日咳(ぜき). ❷〖話〗人気の的. ◇ **être la 〜 de ...** ...にもてはやされる.

coquelucheux, se 形 百日咳(ぜき)の；百日咳にかかった（患者）.

coquerico 男 コケコッコー.

coquet, te 形 おしゃれな，粋(いき)な；しゃれた，小ぎれいな；色っぽい. ❷〖話〗かなりの額の，かなり多い. ◇ **色っぽい女**.

coqueter ④ 自 気取る；媚(こ)態を示す.

coquetier, ère 名〖古〗卵屋，鳥屋. — 男 卵立て. — 女 卵ゆで器.

coquettement 副 しゃれて，粋(いき)に；色っぽく.

coquetterie 女 おしゃれ，媚(こび)；〖古〗色迎合；気取り. ◇ **avoir une 〜 dans l'œil** やぶにらみである.

coquillage 男 貝；貝殻.

coquillard 男『史』（中世の）盗賊団；貝目.

coquille 女 ❶ 貝殻（卵、木の実の）殻. ❷『料』コキーユ（皿）. ❸ 〜 Saint-Jacques ホタテガイ. ❹『美』貝殻形の装飾；『印』誤植；（ボクシングの）プロテクター・カップ.

coquillettes 女複 シェルマカロニ（小

coquin

さな貝殻状のパスタ).

coquin, e 图 いたずらっ子; [古風] ろくでなし.
— 形 ❶ いたずら好きな. ❷ みだらな, いかがわしい.
▷**coquinement** 副

coquinerie 女[文語] いたずら好き, いたずら.

cor 男 ❶ [楽] ホルン; 角笛. ❷ (鹿の角の) 枝. ❸ (足の) 魚の目.

corail 男 *aux* ❶ [動] サンゴ類; [文語] 珊瑚(ホポ) 色; [料] (ホタテガイの) 赤身. — [不変] [鉄道] voitures ~ フランス国鉄の新型旅客車.

corailleur, se 名 サンゴ採取をする(人); サンゴ細工の(職人).

corallien, ne 形 サンゴでできた.

Coran 男 コーラン(イスラム教の聖典).

coranique 形 コーランの.

corbeau 男〔複〕*x* 男 ❶ [鳥] カラス. ❷ 匿名の密告人.

corbeille 女 ❶ かご, ごみ箱. ❷ ~ de mariage 結婚祝いの品, (新婚からの)贈り物. ❸ (劇場の)中2階席. ❹ (証券取引所, 立会い所の)中央囲い. ❺ 円形花壇.

corbières 男 [ワイン] コルビエール(ラングドック=ルション地方の上質ワイン).

corbillard 男 霊柩(緒)車.

corbillon 男 脚韻ゲーム(韻を踏む語を答えてゆくグループゲーム).

cordage 男 綱, ロープ, (ラケットの)ガット(張り).

corde 女 ❶ 綱, ロープ, ザイル. ❷ [楽] 弦; 〔複数〕弦楽器. ❸ (ラケットの)ガット; 弓の弦(2). ❹ 絞首刑の縄. ❺ [スポ] (トラックの)コースライン. ❻ [数] 弦. ❼ (生地の織り)糸. ❽ [解] (1) ~s vocales 声帯. (2) アキレス腱(2).
◇*avoir ~ à son cou* [口語] 自由を奪われている, 身動きできない. *avoir plus d'une ~ [plusieurs ~s] à son arc* いろいろな手段を持っている. *toucher la ~ sensible* 心の琴線に触れる. *usé jusqu'à la ~* 使い古された.

cordé, e 形 ハート形をした.

cordeau 男〔複〕*x* 男 ❶ (直線を引くのに使う)細ひも; [釣] 導火線. ❷ *au ~* 正確に, きちんと; 杓子(ミ²º)定規に.

cordée 女 登攀(ᵗ²²)パーティー.

cordeler 他 [縛] 撚(²)る.

cordelette 女 細ひも, 細縄.

cordelier, ère 名 フランシスコ会修道者. — 女 ❶ (フランシスコ会修道者の)3つの結び目(清貧, 貞潔, 従順の象徴)のある帯縄. ❷ (帯, カーテン用)細ひも; 飾りひも.

corder 他 綱にする; 縛る; ガットを張る.

corderie 女 綱・縄製造業[工場].

cordial, ale 形〔複〕*aux* 形 心からの. — 男 気付け薬, 強心剤.

cordialement 副 心から, 敬具.

cordialité 女 真心, 誠意, 好意.

cordier, ère 名 綱・縄製造職人[販売業者]. — 男 [楽] (弦楽器の下方の)緒止め(板).

cordiforme 形 ハート形の.

cordillère 女 [地理] (スペイン語圏の)山系.

córdoba 男 コルドバ (ニカラグアの通貨単位).

cordon 男 ❶ ひも, リボン; 綬(¾); (の佩(³)用者); (電気の)コード. ❷ ひもの連なり. ❸ [解] 索, 帯; [地] ~ littoral.

cordon-bleu (複) ~*s*-~*s* 料理の達人.

cordonner 他 (糸などを)撚(³)る.

cordonnerie 女 靴修理店[業]; 靴屋.

cordonnet 男 細ひも, 刺繍糸.

cordonnier, ère 名 靴の修理屋.

cordouan, e 形 コルドバ Cordoue の. — 男 ❶ [?] コルドバ(の人).

coré 名 ⇨ korê.

coréalisateur, trice 名 共同製作者.

Corée 女 朝鮮.

coréen, ne 形 朝鮮の, 韓国の. — 名 (C~) 朝鮮人, 韓国人. — 男 朝鮮語, 韓国語.

coreligionnaire 名 同宗者; [口語] 同志.

coréopsis [-s] 男 [植] ハルシャギク.

corépresseur 男 [生化] コリプレッサー.

coresponsable 形 共同責任の.

coriace 形 (肉などが)革のように硬い; 頑固な, 強情な.

coriandre 女 [植] コエンドロ, コリアンダー(セリ科の一年草. 果実は香辛料).

coricide 男 [医] 魚の目の治療薬.

corindon 男 [鉱] 鋼玉.

corinthien, ne 形 コリント Corinthe の; [建] コリント式の. — 名 (C~) コリント市民. — 男 [建] コリント式.

corme 女 西洋ナカマドの実.

cormier 男 [植] 西洋ナカマド.

cormoran 男 [鳥] ⁄(鵜).

cornac 男 象使い; 密案内人.

cornacées 女複 [植] ミズキ科.

cornaline 女 [宝] カーネリアン.

cornaquer 他 引き立てる; 案内する.

cornard 男 [古風·話] 女房を寝取られた男.

corne 女 ❶ 角; 触角; 角笛; 角細工. ❷ 硬い物, たこ, 魚の目; (角状の)突起物, 先端; 角(⋐); (ページの隅の折り返し. ◇*avoir [porter] des ~s* (夫が)妻に裏切られる.

corné, e 形 角質の; 端を折った.

corned-beef [kɔrnbif／-n(e)d-] 男 [不変] (米) コーンビーフ.

cornée 女 [解] 角膜.

cornéen, ne 形 [解] 角膜の.

corneille 女 [鳥] (小形の)カラス.

cornélien, ne 形 ❶ コルネイユ Corneille の. ❷ コルネイユ的(感情と義務の板挟みの状況をいう).

cornemuse 女 [楽] コルヌミューズ (バグパイプの一種).

corner 自 角笛(らっぱ)を吹く; [古風]

警笛[クラクション]を鳴らす.
— 他 ❶ 〖語〗吹鳴(ﾒ)する. ❷ 〖本の〗ページ, 名刺などの〗隅を折る.

corner² 男 〖英〗 〖サッカーで〗コーナーキック.

cornet 男 ❶ 円錐(ﾂｲ)形の容器(紙袋); 〖アイスの〗コーン. ❷ 〖楽〗コルネット. ◇*se mettre ... dans le* ~ 〖話〗…を食べる.

cornette 女 ❶ 〖修道女の〗頭巾(ｷﾝ). ❷ 〖植〗ケクジャケの一品種.

cornettiste 名 〖楽〗コルネット奏者.

corn-flakes [-fleks] 男複 〖米〗コーンフレーク.

corniaud 男 ❶ 雑種犬. ❷ 〖話〗ばか.

corniche 女 ❶ 〖建〗コーニス, 軒蛇腹; 〖家具の〗上部縁飾り. ❷ 〖地〗懸崖(ｹﾞﾝｶﾞｲ); 〖登山〗雪庇(ｾｯﾋﾟ).

cornichon 男 ❶ ピクルス(用小キュウリ); 胡瓜. ❷ 〖話〗ばか.

cornier, ère 形 隅の, 角の.
— 男 〖建〗谷樋; 〖機〗山形鋼.

corniot 男 ⇨ corniaud.

cornique 形, 男 コーンウォール Cornouailles 州(英国南西部)の(言語).

corniste 名 〖楽〗ホルン奏者.

cornouaillais, e 形 コルヌアーユ Cornouaille 地方の.
— 名 〖C~〗コルヌアーユ地方の人.
— 男 〖ブルトン語の〗コルヌアーユ方言.

cornouille 女 ミズキの実.

cornouiller 男 〖植〗ミズキ.

cornu, e 形 ❶ 角のある, 角を生やした. ❷ 角形の.
— 女 〖化学実験用の〗レトルト.

corollaire 男 ❶ 〖数〗派生命題. ❷ 当然の結果, 必然的帰結.

corolle 女 〖植〗花冠.

coron 男 〖特に北仏の〗坑夫街.

coronaire 形 〖解〗冠状の.
— 女 冠(状)動脈.

coronal, ale; 〖男複〗 **aux** 形 〖天〗 〖太陽の〗コロナの; 〖解〗冠状の.
— 男 〖解〗前頭骨.

coronarien, ne 形 〖医〗冠動脈の.

coronavirus [-s] 男 〖医〗コロナウイルス.

coronelle 女 〖動〗ヨーロッパナメラ(無毒の蛇).

coroner 男 〖英米の〗検視官.

coronille / coronilla 〖西〗女 〖植〗コロニラ(マメ科).

coronographe 男 〖天〗コロナグラフ(コロナ観測用の天体望遠鏡).

corozo 男 〖西〗植物象牙(ｿﾞｳｹﾞ).

corporal; 〖複〗 **aux** 男 〖カト〗〖ミサで聖体と聖杯を置く〗聖体布.

corporatif, ve 形 同業組合の, 同業者全体の.

corporation 女 〖集合的〗同業者; 協同団体; 〖史〗同業組合, ギルド.

corporatisme 男 同業組合主義.

corporatiste 形, 名 同業組合主義の(者).

corporel, le 形 肉体の, 身体の.
☐**corporellement** 副

corps 男 ❶ 体, 身体; 遺体; 〖法〗身柄. ❷ 物体, …体(ﾀｲ). ❸ 胴体; 本体; 本文. ❹ 〖同じ役柄の人の〗総体, スタッフ, …団; 機関; 〖軍〗部隊; 軍団(~s d'armée). ▸~ enseignant 全教員, 教授団/~ électoral 選挙民, 有権者/~ de garde 警備隊(詰め所). ❺ 〖醸〗酵母; 〖布などのこし, 強さ; 〖ワインの〗こく, ボディ.
◇*à* ~ *perdu* がむしゃらに. ~(·)*à*(·)~ [kɔrakɔːr] 取っ組み合って; 格闘. ~ *et âme* [kɔrzea:m] 身も心も. *donner* (*du*) ~ *à* … を具体化する. *esprit de* ~ 連帯意識, 協調心. *faire* ~ 一体を成す. *marcher* [*passer*] *sur le* ~ *de* … を踏みつけにする. ~ *perdu et biens* [kɔrzebje] 積み荷もろともに沈んだ. *prendre* ~ 具体化する.

corps-mort 男 係留ブイ.

corpulence 女 肥満.

corpulent, e 形 体格のよい; 太った.

corpus [-s] 男 〖ラ〗 〖言〗資料体, コーパス.

corpusculaire 形 〖物〗(微)粒子の.

corpuscule 男 〖生〗小体, 〖物〗粒子, 微粒子.

corral [-kt] 男 〖西〗 〖闘牛場などの〗牛の囲い場.

correct, e [-kt] 形 ❶ 規則にかなった, 間違いのない; 〖俗〗〖応答〗そのとおり. ❷ まずまずの, 妥当な. ❸ 礼儀正しい, きちんとした. ❹ 道義にかなった.
◇*politiquement* ~ (90 年代米国で PC, 政治的適性な); (米国のやり方を批判的にみて) PC という進歩派よった態度(の) [不寛容な].
☐**correctement** 副

correcteur, trice 形 矯正〖補正〗する.
— 名 採点者, 添削者; 〖印〗校正者. ❷ 調整装置; 修正液.

correctif, ve 形 矯正の; 緩和する.
— 男 緩和〖中和〗するもの; 緩和表現.

correction 女 ❶ 修正, 訂正; 添削, 採点; 〖印〗校正; 校正刷. ❷ 正確さ, 礼儀正しさ, きちんとしていること. ❸ 体罰; 懲戒; 〖語〗病い負け, 完敗.

correctionnaliser 他 〖法〗 〖重罪を〗軽罪とする.
☐**correctionnalisation** 女

correctionnel, le 形 〖法〗軽罪の.
— 女 軽罪裁判所.

corrélat 男 相関物.

corrélatif, ve 形 相関的な.
— 男 〖語〗相関語.

corrélation 女 相関関係.

corrélationnel, le 形 相関(関係)の.

corrélativement 副 相関的に.

corréler ⑥ 他 相関させる.

correspondance 女 ❶ 一致; 調和, 対応. ❷ (交通機関の)連絡, 乗り換え; 乗換駅. ❸ 文通, 通信; 〖集合的〗の)郵便物; 書簡集.

correspondancier, ère 名 〖商社の〗通信係, 文書係.

correspondant, e 形 対応する, 一致する; 対をなす.
— 名 ❶ 文通〖電話通信〗の相手. ❷ 〖新聞社の〗通信員, 特派員.

correspondre 自 ❶ (…に)相当する,対応する;一致する;ふさわしい. ❷ ((avec)) (…と)通じている;連絡している. ❸ 文通する,連絡をとる. **— se ~** ❶ 一致[適合]し合う. ❷ (2つの場所が)通じ合う.

Corrèze 女 コレーズ県 [19].

corrida 女〔西〕闘牛;［俗］喧嘩(哗);大騒ぎ.

corridor 男 廊下, 回廊.

corrigé 男 正解, 模範解答集.

corriger ⑫ 他 ❶ 訂正[修正]する;採点する,添削する;校正する. ❷ 改める,正す. ❸ 緩和する,和らげる. ❹ しかる,体罰を加える. **— se ~ ((de))** 自分の(…を)直す;直る,改まる.

corrigeur, se 名［印］差替え工.

corrigible 形 訂正できる, 矯正し得る.

corroboration 女 (思想, 意見の)強化;確証, 裏づけ.

corroborer 他 文章 (思想,意見に)確証を与える;裏づける.

corrodant, e 形 腐食させる.
— 男 腐食性物質;腐食剤.

corroder 他 腐食させる, 浸食する;しばむ.

corroierie 女 皮なめし業[工場].

corrompre ㊽ 他 ❶ 買収する;堕落[腐敗]させる. ❷ ゆがめる;損なう;［古］腐らせる. **— se ~** 堕落[腐敗]する,だめになる.

corrompu, e 形 ❶ 買収された;堕廃した,腐敗した. ❷ 損なわれた.

corrosif, ve 形 腐食性の;底意地の悪い,毒のある辛辣な.
— 男 腐食性物質;腐食剤.

corrosion 女 腐食;浸食.

corroyage 男 皮なめし.

corroyer ⑩ 他 (皮を)なめす.

corroyeur, se 名 皮なめし工.

corrupteur, trice 名, 形 文章 堕落させる(人);買収する(人).

corruptible 形 買収されやすい;堕落[腐敗]しやすい.

corruption 女 買収;(道徳的)腐敗,堕落;(原文の)改竄(ざん).

corsage 男 ブラウス, 胴着;(婦人服)の身ごろ.

corsaire 男 ❶ 私掠(らゃ)船;(私掠船の)船長,船員;海賊(船). ❷［服］バイレーツパンツ.

Corse 女 コルシカ島;コルシカ地方.

corse 形 コルシカの.
— 名 (C~)コルシカ人.
— 男 (イタリア語の)コルシカ方言.

corsé, e 形 ❶ こくのある,香辛料の利いた;たっぷりの. ❷ 際どい;込み入った. ❸ 重大な;かなりの.

Corse-du-Sud [-d] 女 コルス＝デュ＝シュド県 [2 A].

corselet 男［服］コーセレット(ガードルとブラジャーが一体化したもの).

corser 他 ❶ こくをつける,香辛料を利かせる;食べごたえのあるものにする. ❷ (話などを)際どくする;難しくする. **— se ~** ❶ (食事の)食べごたえのあるものになる. ❷ 際どくなる;込み入る.

corset 男 コルセット;枷(かせ).

corseter ⑤ 他 強固な枷(かせ)をはめる,厳しく規制する;［古風］コルセットを着ける.

corsetier, ère 名, 形 コルセット製造[販売]の(人).

corso 男 山車(だし)行列.

cortège 男 お供の一団, 随行団;(儀式・デモなどの)行列;文章 付随のもの.

cortes [-s] 女複 (スペイン, ポルトガルの)国会.

cortex [-ks] 男［解］皮質;(特に)大脳皮質.

cortical, ale; (男複) **aux** 形［解］(大脳)皮質の.

corticoïdes / corticostéroïdes 男複［生化］コルチコイド, コルチコステロイド.

corticosurrénal [-sy-], **ale**; (男複) **aux** 形［医］副腎(ぶん)皮質の.
— 女 副腎皮質.

corticothérapie 女 ステロイド療法.

cortisone 女〔英〕［薬］コルチゾン.

corton 男 (ワイン)コルトン(ブルゴーニュの最高級ワイン).

coruscant, e 形 文章 まばゆく輝く.

corvéable 形, 男 賦役を課せられた(人).

corvée 女 つらい仕事;(集合的)雑役(当番);［史］賦役.

corvette 女 ❶ コルベット艦(対潜護送艦;昔の3本マストの軍艦). ❷ capitaine de ~ 海軍少佐.

corvidés 男複［鳥］カラス科.

corybante 男［古ギ］コリュバス(大地女神キュベレに仕える神官).

coryphée 男 (古代ギリシア劇の)コロスのリーダー;［バレエ］コリフェ;文章 主導者.

coryza 男 鼻炎.

cos［記］［数］cosinus コサイン.

C.O.S.［記］女 coefficient d'occupation des sols 土地占用係数, 建蔽(へい)率.

cosaque 男 コサック人;コサック騎兵.

cosignataire [-si-] 名 連署人.

cosigner [-si-] 他 連署する.

cosinus [-sinys] 男［数］コサイン.

cosmétique 形 美容[化粧]用の.
— 男 化粧品;(特に)整髪料.

cosmétologie 女 美容術, 化粧品研究. **◘cosmétologue** 名

cosmique 形 宇宙の;文章 宇宙的規模の, 広大無辺の.

cosmodrome 男 (特に旧ソ連の)宇宙基地.

cosmogonie 女 宇宙進化論;宇宙開闢(ぴゃく)説. **◘cosmogonique** 形

cosmographe 名 宇宙形状誌学者.

cosmographie 女 宇宙形状誌. **◘cosmographique** 形

cosmologie 女 宇宙論. **◘cosmologique** 形

cosmologiste / cosmologue 名 宇宙論学者.

cosmonaute 名 (特に旧ソ連の)宇宙飛行士.

cosmopathologie 女 宇宙病理学(宇宙線の人体への影響などを調べる).

cosmopolite 形 国際色豊かな；〖生〗汎存(はん)の．
— 名 コスモポリタン，国際人．
cosmopolitisme 男 国際性；国際的生活，コスモポリタニズム；〖生〗汎存(はん)性．
cosmos [-s] 男 宇宙(空間)；〖哲〗コスモス(秩序ある統一体としての宇宙)．
cossard, e 男, 名 ぐうたらな(人)，不精な(人)．
cosse¹ 女 (マメ科の)莢(さや)．
cosse² 女 倦怠，ぐうたら．
cosser 自 (雄牛が)角で突き合う．
cossu, e 形 金持ちの；豪華な．
cossus [-s] 男 〖昆〗ボクトウガ．
costal, ale (男複) **aux** 形 〖解〗肋骨(ろっ)の．
costar(d) 男 《話》男性用スーツ．
Costa Rica 男 コスタリカ(共和国)．
costaricain, ne 形 コスタリカの．
— 名 (C～)コスタリカ人．
costaud / costeau (複) **x** 形 頑丈な；強い．
— **costaud** 男 屈強な人．
costière 女 〖移動用の舞台の縁〗．
costume 男 ❶ (ある地方，状況に特有の)服装，衣装；仮装．❷ スーツ．◇ **en ～ d'Adam (d'Eve)** 〖話〗素っ裸の．
costumé, e 形 衣装を着た，扮装した．
costumer 他 衣装を着けさせる，扮装させる．— **se** (**en**) (…の)衣装をまとう，扮装をする．
costumier, ère 名 (貸し)衣装屋；衣装係．
cosy¹ / cosy-corner [-nœ:r] 男 コージーコーナー(飾り棚付きの長椅子)．
cosy² 形 《話》居心地よい．
cotangente 女 〖数〗コタンジェント．
cotation 女 (証券，為替の)値付け，値付け；相場，時価；(試験などの)採点，評価．
cote 女 ❶ (証券，為替の公定)相場；相場表(公報)；(切手，中古品などの)時価(カタログ)．❷ 支持率；評点，評価．❸ (税の)査定額；(地図の)標高；(図面上の)寸法．❹ (書類の)整理番号；(図書の書架)請求(記号．❺ (馬の勝ち目，オッズ．◇ **～ d'alerte** 警戒水位；危機的段階，限界．**～ d'amour** (人柄による)人物評価．
coté, e 形 (公定の)相場のついた；(株が)上場された；評価の高い(図面に示すの)．
côte 女 ❶ 肋骨(ろっ)；(牛などの)背肉．❷ 海岸，沿岸；(複数)沿岸地方．❸ 坂(山の斜面)；(山の斜面のブドウ)畑．❹ 筋．► **velours à ～s** コーデュロイ．❺ (**la C～**) コート・ダジュール(=la Côte d'Azur)．◇ **～ à ～** 並んで．**se tenir les ～s** 話腹をかかえて笑う．
côté 男 ❶ 側(の)；側面；〖数〗辺．❷ わき腹．❸ 血筋．► **du ～ ...** paternel 父方．◇ **du ～ (de ...)** (…)の横に，(の近くに；(…と)比べて；(…の)他に，さらに；(…を)外れて，的外れの．**à ～ de ça** そのくせ．**aux ～s de ...** …の傍らに；

cotonnier

…に味方して．**～ ...** 園 …の点では．**de ce ～ (-là)** その点では；こちらの方へ[は，から]．**de ...** 横に，斜めに；わきに．**de ... à l'autre = de tout = de tous ～s** 至る所で[に，を]．**de ...** 有形容詞 ＋ **～** …として；…の味方で．**du ～ de ...** …の方へ[から]，近くに；…の味方で；…に関しては；…の点で．**d'un ～ ..., d'un (de l') autre ...** 一方では…，他方では…．**laisser ... de ～** …をほうっておく，無視する．**mettre ... de ～** …を別にして蓄えておく，貯蓄する．

coteau；(複) **x** 男 小丘；丘陵地の斜面(ブドウ畑)．

Côte d'Azur 女 コート・ダジュール(フランスの地中海沿岸リゾート地帯)．

Côte-d'Ivoire 女 コートジボアール(共和国)．

Côte-d'Or 女 コート=ドール県 [21]．

côtelé, e 形 畝織りの．

côtelette 女 (豚，羊などの)骨付き背肉(コートレット)．

coter 他 ❶ 相場(価格)をつける；評点をつける；課税額を査定する；高く評価する．❷ (地図，図面などに)数字を記入する；(書類，図書などに)整理番号[記号]をつける．
— 自 (相場，市場で)値をつける．

coterie 女 利益集団，派閥，党派．

côte-rôtie (複) **～s-～s** 〖ワイン〗コート・ロティ(赤ワイン)．

Côtes-d'Armor 女複 コート=ダルモール県 [22]．

Côtes-du-Nord 女複 コート=デュ=ノール県(1990年以前の，Côtes-d'Armorの旧称)．

cothurne 男 (古代悲劇俳優の)厚底靴，コチュルン．

côtier, ère 形 海岸の，沿岸の．

cotillon 男 (祭りのダンス・ゲーム大会；(複数)(紙吹雪，テープなど)祭りやパーティーの小道具．

cotir 他 (果実を)傷める．

cotisant, e 形, 名 分担金[会費]を払っている(人)．

cotisation 女 分担金，会費；社会保険料；醵(きょ)金，募金．

cotiser 自 分担金[会費]を払う．
— **se** ～ 金を出し合う．

côtoiement 男 接触，交際；隣接；(川などに)沿って行くこと．

coton 男 ❶ 木綿，綿(の)；綿花；綿布．❷ 脱脂綿．◇ **élever un enfant dans un ～** 子供を過保護に育てる．**filer un mauvais ～** 《話》(健康などが)思わしくない．
— 形 《不変》困難な，難しい．

cotonnade 女 綿織物，綿布．

se cotonner 代動 (布地が)毛羽立つ．

cotonnerie / cotonneraie 女 綿花栽培；綿細；製綿所．

cotonneux, se 形 綿毛に覆われた；綿のような；綿毛だらけの；(果物の)軟(やわ)らかい．

cotonnier, ère 形 綿の．
— 名 紡績工；綿織物製造業者．
— 男 〖植〗ワタ(の木)．

C

coton-tige 男 商標 綿棒.
côtoyer ⑩ 他 ❶ 沿って行く; 沿って続く. ❷ (人と)接する. ❸ 隣り合う, 紙一重である.
cotre 男 カッター(1本マストの小型帆船).
cottage [-taːʒ/-tɛdʒ] 男《英》(英国風の)しゃれた山荘, コテージ.
cotte 女 オーバーオール; コット(昔の上着). ► ~ de mailles 鎖帷子(かたびら).
cotutelle 女〚法〛共同後見(後見人が女性の場合に夫に与えられる役割).
cotu*teur*, *trice* 名〚法〛共同後見人.
cotylédon 男〚植〛子葉.
cotylédoné, *e* 形 子葉のある.
cou 男 ❶ 首; (容器などの)首. ❷〚鳥〛*cou*-blanc ノビタキ. *cou*-rouge アカエリカイツブリ. ◊***prendre ses jambes à son cou*** 一目散に逃げる.
couac 男 調子外れの音; 不協和音.
couard, *e* 形, 名 文章 臆病な(人), 卑怯(ひきょう)な(人).
couardise 女 文章 臆病[卑怯(ひきょう)](な振る舞い).
couchage 男 寝ること, 宿泊; 寝具.
couchailler 自 話《軽蔑》(女が)行きずりの相手と寝る.
couchant, *e* 形 ❶ soleil ~ 夕日. ❷ chien ~ セッター種の猟犬; へつらう人. ―男 ❶ 夕日; 夕焼け空, 夕暮れ時. ❷ 西.
couche 女 ❶ 層, 塗り; 階層, 階級. ❷ おむつ; 《複数》産褥(さんじょく); 分娩(ぶんべん). ❸ 文章 褥(しとね), 寝床; 結婚の床. ❹〚園〛温床, 苗床. ◊***en avoir [en tenir] une ~*** 話 大ばかである.
couché, *e* 形 ❶ 寝た; 横になった; 傾いた. ❷〚紙〛papier ~ アート紙.
couche-culotte; 《複》***~s-~s*** 女 おむつカバー.
coucher 他 ❶ 寝かせる; 泊める. ❷ 横たえる; 倒す; 傾ける. ❸ 記入する, 書き留める. ―自 寝る, 横になる; 泊まる; 話 《avec》(…と)性交渉を持つ. ◊***à ~ dehors*** 話 奇妙な, 奇抜な. ***Allez ~.*** あっちへ行け, しっしっ(犬を追って).
―***se ~*** ❶ 寝る, 横になる. ❷ (太陽が)沈む. ❸ 身をかがめる; 伏せる; 傾く, 倒れる.
―男 ❶ 就寝. ❷ (太陽が)沈むこと.
coucherie 女 俗《軽蔑》肉体関係.
couche-tard 形《不変》, 名《不変》話 夜ふかしする(人).
couche-tôt 形《不変》, 名《不変》話 早寝の(人).
couchette 女 簡易ベッド; (鉄道, 船の)簡易寝台.
couch*eur*, *se* 名 話 mauvais ~ 気難しい人.
couchoir 男 箔(はく)押しべら.
couci-couça 副句 話 まあまあ, どうにかこうにか.
coucou 男 ❶〚鳥〛カッコウ. ❷〚植〛ラッパズイセン. ❸ 鳩(はと)時計. ❹ おんぼろ飛行機.
―間 話 おおい, こっちこっち(不意に現れて, または相手の注意を引く).
coucoumelle 女〚菌〛ツルタケ.
coud 活 ⇨ coudre.
coude 男 ひじ; 曲がり角; 湾曲部; 〚機〛クランク.
◊***~(-)à(-)~*** 並んで; 結束, 連帯. ***lever le ~*** 大酒を飲む.
coudé, *e* 形 ひじ形に曲がった.
―女 クデ(長さの旧単位. 約50cm).
◊***avoir ses [les] ~s franches*** 自由に振る舞える. ***de cent ~s*** はるかに.
cou-de-pied; 《複》***~s-~-~*** 男 足の甲.
couder 他 ひじ形に曲げる.
coudière 女 ひじサポーター, ひじ当て.
coudoiement 男 ひじを突き合わせること; 接触, 交際.
coudoyer ⑩ 他 (よく)出会う; すれ違う; 接触する; 交際する.
coudraie 女 ハシバミの林.
coudre 83 他 ❶ 縫う, 縫いつける. ❷ 寄せ集める, つなぎ合わせる.
coudrier 男〚植〛ハシバミ.
couds 活 ⇨ coudre.
Coué (méthode) クエ式自己暗示療法.
couenne [kwan] 女〚料〛(蒸し煮などで使う)豚の皮.
couette[1] 女 ❶ 羽布団. ❷〚海〛船架; 〚機〛軸受.
couette[2] 女 話 (頭の両側や後ろで束ねた)髪の房.
couffin 男 (柄のついた)大かご; (赤ちゃんを運ぶ)ベビーかご.
couguar [-g(w)aːr] / **couguar** 男〚動〛ピューマ.
couic 間 キイッ(小動物や人が首を絞められるときの声). ◊***n'y voir [comprendre, connaître] que ~*** 話 何も見えない[分からない].
couille 女 俗 睾丸(こうがん).
couillon, *ne* 名 俗 間抜け.
couillonnade 女 俗 へま, ばかげたこと; つまらないこと.
couillonner 他 俗 だます.
couinement 男 (動物の)鋭い鳴き声; きしむ音.
couiner 自 話 (動物が)鋭い鳴き声を上げる; きしむ.
coulage 男 ❶ 流し込み; 鋳込み. ❷ (商品の)紛失, 盗難.
coulant, *e* 形 ❶ よく流れる, さらさらの; 流暢(りゅうちょう)な. ❷ やさしい, 甘い. ―男 ❶ (財布, ベルトなどの)留め輪. ❷〚植〛匍匐(ほふく)枝.
coule (à la) 副句 俗 要領を得ている.
coulé, *e* 形 ❶ 流し込まれた; 鋳造された. ❷ 沈没した; 破滅[破産]した. ❸ brasse ~*e* (水泳の)グライドストローク. ―男 ❶〚楽〛クレ(3度下降の2音間を埋める装飾音). ❷ (ビリヤードの)押玉. ―女 ❶ 流出; 流し込み, 鋳造. ► ~ de lave 溶岩流. ❷〚狩〛獣道(けものみち).
coulemelle 女〚菌〛カラカサタケ.
couler 自 ❶ 流れる, 流れ出る; あふれ出る. ❷ (容器などが)漏る. ❸ 沈没する; 失脚する; 倒産する. ❹ 滑る, 滑り

落ちる. ◇~ de source よどみなく出てくる; 当然(の成り行き)で.
— 他 ❶ 流す, 注ぐ, 流し込む; 鋳造する. ❷ (時間を)過ごす. ❸ (船を)沈める; 倒産させる; 失脚[失敗]させる.
◇文書 そっと滑り込ませる;(視線を)さりげなく向ける; 耳打ちする.
— se ❶ そっと入り込む, 忍び込む. ❷ 失脚[失敗]する; 崩壊[倒産]する. ◇se la ~ douce 気楽[平穏]に暮らす.

couleur 囡 ❶ 色;(絵などの)色調; 精彩. ❷ 絵の具, 塗料, 染料;(髪の)染め, ヘアダイ;(布地の)色彩; カラー写真[映画, テレビ]. ❸ 古風 政治的傾向, 思想的立場. ❹ 《多く複数》外観; 顔色, 血色. ❺ 《複数》国旗; チームカラー(の服). ~ les trois ~s (フランスの)三色旗. ❻ (トランプのスペ)ード, ハートなどのマーク).
◇annoncer la ~ 切り札のマークをコールする; 意向をはっきり示す[言う]. changer de ~ 顔色を変える, 青ざめる; 政治的立場[思想, 信条]を変える. ~ locale 郷土色. en dire de toutes les ~s ほろくそに言う, 容赦なく本当のことを言う. en voir de toutes les ~s あらゆる辛酸をなめる. haut en ~(s) 精彩[色彩, 変化]に富む; 血色のよい. homme de ~ 有色人種の人, 黒人. ne pas voir [connaitre] la ~ de … を(返して)もらえない. sous ~ de … …を口実にで, 見せかけて.
— 形 《不変》…色の.

couleuvre 囡 ヘビ.
◇avaler des ~s 侮辱を耐え忍ぶ.

coulis 男 ❶ すき間風. ❷ 料 (野菜, 甲殻類の)こし汁, ピュレ, 濃いスープ.

coulissant, e 形 スライド式の, 引き戸の.

coulisse 囡 ❶ 《多く複数》舞台裏, (舞台の)袖;(引き戸の)溝に取り付ける. ❷ 引き戸の溝;《服》(パンツなどの)ひも, ひも通し. ◇en ~ (視線が)ちらっと.

coulisseau 男 船 スライドするもの;(ガイド)レール, 小さい溝.

coulissement 男 滑らせること, 滑り.

coulisser 他 滑り機をつける;《服》ギャザーを寄せる. — 自 滑る.

couloir 男 ❶ 廊下, 通路;《複数》(会議場などの)ロビー; 舞台裏. ~ conversations de ~s 非公式の話し合い. ❷ 車線, レーン, 航路; コース;(テニスコートの)アレー. ❸ 地理 峡谷; 回廊.

coulomb 男 電 クーロン.

coulommiers 男 クロミエチーズ.

coulpe 囡 カト 過失告白.

coulure 囡 流れの跡; 流出; 園 不結実.

country [kuntri, kawn-] 囡/形 《不変》 楽 カントリー・ミュージック.

coup 男 ❶ 一撃, 一発, 一打ち, 一振り, 一回の使用(動作, プレー). ❷ (酒の)一杯. ~ donner un ~ de poing [téléphone] 一発殴る[電話をかける]/ en quelques ~s de crayon さっと鉛筆を走らせて/~ de froid [vent] 寒波[突風, 一陣の風]. ❷ 衝撃, ショック, 打撃. ❸ 打つ[鳴る] 音.《複数》 殴り合い. ❹ 試みの企て;《特に》悪企み, 悪さ. ~ d'essai 小手調べ/ tenter le ~ 一か八か⑼かやってみる. ❺ 回, 度. ❻ スポ ~ franc フリーキック. ~ droit フォアハンドストローク.
◇à ~ sûr 確実に. après ~ 後になって, 遅ればせに. à tous les ~s = à tout ~ 毎回. au ~ par ~ そのつど, 行き当たりばったりに. avoir [attraper] le ~ コツを心得ている[つかむ]. compter les ~s (争いを)傍観する. ~ bas (ボクシングの)ローブロー; 汚い手. ~ de chance [veine] 幸運, まぐれ. ~ du père François 一人が首を締めているすきに相棒が懐中物を奪う強盗の方法; 汚いやり口. ~ dur 痛手. ~ sur ~ 次から次へと, 立て続けに. du ~ そこで; その途端に. du même ~ 同時に, ついでに. d'un (seul) ~ 一挙に, 一度で; 突然. d'un ~ de vent 慌ただしく;(髪が)ぼさぼさの. en mettre un ~ 頑張る. en prendre un ~ ひどいショック[打撃] を受ける. être dans le ~ 一枚かんでいる; 内幕[時勢]に通じている. faire ~ double 一石二鳥の効果をあげる. pour le ~ 今度は; 今回;限っては. rendre ~ pour ~ やられただけやり返す. sous le ~ de … …の影響[作用]下に; …に脅かされて. sur le ~ 即座に. tenir le ~ 耐える, 持ちこたえる; 長持ちする. tout à ~ = tout d'un ~ 突然. valoir le ~ してみるだけの価値がある.

coupable 形 罪のある, 非難されるべき. ◇plaider [non ~] (被告側が)有罪だと[無罪を主張する].
— 名 罪人, 犯人; 責任者.

coupage 男 (水で)薄めること; ブレンド.

coupailler 他 不揃いに切る.

coupant, e 形 よく切れる; 断固たる.

coup-de-poing 《複数》 ~s-~-~ 男 メリケン・サック.

coupe¹ 囡 グラス; 皿, 鉢; 優勝杯(争奪戦). ◇Il y a loin de la ~ aux lèvres. 鬼算用.

coupe² 囡 ❶ 切ること, カット, 裁断, 伐採(区域). ❷ 切り口, 断面(図). 輪郭. ❸ (詩の)区切り, (作品の)区分. ◇~ sombre 大幅削減. sous la ~ de … …の支配下に.

coupé, e 形 切られた, 断たれた; 遮断された; ブレンドされた; (水で)割った.
— 男/形 クーペ(車); 2人乗り箱馬車. ❷ 紋 バー・フェス, 横二分割.

coupe-chou(x) 男 短剣;話 かみそり.

coupe-cigare(s) 男 シガーカッター.

coupe-circuit 男 《不変》 電 ブレーカー.

coupe-coupe 男 《不変》 山刀, 大なた.

coupée 囡 海 舷⑼門.

coupe-faim 男《不変》食欲減退剤;《空腹を紛らす》食べ物.

coupe-feu 男《不変》《森林の》防火線;防火壁;《情報》ファイアウォール(不正アクセス防御システム).

coupe-file;《複》～*s* 通行許可証.

coupe-gorge 男《不変》《暴漢などが出る》危険な場所;いかさま賭博(場)場.

coupe-jambon 男《不変》ハムスライサー.

coupe-jarret 男 殺し屋, 強盗.

coupe-légumes 男 野菜切り器.

coupellation 女《金》灰吹(はい)法.

coupelle 女 小型るつぼ;小さな杯, 小鉢.

coupe-ongles 男 爪切り.

coupe-papier;《複》～-～(*s*) 男 ペーパーナイフ.

coupe-pâte 男《不変》《料》スクレーパー.

couper 他 ❶ 切る, 刈る;切り離す, 分断する;削除[カット]する. ❷ 横切る, (…と)交差する;遮る, 遮断する. ❸ 打ち切る, 断つ;(水道, ガス, 電気などを)止める;(電話を)切る;(食欲を失わせる. ❹ (de) (…で)(酒を)割る. ❺ 縫製する. ❻ 《カードで》カットする;(相手の札を)切り札で取る. ❼ 《スポ》(テニスなどで)カットする. ❽《犬や猫を》去勢する.
◇ à ～ au couteau《霧が》濃い;《愚かさなどが》ひどい. ～ la parole à … …の話を遮る;言葉を詰まらせる. ～ ses effets à … …の出ばなをくじく,肩透かしを食わす. donner sa tête à ～ que … 確信を持って…と主張する. — 自 ❶《刃物が》切れる. ❷ (par, à travers) (…を)突っ切って近道をする. ❸ 語 (à) (…を)免れる.
◇ y ～ de … …を免れる.
— **se** ～ ❶ 自分の…を切る. ❷ (de) (…と)接触を断つ, (…から)孤立する. ❸ 交差する. ❹ 語 口を滑らしたことを言う, しっぽを出す.

coupe-racine(s) 男 根菜細断機.

couper-coller 男《不変》《情報》カット・アンド・ペースト.

couperet 男 肉切り包丁;刃(はが);ギロチンの刃.

couperose 女 赤鼻.

couperosé, *e* 形 赤鼻の;赤斑(はん)ができた.

coupeur, se 名 切る人, 裁断師, 伐採人. — 女 切断《裁断》機.

coupe-vent 男《不変》ウインド・ブレーカー.

couplage 男 (2つずつ)組にすること;つなぎ合わせること.

couple 男 ❶ カップル, 夫婦;つがい. ❷《物》偶力, 力対, トルク. ❸《船体,機体のフレーム. — 女《狩》猟犬を2匹ずつ(の)革ひも;1組以上の.

couplé, *e*《馬》2連勝式勝馬投票法.

coupler 他 2つずつ組にする, 対にする;つなぎ合わせる, 接続する, 連動させる.

couplet 男《歌の》1節;長いせりふ;

語 決まり文句.

coupleur 男 連結[結合]器.

coupole 女 ❶ 丸天井. ❷ (C～) フランス学士院;《特に》アカデミー・フランセーズ.

coupon 男 ❶ 切符, クーポン券;《証》利札, 配当券. ❷ 切った布, 端切れ, はぎれ.
► un ～ de robe ワンピース1着分の生地.

couponnage 男 クーポニング《割引クーポンを使った販促活動》.

coupon-réponse;《複》～*s*-～*s* 国際返信切手券;返信葉書;割引クーポン.

coupure 女 ❶ 切り傷. ❷ 断絶, 分裂, 溝. ❸ 削除, 抹消. ❹ 切り抜き. ❺《電気, ガス, 水道の》供給停止;停電, 断水. ❻ 紙幣.

couque 女 地域 クック《北仏, ベルギーの菓子パン》.

cour 女 ❶ 中庭;校庭. ❷ 宮廷;廷臣《集合的》. ❸ 裁判所;《集合的》裁判官.
◇ côté ～《舞台の上手》で. ～ des Miracles いかがわしい世界. être bien [mal] en ～《有力者に》かわいがられる[疎まれる]. faire la ～ (à) …に言い寄る, 取り入る. faire sa ～ 伺候《し》する, 御機嫌うかがいをする.

courage 男 ❶ 勇気;気丈さ. ❷ 熱意, やる気. ❸《間投詞的》C～! = Du ～! 頑張れ. Bon ～! しっかり, 頑張って.
◇ avoir le ～ de ses opinions 自分の意見を敢然と述べる[貫く]. prendre son ～ à deux mains 語 勇気を奮い起こす.

courageux, *se* 形 ❶ 勇敢な, 気丈な, くじけない. ❷ 熱心な, 精力的な;勤勉な. ☆ **courageusement** 副

courai- 語 ← courir.

couramment 副 ❶ 日常的に, 普通に. ❷ 流暢(ちょう)に.

courant, *e* 形 ❶ 普通の, 一般的な;ありきたりの;《支出などが》日常の, 経常的. ❷ 流れる《ような》. ❸ 今の, 現下の.
► l'année ～*e* 今年 / le cinq ～ 今月の5日. ❹《前置詞的》…月中に.
► ～ mai 5月中に. ❺《狩》chien ～ 追跡犬. ◇ *fin* ～《商》今月末. monnaie ～ *e* 普通の貨幣;ありふれたこと.
— 男 ❶ 流れ;電流 (=～ électrique);動向, 思想;党内派閥. ► ～ d'air すきま風, 風通し. ❷《時の》流れ, 期間. ► dans le ～ de la semaine 今週中に.
◇ être au ～ (de …) (…を)知っている;最新情報に明るい. mettre [tenir] …, au ～ (de …) (…の)事情を…に知らせる[通一知らせている]. se mettre [se tenir] au ～ (de …) (…の)事情を知る[把握している].

— 男 [下痢, ❷《楽》クーラント《楽曲形式の一つ》.

courbachi 男《楽》コーパルノホ.

courbatu, *e* 形 文章 疲労困憊(ぱい)の.

courbature 女 筋肉痛;(体の)節々の痛み, だるさ.

courbaturé, *e* 形 (体の)節々が痛

む, 疲れた.
courbaturer 他 (体)の節々を痛くさせる, 疲れさせる.
courbe 形曲がった.
—— 女曲線; カーブ; グラフ.
—— 女(腰)の曲がった; 打ちひしがれた.
courber 他 ❶ 曲げる, (体)をかがめる, 傾ける; (…の)頭を曲げる. ❷ 服従させる. ◇~ *la tête* 文語 屈伏する.
—— 自 文語 曲がる, たわむ; 服従する.
—— se ~ 曲がる; 身をかがめる; 文章 服従する.
courbette 女語 平身低頭.
courbure 女曲がり, 湾曲(部).
courçon 男 ⇨ courson.
coure(-) 活 ⇨ courir.
courette 女小さな中庭.
coureur, se 名 ❶ 走る人; 足の速い人[動物]; 走者, 選手, レーサー. ❷ (de) …を追い求める人; (…に)入りびたる人, (…の)常連. ❸ 漁色家.
—— 男複 走狗ぐ類.
—— 形 ❶ 遊び好きの; 好色な. ❷ (動物が)駿足の; 走る類の.
courge 女カボチャ; 俗ばか.
courgette 女 ズッキーニ.
courir 23 自 ❶ 走る; 駆けつける; 奔走する; 出走する; 突き進む. ❷ 流れる; 広まる, 流行する. ❸ (ある方向に)延びる ❹ 経過される; 発効する.
◇~ *après* … …を追いかける; 追い求める. ~ *(sur le haricot* [*système*]*) à* … 話 …をいらだたせる. *en courant* 大急ぎで. *laisser* ~ 進むに任せる, 放っておく. *l'année* [*le mois*] *qui court* 今年[今月]. *par le temps qui court = par les temps qui courent* このごろでは, 今日(の状況)では. *Tu peux* (*toujours*) ~ 話 まあそうやってねばるのは君の勝手だけどね(どうせむだだよ, あきらめたまえ).
—— 他 ❶ 歩き回る; 足しげく通う. ❷ (危険)を冒す, (運)を試す. ❸ 出走する. ❹ 追いかける, 追い求める. ⑤ (…に)出回る.
courlis / courlieu 男(鳥)ダイシャクシギ.
couronne 女 ❶ 冠 (ときに C~); 冠位, 王権; 王国, 王室. ❷ 栄冠, 栄光. ❸ 冠状のもの; 花輪; (パリを取り巻く)近郊市街地; 王冠形パン; (太陽の)コロナ; 歯冠, 人工歯冠; [楽]フェルマータ. ❹ (1) クローネ(デンマーク, ノルウェーなどの貨幣). (2) クローナ(スウェーデン, アイスランドなどの貨幣). (3) (英国などの)クラウン金貨.
couronné, e 形 ❶ 冠を頂いた, 即位した; 栄冠を得た, 受賞した. ❷ (馬が)ひざをすりむいた. ❸ 人工歯冠をかぶせた.
couronnement 男 ❶ 戴(たい)冠(式); 栄冠[賞]を授けること. ❷ 成就; 頂点. ❸ (建物, 家具の)上部装飾. ❹ (馬の)ひざの擦り傷.
couronner 他 ❶ 冠をかぶせる, 即位させる; 賞を与える, 表彰する. ❷ 囲む, 覆う, 飾る. ❸ 文章 立派に締めくくる, 最後を飾る.

—— se ~ (馬が)ひざを負傷する.
courons, courr- 活 ⇨ courir.
couros 男 ⇨ kouros.
courre 動(不定詞のみ) *chasse à* ~ 騎馬勢子狩り.
courriel 男 Eメール.
courrier 男 ❶ 郵便物. 田 新聞を読む. ❷ (郵送の)便(び). ❸. (新聞の)…欄; (紙名とともに) (新聞の)…欄; *du cœur* 恋愛相談コーナー. ❹ 文章 使者; 飛脚, 伝令.
courriériste 名 (新聞の)ある欄の担当者, コラムニスト.
courriez, courrions 活 ⇨ courir.
courroie 女 ストラップ, 革ひも.
◇~ *de transmission* 伝導ベルト; 仲介者, パイプ役.
courrons, courront 活 ⇨ courir.
courroucé, e 形 文章 激怒した.
courroucer 他 文章 激怒させる.
—— se ~ 文章 激怒する.
courroux 男 文章 激怒.
cours[1] 男 ❶ 講義, 授業, 講座; 講義録. ❷ (初等教育の)課程. ❸ 各種学校, 講習会. ❹ 流れ; 推移, 経過; 期間; (天体の)運行. ❺ 流通; 相場. ❻ (並木のある)…大通り.
◇*au* [*dans le*] ~ *de* … …の間に. *au long* ~ 遠洋の; 長期間の. *avoir* ~ 通用する. *donner* [*laisser*] *libre* ~ *à* … (感情)をおき出しにする, (想像力)を自由に働かせる. *en* ~ 進行中の; 流通している. *en* ~ *de* … …は進行中の; …の途中で[で]. *suivre son* ~ 進行[経過]する.
cours[2] 活 ⇨ courir.
course 女 ❶ 走ること; 競走, レース; (複数)競馬. ❷ (à) …をめぐる競争. ❸ 用足し; (複数)買い物; 買った品. ❹ (タクシーの)一走行; 料金. ❺ (物の速い動き, 流れ); (天体の)運行. ❻ 文章 (時間の)流れ; 生涯. ❼ [機] (ピストンなどの)ストローク, 行程. ❽ [海]私掠(りゃく)行為. ❾ [登山]ルート.
course-croisière 女(複)*s-~s*(ヨット)外洋レース.
course-poursuite 女(複)*s-~s*(自転車の)追い抜きレース.
courser 他 話 追いかける.
coursier, ère 名 (企業, ホテルの)使い走り, メッセンジャー.
—— 男 文章 駿馬(しゅ); 軍馬.
coursive 女 (船内の)通路.
courson 男 / **coursonne** 女 (短)(枝)(せん)された果樹の小枝.
court[1], *e* 形 ❶ 短い, 低い; 簡潔な. ❷ 足りない. ◇*avoir l'haleine* [*la respiration*] ~*e* = *avoir le souffle* ~ すぐに息切れする.
—— 副 ❶ 短く. ❷ 突然, 急に.
◇*à* ~ *de* … …を欠いて. *couper* ~ *à* … …をきっぱり切り上げる, 打ち切る. *demeurer* [*rester, s'arreter, se trouver*] ~ はたと行き詰まる. *prendre* … *de* ~ …に不意打ちを食わせる. *tout* ~ 単に.
—— 男 *aller au plus* ~ 最も手っ取り

court 早い方法でやる.

court[1] 男《英》テニスコート.

court[3] 活 ⇨ courir.

courtage 男 仲買(業); 証券業; 仲買[仲介]手数料.

courtaud, e 形, 名 ずんぐりした(人), 小太りの(人).

court-bouillon;《複》～s-～s 男《料》クールブイヨン.

court-circuit;《複》～s-～s 男《電》ショート; 直接交渉[取引].

court-circuitage 男直接交渉[取引].

court-circuiter 他 ❶《電》ショートさせる. ❷ 直接交渉[取引] する.

court-courrier 男短距離輸送機.

courtepointe 女刺子(さしこ)の掛け布団.

courtier, ère 名 (株式)仲買人, ブローカー.

courtilière 女《昆》ケラ.

courtine 女 ❶ (城の)幕壁. ❷ 古 カーテン.

courtisan 男 ❶ 宮廷人, 廷臣. ❷ おもねる人.

courtisane 女《文章》高級娼婦.

courtisanerie 女《文章》へつらい.

courtiser 他 おもねる, 機嫌をとる; (女に)言い寄る.

court-jus;《複》～s-～ 男 (電気のショート.

court(-)métrage;《複》～s(-)～s 男短編映画.

courtois, e 形礼儀正しい; (中世の)宮廷風の.

courtoisement 副礼儀正しく.

courtoisie 女礼儀正しさ, 丁重さ.

court-vêtu, e 形 裾(すそ)の短い服を着た, 短いスカートをはいた.

couru, e 形 (courir の過去分詞)(芝居, 店などが)評判の, 人気の. ◊C'est ～. 始めから分りきったことだ, 確実だ.

couru-, courû- 活 ⇨ courir.

cousai-, couse- 活 ⇨ coudre.

couscous [-s] 男《料》クスクス.

couscoussier 男クスクス鍋.

cousette 女 ❶ 古・諺 見習いのお針子. ❷ (携帯用)裁縫箱.

couseur, se 名 縫製工; 糸綴(と)じ工. ——女 ❶ ミシン; (本) 糸綴じ機.

cousi-, cousî- 活 ⇨ coudre.

cousin[1], **e** 形 名 いとこ; 親類.

cousin[2] 男《昆》イエカ.

cousinage 男いとこ関係; 遠戚関係; 親戚一同.

cousiner 自 親しくする.

cousons 活 ⇨ coudre.

coussin 男 クッション. ▶ ～ auto-gonflant 《車の》エアバッグ.

coussinet 男 小さなクッション;《機》(滑り軸受けの)軸受金, ブッシング.

cousu, e 形 (coudre の過去分詞) 縫われた. ◊～ de fil blanc 見え透いた. ～ d'or 大金持ちの. ～ main 手縫いの; 念入りに作られた, 上等の.

coût 男 費用, 経費; コスト.

coûtant 形 男 à [au] prix ～ 原価で.

couteau;《複》**x** 男 ナイフ, 包丁.

❷ ギロチンの刃; (天秤(びん)の棒を支える)刃. ❸《貝》マテガイ.
◊être à ～x tirés avec ... ...と犬猿の仲である, 公然と反目し合っている.

couteau-scie;《複》～x-～(s) 男《料》波形のナイフ.

coutelas 男 大包丁;《古》(幅広で片刃の)短剣.

coutelier, ère 名 刃物製造[販売]業者.

coutellerie 女 刃物製造[販売]業, 刃物店; 刃物製品.

coûter 自 ❶ 値段が...である; 相当な金がかかる. ❷ (à) (...に)...の費用がかかる. ◊Cette robe m'a coûté huit mille francs. このドレスに私は8000フラン払った. ❸ (à) (...にとって)つらい. ◊coûte que coûte いかなる代償を払っても. ～ les yeux de la tête ～ la peau des fesses 話 目玉が飛び出るほど高い.
——他 ❶ (苦痛などを)もたらす. ❷ (à) (...から)奪う.

coûteusement 副高い金をかけて.

coûteux, se 形高価な, 金のかかる;《文章》犠牲を要する, 高くつく.

coutil [-ti] 男ズック.

coutume 女 ❶ 習慣, 風習;《法》慣習(法). ◊de ～ いつも, ふだん. Une fois n'est pas ～. 一度だけならいいでしょう.

coutumier, ère 形 ❶ いつもの. ❷ droit ～ 慣習法. ◊être ～ du fait そうする癖がある. ——名 水利権者. ——男《法》慣習法典.

couture 女 ❶ 裁縫, 仕立て; 縫い物. ❷ 婦人服仕立て業. ❸ 縫い目; 話 細長い傷跡.
◊battre à plate(s) ～(s) 完膚なきまでに打ち負かす. haute ～ オートクチュールの(の). sur [sous] toutes les ～s 詳細に, じっくりと.

couturé, e 形 傷跡のある.

couturier 男 ファッションデザイナー.

couturière 女 ❶ お針子さん; 洋裁師. ❷《演》(衣装合わせのための)最後の下稽古.

couvain 男《蜂》蜂児(じ).

couvaison 女 抱卵(期間).

couvée 女 親鳥が抱える卵; 一かえりのひな; 子供たち.

couvent 男 ❶ 修道院; ❷ 修道会系寄宿女学校.

couventine 女 修道女; 修道会系寄宿女学校生徒.

couver 他 ❶ (鳥が卵を)抱く; 過保護に育てる. ❷ (陰謀などを)ひそかに抱く. ❸ (病気に)かかりかけている. ◊～ des yeux [du regard] 物欲しげ[いとしげ]に見る. ——自くすぶる; ひそかに準備される[進行する].

couvercle 男ふた.

couvert, e 形 (couvrir の過去分詞) ❶ 覆われた; 装われた, 帽子をかぶった; 不陰の; 曇った; (声が)くぐもった. ❷ 守られた, カバーされた.
◊à mots ～s 遠回しに.
——男 ❶ 1人前のテーブルセット; (特に)ナイフ・フォーク・スプーンのセット.

couverture 囡 ❶ 毛布；表紙，カバー；屋根. ❷ 隠れ蓑(ﾐﾉ)，盾，庇(ﾋｻﾞｼ)，庇護. ❸ 保険；〖軍〗防衛システム. ❹ 担保，保証金；供給率. ❺ 完全報道，徹底取材. ◊ *amener* [*tirer*] *la ~ à soi* 自分だけ甘い汁を吸う.

couveuse 囡 親鳥；孵(ｶｴ)卵器；(未熟児の)保育器.

couvrai- 活 ⇨ couvrir.

couvrant, e 形 (塗料，化粧品が)伸びのよい，被覆性のある.

couvre- 活 ⇨ couvrir.

couvre-chef 男 〖ふざけて〗帽子.

couvre-feu 男 (複) *x* 男 夜間外出禁止(令)；帰宅消灯時刻(の合図).

couvre-joint 男 目板.

couvre-lit 男 ベッドカバー.

couvre-livre 男 ブックカバー.

couvre-nuque 男 軍帽の首覆い.

couvre-objet 男 (プレパラートの)カバーグラス.

couvre-pied(s) 男 掛け布団.

couvreur 男 屋根葺(ﾌ)き職人.

couvrir 他 ❶ 覆う，くるむ，覆い[包み]隠す；⟨de⟩ (…で)埋める，(…を)ふんだんに与える. ❷ かばう，責任をとる；埋め合わせる，保障する；(ある範囲を)カバーする；踏破する. ❸ 取材する，完全報道する. ❹ (雌が雌と)交尾する. ― *se ~* ❶ ⟨de⟩ (…で)覆われる，(…で)身を守る，(…を)後ろ盾にする. ❷ (暖かく)着込む；帽子をかぶる. ❸ 曇る. ❹ 〖スポ〗ディフェンスを固める.

cover-girl [-vœrgœrl] 囡 〖米〗カバーガール.

covoiturage 男 (交通渋滞緩和のため)数人が同じ車を交代で利用すること.

cow-boy [kawbɔj/ko-] 男 〖米〗カウボーイ.

coxal, ale (男 複) *aux* 形 〖解〗腰の，寛骨部の.

coxalgie 囡 股(ﾏﾀ)関節痛[疾患].

coxalgique 形 股(ﾏﾀ)関節痛の. ― 名 股関節痛患者.

coyote 男 〖西〗〖動〗コヨーテ.

C.P. 男 〖略〗 cours préparatoire (小学校の)準備課程.

C.Q.F.D. 〖略〗 ce qu'il fallait démontrer よって証明された.

Cr (記) 〖化〗 chrome クロム.

crabe 男 〖動〗カニ. ❷ 頑固者，ばか. ◊ *panier de ~s* 足の引っ張り合いをしている集団.

crac 間 ❶ ボキッ，メリッ，ビリッ，ガチャン (物が折れたり壊れたりする音). ❷ そら，おっ，やや，とたんに (突発を表す).

crachat 男 (吐いた)唾(ﾂﾊﾞ). ❷ 話 (上級階級の)勲章.

craché, e 形 話 吐き出された. ❷ 話 そっくりの，いかにも…らしい. □ ~ 全くそっくりで.

crachement 男 (唾(ﾂﾊﾞ)などを)吐くこと；噴出；雑音.

cracher 自 ❶ 唾(ﾂﾊﾞ)[痰(ﾀﾝ)]を吐く；(紙につっかかって)インクの染みを作る；雑音を出す. ❷ 話 ⟨sur⟩ (…を)軽蔑する. ◊ *ne pas ~ sur* …を決して…が嫌いではない. ― 他 ❶ 吐き出す，吐く. ❷ 話 支払う.

cracheur, se 名 …を吐く人.

crachin 男 霧雨，小糠(ﾇｶ)雨.

crachiner 非人称 霧雨が降る.

crachoir 男 痰壺(ﾂﾎﾞ). ◊ *tenir le ~* 話 一人でしゃべりまくる；おしゃべりに夢中になる.

crachoter / crachouiller 自 しきりに唾(ﾂﾊﾞ)[痰(ﾀﾝ)]を吐く；雑音を出す. □ **crachotement** 男

crack [-k] 男 〖英〗 ❶ 名馬. ❷ 話 ぴか一. ❸ 話 クラック(コカインから造られた毒性の強い麻薬).

cracker [-kœːr/keːr] 男 ❶ クラッカー. ❷ 〖情報〗悪徳ハッカー.

cracking [-kiŋ] 男 〖英〗〖油〗分解，クラッキング.

cracra / crado / cradingue 形 〖不変〗 話 垢(ｱｶ)だらけの.

craie 囡 ❶ 白亜. ❷ 石灰質岩石.

craign- 活 ⇨ craindre.

crailler 自 (カラスが)鳴く.

craindre 他 他 ❶ 恐れる. ❷ (目的語なしに)気遣う，案じる. ❸ (寒暖，熱などを)嫌う，⟨に⟩ 弱い. ❹ *Ça craint.* 話 やばい；ひどい，くだらない.

crains, craint 活 ⇨ craindre.

crainte 囡 恐れ，心配，不安. ◊ *de* [*par*] ~ *de* … [*que* (*ne*) + *subj.*] …を恐れて.

craintif, ve 形 ❷ 臆病な(人).

craintivement 副 おそるおそる.

crambe 男 〖植〗ハマナ.

cramer 他 軽く焦がす. ― 自他 ❶ 軽く焦げる. ❷ 全焼する.

cramique 男 ブドウパン.

cramoisi, e 形 深紅の.

crampe 囡 痙攣(ｹｲﾚﾝ).

crampillon 男 〖金〗ステープル.

crampon 男 ❶ かすがい；スパイク，アイゼン. ❷ 話 うるさいやつ. ❸ 〖植〗(ﾂﾀなどの)不定根. ― 形 〖不変〗 話 うるさい，しつこい.

cramponné, e 形 ⟨à⟩ (…に)かすがいで留められた；しがみついた.

cramponner 他 かすがいで留める；話 (人に)うるさくまといつく. ― *se ~* しがみつく；固執する；話 つきまとう. □ **cramponnement** 男

cran 男 ❶ (ひっかけて固定する)刻み目 (ベルトの穴，座席の1人分. ❷ (髪の)ウェーブ. ❸ 話 忍耐力，勇気，大胆さ. ◊ *d'un ~* (ベルト)一穴分，一段階だけ. *être à ~* 話 ひどくいらついている，爆発寸前である.

crâne[1] 男 頭蓋骨；頭，頭脳.

crâne[2] 形 勇ましい，威勢のよい. □ **crânement** 副

crâner 自 話 虚勢を張る.

crânerie 囡 勇ましさ，威勢.

crâneur, se 名 話 虚勢を張った(人)，空威張りする(人).

crânien, ne 形 頭蓋の.

cranter 他 刻み目[ぎざぎざ，ウェーブ]をつける. □ **cranté, e** 形

crapahuter

crapahuter / crapaüter 自話 難路を行軍する.
crapaud 男 ❶ 動 ヒキガエル. ❷ 安楽椅子; 小型グランドピアノ (=piano～). ❸ (宝石の) インクリュージョン.
crapaudine 女 ❶ 植 (戸の蝶番の)つけ金; 機 スラスト軸受. ❷ 料 à la ～ クラポディーヌ風 (骨を抜き, 平らに開いた鶏肉).
crapauduc 男 カエルのための横断地下道.
crapette 女 カード クラペット.
crapoter 自話 たばこをふかす.
crapouillot 男 軍 ひきがえる (昔の小型迫撃砲(ボゥ)の俗称).
crapule 女 悪党(ども); 下劣なやつ(ら). ━ 形 下劣な; 悪者の.
crapulerie 女 下劣さ; 悪事.
crapuleux, se 形 卑劣な; 自堕落な. ロ**crapuleusement** 副.
craquage 男 化 クラッキング.
craquant, e 形 感動ものの.
craque 女 話 ほら, うそ.
craquelage 男 (塗装の)ひび割れ; 陶 ひび.
craquelé, e 形 ひびの入った.
se craqueler 4 代動 ひびが入る.
━━ **craqueler** 他 ひびを入れる.
ロ**craquèlement** 男.
craquelin 男 クラクラン (焼き菓子).
craquelure 女 (陶磁器の)ひび.
craquement 男 ポキッ [メリメリ, ミシミシ] という音. ❷ 崩壊 [不和] の兆し, 不穏和音.
craquer 自 ❶ 乾いた音を立てる, きしむ; 裂ける, 折れる; 破綻(ポス)する. ❷ 力尽きる, 参る; (好物に)弱い.
━ 他 裂く, 破る; (マッチを)擦る.
craquètement / craquette-ment 男 小さな乾いた音 (ツル・セミなどの)鳴き声.
craqueter 4 自 小さな乾いた音を立てる(ツルが)鳴く.
crase 女 言 縮合.
crash [-∫] -[-], 複 ～(e)s 男 英 航 胴体着陸; 墜落.
se crasher 代動 墜落する; 衝突する.
crassane 女 ⇨ passe-crassane.
crasse 女 ❶ 垢(あか). ❷ 話 卑劣な行為, 汚いやり口. ❸ 複数 金 鉄屎(アクタク).
━ 形 ひどい.
crasseux, se 形 垢だらけの.
crassier 男 鉱滓(スラグ)[廃石] の堆積.
crassulacées 女複 植 ベンケイソウ科.
cratère 男 ❶ 噴火口; 天 隕(イン)石孔. ❷ 古代 広口の壺.
craterelle 女 菌 クロラッパタケ.
cravache 女 乗馬用鞭(チ).
♢ à ～ 手際に.
cravacher 他 鞭(チ)で打つ. ━ 自 馬に鞭を入れる. 話 大急ぎで働く; 必死に頑張る.
cravate 女 ❶ 話 ネクタイ. ❷ 勲章の綬(ジュ); (旗, 槍(ヤリ)の)飾り帯.
cravater 他 ❶ (…の)ネクタイを締めてやる; 首を絞める. ❷ 話 だます. ❸ 捕らえる. ━ se ～ ネクタイをする.

---

crave 男 鳥 ベニハシガラス.
crawl [kro:l] 男 クロール.
crawler [kro-] 自 クロールで泳ぐ.
crayeux, se 形 白亜質の; 白い.
crayon 男 ❶ 鉛筆; スティック, ペンシル. ► ～ (à) bille ボールペン／～ optique 情報 ライトペン. ❷ 素描, 筆遣い, 筆致. ► avoir un bon coup de ～ デッサンがうまい.
crayon-feutre (複) ～s-～s 男 フェルトペン.
crayonnage 男 鉛筆で書くこと; 鉛筆デッサン.
crayonner 他 鉛筆でさっと書く [描く]; 大ざっぱに述べる.
crayonneur, se 名 クロッキー [スケッチ] をする人.
créance 女 ❶ 文 信用, 信頼. ❷ 法 債権; 債権証書. ► ～ douteuse 不良債権.
créancier, ère 名 債権者.
créateur, trice 名 ❶ 創作 [創始] 者; 初演俳優 [歌手, 奏者]. ❷ (商品の)製造者. ━ 形 創造する; 創造的な. ━ 男 宗 創造主 (le C～) 神.
créatif, ve 形 創造的な, 創意のある; 創造を促す.
━ 男 (広告関係の)クリエーター.
créatine 女 生化 クレアチン.
créatinine 女 生化 クレアチニン.
création 女 ❶ 創造, 創作, 創設; 初演. ❷ 被造物, 万物; 創作品, 作品.
créatique 女 創造性開発技法.
créativité 女 創造性 [力], 創意.
créature 女 ❶ (神の)被造物; 人間. ❷ 話 女. ❸ 古風 身持ちの悪い女; 取り巻き, 子分.
crécelle 女 (楽器, 玩(カン)具の)がらがら. ❷ 話 甲高い声のおしゃべり屋.
crèche 女 ❶ (3歳以下の)託児所; 話 家, 部屋. ❷ キリスト生誕群像の模型; 詩・文語 秣桶(マヤ).
crécher 6 自 話 住む, 泊まる.
crédence 女 食器棚; 祭器卓.
crédibiliser 他 信憑(シンビ)性を与える.
crédibilité 女 信憑(シンビ)性 [信頼] 性.
crédible 形 信ずるに足る.
crédirentier, ère 名, 形 法 年金受給権者(の).
crédit 男 ❶ (経済的な)信用; 信用取引, クレジット, 分割払い; 貸付, 融資; 支払猶予 (期間). ► à ～ クレジット [分割払い] で／lettre de ～ 信用状. ❷ (C～…) 銀行. ❸ 予算. ❹ 文語 信任用, 信頼, 人望. ❺ 簿 貸方. ❻ ～ photographique 掲載写真の著作権の表示. ♢ faire ～ (à …) (…に) 持ち扱いをする, 支払いを猶予する; (意見(…を)信用する. porter A au ～ de B A を B の功績 [長所] と認める.
crédit(-)bail (複) ～s(-)～s 男 法 信用貸付.
créditer 他 ❶ 簿 A～ de B B を A の貸方に記入する [功績とする]. ❷ スポ être crédité de … …の記録を公認される.
créditeur, trice 名, 形 貸方の.
credo 男 ❶ (C～) (カトリックで)使徒

信経；(プロテスタントで)使徒信条. ❷ 信条.

crédule 形 信じやすい, おめでたい.
◘ **crédulement** 副

crédulité 女 信じ込みやすさ.

créer 他 ❶ 創造する[創作, 創設, 初演]する. ❷ 引き起こす. — se ~ 自 ❶ 自分のために作り出す. ❷ 創造される.

crémaillère 女 ❶ 自在鉤(㊥)[緑(㊥)]. ❷[機]ラック(レール). ► chemin de fer à ~ アプト式鉄道. ◊ *pendre la ~* 語(客を招いて)新居祝いをする.

crémant 形男 低発泡性の(シャンパン).

crémation 女 火葬.

crématiste 形, 名 火葬支持の(人).

crématoire 形 火葬の.
— 男 死体焼却炉.

crématorium 男 死体焼却炉；火葬場.

crème 女 ❶ クリーム；乳皮. ► *caramel* プリン；スプレッドチーズ；クリームポタージュ[スープ]；甘口リキュール. ❸ 最高の人(物). ► *au lait* 牛乳[生クリーム]入りコーヒー. ❷ クリーム色. — 形 〖不変〗クリーム色の.

crémer 自 乳皮が張る.

crémerie 女 乳製品販売店.

crémeux, se 形 クリームを多く含む；クリーム状[色]の.

crémier, ère 名 乳製品販売商.

crémone 女 クレモン錠.

créneau 男〘複〙x 女 ❶ (城壁上の)凹凸, 銃眼. ❷ (予定の)空き時間, 割り当て時間. ❸ 縦列駐車の1台分のスペース(への駐車). ❹ 未開拓分野[市場]. ◊ *monter au ~* 戦いに加わる.

crénelé, e 形 (凹凸の)銃眼を施した；縁がぎざぎざの.

créneler 他 ❶ 凹凸の銃眼を施す；縁がぎざぎざの.

crénelure 女 ぎざぎざ.

crénom 間 畜生.

crénothérapie 女 鉱泉療法.

créole 名 クレオール(旧植民地生まれの白人). — 男 クレオール語. — 形 クレオールの(語)の.

créolisation 女 クレオール化.

créolisme 男 クレオール語特有の語法.

créosote 女[化]クレオソート.

crêpage 男 逆毛を立てること；[繊]クレープ加工.

crêpe¹ 男[菓]クレープ.
◊ *retourner comme une ~* 語 考えを一変させる.

crêpe² 女 ❶[繊]縮緬(㊥), クレープ. ❷ 喪章(黒い)ベール. ❸ (靴底の)クレープゴム.

crêpelé, e 形 細かくカールした.

crêpelure 女 細かくカールした髪.

crêper 他(逆毛を立てて)膨らませる；[繊]クレープ加工する.
— se ~ se ~ le chignon (女性が)髪をつかみ合って喧嘩(㊥)する.

crêperie 女 クレープ屋.

crépi 男[建]塗仕上げ, 下塗り.

crépier, ère 名 クレープ屋.

crêpière 女 クレープ焼き器.

crépine 女 房飾り；[機](管の)フィルター.

crépinette 女[食]クレピネット(網脂で包んだ平たいソーセージ).

crépir 他[建]モルタル[漆喰(㊥)]で塗る. ◘ **crépissage** 男

crépitation 女 / **crépitement** 男 パチパチいう音.

crépiter 自 パチパチ音をたてる.

crépon 男[繊]厚手の縮み.

crépu, e 形 (髪の)縮れた.

crépusculaire 形 黄昏(㊥)[衰え]ゆく.

crépuscule 男 黄昏(㊥)；〖文章〗衰亡(期).

crescendo [kreʃɛn-] 伊 男, 副〘楽〙クレシェンド.

crésol 男[化]クレゾール.

cresson [kre-/krə-] 男[植]クレソン.

cressonnière 女 クレソン栽培地.

crésus [-s] 男 大金持ち.

crésyl 男 商標 クレジル(クレゾール).

crêt 男(岩山の)急斜面.

crétacé, e 形[地]白亜紀の.
— 男 白亜紀.

Crète 女 クレタ島.

crête 女 鶏冠(㊥)；冠毛；稜(㊥)線, てっぺん.

crêté, e 形 とさか状突起のある.

Créteil 男 クレテイユ(Val-de-Marne 県の県庁所在地).

crétin, e 名[医]クレチン病患者. — 形 ばかな.

crétinerie 女 ばかな言動.

crétinisant, e 形 白痴化する.

crétiniser 他 白痴化する.
◘ **crétinisation** 女

crétinisme 男[医]クレチン病；語愚かさ.

crétois, e 形 クレタ島の.
— 名(C~)クレタ島の人.

cretonne 女[繊]クレトン.

creusage / **creusement** 男 掘る[彫る]こと.

Creuse 女 ❶ クルーズ県 [23]. ❷ クルーズ川.

creuser 他 ❶ 掘る, 彫る；掘り下げる. ❷ (ほほを)こけさせる, 反らせる. ❸ 空腹にさせる. ❹ 穴を掘る. ❺ 増大させる. ❻ 研究する.
— se ~ 穴があく, (溝などが)生じる；くぼむ. ◊ *se ~ la tête [cervelle]* 語 知恵を絞る.

creuset 男 るつぼ；試練(の場).

Creutzfeldt-Jakob (maladie de) [krøtzfɛldtjakɔb][医]クロイツフェルト・ヤコブ病.

creux, se 形 ❶ 空洞がある, うつろな；中身のない. ❷ くぼんだ；落ち込んだ；利用者の少ない. ► *classe* — se 人口の少ない年齢層. ◊ *voix* — se 低く響く声, うつろの. — 男 ❶ 空洞, 穴, へこみ. ❷ 暇な時間帯, 停滞期, 閑散とした時期. ❸ 波高. ◊ *être au [dans le] ~ de la vague* 景気の底にいる時期にある, スランプである.

crevaison 女 破裂, パンク.

crevant, e 形 語 ひどくくたびれる[滑

crevard, e 名 俗 虚弱な(人). 腹をすかせた(人), 大食いの(人).

crevasse 囡 割れ目, 亀裂；(氷河の)クレバス；《複数》ひび, あかぎれ.

crevasser 他 …にひびを入れる. **—se ~** ひびが入る.

crevé, e 形 ❶ 破裂［パンク］した；死んだ；枯れた；くたびれた.

crève 囡 風邪, 病気.

crève-cœur 男《不変》胸の張り裂ける思い.

crève-la-faim 男《不変》食うや食わずの貧乏人.

crever ③ 自 ❶ 破裂[パンク]する. ❷ 枯れる；(動物が)死ぬ；(人が)くたばる. ❸ 《de》…ではちきれそう[死にそう]だ. — 他 ❶ 破裂［パンク］させる；突き破る, えぐる. ❷ 話 くたくたにさせる. ◇ **~ l'écran** (俳優が)演技で一目瞭然(りょうぜん)の. ◇ **~ les yeux** 目の前にある; 一目瞭然(りょうぜん)の. **—se ~** ❶ 破裂する, つぶれる；話 くたくたになる. ❷ 自分の(…)を損なう.

crevette 囡 小エビ.

cri 男 叫び, 訴え, 大声；鳴き声.
◇ **dernier cri** 最新流行.

criaillement 男 わめき声；《多く複数》やかましい口喧嘩(げんか).

criailler 自 わめき立てる；話 しょっちゅう泣き言をいう.

criaillerie 囡《多く複数》わめき声；泣き言.

criailleur, se 形, 名 愚痴っぽい(人), いつもやかましい(人).

criant, e 形 ひどい, 明白な.

criard, e 形 わめき立てる；甲高い；けばけばしい.
◇ **dette** 取り立ての厳しい借金.

criblage 男 篩(ふるい)にかけること；選別.

crible 男 篩(ふるい).

criblé, e 形《de》(…で)穴だらけの；(…で)いっぱいの, (…に)覆われた.

cribler 他 ❶ 篩(ふるい)にかける. ❷《de》(…で)穴だらけにする；(…の)跡をたくさんつける.

cribleur 男 篩(ふるい)分け機.

criblure 囡 (穀物の)篩かす.

cric¹ 男 ジャッキ, 起重機.

cric²/cric(-)crac 間 ビリビリ, メリメリ, バリバリ(引き裂く音)；カチッ(鍵を回す音).

cricket [-ket] 男 《英》クリケット.

cricoïde 形《解》輪状の.

cri(-)cri 男《不変》コオロギ［セミ］の鳴き声.

criée 囡 競り売り, 競売.

crier 自 ❶ 叫ぶ, 泣きわめく；(鳥獣が)鳴く, ほえる；(物が)きしむ. ❷《contre, après》(…を)どなりつける. ❸《à》…と騒ぐ［叫ぶ］；(…を)糾弾する. ❹ (色が)どぎつい.
◇ **~ à tue-tête ~ comme un sourd [perdu, damné, putois, veau]** 大声で叫ぶ. — 他 ❶ 大声で言う；叫ぶ；強く訴える. ❷ 大声で売る.
◇ **~ sur les toits …** を触れ回る.

~ vengeance 復讐に値する.

crieur, se 名 呼び売りの商人；《古法》(布告を告げる町の)触れ役.

crime 男 殺人；(人道にもとる)大罪, 重大過ち；《法》重罪.

criminaliser 他《法》重罪院に移送する.

criminaliste 名 刑法[犯罪]学者.

criminalistique 囡 犯罪学.

criminalité 囡《集合的》犯罪(行為)；犯罪性.

criminel, le 形 罪のある, 犯罪的な；《法》刑事の, 重罪の. — 名 殺人犯；《法》刑事犯, 重罪人. ◇ **au ~**《法》刑事(事件), 刑事訴訟.

criminellement 副 犯罪的に；《法》刑事事件[犯]として.

criminogène 形 犯罪を生む.

criminologie 囡 犯罪学.

criminologue/criminologue 名 犯罪学者.

crin 男 ❶ (たてがみや尾の)長毛；馬尾毛(び). ❷ **~ végétal** ベジタブルホースヘアー(馬の毛の代用). ◇ **à tous ~s = à tout ~** 徹底した, 生っ粋の.

crincrin 男 話 囡 バイオリン.

crinière 囡 (たてがみ, かぶとの)飾り毛；話 ぼさぼさの髪, 長髪.

crinoïdes 男複《動物》ウミユリ類.

crinoline 囡 クリノリン(スカートに膨らみをもたせる骨. それを用いたドレス).

criocère 男《昆》クビナガハムシ.

crique 囡 小湾, 入り江.

criquet 男《昆》バッタ.

crise 囡 ❶ 危機, 恐慌. ❷ 発作；病状の急変；(感情の)激発, 興奮. ❸ 不足, 欠乏. ◇ **par ~s** 気まぐれに, 発作的に. **piquer une ~** かっとなる.

crispant, e 形 いらいらさせる.

crispation 囡 (筋肉の)痙攣(けいれん)；いらだち.

crispé, e 形 ひきつった, こわばった；いらだった.

crisper 他 ひきつらせる；(こぶしを)握り締める；緊張させる. **—se ~** ❶ 緊張する；ひきつる, こわばる；いらいらする. ❷《sur》(…の)…を握り締める.

crissement 男 きしる音；きしみ.

crisser 自 きしむ.

cristal《複》**aux** 男 ❶ 結晶；水晶；クリスタルガラス. ❷ **~ liquide** 液晶. ❷《複数》洗濯ソーダ.
◇ **de ~** 透明な, 澄んだ.

cristallerie 囡 クリスタルガラス器製造[工場]；クリスタルガラス製品.

cristallin, e 形 結晶［水晶］の；透明な, 澄んだ. — 男《解》水晶体.

cristalline, ne 形《鉱》水晶体.

cristallisable 形 結晶し得る.

cristallisation 囡 結晶作用, 結晶化；結晶体；明確［具体］化.

cristallisé, e 形 結晶させる；集結させる；明確な形を与える. — 自 結晶する. — 他 ❶ 結晶化する. ❷ 明確な形をとる（~に）.

cristallisoir 男《化》結晶皿.

cristallographie 囡 結晶学.
□ **cristallographique** 形

cristallophyllien, ne 形【地】結晶片岩状構造をもった.
cristi 間【古英】うわっ(驚き).
critère 男 (判断の)基準, 根拠.
critérium 男 ❶【スポ】選抜競技. ❷【古英】(判断の)基準, 根拠.
crithme 男【植】クリスマス.
critiquable 形 批判されるべき.
critique¹ 形 危機的な; 危険な, 重大な, 決定的な. ❷【物】臨界の.
critique² ❶ 形 批評の; 批判的な; 考証の. ─ édition ─ 校訂版. ❷ 非難がましい, ロうるさい. ─ 女 ❶ 批評, 評論; (文献の)批判, 考証; 【哲】批判. ❷ 非難, あら捜し. ❸【集合的】批評家; 批評界. ─ 男 批評家, 評論家.
critiquer 他 ❶ 批判[非難]する. ❷ (作品を)批評する.
critiqueur, se 名 批評好きの人.
croasser 自 (カラスが)カアカア鳴く. □**croassement**
croate 形 クロアチア共和国の.
─ 名〈C～〉クロアチア人.
─ 男 クロアチア語.
croc [kro] 男 ❶ 牙(3). ❷ 鉤(<); 鉤竿(2). ❸ (犬・狼などの)犬歯(2).
◇ *avoir les ～s* 話 腹ぺこだ.
croc-en-jambe [-kā-] 男(複 *～s-～-～*) ❶ 足掛け, 足払い; (人を蹴って)倒そうと単performs(2)を策動.
croche 女【楽】8 分音符. ─ double [triple] ─ 16分 [32分] 音符.
croche-pied 男 足掛け, 足払い.
crocher 他 鉤(<)でひっかける.
crochet 男 ❶ 鉤(<), フック, 鉤付きの棒[道具], 鉤針; 鉤針編み. ❷ 鉤形の曲り角; 寄道. ❸【楽】符鉤(?). ❹【印】大かっこ, ブラケット([ ]). ❺【スポ】(ボクシングで)フック; (ラグビーなどで)ハンド. ❻ (蛇の)毒牙(?).
◇ *être* [*vivre*] *aux ～s de* ... …に生活の面倒をみられる.
crocheter ⑤ 他 鉤(<)棒で開ける; 鉤針で編む. □**crochetage**
crocheteur 男 錠前破り, 泥棒.
crochu, e 形 鉤形に曲がった.
croco 男 ワニ革; ワニ.
crocodile 男【動】ワニ; ワニ革.
◇ *larmes de ～* そら涙.
crocodiliens [-ljɛ̃] 男 複【動】ワニ類.
crocus [-ys] 男【植】クロッカス.
croire 他自 ❶ 信じる. ❷ ～ + inf. [que ...] …だと思う;というふうな気がする. ❸ ～ ... + 属詞 …が…だと思う. ─ Je la *croyais* plus jeune. 彼女はもっと若いと思っていた. ─ À à B à C B に A があると思う. ─ Je ne lui *croyais* pas le coeur si dur. 彼(女)があんな薄情な人とは思わなかった. ─ À de B B について A だと思い得ると思う. ─ Je ne *crois* pas cela de lui. 彼がそんなことをするとは思えない. ❹ en ～ ... …を信用する.
◇ *à ce que je crois* 私の考えでは. *à en ～* ... …によれば. *C'est à ～ que ...* …のようだ. *Je vous* [te] *crois. = Je crois bien.* まったくそうだ, ほんと. *ne pas en ～ ses oreilles* [*yeux*] 自分の耳 [目] を疑う. *On croirait* [*aurait cru*] ... まるで…のようだ [だった].
─ 自 ❶ (à) (…を)信じる. ❷ (en) (…を)信頼 [信用] する. ❸ 信仰を持つ.
◇ *C'est à n'y pas ～.* 信じられないことだ.
─ se ～ ❶ 自分が…だ [にいる] と思う. ❷ 自分に(…があると)思う. ❸ うぬぼれる.
crois 活 ⇨ croire.
crois 活 ⇨ croître.
croisade 女 ❶【史】十字軍. ❷ キャンペーン, 改善運動.
croisé, e 形 ❶ 十字形の; 交差した, (手足を)組んだ. ─ mots ─s クロスワードパズル / feu ─ 集中攻撃. ❷ (服がダブルの). ❸ 交配による, 雑種の.
─ 名 活動家, 闘士.
─ 男【史】十字軍参加者.
─ 女 ❶ 交差, 十字形. ─ des chemins 四つ辻; (選択の)岐路 / ─ d'ogives【建】交差リブ. ❷ (十字形に仕切られた)窓.
croisement 男 交差点, 十字路; 交差すること, (足, 腕を)組むこと; すれ違い. ❷【生】交配; 交雑(種).
croiser 他 ❶ 十字形 [X形] に重ねる, 交差させる, (手足を)組む; 【生】交雑 [交配] させる. ❷ 交差する; すれ違う. ❸【スポ】 ─ la *passe* クロスパスをする. ─ 自 ❶ 巡航する. ❷ (衣服の前が)重なる.
─ se ～ ❶ 交差する; 出会う, すれ違う; (視線などが)交わされる. ❷ (自分の手足を)組む. ❸【生】交雑 [交配] される. ❹【史】十字軍に参加する.
◇ *se ～ les bras* 腕を組む; 傍観する.
croiseur 男 巡洋艦.
croisière 女 (船による)周遊, クルージング. ◇ *vitesse de ～* 巡航速度; 燃費のよい速度; (仕事の)順調なペース.
croisiériste 名 (船の)周遊旅行客.
croisillon 男 十字架の横棒; 菱形 (窓の横桟); (教会の)翼廊.
croiss- 活 ⇨ croître.
croissance 女 成長, 発育(期); 増大, 発展; 経済成長 (= ～ économique).
croissant, e 形 増大する, 増加する.
─ 男 ❶【パン】クロワッサン. ❷ 三日月; 三日月【写】形; 新月旗(イスラム教徒やトルコの旗印); 〈C～〉オスマン・トルコ帝国.
croissanterie 女 クロワッサンやウィーン風菓子パンを売る店.
croit 活 ⇨ croire.
croît 活 ⇨ croître.
croître ⑫ 自 成長 [増加] する; 成長 [発育] する. ◇ *ne faire que ～ et embellir* ぐんぐん大きく美しくなる; (皮肉)ますます磨きがかかる.
croix 女 ❶ 十字, 十字架; キリスト教信仰. ❷ 十字架形のもの; 十文字, 十字の印, ×印; (十字形の)勲章, レジオンドヌール勲章 (= la ─ de la Légion d'honneur). ─ en ─ 十字形 [X形] に, 交差した(分岐する人が)×印で署名する / C～ rouge 赤十字社 / C～ du Sud 南十字星 / point de ～ クロスステ

cromlech

チ. ❸ 苦難, 重荷. ◊*faire une ~ sur ...* 囧...をあきらめる.

cromlech [krɔmlɛk] 男〖考古〗環状列石.

crooner [krunœːr] 男 クルーナー（甘い歌声の男性歌手）.

Cronos [-s] 〖神話〗クロノス.

croquant¹, e 名 ❶〖史〗クロカン（16世紀末 - 17世紀前半に一揆を起こした農民）. ❷〖軽蔑〗百姓, 田舎者.

croquant², e 形 かりかりしたところ〖菓子〗.
—— 男 かりかりしたところ〖菓子〗.

croque(-)sel (à la) 句（生のまま）塩をつけただけで.

croque-madame 男〖不変〗クロックマダム（目玉焼きを載せたクロックムッシュ）.

croquembouche 男 クロッカンブッシュ（シュークリームに飴を絡めたもの）.

croque-mitaine 形（おとぎ話の，子供を食う）鬼；囧 恐い人.

croque-monsieur [-masjø] 男〖不変〗クロックムッシュ（ハムとチーズを挟んで焼いたサンド）.

croque-mort 男 葬儀人夫.

croquenot 男 囧 大靴, どた靴.

croquer 他 ❶ かりかり〖ぱりぱり〗と噛(ﾆ)んで食べる. ❷ 浪費する.〖美〗クロッキーに描く, スケッチする. ◊*joli à ~* 囧 すごくきれいな〖かわいい〗.
—— 自 ❶（食べ物が）かりかり〖ぱりぱり〗音を立てる. ❷〖dans〗（...を）かじる.

croquet¹ 男 地域 アーモンドクッキー.

croquet² 男〖スポ〗クロッケー.

croquette 女 コロッケ.

croqueur, se 形, 名 むさぼり食う（人, 動物）; 浪費する（人）. ──*se de diamants* 浪費婦みたいな女.

croquignolet, te 形 囧（多く皮肉）〖服などが〗かわいい, いかす.

croquis 男 ❶〖美〗クロッキー, 略図, 見取り図; 草稿; 簡単な説明.

crosne [kron] 男〖植〗チョロギ.

cross [-s] / **cross-country** [-skun-] 男（複）-*countries*（英）〖スポ〗クロスカントリー.

crosse 女 ❶（司教の）杖(ﾂｴ)；（ホッケーなどの）スティック；（ゴルフの）クラブ. ❷ 渦巻き状の先端部；銃床. ◊*chercher des ~ à ...* ...に喧嘩〖けんか〗を売る.

crosser 他（クラブなどで）打つ.

crossette 女〖園〗挿し木用の若枝.

crotale 男〖動〗ガラガラヘビ.

crotons 男〖植〗ハズ.

crotte 女 ❶ 糞(ﾌﾝ), くそ；囧 がらくた，つまらないもの；〖間投詞的〗くそっ. ❷ ~ *de* ~ *chocolat* チョコレートボンボン. ❸ 古風 泥.

crotté, e 形 古風 泥で汚れた.

crotter 他 文章 泥で汚す.
—— 自 糞(ﾌﾝ)をする.

crottin 男 ❶（馬, 羊などの）糞(ﾌﾝ). ❷〖チーズ〗~ *de Chavignol* クロタン・ドゥ・シャヴィニョル.

croulant, e 形 崩れかかった；よぼよぼの. —— 名 囧 じじい, ばばあ.

croule 女（春の）ヤマシギ猟.

crouler 自 ❶ 倒れる, 崩れる；倒れ〖崩れ〗かかっている. ❷ 失敗する. ❸

（ヤマシギが）鳴く.

croup [-p] 男〖英〗〖医〗クループ, 偽膜性喉頭(ｺｳﾄｳ)炎.

croupe 女 ❶（馬などの）臀部(ﾃﾞﾝﾌﾞ); 囧 尻. ❷ なだらかな頂き. ◊*en ~* 馬の尻〖鞍の後ろ〗に; バイクのうしろに.

croupetons (à) 副 句 しゃがんで.

croupi, e 形 よどんだ.

croupier, ère 名 クルーピエ（賭博(ﾄﾊﾞｸ)場のチップの集配けの係）.

croupière 女〖馬〗鞍褥革(ｱﾝｼﾞｮｸｶｸ)（馬の尻に）を保護する）.

croupion 男（鳥の尻(ｼﾘ), 尾羽の付け根；囧（人の）尻.

croupir 自 ❶ よどんで腐る；（よどんだ水の中で）腐る. ❷（恥ずべき状態に）とどまる.

croupissant, e 形（水が）よどんだ腐っている; 無為の, 怠惰な.

croupissement 男 よどみ；腐敗; 怠惰.

croustade 女〖料〗クルスタード（パイやパンに魚貝類などを詰める）.

croustillant, e 形 ❶（パンが）さくさくした, パリパリい. ❷ 際どい.

croustiller 自（パンが）パリパリいう.

croûte 女 ❶ パンの皮；パイ皮, チーズの皮；〖料〗クルート（パイやパンに詰めたものの）. ❷ 炭皮, 殻; 表層；〖医〗かさぶた. ❸ 固板, 御飯；石頭, 融通の利かない人；下手な絵. ◊*casser la ~* 飯を食う. *gagner sa ~* 囧 暮らしを立てる, 食べていく.

croûter 自 囧 飯を食う.

croûteux, se 形 かさぶた〖固い皮, 殻〗ができた.

croûton 男 ❶ 長いパンの端, 堅いパンのかけら；〖料〗クルトン. ❷ 囧 時代遅れの人.

croyable 形 信じられる.

croyai- 活 ⇨ *croire*.

croyance 女 信じること, 信頼; 信仰, 信条.

croyant, e 形 信仰心を持っている.
—— 名 信者;〖複数〗イスラム教徒.

croyez, croyi-, croyons 活 ⇨ *croire*.

C.R.S. 女〖略〗*Compagnie républicaine de sécurité* 共和国機動隊.

cru¹ 男（銘柄ワインを産する）ブドウ園; 銘柄ワイン. ◊*de son (propre) cru* 自分で考えた；自家製の. *du cru* その土地の, 地元の.

cru², e 形 生(ﾅﾏ)の；未加工の；（色や光が強い, どぎつい）；（表現が）露骨な.
—— 副 質素に, むき出しに. —— 男 生物
◊*à cru* 鞍なしで.

cru³, e croire の過去分詞.

crû, crue croître の過去分詞.

cruauté 女 残虐さ；過酷さ, 厳しさ；〖多く複数〗残虐行為.

cruche 女 ❶〖陶製の水差し形〗手付き壺(ﾂﾎﾞ)；囧 1 杯分. ❷ 囧 まぬけ.

cruchon 男 手付き小壺(ﾂﾎﾞ), 水差し.

crucial, ale 形 ❶〖囧〗❶ 決定的な, 重大な. ❷ 十字（形）の.

crucifèracées / crucifères 女〖複〗〖植〗アブラナ科.

crucifié, e 形 十字架にかけられた; 苦悩した. ― 名 十字架にかけられた人. ― le C— イエス・キリスト.
crucifiement 男 磔刑(たっけい); キリスト磔刑[像].
crucifier 他 十字架にかける; 〖文章〗苦しめる.
crucifix 男 キリストの磔刑十字架像.
crucifixion 女 キリストの磔刑(たっけい)[図, 像].
cruciforme 形 十字形(の).
cruciverbiste 名 クロスワードパズル愛好者.
crudité 女 ❶ 生(なま)の状態; どぎつさ, 露骨さ. ❷〖複数〗生野菜, 野菜サラダ; 生の果物.
crudivore 形 生野菜しか食べない.
crue 女 増水.
cruel, le 形 ❶ 残忍な, 獰(どう)猛な; 過酷な, 厳しい. ❷〖文章〗femme 〜 le つれない女.
cruellement 副 ❶ 残酷に. ❷ ひどく, どうしようもなく.
cruiser [kruzœːr] 男〖英〗クルーザー, 巡航用ヨット.
crumble [krœmbœl] 男〖菓〗クランブル.
crûment 副 露骨に.
crûmes 活 ➪ croire, croître.
cruss-, cru- 活 ➪ croire.
crûss-, crû- 活 ➪ croire.
crural, ale 形 〖男複〗 aux 形 〖解〗大腿(だい)の.
crustacé 男 エビ, カニ; 〖複数〗〖動〗甲殻類.
crût(-) 活 ➪ croire, croître.
cruzado 男 クルザード (ブラジルの通貨単位).
cruzeiro 男 クルゼイロ (ブラジルの旧通貨単位).
cryoconducteur, trice 形 極低温導体の.
cryoconservation 女 冷凍保存.
cryogène 形〖物〗低温発生の.
cryogénie 女 低温科学.
cryomédecine 女 低温医学.
cryométrie 女 氷点測定.
cryoscopie 女〖物〗氷点法.
cryotempérature 女 極低温.
cryothérapie 女〖医〗寒冷療法.
cryptage 男〖情報〗暗号化装置; (放送で)スクランブル.
crypte 女 (教会の)地下礼拝堂〖納骨堂〗.
crypter 他 暗号化する; (放送に)スクランブルをかける.
cryptique 形 洞穴の; 地下の.
cryptobiose 女〖生〗蘇生, 潜生.
cryptocommuniste 名, 形 秘密共産党員(の).
cryptogame 形〖植〗隠花の.
― 男〖複数〗隠花植物.
cryptogamique 形 隠花植物の.
cryptogramme 男 暗号文.
cryptographie 女 暗号学; 暗号通信法. ➪ **cryptographique** 形
cryptologie 女 暗号研究.
cryptomeria 男〖植〗スギ.

Cs 〖記〗〖化〗 cécium セシウム.
C.S.A. 女 〖略〗 Conseil supérieur de l'audiovisuel 放送高等評議会.
csardas [tsardaːs/gzar-] 女 チャールダーシュ (ハンガリーの民族舞踊).
C.S.C.E. 女〖略〗 Conférence sur la sécurité et la coopération en Europe 全欧安保協力会議.
C.S.G. 女〖略〗 Contribution sociale généralisée 一般社会負担税.
Cte 男〖略〗comte 伯爵.
Ctesse 女〖略〗comtesse 伯爵夫人.
Cu 〖記〗〖化〗cuivre 銅.
Cuba キューバ(共和国).
cubage 男 容積〖容量〗の算定.
cubain, e 形 キューバの.
― 名 〈C〜〉キューバ人.
cube 男 ❶ 立方体; 容積, 体積; 〖数〗立方, 3乗. ❷ 語 gros 〜 (500 cc 以上の)大型バイク. ❸ 語 立方の.
cuber 他 (…の)体積〖容量〗を算定する; 3乗する. ― 自 …の体積〖容量〗がある; 語 莫(ばく)大な額になる.
cubilot 男〖金〗溶鉱炉.
cubique 形 立方体の; 〖数〗立方の, 3乗の, 3次の. ► racine ― 立方根. ― 女〖数〗3次曲線〖曲面〗.
cubisme 男〖美〗キュビスム.
cubiste 形, 名 キュビスムの(作家).
cubitainer 男 商標 キュビテナー (ワインの運送用などのプラスチック容器).
cubitus [-s] 男〖解〗尺骨.
➪**cubital, ale**〖男複〗aux 形
cucul [-ky] 形〖不変〗語 ばかげた, ばかな.
cucurbitacées 女複〖植〗ウリ科.
cueillai-, cueille(-) 活 ➪ cueillir.
cueillaison 女 摘み取り; 収穫期.
cueillette 女 摘み取りの季節); 収穫物; 〖民〗採集.
cueilleur, se 名 摘み取る人.
cueillir 他 ❶ 〈花·果実など〉を摘む, 摘み取る, 集める. ❷ 捕まえる; (車で人を)拾う.
cuesta [kwes-] 女〖西〗〖地〗ケスタ.
cuiller / cuillère 女 ❶ スプーン; 1さじの分量; 柄杓(ひしゃく). ❷〖釣〗スプーン; (手榴弾の)安全装置. ❸ 語 〜 en deux coups de 〜 à pot てきぱきと; 手っ取り早く. ramasser à la petite 〜 語 半死半生だくたくだ. ne pas y aller avec le dos de la 〜 語 ずけずけものを言う.
cuillerée 女 さじ1杯の分量.
cuilleron 男 (スプーンの)頭.
cuir 男 ❶ 皮, 革, レザー; 語 革製品, 革ジャンパー. ❷ 語 (人間の)皮膚. ❸ 語 リエゾンの誤り.
cuirasse 女 ❶ 胴鎧(どうがい); 〖文章〗鎧(よろい)のような態度), 鎧. ❷ (軍艦の)甲鉄; (戦車などの)装甲; 〖地〗硬殻, 表層殻.
cuirassé, e 形 ❶ (胴)鎧(よろい)を着した. ❷〈contre〉(…に)動じない, 無感動な. ― 男 戦艦.
cuirassement 男 被甲, 装甲; 防壁.
cuirasser 他 ❶ 鎧(よろい)を着せる; 装甲する. ❷〈contre〉(…に対して)無

覚にする, 強くする. **— se ~ (contre)** (…に)無感覚になる, 動じなくなる.
cuirassier 男 ❶ 〖軍〗機甲部隊(兵), 〖史〗胸甲騎兵.
cuire 他他 ❶ 焼く, 煮る, 炒(いた)める (=faire cuire). ❷ (煉瓦(がわ), 陶器などを)焼く.
— 自 ❶ (食べ物が)焼ける, 煮える. ❷ (人が)ひどく暑い. ❸ ひりひり痛い. ◇ **~ dans son jus** 話 暑くてたまらない; 困った状態である, 孤立無援である. 〖非人称構文〗 **Il en cuit à …** 文章 …が後悔することになる.
— se ~ ❶ 調理される. ❷ 話 *se ~ au soleil* 肌を焼く.
cuis(-) 〖直〗 ⇨ cuire.
cuisant, e 形 ❶ ひりひりする, 焼けるような. ❷ 厳しい; 辛辣(しら)な.
cuiseur 男 大鍋, 大釜(が).
cuisine 女 ❶ 台所, 厨(く)房. ❷ 料理. ❸ 話 小細工, 策略.
cuisiné, e 形 調理された. ► *plat ~* 調理済みの食品.
cuisiner 他 料理する; 話 尋問する, 問い詰める.
cuisinette 女 簡易台所, キチネット.
cuisinier, ère 名 コック; 料理をする人. ❷ 女 オーブン付きレンジ.
cuisiniste 男 調理器具設置[販売]業者.
cuisis-, cuisît- ⇨ cuire.
cuissage 男 〖史〗 *droit de ~* (領主の農奴に対する)初夜権.
cuissard 男 ❶ (鎧(の)の)腿(ふと)に当て; 自転車用レーサーパンツ.
cuissarde 女 (腰(に)までの)長靴.
cuisse 女 ❶ 腿(い); 〖食〗腿肉.
cuisseau 男 (複) *x* (子牛の)腿(い)肉.
cuisson 女 ❶ 焼く[煮る]こと. ❷ ひりひりする痛み. ❸ 焼成.
cuissot 男 (シカ, イノシシの)腿(い)肉.
cuistance 女 話 料理; 炊事.
cuistot, e 名 コック, 調理人.
cuistre 男 文章 知ったかぶりをする人.
cuistrerie 女 文章 知ったかぶり.
cuit[1], **e** 形 (cuir の過去分詞) ❶ 煮た, 焼成した. ❷ 話 見破られた; 失敗した. ❸ 俗 泥酔した.
◇ **C'est —** 話 万事休す, もうだめだ. **C'est (du) tout ~.** 話 成功間違いな

し, 簡単なことだ.
— 女 俗 酔いが回ること.
cuit[2] 直 ⇨ cuire.
se cuiter 代動 俗 酔っぱらう.
cuivrage 男 銅めっき.
cuivre 男 ❶ 銅. ► *~ jaune* 真鍮(ちゅう), 黄銅. ❷ 《多く複数》銅製品; 管楽器. ❸ 銅版(画).
cuivré, e 形 赤銅色の; (声が)甲高い, 金属的な.
cuivrer 他 銅めっきする; 赤銅色にする. **— se ~** 赤銅色になる.
cuivreux, se 形 〖化〗銅を含む.
cul [ky] 男 ❶ 俗 尻(い). ❷ (瓶などの)底; (自動車などの)後部. ❸ 俗 ばか. ❹ 俗 セックス; 性器; 性欲. ❺ 俗 幸運, つき.
◇ *en avoir plein le cul* 俗 うんざりする. *être comme cul et chemise* 俗 切っても切れない仲である. *faire cul sec* 一気に飲み干す. *l'avoir dans le cul* 俗 失敗する. *lécher le cul à …* 俗 …にへつらう. *tomber sur le cul* 尻もちをつく; 腰を抜かす.
culasse 女 銃尾; シリンダーヘッド.
cul-blanc [kyblã]; 《複》 *~s~* 男 腰の白い鳥の総称.
culbute 女 ❶ でんぐり返し, とんぼ返り; (水泳の)クイックターン. ❷ 転倒, 転落; 倒産; 瓦(が)解.
◇ *faire la ~* 話 倒産する; 買い値の倍の値段で売る.
culbuter 他 ひっくり返す, 転倒[転落]させる; 撃退する, はねのける.
— 自 ひっくり返る, 転倒[転落]する.
culbuteur 男 (内燃機関の)ロッカーアーム; (荷台を傾ける)揺れ腕.
cul-de-basse-fosse [kyd-]; 《複》 *~s~~~* 男 〖史〗地下牢(ろ)の底を掘って作った独房.
cul-de-four [kyd-]; 《複》 *~s~~~* 男 〖建〗半ドーム.
cul-de-jatte [kyd-]; 《複》 *~s~~~* 名 両脚の無い「使えない」人.
cul-de-lampe [kyd-]; 《複》 *~s~~~* 男 〖建〗持ち送り.
cul-de-poule (en) [kyd-] 形句 (口が)とがらせた.
cul-de-sac [kyd-] 《複》 *~s~~~* 男 袋小路; 行き詰まること.

---

cuisine 料理

生調理 下ごしらえする habiller, parer /内臓, 腸 IS を取る vider /水にさらして血抜きする dégorger, dégorger, limoner /肉を糸で縛る ficeler /背脂で包む「を敷く」barder /背脂を差し込む larder /魚を三枚におろす lever les filets /うろこを落とす écailler /皮をはぐ limoner /背腸を取る châtrer /野菜の皮をむく éplucher /茎を取る équeuter /芯(ん), 筋を取る parer /振り下ろす râper /挽(ひ)く piler /裏ごしする mouliner /篩(ふるい)にかける tamiser /小麦粉をまぶす fariner /衣をつける paner /みじん切りにする hacher

加熱調理 煮る (faire) cuire /とろ火でこ

とこと煮る laisser cuire à petit feu /艶(つや)を出す (faire) glacer /煮込む (faire) mijoter /ホワイトソース [白い出し汁] で煮込む (faire) fricasser /灰汁(あく) を取りながら煮込む dépouiller /炒(い)める (faire) sauter /弱火で炒めてしんなりさせる (faire) fondre /表面だけさっと炒める raidir /強火で炒めて焼き色をつける (faire) revenir, pincer /焼く (faire) cuire à sec /グリルで焼きする (faier) griller /ローストする (faire) rôtir /揚げる (faire) frire /蒸し煮する (faire) braiser /ゆでる (faire) cuire à l'eau /塩ゆでする (faire) cuire à l'anglaise

culée 女 ❶ 〖建〗(アーチやボールトの)控え. ❷ 〖土木〗橋台.

culer 自 〖海〗後進する.

culex [-ks] 男 〖昆〗イエカ.

culière 女 〖馬〗尻繋(にり).

culinaire 形 料理の.

culminant, e 形 最高の;〖天〗南中の. point ～ 最高峰,絶頂,最高度.

culmination 女 〖天体の〗南中,子午線通過.

culminer 自 頂点に達する;〖天体が〗南中する,子午線を通過する.

culot 男 ❶ 語 厚かましさ. ❷ 下部,底部;電球の口金;(容器の底の)残滓(ざん),付着物. ◇ **au ～** 語 はったりで;厚かましく.

culottage 男 (新品のパイプの)火皿にやにでカーボンを付けてゆくこと.

culotte 女 ❶ 語 半ズボン,キュロット;(スポーツ用)トランクス;ニッカーボッカー. ❷ (女性の)パンティー,(子供の)パンツ. ❸ 語 賭(か)けでの大負け,大損. ❹ (牛の尻尾の)肉. ◇ **～ de cheval** 乗馬ズボン;腰や太腿(もも)の贅(ぜい)肉. **porter la ～** (妻が)亭主を尻に敷く,(女性が)主導権を握る.

culotté¹, e 形 ❶ 半ズボンをはいた. ❷ (使い込んで)黒ずんだ;(パイプの)火皿に充分カーボンのついた.

culotté², e 形 語 厚かましい.

culotter 他 ❶ 半ズボンをはかせる. ❷ (使い込んで)黒ずませる;(パイプの)火皿にカーボン層を作ってゆく.

culottier, ère 名 ズボン,半ズボンの仕立屋.

culpabiliser 他 罪悪感を抱かせる.

culpabiliser 他 罪悪感を抱かせる. ― 自 自責の念に駆られる. ❏**culpabilisation** 女

culpabilité 女 有罪(性),罪状.

culte 男 ❶ (神,聖人への)信仰;崇拝(の念);神聖視,敬愛;深い愛着(の念). ❷ (個々の)宗教, …教,宗派;信仰. ❸ (宗教上の)祭式;(特にプロテスタントの)礼拝(式). ► ministre du ～ 司祭,牧師 / objets du ～ 祭具. ❹〖社〗カルト(1960年代以後に多く生まれた小さな宗教的教派)/《同格的》カルト的な.

cul-terreux [kyte-]; 〔複〕 **～s-～** 男 語 どん百姓.

cultisme / cultéranisme 男 〖文〗(17世紀スペインでの)キュルティスム,衒(げん)学趣味. ❏**cultiste** 名

cultivable 形 耕作できる.

cultivateur, trice 名 耕作[栽培]者. ― 男 耕耘(こううん)機.

cultivé, e 形 ❶ 栽培された. ❷ 教養のある.

cultiver 他 ❶ 耕す;栽培[養殖,飼育,培養]する. ❷ 養う,培う,育む,大切にする;(…に)いそしむ. ― **se ～** ❶ (自分の)教養を高める. ❷ 栽培される.

cultuel, le 形 信仰の,礼拝の;宗教の.

cultural, ale; 〔男複〕**aux** 形 耕作の.

culturalisme 男 〖民〗文化主義;〖心〗文化学派.

culture 女 ❶ 耕作,栽培;〔複数〕耕作地. ❷ 文化. ❸ 教養;(心身の)修養. ► ～ physique 体育. ❹ 養殖,培養.

culturel, le 形 文化の.

culturisme 男 ボディービル.

culturiste 形 ボディービルの. ― 名 ボディービルダー.

cumin 男 〖植〗クミン(の種子).

cumul 男 兼任,兼務.

cumulable 形 兼務可能な.

cumulard, e 名《軽蔑》不正兼職者.

cumulatif, ve 形 累積[累加]する.

cumulativement 副 兼任で;累積して.

cumuler 他 兼ねる;併せ持つ.

cumulo-nimbus [-s] 男 〖気〗積乱雲.

cumulus [-s] 男 〖気〗積雲.

cunéiforme 形 楔(くさび)形の. ― 男 楔形文字;〖解〗楔状骨.

cuniculiculture / cuniculture 女 養兎(とう).

cunnilingus [-s] 男 クンニリングス.

cupide 形 〖文章〗貪(どん)欲な. ❏**cupidement** 副

cupidité 女 〖文章〗強欲.

Cupidon 男 〖ロ神〗キューピッド.

cuprique 形 〖化〗第二銅(塩)の.

cupronickel 男 白銅.

cupule 女 〖植〗殻(かく)斗.

cupulifères 女複 〖植〗ブナ科.

curable 形 治癒できる. ❏**curabilité** 女

curaçao [-so] 男 キュラソー.

curage 男 浚渫(しゅんせつ).

curare 男 クラーレ(猛毒).

curarisant, e 形 〖医〗クラーレの. ― 男 クラーレ様薬剤.

curarisation 女 〖医〗クラーレ麻酔[中毒].

curatelle 女 〖法〗(未成年者などの)財産管理.

curateur, trice 名 〖法〗財産管理人,保佐人.

curatif, ve 形 治療の.

curculionidés 男複 〖昆〗ゾウムシ科.

curcuma 男 〖植〗ウコン.

cure¹ 女 療養,療法;湯治(= ～ thermale). ◇ **n'avoir ～ (de …)** (…)を気にかけない.

cure² 女 〖カト〗主任司祭職[館];小教区.

curé 男 〖カト〗主任司祭;語 坊主.

cure-dent(s) 男 爪楊枝(ようじ).

curée 女 奪い合い;〖狩〗(猟犬に与える)獲物;獲物を与えること.

cure-ongle(s) 男 爪の甘皮を手入れする道具.

cure-oreille 男 耳かき.

cure-pipe(s) 男 パイプクリーナー.

curer 他 浚渫(しゅんせつ)する；削り取る，かき落とし等を除く．━ **se ~** 自分の(爪，耳など)を掃除する．
cureter [4] 他 [医] 掻爬(そうは)する．
cureton 男 [軽蔑] 坊主．
curet(t)age 男 [医] 掻爬(そうは)(術)．
curette 女 [医] キュレット．
curial, ale 形 (男複) **aux** [キ教] 主任司教の．
curie[1] 女 ローマ教皇庁；[古ロ] クリア．
curie[2] 男 [物] キュリー(放射能の慣用単位)．
curiethérapie 女 [医] 放射線治療．
curieusement 副 奇妙に．
curieux, se 形 ❶ 好奇心の強い(de) (…を)知りたがる，…したがる．❷ 奇妙な．
━ 男 好奇心の強い人；野次馬．
curiosité 女 ❶ 好奇心；野次馬根性．❷ 珍奇なもの；名所；《複数》骨董品．
curiste 名 温泉治療をする人，湯治客．
curium 男 [化] キュリウム．
curling [kœrliŋ] 男 [英] [スポ] カーリング(氷上ゲームの一種)．
curriculum (vitæ) [(-te-)] 男 [不変] (ラ)履歴書，履歴．
curry 男 カレー．
curseur 男 (コンピュータ，計算尺などの)カーソル．
cursif, ve 形 草書の；素早い．
━ 女 草書体．▸ lecture ~ve 走り読み．
cursus [-s] 男 (入学から修了までの)大学の課程；(入社から退職までの)職業のコース．
curule 形 [古ロ] chaise ~ (高位高官の座る)象牙(ぞうげ)製の椅子．
curviligne 形 [数] 曲線の．
curvimètre 男 曲線計．
cuscute 女 [植] ネナシカズラ．
custode 女 [車] リアサイド・ウィンドーの窓枠部；[キ教] 聖体容器．
custom カスタムカー．
customiser [kœs-] [1] 他 [情報] カスタマイズする．□**customisation** 女 カスタマイズすること．
cutané, e 形 [解] 皮膚の．
cuti 女 [医] ツベルクリン反応．▸ virer sa ~ 転向する．
cuticule 女 [生] クチクラ，角皮；[解] 小皮．
cutine 女 [植] クチン，角皮素．
cutinisation 女 [植] クチン化．
cuti-réaction 女 [医] (ツベルクリン接種などの)皮膚反応．
cutter [kœtœːr/kytœːr] 男 [英] カッター(ナイフ)．
cuvage 男 / **cuvaison** 女 発酵．
cuve 桶(たる)，タンク．
cuveau 男 小さな桶．
cuvée 女 ❶ 桶(たる) 1 杯分．❷ (一ブドウ園の)ある年度産のワイン．
cuveler [5] 他 [鉱] 保護ケーシングを設置する；[油] (油井の坑壁を)ケーシングパイプで保護する．□**cuvelage** 男
cuver 自 発酵する；一眠りして酔いを覚ます．━ 他 醸(かも)す．

cuvette 女 ❶ 洗面器，たらい；流し；便器．❷ [地] 盆地状窪地(くぼち)；曲．
cuvier 男 洗濯桶．
CV [記] cheval fiscal 課税馬力．
C.V. 男 **C.V.** 男 curriculum vitæ 履歴書．
Cx 男 [物] 空気力学における抵抗係数．
cyan 男 [英] [写] シアン，青緑色．
cyanhydrique 形 [化] acide ~ シアン化水素酸，青酸．
cyanogène 男 [化] シアン．
cyanophycées 女複 藍(らん)色植物．
cyanose 女 [医] チアノーゼ．
cyanosé, e 形 [医] チアノーゼを起こした．
cyanuration 女 [金] 青化処理；青化法．
cyanure 男 [化] シアン化物．
cybercafé, cyberbar インターネットカフェ．
cybercommerce 男 サイバーコマース．
cybercriminalité 女 サイバー犯罪．
cyberculture 女 サイバーカルチャー．
cyberespace 男 / **cybermonde** 男 サイバースペース(コンピュータネットワークが作る情報空間)．
cyberguerre 女 サイバー戦争．
cybernaute 名 コンピュータ利用者．
cybernéticien, ne 名, 形 サイバネティックス専門家(の)．
cybernétique 女, 形 サイバネティックス(の)．
cyberphone インターネット電話．
cybersquattage 男 (インターネット上の)不法占拠．
cyberterrorisme 男 サイバーテロ．
cycas [-s] 男 [植] ソテツ．
cyclable 形 自転車専用の．
cyclamen [-men] 男 シクラメン．
━ 形 (不変) シクラメン色(赤紫)の．
cycle[1] 男 ❶ 循環，周期，サイクル．▸ ~ économique [経] 景気循環．❷ 教育課程．❸ [文] (同一主題，人物を巡る)作品群．
cycle[2] 男 [英] 自転車；3 輪車，小型オートバイ．
cyclique 形 ❶ 周期的な，循環する．❷ [文] 作品群の；連作の．❸ [化] 環状の．
cyclisme 男 サイクリング；自転車競技．
cycliste 形 自転車(競技)の．
━ 名 自転車に乗った人；自転車競技選手．
cyclo 男 [語] 原動機付き自転車．
cyclo-cross [-s] 男 シクロクロス(自転車によるクロスカントリー)．
cycloïde 女 [数] サイクロイド．□**cycloïdal, ale** 形 (男複) **aux** の．
cyclomoteur 男 原動機付き自転車．□**cyclomotoriste** 名
cyclonal, ale 形 (男複) **aux** / **cyclonique** 形 [気] 低気圧の；サイクロン(性)の．
cyclone 男 [英] 嵐，暴風雨；(熱帯

低気圧.
cyclope 男 ❶ 〔C~〕《ギ神》キュクロプス(一眼の巨人). ❷《動》ケンミジンコ. ◊ *travail de* ~ 巨大な仕事, 難事業.
cyclopéen, ne 形 キュクロプスの; 《考古》巨石式の. ◊巨大な.
cyclo(-)pousse 男《不変》輪タク.
cyclosporine 女 ciclosporine.
cyclostomes 男複《動》円口類.
cyclothymie 女《心》循環気質(そううつの状態を交互に繰り返す).
cyclothymique 形, 名《心》循環気質の(人), そううつ病にかかった(人).
cyclotourisme 男 自転車旅行.
cyclotron 男《物》サイクロトロン.
cygne 男《鳥》ハクチョウ; 白鳥の綿毛. ◊ *chant du* ~ 白鳥の歌(芸術家の最後の傑作).
cylindrage 男 ロールがけ, 圧延; 《土木》ローラーをかけること.
cylindre 男 円柱, 円筒; シリンダー; (圧延, 地ならし用の)ローラー, ロール.
cylindrée 女 シリンダー容積; 排気量.
cylindrer 他 ローラー [ロール] をかける; 円筒形にする.
cylindre-sceau; 〔複〕~*s*-~*x* 男《考古》円筒印章.
cylindreur, se 名 ローラー [ロール] をかける職人 [作業員].
cylindrique 形 ❶ 円筒形の. ❷《数》surface ~ 円柱面.
cylindroïde 形 円筒形[状]の.
cymaise 女 ⇨ cimaise.
cymbalaire 女《植》シンバラリア, ツタガラクサ.
cymbale 女 シンバル.
cymbalier, ère / **cymbaliste** 名 シンバル奏者.
cymbalum 男《楽》ツィンバロム(ハンガリーの撥[ばち]弦楽器).
cyme 女《植》集散花序.
cynégétique 形 狩猟の.
—— 名 狩猟術.
cynipidés 男複《昆》タマバチ科.
cynips [-ps] 男《昆》タマバチ.
cynique 形, 名 良識に逆らう(人),

czimbalum

臆面のない(人); 《哲》キニク [大儒] 学派の(人). □**cyniquement** 副
cynisme 男 良識に逆らう [臆面のない] 態度; 《哲》キニク主義, 犬儒哲学.
cynocéphale 男《動》ヒヒ.
cynodrome 男 ドッグレース場.
cynoglosse 女《植》オオルリソウ.
cynophile 形 犬好きの.
cypéracées 女複《植》カヤツリグサ科.
cyphoscoliose 女《医》脊柱後側弯(こうそくわん)(症).
cyphose 女《医》脊柱後弯(症).
cyprès 男《植》イトスギ.
cyprin 男《魚》コイ科魚類の総称; 〔特に〕金魚(=~ doré).
cyprine 女 愛液.
cyprinidés 男複《魚》コイ科.
cypriote 形, 名, 男 ⇨ chypriote.
cyrénaïque 形 キュレネ Cyrène (リビア北東部の町)の.
—— 名〔C~〕キュレネの人.
cyrillique 男, 形 キリル文字(の).
cystite 女 膀胱(ぼうこう)炎.
cystographie 女《医》膀胱X線造影法 [撮影法].
cystoscope 男 膀胱(ぼうこう)鏡.
cystotomie 女《医》膀胱切開.
Cythère 女 シテール島(ギリシア南部の島. 詩語では「恋の国」).
cytise 男《植》エニシダ.
cytogénèse 女《遺伝》細胞形成.
cytogénétique 女 細胞遺伝学.
cytologie 女 細胞学. □**cytologique** 形
cytologiste 名 細胞学者.
cytomégalovirus 男《生》サイトメガロウイルス.
cytoplasme 男《生》細胞質. □**cytoplasmique** 形
cytosol 男《生》細胞質ゾル.
cytosquelette 男《生》細胞骨格.
Cz 《物》揚力係数.
czar [ksa/dʒ[ts]a-] 男 ⇨ tsar.
czardas [ksardaːs/tsardaʃ] 女 ⇨ csardas.
czimbalum [tʃ[ts]im-] 男 ⇨ cymbalum.

D , d

D¹, d 男 フランス字母の第 4 字.
◇*le système D* 臨うまい逃げ道；要領のよさ (système des gens débrouillards の略).

D² 男 ❶《化》deutérium ジュウテリウム，重水素. ❷(ローマ数字の) 500. ❸《楽》(英語・ドイツ語音名の) D (ニ音，ニ調).

d 《記》《計》déci- 10 分の 1 の.

D. (略) ❶ Dame 聖母. ❷ Don, Dom ドン (スペイン，ポルトガルの貴族の称号).

d' 前置詞，不定冠詞，部分冠詞 de の省略形.

DAB 男《略》Distributeur automatique de billets 現金自動支払い機，切符自動販売機.

dab(e) [-b] 男 間おやじ；《複数》おやじとおふくろ.

da capo 副 女 《伊》《楽》ダ・カーポ.

Dacca ダッカ (バングラデシュの首都).

dace 形 ダキアの.
— 名 (D〜) 男 ダキア人.

Dacie 女 ダキア (古代ローマ帝国の地方名).

dacron 男《米》《商標》《繊》ダクロン.

dacry(o-)adénite 女 涙腺炎.

dacryocystite 女 涙嚢(%) 炎.

dactyle 男《植》カモガヤ；《詩》(古代詩の) 長短短脚.

dactylique 形 《詩》長短短脚の.

dactylo 女 タイピスト (dactylographe), タイプ技術.

dactylographe 名 古風 タイピスト.

dactylographie 女 タイプ技術；タイプ原稿.

dactylographier 他 タイプライターで打つ.

dactylographique 形 タイプ (ライターの).

dactylologie 女 指話法《術》.

dactyloscopie 女 指紋鑑別法.

dada¹ 男《多く D〜》《文》《美》ダダ，ダダイスム.
— 形《不変》ダダの，ダダイスムの.

dada² 男 幼児語 お馬；話 十八番(%), お得意の話題.

dadais 男 間抜けな若者.

dadaïsme 男《美》ダダイスム. □**dadaïste** 名

dag 《記》《計》décagramme 10g.

dague 女 短剣；《狩》(鹿の) 角；(老イノシシの) 牙(%).

daguerréotype 男 銀板写真機.

daguerréotypie 女 銀板写真術.

daguet 男《狩》若鹿.

dahabieh [-bje] 女 (ナイル川の昔の) 屋形船.

dahir 男 (モロッコの) 王命，勅令.

dahlia 男《植》ダリア.

dahoméen, ne 形 ダオメー Dahomey (ベナン Bénin の旧称) の.
— 名 (D〜) 男 ダオメー人.

dahu 男 ダユ (架空の動物. 捕獲をしかけて人をかつぐ種にする).

daigner 他 … + inf. …してくれる.

daim 男 ❶《動》ダマジカ. ❷《革》バックスキン.

daimyo [dajmjo] / **daïmio** 男《日本》大名.

daine 女 ダマジカの雌.

dais 男 天蓋(?); (聖体行列の) 移動天蓋.

Dakar ダカール (セネガルの首都).

dal 男 ⇨ dalle².

dalaï-lama 男 ダライ・ラマ (チベットのラマ教の教主の称号).

daleau;《複》**x** 女 (甲板の) 排水口；(道路などの) 排水溝.

DALF [dalf] 男《略》Diplôme approfondi de langue française フランス語上級検定試験.

dallage 男 (舗石などによる) 舗装 (工事)；舗装面，舗床.

dalle¹ 女 ❶ 舗装用の敷石；タイル. ❷ 〜 *funèbre* 墓石. ❸ 話 喉(%).

dalle² 副 *n'y* … *que* 〜 何も (…ない).

daller 他 (タイル) を張る.

dalleur 男 舗装工事人.

dalmate 形 ダルマティア Dalmatie (アドリア海沿岸地方) の.
— 名 (D〜) 男 ダルマティア人.

dalmatien [-sjẽ] 男 ダルメシアン犬.

dalmatique 女 ダルマティカ. (1) (古代ローマの貴族，中世フランス王のチュニック状衣服. (2)《カト》助祭が着る儀式用の服.

dalot 男 排水溝(?); 排水口.

daltonien, ne 形, 名 ダルトン先天色盲の (人).

daltonisme 男 ダルトン先天色盲.

dam¹ 男 *au (grand) dam de* … …に損害〔迷惑〕をかけて.

dam² 《記》《計》décamètre 10 m.

damage 男《土木》突固め.

daman 男 ハイラックス，イワダヌキ.

Damas [-s] ダマスカス (シリア・アラブ共和国の首都).

damas [-(s)] 男《繊》ダマスク.

damascène 形 ダマスカスの.
— 名 (D〜) 男 ダマスカスの人.

damasquinage 男 金銀象眼技法；金銀象眼線工紋様.

damasquiné, e 形 金銀を象眼した.

damasquiner 他 金銀象眼細工を施す.

damasquineur, se 名 金銀象眼細工師.

damassé, e 形《繊》ダマスク風の.
— 男 ダマスク風の布.

dame 女 ❶ 婦人，女性；貴婦人，淑女，レディー. ❷ 既婚女性，奥さん；(高位宦貴族の) 奥方；(騎士が忠誠を誓う) 意中の婦人. ❸ *Notre D*〜 = *D*〜 *du ciel* 聖母マリア. ❹《カト》(ある種

daubière

の修道会で)修道女。 ❺〖ゲーム〗(1)(カード，チェスの)クイーン。(2)(jeu de ～)s チェッカー。(3)(チェッカーで駒を2つ重ねた)キング。— 闔 もちろん．
dame-jeanne；〖複〗～s～s 囡 (容量20-50 l の)細口大瓶．
damer 他 ❶ チェッカーで駒(ま)をキングに昇格させる。❷ 突き[踏み]固める。◇～ le pion à ... …に勝つ．
dameuse 囡 圧雪車．
damier 囲 ❶〖遊〗チェッカーボード。❷ 格子縞(じ)，チェック．
damnable [dana-] 厖，囲〖宗〗劫(ら)罰に値する(もの)．
damnation [dana-] 囡〖宗〗劫(ら)罰；地獄の責め苦．
damné, e [dane] 厖 ❶ 劫(ら)罰に処せられた。❷ 忌まわしい．◇l'âme ～ e de ... …に悪事をそそのかす者；…に盲従する者．— 图 地獄に落ちた人．
damner [dane] 他 劫(ら)罰に処する，地獄に落とす．◇Dieu me damne！ 本当ですよ、誓って．faire ～ 激怒させる．— se ～ ❶ 劫罰に処せられる；地獄に落ちる．❷〖pour〗(…に)夢中になる．
damoiseau；〖複〗~x 囲〖史〗(中世の)貴族の子弟．
damoiselle 囡〖史〗(中世の)貴族の子女(貴族の子弟の妻方)．
dan [dan] 囲 (不変)〖日本〗(柔道などの)段．
dance 囡 ダンスミュージック．
dancing；[-siŋ] 囲〖英〗ダンスホール．
se dandiner 代動 体を左右に揺する．❏**dandinement** 囲．
dandy；〖複〗~s (または *dandies* [-diːz]) 囲〖英〗しゃれ者，伊達(だ)男．❏**dandysme** 囲．
Danemark [-k] デンマーク(王国)．
danger 囲 危険；懸念．
◇～ public 囗 迷惑な人．Il n'y a pas de ～ (que + subj.). (…は)あり得ない，(…の)心配はない．
dangereux, se 厖 囹，囲 危険な(人，恐ろしい人)，有害な(人)．
❏**dangereusement** 副．
dangerosité 囡 危険性．
danois, e 厖 デンマークの．— 图 (D～)デンマーク人．— 囲 ❶ デンマーク語．❷ グレートデーン(大型犬)．
dans 前 ❶ (場所) …の中で[に]；…の中から．❷ (時間) (今から)…後に．医 動詞は未来形，現在形．Il part ～ trois jours. 彼は3日後に発つ．❸ (時期，期間) …の間に，…で；…以内に．◇～ sa jeunesse 彼(女)の若いころに[は]．❹ (状態，様相) …な状態で[の]；…を着て，…の中にあって．❺ (対象) …について．❻ 約 …，～ les cinquante francs およそ50フラン．❼ …にのっとって[のっとった]．
dansable 厖 踊りやすい．
dansant, e 厖 ❶ 踊る；揺れる；(音楽が)踊りの，ダンスの催しのある．
danse 囡 ❶ ダンス，舞踊．❷ (舞)踊曲，ダンスミュージック．❸ 踊るような動き，揺れ．❹ 行動，運動．

danser 自 ❶ 踊る，ダンスをする．❷ 踊るような動きをする，揺れ動く．
◇faire ～ ... …をひどい目にあわせる．ne pas savoir sur quel pied ～ どうしていいか分からない．
— 他 踊る．— se ～ 自動．
danseur, se 图 舞踊家，ダンサー；踊り手．◇～ de corde 綱渡り芸人．en ～ se (自転車で)腰を浮かせて，立ち乗りで．
dantesque 厖 ダンテの；壮大な．
Danube 囲 ドナウ川．
❏**danubien, ne** 厖．
DAO 〖略〗 dessin assisté par ordinateur 〖情報〗コンピュータ支援設計 (英語 CAD).
Daphné 囡〖神話〗ダフネ．
daphné 囲〖植〗ジンチョウゲ．
daphnie 囡〖動〗ミジンコ．
darbouka 囡 ダルブーカ，ダラブッカ(アラブ圏の陶[木，金属]製の太鼓)．
darce 囡 ⇒ darse.
dard[1] 囲 ❶ (ハチ，サソリなどの)毒針；〖文章〗蛇の舌．❷ (昔の)投槍(う)．
dard[2] 囲〖魚〗=シウげイ．
darder 他 (槍(ゆ)などを)投げる，射る；突き出す．
dare-dare 副 口 大急ぎで．
dariole 囡〖菓〗ダリオル(クリーム入りのタルト)；ダリオル型．
darne 囡〖料〗(魚の)切り身．
darse 囡 (地中海の)係船ドック．
dartois 囲 〖料〗ダルトワ(パイの一種)．
dartre 囡〖医〗皮膚疾患(湿疹(レ)，乾癬(セ)など)．❏**dartreux, se** 厖．
darwinisme 囲 ダーウィンの進化論．❏**darwiniste** 图．
DAT 囡〖略〗〖英〗digital audio tape ダット，デジタルオーディオテープ．
datable 厖 日付[時代]の推定できる．
datage 囲 日付記入[表示]．
datation 囡 ❶ 年代[時代]の推定[決定]；推定年代．❷ 日付記入．
datcha [-tʃa] 囡 (ロシアの)郊外の別荘．
date 囡 日付，年月日；日時；(歴史的，画期的な)出来事．▶ ～ limite de consommation 賞味期限．
◇de longue [fraîche] ～ 昔から(の)，最近(の)．faire ～ 時代を画する．prendre ～ 日取りを決める．
dater 他 日付を記入する；年代[時期]を推定する．— 自〖de〗…に始まる，さかのぼる．❷ 時代を画する．❸ 時代遅れになる．
dateur, se 厖 日付標示の．
— 囲 日付打印器；日付表示装置．
datif[1] 囲〖文法〗与格．
datif[2]**, ve** 厖〖法〗選定された．
dation 囡〖法〗付与；(後見人の)選定．
datte 囡 ナツメヤシ(の実)．
dattier 囲〖植〗ナツメヤシ．
datura 囲〖植〗チョウセンアサガオ．
daube 囡〖料〗肉の蒸し煮．
❏**dauber** 他．
dauber 他 中傷する．
— 自〖sur〗(…を)中傷する．
daubière 囡 (肉用)蒸し煮鍋．

dauphin

dauphin¹, e 名 後継者.
— 男 (D~) 王太子. ► le Grand D~ ルイ14世の第一王子.
— 女 (D~) 王太子妃.

dauphin² 男 動 イルカ.

Dauphiné 男 ドーフィネ地方(フランス南東部の旧州).

dauphinois, e 形 ドーフィネ地方の.
— 男 (D~) ドーフィネ地方の人.
— 男 ドーフィネ方言.

daurade 女 [魚] ヨーロッパダイ.

davantage 副 ❶ もっと,それ以上に; もっと長い間. ❷ ~ de … より以上の…. ❸ ~ que … …よりいっそう多く.

davier 男 [医] 抜歯鉗子(かんし).

dazibao (複) ~(s) 男 [中国] 壁新聞, 大字報.

dB [desibel] [記] [物] デシベルデシベル.

D.B.O. 女 [略] demande biochimique en oxygène 生化学的酸素要求量.

D.C.O. 女 [略] demande chimique en oxygène 化学的酸素要求量.

D.C. (略) [楽] da capo ダ・カーポ.

DD (略) disque dur ハードディスク.

DDC (略) didéoxycytidine [薬] ジデオキシシチジン(エイズ治療薬).

DDI (略) didéoxyinosine [薬] ジデオキシイノシン(エイズ治療薬).

de¹ 前 (母音・無音の h の前で d' となる. de + le → du + les → des と縮約. de + 複数不特定冠詞 [部分冠詞] の場合は単に de のみとなる) ❶ [名詞, 代名詞を伴って] ❶ 〈限定, 同格〉 …の; …という. ► voiture de Paul ポールの車. ❷ 〈起点〉 …からの, …出身 [産] の. ► venir de Japon 日本から来る. ❸ 〈原因〉 …で. ► rougir de honte 恥ずかしさで赤くなる. ❹ 〈手段; 様態〉 …で. ► frapper d'un bâton 棒で打つ / marcher d'un bon pas 早足で歩く. ❺ 〈主題〉 …について. ► Que pensez-vous de cela? これについてどう思いますか. ❻ 〈対象〉 を; に. ► changer de vêtements 服を着換える. ❼ 〈形容詞の限定〉 …の, …の点で. ► Il est large d'épaules. 彼は肩幅が広い. ❽ 〈数量, 程度〉 …分, …の. ► long de trois mètres 3 m の長さの. ❾ 〈範囲〉 …の中で. ► Il est le plus grand de sa classe. 彼はクラスで一番背が高い. ❿ 〈動作主〉 …によって. ► être aimé de tous ses amis 彼の友人すべてに愛される. ⓫ 〈方向〉 …の方へ [に]. ► Venez de ce côté. こちらへ来てください. ⓬ 〈時間, 期間〉 …に; …の間に. ► travailler de nuit 夜働く. ⓭ 〈配分〉 …当たり. ► gagner dix euros de l'heure 1 時間につき 10 ユーロ稼ぐ. ⓮ 〈資格〉 …として. ► traiter … de menteur …をうそつき扱いする. ⓯ 〈属性〉 …を持った. ► homme de génie 天才. ⓰ 〈適合〉 …にふさわしい. ► C'est bien de lui. それはいかにも彼らしい. ⓱ 〈部分分〉 …の一部分. ► Donnez-moi de vos nouvelles. 近況をお知らせください. / Il a mangé de ce gâteau. 彼はそのケーキにくちをつけた.

❷ [不定詞を伴って] ❶ 〈行為自体の名詞化〉 …すること. ► 〈形式主語の Il est facile de critiquer. 批判するのは易しい. / 〈直接目的語〉 cesser de travailler 働くのをやめる. ❷ 〈限定, 同格〉 …するという. ► l'idée de voyager 旅行するという考え. ❸ 〈原因〉 …すること. ► être heureux de partir 出発できてうれしい.

❸ [形容詞, 分詞を伴って] ❶ 〈不定代名詞のあと〉 ► quelque chose de bon 何かよいもの. ❷ 〈数量の指示のある名詞, 中性代名詞 en のあと〉 ► Parmi ces pommes, il y en a deux d'abîmées. これらのリンゴのうち傷んだのが2つある. ❸ 〈ne … que … とともに〉 ► Il n'y a de beau que la vérité. 真実ほど美しいものはない.

❹ [特殊な用法] ► si j'étais de vous 国 もし私があなたなら / 〈感嘆文で人称代名詞の倒置形を導く〉 Pauvre de moi! なんて情けないことだ! / 〈強調しつつ数える〉 Et d'un! et de deux! … 国 1つ, 2つ….

◇ de A à B A から B まで; A と B の間で. de A en A A から A へ [まで]; A ずつ. et … de + inf. 文章 すると [そして] …が … した. être d'un + 形と同等 なんと … だろう.

de² 前 (母音・無音の h の前で d' となる) ❶ 〈複数不特定冠詞 des が, 形容詞の前で des となる〉► de petites tables 小さなテーブル. ❷ 〈動詞の直接目的語につく不定冠詞・部分冠詞が, 否定表現で de となる〉► Je n'ai pas de crayons. 私は鉛筆を持っていない.

dé¹ 男 さいころ; さいころを用いるゲーム / [料] 賽の目.
◇ un coup de dé(s) 運試し, 賭け.

dé² 男 指ぬき.

D.E.A. 男 [略] diplôme d'études approfondies (大学院第 3 期課程第 1 年修了の) 高等研究免状.

deal [dil] 男 [英] 語 取り引き, 取り決め.

dealer¹ 他 [英語] 密売する.

dealer² [diloe:r] 男 / **dealeur, se** 名 ドラッグの売人.

déambulation 女 そぞろ歩き.

déambulateur 男 歩行器.

déambulatoire 男 (教会の) 周歩廊.

déambuler 自 ぶらつく.

débâcher 他 覆い(を) を外す.

débâcle 女 解氷; 瓦解, 崩壊; 倒産.

débagouler 他 語 しゃべり散らす.
☐ **débagoulage** 男

débâillonner 他 猿轡(さるぐつわ) を外す; 言論の自由を与える.

déballage 男 ❶ 荷ほどき; (荷ほどきした) 商品; 商品陳列. ❷ 語 (物の) 乱雑さ. ❸ 語 打ち明け話.

déballastage 男 [海] バラスト降ろろし.

déballer 他 ❶ 荷ほどきをする, (品物を) 取り出す; 〔目的語なしに〕 商品を並べる. ❷ 語 打ち明ける; さらけ出す.

se déballonner 代動 話《軽蔑》怖気(おじけ)づく, しりごみする.

débanaliser 他 (製品などを)もっと見栄えのするものにする.

débandade 女 我がちの逃亡; 散り散りの敗走.

débander 他 ❶ 包帯 [目隠し] を取る. ❷ (ばねなどを)緩める. **—se ~** ❶ 自分で包帯 [目隠し] を取る. ❷ (弓などが)緩む. ❸ 散り散りに敗走する.

débaptiser [-bati-] 他 名を改める.

débarbouiller 他 ❶ 汚れを落とす; 《特に》顔を洗う. **—se ~** ❶ 自分の顔を洗う. ◊**débarbouillage** 男

débarcadère 男 船着場, 桟橋.

débarder 他 (木材を)荷揚げ [陸揚げ] する; 搬出する. ◊**débardage** 男

débardeur 男 ❶ 荷揚げ人足; (木材の)運搬業者. ❷《服》タンクトップ.

débarqué, e 名 ❶ (船などから)降りた, 陸揚げされた. ❷ 上陸者, 降りた客. ❷ nouveau ~ 新参者.

débarquement 男 ❶ (乗り物から)降ろすこと; 陸揚げ; (乗り物から)降りること; 《軍》上陸作戦.

débarquer 自 ❶ 上陸する, 降りる; 《chez》(…の家に)出し抜けにやってくる. ❷ 話 近況に疎い. **—** 他 (荷物, 乗客を)降ろす; 話 厄介払いする, 解雇する.

débarras 男 ❶ 厄介払い. ❷ 物置, 納戸.

débarrasser 他 ❶ 片づける. ❷ ~ A de B A から B を取り除く. ❸ ~ qn de son manteau [ses valises] …のコートを脱がしてやる [スーツケースを持ってやる]. **—se ~** ❶《de》(…を)処分する; 厄介払いする. ❷ コートを脱ぐ.

débat 男 ❶ 討論, 論争; 内心の葛藤. ❷《複数》(議会での)討論, 《法》審理, 弁論.

débatteur 男 弁舌家, 論客.

débattre 双他 他 (…について)討議する, 話し合う. **—** 他 討議する, 話し合う; (値段の)交渉をする. **—se ~** ❶ もがく, 悪戦苦闘する; 抵抗する. ❷ 討議される.

débauchage 男 解雇.

débauche 女 ❶ 放蕩(ほうとう), 不品行. ❷ 乱用.

débauché, e 形 名 放埒(ほうらつ)な(人), 不品行な(人).

débaucher 他 ❶ (仕事などから)離れさせる; 解雇する. ❷ 気晴らしに誘惑する.

débecter / débe(c)queter 4 他 俗 むかつかせる.

débet 男 (決算時の)収入不足額.

débile 形 文章 虚弱な; 話 ばからしい, くだらない; (心)精神薄弱.

débilitant, e 形 衰弱させる, 意気阻喪(そそう)させる.

débilité 女 衰弱; (心)精神薄弱.

débiliter 他 衰弱させる; 意気阻喪(そそう)させる.

débine 女 話 文無し, 貧窮.

débiner 他 話 けなす. **—se ~** 俗 逃げ出す. ◊**débinage** 男

débineur, se 名 悪口を言う人.

débirentier, ère 名《法》定期金債務者, 年金支給者.

débit¹ 男 ❶ 売れ行き; 売り口; 小売店. ❷ (単位時間当たりの)流量, 交通量, 輸送量; 生産量; 《情報》処理能力; データ転送量. **—** 他 大容量(の). ❸ 話し方, 口調.

débit² 男 払うべき金, 勘定; 《簿》借方.

débitable¹ 形 挽割(ひきわり)できる.

débitable² 形 ❶ 債務者たり得る. ❷ compte ~ 借方勘定(残高が借方となる).

débitage 男 (木材などの)挽割(ひきわり).

débitant, e 名 (たばこ, 酒の)小売商.

débiter¹ 他 ❶ 切り分ける, 挽(ひ)く割る. ❷ 小売りする. ❸ (単位時間に)生産する; 供給する. ❹ くどくど言う; 単調に読み上げる.

débiter² 他 借方に記入する; 掛け売り伝票を切る.

débiteur, trice 名 債務者; 負い目のある人. **—** 形 負債がある; 借方の.

débitmètre [-bime-] 男 流量計.

déblai 男 ❶ 整地, 開削. ❷《複数》掘り出した土石, 残土.

déblaiement 男 (障害物の)除去; 残土の処理.

déblatérer 6 自《contre, sur》(…を)のしる, こきおろす.

déblayer 他 片づける; 整地する. ◊~ **le terrain** 地ならしする; 下準備をする. ◊**déblayage** 男

déblocage 男 (ねじなどを)緩めること; 解除; 打開.

débloquer 他 ❶ (ねじなどを)緩める; ロックを解除する. ❷ 凍結を解除する; (予算を)自由に使うことにする; 打開する. **—** 自 話 たわごとを言う. **—se ~** ❶ (ねじなどが)緩む; ロックが解除される. ❷ 停滞を脱する, 打開される.

débobiner 他 (糸を)ほどく.

déboguer 他《情報》(ソフトの)バグをなくす.

déboires 男 複 失望, 苦杯.

déboisement 男 (山林の)伐採.

déboiser 他 伐採する. **—se ~** 樹木が失われる.

déboîtement 男 脱臼(だっきゅう).

déboîter 他 取り外す; 脱臼(だっきゅう)させる. **—** 自 車線から外れる. **—se ~** 自分の(…を)脱臼する.

débonder 他 (樽などの)栓を抜く; (池などの)水門を開ける. **—se ~** ❶ 栓が抜ける; どっとあふれ出す, 急に吐露する. ❷ 心を吐露する.

débonnaire 形 文章 温厚な; お人よしの, 甘い. ◊**débonnairement** 副

débord 男 (商品の)過剰; 氾濫(はんらん).

débordant, e 形 あふれんばかりの; 《de》(…) あふれんばかりの.

débordé, e 形 ❶ (仕事などに)忙殺された, 手いっぱいの; 先を越された, なすすべがない.

débordement 男 ❶ あふれ出ること. ❷《複数》放蕩(ほうとう).

déborder 自《de》(…から)あふれんばかり, はみ出す; 《de》(…で)あふれんばかり.

débosseler

◇*C'est la goutte d'eau qui fait ~ le vase.* もう我慢の限界だ.
—他 ❶ 越える, はみ出す. ❷ (裾を)飾りなどを)取る, 外す; (ベッドの折り込んだシーツ・毛布を)引き抜く.
— se ~ (折り込んだ)シーツ・毛布を自分ではがす.

débosseler ④他 (金属の)でこぼこを平らにする.

débotté / débotter [-te] 男 *au ~* 到着するとすぐに; 不意に, いきなり.

débotter 他 長靴を脱がせる.

débouchage 男 (詰まった管などを)通すこと; 栓を抜くこと.

débouché 男 ❶ 出口, 開口部. ❷ (商品の)販路, はけ口; 就職口.

déboucher¹ 他 栓を抜く; (管などの)通りをよくする.

déboucher² 自 《sur, dans》 (大いに)出る; (…に)通じる, 注ぐ; (…に)到達する. ❷ 急に飛び出す.

déboucheur 男 (詰まりをとる)配水管修理用具[剤].

débouchoir 男 (詰まった管の)管通し; 栓を開ける道具.

déboucler 他 ❶ 留め金(バックル)を外す. ❷ 髪のカールを伸ばす.

déboulé 男 《スポ》ダッシュ.

débouler 自 転がり落ちる; 駆け降りる. 亓 不意に現れる, 飛び出す.
—他 駆け降りる.

déboulonner 他 ❶ (ボルトを抜いて)取り外す ❷ (地位から)引きずり降ろす; 評判を傷つける. ▫**déboulonnage / déboulonnement** 男

débourrer 他 詰め物を取り除く; 掃除する.

débours 男 《多く複数》立替金.

déboursement 男 支出, 支払い.

débourser 他 (目前で)支払う.

déboussoler 他 途方に暮れさせる. ▫**déboussolé, e** 形

debout 副 ❶ 立って; 起きて, 目覚めて; 病気から回復して.
◇ *mettre ~ (une affaire / un projet)* (事業[計画]の)基礎を作る. *tenir ~* 立っている; 筋が通っている.
—間 立て, 起きろ. —形 《不変》 ❶ 立った. ❷ 《法》magistrature ~ 検察官. ❸ vent ~ 向かい風, 逆風.

débouter 他 《法》却下する. ▫**déboutement** 男

déboutonner 他 ボタンを外す. — *se ~* (自分の服の)ボタンが外れる. 亓 語 胸のうちを明かす.

débraillé, e 形 身だしなみない; 下卑た. 男 (服装などの)だらしなさ.

débrancher 他 (…の)プラグを抜く. ▫**débranchement** 男

débrayage 男 クラッチを切ること; 時限ストライキ.

débrayer ⑫他 クラッチを切る.
—自 時限ストライキをする.

débridé, e 形 解き放たれた, 奔放な.

débridement 男 《医》組織切除; 《文章》 (感情や本能などの)解放, 爆発.

débrider 他 (馬の轡(くつわ)を外す; 解き放つ;《医》切開する.

◇*sans ~* 休みなしに, ぶっ続けに.

débriefer 他 (人を)問いつめる, 尋問する. ▫**débriefing** 男

débris 男 《多く複数》破片, かけら; 残り, 残存物, 残骸.

débrocher 他 《料》焼き串(⑤)から抜く.

débrouillage / débrouillement 男 解きほぐし; 解明; 打開.

débrouillard, e 形, 名 語 機転の利く(人), 抜け目のない(人).

débrouillardise / débrouille 女話 (難局を切り抜ける)機転, 要領.

débrouiller 他 ❶ もつれを解きほぐす; 整える; 解決する, 解明する. ❷ 語 (…に)知恵を貸す; 手ほどきをする.
— *se ~* (難局, 困難を)切り抜ける; うまくやる, なんとかする.

débroussailler 他 ❶ (…の)雑草や木を刈り払う. ❷ 解明する, 分かりやすくする. ▫**débroussaillage / débroussaillement** 男

débroussailleuse 女 (雑木や下草の)刈取機.

débucher 自 (獲物が)茂みから飛び出す. —他 (獲物を)追い出す.

débudgétisation 女 《経》予算外資金調達.

débudgétiser 他 《経》国家予算の枠から外し独り立ちさせる.

débusquer 他 追い出す, 狩り出す. ▫**débusquement** 男

début 男 ❶ 初め, 始まり, 冒頭; 兆し; 《多く複数》デビュー. ❷ ~ + 年号 [月] (副詞的に) …初めに.

débutant, e 名, 形 初心者(の), 新人(の). —女 社交界に初めて出る娘.

débuter 自 第一歩を踏み出す; デビューする, 始まる. —他 始める.

deçà 副 こちら側に.
◇ *en ~ (de …)* (…の)こちら側に, 手前に; …以下で.

déca 男 décaféiné の略.

décabristes 男 《史》(ロシアの)デカブリスト, 十二月党員.

décacheter ④他 開封する, 封印を破る. ▫**décachetage** 男

décadaire 形 10日間の; (革命暦の)旬日の.

décade 女 10年; 《史》旬日(革命暦で, 10日間).

décadenasser 他 錠を外す.

décadence 女 衰退, 凋(ちょう)落; 退廃; (ローマ帝国の)退廃期.

décadent, e 形 凋(ちょう)落した, 退廃した(19世紀末のデカダン派の. —名 デカダン派の芸術家.

décadi 男 (革命暦の)旬日最後の日.

décaèdre 形, 男 10面体の.

décaféiné, e 形 カフェイン抜きの. —男 カフェイン抜きのコーヒー.

décaféiner 他 (コーヒーから)カフェインを取り除く.

décagonal, ale 形 《男複》*aux* 形 《数》10角[辺]形の.

décagone 形, 男 10角[辺]形(の).

décaissement 男 箱から出すこと; (預金の)引き出し, 払い出し.

décaisser 他 箱から取り出す;(金庫などから)引き出す,支払う.

décalage 男 ❶ ずれ,(時間の)変更. ❷ (家具などの)楔(^)を外すこと.

décalaminer 他 カーボンを除去する. ◊ **décalaminage**

décalcification 囡《医》灰分含減;《地》《土》カルシウム分の洗脱.

décalcifier 他 カルシウムを奪う[失わせる].
— **se ~** 代動 カルシウム不足になる.

décalcomanie 囡 デカルコマニー,転写(法);転写画,写し絵.

décalé, e 形 ずらされた,ずれた,周りから浮いた.

décaler 他 ❶ (位置,時間を)ずらす,変更する. ❷ (家具の)楔(^)を外す.

décalitre 男《計》デカリットル(10 l).

décalogue 男《聖》十戒.

décalotter 他《医》亀頭を露出させる.

décalquage / décalque 男 複写[転写](画).

décalquer 他 (カーボン紙やトレーシングペーパーを敷いて)複写[転写]する.

décamètre 男《計》デカメートル(10 m);《測》10 m 巻尺〔測鎖〕.

décamper 自語 (急いで)立ち去る,逃げ出す.

décan 男《占》デーカン(各宮を3分割した各部).

décanal, ale;《男複》**aux** 形《カト》地区主席司祭職の,学部長の.

décanat 男《カト》地区主席司祭の職[地位,任期].

décaniller 自語 立ち去る.

décantation 囡 / **décantage** 男 上澄みを移し取ること;《文》(思想などの)明確化.

décanter 他 上澄みを移し取る;《文》(考えなどを)明確にする.
— 自 澄む,明確になる(= se ~).

décapage 男 錆(-)汚れ落とし,研磨;下地処理.

décapant, e 形 錆(-)汚れ落としの;古い考えを笑い飛ばす.
— 男 研磨液[剤].

décapeler 他《海》(マスト,帆桁(-)から)索具を取り外す.

décaper 他 汚れ(錆-),塗装)を落とす;磨く.

décapeur, se 男 金属研磨工.
— 囡 スクレーパー,地ならし機.

décapitaliser 他 (企業の)非首都化する;投下資本を引き揚げる[縮小する].(企業の)縮小化.

décapitation 囡 斬(首)首(刑).

décapiter 他 (樹木などの)頭部[先端]を切り取る;(党,グループなどの)首脳部を失わせる,骨抜きにする.

décapodes 男複 十脚類,十腕類.

décapole 男《史》(古代パレスチナの)デカポリス;(14世紀アルザスの)十都市連盟.

décapotable 形 幌(-)が折り畳める[取り外せる]. — 囡 コンバーチブル,幌付きオープンカー.

décapoter 他 幌(-)を折り畳む[外す].

décapsuler 他 栓を外す. ◊ **décapsulage**

décapsuleur 男 栓抜き.

décapuchonner 他 フードを脱がせる;キャップを取る.

se décarcasser 代動 非常に骨を折る[苦労する].

décarreler 4 他 タイルをはがす.

décartellisation 囡 カルテル解消.

décasyllabe / décasyllabique 形 10音綴(-)の;《音節》の.
— 男 10音綴詩句.

décathlon 男 十種競技.

décathlonien 男 十種競技選手.

décati, e 形 老け込んだ;《繊》艶(-)消しされた.

décatir 他《繊》艶(-)消しする.
— **se ~** 老け込む.

décatissage 男《繊》艶(-)消し.

decauville [-l] 男 ドゥコーヴィル式鉄道.

décavaillonner 他 (ブドウ株の周りのすき残しの土を)耕す. ◊ **décavaillonnage**

décavaillonneuse 囡 (ブドウの株のすき残しの)鋤(-).

décavé, e 形, 名《賭》無一文になった(人);破産した(人).

décavé, e 形 やつれ果てた,(目が)落ちくぼんだ.

décaver 他《賭》賭(-)け金を巻き上げる.
— **se ~** 賭け金を巻き上げられる.

decca 囡 デッカ無線航法システム.

décédé, e 形, 名《公式用語》死亡[物故]した(人).

décéder 自《助動詞 être》死亡[逝去(-)]する.

décelable 形 見破られる,見抜かれる.

déceler 5 他 見つけ出す,見抜く,突き止める,暴く;(物が)示す.

décélération 囡 減速;(上昇率などの)低下.

décélérer 6 自 減速する;低下する.

décembre 男 12月.

décemment 副 礼儀正しく;まずまず,人並みに;《文頭》普通[常識]では….

décemvir [-sm-] 男《古ロ》十人(法制)委員.

décemvirat [-sm-] 男《古ロ》十人委員の職権[任期].

décence 囡 礼儀正しさ;節度,慎み.

décennal, ale;《男複》**aux** 形 10年(間)の,10年ごとの.

décennie 囡 10年間.

décent, e 形 礼儀正しい,きちんとした;まずまずの,妥当な.

décentrage 男 中心をずらすこと;《光》偏心.

décentralisateur, trice 形 地方分権の. — 男 地方分権論者.

décentralisation 囡 地方分散,地方分権(化).

décentraliser 他 地方に分散させる;地方分権化する.

décentrer

décentrer 他 中心をずらす[外す];〔写〕ぶれる.
déception 女 失望, 落胆, 幻滅.
décercler 他 たがを外す.
décerner 他 授与する;〔法〕(令状などを)発する.
décernement 男
décerveler 4 他 俗 脳みそを破裂らす; 思考能力を失わせる, 白痴化する.
décès 男 死亡, 逝去(記).
décevant, e 形 期待外れの.
décevoir 45 他 失望させる, (期待を)裏切る.
déchaîné, e 形 たけり狂った; ひどく興奮した.
déchaîner 他 (感情を)爆発させる, 引き起こす; 鎖を解く. — **se ~** 荒れ[怒り]狂う. □**déchaînement** 男
déchanter 自話 調子を変える; 幻想[期待]を捨てる.
décharge 女 ❶ 負担の軽減;〔法〕免除, 免責, (債務の)弁済; 領収証. ❷ 発砲, 一斉射撃;〔電〕放電. ❸ ごみ捨て場.
◇ à la ~ de ... …の弁護のために.
témoin à ~ 被告側の証人.
déchargement 男 荷降ろし, 陸揚げ. ❷ (銃の)弾[火薬]の抽出.
décharger 他 ❶ (...から)荷を降ろす; 降ろす. ❷ 撃つ; 弾を抜く;〔電〕放電させる. ❸ ~ A de B A にBを免除する. ❹ 嫌疑を晴らす. ◇ ~ *sa colère* [*rate, bile*] 怒りをぶちまける.
— 自 ❶ 積み荷を降ろす. ❷ 色落ちする. — **se ~** 積み荷[重荷]を降ろす; (を~の)免れる. ◇ *se ~ de A sur B* A をBに肩代わりさせる.
déchargeur 男 荷降ろし人.
décharné, e 形 やせ細った.
déchausser 他 靴を脱がせる; 根もと[基部]を露出させる. — **se ~** 靴を脱ぐ. □**déchaussement** 男
dèche 女 俗 貧窮, 無一文.
déchéance 女 ❶ 衰えて落ちぶれること, 失墜. ❷〔法〕権利の剥(¿)奪, 廃位; 失権.
déchet 男 (多く複数) 廃棄物, 屑(¿); 目減り, 減損.
déchetterie 女 廃棄物の集積・処理場 (ごみのリサイクル工場).
déchiffonner 他 しわを伸ばす.
déchiffrable 形 判読できる.
déchiffrage 男 解読, 判読;〔楽〕初見視奏[視唱].
déchiffrement 男 解読, 判読.
déchiffrer 他 解読[判読]する; 見抜く[楽]初見で演奏する[歌う]. □**déchiffreur, se** 名
déchiquetage / déchiquetèment 男 ずたずたにすること.
déchiqueté, e 形 ずたずたの; ぎざぎざの.
déchiqueter 4 他 ずたずた[ばらばら]にする, 切り刻む; ぎざぎざにする.
déchiqueteur 男, **déchiqueteuse** 女 シュレッダー.
déchirant, e 形 胸を引き裂くような, 悲痛な; (苦痛などが)激しい.
déchiré, e 形 裂けた, 破れた; 引き裂かれた, 苦しんでいる; 分裂した.
déchirement 男 引き裂くこと; 悲痛な思い; 分裂.
déchirer 他 引き裂く, 破る; 激しい苦痛を与える; 分裂させる. — **se ~** 引き裂かれる, 破れる; 裂傷を負う, 擦りむく; 苦しめ[傷つけ]合う.
déchirure 女 裂け目, 破れ目; 裂傷.
déchoir 34 自 動詞は avoir または être 格が下がる, 落ちぶれる (*de*) (…を)失う.
déchoquage 男 救急治療.
déchristianiser 他 キリスト教を捨てさせる, 非キリスト教化する. □**déchristianisation** 女
déchu, e 形 (déchoir の過去分詞) (*de*) (…を)失った; 失墜[失脚]した. ► *ange* — 〔カト〕堕天使.
deci(,)de-là 副句 あちこちに[で], ときどき.
décibel 男 デシベル;〔複数〕騒音.
décidable 形〔論〕決定可能な. □**décidabilité** 女
décidé, e 形 ❶ 決然とした; 明らかな, はっきりした; 決まった. ❷ (*à*) (…を)決心している.
décidément 副 まったく, 確かに.
décider 他 ❶ 決める, 決定する; 決定づける. ❷ (*à*) (…を)決心させる.
— 自 (*de*) (…を)決める.
— **se ~** ❶ 決心する; (*à*, *pour*) (…に)決める. ❷ 決定される; 勝負がつく.
décideur, se 名 意思決定者[機関].
décigramme 男 デシグラム.
décilage 男〔統計〕10分位分割.
décile 男〔統計〕10分位数.
décilitre 男〔計〕デシリットル.
décimal, ale, aux 形〔数〕小数の, 10進法の. ► *système* — 10進法. — 女 小数部分の各位.
décimaliser 他 10進法にする. □**décimalisation** 女
décime 女 男 ❶〔史〕聖職者税.
— 男〔税〕10分の1付加税.
décimer 他 大量に殺す.
décimètre 男〔計〕デシメートル; 10cmのものさし.
décintrer 他〔服〕寸法を直す;〔建〕工事用の迫(¿)枠を外す. □**décintrage / décintrement** 男
décisif, ive 形 決定的な.
décision 女 ❶ 決定, 決心; 決議; 判決; 判定. ❷ 決断(力).
décisionnaire 形, 名 決定権のある(人).
décisionnel, le 形 意志決定の.
déclamateur, trice 形, 名 (軽蔑) 大げさな(人), 演説口調の(人); 朗読[朗唱]する(人).
déclamation 女 朗読[朗唱]法; 大げさな表現, 仰々しい演説.
déclamatoire 形 大げさな, 演説調の; 朗読[朗唱]の.
déclamer 他 朗読[朗唱]する; (軽蔑)朗誦する.
— 自 文 論難する.
déclarable 形 申告できる.
déclarant, e 名〔法〕届出人, 申告

décomposer

déclaratif, ve 形〖法〗宣言的な；〖言〗phrase 〜ve 平叙文.

déclaration 女 宣言, 発表, 声明；愛の告白 (＝〜 d'amour)；〖法〗申述, 届出, 申告. ▶ D〜 des droits de l'homme et du citoyen〖史〗人権宣言.

déclaré, e 形 公然の, 明白な.

déclarer 他 表明［明言］する；宣言する；申告する, 届け出る. — **se 〜 ❶** (災害, 病気などが)発生する. ❷ 自分の意見を述べる；愛を告白する. ❸ 自分が…だと明言する.

déclassé, e 形 等級［地位］の下がった, 降格した；分類［配列］を乱された. — 名 社会的地位を失った人, 落伍者.

déclassement 男 格下げ, 降格；等級変更.

déclasser 他 等級［地位］を下げる, 格下げする；分類［配列］を乱す.

déclassifier 他 (…の)機密扱いをやめる.

déclaveter 4 他 楔(くさび)を外す.

déclenche 女〖機〗引き外し装置.

déclenchement 男 始動, 開始, 勃発(ぼっぱつ)；止め具を外すこと.

déclencher 他 止め具を外す；始動させる；(突然)引き起こす, 開始する；〖写〗シャッターを切る. — **se 〜** (急に)起こる, 始まる；始動［作動］する.

déclencheur 男 始動装置；(カメラの)シャッター.

déclic 男 始動装置(のカチッという音)；話(理解の)きっかけ.

déclinable 形〖言〗語尾変化する.

déclinaison 女〖言〗語尾変化.

déclinant, e 形 衰えつつある.

décliner 自 衰える, 潤(かげ)る する；(日が)傾く. — 他 辞退する, 断る；〖法〗拒否［否認］する；(氏名, 肩書など)を述べる；〖文法〗語尾変化させる.

déclive 形 傾斜した.

déclivité 女 傾斜(面).

déclochardisation 女 困窮者救済［失業者雇用］対策.

décloisonner 他 (学問, 制度の)隔壁を取り除く.
□**décloisonnement** 男

déclouer 他 釘を抜く.

déco 形〖不変〗art 〜 (1920年代の)アールデコ.

décocher 他 射る, 放つ；(視線, 皮肉などを)投げかける, 浴びせる.

décoction 女 煎出(せんしゅつ)；煎じ薬.

décodage 男 コード［暗号］解読；〖情報〗デコード.

décoder 他 解読する；〖情報〗デコードする.

décodeur, se 名 コード解読者. — 男〖情報〗デコーダー.

décoffrer 他〖土木〗型枠を外す.
□**décoffrage** 男

décoiffer 他 髪を乱す；話 帽子を脱がせる. — **se 〜** 帽子を脱ぐ.

décoincer ① 他 楔(くさび)を外す；動く

ようにする. — **se 〜** (楔(くさび)などが)とれる；動くようになる；話 気が楽になる, リラックスする.

déçois, déçoit, déçoiv- 活 ⇨ décevoir.

décolérer ⑥ 自 怒りを静める.

décollage 男 離陸；はがす［はがれる］こと.

décollation 女文語斬首, 断頭.

décollé, e 形 はがれた；(耳が)ぴんと突き出た.

décollement 男 はがす［はがれる］こと；〖医〗剥離(はくり).

décoller 他 はがす. — 自 ❶ 離陸する；発展する, 停滞を脱する. ❷ 話 離れ去る［去る］；〖スポ〗脱落する. ❸ 話 やせる, やつれる. — **se 〜** はがれる, 離れる；〖剣術〗離れる.

décolleté, e 形〖肩, 背〗をあらわにした. ▶ robe 〜 ロープ［デコルテ］. — 男〖肩, 背〗の露出部；襟ぐり, ネックライン.

décolleter 他 胸〖肩, 背〗をあらわにする；襟ぐりを大きくする. — **se 〜** 襟ぐりの大きな服を着る；襟元を開く.

décolleuse 女 はがし器具, 塗料〖壁紙〗はがし.

décolonisateur, trice 形 植民地を解放する. — 名 植民地解放(主義)者.

décolonisation 女 非植民地化；解放.

décolonisé, e 形 非植民地化された, 独立した. — 名 独立した旧植民地の人.

décoloniser 他 非植民地化する, 独立〖自治〗を認める.

décolorant, e 形 漂白［脱色］する. — 男 漂白［脱色］剤.

décoloration 女 変色, 退色；漂白, 脱色.

décoloré, e 形 変色〖脱色〗した, 色あせた；生彩を欠く.

décolorer 他 変色させる, 脱色する；生気を失わせる. — **se 〜** 変色する；(自分の髪を)脱色する.

décombres 男複 残骸(ざんがい), 瓦礫(がれき).

décommander 他 注文を取り消す, (招待などを)取り消す；取り消しを知らせる.
— **se 〜** 出席の約束を取り消す.

décompacter 他〖情報〗解凍する.
□**décompactage** 男

décompensation 女〖医〗代償不全. □**décompenser** 自

décomplexé, e 形 劣等感から解放された；気持ちが楽になった.

décomplexer 他 劣等感［コンプレックス］を取り除く；気持ちを楽にする.

décomposable 形 分解し得る.

décomposé, e 形 分解された；腐敗〖変質〗した；ゆがんだ, ひきつった.

décomposer 他 ❶ 分解〖分割〗する. ❷ 腐敗〖変質〗させる. ❸ (表情を)ゆがめる, ひきつらせる. — **se 〜** ❶ 分解〖分割〗される. ❷ 腐敗〖変質〗する. ❸ ゆがむ, ひきつる.

décomposition

décomposition 囡 ❶ 分解; 分析. ❷ 腐敗, 変質; 崩壊. ❸ (表情の) ゆがみ, ひきつり.

décompresser 自話 リラックスする, 息を抜く.

décompression 囡 減圧;【医】accidents de ～ 潜水病.

décomprimer 他 圧力を下げる［なくす］.

décompte [-kɔ̃:t] 男 ❶ 割引; 控除; 差額. ❷ 細目計算. ❸ (表情の)
— 囡 (時計の)時々打ち違える.

décompter [-kɔ̃te] 他 差し引く, 割り引く, 控除する.
— 自 (時計の)時々打ち違える.

déconcentration 囡 地方分散; 気が散ること.

déconcentrer 他 地方分散させる; 注意をそらす. — se ～ 気が散ること, 注意力が散漫になる.

déconcertant, e 形 困惑させる, 意表を突く.

déconcerter 他 狼狽(ろうばい)させる, 面食らわせる;【文章】挫(くじ)折させる.

déconditionner 他 心理的抑圧から解放する.

déconfit, e 形 がっかりした; 当惑した.

déconfiture 囡 ❶ 権威失墜, 失敗; 倒産.

décongélation 囡 解凍.

décongeler 5 他 解凍する.

décongestif, ve 形, 男 うっ血除去の(薬).

décongestion 囡／**décongestionnement** 男 混雑緩和, 過密解消.

décongestionner 他 うっ血を治す; 混雑を緩和する.

déconnecter 他【電】接続を切る, 分離する. ► être déconnecté de …と遊離している.
— 自 現実から遊離する. — se ～ ❶ (電話を切る;) 接続が切れる. ❷ (de) (…から)離れる; 現実から遊離する.

déconner 自話 ばかなことを言う［する］.

déconnexion 囡【電】(回路の)開放; 分離, 断絶.

déconseiller 他 …するなと忠告する.

déconsidération 囡【文章】不評, 不信.

déconsidérer 6 他 評判［信用］を無くさせる. — se ～ 評判を落とす, 信用を失う.

déconstruire 解体する; 脱構築する. **¤déconstruction**

décontaminer 他 (化学廃棄物などの)汚染を除去する. **¤décontamination**

décontenancer 1 他 狼狽(ろうばい)させる, 面食らわす. — se ～ 狼狽する, うろたえる.

décontracté, e 形 リラックスした, くつろいだ; 無造作な, ぞんざいな; 弛(ゆる)緩した.

décontracter 他 緊張を解く; (筋肉を)弛(ゆる)緩させる.

— se ～ 緊張が緩む; くつろぐ.

décontraction 囡 リラックスすること; 屈託のなさ; 弛(ゆる)緩.

déconventionner 他 (医師, 医療機関を)社会保障機関との協定から締め出す.

déconvenue 囡 失望, 落胆.

décor 男 ❶ (室内などの)装飾;【演】舞台装置;【映】美術, セット; 環境; (出来事の)背景. ❷ 外見, うわべ. ❸ 絵柄, 模様. ◊aller [entrer] dans le(s) ～ (s) (車が)道路わきに突っ込む. changement de ～ 舞台転換; 状況の急変.

décorateur, trice 名 室内装飾家, インテリアデザイナー; 装置家;【映】美術担当者.

décoratif, ve 形 装飾(用)の, 飾りになる; 装飾を華やかにする; 《軽蔑》お飾りの.

décoration 囡 ❶ 飾り付け, 装飾(法); 装飾品. ❷ 勲章; 略章.

décoré, e 形 装飾を施された; 勲章を受けた.
— 名 受勲者.

décorer 他 飾る; 装飾する; 勲章を授ける.

décorner 他 角を切る.

décorticage 男 殻の除去; 脱殻;話 細かい分析.

décortiquer 他 殻を取る, 脱穀する, (木の)皮をはぐ;話 詳細に分析する.

décorum 男〔ラ〕礼儀, 作法; 典礼.

décote 囡 (通貨, 株などの) 下落;【税】控除, 控除.

décoter 他 (相場を)下落させる.

découcher 自 外泊する.

découdre 83 他 縫い目をほどく.
— 自話 en ～ 戦う, 激論を戦わす.
— se ～ ほどける; (ボタンが)取れる.

découler 自 (de) (…から)生じる, (…に)由来する.

découpage 男 ❶ 切り分けること, 切り抜き絵; 裁断; 図割.【映】【テレビ】カット割り; コンテ.

découpe 囡 衣服のさばき方, 裁断(ガラスの)切断法;【服】スラッシュ, 切り抜き.

découpé, e 形 切り取られた; 鋸歯(きょし)状の, ぎざぎざの.

découper 他 細かく切る, 切り分ける; 切り抜く, 切り取る; (背景から)浮かび上がらせる. — se ～ 切り分けられる; (輪郭が)くっきり見える.

découpeur, se 名 ❶ 切断工. ❷【映】コンテ作者. — 囡 裁〔截〕断機.

découplé, e 形 bien ～ 均整のとれた, 体格のいい.

découpler 他 (2匹ずつつないである猟犬を)解き放す;【鉄道】連結を外す;【電】(回路間の)結線を切断する.

découpoir 男【技】抜き型; 裁断機.

découpure 囡 切り抜き; 切れ端; そぎぎ, 凹凸.

découragé, e 形 がっかりした; 気力をなくした.

décourageant, e 形 落胆させる; 期待外れの.

découragement 男 落胆, 失望, 失意.

décourager 2 他 落胆させる, がっ

découronner 他 王位[帝位]を奪う; 文章 栄光[名声]を奪う; 上部を奪い去る. ◘**découronnement** 男

décous- 活 ⇨ découdre.

décousu, e 形 (découdre の過去分詞) ほろびた; 首尾一貫しない, 支離滅裂な.

découvert, e 形 (découvrir の過去分詞) ❶ むき出しの, あらわな; 無帽の; 無蓋の. ❷ 発見された. ◊ à visage ~ 公然と, 堂々と, 率直に. —— 男 経 (無担保の)貸越し; 欠損. ◊ à ~ (1) むきだしに. (2) 何も隠さずに, 率直に, 公然と. (3) 無担保で, 保証なしに. ❹ 援護なしに.

découverte 女 ❶ 発見, 発見物; 軍 偵察. ❷ 鉱 露天採掘. ❸ 背景, 書き割り.

découvreur, se 名 発見者, 探検者.

découvrir 16 他 ❶ 発見する, 見つけ出す; 見痛らす. ❷ 覆いを取る; 無防備にする; さらけ出す; 明かす. —— **se ~** ❶ 衣服[帽子]を脱ぐ; 自分の毛布をはぐ; 薄着をする. ❷ 攻撃に身をさらす. ❸ (天候が)よくなる: 晴れる. ❹ 胸中を打ち明ける. ❺ 現れる, 露見する. ❺ 自己を知る. 自分の(…に)気がつく; 自分の(…).

décrassage / **décrassement** 男 垢(☆)落とし; 掃除 [洗練, 洗濯, 陶冶(☆)].

décrasser 他 垢を落とす; 掃除する; 磨きをかける. —— **se ~** 自分の汚れを落とす; 垢抜けする.

décrédibiliser 他 信用を失わせる.

décrêper 他 (縮れた髪を)まっすぐに伸ばす. ◘**décrêpage** 男

décrépir 他 漆喰(☆)を落とす. —— **se ~** 漆喰がはがれる.

décrépit, e 形 老衰化した.

décrépitude 女 凋(☆)落, 衰退, 老衰.

decrescendo [dekreʃen-] 伊 副 楽 デクレッシェンドで; 副 第三義に衰えて[減少して]. —— 男 楽 漸次弱音.

décret 男 法 政令(≠ 複数の人間を超越したものの)意志, 決定; 法 教令, 教会法令.

décrétale 女 カト ローマ教皇教令.

décréter 6 他 政令により発令[布告]する; 独断で決める; 宣言する.

décret-loi 男 (複) **~s-~s** 男 デクレ=ロワ(法律と同等の力を持つ政令).

décrier 他 文章 非難 [中傷] する.

décrire 78 他 描写する, 記述 [叙述] する, (図形を)描く.

décrispation 女 緊張緩和.

décrisper 他 ほぐす; 緊張を和らげる.

décri(-), décriv- 活 ⇨ décrire.

décrochage 男 ❶ 取り外し. ❷ 中断; 撤退, 後退, 低下; 航 失速する, 軌道離脱.

décrochement 男 ❶ 外す [外れる]こと; 外れた状態. ❷ くぼみ; 建 (壁面の)後退; 段差; 地 地殻横ずれ断層.

décrocher 他 外す, 取る; 切り離す; 話 勝ち取る, 手に入れる. ◊ **~ (le téléphone)** 受話器を取る. —— 自 ❶ (de) (…への)興味 [やる気]をなくす; (…を)辞める, 脱退する; 麻薬をやめる. ❷ (de) (…に比べて)低くなる, 後退する. ❸ 軍 敵との接触を断つ, 退却する; 航 失速する. —— **se ~** 外れる, 切り離される; 話 (約束などから)逃れる.

décrochez-moi-ça 男 (不変) 話 古着屋.

décroiser 他 (組んだものを)解く.

décroissance 女 減少, 衰退.

décroissant, e 形 減少する.

décroître 50 自 (助動詞はときに être) (徐々に)減少する, 弱まる, 衰える. ◘**décroissement** 男

décrotter 他 泥を落とす; 話 垢(☆)抜けさせる. —— **se ~** 自分の泥を落とす; 話 垢抜ける. ◘**décrottage** 男

décrottoir 男 泥落とし; ワイヤーマット.

décru(-), décrû- 活 ⇨ décroître.

décrue 女 水位低下, 減水(量).

décrypter 他 (暗号)を解読する. ◘**décryptage / décryptement** 男

déçu, e 形 (décevoir の過去分詞)失望した, がっかりした; (期待などが)裏切られた.

déculottée 女 話 惨敗.

déculotter 他 (半)ズボンを脱がせる. —— **se ~** (半)ズボンを脱ぐ; 話 怖気(☆)づく.

déculpabiliser 他 罪悪感から解放する ◘**déculpabilisation** 女

déculturation 女 伝統文化の喪失 [放棄].

décuple 男, 形 10倍(の).

décupler 他 10倍にする, 大幅に増大する. —— 自 10倍になる. ◘**décuplement** 男

décurie 女 古ロ 十人隊[団].

décurion 男 古ロ 十人隊隊長; (地方都市の)都市参事会議員.

déçus(-), déçut(-), déçût(-) 活 ⇨ decevoir.

décuver 他 ワイン 発酵槽から取り出す, 液抜きする. ◘**décuvage / décuvaison** 女

dédaignable 形 軽度 [無視] すべき.

dédaigner 他 軽蔑する, 侮る; 無視する; 断わる, ねねつける.

dédaigneux, se 形 横柄な, 軽蔑的な; (de) (…を)無視する, 軽く見る. —— 名 faire le ~ [la ~se] 鼻であしらう, 偉そうにする. ◘**dédaigneusement** 副

dédain 男 軽蔑(の態度).

Dédale 半神 ダイダロス(クレタ島の迷宮を作った建築家).

dédale 男 迷路; 錯綜(☆).

dedans 副 中に[で], 屋内に[で]. ◊ **de ~** 中から; 屋内から. **en ~ (de …)** (…の)内側に; 心の中で.

mettre [**ficher, foutre**] ~ だます; 殴る; ぶつぶち込む. **rentrer** [**entrer**] ~ 激しくぶつかる. **se mettre** [**se ficher, se foutre**] ~ 間違える.
— 男 内部, 内側; 心, 魂. ◇*au* ~ (*de* ...) (…の)内部(以の中)に.

dédicace 女 献辞; (教会堂などの)奉献.

dédicacer 1 他 献辞を書く;(本を)贈呈する.

dédicataire 名 献辞される人.

dédicatoire 形 献呈の; 奉献の.

dédié, e 形 ささげられた;『情報』専用の, 特化した.

dédier 他 (作品を)献呈する;『文章』ささげる;(聖堂などを)奉献する.

se dédire 76 代動 前言を取り消す;〔*de*〕(約束などを)守らない.

dédit 男 『法』解約権; 解約金.

dédommagement 男 損害賠償, 弁償; 償い, 報い.

dédommager 2 他 〔*de*〕(…を)弁償する, 償う;(…に)報いる.

dédoré, e 形 金箔[穀]のはげた; 色あせた.

dédorer 他 金箔[穀]をはがす.

dédouaner 他 通関させる; 信用[名誉]を回復させる. — **se** ~ 名誉を回復する. ✦ **dédouanement** 男 / **dédouanage** 男

dédoublage アルコールの希釈; 〔服〕裏地の取り外し.

dédoublement 男 ❶ 分割, 二重化;〔列車の〕増発. ❷〔心〕~ *de la personnalité* 二重人格.

dédoubler 他 2 つに分ける;〔洋服の〕裏地を外す;〔鉄道〕増発する.

dédramatiser 他 深刻に扱わない. ✦ **dédramatisation** 女

déductible 形 ❶〔経〕控除できる, 差し引きできる. ❷〔論〕演繹できる.

déductif, ve 形 演繹的な.

déduction 女 ❶ 差し引き, 割引; 控除. ❷ 推論; 演繹.

déduire 70 他 ❶ 差し引く, 割り引く; 控除する. ❷ 推論する; 演繹する.
— **se** ~ 差し引かれる; 推論[演繹]される.

déesse 女 女神.

de facto [de-fakto] 副句 (ラ) 事実上.

défaillance 女 ❶ 気絶, 失神. ❷ 衰え, 故障, 不調; 欠陥; 無能.

défaillant, e 形 気絶しそうな; 衰えた, 弱った; 不振の, 出陣しない.
— 男 〔法〕出頭しない当事者.

défaillir 17 自 気が遠くなる; 衰える, 弱る. ◇*sans* ~ 断固として.

défaire 60 他 ❶ 解く, ほどく, 外す; 解体する. ❷ 解消[破棄]する. ❸ 〔*de*〕 (…を)やめさせる, (…から)解放する. ❹ 打ち負かす.
— **se** ~ ❶ ほどける, 崩れる, 乱れる. ❷ 〔*de*〕(…を)追い出す, 解雇する; 手放す, 処分する, 捨てる.

défaisance 女 不良債権処理.

défait, e 形 ほどけた, 乱れた; やつれた; 敗れた. — 女 敗北; 失敗.

défait², **défaites** 語 ⇨ **défaire**.

défaitisme 男 敗北主義; 悲観論,

自信喪失. ✦ **défaitiste** 形名

défalquer 他 差し引く, 控除する. ✦ **défalcation** 女

défanant 男 ジャガイモの芽や茎葉を枯死させる剤.

défass- 語 ⇨ **défaire**.

défatigant, e 形 疲れをとる.
— 男 疲労回復剤.

défatiguer 他 疲れをとる.

défausse 女 〔カード〕捨て札.

défausser 他 まっすぐに直す.
— **se** ~ ❶〔*de*〕(いらないカードを)捨てる. ❷〔*de A sur B*〕A を B に押しつける.

défaut 男 ❶ 欠如, 欠乏, 不足. ❷ 欠陥, 傷; 欠点, 短所, 悪癖. ❸ 切れ目, すきま. ❹〔法〕(法廷への)欠席. ◇*à* ~ (*de* ...) (…が)なければ, (…の)代わりに; *être* [*se mettre*] *en* ~ 誤る; 約束を破る, 違反する. *faire* ~ 不足する, 欠けている. *mettre en* ~ だます, 誤らせる.

défaveur 女 不人気, 不評; 信用の喪失.

défavorable 形 好意的でない; 不利な, 不都合な. ✦ **défavorablement** 副

défavorisé, e 形, 名 不利な(人), 恵まれない(人).

défavoriser 他 不利にする.

défécation 女 〔生理〕排便; 〔化〕清澄操作.

défectif, ve 形 〔言〕欠如の.
— 男 欠如動詞.

défection 女 脱退, 離脱; 欠席.

défectueux, se 形 不完全な, 欠陥のある.

défectuosité 女 欠陥, 不備, 不完全.

défendable 形 防衛 [防御] できる; 擁護 [弁護] できる.

défendeur, eresse 名 〔法〕(民事訴訟の)被告.

défendre 58 他 ❶ 守る, 防衛する; 擁護 [弁護] する. ❷ 禁ずる. ◇*à son corps défendant* いやいやながら.
— **se** ~ ❶ 身を守る, 反論 [抗弁] する; うまく切り抜ける. ❷〔*de*〕(…を)慎む; 拒む, 否定 [否認] する. ► *ne* (*pas*) *pouvoir se* ~ *de* ... …せずを得ない. ❸ 納得できる, 容認し得る. ► *Ça se défend*. それは一理ある; それは結構だ. ❹〔*en, à*〕(…が)得意である, うまい. ❺(年の割りに)若い.

défendu, e 形 (défendre の過去分詞)禁じられた; 守られた.

défenestrer 他 窓から突き落とす.
— **se** ~ 窓から飛び降りる. ✦ **défenestration** 女

Défense (la) デファンス地区(パリ西郊のオフィス街).

défense 女 ❶ 防衛, 擁護, 保護; 〔法〕弁護(側); 〔スポ〕守備, ディフェンス. ❷ 禁止. ► *D*~ *de fumer* 禁煙. ❸ (イノシシの)牙(弟); 象牙(弘).

défenseur 男 防衛者; 擁護者, 支持者; 〔法〕弁護人; 〔スポ〕守備側 [型] の選手.

défensif, ve 形 防衛 [防御] の; 守

défensive 女 防御, 守備.
défensif, ve 形 防御[防備]上; 防御態勢で, 守勢に立って.
déféquer ⑥ 他 (液体を)清澄化する. —自 [生理] 排便する.
défera(-) 活 ⇨ défaire.
déférence 女 尊敬, 敬意.
déférent, e 形 謙虚な, うやうやしい, 礼儀正しい.
déférer ⑥ 他 [法] (事件を)付託する; 召喚する; 告発する; (宣誓を)要求する. —自 (尊敬の念から)従う.
déferez, déferi- 活 ⇨ déferrer.
déferlant, e 形 砕け散る, 押し寄せる; 爆発的な.
—女 大波; 急速な波及.
déferlement 男 (波の)砕け散ること, 押し寄せること; (感情の)爆発.
déferler 自 (波が)砕け散る; 押し寄せる, なだれ込む; (感情が)爆発する.
déferons, déferont 活 ⇨ défaire.
déferrer 他 鉄具を外す.
□**déferrage** 男
défervescence 女 解熱(期).
défeuillaison 女 落葉(期).
défeuiller 他 ⇨ 落葉させる.
défi 男 ❶ 挑戦; 決闘の申し込み; 反逆, 反抗. ❷ 試練, 脅威.
◇ *mettre au ~ de + inf.* …ができるものかと挑発する.
défiance 女 疑念, 不信, 警戒心.
défiant, e 形 疑い深い, 警戒心の強い.
défibrillateur 男 [医] 除細動器.
défibrillation 女 [医] 除細動.
déficeler ④ 他 ひもをほどく.
déficience 女 欠陥, 欠如, 不足.
déficient, e 形 (心身に)欠陥のある; 不足している, 不十分な.
—名 欠陥のある人, 不適格者.
déficit 男 赤字, 欠損; 不足; [医] 欠乏. ◇ ~ *immunitaire* 免疫不全.
déficitaire 形 赤字の, 不足の.
défier 他 ❶ 挑戦する; (de) (…するように)たきつける, 挑発する. ❷ 立ち向かう; ひるまない. —**se ~** 文脈 (de) (…を)警戒する, 危ぶむ.
défigurer 他 [容姿を] 醜くする; 損なう, 歪(ゆが)曲する.
défilé 男 ❶ 分列 [縦隊] 行進, 行列; 連続. ❷ (山間の)陰路(ｷｮｳ), 狭路.
défilement¹ 男 分列 [縦列] 行進, フィルム [録音テープ] を回すこと.
défilement² 男 [軍] 遮蔽(ｼﾞｬ)(物).
défiler¹ 自 列を作って進む, 分列行進する; 次々と現れる.
défiler² 他 ❶ (首飾りなどの)糸を抜く; ほどく. ❷ [軍] (敵の縦射(ｼﾞｭｳ)に対して)遮蔽(ｼｬ)する.
—**se ~** 逃れる, 逃げ去る.
défîmes 活 ⇨ défaire.
défini, e 形 ❶ 定義 [限定] された; 明確な. ❷ [言] article ~ 定冠詞.
définir 他 ❶ 定義する, 規定する; 決める, 明確にする. —**se ~** 定義される, 明確になる; 自分を…とみなす.
définissable 形 定義 [限定] でき る, 明確に し 得る.

définitif, ve 形 決定的な; 最終の. ◇ *en ~* 結局.
définition 女 定義; 特定, 明確化; (テレビなどの)解像度. ◇ *par ~* 本質上; 当然.
définitionnel, le 形 定義の; 定義を構成する.
définitivement 副 決定的に; 最終的に; 結局.
définitoire 形 定義の.
défirent, défis(-), **défit, défi-fit**(-) 活 ⇨ défaire.
défiscaliser 他 免税にする.
□**défiscalisation** 女
déflagrant, e 形 [化] 爆燃性の.
déflagration 女 [化] 爆燃; (激しい)爆発.
déflagrer 自 [化] 爆燃する.
déflation¹ 女 [経] デフレーション.
déflation² 女 [地] 風食.
déflationniste 形 デフレーションの. —名 デフレ政策論者.
défléchir 他 (光などを) 屈折させる, 偏向させる. —自 屈折する; それる.
déflecteur 男 (自動車の)三角窓; 転流 [偏向] 装置.
défleurir 他 [文] 花を散らせる; 美しさ [輝き] を失わせる, 衰えさせる.
—自 花が散る.
défloquer 他 (アスベストを含む)断熱 [防音] 材の除去. □**défloquage** 他
défloraison 女 [植] 落花(期).
défloration 女 処女をなくすこと.
déflorer 他 衰えさせる; 台なしにする; 処女を奪う.
défoliant, e 形 落葉を枯らす.
—男 落葉剤, 枯葉剤.
défoliation 女 [植] 落葉; [軍] 枯葉作戦.
défolier 他 落葉させる, 枯らす; 枯葉作戦を行う.
défonce 女 語 (麻薬による)恍惚(ｺｳｺ) 状態, 陶酔.
défoncer ① 他 ❶ 突き破る; (道を)えぐる. ❷ (麻薬が)幻覚を起こさせる.
—**se ~** ❶ 語 (麻薬で)幻覚症状を起こす, 陶酔する. ❷ 底が抜ける; 穴があく, えぐれる. ❸ 語 (仕事に)全力投球する. □**défoncement** 男
défont 活 ⇨ défaire.
déforestation 女 森林伐採.
déformant, e 形 形をゆがめる, 変形がわす; 歪(ゆが)曲する.
déformation 女 変形, ゆがみ, 歪(ゆが)曲; 堕落.
déformer 他 変形させる, ゆがめる, 歪(ゆが)曲する; 性格をゆがめる.
défoulement 男 語 うっぷん晴らし; [心] 抑圧の解消.
défouler 他 ストレスを解消する; [心] 抑圧から解放する.
—**se ~** ストレスを解消する; うっぷんを晴らす; [心] 抑圧から解放される.
défouloir 男 ストレスを発散させる場所.
défourner 他 オーブン [窯] から取り出す.
défragmenter 他 [情報] デフラグする.

défraîchi

défraîchi, e 形 新鮮でなくなった、色あせた.

se défraîchir 代動 新鮮さを失う、色あせる. —— **défraîchir** 他 新鮮みを失わせる、色をあせさせる.

défrayer 他 (他人の)費用を支払う;(話の)種になる.

défricher 他 開墾[開拓]する;初めて究明する.
□**défrichage / défrichement** 男

défricheur, se 名 開墾者;(新分野の)開拓者, 草分け.

défriper 他 しわを伸ばす.

défrisage 男 (髪の)カール[縮れ]をとること.

défriser 他 カールを取る; 話 不愉快にさせる, 失望させる.
—— **se ~** カールがとれる; 話 失望する.

défroisser 他 しわを伸ばす.
—— **se ~** しわが伸びる.

défroncer 他 ギャザーを取る.

défroque 女 古着, 流行遅れの服;(修道士の)遺品.

défroqué, e 形, 名 司祭職を捨てた(人);修道会から離れた(人).

défroquer 自 司祭職[修道生活]を捨てる, 還俗する (= se ~).

défunt, e 形文章 死亡した;過ぎ去った.
—— 名 故人, 死者.

dégagé, e 形 ❶ 自由な、屈託のない. ❷《de》(…から)解放された;障害物が取り払われた、覆われていない;晴れ渡った.

dégagement 男 ❶ (障害物の)除去, 清掃;(埋もれた物などの)掘り出し;救出. ❷ (においの)発散. ❸ (義務、契約の)解消、取り消し;(質草などの)請け戻し. ❹ (建物内の)通路、出口;空き地、スペース. ◇ voie de ~ バイパス. ❺ (サッカーで)クリアキック;(ラグビーで)タッチキック;(フェンシングで)デガジュマン.

dégager ❷他 ❶《de》(…から)救出する, 解放する, 自由にする. ❷ (場所)をあける、片づける;《スポ》(ボールを)クリアする, タッチラインの外に出す. ❸ 引き出す, 抽出する;明らかにする;(衣服が…を)あらわにする. ❹ (ある用途に金を)使えるようにする;(抵当物などを)請け戻す. ❺ (約束を取り消す, (責任などを)免れる. ❻ 発する, 発散する. —— 自 迫力がある, 生気にあふれている.
—— **se ~** ❶《de》(…から)解放される, 自由になる. ❷ 障害物などが除かれる;通りが良くなる, (空が)晴れる. ❸《de》(…から)発散する, 漂う. ❹ (印象などが)生じる;(結論などが)明らかになる;(展望などが)開ける.

dégaine 女 話 おかしな[滑稽な]格好[態度, 姿].

dégainer 他 (刀, ピストルなどを)抜く;ケースから取り出す.

se déganter 代動 手袋を脱ぐ.
—— **déganter** 他 手袋を脱がす.

dégarni, e 形《de》(…の)ない, 空の.

dégarnir 他 備品[装飾]を取り去る;空にする;兵[部隊]を撤退させる.
—— **se ~** 葉を落とす;髪が薄くなる;

空になる;金を使い果たす.

dégât 男 (多く複数) 損害, 被害;大混乱.

dégauchir 他 滑らか[平ら]にする;話 ぎこちなさを除く;(探していた物を)見つける.

dégauchissage / dégauchissement 男 (木材の表面の)荒削り.

dégazage 男 ガス抜き.

dégazer 他 ガスを抜く.

dégel 男 雪解け, 解氷;緊張緩和;(資金などの)凍結解除;活動[交渉]再開.

dégeler ⑤他 ❶ 溶かす, 溶解する. ❷ 緊張を解く, 活気づける;(資金の)凍結を解除する. —— 自 氷が溶ける.
—— **se ~** (冷えた体を)暖める;和む, 打ち解ける.

dégénéré, e 形 退廃[堕落]した;『医』退化[退行]した.
—— 名 変質者;精神薄弱者.

dégénérer ⑤自 ❶ 資質を失う, 悪化する, 退廃する. ❷ 文章 退化する. ❸ 『医』(腫瘍(しゅよう)などが)悪性になる.

dégénérescence 女 ❶ 退化;文章 退廃, 堕落. ❷ 『医』(器官の)変質, 変性.

dégermer 他 芽を摘む.

dégingandé, e 形 (歩き方, 身のこなしが)ぎこちない, 不格好な.

dégivrage 男 霜取り.

dégivrer 他 霜を取り除く.

dégivreur 男 霜取り装置.

déglacer ①他 ❶ 氷を解かす;(紙を)艶(つや)消しする(ワインなどを加えて)煮汁をのばす.
□**déglaçage / déglacement** 男

déglaciation 女『地』(氷河の)退氷.

déglinguage / déglingage 男 ばらばらにすること.

déglingue 女話 衰え, ばらばらの状態.

déglinguer 他話 ばらばらにする, 壊す.
—— **se ~** 話 ばらばらになる, 壊れる.

dégluer 他文章 粘つきを落とす.

déglutir 他 飲み込む.

déglutition 女 嚥下(えんげ)(運動).

dégobiller 他, 自 俗 吐く.

dégoiser 他, 自 (軽蔑) しゃべりまくる.

dégommer 他 ❶ 首にする, 免職にする;糊[ゴム質]を除く. ❷ 撃ち落とす. □**dégommage** 男

dégonflage 男 空気[ガス]が抜けること, 収縮;話 怖気(おじけ)づくこと;(価格の)低下.

dégonfle 女俗 逃げを打つこと;言い逃れ.

dégonflé, e 形 空気[ガス]の抜けた, 収縮した;話 怖気(おじけ)づいた.
—— 名 俗 臆病者.

dégonflement 男 しぼむ(しぼませる)こと, 収縮;腫(は)れが引くこと.

dégonfler 他 ❶ 空気[ガス]を抜く, しぼませる;腫(は)れを引かせる;話 自信をなくさせる. ❷ 誇張を正す;減らす;引き下げる. —— 自 腫れが引く.

—se ❶ 空気［ガス］が抜ける，収縮する；(腫れが)引く．❷ 自信をなくす；怖気(おじけ)づく．

dégorgement 男 ❶ 吐くこと，排出(口)．❷（詰まった管の）掃除(口)．

dégorger ② 他 ❶ 排出する，吐き出す．❷（詰まった管などを）通す，さらえる．— 自 ❶ 排出する，注ぐ．❷ 色落ちする．❸［料］faire ~ 血抜きをする，(キュウリ)を塩もみして水分をとる．**—se ❶** 注ぐ；(腫れが)引く；心を打ち明ける．

dégo(t)ter 他話 見つける，探し出す．

dégoudronner 他 タール分を除去する．

dégoulinade 女語 / **dégoulinement** 男 滴り流れる液体(の跡)．

dégouliner 自 滴で落ちる．

dégoupiller 他 ねじ［止めピン］を外す．

dégourdi, e 形 抜け目のない，すばしっこい；（手足が）しびれ［凍え］の治った；（水，液体が）生温かい．— 名 抜け目のない人．

dégourdir 他 ❶（手足の）しびれ［凍え］をとる；少し温める；（思考，精神などを）活気づかせる．❷ 世慣れさせる．**—se ❶** しびれ［凍え］が治る；少し温まる；ぎごちなさが取れる，世慣れする；語 純潔を失う．
⇨**dégourdissement** 男

dégoût 男 嫌悪，不快感．

dégoûtamment 副 むかつくように，下品に．

dégoûtant, e 形 嫌な，むかつくような；汚い．—名 嫌すやつ．

dégoûtation 女語 嫌悪，不快；ひどい汚さ．

dégoûté, e 形 (de)（…に）うんざりした，気難しい，好みにうるさい．—名 faire le ~ [la ~e] むやみに気難しいことを言う．

dégoûter 他 嫌悪感を抱かせる，うんざりさせる；《de》(…を)嫌いにさせる，(…する)気をなくさせる．**—se**《de》(…に)嫌気がさす，うんざりする；食欲を失う．

dégoutter 自 滴り落ちる；《de》(…を)滴らす．

dégradant, e 形 品位を落とす，下劣な．

dégradation 女 ❶ 損害，傷み，変質．❷ 低下，劣化；堕落．❸（階級，地位などの）剥(は)奪，罷免．❹（色調，光が）徐々に薄くなること；［美］ぼかし．

dégradé, e 形 ❶ 破損した；低下［悪化］した；堕落した；階級［地位］を剥(は)奪された，位を落とされた．❷（色調，光が）徐々に薄くなった．— 男（色調，光が）徐々に薄くなること；ぼかし．

dégrader 他 ❶ 破損する，傷める；価値を低下［悪化］させる．❷ 階級［地位］を下げる；〔文章〕品位を低下させる；堕落させる．❸（色調，光を）徐々に薄くする．**—se ❶** 破損が進む；低下［悪化］する；品位が下がる，堕落する．❷ 徐々に薄くなる．

dégrafer 他 ホック［留め金］を外す．**—se** ~ ホックが外れる；（自分の服の）ホックを外す．

dégrafeur 男 ホチキスの針を抜く道具．

dégraissage 男 脂肪(分)除去；染み抜き；語 人員整理．

dégraissant, e 形 脂肪分を除去する；染み抜きの．— 男 洗剤；染み抜き剤．

dégraisser 他 ❶ 脂肪(分)を取り除く；汚れを落とす．❷ 削減する；人員整理する．

dégraisseur, se 名固 洗濯屋．

degré 男 ❶（単位の）度；程度，段階．❷ 階級，等級，身分；（大学の）学位．❸［建］（小さな）階段；踏み段．❹［文法］~s de comparaison [de signification]（形容詞，副詞の）級．❺（裁判所内の）審級；［法］親等．❻［数］次数；［楽］度．
◇au dernier [plus haut] ~ 極度に．par ~s 徐々に，次第に．

dégressif, ve 形 漸減の．

dégressivité 女 漸減性．

dégrèvement 男 減税．

dégrever 他 減税する．

dégriffé, e 形（衣料品などが）商標［ブランド表示］を外して売られた．— 男《集合的》（安売り用の）商標を外した衣料品．

dégringolade 女 ❶ 話 転落，墜落；《集合的》転落［落下］物．❷ 語 暴落；没落；凋落．

dégringoler 自（助動詞は avoir または être）❶ 転落する；落下［墜落］する．❷ 暴落する；没落する．— 他（転がるように）駆け降りる．

dégrippant 男 焼き付き防止剤．

dégripper 他 焼き付きを防ぐ［直す］．

dégriser 他 酔い［迷い］を覚ます．**—se** ~ 酔い［迷い］が覚める．
⇨**dégrisement** 男

dégrossir 他 ❶ 荒削りする；大まかな見通しを立てる，糸口をつける．❷ 手ほどきする；礼儀作法を教える．**—se** ~ 手ほどきを受ける；礼儀作法を知る．

dégrossissage / dégrossissement 男 荒削り(した物)；素案(作成)；手ほどき，洗練．

se dégrouiller 代動 語 急ぐ．

dégroupement 男 分類，分別．

dégrouper 他 分類［分別］する．

déguenillé, e 形, 名 ぼろを着た(人)．

déguerpir 自 逃げ去る；退却する；立ち退く．

dégueu 形語 dégueulasse の略．

dégueulasse 形語 ひどい，汚い，嫌な．—名語 汚いやつ，むかつくやつ．

dégueulasser 他語 ひどく汚す．

dégueuler 他, 自語 吐く．

dégueulis 男語 へど，吐瀉．

déguisé, e 形 変装した；（感情が）偽られた，隠された；［薬］糖衣をかぶせた．— 名 変装者（仮装］した人．

déguisement 男 変装，仮装；仮装衣装；〔文語〕(感情を)偽り隠すこと．

déguiser 他《en》(…に)変装［扮(ふん)装］させる；(声などを)変える；〔文章〕

dégurgiter 他 そのまま吐き出す, 戻す;（丸暗記したものを）そのまま述べる.

dégustateur, trice 名（ワインなどの）鑑定家.

dégustation 囡 試飲, 試食;（特に）(ワインの) テイスティング.

déguster 他 ❶ 味わい見る；味わう, 楽しむ. ❷ 話（殴打, 寒気などを）食らう, 浴びせられる;（目的語なしに）ひどい目にあう. —**se** ~ 賞味される.

déhanché, e 形 ❶ 腰をくねらせた;腰を振って歩く. ❷ 腰の片側に体重をかけた.

déhanchement 男 ❶ 腰を振って歩くこと. ❷ 体がかしげた姿勢.

se déhancher 代動 ❶ 腰をくねらせる；腰を振って歩く. ❷ 腰の片側に体重をかける, 体をかしげる.

dehors 副 外に, 外で, 戸外に［で］. ◇*de* ~ 外から. *en* ~ *(de …)* ~の外に；(…)のほかには、~を除いて；見かけは. —男 ❶ 外部；外界；国外. ❷（多く複数）外観, 見かけ.

déhoussable 形 覆い［カバー］を取り外せる.

déicide 形, 名 神を殺した（者）；キリストをはりつけにした（者）; 宗教を圧殺する（者）. —男 神を殺すこと；キリストの磔刑(たっけい); 宗教の圧殺.

déictique 形 [言] 指示的な.

déification 囡 神格化.

déifier 他 神格化する；崇拝する.

déisme 男 理神論, 自然神教.

déiste 形, 名 理神論を信じる（人）.

déité 囡 [文章] 神, 女神.

déjà 副 ❶ もう, すでに；以前に, 前に. ❷ [強調] それだけでも；（文末で, 一度聞いたことを再度尋ねて）ええと.

déjanté 俗 頭がおかしくなった.

déjanter 他 タイヤを外す.
—自 気がおかしくなる.
—**se** ~ （タイヤが）外れる.

déjà(-)vu 男 [不変]〔話〕見たことのあるもの；[心] デジャ・ヴュ, 既視感.

déjection 囡 排泄；（複数）排泄物；[文鉱] 屑(くず); 火山の噴出物.

déjeté, e 形 曲がった, ゆがんだ; 背骨［腰］の曲がった.

déjeter 4 他 曲げる, 反らす.
—**se** ~ 曲がる, 反る.

déjeuner 自 ❶ 昼食をとる；朝食をとる. ❷ *(de)* (…)で朝食［昼食］を済ます. —男 ❶ 昼食. ❷（受け皿付き）モーニングカップ (=tasse à ~). ◇*petit* ~ 朝食.

déjouer 他 裏をかく, 失敗させる.

se déjuger 2 代動 意見を変える, 前言を翻す；前判決を取り消す.

de jure [deʒyre] (ラ) 副句, 形句 [法] 法律上の, 正当に〔な〕.

DEL [del]（略）diode électroluminescente 発光ダイオード, LED.

delà 前 *au-* ~ ⇨ au-delà. *par* ~ ⇨ par-delà.

délabialiser 他 非円唇化する.
—**se** ~ 非円唇化する.

délabré, e 形 荒廃した, 悪化した.

délabrement 男 荒廃, 破損；衰弱.

délabrer 他 荒廃させる, 破損する；悪化させる. —**se** ~ 荒廃［破損］する；悪化する；自分の（…）を損なう.

délacer 1 他 ひも［コルセット］を解く［緩める］. —**se** ~ ひもが解ける；コルセット［靴紐］のひもをほどく.

délai 男 期日, 期限；期間；猶予（期間）, 延長. ◇*sans* ~ 直ちに.

délai-congé（複）~*s*-~*s* 男 [法] 解雇予告期間.

délainage 男（羊皮の）脱毛.

délainer 他（羊皮から）脱毛する.

délaissé, e 形 なおざりにされた；見捨てられた.

délaissement 男 見捨てられた状態；[法]（財産の）放棄；委任.

délaisser 他 見捨てる, なおざりにする；[法]（財産を）放棄する.

délassant, e 形 疲れをいやす；気晴らしになる.

délassement 男 疲れをいやすこと, 休息；気晴らし.

délasser 他 疲れをいやす；気晴らしになる. —**se** ~ 休息する, くつろぐ.

délateur, trice 形, 名 密告する（人）.

délation 囡 密告.

délavage 男 （水で）色を薄めること；[土木] 水洗い.

délavé, e 形 （色の）薄い［あせた］；水浸しになった.

délaver 他 （水で）色を薄める［落とす］；水浸しにする, 水につける.

délayage 男 ❶ (液体で）溶くこと；溶けていること［溶かしたもの］. ❷ 話 冗長さ, くどくどしさ, 饒舌(じょうぜつ).

délayer 12 他 (液体で）溶く, 溶かす；（考えを）冗漫に表現する.
—**se** ~ 溶ける, 溶かされる；話（考えなどが）冗漫に表現される.

delco 男 商標（車の）ディストリビューター.

deleatur [dele-] 男 [不変]〔印〕削除記号(ð).

délectable 形 [文章] 心地よい；美味な.

délectation 囡 [文章] 歓喜, 悦楽.

se délecter 他 *(de, à)* (…)に深い喜びを感じる, 大いに楽しむ. —**délecter** 他 古・文章 大いに楽しませる.

délégation 囡 ❶ 代表団；委員会. ❷ 委譲；委任, 委託；委任状.

délégitimer 他 非合法にする.

délégué, e 名 代表（者）；代理人. —形 権限を委ねられた, 代表の.

déléguer 6 他 ❶ （代表として）派遣［任命］する. ❷ 譲渡［委任］する.

délester 他 ❶ ~ A *de* B A からBを取り除く［取り去る］. ❷ バラスト［重り]を落とす. ❸（一時閉鎖や迂回路で路線の交通混雑を緩和する. —**se** ~ *(de)* (…)を降ろす. 國**délestage** 男

délétère 形 有毒な；[文章]不健全な, 有害な.

délibérant, e 形 討議［審議］の.

délibératif, ve 形 討議上の；議決権をもつ.

délibération 囡 討議, 審議; 議決; 熟慮, 熟考.

délibéré, e 囲 断固たる, 決然とした; 熟慮された. ◇**de propos ~** 故意に, はっきり自覚して.
— 囲 〖法〗(裁判官の)合議; 判決.

délibérément 副 熟慮の末, 故意に; 断固として.

délibérer ⑤ 圓 ❶ 討議[審議]する; [文章] 熟考する. ❷ (de)(…すること)を決定する. — 囲 〖法〗議決する.

délicat, e 囲 ❶ 繊細な, 優雅な, 精巧な. ❷ 過敏な; 虚弱な, きゃしゃな. ❸ 難しい, 微妙な; 気難しい. ❹ (心遣いが)細やかな, 思いやりのある; 高潔な.
— 图 気難し屋. ◇**faire le ~** [la ~**e**] やかましいことを言う.

délicatement 副 ❶ 精巧に, 繊細に; 優雅に. ❷ そっと, 軽く; 慎重に. [文章] 誠実に; 気を遣って.

délicatesse 囡 ❶ 洗練, 繊細さ, 精巧さ; 優雅さ. ❷ もろさ; 虚弱. ❸ 思いやり, 細やかな心遣い; 慎重さ. [文章] 微妙さ, 難しさ.

délice 囲 心地よさ, 深い満足(をもたらすもの). — 囲 〈複数〉[文章] 無上の喜び, 悦楽, 歓喜.

délicieusement 副 気持ちよく, 楽しく; 魅力的に.

délicieux, se 囲 おいしい; 非常に快い; 感じのよい; (皮肉)御立派だ.

délictuel, le / **délictueux, se** 囲 違法の, 犯罪の.

délié, e 囲 細い, ほっそりした; 鋭敏な, 繊細な.
— 囲 〈文字の〉線の細い部分.

délié², e 囲 ほどけた, 解かれた; 敏捷な. — 囲 敏捷さ, 軽快さ.

délier 囮 解く, ほどく, 自由[敏捷]にする; 解放する. ◇**~ la langue à [de] ...** …に話をさせる; 口を割らせる.
— **se ~** ❶ ほどける, ほぐれる; 自分の…を解く[ほぐす]. ❷ 解放される.

délimitation 囡 〈境界(画定), 範囲の限定〉.

délimiter 囮 境界を画定する; 範囲を限定する.

délinéarisé, e 囲 〖言〗(文字が)同一線上に並んでいない.

délinquance 囡 〈集合的〉犯罪, 非行.

délinquant, e 囲, 图 軽罪を犯した(者); 非行を働いた者.

déliquescence 囡 退廃; 衰え; 〖化〗潮解(性).

déliquescent, e 囲 退廃した; 衰えた〖化〗潮解性の.

délirant, e 囲 ❶ 熱狂的な, 常軌を逸した; 囹 とんでもない, ばかげた. ❷ 精神錯乱の. — 图 譫妄(性)患者.

délire 囲 精神錯乱, 妄想; 〖医〗譫妄(%); 熱狂.

délirer 圓 錯乱する, うわごとを言う; 熱狂する〖…に〗どうかしている.

delirium tremens [deliriɔmtrɛmɛs] 囲〈不変〉〖心〗振戦譫妄(以).

délit 囲 犯罪, 違反; 〖法〗軽罪.
◇**en flagrant ~** 現行犯で.

déliter 囮 石目に沿って割る.

— **se ~** 石目に沿って割れる; 崩壊する, 分裂する.

délivrance 囡 ❶ 解放. ❷ 交付, 引き渡し. ❸ 分娩(だ); 後産.

délivrer 囮 ❶ 解放する, 自由にする. ❷ 交付する, 引き渡す.
— **se ~** ❶ 解放される, 自由になる. ❷ 交付される, 引き渡される.

délocaliser 囮 地方や国外に移転する. □**délocalisation** 囡

déloger ② 圓 ❶ 立ち去る, 離れる; [古風] 立ち退く, 引っ越す. — 囮 追い出す; 取り除く. □**délogement** 囲

déloyal, ale 囲 (男複) **aux** 不実な, 不誠実な; 卑劣な, 不当な.
□**déloyalement** 副

déloyauté 囡 不誠実さ, 卑劣; 裏切り.

Delphes 囡 デルフォイ(ギリシアの古都).

delphien, ne 囲 デルフォイの.
— 图 (D~)デルフォイ人.

delphique 囲 デルフォイの.

delta 囲 ❶ デルタ (Δ, δ)(ギリシア字母の第 4 字). ❷ 三角州, デルタ.

deltaïque 三角州の, デルタの.

delta(-)plane 囲 ハンググライダー.

deltiste 圕 ハンググライダーをする人.

deltoïde 圕 三角筋の.

déluge 囲 ❶ 〈多く D~〉〖聖〗(ノアの)洪水. ❷ 大雨, 豪雨, 洪水.
◇**remonter au D~** 遠い昔にさかのぼる; 話を一から始める.

déluré, e 囲 抜け目のない, 機転のきく; ずうずうしい.

délustrage 囲 〖繊〗艶(?)消し.

délustrer 囮 (生地, 服の)艶を消す.

démagnétiser 囮 消磁[減磁]する. □**démagnétisation** 囡

démagogie 囡 扇動(策); 衆愚政治.

démagogique 囲 扇動的な; 衆愚政治の.

démagogue 囲, 囲 扇動家(の).

démailler 囮 (編み目)をほぐす.
— **se ~** (編み目が)ほつれる.

démailloter 囮 産着[おむつ]を脱がせる; 包帯などを取る.

demain 副 ❶ 明日. ❷ 近い将来, やがて. ◇**Ce n'est pas ~ la veille.** それはまだ先のことだ.
— 囲 ❶ 明日. ❷ 近い将来, 未来.
◇**A ~.** では, またあした. **(de) ~ en huit** 明日から一週間後に.

démancher 囮 柄を外す; 〖話〗解体する, 脱臼(ぱか)させる.
— **se ~** ❶ 柄が抜ける; [囹]自分の(…を)脱臼する; 〖話〗苦労する, 骨を折る.

demande 囡 ❶ 要求, 請求, 依頼; 要求書, 申込書. ❷ 結婚の申し込み. ❸ 需要: 注文. ❹ 囝 質問.

demandé, e 囲 要求された; 需要の多い, 流行の.

demander 囮 ❶ 尋ねる, 聞く. ❷ 頼む, 求める, 期待する; 注文する. ❸ 呼ぶ, 話をしたいと言う. ❹ (物が)必要とする, 要求する. ◇**~ la main de ...**(親に)…との結婚を申し込む. **Je vous (le) demande ! = Je vous demande un peu !** どうしたことだ, こんなはずはない(驚き, 非難).

demandeur

——自語〈après〉(…と)話したいと望む；(…の)消息を尋ねる．——**se ~** 自問する，不思議に思う；尋ね合う．

demandeur, se 图 ❶ 求める人，申請者；買い手；電話をかけた人．❷【法】原告．注この意味では女性形は demanderesse．

démangeaison 囡 かゆさ，かゆみ；語〔何かをしたくて〕むずむずすること．

démanger ②囮 圓 かゆい；むずむずする．—— Ça me *démange* de + inf. …したくてたまらない．

démantèlement 男 破壊，解体，撤廃．

démanteler ⑤ 囮 破壊する，解体する．

démantibuler 囮 解体する，ばらばらにする．
——**se ~** 解体される；がたがたになる．

démaquillage 男 化粧落とし．

démaquillant, e 形 化粧落としに用いる．—— 男 化粧落とし用クリーム．

démaquiller 囮 化粧を落とす．——**se ~** 🟰 démaquillage．

démarcage 男 🟰 démarquage．

démarcation 囡 境界の画定；境界線；医学 échange．

démarchage 男 訪問販売．

démarche 囡 ❶ 歩き方，足どり．❷ 進め方，方法；奔走，運動；手続き．

démarcher 囮〔訪問販売で客に〕商売する．

démarcheur, se 图 外交員，セールスマン．

démarquage 男 マーク〔商標〕の除去；剽(ひょう)窃，盗作；【スポ】相手のマークを外すこと．

démarque 囡 安売り，特売；【ゲーム】減点法．

démarquer 囮 ❶〔商標などの〕マークを取り去る（安売りのため）正札を付けかえる；値下げする．❷ 剽(ひょう)窃する〔盗作〕する．❸【スポ】〔味方を〕敵のマークから救う．——**se ~** 〈de〉(…と)一線を画する；【スポ】敵のマークから逃れる．

démarqueur, se 图 剽(ひょう)窃〔盗作〕者．

démarrage 男 発進，始動，開始；【スポ】ダッシュ．

démarrer ②囮 発進する，出発する；始動する；滑り出す，開始する；【スポ】スパート〔ダッシュ〕する．
——囮 ❶ 始める．❷ 発進させる；始動させる；紡錘(つむ)を解く．

démarreur 男 スターター，始動機．

démasquer 囮 正体〔真相〕を暴く，明かす；仮面を取る．—— *ses batteries* 心中〔意図〕を明かす．
——**se ~** 正体を現す；本心を明かす．

démâter 囮 マストを取り払う〔倒す〕．
——自 (船が)マストを失う．

dématérialiser 囮 非物質化する；分子を破壊する．——**se ~** 崩壊する． 🔹 **dématérialisation** 囡

démazouter 囮〔海岸や水鳥の〕重油を除去する〔洗い流す〕．

dème 囡 古ギリシア区（行政区）．

démédicaliser 囮〔薬を〕非医薬品扱いにする．

démêlage / **démêlement** 男 解きほぐすこと；解明．

démêlant 男 リンス．

démêlé 男〔利害の対立による〕紛争，もめ事．

démêler 囮 ❶〔もつれたものを〕解く；解明する，見抜く．❷ ~ A de 〔d'avec〕B A とBとを区別する．——**se ~** 〈(もつれたものが)解ける；語〔古風・文章〕〈de〉(…)を切り抜ける．

démêloir 男〔荒目の〕櫛(くし)．

démêlure 囡〔すき取った〕抜け毛．

démembrement 男 分割．

démembrer 囮 分割する，細分化する；八つ裂きにする．

déménagement 男 引っ越し；引っ越しの荷物．

déménager ②囮〔家具類を〕移す，(…から)家具を運び出す．
——自 (助動詞はときに être) 引っ越す；語 去る，頭がおかしくなる．

déménageur 男 引っ越し業者．

démence 囡 錯乱，狂気の沙汰．

se démener ③囮勶 動き回る，暴れる．

démens, dément 直 ⇨ démentir.

dément, e 形 精神が錯乱した；常規を逸した；語 ものすごい．
—— 图 精神錯乱者；【法】心神喪失者．

démentiel, le 形 精神錯乱の；【法】心神喪失の；正気の沙汰ではない．

démentir ⑲ 囮 ❶ 打ち消す，否定する．❷ 反する，矛盾する；裏切る．——**se ~** 弱まる，衰える；【文章】互いに矛盾する．

démerdard, e 形, 图 語 抜け目のない〔人〕，うまく切り抜ける〔人〕．

démerde 囡 語 抜け目のなさ．

se démerder 勶 語 うまく切り抜ける，抜け目なくやる；急ぐ．

démérite 男【文章】短所，欠点；落ち度．

démériter ②自 ❶ 非難を招く行いをする，信頼を失う．❷〈de〉(…の)名をけがす．

démesure 囡 極端，行きすぎ；度を越した言動．

démesuré, e 形 並み外れた，度を越した．🔹 **démesurément** 副

Déméter 囡〔ギリシ〕デメテル（大地と豊饒(ほうじょう)の女神）．

déméthylation 囡 脱メチル化．

démettre ⑥⑤ 囮 ❶ 脱臼させる．❷ 免職する；【法】却下する．
——**se ~** ❶〈de〉(…を)脱臼する．❷〈de〉(…を)辞任する；放棄する．

démeubler 囮 家具を取り払う．

demeurant (au) 副句 結局，それでも，だがしかし．

demeure 囡 ❶【文章】住まい，邸宅．❷【法】〔債務履行の〕遅滞；遁 遅延．❷ *mettre ... en ~ de* + inf. …に直ちに…するよう命じる．

demeuré, e 形, 图 精神遅滞の〔人〕；語 間抜けな〔人〕．

demeurer 自 ❶ 住む；滞在する。❷《助動詞 être》…のままである、であり続ける；残る、とどまる。❸ 亩/文章 時間取る、時間をかける。◊ *en ~ là* それ以上進まない（話などを）中断する。

demi, e 形 ❶《他の名詞とハイフン(-)で結びついて》半分の；不完全な，《数量表現 + et ~ (e)》…半。
— 名 半分。— 男 2 分の 1；《ジョッキ 1 杯の》ビール；《スポ》ハーフバック。
◊ *à ~* 半ば；中途半端に。
— 女《時刻の》半；小瓶、ハーフボトル。

demi-botte 女 半長靴。
demi-bouteille 女 ハーフボトル。
demi-cercle 男 半円。
demi-circulaire 形 半円形の。
demi-deuil 男 略式喪服；半喪期。
demi-dieu 《複》x 男《ギ神》半神，神人。
demi-douzaine 女 半ダース，約 6 つ [6 人]。
demi-droite 女《数》半直線。
demi-figure 女《美》半身像。
demi-fin, e 形 中くらいの大きさ [太さ] の。
demi-finale 女《スポ》準決勝。
demi-finaliste 名《スポ》準決勝出場選手 [チーム]，ベスト・フォー。
demi-fond 男《不変》中距離競走；《自転車の》ドミフォン（オートバイを追走する 2 人一組のレース）。
demi-frère 男 異父 [母] 兄弟。
demi-gros 男 仲買（業）。
demi-heure 女 半時間，30 分。
demi-jour 《複》~(s)男《明け方，夕方の》薄明かり。
demi-journée 女 半日（仕事）。
démilitariser 他 非武装化する。
□**démilitarisation** 女
demi-litre 男 半リットル。
demi-long, ue 形《衣服が》中くらいの長さの。
demi-longueur 女《スポ》半馬身，半艇身，《自転車の》半車身。
demi-lune 女 半月形の場所；《城の》半月堡。— 男《不変》半月形の。
demi-mal 《複》*aux* 男 予想以下の被害 [不幸]，不幸中の幸い。
demi-mesure 女 間に合わせの手段；中途半端；《服》《背広の》イージーオーダー。
demi-mondaine 女 亩風（ドミ・モンドに出入りする）高級娼婦。
demi-monde 男 亩風 ドミ・モンド（社交界に寄生する人）。
demi-mot 《多く複数》文章 婉曲な言葉。
◊ *à ~* 言葉半ばで；ほのめかしだけで。
déminer 他 地雷 [機雷] を除去する。
□**déminage** 男
déminéralisé, e 形 ❶ 無機質欠乏の。❷ 無機質を除去した。
démineur 男 地雷 [機雷] 撤去班員。
demi-pause 女《楽》2 分休符。
demi-pension 女 ❷ 食付き宿泊；《学校の》半寄宿制。
demi-pensionnaire 名 半寄宿生（昼食だけ寄宿生と共にする生徒）。

demi-place 女 半額席 [切符]。
demi-pointe 女《バレエ》ドゥミ・ポアント（足指で立つこと）。
demi-portion 女《食事の》半人前；《軽蔑》ちび；出来損ない。
demi-produit 男《経》半製品。
demi-quart 男 8 分の 1 パイント（62.5グラム）；《海》《羅針盤の》半点。
demi-queue 女 中型グランドピアノ；大卿の 2 分の 1 の樽（約 200 l 入り）。
demi-reliure 女 背革装，半革装。
démirent, démis 活 ⇒ démettre.
démis, e 形 関節が外れた，脱臼（㍍）した。
demi-saison 女 間(あい)の季節（春と秋）。
demi-sel 形《不変》薄塩の。— 男《不変》薄塩のバター（クリームチーズ）。
demi-sœur 女 異父 [母] 姉妹。
demi-solde 女《予備役軍人の》半給，半俸。— 男《不変》半給士官，予備役（特にナポレオン帝政期の軍人）。
demi-sommeil 男 半睡状態，夢うつつ。
demi-soupir 男《楽》8 分休符。
démission 女 辞職，辞任；責任 [任務，努力] の放棄。
démissionnaire 形,名 辞職した（人）；責任を放棄する（人）。
démissionner 自 辞職 [辞任] する；亩（責任などを）放棄する；降参する。— 他《皮肉調》辞職を強いる。
démit, démît, démites 活 ⇒ démettre.
demi-tarif 男 半額料金。— **demi-tarif**；《複》~(s) 形 半額の。
demi-teinte 女《写》《明暗の》半濃淡，ハーフトーン；穏やかな調子。
demi-ton 男《楽》半音。
demi-tour 男 半回転；回れ右。
◊ *faire ~* 引き返す。
démiurge 男（プラトン学派で）創造主。
demi-vie 女《生》《物》半減期。
demi-volée 女《スポ》ハーフボレー。
démobilisateur, trice 形 復員 [動員解除] を行う；意気をそぐ，士気を低下させる。
démobilisation 女 動員解除，復員；戦意喪失，意気阻喪。
démobiliser 他 復員させる，動員解除する；士気を奪う。
— **se** ~ 戦意を失う。
démocrate 形 民主主義の；民主党の。— 名 民主主義者；民主党員。
démocrate-chrétien, ne；《複》~*s*-~*s* キリスト教民主主義者。— 形 キリスト教民主主義の。
démocratie [-si] 女 民主主義 [制]；民主主義国家。
démocratique 形 民主主義の，民主的な；大衆的な。
démocratiquement 副 民主主義の原理にのっとって，民主的に。
démocratisation 女 民主 [大衆] 化。
démocratiser 他 民主 [大衆] 化す

démodé

る. —se ~ 民主[大衆]化される.

démodé, e 形 流行[時代]遅れの.

se démoder 代動 流行[時代]遅れになる.

démodulateur 男[電]復調器.

démodulation 囡[電]復調.

démodulomètre 男[電]変調度計.

démographe 名 人口統計学者.

démographique 形 人口統計(学)の;(統計に表われた)人口の. ▫démographie 囡

demoiselle 囡 ❶ お嬢さん; 独身女性;(特に)老嬢. ❷ ~ d'honneur 花嫁の付き添いの娘. ❸[昆]トンボ.

démolir 他 ❶ 取り壊す, 解体する; 台なしにする, 損なう, 失効させる. ❷(…の)信用[評判]を傷つける; 健康を損なう, 打ちのめす. —se ~ 自分の(…を損なう; 壊れる; 覆えされる.

démolissage 男(評判, 名声を)傷つけること; 破壊.

démolisseur, se 名 取り壊し人夫; 破壊者.

démolition 囡 取り壊し, 解体; 打破; 失墜;(複数)残骸(ざん).

démon 男 ❶ 悪魔(のような人); 悪童. ▶ le ~ du jeu ギャンブルという悪魔, ギャンブルの魔力. ❷ 守護神.

démone 囡[文] 女の悪魔; 魔性の女.

démonétisation 囡(貨幣の)通用廃止; 評判を悪くすること, 信用失墜.

démonétiser 他(貨幣などの)通用を停止させる;(…の)評判[信用]を落とさせる; 価値を失わせる.

démoniaque 形 悪魔の(ような), 邪悪な; 悪魔に取りつかれた. —名 悪魔に取りつかれた人.

démonisme 男 魔神[悪魔]信仰.

démonologie 囡 悪魔研究.

démonstrateur, trice 名(商品の)実演販売人, デモンストレーター; 作業指導員.

démonstratif, ve 形 ❶ 証明する, 論証に役立つ; 説得力のある; 感情をはっきり表す. ❷[文法]指示の. —男[文法]指示詞.

démonstration 囡 証明, 論証;(商品の)実演宣伝,(スポーツなどの)実演, デモンストレーション;(多く複数)(感情などの)表出;[軍]陽動[示威]作戦. ▶ ~ aérienne 航空ショー.

démonstrativement 副 論証によって, 実証的に, 納得のいくように.

démontable 形 分解可能な; 組み立て式の.

démontage 男 分解, 取り外し.

démonté, e 形 分解された;(海が)荒れ狂う; 狼狽(?ん)した.

démonte-pneu 男 タイヤレバー.

démonter 他 ❶ 分解する; 取り外す. ❷ 面食らわせる; 落馬させる. —se ~ ❶ 狼狽(?ん)する; 分解される; 取り外せる. ❷ 落馬する;(海が)荒れる.

démontrable 形 証明可能な.

démontrer 他 証明[論証]する; 示す. —se ~ 証明される.

démoralisant, e 形 士気[気力]を

deux cent deux 202

を失わせる, がっかりさせる.

démoralisateur, trice 形 意気喪失させる.

démoraliser 他 気力[士気]を失わせる. —se ~ 意気阻喪する, 自信を失う. ▫démoralisation 囡

démordre 自(de)(…を)捨てる, あきらめる.

démotivant, e 形 意気沮喪させるような.

démotivé, e 形 やる気をなくした;[言]動機づけを失った.

démotiver 他 やる気をなくさせる. ▫démotivation 囡

démotorisation 囡 脱マイカー現象.

démouler 他[鋳型]から取り出す. ▫démoulage 男

démoustiquer 他 蚊を駆除する. ▫démoustication 囡

démultiplexage 男[通]デマルチプレクス操作.

démultiplicateur, trice 形[機]減速の. —男 減速装置.

démultiplication 囡[機]減速(比); 力の波及[拡大].

démultiplier 他[機]減速する;(…の)力を波及させる.

démuni, e 形 ❶(de)(…を)欠いている, 不足した. ❷ 金のない; 精神的にもろい.

démunir 他 ~ A de B A からBを取り上げる, 取り除く. —se ~ ❶(de)(…を)失う, 手放す, 奪われる. ❷ 無一文になる.

démuseler 4 他 口輪を外す; 解放する, 自由にする.

démystificateur, trice 形, 名 迷妄[欺瞞(ごん)]を打破する(人).

démystification 囡 欺瞞(ごん)の暴露, 迷妄の打破.

démystifier 他 迷妄から覚ます, 正気にかえす; 正体を暴く. —se ~ 迷妄から覚める, 正気づく; 正体を暴かれる.

démythifier 他(…の)神話[虚像]を打破する. ▫démythification 囡

dénantir 他 担保[所有物]を取り上げる. —se ~ 担保を手放す;(de)(…を)手放す.

dénasaliser 他[言](鼻音を)非鼻音にする, 口音化する. —se ~ 非鼻音化する. ▫dénasalisation 囡

dénatalité 囡 出生率の低下.

dénationaliser 他(国営企業を)民営化する. ▫dénationalisation 囡

dénaturation 囡 変質; 歪(ゆが)曲.

dénaturé, e 形 変質した, 異常な; ゆがめられた.

dénaturer 他 変質させる; 歪(ゆが)曲する. —se ~ 変質する; 歪曲される.

dénazifier 他 非ナチ化する.

dendrite [dā-/dě] 囡[生]樹状突起.

dendrochronologie [dā-/dě] 囡 年輪年代学.

dendrologie [dā-/dě] 囡 樹木学. ▫dendrologiste / dendrolo-

gue 名

dénébulateur 男 消霧器.

dénébuler / dénébuliser 他 霧を払う［消す］. ◇ **dénébulation / dénébulisation** 女

dénégation 女 否定, 否認.

déneigement 男 除雪.

déneiger ② 他 除雪をする.

dengue [dɛ̃-] 女 《米》《医》デング熱.

déni 男 《法》拒否;《心》否認.

déniaiser 他 《話》世慣れないものを教える, 大人にする;《古風》童貞［処女］を捨てさせる. ——**se** ~ 世間知を知る; 童貞［処女］でなくなる.

dénicher 他 **①** (鳥, 卵を)巣から取り出す. **②** (努力の末に)見つける, 探し出す.

dénicheur, se 名 **①** 巣から取り出す人. **②** (de) (…の)探しの名人.

dénicotiniser 他 ニコチン含有量を減らす. ◇ **dénicotinisation** 女

dénicotiniseur 男 (たばこの)フィルター.

denier 男 **①** 《貨》(古代ローマの)デナリウス銀貨;ドゥニエ(中世フランスの通貨単位);《複数》金, 金銭. **②** 《カト》(教会維持)献金. **③** デニール(繊維などの太さを表す単位).

dénier 他 認めない.

dénigrement 男 悪口, 中傷.

dénigrer 他 悪く言う, けなす.

dénigreur, se 名, 形 けなしむ(人), 中傷好きな(人).

denim [denim] 男 《米》デニム.

dénivelée 女 **dénivelé** 男 (2点間の)標高［高低］差.

déniveler ④ 他 (地面などに)高低差をつける.

dénivellation 女 **dénivellement** 男 標高差, 高低差, 起伏; 格差.

dénombrable 形 数えられる, 列挙しうる.

dénombrement 男 数え上げること; 列挙;《統計》(人口などの)調査.

dénombrer 他 数え上げる, 列挙する.

dénominateur 男 《数》分母.

dénominatif, ve 形［言］名詞から派生した.—— 男 名詞派生語.

dénomination 女 命名; 名称, 呼称.

dénommé, e 形 …という名の.

dénommer 他 名づける; 指名する.

dénoncer ① 他 告発［密告］する, 暴く;《文章》表す, 示す; 破棄通告をする. ——**se** ~ 自首する.

dénonciateur, trice 形, 名 告発［密告］する(人).

dénonciation 女 告発, 密告; 破棄通告;《法》通達.

dénotation 女 指示, 表示;《言》明示的意味;《論》(客観的)外延.

dénoter 他 示す, 示す;《論》外延により示す;《言》外示する.

dénouement 男 結末; 大団円; 解決.

dénouer 他 ほどく; 解決する; 結末に導く. ——**se** ~ ほどける; 大詰めを迎

dénoyage 男 (坑道の)排水.

dénoyauter 他 (果実の)芯(しん)［種］を取り払う.

dénoyauteur 男 種抜き器.

denrée 女 **①** (多く複数)食料(品). **②** ~ rare 希少品.

dense 形 濃い; 密集した, 密度の高い; 緻(ち)密な.

densifier 他 密度を高める; 圧縮する. ◇ **densification** 女

densimètre 男 密度計, 比重計.

densimétrie 女 密度［比重］測定.

densité 女 濃密さ, 緊密度;《物》密度, 比重.

densitométrie 女 ~ osseuse 《医》骨密度［カルシウム含有率］測定.

dent 女 **①** 歯;《複》(道具の)歯, 鋸歯(きょし)状のもの, ぎざぎざ; (山の)尖峰(せんぽう).
◊ à belles [pleines] ~s がつがつと; 激しく. avoir la ~ 《話》空腹である. avoir [conserver, garder] une ~ contre ... …に恨みを抱く. être sur les ~s たいへん忙しい, (神経が)ぴりぴりしている.

dentaire 形 歯の; 歯科の.

dentale: dent 牙(きば); (道具の)歯, 歯車; ——**aux** 形《言》歯音の. —— 女 《言》歯(し)音.

dent-de-chien 女 《複》~s-~-~ 女 《植》カタクリ.

dent-de-lion 女 《複》~s-~-~ 女 《植》セイヨウタンポポ.

denté, e 形 歯のある; 歯状突起を持つ; 歯(し)状の.

dentelé, e 形 ぎざぎざの, 鋸歯(きょし)状の.

denteler ④ 他 《文章》縁に刻み目を入れる, ぎざぎざにする.

dentelle 女 レース; レース状のもの.
• crêpe ~ 薄焼きクレープ.

dentellerie 女 レース製品.

dentellier, ère [-talje:r] 形 レースの. —— 女 レース工, レースを編む人.

dentelure 女 ぎざぎざ; 鋸歯(きょし)状の模様.

dentier 男 入れ歯.

dentifrice 男, 形 歯磨き(の).

dentine 女 (歯の)象牙(ぞうげ)質.

dentiste 名 歯科医.

dentisterie 女 歯科学.

dentition 女 生歯, 歯が生えること;《集合的》歯, 歯並び.

denture 女 《文章》《集合的》歯, 歯並び; (道具などの)歯.

dénucléariser 他 非武装化する; 核装備を縮小する. ◇ **dénucléarisation** 女

dénuder 他 裸にする; 裸にする. ——**se** ~ むき出しになる; 裸になる.

dénué, e 形 (de) (…が)欠けている, (…の)ない.

dénuement 男 貧窮, 窮乏.

se dénuer 代動 《文章》(de) (…を)失う, 手放す.

dénutrition 女 栄養失調.

déodorant, e 形 体臭を抑える. —— 男 体臭防止化粧品, デオドラント.

Deo gratias [deograsjas] 《ラ》神

déontologie

に感謝(ミサの終わりなどに用いる感謝の表現)ありがたいことに;やれやれ.

déontologie 女 職業倫理; 医の倫理. □déontologique 形

dépailler 他 (詰め物の)わらをぬく.

dépannage 男 修理; 話 窮状から救うこと; 援助.

dépanner 他 故障を直す; 話 困難から救い出す.

dépanneur, se 名 修理工.
— 車 故障修理車, レッカー車.

dépaqueter 4 他 包みを解く.
□dépaquetage 男

déparasiter 他 寄生生物を駆除する; 雑音を除く.

dépareillé, e 形 半端の, 不揃いの.

dépareiller 他 半端にする, 不揃いにする.

déparer 他 美観を損う; 調和を台なしにする.

déparier 他 (対のものを)半端にする.

déparisianiser 他 パリ中心主義を改める, 脱パリをはかる.
□déparisianisation 女

dépars, départ 活 ⇨ départir.

départ[1] 男 ❶ 出発, 発車; 開始, 初め;[スポ]スタート. ❷ 辞職, 辞任, 退職. ❸ 文章 区別, 分化.
◇*au* — 初めに. *être sur le* — 出発しようとしている.

départager 2 他 (賛否同数の場合に)裁決する; 一方を良しとする.

départai-, départe- 活 ⇨ départir.

département 男 ❶ 県. ❷ 省(官庁, 企業などの)部門, 部, 課; (大学の)学科.

départemental, ale (男 複 *aux*) 形 県の. — 女 県道.

départementaliser 他 (海外領土に)県政を施行する; (国の行政の一部を)県に移管する.
□départementalisation 女

départir 19 (慣用では多く 代動) 文章 分かち与える, 割り当てる. — **se** ~ (de) (…を)捨てる, やめる, 失う.

dépassant 男 [服] (縁取り用)ひだ飾り, バイアステープ.

dépassé, e 形 追い越された, 時代遅れの; 追い越されたの; 能力 及ばない.

dépassement 男 追い越し; (出費などの)超過; 文章 克服; [哲] 止揚.

dépasser 他 ❶ 追い越す, 通り過ぎる. ❷ 超過する, 越える, 以上である; 理解を越える. — 自 はみ出す; 突き出る. — **se** ~ 自己を乗り越える, 普段の実力以上の力を出す. ❸ 追い抜き合う.

dépassionner 他 (議論などの)熱を冷ます, 鎮める.

se dépatouiller 代動 苦境[泥沼]を脱する.

dépatrier 他 文章 祖国を失わせる; 無国籍にする. — **se** ~ 文章 精神的無国籍者となる.

dépaver 他 (舗道の)敷石をはがす. □dépavage 男

dépaysé, e [-pei-] 形 途方に暮れ た, なじめずにいる.

dépaysement [-pei-] 男 ❶ 環境[習慣]の変化, 気分転換. ❷ 居心地の悪さ, 違和感.

dépayser [-pei-] 他 途方に暮れさせる, 居心地を悪くさせる; 日常性から脱出させる. — **se** ~ 気分転換する.

dépecer 8 他 細かく切り分ける, 解体する; 分割する.
□dépeçage / dépècement 男

dépêche 女 電報; 至急便; 公用文書.

se dépêcher 急ぐ; (de)急いで…する.

dépêcher 他 文章 急いで派遣する; 急送する.

dépeign-, dépeigne- 活 ⇨ dépeindre.

dépeigné, e 形 髪の乱れた.

dépeigner 他 (髪を)乱す.

dépeindre 80 他 描写する, 表現する; 語る.
— **se** ~ 表現される, 言い表される.

dépenaillé, e 形 ぼろ着をまとった; ほろぼろの.

dépénalisation 女 処罰の対象から外すこと. □dépénaliser 他

dépendance 女 ❶ 依存, 従属; 依存[因果]関係. ❷ 属領, 属国; 《複数》 付属の土地[建物], 付属物.
◇*être sous [dans] la* ~ *de* … …に依存している; 扶養されている.

dépendant, e 形 (de) (…に)依存[従属]する, 支配される.
— 男 話 家臣, 臣下.

dépendeur 男 話・古風 grand ~ d'andouilles うどの大木.

dépendre[1] 83 自 (de) ❶ (物が)…次第である, (…に)よる. ❷ (…に)所属する; 依存する; 付属する. ◇*Ça [Cela] dépend.* それは事情次第だ.

dépendre[2] 83 他 外す, 下ろす.

dépens 男 複 [法] 訴訟費用.
◇*aux* ~ *de* … …を犠牲にして.

dépense 女 出費, 支出, 費用; 消費(量).

dépenser 他 費やす, 使う; 消費する. — **se** ~ 力を尽くす; 使われる; 体を動かす.

dépensier, ère 形 金遣いの荒い.
— 名 浪費家.

déperdition 女 損失, 減少; 減退, 消耗.

dépérir 自 衰弱する; 破産状態に陥る; 老朽化する.

dépérissement 男 衰弱, 消耗; 衰退.

déperlant, e 形 [繊] 撥(は)水(加工)の.

dépersonnalisation 女 文章 人格[個性]を失わせること, 没個性(化); [心] 離人症, 人格喪失.

dépersonnaliser 他 文章 人格[個性], 特色)を失わせる, 見並にする. — **se** ~ 人格[個性]を失う; [心]離人症になる.

dépêtrer 他 救い出す. — **se** ~ (de) (…から)抜け出す, 自由になる.

dépeuplé, e 形 住民のいなくなった; 人気(ひとけ)のない.

dépeuplement 男 人口減少, 過

疎化;(生息動物の)減少;(森林の)伐採.

dépeupler 他 住民[生息動物]を減らす[絶やす];(森林の)伐採を行う. **— se ~** 人[生息動物]が減少する;過疎化する.

déphasage 男 [電] (現実との)ずれ,現状と疎くなっていること.

déphasé, e 形 現実とずれた;現状に疎い.

déphaser 他 現状と疎くさせる,時代遅れにさせる.

dépiauter 他 〖話〗皮[覆い]をはぐ;〖話〗(文章の)あら捜しをする. ◨dépiautage / dépiautement 男

dépicage 男 ⇨ dépiquage.

dépigeonnage 男 (大都市などの)ハトの駆除.

dépilage 男 (皮の)脱毛.

dépilation 女 脱毛(症).

dépilatoire 形 脱毛の. **—** 男 脱毛剤.

dépiler 他 (病気が)脱毛を起こさせる;脱毛する.

dépiquage 男 〖農〗脱穀;苗取り.

dépiquer 他 〖農〗苗取りする;脱穀する;(衣類などの)縫い目をほどく.

dépistage 男 追跡;探索;〖医〗(集団)検診.

dépister 他 ❶ (獲物などの)足跡を見つける;探し出す. ❷ 逃れる.

dépit 男 悔しさ,いまいましさ,恨み.
◇en ~ de ... ‥にもかかわらず.

dépité, e 形 悔しい.

dépiter 他 悔しがらせる. **— se ~** 〘文章〙悔しがる,腹を立てる.

déplacé, e 形 ❶ 位置を変えた;場違いな;無作法な. ❷ personne ~e 国外亡命者,難民.

déplacement 男 ❶ 移動,転任,異動;強制移住. ❷ 通勤,出張;旅行. ❸〖医〗転位;〖心〗置き換え.

déplacer ① 他 ❶ 移動させる,位置を変える,動かす;異動させる;左遷[更迭]する;(議論などを)そらす;〖情報〗(マウスを)ドラッグする.
— se ~ 移動する,位置を変える,旅行する;脱臼(きゅう)する.

déplafonner 他 (貸付金の)上限を撤廃する. ◨déplafonnement 男

déplaire ③ 自 ❶ (…の)気に入らない;(…を)怒らせる;不快にする.
◇ne vous en (en) déplaise お気の毒ですが;お気には召すまいが.
— se ~ 居心地がよくない;互いに気に入らない.

déplaisant, e 形 気に入らない,不快.

déplaisir 男 不愉快,不満;いらだち.

déplaît 活 ⇨ déplaire.

déplanifier 他 〖経〗(計画経済から)自由経済に戻る. **—** 他 自由経済に戻す. ◨déplanification 女

déplanter 他 抜く;移植する,床替えする.

déplâtrer 他 漆喰(しっくい)をはがす;ギプスを外す. ◨déplâtrage 男

dépliage / dépliement 男 (畳んであるものを)広げること.

dépliant, e 形 折り畳み(式)の.
— 男 折り込みページ;折り畳みパンフレット[地図].

déplier 他 広げる;(包みを)解く.
— se ~ 開く;広がれる.

déplisser 他 ひだ[折り目,しわ]を取る. **— se ~** ひだ[折り目,しわ]が取れる. ◨déplissage 男

déploiement 男 広げること,広がり;展開,発揮,誇示.

déplomber 他 (荷物,ガスメーターなどから)鉛の封印を解く;(歯の詰め物を)取り去る. ◨déplombage 男

déplorable 形 嘆かわしい,悲しむべき{こと},最低の.
◨déplorablement 副

déploration 女 〖文章〗哀訴;〖楽〗哀歌.

déplorer 他 嘆く,悼む;残念に思う.

déployer ⑩ 他 広げる;陳列する,誇示する,発揮する;(軍を)展開させる.
— se ~ 広がる;発揮[誇示]される.

déplu déplaire の過去分詞.

déplumé, e 形 羽の抜けた;〖話〗頭のはげた.

déplumer 他 羽をむしる.
— se ~ 羽が抜ける;〖話〗はげる.

déplus(-), déplut, déplût(-) 活 ⇨ déplaire.

dépoétiser 他 詩趣をそぐ.

dépoitraillé, e 形 〖話〗胸をはだけた.

dépoli, e 形 艶(つや)のない,曇った.

dépolir 他 (金属,ガラスを)曇らせる,艶消しにする. **— se ~** 光沢が消える.

dépolissage 男 艶消し.

dépolitiser 他 政治色をなくす;政治に無関心にする. **— se ~** 政治色をなくす;政治に無関心になる.
◨dépolitisation 女

dépolluer 他 (自然環境の)汚染を除去する. ◨dépollution 女

dépollueur, se 形 汚染を除去する.

déponent, e 形 〖言〗形式所相の,異態の. **—** 男 (ラテン語の)形式所相[異態]動詞.

dépopulation 女 人口の自然減.

déportation 女 〖航〗負荷偏り;〖古〗強制移送.

déporté, e 形, 名 強制収容所に抑留された(人),流刑に処せられた(人).

déportement 男 (自動車,飛行機などの)方向のそれ,横滑り.

déporter 他 ❶ 強制収容所へ送る,流刑に処する. ❷ 方向をそらせる.
— se ~ (進行方向から)それる.

déposant, e 名 預金者.

dépose 女 取り外し,解体.

déposé, e 形 登録された. ► marque ~e 登録商標.

déposer 他 ❶ 置く;(人を)降ろす;捨てる;脱ぐ. ❷ 預ける,託す. ❸ 提出[登録]する;証言する. **—** (~ une) plainte 告訴する. ❹ (川,洪水が泥を)堆積させる;沈殿させる. ❺ 取り外す;退位させる,(司祭を)解任する.

◇~ son bilan 破産を申し立てる.
— 自 ❶ 証言をする. ❷ (ワインが)澱(*おり*)が出る.
— se ～ 沈殿する, たまる.

dépositaire 名 託された人, 受託者; 委託販売人, 代理店.

déposition 女 ❶ [法]証言, 供述; 供述書. ❷ [王, 皇帝の]廃位; 免職, 罷免. (聖職者の)免職, 罷免. ❸ [美] D~ de Croix キリスト降架[図].

dépositoire 男 [病院の]霊安室, 遺体仮安置所.

déposséder 6他 ～ qn de qch AからBを奪う.

dépossession 女 剥(*はく*)奪; 没収.

dépôt 男 ❶ 登録; [法]提出. ～ de bilan 破産の申し立て. ❷ 置くこと; 預けること, 委託; 預金; 預かり物. ❸ 預かり所, 保管所; 倉庫, 車庫, 留置場(物); 収容所; 捨て場. ❹ 堆積(物), 沈殿(物).

dépoter 他 (草木を)鉢から出す; 植え替える.
□dépotage/dépotement 男

dépotoir 男 ごみ捨て場; がらくた置き場.

dépôt-vente 男 (複) ～s～s 委託販売(店).

dépouille 女 ❶ (動物からはいだ)皮(蛇, 昆虫などの抜け殼)[文章遺体, なきがら (= ～ mortelle). ❷ (複)[文章戦利[略奪]品.

dépouillé, e 形 ❶ 飾りのない(de) (…が)ない. ❷ 葉を落とした; 皮をはいだ.

dépouillement 男 ❶ (資料などの)詳細な調査, 検討; 開票. ❷ 飾りのなさ, 簡素さ. ❸ 財産の没収, 放棄; 無一物. ❹ 動物の皮をはぐこと; 脱皮.

dépouiller 他 ❶ 皮をはぐ, 葉[実]を落とす; qn de qch ～ A de B AからBを取り去る, 奪う. ❸ (本などを)綿密に調べる; (票を)開票する. ❹ 文章脱ぐ; (ある感情を)捨てる.
— se ～ ❶ [de] (…を)脱ぐ; (財産などを)捨てる. ❷ 脱皮する; 髪が抜ける.

dépourvu, e 形 [de] (…を)欠いた, (…の)ない; 無一文の. ◇ *prendre au* ～ 不意打ちする, 面食らわせる.

dépoussiérer 6他 ほこりを取る; 一新する. □dépoussiérage 男

dépoussiéreur 男 集塵装置.

dépravation 女 堕落, 退廃; 性倒錯.

dépravé, e 形 変質的な; 不道徳な, 堕落した. — 名 性倒錯者, 変質者.

dépraver 他 堕落[退廃]させる.
— se ～ 堕落する; 損なわれる.

déprécation 女 (神の許しを求める)嘆願の祈り.

dépréciateur, trice 形 名 けなす(人), 悪口を言いふらす(人).

dépréciatif, ve 形 [言]軽蔑的な.

dépréciation 女 価値[価格]の低下; 過小評価.

déprécier 他 悪く言う; 軽視する; 価値[価格]を下げる.
— se ～ 価値が下がる.

déprédateur, trice 形 名 (公共物を)破壊する(者); (公金を)横領する(者).

déprédation 女 (個人, 公共の所有物の)損損, 破壊; (公金の)横領 自然破壊.

se déprendre 87代動 文章 (de) (…から)離れる, (…と)絶つ.

dépressif, ve 形 意気消沈した, 抑うつ(症)の; 不況の.

dépression 女 ❶ 意気消沈; うつ病. ❷ 沈下, 陥没; くぼ地. ❸ 不況, 不景気; (相場の)下落; [気]低気圧.

dépressionnaire 形 低気圧の.

dépressuriser 他 (機内の圧力を)減圧させる. □dépressurisation 女

déprimant, e 形 意気消沈させる, 衰弱させる, うんざりさせる.

déprime 女 うつ状態, 落ち込み.

déprimé, e 形 ❶ 意気消沈した, 落ちこんだ, 元気のない. ❷ くぼんだ; 偏平な. ❸ 不景気な.

déprimer 他 ❶ 意気消沈させる, 落胆させる; (体を)弱らせる. ❷ くぼませる, 押し下げる; 平にする.

De profundis [deprɔfɔ̃dis] 男 (ラ)「深き淵より」, 哀悼歌. 聖書詩編130から.

déprogrammer 他 (上演, 放送などを)中止する; 心理的抑圧から解放する. □déprogrammation 女

déprolétariser 他 非プロレタリア化する.

déprotéger 他 [情報]プロテクトを外す.

dépuceler 4他 処女[童貞]を失わせる. □dépucelage 男

depuis 前 ❶ [時間] …から, …以来; …前から. ～ que … …してから, …以来. ❷ [場所, 範囲] …から. — 副 その時以来, それ以後.

dépuratif, ve 形 [古風][医]浄化性の. — 男 浄化剤.

dépurer 古 他 浄化する.

députation 女 (代表, 使節の)派遣; 代表[使節]団; 代議士職.

député 男 国民議会議員, 代議士; 古使節, 代表.

députer 他 (de) 代表[使節]として派遣する.

déqualifier 他 低い資格の仕事に就かせる, 資格を引き下げる. □déqualification 女

der; (複) ～(s) 名話 最後のもの; 図 びり. ～ dix de *der* (プロットの)最終回の10点.

déraciné, e 形 ❶ 根こぎにされた; 故郷を喪失した; 根なし草になった. — 名 祖国[故郷]喪失者, 根なし草.

déracinement 男 根こぎ; 根絶; 祖国[故郷]喪失.

déraciner 他 根こぎにする; 根絶する; 祖国[故郷]から引き離す.

déraidir 他 柔軟にする; (性格, 感情などを)和らげる.

déraillement 男 [鉄道]脱線; 脱.

dérailler 自 脱線する; 調子が狂う; 話常軌を逸する, 分別を失う.

dérailleur 男 (自転車の)変速装置.

déraison 女 [文章] 理性の欠如.

déraisonnable 形 無分別な, 常軌を逸した, 常識はずれの. □**déraisonnablement** 副

déraisonner 自 [文章] 非常識なこと[たわごと]を言う.

déramer 他 (一連の用紙を)さばく.

dérangé, e 形 調子が狂った; 話下痢をした.

dérangeant, e 形 ショッキングな.

dérangement 男 ❶ 邪魔; 散らかすこと; 混乱, 不調, 故障. ❷ (わざわざ)出向くこと.

déranger 2 他 邪魔する, 迷惑をかける; 乱す, 散らかす; 狂わす.
—se ~ 席を立つ(仕事などを中断する); 調子が狂う.

dérapage 男 (車の)横滑り, スキッド; 逸脱, 急変. ▶~ verbal 失言.

déraper 自 (車が)横滑り[スキッド]する; 逸脱する, (状況が急に)悪化する; (錨が)船が)流される.

dératé, e 名 courir comme un ~ 非常に速く走る.

dérationaliser 他 非合理化する.

dératiser 他 ネズミを駆除する. □**dératisation** 女

derby 男 (英) ❶ (D~) ダービー(競馬); (伝統的な)対抗試合. ❷ [靴] ダービー.

déréaliser 他 現実感を失わせる. □**déréalisation** 女

derechef 副 [文章] もう一度, 再び.

déréel, le 形 非現実の, 非現実的な.

déréglé, e 形 調子の狂った; 放埒(影)な; 常軌を逸した, 過度の.

dérèglement 男 不調, 乱れ.

déréglementaire 形 規制緩和, 規制撤廃の.

déréglementer 他 規制を緩和[撤廃]する.

dérégler 6 他 狂わせる; 乱す.

dérégulation 女 規制緩和.

déréguler 他 規制を緩和する.

déréliction 女 (神に)見捨てられた状態, 孤独.

déresponsabiliser 他 責任を免除する. □**déresponsabilisation** 女

déridage 男 (顔の)しわ取り手術.

dérider 他 気持ちを明るくする, 陽気にする; しわを伸ばす. **—se ~** ❶ 機嫌が良くなる, 笑顔を見せる.

dérision 女 嘲弄(ラッ), 愚弄; ばかばかしいもの, お笑い草.

dérisoire 形 あまりに少ない; ばかばかしい, つまらない. □**dérisoirement** 副

dérivatif, ve 形 [言] 派生の, 派生語形成の. —男 気晴らし, 慰め.

dérivation 女 (水路, 交通路などの)流れの変更[分岐]; 分水路, 放水路; 迂回(ポ), バイパス; [言] 派生; [数] 微分; [電] 並列形.

dérive 女 ❶ 漂流, 偏流; 逸脱, 変動. ❷ 舵, センターボード; 垂直尾翼. ❖**aller** [**être**] **à la ~** 漂流する; 成り行きまかせである.

dérivé, e 形 派生の.

—男 [言] 派生語 [形]; [化] 誘導体.
—女 [数] 導関数; 導関数の値, 微分係数.

dériver 自 ❶ (de) (…から)派生する, 生じる. ❷ 流される, 進路を外れる; 脱線する. —他 (水の)流れを変える.

dériveur 男 センターボード付き小帆船.

dermatite 女 [医] 皮膚炎.

dermatologie 女 皮膚科学.

dermatologiste / dermatologue 男女 皮膚科医.

dermatome 男 [医] ダーマトーム, 採皮刀, 皮膚採取器.

dermatose 女 [医] 皮膚病.

derme 男 [解] 真皮. □**dermique** 形

dermite 女 ⇨ dermatite.

dermoponcture [-pɔ̃-] / **dermopuncture** 女 [鍼] 療法.

dernier, ière 形 ❶ 最後の, 最終の, 最期の; 最下位の, 最低の; (階が)最上の. ❷ 最新の, 最近の. ▶la ~ère mode 最新流行. ❸ この前の. ▶~ lundi ~ この前の月曜日 / la semaine ~ère 先週. ❹ 極端な, 最高度の. ▶~ de la ~ère importance きわめて重要な問題 / avec la ~ère énergie 猛烈このうえなく / être du ~ bien avec … [文章] …と親密な関係にある.
—男 ❶ 最後の人 [物], びり; 一番下の弟 [妹]. ▶le petit ~ 末っ子. ❷ le ~ [la ~ère] de +複数名詞 …の中で最も低いもの[人]. ▶le ~ des ~s 話 屑(ジ)の中の屑.
❖**ce** ~ [**cette** ~ère] (直前の名詞を受けて)後者. **en** ~ 最後に. **le** ~ **à** (**à pouvoir**) + **inf.** = **le** ~ [**la** ~ère] +関係節 …する資格が最もない人, …するのに最も不適当な人物.

dernièrement 副 最近, 近頃.

dernier-né, dernière-née;
〈複〉〜**s**-〜**s** 名 末っ子; 最新型.

dérobade 女 回避, 言い逃れ.

dérobé, e 形 盗まれた; 隠れた, 秘密の.

dérobée (à la) 副 句 ひそかに, こっそり.

dérober 他 [文章] ❶ ~ A (à B) (Bから) A をこっそり盗む, くすねる. ❷ ~ A à B Aを Bから守る, かくまう見えないようにする. ❸ そらす, 遠ざける.
—se ~ ❶ (à) …を避ける; 返答を回避する. ❷ 萎(ᵼ)える, 力が抜ける; 崩れる.

dérogation 女 違反; 例外, 特例.

dérogatoire 形 [法] 適用除外の.

dérogeance 女 [史] 貴族資格喪失.

déroger 2 自 (à) (規則などに)背く, (…に)背く, (地位, 身分に)もとる行為をする. ❷ 威厳を失う, 体面を汚す.

dérouillée 女 話 殴打.

dérouiller 他 ❶ 錆(ペ)を落とす; 話 ほぐす, 活発にする. ❷ 話 殴る.
—自 話 殴られる; ひどい目にあう.
—se ~ 手足をほぐす; 回復する.

déroulant, e 形 menu ~ [情報] プルダウンメニュー.

déroulement 男 広げる[広がる]こ

dérouler

と；展開，推移．

dérouler 他 (巻いたものを)広げる，繰り広げる，展開する．
— se ~ 広まる；繰り広げられる．

dérouleur 男 (紙などの)ロール．

déroutant, e 形 面食らわせる，困惑させる．

déroute 囡 (軍隊の)潰(かい)走；敗北．

déroutement 男 / **déroutage** 男 (船などの)進路変更．

dérouter 他 進路を変更する；狼狽(ろうばい)，困惑させる．

derrick 男 [英]油井櫓(やぐら)，[機]デリック(クレーン)．

derrière 前 ❶ 《場所》…の後ろに，裏に，背後に：…から隠れて．❷ 《順序，序列》…に次いで，続いて．— 副 後ろで[に]．◆par~》…後ろから；除いて．— 男 後ろ，後部；語 尻(しり)；《複数》(建物の)裏側．

déruralisation 囡 農村の過疎化．

derviche 男 イスラム教の修行僧．

des¹ 《前置詞 de と定冠詞複数形 les の縮約形》…の，…から (⇨ de², le¹).

des² 不定冠 (un, une の複数形) ❶ いくつかの，何人かの：ある．❷ いくつもの，多くの．❸ 語《数を強調して》なんという…，ものの．❹《固有名詞とともに》…家の人々：…のような人々；…の(いくつかの)作品．

dès 前 《時間，場所》…からすぐに，…の時すでに，…から．◆*dès lors* その時から：それで，従って．*dès lors que* + ind. …である以上，…するやいなや．*dès que* + ind. …するやいなや．

désabonner 他 (…の)定期予約[予約購読]を取り消す．**— se ~** 定期予約[予約購読]を取り消す．
□désabonnement 男

désabusé, e 形, 名 悟った(人), 目覚めた(人)．

désabuser 他 文章 誤りを悟らせる；目を覚まさせる．

désaccord 男 不和, 対立, 不一致．

désaccordé, e 形 チューニング[調律]の狂った．

se désaccorder 代動 チューニング[調律]が狂う．**— désaccorder** 他 チューニングを狂わせる．

désaccoutumer 他 **— A de B** AにBの習慣を失わせる．
— se ~ (de) (…の)習慣をやめる．
□désaccoutumance 囡

désacraliser [-sa-] 他 神聖なものというイメージを取り払う．
□désacralisation 囡

désaffectation 囡 (建物などの)転用, 廃用．

désaffecté, e 形 廃用[転用]された．

désaffecter 他 廃用[転用]する．

désaffection 囡 愛着が薄れること, 興味の喪失, 離反．

se désaffectionner 代動 (…への)愛着[関心]を失う, (…から)心が離れる．

désagréable 形 不愉快な, 嫌な．

désagréablement 副 不愉快に, 嫌な感じに：迷惑なことに．

désagrégation 囡 風化；崩壊．

désagréger ⑦ 他 崩す, 崩壊させる．**— se ~** 崩れる, 崩壊する．

désagrément 男 不愉快なこと；面倒, 厄介．

désaimanter 他 消磁する．

désaisonnaliser 他 季節変動修正する．□désaisonnalisation 囡

désaliéner 他 疎外[束縛]から解放する．□désaliénation 囡

désaltérant, e 形 渇きをいやす．

désaltérer ⑥ 他 渇きをいやす．
— se ~ (自分の)渇きをいやす．

désamiantage 男 アスベスト除去．

désamianter 他 アスベストを除去する．

désamorcer ⑥ 他 雷管[起爆装置]を外す, (ポンプの)水を抜く；(激化しないうちに)鎮める, 封じる．
□désamorçage 男

désamour 男 文章 愛[恋, 関心]が冷めること．

désannoncer ① 他 (放送した番組の)タイトルなどを伝える．

désapparier 他 ⇨ déparier.

désappointé, e 形 がっかりした．

désappointer 他 失望[落胆]させる．□désappointement 男

désapprendre ⑧⑦ 他 文章 (学んだことを)忘れる．

désapprobateur, trice 形 非難がましい, 不満げな, 否定的な．

désapprobation 囡 不賛成, 不満．

désapprouver 他 認めない, (…に)難色を示す, 眉をひそめる, 感心しない．

désarçonner 他 落馬させる；やり込める, 自信を喪失させる．

désarêter 他 (魚の)骨を取り除く．

désargenté, e 形 銀めっきのはがれた；語 金を使い果した．

désargenter 他 銀めっきをはがす；話 一文無しにする．

désarmant, e 形 怒る気もうせてしまう, あまりにも無邪気[素朴]な．

désarmé, e 形 武装解除[軍備縮小]された；無気力な, なすすべのない．

désarmement 男 武装解除；軍備縮小[撤廃]；[海艦]装備解除．

désarmer 他 ❶ 武器を取り上げる；軍備を縮小[撤廃]する；(銃の)撃鉄を外す；(船舶の)艤装を解く．❷ 怒る気をなくさせる；(感情を)和らげる．
— 自 ❶ 軍備を縮小[撤廃]する；(感情が)和らぐ．❷ 語 くじける, 衰える．
► ne pas ~ くじけない．

désarroi 男 混乱, 動揺．

désarticulation 囡 脱臼(きゅう)；文章解体．

désarticuler 他 脱臼(きゅう)させる, 関節を外す；がたがたにする．
— se ~ (…を)脱臼する；自由自在に手足を折り曲げる；がたがたになる．

désassembler 他 ばらばらにする, 分解する．

désassorti, e 形 半端の, 不揃いの；品不足の．

désassortiment 男 半端物になること, 不揃い；品切れ, 品不足．

désassortir 他 不揃いにする；品不足［品切れ］にする．

désastre 男 災害, 惨事；敗北, 破綻(たん)；［話］惨憺(たん)たるもの［人］.

désastreux, se 形 ひどい, 惨憺(たん)たる；災害をもたらした, 大惨事となった.

désatellisation [desa-] 囡 《人工衛星の》軌道離脱；非衛星国化.

désavantage 男 不利(な点).

désavantager 2 他 不利にする.

désavantageux, se 形 不利な. □**désavantageusement** 副

désaveu 《複》**x** 男 否認, 取り消し；《独断専行, 越権だどの》非難, 不支持(の表明).

désavouer 他 否認する, 自分のものと認めない；取り消す；非難［反対］する；矛盾する.

désaxé, e 形 軸から外れた；常軌を逸した, 狂った. ― 图 常軌を逸した人.

désaxer 他 軸から外す；平衡を失わせる；狂わす.

desceller 他 開封する；《壁などに埋め込まれた物を》取り外す. ― **se ~** 外れる, 取れる. □**descellement** 男

descendance 囡 《集合的》子孫, 後裔(えい)；家系.

descendant, e 形 下りの, 下降する；《法》卑属の. ― 图 《法》卑属；《複数》子孫, 後裔(えい).

descendeur, se 图 《スキーで》滑降［ダウンヒル］に強い選手；《自転車競技で》下り坂に強い選手.

descendre 58 自 《助動詞 être》❶ 降りる, 下る, 低くなる；《乗り物から》降りる；南下する. ❷ 泊まる. ❸ 侵入する；《警察が》手入れを行う；臨検する；《精神的に》深く立ち入る. ❹ 地位が下がる；《à, jusqu'à》《…まで》身を落とす. ❺ 《de》《…の》出である, 血を引く. ◊ **~ dans la rue** 《デモなどで》街頭に繰り出す. ― 他 《助動詞 avoir》❶ 降ろす, 下ろす. ❷ 降ろす, 下げる, 弱くする. ❸ 《乗客を》降ろす；飲み干す；殴り倒す, 撃ち落とす, こき下ろす.

descente 囡 ❶ 降りること, 下降；下下；《スキーの》滑降. ❷ 侵入, 襲来；《警察の》手入れ, 臨検. ❸ 降ろすこと, 運び降ろすこと. ► **~ de Croix** キリスト降架図《図, 像》. ► **~ de lit** ベッドサイド・マット. ► **~** 下垂, ヘルニア；《建》竪樋(たてどい), 立ち上げ管.

déscolariser 他 学校教育から離れさせる.

descriptif, ve 形 描写的な, 記述的な. ― 男 《建》設計図書(しょ).

description 囡 描写, 記述；説明書；《法》明細目録.

desdits [dedi] ⇨ **ledit**.

déséchouer 他 《船を》離礁させる.

désectoriser [-sεk-] 他 《大学, 行政機関などの》部門を統合化する. □**désectorisation** 囡

déségrégation [-se-] 囡 人種差別撤廃.

désembourber 他 泥の中から引き上げる.

désembourgeoiser 他 非ブルジョア化する. ― **se ~** ブルジョア的性格をなくする.

désembouteiller 他 渋滞［混雑］を解消する.

désembuer 他 《窓ガラスなどの》曇りを取る. □**désembuage** 男

désemparé, e 形 途方に暮れた；《航行》《操縦》不能になった.

désemparer 自 《文章 sans ~》絶えず, 終始けさまに.

désemplir 自 **ne pas ~** いつも混んでいる.

désencadrer 他 枠を外す；《経》信用制限《貸付枠》を外す.

désenchanté, e 形, 图 幻滅した《人》, 夢から覚めた《人》.

désenchantement 男 幻滅, 失望.

désenchanter 他 幻滅［失望］させる；《…の》魅力を失わせる.

désenclavement 男 《僻(へき)地の》経済的開発；《交通・通信網》の拡大.

désenclaver 他 《交通, 通信などの便をよくして, 僻(へき)地を》開発する.

désencombrer 他 片づける, 障害物を取り除く.

désencrasser 他 《…の》垢(あか)［煤(すす), 錆(さび)］を取る, 洗う.

désencrer 他 《再生用に回収した紙の》インクを除去する. □**désencrage** 男

désendettement 男 借金の返済.

se désendetter 代動 借金を返済する.

désenfiler 他 糸を抜く.
― **se ~** 糸が抜ける.

désenfler 自 腫(は)れが引く.
― 他 腫れを取る.

désenfumer 他 《部屋などの》煙を抜く. □**désenfumage** 男

désengagement 男 《協定などの》解消；《同盟などからの》離脱；《軍隊などの》引き上げ.

désengager 2 他 解放する.
― **se ~** 《de》《…から》解放される, 手を切る；《…を》取り消す.

désengorger 他 《詰まったものの》通りをよくする.

désenivrer 他 酔いを覚ます.

désenneiger 2 他 雪を除く.

désennuyer 11 他 退屈を紛らせる.
― **se ~** 気晴らしをする.

désensabler 他 ❶ 砂の中から引き出す. ❷ 《水路などの》砂を取り除く.

désensibilisation [-sā-] 囡 《医》脱感作；《写》減感.

désensibiliser [-sā-] 他 感受性を減ずる, 鈍感にする；《医》過敏性を軽減［除去］する；《写》減感する.

désensorceler 4 他 魔法を解く.

désentortiller 他 《糸, ひもの》撚(よ)りを戻す；《紛糾した事態などの》解決を図る.

désentraver 他 足かせを外す.

désépaissir 他 薄くする.

désépargne 囡 貯蓄の取崩し.

déséquilibre 男 不均衡；不安定；

déséquilibré

《医》平衡障害.

déséquilibré, e 形 精神異常の; 平衡を失った. —名 精神異常者.

déséquilibrer 他 平衡を失わせる, ぐらぐらさせる; 精神の安定を失わせる.

désert ⑥ 形 無人の; 人気(%)のない. —男 砂漠; 人の少ない〔寂しい〕場所. ◇prêcher [parler, crier] dans le ~ 誰にも取り合ってもらえない, 空しく訴える.

déserter 他 放棄する, 離れる, 捨てる. —自 脱走〔逃亡〕する.

déserteur 男 脱走兵;〖文章〗裏切者.

désertification 女 砂漠化すること; 変節, 脱党.

désertion 女 砂漠化, 逃亡; (国などを)捨てること; 変節, 脱党.

désertique 形 砂漠の.

désertisation 女 砂漠化; 過疎化.

désescalade 女 デスカレーション(戦争, 社会事態の段階的縮小).

désespérance 女〖文章〗絶望, 無力感.

désespérant, e 形 がっかりさせる, どうしようもない; 不快な, 嫌な.

désespéré, e 形 絶望した; 必死の; 絶望的な; 申し訳ない. —名 絶望した人; 自殺者.

désespérément 副 必死に; 絶望的に, どうしようもなく; うんざりするほど, 途方もなく.

désespérer ⑥ 他 ❶ 絶望的な気分にさせる, 無力感で打ちのめす, 何の期待も抱かせない. ▶ Tu me désespères. ああ君にはがっかりだ, 悲しいよ. ❷ ~ que + subj. [de + inf.] …することはないだろうとあきらめている. —自 (de) (…に)失望している, 何も期待していない. 不安である, あきらめる.
—se ~ 絶望する; 苦しみ悩む.

désespoir 男 ❶ 悩みの種; とうてい歯が立たないと思わせるもの. ◇en ~ de cause 万策尽きて, やむなく, être au ~ de … (…で)とても残念に思う.

désétatiser 他〖経〗(企業活動などへの)政府統制を縮小〔撤廃〕する. □désétatisation 女

désexualiser [-seksɥa-] 他 性的特徴〔な要素〕を失わせる. □désexualisation 女

déshabillage [-za-] 男 服を脱ぐ〔脱がせる〕こと.

déshabillé [-za-] 男 (女性用の)部屋着, ガウン.

déshabiller [-za-] 他 服を脱がす; あらわにする. —se ~ 服を脱ぐ; コート〔帽子, 手袋, マフラーなど〕を脱ぐ.

déshabituer [-za-] 他 ~ A de B AにBの習慣をやめさせる.
—se ~ (de) (…の)習慣をやめる.

désherbant, e [-zer-] 形 雑草を除去する. —男 除草剤.

désherber [-zer-] 他 (…の)雑草を除去する. □désherbage 男

déshérence [-ze-] 女〖法〗相続人不存在.

déshérité, e [-ze-] 形, 名 相続権を奪われた(人); 恵まれない(人).

déshériter [-ze-] 他 相続権を奪う; 生得〔自然〕の恩恵を与えない.

déshonnête [-zɔ-] 形 下品な, みだらな.

déshonneur [-zɔ-] 男 不名誉, 恥, 恥辱.

déshonorant, e [-zɔ-] 形 不名誉な, 恥ずべき.

déshonorer [-zɔ-] 他 名誉を傷つける;(女性を)辱める;〖文章〗台なしにする. —se ~ 名誉を失う.

déshumaniser [-zy-] 他 人間性を失わせる. □déshumanisation 女

déshydratation [-zi-] 女〖化〗脱水;〖医〗脱水症.

déshydraté, e [-zi-] 形 脱水した, 水気のない;〖喩〗のどが渇いた.

déshydrater [-zi-] 他 水分を抜く. —se ~ 脱水状態になる.

desiderata [dezide-] 男複〖ラ〗(欠けているため)強く思うもの, 切実な要求; (学問, 論文などの)欠落.

design [di(e)zajn]〖英〗デザイン; インダストリアル・デザイン (= ~ industriel). —形《不変》現代風で機能的なデザインの.

désignation 女 指名, 指定; 名称, 表示;〖言〗〖論〗指示.

designer [di(e)zajnœ:r] 男〖米〗デザイナー.

désigner 他 指し示す; 意味する; 指名する; (à) (…の)向けである.
◇être (tout) désigné pour … …にうってつけである.
—se ~ (à) (…の)的になる.

désillusion 女 幻滅, 失望.

désillusionner 他 (迷いや夢から)覚めさせる; 幻滅〔失望〕させる.

désincarcération 女 事故車に閉じ込められた人を救出すること. □désincarcérer 他

désincarné, e 形 肉体を離れた; 現実離れした.

se désincarner 代動〖文章〗現実から離れる.

désincruster 他 水垢(%)〔垢〕を取り去る.

désindexer 他 (賃金の)物価スライド制をやめる.

désindustrialisation 女 (産業の)空洞化.

désindustrialiser 他 (ある地方の)産業活動を停止する, 産業を空洞化する.

désinence 女〖言〗(屈折)語尾. □désinentiel, le 形

désinfectant, e 形 消毒〔殺菌〕の. —男 消毒〔殺菌〕剤.

désinfecter 他 消毒〔殺菌〕する.

désinfection 女 消毒, 殺菌.

désinflation 女〖経〗ディスインフレーション.

désinformation 女 (マスメディアなどによる)情報操作. □désinformer 他

désinhiber 他 (抑制, 阻害を)取り除く.

désinsectiser 他 害虫駆除する. ¤**désinsectisation** 女

désinstaller 他 [情報]アンインストールする.

désintégration 女 崩壊, 分裂; (岩石の)風化.

désintégrer ⑥ 他 崩壊[分裂]させる; 風化させる. ― **se ～** 崩壊する.

désintéressé, e 形 無私無欲の; 公平な, 客観的な.

désintéressement 男 無私無欲; 公平, 債務の弁済.

désintéresser 他 ❶ 弁償する, 借金を返す. ❷ ― A de B AにBに対する関心を失わせる.
― **se ～** (de) (…の)興味を失う.

désintérêt 男 [文章]無関心.

désintermédiation 女 (商取引での)中抜き; 金融仲介の切断.

désintoxication 女 解毒; 中毒の治療.

désintoxiquer 他 中毒を治す; 疲れた(心身)をいやす; 悪影響を除く.
― **se ～** 中毒が治る.

désinvestir 他 (投資を)引き揚げる. ¤**désinvestissement** 男

désinvolte 形 ❶ なれなれしい, 無神経な, ぞんざいな. ❷ (身のこなしが)軽快な.

désinvolture 女 無遠慮, なれなれしさ.

désir 男 欲望, 欲求, 願望; 性欲; 欲望の対象.

désirable 形 望ましい, 好ましい; 性的欲望をそそる.

désirer 他 望む, 欲する; (異性の体を)求める.
◇ *se faire ～* 待たせる, 気をもせる. *Vous désirez ? = Monsieur [Madame] désire ?* いらっしゃいませ, 何にいたしましょうか.

désireux, se 形 望む, 欲する.

se désister 代動 ❶ (de) (…を)断念する; (訴えを)取り下げる. ❷ (連携工作のために)立候補を取りやめる. ¤**désistement** 男

désobéir 自 背く, 従わない.

désobéissance 女 不服従, 反抗; 違反.

désobéissant, e 形 言うことをきかない, 反抗的な.

désobligeance 女 [文章]無礼, 無愛想, 不親切.

désobligeant, e 形 不快[無愛想, 不親切]な. ¤**désobligeamment** 副

désobliger ② 他 不愉快にさせる.

désobstruer 他 ふさいでいる物を取り除く, 開通させる.

désocialisation [-sɔ-] 女 社会への適応性の喪失; 疎外.

désocialisé, e [-sɔ-] 形 社会に適応できない(人); 疎外された(人).

désodé, e [-sɔ-] 形 [医]無塩の.

désodorisant, e 形 防臭[脱臭]の. ― 男 防臭[脱臭]剤.

désodoriser 他 嫌なにおいを消す.

désœuvré, e 形, 名 仕事のない(人), 暇な(人).

désœuvrement 男 無為, 暇.

désolant, e 形 嫌な; 困(人が)厄介な; [文章]悲しい, 痛ましい.

désolation 女 悲嘆[心配] (の種).

désolé, e 形 ❶ 申し訳なく思う. ❷ 荒涼とした; [文章]悲嘆に暮れた.

désoler 他 悲しませる; 困らせる.
― **se ～** 嘆く, 残念がる; 悲嘆に暮れる.

désolidariser [-sɔ-] 他 (連動した物から)切り離す. ― **se ～** (de) (…)との連帯を絶つ, (…から)手を引く.

désopilant, e 形 滑稽な, ひどく笑わせる.

désopiler 他 愉快にさせる, 笑わせる.

désordonné, e 形 雑然とした; (人が)だらしない; [文章]乱れた, 狂暴な; ❷ (心身の)不調.

désordre 男 ❶ 混乱, 無秩序; 騒乱, 暴動. ❷ (心身の)不調.

désorganisateur, trice 形, 名 秩序を乱す[破壊する](者).

désorganisation 女 混乱, 崩壊, 解体.

désorganiser 他 混乱させる, 乱す. ― **se ～** 混乱[崩壊]する.

désorientation 女 方向を見失わせること; 途方に暮れること.

désorienté, e 形 道に迷った; 当惑した, 途方に暮れた.

désorienter 他 方向を見失わせる; 途方に暮れさせる, 当惑させる.

désormais 副 今後は, これからは; それ以後は; 今では.

désossement 男 骨を抜くこと.

désosser 他 (肉, 魚の)骨を抜く; (乗り物などを)分解する.

désoxyribonucléique 形 *acide ～* ⇨ **ADN**.

desperado [-pe-] 男 [西]無法者, アウトロー.

despote 男 専制君主; 暴君.
― 形 横暴な, 専制的な.

despotique 形 専制[独裁]的な; [文章]横暴な. ¤**despotiquement** 副

despotisme 男 専制[独裁]政治; [文章]横暴.

desquamer [-kwa-] 自 **se desquamer** 代動 (表皮が)落屑(²)する, はげ落ちる. ¤**desquamation** 女

desquels, elles [dekɛl] 代 [関係] [疑問] ⇨ **lequel**.

D.E.S.S. 男 [略] diplôme d'études supérieures spécialisées 高等専門研究終末.

dessabler 他 (…の)砂を取り除く.

dessaisir 他 ― A de B AからBを奪う. ― **se ～** (de) (…)を手放す, 放棄する.

dessaisissement 男 [法] (権限, 占有の)剥(ｸ)奪, 放棄.

dessalaison 女 塩抜き.

dessaler 他 塩分を除く; 話 世慣れさせる. ― 自 塩分が抜ける; 転覆する. ― **se ～** 塩分が抜ける; 話 世慣れる. ¤**dessalage** / **dessalement** 男

dessangler 他 ベルト[ひも]を解く[緩める].

dessaouler [desu-] 他, 自 ⇨ **dessoûler**.

desséchant, e 形 乾燥させる; 心の潤いをなくす.

dessèchement / desséchement 男 ❶ 乾燥(させること); 干拓, 排水. ❷ (心の)潤いのなさ;(想像力の)欠如; [古風]やせること.

dessécher ⑥ 他 乾燥させる; やせ細らせる; 心の潤いをなくさせる.
— **se** ~ 乾燥する; やせ細る;(心に)ゆとりがなくなる.

dessein 男 [文章] 意図, もくろみ; 構想. ◇**à** ~ 故意に, わざと. **dans le** [**à**] ~ **de ...** ...するつもりで.

desseller 他 鞍()を外す.

desserrage 男 緩めること.

desserrement 男 緩めること; 規制の緩和; 地方分散.

desserrer 他 緩める; 外す; 不安[緊張]を和らげる; 規制を解除する.
— **se** ~ 緩む; 和らぐ.

dessers, dessert 動 ⇨ **desservir**.

dessert 男 デザート; 追加, おまけ.

desserte[1] 女 ❶ (ある場所への)交通手段, 交通の便. ❷ [カト]祭務の執行.

desserte[2] 女 食器台; ワゴン.

dessertir 他 (宝石を)台から外す.

desservant 男 (支聖堂, 支教会の祭務を兼任する)司祭.

desservir[1] ②1 他 ❶ (交通手段が通じている) (駅に)止まる; (入り口が)通じている. ❷ (聖職者が)祭務を担当する.

desservir[2] ②1 他 ❶ (食卓の後片づけをする; (皿を)下げる. ❷ 損にさせる, 妨げとなる. — **se** ~ 損をする.

dessicant 男 乾燥剤.

dessiccation 女 乾燥, 脱水.

dessiller 他 ~ **les yeux de [à]** ... ...の迷いを覚ます.
— **se** ~ (目が)開く, 覚める.

dessin 男 ❶ デッサン;(ペン, 鉛筆などによる)絵; 1こま漫画. ❷ (布, 紙などの)模様, 意匠デッサン. ❸ 図面; 作図. ► ~ **industriel** 設計(図), 製図. ◇ ~ **animé** アニメ, 動画.

dessinateur, trice 名 ❶ デッサンをする[簡単な絵を描く]人; デッサンのすぐれた画家; 挿し絵画家. ❷ 意匠[服飾]デザイナー, 図案家; 製図者, 設計家.

dessiné, e 形 描かれた, デッサンされた; 輪郭がくっきりと描かれた.

dessiner 他 ❶ デッサンする; 描く; 図案を描く, デザインをする; (図面を)引く. ❷ (輪郭を)浮き出させる, はっきりと表す. — **se** ~ (物が)姿を現す; 形をなす, はっきりしてくる.

dessouder 他 はんだ付け[溶接]を離す. — **se** ~ (はんだ付け)が離れる.

dessoûler 他 酔いを覚ます.
— 自 酔いが覚める.
— **se** ~ 酔いが覚める.

dessous [d(ə)su] 副 下に, 下方に. ◇**de** ~ ... その下から. **en** ~ (**de** ...) ...の下にひそかに.
— 男 ❶ 下, 下部; 下の階. ❷ 裏側, 内側;(物事などの)裏面, 内情. ❸ [複数](女性の)下着. ❹ (瓶などの)下敷き;(絵の)下塗り;(舞台下の)奈落の底. ◇**avoir le** ~ (議論などで)負ける, 形勢不利である.

dessous-de-bouteille [d(ə)su-] 男 (不変) 瓶敷き, ボトル・マット.

dessous-de-bras [d(ə)su-] 男 (服の)わき下で, 汗よけ用パッド.

dessous-de-plat [d(ə)su-] 男 (不変) 皿敷き, 鍋敷き.

dessous-de-table [d(ə)su-] 男 (不変) 賄賂(), リベート.

dessus [d(ə)sy] 副 上(側)に; 表面に. ◇**avoir** [**mettre**] **le nez** ~ すぐそばにある. **de** ~ ... ...の上から. **en** ~ 上に, 表に.
— 男 ❶ 上, 上部; 上の階. ► ~ **d'un théâtre** 舞台の天井裏. ❷ 表側, 表面; 覆い, カバー.
◇**avoir le** ~ (議論などで)勝つ, 優位に立つ. ~ **du panier** 最良のもの, エリート. **prendre le** ~ 打ち勝つ; 優勢になる; 元気になる.

dessus-de-lit [d(ə)sy-] 男 (不変) ベッドカバー.

déstabilisateur, trice / **déstabilisant, e** 形 (政治, 経済などを)不安定化する.

déstabiliser 他 (政治, 経済などを)不安定にする. □**déstabilisation** 女

déstaliniser 他 非スターリン化する. □**déstalinisation** 女

destin 男 ❶ 運命, 宿命. ► **le D~** 運命の神. ❷ 将来, 前途.

destinataire 名 (郵便の)名あて人, 受取人; [言](メッセージの)受け手, 受信者.

destination 女 ❶ 行先, 目的地; あて先. ❷ 使用目的, 用途.

destiné, e 形 (**à**) ...用[向け]の; (...する)宿命にある.

destinée 女 運命, 天命; 生涯.

destiner 他 ❶ (**à**) (...の)用途に充てる, 予定する. ❷ ~ **A à B** Aを将来Bにしようと決める. ❸ [古風] (**à**) (...に)運命づける. — **se** ~ (**à**) (...に)志す, (...に)なるつもりである.

destituer 他 解任[罷()免]する.

destitution 女 解任, (意我)免職, 罷()免.

déstocker 他 (在庫を)売りさばく. □**déstockage** 男

destrier 男 (中世の)軍馬.

déstroy [destrɔj] 形 (不変) 語 正気を失った, 破壊的な.

destroyer [-je / destrɔjœːr] 男 〖英〗駆逐艦.

destructeur, trice 形, 名 破壊する(者). — 男 ~ **de documents** シュレッダー.

destructible 形 [文章] 破壊し得る.

destructif, ve 形 破壊力のある, 破壊する.

destruction 女 ❶ 破壊;(破壊による)被害; 根絶. ❷ 破棄(証拠の)湮滅.

déstructurer 他 構造[組織]を失わせる. □**déstructuration** 女

désuet, ète [-s(ɥ)e, et] 形 流行遅れの, 古めかしい.

désuétude [-s(ɥ)etyd] 女 廃れるこ

détestablement

désuni, e 形 不和の；バランスを乱した，体勢を崩した．
désunion 女 不和，反目，分裂．
désunir 他 不和にする，分裂させる；別々に扱う．**—se —** 女 不和になる，分裂する；バランス[フォーム]を崩す．
désynchroniser [-sē-] 他 脱同期的な，非同期化する．
désyndicalisation [-sē-] 女 組合からの脱退，組合組織率の低下．
détachable 形 切り離せる．
détachage 男 染み抜き．
détachant, e 形 染み抜きの．
— 男 染み抜き剤．
détaché, e 形 ❶ ほどけた，切り離された；執着のない，超然とした．❷ 派遣された；出向した；[軍]分遣した．❸ 引き離した．❹『楽』note〜e スタッカートの音．
détachement 男 ❶ 超然，無関心；離脱，解脱．❷ 出向，派遣．『軍』分遣隊．
détacher¹ 他 ❶ ほどく，解き放つ；ボタン[ホック]を外す．❷ (de …から) 切り離す；遠ざける．❸ 派遣する；出向させる．❹ 際立たせる，強調する；『楽』スタッカートで演奏する．
—se — ❶ (de …から)離れる，脱する；ほどける，外れる．❷ (de …から)心が離れる，無関心になる．❸ くっきり浮き出る，際立つ；抜きん出る．
détacher² 他 染み抜きする．
détacheur, se 形, 名 染み抜きの(職人)．
détail 男 ❶ 細部，細目，詳細．❷ 小売り(業)には小売の．
détaillant, e 名 小売商．
détaillé, e 形 詳細な．
détailler 他 ❶ 小売りする[ばら売り]する．❷ 詳細に説明する；克明に描く[観察する]．
détaler 自 急いで逃げ去る．
détartrage 男 湯垢(ぬ)落とし；歯石除去．
détartrant / détartreur 男 湯垢除去[防止]剤．
détartrer 他 湯垢(ぬ)を落とす；歯石を取る．
détaxation 女 免税，減税；公定価格の引き下げ[廃止]．
détaxe 女(間接税の)課税額調整[軽減]，税金の還付．
détaxer 他 免税[減税]する；公定価格を廃止する[引き下げる]．
détectable 形 検出できる，探知可能な．
détecter 他 探知[検出，検波]する；突き止める．
détecteur, trice 形 探知[検出]用の．**—** 男 探知器，センサー；検波器．
détection 女 検出，探知，検波；査察．
détective 男 ❶ (英国の)刑事．❷ 〜 privé 私立探偵．
déteindre 80 自 ❶ 退色する，色あせる．❷《sur》(…に)色が移る；影響を与える．**—** 他 退色させる，色抜きする．
dételer ④ 他 (牛馬を)車[農具]から外す；(車，農具などを)牛馬から外す；

(車両を)切り離す．**—** 自 仕事を一時休む；引退する；［古風］放蕩(第)生活をやめる．**⇒dételage** 男．
détendre 58 他 (弓やばねを)弛める；(手足を)伸ばす；緩和させる，リラックスさせる；［物］減圧する．
—se — (弓やばねが)弛められる；和らぐ，くつろぐ，リラックスする．
détendu, e 形 (détendre の過去分詞)緩んだ，くつろいだ．
détenir 28 他 ❶ 保持［所持］する，握る．❷ 留置［拘留］する；監禁する．
détente 女 ❶ (弓やばねの)弛緩；(手足を)伸ばすこと；休息，気晴らし，息抜き．❷ (国際間の)緊張緩和，デタント；(金利，価格などの)安定，落ち着き．❸ (銃の)引き金；『ス』(体のばね)［物］(圧縮気体の)膨張．
◇être dur à la 〜 金を出し渋る；容易に言うとは言わない；物分かりが遅い．
détenteur, trice 名 保持［保有］者；『法』tiers 〜 第三所持者(抵当物件の買主)．
détention 女 ❶ 保持，所持；占有．❷ 留置，拘留；監禁．
détenu, e 形, 名 (détenir の過去分詞)拘留［拘置］された(人)；監禁された(人)．
détergence 女 洗浄(作用)．
détergent, e 形 洗浄用の．
— 男 洗剤；洗浄剤．
déterger ② 他 洗浄する．
détérioration 女 破損，損傷；悪化；損壊．
détériorer 他 損なう；悪化させる．
—se — 傷む；悪化する．
déterminable 形 決定［限定，測定］できる．
déterminant, e 形 決定［限定］する．**—** 男『言』限定詞．
déterminatif, ve 形 『文法』限定的．**—** 男 限定形(容辞)詞．
détermination 女 ❶ 決定，確定，限定；測定．❷ 決断；毅(き)然とした態度．
déterminé, e 形 ❶ 一定の，特定の，明確な；『言』限定される．❷ 断固とした，決意した．
◇être 〜 à … …する決意である．
déterminer 他 決定する，明確にする；限定する；『言』限定する．❷ 原因となる，引き起こす．❸ 〜 A à B A に B する決心をさせる．**—se — 《à》**(…に)決心する；明確になる，決まる．
déterminisme 男 決定論；(事象の)生起を決定する諸条件．
déterministe 形 決定論の．
— 名 決定論者．
déterré, e 形, 名 掘り出された(死体)．◇avoir un air [une mine] de 〜 ひどく青ざめた顔をしている．
déterrement 男 発掘．
déterrer 他 発掘する；見つけ出す．
détersif, ve 形 洗浄の．
— 男 洗剤，洗浄剤．
détersion 女 洗浄．
détestable 形 ひどい，嫌な．
détestablement 副 ひどく，下手

détester 他 嫌う, 耐えられない. — **se** ~ 反目し合う; 自分が嫌になる.

déthéiné 形男 カフェインレスの(お茶).

détien-, détin-, détîn- 活 ⇨ détenir.

détonant, e 形 爆発性の.

détonateur 男 ① 爆発音, 起爆装置 [剤].

détonation 女 ① 爆発音, 銃声;〖化〗爆轟(ごう);〖軍〗爆燃.

détoner 自 〖轟音とともに〗爆発する.

détonique 形〖化〗爆発論[学].

détonner 自 調子外れに歌う〖演奏する〗; 調和しない, しっくりしない.

détordre 60 他〖綱などの〗撚(よ)りを戻す.

détortiller 他〖もつれを〗ほぐす;〖包み紙などを〗ほどく.

détour 男 ❶ カーブ, 曲がり角; 回り道, 遠回り. ❷ 手段〖言い方〗.
◊ sans ~ 率直に〖な〗.

détourer 他〖ネガなどのバックを塗りつぶす.

détourné, e 形 遠回りの; 遠回しの; 曲解された.

détournement 男 ❶ 流れの変更. ❷ 横領; 乱用. ~ d'avion ハイジャック; ~ de mineur 未成年者誘拐.

détourner 他 ❶ 方向〖進路〗を変える; そらす. ❷ (de)(…から)引き離す; 逸脱させる; 思いとどまらせる. ❸ 横領〖誘拐〗する; 曲解する. ◊ ~ un avion 航空機をハイジャックする.
— **se** ~ ❶ (de) 方向〖進路〗を変える. ❷ (de)(…から)遠ざかる, (…を)顧みない; 顔を背ける.

détoxication 女 解毒(作用).

détracteur, trice 名 誹謗(ひぼう)する人.

détraqué, e 形 調子を来した, 〖天候が〗不順な; 話 頭がおかしい.
— 名 話 頭のおかしい人.

détraquement 男 変調.

détraquer 他 調子をおかしくする.
— **se** ~ ❶ 調子がおかしくなる. ❷ 話 自分の(…の)調子をおかしくする.

détrempe[1] 女 〖美〗テンペラ[画].

détrempe[2] 女 焼きなまし, 焼鈍.

détremper[1] 他〖液体で〗溶く, 軟らかくする; 水浸しにする.

détremper[2] 他 焼きなます, 鈍(なま)す.

détresse 女(孤独感, 無力感による)苦悩, 悲嘆; 苦境, 窮乏; 遭難.

détriment 男〖文章〗損害.
◊ à son ~ 彼(女)の不利に. au ~ de …を犠牲にして, …の利益に反して.

détritus [-s] 男 廃物, 残骸(ざい), 屑(くず); ごみ.

détroit 男 海峡.

détromper 他 誤りを悟らせる.
— **se** ~ 誤りに気づく.

détrompeur 男 誤操作防止装置.

détrôner 他 廃位にする; 王座を奪い, 取って代わる.

détrousser 他〖文章〗(…から)強奪する.

détrousseur 男 話 追いはぎ.

détruire 70 他 ❶ 破壊する, 消滅させる, 打ち砕く, 打破する; むしばむ ❷ 計画を失墜させる. — **se** ~ 崩壊〖消滅〗する; 自殺する.

dette 女 ❶ 借金, 負債; 公債, 国債. ❷ (感謝すべき)借り, 恩義. ◊ être en ~ avec … …に借金〖恩義〗がある.

D.E.U.G. [dœg] 男 (略) diplôme d'études universitaires générales 大学一般教育免状.

deuil 男(近親の死) 近親者の死; 喪服, 喪の印;〖古〗葬列;〖古〗悲しみ. ◊ faire son ~ de … 話 …をあきらめる.

deus ex machina [deyseksmakina] 男 (不変)〖ラ〗デウス・エクス・マキナ(思いがけない解決をもたらすもの).

Deutéronome〖聖〗申命記.

deux 形(数) 2 の; 少しの, わずかの; 2 番目の. ◊ De ~ choses l'une. 2つのうちのいずれかだ. entre ~ âges 中年の.
— 男(数字の) 2; 2 番, 2 号; 2 時, 2 日. à ~ 2 人で〖テニス〗ジュース. Ça fait ~. それは別々のことだ. en moins de ~ 話 たちまちのうちに, 素早く. entre (les) ~ 話 中間の, どっちつかずの. ne faire ni une ni ~ 一も二もなく決める.

deuxième 形 2 番目の. — 名 2 番目の人(物). — 男 3 階; 第 2 区. — 女 2 等.

deuxièmement 副 2 番目に.

deux-mâts 男 2 本マストの帆船.

deux-pièces 男 ツーピース, セパレーツの水着; 2 間のアパルトマン.

deux-points 男 コロン(:).

deux-roues 男 2 輪車.

Deux-Sèvres 女複 ドゥー=セーヴル県 [79].

deux-temps 男〖楽〗2 拍子; 固 2 サイクル・エンジン.

devai- 活 ⇨ devoir.

dévaler 自, 他 駆け降りる, 転げ落ちる.

dévaliser 他 金品をごっそり奪う;〖話〗(店の品を)しこたま買い込む.

dévalorisation 女 (価値の)低下, 喪失.

dévaloriser 他 価値〖信用〗を下げる〖失わせる〗; 過小評価する.
— **se** ~ 価値を落とす; 信用を失う.
◻ **dévalorisant, e** 形

dévaluation 女〖経〗(対外的な)平価切下げ; 低下, 下落.

dévaluer 他 平価切り下げをする; 価値〖信用〗を低下させる. — **se** ~ 平価が切り下げられる; 信用を失う.

devanagari [de-] 女〖サンスクリットその他のデーバナーガリ文字.

devancer ① 他〖空間的, 時間的に〗先行する, 凌駕(する), リードする; 先を越す,(期限, 期日の)前に済ます.
◻ **devancement** 男

devancier, ère 名 先駆者, 先行者.

devant[1] 前 ❶(場所の)…の前に〖で〗; 前と. ❷〖目指す方向〗~+人称代名詞強勢形 (自分の前方へ)を[前に]; 前途に. ❸(相手, 状況)…の面前に

devant [で], …を前にして. ❹《判断, 比較の準拠》…に照らして; …と比べて.
◊ *avoir du temps [de l'argent] ~ soi* 時間[金]の余裕がある. *de ~ …* …の前から.
— 副 前に, 前を; 前で, 先に立って.
◊ *(sens) ~ derrière* 後ろ前に.
— 男 前部, 正面. ◊ *prendre le ~ [les ~s]* 先手を取る, 機先を制する.

devant² devoir の現在分詞.

devanture 安 店頭; ショーウインドー; 陳列品.

dévastateur, trice 形 荒廃させる. — 名 種 破壊者.

dévastation 安 荒廃(させること), 惨状.

dévaster 他 荒廃させる, 大損害を与える.

déveine 安 話 不運; 負け続け.

développé, e 形 展開された[発展]した; 十分に展開された. ▶ *pays ~* 先進国. — 男 《ウエイトリフティングの》プレス;《バレエ》デブロペ.

développement 男 ❶ 発展, 発達; 発育, 生育;《病気などの》進行. ▶ *pays en voie de ~* 発展途上国. ❷ 展開; 開発;《複数》事態の進展. ❸《写》《フィルムの》現像;《建》展開図.

développer 他 ❶ 発展[発達, 発育]させる. ❷ 展開する, 広げる;《写》現像する. — **se ~** 発展[発達, 発育]する;展開, 開発.

développeur 男 ソフト[拡張ボード, カード]開発会社.

devenir 28 自《助動詞 être》❶ …になる. ❷ 生成《変転》する.
◊ *Que devenez-vous?*[*Qu'est-ce que vous devenez?*] 話 どうしていますか, その後お変わりありませんか.
— 男 生成, 変転; 将来.

déverbal;《複》*aux* 男《言》動詞派生名詞.

dévergondage 男 不品行, 放蕩(ほうとう); 奔放さ.

dévergondé, e 形, 名 ふしだらな[みだらな](人).

se dévergonder 代動 ふしだらになる; 自堕落な生活を送る;〖文章〗常軌を逸する.

déverrouiller 他 門(かんぬき)[ロック]を外す;《銃の》遊底を開く. ◘ **déverrouillage** 男

devers 男《道路の》片勾配(ふぶ),《線路の》カント.

déversement 男 ❶ 放水, 排水; 流出. ❷ ひずみ, 傾き, 反り.

déverser 他 注ぐ, 流す; 放出する, 吐き出し, ぶちまける.
— **se ~** 注ぐ, 流れ出る, あふれ出る.
— 自《壁などが傾く》反る.

déversoir 男 排水口, 樋(ひ); 排水溝; はけ口.

dévêtir 22 他 服を脱がす.
— **se ~** 服を脱ぐ; 薄着になる.

devez 活 ⇨ devoir.

déviance 安 逸脱; 偏差.

déviant, e 形 常軌を逸した.
— 名《心》異常者.

déviateur, trice 形 偏向させる, そらす.

déviation 安 ❶ それる[そらす]こと; 迂回(路), バイパス; 逸脱, 偏向. ❷《医》偏位, 彎(カン)曲;《統計などの》偏差《磁針の》自差.

déviationnisme 男《綱領, 路線からの》逸脱, 反主流流派的思想. ◘ **déviationniste** 名形

dévidage 男 糸繰り; 話 繰り言.

dévider 他《糸などを》繰る, つむぐ;《糸玉などを》ほどく; 話 まくし立てる.

dévidoir 男《ケーブルなどの》ドラム, 巻胴(だ); リール;《繊》綛(から)機, 綛枠.

devien- ⇨ devenir.

dévier 自 それる, 曲がる, 逸脱する, ずれる. — 他 そらす, 曲(s)げさせる, 曲げる, 逸脱させる.

deviez 活 ⇨ devoir.

devin, eresse 名 占い師, 易者.

devin-, devinr- 活 ⇨ devenir.

deviner 他 見抜く, 推察[想像]する;(どうにか)見分ける. — **se ~** 推察される;(かすかに)判別される.

devinette 安 なぞなぞ, クイズ.

déviriliser 他 男らしさを失わせる, 非男性化する.

devis 男 見積もり書.

dévisager 2 他 顔をじろじろと見る, しげしげと見る.

devise¹ 安 標語, スローガン, 格言; モットー; 銘.

devise² 安 外貨;《複数》外国為替.

deviser 自〖文章〗歓談する.

dévissage 男 ねじを抜くこと, 取り外し; 滑落.

dévissé 男《重量挙げの》ジャーク.

dévisser 他《ねじなどを》抜く, 取り外す. — 自《登山者が》滑落する;話 立ち去る. — **se ~ la tête [le cou]** 後ろをぐいと振り返る.

de visu [de-] 副句《ラ》《実際に》目で見て, 見た通りに.

dévitaliser 他《歯の》神経を殺す. ◘ **dévitalisation** 安

dévoiement 男文章 道を誤らせること.

dévoiler 他 ベール《覆い》を取る; 除幕する; さらけ出す, 暴く.
— **se ~** ベールを脱ぐ; 明らかになる. ◘ **dévoilement** 男

devoir¹ 44 他《不定詞を伴って助動詞的に》❶《義務, 必要》…しなければならない《否定文で》…してはならない. ▶ *Vous ne devez pas entrer sans frapper.* ノックせずに入ってはならない / *Vous auriez dû me prévenir.* 私に知らせておいてくれるべきだったのに. ❷《宿命, 不可避》必ず…する, …する運命にある. ❸《未来, 予定》…することになっている, …するであろう[するつもりだ]. ▶ *Il doit arriver ce soir.* 彼は今夕着くことになっている. ❹《推定》…に違いない, …のはずである. ▶ *Il doit y avoir …* …があるに違いない / 《語気緩和》*Vous devez vous tromper.* きっと勘違いなさっているんですよ. ❺〖文章〗《譲歩; 接続法半過去の倒置文で》たとえ

devoir

2 **❶** ~ A à B ; ~ à B de + inf. A を B に負っている, …なのは[したのは]B のおかげ[せい]である; B のおかげで A を得る. ► Je lui **dois** ma réussite. ► Je lui **dois** d'avoir réussi. 私が成功したのもあの方のおかげです. **❷** ~ A à B から A を借りている, B に対してAを支払わねばならない, B に対して A の義務がある. ► Je vous **dois** combien? おいくらですか/Vous me **devez** des explications. あなた(方)は私に説明する義務があろる.

◇ ~ *la vie à* … …は命の恩人である.

— **se** ~ **❶** (*à*) (…に)献身しなければならない. **❷** se ~ de + inf. 自分の義務として…しなければならない.

◇ *comme il se doit* 当然のことながら, 予想どおりに.

devoir[男] **❶** 義務(感), 務め. **❷** (授業などの)課題, 宿題. **❸** [複数]敬意. **❹** [哲]義務.

◇ *avoir pour* ~ *de* + *inf.* …する義務がある. *se faire un* ~ *de* + *inf.* …することを自分の義務と心得る. *se mettre en* ~ *de* + *inf.* 当然の務めとして…に(しようとする).

dévolu, e[形] 割り当てられた, 帰属した.
— [男][カト]聖職継承の空位.
◇ *jeter son* ~ *sur* … …に目をつける[決める].

dévolution[女][法]帰属, 移行.

dévonien, ne[形][地]デボン紀の.
— [男] デボン紀.

devons ⇨ devoir.

dévorant, e[形]むさぼるような, 貪欲な;(火, 激情が)激しい.

dévorateur, trice[形][文章]苦しめる, 憔悴(しょうすい)させる; 焼き尽くす.

dévorer[他] **❶** むさぼる; むさぼるように読む[見る, 聞く]. **❷** 焼き尽くす; 使い果たす; さいなむ, とりこにする. **❸** [文章](感情などを)ぐっとこらえる.

dévoreur, se[名]貪(どん)欲な人, むさぼり食う人; 大量に費やすもの.

dévot, e[形][古風]信心深い;(軽度) 信心で凝り固まった, 信心家ぶった. **❷** 宗教的な, 信仰的な.
— [名]信心家;(軽度)信心家ぶる人.

dévotement[副][古風]信心深く, 敬虔(けいけん)に.

dévotion[女] **❶** 信心, 敬神;(礼拝などの)お勤め;(特定の聖者, 聖地への)信仰. **❷** [文章]崇敬, 敬愛; 献身.
◇ *être à la* ~ *de* … …に一身をささげる.

dévoué, e[形] (*à*) (…に)献身的な, 忠実な. ◇ *Votre* (*tout*) ~, 敬具.

dévouement[男]献身; 自己犠牲, 忠誠.

dévouer[他][文章]ささげる.
— **se** ~ 献身的に尽くす; 自己を犠牲にする; [話](嫌なことを)自発的に引き受ける; (*à*) (…に)一身をささげる.

dévoyé, e[形, 名]道を踏み外した(人).

dévoyer[10][他][文章]道を踏み外させる.

devr-[活] ⇨ devoir.

dextérité[女]器用さ; 巧妙さ.

dextralité[女]右利き.

dextre[形][紋](盾を持つ人から見て)右側の. — [女][古][ふざけて]右手.

dey[男][史]デイ(1671〜1830年のアルジェリア太守の称号).

dg[記]décigramme デシグラム.

D.G.S.E.[女][略] Direction générale de la sécurité extérieure 対外治安総局.

DHEA[女][略] déhydroépiandrostérone [生化]デヒドロエピアンドロステロン.

dia[間](御者が馬に)それだ!.

diabète[男][医]糖尿病.

diabétique[形]糖尿病の(患者).

diabétologie[女]糖尿病学.
□**diabétologue**[名]

diable[男] **❶** 悪魔;(ときに le D~)サタン. **❷** やんちゃ坊主, 腕白小僧. **❸** 男, やつ. **❹** ~ *de* … 奇妙な[あきれた]…; 厄介な[嫌な]….
◇ *Allez* [*Va t'en*] *au* ~ *!* [話] とっととうせろ. *avoir le* ~ *au corps* 驚くほど血気盛んである; 平気で悪事を働く. *C'est bien le* ~ *si* … もし…ならそれこそ驚きだ. *comme un* (*beau*) ~ 猛烈に. *du* ~ *de tous les* ~**s** ものすごい, 非常に悪い. *Du* ~ *si* … 断じて…ではない. *en* ~ 非常にひどく. *envoyer* … *au* ~ [à tous les ~**s**] …を追い払う, 厄介払いする. (*Que*) *le* ~ *m'emporte!* なんてことだ, 畜生. *tirer le* ~ *par la queue* [話]金に困る.
— [間]えっ, なんてこった(驚き, 憤慨)(=Que ~!);(疑問詞のあとでいった)いぜんたい. — [形](子供などが)騒々しい, 手に負えない.

diablement[副]非常に, ひどく.

diablerie[女] **❶** (子供っぽい)いたずら, 悪ふざけ. **❷** 中世劇の悪魔劇.

diablesse[女]女の悪魔;女;(特に)おてんば.

diablotin[男]小悪魔; いたずらっ子.

diabolique[形]悪魔の, 悪魔のような. □**diaboliquement**[副]

diaboliser[他]悪魔となす.
□**diabolisation**[女]

diabolo[男] **❶** [ゲーム]ディアボロ, 空中独楽(こま). **❷** ディアボロ(シロップ入りの炭酸水).

diachronie[女][言]通時態[論].

diachronique[形][言]通時(論)的. □**diachroniquement**[副]

diaconat[男][カト]助祭職.

diaconesse[女] **❶** (初代教会の)女執事;(プロテスタントの)福祉・更正事業に携わる婦人.

diacre[男][カト]助祭職.
◇ *diaconal, ale*;(男複) *aux*[形]

diacritique[形][言]signe ~ 区別符号.

diadème[男]王冠, 王位; 王冠型髪飾り.

diagnostic[-gnɔ-][男]診断(名); 分析. ► ~ *génétique* 遺伝子診断.

diagnostique[-gnɔ-][形]診断に

役立つ; 診断の.

diagnostiquer [-gno-] 他 (…と)診断［判断］する; 予измерить.

diagonal, ale 男(複) aux 形 対角線(状)の, 斜めの. ── 女〖数〗対角線;〖鉄道〗綾(あ)織物. ◇en ～ 斜めに. □diagonalement 副

diagramme 男 図表, 線図, グラフ;〖数〗ダイヤグラム.

dialectal, ale 男(複) aux 形 方言の.

dialecte 男 方言.

dialecticien, ne 名 雄弁家; 弁証法学者.

dialectique 形 弁論術, 論法;〖哲〗弁証法. ── 形 弁証法的な. □dialectiquement 副

dialectologie 女 方言学, 方言研究. □dialectologique 形

dialectologue 名 方言研究家.

<u>dialogue</u> 男 対話, 話し合い; (小説などの)会話部分, せりふ.

dialoguer 自〔対話 [対談]する; 話し合う. ── 他 対話形式にする, 脚色する; (…の)脚本を書く.

dialoguiste 名 シナリオ作者.

dialyse 女〖化〗〖医〗透析. ── ～ péritonéale continue ambulatoire 可搬式透析装置.

dialysé, e 形, 名 透析を受ける(患者).

dialyser 他 透析する.

dialyseur 男 透析装置.

<u>diamant</u> 男 ダイヤモンド;ガラス切り.

diamantaire 名 ダイヤ細工師; 宝石商. ── 形 ダイヤの輝きをもつ.

diamanté, e 形 ダイヤをちりばめた; ダイヤのように輝く.

diamantifère 形 ダイヤを産出(含有)する.

diamantin, e 形〔文章〕ダイヤのような.

diamétral, ale 男(複) aux 形 直径の; 直径を含む; 正反対の.

diamétralement 副 直径方向に; 正反対に.

diamètre 男 直径.

Diane 〖ロ神〗ディアナ(月の女神).

diantre 間〖古・文章〗なんという(驚き, 疑問など). ── 男〖古・文章〗～ de … 奇妙な, 嫌な….

diapason 男 音叉(おんさ), 調子.

diaphane 形 半透明の;〖文章〗透き通るような. □diaphanéité 女

diaphragme 男〖解〗横隔膜; (避妊用)ペッサリー; (スピーカーの)振動板; (カメラの)絞り.

diaphragmer 自〖写〗絞り込む.

diapositive /略 diapo 女 スライド.

diapré, e 形 色とりどりの, 極彩色の.

diaprer 他〔文章〕さまざまな色で飾る, 玉虫色に彩る.

diaprure 女〔文章〕さまざまな彩りきらびやかな模様.

diariste 名 日記作家.

diarrhée [djare] 女 下痢. □diarrhéique 形, 名

diascope 男 スライド映写機.

diaspora 女 ❶ ディアスポラ(バビロン幽囚時代のユダヤ人の離散; 離散したユダヤ人の社会). ❷ 民族の離散.

diastase 女〖生化〗ジアスターゼ.

diastole 女〖生理〗(心臓の)拡張.

diathèque 女 スライド収納庫.

diatomées 女(複)〖植〗珪藻(ぶ)類.

diatonique 形〖楽〗全音階の.

diatribe 女 口述, 非難; 讃辞論文書.

dichotomie [-ko-] 女 二分, 二項対立;〖論〗二分法. □dichotomique 形

dico 男 辞書.

dicotylédone 形〖植〗双子葉の. ── 女(複)双子葉植物.

dictaphone 男 商標 ディクタフォン(昔の口述用録音機.

dictateur, trice 名 独裁者.

dictatorial, ale 男(複) aux 形 独裁的な; 専横な, 尊大な. □dictatorialement 副

dictature 女 独裁; 絶対的権力;〖古〗ロー独裁官職.

dictée 女 口述, 書き取り; 命令.

dicter 他 口述する, 書き取らせる; 言いふくめる, 指示する; 課す, 押しつける.

diction 女 話し方, 発声法 (詩などの)朗読法;〖演〗せりふ回し.

<u>dictionnaire</u> 男 辞書, 辞典; 事典. ◇*C'est un vrai ～ [un ～ vivant]*. まさに生き字引だ.

dicticiel 男〔情〕教育支援ソフト.

didactique 形 教育的な, 啓蒙的な; 学術的な. ── 女 教育法, 教授法. □didactiquement 副

didactisme 男 (書物などの)教育[啓蒙]的性格.

didascalie 女 ❶〖古〗(作者による)戯曲中の演技指導. ❷ (複)ト書き.

didjeridoo / didgeridoo [-dʒeridu:] 男 ディジュリドゥ(アボリジニの木製大型楽器).

dièdre 形〖数〗二面の. ── 男 二面体, 二面形.

diégèse 女〖文〗(物語の構造分析で)物語世界. □diégétique 形

diérèse 女〖言〗(二重母音の)分音;〖医〗分離(手術).

dièse 男〖楽〗シャープ. ── 形 嬰音の, シャープのついた.

diesel [dje-] 男 ディーゼルエンジン(車).

diéséliste 名 ディーゼル技術者.

diéser 他〖楽〗シャープをつける; 半音上げる.

dies irae [djesira:ε] 男〖典〗(不変)〖カト〗ディエス・イレ, 怒りの日(死者のミサ中の続唱; それに基づくレクイエムの楽章).

diète[1] 女 ダイエット; 絶食; 食餌(しょく)療法.

diète[2] 女 (中欧ヨーロッパ, スカンジナビア諸国の)身分制議会.

diététicien, ne 名 栄養士[学者].

diététique 形 食餌(しょく)療法の. ── 女 食餌療法学, 栄養学.

<u>dieu</u>; 〖宗〗x 男 ❶ (D～) (多く無冠

diffamateur

詞》《キリスト教の》神. ▶ croire en D~ 神を信じる. ❷《多神教の》神, 神格化された人間. ❸ 語 bête à bon D~ テントウムシ.
◇ Bon D~! = Nom de D~! ちぇっ, 畜生と. D~ merci = grâce(s) à D~ = D~ soit loué やれやれ, ありがたいことに. D~ sait ... 《断言を強めて》…は確かに間違いない;《不確実性を強めて》…は分からないが. (Grand) D~! おお, なんと《驚き, 強調》. le bon D~ 語 神様;聖体. Mon D~! ああ, おや《驚き, 喜び, 恐怖など》. pour l'amour de D~ お願いだから;無償で.

diffamateur, trice 名 中傷者, 名誉毀(き)損の犯人. ― 形 中傷の.

diffamation 女 中傷;名誉毀損(き)(罪).

diffamatoire 形 中傷の, 名誉を傷つける.

diffamer 他 中傷する.

différance 女《哲》ディフェランス, 差延(デリダの造語).

différé, e 形 延期された, 後回しの;録画[録音]による.
― 男 録画[録音]番組.

différemment 副 違ったふうに.

différence 女 ❶ 違い, 相違[点];差;区別, 差別;《数》差;差額. ◇ à la ~ de ... …とは違って. faire des ~s 差別する, 差をつける. faire la ~ を つける, 大きな違いがある;区別する.

différenciateur, trice 形 分化[差異]を生じさせる.

différenciation 女 区別(すること), 識別;分化, 差異化.

différencié, e 形 相違のある;分化した.

différencier 他 ❶ 区別する, 識別[弁別]する.
― se ― ❶《de》(…と)自分を区別する;(…と)異なっている. ❷ 相違が生じる;分化する.

différend 男 意見[利害]の対立, 衝突, 紛争, もめ事.

différent, e 形 ❶《de》(…と)異なった, 違う;変わってしまった;新(ダラ)しい. ❷《複数》(名詞の前)さまざまな, 多様な;いくつかの.

différentiation 女 微分(法).

différentiel, le 形 差異を生じる, 差別のある;《数》微分の, 《機》差動の.
― 男《数》微分. ― 男 ❶ ディファレンシャルギヤ;差動装置. ❷《経》(金利などの)差, 格差.

différentier 他《数》微分する.

différer[1] 自 異なる, 違う, さまざまである;意見が違う.

différer[2] 他 延期する, 延ばす.

difficile 形 ❶ 難しい, 困難な, 難解な;近づきがたい, 険しい. ❷ 気難しい, 好みのうるさい. ― 名 faire le [la] ― 文句ばかり言う;気難しくする.

difficilement 副 やっとのことで, 辛うじて;(否定的にかかるとき)難しく, まず(…できない), あり得ない.

difficulté 女 難しさ, 困難;困難な事柄, 障害. ◇ faire des ~s pour ... するのに難色を示す, なかなか…しない.

difficultueux, se 形 困難きわまりない, 厄介な;《文章》気難しい.

diffluence 女 分流[散流]現象.

difforme 形 奇形の, ねじれた;不整形な, 醜い.

difformité 女 奇形;《文章》ゆがみ.

diffracter 他《物》回折させる.

diffraction 女《物》回折.

diffus, e 形 拡散する, (四方に)広がる;漠然とした;《文章》冗長な.

diffusément 副 冗漫に.

diffuser 他 ❶ (光, 熱などを)放出する, 拡散させる. ❷ 広める, 伝える;放送する;(書籍, ビラなどを)配給[配布]する. ― se ― 拡散する, (四方に)広がる;流布[普及]する.

diffuseur, se 名 (書籍, 新聞などの)配給元, 取次業者.
― 男 拡散器, ディフューザ.

diffusion 女 ❶ 普及, 伝播(ダ^); 放送;配布. ❷ (光, 熱などの)拡散.

diffusionnisme 男 文化伝播論.

digérer 他 消化[吸収]する;会得する;語 我慢する.
― se ― 消化[吸収]される.

digest [-ʒest / daidʒest] 男《英》要約, ダイジェスト.

digeste 形 消化しやすい;分かりやすい.

digestibilité 女 消化率.

digestible 形 消化されやすい.

digestif, ve 形 消化の;消化を促す.
― 男 食後酒;消化を助ける飲み物, 消化薬.

digestion 女 消化, 消化作用;(知識などの)消化, 理解.

digicode 男 (暗証コードを押して開ける)電子ロック.

digital, ale;《男複》**aux** 形 ❶ 指の;指の形の. ❷《英》《情報》ディジタル. ― 女《植》ジギタリス.

digitale 女《薬》ジギタリス.

digitaliser 他 ⇨ numériser.

digitaliseur 男 デジタイザ.

digitigrade 形《動》指先で歩く.
― 男《複数》指行性動物.

diglossie 女[言]二言語併用.

Digne ディーニュ (Alpes-de-Haute-Provence 県の県庁所在地).

digne 形 ❶《de》(…に)値する;(…に)ふさわしむ. ❷ 堂々とした, 威厳のある;もったいぶった.

dignement 副 堂々と;《古風》相応に, しかるべく.

dignitaire 男 地位の高い人, 高官.

dignité 女 ❶ 威厳, 品位;誇り, 自尊心;尊厳. ❷ 高位, 顕職;《複数》高位[顕職]にある人々.

digraphie 女 二字一音;《簿》複式簿記.

digression 女 余談, 脱線.

digue 女 堤防;土手, 堤防;抵抗, 妨げ.

dihaploïdie 女《生》二ゲノム複合体. ⇨ **dihaploïde**.

Dijon ディジョン (Côte-d'Or 県の県庁所在地).

dijonnais, e 形 ディジョンの.
― 名 (D~) ディジョンの人.

diktat [-t] 男《独》強制条約;語 無

dilacérer ⑥ 他 引き裂く；破棄する；〖医〗(組織を)切り裂く．

dilapidateur, trice 形, 名 浪費する(人)；横領する．

dilapider 他 浪費〖乱費〗する；横領する． □**dilapidation** 女

dilatable 形 膨張性のある． □**dilatabilité** 女

dilatateur, trice 形〖解〗muscle ～ 拡張筋．
—— 男 拡張器；〖医〗拡張器．

dilatation 女 膨張，拡張．

dilater 他 膨張〖拡張〗させる；(心などを)晴れやかにする．◇～ la rate 話 大笑いさせる．——**se** ～ 膨張〖拡張〗する；(心などが)開く，晴れ晴れする．

dilatoire 形 時間稼ぎの；〖法〗(判決などを)延期する．

dilemme [-lεm] 男 板挟み，ジレンマ．

dilettante 〖伊〗 男 好事〖愛好〗家，ディレッタント．—— 形 ディレッタントの．

dilettantisme 男 道楽，趣味．

diligemment 副 文章 迅速に；熱心に，勤勉に；入念に．

diligence[1] 女 文章 勤勉，熱心；敏速．❷〖法〗à la ～ de ... ...の申し出〖請求〗により．

diligence[2] 女 乗合馬車，駅馬車．

diligent, e 形 文章 勤勉な，熱心な；迅速な，てきぱきした；行き届いた．

diligenter 他 急いでする[させる]．

diluant 男〖美〗溶き油．

diluer 他 溶かす，薄める；冗長にする．～ **se** ～ 溶ける，薄まる．

dilution 女 溶解，希釈．

diluvial, ale;(男複)**diluviaux** 形 土砂降りの，大洪水の． ► **pluie** ～**ne** 豪雨．

dimanche 男 日曜日．
◇**du** ～ 素人の．**habits** [**vêtements**] **du** ～ 晴れ着．

dîme 女〖史〗10分の1税；(米国の)10セント硬貨．

dimension 女 ❶ 大きさ，寸法，サイズ；規模，重大さ．❷ (重要な)側面，意味．❸ 次元．❹ (人の)力量，能力．
◇à la ～ [aux ～s] de ... ...の大きさに応じた；にふさわしい．prendre la ～ [les ～s] de ... ...の重大さを推し量る；...に至るの，広がりをなす．

dimensionnel, le 形 寸法〖サイズ〗の；次元の．

dimensionner 他 (...の)寸法を決める．

dîmes 活 ⇨ dire.

diminué, e 形 ❶ 減少した，減らされた；衰えた；〖楽〗減音程の．❷ rang ～ (編み物の)減らし目．

diminuendo [-nųen-] 副〖楽〗ディミヌエンド．

diminuer 他 ❶ 小さくする，減らす；弱める．❷ おとしめる，辱める：話 給料を下げる．—— 自 減る，下がる；弱まる；話 値下がりする．

diminutif, ve 形〖言〗指小辞の．—— 男〖言〗指小接尾辞；愛称．

diminution 女 減少，低下，軽減；衰弱；(編み物の)減らし目．

dimorphe 形〖生〗二形性の；〖鉱〗同質二像の．

dinanderie 女 真鍮製家庭用品．

dinandier 男 真鍮鋳物師；〖商〗．

dinar 男 ディナール(チュニジア，アルジェリア，ユーゴスラビアなどの通貨)．

dinde 女 (雌の)七面鳥；話 愚かでうぬぼれ屋の女．
◇**plumer la** ～ 話 いいかもにする．

dindon 男 (雄の)七面鳥；話 だまされやすい間抜けな男．◇**être le** ～ (**de la farce**) だまされる；笑い物になる．

dindonneau 男 (複) **x** 話 七面鳥のひな．

dîner 自 ❶ 夕食を取る．❷〖古/方言〗昼食を取る．—— 男 ❶ 夕食，晩餐(餐)(会)．❷〖同格的〗夕食付きの．❸〖古/方言〗昼食．

dînette 女 ままごと(道具)；(内輪の)軽い食事．

dîneur, se 名 夕食客，夕食を取る人．

ding [diŋ/dε̃:g] 擬 リーン(ベルなどの音)．

dinghy [dingi]；(複) ～**s** (または **dinghies**) [dingiz] / **dinghie** 男〖英〗救命ゴムボート．

dingo[1] 男〖英〗ディンゴ(オーストラリアの野生犬)．

dingo[2] 形〖不変〗，男 話 頭のいかれた(人)．

dingue 形 話 頭のいかれた，気の狂った；変な，奇抜な，すごい．—— 名 話 頭のいかれた人；熱狂的な愛好者．

dinguer 自 話 (強い力に飛ばされて)倒れる，落ちる．◇**envoyer** ～ ... 話 ...を追い払う；捨て去る．

dinguerie 女 話 狂気の沙汰(た)；バカげたこと．

dinosaure 男 ❶ 恐竜．❷ 老大家；前代の遺物．

dinosauriens [-so-] 男複 恐竜．

diocésain, e 形〖カ教〗司教区の；監督管区の．—— 名 (司教区の)信徒；(監督管区の)信徒．

diocèse 男 (カトリックの)司教区；(プロテスタントの)監督管区；〖古()〗州．

diode 女〖英〗〖エレ〗ダイオード．

dionysiaque / dionysien, ne 形〖古ギ〗ディオニソスの；文章 激情的な，陶酔的な．

dionysien, ne 形 サン=ドニ Saint-Denis の．
—— 名 (D～) サン=ドニの人．

dionysies 女複〖古ギ〗ディオニソス〖バッカス〗祭．

Dionysos [-s]〖ギ神〗ディオニュソス．

dioptre 男〖光〗屈折率の異なる2つの透明域を隔てる面．

dioptrie 女〖光〗ジオプトリー(レンズの屈折力の単位)．

diorama 男 ジオラマ，透視画．

dioxine 女 ダイオキシン．

diphtérie 女〖医〗ジフテリア．

diphtongue

◻diphtérique 形

diphtongue 女《音声》二重母音.

diphtonguer 他《音声》二重母音にする. ── **se** ─ 代 二重母音になる.

◻diphtongaison 女

diplodocus [-s-] 男《古生》ディプロドクス.

diplomate 名 外交官; 駆け引きのうまい人, 策謀家. ── 形 駆け引きのうまい, 外交的手腕のある. ── 男《菓》ディプロマット (砂糖漬け果物入りババロア).

diplomatie [-si] 女 ❶ 外交; 外交官の職;《集合的》外交官.

diplomatique 形 外交(上)の; 外交的な, 駆け引きをきかした. ◊ **maladie ~** 語 仮病.

diplomatiquement 副 外交的に, 有利に; 臨機応変に.

diplôme 男 免状, 免許(状); 証書; 免許取得試験. ► ~ **d'études approfondies** ⇨ D.E.A.

diplômé, e 形 免状 [免許] を取得した; 高等教育を修了した. ── 名 免状 [免許] 取得者.

diplopie 女《医》複視 (二重に見える障害).

dipolaire 形《電》双極性の.

dipôle 男《電》《心》渇so症.

dipsomanie 女《医》渇酒症.

diptère 形 (昆虫が) 双翅(レ)の. ── 男《複数》《昆》双翅目.

diptyque 男《古口》❷ 2 枚折りの書板;《文学などの》2 部作.

dire 他 ❶ 言う. ► ~ **à qn de** + inf. [**que** + subj.] …に…するように言う. ❷《疑問文で》思う. ► **Qu'en dites-vous?** それをどう思いますか / **Que diriez-vous d'une promenade?** 散歩などいかがですか. ❸《物が》告げる, ありありと物語っている. ❹《物事が》その気にさせる, 気に入る. ► **Ça te dit** (d'aller au cinéma)? (映画に行くなら)どう? ❺ 朗読する; 唱える, (ミサを)挙げる; (将来を)予言する. ◊ **À qui le dites-vous!** 語 それは私だってよく知ってますよ; **ceci** [**cela**] **dit** そう言うと; とは言え, それはそうと. **Cela va sans ~.** それは言うまでもない. **Ce n'est pas pour ~** こう言ってはなんですが, 自慢するわけじゃありませんが. **C'est ~ que …** つまり…ということなのだ. **C'est ~ si …** どれほど…であるかということだから, ことほどさように…なのである. **C'est moi qui vous le dis!** 保証します. **C'est tout ~.** これだけ言えばたくさんでしょう. **C'est vous qui le dites.** あなたはそうおっしゃいますがね; いわゆる. **comme on dit** よく言われるように; いわゆる. **comme qui dirait** 語 いわば, ほとんど…のような. **D~** [**Et ~**] **que …**《驚き, 憤慨》…というんだから; …だというのに. **dis** [**dites**] (**donc**) (間投詞的)ねえ, おい. **disons** (考えながら)ねーと, そうですねえ; …にしましょう. **Dis-sons-le** はっきり [率直に] 言って, 正直言って. **Est-ce (à) ~ que …?** …ということですか? **Il n'y a pas à ~.** そのとおりだ, 反論の余地がない. **…, je ne dis pas, mais …** 確かに…だが…; …ならともかく, …. **Je ne te** [**vous**] **dis que ça** [**cela**] **.** それがあなた, すごいのなんの; これだけ言えば分かるでしょう. **Je ne vous** [**te**] **le fais pas ~.** それそれ, 今あなたが御自分で [君が自分で] 言ったとおりですよ [よ]. **ne pas se le faire ~ deux fois** すぐ言われたとおりにする. **on dirait** [**aurait dit**] **…** まるで…のようだ [だった]. **on dit que …** …と言われている. **pour ne pas ~ …** …とは言わないまでも. **pour tout ~** 要するに. **que dis-je** いやそれどころか. **Qu'est-ce à ~?**《驚き, 不満》それはどういうことですか. **Que tu dis** [**vous dites**]**!** と君[あなた]はおっしゃいますがね. **Qui dit A dit B.** A といえばB(も)だ. **Tu l'as dit!** 語 そのとおり. **Vous dites?**(聞き返しで)え, なんとおっしゃいました.

── **se** ─ ❶ (…と) 思う. ❷ 自分を…だと言う; 自称する. ❸ (表現が)用いられる. ❹ 互いに言う. ◊ **On se dirait …** まるで…にいるようだ.

── 男(成句以外は複数)発言, 言葉; 意見; 報告. ◊ **au ~ de …** = **aux ~s de …** …の言に従えば.

direct, e [-kt] 形 ❶ まっすぐに; 直通 [直行] の; 単刀直入な, 露骨な; 正の (方向の). ── 男《ボクシング》のストレート; 直行列車; 生放送. ◊ **en ~** 生放送で.

directement 副 まっすぐに; 直接に; いきなり.

directeur, trice 名 ❶ 長, 局長, 部長, 所長, 校長 ディレクター, 支配人. ► **président-~ général** (取締役)社長. ❷ (フランス革命期の総裁政府の) 総裁./《宗》 **~ de conscience** 良心の指導者.

── 形 指導的な, 主軸となる. ► **roue ~trice** (車の操舵(º)輪); 前輪.

directif, ve 形 指導的な, 指導性の強い; 専横な. ►《多く複数》指示, 命令; 行動方針, 綱領.

direction 女 ❶ 方向, 方角; 方針. ❷ 指導, 指揮, 管理, 経営. ❸ 幹部, 首脳陣; 職権; (官庁などの)部, 局. ❹《車》ステアリングギア, 舵(º)取機構.

directionnel, le 形 指向性の.

directivité 女《電》(アンテナの)指向性, ❷ 強力な指導性.

directoire 男 ❶ (株式会社の)業務執行役員会, 経営委員会;《法》執政府. ❷ (le D~)《史》(フランス革命期の)総裁政府[時代].

directorial, ale 形 (男複) **aux** 図 (社長, 所長など)長の;《史》総裁政府の.

dirent, direz, diriez 活 ⇨ **dire**.

dirham [-ram] 男 ディルハム (貨幣).

dirigé, e 形 指導下に行われる, 管理 [統制] された; 方向づけを持った (ある方向に) 向けられた.

dirigeable 形 操縦 [誘導] できる. ── 男 飛行船.

dirigeant, e 形 指導[支配]する. ― 名 指導者, 幹部.

diriger ② 他 ❶ 経営[管理, 運営]する; 指揮[指導]する. ❷ 運転[操縦]する. ❸ (sur, vers)(…へ)送る, 派遣する; 導く, 向ける. ～ **se ～** (vers, sur)(…の方向に)進む, 向かう.

dirigisme 男 統制経済(政策).

dirigiste 形 統制経済(派)の. ― 名 統制経済論者.

dirimant, e 形【法】(婚姻を)無効とする.

dirimns, diron-, dis(-) 活 ⇨ dire.

discal, ale; (男複) aux 形【解】椎(ツイ)間板の.

discectomie 女【医】椎(ツイ)間板切除.

discernable 形 見分けられる, 識別し得る.

discernement 男 分別, 見識;〈文章〉識別, 判別.

discerner 他 (感覚によって)認める, 見分ける;しっかりと認識する;区別[識別]する, 見抜く.

disciple 男 弟子, 門人, 信奉者.

disciplinable 形 規律を守らせ得る, しつけることのできる.

disciplinaire 形 規律上の;懲戒の. ― 男 懲治隊の兵士.

disciplinairement 副 規律上, 規律に従って;懲戒として.

discipline 女 ❶ 学科, 科目;専門分野;種目. ❷ 規律;規律の遵守;(個人的な)生活規範, 規則. ❸ 懲罰; (懲罰用の)鞭(ムチ);薫陶, 調教.

discipliné, e 形 規律正しい, よく訓練された, しつけのよい.

discipliner 他 規律を守らせる;(規律を守るように)しつける;律する, 秩序正しくする. ～ **se ～** 自分を律する.

disc-jockey [-ʒɔkɛ] 男《米》ディスクジョッキー.

disco 《米》男 ディスコ音楽. ― 形《不変》ディスコ調の.

discobole 男《古代》円盤投げ選手.

discographie 女【楽】ディスコグラフィー.

discographique 形【楽】ディスコグラフィーの;レコード[録音物]の.

discoïde / discoïdal, ale; (男複) aux 形 円盤形の.

discompte [-kɔ̃t] 男 ⇨ discount.

discompter [-kɔ̃te] 他, 自 ⇨ discounter¹.

discontinu, e 形 断続的な, 不連続な. ― 男 不連続.

discontinuer 他 やめ, 中断する. ◇ *sans* ～ 絶え間なく, とぎれずに.

discontinuité 女 不連続(性), 断絶;中断.

disconvenir ② 自 (助動詞 être) ne pas ～ de … [que …] …を否定しない, 認める.

discopathie 女【医】椎(ツイ)間板症.

discophile 名 レコード愛好家.

discophilie 女 レコード愛好.

discordance 女 不調和, 不一致.

discordant, e 形 うまく合わない, 一致しない;不調[不協]和な.

discorde 女 反目, 対立, 軋轢(アツレキ). ◇ *pomme de* ～ 紛争の火種, 不和の原因.

discorder 自《文章》一致[調和]しない.

discothécaire 名 レコードライブラリーの貸出係.

discothèque 女 レコードキャビネット[収蔵室];レコードライブラリー[コレクション];ディスコ.

discount [-kawnt / -kunt] 男《米》値引き, 安売り;ディスカウントショップ.

discounter¹ [-kawn-/-kun-] 他 安売りする. ― 自 ディスカウントショップを経営する.

discounter² [-kawntœr/-kuntœːr] 男 ディスカウントショップ経営者.

discoureur, se 名 おしゃべりな(人), 演舌を弄(ロウ)する(人).

discourir ② 自 駄弁を弄(ロウ)する.

discours¹ 男 ❶ 演説, スピーチ. ❷ 駄弁, (退屈な)長広舌. ❸ ディスクール, 言説(ある時代, 集団に特有の言語表現);[言]談話, 言述;【文法】話法の;因…論.

discours², **discout, dis-** 活 ⇨ discourir.

discourtois, e 形〈文章〉無作法な, ぶしつけな. ❑ **discourtoisie** 女

discrédit 男 信用の失墜, 不評.

discréditer 他 信用[評判, 権威]を失わせる. ～ **se ～** 信用[評判, 権威]を失う.

discret, ète 形 ❶ 慎み深い;地味な, 目立たない;控(ヒカ)えめな. ❷ 秘密を守る, 口の堅い.

discrètement 副 控えめに, 目立たないように.

discrétion 女 慎み, 遠慮;地味;秘密を守ること, 口の堅さ. ◇ *à* ～ 好きなだけ, 好きなように. *à la* ～ *de* … …の裁量による, …次第の.

discrétionnaire 形 pouvoir ～ (1)【法】自由裁量権. (2) 絶大な力.

discrétisation 女 ディジタル化.

discriminant, e 形 判別の.

discriminateur 男【通】周波数弁別器.

discrimination 女 差別化;〈文章〉識別, 区別. ► ～ positive 積極的な差別是正措置.

discriminatoire 形 差別的な.

discriminer 他〈文章〉識別[区別]する, 見分ける.

disculper 他 無実を証明する. ～ **se ～** 自分の潔白を証明する;釈明[弁明]する. ❑ **disculpation** 女

discursif, ve 形 ❶ 論証的な;[言]言説の, 談話の. ❷ (話から)散慢な.

discussion 女 ❶ 議論, 討論;論争;議事. ❷ 口論, おしゃべり, 会話.

discutable 形 議論の余地がある, 疑わしい, いかがわしい.

discutailler 自〈話〉長々とつまらない議論をする.

discutailleur, se 名〈話〉くだらない議論にふける人.

discuté, e 形 議論[検討]された;異

論の多い, 議論の余地のある.

discuter 他 ❶ (de, sur) (…について) 議論 [討論] する, 話し合う. ❷ 文句を言う. —他 議論 [討論] する; (…) に異議を唱える, 疑問視する.
◇ *le coup* [*le bout de gras*] 話 おしゃべりする.
—**se ~** 討議 [議論] される.

discuteur, se 名 議論好きな (人).

disc(-) 略 ⇨ dire.

disert, e 形 文章 能弁 [雄弁] な; 流暢(ちょう)な.

disette 女 (必需品の) 欠乏, 不足; 《特に》食糧難; 凶作.

diseur 名 (de) (…が) 口癖の人.

disgrâce 女 文章 見放されること, 不興; 醜さ, 不格好.

disgracié, e 形 寵(ちょう)を失った, 不興をこうむった; 運に恵まれない.
—名 不興をこうむった人; 醜い人.

disgracier 他 文章 疎んじる.

disgracieux, se 形 ぶざまな, 醜い; 無愛想な, ぶしつけな.
□ **disgracieusement** 副

disharmonie [-zar-] 女 ⇨ dysharmonie.

disiez, disions 活 ⇨ dire.

disjoindre 81 他 引き離す, 分離する. —**se ~** 離れる, 分離する.

disjoint, e 形 (disjoindre の過去分詞) 離された, 分離した, 別々の.

disjoncter 自 (電気機器が) 電源が切れる.

disjoncteur 男 [電] 遮断器; 安全器.

disjonctif, ve 形 [言] 離接的な.

disjonction 女 分離.

disk-jockey 男 《米》 ⇨ disc-jockey.

dislocation 女 解体, 分解; 崩壊, 解散; 脱臼(きゅう).

disloqué, e 形 ばらばらになった, 壊れた; 脱臼(きゅう)した.

disloquer 他 解体 [分解] する; 脱臼(きゅう)させる. —**se ~** 自分の…を脱臼する; 解体する, ばらばらになる.

disons 活 ⇨ dire.

disparaître 50 自 (助動詞には être) 消える; なくなる, 消滅する; いなくなる, 姿を消す; 亡くなる.

disparate 形 不調和な, ちぐはぐな; 雑多な. —女 文章 不調和, ちぐはぐ.

disparité 女 差異, 相違; 不均衡.

disparition 女 見えなくなること; 紛失, 行方不明; 死亡, 死滅.

disparu, e 形 見えなくなった; 紛失した, 行方不明になった; 亡くなった.
—名 文章 死者; 行方不明者.

disparu(-), disparû(-) 活 ⇨ disparaître.

dispatcher [-tʃe] 他 振り分ける.

dispatching [-tʃiŋ] 男 《英》[鉄道, 航空, 電力などの] 集中管理 [制御]; 配送管理; 振り分け, 割り振り.

dispendieux, se 形 文章 費用のかさむ, ぜいたくな.
□ **dispendieusement** 副

dispensaire 男 無料診療所, 健康相談所.

dispensateur, trice 形, 名 (de) (…を) 分配する (人).

dispense 女 免除; 免除証明書, 特別許可書.

dispenser 他 ❶ ~ A de B A を B を免除する. ❷ 惜しみなく与える, 振りまく. ◇ *Je vous dispense de …* …は御免用に願います. —**se ~** (de) (…を) 免れる, なしで済ます.

dispersant, e 形 [化] (油層などを) 分散 [可溶化] する. —男 油処理剤.

dispersé, e 形 散らばった, ばらばらの; 気が散った.

disperser 他 散らす, 分散させる. —**se ~** 散り散り [ばらばら] になる; 気を散らす. □ **dispersement** 男

dispersion 女 散らばる [散らかす] こと, 散乱, 分散.

disponibilité 女 ❶ [処分] できること; 使用 [処分] 権. ❷ 休職, 待命; (人が) 手のすいていること; (考えなどが) とらわれないこと. ❸ (複数) 手持ちの資金; [簿] 流動資産.

disponible 形 ❶ 自由に使用 [処分] できる, 空いている. ❷ 手の空いた, 暇な; (考えなどが) 自由な. ❸ 休職 [待命] 中の.
—名 待命 [休職] 中の公務員.

—❹ うつろっぽい.

disposé, e 形 ❶ 並べられた, 配置された. ❷ (à) 気になっている, するつもりがある. ◇ *être bien* [*mal*] ~ 機嫌がよい [悪い]. *être bien* [*mal*] ~ *à l'égard de* [*envers*] … …に好意 [悪意] をもっている.

disposer 他 ❶ 並べる, 配置する; 整える, 準備する. ❷ 文章 (à) (…する) 気にさせる, (…の) 覚悟をさせる. —自 (de) (…を) 自由に使える, 持っている. ◇ *Vous pouvez ~.* 話 (目下の者に) 下がってよろしい.
—**se ~** ❶ (à) (…する) 気になる; ま…しようとする. ❷ 並ぶ, 配置される.

dispositif 男 装置, 仕掛け; 対策, 措置; 態勢.

disposition 女 ❶ 配置. ❷ 自由に使える [処分できる] こと. ► ... *est à votre* ~. …はあなたのお好きなようにお使いください. …をどうぞさろうぞあなたの御自由です. ❸ (多く複数) 気持ち, 気分, 機嫌, (好悪の) 感情. ❹ (多く複数) 才能. ❺ (複数) 措置, 準備, 手はず. ❻ (à) (…しがちな) 傾向, 性向. ❼ 規定; 条項.

disproportion 女 不均衡, 不釣り合い.

disproportionné, e 形 不均衡な, 不釣り合いな; ばかげている, 並み外れた.

dispute 女 口論, 喧嘩(けんか).

disputer 他 ❶ ~ A à B A を得ようにも B と争う, 競う. ❷ (勝負を) 競う, 戦う; [試合] をする.
—**se ~** ❶ 口論 [喧嘩 (けんか)] する; 争い合う, 奪い合う; (試合が) 争われる.

disquaire 名 レコード屋.

disqualification 女 《英》 〖スポーツ〗

失格,出場資格剝(½)奪.
disqualifier 他 〖スポ〗失格させる,出場資格を剝(½)奪する;信用を失わせる. **— se ~** 失格する;信用を失う.
disque 男 ❶ ディスク,レコード:円盤. **~ souple** フロッピー:〖情〗**optique compact CD-ROM** / **~ vidéo numérique réinscriptible** 書き換え可能 DVD / **~ audionumérique** デジタルオーディオディスク,DAD / **~ compact enregistrable** 書き込み可能 CD, CD-R. ❷ 〖解〗**~ intervertébral** 椎(%)間板.
◇ *changer de ~* 話題を変える.
disquette 女 フロッピーディスク.
disse 活 ⇨ *dire*.
dissection 女 解剖.
dissemblable 形 似ていない.
dissemblance 女 文章 似ていないこと,相違.
dissémination 女 ❶ 〖植〗(花粉などの)散布. ❷ 散在;流布,伝播(%).
disséminer 他 散布する;散在[分散,流布]させる. **— se ~** 散らばる;散在する;広がる.
dissension 女 文章 激しい対立,衝突,不和.
dissent, dissés 活 ⇨ *dire*.
dissentiment 男 見解[意見]の相違;対立,不和.
disséquer 他 解剖する.
dissertation 女 ❶ 小論文;〖古風〗論文. ❷ 長広舌.
disserter 自 (de, sur) (…について)論じる;長々としゃべる.
dissidence 女 反逆,離脱;反主流[体制]派;文章 (意見)の相違.
dissident, e 形 反逆する,離脱した;反主流[体制]派の. **—** 名 反逆者,離脱者,異端者,反主流[体制]派.
dissiez 活 ⇨ *dire*.
dissimilation 女 〖音声〗(離隔)異化.
dissimilitude 女 文章 相違,不同,差異;対比.
dissimulateur, trice 形, 名 本心を隠す[偽る](人).
dissimulation 女 本心を隠す[偽る]こと;隠蔽.
dissimulé, e 形 本心を隠した,陰険な;隠された.
dissimuler 他 隠す. **—** 自 本心を隠す. **— se ~** ❶ (…に)目をつぶる,認めようとしない. ❷ 隠れる;隠される.
dissions 活 ⇨ *dire*.
dissipateur, trice 形, 名 浪費[乱費]家(の人).
dissipation 女 晴れる[消え去る]こと;乱費,浪費;注意散漫,行儀の悪さ;児童 放課(%).
dissipé, e 形 消え去った;注意散漫な,行儀の悪い;児童 放埒(%)な.
dissiper 他 ❶ 散らす,一掃する. ❷ 文章 浪費[乱費]する;気を散らせる. **— se ~** 散る,消え去る;気が散る,騒ぐ.
dissociable 形 分離できる.
dissociation 女 分離;〖化〗解離;〖心〗(人格の)遊離.

dissocier 他 分離する;離反させる;〖化〗解離させる. **— se ~** 切り離される,分断される.
dissolu, e 形 文章 乱れた,放埒(%)な.
dissolution 女 ❶ 解散;崩壊,解消. ❷ 溶解,溶液;分解,腐敗;文章 (風俗の)乱れ.
dissolvant, e 形 溶かす;風紀を乱す;舌 引きだるくさせる. **—** 男 溶剤,溶媒;(マニキュアの)除光液;風俗を壊乱するもの.
dissonance 女 〖楽〗不協和(音);不調和,矛盾.
dissonant, e 形 耳障りな,不協和の;調和を欠いた.
dissoner 自 〖音〗不協和音を立てる;調和しない.
dissoudre 82他 溶かす;解散させる,解消[破棄]する. **— se ~** 溶ける;解散する,解消される.
dissous, te 形 (dissoudre の過去分詞)溶ける,解散,破棄された.
dissuader 他 **~ A de B** A に B を断念させる,思いとどまらせる.
dissuasif, ve 形 抑止(力)の.
dissuasion 女 抑止(力),思いとどまらせること.
dissyllabe / dissyllabique 形, 男 2音節の(語).
dissymétrie 女 非対称,不均整.
〇 **dissymétrique** 形
distance 女 距離,隔たり;差異,相違,格差. ◇ **à ~** 遠くで[に],遠隔での;時間を置いて. *de ~ en ~* 間隔を置いて;ときどき.
distancer 1他 引き離す;追い抜く;(競馬で馬を)失格させる.
distanciation 女 距離を保つこと,客観視;〖演〗 *effet de ~* (ブレヒトの劇での)異化効果.
distancier 他 **~ A de B** A と B との間に距離を置かせる,B を客観視させる. **— se ~** (de) (…との間に)距離を置く,(…を)客観視する.
distant, e 形 離れた,隔たった;よそよそしい.
distendre 58他 (無理に)伸ばす[膨らます];(絆(%)を)弱める. **— se ~** 伸びきる,たるむ;弱まる.
distendu, e 形 (distendre の過去分詞)伸びきった,緩んだ,(絆(%)が)弱まった.
distension 女 伸ばすこと,膨張;伸びきってしまうこと.
distillat [-la] 男 〖化〗蒸留物,留出物.
distillateur, trice [-la-] 名 蒸留酒製造[販売]人.
distillation [-la-] 女 蒸留.
distiller [-le] 他 蒸留する;分泌する,したたらせる;文章 醸(&)し出す;練り上げる. ◇ **~ son venin** 中傷する,意地悪をする. **—** 自 (蒸留によって)蒸発分離する.
distillerie [-til-] 女 蒸留酒製造所[業];蒸留工場[業].
distinct, e [-tɛ̃(:kt), ɛ̃:kt] 形 ❶ (de) (…とは)別の,はっきり異なる. ❷

distinctement

distinctement 副 はっきりと, 明瞭[明確]に.

distinctif, ve 形 区別する, 独特の；〖音声〗弁別的.

distinction 囡 ❶ 区別, 識別；差別；相違. ❷ 栄誉, 勲章；気品, 優雅さ；〖古〗(家柄などの)高貴, 高位.

distinguable 形 区別られうる, 識別できる.

distingué, e 形 上品な, 気品のある；卓越した, 秀でた；格別の.

distinguer 他 ❶ 区別する［識別する], 見分ける, 聞き分ける. ❷ 〖古〗高く買う, 抜擢(ばってき)する；…と異なる, 区別される. ❸ 見分ける；〖古〗ぬきんでる. ―― **se ～** ❶ (de) (…と異なる, 区別される. ❷ 姿を現す, 見える；〖古〗ぬきんでる. ❸ 区別する；見分ける, 選ぶ.

distinguo [-go] 男 〖ラ〗細かい区別.

distique 男 二行詩；(ギリシア, ラテンの)二行連句.

distordre 60 他 歪める, くじく, 捻挫(ねんざ)する.

distorsion 囡 ひずみ, ゆがみ, ずれ；不均衡, 格差.

distraction 囡 気晴らし, 娯楽, 楽しみ；不注意, 放心.
◊ *par ～* 気晴らしに；うっかりして.

distraire 68 他 ❶ 楽しませる, 気晴らしをさせる；気をそらす；(人の)邪魔をする. ❷ 分離する；取り出す. ―― **se ～** ❶ 気晴らしをする, 楽しむ. ❷ 〖文章〗(de) (…から)気を紛らせる, 注意をそらす.

distrait, e 形 〘distraire の過去分詞〙ぼんやりした(人), うかつな(人).

distraitement 副 ぼんやりと, うわの空で, うっかりと.

distrayant, e 形 気晴らしになる, 愉快な.

distribué, e 形 分配［配置］された. ►*appartement bien ～* 間取りのよいアパルトマン.

distribuer 他 ❶ 分配する, 配る；配置［配分］する. ❷ 惜しみなく与える, 振りまく. ―― **se ～** 分配［配置］される；配分し合う.

distributeur, trice 形, 名 配布［配達, 配給］する(人).
―― 男 販売［供給］機；給油ポンプ.

distributif, ve 形 分配する, 配る；〖文法〗〖論〗配分的な. ◊ *justice ～ve* 公平な罰；〖法〗配分的正義.
―― 男 〖文法〗配分詞.

distribution 囡 ❶ 分配, 配給, 配達；授与(式), 配布, 分布；間取り. ❷ 配役；キャスト. ❸ 流通.

distributionnel, le 形 〖言〗分布(上)の, 分布的.

district [-kt] 男 地区, 区域. ►*～ urbain* (隣接市町村の)連合区.

dit, e 形 〘dire の過去分詞〙❶ 言われた；…と呼ばれる, 通称…. ❷ 決められた. ► *Ce qui est dit est dit.* それはもう決まったことだ.
―― 男 〖文〗(中世の)短い韻文物語.

dit(-), dît(-) 活 ⇒ dire.

dithyrambe 男 ❶ 〖古史〗ディオニュソス賛歌. ❷ 〖文章〗熱狂的な称賛.
□**dithyrambique** 形

dito 副 〖商〗同上, 同じく.

diurèse 囡 〖医〗利尿.

diurétique 形 〖医〗利尿の.
―― 男 利尿薬.

diurne 形 ❶ 昼間の；昼咲きの；〖動〗昼行性の. ❷ 〖天〗*mouvement ～* 日周運動.

diva 囡 〖伊〗歌姫, プリマドンナ.

divagation 囡 〘多く複数〙脱線, 余談；たわごと；うわごと.

divaguer 自 支離滅裂なことを言う；うわごとを言う.

divan 男 (背もたれ, 腕のない)長椅子.

dive 形 囡 〖文章〗～ *bouteille* (☆)徳利(?), ワイン.

divergence 囡 相違, 対立；分岐, 分散.

divergent, e 形 分散［分岐］する；相違［対立］する.

diverger 2 自 分散［分岐］する；相違［対立］する.

divers, e 形 さまざまな, 異なった；変化に富んだ. ► *frais ～* 雑費 / *faits ～* 三面記事. ―― 形 〘不定〙〘複数い〙いくつかの, 何人かの, かなりいろいろの.

diversement 副 さまざまに.

diversification 囡 多様［多角］化.

diversifier 他 多様［多角］化させる. ―― **se ～** 多様化する.

diversion 囡 〖文章〗気晴らし, 気分転換；〖軍〗陽(☆)動(作戦). ◊ *faire ～ à …* …から紛らし, 忘れさせる.

diversité 囡 多様性.

diverticule 男 ❶ 〖解〗憩室. ❷ 詰まった所；(細かく分かれた)支流.

divertimento [-men-] 男 〖楽〗ディヴェルティメント.

divertir 他 楽しませる, 気晴らしさせる.
―― **se ～** ❶ 楽しむ, 気晴らしをする. ❷ 〖文章〗(de) (…)もの笑いにする.

divertissant, e 形 楽しい, 気晴らしになる.

divertissement 男 ❶ 気晴らし, 楽しみ, 娯楽. ❷ 〖楽〗ディヴェルティメント.

dividende 男 配当(金)；〖数〗被除数.

divin, e 形 ❶ 神の；神からの；神にささげる. ❷ 神格化された；素晴らしい, 完璧(☆)の.

divinateur, trice 形 予知する.

divination 囡 占い, 予言；先見の明, 予感.

divinatoire 形 占いの, 予言の；予知の.

divinement 副 素晴らしく, 完璧(☆)に.

divinisation 囡 神格化；賛美.

diviniser 他 神格化［神聖視］する, 崇拝する.

divinité 囡 神性；神.

diviser 他 ❶ 分ける, 分割する；分裂させる. ❷ (数を)割る.
―― **se ～** ❶ 分かれる, 分裂する. ❷ (数が)割り切れる.

diviseur, se 形, 名 分裂を引き起こす(人). ━ 名 [数]除数, 約数. ▶ commun ～ 公約数.

divisible 形 割り切れる;分割できる. □**divisibilité** 女

division 女 ❶ 分割, 分妨;分裂, 不和. ━ 男 [略] ⇨ **des pouvoirs** 三権分立 / ～ **cellulaire** 細胞分裂. ❷ (分けられた)部分, 区分;目盛り;部局;[軍]師団. ❸ 割り算.

divisionnaire 形 ❶ 部局の;[軍]師団の. ❷ **monnaie** ～ 補助貨幣. ━ 名 (地方)警察本部長(=commissaire divisionnaire).

divisionnisme 男 [美] (新印象派の)分割描法 [主義]. □**divisionniste** 形名

divorce 男 ❶ 離婚. ❷ 対立, 不一致, 分裂.

divorcé, e 形, 名 離婚した(人).

divorcer 自 離婚する.

divortialité [-sja-] 女 離婚率.

divulgateur, trice 形, 名 暴露する(人).

divulgation 女 暴露, 漏洩(ろうえい).

divulguer 他 暴露する, 漏らす.
━ **se** ～ 漏れる, 暴露される.

dix [dis] ([子音または有音のhの前では [di], 母音または無音のhの前では [diz]]) 形 (数) 10 の; 10番目の.
◊**répéter dix fois** 何度も繰り返す.
━ 男 10; 10日, 10時; 10番, 10号.
◊**Ça vaut dix.** 豆すごい.

dix-huit [-zɥit] 形 (数) (不変) 18 の; 18番目の. ━ 男 (不変) 18; 18日, 18時; 18番, 18号.

dix-huitième 形 18番目の; 18分の1の. ━ 名 18番目の人[物]. ━ 男 18分の1; 19世紀; 第18区.

dixième 形 10番目の; 10分の1の.
━ 名 10番目の人[物].
━ 男 10分の1; (宝くじの)1割券; [史] 10分の1税; 11階; 第10区.
━ 女 第10学級(⇨ terminale).

dixièmement 副 10番目に.

dix-neuf [diz-] (ans, heures の前では [diznœv]) 形 (数) (不変) 19 の; 19番目の. ━ 男 (不変) 19; 19日, 19時; 19番, 19号.

dix-neuvième [diz-] 形 19番目の; 19分の1の.
━ 名 19番目の人[物].
━ 男 19分の1; 20階; 第19区.

dix-sept [di(s)set] 形 (数) (不変) 17 の; 17番目の. ━ 男 (不変) 17; 17日, 17時; 17番, 17号.

dix-septième [di(s)set-] 形 17番目の; 17分の1の.
━ 名 17番目の人[物].
━ 男 17分の1; 18階; 第17区.

dizain 男 10行詩.

dizaine 女 10, 約10; [カト]ロザリオ一連の祈り. ▶ **plusieurs** ～**s** 数十.

dizygote 二卵性の.

D.J. [didʒi(e)] 男 [英]ディスク・ジョッキー.

djaïnisme [dʒa-] 男 ⇨ jaïnisme.

djebel [dʒe-] 男 (北アフリカの)山, 山岳地.

djellaba [dʒela-] 女 ジェラバ(北アフリカの長袖でフード付きの丈の長い服).

djembé [dʒem-] 男 ジェンベ(アフリカの太鼓の一種).

Djibouti [dʒi-] ジブチ(共和国).

djihad [dʒiad] 男 [イ教]ジハード, 聖戦.

djinn [dʒin] 男 [イ教]ジン(アッラーが火から作った鬼神で善神・悪神がある).

dl [記][計] décilitre デシリットル.

DM [記][独] Deutsche Mark ドイツ・マルク.

dm [記][計] décimètre デシメートル.

DMO [略] disque magnéto-optique 光磁気ディスク.

DNA [略][英] deoxyribonucleic acid デオキシリボ核酸.

do⁻ (略) ⇨ dito.

do 男 (不変)[伊][楽]ド, ハ音, C音.

doberman [-man] 男 ドーベルマン犬.

D.O.C [dɔk] 男 [略] disque optique compact CD-ROM.

docétisme [F教]キリスト仮現論.

docile 形 従順な, 素直な.
□**docilement** 副

docilité 女 従順さ, 素直さ.

docimologie 女 学校試験制度研究.

dock 男 ドック, 船渠(せんきょ);陸揚げ施設, 倉庫.

docker 男 [英]沖仲仕, 港湾労働者.

docte 形 街(ガ)学的な; 古風 博学な.

doctement 副 文章 学者ぶって, 街(ガ)学的に.

docteur, e 名 (女性形として docteur も用いる)医師;博士;神学者.

doctoral, ale 形 (男複) **aux** 形 学者ぶった, もったいぶった.
□**doctoralement** 副

doctorant, e 名 博士号取得準備者.

doctorat 男 博士号;博士論文, 博士号取得のための試験.

doctoresse 女 [古] 女医.

doctrinaire 形, 名 教条主義的な(人). □**doctrinairement** 副

doctrinal, ale (男複) **aux** 形 教義上の, 学説上の;学理の.
□**doctrinalement** 副

doctrine 女 ❶ 学説, 主義;教義. ❷ 意見, 見解.

docudrame ドキュメンタリードラマ.

document 男 ❶ 参考資料, 文献;文書記録. ❷ 証拠資料[物件]. ❸ 船荷証券.

documentaire 形 参考資料になる;記録[資料]に基づく. ━ **à titre** ～ 参考までに. ━ 男 記録映画.

documentaliste 名 文書係, 資料保管係.

documentariste 名 記録映画製作者.

documentation 女 ❶ 考証, 文献調査. ❷ 資料の収集;〖集合的〗参考資料.

documenté, e 形 資料で裏付けら

documenter

た.

documenter 他 資料を提供する; 資料で裏付ける.
— se ~ 代 資料を集める.
dodécaèdre 男 [数] 12面体.
dodécagone 男 [数] 12角形.
dodécaphonique 形 [楽] 12音技法の.
dodécaphonisme 男 [楽] 12音技法.
dodécaphoniste 名 [楽] 12音技法の作曲家.
dodécasyllabe 形, 男 12音節の(語, 詩).
dodeliner 自 (de) (頭, 体を) 軽く揺する. ◇**dodelinement** 男
dodo[1] 男 [幼児語] ねんね; 寝床.
dodo[2] 男 [鳥] ドド.
dodu, e 形 丸々した, ふっくらした.
doge 男 [伊] [史] ドージェ (ベネチア共和国, ジェノバ共和国の統領).
dogmatique 形 独断 [断定] 的な; 教義上の; [哲] 独断論の. **—** 名 独断家, 教条主義者. **—** 女 教義学 [論]. ◇**dogmatiser** 自 独断的に述べる.
dogmatisme 男 独断的な態度 [話し方, 考え]; 教条主義, 独断論.
dogmatiste 形 教条主義的な; 独断的な. **—** 名 教条主義者; 独断論者.
dogme 男 ❶ 教義, 教理, 教条, ドグマ. ❷ 信条; 定理, 定説.
dogue 男 ❶ 番犬; (特に) ブルドッグ. ❷ 語 怒りっぽい人.
doigt [dwa] 男 ❶ 指. ► petit ~ 小指. ❷ 指の厚み (1, 2 cm); ごくわずかの量. ◇**à un ~ [deux ~s] de ...** …のすぐ近くに. **jusqu'au bout des ~s** 全身に; **mettre le ~ sur ...** …を暴く, 指摘 する. **montrer [désigner] ... du ~** …を指差す; あげつらう. **sans bouger le petit ~** 語 何もしないで. **savoir [connaître] ... sur le bout du ~** …に精通している. **toucher ... du ~** …を明確につかむ, はっきりさせる; 目前の
doigté [dwate] 男 手腕; 機転; [楽] 運指法, 指使い.
doigter [dwate] 他 [楽] (楽譜に) 指使いを記入する.
doigtier [dwatje] 男 指サック.
dois, doit, doiv- 活 ⇒ devoir.
doit 男 [簿] 借方.
dojo 男 [日本] 道場.
dol 男 [法] 詐欺; 故意.
dolby 男 商標 ドルビー方式.
dolce [-tʃe] 副 [伊] [楽] ドルチェ, 優しく.
doléance 女 ❶ (複数) 苦情, 不平. ❷ [史] (三部会の各身分の) 陳情書.
dolent, e 形 哀れっぽい; 病んだ, 痛みのある.
dolichocéphale [-kɔ-] 形, 名 [人] 長頭の (人).
doline 女 [地] ドリーネ (カルストの穴).
dollar 男 [米] ドル.
dolman 男 ドルマン (肋(ろく)骨飾りのつ

---

deux cent vingt-six 226

いた昔の軍服上着).
dolmen [-men] 男 ドルメン (巨石遺物).
dolorisme 男 痛苦主義 (苦痛に価値を認める).
dolosif, ve 形 [法] 詐欺の.
dom 男 ❶ ドム, 師 (修道者の称号). ❷ ドン (スペインの称号); ポルトガルの貴族の称号).
D.O.M. [dɔm/deɔm] 男 (不変) (略) département français d'outre-mer 海外県.
domaine 男 ❶ 領域, 分野; 専門分野. ► **nom de ~** [情報] ドメインネーム. ❷ 所有地, 領地. ❸ [法] (国, 公共団体の) 財産; 法制. ◇**tomber dans le ~ public** (特許, 著作権が切れて) 公けのものとなる.
domanial, ale 形 (男複) **aux** [法] 国有 (地, 財産) の.
dôme 男 丸屋根, ドーム; 丸屋根状のもの; (イタリア, ドイツの) 大聖堂.
domestication 女 飼い慣らし; 服従させること; (自然の) 活用, 実用化.
domesticité 女 召し使いの身分; (集合的) 召し使い.
domestique 形 ❶ 家庭の, 家の. ❷ 飼い慣らされた. ❸ 国内の. **—** 名 召し使い, 使用人.
domestiquer 他 飼い慣らす; 手なずける; (自然を) 活用する.
domicile 男 住所, 住居.
domiciliaire 形 住居の.
domiciliataire 男 手形の支払人.
domiciliation 女 (手形などの) 支払場所の指定.
domicilié, e 形 居住する.
domicilier 他 居住させる.
domien, ne 名 海外県の (人).
dominant, e 形 ❶ 優勢な, 支配的な, 主な; 高台を見下ろす. **—** 女 主調, 基調; [楽] ドミナント, 属音.
dominateur, trice 形 居丈高な, 横暴な. **—** 名 支配者.
domination 女 ❶ 支配, 統治; 優位, 優勢. ❷ (D~s) 主天使.
dominer 他 ❶ 支配 [左右] する; 抑制する, 圧倒する; 見下ろす. ❷ 把握する. **—** 自 支配的 [優勢] である.
— se ~ 代 自制する.
dominicain[1], **e** 名 [カト] ドミニコ会修道者.
dominicain[2], **e** 形 ドミニカ共和国の. **—** 名 (D~) ドミニカ共和国の人.
Dominicaine 女 ドミニカ (共和国).
dominical, ale 形 (男複) **aux** ❶ 日曜日の. ❷ [カト] 主の, 主日の.
dominion 男 [英] (旧英連邦内の) 自治領.
domino 男 ❶ ドミノ札; (複数) ドミノ. ❷ [服] ドミノ (仮面舞踏会で着るフード付きガウン).
dommage 男 ❶ 損害, 被害. ❷ 残念なこと. ► **~s de guerre** 戦災賠償金. ◇**~s et intérêts = ~s-intérêts** 損害賠償.
dommageable 形 損害を与える.
domotique 女 ホーム・インテリジェン

domptage [dɔ̃taːʒ] 男 調教.

dompter [dɔ̃te] 他 (動物を)慣らす, 調教する; 服従させる; [文章] 抑制[制御]する.

dompteur, se [dɔ̃tœːr, ø:z] 名 調教師; 猛獣使い.

D.O.M.-T.O.M. [dɔmtɔm] 男 [略] département français d'outre-mer-territoire français d'outre-mer フランス海外県と海外領土.

don¹ 男 ❶ 与えること, 贈与; 寄贈品; 寄付; 献金. ❷ 天賦の才(神, 自然のたまもの).

don² [西] ドン(スペインの敬称).

doña [dɔɲa] 女 [西] ドニャ(スペイン女性の敬称).

donataire 名 [法] 受贈者.

donateur, trice 名 ❶ [法] 寄付者. ❷ [法] 贈与者.

donation 女 [法] 贈与(証書).

donc [dɔ̃ːk] 接 ❶ それゆえ, だから; つまりは. ❷ [話を元に戻して]ところで, さて. —副 [疑問, 感嘆, 命令などの強調] いったい, ていよ, さあ.
◇ *Allons ~!* まさか. *Dis [Dites] ~!* ねえ, ちょっと; おい, なんだと; へえ, まあ.

dondaine 女 弩(ど)の矢(中世の投石器).

dondon 女 [俗] 太った女[娘].

donf (à) 完全に, とことんまで.

dongle 男 [情報] ドングル(コピーガード機器).

donjon 男 (城の)主塔, 天主閣.

don Juan; (複) ~s ~s 男 ドン・ファン, 女たらし. □donjuanesque 形

donjuanisme 男 ドン・ファン的性格, 漁色.

donnant-donnant 男 [不変] 語 ギブ・アンド・テイク.

donne 女 (トランプで)札の分配; 情勢. ► nouvelle ~ 新しい情勢.

donné, e 形 ❶ 定められた, 一定の; [数]与えられた. ❷ 非常に安い, ただ同然の. ❸ 許された, 可能な. ► [非人称構文] Il n'est pas ~ à ... de + inf. …することは…には許されない.
◇ *étant ~ ...* …から考えて; …が与えられているとして. *étant ~ que ...* …なので.

—女底 データ; 情報; 所与の事実, 条件.

—男 [哲] 経験的所与, 感覚与件.

donner 他 ❶ 与える; 渡す, 預ける; 授ける; 教える; 支払う. ► Il m'a donné un livre. 彼は本を1冊くれた/~ sa fille à ... …のところに娘を嫁にやる/~ son enfant à garder 子供の子守りをしてもらう/*Donnez-moi votre nom.* お名前を教えてください. ❷ もたらす, 生む; 産する, 創出する; 付与する, 加える(病気などをうつす). ► Alors, ces élections, qu'est-ce que ça va ~. 今度の選挙, どうなるのかね/Elle lui *a donné* deux fils. 彼女は彼との間に2人の男の子をもうけた/*Quel âge lui donnez-vous?* あの人何歳だと思う. ❸ 催す, 興行する; 行う.

► Qu'est-ce qu'on *donne* à l'Opéra en ce moment? オペラ座では今何をやっていますか. ❹ ~ A comme [pour] B A を B として提示する, A を B と思わせる. ❺ [ゲーム] (カードを)配る. ❻ 密告する, 売る.
◇ ~ *à* ... *de + inf.* [文章] …に…する機会を与える[することを許す]. ~ *à* ... *inf.* …するものを与える; …させる, …の種を提供する. *Je vous le donne en cent [mille].* 当てられるものなら当ててごらん.

—自 ❶ (sur, à, dans) (…に)面している, 向いている, 通じている. ❷ (dans) (…に)陥る; のめり込む. ❸ (sur, contre) (…に)ぶつかる. ► ~ du front contre [sur] ... …に頭をぶつける. ❹ 収穫 [実] をもたらす, 卵を産む, 乳を出す. ❺ (盛んに)活動する, 力[影響力]をふるう; 音を出す; 攻撃する; (太陽が)照りつける. ► Ce groupe de rock *donne* à plein chez les jeunes. このロックグループは若者にものすごく受けている. ❻ (布, ロープなどが)伸びる, 緩む.

—**se ~** ❶ 自分を与える, 献身する, 打ち込む; (女性が)身を任せる. ❷ (pour) 自分を(…だと)思わせる, (…と)自称する. ❸ 与えられる; 上演される, 行われる. ❹ 自分に(…を)与える, 得る. ► *se ~* la mort 自殺する. ❺ 与え合う, …し合う. ❻ …のふりをする, 装う. ► *se ~* une contenance 平静を装う.
◇ *se ~ la peine de + inf.* わざわざ…する. *s'en ~ (à cœur joie)* (存分に)楽しむ.

donneur, se 名 ❶ 与える人. ❷ 献血者; (臓器などの)提供者, ドナー. ❸ カードの配り手, 親. ❹ [警察への]密告者, 警察の手先.

don Quichotte; (複) ~s ~s 男 ドン・キホーテ, 空想的理想主義者.

donquichottisme 男 ドン・キホーテ的性格, 空想的理想主義.

dont 代 [関係] (de + 母音・無音の h の前ではリエゾンして [dɔ̃t]) ❶ [関係詞節中の語句が de を介して先行詞と結びつくことを示す] ► ce garçon ~ elle m'a parlé 彼女が私に話していたあの青年/un pays ~ le climat est agréable 気候の快適な国/l'accident ~ il a été responsable 彼に責任のあった事故. ❷ [関係詞節中の数詞, 不定代名詞が先行詞の中に含まれることを示す] …の中の, …のうちで. ► Ils ont trois filles ~ deux sont mariées. 彼らには3人の娘がいるが, そのうちの2人は結婚している. ❸ [動詞を省略して]その中に…が含まれる. ► A cette conférence ont participé quinze pays ~ le Japon et les Etats-Unis. その会議には日本, 米国など15か国が参加した.

donzelle 女 語 うぬぼれた女, お嬢気取りの娘.

dopage 男 ドーピング.

dopamine 女 [医] ドーパミン.

dopant, e 形 興奮[覚醒(かくせい)]作用の

doper

ある. ― 男 興奮剤.

doper 他 興奮剤を与える; 活性化する.
― **se ~** 興奮剤を飲む.

dopeur 男 興奮剤を与える人.

doping [-piŋ] 男《英》ドーピング; 興奮剤.

doppler 男《医》ドプラー法.

dorade 女《魚》ヨーロッパヘダイ.

dorage 男 金箔(はく)張り, 金めっき.

Dordogne 女 ❶ ドルドーニュ県 [24]. ❷ ドルドーニュ川.

doré, e 形 金箔(はく)を張った, 金めっきした; 金色の, こんがり焼けた.
◊*jeunesse ~e* (1)《史》ジュネス・ドレ(テルミドール派を支持した金持ちの青年たち). (2)裕福で暇を余す若者たち.
― 男 金箔, 金めっき; 金色.

dorénavant 副 今後, これからは.

dorer 他 ❶ 金箔(はく)を張る, 金めっきする. ❷ 《文章》(陽光が)金色に輝かせる; 日焼けさせる. ❸ 《料》(焼いて照りをつけるために)卵黄を塗る. ― 自 金色になる; こんがり焼ける. ― **se ~** ⇨ 文章 金色になる; こんがり焼ける; 日焼けする.

doreur, se 名 金箔(はく)師, 金めっき工.

dorien, ne 形 ❶ ドーリア人の. ❷ 《楽》*mode ~* ドーリア旋法.《名 (D~)~》ドーリア人.
― 男 (古代ギリシア語の)ドーリア方言.

dorique 形《建》ドリス式の.
― 男 ドリス式オーダー.

dorloter 他 かわいがる; 甘やかす.
― **se ~** 安楽を求める.

dormant, e 形 眠っている; よどんだ.
― 男 (扉, 窓の上方の)明かり取り窓.

dormeur, se 名 眠っている人; よく眠る人. ― 形 眠る.

dormir 自 ❶ 眠る. ❷ 眠っている, 静まり返っている; 活用されていない; ぼけっとしている. ~ *à bout* 立ったまま眠るような; 荒唐無稽な. ~ *sur ses deux oreilles* 枕を高くして寝る.

Dormition 女《聖母マリアの》永眠.

dors, dort 活 ⇨ dormir.

dorsal, ale 形《男複》*aux* 形 背の;《音声》舌背音の.
― 名《音声》舌背音[子音].

dorsalgie 女《医》背痛.

dortoir 男 ❶ 共同大寝室. ❷ *ville [cité](-)~* ベッドタウン.

dorure 女 ❶ 金箔(はく)(張り), 金めっき(術). ❷ 金びかの飾り; うわべだけの立派さ.

dos 男 ❶ 背中の; (服, 椅子, 本などの)背; (手足の)甲; (紙の)裏面. ❷ 背泳ぎ.
◊*avoir bon dos* 口実になる. *dos à dos* 背中合わせに; 双方とも. *en avoir plein le dos* うんざりしている. *être sur [derrière] le dos de ...* 活 ...から目を離さない. *l'avoir dans le dos* 話 しくじる; がっかりする. *mettre A sur le dos de B* 活 A の責任を負わせる. *tomber sur le dos de ...* 活 を不意に訪れる; (災難が)・・・に降りかかる.

dosage 男 分量の決定, 加減; 調合, 配合.

dos(-)d'âne 男《不変》(道路の)起伏.

dose 女 (薬の)服用量; 分量; 含有量.
◊*forcer la ~* 定量を過ごす; 誇張する.

doser 他 (薬の)服用量を決める, 調合する; 分量を決める; 配合する.

doseur 男 計量計[器].

dossard 男 ゼッケン, 背番号.

dossier 男 ❶ 関係資料, 一件書類[記録]. ❷ 問題. ❸ (書類の)ファイル;《情報》フォルダ; (椅子などの)背.

dot [-t] 女 持参金.

dotal, ale 形《男複》*aux* 形 持参金の;《法》*biens ~aux* 嫁資財産.

dotation 女 ❶ (公共機関の)資金, 歳入金 (元首などの)歳費; 王室費. ❷ (機材などの)支給, 装備.

doter 他 持参金を持たせる; **[de]** (...を)備え付ける, 与える.
― **se ~** **[de]** (...を)備える.

douaire 男《法古》寡婦資産.

douairière 女 上流階級の老婦人.

douane 女 税関(事務所); 関税.

douanier, ère 形 税関の; 関税の.
― 男 税関吏. ◊ *le D~ Rousseau* 税関吏のルソー(画家アンリ・ルソーをこう呼ぶ).

doublage 男 ❶ (衣服の)裏打ち. ❷ 代役を立てること;《映》声の吹き替え.

double 形 ❷ 2倍の; 二重の. ❷ 裏表のある.
◊*faire ~ emploi (avec ...)* と重複する, ダブっていらなくなる.
― 男 ❶ 2倍. ❷ 写し, 複製; 分身, 生き写し. ❸ (テニスなどの)ダブルス.
― 副 二重に.

doublé, e 形 ❶ 2倍[二重]になった; 裏地のついた;《映》吹き替えられた. ❷ **[de]** (...)を兼ねた.
― 男《織》細工織り; めっき製品. ❷ 2連勝, 2種目制覇;《狩》2連射で2匹の獲物を仕留めること.

double-clic 男《複》*~s ~s*《情報》ダブルクリック.

double-cliquer 自《情報》ダブルクリックする.

double-croche 女《複》*~s ~s* 女《音》16分音符.

doublement 副 二重に, 2つの理由で. ― 男 ❶ 二重[2倍]にすること. ❷ (自動車の)追い越し.

doubler 他 ❶ 2倍[2倍]にする; 裏地をつける. ❷ 追い越す; 活 裏切る; 出し抜く. ❸ 代役をする;《映》声を吹き替える. ― 自 2倍になる. ― **se ~** **[de]** (...)を伴う, 兼ね備える.

double-rideau 男《複》*~s ~x* 男 (窓地のカーテンの前の)厚いカーテン.

doublet 男《言》二重語.

doubleur, se 名《映》吹き替え役. ❷ 《ベルギー カナダ》落第生, 留年生.

doublon 男《印》重複ミス.

doublonner 自 (...を)重複する, ダブる.

doublure 女 (服などの)裏地; 代役.

Doubs 男 ❶ ドゥー県 [25]. ❷ ドゥー川(ソーヌ川の支流).

douce doux の女性形.
douce-amère doux-amer の女性形.
douceâtre 形 甘くて風味のない；甘ったるい.
doucement 副 ❶ そっと，穏やかに；緩やかに，ゆっくりと．❷ 心地よく；優しく．❸ どうにかこうにか．❹ ひそかに．◇D–! 落ち着いて，静かに．
doucereux, se 形 さも優しそうな，優しさを装った．▶ faire le ～ 猫をかぶる．□doucereusement
doucette 女〖植〗ノヂシャ．
doucettement 副 ごく静かに，そっと；わずかずつ．
douceur 女 ❶ 甘さ；《複数》甘い菓子．❷ 心地よさ，甘美さ；穏やかさ，緩やかさ；優しさ，柔らかさ，手触りのよさ．❸ 喜び；楽しさ．❹《複数》甘い言葉．◇en ～ そっと；静かに．
douche 女 ❶ シャワー；〖医〗にわか雨．❷ 〖話〗失望，幻滅；激しい叱(ﾋ)責．◇～ écossaise 湯と水が交互に出るシャワー；よかったり悪かったり〔上げたり下げたり〕すること．
doucher 他 ❶ シャワーを浴びさせる；ずぶぬれにする．❷ がっかりさせる；しかりつける．
— **se** ～ シャワーを浴びる．
doucir 他〔ガラス，金属板など〕を研磨する．□doucissage 男
doudou 女〔ぬいぐるみや毛布など幼児の〕お気に入り．
doudou 女〔地域〕(西インド諸島で)愛人；妻．
doudoune 女 ダウンジャケット．
doué, e 形 (de)生まれつき(…に)恵まれた；才能に恵まれた．
douer 他 (de) (…)を授ける，恵む．
douille 女 ❶ 薬莢(ｷｮｳ)．❷〖電〗ソケット．
douillet, te 形 ❶ 柔らかい；居心地のよい．❷ 痛がりの，過敏な．
—女〔女性用の〕キルティングのガウン．
douillettement 副 柔らかに，心地よく；甘やかして．
douleur 女 苦痛，痛み；苦しみ，苦悩．
douloureusement 副 痛そうに，苦しげに；痛ましく．
douloureux, se 形 痛い，苦しい，つらい，悲しい；苦しそうな．
—女〖話〗勘定書．
douma 女〖ロシア語〗(1917年以前のロシアの)下院．
doute 男 疑い，疑念；迷い．
◇sans aucun [nul] ～ 疑いなく．sans ～ おそらく．
douter 自《de》(…)を疑う，信用しない．◇à n'en pas ～ 疑いなく．ne ～ de rien たじろがない，がむしゃらである．—他 ～ que + subj. …であることを疑う．
— **se** ～ ～ de ～ [que …] …と分かる，予期する；に気づく．▶ Je m'en doutais! そんなことだと思ってた．
douteusement 副 疑わしく，いかがわしく．
douteux, se 形 疑わしい；曖昧(ｱｲ)

drague

な；うさんくさい，薄汚れた，(食物が)危なそうな．
douve¹ 女 ❶〔城の〕堀；水濠(ｺﾞｳ)〔障害〕．❷ 樽板．
douve² 女〖動〗カンテツ(寄生虫)．
Douvres 女 ドーバー(英国の港湾都市)．
doux, ce 形 ❶ 甘い．❷〔手触りが〕柔らかい，すべすべした．❸ 心地よい，甘美な；温暖な．❹ 緩やかな，穏やかな；優しい；温和な．❺ 自然の力を利用した；自然環境を汚染しない．◇eau ～ce 淡水．en ～ce ひそかに．—副 おとなしく，穏やかに．▶ Il fait ～. 温かくて気持ちがいい／filer ～ おとなしく言うことを聞く／Tout ～! まあ落ち着いて．
—名 優しい人；いとしい人．
doux-amer, douce-amère [-za-, -sa-] 形 甘さの中に苦味がある；優しそうで刺のある．
douzaine 女 ダース，12；約12．
◇à la ～ (1) 1ダース当たりで〔単位で〕．(2) 〖話〗いくらでも，ありふれた．
douze 数《不変》12の；12番目の．—男《不変》❶12；12日，12時；12番，12号．❷《les D～》〖キ教〗十二使徒．
douzième 形 12番目の；12分の1の．—名 12番目の人〔物〕．—男 12分の1；13階；第12区．
douzièmement 副 12番目に．
Dow Jones (indice) [dowdʒɔːns] 男〔米国の〕ダウ平均(指数)．
doxologie 女〖カト〗栄唱．
doyen, ne 名 ❶ 最年長〔最古参〕者．❷ 学部長；〖カト〗首席司祭．
doyenné 男〖カト〗首席司祭管区；首席司祭職〔館〕．
D.P.L.G. 形《略》diplômé par le gouvernement 政府認定の；政府認定免状を持つ．
D.Q. 《略》〖天〗dernier quartier 下弦の月．
Dr 男《略》docteur 博士．
drachme [-k-] 女 ドラクマ(ギリシャの貨幣単位)．
draconien, ne 形 厳格な，過酷な．
dragage 男 浚渫(ｼｭﾝｾﾂ)，泥ざらい；〖軍〗～ des mines 掃海，機雷の除去．
dragée 女 ❶ ドラジェ(アーモンドなどを糖衣で包んだボンボン)；糖衣錠．❷ 狩猟用小銃弾．◇tenir la ～ haute à …… …に欲しがるものをすぐに与えない；高くつかせる．
dragéifié, e 形 糖衣で包んだ．
drageon 男〖植〗吸枝，台芽．
dragon 男 ❶ 竜，ドラゴン．❷〖軍〗厳重な監視者；がみがみ言う〔居丈高な〕女．❸〖軍〗機甲部隊；〖史〗(16世紀創設の)竜騎兵．
dragonnade 女〖史〗竜騎兵によるプロテスタント迫害．
dragonne 女〔刀剣の柄(ﾂｶ)の〕房；〔カメラなどの手を通すひも〕ストラップ．
drag-queen [-gkwiːn] 女 女装するホモセクシャルの男性．
drague 女 ❶ 浚渫(ｼｭﾝｾﾂ)機〔船〕；〔沈んだ物をさらう〕引き網〔貝類を採る網〕；(機雷除去用の)掃海装置．❷〖話〗

draguer

ガール [ボーイ] ハント.
draguer 他 ❶ 浚渫(しゅんせつ)する, さらう; (貝類を)けた網で採る;《軍》掃海する. ❷ 引っかける. 《俗》ガール[ボーイ]ハントをする.
dragueur 名 《俗》ガール[ボーイ]ハントをする人. 男 浚渫(しゅんせつ)人夫, けた網漁師; 浚渫船, 掃海艇.
drain 男《英》(湿地の)排水管[溝];《医》ドレーン, 排液管.
drainage 男 ❶ 排水.《医》排液法. ❷ (資本などを)吸い寄せる, 集めること.
drainer 他 ❶ (湿地の)排水をする;《医》排液する. ❷ 吸い寄せる, 集める.
draisienne 女 (キック式) 木製二輪車.
draisine 女《鉄道》(電動)自走式トロッコ.
drakkar 男《史》バイキング船.
dramatique 形 劇的な, 深刻な; 演劇の. ━ 女 テレビ[ラジオ]ドラマ. □dramatiquement 副
dramatiser 他 ❶ 誇大視する, 深刻に考える. ❷ 劇化(ドラマ化)する. □dramatisation 女
dramaturge 名 劇作家.
dramaturgie 女 作劇法, ドラマツルギー.
drame 男 ❶ 劇的事件, 惨事. ❷ 劇;《文》正劇(18世紀の現実的で社会的な内容の演劇). ◇faire (tout) un ~ de ... …を大げさに考える[言う]. tourner au ~ (事態が)急に深刻になる.
drap 男 ❶ シーツ. ❷ ~ de bain バスタオル. ❸ ラシャ. ◇être dans de beaux ~s 困難[苦境]にある.
drapé, e 形 ❶ ドレープを寄せた, ひだを取った. ❷《dans》…をゆったりとまとった. ━ 男 ドレープ, ひだ.
drapeau 男;《複》x 旗, 国旗, 軍旗, 信号旗.《航》mettre un hélice en ~ プロペラをフェザリング状態にする. ◇(être) sous les ~x 軍隊にいる. se ranger sous le ~ de ... …の傘下に入る, に共鳴する.
drapement 男《服》飾りひだ, ドレープの取り方;《美》衣《ひだ》の表現).
draper 他 ❶ (布地に)ひだをつけて, ひだを寄せる. ❷ (布が)ゆったりと身にまとう. ━ se ~《dans》…をゆったりと身にまとう; 見せつける, 誇示する.
draperie 女 ❶ ラシャ; ラシャ製造[販売]業. ❷ (ドレープのついた)飾り布.
drap-housse 男;《複》~s—~s ❶ (4隅がポケット状の)シーツ.
drapier, ère 名 ラシャ製造[販売]業の. ━ 名 ラシャ製造[販売]業者.
drastique 形 思い切った, 徹底的な.
dreadlocks [drεdlɔks] 女複《英》ドレッドロックス (長髪を縮らせて細かく束ねたヘアスタイル).
drelin 男 チリン(鈴の音).
Dresde ドレスデン(ドイツの都市).
dressage 男 ❶ 調教, 厳しいしつけ[訓練]. ❷ 立てること, 組み立て.
dressé, e 形 調教された; しつけられた.
dresser 他 ❶ まっすぐに立てる; 建てる, 組み立てる. ❷ 支度する, 整える;

(文書などを)作成する. ❸ 調教する; 訓練する, しつける. ❹ ~ A contre B Bに敵対させてAを立ち上がらせる[あおる]. ━ se ~ ❶ 立ち上がる, 起き上がる. ❷ そびえ立つ. ❸《contre》…に反対して立ち上がる. ❹ 訓練[調教]される.
dresseur, se 名 調教師.
dressing-room 男 《英》衣装部屋 / **dressing** 男《英》衣装部屋.
dressoir 男 (食器の)飾り戸棚.
dreyfusard, e 形, 名《史》ドレフュス派(の).
dribble 男《英》《スポ》ドリブル.
dribbler 自《スポ》ドリブルする. ━ 他 (敵選手を)ドリブルで交わす.
dribbleur, se 名 ドリブルの得意な選手.
drille¹ 女 錐(キリ), ドリル.
drille² 男 joyeux ~ 愉快な男.
driller 他《ドリル》で穴をあける.
dring [driŋ] 間 リーン(ベル音).
drisse 女《海》ハリヤード.
drive [drajv] 男《英》(テニス, ゴルフの) ストレートショット. □**driver** 他
drive(-)in [drajvin] 男(不変)《米》ドライブイン; ドライブイン・シアター.
drogue 女 麻薬; 効かない[怪しげな]薬.
drogué, e 形, 名《麻薬》中毒(の).
droguer 他 麻薬を飲ませる; 中毒にする; 過度に薬物を与える. ━ se ~ 麻薬を飲む; 薬漬けになる.
droguerie 女 薬品日用雑貨販売業[店].
droguiste 名 薬品日用雑貨商.
droit¹, e 形 ❶ まっすぐな; 垂直[水平]な. ❷ 健全な, 公正な, 正しい. ❸《服》veste ~ シングルの上着. jupe ~ ストレートスカート. ❹《テニス》coup ~ フォアハンドストローク. ◇angle ~ 直角. en ~ ligne 一直線に; 直接的に. le ~ chemin 正道. ━ 副 ❶ まっすぐに, 一直線に; 直接に. ❷ まっとうに, 誠実に. ━ 男 直角. ━ 女 直線.
droit², e 形 右(側)の, 右派の. ❶ 右, 右側の. ◇ garder sa ~ 右側車線を守る. ❷ 右派, 右翼. ❸ 右手; 右のパンチ. ◇à ~ et à gauche 右に左に; あちこち. ━ 男《スポ》右足(でのキック); 右のパンチ.
droit 男 権利の. ► ~ d'auteur 著作権 / être en ~ de + inf. …する権利がある. ❷ 法, 法律(学). ━ ► positif 実定法. ► écrit 成文法 / faire (son) ~ 法律の勉強をする. ❸ 税; 料金, 手数料. ► ~s d'auteur 印税.
◇à bon ~ 正当に. à qui de ~ 決定権のある人に, しかるべき筋に. avoir ~ à ... …を受ける権利がある(嫌なことを)体験することになる. de (plein) ~ 正当な権利として. faire ~ à ... …の正しさを認める.
droitement 副 率直に, 誠実に.
droit-fil 男;《複》~s−~s 男 ❶《服》縦地. ❷ 基本方針.

E, e

E¹, e 男 フランス字母の第5字.
E² 《記》❶《楽》ホ音, ホ調. ❷ Est 東, 東方.
e 《記》❶《物》électron 電子. ❷《数》自然対数の底.
E.A.E.C. / EAEC《英》《略》East Asia Economic Caucus 東アジア経済会議.
E.A.O. 男《略》enseignement assisté par ordinateur コンピュータ援用学習システム《英語 CAI》.
eau;《複》**x** 女 ❶ 水. ▶ *eau chaude* 湯 / *eau du robinet* 水道の水 / *boire de l'eau* 水を飲む. ❷ 海［川, 湖］の水;《複数》海洋, 水域. ▶ *au bord de l'eau* 水辺で［に］ / *sur l'eau* 水上で［を］ / *eaux territoriales* 領海. ❸《複》涙;《古》（雨の）水. ▶ *eaux de pluie*;液, 香水; 汗, つば, 涙;《複数》羊水. ▶ *eau de Cologne* オーデコロン / *être en eau* 汗びっしょりである / *perte des eaux* 破水. ❹ 果汁, 水気. ❺ （宝石の）透明度, 純度, 輝き. ▶ *eau d'une perle* 真珠の光沢. ❻《複》（庭園の）泉水, 噴水や滝. ❼《複》鉱泉, 鉱水（=*eaux thermales*）. ▶ *ville d'eaux* 温泉町.
◇*à grande eau* 水をふんだんに使って［ざあざあ流して］. *avoir l'eau à la bouche* よだれが出る, 欲しくてたまらない. *de la plus belle eau* 最高の純度の;《悪い意味で》飛び切りの, 本物の. *être [tomber] à l'eau* 失敗する. *faire de l'eau* 飲料水を補給する. *faire eau* 浸水する; 危機に瀕（ひん）している. *faire venir [donner, mettre] l'eau à la bouche* 食欲［欲望］をかきたてる. *Il n'est pire eau que l'eau qui dort*.〚諺〛表面の穏やかな人間こそ油断がならない. *Il passera [coulera] beaucoup d'eau sous les ponts.* まだまだ時間がかかることだろう. *mettre de l'eau dans son vin* 要求［態度］を和らげる, 控えめになる. *prendre l'eau*（物が）水を通す, 吸水性がある. *se jeter [se lancer] à l'eau* 水に飛び込む; 思い切った決断をする, 敢然と挑戦する.
eau-de-vie;《複》～**x**-～-～ 女 蒸留酒, ブランデー.
eau-forte;《複》～**x**-～**s** 女《版画》腐食凹版画, エッチング（技法）; 腐食銅版画. ❷ 硝酸液.
ébahi, e 形 仰天した, たまげた.
ébahir 他 仰天させる.
— s'～ 仰天する.
ébahissement 男 仰天, 茫然自失.
ébarber 他 （金属の）まくれやバリを削り取る;（封ろうなどの）ぎ（耳）を切る;《本》（本）を裁断する;《食料》（魚の）ひげやひれを切り取る.
ébats 男複 はしゃぎ回ること.
s'ébattre 代動 はしゃぎ回る.
ébaubi, e 形《古風》仰天［感嘆］した.

ébaudir 代動《文章・古風》楽しむ.
ébauchage 男 下ごしらえ; 荒削り.
ébauche 女 ❶ 粗描, 下絵, 下書き, 草案. ❷ 兆し, 芽生え.
ébaucher 他 ❶ 下書きをする, ざっと輪郭を作る; 荒削り［荒け上げ］する. ❷ ちょっと…しかけ［始め］る.
— s'～ 形を取る; 輪郭［姿］を現し始める.
ébauchoir 男 荒削り［荒け上げ］の道具, へら; のみ, 鑿（のみ）.
ébène 女 ❶ 黒檀（こくたん）. ❷《古》*bois d'*～ 黒人. ◇*d'*～ 漆黒の.
— 形《不変》漆黒の.
ébénier 男《植》コクタン.
ébéniste 名 高級家具［指物］職人.
ébénisterie 女 高級家具（製造）; 高級指物細工.
éberlué, e 形 仰天した, たまげた.
éblouir 他 目をくらませる; 目をみはらせる.
éblouissant, e 形 まぶしい; まばゆいばかりの; 目をみはらせる.
éblouissement 男 ❶ 目がくらむこと; めまい. ❷ 驚嘆, 感嘆.
Ébola (virus) [e-] エボラ熱ウイルス.
ébonite 女 エボナイト.
e-book [i:buk] 男《米》Eブック, 電子ブック.
éborgner 他 片目にする;《農》（果樹の）むだ芽を摘む.
— s'～ 自分の片目をつぶす.
éboueur 男 ごみ収集人; 道路清掃人.
ébouillanter 他 ❶ 熱湯に浸す; 蒸気に通す. ❷ 熱湯をかける; 熱湯［煮立ったもの］でやけどを負わせる.
— s'～ 熱湯［煮立ったもの］でやけどをする.
éboulement 男 ❶ 土砂崩れ, 落石;（建築物の）崩壊. ❷ 崩れ落ちた土砂［岩石, 建築材］, 瓦礫（がれき）.
s'ébouler 代動 崩れ落ちる.
éboulis 男 崩れ落ちた土砂; 落石.
ébouriffant, e 形《話》驚くべき, 信じられないような.
ébouriffé, e 形 髪の乱れた.
ébouriffer 他 髪を乱す;《話》仰天させる.
ébrancher 他 枝を払う.
◇**ébranchage** / **ébranchement** 男
ébranlement 男 ❶ 震動, 揺れ;（列車などが）動き出すこと. ❷ ぐらつき, 動揺; 危機.
ébranler 他 揺るがす, 震わせる; ぐらつかせる, 動揺させる; 揺り動かす; 危うくする, 衰えさせる; 害する; 揺れる.
— s'～ 揺れる; 動き出す; 揺れる.
ébrécher 自他 ❶ 刃をこぼす; 縁を欠く;（貯蓄）に取り崩す,（財産）に手をつける;（評判などに）傷をつける.
— s'～ 刃こぼれする, 欠ける, 傷つく.
◇**ébrèchement** 男
ébréchure 女 （縁の）欠けた部分.
ébriété 女 酩酊（めいてい）.

s'ébrouer

s'ébrouer 代動 ❶ (水滴を払うのに)体をしゃきっとさせるために)ぶるっぶるっと体を震わせる. ❷ (馬などが)荒い鼻息を出す. ⨀**ébrouement** 男

ébruiter 他 (うわさなどを)広める, 漏らす. **—s'~** うわさになる, 漏れる. ⨀**ébruitement** 男

ébulliomètre 男 / **ébullioscope** 男 [物] 沸点測定器.

ébullition 女 ❶ 沸騰.
◇*en* ~ 興奮[熱狂]状態の.

éburné, e / éburnéen, ne 形 象牙(ぞうげ)のような; 象牙のように白い.

écaillage 男 うろこを取ること; (うろこなどの)殻をはがすこと; (うろこのように)はげ落ちること.

écaille 女 ❶ うろこ. ❷ 甲羅(こうら). ❸ 鱗粉(りんぷん); (植物の)鱗片; (二枚貝の)貝殻の各片; (複数) [建] 鱗形装飾.

écaillé, e 形 うろこ状にはげ落ちた; 塗料のはげた.

écailler[1] 他 ❶ うろこを落とす; はぎ取る; (カキなどの)殻を開ける.
—s'~ (うろこのように)はげ落ちる.

écailler[2], **ère** 名 (カキの)殻をあける人; カキ売り.

écailleur 男 (器具).

écailleux, se 形 うろこのある; うろこ状にはげた.

écaillure 女 (はがれた)薄片; はげ落ちた部分.

écale 女 (クルミなどの)殻.

écaler 他 殻を割る[取る, むく].

écalure 女 (種子, 実の)固い薄皮.

écarlate 女 深紅色; 形 深紅色の.
—形 真っ赤な. (顔の)赤み.

écarquiller 他 (目を)大きく見開く. ⨀**écarquillement** 男

écart 男 ❶ 隔たり, 間隔; 差, 格差; 逸脱, ずれ; 偏差. ▶ ~(-)*type* [統計] 標準偏差. ❷ (横に)飛びのくこと. ❸ 周辺集落. ❹ *grand* ~ (体操で)開脚座; [ダンス] グラン・テカール, スプリット.
◇*à l'~ (de ...)* ~ から離れて.

écarté, e 形 へだたった, 人里離れた; 間隔の広い.

écarté[2] 男 エカルテ(トランプ遊び).

écartelé, e 形 引き裂かれた; [紋] 4分割の. ▶ [紋] 4分割形.

écartèlement 男 (心の)葛藤(かっとう). ❷ 四つ裂きの刑.

écarteler 5 他 ❶ 心を引き裂く; 四つ裂きの刑にする; [紋] (盾面を) 4等分する.

écartement 男 隔てる[離れる]こと; 間隔, 幅.

écarter[1] 他 ❶ 離す, 遠ざける; 開く, 広げる. ❷ 追い払う; 取り除く.
—s'~ 離れる, 分かれる; 遠ざかる; それる, 逸脱する.

écarter[2] 他 (カードを)捨てる.

écarteur 男 ❶ [医] 開創器. ❷ (ランド地方の)闘牛士.

Ecce homo [emo/etʃe-] 男 (不変) ❶ [聖] 見よ, この人を(ピラトがいばらの冠を頂いたイエスを指して民衆に言った言葉). ❷ [美] いばらの冠を頂いたキリスト像.

---

ecchymose [eki-] 女 [医] 斑(状)状出血, あざ.

ecclésial, ale 形 (男複) *aux* 形 教会の.

ecclésiastique 形 教会の; 聖職者の. 男 聖職者.

ecclésiologie 女 教会論.

écervelé, e 形, 名 軽率な(人), 思慮の浅い(人).

E.C.G. 男 [略] [医] électrocardiogramme の略.

échafaud 男 死刑台; 死刑.

échafaudage 男 ❶ (建築用の)足場. ❷ 積み上げ, 積み重ね; (理論を)組み立てること.

échafauder 自 他 ❶ (計画, 理論など)を組み立てる; でっち上げる. ❷ 積み重ねる. —自 足場を組む.

échalas 男 添え木; 語 のっぽ.

échalasser 他 (ブドウなどに)添え木をする.

échalier 男 小ばしご, 段ばしご; (農耕地の)垣[囲い].

échalote 女 [植] エシャロット.

échancré, e 形 (半円形やV字形に)切れ込んだ, えぐれた.

échancrer 他 (半円形やV字形の)切れ込みを入れる.

échancrure 女 (半円形やV字形の)切れ込み, えぐれた部分.

échange 男 交換; やり取り; 交流; 貿易; ラリー.
◇*en* ~ その代わり, 交換に.

échangeable 形 交換できる.

échanger 2 他 ❶ 交換する; やり取りする, 取り交わす. ❷ ~ *des balles* (テニス, 卓球の試合前に)ラリーでウォーミングアップする.

échangeur 男 インターチェンジ, 立体交差; [機] 熱交換器.

échangisme 男 スワッピング, 夫婦交換.

échangiste 名 ❶ 貿易業者. ❷ スワッピングをする人.

échanson 男 酌をする人; [史] (王侯貴族に)酌をする召し使い.

échantillon 男 見本, 試供品; 代表例; 片鱗(へんりん); [統計] 標本, サンプル(値); [楽] サンプル.

échantillonnage 男 (商品の)見本作り; 見本集; [統計] 標本抽出; [楽] サンプリング.

échantillonner 他 ❶ 見本を選ぶ[作る]; [統計] (標本を)抽出する; [楽] サンプリングする.

échantillonneur 男 [楽] サンプラー.

échappatoire 女 逃げ道, 言い逃れ.

échappé, e 形 逃げた; 漏れた.
—名 (自転車競技などの) 先頭, トップ; 古風 逃亡者.
—女 ❶ (自転車競技などで)振り切り, スパート. ❷ すき間越しの眺望. ❸ 気晴らしの小旅行. ❹ 文章 つかの間, 一瞬. ❺ [建] (階段の)あき高.

échappement 男 排出, 排気(装置); (時計の)脱進機.

échapper 自 (*à*) ~ (…から)逃れる; 離れる; (…を)免れる; (…の)ものでは

échoir

なくなる。❷（…に）見込まれる；理解されない（…の）記憶に浮かばない。❸（…のから）漏れる。
◇〜 **des mains à** …の手からすべり落ちる。**laisser 〜 …** …を漏らす；取り逃がす。
— l'〜 **belle** 危うく難を逃れる。
— **s'〜** 逃げる, 脱走する；（そっと）抜け出す, 席を外す；解放される；外に漏れる；（希望などが）消える。

écharde 囡（ささった）刺（とげ）．
écharnoir 男 肉そぎ包丁．
écharpe 囡 マフラー, ショール；（肩から斜めにかける）懸章, 綬（じゅ）；つり包帯；（家具, 指物などの）筋交い, 斜め材．
◇**en 〜**（肩から）斜めに；はすかいに, **prendre … en 〜** …に側面衝突する．

écharper 他 重傷を負わせる；リンチを加える。◇**se faire 〜** 話 酷評される, のしられる。

échasse 囡 ❶ 竹馬；話 ひょろ長い脚。❷ 鳥 セイタカシギ．
échassier 男 渉禽（しょうきん）類．
échaudage 男 熱湯に通すこと。
échaudé, e 形 熱湯に通した；熱湯でやけどした；ひどい目にあった。
échauder 他 熱湯に通す, 湯で温める；熱湯でやけどさせる；ひどい目にあわす。— **s'〜** やけどする；ひどい目にあう．
échaudoir 男（畜殺した牛などを洗う）熱湯処理槽（室）．
échauffé, e 形 熱気を帯びた；（体が）温まった；（物が）蒸れた。
échauffement 男 ❶ 熱くすること；熱する；興奮；スポ ウォーミングアップ；（熱による）発酵。❷ 古医 炎症；古軽い便秘．
échauffer 他 温める, 熱する；過熱させる；活気づける, 興奮させる；（熱で）発酵させる。
◇〜 **la bile [les oreilles] à [de]** … …を怒らせる．
— **s'〜** 温かく（熱く）なる；ウォーミングアップをする；活気を帯びる；興奮する．
échauffourée 囡 小競り合い．
échauguette 囡（城壁などの）物見台, 櫓（やぐら）．
èche 囡（釣）餌（えさ）．
échéance 囡 ❶ 支払い期日，（債務の）履行期；期限の来た手形等。❷ 決着のつく日, 最終期限；（選挙の）投票日．
◇**à brève [longue] 〜** 短［長］期間の；短［長］期間で見ると．
échéancier 男 手形支払（受取）台帳．
échéant, e 形（債権, 手形が）満期になった．◇**le cas 〜** 場合によっては, 必要があれば．
échec 男 ❶ 失敗, 挫（ざ）折。❷（複数）チェスの駒（には）；（単数）チェスの王手. ◇**faire 〜 à …** …を妨げる, 失敗させる。**[mettre] tenir … en 〜** …を阻止する；窮地に陥れる。
— 形（不変）王手をかけられた．
échelier 男 一本ばしご．
échelle 囡 ❶ はしご；段階, 序列。❷ 規模, レベル。▶ **à l'〜 mondiale**

[**du monde**] 世界的規模で［の］/ **sur une grande 〜** 大々的に。❸ 縮尺；目盛り, 尺度。▶ — **(de) Beaufort** [気]ビューフォート風力階級。❹[楽]音階．
◇〜 **mobile**（賃金などの）スライド制。**faire la courte 〜 à …** …のためにはしご代わりになる；を助ける。**Il n'y a plus qu'à tirer l'〜** これ以上うまくはできない；もうやめるしかない．

échelon 男（はしごの）横木, 段；段階, レベル；等級；[軍] 梯（てい）隊。
échelonnement 男 等間隔の配置；段階的実施．
échelonner 他（一定の間隔に）配置する；何回かに（分けて）行う。
— **s'〜** 一定間隔で配置される。❷（**sur**）（…の）期間にわたって行われる．
écheniller 他 毛虫を駆除する。
◇**échenillage** 男
échenilloir 男 [農]（毛虫のついた枝を切る）長柄刈込み鋏（ばさみ）．
écher 他 ⇨ **escher**．
écherr-, **échet** 活 ⇨ **échoir**．
écheveau 男（複）**x** 男（糸の）かせ；もつれ, 錯綜（さくそう）．
échevelé, e 形 髪が乱れた；混乱した；熱狂的な．
écheveler 5 他 の髪をかき乱す．
échevette 囡[繊]リー, 絡（かせ）（糸の長さの単位）．
échevin 男（大革命前の）市参事会員；（オランダ, ベルギーの）市［町］の助役。◇**échevinal, ale**（男複）**aux** 形
échidné [-ki-] 男[動] ハリモグラ．
échiffre 男（階段の）側石［骨組み］．
échine 囡 ❶ 背骨, 脊椎（せきつい）；背中。❷ 豚の肩ロース．
◇**avoir l'〜 souple** 話 ペこぺこする；腰が低い。**courber [plier] l'〜** 屈服［服従］する．
s'échiner 代動（à）（…して）くたくたになる：（…するのに）苦労する．
échinodermes [-ki-] 男複 [動] 棘（きょく）皮動物（門）．
échiquéen, ne 形 チェスの．
échiquier 男 ❶ チェスボード；碁盤目状, 市松模様。❷ 勝負の舞台, 利害衝突の場。❸（**E—**）（英国の）大蔵省．
écho [-ko] 男 ❶ こだま；反響；反応, 反映。❷（言葉, 動作などの）繰り返し。❸ うわさ, 情報；（新聞の）ゴシップ記事［欄］。❹ [電物] エコー（テレビなどのゴースト）．
◇**à tous les 〜s** 四方八方に, 広く。**se faire 〜 de …** …を言いふらす, 広める．
échocardiogramme [-ko-] 男 超音波心検査図．
échographie [-ko-] 囡 [医] エコー造影, エコー断層撮影（法）。▶ **3D** 3次元超音波断層映像装置．
◇**échographier** 他
◇**échographique** 形
◇**échographiste** 名

échoir 男 ❶（助動詞は **être** または **avoir**）（à）（…の）手に落ちる,（…に）転がり込む。❷（助動詞 **être**）（手形などが）満期になる, 支払い期限になる．

écolalie 女【心】(オウム返しの)反響言語.

écholocation [-kɔ-] / **écholocalisation** 女【動】(イルカなどの)反響定位.

échoppe 女屋台,露店.

échosondeur [-kɔsɔ̃-] 男音響測深機.

échotier, ère [-kɔ-] 名ゴシップ(欄担当)記者.

échouage 男【海】(故意の)座礁, 乗り上げ; (安全な)乗り上げ場所.

échouement 男(偶然の)座礁.

échouer 自❶失敗[挫折]する. ❷(事故で)座礁する. ❸たまたま行きつく; 紛れ込む. ❹海【故意に)座礁させる. ― **s'**~ 代座礁する.

échu, e 形満期になった.

échu(-), échût 直 → échoir.

écimer 他【農】葉を取り除く.
□ **écimage** 男

éclaboussement 男(泥水を)跳ねかけること; (液体の)ほどばしり.

éclabousser 他❶(de)(…を)跳ねかける. ❷巻き添えにする; 名誉を汚す. ❸(富や豪華さで)圧倒する.

éclaboussure 女(液体などの)跳ね;染み; ばっちり, 巻き添え.

éclair 男❶稲妻; 閃光; きらめき; (知性の)ひらめき. ❷【菓】エクレア.
◇ *comme l'*~ *= en un* ~ 瞬時に.
―形【不変】瞬時の, 大急ぎの. ―*Fermeture E*~ 商標ファスナー.

éclairage 男照明(装置); 見方, 観点; 【軍】偵察.

éclairagisme 男照明技術.

éclairagiste 男照明技師.

éclairant, e 形照明する; 明確な.

éclaircie 女❶(雲の切れ目; 晴れ間; (状況の)一時的好転. ❷【林】間伐, 間引き.

éclaircir 他❶明るくする; 明快にする; 解明する. ❷薄める. ❸【林】間引く[間引きする]. ― **s'**~ 代❶明るくなる; (空が)晴れる; はっきりしてくる. ❷まばらになる; 薄まる.
◇ *s'*~ *la gorge* (声を整えるために)咳払いする.

éclaircissage 男【農】間引き; 摘果; 【林】間伐.

éclaircissement 男明るくなる[する]こと; 説明; 釈明.

éclairé, e 形照明された; 教養[見識]のある.

éclairement 男【物】照度.

éclairer 他照らす, 明るくする; 明らかにする; 説明する; 【軍】偵察する.
― **s'**~ 代照明を彩る; 明かりがともる, 明るくなる; (事情が)はっきりする.

éclaireur, se 名ボーイ[ガール]スカウト. ―男【軍】斥候兵; 偵察艦.

éclampsie 女【医】子癎(かん)(妊娠中毒症の一種).

éclat 男❶破片. ❷輝き; 閃光; 色鮮やかさ; 光彩. ►*action d'*~ 華々しい功績. ►*de voix* 大声, 怒声.
◇ *faire un* ~ 物議をかもす. *rire aux* ~*s* 大声で笑う.

éclatant, e 形❶輝いている; 色鮮やかな; 華々しい; 明白な. ❷響き渡る.

éclaté, e 形❶破裂[分裂]した. ❷ ―*vue* = *dessin* ― 分解組立図.
―男分解組立図.

éclatement 男破裂; 分裂.

éclater 自❶破裂する, 爆発する; 分裂する. ❷(音, 声が)突然響き渡る; (感情を)表に出す; (怒りなどを)爆発させる. ► *de rire* 爆笑する/~ *en sanglots* わっと泣く. ❸突然生じる, 勃発する; (事実などが)明らかになる. ❹輝く, きらめく. ❺ (de)(…に)満ちあふれている. ❻固一躍有名になる.
― **s'**~ 代大いに楽しむ; 興奮する.

éclectique 形(趣味などが)幅広い, 多様な; 【哲】折衷主義の. ―名好みが多彩にわたる人; 折衷主義者.

éclectisme 男折衷的な態度; (趣味などの)幅広さ; 【哲】折衷主義.

electromammogramme 男乳房X線撮影.

éclipse 女【天】食. ► *de Lune* 月食. ❷かげり, 不振; (一時的)な消滅; 人気の下降.
◇ *à* ~*s* 断続的な; 断続的に.

éclipser 他(天体に)食を起こさせる; 陰を薄くする; 凌駕する. ― **s'**~ 代❶(天体が)食になる. ❷姿を消す.

écliptique 男, 形【天】黄道(の).

éclisse 女❶木の薄片; 薄板; 【鉄道】(レールの継ぎ目板); 【医】副木; 【楽】(弦楽器の胴の)横板.

éclisser 他副木を当てる.

éclopé, e 形, 名足を傷めた(人); 軽傷を負った人.

éclore 自【助動詞は多くêtre】(ひなが), 卵が)孵(か)化する, かえる; (花, つぼみが)開く, 開花する; 【文語】出現する.

éclos-, éclôt 直 → éclore.

écloserie 女【水】稚魚養殖.

éclosion 女孵(ふ)化; 開花; 【文語】出現.

éclusage 男閘(こう)門通過.

écluse 女水門, 閘(こう)門.

éclusée 女閘(こう)門通過に必要な水の量.

écluser 他❶(水路に)水門[閘門]を設置する; (船に)閘門を通過させる. ❷因(酒を)がぶがぶ飲む.

éclusier, ère 形水門の, 閘(こう)門の.
―名水門[閘門]の監視操作人.

écobilan 男環境白書.

écobuer 他焼き畑にする.
□ **écobuage** 男

écocertification 女環境認証.

écocide 男生態系[環境]破壊.

écoeurant, e 形吐き気を催させる; がっかりさせる.

écoeurement 男吐き気; 嫌悪感; 固落胆.

écoeurer 他吐き気を催させる; 固がっかりさせる.

écoinçon 男隅戸棚; 隅椅子.

éco-industrie 女エコ産業.

écolabel 男エコラベル, 環境適合認証ラベル.

école 女❶学校; 小学校(=*pri-*

maire); (学校の)生徒会職員. ▶ ～ maternelle 幼稚園 / grandes ～*s* グランドゼコール, 高等専門学校. ❷ 流派, 学派. ❸ 修業［学習］の場. ❹ 〘軍〙軍事訓練.
◊ *à l'～ de ...* …の指導を受けて［の経験を生かして］. *être à bonne ～* 立派な教育を受ける. *faire ～* 一派を成す; (思想などが)広まる.

écolier, ère 图 小学生; 初心者.
◊ *prendre le chemin des ～s* 回り道をする; 遠回をする.

écolo 图 環境保護論者.

écologie 囡 生態学; 環境保護論.
□**écologique** 厖
□**écologiquement** 副

écologisme 男 環境保護論.

écologiste 图 生態学者; 環境保護論者. ― 厖 生態学の; 環境保護の.

écologue 图 生態学者.

écolo-pacifiste 图 環境保護平和主義者. ― 厖 環境保護平和主義の.

écomusée 男 郷土博物館.

éconduire 他 要求を拒絶する; 追い払う.

économat 男 (病院, 学校の)会計課; 会計係の職.

économe 图 (病院, 学校の)会計係.
― 厖 ❶ 倹約家の. ❷ (*de*) (…を)むだにしない出し惜しむ.

économètre / économétricien, ne 图 〘経〙計量経済学者.

économétrie 囡 〘経〙計量経済学.

économie 囡 ❶ 経済(制度). ▶ *société d'～ mixte* 半官半民会社 / *politique économique ～* / *solidaire 連帯経済*. ❷ 節約; 〚複数〛貯金. ❸ 〘文章〙構成, 構造.
◊ *faire l'～ de ...* …を節約する; なしで済ます; …を免れる.

économique 厖 経済(上)の; 経済的な, 安上がりの.

économiquement 副 経済的に, 節約して; 経済(学)上.

économiser 他, 自 ❶ 節約する. ❷ (金)をためる, 貯金する.

économiseur 男 燃費節約装置.

économisme 男 唯物史観に基づく経済主義.

économiste 图 経済学者.

écope 囡 〘海〙淦(あか)くみ.

écoper 他 ❶ 〘海〙(船底の水を淦くみで)かい出す. ❷ (*de*) (…の)罰を受ける. ― 自 (*de*) (罰などを)受ける.

écoperche 囡 支柱.

écoproduit 男 環境に優しい製品.

écorce 囡 樹皮; (果物の)皮; 〘解〙皮質; 〘文章〙外見, 見かけ. ▶ *～ terrestre* 地殻.

écorcer 他 皮をはぐ［むく］.

écorceur, se 图 皮はぎ職人.

écorché, e 厖 皮をはがれた; 神経過敏な. ― *vif* 生皮をはがれた人; 神経過敏な人. ― 男 〘美〙エコルシェ(筋肉組織を露出させた人体標本); (機械などの)カットモデル図.

écorchement / écorchage 男 (動物の)皮をはぐこと, 皮はぎ.

écorcher 他 ❶ 皮をはぐ; 擦り傷［ひっかき傷］をつける. ❷ 正しく発音しない［話さない］. ❸ 〘俗〙(客)にぼる.
◊ *～ les oreilles* 耳障りである.
― *s'～* 擦りむく.

écorcheur, se 图 (動物の)皮はぎ職人; (金を)ぼる人.

écorchure 囡 かすり傷, ひっかき傷.

écorecharge 囡 詰替え用パック.

écorner 他 (動物の)角を切る; 角(カド)を欠く, 縁を傷める; (財産などを)使い込む, (貯金などに)手をつける.

écornifleur, se 图 たかる人.

écornure 囡 (縁の欠けた)破片; 欠け目.

écossais, e 厖 ❶ スコットランドの. ❷ タータン(チェック)の. ― 男 ❶ (*É～*) スコットランド人. ❷ 〘織〙タータン.

Écosse 囡 スコットランド.

écosser 他 (豆の)莢(サヤ)をむく.

écosystème [-sis-] 男 生態系.

écot 男 (会食費)の各人の分.

écotaxe 囡 環境税.

écotourisme 男 エコツーリズム(環境を守る観光).

écotoxicologie 囡 生態系汚染学.

écotoxique 厖 環境を汚染する.

écotype 男 生態型.

écoulé, e 厖 (液体が)流れた; (時間が)過ぎ去った.

écoulement 男 ❶ (液体, 気体の)流出; 排水. ❷ (商品の)売れ行き; 流通, ❸ (人, 車の)流れ; (時間の)経過.

écouler 他 (商品を)流通させる, 売りさばく. ― *s'～* ❶ (液体が)流出する; (群衆などが)流れ出る; (時間が)流れ去る. ❷ (商品が)流通する, 売れる.

écoumène 男 〘地〙エクメーネ(人類居住域).

écourgeon 男 〘農〙秋まきの大麦.

écourter 他 短くする, 縮める.

écoutant, e 图 (電話での)カウンセラー.

écoute¹ 囡 ❶ (電話, 放送の)聴取, 視聴; (電話の)盗聴. ▶ *table d'～* (電話の)盗聴器. ❷ 〘軍〙(ソナーによる)目標探知; 傍受.
◊ *être à l'～ de ...* …に耳を傾け(て)[目を向けて]いる. *être aux ～s de ...* …に耳をそばだてている; を注意深く見守っている.

écoute² 囡 〘海〙帆脚索(シート).

écouter 他 ❶ 聞く; 耳を傾ける; 聞き入れる. ❷ (感情などに)身を任せる.
◊ *Ecoute [Ecoutez]*, 〚間投詞的に〛ね, ちょっと.
― *s'～* ❶ *s'～ (trop)* 病気を気にしすぎる. ❷ *s'～ parler* 自分の言葉に酔いながら話す. ❸ *si je m'écoutais* 本心(気持ち)としては.

écouteur 男 受話器; イヤホン.

écoutille 囡 〘海〙ハッチ, 昇降口.

écouvillon 男 (砲腔の)棒ブラシ.

écouvillonner 他 (棒ブラシなどで)掃除[洗浄]する.

écrabouiller 他 押しつぶす, ぐちゃぐちゃにする. □**écrabouillage**

écran

/écrabouillement 男
écran 男 ❶ (映画などの)スクリーン; (テレビなどの)画面, ディスプレイ; 映画. ► le petit ～ テレビ / à cristaux liquides 液晶ディスプレイ / porter à l'～ …を映画化する. ❷ 遮蔽(%)物, ついたて; ダミー(会社). ►～ de fumée 煙幕.
◇faire ～ à … を見せない[理解できない]ようにする.

écrasant, e 形 重くのしかかる; 圧倒的な.

écrasé, e 形 押しつぶされた; (車などに)ひかれた.

écrasement 男 押しつぶすこと, 粉砕; 制圧.

écraser 他 ❶ 押しつぶす, 砕く; 強く踏む; 重くのしかかる. ❷ (車などが)ひく. ❸ 圧倒[圧勝, 鎮圧]する.
◇en ～ 《話》ぐっすり眠る.
—— s'～ ❶ つぶれる; 砕ける; (飛行機が)墜落する. ❷ (人々が)押し合う. ❸ 話 口をつぐむ, 引っ込む.

écraseur, se 名 下手な運転者.

écrémer 他 ❶ (牛乳から)クリームを分離する. ► lait écrémé 脱脂乳. ❷ 最良の要素を引き抜く.
□écrémage 男

écrémeuse 女 クリーム分離器.

écrêtement 男 平らにする[ならす]こと, 地ならし.

écrêter 他 ❶ 平らにする; 均等化する. ❷ (作物の)先端を刈り取る; (鶏などの)とさかを切る; 〈軍〉(要塞(%)などの)頂[上部]を破壊する.

écrevisse 女〖動〗ザリガニ.
◇marcher en ～ 後ずさりする. rouge comme une ～ (当惑して)真っ赤な.

s'écrier 代動 大声で言う, 叫ぶ.

écrin 男 宝石箱; (貴重品を入れる)小箱.

écrire 他 ❶ 書く; 執筆する; 手紙で知らせる〖頼む〗. —— 自 ❶ 文字[文, 手紙] を書く; 著作[出版]する. ► machine à ～ タイプライター. ❷ (筆記具が)書ける. —— s'～ ❶ 書かれる, つづられる; ❷ 文通する.

écrit, e 形 (écrire の過去分詞) ❶ 書かれた; (感情などが)はっきりと表れた. ❷ 宿命的な, 定められた. —— 男 文書, 書類; 著作, 作品; 《話》筆記試験.

écriteau 《複》x 男 掲示, 張り紙, 立て札.

écritoire 女 文具箱, 筆匣.

écriture 女 ❶ 文字, 表記法; 字体; 筆跡. ❷ 文体; 書く行為; エクリチュール. ❸〖情報〗(情報の)書き込み. ❹〖法〗公書; 〖訴〗(訴訟の)書類. ❺ 帳簿づけ;《複数》帳簿. ❻ (E～(s)) 聖書.

écrivai- 活 ⇨ écrire.

écrivailler / **écrivasser** 自 話 駄作を乱作する.

écrivailleur, se 名 / **écrivaillon** 男 三流の物書き.

écrivain, e 名 (女性には男性形を用いる場合がある) ❶ 作家, 文筆家. ❷ ～ public 代書人.

écrivassier, ère 形 話 駄作を乱作する, むやみに書きたがる.
—— 名 へぼ作家, 三文文士.

écrive(-), **écrivi-**, **écrivons** 活 ⇨ écrire.

écrou[1] 男〖工〗ナット.

écrou[2] 男〖法〗収監記録. ► levée d'～ 釈放(状).

écrouelles 女複 古 瘰癧(%)(結核性頸部リンパ腺炎).

écrouer 他動〖投獄〗する.

écroulé, e 形 崩れた; ぐったりした; 話 大敗した.

écroulement 男 崩壊; (崩壊後の)残骸(%%); 滅亡; 消滅.

s'écrouler 代動 崩れ落ちる, 倒壊する; 滅ぶ; 消滅する; ぐったり倒れこむ.

écroûter 他動 (パンの)皮[耳]を取る; (傷の)かさぶたをはがす.

écru, e 形 生地(%%)のまま, さらしていない.

ecstasy [-si/-zi] 女 エクスタシー (強い幻覚作用をもつ合成麻薬).

ectoblaste / **ectoderme** 男〖生〗外胚(%%)葉.

ectopie 女 (臓器の)転位(症).

ectoplasme 男 ❶ (霊媒から現れる)心霊体; 気の弱い人. ❷〖生〗外質.

ECU / **écu** [eky] 男 《略》《英》European Currency Unit 欧州通貨単位, エキュ.

écu 男 (中世の)盾;〖貨〗エキュ(昔の金[銀]貨);《複数》《話》富.

écubier 男〖海〗錨鎖孔(%%), 錨孔.

écueil 男 暗礁; 危険, 障害(物).

écuelle 女 深皿, 鉢; 鉢の中身.

éculé, e 形 靴踵(%%)がすり減った[つぶれた]; 使い古された.

écumage 男 灰汁(%)取り.

écumant, e 形 灰汁(%); 泡に覆われた; 泡を吹いた.

écume 女 ❶ 泡; 灰汁(%). ❷ (馬の)汗. ❸ 文語 (社会の)屑(%), かす. ❹〖鉱〗～ de mer 海泡石.

écumer 自 ❶ 泡立つ; 泡を吹く. ❷ 怒り狂う.
—— 他 ❶ 灰汁(%)を取る. ❷ 略奪する, 荒らす. ► ～ les mers 海賊を働く.

écumeur 男 ～ des mers 海賊.

écumeux, se 形 泡に覆われた.

écumoire 女〖料〗穴杓子(%%), 灰汁(%)取り.

écureuil 男〖動〗リス.

écurie 女 ❶ 馬小屋, 厩(%%)舎. ❷《集合的》(同一馬主の)競走馬; (一つの出版社が抱える)全著者. ❸ 《話》ひどく汚い場所.

écusson 男 ❶ 小さな盾形紋章; 紋章入りの看板[標示板]; (軍服の)記章. ❷〖農〗接ぎ穂.

écussonner 他 ❶ (軍服に)記章をつける. ❷〖農〗芽接ぎをする.

écuyer, ère 名 ❶ 上手な馬乗り; 馬術教師; (サーカスの)曲馬師. —— 男〖史〗 ❶ 平貴族, 侍臣. ❷ 宮内府主馬(%%)寮の役人. ► grand ～ 主馬頭.

eczéma [eg-] 男 湿疹.

eczémateux, se [eg-] 形 湿疹(性)の. —— 名 湿疹患者.

édam [-m] 男 エダムチーズ.

edelweiss [-ves] 男〔独〕〔植〕エーデルワイス.

éden [-den] 男 ❶《E～》〔聖〕エデンの園. ❷ 楽園. ―**édenique** 形

édenté, e 形, 名 歯の抜けた(人).
―男〔動〕貧歯目.

édenter 他〔動〕〔折る〕.

E.D.F. 女〔略〕Electricité de France フランス電力公社.

édicter 他〔法〕定める, 命じる.

édicule 男〔路上['小']場の小さな建築物(公衆トイレ, 売店, バス待合所など).

édifiant, e 形 模範[教訓]的な.

édification 女 ❶ 建造, 建設; (作品, 体系の)構築. ❷〔文章〕教化; 啓発.

édifice 男(大きな)建造物; 組織; 体系.

édifier 他 ❶ 建てる; 築く, 構築する. ❷ 教化[啓発]する; 真相を知らせる.

édile 男 都市の役人;〔古い〕按察官 (公共物管理の役人).

Édimbourg エジンバラ(スコットランドの都市).

édit 男〔史〕王令, 勅令.

éditer 他 ❶ 出版[刊行, 発売]する; (テクストを)校訂する;〔情報〕(データを)編集する.

éditeur, trice 名 出版社; 発行人; 校訂者, 編者. ―男〔情報〕エディタ.
―形 出版〔刊行〕の.

édition 女 ❶ 出版, 発行; 製作; 出版業界. ❷〔書籍, 新聞などの〕版. ❸ 校訂(本). ❹〔情報〕(データの)編集. ❺〔生〕RNA 編集.
◊ *C'est la deuxième [troisième]* ～! 話 (言葉, 事件などについて)それは 2[3]度目の繰り返しだ.

éditique 女 デスクトップパブリッシング, DTP.

édito 男〔略〕話 éditorial 社説.

éditorial, ale〔男複〕**aux** 形 編集の; 出版社の. ―男 社説, 論説.

éditorialiste 名 論説委員.

édredon 男 羽毛の掛け布団.

éducable 形〔訓練〕が可能た.

éducateur, trice 名, 形 教育者.
―形 教育的な.

éducatif, ve 形 教育の, 教育に関する.

éducation 女 ❶ 教育; 訓練; しつけ. ～ *permanente* 生涯教育 / *ministère de l'E*～ *nationale* 文部省. ❷ 教養; 礼儀作法.

éducationnel, le 形 教育の.

édulcorant, e 形 甘みをつける.
―男 甘味料.

édulcorer 他 甘みをつける; (表現などを)和らげる; 面白みを失わせる.
□édulcoration 女

éduquer 他 教育する; しつけをする; 鍛える. ―s'～ 学ぶ, 知識を得る.

E.E.G. 男〔略〕〔医〕électroencéphalogramme 脳波図.

éfaufiler 他 (織物の)糸を抜く.

efendi [e-] / **éfendi** 男 先生(トルコの敬称).

effaçable 形 消せる.

effacé, e 形 消された; 忘れ去られた; 控えめな, 目立たない.

effacement 男 消す[消える]こと, 消滅; 身を引くこと; 控えめな態度.

effacer ❶ 他 消す; 忘れさせる; 目立たなくする. ❷ (体の一部を)引っ込める. ―s'～ 消える, 薄れる; 忘れ去られる; わきへ寄る; 目立たないようにする.
►s'～ *devant ...*...の優位を認めて下がる.

effaceur 男 修正ペン.

effaçure 女 消した跡.

effarant, e 形 驚くべき, 信じがたい.

effaré, e 形 おびえた; 呆[ほう]然とした.

effarement 男 仰天, おびえ; 狼狽[ろうばい].

effarer 他 おびえさせる; ひどく驚かせる. ―s'～ ぎょっとする, たじろぐ.

effarouché, e 形 おびえられた, 怖気[おじけ]づいた.

effarouchement 男 怖がること, おびえた状態.

effaroucher 他 おびえさせる, 怖気づかせる. ―s'～ おびえる, 怖気づく.

effectif, ve 形 現実[実際]の, 実質的な. ―男 (集団の)総人員, 定員;〈複数〉兵力.

effectivement 副 現実[実際]に; 確かに, そのとおり.

effectuer 他 行う, 実施する, する.
―s'～ 行われる.

efféminé, e 形〔軽蔑〕女のような; 軟弱な. ―男 軟弱な男; おかま.

efféminer 他 女性的[軟弱]にする.

effendi 男 ⇒ efendi.

efférent, e 形〔解〕(神経の)遠心性の; (血管の)輸出性の.

effervescence 女 興奮, 熱狂; 沸騰.〔化〕発泡.

effervescent, e 形 興奮[熱狂]した, 沸騰している; 発泡性の.

effet 男 ❶ 結果. ❷ 効果, 作用, 影響;〔法〕効力. ❸ (受けをねらった)わざとらしい態度. ►*faire des* ～*s de voix* 気取った声で話す. ❹〈複数〉古風 衣類. ❺〔経〕手形. ►～ *publics* 公債. ❻〔スポ〕(球の)回転, スピン.
◊ *à cet* ～ そのために. *en* ～ というのも, 実際―だから; 確かに. *faire l'*～ *de* ... ... の印象を与える. ...のように見える. *prendre* ～ (法律が)発効する. *sous l'*～ *de* ...のせいで○の影響を受けて.

effeuillage 男 (果樹の)葉の摘み取り;話 ストリップ.

effeuillaison 女 / **effeuillement** 男 落葉, 落花.

effeuiller 他 葉を取る; 花びらをむしる. ―s'～ 葉[花びら]が散る.

effeuilleuse 女話 ストリッパー.

efficace 形 ❶ 有効な, 効果的な; 有能な. ❷〔哲〕*cause* ～ 実効因.

efficacement 副 有効に, 効果的に.

efficacité 女 効力, 効き目; 効率のよさ; 有能さ.

efficience 女 効果, 効率のよさ; 有能さ.

efficient, e 形 効果的な; 有能な.

effigie 女 (貨幣などの)肖像.

effilage 男 (糸を)ほぐすこと; 先細にすること.

effilé, e 形 ほっそりした, とがった.

effilement

——男 房飾り, フリンジ.

effilement 男 ほつれていること; 先細り.

effiler 他 糸をほぐす; 先を細くする, とがらす. ► ～ les cheveux 髪をテーパーカットにする.
— s'～ 糸がほぐれる; 先細りになる.

effilochage 男 (布を)ほぐすこと.

effiloche 女 絹屑(くず); 絹織物の耳.

effilocher 他 (布を)ほぐすこと.
— s'～ ❶ (布が)ほつれる, 擦り切れる. ❷ しだいに消え去る.

effilochure / effilure 女 (布地の)はつれた, ほぐれた部分.

efflanqué, e 形 (動物が)脇(わき)のへこんだ; (人の)やせこけた.

effleurage 男 革の銀面をすく[削り取る]こと; [医] 軽擦(法).

effleurer 他 そっと触れる; かすめる; (問題などに)軽く触れる; (考えなどが)心をよぎる. □**effleurement** 男

efflorasion 女 開花.

efflorescence 女 [文章] (芸術などの)開花.

efflorescent, e 形 [文章] (芸術などの)開花した.

effluence 女 流出, 発散.

effluent, e 形 流出する.
— 男 下水, 廃水. ► ～ radioactif 放射性排出物.

effluve 男 香り, におい. [文章] (精神的な)香り, 息吹.

effondré, e 形 崩れた; (不幸などで)打ちひしがれた.

effondrement 男 崩壊, 瓦(が)解; 暴落; 意気消沈; 落胆.

effondrer 他 崩す; 打ちのめす.
— s'～ ❶ 崩れる, つぶれる; (人が)倒れる, 力尽きる; 打ちひしがれる. ❷ (相場が)暴落する.

s'efforcer ① 代動 ❶ (de) (…しようと)努める. ❷ [文章] (à) (…のために) 努力する.

effort 男 ❶ 努力, 頑張り. ❷ [古風] 筋肉痛. ❸ [機] 応力, 抗力.

effraction 女 家宅侵入, 押し込み.

effraie 女 [鳥] メンフクロウ.

effraie (-) ⇨ effrayer.

effranger ② 他 (布の縁をほぐして)房[飾り]を作る.
— s'～ 擦り切れる, ほぐれる.

effrayant, e 形 恐ろしい, ぞっとするような響きの, ものすごい.

effrayer ⑫ 他 びっくりさせる, 怖がらせる; 不安にさせる, たじろがせる.
— s'～ 怖がる; たじろぐ.

effréné, e 形 度の過ぎた, 激しい.

effritement 男 ぼろぼろに崩れること; 衰退, 下落.

effriter 他 ぼろぼろに崩す. — s'～ ぼろぼろに崩れる; 衰える, 弱まる.

effroi 男 [文章] 激しい恐怖.

effronté, e 形, 名 厚かましい(人), 恥知らずの(人).

effrontément 副 厚かましく(も).

effronterie 女 厚かましさ.

effroyable 形 恐ろしい, ぞっとするような; [話] ものすごい, ひどい. □**effroyablement** 副

effusif, ve 形 溶岩流の. ► ～ roche ～ve 火山岩.

effusion 女 ❶ [文章] (感情が)あふれ出ること; 吐露, 真情の吐露. ❷ ～ de sang 流血.

éfourceau 男 [複] x 男 2 輪荷車.

efrit / éfrit [-t] 男 (アラビア神話の)悪霊, 悪魔.

égagropile 男 ⇨ ægagropile.

égaiement 男 陽気にする[なる]こと.

s'égailler 代動 四散する, 散らばる.

égal, ale 形 (男複) **aux** ❶ 等しい, 同一の; 平等の, 対等の. ❷ 一定の, 変わらない; (土地が)平坦な.
◊ ça m'est ～. どっちでもいい, どうでもいい. c'est ～. [話] いずれにしても.
— 名 同等[同等]の人.
◊ à l'～ de … …と同じぐらい. d'～ à ～ 対等に. sans ～ (e) 比類なき.

égalable 形 匹敵し得る.

également 副 (…も)また, やはり; 等しく, 同じ程度に.

égaler 他 等しい; 匹敵する, 対等になる. ► ～ (à) (…と)対等である.

égalisateur, trice 形 平等[均等]にする; [スポ] 同点にする.

égalisation 女 平等化; (地面を)平らにすること; [スポ] 同点にすること.

égaliser 他 平等[均等]にする; そろえる; (地面を)平らにする.
— 自 [スポ] 同点になる.
— s'～ 平等[均等]になる.

égaliseur 男 [音響] イコライザー.

égalitaire 形, 名 平等主義の(人). □**égalitarisme** 男 平等主義.

égalité 女 ❶ 平等, 同等; [スポ] 同点; ジュース; [数] 相等; 合同. ❷ 規則正しさ; 一様性. ◊ à ～ 対等に; 同点で. à ～ de … …が同じ[な].

égard 男 考慮; (複数) 敬意; 配慮.
◊ à certains ～ s いくつかの点で. à cet ～ この点では. à l'～ de … …に対して. à tous (les) ～ s あらゆる点で. eu ～ à … …を考慮して.

égaré, e 形 道に迷った; 動揺した, 取り乱した.

égarement 男 [文章] 錯乱, 逆上.

égarer 他 ❶ 道に迷わせる; 惑わす; 錯乱させる. ❷ 置き忘れる; 見失う.
— s'～ ❶ 道に迷う; 紛失する. ❷ わき道にそれる; 分別を失う, 錯乱する. ❸ (票が)流れる.

égayant, e 形 愉快な.

égayement 男 ⇨ égaiement.

égayer ⑫ 他 楽しませる, 陽気にする; 華やかにする. s'～ 喜ぶ, 楽しむ.

Égée (mer) エーゲ海.
□**égéen, ne** 形

égérie 女 [文章] (政治家, 芸術家に)強い影響力を持つ[助言する]女性.

égide 女 ❶ [文章] 保護, 庇(ひ)護. ► sous l'～ de … …の庇護を受けて. ❷ [ギ神] (ゼウスとアテナの)盾.

églantier 男 [植] 野バラ.

églantine 女 野バラ(の花).

églefin 男 [魚] モツクダラ.

église 女 ❶ 教会(堂). ❷ 〖E～〗 (集

合的)キリスト教徒;ローマカトリック教会. ► homme d'E~ 聖職者.
églogue 囡田園詩, 牧歌.
ego 男自我.
égocentrique 形,名 自己中心的な(人).
égocentrisme 男自己中心主義.
égoïne 囡回し挽(びき)のこ.
égoïste 形利己主義の, 身勝手な.
— 名 エゴイスト, 利己主義者.
égoïstement 副利己的に.
égorgement 男喉(のど)を切って殺すこと.
égorger ②他 ❶喉(のど)を切って殺す. ❷法外な金を取る. ► s'~ ❶喉(のど)を切って自殺する. ❷殺し合う.
égorgeur, se 名(喉(のど)を切って)殺害する)殺害者.
s'égosiller 代動 声を張り上げて叫ぶ[歌う]; 声をからす.
égotisme 男 〔文章〕 自己中心主義, 自己崇拝.
égout 男下水渠(きょ)男, 排水溝. ► plaque d'~ マンホールの蓋.
égoutier 男下水掃除夫[管理人].
égouttage 男 **égouttement** 男水を切ること, 水分の除去.
égoutter 他 ❶水を切る, 水分を取り除く. ❷(チーズの)ホエー[乳漿]を取り除く. ► s'~ 水が切れる;(液体が)滴り落ちる.
égouttoir 男水切り器.
égoutture 囡しずく, 滴り.
égrainage 男 = égrenage.
égrainer 他, 代動 = égrener.
égrapper 他(ブドウの実を)房から取る. ◊ **égrappage** 男
égratigner 他 軽く傷つける, ひっかく;軽く皮肉る.
— s'~ ひっかき傷を負う.
égratignure 囡 ひっかき傷, かすり傷;(自尊心などを)軽く傷つけられること.
égrenage 男(穀, 房などからの)実の採取, 種取り, 脱穀.
égrènement 男 ❶(穂, 房などが)実[種]が離れること; 実[種]の摘み取り. ❷種を)点々と並ばせて.
égrener ③他 ❶(穂, 房などから)実[種]を取る. ❷(ロザリオを)つまぐる. ❸一つ一つ並べる;(音などを)一つ一つ鳴らす. ► s'~ ❶(実, 種などが)落ちる. ❷分散する;点々と並ぶ.
égrillard, e 形みだらな, 猥褻(わいせつ)な.
égriser ⑥他(宝石を)研磨する.
◊ **égrisage** 男
égrotant, e 形文章・古風病弱な.
égrugeoir 男乳鉢.
égruger 他(コショウなどを)擦りつぶす. ◊ **égrugeage** 男
égueulé, e 形(瓶, 大砲の)口の欠けた; 〔地〕 cratère ~ 破裂火口.
égueuler 他(瓶, 大砲の)口を欠く.
Égypte 囡エジプト.
égyptien, ne [-sjɛ̃, ɛn] 形エジプトの. — 名 (É~) エジプト人. — 男 ❶古代エジプト語. ❷〔印〕エジプト・グループ(の欧文活字書体の一種).

égyptologie 囡エジプト学.
égyptologue 名
eh 間 ❶ おい, ねえ(呼びかけに). ❷ えっ, まあ, ねえ(驚き, 困惑など). ❸ ちょっと, あのねえ(異議, 非難). ❹ えへへ(笑い).
◊ *Eh bien* おやおや;ねえ;それでは;ええと;さて. *Eh quoi!* なんだって.
éhonté, e 形恥知らずな, ずうずうしい.
eider 男エケワタガモ.
Eire 囡エール(アイルランドの旧称).
éjaculation 囡(体液の)射出;射精.
éjaculatoire 形射精の.
éjaculer 他(体液を)射出する;射精する.
éjectable 形〔航〕siège ~ (緊急用の)射出座席.
éjecter 他放出する, 投げ出す;話追い払う, 締め出す.
— s'~ 投げ出される;緊急脱出する.
éjecteur 男エジェクター, 排出装置;(銃の)蹴(け)り子.
éjection 囡排出, 放出;排泄(せつ);排除, 追放.
ékistique 囡人間居住学.
élaboration 囡 ❶入念に作り上げる[練り上げる]こと. ❷〔生理〕同化;生成.
élaboré, e 形入念に作られた, 練り上げられた.
élaborer 他 ❶入念に作り上げる, 練り上げる. ❷〔生理〕同化[生成]する.
— s'~ 入念に作られる.
elæis [eleis] 男〔植〕アブラヤシ.
élaguer 他(枝を)剪(せん)定する;(むだな文章を)削除する. ◊ **élagage** 男
élagueur 男枝下ろし職人;枝下ろし用鋸(のこ).
élan[1] 男 ❶ いきおい, 勢い; 跳躍, 飛翔. ❷感情のほとばしり; 高揚.
◊ briser l'~ de ... ... の勢いをそぐ, 気力を失わせる. *d'un seul* ~ 一気に, 一息に.
élan[2] 男〔動〕ヘラジカ.
élancé, e 形すらりと高い.
élancement 男 ❶(けがの)うずき, 疼(うず)痛. ❷(精神的)高揚, 憧れ.
élancer ③他痛みを与える.
— s'~ ❶突進する, 駆け出す. ❷そびえ立つ.
éland 男〔動〕イランド, オオレイヨウ.
élargir ⑪他 ❶広げる, 拡大する;大きく見せる. ❷〔法〕釈放する. — s'~ 広がる, 拡大する.
élargissement 男 ❶拡大, 拡張, 増大. ❷〔法〕釈放.
élasthanne 男〔繊〕エラスタン(伸縮性に富む合成繊維).
élasticité 囡(弾力)性;柔軟さ;順応性, 融通性;ルーズさ.
élastique 形 ❶弾力のある;柔軟な;順応性のある, 融通の利く;ルーズさ. — 男 ゴム(ひも);輪ゴム.
élastiqué, e 形 ゴム付きの.
élastomère 男〔化〕エラストマー.
élavé, e 形〔畜〕(毛の)色あせたよう

Elbe

な.
Elbe (île d') エルバ島(イタリア領の島;ナポレオンが流された).
eldorado 男[西] エルドラド; 黄金郷.
éléate 形 エレア Élée (南イタリアの古代都市)の. ― 男 (É~)エレアの人.
― 男 [複数]エレア学派の哲学者たち.
éléatique 形 エレア学派の.
électeur, trice 名 選挙人, 有権者.
― 男 ❶ (É~)[史]選挙侯. ❷[法] grands ~s 元老院議員選挙人.
électif, ve 形 選挙による[に基づく]; 選択性の.
élection 女 ❶ 選挙; 当選. ►~s législatives 国民議会選挙. ❷[法] ~ de domicile 住所の選定. ◊ d'~ 自分で選んだ; 気に入った; 選ばれた.
électivité 女 選挙による任命, 公選.
électoral, ale; (男複) **aux** 形 選挙(人)の.
électoralisme 男 選挙優先主義, 当選第一主義. □**électoraliste** 形
électorat 男 ❶ (集合的)選挙民, 有権者. ❷[法]選挙権, 選挙資格.
électricien, ne 名 電気技師; 電気工[屋].
électricité 女 電気; 電力; 電気設備; 電灯. ► É~ de France フランス電力公社. ◊ *Il y a de l'~ dans l'air.* みんなぴりぴりしている.
électrifier 他 電化する; 電力を供給する. □**électrification** 女
électrique 形 ❶ 電気の, 電力を用いた; [固]静電気を帯びた. ❷ 電撃的な; 強烈な.
électriquement 副 電気で.
électrisant, e 形 帯電させる, 電気を生じる; 熱狂[興奮]させる.
électrisation 女 帯電.
électriser 他 電気を通す, 帯電させる; 熱狂[興奮]させる.
― s'~ 帯電する; 熱狂する.
électroacoustique 女 電気音響学 [音響学](の).
électroaimant 男 電磁石.
électrocardiogramme 男 心電図.
électrocardiographe 男 心電計.
électrocardiographie 女 心電図検査(法).
électrochimie 女 電気化学. □**électrochimique** 形
électrochoc 男 電気ショック.
électrocoagulation 女[医]電気凝固(法).
électrocuter 他 感電死させる; 電気椅子で処刑する.
― s'~ 感電死する.
électrocution 女 感電死; 電気椅子による処刑.
électrode 女 電極; [医](生体につなぐ)電極, (電)導子.
électrodomestique 男, 形 家電(の).
électrodynamique 女, 形 電気力学(の).
électrodynamomètre 男 電流力計.

électroencéphalogramme 男 脳波図.
électroencéphalographie 女 脳波記録法.
électrofaible 形 [物] théorie ~ 電弱理論.
électrogène 形 電気を発生する. ― groupe ~ 発電ユニット.
électorologie 女 ~ médicale [医]応用電気学.
électroluminescent, e 形 [物] 電場発光の.
électrolysable 形 [化]電気分解 [電解]できる.
électrolyse 女 電気分解, 電解.
électrolyser 他 電気分解する.
électrolyseur 男[化]電解槽(そう) [装置].
électrolyte 男 電解質.
□**électrolytique** 形
électromagnétique 形 電磁気 (学)の. □**électromagnétisme** 男
électromécanicien, ne 名 電気機械工[技師].
électromécanique 形 電気機械の. ― 女 電気機械技術.
électroménager, ère 形 家庭電化製品の.
― 男 家電製品化製品; 家電産業.
électroménagiste 名 家電販売業者.
électromètre 男 電位計.
électromigration 女 [物]エレクトロマイグレーション.
électromoteur, trice 形 電気を起こす.
électron 男 エレクトロン, 電子.
électronicien, ne 名 電子工学者 [技術者].
électronique 形 電子(工学)の; 電子技術を利用した. ► jeux ~s コンピュータゲーム. ― 女 電子工学, エレクトロニクス. □**électroniquement** 副
électronucléaire 男, 形 原子力発電(の).
électronvolt [-t] 男 電子ボルト.
électrophone 男 レコードプレーヤー.
électroportatif, ve 形 電動だが簡単に持ち運べる.
électropuncture [-põk-]/**électroponcture** 女[医]電気穿刺(せんし)(法).
électroradiologie 女 電気放射線学. □**électroradiologiste** 名
électroscope 男 検電器.
électrostatique 形 静電気の. ― 女 静電気学.
électrotechnicien, ne 名 電気工学技師[者].
électrotechnique 女, 形 電気工学(の).
électrothérapie 女 電気療法.
électrovanne 女 電磁石で水の流量を調整する弁.
électuaire 男 [薬] 舐(ね)り剤.
élégamment 副 エレガントに, 上品に; 手際よく.
élégance 女 優雅, 上品, 洗練; 心遣

E

い；手際のよさ，スマートさ．
◇*faire des* ~**s** 上品ぶる．

élégant, e 形 エレガントな，上品な，洗練された；礼儀正しい；気の利いた，スマートな．
——名 上品な［洗練された］人．

élégiaque 形 哀歌(調)の；物悲しい．——名 哀調詩人．

élégie 女 哀歌，悲歌，エレジー．

élégir 他 (木材を)削る，薄くする．

éléis [-is] 男 [植] アブラヤシ．

élément 男 ❶ 構成要素，成分；部品．——meuble à ~s ユニット家具．❷ (グループの)メンバー；《集合的》構成員．❸《複数》基礎原理，基本概念．❹《複数》文範自然の力．——les quatre ~s 四大(元)(地，水，空気，火)．❺ (生物の)生息場所；(人の)活動領域．❻ [化] 元素；《数》(集合の)元．
◇*être dans son* ~ 自分の得意の領域にいる；くつろげる．

élémentaire 形 ❶ 基本の，基礎の；初等の．——cours ~ (小学校の)初級科．❷ 必須の，最低限の，初歩的な．❸ [化] 元素の；《物》particule ~ 素粒子．

éléphant 男 ❶ 象．❷ ~ de mer ゾウアザラシ．

éléphanteau 《複》x 男 子象．

éléphantesque 形 象のような，巨大な．

éléphantiasis [-s] 男 [医] 象皮病．

éléphantin, e 形 象の；象並みの．

élevage 男 飼育，養殖；牧畜；《集合的》家畜．——des vins ワインの熟成．

élevateur, trice 形 持ち上げる．
——男 荷上げ機械，昇降機．

élévation 女 ❶ 持ち上げる［高くする］こと；上昇，増大，昇進，出世．❷ 建設，建立．❸ 高さ，気品．❹ 高所，高台．❺ [カト] 聖体奉挙(の際の曲)．❻《数》累乗．

élévatoire 形 (ポンプなどが)揚水用の；荷上げ用の．

élevé, e 形 ❶ 高い，高度の；《文章 気高い，高尚な．❷ 育てられた．◇bien [mal] ~ 育ちのよい［悪い］．

élève 名 生徒；弟子；《軍》候補生．

élever ③ 他 ❶ 上げる；高くする（量を増す，昇進［向上］させる．❷ 建てる，築く．❸ 育てる，教育する；飼育する．❹ (異議などを)唱える；(障害などを)引き起こす．❺《数》~ un nombre au carré [au cube] ある数を2乗［3乗］する．
◇*s'* ~ **la voix** 声を張り上げる；発言する．~ **le ton** 声を荒立てる．
——*s'*~ ❶ 上がる；高まる；昇進［向上］する．~ *s'*~ à ...(金額などが)...に達する．❷ 建つ，そびえ立つ．❸《議論など》沸き起こる；(声などが)上がる．◇*s'*~ **contre** ... ...に反対して立ち上がる．

éleveur, se 名 家畜飼育者，養殖家．

elfe 男 エルフ(北欧神話で大気，火，大

地の力を象徴する精)．

élider 子[文法]《語尾母音を》省略する，エリジョンする．

éligibilité 女 被選挙資格．

éligible 形 被選挙資格のある人．

élimé, e 形 擦り切れた．

élimer 他 (衣類を)擦り切らせる．
——*s'*~ (衣類が)擦り切れる．

éliminateur, trice 形 除去の；排泄(分)の．

élimination 女 除去，排除；《数》消去(法)；[生理] 排泄(分)．

éliminatoire 形 除去する，ふるい落とす．►épreuves ~s 予備選考；足切り試験；《スポ》予選／note ~ (各科目に最低必要な)基準点．
——女《スポ》予選．

éliminer 他 除去［排除］する；選別する；《数》消去する；《スポ》(トーナメントで相手を)破る；[生理] 排泄(分)する．
——*s'*~ 除去［排除］される．

élingue 女 つり索，つり鎖．

élinguer 他 つり索［鎖］をかける．

élire 72 他 選出する，選ぶ；選挙をする．◇~ **domicile** 居を構える．

élisabéthain, e 形 エリザベス1世の，エリザベス朝の．

élision 女 [文法]エリジョン，母音字省略．

élit 直 ⇨ élire.

élitaire 形 エリートの．

élite 女 エリート，精鋭，名士；《複数》一流の人々：幹部．
◇*d'*~ えり抜きの，一流の．

élitisme 男 エリート主義．
□**élitiste** 形名

élixir 男 エリキシル；霊薬，秘薬．

elle 代 [人称]《3人称単数女性形》❶《主語》彼女は(《女性名詞を受けて》それは，を《先行する話題を漠然と受けて》そいつは，を《強勢形》彼女．► E~ est bien bonne. そいつはいい．❷《強勢形》彼女．

ellébore 男 [植]クリスマスローズ．

elle-même 《複》~**s**~**s** 代 [人称]彼女(たち)自身，それ(ら)自身．

ellipse 女 ❶ 省略(法)．❷ 楕(だ)円(形)．

ellipsoïde 男 楕(だ)円体［面］．
□**ellipsoïdal, ale** 形 [男複]aux 形

elliptique 形 ❶ 省略的な．❷ 楕(だ)円(形)の．

elliptiquement 副 省略して．

élocution 女 話し方；発声法．

éloge 男 称賛，賛辞．

élogieux, se 形 称賛の，褒めたたえる．□**élogieusement** 副

éloigné, e 形 遠い，離れた，隔たった．◇*être* ~ **de** ... ...する気がない．

éloignement 男 遠ざける［遠ざかる］こと；別離；隔たり．

éloigner 他 遠ざける，離れさせる；延期する，間隔をあける．
——*s'*~ 遠ざかる，離れる．

élongation 女 [医]伸(張)；[天]離角；[物]振幅．

éloquemment 副 雄弁に．

éloquence 女 雄弁(術)；表現力，説得力．

éloquent

éloquent, e 形 雄弁な; 表現力[説得力]のある.

élu, e 形 (élire の過去分詞) 選挙された;〈神に〉選ばれた. — 名 ❶ 選出された人, 当選者;〈神に〉選ばれた人. ❷ 意中の人.

élucider 他 明らかにする, 解明する. ◇**élucidation** 女

élucubration 女 (苦心の末の)駄作, 述編. ◇**élucubrer** 他

éluder 他 巧みに避ける, うまく逃げる.

élûmes, élus(-), élut, élût(-) ⇨ **élire**.

élusif, ve 形 〖文章〗巧みに言い逃れる.

Élysée 男 ❶ エリゼ宮;〖フランス大統領官邸〗, フランス大統領職. ❷ 〖ギリシャ〗エリュシオン(神々に愛された英雄などが死後に送られた楽園).

élyséen, ne 形 エリゼ宮の; フランス大統領(官邸)の.

élytre 男 〖昆〗翅鞘(ししょう).

elzévir 男 (16, 17 世紀オランダのエルゼビル版の書物(12折判);〖印〗エルゼビル・グループ(欧文書体の一種).

E.M.A. 〘略〙〖軍〗état-major de l'armée 統合参謀本部.

émaciation 女 / **émaciement** 男 〖文章〗やつれ.

émacié, e 形 やつれた.

émacier 他 やつれさせる. — **s'~** やつれる.

émail 男 男 aux 男 ❶ 琺瑯(ほうろう), エナメル; 琺瑯[エナメル]製品(の); エナメル質, 琺瑯質. ❷ 七宝; 七宝焼, 七宝工芸品. ❸ 〖陶器〗の釉薬(うわぐすり).

e-mail [imel] 男 Eメール.

émaillage 男 琺瑯(ほうろう)引き, エナメル掛け; 七宝細工.

émailler 他 ❶ 琺瑯(ほうろう)を引く, エナメルをかける; 釉薬(うわぐすり)を施す. ❷ (de)(…で)ちりばめる.

émaillerie 女 七宝[琺瑯(ほうろう)]工芸.

émailleur, se 名 七宝[琺瑯(ほうろう)]職人; 七宝[琺瑯]細工師.

émanation 女 ❶ 発散, 放射; 発散物, 悪臭. ❷ 現れ, 表れ.

émancipateur, trice 形, 名 解放する(人).

émancipation 女 解放, 自由化;〖法〗(後見, 親権からの)解放.

émancipé, e 形 ❶ 解放された(人); 自由奔放な(人);〖法〗(後見, 親権から)解放された(未成年者).

émanciper 他 解放する;〖法〗(後見, 親権から)未成年者を解放する. — **s'~** ❶ 解放される, 自由になる. ❷ 自由奔放に振る舞う.

émaner 自 発散[放射]する; 発せられる; 由来する.

émargement 男 ❶ (認証, 領収の印としての)欄外署名; 給与の受領. ❷ (紙などの縁の裁断).

émarger ②他 ❶ (認証, 領収の印として)欄外に署名する. ❷ (紙などの)縁を切り取る. — 自 給料を受け取る.

émasculer 他 去勢する; 無力化する, 骨抜きにする. ◇**émasculation** 女

émaux émail の複数形.

embâcle 男 〖海〗氷塞.

emballage 男 ❶ 包装, 梱包(こんぽう); 荷造り用品;〖情報〗(データの)記録. ❷ ~ perdu 使い捨て容器.

emballagiste 名 梱包(こんぽう)材料業.

emballement 男 ❶ 熱狂, 興奮; 逆上. ❷ (価格の)急騰, 急上昇. ❸ 〖機〗過剰回転.

emballer 他 ❶ 包装する, 荷造りする. ❷ 〘話〙夢中にさせる, 熱狂させる. ❸ 〖機〗(モーターなどを)過剰回転させる. — **s'~** ❶ 夢中になる, 興奮する; (馬が)暴走する. ❷ (価格などが)暴騰する. ❸ 〖機〗過剰回転する.

emballeur, se 名 荷造り人.

embarcadère 男 桟橋, 埠(ふ)頭.

embarcation 女 小舟, ボート.

embardée 女 〖車〗の急激な進路変更;〖海〗船首振れ, ヨーイング.

embargo 男 〖西〗出港禁止; 輸出禁止;(出版物の)発売[刊行]禁止.

embarqué, e 形 bien [mal] ~ うまく出しのよい[悪い].

embarquement 男 乗船, 乗車, 搭乗;(貨物の)積み込み; 乗船登録.

embarquer 他 ❶ 乗船[乗車, 搭乗]させる, (荷物を)積み込む. ❷ (船が波を)かぶる. ❸ (厄介事に)巻き込む. ❹ 〘話〙持ち去る; 盗む. ❺ 〘話〙逮捕する. — 自 ❶ (乗り物に)乗る. ❷ (波が)甲板を越えて浸入する. — **s'~** ❶ (乗り物に)乗る. ❷ (危険な仕事などに)乗り出す, かかわる.

embarras 男 ❶ 迷惑, 困難; 困惑, 苦境, 窮状. ❷ 〖医〗 ~ gastrique 胃カタル.
◇ **être dans l'~** 窮地に陥っている; 金に困っている. **faire de l'~ [des ~s]** 気取る, もったいぶる.

embarrassant, e 形 面倒な, 厄介な; 気詰まりな; 邪魔な.

embarrassé, e 形 ふさがれた; 動きのとれない; 困惑した, 途方に暮れた. ❷ 分かりにくい; 複雑な.

embarrasser 他 ❶ (場所を)ふさぐ; 邪魔をする; 動きを妨げる. ❷ 当惑させる, 困らせる. — **s'~** ❶ (de)(…を)抱え込む; (…で)身動きがとれない. ❷ (de)(…のことを)心配する, 気にする. ❸ (dans)(…に)行き詰まる.

embase 女 (器具の)台座, 受け台.

embasement 男 〖建〗基礎, 土台.

embastiller 他 投獄する.

embattre 他 (車輪に)輪鉄(わてつ)をはめる. ◇**embattage** 男

embauchage 男 採用, 雇用;(党派, 集団への)勧誘, 引き入れ.

embauche 女 就職, 働き口; 雇用.

embaucher 他 ❶ 雇う, 採用する; 引き入れる, 加入させる. ❷ 〘話〙連れ出す, 誘う(手伝いに)来させる. — **s'~** 雇われる.

embauchoir 男 (型崩れ防止の)靴型.

embaumement 男 (死体の)防腐処理.

embaumer 他 ❶ (死体を)防腐処

理する. ❷ 芳香で満たす;香りがする. ―自 芳香を放つ. □**embaumeur**, *se* 名

embecquer 他 餌(ẋ)をやる.

embellie 囡 小凪(ẑ);晴れ間;(状況の)一時的な好転.

embellir 他 美しくする, 飾る;美化する;粉飾する. ―自 美しくなる. ―s'~ 美しくなる;美化される.

embellissement 男 美しくすること, 美化;潤色;理想化.

emberlificoter 他 口 車に乗せる, だます;まごつかせる, 混乱させる. ―s'~ 困まごつく, 混乱する.

emberlificoteur, *se* 名 口 口先でだます人.

embêtant, *e* 形 厄介な, 困ったうんざりさせる. ―男 困ったこと.

embêtement 男 心配[面倒]なこと, うんざりすること.

embêter 他 困らせる;心配させる;うんざりさせる. ―s'~ 困る, 心配する;うんざりする.

emblaver 他 (小麦などの)種をまく. □**emblavage** 男

emblavure 囡 農 (穀物の)種をまいた畑.

emblée (d') 副 いきなり, 最初から;直ちに.

emblématique 形 象徴的な.

emblème 男 (題辞付きの)象徴的図柄;記章, 標識;印;象徴.

embobeliner 他 丸め込む, だます.

embobiner 他 口 丸め込む, だます. ❷(糸を)糸巻きに巻く.

emboîtable 形 はめ込むことができる, ぴったり合う.

emboîtage 男 缶 に詰めること;(本の)表紙付け;(豪華本の)外箱.

emboîtement 男 はめ込み, 接合.

emboîter 他 ❶ はめ込む;ぴったりと包む[覆う]. ❷ 箱に入れる;缶詰にする;(本に)表紙をつける. ◇ ~ *le pas à* … …のすぐあとを歩く;をまねる. ―s'~ はまる, 接合する.

embole / embolus [-s] 男 医 塞(ẓ)栓(子).

embolie 囡 医 塞栓症.

embonpoint 男 (軽い)肥満.

embossage 男 (クレジットカードなどの)文字や数字の浮き彫り. □**embosser** 他

embouche 囡 (肉牛の)肥育;(肥育に適した)牧草地.

embouché, *e* 形 *mal* ~ 言葉遣いの下品な, 口汚い.

emboucher 他 (管楽器を)口に当てる. ◇ ~ *la trompette* 文章 荘重な口調で言う;吹聴する, 触れ回る.

embouchure 囡 河口;(入り江の)入り口;(管楽器の)マウスピース;馬銜(ẉ).

embourber 他 (車を)ぬかるみにはまらせる. ―s'~ 困(車が)ぬかるみにはまり込む;(窮地に)陥る.

embourgeoisement 男 ブルジョア化, 中産階級化.

embourgeoiser 他 ブルジョア化する. ―s'~ ブルジョア風になる.

embourrure 囡 家具 クロス(ソファーなどの)詰め物を包む麻布).

embout 男 (杖, 傘などの)石突き; 医 (注射器の)止め栓.

embouteillage 男 ❶ 瓶詰め(作業). ❷ 交通渋滞;飽和状態.

embouteillé, *e* 形 (道路などの)渋滞した;満杯になった.

embouteiller 他 ❶ 瓶詰めする. ❷(道路などを)ふさぐ, 満杯にする. ―s'~ (道路などが)ふさがれる, 渋滞する;満杯になる.

emboutir 他 (金属板に)型を打ち込む;型打ち成形する;激しくぶつかる;衝突してへこませる. □**emboutissage** 男

embraie (-) 直 ⇨ embrayer.

embranchement 男 ❶ (幹からの)枝分かれ;支流, 支線, わき道;分岐点. ❷(生物分類の)門.

embrancher 他 (道, 管などを)接続する, つなぐ. ―s'~ (道, 管などに)接続する, つながる.

embrasement 男 ❶ 真っ赤な輝き;イルミネーション;大火事. ❷ 熱狂, 興奮.

embraser 他 文章 ❶ 火をつける, 燃やす;真っ赤に染める. ❷(情熱などを)かき立てる. ―s'~ ❶ 火がつく, 燃える;真っ赤に染まる, 明るく輝く. ❷(心が)燃え上がる, 熱狂する.

embrassade 囡 (友愛の表現として)キス し合うこと;抱擁.

embrasse 囡 (カーテンの)くくりバンド, 留めひも.

embrassement 男 文章 (愛情を込めて)キスし合うこと;抱擁.

embrasser 他 ❶ キスする;抱擁する. ❷ 見渡す;全体的に把握[理解]する;包含する. ❸(意見などを)採用[支持]する;(職業を)選ぶ. ―s'~ キスし合う;抱き合う.

embrasseur, *se* 形, 名 キス[抱擁]するのが好きな(人).

embrasure 囡 ❶ 壁の開口部;戸口;窓. ❷ 砲眼, 銃眼.

embrayage 男 クラッチ.

embrayer 自他 ❶ クラッチをつなぐ. ❷ (*sur*) (…に)影響力を持つ; 口 (…のことを)話し出す. ―他 (機械に)連動させる.

embrigadement 男 加入[加盟]させること.

embrigader 他 加入[加盟]させる. ―s'~ 加入する.

embringuer 他 口 引きずり込む, 巻き込む. ―s'~ 巻き込まれる.

embrocation 囡 塗擦;外用塗擦剤.

embrocher 他 焼串(ẋ)に刺す; 口 突き刺す. □**embrochement** 男

embrouillage 男 口 混乱, 紛糾, 錯綜(ẋ).

embrouillamini 男 口 大混乱, 大騒動.

embrouille 囡 口 混乱, 紛糾.

embrouillé, *e* 形 もつれた;混乱した, 込み入った.

embrouillement 男 もつれ，混乱，錯綜(ξ); 混ぜること．
embrouiller 他 もつれさせる; ごちゃまぜにする; 混乱させる．
— s'～ もつれる; 混乱する．
embroussaillé, e 形 やぶに覆われた; (髪などの) 乱れた．
embroussailler 他 やぶで覆う; (髪などを) ぼやけさせる．
embruiné, e 形 霧雨に煙った．
embrumer 他 ❶ 霧で覆う．❷ (表情を) 曇らせる; (思考を) にぶらせる．
embrun 男《多く複数》波しぶき．
embryogenèse / embryogénie 女 《生》胚(½)形成; 胚発生．
embryologie 女 《生》発生学．
□ embryologist / embryologue 名
embryologique 形 《生》発生学の．
embryon 男 文章 萌芽，初期段階; 《生》胚(½); (8週までの) 胎児．
embryonnaire 形 萌芽状態の; 初期段階の; 胚の; 胎児の．
embryopathie 女 《医》胚子(½)異常，胚子障害．
embryotomie 女 《医》切胎(術)．
embu, e 形 色のあせた，くすんだ．
— 男《すんだ[あせた]色．
embûches 女複 罠(½), 落とし穴．
embuer 他 曇らす．— s'～ 曇る．
embuscade 女 待ち伏せ (の場所); 伏兵; 罠(½).
embusqué, e 形 待ち伏せた; 隠れた．— 名 後方 [非戦闘部隊] 勤務兵．
embusquer 他 待ち伏せさせる; 後方部隊 [非戦闘部署] に配属する．
— s'～ 待ち伏せる; 後方勤務 [非戦闘部署] に就く．
éméché, e 形 ほろ酔いの．
émécher ⑥ 他 ほろ酔いにする．
émeraude 女 エメラルド (グリーン)．
— 形 《不変》エメラルドグリーンの．
émergé, e 形 水面上に出ている．
émergement 男 文章 浮上．
émergence 女 ❶ (突然の) 出現; (光線の) 射出; (液体の) 噴出．
émergent, e 形 《物》射出の．
émerger ② 自 ❶ 水面に現れる; 姿を現す; 浮かび上がる; 頭角を現す．❷ 語 眠りから覚める; 難局を脱する．
émeri 男 エメリー; 金剛砂．～ papier [toile] (d')～ 紙 [布] やすり．
◇ être bouché à l'～ 語 頭が鈍い．
émerillon 男 《鳥》コチョウゲンボウ (鷹狩りに使われた)．
émerillonné, e 形 文章 生き生きとした，陽気な．
émeriser 他 《繊》スエード仕上げにする．
émérite 形 熟達した，経験を積んだ．
► professeur ～ 名誉 [特任] 教授．
émersion 女 (水面への) 浮上，出現．
émerveillement 男 感嘆，驚嘆．
émerveiller 他 感嘆 [驚嘆] させる．— s'～ 感嘆 [驚嘆] する．
émétique 形 催吐性の．
— 男 吐剤．
émétisant, e 形 催吐性の．
émets, émett- ⇨ émettre.

émetteur, trice 形 ❶ (紙幣を) 発行する; (手形を) 振り出す．❷ 送信 [発信, 放送] する．— 名 ❶ 発行者 (機関); 振り出し人．❷ 《言》発信者．— 男 送信機; 放送局．
émetteur-récepteur; 《複》～ s ～ s 送受信機，トランシーバー．
émettre 65 他 ❶ 発する，放つ; 送信 [発信, 放送] する．❷ 発表する，述べる．❸ 発行する; 振り出す．
émeu 男 《鳥》エミュー．
émeu- 活 ⇨ émouvoir.
émeute 女 暴動，騒動．
émeutier, ère 名 暴徒; 暴動の扇動者．— 形 暴動の, 暴動に加わる [を扇動する]．
émiettement 男 粉々にすること，粉砕(化), 分散．
émietter 他 細かく砕く; 細分 (化) する; 分散させる; 浪費する．
émigrant, e 名 (国外への) 移住者; 亡命者．
émigration 女 ❶ 移住; 亡命; 集合的 移民．❷ (動物の) 移動; (魚の) 回遊．
émigré, e 名 移住者, 移民; 亡命者; 《史》(大革命期の) 亡命貴族．
— 形 移住 [亡命] した．
émigrer 自 ❶ 移住する; 亡命する．❷ (動物が) 移動する; (魚が) 回遊する．
émîmes, etc. ⇨ émettre.
émincé 男 (肉, タマネギの) 薄切り．
émincer ① 他 薄切りにする．
éminemment 副 際立って, 非常に, きわめて．
éminence 女 ❶ 丘, 高地．❷ 《E ～》猊(½)下 (枢機卿(%.,)の尊称)．❸ 《解》隆起，突起．
◇ ～ grise 黒幕, 陰の実力者．
éminent, e 形 卓越した，優れた; 立派な, 著名な．
émir 男 (イスラム教国の) 首長．
émirat 男 (イスラム教国の) 首長の地位; 首長国．
émirati 男 (イスラム教国の) 首長の．
Émirats arabes unis 男複 アラブ首長国連邦．
émirent, émis 活 ⇨ émettre.
émiss-, émit, émît- 活 ⇨ émettre.
émissaire 男 ❶ 密使．❷ (湖などの) 放水路; (湖を源流とする) 河川．
émissaire 男 bouc ～ 贖(≠)罪のヤギ; スケープゴート．
émissif, ive 形 放射の．
émission 女 ❶ 放送, 番組．❷ (紙幣などの) 発行; (手形などの) 振り出し．❸ 放出, 排出, 放射．～ de voix 発声, 発音．
émissole 女 《魚》ホシザメ．
emmagasiner 他 倉庫に入れる; た め込む, 蓄積する．□ emmagasinage / emmagasinement 男
emmailloter 他 しっかりと包む; 包帯を巻く; 語 (乳児を) 産着でくるむ．□ emmaillotement 男
emmancher 他 柄をつける; (部品などに) はめ込む; 語 始める, 取りかかる．
— s'～ 柄がつく; 語 始まる, 滑り出

emmanchement 男 […]
emmanchure 女 (服) 袖(そ)ぐり.
emmarchement 男 (階段の段数の) 取り付け; 階段幅.
emmêlement 男 もつれ; 混乱.
emmêler 他 もつれさせる; 混乱 [紛糾] させる. — **s'～** もつれる.
emménagement 男 引っ越し, 入居; 《複数》(船舶の) 間取り.
emménager 2 自 入居する, 新居に移る.
emmener 3 他 ❶ 連れて行く; 送って[運んで] 行く, 話 持って行く. ❷ (部隊, チームを) 指揮する.
emment(h)al [emen-/emē-]; 《複》**als** 男 エメンタールチーズ.
emmerdant, e 形 うんざりさせる; 厄介な.
emmerde 女 / **emmerdement** 男 話 うんざりすること; 厄介なこと.
emmerder 他 話 ❶ うんざりさせる; 困らせる. ❷ 無視する, 馬鹿にする. — **s'～** うんざりする.
emmerdeur, se 形, 名 話 うんざりさせる(やつ), 退屈な(やつ).
emmétropie 女 《生理》 正視.
□**emmétrope** 形.
emmitoufler 他 (暖かい衣服で) 包む. — **s'～** くるまる.
emmouscailler 他 話 うんざりさせる.
emmurer 他 閉じ込める.
— **s'～** 閉じこもる.
émoi 男 ときめき, 感動; 不安, 動揺.
émollient, e 形 《医》 緩和性の.
— 男 皮膚軟化薬, 緩和薬.
émolument 男 ❶ 《法》 (相続人の) 取得分. ❷ 《複数》(複数の) 給与; 報酬.
émonder 他 (木の)枝を下ろす, 刈り込む; (種子を) 選別する.
□**émondage** 男 /**émondeur, se** 名
émondes 女複 切り落とした枝.
émoticone 男 (Eメールで使われる) 顔文字.
émotif, ve 形 感情の; 感じやすい, 感受性の強い. — 名 感じやすい人.
émotion 女 動揺, 興奮; 感動; 話 不安.
émotionnable 形 話 感動[興奮] しやすい, 感じやすい.
émotionnel, le 形 感情の; 感情的な.
émotionner 他 話 感動[興奮] させる.
émotivité 女 感動[興奮] しやすさ.
émotter 他 《農》 (田畑の土くれを砕いて) 土ならしをする.
émotteur 男 土ならし用ローラー.
ému 男 ⇨ **émeu**.
émouchet 男 《鳥》 小形のタカの総称 (ハイタカ, チョウゲンボウなど).
émouchette 女 (馬に掛ける) 虫よけ.
émoudre 84 他 回転砥(と)石で研ぐ.
émoulu, e 形 (刃物などが) 研ぎ上がった. **à fer ～** 鋭利な武器で, 真剣で. **frais ～ de ...** (学校などを) 出ての.

empennage

émoussé, e 形 切れ味の鈍った; (感覚などの) 鈍った, 弱まった.
émousser 他 鈍くする; (感覚を) 弱める. — **s'～** 鈍くなる; 弱まる.
émoustillant, e 形 陽気にする.
émoustiller 他 陽気にする.
émouvant, e 形 感動的な, 心を動かす.
émouvoir 46 他 心を動かす, 感動 [動揺] させる. — **s'～** 心を動かされる, 感動 [動揺] する.
empaillage / empaillement 男 わらを詰めること; 《農》 わらの蓄え.
empaillé, e 形 ❶ わらを詰めた; わらで包んだ; 剝(は)製にした. ❷ 間の抜けた, のろまな. — 名 間抜け, のろま.
empailler 他 わらを詰める; わらで包む; 剝(は)製にする.
empailleur, se 名 (椅子の) わら詰め職人; 剝(は)製師.
empalement 男 串刺しの刑.
empaler 他 串刺(ぐし)の刑に処する; 串刺しにする.
— **s'～** 《sur》 (…に) 突き刺さる.
empalmer 他 手のひらに隠す.
□**empalmage** 男
empan 男 アンパン (親指の先から小指の先までの長さで, 22-24 cm). **～ mnésique** 《医》 記憶の範囲.
empanaché, e 形 羽根飾りをつけた; 飾りたてた.
empanacher 他 羽根飾りをつける; 飾りたてる.
empaquetage 男 包むこと, 包装.
empaqueter 4 他 包装する.
— **s'～** (衣服に) くるまる.
s'emparer 代動 《de》 ❶ (…を) 奪う, 取る; 独占する. ❷ 素早くつかむ; 捕える; (感情が) 襲う.
empâté, e 形 太った; 肉太の.
empâtement 男 肉がつくこと; (口, 舌の) べとつき; (絵の具の) 厚塗り.
empâter 他 太らせる; (口, 舌を) べとつかせる; (絵の具を) 厚塗りする.
— **s'～** 太る, 肉がつく; べとつく.
empathie 女 《心》 感情移入, 共感.
□**empathique** 形
empattement 男 《建》 フーチング, 根積み, 基礎; 《車》 ホイールベース; 《印》セリフ.
empaumer 他 ❶ 手のひら [ラケット] で受ける; 手のひらで隠す. ❷ 話 丸め込む, だます.
empêché, e 形 差し支えがある, (都合で) 出席できない.
empêchement 男 妨げ; 不都合, 差し支え.
empêcher 他 妨げる, 邪魔をする. ◊ **(Il) n'empêche que ...** しかし…に変わりはない. **n'empêche** 話 それでも, そうは言っても.
— **s'～** 《de》 (…するのを) 我慢する.
empêcheur, se 名 邪魔をする人. ◊ **～ de danser [tourner] en rond** 座を白けさせる人.
empeigne 女 靴の甲.
empennage 男 (矢に) 羽をつけるこ

empenne と;矢羽根(飛行機の)尾翼.
empenné 形 羽毛のある.
empenner 他 (矢に)羽をつける.
empereur 男 皇帝, 帝王; 天皇. ► l'E～ ナポレオン1世[3世].
emperler 他 文 露滴で覆う.
empesé, e 形 (布地が)糊(%)のついた; ぎこちない, 堅苦しい.
empeser [3] 他 (布地に)糊(%)をつける. ◻empesage 男
empester 他 ❶ 悪臭を放つ, 臭くする; (思想などが)害毒を流す.
empêtré, e 形 身動きできなくなった; (厄介なことに)巻き込まれた.
  ◊avoir l'air ～ ぎこちなく見える.
empêtrer 他 身動きできなくする; (厄介なことに)巻き込む.
  —s'～ 身動きできなくなる.
emphase 女 大げさなこと, 誇張.
emphatique 形 大げさな, 誇張した;【言】強調の. ◻emphatiquement 副
emphysémateux, se 形, 名 気腫(k)の(患者).
emphysème 男【医】気腫.
emphytéotique 形【法】永貸借の.
empiècement 男【服】ヨーク.
empierrement 男 (道の)石敷き; 石敷きにすること.
empierrer 他 (道を)石敷きにする.
empiétement 男 侵害; 浸食.
empiéter [6] 自 (sur) (…を)侵害[浸食]する; (…に)はみ出る.
s'empiffrer 代動 (de) (…を)たらふく食べる.
empilable 形 積み重ねられる.
empilage / empilement 男 積み重ねること; (品物の)山.
empiler 他 ❶ 積み重ねる; 詰め込む. ❷ 俗 盗む; だます.
  —s'～ 積み重なる; 詰め込まれる.
empire 男 ❶ 帝国 (帝政(期); 帝位. ► premier E～ (ナポレオン1世の)第1帝政 Céleste E～ (昔の)中国. ❷ 権威; 支配, 影響力.
  ◊pas pour un ～ どんなことがあっても, 絶対に嫌だ. sous l'～ de … …の支配下に, 影響を受けて.
  —形【不変】アンピール[第1帝政]様式の.
empirer 自 悪化する.
empirique 形 経験に基づく;【哲】経験論の. ◻empiriquement 副
empirisme 男 経験的方法, 経験主義;【哲】経験論.
empiriste 形 経験主義の, 経験論の. —名 経験論者.
emplacement 男 敷地, 敷地 用; 駐車場; 跡地, 遺跡.
emplanture 女【航】翼付け根;【海】マスト・ステップ, 橋(k)座.
emplâtre 男 ❶【薬】硬膏, 膏薬. ❷ 話 無気力な人, ぐうたら.
emplette 女 お買い物; 買った品物.
emplir 他 ❶ (場所を)いっぱいにする, 埋め尽くす. ❷ (de) (…で)満たす.
  —s'～ いっぱいになる.

◻**emplissage** 男
emploi 男 ❶ 使用; 用法; 用途. mode d'～ 使用法; 使用説明書 / ～ du temps 時間割, スケジュール. ❷ 職, 仕事; 雇用. ❸【簿】記載, 記入;【劇】役柄;【法】不動産の取得.
  ◊faire double ～ (avec …) (…と)重複する, だぶる.
emploie(-) 直 ⇒ employer.
employabilité 女 労働市場で認められる能力.
employable 形 使用できる.
employé, e 名 従業員, 職員, サラリーマン. ► ～ de maison 家事手伝い.
employer [10] 他 使う, 用いる; 雇う.
  —s'～ ❶ 使われる. ❷ (à) (…に)専心する, 尽力する.
employeur, se 名 雇用者, 雇主.
emplumer 他 羽根(飾り)をつける.
empocher 他 (金などを)受け取る; ポケットに入れる.
empoignade 女 激しい口論; つかみ合い.
empoigne 女 foire d'～ 利益を奪い合う場, 食うか食われるかの世界.
empoigner 他 つかむ, 握る; 心をとらえる, 感激させる; 逮捕する, 連行する. —s'～ つかみ合う; ののしり合う.
empois 男 (布地用の)糊(%).
empoisonnant, e 形 話 うんざりさせる, 煩わしい.
empoisonnement 男 ❶ 中毒; 毒殺, 毒を盛ること. ❷ 話 煩わしさ, 厄介事.
empoisonner 他 ❶ 毒殺する; 中毒させる; 毒を混ぜる[塗る]. ❷ 悪臭で満たす; 汚染する; 台なしにする. ❸ 話 うんざりさせる.
  —s'～ ❶ 毒を飲む, 服毒自殺する; 中毒する. ❷ 話 うんざりする.
empoisonneur, se 名 ❶ 毒を盛る人, 毒殺者; 害毒を流す人. ❷ 話 うんざりさせる人.
empoisser 他 松脂(%)を塗る.
empoissonner 他 魚を放流する. ◻empoissonnement 男
emport 男【航】capacité d'～ 許容搭載量.
emporté, e 形, 名 すぐかっとなる(人); 逆上した(人).
emportement 男 激怒, 逆上.
emporte-pièce 男【不変】押し抜き器, 穴あけ器, パンチ.
  ◊à l'～ 辛辣な; (性格などが)一徹な.
emporter 他 ❶ 持って行く, 運ぶ, 運び去る. ► à ～ 持ち帰りの. ❷ 奪い取る; 合意する; 命を奪う. ❸ (情熱などが)突き動かす, 興奮させる.
  ◊l'～ (sur …) (…より)まさる, 優位に立つ.
  —s'～ 怒る, かっとなる.
empoté, e 形, 名 不器用な(人), のろまな(人).
empoter 他 鉢に植える.
empourprer 他 赤く染める.
  —s'～ 赤く染まる.
empoussiérer [6] 他 ほこりまみれにする. —s'～ ほこりまみれになる.

empreign- 活 ⇨ empreindre.
empreindre 他 (感情などを) 刻みつける; 〖文章〗刻み込む、しるす。
— **s'—** 刻みつけられる、しるされる。

empreint, e 形 刻みつけられた、しるされた。 — 囡 ❶ 跡、型; 刻印; 指紋。❷ しるし、徴候; 〖精神的な〗影響; 〖動〗刷り込み、インプリンティング。

empressé, e 形 熱心な、熱烈な; 親切な; 愛想のよい。

empressement 男 熱意、熱心さ; 急ぐこと、敏速さ; 親切、特別の好意。

s'empresser 代動 ❶ 急いで…する。❷ 熱心に尽くす、機嫌をとる。

emprise 囡 ❶ 影響力; 支配〔力〕。❷ 〖行政庁による〗用地取得; 収用地。 ◇sous l'~ de ... …につき動かされる、駆られて。

emprisonnement 男 投獄、禁固〔刑〕; 拘留; 監禁。

emprisonner 他 投獄〔拘留〕する; 閉じ込める。— **s'—** 閉じこもる。

emprunt 男 借りること; 借り物; 借金; 公債; 〖言〗借用〔語〕。 ◇d'~ 借りの; 仮の。

emprunté, e 形 借りた; 不自然な、ぎこちない。

emprunter 他 ❶ (à) (…から) 借りる; 借金〔借用〕する。❷ (道を) 通る; 利用する。

emprunteur, se 名 借り手; 借金する人。— 形 借りぐせのある。

empuanti, e 形 悪臭の漂う。

empuantir 他 悪臭をまき散らす、臭くする。 🖾**empuantissement**

empuse 囡 〖菌〗ハエカビ; 〖昆〗クシビゲカマキリ。

empyème 男 蓄膿 (症); 膿胸。

empyrée 男 〖古义〗最高天 (宇宙の四層の天界の最上層)。

ému, e 形 (émouvoir の過去分詞) 感動した 〖動詞〗した。

émulateur 男 〖情報〗エミュレータ。

émulation 囡 競争心、対抗意識; 〖情報〗エミュレーション (他機種用のソフトを動かす方法)。

émule 名 競争相手; 好敵手。

émuler 他 〖情報〗(他のプログラムを) エミュレートする。

émulsif, ve / émulsifiant, e 形 乳化促進 〔安定〕の。— 男 乳化剤。

émulsifier 他 乳化させる。

émulsion 囡 乳液; 〖写〗乳剤。

émulsionner 他 乳化させる。 🖾**émulsionnant, e**

émûmes, émus(-), émut, émût(-) ⇨ émouvoir.

en¹ 前 ❶ ❶ 〖場所〗…に〔で〕。► en France フランスへ〔で〕は〕。❷ 〖分野〗…において〔おける〕。► docteur en droit 法学博士。❸ 〖時期〗…に。► en 1994 1994年に。❹ 〖期間〗…かかって〔で〕; …の間に。► en dix minutes 10 分間に〔で〕。❺ 〖状態、様態〗…の状態で〔の〕。► être en colère 怒っている。❻ 〖変化の結果〗…に。► transformer A en B A を B に変える。❼ 〖材質、構造〗…でできた; …からなる。► bague en or または en 指輪 / pièce en trois actes 3 幕の戯曲。❽ 〖服装〗…を着た。► en noir 黒い服〔喪服〕を着て。❾ 〖手段〗…で。► payer en euros ユーロで支払う / voyager en voiture 車で行く〔旅行する〕。❿ 〖資格〗…として、…らしく。► agir en homme 男らしく行動する / donner ... en cadeau ... を贈り物として与える。⓫ 〖目的〗…を 〔に〕。► croire en Dieu 神を信じる。

❷ 〖現在分詞を伴ってジェロンディフを作る〗❶ 〖同時性〗…しながら、…すると同時に。► siffler en travaillant 仕事をしながら口笛を吹く。❷ 〖手段、様態〗…することによって、…して。► endormir un bébé en le berçant 赤ちゃんを揺すって眠らせる。❸ 〖原因〗…のせいで。► Il s'est blessé en tombant. 彼は転んで けがをした。❹ 〖条件、仮定〗…すれば。► Tu vas te fatiguer en courant comme ça. そんなに走ると疲れますよ。❺ 〖対立、譲歩〗たとえ…でも、…なのに。► Tout en étant riche, il vit simplement. 彼は金持ちながら質素に暮らしている。

en² 副 そこから。— 代 〖中性〗❶ 〖de + 名詞〗〖中性代名詞、不定詞、節〕の代用。❶ 〖de をとる名詞(句)の間接目的語; 形容詞の補語〗► en parler そのことを話す / en avoir besoin それを必要としている / en être content そのことに満足している。❷ 〖原因、手段、主題などを示す状況補語〗そこから、それで、それによって、それについて;〖古风〗彼(女)〔彼ら〕〔彼女たち〕〕によって。► Il a reçu une blessure en est mort. 彼は負傷し、それがもとで死んだ/ Qu'en pensez-vous? それについてどう思いますか。❸ 〖de の補語〗その、それの。► Ce projet m'inquiète, car j'en connais tous les dangers. この計画に不安を感じる、その危険な点はみな分かっているからね。

❷ ❶ 〖部分冠詞、複数不定冠詞のついた名詞を受ける直接目的語〗それを。► 《Voulez-vous du pain? — Non, merci, j'en ai encore.》《パンはいかがですか》「いえ、まだありますから」/ 《A-t-elle des poupées? — Oui, elle en a de belles.》「彼女は人形を持っていますか」「ええ、きれいなのを持ってますよ」 ❷ 〖数詞、数量表現; 不定形容詞とともに〗► 《A-t-elle des enfants? — Oui, elle en a deux.》「彼女には子供がいますか」「ええ、2人います」/ Prenez plusieurs. それをいくつかお取りなさい。

◇**en être** (仕事などで) …まで進んでいる; 参加する。Où en êtes-vous? どこまで進んでいますか。**en être à + inf.** …するまでになっている。

E.N.A. [ena] 男 〖略〗 École nationale d'administration 国立行政学院。

enamouré, e [ãna-] / **énamouré, e** 形 〖文章〗恋している。

s'enamourer [sãna-] / **s'énamourer** 代動 〖文章〗恋する、ほれ込む。

énantiomorphe 形 左右対称の。

énarchie

énarchie 囡 (国立行政学院出身の)高級官僚による支配体制;《集合的》国立行政学院出身者.

énarque 圐囡 国立行政学院卒業生と;(国立行政学院出身の)高級官僚.

en-avant 男《不変》(ラグビーで)ノック・オン;スロー・フォワード.

en-but (-t) 男《不変》(ラグビーで)インゴール.

encablure 囡《海》鏈(ﾁｪﾝ)(長さの単位.約200m).

encadré 男 囲み記事, コラム.

encadrement 男 ❶ 額縁に入れること, 枠にはめること; 額縁, 枠組; 縁取り. ❷ 背景, 環境. ❸ (集団の)指導; 幹部; 管理職. ❹ ~ du crédit (市中銀行への)貸出規制[抑制].

encadrer 他 ❶ 額縁に入れる, 枠にはめる; 囲む; 縁取る; 両側から挟む. ❷ 統率[指導]する; 将校[下士官]を配置する. ❸ ぶつかる. ❹《軍》夾叉[(ｷｮｳｻ)[夾射]する. ❺ ~ le crédit 貸出規制を行う. ◇ne pas pouvoir ~ … …が大嫌いである.
— **s'~** 囲まれて見える, 縁取られる.

encadreur, se 图 額縁製造者.

encagement 男《軍》tirs d'~ 制止射撃.

encager ② 他 鳥かご[檻(ｵﾘ)]に入れる.

encagoulé, e 形 頭巾(ｽﾞｷﾝ)[覆面]をかぶった.

encaissable 形 (現金が)領収できる;(有価証券が)換金できる.

encaissage 男《植物の》箱植えと.(鉢物の)箱詰めの.

encaisse 囡 手持ち現金;有価証券現在高. ▶ ~ métallique 金・銀貨[塊], 正貨準備金.

encaissé, e 形 (道などの)両側の切り立った.

encaissement 男 ❶ (現金の)領収, 受領; 取り立て; (手形の)現金化. ❷ (道などの)両側が切り立っていること.

encaisser 他 ❶ (現金を)受け取る, 領収する;現金化する. ❷ (打撃を)受ける;我慢する. ❸ 両側から挟む. ❹ 箱に植える.

encaisseur 男 集金人.

encalminé, e 形《海》凪(ﾅｸﾞ)で動けない.

encan (à l') 副句 競売で, 競りにかけて.

s'encanailler 代動 ろくでもない連中と付き合う, 身を落とす. □encanaillement 男

encapuchonner 他 フード[頭巾(ｽﾞｷﾝ)]をかぶせる, すっぽり覆う.
— **s'~** フード[頭巾]をかぶる.

encaquer 他 (ニシンなどを)樽に詰める. □encaquement 男

encart 男 (書物の)差し込み, 挿入紙; 別丁. ▶ ~ publicitaire 折り込み広告.

encarter 他 (別丁, 広告などを)挿入する, 差し込む;(ボタンなどを)厚紙に固定する. □encartage 男

en(-)cas 男 いざという時のための物;(常時用意しておく)軽食.

encaserner 他 入営させる.

encastrable 形 はめ込める, はめ込み式の.

encastrement 男 はめ込み, 埋め込み;(他の部材を受ける)切り込み, 溝.

encastrer 他 はめ込む.
— **s'~** はまる.

encaustiquage 男 ワックスを塗る[かける]こと.

encaustique 囡 艶(ﾂﾔ)出しワックス;《美》peinture à l'~ エンコースティック(画), 蠟(ﾛｳ)画法.

encaustiquer 他 ワックスをかける.

encaver (ワインなどを)地下室に入れる. □encavage / encavement 男

enceign- 語 ⇨ enceindre.

enceindre 他 取り巻く, 囲む.

enceinte[1] 囡 囲い壁; 城壁;(囲いの)内部; 構内; 室内. ❷ ~ acoustique (ステレオの)スピーカーシステム.

enceinte[2] 形女 妊娠した.

encens 男 ❶ 香(ｺｳ). ❷《文章》お追従, 称賛.

encensement 男 ❶ 香を焚(ﾀ)くこと;振(ﾌ)る. ❷ 褒めそやすこと.

encenser 他 ❶ 褒めそやす. ❷ (香を焚(ﾀ)いて)祭る;撒(ﾏ)き散(ﾁ)らす.
— 自 (馬が)抵抗して首を上下に振る.

encenseur, se 图 ❶ 香をささげる人, 香炉持ち. ❷《文章》おべっか使い.

encensoir 男 つり香炉. ◇donner des coups d'~ おだて上げる.

encépagement 男 (ブドウ園全体の)ブドウの木.

encéphale 男 脳.

encéphaline 囡 ⇨ enképhaline.

encéphalique 形 脳の.

encéphalite 囡 脳炎.

encéphalogramme 男 脳造影.

encéphalographie 囡 脳造影法.

encéphalomyélite 囡《医》脳脊髄(ｾﾞｷｽｲ)炎.

encéphalopathie 囡 脳障害. ▶ ~ spongiforme bovine 牛海綿状脳症, 狂牛病.

encerclement 男 包囲, 封鎖.

encercler 他 包囲する;封鎖する.

enchaîné, e 形 鎖につながれた.
— 男《映》オーバーラップ.

enchaînement 男 ❶ 連鎖; つながり, 脈絡. ❷《バレエ》アンシェヌマン;《楽》(和声における)和音の連結[連鎖];《音》アンシェヌマン, 連読.

enchaîner 他 ❶ 鎖でつなぐ;《文章》服従させる, 束縛する. ❷ 脈絡をつける.
— 自 (sur) (…に)直ちに移る.
— **s'~** (論理的に)つながる.

enchanté, e 形 ❶ たいへん満足な, 非常にうれしい. ❷ 魔法にかけられた.

enchantement 男 ❶ 歓喜, 恍惚(ｺｳｺﾂ);(魔法の)魅力. ❷ 魔法にかけられ[かかる]こと; 呪術(ｼﾞｭｼﾞｭﾂ); 呪文. ◇(comme) par ~ 魔法のように, 突然.

enchanter 他 ❶ 大いに喜ばせる;魅了する. ❷ 魔法をかける.

enchanteur, eresse 图 魔法使い; 魅惑的な人物. — 形 魅惑的な.

enchâssement 男 宝石を台金にはめ込むこと.

enchâsser 他 はめ込む, 固定する; (文句を)挿入する.
—**s'~** はめ込まれる; 挿入される.

enchausser 他〖農〗(野菜を)軟化栽培する; わらで覆う.

enchemiser 他 (本に)カバーをかける.

enchère 女 ❶ (競売で)競り上げること, 付け値; 競売. ▶ folle ~ 払えもしない付け値. ❷ (ブリッジで)ビッド.

enchérir 自 (sur) (…)よりも高い値をつける; (文章)(…)を越える, しのぐ.

enchérissement 男 価格の上昇, 物価の高騰.

enchérisseur, se 名 (競売の)競り手, 入札者.

enchevaucher 他〖建〗(板, 瓦(ヮ)を)端が重なり合うようにして置く.

enchevauchure 女〖建〗(板, 瓦(ヮ)の)重なり, 羽振かり.

enchevêtrement 男 もつれさせること, 混乱, 錯綜(彩).

enchevêtrer 他 もつれさせる; 混乱[錯綜(彩)]させる.
—**s'~** ❶ もつれ合う, 混乱[錯綜(彩)]する. ❷ (馬が綱に脚をからませる.

enchifrené, e 形 古 風 鼻を詰らせた, 鼻風邪をかかた.

enclave 女 ❶ 飛び地, 飛び領土; 内陸国. ❷〖地〗捕獲岩.

enclavement 男 飛び地[飛び領土]をなしていること.

enclaver 他 ❶ (他人の土地を)取り囲む, 飛び地にする. ❷ はめ込む, 差し込む.

enclenchement 男 (機械の連動, 始動, 開始.

enclencher 他 ❶ (機械を)連動[始動]させる, かみ合わせる. ❷ 始める.
—**s'~** 連動[始動]する; 始まる.

enclin, e 形 (à) (…に)傾いた, (…する)傾向がある.

encliquetage 男〖機〗ラチェット〖つめ車〗機構.

encliqueter 他〖機〗ラチェットつめ車を備えつける.

enclore 74 他 (土地を柵(ミ)などで)囲む, 閉じ込める.

enclos, e 形 (enclore の過去分詞) 囲まれた, 閉じ込もった.
—男 囲い地; 囲い, 垣, 柵(ミ).

enclosure 女〖英〗〖史〗囲い込み.

enclouage 男 (骨折の)釘固定.

enclouer 他〖医〗釘で固定する; (蹄(ム)鉄の)釘でけがつける.

encloure 女〖獣医〗(馬の)釘傷.

enclume 女 鉄床(ミ); 〖解〗(中耳の)キヌタ骨. ◊ **être entre l'~ et le marteau** 板挟みになる.

encoche 女 (停止め用の, 刻み目; (鍵(ガ)の)刻み, 矢窓(㍟).

encocher 他 (停止め用の, 刻み目に)刻み目を入れる; (弓に矢を)つがえる.

encoder 他〖言〗(情報)コード化[符号化]する. ⟹**encodage** 男

encoignure [-kwa[ko]ɲy:R] 女 隅; コーナー家具.

encollage 男 糊(ミ)[膠(ニヘ)]を塗ること; 糊, 膠.

encoller 他 糊[膠]を塗る.

encolleur, se 名 糊(ミ)付け職人.
—女 糊付け機.

encolure 女 ❶ (馬などの)頸(ホ); (競馬の)頸差. ❷ (人間の)首; 首回り; (服の)ネックライン.

encombrant, e 形 場所ふさぎの, 邪魔な; 厄介な; (情報)(データなどが)大きい, かさばる.
—男〖複数〗粗大ごみ.

encombre (sans) 副 女 無事に, 支障なく.

encombré, e 形 (de) (…で)混雑した, 混み合った.

encombrement 男 ❶ 混雑, 飽和状態; (交通渋滞. ❷ (家具の)外形寸法; 容積.

encombrer 他 ふさぐ, 混雑させる; いっぱいにする; (情報)[迷惑]にする.
—**s'~** (de) (…で)いっぱいになる, 混雑する; (…に)手間取る.

encontre (à l') 副 女 反対して, 逆らって. ◊ **à l'~ de …** (…)に反対して, 逆らって.

encoprésie 女〖心〗大便失禁.

encorbellement 男〖建〗(バルコニーなどの)張り出し部.

s'encorder 代動 (登山者が)互いにザイルで結び合う.

encore 副 ❶ まだ, なお. ❷ また, 再び; さらに; 一層. ❸ とはいえ, それにしても. ◊ ~ **que + subj.** …とはいえ, であるのに. **si ~ [~ si]** …しさえすれば, せめて…ならば.

encorné, e 形〖文章〗角(ミ)のある.

encorner 他 角(ミ)で突く.

encornet 男〖動〗イカ.

encourageant, e 形 元気づける; 希望の持てる.

encouragement 男 元気づけること, 激励; 元気づける言葉[行動]; 奨励, 助成.

encourager 2 他 元気づける, 励ます; 奨励[助成]する.

encourir 23 他〖文章〗(非難, 罰などを)被る.

en(-)cours 男〖不変〗〖金融〗融資[与信, 貸付, 預金]残高.

encrage 男〖印〗インク付け(装置).

encrasser 他 (垢などで)覆う, 汚す; 働きを鈍くする. —**s'~** 汚れる; 働きが鈍る. ⟹**encrassement** 男

encre 女 インク; (イカ, タコなどの)墨. ◊ **faire couler beaucoup d'~** (事件などが)大いに書き立てられる[議論される]

encrer 他 インクを塗る.

encreur 形 男 インクを付ける.

encrier 男 インク壺(ミ).

encrine 男〖動〗ウミユリ.

encroûté, e 形 (dans) (…に)凝り固まった, どっぷり浸かった.

encroûter 他 ❶ (dans) (…の)殻に閉じ込める, (…に)凝り固まらせる. ❷ モルタルを塗る. —**s'~** (dans) (…)の殻に閉じこもる, (…に)凝り固まる. ⟹**encroûtement** 男

encrypter 他 暗号化する.

encuver 他〔ワイン〕大桶に詰める. ❏encuvage 男

encyclique 女, 形（ローマ教皇の）回勅（の）.

encyclopédie 女 百科事典; 〔l'E～〕〖文〗『百科全書』

encyclopédique 形 百科事典的な; 博学な.

encyclopédisme 男 百科全書的知識主義.

encyclopédiste 名 百科全書執筆者; 〖文〗百科全書派.

endémie 女 風土病.

endémique 形 風土病の; 慢性的な. ❏endémicité 女

endémisme 男〖生態〗地域的特性.

endenter 他〖機〗歯をつける.

endettement 男 借金, 負債.

endetter 他 借金させる.
— s'～ 借金する.

endeuiller 他 悲嘆に暮れさせる; 喪に服させる.

endiablé, e 形 手に負えない; 激しい, 強烈な.

endiabler 自 faire ～ …を激怒させる.

endiguer 他 堤防を築く; せき止める; 抑え込む. ❏endiguement 男

endimanché 男 晴れ着を着た; よそ行きの, かしこまった.

s'endimancher 他 着飾る, めかし込む.

endive 女〖植〗チコリ; アンディーブ.

endivisionner 他〖軍〗師団に編入する.

endoblaste 男〖生〗内胚(はい)葉.

endocarde 男〖解〗心臓の）心内膜.

endocarpe 男〖植〗内果皮.

endocrine 形〖解〗glande ～ 内分泌腺.

endocrinien, ne 形〖解〗内分泌腺の. ► troubles ～s 内分泌疾患.

endocrinologie 女 内分泌学. ❏endocrinologue / endocrinologiste 名

endoctriner 他 教化〔洗脳〕する. ❏endoctrinement 男

endoderme 男 ⇨ endoblaste.

endodontie [-si] 女〖医〗歯内治療.

endogame 形, 名 族内婚を行う（部族民）.

endogamie 女〖民〗族内婚. ❏endogamique 形

endogène 形 内発的な;〖医〗内因性の.

endolori, e 形 痛む.

endolorir 他 痛める; 苦しめる.

endolorissement 男 痛み; 心痛.

endomètre 男〖解〗子宮内膜.

endométriose 女〖医〗子宮内膜症.

endométrite 女〖医〗子宮内膜炎.

endomorphine 女 ⇨ endorphine.

endommager ② 他 損害を与える. ❏endommagement 男

endoparasite 形〖生〗内部寄生の. — 男 内部寄生虫.

endophasie 女〖心〗内言語, 内語.

endormant, e 形 退屈な.

endormeur, se 名（油断させて）だます人.

endormi, e 形 (endormir の過去分詞) 眠っている; 眠ったような, 活気のない; 〖俗〗ぐうたらな. — 名 眠っている人; 〖俗〗ぐうたら.

endormir ② 他 眠らせる; 眠気を催させる（苦痛などを）和らげる;（油断させて）だます. — s'～ 寝入る.

endormissement 男 寝入ること.

endorphine 女〖生化〗エンドルフィン（鎮痛作用をもつ）.

endos 男（手形の）裏書き.

endoscope 男〖医〗内視鏡.

endoscopie 女〖医〗内視鏡検査. ❏endoscopique 形

endossable 形 裏書き可能.

endossataire 名（手形の）被裏書人.

endossement 男（手形の）裏書き.

endosser 他 身に着ける; 責任を負う;（手形などに）裏書きする.

endosseur 男（手形の）裏書人.

endosymbiose 女〖生〗内部共生.

endothélium 男〖解〗内皮.

endotoxine 女〖医〗（菌体）内毒素.

endo-urologie 女 泌尿器内科学.

endroit 男 ❶ 場所; 土地; 箇所, 部分. ❷ 表側, 表面.
◊ à l'～ 表にして, 正しい方向に. à l'～ de …に対して. par ~s 所々に, あちこち. petit ～ 〖話〗トイレ.

enduction 女〖繊〗コーティング.

enduire ⑦ 他 (de) （…を）塗る. — s'～ (de) （…を）自分の体に塗る.

enduit 男 塗料; 塗装, 上塗り; 〖美〗地塗り.

endurable 形 耐えられる.

endurance 女 耐久力, 忍耐力. ► épreuve d'～（車などの）耐久レース.

endurant, e 形 耐久力〔忍耐力〕のある.

endurci, e 形 かたくなな; 無感覚な, 無情な.

endurcir 他 強くする, 鍛える;（心を）無感覚にする; かたくなにする.
— s'～ ❶ (à) （…に）強くなる, 慣れる. ❷（心が）無感覚になる.

endurcissement 男 無感覚〔かたくな〕になること.

endurer 他 耐える, 我慢する.

enduro 男〔米〕耐久レース.
— 女 耐久レース用バイク.

énergéticien, ne 名 エネルギー学者.

énergétique 形 エネルギーの. ► aliment ～ 高カロリー食品.
— 女 エネルギー学.

énergie 女 活力, 精力, 気力; 〖物〗エネルギー.

énergique 形 精力的な; 強力な; 断固とした; 強い効果のある. ❏énergiquement 副

énergisant, e 形 強壮薬の.
— 男 強壮薬.

énergivore 形 エネルギーを食う.
énergumène 名 熱狂[興奮]した人;変人.
énervant, e 形 いらいらさせる.
énervation 女 [医] 神経切断.
énervé, e 形 いらだてた.
énervement 男 いらだち, 興奮.
énerver 他 いらだたせる.
— **s'~** いらだつ.
enfance 女 ❶ 幼年期, 少年[少女]時代; 揺籃(はえ)期. ► petite ~ 乳児期. ❷《集合的》子供. ◇*retomber en ~* もうろくする.
enfant 名 ❶ 子供, 児童. ❷ 出身者. ◇*bon ~* お人よし;《形容詞的》人のいい. ~ *de Marie* マリア会修道士; 語 純心な人. *faire l'~* 子供っぽく振る舞う. — 形 子供っぽい.
enfanter 他 文章 出産する;(作品などを)生み出す. ¤enfantement 男
enfantillage 男 子供っぽい言動, 幼稚さ.
enfantin, e 形 子供の; 子供っぽい, 幼稚な; 簡単な.
enfariné, e 形 小麦粉にまみれた; おしろいを塗りたくった.
◇*le bec ~ = la gueule ~e* 話 信用しきって; 得意満面で.
enfer 男 ❶ 地獄; 生き地獄, 惨状;《複数》冥(*きよう*)界, 黄泉(*よみ*)の国. ❷《図書館の》禁書本の棚.
◇*d'~* 恐ろしい; 猛烈な.
enfermer 他 閉じ込める; しまい込む; 取り囲む; 精神病院に入れる.
— **s'~** 閉じこもる.
¤enfermement 男
s'enferrer 代動 (嘘をついて)自縄自縛に陥る; 自分から突き刺される;(魚が)釣り針にかかる.
enfeu 《複》 **x** 男 (教会堂の)壁龕(*がん*)墓.
enfichable 形 [電](プラグで)差し込み接続できる.
enficher 他 (プラグを)差し込む.
enfièvrement 男 熱狂, 興奮.
enfiévrer 6 他 熱狂させる.
enfilade 女 ❶ 連なり; 一続き. ❷ [軍] 縦射 — 縦射.
enfilage 男 糸を通すこと.
enfiler 他 ❶ 糸を通す. ❷《服を》急いで着る. ❸ (道などに)入り込む.
— **s'~** ❶ (急いで)入り込む, 逃げ込む. ❷ がつがつ食べる, がぶ飲みする.
enfileur, se 名 (針, 真珠などに)糸を通す人[職人].
enfin 副 ❶ ついに, やっと; 最後に. ❷ それでも, やはり; むしろ, というよりは. ❸ 《間投詞的》やれやれ.
◇*mais ~* それでも; 何を言うんだ, まったくもう.
enflammé, e 形 ❶ 燃えている; 燃えるような; 熱のこもった, 情熱的な. ❷ 炎症を起こした.
enflammer 他 ❶ 火をつける, 燃え上がらせる; 熱くする; 熱狂させる. ❷ 炎症を起こさせる. — **s'~** ❶ 燃え上がる. ❷ 心が燃え立つ; 熱狂する.
enflé, e 形 ❶ はれた, 膨れた. ❷《de》(…で)うぬぼれた, 得意満面な.
— 名 語 ばか, 間抜け.
enfler 他 はれ上がらせる, 膨らませる; 増大させる.
— 自 はれる, 膨らむ; 増大する.
enflure 女 (手足などの)はれ; 誇張.
enfoiré, e 名 俗 ばか, 間抜け.
enfoncé, e 形 《ほんだ, へこんだ.
enfoncement 男 ❶ (杭(*くい*)などを)打ち込むこと. ❷ くぼみ, へこみ. ❸ [海] 喫水の深さ.
enfoncer 他 ❶ 打ち込む, 突っ込む; 打ち破る, 壊す; 語 打ち負かす. ❷《dans》(…に)追いやる, 陥れる. — 自 沈む, へこむ.
— **s'~** 《dans》❶ (…に)はまり込む; 沈む; 没頭する. ❷ (…に)陥る; 破滅する.
enfonceur, se 名 ❶ ~ *de porte(s) ouverte(s)* 解決済みのことでむだ骨を折る人; 分かりきったことを証明しようとする人.
enfouir 他 埋める; 隠す, しまい込む.
— **s'~** もぐる; 隠れる.
enfouissement 男 埋める[隠す]こと.
enfourcher 他 またがる;(意見などに)固執する. ◇~ *son dada [son cheval de bataille]* 得意の話題[十八番]をひけらかす.
enfourchure 女 二股(*また*), 股; [馬] 騎手がまたがる部分.
enfournement / **enfournage** 男 (パン, 陶器などの)窯入れ.
enfourner 他 ❶ 窯[オーブン]に入れる. ❷ 語 押し込む; がつがつ食べる.
— **s'~** 殺到する, なだれ込む.
enfreign- 語 ⇔ enfreindre.
enfreindre 80 他 文章 違反する.
s'enfuir 19 代動 逃げる; 消え去る;(時が)過ぎ去る.
enfumé, e 形 煙でいっぱいの.
enfumer 他 煙でいっぱいにする; 煙がらせる; いぶり出す. ¤enfumage 男
enfûter / **enfutailler** 他 《ワイン》樽詰めする. ¤enfûtage 男
enfuy- ⇔ s'enfuir.
engagé, e 形 ❶ 政治[社会] 問題に参加した. ❷ (軍隊に)志願した. ❸ [建] colonne ~ e 壁に食い込んだ柱. — 名 ❶ [軍] 志願兵.
engageant, e 形 人を引き付ける, 魅力的な.
engagement 男 ❶ 雇用; 契約; 約束. ❷ 入れる[入る]こと. ❸ (資本などの)投下, 投資. ❹ 開始, 着手. ❺ (作家などの)政治[社会]参加, アンガージュマン. ❻ [スポ]エントリー; キックオフ. ❼ [軍] 兵役志願; 局地戦.
engager 2 他 ❶ 責任[義務]を負わせる; 拘束する. ❷ 雇う. ❸ 始める. ❹ 入れる; 差し込む; (車などに)入り込ませる; (資本を)投下する. ❺ 質[抵当]に入れる, (保証として)与える. ❻《à》(…に)勧める, 促す. ❼《dans》(…に)参加させる; 巻き込む.
— 自 [スポ]キックオフする.
— **s'~** ❶《à》(…を)約束する. ❷《dans》(…に)入り込む, はまる; 参加する, 身を投じる; 雇われる;(軍に)志願

engainer

[入隊]する；(試合に)エントリーする． ❸ 始まる． ❹ (作家などが)政治[社会]参加する．

engainer 他 鞘(㌔)に納める．
engamer 他 (魚が)釣り針を飲み込む．
engazonner 他 芝の種をまく；芝を植える． ▫engazonnement 男
engeance 囡 《軽蔑》連中，やつら．
engelure 囡 しもやけ．
engendrement 男 子をもうけること；引き起こすこと．
engendrer 他 (子を)もうける；生み出す，引き起こす．
— s'～ 生み出される，起こる．
engerber 他 《農》(麦などを)束ねる． ▫engerbage 男
engin 男 ❶ 器具，機械；兵器，爆薬；ミサイル，ロケット． ❷ 語 《妙な》もの．
engineering [ɛn(d)ʒiniriŋ] 男 《英》エンジニアリング，工学．
englober 他 ひとまとめにする；含む．
engloutir 他 むさぼり食う，飲み込む；(物)のみ込む；(財産を)使い果たす． — s'～ のみ込まれる，消え失せる．
engloutissement 男 《文章》むさぼり食うこと；のみ込む[のみ込まれる]こと；(財産の)蕩(㌧)尽．
engluer 他 鳥もちを塗る；鳥もちで捕らえる；粘つかせる．
◊ **être englué dans** ... 困難な状況)で身動きがとれない．
▫engluage / engluement 男
engommer 他 ゴムを塗る[引く]． ▫engommage 男
engoncer 他 (衣服が)首を短く見せる． ▫engoncement 男
engorgement 男 (管などが)詰まること；(道路の)渋滞．
engorger 他 (管などを)詰まらせる；(道路を)渋滞させる． — s'～ 詰まる；渋滞する．
engoué, e 形 (de, pour) (…に)夢中になった．
engouement 男 熱中，熱狂．
s'engouer 代動 (de, pour) (…に)夢中になる．
engouffrement 男 ❶ 殺到；流入． ❷ 蕩(㌧)尽．
engouffrer 他 ❶ 大量に投げ入れる；(金を)使い尽くす． ❷ 語 むさぼり食う，飲み込む．
— s'～ 殺到する；流れ込む．
engoulevent 男 《鳥》ヨタカ．
engourdi, e 形 麻痺(㌦)した，しびれた，鈍った．
engourdir 他 麻痺(㌦)させる，しびれさせる；鈍らせる． — s'～ 麻痺する，しびれる；鈍くなる．
engourdissement 男 麻痺(㌦)，しびれ；鈍さ，無気力．
engrais 男 肥料．
◊ **à l'～** 肥育中の．
engraissement / engraissage 男 肥育．
engraisser 他 肥育する：太らせる；(土地を)肥やす；《語》金持ちにする． — 自 太る． — s'～ 金持ちになる．
engraisseur, se 名 家畜肥育業者．
engramme 男 《心》記憶痕(㍗)跡．
engranger 2 他 納屋に入れる，収納する；《文章》保存する；《情報》(データ，メッセージなどを)保存する．
▫engrangement 男
engrenage 男 ❶ 歯車（装置）． ❷ (厄介な事件などの)連鎖；悪循環．
◊ **mettre le doigt dans l'～** 厄介なことに巻き込まれる．
engrènement 男 ❶ (歯車の)かみ合わせ． ❷ (製粉機に)小麦を入れること；(脱穀機に)麦の束を入れること．
engrener 3 他 ❶ (歯車を)かみ合わせる． ❷ 巻き込む，巻き添えにする． ❸ (製粉機に)小麦を入れる；(脱穀機に)麦の束を入れる．
— s'～ (歯車が)かみ合う；からみ合う．
engreneur, se 名 脱穀する人．
engrenure 囡《機》歯車列，ギアー連絡．
engrois 男 (固定用の)小楔(㌺)．
engrosser 他 語 (女を)はらませる．
engueulade 囡 語 のしる[しかる]こと；口喧嘩(㌶)．
engueuler 他 語 のしる；しかり飛ばす． — s'～ 語 のしり合う．
enguirlander 他 ❶ 花飾りで飾る． ❷ 語 しかる；のしる．
enhardir [āar-] 他 大胆にする．
— s'～ 大胆になる．
◊ **s'～ à** [jusqu'à] ... 思い切って[大胆にも] …する．
enharnacher [āar-] 他 馬具をつける．
enherber [āne-] 他 草[牧草]を生やす．
énième 形 語 何番目かの． ► pour la ～ fois 何度も．
énigmatique 形 謎(㍿)の，不可解な． ▫énigmatiquement 副
énigme 囡 謎(㍿)，不可解，難問．
enivrant, e [āni-] 形 うっとりさせる，陶酔させる，酔わせる．
enivrement [āni-] 男 《文章》酔い，陶酔．
enivrer [āni-] 他 酔わせる；うっとりさせる，陶酔させる． — s'～ 酔う；陶酔する．
enjambée 囡 またぐこと；一またぎ；一歩；一気に．
◊ **d'une ～** 一またぎで；一気に．
enjambement 男 《詩》句またぎ．
enjamber 他 またぐ，飛び越す；(橋などが)架かる． — 自 《詩》(次行に)句またぎをする．
enjambeur, se 形 tracteur ～ (車高の高い)ハイクリアランストラクター．
enjaveler 4 他 (麦などを)束ねる．
enjeu 男 《複》x 賭(㌢)け金；賭けられているもの；争点．
enjoign- ▷ enjoindre.
enjoindre 81 他 《文章》厳命する．
enjôler 他 甘言で釣る，籠(㌣)絡する．
▫enjôlement 男
enjôleur, se 名 形 甘言を弄(㌻)する(人)，誘惑する(人)．
enjolivement 男 装飾，飾り．
enjoliver 他 美しくする，飾る，潤色

enjoliveur, se 名 話を潤色する人. ── 男 (自動車の)装飾部品; ホイール・キャップ.

enjolivure 女 飾り; 潤色.

enjoué, e 形 陽気な, 快活な.

enjouement 男 陽気さ, 快活さ.

enjuguer 他 (牛, 馬などに)軛(くびき)をつける.

enképhaline 女〖生化〗エンケファリン.

enkysté, e 形〖医〗被囊[被嚢(ひのう)]化した;〖生〗被嚢した.

s'enkyster 〖医〗被囊[被嚢(ひのう)]化する. ■**enkystement** 男

enlacement 男 絡み合い, 巻きつき; 抱擁.

enlacer 他 絡みつく, 巻きつく; 抱擁する. ── **s'～** 抱き合う.

enlaidir 他 醜くする, 美しさを損ねる. ── 自 醜くなる.

enlaidissement 男 醜悪化.

enlevé, e 形 見事な出来ばえの.

enlèvement 男 ❶ 除去, 回収. ❷ 誘拐.

enlever ③ 他 ❶ 取り除く; 消す. ❷ ～ A à B Bから A を奪う[取る]. ❸ 脱ぐ; (身につけた物を)外す. ❹ 運び出す, 持ち去る; (病気などがあの世へ連れ去る. ❺ 誘拐する; (しばらく)連れ出す. ❻ 持ち上げる. ❼ (勝利などを)獲得する; (敵陣を)奪取する. ❽ 見事に演じる[演奏する]. ── **s'～** ❶ 取り除かれる, 取り外される, 消える. ❷ (意外と)飛ぶように売れる.

enliasser 他 (書類などを)束ねる.

enlisement 男 (砂などに)はまり込むこと; 停滞, 行き詰り.

enliser 他 (砂などに)はまり込ませる. 停滞させる. ── **s'～** はまり込む; 停滞する.

enluminer 他 (写本を彩色した挿絵, 文字で)飾る; (顔を)赤らめる.

enlumineur, se 名 写本装飾師.

enluminure 女 写本装飾(術); 写本画; 装飾文字.

ennéagone [ɛne-] 男, 形 九角形(の).

enneigé, e 形 雪に覆われた.

enneigement 男 積雪(量).

enneiger ② 他 雪で覆う.

ennemi, e [ɛnmi] 名 敵; 敵国, 敵軍; 反対者; 障害;(de) (…が)嫌いな人.
◇ ～ *public* 社会の敵, 危険人物. *passer à l'～* 敵方につく, 寝返る.
── 形 敵の; 敵対した; 敵意のこもった;(de) (…に)反対する; (…を)嫌う.

ennoblir 他 気高くする, 高貴にする.

ennoblissement 男 ❶ 気高くなる[こと]. ❷〖繊〗繊維の仕上げ.

ennoyer ⑩ 他〖文章〗雲で覆う.

ennuager ② 自〖文章〗雲で覆う.

ennui 男 困ったこと, 悩み, 面倒; 退屈, 倦(う)怠, 物憂さ.

ennuyer ⑪ 他 困らせる, 悩ませる. 心配させる; うんざりさせる, 退屈させる. ── **s'～** 退屈する, うんざりする. ❷《de》(…が)いないのをさびしがる;(…を)懐しがる.

ennuyeusement 副 退屈[うんざり]して; 煩わしげに.

ennuyeux, se 形 困った, 面倒な; 退屈な, うんざりさせる.

énoncé 男 陳述, 表明; 文面, 文;〖言〗発話, 言表.

énoncer ① 他 はっきり述べる, 表明[陳述]する. ── **s'～** 表明[表現]される.

énonciatif, ve 形 表明[陳述]の;〖言〗言表[発話]の.

énonciation 女 陳述, 表明;〖言〗発話行為, 言表行為.

enorgueillir 他 慢心させる. ── **s'～** 《de》(…を)自慢する.

énorme 形 並み外れた, 莫(ばく)大な; 巨大な;圖ひどい; ひどい.

énormément 副 非常に, ものすごく. ◇ *de …* 非常に多くの….

énormité 女 ❶ 重大さ, 甚だしさ; 重大な間違い; 非常識な言動.

énouer 他〖繊〗補修する.

s'enquérir ㉗ 代動《de》(…について)問い合わせる.

enquête 女 調査, アンケート; 捜査;〖法〗審査.

enquêté, e 名 (調査などの)対象者, 回答者.

enquêter 自 調査[捜査]する.

enquêteur, trice 名 (女性形で enquêteuse も用いる)調査員; 捜査官.

enqui-, enqui- 接頭 ⇒ s'enquérir.

enquiquinant, e 形 うるさい, うんざりさせる.

enquiquinement 男 面倒, トラブル.

enquiquiner 他 うんざりさせる, 悩ませる. ── **s'～** 圖 退屈する.

enquiquineur, se 名 圖 うるさい(人).

enraciné, e 形 根づいた, 植えつけられた.

enracinement 男 根付かせる[根付く]こと.

enraciner 他 (植物を)根付かせる; (心に)植えつける. ── **s'～** 根を張る; (心に)植えつけられる; (客が)長居する.

enragé, e 形 ❶ 熱狂的な; 激怒した. ❷ 狂犬病の. ◇ *manger de la vache ～* 貧窮の生活を送る.
── 名 マニア, 熱狂した人.

enrageant, e 形 いらだたしい.

enrager ② 自 ❶ ひどく悔しがる. ❷ *faire ～* いらだたせる.

enraiement / enrayement 男 抑制; 阻止.

enrayage 男 故障, 作動停止.

enrayer ⑫ 他 抑制[阻止]する; 故障させる. ── **s'～** (急に)故障する.

enrayoir 男 〖車輪用〗制動装置.

enrayure 女 〖建築〗骨組み.

enrégimenter 他 加盟[加入]させる;〖軍〗連隊に編入する.

enregistrable 形 記録できる; 録音[録画]可能な.

enregistrement 男 ❶ 録音,

enregistrer

画；テープ，レコード．❷ 記録；採録；《法》登録；《E～》登記所．❸（空港での）チェックイン；（鉄道で）チッキにすること．

enregistrer 他 ❶ 録音［録画］する；記録［採録］する；《法》登録する．❷ 記憶にとどめる；肝に銘じる．❸（現象などを）確認［観察］する．❹（荷物を）チェックインする，チッキにする．

enregistreur, se 形 記録する．━ caisse ~ レジスター．
━ 男 自動記録装置． ━ de vol 〖航〗フライトレコーダー．

enrhumé, e 形 風邪を引いた．

enrhumer 他 風邪を引かせる．
━ s'~ 風邪を引く．

enrichi, e 形 金持ちになった，成金の；豊かになった，充実した． ━ uranium ~ 濃縮ウラン．

enrichir 他 ❶ 金持ちにする；豊かにする，充実させる．❷ 濃縮する．━ s'~ 金持ちになる；豊かになる，充実する．

enrichissant, e 形 豊かにする．

enrichissement 男 ❶ 金持ちにする［なる］こと；豊かにする［なる］こと；豊かにするもの．❷ 〖物〗濃縮；〖鉱〗選鉱．

enrobage / enrobement 男 （糖衣などの）コーティング；被膜．

enrobé, e 形 小太りの．

enrober 他 ❶（糖衣などで）覆う，包む；（非難などを）和らげる．

enrocher 他 〖土木〗捨て石をする．

enrôlé, e 形 兵籍に登録した (人)；加入した人．

enrôlement 男 兵籍登録；加入；《法》事件簿に載せること．

enrôler 他 兵籍に登録する；加入させる；《法》事件簿に載せる．
━ s'~ 軍隊に入る；加入する．

enroué, e 形 (声の)かれた．

enrouement 男 (声の)かれ．

enrouer 他 (声を)かれさせる．
━ s'~ (声が)かれる．

enroulement 男 巻くこと；巻かれたもの，渦巻き模様；〖電〗巻線．

enrouler 他 巻く；くるむ．
━ s'~ 巻き付く；くるまる．

enrouleur, se 形 巻き付け用の．
━ 男 〖電〗（コードの）巻く．

enrubanner 他 リボンで飾る．

E.N.S. 女 《略》Ecole normale supérieure 高等師範学校．

ensablement 男 砂で埋める［埋まる］こと；砂州，砂山 (船の)座礁．

ensabler 他 砂で埋める；(船を)砂州に乗せる；(車を)砂にはまり込ませる．
━ s'~ 砂で埋まる；(船が)座礁する；(車が)砂にはまり込む．

ensacher 他 袋に詰める．
□**ensachage** 男

ensacheur, se 男女 袋詰め作業者．
━ 女 袋詰め機．

ensanglanté, e 形 血まみれの．

ensanglanter 他 血まみれにする，血で汚す．

enseignant, e 形 教える，教師の．
━ 男 教員，教師．

enseigne 女 看板；旗． ━ lumineuse ネオンサイン．

◇à telle(s) ~(s) que ... その結果 ... となる；その証拠に…である．être logé à la même ~ 同じ立場にある．
━ 男 ❶（昔の軍隊の）旗手．❷ ~ de vaisseau de 1ere [2e] classe 海軍中尉［少尉］．

enseigné, e 名 生徒，学生．

enseignement 男 ❶ 教育；教職．❷ 教訓；教え．

enseigner 他 教える，教育する．

ensellé, e 形 馬の背がへこんだ．

ensemble 副 一緒に；同時に．
◇aller ~ 調和する．être bien [mal] ~ 仲がいい［悪い］．
━ 男 ❶ 全体，(全体の)統一，調和．❷ 集まり；一揃い；一群の建物．❸ grand ~ 団地．❸《数》集合；〖服〗アンサンブル；〖楽〗合奏(団)，合唱(団)，アンサンブル．
◇dans l'~ 全体的に見て，大体．

ensemblier 男 インテリアデザイナー；(映画，テレビの)大道具(係)．

ensembliste 形 〖数〗集合の．

ensemencer 1 他 種子をまく；(培養基に)細胞[胞子]を入れる．
□**ensemencement** 男

enserrer 他 文章 締めつける；取り囲む．

ensevelir 他 文章 ❶ 埋葬する；屍(し)衣に包む．❷ 埋める；覆い尽くす；包み隠す，秘める． ━ s'~ 文章 埋まる，隠れる；引きこもる，隠遁(とん)する．

ensevelissement 男 文章 ❶ 埋葬；屍(し)衣に包むこと．❷ 埋没；覆い尽くされること；隠蔽(ぺい)；隠遁．

ensiforme 形 剣形の．

ensiler 他 〖農〗サイロに貯蔵する．
□**ensilage** 男

en-soi 男《不変》〖哲〗即自；物自体．

ensoleillé, e 形 日当たりのいい；晴れた．

ensoleillement 男 日当たり；日照時間．

ensoleiller 他 (太陽が)照らす；文章 晴れやかに［明るく］する．

ensommeillé, e 形 眠たい，眠そうな；文章 (場所の)眠ったような．

ensorcelant, e 形 魅惑する．

ensorceler 4 他 魔法をかける；魅惑する．

ensorceleur, se 男女 魔法使い；魅惑する人． ━ 形 魅惑的な．

ensorcellement 男 魔法にかける［かけられる］こと；文章 魅惑．

ensuite 副 次に，それから；そのあとに．
◇~ de quoi そのあとで；その結果．

s'ensuivre 63 代動 (結果として)起こる；続いて生じる；次に来る．
◇et tout ce qui s'ensuit その他いろいろ．Il s'ensuit ... [que ...] …という結果になる．

entablement 男 〖建〗エンタブレチュア；(家具などの)上部の水平飾り．

entabler 他（金属を）組み合わせる．

entablure 女 (はさみの支点の)ねじ目．

entaché, e 形 (de)(…で)けがれた，

傷つけられた;『法』~ de nullité 無効を宣告された.
entacher 他 けがす, 傷つける.
entaille 女 切り込み, 溝;（深い）切り傷.
entailler 他 切り込みをつける;（深い）切り傷をつける.
entame 女（食べ物の）最初の一切れ;（ゲームの）最初に切すカード.
entamer 他 ❶（食べ物に）最初のナイフを入れる（ワインなどの栓を抜く）. ❷ 手をつける;始める. ❸ 傷つける;損なう;動揺させる.
entarter 他 語（人の顔に）クリームタルトを投げつける. □entartage 男
entartrer 他 湯垢(*)をつける. □entartrage 男
entassement 男 積み重ねること;堆積, 密集.
entasser 他 積み重ねる;詰め込む;（金を）ため込む.
— s'~ 積み重なる;詰め込まれる.
ente 女 ❶ 【園】接ぎ木した植物. ❷ prune d'~ 西洋スモモ.
entendement 男 理解力, 知性;【哲】悟性.
entendeur 男 A bon ~, salut. よく覚えておけ.
entendre 58 他 ❶ 聞こえる;聞く;聞き入れる. ❷ 理解する, 分かる. ~ ne rien à ... …がまったく分からない. ❸ 言わんとする, 意味する. ❹ ~ + inf. [que + subj.] …するつもりである;…することを欲する. ❺（ミサに）参列する.
◇à l'~ 彼の話によれば. ~ dire que ... …という話を聞く. ~ parler de ... …についての話を耳にする. ~ raison 道理に従う. laisser [donner] à ~ ... …をほのめかす.
— s'~ ❶ 理解し合う;意見が一致する. ►s'~ bien [mal] 仲がいい [悪い]. ❷（à）（…が）上手である,（…に）詳しい. ❸ 聞こえる;理解される.
◇(cela) s'entend もちろん. Je m'entends. （誤解のないよう言い直して）つまり.
entendu, e 形（entendre の過去分詞）了解済みの;心得たにしたり顔の.
◇bien ~ もちろん. bien [mal] ~ 当を得た [得ない]. C'est ~ [E~]. 承知した, 分かった.
enténébrer 6 他 文章 暗くする, 闇に沈める.
entente 女 ❶ 合意;相互理解;協定, 談合.
◇à double ~ 二通りに解釈できる.
enter 他（木材などを）接合する;接ぎ木する.
entéralgie 女【医】腸痛.
entériner 他 認可 [承認] する. □entérinement 男
entérique 形【医】腸の.
entérite 女【医】腸炎.
entérobactéries 女複【医】腸内細菌.
entéropneustes 男複【動】腸鰓(**)類.
entérovirus [-s] 男【医】腸内ウイルス.

enterrement 男 ❶ 埋葬;葬儀. ❷ 葬列. ❸ 放棄, 廃棄.
◇d'~ 悲しげな, 陰気な. ~ de première classe 語 完全放棄.
enterrer 他 ❶ 埋める;埋葬する;葬儀に参列する. ❷ 葬り去る, 放棄する. ❸ (…より) 長生きする.
— s'~ 隠棲する.
entêtant, e 形 頭をくらくらさせる.
entête, e 形, 名 頑固な(人).
en-tête 男 頭書, レターヘッド.
entêtement 男 頑固さ.
entêter 他 頭をくらくらさせる.
— s'~（à, dans）(…に) 固執する.
enthousiasmant, e 形 熱狂[感激]させる.
enthousiasme 男 熱狂, 感激, 昂揚;歓喜.
enthousiasmer 他 熱狂[感激]させる. 一 s'~ 熱狂する, 夢中になる.
enthousiaste 形 熱狂的な.
— 名 熱狂者, 熱烈な人.
entiché, e 形（de）(…に) 夢中の.
entichement 男 文章 熱狂;熱中.
s'enticher 代動（de）(…に) 夢中になる.
entier, ère 形 全体の, 全部の;完全な;手つかずの;文章 一徹な, 頑固な;【数】nombre ~ 整数.
— 男 全体;【数】整数.
◇en ~ すっかり, 全部.
entièrement 副 完全に, すっかり.
entièreté 女 完全性, 総体.
entité 女（観念的）存在;【哲】実質, 実体.
entoilage 男 布張り;裏打ち（用の布地）;（襟などの）芯（に）入れ;芯地.
entoiler 他 布で覆う [裏打ちする];（襟に）芯(*)を入れる.
entôler 他 語（売春婦が客の）金品をだまし取る. □entôlage 男
entomologie 女 昆虫学.
entomologique 形 昆虫学の.
entomologiste 名 昆虫学者.
entomophage 形 食 虫（性）の.
— 男（複数）【昆】食虫性昆虫.
entonner[1] 他 樽に詰める. □entonnage / entonnement 男
entonner[2] 他 歌い始める;歌う.
◇~ les louanges [l'éloge] de ... …を褒めそやす.
entonnoir 男 漏斗(**);（漏斗型の）穴.
entorse 女 ❶ 捻挫(**). ❷ 違反;歪(*)曲;無視.
entortillement / entortillage 男 巻きつく [巻きつける] こと.
entortiller 他 ❶ くるむ, 巻きつける;丸め込む, 言いくるめる. ❷ 回りくどい表現をする.
— s'~ 巻きつく;くるまる;混乱する.
entour 男 文章 周辺, 周囲.
entourage 男 ❶ 周辺の人々;取り巻き. ❷ 縁飾り, 周枠.
entouré, e 形 ❶ (de) (…に) 囲まれた, 取り巻かれた. ❷ 取り巻きの多い.

entourer

entourer 他 ❶ 取り囲む、取り巻く、包む。❷ 援助する、励ます。
— **s'~** (de) (…に)取り囲まれる；包まれる。

entourloupette 囡 語 たちの悪いいたずら、悪ふざけ。

entournure 囡 袖ぐり。
◊ *gêné aux [dans les]* ~s 語 窮屈である；金に困っている。

entracte 男 幕間(まくあい)、休憩時間；(活動の)中断、中休み。

entraide 囡 助け合い。

s'entraider 代動 助け合う。

entrailles 囡複 ❶ 臓物、はらわた。❷ 文章 母胎；心情；心の底；最深部。

s'entr'aimer 代動 愛し合う。

entrain 男 元気、熱意；活気。

entraînant, e 形 ひきつける。

entraînement 男 ❶ 引き込む[引き込まれる]こと；熱中；衝動。❷ 訓練、トレーニング；調教。❸ (機械の)運動(装置)。

entraîner 他 ❶ 引いて行く；運び去る；押し流す。❷ 連れて行く；引きずり込む；巻き込む。❸ 引き起こす、もたらす。❹ (à)(…に)導く。 ► ~ *à des dépenses* 出費を強いる。❺ 訓練 [調教] する。❻ (人を) 引きつける。❼ (機械が)連動させる。
— **s'~** 訓練 [練習] する。

entraîneur, se 名 コーチ、トレーナー；(馬の) 調教師。
◊ ~ *d'hommes* リーダー、指導者。

entraîneuse² 囡 ホステス。

entrant, e 形 入ってくる、新入りの。
— 名 入ってくる人、入場者；(試合の)中途交替者。

entr(')apercevoir 46 他 ちらっと見る。

entrave 囡 障害、束縛；足かせ、足鎖。

entravé, e 形 ❶ 足かせをはめられた。❷ 《服》*jupe* ~*e* (ひざ下が細い)ホブルスカート.

entraver¹ 妨げる、邪魔する；足かせをはめる。

entraver² 他 俗 分かる。

entre 前 …の間に [で、の]；(多くの)中から [で]。◊ ~ *certains d'* eux 彼らのうちの何人か。◊ ~ *autres* 中でも、特に。~ *nous* ここだけの話だが。~ *tous [toutes]* 特に、とりわけ。

entrebâillement 男 すき間。

entrebâiller 他 少し開ける。

entrebâilleur 男 ドアチェーン；(ドア、窓のあおり止め).

entrechat 男 跳びはねること；《バレエ》アントルシャ.

entrechoquement 男 衝突。

entrechoquer 他 ぶつけ合う。
— **s'~** ぶつかり合う。

entrecôte 囡 《食》肩ロース。

entrecoupé, e 形 中断された、とぎれがちの。

entrecouper 他 中断させる、とぎれさせる。 — **s'~** 交差する。

entrecroiser 他 交差 [交錯] させる。 — **s'~** 交差 [交錯] する。
◊ *entrecroisement* 男

entrecuisse 男 股間(ふん)；腿(もも)の肉。

s'entre-déchirer 代動 文章 互いに引き裂く；傷つけ合う、ののしり合う。

entre(-)deux 男 中間(部)；(アントル・ドゥ刺繍(レースなどの飾リテープ)；(バスケットボールの)ジャンプボール。

entre-deux-guerres 男 / 囡 (1918-39年の)両大戦間。

s'entre-dévorer 代動 文章 食い合う；激しく争う。

entrée 囡 ❶ 入ること；入場、入学、入社；入場券 [料]。❷ 入り口、玄関。❸ 文章 初期、初め。❹ 《料》アントレ(主菜の前に出る料理)；《言》(辞書の)見出し語；《情報》入力、インプット。◊ *avoir ses* ~ (場所に)自由に出入りできる。*d'* ~ (*de jeu*) 最初から、いきなり。*faire son* ~ 登場 [デビュー] する。

entrée-sortie 囡《複》~*s-s* ~*s* 《情報》入出力。

entrefaites 囡複 *sur ces* ~ そうこうするうちに、そのとき。

entrefenêtre 囡 《建》窓間壁；(窓と窓の間の)装飾品。

entrefilet 男 (新聞の)囲み記事。

entregent 男 処世術；如才なさ。

s'entr'égorger ⓶ 代動 互いの喉(のど)を切って殺し合う。

entre(-)jambe 男 ❶ 《服》クロッチ。❷ (机、椅子の)脚の間隔；脚をつなぐ質(かすがい)。

entrelacement 男 絡み合い；錯綜(そう)、交錯。

entrelacer ① 他 絡み合わせる。
— **s'~** 絡み合う。

entrelacs [-la] 男 (絡み合った)組み合わせ模様。

entrelardé, e 形 《料》(肉に)霜降りの。

entrelarder 他 ❶ (肉に)背脂を差し込む。❷ (de)(…を)詰め込む。

entremêlement 男 混ぜる [混じり合う] こと。

entremêler 他 ❶ 混ぜる。❷ 《de》(…を)挿入する。— **s'~** 混じり合う。

entremets 男 《料》アントルメ(チーズのあとに出す甘いデザート)。

entremetteur, se 名 仲介者。
— 囡 (売春の)仲介をする女。

s'entremettre 65 代動 仲介 [仲裁] する。

entremise 囡 仲介、仲裁、斡旋。 ► *offrir son* ~ 仲介の労をとる。

entrepont 男 《海》中甲板。

entreposage 男 ~ *de données* 《情報》データウェアハウス。

entreposer 他 倉庫に入れる；預ける。

entrepôt 男 倉庫。

entreprenant, e 形 積極的な；(女性に対して)大胆な。

entreprenaute 男 ネット起業家。

entreprendre 87 他 ❶ 始める、取りかかる；企てる、試みる。❷ (長話などで)悩ませる；説得しようとする；(女性を)くどく。

entrepreneur, se 名 請負人；建

設請負業者. ——男 企業者.
entrepreneurial, ale 形《男複 **aux**》形 企業(家)の.
entrepreneuriat 男 企業家[創業者]の立場[仕事].
entrepri-, entrepri- 語 ⇨ entreprendre.
entreprise 女 ❶ 企て, 計画. ❷ 企業, 事業, 会社. ❸ (契約).
entrer 自《助動詞 être》❶ 入る; 参加[加入]する. ❷ (ある局面, 状態に) なる, 移る. ❸ 含まれる; 関係する. ❹ 《dans》(…を)理解する; 語 (…に)ぶつかる. ——他 入れる, 運び込む.
entre-rail 男 《鉄道》軌間, ゲージ.
entresol [-sɔl] 男 中2階.
entre-temps 副 その間に.
entretenir 28 他 ❶ 保つ, 維持する; 手入れをする, 整備する. ❷ 養う. ❸ 《de》(…について)話す.
— **s'~** 《de》(…について)話し合う; (幻想などを)抱く.
entretenu, e 形 (entretenir の過去分詞) 保たれた; 整備された; 養われた.
entretien 男 ❶ 手入れ, 維持; 扶養. ❷ 対談; 会議, 面談.
entretien-, entretin-, entretin- 語 ⇨ entretenir.
entretoise 女 補強材.
s'entre-tuer 代動 殺し合う.
entreverr-, entrevi-, entrevi- 語 ⇨ entrevoir.
entrevoie 女 《鉄道》軌道間隔.
entrevoir 31 他 ❶ ちらっと見る, かすかに見る; ちょっと話をする. ❷(状況などが) ぼんやりと見えてくる.
entrevous 男 《建》根太間; 仕切り壁.
entrevoy- 語 ⇨ entrevoir.
entrevu, e entrevoir の過去分詞.
entrevue 女 会見, 会談.
entrisme 男 潜入工作.
entropie 女《物》エントロピー.
entrouvert, e 形 半開きの.
entrouvrir 16 他 半開きにする.
entuber 他 ◎だます, だまし取る.
enturbanné, e 形 ターバンを巻いた.
enture 女《建》継手.
énucléer 他《果実の核[種]を抜く; 《医》摘出する. ◎**énucléation** 女

énumératif, ve 形 列挙の.
énumération 女 列挙; 一覧表.
énumérer 6 他 列挙する.
énurésie 女《医》遺尿(症).
énurétique 形, 名 遺尿症の(患者).

envahir 他 ❶ 侵入[侵略]する; 押し寄せる; 埋め尽くす, 覆う; 浸透する; (感情が)満ちる.
envahissant, e 形 広がる, はびこる; ◎ 出しゃばりな.
envahissement 男 ❶ 侵入, 侵略; 文語 侵害. ❷ 押し寄せる[埋め尽くす]こと; 殺到; (感情が心を)満たすこと.
envahisseur 男 侵略者[軍].
envaser 他 泥で埋める. —— **s'~** 泥で埋まる. ◎**envasement** 男
enveloppant, e 形 包む, 囲む; (心を)とらえる.
enveloppe 女 ❶ 封筒; 包装(紙), カバー; 包み金; 路器(タイヤ). ❷ 文語 外見, うわべ. ❸ 予算限度[枠]. ❹ 《解》膜; 《植》外殻.
enveloppé, e 形 包まれた; 語 小太りの.
enveloppement 男 包むこと; 包装; 《軍》包囲(作戦).
envelopper 他 包む, 包装する, くるむ; 取り囲む, 包囲する; 包み隠す.
—— **s'~** 《で》くるまる, 身を包む; (ある態度に)閉じこもる.
envenimation 女 (蛇などによる) 咬(ᠻ)毒症.
envenimé, e 形 化膿(ᠻ)した, 毒を含んだ.
envenimement 男 悪化, 激化.
envenimer 他 化膿[激化]させる; 化膿(ᠻ)させる.
—— **s'~** 悪化[激化]する; 化膿する.
envergure 女 (鳥, 飛行機の)翼幅; 規模, スケール; 能力; 度量.
enverr- 語 ⇨ envoyer.
envers[1] 前 …に対して[対する].
◇ ~ **et contre tous** [**tout**] あらゆる反対を押し切って, 万難を排して.
envers[2] 男 裏面; 逆.
◇ **à l'** ~ 裏返しに, 逆向きに; 混乱して.
envi (**à l'**) 副句 競って, 我がちに.
enviable 形 うらやましい.
envider 他 糸巻きに巻く.
envie 女 ❶ 欲求, 願望; 羨(ᠻ)望; ねた

---

entreprise 企業

種類・形態 中小企業 petites et moyennes entreprises /大企業 grande entreprise /独占企業 monopole /多国籍企業 entreprise multinationale /複合企業 entreprise complexe /合弁企業 entreprise en participation /下請け企業 entreprise de sous-traitance /親会社 société mère /子会社 filiale /合名会社 société en nom collectif /合資会社 société en commandite /株式会社 société anonyme [par actions] /有限会社 société à responsabilité limitée (= S.A.R.L.).

株式会社の機関・企業の役職 株主 actionnaire /株主総会 assemblée générale des actionnaires /取締役 administrateur /取締役会 conseil d'administration /最高経営執行機関 direction générale /経営委員会 comité exécutif [de direction] /執行役会 directoire /監査役 commissaire aux comptes /監査役会 conseil de surveillance /トップ・マネジメント dirigeants, cadres dirigeants /代表取締役兼社長 président-directeur général (=P.-D.G.) /社長 directeur général, président du directoire /部長 directeur /次長 sous-directeur /課長, 主任 directeur adjoint, responsable, chef de service [bureau]

envier

み. ❷ (新生児の)母斑(ぼはん). ❸ (爪の)さくれん.
◇avoir ~ de ... …が欲しい[したい]. donner ~ de ... …したい気にさせる. faire ~ à ... …の気をそそる.

envier 他 うらやむ.
◇n'avoir rien à ~ à ... …に劣らない,と同等である.

envieusement 副 うらやましげに.

envieux, se 形 ⑧ うらやむ(人), ねたみ深い(人).

environ 副 およそ, 約.
— 男 《複数》付近, 周辺. ◇aux ~s de ... …の近く[付近]. …におよそ….

environnant, e 形 周囲の.

environnement 男 環境; 状況; 周囲.

environnemental, ale 形 《単複》aux 形 環境の.

environnementaliste 名 環境問題専門家.

environner 他 取り囲む, 取り巻く.
— s'~ 《de》(…に)取り巻かれている.

envisageable 形 考えられる, 予想できる.

envisager ② 他 ❶ 検討[考察]する; 考慮に入れる. ❷ 計画[予定]する.

envoi 男 ❶ 発送; 派遣; 発送品, 郵便物. ❷ 《詩》(韻文詩末尾の)反歌. 《法》…の en possession 占有付与.
◇coup d'~ 《スポ》キックオフ; 端緒, 幕開き.

envoie- 活 ⇒ envoyer.

envol 男 飛び立つこと; 飛翔.

envolée 女 (演説などの)調子の高まり; 高揚; (価格の)高騰.

s'envoler 代動 飛び立つ; 吹き飛ばされる.

envoûtant, e 形 魅惑する.

envoûtement 男 魅惑; のろい.

envoûter 他 魅惑する; のろいをかける.

envoûteur, se 名 魅惑する人; 呪(じゅ)術師.

envoyé, e 形 送られた, 投げられた.
— 語 見事な. — 名 使者, 使節. ► ~ spécial 特派員.

envoyer ⑬ 他 ❶ 送る 行かせる, 派遣する. ❷ 投げる, 放つ; 発射する; 投げ飛ばす. ❸ 《打撃などを》加える.
◇~ les couleurs 国旗を掲揚する. ~ … promener [paître] ~ … sur les roses 語 …をはねつける, 追い払う. ne pas ~ dire ... …面と向かってずけずけ…を言う.
— s'~ 俗 ❶ (いやいや)引き受ける. ❷ 飲む, 食べる, むさぼる.

envoyeur, se 名 差出人, 発送人.

enzootie 女 《獣医》動物地方病.

enzyme 女 《化》酵素.
□enzymatique 形

enzymologie 女 酵素学.

éocène 男, 形 《地》始新世(の), 始新統(の).

éolien, ne 形 風(力)の, 風による.
— 女 風車; 風力発電機.

éonisme 男 《文章》服装倒錯, 女装癖.

éosine 女 《化》エオシン.

deux cent soixante 260

épagneul, e 名 スパニエル犬.

épair 男 《紙》(透かし)地合い.

épais, se 形 ❶ 厚い; 濃い; 密な. ❷ ずんぐりした; 鈍重な; 粗野な.
— 副 密に たくさん.

épaisseur 女 ❶ 厚さ; 濃さ, 濃密さ. ❷ ずんぐりしていること; 鈍さ.

épaissir 他 ❶ 厚く[濃く, 密に]する. ❷ 太らせる; 鈍くする.
— 自 厚く[濃く]なる; 太る(=s'~).

épaississant, e 形 《化》粘稠(ねんちゅう)化させる. — 男 粘稠剤.

épaississement 男 厚く[濃く, 密に]なること; 太ること.

épamprage 男 (ブドウの木の)摘芽(ぎ). □épamprer

épanchement 男 打ち明けること, 吐露; 《医》(液体の)浸出.

épancher 他 (心情などを)打ち明ける, 吐露する. — s'~ 心情を打ち明ける; (感情が)あふれ出る.

épand(-) 活 ⇒ épandre.

épandage 男 ❶ 散布. ❷ champs d'~ 汚水処理場.

épandeur 男 散布機.

épandre 他 まく, 散布する.

épanneler ④ 他 粗彫りする.

épanoui, e 形 ❶ 開花した; 晴れやかな, 生き生きした. ❷ 成熟した, 豊満な.

épanouir 他 (花を)咲かせる; 晴れやかにする; (才能などを)開花させる.
— s'~ (花が)咲く; 晴れやかになる, 生き生きする; (才能などが)開花する.

épanouissant, e 形 (才能などが)開花した.

épanouissement 男 開花; 晴れやかになること; (才能の)開花; 成熟.

épar 男 (扉などの)閂(かんぬき).

éparchie 女 (古代ローマの)属州; 《+教》(東方教会の)主管区.

épargnant, e 名 貯蓄家; 預金者.

épargne 女 ❶ 貯金; 貯蓄; 貯金高. ► Caisse d'~ 貯蓄金庫(庶民向け貯蓄機関) ~(-)logement 住宅積立貯金. ❷ 節約, 倹約. ❸ 《版画》 taille d'~ 凸版画; 木版画.

épargner 他 ❶ 貯金する; 節約する; 出し惜しむ. ❷ 免除する, 免れさせる; 被害を与えない; 容赦する; 命を助ける.
— s'~ 免れる, しないで済ませる.

éparpillement 男 散乱; 分散; 散漫.

éparpiller 他 散らす, 分散させる; 分散させる.
— s'~ 散らばる, 分散する; 散在する.

épars, e 形 散らばった; 散在する; 断片的な.

épart 男 ⇒ épar.

épatamment 副 素晴らしく, 見事に.

épatant, e 形 素晴らしい, すてきな.

épate 女 語 faire de l'~ 周囲をあっと驚かせる.

épaté, e 形 平たくつぶれた; 語 びっくり仰天した.

épatement 男 平たくつぶれていること; 語 びっくり仰天.

épater 他 びっくりさせる.

épigraphie

épaufrure 囡 (石材の)破片, 石片.
épaulard 男 【動】シャチ.
épaule 囡 肩; (動物の)肩の肉.
◇avoir la tête sur les ~s 語 分別[良識]がある. changer son fusil d'~ 態度[意見]を変える. donner un coup d'~ 手を貸す. hausser [lever] les ~s 肩をすくめる. par-dessus l'~ 肩越しに; ぞんざいに, 軽蔑した.
épaulé, e 形 (服が)肩パッド付の.
épaulé¹ 男 【競】(重量挙げの)クリーン.
épaulé-jeté:《複》~s-~s (重量挙げの)ジャーク.
épaulement 男 【建】擁壁, 土止めの壁;【軍】胸壁(ﾐ)前部の盛り土;【地】(水食谷の)肩地形.
épauler 他 肩にあてがう; 力を貸す.
épaulette 囡 【服】肩パッド; 肩ひも;【軍】肩章, 肩飾.
épaulière 囡 【史】(鎧の)肩当て.
épave 囡 ❶ 漂流物, 漂着物; 遺失物. ❷ 落伍者, 敗残者.
épaviste 名 (車の)スクラップ業者.
épeautre 男 【植】スペルトコムギ.
épectase 囡 【植】シベリアコムギ.
épée 囡 剣;【フェ】エペ(剣または競技種目の一つ).
◇à la pointe de l'~ 文語 たいへんな努力を払って. coup d'~ dans l'eau 無駄な努力. ~ de Damoclès 常に身に迫る危険. rendre son ~ 降伏[投降]する.
épeiche 囡 【鳥】アカゲラ.
épeire 囡 【動】コガネグモ.
épéiste 名 【フェ】エペの競技者.
épeler 4 他 (語の)つづりを言う.
épellation 囡 つづりを言うこと.
épépiner 他 (果物の)種を取る.
éperdu, e 形 ❶ 取り乱した; (感情で)満ちた. ❷ 激しい, 必死の.
éperdument 副 狂ったように, 激しく.
éperlan 男 【魚】キュウリウオ.
éperon 男 ❶ 拍車. ❷【動】(昆虫の)距棘(ﾄｹ); (ハチの)毒針; (鶏の)けづめ; (犬の)上距(ｼﾞｮ);【地理】(支脈, 山脚などの)突出;【軍】(軍艦の触(ｼｮ)の)衝角.
éperonné, e 形 拍車をつけた.
éperonner 他 ❶ (馬に)拍車を入れる. ❷ 刺激する, 駆り立てる. ❸【軍】(敵艦を)衝角[船嘴(ｼｭ)]で突く.
épervier 男 【鳥】ハイタカ; 投網.
éperviere 囡 【植】ヤギオランボボ.
épeurer 他 /方/ 文御 怖れさせる.
éphèbe 男 【古ギ】(18-20歳の)青年; (皮肉)美青年.
éphédra 男 【植】マオウ.
éphédrine 囡 【薬】エフェドリン.
éphélides 囡複 そばかす.
éphémère 形 つかの間の, はかない; 1日の命の.——男【昆】カゲロウ.
éphéméride 囡 日めくり(カレンダー); (過去の同じ日に起こった出来事を記した)暦;【天体, 気象の】暦;《複》《天》天体暦.
épi 男 ❶ 穂. ► épi de maïs (1本の)トウモロコシ. ❷ 逆毛, 立毛. ❸

【建】忍び返し. ► épi de faîtage 棟飾り, 頂華; appareil en épi 矢筈(ﾔﾊ)積み.
◇en épi 斜めに平行に.
épiage 男 / **épiaison** 囡 【農】出穂.
épiaire 男 【植】イヌゴマ.
épicarpe 男 【植】外果皮.
épice 囡 スパイス, 香辛料.
épicé, e 形 香辛料の利いた; 卑猥(ﾊﾞ)な.
épicéa 男 【植】トウヒ(マツ科).
épicène 形 【言】通性の(男女・雌雄を同一語形で指す).
épicentre 男 【地】震央.
épicer ⒈ 他 香辛料を入れる; (話などを)卑猥にする.
épicerie 囡 食料品店; 食料品販売(業); 食料品.
épicier, ère 名 食料品屋.
épicrâne 男 【解】頭蓋(ﾂﾞ)筋.
épicurien, ne 形 ❶ 享楽的な, 快楽を求める;【哲】エピクロス(学派)の.——名 エピキュリアン, 快楽主義者;【哲】エピクロス学派の.
épicurisme 男 快楽[享楽]主義;【哲】エピクロス主義.
épidémicité 囡 (病気の)伝染性, 流行性.
épidémie 囡 (病気の)流行; 伝染[流行]病; (流行などの)流行, 蔓延(ﾏﾝ).
épidémiologie 囡 疫学.
◻**épidémiologique** 形
◻**épidémiologiste** 名 疫学者.
épidémique 形 伝染[流行]性の.
épiderme 男 表皮; 皮膚.
◇avoir l'~ sensible 怒りっぽい.
épidermique 形 表皮の; 表面的な.
épidiascope 男 エピジアスコープ(講義などに用いる投影光学器).
épididyme 男 【解】精巣上体, 副睾丸(ｶﾞﾝ).
épidural, ale:《男複》**aux** 形【医】硬膜外の.
épier¹ 他 見張る, 監視する; 探る; うかがう.
épier² 自 穂が出る.
épierrer 他 石を取り除く.
◻**épierrage** / **épierrement** 男
épieu, se 形, 名 つけねらう[探る](人).
épieu, se 男:《複》**x** 【古】昔の戦闘, 狩猟用の)矛.
épigastre 男 みぞおち;【解】上腹部.
◻**épigastrique** 形
épigenèse 囡 【生】後成説.
épiglotte 囡 【解】喉頭蓋(ｺﾞｳﾄｳｶﾞｲ).
épigone 男 文語 模倣者, 亜流, エピゴーネン.
épigrammatique 形 風刺詩の; 警句の, 辛辣(ﾗﾂ)な.
épigramme¹ 囡 風刺詩; 警句, 辛辣な言葉.
épigramme² 男 【料】エピグラム(子羊などの肋(ｱﾋﾞ)間肉のカツレツまたはロースト).
épigraphe 囡 碑銘, 碑文; (本の巻頭, 章頭の)銘句, エピグラフ.
épigraphie 囡 碑銘学.

épigraphique 形 碑文[碑文]の.
épigraphiste 名 碑銘[碑文]学者.
épilateur 男 脱毛器.
épilation 女 脱毛.
épilatoire 形 脱毛(用)の. ── 男 脱毛剤.
épilepsie 女〖医〗癲癇(ﾃﾝｶﾝ).
épileptique 形〖医〗癲癇(ﾃﾝｶﾝ)(性)の. ── 名 癲癇患者.
épileptologue 名〖医〗癲癇(ﾃﾝｶﾝ)の専門医.
épiler 他 毛を抜く, 脱毛する.
épileur, se 名 脱毛師.
épillet 男〖植〗小穂(ﾎ).
épilobe 男〖植〗アカバナ.
épilogue 男 終幕, エピローグ; 結末.
épiloguer 自 長々と注釈を加える; あれこれ言う.
épimaque 男〖鳥〗カマハシフウチョウ.
épimutation 女〖生〗後成的突然変異.
Épinal エピナル(Vosges 県の県庁所在地).
épinard 男〖植〗ホウレンソウ.
◇*mettre du beurre dans les ~s* 暮らし向きをよくする.
épincer ① 他〖園〗芽を摘み取る;〖土木〗(敷石用の)切石を加工する.
épine 女 刺(ｹ); いばら;〖解〗~ *dorsale* 脊椎[柱].
◇*tirer [enlever] une ~ du pied à ...* …を助ける, 楽にする.
épiner 他 いばらの枝で囲う.
épinette 女〖農〗(家禽(ｷﾝ)肥育用の)かご.〖楽〗スピネット(昔のチェンバロの一種).
épineux, se 形 刺(ﾄｹ)のある; 厄介な, 微妙な. ── 男 刺のある木〖植物〗.
épine-vinette〖複〗~s-~s 女〖植〗メギ.
épinglage 男 ピンで留めること.
épingle 女 ピン, 留針. ~ *de sûreté [nourrice]* 安全ピン.
◇*chercher une ~ dans une meule [botte] de foin* 見つかる見込みのないものを探す. *être tiré à quatre ~s* めかしこんでいる. *monter en ~* 際立たせる, 強調する. *tirer son ~ du jeu* うまく窮地を脱する. *virage en ~ à cheveux* ヘアピンカーブ.
épinglé 形 輪奈(ﾅ)織物の.
épingler 他 ピンで留める; 話 捕まえる, 取り押さえる.
épinglerie 女 ピン製造[販売]. ⇔ **épinglette** ⇨ **pin's**.
épinglier, ère 名 ピン製造工; ピン販売人.
épinier 男〖狩〗いばらの茂み.
épinière 形女 *moelle* ~ 脊(ｾｷ)髄.
épinoche 女〖魚〗トゲウオ.
Épiphanie 女〖カト〗主の公現; 公現祭(1月6日前後の日曜日に祝う).
épiphénomène 男〖医〗副現象, 付帯的[偶発]事象.
épiphonème 男〖ﾚﾄ〗(最後を感嘆文で締めくくる)感嘆的結語.

épiphyse 女〖解〗骨端; 松果体.
épiploon 男〖解〗網膜.
épique 形 叙事詩の; 勇壮な;〖皮肉〗激しい.
épiscopal, ale;〖男複〗*aux* 形 ❶ 司教の. ❷ l'Eglise ~ *ale* 英国聖公会.
épiscopalisme 男 (カトリックで)司教会議首位説; (プロテスタントで)監督制.
épiscopat 男 司教職; 司教の任期; 司教団.
épiscope 男 実物幻灯機;〖軍〗(装甲車の)潜望鏡.
épisiotomie 女〖医〗会陰(ｴﾝ)切開(術).
épisode 男 ❶ 挿話, エピソード; (挿話的な)出来事. ❷ (連続ドラマなどの)1回分.
épisodique 形 挿話的な; 付随的な, 副次的な; 時折の.
épisodiquement 副 挿話的[付随的]に; 時折.
épissage 男〖生〗スプライシング.
épisser 他 (ケーブルなどを)撚(ﾖ)り継ぎ[組継ぎ]する.
épissure 女 (ケーブルなどの)撚(ﾖ)り継ぎ, 組継ぎ.
épistasie 女〖生〗上位, エピスタシス.
épistaxis [-s] 女〖医〗鼻血.
épistémè/épistémé 女〖哲〗(ある時代の, 社会に固有の)認識体系, エピステメー.
épistémologie 女 科学論; 認識論. ⇔ **épistémologique**.
épistémologiste/épistémologue 名 科学論学者; 認識論学者.
épistolaire 形 手紙の, 手紙による. ~ *roman* ~ 書簡体小説.
épistolier, ère 名 手紙を書くのが好きな人;〖カト〗書簡体文学作家.
épitaphe 女 墓碑銘.
épithalame 男〖文語〗祝婚歌.
épithélium 男〖解〗上皮. ⇔ **épithélial, ale**;〖男複〗*aux* 形
épithème 男〖薬〗パップ(剤).
épithète 女 付加形容詞; (人の)呼び方, 形容. ── 形 付加形容詞の.
épitoge 女 (司法官, 教授などが式服の左肩につける)垂れ布.
épitomé 男 要約, 摘要; 古代史概説.
épître 女 ❶ (古代人の)書簡;〖皮肉〗長々しい手紙;〖カト〗(新約聖書の)使徒書簡. ❷ ~ *dédicatoire* (書物の巻頭に掲げた)書簡体献辞.
épizootie 女 動物的流行病. ⇔ **épizootique** 形
éploré, e 形 涙にぬれた, 悲嘆に暮れた.
éployer ⑩ 他〖文語〗広げる, 伸ばす; 展開する.
épluchage 男 ❶ (野菜などの)皮むき; 不用な[傷んだ]部分の除去. ❷ 入念な吟味; あら捜し.
épluche-légumes 男〖不変〗皮むき器.
éplucher 他 ❶ (野菜などの)皮をむく, 不用な[傷んだ]部分を取り除く. ❷

éplucheur, se 名 不用な部分が取り除く人;皮をむく人.—男 皮むき器.—女 電動皮むき器.

épluchure 女 (野菜などの)屑(½), むいた皮.

EPO 女 《略》 érythropoïétine エリスロポイエチン(ドーピングに使われる赤血球増加剤).

épointage 男 先を折ること,刃こぼれ.

épointement 男 先が折れた[すり減った]状態.

épointer 他 先を折る,すり減らす.—s'~ 先が折れる,すり減る.

éponge 女 ❶ スポンジ.~ métallique 金属たわし / ~ végétale へちま. ❷ タオル地. ❸ 海綿動物.
◊jeter l'~ (ボクシングで)タオルを投げる;(仕事などを)投げ出す. passer l'~ sur... (過ちなどを)水に流す.

épongeage 男 (スポンジなどで)吸い取る[ふく]こと.

éponger 他 ❶ 吸い取る,ふく,ぬぐう. ❷ (不都合を)解消する;(遅れを)取り戻す;(過剰通貨を)吸い上げる;(在庫を)さばく.—s'~ (自分の)体をふく;自分の(…を)ふく.

éponyme 形 名前の起源となった,名祖(シッ)の.

épopée 女 叙事詩書;(一連の)英雄的な行為.

époque 女 ❶ 時代,時期;《集合的》同時代人. ❷ 《地》地.
◊ d'~ 時代物の. faire ~ 時代を画する. la Belle E~ (特にフランス20世紀初頭の)ベルエポック, 古きよき時代.

épouiller 他 シラミをとる.
◊épouillage 男

s'époumoner 代動 息切れする;しゃべり疲れる.

épousailles 女複 古 (ふざけて)結婚,婚礼.

épouse 女 époux の女性形.

épousée 女 [文章] 花嫁,新婦.

épouser 他 ❶ 結婚する. ❷ 支持[共鳴]する;(利害を)共有する;(形,動きに)ぴったり合う.—s'~ (2人が)結婚する.

épousseter 4 他 ほこりを払う.
◊époussetage 男

époustouflant, e 形 話 びっくりさせる;すごい.

époustoufler 他 話 びっくりさせる.

épouvantable 形 恐ろしい;ひどい;ものすごい.
◊épouvantablement 副

épouvantail 男 ❶ 案山子(テシ); 話 醜い人;服装の滑稽な人. ❷ こけおどし;恐い存在.

épouvante 女 激しい恐怖[不安]. ~ film d'~ ホラー映画.

épouvanter 他 おびえさせる,不安にする;たじろがせる.

époux, se 名 配偶者,夫,妻;《複数》夫婦,夫妻.

s'éprendre 自代動 (de)(…に)恋をする;夢中になる;取りつかれる.

épreuve 女 ❶ 試験,テスト;《スポ》試合,競技. ❷ 試練,苦難. ❸ 版画;試刷り(版画);《印刷校正刷り;《写》プリント,印画;《映》~ de tournage ラッシュ.
◊à l'~ de... …に耐え得る. à toute ~ 何事にも耐え得る. ~ de force 力の対決. mettre à l'~ 試す.

épri-, éprí- 圏⇒ s'éprendre.

épris, e 形 (s'éprendre の過去分詞) (de)(…に)惚れた;夢中になった.

EPROM [eprɔm] 女《情報》イーピーロム, 消去・書き込み可能メモリ.

éprouvant, e 形 耐えがたい,過酷な.

éprouvé, e 形 ❶ 保証された,信頼できる. ❷ 損害を受けた;試練を受けた.

éprouver 他 ❶ 試す. ❷ (感覚,感情を)抱く,感じる. ❸ 苦しめる;(損害を)こうむる. ❹ [文章] (経験して)知る.

éprouvette 女 試験管;(品質検査のための)試験片.

E.P.S. 女 Éducation physique et sportive 体育スポーツ教育.

epsilon [epsilon] 男 エプシロン (Ε,ε) (ギリシア字母の第5字).

épucer ① 他 ノミをとる.

épuisant, e 形 消耗させる,つらい.

épuisé, e 形 ❶ 使い果たされた,売り切れ[絶版]の. ❷ 疲れ果てた.

épuisement 男 ❶ 使い果たすこと;品切れ. ❷ 極度の疲労.

épuiser 他 ❶ からにする;使い果たす;売り尽くす(問題を論じ尽くす). ❷ 疲れさせる;うんざりさせる.—s'~ ❶ 底をつく,尽きる. ❷ 疲れ果てる.

épuisette 女 《釣》手網(⅔);(船の)淦汲(ፀ⅓).

épurateur 男 浄化装置.

épuration 女 ❶ 純化,精製,浄化;洗練. ❷ 追放,除名.

épure 女 設計図;原寸図;投影図.

épurement 男 文章 純粋,純美.

épurer 他 純化[精製,浄化]する;洗練させる;(好ましくない人物を)追放[除名]する.

équanimité [-kwa-] 女 文章 心の落ち着き,平静.

équarrir 他 ❶ (石,木を)四角に切る. ❷ (家畜の)死体を解体する.

équarrissage 男 (石,木を)四角に切ること;角材.

équarrisseur 男 (家畜の死体の)解体業者.

Équateur [-kwa-] 男 エクアドル(共和国).

équateur [-kwa-] 男 赤道(地帯).
► ~ céleste 《天》天の赤道.

équation [-kwa-] 女《数》方程式;《心》~ personnelle 個人方程式;(一般に)個人差.

équatorial, ale [-kwa-];《男複》**aux** 形 赤道(地帯)の;《天》天の赤道の. ~ coordonnées ~ales (星の)赤道座標 / monture ~ale 赤道式取り付け台.—男 赤道儀.

équatorien, ne [-kwa-] 形 エクアドルの.—名 《E~》エクアドル人.

équerre

équerre 女 ❶ 直角; 直角定規, 曲尺(がね). ❷ fausse ~ 斜角定規. ❸ (L字型などの)補強金具.
◊ à l'~ [en ~, d'~] 直角に[の].

équestre 形 馬術の, 乗馬の. ▶ statue ~ 騎馬像.

équeuter 他 (果実の)果柄[軸]を取る. □**équeutage** 男

équiangle [-kɥi-] 形 《数》等角の.

équidés [-k(ɥ)i-] 男複 《動》ウマ科.

équidistance [-kɥi-] 女 等距離. □**équidistant, e** 形

équilatéral, ale; (男複) **aux** [-kɥi-] 形 《数》等辺の.

équilibrage 男 釣り合わせ[バランスをとる]こと.

équilibrant, e 形 釣り合いをとる, 平衡を保つ.

équilibration 女 《生理》平衡(機能).

équilibre 男 釣り合い, 平衡, バランス; 均衡, 調和; (精神的な)安定, 健全さ.

équilibré, e 形 釣り合った, バランスのとれた; (精神が)安定した.

équilibrer 他 釣り合わせる, バランスをとる.
— **s'** ~ 釣り合う, バランスがとれる.

équilibreur 男 (飛行機などの)安定装置[機械].

équilibriste 名 曲芸師, 軽業師.

équille 女 《イカナゴ科魚類の総称》.

équimolaire 形 《化》等モルの.

équimoléculaire 形 《化》等分子の.

équin, e 形 馬の(ような).

équinoxe 男 昼夜平分時. ▶ ~ de printemps [d'automne] 春[秋]分.

équinoxial, ale; (男複) **aux** 形 昼夜平分の.

équipage 男 ❶ (集合的)乗組員, 乗務員. ❷ (旅行の)供回り(従者, 乗り物, 装備など).

équipe 女 (共同作業の)班, 組, (スポーツの)チーム. ▶ esprit d'~ 連帯精神. ▶ faire ~ (avec ...) (…と)組んで仕事をする.

équipé, e 形 ❶ 装備の整った (de, en) (…を)備えた. — 女 (軽率な)冒険, 軽挙; 自由気ままな外出 [遠出].

équipement 男 装備, 設備, 整備; 設置; 施設; 用具一式.

équipementier 男 自動車部品製造業者.

équiper 他 装備[設備]を整える; 身支度をさせる. ▶ ~ A de [en] B A にBを備える. — **s'** ~ 装備[設備]を整える; 身支度をする.

équipier, ère 名 (チームの)メンバー, 選手.

équipollence [-kɥi-] 女 《数》等値. □**équipollent, e** 形

équiprobable [-kɥi-] 形 等確率の.

équisétinées [-kɥise-] 女複 《植》トクサ綱.

équitable 形 公平な, 公正な. □**équitablement** 副

équitation 女 乗馬術.

équité 女 公平, 公正; 《法》衡平. ▶ en toute ~ 公平に見て.

équivalence 女 同等, 等価, 相当.

équivalent, e 形 ❶ (à) (…と)同等の, 等価の, 相当する. ❷ 《数》同値な; 等価の. — 男 ❶ 同等なもの, 相当するもの, 等価物. ❷ 同義語, 類義表現.

équivaloir 38 自 (à) (…に)等しい, (…と)同価値である.

équivalu-, équivalû-, équivau- 活 ⇨ équivaloir.

équivoque 形 ❶ 曖昧(まいな, 不明瞭な. ❷ 怪しい, いかがわしい. — 女 曖昧さ, 不明瞭さ; 疑わしさ.

équivoquer 自 《文章》曖昧(まい)な言葉遣いをする; 言葉を濁す.

Er 《記》《化》erbium エルビウム.

érable 男 《植》カエデ. ▶ sirop d'~ メープルシロップ.

érablière 女 カエデ林.

éradication 女 《医》剔出 (てっしゅつ); (感染源の)完全撲滅. □**éradiquer** 他

érafler 他 擦り傷[かすり傷]をつける.
— **s'** ~ 自分の(…を)擦りむく. □**éraflement** 男

éraflure 女 擦り傷, かすり傷.

éraillé, e 形 擦り切れた, ほつれた; 擦り傷のついた; (声が)かれた.

éraillement 男 (布などの)ほつれ, 擦り傷; (声の)かれ.

érailler 他 擦り切れさせる, ほつれさせる; 擦り傷をつける; (声を)しわがれさせる. — **s'** ~ 擦り切れる; 擦り傷がつく; (声が)かれる.

éraillure 女 (布の)ほつれ; 擦り切れた部分; 擦り傷.

erbium 男 《化》エルビウム.

ère 女 ❶ 紀元. ▶ l'~ chrétienne キリスト紀元, 西暦 / avant notre ~ 紀元前. ❷ 時代; 《地》代 (= ère géologique).

érecteur, trice 形 《生理》勃起(ぼっき)の.

érectile 形 起立性[直立性]の; 《生理》勃起(ぼっき)性の. □**érectilité** 女

érection 女 建立, 開設, 設置; 《生理》勃起(ぼっき).

éreintage 男 酷評.

éreintant, e 形 くたくたにさせる.

éreinté, e 形 くたくたに疲れた.

éreintement 男 ❶ 酷評. ❷ 疲労困憊(ぱい).

éreinter 他 ❶ くたくたに疲れさせる. ❷ 酷評する, けなす.
— **s'** ~ (…で)くたくたに疲れる.

éreinteur, se 形, 名 酷評する(人), 手厳しい(人).

érémiste 名 R.M.I.(最低収入法)の適用を受けている生活困窮者.

érémitique 形 隠者[行者]の生活の.

érémitisme 男 隠修士生活; 隠遁生活.

éresipèle 男 ⇨ érysipèle.

éréthisme 男 《医》(器官の)興奮; 過敏(症).

éreut(h)ophobie 囡 赤面恐怖(症).

erg[1] [-g] 男 (サハラの)砂(砂)砂漠.

erg[2] [-g] 男 〖英〗エルグ(エネルギーの単位).

ergastule 男 〖古り〗地下牢(3).

ergol 男 (ロケットの)推進薬, 推薬.

ergologie 囡 労役(5)〖学〗学.

ergomètre 男 〖生理〗エルゴメータ, 作業針.

ergométrie 囡 〖生理〗作業測定.

ergonome / ergonomiste 图 人間工学者.

ergonomie 囡 人間工学. ▫**ergonomique** 形

ergot 男 (おんどりなどの)けづめ; (犬の)上距(5ょ); 〖植〗麦角(5く)(病); 〖機〗(部品の)突起, 止めピン. ◇*monter [se dresser] sur ses* ~*s* 威嚇的な態度を取る.

ergotage 男 / **ergoterie** 囡 難癖, へ理屈.

ergotamine 囡 〖薬〗エルゴタミン (陣痛促進薬).

ergoter 自 難癖をつける, へ理屈をこねる.

ergoteur, se 形 名 難癖をつける(人), へ理屈をこねる(人).

ergothérapeute 图 〖医〗作業療法士.

ergothérapie 囡 〖医〗作業療法.

éricacées 囡複 〖植〗ツツジ科.

ériger ② 他 ❶ 建てる, 建立する. ❷ (en) (…に)仕立て上げる, 昇格させる. —**s'**~ ❶ 建立される, 建つ. ❷ (en) (…を)自任する.

érigéron 男 〖植〗ムカシヨモギ.

érigne 囡 〖医〗単鋭鈎(3), 支持鈎(5).

éristale 男 〖昆〗ハナアブ.

ermitage 男 隠者の住まい; 人里離れた所.

ermite 男 ❶ 隠修道士; 隠者; 世捨て人. ❷ 〖動〗ヤドカリ.

éroder 他 浸食 [腐食] する; 次第に消滅させる.

érogène 形 〖心〗性的快感をそそる.

Éros [-s] 男 〖ギリシャ神話〗エロス.

éros [-s] 男 〖心〗エロス, 生の欲動.

érosif, ve 形 浸食 [腐食] 性の.

érosion 囡 〖地〗浸食(作用); 徐々に低下 [下降] すること.

érotique 形 エロチックな, 官能的な; 恋愛の. ▫**érotiquement** 副

érotiser 他 エロチシズムを与える, エロチックにする. ▫**érotisation** 囡

érotisme 男 エロチシズム, 官能性.

érotogène 形 ⇒ érogène.

érotologie 囡 性愛研究. ▫**érotologique** 形

érotologue 图 性愛研究者.

érotomane / érotomaniaque 图 形 色情狂の.

érotomanie 囡 色情狂.

erpétologie 囡 ⇒ herpétologie.

erpétologique 形 ⇒ herpétologique.

erpétologiste 图 ⇒ herpétologiste.

errance 囡 〖文章〗彷徨, さすらい.

errant, e 形 放浪する, さまよう; (視線などが)落ち着きのない.

errata 〖不変〗〖ラ〗正誤表.

erratique 形 〖医〗一定しない; 不規則な; 定着しない. ▶ *fièvre* ~ 〖医〗間欠熱.

erratum; 〔複〕 ta 〖ラ〗誤植.

erre 囡 (船の)慣性航行速度, 惰行; 〔複数〕〔狩〕(獲物の)跡.

errements 男複 〖文章〗いつものやり方; 悪風, 悪習.

errer 自 さまよう, 放浪する; 漂う.

erreur 囡 誤り, 間違い; 過失, 失敗; 思い違い, 誤った考え; 〖計〗誤差. ▶ ~ *judiciaire* 〖法〗誤審. ◇*par* ~ 誤って, うっかり. *sauf* ~ 思い違いでなければ.

erroné, e 形 誤った, 間違った.

ers 男 〖植〗レンズマメ.

ersatz [-zats] 男 〖独〗代用食品, 代用品; まがい物.

erse[1] 形 〖英〗ゲール人の; スコットランド・ゲール語の. —男 スコットランド・ゲール語.

erse[2] 囡 〖海〗索環, 環索, ストロップ.

érubescent, e 形 〖文章〗赤くなる; 紅潮した.

éructation 囡 〖文章〗おくび, げっぷ.

éructer 自 〖文章〗おくび[げっぷ]が出る. —他 (言葉を)投げつける.

érudit, e 形 名 学識豊かな(人).

érudition 囡 博学, 学識, 学殖.

érugineux, se 形 緑青色の.

éruptif, ve 形 〖地〗噴火による; 〖医〗発疹(5つ)(性)の.

éruption 囡 噴出; 噴火; 爆発; 発疹.

érysipélateux, se 形, 名 〖医〗丹毒の(患者).

érysipèle 男 〖医〗丹毒.

érythème 男 〖医〗紅斑(な). ▫**érythémateux, se** 形

érythrine 囡 〖植〗デイコ.

érythroblaste 男 〖医〗赤芽球.

érythroblastose 囡 〖医〗赤芽球症.

érythrocyte 男 〖医〗赤血球.

érythrophobie 囡 ⇒ éreutophobie.

érythropoïèse 囡 〖生理〗赤血球生成.

érythropoïétine 囡 〖生化〗エリスロポイエチン.

érythropsine 囡 〖生化〗エリスロプシン.

es 圃 ⇒ être.

ès [-s] 圃 〔…における〕の範囲で. ▶ *docteur ès sciences* 理学博士 / *agir ès qualités* 公式の資格をもって〔公人として〕行動する.

ESA 囡 〔略〕〔英〕European Space Agency ヨーロッパ宇宙機関.

E.S.B. 囡 〔略〕 encéphalopathie spongiforme bovine. ⇒ encéphalopathie.

s'esbigner 代動 〖俗〗ずらかる.

esbroufe 囡 〖話〗空威張り, はったり, こけおどし. ▶ *vol à l'*~ ひったくり.

esbroufer 他 空威張りをする, はったりを利かす.

esbrouteur, se 名 空威張りをする人, はったり屋.

escabeau 男 (複) x 男 腰掛け; 踏み台; 脚立.

escadre 女 艦隊; 飛行連隊.

escadrille 女 (軍) 小艦隊; 飛行小隊.

escadron 男 (軍) 中隊; (ふざけて) (人, 動物の) 群れ.

escalade 女 よじ登る[乗り越える]こと, 登攀(とうはん); エスカレート, 急上昇, 激化; 軍備〔戦略〕の段階的拡大; (法) 家宅侵入.

escalader 他 よじ登る, 登攀(とうはん)する; 乗り越える.

escalator 男 (米) エスカレーター.

escale 女 寄港(地); (途中)着陸(地).

escalier 男 階段. ▶ ~ mécanique [roulant] エスカレーター / ~ de services (使用人, 配達人用の) 裏階段. ◇ avoir l'esprit de l'~ 言うべきことをあとになって思いつく.

escalope 女 〔料〕エスカロップ (肉, 魚肉の大きめの薄切り).

escaloper 他 〔料〕薄切りにする.

escamotable 形 収納できる.

escamotage 男 (手品を) 消すこと; 窃盗, ごまかし; (器械の) 収納.

escamoter 他 ❶ (手品で) 消す, ごまかす, ぼろかす; (機械, 家具を) 収納する. ❷ (à) (…から) を盗り取る; くすねる.

escamoteur, se 名 手品師; 〔文章〕ごまかす人; 泥棒.

escampette 女 ◇ prendre la poudre d'~ そそくさと逃げだす.

escapade 女 脱出, エスケープ.

escarbille 女 煤(すす)煙; 石炭の燃え殻.

escarboucle 女 赤く輝く宝石.

escarcelle 女 (腰に下げた昔の) 大型の財布; (ふざけて) 財布; 懐具合.

escargot 男 カタツムリ, エスカルゴ.

escargotière 女 エスカルゴ養殖場; エスカルゴ皿.

escarmouche 女 小競り合い; 前哨戦.

escarpe¹ 女 (城塞の) 内壁.

escarpe² 男 殺し屋; 強盗殺人犯.

escarpé, e 形 切り立った, 険しい.

escarpement 男 急傾斜; 急斜面, 急坂.

escarpin 男 パンプス.

escarpolette 女 ぶらんこ; (塗装工の) つり足場.

escarre / eschare [-kar] 女 乾燥痂皮(かひ).

escarrifier 他 〔医〕乾燥痂皮を作る.

eschatologie [-ka-] 女 〔神〕終末論. □eschatologique 形

esche 女 〔釣〕餌(え).

escher 他 餌(え)をつける.

escient 男 ◇ à bon ~ 分別をもって, 適切に. à mauvais ~ 軽率に, 誤って.

s'esclaffer 代動 爆笑する.

esclandre 男 騒動; 悶着.

esclavage 男 奴隷制, 奴隷身分; 隷属状態.

esclavagisme 男 奴隷制擁護論.

esclavagiste 形, 名 奴隷制支持の (人).

esclave 名 奴隷; とりこになった人; 隷属した人. ― 形 とりこになった.

escogriffe 男 grand ~ 不格好な大男.

escomptable [-kōt-] 形 割引できる.

escompte [-kōt] 男 〔経〕手形割引; 割引料; 現金割引.

escompter [-kōt-] 他 ❶〔経〕(手形を) 割り引く. ❷ 当てにする, 期待する.

escompteur, se [-kōt-] 形, 名 〔経〕(手形) 割引の (業者).

escopette 女 昔のらっぱ銃.

escorte 女 お供, エスコート, 随員; 護衛 [護送] 隊; 護衛艦 (隊).

escorter 他 護衛 [護送] する; 送っていく, お伴をする.

escorteur 男 護衛艦; 護衛艇.

escot 男 エスコ (裏服や修道女の服に使ったサージの一種).

escouade 女 小集団, 班; 〔軍〕分隊.

escourgeon 男 〔農〕秋まきの大麦.

escrime 女 フェンシング.

s'escrimer 代動 (à, sur) (…しようと) 努力する, 骨を折る.

escrimeur, se 名 フェンシングの選手.

escroc [-kro] 男 詐欺師, ペてん師.

escroquer 他 だまし取る, 詐取する.

escroquerie 女 だまし取ること, 人騙(にんき)り, 詐取. ▶ ~ morale 背信(行為).

escudo [-ku-] 男 〔ポルトガル〕エスクド (ポルトガルの通貨単位).

esgourde 女 〔俗〕耳.

eskimo 形, 名 ⇨ esquimau.

eskuara [-kwa-] 男 ⇨ euskara.

ésotérique 形 秘教的な; 難解な.

ésotérisme 男 秘教; 秘伝; 難解さ.

espace 男 ❶ 空間, 場所, スペース; 空, 空中; 宇宙. ❷ 地域, 圏. ▶ ~s verts 緑地, 公園 / ~ vital 生活圏 / ~ aérien 領空. ❸ 間隔, 距離; 隔たり.
― 女 〔印〕スペース, 文字間の詰めもの.

espacé, e 形 間隔をあけた.

espacement 男 間隔をあけること; 〔印〕語間, 字間, 行間.

espacer ⑬ 間隔をあける.
― **s'~** 次第に間隔があく.

espace-temps: (複) ~s-~ 男 〔物〕時空 (世界), 4次元空間.

espada 女 〔西〕エスパダ (牛にとどめを刺す闘牛士).

espadon 男 〔魚〕メカジキ; 古 両刃(りょうば)の大太刀.

espadrille 女 エスパドリーユ (縄底で布製の靴).

Espagne 女 スペイン.

espagnol, e 形 スペインの. ― 名 (E~が) スペイン人. ― 男 スペイン語.

espagnolette 女 イスパニア錠 (two枚開き窓の締め具).

espalier 男 (果) 樹垣(じゅがき).

espar 男 ❶《海》(マスト用)円材, スパー. ❷ (大砲の)操作パーツ.

espèce 囡 ❶ 種類;《生》種. ▶ ~ humaine 人類. ❷《複数》現金. ▶ en ~s 現金で. ❸《複数》《k教》(聖別後の)パンとぶどう酒. ❹《法》訴訟(事件). ◇cas d'~ 特殊なケース, 特例. de la plus belle - 極め付きの. en l'~ この場合には. ~ de ...《軽蔑》…なやつ. une ~ de ... 一種の…, …のような.

espérance 囡 ❶ 希望, 期待;期待の的;《複数》将来性;(将来相続する)遺産. ❷《k教》望徳(三対神徳の一つ). ❸《統計》~ de vie 平均余命.

espérantiste 形, 名 エスペラント(語)を使う[推薦する](人).

espéranto 男 エスペラント語.

espérer 他 ❶ 希望[期待]する, 願う. ─自 ❶ 希望を持つ. ❷ (en)(…を)期待する. ❸ (…に)期待する.

esperluette 囡 et を表す記号(&).

espiègle 形, 名 いたずらな(子), やんちゃな(子).

espièglerie 囡 いたずらっ気;いたずら.

espion, ne 名 スパイ;密告者.
─男 隠し鏡, のぞき窓.

espionite / **espionnite** 囡 圄 スパイ恐怖症.

espionnage 男 スパイ行為, 諜(ちょう)報活動.

espionner 他 スパイする, 探る.

esplanade 囡 遊歩道;(大きな建物の前の)広場;見晴らし台.

espoir 男 期待, 希望;期待の的, ホープ. ◇avoir bon ~ de ... [que ...] …する望み[見込み]が大いにある.

espressivo 副《伊》《楽》エスプレッシーヴォ, 表情豊かに.

Esprit 男《略》《英》European Strategic Program for Research and Development in Information Technology エスプリ計画(ヨーロッパ情報通信開発戦略の略約).

esprit 男 ❶ 精神, 心;霊魂, 知性. ❷ 才気, 機知, エスプリ;才能, センス. ▶ faire de l'~ 才気をひけらかす. ❸ 気質;(ある精神, 気質の)持ち主;《複数》人々. ▶ bel ~ 才人ぶる人. ❹ 意図, 意向. ❺ 妖精;聖霊;霊魂;亡霊. ❻《化》精.
◇avoir bon [mauvais] ~ 気立てがよい[意地が悪い]. avoir le bon de ... 賢明にも…する. avoir l'~ à ... ～する気になる;…に気が向いている. perdre l'~ 気が狂う. présence d'~ 落ち着き;機転. reprendre ses ~s 心の動揺が治まる;意識を取り戻す. vue de l'~ …の上の空論.

esquif 男《文章》小舟.

esquille 囡 (砕けた)骨片, 木片.

esquimau, de [男複] x 形 エスキモーの. ─名 (E~)エスキモー.
─男 ❶《商標》エスキモー(チョコレートでコーティングした棒アイス).

esquimautage 男《スポ》エスキモー・ロール(カヌーの渓流レース).

esquintant, e 形 圄 ひどく疲れさせる.

esquinter 他 圄 ひどく疲れさせる;壊す, だめにする;酷評する.
─s'~ ❶ 自分の(…を)損なう. ❷ (à)(…に)へとへとになる.

esquire 男《英》…様, 殿(爵位のある人の尊称. 略 Esq.).

esquisse 囡 ❶ 下描き, 粗描;概略, プラン, 構想. ❷ かすかな動き, そぶり;兆し.

esquisser 他 ❶ 下描き[粗描]する, 概略を示す;プランを立てる. ❷ かすかに示す;(動作をわずかに)する.
─s'~ 輪郭[兆し]が現れる.

esquive 囡 (ボクシングなどで)身をかわすこと.

esquiver 他 ❶ うまく逃れる, 巧みにかわす. ❷ (…を)避ける.
─s'~ こっそり逃げ出す.

essai 男 ❶ 試験, テスト;実験;試み;《複数》試み. ❷ エッセイ, 随筆;試論. ❸《スポ》試技;(ラグビーの)トライ. ◇à l'~ 試しに. coup d'~ 小手調べ. ~s et erreurs 試行錯誤.

essaie(-) 活 ⇨ essayer.

essaim 男 (ミツバチなどの)群れ, 分封群;《文章》大群, 集団.

essaimage 男 (ミツバチの)分封;(集団の)移住;(企業の)進出.

essaimer 自 (ミツバチが)分封する;移住する;子会社[支店]を設ける.

essartage 男 / **essartement** 男《農》(焼き畑)開墾.

essarter 他 (焼き畑で)開墾する.

essarts 男複 開墾地.

essayage 男 試着;仮縫い.

essayer 他 ❶ 試してみる;テストする;試用[試験]する. ▶ ~ de + inf. …しようと試みる[する] / ~ que + subj. …になるように努力する.
─自 試し, やってみる.
─s'~ (à)…を試みる, (…で)自分の力を試す.

essayeur, se 名 材料試験[製品製造]係;(造幣局の)貨幣検査官.

essayiste 名 エッセー作家, エッセイスト.

esse 囡 S字形のもの;S字形の鉤(かぎ)(バイオリンの胴の)S字形開口部.

essence 囡 ❶ 本質, 神髄. ❷ ガソリン;エッセンス, エキス. ❸ (樹木の)種類. ◇par ~ 本質的に.

essentialisme 男《哲》本質主義.

essentiel, le 形 ❶ (à, pour)(…にとって)本質的な, 不可欠の. ❷ 重要な, 肝心な. ❸《医》本態性の, 特発性の. ─男 重要な点, 核心;大部分.

essentiellement 副 主として;根本的には;本質的に;どうしても, 絶対に.

esseulé, e 形 孤独な, 孤立した.

essieu 男《複》x 男 車軸.

Essonne 囡 ❶ エソンヌ県 [91]. ❷ エソンヌ川.

essor 男 飛躍, 発展;(鳥などが)飛び立つこと, 飛翔(しょう).

essorage 男 水分を取ること, 脱水.

essorer 他 水気を切る, 脱水する.

essoreuse 囡 脱水機;水切り器;遠心分離機.

essoriller 他 (動物の)耳を切る.
essoucher 他《林》根株を取り除く.
 ◇**essouchage** / **essouchement** 男
essoufflé, e 形 息切れした; 停滞した, 不振の.
essoufflement 男 息切れ; 停滞.
essouffler 他 息切れさせる; (活動を)停滞させる.
— s' ~ 息切れする, 四苦八苦する.
essuie(-) 語 ⇨ essuyer.
essuie-glace(s) 男 (自動車の)ワイパー.
essuie-main(s) 男 手ぬぐい, 手ふき.
essuie-meuble(s) 男 家具用ふき布.
essuie-pied(s) 男 靴ふき, 玄関マット.
essuie-tout 男《不変》ペーパータオル.
essuie-verre(s) 男 ガラス器[コップ]用ふき布(ガ).
essuyage 男 ふくこと.
essuyer 他❶ ふく, ぬぐう, ふき取る. ❷(被害などを)こうむる; (不愉快な目に)あう.
— s' ~ ❶ 自分の体をふく. ❷ 自分の(…を)ふく.
est[1] [ɛst] 男《不変》❶ 東, 東部. ❷(l'E~)東部; フランス東部; 東欧(諸国). — 形《不変》東の.
est[2] [e] 他 ⇨ être.
establishment [-ment] 男《英》支配者層, 体制.
estacade 女 (水路内の)柵; 桟橋.
estafette 女 (軍の)伝令.
estafier 男 護衛, 用心棒.
estafilade 女 (顔などの)切り傷; (ストッキングの)伝線.
est-allemand, e 形 (旧)東独の.
estaminet 男 古風 (特に北仏, ベルギーの)小さなカフェ, 居酒屋.
estampage 男❶ 型押し, 箔(は)押し, 拓本取り. ❷ 詐欺.
estampe[1] 女 版画. ► ~ japonaise 浮世絵.
estampe[2] 女 (金)型.
estamper 他❶ 型を押す[取る]. ❷ 語 金を巻き上げる.
estampeur, se 名❶ 型押し工. ❷ 語 金をかる人, 詐欺師.
estampille 女 証印, 検印, スタンプ.
estampiller 他 証印[検印, スタンプ]を押す. ◇**estampillage** 男
estarie 女《商》船積み期間.
est-ce que 副《疑問》(主語と動詞を倒置せずに疑問文を作る) ► Est-ce que c'est cher? それは高いのですか / Quand est-ce qu'on part? いつ出発しようか.
este 形 ⇨ estonien.
ester[1] 自《法》~ en justice 出廷する.
ester[2] 男《化》エステル.
estérifier 他《化》エステル化する.
esthésie 女《生理》感覚能.
esthète 名 唯美[耽(た)美]主義者.
— 形 唯美[耽美]主義の.

esthéticien, ne 名❶ 美容師. ❷ 美学者.
esthétique 女 美学; 美意識; 美しさ. ► ~ industrielle インダストリアル・デザイン. — 形 美的な, 審美的な; 美学的な; 美しい; 美容の, 美顔の.
esthétiquement 副 審美的に; 美しく.
esthétisant, e 形 (軽蔑)形式美にとらわれた.
esthétiser 自 (軽蔑)耽(た)美的な態度をとる.
— 他 理想美にかなったものにする.
esthétisme 男 唯美主義.
estimable 形❶ 尊敬すべき, 立派な. ❷ かなりの, まずまずの.
estimatif, ve / **estimatoire** 形 見積もりの, 評価の.
estimation 女 見積もり, 評価; 算定, 推定.
estime 女❶ (好意的な)評価, 尊重; 尊敬, 敬意. ❷《海》(船位の)推算. ◇ à l' ~ 語 やっと, ざっと見積もって. succès d' ~ 玄人受け.
estimé, e 形 見積もられた, 算定された; 高く評価された.
estimer 他❶ 見積もる, 評価する; 算定する. ❷ 高く評価する; 尊敬する. ❸ 見なす; 考える, 思う.
— s' ~ 自分を…と考える.
estivage 男 (家畜の)夏期山地放牧.
estival, ale 形《男複》**aux** 形 夏(向き)の.
estivant, e 名 夏の滞在客, 避暑客.
estivation 女《生》夏眠.
estive 女 夏期山地放牧(地).
estiver 他 夏期放牧する.
— 自 夏期放牧される.
estoc 男 (切っ先の鋭い)剣.
◇ *frapper d' ~ et de taille* 突いたり切ったりする.
estocade 女 (闘牛士の)とどめの一突き; 不意打ち.
estomac [-ma] 男 胃; 上腹部, みぞおち.
◇ à l' ~ 語 大胆に, 厚かましく. avoir de l' ~ 語 ❶ 腹が出ている. ❷ 腹がすわっている. 肝っ玉が大きい. rester sur l' ~ (食べ物が)胃にもたれる; (嫌なことが)胸にわだかまっている.
estomaquer 他 語 仰天させる, 啞(ぁ)然とさせる.
estompage 男《美》(擦筆(とっ)による)ぼかし; ぼやけること.
estompe 女《美》擦筆(画).
estomper 他《美》擦筆でぼかす; ぼやけさせる, 薄らげる. — s' ~ ❶ ぼやける, 薄らぐ. ◇**estompement** 男
Estonie 女 エストニア (共和国).
estonien, ne 形 エストニアの.
— 名 エストニア人.
— 男 エストニア語.
estoquer 他 (牛に)とどめを刺す.
estouffade 女 蒸し煮料理.
estourbir 他 語 殴り倒す; びっくり仰天させる.
estrade[1] 女 古 battre l' ~ 歩き回る.
estrade[2] 女 壇, 演壇.

estragon 男〖植〗エストラゴン.
estran 男〖地〗(低潮時に現れる)前浜.
estrapade 女〖史〗吊(^2)し落としの刑.
estrogène 形, 男 ⇨ œstrogène.
estropié, e 形, 名 手足が不自由な(人).
estropier 他 ❶ (手足を)不能にする. ❷ (発音, つづりを)間違える, ゆがめる.
— s'~ 手足が不自由になる.
estuaire 男 (大きな川の)河口.
estuarien, ne 形 河口洲の.
estudiantin, e 形 学生の.
esturgeon 男〖魚〗チョウザメ.
et 接 …と; それから; それで; それで, しかも; それなのに.
êta 男 エータ (H, η) (ギリシア字母の第7字).
E.T.A./ETA 男〖略〗《バスク語》Euskadi ta Askatasuna バスクの祖国と自由(スペインにおけるバスク人の急進的な民族主義運動組織).
étable 女 牛小屋; 家畜小屋.
établi, e 形 確立[定着]している; 現行の, 既成の.
— 男 (仕立て屋などの)仕事台.
établir 他 ❶ 設置する, 据える; 確立する, 打ち立てる. ❷ 立証する, 明らかにする. ❸ (文書などを)作成する. ❹ 地位[役目]に就かせる. ❺ ~ un texte 原文を校訂する.
— s'~ ❶ 居を構える; 開業する. ❷ 確立される, 生じる.
établissement 男 ❶ 施設, 機関; 事業所, 店舗. ► ~ classé 公害関係法適用事業所 / ~ financier 金融機関. ❷ 確立, 設立, 制定; 定着. ❸ 立証, 証明. ❹ (文書などの)作成.
étage 男 ❶ (建物の 1 階を除く)階. ► premier ~ 2 階. ❷ 段, 層; (ロケットの)段. ❸〖植〗~s végétation 植物帯.
◇ de bas ~ 低級な; 下層階級の.
étagement 男 段状.
étager 2 他 段状に並べる [重ねる]; 段階的に分ける.
— s'~ ❶ 段状に並ぶ [重なる]. ❷ (sur) (…にわたって)段階的に行われる.
étagère 女 棚, 棚板, 飾り棚.
étagiste 名 有名ロケット組立業者.
étai¹ 男〖海〗(マストの)支索.
étai² 男 支柱.
étaiement 男 ⇨ étayage.
étaient 活 être の直説法半過去 3 人称複数.
étain 男〖化〗スズ; 錫製品, 錫器.
étais, était 活 ⇨ être.
étal 男〖複〗als (ときに aux) ❶ (市場の)物売台, 陳列台. ❷ (肉屋の)肉切り台.
étalage 男 ❶ (商品の)陳列, 陳列台, ショーウインドー; 陳列品. ❷ 誇示, 見せびらかし.
étalager 2 他 陳列する.
étalagiste 名 (ショーウインドーの)ディスプレーアーチスト, 飾り付け係.
étale 形 静止した; (潮, 河川が)動きの止まった. — 男〖海〗停潮.
étalement 男 ❶ (時間的な)分散すること, (支払いなどの)分割. ❷ (物を)広げること.
étaler¹ 他 ❶ 広げる; 陳列する, 並べて見せる; ひけらかす. ❷ 薄く伸ばす, 塗る. ❸ (時間的に)分散する, 支払いなどを)分割する.
— s'~ ❶ 広がる; はっきりと示される. ❷ (人が)倒れる; 寝そべる. ❸ 〘sur〙 (ある期間内に)分散 [分割] される.
étaler² 他〖海〗(風, 潮に)逆航する.
étalon¹ 男 種馬.
étalon² 男 ❶〖計〗原器, 標準器; 〘化 童〙基準, 尺度. ❷〖経〗本位 (= ~ monétaire). ► système d'~-or 金本位制.
étalonnage / étalonnement 男 ❶〖計〗校正, キャリブレーション; 〘心〙(標準検査の)基準.
étalonner 他 ❶ (標準器に合わせて計測器具を)校正する; 目盛りをつける. ❷〘心〙 ~ un test 標準を定めるテストを行う.
étamage 男 錫めっき; (鏡の)銀引き.
étambot 男〖海〗船尾骨材.
étamer 他 錫めっきする; (鏡の)銀引きする.
étameur 男 錫 (ず) 引き工; (鏡の)銀引き工.
étamine¹ 女 粗織の綿布; 漉(^こ)し布.
étamine² 女〖植〗雄しべ.
étampe 女〖金〗プレス型.
étamper 他〖金〗(プレス型で)型打ちする. ▫étampage 男
étampeur 男〖金〗型打ち工.
étamure 女 錫めっき素材; めっき層.
étanche 形 漏れない, 防水の, 気密の; 完全に分離した.
◇ cloison ~ 防水 [水密] 隔壁, 隔絶.
étanchéité 女 防水性; 気密性.
étancher 他 ❶ 流出を止める. ❷ (渇きを)いやす. ▫étanchement 男
étançon 男〖建〗支柱.
étançonner 他 支柱で支える. ▫étançonnement 男
étang 男 池; 湖沼.
étant être の現在分詞.
étape 女 ❶ 宿泊(地), 休憩(地); (軍隊の)宿営(地). ❷ 行程, 旅程; 区間. ❸ 段階, (時)期.
état 男 ❶ 状態, 段階. ► ~ de santé 健康状態 / projet à l'~ d'esquisse まだ概略にとどまる計画 / ~ d'alerte 警戒態勢. ❷ 身分, 法的地位; 〘文章職業〙(複数形)身分制議会. ► ~ civil 戸籍; (役所の)住民課 / E~s généraux [provinciaux] 〖史〗全国 [地方] 三部会. ❸ 〘E~〙国家; 政府; (米国の)州. ► chef de l'E~ 国家元首 (∰ 特定の国の場合 le ~ de l'E~) / homme d'E~ (閣僚級の) 政治家.
❹ (状況の)報告書, 一覧表, リスト.
◇ affaire d'E~ 国事, 国務; 重大問題. coup d'E~ クーデター. en ~ 良好 [正常] な状態の [で]. en ~ de + inf. …することができる状態の. en

étatique

l'~ そのままの状態で. **en tout ~ de cause** いずれにせよ. **être dans tous ses ~s** ひどく動揺[興奮]している. **faire ~ de ...** …を引き合いに出す，よりどころとする；報告する；考慮に入れる. **hors d'~** 故障している. **hors d'~ de + inf.** …することができない状態で. **raison d'E~** 国是；国益優先.

étatique 形 国家の.
étatiser 他 国有化する；国家の統制下に置く. ◇**étatisation** 女
étatisme 男 国家管理主義，国家社会主義. ◇**étatiste** 名 形
état-major；《複》**~s-~** 男 参謀部，司令部；首脳部，幹部.
Etat-providence；《複》**~s-~** 男 福祉国家.
états-unien, ne [-zy-] 形 アメリカ合衆国の.
—名 (E~) アメリカ合衆国人.
États-Unis [-zy-] 男複 アメリカ合衆国. **~ aux ~** …する[で，へ]
étau；《複》**x** 男 万力(禁).
étau-limeur；《複》**~x-~s** 男《機》形削り盤.
étayage / étaiement 男 支柱で支えること；補強.
étayer 12 他 支柱で支える；補強する，強固にする.
etc. [etsetera]《略》⇨ et cetera.
et cetera [etsete-] / **et cætera** (ラ) 副句 その他，等々.
été¹ 男 夏. ▶ **heure d'~** サマータイム. ◇**été de la Saint-Martin** (11月11日の聖マルタン祭のころの)小春日和.
été² être の過去分詞.
éteign- 活 ⇨ éteindre.
éteignoir 男 (円錐形の)ろうそく消し；興ざめなもの[人].
éteindre 88 他 ❶ (火，明かり，テレビなどを)消す. ❷ 弱める；失わせる；《法》(権利などを)消滅させる.
—**s'~** ❶ (火，明かりなどが)消える. ❷ 薄らぐ；失われる. ❸《文章》息を引き取る；(家系の)途絶える.
éteint, e 形 (éteindre の過去分詞) (火などが)消えた；生彩のない；弱まった.
étemperche / éstamperche 女.
étend(-) 活 ⇨ étendre.
étendage 男 (洗濯物などを)広げること；物干し道具.
étendard 男 軍旗，連隊旗；旗印. ◇**lever l'~ de la révolte** 反旗を翻す.
étendi-, étendî- 活 ⇨ étendre.
étendoir 男 物干し用具[場].
étendre 58 他 ❶ 広げる，伸ばす；拡大する. ❷ 寝かす，横にする；《俗》(殴り)倒す. ❸ 薄める；薄く延ばす，塗る. ❹ 話 落第させる.
—**s'~** ❶ 横になる，寝そべる. ❷ 広がる，伸びる，拡大する. ❸ 詳しく述べる.
étendu, e 形 (étendre の過去分詞) 広げた，伸ばした；横たわった；広い，広範な；薄めた.
—女 広がり，広さ，面積；範囲，期間，規模；《楽》音域.

éternel

éternel, le 形 ❶ 永遠の，永久の；不変の；果てしない. ❷ いつもの，お決まりの. —男 (l'E~) 永遠なる者，神.
éternellement 副 いつも，絶えず；永遠に；果てしなく.
éterniser 他 長引かせる；《文章》不朽のものとする.
—**s'~** 長引く；話 長居する.
éternité 女 永遠；不滅，不変性；長い時間；《宗》来世. ▶ **depuis une ~** ずっと前から / **de toute ~** はるか昔から.
éternuer 自 くしゃみをする. ◇**éternuement** 男
êtes 活 ⇨ être.
étésien 形 男《地》 **vents ~s** エテジアン (6～9月のエーゲ海の北風).
étêter 他 頭を切り取る；(木の先端を)刈り込む. ◇**étêtage / étêtement** 男
éteule 女《農》刈り株.
éthane 男《化》エタン.
éthanol 男《化》エタノール.
éther 男 ❶《化》エーテル. ❷ (天空の)霊気，精気；《詩》天空.
éthéré, e 形 ❶《文章》軽やかな；精妙な，至純な. ❷《化》エーテルの.
éthéromane 名 形 エーテル中毒の(人). ◇**éthéromanie** 女
Éthiopie 女 エチオピア.
éthiopien, ne 形 エチオピアの.
—名 (E~) エチオピア人.
—男 エチオピア諸語.
éthique 形 倫理(学)の. ▶ **~ médicale** 生命倫理学，バイオエシックス.
—女 倫理(学)の；道徳に関する.
ethniciser 他 民族的性格を与える.
ethnicité 女 民族的性格.
ethnie 女 民族.
ethnique 形 民族の. ◇**ethniquement** 副
ethnobiologie 女 民族生物学.
ethnocentrisme 男 自民族中心主義. ◇**ethnocentrique** 形
ethnocide 男 民族文化の破壊；民族の抹殺.
ethnographe 名 民族誌学者.
ethnographie 女 民族誌学. ◇**ethnographique** 形
ethnolinguistique [-gųi-] 女 形 民族言語学[の].
ethnologie 女 民族学. ◇**ethnologique** 形
ethnologue 名 民族学者.
ethnométhodologie 女《社》エスノメソドロジー.
ethnomusicologie 女 民族音楽学. ◇**ethnomusicologique** 形
ethnonyme 男 民族の名称.
ethnopsychiatrie 女 民族精神医学.
ethnopsychologie [-kɔ-] 女 民族心理学.
éthologie 女 動物行動学，エソロジー. ◇**éthologique** 形
éthologiste / éthologue 名 動物行動学者.
éthos [-s] 男 エートス (習俗を通して形成される気風や性格).
éthuse 女 ⇨ æthuse.

éthyle 男 [化] エチル(基).
éthylène 男 [化] エチレン(基).
éthylénique 形 [化] エチレン系の.
éthylique 形 [化] アルコール中毒の;[化] エチル基を含む.
— 名 アルコール中毒患者.
éthylisme 男 [医] アルコール中毒.
éthylotest [-st] / **éthylomètre** 男 飲酒検知器.
éthylsulfurique 形 [化] acide ~ エチル硫酸.
étiage 男 (河川の)最低水位; 渇水.
étier 男 (塩田に海水を引く)水路.
étiez 活 ⇨ être.
étincelage 男 [放] 放電加工; [医] 電気乾燥法.
étincelant, e 形 輝く, きらめく; 輝かしい.
étinceler 自 輝く, きらめく.
étincelle 女 火花, 火の粉; 輝き, きらめき. ◊ faire des ~ [話] (1) 輝かしい成果をあげる; 聡明(認)である. (2) (物事が)世間を騒がせる.
étincellement 男 輝き, きらめき.
étiolement 男 (植物の)しおれること, 白化; 軟白栽培; 虚弱化, 衰え.
étioler 他 (植物を)しおれさせる, 軟白する; 虚弱にする, 衰えさせる.
— s'~ (植物が)しおれる, 軟白する; 虚弱になる, 衰える.
étiologie 女 [医] 病因(論).
étiologique 形 ❶ [医] 病因(論)の. ❷ mythe ~ 起源神話.
étions 活 ⇨ être.
étique 形 [文語] やせ細った; 貧弱な.
étiqueter 他 ❶ ラベル[札]をつける; (人などに)レッテルを貼(*)る. 卯étiquetage 男
étiqueteur, se 名 ラベルつけ作業員. — 男 ラベラー(ラベルを貼る機械).
étiquette 女 ❶ ラベル, 札礼, 値札, 荷札; (人などに貼る)レッテル. ❷ エチケット, 礼儀作法.
étirable 形 伸ばすことのできる.
étirage 男 (ガラスの)引き上げ; (繊維の)延伸; (金属の)引き抜き加工.
étirement 男 (金属, ガラス, 繊維などの)伸ばし; 手足を伸ばすこと.
étirer 他 (金属, ガラス, 繊維などを)引き伸ばす; (手足を)伸ばす.
— s'~ 伸びる; 伸びをする.
étireur, se 名 (金属, ガラス, 繊維などを)引き伸ばす職人.
étoc 男 [海] 干出岩(干潮時に海面に現れる岩礁の頭).
étoffe 女 ❶ 生地, 布地, 織物. ❷ 素質, 才能; (作品などの)素材, 内容.
étoffé, e 形 内容の豊かな, 充実した; 恰幅(第)のよい. ► voix ~e 声量豊かな声.
étoffer 他 ❶ 布地をたっぷり使って作る. ❷ 内容を充実させる.
étoile 女 ❶ 星. (占星術の)星; 運勢. ❷ 星形, 星印; 放射状のひび割れ; (放射状に広がる)円形広場. ❸ スター, 花形. ❹ [軍] (将官の階級を示す)星. ❺ [動] ~ de mer ヒトデ.
étoilé, e 形 ❶ 星の出た; 星印をちりばめた. ❷ 星印の入った; 星形の; 放射状

の. ► bannière ~e 星条旗.
étoilement 男 放射状の(ひび割れ); 星が出ている[星をちりばめる]こと.
étoiler 他 ❶ 放射状のひびを入れる. ❷ [文語] 星をちりばめる; きらきら輝かせる.
étole 女 ストラ(司教, 司祭がかける細長い帯); (毛皮の)ストール, 肩かけ.
étonnamment 副 驚くほど.
étonnant, e 形 驚くべき.
étonné, e 形 驚いた.
étonnement 男 驚き. ► à mon ~ 私が驚いたことに.
étonner 他 驚かせる. ► Ça m'*étonnerait*. まさか, そんなばかな.
— s'~ 驚く; 驚嘆する.
étouffade 女 蒸し煮料理.
étouffant, e 形 息が詰まるような; 重苦しい.
étouffé, e 形 ❶ 窒息した; 息の詰まった. ❷ (声, 感情などが)押し殺された, 抑えられた.
étouffe-chrétien 男 [不変] 語 喉(②)に詰まる[飲み込みにくい]食べ物.
étouffée 女 [料] 蒸し煮.
étouffement 男 窒息, 呼吸困難; 息苦しさ; 鎮圧, 抑圧; もみ消し.
étouffer 他 ❶ 窒息させる; 息苦しくする. ❷ (火を)消す; (音を)弱める; (事件を)もみ消す, 鎮める; (感情を)押し殺す. ❸ (植物の)生育を妨げる.
— 自 窒息する; 息苦しい, 息が詰まる.
— s'~ 窒息する, 息が詰まる.
étouffoir 男 ❶ 息が詰まりそうな場所[部屋]. ❷ (ピアノなどの)ダンパー.
étoupe 女 麻[亜麻]屑(②).
étouper 他 パッキングでふさぐ.
étourderie 女 軽率さ, そそっかしさ; 軽率な行動.
étourdi, e 形, 名 軽率な(人), そそっかしい(人).
étourdiment 副 軽率に, うっかり.
étourdir 他 ❶ 目を回させる, 茫(④)然とさせる; 頭をぼうっとさせる, 酔わせる. ❷ うるさがらせる, 悩ませる. — s'~ ❶ 気を紛らす. ❷ (de) (…に)酔う.
étourdissant, e 形 ❶ 耳を聾(③)するような, やかましい. ❷ 驚くべき, 素晴らしい.
étourdissement 男 ❶ めまい, 失神. ❷ 陶酔, 酔うこと. ❸ 気晴らし.
étourneau 男 [複] x [鳥] ❶ ムクドリ. ❷ [話] おっちょこちょい.
étrange 形 奇妙な, 変わった, 不思議な. ❷ 奇妙なこと.
étrangement 副 奇妙に; 驚くほどに.
étranger, ère 形 外国(人)の; 外交の; 外部の, よそ者の; 未知の; 無縁の, 無関係の. — 名 外国人; よそ者, 部外者. — 男 外国.
étrangeté 女 ❶ 奇妙さ; [文語] 奇妙なもの[こと]. ❷ [心] 疎遠感. ❸ [物] ストレンジネス.
étranglé, e 形 ❶ 喉(②)が詰まった, 絞めつけられた; 狭い.
étranglement 男 ❶ 喉(②)[息] が詰まること; 絞殺. ❷ (急な)狭まり. ❸ [文語] 弾圧.
étrangler 他 ❶ 絞め殺す; 窒息させ

étrangleur

る); 喉(%)[息]を詰まらせる. ❷ 締めつける; 弾圧する; (経済的に)圧迫する.
— **s'~** 息が詰る, 窒息する.

étrangleur 男
— 形 首を締める.

étrave 女 船首(材), 軸(%)先.

être 自 ❶ ❶ …で ある. ► Paul est grand. ポールは背が高い. ► …にいる[ある]; 存在する. ► Il est à Paris. 彼はパリにいる / Je pense, donc je suis. 我思う, ゆえに我あり(デカルト). ❸《前置詞とともに》► Ce crayon est à moi. この鉛筆は私のです / Il est à son travail. 彼は仕事中である / Il est de Normandie. 彼はノルマンディーの生まれである / Je suis de votre avis. あなた(方)の意見に賛成です. ❹《複合時制, 単純過去で》…に行った(ことがある). ► J'ai été à Rome l'an dernier. 私は去年ローマに行った.
❷《非人称構文》❶《時間》► Il est huit heures. 8時です. ❷《形式主語》Il est ... de + inf. [que ...] …は…だ. ► Il [C'] est facile de dire cela. そう言うのは簡単だ. ❸《文章》► Des ~s がある, いる(=il y a). ► Il est des gens qui ... …な人々がいる.
❸《助動詞として, 過去分詞とともに》❶《少数の自動詞とすべての代名動詞の複合時制》► Elle est venue en vélo. 彼女は自転車でやって来た / Elle s'est lavée [s'est lavé les mains]. 彼女は体を洗った[手を洗った]. ❷自動詞の過去分詞は主語の性数に一致させる. 代名動詞の過去分詞は, se が間接目的語となる場合を除いて, se(すなわち主語)の性数に一致させる. ❸《受動態》► Elle est aimée de tout le monde. 彼女はみんなに愛されている.
◊ *cela étant* 事情がそうであるから. *en ~* ❶ (仕事などで)…まで進んでいる. ❷ Où en êtes-vous? どこくらい進んでいますか. (2) 参加する. *en ~ à + inf.* …するまでになっている. *fût [serait]-ce* 文章 たとえ…であろうとも. *Il en est ... de [pour] ...* (...について)事情が…である. *ne fût [serait]-ce que ...* 文章 たとえ…にすぎなくとも.
— 男 ❶ 生き物; 存在物;〖哲〗存在. ► ~ *vivant* 生き物. ❷ 人間 (~ humain); 諸 (軽蔑)やつ. ❸ 心, 内面. ► *de tout son ~* 心から.

éteign- 語 ⇒ éteindre.

étreindre 他 締めつける; 抱き締める; 心[胸] を締めつける.
— **s'~** 抱き締め合う.

éteint, e étreindre の過去分詞.

étreinte 女 締めつけ; 抱擁; (精神的)重圧.

être-là 男〖哲〗現存在.

étrenne 女《複数》お年玉; 心付け.
◊ *avoir l'~ de ...* …を初めて使う.

étrenner 他 初めて使う.
— 自 謔 最初に代金を払う, 損をする.

êtres 男複 文章 (家の)間取り.

étrésillon 男〖建〗(崩壊防止の)突っ張り; 支柱.

étrier 男 ❶〖馬〗鐙(&). ❷〖登山〗(人工登攀(ë)の足場用) あぶみ.
◊ *avoir le pied à l'~* 出発しようとしている; 成功する絶好の位置[立場]にいる. *mettre le pied à l'~ à ...* …の滑り出しを助ける. *vider les ~s* 落馬する.

étrille 女 馬櫛(ど); 〖動〗ガザミの一種.

étriller 他 ❶ (馬に)櫛(ど)をかける. ❷ ひどい目にあわせる; 酷評する; 謔 (客から)ぼる.

étripage 男 (動物の)内臓を取り出すこと; 語 殺戮(な).

étriper 他 (動物の)内臓を取り出す; 語 めった切りにする, 殺す.

étriqué, e 形 窮屈な; 狭苦しい; 偏狭な.

étriquer 他 締めつける, 窮屈にする.

étrivière 女〖馬〗鐙(ほ)革.

étroit, e 形 ❶ 狭い, 窮屈な (考えなどが)狭い, 狭量な. ❷ 緊密な 厳密な. ◊ *à l'~* 狭い所で; 窮屈に.

étroitement 副 狭く, 窮屈に; 緊密に; 厳密に.

étroitesse 女 狭さ; 狭量さ.

étron 男 糞(ふ), ふん.

Étrurie 女 エトルリア(イタリア中西部の古名).

étrusque 形 エトルリアの.
— 名 (E~) エトルリア人.
— 男 エトルリア語.

étude 女 ❶ 勉強;《複数》学校教育, 学業. ❷ 研究; 研究書[論文]; 調査; 練習, 稽古. ❸ (学校の)自習室; 自習時間. ❹ (公証人などの)事務所, 仕事部屋. ❺〖美〗習作;〖楽〗練習曲, エチュード.
◊ *être à l'~* 検討中である.

étudiant, e 名 (大学などの)学生.
— 形 学生の.

étudié, e 形 ❶ 用意周到された, 吟味された. ❷ わざとらしい, 気取った.
◊ *prix ~* ぎりぎりまで下げた値段.

étudier 他 勉強する; 研究する; 練習する, 検討する.
— **s'~** 自己観察する.

étui 男 容器, ケース; (銃の)ホルスター.

étuve 女 (風呂の)発汗室; 蒸気[乾熱]滅菌器; 謔 蒸し暑い場所.

étuvée 女〖料〗蒸し煮.

étuver 他 熱消毒する;〖料〗蒸し煮する. ⇒ **étuvage**.

étymologie 女 語源(学).

étymologique 形 語源(学)の.

étymologiquement 副 語源(学)的に.

étymologiste 名 語源学者.

étymon 男〖言〗(派生の元となる)語源核.

eu, e [y] avoir の過去分詞.

eucalyptol 男〖薬〗ユーカリプトール.

eucalyptus [-s] 男〖植〗ユーカリ.

eucharistie [-ka-] 女〖キ教〗聖餐(%)(式);〖カト〗聖体(の秘跡).
⇒ **eucharistique**.

euclidien, ne 形〖数〗ユークリッド Euclide の.

eudémis [-s] 男《昆》ブドウハマキ.
eugénique 名 優生学的. **eugénisme** 男 優生学.
eugéniste 名 優生学者.
euglène 女《動》ミドリムシ.
euh 間 うーむ, あのー, まあ(困惑, 不信, ためらいなど).
eûmes 活 ⇨ avoir.
eunectre 男《動》アナコンダ.
eunuque 男 宦官(☆); 去勢された男性; 国軟弱な男.
eupatoire 女《植》ヒヨドリバナ.
eupeptique 形 消化を助ける.
—男 消化促進剤.
euphémique 形 婉曲語法の, 遠回しの. ◇**euphémiquement** 副
euphémisme 男 婉曲語法, 遠回しの表現.
euphonie 女《楽》ユーフォニー(快い音, 響きのよい音);《音声》好音調.
euphonique 形《音声》音調上の; 口調[音調]をよくする.
◇**euphoniquement** 副
euphorbe 女《植》トウダイグサ.
euphorbiacées 女複《植》トウダイグサ科.
euphorie 女 幸福感, 陶酔感.
euphorique 形 幸福感に満ちた.
euphorisant, e 形 幸福感を与える. —男《医》多幸薬.
euphoriser 他 幸福感を与える.
euphraise 女《植》コメグサ.
eurafricain, e 形 ヨーロッパとアフリカの.
eurasiatique 形 ユーラシアの.
Eurasie 女 ユーラシア大陸.
eurasien, ne 形 ヨーロッパの; 欧亜混血の. —名 (E〜) ユーラシア人; 欧亜混血の人.
Euratom 男《略》Communauté européenne de l'énergie atomique ヨーロッパ原子力共同体.
Eure 男 ウール県 [27]. —女 ウール川.
Eure-et-Loir 男 ウール=エロアール県 [28].
eurêka 間 分かった(良案などが思い浮かんだときの表現).
eurent 活 ⇨ avoir.
euro 男 ユーロ(欧州連合の通貨. 記号 €). ▶ zone 〜 ユーロ圏. 注 硬貨, 紙幣上では複数形 euro.
eurobanque 女 ユーロマネーを管理する銀行, ユーロバンク.
eurocentrisme 男 ヨーロッパ中心主義.
eurocommunisme 男 ユーロコミュニズム, 西欧型共産主義.
eurocommuniste 形, 名 ユーロコミュニズムの(推進者).
eurocrate 男 ユーロクラート(ヨーロッパ共同体で働く官僚).
eurodéputé, e 名 欧州議会議員.
eurodevise 女《経》ユーロカレンシー, ユーロマネー.
eurodollar 男《英》ユーロダラー.
eurodroite 女 ヨーロッパ右翼 [極右] (の総称).
euro-émission 女《経》ユーロカレンシー建ての株式[債券]の発行.

eurofranc 男《経》ユーロフラン.
euromarché 男《経》ユーロ市場, ユーロカレンシー市場.
euromissile 男 ユーロミサイル(米国が NATO 諸国に配備した戦域核ミサイル).
euromonnaie 女 ⇨ eurodevise.
euro-obligation 女 ユーロ債.
euro-obligatoire 形 ユーロ債の.
Europe 女 ヨーロッパ.
européanisation 女 ヨーロッパ化; ヨーロッパレベルでのとらえ方.
européaniser 他 ヨーロッパ化する; ヨーロッパレベルでとらえる.
—s'〜 ヨーロッパ化する; ヨーロッパ全体を対象にする.
européanisme 男 ヨーロッパ統合主義; ヨーロッパ精神.
européanité 女 ヨーロッパ的性格.
européen, ne 形 ヨーロッパの; ヨーロッパ統合を目指した. —名 ❶ (E〜) ヨーロッパ人. ❷ ヨーロッパ統合主義者.
européocentrisme 男 ⇨ eurocentrisme.
euroscepticisme 男, 名 欧州連合の将来に疑問を抱く(人).
eurosignal 男《商標》ユーロシニャル(ポケベル).
euro euros-　
eurostar ユーロスター(ユーロトンネルを通ってパリ, ロンドンを結ぶ高速列車).
eurotunnel 男《無冠詞》ユーロトンネル.
Eurovision 女 ユーロビジョン(ヨーロッパ諸国間の放送番組交換中継組織).
eurythmie 女 調和, 均整.
eus [y] 活 ⇨ avoir.
euskara / euscara 男 バスク語.
euskarien, ne / euscarien, ne 形 バスク地方[人, 語]の. —名 (E〜) バスク人. —男 バスク語.
eusocial [-sɔ-] 形 真社会性の.
euss- [ys-] 活 ⇨ avoir.
eustache 男 ポケットナイフ.
eustatisme 男《地》海水準変動(海面の昇降). ◇**eustatique** 形
eut, eût(-) [y(t)-] 活 ⇨ avoir.
euthanasie 女 安楽死.
◇**euthanasique** 形
euthanasier 他 安楽死させる.
eutocie 女《医》正常分娩(☆).
◇**eutocique** 形
eutrophisation 女 (湖などの)富栄養化.
eux 代《人称》《3人称男性複数男性形・強勢形》彼ら.
eux-mêmes 代《人称》彼ら自身, それら自体.
eV《記》《物》électronvolt 電子ボルト.
E.V.《略》en ville (郵便物の表記で)持参便.
évacuant, e 形 便通をよくする.
—男 下剤.
évacuateur, trice 形 排水用の.
—男 〜 de crues《土木》洪水吐き.
évacuation 女 ❶ 退去, 避難; 撤去. ❷ 排気, 排水; 排泄(☆).
évacué, e 形 撤退した, 立ち退いた.
—名 避難民, 退去者.

évacuer

évacuer 他 ❶ 退去[避難]させる；(場所から)退出[撤退]する，明け渡す． ❷ 排水[排出]する；排泄(ﾊﾞ)する．

évadé, e 形 脱走した． ─名 脱走者，脱獄囚．

s'évader 代動 逃げ出す，抜け出す；逃避する．

évaluable 形 評価し得る；見積もられる．

évaluatif, ve 形 見積もりの．

évaluation 女 評価(額)，見積もり(額)．

évaluer 他 評価する，見積もる；推定する．

évanescence 女 [文章] 徐々に消えゆくこと，はかなさ．

évanescent, e 形 [文章] 徐々に消えゆく，はかない．

évangéliaire 男 〖+教〗礼拝式用福音集．

évangélique 形 福音(書)の，福音(書)にかなった；福音主義の，新教の．

évangéliquement 副 福音書にのっとって．

évangélisateur, trice 形 福音を説く，伝道する． ─名 福音伝道者．

évangéliser 他 福音を説く，伝道する． □**évangélisation** 女

évangélisme 男 福音的性質；福音主義．

évangéliste 男 福音史家；福音書の作者；(プロテスタントの)福音伝道者，巡回牧師．

évangile 男 ❶ (E~) 福音(書)． ❷ (ミサで読む)福音書の一節． ❸ (思想，主義の)聖典，バイブル． ◊**parole d'** ~ 絶対的真理．

évanoui, e 形 気を失った；消えうせた．

s'évanouir 代動 気を失う，気絶する；消えうせる．

évanouissement 男 気絶，失神；消えうせること，消滅．

évaporateur 男 蒸発器[装置]；乾燥機．

évaporation 女 蒸発，気化．

évaporé, e 形 ❶ 蒸発[気化]した，消えうせた． ❷ 軽薄な，軽率な． ─名 軽薄な人．

évaporer 他 蒸発させる． ─**s'**~ ❶ 蒸発[気化]する；[文章] 消えうせる；圏姿をくらます．

évapotranspiration 女 〖気〗蒸発散．

évasé, e 形 口[裾(ﾂ)]の広がった．

évasement 男 口の広がった形状．

évaser 他 (管などの口を)広げる；(衣服の裾(ﾂ)を)広げる． ─**s'**~ 口[裾]が広がる．

évasif, ive 形 曖昧(ｱｲ)な，逃げ腰の，言い逃れの．

évasion 女 脱走，逃走；気分転換． ► ~ de capitaux 資本の国外逃避 / ~ fiscale 脱金逃れ，脱税．

évasivement 副 曖昧(ｱｲ)に，逃げ腰で．

évêché 男 司教区［職，館］．

éveil 男 (感情，知性などの)目覚め，芽生え；覚醒(状態)． ◊**donner l'** ~ (à

...) (…の)注意を促す；(…に)警戒させる． **en** ~ 目覚めで；警戒で．

éveillé, e 形 活発な，明敏な；目覚めている．

éveiller 他 (感情などを)呼び覚ます，引き起こす；文章 眠りから覚ます． ─**s'**~ ❶ (感情などが)目覚める，芽生える；文章 眠りから覚める． □**éveilleur, se** 名

éveinage 男 [医] 静脈抜去(術)．

événement / évènement 男 出来事，事件；[複数] 緊迫した情勢；騒動． ◊**heureux** ~ おめでた，出産．

événementiel, le 形 ❶ 事件だけを記述する，事件の． ❷ [心] 特定の出来事に関連する．

évent 男 ❶ (酸化によるワインの)変質． ❷ (鯨類の)噴気孔；(サメなどの)呼吸孔． ❸ (タンクの)ガス抜き口．

éventail 男 扇，扇子で；(選択の)幅，範囲．

éventaire 男 (屋外の)陳列台，物売り台；[古風] (売り子が首にかける)盆．

éventé, e 形 ❶ 風の当たる，吹きさらしの． ❷ 変質した，気の抜けた． ❸ 暴かれた，露顕した；周知の．

éventer 他 ❶ (扇などで)あおぐ；外気にさらす． ❷ 暴く，見破る． ─**s'**~ ❶ (自分を)あおぐ． ❷ (空気に触れて)変質する，気が抜ける．

éventration 女 [医] 内臓脱出．

éventrer 他 腹を裂く；大きく裂く，大きな穴をあける． ─**s'**~ 自分の腹を裂く；大破する．

éventreur 男 腹を切り裂く者．

éventualité 女 (起こり得る)可能性，万一の事態． ► **dans l'** ~ **de** ……となった場合には．

éventuel, le 形 (場合によっては)起こり得る，可能性のある；不確定の．

éventuellement 副 場合によっては，必要であれば．

évêque 男 (カトリックの)司教；(ギリシア正教，英国国教会の)主教；(プロテスタントの)監督．

s'évertuer 代動 (à) (…しようと)努力する．

éviction 女 追放，排斥；〖法〗追奪． ► ~ scolaire (伝染病の児童の)登校禁止．

évidage 男 えぐる[くりぬく]こと．

évidemment 副 もちろん，当然，明らかに．

évidence 女 明白なこと；明白さ；自明の理；明証性． ◊**à l'** ~ = **de toute** ~ 明らかに． **en** ~ はっきりと，目立つように． **se mettre en** ~ 自分を目立たせる．

évident, e 形 はっきりした，明白な． ◊**ne pas être** ~ [話] 簡単な易しいことではない．

évider 他 くりぬく；えぐる；(襟などを)くる．

évidure 女 くりぬかれた穴［くぼみ］．

évier 男 (台所の)流し台．

évincer ⓵ 他 (策略で)追放[排除]

する;〖法〗所有権を(剥)奪する。
◊**évincement** 男

éviscérer 他〖医〗臓器を摘出する。◊**éviscération** 女

évitable 形 避けられる。
évitement 男〖鉄道〗voie d'~ 待避線, 側線。
éviter 他 ❶ 避ける, よける。► ~ de + inf. [que + subj.] …しないようにする。❷ (à) (…に) 免れさせる。

évocable 形 呼び起こし得る。
évocateur, trice 形 ❶ 連想をかきたてる;《de》(…を) 思い起こさせる。❷ (霊などを) 呼び出す力のある。
——名 霊媒, 降霊術者。

évocation 女 ❶ 喚起, 想起。❷ 言及, 示唆。❸ 降霊;呼び出された霊。❹〖法〗訴訟移送。

évocatoire 形 ❶ 喚起[想起]させる。❷ 降霊の。

évolué, e 形 進歩[進化]した。
évoluer 自 ❶ 進展[進化]する, 変化する。❷ 動き回る(船や飛行機が)旋回する。

évolutif, ve 形 進歩する;変化する。〖医〗進行性の。

évolution 女 ❶ 進展, 進行;変化;〖生〗進化。❷ 動き;旋回;〖軍〗移動;展開行動。

évolutionnisme 男 進化論。
évolutionniste 形 進化論の。
——名 進化論者。

évoquer 他 ❶ 思い出す, 思い起こす;思い起こさせる, 連想させる。❷ 言及する。❸ (霊などを) 呼び出す。❹〖法〗(上級審が下級審係属事件を) 取り上げる。

Évreux エヴルー(Eure 県の県庁所在地;工業都市)。
Évry エヴリー(Essonne 県の県庁所在地;セーヌ川沿いの新興都市)。

ex.(略) exemple 例。
ex abrupto [ɛksa-] 副句《ラ》いきなり。

exacerbation 女 (感情などの) 激化;(病状の) 悪化。
exacerber 他 (感情, 苦痛などを) 激化させる。——s'~ 激化する。

exact, e 形 [-(kt), (kt)] 形 ❶ 正しい, 正確な;厳密な。► sciences ~es 精密科学。❷ (人が) 時間に正確な;きちょうめんな。

exactement 副 ❶ 正確に;厳密に。❷ (単独で) そのとおり。
exaction 女 不当徴収, 搾取;《複数》(人民への) 暴虐, 略奪。
exactitude 女 ❶ 正確さ;厳密さ。❷ 時間厳守;律儀さ。
ex æquo [ɛgzeko] 副句《ラ》同順位に。——形 (不変) 同順位の。
exagération 女 ❶ 誇張;大げさな言葉, 誇張表現。❷ 過度, 極端。
exagéré, e 形 過度の, 極端な;誇張した, 大げさな。
exagérément 副 極端に, 過度に。
exagérer 他 誇張する;強調する, 大げさに言う;度を過ごす;勝手気ままに振る舞う。——s'~ 過大に考える。

exaltant, e 形 興奮[熱狂]させる。
exaltation 女 ❶ 興奮, 熱狂, 高揚。❷ 文章 称揚, 賛美。
exalté, e 形 興奮[熱狂, 高揚]した。——名 ひどく興奮[熱狂]した人, 狂信者。
exalter 他 ❶ 興奮[熱狂, 高揚]させる;(感情などを) かき立てる。❷ 文章 たたえる, 称揚する。——s'~ 興奮[熱狂, 高揚]する。

examen [-mɛ̃] 男 ❶ 試験, テスト;検討, 検査, 調査。► ~ médical 健康診断 / ~ de conscience 自省。

examinateur, trice 名 試験官。
examiner 他 検討[検査, 調査]する;試験する;観察する;診察する。
exanthème 男〖医〗発疹(ん)。
exaspérant, e 形 いらだたせる。
exaspération 女 ❶ 激しいいらだち;文章 (苦痛, 感情の) 高まり, 激化。
exaspéré, e 形 激しくいらだった;(苦痛, 感情が) 激化した。
exaspérer 他 ❶ 激しくいらだたせる。❷ (苦痛, 感情を) 激化させる。
exaucer 他 ❶ (祈り, 願いを) 聞き入れる, かなえる。◊**exaucement** 男

Exc.(略) Excellence 猊(ゲ)下。
ex cathedra [-te-] 副句《ラ》権威をもって, 厳かに;《カト》権威の座から。
excavateur 男 掘削機。
excavation 女 穴, くぼみ;掘削。
excavatrice 女 小型掘削機。
excaver 他 掘る, 掘削する。
excédant, e 形 いらだたせる, うんざりする。
excédé, e 形 いらだった, うんざりした;酷く疲れ切った。
excédent 男 超過, 過剰;黒字。
excédentaire 形 過剰の, 超過している;黒字の。
excéder 他 ❶ 超過する, 超える。❷ いらいらさせる, うんざりさせる。

excellemment 副 素晴らしく, 見事に。
excellence 女 ❶ 素晴らしさ, 優秀さ。❷ (E-) 閣下, 猊下(げ)(大使, 大臣, 司教の尊称)。
◊par ~ 典型的の;特に。
excellent, e 形 素晴らしい, 優秀な, 見事な。
exceller 自 (en, dans, à) (…に) 優れている, ぬきん出る。
excentré, e 形 中心から外れた[遠い], 偏心の。
excentrer 他 中心軸をずらす。
excentricité 女 ❶ とっぴさ, 奇抜さ;奇行。❷ 中心から離れていること。
excentrique 形 ❶ とっぴな, 奇抜な。❷ 中心から外れた;〖数〗偏心の。
——名 変わり者, 奇人。
——男〖機〗偏心機構, 偏心カム。
excentriquement 副 とっぴに, 奇抜に。

excepté, e 形 …を除いて, …以外(名詞のあとに置かれ, 性数が一致する)。
——**excepté** 前 …を除いて, …以外に。
◊~ que + ind. / cond. …ということを除いて。
excepter 他 除外する, 別にする。

exception 囡 除外; 例外; まれな例;〖法〗抗弁.
♦ à l'~ de ... …を除いて. d'~ 例外的な, 特別の. faire ~ 例外をなす. par ~ 例外的に.

exceptionnel, le 形 例外的な, 特別の, 異例の; 並々外れた.
☐**exceptionnellement** 副

excès 男 ❶ 過剰, 過度; 行き過ぎ. ► à l'~ 過度に / ~ de vitesse スピードの出しすぎ / ~ de langage 暴言 / faire un ~ 暴飲暴食をする. ❷《複数》不摂生；暴力行為.

excessif, ve 形 過度の, ひどい, 極端な; すごい, たいへんな.
☐**excessivement** 副

exciper 自《de》〖法〗(…を)理由に異議を申し立てる; 文헐に訴える.

excipient 男〖薬〗(薬を飲みやすくする)補薬, 結合剤.

excise 男〖英〗消費税, 物品税.

exciser 他〖医〗切除する.

excision 囡〖医〗切除.

excitabilité 囡 興奮しやすさ;〖生〗被刺激性.

excitable 形 興奮しやすい;〖生〗刺激に反応する.

excitant, e 形 ❶ 興奮させる, 刺激的な; 欲情をそそる. ❷ 覚醒作用のある. — 男 覚醒作用があるもの, 覚醒剤.

excitateur, trice 形 興奮させる, 扇動する. — 名 扇動者, 挑発者. — 男〖電〗放電叉(¹).

excitation 囡 ❶ 興奮, 刺激, いらだち. ❷ 扇動; 駆り立てること. ❸〖物〗励磁, 励起.

excité, e 形, 名 興奮した(人).

exciter 他 ❶ 興奮させる, 刺激する; いらだたせる. ❷ (感情などを)かき立てる, そそる; 引き起こす. ❸《à》(…に)駆り立てる.
— s'~ ❶ 興奮する; いらだつ. ❷ 諂《sur》(…に)夢中になる.

excitomoteur, trice 形〖生理〗運動刺激性の.

excitron 男〖物〗励起子.

exclamatif, ve 形〖文法〗感嘆の.
— 男 感嘆文.

exclamation 囡 (驚き, 喜びなどの)叫び; ~ point d'~ 感嘆符(!).

s'exclamer 代動 叫ぶ, 声を上げる.

exclu, e 形 (exclure の過去分詞) ❶ 排除[除名]された. ❷ 認められない, あり得ない.
— 名 追放者, 除名者; のけ者.

exclure 他 ❶ 排除[除名]する, 締め出す. ❷ 認めない, 否定する; 相いれない, 両立しない.
— s'~ ❶ 互いに相いれない. ❷ 自分から身を引く.

exclusif, ve 形 ❶ 独占的な, 排他的な, 唯一の; 偏狭な.《de》(…と)相いれない, (…を)寄せつけない.

exclusion 囡 追放, 除名, 退学; 除外. ► ~ sociale (不十分な教育や失業などによる)社会的排除.
♦ à l'~ de ... …を除いて.

exclusive 囡 除名(処分), 排斥.

exclusivement 副 ❶ もっぱら, ひたすら. ❷ 除いて, 含めずに.

exclusivisme 男 排他性.

exclusivité 囡 ❶ 独占権; 専売特[品];(映画の)独占上映, ロードショー; スクープ(記事).
♦ en ~ 独占的に.

excluss-, exclut-, exclût- 活 ⇨ exclure.

excommunication 囡(カトリックで)破門;(党などからの)除名.

excommunié, e 形, 名 破門[追放]された.

excommunier 他 破門[追放]する.

excoriation 囡 擦り傷.

excorier 他 むく.

excrément 男 糞(ふん); 便.
☐**excrémentiel, le** 形

excréter 6 他 排泄(はいせつ)する.

excréteur, trice / excrétoire 形 排泄の.

excrétion 囡 排泄;《複数》排泄物.

excroissance 囡 いぼ, ポリープ; 瘤.

excursion 囡 ❶ 遠足, ハイキング; 小旅行. ❷〖電〗~ de fréquence 周波数偏移.

excursionner 自 遠足[小旅行]をする. ☐**excursionniste** 名

excusable 形 許せる, 無理もない.

excuse 囡 ❶ 言い訳, 弁解; 口実. ► mot d'~ 欠席届. ❷《複数》わび, 謝罪. ❸〖法〗宥恕(ゆうじょ).

excuser 他 ❶ 許す, 大目に見る. ❷ 弁護する;(物の)口実[言い訳]になる.
♦ Excusez-moi. すみません; 失礼ですが.
— s'~ ❶ 弁解する; わびる. ❷ 許される.

exeat [egzeat] 男《不変》(外出)許可(証).

exécrable 形 ひどい, 最悪の;〖文〗忌まわしい.

exécrablement 副 ひどく, 非常にまずく.

exécration 囡 憎悪, 嫌悪;〖固〗呪詛.

exécrer 6 他 嫌悪[憎悪]する.

exécutable 形 実行[実現]できる; 演奏可能な.

exécutant, e 名 実行者, 執行者; 演奏者[家].

exécuter 他 ❶ 実行する; 制作する, 作る; 演奏する, 演じる. ❷ 処刑する; 殺す. ❸〖法〗執行[施行]する; 差し押さえる.
— s'~ きちんと[進んで]実行する.

exécuteur, trice 名 ❶ 死刑執行人. ❷ ~ testamentaire 遺言執行者.

exécutif, ve 形〖法〗行政の, 法の執行に当たる. — 男 行政権; 行政府.

exécution 囡 ❶ 実行, 実施; 施工;〖情報〗(プログラムの)実行. ❷ 制作, 仕上げ. ❸ 演奏, 上演. ❹〖法〗執行; 施行; 死刑執行; 押さえ.

exécutoire 形〖法〗執行力を有する, 執行されるべき.

exécutoirement 副〖法〗執行力を伴って.

exégèse 囡 解釈, 注釈;〖l'E～〗聖書釈義(学).

exégète 男 注釈者, 解釈学者;〖特に〗聖書釈義学者.

exégétique 形 解釈[注釈](学)の.

exemplaire 形 模範的な; 見せしめの. — 男 ❶〔本, 新聞などの〕部, 冊. ❷〔動植物の〕見本, 標本; 同種のもの[人].

exemplairement 副 模範的に; 見せしめに.

exemplarité 囡 模範的性格; 見せしめになること.

exemple 男 ❶ 例, 実例; 前例; 用例. ❷ 手本, 模範; 見せしめ, 教訓. ◇à l'～ de … …にならって. par ～ (1) たとえば. (2)〖間投詞的に〗まさか, とんでもない. prendre ～ sur … …をみならう.

exemplifier 他 例を挙げて説明する. ◘exemplification 囡

exempt, e [egzã, ã:t] 形 (de)(…を)免除された, (…の)ない. — 名〔義務などを〕免除された人.

exempté, e [egzãte] 形 (de)(…を)免除された. — 名 兵役免除者.

exempter [egzãte] 他 (de)(…を)免除する, 免れさせる.

exemption [egzãpsjɔ̃] 囡 免除;〖法〗兵役免除.

exerçant, e 形 現役の, 開業している.

exercé, e 形 訓練された, 熟練した.

exercer ① 他 ❶ 鍛える, 訓練する. ❷ 行使する; 発揮する. ❸〔影響などを〕及ぼす. ❹ 従事する, 営む; 開業する. — s'～ ❶ 練習[訓練]をする. ❷ 行使[発揮]される; 働きかける, 作用する.

exercice 男 ❶ 運動, 体操. ❷ 練習, 訓練;〖軍〗演習; 練習問題;〖複数〗問題集. ❸ 行使, 実行;〖職業の〗従事; 執務;〖信仰の〕実践. ❹ 会計[事業, 財政]年度. ◇en ～ 現職の. entrer en ～ 職務[任務]に就く.

exerciseur 男 エキスパンダー.

exérèse 囡〖医〗摘除.

exergue 男〔メダルなどの〕刻銘, 日付;〔作品冒頭の〕銘句, 引用句.

exfiltrer 他〔任務完了後, 本国に〕帰還させる. ◘exfiltration 囡

exfoliant, e 形 皮膚の古い細胞をおとす.

exfoliation 囡 はがれること; 剥(は)離;〖医〗剥脱.

exfolier 他 ～をはがす.
— s'～ ❶ はがれ落ちる.

exhalaison 囡 におい, 臭気.

exhalation 囡 発散.

exhaler 他〔におい, ガスなどを〕発散させる;〔息, 声などを〕漏らす;〔感情を〕はっきり表す. — s'～ 発散する.

exhaure 囡 排水; 排水装置[ポンプ].

exhaussement 男 高くする[なる]こと.

exhausser 他〔建築物を〕高くする.

exhausteur 男 ～ de goût 味覚増進剤.

exhaustif, ve 形 徹底的[網羅的]な, 完全な. ◘exhaustivement 副

exhaustivité 囡 漏れのないこと, 網羅性.

exhéréder ⑥ 他〖法〗相続廃除する. ◘exhérédation 囡

exhiber 他 ❶〔証明書などを〕提示する. ❷ 見せびらかす, ひけらかす. ❸ 公開する.
— s'～ ❶ 人前に出る.

exhibition 囡 ❶ 提示. ❷ 見せびらかし, 誇示. ❸ 見世物, 公開;〖スポ〗模範演技[試合], エキジビション.

exhibitionnisme 男〖心〗露出症; 露出趣味.

exhibitionniste 形 ❷ 露出症の(患者); 露出趣味の(人).

exhortation 囡 勧告, 奨励.

exhorter 他 (à)(…するよう)励ます, 勧める; 促す.

exhumation 囡 発掘.

exhumer 他 発掘する, 掘り出す;〔忘却から〕引っ張り出す, よみがえらす.

exigeant, e 形 要求の多い, 気難しい; 厳しい; 骨が折れる.

exigence 囡 ❶ 要求, 要請, 要望; 要求額. ❷ 気難しさ.

exiger ② 他 ❶ 要求する. ▶ ～ A de B Bに A を（強く）求める. ❷ 必要とする.

exigibilité 囡 要求し得ること;〖法〗請求可能.

exigible 形 要求[請求]し得る;〖法〗支払い期限の来た.

exigu, ë 形 狭苦しい, 小さすぎる.

exiguïté 囡 狭苦しさ, 小ささ.

exil 男 ❶ 国外追放; 亡命(地);〔親しい人, 土地から〕離れて暮らすこと. ❷〖l'E～〗〖史〗(ユダヤ人の)バビロン捕囚.

exilé, e 形 国外に追放された, 亡命した. — 名 国外追放者, 亡命者.

exiler 他 国外に追放する; 遠ざける, 追いやる. — s'～ 亡命する, 故国を離れて暮らす; 隠棲する.

eximbank [-k] 囡 輸出入銀行.

existant, e 形 実在の; 現在の, 現行の. — 男 手持ち資産.

existence 囡 ❶ 存在, 実在;〖哲〗実存. ❷ 存続期間; 寿命. ❸ 生活, 生き方.

existentiel, elle 形〖男複〗**aux**〖哲〗〖実存論的な(ハイデガーの用語).

existentialisme 男 実存主義.

existentialiste 形 実存主義の. — 名 実存主義者.

existentiel, le 形〖哲〗(人間の)実存に関わる, 実存的な.

exister 自 ❶ 存在[実在]する; 現存する; 生きる, 生存する. ❷ 重要である. ◇Ça n'existe pas. 話 ないに等しい, くだらない.

exit [-t] 男〖不変〗(戯曲)退場.

ex-libris [-s] 男〖ラ〗蔵書印[票].

ex nihilo 〖ラ〗副 無から, ゼロから.

exobiologie 囡 圏外生物学.

exocet 男 ❶〖魚〗トビウオ. ❷〖E～〗

exocrine

exocrine 形 [生理] 外分泌(腺)の.

exode 男 ❶ 集団脱出 [移動]. ► ~ rural 農村の過疎化. ❷ (国外)流出. ❸ (E~) (旧約聖書の)出エジプト記.

exogame 名 形 外婚をしている(人).

exogamie 女 [民] 外婚(制). ▫exogamique 形

exogène 形 外因性の.

exon 男 [生] エキソン.

s'exonder 代動 (水が引いて地面が)露出する.

exonération 女 免除.

exonérer ⑥ 他 (de) (税金などを)免除する.

exophtalmie 女 [医] 眼球突出(症). ▫exophtalmique 形

exoplanète 女 太陽系外惑星.

exorbitant, e 形 法外な, 途方もない; [法] 限界を超える.

exorbité, e 形 (目が)飛び出た; 大きく見開かれた.

exorcisation 女 悪魔祓い.

exorciser 他 ❶ (悪魔を)追い出す; 悪魔祓(ばら)いをする. ❷ 追い払う, 取り除く.

exorcisme 男 悪魔祓(ばら)い(の儀式).

exorciste 名 悪魔祓(ばら)いをする人.

exorde 男 (演説などの)導入部, 序論; 前置き.

exoréique 形 [地理] 外洋流域の.

exosphère 女 (惑星の)外気圏.

exosquelette 男 [生] 外骨格.

exotérique 形 (教義, 教説が)公教的な, 一般に公開されている.

exothermique 形 発熱(性)の.

exotique 形 外国産の, 外来の; 異国的な, エキゾチックな.

exotisme 男 異国風; 異国情緒, エキゾチズム.

exotoxine 女 [生化] 外毒素, 菌体外毒素.

expansé, e 形 (プラスチック材料が)気泡質の; [土木] argile ~ 膨張粘土.

expansible 形 [物] 膨張性の. ▫expansibilité 女

expansif, ive 形 ❶ 外向的な, 開放的な; あけっぴろげな. ❷ 拡大 [膨張] する.

expansion 女 ❶ 拡大, 発展; 普及, 伝播(ぱん). ❷ (感情などの)吐露, 表出. ❸ [物] 膨張.

expansionnisme 男 領 土 [経済] 拡張政策 [主義, 論]. ▫expansionniste 形

expansivité 女 外向的性格, 開放性.

expatriation 女 国外追放; 国外移住; 亡命; [経] ~ des capitaux 海外投資.

expatrié, e 形 国外追放された; 祖国を離れた; 亡命した. ─ 名 国外追放者; 祖国を離れた人; 亡命者.

expatrier 他 ❶ [経] ~ des capitaux 外国へ資本投下する. ❷ 国外追放する.

─ s'~ 祖国を離れる; 亡命する.

expectant, e 形 成り行き任せの, 日和見的な.

expectative 女 (約束や見込みのある)期待, 予期. ❷ 用心深い態度, 慎重な構え.

expectorant, e 形 痰(たん)を切る. ─ 男 去痰剤.

expectoration 女 痰を吐くこと; 痰.

expectorer 他 (痰(たん)を)吐く.

expédient, e 形 [文章] 便利な, 都合がよい. ─ 男 一時 [急場] しのぎの手段, 弥縫(びほう)策; [複数] 金策.

expédier 他 ❶ 発送 [郵送] する. ❷ 追い 払う, 厄介払いする. ❸ さっと片付ける, ぞんざいに済ませる. ❹ [法] 謄本を交付する.

expéditeur, trice 形 発送する. ► bureau ~ 集配郵便局. ─ 名 差出人, 発送人.

expéditif, ve 形 手早く片づける, 迅速な.

expédition 女 ❶ 発送(品). ❷ (迅速に)片づけること. ❸ 派遣, 遠征; 探検(隊); (ふざけて)大がかりな旅行. ❹ さっと勝本.

expéditionnaire 形 ❶ 発送する. ❷ [軍] corps ~ 遠征軍. ─ 名 ❶ 発送人. ❷ (役所の)謄本係.

expéditivement 副 素早く, 迅速に.

expérience 女 ❶ 経験, 体験. ❷ 実験, テスト; 試み.

expérimental, ale; [男 複] **aux** 形 実験に基づく; 実験(用)の.

expérimentalement 副 実験的に, 実験によって.

expérimentateur, trice 名 実験者.

expérimentation 女 (科学的)実験; 実験作業.

expérimenté, e 形 経験を積んだ, 熟練した.

expérimenter 他 ❶ 試す, 実験する. ❷ 経験によって知る, 体験する.

expert, e 形 熟練 [精通] した, 専門(家)の. ► système ~ à [情報] エキスパートシステム (必要な情報を与えると問題解決や診断を行なうプログラム). ─ 男 専門家, エキスパート; 鑑定家 [人].

expert-comptable, ~ e~ [-kõta-; 複] ~ s~ s 名 公認会計士.

expertement 副 専門的に, 巧妙に.

expertise 女 鑑定, 査定; 鑑定書.

expertiser 他 鑑定 [査定] する.

expiable 形 償うことができる.

expiateur, trice 形 [文章] 贖(しょく)罪の.

expiation 女 償い; [К教] 贖(しょく)罪.

expiatoire 形 贖(しょく)罪の.

expier 他 (罪を)償う; 報い [罰] を受ける.

expirant, e 形 瀕(ひん)死の; 消えかかった; (声が)消え入るような.

expiration 女 ❶ 期限切れ, 満了. ❷ 息を吐くこと; 呼気.

expiratoire 形 〖生理〗呼気(性)の, 呼気の.

expirer 自 ❶ 期限が切れる. ❷ 息を引き取る, 死ぬ; 〖文〗消え去る, 滅びる.
―― 他 (息を)吐き出す.

explanation 女 〖生〗外植体(外培養).

explétif, ve 形 〖文法〗虚辞の.
―― 男 虚辞.

explicable 形 説明できる.

explicatif, ve 形 説明の; 説明的な.

explication 女 ❶ 説明; 解説, 解釈. ❷ 釈明, 弁明. ❸ 議論; 口論.

explicitation 女 明白にすること, 明示.

explicite 形 明確に述べられた, はっきりした, 明示された.

explicitement 副 明白に, はっきりと.

expliciter 他 明確に述べる, 明示する.

expliquer 他 説明[解説, 解釈]する; (詳しく)知らせる, 教える; (物が)説明づける. ―― s'～ ❶ 説明する; 弁解する. ❷ 分かる, 納得する. ❸ (物事が)説明がつく; 理解される. ❹ 議論する, 話し合う; 語 喧嘩(ば)する.

exploit 男 ❶ 偉業, 壮挙; 手柄, 功績. ❷ 〖法〗(執行吏の)令状.

exploitabilité 女 開発の可能性[採算性].

exploitable 形 開発[利用]できる; (開発して)利潤をあげられる.

exploitant, e 名 開発[経営]する.
―― 名 開発者; 経営者; 映画館主.

exploitation 女 ❶ 開発する, 経営. ❷ 開拓地; 耕地; 作業場. ❸ 利用, 活用. ❹ 搾取.

exploité, e 形 ❶ 開発されている. ❷ 搾取されている.
―― 名 搾取されている人.

exploiter 他 ❶ 開発する; 経営する. ❷ 活用する, 利用する. ❸ 悪用する; 搾取する.

exploiteur, se 名 搾取者; 他人を食い物にする人.

explorable 形 探検[調査]できる.

explorateur, trice 名 探検家; 探索者; 〖情報〗スキャナー. ―― 形 〖医〗探索用の. ―― 男 〖医〗消息子.

exploration 女 探検, 踏査; 捜索, 探索; 探究, 研究; 〖医〗(精密)検査.

exploratoire 形 予備の, 事前の.

explorer 他 探検[踏査]する; 探り, 調べる; 探究[研究]する; 〖医〗(精密)検査する.

exploser 自 爆発する; 激発する; 国 急成長を遂げる.

explosible 形 爆発性の.

explosif, ve 形 ❶ 爆発(性)の, 危険な; 緊迫した. ❷ 爆発的な, 急激な. ❸ 激しやすい, 怒りっぽい.
―― 男 爆発物, 爆薬.

explosion 女 ❶ 爆発; 突発; 急激な増加, 急成長.

expo 女 語 展覧会.

exponentiel, le 形 〖数〗指数の.

―― 女 指数関数.

exportable 形 輸出できる.

exportateur, trice 名 輸出業者; 輸出国. ―― 形 輸出する.

exportation 女 輸出; 輸出品[量].

exporter 他 輸出する.

exposant, e 名 ❶ 出品者; 〖法〗陳情者. ❷ 〖数〗指数; 乗数.

exposé¹, e 形 ❶ 陳列[展示]された. ❷ 日当たりのよい; (à)(ある方角に)向いた. ❸ (à)(危険などに)さらされた. ❹ 〖写〗露光された.
―― 男 報告, 説明; (研究)発表.

exposer 他 ❶ 陳列[展示]する. ❷ 述べる, 説明する. ❸ (危険などに)さらす; (日光などに)当てる; 〖写〗(感光面に)露光する.
―― s'～ ❶ 身をさらす; 危険を冒す. ❷ 陳列[展示]される.

exposition 女 ❶ 展示会, 展覧会; 展示, 陳列; 展示即売会. ～ universelle 万国博覧会. ❷ (日光などに)さらす[当てる]こと; 〖写〗露出; 露光. ❸ (建物などの)向き. ❹ 説明, 論述; (小説, 音楽などの)導入部, 提示部.

exprès¹, se [-s] 形 ❶ 速達の(この語彙では女性名詞にも男性形を用いる). ❷ (命令などが)明確な; 〖法〗明示された.
―― 男 速達便(郵便).

exprès² 副 わざと, 故意に; わざわざ, 特別に. ◇ un fait ～ 間の悪いこと.

express¹ [-s] (英) 形 急行の; 高速の. ―― 男 急行列車.

express² [-s] 男 エスプレッソ.
―― 形 café ～ エスプレッソ.

expressément 副 ❶ はっきりと. ❷ わざと, 故意に.

expressif, ve 形 表現力の豊かな, 表情に富む.

expression 女 ❶ 表現, 表明; 言い回し, 言葉遣い. ❷ 表れ, 表出; (芸術的)表現力; 表情. ❸ 〖数〗式.

expressionnisme 男 表現主義.

expressionniste 男 表現主義の(芸術家).

expressiste 男 国際特急宅配便会社.

expressivement 副 表現力豊かに.

expressivité 女 表現力[表情]の豊かさ; 表現性.

expresso 男 エスプレッソ.

exprimable 形 表現できる.

exprimer 他 ❶ 表現する, 言い表す; 示す, 表示する. ❷ (果汁などを)搾る.
―― s'～ ❶ 自分の考え[感情]を表現する, 意見を述べる. ❷ 表される, 表現される.

expropriant, e / expropriateur, trice 形 〖法〗収用された.
―― 名 収用者.

expropriation 女 〖法〗収用.

exproprié, e 形 〖法〗収用された.
―― 名 被収用者.

exproprier 他 (財産, 土地を)収用する.

expulsé, e 形, 名 追放された(人).

expulser

expulser 他 ❶ 追放する, 退去させる; 除名する, 退学させる. ❷ 排出[排泄(%)]する.

expulsif, ve 形 【医】排出を助長する.

expulsion 女 追放; 除名;【医】排出, 排泄(%).

expurger ② 他 不穏当な部分を削除する. ⟡**expurgation** 女

exquis, e 形 ❶ 美味な, おいしい; 甘美な; 魅力的な; 洗練された. ❷【医】douleur ～e 限局性激痛.

exsangue 形 ❶【医】大量失血した; 血の気のうせた; 活力のない.

exsanguination [ɛksɑ̃g/egzɑ̃g] 女 【医】瀉(⁽)血.

exsanguino-transfusion [ɛksɑ̃g-] 女【医】交換輸血(注射).

exsudat [ɛksy-] 男【医】滲(⁽)出(物).

exsudation [ɛksy-] 女【医】滲出.

exsuder [ɛksy-] 自 にじみ出る;【医】滲出する. — 他【医】滲出させる.

extase 女 うっとりすること, 恍惚(⁽²⁾); 忘我, 法悦.

extasié, e 形 うっとりとした.

s'extasier 代動 うっとりする, 夢中になる.

extatique 形 うっとりとなった, 恍惚(⁽²⁾)とした. — 名 恍惚状態の人.

extemporané, e 形 (薬)その場で調合される;【医】応急の, 救急の.

extemporanément 副 即時に, 応急に.

extenseur 形男【解】muscle ～ 伸筋.
— 男 ❶【解】伸筋. ❷ エキスパンダー.

extensible 形 伸張性［柔軟性］のある. ⟡**extensibilité** 女

extensif, ve 形 ❶ 伸張させる;【言】広義の;【論】外延的な;【農】culture ～ve 粗放農業.

extension 女 拡張, 拡大; 発展, 普及; (手足などを)伸ばすこと;【言】(意味の)拡張;【論】外延.

exténuant, e 形 へとへとにする.

exténuation 女 疲労困憊(⁽ᵐ⁾), 憔悴(⁽ⁿ⁾).

exténuer 他 へとへとにする, 疲れ果てさせる.
— **s'～** (à) (…して)へとへとになる.

extérieur, e 形 ❶ 外の, 外側の; 外面的［表面的］な; (à) (…の)外にある, (…と)無関係の. ❷ 外部の, 対外的な. ❸ 外見, 外観.
— 男 ❶ 外部, 外側; 外面, 外観. ❷ 外国, 海外. ❸【複数】【映】ロケーション, 野外撮影.

extérieurement 副 外から見て, 外側は; うわべは, 見かけは.

extériorisation 女 (感情などの)表出, 表現.

extérioriser 他 (感情などを)表現する, 外に出す.
— **s'～** 自分の感情［考え］を外に出す; (感情が)外に現れる.

extériorité 女 外面性, 外在性.

exterminateur, trice 形, 名 皆殺しにする(人).

extermination 女 皆殺し, 絶滅.

exterminer 他 皆殺しにする, 絶滅させる.
— **s'～** 代動 (…して)へとへとになる.

externaliser 他 外部委託する. ⟡**externalisation** 女

externat 男 通学生制度; 通学制の学校;【医】(インターンの下の)実習医学生の身分.

externe 形 ❶ 外部の, 外側の; 外的な. ► médicament à usage ～ 外用薬. ❷ 通学の.
— 名 ❶ 通学生. ❷ (インターンの下の)実習医学生.

exterritorialité 女【法】治外法権.

extincteur, trice 形 消火(用)の.
— 男 消火器.

extinction 女 ❶ 消火; 消灯. ❷ 絶滅, 消滅; 衰弱.

extirpable 形 摘出できる.

extirpation 女 根絶, 一掃;【医】摘出.

extirper 他 ❶ (情報, 返事などを)聞き出す, もぎ取る; (植物を)根こぎにする;【医】摘出する. ❷ 根絶［一掃］する. — **s'～** (de) (…から)かろうじて抜け出す.

extorquer 他 ～ A à B B からAを奪う, ゆすり［だまし］取る.

extorqueur, se 名 強奪者, ゆすり取る人.

extorsion 女 強奪, ゆすり.

extra 男 (不変) ❶ 特別なもの［こと］; (特別な)ごちそう. ❷ 臨時勤務; 臨時の使用人.
— 形 (不変) 飛び切り上等の, 極上の.

extrabudgétaire 形 予算外の.

extraconjugal, ale 形 男性 aux 形 婚姻外の.

extracteur, trice 名 抜き出す人; 抽出する人; 採掘［採取］する人.
— 男 抽出器, 分離器;【医】摘出器.

extractible 形 取り出せる, 抽出できる.

extractif, ve 形 採掘(用)の.

extraction 女 ❶ 引き抜くこと; 摘出, 抽出; 採掘. ❷【文】素性, 家柄.

extrader 他【法】(他国政府に犯罪人を)引き渡す.

extradition 女【法】(国家間の)犯罪人引き渡し.

extra-dry [-draj] (英) 形 (不変) (シャンパンが)非常に辛口の.
— 男 (不変)ごく辛口のシャンパン.

extra(-)fin, e 形 ❶ 極細［極小, 極薄］の. ❷ 極上の, 最高級の.

extra(-)fort, e 形 非常に強い［丈夫な］; (味が)強烈な.
— 男【服】バイアステープ.

extragalactique 形【天】銀河系外の.

extraire 68 他 ❶ 抜き出す, 引き抜く; 抽出［分離, 抽出］する; 抜粋する; 採掘する. ❷【数】(根)を求める.
— **s'～** 話 (de) (…から)やっと抜け出す.

extrait¹, e extraire の過去分詞.

extrait² 男 ❶ 抜粋, 引用;【複数】選

集,アンソロジー. ❷ 抽出物,エキス. ❸『法』抄本.

extrajudiciaire 形『法』裁判(権)外の.

extralégal, ale 形;〖男複〗**aux** 形法の規制[枠]を超えた,超法規的な.

extralinguistique [-gyi-] 形『言』言語(学)外の.

extra(-)lucide 形,名 透視能力を持った(人),千里眼の(人).

extra-muros [-s] (ラ) 副 市外で[に]. ——形 市外の,郊外の.

extranéité 名『法』外国人の身分.

extranet [-t] 男 エクストラネット(企業間ネットワーク).

extraordinaire 形 並み外れた,途方もない;異常な,奇妙な;特別[臨時]の;〖古〗素晴らしい;とてもおいしい. ◇**par** ~ ひょっとして,万が一.

extraordinairement 副 ❶ 非常に,並み外れて;奇妙に. ❷ 万が一;特別に.

extra(-)parlementaire 形 議院[国会]外の.

extrapolation 名(不十分なデータからの)結論づけ,一般化;〖数〗外挿(ホッヘ)(法),補外(法).

extrapoler 他,自(不十分なデータから)結論づける,一般化する;〖数〗外挿(ホッヘ)[補外]する.

extrascolaire 形 学校外の.

extrasensible [-sā-] 形 感覚を超えた,超感覚的な.

extrasensoriel, le [-sā-] 形(超心理学で)超感覚の.

extra(-)terrestre 形 地球外の. ——名 宇宙人, ET.

extraterritorial, ale 形;〖男複〗**aux** 形 域外の,治外法権の.

extra-urbanisation 名『社』(人口の)近郊化,ドーナツ化.

extra-utérin, e 形 子宮外の.

extravagance 名 とっぴさ,常軌を逸したこと［言動].

extravagant, e 形 常識外れの,とっぴな;度を越えた,法外な. ——名 変人,常軌を逸した人.

extravaguer 自〖文章〗常軌を逸した振る舞いをする.

s'extravaser 代動『医』(血液などが)溢出(ミラ)［遊出]する.

extravéhiculaire 形(宇宙)船外の.

extraversion 名『心』外向性.

extraverti, e 形,名『心』外向性の(人).

extray- 語 ⇒ **extraire**.

extrême 形 いちばん端の,極限の;最終の;極度の,非常な;極端な,過激な. ——男 極端;〖複〗極端な手段［決心,行動];〖数〗(比例式の)外項.

extrêmement 副 きわめて,非常に.

extrême-onction 名;〖複〗~s-~s〖カト〗終油の秘蹟.

Extrême-Orient 男 極東.

extrême-oriental, ale 形;〖男複〗**aux** 形 極東の.

extrémisme 男 過激主義.

extrémiste 形 過激主義の. ——名 過激主義者,過激派.

extrémité 名 ❶ 端,先端;極限;末期;窮地. ❷〖複〗手足. ❸ 極端な行動［手段];〖複〗暴力行為,乱暴.

extrémophile 男〖生〗極限環境生物.

extremum [-tre-] 男〖数〗(関数の)極値(極大値,極小値の総称).

extrinsèque 形 外在的な,非本質的な;『医』外因性の. ▫**extrinsèquement** 副

extroverti, e 形,名 外向性の(人).

extrusion 名『地』溶岩の流出;『金』(材料の)押し出し(加工).

extrudeur 男

exubérance 名 ❶ 元気旺(ホウ)盛;陽気さ. ❷ 豊富,繁茂;(芸術作品の)豊かさ.

exubérant, e 形 豊富な,繁茂した;陽気な;開放的な.

exulcérer 他『医』潰瘍(ホッウ)を生じさせる. ——**s'**~ 潰瘍ができる.

exultation 名 大喜び,狂喜.

exulter 自 大喜びする.

exurbanisation 名(人口の)都心離れ［ドーナツ化]現象.

exutoire 名(欲求などの)はけ口；排水口[管].

exuvie 名『動』脱皮殻, 抜け殻.

ex-voto 男〖不変〗(ラ)(祈願成就のお礼に礼拝堂に納める)奉献物.

eye-liner [ailajnœːr] 男〖米〗アイライナー.

e-zine [iːzin] 男 オンラインマガジン.

F, f

F¹, f 男/女 フランス字母の第6字.

F² ❶ (略) franc フラン. ❷ (記) 〔化〕fluor フッ素. 〔楽〕へ音.

f (記) 〔電〕fréquence 周波数;〔光〕(レンズの)焦点距離;〔楽〕フォルテ.

f. (略) 〔文法〕féminin →女性(の).

fa 男 (不変) 〔楽〕ファ, へ音.

F.A.B 形 (不変) franco à bord 〔商〕本船渡しの.

fable 女 寓(ｸﾞｳ)話;作り事;物笑いの種.

fabliau (複) **x** 男〔文〕ファブリオー(中世の韻文笑話).

fablier 男寓(ｸﾞｳ)話集.

fabophile 名 公現祭の「まめ」の収集家. ⇨ fève.

fabricant, e 名 製造業者, メーカー.

fabricateur, trice 名 偽造者, でっち上げる人.

fabrication 女 製造, 生産; 製法; 偽造. ◇ *de sa* ~ 手作りの.

fabrique 女 ❶ 製作〔製造〕所,(小規模の)工場. ❷ 固 製品(の)できばえ.

fabriquer 他 ❶ 製造[生産]する, 作る; 偽造する, でっち上げる. ❷ 語する, やる. — **se** ~ 作られる;(自分のために)作る;(…に)扮(ﾌﾝ)する.

fabulateur, trice 形, 名 作り話をする(人).

fabulation 女 虚言, 作り話.

fabuler 自 作り話をする.

fabuleusement 副 想像を絶するほどに, とてつもなく.

fabuleux, se 形 神話の, 伝説の; 想像上の, 信じがたい, 想像を絶する; 並み外れた.

fabuliste 男 寓(ｸﾞｳ)話作家.

fac 女 大学, 学部.

façade 女 ❶ (建物の)正面;面 壁. ❷ うわべ, 見せかけ. ►*de* ~ うわべだけの.

face 女 ❶ 顔;(物の)面, 表面;(コインなどの)表側. ❷ 局面, 様相;観点. ❸ 面目, メンツ.
◇ *à la* ~ *de* ... …の前で, に向かって. *de* ~ 正面の(に);(乗り物で)進行方向に向いた. *en* ~ 正面に[から];面と向かって. *en* ~ *de* ... …に向き合って, の正面に[で]. ~ *à* ... …に面したに;に直面で. ~ *à* ~ 向かい合って, *faire* ~ *à* ... …に顔を向ける;に立ち向かう.

face(-, -à-)face 男 [-sa-] 男 (不変) (テレビ対談, 一対一の)公開討論.

face-à-main; (複) ~*s*-~-~ [-sa-] 男 (手で持つ)柄付き眼鏡.

facétie [-si] 女 冗談, 悪ふざけ, いたずら.

facétieusement [-sjø-] 副 おどけて, ふざけて.

facétieux, se [-sjø] 形, 名 おどけた(人), 冗談好きな(人).

facette 女 ❶ (多面体の)面;(宝石の)カット面. ❷ 〔昆〕(複眼の)個眼, 小眼.
◇ *à* ~ *s* さまざまな面をもつ, 多彩な.

facetter 他 (宝石に)カット面をつける.

fâché, e 形 ❶ 腹を立てた, 怒った. ❷ 《avec》(…と)仲たがいしている;語(…が)さっぽりと分からない. ❸ 残念, 遺憾に思う. ◇ *ne pas être* ~ *de* ... [*que* + *subj.*] …をそかに喜ぶ.

fâcher 他 いらだたせる, 怒らせる; 仲がいさせる;語 嫌いにさせる. — **se** ~ ❶ 怒る, 腹を立てる. ❷ 《avec》(…と)仲たがいする;語(…が)分からなくなる.

fâcherie 女 いさかい, 不和.

fâcheusement 副 不愉快になるほど; 残念な [困った]ことに.

fâcheux, se 形 困った;不愉快な, 残念な.
— 男 文章 うるさい人, 厄介者.

facho 名, 形 話 ファシスト(の).

facial, ale;(男 複) **als** (または **aux**) 形 ❶ 顔(面)の. ❷ 〔経〕valeur ~*ale* 表示〔額面〕価格.

faciès [-s] 男 ❶ 顔つき, 風貌(ﾎﾞｳ);〔地〕相;鉱物相.

facile 形 ❶ やさしい, 簡単な;(軽蔑)安易(浅薄)な. ❷ 裕福(安楽)な;平穏な. ❸ 気さくな, 付き合いやすい;従順な;(女性の)尻(ｼﾘ)軽の. ❹ (文体などが)流れるような. — 副 少なくとも.

facilement 副 容易に, たやすく.

facilitant, e 形 容易にする.

facilitation 女 容易にすること.

facilité 女 ❶ 容易さ, やさしさ;安易さ;安楽. ❷ 自在さ, 流暢(ﾁｮｳ)さ;能力, 才能. ❸ (人のよさ);(à)(…しやすい)性格[傾向]. ❹ (複数)便宜, 手段;(分割払いなどの)支払い便宜. ► ~*s de caisse* (数日間の)返済猶予.

faciliter 他 容易にする, 助ける.

façon 女 ❶ 仕方, 方法. ► ~ *de penser* 考え方 / *s'exprimer de* [*d'une*] ~ *claire* はっきりと自分の考えを述べる. ❷ (複数)(その人特有の)態度, 振る舞い;気取り, もったい;遠慮. ► Il *a des* ~*s polies.* 彼は物腰が丁寧だ / *faire des* ~*s* もったいぶる;遠慮する. ❸ (職人, 芸術家の)仕事, 細工, 仕立て;手間賃, 仕立て代. ❹ (服の)仕立て方, デザイン. ❺ ~ + 名詞 ~を模した, ~風の.
◇ *à la* ~ (材料は客持ちで)手間賃仕事で[の], 仕立て代だけで[の]. *à la* ~ *de* ... …のように[な], …風に[の]. *à sa* ~ 自分の流儀で[の]. *C'est une* ~ *de parler.* それは言葉のあやだ(文字通りに受け取ってはいけない). *de cette* ~ そんな風に;そうすれば. *de* ~ *à* + *inf.*, [*ce que* + *subj.*] …するように. *de* ~ *ou d'autre* = *d'une* ~ *ou d'autre* なんとかして, どうにか;いずれにせよ. *de sa* ~ …の作っ

de (telle) ~ que + ind. 古風 その結果…. **de (telle) ~ que + subj.** 文章 …するように. **de toute(s) ~(s)** いずれにせよ, ともかく. **d'une ~ générale** 一般的に言って. **en aucune ~** 全然, 全く. **sans (faire de) ~(s)** 遠慮なしに[の]; 気取らずに [気取らない].

faconde 女 多弁, おしゃべり.

façonnage / façonnement 男 加工, 細工; (人格の)形成.

façonner 他 加工［細工］する；作る, 仕立てる；文章 (人格を)形成する.

façonnier, ère 名, 形 手間賃仕事をする(職人).

fac-similé 男 複製, 複写；ファクシミリ.

factage 男 配達, 運送；運賃, 配達料.

facteur, trice 名 郵便配達員.
— 男 ❶ 要因, ファクター. ❷ 楽器製造業者. ❸ (鉄道などの)荷物取り扱い係. ❹ [数] [物] 係数, 率；[生] 因子. ▶ mise en ~ 因数分解.

factice 形 作りものの, まがいの；模造の；不自然な, わざとらしい.

facticement 副 不自然に, わざとらしく.

factieux, se [-sjø(-)] 形 反乱［暴動］を企てる, 扇動的な, 反体制的な.
— 名 反乱[破壊]分子.

faction 女 ❶ 過激派, 反乱分子；(党内の)分派. ❷ 歩哨(はうしょ), 見張り.

factionnaire 男 番兵, 歩哨.

factitif, ve 形 [文法] 使役の.
— 男 使役動詞.

factoriel, le 形 因数の, 因子の.
— 女 [数] 階乗.

factorisation 女 [数] 因数分解.

factoriser 他 [数] 因数分解する.
□**factorisable** 形

factotum 男 万事取りしきる使用人, 執事；(皮肉)おかもち屋.

factuel, le 形 事実の.

factum 男 文章 攻撃文書.

facturation 女 請求書[送り状]の作成；請求書作成部［課].

facture 女 ❶ 請求書, 計算書；請求額；送り状, インボイス. ▶ prix de ~ 仕入れ値. ❷ 文章 (芸術作品の)技法, 手法. ❸ 楽器製造.

facturer 他 請求書[送り状]を作成する；(代金を)請求する.

facturette 女 (カード支払いの)領収書.

facturier, ère 名, 形 送り状[請求書]作成係の.
— 男 (仕入れと記した)帳簿, 台帳.

facultaire 形 大学の, 学部の.

facultatif, ve 形 任意の, 随意の；選択できる. □**facultativement** 副

faculté 女 ❶ 能力, 才能；(身体の)機能. ❷ 権利；可能性；裁量権. ❸ 学部；大学；《la F~》医学部；理学部. ◇ **ne pas jouir de toutes ses ~s** 頭がおかしい.

fada 形, 男 南仏 間抜けな(人).

fadaise 女 ばかげた話, くだらない冗談[作品].

fadasse 形 ひどくまずい；(色艶(いろつや)が)すっかりあせた. □**fadasserie** 女

fade 形 味のない, まずい；(においが)むっとする；(色が)くすんだ；生気のない；退屈な.

fadé, e 形 (皮肉) 度外れの, 最高の.

fadement 副 味気なく, 素っ気なく.

fadeur 女 ❶ 味のなさ, まずさ；(色の)くすみ. ❷ 面白みのなさ, 無味乾燥；くだらない話；見え透いたお世辞.

fading [-diŋ] 男 [英] [電] フェーディング.

fado 男 (ポルトガル語) ファド (ギター伴奏の哀愁を帯びた歌謡曲).

faena [-e-] 女 (西) ファエナ (闘牛のとどめを刺す最終局面).

faf 名 [学生] ⇨ **facho**.

fafiot 男 俗 紙幣, 札.

fagales 女複 [植] ブナ目.

fagot 男 (柴(しば)の)束.
◇ **de derrière les ~s** 取っておきの.
sentir le ~ 異端臭い；うさん臭い.

fagoté, e 形 みっともない服装の.

fagoter 他 (柴(しば)などを)束ねる；話 みっともない服装をさせる.
□**fagotage** 男

fagotier 男 木樵(きこり).

fagotin 男 (たき付け用の)薪(まき)の小割り.

Fahrenheit [farenajt] 形 (不変) **degré ~** カ氏温度.

faiblard, e 形 やや弱の.

faible 形 ❶ (体が)弱い, 衰弱した；(物が)もろい. ❷ 能力の乏しい, 出来の悪い；価値の低い. ❸ 気の弱い, 意志薄弱な；(人に)甘い. ❹ かすかな, わずかな；(濃度の)薄い, 弱い.
— 男 ❶ 弱者；気の弱い人, 意志薄弱な人. ▶ **~ d'esprit** 精神薄弱者. ❷ 好きでたまらないもの, 好み；弱点. ▶ **avoir un ~ pour** ……に目がない.

faiblement 副 弱く；わずかに.

faiblesse 女 ❶ 弱さ, 衰弱, 虚脱；気絶；もろさ. ❷ 能力の乏しさ. ❸ 気[意志]の弱さ, 甘さ；弱み；好きでたまらないもの. ❹ (強度, 量などの)弱さ, 小ささ；(濃度の)薄さ.

faiblir 自 ❶ 弱くなる, 衰弱する；気弱になる, くじける. ❷ 弱まる, 減少する；たわむ, 曲がる；(作品などが)駄目になる.
□**faiblissant, e** 形

faïence 女 陶器.

faïencerie 女 陶器製造[販売]業；陶器類.

faïencier, ère 名 陶器製造業者, 陶器商.

faignant, e 形, 名 怠け者(の).

faille¹ 女 (論理などの)飛躍, 欠落；(友情などの)亀裂；[地]断層.

faille² 女 [繊] ファイユ (緯(ぬき)畝のある絹織物).

faille³ 活 ⇨ **faillir, falloir**.

failli, e 形, 名 破産[倒産] した(人).

faillible 形 間違いやすい, 過ちを犯しやすい. □**faillibilité** 女

faillir 自 ❶ ~ + inf. 危うく…する, …しそうになる. ❷ 文章 (à) (…に)背く, (…を)守らない.

faillite 女 破産, 倒産；破綻(はたん), 挫

faim

(ぅ)折.

faim 囡 空腹(感), 飢え; 飢餓(ぎ); 渇望. ► avoir ~ 空腹である.
◇avoir une ~ de loup 腹ペこだ. rester sur sa ~ 食べ足りない; 物足りない.

faine/faîne 囡 〔植〕ブナの実.

fainéant, e 形, 名 怠惰な(人), ものぐさな(人).

fainéanter 自 のらくら暮らす.

fainéantise 囡 怠惰, のらくらすること.

faire 他 ❶ ❶ 作る, 生じる, 引き起こす(音)を立てる. ► ~ que ... という結果を生む / Faites [Fais] que + subj. ...であるようにしてください. ❷ する, (職業)をしている; (商品)を手がけている. ► ~ Qu'est-ce que vous faites? 何をしている[する]のですか; 彼(女)は何をなさっているのですか. ❸ (部分冠詞と)〖趣味, 勉強をする〗. ► ~ du tennis テニスをする / ~ de l'anglais 英語をやる. ❹ ~ A de B B をAにする. ► Qu'est-ce que tu as fait de mes lunettes? 私の眼鏡をどうした[どこへやったんだ]. A B A を B にする〔B と見なす〕. ~ la vie impossible 生活を不可能に〔耐えがたいものに〕する / On le fait plus riche qu'il ne l'est. 彼は実際よりも裕福だと思われている. ❺ 演じる, (...の)役を果たす〖定冠詞と〗(...に)装う, ...ぶる. ► ~ le mort 死んだふりをする. ❼ (...に)なる (病気に)かかる, (症状)を示す; (形状)をなす. ❽ (数量, 値段, 期間に)なる, (数量だけ)ある; 最...の期間持参する. ► Deux et trois font cinq. 2たす3は5 / Ça fait combien? 話 いくらになりますか / Il fait 1 mètre 80. 彼は1 m 80 ある / Ça fait ... que ... ...してから...になる. ❾ (距離を)進む; ...のスピードを出す 〖観光地, 店などを〗見て回る. ❿ (店)に通う; (銀行などを)襲う; 誘惑する, ものにする. ⓫ 消費する. ⓬ ~ A à B A を B に慣れさせる. ⓭ 〖文章〗言う. ⓮ 〖熟語的にいろいろな意味になる〗► ~ la chambre 部屋の片づけをする / ~ son lit ベッドメーキングをする / ~ ses chaussures 靴を磨く.

❷ 〖不定詞とともに, 使役〗...させる. ► ~ tomber 落とす / Je lui fais écrire une lettre. 私は彼(女)に手紙を書かせる / Ce film lui [l'] a fait songer à son pays. その映画は彼(女)に故郷のことを思い出させた. 〖代名動詞の再帰代名詞は普通省略される(省く) (s')asseoir 座らせる〗.

❸ 〖非人称〗〖天候など〗► Il fait beau [chaud]. 天気がよい〔暑い〕. ❷ Il fait bon [beau, mauvais] (de) + inf. ...するのが気分がいい〔素晴らしい, 悪い〕.

◇avoir à ~ à ... ...に用がある; かかわりがう. avoir à ~ avec ... ...に用がある; 関係がある. (Il) faut le ~ ! 話 とんでもない〔できっこない〕ことだよ; くもむしたものだ. la ~ à ... ...の態度を示す, ふりをする. n'avoir que ~ de ... 〖文章〗を必要としない, 気にかけない. n'avoir rien à ~ avec ... ...と何の関係もない. ne ~ que de + inf. ...したばかりである. ne ~ que + inf. ...してばかりいる; ...するにすぎない.

—自 ❶ ❶ 効果を上げる; 〖(dans) ...の分野で〗仕事をする. ❷ ...に見える. ❸ 話 大小便をする.
◇ ~ avec 話 あれこれで我慢する.

— se ~ ❶ ❶ 作られる, 成熟する, 年を築く; ...になる, 自分を...に見せる; ...の役目を果たす. ❷ 行われる; 流行している. ❸ 〖à〗...に慣れる. ❹ 自分に(...を)作る, 手に入れる〖考えなどを〗抱く; 自分の(...の)手入れをする.

❷ 〖不定詞とともに〗自分に...させる, ...してもらう, ...される; 自分のために〖自分の...を〗...させる, ...してもらう, される. ► ~ se ~ aimer de ... ...に愛される / ~ se ~ lire un livre 本を読んでもらう / ~ se ~ voler son portefeuille 財布がぬすまれる.

❸ 〖非人称構文〗Il se fait ... ...になる, ...が起こる. ► Il se fait que ... ...ということである.

◇Cela [Ça] ne se fait plus. それは時代遅れだ. Cela [Ça] se fait. そうしている. ne pas s'en ~ 話 心配しない; 遠慮しない.

— 男 〖文章〗❶ 手法, 技法. ❷ 行為, 行動.

faire-part 男 〘不変〙通知状.

faire-valoir 男 〘不変〙脇(役)役, 引き立て役; 〖法〗収益分格.

fair(-)play [ferple] 〔形〕〔英〕男 〘不変〙フェアプレー.
— 男 〘不変〙公明正大な.

fair-trade [fertred] 男 〔英〕〔経〕公正貿易, 互恵貿易.

fairway [ferwe] 男 〔英〕(ゴルフで) フェアウェー.

fais 話 ⇨ faire.

faisabilité [fə-] 囡 実現[実行]可能性, フィジビリティー.

faisable [fə-] 形 実行可能な.

faisai- [f(ə)-] 話 ⇨ faire.

faisan [fə-] 男 〔鳥〕キジ; 話 ぺてん師, 詐欺師.

faisandé, e [fə-] 形 〔料〕〖猟肉が〗熟成した, 腐りかけた; 〖文章〗退廃的な, 堕落した.

faisandeau [fə-]; 〘複〙 x 男 若いキジ.

faisander [fə-] 他 〔料〗〖猟肉を〗寝かせる, 熟成させる. — **se ~** 〖猟肉が〗寝かせられて旨味(うま)が出る. 🔲 faisandage

faisanderie [fə-] 囡 キジ飼い場.

faisane [fə-] 囡 〔鳥〕キジの雌.

faisant [fə-] faire の現在分詞.

faisceau; 〘複〙 x 男 ❶ 束, 集まり; 一連〖光線, 神経などの〗, 束, ビームの. ❷ 〔軍〕叉銃(さじゅう)床.

faiseur [fə-] 男 ❶ 〖de〗(...を)作る〔する〕人. ❷ 店舗服飾店, 仕立て屋. — 男 目立ちたがり屋, ほら吹き.

faisi- [fə-], **faisons** [f(ə)-]

faisselle 囡 チーズドレイナー.

fait¹, e 形 ❶ 行われた. ▶ C'est chose ~e. それは済された. ❷ 作られた, 手入れされた. 成熟 [熟成] した. ▶ homme mal ~ 貧弱な体格の男. ❸ [à] (…に) 慣れた; 罠 (わな) にはまった. ◇ *(C'est) bien* ~ *(pour ...)* (…に) は当然の報いだ. *tout* ~ 出来合いの.

fait² [-(t)] 男 ❶ 事実, 出来事. ▶ le ~ de + inf. [que ...] …ということ. ❷ 行為. ▶ Ce n'est pas mon ~ [de mon ~]. そんなことをするのは私の柄じゃない [私はそんなことはしていない]. ◇ *aller* [*venir*] *au* ~ 本題に入る. *Au* ~ ところで, 実は: *de ce* ~ それゆえ, その実際, そのとおり, 実はこの, 実際の. *dire son* ~ ずけずけ言う, 歯に衣を着せない. *du* ~ *de ...* [*que ...*] …の理由で. *en* ~ 実は, 実際には: *en* ~ *de ...* …に関しては: としては *en* ~ *de ...* …の代わりに, *être au* ~ *de ...* …の事情に通じている. *mettre A au* ~ *de B* AにBを知らせる [教える]. *par le* ~ *même* まさにそのことによって. *par son* ~ 自分のせいで. *prendre sur le* ~ 現行犯で捕らえる, 現場を押さえる. *tout à* ~ 完全に, まったく.

fait³ 活用 ⇨ faire.

faîtage 男 (屋根の) 棟木 (むなぎ), 棟瓦.

fait(-)divers 男 (複) ~s(-)~ (新聞の) 雑報, 三面記事.

faîte 男 ❶ (建) 棟. ❷ 頂上, てっぺん; 絶頂. ▶ ligne de ~ 稜線.

faites 活用 ⇨ faire.

faîtière 囡 (建物の) 棟の.
— 形 (囡) 屋根裏用の天窓.

fait(-)tout 男 (不変) 深鍋, シチュー鍋.

faix 男 文章 重荷.

fakir 男 ❶ (千里眼, 刃渡りなどを演じる) 大道芸人, 奇術師. ❷ (イスラム教, ヒンズー教の) 行者.

falaise 囡 (海岸の) 断崖絶壁.

falarique 囡 火槍(?), 火矢.

falbalas 男複 ブランブル.

falconidés 男複 [鳥] ハヤブサ科.

fallacieux, se 文章 偽りの, 人を欺く, まことしやかな.
☐ **fallacieusement** 副

falloir 40 非人称 ❶ Il (lui) *faut* ... (彼/女) には) …が必要である. 注 lui は各人称に変化させて用いる. ❷ Il (lui) *faut* + inf. [que + subj.] (彼/女) が) …しなければならない. ▶ Il lui *faut* partir. 彼/女) は出発しなければならない / (否定文で) Il ne *faut* pas + inf. [que + subj.] …してはならない. / (中性代名詞 le とともに) Il ne *faut*. そうしなければならない (不定詞または中性代名詞 le の省略で) Il ne dit que ce qu'il *faut*. 彼/女) は必要なことしか言わない. ❸ Il *faut* + inf. [que + subj.] (pour ...) (…しなければ, …するには決まっている.
◇ *comme il faut* 申し分なく [ない],
立派な [な]. *Faut-il ...* …としか思えない, なんて …なのだ. *Qu'est-ce qu'il ne faut pas entendre* [*voir*]! これなんてことか, あきれてものも言えない.

— **s'en** ~ 非人称 ❶ Il *s'en faut* (bien de beaucoup). それどころではない (=Tant *s'en faut*). ▶ Il *s'en faut* (bien de beaucoup) *que* + subj. …どころではない. ❷ Il *s'en faut de peu*. もう少しのところで, 同然だ (=Peu *s'en faut*). ▶ Il *s'en faut de peu que (ne)* + subj. もう少しで…になるところだ, …も同然だ. ❸ Il *s'en faut de* まだ足りない, …が不足している.

fallu falloir の過去分詞.

fallut, fallût 活用 ⇨ falloir.

falot¹ 男 大型の角灯; 陸 軍法会議.

falot², e 形 影の薄い, 精彩のない.

falsifiable 形 反証可能な; 変造 [偽造] できる.

falsificateur, trice 名 混ぜ物をする人; 変造 [偽造] 者.

falsification 囡 混ぜ物をすること; 変造, 偽造, 歪曲.

falsifier 他 混ぜ物をする; 変造する; 歪曲する.

faluche 囡 古風 (学生の) 黒いベレー帽.

falun 男 [地] ファルン (貝殻破片でできた堆積物).

falzar 男 俗 ズボン.

famé, e 形 *mal* ~ 評判の悪い, いかがわしい.

famélique 形 文章 腹をすかせた.

fameusement 副 話 とても, 非常に.

fameux, se ❶ 文章 有名な, 名高い. ❷ 話 (名詞の前) 例の, 問題の: とてつもない, 甚だしい. ❸ 話 素晴らしい, 優れた. ▶ pas ~ ぱっとしない.

familial, ale ; 男複 **aux** 形 家庭 [家族] の; 家族 [家族] 的な.
— 囡 ステーションワゴン.

familialisme 男 家族中心主義.

familiariser 他 [avec] (…に) 慣れさせる, 慣れさせる.
— **se** ~ 慣れる, 親しくなる.
☐ **familiarisation** 囡

familiarité 囡 ❶ 親しさ, なじみ; 気安さ; (複数) なれなれしい態度.

familier, ère 形 親しい, 打ち解けた; なれあいの; 慣れ親しれた, なじみの; 熟知 [精通] した; (表現などが) 口語的な, くだけた.
— 名 親交のある人; 常連, なじみ (客).

familièrement 副 ❶ 親しく, 打ち解けて; なれあいして. ❷ くだけた言葉で, 俗に.

familistère 男 生産 [消費] 協同組合.

famille 囡 ❶ 家族, 家庭; 家族の者; 子供たち. ▶ ~ recomposée 再婚家族, 複合家族. ❷ 親戚 (はから), 一族; 名門. ❸ 集団, グループ; [生] 科; [数] 族; [言] 語族.
◇ *avoir un air de* ~ (血縁のように) よく似ている. *des* ~*s* 話 家庭的な; 気取らない.

famine

famine 囡 飢饉(ﾊﾟ); 飢餓.
fan [fan] 男 《英》 ファン.
fana 形 熱狂的な, 夢中の.
—— 名 熱狂的なファン.
fanage 男 刈り草の乾燥.
fanal; 複 **aux** 男 (船舶, 飛行機などの)信号灯, (港の)標識灯; (馬車の)角灯; 手提ランプ.
fanatique 形 狂信的な; 夢中の.
—— 名 狂信者; ファン, マニア.
fanatiquement 副 狂信的に; 熱狂的に.
fanatiser 他 狂信的にさせる, 熱狂させる. ◻**fanatisation** 囡
fanatisme 男 狂信(の行為); 熱狂.
fan-club [fanklœb] 男 《複》 ~s 男《英》(歌手などの)ファンクラブ.
fandango 男 《複》 ファンダンゴ(スペインの代表的な民謡および民俗舞踊).
fane 囡 葉, 茎; 落葉, 枯れ葉.
fané, e 形 しおれた; 衰えた, 色あせた; (色調の)渋い.
faner 他 (刈り草を)乾燥させる; (草花を)しおれさせる; 文章 色あせさせる. —— **se** ~ しおれる; 文章 色あせる, 衰える.
faneur, se 囡 刈り草を干す人.
—— 囡 刈り草乾燥機.
fanfare 囡 ブラスバンド, 吹奏楽団; ファンファーレ; 文章 派手な音 [騒ぎ]. ◇**en** ~ 大騒ぎして, 派手な音を立てて.
fanfaron, ne 名 空威張りする(人); 自慢話する人.
fanfaronnade 囡 空威張り; ほら, 自慢話.
fanfaronner 自 文章 空威張りするまたは大きな口を、自慢話をする.
fanfreluche 囡 安っぽい装飾(品).
fange 囡 文章 泥, 泥水; 汚濁, 汚辱.
fangeux, se 形 泥の, 泥だらけの; けがれた, 卑しい.
fanion 男 小旗; 団旗.
fanny 形 《不変》 1点も取れずに負けた.
fanon 男 鯨のひげ; (牛などの)胸垂; (七面鳥などの)肉垂; (馬の)けづめ毛; 《キ教》腕帯(ｶﾞｲ).
fantaisie 囡 気まぐれ, 酔狂(自由奔放な)空想[想像]力; 独創性, 奇抜さ; 面白み; 【楽】幻想曲. ◇**à [selon] la ~ de ...** の好きなように. **de** ~ 空想[想像]の; 風変わりな; 規格外の.
fantaisiste 形 気まぐれな, 気ままな; 風変わりな; 思いつきの, 根拠のない. —— 名 気まぐれな人, 変わり者; 寄席芸人.
fantasmagorie 囡 ❶ (19世紀に流行した)魔術幻灯(劇). ❷ 夢幻(の光景); (無気味な)幻想.
fantasmagorique 形 夢幻的な; 幻影の, 奇妙な.
fantasmatique 形 幻想の, 幻の.
fantasme 男 幻想, 幻; 幻覚.
fantasmer 自 幻想を抱く, 空想にふける.
fantasque 形 気まぐれな; 風変わりな, 奇妙な.
fantassin 男 歩兵.
fantastique 形 ❶ 途方もない; 語

素晴らしい, すごい. ❷ 空想上の; 幻想的な. —— 男 幻想的なもの[作品].
fantastiquement 副 幻想的に; 途方もなく, 並外れて.
fantoche 男 操り人形; 他人に操られる人. —— 形 他人に操られる, 傀儡(ｶｲﾗｲ)の. ▶ **gouvernement** ~ 傀儡政権.
fantomatique 形 幽霊の(ような)な; 幻想的な.
fantôme 男 ❶ 幽霊, 亡霊; 幻影; 妄想. ❷ ~ **de ...** 名ばかりの..., 実体[実権]のない... ❸ がりがりにやせた人. —— 形 幽霊のような, 幻の; 実在しない, 名ばかりの. ▶【医】 **membre** ~ 幻影肢.
fanzine 囡 ファンジン(アマチュアの作る特定分野のミニコミ誌).
FAO 《略》 Food and Agriculture Organization (国連)食糧農業機関. ◻ フランス語では Organisation des Nations unies pour l'alimentation et l'agriculture.
faon [fã] 男 子鹿.
F.A.Q. / FAQ [fak] 囡《略》【情報】 foire aux questions よくある質問.
faquin 男 文章 げす, 下郎.
far 男《菓》プラム入り卵菓子, ファール.
farad [-d] 男【電】 ファラド(静電容量の単位).
faramineux, se 形 とてつもない, すごい; 素晴らしい.
farandole 囡 ファランドール(プロヴァンス地方の民族舞踊, 舞曲).
faraud, e 形, 名 語 気取った(人), 空威張りする(人).
farce 囡 ❶ 悪ふざけ, いたずら. ❷ 笑劇, ファルス. ❸ 茶番(劇). ❹ 【料】詰め物, スタッフィング. —— 形 語 滑稽な, おかしい.
farceur, se 形, 名 いたずら[冗談]好きな(人), いいかげんな(人).
farci, e 形 詰め物をした; (**de**) (... で)いっぱいの.
farcir 他 ❶【料】詰め物をする. ❷ (**de**) (... を)詰め込む. —— **se** ~ ❶ (**de**) 自分の中に(... を)詰め込む. ❷ 語 (たらふく)食べる. ❸ (嫌なことを)引き受ける, 耐える, (異性を)ものにする.
fard 男 化粧品, 語 おしゃれ; 固 虚飾. ◇**piquer un** ~ 語 赤面する. **sans** ~ 飾らずに, 率直に.
fardage 男【海】粉飾[上げ底]販売.
fardeau;《複》 **x** 男 重荷; 負担.
farder 他 化粧する; 文章 粉飾する, ごまかす. —— **se** ~ 化粧する.
fardier 男 (重い荷の)運搬車.
farfadet 男 (いたずら)妖(ｱﾔ)精.
farfalle 囡【料】ファルファッレ(蝶型パスタ).
farfelu, e 形, 名 風変わりな(人), 少し頭のいかれた(人).
farfouiller 自 語 ひっかき回す.
fariboles 囡 たわごと, くだらない話.
farinacé, e 形 粉末状の.
farine 囡 (穀物の)粉, 粉末; 小麦粉. ◇**de** (**la**) **même** ~ 似たり寄ったりの. ~ **de bois** おが屑(ﾊﾞ). **rouler**...

dans la ~ …をだます.

fariner 他 小麦粉をまぶす, 粉をつける.

farineux, se 形 ❶ でんぷん[粉]を含んだ; でんぷん質の; 粉っぽい, 粉を吹いたような. — 男 でんぷん質の野菜.

farlouche 女 カナダ (ケーキに使う)干しブドウ入り糖蜜(⑤).

farlouse 女 〖鳥〗マキバタヒバリ.

farniente [-njente/-njɑːt] 男 《伊》何もしないこと, 無為.

farouche 形 ❶ (動物が)人になつかない; 非社交的な, 人見知りする. ❷ 強い, 強固な; 凶暴な, 残忍な(土地が)未開の.

farouchement 副 激しく; 強固に, 頑として.

farsi 男 現代ペルシア語.

fart [-(t)] 男 (スキー用)ワックス.

farter 他 (スキーに)ワックスを塗る. □fartage 男

Far-West [farwɛst] 男 《米》(米国の)極西部地方.

fascia 男 〖解〗筋膜.

fascicule 男 ❶ 分冊. ❷ ~ de mobilisation (軍人手帳の)動員心得.

fascinant, e 形 魅惑する, 魅力的な.

fascinateur, trice 形 文章 魅惑[幻惑]する; 射すくめる.

fascination 女 魅惑, 幻惑; (視線で)射すくめること.

fascine 女 柴(ヒ)の束; 粗朶(z).

fasciner¹ 他 魅惑[幻惑]する; (視線で)射すくめる.

fasciner² 他 (堤防などに)粗朶(z)を組む.

fascisant, e 形 ファッショ的な.

fasciser 他 ファッショ化する. □fascisation 女

fascisme 男 ファシズム.

fasciste 形 ファシズムの, ファシストの. — 名 ファシスト.

faseyer 12 (b) [-se-] 自 (帆が)はためく.

fass- 語 ⇨ faire.

faste¹ 男 豪華, 豪奢(⑤).

faste² 形 jour ~ 吉日, ついている日. — 男 《複数》記録(簿), 年代記.

fast-food [fastfud] 男 《米》ファーストフード(産業, レストラン).

fastidieux, se 形 うんざりする, 退屈な. □fastidieusement 副

fastoche 話 容易な, やさしい.

fastueux, se 形 豪華な, ぜいたくな. □fastueusement 副

fat [-(t)] 形,男 うぬぼれた(人), 思い上がった(人).

fatal, ale 形; (男複) **als** 形 ❶ 運命の; 避けられない. ❷ 致命的な((à, pour)) (…に)不幸 [破滅, 死]をもたらす, 有害な. — **femme** ~ (男を破滅させる)妖婦, 魔女. ❸ 話 《名詞の前》お決まりの, いつもの.

fatalement 副 不可避的に, どうしても; 運命的に.

fatalisme 男 運命論; 諦観.

fataliste 名 運命論者. — 形 運命論者の.

fatalité 女 運命, 宿命; 不運; 不可避性, 必然(の成り行き).

fatidique 形 運命の定めた, 宿命的な. □fatidiquement 副

fatigabilité 女 疲労度.

fatigable 形 疲れやすい.

fatigant, e 形 疲れさせる, くたびれる; 骨の折れる; うんざりさせる.

fatigue 女 疲労; つらい仕事.

fatigué, e 形 ❶ 疲れた; (体が)弱った; ((de)) (…に)うんざりした. ❷ (服などが)くたびれた, 使い古した.

fatiguer 他 ❶ 疲れさせる; うんざりさせる; 酷使する, 傷める. ❷ à la salade サラダをよくかき混ぜる.
— 自 (材料, 機械の)大きな負担を受ける; (エンジンなどが)あえぐ; 話 疲れる.
— **se** — 疲れる, へばる; 苦労する; (声の)かれる; ((de)) (…に)飽きる, うんざりする.

fatma 女 話 イスラム教徒の女性.

fatras 男 (がらくたの)山, 寄せ集め.

fatrasie 女 〖文〗ファトラジー, がらくた詩(出来合いの言葉を寄せ集めた中世の詩).

fatuité 女 うぬぼれ, 慢心.

fatum [-(ɔ)m] 〖ラ〗文章 運命, 宿命.

fatwa [-wa] 女 ファトワ(世俗の事件へのイスラムの指導); 新しい戒律).

fauber(t) 男 〖海〗(甲板用)モップ.

faubourg 男 ❶ (都市の)近郊, 周辺地域・場末の住民. ❷ 市外区(市中都市で市壁の外にある街区); (昔, 市外区だった)街.

faubourien, ne 形 (特にパリの)周辺地域[場末]の.

faucard 男 長柄の大鎌(⑤).

fauchage 男 刈り取り, 草刈り; (機関銃などの)掃射.

fauchaison 女 刈り取り(期), 草刈り(期).

fauchard 男 高枝切り(13-15世紀の)薙刀(⑤).

fauche 女 刈り取り, 草刈り; 話 盗み; 盗品; 話 文無し.

fauché, e 形, 名 話 文無しの(人).

faucher 他 (鎌で)刈る, なぎ倒す; 転倒させる; 話 盗む.

fauchet 男 干し草用レーキ; 鈀(⑤).

faucheur¹, se 名 (草, 穀物を)刈り取る人; 話 泥棒, 万引き.
— 女 草刈り機.

faucheur² / **fauchaux** 男 ザトウムシ, メクラグモ.

fauchon 男 熊手付き鎌(⑤).

faucille 女 (麦刈り用の)半月鎌(⑤).

faucillon 男 小型の鎌(⑤).

faucon 男 ❶ 〖鳥〗ハヤブサ. ❷ 〖政〗タカ派. ❸ (16, 17世紀の)軽砲.

fauconneau 男; 《複》x 男 ❶ ハヤブサの子. ❷ (16, 17世紀の)小型軽砲.

fauconnerie 女 鷹狩り; 鷹飼育場; 鷹狩邸.

fauconnier 男 鷹匠(⑤).

faucre 男 (昔の鎧(⑤)の)槍(⑤)受け.

faudra(-) 語 ⇨ falloir.

faufil 男 しつけ糸.

faufilage

faufilage 男 しつけ縫い, 仮縫い.
faufiler 他 しつけをする, 仮縫いする.
　— se ◇ 巧みに入り込む, 紛れ込む; すり抜ける.
faufilure 女 しつけ, しつけ縫い.
faune¹ 男[ロ神]半獣神, 牧神.
faune² 女 動物相; (流行の場所に)たむろする人々.
faunesque 形 [文章]半獣神のような.
faunesse 女 [ロ神]牧ニンフ; [文章]多情な女.
faussaire 名 偽造者, 偽札作り; 偽作者.
fausse faux¹ の女性形.
faussement 副 誤って, 偽って.
fausser 他 ❶ ゆがめる, ねじ曲げる; (判断などを)狂わせる. ◇ ~ *compagnie à* ... 急に…の元を去る.
　— se ねじ曲がる, 損なわれる; (声が)調子が外れる.
fausse-route 女 (複) ~s ~s 女 (食べ物が)気管に入ってしまうこと.
fausset¹ 男 甲高い声, 裏声; [楽] ファルセット.
fausset² 男 (樽の)小木栓.
fausseté 女 誤り, 間違い; (判断などの)狂い; [文章]不誠実, 偽善.
faut 活 ⇨ falloir, faillir.
faute 女 ❶ 過ち, 罪; 過失, 間違い, 誤り, ミス; 不手際, へま; 落ち度, 責任. ❷ [スポ]反則, フォールト.
　◇*faire ~* 不足する. *de ~ de* ... …がないので; …がなければ. *ne pas se faire ~ de* ... 必ず…する. *prendre ... en ~* …の悪事の現場を押さえる. *sans ~* 必ず, 間違いなく.
fauter 自話 (女性が)身を誤る.
fauteuil 男 ひじ掛け椅子; [劇場の]座席; 議員席; アカデミ=フランセーズ会員の席[地位]. ◇ ~ *roulant* 車椅子. ◇*arriver dans un* ~ [競技で]楽勝する.
fauteur, trice 名 扇動者, 挑発者.
fautif, ve 形 [責任]のある, 過ちを犯した; [物が]誤りのある.
　— 男 [責任]のある人.
fautivement 副 誤って, 間違って.
fauve 形 ❶ 淡黄褐色の, 鹿毛色の. ❷ *bête* ~ 野獣. ❸ 野獣のような; [美]野獣派の[フォーヴィスム]の.
　— 男 ❶ 淡黄褐色, 鹿毛色. ❷ (特にネコ科の)野獣, 猛獣; [美] (les F~s) 野獣派の画家).
fauverie 女 (動物園の)猛獣の檻.
fauvette 女 [鳥]ハッコウチョウ.
fauvisme 男 [美]フォーヴィスム, 野獣派.
faux¹, **sse** 形 ❶ 間違った, 誤った; 不正確な; 根拠のない, 見当違いの. ❷ 偽物[偽造, 模造]の; 虚偽の; 見せかけの, うわべだけの; 人を欺く, 不誠実な. ❸ 調子の狂った; 不自然 [無理] な.
　— 副 間違って, 不正確に; 調子外れに. **—** 男 ❶ 虚偽, 誤り; 偽造; 模造(品), 贋(ｶﾞﾝ)作品.
　◇*à ~* 不当に; 誤って.
faux² 女 長柄の鎌の.
faux³ 活 ⇨ faillir.
faux-bourdon 男 [楽]フォーブル

ドン(教会声楽).
faux-filet 男 サーロイン.
faux-fuyant 男 言い逃れ, 逃げ口上.
faux-monnayeur 男 偽金造り, 貨幣偽造者.
faux-semblant 男 [文章]見せかけ; 口実, ごまかし.
faux(-)sens [-s] 男 [語の]意味の取り違え, 誤読.
favela [-ve-] 女 (ブラジルの)スラム街.
faverole 女 飼料用のソラマメ.
faveur 女 ❶ 恩恵, 好意; 特別の計らい, 優遇; 寵愛; (複数)[文章](女が男に与える)愛情の印. ◇ ~ *régime de* ~ 特別待遇. ❷ 好評, 人気. ❸ (細い絹の)リボン.
　◇*à la ~ de* ... …を利用して. *en ~ de* ... …のために, …を考慮して. *Faites-moi la ~ de* ... どうか…してください.
favorable 形 好意的な; 有利な, 好都合な. □**favorablement** 副
favori, te 形 お気に入りの, 大好きな; 優勝候補 本命 の.
　— 名 お気に入り; 寵児; 優勝候補, 本命; (王侯の寵)臣; 寵姫, 愛妾.
　— 男 もみあげ, 頬ひげ.
favoriser 他 ❶ 恩恵を与える, 優遇する. ❷ [活動などを]助長する; 有利に働く, 幸いする. ❸ ~ A *de* B AにBを与える, 恵む.
favoritisme 男 えこひいき.
fax [-ks] 男 ファックス.
faxer 他 ファックスで送る.
fayot [fajo] 男 ❶ [俗] (乾燥) インゲンマメ; [軍](熱心そうに見せかけて)点数稼ぎをする人.
fayot(t)er 自話 熱心に見せかける, 点数稼ぎをする.
fazenda [fazenda] 女 (ブラジルの)大農場, 牧場; 大所有地.
FBI [略] [英] Federal Bureau of Investigation 米国連邦捜査局.
f.c.é.m. [略] [電] force contre-électromotrice 逆起電力.
Fe [記] [化]鉄.
féal, ale; (男複) **aux** 形 [文章]忠実な.
fébricule 女 微熱, 軽熱.
fébrifuge 形 解熱の.
　— 男 解熱薬.
fébrile 形 ❶ 熱のある; 熱に浮かされたような, ひどく興奮した. ❷ [経] *capitaux* ~s ホットマネー.
fébrilement 副 熱に浮かされたように, ひどく興奮して.
fébrilité 女 熱狂, 極度の興奮; 発熱状態.
fécal, ale; (男複) **aux** 形 糞(ﾌﾝ)便の.
fèces [fɛs/fesɛs] 女複 糞(ﾌﾝ)便.
F.E.C.O.M. [略] Fonds européen de coopération monétaire ヨーロッパ通貨協力基金(英語 EM CF).
fécond, e 形 生殖力[繁殖力]のある; 多産な; 実りの多い, 豊かな; (土地

fécondable 形 受胎[受精,受粉]可能な; 肥沃(%)，豊かになりうる.

fécondant, e 形 受精[受胎，受粉]させる; 豊かにする.

féconder 他 受精[受胎，受粉]させる；(土地を)肥沃(%)にする；(精神などを)豊かにする.
◊**fécondateur, trice**

fécondité 囡 生殖[繁殖]能力; 多産性; (土地の)肥沃(%)さ; (精神の)豊かさ. ► taux de ～ 出生率.

fécule 囡 でんぷん.

féculence 囡 (食品などが)でんぷんを含んでいること; 固 (液体の)混濁.

féculent, e 形 でんぷんの多い; (液体が)濁った，沈殿した.
—— 男《多く複数》でんぷん質の野菜.

féculer 他 でんぷんを添加する.

féculerie 囡 でんぷん製造業[工場].

fedayin [feda(j)in] 男 パレスチナゲリラ(兵).

fédéral, ale;(男複)**aux** 形 連邦(国)の; 連盟の, 連合の. —— 男(米国の) FBI 局員; (複数) (米国南北戦争当時の)北部連盟軍の人々, 北軍.

fédéraliser 他 連邦制にする.

fédéralisme 男 連邦制[主義].

fédéraliste 形 連邦制の, 連邦主義(者)の. —— 名 連邦主義者.

fédérateur, trice 形 連邦化の, 統合する; 連盟結成の. —— 名 統合者; 連盟の組織者.

fédératif, ve 形 連邦を構成する. ❷ 史 (フランス革命期の)連盟兵の.

fédération 囡 連邦制; 連盟, 連合団体; 史 (フランス革命期の)革命派市民組織. ► fête de la F～ 連盟祭 (1790年7月14日).

fédéré, e 形 連邦を構成する; 連合した. —— 男 史 (1790年の連盟祭に集まった)代表; (1871年の)パリ・コミューン兵士.

fédérer 他 連邦化させる.
—— **se ～** 連邦化となる; 連合する.

fée 囡 妖(‡)精, 仙女 (ょ). ► conte de fées おとぎ話.
◊**avoir des doigts de fée : travailler comme une fée** 手仕事が器用である. **fée du logis** 理想の主婦.

feed-back [fidbak] 男 不変 ❶《英》フィードバック.

feeder [fidœːr] 男《英》(ガス, 石油などの)輸送パイプ; 電 フィーダー.

feeling [filiŋ] 男《英》(ジャズの)表現力; 空 フィーリング.

féerie [fe(e)ri] 囡 妖(‡)精の国; 夢のような光景; 演 夢幻劇.

féerique [fe(e)rik] 形 妖(‡)精の; 夢のように美しい; 演 夢幻劇の.

feign- 活 ⇨ feindre.

feignant, e 形, 名《俗》怠け者の.

feindre 80 他 (…の)ふりをする, 装う. —— 自 ❶ 本心を隠す(偽る). ❷ (馬が)軽くびっこをひく.

feint, e 形 (feindre の過去分詞) 見せかけの, うわべの; 建 飾りの.
—— 囡 ❶ 奮(気)， 軍 陽動; スポ フェイント. ❷ 語 見せかけ, 偽(な), ぺてん.

feinter 他 スポ フェイントをかける; 騙だます.

feinteur, se 名 スポ フェイントの巧みな選手.

feldspath [fɛldspat] 男 鉱 長石.

feldspathoïde 男 鉱 準長石.

feldwebel [fɛldvebal] 男 独 (ドイツ軍の)軍曹.

fêle 囡 (ガラス器製造用の)吹管, 吹き竿(%).

fêlé, e 形 ひびの入った; (声の)つぶれた. ◊**avoir le cerveau ～** 頭が少しおかしい. —— 名 頭が少しおかしい人.

fêler 他 ひびを入れる.
—— **se ～** ひびが入る.

félibre 囡 オック[プロヴァンス]語の作家[詩人].

félibrige 男 文 フェリブリージュ (1854年, オック語再興のために組織された流派).

félicitations 囡複 祝福の言葉, 祝辞; 賛辞.

félicité 囡 文章 (宗教的)至福; 喜び, 幸福.

féliciter 他 祝う, 祝福する; 褒める.
—— **se ～** (de) (…に)喜ぶ, (…に)満足する.

félidés 男複 動 ネコ科.

félin, e 形 ネコ科の; 猫のような; しなやかな. —— 名 ネコ科の動物.

fellagh(a)a [fɛllaga] 男 フェラガ (対フランス独立戦争時のチュニジア, アルジェリアのパルチザン).

fellah 男 (エジプト, 北アフリカの)自作農民.

fellation 囡 フェラチオ.

félon, ne 形, 名 (君主に)不忠な (人); 文章 不実な(人).

félonie 囡 (君主に対する)不忠; 文章 不実な行為, 裏切り.

felouque 囡 フェラッカ船 (小型帆船).

fêlure 囡 ひび, 割れ目; (声の)つぶれ.

f.é.m. 囡《略》force électromotrice 起電力.

femelle 囡 (動植物の)雌(°)；俗《軽蔑》女. —— 形 ❶ 雌の. ❷ vis ～ 雌ネジ, ナット. prise ～ コンセント.

féminin, e 形 女性の, 女性に関する; 女性的な, 女らしい; 文法 女性(形)の; 《詩》rime ～ 女性韻. —— 男 文法 女性(形).

féminisation 囡 女性化 (職種, 組織への)女性の進出.

féminiser 他 女性化する, 女らしくする; 文法 女性名詞にする.
—— **se ～** 女性化される, 女らしくなる; (職業などで)女性の進出.

féminisme 男 ❶ 女性解放論, フェミニズム. ❷ (男性の)女性化(症).

féministe 形 女性解放の, フェミニズムの.
—— 名 女性解放論者, フェミニスト.

féminité 囡 女らしさ.
femme [fam] 囡 ❶ 女, 女性; 一人前の女. ❷ 妻. ❸ ~ de chambre (部屋の)掃除婦(ホテルのメイド). ~ de ménage 家政婦, お手伝いさん. ◇**bonne** ~ おばさん; 女. **petite bonne** ~ お嬢ちゃん. **prendre** ~ 妻をめとる.
— 形 女らしい, 女性的な.
femmelette [fam-] 囡 ❶ ひ弱[気弱]な女; 囲 女々しい男.
fémoral, ale; 《男複》**aux** 形 [解]大腿(愆)の.
fémur 男 [解]大腿(愆)骨.
F.E.N. 囡《略》Fédération de l'Éducation nationale 国民教育連盟.
fenaison 囡 干し草刈り(の季節).
fend (-) 囲 ⇨ fendre.
fendant / fendart 男 ❶ フェンダン(スイス産の白ブドウ品種. それから作る白ワイン). ❷ [フェ]サーブルで打つこと.
fendart / fendart 男 ズボン.
fendeur 男 (鉄などの)切断機工; (宝石の)荒削り加工工.
fendi-, fendi- 囲 ⇨ fendre.
fendillé, e 形 細かいひびが入った.
fendiller 他 細かいひびを入れる.
— **se** ~ 細かいひびが入る.
◇**fendillement** 男(集合的).
fendoir 男 切断具; 断ち包丁.
fendre 81複 ❶ (縦に)割る; 裂く, 亀裂を入れる. ❷ かき分けて進む.
◇~ **le cœur à ...** …で胸が張り裂けるような思いをさせる.
— **se** ~ ❶ 割れる, 亀裂が入る. ❷ (胸の)張り出す. ❸ [フェ]片足を大きく踏み出して攻め込む. ◇**se** ~ **de ...** 囲 …を思い切って買う; 奮発する.
fendu, e 形 (fendre の過去分詞) 割れた, 裂けた, 亀裂の入った. ► **yeux** ~s 切れ長の目.
fenestrage / fenêtrage 男 窓用の開口を設けること; (集合的) 窓.
fenestration 囡 [建]窓, 開口.
fenêtre 囡 ❶ 窓; 開口部; [情報]ウインドー. ❷ [航] ~ **de lancement** [de tir] (ロケットなどの)打ち上げ時間帯. ◇**jeter l'argent par les** ~s 金を湯水のように使う.
fenêtrer 他 窓を取り付ける.
feng shui [fēgfwi] 男 《不変》風水占い.
fenil [-(l)] 男 干し草置場 [小屋].
fennec [fɛnɛk] 男 [英][動]フェネックギツネ.
fenouil 男 [植]ウイキョウ.
fente 囡 割れ目, 裂け目; すき間; (ポストなどの)投入口; [服](ポケットなどの)開口部; ベンツ, スリット.
féodal, ale; 《男複》**aux** 形 封建制の, 封建的な; 封土[封土]の.
— 男 封建領主; 大地主.
féodalement 副 封建制度によって封建的に.
féodalisme 男 封建制度[主義]; 封建性.
féodalité 囡 封建制; (社会的, 経済的な)支配勢力.
fer 男 ❶ 鉄; (食品中の)鉄分. ► **fil**

de fer 針金 / **chemin de fer** 鉄道. ❷ (道具の)鉄製部分; 鉄製品, 蹄鉄; 剣; アイロン (=**fer à repasser**); 鎖(s); (ゴルフの)クラブ. ◇《複数》鉄鎖; 奴隷状態. ◇**croiser le fer** 剣を交える; 議論を戦わせる. **de fer** 鉄製の; 頑強な; 頑固[冷酷]な.
fer- 囲 ⇨ faire.
féra 囡 [魚](アルプス地方の湖の)ワカサ.
féral, ale,《男複》**aux** 形 野生化した.
féralies 囡複 [古ロ]フェラリア祭, 大法会.
fer-blanc [-blã]; 《複》 ~**s**—**s** 男 ブリキ.
ferblanterie 囡 ブリキ製品; ブリキ製造[販売]; ブリキ店.
ferblantier 男 ブリキ屋[工].
férial, ale,《男複》**aux** 形 [カト]平日の.
férie 囡 [カト]平日.
férié, e 形 休日[祭日]の.
feriez, ferions 囲 ⇨ faire.
férir 他 [文章] **sans coup** ~ 苦もなく, やすやすと.
ferler 他 [海] (帆を)折りたたむ.
ferlouche / farlouche 囡 ⇨ farlouche.
fermage 男 小作(地); 小作料.
fermant, e 形 閉まる; 開閉式の.
ferme[1] 形 ❶ 堅い, 引き締まった. ❷ しっかりした, 力強い; 揺るぎない; 毅然とした. ❸ (市況, 株価が)手堅い, 安定した; (規則, 価格などが)不動の.
◇**de pied** ~ たじろがずに, 敢然と.
— 副 ❶ しっかりと, 堅固に; 精力的に; 大いに. ❷ **acheter** [**vendre**] ~ (株式などを)現物で[売る].
◇**tenir** ~ しっかり固定されている; 譲らない.
ferme[2] 囡 農場, 農地; 農家; [法]小作(契約).
ferme[3] 男 [建]小屋組み, トラス; (舞台の)書き割り.
fermé, e 形 ❶ 閉まった, 閉じた; 閉鎖的な; 閉じた(…に対して)閉ざされた; (…を)受け入れない. ❷ [音声]閉じた, 狭い. ◇**les yeux** ~ 目をつぶって; 信頼しきって.
fermement 副 堅固に, しっかりと; 自信をもって; 断固として.
ferment[1] 男 [文章]原因, 誘因. ❷ 酵素; 酵母.
fermentable 形 ⇨ fermentescible.
fermentatif, ve 形 発酵させる.
fermentation 囡 発酵; [文章](感情の)高揚, 興奮; 動揺.
fermenté, e 形 発酵した.
fermenter 自 発酵する; [文章](感情が)高ぶる, 沸き立つ; 動揺する.
fermentescible 形 発酵性の.
ferme-porte 男《不変》ドアチェック, ドアクローザー.
fermer 他 ❶ 閉める, 閉じる; 閉鎖[閉店, 休業]する; (通路などを)閉ざす, ふさぐ; 封鎖する. ❷ (電気, 水道など)を止める, 切る. ❸ 終わりとする, 締め切る. ◇**la** ~ 囲 黙る.

—自 閉まる;閉店[閉店]する.
—se ~ 閉まる, ふさがる; (à) (…を)受け入れない.

fermeté 囡 ❶ (物の)固さ;(胸前の)確かさ; (精神的)確かさ. ❷ (株価,市況などの)堅調;安定.

fermette 囡 小さい農家;田舎家風別荘;【建】小屋組み.

fermeture 囡 ❶ 閉じる[閉まる]こと,閉鎖;閉店,休業. ❷ 閉じる器具[装置]. ▶~ à glissière = 囲鎖~ = Eclair ファスナー.

fermier, ère 名 農民,農夫; 農場主;小作人. — 形 農場の, 小作地の.
— ~ général (アンシャンレジーム下の)徴税請負人.

fermium 男【化】フェルミウム.

fermoir 男 留め金, 掛け金.

féroce 形 獰(ど)猛な;残忍な;容赦ない;猛烈な.

férocement 副 凶暴に, 残忍に.

férocité 囡 獰(ど)猛さ;残忍さ,凶暴性;無慈悲さ.

ferons, feront 活 ⇨ faire.

ferrade 囡 (プロヴァンス地方で牛,馬の)焼き印押し;焼き印祭.

ferrage 男 鉄具[金具]をつけること;蹄(ひづめ)に鉄を打つこと.

ferraillage 男 鉄筋, 鉄骨.

ferraille 囡 ❶ 古い鉄具,鉄くず,スクラップ. ❷ 小銭.

ferrailler 自 剣で戦う;金属がぶつかる音をたてる. — 他 (コンクリートに)鉄筋を入れる. ▶ **ferraillement**

ferrailleur 男 ❶ 屑(くず)鉄[スクラップ]業者;鉄鋼工. ❷ 決闘好き;議論好き.

ferré, e 形 ❶ 鉄具[金具]をつけた;蹄(ひづめ)に鉄をつけた. ❷ 金属製の. ❸ 話 (en, sur) (…に)詳しい, 強い.

ferrement 男【建】組積補強用鋼材.

ferrer 他 ❶ 鉄具[金具]をつける;蹄(ひづめ)に鉄をつける. ❷ (釣り糸を引いて魚に)釣針を食い込ませる.

ferret 男 (靴ひもなどの)先端の金具.

ferreux, se 形 鉄を含む;【化】(2価の)鉄の, 第一鉄の.

ferrique 形【化】(3価の)鉄の, 第二鉄の.

ferrite 囡【化】亜鉄酸塩. — 男【金】フェライト;強磁性セラミックス.

ferro(-)alliage 男【金】合金鉄.

ferrocérium 男【金】フェロセリウム (ライターの石の製造用).

ferrochrome 男【金】フェロクロム (ステンレス合金の製造用).

ferroélectricité 囡【物】強誘電性.

ferromagnétisme 男【物】強磁性. ▫**ferromagnétique** 形

ferromanganèse 男【化】フェロマンガン, マンガン鉄.

ferronnerie 囡 鉄細工(品);鉄製品[金物]製造所.

ferronnier, ère 名 鉄製品[金物]製造人;金物商人;鉄工芸家.
— 囡 フェロニエール(主に額に巻く宝石をちりばめた鎖の装飾品).

ferroprotéine 囡【生化】鉄たんぱく質.

ferroutage 男 (トラック・鉄道併用の)ピギーバック輸送. ▫**ferrouter** 他

ferroviaire 形 鉄道の.

ferrugineux, se 形 鉄分を含む;錆(さ)色の.

ferrure 囡 金具, 金具, 蹄鉄.

ferry [feri] 男〈複〉~s (または **ferries**) 〈英〉フェリー(ボート).

ferry-boat [feribot] 男〈英〉フェリーボート.

fertile 形 肥沃(ひよく)な;収穫の多い;豊かな; (…の) 多い, (…に) 富む.

fertilisant, e 形 肥沃(ひよく)にする.
— 男 肥料.

fertilisation 囡 ❶ 肥沃(ひよく)化;豊かにすること. ❷【生】~ externe 体外受精.

fertiliser 他 肥沃(ひよく)にする.

fertilité 囡 肥沃, 豊かさ.

féru, e 形 (de) (…に)夢中の.

férule 囡 (昔, 体罰で生徒の手をたたいた)木[革]のへら;【植】オオウイキョウ. ◊*être sous la ~ de* … …の監督[支配]下にある.

fervent, e 形 熱心な, 熱烈な.
— 名 熱烈な愛好者, ファン.

ferveur 囡 熱心, 熱情, 熱意.

fesse 囡 尻(しり), 臀(でん)部.
◊*histoires de ~s* 猥(わい)談. *serrer les ~s* 話 怖気(おじけ)づく.

fessée 囡 (罰として)尻をたたくこと;屈辱的敗北, 惨敗.

fesse-mathieu 〈複〉*x* 男 古 高利貸し;吝嗇(りんしょく)家.

fesser 他 (罰として)尻をたたく.

fessier, ère 形 尻(しり)の, 臀(でん)部の.
— 男 話【解】臀部.

fessu, e 形 尻(しり)の大きな.

festif, ive 形 祝祭の, お祭り気分の.

festin 男 饗宴, 祝宴, ごちそう.

festival〈複〉*als* 男 ❶ 音楽[映画, 演劇]祭, 祭典, フェスティバル. ❷ (才能などの)華々しい発揮[披露];ファインプレー.

festivalier, ère 形 名 祭典[フェスティバル]の(参加者).

festivité 囡 (公的な)祝賀会, 祝典;お祭り騒ぎ.

festoiement 男 供応[ごちそう]にあずかること.

fest-noz [festnoz] 男 フェスト・ノーズ (ブルターニュ地方の伝統的な祭り).

feston 男 花づな;花づな飾り[装飾];【服】スカラップ.

festonner 他 花づなで飾る;花づな[波形]模様で装飾する[縁取る].

festoyer 10 自 祝宴に参加する;ごちそうになる.

feta [fe-] 囡 フェタ (ギリシアの羊の乳のチーズ).

fêtard, e 名 話 飲み食いして騒ぐ人;宴会[お祭り]好き.

fête 囡 ❶ 祭り, 祝祭;祭日, 祝日;〈複数〉休暇 (特にクリスマスから新年にかけての連休). ▶ ~ du travail メーデー/~ des mères 母の日. ❷ 霊名[洗礼名]の祝日; (団体などの)守護聖人の

Fête-Dieu 祝日. ❸ 祝宴, パーティー, 祝い事. ❹ 〘語〙~s galantes 雅宴(画).
◇à la ~ 愉快に; 満足して. être de la ~ お祭り[祝宴]に加わる. faire ~ à … …を歓待[大歓迎]する. faire la ~ お祭り騒ぎをする; 遊びほうけて暮らす. se faire une ~ de … …を楽しみにして待つ.

Fête-Dieu: 《複》~s-~ 囡〘カト〙キリストの聖体の祭日.

fêter 他 祝う; 歓待[歓迎]する.

fétiche 男 ❶ (崇拝対象としての)物神, 呪物(ぶぷ); ❷盲目的崇拝物; 〘心〙フェティッシュ(フェティシズムの対象; 下着など), お守り, 縁起物, マスコット. ❷ のお守り, 縁起物, マスコット.

féticheur 男 呪物(ぷぷ)師.

fétichiser 他 物神化(偶像視)する.

fétichisme 男 物神崇拝[呪物(ぶぷ)崇拝]; 盲目的崇拝; 〘心〙フェティシズム.

fétichiste 形 フェティシズムの, 物神[呪物(ぷぷ)]崇拝の; 盲目的に崇拝する.
—图 物神崇拝者.
◇fétishiste 同義語.

fétide 形 悪臭のする; 胸がむかつく.

fétidité 囡 悪臭.

fétu 男 わら屑(ジ); 取るに足りないもの.

fétuque 囡 〘植〙ウシノケグサ.

feu¹; 《複》**x** 男 ❶ 火; 火事; 暖炉の火; 花火 (=feu d'artifice). ► mettre le feu à … …に火をつける / Au feu! 火事だ. ❷ 発砲, 砲火; 戦闘, 戦争; 〘俗〙ピストル. ► Feu! 撃て! / arme à ~ 火器 / faire feu 発砲する, 手の離せない[最も忙しい]. ❸ 照明, ライト, 灯火, ランプ; 〘交通〙信号. ► feu vert 青信号. ❹ 激しさ, 熱っぽさ; ほてり; 《多く複数》輝き, きらめき.
◇avoir le feu au derrière [cul] 慌てて逃げ出す, 大急ぎである; 欲情している. brûler [faire mourir] à petit feu じわじわと苦しめる, なぶり殺しにする. coup de feu 発砲; (料理の)急激な加熱; 手の離せない[最も忙しい]とき. craindre [redouter] comme feu ひどく恐れる[心配する]. être (pris) entre deux feux 挟み打ちにあう, 四面楚歌(ボ)の状態である. être tout feu tout flamme (pour …) (…) に熱中している, 夢中である. faire feu de tout bois あらゆる手段を用いる. faire la part du feu (延焼を防ぐために)火の周囲の建物などを取り壊す; (多数を救うために)一部を犠牲にする. faire long feu (弾が)なかなか発射しない; 長い間続けられない; 失敗する. feu orange 黄信号; 条件つきの許可. Il n'y a pas le feu (à la maison). 〘語〙慌てることはない. jeter feu et flamme 烈火のごとく怒る. jouer avec le feu 火遊びをする; 危険を冒す. mettre à feu et à sang 戦火と流血の場と化す, 大混乱に陥れる, 荒廃させる. n'avoir ni feu ni lieu = être sans feu ni lieu 宿なしである. ne pas faire long feu 長続きしない, すぐ終わる. prendre feu 火がつく, 燃え上がる; 逆上する.

feu², **e** 形 〘文章〙(ふざけて)故, 亡き.

feudataire 图 封臣.

feudiste 男 封建法学者.

feuil 男 塗膜, 皮膜.

feuillage 男 (1本の木全体の)葉; 葉のついた小枝.

feuillaison 囡 〘植〙葉を出すこと, 発葉期.

feuillant 男 ❶ フイヤン会修道者. ❷ 〔F~s〕(フランス革命時の)フイヤン派, フイヤンクラブ.

feuillantine¹ 囡 フイヤン会修道女.

feuillantine² 囡 〘菓〙フイヤンティーヌ(パイ菓子).

feuillard 男 (飼料用の)葉のついた小枝(細包(ぷ)用の)帯鋼; (樽のたがに使う)割り木.

feuille 囡 ❶ 葉. ► ~ morte 枯れ葉. ❷ (紙の) 1 枚; 紙片; 書類, 文書. ► ~ de paie 給与明細書 / ~ d'impôts 納税通知書. ❸ 新聞, 雑誌. ► ~ de chou 三流新聞. ❹ (金属などの)薄片, 薄板. ❺ 耳.
◇trembler comme une ~ (恐怖で)ぶるぶる震える.

feuillé, **e** 形 葉のついた; 〘建〙葉形装飾のある. —囡〘文章〙葉陰; 葉の茂り; 《複数》(野営地の)仮設便所.

feuille-morte 形《不変》枯れ葉色の.

feuiller 自 (草木が)葉をつける.

feuillet 男 (本, ノートなどの) 1 枚, 1 葉(裏表 2 ページ分); 〘情報〙~ magnétique 磁気カード; 〘動〙(反芻(ザ)動物の)第 3 胃.

feuilleté, **e** 形 薄片からなる, 薄層状の. ► pâte ~e 折り込みパイ生地. —男 パイ料理[菓子].

feuilleter ❹ 他 ❶ ページをめくる; 走り読みする. ❷ 〘料〙(パイ生地を)折り込む. □feuilletage 男

feuilleton 男 ❶ (新聞の)学芸[文化]欄. ❷ (新聞の)連載小説(テレビ, ラジオの)連続ドラマ; 信じがたい話.

feuilletonesque 形 新聞小説(風)の; 娯楽的な.

feuilletoniste 名 (新聞の)学芸[文化]欄担当者; 新聞小説家.

feuillette 囡 (114-136 ℓ 入り)酒樽.

feuillu, **e** 形 葉がよく茂った; 広葉(樹)の. —男 広葉樹.

feuillure 囡 (窓, 扉をはめ込む)溝.

feuj [fœʒ/føʒ] 图 ユダヤ人(juif の逆言葉).

feulement 男 (トラの)ほえ声; (猫の)うなり声.

feuler 自 (トラが)ほえる; (猫が)うなる.

feutrage 男 フェルト製造[加工]; (毛織物などが摩耗して)フェルト状になること.

feutre 男 フェルト(製品); フェルト帽, フェルトペン.

feutré, **e** 形 ❶ フェルト製[状]の; フェルトを張った[詰めた]. ❷ (音などが)弱められた; 穏やかな.

feutrer 他 ❶ フェルト状にする; フェルトを張る[詰める]. ❷ (音などを)弱める, 和らげる. —自 フェルト状になる.
—se ~ ❶ フェルト状になる. ❷ (音

feutrine 女 目の詰んだ薄地のフェルト.

fève 女 ❶ 〖植〗ソラマメ; (ソラマメに似た)豆, 実. ❷ ~ des Rois 王様の「まめ」(公現祭の祝いのケーキにこれを入れてプラスチックのフィギュア. 当たると当日の主役になる).

féverole 女 飼料用のソラマメ.

février 男 2月.

fez [-z] 男 トルコ帽.

ff 〖記〗〖楽〗fortissimo フォルティッシモ.

F.F.I. 女 《略》 Forces françaises de l'intérieur フランス国内兵(ドイツ占領下のレジスタンス派のメンバー).

F.F.L. 女 《略》 Forces françaises libres フランス自由軍(1940年から、連合軍について戦闘を続けた隊員).

fi 間 ちえっ, ふん (軽蔑, 嫌悪).
◇ faire fi de ... ...を軽蔑する, 問題にしない.

fiabiliser 他 (機械などの)信頼性を高める.

fiabiliste 形 信頼性の.
— 名 信頼性技術者.

fiabilité 女 信頼度[性], 安全性.

fiable 形 信頼度の高い, 信頼できる.

fiacre 男 辻馬車.

fiançailles 女 複 ❶ 婚約(式); 婚約期間. ❷ (会社, 政党の)提携, 合併案.

fiancé, e 形 婚約した.
— 名 婚約者, フィアンセ.

fiancer 他 婚約させる.
— se ~ (avec, à) (...と)婚約する.

fiasco 男 大失敗; (男性の一時的な性の)不能.

fiasque 女 フィアスコ(キャンティワインを入れるわらで包んだ瓶).

fibranne 女 《商標》〖繊〗フィブランヌ, スフ

fibre 女 ❶ 繊維; 〖解〗繊維. ▶ ~ de verre グラスファイバー／~ optique 光ファイバー. ❷ 感情, 感性; (複数) 心の奥底〖琴線〗.

fibreux, se 形 繊維から成る (肉などが)筋のある.

fibrillation 女 〖医〗細動.

fibrille 女 小繊維.

fibrine 女 〖生理〗フィブリン, 繊維素.

fibrineux, se 形 〖生理〗フィブリンの.

fibrinogène 男 〖生理〗フィブリノゲン, 線維素原.

fibrociment 男 《商標》石綿セメント.

fibromateux, se 形 〖医〗線維腫(状)症の.

fibromatose 女 〖医〗線維腫(状)症.

fibrome 男 線維腫(状).

fibroscope 男 ファイバースコープ.

fibroscopie 女 〖医〗ファイバースコープによる検査.

fibrose 女 〖医〗線維症.

fibule 女 〖考古〗フィブラ(装飾を施した服の留め金).

ficaire 女 〖植〗ヒメリュウキンカ.

ficelage 男 ひも掛け;《集合的》ひも.

ficelé, e 形 ❶ ひもでくくられた. ❷ 〖話〗奇妙な服を着た. ❸ 〖話〗bien [mal] ~ 出来の(悪い[良い])〖話〗.

ficeler 他 ❶ ひもでくくる〖縛る〗. ❷ 〖話〗奇妙な服を着せる.

ficelle 女 ❶ ひも; (人形芝居の)操り糸. ❷ (仕事, 技術などの)勘所, こつ; 術策, 駆け引き. ❸ フィセル (小さく細い棒パン). ◇ tirer [tenir] les ~s 陰で糸を引く.

ficellerie 女 ひも製造所.

fichage 男 (情報の)カード化.

fichant, e 形 〖軍〗tir ~ 曲射.

fiche¹ 女 ❶ (分類・資料用)カード. ❷ (電気の)差し込み, プラグ. ❸ 蝶番(ちょう); ピン. ❹ (ゲーム用)点棒, チップ. ◇ ~ de consolation (わずかな)慰めのかけ.

fiche² ⇨ ficher².

ficher¹ 他 ❶ カードに記載する; ブラックリストに載せる. ❷ 打ち込む, 差し込む.

ficher² 他 ❶ 〖話〗(不定形には fiche, 過去分詞は fichu が一般的)やる, する. ❷ (乱暴に)置く; 放り出す. ▶ ~ à la porte 追い出す; 首にする. ❸ 与える, 食らわす.
◇ Fiche-moi la paix! ほっといてくれ. ~ dedans だます. ~ le camp 逃げ出す! 駄目になる. ~ par terre 落とす; 倒す; 挫折させる. Je t'en fiche! とんでもない.
— se ficher 〖話〗❶ 身を置く[投じる]. ▶ se ~ en colère 怒り出す. ❷ (de) (...を)ばかにする; 無視する, 問題にしない. ▶ Je m'en fiche. そんなことはどうでもいい.
◇ se ~ dedans 思い違いをする.

fichier 男 《集合的》資料[索引]カード; カードボックス; 〖情報〗ファイル.

fichiste 男 カード作成係.

fichtre 間 いやはや, おやまあ, ちえっ (驚き, 感嘆, 不満, 失望など)〖強意〗.

fichtrement 副 とても, やけに.

fichu¹, e 形 (ficher², fiche² の過去分詞) ❶ 駄目になった; 壊れた. ❷ 《名詞の前》嫌な, ひどい; imposant な, 大きな. ❸ (de) ...できる; ...かもしれない. ◇ bien ~ よくできている, 調子がよい. mal ~ 出来の悪い; 不格好な; 体調が悪い.

fichu² 男 フィシュ(三角形のスカーフ).

fictif, ve 形 ❶ 想像上の, 虚構の; 見せかけの, にせの. ❷ 取り決めによる; 名目上の.

fiction 女 想像(の産物), 空想; 虚構, フィクション.

fictionnel, le 形 フィクションの.

fictivement 副 想像上, 虚構で; 仮定として; 名目的に.

ficus [-s] 男 〖植〗イチジク.

fidéicommis 男 〖法〗補充指定, 継伝処分.

fidéisme 男 信仰至上主義.
□ **fidéiste**

fidèle 形 ❶ 忠実な, 誠実な; 貞節な; (à) (...を)固く守る(店をひいきにする. ❷ 正確な; 狂いのない.
— 名 ❶ 忠実な人; 支持者; 常連; ファ

fidèlement

ン. ❷信者;信徒.
fidèlement 副忠実に;正確に.
fidéliser 他 常連客 [固定客] にする.
◇**fidélisation** 囡
fidélité 囡 ❶ 忠実, 誠実;à (…)を固く守ること, 貞節;(店などを)ひいきにすること. ❷ 正確さ.
fidjien, ne 形 图 フィジーの(人).
—— 男 フィジー語.
fiduciaire 形《法》信託の;受託者の;《経》信用発行の. ▶ monnaie ～ 信用貨幣.
fief 男 (封建時代の)封土;領地;勢力範囲, 縄張り.
fieffé, e 形 極め付きの, 札つきの.
fiel 男 (動物の)胆汁;区画 苦々しさ, 悪意, 憎しみ.
fielleux, se 形 文語 辛辣(しんらつ)な, 悪意ある.
fiente 囡 (鳥獣の)糞(ふん).
fienter 自 (鳥獣が)糞をする.
fier, ère [fjɛːr] 形 ❶ 誇り高い;《de》 (…を)誇りにする. ❷ 高慢な, 尊大な, 威張る. ❸ 語 《名詞の前》極め付きの, すごい. ◇avoir ～ère allure 堂々としている.
—— 名 faire le ～ [la ～ère] 尊大な態度をとる.
se fier 代動 《à》(…)を信用 [信頼] する.
fier-à-bras 男《複》 ～(s)-~-~ [fjera~] 文語 空威張りする人, 虚勢を張る人.
fièrement 副 ❶ 誇りを持って, 堂々と, 毅然として. ❷ 語 非常に.
fiérot, e 名 形 得意げな(人).
fierté 囡 ❶ 誇り;自慢(の種). ▶ tirer ～ de ... …を自慢に思う. ❷ 高慢さ.
fiesta 囡 《西》 陽気な催し[パーティー];お祭り騒ぎ.
fièvre 囡 ❶ (病気の)熱, 発熱;熱病;《複数》マラリア. ▶ ～ de cheval 高熱. ❷ 熱狂, 興奮;《de》(…)への強い欲望, 情熱.
fiévreusement 副 熱狂的に, 夢中で.
fiévreux, se 形 ❶ (病気で)熱のある, 発熱した. ❷ 熱狂 [興奮] した;熱のこもった.
FIFA (略) Fédération Internationale de Football Association 国際サッカー連盟.
fifille 囡 お嬢ちゃん.
fifre 男《楽》ファイフ (小さなフルート);ファイフ奏者.
fifrelin 男 俗 わずかの金;匣 取るに足りないもの.
fifty-fifty 副《英》語 半分ずつ.
figaro 男 俗風, 語 床屋, 理髪師.
figé, e 形 固まった, こわばった;硬直した. ▶ locution ～e 慣用句.
figement 男 凝固, 凝結.
figer 他 凝固させる, 固まらせる;身動きさせなくする. —— 自 凝固する.
—— se ～ 凝固する, 固まる;体を硬直させる;こわばる.
fignoler 他 入念に仕上げる, (仕上げに)凝る. ◇**fignolage** 男

fignoleur, se 形 名 (仕上げに)凝る(人).
figue 囡 ❶ イチジク(の実). ❷ ～ de Barbarie ウチワサボテンの実. ▶ caque ～. ▶ ～ de mer 動 ホヤ. ◇mi-~, mi-raisin どっちつかずの, よくも悪くもない.
figuier 男 ❶《植》イチジク. ❷ ～ de Barbarie ウチワサボテン.
figuline 囡 陶器.
figurant, e 名 (劇, 映画などの)端役, エキストラ;端役的人物 [存在].
figuratif, ve 形 物の形をかたどった, 具象的な;《美》具象派の.
—— 男 具象派芸術家.
figuration 囡 ❶ 端役の仕事;《集合的》端役, エキストラ. ❷ 形に表すこと, 具象化.
figure 囡 ❶ 顔;顔つき, 表情. ❷ 主要人物, 大物. ❸ 図, 図版;図形, 挿絵. ❹ (スケート, ダンスなどの)フィギュア. ▶ ～s imposées [libres] 規定 [自由] 演技. ❺ (絵画, 彫刻などの)人物像;(トランプの)絵札. ❻《レト》文彩;言葉のあや.
◇faire bonne ～ 愛想よくする;(期待どおりに)うまくやる. faire ～ de ... …のように見える. faire triste ～ 浮かぬ顔をする;ぱっとしない. prendre ～ 形をとる, 具体化する.
figuré, e 形 比喩的な, 比喩の多い.
—— 男 比喩の意味.
figurément 副 比喩的に.
figurer 他 (象徴的に)表現する, 描く;(記号で)示す;象徴する.
—— 自 存在する, ある;載っている;(演劇, 映画に)端役で出る.
—— se ～ 思い描く, 想像する;思う, 信じる. ◇**Figurez-vous [Figurez-toi] que ...** 実は…なんです.
figurine 囡 小像.
figurisme 男《神》旧約表徴説.
fil 男 ❶ 糸, 糸状の物;麻糸, リンネル. ❷ 金属線;電線, コード. ❸ 電話(線). ▶ donner un coup de fil 電話をかける/avoir ... au bout du fil ...と電話で話す. ❹ (肉, 野菜の)繊維, 筋(木材の)木目. ❺ (水, 煙の)流れ;(思考, 話の)脈絡, 筋道. ❻ (刃物の)刃.
◇au fil de ... …の流れに沿って;につれて. droit fil 服 縦地;(思想的, 政治的)方針, 路線. fil d'Ariane アリアドネの糸;道しるべ, 手がかり. ne tenir qu'à un fil 危うい, 風前のともしびである.
fil-à-fil 男《不変》繊エンド・アンド・エンド(2色の糸の織物).
filage 男 糸に紡ぐこと, 紡績.
filament 男 (細い)糸状の物;(植物, 神経などの)繊維;(肉の)筋のフィラメント.
filamenteux, se 形 繊維質の;筋のある.
filandre 囡 (肉, 野菜などの)筋;(大理石の)不規則な目.
filandreux, se 形 ❶ (肉, 野菜が)筋の多い. ❷ (話, 文章が)くどい, 冗長な.
filant, e 形 ❶ (液体が)糸を引く, ねっ

filtrer

とりした。❷ **étoile** 〜**e** 流星。❸ **pouls** 〜 弱々しい脈.

filasse 囡 (麻, 亜麻の)紡績前の繊維束。― 形 《不変》 語 (髪の)艶のないブロンドの.

filateur 男 紡績 (製糸) 工場主.

filature 囡 ❶ 紡績; 紡績 [製糸] 工場. ❷ 尾行.

fil(-)de(-)fériste 名 綱渡り芸人.

file 囡 (縦の)列, 行列; 連続.
◇**à la [en]** 〜 一列一列に並んで; 続けて, 次々と. **chef de** 〜 列の先頭; リーダー. **en [à la]** 〜 **indienne** 数珠つなぎになって. **prendre la** 〜 列の最後につく.

filé, e 形 糸状の, 細長くした; (編み目などが)ほどけた, (ストッキングが)伝線した. ― 男 織り糸, より糸.

filer 他 ❶ 紡ぐ(ガラスなどを)糸状にする; (蚕, クモが)糸を出す; (編み目などが)ほどける, (ストッキングが)伝線する. ❷ 尾行する. ❸ (比喩などをまざまと)展開する; (楽) (音を)長く伸ばす. ► **n nœuds** (船が)n ノットで走る. ❺ 与える, やる.
◇〜 **le parfait amour** 愛の言葉を交わし合う; 熱烈たる愛国情熱する.
― 圁 ❶ (紡がれる)糸を引いて糸状に伸びる; (編み目などが)ほどける, (ストッキングが)伝線する. ❷ 急いで行く; 突っ走る; (時が)速く過ぎる; 話 急いで立ち去る, 逃げる; (金が)すぐになくなる.
◇〜 **doux** 話 おとなしぐ出る.
― **se** 〜 紡がれる; 俗 もぐり込む.

filet 男 ❶ 網; 網製品; 網棚; 『スポ』(テニスなどの)ネット; ゴールネット. ► 〜 **(à provisions)** 買い物用の網袋 / 〜 **à cheveux** ヘアネット. ❷ 『料』 ヒレ(肉); (三枚に下ろした魚の)片身. ► **faux** 〜 サーロイン. ❸ (液体などの)細い流れ. ► **un** 〜 **de** 〜 ごく少量の / 〜 **de voix** か細い声. ❹ (ボルトなどの)ねじ山; (印) (罫)線; (解) ► **nerveux** 神経繊維.
◇**attirer ... dans ses** 〜 文章 〜 を誘惑する. (**beau**) **coup de** 〜 大漁; (警察の)一斉検挙. **travailler sans** 〜 (サーカスで)保護ネットなしで曲芸する; 危険を冒す.

filetage 男 (ボルトやナットの)溝切り, ねじ切り.

fileter 圁 他 (ボルトなどに)ねじを切る; (金属)を針金にする.

fileur, se 名 糸を紡ぐ人; 紡績工.

filial, ale (男複) **aux** 形 (親に対する)子の. ― 囡 子会社.

filialement 副 文章 (親に対して)子として; (実の)子のように.

filialiser 他 (企業などを)系列化する. □**filialisation**

filiation 囡 ❶ 親子関係; 血統, 家系. ❷ (思想, 事件などの), つながり, 派生関係.

filière 囡 ❶ 手続き, 手順; (昇進の)段階. ► **passer par la** 〜 手続きを踏む. ❷ (教育の)専門課程; コース, 道. ❸ (麻薬, 武器などの)密売ルート. ❹ 関連産業 [部門]. ❺ (針金製造用)ダイス; (ねじ切り)ダイス; (原子炉の)炉型式; (蚕, クモの)出糸突起.

filiforme 形 糸状の; (糸のように)細い.

filigrane 男 (紙幣などの)透かし模様; (金, 銀の)線細工. ◇**en** 〜 透かしになった; 透けて; 背後に.

filigrané, e 形 透かし模様の入った; 線細工を施した.

filin 男 麻縄, 鋼線ロープ.

fillasse 囡 俗 《軽蔑》娘, 女.

fille 囡 ❶ 娘; 女の子, 少女; 未婚の女性. ► **Ma** 〜 (呼びかけ)娘よ; 娘さん / **petite** 〜 (思春期以前の)少女 / **jeune** 〜 (未婚の)若い女性 / **nom de jeune** 〜 (既婚女性の)旧姓 / **vieille** 〜 オールドミス / 〜 **mère** (軽蔑)未婚の母. ❷ **(de)** (…で働く)女性; 女中. ► 〜 **de salle** (病院の)雑役婦. ❸ 修道女. ❹ 文章 (女性名詞を受けて)子供; 産物.
◇〜 **de joie** 〜 **publique** 売春婦. 〜 **d'Eve** イブの子孫; 女性. **jouer la** 〜 **de l'air** 何も告げずに立ち去る (逃げる).

fillette 囡 ❶ 少女; 若い娘. ❷ 話 (ワインの)小瓶.

filleul, e 名 名付け子, 代子.

filleul 男 シナノキ.

film [-lm] 男 (英) ❶ 映画(作品); (映画・写真用)フィルム. ► **passer un** 〜 映画を上映する. ❷ (事件などの)展開, 流れ. ❸ 薄膜, 薄皮.

filmage 男 映画撮影.

filmer 他 映画に撮る.

filmique 形 映画の, 映画的な.

film-livre (複) 〜**s**-〜**s** 映像本(映画フィルム, テキストなどをセットにした教材).

filmographie 囡 映画作品目録, フィルモグラフィー.

filmologie 囡 映画学.

filmothèque 囡 マイクロフィルム収蔵館 [所]; マイクロフィルム図書館.

filoche 囡 網尾行.

filoguidé, e 形 有線誘導の.

filon 男 鉱脈; 宝庫; 話 楽にしてもうかる職 [地位].

filou 男 詐欺師, ぺてん師; 話 いたずら坊主. ― 形 男 ずる賢い.

filouter 他 だまして取る; いかさまをする.

filouterie 囡 詐欺, ぺてん; いかさま.

fils [fis] 男 ❶ 息子; (男の)子孫. ❷ 文章 (男性名詞を受けて)所産, 産物. ◇**de père en** 〜 父子代々(の). **F**〜 **de Dieu [de l'homme]** イエス・キリスト. 〜 **spirituel** 後継者, 弟子. **mon** 〜 (呼びかけ)息子.

filtrable 形 濾過(う)過性の, 濾過性の, 濾過性の.

filtrage 男 ❶ 濾過; (秘密などの)濾洩(う). ❷ 検閲, 検問; 選別.

filtrant, e 形 濾過用 [性] の. ► **verre** 〜 フィルターガラス.

filtration 囡 (過) 過; 浸透.

filtre 男 ❶ フィルター, 濾過器 [装置]. ❷ ドリップコーヒー (**café(-)**〜).

filtrer 他 ❶ 濾過する, 漉(こ)す. ❷ 検問 [検閲] する; 選別する. ― 圁 ❶ (液体が)濾される; しみ込む. ❷ (光, 音, 情報などが)漏れる.

fîmes 語 ⇨ faire.

fin[1] 男 ❶ 終わり, 末; 文章 死. ► en *fin* de liste リストの末尾に / avoir des *fins* difficiles 月末は経済的に苦しい / *fin* mai 5月末に (= à la fin de mai). ❷ 複 [法]《請求の用》目的. ► à des *fins* précises はっきりした目的で.
◊ à cette *fin* que + subj. …という目的で. à la *fin* 結局; 語 やれやれ, もう (いらだち). à toutes *fins* utiles 万一の場合のために. *C'est la fin de tout!* 語 もう我慢できん. *faire une fin* 語 年取ってから身を固める, 結婚する. *fin courant* [*prochain*] 商 今月 [来月] 末に. *fin*(-)*de*(-)*siècle* 世紀末(の); 頽廃的な. *mener à bonne* [*sa*] *fin* 首尾よく成し遂げる. *mettre fin à* … を終わらせる, に決着をつける. *prendre fin* 終わる. *Qui veut la fin veut les moyens*. 諺 目的のためには手段を選ばず. *sans fin* 果てしない [なく].

fin, e 形 ❶ 細かい; 細い; 薄い; とがった; ほっそりした, スリムな. ❷ 鋭敏な, 鋭い; 繊細な 洗練された. ❸ 上質の, 高級な; 純粋な. ► or *fin* 純金 / *fines herbes* フィーヌゼルブ(タイム, パセリなどの香草). ❹《名詞の前》その道に秀でた, 熟練した. ► *fin* gourmet 食通. ❺ 巧みな, 抜け目のない.
◊ *jouer au plus fin* (*avec* …) (…と) 知恵を競う. *le fin fond* 深奥; 奥地. *le fin mot* 真相.
— 副 ❶ 細く, 細かく, 薄く. ❷ 語 完全に, すっかり.
— 男 ❶《貴金属の》純度; 純金.
◊ *le fin du fin* 最上のもの, 精髄.
— 女 ❶ 上質の蒸留酒. ❷ = *de claire* ⇨ claire.

final[1], **ale** 形; 男 *als* または *aux* 形 ❶ 最後の, 最終の. ► *point* ~ 終止符, ピリオド / *utilisateur* ~ 《製品の》エンドユーザー. ❷ *cause* ~*ale* 哲 目的因. *proposition* ~*ale* 文法 目的節.
— 女 ❶ 決勝戦. ❷ *demi*-~ 準決勝 / *quart de* ~ 準々決勝. ❷ 言 語尾, 語尾音.

final[2]; 男 複 *als* または **finale** 伊 楽 終楽章; 終曲, フィナーレ.

finalement 副 ついに, 最後に; 結局.

finaliser 他 ❶ 目的性を与える. ❷ 最終的な仕上げをする.
◊ **finalisation** 女

finalisme 男 哲 目的原因論, 目的論的世界観.

finaliste[1] 形 哲 目的論の.
— 名 目的論者.

finaliste[2] 名 決勝戦出場選手 [チーム]. — 形 決勝出場の.

finalité 女 合目的性; 究極目的.

finançable 形 融資を受けられる.

finance 女 ❶ 複 財政; 経理; 財政状態; 語《個人の》金回り, 懐具合. ► *Ministère des F*~*s* 大蔵省 / *loi de* ~*s*《各年度の》国家予算. ❷ 金融業(界). ❸ 財政学.
◊ *moyennant* ~ 金を払って.

financement 男 出資, 資金調達.

financer ① 他 出資 [融資] する.

financier, ère 形 ❶ 財政 [金銭] 上の, 財政的な; 金融の. — 男 ❶ 金融資本家; ファンドマネージャー. ❷《菓子》フィナンシエ(アーモンド粉のスポンジケーキ). — 女 料 フィナンシエール(ソース) (トリュフ, 子牛の胸腺などが入ったブラウンソース). — 形女 フィナンシエールソースをかけた.

financièrement 副 財政的に; 金銭的に.

finasser 自 策を弄する.

finasserie 女 策略, ごまかし; ずる賢さ.

finasseur, se / finassier, ère 形, 名 策を弄する(人).

finaud, e 形, 名 語 抜け目のない(人), したたかな人.

finauderie 女 ずる賢さ, 抜け目のなさ.

finement 副 ❶ きめ細かく; 精巧に. ❷ 鋭く, 繊細に. ❸ 巧妙に; 古風 ずる賢く.

finerie 女 精錬炉 [所].

finesse 女 ❶ 細さ, 細かさ, 薄さ; 精巧さ;鋭さ. ❷ 鋭さ; 明敏さ; 繊細さ. ❸ 複 微妙なニュアンス;《仕事などの》要領, こつ. ◊ *entendre* ~ *à* … 文章 …に悪意があると思う, を勘ぐる.

finette 女《裏面を起毛した》綿ネル.

fini, e 形 ❶ 終わった, 過ぎ去った; 完成した, 仕上がった. ❷ 駄目になった; どうしようもない; 極め付きの. ❸ 有限の.
— 男《入念な》仕上がり; 哲 有限.

finir ② 他 終える, やめる; 完成させる, 仕上げる;《…の》最後を締めくくる. ❷ 使い終える; 食べ [飲み] 尽くす. — 自 ❶ 終わる; 最後は … になる. ❷ 死ぬ.
◊ *à n'en plus* ~ 果てしない. *en* ~ *avec* … …に決着をつける, と縁を切る. ~ *par* … 最後に…する, 結局…する. *n'en pas* ~ *de* … ずっと…し続ける.

finish [-ʃ] 男 ❶ 英 スポ ラストスパート. ❷ *match au* ~ デスマッチ.

finissage 男 仕上げ(工程).

finissant, e 形 文章 終わりつつある.

finisseur, se 名 ❶ 仕上げ工. ❷ スポ ラストスパートの利く選手; 追い込み馬. — 男 土木 路面仕上げ機.

Finistère 男 フィニステール県 [29].

finistérien, ne 形 フィニステール県の. — 名《F~》フィニステール県の人.

finition 女 仕上げ; 仕上がり, できばえ;《複》最終工程.

finitude 女 古風 有限性.

finlandais, e 形 フィンランドの.
— 名《F~》フィンランド人.
— 男 フィンランド語.

Finlande 女 フィンランド(共和国).

finlandisation 女 フィンランド化《小国が隣接する大国の影響下に入ること》.

finn [fin] 男《レース用》フィン級ヨット.

finnois, e 形 フィン人の. — 名《F~》フィン人. — 男 フィンランド語.

finno-ougrien, ne 形 フィン・ウゴル語族の. — 男 フィン・ウゴル諸語(フ

インランド語、ハンガリー語など).

F.I.N.U.L. 男(略) Force Intérimaire des Nations Unies au Liban レバノン国連暫定軍.

fiole 女(首の細い)ガラス製小瓶；(語) 頭, 顔.

fion 男(語) donner le coup de ~ 最後の仕上げをする.

fiord [-(d)] 男 フィヨルド.

fioriture 女 装飾；過剰な装飾；(楽) フィオリトゥーラ(旋律線上の装飾).

fioul 男 燃料油, 重油.

firent 活 ⇨ faire.

firmament 男(文) 天空, 蒼穹.

firme 女 企業, 会社.

fis 活 ⇨ faire.

F.I.S./FIS 男(略) front islamique du salut イスラム教国戦線(アルジェリアの反政府勢力).

fisc 男 税務署, 国税庁.

fiscal, ale 形(男複 aux) 税に関する. ▶ timbre ~ 収入印紙.

fiscalement 副 税務上.

fiscalisation 女 課税.

fiscaliser 他 課税する；税で賄う.

fiscaliste 名 税務専門家, 税理士.

fiscalité 女 税制；税法；税(負担).

FISE 男(略) Fonds des Nations Unies pour l'enfance ユニセフ, 国連児童基金(略号は旧称の Fonds International de Secours à l'enfance による).

fish-eye [fiʃaj] 男(英)(写) 魚眼レンズ.

fisse(-), fissi- 活 ⇨ faire.

fissible 形(物) 核分裂性の.

fissile 形(岩石などが)裂けやすい；(物) 核分裂性の.

fission 女(物) 核分裂.

fissionner 自(物) 核分裂する. 一他 核分裂を起こさせる.

fissuration 女 ひび割れ.

fissure 女 ひび, 亀裂；(論理の)弱点, 飛躍；(医) 裂溝.

fissurer 他 ひびを入れる.
— **se** ~ ひびが入る.

fiston 男(話) 息子；(呼びかけで) 坊や.

fistot 男 海軍兵学校の1年生.

fistulaire 形(医)瘻(ろう)の管の；管状の.

fistule 女(医) 瘻(管). ▶ ~ anale 痔(ぢ)瘻.

fistuleux, se 形(医) 瘻管性の.

fistuline 女(菌) カンゾウタケ.

fit, fît, fîtes 活 ⇨ faire.

fitness [-nɛs] 男 フィットネス.

F.I.V. [efivøfiv] 女(略) fécondation in vitro 体外受精.

fivète / fivete [-vɛt] 女 体外受精による受胎.

fixage 男(繊) 色止め；(写) 定着させる. 一男(美) 定着液スプレー；(写) 定着液；(生) 固定液.

fixatif 男(美) 定着液.

fixation 女 ① 固定, 定着；固定具. ② 決定, 設定. ③(心) 固着.

fixe¹ 形 ① 固定した；変わらない；定まった. ▶ prix ~ 定価 / idée ~ 固定観念. ② (軍) F~! 気をつけ!
◇ **beau** ~ 安定した晴天. **regard**

~ 一点を見つめる(うつろな)まなざし.

fixe² 男(英) 麻薬の注射.

fixé, e 形 ❶ 固定された, 定着した. ❷ 決められた, 定まった. ❸ (sur) (…について)心を決めた：はっきり知らされた.

fixement 副 じっと.

fixer 他 ❶ 固定する, 据え付ける：定着させる. ❷ 決める, 定める. ❸ (注意, 視線などを)注ぐ；じっと見つめる. ❹ (sur)(…を)はっきり知らせる. ❺ (美)(写) 定着させる. — **se** ~ ❶ 固定する, 定着する. ❷ (sur) (…に)集まる, 向かう；(…に)決める；決まる. ❸ 自分に(目標などを)定める. ❹ 定住する；(社会的に)安定する.

fixer' 他 麻薬を注射する.

fixette 女 固執, 固定観念.

fixing [fiksiŋ] 男(英)相場の固定, 据え置き.

fixisme 男(生) 生物不変説.
◇ **fixiste** 形 名

fixité 女 固定性, 不動［不変］性.

fjeld [fjeld] 男 氷河台地.

fjord [fjɔr(d)] 男 フィヨルド, 峡湾.

flac 間 ピシャ, パシャ(水音や平手打ち).

flaccidité 女(文) 軟弱, 軟弱性.

flacheux, se 形 (木材が) 傷のある；(角材が) 荒削りの.

flacon 男(栓付きの) 小瓶；フラスコ.

flaconnage 男 ガラス製小瓶の製造；(集合的) 小瓶類.

fla-fla 男(話) 見栄(え)；見せびらかし, 気取り.

flagada 形(不変) (話) くたくたの.

flagellateur, trice 名 鞭(むち)打つ人.

flagellation 女 鞭(むち)打つこと；(修行のために)自分を鞭打つこと.

flagelle 男(生) 鞭(べん)毛.

flagellé, e 形(生) 鞭(べん)毛のある.

flageller 他 鞭(むち)打つ.

flageolant, e 形 (足がふらついた.

flageoler 自(足が)ふらつく.

flageolet¹ 男(楽) フラジョレット(縦笛の一種).

flageolet² 男(小粒の) 白インゲン豆.

flagorner 他 へつらう.

flagornerie 女 へつらい.

flagorneur, se 名 形(文章) へつらう(人), おべっかを使う(人).

flagrance 女(犯罪などの) 明白性.

flagrant, e 形 明らかな, 歴然たる；(法) — délit 現行犯.

flair 男(動物の) 嗅(か)ぐ覚；勘, 直感.

flairer 他(においを)かぐ；かぎつける；察知する, 感じる.

flaireur, se 名 形 においをかぐ(人).

flamand, e 形 フランドル Flandre の. — 名 (F~人) フランドル人. — 男 フラマン語.

flamant 男(鳥) フラミンゴ.

flambage 男 あぶる(火に通す)こと；火炎消毒；(鶏などの) 毛焼き.

flambant, e 形 燃え上がる.
◇ ~ **neuf** 真新しい, 新品の.

flambard / flambart 男 faire le ~ 空威張りする.

flambé, e 形 ❶ 炎であぶった, 焼い

flambeau

た;〖料〗フランベした. ❷ 話 駄目になった, 破産した. ─ 女 (燃え上がる) 火;(感情, 行動の) 激災;(価格の) 急騰.

flambeau, x [男] ❶ たいまつ, 燭台;〖文章〗(真理, 理性などの) 光. ❷ (継承される) 伝統.

flamber 自 ❶ 燃え上がる, 炎上する. ❷ (価値などが) 高騰する. ─ 他 ❶ 燃やす, 焼く;〖料〗毛焼きする;フランベする. ❷ 話 (大金を賭(か)けるに (金をぱっと使う.

flambeur, se [男女] 話 (大金を賭ける) ばく打ち.

flamboiement [男] 炎を上げること, 火炎;炎のような輝き.

flamboyance 女 [文章] まばゆい輝き.

flamboyant, e [形] ❶ 炎を上げる, 炎のように輝く. ❷ (服装などが) 派手な, けばけばしい. ❸ [建] フランボアイアン様式の, 火炎式の. ─ [男] 〖植〗カエンボク;〖建〗フランボアイアン様式.

flamboyer 10 自 炎を上げる;炎のように輝く.

flamenco [-meŋko] 〖西〗[男] フラメンコ (の音楽, 踊り). ─ [形] 〖女性形不変または *flamenca*〗 フラメンコの.

flamiche 女 〖料〗フラミッシュ (ネギのタルト).

flamingant, e [形], [男女] フラマン語 (の人);フラマン語を擁護する (人).

flamme 女 ❶ 〖複数も〗火, 火事. ~s éternelles 地獄の業火. ❷ 輝き, きらめき. ❸ 熱意, 情熱;〖文章〗恋情. ❹ (消印の横に押す) 絵入りの印影;(郵便局の) 印影.

flammé, e [形] 火炎模様のある;炎の形をした.

flammèche 女 火花, 火の粉.

flammerole 女 鬼火, 狐 (の) 火.

flan [男] ❶ 〖料〗(卵をベースにしてクリームを入れて焼いたケーキ);プリン. ❷ (刻印を押す) 金属の円板.
◇*C'est du ~.* それはでたらめだ. *en être [rester] comme deux ronds de ~* 話 びっくり仰天する.

flanc [flɑ̃] [男] ❶ 横腹, 脇腹 (脇);側面, 横側;山腹. ❷ 〖文〗(母親の) 胎内. ◇*à ~ de ...* ...の斜面に[の]. *être sur le ~* 病床にある;疲労困憊している. *tirer au ~* 話 (仮病を使う) などしてさぼる.

flanc-garde 女 〖複〗~s-~s 〖軍〗側衛 (部隊).

flancher 自 話 弱まる, 調子が悪くなる;くじける.

flanchet [男] ささ身 (牛の腹部の肉).

Flandre 女 フランドル地方.

flandrin [男] grand ~ 不格好な[もたもたした] のっぽ.

flanelle 女 フランネル, フラノ.

flâner 自 ❶ ぶらぶら, 散歩する. ❷ ぐずぐず [のらくら] する.

flânerie 女 ❶ ぶらぶらすること;〖複数〗散歩の習慣. ❷ のらくらすること.

flâneur, se [形], [男女] ❶ ぶらぶら歩き (の人);散歩好きな (人). ❷ のらくらする (人).

flanquer¹ 他 〖de〗(建物などに)

側面に付け加える, 並置する. ❷ 側面に位置する, 挟む;付き添う. ❸ 〖軍〗側面を防衛する.
─ *se* ~ 〖de〗(…) に付き添われる.

flanquer² 他 話 ❶ たたきつける, ほうり出す;(平手打ちなど) を食らわせる. ◇*~ dehors [à la porte]* たたき出す, 首にする.
─ *se* ~ 話 自分の身を投げ出す.

flapi, e [形] 話 疲れきった.

flaque 女 水溜(た)まり.

flash 〖複〗 ~(*e*)*s* [男] 〖英〗❶ 〖写〗フラッシュ. ~ *électronique* ストロボ. ❷ (映画, テレビの) フラッシュ (カット);ニュース速報.
◇*avoir un ~* いい考えがひらめく.

flashant, e [形] 話 強烈な印象を与える.

flash-back, 〖複〗~(*s*) [男] 〖英〗〖映〗フラッシュバック.

flash-ball [-bol] [男] 〖商標〗フラッシュボール (ゴム弾を用いた銃).

flasher 他 フラッシュ撮影する. ─ 自 〖*sur*〗(…) に急に興味を持つ, 引かれる, ぴんとくる.

flasque¹ [形] 肉のたるんだ, ぶよぶよの;無気力な;冗漫な.

flasque² 女 (平型の) 小瓶.

flasque³ [男] 〖機械部品〗(磁気テープの) リール;〖軍〗(砲車の) 側板.

flatter 他 ❶ お世辞を言う, おもねる;喜ばせる;(感情などを) 満足させる. ❷ (欠点などを) 刺激する, 助長する. ❸ 実際よりもきれいに[美しく] 見せる;美しさを引き立たせる. ❹ (五感を) 楽しませる. ❺ (動物を) なでる. ─ *se* ~ ❶ (~できると) 思う, 期待する. ❷ 〖*de*〗(…) を自慢する, (…) で得意になる.

flatterie 女 へつらい;お世辞.

flatteur, se [形] おべっか使い, お世辞のうまい人.
─ [形] へつらう, こびる;自尊心をくすぐる, 喜ばせる;実物より美しく見せる.

flatteusement [副] へつらって, お世辞たっぷりに.

flatulence 女 〖医〗鼓腸 (胃腸内にガスがたまること). □*flatulent, e.*

flatuosité 女 〖医〗膨満, 放屁(ひ).

flavescent, e [形] 〖文章〗黄金色の.

flaveur 女 〖文章〗香味.

fléau, x [男] ❶ 〖文〗災い, 大災害;災いの種, 疫病神. ❷ (脱穀用の) 殻竿(さお);天秤(びん) の竿.

fléchage [男] 方向付け, 方向標示.

flèche 女 ❶ 矢;矢印;矢形の物 [標示];(自動車の) 方向指示器. ❷ 辛辣(らつ) な言葉, 毒舌. ❸ (鐘楼, 塔などの) 尖(と) 塔;〖海〗トップマスト. ❹ 〖地理〗~ *littorale* 砂嘴(し);〖馬〗*chevaux attelés en ~* 縦列の馬車馬;〖植〗 *d'eau* オモダカ.
◇*en ~* (1) 最先端の. (2) 急激に, 著しく;(矢のように) 速く. *faire ~ de tous bois* あらゆる手を尽くす. *~ du Parthe* とどめのひと言, 捨てぜりふ.

fléché, e [形] 矢印で示された.

flécher 他 矢印で示す.

fléchette 女 小さな矢;投げ矢. *jeu de ~s* ダーツ (ゲーム).

fléchi, e [形] 曲がった;〖言〗屈折した.

fléchir 他 ❶ 曲げる, たわめる. ❷ 心を動かす; 譲歩させる; 和らげる. ―自 ❶ 曲がる, たわむ. ❷ (気持ちなどが)ぐらつく; 譲歩する. ❸ 弱まる, 低下する.

fléchissement 男 ❶ 曲げること; たわみ. ❷ 動揺; 衰え. ❸ 低下, 減少.

fléchisseur 形男[解] muscle ～ 屈筋.

flegmatique 形, 名 冷静な(人), クールな(人), 沈着な(人). ✧flegmatiquement 副

flegme 男 ❶ 冷静, 沈着. ❷ アルコール残液.

flegmon 男[医] 蜂巣(ｿｳ)炎.

plein 形 小かご.

flemmard, e 名, 形 語 ぐうたら(な), 怠け者の(人).

flemmarder 自 語 怠ける, のらくらする, ぶらぶらする.

flemmardise 女 語 不精, ものぐさ.

flemme 女 語 怠惰, 不精.
✧ *tirer sa* ～ のらくらする, 怠ける.

fléole 女[植] オオアワガエリ.

flet 男[魚] ニシカワガレイ.

flétan 男[魚] タイセイヨウオヒョウ.

flétri, e 形 しおれた; 生気のない.

flétrir[1] 他 ❶ しおれさせる; 生気を失わせる; 文章 価値を下げる. ―se ～ しおれる; 生気を失う; 色あせる.

flétrir[2] 他 非難する; (名誉などを)傷付ける; (罪人に)烙(ﾗｸ)印を押す.
―se ～ 自分の名誉を汚す.

flétrissure 女 しおれること; 生気を失[色あせる]こと.
❷ 文章 辱め; 不名誉.

fleur 女 ❶ 花, 花飾り, 花柄. ❷ 盛り, 最盛期; 良きもの, 精華, 精髄. ❸ ～ de farine (小麦の)特上粉. ❹ 《複数》賛辞; 文飾, 美辞麗句. ❺ 古風 処女性.
✧ *à ～ de ...* すれすれの[に]. ～ *de peau* 表面的な; 敏感な. *comme une ～* 語 容易に; 間の悪い時に. *faire une ～ à ...* 語 …に好意を示す. ～ *bleue* 感傷, (形容詞的)感傷的な.

fleurdelisé, e 形 ユリの花の飾りのついた.

fleurer 自 文章 香りを放つ, におう.

fleuret 男[フェ](切っ先にたんぽをつけた)剣, フルーレ.

fleurette 女 古風 小さな花. ✧ *conter ～ à une femme* 女性に言い寄る, 女性をくどく. ―男 *crème* ～ 脂肪分の少ないクリーム.

fleurettiste 名[フェ]フルーレ競技の選手.

fleuri, e 形 花が咲いた; 花で飾られた; 花柄の; (文体が)飾りたてた; (顔色などが)晴れやかな.

fleurir 自 ❶ 花が咲く; 最盛期にある, 栄える. ❷ 語 吹き出物ができる. ―他 花で飾る. ✧fleurissement 男

fleuriste 名 花屋; 花作り. ～ *artificiel* 造花製造(販売)人.

fleuron 男 ❶ 花形装飾. ❷ 最も価値のある物, 白眉. ❸[植](筒)状花.

fleuronné, e 形 花(模様)で飾られた.

fleuve 男 (海に注ぐ)大きな川, 大河; 流れ.

flexibiliser 他 柔軟性を与える, フレックス化制にする.

flexibilité 女 曲げやすさ, 柔軟さ; 素直さ, 順応性; 変動.

flexible 形 曲げやすい, 柔軟な; 順応性のある; 変動する. ► *horaire* ～ フレックスタイム.

flexion 女 ❶ 曲げること; たわみ; 屈曲(運動);[言]屈折.

flexionnel, le 形[言]屈折の.

flexueux, se 形 文章 曲がりくねった.

flexuosité 女 文章 曲がりくねっていること; 屈曲部.

flexure 女[地層の]撓(ﾄｳ)曲.

flibuste 女 海賊行為; 海賊団.

flibuster 自 海賊を働く.

flibustier 男 ❶ 16-18世紀のカリブ海の海賊; ❷ 語 盗賊, 詐欺師.

flic 男 語 警官, お巡り, でか.

flicage 男 語 警察による監視.

flic flac 間 ピシャピシャ, ピシピシ(水音, 平手打ちの音など).

flingue 男 語 銃, はじき.

flinguer 他 語 銃を撃つ; 射殺する.
―se ～ 語 拳銃で自殺する.

flint [flint] / **flint-glass** [-s]; 《複》―*es* 男[英]フリントガラス.

flip[1] [-p] 男 (体操, スケートの)ジャンプ.

flip[2] [-p] 男 語 意気消沈, 落ち込み.

flipot 男[建]埋め木.

flipper[1] [-pœːr] 男[米]フリッパー, ピンボール.

flipper[2] 自 語 ❶ (麻薬の)禁断症状を起こす. ❷ 語 落ち込む, いらいらする; 恍惚(ｺｳ)となる.

fliquer 他 (警察が)監視する, 見張る.

flirt [flœrt] 男[英]戯れの恋; 恋のまね事; (異性の)遊び友達; 語 (一時的な)接近, 接近合い.

flirter [flœrte] 自《avec》(異性と)付き合う, 遊ぶ; 語 (…)に接近する.

flirteur, se [flœr-] 形, 名 (異性との)遊びの好きな人.

F.L.N. 男 (略) *Front de libération nationale* (アルジェリア)民族解放戦線.

floc 擬 ザブン, ポチャン(水音).

flocage 男 フロック加工(表面をビロード状に仕上げる).

floche 形 *fil* ～ 甘撚(ﾖﾘ)糸.

flocon 男 ❶ (羊毛などの)房; (雪, 雲などの)ふわふわした塊, 小片. ❷ ～ *s de maïs* コーンフレークス. ～ *d'avoine* オートミール.

floconner 自 ふんわりした塊をなす; 綿状になる.

floconneux, se 形 綿状の; ふんわりした.

floculer 自[化]凝結する, 綿状の塊になる. ✧floculation 女

flonflon 男 ❶ 《複数》(楽隊などの)どんちゃか音. ❷ 自 リフレーン.

flop [-p] 男[英] ❶ ぺしゃん, ぺちゃ

flopée 女 〘語〙 une ～ de ... たくさんの…，いっぱいの．

floquer 他 フロック加工を施す．

floraison 女 開花(期)；最盛期；輩出．

floral, ale 形；《男複》**aux** 形 ❶ 花の． ❷ Jeux ～aux (トゥールーズの)文学コンクール．

floralies 女複 花の展覧会．

flore 女 ❶ 植物相；植物誌． ❷ 〘生〙 ～ bactérienne 細菌叢(そう)．

floréal 男 フロレアル，花月 (フランス革命暦8月)．

Florence フィレンツェ．

florentin, e 形 フィレンツェの． —— 名《F～》フィレンツェ人．

florès [-s] 男 文語 faire ～ 大成功を収める(流行する)．

floricole 形 〘昆〙花棲(い)性の；〘園〙花(栽培)の．

floriculture 女 花造り．

floridées 女複 真正紅藻類．

florifère 形 花をつける，花のある．

florilège 男 名詩集，詞華集．

florin 男 フローリン，ギルダー(オランダの通貨単位)．

florissant, e 形 栄えている，盛んな；人気のある；生き生きした，健康な．

flot 男《複数》波；文語 海． ❶ (水などの)流れ；上げ潮． ❷ (大量の)物や人の波；流れ． ► un ～ [des ～s] de ... 大量の…．
◇ à ～ 浮いている；(財政難から)立ち直った． à (grands) ～s 大量に．

flottabilité 女 浮力．

flottable 形 水に浮く；材木[筏(いかだ)]の流せる．

flottage 男 材木[筏(いかだ)]流し．

flottaison 女 〘海〙喫水線 (=ligne de ～)；〘生〙浮遊性；〘為替相場の変動．

flottant, e 形 ❶ 水に浮かんだ；空中に漂う；風になびく；(服の)ゆったりした． ❷ 流動的な，揺れ動く，不確定の；〘経〙変動相場制の． ► votes ～s 浮動票．
—— 男 (ゆったりした)ショートパンツ．

flottard 男 〘話〙海軍士官学校の入学志願者．

flotte 女 ❶ 船団，艦隊；海軍． ► ～ aérienne 航空戦隊；空軍． ❷ 〘話〙水； (釣り糸，漁網の)ブイ．

flottement 男 ❶ 揺れ，うねり； (隊列の)乱れ． ❷ 動揺，ためらい；迷い． ❸ 為替相場の変動． ❹ 〘車〙操向輪の横振れ；〘航〙フラッター．

flotter 自 ❶ (水に)浮く，浮かぶ；(空中に)漂う；たなびく． ❷ 揺れ動く，安定しないためらう． ❸ (服の)大きすぎる；だぶだぶの服を着る． ❹ 《非人称構文で》雨が降る． ❺ 〘経〙(通貨が)変動する． —— 他 (材木を水に浮かべて)流す．

flotteur 男 (釣りぐもの；釣り糸，魚網の)ブイ；浮標； (水上機の)フロート；筏乗り．

flottille 女 小型船団；小型艦隊； (海軍の)航空戦隊［編隊］．

flou, e 形 ❶ (輪郭の)ぼやけた，はっきりしない；あやふやな． ❷ (服，髪形が)ゆったりした． ❸ 〘情報〙ファジィな．
—— 男 はっきりしないこと； (絵の)ぼかし；〘写〙ピンぼけ． ◇ ～ artistique (意図などの)ぼかし，煙幕；〘写〙ソフトフォーカス；〘映〙映写ぼかし．

flouer 他 〘話〙だます；だまし取る．

flouse / flouze 男 〘話〙お金，銭．

flouter 他 ぼかしを入れる．

flouve 女 〘植〙ハガルヤ．

fluctuant, e 形 変動する，揺れ動く．

fluctuation 女 変動，増減；動揺，不安定．

fluctuer 自 揺れ動く，変動する．

fluent, e 形 ❶ 流れるような；流動的な． ❷ 〘医〙出血する．

fluer 自 流れる，流れ出る．

fluet, te 形 ほっそりした，きゃしゃな； (声が)か細い．

fluide 形 流れやすい，流体の；流れるような；流動的な；つかみ所のない．
—— 男 ❶ 流体． ❷ 神秘的な放射物；霊気，超能力．

fluidifiant, e 形 流動化を促す；流動化する．

fluidifier 他 ❶ 流体にする，液化する． ❷ (車の流れを)スムースにする； (渋滞を)解消する． ¤ **fluidification** 女

fluidité 女 流動性，流れやすさ；滑らかさ； (車の流れの)順調さ； (情報などの)とらえやすさ，変わりやすさ．

fluo 形 〘不変〙蛍光色の．

fluor 男 〘化〙フッ素． —— 形 〘鉱〙spath ～ フルオライト，蛍石．

fluoration 女 フッ素化；フッ素添加．

fluoré, e 形 フッ素を含んだ．

fluorescence 女 〘物〙蛍光．

fluorescent, e 形 蛍光を発する．

fluorine / fluorite 女 〘鉱〙蛍石．

fluoroscope 男 X線透視装置．

fluorure 男 〘化〙フッ化物．

flush [flœʃ] 男 〘英〙 (ポーカーの)フラッシュ． ► ～ quinte ストレートフラッシュ．

flûte¹ 女 ❶ フルート，笛；フルート奏者． ► ～ à bec リコーダー，縦笛／ petite ～ ピッコロ． ❷ フリュート(細長い形のパン)；フリュート型グラス(脚付きの細長いグラス)；(アルザスワインなどの)フリュート瓶；《複数》(細長い)脚，足． ◇ jouer des ～s 一目散に逃げ出す．
—— 間 話 ちえっ，畜生．

flûte² 女 〘海〙軍の弾薬［食糧］補給船； (17，18世紀の)オランダの商船．

flûté, e 形 フルートの音に似た．

flûteau；《複》**x** / **flûtiau**；《複》**x** 小さな笛 (玩具の葦笛)．

flûtiste 名 フルート奏者．

flutter [flœtœːr] 男 〘英〙〘航〙フラッター；〘医〙粗動．

fluvial, ale 形；《男複》**aux** 形 川の，河川の．

fluviatile 形 河川に生じる［生息する］；河川の作用でできる．

fluviomètre / fluviographe 男 河川水位計．

fluviométrique 形 河川水位の．

flux [fly] 男 ❶ 満ち潮，上げ潮；(体液

folâtrerie

の)流出. ❷ un ～ de ... 多量[多数]の.... ❸《医》《体；束(?)》流量；《経》フロー,(財貨,貨幣の)流れ.
fluxion 囡⊕ de poitrine 肺炎.
fluxmètre 男《物》磁束計.
FM 囡《略》《英》frequency modulation. (1) 周波数変調. ❷ FM 放送.
Fm《記》《化》fermium フェルミウム.
F.M.囡《略》❶ franchise militaire 軍事郵便. ❷ fusil-mitrailleur 軽機関銃.
F.M.I. 男《略》Fonds monétaire international 国際通貨基金, IMF.
F.N. 男《略》Front national 国民戦線(フランスの極右政党).
Fnac [fnak] 囡《略》《商》Fédération nationale d'achats des cadres フナック(書籍,オーディオ,スポーツ用品などのチェーン・ストア・グループ).
F.N.E. 囡《略》Fonds national de l'emploi 国立雇用基金.
F.N.I.《略》forces nucléaires à portée intermédiaire 中距離核兵器.
F.N.S. 男《略》forces nucléaires stratégiques 戦略核兵器.
F.N.S.E.A. 囡《略》Fédération nationale des syndicats d'exploitants agricoles 農業組合全国同盟.
FNUAP 《略》Fonds des Nations unies pour la population 国連人口基金.
F.O. 囡《略》Force ouvrière 労働者の力派(フランスの労働組合の一つ).
fob [efɔbe/fɑb] 男《不変》《英》《商》本船渡しの.
foc 男《海》ジブ(船首の三角帆).
focal, ale;《男複》**aux** 形 焦点の;最重要の, 中心の.
　　　— 男 焦点距離. ► objectif à ～ variable ズームレンズ.
focaliser 他《物》集束させる, 焦点を合わせる《努力, 注意などを》集中させる. ▫**focalisation** 囡
foehn [fo:n] 男 フェーン(山から吹き降ろす高温で乾燥した風).
fœtal, ale [fe-];《男複》**aux** 形 胎児の.
fœticide [fe-] 男 (発展途上国における,特に女児の)胎児大量殺戮.
fœtopathologiste [fe-] 图 胎児病理学者.
fœtoscopie [fe-] 囡 (内視鏡による)胎児直接観察.
fœtus [fetys] 男 胎児.
fofolle foufou の女性形.
foi 囡 ❶ 信頼, 信用. ❷ 信仰, 信心.《カト》信徳. ❸ 信用, 信条. ❹《文章》誓い, 誓約.
　◇**ajouter foi à** ... ... を信用する. **avoir foi en** ... ... を信じる. **bonne foi** 誠意, 善意. **en foi de quoi** 《上記に基づき》(証明書のサインの前に書かれる慣用表現》. **faire foi de** ... ... を証明する. **ma foi** 確かに, もちろん. **mauvaise foi** 不誠実, 悪意. **n'avoir ni foi ni loi** 信仰も道徳もない; 何でもやりかねない. **Par [Sur] ma foi!** 誓って言うが; 確かに. **sur la foi de** ... ...に基づいて; を信用して.
foie 男 肝臓; (食用としての)肝臓, レバー. Cf. ～ **gras** フォアグラ.
foie-de-bœuf 男《複》～**s**-～-～ 男《植》カノウタケ.
foil [fɔjl] 男 (船)の水中翼.
foin¹ 男 ❶ 干し草, 秣(まぐさ); 干し草用の牧草. ❷ ～ d'artichaut アーティチョークの繊毛.
　◇**être bête à manger du** ～ 語 大ばか者. **faire du** ～ 語 騒ぎ立てる.
foin² 間《古》《話》ばかな, くだらぬ.
foirade 囡《俗》❶ 下痢(便). ❷ 失敗.
foirail / foirail 男《南仏》(フランス中・南部地方で) 市の立つ場所.
foire¹ 囡 市(?), 定期市; 縁日; 見本市, フェア;《商》臨時大売り出し.
　◇**faire la** ～ 話 乱痴気騒ぎをする.
foire² 囡《古》《俗》下痢.
foire-exposition; 《複》～**s**-～**s** 囡 見本市, フェア.
foirer 自 ❶ 《話》失敗する;(ねじが)利かない. ❷《俗》下痢をする.
foireux, se 形《俗》❶ 失敗しそうな; 失敗した. ❷ 下痢をしている. ❸ 臆病な.
　　　— 图《俗》下痢をしている人. ❷ 臆病者.
foison 囡《文章》大量.
　◇**à** ～ 大量に, ふんだんに.
foisonnant, e 形 (**de**) (...が)豊富な.
foisonnement 男 ❶ たくさんあること, 豊富. ❷ 膨張: 急増.
foisonner 自 ❶ 大量 [豊富] にある; (**de, en**) (...で)いっぱいである. ❷ 膨張 [急増] する.
Foix フォア (Ariège の県の県庁所在地; 12-15世紀の城塞(ほう)が残る).
folasse 形囡《話》少し変な(女), 頭のおかしい(女).
folâtre 形 陽気な, よくはしゃぐ; ふざけた.
folâtrer 自 はしゃぐ, ふざける.
folâtrerie 囡 浮かれ騒ぎ, 陽気さ, 茶目っ気.

foldingue

foldingue 形, 名 頭が変になった(人).

foliacé, e 形【植】葉状の.

foliaire 形【植】葉の.

foliation 女【植】葉序; 開葉(期); 【地】葉状構造.

folichon, ne 形 陽気な; 愉快な.

folie 女 ❶ 狂気, 精神異常, 錯乱. ━ ~ des grandeurs 誇大妄想. ❷ 常軌を逸したこと; 無分別な言動; 莫大な出費. ❸ 熱中; 情熱.
◇**à la ~** 熱烈に, 夢中になって.

folingue 形 頭のいかれた.

folio 男【本などで, 裏表にノンブルの入った一葉】;(本の)ノンブル; 丁数.

foliole 女【植】(複葉の)小葉.

folioter 他 (写本などに)葉番号付けをする. ⇨ **foliotage** 男

folk [-k] 男, 形 フォーク(の), フォークソング(の).

folklo 形 (不変) 話 見かけ倒しの, 面白い味深みのない.

folklore 男 ❶【英】❶ 民俗学[研究]; 民間伝承, 民俗芸能. ❷ 話 見かけ倒しのもの.

folklorique 形 ❶ 民俗(学)の, 民間伝承の. ❷ 話 見かけ倒しの.

folkloriser 他 民間芸能として扱える.

folkloriste 名 民俗学者.

folksong [-sɔ̃:g] 男【米】フォークソング.

folle fou の女性形.

follement 副 狂ったように, 夢中で; ひどく, 猛烈に.

follet, te 形 (髪などが)癖のある, 不揃いな. ► poils ~s 生え始めのあごひげ; (小鳥の)産毛.
◇**esprit ~** いたずら者の小妖精. **feu ~** 鬼火, 狐火; 捕らえどころのない人.

follicule 男【解】小胞, 濾胞 [呂]; 【植】袋果 (ぎょ). ► **primordial**【生】原始胞肺. ⇨ **folliculaire** 形

folliculine 女【生理】エストロン(卵胞ホルモンの一種).

folliculogénèse 女【生】卵胞形成, 濾胞(ฐผ)形成.

fomenta|teur, trice 名 (反乱などの)煽動者, 張本人.

fomentation 女 (反乱などの)助長, 煽動; 【医】温布(剤).

fomenter 他 (反乱などの)助長[煽動]する.

fonçage 男【鉱】立て坑堀り下げ, ボーリング.

fonçaille 女 (樽の)底板.

foncé, e 形 (色の)濃い, 暗い.

foncer 他 ❶ (色を)濃くする. ❷ (枕)などに打ち込む. ❸ (樽などに)底板を張る;【料】(野菜, 豚肉などで)鍋の底に敷く; (生地, 背脂を焼き型の)内面に張る [敷く].
━ 自 ❶ 色が濃くなる. ❷ 《sur, contre》(…に)突っ込む; 襲いかかる. ❸ 話 急いで行く [やる]; 突進する.

fonceur, se ❶ 話 精力的な (人), 大胆な(人). ━ 女 話 塗工機(原紙に塗料を塗る機械).

foncier, ère 形 ❶ 根本的な, 本質的な; 生来の. ❷ 土地[地所, 不動産]の. ━ 男 地租, 不動産税.

foncièrement 副 根本的[本質]的に; 完全に.

fonction 女 ❶ 働き, 機能; 役割. ❷ 務め, 職務; 職業; 地位. ► **en ~》(de) 現職の // publique (~) territoriale** 地方公務員(の身分) / **quitter ses ~s** 辞職する. ❸【数】関数; 【化】官能基.
◇**en ~ de ...** …に応じて, によって.
être ~ de ... …次第である, によって決まる. **faire ~ de ...** …の役目を務める (…の代わりをする).

fonctionnaire 名 公務員, 官吏, 役人.

fonctionnaliser 他 機能的にする.

fonctionnalisme 男 機能主義; 機能性. ⇨ **fonctionnaliste** 形 名

fonctionnalité 女 機能性, 使いやすさ.

fonctionnariat 男 公務員職.

fonctionnariser 他 ❶ 公営化する; 公務員にする. ❷ 官僚主義的にする. ⇨ **fonctionnarisation** 女

fonctionnarisme 男 官僚主義; (非能率的な)お役所仕事.

fonctionnel, le 形 機能的な, 実用的な; 機能的な, 機能に関する; 【数】関数の.

fonctionnellement 副 機能に関して; 機能的に.

fonctionnement 男 機能の状態, 動作, 作動, 運転; 働き具合.

fonctionner 自 機能[作動]する, 動く; 話 仕事をする, 働く.

fond¹ 男 ❶ 底; (特に)水底; 水深; (容器の)底の残り [少量]. ► **aller à [au] ~** 沈む / **envoyer par le ~** 沈める / **~ de verre** グラスに少量の酒. ❷ 奥; 奥地. ❸ 根本, 核心; (形式に対する)内容, 実質. ► **Il a (un) bon ~**, 彼は根は善良だ. ❹ 背景. ► **~ sonore** (芝居などの)背景音 / **musique de ~** バックグラウンド・ミュージック / **~ de robe** ファンデーションスリップ / **~ de teint** ファンデーション. ❺ (服の)尻(な)の部分, 尻当て; (帽子の山); 【スポ】持久力; 長距離; 【料】フォン(= ~ **de sauce**).
◇**à ~** 完全に, 徹底的に深く. **à ~ de train** 全速力で, 大急ぎで. **aller au ~ des choses** 事の本質を探る, 徹底的に究明する. **au ~** = **dans le ~** 実は, 結局は. **de ~** 基本的な, 重要な. **de ~ en comble** [-fɔ̃tɔ̃-] すっかりくまなく, 完全に. **faire ~ sur ...** を頼る. 当てにする. **~(s) de tiroir** (引き出しの奥に) 死蔵されていた物, がらくた; あり金.

fond² 宮 ⇨ **fondre**.

fondamental, ale; (男複) **aux** 形 ❶ 基礎となる[根本的]な, 重要な. ❷【楽】**note ~ale** (和音の)根音. ━ 男複 ファンダメンタルズ(経済の基礎条件).

fondamentalement 副 根本[本質]的に; 完全に.

fondamentalisme 男 原理主義.

fondamentaliste 形 ❶ 基礎(科学)研究の. ❷ 原理主義の. ― 名 ❶ 基礎(科学)研究者. ❷ 原理主義者.

fondant, e 形 ❶ 溶ける (口の中で) とろける; 柔らかい. ― 男 ❶ フォンダン(糖衣をかけたボンボン; 中身がとろりとしたチョコレートケーキ).

fondateur, trice 名 創設者, 創立者; 発起人. ― 形 創設(創立)の.

fondation 女 ❶ 創立, 設立, 建設; 基礎工事; 土台. ❷ 寄付, 基金; 財団; 奨学制度.

fondé, e 形 根拠のある, 確かな; 《qn》(…に)信頼を寄せる. ◇ *être* ~ *à ...* …する十分な根拠がある.
― 名 ~ *de pouvoir* 代理人.

fonde(-) 活 ⇨ fondre, fonder.

fondement 男 ❶ 基礎, 土台; 根拠, 理由; 基本原理. ❷ 語 尻(り)(の穴).

fonder 他 ❶ 基礎を築く; 創立[設立]する. ❷ ~ A sur B Bの上にAを築く; Bをλの根拠にする. ❸ 根拠づける, 正当化する. ◇ ~ *un foyer* 家庭を持つ, 結婚する. ― *se* ~ 《sur》(…を)根拠にする; (…に)基づく.

fonderie 女 鋳造[製錬](技術); 鋳造[製錬]所.

fondeur[1], *se* 名 《スキー》距離競技の選手; クロスカントリーをする人.

fondeur[2], *se* 名 製錬[鋳造]工; 所の経営者; 鋳物師[鋳造]工.

fondi(ss)-, **fondi**- 活 ⇨ fondre.

fondre 96 他 ❶ 溶かす; 鋳造する. ❷ 融合[合体]させる, 混ぜ合わせる; 《美》~ *les couleurs* 色調の境目をぼかす. ◇ *la glace* 気詰まりな雰囲気を解消せる.
― 自 ❶ 溶ける, 溶解する; (気持ちが)和らぐ; 消える, なくなる; 語 やせる. ❷ 《sur》(…に) 襲いかかる.
◇ *en larmes* 泣き崩れる.
― *se* ~ 溶ける; 融合[合体]する; なくなる, 消える.

fondrière 女 (でこぼこ道の)水溜りまり, ぬかるみ; 沼地.

fonds[1] 男 ❶ 資金, 資本. ❷ 《複数》金, 現金. ► *mise de* ~ 投資, 出資. / ~ *publics* [d'Etat] 公債[国債]. / F~ *monétaire international* 国際通貨基金, I.M.F. ❸ 地所; 土地; 資産. ❹ 不動産; 営業権; 営業種目. ❺ (文化的な)富, 蓄え; (美術館などの)所蔵品; コレクション; (個人の)資質; (知識などの)蓄積. ❻ ~ *communs de placement* (短期の)株式・社債投資信託. ◇ *à* ~ *perdu* 返済の見込みなしに. *être en* ~ 手持ちの金がある.

fonds[2] 活 ⇨ fondre.

fondu, e 形 (fondre の過去分詞) ❶ 溶けた, 溶解した. ► *fromage* ~ プロセスチーズ. ❷ 《美》色, 輪郭などがぼやけた. ― 男 ❶ 《映》ouverture en ~ フェード・イン. / ~ *au noir* フェード・アウト. / ~ *enchaîné* オーバーラップ. ❷ 《美》ぼかし. ― 女 《料》(チーズ)フォンデュ. ► ~ *bourguignonne* オイルフォンデュ.

fongible 形 《法》(他の財産に)代利し得る. □ **fongibilité** 女

fongicide 形 抗真菌の, 殺菌の. ― 男 抗真菌薬, 殺菌剤.

fongiforme 形 キノコ状の.

fongique 形 菌類の; 菌類による.

fongistatique 形 制真菌の. ― 男 制真菌薬.

fongueux, se 形 《医》かび様の, スポンジ状の; 菌状増殖の.

fongus [-s] 男 《医》菌状腫(Ⅱ), 海綿状腫.

font 活 ⇨ faire.

fontaine 女 噴水; 泉; 給水場, 水汲み場; (家庭用の)貯水器.

Fontainebleau [町名] フォンテーヌブロー (パリ南東の町).

fontainier 男 水道局員.

fontanelle 女 《解》(小児の) 頭蓋泉門.

fonte[1] 女 ❶ 溶けること, 溶解; 鋳造; 鋳鉄. ❷ 《印》フォント (同じ型の活字の一揃い).

fonte[2] 女 (拳)銃などを収めるための鞍(5)の革ポケット.

fontis 男 (地面の)陥没地(地陥没).

fonts 男複 ~ *baptismaux* 洗礼盤.

football [futbol] / **foot** 男 ❶ 《英》 ❶ サッカー. ❷ ~ *américain* アメリカン・フットボール.

footballeur, se [futbɔlœːr,

---

football サッカー

イレブン onze / フォワード avant / センターフォワード avant-centre / インサイドフォワード inter / ウイング ailier / ミッドフィールダー milieu de terrain / (フル)バック arrière / ストッパー stoppeur / リベロ libero / ゴールキーパー gardien de but, garde-but, portier / 主審 arbitre / 線審 juge de touches キックオフ coup d'envoi / ゴール (コーナー)キック coup de pied de but [coin] / フリーキック coup franc / ペナルティキック coup de pied de réparation, penalty / スローイン rentrée en touche / PK 戦 épreuve de penalties / ドリブル dribble / フェイント feinte / パス passe / ワンツーパス une-deux / オープンパス ouverture / シュート tir (au) but / ヘディング tête / タックル tacle / クリアリング dégagement / インターセプト interception / トラッピング amorti / ボレー volée / ハーフボレー demi-volée / オーバーヘッドキック retourné / ヒールキック talonnade / センタリングをする (re) centrer / フォーメーション formation / ゾーンディフェンス défense de zone / マンツーマンマーク marquage individuel / オフサイド hors-jeu / ハーフタイム mi-temps / チャージ charge / ゴールポスト[ネット] poteaux [filets] de but

footeux [ø:z] 名 サッカー選手.

footeux 形 名 サッカーの, サッカーをする(人).

footing [futiŋ] 名《英》軽いランニング, ジョギング; 散歩.

for 男 [dans] son ~ intérieur 心の奥底で.

forage 男 穴をあけること, 穿(うが)孔; 掘削, ボーリング.

forain, e 形 市(いち)の, 縁日[祭り]の. ► marchand ~ 露天商. ― 名 露天商; 大道芸人; 縁日等の興行師.

foraminé, e 形《植物などが》小さい穴のある, 有孔の.

foraminifères 男複《動》有孔虫類.

forban 男 海賊; 無法者, 強欲漢.

forçage 男《農》促成栽培.

forçat 男 徒刑囚, (ガレー船をこいだ)囚人; 苦しい境遇の人. ◇ *travailler comme un* ~ くたくたになるまで働く.

force 女 ❶ 力, 体力, 気力, 能力; 暴力. ❷(集団, 組織の)力, 武力, 勢力;《多く複数》勢力; 軍. ► ~ de vente 販売力, 販売部門の人員 / ~s armées 軍事力 / ~ publique 警察力, 公安力 / ~s de l'ordre 治安維持隊. ❸(物の)強さ, 丈夫さ; 効力, 効き目の濃さ; 電力, 電流. ❹《複数》ばさみ.

◇ *à ~ de ...* 多くの…のおかげで, 大いに…したので[すれば]. *à toute* ~ どうあろうとも, ぜひとも. *avec ~* 力いっぱい; 気力を振り絞って, 精力的に. *C'est une ~ de la nature.* 精力旺盛な人だ. *coup de* ~ 実力行使, (民衆などの)騒乱. *dans toute la ~ du mot [terme]* 言葉の十全の意味で, 完全に. *de ~* 力ずくで[の], 無理に. à ~ 能力[力量]のある. *de première* ~ 一流の腕前[能力]の. *être de* ~ à + *inf.* …する力がある, …できる. *F~ est de* + *inf.* 《文章》…せざるを得ない. *~s vives* (人, 地域の)活力, 活動力. *par* ~ やむを得ず, 仕方なく; 力ずくで, 無理やり. *par la ~ des choses* 事の成り行きで, 仕方なく. *perdre ses* ~ 衰弱する; むだ骨を折る.

― 形《不変》《文章》多くの.

forcé, e 形 ❶ ~ de + inf. …せざるを得ない. ❷ 強制された; やむを得ない; 不可避の, 必然的な. ► prendre un bain ~ うっかり水に落ちる / culture ~ 促成栽培. ❸ わざとらしい, 不自然な. ► *avoir la main* ~ 無理強いされている. *C'est* ~. それは当然だ.

forcement 男 こじ開けること; 強行突破.

forcément 副 当然, 必ず, 必然的に.

forcené, e 形 激怒した; 激しい; 熱狂的な.

― 名 激怒した人; 気違い; 夢中な人.

forceps [-ps] 男《胎児摘出用の》鉗子[りん].

forcer I 他 ❶ (à) (…を)強いる, 強制する. ❷ 押し入る, こじ開ける; 強行

突破する. ❸ 無理をさせる, 限度を越す; 酷使する; (量を)増やす; (度)を強める; (意味などを)こじつける; ゆがめる. ► ~ le pas 歩調を速める. ❹ (感情などをいやおうなく)生じさせる; (同意などを無理に)取りつける. ❺ 追い詰める, 追い込む. ❻ 促成栽培する.

◇ ~ *la consigne* 命令に違反する; 禁を犯す. ~ *la main à ...* …に無理強いする. ~ *la nature* できないことを無理にやる.

― 自 無理をする, 力を振り絞る.

― **se** ~ 無理をする. (à) 無理して…する.

forcerie 女《促成栽培用》温室.

forcing [-siŋ] 男《英》❶《スポ》猛攻(ボクシングのラッシュ). ❷ 図 猛烈な仕事ぶり, 全力.

forcir 自 たくましくなる; 太る.

forclore 他《法》(時効によって)訴権を喪失させる.

forclos, e 形《法》(時効によって)訴権を失った.

forclusion 女《法》(時効による)訴権の喪失; 抵当受戻権喪失;《心》排除.

fordisme 男《経営》フォーディズム(ヘンリー・フォードの創案した経営工学).

forer 他 穴をあける; 掘る.

foresterie 女《森林開発[管理].

forestier, ère 形 森林の. ► maison ~ère 森林管理人の家. ― 男 森林管理人.

foret 男 錐(きり), ドリル.

forêt 女 森林, 山林; 森林地帯; 林立.

forêt-galerie 女《複》~s-~s 《地理》回廊林, 回廊林.

Forêt-Noire シュヴァルツヴァルト(ドイツのライン地溝帯東側の山地).

forêt-noire 女《複》~s-~s《菓子》フォレノワール(チェリー入りチョコレートケーキ).

foreur 男 穴あけ工; 掘削[ボーリング]技師.

foreuse 女 穿(うが)孔機, 削岩機, 井戸掘削機.

forfaire VI 自 (à) (義務などに)もとる, 背く.

forfait[1] 男 ❶ 請負(契約); 請負額. ❷(旅行などの)セット; セット料金; 割引料金券, クーポン券. ► ~-ski スキーパックツアー. ❸(競技の)出場[参加]取り消し, 棄権;(馬主が払う)出走取り消し違約金. ❹ 見積もり課税.

◇ *déclarer* ~《スポ》棄権する; 図 放棄する, あきらめる.

forfait[2] 男《文章》大罪, 重罪.

forfaitaire 形 請負の; 請負契約額での; 見積もり額での.

forfaiture 女(公務員の)汚職, 背任; 職権乱用;《史》臣下の誓いを破ること, 反逆.

forfanterie 女 大ぼら; 空威張り.

forficule 女《昆》ハサミムシ.

forge 女 鍛冶(かじ)屋[場]; 鍛造工場; 鍛冶場の炉;《複数》製鉄所.

forgé, e 形 ❶ 鍛造した. ► fer ~ 錬鉄. ❷《念入りに》作り上げられた.

◇ ~ *de toutes pièces* でっち上げられた, でたらめの.

forgeage 男 鍛造.

forger ② 他 ❶ (金属を)鍛える, 鍛造する; 鍛練する. ❷ (念入りに)作り上げる; でっち上げる.
　— se ~ 鍛えられる; 自分のために(…を)作る.

forgeron 男 鍛冶(じ)屋[職人]; 鍛冶工.

forgeur, se 名 製作者, 工夫家; 捏(ち)造者.

forint [-rint] 男 フォリント(ハンガリーの通貨単位).

forjeter ④ 他 (建物を)張り出して建てる. — 自 (建物が)張り出す.

forlancer ① 他 (獲物を)狩り出す.

forligner 自 名を汚す, 堕落する.

F.O.R.M.A. 〖略〗 Fonds d'orientation et de régularisation des marchés agricoles 農業市場指導調整基金.

formage 男 成形(加工).

formaldéhyde 男 〖化〗 ホルムアルデヒド.

formalisation 女 形式化, 公理化.

formaliser 他 〖論〗 形式化する.
　— se ~ 腹を立てる, 気を悪くする.

formalisme 男 形式の尊重; 形式主義. ► ~ russe 〖文〗 ロシア・フォルマリスム.

formaliste 形 形式的な; 形式[しきたり]を重んじる; 形式主義の; 〖文〗 (ロシア)フォルマリズムの.
　— 名 形式主義者の, (ロシア)フォルマリズムのメンバー.

formalité 女 手続き, 形式; 形式的行為; (社交上の)儀礼.

formant 男 〖音声〗 フォルマント(おもに母音を特徴づける周波数帯域).

format 男 ❶ (本, 写真などの)判, サイズ; 大きさ, 寸法. ► petit ~ 判 (24 × 36mm)の写真. ❷ 〖情報〗 形式, フォーマット.

formater 他 〖情報〗 フォーマットに合わせて処理する. ◘ **formatage** 男

formateur, trice 形 (能力などを)養成する; 教育的な, 有益な.
　— 名 職業訓練官; (社会人の)再教育指導者.

formatif, ve 形 形成する.

formation 女 ❶ 形成, 結成, 設立. ❷ 養成, 教育, 訓練; 知識, 教養; 成長, 発育. ► ~ permanente [continue] 生涯教育 / âge de la ~ 思春期. ❸ 団体, 組織; 〖軍〗 部隊; 隊形. ❹ 〖地〗 〖層〗 層; 地層; 〖植〗 群系; 〖スポ〗 フォーメーション.

forme 女 ❶ 形, 形状; 形式, 表現形式; 形態, 様相. ❷ (人, 物の)姿; 〖複数〗 体つき; 体の線. ❸ 〖複数〗 礼儀, 作法. ❹ 体の調子, コンディション; 語 好調, 元気. ❺ 〖法〗 法, 手続き; 法的形状, パターン; 〖哲〗 形相; 〖心〗 ゲシュタルト; 〖言〗 形態, 語の形; (帽子の)型; 靴型; 〖印〗 組版, 版.
　◇ **avoir [tenir] la ~** 語 快調 [元気] だ. **dans les ~s** しきたりに従って; 正式に. **de pure ~** 形式の上の. **en bonne et due ~** 〖法〗 所定の形式で. **en** ~ 好調 [元気] な. **en ~ de** …の形をした. **mettre les ~s** 語 (感情を害さないように) 気を遣いながら話す. **pour la ~** 形式的に. **prendre ~** 形をなす, 具体化する. **sous (la) ~ de** …の形で[の].

formé, e 形 形作られた; 成熟した; 教育[訓練]を受けた; (実が)なった.

formel, le 形 ❶ 明確な, はっきりした; 断固とした. ❷ 形式に関する; 形式を重んじる形式的な, うわべだけの.

formellement 副 ❶ 明確に, はっきりと; 断固として. ❷ 形式に関しては, 形式的には.

former 他 ❶ 形作る, 作り上げる; 形成[構成, 組織]する; (…の)形をなす, (…と)なる. ❷ 養成[教育]する; (能力などを)培う, 鍛える. ❸ (考え, 感情などを)抱く, 思いつく.
　◇ ~ **un numéro** (電話の)ダイヤルを回す, 番号を押す.
　— se ~ ❶ 形成[組成]される; 生じる, できる; 〖en〗 (…の)形になる[並ぶ]. ❷ 自己形成する; 成熟[発育]する. ❸ (考えなどを)抱く.

formica 男 〖米〗 商標 フォーマイカ, ホルミカ(化粧材の一種, 合成樹脂積層板).

formidable 形 ❶ 語 素晴らしい, すごい; とてつもない. ❷ ものすごい, すさまじい, 巨大な.

formidablement 副 語 すごく, とても.

formique 形 〖化〗 acide ~ ギ酸. aldéhyde ~ ホルムアルデヒド.

formol 男 〖化〗 ホルマリン.

formoler 他 〖医〗 ホルマリン処理[消毒]する.

formosan, e 形 台湾の.

Formose 固 (F~) 台湾.

formulable 形 表明[表現]できる; (書式どおり)作成できる.

formulaire 男 申し込み用紙; 調査用紙, 書式集; (科学の)公式集.

formulation 女 表明; 公式[定式]化.

formule 女 ❶ 決まり文句, 定型表現; 標語; 言い回し; 寸言, 警句. ❷ 方式, 様式, 方法. ❸ (数学などの)式, 公式. ❹ (文書の)書式; (記入式の)用紙, 申し込み書. ❺ 〖車〗 〖スポ〗 フォーミュラ.

formuler 他 ❶ 表明する, 述べる. ❷ (文書を)作成する; 書く; 公式[定式]化する.

fornication 女 〖宗〗 姦淫(かん)の罪; 語 肉体関係, 肉体関係.

forniquer 自 〖宗〗 姦淫(かん)の罪を犯す; 語 肉体関係を持つ.

FORPRONU 〖略〗 Force de protection des Nations unies 国連保護軍.

fors 前 古 〖文章〗 …を除いて, のほかに.

forsythia [-sja] 男 〖植〗 レンギョウ.

fort, e 形 ❶ 強い, 強固な, 強力な, 有力な. ❷ 頑丈とした; すぐれた; 〖en, à, sur〗 よくできる. ❸ (程度の強い, 強烈な (匂いなどの)きつい, 辛い, 濃い. ❹ 多量の, 大きな, 高率の, 太っ

Fort-de-France

た;肉付きのよい.❺[話]信じ難い,度が過ぎる.の.
◊*C'est plus ~ que moi.* そうせずにはいられない; 私にはどうしようもない.
être ~ de ... …に支えられている, …を後ろ盾にしている. ― *de + 数量* …の兵力の, 総数…の. *se faire ~ de inf.* …ができると自負する.

― 副 強く, 強烈に; [文章] 大いに, ひどく, 非常に.
◊*Ça ne va pas ~.* 思わしくない, 調子がよくない. (*C'est) de plus en plus ~.* それはますますひどく. (*y) aller ~ (plus) ~ de ...* 大げさに言う, 言いやりすぎる.

― 男 ❶ 強い人, 強者. ❷ 強み, 長所, 利点; 得意, 得手. ❸ 要塞, 城塞, 砦(とりで). ❹ 中心点, 真っ最中.
◊*au (plus) ~ de ... どっさり* …の真っ最中に【真っ最中に】.

Fort-de-France フォール=ド=フランス (フランス海外県 Martinique の県庁所在地).

forte [-te] [伊] [楽] フォルテ, 強く. ― 男 [不変] フォルテの部分.

fortement 副 強く;しっかりと;激しく; 非常に, ひどく.

forteresse 女 ❶ 要塞(ようさい), 砦(とりで) (牢(ろう)獄に用いた) 城塞. ❷ *de* (…を)守り通す物 [人]; (…の)本拠.

fortiche 形 [話] 丈夫な, 強い;頭のいい; 抜け目のない.

fortifiant, e 形 体を強く [丈夫に] する; [文章] 元気づける. ― 男 滋養物, 強壮 [栄養] 剤.

fortification 女 ❶ 要塞化, 防塞; (パリの)城塞跡; 要塞化, 築城.

fortifier 他 ❶ (体を)強く [丈夫に] する;強化する, 堅固にする. ❷ (都市などに)防備を施す;要塞化する.
― **se ~** 体を鍛える, 丈夫になる;強くなる;堅固になる.

fortin 男 小要塞(ようさい).

fortissimo [伊] 副 [楽] フォルティシモ, きわめて強く. ― 男 [不変] 最強音部.

fortran 男 [英] [情報] フォートラン.

fortuit, e 形 偶然の, 偶発的な; 不慮の. ◊*fortuitement* 副.

fortune 女 ❶ 財産, 資産, 富; 大金; 富豪, 資産家. ❷ [文章] 運命, 運命.
❸ [海] フォースル.
◊*à la ~ du pot* ありることせの料理で. *coûter une ~* とても高くつく. *de ~* 臨時 [応急] の; 急場しのぎの. *faire ~* 財を成す; 成功する. *~ de mer* 海難. *revers de ~* 災難, 不運. *tenter ~* 運を試す; 新天地を切り開く.

fortuné, e 形 裕福な, 金持ちの.

forum 男 ❶ [ラ] フォーラム, 公開討論会; (古代ローマの)公共広場. ▷*~ de discussion* (インターネット上の) チャットルーム. *~ électronique* [情報] 電子掲示板.

forure 女 鍵穴.

fosse 女 ❶ 穴; 墓穴; 壕(ごう), ピット. ▷*~ d'aisances* 汲取便所の便糟. *~ d'orchestre* (劇場の)オーケストラ・ボックス. *~ marine* 海溝. *~ [解]* 窩(か).

fossé 男 溝, 堀, 壕(ごう); (精神的な)溝, ギャップ; [地] 地塹(帯).

fossette 女 えくぼ (あご, ひじなどの)へこみ.

fossile 男 化石. ❷ [話] 時代遅れの人. ― 形 化石(状)の, 化石化した; [話] 時代遅れの, 古臭い.

fossilifère 形 [地] 化石を含む.

fossiliser 他 化石にする; [話] 時代遅れにする, 硬直化させる.
― **se ~** 化石 [硬直] 化する.
◊*fossilisation* 女.

fossoir 男 (園芸用)鍬(くわ).

fossoyer 他 [文章] (墓穴などを)掘る.

fossoyeur, se 名 墓掘り人; [文章] *(de)* (…を)葬り去る人, (…の)破壊者.

fou, folle, fol (男性第2形) *fol* (母音・無音のhで始まる男性名詞の前で用いる) 形 ❶ 頭が変な; 気が狂った. *(de)* (…に)夢中になった (…で)我を忘れた. ❷ 激しい, 抑えきれない. ❸ (機械などが)狂った, 乱れた; 暴走する. ❹ (程度が)並み外れた, たいへんな.
◊*mèche folle* ほつれ毛. *tête folle* 気まぐれ屋.
― 名 頭のおかしい人; *(de)* (…に)夢中の人. ◊*faire le fou* はしゃぎ回る. *histoire de fou(s)* 信じ難い [ばかげた] 話.
― 男 (王侯に仕えた)道化; (チェスの)ビショップ; (タロットの)ジョーカー; [鳥] カツオドリ.

fouace 女 フワス, フガース.

fouailler 他 [文章] (続けざまに) 鞭で打つ; (雨などが)激しくたたきつける; 辛辣(しんらつ)な言葉を浴びせる.

foucade 女 [文章] 気まぐれ, 一時的な熱中.

fouchtra [-ʃ-] 間 畜生.

foudre[1] 女 雷; (複数) [文章] 激怒; 制裁. ◊*coup de ~* 一目ぼれ. ❷ ゼウス [ジュピター] の持つ炎の投げ槍. ❸ *~ de guerre* 勇将. *~ d'éloquence* 大雄弁家.

foudre[2] 男 大樽.

foudroiement 男 [文章] 雷撃, 雷に打たれること.

foudroyant, e 形 突発的な, 急発の; 猛烈な.

foudroyer 他 ❶ 雷で打つ; 感電死させる; 即死させる; 撃ち殺す. ❷ 打ちのめす, 衝撃を与える.
◊*~ du regard* 鋭い眼光で射すくめる.

fouet 男 ❶ 鞭(むち); 鞭打ちの刑. [文章] 厳しい批判. ❷ [料] 泡立て器.
◊*coup de ~* 鞭打ち; 刺激, 激励, 鞭撻(べんたつ). *de plein ~* 真正面から(の).

fouettard 形 男 *Père ~* 鞭(むち)打ちじいさん (悪い子を鞭で懲らしめる架空の人物).

fouetté, e 形 泡立てた. ▶ *crème ~e* ホイップクリーム.

fouettement 男 鞭(むち)で打つこと; (雨などが)たたきつけること.

fouetter 他 ❶ 鞭(むち)で打つ; (雨などが)激しくたたきつける. ❷ [料] 泡立てる.

る. ❸ 刺激する, 興奮させる.
— 直 (contre ...) に打ちつける.
❷ 悪臭がする; 怖れる.

foufou, fofolle 形 頭のいかれた, 能天気な.

fougasse 囡 [菓子] フワス, フガース.

fouger ② 直 (イノシシが) 鼻で土を掘る.

fougeraie 囡 シダ群生地.

fougère 囡 [植] シダ.

fougue 囡 熱情, 血気.

fougueux, se 形 熱情的な, 烈々たる, 激しい, 血気盛んな.
◇**fougueusement** 副

fouille 囡 ❶ 発掘(作業), 掘削[工事]; 発掘現場; 検査, 捜索; 国 ポケット.

fouillé, e 形 深く掘り下げた, 綿密な.

fouiller 他 ❶ (地面などを)掘り起こす, 発掘する. ❷ 探し回る; ポケット[所持品]を調べる. ❸ (問題などを)掘り下げる. — 直 ❶ 掘る; 発掘作業を行う; 探る, 探す, 引っかき回す.
— **se** ~ 自分のポケットの中を探る.
◇**pouvoir (toujours) se** ~ 他人を当てにしてもむだである.

fouilleur, se 形 囡 探し回る [あさる]のが好きな人; 囡 形; 国 所持品検査係.

fouillis 男 乱雑, 雑多.

fouinard, e 形, 囡 国 詮索(きく)好きな(人).

fouine 囡 [動] ムナジロテン; 国 詮索(きく)好きな人; ずる賢い人.
◇**tête de** ~ ずるそうな顔.

fouiner 直 探し回る; (他人事に)首を突っ込む, 詮索[詮議]する.

fouineur, se 形, 囡 国 詮索(きく)好きな(人), 穿鑿(ませ)好きな(人).

fouir 他 (動物が土を)掘る.
◇**fouissage** 男

fouisseur, se 形 (動物が)土を掘る.
— 男 土を掘る動物(モグラなど).

foulage 男 圧搾, 圧搾.

foulant, e 形 ❶ 圧搾[圧縮]する.
— **pompe** ~**e** 押し上げポンプ. ❷ 国骨の折れる, 疲れる.

foulard 男 スカーフ, ネッカチーフ; [繊] フラード(薄地の絹織物など).

foule 囡 群衆, 人だかり; 雑踏; 大衆, 民衆. ◇**en** ~ 大勢で, 群れをなして. **une** ~ **de ...** たくさんの....

foulée 囡 歩調; 歩幅, ストライド; (複数)(獲物の)足跡.
◇**dans la** ~ (**de ...**) (...の)勢いに乗って; (...に)引き続いて.

fouler 他 ❶ 押しつぶす, 圧搾[圧縮]する. ❷ (手足などを)捻挫(だう)する, くじく. ❸ 踏む; 歩く.
◇~ **aux pieds** 踏みにじる.
— **se** ~ ❶ 自分の(手足などを)捻挫する, くじく. ❷ 国 **ne pas se** ~ 努力[苦労]しない.

foulerie 囡 (ブドウの)破砕機.

foulon 男 [革] (皮をめし用のドラム) 縮充機, 縮充工; [鉱] **terre à** ~ フラー土, 酸性白土.

foulque 囡 [鳥] オバン.

foultitude 囡 国 たくさん, 多数.

foulure 囡 捻挫(なお), 筋違い.

four 男 ❶ オーブン, 天火; パン焼き窯;

窯, 炉. ► ~ **à micro-ondes** 電子レンジ. ❷ [芝居, 興行などの] 失敗, 不入り. ❸ [菓] **petits** ~**s** プチフール(一口大のケーキ).

fourbe 名 形 狡猾(うか)な(人); 偽善的な(人).

fourberie 囡 狡猾(うか)さ, 偽善, 陰険; ぺてん, 詐取.

fourbi 男 ❶ 所持品, 身の回り品; がらくたの山. ❷ (物の名前を言うかわりに)それ, あれ.

fourbir 他 磨く, 研ぐ.
◇**fourbissage** 男

fourbu, e 形 疲れ果てた.

fourche 囡 ❶ [農業用] フォーク, 熊手; 二股[三]道, 分かれ道; (木の幹, ズボンなどの)股; (自転車, オートバイの)前フォーク.

fourchée 囡 (堆肥, 干し草などの)フォーク1杯分の量.

fourcher 直 (道路, 枝などが)分岐する. ◇**Sa langue lui a fourché.** [彼女]は言い間違えた.

fourchette 囡 ❶ フォーク. ❷ (数値の)上下・下限差, 幅, 開き. ❸ (自動車の)シフトフォーク; [動] (鳥の胸の)叉骨.
◇**avoir un bon [joli] coup de** ~ 大食漢である.

fourchon 男 (熊手やフォークの)歯, 股(ま).

fourchu, e 形 股(ま)になった, 分岐した. ► **pied** ~ (牛などの)先が割れたひづめ.

fourgon 男 ❶ 有蓋(ミぁ)トラック, バン; 有蓋鉄道貨車, 軍用輸送車. ► ~ **mortuaire [funéraire]** 霊柩車.

fourgonner 直 ひっかき回す.

fourgonnette 囡 小型トラック.

fourgon-pompe 男 (複) ~**s**-~**s** 消防ポンプ車.

fourguer 他 (粗悪品, 偽物を)売りつける; 安く売りさばく.

fouriérisme 男 フーリエ主義.

fourme 囡 フルム(中部フランス産の円筒形チーズ).

fourmi 囡 ❶ アリ; 勤勉な人. ► **travail de** ~ 時間のかかる細かい仕事. ❷ 国 蟻族の運び屋.
◇**avoir des** ~**s dans les jambes** 足が(しびれて)ちくちくする.

fourmilier 男 [動] アリクイ.

fourmilière 囡 ❶ アリの巣; (同じ巣に住む)アリの群れ. ❷ 大勢の人がひしめく場所.

fourmi-lion 男 (複) ~**s**-~**s** / **fourmilion** 男 [昆] ウスバカゲロウ, アリジゴク.

fourmillant, e 形 群がる, ひしめく; **(de)** ... でいっぱいの.

fourmillement 男 ❶ (群衆, 虫などの)うじゃめき; 雑踏. ❷ 蟻走(きそう)感; ちくちく[むずむず]する感じ.
◇**un** ~ **de ...** たくさん[無数]の....

fourmiller 直 ❶ 群がる, ひしめいている; たくさんある; **(de)** ... でいっぱいである. ❷ ちくちく[むずむず]する.

fournaise 囡 猛烈に熱い所; 猛暑; 猛火, 盛んな火; 白熱の戦場.

fourneau《複》x 男 ❶ 窯, 炉. ► haut(-)～ 高炉; 製鉄所. ❷《料理用の》かまど, レンジ. ❸《パイプの》火皿.《軍》〖爆薬の〗装薬孔.

fournée 女〖パン, 陶器などの〗1窯分; 同一団, 一行.

fourni, e 形〖品物などの〗豊富な, 品揃えのいい;〖森が〗茂った;〖毛髪が〗濃い.

fournier, ère 名 古 パン焼き職人. ― 男〖鳥〗カマドドリ.

fournil [-ni] 男 製パン室.

fourniment 男〖兵士の〗装具一式; 必需品一式.

fournir 他 ❶ 提供〖供給, 支給〗する; 提出〖提示〗する; (de, en) (…を)納入する. ❷ 産出〖生産〗する; 世に出す. ❸〖仕事などを〗成し遂げる;〖努力などを〗する.
― 自 (à)〖経費などを〗出す, 賄う.
― **se ~** ～ 買い物をする, 調達する.

fournissement 男 投資; 出資金.

fournisseur, se 名 ❶ 納入業者, 出入り〖行きつけ〗の商人. ❷ 供給者; 供給〖輸出〗国. ► ～ **d'accès** プロバイダー.

fourniture 女 ❶ 供給, 支給; 納入; 供給〖納入〗品. ❷《複》必需品. ► ～**s scolaires** 学用品.

fourrage[1] 男《服》裏付け;〖毛皮の〗裏地.

fourrage[2] 男 秣(まぐさ), 飼い葉.

fourrager[1] 自 ひっかき回す. ► **dans sa barbe** ひげをなでる.

fourrager[2], **ère** 形 飼料用の, 秣(まぐさ)になる. ❶ 女 飼料用の草地; 秣運搬車. ❷《軍》の肩章の飾り緒り.

fourré, e 形 ❶(…の)詰まった, …入りの. ❷ 毛の裏地が付いた.
◇**coup ~**〖フェ〗相打ち. 話 だまし打ち. **paix ~** 〜 うわべだけの和解.
― 男 やぶ, 茂み.

fourreau;《複》男 ❶《刀の》鞘(さや),〖細長い〗袋;〖服〗〖ストレートで細身の〗シースドレス; スリムスカート.

fourrer 他 ❶ 詰め込む, 押し込む, 突っ込む;〖無造作に〗置く. ❷《菓子に》詰め物をする;〖服〗裏地を付ける.
◇**~ son nez dans ...**〖話〗…に鼻〖首〗を突っ込む.
― **se ~** ❶〖話〗潜り込む, 身を置く;〖窮地に〗陥る.
◇**ne plus savoir où se ~**〖話〗〖恥ずかしくて〗身の置き所がない. **se ~ ... dans la tête** …と思い込む.

fourre-tout 男《不変》がらくた置場;〖旅行用の〗ナップサック;〖雑多な考えなどの〗寄せ集め.

fourreur 男 毛皮職人〖商人〗.

fourrier 男 ❶〖軍〗〖食糧, 衣料などの〗補給係(下)士官. ❷〖文章〗先駆者; 前触れ.

fourrière 女〖野良犬などの〗収容所;〖駐車設定車の〗車両置場.

fourrure 女 毛皮〖の服〗;〖動物の〗毛皮み.

fourvoiement 男〖文章〗道を間違えること; 誤り, 過ち.

fourvoyer 10 他〖文章〗道を間違えさせる; 誤らせる.
― **se ~** ～ 道を間違える; 判断を誤る;〖dans〗〖…に〗迷い込む.

fous, fout〖活〗⇨ **foutre**.

foutaise 女〖話〗ばかげた〖くだらない〗こと.

foutant foutre の現在分詞.

foutoir 男〖話〗乱雑な場所; 大混乱.

foutre 66《活》他 ❶ やる, する. ❷〖乱暴に〗置く; ほうり出す.
◇**Ça te foutra mal.** そいつはまずいな.
Foutez [Fous]-moi la paix. ほっといてくれ.
― **se ~** ❶ 身を置く〖投じる〗. ❷ (de) (…を)ばかにする, 問題にしない.

foutrement 副〖話〗たいへんに, ものすごく.

foutriquet 男 小者, ざこ.

foutu, e 形《foutre の過去分詞》俗 ❶ 駄目になった; 絶望的な. ❷《名詞の前》悪い, 腹の立つ.
◇**bien ~** 出来のよい; 格好〖スタイル〗のよい. **être ~ de ...** …しかねない; …できる. **mal ~** 出来が悪い; 気分が悪い.

fox [-ks] / **fox-terrier** 男《英》フォックステリア〖犬〗.

foxhound [fɔksawnd] 男《英》フォックスハウンド〖犬〗.

fox-trot [-kstrɔt] 男《不変》〖英〗フォックストロット. 1910年代の中頃流行した社交ダンス.

foyer 男 ❶ 炉, 暖炉;〖暖炉の〗火; 火床, 竈. ❷ 家庭, 家族, 世帯;《複》故郷. ► **femme au ~** 専業主婦. ❸ 集会所, 休憩所; 宿泊施設. ► ～ **du public**〖劇場の〗休憩ロビー. ► ～ **des artistes** 楽屋. ❹ 発生地; 中心, 源;〖光〗焦点.

Fr〖記〗〖化〗francium フランシウム.

F.R.3〖記〗〖伊〗～師 France Région trois フランス・トロワ〖テレビ局の一つ〗.

Fra 男〖伊〗～師〖修道士の呼称〗.

frac 男 燕尾(えんび)服.

fracas 男 激しい音, 轟(とどろ)音; 喧噪.
◇**à grand ~** 大々的に.

fracassant, e 形〖騒〗音を立てる, 騒々しい; 大反響を呼ぶ, センセーショナルな.

fracasser 他 砕く, 粉砕する.
― **se ~** 砕ける, 壊れる; 自分の(…を). ◻**fracassement** 男

fractal, ale《男複》**aux** 形〖数〗フラクタルの. ― 女 フラクタル.

fraction 女 ❶ 部分, 一部; 分派. ► **une ~ de seconde** ほんの一瞬. ❷〖数〗分数. ► ～ **décimale** 小数.

fractionnaire 形〖数〗分数の.

fractionné, e 形〖化〗分別〖分留〗の.

fractionnel, le 形 分裂する; 分派的な.

fractionnement 男 分割, 区分; 分裂.

fractionner 他 分割〖細分〗する.
― **se ~**〖en〗(…に)分割される, 分かれる.

fractionnisme 男〖政治集団内の〗分派主義. ◻**fractionniste**

fracture 女 骨折;〖地〗破断;〖固〗破壊.

fracturer 他 (骨を)折る;壊す, こじ開ける.
— **se** ～ 自分の(…を)骨折する.

fragile 形 壊れやすい, もろい;(体の)弱い;不安定な, はかない. ► «F～»「壊れ物注意」

fragilisation 女 脆化,弱化.

fragiliser 他 もろくする,弱くする.

fragilité 女 壊れやすさ, もろさ;(体の)弱さ;不安定さ, はかなさ.

fragment 男 破片, かけら;断片;一部分;(文章の)抜粋,引用.

fragmentaire 形 断片的な, 部分的な;ばらばらの.

fragmentation 女 粉砕;分割,細分化;〖生〗(染色体の)分裂.

fragmenter 他 粉砕する;分割[細分化]する.

fragrance 女 [文章] 芳香.

fragrant, e 形 [文章] 芳香を放つ.

frai[1] 男 (魚の)産卵(期);(魚, 両生類の)卵;稚魚.

frai[2] 男 (流通における)貨幣の摩耗.

fraîche frais[1] の女性形.

fraîchement 副 ❶ 新しく, 最近. ❷ 冷淡に, 冷ややかに. ❸ 話 Ça va ～. ちょっと冷える.

fraîcheur 女 ❶ 涼しさ,冷たさ. ❷ 新鮮さ;鮮やかさ, みずみずしさ;若々しさ. ❸ 冷ややかさ, 冷淡.

fraîchin 男 鮮魚のにおい;磯[潮]の香.

fraîchir 自 涼しくなる, 冷える;〖海〗(風が)強くなる.

frais[1], **fraîche** 形 ❶ 涼しい, ひんやりとした;冷たい. ❷ 冷ややかな, 冷淡な. ❸ 新しい, 最近の;新鮮な;生(☆)の;(パンが)焼きたての;(インクなどが)乾いていない. ❹ 若々しい, みずみずしい;溌剌(烎)とした;さわやかな. ❺ 清純な,無邪気な. ❻ 話〖皮肉〗困った.
◇ argent ～ 入ったばかりの金. de fraîche date 〖話〗最近(の).
— 男 ❶ 涼しく, 冷たく;冷やして. ❷ 〘過去分詞の前〙新しく;…したばかりの.
— 男 涼気, 冷気;〖話〗強い風.
◇ au ～ 冷たい[涼しい]場所で. de ～ 新しく, 最近. prendre le ～ 涼む.
— 女 à la ～ 涼しい時刻に;涼しい場所で.

frais[2] 男複 複 ❶ 支出, 出費;経費. ～ de déplacement 出張費, 旅費 / faux ～ 特別[臨時]経費. ❷ 苦労;犠牲.
◇ à grands ～ 大金を払って;たいへん苦労して. à peu de ～ あまり苦労せずに;むだ骨を折らず. en être pour ses ～ 苦労が水の泡;むだ骨を折る. faire des ～ 多額の出費をする;気に入られようと努める. faire les ～ de … (の費用を払う)こと になる. faire les ～ de la conversation 話題の中心になる. faire ses ～ に元を取る;苦労が報われる. rentrer dans ses ～ 元[元金]を取り戻す. se met-

tre en ～ (金を)奮発する;大いに努力する.

fraisage 男 フライス削り, ミリング.

fraise[1] 女 イチゴ(の実);苺.
◇ sucer les ～ s 話 (病気, 老齢のため)手が震える;もうろくしている.

fraise[2] 女 ❶ (子牛, 子羊の)腸間膜;(七面鳥の)肉垂(☆). ❷ 〖服〗ラフ(16, 17世紀にはやった円形のひだ襟).

fraise[3] 女 フライス(カッター);バー(歯牙(慳)を切削する器具).

fraiser[1] 他 [料] (生地を)手のひらでこねる.

fraiser[2] 他 (工作物に)フライス削りをする;(ねじの頭部を沈めるために)さら穴を作る.

fraiseraie 女 イチゴ畑[園].

fraiseur, se 名 フライス工.

fraiseuse 女 フライス盤.

fraisier 男 イチゴ(の苗).

fraisière 女 ⇨ fraiseraie.

fraisil [-zi(l)] 男 (不完全燃焼した石炭などの)燃えかす.

fraisure 女 (ねじの頭部を沈めるための)さら穴.

framboise 女 キイチゴの実;フランボアーズ(キイチゴで作ったリキュール).

framboisé, e 形 キイチゴの香り[味]のする.

framboiser 他 キイチゴの香りをつける.

framboisier 男 ヨーロッパキイチゴ(の木).

framée 女 (フランク族の)投げ槍(☆).

franc, que [frɑ̃, ɑ̃:k] 形 〖史〗フランク族の.
— 名 «F～» フランク人;(les F～s) フランク族.

franc[2], **che** [frɑ̃, ɑ̃:ʃ] 形 ❶ 率直な, ざっくばらんな. ❷ 純粋な;混じり気のない;正真正銘の;明らかな, あからさまな. ❸ 自由な;免税の;(de) (…を)免除された. ► boutique ～ che 免税店. ❹ (期間が)正味の. ❺ 〖スポ〗 coup ～ フリーキック;〖軍〗 corps ～s 遊撃隊.
◇ ～ de port 運賃[送料] 支払い済みの[で]. jouer ～ jeu 正々堂々と勝負する;公明正大に振る舞う.
— 副 率直に.

franc[3] [frɑ̃] 男 フラン(❶ ユーロ以前のフランス, ベルギー, ルクセンブルグの通貨. ❷ 現在のスイス, フランス語圏アフリカ諸国の通貨).

français, e 形 フランスの, フランス人[語]の;フランス的な.
— 名 «F～» フランス人.
— 男 フランス語.
◇ en bon ～ はっきり言えば.
— 副 フランス語で;フランス製品で.

franc-bord [frɑ̃bɔ:r];〖複〗 ～s-～s 男 〖海〗乾舷;〖法〗堤岸地.

franc-comtois, e [frɑ̃kɔ̃twa, -z];〖男複〗 ～s-～ ～ 形 フランシュ=コンテ Franche-Comté の.
— 名 «F～» フランシュ=コンテの人.

France 女 フランス.

franc-fief [frɑ̃fjɛf];〖複〗 ～s-～s 男 〖史〗自由封地;封地取得税.

franche franc[2] の女性形.

Franche-Comté

Franche-Comté 囡 フランシュ=コンテ地方(フランス東部).

franchement 副 率直に; 率直に言えば; はっきりと; まったく, 本当に.

franchir 他 越える, 乗り越える; 渡る, 横切る.

franchisage 男 《英》《商》フランチャイズ(契約).

franchise 囡 ❶ 率直さ; 誠実さ. ❷ 免除; 免税. ～ postale 郵便料金免除. ❸《商》フランチャイズシステム. ❹《史》(都市, 団体などの)自治[自由]権, 特権.
◊en toute ～ 率直に[言えば].

franchisé 男 《商》フランチャイジー(フランチャイズ・チェーンの加盟店).

franchiser 他 《商》フランチャイズ化する: フランチャイズ契約を結ぶ.

franchiseur 男 《商》フランチャイザー(フランチャイズ・チェーンの総本部会社).

franchissable 形 (乗り)越えられる, 渡る[通る]ことができる.

franchissement 男 (乗り)越えること, 渡ること.

franc-maçon, franc-maçonne 形 名 (複 ～s-～s, ～-～nes) フリーメーソン会員.

franchouillard, e 形 名詞 (悪い意味で)いかにもフランス人らしい(人).

francien 男 《言》(共通フランス語のもとになった)フランシアン方言.

francilien, ne 形 名 イル・ド・フランス地方の(人).

francique 男, 形 フランク語.

francisation 囡 フランス(語)化; 《海》フランス船籍取得.

franciscain, e 形 聖フランシスコの; フランシスコ修道会の.
― 男 フランシスコ会修道士.

franciser 他 フランス(語)化する.

francisque 囡 ❶ (中世にフランク族の用いた)鉄製の鉞(まさかり). ❷ ～ gallique (ヴィシー政府が印として採用した)鉞.

franciste 名 フランス語学・文学研究者.

francité 囡 フランス的性格.

francium 男 《化》フランシウム.

franc-jeu [frɑ̃ʒø] 男 (複) ～s-～x 男 フェア・プレー.

franc-maçon, ne [frɑ̃ma-]; (複) ～s-～s, ～-～nes 名 フリーメーソン会員.

franc-maçonnerie [frɑ̃ma-] 囡 フリーメーソン; 仲間意識.

franc-maçonnique [frɑ̃ma-] 形 フリーメーソンの.

franco 副 ❶ 運賃[送料]発送人払いで; 手数料なしで. ❷ 話 ためらわずに, 思い切って.

franco-canadien, ne 形 カナダフランス語の.
― 男 カナダフランス人.

francocentrisme 男 フランス至上[中心]主義.
☐francocentriste 形

franco-français, e 形 名 ❶ フランス人同士の, フランス対フランスの. ❷ 《ふつう悪い意味で》まったくフランスだけの, フランス的な, フランス人の.

francolin 男 《鳥》シャコ.

francophile 形, 名 フランス(人)好

francophilie 囡 フランス(人)びいき, 親仏感情.

francophobe 形, 名 フランス(人)嫌いの(人).

francophobie 囡 フランス(人)嫌い, 反仏感情.

francophone 形, 名 フランス語を話す(人).

francophonie 囡 フランス語圏.

franco-provençal, ale 形 (男複) aux フランコ・プロヴァンス語の.
― 男 フランコ・プロヴァンス語.

franc-parler [frɑ̃pa-]; (複) ～s-～s 男 率直[無遠慮]な物言い.

franc-tireur [frɑ̃ti-]; (複) ～s-～s 男 非正規軍兵士, 義勇兵; 単独行動者, 一匹狼(オオカミ).

frange 囡 ❶ 房(ふさ)べり, 縁飾り; 縁取る物; (女性の)切りそろえた前髪. ❷ 周辺; 少数派, はみ出し者. ❸《光》～s d'interférence 干渉縞.

franger (2) 他 縁飾りをつける; 縁取る.

frangin, e 囡 兄弟, 姉妹.

frangipane 囡 《菓》アーモンドクリームの(のせた)ケーキ; 《植》インドソケイ[プルメリア]の実.

frangipanier 男 《植》プルメリア, インドソケイ.

franglais 男 フラングレ(英語を多用するフランス語).

franque franc¹ の女性形.

franquette (à la bonne) 副 句, 形 句 《不変》 話 気軽に[な], ざっくばらんに[な].

franquiste 形, 名 フランコ主義の(人).

frappage 男 (硬貨の)鋳造, 刻印.

frappant, e 形 際立った, 著しい; 驚くべき.

frappe¹ 囡 ❶ タイプすること; タイプの打ち方; タイプ文書. ► première [seconde] ～ (タイプ文書の)オリジナル[カーボンコピー]. ❷ (硬貨などの)鋳造, 刻印. ❸ (ピアノなどの)タッチ, 打鍵(法). ❹ (ボクシングのパンチ, ブローショット; キック. ❺ 《軍》 force de ～ 核戦力, 攻撃能力／～ aérienne 空爆.

frappe² 囡 話 ならず者, ごろつき.

frappé, e 形 ❶ (水で)冷やした. ❷ 模様が型押しされた. ❸ (表現などが)的確な, 明敏な. ❹ 話 頭のいかれた.

frappement 男 打つ[たたく]こと; たたく[ノックする]音.

frapper 他 ❶ 打つ, たたく, 殴る; 突く; 当たる, ぶつかる. ❷ 強い印象を与える, 驚かす (注意を)引く. ► ～ les yeux [l'oreille] 人目を引く[耳をそばだたせる]. ❸ (病気, 不幸などの)襲う; (税, 罰などの)適用される (de) (…に)課する. ❹ (水で)冷やす. ❺ (貨幣などの)を型で打ち出す, 刻印する. ❻ 《海》(ロープ)を固く締めつける.
◊～ un grand coup 決定的な手段に訴える.
― 自 たたく, 打つ; ぶつかる (à) (…

fresque

を)ノックする。
◊ **à la porte de …** …に援助を求める。
— **se ~** 余分の(…を)打つ[たく]；〘俗〙余計な心配をする、気をもむ。
frappeur 形 esprit ~ 家具や壁をたたいて存在を示す霊。
fraser 他 ⇨ fraiser¹.
frasque 女 無分別な行動。
fraternel, le 形 兄弟[姉妹]の；兄弟のような、仲よく。
fraternellement 副 兄弟のように、仲よく。
fraternisation 女 仲よくすること；仲直り、和解。
fraterniser 自 仲よくする；和解する。
fraternité 女 兄弟愛；友愛、同胞愛。
fratricide 男 兄弟[姉妹]殺し(の犯行).
— 名 兄弟[姉妹]殺害者。
— 形 兄弟[姉妹]殺しの；身内[同胞]の争い合う。
fratrie 女 〘家族の〙兄弟姉妹。
fraudatoire 形 詐欺行為の。
fraude 女 不正行為；詐欺、ごまかし. ▶ ~ fiscale 脱税／~ informatique コンピュータ犯罪。
◊ **en ~** 不正に；こっそりと。
frauder 他 不正にごまかす。
— 自 不正行為をする；詐欺をする。
fraudeur, se 名 不正行為を働く(者)；詐欺をする(者).
frauduleusement 副 不正に；こっそりと。
frauduleux, se 形 不正な、詐欺的な. ▶ banqueroute ~se 偽装倒産。
frayer 12 他 〘道を〙つける、開く。
— 自 ❶ 〘魚が〙産卵する；〘雄魚の〙卵に精液をかける。❷ 〘avec〙 (…と)付き合う。
— **se ~** 〘自分のために道を〙つける、切り開く。
frayère 女 〘魚の〙産卵場。
frayeur 女 〘激しい〙恐怖。
freak [frik] 名 〘米〙反社会的な者、ヒッピー；麻薬常用者。
fredaine 女 〘軽い〙過ち。
fredonner 他、自 〘歌を〙口ずさむ、ハミングする. ⇨ **fredonnement**
free-jazz [fridʒɑːz] 男 〘米〙フリージャズ。
free-lance [fri-] 〘英〙形 自由契約の、フリーの. ━ 名 フリーランサー. ━ 男 自由契約の仕事。
freesia [frezja] 男 〘植〙フリージア。
freezer [frizœr] 男 〘米〙冷凍室、フリーザー。
frégate 女 〘対潜護衛用の〙フリゲート艦；〘昔の〙3本マストの軍艦；〘鳥〙グンカン鳥。
frégater 他 〘船体を〙速度が出るように改造する。
frein 男 ブレーキ、制動機；歯止め、抑制. ▶ ~ d'écrou 止め座金。
◊ **mettre un ~ à …** …を抑える、食い止める. **ronger son ~** じっと我慢する.

freinage 男 ブレーキをかけること、制動(方式)；抑制、抑止。
freiner 自 ブレーキをかける；ブレーキがかかる. ━ 他 ブレーキをかける；抑える、抑制する。
freinte 女 〘商〙〘製造、輸送の際に生じる商品の〙減量。
frelaté, e 形 混ぜ物をした；不純な；いかがわしい。
frelater 他 混ぜ物をする、変造する；不純にする. ⇨ **frelatage** 男.
frêle 形 もろそうな；弱々しい、きゃしゃな；はかない。
frelon 男 〘昆〙モンスズメバチ。
freluquet 男 〘話〙貧相な男；〘文章〙軽薄できざな若者。
frémir 自 震える、細かく揺れる；〘湯が煮立ち始めて〙震え出す；身を震わせる；おののく。
frémissant, e 形 ❶ 震えている、ざわめく. ❷ 〘感情などが〙敏感な；高ぶった。
frémissement 男 ❶ 震え；ざわめき；戦慄. ❷ 動き. ▶ ~ économique 経済回復の動き。
frênaie 女 トネリコ植林地。
frénateur, trice 形 〘生理〙抑制作用のある。
french cancan [frenʃ-] 男 フレンチカンカン。
frêne 男 〘植〙トネリコ。
frénésie 女 熱狂、熱中；強烈さ、激しさ。
frénétique 形 熱狂的な、熱烈な；激しい. ⇨ **frénétiquement** 副.
fréon 男 〘商標〙〘化〙フレオン、フロン(ガス)。
fréquemment 副 頻繁に、しばしば。
fréquence 女 頻繁さ、頻発；頻度、回数；〘物〙周波数、振動数。
fréquencemètre 男 〘物〙周波数計。
fréquent, e 形 頻繁な、よく起こる[見かける]。
fréquentable 形 交際できる、付き合える；〘場所が〙安心して出入りできる。
fréquentatif, ve 形 〘文法〙反復を示す. ━ 男 反復相；反復形。
fréquentation 女 頻繁に通うこと；出入り；交際、付き合い；交際相手、仲間。
fréquenté, e 形 人通りが[交通量が]多い；人がよく集まる。
◊ **bien ~** 客層がよい〘悪い〙。
fréquenter 他 よく行く、頻繁に通う；交際する、付き合う。
— **se ~** 親しく付き合う、交際する。
fréquentiel, le 形 頻度の。
frère 男 兄、弟；親友、仲間、同志. ▶ ~ d'armes 戦友／~s ennemis 〘文章〙(同じ党派で敵対し合う仲間. ❸ 〘カト〙修道士. F~s mineurs [prêcheurs] フランシスコ[ドミニコ]会修道士。
— 形 兄弟のような、友好的な。
frérot 男 〘話〙弟。
fresque 女 〘美〙フレスコ画(法)；大壁画；〘文〙〘一時代の〙広大な描写、一大

絵巻.

fresquiste 名 フレスコ画家; 壁画家.

fressure 女 (動物の)臓物.

fret [-(t)] 男 (貨物の)運賃, 運送料; 用船(料); 積み荷.

fréter ⑥ 他 船を賃貸する; (車, 飛行機などを)賃借[チャーター]する.

fréteur 男 船舶賃貸人, 船主.

frétillant, e 形 細かく動く・ぴちぴち跳ねる; 活発のある; そわそわ[じりじり]する.

frétiller 自 細かく動く; ぴちぴち跳ねる; 小躍りする; そわそわする. ▶ ～ de la queue (犬が)しっぽを振る.
□**frétillement** 男

fretin 男 ❶ (集合的)雑魚, 小魚. ❷ 話 le (menu) ～ 取るに足りないもの[人]; 小者.

frette 女 金輪, たが; 《楽》フレット.

fretter 他 金属のたがをはめる. □**frettage** 男

freudien, ne 形 フロイト(主義)の. ── 男 フロイト主義者.

freudisme 男 フロイト主義.

freux 男 《鳥》ミヤマガラス.

friable 形 もろい, 砕けやすい.
□**friabilité** 女

friand, e 形 (de) (…が)大好きな. ── 男 フリヤン(小型ミートパイ, また, アーモンド菓子).

friandise 女 おいしいもの; 甘いもの, 砂糖菓子.

fric 男 (単数形のみ) 話 金㊣, 銭㊣.

fricandeau 男 (複) x 男《料》フリカンドー(子牛の腿⒱肉の蒸し煮).

fricassée 女《料》フリカッセ(肉のホワイトソース煮込み).

fricasser 他《料》フリカッセにする, ホワイトソースで煮込む.

fricatif, ve 形《音声》摩擦音の.
── 女 摩擦音.

fric-frac 男 (複) ～(s) 男 話 押し込み強盗.

friche 女 未開墾地, 荒れ地.
◇en ～ (能力などが)未開発の.

frichti [-] 男 話 食事, 料理.

fricot 男 話 食事, 料理; 話 粗末な煮込み[料理].

fricotage 男 話 不正取引.

fricoter 他 話 煮込む; 話 料理する; ひそかに行う, たくらむ. ── 自 ❶ 不正な利益を得る. ❷ (avec) (…と)ぐるになる; 性的関係を持つ.

fricoteur, se 男 女 話 いんちき師.

friction 女 (体, 頭皮の)マッサージ; 摩擦; 不和, 軋轢⒱. ▶ ～ commerciale 貿易摩擦 / point de ～ 争点.

frictionnel, le 形 摩擦の, 摩擦による.

frictionner 他 マッサージする.
── se ～ 自分の体をマッサージする.

frigidaire 男 商標 冷蔵庫.

frigidarium 男 《古》冷浴室.

frigide 形 (女性が)不感症の; 《文章》冷淡な. □**frigidité** 女

frigo 男 話 冷蔵庫; 冷凍室; 冷凍肉.

frigorifié, e 形 冷凍[冷蔵]した; 話 凍えている; こちこちになった.

frigorifier 他 冷凍[冷蔵]する; 話 凍えさせる; (緊張で)こちこちにする.

frigorifique 形 冷凍[冷蔵]する.
── mélange ～ 冷却剤. ── 男 冷凍[冷却]器; 冷凍室, 冷凍庫.

frigorigène 形 冷気を発生する.
── 男 冷却剤.

frigoriste 男 冷凍冷蔵技師(の).

frigothérapie 女《医》低温治療.

frileusement 副 寒そうに.

frileux, se 形 寒がりの, 寒そうな; 引っ込み思案の, 臆⒱病な.
── 名 寒がりの人.

frilosité 女《文章》寒がり; 臆⒱病, 逃げ腰.

frimaire 男 フリメール, 霜月(共和暦第3月).

frimas 男 ❶《文章》氷霜. ❷ 話 coiffé [poudré à ～] 白い髪粉⒱を振った.

frime 女 話 見せかけ, ごまかし.

frimer 自 話 はったりをかます, 格好をつける.

frimeur, se 男 女 話 はったりをかます(人), 格好をつけた(人).

frimousse 女 話 (子供, 娘の)顔.

fringale 女 話 ひどい空腹; 強い願望[欲望].

fringant, e 形 生き生きした, 潑剌⒱とした; (馬の)元気のよい.

fringillidés [-li-] 男 複《鳥》アトリ科.

fringuer 他 話 服を着せる.
── se ～ 話 服を着る.

fringues 女 複 話 服.

fripe 女 古着.

fripé, e 形 しわくちゃの; (顔が)しわだらけの.

friper 他 しわくちゃ[しわだらけ]にする.

friperie 女 古着; 古着屋[店].

fripier, ère 男 女 古着屋.

fripon, ne 形 名 いたずらっ子, 腕白; お茶目; 話 詐欺師, ぺてん師.
── 形 いたずらっぽい, 茶目っ気のある.

friponnerie 女 話 いたずらなこと, 茶目っ気; ずるいやり方, 詐欺.

fripouille 女 話 詐欺師: ごろつき, ならず者.

fripouillerie 女 話 詐欺, かたり, 悪行.

friqué, e 形 話 金持ちの.

friquet 男 スズメ.

frire ⑤8 他《料》(油で)揚げる, フライにする. ── 自 揚がる, フライになる.

frisage 男 髪, ひげを縮らせる[カールする]こと.

frisant, e 形 (光線が)斜めから差す; (髪, ひげを)光線が斜めから照らす.

frisbee [frizbi] 男《米》商標 フリスビー.

frise¹ 女《建》フリーズ(円柱の軒蛇腹と台輪の中間部); (壁, 家具の上部の)帯状装飾; 《演》舞台の上部の垂れ幕, 一文字.

frise² 男《軍》cheval de ～ 防御柵.

frisé, e 形 髪がカールした, 巻き毛の; 縮れた; 縁がぎざぎざの.

― 名 巻き毛の人.
― 女 〔葉の縮れた〕チコリ.

friselis 男 [文章] (風, 葉叢(にょう)の)そよめき,(水の)せせらぎ.

friser 他 ❶ カールする, 巻き毛にする; 縮らせる. ❷ すぐそばを通る, かすめる; もう少しで…になる.
― 自 カールしている, 巻き毛である.
― se ～ 自分の(…を)カールさせる.

frisette¹ 女 [古風] 小さな巻き毛.
frisette² 女 [建] 化粧板(化粧板).

frison¹, **ne** 形 名 ❶ (オランダ北部)フリースラント州の(人). ❷ 〘畜〙フリージアン種の(牛).
― 男 フリジア語.

frison² 男 ❶ 小さな巻き毛; 鉋屑(かんな), 金屑.

frisotter 他 (髪などを)細かくカールさせる. ― 自 細かくカールしている.

frisottis 男 ⇨ frisette¹.

frisquet, te 形 肌寒い, うすら寒い.

frisson 男 ❶ 震え, 身震い; 悪寒; 戦慄(せんりつ). ❷ [文章] (物の)震え, 揺らぎ; ざわめき, そよぎ.

frissonnant, e 形 震えている, 揺らめく; ざわめく, そよぐ.

frissonnement 男 [文章] 震え, 身震い; 揺らめき; ざわめき, そよぎ.

frissonner 自 震える, 身震いする; 揺らめく, ざわめく, そよぐ.

frisure 女 カールの仕方[かかり具合]; カールした毛, 巻き毛.

frit, e 形 (frire の過去分詞)(油で)揚げた, フライにした. ❷ [俗] 窮地に陥った; 駄目になった.
― 女 ❶ フライドポテト. ― s フライドポテト添えのビフテキ. ❷ [俗] 手の甲(こう)で打つこと.
◇ avoir la ～ [俗] 調子がいい; ついている.

se frit(t)er 代動 もめる, 口論する.

friterie 女 フライドポテトの屋台; (缶詰工場の)魚揚げ場.

friteur, se 名 揚げ物をする人.
― 女 [料] 揚げかす.

fritte 女 フリット(ガラス・陶器の原料).

fritter 他 (ガラス原料を)仮焼[溶融]する; [金] (粉鉱を)焼結する.
□**frittage** 男

friture 女 ❶ [料] 油で揚げること; 揚げ物, フライ. ❷ 揚げ油. ❷ (電話, ラジオの)雑音.

fritz [-ts] 男 [古風・語] [軽蔑] ドイツ人[兵].

frivole 形 くだらない, 取るに足りない; 軽薄な; 移り気な.
□**frivolement** 副

frivolité 女 ❶ 軽薄さ, くだらなさ; 移り気, くだらないこと[もの]; [複数] (婦人用)装身具, 小物.

froc 男 修道士の頭巾; 修道服; [俗] ズボン. ◇ jeter le ～ aux orties 俗還俗する.

froid, e 形 ❶ 冷たい, 寒い; 冷えた. 寒々とした. ― guerre ～e 冷戦. ❷

冷ややかな, 冷淡な; 冷静な; 冷酷な; 生彩[味気]のない. ❸ 不感症の.
― 副 冷たいままで, 温めずに. ► Il fait ～. 寒い.
― 男 ❶ 寒さ, 冷気; 冷たさ, 低温; 冷凍(技術); 寒気, 悪寒; 冷所, 寒い場所. ❷ [文章] 冷淡, 冷ややかさ; 気まずさ, 冷たい関係.
◇ à ～ 冷たいままで, 温めずに; 冷静に, 平然と. attraper [prendre] ～ 風邪を引く. avoir ～ (人が)寒い. battre ～ à ... …に冷たくする. être en ～ (avec ...) (…と)仲たがいしている. jeter un ～ 気まずい思いをさせる. ne pas avoir ～ aux yeux 大胆である; 厚かましい. opérer à ～ 炎症が治まってから手術する; 興奮が冷めてから行動する. prendre ... à ～ …の不意をつく; 出鼻をくじく.

froidement 副 冷たく; 冷淡[冷静]に; 冷酷に, 平然と.

froideur 女 冷たさ; 冷静; 冷ややかさ, 冷淡; (作品などの)生彩のなさ; 不感症.

froidure 女 [医] 凍傷; [古] 寒気, 冬季節.

froissable 形 しわが寄りやすい; すぐ腹を立てる, 怒りっぽい.

froissement 男 ❶ しわくちゃになる[する]こと; (ものが)こすれる)かすかな音. ❷ (感情を)傷つける[傷つけられる]こと. ❸ [医] 挫(ざ)傷, 打撲傷.

froisser 他 ❶ しわくちゃにする. ❷ (感情を)傷つける; (筋肉などを)痛める, くじく. ― se ～ 自 しわになる. ❷ 腹を立てる, むっとする. ❸ 自分の(…を)痛める, くじく.

froissure 女 しわ.

frôlement 男 軽く触れること[音].

frôler 他 軽く触れる; かすめる; 危うく免れる, もう少しで…する.
― se ～ 軽く接触する.

frôleur, se 形 軽く触れる.
― 男 痴漢, 触り魔.

fromage 男 ❶ チーズ. ❷ [料] 型詰め料理. ― ～ de tête 豚の頭肉を寄せ固めたパテ. ❷ 楽で有利な地位[仕事].

fromager¹, **ère** 形 チーズ(製造)の. ― 名 チーズ製造[販売]業者. ❷ (凝乳の)水切り用チーズ皿.

fromager² 男 [植] パンヤノキ.

fromagerie 女 チーズ製造所[貯蔵所, 販売店]; チーズ製造業.

froment 男 [料] [古風] 小麦.
― 形 (不変) 小麦色の.

fromental, ale; (男複) **aux** 形 小麦(栽培)の.

fromgi [from-] 男 [俗] チーズ.

fronce 女 (ひとつひとつの)ギャザー.

froncement 男 眉(まゆ)をひそめること; [服] ギャザーをつけること.

froncer ① 他 (鼻などに)しわを寄せる; (眉を)ひそめる; [服] ギャザーをつける, タックを入れる.

froncis 男 [服] (1か所全体の)ギャザー.

frondaison 女 [文章] 葉, 葉叢(はむら); [植] 開葉(期).

fronde[1] 囡【植】(シダ類の)羽状に裂けた葉;[海藻の]葉状体.

fronde[2] 囡 ❶ 投石器, 投擲器;パチンコ. ❷ [la F～]【史】フロンドの乱(1648-53年);フロンド党. ❸ 反抗;暴動.

fronder 他 (権威, 政治家などを)攻撃[批判]する.

frondeur, se 图 (権威などの)批判[非難]者;反抗者;【史】フロンド党員.
── 男 投石兵.
── 厖 反抗的な, 批判的な.

front 男 ❶ 額, おでこ;［文章体］頭; 顔. ❷ 正面, 前面;［文章体］頂上. ► ～ de mer 海岸通り. ❸【軍】前線, 戦線;(政治的)戦線;【気】前線. ► F～ national 国民戦線(フランスの極右政党).
◊ *avoir le ～ de …* 大胆にも［厚かましくも］…する. *baisser [courber] le ～* うなだれる;恥じ入る. *de ～* 正面から;横に並んで;同時に. *faire ～ à …* …と向かい合う;…に立ち向かう. *relever le ～* 自信[勇気]を取り戻す.

frontal, ale 形男複 *aux* 形 ❶【解】前頭[部]の.
── 男【解】前頭骨.

frontalier, ère 形 ❶ 国境の;境界にある. ❷ 国境地帯の住民;越境労働者.

frontalité 囡【建】【美】正面性.

frontière 囡 国境;境界, 境目.
── 形 国境の.

frontignan 男 フロンティニャン(ラングドック地方のブドウ品種, そのワイン).

frontisme 男 (左翼の)連立政策.

frontispice 男 ❶ 口絵(書物の)扉, 標題); ❷【建】(建造物の)主要正面.

fronton 男【建】ペディメント;【スポ】(バスク地方のペロタ競技で)球を打ちつける正面の壁;ペロタ用コート.

frottage 男 こする［磨く］こと;床［タイル］磨き;【美】フロッタージュ.

frotté, e 形 ❶ 磨かれた. ❷ (de)(…を)少し塗った. ❸ (de)(…を)少しかじった.
── 囡 連打, めった打ち.

frottement 男 こする［こすれる］こと;こすれる音, きしみ;不和, 軋轢(れき);衝突.

frotter 他 こする, 擦る;こすりつける;する;(こすって)きれいにする［磨く］;*(de, avec)*(…を)擦り込む, 塗る.
── 自 こすれる, 擦れる.
── *se ～* 代動 ❶ 自分の体をこする;(à)…にこする. ❷ *(de)* 自分の体に(…を)擦り込む;(…を)少し学ぶ［かじる］. ❸ *(à)* (…を)責める, (…に)歯向かう;(…と)関係を持つ, 交際を始める.
◊ *Qui s'y frotte, s'y pique.* 諺 触らぬ神にたたりなし. *se ～ les mains* もみ手をする;満足する.

frotteur, se 图 触り魔, 痴漢.
── 男 (電車などの)集電靴(べ);(機械の)摩擦部分［要素］.

frottis 男【美】薄塗り;【生】(顕微鏡検査用の)塗抹標本.

frottoir 男 摩擦用具;(マッチ箱の)摩擦面.

frou(-)frou さらさら, かさかさ(衣ずれ, 葉ずれの音);【複数】(レース, リボンなど婦人服の)飾り.

froufroutant, e さらさらと音を立てる.

froufrouter 自 (絹, 羽, 葉が)さらさらと音を立てる.
□ **froufroutement** 男

froussard, e 形, 图 臆病な(人), 度胸のない(人).

frousse 囡 恐怖.

fructidor 男 フリュクティドール, 実(み)月(フランス革命暦第12月).

fructifère 形 【植】果実をつける.

fructification 囡 ❶ 結実(期);(集合的)実. ❷ 効果, 利益.

fructifier 自 ❶ 収穫をもたらす;実を結ぶ;成果をあげる;利殖を生む.

fructose 男【化】果糖.

fructueux, se 形 実り多い;有益な. □ **fructueusement** 副

frugal, ale 形男複 *aux* 形 質素な, つましい;粗食の.
□ **frugalement** 副

frugalité 囡 質素さ, つましさ;粗食.

frugivore 形【動】果実を常食とする, 果食の. ── 图 果食動物.

fruit[1] 男 ❶ 果実;果物, フルーツ. ❷ 実り, 成果;結果;【複数】産物, 収穫.
◊ *avec ～ de …* 有益に. *～ défendu* 禁断の木の実. *～ de mer* 海の幸(貝, エビ, カニなど). *～ sec* 乾果;ドライフルーツ;【俗】落第生;落伍者.

---

fruit 果物

アーモンド amande /アボガド avocat /アルブートスの実 arbouse /アンズ abricot /イチゴ fraise /イチジク figue /オリーブ olive /オレンジ orange
カキ kaki, plaquemine /カシューナッツ noix d'acajou /キウイ kiwi /キイチゴ framboise /グァバ goyave /クリ marron, châtaigne /クルミ noix /グレープフルーツ pamplemousse, poméla, grapefruit /クレマンティーヌ clémentine /クロスグリ cassis /クワの実 mûre /コケモモ airelle rouge /ココナツ noix de coco /サクランボ cerise, merise (セイヨウミザクラの実) /ザクロ grenade /シトロン cédrat /スイカ pastèque, melon d'eau /スグリ groseille /スロープラム prunelle /セイヨウカリン nèfle /スモモ prune /ダイダイ bigarade /ナシ poire /ナツメ jujube /ナツメヤシ datte /ネクタリン, ズバイモモ brugnon /パイナップル ananas /ハシバミ noisette /バナナ banane /パパイヤ papaye /ピスタチオ pistache /ビンロウジ arec /ブドウ raisin /ブルーベリー myrtille /ヘーゼルナッツ aveline マルメロ coing /マンゴー mangue /マンゴスティン mangoustan /マンダリン, みかん mandarine /ミラベル mirabelle /メロン melon /モモ pêche /リンゴ pomme /レイシ litchi, letchi /レモン citron

fruit² 男【建】(外壁などの)上傾斜.
fruité, e 形 果実の「香り」がする.
fruiterie 女 果物屋; 果物の貯蔵所.
fruiticulteur, trice 名 果樹栽培者.
fruitier, ère 形 果実のなる. ― 名 果物商. ― 男 果物の貯蔵所; 果樹園.
fruitière 女 (スイスに近接する地方で)チーズ製造所「生産協同組合」.
frusques 女複 語 (粗末な)服.
fruste 形 粗野な, 洗練されていない; ざらざらした; 荒削りの; 摩滅した (病気の症状がはっきりしない.
frustrant, e 形【心】欲求不満を引き起こす.
frustration 女 ❶ 欲求不満, フラストレーション; 失望. ❷ 横領, 詐取.
frustré, e 形, 名 欲求不満の(人); 失望した(人).
frustrer 他 ❶ 失望させる; 欲求不満にする. ❷ ― A de B AからBを奪う, 横領[詐取]する.
frutescent, e 形【植】低木性の.
F.S.【略】franc suisse スイスフラン.
F.S.M. 女【略】Fédération syndicale mondiale 世界労働組合連盟, 世界労連.
FTP 男【略】【情報】(英) file transfer protocole ファイル転送プロトコル.
fuchsia [-ʃ(k)sja] 男【植】フクシア.
fuchsien, ne 形【数】fonction ～e フックス関数.
fuchsine 女【化】フクシン.
fuel (-oil) [fjul(ɔjl)] 男【英】燃料用オイル. ― lourd 重油 / ～ domestique 家庭用灯油.
fugace 形 消えやすい, つかの間の, はかない.
fugacité 女 文語 消えやすさ, はかなさ.
fugitif, ve 形 ❶ 逃げた, 逃走中の. ❷ つかの間の, はかない.
― 名 逃亡者.
◘**fugitivement** 副
fugu [fugu] 男【日本】【魚】フグ.
fugue 女 失踪(しっそう), 家出;【楽】フーガ, 遁(とん)走曲.
fugué, e 形【楽】フーガ(風)の.
fuguer 自 失踪(しっそう)する, 家出する;【楽】フーガを作曲する.
fugueur, se 名 家出癖[失踪(しっそう)癖]のある(人).
führer [fyʀœːʀ] 男【独】総統(ヒトラーの称号); 独裁者.
fuir 15 自 ❶ 逃げる, 逃走する. ❷ 遠ざかる; 過ぎ去る, 流れる. ❸ (容器などが)漏れる; (液体などが)漏れる.
― 他 逃れる, 避ける.
fuite 女 ❶ 逃走; 脱出, 失踪(しっそう); (責任からの)逃避; 回避. ― en ～ 逃走中の / délit de ～【法】ひき「当て」逃げ罪. ❷ 過ぎ行く「流れ去る」こと. ❸ (液体などの)漏れ; 漏れ口; (機密などの)漏洩(ろうえい)(人, 証券からの. ❹【美】point de ～ (遠近法の)消点.
◇～ en avant (停滞を打破するため の)無鉄砲な逃走.
fuiter 自語 (秘密が)漏れる.
fulgurant, e 形 閃(せん)光を放つ, きら

めく; 衝撃[電撃]的な; 素早い, あっという間の. ◘**fulgurance** 女
fulguration 女 ❶ (雷鳴を伴わない)稲妻, 閃(せん)光; 雷に打たれること; ひらめき;【医】放電療法.
fulgurer 自 電光[閃(せん)光]を放つ; きらめく.
fuligineux, se 形 煤(すす)を出す; すすけた, 煤色の; 不明瞭な.
fuligule 男【鳥】ハジロガモ.
full [ful] 男【英】(ポーカーの)フルハウス.
full-contact [fulkɔ̃takt] 男 フルコンタクト(格闘技の一種).
fullerène 男/女【化】フラーレン(炭素原子から成るサッカーボール型分子).
fulmicoton 男【化】綿火薬.
fulminant, e 形 激怒している;【化】爆発性の.
fulmination 女 ❶ 激怒, 怒りの爆発;【カト】(破門などの)宣告, 公示.
fulminer 自 (contre) (…に)罵倒(ばとう)する, (…に)激怒する. ❷【化】爆発する.
― 他 (非難を)浴びせる;【カト】(破門を)宣告[公示]する.
fulminique 形【化】acide ～ 雷酸.
fumable 形 (たばこが)吸える.
fumage¹/fumaison 女 燻製にすること; (銀のいぶしかけ.
fumage² 男 施肥.
fumant, e 形 ❶ 煙が出ている; 湯気が立つ. ❷ かんかんに怒っている; 語 見事な, すごい.
fumariacées 女複【植】ケマンソウ科.
fumé, e 形 燻製にした, いぶした; 煤(すす)けた. ― saumon ～ スモークサーモン / verres ～s サングラス.
― 男 燻製; (版面の試刷り); (ネガの)試焼き.
fume-cigare 男【不変】シガーホルダー, 葉巻用パイプ.
fume-cigarette 男【不変】シガレットホルダー, 巻きたばこ用パイプ.
fumée 女 ❶ 煙; たばこの煙; 湯気, 蒸気. ❷ (複数)文語 興奮, 陶酔.
◇partir [s'en aller] en ～ 煙となって消える, 水泡に帰する.
fumer¹ 自 煙を出す; くすぶる; たばこを吸う; 湯気が立つ; 語 湯気を立てて怒る. ― «Défense de ～»「禁煙」
― 他 (たばこなどを)吸う; 燻製にする; いぶす.
fumer² 他 (土地に)肥料を施す.
fumerie 女 阿片窟(くつ).
fumerolle 女 (火山ガスの)噴出; 火山ガス.
fumeron 男 くすぶる炭「薪(まき)」;【複数】語 (やせた)脚.
fûmes ては ての直現1複複過去.
fumet 男 ❶ (焼き肉などの)おいしそうなにおい; (ワインの)芳香; (獣の)臭い. ❷【料】フュメ (肉・魚・野菜から取り出し汁).
fumette 女 麻薬(をやること).
fumeur, se 名 喫煙者; 阿片(あへん)常用者. ― «Non-～s»「禁煙車」席

fumeux

fumeux, se 形 煙る, くすぶる; 湯気の立つ; はっきりしない, 曖昧(ポ)な.

fumier 男 堆肥, 厩(゚ッ)肥; 汚物; 俗(のしって)汚いやつ, けす野郎.

fumigation 女 [医] 燻(キ)蒸, 吸入; [農] 燻蒸消毒.

fumigatoire 形 燻(キ)蒸(消毒)の.

fumigène 形 煙を出す. ▶ pot ~ 発煙筒.
―男 発煙弾.

fumiste 男 煙突[暖房器具]修理工. ―形, 名 俗 ふざけた(人); いい加減な(人).

fumisterie 女 暖房器具業; 俗 でたらめ, 悪ふざけ.

fumivore 形 煙を吸収[除去]する.
―男 排煙[消煙]装置.

fumoir 男 喫煙室[所]; 燻製室[場]; [農] 肥料の燻し; 施肥.

fumure 女 [農] 肥料の燻し; 施肥.

fun[1] [fœn] 形 (不変) 面白い, 楽しい.
―男 (le ~) 楽しみ.

fun[2] 男 [不変] ⇒ funboard.

funambule 名 綱渡り芸人.

funambulesque 形 綱渡りの(芸人)の; 文章 奇妙な, とっぴな.

funboard [fœnbɔʀd] 男 ファンボード(ウィンドサーフィンの一種).

funèbre 形 葬式の; 死の; 死を思わせる, 陰気な. □ **funèbrement** 副

funérailles 女複 葬儀, 葬式; 埋葬.

funéraire 形 葬儀の, 埋葬の; 墓の. ▶ mobilier ~ 古墳からの出土品.

funérarium 男 葬儀参列者控室.

funeste 形 不幸[災い, 死]をもたらす; 不吉な(à) (…に)致命的な, 有害な.

funestement 副 文章 致命的に; 痛ましく.

funiculaire 形 ケーブルカー.
―男 ケーブルで動く; [解] 索の, 精索の.

funicule 男 [植] 珠柄(*ミミ).

funitel 男 フニテル (ロープウエーの一種).

funk [fœnk] 男, 形 [英] [楽] ファンク(の).

funky 男, 形 [不変] [英] ファンキーな(音楽).

fur
◇ *au fur et à mesure* 順次に; 少しずつ. *au fur et à mesure de ... [que ...]* …に応じて, につれて.

furax [-ks] 形 俗 激怒した.

furent ⇒ être.

furet 男 [動] フェレット (イタチ科. ウサギ狩りに利用); 好奇心の強い人, 詮索好きな人; [ゲーム] 環探しの一種. □ **furetage** 男

fureter [自] (場所を)探し回る; 詮索(ネネ)する; フェレットを使ってウサギを狩る. □ **furetage** 男

fureteur, se 形, 名 詮索好きな(人), 探し回る(人).

fureur 女 ❶ 激怒, 憤怒. ❷ (de) (…への)激しい情熱, 熱狂. ❸ 文章 猛烈さ, すさまじさ.
◇ *faire* ~ 大流行する.

furia 女 [伊] 熱狂; 激しさ, 猛々しさ.

furibard, e 形 話 激怒した.

furibond, e 形 怒り狂った; 荒れ狂うすさまじい.

furie 女 ❶ 激怒, 憤怒(シ゚). ❷ 文章 苛烈さ; 猛威. ▶ mer en ~ 荒れ狂う海. ❸ 話 怒り狂った女.

furieusement 副 激怒して; 猛烈に; 文章 ひどく, 極端に.

furieux, se 形 ❶ 激怒した; 猛烈な, たけり狂う; 激しい; 話 ものすごい, ひどい.
◇ *fou* ~ 狂暴な狂人; 怒り狂った人.
―名 文章 怒り狂った人.

furioso 形 [伊] [楽] フリオーソ, 憤激調の.

furoncle 男 [医] 癤(ゼ), フルンケル. □ **furonculeux, se** 形

furonculose 女 [医] 癤(ゼ)の多発症.

furtif, ive 形 ひそかな, 人目を忍ぶ; 素早い; (飛行機がレーダーに捕らえられない). □ **furtivement** 副

furtivité 女 (ロケットなどが)敵の探知を逃れる性能.

fus ⇒ être.

fusain 男 ❶ [植] ニシキギ; マユミ. ▶ ~ du Japon マサキ. ❷ [美] (デッサン用の)木炭; 木炭画.

fusainiste 名 木炭画家.

fusant, e 形 (爆薬が)空中で炸裂(ホミ)する.
―男 時限弾.

fuseau 男 (複) x 男 ❶ 錘(ツミ), 紡錘, ボビン, 糸巻き. ❷ (ツミの下の細くなった)運動用ズボン; スキーパンツ; [貝] イトマキボラ科の巻貝類; [生] 紡錘体; (sphérique) 球面月形; [地理] ~ horaire 同一標準時帯.
◇ *en* ~ 紡錘形の.

fusée 女 ❶ ロケット; ロケット弾; 打上花火; のろし, 火矢; 信管. ❷ (ツミいなどの)噴出, 突発. ❸ [車] スピンドル, 車軸先端.

fusée-détonateur: (複) ~s-~s 信管.

fusée-sonde: (複) ~s-~s [航] 無人探査ロケット.

fuselage 男 (飛行機の)胴体.

fuselé, e 形 紡錘形[流線型]の; 先細のにほっそりした.

fuseler [他] 紡錘形[流線型]にする.

fuser [自] ❶ (熱で)溶ける, 融解する; (火薬が)爆発せずに燃える. ❷ 噴き出す, 噴き出る; (音, 叫びが)沸き上がる.

fusette 女 (小売用)糸巻き.

fusibilité 女 [物] 可溶[可融]性.

fusible 形 溶けやすい, 可溶[可融]性の.
―男 ヒューズ.

fusiforme 形 紡錘形[流線型]の.

fusil[-zi] 男 ❶ 銃, 小銃; 鉄砲; 射撃手; 狙撃兵. ❷ 棒やすり, 研ぎ棒.
◇ *coup de* ~ 銃撃; 銃声; 法外な勘定[料金].

fusilier 男 小銃兵, 狙(゚)撃兵. ▶ ~ marin 海軍陸戦隊員.

fusillade 女 一斉射撃; 銃撃戦; 銃殺.

fusiller [他] ❶ 銃殺[銃撃]する; 話 (続けて)写真に撮る; (de) (…を)浴

せる. ► ~ du regard にらみつける. ❷ 困壊す, 台なしにする.
fusilleur 男 銃殺執行(命令)者.
fusil-mitrailleur [fyzimi-]; 《複》~s-~s 男 〖軍〗軽機関銃.
fusiniste 名 ⇨ fusainiste.
fusion 女 溶解, 融解; (人, 心などの) 融合, 融和; (団体, 会社などの) 合併, 統合; 〖物〗 (熱) 核融合.
fusion-acquisition :《複》~s-~s 女 合併買収, M&A.
fusionnel, le 形 一心同体の.
fusionner 他 合併 [統合, 融合] させる.
—自 合併 [統合, 融合] する.
▫fusionnement 男
fuss- 綴 ⇨ être.
fustanelle 女 フスタネラ (ギリシアの男性民族衣装).
fustiger ⑦ 他 〖文〗 激しく非難する, 酷評する; 固 棒〖鞭(ぐ)〗で打つ.
▫**fustigation** 女
fut, fût 綴 ⇨ être.
fût 男 ❶ (木の) 幹; 〖建〗 柱身. ❷ (道具類の) 木製部分; 木の柄. ► *fût* d'un fusil 銃床. ❸ (ワインなどの) 樽; ドラム缶.
futaie 女 大木の樹林, 高林.
futaille 女 (ワインなどの) 樽.
futaine 女〖織〗ファスチャン (片面にけばを立てた綾の繊維綿布).
futal 男 語 ズボン.
futé, e 形, 名 抜け目のない (人), ずる

賢い (人).
futée 女 (木材用) 充填材; 詰め物.
fûtes 綴 ⇨ être.
futile 形 くだらない, 取るに足りない; 軽薄な. ▫futilement 副
futilité 女 無意味, 無益, くだらなさ; 軽薄;《複》くだらないこと.
futon 男 〖日本の〗ふとん.
futur, e 形 未来の, 将来の. ► vie ~*e* 来世.
— 名 未来の夫 [妻].
— 男 未来, 将来; 〖文法〗未来時制 [形].
futurible 名, 形 未来(予測)専門家(の).
futurisme 男 未来派 (20世紀初頭のイタリアの芸術運動); 未来志向.
futuriste 形 未来派の; 未来志向の, 未来を先取りする.
— 名 未来派の芸術家.
futurologie 女 未来学.
futurologue 名 未来学者.
fuy- 綴 ⇨ fuir.
fuyant, e 形 逃げる, 避ける; 遠ざかる; 捕らえどころのない; (額, あごなどが) 後ろへ反った〖引っ込んだ〗.
— 男 眺望, 見晴らし; 〖美〗遠景.
— 女〖美〗(遠近法の) 消失点に向かう線.
fuyard, e 形 (すぐ) 逃げる, 逃げ足の早い.
— 名 逃走者; (敵前) 逃亡兵.

G, g

G¹, g 男 フランス字母の第7字.
G² 男 ❶ 【物】gauss ガウス. ❷ 【計】giga- ギガ (10^9 倍).
g 【記】【物】重力加速度;【計】gramme グラム.
G7 [ʒesɛt] 男 G 7, 先進主要7か国 (会議).
Ga 【記】【化】gallium ガリウム.
GABA 男 (略)(不変)【生化】gamma-aminobutyric acid ガンマアミノ酪酸.
gabardine 女 ギャバジン(製のレインコート).
gabarier 他 型に合わせて加工［検査］する.
gabarit 男 ❶ 規格；(標準のサイズ, 型); ゲージ, 型板；《建》実物大模型；実寸図. ❷ 体格；(人間の)スケール, 器量.
gabar(r)e 女 艀(はしけ), 運送船；引網.
gabegie 女 (財政・行政の)混乱, 乱脈；浪費.
gabelle 女 《史》(アンシャンレジーム下の)塩税(署)；間接税.
gabelou 男 《史》塩税吏；《軽蔑》税関吏.
gabie 女 (古)《海》檣(しょう)楼, 見張り台.
gabier 男 《海》甲板員；(古) 檣(しょう)楼員.
gabion 男 《軍》堡籃(がん);《狩》水辺の隠れ場;《農》柄付き大かご.
gabionner 他 《軍》堡籃(がん)で防御する. ▷ **gabionnage** 男
gâble / gable 男 《建》(ゴシック建築などの)装飾切妻.
Gabon 男 ガボン(共和国).
gabonais, e 形 ガボンの.
— 名 〖G~〗 ガボン人.
gâchage 男 ❶ 手抜きな仕事；浪費. ❷ (モルタルなどを水で)こねること.
gâche¹ 女 (錠前の)受け座.
gâche² 女 (左官用)鏝(こて);《菓》(クリームを塗る)へら;《印》損耗予備.
gâcher 他 ❶ 損なう, 台なしにする；浪費する；(仕事を)いい加減にやる. ❷ (モルタルなどを)水でこねる.
▷ ~ **le métier** 安い賃金で働く；捨て値で処分する.
gâchette 女 (銃の)引き金；(銃の撃鉄の)歯止め；(錠前の舌の)止め金.
gâcheur, se 形, 名 浪費する(人)；雑な仕事をする(人), 安働きする(人).
— 男 《建》モルタルをこねる職人.
gâchis 男 ❶ 台なしにすること；浪費. ❷ 瓦礫(がれき)；混乱, 難局. ❸ モルタル.
gade 男 【魚】ガドン人.
gadget [-dʒɛt] 男 《米》(実用性の乏しい)斬新な小物類, アイデア商品.
gadgétiser 他 斬新な機能[機構]を加える.
gadidés 男複【魚】タラ科.
gadin 男 転倒, 墜落. ▷ **prendre** [ramasser] **un** ~ 転ぶ, 落ちる.
gadjo 男 (ジプシーから見た)よそ者.

gadoue 女 (話) 泥, ぬかるみ；(古)《人糞(ごえ)》塵芥(ごみ) 肥料.
gadouille 女 (話) 泥, ぬかるみ.
gaélique 形 ゲール人の；[諸語]の.
— 男 ゲール諸語.
Gaëls 男複 ゲール人(前5世紀頃のケルト系民族).
gaffe 女 ❶ (話) へま, 失言；《海》(接岸時などの)鈎竿(ざお), ボートフック.
◇ **faire** ~ **(à …)** (話) 気をつける.
gaffer 他 《海》鈎竿(ざお)で引き上げる.
— 自 (話) へまをやる；失言する.
gaffeur, se 形, 名 (話) へまばかりする(人), どじな(人).
gag [-g] 男 《英》ギャグ.
gaga 形, 名 (話) 老いぼれた(人), もうろくした(人).
gage 男 抵当, 質；担保；保証, 保証(しょう);《ゲームに負けた人に課す》罰;《複数》(召使いの)給料.
◇ **à** ~ **s** 金で雇われた. **être aux** ~ **s de …** …に雇われている；盲従する.
gagé, e 形 (担保で)保証された：抵当のある.
gager ② 他 (担保で)保証する;〖文章〗断定する, きっと…だと思う.
gageure [-ʒyːr] 女 向こう見ずな言動[計画], 無謀な諸(くわだ)て.
gagiste 名 《法》質権者.
gagman [-man]；《複》**men** [-mɛn] 男 《米》《映》[演]ギャグマン.
gagnable 形 勝算がある.
gagnant, e 形 当選した, 当たりの；勝ちの. ◇ **jouer** ~ 確実な勝負しかしない. — 名 勝者, 当選者；勝ち馬；当たりくじ.
gagne 女 勝ちたいという気持ち.
gagne-pain 男 (不変) 生計の手段；商売道具, 一家の大黒柱, 稼ぎ手.
gagne-petit 男 (不変) 稼ぎの少ない人；零細業者.
gagner 他 ❶ 稼ぐ, 得る；勝つ, 勝ち取る；しいい込む. ► ~ **à** + inf. …することで得るものがある / ~ **de** + inf. …するという利点がある. ❷ (場所に)着く, 到達する；及ぶ, 広まる. ❸ 味方にする；買収する；(心に)引き入れる. ❹ (感情などが)とらえる, 支配する.
◇ **bien** ~ … …を得るのは当然の(報い)である. ► **de vitesse** 先を越す, 出し抜く. ► **sa vie** 生計を立てる.
— 自 ❶ もうける；勝つ. ► ~ **à** + inf. …することで得る(価値を増す). ❷ (**en**) (…に)増す. ❸ (**sur**) (…に)広がる, 及ぶ. ◇ ~ **sur tous les tableaux** あらゆる点で優れている.
— **se** ~ ❶ 得られる. ❷ 獲得される；味方につける.
gagneur, se 名 勝利者；いつも勝つ人；争うのが好きな[うまい]人.
gaguesque 形 (話) ギャグみたいな.
gai, e 形 陽気な, 愉快な；楽しい；ほろ酔い機嫌の；(色などが)明るい, 爽快

gallérie

が) は晴れた。◊ *C'est gai!*〔反語的〕やれやれ、これは参った。

gaïac 男〔植〕ユソウボク.

gaiement 副 快活に、快活で；喜んで、元気で.

gaieté 女 ❶ 陽気さ、楽しさ；上機嫌、愉快さ. ❷〔複数〕面白い点；〔皮肉〕つまらなさ.
◊ *de* — *de cœur* 自ら進んで、喜んで.

gaillard¹, e 形 元気な、丈夫な；〔話, 歌が〕少しみだらな.
— 男 たくましい男；猛者; ずるいやつ. *mon* ～〔呼びかけ〕ねえ、君.
— 女 たくましい女；奔放な女.

gaillard² 男〔海〕船首楼.

gaillarde¹ 女 ガイヤルド(16・17世紀のダンス(曲)).

gaillarde² / **gaillardie** 女〔植〕テンニンギク.

gaillardement 副 元気に、陽気に；快活に.

gaillardise 女 陽気さ、快活さ；卑猥なこと.

gaillet 男〔植〕ヤエムグラ.

gaiment 副 ⇒ gaiement.

gain 男 ❶〔戦い、訴訟などの〕勝利. ❷ 利益、もうけ、収入；利点；〔時間などの〕節約；増力、増大.
◊ *avoir [obtenir]* ～ *de cause* 訴訟［議論］に勝つ；要求を通す. *donner* ～ *de cause à* ...…に有利な決定を下す；の要求を認める.

gainage 男〔カバー、ケースなどで〕包むこと；被覆.

gaine 女 ❶〔刀の〕さや、ケース、カバー、覆い. ❷ コルセット、ガードル；〔彫像などを置く下細りの台；〔植〕葉鞘（ようしょう）. ❸〔建物などの〕導管. ━ *d'aération* 通風管、ダクト.

gainer 他〔ケース［鞘］、カバー〕をつける；ぴったり覆う.

gainerie 女 ケース［鞘, カバー］製造［販売］(業).

gainier, ère 男 ケース［鞘, カバー］製造［販売］業者.

gainier² 男〔植〕ハナズオウ.

gaité 女 ⇒ gaieté.

gal 男〔複〕*als* 男〔物〕ガル(重力加速度の慣用単位).

gala 男 特別興行［公演］；(公式の)祭典、祝典. ━ *habit de* ～ 正装、礼装.

galactique 形〔天〕銀河系の.

galactogène 形〔医〕催乳性の.
— 男 催乳剤［薬〕.

galactophore 形〔解〕canal ～ 乳腺.

galactose 男〔化〕ガラクトース.

galamment 副〔女性に対して〕親切に、礼儀正しく.

galandage 男〔煉瓦の〕仕切り壁.

galant, e 形 ❶〔女性に〕親切な、優しい. ❷ 恋愛の；艶（つや）っぽい；〔女性が〕身持ちのよくない. ━ *être en* ～*e compagnie* 女性と一緒にいる.
— 男〔文章〕洗練された男、恋人.
◊ *vert* ～〔文章〕(いい年をした)女たらし.

gallérie

galanterie 女〔女性への〕親切さ、心遣い；〔女性への〕甘い言葉、口説き；色事.

galantine 女〔料〕ガランティーヌ(詰め物をして煮た家禽（きん）などのゼリー添え冷製料理).

galapiat 男〔話〕ごろつき、不良.

galaxie 女 ❶〔G～〕銀河(系)、天の川. ❷〔銀河系外の〕星雲. ❸ 群れ、集まり.

galbe 男〔美しい〕輪郭、線；膨らみ.

galbé, e 形 膨らみのある；美しい輪郭をした、スタイルのよい.

galber 他 膨らみをつける.

gale 女 ❶〔医〕疥癬（かいせん）.❷〔植〕瘤（こぶ）病. ❷〔話〕たちの悪い人、嫌なやつ.

galéjade 女 冗談、ほら話.

galéjer 自〔南〕冗談を言う、ほら話を吹く.

galène 女〔鉱〕方鉛鉱.

galère 女 ❶ ガレー船(18世紀まで用いられた櫂（かい）と帆で走る軍艦、商船)；〔複〕(ガレー船をこぐ)漕役（そうえき）刑. ❷ 過酷な状況〔仕事〕.

galérer 自 つらくて報酬の少ない仕事をする.

galerie 女 ❶ 回廊、歩廊. ━ *la* ～ *des Glaces* ヴェルサイユ宮殿の鏡の間. ❷ ━ *marchande* アーケード街. ❸ 画廊、ギャラリー；(美術品の)展示室；(美術品などの)コレクション. ❹〔劇場のギャラリー席〕(集合的)観客；大衆；世論. ❺ 地下道、坑道；〔もぐら、蟻などの〕トンネル. ❻〔車の屋根につける〕ルーフキャリア.
◊ *pour la* ～ 受けをねらって.

galériens 男 ❶〔ガレー船をこぐ〕漕役〔徒刑〕囚、使役囚. ◊ *mener une vie de* ～ つらい苦しい生活を送る.

galeriste 名 画廊経営者.

galet 男 ❶ 丸い小石、砂利. ❷〔家具の〕キャスター；ローラー.

galetas 男 あばら屋.

galette 女 ❶ ガレット(丸く平たいパンケーキ)；(そば粉、とうもろこし粉の)クレープ. ━ *la* ～ *des Rois* 公現祭のケーキ(に *fève*). ❷ 丸くて平たいもの. ❸〔話〕お金、財産.

galetteux, se 形 金持ちの.

galeux, se 形 疥癬（かいせん）にかかった；汚れた、汚らしい.
◊ *brebis* ～*se* 嫌われ者、異分子.

galibot 男〔鉱〕見習い坑夫.

galiléen, ne 形 ガリラヤの.
— 名〔G～〕ガリラヤ人；(*Le G*～)〔聖〕ガリラヤ人(イエスの別称).

galimatias 男 訳の分からない話〔文章〕.

galion 男〔海〕ガリオン船(15-18世紀のスペインの大型帆船).

galiote 女〔海〕ガリオット船(小型快速ガレー船)；(昔の)小型帆船.

galipette 女〔話〕とんぼ返り；飛び跳ねること.

galipot 男 松やに；(防水用の)黒色塗料.

galle 女〔植〕癭瘤（えいりゅう）、虫瘤（むしこぶ）.

gallec 男 ⇒ gallo.

gallérie 女〔昆〕ハチミツガ.

Galles

Galles ① le pays de ～ ウェールズ. ② le Prince de ～ 英国皇太子.

gallican, e 形 フランス教会の. —图 フランス教会独立強化主義者.

gallicanisme 男《キ教》ガリカニスム, フランス教会独立強化主義.

gallicisme 男 ガリシスム（フランス語独特の表現）；《他言語における》フランス語の借用.

gallinacé, e 形《鳥》キジ・ウズラ類の. —男兆 キジ目.

gallium 男《化》ガリウム.

gallo 形, 图 ガロ語を話す(人)、東部ブルターニュの(人). —男 ガロ語, 東部ブルターニュ方言.

gallois, e 形 ウェールズ Galles の. —图《G～》ウェールズ人. —男 ウェールズ語.

gallon 男《英》ガロン（穀物、液体の単位）.

gallo-romain, e 形 ガロ・ロマン(人)の. —图《G～R～》ガロ・ロマン人（ローマ化したガリア人）.

gallo-roman 男 ガロ・ロマンス語.

galoche 女 木底靴.
◊ *menton en ～* しゃくれたあご.

galon 男 ①飾りひも, ブレード. ②《章》肩章；《軍隊の階級章の》金筋.
◊ *prendre du ～* 昇進[出世]する.

galonné, e 形 飾りひもをつけた. —男 《兵士、将校；下士官.

galonner 他 飾りひもをつける.

galop 男《馬の》ギャロップ, 駆け足；《楽》ギャロップ（2拍子の速い舞曲）；《医》bruit de ～ 奔馬性心音. ◊ *au ～* 大急ぎで. ◊ *d'essai* 走り慣らしの駆け巡り; 小手調べ; 模擬試験, 試運転.

galopade 女《馬の》駆歩；駆け足.

galopant, e 形 急激に増大[進行]する.

galope 女 金版（本の表紙に金箔（ハ）押しをする道具）.

galoper 他 ① 《馬が》ギャロップで走る；《人が》速く走る；急ぐ；飛び回る；《物の動く》進行する；《想像の》駆け巡る. ②《après》（…を）追い求める.

galopin 男語 腕白小僧, いたずらっ子.

galoubet 男《楽》ガルベ（プロヴァンス地方の3孔の小縦笛）.

galuchat 男《入れ物や装丁に使う》サメエ（🌡）の皮.

galurin / galure 男語 帽子.

galvanique 形 ガルバニ電気の.

galvaniser 他 ① ガルバーニ電流で刺激する；《医》電気療法を施す；《金》亜鉛めっきする. ② 活気づける, 鼓舞する；熱狂[興奮]させる.
□ **galvanisation** 女

galvanisme 男《物》ガルバーニ電気（生体の電気現象）.

galvanomètre 男《電》検流計.

galvanoplastie 女 電気めっき(法). □ **galvanoplastique** 形

galvauder 他《名誉などを》傷つける, 汚す；《才能などを》浪費する, むだ使いする. —se ～《自分の名誉などを》汚す. □ **galvaudage** 男

gamay 男 ガメ(種)（おもにボージョレー

地方の黒ブドウ品種, また, そのワイン）.

gamba [gām/gā-] 女 大エビ.

gambade 女 跳ね[はしゃぎ]回ること.

gambader 自 跳びはね, はしゃぎ回る；《考え, 想像が》自由に駆け巡る.

gambe 女《音》viole de ～ ビオラ・ダ・ガンバ.

gamberge 女 考え；想像, 推理.

gamberger ② 自, 他 語 あれこれ考える, 思案する.

gambette 女 (特に若い女性の) 脚. —男《鳥》アカアシシギ.

Gambie 女 ガンビア.

gambien, ne 形 ガンビアの. —图《G～》ガンビア人.

gambiller 自 語 踊る.

gambiste 图 ビオラ・ダ・ガンバ奏者.

gambit 男《チェスの》捨て駒(🏁).

gamelle 女 ① 飯ごう (🏁), 弁当(箱). ② 語《映画, 劇場用の》投光機. ◊ *ramasser une ～* 語 転ぶ；しくじる.

gamète 男《生》配偶子.

gamétophyte 男《植》配偶体.

gamin, e 形 子供の, 少年の, 少女の；いたずらっ子；图《幼い》息子, 娘. —男 無邪気な；わんぱくな；子供っぽい.

gaminerie 女 子供っぽい言動；《子供の》いたずら.

gamma [ga|mma] 男 ガンマ (Γ, γ) （ギリシア字母の第3字）；《物》rayons ～ ガンマ線.

gammaglobuline 女《生化》ガンマグロブリン.

gammagraphie 女《医》ガンマグラフィ（ガンマ線による放射線写真法）.

gammare 男《動》ヨコエビ.

gammathérapie 女《医》ガンマ線療法.

gamme 女 音階；《あるカテゴリーの》種類の幅, 範囲；一組み；《美》色調. ◊ *bas [haut] de ～* 低級 [高級] 品の. ◊ *faire de ses ～s* 音階練習をする；基礎の練習をする. ◊ *toute une ～ de …* かなりの種類の….

gammée 形 女 croix ～ 鈎(🏁)十字, 卍(🏁), 逆さ卍(🏁).

gamopétale 形《植》合弁の. —图《複数》合弁花類.

gamosépale [-sé-] 形《植》合片萼(🏁)の.

ganache 女《動》《馬などの》下あご；語 ばか, 能なし.

ganaderia [-de-] 女《西》闘牛の飼育場；《同じ牛舎の》闘牛.

gandin 男 古風 きざな若者, しゃれ者.

gandoura 女 ガンドゥーラ（北アフリカの袖ぐりなしの衣服）.

gang [gāŋ] 男《英》ギャング.

ganga 男 サケイ.

Gange 男 ガンジス川.

ganglion 男《解》リンパ節, 神経節；語 リンパ腺炎, ぐりぐり. □ **ganglionnaire** 形

gangrène 女《医》壊疽(🏁)；腐敗, 堕落；悪の温床.

gangrener ③ 他《医》壊疽(🏁)を起こさせる；腐敗[堕落] させる. —se ～ 壊疽(🏁)にかかる；腐敗する, 毒される.

gangreneux, se 形 壊疽(なし)性の.
gangster [gɑ̃gstɛːr] 男 〖米〗ギャングの一員; 悪党; 悪徳商人.
gangstérisme 男 ギャング行為, 暴力〖悪徳〗行為.
gangue 女 〖鉱〗脈石. ❷ 表面の付着物; 外皮, 表面.
ganse 女 組み〖飾り〗ひも.
ganser 他 飾りひも〖縁取り〗をつける.
gansette 女 細い編み〖飾り〗ひも; 網目.
gant 男 手袋. ‒ de toilette (身体を洗う)浴用手袋/‒ de boxe ボクシング・グローブ/‒ de crin マッサージ用手袋.
◊ *aller comme un ‒* ぴったり合う, ふさわしい. *jeter le ‒ à ...* ...に挑戦する; 挑戦する. *prendre [mettre] des ‒s* 慎重に行動する; 手加減する. *relever le ‒* 挑戦に応じる. *se donner les ‒s de* ...を自分の手柄にする; 厚かましくも...する.
ganté, e 形 手袋をはめた.
gantelet 男 (職人の)革手袋 (甲冑(かっちゅう)の)手袋(ゆがけ).
ganter 他 手袋をはめる [はめさせる]. ‒ 自 (手袋が)ぴったり合う. ‒ du + 数詞 手袋のサイズが...である.
ganterie 女 手袋製造[販売]業; 手袋屋.
gantier, ère 形 手袋製造[販売]の. ‒ 名 手袋製造人; 手袋商.
Gap [-p] 〖地〗 ギャップ (Hautes-Alpes 県の県庁所在地).
gap [-p] 男 〖英〗溝, 隔たり, ギャップ; 格差.
gâpette 女 〖俗〗庇(ひさし)のある帽子.
garage 男 ❶ 車庫, ガレージ; 自動車修理〖整備〗工場. ❷ 駐車場; 〖鉄道〗側線への待避; 駐車; 〖鉄道〗側線, 待避線; 〖語〗出世の見込みのない地位〖仕事〗, 閑職.
◊ *voie de ‒* 〖鉄道〗側線, 待避線; 〖語〗出世の見込みのない地位〖仕事〗, 閑職.
garagiste 名 自動車修理業経営者; 自動車修理工.
garance 女 アカネ; アカネ染料. ‒ 男 あかね色. ‒ 形 〖不変〗あかね色[深紅色]の.
garancer 他 アカネで染める.
garant, e 名 ❶ 保証人, 引き受け人; 〖法〗保証国. ‒ être [se porter] ‒ de... [que ...] ...に責任を持つ, 請け合う. ❷ (権威ある)著者, 典拠. ‒ 男 保証(となるもの); 証拠. ‒ 形 (de) (...を)保証する; 責任を負う.
garanti, e 形 保証付きの, 保証付きの. ‒ 男 〖法〗被保証人.
‒ 女 保証; 保証物件, 保証書; 〖法〗担保. ❷ (権利などの)保障, 保護.
garantir 他 保証する; 請け合う; 保障する; 保護する, 守る.
‒ *se* ‒ (...から)身を守る.
garbure 女 〖料〗ガルビュール (ベアルン地方の白インゲン豆のスープ).
garce 女 ❶ 俗 ひどい[嫌な]女, あばずれ. ❷ 俗 ‒ de + 女性名詞 嫌な(うんざりする)....
garcette 女 〖海〗(縛しばる)装用小縄.
garçon 男 ❶ 男の子, 少年. ❷ 青年, 若者; 独身男性; 語 息子. ❸ ボーイ, 給仕人 (店や事務所などに雇われている, 子僧. ◊ ‒ *manqué* おてんば娘.
garçonne 女 男のような女性.
◊ *à la ‒* (髪型の)ボーイッシュな.
garçonnet 男 小さな男の子. ‒ taille ‒ (男児服の)ジュニア・サイズ.
garçonnier, ère 形 男の子のようにふるまう. ‒ 女 独身男性用アパルトマン; 1人用の部屋.
Gard 男 ❶ 〖地〗ガール県 [30]. ❷ ガール川 (ローヌ川支流).
garde[1] 女 ❶ 保管, 管理. ‒ *droits de ‒* 保管手数料. ❷ 保護, 世話. ‒ *droit de ‒* 〖法〗親権. ❸ 監視, 警衛; 見張り; 歩哨. ‒ *à vue* (被疑者の)拘留. ❹ 当番. ‒ *pharmacie de ‒* (休日などに)当番の薬局. ❺ (集合的)衛兵, 番兵; 警備隊; 衛兵隊, 待避隊; 警衛. G‒ *nationale* 〖仏史〗国民軍/G‒ *impériale* ナポレオン親衛隊. ❻ (フェンシング, ボクシングの)防御姿勢, ガード. ❼ (刀剣の)鍔(つば); (本の)見返し.
◊ *être* [*se tenir*] *en ‒* [*sur ses ‒s*] 警戒[用心]する. G‒ *à vous!* (号令で)気をつけ. *mettre en ‒ contre* ...への警戒を呼びかける. *mise en ‒* 警告. *monter la ‒* 歩哨[見張り]に立つ. *prendre* (*à ...*) (...に)気をつける.
garde[2] 男 ❶ 番人, 警備員; 監視(人)官. ‒ *du corps* ボディー・ガード. ❷ 衛兵, 兵士. ❸ 守り番, 看守. ◊ ‒ *des Sceaux* 法務大臣.
‒ 女 看護婦; 子守.
gardé, e 守られて, 見張りのいる, 監視された. ‒ *chasse* ‒*e* (一般人立入禁止の)狩猟地.
garde-à-vous 男 〖軍〗気をつけの姿勢. ‒ !(号令で)気をつけ. ❷ こわばった姿勢[態度].
garde-barrière 〖複〗 ‒*s*~~(*s*) 〖鉄道〗踏み切り番.
‒ 男 〖情報〗ファイアウォール.
garde-bœuf 〖複〗 ‒*s*~~(*s*) 男 〖鳥〗アマサギ.
garde-boue 〖複〗 ‒*s*~~(*s*) 男 (自転車などの)泥よけ.
garde-chasse 〖複〗 ‒*s*~~(*s*) 男 密猟監視人, 密猟番人.
garde-chiourme 〖複〗 ‒*s*~~(*s*) 男 厳しい監視人〖監督〗; 〖古〗(ガレー船の)徒刑囚の看守.
garde-corps 〖複〗 ‒ 手すり, 欄干; 〖海〗(甲板などの)握索.
garde-côte 〖複〗 ‒*s*~~(*s*) 男 ❶ 〖軍〗海防艦; 沿岸漁業監視船. ❷ (昔の)沿岸警備隊.
garde-feu 〖複〗 ‒*s*~~(*x*) 男 (暖炉などの)火よけ用金網 [ついたて].
garde-fou 〖複〗 ‒*s*~~(*s*) 男 手すり, 欄干; 防護柵(さく), ガードレール. ❷ 警告; 歯止め.
garde-française 〖複〗 ‒*s*~~ ‒*s* 男 〖仏史〗フランス衛兵 (大革命前の王室とパリの警衛に当たった近衛兵).
garde-magasin 〖複〗 ‒*s*~~(*s*) 男 倉庫係; 〖軍〗倉庫警備下士官.

garde-malade; (複) ~s-~s 图看護人; (病人の)付添人.

garde-manger 男 (不変) (金網を張った可動式の)食品戸棚.

garde-meuble(s) 男家具倉庫.

garde-mites; (複) ~s-~s 男倉庫警備下士官.

gardénia 男 [植] クチナシ.

garden-party [-dɛn-]; (複) ~ies 女 (英) ガーデンパーティー, 園遊会.

garde-pêche; (複) ~s-~ 男 ❶ 漁業監督官. ❷沿岸漁業監視艇. 注この語義では複数不変.

garder 他 ❶ 守る; 番をする, 監視する, 見張る; 拘留[拘禁]する; 世話をする. ❷ 保管[保存]する; 取って[残して]おく. ❸ (状態, 感情などを)保つ; 持ち続ける. ❹ ~ + 属詞 …を…の状態に保つ. ▶ ~ les yeux baissés 目を伏せたままでいる. ❺ (服などを)着たままでいる; 身につけて離れない. ▶ ~ le lit (病人が)寝たきりである. ❻ 引き止める, 放さない; (使用人などを)雇い続ける. ❼(秘密などを)漏らさない. ❽ (食べ物などを)保存が利く, もつ. — se ~ ❶ (de) (…を)差し控える, (…に)用心する; (…しないように)気をつける, (…から)身を守る. ❷ (食べ物などを)保存が利く, もつ.

garderie 女託児所; [林] 森林監視官の担当区.

garde-rivière; (複) ~s-~(s) 男 (河)川の水上警察官.

garde-robe; (集合的) 衣装一式, 着物箪笥 ❶ 洋服だんす, 衣装戸棚.

garde-temps 男 (高精度の)標準時計.

gardeur, se 名 (家畜の)番人.

garde-voie; (複) ~s-~(s) 男保線係; 鉄道警備兵.

garde-vue; (複) ~s-~ 男 アイシェード, サンバイザー.

gardian 男 (カマルグ地方の) 牛[馬]の番人.

gardien, ne 名 ❶ 番人, 警備員, 守衛; 管理人. ▶ ~ de but [スポ] ゴールキーパー. ❷ 秩序, 伝統などの擁護者. ▶ ~ de la paix 巡査. — 女子守り. — 形 男 ange ~ 守護天使; 守り神.

gardiennage 男 番人[管理人]の仕事; 警備, 監視, 管理. ▶ société de ~ 警備保障会社.

gardon 男 [魚] ロウチ (コイ科の魚). ◇ frais comme un ~ 元気溌剌な (ばつらつな).

gare¹ 女 ❶ (鉄道の)駅; (乗り物の)発着所. ▶ ~ maritime 港湾駅 / ~ routière 長距離バス[トラック] 発着所. ❷ (河川・運河の)係船所; 待避所.

gare² {à} (…に)注意しろ, 気をつけろ. ◇ sans crier ~ 予告なしに, 突然.

garenne 女 ウサギの生息する森. — 男 アナウサギ.

garer 他 ❶ 駐車させる; 車庫に入れる; (船を) 停泊させる; (列車を待避線に入れる). ❷ (安全な場所に)しまう. — se ~ ❶ 駐車する. ❷ わきに寄る; (de) (…を) 避ける, よける.

gargamelle 女 喉 (のど).

gargantua 男 ❶ 大食漢. ❷ (G~) ガルガンチュワ (ラブレーの物語の主人公). ロ gargantuesque 形

se gargariser 代動 ❶ うがいする. ❷ (de) (…を)楽しむ, (…で)喜ぶ.

gargarisme 男 うがい(薬).

gargote 女 安食堂, 三流レストラン.

gargotier, ère 名 安食堂の主人.

gargouille 女 [建] ガーゴイル, 樋嘴 (ひばし) (怪物などをかたどった軒先の吐水口); 樋状腹; (歩道の)排水溝.

gargouillement / **gargouillis** 男 (水の)ごぼごぼいう音; (腹の)ごろごろ鳴る音.

gargouiller 自 ❶ (水が) ごぼごぼ音を立てる; (腹が) ごろごろ鳴る.

gargoulette 女 (飲料水冷却用の)素焼きの壺 (つぼ).

gargousse 女 (弾)薬囊 (のう).

garibaldien, ne 名, 形 [史] 赤シャツ隊員(隊)の.

gariguette 女 ガリゲット (イチゴの一種).

garnement 男 いたずらっ子, 腕白.

garni, e 形 ❶ (de) (…を)備えた, (…の)ついた. ❷ 必要なものが備わった[入った]; 付け合せを添えた. ❸ 古風 (部屋などが)家具付きの. — 男 古風 家具付きの部屋 [家].

garnir 他 ❶ (de) (…を)取り付ける, 取り付けて (…で) 飾る; [料] (付け合せを)添える. ❷ 備える, 入れる; (保護, 補強するものを) つける; (椅子に)詰めものをする. ❸ (空間などを)満たす, 埋める. — se ~ (場所が)いっぱいになる.

garnison 女 駐屯部隊[地]. ▶ être en ~ à … …に駐屯している.

garnissage 男 ❶ 取り付け, 備え付け. ❷ (自動車の) 内装; (耐火物による) 内壁仕上げ.

garniture 女 ❶ (一揃いの)付属品, 備品. ▶ ~ de bureau 机上文房具一式. ❷ 飾り, 装飾; 裏打ち, 補強材. ❸ [料] 付け合せ (パイの)詰め物. ❹ [機] ~ de frein [d'embrayage] ブレーキ[クラッチ]ライニング. ~ d'étanchéité 防水パッキン.

Garonne 女 ガロンヌ川 (フランス西南部を流れる大河). ロ garonnais, e 形

garrigue 女 (地中海地方の)石灰質の乾燥地帯 (に散在する林).

garrot¹ 男 (馬, 牛などの)き甲(肩甲骨の上の部分).

garrot² 男 (綱をねじる)締め棒; [医] 止血帯, 圧迫帯; [史] (スペインの)絞首刑の鉄の首かせによる処刑).

garrotter 他 縛る; 束縛する, 自由を奪う. ロ garrottage 男

gars [ga] 男 話 男の子, 若者; 男; やつ (呼びかけ) 形.

Gascogne 女 ガスコーニュ地方 (フランス南西部の旧州).

gascon, ne 形 ガスコーニュ地方の; はらふきの, はったりの強い. — 名 (G~) ガスコーニュ地方の人; はらふき, はったり屋. — 男 ガスコーニュ方言.

gasconnade 女 ほら, 大風呂敷.

gas(-)oil [gazjil/gazwal] 男《英》軽油, ガス油.

gaspacho [-tʃo] 男《西》《料》ガスパッチョ(スペインの冷製スープ).

gaspillage 男 浪費, むだ遣い.

gaspiller 他 浪費する, むだに使う.

gaspilleur, se 形 名 浪費する(人), むだ遣いする(人).

gastéropodes 男複 ⇨ gastropodes.

gastralgie 女 胃痛.

gastrectomie 女《医》胃切除.

gastrique 形 胃の. ► suc ~ 胃液.

gastrite 女 胃炎.

gastro-entérite 女 胃腸炎.

gastro-entérologie 女 胃腸病学. □**gastro-entérologue** 名

gastro-intestinal, ale(男複) *aux* 形 胃腸の.

gastronome 名 食通, 美食家.

gastronomie 女 美食; 料理法.

gastronomique 形 美食の;(料理が)美味な, 豪華な.

gastroplastie 女 ~ verticale calibrée 胃縮小術.

gastropodes 男複《動》腹足.

gastroscope 男《医》胃鏡.

gâté, e 形 ❶傷んだ, 悪くなった; 甘やかされた, わがままな. ❷ 運がわるい.

gâteau(複) *x* 男 ❶ 菓子, ケーキ. ► ~*x secs* クッキー類. ❷ 平たい塊. ► ~ *de miel* [*cire*] ミツバチの巣. ❸ 利益, 分け前. ► *avoir part au* ~ = *avoir sa part du* ~ 語 分け前にあずかる. ◊*C'est du* ~. 語 ごく簡単なことだ. *partager le* ~ 語 山分けする. ─形《不変》語(子供に)甘い.

gâte-bois 男《昆》ボクトウガ類.

gâter 他 ❶傷める, 腐らせる; 台なしにする. ❷(贈り物などで)喜ばせる; 甘やかす. ◊*cela* [*ce qui*] *ne gâte rien* なお sårらにことに. ─**se ~** 傷む, 腐る; 台なしになる;(天気, 状況が)悪化する, 雲行きが怪しくなる.

gâterie 女 甘やかし, かわいがること; ちょっとした贈り物;《時に複》菓子など.

gâte-sauce(複) ~~(*s*) 男 ❶ 見習いコック; 困 下手な料理人. ❷ 語 下手な料理人.

gâteux, se 形 ❶ もうろくした, ぼけた. ❷ 愚かなのぼせ上がった. ─名 ❶ 老いぼれ; ぼけた老人. ❷ 間抜け.

gâtifier 自 ぼける; ぼけたような言動をする.

gâtisme 男 もうろく, ぼけ; 痴呆症.

GATT [gat] 男《略》《英》General Agreement on Tariffs and Trade ガット, 関税貿易一般協定.

gauche 形 ❶左の, 左側の. ❷ 不器用な, ぎこちない. ❸ ゆがんだ, 曲がった. ❹《数》courbe ~ 空間曲線. ◊*mariage de la main* ~ 内縁関係, 同棲. ─男 ❶ 左, 左側. ► *à* ~ 左に. ❷ 左翼, 左派. ► *extrême* ~ 極左. ◊*jusqu'à la* ~ 完全に, 最後まで. *mettre de l'argent à* ~ 金をため込む[貯蓄する].

─男 ❶(ボクシングで)左(パンチ); (サッカーでの)左足. ❷ ゆがみ, 反り.

gauchement 副 不器用に, ぎこちなく.

gaucher, ère 形 名 左利きの(人).

gaucherie 女 不器用さ, ぎこちなさ; 不手際, へま.

gauchir ❶ ゆがむ, 反る. ─他 ゆがめる, 反らせる;(事実などを)歪[曲]げ曲す. ─**se ~** ゆがむ, 反る.

gauchisant, e 形, 名 左翼的な(人); 左翼に同調する(人).

gauchisme 男 左翼主義, 左翼急進主義; 新左翼. □**gauchiste** 名

gauchissement 男 ゆがみ, 反り; 歪曲.

gaucho[1] [go(t)ʃo/gawtʃo] 男《西》ガウチョ(南米の大草原のカウボーイ).

gaucho[2] 形, 名 極左[新左翼]の(人).

gaude 女《植》モクセイソウ(黄色染料の原料).

gaudriole 女 語 際どい[卑猥(ひわい)な]冗談; 色事, 情事.

gaufrage 男 型押し, 型付け; 浮き出し模様.

gaufre 女 ❶《菓》ワッフル, ゴーフル. ❷ ミツバチの巣.

gaufrer 他(布, 革, 紙に)型付け[押し]する, 浮き出し模様をつける.

gaufrette 女《菓》ウエハース; 困 小さなワッフル.

gaufreur, se 名(布, 革, 紙の)型付け職人. ─女 型付け機.

gaufrier 男 ワッフル焼き器.

gaufroir 男 型付け棒(金).

gaufrure 女 型押し模様.

Gaule 女 ガリア, ゴール(古代ローマ時代のケルト人居住地域).

gaule 女 長い棒, 竿(さお); 釣竿.

gauler 他 ❶(実を落とすために)木を竿[棒]でたたく;(果実を)竿でたたき落とす. ❷ *se faire* ~ 逮捕される. □**gaulage** 男

gaullien, ne 形 ド・ゴール de Gaulle の.

gaullisme 男 ド・ゴール主義. □**gaulliste** 名

gaulois, e 形 ❶ ガリア[ゴール]の; あけすけな, 陽気で好色な. ─名 ❶(G~)ガリア[ゴール]人. ❷ 古 ガリア語. ─女 商標 ゴローアズ(たばこの銘柄).

gauloisement 副 あけすけに, 露骨に.

gauloiserie 女 陽気さ, あけすけさ; 際どい冗談.

gaur 男《動》ガウル, インド野牛.

gauss [-s] 男《計》ガウス(磁束密度の慣用単位).

se gausser 代動 文章 (*de*)(…を)(公然と)からかう, あざ笑う.

gavage 男(家禽(きん)の)強制給餌[肥育];《医》(胃管による)強制栄養.

gave 男(ピレネー山脈の)急流, 奔流.

gaver 他(家禽(きん)に)むりやり餌(えさ)を食べさせる, 強制肥育する; (*de*)(…を)たくさん食べさせる;(知識を)詰め込む. ─**se ~** (*de*)(…を)たらふく食べる

gaveur

(知識などを)詰め込む;(映画,本などを)山ほど見る[読む].

gaveur, se 图(家禽に)強制給餌(器)する人.
— 囡(家禽の)強制給餌装置.

gavial 男〖動〗ガビアル, ガンジスワニ.

gavotte 囡〖楽〗ガヴォット.

gavroche 男 機知に富んで生意気な少年(パリの腕白小僧).

gay [gɛ] 图, 囲〖米〗ゲイ(の).

gayal [gajal]; 男〖動〗ガヤール(東南アジア産の準家畜牛).

gaz [ɡɑːz] 男 ガス;(光熱用)ガス, 都市ガス;毒ガス;〖複数〗(内燃機関の)排気ガス;(体内の)ガス, おなら. ~ à effet de serre 温室効果ガス(略 GES).

◊ (à) pleins gaz 全速力で. Il y a de l'eau dans le gaz. 話 雲行きが怪しい, 一悶着ありそうだ. mettre [donner] les gaz アクセルを踏む;話 急ぐ.

gazage 男 ガス中毒;ガス室での処刑.

gaze 囡(絹, 麻, 綿の)薄布;紗(ᴸ), 絽(ʀ);ガーゼ.

gazé, e 厖, 图 毒ガスを浴びた(人).

gazéification 囡 気化, ガス化;(液体に)炭酸ガスを溶かす. ► boisson *gazéifiée* 炭酸飲料.

gazelle 囡〖動〗ガゼル.

gazer 他 毒ガスで中毒させる;ガス室で処刑する. — 自(車などで)飛ばす;うまくいく. — Ça gaze? 調子よい?

gazette 囡 古 新聞, 雑誌;話 おしゃべり, うわさ好きな人.

gazeux, se 厖 ガス[気体]の;炭酸ガスを含んだ. ► eau ~se 炭酸水.

gazier, ère 厖(都市)ガスの.
— 男 ガス工場の工員, ガス会社の社員;話 古 <ruby>奴<rt>やつ</rt></ruby>, 男.

gazinière 囡 ガスレンジ.

gazoduc 男 ガスパイプライン.

gazogène 男 ガス発生炉[器];ガス化装置.

gazole 男 軽油, ガス油.

gazoline 囡 天然ガソリン.

gazomètre 男 ガスタンク.

gazon 男 芝生.

gazonner 他 芝を植え付ける.

▫ **gazonnage / gazonnement**

gazouillement / gazouillis 男(小鳥の)さえずり;(水の)せせらぎ;(幼児の)片言.

gazouiller 自(小鳥が)さえずる;(水が)さらさらと音を立てる;(幼児が)片言をしゃべる.

G.D.F. 男(略)Gaz de France フランス・ガス公社.

Ge〖記〗〖化〗germanium ゲルマニウム.

G.E. 囡(略) Génération Ecologie 環境世代(フランスの環境保護派政党).

geai 男〖鳥〗カケス.

géant, e 图 巨人;巨大なもの;巨大企業;大国. ◊ à pas de ~ 大股で,急速に. — 厖 巨大な;重大な.

gecko [ʒeko] 男〖動〗ヤモリ.

géhenne 囡 ❶〖キ教〗ゲヘナ, 地獄. ❷文語 苦難の地;極度の苦しみ;難行苦行.

geign- 語 ➪ geindre.

geignard, e 厖 話 愚痴っぽい, 絶えず泣き言を言う;(声などが)哀れっぽい. — 图 愚痴っぽい人.

geignement 男 愚痴, 泣き言;うめき声.

geindre 80 自 うめく;愚痴をこぼす, 泣き言を言う;文語 うめくような音を立てる, きしむ.

geisha [ɡɛʃa/ɡɛjʃa] 囡〖日本〗芸者.

gel 男 ❶ 凍結, 氷結;氷点下の気温;厳寒(期). ❷ (価格, 軍備の)凍結, 据置き. ❸〖化〗ゲル.

gélatine 囡 ゼラチン.

gélatiné, e 厖〖写〗ゼラチンを塗った.

gélatineux, se 厖 ゼラチン質[状]の, ゼリー状の.

gélatiniforme 厖 ゼラチン様の.

gelé, e 厖 凍った;凍傷にかかった, 凍えた;霜害をこうむった;冷淡な, 凍えそうな;(資本などが)凍結された.

gelée 囡 ❶ 氷点下の気温;霜. ❷〖料〗ゼリー;煮こごり. ► ~ royale ローヤルゼリー. ❸ ゼリー状のもの.

geler 5 他 ❶ 凍らせる;凍傷にかからせる, 凍えさせる;霜害をもたらす. ❷(活動を)停止させる;(資本などを)凍結する. — 自 ❶ 凍る, 氷結する;凍傷にかかる;凍える;霜を降らせる. ► On gèle ici. ここはひどく寒い. ❷〖非人称構文〗気温が氷点下になる. ► Il gèle blanc. 霜が降りる.

gélif, ve 厖(木や石が)凍結のため裂けた.

gélifiant 男〖化〗ゲル化剤.

gélifier 他〖化〗ゲル化する.
▫ gélification

geline / gélinotte 囡〖鳥〗エゾライチョウ.

gélivure 囡 凍裂, 霜割れ.

gélose 囡 寒天.

géluthérapie 囡 笑いを利用した治療法.

gélule 囡〖薬〗ゼラチン質のカプセル.

gelure 囡 凍傷.

gémeau, elle 图(男複)eaux 图, 厖 双子(の). — 男 複〖G ~〗〖天〗双子座;〖占〗双子(ᴳ)宮.

gémellaire 厖 双子の.

gémellipare 厖 双子を出産する.

gémellité 囡 双生児出生.

gémination 囡 対の状態, 組;(男女)共学;〖言〗同音[同綴]の重複.

géminé, e 厖 対をなした, 一対の;重複した;(男女)共学の.
— 囡〖音】重音節の.

géminer 他 対にする, 2つずつの組に分ける.

gémir 自 うめく, うなる;苦しむ, 嘆く;うめくような音を立てる, きしむ;(鳥が)もの悲しい声で鳴く.

gémissant, e 厖 うめく(ような), 嘆き悲しむ.

gémissement 男 うめき声, 嘆き;うめくような音;(鳥などの)もの悲しい声.

gémisseur, se 形, 名 愚痴っぽい(人).

gemmage 男〖林〗松やに採取.

gemmation 女〖植〗発芽(期); 芽球形成(期).

gemme 女 ❶ 宝石. ❷ 松やに.
— 形 sel 〜 岩塩.

gemmé, e 形〖文章〗宝石で飾った.

gemmer 他〖林〗松やに採取〖林〗(松やに採取のために松の幹に)刻み目を入れる.

gemmologie 女 宝石学〖鑑定〗.
gemmologiste / gemmologue 名

gémonies 女複〖古〗(ローマ)阿鼻(ぁび)叫喚の石段(処刑者の死骸(しがい)をさらした階段).
◇**vouer aux 〜** さらしものにする.

gênant, e 形 邪魔な; 厄介な, 困った; 煩わしい, 気詰まりな.

gencive 女 歯茎, 歯肉; 俗 あご; 歯.

gendarme 男 ❶ 憲兵. ❷ 話 威張りくさる女[横柄な人]. ❸〖料〗ジャンボニシン;〖登山〗山稜に突き出た岩峰;〖魚〗薫製ニシン.
◇**chapeau de 〜** 紙帽子. **faire le 〜** 厳しく監視する.

gendarmerie 女 憲兵隊; 憲兵隊兵舎[本部].

gendre 男 娘婿(むすこ).

gêne 女 ❶ (肉体的な)困難, 不自由; 不快, 窮屈. ❷ 邪魔, 迷惑; 気詰まり, 気まずさ. ❸ (金銭的)窮乏, 不如意.
◇**sans 〜** 無作法な[に]; 無遠慮な[に].

gène 男〖生〗遺伝子.

gêné, e 形 困惑した, 気詰まりな; 窮屈な; 金に困った.

généalogie 女 ❶ 家系, 血統; 系統. ❷ 系図 [系譜, 系統]学.

généalogique 形 家系の, 血統の; 系図の, 系統の.
□**généalogiquement** 副

généalogiste 名 系図 [系譜]学者.

génépi / genépi 男 ❶ ニガヨモギ. ❷ ジュネビ(ニガヨモギから作るリキュール).

gêner 他 邪魔する, 迷惑をかける; 妨げる; 窮屈[不快]にする; 困らせる; 気詰まりにさせる; (金銭的に)苦しくする.
— **se 〜** 遠慮する; 窮屈な思いをする; 生活を切り詰める.

général, ale 形;《男複》**aux** 形 ❶ 一般的な, 全体的な; 全体の, 全員の.
▶ **répétition 〜 ale**〖演〗総稽古(ﾘｨﾊｰｻﾙ). ❷ 漠然とした, おおまかな. ❸ 全身(性)の. ❹〖職務を総括〔代表〕する〗 **secrétaire 〜** 事務総長; 書記長 **bibliothécaire / officier 〜** 将官. — 名 ❶ 一般, 普遍. ❷ (修道会の)総会長.
◇**en 〜** 一般に; 一般には. — 男 ❶ 将軍夫人. ❷〖演〗総稽古; 〖軍〗非常呼集.

généralement 副 一般に; 普通, たいてい普通は.

généralisable 形 一般化できる.

généralisateur, trice 形 / **géné-**

ralisant, e 形 一般化する; 一般化が好きな.

généralisation 女 一般化, 普遍化; 拡大, 普及; 蔓(まん)延.

généraliser 他 一般化する; 広げる, 普及させる. — **se 〜** 一般化する; 広がる, 普及する.

généralissime 男 最高司令官.

généraliste 形 ❶ 専門科でない.
▶ **médecin 〜** 一般医. ❷ **chaîne 〜** (テレビの)総合チャンネル.
— 名 一般医.

généralité 女 ❶ 一般性, 普遍性. ❷ **la 〜 des ...** 大部分[大多数]の... ❸《複数》一般論; ありきたりのこと.

générateur, trice 形 (de) (…が)生じさせる, 引き起こす. — 男 発電機; 発生器. ▶ **〜 de vapeur** ボイラー. — 女 (直流)発電機, ダイナモ;〖数〗母線.

génératif, ve 形 ❶〖生〗生殖の. ❷〖言〗 **grammaire 〜 ve** 生成文法.

génération 女 ❶ 世代; 同世代の人々;(家系の)代. ❷ 生殖; 生成, 形成, 発生.

générationnel, le 形 ある世代に特有の.

générer ⑥ 他 引き起こす, 生む; 生成する.

généreusement 副 気前よく; たっぷりと; 寛大に; 高潔な心で.

généreux, se 形 ❶ 気前のよい, 寛大な, 心の広い; 高潔な. ❷ 豊かな, 良質の, (土地の)肥沃な.
— 名 気前のよい人; 寛大な人.

générique 形 ❶〖生〗属のある種類の製品全体の. ❷ ノーブランドの. ▶ **médicament 〜** ジェネリック医薬品. — 男 ❶ (映画などの)クレジット(タイトル)(⇒ **cinéma** 囲み). ❷ ジェネリック医薬品.

générosité 女 ❶ 気前のよさ, 寛大, 寛容; 高潔, 心の寛大さ; 質の良さ. ❸《複数》贈り物, 施し物.

Gênes 女 ジェノバ(北イタリアの都市).

genèse 女 ❶ 起源, 生成(過程). ❷ 宇宙開闢(かいびゃく)説, 天地創造説;《**la G 〜**》(旧約聖書の)創世記.

génésiaque 形 起源の, 発生の; 創世記の.

génésique 形 **santé 〜** 性と生殖に関する健康, リプロダクティブ・ヘルス.

genêt 男〖植〗エニシダ.

généthliaque 形 占星術〖学〗の.

généticien, ne 名 遺伝学者.

génétique 形 ❶〖生〗遺伝(子)の.
▶ **génie 〜** 遺伝子工学 / **information 〜** 遺伝情報 / **thérapie 〜** 遺伝子治療 / **manipulations 〜s** 遺伝子操作 / **recombinaison 〜** 遺伝子組み替え. ❷ 起源の, 生成の, 発生(論)的な. ▶ **psychologie 〜** 発達心理学. — 名 遺伝学.
□**génétiquement** 副

génétisme 男〖哲〗発生論;〖心〗発達論. **généticiste** 名

gêneur, se 名 邪魔者, 厄介者.

Genève ジュネーブ(スイスの都市).

genevois

genevois, e 形 ジュネーヴの.
— 名 ⟨G~⟩ その人.
genévrier 男 ⟨植⟩ ネズ(ヒノキ科の針葉樹).
génial, ale ;(男複) **aux** 天才的な; 話 素晴らしい, 見事な.
génialement 副
génie 男 ❶ 天才; 天分, 才能. — avoir le ～ de ... …の才能がある / ～ de ... …の天才的な, 素晴らしい. ❷ 精霊, 妖精; 神霊. — bon ～ 善霊, 守り神 / mauvais ～ 悪霊, 疫病神. ❸ 工学, ⟨軍⟩ 工兵技術; 工兵隊. — ～ génétique 遺伝子工学 / ～ civil 土木工学.
genièvre 男 ❶ ネズ(の実). ❷ ジン(ネズの実で香味づけした蒸留酒).
génique 形 ⟨生⟩ 遺伝子の.
génisse 女 未経産の雌牛.
génital, ale ;(男複) **aux** 形 生殖の. ► organes ～aux 生殖器 / stade ～ ⟨心⟩ 性器段階(リビドー発達の最終段階).
génitalité 女 生殖能力.
géniteur, trice 名 生みの親.
— 男 種付け用の雄.
génitif 男 ⟨言⟩ 属格.
génito-urinaire 形 ⟨解⟩ 生殖と泌尿の.
génocide 男 民族大虐殺; 集団殺戮.
♢**génocidaire** 形.
génois, e 形 ジェノヴァ Gênes の. — 名 ⟨G~⟩ ジェノバの人. — 女 ⟨菓⟩ ジェノワーズ(卵白のスポンジケーキ). ⟨建⟩ (軒蛇腹の)ジェノヴァ式装飾.
génome 男 ⟨生⟩ ゲノム.
génomique 女 ゲノム科学.
génothèque 女 ジーン・バンク.
génothérapie 女 遺伝子治療.
génotoxique 形 遺伝子毒性の.
génotypage 男 ⟨生⟩ 遺伝子型決定.
génotype 男 ⟨生⟩ 遺伝子型.
genou; (複) **x** 男 ❶ ひざ. ❷ エルボ(管の接続に用いる管継手).
◇à ～x ひざまずいて, être sur les ～x 疲労している. faire du ～ à ... (注意を引くために)ひざをつつく.
genouillère 女 ひざあて.
genre 男 ❶ 種類, タイプ. ► humain 人類 / un ～ de ... 一種の…. ❷ 流儀, やり方; 身なり, 風采 (ｿｲ) ; 態度; マナー; 品位. ► de ～ 生活様式 / avoir bon ～ 品がある. ❸ ジャンル, 部門; 表現形式. ► tableau [peinture] de ～ 風俗画. ❹ ⟨生⟩ 属(分類学における種と科の間). ❺ ⟨文法⟩ 性. ◇faire du ～ = se donner un ～ 気取る.
gens 男 ❶ 人類(以下の形容詞は女性後数形)人々; (一般に)人間; (周囲の)人々, 他人. ► de mer 船乗り / ～ de lettres 作家 / ～ de robe 法曹家.
gens² [ʒɛ̃s] ; (複) **gentes** [ʒɛ̃tɛs] 女 ⟨古ロ⟩ゲンス(父系単系的氏族).

gent¹ 女 ⟨古⟩⟨文章⟩ 連中; 種族.
gent², e 形 ⟨古⟩ 形 ⟨文章⟩ かわいい; 優しい.
gentiane [-sjan] 女 ⟨植⟩ リンドウ; ジェンシャン(リンドウの根から作る食前酒).
gentil¹, le [-ti, ij] 形 ❶ 親切な, 優しい. ► Vous seriez ～ de + inf. …していただければありがたいのですが. ❷ かわいい, きれいな. ❸ (子供の)おとなしい. ❹ まずまずの, そこそこの. ❺ ⟨名詞の前⟩(金額が)かなりの.
gentil² [-ti] 男 (ユダヤ人から見た)異邦人; (キリスト教徒から見た)異教徒.
gentilé 男 (ある範囲の)住民名.
gentilhomme [-tijɔm] ; (複) **gentilshommes** [-tizɔm] 男 貴族; ⟨文章⟩ 紳士.
gentilhommière [-tijɔ-] 女 (田園の)館, 邸宅.
gentilité 女 ⟨集合的⟩ 異教徒.
gentillesse 女 ❶ 親切, 優しさ; 親切な言葉 [行為]. ► Auriez-vous la ～ de + inf. …していただけませんか. ❷ かわいらしさ, 愛らしさ.
gentillet, te 形 ❶ かわいらしい. ❷ まあまあの; (金額が)かなりの.
gentiment 副 ❶ 親切に, 優しく; かわいらしく. ❷ おとなしく, 素直に.
gentleman [dʒɛntləman] ; (複) **men** [-men] 男 ⟨英⟩ 紳士.
gentry [dʒɛn-] 女 ⟨英⟩(英国の)準貴族階層.
génuflexion 女 ひざまずくこと, 跪(ﾋｻﾞ)拝; ⟨複数⟩ へつらい, 追従.
géo 女 ⟨俗⟩ 地理(学).
géocentrique 形 ⟨天⟩ 地球を中心とした; 地球の中心から測った.
géocentrisme 男 天動説, 地球中心説.
géochimie 女 地球化学.
♢**géochimique** 形.
géode 女 ⟨地⟩ ジオード, 晶洞.
géodésie 女 測地学.
géodésique 形 測地学(の); 測地線の. — 女 測地線.
géodynamique 女, 形 地球力学(の).
géodynamo 女 ⟨地⟩ 地球ダイナモ.
géographe 名 地理学者.
géographie 女 地理(学); 地理学の本.
géographique 形 地理(学)の; 地理的な. ♢**géographiquement** 副.
géoïde 男 ⟨物⟩ ジオイド.
geôle 女 ⟨古⟩⟨文章⟩ 年(古)獄, 監獄.
geôlier, ère [ʒo-] 名 ⟨古⟩⟨文章⟩ 年(古)番, 看守.
géologie 女 地質(学); 地質学の本.
géologique 形 地質(学)の. ♢**géologiquement** 副.
géologue 名 地質学者.
géomagnétisme 男 地磁気. ♢**géomagnétique** 形.
géomarketing [-ketiŋ] 男 ジェオマーケティング.
géométral, ale ; (男複) **aux** 形 ⟨数⟩ 実測の. — 男 実測図.
géomètre 名 幾何学者; 測量技師.
— 男 ⟨昆⟩ シャクガ.

géométridés 男[昆]シャクガ科.
géométrie 女 幾何学；幾何学の本. ◊ à ～ variable 変更できる，融通の利く；[航](翼の角度の)可変の.
géométrique 形 幾何(学)の；幾何学的な，規則正しい；正確な，厳密な. ❏**géométriquement** 副
géomorphologie 女 地形学. ❏**géomorphologique** 形
géophage 形 (動物, 人が)土を食べる習性のある.
géophile 男[動]ツチムカデ.
géophone 男 地中聴音器.
géophysicien, ne 名 地球物理学者.
géophysique 女, 形 地球物理学(の).
géopoliticien, ne 名 地政学者.
géopolitique 女, 形 地政学(の).
Géorgie 女 ❶ グルジア(共和国). ❷ ジョージア州(米国南部の州).
géorgien, ne 形 ❶ グルジア共和国の. ❷ ジョージア州(米国)の. ━ 男 (G～)❶ グルジア語. ❷ ジョージア州の人. ━ 男 グルジア国民.
géorgique 形[文] 農事[農業]の.
géosciences 女複 地球科学.
géostation 女 地上ステーション.
géostationnaire 形 (人工衛星が)静止軌道上の.
géostratégie 女 戦略地政学. ❏**géostratégique** 形
géostrophique 形[気] vent ～ 地衡風.
géosynchrone [-sē-] 形 (人工衛星が)地球の自転と同時の.
géotechnique 女, 形 土質工学(の). ❏**géotechnicien, ne** 名
géothermie 女 地熱；地熱学.
géothermique 形 地熱(利用)の.
géothermomètre 男 地質温度計.
géotropisme 男[生] 屈地性.
géphyriens 男複[動] 鰓曳虫類.
gérable 形 管理[経営]できる.
gérance 女 管理，運営；管理期間.
géranium 男[植]フウロソウ(属)；ゼラニウム.
gérant, e 名 支配人, 管理人；[法] (合資・合名・有限会社の)業務執行者.
gerbe 女 ❶(麦の)束；花束；束状のもの. ━ ～ d'eau 噴水, 水柱 / une ～ de ... 一群の…, …の束[東].
gerber 他 (麦などを)束ねる；積み重ねる. ━ 自 束の形になる；[俗]吐く. ❏**gerbage** 名
gerbera [-be-] 男[植]ガーベラ.
gerbeur, se 名, 形 (麦などを)束ねる(人)；積み重ねる(人).
━ 男 荷揚げ(運搬)機.
gerbier 男 (麦などの)束の山.
gerbière 形 (麦などを)束ねる)荷車.
gerbille 女[動]アレチネズミ.
gerboise 女[動]トビネズミ.
gerce 女[動]衣服の虫割れ.
gercer ① 他 (皮膚に)ひびを切らせる；ひび割れする. ━ 自 ❶ひびが切れる；ひび割れする(=se ～).
gerçure 女 (皮膚の)ひび, あかぎれ；

ひび割れ, 亀裂.
gérer ⑥ 他 ❶管理[運営]する；経営する. ❷ (危機などを)切り抜ける.
gerfaut 男[鳥]シロハヤブサ.
gériatre 名 老年医学の専門家.
gériatrie 女 老年医学. ❏**gériatrique** 形
germain¹, e 形 ❶ cousin ～ 実のいとこ. ❷[法]父母を同じくする. ━ frère ～ 実の兄弟.
━ 名 cousin issu de ～(s) (実の)いとこの子, またいとこ.
germain², e 形 ゲルマニアの；ゲルマン人の. ━ 男 (G～)ゲルマン人.
germandrée 女[植]ニガクサ.
germanique 形 ❶ ゲルマニアの；ゲルマン人の. ❷ ドイツ(風)の；ドイツ文化圏の. ━ 男[言]ゲルマン諸語.
germaniser 他 ドイツ化する；ドイツ文化を押しつける；(語を)ドイツ語的にする. ❏**germanisation** 女
germanisme 男 ドイツ語特有の言い回し［言語］；ドイツ語からの借用語.
germaniste / germanisant, e 名 ゲルマン語研究者；ドイツ語［文学, 文化］研究者.
germanium 男[化] ゲルマニウム.
germanophile 名, 形 ドイツ好きの(人). ❏**germanophilie** 女
germanophobe 名, 形 ドイツ嫌いの(人). ❏**germanophobie** 女
germanophone 名, 形 ドイツ語圏の(人)；ドイツ語を話す(人).
germe 男 ❶ 胚(はい)(芽)；(植物の)芽. ❷ 原因；萌(ほう)芽, 兆し. ❸[医]病原微生物, 細菌. ━ porteur de ～s 保菌者.
germé, e 形 芽生えた, 発芽した.
germer 自 発芽する, 芽を出す；(思想, 感情が)芽生える, 生じる.
germicide 形 殺菌の, 殺菌力のある.
━ 男 殺菌剤.
germinal¹, ale ; 男複 aux 形[生]胚の, 生殖質の.
germinal²；複 als 男 ジェルミナル, 芽月(フランス革命暦第7月).
germinatif, ve 形 発芽の；生殖質の.
germination 女 発芽；(思想などの)芽生え, 発生.
germoir 男 発芽(試験)用容器；(ビール工場の)麦芽製造所.
germon 男[魚]ビンナガ.
germoplasme 男[生]生殖質.
géromé 男 ジェロメチーズ.
gérondif 男[文法] ❶ジェロンディフ(en + 現在分詞)の形). ❷ (ラテン語の)ゲルンディウム, 動詞的中性名詞.
géronte 男 (古典喜劇の)間抜けな年寄り(役).
gérontisme 男 老人支配の政体.
gérontocratie [-si] 女 ❶ 老人支配.
gérontologie 女 老年[老人]学. ❏**gérontologue** 名
gérontophilie 女 老人(性)愛.
gerris [-s] 男[昆] アメンボ.
Gers 男 ❶ ジェール県[32]. ❷ ジェール川(ガロンヌ川支流).

gerseau;(男~) x 男【海】滑車の帯索.

gersois, e 形 ジェール Gers 県の. ―名 (G~) 男 ジェール県の人.

GES 男【略】gaz à effet de serre 温室効果ガス.

gésier 男【鳥の】砂袋.

gésine 女【文語】en ~ 分娩(べん)中の.

gésir 29 自【文語】❶ 横たわっている. ❷ 潜む. ある. ◇ **Ci-gît** [**Ci-gisent**] ... …ここに眠る.

gesse 女【植】レンリソウ.

gestaltisme [gɛʃ-] 男 ゲシュタルト理論〔心理学〕. ☐**gestaltiste** 名

gestapo [gɛs-] 男【独】ゲシュタポ(ナチス・ドイツの秘密警察).

gestation 女 ❶ (胎生動物の)妊娠(期間). ❷ (作,作品などを)練る[温める]こと.

geste[1] 男 ❶ 身振り,仕草;態度,物腰;(身振りによる)合図. ❷ 行為;(立派な)行い;援助. ◇ **joindre le ~ à la parole** 言ったことをすぐ実行する.

geste[2] 女【文】(総称としての)武勲詩. ― **chanson de ~**(個々の)武勲詩. ◇ **les faits et ~s de ...** …の(すべての)行動.

gesticulant, e 形 手まねで話す,身振りで表す.

gesticuler 自 大げさな身振り[言動]をする. ☐**gesticulation** 女

gestion 女 管理, 経営, 運営;管理[経営]期間.

gestionnaire 形 管理[経営]の;管理[経営]を任された. ―名 支配人,管理者,経営者. ―男【情報】管理プログラム.

gestualité 女 身振りによる表現.

gestuel, le 形 身振りの. ― **peinture ~le** アクション・ペインティング. ―女 身振りによる表現;【演】身振り,所作.

GeV【記】【計】gigaélectronvolt ギガ電子ボルト.

geyser [ʒɛzɛːr] 男【英】間欠泉;(水などの)噴出.

Ghana 男 ガーナ.

ghanéen, ne 形 ガーナの. ―名 (G~) ガーナ人.

ghetto [geto] 男【伊】❶ 旧ユダヤ人居住地区(特定集団の)居住地区. ― **~ noir** 黒人街. ❷(集団的)孤立状態.

ghettoïsation [gɛ-] 女 ゲットー化;ゲットーへの強制移住.

ghilde [gi-] 女【史】ギルド.

G.I. [dʒiai] 男【略】【英】Government Issue 米軍兵士.

G.I.A./GIA 男【略】Groupe islamique armé 武装イスラム集団(アルジェリアの反体制イスラム過激派組織).

gibbeux, se 形 瘤(こぶ)の;瘤が;突起[瘤]のある. ❷【天】(月, 惑星が)半面以上が輝いて見える.

gibbon 男【動】テナガザル.

gibbosité 女【文語】瘤;(状のもの).

gibecière 女 (猟師, 漁夫などの)肩掛けの革袋, 獲物袋;肩掛けかばん.

gibelet 男 (大樽の穴あけ用)捻木錐(ひねきり).

gibelotte 女【料】ウサギの白ワイン煮.

giberne 女 (兵士の)弾薬入れ.

gibet 男 絞首台, 処刑場;絞首刑.

gibier 男 ❶ (狩猟の)獲物, 野生の禽獣(きんじゅう);獲物の肉. ► **~ à poil [d'eau]** 狩猟獣[水禽猟鳥]. ❷ 獲物となる人,えじき. ◇ **~ de potence** (絞首刑に値する)極悪人.

giboulée 女 (あられ混じりの)にわか雨.

giboyeux, se 形 (猟の)獲物が多い.

gibus [-s] 男 オペラ・ハット.

G.I.C. 男【略】grand invalide civil (自動車の)身体障害マーク.

giclée 女 (液体の)噴出, ほとばしり;(泥などの)跳ね返り.

gicler 自 (液体が)噴出する, ほとばしる; (泥が)跳ねかかる. ☐**giclement** 男

gicleur 男【機】(キャブレターの)ジェット;噴出口.

G.I.E. 男【略】Groupement d'intérêt économique 経済利益団体.

gifle 女 平手打ち;侮辱, 屈辱.

gifler 他 平手打ちにする;(雨, 風が)横なぐりに吹きつける;屈辱を与える.

gift [gift] 男【英】【医】ギフト法.

G.I.G. 男【略】grand invalide de guerre (自動車の)重傷傷痍(しょうい)軍人マーク.

gigaflops [-ps] 男【不変】【情報】ギガフロップ.

gigantesque 形 巨大な;大規模な;並み外れた.

gigantisme 男 巨大化;巨人症.

gigantomachie 女【ギ神】ギガントマキー(巨人族とオリンポスの神々との戦い;陶器などに描かれた).

gigaoctet 男【情報】ギガバイト.

GIGN 男【略】Groupement d'Intervention de la Gendarmerie Nationale 国家憲兵隊対テロ部隊.

gigogne 形 入れ子式の;組になった.

gigolo 男 (年上の女に養われる)若いつばめ, ジゴロ.

gigot 男 ❶ (羊などの)腿(もも)肉. ❷ **manche (à) ~** ジゴ(肩が膨らみ, ひじから絞りすぼる袖で).

gigoter 自 体を激しく動かす, 手足をばたばたさせる. ☐**gigotement** 男

gigue[1] 女 ❶ (鹿などの)腿(もも)肉;脚, 腿. ❷【話】~ *s* 背が高くやせた娘.

gigue[2] 女【楽】ジグ(バロック期に流行した急速調の舞曲, ダンス).

gilde [gi-] 女 ギルド.

gilet [ʒi-] 男 チョッキ, ベスト;(婦人用の)カーディガン;肌着, アンダーシャツ;胴衣. ► **~ de sauvetage** 救命胴衣 / **~ pare-balles** 防弾チョッキ.

giletier, ère 男【服】チョッキの仕立て職人. ―女 (チョッキのボタン穴に付ける)懐中時計の鎖.

gille [ʒil] 男 ❶ (縁日の芝居の)道化役者. ❷ **(les Gilles)** (ベルギー, 北仏の祭で引き回す)張りぼて人形.

gimblette 女【菓】ジャンブレット(王冠形の小さな菓子).

gin [dʒin] 男《英》ジン。▶ ~-fizz [-z] ジンフィーズ.
gindre 男 (パン屋の) 練粉職人.
gingembre 男 [dʒɔ-] [伊] 副詞, 形句《不変》真昼のように明るく [明るい].
gingival, ale [男 複 **aux**] 形 [解] 歯肉の.
gingivite 女 [医] 歯肉炎.
ginguet, te 形 [古風]《ワインが》少し酸味のある.
ginkgo [ʒɛ̃ko/ʒinko] 男 [植] イチョウ.
ginseng [ʒinsɑ̃:g] 男 [植] チョウセンニンジン (の根).
giorno (à) [dʒɔ-] [伊] 副句, 形句《不変》真昼のように明るく [明るい].
girafe 女❶[動] キリン. ❷ (録音用マイクをつるす) 竿(さお), ブーム.
  ◇**peigner la** ~ 語 むだな仕事をだらだら続ける;何もしない.
girafeau; (複) x / girafon 男 キリンの子.
girandole 女 (祭りなどの) 装飾電球, イルミネーション; 枝付き燭(しょく)台; 回転花火; 回転噴水.
giration 女 回転, 旋回.
giratoire 形 回転 [旋回] の.
giraumon(t) 男 セイヨウカボチャ.
giravion 男 [航][総称] 回転翼 (航空) 機.
girelle 女 [魚] レインボウベラ.
girie 女 古風 泣き大げさな [見せかけの] 泣き言;わざとらしい態度.
girl [gœrl] 女 《英》(ミュージック・ホールの) 若い踊り子, コーラス・ガール.
girofle 男 丁子(ちょうじ), クローブ (香辛料).
giroflée 女 ❶[植] ストック, アラセイトウ. ❷ ~ à cinq feuilles (5 本の指跡が残るほど強い) 平手打ち.
giroflier 男 [植] チョウジ, クローブ.
girolle 女 [植] アンズタケ.
giron 男 ❶《人の》ひざ. ❷ 安らぎの場, 懐. ▶ rentrer dans le ~ (一度離れた集団に) 戻る. ❸ [建] (階段の) 踏み面(づら), 踏段.
girond, e 形 スタイルのいい;肉づきのいい, グラマーな.
Gironde 女 ❶ ジロンド県 [33] (フランス南西部). ❷ ジロンド川 (ガロンヌ川下流部を指す).
girondin, e 形 ❶ ジロンド県の. ❷ [史] ジロンド派の. —男 [女] [史] ジロンド県の人. ❷ [史] ジロンド派 (大革命期の穏健共和派).
girouette 女 風見(かざみ), 風向計;すぐに意見の変わる人, 風見鶏.
gis(-) ⇨ **gésir**.
gisant, e 形 横たわった, 倒れている.
  —男 (墓上の) 横臥(おうが)彫像.
giselle 女 [繊] ジゼル (透き通った梳(すき)毛織物).
gisement 男 ❶ 鉱脈, 鉱床. ▶ ~ de pétrole 油田. ❷ 潜在的な市場 [購買力]. ❸ [漁] (貝類の) 生息域.
gît 古 ⇨ **gésir**.
gitan, e 男, 形 ジプシー (の). —女 商標 ジターヌ (フランスたばこの銘柄).
gîte 男 [文章] 宿り, 住処. ▶ ~ rural 民宿 / rentrer au ~ 家に帰る. ❷ (野ウサギの) 巣. ❸ [食] (牛のすね

肉). ▶ ~ à la noix 外腿(そともも) 肉. ❹ [鉱] 鉱床. —女 [海] (船の) 傾斜.
gîter 自 [文章] 住む, 宿泊する;(野ウサギが) 巣にいる. —女 [海] (船が) 傾く.
giton 男[文章]《男色の相手となる》稚児.
givrage 男 霜着き, 着氷.
givrant, e 形 ❶ 霧氷を生ぜる.
givre 男 霧氷;霜;(宝石の) ひび [曇り].
givré, e 形 ❶ 霧氷 [霜] で覆われた;白い粉を振りかけた. ❷ [菓] Fruit ~ フルーツジヴレ (果物などの外皮に詰めたシャーベット). ❸ 語 酔っぱらった;頭がおかしい.
givrer 他 ❶ 霧氷 [霜] で覆う. ❷ 白い粉を振りかける.
  —se ~ 霧氷で覆われる.
givreux, se 形《宝石が》ひびの入った, 曇りのある.
givrure 女 (宝石中の) 小さな雲状の欠陥.
glabelle 女 [解] 眉間(みけん).
glabre 形 毛 [ひげ] のない.
glaçage 男 (紙, 布などの) 艶(つや) 出し, 光沢仕上げ;[料] グラッサージュ (濃縮汁などをかけて表面に艶を出すこと);[菓] 糖衣を着せること.
glaçant, e 形 冷淡な, 冷ややかな.
glace 女 ❶ 氷;氷塊;アイスクリーム. ❷ 板ガラス; (車などの) 窓ガラス;鏡. ❸ [料] 濃縮汁;[菓] 糖衣. ❹ **sucre ~** 粉砂糖. ▶ **de ~** 冷淡な, そっけない, 無情な. ▶ **rompre [briser] la ~** (気詰まりな) 雰囲気をほぐす.
glacé, e 形 ❶ 凍った;非常に冷たい; (水で) 冷やした;震え上がった. ❷ 冷淡な, 冷ややかな. ❸ [菓] 糖衣を着た. **marron ~** マロングラッセ. ❹ (紙などが) 光沢のついた.
glacer 1 他 ❶ 冷やす;凍らせる;凍らせる;震え上がらせる, ぞっとさせる. ❷ (紙などに) 光沢をつける. ❸ [料] (濃縮汁などをかけて) 艶(つや)を出す;[菓] 糖衣を着せる. —自 凍る. —(非人称構文) Il glace. 凍るような寒い.
  —se ~ 凍る;冷ややかになる.
glacerie 女 アイスクリーム製造 [販売];板ガラス・鏡製造 [販売].
glaceuse 女 [写] 印画紙の艶(つや)出し乾燥機.
glaciaire 形 氷河の;[地理] régime ~ (融雪水による川の) 水位変動.
glacial, ale [男 複] **als** (または **aux**) 形 ❶ 凍るようにひどく冷たい, 非常に寒い. ❷ 極地方の. ~ **océan ~** 北 [南] 氷洋. ❸ 冷淡な, 冷ややかな.
  □ **glacialement**
glaciation 女 氷化;氷河形成;氷河期.
glacier 男 ❶ 氷河. ❷ アイスクリーム屋.
glacière 女 冷凍庫, アイスボックス;氷貯蔵室;[話] ひどく寒い場所.
glaciérisme 男 [登山] 氷壁登攀(はん), アイスクライミング. □ **glaciériste** 名
glaciologie 女 氷河学.
  □ **glaciologue** 名
glacis 男 ❶ ゆるやかな斜面;(堡(ほう)壁前面の) 斜面. ❷ (衛星国が形成する)

glaçon 男 ❶ (上塗り用の)透明絵の防衛圏. ❷ (上塗り用の)透明絵の.
glaçon 男 氷塊; (飲み物に入れる)氷; 男冷淡な人.
glaçure 女 釉薬(ﾕｳﾔｸ).
gladiateur 男《古》剣闘士.
glaïeul 男《植》グラジオラス.
glaire 女 ❶ (生卵の)卵白; 《医》グレール(粘液). ❷ 玉(ﾀﾏ)卵白で作った基本用接着剤.
glairer 他 (本の表紙などに)玉(ﾀﾏ)を塗る.
glaireux, se 形 卵白状の; 粘液状の.
glaise 女 粘土. — 形 粘土質の.
glaiser 他 粘土で塗り固める; (土に)粘土を加える.
glaiseux, se 形 粘土質の.
glaisière 女 粘土採取地.
glaive 男《古》(両刃の)剣 (力を象徴する)剣.
glamour 男, 形《不変》《英》(女優などの)性的魅力(のある).
glamoureux, se 形《英》グラマーな, 性的魅力たっぷりの.
glanage 男 落ち穂拾い.
gland 男 ❶ ドングリ. ❷ (ドングリ状の)房, 玉飾り. ❸《解》亀(ｶﾒ)頭. ❹ 間抜け. — 形 間抜けな.
glandage 男 ❶ ドングリ拾い(の場所). ❷ 何もしない[だらだらする]こと.
glande 女《解》腺(ｾﾝ)(盤《医》リンパ腺の)腺(ｾﾝ).
glandée 女 ドングリ拾い.
glander / glandouiller 自 何もしない, だらだらする.
— 他 する, やる.
glandulaire / glanduleux, se 形 腺(ｾﾝ)(状)の.
glane 女 落ち穂拾い; 一つかみの落ち穂; (タマネギ, ニンニクなどの)一束.
glaner 他 落ち穂を拾う; 拾い集める; 収集する. □glanement 男.
glaneur, se 名 落ち穂拾いをする人.
glanure 女 (拾い集めた)落ち穂; 断片的な知識[情報].
glapir 自 (犬, キツネなどが)鋭い声で鳴く; 金切り声で叫ぶ.
glapissant, e 形 鋭い声で鳴く; 金切り声で叫ぶ; (声の)甲高い.
glapissement 男 鋭い鳴き声; 金切り声.
glaréole 女《鳥》ツバメチドリ.
glas 男 弔鐘. ◊*sonner le ~ de …* …の終末を告げる.
glasnost [-st] 女《露》(旧ソ連の)情報公開, グラスノスチ.
glass [-s] 男《俗》コップ1杯の酒.
glatir 自 (ワシが)鳴く.
glaucome 男《医》緑内障.
glauque 形 ❶ 海緑[青緑]色の. ❷ 陰惨な, 陰うつな.
glaviot 男《俗》唾(ﾂﾊﾞ)
glèbe 女《文》粘土, 耕作地.
glène¹ 女《解》関節腔.
glène² 女《海》(ロープの)わがね.
gléner 自 他《海》(ロープを)わがねる.
glie 女《解》神経膠(ｺｳ)質.
□**glial, ale**; (男複)**aux** 形
glissade 女 滑ること, 滑走; (子供が遊ぶ)氷滑りの道; 《ダンス》グリサード(滑るステップ).
glissage 男《林》(修羅(ｼｭﾗ)による)伐採木の搬出.
glissando 男《楽》グリッサンド(音を滑らせるように速く演奏すること).
glissant, e 形 滑りやすい, つるつるした. ◊*terrain ~* 危険[微妙]な状況; 危険な立て.
glisse 女 ❶ (スキーなどの)滑り(具合). ❷ *sports de ~* (スキー, ボブスレー, サーフィングなど)滑走するスポーツ.
glissement 男 ❶ 滑ること, 滑走; 滑る音. ◊*~ de terrain* 地すべり. ❷ (漸進的な)移行, 変化.
glisser 自 ❶ 滑る, 滑らかに動く; スリップする; 滑り落ちる; すり抜ける; (光が)差し込む. ❷ 徐々に[微妙に]変化する. ❸ かすめる; (微笑などが)かすかに浮かぶ. ❹《sur》(…に)影響を与えない; (…の)心に響かない; (問題などに)こだわらない. — 他 滑り込ませる, 差し込む; こっそり知らせる.
— **se** ~ 滑り込む, 忍び込む.
glissière 女 ❶ 滑り金具[溝]. ◊*porte à* ~ 引き戸 / *fermeture à* ~ ファスナー. ❷ ~ *de sécurité* ガードレール.
glissoir 男《林》修羅(ｼｭﾗ)(伐採した木を山腹斜面を利用して搬出する滑走路).
glissoire 女 (子供が遊ぶ)氷滑りの場.
global, ale; (男複)**aux** 形 ❶ 全体の, 総合的[包括的]な. ❷ 世界的な. □**globalement** 副.
globalisant, e / **globalisateur, trice** 形 全体的にとらえる, 総合する.
globalisation 女 総合化, 全体化; 世界化, グローバリゼーション.
globaliser 他 全体的にとらえる, 総合[包括]する; 世界化する.
globalisme 男《哲》全体論.
globaliste 形 全体論的な.
globalité 女 全体(性), 総体.
globe 男 ❶ 地球; 世界; 地球儀 (= ~ *terrestre*). ❷ 球体, 玉; (球形または半球形の)ガラス容器; (電球の)グローブ. ◊*mettre sous* ~ 大切に保護する[保有する].
globe-trotteur, se 名《英》世界中を旅行する[駆け巡る]人.
globigérine 女《動》タマキウビガイ(原生動物).
globique 形 球形の.
globulaire 形 球形の; 《医》血球の.
globule 男《生理》血球; 小球.
globuleux, se 形 ❶ 小球状の. ❷ *yeux ~* 出目.
glockenspiel [glɔkənʃpil]男《独》《楽》グロッケンシュピール, 鉄琴.
gloire 女 ❶ 栄光, 栄誉; 名声; 誉れとなる人, 名士. ❷ 手柄, 功績; 誇り. ◊*tirer* [*se faire*] ~ *de* … …を自慢する. ❸ (神の)栄光; (天上の)至福; 《美》(キリストの)後光.
◊*rendre* ~ *à* … …を褒めたたえる.
gloméris [-s] 男《動》タマヤスデ.
glomérule 男《解》糸球; 《植》団集

序.

gloria 男《ラ》❶《キ教》栄光の賛歌, グロリア. 囲 この意味では複数不変. ❷ 古・語 ブランデー入りコーヒー.

gloriette 囡《庭園》のあずま屋.

glorieusement 副 栄光[名誉]を受けて, 輝かしく.

glorieux, se 形 ❶ 栄光ある, 輝かしい; 名誉ある. ❷ 文章 うぬぼれた; 《de》(…を)自慢する.
— 男《史》les Trois G~s 栄光の3日間(7月革命の街頭蜂(*)起の日で, 1830年7月27, 28, 29日).

glorification 囡 称賛, 賛美.

glorifier 他 称賛[賛美]する.
— **se** ～ 《de》(…を)自慢する.

gloriole 囡 虚栄心, 見栄.

glose 囡 注解, 注釈; 悪意ある批評.

gloser 自 悪口を言う, けちをつける.
— 他 解説[注釈]する.

gloss 男《英》グロス(顔のつやを出す化粧品).

glossaire 男 難解語集(㊅); 小国語の基本語辞典; (専門分野の) 用語辞典; (本の巻末の)用語解説.

glossateur 男 注釈者.

glossette 囡 商標《薬》グロセット(舌下錠).

glossine 囡《昆》ツェツェバエ.

glossolalie 囡《宗》グロッソラリア, 異言.

glosso-pharyngien, ne 形《解》舌と咽頭の.

glossotomie 囡《医》舌切開術.

glottal, ale 形《男 複》**aux**《音声》声門の.

glotte 囡 ❶《解》声門. ❷《音声》coup de ～ 声門破裂音.

glottique 形《解》声門(裂)の.

glouglou 男 ごぼごぼ, とくとく(瓶から液体が流れる音); 七面鳥の鳴き声.

glouglouter 自 (液体が)ごぼごぼ[とくとく]音を立てる; (七面鳥が)鳴く.

gloussement 男 (めんどりの)コッコッという鳴き声; くすくす笑い.

glousser 自 (めんどりが)コッコッと鳴く; くすくす笑う.

glouton, ne 形, 名 がつがつ食う(人), 大食いの(人). — 男《動》クズリ(イタチ科の肉食動物).

gloutonnement 副 むさぼるように, がつがつと.

gloutonnerie 囡 大食, 暴食.

glu 囡 もち, 強力接着剤.

gluant, e 形 ねばねばした, べとつく; 图 (人が) しつこい, うるさい.

gluau 男《複》**x** 囡 (捕鳥用の)もち竿.

glucide 男《生化》糖質.
☐ **glucidique** 形.

glucomètre 男《ワイン》検糖計.

glucose 男《化》グルコース, ぶどう糖.

glucosé, e 形《薬》グルコース[ぶどう糖]を付加された.

gluino 男《物》グルイーノ.

glume 囡《植》(イネ科の)包穎(㍾).

glumelle 囡《植》(イネ科の花を包む)花穎(㍾).

gluon 男《物》グルーオン(強い相互作

用のゲージ粒子).

glutamate 男《生化》グルタマート.

glutamique 形《生 化》acide ～ グルタミン酸.

gluten [-tεn] 男《化》グルテン, 麩(ﾟ)質.

glutineux, se 形 グルテン質の; グルテンを含む.

glycémie 囡 血糖(値); 血糖症.

glycérie 囡《植》ドジョウツナギ.

glycérine 囡《化》グリセリン.

glycériner 他 グリセリンを塗る.

glycérol 男《化》グリセロール(グリセリンの通称).

glycérolé 男《薬》グリセリン剤.

glycérophtalique 形《化》グリプタル樹脂の.

glycine 囡《植》フジ.

glycogène 男《生化》グリコーゲン.
☐ **glycogénique** 形.

glycogénogenèse 囡《生理》グリコーゲン合成.

glycol 男《化》グリコール.

glycolipide 男《生化》糖脂質.

glycolyse 囡《生化》解糖.

glycoprotéine 囡《生化》糖たんぱく質.

glycorégulation 囡《生理》糖調節(機能).

glycosurie 囡《医》糖尿.

glycosurique 形, 名《医》糖尿の(患者).

glyphe 男《建》(フリーズなどに施された)縦溝.

glyptique 囡 宝石彫刻技法.

glyptographie / glyptologie 囡 (古代の)宝石彫刻術.

glyptothèque 囡 彫石のコレクション; (彫石)彫刻陳列館[室].

GMT (略)《英》Greenwich Mean Time グリニッジ標準時.

gnangnan 形《不変》俗 すぐ泣き言を言う, 愚痴っぽい; 甘ったるい.

gnaule 囡 ⇔ gnôle.

gneiss [gnεs] 男《地》片麻岩.

G.N.L. (略) gaz naturel liquéfié 液化天然ガス.

gnocchi [noki] 男複《伊》料 ニョッキ(ジャガイモのピュレなどを団子状にしてゆでたもの).

gnognot(t)e 囡 俗 くだらないこと.

gnôle / gn(i)ole 囡 俗 (安物の)ブランデー.

gnome [gno-] 男 グノーム(醜い小人の姿をした地の精); 小人, ちび.

gnomique [gno-] 形《文》格言的な; 《言》(動詞の時制が)格言的な.

gnomon [gno-] 男 グノモン(古代の日時計).

gnon 男 俗 殴ること; あざ.

gnose [gno-] 男《宗》《哲》グノーシス, 霊知.

gnoséologie [gno-] 囡《哲》認識形而上学.

gnosie [gno-] 囡《心》(知覚的)認識, 識別知覚.

gnosticisme [gno-] 男 グノーシス主義(神性の自覚的認識による救いを説く. 2世紀後半頃異端とされた).

gnostique [gnɔ-] 形 グノーシスの、グノーシス主義〔派〕の. ━名 グノーシス主義者〔派〕.

gnou 男 動 ヌー, ウィルドビースト.

go[1] 男《日本》碁, 囲碁.

go[2] **(tout de ~)** 副句 いきなり, 単刀直入に; 遠慮なしに.

goal [go:l] 男《英》《スポ》《ゴール》キーパー.

goal-average [golave-/golavared] 男《英》(サッカーなどの) ゴールアベレージ, 得点率.

gobelet 男 (脚のない)コップ, タンブラー; ダイスカップ; 手品用カップ.

gobeleterie [-ble(ə)-] 女 コップ類製造〔販売〕.

gobelin 男 ゴブラン織り.

gobe-mouche(s) 男 ❶《鳥》ヒタキ; 図 なんでも真に受ける人.

gober 他 ❶ (かまずに)飲み込む; 図 うのみにする, 真に受ける. ❷ 話 気に入る, 好感を持つ. ◇ ~ *le morceau* だまされる. ━ **se** ~ 話 うぬぼれる.

se goberger 代動 話 ❶《くつろぐ》❷ ごちそうを食べる.

gobeur, se 名 ❶(カキ, 卵などを)丸飲みする人. ❷ 話 なんでも真に受ける人.

gobie 男《魚》ハゼ.

godage 男 (布のこし, たるみ.

godailler 自 ⇒ goder.

godasse 女 俗靴.

godelureau 男 (複 ~x 話 気取った若者, きざな男.

goder 自 (布などが)しわよる, たるむ.

godet 男 ❶ (脚や取っ手のない)小グラス; 小皿; 絵の具皿. ━ *prendre un* ~ 一杯やる. ❷《土木》(運搬, 浚渫(しゅんせつ)などに用いる)バケット, つぼ. ❸ (布地などの)ひだ. ━ *jupe à ~s* フレアースカート.

godiche / **godichon, ne** 形 名 話 間抜けな(人); 不器用な(人).

godille 女《海》櫓(ろ), とも櫂(がい);《スキー》ウェーデルン.

godiller 自《海》櫓(船を)こぐ;《スキー》ウェーデルンで滑る.

godilleur, se 名《海》櫓でこぐ人;《スキー》ウェーデルンで滑る人.

godillot 男 ❶ 軍靴; 図 どた靴. ❷ (政党, 政治家の)盲目的信奉者.

godiveau 男 (複 ~x 料) ゴディヴォー(肉のすり身をゆでたか焼いた小さな団子).

godron 男 (柱頭, 金銀細工などの)丸ひだ装飾;《服》襟などのひだ飾り.

goéland 男《海》カモメ.

goélette 女《海》スクーナー(2本マストの帆船).

goémon 男 海藻.

goétie [-si] 女 呪詛(じゅそ).

gogo[1] 男 話 だまされやすい人.

gogo[2] **(à ~)** 副句 たらふく; 思う存分に.

gogol 形 名 話 ばかみたいな(人).

goguenard, e 形 からかうような.

goguenardise 女 からかい, ひやかし.

goguenots / **gogues** 男(複)話 便所.

goguette (en) 形句, 副句 話 上機嫌の〔で〕; ほろ酔いの〔で〕.

goi; 複 **goïm** [-m] 形, 名 goy.

goinfre 男 話 がつがつ食う(人).

se goinfrer 代動 がつがつ食う.

goinfrerie 女 がつがつした食い方; 食い意地の汚なさ.

goitre 男《医》甲状腺腫(しゅ).

goitreux, se 形, 名《医》甲状腺腫(しゅ)の(患者).

golden [-den] 女《不変》《英》ゴールデンデリシャス(リンゴの品種).

golem [-lɛm] 男 ゴーレム(ユダヤ伝説の泥人間).

golf《英》《スポ》ゴルフ; ゴルフ場 (= terrain de ~). ━ *culotte* [*pantalon*] *de* ~ ニッカボッカー.

golfe 男 湾. ━ *la guerre du G*~ 湾岸戦争.

golfeur, se 名 ゴルファー.

golfique 形 ゴルフの.

Golgotha 男《聖》ゴルゴタ(エルサレム郊外の丘で、イエス磔刑(たっけい)の地).

golmot(t)e 女《植》❶ ガンタケ; カラカサタケ. ❷ fausse ~ テングタケ.

gombo 男《米》《植》オクラ.

goménol 男 商標 ゴメノール(鼻孔に噴霧する殺菌薬).

goménolé, e 形《薬》ゴメノール添加の.

gomina 女 商標 頭髪用ポマード.

se gominer 代動 整髪料〔ポマード〕をつける.

gommage 男 ❶ (消しゴムで)消すこと; 抹消, 除去, ぼかし. ❷ (紙の)糊(のり)付け; 〔印〕ゴム引き.

gomme 女 ❶ ゴム; 消しゴム; チューインガム (=~ à *mâcher*). ━ *boule de* ~ (咳(せき)止め用の)のガムドロップ. ❷《医》ゴム腫(しゅ). ◇ *à la* ~ 話 無価値な, つまらない. *mettre* (*toute*) *la* ~ 話 (車の)スピードを上げる.

gommé, e 形 消しゴムで消された; 糊(のり)を塗った.

gomme-laque;《複》~*s*-~*s* 女 シェラック(ラニス原料の天然樹脂).

gommer 他 ❶ 消しゴムで消す; 抹消する; ぼかす. ❷ 糊(のり)を塗る.

gommette 女 (小さな)糊付きシール.

gommeux, se 形 ゴムを出す; ゴム質の. ━ 男 話 気取った若者.

gommier 男《植》ゴムの木.

gommose 女《園》ゴム病, ゴム質分泌.

gon 男 ゴン(角度の単位).

gonade 女《生》生殖腺(せん).

━ **gonadique** 形.

gonadotrophine / **gonadotropine** 女《生》ゴナドトロピン.

gond 男 蝶番(ちょうつがい), ひじ金物. ◇ *jeter* [*mettre*] ... *hors de ses* ~*s* ... を激怒〔逆上〕させる. *sortir de ses* ~*s* 激怒〔逆上〕する.

gondolage 男 / **gondolement** 男 (板などが)反ること; 反り.

gondolant, e 形 話 腹の皮がよじれるほど笑い, 滑稽(こっけい)な.

gondole 女 ❶ (ベネチアの)ゴンドラ. ❷ ゴンドラケース(スーパーマーケットなど

の移動式商品陳列棚).

gondoler 自 (板などが)反る, ゆがむ. **—se ~** 反る, ゆがむ; 話 腹の皮をよじらせて笑う.

gondolier, ère 名 ゴンドラの船頭.

gonelle 女 《魚》ネバリギンポ.

gonflable 形 膨らむ; 膨らませて使う.

gonflage 男 膨らませること; 膨らみ.

gonflé, e 形 ❶ 膨れた; はれた; (感情で)いっぱいの; (金額などが)水増しされた. ❷ 図々しい, 大胆な.

gonflement 男 膨らみ, 膨張; はれ, むくみ; 増加, 水増し.

gonfler ❶ 他 膨らませる; はれさせる; 増大させる; 水増しする. ❷ (感情で心を)いっぱいにする; (de) (…で)満たす. —自 膨らむ, はれる. **—se ~** ❶ 膨らむ, はれる; (de) (…で)胸がいっぱいになる. ❷ 話 うぬぼれる.

gonflette 女 話 筋肉増強; もりもりの筋肉.

gonfleur 男 空気入れ [ポンプ].

gong [-g] 男 銅鑼(ﾄﾞﾗ); (ボクシングの)ゴング.

goniomètre 男 測角器, 角度計.

goniométrie 女 角度測定; 測角術. ◇**goniométrique** 形

gonochorisme [-ko-] 男 《生》雌雄異体現象.

gonocoque 男 《細》淋(ﾘﾝ)菌.

gonocyte 男 《生》生殖細胞. ◇**gonocytaire** 形

gonze 男 俗 やつ, 野郎.

gonzesse 女 俗 女; 彼女, 女房.

gordien 形 trancher [couper] le nœud ~ 難題を一挙に解決する.

gore 形 (不変), 男 《英》流血シーンの多い(映画, 小説).

goret 男 子豚; 話 汚い子供.

goretex [gorteks] 男 《英》商標 ゴアテックス.

gorfou 男 《鳥》マカロニペンギン.

gorge 女 ❶ 喉(ﾉﾄﾞ), 喉元; 《医》咽喉(ｲﾝｺｳ). ❷ 文語 (女の)胸, 乳房. ❸ 峡谷; (滑車などの)溝;《建》(円柱断面の)凹面, 刳(ｸ)形.
◇**à pleine ~ = à ~ déployée** 大声で. *Cela [Ça] m'est resté dans la ~.* それは納得できない[忘れられない]; それを口外しなかった. **faire des ~s chaudes de …** …を意地悪くからかう. **faire rentrer à … ses paroles [mots] dans la ~** …に発言[妄言]を撤回させる. **prendre [tenir] … à la ~** …を意のままに従わせる. **rendre ~** 不正に得たものを(いやいや)返す.

gorgé, e 形 (de) (…で)満腹した; いっぱいにする.

gorge-de-pigeon 形 (不変) 玉虫色の.

gorgée 女 (液体の)一口分.

gorger ② 他 (de) (…を)腹いっぱい食べさせる; 文語 (…を)ふんだんに与える; (…で)満たす. **—se ~** (de) (…を)腹いっぱい食べる; (…で)満たされる; (…を)満喫する.

gorgerin 男 《史》(かぶとの)喉(ﾉﾄﾞ)当て;《建》(柱頭と柱身をつなぐ)頸部(ｹｲﾌﾞ).

gorget 男 《建》(凹刳(ｸ)形を作る)刳鉋(ｶﾝﾅ).

gorgone 女 《動》ヤギ.

gorgonzola 男 《作》ゴルゴンゾーラ(イタリア産の牛乳で作る青かびチーズ).

gorille 男 《動》ゴリラ; 話 (要人の)ボディーガード.

gosier 男 喉(ﾉﾄﾞ); 声帯; 声.
◇**à plein ~** 大声で.

gospel 男 《英》ゴスペルソング.

gosse 名 話 子供, がき; 若者.

G.O.T. 女 《略》glutamate-oxaloacétate-transaminase ジーオーティー(トランスアミナーゼの一種).

gotha 男 《独》(集合的)名士, 著名人.

gothique 形 《美》ゴシック(様式)の; (文)ゴシック風の, ゴシックロマンスの; 《印》ゴシック体の. —男 ❶ ゴシック美術[様式]. ❷《文》ゴシックロマンス(超自然的な怪奇を扱う小説のジャンル). —女 《印》ゴシック体.

Got(h)s [go] 男複 ゴート族(ゲルマン系部族).

gotique 男 ゴート語.

goton 女 俗 軽薄な田舎娘; 売春婦.

gouache 女 《美》グワッシュ(アラビアゴムと顔料を混ぜた不透明水彩絵の具).

gouacher 他 《美》グワッシュ(の画法)で描く.

gouaille 女 揶揄(ﾔﾕ)する[あざ笑う]態度.

gouailler 自 からかう, あざ笑う.

gouaillerie 女 揶揄, 嘲弄; 冷やかし.

gouailleur, se 形 からかう, 揶揄(ﾔﾕ)[嘲弄(ﾁｮｳﾛｳ)]を好む.

goualante 女 話 シャンソン, 流行歌.

goualeuse 女 話 (流しの)女歌手.

gouape 女 俗 ごろつき, 不良.

gouda 男 ゴーダ(チーズ).

goudron 男 ❶ アスファルト; タール; (複数)(たばこのやに). ▶ **~ de houille** コールタール.

goudronner 他 タールを塗る, アスファルト舗装する. ◇**goudronnage** 男

goudronneur 男 タール塗り職人.

goudronneux, se 形 タール質の.
—男 タール塗布材.

gouffre 男 ❶ 淵, 裂け目, 深い穴. ▶ **~ sous-marin** 海の淵 [海の渦 (巻き)]. ❸ 深み; どん底. ❹ 金のかかる人[物]. ◇**être au bord du ~** 危機に瀕(ﾋﾝ)する.

gouge 女 丸のみ.

gougère 女 《菓》グジェール(グリュイエールチーズを加えて焼いた菓子).

gougnafier 男 話 ろくでなし.

gouine 女 俗 レズビアン.

goujat 男 無作法者, 無礼者; 因 雑卒.

goujaterie 女 粗野, 無作法.

goujon 男 《機》植込み [スタッド] ボルト; (接合用の)ピン; 《建》太枘(ﾎﾞ).

goujon 男 《魚》川ハゼ.

goujonner 他 (スタッドボルト, 太枘(ﾎﾞ)などで)接合 [固定] する.

goujonnette 女【料】(魚の2センチ幅の)切り身.

goujonnière 形女【魚】perche ～ ダルマスズキ.

goulache / goulasch [-ʃ] 男【料】グラッシュ(牛肉とジャガイモのパプリカ煮込み. ハンガリー料理).

goulag [-g] 男 (旧ソ連などの)強制収容所(組織).

goule 女 (墓場の屍に)肉を食う)女吸血鬼.

goulée 女 俗 一ほおばり. ► d'une ～ 一息に, 一気に.

goulet 男 狭い湾口［港口］; 山間(鉱)の細道.

gouleyant, e 形 (ワインが)喉(2)ごしのよい, 飲みやすい.

goulot 男 (瓶の)首(鉛).
◇～ d'étranglement (交通の)渋滞地点; 障害, ネック.

goulotte 女 (荷物などを流す)樋;【土木】(水を流すための)傾斜水路.

goulu, e 形 がつがつしたような, くさぼうなような.
— 名 食いしん坊, 大食漢.

goulûment 副 がつがつと, くいしんぼうに.

goum [-m] 男 (植民地時代フランスに徴兵されたモロッコなどの)先住民部隊.

goumier 男 (モロッコなどの)先住民部隊の騎兵.

goupil [-pi(l)] 男 古 キツネ.

goupille 女 ピン, 留めピン.

goupiller 他 ピンで固定する;【俗】手はずを整える, 行われる.
— se ～ 俗 手はずが整う, 行われる.

goupillon 男 (瓶を掃除する)棒ブラシ;【カト】灌(カ)水器.

goura 男【鳥】カンムリバト.

gourance / gourante 女 俗 間違い, ミス.

gourbi 男 (北アフリカの)粗末な家;俗 あばら屋.

gourd, e 形 (手足などの)かじかんだ.

gourde 女 ❶ 水筒;【植】瓢箪(経).
❷ 俗 とんま, 間抜け. ❸ グルド (ハイチ共和国の通貨単位).
— 形 とんまな, 間抜けな.

gourdin 男 (太くて短い)棍(ミ)棒.

se gourer 代動 俗 間違う, 誤る, ミスをする.

gourgandine 女 俗 浮気な女.

gourmand, e 形 ❶ 食いしん坊の; 食(シ)欲な; 物欲しげな. ► de (…を)好んで食べる; (…が)大好きな. ❷ 〖en〗(ガソリンなどを)大量に消費する.
— 名 食いしん坊.

gourmander 他 書いてしかる.

gourmandise 女 食い道楽; 大食い; おいしい料理; 甘いもの.

gourme 女 湿疹, とびひ;【獣医】(特に子馬のかかる)腺疫(汚).
◇jeter sa ～ 若気の過ちを犯す.

gourmé, e 形 文 堅苦しい, とりすました.

gourmet 男 食通, グルメ; 通(ミ).

gourmette 女 (時計の金属バンド, 鎖のブレスレット;【馬】響銜(ミミ).

gournable 女【海】(木造船で使われる)木釘.

gournay 男 グルネ (ノルマンディー産の牛乳から作るチーズ).

gourou 男 (ヒンズー教の)導師; (精神的)指導者.

gousse 女 (豆の)莢(ミ); (ニンニクなどの)一かけら.

gousset 男 (ベスト, ズボンの)小ポケット. ► montre de ～ 懐中時計.

goût 男 ❶ 味覚, 味, 風味, 香り. ► avoir du ～ 味がいい / avoir un ～ 変な味がする. ❷ センス, 趣味, 審美眼; 好み, 嗜好. ❸ 意欲; 関心. ❹ (美術, 文学などの)様式, 流儀.
◇au ～ du jour 流行の, 当世風の. dans ce ～-là その種の. faire passer à …le ～ du pain …を殺す; …に二度とやる気をなくさせる. mettre … en ～ …に興味［意欲］を起こさせる. prendre ～ à … …が好きになる.

goûter¹ 他 味わう; 味をみる; 楽しむ; 愛好する; 高く評価する.
— 自 ❶ 〖à, de〗(…の)味をみる; 試みる; 経験する. ❷ おやつを食べる.

goûter² 男 おやつ.

goûteur, se 男 味見役; 酒利き.

goûteux, se 形 美味な, 風味に富んだ.

goutte¹ 女 ❶ しずく, 滴り;(飲み物の)少量. ► une ～ de … ほんの少しの…. ❷ 俗 蒸留酒, ブランデー. ❸【複数】点眼液.
◇avoir la ～ au nez 鼻水が出ている. ► à ～ 1滴ずつ; 徐々に. se ressembler comme deux ～ d'eau そっくりだ.
— 副 否定 ne … ～ 全然…ない. n'y entendre ～ 何も理解できない.

goutte² 女【医】痛風.

goutte-à-goutte 男〖不変〗【医】点滴注入器.

gouttelette 女 小さな水滴.

goutter 自 しずくを滴らせる; 滴る.

goutteux, se 形【医】痛風の(患者).

gouttière 女 樋(き); ギプス, 添え木.
◇chat de ～ 雑種の猫; 野良猫.

gouvernable 形 統治［支配］し得る.

gouvernail 男 ❶ (船, 飛行機の)舵(ミ). ► ～ de profondeur (潜水艦の)横舵［潜舵］;(飛行機の)昇降舵. ❷ (経営などの)舵取り, 指揮(権). ► être au ～ 指揮的地位にある.

gouvernance 女 統治; 指導.

gouvernant, e 形 統治する［支配する］. — 男 統治［支配］者; 政治指導者. — 女 女性家庭教師;(独身者の世話をする)家政婦.

gouverne 女【海】操舵(ミ);【航】機外動翼部. ◇pour votre ～ 行動の指針として; 参考までに.

gouverné, e 形 統治されている; (感情が)抑制された.
— 男 複 統治［支配］されている人.

gouvernement 男 ❶ 政府; 内閣; 政権; 政体. ❷ 統治; 支配. ❸【史】(アンシャンレジーム下の)地方総督管区(ほぼ州に相当).

gouvernemental, ale 形【政】

aux 形 政府(支持)の; 内閣の; 行政の.

gouverner 他 ❶ 統治［支配］する. ❷ (船を)操る, 舵を取る; (機械などを)動かす. ❸ (感情を)抑制する. ── 自 統治［支配］する; 船を操縦する; (船が)舵に従う. ── **se ～** ⦅ ⦆ 自治を行う; 自己を抑制する.

gouvernés 男複 被統治者.

gouverneur, e 名 ❶ 総裁. ► ～ de la Banque de France フランス銀行総裁. ❷ (米国の)州知事. ❸ ⦅軍⦆ ～ militaire 要塞司令官. ── 男 ⦅史⦆地方総督; 貴族の子弟の養育係.

goy [gɔj]; 複 **goyim** [-m] (または **goyim**) 名, 形 (ユダヤ教徒から見て)異教徒の.

goyave [gɔja-] 女 ⦅植⦆グアバの実.

goyavier [gɔja-] 男 ⦅植⦆グアバ.

G.P.L. 男 ⦅略⦆ gaz de pétrole liquéfié 液化石油ガス.

GPS 男 ⦅英⦆⦅略⦆ global positioning system 汎地球測位システム.

G.Q.G. 男 ⦅略⦆⦅軍⦆ grand quartier général 総司令部.

gr ⦅記⦆⦅計⦆ grade グラード(直角の100分の1).

G.R. 男 ⦅略⦆ sentier de grande randonnée 自然遊歩道.

Graal [ɡra:l] 男 聖杯.

grabat 男 粗末なベッド.

grabataire 形, 名 寝たきりの(病人).

grabuge 男 話 喧嘩(ホチà); 騒動.

grâce 女 ❶ 優雅さ, 上品さ; 魅力. ❷ 恩恵, 好意; 寵(ᡤèョウ)愛. ❸ (神の)恵み; 天賦の才能; ⦅カト⦆ 恩寵, (特に)教霊の約束. ❹ 猶予; 容赦; ⦅法⦆恩赦. ❺ 感謝(複数)(食後の)感謝の祈り. ► votre G～ (尊称で)閣下, 下下.
◇ à la ～ de Dieu 神の御心のままに; 運を天に任せて. avoir mauvaise ～ à … …するのは適当でない. coup de ～ とどめの一撃. crier ～ 許しを請う; 降参する. de bonne [mauvaise] ～ 喜んで［いやいやながら］. de ～ お願いだから. en ～ 恩恵として; 気に入られて. état de ～ 恵まれた状態; 幸福の絶頂. faire à … la ～ de … …に…してあげる. faire des ～s 愛想を振りまく. faire ～ (à A de B) (AにBを)免除してやる. G～! お許しを; やめてくれ. ～ à … …のおかげで.

graciable 形 ⦅法⦆恩赦の対象となり得る.

gracier 他 ⦅法⦆恩赦を与える.

gracieusement 副 ❶ 優雅に; 愛想よく. ❷ 無料で.

gracieuseté 女 愛想のよさ, 親切な振る舞い; 古風 心付け, 祝儀.

gracieux, se 形 ❶ 優雅な, 魅力的な; 愛想のよい. ❷ 無料［無償］の.

gracile 形 文語 体の細い, きゃしゃな.
◇ **gracilité** 女

gradateur 男 電力制御装置.

gradation 女 ❶ 漸増; 漸減. ❷ 段階; グラデーション.

grade 男 ❶ 階級, 等級. ❷ (大学の)称号, 学位. ❸ ⦅計⦆ グラード(直角の

grades militaires 軍隊の階級

陸 軍 armée de terre				海 軍 marine	
元　帥		maréchal de France		元　帥	amiral de France
将官	上級大将	général d'armée		上級大将	amiral
	大将	général de corps d'armée		大将	vice-amiral d'escadre
	中将	général de division		中将	vice-amiral
	少将	général de brigade		少将	contre-amiral
校佐 officiers 官	大佐	colonel		大佐	capitaine de vaisseau
	中佐	lieutenant-colonel		中佐	capitaine de frégate
	少佐	commandant		少佐	capitaine de corvette
尉官	大尉	capitaine		大尉	lieutenant de vaisseau
	中尉	lieutenant		中尉	enseigne de vaisseau de 1ère classe
	少尉	sous-lieutenant		少尉	enseigne de vaisseau de 2e classe
	見習士官	aspirant		見習士官	aspirant
下士官 sous-officiers	准尉	major		准尉	major
	上級曹長	adjudant-chef		上級兵曹長	maître principal
	曹長	adjudant		兵曹長	premier maître
	軍曹	sergent-chef		上級兵曹	maître
	伍長	sergent		1等兵曹	second maître de 1ère classe
				2等兵曹	second maître de 2e classe
兵 hommes du rang	伍長	caporal-chef		水長	quartier-maître de 1ère classe
	上等兵	caporal		上等水兵	quartier-maître de 2e classe
	1等兵	soldat de 1ère classe		1等水兵	matelot
	2等兵	soldat de 2e classe		2等水兵	matelot sans spécialité

gradé 100分の1の角度).
◊**en prendre pour son ~** ひどくしかられる.

gradé, e 男 形〘軍〙下級兵の階級を持つ.
— 男 下士官.

grader [-dœːr]男〘英〙グレーダ(地面をならすための機械).

gradient 男 勾配, 傾度.

gradin 男 階段席, スタンド席; 段状のもの.

gradualisme 男 漸進主義.

graduation 女 目盛りを打つこと; 目盛り.

gradué, e 形 目盛りを打った; 漸進[段階]的な.
— 男〘カナ〙卒業[学位取得]者.

graduel, le 形 漸進[漸次]的な.
— 男〘カト〙昇階唱.

graduellement 副 次第に, 少しずつ.

graduer 他 目盛りをつける; 漸進[漸増]させる.

gradus [-s] 男 (ラテン詩の) 韻律辞典.

graff 男 (スプレーの壜った)落書き.
◊**graffeur, se**

graffiter 他 落書きをいっぱいに書く.
◊**graffitier, se**

graffiti 男複〘伊〙落書き.

graillement 男 ハシボソガラスの鳴き声.

grailler 1 自(ハシボソガラスが)鳴く; しゃがれ声で話す.

grailler 2 他 俗 食う.

graillon 1 男 痰, 痰.

graillon 2 男 脂の焦げたにおい.

graillonner 1 自 俗 (痰を吐くために) 咳払いをする.

graillonner 2 自 脂の焦げたにおいがする.

grain 男 ❶ 穀粒; 粒, 実, 豆; 小さな玉 (粒状のもの). ► **un ~ de ...** 一粒 [ほんの少し]の.... ❷ (物の表面の) つぶつぶ, きめ; 粒子, 粒状. ❸ (風を伴う) にわか雨, スコール; 突風. ❹〘宝〙グレーン(真珠の重量単位で0.25グラムに相当).
◊**avoir un ~** (頭が) 少しいかれている. **~ de beauté** ほくろ. **mettre son ~ de sel dans** しゃしゃり出て口を挟む. **veiller au ~** 用心する.

graine 女 種子.
◊**casser la ~** 俗 食べる. **en prendre de la ~** お手本にする. **~ de ...** ...になりそうな若者 [子供], ...の卵. **mauvaise ~** 将来ろくに育たない子[青年]. **monter en ~** (植物の)種子をつける; (子供の)大きくなる.

graineterie 女 種子 [穀物] 商 (店), 種苗店.

grainetier, ère 名 種子 [穀物] 商人, 種苗屋.

graissage 男 油脂 [グリース] の塗布; (潤滑油の)注油, グリースアップ.

graisse 女 ❶ 脂肪; 脂肪, グリース. ► **prendre de la ~** 脂肪がつく, 太る. ❷ (ワインなどの) 油状変質; 〘印〙(文字の線の) 太さ.

graisser 他 油脂[グリース]を塗る; 注油する; 油汚す.

◊**~ la patte de ...** 語 ...を買収する.
— 自 (ワインなどが) 油状変質する.

graisseur, se 男 形 油脂[グリース]を塗布する, 注油する. — 男 注油器, 油差し. — 名 注油[グリース]工.

graisseux, se 形 脂肪(質)の; 油脂で汚れた.

graminacées / graminées 女複〘植〙イネ科.

grammage 男〘紙〙坪量.

grammaire 女 文法(書); 基本原理, 規則.

grammairien, ne 名 文法学者.

grammatical, ale; 〘男複〙**aux** 形 文法(上)の; 文法にかなった.
◊**grammaticalement**

grammaticaliser 他〘言〙文法化する.
◊**grammaticalisation** 女

grammaticalité 女〘言〙文法性.

gramme 男 ❶〘計〙グラム(質量単位). ❷ **un ~ de ...** ごく少量の....

grana 男〘伊〙グラナ(イタリア産の牛乳から作るチーズ).

grand, e 形 ❶ 大きい, 背が高い; 広い; 多くの. ► **~e personne** 大人 / **~ frère** 兄 / **deux ~es heures** たっぷり2時間. ❷ たいへんな, 非常な; ひどい. ❸ 重要な, 主要な; 有力な; 高級な; 立派な, 偉大な; 高貴な, 上流の. ❹ 大げさな.
— 名 背の高い人; 大人; 話 上級生.
— 男 ❶ 大国, 大企業; 大物, 重要人物. ► **les sept G~s** G 7. ❷ **l'infiniment ~** 無限大.
◊**en ~** 大規模に; 大局的に; 徹底的に.
— 副 大きく. ► **voir ~** 広い視野で考える; 大きい計画を持つ.

grand-angle [-tɑ̃-]; 〘複〙**~s~s / grand-angulaire**; 〘複〙**~s~s** 男 広角レンズ.

grand-chose 名 (不変) ❶ (否定的表現で用いられた)[こと]. ❷ **[une] pas ~** 取るに足らぬやつ, ろくでなし.

grand-croix 女 グランクロワ章, 大綬(位)章(各種勲章の最高位).
— **grand-croix**; 〘複〙**~s~s** 男 グランクロワ章佩(しい)用者.

grand-duc; 〘複〙**~s~s** 男 ❶ 大公, 大公; (帝政ロシアの) 皇族. ❷ **faire la tournée des ~s~s** 語 (歓楽街で) 豪遊する.

grand-ducal, ale; 〘男複〙**aux** 形 大公(国)の.

grand-duché; 〘複〙**~s~s** 男 大公国.

Grande-Bretagne 女 イギリス; グレート・ブリテン島.

grande-duchesse; 〘複〙**~s~s** 女 大公妃; 女大公; (帝政ロシアの) 皇女.

grandelet, te 形 大人になりかけの, やや大きめの.

grandement 副 大きく; 大いに; たっぷり; 気前よく; 豪華に.

Grandes-Jorasses 女複 グランド・ジョラス(モン=ブラン山塊の山峰).

grandesse 囡 (スペインの)大公爵の位.

grandet, te 厖 (子供が)かなり大きくなった.

grandeur 囡 ❶ 大きさ,規模;重大さ;強大さ,威光;偉大さ;偉大な人. ❷ [心] délire de ～ = folie des ～s 誇大妄想. idée de ～ 誇大観念.
◇ ～ nature 実物大の. ordre de ～ おおよその大きさ [数値]. regarder ... du haut de sa ～ …を見下す.

Grand-Guignol 囲グラン・ギニョル座(モンマルトルにあった猟奇物・残酷劇専門の劇場). ▶ C'est du ～. 話 そいつはひどい,ぞっとする.

grand-guignolesque 厖 話 グラン・ギニョル座ふうの,猟奇的な.

grandiloquence 囡(文体,話しぶりの)大仰さ;大言壮語.

grandiloquent, e 厖 (文体,話しぶりが)大げさな.

grandiose 厖 雄大な,堂々とした.

grandir 圓 ❶ 大きくなる,成長する. ❷ 増大する;強まる. ♦ en sagesse ますます賢くなる. ◇ sortir grandi de ... …を経て人間的に成長する. — 他 ❶ 大きくする [見せる];立派にする;高める. ❷ 大げさに考える,誇張する.

— se ～ 自分を大きくする [見せる].

grandissant, e 厖 次第に大きくなってゆく,増大する.

grandissement 囲 ♯倍率.

grandissime 厖 話 とても大きい.

grand-livre 囲 (複) ～s-～s ❶ (公債の)登録台帳. ❷ [簿] 総勘定元帳.

grand-maman 囡(複) ～s-～s 囡 (呼びかけで)おばあちゃん.

grand-mère 囡(複) ～(s)-～s ❶ 祖母. ❷ 語 老婆.

grand-messe 囡(複) ～s-～s 囡 [カト] 盛儀ミサ,歌ミサ.

grand-oncle 囲(複) ～s-～s 囲 大おじ.

grand-papa 囲(複) ～s-～s 囲 (呼びかけで)おじいちゃん.

grand-peine (à) 副句 辛うじて,やっとのことで.

grand-père 囲(複) ～s-～s 囲 祖父;語 老人.

grands-parents 囲複 祖父母. 注単数でどちらかを指すこともある.

grand-tante 囡(複) ～(s)-～s 囡 大おば(祖父または祖母の姉妹).

grand-voile 囡(複) ～s-～s 囡 [海]主帆(セン),メーンスル.

grange 囡 納屋,穀物倉.

grangée 囡 穀倉1つ分の穀物.

granit(e) 囲 [-t] 囲 花崗(カ)岩.

granité, e 厖 (花崗(カ)岩のように)つぶつぶのある.
— 囲 ❶ グラニテ(つぶつぶのできる程度に凍らせたシャーベット);❷ [繊] 花崗(カ)織物(の布),グラニットクロス.

graniter 他 花崗岩模様をつける.

graniteux, se 厖 花崗岩を含む.

granitique 厖 花崗(カ)岩(質)の.

granitoïde 厖 花崗岩様の.

granivore 厖 穀食性の(動物).

granny-smith [granismis] 囡 (不変)(英)グラニー・スミス(リンゴの品種).

granulaire 厖 [地] 細粒でできた.

granulat 囲 骨材(モルタルやコンクリートに混入する砂利などの総称).

granulation 囡 細粒にすること,細粒塊;[金]衝撃粉化;[医] 肉芽(形成).

granule 囲 細粒,顆粒;丸薬.

granulé, e 厖 細粒[顆粒]状の. — 囲 [薬] 顆粒剤.

granuler 他 細粒[顆粒]状にする.

granuleux, se 厖 細粒塊から成る,細粒状の; (表面が)ざらざらした.

granulite 囡 (英)[鉱] グラニュライト,白粒岩.

granulome 囲 [医] 肉芽腫(ショウ).

grape(-)fruit [grepfrut] 囲 (米) グレープフルーツ(の実).

graphe 囲 グラフ,図表.

graphème 囲 [言] 書記素.

grapheur 囲 グラフィックス・ソフト.

graphie 囡 [言] 書記法(法).

graphiose 囡 オランダニレの寄生虫病.

graphique 厖 ❶ グラフ[図表]による;線[図形]で表した. ❷ arts ～s グラフィック・アート. ❸ [言] 書記の. ♦ signes ～s 書記記号,文字.
— 囲 図表,グラフ.
— 囡 図表学;製図法.

graphiquement 副 グラフ[図表]によって.

graphisme 囲 筆跡,書体;画風.

graphiste 囲 グラフィック・デザイナー,図案家.

graphite 囲 [鉱] 黒鉛,石墨.

graphiteux, se / graphitique 厖 [鉱] 黒鉛を含む.

graphologie 囡 筆跡学;筆跡鑑定. ◇ graphologique 厖.

graphologue 囲 筆跡学者;筆跡鑑定人.

graphomètre 囲 測角器.

grappa 囡 [伊] グラッパ(イタリア産蒸留酒).

grappe 囡 (花,果実の)房;房状のもの;群れ.

grappiller 他 ❶ (花,果実を)あちこちから摘み取る. ❷ (金を)くすねる; (情報を)拾い集める. — 圓 かすめ取る,ちょろまかす. □ grappillage 囲.

grappilleur, se 囲 くすねる人,ちょろまかす人.

grappillon 囲 ブドウ房の一部;ブドウの小さい房.

grappin 囲 [海] 多爪錨(イカリ),ひっかけ錨;接舷鉤(コウ);[機] (クレーンなどの)つかみ,グラブ.
◇ mettre le ～ sur ... …をつかまえて離さない;独り占めする.

gras, se 厖 ❶ 脂肪質の,脂肪分の多い;肥えた,肉の. ▶ corps ～ 油脂 / bouillon ～ 肉スープ / jour ～ [カト] 肉食日. ❷ 脂で汚れた;(髪や肌が)脂性の. ▶ eaux ～ses 食器を洗ったあとの汚れた水. ❸ 肥満した,太った

太い，肉厚の．► foie ～ フォワグラ／caractère ～ 肉太[ボールド体]活字／crayon ～ 芯が柔らかめな濃い鉛筆. ❹ ぬとりした，粘りのある；(地面が)ぬかるんだ；(声に)絡まる．► charbon ～ 枯粘質［粘りの絡まる］咳／voix ～se くぐもった声．❺ 豊富な；(土地が)肥沃な．❻ 卑猥(ひわい)な．◇Ce n'est pas ～ 大しくわずかしかない．faire la ～se matinée 朝寝坊する．mardi ～ 謝肉の火曜日(謝肉祭の最終日)．

——男 ❶ (肉の)脂身．❷ ～ de la jambe ふくらはぎ．❸ [建] avoir du ～ 所定の寸法より大きすぎる．◇discuter le bout de ～ しゃべりまくる．

——副 ❶ parler ～ 喉(のど)を震わせて話す．tousser ～ 痰のからむ咳をする．❷ [カト] faire ～ (信者が斎日に)肉食をする．

gras-double 男 [料]牛の胃．

grassement 副 ❶ ぜいたくに；気前よく．❷ がらがら声で．

grasset 男 (牛, 馬などの)後膝(のひざ)関節；(牛の)ひきバラ肉．

grasseyant, e 形 r を喉(のど)鳴らし音で発音する．

grasseyer 12 b 自, 他 r を喉(のど)鳴らし音で発音する．□**grasseyement** 男

grassouillet, te 形 ほっちゃり太った, 丸ぽちゃの．

grateron 男 [植]ヤエムグラ．

gratifiant, e 形 喜ばす, 満足感を与える．

gratification 女 特別手当, ボーナス；満足感．

gratifier 他 ❶ ～ A de B A にBを(恩恵として)与える．► se voir ～ d'une amende (皮肉)罰金を食らう．❷ 満足感を与える．

gratin 男 ❶ [料]グラタン．❷ [話]上流社会, エリート階層．❸ (マッチの)側薬．

gratiné, e 形 ❶ グラタンにした．❷ [話] 並外れた；奇妙な．

——女 オニオングラタンスープ．

gratiner 他 グラタンにする．

gratiole [-sjol] 女 [植]サワオトギリ．

gratis [-s] 副 無料で．

gratitude 女 感謝の念．

grattage 男 削り取ること．

gratte 女 [話] ❶ くすねた利益, ピンハネ．❷ ギター．

gratte-ciel 男 (不変)摩天楼, 高層ビル．

gratte-cul [-ky] 男 野バラの実．

gratte-dos 男 孫の手．

grattement 男 かく[ひっかく]こと；ひっかく(ような)音．

gratte-papier；(複) ～(s) 男 (軽蔑)(下級)事務員．

gratte-pieds 男 (玄関などに置く金属製の)靴ぬぐい．

gratter 他 ❶ ひっかく, かく；かき削る；削り落とす．❷ かゆい[むずむずした]感じを与える．❸ [話](金を)くすねる．❹ [話]追い越す．

——自 ❶ (à…)(…を)爪の先で軽くたたく．❷ (de)(ギターなどを)下手に演奏する．❸ 困惑する．

——se ～ (自分の体を)かく．

gratteron 男 ⇨ grateron．

gratteur, se 男 ひっかく人；かき削る人．

grattoir 男 字消しナイフ；かき削り道具；(玄関に置く金属製の)靴ぬぐい(マットの側薬)．

gratouiller 他 軽くひっかく, かゆみを与える, ちくちくする．

gratture 女 (金属などの削り層)(くず)．

gratuit, e 形 無料の；無償の；根拠[動機]のない．

gratuité 女 無料, 無償性；根拠[動機]がないこと．

gratuitement 副 無料[無償]で；根拠[動機]なく．

gratuitiel 男 [情報]フリーウエア．

grau 男 (川や湖が海に注ぐ)水路．

gravatier 男 残骸(ざんがい)運び出し業者．

gravats 男 (複)(取り壊した建物の)残骸(がい)．

grave[1] 形 ❶ 重大な, 深刻な．► blessé ～ 重傷者．❷ 厳かな, 重々しい．❸ (音が)低い．❹ [文法] accent ～ アクサン・グラーヴ(`)．

——男 低音域；(複数)低音；[楽]緩徐楽章．

grave[2] 女 [土]砂礫(れき), 混合骨材．

gravé, e 形 彫られた, 刻まれた；(思い出などが)刻み込まれた．

graveleux, se 形 ❶ 卑猥な, みだらな．❷ 砂利の混じった；(果物の果肉が)ざらざらした．

gravelle 女 [医]尿砂, 腎(じん)砂．

gravement 副 ❶ 重く, ひどく；重々しく；荘重に．

graver 他 彫る, 刻む；刻み込む；(レコード原盤の)カッティングをする．

——se ～ 代刻刻される, 刻まれる．

graves 男 グラーヴ(ボルドー産の白ワイン)．

graveur, se 男 版画家；(貴)金属彫刻師；(写真製版の)製版者．

——男 (レコードの)カッティングマシン．

gravide 形 妊娠した．

gravidique 形 妊娠(期)の(中)の．

gravidité 女 [医] 妊娠．

gravier 男 小石；(集合的)砂利．

gravière 女 砂利採取場．

gravifique 形 重力[引力]の．

gravillon 男 (舗装用の)小砂利．

gravillonner 他 小砂利を敷く．□**gravillonnage** 男

gravimètre 男 [物]重力計．

gravimétrie 女 [物]重力[重量]測定；[化]重量分析．□**gravimétrique** 形

gravir 他 (苦労して)登る；よじ登る．

gravisphère 女 (天体の)重力圏．

gravissime 形 ひどく重大[深刻]な．

gravitation 女 [物]万有引力．

gravitationnel, le 形 万有引力による；[天] écroulement [effondrement] ～ 重力崩壊．

gravité 女 ❶ 重大[深刻]性；重々しさ．❷ [物]重力．

◊**centre de ~** (物体の)重心;(活動の)中心,拠点.

graviter 自 ❶〔物〕(軌道を)回る. ❷(権力者の)取り巻きになる;(大国の)傘下に入る.

gravitino 男〔物〕グラビティーノ,重力892子.

graviton 男〔天〕重力子.

gravois 男絡 ▷ gravats.

gravure 女 ❶ 版画;彫版(術). ▸ ~ à l'eau-forte エッチング. ❷〔絵,写真の〕複製;挿絵. ❸(レコードの)カッティング.

gray 男〔計〕グレイ(放射線吸収量の単位).

grazioso 形 [-sjo-] 副(伊)〔楽〕グラツィオーソ,優美に.

gré 男好み;意向,意思;感謝.
◊**à son gré** 自分の好みで;思いどおりに;自分の意見では(話 son は各人称に変化させて用いる). **au gré de …** …のままに. **bon gré mal gré** いやおうなしに,仕方なく. **de bon gré = de son (plein) gré** 自発的に. **de gré ou de force** 無理やりにでも. **savoir (bon) gré à A de B** BについてAに感謝する. **savoir mauvais gré à A de B** BのことでAを悪く思う.

grèbe 男〔鳥〕カイツブリ.

grébiche / grébige 女(服や革製品を縁取る)縁金具;〔印〕(原稿につける)通し番号.

grec, que 形 ギリシアの. ▸ Eglise ~que ギリシア正教会. — 男(G~)ギリシア人;ギリシア正教会信者. — 男 ギリシア語. — 女〔美〕メアンダー(雷文に似た渦巻文様).

Grèce 女 ギリシア.

gréciser 他 ギリシア語風にする.

grécité 女 ギリシア(語)らしさ.

gréco-bouddhique 形 ギリシア風仏教美術の.

gréco-latin, e 形 ギリシア・ラテンの.

gréco-romain, e 形 ギリシア・ローマの. ▸ **lutte ~e** (レスリングの)グレコ・ローマン・スタイル.

grecque 女 grec の女性形.

gredin, e 名 ごろつき,悪党;いたずらっ子.

gredinerie 女 下劣な行為,悪さ.

gréement 男(帆船の)艤(ぎ)装;索具類.

green [grin] 男〔英〕(ゴルフの)グリーン.

Greenpeace [grinpis] 〔英〕グリーンピース(国際的な反核,環境保護運動団体).

gréer 他 (帆船を)艤装する.

greffage 男〔農〕接ぎ木すること.

greffe¹ 男(裁判所の)書記課;記録保管所.

greffe² 女 接ぎ木;接ぎ枝;〔医〕(臓器などの)移植. ▸ **~ d'organe** 臓器移植.

greffé, e 形 接ぎ木された;〔医〕(臓器などの)移植を受けた. — 名 臓器移植を受けた人.

greffer 他 接ぎ木する;〔医〕臓器などを移植する. ▸ **se ~** (sur) (…に)付け加わる.

greffeur, se 名 接ぎ木師〔職人〕.

greffier, ère 名〔裁判所〕書記(官).

greffoir 男 接ぎ木ナイフ.

greffon 男〔農〕接ぎ穂;〔医〕移植組織.

grégaire 形〔生〕群生〔群居〕する;群集〔集団〕の;付和雷同する.

grégarisme 男〔生〕群居性,群生本能.

grège 形 ❶ **soie [fil] ~** 生糸. ❷ 生糸色の. — 男 生糸色(グレーとベージュの中間色).

grégeois 形男〔史〕**feu ~** ギリシア煙硝(の火).

grégorien, ne 形(ローマ教皇)グレゴリオスの. ▸ **calendrier ~** グレゴリオ暦(グレゴリオ13世の定めた太陽暦) / **chant ~** グレゴリオ聖歌. — 男 グレゴリオ聖歌.

grègues 女絡 (15-17世紀に用いられた)半ズボン.

grêle¹ 女 ❶ 雹(ひょう);霰(あられ). ❷ **une ~ de …** 雨あられと降る…;立て続けの….

grêle² 形 ❶ ひょろ長い,か細い(音,声)の/か細い. ❷ **intestin ~** 小腸.

grêlé, e 形 あばたのある.

grêler 非人称 電〔ひょう〕が降る. — 他 雹の被害を与える.

grêleux, se 形 雹〔霰〕の降りそうな.

grelin 男〔海〕大索,太綱.

grêlon 男 雹(ひょう);霰(あられ)の粒.

grelot 男 鈴;鷗電鈴.
◊**attacher le ~** 率先して難事を行なう;先んじて警告を発する. **avoir les ~s** 怖がる,震える.

grelottant, e 形(寒さ,恐怖などで)震えている.

grelottement 男 震えること;震え.

grelotter 自(寒さ,恐怖で)震える.

greluche 女話(軽蔑)若い女,娘.

grémil 男〔植〕ムラサキ.

grémille 女〔魚〕ダルマスズキ.

grenache 男 グルナッシュ(南仏の黒ブドウ品種,また,そのワイン).

grenadage 男〔軍〕擲(てき)弾攻撃〔発射〕.

Grenade 女 グラナダ(スペイン南部の都市;かつてのグラナダ王国の首都).

grenade 女 ザクロ(の実);〔軍〕榴(りゅう)弾;擲弾. ▸ **~ à main** 手榴弾 / **~ sous-marine** 爆雷.

grenader 他〔軍〕擲弾で攻撃する.

grenadeur 男〔軍〕爆雷投下器.

grenadier 男〔植〕ザクロ;〔軍〕擲(てき)弾兵;精鋭兵.

grenadière 女〔軍〕擲弾入れ.

grenadille 女〔植〕パッションフルーツ,クダモノトケイソウ.

grenadin 男〔鳥〕カーネーションの一品種;〔料〕子牛の薄切り肉;子牛の腿(もも)の薄切り肉の蒸し煮.

grenadine 女 グレナディンシロップ(ザクロを主原料とした赤いシロップ).

grenage 男 粒状〔ざらざら〕にすること,顆(か)粒化.

grenaille 女 粒状化された金属.

grenailler 他 (金属を)粒状化する.
grenaison 女〖農〗(穀物の)結実.
grenat 男 柘榴〖鉱〗石；ガーネット色；深紅色.
— 形 (不変) ガーネット〖深紅〗色の.
grené, e 形 粒状の；ざらざらにした；〖美〗点描の.
greneler [grə(e)-] 他 (革，紙などに)しぼつけする, しぼをつける；細かい点をつける.
grener 3 自 (穀物が)種子を結ぶ.
— 他 粒状〖ざらざら〗にする.
grènetis 男 (貨幣などの内周にある)粒状の円.
grenier 男 屋根裏部屋；(屋根裏の)穀物倉；穀倉地帯.
Grenoble グルノーブル (Isère 県の県庁所在地).
grenoblois, e 形 グルノーブルの.
— 名 (G~) グルノーブルの人.
grenouillage 男 〖俗〗(政治上の)裏取引，闇工作.
grenouille 女 カエル.
◇~ de bénitier 信心に凝り固まった人. manger〖bouffer〗la~ 公金を使い込む.
grenouiller 自 〖俗〗(政治上の)裏取引〖闇工作〗をする.
grenouillère 女 カエルの多くいる)沼沢地；〖服〗(足まで包む)乳児用のコンビネーション.
grenu, e 形 (表面の)粒状の, ざらざらした.
grenure 女 (革, 紙の)しぼ(しわのような凹凸模様).
grès [grɛ] 男 砂岩；〖陶〗炻器(せっき), グレ.
gréser 他 〖砂岩の砥石(といし)で〗磨く. □**grésage** 男
gréseux, euse 形 砂岩質の.
grésil [-zi(l)] 男 凍雨, 氷あられ.
grésillement 男 パチパチいう音；(油の)ジュウジュウいう音；(ラジオ, 電話の)雑音；コオロギの鳴き声.
grésiller[1] 自 パチパチ〖ジュウジュウ〗という音を出す；(ラジオ, 電話が)雑音を出す；(コオロギが)鳴く.
grésiller[2] 非人称 凍雨〖氷あられ〗が降る.
grésoir 男 (ガラスの切断面の面取りをする)研磨砂〖砥石(といし)〗.
gressin 男 グリッシーニ(細い棒状の乾パン).
grève 女 ❶ ストライキ. ~ générale ゼネスト / ~ de la faim ハンスト / ~ sur le tas 座り込みストライキ / ~ du zèle 順法闘争 / ~ de l'impôt 税金不払い運動. ❷ 砂浜；浜辺.
grever 3 他 (財政的)負担をかける；(負担の)しかかる.
gréviste 名 ストライキをする(人).
gribiche 形女〖料〗sauce~ グリビッシュソース(ゆで卵の黄身をマスタードで仕上げた冷製ソース).
gribouillage / gribouillis 男 下手な絵［字］；なぐり書き.
gribouillage 男 〖俗〗風通抜け, とんま.
gribouiller 自, 他 なぐり書きする；落書きする.

gribouilleur, se 名 なぐり書きをする人；三文文士, へぼ画家.
griffade 女 爪でひっかくこと.
grief [-jɛf] 男 不満, 不平, 苦情.
◇faire~ à A de B BのことでAを非難する.
grièvement 副 ひどく, 重く.
griffade 女 爪でひっかくこと.
griffe 女 ❶ (動物の)鉤(かぎ)爪, 爪. ❷ 署名印, 判；(洋服メーカーなどのネーム, ブランド；(作者などの)特徴. ❸ (宝石を固定する)爪. ❹〖植〗(ブドウなどの)巻きひげ；(アネモネなどの)根茎.
◇arracher A des~s de B Bの毒牙からAを救う. donner〖lancer〗un coup de~ à ……をひっかく；……に辛辣(しんらつ)な言葉を浴びせる. rogner les~s de ……からの危害を防ぐ. tomber sous [dans] les~s de ……の手中に落ちる.
griffé, e 形 ひっかき傷のついた；ブランド名の入った.
griffer 他 (爪で)ひっかく；(洋服に)ブランド〖メーカー〗名を入れる.
griffeur, se 形, 名 (爪で)ひっかく(人, 動物).
griffon[1] 男 ❶〖半神〗グリュプス(ライオンの胴, ワシの頭と翼を持つ怪物). ❷ グリフォン(ベルギー原産の愛玩(あいがん)犬)；〖鳥〗シロエリハゲワシ.
griffon[2] 男 (泉の)わき口.
griffonnage 男 なぐり書き；ぞんざいな絵, 駄作.
griffonner 他 雑に書く〖描く〗.
— 自 落書きする.
griffonneur, se 名 雑に書く〖描く〗人.
grif(f)ton 男 ⇨ griveton.
griffu, e 形 鉤(かぎ)爪のある.
griffure 女 ひっかき傷.
grigne 女〖パン〗(焼く前に入れる)切り込み, クープ；(焼きパンの)黄金色.
grigner 自〖服〗しわよる.
grignon 男〖古〗(よく焼けたパンの)かりかりした一片.
grignotage 男 少しずつかじる〖減らす〗こと；(選挙で)相手の地盤を徐々に崩す作戦.
grignotement 男 少しずつかじる〖減らす〗こと；かじる音.
grignoter 他 ❶ 少しずつかじる〖減らす〗. ❷ 手に入れる, くすねる.
grignoteuse 女 金属薄切り機(木工用)電動糸鋸(いとのこ).
grigou 男〖俗〗けちん坊のお守り.
gri-gri(複)~s~s / **grigri** 男 (アフリカの黒人の)お守り.
gril 男 ❶ 焼き網, グリル. ❷ (水門の上流に設けるごり止め格子；〖演〗(舞台装置の後背にあり吊り装置を支える)梁(ばり)構え；〖海〗(船底の清掃, 修理用)格子組みドック；〖解〗~costal 胸郭.
◇être sur le~〖話〗心配〖不安〗でたまらない；じりじりしている.
grill [-l] 男 ⇨ grill-room.
grillade 女 網焼きにした肉.
grillage[1] 男 網焼きにすること；煎ること；〖金〗(鉱石の)焙焼；〖繊〗毛織物の焼き.
grillage[2] 男 (鉄)格子；金網(の柵).

grillager ⦅他⦆ 格子をはめる；金網(の柵)に巡らす。

grille ⦅女⦆ ❶ 格子(窓)；鉄格子の門，鉄柵(?)。❷ (暗号解読用の)グリル，格子；(クロスワードパズルの)升目。❸ 表，一覧表，〜 d'horaires 時刻表／〜 de programmes 番組表／〜 (de loto) ロト(国営宝くじ)の申し込み用紙。❹ ⦅電⦆ グリッド。

grillé, e ⦅形⦆ ❶ (焼き網で)焼いた，焼った。❷ ⦅話⦆ 正体がわれた。

grille-pain ⦅男⦆⦅不変⦆ パン焼き器；トースター。

griller¹ ⦅他⦆ ❶ 焼き網で焼く；炒る。❷ 焼けるように暑い[熱い]；(酷寒，酷暑が)植物を枯らす。❸ ⦅話⦆ (電気器具が)ショートさせる；(エンジンを)過熱させる。❹ ⦅話⦆ (相手を)追い越す；(信号を)無視する。❺ ⦅話⦆ 正体を見破る。
◇ 〜 *une cigarette* ⦅話⦆ たばこを吸う。
— ⦅自⦆ ❶ こんがり焼ける；⦅話⦆ 焼けるように暑い。❷ ⦅話⦆ (…で)じりじり[うずうず]する。

griller² ⦅他⦆ 格子をはめる；鉄柵(?)を巡らす。

grilloir ⦅男⦆ (肉や魚などを焼く)ロースター，焼物器。

grillon ⦅男⦆⦅昆⦆ コオロギ。

grill-room [grilrum] ⦅男⦆⦅英⦆ グリル(客の前で肉や魚を焼くレストラン)。

grimaçant, e ⦅形⦆ しかめ面の。

grimace ⦅女⦆ ❶ しかめ面，渋面。► se faire des 〜s しかめっこをする。❷ ⦅複⦆⦅文章⦆ 気取り，見せかけの表情。❸ (服などの)しわ。

grimacer ⦅自⦆ ❶ 顔をしかめる。❷ (服が)しわが寄る。
— ⦅他⦆ (表情を)無理に作る。

grimacier, ère ⦅形⦆⦅名⦆ 顔をしかめる(人)，気取った人。

grimage ⦅男⦆ 濃いメーキャップ，(俳優の)隈取(*)。

grimaud ⦅男⦆⦅文章⦆ へぼ作家。

grime ⦅男⦆ 滑稽な老人役(の俳優)。

grimer ⦅他⦆ 濃いメーキャップをする，隈取(?)をする。— **se** 〜 自分の顔にメーキャップをする。

grimoire ⦅男⦆ 魔術書，呪(?)術書；難解な著作；判読不可能な字。

grimpant, e ⦅形⦆ (植物が)つる性の。

grimpe ⦅女⦆ スポーツクライミング。

grimpée ⦅女⦆ 険しい坂道。

grimper¹ ⦅自⦆ ❶ よじ登る，はい上がる；(高い場所に)上がる；(乗り物などに)乗る。❷ (道が)急な登り坂になる。❸ (数値などが)急上昇する。
— ⦅他⦆ 上る，よじ登る。

grimper² [-pe] ⦅男⦆ ⦅スポ⦆ 綱登り。

grimpereau ⦅複⦆ x ⦅男⦆⦅鳥⦆ キバシリ。

grimpette ⦅女⦆ 急な坂道。

grimpeur, se ⦅形⦆ よじ登る。
— ⦅男⦆⦅鳥⦆ 攀禽(?)類(オウム，キツツキなど)。❷ 上り坂に強い自転車選手；登山家，ロッククライマー。

grinçant, e ⦅形⦆ きしむ；耳障りな；辛辣(?)な。

grincement ⦅男⦆ きしみ，きしむ音。
◇ 〜 *de dents* 歯ぎしりする。

grincer ⦅自⦆ きしむ，耳障りな音を立てる。◇ 〜 *des dents* 歯ぎしりする。

grincheux, se ⦅形⦆⦅名⦆ 気難しい(人)，いつも不平をこぼす(人)。

gringalet ⦅男⦆ 貧相な男，やせた小男；ぱっとしない人物。

gringo ⦅男⦆⦅西⦆ ⦅話⦆ (ラテンアメリカで)外国人。

gringue ⦅男⦆ *faire du* 〜 *à …* …に言い寄る。

griot, te ⦅名⦆ グリオ(西アフリカの口承伝承者)。

griotte ⦅女⦆ ❶ スミノミザクラ[酸果桜桃]の果実；❷ ⦅鉱⦆ グリオット大理石。

griottier ⦅男⦆⦅植⦆ スミノミザクラ，酸果桜桃。

grip [-p] ⦅男⦆⦅英⦆ (ラケットやクラブの)グリップ。

grippage ⦅男⦆ (機械の)焼き付き；(社会機構などの)停滞。

grippal, ale ⦅複⦆ *aux* ⦅形⦆ インフルエンザの。

grippe ⦅女⦆ 流行性感冒，インフルエンザ。◇ *prendre ... en* 〜 …に反感を抱く。

grippé, e ⦅形⦆⦅名⦆ インフルエンザにかかった(人)。

gripper ⦅他⦆ (機械に)焼き付きを起こす，作動不能にする；(社会機構などを)停滞させる。— ⦅自⦆ 機械が焼き付いて止まる；(社会機構などが)停滞する(= se 〜)。

grippe-sou；⦅複⦆ 〜(〜s) ⦅男⦆⦅形⦆ けちな，しみったれの。

gris, e ⦅形⦆ ❶ 灰色の，グレーの；白髪混じりの；(空が)曇った，どんよりした。► *papier* 〜 灰色紙(安物の再生紙)。❷ さえない；陰気な，暗い。❸ ⦅話⦆ ほろ酔いの。◇ *matière* [*substance*] 〜*e* 頭脳；思考；⦅解⦆ (脳の)灰白質。
— ⦅男⦆ 灰色；(灰色の包装の)刻みたばこ。

grisaille ⦅女⦆ 灰色その色調；単調，味気なさ；⦅美⦆ グリザイユ，単色画。

grisailler ⦅他⦆ グリザイユで描く；灰色に塗る。— ⦅自⦆ 灰色になる。

grisant, e ⦅形⦆ 酔わせる，陶然とさせる。

grisard ⦅男⦆⦅動⦆ アナグマ；⦅植⦆ ポプラの一種。

grisâtre ⦅形⦆ 灰色がかった；陰気な，暗い。

grisbi [-zbi] ⦅男⦆⦅俗⦆ 金(?)，現なま。

grisé, e ⦅形⦆ ❶ 灰色がかった。❷ ほろ酔いの；陶然とした。
— ⦅男⦆⦅美⦆ 灰色着色(部分)。

griser ⦅他⦆ ❶ ほろ酔いにする；陶酔させる。❷ 灰色に塗る。
— **se** 〜 ほろ酔いになる；⦅de⦆ (…に)陶酔する。

griserie ⦅女⦆ 陶酔；ほろ酔い。

griset ⦅男⦆⦅魚⦆ カグラザメ。

grisette ⦅女⦆⦅古⦆ 尻(?)軽な若い女工。

grisoller ⦅自⦆ (ヒバリが)さえずる。

grison ⦅男⦆⦅文章⦆ 灰色の。

grisonnant, e ⦅形⦆ 白髪混じりの。

grisonner ⦅自⦆ 白髪混じりになる。
▫ **grisonnement** ⦅男⦆

grisou 男 (炭坑の)坑内爆発性ガス.
grisoumètre 男 坑内ガス検知器.
grisouteux, se 形 (炭鉱などが)爆発性ガスを含む.
grive 女 〖鳥〗ツグミ.
grivelé, e 形 〖文語〗(ツグミのように)白と灰色の混じった.
griveler 自 無銭飲食をする.
grivèlerie 女 無銭飲食.
grivelure 女 〖文語〗白と灰色の混合色.
griveton 男 俗 兵卒.
grivois, e 形 陽気でおませすけな.
grivoiserie 女 陽気さ, あけすけさ; 露骨な言動.
grizzli/grizzly 男 〖動〗ハイイログマ.
grœnendael [grɔ(e)nendal] 男 グルネンデール(ベルギー産の牧羊犬).
Grœnland [grœnlɑ̃ːd] 男 グリーンランド.
grœnlandais, e [grœn-] 形 グリーンランドの.
—— 名 (G~) グリーンランドの人.
grog [-g] 男 グロッグ(英)(ブランデーかラム酒を砂糖湯で割った飲み物).
groggy 形 (不変) (ボクシングで)グロッキーになった; へとへとになった.
grognard 男 (ナポレオン1世時代の)近衛(ゴン)兵.
grognasse 女 俗 醜くうるさい老婆.
grognasser 自 いつもぶつぶつ不平を言う.
grogne 女 俗 不平, 不満.
grognement 男 ❶ (豚, 熊などの)鳴き声. ❷ 不平, ぼやき.
grogner 自 ❶ (豚, 熊)がうなる, 鳴く. ❷ ぶつぶつ不平を言う, ぼやく.
grognon, ne 形, 名 不平の多い(人).
groin 男 (豚, イノシシの)鼻面.
grol(1)e 女 俗 靴.
grommeler ④ 自, 他 ぶつぶつ不平を言う; 口の中でもごもご言う. ⟶**grommèlement**
grondant, e 形 うなる; とどろく.
grondement 男 (動物の)うなり声; (低く長い)音, とどろき.
gronder 自 ❶ うなる; とどろく. ❷ (争いなどが)今にも起こりそうである; (怒りなどが)爆発寸前である. ❸ 〖文語〗不平[不満]をこぼす. —— 他 ❶ しかる; たしなめる. ❷ (不平などを)ぶつぶつ言う.
gronderie 女 しかること, 叱(シ)責.
grondeur, se 形 〖法〗口やかましい; しかりつけるような.
grondin 男 〖魚〗ホウボウ.
groom [grum] 男 〖英〗(ホテル, レストランの)若いボーイ.
groove [gruv] 男 〖英〗乗りのいいリズム.
gros, se 形 ❶ 大きい, 太い, 厚い; 太った, 店風 妊娠している. ~ comme … …くらいの大きさ(太さ, 厚さ)の. ❷ 大量の, 多くの; (程度の)大きい, 激しい, 強い; 大… ~ rhume ひどい風邪/~ industriel 大実業家/ une ~se demi-heure 優に 30分. ❸ 粗い, 粗雑(ソザッ)な; おおざっぱな; 粗野な, 下品な.
◊ *C'est un peu ~ !* 話 それはちょっと大げさだ; 見え透いている. — **de …** … で膨れた [濡れた]; …を含む.
—— 男 ❶ 大きく, 多く.
◊ *en avoir ~ sur le cœur* 悲しみで胸がいっぱいである, くやしさが胸にわだかまっている.
—— 名 太った人; (複数) 金持ち連中, お偉方.
—— 男 ❶ le ~ de … …の主要部分; 最盛期, 盛り. ❷ 卸.
◊ *en ~* 大きく, 太く; 大ざっぱに, おおよそ; 皆で.
—— 女 グロス; 〖法〗執行謄本.
groschen [-ʃen] 男 〖独〗グロッシェン(オーストリアの通貨単位).
groseille 女 スグリ(の実); スグリのシロップ. ~ à maquereau セイヨウスグリ, グーズベリー.
—— 形 (不変) 赤すぐり色[淡紅色]の.
groseillier 男 〖植〗スグリ.
gros-grain 男 グログラン(横紋のある平織の一種); グログラン・リボン.
gros-porteur 男 大型輸送機, ジャンボ・ジェット機.
grosse gros の女性形.
grossesse 女 妊娠. ▶ interruption volontaire de ~ 妊娠中絶.
grosseur 女 ❶ 大きさ, 太さ, 厚み, サイズ. ❷ 肥満; はれもの, しこり.
grossier, ère 形 ❶ 下品な; 無作法な, 礼を欠く; 粗野な; 教養のない. ❷ 粗雑な; 大ざっぱな; 粗末な; ひどい. ❸ (体の)いかつい, ごつい.
grossièrement 副 ❶ 下品に; 無礼に, 無作法に; 粗野に. ❷ 粗雑に, 大ざっぱに; 粗末に. ❸ ひどく.
grossièreté 女 ❶ 下品, 無作法; 粗野; 無礼【下品な言動】. ❷ 粗雑; 大ざっぱ; 粗末; ひどさ.
grossir ② 自 太る; 大きくなる; 増える; 強くなる. ❷ (話などが)誇張される. —— 他 ❶ 太く [大きく] 見せる; 増す; 強くする. ❷ 誇張する.
—— **se ~ (de)** (…で)増える.
grossissant, e 形 大きく見せていく.
grossissement 男 ❶ 太ること; 大きくなること; 増大; 〖光〗倍率. ❷ 誇張.
grossiste 男 卸売商.
grosso modo 副句 〖ラ〗大ざっぱに, ざっと.
grossoyer ⑩ 他 〖法〗謄本[写し]を作る.
grotesque 形 異様な, 珍奇な, グロテスクな; 滑稽な, ばかげた.
—— 男 異様[滑稽]さ, 珍奇; 〖文〗グロテスク.
—— 女 (複数) 〖美〗グロテスク(動植物, 仮面などを複雑に配した装飾).
grotte 女 洞窟(ドウクツ), 洞穴.
grouillant, e 形 ひしめいている; (de) (…で)いっぱいの.
grouillement 男 ひしめき, 群がり, 混雑.
grouiller 自 ひしめく, うようよする;

grouillot 男 (株売買の)伝達係；話 使い走り.

groupage 男 (小荷物, 商品などの)目的地別集中分類. ❷〖医〗血液型分類.

groupal, **ale** 男 複 **aux**〖心〗集団の.

groupe 女 ❶ 集まり, 群れ；団体, 集団, グループ. ► ~ parlementaire 議会内グループ. ❷ (分類上の)群. ► ~ sanguin 血液型. ❸ cabinet de ~ (医者, 弁護士などの)共同事務所. ❹ [美] 群像；[軍] 大隊, 部隊；分隊.

groupement 男 ❶ 団体, 連合. ❷ まとめる [集める] こと；まとまり, 集合.

grouper 他 まとめる, 集める；分類する. —**se** ~ まとまる, 集う.

groupie 女 (米) ❶ グルーピー (スターなどについての熱狂的ファン). ❷ (運動, 政治家などを)無条件に支持する女性.

groupuscule 男 話〖軽蔑〗(政治的)小集団, 小派.

grouse 女〖鳥〗アカライチョウ.

gruau¹ 男 複 **x** 〖穀〗❶ 碾割〔ひきわり〕 からす麦. ► bouillie de ~ オートミール. ❷ 上質小麦粉.

gruau² 男〖鳥〗ツルのひな.

grue 女 ❶〖鳥〗ツル. ❷ クレーン, 起重機. ❸ 俗 売春婦.
◊ faire le pied de ~ 長い間立ったまま人を待つ.

gruger 他 文章 財産をだまし取る；ぺてんにかける.

gruiformes 男 複〖鳥〗ツル目.

grume 女 玉切〔たまぎり〕材 (樹幹を切断した木材).

grumeau 男 複 **x** (液状, 練り状のものの中の)塊, たま.

se grumeler 4 自 つぶ (ソースなどに)だまができる.

grumeleux, euse 形 ❶ (牛乳などが)凝固した；(ソースなどに)だまのできた. ❷ ざらざらした；固いぶつぶつのある.

grumier 男 木材運搬車.

gruter 他 クレーンで上げる [運ぶ].

grutier, ière 名 クレーン操作員.

gruyère 男 グリュイエール (スイス産のチーズ).

gryphée 女〖貝〗マガキ.

GSM 男〖英〗〖略〗global system for mobile (携帯電話の) GSM 方式.

guacamole [gwa-] 男〖料〗グアカモーレ(アボカドのソース).

Guadeloupe [gwa-] グアドループ (971) (カリブ海にあるフランス海外県の島).

guadeloupéen, ne [gwa-] 形 グアドループの.
—名 (G~) グアドループの人.

guai(s) 男 漁 hareng ~ (白子も卵もない)産卵直後のニシン.

Guam [gwam] グアム.

guanine 女〖生化〗グアニン (核酸を構成する塩基の一つ).

guano [gwa-] 男〖西〗❶ グアノ, 鳥糞(ふん)石 (海鳥の糞などが堆積硬化したもの). ❷ (魚粉などで作った)人工肥料.

guarani [gwa-] 名, 形〖不変〗グアラニ族の. ❷男 グアラニ語.

Guatemala [gwate-] グアテマラ.

guatémaltèque [gwa-] 形 グアテマラの. —名 (G~) グアテマラ人.

gué¹ 男 (川の)浅瀬.

gué² O **gué**! あら楽し (歌のリフレーンなどで).

guéable 形 (川を)歩いて渡れる.

guède 女〖植〗タイセイ；タイセイの葉から取る青色の染料.

guéguerre 女 小競り合い.

guelte 女 (店員がもらう)歩合給.

guenille 女 ぼろ着, 古着；文章 廃人, 腑〔ふ〕抜け.

guenon 女 ❶ 雌猿；〖動〗オナガザル. ❷ 話 醜い女.

guépard 男〖動〗チーター.

guêpe 女〖昆〗スズメバチ属 (毒性が強い).
◊ taille de ~ 細くくびれた腰.

guêpier 男 ❶ スズメバチの巣. ❷ 苦境. ❸〖鳥〗ハチクイ.

guêpière 女 商標〖服〗ゲピエール (ウエストを締める女性用下着).

guère 副 ❶ ne ... ~ ほとんど [あまり] ~ない. ► ne ... ~ que ほとんど ...だけだ. ❷ (単独で) あまり, めったに.

Guéret ゲレ (Creuse 県の県庁所在地).

guéret 男 休閑地.

guéri, e 形 (病気が)治った；(苦痛, 悪癖から)解放された, 立ち直った.

guéridon 男 (1脚式の)小円卓.

guérilla 女 ゲリラ戦 (法)；ゲリラ部隊.

guérillero -rije- 男 ゲリラ兵.

guérir 他 治す, いやす；(苦痛, 悪癖を)取り除く, 矯正する. ► ~ A de B AのBを治す；AをBから解放する.
—自 治る, いえる.
—**se** ~ 治る, いえる；(欠点が)直る.

guérison 女 治癒, 回復；矯正.

guérissable 形 治癒可能な；直せる.

guérisseur, se 名 民間医療師；祈禱〔きとう〕師.

guerre 女 ❶ 戦争；軍事. ► homme de ~ 軍人 / conseil de ~ 軍法会議. ► la ~ des étoiles スター・ウォーズ計画 (米国の戦略防衛構想 S.D.I. の別名).
◊ à la ~ comme à la — 話 戦時などは戦時らしく；不自由には耐えねばならない. de ~ lasse 戦意を失って, 仕方なく. faire la ~ à ... ~と戦う；を非難する；の態度を改めさせる. nom de ~ ペンネーム；芸名；(軍隊での)仮名. petite ~ 模擬戦；小競り合い 戦争ごっこ.

guerrier, ère 形 文章 戦争の, 軍事の；好戦的な.
—名 (集合的) 軍人；(昔の)戦士.
—女 奮金入りのフェミニスト.

guerroyer 10 自 文章 戦う.

guet 男 見張り, 監視；古 夜警.

guet-apens

aérien 〖軍〗対空監視.
guet-apens [-ta-];〘複〙~s-~ 男 待ち伏せ, 罠(を); 陰謀.
guêtre 女 ゲートル; レッグ・ウォーマー.
guetter 他 ❶ つけねらう, 見張る. ❷ 待ち構える(機会をうかがう). ❸(危険などが)おびやかす.
guetteur 男 監視人[兵]; 見張り番.
gueulante 女 俗, 抗議の叫び声; 怒号; 古風歓声.
gueulard, e 形, 名 古風・話 がなり立てる(人). ━男〖冶〗(高炉の)炉頂.
gueule 女 ❶〖獣, 魚の口〗俗〖人間の〗口. ▸ Ferme ta ~! = Ta ~! 黙れ. ❷ 顔, 面(?); 表情;(物の)外観, 格好. ❸(かまど, トンネルなどの)口.
◇ *avoir la* ~ *de bois* 俗 二日酔いである.
avoir la ~ *de bois* 俗 二日酔いでロがねばねばすする; 頭が重い. *casser la* ~ *à* ... 話 …の顔を殴る. *crever la* ~ *ouverte* 俗 のたれ死にする. *être un fort en* ~ 話 大声でよくしゃべるが口だけの達者だ. *faire la* ~ 話 ふくれっ面をする. *fine* ~ 話 美食家. *se casser la* ~ 話 転ぶ; 失敗する.

gueule-de-loup;〘複〙~s-~ ~ 女〖植〗キンギョソウ.
gueuler 自, 他 話 わめく, どなる; がなり立てる; 抗議する.
gueules 男〖紋〗赤.
gueuleton 男 話 大宴会.
gueuletonner 自 話 大宴会で飲み食う, たらふく飲み食いする.
gueuse 女〖冶〗銑鉄.
gueuserie 女 古風 物ごい生活, 極貧; 卑劣な行為.
gueux, se 名 ❶ 古風 物ごい; 極貧の人; 文章 ろくでなし; ならず者. ❷〖植〗herbe aux ~ クレマチス.
━女 話 淫ら 売春婦.
◇ *courir la* ~ *se* 女の尻(と)を追い回す, 放蕩する.

gui 男〖植〗ヤドリギ.
guibol(l)e 女 俗 脚.
guibre 女〖海〗船首材.
guiches 女複(額などに垂らした)愛敬(ざれ)毛.
guichet 男 ❶(役所, 銀行などの)窓口; 切符売場, 出札口. ▸ ~ de location 前売り券売り場 // ~ automatique 現金自動支払機. ❷(扉, 壁の)覗(?)き窓, 小窓; 差し入れ口. ❸ くぐり戸, 小門. ◇ *à* ~ *s fermés*(劇場などが)満員札止めで.
guichetier, ère 名 窓口係, 出札係.
guidage 男(飛行機などの)誘導. ❷〖機〗誘導装置, ガイド.
guide 名 案内人, ガイド.
━男 ❶ 指導者, リーダー; 行動原理, 指針. ❷ 案内書, ガイドブック; 手引き, 便覧. ❸〖機〗誘導装置.
━女〘複〙手綱. ❷ ガールスカウト.
guide-âne;〘複〙~~(s) 男 古風 手引書, 入門書.
guideau;〘複〙x 男〖漁〗袋網, 梁(?).
guider 他 ❶ 案内する, 導く; 道を教える;(馬などを)御する, 誘導する. ❷ 指導する; 指針となる.
━*se* ~ *(sur)* (…を)指針[手本]として進む.
guiderope 男〖英〗〖航〗誘導索, 曳(?)索.
guidon 男(2 輪車の)ハンドル(バー);(銃の)照星.
guignard, e 形, 名 古風・話 運が悪い(人).
guigne[1] 女 ギニーニュ(サクランボの一種).
◇ *se soucier de* ... *comme d'une* ~ 話 …を少しも気に留めない.
guigne[2] 女 話 不運.
guigner 他 ❶ 横目で見る, 盗み見る; ひそかにねらう.
guignol 男 指人形芝居(の小屋); ❷ おかしな人, 滑稽な人. ▸ faire le ~ おどける.
guignolet 男 ギニョレ(ギニーニュから作るリキュール).
guignon 男 古風・話 不運.
guilde 女(中世ヨーロッパの)ギルド.
guili-guili 男(不変)形(くすぐる時のこちょこちょ.
guilledou 男 話 *courir le* ~ 女をあさる.
guillemet 男 引用符, ギュメ, 二重ギュメ(《 》). ❷ 括弧. ▸ entre ~s 括弧付きの, いわゆる.
guillemeter 他 引用符[ギュメ]で囲む.
guillemot 男〖鳥〗ウミガラス.
guilleret, te 形 快活な, 陽気な.
guillocher 他 縄編み文様を彫り込む. ❏guillochage 男
guillochis 男 / **guillochure** 女 縄編み文様, 組みひも文様.
guillotine 女 ❶ ギロチン(刑); 断頭台. ❷ ギロチンによる上げ下げ窓.
guillotiné, e 形, 名 ギロチンにかけられた(人).
guillotiner 他 ギロチンにかける.
guillotineur 男 ギロチン刑の執行人.【命令者】.
guimauve 女 ❶〖植〗タチアオイ. ❷〖薬〗マシマロ(=pâte de ~). ❸ 甘ったるい感傷.
guimbarde 女 ❶ 話 おんぼろ車. ❷〖楽〗ジューズハープ, 口琴.
guimpe 女 ウィンブル(修道女が用いる頭巾);〖服〗(デコルテの下の)胸飾り, 胸当て.
guincher 自 話 踊る.
guindage 男 巻き上げ(用具).
guindé, e 形 もったいぶった; 固苦しい; 仰々しい.
guindeau;〘複〙x 男〖海〗揚錨機.
guinder 他 ❶(マストを)立てる;(クレーンで荷物を)持ち上げる. ❷ もったいぶる, 固苦しくする; 仰々しくする.
guinderesse 女〖海〗マスト・ロープ, マスト・ロープ.
Guinée 女 ギニア.
guinée 女 ギニー(昔の英国金貨で, 21 シリング相当).

guinéen, ne 形 ギニアの.
― 名《G～》ギニア人.
guingois (de) 副 斜めに,傾いて;調子悪く.
guinguette 女 (郊外の森などにある)パブ,居酒屋,ダンスホール.
guipage 男【電】絶縁被覆;被覆作業.
guiper 他 (撚糸(ねんし)に)絹糸を撚(よ)り合わせる;【電】絶縁体で被覆する.
guipon 男【海】(甲板用)モップ,ブラシ.
guipure 女 ギピュール(大柄な模様の厚手のレース);レース風の布.
guirlande 女 (紙などをつないだ)花[葉]飾り;花綱(模様).
guisarme 女 (中世の)鉤(かぎ)付き槍.
guise 女 流儀,仕方.
◊ à sa ～ 思うままに,好きなように. en ～ de ... …として;の代わりに.
guitare 女 ギター.
guitariste 名 ギター奏者.
guitoune 女 俗 テント.
guivre 女【紋】蛇.
gulden [gulden] 男 グルデン(オランダの貨幣単位).
gummifère [gɔ(m)mi-] 形【植】ゴムを生ずる.
gunite 女【建】グナイト(吹き付けモルタル).
guniter 他【建】グナイトを吹き付ける. ⇨ **gunitage** 男
guppy 男【魚】グッピー.
guru [guru] 男 ⇨ **gourou**.
gus(s) [-s] / **gusse** 男 俗 やつ,男.
gustatif, ve 形 味覚の.
gustation 女 味覚.
gutta-percha [-ka] 女【英】グッタペルカ(ゴムに似た充填・絶縁用物質).
guttifères / **guttiférales** 女複【植】オトギリソウ科.
guttural, ale;《男複》**aux** 形 喉(のど)から出る;【音声】喉音(だきん)の. ▶ **voix ～ale** しゃがれ声.
― 男【音声】喉音.
guyanais, e [gqija-] 形 ギアナ Guyanes の. ― 名《G～》ギアナ人.
Guyane française [gqija-] 仏

領ギアナ[県973] (南米北部のフランス海外県).
Guyanes [gqija-] 女複 ギアナ.
Guyenne [gqijen] 女 ギュイエンヌ地方(フランス南西部).
guyot[1] [gqi-] 男【海】ギョー,平頂海山.
guyot[2] [gqi-] 男 ギュイヨ(洋ナシの品種).
gym [ʒim] 女話 体操,体育.
gymkhana [ʒim-] 男 ジムカーナ(自動車・オートバイの障害物競技).
gymnase [ʒim-] 男 ❶ 体育館;【古ギリシャ】体育場. ❷ ギムナジウム(ドイツ,スイスの高等中学校).
gymnaste [ʒim-] 名 体操選手.

G

gymnastique [ʒim-] 形 ❶ 体操,体育. ▶ ～ moderne = ～ rythmique et sportive 新体操 / pas (de) ～ (調子を整えた)駆け足. ❷ (精神的,知的)訓練. ❸ アクロバット(軽業)的な動き.
gymnique [ʒim-] 形 体操[体育]の.
gymnospermes [ʒim-] 男複【植】裸子植物.
gymnote [ʒim-] 男【魚】デンキウナギ.
gynécée 男【古代】婦人部屋.
gynécologie 女【医】婦人科学. ⇨ **gynécologique** 形
gynécologue 名 婦人科医.
gynogénote 形【生】雌性生発生生物の.
gynoïde 形【医】女性のような.
gypaète 男【鳥】ヒゲワシ.
gypse 男 石膏(せっこう),ギプス.
gypsophile 女【植】カスミソウ.
gyrin 男【昆】ミズスマシ.
gyrocompas 男【海】ジャイロコンパス.
gyrophare 男 (救急車,パトカーの屋根の)回転灯.
gyropilote 男【航】【海】ジャイロパイロット(自動操舵(だ)) 装置.
gyroscope 男 ジャイロスコープ,回転儀. ⇨ **gyroscopique** 形
gyrostat 男 ジャイロスタット(自軸を中心に回転する物体).

H, h

H¹, h 男 ❶ フランス字母の第8字. ► h aspiré [muet] 有音[無音]の h. ❷ l'heure H 決行時刻;《軍》行動発起時刻.

H² 《記》❶ 《化》 hydrogène 水素. ► bombe H 水素爆弾. ❷《楽》口音;ロ調.

h 《記》《化》 heure 時,時刻;hecto- ヘクト(10² を表す).

Ha 《記》《化》 hahnium ハーニウム.

ha¹ 《記》《計》 hectare ヘクタール.

***ha² 間 ❶** ああ,おや,あれっ(驚き,苦痛,安堵(ﾟﾝ),喜びなど). ❷ **ha! ha!** はっは(笑い声).

***habanera** [-ne-] 女《西》ハバネラ(キューバ起源の2拍子のダンス;舞曲).

habeas corpus [abeaskorpys] 《ラ》男《法》(英国の)人身保護[身柄提出]令状.

habile 形 ❶ 器用な,巧みな;(à)(…が)上手な. ❷ よくできた,手慣れた;巧妙な,抜け目ない. ❸《法》資格を有する.

habilement 副 上手に,巧みに.

habileté 女 ❶ 器用さ,巧妙さ,抜け目のなさ. ❷《複数》文書手練手管(ﾏ),悪賢さ.

habilitation 女《法》授権,資格付与.

habilité 女《法》資格,権限.

habiliter 他《法》(à)(…する)権限[資格]を与える.

habillage 男 ❶ 着せる[着る]こと,着付け. ❷ 包むこと,包装;カバー. ❸ 文章(不都合を隠して)美化すること.

habillé, e 形 ❶ 服を着た;着飾った,正装した. ❷ 正装用の,フォーマルな.

habillement 男 ❶ 服を着させること;服の支給;服装,着かた;衣服業(界).

habiller 他 ❶ 服を着させる. ► A de B À : B を着せる/~ A en B : B の扮(ﾅ)装をさせる. ❷ 服を仕立てる;服を与える. ❸ (衣服が)似合う. ❹ カバーをかける,包む,包む(de)(…で)飾り立てる;繰う,包み隠す. ❺《料》(肉,魚を)下ごしらえする,下ろす.

 — s'~ (他) (…に)服を着る,服装をする;(en)(…に)扮装する;服を作らせる[買う]. ❷ 盛装[正装]する.

habilleur, se 名 衣装方,着付け係.

habit 男 ❶《複数》衣服. ❷ 燕尾(ｪﾝ)服,礼服;(職業,活動に特有の)服装,衣装. ► ~ vert アカデミー・フランセーズ会員の礼服,法衣. ❸《カト》修服,法衣. ► prendre l' ~ 聖職に就く;修道会に入る.

habitabilité 女 居住(可能)性.

habitable 形 住める,住むに適した.

habitacle 男 ❶ 操縦室,コックピット;(宇宙船の)船室;(自動車の)車内. ❷《海》ビナクル(羅針儀のスタンド).

habitant, e 名 住民,住人;居住者.

habitat 男 ❶ 居住形態[環境];住居. ❷ (動植物の)生息地;原生地.

habitation 女 居住,住むこと;住宅,住居.

habité, e 形 人が住んでいる;有人の.

habiter 他, 自 ❶ 住む,居住する. ❷ (考えなどが)宿る,取りつく.

habituation 女《心》慣れ,順化.

habitude 女 ❶ 習慣,癖;慣れ,習熟. ❷《複数》習慣,しきたり. ◊ avoir l'~ de … : …を習慣にしている;に慣れている. **d'** ~ いつも(は);普段(は). **par ~** 習慣的に,機械的に.

habitué, e 名 常連,馴染(ﾅｼ)客.

 — 形 (à) (…に)慣れた.

habituel, le 形 習慣となった,いつもの;普通の,よくある.

habituellement 副 いつもは,普段は;習慣的に.

habituer 他 (à) (…に)慣らす,習慣づける;しつける.

 — s'~ (à) (…に)慣れる;(…を)習慣とする.

habitus [-s] 男《医》体型,体質. ❷《社》ハビトゥス.

***hâblerie** 女《文章》ほら,大言壮語.

***hâbleur, se** 名, 形 ほら吹き(の).

***hachage** / ***hachement** 男 細かく切ること;みじん切り.

***hache** 女 斧(ﾏ), 鉞(ﾏﾇﾘ), 鉈(ﾅﾀ).

***haché, e** 形 ❶ みじん切りにした;ひき肉にした. ❷ (言葉などが)短く切られた;とぎれとぎれの.

 — 男 ひき肉.

***hache-légumes** 男《料》野菜切り器;菜切り包丁.

***hache-paille** 男《不変》《農》秣(ﾏﾏｺ)切り,わら細断機.

***hacher** 他 ❶ 細かく切る,刻む. ► ~ de la viande ひき肉にする. ❷ 傷め る, 台なしにする;(言葉を)中断させる.

***hachette** 女 / ***hachereau** 男《複》x 男 小型の斧(ﾏ), 手斧(ﾁｮ).

***hache-viande** 男《不変》肉ひき器;肉刻み包丁.

***hachis** 男 ひき肉, ミンチ;みじん切り. ➡ **haschisch**.

***hachisch** [-ʃiʃ] 男 ⇒ **haschisch**.

***hachoir** 男 ❶ チョッパー,刻み包丁. ❷ ミンサー,肉ひき器,オーブンカッター.

***hachure** 女 (素描,版画で)線影,ハッチング. ❷ (地形図で起伏を表す)羽毛.

***hachurer** 他 線影をつける;毛羽つける.

hacienda [asjɛn-] 女《西》(南米の)大農園.

***hacker** [akœːr] 男《英》ハッカー.

H.A.D. 女《略》Hospitalisation à domicile (退院後の)自宅療養.

***hadal, ale** 男《複》**aux** 形《海》超深海の.

Hadès [-s] 男《ギ神》ハデス(冥(ﾚｲ)府の神).

***haddock** 男《英》《料》アドック(モンツキダラの薫製).

***hadith** [-t] 男《イ教》ハディース(ムハ

hammerless

*ha(dj)dj [adʒ] / ***ha(d)jji** [adʒi] 男《不変》《イ教》ハッジ(メッカ巡礼；メッカ巡礼を済ませた人の称号).

hagard, e 形 取り乱した；凶暴な，血迷った．

(*)**haggis** [-gis] 男《英》《料》ハギス(羊の臓物の煮込み).

hagiographe 名 ❶ 聖人伝の著者．❷ 美化しすぎた伝記作者．

hagiographie 女 聖人伝伝；美化しすぎた伝記．♦**hagiographique** 形

haï, e haïr の過去分詞．

(*)**haïdouk** [-k] 男《史》ハイドゥク(ハンガリーの傭兵やバルカンの義賊).

*haie 女 垣根，生け垣；人垣，人の列；《スポ》ハードル，障害物．

haïk [-k] 男 ハイク(イスラム女性のマント).

haïkaï 男《不変》《日本》俳諧．

haïku [-ku] 男《日本》俳句．

(*)**haillonneux, se** 形文章 ぼろをまとった，ぼろぼろになった．

*haillons 男複 ぼろ切れ，ぼろ着．

*haine 女 憎しみ，憎悪，嫌悪．

haineusement 副 憎しみを込めて．

haineux, se 形 ❶ 物事を根に持つ，執念深い．❷ 憎しみの，恨みこもる．

haïr 14 他 ❶ 憎む，嫌う．❷ 忌み嫌う．—**se ~** 憎み合う；自己を嫌悪する．

haire 女 毛衣(昔の苦行僧が着た馬ややギの毛織物).

hais, *hait 活 ▷ haïr.

haïssable 形 憎むべき，嫌な．

Haïti 男 ハイチ．

(*)**haïtien, ne** 形 ハイチの．—名《H~》ハイチ人．

*haka 男 ハカ(ニュージーランドのマオリ族の出陣の歌と踊り).

*halage 男 引き船の．

halal/ hallal 形 イスラム教の儀式に従って殺された動物の肉の．

halbi 男(ノルマンディーの)アルビ酒．

halbran 男《狩》野ガモの当歳びな．

*hâle 男 日焼けした(肌の色)．

*hâlé, e 形 日焼けした．

haleine 女 ❶ (吐く)息，呼気．❷ 呼吸，息づかい；息の長さ． ◊ **à perdre ~** 息切れするほど． **avoir mauvaise ~** [l'~ forte] 息が臭い． **de longue ~** 手間暇かかる，息の長い． **hors d'~** 息も絶え絶えに． **reprendre ~** 一息入れる． **tenir en ~** 息をつかせない，気をもませる．

halener 3 他《狩》かぎつける．—**se ~** 嗅動される．

*hâler 他 日焼けさせる．—**se ~** 日焼けする．

haletant, e 形 あえいでいる，息を切らしている．

halètement 男 息切れ，あえぎ．

haleter 5/4 自 形 ❶ あえぐ，息をきらす．❷ 息をのむ，かたずを飲む．

haleur, se 名 曳船（ひきぶね）人夫．

half-pipe 男《英》《スポ》(スノーボードの)ハーフパイプ．

*half-track 男《英》《軍》(後輪がキャタピラの)ハーフトラック．

halicte 男《昆》コハナバチ．

halieutique 形 漁労の．—女 漁労(技)術．

halluciner, se 形 汗ばんだ．

*hall [oːl] 男《英》(入り口の)ホール，大広間，ロビー；(駅の)コンコース．

hallage 男《史》市場税．

hallali 男 (獲物を追い詰めたら)合図の呼び声《狩猟》．

*halle 女 ❶ 卸売市場．❷ (複数)中央市場． ► **les H~s** パリ中央市場(1969年廃止，郊外のランジスに移転).

◊ **Il pleut des ~s.** 語 どしゃ降りだ．

*hallebarde 男 矛槍（ほこそう）．

*hallebardier 男 矛槍兵．

*hallier 男 (獲物が逃げ込む)茂み．

Halloween [alowin] 男《英》ハロウィーン．

hallucinant, e 形 錯覚させる(ほどの)；驚くべき．

hallucination 女 幻覚，錯覚．

hallucinatoire 形 幻覚(性)の；幻覚を伴う．

halluciné, e 形，名 幻覚にとらわれた(人).

halluciner 他 幻覚を引き起こす．

hallucinogène 形 幻覚誘発(性)の．—男 幻覚剤．

hallucinose 女《心》幻覚症．

halo 男 (光源の周りの)光の輪；(太陽，月の)かさ，暈（かさ）；文章 栄光，輝き．

halogène 男，形《化》ハロゲン(の)．

halogénure 男《化》ハロゲン化物．

hâloir 男 (チーズの)乾燥室，熟成室．

halophile 形《植》塩生の．

halotolérant 男 耐塩性微生物，耐塩菌．

*halte 女 ❶ 休止，休息；(活動の)停止，中断．❷ 休息地；宿泊地，停車場．—間 止まれ；やめろ． ► **~ à ....** 反対．

halte-garderie ; (複) **~s ~s** 女 保育所，託児所．

haltère 男《スポ》亜鈴；バーベル． ► **poids et ~s** ウェイトリフティング．

haltérophile 名 重量挙げ選手．—形 ウェイトリフティングの．

haltérophilie 女 重量挙げ．

halva 男《料》アルバトリの砂糖菓子）．

hamac 男 ハンモック．

*hamada 女 ハマダ(サハラの岩石砂漠)．

hamadryade 女《ギ神》ハマドリュアス(木の精).

hamamélis [-s] 男《植》マンサク．

*Hambourg ハンブルク(ドイツの都市)．

hamburger [-burgœːr] 男《米》ハンバーグステーキ；ハンバーガー．

*hameau ; (複) **x** 男 小集落．

hameçon 男 釣り鉤（ばり）． ◊ **mordre à l'~** 針にかかる；罠にはまる．

hammam [amam] 男 (中東の)共同浴場．

*hammerless [-merlɛs] 男《英》内部撃鉄銃．

hampe¹ 囡 ❶ (槍(%)などの)柄；(旗の)竿(%). ❷〖植〗花序の軸. ❸ (b, h, t などの)縦の線.

hampe² 囡〖食〗ナンプ(牛の横隔膜周辺部の肉).

hamster 男〖独〗ハムスター.

han 間 えっ, やっ(力を入れる時の掛け声)；ふう(ため息).
— 男〖不変〗掛け声；ため息.

hanap [-p] 男 (中世の)大杯.

hanche 囡 ❶ (複数)腰带のあたりの腰；〖解〗股(だ)関節. ❷〖昆〗(脚の)基節. ❸〖海〗船側後部.

hanchement 男 片足に体重をかけて立つ姿勢.

hancher 他〖彫〗を横に突き出した姿勢で立たせる.
— **se** — 片足に体重をかけて立つ, 腰を横に突き出す.

*handball [-ba[o:]l] 男〖独〗ハンドボール. ◇***handballeur, se** 图

handicap [-p] 男〖英〗❶〖スポ〗ハンディキャップ(レース). ❷ 不利な条件, 困難, 障害.

*handicapant, e 形 ハンディキャップとなる.

*handicapé, e 形 障害のある；不利な条件を背負った.
— 图 身体[精神]障害者.

*handicaper 他 ❶〖スポ〗ハンディキャップをつける. ❷ 不利にする, (...にとって)障害[弱点]となる.

*handicapeur 男〖スポ〗ハンディキャップ(決定)係.

*handisport 男, 形〖不変〗障害者スポーツの(の).

*hangar 男 納屋, 物置；倉庫, 車庫；(航空機の)格納庫.

*hanneton 男〖昆〗コガネムシ.

(*)Hanoï [-nɔj] ハノイ(ベトナムの首都).

hanoukka 囡〖ユダ〗(エルサレムの神殿奪回記念の)ハヌカー祭.

*Hanovre ハノーバー(ドイツの町；州).

*hanovrien, ne 形 ハノーバーの.
— 名 (H—)ハノーバーの人.

*hanse 囡〖史〗❶ (中世の)商人組合. ❷ (la H—)ハンザ同盟.

hanséatique 形 ハンザ同盟の.

hantavirus [-s] 男 ハンタウイルス (急性の呼吸器・肝臓不全を伴う類似病のウイルス).

hanté, e 形 幽霊の出る.

*hanter 他 ❶(幽霊が…に)出る；(観念などが…に)取りつく, 付きまとう. ❷ 文章 足しげく通う.

*hantise 囡 強迫観念, 妄想.

hapax [-ks] 男〖言〗ハパックス(用例が1例のみの表現).

haploïde 形〖生〗半数体[性]の.

haplologie 囡〖言〗重音脱落.

happe 囡〖建〗かすがい.

*happening [-niŋ] 男〖米〗❶ (芸術的手法の)ハプニング. ❷ 偶発事.

*happer 他 ぱくりとくわえる；不意に捕らえる, ひっかける. ◇***happement** 男

*happy end [-end] 男〖英〗ハッピーエンド.

*happy few [-fju] 男複 恵まれた少数者.

haptique 形 触覚に関する.

haptonomie 囡 アプトノミー(妊婦の腹に触れて胎児とコンタクトをとること).

*haquenée 囡 おとなしい小馬.

*hara-kiri 男〖日本〗腹切り, 切腹.

*harangue 囡 (厳粛な)演説；訓示する, 退屈な長談義.

*haranguer 他 演説する；訓示する.

*harangueur, se 名 演説家；長広舌家.

*haras 男 種馬牧場.

*harassant, e 形 へとへとにさせる.

*harasse 囡 柳かご, 木枠箱.

*harasser 他 へとへとにさせる.
◇***harassement** 男

*harcelant, e 形 悩ませる, うるさくせめたてる.

*harcèlement 男 執拗(\{2\})な攻撃, しきりに悩ませること. ▶ guerre de 〜 ゲリラ戦／〜 sexuel セクシュアルハラスメント, セクハラ.

*harceler ⑤ ⑷ 他 繰り返し攻撃する, うるさくせめる；付きまとう.
◇***harceleur, se** 名

*hard [-d] 形〖英〗ハードな；(ポルノが)どぎつい. — 男〖不変〗❶ ポルノ映画. ❷ ハードウェア.

*harde 囡 (野生の馬, 鹿の)群れ.

*harder 他〖狩〗(猟犬を)綱で一組につなぐ.

*hardes 囡複 文章 古着, 着古し.

*hardi, e 形 ❶ 大胆な, 果敢な；奔放な, 独創的な. ❷ 際どい；ずうずうしい.
— 間 頑張れ, しっかり.

*hardiesse 囡 文章 大胆さ, 厚かましさ；大胆[厚かましい] 言動.

*hardiment 副 大胆に, 勇敢に；厚かましく；軽率に.

*hardware [-we[a]r] 男〖米〗〖情報〗ハードウェア.

*harem [-rem] 男 ❶ ハレム(イスラム世界の家の婦人部屋)；ハレムの女たち. ❷ 囲り巻きの女たち.

*hareng 男〖魚〗ニシン.

*harengaison 囡 ニシン漁(期).

*harenguet 男〖魚〗スプラット.

*harenguier 男 ニシン漁船.

*haret 形男, 男形 野生化した(猫).

*harfang 男〖鳥〗シロフクロウ.

*hargne 囡 不機嫌, 邪険；闘 ファイト満々の.

*hargneux, se 形 不機嫌な, 邪険な 闘 ファイト満々の.
◇***hargneusement** 副

*haricot 男 ❶ インゲンマメ. ▶〜s verts サヤインゲン. ❷ (複数)取るに足りない金額；はした金. ❸ 〜 de mouton 羊の煮込み料理. ❹〖医〗膿盆. ◊ *C'est la fin des* 〜s. 万事休す. *courir sur le* 〜 à ... *に*… をうんざり[いらいら]させる.

*haridelle 囡 やせ馬, やくざ馬.

*harissa 囡／男〖料〗ハリッサ(北アフリカの香辛料).

*harki 男 アルキ(アルジェリア戦争時の先住民補充兵).
— ***harki, e** 形, 名 アルキの(家族, 子孫).

*harle 男 〖鳥〗アイサ.

harmattan 男 ハルマッタン(サハラなどの熱風).

harmonica 男 〖楽〗ハーモニカ.
□harmoniciste

harmonie 女 ❶ 調和, 均整(の とれていること);(意見などの)一致;協調, 融合. ❷(音, 言葉の快い響き)〖楽〗和声(法);(複数)和音;吹奏楽団.

harmonieux, se 形 調和［釣り合い］のとれた;耳に快い.
□harmonieusement

harmonique 形 調和する;〖楽〗和声の;協和する. — 男〖楽〗倍音(=son harmonique).

harmoniquement 副 調和的に.

harmonisation 女 調和させること, 融和;〖楽〗和声づけをすること.

harmoniser 他 調和させる, 一致させる;調整する;〖楽〗和声[伴奏]をつける.
—s'~ (avec) (…と)調和する, 釣り合う.

harmoniste 男 〖楽〗和声家;和声学者;(パイプオルガンの)整音師.

harmonium 男 〖楽〗ハーモニウム;リードオルガン, 足踏みオルガン.

*harnachement 男 馬具[装着];重装備, 仰々しい服装.

*harnacher 他 馬具[装具]をつける;重装備[仰々しい身なり]をさせる.

*harnais / *harnois 男 ❶ 馬具. ❷ 安全ベルト, 装着帯, ハーネス. ❸ 古 甲冑(ちゅう). ◇blanchi sous le ~ 長年その道一筋に生き抜いた.

*haro 男 文章 crier ~ sur … …を糾弾する.

harpagon 男 文章 守銭奴.

*harpe 女 ハープ, 竪(たて)琴.

*harpé 女 隅石;控え石;(海)錨(いかり).

*harpie 女 ❶ 意地悪女, 気難しい女. ❷ (H~s) 〖ギ神〗ハルピュイア(女の顔と鷲の体を持つ3姉妹). ❸〖鳥〗オウギワシ.

*harpiste 名 ハープ奏者.

*harpon 男 銛(もり).

*harponnage 男 / *harponnement 男 銛を撃ち込むこと.

*harponner 他 ❶ 銛を撃ち込む. ❷ 不意に捕らえる;引き留める.

*harponneur 男 銛を撃つ人.

haruspice 男 〖古ロ〗腸占(ちょう うらない)官.

*hasard 男 ❶ 偶然の出来事, 巡り合わせ;偶然(性), 運命;⦅古⦆危険. ◇à tout ~ 万一に備えて, 念のため. au ~ でたらめに, 行き当たりばったりに. jeu de ~ 〖賭⦆事. par ~ [-ra-] 偶然に;もしかして. par le plus grand des ~s 全く偶然に.

*hasardé, e / *hasardeux, se 形 文章 危険な;不確実な.

*hasarder 他 ❶ 思いきってやってみる, 試す. ❷ 文章 危険にさらす, かける.
—se ~ ⓐ 危険な場所に行く. ⓑ (à)危険を冒して[あえて]…する.

*hasardisation 女 無作為抽出.

has been 名(不変)かつてのスター.

hasch [-ʃ]男 語 ハッシュ.

*haschisch [-fiʃ] / *haschich 男 大麻, ハッシュ.

*hase 女 〖独〗野ウサギの雌.

*hassidisme 男 〖ユ教〗ハシディズム.

hast [-st] 男 〖古〗

⁽*⁾hastaire 男 〖古代ローマの〗槍兵.

*hâte 女 急ぐこと;待ちきれない気持ち. ◇à la ~ 急いで, 慌てて. avoir ~ de + inf. [que + subj.] …を切望する. en (toute) ~ 急いで. mettre de la ~ à … を急いでする.

*hâter 他 ❶ 加速する, 急がせる. ❷ 〖文章〗時期を早める.
—se ~ ⓐ 急ぐ. ⓑ (de)急いで…する.

*hâtier 男 〖料〗焼串(ぐし)台.

*hâtif, ve 形 ❶ 早熟な;〖農〗早生(わせ)の. ❷ 急いでやった;性急な.

*hâtivement 副 急いで, 大慌てで;性急に.

*hauban 男 ケーブル;〖海〗(マストを支える)マスト索, 横静索(さくう).
□*haubanage

*haubaner 他 ケーブルを備え付ける;(マストを)シュラウドで固定する.

*haubert 男 (中世の)長い鎖帷子(かたびら).

*hausse 女 ❶ 上昇;値上がり. ❷ (家具などの)台;〖軍〗(銃の)照尺, 照門. ► angle de ~ (砲の)高角.

*hausse-col ~ (s) 〖軍〗(鎧(よろい)の)喉(のど)当て;(歩兵将校が喉下につけた)三日月形記章.

*haussement 男 ~ d'épaules 肩をすくめること.

*hausser 他 上げる, 高くする, 高める. ◇ ~ les épaules 肩をすくめる.

*haussier, ère 男 , 名 (株式(市場)の)買い方の人), 強気筋の人).

*haut, e 形 ❶ 高い;高地の, (川の)上流の, 水位が高い, 満潮の. ► en mer 沖合, 外海. ❷ 身分の高い, 上流の, 高位の;高等な, 高級な;(程度の)高い, 大きな. ❸ (歴史的に)古い, 初期の. ► ~ Moyen Âge 中世初期. ❹ 音声風大な, 横柄な.
◇~(s) fait(s) 偉業;〖皮肉⦆お手柄. ne pas dire [n'avoir jamais] une parole plus ~e que l'autre 決して声を荒立てない.
— 副 ❶ 高く;高所に, 上方に. ❷ 大声で, 大きな音で;はっきりと. ❸ (程度が)高く. ❹ 昔に, (文中で)先に, 以上に.
◇~ la main 手を上げて;たやすく, 楽々と. H~ les cœurs! 勇気[元気]を出せ. H~ les mains! 手を上げろ. le prendre (bien) ~ 尊大に構える. penser tout ~ 考えを口に出す;独り言を言う.
— 男 ❶ 上部, 上端, 高所;最高位, 上層部;高音. ❷ de ~ …の高さ. ► Le mur a deux mètres de ~. 壁は2mの高さがある.
◇de [du] ~ en bas 上から下まで, くまなく. d'en ~ 上から, 上方から;天からの, 神の. des ~s et des bas 好不調, 浮き沈み. le prendre

hautain

de ～ 高飛車に出る. prendre [regarder, voir] les choses de ～ 落ち着いて物事を見る; 概観する; 物事の表面しか見ない. regarder [traiter] de ～ 見下す. tomber de (son) ～ がっかりする; 仰天する. tomber de tout son ～ ばったり倒れる.
— 名《la～》圈 上流社会.
*hautain, e 形 尊大な, 横柄な.
*hautbois [obwa] 男《楽》オーボエ(奏者).
*hautboïste [obo-] 名 オーボエ奏者.
*haut-commissaire;《複》～s-～s 男 高等弁務官.
*haut-commissariat;《複》～s-～s 男 高等弁務官庁［事務所］.
*haut-de-chausse(s) 男（昔の男子用）半ズボン.
*haut-de-forme;《複》～s-de-～ 男 シルクハット.
*haute-contre;《複》～s-～s 女《楽》カウンター・テナー.
— 形, 男 カウンター・テナーの(歌手).
*Haute-Corse 女 オート=コルス県 [2B].
*haute-fidélité;《複》～s-～s 女 ハイファイ; オーディオ.
*Haute-Garonne 女 オート=ガロンヌ県 [31].
*Haute-Loire 女 オート=ロアール県 [43].
*Haute-Marne 女 オート=マルヌ県 [52].
*hautement 副 高度に, 非常に;《文章》公然と.
*Haute-Normandie 女 オート=ノルマンディー地方.
*Hautes-Alpes 女複 オート=ザルプ県 [05].
*Haute-Saône [-soːn] 女 オート=ソーヌ県 [70].
*Haute-Savoie 女 オート=サヴォワ県 [74].
*Hautes-Pyrénées 女複 オート=ピレネー県 [65].
*hauteur 女 ❶ 高さ; 高地, 高所, 高度. ❷ 尊大さ.
◇à (la) ～ de ... ...の高さ［緯度, 位置］に; ...のレベルに, ...に匹敵し得る. être à la ～ 有能である, その任にたえる. prendre [perdre] de la ～ 上昇［下降］する. tomber de toute sa ～ ばったり倒れる; びっくり仰天する.
*Haute-Vienne 女 オート=ヴィエンヌ県 [87].
*haut-fond;《複》～s-～s 男 浅瀬, 州.
haut-fourneau;《複》～s-～x 男 溶鉱炉.
*hautin / *hautain 男 垣根仕立てのブドウ園; 垣根仕立ての支柱.
*haut-le-cœur 男《不変》吐き気, むかつき; 嫌悪, 反感, 不快感.
*haut-le-corps 男（反射的に）びくっとすること; 上体を急に起こすこと.
*haut-lieu;《複》～s-～x 男 中心地, 本場.
*haut-parleur 男 スピーカー.
*haut-relief;《複》～s-～s 男《彫》高浮彫り.
*Haut-Rhin 男 オー=ラン県 [68].
*Hauts-de-Seine 男複 オー=ド=セーヌ県 [92].
*hauturier, ère 形 外洋の.
*havanais, e 形 ハバナ Havane の.
— 名《H～》ハバナの人.
*havane 男 ハバナタバコ; ハバナ葉巻.
— 形《不変》葉巻色の.
*hâve 形《文章》やせた, 青白い.
*haver 他《鉱》（採鉱の始めに）横透かしを入れる. □*havage 男
*havrais, e 形 ル・アーヴルの.
— 名《H～》ル・アーヴルの人.
*Havre (le) 《町名》ル・アーヴル [県 76].
*havre 男《文章》避難所, 隠れ家;《海》小さな港, 避難港.
*havresac 男 《古風》リュックサック; 背嚢(はいのう).
hawaïen, ne [-wajẽ, ɛn] 形 ハワイ(諸島) Hawaii の.
— 名《H～》ハワイ(諸島)の人.
*Haye [ε] (La) ハーグ（オランダの町）.
*hayon [a[ɛ]jɔ̃] 男（車の）後部扉, リヤハッチ;（荷車の荷台の）囲い板.
H.B. 《略》heures de bureau 勤務時間.
H.C. 男《略》❶《軍》hors cadre 正規編制部隊外. ❷ hors classe（給与体系上の）特別職. ❸ hors concours（コンクールで）無審査.
H.C.R. 男《略》Haut-Commissariat des Nations unies pour les réfugiés 国連難民高等弁務官事務所.
He 《記》 hélium ヘリウム.
*hé 間 ❶ おい, ねえ, ほら, さあ（呼びかけ, 驚き, 怒り）. ❷ Hé! hé! ええ, ええ; おやおや（とまどい, 皮肉, 同意）. ❸ Hé oui! そうもう（強調）.
*heaume 男（中世の）兜(かぶと).
hebdomadaire 形 1週間の; 週ごとの, 週1度の. — 男 週刊誌［紙］. □hebdomadairement 副
hébergement 男 ❶ 泊めること, 宿泊(所); 収容(所). ❷《情報》ホスティング（サーバー内でのサイト開設）.
héberger 他 ❶ 泊める; 収容する; 《情報》ホスティングを行う.
hébergeur 男《情報》ホスティング・サービス・プロバイダー.
hébertisme 男 自然体育法.
hébété, e 形, 名 茫(ぼう)然自失した(人), ぼうっとした(人).
hébétement 男《文章》茫然自失, 精神朦朧(もうろう).
hébéter 他《文章》麻痺(まひ)させる, 愚鈍にする.
hébétude 女 ❶《文章》茫然自失, 精神朦朧. ❷《心》遅鈍.
hébraïque 形 ヘブライ(語)の.
hébraïser 他 ヘブライ化する.
hébraïsme 男 ヘブライ語法.
hébraïste / hébraïsant, e 名 ヘブライ(語)学者.
— 形 ヘブライ学［語］を研究する.

hébreu; 《複》*x* 男 ❶ 〖H~〗ヘブライ人. ❷ ヘブライ語.
H.E.C. 女 〖略〗 École des hautes études commerciales 高等商業専門学校.
hécatombe 女 ❶ 大殺戮(ãく), 大量虐殺. ❷ 多数の落第生〖不合格者〗.
hectare 男 ヘクタール.
hectique 形 fièvre ~ 消耗熱.
hecto 男 〖話〗100l; 100 g.
hectogramme 男 ヘクトグラム.
hectolitre 男 ヘクトリットル.
hectomètre 男 ヘクトメートル. □**hectométrique** 形
hectopascal 男 ヘクトパスカル.
hédonisme 男 〖哲〗快楽主義の;〖経〗快楽説.
hédoniste 形 快楽主義の; 快楽説の. ━名 快楽主義者; 快楽説支持者.
hédonistique 形 快楽主義の; 快楽説の.
hégélianisme [-ge-] 男 ヘーゲル哲学.
hégélien, ne [-ge-] 形 ヘーゲル(哲学)の. ━名 ヘーゲル学派の哲学者.
hégémonie 女 〖国家, 民族間の〗支配権, 主導権, ヘゲモニー.
hégémonique 形 覇権主義の.
hégémonisme 男 覇権主義.
hégire 女 〖史〗聖遷(西暦622年, イスラム暦の紀元元年).
heiduque 男 ➡ haïdouk.
hein 間 〖話〗 ❶ えっ〖聞き返し, 驚き〗. ❷ ねえ; おい〖促し, 合意, 警告〗.
hélas [-s] 間 文章 ああ〖嘆願, 苦悩など〗.
Hélène 女 〖ギ神〗ヘレネ.
héler ⑥ 他 遠くから呼ぶ, 呼び止める.
hélianthe 男 ヒマワリ.
hélice 女 ❶ プロペラ, スクリュー, ~ 螺旋(½ん), つる巻線; 渦巻装置.
héliciculture 女 エスカルゴの養殖. □**héliciculteur, se** 名
hélico 男 〖話〗ヘリ.
hélicoïdal, ale; 男 複 *aux* 形 螺旋(½ん)形の.
hélicoïde 形 〖数〗螺旋面.
hélicon 男 〖楽〗ヘリコン(行進演奏用チューバ).
hélicoptère 男 ヘリコプター.
héligare 女 ヘリポートの乗降場所.
hélio 女 〖略〗 ➡ héliogravure(フォト)グラビア.
héliocentrisme 男 太陽中心説, 地動説. □**héliocentrique** 形
héliodore 男 〖鉱〗ヘリオドール(黄金色の緑柱石).
héliographe 男 〖天〗太陽写真機;〖気〗日照計.
héliographie 女 ❶ 〖印〗ヘリオグラフィー(写真製版技術). ❷ 〖天〗太陽面記述.
héliograveur, se 名 グラビア製版工.
héliogravure 女 (フォト)グラビア, 写真製版凹版画〖凹版法〗.
héliomarin, e 形 日光とオゾンによる.
hélion 男 〖物〗α粒子, ヘリウム核.

Hélios [-s] / **Hêlios** 〖ギ神〗ヘリオス(太陽神).
héliosphère 女 〖天〗太陽圏(太陽の勢力圏).
héliothérapie 女 〖医〗日光療法.
héliotrope 男 ❶ 〖植〗ヘリオトロープ. ❷ 〖鉱〗血石(炙).
héliport 男 ヘリポート.
héliportage 男 ヘリコプター輸送.
héliporté, e 形 ヘリコプターで運ばれる.
hélitreuillage 男(ウィンチを使っての)空中のヘリコプターへの引き揚げ. □**hélitreuiller** 他
hélium 男 〖化〗ヘリウム.
hélix [-ks] 男 〖解〗耳輪(尖ん);〖貝〗マイマイ.
hellébore 男 〖植〗クリスマスローズ.
hellène 形 ヘラス(古代ギリシア)の. ━名 〖H~〗ヘレネス, 古代ギリシア人.
hellénique 形(古代)ギリシアの.
hellénisant, e 名 ギリシア(語)学者.
hellénisation 女 ギリシア化.
helléniser 他 ヘリシア化する.
hellénisme 男 ❶ 〖史〗ヘレニズム. ❷ ギリシア語特有の言い回し.
helléniste 名 ギリシア(語)学者.
hellénistique 形 ヘレニズム(時代)の.
hello 間 〖英〗やあ, 今日は.
helminthe 男 〖動〗蠕虫(╬ん).
helminthiase 女 〖医〗蠕虫(╬ん)病.
helvelle 女 〖菌〗ノボリリュウ(食用キノコ).
helvète 形 ヘルヴェティアの. ━名 ヘルヴェティア人(前1世紀頃のケルト系部族).
Helvétie [-si] 女 ヘルヴェティア(古代ガリア東部, 現在のスイス).
helvétique 形 スイス Suisse の.
helvétisme 男 スイスのフランス語に特有の語法.
hem [(h)ɛm] 間 ❶ おい, ちょっと(注意の喚起で呼びかけ). ❷ ふうん, へえ, さあ(疑い, ためらい, いらだち).
hématémèse 女 〖医〗吐血.
hématie [-t[s]i] 女 赤血球.
hématique 形 〖医〗血液の.
hématite 女 〖鉱〗赤鉄鉱.
hématologie 女 血液学. □**hématologique** 形
hématologiste / **hématologue** 名 血液学者.
hématome 男 〖医〗血腫(½ぅ).
hématopoïèse 女 〖医〗造血.
hématozoaire 男 〖動〗住血虫.
hématurie 女 〖医〗血尿.
héméralope 形 〖医〗夜盲の.
héméralopie 女 〖医〗夜盲(症).
hémianopsie 女 〖医〗半盲(症).
hémicycle 男 半円形の部屋〖空間〗; (半円形の)階段状の会議室〖劇場〗.
hémiplégie 女 〖医〗片麻痺(ひ), 半身不随. □**hémiplégique** 形
hémiptéroïdes 伝 **hémiptères** 男複 〖昆〗半翅(鷲ん)上目.

hémisphère 男 半球; 地球の半球.
 ► ~ boréal [austral] 北[南]半球.
 / ~ cérébral 大脳半球.
hémisphérique 形 半球形の.
hémistiche 男《詩》(12音綴(てつ)詩行の)半句; (半句の)句切り.
hémoccult 男《医》便潜血.
hémocompatible 形《医》血液適合性の.
hémodialyse 女《医》血液透析.
hémodialysé 男《医》血液透析患者.
hémoglobine 女 ヘモグロビン, 血色素.
hemogramme 男《医》血液像, ヘモグラム.
hémolyse 女《医》溶血.
hémopathie 女《医》血液疾患.
hémophile 形, 名《医》血友病の(患者).
hémophilie 女《医》血友病.
hémoptysie 女《医》喀血(かっけつ).
hémorragie 女 ❶《医》出血. ❷ 人命の損失; (富の)損失, 流出.
hémorragique 形 出血性の.
hémorroïdaire 形《医》痔(じ)核の; 痔にかかった. ― 名 痔核患者.
hémorroïdal, ale (男複) *aux* 形《医》痔(じ)核の;《解》直腸の.
hémorroïde 女《医》痔(じ)核.
hémostase 女 止血.
hémostatique 形 止血の.
 ― 男《医》止血剤, 止血薬.
hémovigilance 女 (献血から輸血までの)血液監視体制.
hendécagone [ɛ̃] 男, 形《数》11角形(の).
hendécasyllabe [ɛ̃dekasi-] 形,男《詩》11音綴(てつ)の(詩句).
*henné 男 ❶《植》ヘンナ, シコウカ. ❷ ヘンナ染料(ヘンナの葉の粉末).
*hennin 男《服》ヘニン(昔の円錐(えん)形婦人帽).
*hennir 自 (馬が)いななく.
 ◻ *hennissant, e* 形
*hennissement 男 (馬の)いななき声.
hep [(h)ep] 間 おーい(呼び声).
héparine 女《生化》ヘパリン.
hépatique 形 肝臓の; 肝臓病にかかった. ― 名 肝臓病患者. ― 女 ❶《植》タイ(苔)類. ❷ スハマソウ.
hépatisation 女《医》《肺などの》肝変, 肝様化.
hépatisme 男 固《医》ヘパティズム. 慢性肝臓疾患.
hépatite 女《医》肝炎.
hépatocyte 男《医》肝細胞.
hépatomégalie 女《医》肝腫(しゅ)(症), 肝腫脹(ちょう).
hépatonéphrite 女《医》肝腎炎.
heptaèdre 男, 形《数》7面体(の).
heptagonal, ale (男複) *aux* 形《数》7角形の.
heptagone 男《数》7角形.
heptasyllabe [-si-] 形, 男《詩》7音綴(てつ)の(詩句).
haptathlon 男《スポ》ヘプタスロン, 7種競技.
Héraclès [-s] 男《ギ神》ヘラクレス.

héraldique 形 紋章の.
 ― 女 紋章学.
héraldiste 名 紋章学者.
Hérault [ero] 男 ❶ エロー県[34]. ❷ エロー川(中央山地より地中海に注ぐ).
*héraut 男 ❶ (中世の)伝令官, 紋章官. ❷ 文章先触れ; 先駆者.
herbacé, e 形《植》草本の, 草質の.
herbage 男 (自然の)牧草地, 牧場.
herbager¹, *ère* 名 牧畜業者.
herbager² 他 放牧する.
herbe 女 ❶ 草, 草木; 草原; 牧草. ❷ 国 マリファナ, ハシッシュ. ❸《複数》《料》fines ~s フィーヌゼルブ(刻んだ香草).
 ◊ *couper l' ~ sous le pied de ...* ...を出し抜く. *en ~* (麦が)青い; 将来有望な, 未来の. *mauvaise ~* 雑草; (集合的)不良.
herbeux, se 形 草の生えた.
herbicide 形《農》雑草を除去する.
 ― 男 除草剤.
herbier 男 ❶ 植物標本, 押し葉(花). ❷ 海藻の群落, 藻場(ば).
herbivore 形 草食性の.
 ― 男《複数》草食動物.
herborisation 女 植物採集.
herboriser 自 植物採集する.
herboriste 名 薬草販売者.
herboristerie 女 薬草販売業[店].
herbu, e 形 草の茂った.
 ― 女 固 (放牧にしか適さない)やせた土; (ブドウ畑改良用の)腐植土.
*hercher 自《鉱》トロッコを押す.
hercule 男 ❶ (H~)《ロ神》ヘラクレス. ❷ 怪力の男; 筋骨神々たる男. ► ~ *de foire* (縁日などの)怪力男.
herculéen, ne 形 ヘラクレスのような, 怪力の;文章 超人的な.
hercynien, ne 形《地》ヘルシニア造山運動の.
*hère¹ 男 文章 *pauvre ~* 哀れな男; 落伍者.
*hère²《狩》雄の子鹿.
héréditaire 形 遺伝の; 世襲[相続]の; 親譲りの, 先祖伝来の.
héréditairement 副 遺伝的に; 世襲[相続]によって; 親から子に.
hérédité 女 ❶ 遺伝; 親[先祖]から受け継いだ性質, 体質; (地域などの)特質. ► ~ *illimitée*《生》無限遺伝. ❷ 世襲, 継承; 相続(権).
hérésiarque 男《宗》異端の祖.
hérésie 女 異端, 邪説; 邪道.
hérétique 形 異端の; 異説を唱える, 邪説の. ― 名 異端者.
*hérissé, e 形 ❶ 逆立った. ❷ *(de)*(...)が立ち並ぶ, (...)に覆われた, 満ちた.
*hérissement 男 逆立つこと; 文章 いらだち, 激高.
*hérisser 他 ❶ 逆立てる; 怒らせる, いらだたせる. ❷ (...)に立ち並ぶ. ❸ *(de)*(...)をつける, 巡らす, 散りばめる.
 ― *se* ― ❶ 逆立つ; 怒る, いらだつ; 立ち並ぶ. ❷ 逆立てる. ❸ *(de)*(...)で覆われる.
*hérisson 男 ❶ ハリネズミ. ❷ 国 気

難しい人. ❸ 掃除用ブラシ; 有刺鉄線.
héritabilité 囡 遺伝率, 遺伝力.
héritage 男 遺産; 相続.
hériter 自 (de) (…を)相続する, 受け継ぐ; (…の)血統を相続する.
— 他 (de) (…から)相続する; 受け継ぐ.
héritier, ère 名 ❶ 跡継ぎ; 相続人; 後継者, 継承者. ❷ 〔話〕子供.
hermaphrodisme 男 両性具有;〔生〕雌雄同体.
Hermaphrodite【ギ神】ヘルマフロディトス.
hermaphrodite 形 両性具有の;〔生〕雌雄同体の, 両性花の.
— 名 両性具有者;〔生〕雌雄同体動物; 両性花.
herméneutique 囡, 形 解釈学(の), 文献解釈(の).
hermès [-s] 男 ❶ (H～)【ギ神】ヘルメス. ❷【美】ヘルメス(胸像)柱.
herméticité 囡 ❶ 完全気密性, 密閉(密封)状態. ❷ 難解さ, 不可解さ.
hermétique 形 ❶ 密封(密閉)した, 気密の. ❷ 難解な, 分かりにくい. ► visage ～ 無表情な顔. ❸ 錬金術の, ヘルメス思想の.
⇨**hermétiquement** 副
hermétisme 男〔文学〕難解さ; 錬金術.
hermétiste 名 錬金術師.
hermine 囡 ❶【動】オコジョ. ❷ アーミン(オコジョの純白の毛皮); (司法官などの正装用の)アーミンの帯[垂れ布].
herminette 囡 ❶ サマー・アーミン. ❷ 手斧(ﾖﾉ).
*****herniaire** 形【医】ヘルニアの.
*****hernie** 囡【医】ヘルニア.
*****hernieux, se** 形【医】ヘルニアによる. — 名 ヘルニア患者.
héroï-comique 形 英雄喜劇的の; 勇壮かつ滑稽な.
héroïne[1] 囡 女主人公, ヒロイン.
héroïne[2] 囡【化】ヘロイン.
héroïnomane 名 ヘロイン中毒者.
héroïnomanie 囡 ヘロイン(中毒)症.
héroïque 形 ❶ 英雄的な; 壮烈な; 思い切った, 果断な. ❷ 英雄を題材にした英雄の. ❸ 記念すべき; 草創期の.
héroïquement 副 英雄的に.
héroïsme 男 英雄的行動[精神]; 勇壮さ, 偉大さ.
*****héron** 男【鳥】サギ.
*****héronnière** 囡 サギ生息地; サギの群れ.
*****héros** 男 ❶ 英雄, 勇者; 偉人, 傑物. ❷ 主人公; 中心人物.
herpès [-s] 男【医】ヘルペス.
herpétique 形【医】ヘルペスの.
herpétologie 囡 爬(ﾊ)虫類学.
⇨**herpétologique** 形
⇨**herpétologiste** 名
*****hersage** 男【農】砕土.
*****herscher** 自 ⇨ hercher.
*****herse** 囡 ❶【農】ハロー(トラクターで牽引(ｹﾝ)する砕土整地器). ❷ (城門の)落とし格子.

*****herser** 他【農】ハローをかける.
hertz [-rts] 男【計】ヘルツ.
hertzien, ne 形 電波の. ► liaison ～ne マイクロ波回線.
hésitant, e 形, 名 ためらう, 不断な(人), ためらいがちな(人).
hésitation 囡 ためらい, 踏躇(ﾁｭｳﾁｮ).
hésiter 自 ❶ 迷う, ためらう, 踏躇(ﾁｭｳﾁｮ)する. ❷ もごもごする; 言いよどむ.
hétaïre 囡【古ギ】ヘタイラ, 高級遊女.
hétéro 形, 名 同性愛者でない(人).
hétérochromosome 男【生】異形染色体.
hétéroclite 形 種々雑多な, 雑然と寄せ集めた; 混合様式な, 不統一な.
hétérodoxe 形, 名 非正統派の(人), 異端の(人); 異説を唱える(人).
hétérodoxie 囡 非正統派学説; 非正統性, 異端.
hétéroévaluation 囡【医】(苦痛の)他覚的評価.
hétérogamétique 形【生】異形配偶子の.
hétérogamie 囡【生】異形配偶.
hétérogène 形 不均質の; 種々雑多な的な. ► nation ～ 多民族国家.
hétérogénéité 囡 不均質性, 混交性.
hétérogreffe 囡【医】異種移植.
hétéromorphe 形【生】異型の; 完全変態の.
hétéromorphisme 男/**hétéromorphie** 囡【生】異型, 完全変態.
hétéronome 形【哲】他律的な.
hétéronomie 囡【哲】他律.
hétérophorie 囡【眼球】斜位.
hétérosexualité [-se-] 囡 異性愛.
hétérosexuel, le [-se-] 形 異性愛の. — 名 異性愛者.
hétérosphère 囡【気】非均質圏, 異質圏.
hétérosuffisant, e 形【生】ヘテロ栄養の.
hétérotrophe 形【生】従属栄養の, 有機栄養の.
— 男 従属[有機]栄養生物.
hétérozygote 名【生】ヘテロ接合体(の).
*****hêtraie** 囡 ブナの林[植林地].
*****hêtre** 男【植】ブナ, ブナ林.
*****heu**[1] [(h)ø] 間 ええと, あのう(困惑, 言いよどみ); へえ, ふうん(疑念, 軽蔑).
heur 男 ne pas avoir l'～ de plaire à ...〔文章〕残念ながら…の気に入られない.
heure 囡 ❶ 1時間; 労働[授業]時間. ► à deux ～s de train de Paris パリから電車で2時間の所に. ❷ 時; 時刻, 時間. ► Quelle ～ est-il? 今何時ですか; ► ～ creuse (電気料金などの)時間帯割引. ❸ 時期, 時代; 現在, 時局. ► ami de toutes les

heureusement

〜s いつも変わらない友／L'〜 est à … 今は…の時代だ. ❹ 盛期, チャンス, 時の 全盛期; 死期, 最期.

◇ **à la bonne 〜** それはいい［よかった］;《皮肉》それは結構なことで. **à la première 〜** 朝早く; できるだけ早く. **à l'〜** 定刻に; 1時間働きで, 時給で. **à ses 〜s** 気の向いた［暇な］ときに. **À tout à l'〜!** ではまたあとで. **de bonne 〜** 朝早く(から); 早い時期から. **de (la) dernière 〜**《新聞の》締め切りぎりぎりに飛び込んだ. **d'une 〜 à l'autre** 間もなく. **Je [On] ne vous demande pas l'〜 qu'il est.**⦅話⦆余計な口出しをするな. **pour l'〜** さしあたって, 目下は. **sur l'〜** 直ちに. **tout à l'〜** さっき, さきほど; 間もなく, すぐに.

heureusement 副 ❶ 運よく, 都合よく, 幸いに. ❷ 有利に; 見事に, うまく.

heureux, se 形 ❶ 幸福な; 幸せな; (de, que) …で)うれしい. ❷ 幸運な, 運のいい. ❸ 好都合な, 結構な, 有利な. ❹ うまい, 見事な, 適切な.
— 名 幸福な人. — **faire un [des] 〜** 人を喜ばせる.

heuristique 形 発見に役立つ, 発見的な.
— 女 事実発見法; 史料探索法.

heurt 男 ❶ 衝突, 衝撃. ❷ (複数) 対立, 軋轢(れき). ❸ ⦅文章⦆強い対比.

heurté, e 形 ❶ ⦅文章⦆ぎくしゃくした, 対照［コントラスト］が強い.

*** heurter** 他 ❶ ぶつかる; 反する, 背く. ❷ ぶつける.
— 自 ⦅文章⦆(à) (…を)ノックする, こつこつたたく;(contre) (…に)ぶつかる.
— se 〜 ぶつかる, 対立する, 相争う; ❷ 衝突し合う; 反目し合う; コントラストが強まる.

heurtoir 男(ドアの)ノッカー.
hévéa 男⦅植⦆パラゴムノキ.
hexacorde 男⦅楽⦆六音音階.
hexadécimal, e 形;《男複》**aux** 形 16進法の.
hexaèdre 男 ❶《数》6面(体)の.
— 男 6面体.
hexagone 男 ❶《数》6角形. ❷ (l'H〜) フランス本土.
□**hexagonal, e** 形;《男複》**aux** 形
hexamètre 形, 男 (ギリシャ・ラテン詩で) 6歩格の(詩句).
hexane 男⦅化⦆ヘキサン.
hexapode 形 ❶⦅動⦆6脚の, 6脚類の. ❷ (複数)6脚綱, 6脚類.
hexastyle 形⦅建⦆前面六柱式の.
hexasyllabe 形, 男 8音節の(詩句).
hexose 男⦅化⦆ヘキソース, 六炭糖.
Hf⦅記⦆⦅化⦆hafnium ハフニウム.
Hg⦅記⦆⦅化⦆mercure 水銀.
***hi** 間 ひっひっ (笑い声); ひいひい (泣き声).
hiatal, ale 形;《男複》**aux** 形⦅医⦆裂孔の.
hiatus [-s] 男 ❶⦅言⦆母音接続, 母音衝突. ❷ ⦅文章⦆中断, 断絶; ずれ; 欠落. ❸⦅解⦆裂孔.
hibernal, ale 形;《男複》**aux** 形 冬

李の.
hibernant, e 冬眠する[中の].
hibernation 女 ❶ 冬眠. 〜 artificielle⦅医⦆人工冬眠(法). ❷ 不活動, 沈滞, 停滞.
hiberner 自 冬眠する.
hibiscus 男⦅植⦆ハイビスカス.
***hibou** 男;(複) **x** 男 ❶⦅鳥⦆ミミズク. ❷ ⦅話⦆交際嫌いの陰気な人.
***hic** 間⦅不意⦆困困難な点, 重要点.
***hic et nunc** [iketnɔ̃:k] 副⦅ラ⦆即座に, 直ちに.
***hickory** 男⦅英⦆⦅植⦆ヒッコリー.
hidalgo 男⦅西⦆(スペインの)最下級貴族.
***hideur** 女⦅文章⦆醜悪さ; 下劣さ.
***hideux, se** 形 ひどく醜い, 醜悪な; 忌まわしい. ❖*hideusement 副
***hidjab** [-b] ⇨ hijab.
hie 女⦅土木⦆舗装用ランマー.
hièble 女⦅植⦆セイヨウニワトコ.
hiémal, ale 形;《男複》**aux** 形⦅文章⦆冬の.
hier 副, 男 きのう; つい先頃, 昨今.
◇ *ne pas être né d'〜* 世慣れている.
*** hiérarchie** 女 ❶ 階級［階層, 位階］制, ヒエラルキー; 職階, 序列;《集合的》トップ, 指導者.
*** hiérarchique** 形 階級制の, 階層的な; 序列的な.
❒*hiérarchiquement 副
*** hiérarchiser** 他 階級［等級］をつける, 序列化する; 階層的に分類する.
— **se 〜** 階級化［序列化］される; 等級別に分類される.
❒*hiérarchisation 女
***hiérarque** 男⦅文章⦆お偉方, 要職者. ❷ (ギリシア正教の)高位聖職者.
hiératique 形 ❶⦅文章⦆厳かな, 格式張った;《キ教》典礼の作法に従った. ❷ *écriture* 〜 (古代エジプトの)神官文字. ❒*hiératiquement 副
hiératisme 男⦅文章⦆厳かさ, 重厚さ.
***hiérodule** /*hiérodoule** 名⦅古ギ⦆神殿に仕える奴隷.
***hiéroglyphe** 男 ❶ ヒエログリフ (古代エジプトの象形文字). ❷ (複数)判読不能な文字; 悪筆. ❒*hiéroglyphique 形
hiéronymite 男⦅キ教⦆ヒエロニムス会修士.
hiérosolymitain, e [-sɔ-] 形, 名 エルサレムの(住民).
***hi-fi** [ifi] ⦅米⦆女⦅不変⦆, 形⦅不変⦆ハイファイ(の).
***highlander** [ajlɑ̃dœ:r] 男⦅英⦆スコットランド高地の住民.
***high-tech** [ajtɛk] ⦅米⦆女⦅不変⦆, 形⦅不変⦆ハイテク(の).
***hi-han** 男⦅不変⦆(ロバの鳴き声).
***hijab** [-b] 男 ヘジャーブ (イスラム教徒女性の髪から首までを覆うスカーフ).
***hilaire** 男⦅植⦆へその;《解⦆門の.
hilarant, e 形 笑いを誘う, 愉快な.
hilare 形 うれしそうな, 陽気な; にこにこ笑う.
hilarité 女 爆笑 (突然の)歓喜.
***hile** 男⦅植⦆種子のへそ;⦅解⦆門.
hiloire 女⦅海⦆コーミング, 海水流入

hilote 男 [古ギ] (スパルタの)奴隷.
hilotisme 男 奴隷の境遇.
Himalaya [-laja] 男 ヒマラヤ.
　▫**himalayen, ne** 形
himation [-tjɔn] 男 [古ギ] ヒマティオン(大きな外衣).
(*)**hindi** [in-] 男 ヒンディー語.
hindou, e 形 ヒンズー教(徒)の; インドの. ― 名 (H~)ヒンズー教徒.
hindouisme 男 ヒンズー教.
hindouiste 形 ヒンズー教の.
hindoustāni 男 ヒンドスターニー語.
hinterland [interla:d] 男 [独] 後背地; 背後の陸地; 勢力圏.
*hip [(h)ip] 間 [英] わあい、万歳. ― Hip, hip, hip, hourra! 万歳, 万歳, えい、えい、おう.
*hip-hop [ipɔp] 男, 形 [不変] ヒップホップ(の).
hipparchie 男 [古ギ] 騎兵部隊.
hipparion 男 [古生] ヒッパリオン(馬の祖先).
hipparque 男 [古ギ] 騎兵隊長.
*hippie [米] 名, 形 ヒッピー(の).
hippique 形 馬の, 馬術の, 馬のスポーツの.
hippisme 男 馬術(競技).
hippocampe 男 ❶ [魚] タツノオトシゴ. ❷ [ギ神] ヒッポカンポス(海神が乗る, 上半身が馬, 下半身が魚の怪物).
hippocastanacées 女[植] トチノキ科.
hippocratique 形 [医] ヒポクラテス(学説)の.
hippocratisme 男 [医] ❶ ヒポクラテス学説. ❷ ― digital ヒポクラテス指(先の変形).
hippodrome 男 競馬場; [古ギ] 競技場.
hippogriffe 男 ヒッポグリフ(上半身がワシ, 下半身が馬の怪物).
hippologie 男 馬学.
hippologique 形 馬学の.
hippomobile 形 馬力による.
hippophagie 女 馬肉食.
hippophagique 形 ― boucherie ~ 馬肉屋.
hippopotame 男 [動] カバ; 男 巨漢.
hippopotamesque 形 話 カバに似た.
hippotechnie 女 調馬術.
*hippy [複] ies 名, 形 ⇒ hippie.
hircin, e 形 ヤギの(ような).
hirondelle 女 ❶ [鳥] ツバメ. ❷ [魚] ~ de mer モトエチオピア; オオメンヒウボウ. ❸ 話 ただ見[飲み]をする人; (自転車に乗った)巡査.
hirsute 形 もじゃもじゃのひげぼうぼうの.
*hirsutisme 男 [医] 多毛症.
Hispanie 女 イスパニア(イベリア半島の古称).
hispanique 形 スペイン(人)の; スペイン語圏の; (米国で)中南米出身者の. ― 名 中南米出身者.
hispanisant, e / hispaniste 名 スペイン(語)学者.
hispanisme 男 スペイン語特有の語法; スペイン語起源のフランス語.
hispano-américain, e 形 スペイン系ラテンアメリカの. ― 名 (H~)スペイン系ラテンアメリカ人.
hispano-arabe / hispano-moresque / hispano-mauresque 形 スペイン=アラブ文化の; [美] イスパノ=モレスク様式の.
hispanophone 名, 形 スペイン語を話す(人).
*hisse 間 Ho! H~! オーエス(掛け声).
*hisser 他 ❶ (苦労して)持ち上げる, 引き上げる; (綱を引いて)高く揚げる. ❷ 高い地位に引き上げる. ― se ~ は い 上がる, よじ登る; (体を)伸ばす; のし上がる.
histamine 女 [生化] ヒスタミン.
histaminique 形 ヒスタミンの.
histogenèse 女 [胚](~)からの組織形成.
histogramme 男 [統計] ヒストグラム, 柱状図.

histoire 女 ❶ 歴史; 歴史学, 歴史書; 来歴, 身の上話. ❷ 物語, 話; 作り話, うそ. ❸ 話 事件, 話, 問題; (複数)問題(争~), もめ事. ► cette ~ そこって [物]. ❹ 古風 ~ naturelle 博物学.
◇ C'est toute une ~. 話せば長くなる; これは厄介だ. en faire (toute) une ~ 事を荒立てる. **histoire de + inf.** ただ…するために.
histologie 女 組織学.
　▫**histologique** 形
histolyse 女 [生] 組織分解 [融解].
histoplasmose 女 [医] ヒストプラスマ症.
historicisme 男 歴史主義.
　▫**historiciste** 形
historicité 女 史実性, 歴史性.
historié, e 形 人物像で装飾した.
historien, ne 名 歴史家, 歴史学者; 話 歴史学専攻の学生.
historier 他 人物像で飾る.
historiette 女 逸話; 小話.
historiographe 男 史料編纂官.
historiographie 女 史料編纂, 修史; 正史, 史書; 歴史記述の方法論的研究.

historique 形 ❶ 歴史の, 歴史的な; 歴史上実在した; 有史の. ❷ 基本当の. ― 男 歴史的[年代順の]説明.
historiquement 副 歴史(学)的に, 歴史的見地から; 事実どおりに.
historisme 男 歴史主義.
histrion 男 ❶ (古代ローマの)道化役者; (昔の)軽業師. ❷ [文章] 三文役者; 笑い物.
histrionisme 男 [心] 演戯症.
hitlérien, ne 形 ヒトラー(主義)の. ― 名 ヒトラー主義者.
hitlérisme 男 ヒトラー主義.
*hit(-)parade [it-] 男 [米] ヒットチャート, 人気番付[順位].
*hittite [英] 形 ヒッタイトの. ― 男 ❶ ヒッタイト人. ❷ (H~s)ヒッタイト人.
*HIV [aʃive] 男 [英] ヒト免疫不全ウイルス(VIH).

hiver

hiver 男 冬, 冬季;［文章］老年.
hivernage 男 ❶ 越冬, 冬ごもり; 冬の飼料［耕作］; 冬季停泊期［港］. ❷（熱帯の）雨期.
hivernal, ale;［男複］**aux** 形 冬の. — 女 冬期登山.
hivernant, e 名 冬期観光客.
hiverner 自 冬を越す. — 他 冬ごもりさせる; 冬に耕す.
H.L.M. 女 ／ 男［略］habitation à loyer modéré 低家賃住宅［公団］.
****ho** [(h)o] 間 おーい, おい（呼びかけ, 怒り）; ほう, まあ, うわっ（驚き）.
****hobby**;［複］**ies** 男 趣味, 道楽.
****hobereau** 男 **x** ❶ 田舎貴族, 田舎地主. ❷［鳥］チゴハヤブサ.
****hochement** 男（首）を上下［左右］に振ること.
****hochepot** 男［料］オシュポ（フランドル地方のポトフ）.
****hochequeue** 男［鳥］セキレイ.
****hocher** 他 ~ la tête（同意に）首を上下に振る;（拒絶に）首を左右に振る.
****hochet** 男 ❶（赤ん坊の）がらがら. ❷［文章］（取るに足らぬ）慰みもの.
hockey [ɔkɛ] 男［英］ホッケー.
hockeyeur, se 名 ホッケー選手.
****holà** 間 おい, ちょっと（呼びかけ, 制止など）. — 男 話 mettre le ~ à ... ... をやめさせる.
holding [-diŋ] 男／女［英］［経］持株会社（= société ~）.
****hold-up** [-dœp];［複］~(**s**) 男［米］ピストル強盗, 武装強奪.
****hollandais, e** 形 オランダ（人）の. — 名（H~）オランダ人. — 男 オランダ語.
****Hollande** 女 オランダ（= Pays-Bas）: ホラント（オランダ西部地方）.
****hollande** 男 オランダチーズ; 女 オランダ紙.
(*)**hollywoodien, ne** [-wu-] 形 ハリウッド（映画）の; 派手な.
holocauste 男 ❶ 大量虐殺;（l'H~）（ナチスによる）ユダヤ人大虐殺. ❷（古代ユダヤ教の）全燔［はんさい］祭; いけにえ, 犠牲.
hologamie 女［生］ホロガミー, 合体生殖.
hologramme 男 ホログラム.
holographe 形 ⇨ olographe.
holographie 女 ホログラフィー.
holothurie 女［動］ナマコ.
****holster** 男［英］ホルスター.
****homard** 男［動］ロブスター, オマール. ▶ ~ à l'américaine [armoricaine] オマールの殻焼きをコニャック煮込み.
****homarderie** 女 ロブスター養殖場.
****home** 男［英］我が家, 家庭. ▶ ~ d'enfants 託児所.
homélie 女 福音書講話; 説教.
homéobox 男［生］ホメオボックス.
homéodomaine 男［生］ホメオドメイン.
homéopathe 名［医］同毒療法医.
homéopathie 女［医］ホメオパシー, 同毒療法. ◇ **homéopathique** 形
homéostasie 女 ホメオスタシス, 恒常性. ◇ **homéostatique** 形

homéostat 男 ホメオスタット.
homéotherme 形［動］定温［恒温］の. — 男 定温［恒温］動物.
homéotique 形［生］ホメティック遺伝子の.
homérique 形 ホメロス（風）の;［話］（皮肉）壮大［英雄的］な. ▶ rire ~ 哄笑, 爆笑.
homicide 男 殺人, 殺人犯. — 形［文章］殺人に使われる; 殺意を持つ. — 男 殺人; 殺人犯.
hominidés 男複［動］ヒト科.
hominisation 女（霊長類の）ヒト化.
hommage 男 ❶ 尊敬のしるし; 賛辞;［複］（女性への）賛辞; 敬意. ❷ 献呈（本）. ❸［史］臣従礼. ◇ rendre ~ à ... を崇敬［敬意］する.
hommasse 形（軽蔑）男のような.
homme 男 ❶ 人間, 人類. ❷ 男, 男性; 一人前の男; 例の男, 求めていた男. ❸ ~ de ... ...の（男の）人. ▶ ~ de loi 法律家. ❹［複数］部下; 兵員. ❺ 話 亭主; 愛人. ❻［キ教］le Fils de l'~ 人の子（イエス・キリスト）. ◇ comme un seul ~ 一斉に, 全員一致で. d'~ à ~ 直接に; 率直に.
homme-grenouille;［複］~**s**-~**s** 男 潜水夫, フロッグマン.
homme-orchestre;［複］~**s**-~**s** 男 ワンマンバンド; 万能家, 多芸多才の人.
homme-sandwich [-tʃ];［複］~**s**-~(**e**)**s** 男 サンドイッチマン.
homo（ラ）形 ヒト属. — 名（不変）, 形（不変）[話]同性愛者（の）, ホモ（の）.
homocentre 男［数］（同心円の）中心.
homocentrique 形［数］同心の;［光］共心の.
homochromie 女［動］同色, 保護色.
homocinétique 形［機］等速の.
homofocal 形［物］同速度の.
homogène 形 等質［均質］の; 統一のとれた.
homogénéisation 女 均質［等質］化; 画一化.
homogénéisé, e 形 等質［均質］化された. ▶ lait ~ ホモ牛乳.
homogénéiser / homogénéifier 他 等質［均一］にする; 統一する.
homogénéité 女 等質［均質］性, 統一性, まとまり.
homographe 形［言］同綴［とうてつ］異義の. — 男 同綴異義語.
homographie 女［数］射影変換.
homogreffe 女［医］同種移植.
homologation 女［法］認可;［スポ］（記録）の公認.
homologie 女 ❶ 相同性, 相同（関係）. ❷［数］ホモロジー（論）; 特殊な点変換. ❸［化］同族（関係）.
homologue 形 ❶ 同等の, 対応する. ❷［化］同族の;［生］相同の. ❸［数］対応する. — 名 同位の者, 同職者; 対応するもの.
homologuer 他［法］認可する;［ス

homoncule 男 ⇨ homunculus.
homonyme 形 [言]同名異義の.
— 名 同名の人；同名の町.
— 男 [言]同形異義語.
homonymie 女 [言]同形異義.
homonymique 形 同形異義(語)の.
homophile 男, 形 ホモ(の).
homophobe 形, 男 同性愛者嫌いの(人).
homophobie 女 同性愛者嫌い[差別].
homophone 形 ❶ 同音異義の. ❷ [楽]異音同調の：ホモフォニーの.
homophonie 女 ❶ [言]同音異義. ❷ [楽]ホモフォニー.
homosexualité [-se-] 女 同性愛.
homosexuel, le [-se-] 形 同性愛の. — 名 同性愛者.
homozygote 名, 形 [生]ホモ接合体(の).
homunculus [-m3-] 男 [民話中の]小人, ホムンクルス.
*****Honduras** [-s] 男 ホンジュラス(共和国).
(*)**Hongkong** [ɔŋkɔŋ] 男 ホンコン.
*****hongre** 形男 ❶ 去勢された(馬).
*****Hongrie** 女 ハンガリー.
*****hongroierie** 女 ハンガリー皮革製造[販売].
*****hongrois, e** 形 ハンガリー(人)の.
— 名 (H—)ハンガリー人.
— 男 ハンガリー語.
*****hongroyeur, se** 名 ハンガリー皮革なめし工.
honnête 形 ❶ 正直な, 誠実な；まっとうな, 正当な；立派な. ❷ まあまあの, 妥当な. ❸ 礼儀(女性的)品行方正な.
honnêtement 副 ❶ 正直に, 誠実に；率直に言って. ❷ 相応に.
honnêteté 女 正直, 誠実；潔癖, 公正さ.
honneur 男 ❶ 名誉, 面目；信義. ❷ 栄誉, 光栄；敬意. ❸ [複数]尊敬のしるし, 礼遇. ► —s funèbres 葬儀／—s militaires (軍の)栄誉礼. ❹ [複数]高位, 栄達. ❺ ... d'— 名誉ある…；栄誉をたたえる…；affaire d'— 名誉にかかわる問題；決闘／dame d'— 侍女／homme d'— 名誉を重んじる人；有徳の士／place d'— 特別席／tour d'— 名誉の場所一周. ❺ [カード]オナー・カード：最高の役札.
♢*avoir l'— de ...* ...する光栄に浴する, 謹んで.... *en l'— de ...* ... に敬意を表して, を祝して. *être à l'— *栄誉を受ける；重視されている. *faire à ... l'~ de ...* ...に…の栄光を与える. *faire à ...* ...に名誉を重んじる；…の名誉となる；…に忠実である. *faire les ~s de la maison* (主人自ら)家の中を案内して歓待する. *~s de la guerre* 名誉ある降伏条件. *mettre un [son] point d'~ à ...* ...の名誉にかけて…する. *parole d'~* 誓約. *pour l'~* 欲得抜き

horizon

で, 無償で. *se faire ~ de ...* を自慢する：鼻にかける.
*****honnir** 他 [文語]嫌悪する, 侮辱する.
honorabilité 女 尊敬すべきこと；信望, 名声.
honorable 形 ❶ 名誉ある, 尊敬に値する, 立派な. ❷ かなりの, 相当の. ❸ [紋] pièces —s オーディナリーズ(抽象的物体的図形).
honorablement 副 ❶ 信義をもって, 尊敬されて；立派に. ❷ かなり, 十分に.
honoraire 形 名誉職の.
— 男 [複数](医者, 弁護士への)謝礼金, 報酬.
honorariat 男 名誉職.
honoré, e 形 ❶ (de, que)(...を)名誉[光栄]に思う. ❷ 尊敬されている；尊敬すべき. — 名 来信, 貴簡.
honorer 他 ❶ 敬意を表する, 尊敬する；たたえる. ❷ 名誉をもたらす, 誇りとなる. ❸ (de) …の光栄を与える, (…を)賜る. ❹ (契約などを)守る；支払いをする.
s'~ ❶ (de, que)(...を)光栄[誇り]に思う；自慢する. ❷ 尊敬される；尊敬する.
honorifique 形 名誉上の.
honoris causa [-sko-] 形句 [不変](う)名誉(ための).
*****honte** 女 恥, 恥辱, 不名誉；羞恥(ち)心, 恥ずかしさ；気おくれ.
♢*avoir ~ de ...* …を恥じる. *avoir toute ~ bue = avoir perdu toute ~* 恥も外聞もない. *faire ~ à ...* …に恥をかかせる. *faire ~ de B à A* AのBをとがめる, 後悔させる. *fausse [mauvaise] ~* (過度の)遠慮, はにかみ.
*****honteusement** 副 不名誉にも；恥ずかしくも.
*****honteux, se** 形 ❶ 恥ずべき, 不名誉な；[立場, 信条を]隠している, 隠れ…. ► *pauvres* — 貧乏であることを隠している人々. ❷ (de) (...が)恥ずかしい.
hooligan [uligan] 男 (英)フーリガン. ⇨ *hooliganisme* 男
*****hop** [(h)ɔp] 間 それっ, そらっ (注意, 激励, 気合い).
hôpital ; (雅) *aux* ou 男 病院.
hoplite 男 [古代]重装歩兵.
hoquet 男 しゃっくり；しゃくりあげる声；断続音.
hoqueter ④ 自 しゃっくりをする；しゃくり上げて泣く；断続音を発する.
*****hoqueton** 男 [史] (射手の)袖(?)付き胴着.
horaire 形 時間に関する；1時間当たりの；時間給の. ► *tableau* — 列車時刻表.
— 名 時間給労働者.
— 男 ❶ 時刻表；ダイヤ. ❷ 時間割, 日程 [予定] (表). ❸ 週間労働時間. ► *flexible* フレックスタイム制.
*****horde** 女 ❶ (暴徒などの)群れ；遊牧民.
hordéacé, e 形 [植]大麦の.
horions 男 [複数](激しい)殴打.
horizon 男 ❶ 地平線, 水平線；遠方. ❷ 視界, 眺望, 見晴らし；範囲, 観

域；(将来の)展望, 見通し.
◊ à l'～ 近い将来に, 確実視される, 見込まれる. **faire un tour d'～ de ...** …を概括的に検討する.

horizontal, ale 形 [男複] **aux** 水平の, 横方向の.
— 女 水平(な直線).

horizontalement 副 水平に；横に.

horizontalité 女 水平状態.

horloge 女 ❶ 大時計, 時計. ◊ **... heures d'～** (電話の)時報サービス. …時間. **réglé comme une ～** 生活が規則正しい.

horloger, ère 名 時計屋；時計工.
— 形 時計の；時計製造[修理]の.

horlogerie 女 ❶ 時計製造[販売]業. ❷ 時計店.

hormis 前 [文章] …を除いて[た].

hormonal, ale 形 [男複] **aux** ホルモンの, ホルモンによる.

hormone 女 [英] ホルモン.

hormonothérapie 女 [医] ホルモン療法.

horodaté, e 形 時刻が印字された.

horodateur, trice 名 時刻を印字する. — 男 タイムレコーダー[スタンプ].

horoscope 男 [占] 十二宮図, ホロスコープ；星占い.

horreur 女 ❶ 恐怖；嫌悪. ❷ 醜悪さ, 残酷さ；[複数] ひどく醜いもの[人]. ❸ [複数] 惨禍；残虐行為；侮辱的[卑猥(ﾜｲ)な]言葉. ◊ **avoir ～ de ...** …を嫌う. **avoir [prendre] en ～** 嫌う.

horrible 形 ❶ 恐ろしい, ぞっとする；醜い；劣悪な. ❷ 極度の, ひどい.

horriblement 副 恐ろしく, ぞっとするほど；ひどく, 極端に.

horrifiant, e 形 ぞっとさせる.

horrifier 他 恐怖に陥れる；憤慨させる

horrifique 形 ぞっとする.

horripilant, e 形 いらだたせる.

horripiler 他 ❶ いらだたせる. ❷ 鳥肌を立たせる. ● **horripilation** 女

***hors** 前 ❶ (**de**) (…の)外に[で, の, へ](…を)外れた[脱した]. ● **H～ d'ici!** 出て行け！ ● **de soi** 我を忘れた, 逆上した. ❷ [文章] …を除いて. ❸ …を超えた[超越した]. ● **fonctionnaire ～ cadre** 本勤勉務外[出向]の公務員/**H～ hôtel ～ catégorie**(等級外の)超高級ホテル/**～ jeu** オフサイドの.

***horsain** 男 [史] よそ者.

***hors-bord** 男 [複] (~**s**) 船外機(艇), (船外)モーターボート.

***hors-d'œuvre** 男 [不変] オードブル；前置き.

***hors-film** [-m] 男 テレビ映画.

***horse-ball** [-bo:l] 男 [英] [スポ] ホースボール(馬上球技).

***horsin** 男 = horsain.

***hors-jeu** 男 [不変] [スポ] オフサイドの.

***hors-la-loi** 名 [不変] 無法者.

***hors-média** 男 [不変] メディア外広報活動(見本市, 路上キャンペーンなど).

***hors-piste(s)** 男 [不変] [スキー] ゲレンデ外スキー.

***hors-série** 形 [不変] 特製の, シリーズ外の(増刊)の；並み外れた, 非凡な.

***horst** [-st] 男 [独] [地] 地塁.

***hors-texte** 男 [不変] [本] 別丁.

hortensia 男 [植] セイヨウアジサイ.
— 形 [不変] あざやか色の.

horticole 形 園芸の.

horticulteur, trice 名 園芸家.

horticulture 女 園芸.

hortillonnage 男 (ピカルディー地方の)湿地野菜畑[果樹園].

(*)**hosanna** [-zanna] 男 ❶ [聖] ホサナ(ヘブライ語の歓喜と勝利の叫び)；[宗] ホサナ(ミサ中の賛歌). ❷ [文章] 歓喜の叫び, 勝利の歌.

hospice 男 ❶ 養護施設. ~ **de vieillards** 老人ホーム. ❷ 修道院付属無料宿泊所. ❸ [史] 施療院.

hospitalier, ère 形 ❶ 客を歓待する, もてなし好きの. ❷ 病院の；医療に関する. ❸ 援助修道会の.
— 名 病院勤務者；修道者.

hospitalisation 女 入院.

hospitaliser 他 入院させる；施設に入れる.

hospitalisme 男 [心] ホスピタリズム, 施設病.

hospitalité 女 (客を自宅で)もてなす[泊める]こと；(亡命者などの)保護.

hospitalo-universitaire 形 医学部付属病院の.

host [ost] 男 [史] (中世の)軍役義務, 軍.

hostellerie 女 ⇨ **hôtellerie**

hostie 女 ❶ [カト] ホスチア(ミサで拝領する聖体のパン). ❷ [古] 生けにえ.

hostile 形 ❶ 敵意ある；敵対する；悪条件の. ❷ (**à**) (…に) 反対の.
● **hostilement** 副

hostilité 女 敵意；[複数] 戦闘.

***hot**(-)**dog** [otdɔg] 男 [米] ホットドッグ.

hôte[1], **sse** 名 (来客をもてなす) 主人[女主人]. ◊ **table d'～** (定刻に同じ料理を出す)食堂のテーブル.
— 女 案内嬢, 接待係. ~ **de l'air** スチュワーデス.
— 男 (寄生虫の)宿主.

hôte[2] 名 (もてなしを受ける)客, 賓客；宿泊者, 間借人.

hôtel 男 ❶ ホテル. ❷ 大邸宅, 私邸 (= ~ **particulier**). ❸ (王侯貴族の)館(ﾔｶﾀ). ◊ **H～ des ventes** 競売所. **H～ de ville** 市役所.

hôtel-Dieu 男 ~**s** — 男 市立病院(**l'H**~) パリ市立病院.

hôtelier, ère 名 ホテルの経営者.
— 形 ホテルの.

hôtellerie 女 ❶ ホテル業. ❷ (デラックスな)田舎風ホテル[レストラン]. ❸ [カト] (修道院の)宿泊所.

hôtesse hôte[1] の女性形.

***hot-line** [otlajn] 女 [英] ホットライン.

***hotte** 女 ❶ 背負いかご[袋]. ❷ (集煙用)フード；換気扇.

***hottée** 女 背負いかご1杯の量；背負いかごの中身.

***hotter** 他 背負いかごで運ぶ.

*hou [(h)u] 間 やあい、やい、おおい(冷やかし、脅かしの呼びかけ).
*houblon 男【植】ホップ.
*houblonner 他 (麦汁に)ホップを添加する.
*houblonnier, ère 形 ホップの; ホップを産する. —— 男 ホップ栽培者. —— 女 ホップ畑.
*houe 女 (幅広の刃の鍬)くわ.
*houille 女 ❶ 石炭. ❷ ~ blanche [bleue, d'or] 水力[潮力, 太陽]エネルギー.
*houiller, ère 形 炭層を含む; 石炭の. —— 男 炭鉱. —— 女【地】石炭紀.
*houle 女 (海の)うねり, 波浪.
*houlette 女 羊飼いの杖; 指導, 指揮.
*houleux, se 形 うねりの高い; 混乱した, 騒々しい.
*houligan [uligan] 男 フーリガン. ✧*houliganisme 男
*houp [(h)up] 間 おおい, そらっ (呼びかけ, 気合い).
*houppe 女 ❶ (装飾用の)房; 前髪の房. ❷ パフ.
*houppelande 女 ウプランド (昔の袖(そで)の広い外套(とう)).
*houpper 他 房にする; 房で飾る.
*houppette 女 小さな房; パフ.
*houppier 男 (集合的で)木の枝; (枝を下ろした)樹冠.
*hourdage 男【建】充填石積み; (床下地の)漆喰(しっくい).
*hourdis 男【建】充填石積み.
*houri 女 ❶ (コーランの約束する)天上の美女. ❷ 文 並きわめて美しい女性.
*hourra(h) 間 万歳, おう. —— 男 歓声, 歓呼, 万歳.
*hourvari 男 文 並大騒ぎ, 喧嘩(けんか).
*housard 男 古【軍】軽騎兵.
*house (music) [aus] 女 ハウスミュージック (コンピュータによる合成音をベースにしたダンス音楽).
*houspiller 他 非難 [叱(しか)責] する.
*houspilleur, se 名 文 非難する人, がみがみ言う人.
*houssaie 女 セイヨウヒイラギ林.
*housse 女 覆い, カバー; 毛皮.
*houx 男【植】セイヨウヒイラギ.
(*)hovercraft [-vœ(ɛ)rkraft] 男 (英)ホバークラフト.
(*)hoverport [-vœɛr-] 男 ホバークラフト発着港.
*hoyau [ojo/wajo]; (複) x 男 小型の鍬(くわ).
HP (記)【計】 horse power 馬力.
H.S. 形 (略) 圖 hors service 使いものにならない; 疲れきった.
H.T. 女 (略) haute tension 高圧.
HTML 男 (略) 圖 hypertext mark-up language 【情報】HTML (プログラミング言語の一種).
*huard / *huart 男【鳥】オオハム.
*hublot 男 円窓, 舷窓(げんそう); (電子レンジの)小窓.
*huche 女 (粉こね用・保存用の)箱.
*huchet 男【狩】小さな角笛.
*hue [h)y] 間 (馬にはいどう, 右へ, 右へ. ✧tirer à hue et à dia 正反対の行動をとる.

*huée 女 野次, 罵(ののし)声; ブーイング.
*huer 他 やじる, 罵(のの)しり浴びせる. —— 自 (フクロウなどが)鳴く.
(*)hugolien, ne 形 ユゴーフス Hugo の; ユゴー的な.
*huguenot, e 名, 形 ユグノーの (16-18世紀のカルヴァン派を指す蔑称).
huilage 男 注油.
huile 女 ❶ 油, オイル. ❷ 油絵の具; 油絵 (=peinture à l'~). ❸【カト】saintes ~s 聖油. ❹ (多くは複数) 圖 お偉方, 有力者.
✧~ de bras [coude] 圖 体力, 労力. mer d'~ べたなぎの海. tache d'~ じわじわ広がること.
huilé, e 形 油をさした[入れた].
huiler 他 油を塗る[さす, 入れる].
huilerie 女 油脂製造[販売]; 搾油工場, 油屋.
huileux, se 形 油の, 油を含んだ; 脂ぎった.
huilier 男 (食卓用の)油と酢の小瓶. ❷ 食用油製造業者, 油屋.
huis 男 古 戸, 扉.
✧à ~ clos 非公開の, 門戸を閉じて. le ~ clos 非公開, 傍聴禁止.
huisserie 女【建】窓[戸]枠.
huissier 男 ❶ (議会, 官庁などの)守衛; 受付, 案内係. ❷【法】執行吏[官].
*huit [-t] 形 (数) (不変) (子音・有音の h の前で [ui]) 8つの; 8番目の.
✧donner à ... ses ~ jours 1週間分の給料を払って…を解雇する. ~ jours 1週間.
—— 男 (不変) (常に [-t]) 8; 8日, 8時; 8番目.
✧en ~ 来週の. faire des ~ 8の字を描く, 千鳥足で歩く. les trois ~ 8時間3交代制.
*huitain 男 8行詩(節).
*huitaine 女 約8; (約) 1週間.
*huitante 形 (スイス) 80の.
*huitième 形 (数) 8番目の; 8分の1の. ✧le ~ art 第8芸術, テレビ.
—— 名 8番目の人[物].
—— 男 8分の1; 9階; 第8区. ❷【スポ】~ de finale ベストエイト決定戦.
—— 女 第8学級(✧ terminale).
*huitièmement 副 第8に.
huître 女 ❶【貝】カキ. ❷ 間抜け.
*huit-reflets 男 圖 シルクハット.
huîtrier, ère 形 カキの.
—— 男【鳥】ミヤコドリ.
—— 女 カキ養殖場; カキ床.
*hulotte 女【鳥】モリフクロウ.
*hululer [ulyle] 自 (フクロウなどが)鳴く. ✧*hululement
*hum [(h)œm] 間 ❶ ふむ, うーむ (疑念, ためらい, いらだちなど). ❷ Hum, hum! えへん (自分の存在を示す).
humain, e 形 ❶ 人間の, 人間的な. ❷ 人間味のある; 人間に関する, 人文….
—— 男 人間(性); (複数) 文 並人類, 人々.
humainement 副 人間として; 人間味を持って.
humaniser 他 より人間的なものにする, 過酷さを和らげる; 分かりやすくする.

humanisme

—s'~ 人間味を帯びる.
humanisation 囡
humanisme 團 ❶ ヒューマニズム. ❷ (ルネサンス期の)ユマニスム, 人文主義. ❸ 古典文学の研究[教義].
humaniste 图 ❶ ヒューマニスト. ❷ ユマニスト; 古典学者.
— 形 ❶ ヒューマニズムの. ❷ ユマニズムの. ❸ 古典研究の.
humanitaire 形 人道主義的な.
humanitarisme 團 (単純で非現実的な)人道主義.
humanité 囡 ❶ (l'~) 人類, 人間; 人間味, 人間性. ❷ 《複数》ギリシャ, ラテンの古典研究.
humanoïde 形, 图 人に似た(もの).
humble 形 ❶ 謙遜な, 控えめな. ❷ 卑しい, つましい.
— 图 《複数》庶民, 下層の人々.
humblement 副 謙遜に, 控えめに; 質素に.
humectage 團 湿らせること, 給湿.
humecter 他 湿らせる, ぬらす.
—s'~ 自分の(…を)湿らせる, 潤す; 湿る, ぬれる.
*humer 他 吸い込む; かぐ.
huméral, ale 形 (男 複) aux 《解》上腕骨の.
humérus [-s] 團 《解》上腕骨.
humeur 囡 ❶ 気分, 機嫌; 《文章》不機嫌 (=mauvaise~). ❷ 性格. ❸ 《複数》体質 (昔, 体質・気質の決定因とされた血液・粘液・胆汁・黒胆汁).
humide 形 湿った, 湿っぽい; 雨の多い.
humidificateur 團 加湿器.
humidification 囡 加湿, 給湿.
humidifier 他 湿らせる, 加湿する.
humidimètre 團 含水率計.
humidité 囡 湿気; 湿度.
humification 囡 腐植化(作用).
humiliant, e 形 屈辱的な, 侮辱的な.
humiliation 囡 屈辱, 恥辱; 侮辱.
humilié, e 形, 图 侮辱された(人).
humilier 他 侮辱する, 辱める.
—s'~ 屈伏することへりくだる.
humilité 囡 謙遜(灬), 謙虚; 恭順; 《文章》(身分などの)低さ.
humoral, ale 形 (男 複) aux 形 体液の.
humorisme 團 《四》体液説.
humoriste 图 ユーモアのある人, ユーモア作家; (風刺)漫画家.
— 形 ユーモラスの.
humoristique 形 ユーモラスな.
humour 團 [-r] ユーモア, 滑稽さ.
humus [-s] 團 腐植(土).
*hune 囡 《海》檣楼(よ"), トップ.
*hunier 團 《海》中檣帆, トップスル.
*huppe 囡 ❶ ヤツガシラ ❷ 冠羽.
*huppé, e 形 ❶ (鳥の)冠羽のある. ❷ 《話》身分の高い, 上流の; 金持ちの.
*hure 囡 ❶ (イノシシ, 鮭などの)頭部. ❷ 《食》豚の頭肉のパテ.
*hurlant, e 形 ❶ ほえる, わめく, うなる. ❷ どぎつい; 明白な.
*hurlement 團 遠ぼえ, うなり声; わめき.
*hurler 自 ❶ 遠ぼえする; わめく, 叫ぶ; うなる, きしる. ❷ 《à》 (…に)抗議の叫びを上げる. ❸ (色などが)どぎつい; 《avec》(…と)不調和である.
— 他 叫ぶ, 吼える; 不調和である.
◊ ~ avec les loups 付和雷同する.
— 他 叫ぶように言う, わめきたてる.
*hurleur, se 形, 图 遠ぼえする(もの); 吠える(人).
— 團 《動》ホエザル.
hurluberlu, e 图 そそっかし屋; 変わり者.
*huron, ne 形 ❷ 粗野な(人).
— 團 《文章》(世間の粗さをあげつらう)皮肉屋, シニカルな人.
*hurrah 團 ⇨ hourra.
husky [œs-] 團 《英》シベリアン・ハスキー.
*hussard 團 《軍》軽騎兵; 機甲部隊.
*hussarde 囡 à la ~ 乱暴に.
*hutte 囡 小屋.
hyacinthe 囡 《鉱》ヒアシンス.
hyalin, e 形 《鉱》《医》ガラス質[状]の.
hybridation 囡 《生》交雑, 雑種形成. ◊ **hybrider**
hybridome 團 《生》ハイブリドーマ, 融合細胞.
hybride 形 《生》雑種の; 混成[混合, 折衷]の. ❷ 《情報》ハイブリッドの.
— 團 《生》雑種; 《言》混種語 (= mot hybride).
hydratant, e 形 水分[潤い]を与える. ~ crème ~e モイスチャークリーム.
hydratation 囡 《化》水和. ❷ 水分の補給.
hydrate 團 《化》水和物, 水化物. ~ de carbone 炭水化物.
hydraté, e 形 《化》水和した, 含水状態の, しっとりとした.
hydrater 他 ❶ 《化》水和[水化]させる. ❷ 水分を補給する.
—s'~ ❶ 《化》水和[水化]する; 自分の(…に)水分を補給する; 《話》喉(©ʲ)を潤す.
hydraulicien, ne 图 水力技師, 水力学専門家.
hydraulique 形 水力の, 水圧の; 油圧の; 水道[給水]に関する.
— 囡 水力学; 水理学.
hydravion 團 水上(飛行)機.
hydre 囡 ❶ 《動》ヒュドラ(水蛇の怪物). ❷ 《文章》蔓(?)延する問題, 悪化する事態. ❸ 《動》ヒドラ.
hydrique 形 水の, 水に関する.
hydrobase 囡 水上機の基地.
hydrocarbure 團 炭化水素.
*hydrocéphalie 囡 《医》水頭(症). ◊ **hydrocéphale** 形, 图
hydrocution 囡 ヒドロキューション(冷水中での失神).
hydrodynamique 囡, 形 《物》流体力学の.
hydro-électricité 囡 水力電気.
hydro(-)électrique 形 水力発電の.
hydrofoil [-jl] 團 水中翼船.
hydrofuge 形 防水 [防湿] の.
— 團 防水剤[材].
hydrofuger ☒ 他 防水 [防湿] 加工を施す.
hydrogénation 囡 《化》水素添加.

hydrogène 男［化］水素.
hydrogéner 他［化］水素と化合させる.
hydroglisseur 男［海］滑走艇.
hydrographe 名 水圏学者; 水路［海洋］測量技師.
hydrographie 女 ❶ 水圏学; 水路測量. ❷ (一地域の)河川, 湖沼; 水路網. □hydrographique 形
hydrologie 女 水文［水理］学. □hydrologique 形
hydrologue / hydrologiste 名 水文［水理］学者.
hydrolyse 女［化］加水分解. □hydrolyser 他
hydromel 男 蜂蜜(芬)水; 蜂蜜酒.
hydromètre 男［物］浮き秤(款), (液体)比重計; 水位計; 流量調節装置. ── 女［昆］イトアメンボ.
hydrométrie 女 液体比重測定; 流量測定. □hydrométrique 形
hydrophile 形 吸水［親水］性の. ── 男［昆］ガムシ.
hydrophobe 形 ❶［化］疎水［撥水(芬)］性の. ❷［医］恐水病の. □hydrophobie 女
hydropique 形 ［医］浮腫(壱)性疾患の(患者).
hydropisie 女［医］過水症.
hydroptère 男 水中翼船.
hydropulseur 男 歯間洗浄器.
hydrosoluble [-so-] 形 水溶性の.
hydrosphère 女 水圏.
hydrostatique 女, 形 流体静力学(の).
hydrothérapie 女［医］水治療法. □hydrothérapique 形
hydroxyde 男［化］水酸化物.
(*)hyène 女［動］ハイエナ.
hygiaphone 男 商 窓口の透明な仕切り.
hygiène 女 衛生(学); 健康法.
hygiénique 形 衛生的な; 衛生(学)の; 健康によい. □hygiéniquement 副
hygiéniste 名 衛生学者.
hygromètre 男 湿度計.
hygrométrie 女 湿度測定.
hygrométrique 形 湿度測定の; 湿度の.
hygrophile 形［生］好湿性の.
hygrophobe 形［生］嫌湿性の.
hygroscope 男 湿度計.
hygrostat 男 調湿器.
hymen[1] [-men] 男［解］処女膜.
hymen[2] [-men] 男［文雅］結婚.
hyménée 男［文雅］結婚.
hyménoptères 男複［昆］膜翅(じ)目.
hymne [imn] 男［文雅］賛歌, 頌(しょう)歌; 国歌.
── 女［カト］賛歌(ラテン語の典礼歌).
hypallage 女［レト］代換(法).
hyper 男 話 大規模スーパー.
hyperacousie [-pe-] 女［医］聴覚過敏.
hyperactivité 女［医］活動亢(こう)進(状態). □hyperactif, ve 形 名
hyperbare 形 高圧の.

hyperbole 女 ❶［レト］誇張(法). ❷［数］双曲線. □hyperbolique 形
hyperboréen, ne 形［文雅］極北の.
Hyperboréens ［ギ神］(極北に住み, アポロを押した)ヒュペルボレイオス人.
hypercentralisé, e 形 極度に中央に集中した［中央集権化された］.
hypercorrect, e [-kt] 形［言］過剰訂正の.
hypercorrection 女［言］過剰訂正.
hyperdulie 女［カト］(聖母に対する)特別崇敬.
hyperesthésie [-pe-] 女［医］知覚過敏.
hyperexcrétion 女［生］過剰排出.
hyperglycémie 女 高血糖(症).
hyperinflation 女 ハイパーインフレ.
hyperlien 男［情報］ハイパーリンク.
hypermarché 男 大規模スーパーマーケット.
hypermédia 男, 形 ハイパーメディア(の).
hypermétrope 形, 名 遠視の(人).
hypermétropie 女［医］遠視.
hypernerveux, se 形 名 神経過敏な(人).
hyperonyme [-pe-] 男［言］上位概念語.
hyperoxalurie 女［医］高シュウ酸尿症.
hyperproduction 女［生］過剰生産.
hyperpuissance 女 覇権国, 帝国.
hyperréalisme 男［美］スーパーリアリズム. □hyperréaliste 形, 名
hypersensibilité 女 過敏症.
hypersensible 形, 名 過度に敏感な(人).
hypersomnie 女［心］睡眠過剰.
hypersonique 形 極超音速の.
hypertendu, e 形 高血圧(症)の(人).
hypertension 女 高血圧(症).
hypertexte 男 ハイパーテキスト.
hypertextuel, le 形 ハイパーテキストの.
hyperthermie 女［医］高熱.
hyperthyroïdie 女［医］甲状腺(じ)機能亢進.
hypertrophie 女 異常発達, 過度の膨張;［医］(臓器の)肥大.
hypertrophié, e 形 異常発達［肥大］した.
hypertrophier 他 異常発達［肥大］させる.
── s'~ 異常発達［肥大］する.
hypertrophique 形 異常発達した, 肥大の.
hypervirulent, e 形［医］きわめて毒性の強い.
hypervitaminose 女［医］ビタミン過剰(症).
hypnologie 女 睡眠学.

hypnose

hypnose 囡 催眠(状態).
hypnotique 形 催眠(術)の.
— 男 催眠剤.
hypnotiser 他 催眠術をかける；魅惑する, 取りくむ.
— s'～《sur》(…に)魅惑される, 取りつかれる.
hypnotiseur, se 图 催眠術師.
hypnotisme 男 催眠状態[症状]; 催眠術, 催眠学.
hypoallergénique 形 低アレルギー性の.
hypocalorique 形 低カロリーの.
hypocitraturie 囡【医】低クエン酸尿症.
hypocondriaque 形, 图 心気症[ヒポコンドリー]の(患者).
hypocondrie 囡【心】心気症, ヒポコンドリー.
hypocoristique 男, 形 愛称語(の).
hypocras [-s] 男 《中世に珍重された》肉桂, 丁字入りの甘味ワイン.
hypocrisie 囡 偽善, 欺瞞(ぎ).
hypocrite 形, 图 偽善者(の人). ▷**hypocritement** 副
hypoderme 男【昆】ウシバエ.
hypodermique 形 皮下組織の.
hypogée 男【考古】地下構造[墓室].
hypoglycémie 囡【医】低血糖(症). ▷**hypoglycémiant, e** 形
hypokhâgne 囡《高等師範学校受験》準備学級文科1年.
hyponyme 男【言】下位概念語.
hypophyse 囡【解】下垂体. ▷**hypophysaire** 形
hyposécrétion [-se-] 囡【医】分泌不全.
hyposodé, e [-so-] 形 減塩の.
hypostase 囡 ❶《キ教》位格；【哲】本質, 実体. ❷【医】血液沈滞.
hypostatique 形《キ教》位格の.

hypotaupe 囡【数】数学上級学年.
hypotendu, e 形, 图【医】低血圧(症)の(患者).
hypotenseur 男, 形【医】降圧薬(の).
hypotensif, ve 形【医】低血圧の.
hypotension 囡【医】低血圧(症).
hypoténuse 囡【数】《直角三角形》の斜辺.
hypothalamus [-s] 男【解】視床下部.
hypothécable 形 抵当に入れられる.
hypothécaire 形 抵当権(付き)の.
hypothécairement 副 抵当権付きで.
hypothèque 囡 ❶【法】抵当(権)；担保. ❷ 障害, 困難.
hypothéquer 6 他 抵当に入れる.
hypothermie 囡【医】低体温.
hypothèse 囡 仮設；仮定.
◇**dans l'～ où + cond.** もし…ならば, **en toute ～** いずれにしても. **par ～** 仮に…ならば；これは推測だが, おそらくは；仮定によって.
hypothético-déductif, ve 形【論】仮説演繹(は)法の.
hypothétique 形 ❶ 不確かな, 当てにならない. ❷ 仮説の；仮定の.
hypothétiquement 副 仮に, 仮定して, 仮説として.
hypothyroïdie 囡 / 男【医】甲状腺(又)機能)低下(症).
hypotrophie 囡【医】栄養障害.
hypsométrie 囡【地】高度計測；高度表示.
hysope 囡【植】ヒソップ.
hystérectomie 囡【医】子宮摘出.
hystérie 囡【心】ヒステリー；《病的》興奮.
hystérique 形, 图 ヒステリーの(患者), ヒステリックな(人).

Hz【記】【電】hertz ヘルツ.

I, i

I¹, i 男 フランス字母の第9字.
◇**mettre les points sur les i** 事細かに念を押す[説明する].

I²《記》❶《化》iode ヨード, ヨウ素. ❷ (ローマ数字の) 1 (VとXの前に置いて-1, あとに置いて+1を表す: VI, IX).

I.A. 女《略》intelligence artificielle 人工知能.

I.A.A. 女複《略》industries agricoles et alimentaires = industries agro-alimentaires 農畜物加工業.

iambe / ïambe 男《詩》(ギリシア・ラテン詩で) 短長脚(詩); 《複数》イアンブ (12音節と8音節の詩句を交互に用いた風刺詩). □**iambique / ïambique** 形

iatrogène / iatrogénique 形《医》医原性の.

ibère 形 イベリア(人)の.
——男 イベリア語; 《I~s》イベリア人.

Ibérie 女 イベリア (イベリア半島の古代王国).

ibérique 形 イベリアの, イベリア人の.

ibid.《略》ibidem.

ibidem [-dem] 副《ラ》同書[同所]に.

ibis [-s] 男《鳥》トキ.

ibuprofène 男《薬》イブプロフェン (抗炎症薬).

icaque 女《植》イカゴの実.

icaquier 男《植》イカゴ.

Icare 《ギ神》イカロス. □**icarien, ne** 形

iceberg [ajs(is)bɛrg] 男《英》氷山.

ichneumon [ik-] 男 ❶《動》ヒメバチ. ❷《動》エジプトマングース.

ichtyoïde [ik-] 形 魚の形をした.

ichtyologie [ik-] 女 魚類学. □**ichtyologique** 形

ichtyologiste [ik-] 名 魚類学者.

ichtyophage [ik-] 形, 名 魚食性の.

ichtyosaure [ik-] 男《古生》魚竜.

ici 副 ❶ ここ, ここに[で, は, では]; こちら(は). ❷ 目今.
◇**d'ici** ここの, ここから; 今から. **d'ici (à ce) que** + subj. 今から…までに. **d'ici là** 今からそれまでに. **par ici** こ のあたりに[で, では]; こちらへ, こちらから.

ici-bas 副 この世で, 現世で.

icoglan 男《史》(オスマン帝国の) 宮廷士官.

icône 女 ❶《美》イコン. ❷《情報》アイコン. □**iconique** 形

iconoclasme 男 / **iconoclastie** 女 聖像[偶像]破壊運動.

iconoclaste 名 ❶ 聖像[偶像]破壊(論)者. ❷ 伝統[因習]打破者.
——形 ❶ 聖像[偶像] 破壊の. ❷ 伝統[因習]に反する.

iconographe 名 図像学者; 図版担当者.

iconographie 女 ❶ 図像学, イコノグラフィー. ❷《集合的》図像(集); 図版. □**iconographique** 形

iconologie 女 図像解釈学, イコノロジー. □**iconologique** 形

iconologiste / iconologue 名 図像解釈学者.

iconostase 女《建》聖像屏壁 (ペイヘキ) (ビザンチン様式の教会の聖所と身廊を仕切る壁).

iconothèque 女 画像資料室; 画像資料のコレクション.

icosaèdre 男《数》20面体.

ictère 男《医》黄疸(ダン).

ictérique 形, 名 黄疸(ダン)の(患者).

ictus [-s] 男 ❶《詩》強勢部. ❷ 発作, 急発症.

id ◇id est.

id.《略》idem 同じく.

ide 男《魚》ヒレアカオヒラウオ.

idéal, ale; 《男》**aux** (または **als**) 形 理想的な, 完璧(ペキ)な; 観念的な, 空想上の. ——男 理想(的なもの).

idéalement 副 理想的に(は).

idéalisateur, trice 形, 名 理想化[美化]する(人).

idéalisation 女 理想化, 美化.

idéaliser 他 理想化[美化]する.
——s'~ 理想化される; 自分を美化する.

idéalisme 男 理想主義; 観念論.

idéaliste 形 理想主義的な, 観念論の. ——名 理想主義者; 観念論者.

idéalité 女 ❶《哲》理想性, 理念性. ❷ 理想的なもの, 理想的な美しさ.

idée 女 ❶ 考え; 着想, アイディア; ものの見方; 観念, 理念; 思想. ❷ 概要. ❸ 気まぐれ.
◇**à l'~ de ... (que ...)** …と考えるだけで. **avoir dans l'~ que ... = avoir ~ que ... = avoir ~ de ...** …の察しがたつ. **avoir [se faire] une haute ~ de ...** …を高く評価する. **donner des ~s à ...** …にアイディアを与える; よからぬ考えを吹き込む. **Quelle ~ ! = En voilà une ~ !** ていうことだ, なんてばかな. **se faire des ~s** 思い違いをする, 妄想を抱く.

idée-force 《複》**~s-~s** 中心観念; 行動と結びついた観念.

idéel, le 形 観念(上)の; 理念的な.

idem [-dem] 副《ラ》同じく, 同上.

identifiable 形 同一視できる; 識別[確認]しうる.

identification 女 ❶ 同一とみなすこと, 同定; 識別; 鑑定. ❷ 同一化, 一体化.

identificatoire 形 識別の, 同定の.

identifier 他 ❶《avec, à》(…と) 同一と見なす; 混同する. ❷ 何であるかを特定する, 身元を割り出す[確認する], 識別する.
——s'~ 《à, avec》(…と) 一体化す

identique

identique 形 (à) (…と)同一の, 同様の. ❑**identiquement** 副
identitaire 形アイデンティティの.
identité 囡 ❶ 同一(性), 一致; 自分[そのもの]であること, アイデンティティ. ❷ 身元, 身分.
idéogramme 男[言]表意文字.
idéographie 囡[言]表意文字法.
idéographique / idéogrammatique 形[言]表意(文字)的.
idéologie 囡 イデオロギー, 観念形態;《軽蔑》空理空論, 観念の遊戯.
idéologique 形 イデオロギーの. ❑**idéologiquement** 副
idéologiser 他 イデオロギー化する. ❑**idéologisation** 囡
idéologue 图❶[哲]イデオロギーの創始[鼓吹]者, イデオローグ.❷《軽蔑》空論家; 観念学派.
ides [id] 囡《複》(ローマ暦で3, 5, 7, 10月の) 15日, (その他の月の)13日.
id est [-dest] 接句(ラ)すなわち.
idiolecte 男[言]個人言語.
idiomatique 形[言]慣用句の; 一国語[一方言]特有の.
idiome 男[言](ある地域, 国の)特有[固有語]; 方言.
idiosyncrasie [-sɛ̃-] 囡[医]特異体質; 個人的特異性.
idiot, e 形ばかな(人), 愚かな(人). ❑**idiotement** 副
idiotie [-si] 囡 ❶ 愚かさ; ばかげた言動; 愚鈍さ. ❷[心]白痴.
idiotisme 男[言]特有語法.
idoine 形打ってつけの.
idolâtre 形偶像崇拝の;《文章》(de)(…を)崇拝[熱愛]する. ─ 名 偶像崇拝者;《文章》崇拝者[熱愛]者.
idolâtrer 他 偶像のように崇拝する;《文章》溺愛[熱愛]する.
idolâtrie 囡 偶像崇拝;《文章》溺愛, 熱愛. ❑**idolâtrique** 形
idole 囡偶像; 崇拝[熱愛]の対象, アイドル.
I.D.S. 囡《略》initiative de défense stratégique 戦略防衛構想(英語SDI).
idylle 囡[文]田園恋愛詩; 清純な恋.
idyllique 形 牧歌的な; 田園恋愛詩の.
i.e. 《略》(ラ) id est すなわち.
If イフ島(マルセイユ沖の小島).
if 男 ❶[植]イチイ. ❷ (洗った後の水切り用)瓶立て.
I.F.O.P. [ifɔp] 男《略》Institut français d'opinion publique フランス世論研究所.
I.G.F. 囡《略》impôt sur les grandes fortunes 富裕税.
igloo [-glu] 男《英》/ **iglou** 男 イグルー(イヌイットの雪小屋).
I.G.N. 囡《略》Institut géographique national 国立地理調査院.
igname [-ɲ(gn)a-] 囡[植]ヤマノイモ.
ignare 形まるで無知な(人).

igné, e [-gn(p)e] 形《文章》火の, 灼(ゃ)熱の.
ignifugation [-gn(p)i-] 囡 耐火性化, 耐火処理.
ignifuge [-gn(p)i-] 形, 男 耐火性[不燃性]の(物質).
ignifugeant, e [-gn(p)i-] 形, 男 耐火性を与える(物質).
ignifuger [-gn(p)i-] 他耐火性[不燃性]にする.
ignition [-gn(p)i-] 囡点火, 発火.
ignoble 形 卑劣な[下劣]な, 醜悪な, 汚らしい. ❑**ignoblement** 副
ignominie 囡《文章》不名誉, 恥辱; (行為の)卑劣さ, 醜さ;《多く複数》恥ずべき行為.
ignominieux, se 形《文章》不名誉な; 恥ずべき, 卑劣な. ❑**ignominieusement** 副
ignorance 囡無知, 無学.
ignorant, e 形 (de) (…を)知らない; 無知[無学]な.
─ 名 無知[無学]な人.
ignoré, e 形知られていない.
ignorer 他知らない; 理解しようとしない, 無視する. ─ s' ─ 自分を知らない, 自覚されない.
iguane [-gwan] 男[動]イグアナ.
iguanodon [-gwa-] 男[古生]イグアノドン.
I.H.S. 《略》(ラ) Iesus, hominum salvator 人類の救い主イエス.
ikebana [-ke-] 男[日本]生け花.
il [il]《複》**ils** 代 ❶《人称》(3人称男性, 非強勢形主語) ❶ 彼(ら)は, それ(ら)は. ❷《非人称主語》─ Il pleut. 雨が降る / Il est midi. 正午だ / Il faut travailler. 働かねばならない /《形式主語》Il est difficile de juger de la situation. 状況を判断するのは難しい / Il est évident qu'il a menti. 彼がうそをついたのは明らかだ.
ilang-ilang; 《複》~s-~s 男[植]イランランノキ.
île 囡 ❶ 島. ❷《料》~ flottante イル・フロタント(泡立て湯卵(あ)の白身をソースに浮かべたデザート).
iléal, ale; 《男複》**aux** 形[解]回腸の.
Île-de-France 囡 イール=ド=フランス地方(パリ市を中心とする地域).
iléite 囡[医]回腸炎.
iléon 男[解]回腸.
iléus [-s] 男[医]腸閉塞(だ).
iliaque 形[解]腸骨の.
îlien, ne 形, 名 (特にブルターニュ地方の)島に住む(人).
Ill [il] 男 イール川(ライン川支流).
Ille-et-Vilaine [ilevi-] 囡 イール=エ=ヴィレーヌ県県[35].
illégal, ale; 《男複》**aux** 形 違法の, 不法の. ❑**illégalement** 副
illégalité 囡 違法(性), 不法(行為); 非合法活動.
illégitime 形 ❶ 不法な, 非合法な. ─ enfant ~ 私生児. ❷ 不当な, 根拠のない.
illégitimement 副 不当に, 非合法的に.

illégitimité 女 不当性, 非合法性; 嫡出でないこと.

illettré, e 形, 名 読み書きのできない(人); 〔古〕無教養の(人).

illettrisme 男 読み書きできないこと.

illicite 形 不法の, 不正な.

illicitement 副 不法に, 不正に.

illico 副 〔しばしば presto とともに〕すぐに, 即座に.

illimité, e 形 無限の, 無制限の.

illiquide 形 流動性を欠く, 現金化しにくい. ▫**illiquidité** 女

illisibilité 女 判読不能, 読みづらさ.

illisible 形 読めない, 読みにくい; 読むに堪えない.

illisiblement 副 読みづらく; 読めそうもないほど.

illite 女〔英〕〔鉱〕イライト.

illogique 形 非論理的な, つじつまの合わない. ▫**illogiquement** 副

illogisme 男 非論理性, 一貫性の欠如; つじつまの合わない言動.

illumination 女 ❶ 照明;〔複数〕イルミネーション. ❷ 霊感, ひらめき.

illuminé, e 形 照明で飾られた; 光り輝いている.
—名 天啓を受けた人; 幻視家.

illuminer 他 照らす, イルミネーションで飾る; 輝かせる.
—s'~ 煌々と照らされる; 輝く.

illuminisme 男 天啓説, 光明(ऋ)思想.

illusion 女 幻覚, 錯覚; 幻想, 夢想. ◊faire ~ 眺を欺く, 人目を欺く. se faire des ~s 幻想を抱く.

illusionner 他 錯覚を起こさせる, 欺く. —s'~ 錯覚する, 幻想を抱く.

illusionnisme 男 手品, 奇術;〔美〕イリュージョニスム(遠近法, トロンプ・ルイユ, 明暗法など).

illusionniste 名 手品師, 奇術師.

illusoire 形 見せかけの, むなしい. ▫**illusoirement** 副

illustrateur, trice 名 イラストレーター, 挿絵画家.

illustratif, ve 形 例証の; 説明に役立つ.

illustration 女 ❶ 例証. ❷ 挿絵, イラスト; イラスト技術.

illustre 形 著名の; 栄光の, 華々しい.

illustré, e 形 挿絵[写真,図]入りの.
—男 グラビア入り, 挿絵入りの新聞[雑誌].

illustrer 他 ❶ 例証する. ❷ 挿絵[写真, 図]を入れる. ❸〔文章〕有名にする. —s'~ 有名になる.

illustrissime 形 いとも名高き(高位聖職者への敬称).

illuvial, ale 形;〔男複〕**aux** 形〔土〕集積による.

illuviation 女〔土〕集積過程.

illuvium 男〔土〕集積層.

I.L.M. 男 [略] immeuble à loyer moyen 中級家賃集合住宅.

ilménite 女〔鉱〕チタン鉄鉱.

I.L.N. 男 [略] immeuble à loyer normal 正規家賃集合住宅.

îlot 男 ❶ 小島. ❷ (孤立した)小さな群れ;(町の)区画, 街区. ❸〔解〕~s de Langerhans ランゲルハンス島.

îlotage 男 警察担当区分.

îlote 名〔古学〕(スパルタの)奴隷;〔文章〕みじめな境遇にある人; 無知な人.

îlotier, ère 名 地区担当警察官.

îlotisme 男〔古学〕(スパルタの)奴隷の境遇; 汲屈無知の状態.

ils 代〔人称〕彼らは; それらは (⇨ il).

ILS instrument landing system 計器着陸システム.

il y a 非人称 ❶ …がある [いる]. ► Il y a des roses dans le jardin. 庭にバラがある. ❷〔時間〕(今から)…前に. ► Il y a cinq minutes 5 分前に. ❸〔時間〕Il y a + 時間 + que … …してから…になる, …前から…している. ► Il y a une heure que je l'attends. もう 1 時間も彼(女)を待っている. ❹〔il y a + 名〕…がある. ► Il y a une corde qui s'est cassée. 切れている綱がある. ◊comme il n'y (en) a pas 話 ものすごく[い]. Il n'y a pas à + inf. …する必要はない. Il n'y a qu'à + inf. …しさえすればよい; …するしかない. Il y a A et A. いろいろ[ピンからキリまで]ある. Il y en a qui ... [pour + 名] …する人たちがいる. tout ce qu'il y a de plus [moins] + 形容詞 〔しばしば皮肉〕とびきり…な.

image 女 ❶ 像, 映像, 画像; 絵, 版画, 写真. ❷ 姿, 形; 似姿; イメージ, 印象, 残像. ❸ 比喩(゚゚゚)的表現, たとえ. ◊à l'~ de …に似て[ならって]. ~ d'Epinal (1) エピナル版画(19 世紀にエピナルで作られていた通俗的教訓版画) (2) 素朴すぎる見方, 紋切り型.

imagé, e 形 イメージや比喩(ふ)に富む.

imagerie 女 ❶ (集合的)通俗的な版画; 大衆の抱くイメージ. ❷〔物〕(超音波, X 線などによる)映像技術;〔気〕~ satellitaire 衛星画像;〔軍〕~ thermique 熱映像技術.

imagier, ère 名 版画家, 版画売り;(中世の)彫刻家.
—男 絵解き絵本.

imaginable 形 想像できる, 考え得る.

imaginaire 形 ❶ 想像上の, 架空の; 妄想の. ❷〔数〕虚の.
—男 想像の産物[世界].

imaginal, ale;〔男 複〕**aux** 形〔動〕成虫の.

imaginatif, ve 形, 名 想像力の豊かな(人).

imagination 女 想像(力), 空想(力);(多く複数形)空想の産物, 妄想.

imaginer 他 ❶ 想像する, 思い描く; 思う, 考える; 考案する. —s'~ 想像する, 思い描く. ❷ …である自分の姿を想像する. ❸ 想像される, 想像がつく.

imago 男〔動〕成虫.
—女〔心〕イマーゴ(幼児期に形成された無意識的人物原型).

imam [-m] 男〔イ教〕イマーム(指導者; 師).

imamat 男 イマームの地位[権威]

imbattable 形 無敵の. ▶ prix ~ 激安価格.

imbécile 形, 名 ばかな(人).

imbécilement 副 文 愚かにも.

imbécillité 囡 ばかな加減, 愚劣さ;《多く複数》ばかな言動.

imberbe 形 ひげの生えていない.

imbiber 他 (de) (…で)湿らせる, 潤す;(…を)染み込ませる. — **s'~** (de) (…を)吸い込む;話 痛飲する.

imbibition 囡 ❶ 湿らせる[染み込む]こと. ❷ 泥酔状態.

imbitable 形 俗 ぜんぜん分からない.

imbrication 囡 (屋根瓦(ﾞ)状の)重なり合い, 組み合い, 錯綜(ｿｳ).

imbriqué, e 形 (屋根瓦(ﾞ)状に)重なり合った;入り組んだ, 絡んだ.

imbriquer 他 差し込む, かみ合わせる, 入り込ませる.
— **s'~** 絡まり合う;入り組む.

imbroglio [-ljo/-glijo] 男 (伊) もつれ, 混迷, 錯綜(ｿｳ);筋の込み入った劇.

imbrûlé, e 形 不完全燃焼の.
— 男《複数》不完全燃焼物.

imbu, e 形 (de) (…が)染み込んだ;(…で)いっぱいの.

imbuvable 形 ❶ 飲めない;話 がまんならない.

imide 男 〖化〗(酸)イミド.

imitable 形 模倣できる.

imitateur, trice 形 まねをする, 模倣好きの.
— 名 まねる人, 模倣者, ものまね芸人.

imitatif, ve 形 人まねの;模倣の.

imitation 囡 まねること, 模倣;模造(品), 複製, ものまね.

imité, e 形 まねた, 模倣した;偽造[模作]の.

imiter 他 ❶ まねる, 模倣する;模造[偽造]する. ❷ 手本[模範]とする.

immaculé, e 形 汚れのない, 無垢(ｸ)な. ▶ *I~e* Conception 聖母マリアの無原罪の宿り(祝日は12月8日).

immanence 囡 〖哲〗内在(性).

immanent, e 形 内在する[的な].

immanentisme 男 〖哲〗内在説, 内在論.

immangeable [ēmā-] 形 食べられない.

immanquable [ēmā-] 形 必至の, 不可避の;確実な.

immanquablement [ēmā-] 副 必ず, きっと, 必然的に.

immatérialité 囡 非物質性, 無形性.

immatériel, le 形 非物質的な, 無形の.

immatriculation 囡 登録(番号), 登記.

immatriculer 他 登録する.

immature 形 未成熟の, 未熟な.

immaturité 囡 文 未成熟, 未熟.

immédiat, e 形 直接の, じかの;即時の. — 男 dans l'~ 差し当たり.

immédiatement 副 直前[直後]に;直ちに;即刻, 直ちに.

immémorial, ale;《男複》*aux* 形 大昔の, 太古からの.

immense 形 巨大な[広大な], 莫大な.

immensément 副 非常に.

immensité 囡 広大さ, 巨大さ.

immerger ② 他 沈める, 浸す.
— **s'~** 沈む, 潜る.

immérité, e 形 不当な, 過分な.

immersion 囡 沈める[浸す]こと;水没, 潜水.

immettable [ēme-] 形 着られない, 履けない.

immeuble 男 ❶ 大きな建物, ビル. ❷ 〖法〗不動産. — 形 〖法〗不動産の.

immigrant, e 名, 形 移民(の);外国人出稼ぎ労働者の.

immigration 囡 (他国からの)移住;外国人労働者の流入;(国内の)人口移動.

immigré, e 形 (他国から)移住した;出稼ぎに来た.
— 名 移民, 外国人労働者.

immigrer 自 (他国から)移住してくる;出稼ぎに来る.

imminence 囡 切迫, 急迫.

imminent, e 形 切迫した, 差し迫った.

s'immiscer ① 代動《dans》(…に)干渉する, 介入する.

immixtion 囡 干渉, 介入.

immobile 形 動かない, 不動の.

immobilier, ère 形 不動産の. — 男 不動産業;不動産業.

immobilisation 囡 ❶ 動かなくする[なる]こと;不動, 固定, 停止. ❷《複数》(企業の)固定資産.

immobiliser ② 他 ❶ 動けなくする, 固定する, 活動を麻痺(ﾋ)させる. ❷ (資本を)固定させる;(動産を)不動産化する.
— **s'~** 動かなくなる, 停止する.

immobilisme 男 保守主義, 事なかれ主義. ◻**immobiliste** 形 名

immobilité 囡 不動(状態), 停滞, 現状維持.

immodéré, e 形 文 過度の;非常識な. ◻**immodérément** 副

immodeste 形 古風 慎みのない, 下品な. ◻**immodestie** 女

immolation 囡 文 供犠, 犠牲;殺戮(ﾘｸ).

immoler 他 文 いけにえにささげる, 犠牲にする. — **s'~** 自分の生命, 財産, 利益を犠牲にする.

immonde 形 ひどく汚い, 胸の悪くなるような;下劣[卑劣]な.

immondices 女複 汚物, ごみ.

immoral, ale;《男複》*aux* 形 不道徳な, 背徳的な;(古風)猥褻(ﾜｲｾﾂ)の. ◻**immoralement** 副

immoralisme 男 反道徳主義;道徳破壊.

immoraliste 形 反道徳主義の.
— 名 反道徳主義者, 背徳(主義)者.

immoralité 囡 反道徳性, 背徳;古風 猥褻(ﾜｲｾﾂ).

immortaliser 他 不滅[不朽]にする. — **s'~** 不朽の名声を得る.

immortalité 囡 不死, 不滅;文 不朽の企画.

immortel, le 形 不死の, 不滅の;文 不朽の. — 名 《ときに I~》アカデミー・フランセーズ会員. — 男 〖植〗ドライ

immotique 囡 インテリジェントビル.
immotivé, e 形 [文章] 動機[根拠]のない.
immuabilité 囡 不変性.
immuable 形 不変の; 一定の.
immuablement 副 常に, 絶えず; 相変わらず.
immun, e 形 [医] 免疫(性)の.
immunisant, e 形 [医] 免疫を与える.
immunisation 囡 [医] 免疫(化).
immuniser 他 免疫にする.
immunitaire 形 [医] 免疫の.
immunité 囡 ❶ [法] (租税, 義務などの)免除(特権); (議員, 外交官などの)免責特権. ❷ [医] 免疫(性).
immunochimie 囡 免疫化学.
immunocompétent, e 形 [医] (細胞の)免疫適格の.
immunodéficience 囡 免疫不全. ▫ immunodéficient, e / immunodéficitaire 形
immunodépresseur 男 免疫抑制剤.
immunodépressif, ve 形 [医] 免疫抑制性の.
immunodépression 囡 免疫抑制.
immunogène 形 免疫原性の.
immunoglobuline 囡 [生化] 免疫グロブリン.
immunologie 囡 免疫学. ▫ immunologique 形
immunologiste 名 免疫学者.
immunostimulant, e 形 [薬] 免疫賦活の. —男 免疫賦活剤.
immunosuppresseur 男 ➪ immunodépresseur.
immunosupprimé, e [-sy-] 形 免疫抑制状態の.
immunothérapie 囡 免疫療法. ▶ ～ vaccinale ワクチン免疫療法.
immunotolérant, e 形 [医] 免疫寛容性の.
immunotransfusion 囡 免疫輸血.
immutabilité 囡 不変性, 不易; [法] 不動性.
impact [-kt] 男 ❶ 衝撃, インパクト; 影響, 効果. ▶ étude d'～ 環境アセスメント. ❷ 弾着.
impaction 囡 [医] 嵌入骨折.
impair, e 形 奇数の. ▶ côté ～ (街路の)奇数番地側.
—男 へま, 失策.
impala [im-lɑ] 男 [動] インパラ.
impalpable 形 手で触れない, 触知できない; 微細な.
impaludation 囡 [医] マラリア感染; マラリア療法.
impaludé, e 形 マラリアの, マラリアにかかった. —名 マラリア患者.
imparable 形 (攻撃が)かわせない.
impardonnable 形 許しがたい, 弁解のできない.
imparfait, e 形 不完全な.
—男 [文法] 半過去.
imparfaitement 副 不完全に,

不十分に.
imparisyllabique [-si-] 形, 男 [言] (属格形が1音節増える)音節数変化の(語).
imparité 囡 奇数であること; 共有できない.
impartageable 形 分割できない.
impartial, ale; 《男複》**aux** 形 公平で公正な, 偏見のない. ▫ impartialement 副
impartialité 囡 公平さ, 公正さ.
impartir 他 与える, 授ける.
impasse 囡 袋小路; 行き詰まり, 窮地, 苦境.
impassibilité 囡 無感動, 平然, 冷静.
impassible 形 無感動な, 平然とした. ▫ impassiblement 副
impatiemment [-sja-] 副 待ちかねて, じりじりして; こらえきれずに.
impatience [-sjɑ̃-] 囡 待ち切れないこと; 忍耐のなさ, いらだち.
impatient, e [-sjɑ̃(-)] 形 早く…したくてたまらない, いらだった; 忍耐のない, 性急な.
impatiente / impatiens [-s] 囡 [植] ホウセンカ.
impatienter [-sjɑ̃-] 他 我慢できなくさせる, いらいらさせる.
—s'～ (待ちかねて)じりじりする.
s'impatroniser 代動 我が物顔で振る舞う.
impavide 形 [文章] 恐れを知らない, びくともしない.
impayable 形 [話] ひどく滑稽な.
impayé, e 形 未払いの; 不渡りの.
—男 不渡手形.
impeccable 形 完璧(な)な; [文章] 過ちを犯すことのない. ▫ impeccablement 副
impécunieux, se 形 [文章] 金のない. ▫ impécuniosité 囡
impédance 囡 [電] インピーダンス.
impedimenta [-pedimɛ̃-] 男複 《ラ》[文章] 重荷; (軍隊の)輜重(しちょう).
impénétrable 形 入り込めない; (à) (…を)通さない; 不可解な, 計り知れない. ▫ impénétrabilité 囡
impénitence 囡 [神] 悔い改めないこと.
impénitent, e 形 悪習を改めない; [神] 罪を悔い改めない.
impensable 形 考えられない; 認識しがたい. —男 思いも寄らないこと.
impenses 囡複 [法] (占有者が負担する不動産の)維持改良費.
imper 男 [話] レインコート.
impératif, ve 形 ❶ 命令的な, 強制的な; [文法]命令(法)の. ❷ ぜひ必要な, 緊急の. —男 ❶ 至上命令, 要請. ❷ [文法] 命令法.
impérativement 副 ぜひとも; 必然的に; [文章] 命令的に, 強制的に.
impératrice 囡 皇后; 女帝.
imperceptible 形 感知できない, 微小な. ▫ imperceptibilité 囡
imperceptiblement 副 知覚できないほどに, かすかに; わずかずつ.
imperdable 形 負けるはずのない; 負

imperfectible 形 完全なものになり得ない, 完成し得ない.

imperfectif, ve 形【言】未完了の. —男 未完了相.

imperfection 女 欠点, 欠陥, 不完全.

imperforation 女【医】無開口.

impérial, ale; (男複) **aux** 形 ❶ 皇帝の, 帝国の. ❷ 文章 皇帝然とした, 堂々とした. ❸ 帝政ローマの; 神聖ローマ帝国の. —女 (バスなどの) 屋上席.

impérialement 副 皇帝として.

impérialisme 男 帝国主義.

impérialiste 形 帝国主義の. —名 ❶ 帝国主義者; 【史】(ナポレオン体制支持の) 帝政主義者; 皇帝派.

impérieusement 副 ❶ 高圧的に, 横柄に. ❷ 余儀なく, 緊急に.

impérieux, se 形 ❶ 高圧的な, 横柄な. ❷ やむを得ない, 緊急な.

impérissable 形 不滅の, 永続的な.

impéritie [-si] 女 文章 無能, 未熟.

imperméabilisant, e 形 防水の. —男 防水剤.

imperméabiliser 他 防水処理を施す. □imperméabilisation 女

imperméabilité 女 ❶ 防水性, 不浸透性. ❷ 鈍さ, 無理解.

imperméable 形 ❶ 防水の; 不浸透性の. ❷ [à] (…を) 受け入れない, (…に) 無理解な. —男 レインコート.

impersonnalité 女 ❶ 無個性, 没個性. ❷ 人格を持たないこと. ❸【言】非人称(性).

impersonnel, le 形 ❶ 個性のない; 人間味のない; 非個人的な. ❷【言】非人称の. —男【言】非人称動詞.

impersonnellement 副 ❶ 非個性的に; 特定の個人に関係なく. ❷【言】非人称で.

impertinemment 副 無礼に, 無作法に.

impertinence 女 無礼(な言動).

impertinent, e 形, 名 無礼な(人).

imperturbabilité 女 動じないこと, 平静.

imperturbable 形 動じない, 平然とした. □imperturbablement 副

impétigineux, se 形【医】膿疱疹(のうほうしん)(性)の.

impétigo 男【医】膿疱疹, とびひ.

impétrant, e 名【法】取得者.

impétration 女【法】(恩典, 称号などを) 請願して取得すること.

impétueux, se 形 文章 激しい, 猛烈な; 血気にはやる. □impétueusement 副

impétuosité 女 文章 激しさ, 血気.

impie 形 文章 不信心な; 冒瀆(とく)な. —名 文章 不信心者; 冒瀆者.

impiété 女 文章 不信心, 冒瀆; 不信心な言動.

impitoyable 形 情け容赦のない, 冷酷な. □impitoyablement 副

implacable 形 容赦ない, 執拗(よう)

な; 不可避の, 抗しがたい. □implacablement 副

implant 男【医】インプラント, 移植組織(放射性物質, 錠剤, 組織片など).

implantable 形【医】移植できる.

implantation 女 ❶ 導入, 設置, (工場などの) 進出; 移住, 入植;【医】移植.

implanter 他 ❶ 導入［設置］する; 定着させる;【医】移植する. — **s'~** 導入［建設］される, 定着する; 移住する.

implantologie 女 移植学, 移植術.

implémentation 女【情報】実装, 実現.

implexe 形【哲】(概念の) 図式化し得ない; 古・文章 筋の入り組んだ.

implication 女 ❶ (多く複数) (当然の) 結果, 影響. ❷ かかわること;【法】連座. ❸【論】包含, 内含.

implicite 形 ❶ 暗黙の. ❷ foi ~ 黙従的信仰. □implicitement 副

impliquer 他 ❶ 巻き添えにする. ❷ 意味する, 前提とする; (結果として) もたらす. — **s'~** (dans) (…に) 身を投じる, 熱中する.

implorant, e 形 文章 哀願の.

imploration 女 文章 嘆願, 哀願.

implorer 他 ❶ 懇願する. ❷ (…に) 哀願［嘆願］する.

imploser 自 (内側に) 破裂する. □implosion 女

impluvium 男 (ラ)【古 ロ】(中庭の) 雨水だめ.

impoli, e 形, 名 無作法な(人), 無礼な(人).

impoliment 副 無作法に, 無礼に.

impolitesse 女 無作法, 無礼.

impolitique 形 政策がまずい; 拙劣な.

impondérabilité 女 ❶【物】重さのないこと, 計量できないこと. ❷ 無重力状態.

impondérable 形 ❶ 重さのない, 計量できない. ❷ 文章 不測の, 予期できない. —男 (多く複数) 不測の事態, 不確定要因.

impopulaire 形 不人気の.

impopularité 女 不評, 不人気.

importable¹ 形 輸入できる.

importable² 形 (服が) 着られない.

importance 女 ❶ 重要性, 重大さ. ❷ 大きさ, 数量, 多量. ❸ 権威, 威光, 勢力. ◇ d'~ 重要な; ひどく.

important, e 形 ❶ 重要な, 重大な. ❷ 大きな, 多量［多額］の. ❸ 影響力のある, 要職にある; 尊大な. —名 もったいぶる人, 威張る人. —男 重要なこと, 大切な点.

importateur, trice 形 輸入する. —名 輸入業者, 輸入人.

importation 女 ❶【英】輸入; 伝来, 導入;（複数）輸入品.

importer¹ 他 輸入する; 導入する.

importer² 自 重要である. ◇ Il importe de + inf.［que + subj.］(非人称構文)…が重要である. **n'importe** どうでもよい, たいしたことではない;（文頭で）それでも. **n'importe comment** どんな風にでも, でたらめに;

《文頭で》ともかく. *n'importe lequel* どれでも；だれでも. *n'importe où* [*quand*] どこ[いつ]でも. *n'importe quel* ... どの[どんな]…でも. *n'importe qui* だれでも；取るに足りない人. *n'importe quoi* なんでも. *peu importe* = *qu'importe* どうでもよいということ.

import-export [-rεks-]；《複》**~s-~s** 男《英》《商》輸出入.

importun, e 形 文章 煩わしい，邪魔な，迷惑な. ━名 うるさい人，邪魔者.

importunément 副 文章 迷惑にも，しつこく，うるさく.

importuner 他 文章 うるさがらせる，悩ませる.

importunité 女 文章 しつこさ，迷惑；《多く複数》しつこい言動.

imposable 形 課税される.

imposant, e 形 威厳のある，堂々たる；太った. ❷ 大規模な，大きな.

imposé, e 形 ❶ 義務的な，課せられた；規定の. ❷ 課税された.
━名 被課税者，納税者.
━男 (体操テクニックの) 規定演技.
━女 (フィギュアスケートの) 規定演技.

imposer 他 ❶ 課する，押しつける，強いる；要求する. ❷ (…の)価値，権威を認めさせる. ❸ 課税する. ❹ [キ教] ~ les mains 按(ん)手する. ━自 en ~ (à ...) (…に) 畏(ろ)敬の念を抱かせる. ◇*s'en laisser* ~ (外観に) だまされる. ━**s'~** ❶ (à…) に必要不可欠である，避けられない. ❷ 自分に課する. ❸ 自分を認めさせる [押しつける]. ❹ 認められる.

imposeur 男《印》組付工.

imposition 女 ❶ 課する，[キ教] ~ des mains 按(ん)手. ❸《印》組付け.

impossibilité 女 不可能であること；不可能事.

impossible 形 ❶ 不可能な，ありえない. ❷ 困難な，手に負えない，耐えがたい. ❸ 話 途方もない，とっぴな. ━男 不可能なこと. ◇*faire l'*~ できるかぎりのことをする. *par* ~ 万一.

imposte 女《建》迫(り)元，拱(ぎ)冠石；明かり取り用の欄間，トランザム.

imposteur 男 詐称者；詐欺師.

imposture 女 詐称；ぺてん.

impôt 男 税，税金.
◇ ~ *du sang* 兵役の義務.

impotence 女《医》身体不随.

impotent, e 形, 名 身体不随の；身体不随の(人).

impraticable 形 通れない；実現不可能.

imprécateur, trice 名 文章 呪(ろ)う人.

imprécation 女 文章 呪(い)，

imprécatoire 形 文章 呪(い)の.

imprécis, e 形 不明確な，正確な，曖昧(あい)な.

imprécision 女 不明確，不正確；曖昧さ.

imprédictible 形 予測できない.

imprégnation 女 染み込ませること，浸透；[動] 刷り込み.

imprégné, e 形 (de) (…の)染み込んだ.

imprégner 他 ❶ ～ A de B AにBを染み込ませる，浸透する. ❷ 染み込む，浸透する. ━**s'~** (de) (…を) 吸収する，(…が) 染み込む.

imprenable 形 攻略[奪取] 不可能な，堅固な.

impréparation 女 文章 準備不足，備えがないこと.

impresa·rio [-presa-]；《複》**~s** (ときに *impresarii*) 男《伊》マネージャー；プロデューサー.

imprescriptible 形《法》時効にかからない；不可侵の.
□**imprescriptibilité** 女

impression 女 ❶ 印象，感じ；感銘. ❷ 印刷，プリント，《書物の》版；[写] 露光，露出；《美》下塗り. ❸ 痕跡，刻印.
◇*avoir l'*~ *de* ... [*que* ...] …のような気がする. *donner l'*~ *de* ... [*que* ...] …のような印象を与える. *faire* ~ (*sur* ...) (…に)強い印象を与え，(…の)注意を引く.

impressionnabilité 女 感じやすさ，感受性；[写] 感度.

impressionnable 形 感じやすい，感受性の強い；[写] 感光性の.

impressionnant, e 形 ❶ 強い印象を与える，感動的な. ❷ 莫(ば)大な，巨大な.

impressionner 他 ❶ 強い印象を与える，感動させる；[写] 感光させる.

impressionnisme 男《美》印象主義[派].

impressionniste 形, 名 印象派の画家，芸術家.

imprévisible 形 予知[予測] 不能な. □**imprévisibilité** 女

imprévision 女 文章 先見の明のなさ，見通しのなさ.

imprévoyance 女 先見の明のないこと，不用意.

imprévoyant, e 形, 名 先見の明のない(人)，不用意な(人).

imprévu, e 形 意外な，不意の. ━男 思いがけない出来事，突発事.

imprimable 形 印刷できる，印刷すべき.

imprimant, e 形 印刷する，印刷の. ━女 プリンター，印字機.

imprimatur；《複》**~(s)** 男 (大学やカトリック教会の与える) 出版許可.

imprimé, e 形 印刷された，プリントの；刻み付けられた.
━男 ❶ 印刷物，刊行物；《書式を印刷した》記入用紙. ❷ プリント布地.

imprimer 他 ❶ 印刷する，プリントする；公にする. ❷ (痕跡を) つける，刻印する；文章に刻み込ける. ❸ (運動を) 伝える，(方向性を) 与える. ━**s'~** 印刷される；刻まれる，刻印される.

imprimerie 女 印刷(術)；印刷所；〈集合的〉印刷機械 [設備].

imprimeur, se 名 印刷屋 [工].

impro 女語 即興 (演奏，作品).

improbable 形 ありそうもない.
□**improbabilité** 女

improbateur, trice 形 不賛成の；非難の. ― 名 不賛成者.
improbation 女 文章 不賛成, 非難.
improbité 女 文章 不誠実, 不正直；不誠実なる言動.
improductif, ve 形 非生産的な, 不毛な. ― 名 非生産者.
improductivité 女 非生産性, 不毛.
impromptu, e 形 即興での, 即席の.
 ― 副 即興で, いきなり.
 ― 男 即興詩［詩, 曲］.
imprononçable 形 発音できない.
impropre 形 (à) (…に) 適さない, 不適切な.
improprement 副 不適切に.
impropriété 女 (表現の) 不適切, 誤用；不適切な表現.
improuvable 形 証明できない.
improvisateur, trice 名 即興の才のある人；即興演奏家［詩人, 演説家］.
improvisation 女 即興, 即興曲［詩, 演説］.
improvisé, e 形 即興の, 応急の.
improviser 他 ❶ 即興で作る［行う］. ❷ 急遽行う［任命する］；慌てて用意する. ― s'～ 即席で作られる；急に…になる.
improviste (à l') 副 不意に；即興で.
imprudemment 副 軽率に, 無謀に.
imprudence 女 軽率(な言動).
imprudent, e 形 軽率な(人), 無謀な(人).
impubère 文章 形 思春期前の, 未成熟な. 名 思春期前の子供, 年少者.
impuberté 女 【法】 婚姻不適齢.
impubliable 形 出版に適さない, 公表できない.
impudemment 副 ずうずうしく, 臆面もなく.
impudence 女 破廉恥；厚かましい言動.
impudent, e 形 文章 形 恥知らずな(人), 厚かましい(人).
impudeur 女 羞恥(心)心のなさ, 慎みのなさ；厚かましさ.
impudicité 女 文章 みだらさ, 卑猥(ひわい)さ；みだらな言動.
impudique 形 みだらな.
 ▫**impudiquement** 副
impuissance 女 無力, 無能；甲斐のなさ, 無益さ；性的不能(症).
impuissant, e 形 無力な, 無能な；甲斐のない, 無益な；性的不能の.
 ― 男 性的不能の人.
impulser 他 推進［促進］する.
impulsif, ve 形 衝動的な, 一時の感情に駆られる. ― 名 衝動的な人.
impulsion 女 ❶ 推進力, はずみ；衝撃, 刺激. ❷ 衝動, 一時の感情. ❸ 【電】 インパルス, パルス.
impulsivement 副 衝動的に.
impulsivité 女 衝動性, 衝動的性格.
impunément 副 とがめられずに；支障なく.
impuni, e 形 処罰されてない, 見逃されている.
impunité 女 罰を受けないこと.
impur, e 形 ❶ 不純な, 混ぜ物のある, 汚れた. ❷ みだらな；不浄の.
impureté 女 ❶ 不純さ, 混じり物のあること；《多く複数》不純物. ❷ 文章 みだらさ；不浄.
imputabilité 女 【法】責任, 引責(能力).
imputable 形 ❶ (à) (…に) 帰すべき, 起因する. ❷ (sur, à) (…に) 繰り入れるべき；(…から) 支出すべき.
imputation 女 ❶ (責任などを) 帰すること；嫌疑. ❷ 繰り入れ, 算入；控除.
imputer 他 ❶ (à) (…の) せいにする, (…に) 責任を負わせる. ❷ (sur, à) (…に) 繰り入れる, 計上する；(…から) 差し引く.
imputrescible 形 腐敗しない, 耐食性のある. ▫**imputrescibilité** 女
in [in] 形 《不変》【英】❶ 語 流行の先端を行く, はやりの. ❷ *voix in* (映画, テレビで) 画面の人物の声.
inabordable 形 近寄れない, 近寄りがたい (高価で) 手が出ない.
inabouti, e 形 失敗した.
inabrogeable 形 廃止［廃棄］できない.
in absentia [-inapsɛsja] 副句 (ラ)(de) (…の) 不在中に.
in abstracto [ina-] 副句 (ラ) 抽象的に.
inaccentué, e 形 【言】 アクセントのない, 無強勢の.
inacceptable 形 承諾［容認］できない.
inaccessible 形 (à) ❶ (…の) 近づけない, 近づきがたい；理解できない. ❷ (…に) 動じない.
 ▫**inaccessibilité** 女
inaccompli, e 形 文章 実行されていない, 未達成の；【言】未完了の.
inaccomplissement 男 文章 不履行；未完成, 未成熟.
inaccoutumé, e 形 異例の, 稀な；(à) (…に) 不慣れな.
inachevé, e 形 未完(成)の.
inachèvement 男 未完成.
inactif, ve 形 ❶ 動き［活気］のない. ❷ 仕事をしていない. ❸ 効力のない.
 ― 男 働かない人；《複数》非就業人口.
inaction 女 無為, (活動の) 停止.
inactivation 女 【生】不活性化.
inactiver 他 【医】不活(性)化する.
inactivité 女 活動休止, 不活発；休職.
inactuel, le 形 時代にそぐわない；非現代的な.
inadaptable 形 適合させ得ない, 適応性を欠く；脚色し得ない；取り付けられない.
inadaptation 女 不適応.
inadapté, e 形 (à) (…に) 適応できない. ― 名 不適応者.
inadéquat, e [-kwa, at] 形 不適当な.

inadéquation [-kwa-] 囡 不適当であること.
inadmissible 形 容認できない, 許せない. □**inadmissibilité** 囡
inadvertance 囡 不注意(による過失).
inaliénable 形《法》譲渡不可能な. □**inaliénabilité** 囡
inalpage 男《畜》夏期高地放牧.
inaltérable 形 変質しない, 不変で. □**inaltérabilité** 囡
inaltéré, e 形《文章》変質していない, 損なわれていない.
inamical, ale 形《男複》**aux** 形 友好的でない, 冷ややかな.
inamovible 形《法》罷免されない, 終身の. □**inamovibilité** 囡
inanalysable 形 分析[説明]できない.
inanimé, e 形 生命のない; 死んだ, 意識を失った; 生気のない.
inanité 囡 無益, 無意味・むなしさ.
inanition 囡 ❶《医》飢餓(性)衰弱. ❷〖話〗**mourir d'～** 腹が減って死にそうだ.
inapaisable 形《文章》和らげられない.
inapaisé, e 形《文章》いやされていない; 鎮められていない.
inaperçu, e 形 人目につかない, 気づかれない.
inappétence 囡 食欲減退;《文章》欲求[欲望]の減退.
inapplicable 形 適用[実施]できない.
inapplication 囡 ❶ 不熱心, 怠慢; 注意散漫. ❷ 不適用, 実施しないこと.
inappliqué, e 形 ❶ 熱心でない, 不注意な. ❷ 適用されない, 実施されていない.
inappréciable 形 計り知れない; 非常に貴重な; 微細な.
inapprécié, e 形《文章》正しく評価されていない, 真価を認められない.
inapprivoisable 形 手なずけられない, 飼い慣らせない.
inapprivoisé, e 形 飼い慣らされていない, 野生の.
inapprochable 形 近づきにくい, 近寄りがたい.
inapproprié, e 形 不適当な.
inapte 形 (**à**) (…に)不向きな, 不適性な; 兵役不適格.
inaptitude 囡 (**à**) (…に対する)不向き, 不適格; 兵役不適格.
inarrangeable 形 調整できない.
inarticulé, e 形 不明瞭な.
inassimilable 形 ❶ 同化[吸収]できない; 溶け込めない, なじめない.
inassouvi, e 形 満たされない, 飽き足らない.
inassouvissable 形《文章》満たされ得ない, いやされ得ない.
inassouvissement 男《文章》不満(足).
inattaquable 形 攻撃できない; 非の打ち所のない; 錆(さ)びない.
inattendu, e 形 予想外の, 思いがけない. —男 予想せぬ出来事.

inattentif, ve 形 不注意な, ぼんやりしている.
inattention 囡 不注意.
inaudible 形 聞き取れない, 聞こえない; 聞くに堪えない.
inaugural, ale,《男複》**aux** 形 開会[落成]式の; 最初の.
inauguration 囡 開会[落成, 開通, 除幕]式;《文章》始まり, 端緒.
inaugurer 他 ❶ …の開会[落成]式を執り行う. ❷ 開始する, 創始する, 初めて使う.
inauthentique 形 本物でない, 正当でない. □**inauthenticité** 囡
inavouable 形 打ち明けられない, 口に出せない, 恥ずべき.
inavoué, e 形 告白されていない, ひそかな.
inca 形《不変》《西》インカ(人)の. —**Inca**,《複》～(**s**) 名 インカ人.
incalculable 形 計り知れない, 莫(ば)大な; 数えきれない, 無数の.
incandescence 囡 白熱; 赤熱.
incandescent, e 形 白熱[赤熱]の.
incantation 囡 呪文(じゅもん), まじない.
incantatoire 形 呪文(じゅもん)[まじない]の; 魅惑的な.
incapable 形 (**de**) (…が)無能な, 役に立たない. —名 無能な人, 役立たず;《法》無能力者.
incapacitant, e 形《軍》敵を無力化する. —男 制圧用毒ガス.
incapacité 囡 (**de, à**) (…)できないこと, 無能; 労働不能;《法》無能力.
incarcération 囡 投獄, 拘置.
incarcérer ⑥他 投獄[拘置]する.
incarnadin, e 形《文章》淡紅色の. —男《文章》淡紅色.
incarnat, e 形《文章》鮮紅色の. —男《文章》鮮紅色.
incarnation 囡 ❶ 化身(神が人間や動物の姿をとること);《多く～》《キリストの》受肉, 権化, 具現.
incarné, e 形 ❶ 化身した, 肉身化した;《神》受肉した. ❷ **ongle** ～ 肉に食い込んだ爪.
incarner 他 ❶ 具現[体現]する; 演ずる. ❷ 受肉[化身]させる. —**s'**～ 具現[体現]する; 受肉[化身]する.
incartade 囡 ちょっとした過ち.
incasique 形 インカ(人)の.
incassable 形 壊れない, 丈夫な.
incendiaire 形 ❶ 火災を起こさせる. ❷ 扇動的な; 挑戦的な; 扇情的な. —名 放火犯.
incendie 男 ❶ 火事. ❷ 《感情の》爆発; 動乱, 戦乱.
incendié, e 形 焼失した, 焼け出された; 燃えるような. —名 《火事の》罹(り)災者.
incendier 他 ❶ 火を放つ, 焼き払う. ❷ ひりひりさせる. ❸ 興奮させる, 燃え立たせる;《文章》真っ赤に染める. ❹〖話〗さんざんに非難する.
incertain, e 形 ❶ 不確かな, 定かでない, 曖昧(あいまい)な. ❷ (**de, sur**) (…について)確信のない, 迷っている. —男《経》不確実なこと.

incertitude

incertitude 囡 不確実さ；変わりやすさ；曖昧(ホム)さ；ためらい，迷い，確りのないこと．

incessamment 副 すぐに，今にも．
incessant, e 形 絶え間ない．
incessibilité 囡 [法]譲渡不可能(性)．
incessible 形 [法]譲渡できない．
inceste 男 近親相姦(タネ)．
incestueux, se 形 近親相姦(タネ)の［による］．──男 近親相姦者．
inchangé, e 形 変わっていない．
inchauffable 形 暖房の利かない．
inchavirable 形 転覆しない．
inchiffrable 形 数字で表せない，計算不可能．
inchoatif, ve [-kɔ-] 形 [言]起動相の．──男 起動相．
incidemment 副 付随的に，ついでに；偶然に．
incidence 囡 影響，波及効果；[物]入射．
incident¹, e 形 ❶ 付随的な，偶発的な．❷ [物]入射の．──囡 [言]挿入節．
incident² 男 ❶ 支障，トラブル，紛争．❷ [法]～ de procédure 異議申立て．❸ [文]挿話．
incinérateur 男 ごみ焼却炉．
incinération 囡 焼却，火葬．
incinérer 他 焼却する；火葬する．
incipit [-t] 男 [不変]冒頭(句)．
incise 囡 [言]挿入節．
inciser 他 切り込みを入れる；切開する．
incisif, ve 形 鋭い，辛辣(%%)な．──男 門歯，切歯．
incision 囡 切り込み(を入れること)，切開，刻み目．
incitateur, trice 形，名 鼓舞する(人)，そそのかす(人)．
incitatif, ve 形 促す，奨励する．
incitation 囡 奨励，扇動，教唆．
inciter 他 (à) (…)する気にさせる，そそのかして(…)させる．
incivil, e 形 [文章]無作法な． **incivilité** 囡
incivique 形 [市民としての]公共精神に反する［欠ける］．
incivisme 男 [古]愛国精神[愛国心]の欠如．
inclassable 形 分類できない，類のない．
inclément, e 形 [文章](気候，風土などが)厳しい． **inclémence** 囡
inclinable 形 傾けられる．
inclinaison 囡 傾斜，傾き，勾配(ハネ)；傾けること．
inclination 囡 ❶ 性向，傾向，好み；[文章]好意，愛情．❷ うなずくこと；おじぎ．
incliné, e 形 ❶ 傾いた．❷ (à) (…)の傾向がある．
incliner 他 ❶ 傾ける．❷ (à) (…するように)仕向ける，(…する)気にさせる．──自 (à, vers) (…へ)気持ちが傾く；(…の)傾向を示す．──s'～ ❶ 傾く．❷ 上体をかがめる，おじぎをする；敬意を表す．❸ (devant)

(…)に屈伏する，従う．
inclure 57 他 ❶ 含める；同封する．❷ 含む，包含する．
inclus, e 形 (inclure の過去分詞) ❶ 含まれて；同封の．❷ [医]dent ～é 埋伏歯．
inclusif, ve 形 (de) (…を)包含する；[言]包括的な．
inclusion 囡 含めること，包含，包摂；封入，同封；挿入．
inclusivement 副 含めて．
incluss-, inclut, inclût(-) ⇨ inclure．
incoagulable 形 凝固［凝結］しない．
incoercible 形 [文章]抑えられない，こらえきれない． **incoercibilité** 囡
incognito 副 (伊)身分[名前]を隠して，お忍びで．──男 身分を隠すこと，匿名．
incohérence 囡 脈絡［一貫性］のなさ；支離滅裂(な言動)．
incohérent, e 形 脈絡［一貫性］のない，まとまりのない．
incollable 形 ❶ (パスタなどが)べとつかない．❷ [話]どんな質問にも答えられる．
incolore 形 無色の；[文章]生彩を欠いた，面白みのない．
incomber 自 (à) (義務，責任が…)にかかる，帰する；[法](…)に属する．
incombustibilité 囡 不燃性，耐火性．
incombustible 形 不燃性の，耐火性の．
incommensurable 形 ❶ [文章]計り知れない，莫(ミ)大な，無限の．❷ [文章]比較にならない．❸ [数]通約できない．──男 無限大．
incommensurablement 副 無限的に，桁(リ)外れに；[数]通約できずに．
incommodant, e 形 不快な，嫌な．
incommode 形 不便な，使いにくい；[文章]窮屈な，不快で，不都合な． **incommodément** 副
incommoder 他 不快にする，気分を悪くさせる；迷惑をかける，困らせる．
incommodité 囡 [文章]不便さ；不都合．
incommunicabilité 囡 [文章]伝達不可能性；理解し合えないこと．
incommunicable 形 (言葉で)伝えられない；交流のもてない，断絶した．
incomparable 形 ずば抜けた，比べられない．
incomparablement 副 はるかに．
incompatibilité 囡 ❶ 両立しないこと，不一致．❷ [法]兼職禁止；[医]不適合(性)．
incompatible 形 相いれない，両立しない；[法]兼職不可能な．
incompétence 囡 (ある分野の)無知，無能力，無資格；[法]権限のないこと，管轄違い．
incompétent, e 形 (ある分野の)知識[能力，資格]のない；[法]権限のない，管轄違いの．

incomplet, ète 形 不完全な, 不十分な, 不備な, 未完成の.
incomplètement 副 不完全に, 不十分に.
incomplétude 女 ❶ sentiment d'~《患者が抱く》不全感, 漠然とした欠乏感. ❷〖論〗不完全性.
incompréhensible 形 理解できない. ▫**incompréhensibilité** 女
incompréhensif, ve 形《他人に対して》理解のない, 物分かりの悪い.
incompréhension 女 無理解, 理解力のなさ.
incompressible 形 縮小［圧縮］できない; 抑えられない. ▫**incompressibilité** 女
incompris, e 形, 名 理解されない《人》, 真価を認められない《人》.
inconcevable 形 考えられない, 信じがたい, 驚くべき.
inconcevablement 副 想像を絶するほど.
inconciliable 形《avec》(…と)相いれない, 両立しない.
inconditionnalité 女 全面的同意, 盲目的支持.
inconditionné, e 形 無制約の, 無条件の, 絶対的な.
inconditionnel, le 形 無条件の, 絶対的な. ━ 名 無条件の支持者.
inconditionnellement 副 無条件に.
inconduite 女 不品行, 不身持ち.
inconfort 男 快適でないこと, 不便; 気詰まり, 窮屈.
inconfortable 形 快適でない, 不便な; 気詰まりな, 煩わしい. ▫**inconfortablement** 副
incongelable 形 氷結［凝固］しない.
incongru, e 形 無作法な; 非常識な. ▫**incongruité** 女
incongrûment 副 無作法に; とっぴに.
inconnaissable 形 知り得ない《もの》, 不可知のくもの》.
inconnu, e 形 未知の;《身元》不明の; 無名の; 経験したことのない. ◇~ *au bataillon* 話 まったく知らない. ━ 名 見知らぬ人; 無名の人. ━ 男 未知のもの. ━ 女 未知数.
inconsciemment 副 無意識的に, 知らずに; 軽率に.
inconscience 女 ❶ 無意識(状態). ❷ 無分別, 軽率; 無自覚.
inconscient, e 形 無意識の, 意識のない;無分別な, 自覚のない. ━ 男〖心〗無意識.
inconséquence 女 一貫性のなさ; 軽率さ.
inconséquent, e 形 矛盾した, 首尾一貫していない; 軽率な.
inconsidéré, e 形 軽率な, 無分別な. ▫**inconsidérément** 副
inconsistance 女 ❶ 一貫性［根拠］のなさ; 無定見, 気まぐれ. ❷ 固くないこと, 粘りのなさ.
inconsistant, e 形 ❶ 一貫性［根拠］のない, 無定見な, 気まぐれな. ❷ 固くない, 粘りのない.
inconsolable 形 慰めようのない, 悲嘆に暮れている.
inconsolé, e 形 文章《悲しみなどが》いやされていない, 悲嘆に暮れた.
inconsommable 形 食べられない.
inconstance 女 変わりやすさ; 移り気, 浮気.
inconstant, e 形 変わりやすい; 移り気な, 浮気な. ━ 名 古風 浮気な人.
inconstatable 形 文章《真偽を》確かめられない, 確認できない.
inconstitutionnalité 女〖法〗違憲(性).
inconstitutionnel, le 形 憲法違反の, 違憲の. ▫**inconstitutionnellement** 副
inconstructible 形《土地が》建築禁止の.
incontestable 形 議論の余地のない, 明白な, 確かな.
incontestablement 副 文章 議論の余地なく, 明らかに, 確かに.
incontesté, e 形 異論のない.
incontinence 女 自制できないこと;〖医〗失禁.
incontinent¹, e 形 節度のない;〖医〗失禁の.
incontinent² 副 文章 即座に.
incontournable 形 避けて通ることのできない, 考慮せざるを得ない.
incontrôlable 形 検証［立証］できない; 制御できない, 統制の利かない.
incontrôlé, e 形 検証［立証］されていない; 制御［統制］されていない.
inconvenance 女 無作法な言動; 無礼.
inconvenant, e 形 無作法な, 無礼な.
inconvénient 男 不都合, 支障; 難点, 短所.
inconvertible 形 ❶《紙幣などが》不換の. ❷ 改宗させられない. ▫**inconvertibilité** 女
incoordination 女 不調整, 不備;〖医〗共調運動不能.
incorporable 形 編入され得る.
incorporation 女 合体, 同化; 組み込み, 編入; 混入.
incorporéité 女 無形性, 形体を備えていないこと.
incorporel, le 形 無形の;〖法〗無体の.
incorporer 他 合体［同化］させる, 混ぜる; 組み入れる, 編入させる.
incorrect, e 形 [-kt] 形 不正確な, 間違った; 不適切な, 礼儀［慣習］に反した. ▫**incorrectement** 副
incorrection 女《文法上の》誤り, 不正確さ; 無作法《な行為》.
incorrigible 形 直せない, 矯正できない.
incorrigiblement 副 度しがたいほど.
incorruptible 形 腐敗［変質］しない; 買収されない. ━ 名 買収されない人, 清廉の士. ▫**incorruptibilité** 女
incorruptiblement 副 腐敗せずに, 変わることなく.

incrédibilité 囡 信じられないこと.
incrédule 厖 疑い深い(人), 懐疑的な(人); 不信仰の(人).
incrédulité 囡 容易に信じないこと, 疑い深さ, 不信; 不信仰.
incréé, e 厖 創造されずに存在する, 非創造的.
incrément 男 〖情報〗増分, インクリメント. ◘**incrémentiel, le**
incrémenter 他〖情報〗増分[インクリメント]を加える.
increvable 厖 パンク[破裂]しない; 話 タフだ, 丈夫な.
incriminable 厖 非難されるべき.
incrimination 囡 非難; 起訴, 告発.
incriminer 他 責任を負わせる; 非難する.
incrochetable 厖 こじ開けられない.
incroyable 厖 信じられない, 驚くべき; とんでもない. — 男 信じられない物[事]. — 厖 (I～s)〖史〗アンクルワヤブル派(総裁政府時代に奇異な服装, 言葉を好んだ王党派の青年たち).
incroyablement 副 信じられないくらい, 驚くほど.
incroyance 囡 無信仰.
incroyant, e 厖, 名 無信仰の(人).
incrustation 囡 象眼, はめ込み細工; 湯垢(ぁ₀), 水垢.
incruster 他 象眼する, はめ込む; 湯垢[水垢]をつける. —**s'～** ❶ しっかり付着する; 象眼される; 話 (…の家に)居座る. ❷ (de) (…に)覆われる.
incubateur, trice 厖 孵(⁶)化させる. — 男 ❶ 孵化器; 保育器. ❷ インキュベーター(新興企業立ち上げを支援する仕組み).
incubation 囡 ❶ 孵(⁶)化; 抱卵. ❷ 準備期, 温める時;〖医〗潜伏期.
incube 男〖睡眠中の女を犯すという〗夢魔.
incuber 他 (卵を)かえす, 孵(⁶)化させる; (新興企業の)立ち上げを支援する.
inculpation 囡 嫌疑をかけること, 容疑.
inculpé, e 厖 告訴された.
— 名 被疑者, 容疑者.
inculper 他 ～ A de B A を B の容疑で告訴する.
inculquer 他 教え込む.
inculte 厖 ❶ 耕されていない, 荒れた; 手入れしていない. ❷ 教養のない.
incultivable 厖 耕せない.
inculture 囡 無教養.
incunable 厖 活版印刷術発明時代の. — 男 (1500年以前の)インクナブラ, 揺籃写本.
incurable 厖 不治の; 直せない, 矯正できない. — 名 不治の病人.
incurablement 副 治せないほどに; 手の施しようもなく.
incurie 囡 怠慢, なげやり, 無関心. ◘**incurieux, se**
incuriosité 囡 交差 好奇心のなさ, 無関心; 知識欲の欠如.
incursion 囡 侵入, 乱入; 専門外の仕事[研究]に手を出すこと.
incurvation 囡 曲げること, 湾曲, 屈曲.
incurvé, e 厖 曲がった, 湾曲した.
incurver 他 曲げる, 湾曲させる.
—**s'～** 曲がる, 湾曲する.
indatable 厖 年代[日付]を決定できない.
Inde 囡 ❶ インド; (複数)(英国支配下の)インド帝国. ❷ ～s occidentales 西インド諸島.
indéboulonnable 厖 話 辞めさせられない.
indécelable 厖 発見[検出]できない.
indécemment 副 下品に, 慎みなく, みだらに; 無作法に.
indécence 囡 下品さ, 慎みのなさ; 無礼, 下品な言動.
indécent, e 厖 ❶ 下品な, 慎みのない; 場違いな. ❷ 話 とてつもない.
indéchiffrable 厖 解読[判読]できない 読みづらい; 説明のつかない; 不可解な.
indéchirable 厖 裂けない.
indécidable 厖〖論〗(真偽が)決定不可能な.
indécis, e 厖 ❶ 決心がつかない; 優柔不断な. ❷ 未決定[未解決]の, 不確かな; はっきりしない.
— 名 優柔不断な人; (アンケートで)「分からない」と答えた人.
indécision 囡 決心がつかないこと, 迷い; 優柔不断.
indéclinable 厖〖文法〗格変化[曲用]しない, 無変化の.
— 男 無変化詞.
indécodable 厖 解読できない; 暗証コードがロックされた.
indécollable 厖 はがせない, はがれない.
indécomposable 厖 分解[分析]できない.
indécrochable 厖 外せない; 話 手に入りにくい.
indécrottable 厖 矯正できない.
indéfectible 厖〖文章〗永遠の, 不滅の. ◘**indéfectibilité** 囡
indéfectiblement 副 いつまでも, 永遠に.
indéfendable 厖 防衛[弁護]できない.
indéfini, e 厖 ❶ 果てしない, 限りない. ❷ 不確定の, 漠然とした;〖文法〗不定の.
indéfiniment 副 果てしなく, 無限に.
indéfinissable 厖 定義できない; 言い表せない; 不可解な.
indéformable 厖 変形しない.
indéfrisable 厖 古風 パーマネント.
indéhiscent, e 厖〖植〗(果皮が)裂開しない.
indélébile 厖 消えない; 忘れがたい. ◘**indélébilité** 囡
indélicat, e 厖 ❶ デリカシーに欠ける, 思いやりのない. ❷ 不正直[不誠実]な. ◘**indélicatement** 副
indélicatesse 囡 ❶ 無神経, 心なさ. ❷ 不正(な行為).

indigne

indémaillable 形 (編み目の)解けない, 伝線しない.
indemne [-dɛmn] 形 損害を免れた, 無事な.
indemnisable [-dɛm-] 形 補償を受けることのできる, 賠償されるべき.
indemnisation [-dɛm-] 女 補償, 賠償; 補償[賠償]金の支払い.
indemniser [-dɛm-] 他 補償[賠償]する.
indemnitaire [-dɛm-] 形 補償[賠償]としての. ― 名 補償[賠償]金受給者.
indemnité [-dɛm-] 女 ❶ 賠償金, 補償金; 違約金. ❷ 手当.
indémodable 形 流行遅れにならない, 流行と無縁の.
indémontable 形 分解できない, 取り外せない.
indémontrable 形 証明[立証]できない.
indéniable 形 否定できない, 明白な.
indéniablement 副 否定しようもなく, 明らかに.
indénombrable 形 数えられない.
indentation 女 ❶ (歯形状の)ぎざぎざ, 切り込み; (海岸線の)出入り.
indépassable 形 超えられない.
indépendamment 副 (de) (…)と無関係に; (…)のほかに.
indépendance 女 ❶ 独立[自立]; 自主性. ❷ (事物間の)独立性, 無関係.
indépendant, e 形 ❶ 独立[自立]した; 独立心の強い. ❷ (de) (…)と無関係の, 別個の. ― 名 ❶ 独立自立[自立]心の強い人. ❷ 独立諸派〔穏健右派〕の議員〔政治家〕. ❸ ⟨I~s⟩〔美〕アンデパンダン派, 独立美術家協会. ― 女〔文法〕独立節.
indépendantiste 名, 形 (カナダのケベック州, バスク地方, ブルターニュ地方, ニューカレドニアなどの)独立論者[独立派](の).
indéracinable 形 根絶できない, 取り去れない.
indéréglable 形 (機械が)狂わない.
indescriptible 形 表現[描写]できない, 筆舌に尽くせない, 言語を絶する.
indésirable 形 好ましくない(人物, 存在してほしくない人物).
indestructible 形 破壊できない, 不滅の.
indétectable 形 感知[検出]不可能な, 突き止められない.
indéterminable 形 確定[決定]できない; はっきり言い表せない.
indétermination 女 ❶ 不確定, 不明確, 曖昧(ホ)さ. ❷ 迷い, ためらい; 優柔不断.
indéterminé, e 形 決まっていない, 不確定の; 曖昧(ホ)な.
indéterminisme 男〔哲〕非決定論.
index [-ks] 男 ❶ 人差指. ❷ 索引, インデックス. ❸ ⟨l'I~⟩〔カ〕禁書目録. ❹ (計器の)指標, 針. ◇ *met-*

tre … à l'~ …を排斥[除外]する, ブラックリストに載せる.
indexation 女 (賃金などの)スライド制; (本などの)索引化法.
indexer 他 ❶ ~ sur A B を A に応じて変動させる. ❷ 索引をつける.
indianisme 男 ❶ インド学. ❷ インドの性格; インド諸語特有の語法.
indianiste 名 インド学者.
indic 男 たれ込み屋.
indicateur, trice 形 表示[指示]する. ― 男 ❶ 〔警察への〕情報提供者, 密告者. ― 男 ❶ 案内書; 時刻表. ❷ 指示器, 表示器. ❸ 〔化〕指示薬, トレーサー. ❹ 〔情報〕標識, インジケータ.
indicatif, ve 形 ❶ (…)を示す. ❷〔言〕*mode* ~ 直説法.
◇ *à titre* ~ 参考までに.
― 男 ❶〔言〕直説法. ❷ ~ *d'appel* (無線の)コールサイン. ❸ (放送局, 番組の)テーマ音楽.
indication 女 ❶ 指示, 指図, 命令; 情報, 手引き. ❷ 表示; しるし, 印. ❸〔医〕(薬の)適応症の指示.
indice 男 ❶ 兆候, 兆し; 手がかり, 証拠. ❷ 指数, 率. ❸〔数〕添え字(A₁ の 1, A₁ は A indice un と読む).
indiciaire 形〔指数に〕合わせた.
indicible 形〔文語〕言葉に尽くせぬ, 言語に絶する. ◇**indiciblement** 副.
indiciel, le 形 指数の.
indien, ne 形 ❶ インドの. ❷ アメリカ先住民の; インディオの. ― 名 ❶ ⟨I~⟩インド人; アメリカ先住民; インディオ. ― 女 インド更紗(サ).
indifféremment 副 無差別に, どちらも.
indifférence 女 ❶ 無関心, 頓着; 無感動. ❷ (宗教的)無関心, 信仰. ❸ つれなさ, 冷たさ.
indifférenciation 女〔文章〕未分化(状態).
indifférencié, e 形 未分化の.
indifférent, e 形 ❶ (à) (…)に無関係な, どうでもよい. ❷ (à) (…)に無関心な, 超然とした. ❸ 冷淡な, つれない. ― 名 無関心な人; 無信仰者; つれない人.
indifférentisme 男 無関心主義.
indifférer 自(語)関心を引かない.
indigénat 男〔集合的〕現地人, 原住民; (現地人に対する)統治制度.
indigène 形 現地人[先住民]の; その土地固有の. ― 名 先住民, 現地人.
indigénisme 男 インディヘニスモ (インディオの地位の改善を求める運動).
indigéniste 形 インディヘニスモの.
indigent, e 形 貧窮した; 貧弱な. ― 名 貧窮者.
indigeste 形 消化しにくい; 分かりにくい, 読みづらい.
indigestion 女 消化不良; 飽き飽きすること.
indigète 形〔古ロ〕*dieux* ~s 守護神.
indignation 女 憤慨, 憤り.
indigne 形 ❶ (de) (…)を受ける資格がない; (…)に似つかわしくない. ❷ そ

indigné の名に値しない;非難すべき,恥ずべき.

indigné, e 形 憤慨した,怒った.

indignement 副 不当に,無法に,卑劣に.

indigner 他 憤慨させる,怒らせる. **—s'~** 《de, contre》(…に)怒る.

indignité 女 ❶ 卑劣さ,下劣さ;卑劣な行為. ❷《文章》不適格,無資格,無能. ❸ **~ nationale** 売国罪.

indigo 男 ❶ 藍(ﾟ),インジゴ. ❷ 藍色. **—**形《不変》藍色の.

indigotier 男《植》藍(ﾟ)の木;藍製造者.

indiqué, e 形 ❶ 指定された. ❷ 適切な,打って付けの.

indiquer 他 ❶(指し)示す;教える,表す. ❷ 指定する. ❸ ざっと表現する;《美》粗描する.

indirect, e [-kt] 形 間接の,遠回しの.

indirectement 副 間接に,人づてに;遠回しに.

indiscernable 形 区別[識別]できない,正確にとらえがたい.

indiscipline 女 規律のないこと;不服従.

indiscipliné, e 形 規律を欠いた[守らぬ];反抗的な;(髪が)櫛(ﾟ)の通りにくい.

indiscret, ète 形 慎みのない,無遠慮な;秘密を守れない,口の軽い. **—**名 無遠慮な人;口の軽い人.

indiscrètement 副 慎みなく,無遠慮に;口軽に.

indiscrétion 女 ❶ 慎みのなさ,無遠慮;厚かましい言動. ❷ 口の軽さ.

indiscutable 形 議論の余地のない;明白な. □ **indiscutablement** 副

indiscuté, e 形 異論のない.

indispensable 形 欠くことのできない. **—**男 必要不可欠なもの[人].

indisponibilité 女 自由に使用[処分]できないこと;手がふさがっていること.

indisponible 形 自由に使用[処分]できない;手がふさがっている.

indisposé, e 形 ❶ 体の具合[気分]が悪い;《婉曲》生理中の. ❷ 反感を抱いた.

indisposer 他 体の具合[気分]を悪くさせる;不快にさせる.

indisposition 女 体調[気分]の悪いこと;《婉曲》生理.

indissociable 形 切り離せない;分割できない.

indissoluble 形《文章》解消[破棄]できない. □ **indissolubilité** 女

indissolublement 副 解消できないほどに,固く,分かちがたく.

indistinct, e [-(kt), kt] 形 区別しにくい,明確でない,漠然とした.

indistinctement 副 ぼんやりと,不明瞭に;無差別に,一様に.

individu 男 ❶ 個人,《軽蔑》人物,やつ. ❷《生》個体.

individualisation 女 個別化,個性化.

individualiser 他 個別化する,個性化する,個性を与える. **—s'~** 個別[個性]になる;個性を示す.

individualisme 男 個人主義.

individualiste 形 個人主義の. **—**名 個人主義者.

individualité 女 個性;個性豊かな人;《哲》個体性.

individuel, le 形 個人[個体]の;個別の;独自の. **—**名 個人競技者[参加者].

individuellement 副 個人的に;個々に,めいめい.

indivis, e 形《法》(財産が)不分割の,共有の. **—**男 **par ~** 分割せず,共有して.

indivisément 副《法》共有して.

indivisible 形 分割できない. □ **indivisibilité** 女

indivision 女《法》不分割,共有.

indo-afghan, e 形 インド=アフガン(人種)の. **—**名《I~》インド=アフガン人(種).

indo-aryen, ne 形 インド=アーリア語派(諸語)の. **—**男 インド=アーリア語派[諸語].

Indochine 女 インドシナ(半島).

indochinois, e 形 インドシナ半島の. **—**名《I~》インドシナ人.

indocile 形 従順でない;扱いにくい.

indocilité 女 不従順,御しがたさ.

indo-européen, ne 形 印欧語族の. **—**名《I~, -E~》印欧系民族. **—**男 印欧語.

indo-germanique 男, 形 インド=ゲルマン語族(の).

indo-hellénique 形(古代の)インドとギリシアの.

indo-iranien, ne 形 インド=イラン語族の.

indol(e) 男《化》インドール.

indolemment 副 無気力に,怠惰に.

indolence 女 無気力,怠惰,無精.

indolent, e 形 無気力な,怠惰な. **—**名 無気力な人,無精者.

indolore 形 無痛の.

indomptable [-dɔ̃ta-] 形 飼い慣らせない;不屈の.

indompté, e [-dɔ̃te] 形 飼い慣らされていない;屈していない;抑制できない.

Indonésie 女 インドネシア.

indonésien, ne 形 インドネシアの. **—**名《I~》インドネシア人. **—**男 インドネシア語.

indou, e 形, 名 ⇨ **hindou**.

in-douze [in-] 形《不変》, 男《不変》(判型の)十二折の(本).

Indre 男 アンドル県 [36]. **—**女 アンドル川(ロアール川支流).

indu, e 形 不都合な,常識外れの;不当な. **—**男《法》債務[支払義務]のない金.

indubitable 形 疑う余地のない,確かな. □ **indubitablement** 副

inductance 女《電》インダクタンス.

inducteur, trice 形《電》誘導する. **—**男 界磁,誘導子.

inductif, ve 形《論》帰納的な;

induction 女 ❶ 【論】帰納(法); 帰納的推論, 類推. ❷ 【電】誘導.

induire 他 70 ❶ 《de》…から帰納する, 結論する. ❷ 引き起こす, 結果としてもたらす. ❸ 古風 〜 A à B A を B するように仕向ける. ❹ 【電】誘導する. ◇ 〜 ... en erreur …に過ちを犯させる.

induit, e 形 (induire の過去分詞) 【電】誘導された.
—— 男 電機子; 誘導回路.

indulgence 女 寛大さ; 寛容な行為; 【カト】免償, 贖宥(よう).

indulgent, e 形 寛容な; 甘い.

indult [-t] 男 【カト】(教皇の)特別許可.

indûment 副 不当 [不法] に.

induration 女 【医】硬化(部分).

indurer 他 【医】硬化させる.
—— s' 〜 硬化する.

industrialisation 女 工業 [産業] 化.

industrialisé, e 形 工業 [産業] 化した.

industrialiser 他 工業 [産業] 化する.
—— s' 〜 工業 [産業] 化する [される].

industrialisme 男 工業 [産業] 主義.

industrie 女 ❶ 工業; 産業. ❷ 企業, 工場. ❸ 文章 巧妙, 器用; 稼業, 生業(ぎょう).

industriel, le 形 ❶ 工業 [産業] の; 工業生産の. ◇ en quantité 〜 le 話 大量に. —— 名 実業家, 企業経営者.

industriellement 副 工業的に; 産業化によって; 工業 [産業] 面で.

industrieux, se 形 文章 器用な, 巧みな, 巧妙な.

inébranlable 形 確固とした; 揺るがない.

inéchangeable 形 交換不能の.

inécouté, e 形 文章 (話などが) 聞いてもらえない, 聞き入れられない.

inédit, e 形 ❶ 未刊の, 未発表 [公開] の. ❷ 前代未聞の, 新機軸の.
—— 男 未刊作品; 新機軸.

inéducable 形 文章 教育 [矯正] できない.

ineffable 形 ❶ 筆舌に尽くしがたい, えも言われぬ. ❷ 滑稽 [奇妙] でなんとも言い様のない. □**ineffablement** 副

ineffaçable 形 消せない; 忘れられない.

inefficace 形 効力のない; むだな; 役立たずの. □**inefficacement** 副

inefficacité 女 効力のないこと, 無効; 無能, 不手際.

inégal, ale 形; (男複) **aux** 形 ❶ 等しくない; 不公平な. ❷ 不規則な; むらのある; 平坦でない.

inégalable 形 類まれな, 比類のない. □**inégalablement** 副

inégalé, e 形 並ぶものがない.

inégalement 副 まちまちに, 不揃いに; 不均衡に; 不平等に.

inégalitaire 形 不平等主義の.

inégalité 女 ❶ 不均衡, 不均等; 不平等. ❷ 不規則; むら; 平らでないこと, 凹凸. ❸ 【数】不等.

inélégance 女 やぼ, 無粋; 無作法.

inélégant, e 形 やぼったい, 無粋な, 優美でない; 無作法な, 無礼な. □**inélégamment** 副

inéligible 形 被選挙権のない. □**inéligibilité** 女

inéluctable 形 避けられない; 抗しがたい. □**inéluctablement** 副

inémotivité 女 【心】無感動(情動反応の欠如).

inemploi 男 (婉曲) 失業.

inemployable 形 利用できない.

inemployé, e 形 利用されていない, 未使用の.

inénarrable 形 言葉にならぬほど滑稽な, 奇妙きてれつな.

inentamé, e 形 文章 損なわれていない, 手つかずの.

inéprouvé, e 形 経験したことのない; 試練を受けていない.

inepte 形 ばかげた; 不適格な.

ineptie [-si] 女 愚かしさ; 愚かな言動.

inépuisable 形 尽きない, 無尽蔵の; とどくなら話し続ける. □**inépuisablement** 副

inépuisé, e 形 文章 くみ尽くされていない; 限りない.

inéquation [-kwa-] 女 【数】不等式.

inéquitable 形 (雅) 不公正な, 不公平な.

inerme 形 【植】刺(とげ)のない.

inertage 男 (有毒廃棄物の, コンクリートなどによる)閉じ込め処理.

inerte 形 ❶ 生気のない, 無気力な, 反応のない. ❷ 【化】【物】不活性な, 自動力のない.

inertie [-si] 女 ❶ 無気力, 不活発; 怠惰. ❷ 【物】慣性; 【医】無力症. ◇ force d' 〜 【物】慣性力; 消極的抵抗.

inespéré, e 形 望外の, 思いも寄らない.

inesthétique 形 文章 美的でない; 非審美的な.

inestimable 形 評価を絶するに; 計り知れない, この上なく貴重な.

inévitable 形 ❶ 不可避の, 必然の. ❷ いつもの, お決まりの. □**inévitabilité** 女

inévitablement 副 必然的に.

inexact, e [-(kt), kt] 形 ❶ 不正確な, 間違った. ❷ 時間を守らない, きちょうめんでない. □**inexactement** 副

inexactitude 女 ❶ 不正確; 誤り. ❷ 時間を守らないこと.

inexaucé, e 形 かなえられなかった.

inexcusable 形 許せない, 弁解の余地ない.

inexécutable 形 実行 [演奏] できない.

inexécution 女 【法】不履行.

inexercé, e 形 文章 訓練されていない; 慣れない.

inexigible 形 【法】請求され得ない.

inexistant, e 形 ❶ 存在 [実在] しない. ❷ 語 価値のない, 無意味な.

inexistence 囡 ❶ 存在しないこと，欠如．❷ 無価値，無意味．

inexorable 形 [文章] 頑として応じない 容赦しない ❷ 免れがたい．

inexorablement 副 非情に，仮借なく，むりやりに．

inexpérience 囡 無経験，未熟．

inexpérimenté, e 形 無経験な，不慣れな；まだ試されていない．

inexpert, e 形 [文章] 下手な，未熟な，不器用な．

inexpiable 形 〔罪，過ち〕が取り返しのつかない；鎮められない，仮借ない．

inexpié, e 形 [文章] 償われていない，罪滅ぼしされていない．

inexplicable 形 説明できない；不可解な．□**inexplicablement** 副

inexpliqué, e 形 解明されていない．

inexploitable 形 開発［利用］できない．

inexploité, e 形 開発［利用］されていない．

inexplorable 形 [稀] 探検できない，調査困難な．

inexploré, e 形 探検されていない，未調査［未調査］の．

inexpressif, ve 形 表現力に乏しい；無表情な．

inexprimable 形 言葉では言い表せない；言語を絶した．

inexprimé, e 形 表現されていない；暗黙の，言外の．

inexpugnable [-gna-/-na-] 形 [文章] 攻略できない，難攻不落の．

inextensible 形 伸びなせない；延期できない．□**inextensibilité** 囡

in extenso [inɛkstɛ̃-] [ラ] 副句, 形句 (不変)省略なしに[の]，全文を[の]．

inextinguible 形 [文章] (火が)消せない；鎮められない，抑え難い．

inextirpable 形 根絶［完全摘出］できない．

in extremis [inɛkstrɛmis] [ラ] 副句, 形句 (不変) 死に際に［の］；最後の瞬間に［の］．

inextricable 形 解きほぐせない，錯綜（きく）した．□**inextricablement** 副

inf. (略) infinitif 不定詞 [法]．

infaillibilité 囡 ❶ 確実性．❷ 無謬（むびゅう）性，決して間違わないこと；《カト》(教皇の)不謬性．

infaillible 形 決して間違わない；確実な；必ず効果のある．

infailliblement 副 確実に，必ず，誤ることなく．

infaisable [-fə-] 形 実行不可能な．

infalsifiable 形 偽造できない．

infamant, e 形 [文章] 不名誉な，評判を傷つける．

infâme 形 ❶ ひどい，低劣な，卑劣な．❷ 嫌悪を催す，不潔な，醜悪な．

infamie 囡 [文章] 〔恥ずべき〕行為；汚い言葉，悪口；卑しさ，低劣さ．

infant, e 名 (スペイン，ポルトガルの次男・次女以下の)親王，王子，王女．

infanterie 囡 歩兵隊．

infanticide 形, 名 嬰(ぇぃ)児殺しの(犯人). —— 男 嬰児殺害．

infantile 形 小児の；幼稚な．

infantilisation 囡 幼稚化．

infantiliser 他 幼稚化させる．□**infantilisant, e** 形

infantilisme 男 子供染みた性格［振る舞い］，幼児性；[医] 幼稚症．

infarctus [-s] 男 [医] 梗塞（ごうさく）．～ du myocarde 心筋梗塞．

infatigable 形 疲れを知らぬ；根気のよい．□**infatigablement** 副

infatuation 囡 [文章] うぬぼれ．

infatué, e 形 [文章] うぬぼれた．

s'infatuer 代動 《de》 [文章]（…に）うぬぼれる；[古風]（…に）心酔［熱中］する．

infécond, e 形 [文章] 不妊の；不毛の；(才能などが)乏しい．

infécondité 囡 不妊；不毛；(才能などの)貧しさ．

infect, e [-kt] 形 ❶ 悪臭を放つ，胸の悪くなるような；不潔な；劣悪な．❷ [話] 忌まわしい，下劣な．

infecter 他 ❶ 汚染する；(悪臭で)満たす．❷ 病気を移す，感染させる；化膿（かのう）させる．—— **s'~** 化膿［感染］する．

infectieux, se [-sjø(-)] 形 [医] 感染性の．

infection 囡 ❶ 感染，汚染；伝染病；化膿（かのう）．~ sexuellement transmissible 性行為感染症．❷ 猛烈な悪臭(を放つもの)；[話] 嫌悪すべきもの．

inféodation 囡 服従，従属；[史] 封土授与．

inféodé, e 形 《à》（…に）従属［服従］した．

inféoder 他 従属［服従］させる；[史](封土を封臣に)授与する．—— **s'~** 《à》（…の)支配下に入る，（…に)服従する．

inférence 囡 推理，推論；結論．

inférer (6) 他 《結論を》引き出す，推定する．

inférieur, e 形 ❶ 下の，低い；下流の．❷ 《à》（…より)劣る，下位の；（…より)小さい，少ない，未満の．—— 名 目下の者，部下；下級の者．

inférieurement 副 低く，下に立って．

infériorisation 囡 劣等感を抱かせること；劣等視すること．

inférioriser 他 劣等感を抱かせる；過小評価する．—— **s'~** 自分を過小評価する；自分をおとしめる．

infériorité 囡 劣っていること，劣等；劣勢；劣等［劣勢]にあるもの．

infernal, ale 形 (男複) **aux** ❶ 地獄の；すさまじい；(人の)耐えがたい．❷ 地獄の；地獄［悪魔］のような；非道な．cycle ～ 悪循環．machine ～ ale 仕掛け[時限]爆弾．

infertile 形 [文章] 不毛の；貧弱な．

infertilité 囡 不毛；(精神の)貧困．

infestation 囡 (寄生体の)侵入．

infester 他 荒らす，横行する；はびこる；[医](寄生虫などが)侵入する．

infeutrable 形 (洗濯などで)フェルト状に縮まない．

infibulation 囡 [民] 陰部封鎖［縫

infichu, e 形 (…が)できない、無能な.

infidèle 形 ❶ 誠実でない；不貞を働く. ❷ 事実と異なる、不正確な. ― 图 異教徒；[古・文章]不実な人、浮気者.

infidèlement 副 不誠実に；不正確に.

infidélité 图 ❶ 不実、不貞；裏切り. ❷ 不正確さ；不正確な点.

infiltration 图 染み込むこと、浸透；[医]浸潤；[軍]侵入、潜入.

s'infiltrer 代動 染み込む、浸透する；潜入する. ― **infiltrer** 他 染み込ませる；潜入させる.

infime 形 微細な、取るに足りない.

infini, e 形 無限の、果てしない；非常な. ― 图 無限、無限大. ◇**à l'～** 無限に、限際なく.

infiniment 副 無限に、限際なく；非常に.

infinité 图 ❶ 無限(性). ❷ une ～ de … 無数の…、莫(ばく)大な….

infinitésimal, ale 形 (男複) **aux** 图 きわめて小さな；ごくわずかな；[数]無限小の. ► calcul ～ 微積分.

infinitif, ve 图 [文法]不定詞[法]の. ― 图 不定詞[法]. ― 图 不定詞[法]節.

infirme 形 (体の)不自由な；病身の. ― 图 身体障害者；病身の人.

infirmer 他 力を弱める、信用を失わせる、否定する；[法]無効にする；破棄する. ⇔ **infirmation**

infirmerie 图 医務室.

infirmier, ère 图 看護士[婦].

infirmité 图 ❶ 身体障害、体の不自由. ❷ [文章]欠点、欠陥、弱点.

infixe 男 [言]中辞、中間接辞.

inflammabilité 图 引火性、可燃性；[文章](気性の)激しやすさ.

inflammable 形 ❶ 燃えやすい、引火性の. ❷ [文章]熱狂しやすい.

inflammation 图 [文章]引火、発火；[医]炎症.

inflammatoire 形 [医]炎症性の.

inflation 图 インフレ(ーション)；激増、過剰.

inflationniste 形 インフレの.

infléchi, e 形 曲がった、屈折した.

infléchir 他 曲げる、屈折させる、方向を変える.
　— **s'～** 曲がる、方向を変える.

infléchissement 男 (程度の)修正、変更.

inflexible 形 ❶ 不屈の；頑固な、強情な. ❷ 厳しい、厳正な；柔軟性を欠いた. □**inflexibilité** 图

inflexiblement 副 [文章]頑として、頑固に、強情に.

inflexion 图 ❶ (体を)曲げること；方向転換；屈折. ❷ (語調の)変化、抑揚.

infliger 他 ❶ (罰、苦痛などを)与える、科する、押しつける.
　— **s'～** (罰などを)自分に科する[加える]、科せられる、加えられる.

inflorescence 图 [植]花序；(集合的)(茎や枝の上に咲いている)花.

influençable 形 影響されやすい.

influence 图 ❶ 影響、感化、作用. ❷ 影響力、勢力、支配力. ◇**le [la] faire à l'～** 語る時、圧力をかける.

influencer 他 影響[作用]を及ぼす、左右する.

influent, e 形 影響力のある.

influenza 图 (英)[古風]/[文章]インフルエンザ、流行性感冒.

influer 〔sur〕 (…に)影響を及ぼす、作用する. ― 他 [旧]流し込む.

influx 男 ❶ (生物、物体に影響を持つとされた)流体、感応力. ❷ [生理]～ nerveux 神経インパルス.

info 图 information の略.

infocapitalisme 男 情報資本主義.

infographie 图 コンピュータグラフィックス、画像処理.
□**infographiste** 图

in-folio [in-] 形 (不変)[印](判型が)二つ折の、全紙を2分割した大きさの. ― 图 (不変)二つ折(の本).

infondé, e 形 根拠のない.

infopauvre 图 情報貧困層の人.

inforiche 图 情報富裕層の人.

informateur, trice 图 情報提供者、インフォーマント；密告者.

informaticien, ne 图 情報科学者、情報処理技術者.

informatif, ve 形 情報[知識]を与える、資料を提供する.

information 图 ❶ 情報；情報収集、調査. ❷ 報道、広報(活動)；(複数)ニュース(番組). ❸ [法]予審.

informationnel, le 形 情報(理論)の.

informatique 图 形 情報科学[理論](の)；情報処理(の).

informatiquement 副 情報処理技術[コンピュータ]で.

informatisable 形 情報処理の可能な、コンピュータで処理できる.

informatisation 图 情報処理、コンピュータ化.

informatiser 他 コンピュータ化する；コンピュータで処理する.
　— **s'～** コンピュータ化される.

informe 形 ❶ 形の一定しない、雑然[漠然]とした；不完全な. ❷ 醜い、不格好な.

informé, e 形 情報に明るい、事情通の. ― 男 [法]証拠調べ、証人尋問. ◇**jusqu'à plus ample ～** もっと詳しいことが分かるまで；[法]新証拠が現れるまで.

informel, le 形 非公式の、形式ばらない；[美]アンフォルメルの.
　― 男 アンフォルメル.

informer 他 ❶ 知らせる、通知する；情報を与える. ❷ [哲]形相[意味]を与える. ― (自) [法]予審を行う、証拠調べをする.
　— **s'～** ❶ (de) (…が)問い合わせる、照会する. ❷ 〔sur, au sujet de〕(…について)情報[知識]を得る.

informulé, e 形 言葉に表現されていない.

inforoute 图 情報ハイウェー.

infortune

infortune 囡《文》不幸, 不運;《複数》不幸な出来事.

infortuné, e 形, 名《文》不幸な(人), 不遇な(人).

infos 囡複《話》ニュース.

infoutu, e 形《語》(…が)できない, 無能な.

infra 副《ラ》後述のように, 下記に.

infraction 囡 違反;侵害.

infraliminal, ale;《男複》**aux** 形《心》閾下の, 意識に上らない.

infranchissable 形 乗り越えられない, 渡れない;克服できない.

infrangible 形《文》破壊できない, 壊れない;堅固な.

infrarouge 男 赤外線(の).

infrason [-s5] 男 超低周波音. ▫**infrasonore** 形

infrastructure 囡 ❶《建築部分》の基礎部分[工事];施設. ❷《経》《哲》インフラストラクチャー, 下部構造.

infréquentable 形 あまり会わない[行かない]ほうがよい.

infroissable 形 しわの寄らない.

infructueux, se 形 実を結ばない, むなしい. ▫**infructueusement** 副

infus, e 形《文》天賦の. ► **science** ~《神》アダムが神から授けられた知識. ◇**avoir la science** ~e《ときに皮肉》習わずして博識である.

infuser 働 ❶ 熱湯に浸す, 煎(じ)る. ❷《文》(活力などを)吹き込む, 注入する;(感情を)植え付ける. ― 自(薬草, 茶などが)煎じられる, 出る.

infusette 囡《商標》ハーブティーのティーバッグ.

infusible 形 溶けない, 不溶解性の.

infusion 囡 ❶ 煎(じ)じ薬, ハーブティー;煎じること. ❷(活力, 感情を)吹き込むこと;《カト》《神》の恩恵などの)注入.

infusoire 男《動》滴虫類.

ingagnable 形 勝算のない.

ingambe 形 足腰のしっかりした, 達者な.

s'ingénier 代動《à》(…しようと)工夫を凝らす, 努める.

ingénierie 囡 工学, エンジニアリング. ▫**ingénieriste** 名

ingénieur 男 技術者, 技師. ► ~ système《情報》システムエンジニア.

ingénieusement 副 巧妙に, 器用に.

ingénieux, se 形 創意工夫に富んだ, 器用な, 巧妙な.

ingéniosité 囡 創意工夫に富むこと, 巧妙[器用]さ.

ingénu, e 形, 名 無邪気な(人), ばか正直な(人). ―囡《演》生娘役.

ingénuité 囡 無邪気, 天真爛漫, ばか正直.

ingénument 副 無邪気に, 率直に.

ingérable[1]形 管理できない, コントロール不能.

ingérable[2]形《薬》経口摂取可能.

ingérence 囡 管理介入, 介入.

s'ingérer 6 代動《dans》(…に)干渉[介入]する.
― **ingérer** 働 口から摂取する.

ingestion 囡 (経口)摂取.

---

ingouvernable 形 統治[制御]できない, 手に負えない.

ingrat, e 形 ❶ 恩知らずな;やりがいのない, 実りのない. ❷ 醜い, 不快な, ぶざまな. ◇**âge** ~ 思春期.
―男 恩知らず.

ingratitude 囡 忘恩(行為), 恩知らず(な行い).

ingrédient 男 成分, 原料;要素.

inguérissable 形 不治の;いやせない;(欠点が)直せない.

inguinal, ale;《男複》**aux** 形《解》鼠蹊(部).

ingurgiter 働 がつがつ食べる, がぶ飲みする;(知識を)詰め込む. ▫**ingurgitation** 囡

inhabile 形《文》無能な, 下手な, 不器用な;压风(à)(…に)適さない;《法》能力[資格]のない.

inhabileté 囡《文》拙劣, 不器用.

inhabilité 囡《法》無資格.

inhabitable 形 住めない, 住みにくい.

inhabité, e 形 人の住まない, 無人の.

inhabituel, le 形 常ならぬ, 尋常でない.

inhalateur, trice 形 吸入(用)の.
―男 吸入器.

inhalation 囡 吸入(法).

inhaler 働 吸入する, かぐ.

inharmonieux, se 形《文》不調和な, 調子外れの.

inhérence 囡 (性質などが)本来備わっていること, 固有性;《哲》内属.

inhérent, e 形《à》(…に)本質的に属する, 固有の.

inhibé, e 形, 名 抑制された(人);内向的な(人).

inhiber 働 抑制[阻止]する.

inhibiteur, trice 形《心》《生理》抑制性の, 阻害性の.
―男 抑制剤, 阻止剤.

inhibitif, ve 形《心》抑制する.

inhibition 囡 抑制, 阻害, 制止;不能状態, 機能停止.

inhomogène 形 不均一な, 同質でない.

inhospitalier, ère 形 もてなしの悪い, 無愛想な;人を寄せ付けない.

inhumain, e 形 非人道的な, 冷酷無情な;人間離れした. ▫**inhumainement** 副

inhumanité 囡《文》無情, 非道, 残忍.

inhumation 囡 埋葬.

inhumer 働 埋葬する.

inimaginable 形 想像を絶する, 考えられないような.

inimitable 形 まねのできない, 独特な;類(たぐい)まれな.

inimité, e 形《文》模倣されたことのない, 無類の.

inimitié 囡《文》反感, 敵意;反目.

ininflammable 形 不燃性の.

inintelligemment 副 愚かしい, 愚かに.

inintelligence 囡 理解力[知性]のなさ, 愚鈍;無理解.

inintelligent, e 形 理解力がない,

inintelligible 形 理解できない。 ▫**inintelligibilité** 女

inintéressant, e 形 面白くない。

ininterrompu, e 形 絶え間ない。

inique 形 [文章] 不公平この上ない, 公正を欠く。 ▫**iniquement** 副

iniquité 女 不正, 不公平; (宗教的) 退廃, 堕落。

initial, ale 形《男複》**aux** [-sja-] 形 最初の; 冒頭[語頭]の。
— 女 頭文字。

initialement [-sja-] 副 最初に[は], 当初。

initialisation [-sja-] 女 [情報] 初期化。

initialiser [-sja-] 他 [情報] 初期化する。

initiateur, trice [-sja-] 名 手ほどきをする人; 先導者, 創始者, 先駆者。
— 形 指導者的な; 先導[先駆]的な。

initiation [-sjo-] 女 ❶ (…の) 手ほどき; 入門[書]。 ❷ (宗教, 特定集団への) 加入; 加入儀式, 通過儀式。

initiatique [-sja-] 形 加入[儀式]の; 初歩の, 手ほどきの。

initiative [-sja-] 女 ❶ 発意, 提唱; 率先した行動 [措置]。 ❷ 主導権, 自主性; 主導権。 ❸ (法案の発議)発議権。
◇**syndicat d'**~ 観光協会 [案内所]。

initié, e [-sje] 形 その道 [奥義] に通じた。 — 名 ❶ (その道に) 通じた人, 玄人; (特定の宗教, 社会への) 加入を認められた人。 ❷ [証] **délit d'**~ インサイダー取引の不法行為。

initier [-sje] 他 ❶ ~ A à B A に B の手ほどきをする, 初歩を教える; (秘伝, 秘訣を) 教える。 ❷ (宗教, 結社などへの) 入会 [入信] を許す。
— **s'**~ (à) (…の) 初歩を学ぶ。

injectable 形 注射[注入]用の。

injecté, e 形 充血した, 紅潮した; 注入[注射]した。

injecter 他 注射[注入]する; 投入する。 — **s'**~ (自分に)注射する; 注入[注射]される。

injecteur 男 注射器, 注入器; 噴射器。

injection 女 ❶ 注射, 注入; 注射[注入]液, 浣腸液; (燃料の)噴射。 ❷ [経] (資本の)大量投入。 ❸ ~ sur orbite 軌道に乗せること。

injoignable 形 連絡がつかない。

injonctif, ve 形 [言] 指令法の; 命令形の。

injonction 女 命令, 厳命; [法] (裁判官の)法廷命令。

injouable 形 上演 [演奏] 不能の。

injure 女 ❶ 悪口, ののしり言葉。 ❷ [文章] 侮辱, 辱め。

injurier 他 ののしる, 罵[の]り倒す。 — **s'**~ ののしり合う。

injurieux, se 形 侮辱的な, 無礼な。 ▫**injurieusement** 副

injuste 形 不当 [不正] な, 不公平な。 ▫**injustement** 副

injustice 女 不正, 不公平; 不当な行為。

injustifiable 形 正当化 [弁解] できない, 許し難い。

injustifié, e 形 不当な, 根拠のない。

inlandsis [inlɑ̃dsis] 男 [地] 氷床, 大陸氷河。

inlassable 形 疲れを知らない, 不屈の。 ▫**inlassablement** 副

inlay [inle] 男 [英] [歯科] インレー (充填[じゅう]用金属)。

inné, e 形 生まれつきの, 先天的な。

innéisme 男 [哲] [言] 生得説。 ▫**innéiste** 名

innéité 女 [哲] 生得性。

innervation 女 [解] 神経支配 (神経の分布)。

innerver 他 [解] (神経が) …に分布する。

innocemment 副 悪気なしに, 無邪気に; [古風] 愚かにも, ばか正直に。

innocence 女 ❶ 無罪, 無実, 潔白; (集合的) 無実の人。 ❷ 純真, 純朴, 無邪気; 単純, 愚直。

innocent, e 形 ❶ 無罪 [無実] の; 罪のない, 無実の。 ❷ 純真な, 無邪気な; 愚直な, 単純な。 — 名 ❶ 無実 [無罪] の人。 ❷ 純真 [無邪気] な人; お人よし, 単純な人; [文章] 幼子。
◇**Aux** ~ **s les mains pleines.** 愚か者に福あり。

innocenter 他 ❶ 無罪を宣告 [証明] する。 ❷ 許す, 弁護 [正当化] する。

innocuité 女 無害。

innombrable 形 無数の。

innommable 形 口にできないほどひどい, 言語道断な; 名づけようのない。

innom(m)é, e 形 名の無い。

innovant, e 形 革新的な。

innovateur, trice 名 改革する, 一新する; 革新的な。

innovation 女 革新, 改革; 新技術; [経] イノベーション。

innover 自 革新 [改革] する。— 他 ❶ 革新 [改革] する。 ❷ 導入する。

inobservable 形 ❶ 観察できない。 ❷ (命令などが) 守れない, 従えない。

inobservance 女 [文章] (規則などを) 守らないこと, 違反。

inobservation 女 [文章] 違反, 不履行。

inobservé, e 形 [文章] ❶ (規則などが) 守られていない, 履行されていない。 ❷ 観察されていない。

inoccupation 女 [文章] 無職, 無為; (場所が) 使われていないこと。

inoccupé, e 形 使われていない, あいている; 仕事がない, 暇な。

in-octavo [inɔk-] 形 《不変》[印] 八つ折判の。
— 男 《不変》 八つ折判(の本)。

inoculable 形 (ウイルスなどが) 接種できる。 ▫**inoculabilité** 女

inoculation 女 [医] 感染; 接種; 種痘。

inoculer 他 接種する, 感染させる; (感情, 思想を) 吹き込む。

inodore 形 無臭の。

inoffensif, ve 形 無害の, 安全な。

inondable 形 浸水[冠水] しやすい。

inondation

inondation 囡 洪水, 氾濫, 浸水, 水浸し.
inondé, e 形 ❶ 洪水にあった, 浸水した. ❷ (de) (…で)あふれた, いっぱいの. ―名 水害罹災者.
inonder 他 ❶ 洪水を起こす, 水没にする, びしょぬれにする. ❷ (…に)あふれる; (de) (…で)いっぱいにする. ― s'~ ❶ (de) 自分に(…を)たっぷりかける ❷ 浸水[冠水]する, 洪水になる.
inopérable 形 手術できない.
inopérant, e 形 文章 効果のない.
inopiné, e 形 思いがけない, 予期しない. ◻**inopinément** 副
inopportun, e 形 時宜を得ない.
inopportunément 副 折りあしく, 都合の悪い時に.
inopportunité 囡 文章 時宜を得ないこと, 時機を失していること.
inorganique 形 生命のない;〖化〗無機(質)の.
inorganisation 囡 文章 組織がばらばらな状態, 混乱.
inorganisé, e 形 ❶ 組合に加入していない. ❷ 無秩序の, 未整理の. ❸ 無機的な. ―名 非組合員.
inoubliable 形 忘れられない.
inouï, e 形 ❶ 信じられない, 驚くべき. ❷ 文章 前代未聞の.
Inox [-ks] 男 商標 ステンレス. ―形 (i~) ステンレスの.
inoxydable 形 酸化しない, 錆びない. ―名 ステンレス.
in(-)pace [inpatʃe] 男 (不変)〖ラ〗(修道院の)牢(ろう)獄.
in petto [inpeto/-eto] 副句〖伊〗文章 心ひそかに, 内心.
inqualifiable 形 文章 なんとも形容できない, 言語道断な.
in-quarto [inkwar-] 形 (不変)〖印〗四つ折判の. ―男 (不変) 四つ折判の本.
inquiet, ète 形 不安な, 心配な. ―名 心配性の人.
inquiétant, e 形 不安にさせる, 気がかりな.
inquiéter 他 ❶ 不安にする, 不安をもませる, 心配させる. ❷ (攻撃, 敵意で)悩ませる; 妨害する; つけ回す. ― s'~ ❶ 不安になる, 心配する. ❷ (de) (…を)気にする, 気にかける; 問い合わせる.
inquiétude 囡 不安, 心配, 懸念.
inquilin, e 形, 男〖生態〗内生の(種), すみ分け共生の種.
inquisiteur, trice 形 詮索するような探るような. ―男 異端審問官, 宗教裁判官.
inquisition 囡 ❶ 厳しい取り調べ, 尋問. ❷ (多く I~)〖史〗異端審問所, 宗教裁判所.
inquisitorial, ale;〖男複〗**aux** 形 ❶ 宗教裁判所の. ❷ 文章 厳しい.
inracontable 形 少しすっきりしない.
inratable 話 逃がせない, はずせない.
inrayable 形 傷がつかない(線との)消せない.
insaisissable 形 ❶ 捕まえられない; 捕らえどころのない; 見[聞き]分けられない. ❷〖法〗差押えできない.
insalubre 形 健康によくない, 非衛生的な. ◻**insalubrité** 囡
insane 形 文章 非常識な. ◻**insanité** 囡
insatiable [-sja-] 形 飽くことを知らない; 満足しきれない.
insatisfaction 囡 不満足.
insatisfaisant, e [-fə-] 形 満足のいかない.
insatisfait, e 形 不満足な; 満たされない. ―名 不満な人.
inscolarisable 形 就学に適さない.
inscription 囡 ❶ 記入, 記載; 登録, 申し込み. ❷ (標識, ラベルなどに書かれた)字, 掲示; 落書き; 碑銘, 碑文.
inscrire 他 ❶ 記入[記載]する. ❷ (名簿などに)載せる, 登録する; 加える. ❸ 刻み込む, 彫りつける. ❹〖数〗内接させる. ― s'~ ❶ 自分の名前を登録する, 加入を申し込む. ❷ (dans) (…に)組み込まれる; 含まれる. ◊ s'~ en faux contre … 語 …をはっきり否定[否認]する.
inscrit, e 形 (inscrire の過去分詞) ❶ 名簿に記載[登録]されている, 加入[在籍]している. ❷〖数〗内接した. ―名 登録者.
inscriv- 活 ⇨ inscrire.
insécable 形 文章 分割できない.
insectarium 男 昆虫館.
insecte 男 昆虫; 虫.
insecticide 形 殺虫(用)の. ―男 殺虫剤.
insectifuge 形 防虫の. ―男 防虫剤.
insectivore 形〖動〗食虫性の. ―男 食虫動物;〖複数〗食虫目.
insécuriser 他 不安にさせる.
insécurité 囡 安全でないこと, 不安定.
in-seize [in-] 形 (不変)〖印〗十六折判の. ―男 (不変) 十六折判の本.
insémination 囡 授精, 媒精. ~ artificielle 人工授精.
inséminer 他 人工授精を行う.
insensé, e 形 ❶ 非常識な, ばかげた; とっぴな. ❷ 囿 気の狂った.
insensibilisation 囡 感覚を麻痺(ひ)させること;(感覚の麻痺;〖医〗局所麻酔.
insensibiliser 他 麻酔をかける; 文章 無感覚にする, 鈍感にする.
insensibilité 囡 (à) (…に対する) 無感覚, 麻痺(ひ); 無関心, 冷淡さ.
insensible 形 ❶ (…に対して)無感覚な; 無関心な, 鈍感な; 冷淡な. ❷ 知覚できないほどの, 微かな.
insensiblement 副 (感じ取れないほど) 少しずつ, ゆっくりと.
inséparable 形 (de) (…と)切り離せない, 不可分の; いつも一緒にいる. ―男複〖鳥〗ボタンインコ, ラブバード.
inséparablement 副 分かちがたく.

insérer ⑥ 他 ❶ 入れる, 挿入する. ❷ (条文などを) 入れる; (記事などを) 載せる; (社会, 組織などに) 組み込み, 同化させる. ◊ *prière d'~* (寄贈本に挿入して) ご愛読願います.
— s'~ ❶ 入れ込まれる; 位置づけられる, (あるいは) 同化する. ❷ 挿入される; 追加掲載される. ❸ 付着する.

I.N.S.E.R.M. [inserm] 男 [略] [医] Institut national de la santé et de la recherche médicale 国立衛生医学研究所.

insermenté 形 男 [史] (フランス革命時に聖職者が) 宣誓を拒んだ.
— 男 宣誓拒否聖職者.

insert 男 [英] ❶ [映] インサート, インサート・カット. ❷ 放送中の電話インタビュー; テロップ, CM フィルム.

insertion 女 ❶ 挿入, 入れ込むこと; 掲載, (集団への) 同化; 組み込み. ❷ [解] 付着; [植] 着生.

insidieusement 副 [文章] 狡猾 (ずる) ように, 陰険に.

insidieux, se 形 [文章] ❶ 狡猾 (ずる) な, 罠 (わな) にかけるようにうまく広がる; (においが) 知らないうちに広がる. ❷ [医] 潜行性の.

insigne¹ 形 抜群の, 目覚ましい; (皮肉) 最高の, 見事な.

insigne² 男 バッジ; 記章; 勲章.

insignifiance 女 くだらなさ; とるに足りないこと.

insignifiant, e 形 とるに足りない, くだらない.

in silico [in-] 形 副 (ラ) インシリコの [で], コンピュータ上の [で].

insinuant, e 形 人にうまく取り入る; 遠回しで巧みな.

insinuation 女 当てこすり, ほのめかし; 遠回しの言葉.

insinuer 他 ほのめかす, 遠回しに言う. ❷ 巧みに潜り込む, 忍び込む; 取り入る. ❸ 浸透する.
— s'~ ❶ 巧みに潜り込む, 忍び込む; 取り入る. ❷ 浸透する.

insipide 形 味がない, 無味乾燥な, 面白みのない. □ **insipidité** 女

insistance 女 力説, 固執, 執拗さ.

insistant, e 形 しつこい, 執拗な.

insister 自 ❶ (sur) (…を) 強調する; (…に) こだわる. ❷ (pour) (…を) 懇願する, 頼み込む, 執拗に求める. ❸ (根気よく) 努力する, 続行する.

in situ [in-] 副 形 (ラ) 本来の場所 [環境] に.

insituable 形 [文章] 位置づけられない.

insociable 形 [文章] 非社交的な, 交際嫌いな. □ **insociabilité** 女

insolation 女 ❶ 日光に当たる [当たる] こと; 日射; 日照時間. ❷ 日射病.

insolemment 副 無礼に, 横柄に.

insolence 女 無礼, 横柄; 無礼 [横柄] な言動; 思い上がり.

insolent, e 形 無礼な, 横柄な; これ見よがしの, ねたましいほどの.
— 名 無礼な人; 威張る人.

insoler 他 日光に当たる.

insolite 形 異様な, とっぴな.

insoluble 形 ❶ 溶けない; 解決でない. ❷ 解けない. □ **insolubilité** 女

insolvable 形 [法] 弁済 [支払い] 不

能の. — 名 支払不能者. □ **insolvabilité** 女

insomniaque [-som-] 形 名 不眠症の (人), 眠れない (人).

insomnie [-som-] 女 不眠 (症).

insondable 形 計り知れない, 底知れない. □ **insondabilité** 女

insonore 形 防音の, 響かない.

insonorisation 女 防音 (処置), 音響設計.

insonoriser 他 防音する.

insonorité 女 防音性, 無響性.

insouciance 女 のんき, 無頓着 (とんちゃく), 気にかけないこと.

insouciant, e 形 ❶ のんきな, 無頓着な; (de) (…を) 気にかけない.
— 名 のんきな人; 無頓着な人.

insoucieux, se 形 [文章] (de) (…を) 気に留めない, 思い煩わない.

insoumis 形 ❶ 不服従の, 反抗的な; (権力に) 従わない人, 反抗的な人. — 男 不服従兵.

insoumission 女 ❶ 不服従, 反抗. ❷ [軍] 帰隊違反, 命令不服従.

insoupçonnable 形 疑いのかけようもない.

insoupçonné, e 形 思いがけない, 意外な; [文章] 疑われていない.

insoutenable 形 支持 [容認] できない; 耐えがたい, 我慢できない.

inspecter 他 監督 [視察] する, 検査する, 詳細に調べる.

inspecteur, trice 名 ❶ 監督官, 視察官, 検査官; 視学. ❷ (私服) 刑事.

inspection 女 監督, 視察, 検査; 監督官 [視察官, 検査官] の職; 監査機関.

inspectorat 男 監督官 [視察官, 検査官, 視学] の職 [任期].

inspirant, e 形 [文章] 霊感 [着想] を与える, 感興をそそる.

inspirateur, trice 名 ❶ 霊感を与える人, 着想をもたらす物. ❷ 推進者, 指導者; 黒幕.

inspiration 女 ❶ インスピレーション; 思いつき, 着想; 示唆, 感化, 影響. ❷ 息を吸うこと, 吸気.

inspiratoire 形 [医] [言] 吸気 (性) の.

inspiré, e 形 ❶ インスピレーションを受けた (の豊かな). ❷ (de) (…に) 着想を得た, 影響された.
◊ *être bien [mal] ~ de…* うまい [まずい] ことに…することを思いついた.
— 名 霊感を受けた人.

inspirer 他 ❶ (感情, 考えを) 吹き込む, 抱かせる; 生じさせる. ❷ インスピレーションを与える, 創作意欲を刺激する. ❸ (告白などで人を) 動かす, 導く. ❹ (空気を) 吹き込む; 吸い込ませる.
◊ *Ça ne m'inspire pas.* 話 それには興味を感じない, ピンとこない.
— 自 空気を吸い込む.
— s'~ ❶ (de) (…から) 着想を得る.

instabilité 女 不安定, 移り気.

instable 形 ❶ 不安定な, 変わりやすい; 気が変わりやすい. ❷ 定住しない.
— 名 移り気な人; 情緒不安定児.

installateur, trice 名 (住居設備

…の)取り付け業者.
installation 囡 ❶ 設備, 施設; (家具, 機械の)取り付け, 設置. ❷ 入居, 引っ越し. ❸ 就任, 任命.
installé, e 囲 (人が)成功した, 暮らしゆとりのある. ❷ 設備の整った. ❸ …に身を落ち着けている, 住んでいる.
installer 他 ❶ (場所に)必要な設備を施す. ❷ (家具を)入れる, (設備を)備えつける, (ガス, 電気などを)引く. ❸ (人をある場所に)落ち着かせる, 住まわせる, 座らせる. ❹ 任命する, 叙任する. ❺[情報]インストールする.
— s'~ 身を落ち着ける, 居住する; 開業する. ❷ ⟨dans⟩ (ある状態に)はまり込む. ❸ ⟨en⟩ (感情が…)に生じる.
instamment 副 切に, しきりに.
instance 囡 ❶ ⟨複数⟩切望, 懇願. ❷ ⟨多く複数⟩決定機関, 上層部. ❸ [法]訴訟(行為), 訴訟手続; 審理.
◇ *en* ~ 審理[係争]中の. *en* ~ *de …* …しようとしている.
instant¹ 男 瞬間, 一瞬.
◇ *à chaque [à tout]* ~ 絶えず, しょっちゅう. *à l'* ~ (*même*) 今すぐにたった今; まさにその時. *dans un* ~ すぐに, 間もなく. *dès l'* ~ [*où*] *…* …の瞬間から, …するとすぐに; …である以上, …なのだから. *pour l'* ~ さしあたり, 今のところ. *Un* ~ ! ちょっと待って.
instant², e 囲 ⟨文章⟩緊急の; 切なる.
instantané, e 囲 瞬時の; 即時の, インスタントの. —男 スナップ写真.
instantanéité 囡 瞬間性, 瞬間的なこと.
instantanément 副 瞬く間に, すぐに, 即刻.
instar de (à l') 前句 …にならって, …式に.
instaurateur, trice 名 ⟨文章⟩設立[創設, 制定]者.
instauration 囡 ⟨文章⟩創設, 制定.
instaurer 他 設立[創設]する, 制定する. — s'~ 創始される, 始まる.
insti 名 語 (小学校)の先生.
instigateur, trice 名 推進者, 首謀者.
instigation 囡 教唆, 扇動.
instillation [-la-] 囡 点滴注入.
instiller [-le] 他 ❶ 1滴ずつ注入する, 点滴注入する. ❷ ⟨文章⟩(感情などを)注入する, 吹き込む.
instinct [-tɛ̃] 男 ❶ 本能; 生来の性向, 天性; 天分, 素質. ❷ 直覚, 勘.
◇ *d'* ~ = *par* ~ 本能的に[直観]的に.
instinctif, ve 囲 本能的[直観]的な; 衝動的な. —名 衝動的な人.
instinctivement 副 本能的[直観]的に.
instinctuel, le 囲 本能的の, 欲動の.
instit [-t] 名 語 ⇒ insti.
instituer 他 ❶ 設ける; 制定する; 創設する. ❷ [法] (相続人を)指定する. —s'~ ❶ 自ら…になる, 自ら任ずる. ❷ (制度, 慣習などが)確立される.
institut 男 ❶ ⟨多く I~⟩ 学院, 研究所; 学士院, 芸術院; (特に) (5つのアカデミーから成る)フランス学士院 (= I~

de France). ❷ ~ *de beauté* 美容クリニック, ビューティークリニック. ❸ (修道会の)会則; 修道会員.
institut*eur, trice* 名 ❶ (小学校の)先生, 教師. ❷ 家庭教師.
institution 囡 ❶ 設立, 制定, 確立. ❷ 制度, 機構; ⟨複数⟩体制; 国政. ❸ 語 (皮肉)慣習, しきたり. ❹ 私立学校, 私塾.
institutionnaliser 他 制度化する, 恒常化する.
— s'~ 制度化される, 根を下ろす.
▫ **institutionnalisation** 囡
institutionnalisme 男 制度派経済学, 制度学派.
institutionnel, le 囲 制度(上)の; 制度化した.
▫ **institutionnellement** 副
instruct*eur, trice* 名 教師, 指導員. —男 [軍] (新兵の)教練教官; [法] 予審判事. —囲 [軍] *officier* ~ 教練指導士官; [法] *juge* [*magistrat*] ~ 予審判事.
instructif, ve 囲 教育的な, 有益なためになる.
instruction 囡 ❶ 教育; 訓練; 教養, 知識. ❷ ⟨複数⟩指令, 命令; 使用説明書. ❸ [法] 審理; 予審.
instruire 他 ❶ 教育する, 教える; 訓練する. ❷ ⟨文章⟩ ~ *A de B* A にBを知らせる, 伝える. ❸ [法] 予審を行う, 審理する. —s'~ ❶ 学ぶ, 知識を深める. ❷ ⟨de⟩ (…を)尋ねる, 調べる.
instruit, e 囲 (instruire の過去分詞) 教育のある, 学識の深い.
instrument 男 ❶ 道具, 器具, 器械. ❷ 楽器. ❸ 手段, 媒介; (人につきて)道具, 手先. ❹ [法] 証書; (条約などの)原本.
instrument*al, ale* ⟨男複 *aux*⟩ 囲 ❶ 楽器の, 機器の; 道具[手段] としての. ❷ [法] 証書である; [言]具格の. —男 [言] 具格.
instrumentaliser 他 手段化する, 手段とみなす.
▫ **instrumentalisation** 囡
instrumentation 囡 [楽] 楽器編成(法); オーケストレーション.
instrumenter 自 [法] 証書を作成する. —他 [楽] 楽曲用に編曲する.
instrumentiste 名 器楽奏者.
insu 男 *à votre* ~ あなたの知らないうちに. ◇ *à l'* ~ *de …* …に知らせないで, …の知らないうちに.
insubmersible 囲 沈まない.
▫ **insubmersibilité** 囡
insubordination 囡 不服従, 反抗.
insubordonné, e 囲 服従しない, 反抗する.
insuccès 男 不成功, 失敗; 不運.
insuffisamment 副 不十分に.
insuffisance 囡 ❶ 不十分, 不足; 無能力; ⟨複数⟩欠陥. ❷ [医] (機能)不全(症); 精神障害.
insuffisant, e 囲 不十分な, 足りない; 能力不足の, 才能に欠ける.
insufflation 囡 [医] 通気(法).
insuffler 他 吹き込む; (器官に)通

insulaire 形 島の; 島に住む.
— 名 島の住民.
insularité 女 島国であること, 島国(性); 島国根性.
insuline 女 〖化〗インスリン.
insulinique 形 インスリンによる.
insulinodépendant, e 形 〖医〗インスリン依存型の(患者).
insulinothérapie 女 〖医〗インスリン療法.
insultant, e 形 侮辱的な, 無礼な.
insulte 女 侮辱(的な行動), 無礼.
insulter 他 侮辱する, ののしる. — 自 〖文章〗(à) (…を)あざける, 侮辱する. —s'~ 互いに侮辱する, ののしり合う.
insupportable 形 耐えられない, 我慢できない.
 □insupportablement 副
insurgé, e 名 反乱を起こした(人), 蜂起した(人).
s'insurger 2 代動 反抗する, 反乱を起こす.
insurmontable 形 乗り越えがたい, 克服しがたい; 抑制できない.
insurpassable 形 しのぎ得ない, 傑出した.
insurrection 女 反乱, 蜂(ほう)起.
insurrectionnel, le 形 〖電〗の, 蜂(ほう)起の.
intact, e [-kt] 形 手を触れていない, 元のままの, 無傷の.
intactile 形 触知できない.
intaille 女 〖宝〗インタリオ, 凹彫宝石.
intangible 形 触れてはならない, 不可侵の. □intangibilité 女
intarissable 形 尽かれることのない, 尽きない. □intarissablement 副
intégrable 形 〖数〗積分可能な.
intégral, ale 男複 aux 形 完全な, 全面的な; 〖数〗積分の. — 女 (作品の)完全集, 全集; 〖数〗積分.
— 男 フルフェイス・ヘルメット.
intégralement 副 完全に.
intégralité 女 全体, 全部.
intégrant, e 形 (全体の完成に)不可欠な, (全体の)構成要素の.
intégrateur 男 積分器.
intégration 女 ❶ 統合, 併合, 同化; 〖経〗企業の統合, 企業集中. ❷ 〖数〗積分(法). ❸ 〖電〗 ~ à très grande échelle 超大規模集積回路, 超 LSI.
intégrationniste 形 統合主義の, 統合論の, (特に米国の)人種差別廃止論の.
— 名 統合論者; 人種差別廃止論者, 公平無私の.
intègre 形 清廉潔白な, 公平無私の.
intégré, e 形 ❶ 組み込まれた, 同化した; 統合された, 集中化した. ❷ 〖電〗~ 集積回路, IC.
intégrer 6 他 ❶ (全体のなかに)組み入れる, 同化させる; 包含する. ❷ 〖数〗積分する. — 自 語 (à) (グランゼコールに)入学する.
—s'~ 組み込まれる, 同化する.
intégrisme 男 〖カト〗伝統完全保存主義; (イスラム)原理主義.
intégriste 形 伝統完全保存主義(者)の; (イスラム)原理主義者の.
— 名 伝統完全保存主義者; (イスラム)原理主義者.
intégrité 女 ❶ 完全さ, 無傷の状態. ❷ 廉潔.
intellect [-kt] 男 知性, 理解力.
intellection 女 〖哲〗知性の働き, 思考; (デカルトの)思惟(ゆい)作用.
intellectualisation 女 知性化, 理知化; 〖心〗観念化.
intellectualiser 他 (感情, 問題を)知的(合理的)に分析する; 知的にする. —s'~ 知的(合理的)に処理される; 知性を高める.
intellectualisme 男 〖哲〗主知主義; 知性偏重.
intellectualiste 形, 名 主知主義の(人).
intellectuel, le 形 ❶ 知性の, 知能の. ❷ 理知的な, 頭がかい; 〖軽蔑〗頭でっかちな. — 名 インテリ, 知識人.
intellectuellement 副 知的に, 知性の面で.
intelligemment 副 賢明に, 利口に, 巧妙に.
intelligence 女 ❶ 知性, 知能; 理解力; 〖電〗明さ, 明敏さ. ❷ (…の)理解, 把握; センス, 才覚. ❸ 優れた知性の持ち主; 知識人, 俊才, 才人, 知恵者. ❹ 〖複数〗内通, 共謀.
♦ d'~ 共謀の, 示し合わせた. être d'~ avec … …とぐるになっている. vivre en bonne [mauvaise] ~ avec … …と仲よく[不仲に]暮らす.
intelligent, e 形 頭のよい, 聡(そう)明な; 知的な, 理解力のある.
intelligentsia [-ʒɛsja/-dʒɛntsja/inteligɛntsia] / **intelligentzia** 女 (集合的)知識人, インテリ, 知識階級.
intelligibilité 女 〖文章〗理解できること.
intelligible 形 理解できる; 聞きとりやすい, はっきりした.
intelligiblement 副 分かりやすく, はっきりと.
intello 名 形 〖話〗インテリ(ぶった).
intellocrate 男 〖軽蔑〗インテリ管理職(高級官僚).
intempérance 女 ❶ 暴飲暴食; (性的)不節制, 放蕩(とう); ❷ (表現の)乱暴さ, 暴言.
intempérant, e 形 暴飲暴食[深酒]をする; (性的に)不節制な; 度を過ごした. — 名 暴飲暴食をする人, 大酒飲み; 不節制をする人.
intempéries 女複 悪天候; 過酷な気候[風土].
intempestif, ve 形 時ならぬ, 場違いの, 不適当な.
□intempestivement 副
intemporel, le 形 時を超えた, 非時間的な; 永遠不変の.
intenable 形 耐えられない; 手に負えない.
intendance 女 (学校などの)経理課[部]; (国家の)財政・経済政策; 経理;

intendant

【軍】(補給, 保全担当の)経理部.

intendant, e 名 ❶ 経理部の. ❷【物資】管理係. ❸〖古〗(大邸宅, 財産の)執事, 執行人. — 男〖アンシャン・レジーム期の〗地方長官.

intense 形 強烈な, 激しい.

intensément 副 強烈に, 激しく.

intensif, ve 形 集中的な, 徹底的な, 突っ込んだ. ❷【言】強意の. — 男【言】強意語.

intensifier 他 強化する, 増大させる. — s'~ 強くなる, 増大する. ◻**intensification** 女

intensité 女 強さ, 激しさ; 強度.

intensivement 副 集中的に, 徹底的に.

intenter 他【法】(訴訟を)起こす.

intention 女 ❶ 意図, 意向; 心積もり; 目的. ❷【法】犯意, 故意. ◇à l'~ de ... ... のために[の]. avoir l'~ de ... ... するつもりである. dans l'~ de ... ... する目的で.

intentionnalité 女【哲】志向性.

intentionné, e 形 bien [mal] ~ 好意的な [悪意を持った].

intentionnel, le 形 意図した, 故意の. ◻**intentionnellement** 副

inter 男 ❶ 市外電話. ❷ (サッカーの)インサイドフォワード.

interactif, ve [-te-] 形 ❶ (現象が)相互作用的な, 影響し合う. ❷【情報】対話式の, インタラクティブな. ◻**interactivité** 女

interaction [-te-] 女 相互作用.

interagir 自 相互作用を起こす.

interallié, e [-te-] 形 (おもに第 1 次大戦時の)連合国の.

interarmées 形〖不変〗統合軍の, 陸・海・空軍連合の.

interarmes 形〖不変〗(陸軍の諸兵科連合の[共通の].

interattraction [-te-] 女【動】相互親和性.

interbancaire 形 銀行間の.

intercalaire 形 ❶ 挿入[付加]される. ❷ 閏(うるう)(3月)の. — 男 仕切りカード; 差し込みページ.

intercalant 形 agent ~【生】インターカレート物.

intercalation 女 挿入, 付加; 閏(うるう)日を加えること.

intercaler 他 挿入する, 差し込む, 付け加える. — s'~ 挿入される, 付け加わる; 割り込む.

intercéder 自 とりなす.

intercellulaire 形【生】細胞間の.

intercepter 他 ❶ 途中で奪う; インターセプトする; 盗聴[傍受]する; 遮る, 遮断する. ❷ 迎撃[要撃]する.

intercepteur 男 迎撃[要撃]機.

interception 女 ❶ 途中で奪うこと, 横取り; 盗聴, 傍受; 遮断, 妨害. ❷ 迎撃, 要撃.【スポ】インターセプト.

intercesseur 男 とりなす人, 仲介者.

intercession 女〖文章〗とりなし, 仲介.

interchangeable 形〖英〗相互に取り替え可能な, 互換性のある. ◻**interchangeabilité** 女

interclasse 男 授業の間の短い休み.

interclasser 他【情報】(ファイルを)結合する. ◻**interclassement** 男

interclubs [-klœb] 形 男複〖スポ〗クラブ対抗の(試合).

intercommunal, ale;〖男複〗**aux** 形 地方自治体相互[共同]の. ◻**intercommunalité** 女

intercommunautaire 形 共同体間の.

intercommunication 女 情報交換, 相互伝達; 相互交流.

intercompréhension 女【言】(話し手の)相互理解.

interconnectable 形【電】相互連結可能な.

interconnecter 他【電】(電力系統, 回路網を)相互に連結させる. ◻**interconnexion** 女

intercontinental, ale;〖男複〗**aux** 形 大陸間の.

intercostal, ale;〖男複〗**aux** 形【解剖】肋骨(2)の.

intercours 女 ⇒ interclasse.

interculturel, le 形〖異〗文化間の. ~ communication ~le 異文化間のコミュニケーション.

interdépartemental, ale;〖男複〗**aux** 形 数県にまたがる, 県相互の; 各県共通の.

interdépendant, e 形 相互に依存する, 持ちつ持たれつの. ◻**interdépendance** 女

interdiction 女 ❶ 禁止, 差し止め; 禁止令. ❷ 停職; 職権停止. ❸【法】(1) 禁治産. (2) ~ de séjour 居住禁止(犯罪者の居住地制限).

interdigital, ale;〖男複〗**aux** 形【解剖】指[趾(し)]間の.

interdire 76 他 ❶ 禁止する, 禁じる; 不可能にする, (運命, 事態が)許さない. ❷ 停職処分にする;【法】禁治産を宣告する. — s'~ 自分に禁じる.

interdisciplinaire 形 学際的な. ~ recherches ~s 学際的研究.

interdisciplinarité 女 学際性.

interdit, e 形 (interdire の過去分詞) ❶ 禁じられた; 停職処分にされた;【法】禁治産を宣告された. ❷ びっくり仰天した, 唖(あ)然とした. — 名【法】禁治産者. ❷ ~ de séjour 居住制限を言い渡された者. ❸ 禁忌, タブー, 禁止事項;【カト】聖務停止(令). ❹ 排斥, 追放, ボイコット.

interentreprises 形〖不変〗企業間の.

intéressant, e 形 ❶ 興味のある, 関心を引く, 面白い. ❷ 金になる, 有利な. — 名 faire l'[son] ~ 人目を引こうとする, 目立ちたがる. ❸ 同情すべき, 哀れを誘う. ❹ 面白い点, 妙味.

intéressé, e 形 ❶ 関係のある, かかわりのある. ❷ 私利を求める, 打算的な, 欲得ずくの. ❸ 興味をそそられた. — 名 当事者, 利害関係者.

intéressement 男 (給与以外の

利益分配(制度).
intéresser 他 ❶ 興味を引く，関心をそそる；気に入る．❷ (…と) 関係がある，(…にとって) 重要である．❸ (à, dans) (利益，意思に) あずからせる．— **s'~** (à) (…に) 興味を持つ，好意を寄せる．

intérêt 男 ❶ 利益，得，メリット．❷ 利子，利息；(投資の利益)；《複数》出資金，株．❸ 利害関係，利権；打算．❹ 関心，興味，面白み．❺ (物事の重要性，有用性，意味．❻ 好意，好意．
◊ avoir ~ à … …するのが得だ．

interethnique 形 (異)民族間の．
interface 安 《英》境界面；《情報》インタフェース．
interfécondité 安 《生》種間稔(ミノ)性．□**interfécond, e** 形
interférence 安 ❶ 《物》(音波，光波の) 干渉．❷ 競合，衝突，介入，おせっかい．
interférent, e 形 《物》(波動が) 干渉現象を呈する．
interférentiel, le 形 《物》干渉による．
interférer ⑥ 自 ❶ (avec) (…と) 競合[衝突]する，妨害し合う；混じり合う．❷ (dans) (…に) 干渉する，口出しする．❸ 《物》干渉する．
— **s'~** 競合[衝突]する；干渉し合う．
interféromètre 男 干渉計．
interféron 男 《生化》インターフェロン，ウイルス抑制因子．
interfolier 他 《本》白紙[間紙]をとじ込む．
intergalactique 形 銀河間の．
intergénérationnel, le 形 世代間の．
interglaciaire 形 間氷期の．
intergouvernemental, ale 形 (男複) **aux** 政府間の．
intergroupe 男 形 超党派の；政党間の．◆超党派会議．
intérieur, e 形 ❶ 内部の，内側の；国内の，領土内の．❷ 心の内の，精神的な．— 男 ❶ 内部．❷ 屋内，室内；インテリア．❸ 国内；地域内；(ル~)内務省．
◊ **de** [**par**] **l'~** 内側から，内部から．
intérieurement 副 ❶ 内部で，内側から，室内で．❷ 心の中で．
intérim [-rim] 男 (職務などの) 代行，代理；代行期間．
◊ **par ~** 代理 [臨時] の．
intérimaire 形 臨時の，代理の．— 名 代理者，代行者；臨時雇い．
interindividuel, le 形 個人間の．
intériorisation 安 ❶ (感情，反応を) 内に抑え込むこと；内面化；内省能力．❷ 《心》内化．
intérioriser 他 (感情，反応を) 内に抑える，内在化する，自分のものにする．
intériorité 安 内面性．
interjectif, ve 形 《文法》間投詞の，間投詞的な．
interjection 安 ❶ 《文法》間投詞．❷ 《法》(控訴の) 提起．
interjeter ④ 他 《法》 ~ **appel** 控訴する．

interleukine 安 《生》インターロイキン(細胞間伝達物質).
interlignage 男 《印》インテル込み；行間．
interligne 男 行間(の余白)．— 安 《印》インテル．
interligner 他 ❶ 行間に書き込む；❷ 《印》(組版に) インテルを入れる．
interlock 男 《英》両面編地物；両面(横)編．
interlocuteur, trice 名 話し相手，対話者；交渉[協議]相手．
interlocutoire 形 《法》 **jugement ~** 中間判決．— 男 中間判決．
interlope 形 いかがわしい，怪しげな；非合法の．
interloquer 他 ぎくり(ハッ)とさせる，困惑させる．
interlude 男 《英》幕間(マクアイ)の出し物；つなぎ番組；《楽》間奏(曲)．
intermède 男 ❶ 幕間(マクアイ)の寸劇[音楽]；合間，中断，小休止；《楽》間奏．❷ 《中間》(中間)状態)；仲介．
intermédiaire 形 中間の；仲介する．◊ **par l'~ de …** …を介して，通じて．— 名 仲介者，調停人；仲買人；媒介者．
intermédiation 安 (金融機関による) 金融取引の仲介．
intermezzo [-dzo] 男 《伊》《楽》間奏曲．
interminable 形 際限のない，果てのない．□**interminablement** 副
interministériel, le 形 各省庁間の，大臣間の．
intermittence 安 《文章》間欠，断続．◊ **par ~** 不規則に，ときどき．
intermittent, e 形 間欠的な，断続的な．— 名 不定期労働者，フリーター．
intermoléculaire 形 《化》分子間の．
intermusculaire 形 《解》筋間の．
internat 男 ❶ 寄宿生の身分；寄宿生期間[時代]；(集合的) 寄宿生．❷ 寄宿舎，寮．❸ 《医》インターン(期間)．❹ インターン資格試験．
international, ale 形；(男複) **aux** ❶ 国際的な，諸国間の；《スポ》国際試合の；(選手の) 国際試合に出場する．— 男 ❶ (取引などの) 国際関係；国際局[部，課]．❷《複数》国際競技会[大会]．— 安 ❶ (ル~) インターナショナル；国際労働者同盟；インターナショナルの歌．
internationalement 副 国際的に．
internationaliser 他 国際的にする，国際化する；国際管理下に置く．— **s'~** 国際的になる．
□**internationalisation** 安
internationalisme 男 国際主義；階級的国際主義．
□**internationaliste** 名
internationalité 安 国際性．
internaute 名 インターネット利用者．

interne 形 ❶ 内側の;内部の;《医》体内の. ❷ 寄宿生の;インターンの. ― 名 寄宿生;インターン.

interné, e 形, 名 (強制的に)収容された(人), 監禁された(人).

internement 男 (強制)収容, 軟禁;監禁.

interner 他 (行政命令により)収容[監禁]する;(精神病院に)収容する.

internet [-t] 男 インターネット.

internétomania 女 インターネット中毒.

interniste 名 内科医.

internonce 男《カト》教皇代理使節;教皇庁公使.

interocéanique [-tɛ-] 形 両大洋間の.

interosseux, se [-tɛ-] 形《解》骨間の.

interpellateur, trice 名 急にでかける人;(議会での)質問者.

interpellation 女 ❶ (不意の)呼びかけ, 呼び止めること;職務質問, 不審尋問. ❷ (議会での政府への)質問, 質疑;《法》裁判上の請求, 喚問.

interpeller [-pale] 他 ❶ (不意に)呼びかける, 声をかける;(警官が)取り調べる;職務質問する, 不審尋問する. ❷ (議会で大臣などに)質問する. ❸ (出来事から)強く訴える.

s'interpénétrer ② 代動 (文明などが)相互浸透する;(問題などが)絡み合う. □interpénétration 女

interpersonnel, le 形 個人間の.

interphone 男 インターホン.

interplanétaire 形 惑星間の.

interpol《英》インターポール, 国際刑事警察機構.

interpolateur, trice 名 加筆者, 改竄(ざん)者.

interpolation 女 (原文などへの)書き込み;改竄(ざん);〖数〗挿入法.

interpoler 他 (原文にない言葉などを)書き加える;改竄(ざん)する.

interposé, e 形《法》personne ~e 介在者. ◇par personne(s) ~e(s) 人を介して, 他人名義で.

interposer 他 ❶ (2つの物の間に)置く, 入れる. ❷ (権力などを)介入させる;(調停の労などを)取る. ― s'~ ❶ (仲裁役として)仲に入る, (争い事に)割って入る. ❷ (2つの物の間に)置かれる, 入る;(障害などが)介在する.

interposition 女 ❶ 間に置く[置かれる, ある]こと, 介在. ❷ 調停, 仲裁. ❸《法》~ de personne 名義貸し.

interprétable 形 解釈できる.

interprétant 男 解釈項《用具(記号学で, 記号と対象を仲介する役割をもつものを指す).

interprétariat 男 通訳の職.

interprétatif, ve 形 解釈〔説明〕に役立つ;解釈の.

interprétation 女 ❶ 解釈, 説明. ❷ 演奏;演技.

interprète 名 ❶ 通訳. ❷ 代弁者, スポークスマン, 意向を伝える人〔もの〕. ❸ 演奏者;俳優;《複》配役.

interpréter ⑥ 他 ❶ 解釈する;演じる. ― s'~ 解釈される.

interpréteur 男《情報》インタープリター.

interprofessionnel, le 形 職種間共通の, 全職業〔産業〕の.

interracial, ale《男複》**aux** 形 異人種間の.

interrégional, ale《男複》**aux** 形 地域間相互の;地域対抗の.

interrègne 男 (国王などの)空位期間〔時代〕.

interrogateur, trice 形 物問いたげな, 不審そうな. ― 男 (口頭試問の)試験官.

interrogatif, ve 形 疑問を示す;問いかけるような;〖文法〗疑問の. ― 男 疑問詞. ― 女 疑問文, 疑問節.

interrogation 女 ❶ 疑問, 問い, 質問. ❷ ~ écrite〔orale〕筆記〔口頭〕試験. ❸〖文法〗疑問(文). ◇point d'~ 疑問符(?);疑問点.

interrogativement 副 問いかけるように, 不審そうに.

interrogatoire 男《法》尋問, 取調べ;尋問調書;一連の質問;問診.

interrogeable 形 問い合わせ〔検索〕に対応する.

interroger ② 他 ❶ 尋ねる, 質問する;尋問〔試問〕する. ❷ よく調べる;検索する. ― s'~ 自問する;問われる.

interrompre ㊶ 他 ❶ 中断する, 止める. ❷ (…の行動)を邪魔する, 遮る. ― s'~ ❶ 中断する, 中途でやめる;話を中断する. ❷ 中断される, 途切れる.

interrompu, e 形 (interrompre の過去分詞)中断された.

interrupteur 男《電》スイッチ.

interruption 女 ❶ 中断, 中止;《法》(時効などの)中断. ❷ (人の話の)妨害;野次.

intersaison 女 シーズンオフ.

intersection 女 交差(点);《数》(線, 面などの)交わり.

intersession 女 閉会〔休会〕期.

intersidéral, ale《男複》**aux** 形《天》天体間の, 星間の.

intersigne 男 心霊現象;霊的予兆.

interspécifique 形《生》種間の.

interstellaire 形《天》星間の.

interstice, le 男 すき間, 間隙(がき).

interstitiel, le 形 間隙(がき)間の.

intersubjectivité 女《哲》《心》間主観性, 相互〔共同〕主観性. □**intersubjectif, ve** 形

intersyndical, ale《男複》**aux** 形 組合間の, 各組合が連合した. ― 女 組合連合大会〔集会〕;(共同行動のための)組合の連合.

intertextualité 女《文》間テクスト性, テクスト相互連関(性).

intertitre 男 中見出し, 小見出し;(無声映画の)字幕.

intertropical, ale《男複》**aux** 形 南北両回帰線間の.

interurbain, e [-tɛ-] 形 都市間の, 都市を結ぶ.

intransitif

—男 市外[長距離]電話.

intervalle 男 ❶ 間隔，隔たり，間. ❷(時間的)間隔，合間. ❸《楽》音程. ◊ *dans l'~* その間に. *par ~s* 所々に; 時々.

intervenant, e 形, 名《法》(訴訟に)参加する(人).

intervenir 28 自《助動詞 être》❶ 干渉[介入]する; 出動する; 内政干渉[軍事介入]する. ❷ とりなす, 仲介する; (討論に)参加する, 発言する. ❸ (ある要素が働く, 介在する; (合意が)成立する; (決定が)下される; (事が)起こる. ❹《医》処置をする; 手術を行う.

intervention 女 ❶ 干渉, 介入; 出動; 内政干渉. ❷ とりなし, 仲裁; (討論への)参加, 発言. ❸ 作用, 働き, 介在. ❹ 医療処置; 手術.

interventionnisme 男《国家の》介入[干渉]主義.
◇**interventionniste** 形名

intervenu, e intervenir の過去分詞.

interversion 女 (順序を)逆にすること, 置き換え, 転倒.

intervertébral, ale《男 複》**aux** 形《解》2つの椎(ツイ)骨の間の.

intervertir 他 (順序を)逆にする. ◊ *~ les rôles* 相手の役割を演じる; 立場[形勢]を逆転させる.

intervien- 活 ⇨ intervenir.

interview [-vju] 女《英》インタビュー; インタビュー記事[番組].

interviewé, e [-vjuve] 名 インタビューを受ける人.

interviewer[1] [-vjuvœ:r]《英》/**intervieweur, se** 名 インタビューする人[記者], インタビュアー.

interviewer[2] [-vjuve] 他 インタビューする.

intervin-, intervîn- 活 ⇨ intervenir.

intervocalique 形 母音間にある.

intestat 形《法》無遺言の.
—名 無遺言者.

intestin[1], **e** 形《文章》(国, 組織の)内部に起こる; 国内の, 組織内の.

intestin[2] 男《解》腸. ▶ *~ grêle* 小腸 / *gros ~* 大腸.

intestinal, ale《男 複》**aux** 形 腸(管)の.

intifada 女 インティファダ(パレスチナ人の投石による対イスラエル抵抗運動).

intimation 女(控訴に基づく)呼出し, 通告; 召喚.

intime 形 ❶ 親密な, 仲のよい; 緊密に結ばれた; 内輪の, くつろいだ. ❷ 私的な, 個人的な. ❸《文章》内奥の, 奥底の; 本質的な, 根本的な.
—名 親友; 側近.

intimement 副 ❶ 親密に, 親しく; 緊密に. ❷ 心の底から, 深く.

intimer 他 ❶ (公式に)通告する, 言い渡す; ❷《法》(控訴で)呼び出す.

intimidable 形 脅しにすぐに怖気(オヂケ)づく, 脅しのきく.

intimidant, e 形 怖気(オヂケ)づかせる, 困惑させる; 威厳のある.

intimidateur, trice 形 圧 怖気(オヂケ)づかせる; 威嚇, 脅し.

intimidation 女 威嚇, 脅し.

intimider 他 怖気(オヂケ)づかせる, どぎまぎさせる; 威嚇[威圧]する, 脅す.

intimisme 男 アンティミスム《美》家庭内の日常的光景を描く画風[流派];《文》内面感情を表現する作風[流派].

intimiste 名, 形《美》《文》アンティミスト(の).

intimité 女 ❶ 仲のよさ, 親密な関係. ❷ (場所の)くつろいだ感じ, 安らぎ, 親しみ. ❸ 私生活. ❹《文章》内奥, 奥底, 内心.
◊ *dans l'~* 内輪で; 私生活では(は).

intitulé, e 形 …と題された.
—男 (本などの)題名, 表題;《法, 証書などの》頭書.

intituler 他 題名[タイトル]をつける.
—**s'~** …という題である; …と名乗る, 自称する.

intolérable 形 耐えられない, 我慢できない; 認め[許し]がたい.

intolérance 女 不寛容, 排他性; 狭量; (薬物や食物に対する)不耐性.

intolérant, e 形, 名 不寛容な(人), 狭量な(人).

intonation 女(声の)抑揚, 語調, イントネーション.

intouchable 形 連絡のとれない; 触れることのできない; 温(ヌツ)厳禁の; 非難できない.
—名(インドの)不可触賤民(セェン); 語 触れることのできない人; 料(ネコ)手できない人.

intox(e) [-ks] 女 (人心の)麻痺(ビ), 攪(カク)乱.

intoxication 女 ❶ 中毒; (精神の)麻痺(ビ); (偽情報による)攪(カク)乱.

intoxiqué, e 形 ❶ 中毒にかかった; 毒された, 麻痺(ビ)させられた.
—名 中毒患者; 毒された人.

intoxiquer 他 中毒させる; 毒する, 攪(カク)乱する, 麻痺(ビ)させる. —**s'~** 中毒になる; 毒される, 攪乱される.

intracellulaire 形《生》細胞内の.

intracommunautaire 形 (ヨーロッパ)共同体内の.

intracorporel, le 形 人体内の.

intradermique 形《医》真皮内の. —女 皮内注射.

intraduisible 形 翻訳不可能な; 言葉で言い表しがたい.

intraitable 形 譲らない, 妥協しない, 強情な; 情け容赦のない.

intramoléculaire 形 分子内の.

intramontagnard, e / intra‐montagneux, se 形 山間の.

intra-muros [-s]《ラ》副句, 形句《文章》(都市の)城壁内に[の], 市内に[の]; 非公館で[の].

intramusculaire 形《解》筋肉内の.

intranet [-t] 男 イントラネット.

intrapreneur 男 社内企業[起業]家.

intransigeance 女 非妥協性, 一徹さ.

intransigeant, e 形, 名 妥協[譲歩]しない(人), 一徹な(人).

intransitif, ve [-zi-] 形《文法》

自動詞の. ── 男 自動詞.
intransitivement [-zi-] 副 〖文法〗自動詞として, 自動詞的に.
intransitivité [-zi-] 女 〖言〗自動詞性.
intransmissible 形 〖文章〗伝達できない; 遺伝〖伝染〗しない; 〖法〗譲渡できない. □intransmissibilité
intransportable 形 運べない, 動かせない.
intra-utérin, e 形 〖医〗子宮内の.
intraveineux, se 形 〖解〗静脈内の. ── 女 静脈(内)注射.
intrépide 形 危険を恐れない, 勇敢な, ひるまない; 断固とした, 執拗(しつよう)な. ── 名 勇敢な人, 大胆不敵な人.
intrépidement 副 〖文章〗勇敢に, ひるまずに; 断固として; 執拗(しつよう)に.
intrépidité 女 勇敢さ(剛毅); 〖文章〗執拗(しつよう)さ; 平然.
intrication 女 錯綜(さくそう), 紛糾.
intrigant, e 形, 名 陰謀〔策謀〕を巡らす(人).
intrigue 女 ❶ 陰謀, 策謀, 策略. ❷ 情事, 火遊び. ❸ (小説などの)筋, プロット.
intriguer 他 ❶ 好奇心〔興味〕をそそる; 考えさせる, 気をもませる. ❷ 困惑させる. ── 自 陰謀を企てる.
intrinsèque 形 〖文章〗内在する, 本質的な, 固有の.
intrinsèquement 副 〖文章〗内在的に, 本質的に.
intriquer 他 絡ませる, もつれさせる. ── s'~ 絡み合う, 錯綜(さくそう)する.
introducteur, trice 名 紹介〔導入〕者.
introductif, ve 形 前置きの, 導入となる; 〖法〗開始の.
introduction 女 ❶ (人を)招き入れること; 導入, 持ち込み; 輸入. ❷ 紹介. ❸ 挿入, (差し)入れること. ❹ 入門(書), 手ほどき; 序文, 序論; 〖楽〗序奏, 導入部.
introduire 他 ❶ (人を)導き入れる, 案内する; 加入させる, 紹介する. ❷ 導入する, 持ち込む; 輸入する. ❸ 挿入する, 押し込む, 入れる. ❹ 〖法〗~ une instance [demande] 訴訟を起こす. ── s'~ ❶ 入り込む, 侵入する. ❷ (団体, 組織などへ)迎えられる, 入会〔加入〕する; 導入〔採用〕される.
introduit, e 形 (introduire の過去分詞)出入り自由の, 顔の利く.
introït [-it] 男 〖カト〗入祭文(ミサの導入部の祈り).
intromission 女 挿入, 導入.
intron 男 〖生〗イントロン.
intronisation 女 ❶ 即位, 就任, 叙任(式). ❷ 確立, 採用.
introniser 他 即位〔就任〕させる; 確立する, 普及する, 広める. ── s'~ 就任する; 確立される, 広まる.
introspectif, ve 形 〖心〗内観の, 内省的の.
introspection 女 〖心〗内観, 内省.
introuvable 形 発見できない, 見つからない; めったにない, 貴重な.

introversion 女 〖独〗〖心〗内向.
introverti, e 〖心〗 形 内向性の, 内向的な. ── 名 内向的な人.
intrus, e 形 (招かれないのに)無理に割り込んだ; 邪魔な; 不当に職〔地位〕を得た. ── 名 闖(ちん)入者, 招かれざる客, 邪魔者.
intrusion 女 割り込み, 闖(ちん)入; 介入; (特に聖職への)不当な就任. □intrusif, ve
intubation 女 〖医〗挿管(法). □intuber 他
intuitif, ve 形 直観的な; 勘の鋭い. ── 名 直観力のある人.
intuition 女 直観, 予感, 勘.
intuitionnisme 男 〖哲〗直覚主義. □intuitionniste 名 形
intuitivement 副 直観的に.
intumescence 女 膨張.
intumescent, e 形 膨れる; はれ上がる.
inuit [-t] 形 〖不変〗イヌイットの. ── 男 複 (I~s) イヌイット.
inuktitut 男 イヌイット語.
inusable 形 すり減らない, 持つ.
inusité, e 形 (言葉などが)使われていない, 廃れた; 普通でない.
inusuel, le 形 非日常的な, 異例の.
in utero [inyte-] 形 副 句 〖ラ〗子宮内の〔で〕.
inutile 形 ❶ 役に立たない, 無益な, むだな; むなしい. ❷ 〖非人称構文〗Il est ~ de + inf. [que + subj.] ... するには及ばない, ... してもむだだ. ── 名 役立たず, 無用者. ── 男 無益〔無用〕なこと.
inutilement 副 無益に, むだに.
inutilisable 形 利用不可能の; (人が)使いものにならない, 役立たずの.
inutilisé, e 形 利用されていない.
inutilité 女 役に立たないこと, 無益, むだ; むだな行為〔言葉〕.
invagination 女 〖生〗陥入; 〖医〗腸重積(症).
s'invaginer 代動 〖医〗(腸管の一部の)重積する.
invaincu, e 形 負けたことのない.
invalidant, e 形 (疾病などが)日常生活の障害となる.
invalidation 女 〖法〗無効化.
invalide 形 ❶ (傷病, 老齢などで)働けない, 体の不自由な. ❷ 古 〖法〗無効の. ── 名 ❶ 傷病軍人, 身体障害者. ── 男 ❷ (les I~s) (パリの)廃兵院 (=hôtel des I~s) (もとは傷病兵の療養所; 現在は博物館).
invalider 他 〖法〗無効とする.
invalidité 女 病身, 廃疾; 古風 〖法〗無効.
invariable 形 不変の, 変わらない; 〖文法〗不変化の; 屈折しない. □invariabilité
invariablement 副 変わることなく, 絶えず, 常に.
invariant, e 〖数〗〖化〗形 不変の. ── 男 不変の要素; 〖物〗不変量, 不変式. □invariance 女
invasif, ve 形 〖医〗侵入性の, 侵襲

invraisemblance

invasion 囡 ❶ 侵略, 侵攻; 侵略者; 〖史〗民族大移動. ❷ (害虫などの) 襲来; 闌(⌢)入, 乱入; (好ましくないものの) 氾濫.

invective 囡 〖多く複数〗罵(ば)倒の.

invectiver 自 〖文章〗《contre》(…を)ののしる, 罵(ば)倒する. —他 〖文章〗ののしる.

invendable 形 売れない, 買い手のつかない.

invendu, e 形 売れ残った. —男 売れ残り品.

inventaire 男 ❶ 財産目録; 在庫調べ, 棚卸し. ❷ (資源, 損害などの)詳細調査; 調査リスト. ❸ 蔵書目録; 図書原簿; 蔵書点検.

inventer 他 発明 [考案] する; 考え [思い] つく; (話などを) 作り上げる, でっち上げる. —s'~ ❶ 発明 [考案] される; でっち上げられる. 空想の産物である. ❷ 自ら思い描く, 想像する.

inventeur, trice 名 発明者, 考案者; 発明家.

inventif, ve 形 発明の才のある, 創意 [才覚] に富む, 巧妙な.

invention 囡 ❶ 発明, 考案; 発明品. ❷ 発明の才, 創意. ❸ 架空の話, でっち上げ; (とっぴな) 思いつき. ❹ 〖楽〗インヴェンション.

inventivité 囡 発明の才, 創意, 独創性.

inventorier 他 目録を作る; 分類整理する.

invérifiable 形 真偽の確かめられない, 証明不可能な.

inversable 形 ひっくり返らない, 倒れない.

inverse 形 逆の, 反対の. —男 逆, 反対. ◊ **à l'~** *(de ...)* (…とは)逆に, 反対に.

inversement 副 (その)逆に.

inverser 他 逆にする, 反転させる.

inversible 形 〖写〗反転の; 〖数〗可逆な.

inversif, ve 形 倒置の, (語順が)逆の.

inversion 囡 逆転, 転倒, 倒置; 反転; 〖医〗性倒錯, 同性愛.

invertébré, e 形 〖動〗脊椎(ﾂ)を持たない. —男 無脊椎動物.

inverti, e 形 性倒錯者, 同性愛の. —名 性倒錯者, 同性愛者.

investigateur, trice 名 研究 [捜索, 調査] 者. —形 探究の; 探るような.

investigation 囡 探究, 研究, 調査, 捜査.

investir 他 ❶ 投資する; (力などを) 注ぐ. ❷ ～ A de B AにBを与える. ❸ 任命 [叙任] する, 公認する. ❹ 包囲する. ❺ 〖心〗リビドーを備給 [充当] する. —自 投資する; 情熱を傾ける. —s'~ 投資される; 情熱を傾ける.

investissement 男 ❶ 投資. ❷ 没頭, 全力を注ぐこと. ❸ 〖心〗備給, 充当. ❹ 包囲.

investisseur, se 名, 形 投資家(の), 投資筋の. ▶ ~ **institution-**nel 機関投資家.

investiture 囡 ❶ (政党による立候補者の)公認, 指名; (議会による新首相の)承認, 信任. ❷ 〖史〗(1) (封(ﾎ)の) 授与. (2) **querelles des I～s** (教皇と世俗君主の間の) 叙任権闘争. ❸ 〖カト〗(司教などの) 叙任, 任命.

invétéré, e 形 〖文章〗(悪習などが) 根強い, 積年の; 常習の.

s'invétérer 代 代動 〖文章〗しみつく; 悪化する.

invincible 形 不敗の, 無敵の, 不屈の; 征服できない; 抗しがたい. ◻**invincibilité** 囡

invinciblement 副 抗しがたく.

inviolabilité 囡 不可侵(性).

inviolable 形 ❶ 不可侵の, 侵せない. ❷ 不可侵の特権を持った.

inviolé, e 形 犯 [侵] されたことのない, 破られたことのない.

invisibilité 囡 目に見えないこと, 不可視性.

invisible 形 ❶ 目に見えない. ❷ 姿を見せない, 人目を避けた.

invisiblement 副 目に見えないほどに.

invitant, e 形 招待 [招致] する.

invitation 囡 ❶ 招き, 招待, 招請; 招待状. ❷ 勧め, 誘い, いざない.

invitatoire 男 〖カト〗(朝課のときに唱えられる)招きの交唱.

invite 囡 ❶ (それとなくほのめかした)誘い, 勧誘. ❷ 〖カード〗サイン(パートナーに自分の手を知らせるために出すカード).

invité, e 名 招待客, お客; ゲスト.

inviter 他 招く, 招待する, 誘う; 勧める, 促す. —s'~ (勝手に)押しかける. ❷ 互いに招き合う.

in vitro [in-] 形句 副句 《ラ》試験管内の [で], 生体外の [で].

invivable 形 ❶ 生活しにくい, とても生きていけない. ❷ 話 (人)が我慢ならない, 付き合いにくい.

in vivo [in-] 形句 副句 生体内の [で].

invocateur, trice 名 加護 [助け] を求める人.

invocation 囡 祈り, 祈願. ◊ **sous l'~ de ...** …の加護のもとに; …を盾にとって, …の御旗を掲げて.

invocatoire 形 〖文章〗祈願の.

involontaire 形 意志によらない, 無意識の, 不慮の; 〖生理〗不随意の.

involontairement 副 思わず, 無意識に, 心ならずも.

involutif, ve 形 〖生〗〖医〗退縮(性)の, 退化の, 退行期の.

involution 囡 〖生〗〖医〗退縮; 退化, 衰退.

invoquer 他 ❶ (神)の加護を祈る; (助け)を求める. ❷ 援用する, 引き合いに出す.

invraisemblable [-sã-] 形 ❶ 信じがたい, ありそうもない. ❷ 奇妙な, おかしい. ◻**invraisemblablement** 副

invraisemblance [-sã-] 囡 あ

invulnérable

りそうもないこと.
invulnérable 形 ❶ 傷を負わされることのない, 不死身の, びくともしない. ❷ (à) (…に) 屈しない. ◻invulnérabilité 女
iode 男〖化〗ヨウ素, ヨード.
iodé, e 形 ヨウ素［ヨード］を含んだ.
ioder 他 ヨウ素化する; ヨウ素［ヨード］で処理する.
iodler 自 ⇨ iouler.
iodoforme 男〖化〗ヨードホルム.
ion 男〖物〗〖化〗イオン.
Ionie 女 イオニア(小アジア西岸と近海から成る地域).
ionien, ne 形 イオニア地方の; イオニア人の. ―名 (I～) イオニア人. ―男 (古代ギリシア語の) イオニア方言.
ionique¹ 形〖建〗イオニア式の.
ionique² 形〖化〗イオンの, イオンを含んだ［による］.
ionisant, e 形〖化〗イオン化する, 電離する.
ionisation 女〖化〗イオン化, 電離.
ionisé, e 形 イオン化した, 電離した.
ioniser 他〖化〗イオン化する, 電離する.
ionosphère 女 電離圏.
iota 男 ❶ (ギリシア字母の) イオタ (I, ι). ❷ un ~ ごくわずかのもの.
iouler [ju-] 自 ヨーデルを歌う.
iourte [ju-] 女 ⇨ yourte.
ipéca / ipécacuana [-kwa-] 男〖植〗トコン(の根).
I.P.E.S. [ipɛs] 男〖略〗Institut préparatoire aux enseignements du second degré 中等教員養成所.
ipésien, ne 形, 名 中等教員養成所の学生(の).
ipomée 女〖植〗サツマイモ.
ippon 男 〖日本〗一本.
ipso facto 副 句 〖ラ〗事実それ自体により, 必然的結果として.
IRA [ira] 女〖略〗〖英〗Irish Republican Army アイルランド共和国軍 (= Armée républicaine irlandaise).
ira, irai(-) ⇨ aller.
Irak [-k] ⇨ Iraq.
irakien, ne 形 イラクの.
―名 (I～) イラク人.
Iran 男 イラン.
iranien, ne 形 イランの.
―名 (I～) イラン人.
―男 ❶ イラン語派. ❷ ペルシア語.
Iraq [-k] ⇨ aller.
iras ⇨ aller.
irascible 形 〚文章〛怒りっぽい, 短気な. ◻irascibilité 女
IRBM 男〖略〗〖英〗Intermediate Range Ballistic Missile 中距離離弾道ミサイル.
ire 女〚古〛怒り, 憤怒(ふんど).
irénique 形 〖キ教〗(教派間の) 和協を目ざす; 平和［和協］神学の.
irénisme 男 〖キ教〗平和［和協］神学.
irez 活 ⇨ aller.
iridié, e 形〖金〗イリジウムとの合金の.
iridien, ne 形 イリス(⑤)の;(眼球の) 虹(⑤)彩の.

iridium 男〖英〗〖化〗イリジウム.
irien, ne 形〖医〗虹(こう)彩の.
iriez, irions 活 ⇨ aller.
iris [-s] 男 ❶〖植〗アイリス, アヤメ. ❷ (眼球の) 虹彩. ❸〖昆〗カマキリ.
irisé, e 形 虹(⑦)色を帯びた, 虹色の.
iriser 他 虹色にする. ―s'～ 虹色になる. ◻irisation 女
irish(-)coffee [airiʃkɔfi] 男〖英〗アイリッシュコーヒー.
irlandais, e 形 アイルランドの. ―名 (I～) アイルランド人. ―男 アイルランド語, アイルランド・ゲール語.
Irlande 女 アイルランド.
ironie 女 皮肉, アイロニー.
ironique 形 皮肉な, 皮肉っぽい.
◻ironiquement 副
ironiser 自 (sur) (…を) 皮肉る.
ironiste 名〚古〛皮肉屋; 風刺作家.
irons, iront 活 ⇨ aller.
iroquois, e 形 イロクォイ族の(人). ―男 イロクォイ語族.
irradiant, e 形 広がる, 放射性の.
irradiation 女 放射, 照射;(痛みなどの) 広がり.
irradié, e 形 放射能を浴びた.
irradier 自 (光, 痛みなどが) 四方へ広まる, 放射する, 伝わる. ―他 放射線を照射する.
―s'～ 四方へ広がる, 発散する.
irraisonné, e 形 理性を欠いた, 不合理な.
irrationalisme 男 非合理主義.
◻irrationaliste 形, 名
irrationalité 女 非合理性.
irrationnel, le 形 理性に反する, 非理性的［合理的］な;〖数〗無理の.
irrattrapable 形 取り戻せない, 挽(ば)回し得ない.
irréalisable 形 実現不可能な.
irréalisme 男 現実感覚の欠如, 非現実主義;〖美〗非写実主義.
irréaliste 形, 名 現実感覚の欠如した(人), 非現実的な(人); 非写実主義の(作家).
irréalité 女 非現実性, 現実には存在しないこと.
irrecevable 形 受け入れられない, 承認しがたい;〖法〗受理できない.
◻irrecevabilité 女
irréconciliable 形 和解できない, 相いれない.
irrécouvrable 形 回収不可能な; 取り戻せない.
irrécupérable 形 回収できない; 再生不可能な;(社会, 団体などに) 復帰を許されない.
irrécusable 形 反論［疑問］の余地のない.
irrédentisme 男 失地回復運動;《特に》(19世紀の) 未回収のイタリア回復運動. ◻irrédentiste 形, 名
irréductibilité 女 ❶ 還元［簡略化］できないこと. ❷ 妥協しないこと; 解決し得ないこと.
irréductible 形 ❶ 還元［簡略化］できない. ❷ 妥協しない, 強情な; 解決し得ない. ◻irréductiblement 副
irréel, le 形 非現実的な, 現実には存

irréfléchi, e 形 思慮を欠いた、軽率な、不注意な.
irréflexion 女 無思慮、不注意、軽率；思慮を欠いた行為.
irréformable 形〖法〗破棄できない；〖文章〗改められない、直せない.
irréfragable 形 否定し得ない、覆せない.
irréfutable 形 反駁(はんばく)[反論]できない. □**irréfutabilité** 女
irréfutablement 副〖文章〗反論の余地なく.
irréfuté, e 形 論破[否定]されていない.
irrégularité 女 ❶ 不揃い、不規則、不統一、無秩序. ❷ 不正；違反.
irrégulier, ère 形 ❶ 不揃いの、不規則な、整っていない. ❷ 規則から外れた、変則的な；不法の. ❸ 819 気な、一貫しない. ❹〖文法〗不規則変化の；〖詩〗vers ~ 自由詩.
— 男 非正規兵、パルチザン.
irrégulièrement 副 不揃いに、不規則に、変則的に.
irréligieusement 副〖文章〗無宗教的に；反宗教的に.
irréligieux, se 形, 名 無宗教の(人)；反宗教的な(人).
irréligion 女〖文章〗無宗教、不信心.
irrémédiable 形 取り返しのつかない、復旧できない；不治の.
□**irrémédiablement** 副
irrémissible 形〖文章〗許しがたい；どうにもならない、宿命的な.
□**irrémissiblement** 副
irremplaçable 形 置き換え[取り替え]られない、かけがえのない.
irréparable 形 修理できない；取り返しのつかない、償いのない.
□**irréparablement** 副
irrépréhensible 形〖文章〗非の打ち所のない、申し分のない.
irrépressible 形 抑えられない、抑制できない.
irréprochable 形 非の打ち所のない、完全無欠な.
□**irréprochablement** 副
irrésistible 形 ❶ 抵抗できない、抗しがたい. ❷ 抗しがたい魅力のある；笑わずにはいられない.
irrésistiblement 副 どうしようもないほど、抵抗できないほど.
irrésolu, e 形〖文章〗決断力のない、煮えきらない.
irrésolution 女〖文章〗優柔不断.
irrespect [-pε] 男 不敬、無礼.
irrespectueux, se 形 不敬な、無礼な、不遜(ふそん)な. □**irrespectueusement** 副
irrespirable 形 呼吸できない；息苦しい、耐えがたい.
irresponsabilité 女 責任のないこと、免責；無責任、軽率.
irresponsable 形 責任のない；責任能力のない；無責任な、思慮分別を欠いた.
— 名 責任のない人；無責任な人.
irrétrécissable 形 縮まない、収縮しない.

irrévérence 女〖文章〗無礼、不敬；無礼な言動.
irrévérencieux, se 形〖文章〗敬意を欠いた、非礼な.
□**irrévérencieusement** 副
irréversibilité 女〖文章〗不可逆性.
irréversible 形 不可逆的な、一方向的な；阻止できない.
□**irréversiblement** 副
irrévocable 形 撤回[変更]できない、最終の. □**irrévocabilité** 女
□**irrévocablement** 副
irrigable 形 灌漑(かんがい)できる.
irrigateur 男 灌(そそ)ぎ器、散水器.
irrigation 女 灌漑(かんがい).
irriguer 他 灌漑(かんがい)する.
irritable 形 ❶ 怒りっぽい、かんしゃく持ちの. ❷ 過敏な. □**irritabilité** 女
irritant, e 形 いらだたせる、腹立たしい；刺激性の.
irritatif, ve 形〖医〗刺激による；刺激を引き起こす.
irritation 女 ❶ いらだち、怒り. ❷ 軽度の炎症.
irrité, e 形 ❶ 怒っている、いらだっている. ❷ 炎症を起こした.
irriter 他 ❶ いらだたせる、怒らせる. ❷ 軽い炎症を起こさせる、ひりひりさせる. ❸〖文章〗かき立てる、激しくする.
— **s'~** ❶ いらだつ、怒る. ❷ 軽い炎症を起こす、ひりひりする.
irruption 女 突入、乱入；不意の来訪；(突然の)出現.
isabelle 形〖不変〗 男 灰黄色の(馬).
isatis [-s] 男〖動〗ホッキョクギツネ.
isba [is/iz-] 女 イズバ[東欧などの丸木造りの農家].
ischion [-kjɔ̃] 男〖解〗坐(ざ)骨.
Isère 女 ❶ イゼール県 [38]. ❷ イゼール川(ローヌ川支流).
I.S.F. 男〖略〗impôt de solidarité sur la fortune 連帯富裕税.
isiaque 形 イシスの；イシス信仰の.
Isis [-s] イシス〖古代エジプトの女神〗.
islam [-lam] 男 ❶ イスラム教、回教. ❷〖I~〗イスラム世界〖文化〗.
islamique 形 イスラム(教)の.
islamiser 他 イスラム化に帰依させる；イスラム化する. □**islamisation** 女
islamisme 男 イスラム教.
islamiste 形 イスラム化(運動)の.
— 名 イスラム化推進[支持]者.
islamologie 女 イスラム研究.
islandais, e 形 アイスランドの.
— 名〖I~〗アイスランド人.
— 男 アイスランド語.
Islande 女 アイスランド.
ISO 女 国際標準化機構.
isobare 形〖気〗等(気)圧の.
— 女 等圧線.
isobathe 女〖地〗等深の.
isocèle 形〖数〗等辺の.
isochimène 女 冬季等温線.
isochrone 形 ❶〖地理〗等時線. ❷〖気〗~ d'orage 同鳴線[最初の雷鳴が同時刻である地点を結ぶ線].
isoclinal, ale 形；〖男 複〗**aux** 等

isocline 〖地〗等斜褶(しゅう)曲の.
isocline 囡〖地〗等傾斜の.
isoédrique 形〔結晶が〕相等面の.
isogamie 囡〖生〗(原生動物などの)同形配偶子生殖.
isoglosse 囡〖言〗等語線(方言地域を分ける言語地図上の線).
isogone 囡〖数〗等角の.
isogreffe 囡〖医〗遺伝学的に同じ人の間での臓器移植.
isohyète 囡〖天気図〗等降水量線.
isohypse 囡〖地理〗〖気〗等高線.
isolable 形 分離〔隔離〕可能な, 切り離し得る.
isolant, e 形 ❶ 絶縁の; 断熱の; 防音の. ❷〖言〗 langue ～e 孤立言語, 分析的言語.
— 男 絶縁体; 断熱材; 遮音材.
isolat 男〖生〗隔離集団;〖民〗孤立民族.
isolateur 男〖電〗絶縁体; 碍子(がいし).
isolation 囡 断熱, 遮音,〖電〗絶縁.
isolationnisme 男〖政治〗孤立主義.
isolationniste 名 形 〖政治上の〗孤立主義者(の), 孤立主義的.
isolé, e 形 ❶ ぽつんと離れた; 人里離れた. ❷ 孤独な, 身寄りのない; 単独の. ❸ 稀な, 特殊な. ❹ (電気の)絶縁された, (熱, 音の)遮断された.
— 男 独りぼっちの人間.
isolement 男 孤立, 孤独, 隔絶状態. ❷ 隔離; 断熱, 遮音,〖電〗絶縁.
isolément 副 個別に, 単独で, 切り離して.
isoler 他 ❶ 孤立させる, 切り離す; 孤独にする; 隔離する. ❷ (一部を)抜き出す, 分けて考える. ❸ 断熱〖遮音, 絶縁〗する.
— s'〜 孤立する; 引きこもる; 切り離される; 遮断される.
isoloir 男〔選挙会場内での〕仕切り(有権者はこの中で, 候補者氏名を印刷した投票用紙の束の中から1枚を選び, 封入して, 外の投票箱に入れる).
isomère 男〖化〗異性体(の).
¤**isomérie** 囡
isométrique 形〖数〗等長の, 合同な;〖詩〗等韻律の.
isomorphe 形〖化〗〖数〗同形の.
isomorphisme 男〖化〗〖数〗同形形態;〖数〗同形(写像);〖言〗同型性.
isopet 男 ⇨ ysopet.
isoséiste [-se-] / **isosiste** [-si-] 囡 等震度線.
isostasie 囡〖物〗アイソスタシー, 地殻均衡(説).
isotherme 形 等温の, 定温の.
— 囡 等温線.
isotope 男 同位体, 同位元素.
isotopie 囡 同位体の特性.
isotopie² 囡〖記〗イゾトピー(あるテクスト内の各要素が意味の場を共有すること).
isotopique 形 同位体の.
isotrope 形〖物〗〖数〗等方的な, 等方性の.
Israël 男 イスラエル.
israélien, ne 形 イスラエルの.

— 名 (I～) イスラエル人.
israélite 形〖聖〗イスラエルの, ユダヤ教の. — 名 ❶〖聖〗イスラエル(ヤコブの別名)の子孫. ❷ ユダヤ教徒.
issu, e 形 〈de〉(…の)出身の, 出の; (…に)由来する, 発する.
— 囡 ❶ 出口, 脱出口; 排出口. ❷ 解決策, 活路. ❸ 成り行き, 結果. ◇à l'～ de … (…の)あとで.
isthme [ism] 男 地峡;〖解〗峡部.
italianisant, e 名 ❶ イタリア語〖文学, 文化〗研究家. ❷ イタリア趣味の芸術家. — 形 ❶ イタリア語〖文学, 文化〗を研究する. ❷ イタリア風の.
italianiser 他 イタリア化する, イタリア風にする.
italianisme 男 イタリア語特有の語法;〖美〗イタリア趣味.
italianiste 名 イタリア学者.
Italie 囡 イタリア.
italien, ne 形 イタリアの. — 名 (I～)イタリア人. — 男 イタリア語.
italique 形 ❶〖印〗イタリック体の, 斜体の. ❷ 古代イタリアの.
— 男〖印〗イタリック体.
italophile 名 イタリア好きの.
item¹ [-tɛm] 副〖商〗同様に; さらに.
item² [-tɛm] 男〖英〗〖言〗辞書, 項目;〖心〗検査事項, テスト項目.
itératif, ve 形 反復される, 繰り返される;〖言〗反復行為の, 反復(相)の.
itération 囡 反復行為, 繰り返し.
itinéraire 男 行程, 旅程; 経路, 道筋, ルート.
itinérance 囡 巡回, 巡業.
itinérant, e 形 巡回〖移動〗する, …も.
itou 副〘俗〙同じく, 同様に, …も.
I.U.F.M. 男〘略〙Institut universitaire de formation des maîtres 教員養成大学院.
iule [iyl] 男〖動〗ヒメヤスデ.
I.U.T. 男〘略〙institut universitaire de technologie 工業短期大学.
ive / ivette 囡〖植〗オドリコソウ.
I.V.G / IVG 囡〘略〙interruption volontaire de grossesse.
ivoire 男 象牙(細工品); 象牙質.
— 形 (不変) 象牙色の.
ivoirien, ne 形 コートジボアール Côte-d'Ivoire の.
— 名 (I～) コートジボアール人.
ivoirin, e 形〘文章〙象牙(ぞう)のような, 象牙色の.
ivraie 囡〖植〗ドクムギ.
ivre 形 酔った; 夢中になった.
ivresse 囡 ❶ 酔い, 酩酊(めいてい). ❷ 恍惚(こうこつ), 陶酔, 熱狂.
ivrogne 名 酒飲み(の), 飲んだくれの.
ivrognerie 囡 飲酒癖.
ivrognesse 囡〘古〙酒飲みの女.
ixé, e 形〖映画の〗×印のつけられた, 18歳未満禁止の.
ixième 形 もう何度目かの, 何番目かの.
ixode 男〖動〗コダニ.
ixtle 男〖植〗タンピコ麻.

J, j 男 フランス字母の第10字. ► (le jour)【軍】行動開始予定日.

j' je の省略形.

jabot 男【動】（鳥などの）嗉嚢(そのう). ❷（ワイシャツ胸の）レース飾り.

jaboter 自 (鳥が)ピーピー鳴く.

jacasse 女【鳥】カササギ.

jacassement 男 ❶ カササギの鳴き声. ❷ やかましいおしゃべり, むだ口.

jacasser 自 ❶（カササギなどが）ギャーギャー鳴く, 鳴き騒ぐ. ❷ ぺちゃくちゃしゃべる.

jacasserie 女 (やかましい)おしゃべり, むだ話.

jacasseur, se / jacassier, ère 形 ❶ 話 ぺちゃくちゃよくしゃべる, おしゃべり好きの. ❷ (鳥が)騒がしく鳴く; 騒がしい.
— 名 おしゃべりな人.

jachère 女【農】(特に秋までに備えての)休閑(地), 休耕(法); 休閑地.

jacinthe 女【植】ヒアシンス.

jack [dʒak] 男【英】ジャック, プラグ.

jackpot [-t] 男【英】スロットマシン; 大当たりの(賞金); (短期間で得た)大金; 話 ならずもの.

jacobin, e 名【史】ジャコバン派の; ジャコバン主義の. ❷ ドミニコ会修道者. — (J—) ジャコバン党.

jacobinisme 男【史】❶ ジャコバン主義. ❷ 革命的国家集中主義.

jacobite 名, 形【史】(英国王ジェームズ2世を支持した)ジャコバイトの.

jacquard 男【繊】ジャカード織機 (ジャカード式の編み物).

jacquemart 男 ⇨ jaquemart.

jacquerie 女 ❶ 文語 農民一揆(いっき). ❷ (J—)【史】ジャクリーの乱(14世紀北仏の農民一揆).

Jacques 男 (J—) ジャクリーの乱の反乱農民; 田吾作, 権兵衛(農民の蔑称). ❷ 函 抜け作.

jacquet 男【ゲーム】ジャケ, バックギャモン.

jactance 女 ❶ 文語 思い上がり, 高慢; ひけらかし. ❷ 函 おしゃべり.

jacter 自 話 話す, しゃべる.

jaculatoire 形【カト】oraison — 射祷(しゃとう)(短い祈り).

jacuzzi [-ku-] 男 ジャクジー, 噴流式の気泡風呂.

jade 男 ひすい(細工).

jadis [-s] 副 文語 かつては, 昔は.
— 形 文語 le temps — 遠い昔.

jaguar [-gwa-] 男【動】ジャガー.

jaillir 自 ❶ 噴き出る, ほとばしる, 湧(わ)き起こる. ❷ 文語 突然現れる. ❸ そびえ立つ.

jaillissant, e 形 噴出する.

jaillissement 男 噴出, 湧(ゆう)出; (思想, 現象などの)奔出, 発現.

jaïna (不変)/**jaïn, e** [-in] 形【宗】ジャイナ教(徒)の.

jaïnisme 男【宗】ジャイナ教.

jais 男【宝】ジェット, 黒玉(ぎょく).

jalon 男 ❶ (測量用の)ポール, 標杭(ひょうこう). ❷ 目印; 段取り, 布石.

jalonnement 男 杭(くい)打ち, 標柱を立てること.

jalonner 他 ❶ 標柱を立てる; (…に)沿って点在する. ❷ (時代を)画する.
◇jalonneur, se

jalousement 副 ねたましげに; 用心深く.

jalouser 他 ねたむ, うらやむ.
— se ~ ねたみ合う, うらやみ合う.

jalousie 女 ❶ 嫉妬(しっと), 羨(せん)望. ❷ (多く複数) 鎧(よろい)戸, ブラインド.

jaloux, se 形 ❶ 嫉妬深い, ねたんだ. ❷ (…に)執着している.
— 名 嫉妬深い人.

jamaïquain, e / jamaïcain, e 形 ジャマイカの.
— (J—) ジャマイカの人.

Jamaïque 女 ジャマイカ.

jamais 副 ❶【否定的意味】❶ (ne とともに)決して…ない, 一度も…ない. ❷ (ne なしで)決して[一度も]…ない. ❸ (sans とともに)決して[一度も]…ないことなしに. ❷【肯定的意味】❶ 過去の, 最も長く表現とともに)かつて, これまでに. ❷【未来】のうちに, 他日.
◇comme — かつてないほど.

jamais-vu 男【不変】前代未聞.

jambage 男 (b, d, p, q など円形部をもつ文字の)縦線. ❷【建】側柱.

jambe 女 ❶ 脚. ❷ (ズボン, コンパスの)脚部. ❸ (柴刈り積み, 組積柱).
◇à toutes ~s 全速力で. Cela me fait une belle ~. それはなんの得にもならない. par-dessus [par-dessous] la ~ ぞんざいに, いい加減に. tenir la ~ à ... …をうるさがらせる. tirer dans les ~s de ... 陰険に…の足を引っ張る; …をだまし討ちする.

jambier, ère 形 脚の.

jambière 女 ゲートル; 【スポ】すね当て, レガース.

jambon 男 ❶ ハム; 豚の腿(もも)肉. ❷ 俗 太腿(もも)足.

jambonneau (複) x 男 豚のすね肉(の小型ハム).

jamboree [-ri] 男【米】ボーイスカウトの大会.

jam-session [dʒam-] 女【米】ジャムセッション(ジャズの即興的な合奏).

janissaire 男【史】イエニチェリ(オスマン帝国の歩兵).

jansénisme 男 ジャンセニスム(ポール・ロアイヤル修道院を中心として17, 18世紀に展開された宗教運動). ❷ 文語 厳しい道徳; 厳格主義.

janséniste 名 ジャンセニスムの; 文語 厳格主義者の. — 名 ❶ ジャンセニスト. ❷ 厳格主義者.

jante 女 (車輪の)リム, 外輪.

janus [-s] 男 ❶ (J—)【ロ神】ヤヌス(双面神). ❷ 文語 二面性を持った人.

janvier 男 1月.
Japon 男 日本.
japon 男 和紙; 日本製磁器;（象牙，紙などの）日本美術工芸品.
japonais, e 形 日本の; 日本語の. ― 名（J~）日本人. ― 男 日本語.
japonaiserie / japonnerie 女 日本趣味; 日本美術品.
japonisant, e 名 日本研究者. ― 形 日本美術の影響を受けた.
japoniser 自 [文章] 日本の文化 [事柄] に興味を持つ. ― 他 日本化する, 日本的にする. ― **se ~** 自 日本化する, 日本的になる.
japonisme 男 [美] ジャポニスム，日本趣味.
jappement 男 キャンキャン鳴くこと，キャンキャンという鳴き声.
japper 自（小犬が）キャンキャン鳴く.
jaque 男/女 [服] ジャック (14, 15世紀の体にぴったりした男性用胴衣).
jaquemart 男 (時計台の) 時打ち人形.
jaquette 女 ❶ モーニング・コート; (女性用の) ジャケット, 上衣; (14, 15世紀の男性用の) 胴衣. ❷ (本の) カバー，ジャケット. ❸ (歯の) ジャケット・クラウン，外被冠.
jaquier 男 [植] パラミツ，ジャックフルーツ.
jar(d) 男 [地] (ロワール川の) 砂礫(されき).
jardin 男 ❶ 庭, 庭園; 公園. ❷ ~ d'enfants 保育園. ❸ [文章] 豊饒(ほうじょう) の地, 楽園. ❹ [演] côté ~ 下手.
◇*C'est une pierre dans son* ~. それは彼 (女) に対する当てこすり [当てつけ] だ.
jardinage 男 家庭園芸, 庭 [畑] いじり.
jardiner 自 園芸 [庭いじり] をする.
jardinerie 女 園芸用品専門店.
jardinet 男 小庭.
jardinier, ère 名 園芸家; 庭園 [公園] 管理人，庭師，植木屋.
― 女 ❶ ~ d'enfants 保母，先生. ❷ [料] (ニンジン，グリンピースなどの) 付け合せ温野菜. ❸ フラワーボックス；プランター.
― 形 庭の; 園芸の.
jargon 男 ❶ 隠語; (特定の職業, 学問などの) 専門語, 特殊用語. ❷ たどたどしい [くずれた, 訳の分からない] 言葉.
◇**jargonneux, se**.
jargonner¹ 自 隠語で話す; たどたどしい [分かりにくい] 話し方をする.
jargonner² 自 (ガチョウが) ガアガア鳴く.
jarre 女 大瓶(おおがめ), 甕(かめ).
jarret 男 ❶ (人間の) ひかがみ (馬などの) 飛節. ❷ [食] (子牛の) すね肉.
◇*avoir des* ~*s d'acier* 健脚である.
jarretelle 女 (サスペンダー式の) 靴下留め.
jarretière 女 ❶ (輪状の) 靴下留め. ► **ordre de la J**~ (英国の) ガーター勲章. ❷ [医] 頑癬(がんせん)，たむし.

jarreux, se 形《繊》粗毛の混じった.
jars 男 ガチョウの雄.
jas 男 [地域] 羊小屋.
jaser 自 [古風] ❶ ぺちゃくちゃしゃべる; うわさをする, 陰口をたたく; 秘密を漏らす, 口を滑らせる. ❷ さえずる; (赤ん坊が) 喃語を言う.
jaseran / jaseron 男 (昔の) 長い鎖帷子 (くさりかたびら); 金 [銀] 鎖.
jaseur, se 形, 名 おしゃべりな (人). ― 男 [鳥] レンジャク.
jasmin 男 ジャスミン (の花); ジャスミン香料.
jaspe 男 [鉱] 碧(へき) 玉. ► ~ **sanguin** ブラッドストーン.
jasper 他《織》(玉の) 色模様をつける; マーブル装飾を施す.
jaspiner 自 [俗] しゃべる.
jaspure 女 マーブル装飾.
jass [jas] 男 ⇒ yass.
jatte 女 鉢, 椀.
jauge 女 ❶ 計量器, ゲージ; 計器, (の燃料計 (= ~ *d'essence*). ❷ [海] 積量, トン数.
jaugeage 男 容量 [流量] 測定; [海] 積量測度. ❷ 能力 [価値] 評価.
jauger ② 他 ❶ 容量 [流量, トン数] を測る; 能力 [価値] を見定める. ❷ (編み物の) ゲージを計る, 編み目を数える.
― 自 …の積量 [トン数] を持つ; 喫水を持つ.
jaunâtre 形 黄色っぽい, 黄ばんだ.
jaune 形 黄色の; 黄ばんだ; 茶色の.
► **fièvre** ~ [医] 黄熱.
― 男 ❶ 黄色い色, 黄色の塗料 [絵の具]; (卵の) 黄身.
❷ (J~) 黄色人種の人間. ❸ ストライキ破りの労働者.
― 副 **rire** [**sourire**] ~ 苦笑いをする.
jaunet, te 形 [文章] 薄黄色の.
jaunir 自 黄色くなる; 黄ばむ. ― 他 黄色くする, 黄色に着色する.
jaunissant, e 形 黄色くなる; 黄ばんでいく.
jaunisse 女 [医] 黄疸(おうだん).
jaunissement 男 黄色くなること [する]; 黄ばむこと.
Java 女 ジャワ島.
java¹ 女 ジャワ (20世紀初頭に流行したダンス, 曲). ❷ [俗] ばか騒ぎ.
java² 男 [商業][情報] ジャバ (プログラム言語の一種).
javanais¹, e 形 ジャワ島の. ― 名 (J~) ジャワ島の人. ― 男 ジャワ語.
javanais² 男 ジャヴァネ (va, av を言葉中に加える遊び. 例: bonjour→bavonjavour).
Javel (eau de) ジャベル水 (消毒, 漂白用).
javeler ④ 他 (刈り穂を) 畑に並べる.
javeline 女 (細身の) 投擲(とうてき) 槍.
javelle 女 刈り穂積み.
javelliser 他 ジャベル水で殺菌する.
◇**javellisation** 女.
javelot 男 (古代の) 投槍 (なげやり); [スポ] 槍，ジャベリン.
jazz [dʒaz] 男 [米] ジャズ.
jazz-band [dʒazbɑ̃d] 男 ジャズオー

ケストラ.
jazzifier [dʒazi-] 他 ジャズ風にする.
jazzique / **jazzistique** [dʒa-] 形 ジャズの.
jazzman [dʒazman];《複》**men** 男《米》ジャズ演奏家, ジャズマン.
jazzophile [dʒazɔ-] 名 ジャズファン.
jazzy [dʒa-] 形《不変》ジャズ風の.
J.-C.《略》Jésus-Christ イエス・キリスト. ─ avant *J.-C.* 西暦紀元前.
je 代《人称》（1人称単数）主語. 母音・無音の h の前では j' となる）私は.
── 男《単数形不変》私, 《哲》自我.

Jean《聖》ヨハネ.
jean [dʒin] / **jeans** [dʒin(s)] 男《米》ジーンズ, ジーパン; デニム.
jean-foutre 男《不変》《俗》能なし, 役立たず.
jeannette 女 ❶ 袖《そで》・襟《えり》専用のアイロン台. ❷ 首飾り式の十字架《じゅうじか》（の鎖）. ❸ (8-11歳の) ガールスカウト団員.
jeep [dʒip] 女《商》ジープ.
jéjunum [-ɔm] 男《解》空腸.
je-m'en-fichisme 語 / **je-m'en-foutisme** 俗男 無関心な態度.
je-m'en-fichiste 語 / **je-m'en-foutiste** 俗形, 名 無関心な態度の（人）.
je(-)ne(-)sais(-)quoi 男《不変》何かよく分からないもの.
jérémiade 女《多く複数》泣き言, 愚痴.
jerez [ʒe(xe)res] 男《西》シェリー酒.
jerk [dʒɛrk] 男《英》ジャーク（ダンスの一種）.
jéroboam [-am] 男 ダブルマグナム（約3ℓ入りのシャンパンの大瓶）.
jerrican(e) / **jerrycan** [dʒeɡrikan] 男《英》(20ℓ入りの) 石油 (ガソリン) 缶.
jersey [dʒɛrzɛ] 男《英》《繊》ジャージー（の服, セーター）.
Jérusalem [-lɛm] エルサレム.
Jesse《聖》エッサイ. ─ **arbre de ~**《像》エッサイの木.
jésuite 男 ❶ イエズス会（修道）士; 《J~s》イエズス会. ❷ 偽善者, 陰険な人. ── 形 ❶ イエズス会の; 《建》ジェズイット様式の. ❷ 偽善者の, 陰険な.
jésuitique 形 イエズス会流の; 偽善的な, 陰険な. □**jésuitiquement** 副
jésuitisme 男 ❶ イエズス会の教義（慣行, 組織）. ❷ 偽善, 猫かぶり.
Jésus / **Jésus-Christ**《カトリックは [-kri], プロテスタントは [-krist] と発音》イエス, イエス・キリスト.
jésus 男 ❶ 幼児キリスト像; 《俗》坊や, かわいい子. ❷ 大型ドライソーセージ.
jet¹ 男 ❶ 噴出, 噴射; 照射. ❷ 投げること, 投擲《とうてき》; 投げて届く距離.
◇ **à jet continu** 絶えず. **d'un (seul) jet** 一気に, 一度に. **du premier jet** 一気に, 一度に. **jet d'eau** 水. **le premier jet** 粗描, 下書き.
jet² [dʒɛt] 男《英》ジェット機.
jetable 形 使い捨ての.
jeté 男 ❶ (家具に掛ける) 掛け布. ❷

(編み物の) 掛け目; 《バレエ》ジュテ (片足で跳び, 他の足で着地する跳躍); 《スポ》(重量挙げの) ジャーク.
jetée 女 防波堤, 桟橋, 搭乗橋.
jeter 他 ❶ 投げる; (衣類を) ひっかける; (手足を) 突き出す. ─ un caillou 小石を投げる / ─ un châle sur les épaules ショールを肩にひっかける / Elle lui *jeta* les bras autour du cou. 彼女は彼（女）の首に抱きついた. ❷ 捨てる. ─ **Ces papiers sont bons à ~**. この書類は処分していい. ❸ (ある状態に) 追いやる. ─ **~ dans le désespoir** 絶望に陥れる. ❹ (ある状態を) 引き起こす; (声, 光などを) 発する. ─ **La nouvelle a jeté le trouble dans la ville**. その知らせは町に不安を与えた / **~ un cri** 叫び声を上げる. ❺ (橋を) 架ける; (基礎を) 築く. ❻ 走り書きする.
◇ **en ~** 俗 しゃれている, きまっている. **~ À la tête [face, figure] de B** AをBの顔に投げつける / BをAに浴びせる; Bにすげずけと Aを言う〈非難する〉; B にA をひけらかす. **~ (à) bas ~ à [par] terre** 打ち倒す〈壊す, 砕く〉.
─ se ~ ❶ 身を投げる, 飛び下りる; 飛びかかる; ぶつかる. ❷ 飛び込む; (川が…に) 注ぐ. ❸ 使い捨てられる. ❹ 投げ合う; 言い合う.
◇ **s'en ~ un (derrière la cravate)**《話》一杯ひっかける.
jeteur, se ─ **de sort** 呪《じゅ》術師, 魔法使い.
jeton 男 ❶ (ゲームの) チップ; 代用コイン; 番号札. ❷ (株式会社の) 役員報酬; (会議などの) 出席手当, 日当. ❸《俗》パンチ.
◇ **avoir les ~s**《俗》怖がる, びくつく. **faux comme un ~**《俗》偽善的な. **faux ~** [fɔ(t)ʃ]《俗》偽善者. **vieux ~**《俗》老いぼれ.
jet-set [dʒɛtsɛt] 女 / **jet-society** [dʒɛtsɔsajti] 女《英》ジェット族（世界中を飛び回る政界, 芸能界, 実業界の人物）.
jet-ski [dʒɛt-] 男《英》ジェットスキー

jeu;《複》**x** 男 ❶ 遊び, ゲーム; 賭《か》け事《ごと》. ─ **jeu de mots** しゃれ / **jeu d'esprit** 頭を使うゲーム / **jeu de hasard** ギャンブル / **maison de jeu(x)** カジノ / ─ **multijoueur** ─ ネット対戦ゲーム, オンラインゲーム / **Faites vos jeux**. 賭けてください. ❷ 競技; 競技会, コンテスト;《複数》競技大会. ─ **jeu à XIII** 13人制ラグビー / **joueur hors jeu** オフサイドの選手 / **La balle est sortie du jeu**. ボールはラインを割った. ❸ プレイ, 演奏, 演技; かけひき, 策略; 動き, 作用. ─ **jeu de scène** (俳優の) 所作 / **jeu de jambes** フットワーク / **jeu de lumière** 光の変化; 照明効果 / **A quel jeu joue-t-il?** やっぱいったいどういうつもりなんだ. ❹ ルール, しきたり. ─ **C'est le jeu**. それがルールだ / **Ce n'est pas de jeu**. それはルール違反だ! / **jouer le jeu** ルールを守る. ❺ すき間, 遊び, 緩み; (計画などの) ゆとり.

❺ 一揃い, 一式, セット. ► un *jeu* de cartes トランプ1組. ❻ 手札; (特に)い手. 《テニス》ゲーム. ► *jeu* blanc ラブゲーム. ❼《文》(中世の)韻文劇.

◇*avoir beau jeu (de [pour] ...)* (…するのに)有利な立場にいる. *cacher son jeu* 手の内を見せない. *C'est un jeu d'enfant*. それはたやすいことだ. *entrer dans le jeu de ...* に加担する. *entrer en jeu* 参加[介入]する, 動き始める. *être en jeu* (賭かって)[かかって]いる; 作用している. *être pris à son propre jeu* 戯れだったのが本気になる; 自分の仕掛けた罠(わな)にはまる. *faire le jeu de ...* (結果的に)…を利することをする. *jouer d'écritures* 帳簿のからくり. *jouer franc jeu* フェアプレイでゆく. *jouer le grand jeu* 大熱演する; 全力を傾ける. *jouer (un) double jeu* 二心を持って行動する, 裏で反対のことをする. *Les jeux sont faits.* (同引)(次, その回の賭けの追加・変更を打ち切って)皆さん賭け終わりですね; 賭けはなされた. *mettre en jeu* 賭ける, 危険にさらす; 動かす, 作用させる; 投入する. *par jeu* 遊びで, 冗談に. *se faire un jeu de ...* 一の面白がる: たやすく…する. *se piquer [se prendre] au jeu* むきになって勝負を続ける; 徐々に熱中していく. *vieux jeu* 形 (不変)時代遅れの, 古臭い.

jeudi 男 木曜日.

jeun (à) [aʒœ̃] 副 ⑱ (起きてから)何も食べず[飲まず]に; 圄 (酒飲みが)酒を飲まずに.

jeune 形 ❶ 若い, 幼い; 年下の. ❷ 若々しい 若者向きの. ❸ 年下の; 新米の; できたばかりの, 新興の.
— 副 若く, 若々しく.
— 名 (多く複数形)若者, 青少年.

jeûne 男 絶食; 断食. 《カト》大斎.

jeûner 自 絶食する; 断食する.

jeunesse 囡 ❶ 若い頃, 青春時代. ❷ 若さ, 若々しさ; 未熟. ❸ (集合的) 青少年, 若者; (複数)青青年団体, 青年同盟. ❹ (動植物の)成長期, 生育期. 囚翻 初期, 黎(れい)明期.
◇*Il faut que ~ se passe.* 若気の過ちは大目に見なければならない.

jeunet, te 形, 名 図 若すぎる(人), 未熟な(人).

jeune-turc, 複《複》*s—s—s* 名 (政治の)熱心な青年活動家.

jeûneur, se 名 断食をする人.

jeunisme 男 ❶ 若者びいき, 青春賛歌. ❷ 若者嫌い.

jeunot 男 图 若造, 青二才.

jingle [(d)ʒiŋɡœl] 男《英》CMソング.

jiu-jitsu 男 (不変)《日本》柔術.

J.O. 男《略》❶ **jeux Olympiques** オリンピック. ❷ *Journal officiel* 官報.

joaillerie 囡 宝石細工(の工房), 宝石店; 宝飾品.

joaillier, ère 宝石職人[商].

Job [-b] 型 ヨブ.

job [dʒɔb] 男《英》图 アルバイト; 仕事.

jobard, e 形, 名 圄 だまされやすい人, おめでたい人.

jobarderie / **jobardise** 囡 圄 だまされやすいこと, おめでたさ.

jockey 男《英》競馬騎手. ► régime ~ 图 ダイエット.

jocrisse 男 图 人の言いなりになる人, 間抜け.

jodhpurs 男複《服》ジョッパーズ, 乗馬ズボン.

jodler [ʒɔdla]- 自 ヨーデルを歌う; ヨーデル風に歌う.

jogger [(d)ʒɔge] 自 ジョギングをする.

joggeur, se [(d)ʒɔɡ-] 名 ジョギングをする人, ジョギング愛好者.

jogging [(d)ʒɔɡiŋ] 男《英》ジョギング; ジョギングウェア.

joie 囡 喜び, 楽しさ; 楽しい[うれしい]こと, 楽しみ.
◇*faire la ~ de ...* を喜ばせる[楽しませる]. *mettre en ~* を喜ばせる. *ne plus se sentir de ~* 喜びに我を忘れる. *se faire une ~ de ...* を喜ぶ, 楽しみにする.

joign- ⇨ joindre.

joignable 形 連絡できる.

joindre 他 ❶ 結合する, 結び付ける, 合わせる, つなぐ. ❷ — AàB をBに加える, 添える, 結び付ける; AとBを兼ね備える. ❸ 会う; (…に)連絡をとる. — 自 ぴったり合わさる[閉まる].
— **se ~** ❶ 結合する, 合わさる. ❷ (à) (…に)加わる, 参加する.

joins, **joint** 直 ⇨ **joindre**.

joint, e 形 ❶ 結合した, 合わさった. ❷ (à) (…に)加えられた, 添えられた, 付属の. — 男 ❶ 接合箇所, 継ぎ目; 目地; 継ぎ手, ジョイント; パッキング. ❷ 图 うまい解決[解決策]. ❸ 图 マリファナたばこ.

jointif, ve 形 突き付け[突き合わせ]にした.

jointoyer 他《建》目地塗り[仕上げ]をする. ◻**jointoiement** 男.

jointure 囡 関節; 継ぎ合わせ; 合わせ方.

joint(-)venture [dʒɔintvɛntʃər] 囡[男]《英》ジョイントベンチャー.

jojo[1] 男 图 affreux ~ 悪がき.

jojo[2] 形 (不変)图 かっこいい; よい; 厄介な.

jojoba 男《植》ホホバ.

joker[1] 男《英》《カード》ジョーカー.

joker[2] 自 冗談を言う, ふざける, でたらめを言う.

joli, e 形 ❶ きれいな, かわいい. ❷ 圄 かなりの, 相当な. ❸《反語的》御大層な, 御立派な, 結構な.
◇*C'est bien ~, mais ...* それは結構だが, しかし…. *C'est pas ~*, *~*. 圄 それはよくないよ. *faire le ~ cœur* キザる.
— 男 图 *C'est du ~!* 《反語的》いやお見事, 御立派なもんだ.

joliesse 囡 囡翻 きれいさ, かわいらしさ.

joliment 副 ❶ きれいに, かわいら

jonc [ʒɔ̃] 男 【植】イグサ(の茎); 籐(ξ)製のステッキ (=canne de ~). ❸ (装飾のない)指輪; 腕輪.

jonchaie 女, **jonchère** / **joncheraie** 女 イグサの茂み.

jonchée 女 ❶ 文章 敷き積もった葉[花]; 【宗】花道(結婚・葬式行列のための枝やわらを敷いた道). ◇*une ~ de ...* 一面にまき散らした....

joncher 他 ❶ ~ A de B A にBをまき散らす. ❷ ...一面に散らばる.

jonchet 男 棒崩しの棒;《複数》棒崩し(積んだ棒を崩さないように1本ずつ抜くゲーム).

jonction 女 ❶ 結合, 接続; 合流; 接続点, 合流点 (=point de ~). ❷ 【法】~ d'instance 訴訟の併合.

jonglage 男 曲芸.

jongler 自 (avec) (...を使って)曲芸をする;(...を)巧みに操る, 難なく切り抜ける.

jonglerie 女 小手先の技巧, 言葉巧みなこと; ぺてん.

jongleur, se 名 曲芸師, 巧みに操る人. ── 男【文】ジョングルール(中世の弾き語り芸人, 吟遊詩人).

jonque 女 ジャンク(中国などの帆船).

jonquille 女【植】キズイセン.
── 形 (不変)黄水仙色の.

Jordanie 女 ヨルダン.

jordanien, ne 形 ヨルダンの.
── 名 (J~)ヨルダン人.

Joseph [-f] 男【聖】ヨセフ.

Josué 男【聖】ヨシュア.

jota [xɔ-] 女【西】ホタ(スペインの民俗舞踊, その曲). ❷ スペイン語の j.

jouabilité 女 (ゲームソフトなどの)使用許可.

jouable 形 ❶ 演奏[上演, 上映]できる, 演じ得る. ❷ (ゲームの指し手などが)悪くない, 1つの手である.

joual 男 ケベック俗語(カナダのケベック州の英語の影響の強いフランス語).
── **joual, ale** 形 ケベック俗語の.

joualisant, e 形, 名 ケベック俗語を使う(人).

joualiser 自 ケベック俗語を話す.

joubarbe 女【植】ベンケイソウ.

joue 女 ❶ 頬(ヒ). ❷ (椅子のひじ掛け)の下の部分.
◇*coucher [mettre, tenir] en ~* 銃でねらう. *coucher [mettre] en fusil en ~* 銃を肩に当てて構える. *En ~!* 銃を構え!

jouer 自 ❶ (à) (...をして)遊ぶ, (ゲーム, スポーツ;賭(⁴)け事をする). ▶~ aux cartes トランプをする. ❷ (à) ...ごっこをする;(...の)ふりをする;(...を)気取る. ▶~ au médecin 医者ごっこをする / ~ au héros 英雄を気取る. ❸ (avec) (...で) 遊ぶ;(...を)もてあそぶ. ❹ (de) (...を)演奏する;操る, 利用する. ▶~ du piano ピアノをひく. ❺ 演技をする, 出演する. ❻ (滑らかに)動く, 働く;(光などが)揺れる;(建物が)ゆがむ, 作用する. ❼ (木材などが)狂いを生じる, 遊びができる. ❽ (sur) (...に)投機をする;(...を)当てにする.

── 他 ❶ (馬などに)賭ける;(金などを)賭ける; (...をどちらが払うか[取るか])賭ける. ❷ (試合, ゲームを)する;(プレイをする, (駒を)動かす, (トランプで札を)出す, (球を)打つ[蹴る, 投げる]. ❸ 演奏する;(役を)演じる; (...の)ふりをする; 上演[上映]する. ❹ 文章 だます.
◇*Bien joué!* ナイスプレイ!うまいぞ, 上出来に. ~ *gros jeu* 大ばくちを打つ. ~ *la comédie* 心を偽る, ふりをする.

── **se** ── ❶ 賭けられる, かかっている. ❷ (ゲーム, 試合などが)行われる;演じられる, 演奏[上演, 上映]される. ❸ (de) (...の)ものともしない, 無視する;だます, 愚弄(ξ⁵)する. ❹ (光などが)揺らめく.
◇*en se jouant* やすやすと. *se la ~ ...* ...のように振る舞う.

jouet 男 おもちゃ, 玩(ξ)具.

joueur, se 名 プレイヤー, 選手, 演奏家;プレイヤー[遊び]をする人, ギャンブラー. ▶*beau* ~ 負けても潔い人.
── 形 遊び「ギャンブル」好きの.

joufflu, e 形 頬(肺)がふっくらとした.

joug 男 ❶ (牛をつなぐ)くびき. ❷ 文章 束縛, 拘束;支配. ❸ 【古代】槍門(グ゜) (屈伏の証(グ)´)に敗者をくぐらせた鳥居形に組んだ槍[⁷]).

jouir 自 ❶ (de) (...を)楽しむ, 味わう;(...を)享受する;(...に)恵まれる. ❷ 性的快楽を得る;オルガスムスに達する. ❸ 大喜びする;《反語的》肉体的苦痛をきわめる.

jouissance 女 ❶ 楽しみ, 喜び;性的快楽. ❷ 自由使用(権);【法】享受;用益(権), 収益(権).

jouissant, e 形 俗語 楽しめる.

jouisseur, se 形 享楽的な(人).

jouissif, ve 形 俗語 楽しめる.

joujou 《複》**x** 男 幼児語 おもちゃ.
◇*faire ~* 遊ぶ.

joule 男【計】ジュール.

jour 男 ❶ 1日;日;《複数》日々, 時期, 時代;生涯. ▶*par* ~ 1日につき, 日に / *Quel* ~ *sommes-nous?* 今日は何曜日でしたか? / *tous les* ~s 毎日 / *ces* ~s-ci 最近, 近ごろ / *un de ces* ~s (未来の)いつか;近いうちに / *un* ~ *ou l'autre* いずれ / *de nos* ~s 現代[今日] では. ❷ 日の光, 日中, 昼間. ▶*au petit* ~ 夜明けに / *Il fait* ~. 夜が明ける;明るくなる. ❸ 明かり窓;すき間, 透かし模様.
◇*à [jusqu'à] ce* ~ これまでに, 今日まで. *à* ~ 予定[日付]どおり;整理した, 現状に合った, 改訂した;すき間[透かし模様]のある. *au grand* ~ 真昼間に;白日の下に;正々堂々と. *au* ~ *le* ~ その日暮らしで;その日ごとに. *beau [belle] comme le* ~ たいへん美しい. *de* ~ 昼間の[に];24時間[勤務]の. *Demain il fera* ~. 焦らず明日を待とう, 急ぐことはない. *donner le* ~ *à ...* ...を生む. *du* ~ 今日(⁵ʒ)の; 現代の, 目下流行の. *du lendemain* わずかの間に. *d'un* ~ *à l'autre* 間も

journal

なく，そのうちに．**en plein ~** 白昼に；明るみに，白日のもとに．**être (comme) le ~ et la nuit** 正反対である，まったく異なる．**être dans un bon [mauvais] ~** 機嫌がよい[悪い]．**faux ~** 暗い採光[照明]．**jeter un ~ + 形容詞 + sur ...** ...な光を当てる；...を...なやり方で明らかにする．**~ pour ~** ちょうど同じ日に．**mettre au ~** 発見[発掘]する；明るみに出す．**percer à ~** 明るみに出る．**prendre ~** 日を決める．**se faire ~** 現れる，明かになる．**sous un ~ + 形容詞** ...の光の下に；...な見方で．**venir à son ~ (et à son heure)** 起こるべき時に来る．**venir au ~** 生まれる．**voir le ~** 生まれる；始まる；日の目を見る．

journal; 〖複〗**aux** 男 ❶ 新聞; 定期刊行物，新聞社．❷ ニュース(番組)．❸ 日記，日誌．

journalier, ère 形 日々の，毎日の．❷〖農〗の日雇い労働者．

journalisme 男 ジャーナリズム(特有の文体，性質)．

journaliste 名 ジャーナリスト，記者，編集者．

journalistique 形 新聞(記者)らしい，マスコミの．

journée 女 ❶ 1 日，昼間．► **toute la ~ = à longueur de ~** 1 日中．❷〖記念的な〗1 日，...デー．❸ 1 日の仕事[行程]; 日給．► **homme de ~** 日雇い労働者／**faire la ~ continue** (終業を早めるため)昼休みを短縮して働く．◇ **à la ~** 日雇い[日給]で[の]．**Bonne ~!** よい 1 日を，行ってらっしゃい．

journellement 副 毎日，日々しばしば，始終．

joute 女 ❶〖中世の〗騎馬槍〖試合〗；〖スポ〗水上槍競技．❷ 文語 競争，勝負; 論争．

jouter 自 騎馬槍〖試合〗をする；水上槍競技をする；文語 争う，競う．

jouteur, euse 名 ❶〖中世の〗騎馬槍〖試合〗の騎士；水上槍競技の選手．❷ 文語 競争相手；論敵．

jouvence 女 古 若さ．◇ **fontaine de J~**〖ギ神〗若返りの泉．

jouvenceau, elle；〖男複〗**eaux** 名〖ふざけて〗若者，若い娘．

jouxter 他 文語 隣接する，(...の)そばにある．

jovial, ale 〖男複〗**aux**〖または **als**〗形 ❶ 陽気な，愉快な，快活な．❷（ローマ神話の）ユピテルの．□ **jovialement** 副

jovialité 女 陽気さ，快活さ．

jovien, ne 形〖天〗木星の．

joyau 男 〖複〗**x** 宝石貴重品；至宝．

joyeusement 副 うれしそうに；楽しく．

joyeuseté 女 古 冗談，おふざけ．

joyeux, se 形 うれしい，楽しい；陽気な，愉快な，快活な．

joystick [dʒɔjstik] 男〖英〗ジョイスティック．

J.T. 男〖略〗**journal télévisé** テレビニュース．

jubarte 女〖動〗ザトウクジラ．

jubé 男〖建〗(教会の)内陣仕切り．

jubilaire 形 在職〖在位〗50 年の；〖カト〗大赦の；聖年の．

jubilation 女 歓喜，大喜び．

jubilatoire 形 歓喜の．

jubilé 男 ❶ 在職〖在位〗50 年年(の祝典)；金婚式 (= ~ **de mariage**)．❷〖カト〗(25 年ごとに行われる)大赦；大赦の年，聖年；〖ユ教〗50 年節，ヨベル(〖ユ教〗)の年(ユダヤ民族がカナンに入ってから50 年ごとの年で，奴隷の解放，負債の棒引きが行われた)．

jubiler 自 大喜びする．

juché, e 形 (高い所に)乗った．

jucher 他 (高い所に)乗せる，上げる．— **se ~** (高い所に)乗る，登る；(鳥が)止まる．

juchoir 男 (鳥の)止まり木．

judaïcité 女 ユダヤ人〖教徒〗であること．

judaïque 形 ユダヤの；ユダヤ教の．

judaïser 他 ユダヤ化する；ユダヤ教に改宗させる．

judaïsme 男 ユダヤ教．

judas 男 ❶ (**J~**) 裏切者．❷ のぞき穴．

judéité / judaïté 女（宗教，文化面の）ユダヤ性．

judéo-allemand, e 男，形 イディッシュ語の．

judéo-chrétien, ne 形 ユダヤ・キリスト教の．□ 名 ユダヤ・キリスト教徒．

judéo-christianisme 男 ユダヤ・キリスト教．

judéo-espagnol 男 ユダヤスペイン語．

judiciaire 形 司法の；裁判の．□ **judiciairement** 副

judiciariser 他 司直の手に委ねる，立法と司法に任せる．□ **judiciarisation** 女

judicieusement 副 適切に；賢明に．

judicieux, se 形 適切な；分別のある，賢明な．

judo 男〖単数形のみ〗〖日本〗柔道．

judogi 男〖日本〗柔道着．

judoka 名〖不変〗〖日本〗柔道家．

jugal, ale〖男複〗**aux** 形〖解〗頬の．

juge 男 ❶ 裁判官，判事；審査員；審判(員); 裁き手．❷ (古代ユダヤの)士師(王国成立以前の指導者)．◇ **devant le(s) ~(s)** 法廷下で[に]．**être (à la fois) ~ et partie** 当事者なので公正な判断を下せる立場にいる．

jugé¹, e 形 裁判にかけられた；判断を下された．

jugé² (au) 副句 およその見当で．

juge-commissaire；〖複〗**~s-~s** 男〖法〗受命裁判官．

jugement 男 ❶ 裁判；判決．❷ 判断，評価．❸ 判断力，分別．❹〖キ教〗〖最後の **J~**〗最後の審判 (= ~ **dernier**)．❺〖史〗~ **de Dieu** 神明裁判．

jugeot(e) 囡 区別, 常識.

juger¹ 他 ❶ 裁く, 裁判する; 判決を下す. ❷ 評価［審査, 判定］する. ❸ (…と) 思う, 判断する. ► A B A
— 自 ❶ 判決を下す. ❷《de》(…の) 判定［評価］する; (…を) 想像する.
— se ~ ❶ 裁かれる; 評価される. ❷ 自分を裁く［評価する］; 自分を…と思う.

juger² (au) 副句 ◊ jugé² (au).

jugulaire 形【解】頸(ヷ)部の.
— 囡 あごひも;【解】頸静脈.

juguler 他 阻止［抑制］する.

juif, ve 形 ユダヤ人の.
— 囝 ❶《J~》ユダヤ人. ❷ le petit ~ 肘(ﾋｼﾞ)の関節内側の敏感な部分.

juillet 男 7月.

juillettiste 名 囲 バカンスを7月にとる人.

juin 男 6月.

juiverie 囡【史】ユダヤ人居住区.

jujitsu 男《不変》(日本) 柔術.

jujube 囡 ナツメ (の実);《咳》止め薬にする) ナツメのペースト.

jujubier 男【植】ナツメ.

juke-box [(d)ʒukbɔks]《複》~(es) 男 ジュークボックス.

julep [-p] 男【薬】(水薬のベースの) シロップ.

jules 男 俗 恋人, 夫.

julien, ne 形 calendrier ~ ユリウス暦.

julienne 囡 ❶【植】アブラナ科ヘスペリス属. ❷【料】(野菜の千切り入り) スープ.

jumbo-jet [dʒœmbodʒɛt] 男 ジャンボジェット機.

jumeau, elle, 《男複》eaux 形 双子の; 対の; 瓜二つの.
— 名 ❶ 双子. ► trois ~eaux 三つ子 /vrais [faux] ~eaux 一卵［二卵］性双生児. ❷ 瓜二つの人.
— 男【解】腓(ｺﾞﾋ)腹筋. ❷【食】牛の腕肉前部内側.

jumelage 男 対にすること; 連装, 連結; 姉妹都市になること.

jumelé, e 形 対になった. ► villes ~es 姉妹都市 / roues ~s ダブルタイヤ/pari ~ (競馬の) 連勝式.

jumeler ❹ 他 連ねる, 対にする; 姉妹都市にする.

jumelle 囡 ❶《多く複数》双眼鏡. ❷ jumeau の女性形.

jument 囡 雌馬, 牝馬(ひんば).

jumping [dʒœmpin]《英》【馬】障害飛越.

jungle [ʒɔ̃-/ʒɔ̃-] 囡《英》ジャングル; 弱肉強食の世界.

junior 形《不変》❶ (姓のあとについて) 息子の, 弟の. ❷ (衣料品などの) ティーンの(12-16歳);【スポ】ジュニア級の(16-20歳). ❸ 若い.
— 名 ジュニア級 (の選手); 若者.

junker [junkœːr] 男《独》ユンカー (プロイセン貴族軍人).

junkie [dʒœnki] 名, 形《米》麻薬中毒の(人).

Junon [ロ神] ユノー (ユピテルの妻).

junte 囡 (スペイン, ポルトガル, 中南米の) 評議会; 軍事政権.

jupe 囡 スカート; (機械などの) スカート, カバー;《複数》スカートとペチコート.

jupe-culotte《複》~s-~s 囡 キュロットスカート.

jupette 囡 ショートスカート.

Jupiter [ロ神] ユピテル, ジュピター;【天】木星. ◊ **jupitérien, ne** 形

jupon 男 ペチコート. ❷《集合的》女, 娘.

Jura 囡 ジュラ県 [39]. ❷ ジュラ山脈.

jurande 囡【史】宣誓職業組合 [ギルド].

jurassien, ne 形 ❶《J~》ジュラ県［山］の. ❷ ジュラ県の人.

jurassique 形【地】ジュラ紀(の); ジュラ系の.

jurat 男【史】(特にボルドーの) 市参事会員.

juré, e 形 宣誓した, 誓いを立てた.
◊*ennemi* ~ 不倶戴天(ｳﾞｶﾞｲﾃﾝ)の敵.
— 名 陪審員.

jurer 他 ❶ 誓う. ❷ 誓って言う, 断言する. ◊ ~ *ses grands dieux que*… 神かけて…と断言する.
— 自 ❶ 誓う;《de》(…を請け合って) 断言する. ► *J'en jurerais*. それは確かだ. ❷ のしる;《avec》(…と) 調和しない.
◊*je vous [te] jure* 本当に, 絶対に; 誓っだってうんだもう. *ne ~ que par* … 何かにつけて…を引き合いに出す, …を信頼している.
— se ~ ❶ 自分に誓う. ❷ 誓い合う.

juridiction 囡 ❶ 裁判権; (裁判所の) 管轄. ❷ 裁判所, 法廷.
◊ **juridictionnel, le** 形

juridique 形 法律［裁判］(上) の.

juridiquement 副 法的に, 法律上; 裁判において.

juridisme 男 法律偏重.

jurisconsulte 男 法律家.

jurisprudence 囡 判例, 法解釈; 判例集.

jurisprudentiel, le 形【法】判例による; 法理学上の.

juriste 名 法律家, 法学者.

juron 男 悪態, のしり言葉.

jury 男《英》《集合的》❶【法】陪審; 審査員団, 審査 [選考] 委員会.

jus 男 ❶ ジュース, 搾り汁;【料】肉汁, 煮汁. ❷ コーヒー; (海, 川, プールなどの) 水, 水流. ❸ 囹 作文, レポート; 口頭発表.
◊*ça vaut le jus.* 囹 やってみる価値がある. *laisser cuire [mijoter] dans son jus* 囹 ほうっておくま にしておく.

jusant 男 下げ潮, 引き潮.

jusqu'au-boutisme 男 過激主義, 極端論; 徹底抗戦主義.
◊ **jusqu'au-boutiste** 形 名

jusque《古·詩》**jusques** 前《jusque は母音·無音の h の前では jusqu' となる》❶ …まで. ❷ …でさえも, までも. ► *à la gare* 駅まで.
◊*en avoir jusque-là* もううんざり

jusquiame

だ; 腹いっぱいだ. *Il n'est pas [Il n'y a pas] jusqu'à ... qui [que] ne + subj.* …できず…しないものはない, …さえもが…する. *jusqu'à ce que + subj.* …するまで. *jusques et y compris* [-zeik5-] …まで含めて.

jusquiame 女〚植〛ヒヨス.

justaucorps 男 ❶ レオタード. ❷ 〚服〛ジュストコール(17世紀頃の上半身が体にぴったりしたひざ丈のコート).

juste 形 ❶ 正しい, 公正[公平]な; 正当な; 正確な, 適切な. ❷ きつい, 窮屈な; ぎりぎりな.
◇*J~ ciel [Dieu]!* おおなんたること (か).
—— 副 ❶ 正しく, 正確に. ❷ ちょうど, まさに; きっかり. ❸ ほんの, せいぜいかろうじて. ❹ きりぎりに, 窮屈に.
◇*C'est tout ~ si ...* かろうじて…; ほとんど…ない. *frapper [toucher] ~* 命中する; 正しく[ずばりと]指摘する, 核心をつく.
—— 男 正しさ, 公正, 正当さ; 正確さ, 適正.
◇*au ~* 正確には, 本当のところ. *au plus ~* 厳密に; 切り詰めて. *dormir du sommeil du ~* 安眠する.

juste-à-temps 男〚不変〛〚経〛ジャスト・イン・タイム生産方式.

justement 副 ❶ まさに, ちょうど; だからこそ. ❷ 正当に.

justesse 女 正確さ; 適切さ.
◇*de ~* ぎりぎりで; かろうじて.

justice 女 ❶ 正義, 公正, 公平; 正当. ❷ 裁判; 司法; 法廷. ❸ 司法当局, 警察. ❹ (la J~)正義の女神.
◇*en bonne ~* 当然; 公平に見て. *faire ~ de ...* …が誤りであることを明らかにする. *raide comme la ~* 話 非常に堅苦しい, こちこちの. *ren-*

dre [faire] ~ à ... …を正当に評価する. *se faire ~* 自殺する; 復讐 (ふくしゅう) する.

justiciable 形《de》(…の)管轄に属する; (…の)適用を受けるべき; (…に)服すべき.
—— 名〚法〛裁判を受ける人.

justicier, ère 名 ❶ 不正を正す人, 正義の士. ❷ (封建時代の)裁判権を持つ領主; 大判官.

justifiable 形 正当化[弁明]できる; 納得できる.

justificateur, trice 形 正当であることを証明する.

justificatif, ve 形 証明の役に立つ, 証拠となる.
—— 男 証拠書類.

justification 女 ❶ 正当化; 弁明. ❷ 証明; 証拠. ❸〚印〛(行の長さをそろえる)整版, 行そろえ.

justifié, e 形 正当な, 根拠のある.

justifier 他 ❶ 正当化する, (…の)根拠を説明する, 裏づける, 立証する. ❷ 無罪を証明する, 弁護する. ❸〚印〛(行の)長さをそろえる.
—— 自《de》(…を)証明する.
—— *se* ❶《de》(…に関する)自分の無実を立証する. ❷ 正当化される.

jute 男〚英〛〚植〛〚繊〛ジュート.

juter 自 汁を出す.

juteux, se 形 汁気たっぷりの; 話 実入りのいい, うまみの多い.

juvénile 形 若々しい; 若者の.

juvénilité 女〚文章〛若々しさ.

juxtalinéaire 形 *traduction ~* 対訳.

juxtaposé, e 形 並置された.

juxtaposer 他 並置する.
—— *se* 並ぶ, 並置される.

juxtaposition 女 並置, 並列.

K, k

K¹, k 男 フランス字母の第11字.
K² 〖記〗❶〖化〗カリウム カリウム. ❷ 絶対温度, ケルビン温度.
k 〖記〗〖計〗kilo- キロ.
kabbale 女〖教〗カバラ(ユダヤ教の神秘的な聖書解釈学). □**kabbaliste**
kabic / kabig [-k] 男〖服〗カビク(フード付きの服・防水コート).
kabuki [-bu-] 男〖日本〗歌舞伎.
kabyle 形 (アルジェリアの)カビリア Kabylie 地方の. —名〖K~〗カビリア人. —男 カビリア語.
kacha 女〖料〗カーシャ(ソバ粉のポタージュ).
kafkaïen, ne 形 カフカの; カフカ的な.
kaiser [kɛ-/kaj-] 男〖独〗ドイツ皇帝.
kakawi [-wi] 男〖鳥〗コオリガモ.
kakémono 男〖日本〗掛け物(軸).
kaki¹ 男〖日本〗柿(の実).
kaki², 形 〖不変〗カーキ色(の).
kalachnikov [-ʃnikɔf] 男 カラシニコフ(旧ソ連製自動小銃).
kaléidoscope 男 ❶ 万華鏡, カレイドスコープ. ❷ (印象や感覚の)千変万化. □**kaléidoscopique** 形
kamikaze [-kaz/-kaze] ; 複 ~(s) 〖日本〗神風特攻機〖隊員〗. —男 命知らずの, 自殺行為に似た.
kana 〖複〗~(s) 〖日本〗仮名.
kanak 形〖不変〗, 名〖不変〗⇨ canaque.
kan(d)ji [-dʒi] 男〖日本〗漢字.
kangourou 男〖動〗カンガルー.
kantien, ne [-s(t)jɛ̃, ɛn] 形 カント Kant 哲学〖学派〗の.
kantisme 男 カント哲学.
kaolin 男〖鉱〗カオリン, 高嶺(こうれい)土 (陶磁器の原料などに用いる).
kapo 男〖独〗(ナチスの強制収容所の)収容者の班長.
kapok [-k] 男〖オランダ〗(枕(まくら)詰め物に用いる)カポック, パンヤノキなどの種子の毛.
kapokier 男〖植〗カポック, パンヤノキ.
kappa 男〖不変〗(ギリシア文字の)カパ(K, κ).
karaoke 男〖日本〗カラオケ.
karaté 男〖日本〗空手.
karatéka 男〖日本〗空手家.
karité 男〖植〗シアーバターノキ.
karma / karman [-man] 男〖宗〗カルマ, 業(ごう).
karstique 形〖地〗relief ~〖地〗カルスト起伏.
kart [-t] 男〖英〗〖車〗ゴーカート.
karting [-tiŋ] 男〖英〗ゴーカートレース.
kasher 形〖不変〗〖ユダヤ〗(食物, 食料品店が)宗旨に沿う, 清い.

kashrout [-t] 女 (ユダヤ教の)食物に関する律法.
kata〖日本〗(武術の)型.
katakana〖日本〗片仮名.
kayak [-k] / **kayac** 男 カヤック(エスキモーの1人乗りカヌー; 競技用カヌー); カヤック競技. □**kayakiste**
kazakh, e 形, 名 カザフ族の(人). —男 カザフ語.
keffieh [-fje] 男 カフィエ(ベドウィン族の頭にかぶる大きな布).
kéfir ⇨ képhir.
kelvin [-vin] 男 ケルビン(温度の SI 単位).
kendo〖日本〗剣道.
kénotron 男〖電〗ケノトロン(高真空二極整流管).
Kenya 男 ケニア.
kenyan, ne 形 ケニアの. —名〖K~〗ケニア人.
képhir 男 ケフィール(乳酸菌飲料).
képi 男 ケピ帽(円筒形で日庇(ひさし)付き. 陸軍将校, 憲兵, 警官などがかぶる).
képlérien, ne 形 ケプラー Kepler の; ケプラーの法則に関する.
kératine 女〖生化〗ケラチン.
kératite 女〖医〗角膜炎.
kératoplastie 女〖医〗角膜移植(術).
kératotomie 女〖医〗角膜切開.
kerma 男〖物〗カーマ, カルマ.
kermès [-s] 男〖昆〗カーミンカイガラムシ; 〖植〗カーミンカイガラモチ.
kermesse 女 ❶ (戸外での)慈善バザー. ❷ (北仏, ベルギー, オランダの)守護聖人の祭り, 定期市.
kérosène 男 ケロシン, 灯油.
ketchup [kɛtʃœp] 男〖英〗ケチャップ.
keuf 男〖俗〗警官, デカ, 刑事.
keum [kœm] 男〖俗〗男, 青年.
kevlar 男〖商標〗ケブラー(防弾服用の繊維).
keynésien, ne 形〖経〗ケインズ Keynes の; ケインズ理論の, ケインズ主義の.
kg〖記〗kilogramme キログラム.
khâgne 女 高等師範学校文科受験準備学級.
khâgneux, se 名 高等師範学校文科受験準備学級の生徒.
khalifat 男 カリフの位〖在位期間〗.
khalife 男 カリフ.
khalkha 男 ハルハ語(モンゴル人民共和国の公用語).
khamsin [xamsin] 男 カムシン(エジプト, 紅海の熱風).
khan¹〖史〗ハン, カン(アルタイ系, モンゴル系の王族または遊牧民の族長; 中央アジアのトルコ系国家の地方領主).
khan² 男 (中東での)隊商の宿舎; 公設市場.
khat [kat] 男 ⇨ qat.

khédive

khédive 男 ヘディーヴ（かつてのエジプト副王の称号）.

khi [ki] 男《不変》（ギリシア文字の）カイ（Χ, χ）.

khmer, ère 形 クメール（族）の．— 名《K~》クメール族，クメール人（カンボジアを中心に住む民族）．▶ K~s rouges クメール・ルージュ（の），ポルポト派の．— 男 クメール語，カンボジア語．

khôl 男 コール墨石（アラブ女性が瞼（まぶた）を縁取る化粧品，眉（まゆ）墨として用いる）．

kibboutz [-ts] 男《複》 *kibboutzim* [-tsim]（または不変）キブツ（イスラエルの生活共同体）．

kick 《英》（オートバイの）キック・スターター．

kidnapper, se 他 誘拐する．

kidnappeur, se 名 誘拐犯人．

kidnapping [-piŋ] 《米》/ **kidnappage** 男 誘拐．

kif 男 ❶ キフ（北アフリカで，たばこに混ぜて吸うハシシュ）．❷ 《話》楽しいこと．

kif(f)er 自他 好む，楽しむ．

kif-kif 形《不変》同じ．

kiki 男《話》喉；首．
◊ *C'est parti, mon~ !* 話 さあ，始まったぞ．

kil 男 俗（ワインの）1 l．

kilim [-lim] 男 キリム（つづれ織の物）．

kilofranc 男 キロフラン，千フラン．

kilogramme / kilo 男 キログラム．◊ *en faire des kilos* 話 大げさに言う．

kilohertz [-ts] 男《電》キロヘルツ．

kilométrage 男 ❶ 走行距離．❷ キロメートル測定；キロメートル道程標の設置．

kilomètre 男 ❶ キロメートル．❷ ~ arrêté [lancé]（自転車競技で）スタンディングスタート[プッシングスタート]の1000 m タイムトライアル．

kilométrer 6 他（…を）キロメートルで測る；キロメートル標識を立てる．

kilométrique 形 キロメートル単位の．

kilotonne 女 キロトン．

kilovolt [-t] 男《電》キロボルト．

kilowatt [-wat] 男 キロワット．

kilowattheure 男 キロワット時．

kilt [-t] 男《英》❶ キルト（スコットランドの男性用スカート）．❷（女性用）キルトスカート．

kimono 男《日本》❶ 着物（女性の化粧着，部屋着；柔道［空手］着．❷ manches ~ キモノスリーブ．robe ~（打ち合わせの）キモノドレス．

kinescope 男《英》商 キネスコープ（テレビ画像を撮影する装置）．

kinésithérapeute 名 運動療法士（略 *kiné* と略す）．

kinésithérapie 女 運動療法．

kiosque 男 ❶（新聞，花などの売店，キオスク．❷（公園などの）あずま屋，野外音楽堂（~ à musique）．❸《海》乗組室（塔）（の，（潜水艦）の司令塔）．❹ キオスク（ミニテルの料金代行サービス）．

kiosquier, ère / **kiosquiste** 名 キオスクの店主[店員]．

kippa 男 キパ（ユダヤ教徒の帽子）．

kipper [-pœr] 男 キッパー（ニシンの燻製）．

kir 男 キール（クロスグリのリキュールを白ワインで割った食前酒）．▶ *kir royal*（シャンパンで割った）キール・ロワイヤル．

kirghiz, e [-giz] 形, 名 キルギスの（人）．— 男 キルギス語．

kirsch [-ʃ] 男 キルシュ，チェリーブランデー．

kit [-t] 男《英》組立て材料一式，キット．

kitchenette 《米》簡易台所，キチネット．

kitesurf 男 カイトサーフ．

kit(s)ch [-tʃ] 《独》男（単数形のみ）, 形《不変》キッチュ（な）．

kiwi 男 ❶《植》キウイ，キウイフルーツ；❷《鳥》キーウィ．

klaxon [-ks-] 男《米》警笛，クラクション．

klaxonner 自, 他 警笛［クラクション］を鳴らす．

kleenex [klineks] 男 商 ティッシュペーパー．

kleptomane 名 ⇒ cleptomane.

kleptomanie 女 ⇒ cleptomanie.

km（記）kilomètre キロメートル．

km/h（記）kilomètre par heure キロメートル毎時，時速…キロメートル．

knickerbockers [nikɛrbɔkœːr] / **knickers** [nikœrs] 男複《英》服 ニッカーボッカーズ，ニッカーズ．

knock-down [nɔkdawn] 男《不変》ノックダウン．

knock-out [nɔkawt] 男《英》《不変》ノックアウト．— 形《不変》❶ ノックアウトされた；話 参った，グロッキーの．❷《生》ノックアウトした（ある遺伝子の機能を人為的に欠損させた）．

knout [-t] 男（旧ロシアの）鞭（むち）；笞（ちょう）刑．

know-how [noaw] 男《不変》《米》ノウハウ．▶ *contrat de* ~ 技術提携契約．

K.-O. 男《英》knock-out の略．

koala 男《動》コアラ．

Koch [-k] （bacille de）コッホ菌．

koh(o)l [-l] 男 ⇒ khôl．

koïlonychie [-ki] 女《医》サジ状爪．

koinè [kɔjne] 女《言》コイネー（共通ギリシア語）；共通語．

kola 男《植》コーラノキ；コーラナット．

kolatier 男《植》コーラノキ．

kolkhoz(e) [-kɔzz] 男《露》（旧ソ連の）コルホーズ，集団農場．

kolkhozien, ne 形 コルホーズの．— 名 コルホーズ員，コルホーズ農民．

Köln ⇒ Cologne．

kopeck [-k] 男 カペイカ（旧ソ連，帝政ロシアの通貨単位．100分の1ルーブル）．
◊ *ne pas avoir un* ~ 話 一銭もない，文無しだ．

kora 女《楽》コーラ（西アフリカの弦楽

Koran 男 ⇨ Coran.
korê / **koré** 女〖美〗コレー(古代ギリシアの女性着衣像).
korrigan, e 名コリガン(ブルターニュ地方の民間伝承の小妖(ﾖﾘ)精).
Kouglof 男クグロフ(アルザス地方の干しブドウ入り菓子).
kouign-amann [-.ɲnaman] 男〖不変〗〖菓〗クイニーアマン.
koulak [-k] 男〖史〗(帝政ロシアの)富農, クラーク.
koulibiac 男〖料〗クリビアック(ロシアのパイ).
kouros [-s]; (複) 〜 (または **kouroi** [-rɔj]) 男〖美〗クーロス(古代ギリシアの裸身青年像).
Koweït [-t] 男クウェート.
krach [-k] 男〖独〗(株の)大暴落; (突然の)倒産.
kraft [-t] 男(包装用)クラフト紙 (=papier 〜).
krak [-k] 男〖史〗(十字軍が築いた)城塞(ｼﾞｮｳｻｲ).
kremlin [krem-] 男 ❶ (K〜) (モスクワの)クレムリン宮殿; 旧ソ連政府. ❷〖史〗(ロシア封建都市中心の)城塞.
krill 男オキアミの群れ.
kriss 男(マレーの波型の)短剣.
krypton [英]〖化〗クリプトン.

ksi 男〖不変〗(ギリシア文字の)クシー (Ξ, ξ).
kummel 男キュンメル酒(ロシア伝来のリキュール).
kumqnat [kumkwat] 男〖植〗キンカン.
kung-fu [kuŋfu] 男〖不変〗〖中国〗カンフー, クンフー(中国拳(ﾂﾞ)法の一種).
kurde 形クルディスタンの.
— 名 (K〜) クルド人.
— 男〖不変〗クルド語.
Kurdistan 男クルディスタン地方(トルコ, イラク, イランの3国にまたがる地域).
kwas [-s] / **kvas** [-s] 男クワス, クヴァス(ロシアの微アルコール性飲料).
kwashiorkor [kwa-] 女〖医〗クワシオルコル(第三世界の児童などのたんぱく質欠乏による栄養失調).
k-way [kawe] 男〖不変〗商標(小さく折り畳める)携帯用レインコート.
kWh 〖記〗kilowattheure キロワット時.
Kyrie [-rje] / **Kyrie eleison** [-eleisɔn] 男〖不変〗〖カト〗キリエ(・エレイソン) (ミサの最初の求憐誦(ｷｭｳﾚﾝｼﾞｭ)).
kyrielle 女 〜 de ... 長々と続く...; 非常に多くの....
kyste 〖医〗嚢(ﾉｳ)胞, 嚢腫(ﾉｳｼｭ); 〖生〗嚢子. ▫**kystique** 形
kyudo [kju-] 男〖日本〗弓道.

L, l

L¹, 1 男《稀に》女 フランス字母の第12字.
L² 男 ❶ (ローマ数字の) 50. ❷ 〖計〗 litre リットル. ❸ livre sterling 英ポンド.
l 〖記〗 litre リットル.
l' le¹,², la の省略形.
la¹ le¹,² の女性形.
la² 男《不変》〖楽〗(階名唱法の) ラ; イ音, A音. ▶ **donner le la** (調律の基準音として) イ音を出す; 範を示す.
là 副 ❶ 《場所》 そこ, あそこ; 《問題点, 進み具合》そこ, その点. ▶ Ne restez pas ici, allez là. ここにいないであっちへ行ってください／On n'en est pas encore là. まだそこまではいっていない. ❷ 《場所》 ここ. ▶ Je reste là. 私はここに残る. ❸ 《時間》 その時, その人. ▶ Là, tout le monde a ri. その時, 皆が笑った. ❹ 《強調》まさに, いったい. ▶ Comment! Que dis-tu là? えっ, いったいなんて言ったの. ❺ 《指示形容詞, 指示代名詞とともに》 ▶ ce jour-là その日 (⇨ ce, celui).
◇ **de là** そこから, その時から; そこから, したがって, その結果. **d'ici là** これからそこまで; 今からそれまでに. **être là** ここ [そこ] にいる, 在宅している; その点に存する; 《là は指示性がなく》 存在する. **être un peu là** たいしたものだ; 勇気がある. **jusque-là** そこまで, その時まで; それほど. **là où ...** ...の場所で; ...の時 [場所] に; 《対立》...なのに. **par là** そこ [ここ] を通って; 《この [その] 辺りに》それによって.
—— 間 ❶ さあさあ, まあまあ《なだめ, 慰め》. ❷ そうさ, まったく《強調》.
◇ **Oh là (là)!** いやはや, おやおや, あらあら.

là-bas 副 ❶ あそこに [で], 向こうに [で]; そちらに [で]. ❷ 下方に [で].
label 男 《英》 ラベル; レッテル. ❷ レコード会社; レーベル.
labelliser／labéliser 他 (製品に) 品質保証をつける.
labeur 男 《文章》つらい仕事, 辛苦, 労苦; 《全集, 辞典など》大口の仕事.
labial, e 形 ❶ 《男複》 **aux** 唇の; 〖音声〗唇音の. —— 女 〖音声〗唇音.
□ **labialiser** 他
labié, e 形 〖植〗唇形の, 唇形花冠の.
labile 形 変化しやすい, 不安定な.
labiovélaire 女, 形 〖音声〗軟口蓋(ﾖが)音の.
labo 男 laboratoire の略.
laborantin, e 名 実験助手.
laboratoire 男 ❶ 実験室, 研究室 [所]. ❷ 《薬品の》調合室, 製薬所; 《菓子類などの》製造所. ❸ 現像所. ❹ ~ **de langues** LL 教室.
laborieusement 副 骨折って, 苦労して.
laborieux, se 形 ❶ よく働く, 勤勉の, 勤労の. ❷ 《文章》(仕事が) 骨の折れる, 困難な; (仕事が) 遅い. ❸ 苦心の跡が見え見えの, 下手な.
—— 名 働き者, 勤勉家.
labour 男 耕作; 《複数》耕作地.
labourable 形 耕作可能な; 耕作に適した.
labourage 男 耕作.
labourer 他 ❶ 耕す. ❷ 掘り返す; 深い溝をつける, 深手を負わす.
laboureur 男 耕す人, 耕作人; 〖史〗富農《耕具, 役畜を所有した者》.
labrador 男 《英》 ラブラドル犬.
labre 男 〖魚〗ベラ.
labyrinthe 男 迷路, 迷宮; 錯綜(ぶい)状, 粉糾, 入り組んだ状態; 〖建〗(教会の床などの) 迷路模様.
□ **labyrinthique** 形
lac 男 ❶ 湖; 《公園などの》池, 貯水池. ❷ 《多量にこぼれた液体》液, 水溜(ﾆ)まり. ❸ 話 失敗, 行き詰まり.
laçage／lacement 男 結ぶ [締める] こと, 結び方.
Lacédémone ラケダイモン《スパルタの正式呼称》.
lacédémonien, ne 形 ラケダイモンの; スパルタ流の.
—— 名 《L~》ラケダイモン人.
lacer ① 他 ひもで結ぶ [締める].
lacération 女 ❶ 引き裂くこと; 〖医〗裂傷. ❷ 話 (ポスターの) 撤去; 旧 (文書の) 破棄.
lacérer ⑥ 他 ❶ 引き裂く; 〖法〗(ポスターを) 撤去する; 旧 (文書を) 破棄する.
lacertiliens 男 複 〖動〗 トカゲ亜目.
lacet 男 ❶ (靴, コルセットなどの) ひも; 組みひも, 編みひも. ❷ ジグザグ, つづら折り; 《狩》 輪差. ❸ 〖鉄道〗 横揺れ; 〖航〗 ヨーイング.
laceur, se 名 網作りの, 網職人.
lâchage 男 ❶ 放つ [放す] こと; 緩む [緩める] こと; (爆弾などの) 投下. ❷ 話 見捨てること.
lâche 形 ❶ 卑怯な; 臆病な. ❷ 緩んだ, たるんだ; 《文章》締まりのない, 冗長な. —— 名 卑怯者; 臆病者.
lâchement 副 ❶ 卑怯に; 〖臆病に〗にも. ❷ ゆるく.
lâcher 他 ❶ 緩める. ❷ 放つ, 放す; (不用意に) 発する, 漏らす; 話 発射する. ❸ 《仕事などを》やめる, 放棄する; 話 見捨てる, 手を切る; 引き離す. ❹ 話 (金を) 出す. ❺ **~ pied** 退却する; たじろぐ. —— 自 ほどける, 壊れる, 切れる.
—— 男 放つ [放す] こと.
lâcheté 女 ❶ 卑怯(ﾋｷｮｳ); 卑劣な行為; 臆病. ❷ 《文章》 気力なさ.
lâcheur, se 名 仲間を見捨てる人; 付き合いをおろそかにする人.
lacis 男 網の目; 《文章》 迷路, 錯綜(ﾀｸｿｳ).
laconique 形 簡潔な.
laconiquement 副 簡潔に.
laconisme 男 簡潔さ, 簡潔な表現.
là-contre 副 それに対して.
lacrima-christi 男 《不変》 ラクリマ・クリスティ《イタリアベスビオ山麓の

lacrymal, ale 形［男複］aux 形 涙の. ► glande ~ale 涙腺(ﾙｲｾﾝ).

lacrymogène 形 催涙性の.

lacs [la] 男 ① 輪姿(ﾜ), 罠(ﾜﾅ).

lactarium 男 母乳供給センター.

lactase 女［生化］ラクターゼ.

lactate 男［化］ラクタート.

lactation 女 授乳, 哺(ﾎ)乳（期）;［生理］乳汁分泌(期).

lacté, e 形 乳の, ミルク入りの; 乳状の, 乳白色の.

lactescent, e 形［植］乳汁の, 乳白色の.

lactifère 形［生理］乳汁分泌性の;［植］乳液を含む.

lactique 形［化］acide ~ 乳酸.

lactoferrine 女［生化］ラクトフェリン.

lactose 男［生化］ラクトース, 乳糖.

lactosérum [-se-] 男 乳清, 乳漿.

lacunaire 形 欠落［欠陥］のある. = amnésie ~ 脱漏性健忘.

lacune 女 ❶ 欠落, 不備, ❷ 空隙(ｸｳｹﾞｷ), すき間. □**lacuneux, se**

lacustre 形 湖の; 湖畔［湖中］に住む. = ► (複数)［古］湖上居住者. ► (複数) ［古］湖上居住者.

lad [-d] 男［英］（競走馬の）調教助手.

là-dedans 副 その［この］中に; そこに.

là-dehors 副 その［この］外(ｿﾄ)に.

là-dessous [-d(ə)su] 副 その［この］下に; そこに; その裏に.

là-dessus [-d(ə)sy] 副 ❶ その［この］上に; その上について. ❷ そこで, そう言うと.

ladino 男 ユダヤスペイン語.

ladite ledit の女性形.

ladre 形, 名 けちな（人）.

ladrerie 女［文語］吝嗇(ﾘﾝｼｮｸ).

lady [le-]; 〔複〕~s（または **ladies**）女［英］英国の貴婦人.

lagon 男 礁湖（環礁内の浅い海）.

lagopède 男［鳥］ライチョウ.

lagué, e 形 遅れをとった.

laguiole [lagjo-/lajo-] 男 ラギオルチーズ; ラギオルナイフ.

lagune 女 ラグーン, 潟, 潟(ｶﾀ)湖. □**lagunaire**

là-haut 副 あの［この］上に; 上の階に; 天国に.

lai¹, e 形［カト］frère lai［sœur laie］助修士［助修女］.

lai² 男［文］レー（中世の短い物語詩）.

laïc 形, 男 ⇒ laïque.

laïcat 男（集合的）一般信徒.

laïche / **laiche** 女［植］スゲ.

laïcisation 女 非宗教化, 世俗化.

laïciser 他 非宗教［世俗］化する.

laïcisme 男 世俗主義; 政教分離論.

laïcité 女 非宗教性, 世俗性; 政教分離.

laid, e 形 醜い, 見苦しい; 恥ずべき.
= 名 醜い人. ― 男 醜いもの.

laidement 副 醜く, 見苦しく.

laideron 男 不美人.

laideronne 形女［古風］不美人な.

laideur 女 醜さ, 醜悪さ; 醜いもの, 恥ずべき行為.

---

laisser

laie¹ 女 イノシシの雌.

laie² 女 林道.

laie³ 女（石切り用の）槌(ﾂﾁ).

lainage 男 ❶ 毛織物(類); 毛織物; ニットウエア. ❷［繊］毛羽立ち.

laine 女 ❶ 羊毛, ウールの毛; 毛織物（編物用）毛糸. ❷［植］綿毛(ﾜﾀｹﾞ). ❸ 毛状製品. ► ~ de verre ガラスウール. ◇*se laisser manger la* ~ *sur le dos* 食い物にされる.

lainer 他［繊］（生地を）毛羽立てる.

lainerie 女 ❶ 毛織物（業）, 毛織物店. ❷ 羊毛剪毛［羊毛加工］作業場.

laineur, se 名 毛羽立て工. ― 女［繊］毛羽立て機.

laineux, euse 形 ❶（羊）毛の多い; 羊毛に似た. ❷［植］綿毛(ﾜﾀｹﾞ)で覆われた.

lainier, ère 形 羊毛の, 毛織物の. ― 名 羊毛商人; 羊毛加工職人.

laïque 形 聖職者でない, 一般信徒の. ❷ 宗教と無関係の. ― 名 一般信徒, 非聖職者.

laird [-d] 男（スコットランドの）領主.

lais 男 betw州(ﾂ), 寄州.

laisse 女 ❶（犬などの）引き綱. ❷［地理］潮間帯. ❸［文］（武勲詩の）詩節.
◇*tenir en* ~ 自由に行動させない; 思い通りに引き回す.

laissé-pour-compte, **-e-~**~ ;（複）~s-~-~ 形 ❶ 拒否された, 売れ残った. ❷ 相手に必要とされない. ― 名 相手（に必要）とされない人, 落ちこぼれ. ❷ 返品, 売れ残り.

laisser 他 ❶ ❶ 残す; 置いて立ち去る; 置き忘れる; 失う. ~ une marge 余白を空けておく /*J'ai laissé ma voiture sur la place.* 私は車を広場に置いてきた /*J'ai laissé mes lunettes à la maison.* 私は眼鏡を家に忘れてきた / *y* ~ *sa vie* 命を落とす. ❷ 預ける, 任せる; 譲る. ► ~ *sa clef à son voisin* 鍵を隣人に預ける / ~ *la parole à* ... に発言させる. ❸ ほうっておく, 打ち捨てる. ► *Laissez donc cela.* それはほうっておきなさい. ❹ ► A B A をそのままにしておく. ► *Laisse moi tranquille.* (私をそっとしておいて→)ほっといてよ /*Cela me laisse froid* [*indifférent*]. そんなこととは私にはどうでもいい.

❷（不定詞とともに）（放任）…させておく. ► ~ *faire* 任せておく /*Je laisse François écouter la radio.* =*Je laisse écouter la radio à* [*par*] *François.* フランソワにラジオを聞かせてやろう.

◇*Bien faire et* ~ *dire.* 圏 するだけのことはして, 人の評判など気にするな. ► ~ *à désirer* 改善の余地がある. ~ *à penser* [*juger*] ... の判断に任せる. ~ *à penser que* ... と考えられる, ということらしい. *ne pas* ~ *de* + *inf.* 文語（それでもやはり）…し続ける.

― *se* ~（不定詞とともに）…される（に任せる）; …するに任せる; 圏 結構…できる. ► *se* ~ *persuader* 説き伏せられる / *se* ~ *tomber* 転ぶ, 落ちる.
◇*se* ~ *aller* なげやりになる. *se* ~ *aller à* ...（怒りなどに）我を忘れる.

laisser-aller

se ~ dire que ... …ということを耳にする。**se ~ faire** 人の言うなりにする；〖話〗(気をそそる)勧めに従う；自分の気持ちに正直になる。

laisser-aller 男〖不変〗だらしなさ，いい加減さ，無頓着。

laisser-faire 男〖不変〗無干渉，自由放任。

laissez-passer 男〖不変〗通行許可証；フリーパス。

lait 男 ❶ 乳；牛乳，ミルク。▶ **thé au ~** ミルクティー／**frère de ~** 乳兄弟。❷ 乳液；乳状物。▶ **~ de beauté** 化粧用乳液。◊ **boire du (petit-)~** 〖話〗大満足する。

laitage 男 ミルク；乳製品。

laitance 女 (魚の)白子(⅔¹)。

laité, e 形 (魚の)白子(⅔¹)を持つ。

laiterie 女 ❶ 牛乳[乳製品]工場；牛乳[乳製品]加工販売業。❷ (農場の)生乳置き場。

laiteron 男〖植〗ノゲシ。

laiteux, se 形 乳白色の；乳状の。

laitier, ère 名 牛乳屋；牛乳配達人。— 形 牛乳[乳製品]の。— 女 ❶ 乳牛。❷ (ふた，取っ手付き)牛乳缶。— 男〖金〗スラグ，鉱滓(ホッ)。

laiton 男 真鍮(ホッᵘ)，黄銅。◊ **laitonner** 他 ❶〖金〗真鍮(ホッᵘ)[黄銅]めっきをする。❷ 真鍮の針金を入れる。□**laitonnage** 男

laitue 女〖植〗レタス，チシャ。

laïus [-s] 男〖話〗(長い)演説[話]。

laïusser 自〖話〗長々と演説する[しゃべる]。□**laïusseur, se** 名

laize 女 布地幅，織り上げ幅。

lala 間 Oh [Ah] ~! あーあ，うーむ (落胆，困惑，嫌気，いらだちなど)。

lallation 女〖音声〗❶ 1音発音不全；〖心〗(幼児の)レロレロ音。

lama¹ 男〖動〗ラマ。

lama² 男 ラマ僧。

lamaïsme 男〖宗〗ラマ教；ラマ教団。

lamaïste 形，名 ラマ教の(教徒)。

lamanage 男〖海〗水先案内人；係船作業。

lamaneur 男〖海〗水先案内人；(係船作業を行う)船頭。

lamantin 男〖動〗マナティー。

lamaserie 女 ラマ教の僧院。

lambada 女 ランバダ(男女が体を密着させて踊るブラジルのダンス)。

lambda [-dα] 男 ❶ (ギリシア字母の)ラムダ (Λ, λ)。— 形〖不変〗普通の，凡庸な。

lambeau (複) **x** 男 (布，紙，肉などの)切れ端，断片。◊ **partir [tomber] en ~x** ずたずたになる。

lambic(k) 男 ランビック(ベルギー産の黒ビール)。

lambin, e 名，形 〖話〗(な)。

lambiner 自 ぐずぐずする。

lambourde 女 ❶〖建〗根太(♠)掛け；下地板。❷〖園〗短果枝。

lambrequin 男 ❶ (陶磁器，装本などの)装飾文様。❷ (寝台の天蓋(ᶠᵘ)や窓の)垂れ飾り。

lambris 男 ❶〖建〗(壁，天井の)板張り，板羽目；(大理石などによる)化粧。❷ — **dorés** 豪華な室内装飾；豪邸。

lambrisser 他〖建〗(…の)壁，天井を)板張り[羽目]にする。□**lambrissage** 男

lambrusque / lambruche 女〖植〗ラブルスカブドウ。

lambswool [lǽbswul] 男〖英〗ラムウール(の毛織物)。

lame 女 ❶ 薄板；薄片，箔(ⁿ)。▶ ~ **mince** (鉱物の)顕微鏡観察用薄片。❷ (刀などの)刃，刀身。❸ (海の)波。❹ (顕微鏡の)スライドグラス。❺〖繊〗綜絖(ドᵘ)糸；ラメ(金属箔の糸)。❻〖解〗板状の骨。❼〖植〗葉身。◊ **fine [bonne] ~** 剣の達人；切れ者。**de fond** 津波；大変動。

lamé, e 形 ラメ入りの。— 名 ラメ。

lamellaire 形 薄層構造の；薄層状の。

lamelle 女 ❶ 薄板；薄層，薄板。❷ (顕微鏡の)カバーグラス。

lamellé, e / lamelleux, se 形 薄片で[薄層で]できた。

lamellé-collé (複) **~s-~s** 男 積層接着材。

lamellibranches 男複〖貝〗弁鰓(ˢᵉⁱ)類。

lamelliforme 形 薄片状[形]の。

lamentable 形 ひどい，無残な，情けない；痛ましい，悲しげな。□**lamentablement** 副

lamentation 女 嘆き声；悲嘆，泣き言。

se lamenter 代動 嘆く，不平を言う。

lamento [-men-] 男〖伊〗〖楽〗ラメント(オペラなどの嘆きの場の音楽)。

lamie 女 ❶〖神話〗ラミア(下半身が蛇の女怪物)。❷〖魚〗ニシモドキザメ。

lamier 男〖植〗オドリコソウ。

lamifié, e 形 合板の，ラミナ合板。

laminage 男 ❶〖金〗圧延。❷ 削減，縮小；衰退。

laminaire 女〖植〗コンブ。

laminectomie 女〖医〗椎弓(ᵏᶦᵘ)切除(術)。

laminer 他 ❶〖金〗圧延する。❷ 押しつぶす；縮小 [削減] する。

lamineur 名 圧延工。— 形〖金〗圧延用の。

lamineux, se 形〖解〗**tissu ~** 層状組織。

laminoir 男〖金〗圧延機。◊ **passer au ~** 厳しい試練を受ける。

lampadaire 男 フロアスタンド；街灯。

lampant, e 形 灯火用に精製した。▶ **pétrole ~** 灯油。

lamparo 男〖漁〗集魚灯。

lampas [-(s)] 男 ランパ(室内装飾用織物)。

lampe 女 ❶ 電灯，ライト；電球。▶ ~ **de poche** 懐中電灯。❷ (照明用，加熱用の)ランプ。▶ ~ **à alcool** アルコールランプ。❸ 真空管，電子管。

lampée 女 〖話〗(飲み物の)一飲み。

lamper 他 一息に [がぶがぶ] 飲む。

lampe-tempête (複) **~s-~** 女 全天候型ランプ。

lampion 男 紙提灯(ちょうちん); 小型ランプ, カンテラ. ◇*sur l'air des* ~ s 3拍子で, 3音節に区切って.

lampiste 男 ❶ 灯火[照明]係. ❷圏 下役, 下っ端.

lampourde 安〖植〗オナモミ.

lamproie 安〖魚〗ヤツメウナギ.

lampyre 男〖昆〗ホタル.

lançage 男〖土木〗杭(くい)打ち.

lance 安 ❶ 槍(やり); 槍兵(隊). ❷(ホースの)ノズル. ◇*rompre une* ~ [*des* ~*s*] *avec* ... …と論争する.

lancé, e 形 ❶ 世に出た, 有名になった. ❷ 投げられた, 発射された. ❸ 始動した; 突進する. ❹ 圏 話し始めた.
—安 はずみ, 勢い, 速さ. ◇*sur sa* ~ はずみで, 勢いに任せて.

lance-amarre (複) ~ (*s*) 男〖海〗索発射器.

lance-bombes 男 爆弾投下装置.

lance-engins 男 ⇨ lance-missiles

lance-flammes 男 火炎放射器.

lance-grenades 男 擲(てき)弾発射筒.

lancement 男 ❶ 投げること, 投擲(とうてき); 発射. ❷ 開始, 着手; 売り出し, 発表. ❸ 架橋; (船の)進水.

lance-missiles 男 ミサイル発射装置.

lancéolé, e 形〖植〗披(ひ)針形の. ❷〖機〗ランセット(式)の.

lance-pierre(**s**) 男 (石などを飛ばす)パチンコ.
◇*manger au* ~ 大急ぎで食べる.

lancer¹ ⓘ 他 ❶ 投げる, 投げ出す; 発射する; 放つ, 発する. ❷ 送りつける; 差し向ける. ❸ 動かす; 開始する; 売り出す, 発表する; 世に出す. ❹(好みの話題を)話させる. ❺(船を)進水させる. ◇(獲物を)狩り出す.
—*se*— ❶ 投げられる, 発射される. ❷ 突進する. ❸ 取り組む, 身を投じる. ❹ 自分を売り込む; 世に出る.

lancer² 男 ❶ 投げること; (砲丸などの)投擲(とうてき)(競技). ❷ *pêche au* ~ ルアー釣り. ❸ ~ *de rayons* レイトレーシング(コンピュータグラフィックスの手法).

lance-roquettes 男〖軍〗ロケット発射筒.

lance-torpilles 男 魚雷発射装置.

lancette 安 ❶〖医〗ランセット. ❷〖建〗ランセット窓.

lanceur, se 名 ❶ 投げる人,〖スポ〗投擲(とうてき)選手; 投手. ❷〖釣〗ルアー釣りをする人. ❸ 発起人; セールスプロモーター. —男 (人工衛星等の)打ち上げロケット; ミサイル搭載原子力潜水艦.

lancier 男 槍騎兵.

lancinant, e 形 ずきずきする, うずく; しつこく悩ませる.

lanciner 自 うずく. —他 激痛で苦しめる; しつこく悩ませる.
□**lancinement** 男 / **lancination** 安

lançon 男〖魚〗イカナゴ.

land [lã:d] 男 *länder* [lende[œ:r]] 男〖独〗(多く L~ S)(ドイツ, オーストリアの)州.

landais, e 形 ランド Landes 地方[県]の.
—名 (L~) ランド地方[県]の人.

landau 男〖独〗❶ (フード付き)乳母車. ❷ ランドー型幌付四輪馬車.

landaulet 男 ランドー型幌付自動車.

lande 安 荒れ地, ランド.

lander(e)au 男〖農〗小ランド(いさかい, 競争の絶えない狭い世界)[業界].

Landes 安複 ❶ ランド県 [40]. ❷ ランド地方(ボルドー南方の森林地帯).

landier 男 薪製 載せ台.

landsturm [-dʃturm] 男〖独〗(スイスの)予備役部隊.

landtag [-dtag] 男〖独〗(ドイツ, オーストリアの)州議会.

landwehr [-dveːr] 安〖独〗(ドイツやスイスの)後備軍.

langage 男 ❶ 言語(能力); 言葉(遣い), 用語(法). ❷ (音楽家, 画家などの)表現形態, 手法. ❸〖情報〗言語.
◇~ *de programmation* プログラミング言語.

langagier, ère 形 言語の, 語法の [言葉遣い].

lange 男 産着, おくるみ; おしめ.

langer ⓘ 他 産着 [おしめ] でくるむ.

langoureux, se 形 (恋などに)悩んだ; 物憂げな, 悩ましげな.
□**langoureusement** 副

langouste 安〖動〗イセエビ.

langoustier 男 イセエビ取りの網 [漁船].

langoustine 安〖動〗ヨーロッパアカザエビ.

langue 安 ❶ 舌; 舌状のもの. ❷ しゃべること [人]. ► *mauvaise* ~ 毒舌家. ❸ 言語, 国語; 言葉(遣い); 用語(法). ► *la* ~ *anglaise* 英語. ❹〖料〗(牛, 豚などの)タン, タン. ◇*avaler sa* ~ 口をつぐむ. *avoir la* ~ *bien pendue* よくしゃべる. *avoir la* ~ *trop longue* 口が軽い. *prendre* ~ *avec* ... …と交渉を始める. *tenir sa* ~ 秘密を守る. *tirer la* ~ (1) (ばかにして)舌を出す. (2) 喉(のど)が乾いている. (3) 金に困っている; 窮地に陥っている.

langue-de-chat; (複) ~*s*-~-~ 安 ラングドシャ(薄いクッキー).

langue-de-serpent; (複) ~*s*-~-~ 安〖植〗ハナヤスリ.

Languedoc 男 ラングドック地方(フランスの地中海沿岸地方).

languedocien, ne 形 ラングドック地方の.
—名 (L~) ラングドック地方の人.

Languedoc-Roussillon 男 ラングドック=ルシヨン地方(フランス南部).

languette 安 ❶ 小さな舌状のもの; (靴の)舌革. ❷〖建〗(板の接合部の)さね, ほぞ(桟). ❸〖楽〗リード. ❹(秤(はかり)の)針, 指針.

langueur 安 ❶ 物憂さ, 物思い, 憂愁. ❷ 衰弱, 無気力.

languever [-geje] ⓘ 他〖楽〗(パイプオルガンのリード管に)リードをつける.

languide 形 文章 力のない, やつれた.

languir 自 活気がなくなる, 不振になる. ❷ 待ち焦がれる, じれる. ❸ 文語 苦しむ; 思い悩む. ❹（植物が）しおれる. **—se** 自 退屈する; 焦れる.

languissamment 副 文語 力なく, 物憂げに.

languissant, e 形 活気のない, 不振な; 文語 恋焦がれた, 悩ましげな.

lanière 女 細長い（革）帯, （革）ひも.

lanifère 形 植 綿毛のある.

lanlaire 副 envoyer ... se faire ~ …を追い払った, 追い出す.

lanoline 女 ラノリン, 羊毛脂.

lansquenet 男 (15, 16世紀に傭兵としてフランスに来た) ドイツ歩兵.

lantanier / lantana 男 植 ランタナ, シチヘンゲ (七変化).

lanterne 女 ❶ 角灯, ランタン, 提灯(ちょうちん), ランプ. ❷ (自動車の) 車幅灯, スモールランプ. ❸ ~ magique （幻燈）機. ❹ 建 （採光, 通風用の）頂塔. ◇ *éclairer la ~ de* ... …に分かるように説明してやる. ~ *rouge* (列車などの) 赤色灯, 尾灯, 最後尾. *prendre des vessies pour des ~s* とんだ思い違いをする.

lanterneau 男 (複) x / **lanternon** 男 建 天窓, (屋根上の) 明かり取り.

lanterner 自 だらだらと時間をつぶす. ▶ *faire ~* 待たせる.

lanugineux, se 形 植 綿毛（ぬんもう）に覆われた.

lao 男 ラオ語.

laogai [-gaj] 男 労改 (中国で労働により国民の更生を図ること).

Laon [lɑ̃] ラン (Aisne 県の県庁所在地).

Laos [-s] 男 ラオス.

laotien, ne [-sjɛ̃, ɛn] 形 ラオスの. **—名** (L~) ラオス人. **—男** ラオ語.

lapalissade 女 自明の理, 分かりきったこと.

laparotomie 女 医 開腹（術）.

lapement 男 （犬, 猫が）舌を鳴らして飲むこと; 舌のピチャピチャいう音.

laper 他, 自 （犬, 猫などが）舌を鳴らして飲む.

lapereau 男 (複) x 子ウサギ.

lapicide 男 石の碑銘彫り工.

lapidaire 男 ❶ 宝石細工職人, 宝石商. ❷ 宝石加工機 (研磨用) 回転砥石 (といし). ❸ (中世の) 宝石博覧 (記). **—形** ❶ 宝石の. ❷ 簡潔な. ◇ *lapidation* 女.

lapider 他 石を投げつけて殺す; 非難する. ◇ *lapidation* 女.

lapié 男 地 ラピエ, 墓石地形.

lapilli [-pili] 男 (伊)地 火山礫(れき).

lapin 男 ❶ 動 ウサギ; ウサギの肉 [毛皮]. ◇ *chaud ~* 話 精力絶倫の男, 好色漢. *coup de ~* うなじへの一撃; 鞭打ち症. *poser un ~ à* ... 話 …に待ちぼうけをくわせる. ❷ 男 雌ウサギ.

lapine 女 雌ウサギ.

lapiner 自 （ウサギが）子を産む.

lapinière 女 ウサギ小屋 (飼育場).

lapinisme 男 囗 多産, 子だくさん.

lapis [-s] / **lapis-lazuli** [-s]-] 男 鉱 ラピスラズリ.

lapon, (n)e 形 ラップランドの. **—名** (L~) ラップランドの人, ラップ人. **—男** ラップ語.

Laponie 女 ラップランド (北極圏内に属するヨーロッパ最北部).

laps [-s] 男 ~ *de temps* 期間.

lapsi 男 複 (ラ) キ教 (特に 3 世紀の) 棄教者.

lapsus [-s] 男 (言葉の言い書き）違い; （無意識の）誤り.

laquage 男 ラッカー塗装; 漆塗り.

laquais 男 ❶ 従僕, 召し使い. ❷ 文 卑心の卑しい人.

laque 女 ❶ 樹脂. **—女** ❶ 漆器: ラッカー, ニス. ❷ マニキュア; ヘアスプレー. **—男** 漆器.

laqué, e 形 ❶ 漆 (ラッカー, マニキュア) を塗った. ❷ ヘアスプレーをかけた. ❸ 料 *canard ~* ペキンダック.

laquelle lequel の女性形.

laquer 他 漆 [ラッカー, マニキュア] を塗る; ヘアスプレーをかける.

laqueur 男 漆器職人; ラッカー職人.

laqueux, se 形 漆のような.

laquier 男 植 ウルシ.

larbin 男 卑 従僕.

larcin 男 文語 小さな盗み; 盗品.

lard 男 (豚などの) 脂肪, 脂身. ▶ *petit ~* 豚ばら肉. ◇ *faire du ~* 話 ぶくぶく太る. *gros ~* 話 でぶ. *tête de ~* 話 頑固者.

larder 他 料 細切りの背脂を差し込む. ❷ 何度も突く, 貴める.

lardoire 女 料 (脂身を肉に差し込むための) ピン針.

lardon 男 ❶ 料 細切りの背脂. ❷ 囗 子供.

lardonner 他 料 （背脂などを）細長い小片に切る.

lare 男 (古) (家などの) 守護神.

largable 形 航 （緊急時に）投棄できる.

largage 男 (飛行機などからの) 投下.

large 形 ❶ (幅の)広い; ゆったりした. ▶ *~ de* ... 幅…の. ❷ 相当の, 大幅な. ❸ 気前のよい; 心の広い, 鷹揚な. **—副** ❶ 広く, 大きく; ゆったり. ❷ 大ざっぱに; 少し多めに見積もっている. ◇ *ne pas en mener ~* びくびくしているへたたれない; *voir ~* 視野が広い; 度量が大きい. **—男** ❶ ... *de ~* 幅…の. ❷ 沖, 外海. ◇ *Au ~* 近づくな. *au ~ de* ... ...の近海で [に]; 近くで [に]. *être au ~* 広々としている; 裕福である. *prendre* [*gagner*] *le ~* 話 逃げ去る.

largement 副 ❶ 広く, 大きく; 十分に, 大量に; 気前よく. ❷ 少なくとも, ゆっくに.

largesse 女 気前のよさ; (複) 気前のよい贈り物.

larget 男 シートバー (圧延材の一種).

largeur 女 ❶ 幅; 横; 太さ, 直径. ❷ (心の) 広さ, 寛大さ. ◇ *les grandes ~s* 話 すっかり, 完全に.

larghetto [-ge-] (伊) 楽 ラル

ゲット(ラルゴよりやや速く).
— 男 ラルゲットの曲).

largo (伊)〖楽〗ラルゴ, 非常にゆっくりとした速度で. — 男 ラルゴの曲).

larguer 他 ❶ (綱などを) 緩める, ほどく. ❷ (飛行機から) 投下する. ❸ 話 ~を捨てる, 厄介払いする.
◊~ *les amarres* 出発する.

largueur 男 パラシュート降下班長.

lariformes 男複 〖鳥〗カモメ亜目.

larigot 男 〖楽〗ラリゴ (オルガンストップ名). ❷ 古 小さな笛.

larme 女 ❶ 涙. *une ~ de ...* 少量の….
◊*avoir des ~s dans la voix* 涙声になっている. *pleurer à chaudes ~s* さめざめと泣く. *rire aux ~s* 涙が出るほど笑う.

larme-de-Job [-ʒɔb] 〈複〉*s~ ~-~* 〖植〗ジュズダマ.

larmier 男 ❶ 建 雨覆い(石). ❷ 目頭. ❸ 畜 (馬の)こめかみ.

larmoyant, e 形 ❶ 涙を流す [誘う]. ❷ 泣き言を言う, めそめそする.

larmoyer 10 自 ❶ 涙を流す. ❷ 泣き言を言う, めそめそする.
□**larmoiement** 男

larron 男 ❶ 古 山賊, 追いはぎ, 盗賊; 泥棒. ❷ 〖土木〗排水路.
◊*le troisième ~* 漁夫の利を得る者. *s'entendre comme ~s en foire* ぴったり息が合う.

larsen [-sɛn] 男 ハウリング (= effet ~).

larvaire 形 ❶ 〖動〗幼生の, 幼虫の. ❷ 未発達な, 未熟な.

larve 女 ❶ 〖動〗幼虫, 若虫. ❷ 人間の屑くず (*= ~ humaine*). ❸ 怠け者.

larvé, e 形 潜在的な, 隠れた.

larvicide 形 幼虫を殺す.
— 男 殺幼虫剤.

laryngale 女 〖音声〗喉(こう)頭音.

laryngé, e / laryngien, ne 形 喉(こう)頭の.

laryngectomie 女 〖医〗喉(こう)頭摘出(術).

laryngite 女 〖医〗喉(こう)頭炎.

laryngologie 女 〖医〗喉(こう)頭学.

laryngologue / laryngologiste 名 〖医〗喉(こう)頭学者.

laryngoscope 男 〖医〗喉(こう)頭鏡.

laryngoscopie 女 〖医〗喉頭鏡検査(法).

laryngotomie 女 〖医〗喉(こう)頭切開(術).

larynx [-ks] 男 〖解〗喉(こう)頭.

las¹, se 形 疲れた; 元気 [気力] のない. ❷ *de* (…に)うんざりした.

las² [-s] 間 文章 ああ (嘆き, 悲しみ).

lasagne 〈複〉*~(s)* 女 〖料〗ラザーニャ.

lascar 男 英 ❶ 大胆な男; 抜け目のないやつ.

lascif, ve 形 扇情的な, 官能的な; 好色な. □**lascivement** 副

lascivité / lasciveté 女文章 好色, 淫(いん)乱.

laser [-zɛr] 男 〖英〗レーザー.

lassant, e 形 うんざりさせる, 退屈な.

lasser 他 ❶ うんざりさせる, 退屈させ

る. ❷ (気持ちなどを)くじく, そぐ.
— *se* ~ 飽きる, うんざりする.

lassitude 女 疲労; 退屈, 倦(けん)怠.

lasso [-s] 男 投げ縄.

lastex [-ks] 男 〖繊〗ラステックス.

latanier 男 〖植〗ラタニア (ヤシ科の巨木).

latence 女 ❶ 潜在; 潜伏; 〖精神分析〗 *période de ~* 潜在期. ❷ 〖心〗潜時 (刺激から反応までの時間).

latent, e 形 潜在的な, 隠れた. ◊ 〖闘〗*œil* ~ 潜伏芽.

latéral, ale 形 (男複) *aux* ❶ 側面の, 横の; 付随的な, 間接的な.
— 女 〖音声〗側音. □**latéralement** 副 側面に, 横から.

latéralisation 女 〖心〗側性化 (利き手が決定されること).

latéralisé, e 形 〖心〗*bien* [*mal*] ~ 利き手のはっきりした [しない].

latéralité 女 〖医〗左右差, 側性 (手などの左右の機能が異なること).

latérite 女 〖地〗ラテライト, 紅土. □**latéritique** 形

latex [-ks] 男 (ゴムの木の)乳液; ラテックス.

laticifère 形 〖植〗乳液を含む.
— 男 乳管.

latifolié, e 形 〖植〗広葉の.

latifundium [-fɔ̃-]; 〈複〉*a* 男 〖ラ〗〖古〗ラティフンディウム, 大土地所有.

latin, e 形 ❶ 〖古史〗ラティウム Latium の; 古代ローマの. ❷ ラテン系 [民族] の; ラテン語の. ❸ 〖キ教〗古典式の. ► *Eglise* ~ ローマ・カトリック教会. ◊ *Quartier* ~ カルチェ・ラタン (セーヌ川左岸の学生街).
— 名 (L~) 古代ローマ人; ラテン人; ラテン系の人.
— 男 ラテン語. ◊ *~ de cuisine* でたらめなラテン語. *y perdre son ~* 話 さっぱり理解できない.

latinisant, e 形 ❶ ラテン語に精通した. ❷ 〖キ教〗ローマ・カトリック教会の礼拝を行う.

latiniser 他 ❶ (語を)ラテン(語)化する; ラテン文字 [ローマ字] で表記する. ❷ (民族などを)ラテン化する. □**latinisation** 女

latinisme 男 ラテン語特有の語法.

latiniste 名 ラテン語 [文学] 研究者; ラテン語 [文学] 専攻の学生.

latinité 女 ラテン文化, ラテン世界.

latino 形 (米国の)ラテンアメリカ (系) の.
— 名 (米国の)ラテンアメリカ出身者.

latino-américain, e 形 ラテンアメリカの.
— 名 (L~) ラテンアメリカ人.

latitude 女 ❶ (行動の)自由. ❷ 緯度. ❸ (ある緯度の)風土, 気候.

latitudinaire 名 〖英国国教会の〗広教会派の人.

Latium [-sjɔm] 男 ラティウム (イタリア中部の地方で, 古代ローマ発祥の地).

lato sensu [-sɛ̃-] 副句 〖ラ〗広い意味で(は).

latrie 女 〖キ教〗*culte de* ~ ラトリア (神にのみささげられる最高礼拝).

latrines

latrines 囡複《氏舎などの》便所.
latte 囡 ❶《壁, 屋根の下地に用いる》小幅板; 木摺(ﾘ). ❷《複数》俗 靴; 足. ❸複 スキー.
latter 他《建》小幅板[木摺(ﾘ)]を打ちつける. 図**lattage** 男
lattis 男複 小幅板を打ちつけた細工; 木摺(ﾘ)下地.
laudanum 男《薬》アヘンチンキ.
laudateur, trice 图 称賛者.
laudatif, ve 形 称賛する, 賛美する.
laudes 囡複《カト》《聖務日課》の賛課.
lauracées 囡複《植》クスノキ科.
laure 囡《ギリシア正教の》修道院.
lauré, e 形 文語 月桂(ｹﾞ)冠を頂いた.
lauréat, e 形 受賞した; 月桂(ｹﾞ)冠を授与された. —图 受賞者.
laurier 男 ❶《植》ゲッケイジュ《月桂樹》. ❷《料》ローリエ, ベイ・リーフ. ❷《複数》文語 栄光, 名誉.
 ◊ *s'endormir [se reposer] sur ses ~s* 最初の成功で満足する.
laurier-cerise 男《複》~s~~s《植》セイヨウバクチノキ《バラ科の高木》.
laurier-rose 男《複》~s~~s《植》セイヨウキョウチクトウ.
laurier-sauce 男《複》~s~~《料》ゲッケイジュ《の葉》, ローリエ.
laurier-tin 男《複》~s~~s《植》ガマズミ属の小低木.
Lausanne ローザンヌ《スイス西部の都市》.
lause / lauze 囡《建》《屋根用》板石.
LAV 男 多発性リンパ節性病変ウイルス.
lavable 形 洗える, 洗濯の利く.
lavabo 男 ❶ 洗面台, 化粧室. ❷《複数》手洗い, トイレ. ❸《カト》洗手礼《の祈り》.
lavage 男 洗うこと; 洗濯; 洗浄.
Laval ラヴァル《Mayenne 県の県庁所在地》.
lavallière 囡 大型の蝶(ﾁｮｳ)結びネクタイ.
lavande 囡《植》ラベンダー; ラベンダー香水. —形《不変》ラベンダー色の.
lavandière 囡 ❶ 文語 洗濯女. ❷《鳥》ハクセキレイ.
lavandin 男《植》ラバンディン《ラベンダーとスパイクの雑種》.
lavaret 男《魚》ワカサギ科の一種.
lavasse 囡 ❶ 水っぽい飲み物.
lavatory;《複》ies 男《英》古風 公衆便所.
lave 囡 ❶ 溶岩, 火山岩. ❷《地》~ *torrentielle* 泥流.
lavé, e 形 ❶ 洗った, 洗濯の. ❷《色が》うく薄い; 色褪せた. ❸《美》《絵の具などを》ぼかした.
lave-dos 男《背中用》長柄ブラシ.
lave-glace 男《車》ウインドーウォッシャー.
lave-linge 男《不変》洗濯機.
lave-mains 男 小型洗面台.
lavement 男 ❶ 浣(ｶﾝ)腸. ❷《カト》洗足.
lave-pont 男 柄付きブラシ.
laver 他 ❶ 洗う, 洗浄[洗濯]する. ❷《汚名などを》そそぐ. ❸《美》《絵の

具で》薄める; 淡彩を施す. ❹《鉱》洗鉱する.
 ◊ ~ *la tête à...* 強く叱る.
— **se** — ❶ 自分の《頭などを》洗う. ❷《se》洗濯される; 洗濯が利く. ❸《de》自分の《分の》汚れをそそぐ.
 ◊ *se* ~ *les mains de ...* の責任を負わない.
laverie 囡 ❶ コインランドリー. ❷《鉱》洗鉱場.
lave-tête 男《不変》《理髪店, 美容院の》洗髪台.
lavette 囡 ❶ 食器洗いの布《ブラシ》. ❷《俗》無気力な《元気のない》人.
laveur, se 图 洗う人. —男 洗浄機.
lave-vaisselle 男《不変》食器洗い機.
lave-vitre 男 ➡ lave-glace.
lavis 男 淡彩画; 水墨《画》.
lavoir 男 ❶ 共同洗濯場. ❷《鉱》洗鉱場.
lavure 囡《台所などの》洗い水.
lawrencium [lɔrɑ̃siɔm]《英》《化》ローレンシウム《超ウラン元素の一つ》.
laxatif, ve 形《医》緩下の. —男 緩下剤.
laxisme 男 寛容[放任]主義; けじめのなさ.
laxiste 形 寛容すぎる, けじめのない. —图 寛容論者; 自由放任主義者.
laxité 囡 緩み, たるみ; 弛(ｼ)緩.
laye 囡《石切り用の》樋(ﾋ).
layer[1] 他《森林に》林道をつける.
layer[2] 他《石材を》削って仕上げる.
layette 囡 ❶ 新生児用衣料, 産着. ❷《引き出しの多い》小物入れ.
layon 男 森林の小道.
lazaret 男《港, 国境, 空港の》検疫所, 隔離所.
lazariste 男《カト》ラザリスト会会員.
lazulite 囡《鉱》天藍(ﾗﾝ)石.
lazzi [la(d)zi];《複》~*s* 男《伊》からかい.
LCD 男 液晶ディスプレイ.
le[1]**, la; les** 定冠《le, la は母音・無音の h の前で l' となる. le, les は次のように縮約される. à + le → au, à + les → aux ; de + le → du, de + les → des》
❶《普通名詞とともに》❶《特定》その, あの; 例の. ► *Fermez la porte.* ドアを閉めてください / *C'est l'homme dont je vous ai parlé.* あの人があなた《方》にお話しした人物です / 《唯一物》*le soleil* 太陽 /《日付》*le 8 mai* 5月8日 /《身体部位》*J'ai mal à la tête.* 頭が痛い /《総称》*J'aime le café.* 私はコーヒーが好きです / *L'homme est mortel.* 人間はいつかは死ぬものである / *Les hommes sont égoïstes.* 人間はだれも皆利己的である. ❷《配分》... につき. ► *deux euros le kilo* 1キロ 2ユーロ / *le dimanche* 毎日曜に. ❷ 固有名詞とともに》❶《人名・都市名以外の固有名詞は原則として定冠詞をつける》► *la France* フランス / *la*

Seine セーヌ川. ❷《人名・都市名に例外的に定冠詞を伴う場合》《姓, 都市名の一部》Mme de la Fayette ラ・ファイエット夫人 / Le Havre ル・アーヴル /《形容詞などで特定化される場合》la Rome antique 古代ローマ. ❸《複数》……の人［一族］……のような人々. ━ les Thibault チボー家の人々 / les Bourbons ブルボン王家《姓は単数が原則. フランス王家の場合は複数》 / les Homères ホメロスのような人たち《姓は複数が原則》. ❹……の作品. ━ les Rubens du Louvre ルーヴルにあるルーベンスの絵. ❺《親しみ, 軽蔑》━ le Dupont デュポンのやつ.
❸《形容詞, 副詞, 動詞とともに》❶《名詞化》━ le beau 美 / le manger et le boire 食べ物と飲み物. ❷《最上級》━ Elle est la plus grande de la classe. 彼女はクラスで一番背が高い.
◇à la ... 風に［の］.

le², **la**,《複》**les** 代《人称》(le, la は母音・無音の h の前で l' となる)❶《3 人称, 直接目的語》彼を, 彼女を, それを; 彼らを, 彼女たちを, それらを. ━ Tu peux me le［la］présenter? 彼［彼女］を私に紹介してくれる / Je l'ai rencontré(e). 私は彼（女）に出会った / Donnez-le［la］-moi.（男性［女性］名詞単数を指して）それを私にください. ❷《成句中で, 指示性を失って》━ l'emporter sur ... よりまさる / Ferme-la! 黙れ.
❸《中性代名詞 le》❶《不定詞, 節に代わる》そう, そのこと. ━ Tu peux venir avec moi, si tu le veux. 私と一緒に来てもいいよ, そうしたければ. ❷《形容詞, 前名詞に代わる》そう. ━ 《Ils sont riches?─Ils l'étaient autrefois.》「彼らは金持ちですか」「昔はそうだった」.

lé 男 ❶ 布幅（壁紙などの幅）. ❷《服》（スカートなどの）ゴア, 襠(まち).

leader［lidœːr］男《英》❶ 指導者, リーダー, 中心人物; 党首. ❷《スポ》トップ, 首位. ❸（業界のトップ）企業. ❹《軍》編隊長（機）.

leadership［lidœːrʃip］男《英》リーダーシップ, 指導力, 主導権.

leasing［liziŋ］男《英》《商》信用賃貸借.

lebel 男 ルベル式連発銃.

lécanore 女《植》チャシブゴケ.

léchage 男 ❶ なめること. ❷（仕上げに）凝りすぎること.

lèche 女 話 へつらい, ごますり. ━ faire de la ～ に... へつらう.

léché, e 形 ❶ なめられた. ❷ 話 凝りに凝った. ◇ours mal ～ がさつな人.

lèche-bottes 男 話 ごますり.

lèchefrite 女《料》（ロースト用）肉汁受け.

lécher ⑥ 他 ❶ なめる. ❷（火, 水が）かすめる. ❸ 話 仕上げに過度に凝る. ◇～ les bottes de ... ...にへつらう. ◇～ les vitrines 話 ウインドーショッピングをする.

lécheur, se 名 話 おべっか使い.

lèche-vitrines 男 ウインドーショッピング.

lécithine 女《化》レシチン.

leçon 女 ❶ 授業; レッスン. ❷（生徒の）課業（教科書などの）課. ❸ 教訓; 忠告. ❹ 異本.

lecteur, trice 名 ❶ 読者; 朗読者. ❷（舞台, 原稿の）下読み係. ❸ 外人語学講師. ━ 男（録音, 録画の）再生装置;《情報》読み取り装置. ━ ～ de DVD DVD プレーヤー.

lectorat 男 ❶《集合的》（新聞, 雑誌の）読者. ❷ 外人語学講師の職.

lecture 女 ❶ 読むこと; 読書. ❷ 読解, 解釈. ❸ 読み物; 本. ❹（議会の）読会(会). ❺（録音, 録画の）再生. ❻《情報》読み取り装置.

lécythe 男《古ギ》レキュトス（葬祭用の香油入れ壺（つぼ））.

ledit, ladite,《複》**lesdits**［ledi］, **lesdites**［ledit］形《法律文書などで》前述の, 当該の.

légal, ale（男複）**aux** 形 法律の, 法的な; 合法の; 法定の.
☐**légalement** 副

légaliser 他 ❶（証書などの）真正さを証明する. ❷ 合法化する.
☐**légalisation** 女

légalisme 男 法文尊重主義.
☐**légaliste** 形名

légalité 女 合法性; 合法的範囲.

légat 男 ❶《カト》教皇特使. ❷《古ロ》代官, 属州知事.

légataire 名《法》受遺者.

légation 女 ❶ 外交使節団; 全権公使; 公使館. ❷《カト》教皇特使の職.

legato［le-］ 副《伊》《楽》レガート, 滑らかに.

légendaire 形 伝説の; 想像上の; 伝説化した; 有名な.

légende 女 ❶ 伝説, 伝承. ❷（絵などの）説明文;（地図などの）凡例.

légender 他（絵などに）説明文をつける.
☐**légendé, e** 形 凡例をつけた.

léger, ère 形 ❶ 軽い, 軽量の. ❷ 希薄な, 薄い; あっさりした. ❸ 軽微な, かすかな. ❹ 身軽な; 軽妙な. ❺ 軽率な, 浮薄な. ◇à la ～ère 軽々しく. ◇avoir la main ～ère ① 人当たりがよい. ② 手先が器用である. ③《喧嘩(けんか)などで》手が早い.

légèrement 副 ❶ 軽く; 軽快に. ❷ 少し, わずかに. ❸ 軽率に.

légèreté 女 ❶ 軽さ; 軽快さ; 薄さ. ❷ 軽率さ, 浅薄さ.

leggings［legins］女複《英》脚絆(きゃはん), ゲートル.

leghorn［legɔrn］女《英》レグホーン（イタリア原産の卵用鶏）.

légiférer ⑥ 自 法律を制定する; 規定を定める.

légion 女 ❶ 文章 une ～ de ... たくさんの…. ❷ 外人部隊の兵士.❸《古ロ》軍団; 軍隊. ◇être ～ 大勢である. L ～ d'honneur レジオンドヌール勲章. L ～ gionelle 女《医》レジオネラ菌.

légionellose 女 在郷軍人病, レジオネラ症.

légionnaire 名 ❶ 外人部隊の兵士. ❷《古ロ》軍団の兵士.
━ 名 レジオンドヌール勲章佩(はい)用者.

législateur

législa*teur*, *trice* 形 立法を行う，立法権を持つ．
— 名 立法者；規則を定める者．
— 男 立法府（立法府の成員）；法律．

législati*f*, *ve* 形 ❶ 立法の．— élections ⇒ ves 国民議会選挙． ❷ 法的な． ► acte — 法令． — 男 立法権． — 女 国民議会選挙．

législation 女 法制，法体系；法律学．

législativement 副 立法（権）によって，法律に従って．

législature 女 〔立法〕議会の任期．

légiste 男 法学者．
— 名 médecin — 法医学者．

légitimation 女 ❶ 〔法〕（非嫡出子の）認知． ❷ 正当化．

légitime 形 〔法〕合法の；嫡出の． ❷ 正当な，当然の． ► ~ défense 正当防衛． — 女 ⑬ 女房．

légitimement 副 合法的に．

légitimer 他 ❶ 〔法〕正当なものとする；（非嫡出子を）嫡出子とする． ❷ 正当化する．

légitimiste 名 ❶ 現体制支持派の． ❷ 〔史〕正統王朝支持の． — 形 ❶ 〔史〕1830年の七月革命以後の正統王朝派．

légitimité 女 合法性；（子供の）嫡出性；正当性．

legs [lɛ(g)] 男 遺贈（品）；（後代への）遺産．

léguer [6] 他 遺贈する；（後代に伝える．

légume 男 ❶ 野菜． ► ~s secs 豆類．（マメ科植物の莢（さ））．— 女 ⑬ grosse — 重要人物，お偉方．

légumi*er*, *ère* 形 野菜の．— 名 野菜農家．— 男 レギュミエ（野菜用足付き深皿）．

légumineuses 女複 〔植〕マメ科．

Le Havre ⇒ Havre.

lei leu² の複数形．

Leipzig [lɛpsig] ライプチヒ（ドイツの都市）．

leishmaniose [leʃ-] 女 〔医〕リーシュマニア症．

leitmotiv [lajt(le)tmotiːv]；[複] ~s（ときに *leitmotive*) 男 [独] 〔楽〕ライトモティーフ；繰り返し現れる主題〔思想〕．

Léman (lac) レマン湖（スイスとフランスにまたがる湖）．

Le Mans ⇒ Mans.

lemme 男 〔数〕補助定理．

lemming [-miŋ] 男 〔動〕レミング．

lémure 男 〔古〕亡霊．

lémuriens 男複 原猿類．

lendemain 男 ❶ 翌日． ❷（近い）将来． ❸（複数）成り行き，結果． ◊ *au — de ...* の直後に． *du jour au — わずか*の間に． *sans —* つかの間の，はかない．

lendit 男 〔史〕（サン・ドニの）定期市．

lénifiant, *e* 形 ❶ 気持ちを鎮める；〔医〕鎮静作用のある． ❷ 無気力にする．

lénifier 他（気持ちを）鎮める；〔医〕（鎮静剤で）和らげる．

léninisme 男 レーニン主義．

léniniste 男 レーニン主義の． — 名 レーニン主義者．

léniti*f*, *ve* 形 ⇒ lénifiant.

lent, *e* 形 遅い，のろい；緩慢な．

lente 女 シラミの卵．

lentement 副 ゆっくりと；徐々に．

lenteur 女 遅さ，鈍さ；緩慢さ．

lenticelle 女 〔植〕皮目（ひ）．

lenticulaire / lenticulé, *e* 形 レンズ状の．

lenticule 女 〔植〕アオウキクサ．

lentigo / lentigine 女 〔医〕黒子（ほくろ），ほくろ．

lentille 女 ❶ 〔植〕レンズマメ． ❷ レンズ． ► ~ cornéenne コンタクトレンズ／~ intraoculaire 眼内挿入レンズ． ❸ 〔固〕そばかす．

lentillon 男 〔植〕カスマグサ（マメ科）．

lentisque 男 〔植〕マスチック（ウルシ科の高木；ナッツは食用）．

lento [len-] 〔伊〕副〔楽〕レント，遅く．— 男 レントの（曲）．

léonard, *e* 形（ブルターニュの）レオン地方の．
— 男 (L~～) レオン地方の人．

léonin, *e* 形 ❶ ライオンの（ような）． ❷（取引などの）一方に有利な．

léonure 男 〔植〕メハジキ．

léopard 男 ❶ ヒョウ，ヒョウの毛皮． ❷ tenue — 迷彩服．

L.E.P. [lɛp] 男 〔略〕lycée d'enseignement professionnel 職業教育

---

légume 野菜

アーティチョーク artichaut ／アスツキ ciboulette ／アスパラガス asperge ／インゲンマメ haricot ／ウイキョウ，フネンサイ fenouil ／エシャロット échalote ／エストラゴン estragon ／エンドウマメ pois カブ navet, rave ／カボチャ courge, citrouille ／カリフラワー chou-fleur ／カルドン cardon ／キクヂシャ scarole ／キャベツ chou ／キュウリ concombre ／グリーンピース petits pois ／クレソン cresson
サツマイモ patate ／サイシンウ haricot vert ／ジャガイモ pomme de terre ／白インゲン豆 flageolet ／スカンポ oseille ／ズッ

キーニ courgette ／セイヨウカボチャ potiron ／セロリ céleri ／ソラマメ fève
ダイズ soja ／タチチシャ romaine ／タマネギ oignon ／チコリ chicorée ／チャービル cerfeuil ／チョロギ crosne ／テンサイ betterave ／トウガラシ piment ／トマト tomate ／ナス aubergine ／ニンジン carotte ／ニンニク ail ／ネギ ciboule ／根セロリ céleri-rave ／ノヂシャ mâche
パセリ persil ／ハツカダイコン radis ／ハヤトウリ chayote ／ビーツ，食用タチジソウ salsifis ／ピーマン poivron ／フダンソウ bette ／ブロッコリー broccoli ／ホウレンソウ épinard
芽キャベツ chou de Bruxelles ／ラディシュ radis ／ポロネギ poireau ／ルタバガ，スウェーデンカブ rutabaga ／レタス laitue ／レンズマメ lentille

高校.

lépidolite 囡 [鉱] リシア雲母(ﾁﾝ).

lépidoptères 男 [昆] 鱗翅(ﾘﾝｼ)目 [類] (チョウ, ガの).

lépiote 囡 [菌] キツネノカラカサ.

lépisme 男 [昆] シミ (紙魚).

léporidés 男 [動] ウサギ科.

lèpre 囡 ❶ [医] ハンセン病, レプラ. ❷ (物の表面の) 染み. ❸ 文 害毒.

lépreux, se 形 [医] ハンセン病にかかった. ❷ 染みの汚れた.
— 名 ハンセン病患者.

léprologie 囡 ハンセン病学 [研究].

léprome 男 [医] らい腫(ｼｭ).

léproserie 囡 ハンセン病療養所.

leptoméninges 囡複 [解] 柔膜 (クモ膜と軟膜の総称).

lepton 男 [英] [物理] レプトン, 軽粒子.

lequel, **laquelle** 代 (複) **lesquels**, **lesquelles** [lekεl] (laquelle 以外の形は à, de と縮約して auquel, auxquel(le)s, duquel, desquel(le)s となる) 代 ❶ [疑問] どちら, どれ, だれ. ▸ Voici trois cravates, *laquelle* choisissez-vous? ここにネクタイが3本あります, どれを選びますか.
— 代 [関係] ❶ [前置詞とともに] ▸ la découverte sur *laquelle* on a mis tant d'espoir あれほど期待された発見 / C'est un problème *auquel* je n'avais pas pensé. それは私の念頭にはなかった問題だ / les amis avec le concours *desquels* il a monté l'affaire 事業に当たって彼が協力を得た友人たち. ❷ 文 [先行詞を明確にする目的で, qui の代わりに] ▸ J'ai passé mes vacances chez la tante de mon ami, *laquelle* habite en Bretagne. 私は友人のおばさんのところでバカンスを過ごしたが, そのおばさんはブルターニュに住んでいる [[注]] laquelle を qui とすると, 先行詞が la tante なのか mon ami なのか曖昧(ｱｲﾏｲ)になる. laquelle とすれば女性単数形なので la tante を受けていることが明確になる.
— 形 [関係] 文 その…. ▸ *auquel* cas その場合には.

lerche 副 圌 pas 〜 多くない; (値が) 高くない.

lérot 男 [動] キノロヤマネ.

les[1] le1,2, la の複数形.

les[2] / **lès** 前 ⇨ lez.

lesbianisme / lesbisme 男 女性の同性愛, レスビアン.

lesbien, ne 形 ❶ レスボス Lesbos 島の, レスビアンの. — 名 (L〜)レスボス島の人. ❷ レスビアン.

lesdits, **lesdites** ledit, ladite の複数形.

lèse-majesté 囡 [不変] 大逆罪, 不敬罪.

léser ⑥ 他 ❶ (権利, 利益を) 侵害する, 損なう. ❷ (器官などを) 損傷する. ▸ ne pas 〜 sur ……に金を惜しまない.

lésine 囡 古風 けち, けちんぼ. ▸ ne pas 〜 sur … …に金を惜しまない.

lésinerie 囡 古風 吝嗇(ﾘﾝｼｮｸ), けち.

lésineur, se 形 古風 けちな (人), しみったれた (人).

lésion 囡 ❶ [法] (契約などでの) 損害, 過大損害. ❷ [医] 病変, 障害部; 障害.

lésionnaire 形 [法] 損害を生じる.

lésionnel, le 形 [医] 障害 (性) の.

lesquels, lesquelles lequel, laquelle の複数形.

lessivable 形 洗える, 洗濯の利く.

lessivage 男 洗浄, 掃除; (土壌の) 洗脱.

lessive 囡 ❶ [洗濯用] 洗剤. ❷ アルカリ水溶液. ❸ 洗濯; 洗濯もの. ▸ faire la 〜 洗濯する. ❹ 圌 (邪魔な人間の) 一掃; 追放.

lessiver 他 ❶ 洗剤で洗う. ❷ 圌 へとへとにする. ❸ 圌 (賭(ｶ)けで) 丸裸にする; (地位, 職業から) 追い出す.

lessiveuse 囡 大洗濯釜.

lessiviel, le 形 [洗濯] 洗浄用の.

lest [-st] 男 (船の) 底荷, (気球の) 砂袋, バラスト.
◊ *jeter [lâcher] du* 〜 (危機打開のため) 譲歩する, 犠牲を払う.

lestage 男 バラストを積むこと.

leste 形 ❶ 敏捷(ﾋﾞﾝｼｮｳ)な, 機敏な. ❷ だらしない, 露骨な. ◊ *avoir la main* 〜 手が早い, よく殴る.
◊ **lestement** 副

lester 他 ❶ バラスト[底荷, 砂袋]を積む. ❷ 圌 詰め込む.

let [-t] 男 [不変] [英] (テニス, 卓球で) レット.

létal, ale[-tal] 形 [生] 致死的な. ▸ *dose* 〜*ale* 致死量.

létalité 囡 [医] 致死性; 致死率; 死亡率. ❷ [生] (遺伝子の) 致死性.

letchi [letʃi/letʃi] 男 [植] レイシ.

léthargie 囡 ❶ 嗜(ｼ)眠. ❷ (活動の) 停滞, 無気力.
◊ **léthargique** 形

Léthé [léθé] レテ (黄泉(ｼﾞ)の川).

lette 男 ラトビア語.

letton, (n)e 形 ラトビアの. — 名 (L〜) ラトビア人. — 男 ラトビア語.

Lettonie 囡 ラトビア (共和国).

lettrage 男 文字の配置 [表示], レタリング.

lettre 囡 ❶ 文字; 活字; 字句; 字義. ❷ 手紙; 公式書状; 文書. ▸ 〜 ouverte (新聞掲載の) 公開状 / *boite à* [*aux*] 〜*s* 郵便ポスト; 郵便受け / 〜 *d'intention* 取引照会状 / 〜 *de change* 為替手形 / 〜 *pastorale* [カトリ] 司教書簡. ❸ 複 文学; 文科 (系); 古風 文学的な教養. ▸ *homme de* 〜*s* 作家.
◊ *à la* 〜 = *au pied de la* 〜 文字どおりに; 忠実に. *avant la* 〜 その語ができる前の, 先駆けとなる. *en toutes* 〜*s* 略さずに; 文字で; はっきりと. *en* 〜 *morte* 空文; 無益なもの. *passer comme une* 〜 *à la poste* 圌 すんなり入る (受け入れられる).

lettré, e 形 文学に通じた (人); 教養のある (人).

lettre-transfert; (複) 〜*s*-〜*s* 男 インスタント・レタリング (透明シートの文字をこすって転写する).

lettrine 囡【印】(章などの冒頭の)飾り大文字.
lettrisme 男【文】文字主義.
leu la queue *leu leu*(縦に)1列に並んで.
leu² 男 (複) *lei* 男【ルーマニア】レウ(ルーマニアの通貨単位).
leucémie 囡【医】白血病.
leucémique 囲・囡【医】白血病の(患者).
leucine 囡【化】ロイシン.
leucite 囡【鉱】白榴石(はくりゅうせき).
leucocyte 男【医】白血球.
　□**leucocytaire** 形
leucocytose 囡【医】白血球増加.
leucoderme 形・名【人】皮膚の白い(人).
leucoencéphalite 囡【医】白質脳炎.
leucome 男【医】角膜白斑(はん).
leucopénie 囡【医】白血球減少.
leucopoïèse 囡【医】白血球生成.
　□**leucopoïétique** 形
leucorrhée 囡【医】(白)帯下(たいげ).
leucose 囡【医】白血球症.
leur 形【所有】彼らの,彼女たちの;それらの.—【所有】《定冠詞とともに》彼ら[彼女たち]のそれ.— (les ~s) (複) 彼ら[彼女たち]の身内〔仲間〕.
◇*faire des ~s* いつもの悪ふざけをする. *y mettre du ~* 自分たちにできるだけのことをする.
— 形 文章 彼らの,彼女たちの.
leur² 代【人】(3人称複数,間接目的語) 彼ら[彼女たち]に[のために,から,について](⇨ lui¹[1]).
leurre 男 ❶ まやかし. ❷ (複)擬餌(ぎじ)針,ルアー; (釣) ❸〖狩〗(鷹の調教用)擬餌鳥形おとり. ❸〖軍〗レーダー攪乱手段.
leurrer 他 ❶ だます,欺く. ❷ (おとりを使って)騙る.
　— se ~ 幻想を抱く; 思い違いをする.
lev [-v]; (複) *leva* [le-] 男【ブルガリア】レフ(ブルガリアの通貨単位).
levage 男 ❶ 持ち上げること. ⇨ *appareil de ~* 起重〔昇降〕機. ❷(発酵による)膨張.
levain 男 ❶ パン種; 酵母. ❷(憎しみ,不和などの)種.
levalloisien, ne 形【考古】ルヴァロア文化の. — 男 ルヴァロア文化(中期・旧石器文化).
levant, e 形 (太陽が)昇る. ⇨ *au soleil ~* 夜明けに.
— 男 ❶ 日の出る方角,東. ❷ (le L~) 近東諸国の人.
levantin, e 形・名 近東諸国の人.
levé, e 形 上げた; 立てた; 起きた.
◇*au pied ~* 準備もなしに,いきなり.
— 男 測量(図). ⇨ *voter par assis et ~* 起立採決する.
— 囡 ❶ 除去; 解除; 取りやめ. ⇨ *~ de la séance* 閉会. ❷ (郵便物の)取り集め; 徴収; 【集】集合. ⇨ *~ en masse* 国家総動員. ❸ 盛土,土手,堤防. ❹【法】~の完結. ❺【カード】(場に勝ったのが)集められた.
lève-glace 男 ウインドレギュレーター (自動車の窓の上げ下げをする装置).
lever¹ ❸ 他 ❶ 上げる,持ち上げる;立てる. ❷ (視線などを)向ける. ❸ 取り除く; 解除する. ⇨ *~ la séance* 閉会する. ❹ 集める; 徴収する; (軍隊を)動員する. ❺ (獲物を巣から)狩り立てる. ❻ (図面などを)作成する.
◇*~ les épaules* 肩をすくめる.
— 自 ❶ 芽を出す,生える. ❷ 発酵によって膨れる.
　— se ~ ❶ 立ち上がる; 起床する; 上がる,昇る. ❷ (contre) (…に)対して決起する. ❸ (風が)吹き始める. ❹ (天気が)よくなる; (霧などが)晴れる.
lever² 男 ❶ 起床. ❷ (太陽,月などが)昇ること. ⇨ *~ du jour* 夜明け. ❸ 測量. ◇*~ de rideau* 〖演〗開幕; 前哨(しょう)試合; 前座試合.
lève-tard 不変 朝寝坊の人.
lève-tôt 不変 早起きの人.
lève-vitre 男 ⇨ *lève-glace*.
Léviathan 男【聖】リバイアサン(ヨブ記)にうたわれた海に住む巨大な幻獣).
levier 男 ❶ てこ. ❷【機】レバー. ⇨ *~ de changement de vitesse* シフトレバー. ❸ (行動の)手段; 原動力. ❹〖経〗effet de ~ てこの効果.
lévirat 男【民】レヴィレート婚,兄弟逆縁婚.
lévitation 囡 (霊的作用による)物体浮揚;〖金〗浮揚.
lévite 男〖史〗レビ人.
levraut 男 小ウサギ.
lèvre 囡 ❶ 唇 《多く複数》唇. ❷ (複) 傷口. ❸〖解〗grandes [petites] ~s 大[小]陰唇. ❹ (花の)唇弁.
◇*être suspendu aux ~s de ...* ...の言葉にじっと耳を傾ける.
levrette 囡 グレーハウンドの雌.
levretter 自 (ウサギが)子を生む.
lévrier 男 グレーハウンド(犬).
levron, ne 名 (生後6か月未満の) グレーハウンド・グレーハウンド.
levure 囡 酵母(菌). ⇨ *~ chimique* ベーキングパウダー.
levurier 男 ビール酵母製造 [販売] 業者.
lexème 男【言】語彙素.
lexical, ale (男複) *aux* 形 語彙の.
lexicalisé, e 形【言】語彙化した.
　se lexicaliser 代動【言】語彙化する. □**lexicalisation** 囡
lexicographe 名 辞書編纂(さん)者.
lexicographie 囡 語彙の (テン)記述; 辞書編纂の研究.
　□**lexicographique** 形
lexicologie 囡 語彙論.
　□**lexicologique** 形
lexicologue 名 語彙論研究者.
lexicologique 形【言】語彙学の.
lexique 男 ❶【言】語彙(い),用語. ❷ 小辞典; (巻末の)用語一覧表.
lez 前 …の近くに.
lézard 男 トカゲの肉.
◇*faire le ~* 日向ぼっこをする.
lézarde 囡 ❶ (壁などの亀(き)裂,ひび. ❷ 下士官の階級章.

lézardé, e 形 亀裂[ひび]の入った.
lézarder[1] 他 亀裂[ひび]を生じさせる. **—se** 亀裂[ひび]が入る.
lézarder[2] 自話 ひなたぼっこをする.
lg 《記》《数》常用対数.
Li 《記》《化》lithium リチウム.
liage 男 縛る［縛り］こと.
liais 男《建》(硬質の)石灰岩.
liaison 女 ❶ 連絡；連結；関係,関連；《文章》人間関係；愛人関係. ❷《音声》リエゾン,連音；《文法》mot de ～ 連結語(接続詞と前置詞の総称)；《料》とろみづけ；つなぎ(小麦粉,卵黄など)；《化》結合；《建》目地(モルタル).
 ◊ *en ～ avec ...* と連絡［連携］して；に関係［関連］して.
liaisonner 他《建》破り目地に積む；目地モルタルで充填(じゅう)する.
liane 女《植》つる植物.
liant, e 形 人付きがよい.
 —男 ❶ 人付きのよさ. ❷ 結合剤；粘着剤. **▶ ～ hydraulique** 《建》水硬性セメント. ❸ 弾(力)性.
 ◊ *avoir du ～* 人付きがよい.
liard[1] 男《貨》リャールの銅貨(昔のフランスの通貨で,4分の1スーに相当).
liard[2] 男《植》ポプラ.
liarder 自店 風けちけちする.
liasse 女《書類などの》束；札束.
Liban 男 レバノン.
libanais, e 形 レバノンの.
 —名 L～ レバノン人.
libanisation 女 レバノン化(国内勢力が対立抗争し内戦状態になること).
libation 女《古代》献酒,献油.
 ◊ *faire des [de copieuses, de joyeuses] ～s* 酒を浴びるように飲む.
libelle 男 中傷文,誹謗(ひぼう)文書.
libellé 男 (文書の)文面；用語.
libeller 他(書式に従って)文書を書く,作成する.
libellule 女《昆》トンボ.
liber 男《植》師部(じぶ).
libérable 形 釈放され得る；除隊されるべき,兵役満期が近い.
libéral, ale 形；男 ❶ 自由主義の. **▶ parti** (英国などの)自由党. ❷ 寛大な,物分かりのよい；気前のよい. ❸ *profession ～ale* 自由業. ❹ *arts ～aux* (中世の大学の)自由学芸. **—名** 自由主義者；自由党員.
libéralement 副 気前よく；寛大に,鷹揚(おうよう)に；自由主義的に.
libéralisation 女 自由化,解放；自由主義化.
libéraliser 他 自由化する,自由主義的にする.
libéralisme 男 自由主義；寛大なこと；鷹揚さ.
libéralité 女 気前のよさ,寛大さ；施し,援助；《法》無償譲与.
libérateur, trice 形 解放者の.
 —形 解放をする；緊張をほぐす.
libération 女 ❶ 解放,自由化. ❷ (囚人の)釈放；(兵士の)満期除隊. **▶ ～ conditionnelle** 仮釈放. ❸《物》(エネルギーなどの)放出；《航》*vitesse de ～* (ロケットなどの)脱出速度；《法》(債務の)弁済.
libératoire 形《法》(債務を)弁済する.
libéré, e 形 解放［釈放］された.
 —男 除隊兵；出所者.
libérer 他 ❶ 解放する；釈放する；自由にする；(義務などを)免除する. ❷ (障害物を)取り除く；(場所を)あける；(止めなどを)外す. ❸ (エネルギーなどを)放出する.
 ◊ *～ sa conscience* [*son cœur*] (告白して)気持ちを軽くする.
 —se ❶ *(de)* (...から)解放される,自由になる. ❷ 暇ができる.
Liberia [-be-] 男 リベリア.
libérien, ne 形 リベリアの.
 —名 (L～) リベリア人.
libero [-be-] 男《伊》《スポ》(文字どおり自由に参加できる)リベロ；スイーパー.
libertaire 形 絶対自由主義の,無政府主義の. **—名** 絶対自由主義者,無政府主義者.
liberté 女 ❶ 自由. ❷ 率直さ；奔放,放埒(ほうらつ). ❸《複数》人権；《法》(la L～) 自由の女神. ❹《法》 **▶ sur- veillée** 保護観察処分.
 ◊ *prendre des ～s avec ...* (1) ...となれなれしくする. (2) (文章などを)勝手に解釈する. *prendre la ～ de ...* 失礼を顧みず...する.
liberticide 形《文章》自由を侵害する(人).
libertin, e 形 放縦な；みだらな；《史》(17世紀の)自由思想の. **—名** 放蕩(ほうとう)者；(17世紀の)自由思想家.
libertinage 男 放縦,放蕩(ほうとう)；《史》自由思想,無信仰.
liberty 形《不変》《英》《商》リバティ (服地や室内装飾用の細かい花柄綿布).
libidineux, se 形 好色な.
 ◊ *libidinal, ale* ； (男複) *aux* 形.
libido 女《心》リビドー；性欲.
libouret 男《釣》(枝釣(えだづり)の多い海の手釣り用の仕掛け.
libraire 名 本屋,書籍商人.
librairie 女 書店,本屋；書籍販売業；出版社.
libre 形 ❶ 自由な,束縛されない；(規範,形式に)とらわれない. **▶ nage ～** (水泳の)自由型／*figures ～s* (スケートなどの)自由演技／*école ～* (特にカトリック修道会が経営する)私立学校. ❷ 暇がある；(場所が)あいている；(男女関係で)特定の相手がいない. ❸ 打ち解けた,遠慮のない；慎みを欠く. ❹ 無料の. ❺ (服などが)ゆったりした；(髪が)乱れていない. ❻《税》*papier ～* 無印紙書類.
 ◊ *à l'air ～* 戸外で. *avoir le champ ～* 自由に行動できる. *L～ à vous de ...* ...するのはあなたの自由だ. *～ de ...* (1) ...から解放されている,を免れた. (2) ...できる.
libre-échange 男《複》*～s-～s* 男 自由貿易.
libre-échangisme 男 自由貿易主義.
libre-échangiste 形 自由貿易(論者)の. **—名** 自由貿易論者.
librement 副 ❶ 自由に,拘束されず

libre-pensée

に. ❷ 率直に,気兼ねなく.
libre-pensée; 複 ~s-~s 女 自由思想. ❑ **libre-penseur, se;** 複 ~s-~s 男女
libre-service; 複 ~s-~s 男 セルフサービスの(店).
librettiste 名(オペラの)台本作者.
libretto; 複 ~s (または **libretti**) 男〖伊〗歌劇(オペラなどの)台本.
Libye 女 リビア.
libyen, ne 形 リビアの.
—名 (L~) リビア人.
lice[1] 女 木柵(さく),囲い; 闘技場,競技場; 〖スポ〗(トラックの内側の)縁石.
◇ *entrer en* ~ 競技[論争]に加わる.
lice[2] 女 (繁殖用の)猟犬の雌.
lice[3] 女 ⇒ **lisse**[2].
licence 女 ❶ 学士号; 学士課程. ❷ 免許,許可(証); ライセンス. ~ *d'exploitation* 特許利用許可. ❸ 〖詩〗(詩文の破格. ❹ 〖文章〗(道徳的な)乱れ,放縦(じゅう).
licencié, e 名 学士; 〖スポ〗ライセンス所持者. —形 学士号を持った; 〖スポ〗ライセンスを持った.
licencié[2], **e** 形,名 解雇された(人).
licenciement 男 解雇.
licencier 他 解雇する.
licencieux, se 形 〖文章〗みだらな,猥褻(わい)な; 慎みのない.
lichen [-ken] 男 〖ラ〗〖植〗地衣類; 〖医〗苔癬(たいせん).
lichette 女(食物の)少量.
licier, ère 名 ⇒ **lissier**.
licite 形 合法の,適法の.
❑ **licitement** 副
liciter 他 〖法〗(共有財産などを)換価処分に付する. ❑ **licitation** 女
licorne 女 〖神話〗一角獣,ユニコーン.
licou/licol 男 (家畜用の)端綱(はづな).
licteur 男 〖古ロ〗リクトル,先導警吏.
lidar 男 ライダー(レーザーを使うレーダー).
lido 男 〖地理〗海匝州; ラグーン.
lie 女 ❶ (ワインなどの)澱(おり). ❷ 〖文章〗最も卑しいもの,層(かす).
◇ *boire le calice [la coupe] jusqu'à la lie* 苦汁をなめ尽くす.
lié, e 形 ❶ 結びついた,関連した; つながった (4 km). ❷ 親交のある,仲がいい. ❸ 縛られた;束縛された.
◇ *avoir partie liée avec ...* …と結束している.
Liechtenstein [liʃtɛnʃtɛn] 男 リヒテンシュタイン(公国).
lied [lid] 男;複 ~s (または **lieder** [lidœːr]) 〖独〗〖楽〗リート,歌曲.
lie-de-vin 形 不変 濃紫色の.
Liège リエージュ(ベルギーの都市).
liège 男 コルク(質).
liégé, e 形 コルクの浮きをつけた.
liégeois, e 形 ❶ リエージュの. ❷ ~ *chocolat* [*café*] ~ リエージュ風 チョコレート[カフェ]アイスクリーム.
—名 (L~) リエージュの人.
lien 男 ❶ ひも,つながり; 関係. ❷ 縛るもの; ひも,綱; 〖文章〗束縛,拘束,絆. ❸ 〖情報〗リンク.
lier 他 ❶ 結びつける; 関係づける; つな

ぐ. ❷ 縛る,結ぶ; 接合する. ❸ 拘束[束縛]する. ❹ 〖料〗(ソースなどに)とろみをつける.
◇ ~ *connaissance avec ...* …と知り合いになる. ~ *conversation avec ...* …と言葉を交わす.
—**se** ~ ❶ 結ばれる; 親しくなる. ❷ 縛られる;拘束される.
lierre 男 ❶ キヅタ. ❷ ~ *terrestre* セイヨウカキドオシ.
liesse 女 ~ *en* ~ (群衆などが)狂喜した,喜びに沸く.
lieu[1] 男;複 **x** 女 ❶ 場所. ~ *de naissance* 出生地. ❷ 〖複数〗現場; 今いる場所,その場. (不動産の)物件,土地,家屋. ❸ 〖複数〗便所(=便所 ~x *d'aisance*).
◇ *au* ~ *de ...* …の代わりに,…せずに. *au* ~ *que* + *subj.* [*ind.*] …の代わりに,…どころか […なのに対して]. *avoir* ~ 行われる,開催される; 起こる. *avoir* ~ *de ...* …する理由がある. *Ce n'est pas* ~ *de ...* …すべき場合[場所]ではない. *donner* ~ *à ...* …を引き起こす. …の原因となる. *donner* ~ *de ...* 〖文章〗…する理由となる. *en* ~ *et place de ...* …の代理として. *en premier [second, dernier]* ~ まず最初 [2番目,最後] に. *haut* ~ 名所,メッカ; 上層部. *Il y a* ~ *de ...* …する理由がある,…してしかるべきだ. ~ *commun* 決まり文句,ありふれたこと. ~ *saint* 寺院,聖所(複数形). *s'il y a* ~ 必要があれば,もしものときには. *tenir* ~ *de A* (*à B*) (Bにとって)Aの代わりをする.
lieu[2] 男 ~ *noir* シロイワダラ.
lieu-dit; 複 ~x-~s / **lieudit** 男 (田舎で)通称…と呼ばれる所.
lieue 女 リュー,里(リ)(昔の距離の単位で,約 4 km). ~ *commune* (*de terre*) 陸路のリュー(約 4445 m) / ~ *marine* 海路のリュー(約 5556 m).
◇ *être à cent [mille]* ~*s de ...* …するどころか.
lieur, se 名 〖農〗結束機,バインダー.
—男 〖農〗結束機,バインダー.
lieutenant 男 ❶ 〖陸軍,空軍の〗中尉. ~ *de vaisseau* 海軍大尉. ❷ (首長者の)代理人,補佐役. ❸ 〖史〗 ~ *général du royaume* 王国総司令官. ~ *général de police* パリ警視総監; 治安警督官.
lieutenant-colonel; 複 ~s-~s 男 陸軍[空軍]中佐.
lièvre 男 ❶ 野ウサギ(の肉). ❷ 〖スポ〗(マラソンなどの)ペースメーカー.
◇ *courir [chasser] deux* ~*s à la fois* 一度に2つのことに手を出す. *lever [soulever] un* ~ 思いがけない難問を引き起こす.
lift [-t] 男 〖英〗〖テニス〗トップスピン.
❑ **lifter** 他,自
liftier, ère 名 エレベーターボーイ[ガール].
lifting 男 〖英〗(顔の)しわ取り手術; 刷新,若返り.
ligament 男 〖解〗靱帯(じんたい).
❑ **ligamentaire** 形

ligamenteux, se 形 [解] 靭帯(ﾀｲ)の性質をもった.
ligase 女 [生化] リガーゼ.
ligature 女 ❶ 縛ること; (縛る)ひも, 帯; [医] 結紮(ｻﾂ)(糸). ❷ [印] 合字(ﾘｷﾞ)(ff, œ など).
ligaturer 他 ❶ 縛りつける; [医] 結紮(ｻﾂ)する.
lige 男 [史] (君主に)忠誠を誓った.
◇ homme ~ de ... [文章] …に忠誠を尽くす人.
ligérien, **ne** 形 ロアール Loire 川 (流域)の.
light [lajt] 形 [英] (低脂肪甘味料で甘みをつけた) 低カロリーの, 低ニコチンの.
ligie 女 [動] フナムシ.
lignage 男 [民] 家系, リニジ; [印] 総行数. ◇ être de haut ~ 名門の出身である.
ligne 女 ❶ 線. ► lire dans les ~s de la main 手相を読む / avoir la ~ スタイルがいい / perdre la ~ 太る. ❷ (交通機関の)路線. ► avion de ~ 定期便の飛行機. ❸ 電線; 電話回線. ► en ~ 通信可能な; オンラインの. ❹ (人, 物の)列; (文章の)行. ► aller à la ~ 改行する. ❺ [軍] 戦線, 戦列; 防衛線. ► monter en ~ 戦列に加わる / bâtiment de ~ (艦隊の)主力戦闘艦. ❻ [スポ] ライン(ラグビーなどで)ライン, ロー. ❼ (活動の)方針, 路線. ► être dans la ~ de ~ の方針に従っている. ❽ 家系, 血統. ❾ 赤道. ❿ 釣り糸; 仕掛け. ⓫ (テレビの)走査線. ⓬ (化粧品などの)同系列の製品, シリーズ商品.
◇ entrer en ~ de compte 考慮の対象となる. grandes ~s (鉄道の)幹線; 大筋, 概要. hors ~ 並み外れた, 秀逸な. mettre en ~ 加える; 整列させる. sur toute la ~ 完全に; 全戦線にわたって.
lignée 女 子孫; 家系, 系統, 系譜.
ligner 他 線を引く.
ligneul 男 [靴] チャン糸 (松ヤニを塗った麻糸).
ligneux, se 形 [植] 木質の.
lignification 女 [植] 木質化.
se lignifier 代動 [植] 木化する.
lignine 女 [化] リグニン, 木質素.
lignite 男 [鉱] 褐炭.
ligot 男 (燃料用の)小枝の束.
ligoter 他 ❶ 縛る; 自由を奪う, 束縛する. ◇ **ligotage** 男.
ligue 女 ❶ 同盟, 連盟; [史] 《la L~》 [史] (宗教戦争中の)カトリック同盟.
liguer 他 団結 [同盟] させる.
— **se** ~ 同盟を結ぶ, 団結する.
ligueur, **se** 名 同盟員; [史] カトリック同盟の参加者.
ligule 女 [植] 葉舌; 小舌; 舌状花.
liguliflores 女複 [植] タンポポ亜科.
lilas 男 ❶ [植] リラ, ライラック. ❷ 藤色. — 形 《不変》藤色の.
liliacées 女複 [植] ユリ科.
lilial, **ale**; 《男複》**aux** 形 [文章] ユリのような; 純白の, 清らかな.
liliflores 女複 [植] ユリ目.
Lille [-l] リール (Nord 県の県庁所在地).
lilliputien, **ne** [-sjɛ̃, ɛn] 形 ひどく小さい. — 名 小人.
lillois, **e** [-lwa, wa:z] 形 リールの.
— 名 《L~》 リールの人.
limace 女 ナメクジ; 愚のろま.
limaçon 男 ❶ カタツムリ. ❷ (時計の)渦形カム; 数取りカム; [解] (内耳の)蝸牛殻(ｶｷﾞｭｳｶｸ).
limage 男 やすりかけ [仕上げ].
limaille 女 やすり屑.
limande 女 [魚] カレイ.
limbe 男 (計量機具の)度盛器; (天体の)縁, 周縁; [植] 葉身; 花弁, 萼(ｶﾞｸ)の片などの主要部.
limbes 男複 [神] リンボ, 古聖所 (受洗前の幼児などが死後往生とされた場所). ◇ être dans les ~ 漠然[混沌]としている; (計画などが)固まっていない.
lime[1] 女 やすり; [貝] ミノガイ.
lime[2]/**limette** 女 [植] ライム(の実).
limer 他 やすりをかける.
limerick 男 [英] [文] リメリック, 5 行俗謡 [戯詩].
limettier 男 [植] ライム.
limicole 形 [動] 泥の中にすむ.
limier 男 ❶ 大型の猟犬. ❷ fin ~ すご腕の刑事 [探偵].
liminaire 形 巻頭の, 冒頭の.
limitatif, **ve** 形 制限する, 限定的な.
limitation 女 制限, 限定.
limite 女 ❶ 限度, 限界; (制限) 期限. ❷ 境界, 境. ❸ [スポ] (1) 試合のラウンド数. (2) (球技のコートの)ラインの ~ 女複 [極限] (値).
◇ à la ~ 極端な場合には; 究極的には.
— 形 限界の; 期限の. ► vitesse ~ 制限速度.
limité, **e** 形 制限 [限定] された; 少ない, 小さい; 語 才能の乏しい.
limiter 他 制限 [限定] する. ❷ 境界となる, とどまる; (だけに) とどめる. ❷ 自制する.
— **se** ~ ❶ (à) (...に) 限られる, とどまる; (…だけに) とどめる. ❷ 自制する.
limiteur 男 ~ de vitesse (車の)スピードリミッター.
limitrophe 形 国境の, 隣接する; (de) (...と) 境を接する.
limnée 女 [貝] モノアラガイ.
limnobiologie 女 陸水 [湖沼] 生物学.
limnologie 女 湖沼学.
◇ **limnologique** 形.
limoger 2 他 左遷 [更迭, 罷免] する. ◇ **limogeage** 男.
Limoges リモージュ (Haute-Vienne 県の県庁所在地).
limon[1] 男 (川が運ぶ)泥土; [鉱] 堆積岩, 水成岩.
limon[2] 男 (馬車などの)轅(ﾅｶﾞｴ), 梶(ｶｼﾞ)棒; [建] (階段の)側析(ｹﾞｷ), 側板.
limon[3] 男 レモン(の実).
limonade 女 レモンソーダ, レモネード; 語 喫茶店[カフェ]業.

limonadier, ère 名 清涼飲料製造[販売]業者；喫茶店[カフェ]経営者．

limonaire 男 手回しオルガン．

limoneux, se 形 泥土を含む；泥土状の．

limonier[1] 男 (轅(ながえ)につなぐ)轅馬(ばうま)，馬車馬．

limonier[2] 男 レモンの木．

limonière 女 (馬車の)轅(ながえ)，梶(かじ)棒；(2本の梶棒のついた)四輪馬車．

limonite 女 〖鉱〗褐鉄鉱．

limougeaud, e 形 リモージュ Limoges の．
— 名 〈L—〉リモージュの人．

Limousin 男 リムーザン地方(フランスの中央山地北西部)．

limousin, e 形 リムーザン地方の．
— 名 〈L—〉リムーザン地方の人．

limousine 女 〖車〗リムジン．

limpide 形 澄みきった，透明な；平明な；明快な．

limpidité 女 清澄，透明；明快．

limule 男 〖動〗カブトガニ．

lin 男 〖植〗アマ；〖繊〗亜麻糸，リンネル．

linacées 女 〖植〗アマ科．

linceul 男 屍(し)衣，経帷子(きょうかたびら)．

linéaire 形 線(状)の．— mesure ~ 長さの尺度．❷ (話などが)一本調子の，単調な．❸〖数〗線形の；1次の．❹〖電〗moteur ~ リニアモーター．— 男 商品陳列台[書架]の延べの長さ．

linéairement 副 直線状に，まっすぐに．

linéament 男 文章 (顔などの)線，輪郭；(計画などの)草案，アウトライン．

linéarité 女 文章 線状性．

liner [lajnœːr] 男 〖英〗(定期航路の)大型客船，貨物船；大型旅客機．

linette 女 亜麻仁(に)，亜麻の種子．

linge 男 ❶ (集合的)家庭用布類(タオル，シーツ，ナプキンなど)；下着[肌着]類(靴下，パジャマ，ハンカチも含む)；洗濯物．❷ 布切れ．
◇*blanc comme un* ~ (顔色が)真っ青な．*laver son* ~ *sale en famille* いさかいを内輪で解決する．

lingère 女 リンネル[布製]整理係．

lingerie 女 ❶ (集合的)下着，ランジェリー．❷ (病院，ホテルの布類置き場．❸ 布類[下着類]販売[製造]業．

lingette 女 (消毒，汚れ落としに用)ウェットティッシュ．

lingot 男 インゴット，鋳槐；金塊．

lingotière 女 〖金〗鋳塊鋳型．

lingua franca [lingwa-] 男 〈不変〉(母語の異なる人々が用いる)共通語．

lingual, ale [-gwal-] 形 (男 複)**aux** [-gwo] 舌の；〖音声〗舌音の．— 女 舌音．

linguatule [-gwa-] 女 〖動〗舌形動物．

lingue 女 〖魚〗クロジマナガダラ．

linguette 女 〖楽〗舌 keyの片．

linguiste [-gɥi-] 名 言語学者．

linguistique [-gɥi-] 形 言語学の；言語の．— 女 言語学．
◻ **linguistiquement** 副

linier, ère 形 亜麻布の．
— 女 亜麻畑．

liniment 男 〖薬〗リニメント剤，糊膏(こうこう)．

links [links] 男 複 〖英〗ゴルフ場，ゴルフ・コース．

lino 男 話 リノリウム．

linoléique 形 〖化〗acide ~ リノール酸．

linoléum 男 〖英〗リノリウム．

linon 男 〖繊〗ローン(麻や綿の薄地半透明高級織物)．

linotte 女 〖鳥〗ムネアカヒワ．
◇*tête de* ~ 軽率な人．

linotype 女 〖米〗〖印〗ライノタイプ(欧文用自動鋳植機)．

linotypie 女 〖印〗ライノタイプによる植字．

linotypiste 名 〖印〗ライノタイプ植字工．

linteau 男 (複) **x** 男 〖建〗楣(まぐさ)(開口部上部に渡す水平材)．

linters [linters] 男 複 〖英〗〖繊〗リンター(実綿から採る短繊維)．

lion, ne 名 ライオン；勇猛な人；獅子座の人．— 男 ❶ — de mer アシカ．❷ (le L—) 〖天〗獅子座．
◇*avoir mangé du* ~ 話 いつになく元気が出る．*cœur de* ~ 大変な勇気．*la part du* ~ 強者の独り占め．

lionceau (複) **x** 男 ライオンの子．

liparis [-s] 男 〖昆〗クモキツツキ．

lipémie / lipidémie 女 〖医〗脂血症．

lipide 男 〖生化〗脂質．
◻ **lipidique** 形

lipogramme 男 〖文〗リポグラム，字忌み文字(ある文字を避けて作る文)．

lipolyse 女 〖生化〗脂質分解．

lipome 男 〖医〗脂肪腫(しゅ)．

lipoprotéine 女 〖生化〗リポたんぱく質．◻ **lipoprotéique** 形

liposome 男 〖生化〗リポソーム．

liposuccion [-sysjɔ̃/-syksjɔ̃] 女 脂肪吸引法．

lipothymie 女 〖医〗気絶，卒倒．

lippe 女 前に突き出た厚い下唇．
◇*faire la* ~ ふくれっつらをする．

lippu, e 形 (下)唇の厚い．

liquéfacteur 男 液化装置．

liquéfaction 女 ❶ 液化．❷ 話 (体力，気力)の喪失．

liquéfiable 形 液化できる．

liquéfiant, e 形 ❶ 液化させる．❷ 話 体力[気力]を奪う．

liquéfier 他 ❶ 液化する．❷ 話 体力[気力]を奪う．— **se** — ❶ 液化する．❷ 話 ぐったりする；無気力になる．

liquette 女 話 ワイシャツ，シャツ．

liqueur 女 リキュール；溶液．— vin de ~ アルコール強化ワイン(ポートワインなど)．

liquidambar 男 〖植〗フウ，モミジバフウ．

liquidateur, trice 名 〖法〗清算人．— 形 清算する．

liquidatif, ive 形 〖法〗清算の．

liquidation 女 ❶ 清算，決済 (財産の処分)．❷ ~ judiciaire 会社更

生法医による清算. ❷ 【法】数額確定. ► ~ de l'impôt 課税額の決定[算出]. ❸ バーゲン, 在庫一掃セール. ❹ 【商】(面倒の)解消;(障害の)抹殺.

liquide 形 ❶ 液体の, 液状の. ❷ (金銭など)すぐに使える. ► argent ~ 現金. ❸ (金額, 評価が)確定した. ❹ 【音声】流音の.
— 男 ❶ 液体; 流動食; 飲料. ❷ 現金. — 女 【音声】流(子)音.

liquider 他 ❶ 清算する, 決済する. ❷ 【法】(数額)を確定する. ❸ 投げ売りする, (在庫)を一掃する. ❹ 片をつける, 厄介払いする;(邪魔者)を消す. ❺ 全部食べる[飲む].

liquidien, ne 形 液体の.
liquidité 女 【経】(資産の)流動性;(複数)流動資産.
liquoreux, se 形 (甘口でアルコール度が高く)リキュールのような.
liquoriste 名 リキュール製造[販売]業者.

lire¹ 72 他 ❶ 読む, (声に出して)読む; 解読する, 読み取る, 察知する. ► Nous espérons vous ~ bientôt. 《手紙で》近いうちにお便りいただけますか. ◊ **lu et approuvé** 上記承認します.
— 自 読む, 読書する; 《(dans)》(…で)読み取る, 察する. ► ~ dans le jeu de … …の手の内[魂胆]を読む.
— se ~ 読める; 読み取れる.

lire² 女 リラ(ユーロ以前のイタリアの貨幣単位).

lis¹ [-s] 男 ❶ 【植】ユリ; 白ユリの花. ❷ 【動】lis de mer ウミユリ. ❸ fleur de lis ユリの花(フランス王家の紋章).

lis², lisa-, lise(-) ⇨ lire.
lisbonnais, e 形 リスボンの.
— 名 《L~》リスボンっ子.
Lisbonne リスボン(ポルトガルの首都).

lise 女 (海岸の)流砂.
lisérage 男 (刺繡の)縁取り.
liseré / liséré 男 【服】(縁飾りなどに用いる)細いテープ.
liserer ③ / **lisérer** ⑥ 他 【服】トリミング[縁取り]をする.
liseron 男 【植】ヒルガオ.
liseur, se 名 読書家. — 男 ブックカバー; (栞(レぉ)兼用の)ペーパーナイフ; (ベッドでの読書時に)羽織る婦人用肩掛.
lisez 活 ⇨ lire.
lisible 形 読みやすい; 理解しやすい; 一読の価値がある. ◊ **lisibilité** 女
lisiblement 副 読みやすく.
lisier 男 【農】液肥.
lisière 女 (土地の)周辺, はずれ; (布の)耳; へり. ◊ **tenir en ~s** 《文章》支配[束縛]する.
lisiez, lisions, lisons 活 ⇨ lire.

lissage 男 滑らかにすること; 艶(⏞)出し;(顔の)しわ取り手術.
lisse¹ 形 滑らかな, すべすべした.
lisse² 女 (手すりの)横木; 【海】(船の)縦通材, 縦ガーダ.
lisse³ 女 【繊】(綜絖(そうこう))のヘルド.
lissé, e 形 滑らかにした; 艶(⏞)出しした.
lisser 他 滑らかにする; 艶(⏞)を出す;

(髭, ひげなど)をなでつける; (鳥が羽などを)整える.
lisseur, se 名 (布, 紙)の艶(⏞)出し工. — 女 艶出し機.
lissier, ère 男 (タピスリーの)綜絖(そうこう)取付け職人, 織師.
lissoir 男 光沢磨き; 【土木】スムーザ(アスファルト舗装の平坦(へいたん)仕上げに用いる);【革】皮(⏞)磨き.
listage 男 リストに載せること; 【情報】作表.

liste 女 ❶ 一覧表, 名簿, リスト. ► ~ de mariage (新郎新婦が希望する)結婚祝いの贈り物リスト. ◊ ~ civile (国家元首の)特別歳費, 王室費.
listel / **listeau** 男 【建】平剣形(へいけんぎょう); 【貨】硬貨の縁枠.
lister 他 リストに載せる; 【情報】(プリンターで)作表する.
listériose 女 【医】(家畜の)リステリア症.
listing [-tiŋ] 男 《英》【情報】作表.

lit¹ 男 ❶ ベッド, 寝台. ► lits jumeaux ツインベッド / lit de camp (野営用)携帯ベッド / faire son lit ベッドメーキングをする / garder le lit (病気で)寝たきりする. ❷ 床 (男女)の寝床; 夫婦関係. ► enfant du premier [second] lit 初婚[再婚]で得た子供 / faire lit à part (夫婦が)別々に寝る. ❸ 層; 河床; 【建】(石やレンガの)接合面; lit du vent 風向き.

lit² 活 ⇨ lire.
litanie 女 ❶ 《複数》【カト】連禱(⏞). ❷ (不平, 要求などを)くどくどと並べ立てること.
lit-cage 男 《複》~s-~s 男 (鉄製の)折り畳みベッド.
litchi [-tʃi / litʃi] 男 【植】レイシ(の実).
liteau¹;《複》x 男 【建】貫(⏞), 小幅板; 腕木; 【繊】リネン類の縁飾の色縞.
liteau²;《複》x 男 (オオカミの)巣.
litée 女 同じ巣にすむ動物の群れ(イノシシなどの)一腹の子.
literie 女 寝具一式.
litham [-tam] 男 (イスラム教徒の婦人などの)ベール.
lithiase 女 【医】結石症. ◊ **lithiasique** 形
lithinifère 形 【化】リチウムを含む.
lithique 形 石の; 【考古】石器の.
lithium 男 【化】リチウム.
litho 女 石版画の.
lithobie 男 【動】イシムカデ.
lithodome 男 【貝】イシマテガイ.
lithogène 形 結石質化する; 【医】結石生成性の.
lithogenèse 女 【地】岩石の形成.
lithographe 名 石版印刷者; 石版工; 石版画家.
lithographie 女 石版印刷(術); 石版画, リトグラフ.
lithographier 他 石版刷りにする.
lithographique 形 石版印刷(術)の.
lithologie 女 岩質; 固 岩石学. ◊ **lithologique** 形
lithophage 形 【動】(貝などが)石を

lithosphère

うがつすむ. ― 男《貝》イシマテガイ.
lithosphère 囡《物》(地球表層部の)岩石圏. ▫**lithosphérique** 形
lithothamnium 男《植》リトタム.
lithotypographie 囡《印》活版転写平版《石版》.
litière 囡 ❶（家畜の）寝わら, 敷わら；猫用のトイレの砂. ❷《昔の輿(こし)；担架. ◊**faire ~ de ...**《文章》…を軽度《無視》する.
litige 男 係争, 争訟；論争；紛争.
litigieux, se 形 係争中；《法》争訟中の；論争中の；問題のある.
litorne 囡《鳥》ノハラツグミ.
litote 囡《レト》曲言法；緩叙法.
litre 男《計》リットル；1リットル容器《瓶》.
litron 男《話》ワインの1リットル瓶.
litsam [-tsam] 男 ⇨ **litham**.
littéraire 形 ❶ 文学の, 文学的な. ❷ 文科系の；文科系の人；文学的才能のある人.
littérairement 副 文学的に(見て).
littéral, ale；《男複》**aux** 形 ❶ 文字〔字義〕どおりの；逐語的な. ❷ 文字による. ❸ **arabe ~** 古典アラビア語.
littéralement 副 逐語的に；《話》文字どおり；まったく.
littéralité 囡 文字どおりであること.
littérarité 囡 文学性.
littérateur 男 文学者；《軽蔑》物書き.
littérature 囡 文学, 文芸；文学活動；文献, 書誌；《軽蔑》作り事, 絵空事.
littoral, ale；《男複》**aux** 形 沿岸の. ― 男 沿岸地帯.
littorine 囡 タマキビガイ.
Lituanie 囡 リトアニア(共和国).
lituanien, ne 形 リトアニアの.
― 名《L～》リトアニア人.
― 男 リトアニア語.
liturgie 囡《キ教》典礼.
liturgique 形《キ教》典礼の.
liure 囡（荷車の荷を固定する）綱, ロープ；《海》索, 鎖.
livarot 男 リヴァロ（ノルマンディー地方の軟質チーズ）.
live [lajv]《英》《不変》形 ライブの；生中継の. ― 男 ライブ録音.
livèche 囡《植》セリ科の薬草.
livedo [-ve-] 男《医》青色皮斑.
livide 形 蒼(そう)白な, 青白い；《文章》(光などの)鉛色の. ► ~ **cadavérique** 死鉛色(しび).
lividité 囡 蒼白；鉛色.
living (-room) [livin(rum)] 男《英》リビング・ルーム, 居間.
livrable 形（商品が）配達できる.
livraison 囡 ❶（商品などの）配達, 引き渡し；配達物. ❷ 配本;（定期刊行物の）各巻. ◊**prendre ~ de ...**（買った物を）受け取りに行く.
livre¹ 男 本, 書物；(書物の分, 編)；帳簿, 台帳；日誌. ► ~ **blanc**（政府などが発行する）白書 / ~ **d'or**（訪問者などの）記念サイン帳, 芳名録

année liturgique（典礼暦年）
待降節 avent（11月30日前後の日曜から始まるクリスマス前の4週間）
聖母マリアの原罪の宿り Immaculée Conception（12月8日）
クリスマス, 降誕祭 Noël（12月25日）
公現祭 Epiphanie（1月6日前後の日曜）
謝肉の火曜日 Mardi gras（謝肉祭の最終日. 翌日から四旬節）
灰の水曜日 Mercredi des Cendres（四旬節の初日. 復活祭の46日前）
四旬節 carême（復活祭の前日までの, 日曜を除く40日間）
神のお告げ Annonciation（3月25日）
枝の主日 Rameaux（復活祭直前の日曜日）
復活祭 Pâques（春分後の最初の満月のあとの最初の日曜. 3月25日～4月25日の間の移動祝日）
主の昇天 Ascension（復活祭から40日目の木曜）
聖霊降臨の主日 Pentecôte（復活祭後の第7日曜）
聖霊降臨の翌日の月曜日 Lundi de Pentecôte
三位一体の主日 Trinité（聖霊降臨の主日のあとの最初の日曜）
キリストの聖体 Fête-Dieu（聖霊降臨の主日のあとの第2日曜）
聖母の被昇天 Assomption（8月15日）
諸聖人 Toussaint（11月1日）

/ ~ **de bord** 航海日誌. ◊**à ~ ouvert** 準備なしに, すらすらと.
livre² 囡 ❶《計》リーヴル（500 g）. ❷ ポンド《英国などの通貨単位》. ► ~ **sterling** イギリスポンド. ❸《史》リーヴル（フランス大革命前の貨幣単位）.
livre-cassette 男《複》**~s-~s** 文学作品を録音したカセット.
livrée 囡 ❶（召し使いなどの）制服, お仕着せ；❷（昆虫の体色）；羽色；毛色.
livrer 他 ❶ 配達する, 届ける. ❷ 引き渡す；支配下に置く；ゆだねる. ❸ 密告する（秘密など）漏らす；打ち明ける. ◊ ~ **bataille** [**combat**] 戦いを交える. ◊ ~ **passage（à ...）**（…を）通す. ― **se ~** ❶（à）（…に）従事する[専念］する；（感情などに）身を任せる. ❷ 胸の内を明かす. ❸ 投降する；自首する.
livresque 形 書本から得た, 机上の.
livret 男 ❶（公的な）手帳；通帳. ► ~ **scolaire** 成績簿 / ~ **de caisse d'épargne**（郵便）預金通帳 / ~ **individuel [militaire]**《軍》動員心得手帳. ❷《楽》リブレット（オペラなどの台本）；古風《展覧会などの》カタログ.
livreur, se 名 商品配達人.
lixiviation 囡《化》浸出.
LL.AA.《略》Leurs Altesses 両殿下.
llanos [ljanos] 男複《地》リャノ（南米のサバンナ型草原）.
LL.MM.《略》Leurs Majestés 両陛下.
loader [lodœːr] 男《英》（土砂など

の)積み込み機.
lob [-b] 男 (テニスなどの)ロブ.
lobby;(複)*ies* 男(英)陳情団, 圧力団体. □**lobbyist** 男.
lobbying [-iŋ] / **lobbyisme** 男(英)(議員への)圧力, 陳情.
lobe 男 ❶ ～ de l'oreille 耳たぶ. ❷[解](脳, 肺などの)葉(は). ～ frontal 前頭葉. ❸[植]裂片;[建]葉形(装飾).
lobé, e 形[植]葉(は)に分かれた;[植](葉が)浅裂の.
lobectomie 女[医](肺, 脳などの)葉の摘出術.
lober 自[スポ](テニスなどで)ロブを上げる. — 他 ロビングでぬかす.
lobotomie 女 ロボトミー (前頭葉白質切断による精神外科療法).
lobulaire 形 小葉(状)の.
lobule 男[解]小葉;[植]小裂片.
local, ale (男複) *aux* 形 ❶ 地方の, 地域的な;地元の. ❷ 局地的な;局所の. — 男 (一定の用途で使う)場所, 建物.
localement 副 地方で;所によって;局地[局部]的に.
localier 男 地方版担当記者, 地方通信員.
localisable 形 位置を突き止められる, (一定地域に)限定できる.
localisa|**teur, trice** 形 位置決定を可能にする.
localisation 女 ❶ 位置決定;場所の測定;(時間的な)位置づけ. ❷ 局地化;地域的集中.
localisé, e 形 局地的な.
localiser 他 ❶ 位置を突き止める. ❷ 局地化する;拡大を防ぐ.
— **se** ～ (一定地域に)限定される.
localité 女 (小さな)町, 村;特定の場所.
locataire 名 借家[借地]人.
loca|**tif, ve** 形 ❶ 賃貸借の;賃借人負担の. ► valeur ～ *ve* 賃貸借額. ❷[言]位置を示す, 位格の.
— 男 位格.
location 女 ❶ 賃貸借;賃貸料, 家賃;貸家, 借家. ► voiture de ～ レンタカー / être en ～ 借家住まいの. ❷ (座席などの)予約.
location-accession;(複) ～**s**~**s** 女 不動産の賃(チン)貸借.
location-gérance;(複) ～**s**~**s** 女[経]管理[第三者委託型]賃貸借.
location-vente;(複) ～**s**~**s** 女[法]買取り賃貸借.
loc. cit. ⇨ loco citato.
loch[1] [-k] 男[海]ログ, 測程儀(船の航程, 速力を測定する計器).
loch[2] [-k] 男[地] (スコットランドの)湖.
loche 女[魚]ドジョウ;[動]コウナメクジ.
locher 他[地域](木を)揺さぶる.
lochies 女複[医]悪露(あくろ).
lock-out [-kawt] 男(不変)(英)工場閉鎖, ロックアウト.
lock-outer [-kawte] 他 (工場を)
閉鎖[ロックアウト]する;(労働者を)締め出す.
loco 男略 機関車.
loco citato 副句(ラ) (上述の)引用文中に.
locomo|**teur, trice** 形[医]運動に関する. ► organes ～*s* 運動器官.
locomotion 女 移動, 輸送;(生物の)運動, 移動.
locomotive 女 機関車;図牽(ケン)引車, 推進車.
locotracteur 男[鉄道]モーターカー, 入換動車.
locuste 女[昆]トビバッタ, 飛蝗(ひこう).
locu|**teur, trice** 名[言]話し手, 話者. ► natif ネイティブ・スピーカー.
locution 女 言い回し, 成句, 句.
loden [-den] 男(独)ローデン織(厚手のフェルト状毛織物);ローデン製コート.
lœss [løs] 男(独)黄土, レス.
lof 男[海]風上側. ► virer *lof pour lof* 下手まわしにする.
lofer 自[海]船首を風上に向ける.
loft [-t] 男(米)ロフト.
Log / **log** 男略[数] logarithme 対数.
logarithme 男[数]対数.
□**logarithmique** 形.
loge 女 ❶ 管理人室, 守衛室. ❷ (劇場の)桟敷席, ボックス席. ❸ 楽屋, 控え室;(仕切り壁で区切られた)小部屋. ❹ (フリーメーソンで)ロッジ, 支部(集会所). ► être aux premières ～*s* 絶好の場所にいる.
logé, e 形 住んでいる;泊まっている.
logeable 形 ❶ 住める, 住み心地がよい. ❷ (かばん, 棚が)物のたくさん入る.
logement 男 ❶ 住居, 住宅;居住;宿泊. ❷ (機械部品の)溝, くぼみ.
loger 自 ❶ 泊まる, 住む. ❷ (物が)納まる, 入る;(考えなどが)ある.
— 他 ❶ 泊める, 住まわせる;収容する. ❷ 収納する, 入れる. ❸ (弾丸などを)射ち込む.
— **se** ～ ❶ 泊まる, 住む. ❷ 入り込む;収容される;(考えなどが)根を張る.
logette 女 小さな小屋;[建]ロジェット, 張り出し窓.
logeur, se 名 (家具付き貸間の)貸し主, 家主.
loggia [-dja] 女(伊)[建]ロッジア (吹き放しになった廊下, 列柱廊).
logiciel, le 形[情報]ソフトウェアの.
— 男 ソフトウェア. ► ～ libre フリーウェア.
logicien, ne 名 論理学者.
logicisme 男 論理主義.
logicomathématique 形 論理数学的な.
logicopositivisme 男[哲]論理実証主義.
logique 形 ❶ 論理の, 筋道の;論理学の. ❷ 論理的必然の, 当然の帰結の.
— 形 ❶ 論理的な;必然的な, 当然の. ❷ (論理学)の.
logiquement 副 論理学上;論理的に(は);理屈では;当然の成り行きで.
logis 男文語 住まい, 住居. ► corps de ～[建]母屋, 住居棟.

logiste 名 芸術コンクール参加者.
logistique 形 【軍】兵站(☆)業務；【経】ロジスティックス；物資補給.
— 囡 【軍】兵站の；【経】ロジスティックスの，物資補給の．
◻**logisticien, ne** 名
logithèque 囡 【コンピュータの】ソフトウェアのライブラリー.
logo 男 ⇒ logotype.
logogriphe 男 語探し謎，判じ文.
logomachie 囡 言葉【用語】についての論争；（無意味な）言葉の羅列.
logomachique 形 【文章】言葉の上だけの.
logopédie 囡 【医】言語矯正法.
logorrhée 囡 多弁；病的多弁症.
◻**logorrhéique** 形
logos [-s] 男 【哲】ロゴス；【神】神の言.
logotype 男 ロゴタイプ，ロゴ.
loi 囡 ❶ 法，法律；掟(☆)；規則，規範；法則. ❷ 【文章】支配，権力. ❸ 【宗】戒律，律法. ◆ *loi ancienne* [nouvelle] モーセ[キリスト]の律法. ◇*faire la loi* 囡 支配者である；我が物顔に振る舞う. *se faire une loi de ...* …を自分の義務と決める.
loi-cadre 囡 (複) ~*s*-~*s* 囡 【法】基本法.
loin 副 遠くに；遠い過去[未来]に. ◇*aller* ~ (1) 重大な結果を招く；偉くなる. (*bien*) ~ *que* + *subj.* …するどころか. *être* ~ + *de* + *inf.* …するどころではない. *ne pas aller* ~ 価値がない；余命いくばくもない. *voir* ~ 先見の明がある.
— 男 遠方，隔たり.
◇*au* ~ 遠くに[で]. *de* ~ 遠くから；はるかに. *de* ~ *en* ~ 間をおいて；時折.
lointain, e 形 ❶ 遠い，はるかな. ❷ うわの空の. — 男 遠方；【美】遠景.
lointainement 副 遠くに；間接的に.
loi-programme 囡 (複) ~*s*-~*s* 囡 【法】長期計画法.
Loir 男 ロアール（サルト川支流）.
loir 男 【動】オオヤマネ.
Loire 囡 ❶ ロアール県 [42]. ❷ ロアール川（フランス最長の川）. ❸ *Pays de la* ~ ロアール川流域地方.
Loire-Atlantique 囡 ロアール=アトランティック県 [44].
Loiret 男 ❶ ロアレ県 [45]. ❷ ロアレ川.
Loir-et-Cher 男 ロアール=エ=シェール県 [41].
loisible 形 Il est ~ à ... de + inf. …するのは…の自由である.
loisir 男 時間の余裕，暇；（複数）余暇，レジャー. ◇(*tout*) *à* ~ 時間taっぷりに；心ゆくまで.
lokoum [-m] 男 ⇒ loukoum.
lolita 囡 娼婦のような娘.
lolo 男 幼児語 おっぱい；俗 乳房.
lombago 男 ⇒ lumbago.
lombaire 形 腰部の. — 囡 腰椎.
lombalgie 囡 腰痛.

lombard, e 形 ロンバルディアの.
— 名 (L~) ロンバルディア人.
Lombardie 囡 ロンバルディア（イタリア北部の州）.
lombarthrose 囡 腰椎関節症.
lombes 男複 【解】腰部.
lombric 男 【動】ミミズ.
lompe 男 【魚】ダンゴウオ.
londonien, ne 形 ロンドンの.
— 名 (L~) ロンドンの人.
Londres ロンドン.
long, ue 形 ❶ 長い；時間がかかる，手間取る. ❷ 【料】（ソースが）薄い.
◇~ *de ...* 長さが…の.
— 男 長さ；縦.
◇*de* ~ *en large* 行ったり来たりして；縦横に. *de* (*tout*) *son* ~ 長々と（身を伸ばして）. *en* ~ *et en large* あらゆる角度から；詳細に. *le* ~ *de ...* …に沿って；の間ずっと. (*tout*) *au* ~ すっかり，完全に. *tout du* ~ 端から端まで.
— 副 細長く.
◇*en dire* ~ 詳細に語る；雄弁に物語る. *en savoir* ~ 詳しく知っている.
— 囡 【音声】長母音；長音節；【楽】（中世記譜法の）長・音符.
◇*à la* ~ いつかは，そのうち.
longane 男 リュウガン（の実）.
longanimité 囡 【文章】辛抱強さ；寛容，寛大.
Longchamp [lɔ̃ʃɑ̃] (hippodrome de) ロンシャン競馬場（1857年，パリのブーローニュの森に作られた）.
long-courrier 男 遠洋航路船；長距離飛行艇.
longe[1] 囡（馬などをつなぐ）綱；引き綱；調馬索.
longe[2] 囡 【食】（子牛の腎(☆)臓を含む）ロイン，腰内.
longer 他 沿って行く；（道などが）沿っている.
longeron 男（橋の）縦桁(☆)；【航】（翼，胴体の）強力縦通材；【車】（フレームの）縦縁材.
longévité 囡 長寿命；寿命，生存年数. ◇*tables de* ~ 平均余命表.
longiligne 形 やせ形の.
longitude 囡 経度；経線.
longitudinal, ale, （男複）*aux* 形 縦の. ◻**longitudinalement** 副
long(-)métrage 男 (複) ~*s*(-)~~ 8 男 長編映画.
longotte 囡 【織】ロンゴット（厚手の平織綿織物）.
longrine 囡 【建】大梁(☆)，敷板(☆).
longtemps [lɔ̃tɑ̃] 副 長い間.
◇*de* ~ 否定文で 当分の間は.
longue long の女性形.
longuement 副 長い間；長々と.
longuet, te 形 少し長すぎる.
— 男（細長い棒状の乾パン）.
longueur 囡 ❶ 長さ；（時間の）長さ；（複数）（作品などの）冗長さ. ❷【スポ】（1）1馬身；1艇身. （2）*saut en* ~ 走り幅跳び.
◇*à* ~ *de ...* …の間ずっと. *tirer en* ~ 長引かせる. *traîner en* ~ 長引く.

longue-vue:《複》~s-~s 囡 望遠鏡.
Lons-le-Saunier ロン=ル=ソニエ (Jura 県の県庁所在地).
loofa [lu-] 囲【植】ヘチマ.
look [luk] 囲《英》スタイル, 外観.
looping [lupiŋ] 囲《英》(飛行機の)宙返り.
lope(tte) 囲《俗》腰ぬけ;病な男, 腰抜け:隠ホモ, おかま.
lophophore 囲【鳥】ニジキジ.
lopin 囲 わずかな土地 [畑]. ❷【金】塊鉱, 鋼片.
loquace 形 おしゃべりな, 饒舌(ぢょう)な.
loquacité 囡 話好き, 饒舌(ぢょう).
loque 囡 ❶ ぼろ着. ❷ 無気力な人, 腑(ふ)抜け. ◊*en ~s* (服などが)ぼろぼろの; ぼろ服を着た.
loquet 囲 (扉などの)掛け金.
loqueteau 囲 × loquet 囲 小型の掛け金(の).
loqueteux, se 文変 ぼろをまとった;(服などが)ぼろぼろの.
lord [-(d)] 囲《英》❶ 卿(きょう)(英国の貴族, 上院議員, 高官名につける尊称). ► Chambre des ~s (英国の)上院.
lord-maire: 囲《英》英国の大都市の市長.
lordose 囡【医】脊柱前彎(ぜんわん).
lorette 囡 古 (19世紀初頭の高級な)娼(しょう)婦.
lorgner 他 (物欲しげに)横目で見る; 色目を使う; 目をつける, ねらう.
lorgnette 囡 (片目の)オペラグラス. ◊*regarder par le petit bout de la* ～ 些末な細部に拘る;視野が狭い.
lorgnon 囲 柄つき眼鏡, 鼻眼鏡.
lori 囲【鳥】ヒインコ.
loricaire 囲【魚】ホソナマズ.
loriot 囲【鳥】コウライウグイス.
loriquet 囲【鳥】(尾長の)小インコ.
lorrain, e 形 ロレーヌ地方の.
— 名 (L~)地方の人.
— 囲 (オイル語の)ロレーヌ方言.
Lorraine 囡 ロレーヌ地方 (フランス北東部, ドイツに接する).
lorry:《複》*ies* 囲《英》トロッコ.
lors 副 古 その時. ~*depuis* ~ その時から. ~*de* ... …の時に. ~*même que + cond.* 文変 たとえ…であっても. *pour* ~ したがって, とりあえず.
lorsque 接 ❶ ⋯する時に; その時. ❷ 文変 …する反面.
losange 形 菱(ひし)形(模様). □losangique.
losangé, e 形, 囲 菱(ひし)型の並ぶ(模様).
loser [luzœr] 囲《英》語 負け犬.
Lot [-t] 囲 ❶ ロット県 [46]. ❷ ロット川(ガロンヌ川支流).
lot 囲 ❶ (くじなどの)賞金;賞品. ❷ 分割地, 取り分; (土地の)区画. ❸ (商品の)山, 組. ❹ 文変 運命, 宿命. ❺ 〖情報〗バッチ.
lote 囡 ⇨ lotte.
loterie 囡 宝くじ;福引き;運.
Lot-et-Garonne 囲 ロット=エ=ガロンヌ県 [47].

loti, e 形 ❶ 分割された, 分け前をもらった. ❷ *bien* [*mal*] ~ 運がいい [悪い].
lotier 囲【植】ミヤコグサ.
lotion 囡 ローション, 化粧水.
lotionner 他 ローションをつける.
lotir 他 ❶ 分割 [分譲] する. ❷ ~ *A de B* A に B を分け前として与える.
lotissement 囲 分割;分譲(地).
lotisseur, se 名 (土地の)分譲(業)者.
loto 囲 ❶〖ゲーム〗ロト(数字合わせゲーム). ❷ ~ (*national*) ロト (国営宝くじ). ~ *sportif* スポーツくじ.
lotois, e 形 ロット県の.
— 名 (L~)ロット県の人.
lotte 囡【魚】アンコウ;カワメンタイ.
lotus [-s] 囲【魚】❶【植】スイレン科の植物. ❷ ~ *sacré* ハス. ❸【建】蓮華(げ)模様.
louable[1] 形 称賛に値する, 立派な.
louable[2] 形 賃貸 [賃借] できる.
louage 囲【法】賃借.
louange 囡 (複) 賛辞. ◊*à la ~ de* ... …をたたえて, 名誉のために.
louanger 他 文変 称賛する.
louangeur, se 形 称賛の, ほめそやす.
loubar(d) 囲 語 与太者, ちんぴら.
louche[1] 形 ❶ 怪しげな, いかがわしい. ❷ (色が)曇った, 濁った. ❸ 古 斜視.
— 囲 いかがわしさ, 怪しい点.
louche[2]囡【料】レードル, 玉杓子(ぢゃく).
loucher 自 斜視である. 語 (*sur*) ~ を物欲しげに見る. ひそかにねらう.
loucherie 囡/**louchement** 囲 やぶにらみ, 斜視.
louchet 囲 角型スコップ.
loucheur, se 名 斜視の人.
louer[1] 他 ❶ 褒める, 称賛する; (神を)たたえる. ◊*Dieu soit loué!* ああよかった, やれやれ. — *se* ~ (*de*) (…に)大いに満足する.
louer[2] 他 ❶ 賃貸し [賃借り] する. ❷ (席などを)予約する.
loueur, se 名 賃貸しする人, 貸し主.
loufiat 囲 俗 (軽蔑) (カフェの)ボーイ.
loufoque 形 語 風変わりな(人).
loufoquerie 囡 語 風変わり; 奇行, とっぴな言動.
louis 囲 ルイ金貨(ルイ王の肖像入り金貨); 20フラン金貨.
louise-bonne;《複》~s-~s 囡 セイヨウナシの一品種.
loukoum [-m] 囲【菓】ターキッシュディライト(アラブの砂糖菓子).
loulou, te 名 語 (子供, 女性に対して)かわい子ちゃん. — 囲 ❶ スピッツ (犬). ❷ 意気地なし, 不良.
loup 囲 ❶【動】オオカミ. ❷ 仕損じ, 欠陥. ❸〖服〗ルー(仮装舞踏会などで用いられる黒のサテンやビロードの仮面). ❹【魚】オオカミオ科; スズキ.
◊*à pas de* ~ 抜き足差し足で, こっそりと. *être connu comme le ~ blanc* 世間に広く知られている. *un froid de* ~ 凍(い)てつくような寒さ. *(vieux)* ~ *de mer* ベテランの船乗り

loupage 男 仕損じ, 失敗.
loup-cervier; (複) ~s-~s 男 【動】オオヤマネコ.
loupe 女 ❶ ルーペ, 虫眼鏡. ❷【医】脂肪(ぼう)嚢腫(のう)(瘤).
◊ à la ~ 丹念に, 子細に.
loupé, e 形 しくじった, やり損ねた.
— 男 失敗, エラー.
louper 他 ❶ しくじる, 失敗する; 逃がす, 逸する. ◊ Ça n'a pas loupé. 話 やっぱりそうなった.
loup-garou; (複) ~s-~s 男 狼男.
loupiot, te 名 俗 子供, ちびっ子.
loupiote 女 話 小型ランプ.
lourd, e 形 ❶ 重い; 重装備の; 大型の. ▶ industrie ~e 重工業 / poids ~ 大型トラック; 【スポ】ヘビー級 / eau ~e 【化】重水. ❷ 重荷となる; 重大な. ❸ どっしりとした 鈍重な, 粋野な (雰囲気などの)重苦しい; (天気が)うっとうしい; (食物の)消化しにくい; (香りや味が)濃厚な, きつい. ❺ (雨で)ぬかるんだ.
◊ avoir la main ~e (1) 強く殴る; 厳しく罰する. (2) 大量に使う; 量を多めに計る. ~ de ... …でいっぱいの. sommeil ~ 深い眠り.
— 副 ❶ peser ~ 重い; 重要である. ❷ たくさん. ▶ ne pas en savoir ~ たいして知らない.
◊ Il fait ~. うっとうしい天気だ; 耐えがたい暑さだ.
lourdaud, e 形, 名 のろまな(人), 間抜けな(人).
lourde 女 俗 門, ドア.
lourdement 副 重く, ずっしりと; 鈍重に; 不器用に; ひどく.
lourder 他 俗 追い出す; 厄介払いする.
Lourdes [町名] ルルド [県 65] (フランス最大の巡礼地).
lourdeur 女 重さ; 重苦しさ; 鈍さ; 不器用さ.
loustic 男 話 おどけ者, お調子者.
loutre 女 【動】❶ カワウソ. ❷ ~ de mer ラッコ.
louve 女 雌オオカミ.
louvet, te 形【畜】(馬の毛が)褐色と黒の混じる.
louveteau; (複) x 男 ❶ オオカミの子. ❷ カブスカウト (12歳未満のボーイスカウト団員).
louveter 4 自 (オオカミが)子を産む.
louveterie 女 【史】lieutenant de ~ 狩猟(どう)官; 古 オオカミ狩り.
louvette 女 (8～12歳の)ガールスカウト.
louvoyer 10 自 ❶ 遠回しの手段を用いる; 言い逃れをする. ❷ (船が)風に向かってジグザグに進む, 間切る.
□ louvoiement / louvoyage 男
Louvre 男 ルーヴル美術館 (= musée du ~); ルーヴル宮 (palais du ~).
lovelace [lɔv-] 男 【英】文語 女たらし, 色事師.
lover 他【海】(ロープなどを)巻き取る.

— se ~ とぐろを巻く; 体を丸める.
loxodromie 女 【海】【航】航程線, 斜航線.
loyal, ale; (男複) **aux** 形 誠実な, 忠実な; 公正な, 正直な.
◊ à la ~ale 正々堂々と.
loyalement 副 誠実に, 公正に.
loyalisme 男 (権威, 体制などへの)忠誠; 献身.
loyaliste 形, 名 忠実な(人).
loyauté 女 誠実, 忠誠, 正直.
loyer 男 ❶ 家賃, 部屋代. ❷ ~ de l'argent 利子率.
Lozère 女 ロゼール県 [48].
lozérien, ne 形 ロゼール県の.
— 名 (L~) ロゼール県の人.
L.P. 男 (略) lycée professionnel 職業高校.
LSI 男 (略)【英】【情報】large scale integration 大規模集積回路.
Lu 【記】【化】lutécium ルテチウム.
lu, ue lire の過去分詞.
lubie 女 気まぐれ, 思いつき.
lubricité 女 淫乱, 好色.
lubrifiant, e 形 滑りをよくする.
— 男 潤滑剤.
lubrification 女 潤滑; 注油.
lubrifier 他 注油する, 油をさす; 滑りをよくする.
lubrique 形 淫乱な, 好色な; 猥褻(わいせつ)な. □ lubriquement 副
lucane 男 【昆】クワガタムシ.
lucanophile / lucaniste 名 鍬(くわ)形(がた)上げをする人; スポーツカイト・プレーヤー.
lucarne 女 【建】屋根窓; (サッカーで)ゴールの隅.
lucernaire 男 【宗】夜祷(とう).
lucide 形 明晰(めいせき)な; 明快な; 意識のはっきりした. □ lucidement 副
lucidité 女 明晰(めいせき); 明快; 意識の正常さ.
luciférien, ne 形 文語 悪魔なルシフェルの; 邪悪な.
lucilie 女 【昆】キンバエ.
luciole 女 【昆】ホタル.
lucratif, ve 形 利益の多い, もうかる; 営利的な. □ lucrativement 副
lucre 男 金もうけ; 金銭欲.
ludiciel 男 ゲームソフト.
ludion 男 【物】浮沈子, 潜水人形.
ludique 形 遊びの, 遊戯の.
ludisme 男 遊戯, 遊戯.
ludoéducatif, ve 形 遊びながら学ぶ.
ludologue 名 ゲーム制作[考案]者.
ludospace 男 レジャービークル, レジャー用車.
ludothécaire 名 玩(がん)具館館長[職員].
ludothèque 女 (低料金でおもちゃを貸す)玩(がん)具館.
luette 女 喉頭蓋(がい); 【解】口蓋(がい)垂.
lueur 女 微光, 弱い光; 閃(せん)光, きらめき; (寸前の)輝き.
luffa [ly|u-] 男 【植】ヘチマ.
luge 女 リュージュ(競技).
luger 2 自 リュージュで滑降する; リュージュ競技をする.

lugeur, se 名 リュージュの乗り手, リュージュ選手.

lugubre 形 悲惨な; 不気味な; 陰気な. ◇**lugubrement** 副

lui¹ 代《人称》❶《3人称単数, 間接目的語》《男女同形, 対応する複数形はleur》❶彼(女)に, 彼(女)のために; 彼(女)から; 彼(女)にとって. Je lui ai téléphoné. 私は彼(女)に電話した / Je lui ai emprunté de l'argent. 私は彼(女)からお金を借りた / Il lui est difficile de … …するのは彼(女)には難しい. ❷《定冠詞つきの身体部位名詞とともに》彼(女)の. Je lui ai pris la main. 私は彼(女)の手を取った. ❷《3人称単数男性, 女性形は elle, 複数形は eux》彼. ► 《前置詞とともに》avec lui 彼と一緒に / Il regarda autour de lui. 彼は自分の周りを見回した / 《属詞として》C'est lui. それは彼だ / 《反射・制限のque, 類似の comme とともに》Tu chantes mieux que lui. 君は彼より歌がうまい / 《主語, 強調》Lui(, il) vient. 彼は来る.

lui² luire の過去分詞.

lui-même 《複》eux-~s 代《人称》彼(ら)自身, それ(ら)自体. ◇*de* ~ 自ら進んで; ひとりでに.

luire 71 自 光る, 輝く.

luis-, luit 活 ⇨ luire.

luisance 名 文章 輝き; 光沢.

luisant, e 形 光る, 輝く; 光沢のある. —— 男 文章 輝き; 光沢.

lulu 男《鳥》モリヒバリ.

lumbago [lɔ̃-/lœ-] 男《医》腰痛.

lumen [-men] 男《計》ルーメン(光束の単位).

lûmes 活 ⇨ lire.

lumière 女 ❶ 光; 日光. ► ~ noire [de Wood] 黒色光. ❷ 照明, 明かり; 電灯. ❸《真理, 信仰などの》光; 解明;《複》知恵, 知識. ► le siècle des L~s 啓蒙の世紀(フランスの18世紀). ❹ 傑出した人物, 権威. ❺《美》明部;《機械部品などの》穴;《ポンプの開口部》《エンジンの吸気[排気]》口. ◇à la ~ de … …を手がかりとして; …に照らして. habit de ~(ラメ糸で刺繍を施した)闘牛士の衣装. mettre en ~ 明るみに出す; 証明する. trait de ~ ひらめき.

lumignon 男 薄暗いランプ[明かり]; ちびたろうそく.

luminaire 男 ❶ 照明器具[設備];(教会堂の)灯明. ❷ 天体; 太陽, 月.

luminance 女《物》輝度, ルミナンス.

luminescence 女《物》ルミネセンス, 冷光.

luminescent, e 形 ルミネセンスの, 冷光を発する. ► tube ~ 蛍光灯.

lumineusement 副 明快に, 明瞭(おりょう)に.

lumineux, se 形 ❶ 光る, 輝く; 明るい. ❷ 明快な, 明瞭な.

luminophore 男《エレ》蛍光物質.

luminosité 女 明るさ, 輝き;(星の)光度.

lump [lœp] 男《魚》ダンゴウオ.

lumpénisé, e 形 ルンペンプロレタリアートの.

lunaire¹ 形 ❶ 月(のような). ► mois ~《天》太陰月 / face ~ 丸い[青白い]顔. ❷ 夢想的な; 途方もない.

lunaire² 女《植》ルナリア.

lunaison 女《天》太陰月.

lunatique 形, 名 むら気な(人), 気まぐれな(人).

lunch [lœntʃ];《複》~(e)s 男《英》(式などで出される)軽食.

lundi 男 月曜日.

lune 女 ❶ 月. ► pleine ~ 満月. ◇(aller) décrocher la ~ 不可能なことを試みる. demander [promettre] la ~ 不可能なことを要求[約束]する. être dans la ~ ぼんやりしている. ~ de miel ハネムーン; 蜜月期. tomber de la ~ 不意をつかれて仰天する.

luné, e 形 話 être bien [mal] ~ 機嫌がいい[悪い].

lunetier, ère 名 眼鏡屋[製造業者]. —— 形 眼鏡の; 眼鏡製造[販売]の.

lunette 女 ❶《複数》眼鏡. ❷ 望遠鏡. ❸ 丸い穴; 便座(の部分). ► ~ arrière(車の)リヤウィンドー. ❹《動》serpent à ~s インドコブラ. ❺(鶏の)鎖骨.

lunetté, e 形 眼鏡をかけた.

lunetterie 女 眼鏡製造[販売]業.

lunule 女(爪の)半月, 小爪;《数》弓形.

lupanar 男 文章 売春宿, 娼家(しょうか).

lupin 男《植》ルピナス, ハウチワマメ.

lupuline 女(ビール醸造などに用いる)ルプリン, ホップ粉.

lupuline 女 ❶《植》コメツブウマゴヤシ. ❷(ビールの)ホップ素.

lupus [-s] 男《医》狼瘡(そうそう).

lurent 活 ⇨ lire.

lurette 女 話 il y a belle ~ ずっと前に. Il y a belle ~ que … …して久しい.

lurex [-ks] 男 商標《繊》ルレックス(金属糸の光沢のある布地).

luron, ne 名 陽気な人, 楽天家; 遊び人.

lus (-) 活 ⇨ lire.

lusitanien, ne / lusitain, e 形, 名 ルシタニアの(人), ポルトガルの(人).

lusophone 形, 名 ポルトガル語を話す(人).

lustrage 男 艶(つや)出し; 艶, 光沢.

lustral, ale;《男複》aux 形 ❶ 清めの. ❷ 文章 5年ごとの.

lustration 女《宗》清めの儀式.

lustre¹ 男 シャンデリア; 光沢, 艶(つや); 文章 光輝, 名声.

lustre² 男 文章 5年間;《複数》長期間.

lustrer 他 艶(つや)を与える, 磨く;(衣服などを着古して)てかてかにする.

lustrerie 女 照明器具製造[販売]業.

lustrine 囡〖繊〗ラストリン(純綿綾(๑๑)織りの裏地).

lut¹ [-t] 男〖築〗泥土, 封蛋料.

lut², **lût** (-) 直 ⇨ lire.

Lutèce リュテイア(パリの古名).

lutécium 男〖化〗ルテチウム.

luter 他 封泥を塗る.

luth [-t] 男❶〖楽〗リュート(撥(⁴⁵)弦楽器). ❷動オサガメ.

luthéranisme 男 ルター(派)の教義・ルター派.

lutherie 囡 弦楽器製作(業).

luthérien, ne 形 ルター Luther の; ルター派の. ── 名 ルター派信徒.

luthier 男 弦楽器製作者.

luthiste 名 リュート奏者.

lutin, e 形 いたずら好きの. ── 男❶(いたずら好きの)小妖(๑๑); 固いたずらっ子.

lutiner 他 (体に触れたりして女性を)からかう.

lutrin 男(教会の)譜面台; 書見台; 聖歌隊席.

lutte 囡 ❶闘争, 戦い; 対立. ▶~ pour [contre] ... …のための […に対する]戦い, 運動 ／~ pour la vie 生存競争; 〖生〗種の自然淘汰. ❷〖スポ〗レスリング. ▶~ libre フリースタイル. ❸〖畜〗(羊の)交尾. ◇**de haute ~** 懸命な努力をして; 力ずくで.

lutter 自 ❶ (contre) ...(と)戦う, 争う. ❷ (pour) (…のために)戦う. ❸ (de) (…を)競う, 張り合う. ❹ 格闘する; レスリングをする.

lutteur, se 男囡 レスラー, 闘技者; 闘志〖気骨〗のある人; 闘士.

lux [-ks] 男 ルクス(照度の単位).

luxation 囡〖医〗脱臼(ㄧㄡ).

luxe 男❶ぜいたく; 豪華. ❷un (grand) ~ de ... 豊富な…, 多量の…. ◇*Ce n'est pas du ~.* 國それは必要不可欠だ. **de ~** 豪華〖高級〗な, デラックスな. **se payer le ~ de ...** 思い切って…する.

Luxembourg¹ 男 ルクセンブルク.

Luxembourg² palais du ~ リュクサンブール宮(パリにある宮殿). jardin du ~ (パリの)リュクサンブール公園.

luxembourgeois, e 形 ルクセンブルクの. ── 名(L~)ルクセンブルク人.

luxer 他〖医〗脱臼させる. ▶**se ~** 脱臼する.

luxmètre 男〖光〗照度計.

luxueux, se 形 ぜいたくな; 豪華な. ◻**luxueusement** 副.

luxure 囡〖文章〗色欲; 淫乱.

luxuriance 囡〖文章〗繁茂; 豊富さ; 華麗さ.

luxuriant, e 形〖文章〗生い茂った, 繁茂した茂; 豊かな; 華麗な.

luxurieux, se 形 淫乱な; 卑猥(ⁿ³)な.

luzerne 囡〖植〗ウマゴヤシ.

lx 〖記〗〖計〗lux ルクス.

lycanthrope 男 狼(タン)男.

lycanthropie 囡 狼男への変身.

lycée 男 リセ, 国立高等学校(15歳以上のコレッジュ卒業者が対象).

lycéen, ne 形 リセの(生徒).

lycène 男〖昆〗シジミチョウ.

lychee [-tʃi] 男〖植〗レイシ(の実).

lycope 男〖植〗シロネ.

lycopode 男〖植〗ヒカゲノカズラ; 石松子(ばし)(ヒカゲノカズラの胞子から作られる可燃性の粉末).

lycose 囡〖動〗コミグモ.

lycra 男〖商標〗ライクラ(ポリウレタン系の合成繊維).

lymphangiome 男〖医〗リンパ管腫(๑).

lymphangite 囡〖医〗リンパ管炎.

lymphatique 形 ❶〖医〗リンパ(液)の, リンパ性の. ❷ のろまな, 無気力な. ── 名 のろま[無気力]な人.

lymphatisme 男〖文章〗遅鈍, 無気力.

lymphe 囡〖医〗リンパ(液).

lymphocyte 男〖医〗リンパ球. □**lymphocytaire** 形.

lymphocytose 囡〖医〗リンパ球増多(症).

lymphoïde 形〖医〗リンパ様の.

lymphokine 囡〖生化〗リンフォカイン.

lymphome 男〖医〗リンパ腫.

lynchage 男 リンチ, 私刑.

lyncher 他 リンチを加える.

lyncheur, se 名 リンチを加える人.

lynx [-ks] 男〖動〗オオヤマネコ. ◇**avoir des yeux de ~** 鋭い目つきをしている; 洞察力がある.

Lyon リヨン(Rhône 県の県庁所在地).

Lyonnais 男 リヨネ地方(リヨンを中心とする旧州).

lyonnais, e 形 リヨンの. ── 名(L~)リヨンの人.

lyophile 形 フリーズ・ドライの.

lyophilisat 男 凍結乾燥製品; フリーズ・ドライ食品.

lyophiliser 他 凍結乾燥させる. ▶café *lyophilisé* フリーズ・ドライ・コーヒー. □**lyophilisation** 囡.

lyre 囡 竪(ᵗ)琴, リラ; 〖文章〗詩魂, 詩的感興.

lyric 男(英)(オペラ, 映画の)歌の台本(リブレット).

lyrique 形 ❶ 叙情詩の; 叙情的な; 情熱的な. ❷〖演〗オペラの, 歌劇つきの. ── 名 叙情詩人. ── 男 叙情詩.

lyriquement 副〖文章〗叙情的に.

lyrisme 男 叙情性; 詩情; 高揚.

lys 男 ⇨ lis¹.

lyse 囡 (細胞, 細菌などの)溶解.

lysergide 男〖薬〗リセルグ酸ジエチルアミド, LSD.

lytique 形〖生化〗溶解性の;〖医〗(薬物が)神経系の活動を抑制する.

M , m

M¹, m 男 フランス字母の第13字.
M²〖記〗❶〖計〗 méga メガ. ❷ (ローマ数字の) 1000.
m〖記〗〖計〗 mètre メートル.
M.〖略〗 monsieur.
m.〖略〗〖文法〗 masculin 男性(の).
m' me の省略形.
ma mon の女性形.
maboul, e 形, 名 頭のおかしい(人), 気違いじみた(人).
mac 男 (売春婦の) ひも.
macabre 形 死(体)の; 不吉な, 不気味な.
macache 副 古・俗 だめだ, とんでもない.
macadam [-dam] 男 〖砕石を敷き固めた〗マカダム式舗装〖道路〗.
macadamia 男 〖植〗 マカダミア(ナッツ).
macadamiser 他 〖道路を〗マカダム舗装する.
macanéen, ne 形 マカオ Macao の. — 名〖M~〗マカオ人.
macaque 男 〖動〗マカク(オナガザル科の猿). — 名 醜男(ぶ), 醜女(しゅ).
macareux 男 〖鳥〗 ツノメドリ.
macaron 男 ❶〖菓〗マカロン(円形のクッキー). ❷ マカロン(編んだ髪を耳の上で巻くヘアスタイル). ❸ 話 円形の飾り; バッジ, ステッカー; 略綬(☆).
macaroni 男 〖伊〗〖料〗 マカロニ.
macaronique 形〖文〗 poésie ~ (ラテン語を交えた) 雅俗混交体歌詩.
macassar 男 ❶ マカッサル油(調髪用油). ❷ (黒い線条のある) マカッサル黒檀(☆).
maccartisme / maccarthysme 男 マッカーシズム.
macchabée [-ka-] 男 俗 死体.
Macédoine 女 マケドニア(バルカン半島中央部の地方).
macédoine 女 ❶〖料〗 マセドアンサラダ. ❷〖話〗ごたまぜ, 寄せ集め.
macédonien, ne 形 マケドニアの. — 名〖M~〗マケドニア人. — 男 マケドニア語.
macérateur 男 (蒸留, 醸造に用いる) 浸漬(↓)器〖醸〗.
macération 女 ❶〖料〗(保存, 味付けの) 漬け込み. ❷〖複数〗苦行.
macérer 他 (液体に) 長く漬ける, 浸す. — 自 (果実などが) 長く浸かる.
mach [-k] 男 マッハ(数). — **voler à ~ 2** マッハ 2 で飛行する.
machaon [-ka-] 男〖昆〗 キアゲハ.
mâche 女 〖植〗 ノヂシャ.
mâché, e 形 かみ砕いた. **de papier ~** 紙粘土の (顔色の) 悪い.
mâchefer 男 石炭殻; 鉱滓.
mâchement 男 咀嚼(☆).
mâcher 他 ❶ かむ, 咀嚼(☆)する. ❷ (下準備を整えてやる). ❸ ぎざぎざに切る. **◊ ~ ses mots** 不明瞭に発音する言う. **ne pas ~ ses mots** 考えをずけずけ言う.
machette 女 マチューテ (中南米で用いられる大鉈(☆)).
mâcheur, se 名 (ガムなどを) かむ習慣のある人.
machiavel [-kja-] 男 文章 権謀術数を弄(ろ)する人.
machiavélique [-kja-] 形 マキアベリ Machiavel 流の, 権謀術数を弄(ろ)する; 老獪(☆)な.
machiavélisme [-kja-] 男 マキアベリズム; 権謀術数; 老獪さ.
mâchicoulis 男 石落とし (城壁, 城塔の上部に設けた持ち送り).
machin 男 話 なんとかいう物; あれ, それ. — **Machin, e** 名 なんとかいう人, あの人, ある人.
machinal, ale〖男 複〗 **aux** 形 機械的な; 無意識の.
◊machinalement 副
machination 女 陰謀, 奸(☆)計.
machine 女 ❶ 機械, 機器; 機関. **► ~ à sous** スロットマシーン. ❷ 機械 (自動車, オートバイ. ❸ タイプライター (= ~ à écrire); コンピュータ. ❹ 機械のような人間. ❺ 機構, 機関. ❻〖軍〗 **infernale** 仕掛け爆弾. **◊ faire ~ arrière** 退く; あきらめる. **◊ 前言を翻す**.
machine-outil [-ti]; 〖複〗 **~s-~s** 女 工作機械〖機械〗.
machiner 他 (陰謀などを) たくらむ.
machinerie 女 機械設備〖装置〗; 機械室; 機関室; (舞台の) 仕掛け.
machinisme 男 機械の使用, 機械化.
machiniste 名 (劇場の) 道具方; (映画の) 特殊機械のスタッフ; (バスなどの) 運転手; (機械の) 操作係.
machisme [-t∫i-] 男 男性優位論.
◊machiste
mâchmètre [-k-] 男 マッハ計.
MACHO [-t∫o]〖男〗〖天〗マッチョ, 大質量コンパクトハロー天体.
macho [-t∫o] 〖西〗〖語〗 男性の優位を誇示する男. — 形 (不変) 男尊女卑の.
mâchoire 女 ❶ あご; (工具の) あご. ❷〖複〗 **~ de frein** ブレーキシュー.
mâchonner 他 (くちゃくちゃ) かむ, もぐもぐする. **◊mâchonnement** 男.
mâchouiller 他 話 くちゃくちゃかむ.
mâchure 女 〖織〗 (ビロードなどの) つぶれた毛羽.
macler 他 ❶ 黒く汚す. ❷ (溶解したガラスを) 撹拌(☆)する. **◊maclage** 男.
Mâcon マコン (Saône-et-Loire 県の県庁所在地).
maçon, ne 名 フリーメーソン会員. — 男 石工, 左官, 煉瓦職人. — 形 (動物が) 泥などで巣を作る.

maçonnage 男 ❶ (石, 煉瓦などを)積むこと, 組み積み(工事).

mâconnais, e 形 マコンの.
— 男(M～) マコンの人.

maçonner 他 (石, 煉瓦などで)築く, 修理する; ふさぐ.

maçonnerie 女 ❶ 組み積み(工事), 石[煉瓦]工事; 左官仕事. ❷ フリーメーソンの.

maçonnique 形 フリーメーソンの.

macque 女 〖繊〗麻打ち棒.

macramé 男 マクラメ(編み, レース).

macre 女 〖植〗ヒシ.

macreuse 女 ❶ 〖鳥〗クロガモ. ❷ 〖食〗マクルーズ(牛の肩甲骨の下の肉).

macro 名 〖情報〗マクロ命令.

macrobiote 形 名 長寿食餌(じ)法を実践する(人).

macrobiotisme 男 長寿食餌(じ)法. ◻ macrobiotique 形

macrocéphale 名, 形〖医〗大頭蓋(がい)体(の).

macrocéphalie 女〖医〗大頭症.

macrocosme 男 大宇宙.
◻ macrocosmique 形

macrocyte 男〖医〗大赤血球.

macrodécision 女〖経〗マクロ的意思決定, 巨視的決定.

macroéconomie 女 マクロ経済学. ◻ macroéconomique 形

macro-instruction 女〖情報〗マクロ命令.

macromolécule 女〖化〗巨大分子, 高分子. ◻ macromoléculaire 形

macronutriment 男〖生理〗多量栄養素.

macro-ordinateur 男 大型[中型]コンピュータ.

macrophage 男, 形〖生〗マクロファージ(の).

macrophotographie 女〖写〗拡大撮影.

macropode 男〖魚〗トウギョ.

macroscopique 形 肉眼で見える; 巨視的な.

macroséisme [-se-] 男 有感地震.

macrosociologie [-so-] 女 マクロ社会学.

macrosporange 男〖植〗大胞子囊(のう).

macrospore 女〖植〗大胞子.

macrostructure 女 マクロ構造, 巨視構造.

macroures 男複〖動〗長尾類(エビ, ザリガニなど).

macula 女〖解〗～ lutea (網膜の)黄斑(はん). ◻ maculaire 形

maculage 男 汚すこと, 汚れ.

maculature 女 ❶〖印〗ヤンプ(印刷・製紙工場で製品の包装に用いる低級紙), 損紙, ヤレ(印刷や製本の途中で生じた損失紙). ❷ 文語 汚れ, 染み.

macule 女 文語 (インキの)汚れ, 染み; ❷〖医〗斑(はん)(紋).

maculer 他 汚す, 染みをつける.

macumba [-kum-] 女 マクンバ(ブラジルの宗教儀式).

Madagascar マダガスカル.

madame; 複 **mesdames** [meda-] 女 ❶ 奥様, 奥さん; …夫人. ❷《既婚, 未婚を問わず役職にある女性の敬称》▶ M～ le Maire 市長殿. ❸ 貴婦人; 〖史〗王女殿下.

madécasse 形 古風 ⇨ malgache.

madeleine 女 ❶(M～)〖聖〗マグダラのマリア. ❷ マドレーヌ(早生(わせ)の食用ブドウ品種). ❸ マドレーヌ(貝殻形に焼いたスポンジケーキ).

mademoiselle; 複 **mesdemoiselles** [med-] 女 ❶ お嬢さん; …嬢. ❷〖史〗王弟の娘の尊称.

madère 男(M～)マデイラ(酒).

se madériser 代動 (ワインが)マデイラ化する, 酸化する.
◻ madérisation 女

madone 女 ❶(M～)〖聖〗聖母マリア像, マドンナ; (la M～)〖イタリア)で)聖母マリア. ❷ 聖母マリア像.

madrague 女 (マグロ漁に使われる)大網(漁)網.

madras [-s] 男〖繊〗マドラス(織); マドラス地のスカーフ[ターバン].

madrasa [-sa] 女(不変)マドラサ, 学院(イスラムの高等教育機関).

madré, e 形 ずる賢い(人).

madrépore 男〖動〗イシサンゴ.

Madrid [-d] マドリード(スペインの首都).

madrier 男 厚板.

madrigal ; 複 *aux* 男 ❶〖楽〗マドリガル, 世俗歌曲; ❷〖文〗マドリガル, 叙情短詩. ❷ 文語 甘い[きざな]言葉.

madrigaliste 名〖楽〗マドリガルの作者[作曲家].

madrilène 形 マドリードの.
— 名(M～)マドリードの人.

madrure 女 (木目模様の)斑(ふ)紋.

maelström [malstro:m] 男 大渦潮.

maestoso [maes-] 副〖伊〗〖楽〗マエストーソ, 荘厳に.

maestria [maes-] 女〖伊〗名人芸.

maestro [maes-] 男〖伊〗マエストロ, 大音楽家.

maf(f)ia 女〖伊〗❶(la M～)マフィア. ❷ (秘密の犯罪組織); 話 (共通の趣味を持つ人などの)秘密グループ.

maf(f)ieux, se 形 マフィアの.

maf(f)ioso; 複 *i* 男〖伊〗マフィアの一員.

mafflu, e 形 文語 (頬(ほお)が)膨れた, 下膨れの.

magasin 男 ❶ 商店, 店. ▶ grand ～ デパート. ❷ 倉庫, 倉(連発銃の)弾倉(；フィルムを装填(てん)するカメラの)マガジン.

magasinage 男 入庫; (倉庫での)保管.

magasinier, ère 名 倉庫係; 在庫係.

magazine 男〖英〗❶ (写真, 挿絵入りの)雑誌. ❷ (テレビ, ラジオの)シリーズ番組.

magdalénien, ne 男, 形〖考古〗マドレーヌ文化期(の).

mage 男 ❶ (キリスト降誕の際ベツレヘムに礼拝に来た)東方の三博士(=les Rois ～s). ❷ マギ(ペルシア帝国などの

占星術師, 僧侶(詩の). ❸ 魔術師.

magenta [-ʒɛ̃-] 男 《英》《不変》マゼンタの, 紫紅色の.

Maghreb [-b] 男 マグレブ(アフリカ北西部の名称).

maghrébin, e 形 マグレブの. ― 男 《M~》マグレブ人の持ち主.

magicien, ne 名 魔術師, 魔法使い, 呪(ミ)術師; 不思議な能力の持ち主.

magie 女 魔術, 魔法; 魔力, 魅力.

magique 形 魔術の, 魔法の; 驚異の, 不思議な. ► carré ~ . ☐**magiquement**

magister 文 衒学者.

magistère 男 ❶ 《史》(マルタ騎士団などの)団長. ❷ (教皇, 司教の)教導権; 支配力.

magistral, ale 《男 複》**aux** 形 ❶ 見事な, 立派な. ❷ 話 すごい; 手ひどい. ❸ 教師の, 尊大な. ► cours ~ (一方的の)教授の講義. ❹《薬》特殊処方の.

magistralement 副 見事に, 立派に; 尊大[大げさ]なロ調で.

magistrat 男 行政官 [司法官].

magistrature 女 行政官[司法官]の官職[職務, 任期]; 《集合的》行政官[司法官].

magma 男 ❶ 《地》マグマ. ❷ どろどろした混合物; ご ( )混乱.

magmatique 形 《地》マグマの. ► roche ~ ― 火成岩.

magnan 男 《方》蚕.

magnanerie 女 養蚕(所).

magnanier, ère 名 養蚕者.

magnanime 形 寛大な; 高潔な. ☐**magnanimement**

magnanimité 女 寛大さ; 高潔さ.

magnat [-gna] 男 大物, ボス.

se magner 代動 俗 急ぐ.

magnésie 女《化》マグネシア.

magnésien, ne 形《化》マグネシウムを含んだ. ― 男 有機マグネシウム化合物.

magnésite 女《鉱》菱苦土石( )マグネサイト.

magnésium 男《化》マグネシウム.

magnet [-t] 男 《英》マグネット.

magnétar 男 《天》マグネター.

magnétique 形 ❶ 磁気の; 磁石の; 磁気を帯びた. ❷ 魅惑的な.

magnétisable 形《物》磁化されうる. ❷ 催眠術にかける[かかりやすい].

magnétisation 女 ❶ 磁化. ❷ 催眠術の施術; 催眠状態.

magnétiser 他 ❶ 磁化する. ❷ 文 章 催眠術をかける; 魅了する.

magnétiseur, se 名 催眠術師; 催眠治療師.

magnétisme 男 ❶ 磁気(学). ❷ 強い魅力.

magnétite 女《鉱》磁鉄鉱.

magnéto 女《電》マグネト発電機.

magnétocassette 男 カセットテープレコーダー, カセットデッキ.

magnétochimie 女 磁気化学.

magnétoélectrique 形《電》磁気電気の.

magnétoencéphalogram-

me 男《医》脳磁図.

magnétoencéphalographie 女《医》脳磁図検査.

magnétohydrodynamique 女《物》磁気流体力学(の).

magnétomètre 男《物》磁力計.

magnétométrie 女《物》磁力測定.

magnétomoteur, trice 形《電》force ~**trice** 起磁力.

magnéton 男《物》磁子, マグネトン.

magnéto-optique 女 磁気光学.

magnétophone 男 テープレコーダー. ☐**magnétophonique**

magnétoscope 男 ビデオテープレコーダー; ビデオテープ.

magnétoscoper 他 (ビデオテープレコーダーで)録画する, ビデオに撮る.

magnétosphère 女《天》磁気圏.

magnétostatique 形《物》静磁気の. ― 女 静磁気学.

magnétostriction 女《物》磁気ひずみ.

magnétothèque 女 テープライブラリー; テープラック, カセットケース.

magnétron 男《エレ》マグネトロン, 磁電管.

magnificat [-gnifikat/-ɲifikat] 男《不変》《カト》《楽》聖母賛歌, マニフィカト.

magnificence 女 ❶ 壮麗さ, 豪華さ. ❷ 文章 気前のよさ.

magnifier 他 賛美する, 褒めたたえる.

magnifique 形 見事な, 素晴らしい; 壮麗な, 豪華な; (皮肉)最高の. ☐**magnifiquement**

magnitude 女 ❶《天》(星の明るさの)等級. ❷ (地震の)マグニチュード.

magnolia [-ɲɔljɑ]-/**magnolier** 男《植》モクレン.

magnum [-g-] 男 (1.5または 2 l 入りの)大瓶.

magot[1] 男 ❶ (陶器の)人形. ❷《動》バーバリーエイプ, マゴット(サルの一種).

magot[2] 男 へそくり; 小金.

magouille 女 / **magouillage** 男 話(政)取引, 真工作.

magouiller 自, 他 話 俗 (政)取引[真工作]をする.

magouilleur, se 形, 名 話 俗 (政)取引[真工作]をする(人).

magret [-grɛ] 男《料》(カモの)笹身( ).

magyar, e [-gjar] 形《ハンガリー》マジャール人の. ― 男《M~》マジャール人(ハンガリー人の自称).

mahaleb [-b] 男《植》マハレブ(野生のサクラ).

mahara(d)ja(h) [-dʒa] 男 マハラジャ, 大王(インドの王侯の尊称).

maharané; (複) ~(s) / **maharani** 女 マハラジャ[大王]の妃.

mahatma 男《不変》ヒンディー》大聖(インドの指導者の尊称).

mahdi 男《イ教》マフディー(終末に現れるアラーの使者, 救世主).

mah-jong [-ʒɔ̃(:)g] 男《中国》麻雀.

mahométan, e 名, 形 旧 マホメッ

ト [イスラム] 教徒の.

mahonia 男 [植] ヒイラギナンテン.

mahonne 女 [海] 艀(はしけ).

mahous, se [-s] 形 困 でかい.

mahratte 男 マラーティー語(近代インド諸語の一つ).

mai 男 5月. ▶ *Premier-Mai* メーデー.

maïa 男 [動] ケアシガニ.

maie 女 パン櫃(びつ); 圧搾台.

maïeuticien 男 助産夫.

maïeutique 女 [哲] (ソクラテスの)産婆術.

maigre 形 ❶ やせた. ❷ 脂肪分のない [少ない]; 肉抜きの. ▶ *— jour* 〜 《カト》(肉を断つ)小斎日. ❸ 乏しい, 貧弱なまばらな. ―*eaux* 〜 *s* やせた川.
　―男 ❶ 脂身のない肉. ❷ faire 〜 小斎日を守る, 肉を断つ. ❸ 《複数》渇水期(期); 最低水位. ❹ 《魚》コイ.

maigrelet, te 形, 名 やせっぽちの(人), やせた(人).

maigrement 副 わずかに, 貧弱に.

maigreur 女 やせていること; 乏しさ, 貧弱.

maigri, e 形 (以前より)やせた.

maigrichon, ne / maigriot, te 形, 名 語 やせすぎの(人), やせた(人).

maigrir 自 ❶ やせる. ❷ 減る, 乏しくなる. ―他 ❶ やせさせる; やせて見せる.

mail 男 並木道; (商店街の)アーケード.

mail² [mɛl] 男 電子メール.

mail-coach [melkotʃ] 男《複》―*e*(*s*) 男《英》4頭立て乗合馬車.

mailing [-liŋ] 男 ダイレクトメール.

maillage 男 網状組織, ネットワーク.

maillant, e 形 漁の. ▶ *filet* 〜 (稚魚がからみない大きさの網目の網).

maille¹ 女 ❶ 編み目; ニット. ❷ (網の)目; (鎖の)環. ▶ *— cotte de* 〜 *s* 鎖帷子(かたびら). ❸ (鷹などの羽の)斑(ふ)模様.

maille² [古] 女 《貨》マイユ (カペー王朝の最小の貨幣). ◇*avoir* 〜 *à partir avec...* …といさかいを起こす.

maillé, e 形 ❶ (網などが)網状の; 網目状の, ❷ (鷹などが)羽に斑(ふ)ある 模様のある.

maillechort [-(t)-] 男 [金] 洋銀, 洋白(銅, ニッケル, 亜鉛の合金).

mailler 編む; 環でつなぐ; (ある地域に)ネットワークを張る.
　―自 (鷹などの)羽に斑(ふ)が出る.

maillet 男 槌(つち), 木槌.

mailloche 女 (木製の)大槌(おおづち); (太鼓などの)ばち.

maillon 男 (鎖の)環. ◇*n'être qu'un* 〜 *de la chaîne* 全体の中の一要素でしかない.

maillot 男 ❶ タイツ, レオタード; 水着. ❷ ランニングシャツ, ジャージ. ▶ *— jaune* (フランス一周自転車競争で1位の走者が着る)黄色のジャージ. ❸ *— de corps* (男性用)アンダーシャツ. ❹ 産着.

maillotin 男 オリーブ圧搾機.

maillure 女 [狩] (鳥の羽の)斑(ふ)模様.

main 女 ❶ 手. ▶ *sac à* 〜 ハンドバッグ / *fait à la* 〜 ハンドメイドの

/ *changer de* 〜 (物が)別の所有者の手に移る / *passer par des* 〜 *s* 何人もの所有者の手を経る. ❷ 腕前; 手法.
▶ *se faire la* 〜 腕を磨く / *perdre la* 〜 腕がにぶる. ❸ (娘との)結婚の承諾. ▶ *demander* [*obtenir*] *la* 〜 *de...* (親に)…との結婚を申し込む[許される]. ❹ (トランプの)手札; 親, ディーラー. ▶ *belle* 〜 *céder la* 〜 親を譲る. ❺ *petite* [*première*] 〜 助見習い[一級の]お針子. ❻ 紙1帖(ちょう)(25枚); 手の幅.
◇*à — levée* 挙手して; 手早く. *à* 〜 *nue*(*s*) 素手で. *à pleine*(*s*) 〜 (*s*) 手にいっぱいに; たっぷり, ふんだんに; 手でしっかりと. *avoir la haute* 〜 *sur...* …を指揮[支配]する. *avoir la heureuse* [*malheureuse*] 〜 運がいい[悪い], 良いものを選ぶ[悪いものをつかまされる]. *avoir les* 〜 *s libres* [*liées*] 自由である[束縛されている]. *coup de* 〜 手助け, 援助; 手際のよさ; 急襲. *de longue* 〜 ずっと以前から, 仲からなして. *de première* 〜 直接の, 仲介なしで[間接的に, 間接的な]. *des deux* 〜 手で; 熱心に. *donner la* 〜 手をつなぐ, 握手する; 手を貸す. *en* — *(s)* で; 使用[貸し出し]中で. *en* 〜 *(s) propre*(*s*) 直接本人の手に. *en venir aux* 〜 *s* 殴り合いになる. *être en bonnes* 〜 *s* 信頼できる人の手にゆだねられている. *homme de* 〜 手先, 用心棒. *la* 〜 *chaude* 目隠ししっぺ (目隠しした鬼の手をひっぱたいたのがだれかを鬼が当てる遊び). *la* — *dans la* 〜 手をつないで; 一致団結して. *— courante* 手すり; 当座帳. *mettre la dernière* 〜 *à...* …に最後の仕上げをする. *mettre la* 〜 *à...* …に着手する. *mettre la* [*sa*] — *au feu que...* …と誓って断言できる. *mettre la* 〜 *sur...* …を見つける, 手に入れる; 捕まえる. *ne pas y aller de* — *morte* 手加減しない. *passer la* 〜 (トランプで)親をおりる; 権力[特権]を後がす譲る. *prendre en* 〜 *(s)* 引き受ける. *se donner la* 〜 手をつなぐ, 握手する; 手を結ぶ; 《皮肉》似たりよったりである. *sous la* 〜 手もとに, 身近に. *sous la* 〜 *en sous* — ひそかに. *tendre la* 〜 手を差し伸べる; 物ごいをする; 和解[協力]を申し出る. *une* — *de fer dans* [*sous*] *un gant de velours* 外柔内剛の性格.

mainate 男 [鳥] キュウカンチョウ.

main-d'œuvre ; 《複》 〜 *s*— 女 ❶ 《集合的》 賃労働者; 労働力, 人手. ❷ 手間.

Maine 男 メーヌ地方(ノルマンディー地方南部の旧州).

Maine-et-Loire 女 メーヌ=エ=ロアール県 [49].

main-forte 女《単数形のみ》 *prêter* [*donner*] 〜 *à...* …に協力する.

mainlevée 女 [法] (差押えさえ, 異議申し立てなどの)取消し(命令).

mainmise 女 掌握, 支配; 占有.

mainmorte 女 ❶ [史] (農奴の財

産)の遺贈の制限。❷[古法] biens de ～(同職組合, 教会など法人格に属する財産. personnes de ～ 法人.

maint, e 形 [文章] 多くの.

maintenabilité 女 (機械などの)保全性.

maintenai-活 ⇨ maintenir.

maintenance 女 ❶ メインテナンス, 保全, 整備. ❷[軍] 補給.

maintenant 副 ❶ 今, 今では; 今すぐに; 今後は; 今でも; でも. ◇～ que ... となった今, となっては.

mainteneur 男 [文章] 維持者.

maintenir 28 他 ❶ 維持する, 保つ; 支える. ❷ 強く主張する. ❸ 動きを抑制[制止]する. **—se** ～ 維持される, 保たれる; (ある状態に)とどまる.

maintenu, e maintenir の過去分詞.

maintien 男 ❶ 維持, 保持; 支えること, 固定. ❷ 態度, 物腰; 作法. ❸[法] ～ dans les lieux 使用継続(権). ❹[軍] ～ sous les drapeaux 兵役期間延長.

maïolique 女 ⇨ majolique.

maire 男 市[区, 町, 村]長.

mairesse 女 話 市[区, 町, 村]長夫人; 女性市[区, 町, 村]長.

mairie 女 ❶ 市[区, 町, 村]長職. ❷ 市[区]役所, 町[村]役場.

mais 接 ❶ しかし, だが; でも; そうではなく, むしろ. ❷ さて, ところで. — 副 ❶ まあ, いったい(驚き, いらだち, 強調). ❷ 実に, まったく. ❸[強調] ▶ M～ oui. もちろん/M～ non. とんでもない. ◇n'en pouvoir — [文章] もうどうしようもない.

— 男 (不変) 異議, 反対する理由.

maïs [-s] 男 [植] トウモロコシ.

maïserie [-s-] 女 トウモロコシ加工工場.

maison 女 ❶ 家, 家屋. ❷ 家族; (高貴な)家柄, 名門. ▶ gens de ～ 使用人. ❸ (公共の)建物, 施設. ❹ 会社, 商店; 勤め先. — 形 (不変) 自家製の. ❷ 会社[店] 特有の.

Maison-Blanche 女 ホワイトハウス(米国大統領官邸).

maisonnée 女 (同郷の)家族全員.

maisonnerie 女 (日曜大工用品を売る)ホームセンター.

maisonnette 女 小さな家.

maistrance 女 [軍] 海軍の下士官.

maître, sse 名 ❶ 教師; 小学校の先生. ❷ 主人, 家長[所有]者; (ペットの)飼い主. ◇être ～ de ... を支配している; 自由に...できる.

— 男 ❶ (芸術, 学問上の)師; 大家, 巨匠. ▶ coup de ～ 名人芸。❷ ～ à penser 思想的指導者. ❷ 親方(呼); 長, 団長. ❸ ～ d'hôtel 給仕長. ❹ 先生(法律家, 芸術家への敬称). ❺ ～ de conférences 助教授.

— 女 愛人, 情婦.

— 形 中心の, 中心的な; 長の. ❷[カード] atout ～ オールマイティー. carte ～sse 切り札.

maître-à-danser; (複) ～s-～ 男 内尺, はさみ尺.

maître-autel; (複) ～s-～s 男 (教会の外陣の中心にある)主祭壇.

maître-chien 男 犬の訓練士; 軍用犬取扱官.

maître-cylindre; (複) ～s-～s 男 [車] (ブレーキの)マスタシリンダ.

maîtresse maître の女性形.

maîtrisable 形 抑制[制御]できる.

maîtrise 女 ❶ 熟練, 制圧, 制御. ▶ ～ de la mer [de l'air] 制海[空]権。❷ 自制, 平静. ❸ 熟達; すぐれた技量. ❹(職能などの)下級管理職. ❺ (大学の第2課程の)修士号;[史](同職組合の)親方の地位;[楽]聖歌隊員養成所;聖歌隊.

maîtriser 他 制御[支配]する, 抑える; 熟達する. **—se** ～ 自制する.

maïzena [-ze-] 女 商標 コーンスターチ(料理用のトウモロコシ粉).

majesté 女 ❶ 威厳; 荘厳, 壮麗. ❷ ⟨M～⟩陛下. ▶ Votre M～ (呼びかけ)陛下.

majestueux, se 形 威厳のある; 荘厳な. ▫ **majestueusement** 副

majeur, e 形 ❶ より大きな[多くの]. ▶ en ～ partie 大部分は. ❷ 重大な, 主要な. ▶ force —e 不可抗力. ❸ 成年に達した; 成熟した. ❹[楽] 長調の. ❺ 成年者. ❻ 中指. ❼[楽] 長調. — 女 [論] 大前提.

majolique 女 マジョリカ陶器.

ma-jong [-ʒɔg] 男 ⇨ mah-jong.

major 男 ❶[軍](1) 准尉. (2) — général 参謀参謀. ❷ (グランゼコールの)首席入学者. ❷ (ある分野の) 大企業, メジャー.

majorant 男 [数][論理] 上限; 優級数.

majorat 男 [史] 貴族世襲財産.

majoration 女 増額, 水増し; 過大評価.

majordome 男 [史] 使用人頭, 執事; 家令.

majorer 他 増額[加算]する; 過大評価する. ❷[数]上界[優級数]を定める.

majorette 女 (米)バトントワラー.

majoritaire 形 多数決による, 過半数を得た; 多数派の. ❷ 多数派の, 与党員の. ▫ **majoritairement** 副

majorité 女 ❶ 多数, 大半, 大多数; 多数派; 与党. ❷ 成年 (フランスでは18歳).

Majorque 女 マヨルカ島(地中海上のスペインの島).

majorquin, e 形 マヨルカ島の. — 女 ⟨M～⟩マヨルカ島の人.

majuscule 女, 形 大文字の.

maki 男 (マダガスカル)[動] キツネザル.

Makila 男 (バスク)仕込み杖(tʃ).

mal[1] 形 ❶ 悪く, 下手に; 不適切に, 不十分に. ❷ 間違って; 悪意を持って. ❸ 体の具合[気分]が悪く. ❹ 不道徳に, 不正に. ◇être mal avec ...と仲が悪い. pas mal かなり(よく). pas mal de ...かなりの....

mal

mal² 形《不変》悪い. ◊*n'être pas mal* ハンサム[美人]だ.

mal³;(男) *aux* 男 ❶ 悪, 悪事. ❷ 害悪, 不幸; 不都合. ❸ 苦痛, 気分の悪さ; 苦悩; 病気. ▶ *avoir le mal de mer* 船に酔う / *mal du pays* ホームシック. ❹ 苦労, 骨折. ◊*avoir du mal à …* …するのが困難である. *avoir mal à …* …(体の一部)が痛い. *être en mal de …* …がなくて困っている. *faire (du) mal à …* …を苦しめる; に損害をかける.

malabar 男 話 たくましい男; 猛者.

malachite [-ki-] 女 鉱 孔雀(ﾋﾞｬｸ)石, マラカイト.

malacologie 女 軟体動物学.

malacoptérygiens 男複 魚 軟鰭類(なんきるい)(サケ, ニシンなど).

malacostracés 男複 動 軟甲類(ザリガニ, エビなど).

malade 形 ❶ 病気の; 気分が悪い. ❷ (精神的に)苦しい; 話 頭がおかしい. ❸ 不振の. ―名 病人, 患者.

maladie 女 ❶ 病気, 疾病. ❷ 変質, 破損. ❸ 話 (悪い)癖, 熱狂.

maladif, ve 形 ❶ 病弱な, 虚弱な; 病人のような. ❷ 異常な, 病的な.

maladivement 副 病的に; 異常に.

maladrerie 女 史 (中世の)ハンセン病療養所.

maladresse 女 不器用さ; 不手ぎわ.

maladroit, e 形, 名 不器用な(人), 手際の悪い(人); 軽率な(人).

maladroitement 副 不器用に, 下手に.

Malaga マラガ(スペインの都市).

mal-aimé, e 名 愛されない人.

malaire 形 解 頬(ほ)の.

malais 形 西マレーシア[マレー半島] Malaisie の. ―名《M~》マレー人. ―男 マレー語.

malaise 男 ❶ (体の)不調, 気分の悪さ. ❷ 不安; 危機的状況.

malaisé, e 形 困難な, 容易でない.

malaisément 副 やっとのことで.

Malaisie 女 西マレーシア; マレー半島.

malandrin 男 強盗, 追いはぎ.

malappris, e 形, 名 育ちの悪い(人); 無作法な(人).

malard / malart 男 (野生の)カモの雄.

malaria 女 古風 マラリア.

malavisé, e 形, 名 文語 思慮のない(人), 軽率な(人).

Malawi 男 マラウイ(アフリカの国).

malaxer 他 ❶ こねる, 練る. ❷ マッサージをする, もむ. ◘**malaxage** 男

malaxeur 男 練り機.

Malaysia 女 マレーシア.

malbâti, e 形, 名 不格好な(人).

malbouffe 女 話 体によくない食べ物(成分表示などのあやしい食品).

malchance 女 不運, 災禍.

malchanceux, se 形, 名 不運な(人).

malcommode 形 不便な, 非実用的な.

maldonne 女 ❶ (カードの)配り損ない. ❷ 話 間違い, 誤解.

mâle 男 ❶ 男の, 雄の; 男らしい, 雄々しい. ❷ (接続器などの)差し込み側の. ▶ *prise* ~ プラグ. ―男 (動植物の)雄; 男性; たくましい[男っぽい]男.

malédiction 女 ❶ 文語 呪(の)いの言葉). ❷ 不幸, 不運. ―間 畜生.

maléfice 男 呪文(しゅ) , 呪(の)い.

maléfique 形 文語 不吉な.

malencontreux, se 形 あいにくの, 不都合な.
◘**malencontreusement** 副

mal-en-point 形《不変》体の具合が悪い; 困難な状況にある.

malentendant, e 形, 名 難聴の(人).

malentendu 男 誤解な; (感情の)行き違い.

mal-être 男《単数形のみ》居心地の悪さ, 不満(な状態).

malfaçon 女 不手際, 欠陥.

malfaisance [-fə-] 女 文語 有害な作用, 悪影響; 悪意.

malfaisant, e [-fə-] 形 悪意のある; 有害な.

malfaiteur 男 犯罪人, 賊; 悪人.

malfamé, e 形 評判が悪い; 物騒な.

malformation 女 先天的奇形.

malfrat 男 話 悪党, ごろつき.

malgache 形 マダガスカル Madagascar の. ―名《M~》マダガスカル人. ―男 マダガスカル語.

malgracieux, se 形 文語 不愛想な; 不快な.

malgré 前 …の意に反して; にもかかわらず.
◊~ *que* + subj. …にもかかわらず.
~ *soi* いやいや; 心ならずも, 思わず.
~ *tout* とは言え; それでもなお.

malhabile 形 不器用な, 下手な.
◘**malhabilement** 副

malheur 男 ❶ 不幸(な出来事); 不運; 不都合. ◊*faire un* ~ 暴力をふるう; 大成功を収める.

malheureusement 副 不幸にも, 残念ながら.

malheureux, se 形 不幸な; 哀れな, 気の毒な; 不運な; 失敗に帰した; 不都合な; 些細な. ◊*avoir la main* ~ へまをする; 勝負運が弱い. ―名 不幸な人; 貧しい[哀れな]人.

malhonnête 形 ❶ 不正直な, 不誠実な. ❷ 無作法な, 無礼な.
◘**malhonnêtement** 副

malhonnêteté 女 ❶ 不正直, 不誠実; ごまかし. ❷ 無作法(な言動).

Mali 男 マリ(共和国).

malice 女 ❶ いたずら, 悪ふざけ; からかい; 茶目っ気.

malicieux, se 形 いたずら好きな; 冷やかすような. ◘**malicieusement** 副

malien, ne 形 マリの. ―名《M~》マリの人.

maligne malin の女性形.

malignement 副 いたずらっぽく; 固 意地悪く, 悪意をもって.

malignité 女 悪意, 意地悪さ; 有害

malin, gne 形 ❶ 抜け目のない, 要領のいい, ずる賢い. ❷ 意地悪の, からかい気味の. ❸ 🖃 ばかげた. ❹ 有害な; [医] 悪性の.
◇*Ce n'est pas (bien)* ～. そんなに難しくない. *esprit* ～ ⇨ 文章悪魔.
—名 抜け目のない人.
—男 (le M～) 悪魔.

malingre 形 虚弱な, ひ弱な.
malinois 男 マリノワ(牧羊犬).
malintentionné, e 形, 名 悪意のある(人).
malique 形 acide ～ リンゴ酸.
malle 女 (旅行用の)大型トランク.
malléabiliser 他 (金属)に可鍛(た)性〔展性〕を与える.
malléabilité 女 ❶ (金属などの)展性. ❷ (精神の)柔軟性, 従順さ.
malléable 形 ❶ (金属)の展性をもつ. ❷ 従順な, 影響されやすい.
malléolaire 形 [解] 踝(紫)の.
malléole 女 [解] 踝(紫).
malle-poste; 〖複〗 ～*s*-～ [史] 郵便馬車.
mallette 女 小型のスーツケース.
mal-logé, e 名 住宅条件の悪い人.
□**mal-logement**
malmener ③ 他 ❶ 手ひどく扱う; こき下ろす. ❷ (スポーツなどで相手を)圧倒する.
malmignatte 女 [動] ジュウサンボシゴケグモ.
malnutrition 女 [医][英] 栄養失調〔障害〕.
malodorant, e 形 悪臭を放つ.
malotru, e 名 無作法〔下品〕な人.
malouin, e 形 サン=マロ Saint-Malo の.
Malouines (îles) フォークランド諸島.
malpoli, e 形, 名 🖃 無礼な(人), 無作法な(人).
malposition 女 [医] 変位(おもに歯列についていう).
malpropre 形 古風 ❶ 不潔な, 汚い; 不正直な, 卑劣な; 下品な. —名 恥知らず, 卑劣漢. ◇*comme un* ～ 🖃 容赦なく, 手ひどく.
□**malproprement**
malpropreté 女 古風 ❶ 不潔, 汚らしさ; 不正直; 卑劣な行為; 下品な言動.
malsain, e 形 不健康な, 有害な; 危険な.
malséant, e 形 文章 不適切な; 無作法な.
malsonnant, e 形 文章 無作法な, 下品な; 耳障りな.
malstrom [-ɔm] 男 大渦潮.
malt [-t] 男 [英] モルト, 麦芽.
maltage 男 製麦, 麦芽製造.
maltais, e 形 マルタ(島)の.
—名 (M～) マルタ島の人.
maltaise 女 オレンジの一品種.
Malte マルタ(シチリア島南方の島国).
malté, e 形 麦芽にした; 麦芽入りの.
malter 他 麦芽にする, 製麦する.
malterie 女 麦芽製造工場〖産業〗.
malteur 男 製麦工; 製麦工場主.

malthusianisme 男 マルサス Malthus 主義〔人口論〕; 産児制限論; 縮小主義.
malthusien, ne 形 マルサス主義の. —名 マルサス主義者.
maltose 女 [化] マルトース, 麦芽糖.
maltraitance 女 虐待, いじめ.
maltraitant, e 形 虐待する.
maltraiter 他 虐待する; こき下ろす.
malus [-s] 男 (事故による自動車保険料の)割り増し.
malvacées 女[複] [植] アオイ科.
malveillance 女 悪意, 敵意; 犯意, 悪意.
malveillant, e 形, 名 悪意のある(人), 敵意を抱いた(人).
malvenu, e 形 ❶ 文章 資格を〔権利が〕ない. ❷ 場違いな.
malversation 女 公金横領, 着服; 汚職.
mal-vivre 男[不変] 不安定〔不満足〕な暮らし.
malvoisie 男 マームジー(ギリシア原産のワイン).
malvoyant, e 形, 名 目の不自由な(人).

maman 女 ママ, お母さん.
mamelle 女 (哺乳動物の)乳房.
mamelon 男 ❶ 乳首, 乳頭. ❷ 円形突起; 円い丘(の頂).
mamelonné, e 形 乳頭状突起物で覆われた; (場所が)起伏の多い.
mamelouk ／ **mameluk** [-luk] 男 [史] ❶ マムルーク(中世エジプトの白人奴隷兵. 王朝を建てた). ❷ (ナポレオンの)マムルーク騎馬近衛兵.
mamelu, e 形 🖃 乳房の大きな.
mamie, e 形 幼児語 おばあちゃん.
mamillaire 形 [解] 乳頭(状)の. —女 [植] マミラリア(小型のサボテン).
mammaire 形 [解] 乳房の.
mammalien, ne 形 哺乳類の.
mammalogie 女 哺乳類学.
mammectomie 女 [医] 乳房切除.
mammifères 男[複] 哺乳類.
mammite 女 [医] 乳腺炎, 乳房炎.
mammographie 女 [医] 乳房造影(法).
mammoplastie 女 [医] 乳房形成.
mammouth [-t] 男 マンモス.
—形[不変] 巨大な.
mam(m)y 女 ⇨ mamie.
mamours 男[複] 🖃 愛撫(ぶ).
mam'selle [-zɛl] / **mam'zelle** 女 ⇨ mademoiselle.
man 男 [昆] ジムシ.
mana 男 [民] マナ(ポリネシア人や北米インディアンなどの信じる超自然的な力).
management 男 [英] 経営, マネジメント. ～ *stratégique* 戦略的経営 ／ ～ *par la valeur* 経済的付加価値
manager[1] [-dʒɛːr] 男 [英] ❶ マネージャー. ❷ (企業の)経営者, 幹部.
manager[2] ② 他 ❶ マネージャーをする. ❷ 経営管理する.
managérial, ale 男[複] *aux* 形 経営(上)の.
Managua [-gwa] マナグア(ニカラグ

ア共和国の首都).

manant 男 ①(中世の)平民, 村民. ② 文語 無作法者, 無骨者.

manceau, elle 形 (男複) **eaux** ル・マン Le Mans の. —名《M~》ル・マンの人. —女《馬》鞍[帯]ひも.

Manche 女 ① マンシュ県 [50]. ② 英仏海峡. ③ (la ~)(スペインの)ラマンチャ地方.

manche¹ 女 ① 袖(%). ② ~ à air (風向きを見る)吹き流し; (船の)通気管. ③ (ゲームの)1回, 1戦.
◊ avoir ... dans sa ~ …を抱き込む, 意のままにする. C'est une autre paire de ~. それはまったく別問題だ.

manche² 男 ①〖道具の〗柄, 取っ手; 操縦桿(%); 〖弦楽器の〗棹(%). ②〖料〗マンシュ[腿の]肉などの手で持つ部分.
◊ être du côté du ~ 有利な側についている. tomber sur un ~ 障害にぶつかる.

manche³ 女 **faire la ~** 物ごいする.

mancheron 男 ①〖服〗キャップスリーブ. ②(すき, 耕耘(§)機などの)柄.

manchette 女 ① 袖口飾り, 飾りカフス; 袖カバー. ② (新聞の第1面の)大見出し; (本などの)傍注.

manchon 男 ① マフ(筒形の両手の防寒具). ②〖機〗スリーブ, 管継手.

manchot, e 形, 名 手[腕]がない(人); 手[腕]の利かない(人), 話 不器用な(人). —男〖鳥〗ペンギン.

manchou, e 形 ⇒ mandchou.

mancie 女 占い.

mandala 男〖宗〗曼荼羅(%).

mandale 女 平手打ち.

mandant, e〖法〗委任者, 委託者.

mandarin 男 ①〖史〗(中国清朝の)高級官吏. ② 有力者, ボス教授. ③〖言〗北京官話.

mandarinal, ale 形 (男複) **aux** ①〖史〗(中国清朝の)高級官吏の. ②特権階級中心の; 学閥偏重の.

mandarinat 男 ①〖史〗(中国清朝の)高級官吏職. ②特権階級の権威; 学閥偏重の制度.

mandarine 女〖植〗マンダリン.

mandarinier 男〖植〗マンダリンオレンジの木.

mandat 男 ① 委任; (委任された)任務, 権限; (議員などの)任期; 命令書. ② (郵便)為替; 令状. ► ~ de virement 振替払込書(用紙).

mandataire 名 受任者, 代理人.

mandat-carte 女 (複) ~s-~s 男 はがき[カード]為替.

mandat-contributions;(複) ~s-~s 男 納税用郵便為替.

mandatement 男 ①〖法〗(公法人の)支払命令. ② 為替送金; 為替の支払い.

mandater 他 ① 委任[委託]する. ② 為替で支払う; (金額)を為替に記入する.

mandat-lettre;(複) ~s-~s 男 封書為替.

mandature 女 (議員の)任期.

mandchou, e [mɑ̃(t)ʃu] 形 満州の. —名《M~》満州族.

Mandchourie [mɑ̃(t)ʃu-] 女 満州.

mandement 男〖カト〗(司教の)教書.

mander 他 文語 呼び寄せる; 召喚する; 古 (文書で)知らせる.

mandibulaire 形〖解〗下顎の.

mandibule 女〖解〗下顎; 話 あご.

mandingue 男 (西アフリカの)マンデ諸語.

mandoline 女〖楽〗マンドリン.

mandoliniste 名 マンドリン奏者.

mandore 女〖楽〗マンドーラ(リュート属の古楽器).

mandorle 女〖美〗マンドルラ, 身光(½)(キリスト像の全身を取り巻く光).

mandragore 女〖植〗マンドレイク(ナス科の有毒植物).

mandrill [-l] 男〖動〗マンドリル(オナガザル科).

mandrin 男 ①〖機〗チャック, コレット. ②(紙を巻き取る)コア, 巻き芯.

manducation 女〖生理〗咀嚼(§%)から嚥下(%)までの全機能.

manécanterie 女 少年聖歌隊員養成所.

manège 男 ① (馬の)調教; 調教場. ② メリーゴーラウンド. ③ (サーカスの)リング; サーカスのショー. ④〖バレエ〗(舞台に)円の軌跡を描く動き. ⑤ 巧妙なやり口; 策動; 駆け引き.

mânes [mɑn] 男複〖古い〗死者の魂.

maneton 男〖機〗クランクピン.

manette 女 レバー, ハンドル.

manga 女 (日本の)漫画.

manganate 男〖化〗マンガン酸塩.

manganèse 男〖化〗マンガン.

manganite 男〖化〗亜マンガン酸塩.

mangeable 形 どうにか食べられる.

mangeaille 女 餌(%); 話 (量が多くて)まずい食べ物.

mange-disque 男 ポータブルレコードプレーヤー.

mangeoire 女 飼葉桶, 餌壺(%).

mangeotter 他 ちびちび食べる.

manger¹ ② 他 ① 食べる, 食う (ネズミ, 害虫などが)かじる, 食う; むしばむ; 腐食する. ② 消費[浪費]する. ④ 覆う, 見えなくする; 吸収する.
—自 食べる, 食事をする.

manger² 男 食べ物; 食べ物; 食事.

mange-tout 男 (不変)(サヤインゲンなど)莢(%)ごと食べられる豆.

mangeur, se 名 食べる人.

mangle 女〖植〗マングローブ(の実).

manglier 男〖植〗マングローブ.

mangonneau;(複) x 男 (中世の)投石機.

mangoustan 男〖植〗マンゴスチン.

mangoustanier 男〖植〗マンゴスチンの木.

mangouste 女〖動〗マングース.

mangrove 女〖英〗マングローブ林.

mangue 女〖植〗マンゴー.

manguier 男 マンゴーの木.

maniabilité 女 使いやすさ, 扱いやすさ.

maniable 形 使いやすい；御しやすい．
maniaco-dépressif, ve 形, 名 躁(ホウ)うつ病の．
maniaque 形 ❶ 偏執的な；些(ホ)事にこだわる．❷ 躁(ネウ)病の．— 名 ❶ 偏執者；些事にこだわる人．❷《de》(…に)取りつかれた人，…マニア．
maniaquement 副 偏執的に．
maniaquerie 女 偏執性．
manichéen, ne [-ke-] 名 マニ教徒；善悪二元論者．
— 形 マニ教(徒)の；善悪二元論の．
manichéisme [-ke-] 男 マニ教；善悪二元論．
manicle 女 革手袋．
manie 女 ❶ 熱中；偏執，偏愛；奇癖，悪癖．❷ 躁(ネウ)病．
maniement 男 取り扱い，操作；管理，処理．
manier 他 (手で)取り扱う，いじくる，こねる；運転する，動かす；(人，言葉などを)操る．
manière 女 ❶ 仕方，やり方，方法；流儀(芸術家の)作風．❷《複数》態度，物腰；作法，礼儀；気取り．
◇ à la ~ + 形容詞 [de …] …のように［な］．de (telle) ~ que … したがって…，それで…．de toute ~ いずれにせよ，とにかく．
maniéré, e 形 気取った，わざとらしい；凝りすぎた．
maniérisme 男 気取り，わざとらしさ；[美]マニエリスム．
maniériste 形, 名 気取った(人)；[美]マニエリスムの(芸術家)．
manieur, se 名 取り扱い者．
manif 女 [話]デモ．
manifestant, e 名 デモの参加者．
manifestation 女 デモ，集会；イベント；(意思などの)表明，表れ．
manifeste¹ 形 明白な，一目瞭然の．
□ manifestement 副
manifeste² 男 ❶ 声明書，宣言書．❷ 飛行日誌；(船の)積荷目録．
manifester 他 表に出す，表明する，明示する．— 自 デモ［集会］に参加する．— se ~ 現れる；姿を見せる，自己の存在を示す．
manigance 女《多く複数》[話](つまらぬ)小細工，手管，術策．
manigancer 他 [話](陰謀などを)ひそかにたくらむ．
maniguette 女 [植]マニゲット(ショウガ科の植物)．
Manille 女 マニラ(フィリピンの首都)．
manille¹ 女 [カード]マニラ(2人対2人でするゲームで切り札は10)．
manille² 女 (囚人などをつなぐ)輪；継輪．
manille³ 男 マニラ葉巻：マニラ麻．
manillon 男 [カード](マニラで，切り札10の次に強い札)．
manioc 男 [植]キャッサバ(根茎から採るでんぷんはタピオカ，食用)．
manip(e) [-p] 女 ❶ [話]実験．❷ 裏工作；(人を)操ること．
manipulable 形 操りやすい．
manipulateur, trice 名 取り扱い者，操作技師；手品師．— 形 ほかの人を操

manquer

操る．— 男 [通]送信機，電鍵(テン)．
manipulation 女 ❶ (器具，薬品などの)取り扱い，操作；取り扱い方．❷ (学校での)物理，化学の実験．❸ 手品．❹ 裏工作；人心操作．
manipule 男 [キ教]マニプル(ミサで司祭や助祭が左手首につける飾り布)．
manipuler 他 取り扱う；(機械を)操作する；(データなどを)ごまかす，改ざん(タセン)する，(人，世論を)裏で操る．
manique 女 革手袋，鍋つかみ．
manitou 男 実力者，大立者；(インディアンの信じる)精霊．
manivelle 女 (ジャッキ，自転車などの)クランク，手回しハンドル．
manne 女 ❶ マナ(エジプトを脱出したイスラエルの民が荒野で天から授かった食物)；思いがけない授かり物；マンナ(甘い樹液の緩下剤)．❷ 柳の大かご．
mannequin 男 ❶ マネキン人形，ボディー；ファッションモデル；[美]人体［動物］模型．❷ (園芸用の)かご．
mannequinat 男 ファッションモデルの仕事．
mannose 男 [生化]マンノース．
manocontact 男 圧力スイッチ．
manodétendeur 男 減圧弁．
manœuvrabilité 女 操縦のしやすさ．
manœuvrable 形 操縦［運転］しやすい．
manœuvre¹ 女 ❶ 操作，操縦，運転．❷ 駆け引き，術策．❸ [海]索，綱；[軍]演習，機動，用兵(術)．
manœuvre² 男 人夫，下働．
manœuvrer 他 操作する，作動させる；操縦する；(人，組織などを)操る．— 自 ❶ 操縦する；動く，移動する．❷ (軍隊の)演習をする；策を講ずる．
manœuvrier, ère 名 駆け引き上手な人；戦術家．— 形 策にたけた，駆け引き上手な；操船の巧みな．
manoir 男 (田園の古い)館，広壮な屋敷．
manomètre 男 (流体の)圧力計，検圧計，マノメータ．
manométrie 女 (流体の)圧力測定；(気体，液体の)検圧法．
manométrique 形 (流体の)圧力計の，圧力測定(法)の．
manoque 女 タバコの葉の束．
manouche 名, 形 ジプシー(の)．
manquant, e 形 欠けている；不足している．— 名 欠席者．
manque 男 ❶ 欠如，欠如；欠陥，欠落；[医]禁断症状 (= état de ~)．❷ 不足．
◇ à ~ à gagner もうけ損ない．(par) ~ de … …がないので．
manque² 女 [話] — 出来損ないの．
manqué, e 形 失敗した，しくじった；逸した；出損ねた．► garçon ~ おてんば娘．— 男 [菓]マンケ(バター入りスポンジケーキの一種)．
manquement 男 (法などに)背くこと，違反．
manquer 自 ❶ 足りない，欠けている；欠席する，いない．►《非人称構文で》Il manque A à B. BにAが欠けて

いる. ❷(de)(…が)欠けている, 足りない. ❸欠けていて寂しい. ❹(à)(…に)背く, (…も)守らない; [文章] (…に)敬意を欠く. ❺(企てなどが)失敗する.
❙ *Il ne manque plus que ça.* (悪いことが重なって)最悪だ. *Je n'y manquerai pas.* 必ずそうします, 承知しました. ~ *de + inf.* 危うく…する. *ne pas ~ de + inf.* 必ず…する.
── 他 やり損なう, しくじる; 会い損なう, 乗り遅れる; (目標, 機会などを)逃す; 欠席する, さぼる.
❙ *ne pas ~* …に仕返しをする.

Mans (Le) ル・マン(Sarthe 県の県所在地).

mansarde 女 屋根裏部屋;[建] comble en ~ マンサード屋根.

mansardé, e 形 屋根裏の;マンサード屋根の.

manse 男/女 [史] 農民の持ち分地.

mansion 女 [演] 昼台(野外の並列舞台).

mansuétude 女 [文章] 寛容, 寛大.

mante 女 ❶[昆]カマキリ;[魚]イトマキエイ. ❷悪女, 妖(婦). ❸[服] 袖無しのマント.

manteau; **manteaux** 男 ❶コート, オーバー, 外套(がいとう); マント. ❷[動](軟体動物の)外套(膜);[建] ~ de cheminée マントルピース;[演] ~ d'Arlequin プロセニアムアーチ.
❙ *sous le ~* こっそりと.

mantelé, e 形 [動] 背の色が他の部分と異なる.

mantelet 男 (女性用)マントレット, ケープ;(船窓)の内ぶた.

mantelure 女 (犬の)異色背毛.

mantille 女 マンティーユ(スペイン女性が頭にかぶる絹などの黒いスカーフ).

mantique 女 占い.

mantisse 女 [独][数] 仮数(かすう)(対数の小数部分).

mantouan, e 形 マントバ Mantoue の. ── 名 (M~)マントバの人.

mantra 名 マントラ, 真言(バラモン教, ヒンズー教, 仏教で唱える聖句).

manubrium 男 [解] 柄(つか);[生](クラゲの)口柄(こうへい).

manucure 名 マニキュア師.
── 女 マニキュア(術).

manucurer 他 マニキュアをする.

manuel¹, le 形 手の, 手先の, 手を使う; 肉体労働の, 手動の.
── 名 肉体労働者.

manuel² 男 マニュアル;教科書.

manuélin, e 形 マヌエル様式の(15, 16世紀ポルトガルのゴシック建築様式の).

manuellement 副 手で, 手[体]を使って.

manufacture 女 ❶工場, 製作所. ❷ Ecole centrale des Arts et M~s (パリの)国立中央工芸学校.

manufacturer 他 加工する, 製品化する.
□ manufacturé, e 形

manufacturier, ère 形 加工業の, 工場の.

manu militari 副句 (ラ) 軍隊の力で, 武力で[警察力]をもって.

manumission 女 [史] 奴隷[農奴]の解放.

manuscrit, e 形 手書きの.
── 男 手書きの本;写本;原稿.

manuscriptologie 女 写本研究;自筆原稿研究.

manutention 女 (商品の)取り扱い, 管理;商品発送所;倉庫.

manutentionnaire 名 貨物取扱係, 商品発送係.

manutentionner 他 (商品などを)取り扱う, 荷扱いをする.

manuterge 男 [カト](ミサの洗手式のとき司祭が使う)手ふき.

manzanilla 男 (西)マンサニーリャ(ヘレス産辛口ワイン).

maoïsme 男 毛沢東思想[主義].

maoïste 形 毛沢東主義者の.
── 名 毛沢東主義者.

maori 形 マオリ族の.
── 名 (M~)マオリ人.

maous, se [-s] 形 [俗] でっかい;でぶの.

mappe 女 [情報] マッピング.

mappemonde 女 地球全図, 両半球図;地球儀.

mapper 他 マッピングする.

maque 女 [繊] 麻打ち棒.

maqueraison 女 サバ漁の時期.

maquereau¹; (複) **x** 男 [魚] サバ.

maquereau²; (複) **x** 男 [俗] 売春仲介人, 女衒(ぜげん);(売春婦の)ひも.

maquerelle 女 [俗] 売春の斡旋(あっせん)女;娼家(しょうか)のおかみ.

maquette 女 ❶模型, ミニチュア. ❷[印販下, レイアウト;下絵, 原画.

maquettisme 男 模型製作.

maquettiste 名 模型製作者;装丁家, レイアウト担当者.

maquignon, ne 名 馬匹商, 博労;あくどい(家畜)商人.

maquignonnage 男 博労業;(商談などの)不正手段.

maquignonner 他 (馬の欠点や年齢を隠して)高く売りつける.

maquillage 男 化粧, メーキャップ;化粧品;偽装, 偽造.

maquiller 他 化粧をする, メーキャップする;偽造する, ごまかす. ── **se ~** (自分に)化粧[メーキャップ]する.

maquilleur, se 名 メーキャップ係.

maquis 男 ❶(コルシカ島などの)灌(かん)木地帯. ❷錯綜(さくそう). ❸[史] 対独レジスタンス組織.

maquisard 男 [史] 対独レジスタンス運動員;地下運動員, ゲリラ隊員.

marabout 男 (イスラム教の)聖者, 修道士;(イスラム教修道士の)墓, 廟(びょう);[鳥] ハゲコウ.

maracas 男複 マラカス.

maracu(d)ja [-kudʒa] 男 パッションフルーツ.

maraîchage 男 野菜の集約栽培.

maraîcher, ère 名 野菜の集約栽培者.
── 形 野菜の集約栽培の.

marais, e 男 [地理] (オアフー, ブルターニュ地方の)沼沢地帯の.
── 名 沼沢地帯の住民[出身者].

marais 男 ❶ 沼, 沼地, 湿地; 泥沼. ❷ ～ salant 天日塩田. ❸ (le M～) マレ地区(パリのセーヌ右岸, 3, 4区にまたがる界隈(%)); 〖史〗(フランス革命当時の)沼沢派.

maranta 男 クズウコン(地下茎からでんぷんを採る).

marasme 男 ❶ 沈滞, 不景気; 意気消沈, 落胆. ❷〖醫〗ホウシャク.

marasque 安〖植〗マラスカ(さくらんぼの品種).

marasquin 男 マラスキーノ(マラスカから得られる無色で甘口のリキュール).

marathe 男 ⇨ mahratte.

marathon 男〖スポ〗マラソン; 長時間の会議〖交渉〗.

marathonien, ne マラソンランナー.

marâtre 安 冷たい母親; 田 継(ま)母.

maraud 男 田ならず者.

maraudage 男 畑荒らし; 略奪.

maraude 安 ❶ 畑荒らし; 略奪. ❷ taxi en ～ 流しのタクシー.

marauder 自 ❶ 畑荒らし〖家禽(ポミ)泥棒〗をする; (タクシーが)流しする. ❷ (タクシーが)ゆっくり走る.

maraudeur, se 名 畑荒らし, 家禽(ポミ)泥棒; 物乞. ❶ 田 畑を荒らす. ❷ (タクシーが)ゆっくり走る.

maravédis 男〖貨〗(スペインで18世紀末まで使われた)マラベディ銅貨.

marbre 男 ❶ 大理石; 大理石製品. ❷〖印〗組付け台; 版盤.
◇ **de ～** 冷たい; 冷静な.

marbré, e 形 大理石模様の.

marbrer 他 大理石模様をつける.

marbrerie 安 大理石加工(業); 大理石加工場.

marbreur, se 名〖本〗マーブル付け職人, 墨流し職人.

marbrier, ère 形 大理石の. ── 男 大理石業者. ── 安 大理石採石場.

marbrure 安 大理石模様; 斑(ま)点.

marc[mar] 男 ❶ (果実の)搾りかす; マール(ブドウ搾りかすから作るブランデー).

marc[mar] 男 ❶ マール(金銀の質量の旧単位. 1マールは8オンス); 〖貨〗～ d'or[d'argent] 1マール金[銀]貨.

marcassin 男 イノシシの子.

marcassite 安〖鉱〗白鉄鉱.

marcel 男 田 ランニングシャツ.

marcescence 安〖植〗しおれ.

marchand, e 形 ❶ 商人の. ► ～ en gros [au détail] 卸売り[小売り]商/～ de canons 死の商人. ❷ 商業の, 販売に適した, 商品価値のある.

marchandage 男 値切り, 価格交渉; 闇〖違法〗取引〖労〗一括下請負.

marchander 他 値切る; 出し惜しみする.
── 自 値切る; 〖労〗下請契約を結ぶ.

marchandeur, se 名 いつも値切る人; 〖労〗一括下請人.

marchandisage 男 マーチャンダイジング, 商品化計画.

marchandisation 安 商品化.

marchandise 安 商品; 貨物. ► wagon de ～s 貨車. ◇ **tromper sur la ～** 約束と違うものを与える.

marchandiseur 男 マーチャンダイジング専門家.

marchant, e 形 動く, 行動する.

marchantia 安〖植〗ゼニゴケ.

Marche 安 マルシュ地方(フランス中西部, 旧州).

marche 安 ❶ 歩くこと, 歩行; 行進; (乗り物の)進行, 運行; (機械, 器具の)運転, 作動; 〖軍〗経過, 展開, 成行き. ❷ (階段の)段, ステップ; 〖楽〗行進曲; 〖ヌ...ギ〗競技; 〖楽〗～ avant [arrière] (変速レバー位置の)前進[バック].

marché 男 ❶ 市(を); 市場(ぉ); マーケット; 市場; 販路, 集散地; 取引, 契約.
◇ **bon ～** 安い; 安く. **meilleur ～** もっと安い, もっと安く. **par-dessus le ～** おまけに, そのうえ.

marchéage 男〖経〗マーケティング, 販売管理.

marchepied 男 踏み台, 脚立(診).

marcher 自 ❶ 歩く, 歩行する; 進む, 向かって行く(人, 動物などが)動く; (乗り物が)走る; (仕事などが)はかどる. ❷ (人が)優秀である; 同意する; 信じる.
◇ **Ça marche pour** ... それは大丈夫. **faire ～ ...** をだます, かつぐ.

marcheur, se 名 歩く人; 健脚家; 〖スポ〗競歩選手. ── 安 端役女優.

marcottage 男〖園〗取り木.

marcotte 安〖園〗取り木をした枝.

marcotter 他〖園〗(植物を)取り木法で繁殖させる.

mardi 男 火曜日.

mare 安 水溜(ぶ)り, 沼, 池.

marécage 男 沼地, 湿地帯.

marécageux, se 形 沼地の; 沼地に生息する.

maréchal (複) **aux** 男 ❶ 元帥. ❷ 装蹄(ミ)師, 鍛鉄工.

maréchalat 男 元帥職.

maréchale 安 元帥夫人.

maréchalerie 安〖陸〗(ミ)鍛冶場[業].

maréchal-ferrant (複) **maréchaux-~s** 男 装蹄(ミ)師, 蹄鉄工.

maréchaussée 安 ❶〖古〗憲兵隊. ❷〖史〗元帥裁判権; 騎馬警察隊.

marée 安 ❶ 潮, 潮の干(ミ). ► ～ montante [descendante] 上げ潮 [引き潮] / ～ haute [basse] 満[干] 潮. ❷ 波, 大群. ❸ 鮮魚類, 海の幸.
◇ **～ noire** (重油流出による)海洋汚染; (害毒などの)蔓延(ぷ).

marégraphe 男〖海〗検潮器.

marelle 安 石けり(遊び).

marémoteur, trice 形 潮力を利用した.

marengo [-rɛ̃-] 形 (不変)霜降り赤褐色の; 〖料〗**poulet ～** 若鶏のマレンゴ風. ── 男〖繊〗マレンゴ(黒地に白斑(ミ)の入ったラシャ).

marennes 安 マレンヌ(カキの一品種).

mareyage 男 海産物の仕入れ [取引].

mareyeur, se 名 魚卸業者, 魚問屋.

margaille 囡 〖ベルギー・語〗騒ぎ.

margarine 囡 マーガリン.

margarita 囡 マルガリータ(カクテルの一種).

margauder 自 ⇨ margot(t)er.

margay 男 〖動〗マーゲイ(ネコ科).

marge 囡 余白, 欄外; ゆとり, 余裕, 幅; 利幅, マージン, 利鞘(鷲). ◇en ~ 枠外に; 周辺に; 社会の外に〖に〗.

margelle 囡 〖泉などの〗縁(ξ)石.

marger 他 〖印〗紙差しする; 〖タイプライターの〗マージンをセットする; 〖印〗給紙する.

margeur, se 名 〖印〗紙差し工, 給紙工.—男 〖タイプライターの〗マージンストップ; 〖印〗自動給紙装置.

marginal, ale 形 〖男複〗**aux** 形 欄外の, 余白の; 副次的な; 社会の枠外にある; 〖経〗限界の, 採算すれすれの.—名 周辺人, アウトサイダー. ◻**marginalement** 副

marginalisation 囡 社会離脱, 疎外; 副次化, 従属化.

marginaliser 他 疎外する; 副次的〖付随的〗なものにする. —**se ~** 社会からはみ出る; 副次的〖付随的〗なものになる.

marginalisme 男 〖経〗限界主義.

marginalité 囡 社会から疎外された状態; 社会規範を逸脱した状態.

marginer 他 〖書物, 原稿などの〗欄外に注をつける, 傍注をつける.

margis 男 〖俗〗伍長.

margot(t)er 自 〖ウズラが〗鳴く.

margouillis 男 〖古・俗〗ぬかるみ; 泥, 汚物.

margoulette 囡 〖古〗口; あご; 顔.

margoulin, e 名 〖話〗ずる賢い商人; 無能な人間.

margrave 男 〖史〗〖神聖ローマ帝国の〗辺境伯.—囡 辺境伯夫人.

marguerite 囡 〖植〗❶ マーガレット. ❷ petite ~ ヒナギク, デージー.

marguillier 男 教会管理人.

mari 男 夫, 亭主.

mariable 形 〖話〗結婚適齢期の; 結婚可能な.

mariachi [-tʃi] 男 〖メキシコの〗旅回り楽団員.

mariage 男 ❶ 結婚, 婚姻; 結婚式; 結婚生活; 〖カナ〗結婚の秘跡. ~ civil (市町村長の前での)民事婚 / ~ religieux (民事婚後の)教会での結婚式. ❷ 組み合わせ, 和合. ❸ 〖カード〗マリッジ(同じ組のキングとクイーン).

marial, ale;〖男 複〗**als**(または**aux**)形 聖母マリアの.

marianiste 男 マリア会修道士.

marié, e 形 結婚している, 既婚の.—名 新郎; 新婦. ~ jeunes[nouveaux] ~s 新婚夫婦.

Marie-Galante マリー=ガラント島(フランス領の島).

marie-jeanne 囡 〖話〗マリファナ.

marier 他 結婚させる; 結婚式を挙げる; 組み合わせる. —**se ~** 結婚する.

marie-salope 囡 〖複〗**~s-~s** 〖海〗ホッパー船(浚渫船用の解泥(ξξ)).

marieur, se 名 仲人好きの人.

marigot 男 〖地理〗(河流の末が地中に浸透する)末無(霧)河流; 頻水低地.

marijuana [-ʒʁana] / **marihuana** [-y(w)ana] 囡 マリファナ.

marin, e 形 海の, 海産の; 航海用の; 水夫の. ► col ~ セーラー・カラー.—男 ❶ 船員, 海員. ❷ 〖古〗航海術にたけた人. ❸ (リヨン湾沿岸に南から吹いてくる)海風.

marina 囡 〖米〗マリーナ.

marinade 囡 〖料〗マリネード(酢, ワイン, 油, 香味野菜などで作る漬け汁); マリネした肉〖魚〗.

marinage 男 〖料〗マリネすること.

marine[1] 囡 (一国の, 同種の)船舶全て; 海軍; 海軍力; 航海, 航海術;〖美〗海景画, 海洋画.—男, 形 ◇ マリンブルー(の).

marine[2] 男 〖米英の〗海兵隊員.

mariné, e 形 〖料〗マリネされた.

mariner 他 〖料〗マリネする.—自 〖話〗マリネされる;〖話〗(不快な状況に)とどまる.

maringouin 男 〖地域〗〖昆〗蚊類.

marinier, ère 形 〖土・木〗[passe] ~ère (下を船が通れる)最大径間のアーチ; 〖軍〗officier ~ 海軍下士官.—男 〖川船の〗船頭, 乗組員.—囡 〖服〗船員服, セーラーブラウス; 〖料〗moules (à la) ~ ムール貝の白ワイン蒸し.

marinisme 男 〖文〗マリニズム.

mariol(e) / mariolle 形, 名 〖話〗ずるい(人), 抜け目のない(人).

marionnette 囡 マリオネット.

marionnettiste 名 人形使い; 人形劇作者.

marisque 囡 〖医〗簪縁疣核.

mariste 名 マリスト会士(聖母マリアを崇敬する修道会の会員).

marital, ale;〖男複〗**aux** 形 〖法〗夫の, 夫に属する.

maritalement 副 (結婚していない)夫婦のように.

maritime 形 海に近い, 海辺の; 海上の; 航海の, 海軍の.

maritorne 囡 〖文章〗汚らしい醜女.

marivaudage 男 (男女間のきざなやり取り);〖文〗マリヴォダージュ.

marivauder 自 (男女が)粋がり〖気取って〗会話をする; 〖古,話〗気取った文章を書く.

marjolaine 囡 〖植〗マヨラナ(シソ科).

mark [-k] 男 〖独〗マルク(ユーロ以前のドイツの通貨単位); ~ finlandais マルッカ(ユーロ以前のフィンランドの通貨単位).

marketer 4 他 マーケティングする.

marketeur 男 マーケティング専門家.

marketing [-ketiŋ] 男 〖米〗〖商〗マーケティング. ~ viral バイラルマーケティング(口コミで商品を広める手法).

marli 男 〖工芸〗皿の肩.

marlou 男 〖売春婦の〗ひも.

marmaille 囡 〖話〗(騒々しい)子供の一団.

marmelade 囡 マーマレード. ◇en ~ どろどろになった; つぶれた.

marmenteau;〖複〗x 形男 bois

marseillais

～風致林. ── 男形 風致林.

marmite 女 ❶ 深鍋, 両手鍋; 鍋の中身. ❷ 俗 重砲の砲弾.

marmitée 女 俗《ふざけて》鍋1杯分.

marmiter 他 古《軍》（重砲で）砲撃する. □**marmitage**

marmiton 男 見習いコック, 皿洗い.

marmonnement 男 ぶつぶつ言うこと.

marmonner 自, 他 ぶつぶつ言う.

marmoréen, ne 形 大理石質の; 文章 （大理石のように）白い, 冷たい.

marmot 男 ❶ 男の子, 少年; 《複数》子供たち. ❷ 古 奇怪な顔をした小像.

marmotte 女 ❶《動》マーモット類. ❷（二重底の）旅行用トランク,（行商人の）見本箱. ❸ プラムの一種.

marmotter 他 ぶつぶつ言う, つぶやく.

marmouset 男 ❶（暖炉の薪〔まき〕台などを飾る）怪人像. ❷ 古 男の子, ちび. ❸ 男 道具差.

marnage¹ 男《農》泥灰土の施肥.

marnage² 男 潮差差.

Marne 女 ❶ マルヌ県 [51]. ❷ マルヌ川（セーヌ川支流）.

marne 女 マール, 泥灰岩, 泥灰土.

marner¹ 他《農》（畑などに）泥灰土を施す. ── 自 俗 一所懸命働く; 生計を立てる.

marner² 自《地質》潮位が上がる.

marneur 男 泥灰土で施肥する人.

marneux, se 形 泥灰岩質の.

marnière 女 泥灰土採取場.

marocain, e 形 モロッコの.
── 名《M～》モロッコ人.

Maroc 男 モロッコ.

maroilles [-rwal] 男 マルワル（チーズ）.

marollien 男 マロリアン語（ブリュッセルで使われたフランス語とフラマン語の混合類語）.

maronite 名, 形《キ教》マロン派教徒（の）.

maronner 自 俗 ぶつぶつ言う, 不平をこぼす; 長い間待つ.

maroquin 男 モロッコ革; 俗 大臣の職.

maroquiner 他 モロッコ革風に加工する. □**maroquinage**

maroquinerie 女 モロッコ革製造（工場）; 皮革製品; 皮革製品製造〔販売〕店.

maroquinier 男 モロッコ革製造人; 皮革製品製造〔販売〕業者.

marotte 女 ❶ 奇癖, 偏執, 固定観念. ❷《服》頭部マネキン. ❸ 道化杖〔棒〕（先に人面のある杖）.

marouette 女 ❶《鳥》ヒメクイナ. ❷《植》カミツレモドキ.

maroufle 男 古 無頼漢.

marouflage 男 粗糸布による強力補強〔でかけつけした裏貼り（板, 壁などに画布から）裏打ちする. □**marouflage**

marquage 男 印付け, マーク入れ; スポ マークすること.

marquant, e 形 目立つ, 注目に値す

る;（人物が）重要な, 著名な.

marque 女 ❶ 印, 目印, マーク, 記号; 痕〔跡〕; 傷跡; 証拠, 証; 商標, ブランド品; 商《検査済みの検印, 刻印. ❷《スポ》得点, 点数, スコア; 《ゲーム》得点. ❸（ゲームの）持ち札. ◇ À vos ～s!《スポ》位置について！ de ～ 一流ブランドの; 地位の高い, 著名な.

marqué, e 形 ❶ 印つきの, ネーム入りの; 目立った, 顕著な; 特徴のついた. ❷（顔, 表情などが）歪んだ.

marque-page 男 栞〔しおり〕.

marquer 他 ❶ 印をつける; 示す, 表示する; 画する, 特徴づける; 記入する; 痕〔跡〕を残す; 目立たせる, 強調する. ❷（敵, 相手を）マークする; 《スポ》（シュートを）決める. ◇～ le coup（出来事を）記念して祝う; 重要性を強調する; 動揺〔怒り〕を面に出す. ～ le pas 足踏みする; 低迷する.
── 自（sur）（…に）痕跡を残す, 印をつける; 影響を与える. ❷ 目立つ, 注目に値する.

marqueter 4 他 マルケトリを施す.

marqueterie 女 マルケトリ（寄せ木細工の一技法）; 寄せ集め, 継ぎはぎ.

marqueur, se 名 印をつける人; 得点記録係, スコアラー; スポ ポイント・ゲッター. ── 男 マーカー; 放射性指示薬.

marquis 男 侯爵;《史》辺境管轄官.

marquisat 男 侯爵位; 侯爵領.

marquise 女 ❶ 侯爵夫人, 女侯爵. ❷《建》（宝石ガラス張りのひさし）; 家具（長円形のマルキーズ型指輪）; 家具（2人用のひじ掛け椅子）.

Marquises (îles) マルキーズ諸島, マルケサス諸島（フランス海外領）.

marquoir 男（裁縫師の）マーカー.

marraine 女 ❶《キ教》（カトリックの）代母, 教母〔さん〕. ❷（女性の）命名者; 後見役.

marrane 男《史》マラーノ（中世後期キリスト教に改宗させられたスペインなどのユダヤ人）.

marrant, e 形 俗 面白い, 滑稽な.

marre 副 en avoir ～（…に）うんざりする, 腹〔はら〕立つ.

se marrer 代動 俗 大笑いする.

marri, e 形 古/文章 ～ de ... が残念な; 不満な.

marron¹ 男 ❶ クリ. ～ d'Inde マロニエの実. ❷ 栗〔色〕色; 拳〔こぶし〕〔俗 拳. ── 形《不変》栗色の.

marron², ne 形 俗（医者, 弁護士が）不法な;《史》（米国の黒人奴隷が）脱走した.

marron³ 形《不変》 être (fait) ～ だまされる, 期待を裏切られる.

marronnier 男《植》マロニエ.

marrube 男《植》マルビウム（シソ科）.

Mars [-s] 男《古神》マルス;《天》火星.

mars [-s] 男 ❶ 3月; ❷《昆》コムラサキ（テナガチョウ科）.

marsala 男 マルサラ（シチリア産の甘口ワイン）.

marsault [-so] 男《植》クロヤナギ.

marseillais, e 形 マルセイユの.

Marseillaise (la)
　——名 (M～) マルセイユの人.
Marseillaise (la) 女 ラ・マルセイエーズ (フランス国歌).
Marseille マルセイユ (Bouches-du-Rhône の県の県庁所在地).
marshmallow [-ʃmalo] 男 [英] マシュマロ.
marsouin 男 [動] ネズミイルカ; 国 (植民地の) 海兵隊員.
marsupial, ale [男複] **aux** 形 [動] 育児嚢のある, 有袋の.
　——男 有袋類, 育児嚢.
marsupium 男 [動] 育児嚢.
martagon 男 [植] マルタゴン・リリー.
marte 女 = martre.
marteau; [複] **x** 女 ❶ 槌(ʔち), 金槌, ハンマー; 削岩機, (ドアの) ノッカー. ❷ [楽] (ピアノの) ハンマー; [スポ] ハンマー (投げ); シュモクザメ; [解] (中耳の) ツチ骨. ——形 [男女同形] 語 être ～ 気が変な, 頭がおかしい.
marteau-pilon; [複] ～**x**-～**s** 男 ドロップハンマー, 落下槌(ʔち).
marteau-piolet; [複] ～**x**-～**s** 男 [登山] アイスバイル.
martel 男 se mettre ～ en tête 心配する, 気をもむ; 心配指定する.
martelage 男 ❶ 槌(ʔち) 打ち. ❷ [林] (ハンマーで印をつけた) 伐採指定.
martèlement 男 ❶ 槌で打つこと; (金属を打つ) 槌の音; 強く響く連続音.
marteler ⑤ 他 ❶ 打つ, 鍛える:強く連打する. ❷ 音節を区切ってはっきりと発音する.
marteleur 男 槌(ʔち) 職人; 槌工.
martensite 女 [金] マルテンサイト (鋼の急冷時にできる硬い組織).
martial, iale [-sjal]; [男複] **aux** 形 ❶ [文章] 戦争の, 軍隊の; 断固たる, 決然とした. ❷ loi ～ale 戒厳令; [史] cour ～ale 軍 法 会 議; [スポ] arts ～aux 武道.
martialement [-sjal-] 副 [文章] 軍隊式に, 勇ましく; 威張って.
martien, ne [-sjɛ̃, ɛn] 形 火星の.
　——名 (M～) 男 火星人.
martin-chasseur; [複] ～**s**-～**s** [鳥] アカショウビン類.
martinet 男 (数本の革ひもがついた) 鞭(ʔち); [鳥] アマツバメ.
martingale 女 ❶ [馬] マルタンガール (馬頭から鼻帯につける革具). ❷ [服] (背に縫い付けられた) ハーフベルト. ❸ [ゲーム] 倍賭(ʔち).
martini 男 マティーニ.
martiniquais, e 形 マルティニックの. ——名 (M～) マルティニックの人.
Martinique 女 マルティニック (県 972) [西インド諸島のフランス海外県].
martin-pêcheur; [複] ～**s**-～**s** [鳥] カワセミ.
martre 女 [動] テン.
martyr, e 形 殉教者の; 犠牲者の. ——形 殉教の, 主義に殉じた. ——名 殉教者; 受難者; 犠牲者.
martyre 男 殉教; 受難; 苦痛, 苦難.
martyriser 他 苦しめる, 虐待する.
martyrium 男 殉教者礼拝堂.
martyrologe 男 殉教録, 殉教者略伝; 殉教された, 虐待された人.

marxien, ne 形 マルクスの.
marxisant, e 形 マルクス主義的な. ——名 親マルクス主義者.
marxiser 他 マルクス主義化する.
marxisme 男 マルクス主義.
marxisme-léninisme 男 マルクス=レーニン主義.
　□ **marxiste-léniniste** 形 名.
marxiste 形 マルクス主義の, マルクス主義的な. ——名 マルクス主義者, マルキスト.
marxologue 名 マルクス学者.
maryland [-lɑ̃(d)] 男 メリーランド (米国の同名の州で産するタバコ).
mas [mɑ(s)] 男 [プロヴァンス地方の伝統的建築様式の] 農家, 別荘.
mascara [米] マスカラ.
mascarade 女 ❶ 仮面舞踏会, 仮装行列; とっぴな服装. ❷ 偽善, お芝居.
mascaret 男 潮波 (満潮時に前面が動直に立ち像(ʔち) になって川をさかのぼる波).
mascaron 男 [建] 仮面飾り (柱頭などの装飾として用いる怪人面).
mascotte 女 マスコット, お守り.
masculin, e 形 男性の, 男の; 男らしい. ——名 [文法] 男性形.
masculiniser 他 (女性を) 男性的にする; [文法] 雄性化する.
　—— **se** ～ 男 [雄] 性化する.
　□ **masculinisation** 女.
masculinité 女 男らしさ, 男性的性格.
maskinongé 男 [魚] カワカマス.
maso; [複] ～(**s**) 名 形 話 マゾ(の).
masochisme 男 マゾヒズム.
　□ **masochiste** 名 形.
masquage 男 隠蔽(ʔち), カムフラージュ; [写] 覆い焼き.
masque 男 ❶ 仮面, マスク; 見せかけ; 顔, かたくなな表情. ❷ [美顔用] パック; [军] 遮蔽(ʔち)物, 土囊.
　*lever le ～ 仮面を取る; 本性を現す.
masqué, e 形 仮面をつけた; 仮装 [変装] した; 隠された.
masquer 他 ❶ 覆い隠す, 隠蔽(ʔち) する; (味, においを) 消す. ❷ [海] une voile 裏帆にする.
　——自 [海] (船が) 裏帆となる.
　—— **se** ～ ❶ 仮面をつける; 本性を偽る. ❷ (…を) 見えなくする.
massacrant, e 形 être d'une humeur ～ ひどく不機嫌である.
massacre 男 ❶ (大量) 殺戮(ʔち), ❷ 破壊, 台無し; ひどい演奏 [演出]; 不出来な仕事. ❸ 一方的な勝負, 圧勝.
massacrer 他 ❶ 虐殺する; 惨殺する. ❷ 駄目にする, 台なしにする. ❸ (試合などで相手を) 痛めつける.
massacreur, se 名 ❶ 虐殺者. ❷ 手際の悪い人, 下手くそな演奏家.
massage 男 マッサージ, 按(ʔち) 摩.
massaliote 形 名 マッサリアの (マルセイユの).
masse[1] 女 ❶ 塊; 総量, 総体, 全容. ❷ 大量, 多量; 大きな, 大多数. ❸ 群衆; [複数] 大衆, 庶民. ❹ 積立金; 分担金; [法] 財産. ❺ [物] 質量; [電] アース. ❻ [美] マッス (色, 光, 影などの

とまり). **◆en ～** 一団となって; 話 大量に, たくさん. **tomber comme une ～** どすんと倒れる [落ちる].
masse² 囡 ハンマー, 金槌(%%).
masselotte 囡 [機] バランス・ウエイト, 釣り合い重り; [金] 押湯(%).
massepain 男 [菓] マジパン (アーモンドで作るクッキー).
masser 他 ❶ 一箇所に集める; まとめる. ❷ マッサージする. ❸ [ビリ] マッセ [立てキュー] する. **— se ～** (人々が大勢集まる; [軍隊が] 集まれする.
masséter 男 [解] 咬(氵)筋.
massette 囡 大槌(%); [植] ガマ.
masseur, se 图 マッサージ師.
massicot 男 ❶ [鉱] マシコット (天然に産する密陀僧(%%%)). ❷ [印] 断裁機.
massicoter 他 断裁する.
massier¹, **ière** 图 (美術学校, 画塾などの) 集金係.
massier² 男 職杖(%)奉持者.
massif, ive 形 ❶ 量感のある, どっしりした; 大規模な, 大量の. ❷ 均一の塊の, めっきではない. **—** 男 ❶ 茂み, 植込み, 花壇. ❷ 山塊, 山系; [建] 基礎, 支脚; [広] 一連の壁面広告.
Massif central マシフ・サントラル (フランスの中央山塊).
massification 囡 大衆化; 画一化.
massifier 他 大衆化する.
massique 形 [計] 単位質量当りの.
massivement 副 どっしりと, 重そうに; 大規模に, 大量に.
massiveté / massivité 囡 [文章] 重量感, どっしりしていること.
mass(-)media [-me-] 男 複 [米] マスメディア.
massorah / massore 囡 [ユ教] マソラ (ヘブライ語聖書の訓詁(%)注釈).
massue 囡 棍(%)棒. **► coup de ～** 決定的打撃; 思いもよらぬ出来事.
mastaba 男 [考古] マスタバ (古代エジプトの墓の一形式).
mastectomie 囡 [医] 乳房切除術.
master¹ 男 [英] マスター, 元になるもの.
master² 男 修士(号).
mastère 男 マステール (技師免状所有者で1年間の専門研修を受けた者にグランド・ゼコールが与える修士号).
mastic 男 ❶ パテ, セメント. ❷ 乳香. ❸ [印] 乱丁, 誤植.
— 形 不変 明るいベージュ色の.
masticage 男 (パテ, セメントなどの) 充塡(%); 接合.
masticateur, trice 形 男 咀嚼(氵)のための. **—** 男 食物粉砕器.
mastication 囡 咀嚼(氵)
masticatoire 形 咀嚼(氵)の; 咀嚼 [剤].
— 男 咀嚼の; 咀嚼のための.
mastiff 男 [英] [動] マスチーフ (チベット原産の大型番犬).
mastiquer¹ 他 咀嚼(氵)する.
mastiquer² 他 [パテ, マスチックなどで] 充塡(%) する; 接合する.
mastite 囡 [医] 乳腺炎.
mastoc 形 不変 ずんぐりした, 量感のある, 鈍重そうな.
mastodonte 男 ❶ [古生] マストドン (第三紀の象). ❷ でっぷり太った人, 巨漢.
mastoïde 囡 [解] (側頭骨の) 乳突部. ◻**mastoïdien, ne** 形
mastoïdite 囡 [医] 乳突炎.
mastologie 囡 乳腺学.
mastroquet 男 ワイン小売商; 居酒屋のあるじ; カフェ, 居酒屋.
masturbation 囡 マスターベーション.
masturber 他 手淫をする.
— se ～ マスターベーションをする.
m'as-tu-vu 图 不変 うぬぼれ屋.
masure 囡 あばら屋, 廃屋.
mat¹ [-t] 男, 形 不変 [チェス] チェックメイトの.
mat², **e** [t] 形 磨いていない, 艶(?)のない, くすんだ; (写真の) 絹目仕上げの; (音の) 響かない, こもった.
mat³ [-t] 男 (レースの) 模様部分.
mât 男 [海] マスト, 帆柱; (旗, テントなどの) 支柱, ポール, 竿(%).
matador 男 [西] マタドール (牛にとどめを刺す闘牛士).
mataf 男 [俗] 水夫, マドロス.
matage 男 [工芸] (金めっき面などの) 保護被膜の塗布; (継ぎ目などを) ふさぐ (かしめ, コーキング.
matamore 男 空威張りする人.
match [-tʃ] 男 (複) ~(e)s [英] 試合, 勝負; 競争.
matchiche [-tʃiʃ] 囡 マッシッシュ (ブラジル起源の2拍子のダンス).
match-play [-tʃple] 男 [英] [ゴルフ] マッチプレー.
maté(-) 男 [植] マテチャ (マテ).
maté(-)faim 男 不変 [料] マトファン (栄養価の高い厚手のクレープ).
matelas 男 (複合の) マットレス; 緩衝物; 話 札束の詰まった財布.
matelassé, e 形 [繊] キルティング (地) の. **—** 男 キルティング生地.
matelasser 他 マットレスを入れる; キルティングする, キルティングの裏地をつける. ◻**matelassage** 男
matelassier, ère 图 マットレス製造 [修繕] 業者.
matelassure 囡 (マットレスなどの) 詰め物.
matelot 男 水夫; [軍] 水兵.
matelotage 男 [海] 水夫の仕事.
matelote 囡 [料] マトロット (淡水魚のワイン煮).
mater¹ 他 ❶ [チェス] チェックメイトする. ❷ 屈伏させる; 鎮圧する.
mater² 他 [金] 鎚(%)で消し止める.
mater³ 他 話 見る, 見張る; 盗み見る.
mâter 他 マストを取りつける [立てる].
mâtereau 男 (複) **x** 男 小マスト.
matérialiser 他 具体化する, 現実化する; 物質化する; (霊魂の) 示現, 具現.
matérialiser 他 ❶ 具体化する; 物質化する; 具現する. ❷ (道路に) 指示標示する.
— se ～ 実現される, 具体化される.
matérialisme 男 [哲] 唯物論; 物質主義.
matérialiste 图 唯物論者; 物質主義者. **—** 形 唯物論の; 物質主義の.

matérialité 囡 物質性, 具体性; 具体的状況, 事実関係.

matériau 男 [複 **x** 知] ❶ 《複数》《建築, 土木などの》資材, 材料. ❷ 《作品, 研究などの》資料, 素材.

matériel, le 形 ❶ 物質の; 物質的な; 金銭的な; 具体的な, 実際上の; 物質主義の. — 男 ❶ 《集合的》設備, 機材; 装置; 物資; 製品; 資料, 材料 《スポーツなどの》用品, 用具. ❷ 《情報》ハードウェア. — 囡 匪 集計.

matériellement 副 物質的に; 金銭的に; 実際に, 事実上.

maternage 男 《心》マザリング療法; 母親的な態度; 母親らしく接すること.

maternel, le 形 ❶ 母親の; 母性的な, 母親のような; 母方の. ❷ école ~ le 幼稚園. — 囡 匪 幼稚園.

maternellement 副 母親として［らしく］.

materner 他 母親らしく接する; 《心》マザリング治療を施す.

maternisé, e 形 母乳と同じ成分の.

maternité 囡 ❶ 母(親)であること, 母性; 《法》母子関係. ❷ 出産; 産院. ❸ 《美》《聖》聖母子像.

math [-t] 囡 匪 → maths.

mathématicien, ne 名 数学者.

mathématique 形 数学の, 正確な, 厳密な; 匪 絶対確実な. — 囡 ❶ 《複数》数学の. ❷ 数学のクラス.

mathématiquement 副 数学的に; 厳密に; 必然的に.

mathématiser 他 数学的に処理する, 数学的方法を適用する. □**mathématisation** 囡

matheux, se 名 匪 数学専攻学生; 数学のよくできる生徒.

maths [-t] 囡複 匪 数学(クラス).

matière 囡 ❶ 物質; 素材, 材料; 《作品などの》題材, 題目. ❷ 《学》教科, 科目. ▶ table des ~s 目次. ❸ 《美》マチエール; 《法》事実, 事項; 《哲》質料.
 ◇*en ~ de* ... …の分野において, に関して. *entrée en ~* 《論説などの》序論. *être* [*donner*] ~ *à* ... …の種である[になる].

MATIF 男 Marché à terme international de France フランス国際先物取引所.

matin 男 朝; 午前.
 ◇*au* [*dès le*] *petit* ~ 夜明けに［から］. *de bon* [*grand*] ~ 朝早く. *un beau* ~ ある日, いつか.
 — 副 朝早く.

mâtin, e 名 匪 いたずらっ子; 騒々しい人. — 男 マスチーフ《大型番犬》.

matinal, ale 形 《男複》 *aux* 朝の; 早起きの. □**matinalement** 副

mâtiné, e 形 雑種の; 《*de*》 (…の）混じった.

matinée 囡 朝, 午前(中); 《音楽会などの》マチネー, 昼興行.
 ◇*faire la grasse* ~ 朝寝坊をする.

mâtiner 他 《畜》大型種, 雑種の大犬が純血の雌犬と交配する.

matines 囡複 《カ》朝課.

matineux, se 形, 名 匪 早起きの, いつも早起きの人.

matir 他 《金》匪(⌉)消しをする.

matité 囡 艶のない《音がこもる》こと.

matoir 男 《金属の》艶消し具; リベットハンマー.

matois, e 形, 名 匪 腹黒い(人), ずる賢い(人).

maton, ne 名 匪 看守.

matos [matos] 男 匪 機材, 設備.

matou 男 雄猫.

matraquage 男 棍(⌉)棒 《警棒》で殴ること《マスコミにおける》集中宣伝.

matraque 囡 棍棒, 警棒.

matraquer 他 ❶ 棍棒《警棒》で激しく攻撃する. ❷ 匪 法外な料金を請求する. ❸ 執拗に繰り返す.

matraqueur, se 名 棍棒《警棒》で殴る人. — 形 匪 執拗な.

matras 男 ❶ 《考古》《鉄鏃(⌐)のついた》矢の形. ❷ 《化》長首フラスコ.

matriarcal, ale 《男複》 *aux* 母権制の, 母系長制の.

matriarcat 男 母権制, 家長制.

matriçage 男 《金》型プレス.

matricaire 囡 《植》シカギク.

matrice 囡 ❶ 鋳型, 母型. ❷ 古風 子宮. ❸ 《税》原簿; 《数》行列.

matricer 他 《金》型プレスする.

matricide 男 匪 母親殺し. — 形, 名 母親を殺した(者).

matriciel, le 形 《税》 《課税》原簿の; 《数》行列の.

matriclan 男 《民》母系氏族.

matricule 囡 登録簿, 名簿; 登録. — 男 登録番号; 囚人番号; 《軍》識別番号.

matrilinéaire 形 《民》母系の.

matrilocal, ale 《男複》 *aux* 《民》妻方居住の.

matrimonial, ale 《男複》 *aux* 形 結婚の.

matriochka 囡 《露》マトリョーシカ人形.

matrone 囡 ❶ 威厳のある中年女性. ❷ 太った品のない女. ❸ 《昔の》産婆.

matronyme 男 母称, 母姓.

matthiole 囡 《植》ストック.

maturase 囡 《生化》マチュラーゼ.

maturation 囡 成熟, 円熟; 熟成.

mature 形 成熟した; 《魚》が産卵期の.

mâture 囡 《集合的》(1隻の船の）マスト; 帆材.

maturité 囡 《果実の》成熟; 《精神, 才能などの》円熟, 完成; 壮年期, 熟年; 分別.

matutinal, ale 《男複》 *aux* 形 匪文章語の.

maubèche 囡 《鳥》コオバシギ.

maudire 72 他 ❶ 呪(⌒)う, 恨む; 文章語《神が》永劫(⌒)の罰を下す.

maudit, e 形 (maudire の過去分詞)呪(⌒)われた, 排斥された; 《名詞の前》いまいましい, 嫌な. — 名 呪われた者, 地獄に落ちた者; 排斥された人.

maugréer 自 ぶつぶつ不満をもらす. — 他 文章語 不満げにつぶやく.

maul 男 《英》《ラグビーで》モール.

maurandie 囡 《植》マウランディア.

maure 形 マグレブの; 北西アフリカの. —名《M～》ムーア人.

mauresque 形 ムーア人の; ムーア文化[様式]の. —女 ❶ ムーア人の女性. ❷ モレスク(リキュールの一種).

Maurice 男 モーリシャス(マダガスカルの東方の島国).

mauricien, ne 形 モーリシャス島の. —名《M～》モーリシャス島民.

mauriste 男 サン・モールのベネディクト会修道士.

Mauritanie 女 モーリタニア(イスラム共和国).

mauritanien, ne 形 モーリタニアの. —名《M～》モーリタニア人.

mauser 男《独》《商標》モーゼル銃.

mausolée 男 霊廟(ホュネ), 陵墓.

maussade 形 無愛想な, 不機嫌な; うっとうしい, 陰気な.
□**maussadement** 副

maussaderie 女《文章》無愛想, 不機嫌; 陰気.

mauvais, e 形 ❶ 悪い, 間違った. ❷ 品質の悪い, 粗悪な. ❸ 無能な, 下手な; 価値のない. ❹ 性格の悪い; 無愛想な; 不道徳な. ❺ 危険な; 厄介な;(天気の)悪い. ❻(味などの)まずい, 不快な;(食物の)傷んだ, 腐った. ❼ 苦しい;(肉体的に)不調な.
◇ *la trouver ~ybe* どうもうまくないね. *trouver ~ que ...* …が気に食わない, を不快に思う.
—副 悪く. —男 悪い面, 欠点.

mauve 女《植》ゼニアオイ.
—男, 形 モーブ色の, 薄紫色の.

mauviette 女 ❶(烏)ひばりな人; 臆病な人. ❷ 脂が乗ったヒバリ.

mauvis 男《鳥》ワキアカツグミ.

maxi 形《不変》最最長の. —(服)マキシの. —男《不変》最大限; 《服》マキシファッション. —副 最大限で.

maxillaire [-(l)lɛːr] 形《解》あごの. —男《舌》(骨); 顎骨.

maxille [-l] 女(昆虫の)小顎(がっ).

maxima maximum の複数形, 女性形.

maximal, ale;《男複》**aux** 形 最高の, 最大の.《数》極大の.

maximalisation 女 ➩ maximisation.

maximaliser 他 ➩ maximiser.

maximaliste 名, 形 過激主義者(の). □**maximalisme** 男

maxime 女 格言, 金言, 処世訓; 〔倫理的, 実践的な〕行動基準.

maximisation 女 最高[最大]にすること.

maximiser 他 最高[最大]にする.

maximum, 女 **〜s**(または *maxima*.)男 最高値, 最大値, 極限;《法》最高刑;《数》最大値. ◇ *au ～* 最大限に;せいぜい. ◇ *une femme de ～* 女性形不変とする maxima 最高の, 最大の; 極限の.

maxwell 男《計》マクスウェル(磁束の慣用単位).

maya¹ [ma-] 形《不変》マヤの; マヤ文明の. —名《M～》マヤ族.

maya² [ma-] 女〔ブルガリア〕凝乳飲料.

Mayence [ma-] マインツ(ドイツのライン沿いの都市).

Mayenne [ma-] 女 ❶ マイエンヌ県[53]. ❷ マイエンヌ川(サルト川支流).

mayonnaise [ma-] 女《料》マヨネーズ(の).

mazagran 男 マザグラングラス(陶製で脚付きのコーヒーカップ).

mazarinade 女《史》(フロンドの乱のときの)反マザラン風刺文.

mazdéen, ne 形《史》ゾロアスター教の.

mazdéisme 男 ゾロアスター教.

mazer 他〔金〕一次精錬する.

mazette 間 昔風 なんと(感嘆, 驚き).

mazout [-t] 男 重油, 燃料油.

mazouter 他 ❶ 海上燃料庫[重油]を満タンにする. —他 重油で汚染する.

mazurka 女〔ポーランド〕マズルカ(急速な3拍子の民俗舞踏; 音楽).

M.C.M. 男《略》〔経〕montants compensatoires monétaires 国境調整金.

me 代《人称》(1人称単数, 直接目的語・間接目的語; 母音・無音のhの前で m' となる) ❶ 私を; 私に(「のために, のもとに, にとって」). ▶ *Il m'attend*. 彼は私を待っている. ▶ *Il m'a donné ce livre*. 彼は私にこの本をくれた. (定冠詞つきの身体部位名詞とともに) *Il m'a pris la main*. 彼は私の手をとった. ❷《代名動詞の再帰代名詞として》▶ *Je m'appelle Miho*. 私の名前はミホです.

mea-culpa [mea-] 男《ラ》《不変》*faire [dire] son ～* 自分の過ちを告白する〔認める〕.

méandre 男(河川の)蛇行; 屈曲;(交渉などの)紆(ウ)余曲折, (思考の)回りくどさ; 《美》《建》蛇行模様.

méandrine 女《動》ノウサンゴ.

méat 男《解》*～ urinaire* 外尿道口. — *nasal* 鼻孔.

mec 男《俗》男, 野郎; やつ; 夫; 彼氏.

mécanicien, ne 形 ❶ 機械工, 整備士; 組み立て工; 機関士, 運転士. ❷ 力学専門の物理学者.

mécanicien-dentiste;《複》**～s—～s** 古風 歯科技工士.

mécanique 形 ❶ 機械を用いた; 機械仕掛けの. ❷ 機械的な, 無意識の. ❸ 力学の. —女 力学, 機械工学; 機械装置, 仕掛け; 機械.
□**mécaniquement** 副

mécanisation 女 機械化.

mécaniser 他 機械化する.

mécanisme 男 機械装置, 仕掛け, メカニズム; 仕組み, 構造, 機構, からくり; 〔哲〕機械論.

mécaniste 形《哲》機械論の.
—名 機械論者.

mécano 男 機械工; 整備士; 機関士.

mécanographe 名 キーパンチャー; プログラマー; オペレーター.

mécanographie 女 機械による事務処理. □**mécanographique** 形

mécanothérapie 女《医》機械(的)療法.

mécatronique 女 メカトロニクス, 機械電子工学.

meccano 男〖英〗〖商標〗メカノ(金属製ブロックの玩具).

mécénat 男(芸術,文化の)庇(ひ)護；メセナ.

mécène 男(芸術家,学者などの)庇(ひ)護者,財政援助企業.

méchage 男〖ワイン〗(硫黄を燃焼させて樽を殺菌する)燻(くん)蒸殺菌；〖医〗(傷口へのタンポン挿入(法).

méchamment 副意地悪く；固くごく；意地悪く(の言動).

méchanceté 女悪意,敵意；意地悪(の言動).

méchant, e 形 ❶意地悪な,悪意のある；(動物が)かむ，爪を立てる．❷危険な，不快な，厄介な；(子供が)聞き分けのない．❸ものすごい，素晴らしい．── 男悪人，悪者．
◇faire le ~ 強いきり立つ．

mèche¹ 女 ❶髪の房；毛束．❷灯心；導火線．❸錐(きり)〖ドリル〗の替え刃．❹(排膿用)〖医〗ガーゼ，タンポン．
◇découvrir [éventer] la ~ 陰謀を見破る．

mèche² 名〖不変〗語 être de ~ avec ... ...と共謀する，ぐるになる．(Il n')y a pas ~. 手段がない，処置なしである．

mécher 他〖ワイン〗(樽を)燻(くん)蒸殺菌する；〖医〗タンポンを詰める．

mécheux, se 形〖繊〗(原毛が)房状の．

méchoui 男羊の丸焼き；羊の焼肉．

mechta [-ʃ-] 女(北アフリカの)村落．

mécompte [-kɔ̃:t] 男失望，誤算，見込み違い．

méconium 男〖医〗胎便．

méconnais- 語 ⇨ méconnaître.

méconnaissable 形見違えるほど変わった．

méconnaissance 女〖文章〗無知，無理解．

méconnaître 他 ❶見誤る，正当に評価しない；尊重しない，無視うる．

méconnu, e 形, 名 (méconnaîtreの過去分詞)真価を認められない(人)，理解されない(人)．

mécontent, e 形, 名不満な(人).

mécontentement 男不満.

mécontenter 他不満にさせる.

Mecque (La) メッカ(サウジアラビア西部の都市．イスラム教の聖地)．

mécréant, e 形, 名〖文章〗無信仰の(人)，無宗教の(人)．

médaillable 形メダル獲得の可能性がある．

médaille 女メダル，記章；賞牌(はい)，勲章；鑑札，名札．

médaillé, e 形メダル〖勲章〗を授けられた．── 名メダリスト；勲章受章者．

médailler 他メダル〖勲章〗を授与する．

médailleur 男メダルの原型彫刻師．

médaillier 男メダル収集用ケース；メダル〖古銭〗のコレクション．

médailliste 名メダル・古銭愛好家；メダル製造者，メダルの原型彫刻師．

médaillon 男 ❶大型メダル；〖宝〗ロケット；〖彫〗メダイヨン(円形，楕(だ)円形の中に描かれた肖像)；〖料〗メダイヨン(輪切りにした肉や魚の切り身)．

mède 形メディア Médie(古代西アジアの王国)の．
──男〖M-〗メディア人．

médecin 男医者，医師．► ~ traitant 主治医／~ généraliste 一般医／~ du travail 産業医．

médecin-conseil 男(複) ~s- ~s(会社，団体の)顧問医．

médecine 女 ❶医学；医療；医薬．

médecine-ball 男 ⇨ medicine-ball.

medersa [me-] 女〖不変〗〖イ教〗宗教学校.

média 男(米)(マス)メディア．

médiale 女〖統計〗メディアル．

médiamat [-t] 男〖統計〗視聴率調査システム．

médian, e 形 ❶真ん中の，中央の．► ligne ~e〖解〗正中線／(サッカーで)ハーフウェーライン／〖テニス〗センターサービスライン．──女〖数〗(3角形の)中線；〖統計〗メディアン，中央値．

medianoche 男〖西〗固／文章〖宗〗(夜中過ぎごろ)豪華な食事．

médiante 女〖楽〗上中音，メディアンテ．

médiaplanneur 男〖広〗メディアプランナー．

médiaplanning [-niŋ] 男〖広〗(キャンペーン用)メディアプランニング．

médiastin 男〖解〗縦隔.

médiat, e 形間接の．

médiateur, trice 形調停の，仲介の；〖数〗垂直二等分の．► logiciel ~ 〖情報〗ミドルウェア．── 男 ❶調停者，仲裁人．── 男 ❶オンブズマン，行政監察委員．❷〖生〗~ chimique ~chimique 化学伝達物質．── 女〖数〗垂直二等分線．

médiathèque 女(レコード，ビデオなどを収めた)視聴覚ライブラリー．

médiation 女調停，仲裁，仲介；媒介(物)．

médiatique 形メディア〖情報媒体〗の，メディアを通じての．

médiatiser 他 ❶媒介する，媒介となる．❷メディアにのせる，メディア化する．□médiatisation 女

médiator 男〖楽〗ピック，爪．

médical, e; 男複 **aux** 形医学の；医師の，医療の；薬の．
□médicalement 副

médicalisé, e 形医療体制の整った．

médicaliser 他医療体制を充実させる，医療設備を普及させる．
□médicalisation 女

médicament 男薬．► ~ interne [externe] 内服〖外用〗薬／~ conseil マイナー薬／~ orphelin オーファンドラッグ，希少疾病用医薬品．

médicamenteux, se 形薬効のある；薬による．

médicastre 男古風やぶ医者．

médication 女〖医〗薬による治療，投薬；治療行為．

médicinal, ale; 男複 **aux** 形

mélampyre

medicine-ball [medisinbo:l] 〖英〗男 メディスンボール（トレーニングに用いる皮製のボール）.

médicinier 男〖植〗ナンヨウ（タイワン）アブラギリ.

médico-légal, ale；〈男 複〉**aux** 形 法医学の.

médico-pédagogique 形〈精神障害児に対する〉治療教育の.

médico-social, ale；〈男 複〉**aux** 形 社会医学の.

médico-sportif, ve 形 スポーツ医学の.

médiéval, ale；〈男 複〉**aux** 形 中世の.

médiévisme 男 中世研究〖趣味〗.

médiéviste 名 中世研究家.

médina 女 メディナ（北アフリカ，特にモロッコのイスラム教徒居住区）.

Médine メディナ（サウジアラビア西部の都市，イスラム教第2の聖地）.

médiocratie [-si] 女〖文章〗凡人の支配.

médiocre 形 平凡な，凡庸な；たいしたことのない，わずかな． ―名 凡人.

médiocrement 副 平凡に，並以下に；あまり…でなく.

médiocrité 女 凡庸，月並；低劣さ.

médire 76 自《**de**》（…を）あしざまに言う，けなす，中傷する.

médisance 女 悪口，中傷.

médisant, e 形，名 悪口を言う（人），中傷好きな（人）.

méditatif, ve 形，名 瞑想にふける（人），考え込んでいる（人）.

méditation 女 ❶ 瞑想，沈思黙考；〖カト〗黙想． ❷《M~s》瞑想録.

méditer 他 熟考すする；もくろむ，企てる． ―自 思索にふける，沈思黙考する；《**sur**》（…に）思いを巡らす.

Méditerranée 女 地中海.

méditerranéen, ne 形 地中海（沿岸）の.
―名《M~》地中海沿岸地方の人.

médium ❶〖楽〗中音域；〈絵の具を〉溶かす溶剤. ❷ 霊媒.

médiumnique [-djom-] 形 霊媒の.

médius [-s] 男 中指.

Médoc 男 メドック地方（ボルドーの，ジロンド川左岸の地帯）.

médoc¹ 男 メドック（高級赤ワイン）.

médoc² 男〖俗〗薬.

médullaire 形〖解〗髄の；骨髄の.

médulleux, se 形〖植〗髄のある.

médullo-surrénale 女〖医〗副腎〖髄質.

Méduse 〖ギ神〗メドゥーサ（見る者を石に化した魔女）.

méduse 女〖動〗クラゲ.

médusé, e 形 唖然とした.

méduser 他 茫〖然とさせる.

meeting [mitiŋ] 男 ❶ 集会；（スポーツの）大会，競技会. ❷ ~ aérien 航空ショー．

méfait 男 悪行，悪事；害，被害.

méfiance 女 不信；猜〖疑〗心.

méfiant, e 形，名 用心深い（人），疑い深い（人）.

se méfier 代動《**de**》（…を）信用しない（人）に用心する.

méforme 女 コンディション不調.

méga 男 メガバイト.

mégabit [-t] 男〖情報〗メガビット（約100万ビット）.

mégacôlon 男〖医〗巨大結腸（症）.

mégacycle 男〖計〗メガサイクル.

mégaflops [-ps]〖情報〗メガフロップス.

mégahertz [-erts] 男〖計〗メガヘルツ（100万ヘルツ）.

mégalérythème 男〖医〗（流行性）大紅斑.

mégalithe 男〖考古〗巨石記念物. ⇔**mégalithique**.

mégalomane 形〖心〗誇大妄想の（人）；自尊心の強い（人）.

mégalomanie 女〖心〗誇大妄想；過剰な自尊心〖俗〗. ⇔**mégalomaniaque**.

mégalopole / mégalopolis [-s] 女 メガロポリス，巨大都市.

mégaoctet 男〖情報〗メガバイト.

mégaphone 男 メガホン.

mégapole 女 ⇔ **mégalopole**.

mégaptère 男〖動〗ザトウクジラ.

mégarde 女 **par ~** うっかりして.

mégathérium 男〖古生〗オオナマケモノ.

mégatonne 女〖計〗メガトン（100万トン）.

mégatonnique 形 メガトン級の.

mégère 女 性悪女，ヒステリックな女.

mégir / mégisser 他〖革〗白皮なめしする，ミョウバンなめしする.

mégisserie 女 白皮なめし業者.

mégissier 男 白皮なめし業者.

mégohm [-m] 男〖計〗メガオーム.

mégot 男（たばこの）吸い殻.

mégoter 自《**sur**》（…を）けちる.

méharée 女 メハリでの旅〖移動〗.

méhari；《複》**~s**（または **méhara**）男〖動〗メハリ（早駆け用ヒトコブラクダ）.

méhariste 名 メハリに乗る人.

meilleur, e 形 ❶《**bon** の優等比較級》よりよい． ❷《定冠詞，所有形容詞とともに，**bon** の優等最上級》最もよい．◇**de ~ heure** もっと早く．
―名《定冠詞とともに》最も優れた人，一番強い人；最良のもの．
―男《**le ~**》一番よい点〖部分〗．
―◆ **avoir**〖**prendre**〗**le ~ sur …** …に対して優位に立つ．
―女《**la ~**》〖俗〗びっくり仰天するような話． ―副 よりよく.

méiose 女〖生〗（細胞の）減数分裂.

méiotique 形 減数分裂による.

méjuger 自〖文章〗《**de**》（…を）過小評価する． ―他 判断を誤る；過小評価する． ―**se ~** 自分を過小評価する.

mél 男 メール，E メール.

mélæna [-le-] 男〖医〗メレナ，下血.

mélamine 女〖化〗メラミン（樹脂）.

mélaminé, e 形 メラミン樹脂加工の.

mélampyre 男〖植〗ママコナ.

mélancolie

mélancolie 女 うつう, 物憂さ; 哀愁; 【心】うつ病.

mélancolique 形 憂うつな; 哀愁を帯びた, もの悲しい;【心】うつ病の.
— 名 うつうな人; うつ病患者.
□**mélancoliquement** 副

Mélanésie 女 メラネシア.

mélanésien, ne 形 メラネシアの.
— 名 (M～) メラネシア人.

mélange 男 ❶ 混合, 混合物; 寄せ集め, 集まり. ❷ (人種の) 混交, 混血. ❸ 《複数》雑録, 記念論文集.

mélangé, e 形 混合された; 混血の, 寄せ集めの; まぜこぜした.

mélanger 他 混ぜる; 寄せ集める; 話 ごちゃまぜにする. — se ～ 混ざる.

mélangeur 男 (温水と冷水の) 混合給水栓; 攪拌(こうはん)機; ミキサー, 混合機.

mélanine 女 【生化】メラニン.

mélanique 形 【生】 (体色の) 黒化の; メラニンを含む.

mélanisme 男 【生】(体色の) 黒化.

mélanocyte 男 【生】メラニン細胞.

mélanoderme 形 名 黒い皮膚をした(人).

mélanodermie 女 【医】黒皮症.

mélanome 男 【医】黒腫(症).

mélanose 女 【医】黒色症.

mélanostimuline 女 【生化】メラニン細胞刺激ホルモン.

mélasse 女 ❶ 糖蜜(とうみつ). ❷ 濃霧; ぬかるみ. ❸ 俗 混ぜ; 苦境, 貧窮.

Melba 形 《不変》【菓】pêches ～ ピーチメルバ.

mêlé, e 形 混ざり合った; 雑多な; (事件などに) 巻き込まれた.
— 女 ❶ 乱戦; 乱闘; 話 論戦. ❷ (ラグビーの) スクラム.

méléagrine 女 【貝】真珠貝.

mêlé(-)casse 男 古風 俗 カシス入りブランデー. ❷ 話 voix de ～ (酒飲みの) しゃがれ声.

méléna 男 【医】 mélæna.

mêler 他 混ぜ合わせる; ごたまぜにする; 巻き込む; もつれさせる. — se ～ ❶ 混じり合う, もつれる; (à) (…に) 混ざる, 加わる. ❷ (de) (…に) 介入する.

mélèze 男 【植】カラマツ.

mélia 男 【植】センダン.

mélilot 男 【植】シナガワハギ.

méli-mélo 男 《複》～s～s 話 ごたまぜ.

mélinite 女 メリナイト (強力爆薬).

mélioratif, ve 形 【言】美称的な.
— 男 美称語.

mélisse 女 【植】メリッサ, セイヨウヤマハッカ;【薬】eau de ～ メリッサ水.

mélitococcie 女 【医】マルタ熱.

mélitte 女 【植】メリッサ.

melkite 名 【キ教】メルキト教徒.

mellifère 形 蜜(みつ)を出す (作る).

mellification 女 蜂蜜(はちみつ)作り.

mellifique 形 蜂蜜を作る.

melliflu, e 形 古風 文章 蜜の味の, 甘美な.

mellite 男 【薬】蜂蜜剤.

mélo 男 話 メロドラマ(の).

mélodie 女 メロディー, 旋律; 歌曲.

mélodieusement 副 美しい旋律で, 音楽的に.

mélodieux, se 形 旋律が豊かな; 美しい音を出す; (言葉などの) 音楽的な.

mélodique 形 旋律の, 旋律的な.

mélodiste 名 【楽】メロディスト.

mélodramatique 形 メロドラマの感傷ので芝居がかった.

mélodrame 男 メロドラマ, 通俗劇, メロドラマ的状況.

mélomane 形 音楽好きの.
— 名 音楽愛好家.

melon 男 ❶ メロン. ❷ ～ d'eau スイカ. ❷ chapeau ～ 山高帽.

melonné, e 形 メロンの形をした.

melonnière 女 メロン畑.

mélopée 女 (単調な) 歌, 旋律; (古代ギリシア劇の) 叙唱部; 作曲法.

mélophage 男 【昆】ヒツジシラミバエ.

melting-pot (-tinpɔt) 男 《米》(人種, 文化の) るつぼ.

Melun ムラン (Seine-et-Marne 県の県所在地).

mélusine 女 【服】メリュジン (帽子材料となる毛脚の長いフェルト).

membrane 女 ❶ 【解】【動】膜. ❷ 【音響】vibrante 振動膜.
□**membranaire** 形

membraneux, se 形 膜 (状) の.

membre 男 ❶ 四肢, 手足; 構成員, メンバー; 加盟国. ❷ 陰茎, 男根. ❸ 《数》 (方程式の) 辺 (不等式の) 辺数.

membré, e 形 文章 稀 bien [mal] ～ 四肢が丈夫な [か細い].

membron 男 (腰折れ屋根の) 雨押さえ.

membru, e 形 四肢のたくましい.

membrure 女 ❶ 文章 四肢. ❷ 《集》【海】肋(ろく)材;【建】骨組, 枠(わく).

même 形 ❶ 《名詞の前》同じ. ▶ Ils habitent la ～ ville. 彼らは同じ町に住んでいる / Il porte la ～ chemise qu'hier. 彼は昨日と同じワイシャツを着ている. ❷ 《名詞 代名詞のあと》まさにその, …そのもの. ▶ à l'heure ～ de l'arrivée de sa mère 母親が着いたちょうどその時に / Ses enfants ～ le méprisent. 子供たちさえも彼を疎んじている. ❸ 《人称代名詞強勢形とハイフンで結ばれて》…自身. ▶ moi-～ 私自身.
— 代 《不定》《定冠詞とともに同じもの [人]》. ▶ Elle est toujours la ～. 彼女は前と変わっていない.
— 副 …さえも; …であっても. ▶ Il ne me parle ～ plus. 彼はもう私に口さえ利いてくれない. ❷ まさに. ▶ C'est ici ～ que l'explosion s'est produite. 爆発はまさにここで起きた. ◇**à ～ ...** …から じかに. **à ～ de + inf.** …できる. **de ～ (que)** (…と) 同様に. **Il en est [va] de ～ (de [pour])** (…についても) 事情は同様である. **～ que ...** 話 …の上に, しかも… そのうえ…. **de ～ que** その証拠に…. **quand ～** , **tout de ～** それでも, やはり; 話 (憤慨, 強調).

mémé / mémère 女 話 おばあちゃん; (所帯じみた) 中年の女, おばさん.

mêmement 副 同様に.

mémento [-mɛ̃-] 男 ❶ 覚書, メモ; 手帳; 便覧, 抄録. ❷《カト》メメント (ミサの祈り).

mémo 男 メモ.

mémoire¹ 女 ❶ 記憶力; 記憶, 思い出;《故人の》名声, 評価. ❷《情報》記憶装置, メモリ. ► ~ morte 読み出し専用メモリ, ROM/~ vive 書き込み可能メモリ, RAM.
◊ à la ~ de … …の記念に. de ~ 暗記で. pour ~ 参考までに.

mémoire² 男 ❶ 報告書, 陳情書, 趣意書; 学術論文, 研究報告書. ❷《複数》回想録, 手記. ❸ 見積書, 計算書.

mémorable 形 記念すべき; 忘れがたい.

mémorandum 男 メモ, メモ帳;《法》覚書; 見解書.

mémorial《複》aux 男 覚書, 回想録; 記念碑.

mémorialiste 名 回想録作家; 記録文学者.

mémoriel, le 形 記憶の, メモリの.

mémorisable 形 覚えやすい, 覚えられる.

mémorisation 女《情報》記憶;《心》記憶作用, 記憶化.

mémoriser 他《情報》(データを) 記憶させる;《心》記憶にとどめる.

menaçant, e 形 脅迫する, 威嚇的な; 険しい, 切迫した.

menace 女 脅し, 脅迫; 脅威;(不吉な) 前兆.

menacé, e 形 脅かされた, 危機に瀕(ひん) した.

menacer ❶ 他 ❶ 脅迫する, 脅す. ❷ ~ de + inf. …する危険〔おそれ〕がある.

Ménade 《ギ神》マイナデス (酒神ディオニュソスの巫女).

ménage 男 家事, 家政;《特に》家の掃除; 夫婦(生活); 世帯, 所帯.
◊ de ~ 自家製の; 家庭用の. femme de ~ 家政婦. monter son ~ 所帯道具を買いそろえる. scène de ~ 夫婦喧嘩(げんか).

ménagement 男 手心, 手加減; 気配り.

ménager¹ 他 ❶ 大切に使う; 節約する; いたわる, 気を配る. ❷ 準備する; 設置する, しつらえる. — se ~ 自分をいたわる;(自分のために) 準備する.

ménager², ère 形 家事の, 家庭の.
— 女 主婦;(化粧箱入りの) テーブルセット.

ménagerie 女(研究, 見世物用の) 動物(小屋), 動物園.

ménagiste 名 家電製品販売業者.

menchevik / menchevique [mɛnʃevik] 形, 名 メンシェビキの(人).

Mende マンド(Lozère 県の県庁所在地).

mendélévium [mɛ̃-] 男《化》メンデレビウム.

mendélien, ne [mɛ̃-] 形《生》メンデル形質の; メンデル遺伝の.

mendélisme [mɛ̃-] 男《生》メンデル学説.

mendiant, e 名 ごい. — 形 物ごいする. ► Ordres ~s 托鉢(たくはつ)修道会. — 男《料》マンディヤン(デザートの取り合わせ木の実).

mendicité 女 物ごい(の境遇).

mendier 他 施しを乞(こ)う; 懇願する.
— 自 物ごいする.

mendigot, e 名 古風・俗 物ごい.

mendigoter 自, 他 古風・俗 物ごいする; 懇願する.

mendole 女《魚》イキオダシ.

meneau《複》x 男 縦マリオン, 中方立(開口部を仕切る縦材).

menée 女 ❶《複数》陰謀. ❷《狩》鹿の逃げ道;(スイスで)雪の吹きだまり.

mener ❶ 他 ❶ 連れていく,(ある状態に)至らせる. ► ~ à bien … を成功させる/~ loin 遠くへ連れていく; 大きな事態を招く; 長くもつ. ❷ 通じる, 至る; 先導する, 率いる; 動かす, 操る; 推し進める, 運ぶ. ❸ (生活, 生涯を)送る. ❹《ゲーム》(相手を)リードする. ❺《数》(線を)引く.

ménestrel 男 (中世の) 吟遊詩人.

ménétrier 男 (村の) バイオリン弾き.

meneur, se 名 ❶ 指導者, リーダー. ❷ (軽蔑) 扇動者, 首謀者. ► ~ de jeu (ショーなどの) 司会者.

menhir 男《史》メンヒル, 立石 (ブルターニュ地方の巨石記念物).

menin, e [me-] 名《史》(スペイン王家に仕える) 近侍. — 女 (フランスで, 王太子付きの) 貴族.

méninge 女 ❶《複数》頭脳, 知力. ❷《解》髄膜.

méningé, e 形《解》《医》髄膜の.

méningiome 男《医》髄膜腫(しゅ).

méningite 女《医》髄膜炎.

méningitique 形, 名 髄膜炎の(患者).

méningocoque 男《医》髄膜炎菌.

méniscal, ale《男 複》aux 形《医》関節間軟骨の, 関節半月の.

ménisque 男 ❶《光》メニスカス[凹凸]レンズ;《物》メニスカス(毛細管内の液体表面の凹凸面). ❷《解》関節半月.

mennonite 名《キ教》メノー派信徒.

ménologe 男 (ギリシア正教会の) 聖人月録, 月別聖人伝.

ménopause 女《生理》閉経(期), 更年期. ♦ **ménopausique** 形

ménopausée 形 女《生理》閉経期を過ぎた.

menora [me-] 女《ユ教》(7本枝の) 枝付き燭(しょく)台.

ménorragie 女《医》月経過多.

menotte 女 ❶《複数》手錠. ❷ 幼児 おてて.

menotter 他 手錠をかける.

mens 名 ⇒ mentir.

mensonge 男 ❶ うそ, 虚言. ❷ (芸術上の) 虚構, フィクション; 幻影.

mensonger, ère 形 うその, 偽りの. ► publicité ~re 虚偽広告.
♦ **mensongèrement** 副

menstruation 女《生理》月経.

menstruel, le 形《生理》月経の.

menstrues 女複[固][生理]月経.
mensualiser 他 月給制[月払い]にする. ◻**mensualisation** 女
mensualité 女 月賦, 月賦払い金; 月給.
mensuel, le 形 月一回の, 月刊の; 月ごとの. —名 月給取り. —男 月刊誌.
mensuellement 副 月払いで; 月ごとに.
mensuration 女 身体の測定(値); (複数)サイズ, 測定value.
ment, mental- 話 ⇨ mentir.
mental, ale; (男複) **aux** 形 心[頭]の中で行う; 精神の, 心の. ▶ calcul — 暗算. —名 精神病患者. —男 (単数のみ)精神生活, 精神.
mentalement 副 心[頭]の中で; 精神的に.
mentalisme 男[言][心]メンタリズム; 意識主義.
mentalité 女 (集団の)精神構造, 行動様式, 考え方, 性向; 心性.
menterie 女[古][地域]うそ.
menteur, se 名 うそつき. —形 そらつきの; (事物の)偽りの, 人を欺く. ▶ — à l'eau ミント水.
menthe 女[植]ハッカ; ミント. ▶ — à l'eau ミント水.
menthol 男[化]メントール.
mentholé, e 形 メントール入りの.
mention 女 ❶ 言及; 記載: 記載事項; 注記. ❷ (試験などの)評価, 成績.
mentionner 他 言及 [記載] する.
mentir 自 うそをつく, 偽る.
 ◇ sans — 本当に, うそ偽りなく.
—**se** — 自分を欺く[ごまかす].
menton 男 あご(先).
mentonnet 男[機]タペット, スタッド; [鉄道] (車輪の)フランジ.
mentonnier, ère 形 あごの.
—女 (帽子などの)あごひも; (バイオリンなどの)あご当て; [医]あご用の包帯.
mentor 男[文章]思慮深く経験豊富な助言者, 指導者.
menu¹, e 形 細かい, 小さい; 細かい; 些(*)細な; 取るに足らぬ. —男 par le — 事細かに. —副 細かく.
menu² 男 メニュー; 定食, コース料理; [情報]メニュー: 語 予定内容, メニュー.
menu-carte 女 ⬦ **s~-s~** 男 (内容を選べる)コース料理.
menuet 男[ダンス][楽]メヌエット.
menuise 女[魚]スプラット.
menuiser 他 (木材を切削加工する. —自 木工[指物]細工をする.
menuiserie 女 建具造作; 木工[指物]細工(製品); 木工場.
menuisier 男 指物師, 建具屋 [職].
ménure 男[鳥]コトドリ.
ményanthe 男[植]ミツガシワ.
méphistophélique 形[文章]メフィストフェレスのような, 悪魔的な.
méphitique 形 有害な; 悪臭の.
méplat, e 形 平たい.
—男 平らな部分.
se méprendre 代動[文章][sur] (…について)取り違える, 勘違いする. ◇ à s'y — 間違えるほどに.
mépris 男 軽蔑, 軽侮; 無頓着, 無

視. ◇ au — de … …を無視して.
mépris(-) 話 ⇨ se méprendre.
méprisable 形 軽蔑すべき.
méprisant, e 形 軽蔑的な.
méprise 女 勘違い, 誤解.
mépriser 他 軽蔑する; 軽視する.
mer 女 ❶ 海, 海洋. ❷ mer de … 海のように広い[大量の] ….
 ◇ Ce n'est pas la mer à boire. それはさほど困難なことではない. C'est une goutte d'eau dans la mer. 焼け石に水だ.
mercanti 男 悪徳商人.
mercantile 形[伊]金もうけ主義の.
mercantilisme 男 重商主義; [区別]金もうけ主義.
mercantiliste 男 重商主義者.
—形 重商主義(者)の.
mercaticien, ne 名 マーケティング専門家.
mercatique 女 マーケティング.
mercenaire 形 金次第の, 金目当ての. —名 外人傭兵. ◻**mercenariat** 男
mercerie 女 手芸材料(店); 小間物商.
mercerisage 男[繊]シルケット加工, マーセル化. ◻**merceriser** 他
mercerisé, e 形[繊]シルケット加工の.
merchandising [-daʒ(di)ziŋ] 男[英][商]マーチャンダイジング, 商品化計画.
merci 男 ❶ [間投詞の]ありがとう; 結構です(=Non, ~). ❷ お礼, 感謝の言葉. —女[古][文章]慈悲, 恩恵, 哀れみ. ◇ à la — de … …のなすがままに: Dieu ~! 神様のおかげで, 幸いにも. sans — 容赦なく[なく].
mercier, ère 名 手芸材料商(人), 小間物商(人).
mercredi 男 水曜日.
Mercure 男 ❶ [ローマ神]メルクリウス(商売の神). ❷ [天]水星.
mercure 男[化]水銀(記号 Hg).
mercurescéine 女[薬]マーキュロクロム.
mercureux 形[化](1価の)水銀の, 第一水銀の.
mercuriale 女 ❶ 水曜会議(大革命前の高等法院の司法講習会). ❷ [文章]叱(*)責. ❸ [法] 開期演説. ❹ [植]マアイ. ❺ 市場価格表.
mercuriel, le 形 水銀の, 水銀を含む; (炎症が)水銀による.
mercurique 形[化] (2価の)水銀の, 第二水銀の.
mercurochrome 男 商標[薬]マーキュロクロム.
merde 女 俗[実](カ); ろくでもない物[人]; 窮地, 厄介事.
—間 くそっ, ちくしょう (いらだち, 怒り, 軽蔑); すごい(驚き, 感嘆).
merder 自 俗 しくじる.
merdeux, se 形 俗 ひどい, けがらわしい. —名 俗 書き, 青二才.
merdier 男 俗 大混乱, 厄介な事態.
merdique 形 俗 ひどい, つまらない.
merdoyer ⑩ 自 俗 言葉に詰まる;

まごつく.

mère[1] 囡 ❶ 母, 母親. ❷ (動物の)雌親. ❸ (修道院の)マザー. 話 おばさん. ❹ 文章 源泉, 源. 形 (同格的)源の, 主なる. ► maison ～ 本店 / langue ～ 祖語.

mère[2] 形 囡 ～ goutte (圧搾前のブドウから自然流出する)フリーラン果汁.

mère-célibataire; 複 ～s-s 囡 未婚の母.

merguez [-gɛs/-gɛːz] 囡 (アラビア)メルゲーズ (辛いソーセージ).

mergule 男[鳥]ヒメウミスズメ.

méridien, ne 形 子午線の; 南の; 正午の. ― 男 子午線; 経線. ― 囡 ❶ (潤)三角鑢; (鉄) (回転面の)子午線. ❷ 古風 昼寝; 休息用長椅子.

méridional, ale 形; (男 複) aux 形 南の; 南国(人)の, 南仏(人)の. ― 名 ⟨M～⟩南仏人.

meringue 囡[菓]メレング (卵白に砂糖を加えて焼いた菓子).

meringuer 囮[菓]メレングで飾る.

mérinos [-s] 男 メリノ羊; メリノ羊毛 [毛織物].

merise 囡 セイヨウミザクラ(の実).

merisier 男 セイヨウミザクラ.

méritant, e 形 称賛に値する.

mérite 男 ❶ 功績, 手柄. ❷ 才能, 能力; 長所, 利点, 取り柄. ❸ ⟨M～⟩ 勲章, 功労章. ◇ *se faire un ～ de …* …を誇りとする.

mériter 囮 値する, 当然受けるべきである. ～ *bien ～ de sa patrie* 祖国に大いに貢献する.

méritocratie 囡 能力主義(社会).

méritoire 形 称賛に値する.

merlan 男[魚]ホワイティング; タラ.

merle 男[鳥]ツグミの類. ◇ ～ *blanc* 非常に珍しい人[物].

merlette 囡[鳥]ツグミの雌.

merlin 男 (牛の解体用・薪[割り用]大槌(ツチ), 斧[エ].

merlon 男 (城の銃眼の)防御壁.

merlu 男[魚]ホンメルルーサ.

merluche 囡 タラ科の魚; 干鱈(ホシカラ).

mérou 男[魚]ハタ.

mérovingien, ne 形 メロビング朝の. ― 名 ⟨M～s⟩メロビング朝.

merrain 男 (カシの)樽材; (鹿の)角幹.

mérule 男/囡[菌]ナミダタケ.

merveille 囡 ❶ 驚異, 素晴らしいもの; 優れた人物; 古風 超常現象. ❷ [菓]メルヴェイユ (薄い揚げ菓子). ◇ *à ～* 見事に. *faire ～* 素晴らしい効果を出す.

merveilleusement 副 素晴らしく, 完璧に.

merveilleux, se 形 素晴らしい, 見事な, 不思議な, 魔法の. ― 男 不可思議, 驚異.

mérycisme 男[医]反芻(ハンスウ)(症).

mes mon, ma の複数形.

mesa [me-] 囡[西][地]メサ (溶岩層から成るテーブル状高地).

mésaise 男 (物質的, 精神的)困窮.

mésalliance 囡 (身分の低い者との)不釣り合いな結婚.

se mésallier 代動 文章 身分の低い者と結婚する.

mésange 囡[鳥]シジュウカラ.

mésangette 囡 捕鳥かご.

mésaventure 囡 災難, 厄介な出来事.

mescaline 囡[薬]メスカリン.

mesclun 男[料]メクラン (レタス, ノヂシャなどのミックスサラダ).

mesdames [med-] madame の複数形.

mesdemoiselles [med-] mademoiselle の複数形.

mésencéphale 男[解]中脳.

mésenchyme 男[生]間葉, 間充(組)織.

mésentente 囡 文章 不和, 意見の食い違い.

mésentère 男[解]腸間膜.

mésestime 囡 文章 過小評価, 軽蔑.

mésestimer 囮 文章 過小評価する.

mesfet 男 金属-半導体電界効果トランジスタ.

mésintelligence 囡 文章 不和, 軋轢(アツレキ).

mesmérisme 男 動物磁気説.

méso-américain, e 形 中央アメリカの.

mésoblaste / mésoderme 男[生]中胚(ハイ)葉.

mésolithique 男, 形 中石器時代(の).

mésomérie 囡[化]メソメリー, メソメリズム (量子化学的共鳴現象).

mésomorphe 男[物] état ～ メソモルフ状態 (液晶状固体と液体の間).

méson 男[物]中間子, メソン.

mésophile 形[生]中温性の, 中等温度好性の.

Mésopotamie 囡 メソポタミア.

mésopotamien, ne 形 メソポタミアの. ― 名 ⟨M～s⟩メソポタミア人.

mésosphère 囡[気]中間圏.

mésothérapie 囡[医]メソテラピー.

mésothorax [-ks] 男[昆]中胸.

mésozoïque 男, 形[地]中生代(の).

mesquin, e 形 狭量な, さもしい; 下劣な; けちな. ◇ *mesquinement* 副

mesquinerie 囡 狭量, さもしさ; 下劣な言動; けちなこと(言動), けち.

mess [-s] 男[英] (士官, 下士官の)食堂.

message 男 ❶ 伝言, メッセージ. ❷ (国家元首の)教書, 親書. ❸ (作家などの)意図, 主張.

messager, ère 名 ❶ 使者, 伝達者. ❷[生] ARN ～ メッセンジャー RNA.

messagerie 囡 ❶ ⟨多く 複数形⟩輸送; 運輸会社; ～*s de presse* 定期刊行物取次店. ❷[情報]～ *électronique* 電子メール.

messe 囡 ミサ, ミサ聖祭; ミサ曲. ◇ ～ *basse* 読唱ミサ; 話 ひそひそ話. ～ *noire* (悪魔を祭る)黒ミサ.

messeoir 自 [非人称] ふさわしくな

い.
messianique 形 メシア(思想)の.
messianisme 男 メシア信仰.
messidor 男 メシドール, 収穫月(フランス革命暦第10月).
messie 男 メシア, 救世主.
messied, messié- 活 ⇨ **messeoir**.
messieurs [-sjø] **monsieur** の複数形.
messin, e 形 メス Metz の. ── 名 (M~) メスの人.
messire 男 [古] 閣下, 殿;様, 先生.
mesurable 形 測定可能な.
mesurage 男 測定, 測量.
mesure 女 ❶ 測定, 計測;寸法, サイズ;(度量の単位) 尺度. ❷(能力, 価値などの)程度, 範囲. ❸ 節度, 中庸. ❹ 措置, 対策. ❺ [楽] 拍子, 小節. ◇à ~ que ..., à ~ que ... …につれて;と同時に; *au fur et à ~ (que ...)* …につれて. *commune ~* 共通点. *dans la ~ de ... [où ...]* …の範囲で. *donner la ~ de ...* …がどれほどのものかを示す. *être en ~ de ...* …できる. *faire bonne ~* (客におまけをする. *sur ~* 寸法に合った. 格好の.
mesuré, e 形 節度のある, 慎重な.
mesurer 他 ❶ 測る, 測定する;推定する;見積もる;評価する. ❷ 出し惜しむ;控えめにする. ── 自 …の長さ [身長] がある.
── **se ~** ⟨à (, avec)⟩ (…に) 挑戦する;(…と) 力を競う.
◇ *se ~ des yeux* (相手の力を計るために) 見つめ合う.
mesurette 女 ❶ 小さじ. ❷ 話 小手先の対策[改革].
mesureur 男 計測係 [器械].
mésuser 自 [文章] ⟨de⟩ (…を) 悪用 [乱用] する. □ **mésusage** 男.
met 活 ⇨ **mettre**.
métabole 男 [昆虫の] 変態する.
métabolisme 男 [生理] 代謝.
métabolite 男 [生理] 代謝産物.
métabolome 男 [生] メタボローム (特定の生物の全代謝過程).
métacarpe 男 [解] 中手 (ちゅうしゅ). □ **métacarpien, ne** 形.
métacentre 男 [物] 傾きの中心.
métairie 女 小作地;小作農家.
métal; (複) -aux 男 ❶ 金属. ❷ [文章] 素材;素質. ❸ [紋] 金属色.
métalangage 男 メタ言語, 記述用言語. **métalangue** 女 メタ言語, 記述用言語. □ **métalinguistique** [-gu-] 形.
métallerie 女 鉄骨 [鉄筋] 工事.
métallier, ère 名 鉄骨 [鉄筋] 工.
métallifère 形 金属を含む.
métallique 形 金属(製)の;金属を含む.
métallisation 女 ❶ めっきを施すこと, 金属被覆(法). ❷ [鉱] 鉱床生成.
métallisé, e 形 金属光沢をもつ, メタリックの.
métalliser 他 金属光沢を与える;めっきをする.
métallo 男 話 冶(や)金工.

métallochromie 女 クロム酸処理.
métallogénie 女 鉱床成因論.
métallographie 女 金属組織学.
métalloïde 男 [化] メタロイド, 半金属;(俗に) 非金属.
métalloplastique 形 金属とプラスチックの性質を併せ持つ.
métalloprotéine 女 [生化] 金属たんぱく質.
métallurgie 女 金属工学, 冶 (や) 金 (学);金属業. □ **métallurgique** 形.
métallurgiste 男 冶 (や) 金技術者;冶金業者, 冶金工.
métalogique 女, 形 メタ論理学 (の).
métamathématique 女 メタ数学, 超数学.
métamère 男 [生] (脊椎 (せきつい) 動物の) 中胚葉;節足動物などの体節. □ **métamérie** 女 [生] 体節制.
métamorphique 形 [地] 変成作用の. ▶ *roche* ── 変成岩.
métamorphiser 他 変成させる.
métamorphisme 男 変成作用.
métamorphosable 形 変形 [変身] できる.
métamorphose 女 ❶ 変貌 (ぼう), 変容;変身. ❷ [生] 変態.
métamorphoser 他 ❶ 一変させる, 変貌 (ぼう) させる. ❷ ⟨en⟩ (…に) 変身させる. ── **se ~** ⟨en⟩ (…に) 変貌[変身] する.
métaphase 女 [生] (有糸分裂の) 中期.
métaphore 女 隠喩 (いんゆ), メタファー.
métaphorique 形 隠喩 (いんゆ) の, 隠喩に富む. □ **métaphoriquement** 副.
métaphosphorique 形 [化] *acide* ── メタリン酸.
métaphyse 女 [解] 骨幹端.
métaphysicien, ne 名 形而上学者. ── 形 形而上学 (者) の.
métaphysique 女 形而上学, 思弁哲学;哲学的省察;抽象論, 観念論. ── 形 形而上学 (者) の;哲学的な, 論理的な;抽象的な.
métaplasie 女 [医] 化生, 変質形成.
métapsychique 形 心霊現象 (研究) の. ── 女 [古語] 超心理学.
métapsychologie [-ko-] 女 メタ心理学.
métastable 形 [化] 準安定の.
métastase 女 [医] 転移. □ **métastatique** 形.
métastaser 自, 他 [医] (…に) 転移する.
métatarse 男 [解] 中足 (ちゅうそく) 骨.
métatarsien, ne 形 中足の.
métathéorie 女 メタ理論.
métathèse 女 [音声] 音位転倒.
métathorax [-ks] 男 [昆] 後胸.
métayage 男 分益 [折半] 小作制.
métayer, ère 名 分益 [折半] 小作農.
métazoaires 男複 [動] 後生動物.
méteil 男 小麦とライ麦の混合栽培.

métempsyc(h)ose [-psikoːz] 囡〖宗〗輪廻(%).転生.

métencéphale 男〖生〗後脳.

météo 囡❶ 気象学;気象情報.気象台,測候所.
——形(不変)〖話〗気象の.

météore 男流星;〖古〗大気現象.

météorique 形流星の.

météorisation 囡〖地〗風化(作用). ❷〖医〗鼓腸発疹.

météoriser 自〖医〗鼓腸が起こる.

météorisme 男〖医〗鼓腸.

météorite 囡/男〖鉱〗隕(%)石.
 □**météoritique** 形

météorologie 囡気象学;気象台,測候所.

météorologique 形気象の.

météorologiste / météorologue 名気象学者,気象家.

métèque 男❶〖軽蔑〗外人,よそ者. ❷〖古代〗居留外国人.

méthadone 囡〖薬〗メサドン.

méthane 男〖化〗メタン.

méthanier, ère 形メタン(生産,運搬)の.
——男液化天然ガス(LNG)運搬船.

méthanoduc 男〖液化〗天然ガス[メタンガス]用パイプライン.

méthanogène 男, 形メタン生成菌(の).

méthanol 男〖化〗メタノール.

méthémoglobine 囡〖薬〗メトヘモグロビン.

méthionine 囡〖生化〗メチオニン.

méthode 囡❶〖思考〗方法(体系的)方式;順序;やり方,流儀. ❷ 入門書, 手引き.

méthodique 形一定の方法に従った,秩序立った,体系的な.
 □**méthodiquement** 副

méthodisme 男メソジスト派(の教義).

méthodiste 名, 形メソジスト教徒(の).

méthodologie 囡方法論,方法学. □**méthodologique** 形

méthyle 男〖化〗メチル(基).

méthylène 男〖化〗メチレン(基).

méthylique 形〖化〗メチルの.

méticuleux, se 形細かい,綿密な,丹念な. □**méticuleusement** 副

méticulosité 囡〖文章〗細心さ.

métier 男職業,仕事;熟練,腕前. ❷ 紡織機;織機.
 ◊ *apprendre son ~ à ...* ...に教育する. *être du ~* 専門家である.

métis, se [s] 混血の;雑種.
——男混血の人;雑種.
——男〖繊〗交織織物(=tissu métis).

métissage 男混血;交配,交雑.

métisser 他 交配[交雑]させる.

métonymie 囡〖レト〗換喩(%).
 □**métonymique** 形

métope 囡〖建〗メトープ.

métrage 男メートルでの測定;(布地,フィルムなどの)長さ.

mètre[^1] 男メートル;メートル尺.

mètre[^2] 男〖詩〗韻律;韻律形式.

métré 男❶(土地,建物の)測定,測量. ❷〖建〗積算(書),見積書.

mètre-kilogramme: 〈複〉
 ~*s*~*s*〖計〗メートル・キログラム.

métrer 他〖建〗メートルで測る.

métreur, se 名〖建築工事の〗工事監督者;積算士;(建物の)測量士.

métrique[^1] 形メートル(法)の;〖数〗距離の,計量の. ——囡距離,計量.

métrique[^2] 形〖詩〗韻律の.
——囡韻律学;韻律法.

métrite 囡〖医〗子宮(筋層)炎.

métro 男❶ 地下鉄,メトロ. ❷〖話〗(海外県などで)パリ出身の.

métrologie 囡計測学;度量衡学.
 □**métrologiste / métrologue** 名

métronome 男〖楽〗メトロノーム.

métropole 囡❶ 首都;主要都市. ❷(植民地,海外領土に対して)本国.

métropolitain, e 形❶ 首都の,主要都市の.本国の;内地の. ❷〖カト〗首都大司教区の.——男❶ 地下鉄. ❷〖カト〗首都大司教.

métropolite 男(東方正教会で)総主教.

métrorragie 囡〖医〗子宮出血.

mets[^1] 男(一皿一皿の)料理.

mets[^2], **mett-** ⇨ mettre.

mettable 形(衣服が)着られる.

metteur, se 名 ❶ ~ *en scène* (映画,劇場での)監督,演出家. ❷ ~ *en œuvre* (機械などの)組み立て工;利用者. ❸ ~ *en ondes* 放送番組の演出家;~ *en pages* 植字工.

M

mettre 他❶ 置く,入れる;書き入れる;つける,設置する;位置づける. ▸ *~ un vase sur la table* テーブルに花瓶を置く;*~ son argent à la banque* 金を銀行に入れる / *~ un enfant au lit* 子供を寝かせる / *Mettez votre nom ici.* ここにあなたの名前を書いてください / *~ le feu à ...* ...に火をつける / *~ l'eau à ...* 水道を引く. ❷ ~ *A à [en] B ;* ~ *A B* A と B の状態にする. ▸ *~ un brouillon au net* 下書きを清書する / *~ sa montre à l'heure* 時計の時刻を合わせる / *~ un texte en français* 原文をフランス語に翻訳する / *~ ... furieux* ...を怒らせる. ❸ ~ ..., 身につける; 着せる, 身につけさせる. ▸ *Mettez-lui son manteau.* 彼(女)にコートを着せてあげなさい / *~ un enfant en pyjama* 子供にパジャマを着せる. ❹(時間,金を)かける;(労力,情熱などを)注ぐ(期待などを)かける. ▸ *J'ai mis une semaine à faire ce travail.* 私はこの仕事をするのに1週間かかった / *~ de grands espoirs* [*sa confiance*] *en ...* ...に大きな期待[信頼]を寄せる. ❺(機械を)作動させる,(テレビ,暖房などを)つける;準備を整える. ▸ *~ le réveil à 7 heures* 目覚ましを7時にかける / *~ la table* 食卓に食器を並べる.
 ◊ *en mettant les choses au mieux* [*pire*] 最善[最悪]の場合を仮定して[すれば]. *les* ~ 囡 ⇨ *les voiles* [*bouts*] 逃げる. *mettons* [*mettez*] *que* + *ind.* [*subj.*] ... と仮定しよう[してください]. ~ *à bas*

破壊する. ～ bas 置く,下ろす;子を産む. ～ sous les yeux [le nez] de ... …の目の前[鼻先]に突き付ける. ━se ━ ❶ 身を置く,(物が)置かれ(立場に)立つ(状態になる). ≫ se ～ à table 食卓につく / se ～ à l'[son] aise くつろぐ / Mettez-vous à ma place. 私の身にもなってください / se ～ bien [mal] avec ... …と[仲が良い{悪い}] / se ～ en colère 怒り出す / se ～ en route 出発する. ❷ se ～ à ... …し始める. ► se ～ à une traduction [à traduire] 翻訳に取りかかる. ❸ 着る,身につける;自分に…を塗る.
◇ne plus savoir où se ～ 身の置き所がない. Qu'est-ce qu'ils se mettent! 話 すさまじい殴り合いだ. se ～ après ... …をからかう,…につきまとう. se ～ avec ... …とチームを組む; 話 …と同棲する. se ～ bien [mal]《しばしば皮肉》うらやむべき境遇にある. s'y ━ 仕事に取りかかる; 邪魔をする,(相手方に)加わる; (不都合が)起こる.

Metz [mes] 固 メス(Moselle 県の県庁所在地).

meublant, e 形[法] meubles ～s 家具,家財.

meuble 形 ❶[法]移動できる. ► biens ～s 動産. ❷(土地などが)柔らかい. ━男 ❶ 家具,調度; [法]動産. ❷ 家具類.

meublé, e 形 ❶ 家具を備え付ける(部屋などの)飾りになる. ❷ 豊かにする;満たす. ━男 家具付きアパルトマン.

meubler 他 ❶ 家具を備え付ける(部屋などの)飾りになる. ❷ 豊かにする;満たす.

meuf 男俗 ━ 話 女; 妻.

meuglement 男 牛の鳴き声.

meugler 自 (牛が)鳴く.

meule[1] 女 ❶ 回転砥石(といし). ❷; [俗] 《話》オートバイ.

meule[2] 女 (干し草などの)堆積,山.

meuler 他 研ぐ,研磨する.

meulette 女 / **meulon** 男 干し草の小山,積みわら.

meuleuse 女 研削盤.

meulier, ère 形 挽臼(ひきうす)用の. ━女 (挽臼,建築用の)珪質岩.

meunerie 女 製粉業; 製粉工場.

meunier, ère 男 製粉業者; 粉屋. ━男 [魚]ニシオンディ; [鳥]ムジボウシインコ; [ワイン]ピノ・ムニエ(種). ━女[料]ムニエル.

meur- 複合→ mourir.

meurette 女[料]赤ワインソース.

Meurthe-et-Moselle 女 ムルトエモーゼル県 [54].

meurtre 男 殺人,殺害.

meurtrier, ère 形 殺人(用)の; 多数の人命を奪う,破壊的な. ━名 殺人犯,殺害者. ━女(城壁の)銃眼.

meurtrir 他 打ち傷[あざ]をつける;(果物,野菜を)傷める;(精神的に)傷つける,やつれさせる.

meurtrissure 女 打ち傷,あざ;(果物,野菜の)傷み;(精神的)苦痛.

meus, meut 複合→ mouvoir.

meute 女 猟犬の群れ;追い回す連中.

MeV [記][物] méga-électron-volt メガエレクトロンボルト.

mévente 女 売れ行き不振; 不景気.

mexicain, e 形 メキシコ(人)の. ━名 (M━)メキシコ人.

Mexique 男 メキシコ(合衆国).

mézigue / mézig [-g] 代 《人称》 おれ,おいら; あたし.

mezzanine 女[伊]メザニン,中2階(劇場の中2階席).

mezza voce [medzavotʃe] 副《伊》[楽] メッザ・ヴォーチェで,小声で.

mezze [medze] 男 男[料] (中東の)前菜の盛り合わせ.

mezzo [medzo] [伊] 男[楽] メッゾ・ソプラノ. ━副 メッゾ・ソプラノ歌手.

mezzo forte [medzoforte] 副句 《伊》 [楽] メッゾ・フォルテ.

mezzo-soprano [medzo-]; 《複》～s (または ～soprani) 《伊》[楽] メッゾ・ソプラノ. ━女 メッゾ・ソプラノ歌手.

mezzotinto [medzotinto] 男 (不変)《伊》メゾタント版画(法).

MF 女(略) [通信] modulation de fréquence 周波数変調(英語 FM). ━ moyenne fréquence 中波.

Mg [記][化] magnésium マグネシウム.

M[er] (略) Monseigneur 閣下,狭下(で).

mi[1] 男 (不変)[楽](音階の)ミ,ホ音,E音.

mi[2] 副 mi A mi B 半分は A 半分は B.

miam(-miam) [mjam(mjam)] 間 わあおいしそう; うーんいいねえ(喜び,満足). ━男 幼児語 まんま.

miaou 男 ニャオ(猫の鳴き声).

miasme 男 瘴(しょう)気.

miaulement 男 (猫が)鳴くこと; (猫などの)鳴き声.

miauler 自 (猫などが)ニャオと鳴く.

mi-bas 男 ハイソックス.

mica 男[鉱] 雲母,きらら.

micacé, e 形[鉱] 雲母を含む.

mi-carême 女[教会] (四旬節中日の)謝肉祭.

micaschiste 男[鉱] 雲母片岩.

miche 女[パン] ミシュ(大型の丸パン).

micheline 女 空気タイヤ式気動車.

mi-chemin (à) 副句 途中で.
◇à ～ de ... …へ行く途中で[に].

micheton 男 売春婦の常客; かも.

mi-clos, e 形 半び閉じている.

mic(-)mac 男 混迷,紛糾; 悪巧み,陰謀.

micocoulier 男[植]エノキ.

mi-corps (à) 副句 体の真ん中で.

mi-côte (à) 副句 中腹で;坂の途中で.

mi-course (à) 副句 レース半ばで,中途で.

micro[1] 男 ❶ マイク. ❷ 話 パソコン.

micro[2] 女 パソコン業界.

micro-ampère 男[計] マイクロアンペア.

microanalyse 女[化] 微量[ミクロ]分析.

microbalance 女 微量天秤(てんびん).

microbe 男 微生物; 病原菌.

microbien, ne 形 微生物の.

microbiologie 囡 微生物学. ▫**microbiologique** 形

microbiologiste 名 微生物学者.

microbus [-s] 男 マイクロバス.

microcassette 囡 マイクロカセットテープ.

microcéphale 形, 名 (医) 小頭症の(患者).

microcéphalie 囡 (医) 小頭症.

microchirurgie 囡 (医) 顕微鏡手術.

microclimat 男 微気候.

microcline 男 (鉱) 微斜長石.

microcontact 男 マイクロスイッチ.

microcopie 囡 マイクロコピー.

microcosme 男 ❶ 文字小宇宙, 小世界. ❷ (哲) ミクロコスモス; (大宇宙 macrocosme に対する小宇宙としての)人体, 人間. ▫**microcosmique** 形

micro-cravate 囡 (複) ~s-~s 男 タイピンマイク.

microcrédit 男 (低所得者への)少額融資.

microcristal; (複) *aux* 男 (合金中の)微細結晶.

microdissection 囡 (生) 顕微解剖.

microéconomie 囡 (経) 微視経済学. ▫**microéconomique** 形

microédition 囡 デスクトップパブリッシング, DTP.

microélectronique 囡, 形 (エレ) 超小型電子技術(の).

microentreprise 囡 (従業員10名以下の)小企業.

microfibre 囡 マイクロファイバー.

microfiche 囡 マイクロフィッシュ.

microficher 他 (情報, 資料を)マイクロフィッシュに収める. ▫**microfichage** 男

microfilm [-m] 男 マイクロフィルム.

microfilmer 他 マイクロフィルムに写す.

microflore 囡 (生) 小植物相.

microglossaire 男 専門用語集.

micrographie 囡 顕微鏡検査.

microgravité 囡 微小重力.

microgrenu, e 形 *roche* ~*e* 微粒の岩石.

micro-informatique 囡, 形 パソコン業界(の); パソコン利用(の).

micro-instruction 囡 (情報) マイクロ命令.

microlecteur 男 / **microliseuse** 囡 マイクロフィルムリーダー.

microlite 男 (鉱) マイクロライト.

micromanipulateur 男 (生) マイクロマニピュレーター, 顕微操作装置.

micromanipulation 囡 (生) 顕微操作.

micrométéorite 囡 (天) 流星塵(じん); 微小隕(いん)石.

micromètre 男 ❶ マイクロメーター, 測微計. ❷ (計) マイクロメートル.

micrométrie 囡 測微法, 精密測定.

micrométrique 形 マイクロメーターの.

micromodule 男 (エレ) マイクロモジュール(高密度実装回路).

micromoteur 男 マイクロモーター.

micron 男 (計) ミクロン (記号 μ).

Micronésie 囡 ミクロネシア.

micronisation 囡 微粉化. ▫**microniser** 他

micronutriment 男 (生理) 微量栄養元素.

micro-onde 囡 マイクロ波, 極超短波. ▶ *four à* ~ *s* 電子レンジ.

micro-ondes 男 (不変) 電子レンジ.

micro-ordinateur 男 マイクロコンピュータ, パソコン.

micro-organisme 男 微生物.

microphage 形 ❶ (生) ミクロファージの, 小食細胞の. ❷ (動) プランクトンを食べる. ― 男 ❶ ミクロファージ, 小食細胞. ❷ プランクトンを食べる動物.

microphone 男 (英) マイクロフォン.

microphotographie 囡 超小型写真, マイクロ写真; 顕微鏡写真.

microphysique 囡 微視的物理学.

micropilule 囡 (避妊用)ミクロピル.

micropipette 囡 マイクロピペット.

microporeux, se 形 極微な細孔のある.

microsatellite [-sa-] 男 マイクロサテライト.

micropolluant 男 極微量で毒性を現す汚染物質.

microprocesseur 男 (情報) マイクロプロセッサー.

micropsie 囡 (医) 小視症.

micropyle 男 (植) 珠孔.

microscope 男 顕微鏡.

microscopie 囡 顕微鏡検査.

microscopique 形 ❶ 顕微鏡による. ❷ 極微の; 超小型の.

microseconde [-sg3:d] 囡 マイクロ秒 (100万分の1秒).

microséisme [-se-] 男 (地) 脈動 (地殻の微弱振動).

microsillon [-si-] 男 LP レコード; 細音溝.

microsociété [-so-] 囡 ミクロ社会 (小規模な人間集団).

microsociologie [-so-] 囡 微視社会学.

microsome 男 (生) ミクロソーム.

microsporange 男 (植) 小胞子囊(のう).

microspore 囡 (植) 小胞子.

microstructure 囡 ミクロ構造.

microtracteur 男 小型トラクター.

micro-trottoir 男 街頭世論調査.

microtubule 男 (生) 微小管.

miction 囡 (医) 排尿.

midget [-t] 男 超小型自動車.

midi 男 ❶ 正午, 昼12時. ❷ 真昼. ❸ 南; 南部; (le M~) 南仏; 南欧. ◇*chercher* ~ *à quatorze heures* なんでもないことを難しく考える.

midinette 囡 ミドネット (パリの服飾関係のお針子, 女店員).

Midi-Pyrénées 男 ミディ=ピレネー地方(フランス南東部).

midship [mid(t)ʃip] 男《英》《英国の》海軍士官候補生；《フランスの》海軍少尉.

mie¹ 女 パンの身.

mie² 女 固《文章》女友達、いとい女.

miel 男 蜂蜜(はち)、蜜.◆*être tout ~*《下心があって》やたらに優しくする.

miellat 男《アブラムシの作る》甘露.

miellé, e 形 蜂蜜(はち)入りの；蜂蜜のような．—女《蜂》蜜流露(ろう)．

mielleux, se 形 甘ったるい、いやに優しい．¤**mielleusement** 副

mien, ne 代《所有》《定冠詞とともに》私のもの、私のもの．—男《le ~》私のもの；《les ~s》私の家族〔仲間〕．

miette 女 ①《パン、菓子の》屑(くず)、かけら．②破片；残り物．

mieux 副 ①《bien の優等比較級》よりよく．► Ma fille conduit beaucoup ~ que moi. 娘の方が私よりずっと運転がうまい．②《定冠詞とともに、bien の優等最上級》最もよく．► Elle est la ~ habillée de Paris. 彼女はパリーのベストドレッサーだ／*les situations les* [les] ~ *payées* 極めて高給の地位．注 mieux が動詞にかかる場合、定冠詞は le. 形容詞にかかる場合は、他と区別するために最上級なら、定冠詞と性数を一致させ、単に程度を強調するなら最上級なら le でよいが、一致させる例も多い．③《節の初めで》それどころか、また．◆*aller* 一体調〔容態〕がよくなる；《事態が》好転する．*à qui ~* 〜 我がちに、競って．*Ça ne va pas ~.* 口 いまはまずい、とんでもないことだ．*de en* ～ だんだんよく．*du* [*le* ~] *qu'il peut* 最善を尽くして、できる限りの 注 il peut は各人称に変化させて用いる．*faire* ~ もっとうまくやる；上達〔向上〕する．*faire* ~ *de ...* 〜する方がよい．*~ que jamais* かつてないほどよく．*~ que personne* だれよりもよく．*on ne peut* ~ このうえなくよく．*pour* ~ *dire* もっとうまく〔正確に〕言えば、と言うよりもむしろ．*pour ne pas dire* ~ 控えめに言っても．—形《不変》よりよい．◆*qui* ~ *est* さらによいことには．—男 ①より良いもの〔こと〕；改善、向上、回復、好転．②《le ~》最良のもの〔こと〕；最善．③ *de* + 所有形容詞《~ 最善を尽くして》．► *faire de son* ~ できる限りのことをする．*au* ~ 最もよく；最もうまくいくように．*au* ~ *de ...* に最も都合のよいように；〜の最良の状態に．*être au* ~ *avec ...* 〜と非常に仲がよい．*faute de* ~ やむを得ず、仕方のない場合に．*ne pas demander* ~ 《*que de* + *inf.* [*que* + *subj.*]》（〜は）願ってもないことだ．*pour le* ~ 最善を尽くして、できる限り；最高によく．

mieux-être [-zɛ-] 男《不変》《bien-être の比較級》生活条件の改善；《病状の》回復．

mièvre 形 気取った、甘ったるい．¤**mièvrement** 副

mièvrerie 女 取ってつけた様子；甘ったるい言葉．

mi-fer (à) 副 句《金属の接合で》相欠きの．

mi-figue ⇨ figue.

migmatite 女 地 ミグマタイト．

mignard, e 形 上品ぶった、気取った；猫かわいい．

mignardise 女 ① 気取り；《文章》可憐(れん)さ．② 園 ミニトナデシコ．

mignon, ne 形 ① かわいらしい、可憐(れん)な；口 優しい、親切な．②《食》*filet* ~（牛）ヒレの先の部分．—名 かわいい子〔娘〕．—男《史》アンリ 3 世の寵(ちょう)臣．

mignonnet, te 形 かわいらしい．

mignonnette 女 ① ミニチュアボトル．② 粗びきコショウ．

migoter 他 風 かわいがる、甘やかす．—*se* ~ 念入りに身仕度する．

migraine 女 頭痛；口 偏頭痛．

migraineux, se 形、名《偏》頭痛の（人）；頭痛持ちの（人）．

migrant, e 形 移住の；出稼ぎの．—名 ① 移民；出稼ぎ労働者．② 遠距離通勤者．

migrateur, trice 形 移住する；移動〔回遊〕性の．—名 移住者；回遊魚、渡り鳥．

migration 女 移住；移動；《魚の》回遊、《鳥の》渡り．

migratoire 形 移動の、移住の．

migrer 自 ① 移住する；《鳥が渡る；《魚が》回遊する．

mihrab [mirab]《アラビア》男 ミフラーブ（モスクの中で、聖地メッカの方角を示すアーチ形の壁龕(かん)）．

mi-jambe (à) 副 句 足の半ばまで、ひざまで．

mijaurée 女 気取った女．

mijoter 他 ① とろ火でゆっくり煮る；丹念に作る．② 口 前々から準備している．そかにたくらむ．—自 ことこと煮える．

mijoteuse 女《採》電気の煮込み用電熱鍋．

mikado 男《日本》① 帝(みかど)、天皇．②《ゲーム》ミカド（細棒を積み上げ、他を動かさずに 1 本ずつ抜き取る遊び）．

mil¹ 形《数》《西暦年号で》1000．

mil² 男《植》キビ、モロコシの類．

Milan ミラン（イタリア北部の都市）．

milan 男《鳥》トビ．

milanais, e 形 ミラノの．—《M~》名 ミラノの人．

mildiou 男《農》べと病、霜黴病．

mile《英》男 マイル．

miliaire 形《医》粟粒(ぞくりゅう)の．► *fièvre* ~ 粟粒発疹；粟粒(かん)熱．

milice 女 民兵、義勇軍；自警団．

milicien, ne 名 民兵、義勇兵；自警団員；《第 2 次大戦中の親独義勇軍兵士．◆《ベルギー》召集兵．

milieu 男；《複》*x* 男 ① 中央、真ん中；中間、中庸．② 環境；《複数》〜界．③《le ~》やくざ社会．◆*au ~ de ...* の真ん中に；真っ最中に．

militaire 形 軍隊の、軍事（上）の；軍人の、軍人向きの．—男 軍人．

militairement 副 軍人式に；軍事力によって、軍事的に．

militant, e 形 ● 戦う; 戦闘的な, 攻撃的な. ❷【カト】Église ～e 戦う教会(地上の教会のこと). ― 名 闘士.

militantisme 男 (組織などの) 戦闘的態度.

militarisation 女 軍事化, 軍国主義化.

militariser 他 軍隊組織にする; 軍事化 [軍国化]する.

militarisme 男 軍国主義; 軍事政権.

militariste 形 軍国主義の, 軍事優先の, 好戦的な. ― 名 軍国主義者.

militaro-industriel, le 形 complexe ～ 軍産複合体.

militer 自 ● (党, 組合などで)活動する, 闘う. ❷ (状況, 証拠などが)働きかける, 影響を及ぼす.

milk-bar [-] 男 (米) ミルクバー (酒類を置かない喫茶店).

milk-shake [-ʃɛk] 男 (米) ミルクセーキ.

millage [mila:ʒ] 男 (カナダ) マイル計算で; (マイル標示の)走行距離.

millas [-s] 男 (地域) [料理] ミヤス (フランス南西部でトウモロコシ粉の濃い粥を冷したもの).

mille[1] [mil] 形 [数] (不変) 1000の; 1000番目の; 多数の, おびただしい. ― 男 [数] 1000; [印] 1000部. ◊ des ～ et des cents 大金. mettre dans le ～ 的に命中する; 目的を達成する.

mille[2] [mil] 男 [古] 海里 (1852 m); マイル (約1609 m).

millefeuille [mil-] 女 [植] セイヨウノコギリソウ. ― 男 [菓] ミルフィーユ.

millefiori [mil-] 男 (不変) (伊) (美) ミルフィオーリ, 万華(*)ガラス.

millénaire [-le-] 形 1000年 (以上) の; 非常に古い. ― 男 1000年間, 千年紀; 千年祭.

millénarisme [-le-] 男 至福千年説, 千年王国思想.

millénium [-le-] 男 [複] *millénia* 男 千年王国, 至福千年; 黄金時代.

mille-pattes [mil-] 男 [動] 多足類 (ムカデなど).

millepertuis [mil-] 男 [植] オトギリソウ.

millépore [-le-] 男 [動] アナサンゴモドキ.

millerais [mil-] 男 細畝(½) コーデュロイ.

millerandage [mil-] 男 ブドウの結実不良.

millésime [-le-] 男 (貨幣やメダルの)製造年度.

millésimé, e [-le-] 形 製造年号のついた.

millet [mijɛ] 男 イネ科の雑穀類.

milliaire [-lje-] 形 (古) (1000歩の) 里程を示す. ― 男 里程標.

milliampère [-(l)li-] 男 [計] ミリアンペア.

milliampèremètre [-(l)li-] 男 [計] ミリアンペア計.

milliard [-lja-] 男 10億; 10億フラン; 多数.

milliardaire [-lja-] 形 10億以上の金を持った; 億万長者の. ― 名 億万長者, 大富豪.

milliardième [-lja-] 形 10億番目の, 10億分の1の. ― 男 10億分の1.

milliasse [-lja-] 女 ⇨ millas.

millibar [-(l)li-] 男 [気] ミリバール (記号 mb).

millième [-lje-] 形 ● 1000番目の; 1000分の1の. ❷ 無数の, 多数の; 千に1つの. ― 名 1000番目の人 [物]. ― 男 1000分の1.

millier [-lje] 男 約1000; 多数. ◊ par ～s 何千という数で; おびただしく.

milligramme [-(l)li-] 男 [計] ミリグラム.

millilitre [-(l)li-] 男 [計] ミリリットル.

millimètre [-(l)li-] 男 [計] ミリメートル.

millimétré, e [-(l)li-] / **millimétrique** [-(l)li-] 形 ミリメートル単位の.

million [-ljɔ̃] 男 100万; 100万フラン.

millionième [-ljɔ-] 形 100万番目の; 100万分の1の. ― 名 100万番目の人 [物]. ― 男 100万分の1.

millionnaire [-ljɔ-] 形 ● 100万 (フラン) 以上の金を持つ; 百万長者の. ❷ ville ～ 人口 100 万以上の都市の. ― 名 百万長者, 大富豪.

millivolt [-(l)livɔlt] 男 [計] ミリボルト.

millivoltmètre [-(l)li-] 男 [計] ミリボルト計.

milord [milɔ:r] 男 (英) ● 閣下, 卿(*). ❷ 2人乗り4輪馬車.

milouin [milu-] 男 [鳥] ホシハジロ.

mi-lourd [mi-] 男 (ボクシングで) ライトヘビー級の選手.

mime 男 パントマイム. ― 名 パントマイム役者.

mimer 他 身振りで表現する [演じる].

mîmes 活 ⇨ mettre.

mimétique 形 模倣の; [生] 擬態の.

mimétisme 男 (無意識的な) 模倣; [生] 擬態.

mimi 男 ● [幼児語] 猫. ❷ キス, 愛撫(⁶). ― 形 (不変) [俗] かわいい.

mimique 形 身振りの [手まね]の. ― 女 身振り, ジェスチャー; 表情.

mimodrame 男, 名 [固有] ミモドラム (身振り, 舞踊, 器楽のみによる劇作品).

mimographe 男 パントマイム作者.

mimolette 女 [チーズ] ミモレット.

mimologie 女 模倣(術), 物まね.

mimosa 男 [植] ミモザ.

mimosacées 女 複 [植] ネムノキ科.

mi-moyen 形 男, 男 (ボクシングで) ウェルター級の (選手).

min [記] [計] minute 分.

minable 形 ● (俗) 惨めな [哀れな] (やつ). ▫ **minablement** 副.

minage 男 [旧] 敷設; 採鉱; 発破.

minaret 男 (モスクの)尖(*)塔.

minauder 自 しなを作る.

minauderie 女 しなを作ること; (多く複数) 作り笑い, 媚態.

minaudier, ère 形, 名 しなを作る

(人)、媚(び)態を示す(人).

minbar [minaːr] 男《不変》《アラビア》ミンバル(モスクの説教壇).

mince 形 ❶ 薄い; 細い; ほっそりした. ❷ 取るに足りない、つまらない.
——間投 ええっ、ちえっ、くそっ(驚き、怒り、悔しさの).

minceur 女 ❶ 薄さ; 細さ、ほっそりしていること. ❷ 薄弱、乏しさ.

mincir 自 細くなる、やせる.
——他 ほっそりさせる.

mine¹ 女 ❶ 顔つき; 顔色; 外見;《複数》表情、身振り.
◇ avoir bonne ~ 顔色がいい;皮肉 おかしい、滑稽である. **faire des ~s** 気取る. **faire ~ de ...** ...するふりをする. ~ **de rien** 皮肉 素知らぬ顔で.

mine² 女 ❶ 鉱山; 炭鉱. ❷ **une** ~ **(de ...)** (...の)宝庫. ❸ (鉛筆の芯(しん)の. ❹ 地雷、機雷.

mine³ 女 ミナ(古代ギリシアの貨幣).

miner 他 ❶ 浸食する; (徐々に)むしばむ. ❷《軍》機雷 [地雷] を敷設する.

minerai 男 鉱石.

minéral, ale 形;《男複》**aux** 形 鉱物の、無機質の. ——男 鉱物、無機質.

mineralier 男《海》鉱石運搬船.

minéralisateur, trice 形 鉱化能力のある. ——男《地》鉱化剤.

minéralisé, e 形 鉱物 [無機物] を含む.

minéraliser 他 鉱化 [鉱水化] する. □ **minéralisation** 女

minéralogie 女 鉱物学.

minéralogique 形 鉱物学の;鉱山局の.

minéralogiste 名 鉱物学者.

Minerve 《ロ神》ミネルバ(学芸の女神).

minerve 女《医》頸(けい)柱矯正器.

minestrone [-ne-] 男《伊》ミネストローネ(野菜スープ).

minet, te 名皮肉 子猫; おしゃれな若者.

minette 女地域 ミネット(ロレーヌ地方産出の鉄鉱石).

mineur¹, **e** 形 より小さい、二次的な; 未成年の(フランスでは18歳未満)の [楽] 短調の. ❷ 未成年者、18歳未満の.
——男 短調. ——名《論》小前提.

mineur² 男 鉱夫、坑夫; 《軍》工兵.

mini 形《不変》(ドレスなどが)非常に短い、ミニの.《不変》ミニの服.
——副 s'habiller ~ ミニの服を着る、ミニスカートをはく.

miniature 女 ❶ 装飾文字; 写本画、ミニアチュール; 細密画. ❷ ミニチュア、模型.

miniaturiser 他 小型化 [縮小化] する. □ **miniaturisation** 女

miniaturiste 名 写本画家; 細密画家.

minibar 男 (ホテルの客室のミニバー; (列車の)車内販売用カート.

minibus [-s] 男 小型バス.

minicassette 女 商標 コンパクトカセットテープ.

mini-chaîne 女 小型ステレオセット、ミニ・コンポ.

minidisque 男 商標 ミニディスク(小型CD).

minier, ère 形 鉱山の(ある).
——女 露天採掘鉱区.

minigolf 男 ミニゴルフ.

mini-invasif, ve 形《医》低侵襲の.

minijupe 女 ミニスカート.

minima minimum の複数形または女性形.

minimal, ale; 《男複》**aux** 形 ❶ 最低の、最小の. ❷《美》**art ~** ミニマルアート.

minimaliser 他 最小限に抑える. □ **minimalisation** 女

minimalisme 男 ❶ 穏健改革主義. ❷《美》ミニマリズム、ミニマルアート.

minimaliste 名,形 ❶ 穏健派(の). ❷《美》ミニマルアートの作家(の).

minime 形 わずかな; 取るに足りない.
——名 ❶《スポ》少年部(選手). ❷《カト》ミニム会修道者.

minimessage 男 (携帯電話の)メール.

minimiser 他 低く見積もる、過小評価する; 最小にする.

minimum, **《複》~s** (または **minima**) 男 ❶ (de) 最小 [最低] (の). ❷《法》(1) 最低刑. (2) ~ **vieillesse** 老齢年金最低保障額. ❸《数》最小、極小.
◇ **au** ~ 最小限(に); 少なくとも. ~ **vital** 最低生活賃金.
——形《女性形不変または minima》最小の、最低の.

mini-ordinateur 男《情報》ミニコンピュータ.

minipilule 女 (避妊用)ミニピル.

minisatellite [-sa-] 男 ❶ 小型衛星. ❷《生》ミニサテライト(ゲノム中に存在する縦列反復配列).

miniski 男 ミニスキー.

minispace 男 小型ワンボックスカー.

ministère 男 ❶ 内閣; 省; 庁舎; 大臣の職 [在職期間]. ❷《キ教》司祭職.
◇ ~ **public** 検察(官). **par** ~ **de ...** ...の仲介で.

ministériel, le 形 内閣の; 省の、大臣の支持の.

ministrable 形, 名 大臣候補の(人).

ministre 男 ❶ 大臣; 公使. ~ **Premier** ~ 首相. ❷《カト》聖職者、聖職者.

Minitel 男 商標 ミニテル(フランスで普及している情報通信用端末).

minitéliste 名 ミニテル利用者.

minium 男 鉛丹、錆(さ)び止め用塗料.

minivague 女 ミニヴァーグ(軽いパーマ).

minnesang [minesɑ̃ŋ] 男《独》ミンネザング(中世ドイツの恋愛叙情詩).

minnesänger [minesɛŋɡəːr] / **minnesinger** [-sɪŋ-] 男《独》ミンネゼンガー(中世ドイツの恋愛叙情詩人).

minoen, ne [-ɛ̃, ɛn] 形《考古》ミノス文化(期)の. ——男 ミノス文化.

minois 生き生きとした顔.

minoratif, ve 形 価値を失わせる.

minoration 女 過小評価; 低見積

miséreux

minorer 他 (価値などを)減ずる; 過小評価する.

minoritaire 形 少数の; 少数派の. ―名 (les ~s) 少数派の人々.

minorité 女 少数, 少数派; 未成年(期).

minot 男 デュラム小麦.

minoterie 女 製粉工場; 製粉業.

minotier 男 製粉業者, 粉屋.

minou 男〖幼児〗子猫, にゃんこ.

minuit 男 真夜中, 深夜; 午前 0 時.

minuscule 形 非常に小さい; 小文字の. ―女 小文字.

minus [-s] / **minus habens** [minysabɛ:s] 名〖ラ〗無能な人, 情けないやつ.

minutage 男 細かいスケジュールの作成; (作業などの)タイムテーブル.

minutaire 形〖法〗原本[正本]の.

minute 女 ❶ 分; 短時間, つかの間. ❷〖計〗(角度の慣用単位). ❸〖法〗(保存)原本, 正本.
◇ à la ~ すぐに; 時間どおりに. *M~ (papillon!)* ちょっと待て.

minuter 他 ❶ スケジュールを細かく定める. ❷〖法〗(証書などの)原本[正本]を作成する.

minuterie 女 ❶ 遅延スイッチ; 時限タイマー. ❷ 時計の目盛り表示.

minuteur 男 タイマー.

minutie [-si] 女 細心, 綿密.

minutier 男〖法〗(公正証書の)原本記録簿; 公証人証書保存簿.

minutieux, se [-sjø, ø:z] 形 細心な, 綿密な; 入念な; 細部にこだわる. ◻ **minutieusement** 副

miocène 男, 形〖地〗中新世の.

mioche 名〖俗〗子供.

mi-parti, e 形 ❶ (図形などが) 2 (色)に等分された. ❷〖史〗*chambres ~es* 同数法廷.

mips [-s] 男〖情報〗ミップス (1 秒間に 100万回の命令を実行する演算速度).

mirabelle 女 ミラベルの実 (スモモの一種); ミラベル酒.

mirabellier 男〖植〗ミラベル.

mirabilis [-s] 男〖植〗オシロイバナ.

miracle 男 奇跡, 驚異.

miraculé, e 形, 名 奇跡を受けた(人); 奇跡的に助かった(人).

miraculeusement 副 奇跡によって; 奇跡的に, 驚くほど見事に.

miraculeux, se 形 奇跡の, 奇跡による; 驚異的な, 不思議な.

mirador 男〖軍〗(塔上)の見張り台, 展望台; 物見櫓 (やぐら), 物見.

mirage 男 ❶ 〖気〗蜃気楼, 幻影. ❷ 幻想, 幻影.

miraud, e 形, 名 近視の(人).

mirbane 女〖化〗*essence de ~* ミルバン油, ニトロベンゼン.

mire 女 ❶ (銃砲の)照準; 〖測〗標尺, 測標. ❷ (テレビの)テストパターン.
◇ *point de ~* 照準点; 注目の的.

mirent 活 ⇨ mettre, mirer.

mire-œufs [mirø] 男 検卵器.

mirepoix [-s] 女〖料〗ミルポワ (タマネギ, ニンジン, ベーコンなどのみじん切り).

mirer 他 (光に透かして)調べる. 〖文章〗

(水面, 鏡などに)映す. ― *se* ~〖文章〗自分の姿を映す; 自分に見とれる.

mirette 女〖俗〗目.

mireur, se 名 検卵係.

mirifique 形〖皮肉〗素晴らしい.

mirliton 男〖楽〗ミルリトン (小さな膜鳴管楽器).

mirmidon 男 ⇨ myrmidon.

mirmillon 男〖古〗剣闘士.

miro 形, 名 ⇨ miraud.

mirobolant, e 形〖話〗信じられないほど素晴らしい, 夢のような.

miroir 男 鏡, 鏡面.

miroitant, e 形 きらきら光る, まばゆい; 絢爛 (らん)たる.

miroitement 男 きらめき, 輝き.

miroiter 自 きらきら光る, きらめく.

miroiterie 女 鏡製造〖販売〗業; 鏡製造所.

miroitier, ère 名 鏡製造業者; 鏡商人.

miroton 男 /〖話〗**mironton** 男〖料〗(ビーフ) ミロトン (オニオンソース煮込み).

MIRV [mirv] 男〖不変〗〖軍〗マーブ, 複数個別目標指定再突入弾頭.

mis¹, e 形 (mettre の過去分詞) 置かれた; (服) を着た.

mis² 活 ⇨ mettre.

misaine 女〖海〗フォースル.

misandre 形 男嫌いの. 名 男嫌いの(人).

misandrie 女 男嫌い, 男性蔑視.

misanthrope 形, 名 人間嫌いの(人); 厭 (えん)世的な(人).

misanthropie 女 人間嫌い; 厭世的性格.

misanthropique 形 人間嫌いの, 厭世的な, 非社交的な.

miscellanées 女複〖文章〗(科学, 文学などの)雑録 (ろく), 雑録.

miscible 形 混和できる, 混合可能な. ◻ **miscibilité** 女

mise 女 ❶ (場所, 状況に)置くこと; 置かれること. ~ à feu 点火 / ~ au point 明確にすること, 焦点合わせ; 完成 / ~ en examen 嫌疑をかけること, 容疑 / ~ en scène 監督, 演出 / ~ en œuvre 利用; 実施 / ~ en vente 発売 / ~ en valeur 活用; 引き立て. ❷ 賭 (か)け, 賭金; 投資, 出資金. ❸ 身なり, 服装. ◇ *ne pas être de ~* 通用しない, ふさわしくない. *sauver la ~ à ...* …を窮地から救う.

miser 他 (金を)賭 (か)ける. ― 自 (*sur*) (…に)賭ける; (…を)当てにする.

misérabilisme 男〖芸術上の〗悲惨主義. ◻ **misérabiliste** 名, 形

misérable 形 哀れな, 悲惨な; 極貧の; くだらない; 卑劣な. ―名〖古〗ろくでなし; 宮の不運な人; 極貧の人. ◻ **misérablement** 副 哀れに; 惨めに; 貧しく.

misère 女 ❶ 悲惨事, 災禍; つらいこと; 貧困, 極貧. ❷ 取るに足りないもの. ❸〖植〗ムラサキツユクサ. ◇ *faire des ~s à ...* …に嫌がらせをする.

miserere (zerere) / **miséréré** 男〖+教〗ミゼレレ (詩篇 50 の冒頭句, 憐れみ給えの意).

miséreux, se 形, 名 貧しい(人);

miséricorde

貧相な(人).
miséricorde 囡 ❶ 〖文章〗慈悲, 憐憫(恐). ❷ (教会の聖職者席の)腰支え. ❸〖間投詞〗 大変だ, しまった.
miséricordieux, se 形〖文章〗慈悲深い, 情け深い.
misogyne 形, 图 女嫌いの(人).
misogynie 囡 女嫌い, 女性蔑(穴)視.
mispickel 男〖独〗硫砒(%)鉄鉱.
Miss [-s]; 囡《複》—**es**《英》…嬢; ミスコンクールのミス….
miss- 美 ⇨ mettre.
missel 男 ミサ典書, 祈禱(芎)文.
missi dominici 男複《ラ》〖史〗(フランク時代の聖俗2人組の)王の巡察使.
missile 男 ミサイル.
missilier 男〖軍〗ミサイル整備要員.
mission 囡 ❶ 使命, 任務. ❷ 使節(団), 代表(団). ❸《キ教》布教, 伝道; 布教団.
missionnaire 图 宣教団の(の); 宣教師の. — 男 宣教師; 司祭; 牧師.
missive 囡 手紙, 書簡.
mistelle 囡 ミステル(アルコールを加えて発酵を止めたぶどう液).
mistigri 男 ❶ 猫. ❷《カード》ミスティグリ (切り札のクラブのジャック).
mistoufle 囡 ❶〖俗〗意地悪. ❷〖俗〗窮乏, 貧困.
mistral 男 ミストラル (南仏のローヌ渓谷から地中海沿岸に吹く寒い北風).
mit, mît(-) 活 ⇨ mettre.
mitage 男 (都市化による郊外の)乱開発, スプロール現象.
mitaine 囡〖服〗ハーフミット(指先がない手袋).
mitan 男 囡〖俗〗真ん中, 中央.
mitard 男 獨房.
mite 囡 (衣服を食害する)イガ類; (食料品などの)コナダニ類.
mité, e 形 虫の食った, 穴のあいた.
mi-temps 囡〖スポ〗ハーフタイム. — 男 半日労働, パート勤務.
se miter 代動 (衣服が)虫に食われる.
miteux, se 形, 图 みすぼらしい(人), 貧乏じみた(人).
mithridatiser 他 〘古〙毒物に慣れさせる, 免疫にする. □ **mithridatisation** 囡 / **mithridatisme** 男
mitigation 囡 ❶〖法〗〜 des peines 情状を考慮した減刑. ❷ 温室効果ガスの削減政策.
mitigé, e 形 ❶ 曖昧(歎)な, はっきりしない; たるんだ, 緩んだ. ❷《de》…の混じった.
mitiger 他〘古〙軽減する.
mitigeur 男 混合栓 (1本のレバーで水量, 温度調節のできる蛇口).
mitochondrie [-kɔ̃-] 囡〖生〗ミトコンドリア.
mitogène 形, 男〖生〗有糸分裂誘発(の因子).
miton 男〖服〗ミトン.
mitonner 他 弱火[とろ火]で煮る; 念入りに, じっくり準備する. — 自 弱火で煮る.
mitose 囡〖生〗有糸分裂.
□ **mitotique** 形

mitoyen, ne 形 ❶〖法〗境界の, 共有の. ❷ 隣接している.
mitoyenneté 囡 境界であること; 共有;〖法〗共有権.
mitraillade 囡 機銃掃射.
mitraillage 男 機銃掃射; 質問[フラッシュ]攻め.
mitraille 囡 ❶ 一斉射撃; 銃[砲]弾の雨. ❷〖俗〗小銭. ❸ 金属屑(‹).
mitrailler 他 機銃掃射する;《de》(…を)浴びせる; 〘話〙撮りまくる; フラッシュの雨を浴びせる.
mitraillette 囡 短機関銃.
mitrailleur 男 機関銃手.
mitrailleuse 囡 機関銃.
mitral, ale《男》**aux** 形〖解〗僧帽弁の.
mitre 囡 司教冠, ミトラ; (古代アッシリアの)ターバン風の帽子; 煙突の笠(‹).
mitré, e 形〖カト〗司教冠をかぶる資格のある.
mitron 男 パン[菓子]屋の小僧. ❷ 排煙筒.
mi-voix (à) 副複 小声で; 〖楽〗メッザ・ヴォーチェで.
mixage 男〖音響〗ミキシング.
mixer[1] 他〖音響〗ミキシングする.
mixer[2] [-kseːr] / **mixeur** 男《英》ミキサー.
mixité 囡 男女共学(制); (人種などの)混成, 合同.
mixte 形 ❶ 混成の, 合同の; 男女混合の. ❷ (機能, 使途が)両用の, 兼用の.
mixtion [-tjɔ̃] 囡 混合; (薬の)調合; 合剤.
mixture 囡 得体の知れない飲食物; (薬品などの)混合液, 混合物.
M.J.C. 囡〖略〗maison des jeunes et de la culture 青少年文化会館.
M.L.F. 男〖略〗Mouvement de libération des femmes 女性解放運動.
Mlle 〖略〗⇨ mademoiselle.
Mlles 〖略〗⇨ mesdemoiselles.
MM. 〖略〗⇨ messieurs.
Mme 〖略〗⇨ madame.
Mmes 〖略〗⇨ mesdames.
MMS マルチメディアメッセージングサービス(音声や画像などを携帯電話で送受信するサービス).
Mn 〖記〗〖化〗manganèse マンガン.
mn 〖記〗〖計〗minute 分.
mnémonique 形 記憶の.
mnémotechnique 囡, 形 記憶術(の).
mnésique 形 記憶の.
Mo 〖記〗〖化〗molybdène モリブデン.
mobile 形 動く, 可動(式)の; 動きやすい, 流動的な; 変化に富む;〖軍〗機動力のある. — commerce モバイルコマース. — 男 動機, 理由;〖美〗モビール;〖物〗運動体.
mobile home [-lom] 囡《米》移動住宅.
mobil-home [-lom] 男《米》大型トレーラー型住宅.
mobilier, ère 形〖法〗動産の. — 男 (集合的) 家具, 調度; 備品.
mobilisable 形, 图 動員[召集]可能な(兵, 人); 結集できる(力).

mobilisateur, trice 形 動員する；(世論などに)訴えかける．
mobilisation 女 ❶ 動員；結集．❷《法》動産化．❸《医》運動回復．
mobilisé, e 形 動 [召集]された．
mobiliser 他 ❶ 動員する；結集する，駆り集める．❷《法》動産化する．❸《医》動かす訓練をする．— **se ~** 行動を起こす；集結する．
mobilité 女 可動 [移動, 流動] 性；変わりやすさ．
mobinaute 名 モバイルユーザー．
mobylette 女 商標 (50 cc の) バイク．
mocassin 男 ❶ モカシン．❷ マムシ．
mochard, e 形 かなり醜い．
moche 形 醜い；悪質な；下劣な．
mocheté 女 醜悪なもの；ぶす．
modal, ale（男複 **aux**）形 ❶《言》叙法の；《楽》旋法の．❷《哲》様相の，様態の．
modalisation 女《言》様態付与．⇨ **modaliser**
modalité 女 様式，方法；形態；《楽》旋法性；《哲》論 様相．
mode¹ 女 流行，ファッション；服飾業界．◊ **à la ~** 流行の，はやりの．**à la ~ de ...** …風の [に]．
— 形《不変》流行の．

mode² 男 ❶ 仕方，方法，様式．❷《言》(動詞の) 法，叙法．❸《楽》旋法．❹《哲》様相；様態．❺《統計》モード，最頻値．

modelage 男 塑造；塑像．
modèle 男 ❶ 手本，規範；典型．❷ 題材，モデル．❸ 型，タイプ；模型；鋳型．— 形 模範的な，見本の．
modelé 男（彫刻の）肉付け；（絵の）立体感の付与，モデリング．
modeler 5 かたどる，造形する；（形を）際立たせる．(**sur**) (…に) 合わせる．— **se ~** (**sur**) (…に) 合わせる；見習う．
modeleur, se 名 ❶ 彫刻家，塑像製作者．❷《金》鋳型製造工．
modélisation 女 モデル化．
modéliser 他 モデルを立てる．
modélisme 男 模型製作．
modéliste 名 モデリスト，服飾デザイナー；模型設計者 [製作者]．
modem [-dem] 男《情報》モデム，変調・復調装置．
modénature 女《建》刳（く）形の様式．
modérantisme 男《史》(特にフランス革命期の) 穏和主義，穏和派路線．
modérateur, trice 形 ❶ 抑制する；調整する．❷《法》ticket ～ (健康保険の) 自己負担分．— 男 (原子力の) 減速材．— 名 調停者，仲裁者；抑制 [調整] するもの．
modération 女 ❶ 節度，中庸，慎み．❷ 軽減，緩和，抑制．
moderato [-de-] 副《伊》《楽》モデラート．
modéré, e 形 穏健な，節度のある；ほどほどの，適度な；中道 [穏健] 派の．— 名 穏健な人；中道 [穏健] 派の人．
modérément 副 控えめに，節度をもって．

modérer 6 他 抑える，鎮める．— **se ~** 節度を守る，自制する；静まる．
moderne 形 現代の；最新の，現代的な．— 男 現代 [近代] 風 (の物)；現代風の家具．
modernisateur, trice 形, 名 近代 [現代] 化を推進する(人)．
modernisation 女 近代 [現代] 化；刷新．
moderniser 他 近代化する，現代風にする；刷新する，一新する．— **se ~** 近代化する，現代風になる；刷新される．
modernisme 男 現代性，現代風；モダニズム；《カ》近代主義．
moderniste 形 ❶ 近代 [現代] 的な考え方の(人)；モダンな趣味を持つ(人)；《カ》近代主義の(人)．
modernité 女 近代 [現代] 性．
modeste 形 ❶ 質素な；ささやかな，取るに足りぬ．❷ 謙虚な，慎み深い．
modestement 副 質素に，つましく；謙虚に，控えめに．
modestie 女 謙虚，慎み深さ．
modicité 女 安さ，少なさ，貧弱さ．
modifiable 形 変更 [修正] 可能な．
modificateur, trice 形 変化をもたらす，変える．
modificatif, ve 形 ❶《文法》修飾する．❷ 変更する，修正する．
modification 女 変化；変更，修正，(法律の) 改正．
modifier 他 ❶ 変える，変更する，修正する．❷《文法》修飾する．
modique 形 (金額が) わずかの，安い．⇨ **modiquement** 副
modiste 女 婦人帽子屋．
modulable 形 調整 [変更] できる．
modulaire 形 ユニット式の；《建》標準寸法に基づいた．
modulant, e 形《楽》転調の；《美》(色調の) 微妙に変化する；《通》変調の．
modulateur, trice 形《通》変調器の．— 男 変調器．
modulation 女 ❶ (声，音の) 抑揚，変化；(色調の) 推移．❷ 変動，調整．❸《楽》転調；《通》変調；《建》モジュール割り．
module 男 ❶ 構成単位，ユニット；大きさ；《建》モジュール，標準寸法．► ～ lunaire 月着陸船．❷《物》係数；《数》絶対値；加法群．
moduler 他 ❶ 抑揚をつける；(色調を) 変化させる．❷《楽》転調する；《通》変調の．— 自《楽》転調する．
modus vivendi [-dysvivɛ̃-] 男《不変》《ラ》(訴訟での) 和解手段，一時の妥協．
moelle [mwal] 女 髄，骨髄；文章 神髄，精髄．
moelleux, se [mwa-] 形 柔らかい，ふんわりした；(味，音などが) 快い，まろやかな．⇨ **moelleusement** 副
moellon [mwa-] 男《建》小型の切石．

mœurs [mœrs, mœːr] 女複 ❶ 風俗，風習，しきたり；習慣；(個人の) 生活習慣，暮らしぶり．❷ 風紀，良俗；素行，品行．❸ (動物の) 習性．

mofette 囡【地】炭酸ガスの噴気.

mofette 囡〖英〗モヘア.

moi 囲〖人称〗(1人称単数, 強勢形) 私. ► 〖前置詞の後で〗Venez chez *moi*. 私の家にいらっしゃい/〖属詞として〗C'est *moi*. 私です/〖比較・制限の que, 類似の comme とともに〗Il est moins grand que *moi*. 彼は私より背が低い/〖主語, 強調〗*Moi*, je ne suis pas d'accord. 私は, 反対だ/〖肯定命令文の目的語〗Excusez-*moi*. すみません/Donnez-le-*moi*. それを私にください/〖母音, y の前では m' となる〗〖注意を引くための虚辞的用法〗Regarde-*moi* ça! おい, あれを見ろよ. ◇*A moi!* 助けて.
— 囲〖不変〗自己, 自我; 利己心.

moie 囡石目.

moignon 囲 ❶(切断されて残った)四肢. ❷(大枝の)切れ残り.

moi-même 囲〖人称〗私自身.

moindre 囮 ❶ より小さい, 劣った. ❷〖定冠詞, 所有形容詞とともに〗最も小さい〔劣った〕. ❸〖否定的表現で〗少しの…もない.

moindrement 囲〖文語〗(le ~)〖否定的表現で〗少しも…(しない).

moine 囲 修道士, 修道者; 僧(侶); 〖動〗モンクアザラシ.

moineau x 囲〖複〗❶〖鳥〗スズメ. ❷やつ, 野郎.

moine-soldat 囲〖複〗~s-~s 囲 不屈の闘士.

moinillon 囲〖話〗若い修道士.

moins 副 ❶(他の形容詞, 副詞とともに)〖マイナスの比較級を作る〗► Elle est ~ grande que sa mère. 彼女はお母さんより小柄だ/Parlez ~ vite. もっとゆっくり話しなさい/Il est ~ sévère que méchant. 彼は厳しいというより意地悪なのだ/Ceci est trois fois ~ cher que cela. これはあれの3分の1の値段だ. ❷〖定冠詞, 所有形容詞とともにマイナスの最上級を作る〗► Elle est la ~ douée de mes élèves. 彼女は私の生徒の中で一番出来が悪い/Elle court le ~ vite. 彼女は一番足が遅い〔副詞の最上級では定冠詞は常に le〕.
❷(単独で, peu の比較級, 最上級) ❶ より少なく, (…ほど)…しない. ► Il travaille ~ que son frère. 彼は兄〔弟〕ほど働かない〔勉強しない〕. ❷ ~ de … より少なく. ► J'ai ~ de livres que lui. 私は彼ほど本を持っていない. ❸ ~ de + 数量表現 …以下〔未満〕の. ► Il a ~ de vingt ans. 彼は20歳より下/film interdit aux ~ de seize ans 16歳未満入場禁止の映画. ❹(le ~)最も少ない…. ► De nous tous c'est lui qui a bu le ~. 我々全員の中で一番飲まなかったのは彼だ. ❺le ~ de … 最も少ない…. ► C'est lui qui a le ~ de patience. 忍耐力の短いのは彼だ.
— 前マイナス…; …分前; — を除いて; 零下, –; ► *Six* ~ *quart font deux*. 6引く4は2/Il est six heures ~ dix. 6時10分前だ.
— ❶ (le ~)最小, 最小限のこと.
— マイナス記号(–).
— 囮〖不変〗より少ない〔劣る〕. ◇*à* ~ もっと安く; もっと些細(ざい)なことで. *à* ~ *de* … …がない〔…しない〕限り; …か […で〔未満〕で〕ない限り. *à* ~ *que (ne)* + subj. …でなければ. *au* ~ = *à tout le* ~ = *pour le* ~ = *tout au* ~ 最小限, 少なくとも. *de* ~ en ~ だんだん少なく. *des* ~ + 形容詞〖副詞〗実に…で甚(はなは)だしく〔なく〕. *du* ~ 少なくとも; とはいえ. *encore* ~ なおさら(…ない). *en* … ~ …だけ不足して, …だけなくて. *en* ~ *de rien* = *en* ~ *de deux* すぐに, あっという間に. *en* ~ *de* + 期間 …以内で. *Il était* ~ *une (cinq)*.〖話〗危ういところだった. ~ *que jamais* かつてないほど少なく. ~ *que* … …以下のもの; …で(ちも)(…ない). ~ *que rien* 取るに足りない(人). ~ *que* + 形容詞 とうてい…ではない. *n'en* … *pas* ~ それでもやはり…. *(ne* …) *pas le* ~ *du monde* 全然…ない. *ne* … *pas* ~ *que* … …と同様に〔…に劣らず〕… *Il ne fait pas* ~ *froid aujourd'hui qu'hier*. 今日も昨日に劣らず寒い. *ne* … *rien* ~ *que* … まさしく…. *Il n'est rien de* ~ *qu'un héros*. 彼はまさしく英雄だ. *ne* … *rien* ~ *que* + 形容詞 まったく…でない. *Ce vin n'est rien que bon*. このワインは全然うまくない. *non* ~ … 同様に…, それでもやはり…. *non* ~ *(…) que* … …と同様に〔…に劣らず〕(…). *on ne peut* ~ + 形容詞〖副詞〗 これ以上…ではなく〔なく〕. *rien de* ~ それ以下ではなく; きっかり; まさしく. 数量表現 + *de* ~ …だけ少なく.

moins-disant, e 囲囡, 名(競売で)最低価で入札する(人).

moins-perçu 囲 未収納金.

moins-value 囡 値下がり; 負の見積もり差額.

moirage 囲モアレ加工; 波形模様をつけること.

moire 囡 ❶モアレ(波形模様の織物); モアレ加工. ❷〖文語〗波紋状のきらめき.

moiré, e 囮 ❶モアレ加工された, 波形模様をつけた. ❷〖文語〗きらきら輝く, 光沢のある. — 囲モアレ, 波形模様.

moirer 他 モアレ加工を施す; きらめかせる.

moirure 囡 波形模様, 波紋状きらめく光沢.

mois 囲 ❶月, 1か月. ❷月給, 毎月の支払い.

moïse 囡【建】合わせ梁(はり).

Moïse 囲〖聖〗モーセ.

moïse 囲 新生児用揺りかご.

moiser 他【建】合わせ梁(はり)でつなぐ〔固定する〕.

moisi, e 囮 カビの生えた, カビくさい.
— 囲 カビ, カビの生えた部分.

moisir 自 カビが生える: 〖話〗とどまる, 長居する. — 他 かびさせる.

moisissure 囡 カビ(の部分); 腐敗.

moissine 囡〖房付き〗ブドウづる.

moisson 囡 ❶ 刈り入れ；収穫期；収穫物. ❷ une ～ de … たくさんの….

moissonnage 男 刈り入れ，収穫.

moissonner 他 収穫する；《文章》大量に得る.

moissonneur, se 名 刈り取り人.
— 囡 刈り取り機.

moissonneuse-batteuse 囡《複》～s-～s 囡 コンバイン.

moissonneuse-lieuse 囡《複》～s-～s 囡 バインダー，刈り取り結束機.

moite 形 湿っぽい，じとじとする.

moiteur 囡 湿っぽさ，汗ばみ.

moitié 囡 ❶ 半分；大半. ❷ 真ん中，半ば.
◇ à ～ 半ば；ほとんど. de (la) ～ 半分だけ. être pour ～ dans … …の責任が半分ある. la ～ de … かなりの…；相当な量の…. ～～ 半分半分；《話》まあまあ. par ～ 半分に．

mojito 男 モヒート(キューバのカクテル).

moka 男 モカ(コーヒー)；モカケーキ.

mol[1] 《記》《計》モルの(cf. mole).

mol[2] mou の男性第2形.

molaire[1] 囡 (大) 臼歯(ﾄﾞ).

molaire[2] 形《化》モル当たりの．

molarité 囡《医》モル容量モル濃度．

molasse 囡《地》モラッセ.

moldave 形 モルダビアの．
— 名 (M—) モルダビア人.

Moldavie 囡 モルダビア(共和国)；モルダビア地方(ルーマニア北東部).

mole 囡《化》モル(記号 mol).

môle[1] 男《医》奇胎，胞状奇胎．

môle[2] 男 埠(ﾌ̇)頭.

môle[3] 男《魚》マンボウ．

moléculaire 形 分子の．

molécule 囡 分子；最小構成要素.

molécule-gramme 囡《複》～s-～s 囡《化》グラム分子．

molène 囡《植》ベルバスクム，ビロードモウズイカ．

moleskine / molesquine 囡 模造(皮)革，レザークロス．

molester 他 暴行を加え，乱暴する．

moleter 4 ローレット加工する；ローラーで模様をつける. ⇨ **moletage** 男.

molette 囡 (歯車状の)回転部品，ローレット；(模様つけ)ローレット；《馬》(拍車の)歯車(ﾊﾀ)，花車. ◇ clef à ～ モンキーレンチ.

molière 男 (演劇の)モリエール賞受賞者.

moliéresque 形 モリエール(風)の．

molinisme 男《神》モリナ主義(恩寵と人間の自由意志の調和を説く).

molinosisme 男《神》モリノス神学；静寂主義.

mollah 男 ムッラー(イスラム世界の，律法学者などに対する尊称).

mollard 男《俗》痰(ﾀ)，唾(ﾂ).

mollasse 形 ぶにゃぶにゃした；無気力な，のろい.

mollasserie 囡 無気力，惰眠．

mollasson, ne 形 名《話》やる気のない(人)，ぐずな(人)，とろい(人).

molle mou の女性形．

mollet[1] 男《西》《植》コヨウボク．

mollement 副 ❶ 柔らかに；ゆったりと；緩慢に． ❷ 無気力に.

mollesse 囡 ❶ 柔らかさ；軟弱さ，無気力さ. ❷ 《稀，縮》酸腐(ﾍ)の感興=謡い，怠惰さ.

mollet, te 形 柔らかめの，ソフトな．
▶ œuf ～ 半熟卵. — 男 くらはぎ.

molletière 囡 ゲートル.

molleton 男 メルトン(紡毛織物).

molletonner 他 メルトンで裏打ちする.

molletonneux, se 形 メルトン風の．

mollir 自 弱まる，力を失う；(気力が)衰える． — 他《海》(帆索を)緩める．

mollo 副 そっと，注意深く．

mollusque 男《動》軟体動物．

moloch [-k] 男《動》トゲトカゲ．

molosse 男 モロッセ(大型の番犬).

molto 副《伊》《楽》非常に，大いに.

molybdène 男《化》モリブデン．

molybdénite 囡《鉱》輝水鉛鉱．

molybdique 形《化》モリブデンの．

molysmologie 囡 環境汚染学.

môme 名《話》子供；若い女．

moment 男 ❶ 一瞬，ちょっとの間．
▶ Un ～! ちょっと待って. ❷ しばらくの間． ❸ (ある特定の)時間，時期；機会，時機；《物》モーメント；能率．
◇ à ce ～-là そのとき，当時；その場合 (au ～ (même) de [où] …) (まさに)…の時に. en ce ～ 現在，目下；そのとき，当時 / Le ～ est venu de + inf. いまや…するときである．
◇ à un ～ donné あるとき；突然． du ～ 現在の；当時の． du ～ que [où] … …であるからには. d'un ～ à l'autre そのうち. le ～ de ～(s) 今のところは. par ～(s) ときどき. pour le ～ 今のところは. sur le ～ (あることが起きた)そのときは．

momentané, e 形 一時的な，少しの間の． □ **momentanément** 副.

momerie 囡《文章》偽善，茶番劇；くだらない儀式．

môrerie 囡《多くは複数》子供っぽい振る舞い．

momie 囡 ミイラ；古風 時代遅れの人．

momification 囡 ミイラにすること，ミイラ化．

momifier 他 ミイラにする．
— se ～ ミイラになる；無気力になる．

mominette / môminette 囡《話》小姓．

momordique 囡《植》ツルレイシ，ニガウリ．

mon, ma；《複》**mes**《所有》(母音・無音の h で始まる単数女性名詞の前では ma ではなく mon を用いる)私の．

monacal, ale 形《男複》**aux** 形 修道者の，修道者めいた．

monachisme 男 修道者の身分[生活]；修道院制度．

Monaco 男 モナコ．

monade 囡《哲》単子，モナド．

monadelphe 形《植》単体雄蕊(ﾕ̇ﾍ́)の．

monadologie / **monadisme** 男〖哲〗単子論[モナド]論.

monandre 形〖植〗雄蕊一の.

monarchie 女 君主政体, 王政; 君主国, 王国. ▫ **monarchique** 形

monarchien, ne 形, 名 王党派.

monarchisme 男 君主制擁護論; 王政主義. ▫ **monarchiste** 形, 名

monarque 男 君主, 帝王.

monastère 男 修道院; 寺院.

monastique 形 修道者の, 修道院(生活)の.

monaural, ale 形;《男複》**aux** 形〖音響〗モノラルの;〖生理〗片耳の.

monazite 女〖鉱〗モナザイト.

monbazillac 男 モンバジャック(フランス南西部で産する甘口白ワイン).

monceau (《複》**x**) 男 堆積, 山. **2 ~ de** 多数の…, 多量の….

mondain, e 形 社交界の, 社交界好きの上流社会の社交界好きの;〖宗〗世俗の, 現世の. **3** ~ **brigade** ~ **e** 風紀警察(麻薬・売春取締班の旧称).
— 名 社交界の人; 社交界好き.
— 女 風紀警察.

mondanité 女 社交界への出入り; 上流社会好み;《複数》上流社会の作法［慣し, 生活］.

M **monde** 男 ❶ 世界; 宇宙, 天地万物. ❷ 世の中; 現世; 俗界. ❸《特定の》社会, …界. ❹ 社交界, 上流社会. ❺《集合的》人々; 周囲の人々; 家族; 部下. ❻ 大きな隔り, 相違.
◊ *C'est un ~ !* とんでもない, 信じられない. *mettre ... au ~* …を生む. *pour rien au ~* 何があっても. *se faire un ~ de ...* …を大げさに考える. *tout le ~* 皆, すべての人. *un ~ de ...* 大勢の…, たくさんの….

monder 他 不用な部分(種皮, もみなど)を取り除く.

mondial, ale 形;《男複》**aux** 形 世界的な, 全世界の.

mondialement 副 世界的に, 世界中で.

mondialisation 女 世界化, グローバリゼーション.

mondialiser 他 全世界に広める; グローバル化する.

mondialisme 男 世界連邦主義; 世界の視野(に立つ政策).

mondialité 女 世界性, 国際性.

mond(i)ovision 女 衛星中継.

monégasque 形 モナコ(公国)の.
— 名《M~》モナコ人.

monème 男〖言〗記号素.

M.O.N.E.P. [monep]《略》Marché des options négociables de Paris パリオプション取引市場.

monergol 男〖航〗(ロケットの)単元推進薬.

monétaire 形 貨幣の, 通貨の.

monétarisme 男 マネタリズム.

monétariste 形 通貨問題の, マネタリズムの. — 名 マネタリスト.

monétique 女〖商〗電子金融技術.

monétiser 他(金属)を貨幣に鋳造する;(新通貨)を導入する. ▫ **monétisation** 女

mongol, e 形 モンゴルの. — 名《M~》モンゴル人. — 男 モンゴル語.

Mongolie 女 モンゴル.

Mongolie-Intérieure 女 内モンゴル自治区.

mongolien, ne 形, 名〖医〗ダウン症の(患者).

mongolique 形 モンゴル(人)の.

mongolisme 男 ダウン症.

mongoloïde〖医〗ダウン症様の;〖人〗モンゴロイドの, 類蒙古人種の.

moniale 女〖カト〗盛式誓願修道女.

monisme 男 一元論.

monition 女《la M~》〖カト〗(教会の)警告.

monitoire〖カト〗警告書.

monitorage / **monitoring** [-riŋ]《英》男 モニター監視.

monitorat 男 指導員の養成［職］.

môn-khmer, ère 形 モン＝クメール語の. — 男 モン＝クメール語.

monnaie 女 ❶ 通貨, 貨幣; 硬貨; 小銭; 釣り銭. ❷《la M~》造幣局, 貨幣鋳造. ◊ *C'est ~ courante.* よくあることだ. *rendre à ... la ~ de sa pièce* 同じやり方で…に仕返しをする. *servir de ~ d'échange* 取引の材料になる.

monnaie-du-pape 《複》**~s-~~**) 女〖植〗ルナリア.

monnayable 形 貨幣化し得る; 貨幣に鋳造し得る.

monnayage 男 貨幣鋳造.

monnayer 他 貨幣に鋳造する; 現金化する;(才能)を売り物にする.

monnayeur 男《faux (-) ~》偽金造り. ❷ 貨幣鋳造機.

mono 男 モノラル. — 男 水上スキー.

monoacide 形〖化〗一酸の. — 男 一塩基酸.

monoatomique 形〖化〗単原子の.

monobasique 形〖化〗一塩基の.

monobloc 男〖不変〗単一成型(の), モノブロックの.

monocâble 形, 男 単索式の(ロープウェー).

monocamérisme / **monocaméralisme** 男〖政〗一院制. ▫ **monocaméral, ale**;《男複》**aux**

monochromateur 男〖光〗モノクロメーター, 単色光器.

monochromatique 形〖物〗単色性の; 波長が一定の.

monochrome 形 単色の, モノクロームの. ▫ **monochromie** 女

monocinétique 形〖物〗同速の.

monocle 男 片眼鏡; 片眼帯.

monoclinal, ale;《男複》**aux** 形〖地〗(地層の)単斜の.

monoclonal, ale;《男複》**aux** 形 単クローン性の. ▸ *anticorps ~* モノクローナル抗体.

monocolore 形 単色の; 単独政権の.

monocoque 形〖車〗モノコック構造の. — 男〖海〗モノコック船.

monocorde 男〖楽〗モノコード; 一

monocorps 男 ワンボックスカー.
monocotylédones 女複 単子葉植物.
monocratie [-si] 女 単独支配, 独裁政治. ◯**monocratique** 形
monocristal;〔複〕**aux** 男〔晶〕単結晶.
monoculaire 形 単眼の, 一眼の.
monoculture 女〔農〕単作.
monocycle 男 (曲芸用の)一輪車.
monocyclique 形〔動〕単発齟(は*2*)の, 生殖周期が1年の.
monocylindre 男, 形 単気筒エンジン(の). ◯**monocylindrique** 形
monocyte 男〔医〕単球, 単核白血球.
monodépartemental, ale;〔男複〕**aux** 形 一部門[管区]のみの, 一県だけの.
monodie 女〔楽〕モノディー, 独唱歌曲, 旋律(歌曲). ◯**monodique** 形
monœcie 女〔植〕雌雄同株.
monogame 形 一夫一婦の.
monogamie 女 一夫一婦婚制. ◯**monogamique** 形
monogénique 形〔医〕単一因子遺伝の.
monogénisme 男〔人〕人類単一起源説.
monogramme 男 モノグラム, 組み合わせ文字.
monographie 女 専攻論文, 個別研究. ◯**monographique** 形
monoï 男(不変)モノイ(クチナシの一種の香油).
monoïque 形〔植〕雌雄同株.
monokini 男 トップレス水着.
monolingue 形 単一言語の; 1言語しか話さない(人).
monolinguisme [-gɥi-] 男 単一言語使用.
monolithe 男, 形〔建〕モノリス(の), 一枚岩の, 一本石の.
monolithique 形 一本石でできた(組織などの) 一枚岩の.
monolithisme 男 ❶〔建〕モノリス[一本石]構法. ❷(組織の)一枚岩の団結; (主義などの)硬直化.
monologue 男 独り言; 〔演〕独白, モノローグ, 一人芝居.
monologuer 自 独り言を言う.
monomanie 女 古医 偏執. ◯**monomaniaque** 形
monôme 男 ❶〔数〕単項式. ❷(試験後に肩を組んで練り歩く)学生の行列.
monomédia 男 モノメディアの.
monomère 男, 形〔化〕単量体(の), モノマー(の).
monométallisme 男〔経〕単本位制(度).
monométalliste 形, 名〔経〕単本位制の(論者).
monomoteur, trice 形 単発(動機)の. — 男 単発(飛行)機.
mononucléaire 形〔医〕(血球が)単核の. — 男 単核球.
mononucléée, e 形 (細胞が)単核の.
mononucléose 女〔医〕単核細胞症, 単球増加症.
monoparental, ale;〔男複〕**aux** 形 片親しかいない. ◯**monoparentalité** 女
monopartisme 男 一党独裁体制.
monophasé, e 形〔電〕単相の.
monophonie 女 モノラル. ◯**monophonique** 形
monophysisme 男 キリスト単性説. ◯**monophysite** 形名
monoplace 形 単座の, 1人乗りの. — 男 単座機. — 女 レーシングカー.
monoplan 男〔航〕単葉機.
monoplégie 女〔医〕単麻痺(ひ).
monopodial, ale;〔男複〕**aux** 形〔植〕単軸性の.
monopole 男 独占(物), 専売(権).
monopoleur, se 名〔経〕独占者.
monopolisateur, trice 名 独占者, 専有者.
monopolisation 女 独占化, 専有化.
monopoliser 他 独占する, 専売する; 独り占めする.
monopolistique 形〔経〕独占的な.
monopoly 男 商標 モノポリ(人生ゲーム).
monoprocesseur 男 プロセッサーつだけの(コンピュータ).
monopsone 男〔経〕買い手独占.
monoptère 男, 形〔建〕モノプテロス(の), 円形周柱神殿(の).
monorail 男, 形(不変)モノレール(の).
monorime 男, 形〔詩〕単一脚韻(の).
monosémique [-se-] 形〔言〕単義の.
monosépale [-se-] 形〔植〕合片萼(がく)の.
monosexage [-sɛ-] 男 単性養殖技術.
monoski 男 モノスキー(の板).
monospace 男 ワンボックスカー.
monosperme / monospermique 形〔植〕単種子の.
monostyle 形〔建〕単柱式の.
monosyllabe [-si-] 男 単音節の(語).
monosyllabique [-si-] 形 単音節の.
monothéisme 男 一神教, 一神論. ◯**monothéiste** 形名
monotone 形 単調な; 退屈な.
monotonie 女 単調さ, 変化のなさ.
monotrèmes 男複〔動〕単孔目, 単孔類.
monotype 男〔版画〕モノタイプ; 〔ヨット〕単一型. — 形〔印〕モノタイプ.
monovalent, e 形〔化〕1価の.
monoxyde 男〔化〕一酸化物.
monoxyle 形 pirogue ~ 丸木舟.
monozygote 形〔生〕一卵性の.
monseigneur;〔複〕**messeigneurs** 男 殿下, 猊下(げいか); 閣下;

【史】(ルイ14世以降の)王太子殿下.
monsieur [məsjø]; (複) **messieurs** [msjø] 男 ❶ 氏, さん, 様(男性にする敬称); (職名, 任務名を伴って) …閣下, …殿. ❷ (M—) (主人, 客に対しての)旦那(様) 様; お客様. ❸ 男性者, 男の人; 〖軽蔑〗紳士; 〖軽蔑〗やつ, 野郎. ❹ (M—) 〖史〗王弟殿下 (フランス王次弟の称号).
monsignor / **monsignore** [-re] 男 〖教皇庁〗の高位聖職者.
monstre 男 ❶ 怪物, 怪獣; 巨獣; 奇形. ❷ (化け物じみた)醜悪な人; 残忍な人. ◊ ~ **sacré** 大スター, 名優. —形 驚異的な; ばかでかい.
monstrueusement 副 異常に, 恐ろしく.
monstrueux, se 形 怪物じみた; 奇形の; 巨大な; 凶悪な.
monstruosité 女 奇怪さ, 残虐さ; 恐るべきこと.
mont 男 ❶ …山. ► ~ **Blanc** モンブラン. ❷ 〖文語〗山; 峰; 丘. ◊ *promettre* ~ **s** *et merveilles* 途方もない約束をする.
montage 男 ❶ 組み立て; 〖映〗(フィルム, テープの)編集; 〖写〗モンタージュ写真; 〖印〗組み付け, 貼(り)込み. ❷ ~ *financier* 資金繰り調達.
montagnard, e 形, 名 山地の(住人). —(M—) 〖史〗山岳派議員.
montagne 女 ❶ 山; 高地, 山岳地方. ❷ *de* ~ 山のような…, 多量の…. ❸ 〖史〗(フランス革命期の)山岳派. ◊ ~ **s** *russes* ジェットコースター. *se faire une* ~ *de* … …を大げさに考える.
montagneux, se 形 山の多い.
montaison 女 産卵の川上りの(季節).
montant, e 形 ❶ 上昇する; のぼる. ► *col* ~ 立ち襟. ❷ 〖軍〗*garde* ~*e* 上番衛兵. —男 ❶ 合計; 総額. ❷ 縦材; (窓などの)縦桟(ザル).
Montauban モントーバン (Tarn-et-Garonne 県の県庁所在地).
Mont-Blanc モンブラン山.
mont-blanc; (複) ~**s**-~**s** 男 〖菓〗モンブラン.
Mont-de-Marsan モンドマルサン (Landes 県の県庁所在地).
mont-de-piété; (複) ~**s**-~-~ —男 公営質屋.
monte 女 交配期; 〖馬〗騎乗.
monté, e 形 ❶ 乗った; (特に)馬に乗った. ❷ 必要なものがそろった; 組み立てられた, 取り付けられた. ❸ 怒った. ◊ *coup* ~ 陰謀, たくらみ.
—女 登り坂; 登り; 上昇; 上り坂.
Monte-Carlo [-te-] モンテ=カルロ (モナコ公国の観光地).
monte-charge 男 〖不変〗荷物用エレベーター, リフト.
monte-en-l'air 男 〖不変〗〖俗〗押し込み強盗.
monte-plat(s) 男 配膳リフト.
monter 自 ❶ 〖助動詞 être〗上がる, 登る, 昇る; 乗る; 沸き上がる, 込み上げる; (都会に)上る; 北上する. ► *Il est monté au premier étage*. 彼は2階に上った／~ *en grade* 昇進する／*Le vin m'est monté à la tête*. ワインで頭がぼうっとなった. ❷ 〖助動詞 être〗高くなる; (値段, 数値が)上がる; (à) …に上る; 達する. ► *Sa température a encore monté*. 彼(女)の熱はまた上がった／*Les frais ont monté à plus d'un million d'euros*. 費用は100万ユーロに達した.
◊ *Le ton monte*. 声が上がる; 口論になる.
—他 ❶ 登る, 上がる; (化ける). ❷ 高くする; 怒らせる, 興奮させる. ❸ 〖料〗泡立てる, かき混ぜる. ❹ 組み立てる, 継ぎ合わせる; 組織する, 企てる; (…に必要なものをそろえる); (映画を)編集する; (芝居を)上演する. ► ~ *une entreprise* 会社を設立する／~ *une campagne de presse* プレスキャンペーンを張る／~ *un coup* 悪事をたくらむ／~ *son ménage* 所帯道具をそろえる.
—**se** ~ ❶ (à) (…に)達する, 上る. ❷ (en) 自分のために(…を)そろえる. ❸ 怒る, 憤慨する. ❹ 上れる, 乗れる. ◊ *se* ~ 興奮する.
monteur, se 名 組み立て工; 仕上げ工; 〖映〗(フィルムの)編集担当.
montgolfière [mɔ̃gɔl-] 女 モンゴルフィエ式熱気球.
monticule 男 小山, 丘陵.
Montmartre [mɔ̃m-] モンマルトル(パリ18区).
montmartrois, e [mɔ̃m-] 形 モンマルトルの.
—名 (M—) モンマルトルの住人.
montmorency [mɔ̃m-] 女 〖不変〗モンモランシー (サクランボの一品種).
montoir 男 〖馬〗(馬の)左側.
Montparnasse [mɔ̃p-] 男 モンパルナス(セーヌ左岸のパリ14区).
Montpellier [-lje] モンペリエ (Hérault 県の県庁所在地).
montrable 形 見せられる.
montre[1] 女 腕時計; 懐中時計. ► ~ *solaire* ソーラー腕時計. ◊ *course contre la* ~ (自転車の)タイムトライアルレース; 一刻を争う仕事. ► *en* ~ *main* 正確に.
montre[2] 女 ❶ 見せること; 誇示; ショーウィンドー. ◊ *en* ~ ガラスケースに. *faire* ~ *de* …を示そう, ひけらかす.
Montréal [mɔ̃real] モントリオール (カナダの都市).
montréalais, e [mɔ̃re-] 形 モントリオールの. —名 (M—) モントリオールの人.
montre-bracelet; (複) ~**s**-~**s** 女 腕時計.
montrer 他 ❶ 見せる; 示す; あらわに出す. ❷ 教える; 説明する; 描く.
—**se** ~ ❶ 現れる. ❷ …な態度[様子]を見せる; …だと分かる.
montreur, se 名 見世物師.
Mont-Saint-Michel (Le) モン=サン=ミシェル (ノルマンディー地方の島).
montueux, se 形 〖古風〗山地の; 起伏に富んだ.

monture 囡 ❶ (馬などの)乗用動物. ❷ 枠, (眼鏡の)フレーム; (のこぎりの)柄; (宝石の)台座.

monument 男 ❶ 記念建造物. ❷ 記念碑的作品. ❸ 〖諧〗巨大な物[人]. ▶ un ~ de ... 途方もない...

monumental, ale 形 (男複) **aux** ❶ 記念建造物の. ❷ 巨大な, 壮大な; 途方もない.

monumentalité 囡 (芸術作品などの)記念碑的性格.

moque 囡〖海〗ハート(一つ目滑車).

moquer 他〖文章〗愚弄(ぐぅ)する.
— **se ~** 〈**de**〉(…を)ばかにする, からかう; 無視する.

moquerie 囡あざけり; からかい.

moquette 囡カーペット; モケット.

moqueter 他カーペットを敷く.

moqueur, se 形からかい好きな(人). — 男〖鳥〗マネシツグミ.

moracées 囡複〖植〗クワ科.

morailles 囡複(馬の)鼻ばさみ.

moraillon 男留め金.

moraine 囡〖地〗モレーン(氷河で堆積した土砂). □**morainique** 形

moral, ale 形 (男複) **aux** ❶ 道徳的な; 倫理上の. ❷ 精神的な; 心の.
— 男 ❶ 気力; 士気. ◇**avoir le ~** やる気がある. □**moralement** 副

morale 囡 ❶ 道徳; 倫理; 倫理学. ❷ 教訓. ◇**faire la ~** 説教する.

moralisateur, trice 形, 名 道徳を説く(人).

moralisation 囡教化; 説教.

moraliser 他教化する; 〖文章〗説教する. — 自 道徳的反省を行う.

moralisme 男道徳至上主義.

moraliste 名 ❶ モラリスト(人間性を探求するフランスの文学者). ❷ 道徳家. — 形 道徳(家)的な.

moralité 囡 ❶ 道徳性; 品行; 倫理感. ❷ 教訓; (中世の)教訓劇.

morasse 囡〖印〗最終校正刷り.

moratoire[1] 形〖法〗支払猶予の.

moratoire[2] / **moratorium** 男〖法〗モラトリアム; 支払猶予令.

morbide 形病気の; 病的な, 異常な.

morbidesse 囡 ❶〖文章〗病的な(物憂げな)優雅さ. ❷〖美〗(肉付けの)柔らかさ, 優美さ.

morbidité 囡 ❶ 病気であること, 病的状態. ❷〖医〗罹患率.

morbier 男モルビエ(チーズ).

Morbihan 男モルビアン県 [56].

morbilleux, se 麻疹(はん)の.

morbleu 〖古〗くそっ(怒りなど).

morceau; (複) **x** 男 ❶ 断片, かけら, 部分; (食べ物の)一切れ, 一塊. ❷ (文学作品の)抜粋; 〖楽〗作品, 曲. ◇**enlever [emporter] le ~** 成功する. **manger [lâcher] le ~** 白状する. **manger un ~** 軽く食事をする.

morcelable 形分割できる.

morceler 他 分割[細分化]する.

morcellement 男分割; 細分化.

mord(-) 語 ⇨ **mordre**.

mordacité 囡〖文章〗辛辣(しんらつ)さ.

mordançage 男

mordancer 他〖繊〗〖革〗(染色のため)媒染する; 〖金〗化学研磨する. □**mordançage** 男

mordant, e 形 ❶ かむ, 噛(ゕ)む. ❷ 刺すような; 鋭い. ❸ 腐食性の.
— 男 ❶ 威勢のよさ; 迫力; 辛辣さ. ❷〖版画〗腐食剤; 〖印〗ワニス. 〖繊〗〖革〗媒染剤. ❸〖楽〗モルデント.

mordicus -s 〗副頑固に.

mordiller 他軽くかむ; つぃばむ. □**mordillement** 男 **mordillage** 男

mordoré, e 形金褐色の.

mordorer 他金褐色にする.

mordorure 囡金褐色.

mordre 66 他 ❶ かむ(虫が)刺す; (鳥が)つつく; (道具などが)強く挟む. ❷ 傷つける; 腐食させる; 苦しめる; (寒さが肌を)刺す. ❸ (ラインを)はみ出す. — 自〈**à**〉(…に)食いつく; (誘惑などに)ひっかかる; (学科の)好きになる. ❷ 〈**dans**〉(…を)かむ; (…に)食い込む. ❸ 〈**sur**〉(…を)腐食する; 侵す; はみ出す.
— **se ~** ❶ (自分の舌などを)かむ. ❷ かみ合う.

mordu, e 形 (**mordre** の過去分詞) かまれた; 夢中な, ほれた.
— 名 圈 愛好家, …狂.

more 形, 名 ⇨ **maure**.

morelle 囡〖植〗ナス科の草本.

morène 囡〖植〗トチカガミ.

moresque 形 ⇨ **mauresque**.

morfil 男 刃先のまくれ.

morfler 自団 ひどい目にあう.

se morfondre 66 代動 待ちくたびれる.

morfondu, e (**se morfondre** の過去分詞) 待ちくたびれた; がっかりした; 傷心の.

morganatique 形貴賤相婚の.

morgeline 囡〖植〗ハコベ.

morgue[1] 囡尊大さ, 高慢な態度.

morgue[2] 囡 (身元不明者の)死体公示所; その霊安室.

moribond, e 形, 名 瀕(ひん)死の(人), 危篤の(人).

moricaud, e 形, 名 圈肌の黒い(人), 色黒の(人).

morigéner 6 他 しかる; 説教する.

morille 囡〖植〗アミガサタケ.

morio 男〖昆〗キベリタテハ.

mormon, e 名, 形 モルモン教(の). □**mormonisme** 男

morna 囡〖楽〗モルナ(カーボベルデ共和国の哀愁を帯びた歌と踊り).

morne[1] 形陰うつな; 生気のない.

morne[2] 男〖西インド諸島の〗円丘.

mornifle 囡 圈 平手打ち.

morose 形 ❶ 不機嫌な, 気難しい; 陰うつな. ◇ **délectation ~** 〖神〗罪深いことを考える喜び.

morosité 囡〖文章〗気難しさ; 憂うつ.

morphème 男〖言〗形態素.

morphine 囡〖化〗モルヒネ.

morphing [-iŋ] 男〖米〗〖情報〗モーフィング.

morphinique 形, 男 〖薬〗モルフィン系の(薬).

morphinisme 男 モルヒネ中毒.

morphinomane 名, 形 モルヒネ中毒者(の).

morphinomanie 女 モルヒネ中毒.

morphogenèse 女 〖生〗形態発生; 〖地〗地形生成.

morphologie 女 形体; 外形; 地形学; 〖生〗形態学; 〖言〗形態論.

morphologique 形 形態学〖論〗的な; 地形学的な.
◘ **morphologiquement** 副

morphopsychologie [-psiko-] 女 形態心理学.

morphosyntaxe 女 〖言〗形態統辞論.

morpion 男 ❶ 俗 ケジラミ; 餓鬼, ガキ. ❷ 〖ゲーム〗(紙に書いて行う)五目並べ.

mors 男 ❶ (馬の)くつわ, (ベンチなどの)あご. ◇ *prendre le ~ aux dents* 逆上する.

morse[1] 男 モールス符号; モールス電信.

morse[2] 男 〖動〗セイウチ.

morsure 女 かむ[刺す]こと; かみ[刺し]傷; 刺すような痛み; 〖版画〗腐食.

mort[1] 女 ❶ 死, 滅亡; 崩壊, 破壊, 終息. ❷ (la M~)死に神. ◇ *à ~* 死ぬほど(の); 極度に. *A (...) ! = M~ (à ...) !* (…を)殺せ. *être à la ~* 死にかかっている. *mettre à ~* 死なせる, 殺す.
— 名 〖カード〗(ブリッジの)ダミー.

mort[2], *e* 形 (mourir の過去分詞)死んだ, 枯れた; 死んだような; 終わった, 消え失せた. 因 壊れた, いかれた. *~ feuilles* 〜*es* 枯れ葉 / *ville* 〜*e* 人気(けんき)のない町 / *eau* 〜*e* よどんだ水 / *Il était ~ de peur.* 恐怖で生きた心地もしなかった / *Je suis ~ !* へとへとだ.
◇ *C'est ~.* もう駄目だ, 一巻の終わりだ. *être plus ~ que vif* 怖くて生きた心地がしない. *temps ~* 活動していない時間, 休止; 〖スポ〗タイムアウト, ロスタイム.
— 名 死者; 死体.
— 男 〖カード〗(ブリッジの)ダミー.

mortadelle 女 〖料〗モルタデル(イタリア原産の大型ソーセージ).

mortaise 女 〖建〗枘穴, 〖機〗立削り.

mortaiser 他 〖建〗枘(ほぞ)穴を掘る; 〖機〗立削り加工を施す.
◘ **mortaisage** 男

mortaiseuse 女 枘穴盤; 立削り盤.

mortalité 女 死亡率; 大量死.

mort-aux-rats [moro-] 女 殺鼠剤(さっそざい).

mort-bois (複) ~*s*~ 男 雑木林.

morte-eau [-to] (複) ~*s*~*x* 女 小潮.

mortel, le 形 ❶ 死すべき; 致命的な. ❷ 耐えがたい[ほど]退屈な. ❸ 激しい, 極度の. ❹ 〖神〗*péché* ~ 大罪.
— 名 文章 人間.

mortellement 副 致命的に; 死ぬほど激しく.

morte-saison (複) ~*s*~*s* 女 (経済の)沈滞期; オフシーズン.

mortier 男 ❶ モルタル. ❷ 乳鉢, すり鉢. ❸ 〖軍〗迫撃砲.

mortifère 形 文章 致死の; ひどく退屈な.

mortifiant, e 形 屈辱的な; 肉体を苦しめる.

mortification 女 ❶ 屈辱; 〖宗教上の〗苦行. ❷ 〖料〗肉の熟成.

mortifier 他 ❶ 侮辱する. ❷ (体を)苦しめる. ❸ 〖料〗熟成させる; 〖医〗(肉)を壊死させる.
— *se* ~ 禁欲する; 苦行する.

mortinatalité 女 〖統計〗死産数.

mort-né, e 形, 名 死産の, 初めから失敗した. — 名 死産児.

mortuaire 形 死者の; 葬式の.

mort-vivant (複) ~*s*~*s* 男 生ける屍(しかばね).

morue 女 〖魚〗タラ. ❷ 俗 (ののしって)売女(ばいた).

morula 女 〖生〗桑実胚(そうじつはい).

morutier, ère 形 タラの, タラ漁の.
— 男 タラ漁船.

Morvan 男 モルヴァン地方(ブルゴーニュの森林山地). ◘ **morvandeau, elle** 形, 名 形, 名

morve 女 ❶ 鼻汁. ❷ 〖獣医〗(馬の)鼻疽(びそ).

morveux, se 名, 形 はな垂れ小僧, 青二才; 小娘. — 形 はなを垂らした. ◇ *se sentir ~* ばつが悪い.

mosaïque[1] 女 ❶ モザイク; 寄せ木細工; 寄せ集め. ❷ 〖植〗モザイク病.

mosaïque[2] 形 モーゼ Moïse の.

mosaïque[3], *e* 形 モザイク風の.

mosaïsme 男 〖ユダヤ〗モーゼの律法.

mosaïste 名 モザイク職人; 寄せ木細工師.

Moscou モスクワ.

moscovite 形 モスクワの.
— 名 (M~)モスクワの人.

Moselle 女 ❶ モーゼル県 [57]. ❷ モーゼル川.

mosquée 女 回教寺院; モスク.

mot 男 ❶ 語, 単語. ❷ 言葉, ひと言. ► *mot d'ordre* 合い言葉; 指令 / *bon mot* = *mot d'esprit* しゃれ. ❸ 短い手紙; 名言, 名句. ► *C'est le mot.* その通り.
◇ *avoir des mots* 口論する. *avoir le dernier mot* (論争に)勝つ, 言い負かす. *avoir son mot à dire* 意見を言う権利がある; 言いたいことがある. *C'est mon dernier mot.* これが最終提案[回答]である; これが譲歩できるぎりぎりの線である. *en un mot* 要するに. *le dernier mot de* ... …の極み. *mot à [pour] mot* 逐語的に. *ne pas avoir peur des mots* 歯に衣(きぬ)を着せない, はっきり言う. *se donner le mot* 示し合わせる.

motard 男 諡 オートバイ乗り[隊員].

mot-clef [-klɛ] / **mot-clé** (複) ~*s*~*s* キーワード.

motel 男 〖英〗モーテル.

motet 男 モテット(宗教的声楽曲).

moteur 男 エンジン; モーター; 文章 原動力, 推進者. ► ~ *de recherche* 〖情報〗検索エンジン.
— **moteur, trice** 形 動かす; 推進力となる; 〖解〗運動にかかわる.
— **motrice** 女 機関車.

moteur-fusée:《複》~s-~s 男 ロケットエンジン.

motif 男 ❶ 動機；理由. ❷ 模様. ❸《楽》モチーフ. ◇*pour le bon* ~ 結婚するつもりで.

motilité 女《生》運動性.

motion 女 動議；発議.

motionner 自 動議を出す.

motivant, e 形 動機づける.

motivation 女 動機；《心》モチベーション；《経》購買動機；《言》動機づけ.

motivé, e 形 ❶ 動機［理由］のある；正当化された. ❷ 意欲を持った.

motiver 他 ❶ 動機［原因］となる；正当化する. ❷ 意欲を持たせる.

moto 女 (125 cc 以上の)オートバイ.

motociste 男 オートバイ商.

moto(-)cross [-s] 男 モトクロス.

motoculteur 男 耕耘(こううん)機.

motoculture 女 動力農業.

motocycle 男 自動二輪車.

motocyclette 女 オートバイ.

motocyclisme 男 オートバイレース.

motocycliste 名, 形 オートバイ乗り(の).

motonautisme 男 モーターボートレース. ≒**motonautique**

motoneige 女 スノーモビル.

motoneigiste 名 スノーモビルの運転者. ≒**motoneigisme** 男

motoneurone 男《生理》運動ニューロン.

motopompe 女 自動ポンプ.

motor-home 男《英》移動住宅自動車.

motorisation 女 機械化；自動車の普及，モータリゼーション.

motorisé, e 形 ❶ 機械化された. ❷ 車を持っている, 車で来ている.

motoriser 他 機械化する.

motoriste 男 エンジン製造修理工［技師］；エンジン製作会社.

motorship [-ʃip] 男《英》内燃機船.

motrice moteur の女性形.

motricité 女《生理》神経の機能.

mots-croisés 男複 クロスワードパズル.

mots-croisiste 名 クロスワードパズル作者.

motte 女 ❶ 土塊(つちくれ). ❷ ~ *de beurre* バターの塊. ❸ 固 小丘.

motteux 男《鳥》ハシグロヒタキ.

motu proprio 副《ラ》自発的に. ―男《不安》自発的に.

motus [-s] 間 しっ, 黙れ.

mot-valise:《複》~s-~s 男 かばん語(2語以上の融合で造った語).

mou¹, molle 形 (田 mol は, 母音・無音のh で始まる男性名詞単数形の前で用いる) ❶ 柔らかい. ❷ 緩やかな, ぼんやりした. ❸ 軟弱な, 活力［迫力］のない；(天気が)うっとうしい；(音が)鈍い. ―男 *avoir* du ~ (綱の)たるみ.

mou² 男 (動物の)肺臓.

mouais 間 ああ, うん, (確実ではない返事).

mouchage 男 はなをかむこと.

moucharabieh [-bje] 男《建》(イスラム建築の)張り出し格子窓.

mouchard 男 ❶《話》(警察の)スパイ；密告者. ―男 ❶ (列車などの)運行記録計. ❷ (囚人監視用の)ドアのぞき窓.

moucharder 他 監視［密告］する. ≒**mouchardage**

mouche 女 ❶《昆》ハエ；(蚊, ハチなどの)羽虫. ❷ 付けぼくろ；(下唇の下の)ちょびひげ. ❸ (的の中心の)黒い点；《射》点；《釣》毛鉤(ばり)；《フェ》(剣先につける)たんぽ. ❹ *poids* ~ (ボクシングの)フライ級(の選手).
◇*faire* ~ 的に当てる；急所を突く. *fine* ~ 抜け目のない人. *mourir [tomber] comme des* ~s ばたばたと死ぬ［倒れる］. *pattes de* ~ ミミズの這ったような字. *prendre la* ~《俗》(些細(ささい)なことに)むかっ腹を立てる. *Quelle* ~ *le pique?* 何で彼は怒っているのか.

moucher 他 はなをかむ. ◇~ *du sang* 鼻血を出す. *se faire* ~《話》どやしつけられる；(試合で)負かされる.
―**se** ~ はなをかむ.

moucheron 男 ❶ (小さな)羽虫. ❷《話》男の子, 小僧.

moucheronner 自 (魚が)水面近くの虫に飛びついて食う.

moucheté, e 形 斑(ぶち)点のある；《フェ》たんぽのついた.

moucheter 4 他 斑(ぶち)点［小さな染み］をつける；《フェ》たんぽをつける.

mouchetis 男《建》(モルタルの)掃きつけ塗り.

mouchette 女 ❶《建》(フランボワイヤン様式の)波形曲線モチーフ；(軒蛇腹などの)水切り縁. ❷ (指物細工用の)内丸鉋(がんな).《複》(ろうそくの芯(しん)切りばさみ.

moucheture 女 斑(ぶち)点；染み.

mouchoir 男 ❶ ハンカチーフ. ❷ ティッシュペーパー (= ~ *de [en] papier*).
◇*arriver dans un* ~ 一団となってゴールになだれ込む. *grand comme un* ~ *de poche* ひどく狭い.

mouchure 女 鼻汁；洟.

mouclade 女《料》ムール貝の白ワインソース.

moudjahid [-dʒaid]；《複》~**in** (または ~**ines**) 男 イスラム解放軍の兵士.

moudre 84 他 粉にする, ひく.

moue 女 口をとがらすこと, むっとした顔.

mouette 女《鳥》カモメ.

mouf(e)ter 自《話》文句を言う.

mouf(f)ette 女《動》スカンク.

moufle ❶ 女 ミトン. ❷ 男《機》滑車装置. ―男 国《陶》マッフル(耐熱皿)；《陶》マッフル《窯》.

mouflet, te 名《話》子供.

mouflon 男《動》ムフロン(野生ヒツジの一種).

moufter 自 (多く否定で)《話》文句を言う.

mouillage

mouillage 男 ❶ ぬらす[ぬらされる]こと; 水で薄めること. ❷《海》投錨(とうびょう); 停泊(地); 水中投下.

mouillant, e 形 湿気を含む;《化》浸潤性の. — 男 界面活性剤.

mouille 女 (川の)淵;《海》湿気による船荷の損害.

mouillé, e 形 ぬれた, 湿った;《音声》湿音の.

mouillement 男《料》水などを加えること.

mouiller 他 ❶ ぬらす; 湿らす. ❷《料》(調理中に)水などを加える;(液体を)水で薄める. ❸ 巻き添えにする. ❹《海》(錨びょうなどを)投下する. — 自《海》投錨[停泊]する. ❷ 俗 怖がる. — se ~ ❶ ぬれる. ❷ 俗 (事件などに)巻き込まれる.

mouillère 女 [地域]《農》湿地.

mouillette 女 (半熟卵や飲み物に)浸したパン切れ.

mouilleur 男 ❶ 切手などを湿らすスポンジ. ❷《軍》〜 de mines 機雷敷設艦.

mouilloir 男 霧吹き.

mouillure 女 ❶ ぬらす[湿らす]こと, ぬれて[湿って]いること; 湿れた跡の染み. ❷《音声》(子音の)湿音化.

mouise 女 俗 極貧.

moujik [-k] 男 ムジク(帝政ロシアの農民).

moujingue 名 俗 子供; がき.

moukère 女 俗 女.

moulage¹ 男 鋳造,(プラスチックなどの)成型; 型にとること; 鋳造物.

moulage² 男 粉をひくこと.

moulai-, moule- 活 ⇨ moudre.

moulant, e 形 体にぴったりした.

moule¹ 男 鋳造型,(陶器, 菓子などの)型;(性格などの)型, タイプ.

moule² 女 ❶《貝》ムールガイ. ❷ 俗 気乗りしない人, ばか.

moulé, e 形 ❶ 鋳造された, 型で作られた. ❷ 形の整った.

mouler 他 ❶ 鋳造する, 型に入れて作る; 型を取る. ❷ 〜 A sur [dans] B AをBに合わせる; はめ込む. ❸ (衣服が体の線を際立たせる. ❹ (活字のように)きちんとして字を書く.

mouleur, se 名 型抜きエ; 鋳造[成型]エ.

moulière 女 ムールガイ養殖場.

mouliez 活 ⇨ moudre, mouler.

moulin 男 ❶ 水車[風車](小屋); 製粉機[所]. ❷ ~ à 挽(ひ)き. ~ à café コーヒーミル. 車 ❸ 俗 エンジン.《宗》 ~ à prières (ラマ教の経文を入れて回す)祈禱輪(きとうりん). ❹ M- rouge ムーランルージュ(パリのナイトクラブ).

◇apporter de l'eau au ~ de ... (議論で)...に加勢する; を助ける. ~ à paroles よくしゃべる人. On entre dans cette maison comme dans un ~, この家は誰でも出入り自由だ. se battre contre des ~s à vent 空想上の敵と戦う.

mouliner 他 ❶ 俗 (野菜)をミルで

ろす[つぶす]. ❷《繊》(生糸を)撚(よ)る. ❸ ⇨ moulinage.

moulinet 男 ❶ (入り口の)回転柵; ❷《釣》リール; 巻き上げ機. ❸ (棒や腕を)振り回すこと.

moulinette 女 商標《料》(野菜などの)電動おろし器.

◇passer à la ~ 話 こき下ろす.

Moulins ムーラン (Allier 県の県庁所在地).

moulions, moulons 活 ⇨ moudre, mouler.

mouloud [-d] 男《イ教》ムリュド(ムハンマド生誕の祝日).

moult [-lt] 副 古 大いに; はなはだ.

moulu, e 形 (moudre の過去分詞) 挽(ひ)いた, 粉にした; 俗 くたくたの.

moulurage 男《建》刳形加工.

moulure 女《建》刳形.

moulurer 他 刳形をつける.

moulurier, ère 名 刳形彫り職人. ~ 女 刳り取り盤[機].

moumoute 女 ❶ 俗 つけ毛, かつら. ❷《服》羊のスエード風ジャケット.

mouquère 女 ⇨ moukère.

mourant, e 形 瀕(ひん)死の, 消えていく;《話》萄の眉(まゆ)毛 つきがおかしい[退屈な]. — 名 瀕死の人.

mourir 自 《助動être》 死ぬ; なくなる, 消え去る; 亡びる. ◇~ de ... で死ぬ; 死ぬほど...である. — se ~ ❶ 文章語 死にかけている; 消えかけている. ❷ (de) 死ぬほど...である.

mouroir 男《軽蔑》老人病院; 老人ホーム.

mouron 男《植》ルリハコベ.

◇se faire du ~ 俗 心配する.

mourr-, mouru-, mourû- 活 ⇨ mourir.

mouscaille 女 俗 糞(ふん); 金詰まり.

mousmé 女 《日本》日本娘;《俗》女.

mousquet 男 マスケット銃.

mousquetaire 男 ❶ マスケット銃兵; 近衛騎兵. ❷《服》gant à la ~ カフス付き手袋. botte à la ~ 折り返し付きブーツ.

mousqueterie 女 (マスケット銃の)一斉射撃.

mousqueton 男 ❶ (第2次大戦で用いられた)小銃. ❷ [登山]カラビナ.

moussaillon 男 俗 少年[見習い]水夫.

moussaka 女 ムサカ(ナスと羊のひき肉で作る中近東料理).

moussant, e 形 発泡性の.

mousse¹ 女 ❶《植》コケ. ❷ 泡;《料》ムース. ~ caoutchouc ~ フォームラバー, スポンジゴム. ❸ point ~ (編み物の)ガーター編み. — 形《不変》コケ色の.

mousse² 男 ❶ (16歳以下の)見習い水夫. ❷《海》小型ヨットの一種.

mousse³ 形 切れ味の鈍い; 厳しさに欠ける.

mousseline 女《繊》モスリン. — 形《不変》《料》(泡立てた)生クリーム入りの.

mousser 自 泡立つ. ◇faire ~ をめちゃほめる. se faire ~ 自慢する.

mousseron 男【菌】食用キノコ.

mousseux, se 形 泡立つ, 発泡性のふんわりした. ── 男 発泡性ワイン.

moussoir 男【料】泡立て器.

mousson 女 季節風; モンスーン.

moussu, e 形 コケ(苔)に覆われた.

moustache 女 ❶ 口ひげ;〔猫などの〕ひげ. ❷ 口元に残った飲み物の跡.

moustachu, e 形 口ひげを生やした(人), 口元に濃いうぶ毛の生えている(女性).

moustiquaire 女 蚊帳; 網戸.

moustique 男 ❶【昆】蚊. ❷〖話〗子供; 小柄でやせた人.

moût 男〔発酵前の〕ブドウ果汁.

moutard 男〖俗〗男の子;〔複数〕〔女子も含む〕子供たち.

moutarde 女 マスタード;【植】カラシナ. ◊*La ~ lui monte au nez.* 彼(女)はかっとなっている. ── 形〔不変〕からし色の.

moutardier 男 からし入れ; からし製造〔販売〕業.

mouton 男 ❶ 羊; 羊肉, 羊皮. ❷ 従順な人; だまされやすい人; 付和雷同する人. ❸〔複数〕白い波頭; 綿雲; 綿ぼこり. ❹ 獄(囚人の中の警察の回し者). ❺【土木】(杭(%)打ち用の)ドロップハンマー.
◊*~ à cinq pattes* 世にも珍しい物〔人〕. *~ de Panurge* 尻(%)馬に乗る〔付和雷同する〕人. *~ noir* 変わり者, のけ者. *Revenons à nos ~s.* 本題に戻ろう.

moutonné, e 形 羊毛のような; 綿雲に覆われた.

moutonner 自 ❶ 羊(毛)を思わせる. ❷ 白く波立つ;(綿雲が)わく. □**moutonnement** 男

moutonnerie 女 盲従; 付和雷同.

moutonneux, ése 形 白波の立った; 綿雲に覆われた.

moutonnier, ère 形 盲従する; 付和雷同する.

mouture 女 ❶(麦などを)挽(%)くこと; 挽かれた粉. ❷ 焼き直し, 二番煎(%)じ. ❸ première ~ 初稿; 草案.

mouvance 女 ❶ 影響の及ぶ範囲, 勢力圏. ❷ 流動性. ❸【史】(封土間の)隸属関係.

mouvant, e 形 ❶ 絶えず変化〔移動〕する, 流動的な. ❷【史】(封土が)隸属する. ◊*terrain ~* 地盤の弱い土地, 未知の領域. ── 男 動く〔変化する〕もの.

mouvement 男 ❶ 動く〔動き回る〕こと, 動かすこと, 運動, 動作. ► **prendre [se donner] du ~** 体を動かす. ❷ 動き, 変動, 増減; 往来, 出入り, 移動, 流通; 起伏, 波乱, 躍動. ► ~ des prix [de la population] 値動き〔人口の変動〕/ rue pleine de ~ 往来の多い通. ❸(社会的, 芸術的)運動; 運動組織. ❹ 反応; 衝動. ❺ 仕掛け, メカニズム. ◊【楽】テンポ; 楽章. ◊*de son propre ~* 自発的に. *être dans le ~* 〖話〗時流に乗る. *un bon ~* 広い心, 親切心.

mouvementé, e 形 波乱に富んだ; 騒然とした; 起伏のある.

mouvementer 他〖経〗~ un compte 預金残高を変更する.

mouvoir 他 ❶ 動かす. ── se ~ 動く; (dans)(…の中で)生きる.

mouvr- 活 ⇨ mouvoir.

moyen¹, ne 形 ❶ 中間の, 中くらいの. ► classe ~ne 中流階級 / âge ~ 中年. ❷ 普通の; 平凡な; 平均の. ❸【言】~ français (14-16 世紀の)中代フランス語. voix ~ne 中間態. ❹ poids ~ (ボクシングの)ミドル級(の選手). ◊*~ terme* 折衷案, 妥協点. *trouver ~ de …* …する方法を見つける. ── 男 ❶ 中位のもの〔人〕. ❷【論】(三段論法の)中名辞, 媒概念. ── 女 ❶ 平均; 中程度, 中庸. ❷ (試験などの)及第点. ◊*en ~* 平均して.

moyen² 男 ❶ 手段, 方法. ❷〔複数〕【法】(請求の)理由. ❸〔多く複数〕能力, 才能; 財力. ◊*au ~ de …* …によって. *Il y a ~ de …* …できる. *Le ~ de …![?]* …することができようか. *les ~s du bord* 手近な方法. *par le ~ de …* …を通じて. *par ses propres ~s* 自力で. *Pas ~ de …* 〖話〗…できない. *par tous les ~s* 〖話〗ままようやくする.

Moyen(-)Age [-jɛna-] / **moyen(-)âge** [-jɛna-] 男 中世の, 中世風の; 時代遅れの.

moyenâgeux, se [-jɛna-] 形 中世の, 中世風の; 時代遅れの.

moyen-courrier 〔複〕~s(s)-s 男 中距離輸送機.

moyennant 前 …によって; ── 引き換えに. ◊*~ quoi* そうすれば.

moyennement 副 中位に; ほどほどに.

moyenner 他〖俗〗*Il n'y a pas moyen de ~.* 手の打ちようがない.

Moyen-Orient [-jenɔrjɑ̃-] 男 中東. ► **moyen-oriental, ale**(男複) **aux** 形

moyeu 男〔複〕**x** 車輪ハブ; 輪心.

Mozambique 男 モザンビーク.

MP 男(略)〖英〗military police (米英軍の憲兵).

MP3 [ɛmpetrwa] 男 エムピースリー(音声圧縮方式の一つ).

m/s (記)【計】mètre par seconde メートル毎秒.

MSF 男複(略) Médecins Sans Frontières 国境なき医師団.

M.S.T. 女(略) maladie sexuellement transmissible 性行為感染症(英語 STD).

mu (ギリシア字母の)ミュー (M, μ).

mû, mue 男 単 **mus** 動 mouvoir の過去分詞.

mucilage 男(植物の)粘液;【薬】漿(%)剤. ► **mucilagineux, se** 形

mucine 女【生化】ムチン(動物性粘性物質).

mucosité 女 / **mucus** [-s] 男(生理)粘液.

mucoviscidose 女 嚢(%)胞性線維症.

mue 女 ❶(羽毛などの)抜け替わり(の時期), 脱皮(期); 抜け替, 抜け落ちた羽毛〔角〕. ❷ 声変わり.

mué

mué, e 形 声変わりした；《en》（…に）変わった．

muer 自 ❶抜け替わる；脱皮する；声変わりする．一他《en》（…に）変える．**—se** 〔文章〕《en》（…に）変える．

muesli 男〔料〕ミューズリ（果実入りオートミール）．

muet, te 形 ❶口が利けない；（一時的に）声が出ない；口をつぐんだ．❷（感情などが）言葉に表されない；言及のない．❸無口な．❹〔映〕cinéma ～ 無声映画；〔演〕無言の，せりふのない；〔音声〕無音の．—名 口の利けない人．—男 無声映画．

muezzin [-dʒin] 男〔イ教〕ムアッジン（祈りの時を告げる人）．

muffin [mœfin]〔英〕マフィン．

mufle 男 ❶（動物の）鼻面．❷〔下品・粗野〕なや．—形〔下品・粗野〕な．

muflerie 女 下品な言動．

muflier 男〔植〕キンギョソウ．

mufti 男〔アラビア〕ムフティー（イスラム法の権威者）．

muge 男〔魚〕ボラ．

mugir 自 ❶（牛が）鳴く．❷〔文章〕（風などが）うなる，とどろく．

mugissant, e 形 ❶（牛が）鳴く．❷〔文章〕（風などが）うなる，とどろく．

mugissement 男（牛の鳴き声，）（風などの）うなる音，とどろき．

muguet 男〔植〕スズラン．

muid 男 ミュイ（旧容積単位）；1 ミュイ入りの樽．

mulard 男〔鳥〕アイガモ．

mulâtre 名, 形 白人と黒人の混血の（人）．田 古くは女性形 **mulâtresse** を用いた．

mule¹ 女 雌ラバ．◇avoir une tête de ～ 頑固である．

mule² 女 ❶（女性用の）サンダル，ミュール．❷ ～ du pape（十字架の刺繍入り）教皇の白いスリッパ．

mulet¹ 男 雄ラバ．

mulet² 男〔魚〕ボラ．

muleta [mulɛ-] 女〔西〕ムレタ（闘牛士の赤い布）．

muletier, ère 名 ラバ引き．—形 ラバの通る；ラバの．► chemin ～ 狭く険しい道．

Mulhouse《町名》ミュルーズ［県68］．

mulhousien, ne 形 ミュルーズの．—名（M～）ミュルーズの人．

mulla(h) [mula] 男 ⇨ mollah．

mulon 男（粘土で覆った）塩の山．

mulot 男〔動〕ノネズミ．

mulsion 女 乳搾り．

multibrin 形〔電〕多心より線の．

multicarte 形 複数社と契約している（外交員）．

multicellulaire 形〔生〕多細胞の．

multicolore 形 多色の．

multiconfessionnel, le 形 多宗教の．

multicoque 形, 男 多胴型の（船）．

multicouche 形 多層の．

multicritère 形 複数の基準［検索キー］による．

multiculturalisme 男 多文化共存．▫**multiculturaliste** 形 名

multiculturel, le 形 多文化の．

multidiffusion 女 同日［同一週］の再放送；複数局［ネット］による放送．

multidimensionnel, le 形 多次元の，多元的な．

multidisciplinaire 形 学際的な，多分野にわたる．

multiethnique 形 多民族の．

multifactoriel, le 形 多因子性の．

multifenêtre 形〔情報〕マルチウインドーの．

multifonction 形 多機能の．

multiforme 形 多様な（形態）の．

multijoueur 形（ネット上などで）多数でプレーできる．

multilatéral, ale形；〔男複〕**aux** 形 多国間の．

multilingue 形 多言語（併用）の．

multilinguisme [-gɥi-] 男 多言語併用（併用）．

multimédia 形 マルチメディアの．—男 マルチメディア．

multimilliardaire [-ljar-] 名, 形 大富豪の．

multimillionnaire [-ljɔ-] 名, 形 億万長者の．

multinational, ale；〔男複〕**aux** 形 多国間の；多国籍の．—形 多国籍企業．

multinationalisation 女 多国籍化．

multinationalité 女 多国籍性の．

multinorme 形 ⇨ multistandard．

multipare 形〔動〕多産の．❷ 経産婦の．—女 経産婦．

multiparité 女〔動〕多産；経産．

multipartisme 男 複数政党制．

multipartite 形 複数政党からの，連立の．

multiple 形 多数の；複雑な，複式の；〔数〕倍数の．—男 ❶ 倍数．❷〔美〕マルチプル（複数作られたオリジナル作品）．❷〔情報〕バイト．❷〔物〕多重線；〔数〕多重対．

multiplex [-ks] 形〔通〕多重化用の；多元同時放送の．—男〔通〕多重化装置；多元同時放送用装置．

multiplexage 男〔情報〕多重化；多重通信．

multiplexe 男 シネコンプレックス，シネコン，複合型映画館．

multiplexeur 男〔情報〕多重化装置．

multipliable 形 増加できる．

multiplicande 男〔数〕被乗数．

multiplicateur, trice 形 増加させる；乗ずる．—男〔数〕乗数．

multiplicatif, ve 形 増加する；〔数〕乗法の．

multiplication 女 ❶ 掛け算，乗法．❷〔生〕〔生〕増殖．❷〔機〕（ギヤによる回転の）増速（比）．

multiplicité 女 多数；多様性．

multiplier 他 ❶（数を）増やす，（回

数)を重ねる. ❷ [数] ～ A par B A を B 倍する; A ⊥ B を成す.
— se ～ ❶ (数)が増える, (回数)が重なる. ❷ 何人もの働きをする.

multipoint 形 (錠)がマルチポイントロックの.

multipolaire 形 [電] [生] 多極の.

multiposte 形, 男 複数端末装置同時接続可能な(パソコン).

multipotent, e 形 [生] 多分化能の.

multiprise 女 多口コンセント.

multiprocesseur 男 [情報] 多重プロセッサ, マルチプロセッサ.

multiprogrammation 女 [情報] 多重プログラミング.

multipropriétaire 名 (リゾート施設などの)共同所有者.

multipropriété 女 会員制共同所有.

multiracial, ale (男 複) **aux** 形 [人種](間)の.

multirécidiviste 名 [法] 多重累犯者.

multirisque assurance ～ マルチ保険.

multisalles [-sal] 形, 男 複数の映画館の入った(ビル).

multiséculaire 形 数世紀を経た.

multiservice 形 [情報] マルチサービス対応の.

multistandard 形 [不変] (テレビなどが)マルチスタンダードの.

multisupport 形 [不変] [商] マルチサポートの(生命保険).

multitâche 形 [情報] マルチタスクの.

multithérapie 女 [医] 多治療併用療法.

multitraitement 男 [情報] 多重処理.

multitude 女 ❶ une ～ de ... 多数の…. ❷ 文章 群衆.

mulud [mulud] 男 ⇨ mouloud.

mûmes 活 ⇨ mouvoir.

mumétal 男 ミューメタル, ニッケル鉄合金.

Munich [-k] 男 ミュンヘン.

munichois, e [-kwa(-)] 形 ミュンヘンの. — 男 (M～) ミュンヘンの人. ▶ la *Conférence de M～* de Paris (1802-13年の)パリの警察庁.

municipalisation 女 市[町, 村]有化.

municipaliser 他 市[町, 村]有化する.

municipalité 女 ❶ 市役所, 市[町, 村] 役場. ❷ 市, 町, 村.

munificence 女 文章 気前のよさ; 鷹揚(おおよう)さ.

munir 他 ～ A de B A に B を備えさせる, 持たせる. — se ～ (de) (…を)備える, 持っていく; 身につける.

munitions 女 複 弾薬.

munster 男 ミュンステル・チーズ.

muphti 男 ⇨ mufti.

muqueux, se 形 [生理] 粘液(性)の. — 女 粘膜.

mur 男 ❶ 壁; 塀; [複数] 城壁 (で囲まれた)町. ▶ ～ *pare-feu* [情報] ファイアウォール. ❷ 無反応[感動]な人; 頑固者.
◇ *coller au mur* 銃殺する. *entre quatre murs* [情報]がらんとした部屋[牢獄]で. *être* [*mettre*] *au pied du mur* 決断を迫られる[迫る]. *être dans ses murs* 自分の家を持っている. *faire le mur* 無断外出する;[スポ]壁を作る. *le dos au mur* 追い詰められて. *se cogner la tête contre les murs* 絶望的である.

mûr, e 形 ❶ 熟した, 実った; 成熟した; 機の熟した. ❷ 図画 擦り切れそうな. ❸ [医] (膿瘍(のうよう)が)膿んできた.

murage 男 [建] 壁で囲う[囲まれている]こと.

muraille 女 (大きな)壁; 城壁. ▶ la Grande M～ de Chine (中国の)万里の長城.

mural, ale (男 複) **aux** 形 壁の, 壁に掛ける. — 男 [美] 壁画; 壁飾り.

muralisme 男 [美] (20世紀メキシコの)壁画主義.
◇ **muraliste** 形, 名.

mûre 女 [植] クワ(の実); キイチゴの実 (= ～ *sauvage*).

mûrement 副 慎重に; 熟考のうえ.

murène 女 [魚] ウツボ.

murent 活 ⇨ mouvoir, murer.

murer 他 ❶ 壁で囲む; (de) (…で) ふさぐ. ❷ 閉じ込める; 壁に塗り込める.
— se ～ 閉じこもる.

muret 男 / **murette** 女 低い石垣; 石塀.

murex 男 [貝] アキガイ.

mûrier 男 [植] クワ.

mûrir 自 熟す, 実る; 成熟する.
— 他 熟させる; 練り上げる, 円熟する.

mûrissage / **mûrissement** 男 (果実などの)成熟.

mûrissant, e 形 熟しつつある; 中年の; 壮年の.

mûrisserie 女 追熟倉庫.

murmel 男 マーモットの毛皮.

murmurant, e 形 ざわめく, 軽やかな音を立てる.

murmure 男 ❶ ささやき; [多く複数]不平不満の声. ❷ 文章 (小川などの)さざめき; 軽やかな音.

murmurer 自 ささやく; つぶやく.
— 他 つぶやく; ぶつぶつ言う; 文章 (小川などが)さざめく, 軽やかな音を立てる.

mur(-)rideau; [複] ～*s(-)*～*x* 男 [建] カーテンウォール.

mus 活 ⇨ mouvoir.

musaraigne 女 [動] トガリネズミ.

musarder 自 文章 無為に過ごす.

musardise / **musarderie** 女 文章 無為な生き方.

musc 男 麝香(じゃこう).

muscade 女 ❶ ナツメグ. ❷ (手品用の)小さなコルク玉. ◇ *Passez* ～. (手品師が)さあ, 御覧のとおり消えました.

muscadet 男 ミュスカデ(白ワイン).

muscadier 男 [植] ニクズク.

muscadin 男 [史] ミュスカダン(大革

命期に粋(き)を取った王党派青年.
muscadine 囡 ミュスカダン(ブドウ, ワインの品種).
muscari 男【植】ムスカリ.
muscat 男 マスカット(ワイン).
——形 男 マスカットの.
muscle 男 筋肉, 筋力.
musclé, e 形 ❶ 筋肉のたくましい. ❷ 強力な; (政策などが)強権的な.
muscler 他 筋肉を発達させる; 活力を与える, 強化する. —— **se** ~ 自分の(…の)筋肉を鍛える.
musculaire 形 筋肉の.
musculation 囡 筋力トレーニング.
musculature 囡【集合的】筋肉.
musculeux, **se** 形 筋骨たくましい; 【解】筋肉性の.
muse 囡 ❶〈M~〉【ギ神】ミューズ(文芸, 芸術の9女神の各々). ❷【文語】(詩人などに)霊感を与える女性; 霊感.
muséal, ale 形 (男複) **aux** 形 美術館の, 博物館の.
museau 〈複〉x 男 ❶ (動物の)鼻面; (魚の)頭. ❷【料】~ de porc 豚の頭肉のゼラチン寄せ. ❸ 顔.
musée 男 ❶ 美術館, 博物館. ❷〈M~〉【史】ムセイオン(アレクサンドリアの学術研究所). ◇~ **des horreurs** 醜悪で俗悪な物[人]の集まり. **pièce de** ~ 美術[博物]館収蔵に値する名品.
muséifier 他 美術[博物]館化する.
museler ④ 他 ❶ 口輪をはめる; 口を封じる, 黙らせる.
muselet 男 (シャンパンなどの)口金; コルクワイヤー.
muselière 囡 口輪(ぶ), 口籠(ぶ).
musellement 男 口籠(ぶ)[口輪(ぶ)]をはめること; 口封じ.
muséobus [-s] 男 (バスなどを改造した)巡回博物[博物]館.
muséographie 囡 美術館[博物館]管理技術.
□ **muséographe** 名
muséologie 囡 博物[美術]館学.
□ **muséologue** 名
muser 自【文語】無為に時を過ごす.
muserolle 囡 (馬にかける)鼻革.
musette 囡 ❶ (肩から斜めにかける)布製かばん. ❷ **bal** ~ (大衆的な)ダンスホール. ❸【楽】ミュゼット(1) 風袋(ぶ)式のバグパイプ. (2) 竪笛. (3) 17, 18世紀に流行した牧歌的なダンス, その曲).
——男 (大衆的な)ダンス曲.
muséum 男 (自然科学)博物館.
musical, ale 形 (男複) **aux** 形 音楽の; 音楽を伴う; 音楽的な.
□ **musicalement** 副
musicalité 囡 音楽性.
music-hall [-ko:l] 男〈英〉ミュージックホール; (その)出し物, ショー.
musicien, ne 名 音楽家; 音楽愛好家. ——形 音楽の分かる, 音楽好きの.
musicographe 男 音楽評論家.
musicographie 囡 音楽評論.
musicologie 囡 音楽学.
□ **musicologue** 名
musicothérapie 囡 音楽療法.
musique 囡 ❶ 音楽; 楽譜; 楽団. ❷ (言葉の)諧調(ぶ), 音感. ◇*C'est toujours la même* ~. 【話】相変わらずのお話だ. **connaître la** ~ やり方[事情]を心得ている. **être réglé comme du papier à** ~ きちょうめんだ; 細かな点まで決まっている.
musiquette 囡 (芸術的価値のない)小曲.
musli 男 ⇒ **muesli**.
musqué, e 形 麝香(じゃ)の香りのする. ~ **bœuf** ~ ジャコウウシ.
muss- ⇨ **mouvoir**.
must [mœst] 男〈英〉【話】(流行に遅れないための)必須アイテム.
mustang [-g] 男〈米〉【動】ムスタング(北米の草原にすむ半野生馬).
musulman, e 形 イスラム教(徒)の; イスラムの. ——名 イスラム教徒.
mut, mût ⇨ **mouvoir**.
mutabilité 囡【文語】変わりやすさ.
mutable 形【文語】変わりやすい.
mutagenèse 囡【生】突然変異生成.
mutant, e 形【生】突然変異の. ——名 突然変異体, ミュータント.
mutateur 男【生】突然変異誘発遺伝子.
mutation 囡 ❶ 変化; 人事異動, 配置転換; 【スポ】移籍. ❷【法】(権利などの)移転, 譲渡. ❸【生】突然変異.
mutationnisme 男【生】突然変異説.
mutationniste 形【生】突然変異説の. ——名 突然変異論者.

---

musique 音楽

分類　宗教音楽 musique religieuse [sacrée] / 典礼音楽 musique liturgique / 世俗音楽 musique profane / 民俗音楽 musique folklorique [populaire] / ポピュラー音楽 musique populaire / クラシック音楽 musique classique / ジャズ jazz / ロック rock / 映画音楽 musique de film / 舞台音楽 musique de scène / BGM musique d'ambiance / 標題音楽 musique à programme / 室内楽 musique de chambre / 管弦楽 musique symphonique, musique d'orchestre [orchestrale] / 吹奏楽 musique d'harmonie / 器楽 musique instrumentale / 声楽 musique vocale / 12音音楽 musique dodécaphonique / 偶然性の音楽 musique aléatoire

声楽曲　グレゴリオ聖歌 chant grégorien / ミサ曲 messe / 受難曲 Passion / オペラ opéra / 悲劇オペラ tragédie lyrique / オペレッタ opérette / レチタティーヴォ récitatif, recitativo / アリア air, aria / (近代フランス) 歌曲 mélodie / 合唱 chœur

器楽曲　序曲 ouverture / 組曲 suite / ソナタ sonate / 交響曲 symphonie / 交響詩 poème symphonique / 協奏曲 concerto / メヌエット menuet / ガヴォット gavotte / ワルツ valse / ノクターン nocturne / 行進曲 marche

mutatis mutandis [-smytādis] 副句 (ラ) 必要な変更を加えて.

muter¹ 他 転She [異動] させる.
— 自 変異する.

muter² 他 (ワイン) 発酵を止める.

mûtes 活 ⇨ mouvoir.

mutilant, e 形 切断を要する; (手術などが) 手足を切断する, あまりにも重大な結果を招く.

mutila|teur, trice 形, 名 文章 切断 [毀(*き*)損] する (人).

mutilation 女 ❶ (手足などの切断. ❷ (芸術作品などの) 毀(*き*)損; 重大な削除 [欠落].

mutilé, e 名 手足を切断された人.

mutiler 他 ❶ (手足などを) 切断する. ❷ 損傷する; 改悪する.

mutin, e 形 生意気で好きの.
— 男 文章 反逆者; 暴徒.

mutiné, e 形, 名 反乱 [暴動] を起こした (者).

se mutiner 代動 反乱 [暴動] を起こす.

mutinerie 女 反乱; 暴動.

mutique 形 (心) 無言症の.

mutisme 男 沈黙; (心) 無言 (症).

mutité 女 口がきけない状態.

mutualisme 男 相互扶助組織 [制度]; (動) 相利共生.

mutualiste 形 相互扶助の.
— 名 共済組合員; 相互扶助論者.

mutualité 女 相互扶助組織 [制度]; 共済組合.

mutuel, le 形 相互 (関係) の.
— 女 共済組合; 相互保険.

mutuellement 副 互いに, 相互に; 相互的に.

mutuellisme 男 (プルードンの) 相互扶助論.

myalgie 女 (医) 筋肉痛.

Myanmar [mjan-] 固 ミャンマー.

myasthénie 女 (医) 筋無力 (症).

mycélium 男 (植) 菌糸体.

Mycènes ミケーネ (ギリシアの遺跡).

mycénien, ne 形 ミケナイの.
— 名 (M~) ミュケナイ人. — 男 ミュケナイ語 (ギリシア語最古の方言).

mycologie 女 菌学.
◻ **mycologique** 形

mycologue 名 菌学者.

mycoplasme 男 (生) マイコプラズマ.

mycose 女 (医) 真菌症.
◻ **mycosique** 形

mydriase 女 (医) 散瞳 (シュドウ).

mydriatique 形 (医) 散瞳の.
— 男 散瞳薬.

myéline 女 (解) ミエリン.

myélite 女 (医) 脊(*せき*)髄炎.

myélographie 女 (医) 脊髄造影.

myéloïde 形 (医) 骨髄の.

myélome 男 (医) 骨髄腫(*しゅ*).

myélopathie 女 (医) 脊髄障害.

mygale 女 (動) トリクイグモ.

myocarde 男 (解) 心筋層.

myocardiopathie 女 (医) 心筋症.

myocardite 女 (医) 心筋炎.

myologie 女 筋学.

myopathe 形, 名 (医) 筋障害の (患者).

myopathie 女 (医) 筋障害.

myope 形, 名 近視の (人); 視野の狭い (人).

myopie 女 近視; 文章 視野の狭さ.

myorelaxant, e 形, 男 (医) 筋弛(*し*)緩の (薬).

myosis 男 (医) 縮瞳 (しゅくどう).

myosite 女 (医) 筋炎.

myosotis [-s] 男 (ラ) (植) ワスレナグサ.

myothique 形, 男 (医) 縮瞳 (しゅくどう) の; 縮瞳薬.

myriade 女 文章 無数; 膨大な量.

myriapodes 男 複 (動) 多足類.

myrmécologie 女 アリ学.

myrmécophage 形, 男 (動) アリを食う (動物).

myrmidon 男 文章 小男; 取るに足りない男.

myrrhe 女 ミルラ, 没薬 (もつやく).

myrte 男 (植) ギンバイカ.

myrtille 女 (植) ブルーベリー (の実).

mystère 男 ❶ 神秘; 不思議; 秘密. ❷ (カト) 玄義; (宗教の) 秘儀, 奥義. ❸ (文) (中世の) 聖史劇. ❹ (菓) ミステール (メレンゲとプラリネで包むアイス).

mystérieusement 副 不思議にも; ひそかに.

mystérieux, se 形 不思議な; 謎(*なぞ*) の; 秘密めかした.

mysticisme 男 神秘主義 [思想]; 神秘神学 (哲学).

mysticité 女 文章 強烈な信仰; 神秘的な性格 [脱魂状態, 信仰生活].

mystifiable 形 だまされやすい.

mystifiant, e 形 (人を) たぶらかす, まやかしの.

mystifica|teur, trice 形, 名 人を煙 (けむ) に巻く (人); 人をかつぐ (人).

mystification 女 人をかつぐ [煙 (けむ) に巻く] こと; 欺瞞 (ぎまん), まやかし.

mystifier 他 かつぐ, 煙 (けむ) に巻く; たぶらかす.

mystique 形 ❶ 神秘的な; 神秘主義の. ❷ (キ教) 神秘の霊的象徴の. ❸ (信仰などが) 絶対的な; 狂信的な.
— 名 神秘主義者; 絶対的信仰を持つ人; 狂信家. — 女 ❶ 神秘思想 [主義]; 神秘神学. ❷ 絶対的信仰; 狂信.

mystiquement 副 神秘 (学) 的に; 狂信的に.

mythe 男 ❶ 神話; 伝説. ❷ 作り話, 絵空事.

mythifier 他 神話 [伝説] 化する.

mythique 形 神話の, 神話 [伝説] 的な; 架空の.

mythologie 女 神話, 伝説; 神話学. ◻ **mythologique** 形

mythologue 名 神話学者.

mythomane 形, 名 虚言症の (患者). ◻ **mythomaniaque** 形

mythomanie 女 (心) 虚言症.

mytilicul|teur, trice 名 ムールガイ養殖業者.

mytiliculture 女 ムールガイ養殖業.

myxomatose 女 (獣医) 粘液腫 (しゅ) 症.

N, n

N¹, n 囡 フランス字母の第14字.
N² 〘記〙❶〘化〙窒素. ❷ 某.
n 〘略〙nom 名詞; neutre 中性.
N. 〘略〙nord 北; nationale 国道.
n' ne の省略形.
Na 〘記〙〘化〙ナトリウム.
na 間〘話〙ねっ; ほら.
nabab [-b] 男 大富豪; 〘史〙(イスラム王朝時代のインドの)地方総督, 高官.
nabi 男 ❶ 〘ユ教〙(ヘブライの)預言者. ❷ 〘複数〙〘美〙ナビ派(後期印象派の若手画家の集団).
nabot, e 名 小人; ちび.
nabuchodonosor 男 ネブカドネザル(シャンパンなどの20本分の大瓶).
nacelle 囡 ❶ (気球などの)ゴンドラ; (乳母車の)座席. ❷ (飛行機の)エンジンカバー.
nacre 囡 (貝殻の)真珠層, 螺鈿(らでん).
nacré, e 形 真珠のような光沢の.
nacrer 他 (…に)真珠の光沢をつける.
nadir 男 〘天〙(天球上の)天底.
nænia 囡 母än(にい).
nævus [nevys] 男 〘複〙**nævi** 男 〘医〙母斑(にい).
nafé 男 〘植〙オクラの実.
nage 囡 泳法, 泳ぎ.
◊ *à la* ~ 泳いで; 〘料〙クールブイヨン煮の. *en* ~ 汗びっしょりで.
nageoire 囡 (魚などの)ひれ.
nager ② 圓 ❶ 泳ぐ. ❷ 浮かぶ, 漂う; 〈話〉だぶだぶの服を着ている. ❸ 話 途方に暮れる. ❹ 〘海〙こぐ.
◊ ~ *entre deux eaux* 2 者の間を巧みに渡り歩く. *savoir* ~ 巧みに切り抜ける.
—— 他 (ある泳法で)泳ぐ; (ある距離を)競泳する.
nageur, se 名 泳ぐ〔泳げる〕人. ► *maître* ~ 水泳指導員. ❷ 〘海〙漕手(そうしゅ). ❸ 形 (動物が)泳ぎ回る.
naguère 副 少し前まで; 最近まで.
nahuatl [-watl] 男 ナウトル語(中米インディオ語の一つ).
naïade 囡 ❶ 〘多く N~〙〘ギ神〙ナイアス(泉や川のニンフ). ❷ 〘植〙イバラモ.
naïf¹, ve 形 ❶ 気取らない, 素朴な; おめでたい. ❷ 素直な. ❸ 〘美〙素朴な, 自然の, ありのままの. ❹ 〘美〙素朴派の.
—— 名 ❶ お人よし, 世間知らず; うぶ. ❷ 〘美〙素朴派の画家.
naïf²; 〘複〙 ~(*s*) 形 ❶ 肉骨粉飼料禁止措置以前の(牛).
nain, e 名 小人. —— 形 小人(症)の; 非常に背の低い, 低い; (動植物, 天体が)矮小の; 矮小形の. —— 囡 〘天〙矮星 (= étoile ~ e).
Nairobi [naj-/nɛ-] ナイロビ(ケニアの首都).
nais(s~), **naît** 〚活〛= naitre.
naissain 男 (集合的)幼・稚貝.
naissance 囡 ❶ 誕生, 出生; 出産; 生まれ. ❷ 始まり; 起点, 源; 付け根.
◊ *de* ~ 生まれつきの. *donner* ~ *à …* …を生む, 生じさせる. *prendre* ~ 生じる, 始まる.
naissant, e 形 文 〘語〙生まれかかった; 始まったばかりの.
naître 〚51〛 圓 (助動詞 être) ❶ 生まれる. ► *Il est né musicien.* 彼は生まれながらの音楽家だ. ❷ 生じる, 起こる, 現れる; 生える, 開花する. ❸ 文 〘語〙(à …に)目覚める.
naïvement 副 無邪気に; ばか正直に.
naïveté 囡 ❶ 愚かさ; おめでたさ. ❷ 素直; 無邪気さ. ❸ 〘多く複数〙幼稚な言動; 愚行.
naja 男 〘動〙コブラ.
nana 囡 〘俗〙女, 女の子.
nanan 男 *C'est du* ~. それはとてもおいしい〔すてきだ, たやすいことだ〕.
nancéien, ne 形 ナンシーの.
—— 名 〘N~〙ナンシーの人.
Nancy ナンシー (Meurthe-et-Moselle 県の県庁所在地).
nandou 男 〘鳥〙レア.
nandrolone 囡 〘薬〙ナンドロロン(筋肉増強剤).
naniser / nanifier 他 (植物を)小さく育てる.
nanisme 男 小人症; 矮(わい)性.
nankin 男 南京木綿.
nano- 10億分の1, 10⁻⁹の. ► *nanoseconde* ナノ秒.
nanocomposite 男 〘化〙ナノ複合体.
nanomédecine 囡 〘医〙微小医学.
nanomètre 男 ナノメーター.
nanoparticule 囡 〘化〙ナノ粒子.
nanoréseau 男 地域情報ネットワーク.
nanorobot 男 超微小ロボット.
nanoscience 囡 ナノサイエンス.
nanostructure 囡 〘化〙ナノ構造.
nanotechnologie 囡 ナノテクノロジー, ナノテク.
nanotube 男 〘化〙ナノチューブ.
nansouk [-k] 男 〘繊〙ナンスーク(平織り綿布).
nantais, e 形 ナントの.
—— 名 〘N~〙ナントの人.
Nanterre ナンテール (Hauts-de-Seine 県の県庁所在地).
Nantes [-t] ナント (Loire-Atlantique 県の県庁所在地). ► *Édit de* ~ 〘史〙ナントの勅令(1598年).
nanti, e 形 裕福な; 備えのある; (*de*) (…を)有する, 携えた. —— 名 金持ち.
nantir 他 〘法令〙~ A *de* B AにBを備えさせる; 持たせる.
—— *se* ~ (*de*) (…を)備える, 携帯する; 準備する.
nantissement 男 〘法〙担保契約〔物件〕.
nanzouk [-k] 男 = nansouk.
naos [-s] 男 (古代の)神殿の内陣.

NAP 形《不変》上品な，洗練された．

napalm [-lm] 男《米》《化》ナパーム．━ **bombe au** ～ ナパーム弾．

naphta 男《油》ナフサ，ナフタ．

naphtalène 女《化》ナフタレン．

naphtaline 女《化》ナフタリン(防虫剤)．

naphte 男 ❶ 引火性の強い液体． ❷《古》原油．

Naples [-pl] ナポリ．

napoléon 男 ナポレオン金貨．

napoléonien, ne ナポレオン 1 世［3 世］の；ナポレオン家の．

napolitain, e 形 ❶ ナポリの． ❷《菓》 **tranche** ～**e** ナポリ風アイスクリーム(数種を重ねて切ったもの)． ━名《N～》ナポリの人．

nappage 男《料》ナパージュ(全体にソースなどをかけること)；ナパージュソース．

nappe 女 ❶ テーブルクロス． ❷ 層；広がり． ❸～ **d'autel** 祭壇布．

napper 他《料》～ **A de B** A にB をかける．

napperon 男 花敷敷き，テーブルセンター(マット)．

naqui-, naquî- 語 ⇨ **naître**.

narcisse 男 ❶《植》スイセン． ❷《N～》《ギ神》ナルキッソス． ❸《文雅》ナルシスト．

narcissique 形 ナルシシズムの．

narcissisme 男 ナルシシズム．

narcodollars 男複 麻薬取引で得たもうけ．

narcolepsie 女《医》睡眠発作．

narcose 女《医》麻酔(状態)．

narcoterrorisme 男 麻薬テロリズム．

narcotique 形 麻酔薬．━形 麻酔性の．

narcotrafic 男 麻薬取引．

narcotrafiquant 男 麻薬密売組織の元締め．

narguer 他 ❶ 軽んじる，ばかにする． ❷ 平然と立ち向かう．

narguilé / narghilé 男 水ギセル．

narine 女 鼻の穴．

narquois, e 形 嘲(ﾁｮｳ)笑的な；皮肉な．□**narquoisement** 副

narrateur, trice 名 語り手；ナレーター；話者．

narratif, ve 形 物語風の；物語の．

narration 女 ❶ 語り；叙述． ❷《学校教育の》課題作文．

narratologie 女《文》物語論，物語の構造研究．

narrer 他《文雅》物語る，叙述する．

narthex [-ks] 男《建》ナルテックス(聖堂の拝廊)．

narval; 《複》 **als** 男《動》イッカク．

nasal, ale; 《男複》 **aux** 形 ❶ 鼻の． ❷《音声》鼻音の．━女 鼻音．

nasaliser 他《音声》鼻音化する．━ **se**～ 鼻音化される．□**nasalisation** 女

nasalité 女《音声》鼻音性．

Nasdaq 男《商慣習》ナスダック．

nase¹ 男 俗 鼻．

nase² 形 俗 ❶ 壊れた，使い物にならない；へとへとの． ❷ ばかな，頭がおかしい．

naseau; 《複》 **x** 男 ❶《馬や牛などの》鼻孔． ❷《複》俗《人間の》鼻．

nashi 男《日本》ナシ《梨》．

nasillard, e 形 鼻声の．

nasiller 自 ❶ 鼻声でしゃべる；鼻声のような音を出す． ❷《アヒルが》があがあ鳴く．□**nasillement** 男

nasilleur, se 名 鼻声でしゃべる人．

nasique 男《動》テングザル；ハナナガムチヘビ．

nasonnement 男《医》鼻声(ﾋﾞ).

nasse 女《魚を捕る》梁(ﾔﾅ).

natal, e; 《複》 **als** 形《そこで》生まれた，生国の．

nataliste 形 出産奨励の．

natalité 女 出生数［率］．

natation 女 水泳；競泳．

natatoire 形 ❶ 水泳の． ❷《動》 **vessie** ～《魚類の》浮き袋．

natif, ve 形 ❶《**de**》…に生まれた；…出身の． ❷《文雅》生来の．━名《**de**》…に生まれた人；…出身者．

nation 女 国民；国家．

national, ale; 《男複》 **aux** 形 ❶ 国家の，国立の；国内の． ❷ 全国的な；国民の，国民的な． ❸ 国籍保有者の；《外国人に対し》自国民．━女 国道．━男複 国籍保有者；《外国人に対し》自国民．

nationaliser 他 国営［有］化する．□**nationalisation** 女

nationalisme 男 ナショナリズム，民族主義，国家主義．

nationaliste 形 民族［国家］主義の．━名 民族［国家］主義者．

nationalité 女 ❶ 国籍． ❷ 民族；民族［国民］性．

national-socialisme 男《ドイツの》国家社会主義．

national-socialiste; 《複》 **nationaux-～s** 形《ドイツの》国家社会主義の．━名 国家社会主義者．

nativisme 男《哲》《言》生得説．

nativité 女 ❶《聖母，洗礼者聖ヨハネの》生誕（祭)． ❷《N～》キリスト降誕祭，クリスマス；キリスト降誕図［像］．

nattage 男《わら，髪などを》編むこと．

natte 女 莚(ﾑｼﾛ)；編んだ髪，三つ編み．

natter 他 編む．

nattier, ère 形 莚(ﾑｼﾛ)製造販売人．

naturalisation 女 ❶ 帰化． ❷ 剝(ﾊｸ)製［標本］化．

naturalisé, e 形 帰化した(人)．

naturaliser 他 ❶ 帰化させる；《外国の言葉，文化を》移植する． ❷ 剝(ﾊｸ)製［標本］にする．

naturalisme 男 自然主義．

naturaliste 名 ❶ 博物学者． ❷ 自然主義者． ❸ 剝(ﾊｸ)製［標本］製作者．━形 自然主義の．

nature 女 ❶ 自然；景観；風物；田園． ❷ 本性；性質，種類；気質，体質；《…な》質(ｼﾂ)の人；個性の強い人． ❸《肉欲の》自然の情；《性の》本能． ❹《美》実物；モデル．▶～ **morte** 静物画．

◇**contre** ～ 自然の摂理に反した． **dans la** ～ 自然の中で；話 どこか適当に． **de [par]** ～ 生まれつき． **de** ～

naturel à + inf. …し得る性質で. **de cette ~** この種の. **en ~** 現物で. **force de la ~** 力持ち.
— 男 ❶(不変)何(食物)の何も混ぜていない;味付けをしていない. ❷話 率直さ, 気取らない.

naturel, le 形 ❶ 自然の;天然の;天性の,生まれつきの. ❷ 当然の,当たり前の. ❸ 飾り気のない;ありのままの. ❹ enfant ~ 私生児.
— 男 ❶ 性質,気性. ❷ 自然さ;飾り気のなさ.
◇**au ~**(食品が)味付けされていない;(写真でなく)実物で.
— 名 原住民;先住民.

naturellement 副 ❶ もちろん,当然. ❷ 自然に;生まれつき. ❸ 気取らずに,ありのままに.

naturisme 男 自然回帰主義,ヌーディズム;自然崇拝;(文)ナチュラリスム. □**naturiste** 名 形

naturopathie 女 自然療法(マッサージ,薬草などで自然治癒を促す). □**naturopathe** 名 形

naufrage 男 ❶ 難船,難破. ❷ 壊滅,崩壊.

naufragé, e 形 難破した;破滅[破産]した. — 名 難破した人.

naufrager ② 自 (文雅)沈没する;破滅する.

naufrageur, se 名 (偽信号を使って難破させ積み荷を奪う)難船略奪者;破壊者,妨害者.

naumachie 女 (古)模擬海戦(場).

naupathie 女 船酔い.

nauséabond, e 形 吐き気を催させる;嫌悪感を与える.

nausée 女 吐き気,嫌悪感.

nauséeux, se 形 吐き気がする;吐き気を催させる.

nautile 男 (貝)オウムガイ.

nautique 形 航海の;水上(中)の.

nautisme 男 水上スポーツ;ヨット.

nautonier, ère 名 ❶ 古(文雅)船頭. ❷ (半神) ~ des Enfers 冥府の川の渡し守(カロン Charon の一).

navaja [-ʒa, -xa] 女 (西)ナバハ(折り返しの短刀).

naval, ale 形 (男複) **als** 形 船舶の;航海の,海軍の. ► Ecole ~ale 海軍兵学校.

navalisation 女 (軍)艦上装備.

navarin 男 (料)羊とカブの煮込み.

navet 男 ❶ カブ. ❷ 話 駄作.

navette[1] 女 ❶ (近距離の)連絡便,シャトル便;行来. ► ~ spatiale スペースシャトル. ❷ (織機の)杼(ひ);(ミシンの)ボビンケース.

navette[2] 女 (植)アブラナ;ナタネ.

navicert [-t] 男 (英)(海)(商)対封鎖域航行許可書.

navigabilité 女 (海,河川の)航行可能性;(船舶,飛行機の)耐航性.

navigable 形 航行できる.

navigant, e 形 航空上(機上)勤務の.
— 名 乗組員;搭乗員.

navigateur, trice 名 航海者;海士人;(ラリーの)ナビゲーター.
— 男 (情報)ブラウザー,閲覧ソフト.

navigation 女 ❶ 航海(~ maritime);航空(~ aérienne). ❷ (情報)ブラウジング(ブラウザを使った閲覧).

naviguer 自 ❶ 航海(飛行)する;(情報)(ブラウザを使って)閲覧する. ❷ うまく対処する. ❸ 話 あちこち出歩く,よく旅行する.

naviplane 男 商標 ホーバークラフト.

navire 男 船,船舶.

navire-citerne;(複) ~s-~s 男 タンカー.

navire-école;(複) ~s-~s 男 練習船.

navire-usine;(複) ~s-~s 男 工船.

navrant, e 形 痛ましい;嘆かわしい.

navré, e 形 気分がひどい;恐縮した;悲嘆に暮れた. ► être ~ de …[que + subj.] …を申し訳なく(残念に)思う.

navrer 他 悲しませる;失望させる.

nazaréen, ne 形 ❶ ナザレの. ❷ (美)école ~ne ナザレ派(19世紀初頭のドイツ・ロマン派).
— 名 (N~)ナザレ人(び)(イエス・キリスト).

Nazareth ナザレ(イスラエルの町).

naze[1] 男 ⇨ nase[1].

naze[2] 形 ⇨ nase[2].

nazi, e 形 (独)ナチス(党員).

nazisme 男 ナチス(党員)の.

N.B. 男 (略)「ラ」nota bene 注意せよ.

N.B.C. 形 (不変) NBC 兵器の.

ne 副 母音・無音の h の前で n' となる)
❶(他の語とともに否定を表す) **ne … pas** …ない/**ne … plus** もう…ない/**ne … jamais** 決して(一度も)…ない/**ne … rien [personne]** なにも(だれも)…ない. ► Elle n'a que vingt ans. 彼女はまだ 20 歳だ/**ne … plus que** もう…しか…ない/**ne … pas que** …だけ…なのではない.
◇**n'est-ce pas** ね,そうでしょう.

❷(**ne** だけで否定を表す)…ない. ❶ (特定の動詞,慣用表現で) ► **ne** cesser de … し続ける / Je **ne** sais que faire. どうしたらよいか分からない. ❷ (主節が否定か疑問のときの関係節,また si で導かれる条件節で) ► Il n'est pas de jour où elle **ne** se plaigne. 彼女が不平を言わない日は 1 日としてない / si je **ne** me trompe 私の思い違いでなければ. ❸ (反語的疑問文で) ► Qui **ne** connaît … ? …を知らぬ者があろうか / Que n'est-il venu ! どうして彼は来なかったのか.

❸(否定の意味を持たない虚辞の **ne**)話口語ではよく省略される. ❶ (接続法をとる動詞[句],副詞句などの従属節で) ► Je crains qu'il **ne** vienne. 彼が来るのではないかと心配だ. ❷ il[cela] **ne** vienne pas とすると「彼が来ないのではないかと」の意. ❷ (比較表現) ► Il est plus malin que tu **ne** crois. 君が思っている以上に抜け目がない.

né, e 形 (naître の過去分詞) ❶ 生まれた. ► Mme X née Y X 夫人, 旧姓 Y. ❷ …-né 生来の….
◊ **bien** [**mal**] **né** 名門[下層]の出の.

néandert(h)alien, ne 名, 形 《人》ネアンデルタール人の.

néanmoins 副 しかしながら; にもかかわらず.

néant 男 ❶ 無; 虚無. ❷ 無価値なもの; つまらない物[人]. ❸ (記入事項)なし.

néantisation 女〖哲〗無化.

néantiser 他 ❶〖哲〗無化する. ❷ 消滅させる; 抹殺する.

nébuleux, se 形 ❶ 曇った. ❷〖文〗不明確な, 曖昧(勣)な; 難解な.
── 女 星雲; 混沌(恋)としたもの.

nébuliser 他〖医〗噴霧器で噴霧化する. ▫**nébulisation** 女

nébuliseur 男〖医〗噴霧器.

nébulosité 女 曇り;〖気〗雲量;〖文〗曖昧(勣)さ; 不明確.

nécessaire 形 ❶ (à, pour) (…に)必要な. ❷ 必然の.
── 男 ❶ 必要なこと; 必需品; 入れ物, 箱.

nécessairement 副 必ず, ぜひとも; 必然的に.
◊ **ne … pas** 必ずしも…ない.

nécessité 女 ❶ 必要(性); ❷ (多く複数)必要事; 必需品. ❷ 必然(性), 不可避性. ❸ (複数)御用, 大小便.
◊ **de première ~** 絶対[最低限]必要な. **être [se trouver] dans la ~ de …** …する必要に迫られている. **N~ fait loi.** 諺 やむを得ない場合はどんな手段も許される. **par ~** やむを得ず.

nécessiter 他 必要とする.

nécessiteux, se 形, 名 貧窮にあえぐ(人).

nec plus ultra [-plyzyl-] 男〖不変〗《ラ》極み; 無上のもの.

nécrologe 男 死亡者名簿.

nécrologie 女 死亡告知(欄); 物故者略歴; 故人略歴[追悼記事].

nécrologique 形 死亡告知の; 物故者一覧の.
nécrologue 名 物故者一覧作成者; 故人略歴[追悼文]の筆者.

nécromancie 女 降霊術.
▫**nécromancien, ne**

nécrophage 形[動]死肉[腐肉]を食べる.

nécrophilie 女〖心〗死体愛; 死姦.

nécrophore 男〖昆〗モンデムシ.

nécropole 女 (古代の)壮大な墓地;〖文〗大墓地.

nécrose 女〖医〗壊死(ホ).
▫**nécrotique** 形

nécroser 他〖医〗壊死を起こす.
── **se ~** 壊死する.

nectaire 男〖植〗蜜腺(殺).

nectar 男 ❶《神話》ネクタル(不老不死の酒);〖文〗美味な飲み物; 美酒. ❷〖植〗花蜜(☃).

nectarine 女 ネクタリン.

néerlandais, e 形 オランダ Pays-Bas の. ── 名 (N~)オランダ人. ── 男 オランダ語.

néerlandophone 形 名 オランダ語を話す(人).

nef 女 ❶ (教会の)外陣; 身廊. ► **nef latérale** 側廊. ❷ (中世の)大帆船.

néfaste 形 災いを及ぼす; 不吉な.

nèfle 女〖植〗セイヨウカリン(の実).
── **Des ~s!** とんでもない.

néflier 男〖植〗セイヨウカリン.

négateur, trice 名 形〖文章〗否定する(人), 反対ばかりする(人).

négatif, ve 形 ❶ 否定の, 拒否の. ❷ 否定的な, 消極的な, 成果のない. ❸ 負の, マイナスの; 陰性の. ❹〖写〗ネガの.
── 男〖写〗ネガ.
── 女 否定, 拒否. ► **dans la ~ も**し断られたら.

négation 女 否定; 拒絶;〖文法〗否定辞, 否定表現.

négationnisme 男 否定論(ナチスによるガス室大量殺りくはなかったとする).
▫**négationniste** 形 名

négativement 副 否定的に.

négativisme 男 否定主義, 否定的態度;〖心〗拒絶症.

négativité 女 ❶ 否定性; 消極性. ❷〖電〗陰性性, 負性.

négligé, e 形 なおざりにされた; 雑な, だらしない. ── 男 ❶ (服装の)だらしなさ, 無造作. ❷〖文章〗(女性の)薄い部屋着; ネグリジェ.

négligeable 形 無視できる; 取るに足りない.
◊ **considérer [traiter] comme quantité ~** 無視する, 問題にしない.

négligemment 副 ぞんざいに加減に; 無造作に.

négligence 女 ❶ なげやり; 怠慢; 無頓着. ❷ 不注意; 手抜かり;〖法〗懈怠(悩).

négligent, e 形, 名 なげやりな(人); 怠慢な(人); 不注意な(人).

négliger 他 ❶ なおざりにする; 怠る; 無視する. ── **se ~** ❶ 身なりに気を遣わない. ❷ 健康に留意しない.

négoce 男〖文章〗商売; 取引.

négociable 形 ❶ 交渉可能な. ❷ (証券などの)譲渡できる, 流通性のある.

négociant, e 名 卸売業者; 仲買人.

négociateur, trice 名 交渉委員; 仲介者.

négociation 女 ❶ 交渉, 折衝, 協議. ❷ (証券などの)譲渡; 流通.

négocier 他 ❶ 交渉[折衝, 協議]する. ❷ (証券などを)譲渡する. ❸ (カーブなどを)うまく切り抜ける.
── 自 交渉[協議]する.

nègre, négresse 名〖史〗黒人奴隷;[侮蔑](軽蔑)黒人人; ニグロ.
── 男 口語 代作者, ゴーストライター. ❷ 黒褐色. ❸〖菓〗► **en chemise** ネーグル・アン・シュミーズ(カスタードソースをかけたチョコレートムース).
◊ **petit ~** (植民地の黒人の)片言のフランス語.
── **nègre** 形 ❶ 黒人(文化)の. ❷ 黒褐色の. 形 ❶ では不変.
◊ **motion ~ blanc** 折衷案, 玉虫色

négrier, ère 形 黒人奴隷売買の. ― 男 ❶奴隷商人；奴隷船. ❷使用人をこき使う雇用主.

négrillon, ne 名 黒人の子供.

négritude 女 黒人の文化的伝統（への帰属意識）; 黒人としての自覚.

négro-africain, e 形 アフリカ黒人の.

négroïde 形, 名 黒人種に似た（人）.

negro-spiritual [negrospirit∫ol-twol] 男 《複》**als** 男 《米》《楽》 黒人霊歌.

négus [-s] 男 エチオピア皇帝.

neige 女 ❶雪；雪山. ► ～ de culture 《スポ》人工雪 /～ marine 《海》マリーンスノー. ❷ コカイン；ヘロイン. ❸《料》œufs à la ～ 泡立てた卵白を固めてカスタードソースに浮かべたデザート.
◊ *de* ～ 真っ白の.

neigeoter 非人称動 雪がちらつく.

neiger 非人称動 雪が降る.

neigeux, se 形 雪に覆われた；雪の多い；雪の降りそうな；《文章》雪のような.

nélombo 男 《植》ハス.

nem [nem] 男 《料》ネム（ベトナム風揚げ春巻）.

nématode 男 《動》線虫.

ne-m'oubliez-pas 男 《不変》ワスレナグサ.

nemrod [-d] 男 《文章》狩猟愛好家.

néné 男 《俗》おっぱい.

nénette 女 ❶ 頭. ❷ 娘, 若い女.

nénies 女複 《古ギ》《古ロ》挽（ばん）歌.

nenni [neni] 副 古・地・滅いいえ.

nénuphar 男 《植》スイレン.

néoblaste 男 《生》新生細胞.

néo-calédonien, ne 形 ニューカレドニア Nouvelle-Calédonie の.
― 名 《N～》ニューカレドニアの人.

néo-capitalisme 男 新資本主義. □**néo-capitaliste** 形 名

néo-classicisme 男 新古典主義.

néo-classique 形 ❶ 新古典主義の. ❷ 《経》école ～ 新古典学派.

néocolonialisme 男 新植民地主義. □**néocolonialiste** 形 名

néocortex 男 《解》新皮質. □**néocortical, ale**, 《男複》*aux* 形

néo-darwinisme 男 新ダーウィン説.

néo-fascisme 男 ネオファシズム. □**néo-fasciste** 形 名

néo-grec, que 形 近代ギリシア（語）の；《美》新ギリシア派の.

néo-hébridais, e 形 ニューヘブリデス諸島 Nouvelles-Hébrides の. ― 名 《N～》ニューヘブリデス諸島の人.

néo-impressionnisme 男 《美》新印象主義, 新印象派. □**néo-impressionniste** 形 名

néokantisme 男 新カント主義.

néolibéralisme 男 《経》新自由主義.

néolithique 男, 形 新石器時代（の）.

néologie 女 《言》新語法. □**néologique** 形

néologisme 男 新語, 新語義；（義）使用.

néomâle 男 《生》ネオ雄.

néoménie 女 新月の日；《古ギ》新月祭.

néomortalité 女 新生児死亡率.

néomycine 女 《医》ネオマイシン（抗生物質の一つ）.

néon 男 ❶ 《化》ネオン. ❷ 蛍光灯.

néonatal, e 形；《男複》*als* 《医》新生児の.

néonatologie 女 《医》新生児学.

néonazi, e 形 ネオナチズムの. ― 名 ネオナチスト.

néonazisme 男 ネオナチズム.

néophyte 名 新参者, 新入会員；《キ教》《初代教会の》新受洗者.

néoplasie 女 《医》《生》腫瘍（しゅよう）形成.

néoplasme 男 《医》新生物, 腫瘍（しゅよう）.

néoplatonisme 男 新プラトン主義.

néopositivisme 男 新実証主義. □**néopositiviste** 形 名

néoprène 商標 ネオプレン（合成ゴム）.

néoprotectionnisme 男 新保護主義.

néoréalisme 男 新写実主義；《イタリア文学・映画の》ネオレアリズモ. □**néoréaliste** 形 名

néorural, e；《男複》*aux* 名, 形 いなかに移り住む（人）.

néoténie 女 《生》幼形成熟.

néothomisme 男 新トマス主義.

néo-zélandais, e 形 ニュージーランド Nouvelle-Zélande の. ― 名 《N～》 ニュージーランド人.

néozoïque 形 《地》ère ～ 新生代.

Népal 男 ネパール（王国）.

népalais, e 形 ネパールの. ― 名 《N～》ネパール人. ― 男 ネパール語.

népenthès [-pɛ̃tɛs] 男 ❶《古ギ》ネペンテス（悩みを忘れさせる魔法の飲み薬）. ❷《植》ウツボカズラ.

népérien, ne 形 《数》ネーピアの. ― logarithme ～ 自然対数.

néphrectomie 女 腎摘除（術）.

néphrétique 形 腎臓にかかわる.

néphrite¹ 女 《医》腎炎；腎症.

néphrite² 女 《鉱》軟玉（ぎょく）.

néphrologie 女 腎臓病学.

néphrologue 名 腎臓病専門医.

néphropathie 女 《医》腎症.

néphrose 女 《医》ネフローゼ.

néphrotoxicité 女 《医》（薬物の）腎毒性.

népotisme 男 《文章》身びいき；同族登用；《史》（ローマ教皇の）閥族主義.

Neptune 男 《ロ神》ネプトゥヌス, ネプチューン；《天》海王星.

neptunisme 男 《地》水成論.

neptunium 男 《化》ネプツニウム（ウラン元素の一つ）.

néréide 女 / **néréis** [-is] 男 / 女 《動》ゴカイ.

nerf [nɛːr] 男 ❶ 神経. ❷ 活力, 気力；力強さ. ► Allons, du ～! さあ,

元気を出して、守るべきである[本の背の隆起].
◇ avoir les ~s en boule [pelote] 神経がぴりぴりしている. être à bout de ~s 極度に興奮している. être [vivre] sur les ~s 神経を張りつめさせている. porter [taper] sur les ~s 神経にさわる、いらいらさせる.

nerprun 男〔植〕クロウメモドキ.
nervation 女〔植〕脈状.
nerveusement 副 神経質で、いらいらして；神経的に.
nerveux, se 形 ❶ 神経質な；いらいらした；神経（性）の. ❷ 元気な；力強い. ❸ 筋肉質の；筋ばった.
── 名 神経質な人.
nervi 男 殺し屋；与太者、手下.
nervin, e 形〔薬〕神経に作用する、神経を興奮[鎮静]させる.
nervosité 女 興奮、いらだち；神経過敏.
nervure 女 ❶〔植〕葉脈；〔昆〕翅（し）脈. ❷〔建〕〔機〕リブ, 肋（ろく）材. ❸〔服〕ピンタック. ❹〔本〕バンド(本の背の隆起). ⇒ **nervuré, e** 形.
nestorianisme 男 ネストリウス派[主義]（キリスト教の異端）. ⇒ **nestorien, ne** 形.
Net [nɛt] 男 ネット、インターネット.
net, te [-t] 形 ❶ はっきりした、鮮明な. ❷ 清潔な；片づいた. ❸ 正味の. ▶ bénéfice net 純益 / salaire net 手取り給与. ❹ (de) (…を)免除された. ◇ avoir les mains nettes de ... と関係がない.
── 名 清書.── 副 ❶ いきなり；ぴたりと. ❷ （端数なしに）ちょうど；正味[手取り]で. ❸ はっきりと.
net² [nɛt] 男, 形〔不変〕〔英〕（テニスなどで)レット(の).
netcam [-m] 女 ⇒ webcam.
netéconomie 女 インターネット経済.
nétiquette 女〔情報〕ネチケット（ネットワーク上で守るべきエチケット).
nettement 副 はっきりと；明らかに、断然.
netteté 女 明晰、明瞭；清潔；潔白.
nettoiement 男 清掃.
nettoyage 男 ❶ 掃除；クリーニング. ❷ 〖諺〗(地区、職場の)浄化、一斉検挙, (大量)解雇. ❸〔軍〕掃討.
nettoyant, e 形 洗浄する.
── 男 洗剤.
nettoyer 10 他 ❶ 清潔にする、掃除する；洗濯する. ❷ （地区、職場の)浄化する. ▶ ~ de A à B AからBを追い出す. ❸ 〖諺〗すっからかんにする（一文無しに]する，(…から)金品を奪う；平らげる. ❹ 〖諺〗疲れさせる；殺す.
── se ~ ❶ 自分の（…を）掃除する. ❷ きれいになる；（汚れが）落ちる.
nettoyeur, se 名 掃除夫[婦].
── 男 クリーナー, 洗浄機.
neuf¹ [nœf] (ans, heures の前では [nœv]) 形〔不変〕❶ 9 の. ❷ 9 番目の. ── 名〔不変〕9；9日，9時；9番, 9号.
neuf², ve 形 ❶ 新品の；できた[得た, 芽生えた]ばかりの；新興の. ▶ voiture ~ve 新車. ❷ 新しい、目新しい. ❸ 新米の.
── 男 新品、新しい[こと].
◇ à ~ 新しく、新品同様に. habillé [vêtu] de ~ 新しい服を着た.
neufchâtel [nøfa-] 男 ヌーシャテルチーズ.
neume 男 ネウマ（中世の記譜記号).
neuneu 形 おつむが弱い(人).
neural, ale;〔男 複〕**aux** 形〔生〕神経性[系]の.
neurasthénie 女 憂うつ, ふさぎ；〔医〕神経衰弱.
neurasthénique 形 気がふさいだ(人);〔医〕神経衰弱の（患者).
neurobiologie 女 神経生物学.
neurochimie 女 神経化学.
neurochirurgie 女 神経外科. ⇒ **neurochirurgical, ale**;〔男 複〕**aux**.
neurochirurgien, ne 名 神経外科医.
neurodépresseur 男〔医〕神経抑制薬.
neuroleptique 男, 形〔医〕神経弛緩(しかん)性の.
neurolinguistique [-gq.-] 女 神経言語学.
neurologie 女 神経(病)学. ⇒ **neurologique** 形.
neurologue / neurologiste 名 神経科医, 神経（病)学者.
neuromédiateur 男〔生理〕神経伝達物質.
neuronal, ale;〔男 複〕**aux** 形 ❶〔解〕ニューロンの. ❷〔情報〕ordinateur ~ ニューロコンピュータ.
neurone 男〔解〕ニューロン.
neuropathie 女〔医〕神経疾患.
neuropeptide 男〔生化〕神経ペプチド.
neurophysiologie 女〔生理〕神経生理学. ⇒ **neurophysiologique** 形.
neuropsychiatre [-kja-] 名 神経精神科医.
neuropsychiatrie [-kja-] 女 神経精神医学.
neuropsychologie 女 神経心理学.
neurosciences 女複 神経科学.
neurotensine 女〔生化〕ニューロテンシン.
neurotomie 女 神経切除術.
neurotoxine 女 神経毒.
neurotoxique 形 gaz ~ 神経ガス.
neurotransmetteur 男 神経伝達物質.
neurovégétatif, ve 形〔生理〕植物性神経系の.
neurula 女〔生〕神経胚(はい).
neutralino 男〔物〕ニュートラリーノ.
neutralisant, e 形 中和する; 相殺する, 無力化する.
neutralisation 女 ❶ 中立化, 中立宣言；中立地帯の設定. ❷ 相殺, 無力化；〔軍〕制圧. ❸〔化〕中和.

neutraliser 他 中立化する. ❷ 無力化する, 相殺する; (色, 味を)和らげる, 薄める. ❸ 化 中和する.
— **se** ~ 相殺し合う; 無力化される.
neutralisme 男 中立主義.
neutraliste 形, 名 中立主義の(人).
neutralité 女 中立(性); 中立的な態度[意見], 公正さ. ❷ 化 中性, 中和状態.
neutre 形 ❶ 中立の; 公正な. ❷ 中間的な; 特徴のない, 生彩を欠く. ❸ 言 化 中性の.
— 男 ❶ 中立国. ❷ 言 中性.
neutrino 男 物 中性微子.
neutrographie 女 物 中性子ラジオグラフィー.
neutron 男 物 中性子.
neutronique 形 物 中性子の.
neuvain 男 9行詩.
neuvaine 女 カト 9日間祈禱.
neuvième 形 第 9 番目の; 9 分の 1 の. ❷ 第 9 番目の人[物]. — 男 ❶ 9 分の 1; 10階; 第 9 区. — 女 ❶ 第 9 学級(C⁰ terminale).
neuvièmement 副 9番目に.
ne varietur [nevarjetyr] (ラ) 副 形 役 変更できないように.
névé 男 万年雪.
Nevers ヌヴェール (Nièvre の県庁所在地).
neveu, (複) **x** 男 甥(¹)の.
névralgie 女 医 神経痛.
névralgique 形 医 神経痛性の. ◇centre ~ 中枢. point ~ 急所; 中枢.
névrite 女 医 神経炎.
névritique 形 医 神経炎(性)の.
névroglie 女 解 神経膠(¹).
névropathe 形, 名 古医 神経病質の(人).
névroptères 男複 昆 脈翅(¹⁾)目, 脈翅類.
névrose 女 医 神経症, ノイローゼ.
névrosé, **e** 形, 名 医 神経症[ノイローゼ]の(患者).
névrotique 形 医 神経症のノイローゼの.
new-look [njuluk] 男 米 不変, 形 ニュールックの, 新型(の).
newsmagazine [njus-] 男 ニュース雑誌.
newton [njuton] 男 計 ニュートン (記号 N).
newtonien, **ne** [nju-] 形 ニュートンの. — 名 ニュートン学説信奉者.
New York [nujork] ニューヨーク.
new-yorkais, **e** [nu-] 形 ニューヨークの. — 名 (N~-Y~) ニューヨークの人.
nez 男 ❶ 鼻. ❷ 顔, 頭. ▶ Tu as le nez dessus. (探し物をしている人に)目の前にあるよ. ❸ 嗅(¹)覚; 勘, 直感力. ❹ 機首; 船首, 舳(³⁾); 地理 岬. ◇à plein nez (におい)が強く, 鼻を突いて. au nez (et à la barbe) de ... …の面前で. avoir dans le nez 話 毛嫌いする. avoir le nez sur ... …に専念している. avoir un

verre dans le nez ほろ酔い加減である. à vue de nez ざっと見て. être [se voir] comme le nez au milieu de la figure 話 一目瞭然[明々白々]である. le nez en l'air 上を向いて; うわの空で. mener par le bout du nez 話 思いのままに操る. mettre [fourrer] le [son] nez 話 首を突っ込む; 顔を出す. mettre [fourrer] le nez dehors 話 外出する. montrer le bout du nez 話 ちらりと顔をみせる; 本心をのぞかせる. passer sous le nez de ... 話 …の目の前を通り過ぎる. regarder sous le nez ごろじろみる.

NF (略) ❶ nouveau franc 新フラン. ❷ **norme française** フランス規格.
ni[ni] 接 …もない. ▸ ne ... ni A ni B A も B も …ない.
niable 形 否定し得る.
niais, **e** 形, 名 愚かな(人).
niaisement 副 愚かに.
niaiserie 女 愚かさ; 愚かな言動, へまごくだらないこと.
niaque 女 戦意, ガッツ.
Nicaragua [-gwa] 男 ニカラグア (共和国).
nicaraguayen, **ne** [-gwa-] 形 ニカラグアの.
— 名 (N~) ニカラグア人.
Nice ニース (Alpes-Maritimes 県の県庁所在地).
niche¹ 女 いたずら.
niche² 女 ❶ 犬小屋. ❷ 壁龕(¹).
niché, **e** 形 巣をした. 話 住みついた, 隠れた. — 女 ❶ (集合的) (巣の)ひな鳥; 話 (一家の)子供たち.
nicher 自 巣を作る; 話 住む.
— **se** ~ 巣を作る; 話 宿る, 隠れる, 住む.
nichet 男 (産卵促進に巣に入れる)擬卵.
nichoir 男 (鳥の)巣箱; 孵化(¹⁾)かご.
nichon 男 話 乳房, おっぱい.
nichrome 商標 金 ニクロム.
nickel 男 ニッケル.
— 形 (不変) 話 ぴかぴかの; 清潔な.
nickelage 男 金 ニッケルめっき.
nickelé, **e** 形 ニッケルめっきをした.
nickeler 4複 ニッケルめっきをする.
nicodème 男 話 愚直[ばか正直]な人.
niçois, **e** 形 ニースの. ▸ salade ~e [料] ニース風サラダ. — 名 (N~) ニースの人. — 男 ニース方言.
nicotine 女 ニコチン.
nictitant, **e** 形 動 paupière ~e 瞬膜, 第三眼瞼(¹⁾).
nid 男 ❶ 鼻; 家庭, 家; 巣窟(¹⁰), 住処(¹⁾). ❷ 軍 nid de mitrailleuses 機関銃陣地.
◇nid d'aigle ワシの巣; 断崖(¹⁰)の城 [建物]; 要害.
nidation 女 生 着床, 卵着床.
nid-d'abeilles, (複) ~s-~ 男 ❶ ハニカム構造. ❷ (スモック刺繡(¹)) ハニコームステッチ; 織 蜂巣(¹⁾)織.
nid-de-poule, (複) ~s-~- ~ 男 道路の小さな丸いへこみ.
nidification 女 営巣.

nidifier 自[鳥]巣を作る.

niébé 男〖アフリカの〗インゲン豆に似た豆.

nièce 女 姪(%).

niellage 男 ニエロ象眼細工(品).

nielle[1] 女 ❶ 麦穂の虫害. ❷〖植〗～ bâtarde クロタネソウ. ～ des champs [blés] ムギセンノウ.

nielle[2] 男〖金〗ニエロ象眼; ニエロ, 黒金(ﾂﾞ).

nieller[1] 他〖植〗(害虫が)だめにする.

nieller[2] 他〖金〗ニエロ象眼をする.

nielleur 男 ニエロ象眼師.

niellure 女 ⇨ niellage.

nième [enjεm] 形〖数〗n 番目の. ◇ pour la ～ fois 何度も.

nier 他 否定する, 否認する.

nietzschéen, ne [nitʃe-] 形 ニーチェの. —名 ニーチェ哲学の信奉者.

Nièvre 女 ニエーヴル県 [58].

nigaud, e 形 愚かな, 間抜けな. —名 愚か者, 間抜け;〖愛情表現〗(子供に)おばかさん.

nigauderie 女 愚かさ; 愚かな言動.

nigelle 女〖植〗クロタネソウ, ニゲラ.

Niger 男 ニジェール(共和国).

Nigeria [-ʒe-] 男 ナイジェリア(連邦共和国).

nigérian, e 形 ナイジェリアの. —名(N～)ナイジェリア人.

nigéro-congolais, e 形 ニジェール・コンゴ語派の.

night-club [najtklœb] 男〖英〗ナイトクラブ.

nihilisme 男 ニヒリズム, 虚無主義. ■**nihiliste** 形名.

Nil 男 ナイル川.

nilo-saharien, ne 形 ナイル・サハラ語族の.

nilotique 形 ナイル川の; ナイル諸語の.

nimbe 男 ❶〖像〗ニンブス, 頭光(ｽﾞ)(神, 天使, 聖人の頭部を囲む後光). ❷〖文章〗光の輪.

nimbé, e 形〖像〗ニンブス〖頭光(ｽﾞ)〗のついた;〖文章〗輝き [光輪] で包まれた.

nimber 他 ニンブスで飾る; 輝きで包む.

nimbo-stratus [-s] / **nimbus** [-s] 男〖気〗乱層雲.

Nîmes [-m] ニーム(Gard 県の県庁所在地).

nimois, e 形 ニームの. —名(N～)ニームの人.

ninas [-s] 男〖葉〗(安い)小型の葉巻.

Niort ニオール(Deux-Sèvres 県の県庁所在地).

nipper 他 服を着せる. ► être bien **nippé** きれいな身なりをしている. —**se** ～ 服を着る.

nippes 女複 古着; 襤褸.

nippon, (n)e 形〖日本〗日本の. —名(N～)日本人.

nique 女 faire la ～ à ... ...に軽蔑の仕草をする; ...をばかにする.

nirvana, nirvâna 男〖サンスクリット〗〖仏〗涅槃(ﾊﾟ).

nissart 男 ニース方言.

nitratation 女〖化〗硝酸化.

nitrate 男〖化〗硝酸塩.

nitrater 他〖化〗硝酸塩化する; 硝酸塩を加える.

nitration 女〖化〗ニトロ化〖置換〗.

nitre 男〖古〗〖化〗硝石.

nitrer 他〖化〗ニトロ化代する.

nitreux, se 形 硝石を含む;〖化〗〖生〗亜硝酸の.

nitrification 女〖土〗硝化(作用).

nitrifier 他〖化〗硝酸塩に変える; 硝化する.

nitrique 形〖化〗硝酸の.〖生〗 bactérie ～ 硝酸細菌.

nitrite 男〖化〗亜硝酸塩.

nitrobactérie 女〖生〗硝酸細菌.

nitrogénase 女〖生化〗ニトロゲナーゼ.

nitroglycérine 女〖化〗ニトログリセリン.

nitruration 女〖金〗窒化処理.

nitrure 男〖化〗窒化物.

nitrurer 他 窒化処理を行う.

nitryle 男〖化〗ニトロ基.

nival, e; (男複) aux 形 雪の, 雪による; 雪解けによって増水した.

nivéal, e; (男複) aux 形 雪の.

niveau; (複) x 男 ❶ (基準面からの)高さ, 水位; 水平面. ► courbe de ～ 等高線. ❷ 水準, レベル, 程度. ❸ 階層; 階. ❹ 水準器. ► ～ à bulle [d'air] 気泡水準器. ◇ au ～ de ... ...の段階で; ...に関して; ...の高さに, ...のところに, ...と並んで; ...に到達できる. de ～ 同じ高さの [に]; 水平の.

niveler 他 ❶ 平らにする; 均等 [平等] にする. ❷ 水準器で測る. ■**nivelage** 男.

nivelette 女〖測〗水準測量用標尺.

niveleur, se 名 ❶ 水準測量技師; 地ならしをする人. ❷ 形 水準測量を行う; 平らにする. —女〖土木〗平等床, レベラーズ. —女〖土木〗地ならし機.

nivellement 男 ❶ 平坦(ﾀﾞﾝ)化; 地ならし. ❷ 均等 [平等] 化; 水準測量.

Nivernais 男 ニヴェルネ地方(パリ南東の旧州).

nivernais, e 形 ❶ ニヴェルネ地方の. ❷ ヌヴェール Nevers の. —名(N～)ニヴェルネ地方の人.

nivoglaciaire 形〖土木〗régime ～ 雪氷河相.

nivopluvial, ale; (男複) aux 形〖土木〗régime ～ 雨より融雪をおもな水源とした河川の流況.

nivôse 男 ニボーズ, 雪月(革命暦第4月).

nixe 女〖独〗〖北欧神話の〗水の精.

nizeré 男 白バラの精油.

No / no 男〖略〗numéro 番号.

nô 男〖日本〗能, 能楽.

nobel 男 ノーベル賞受賞者.

nobélisable 形 ノーベル賞を受賞しそうな(人).

nobiliaire 形 貴族の. ► particule ～ 貴族の姓の小辞(フランス語の de). —男 貴族名鑑.

noble 形 ❶ 貴族の. ❷ 気高い, 崇高

noblement

noblement 副 気高く; 堂々と.

noblesse 囡 ❶ 貴族(身分); 貴族階級; 貴族(全体). ❷ 気高さ, 威厳.
◇*N— oblige*. 諺 高い身分の者は身分にふさわしく振る舞わねばならない.

nobliau; 〘複〙**x** 男 〘軽蔑〙小貴族.

noce 囡 ❶ 結婚式; 〘集合的〙結婚式の参列者; 〘複数〙結婚, 結婚記念日, …婚式.
◇*faire la ~* どんちゃん騒ぎをする, 放蕩(턋)生活を送る. *ne pas être à la ~* 困った立場にある; 不満である.

noceur, se 名 〘話〙どんちゃん騒ぎの好きな人; 放蕩(턋)者.

nocher 男 〘古・詩〙船頭.

nociception 囡 〘生理〙侵害受容.

nocif, ve 形 有毒な, 有害な.

nocivité 囡 有毒性, 有害さ.

noctambule 形 夜遊びする(人); 夜歩きする(人).

noctambulisme 男 夜遊び; 夜歩き.

noctiluque 囡 〘動〙ヤコウチュウ.

noctuelle 囡 〘昆〙ヤガ.

nocturne 形 ❶ 夜の, 夜間の. ❷ 〘動〙夜行性の. ─ 男 〘楽〙夜想曲, ノクターン; 〘楽〙夜祷(とう)課. ❷ 〘カト〙夜課. ❸ 〘動〙夜行性猛禽(きん)類, フクロウ類. ─ 囡/男 夜間営業; 〘スポ〙夜間試合, ナイター.

nocuité 囡 〘医〙有害性.

nodal, ale 形 (男複) **aux** ❶ 〘物〙〘光〙節の. ❷ 〘解〙*tissu ~* (de cœur) 心形態組織.

nodosité 囡 〘植〙根粒; 〘医〙結節.

nodulaire 形 小結節(状)の.

nodule 男 〘医〙結節; 〘地〙塊, ノジュール.

noduleux, se 形 〘地〙団塊の; 〘医〙結節を含む.

Noël 男 ❶ クリスマス, キリスト降誕祭; クリスマスの頃 〔休暇〕. ▶ *arbre de ~* クリスマスツリー / *Père ~* サンタクロース. ❷ 〔ときに n~〕クリスマスプレゼント (= *petit ~*). ❸ 〔ときに n~〕クリスマスの賛美歌; クリスマスソング.
◇*croire au Père ~* サンタクロースがいると信じる; 単純〔無邪気〕である. *~ au balcon, Pâques au tison*. 諺 クリスマスの頃暖かいと復活祭の頃は寒い.
─ 囡 〔*la ~*〕クリスマス(の休暇).

noème 男 〘哲〙ノエマ.

noèse 囡 〘哲〙ノエシス.

nœud 男 ❶ 結び目; 縛り; リボン飾り; とりこ. ▶ *~ papillon* 蝶ネクタイ. ❷ 核心, 要点; 山場. ❸ 要所, 主要分岐点. ❹ 〔多く複数形〕絆(きずな). ❺ (木の節(ふし); 〘解〙結節; 〘天〙交点; 〘電〙節点. ❻ 〘海〙ノット.
◇*avoir un ~ à la gorge* 胸が締めつけられる. *faire un ~ à son mouchoir* (約束ごとを忘れないように)ハンカチに結び目を作る.

noie- ⇨ *noyer*.

noir, e 形 ❶ 黒い; (汚れ, 日焼けで)真っ黒の. ❷ 黒人の. ❸ 暗い; 曇った. 陰気な, 不吉な; 悲惨な. ❹ 陰鬱な, 邪悪な; 怪奇な; 背徳の. ▶ *film ~* 犯罪〔怪奇〕映画 / *humour ~* ブラックユーモア. ❺ 闇(やみ)の, 不正な. ▶ *travail ~* (労働許可証なしの)もぐりの仕事 / *caisse ~e* 裏金. ❻ 〘話〙酔っぱらっている.
─ 名 〔*N~*〕黒人.
─ 男 ❶ 黒; 黒い服, 喪服; 〔*~* 〕ブラックコーヒー. ❷ 黒いもの〔汚れ〕. ❸ 暗闇; 暗黒, 怪奇.
◇*au ~* 非合法に, 闇で; もぐりで. *broyer du ~* 悲観する. *être dans le ~* 五里霧中である. *~ sur blanc* はっきりと. *pousser au ~* 悪い方に考える. *voir tout en ~* すべてを悲観的に考える.
─ 囡 〘楽〙4分音符.

noirâtre 形 黒ずんだ, 黒っぽい.

noiraud, e 形 黒髪色で赤銅色〔黒褐色〕の肌の(人).

noirceur 囡 ❶ 区画黒さ; 暗さ. ❷ 腹黒さ, 邪黒さ; 卑劣な言動.

noircir 他 ❶ 黒くする〔汚す〕. ❷ 悲観的にみる. ❸ 文章(評判などを)傷つける; 中傷する.
◇*~ du papier* 書きまくる.
─ 自 ❶ 黒く〔暗く〕なる.
─ *se ~* ❶ 黒く〔暗く〕なる. ❷ 〘話〙酔っぱらう.

noircissement 男 黒くする〔なる〕こと.

noircissure 囡 黒い染み, 黒斑(はん).

noise 囡 〘古〙喧嘩(げんか), 口論.
◇*chercher ~ à …* …に喧嘩を売る, 言いがかりをつける.

noiseraie 囡 クルミ〔ハシバミ〕の林.

noisetier 男 〘植〙ハシバミ, ヘーゼルナット.

noisette 囡 ❶ ハシバミ(の実), ヘーゼルナッツ. ❷ 〘料〙ハシバミ色の小さな塊. ▶ *une ~ de beurre* バター1 かけら.
─ 形 (不変) ハシバミ色の, 淡褐色の.

noix 囡 ❶ クルミ(の実); 〘植〙堅果, ナッツ. ❷ 間抜けの, 薄のろ. ❸ 〘料〙クルミ大の塊. ❹ 〘食〙*~ de veau* 子牛の内股(うち)肉.
◇*à la ~* (*de coco*) 〘話〙無価値な, いい加減な. *Des ~!* 〘話〙くだらなくゼ.

noli-me-tangere 男 (不変) ❶ 〘植〙ツリフネソウ, ホウセンカ. ❷ 〘医〙蚕食性潰瘍(かいよう).

noliser 他 用船契約で雇う, チャーターする. ➪ *nolisement* こ.

nom 男 ❶ 姓. ▶ *nom commercial* 営業名, 社名. ❷ 名声; 名士; 著名人. ❸ 〘文法〙名詞.
◇*au nom de* …の名において, を考慮して. *de nom* 名前だけ, 上で. *en son nom* 彼(女)の代理で. *Nom de Dieu!* = *Nom de nom!* 〘話〙畜生, くそっ. *nom de guerre* 軍隊での仮名; 筆名, 芸名. *sans nom* 名状しがたい. *se faire un nom* 名をなす. *accabler〔traiter〕 … de tous les noms* …をさんざんにのしる.

nomade 形 遊牧の; 放浪の; 〘動

が)季節を追って移動する. —图 遊牧民, 放浪の民;居所の定まらない人.
nomadiser 圓 遊牧生活を営む; 区 童放浪する.
nomadisme 男 遊牧[放浪]生活.
no man's land [-mɑnslɑ̃d] 男 ❶《不ους》《英》❶非占領地帯;中間地帯. ❷無人の荒れ地.
nombrable 形 数えられる.
nombre 男 ❶ 图; 数量. ❷ 多数; 大勢. ❸ (les N~s)《聖》民数記.
◇ *au [du]* ~ *(de ...)*(…の)数のうちに, 仲間に入って;*(bon)* ~ *de* ... 多数の…. *en* ~ 多数で; 数の上で. *faire* ~ 頭数をそろえる; 数の中にいる. *sans* ~ 数えきれないほどの.
nombrer 文章 数える.
nombreux, se 形 ❶多くの, 多数の. *N~ sont* ... …が多い. ❷《単数集合名詞とともに》多数から成る, 大きな. *public* ~ 大観衆.
nombril [-(l)] 男 ヘソ;中心.
◇ *contempler son* ~ 圖 自分のことしか興味がない.
nombrilisme 男 图 自己中心的態度. ◻ **nombriliste** 形.
nome 男 ❶（現代ギリシアの）県. ❷（古代エジプトの）州.
nomenclature 囡 ❶ 専門用語;用語体系. ❷（辞書の）語彙(に), 項目;カタログ, 一覧表.
nomenklatura [-mɛnklatu-] 囡 特権階級.
nominal, ale；男複 *aux* 形 ❶名前の;名前だけの. *valeur* ~*ale*《証》額面, 券面額. ❷《文法》名詞の.
nominalement 副 ❶名前を挙げて;名目上. ❷《文法》名詞的に.
nominaliser 他 名詞句にする, 名詞化する. ◻ **nominalisation** 囡.
nominalisme 男 《哲》唯名論, 名目論. ◻ **nominaliste** 形名.
nominatif, ive 形 ❶名前を記載した, 記名の. ❷《文法》主格の.
—男《文法》主格, 名格.
nomination 囡 任命, 指名; 辞令; ノミネーション.
nominativement 副 指名で.
nominer 他 ノミネートする.
nommé, e 形 ❶…という名前の. ❷

名前を挙げられた; 言及された. ❸ 任命された. ◇ *à point* ~ 都合よく.
—图 ❶…という名前の人;《法》通称 ❷ ...なる者.
nommément 副 名指しで.
nommer 他 ❶ 名づける, 命名する; 呼ぶ. ❷ 任命する. ❸ (…の)名を言う, 名を挙げる. —*se* ~ ❶…という名前である. ❷ 自分の名を言う.
non 副 ❶《否定の答えをいいえ, いや;《否定疑問に対して》はい（…ではありません). ❷《否定の強調, 疑い, 慣慨など》▶ Je ne suis pas d'accord, *non*. 私は賛成しない, いや. ◇《Il a été reçu premier.—*Non*, pas possible?》「彼はトップで合格した」「まさか, そんなことが」❸《付加疑問》▶ Il est très gentil, *non*? 彼はすごく〔親切でしょう. ❹《省略的に》*Etes-vous décidé ou non*? もう決めましたかどうですか/Il est parti, moi *non*. 彼は出かけたが, 私は出かけなかった. ❺《形容詞などの否定》~ *personnage non négligeable* 無視できない人物. ◇ *Je ne dis pas non.* 圖 喜んで. *non (pas) A mais B* A ではなく B である. *non (pas) que* + *subj.*（+ *mais ...*)…だからではなくて（…だから）. *non plus que* ... と同様（…ない).
—男 いいえ（という返答); 否定; 反対; 拒絶.
non-accompli, e 形《言》未完了の. —男 未完了.
non-activité 囡 休職, 待命.
nonagénaire 形 90歳（代）の（人).
non-agression 囡 不侵略.
non-aligné, e 形, 名 非同盟の（国), 非同盟の(人).
non-alignement 男 非同盟（主義).
nonante 形名 固 地域 90の.
non-assistance 囡《法》~ *à personne en danger* 救助懈怠(款)罪.
non-belligérance 囡 非交戦状態.
non-belligérant, e 形, 名 非交戦（状態)の（国, 人).
nonce 男 教皇大使.

---

nombre 数	
分数 fraction $\frac{1}{2}$ un demi $\frac{1}{3}$ un tiers // $\frac{1}{4}$ un quart // $\frac{1}{5}$ un cinquième // $\frac{2}{5}$ deux cinquièmes // $2\frac{3}{4}$ deux trois quarts	cent douze // 2, 71828 deux virgule sept un huit deux huit
固 分子, 分母とも大きな場合は $\frac{a}{b}$ sur *b* のように sur を用いる. $\frac{26}{137}$ vingt-six sur cent trente-sept	固 小数点はカンマ (,) で示す. 小数点以下3けたまでは通常小数として読み, 4けた以上の場合は1けたごとに読む.
小数 nombre décimal 0, 3 zéro virgule trois // 0, 112 zéro virgule	冪 ($\vec{z}$) puissance
	10^2 le carré de dix; dix au carré; dix (à la) puissance deux
	10^3 le cube de dix; dix au cube; dix (à la) puissance trois
	10^4 dix (à la) puissance quatre
	累乗根 racine
	$\sqrt{3}$ la racine carrée de trois
	$\sqrt[3]{8}$ la racine cubique de huit
	$\sqrt[n]{a}$ la racine n^{ième} de *a*

nonchalance 囡 無頓着、のんき; なげやり.

nonchalant, e 形 囡 無頓着な(人)、のんきな(人); なげやりな(人). ¤**nonchalamment** 副

nonciature 囡 教皇大使の職; 教皇大使館.

non-combattant, e 名, 形 非戦闘員(の).

non-comparution 囡《法》不出頭.

non-conciliation 囡《法》勧解不調.

non-concurrence 囡 非競争.

non-conformisme 男 非順応主義, 非同調性.

non-conformiste 名, 形 非順応者(の), 非同調者(の).

non-conformité 囡 不一致, 不適合.

non-contradiction 囡《論》無矛盾性.

non-croyant, e 形, 名 信仰心のない(人); 無神論の(人).

non-cumul 男《法》《刑》の不併科.

non-directif, ve 形 無指導の; 非誘導的な.

non-directivité 囡 / **non-directivisme** 男《心》非指示法.

non-discrimination 囡 差別をしないこと, 非差別, 差別の撤廃.

non-dissémination 囡 核拡散防止.

non-dit 男 言い落とし.

non-droit 男 zone de ～ 無法地帯.

none 囡 ❶《古ロ》第9時(午後9時); 1日の第4時間帯《カト》第九聖課. ❷《複数》《古ロ》(3月, 5月, 7月, 10月の)7日, (他の月の)5日.

non-engagé, e 形, 名 政治[社会活動]に参加のない(人); 非同盟の(国).

non-engagement 男 ❶(政治・社会的)中立, 不参加. ❷非同盟.

non-être 男《哲》非有, 非存在.

non-euclidien, ne 形《数》非ユークリッドの.

non-événement 男 何も起こらずに終わったこと, 期待外れ.

non-exécution 囡《法》不履行.

non-existence 囡 非存在.

non-figuratif, ve 形, 名《美》非具象の(画家, 作家).

non-fumeur, se 名 非喫煙者. ─《同格的》voiture ～s 禁煙車.

nonidi 男《革命暦の毎旬の》第9日.

non-ingérence 囡 不干渉.

non-initié, e [-sje] 形, 名 手ほどきを受けていない(人); 奥義[秘法]を伝授されていない(人).

non-inscrit, e 形, 名 無所属の(議員, 候補).

non-intervention 囡 不介入; 内政不干渉. ¤**non-interventionniste** 形名

non-lieu;《複》x 男《法》免訴.

non-métal;《複》aux 男《化》非金属.

non-moi 男《不変》《哲》非我.

nonne 囡《ふざけて》修道女.

nonnette 囡 ❶《ふざけて》若い修道女. ❷《菓》ノネット(蜂蜜(紫)とショウガ入りのパン). ❸《鳥》ハシブトガラ.

nonobstant 前《官庁用語》《ふざけて》…にもかかわらず. ─副 囡, 文章 それにもかかわらず.

non-paiement 男 不払い, 未納, 滞納.

non-pareil, le 形 文章 比類のない.

non-prolifération 囡《核兵器の》拡散防止.

non-recevoir 男《単数形のみ》fin de ～ 拒絶, 不受理.

non-réponse 囡 答えになっていない答弁.

non-résident 男 非在住[居住]者.

non-respect 男 無視, 違反.

non-retour 男 point de ～ やり直し[後退]の不可能な時点.

non-salarié, e 男 非給与生活者.

non-sens [-s] 男 ナンセンス; 不合理; 意味の通じない文章(語句).

non-spécialiste 名, 形 非専門家(の), 素人(の).

non-stop [-p]《英》形《不変》ノンストップの; 中断なしの, 連続の.
─男《不変》faire du ～ 中断せずにやり抜く.
─男《不変》《スキー》(競技前にコースを知るための)試し滑降.

non-tissé 男《繊》不織布.

nonupler 男 9倍にする.

non-valeur 囡 ❶《不動産の》非生産性;《経》不良債権; 未回収金. ❷無価値かもの.

non-violence 囡 非暴力主義.

non-violent, e 形, 名 非暴力(主義)の(人).

non-voyant, e 形, 名 目の不自由な人.

nopal;《複》als 男《植》ウチワサボテン.

noradrénaline 囡《生化》ノルアドレナリン.

noradrénergique 形《生理》ノルアドレナリン(作用性)の.

Nord 男 ノール県 [59].

nord 男《単数形のみ》❶ 北; 北部(地方). ► étoile du N～ 北極星 / mer du N～ 北海. ❷ (le N～) 北フランス; 北欧, 北方の国. ► canal du N～(北部とパリを結ぶ)ノール運河.
♦ perdre le ～ 途方に暮れる, 気が動転する.
─形《不変》北の.

nord-africain, e [-ra-] 形 北アフリカの.
─(N～-A～) 北アフリカの人.

nord-américain, e [-ra-] 形 北米の. ─(N～-A～) 北米の人.

nord-coréen, ne 形 北朝鮮(朝鮮民主主義人民共和国)の.
─(N～-C～) 北朝鮮の人.

nord-est [-rest] 男《単数形のみ》, 形《不変》北東(の); 北東部の.

nordique 形 北欧の.

—名《多く N~》北欧人.
nordiste 名, 形 (アメリカ南北戦争の)北軍方(の).
nord-ouest [nɔrwɛst] 男《単数形のみ》, 形《不変》北西(の).
Nord-Pas-de-Calais 男 ノール=パ=ド=カレ地方(フランス北部).
nord-sud [-d] 形《不変》南北の.
nord-vietnamien, ne 形 (南北分断当時の)北ベトナムの.
—男《N~-V~》北ベトナム人.
noria 女《西》鎖ポンプ; 揚水機.
normal, ale 《男複》**aux** 形 ❶ 正常な, 普通の, 標準の. ❷ 当然の, 納得できる; 仕方がない. ❸ Ecole ~ale (初等教員を養成する)師範学校. Ecole ~ale supérieure 高等師範学校. —女 ❶ 常態, 標準, 平均. ❷《N~》国 高等師範学校.
normalement 副 正常に, 普通に; 通常ならば.
normalien, ne 名 高等師範学校の学生;《卒業生》師範学校の学生.
normalisateur, trice 形 ❶ 正常化[規格化]する(人).
normalisation 女 規格化, 標準化; 規格基準; 正常化.
normalisé, e 形 規格化にかなった;《服》taille ~ 標準寸法[サイズ].
normaliser 他 ❶ 規格化する, 標準化する. ❷ 正常化する.
—**se ~** 正常化する.
normalité 女 正常, 常態; 正常さ.
normand, e 形 ノルマンディーの.
—名《N~》ノルマンディー地方の人. ◊*réponse de* ~ 曖昧(数)な返事.
Normandie 女 ノルマンディー地方(フランス北部の旧州).
normatif, ve 形 規範的な, 規準を確立する.
norme 女 規範; 規準, 規格.
normographe 男 テンプレート.
norois / noroît 男 北西の風.
norrois 男《言》ノルド語.
Norvège 女 ノルウェー.
norvégien, ne 形 ノルウェー人.
—名《N~》ノルウェー人.
—男 ❶ ノルウェー語. ❷《海》後端のとがったバイユーリグの帆船.
nos notre の複数形.
nosocomial, ale《男 複》**aux** 形 病院の, 院内の.
nosographie 女 疾病学.
nosologie 女 疾病分類学.
nostalgie 女 郷愁, 懐古; 憂愁.
nostalgique 形 郷愁の, 懐古的な, 憂愁の. —名 郷愁にとらわれた人;(…を)懐かしむ人.
nota / nota bene [-bene] 男 《ラ》注意(略 N.B.).
notabilité 女 著名人, 有力者.
notable 形 注目に値する, 顕著な; 有力な, 著名な. —名 有力者, 名士;《史》Assemblée des ~s 名士会.
notablement 副 著しく, たいへん.
notaire 男 公証人.
notairesse 女 公証人の妻.
notamment 副 特に, とりわけ.
notarial, ale《男 複》**aux** 形 公証人の, 公証人の職務の.
notariat 男 公証人職; 公証人会.
notarié, e 形 公証人が作成した.
notation 女 ❶ 採点; 寸評; メモ. ❷ 記号表記法; 記号体系.
note 女 ❶ メモ, ノート; 書き込み. ❷ 注, 注解. ❸ 評点, 成績. ❹ 文書, 通達. ❺ 勘定書, 請求書; 勘定. ❻《楽》音符; 音. ❼ 音色; 調子; 色調. ◊*donner la* ~ 基本音を与える; 模範を示す. *être dans la* ~ ふさわしい, 適切である. *fausse* ~ 調子はずれの音; 調和を乱すもの. *forcer la* ~ 誇張する. *la ~ juste* 正しい音; ぴったりしたもの. *prendre* (*bonne*) ~ *de …* …を書き留める; 覚えておく.
noter 他 ❶ 書き留める, メモする; 印をつける. ❷ 注目する, 留意する; 気づく. ❸ 採点[評価]する. ❹《楽》記譜する.
notice 女 ❶ 概要, 略説; 説明書. ❷ (卷頭の)解題, 著者紹介.
notificatif, ve 形 通告する.
notification 女 通告, 通知.
notifier 他 通告する, 通知する.
notion 女 観念, 概念;《多く複数》基礎知識.
notionnel, le 形 観念の, 概念の.
notoire 形 周知の, 有名な; 札付きの.
notoirement 副 周知のとおり.
notonecte 女《昆》マツモムシ.
notoriété 女 ❶ 周知, 有名; 名声. ❷《法》acte de ~ 公知証書.
notre《複》**nos** 形《所有》❶ 私たちの, 我々の. ❷《相手と共通の関心事》~ héros 《名高などで》我らが主人公 / Voilà ~ homme. ほら, やってきたのは彼だ. ❸《non の代わりの》(著者が謙遜(%)している)筆者の;(君主が威厳を示して)余の, 朕(?)の.
nôtre 代《所有》(le, la, les の) 私たちのもの.
—形《複数》私たちの身内[仲間, 同僚]. ◊*y mettre du* ~ 自分たちにできる精一杯のことをする.
—男《~》図書 私たちの, 私たちに属する.
Notre-Dame 女 聖母マリア; ノートルダム大聖堂.
notule 女 脚注, 小注.
nouage 男 結ぶこと;《繊》経つなぎ.
nouaison 女園 結実.
Nouakchott [-t] ヌアクショット(モーリタニアの首都).
nouba 女 ❶ ヌウバ(アラブの歩兵隊の軍楽);俗 どんちゃん騒ぎ.
noué, e 形 ❶ 結んだ, 縛った; 締めつけられた. ❷ (くる病などで)結節のできた. ❸ 入念に仕組まれた.
nouer 他 ❶ 結ぶ, 縛る; 締めつける. ❷ 仕組む. —**se ~** 結ばれる;(劇の筋などが)入念に仕組まれる.
nouet 男 (煎(½)じ薬用の)布製小袋.
noueur 男 結束装置.
noueux, se 形 節の多い, 節くれだってごつごつした.
nougat 男 ❶《菓》ヌガー. ❷《複》俗足.
nougatine 女《菓》ヌガティーヌ(アーモンド入り砂糖菓子; ナッツを飾るケー

nouille

nouille 囡 ❶【料】ヌードル. ❷ 話 間抜け; 腰抜け.
── 形 間抜けな; 意気地なしの.
Nouméa【町】囡 ヌーメア (フランス領ニューカレドニアの都市).
nounou 囡 幼児語 ばあや, 乳母.
nounours [-s] 男 幼児語 (縫いぐるみの) 熊ちゃん.
nourrain 男 (養殖用) 幼魚; 子豚.
nourri, e 形 ❶ 栄養 [食べ物, 食事] を与えられた. ❷ 豊かな. ❸ 激しい.
nourrice 囡 ❶ 乳母; 里親; 子供を預かる女性. ❷ 補助タンク.
nourricier, ère 形 食糧をもたらす, 養う.
nourrir 他 ❶ 養う, 食糧 [栄養] を供給する, 扶養する; 授乳する. ❷ 培う; 絶やさないようにする. ❸〔文章〕豊かにする. ❹〔文章〕(感情などを) 心に抱く, はぐくむ.
── **se ~** ❶ 栄養を取る; (de) (…を) 食べる. ❷ (想像などに) ふける, (…を) むさぼる. ❸ 育つ, 大きくなる.
nourrissage 男 家畜飼育 (法); (家畜への) 授乳.
nourrissant, e 形 滋養のある; 実質に富む.
nourrisseur 男 飼育者; 【農】自動給餌(きゅうじ)装置.
nourrisson 男 乳飲み子, 乳幼児.
nourriture 囡 ❶ 食物, 食べ物; 食事; 食生活. ❷〔文章〕精神 [心] の糧.
nous 代《人称》(1 人称複数)❶ ❶《主語》私たちは. ❷《直接目的語・間接目的語》私たちを; 私たちに [のために, から, として]. ~ Il ~ regarde. 彼は私たちを見ている / Il ~ a écrit. 彼は私たちに手紙をくれた /《代名動詞中の再帰代名詞として》Nous ~ connaissons depuis longtemps. 私たちはずっと以前からの知り合いだ. ❸《強勢形》私たち. ~《前置詞とともに》Viens avec ~. 私たちと一緒においで /《属詞として》C'est ~. それは私たちです /《比較・制限の後, 類似の意味とともに》Ils sont plus riches que ~. 彼らは私たちより裕福だ /《主語, 強調》Nous croyons, ~ autres Français, que ... 我々フランス人は…と考える.

❷ ❶《je の代わりに》(著者が謙遜(けんそん)して) 筆者; (君主が威厳を示して) 余, 朕(ちん). ❷ 話《tu, vous の代わりに》(親しみを込めて) ~ Eh, bien, mon petit, ~ avons bien travaillé? ねえ, ちゃんと勉強したかな.

nous-mêmes 代《人称》我々自身.
nouure 囡 【植】結実期.
nouveau, elle; (男性第 2 形) **nouvel**;《男 複》**eaux** (囮 nouvel は母音・無音の h で始まる男性名詞の前で用いる) 形 ❶ 新しい, 最新の, 最近出た, 新型の; 斬(ざん)新な; 初めての.
▶ ~ voiture ~elle 新型車. ❷ もう 1 つ別の. ~elle voiture 新しく買った車. ❸ なりたての, 今のところ不慣れな, 経験の浅い. ~ ~eaux mariés 新婚夫婦.

── 名 新入り; 新入生.
◇ à ~ 改めて. de ~ 再び.

nouveau-né, e 形 新生児 (の).
nouveauté 囡 ❶ 新しさ; 斬(ざん)新さ; 新しいもの [こと]. ❷ 新製品; 新刊書; 新作.
nouvel, nouvelle nouveau の男性第 2 形, 女性形.
nouvelle 囡 ❶ 知らせ, 情報;《複数》便り, 近況. ~ Il vous donnera de mes ~s. 私の消息は彼からあなた (方) に伝えてもらいましょう (囮 de は部分). ❷ 中編 [短編] 小説.
Nouvelle-Calédonie 囡 ニューカレドニア (南太平洋のフランス領土).
Nouvelle-Guinée 囡 ニューギニア (島).
nouvellement 副 つい最近.
Nouvelle-Orléans (La) ニューオーリンズ (米国ルイジアナ州の都市).
Nouvelles-Hébrides 囡 ニューヘブリデス諸島 (南太平洋のバヌアツ共和国を成す群島).
Nouvelle-Zélande 囡 ニュージーランド.
nouvelliste 名 中編 [短編] 作家.
nova《複》**novae** [-ve] 囡 【天】新星.
novateur, trice 形, 名 改革する (人), 革新的な (人).
novation 囡 革新; 【法】更改.
novatoire 形 【法】更改の.
novélisation 囡 小説化.
novembre 男 11 月.
nover 他 【法】(債務を) 更改する.
novice 形 未熟な, 初心な.
── 名 初心者; 新米;【カト】修練者.
noviciat 男【カ】(修道誓願前の) 修練期; (修道院の) 修練所.
noyade 囡 溺死, 水死.
noyau 男《複》**x** 囡 ❶ (梅, 桃, サクランボなどの) 種. ❷ 中核; 小グループ. ❸ 【天】中核部, (彗(すい)星の) 核; 【生】細胞核;【物】地核, コア; 原子核.
noyauter 他 活動組織を潜入させる. **◇noyautage** 男
noyé, e 形 溺死した, 沈んだ; 途方に暮れた, 落ちこぼれた; (de) (…でおぼれた. ── 名 溺死者.
noyer[1] 他 ❶ 溺(おぼ)死させる; 沈める, 水浸しにする; 多量の水で薄める. ❷ 不明瞭にする, ぼかす. ❸〔文章〕覆い尽くす, 包む.
◇ ~ le poisson かかった魚を泳がせて弱らせる; 相手が疲れるのを待つ. ~ sous les mots 長話でうんざりさせる. ~ une révolte dans le sang 反乱を武力で鎮圧する.
── **se ~** ❶ 溺死する; 入水(じゅすい)する. ❷ (dans) (…に) 紛れ込む; 耽溺(たんでき)する. ◇ *se ~ dans un verre d'eau* ちょっとした困難にも挫折する.
noyer[2] 男 クルミの木.
N.P.I. 男 略 (略) Nouveaux pays industrialisés 新興工業国.
N.T. (略) Nouveau Testament 新約聖書.

NTIC 女複[略] Nouvelles technologies de l'information et de la communication 情報通信関連新技術.

NTSC 男[略] le système ～ (カラーテレビの) NTSC 方式.

nu¹, e 形 ❶ 裸の，むき出しの. ❷ 植物の生えていない; (樹木が)葉を落とした. ❸ 家具のない; 装飾のない.
— 男 裸体; [美] 裸体画 [像].
◇mettre à nu 裸にする; さらけ出す.

nu² 男[不変] (ギリシア字母の)ニュー (N, ν).

nuage 男 ❶ 雲. ❷ 暗雲，暗い徴候; 疑惑. ◇être dans les ～s ぼんやりしている. ～ de … 雲のような…の群れ; 少量の…; ふわっと動く….

nuageux, *se* 形 曇った[文章] ほんやりした.

nuance 女 (同系色の)色合い，微妙な違い ニュアンス; 機嫌.

nuancé, e 形 はっきりしない，ぼかした; 判断を下すのに慎重な.

nuancer ① 他 濃淡[微妙な差異]をつける; 和らげる，ぼかす.

nuancier 男[商]色見本帳(帳).

nubien, ne 形 ヌビア Nubie の.
—名(N～)ヌビア人.

nubile 形 結婚適齢期の，一人前の.

nubilité 女 結婚適齢(期).

nucal, ale (男複) *aux* 形[解]項部の，うなじの.

nucelle 女(胚)珠心，芽核.

nucléaire 形 ❶ 核の; 原子力の. ～ puissance ～ 核保有国 / arme ～ 核兵器. ❷ 核[細胞]核の. ❸ famille ～ 核家族.
— 男 核エネルギー; 原子力(部門).

nucléariser 他 原子力を開発する; 核武装する.
□ nucléarisation 女

nucléariste 男[原子力推進派の人]; 核武装論者.

nucléase 女[生化]ヌクレアーゼ.

nucléé, e 形[生]核を有する.

nucléide, nuclide 男[物]核種.

nucléique 形[生化] acide ～ 核酸.

nucléocapside 女[生]ヌクレオカプシド.

nucléocrate 名 核専門技術者.

nucléole 男[生]仁(じ), 核小体.

nucléon 男[物]核子.

nucléonique 形[物]核子の.
— 女 核反応物理学，核工学.

nucléophile 形[化]求核(性)分子. — 形 求核(性)の.

nucléoprotéine 女/**nucléoprotéide** 男[生化]核たんぱく質.

nucléoside 男[生化]ヌクレオシド.

nucléosome 男[生]ヌクレオソーム.

nucléotide 男[生化]ヌクレオチド.

nucléus [-s] / **nucleus** [-kleys] 男[解] ❶ ～ pulposus 髄核. ❷[考古]石核.

nudisme 男 裸体主義，ヌーディスム.

nudiste 名 ヌーディスト(の).

nudité 女 ❶ 裸，裸体; [美]裸体画 [像]. ❷ 露出，むき出し(の状態); 飾りのなさ. ◇dans toute sa [leur] ～

nue 女[古][文章]雲; 天空.
◇porter aux nues 絶賛する. tomber des nues びっくりする.

nuée, e 女玉虫色の.
— 女[文章] 大きな雲. ◇une nuée de … …の大群; 大量の….

nuement 副 = nûment.

nue-propriété (複) ～s-~s 女[法]虚有権.

nuer 他[文章] (…に)色の濃淡をつける，微妙な色を出す.

nugget [nœgɛt] 男[英]ナゲット.

nuire 71 自(à) (…を)傷つける，損なう; (…の)妨げとなる.
— se — ❶ 体を悪くする; 損をする. ❷ 傷つけ合う，妨げ合う.

nuisances 女複 公害; 障害.

nuisant, e 形 公害の原因となる.

nuisette 女[服]ベビードール.

nuisible 形，男 有害な(動物).

nuit¹ 女 ❶ 夜，夜間(の); 夜(の時間). ❷ 1泊(の宿泊料). ◇bonne ～ お休みなさい. de ～ 夜の; 夜間に; 夜行性の. la ～ des temps 太古の時代. ～ blanche 白夜; 眠られぬ夜. ～ et jour = jour et ～ 昼も夜も; 絶えず.

nuit² 直 = nuire.

nuitamment 副[文章]夜間に.

nuitard, e 名 [話]夜間勤務の人; 夜遊びの好きな人.

nuitée 女 1泊の.

nul, le 形 ❶ 無の，ゼロの; 無価値の; 無能の; [法] 無効の. ❷[スポ]引き分けの. ❸ ひどい，最低の.
— 形[不定][文章] いかなる(…もない). ◇nulle part どこにも(…ない).
— 代[不定][文章] 誰だれも…ない.

nullard, e 形，名 全然できない (生徒).

nullement 副[古][文章] 全然，少しも (…でない).

nullipare 形，女 未産の(女性).

nullité 女 無価値，無意味; 無能な人; [法]無効.

nûment 副[文章] ありのままに，あからさまに.

numéraire 形 法定価格の.
— 男 正金，通貨; 現金.

numéral, ale (男複) *aux* 形 ❶ 数を表す，数の. ❷[言]数詞の.
— 男 数詞.

numérateur 男[数]分子.

numération 女 数え方，記数法; 測定(法). ～ décimale 十進法.

numérique 形 数値による; 数の上の; デジタルの.

numériquement 副 数的に，数の上で; デジタルで.

numériser 他 デジタル[計数]化する. □ numérisation 女

numéro 男 ❶ 番号，…番の人[物]; 番地，郵便番号; (定期刊行物の)号; 型，サイズ. ▶ ～ vert フリーダイヤル. ❷ 出し物; 得意芸. ❸ [話]変わり者.

numérologie

◊ *faire son* ~ 《話》得意のおふざけをする. *tirer le bon* ~ いい番号をひく,運がよい.
numérologie 囡 数占い.
  ▫ **numérologue** 名
numérotage 男 番号[番地]づけ.
numérotation 囡 番号をつけること; 番号の順序.
numéroter 他 番号をつける[打つ].
numéroteur 男 番号印字器, ナンバリング.
numerus clausus [-meryskloz̩ys] 男 ❶（ある業種, 公務員などの）人数制限. ❷（かつてのユダヤ人, ❸）入学者の差別的な人数制限.
numismate 名 古銭［メダル］研究家.
numismatique 囡, 形 古銭［メダル］の.
nunchaku [nunʃaku] 男《日本》ヌンチャク.
nunuche 形, 囡 ばかな（娘）.
nuoc-mâm [nyɔkma(ɑː)m] 男《ベトナム》《料》ニョクマム（ベトナム料理の調味料, 発酵させた魚のエキス）.
nu-pied 男（多く複数）（ひもで足に結ぶ）サンダル.
nu-propriétaire, *-e-*~; （複）~*s*-~*s* 《法》虚有権者.
nuptial, ale;（男複） *aux* 形《文章》婚礼の, 結婚の.
nuptialité 囡 婚姻率.
nuque 囡 襟首, うなじ.
nursage / **nursing** [nœrsiŋ] 男 看護.
nurse [nœrs] 囡《英》育児係の女性, 乳母, 子守.
nursery [nœr-] 囡 ❶ 育児室. ❷ 幼・稚魚養殖場.
nutrigénomique 囡 ニュートリゲノミクス（食品の生体への影響の遺伝子レベルでの研究）.
nutriment 男《生理》栄養素.
nutritif, ve 形 栄養に富む［関する］.
nutrition 囡 栄養（摂取）.
nutritionnel, le 形 栄養の.
nutritionniste 名 栄養学者, 栄養士.
nyctalope 形, 名 昼盲症の（患者）.
nyctalopie 囡 昼盲症.
nycthémère 男《生理》ニクテメール（生理学的にみる24時間）.
nylon 《米》 商標 ナイロン.
nymphal, ale;（男複） *aux* 形《昆》蛹（さなぎ）の.
nymphe 囡 ❶《ギ神》ニンフ. ❷《文章》美しい少女, 乙女. ❸《昆》蛹.
nymphéa 男《植》スイレン.
nymphée 囡 ❶《古史》ニンフのほこら. ❷《建》涌き水源上の建物.
nymphette 囡 小悪魔的な少女.
nymphomane 形, 囡 女子色情症（の人）.
nymphomanie 囡 女子色情症.
nymphose 囡《昆》蛹(さなぎ)化（期）.
nystagums [-s] 男《医》眼振（がん）（眼球の不随意的な震動）.

O, o

O¹, o 男 フランス字母の第15字.

O² 《記》《化》酸素;《地理》ouest 西.

ô おお, ああ.

O.A.S. 安《略》Organisation armée secrète (1961-63年アルジェリアの独立に反対した) 秘密軍事組織.

oasien, ne 形, 名 オアシスの(住民).

oasis [-s] 安 オアシス; くつろぎの場所[時].

obédience 安 ❶ 文章 服従, 従属; (フリーメーソンの)分派;(修道院の)分院. ❷ 史 lettre d'~ (修道者の)教員免状. ◇ d'~ + 形容詞 …を信奉する, …派の.

obéir 自 (à) (…に)従う, 服従する; (…に)応じて動く;(…のままになる. ◇ être obéi (de …) (…に)従われる. se faire ~ (de …) (…を)従わせる.

obéissance 安 服従, 従順.

obéissant, e 形 従順な, おとなしい.

obélisque 男 オベリスク.

obérer ⑥ 他 文章 負債で苦しめる.

obèse 形, 名 肥満した(人).

obésité 安 肥満, 肥満(症).

obésogène 形 肥満促進の.

obi 安《日本》帯.

obier 男《植》セイヨウカンボク.

objectal, ale 男 (複) aux 形《心》対象に向かう.

objecter 他 (…と)反論する; (…を)口実にする;(…を)理由に断わる.

objecteur 男 ~ de conscience 良心的兵役拒否者.

objectif¹ 男 ❶ 目標, 目的. ❷ avoir pour ~ … …を目的とする. ❸ (カメラの)レンズ; 対物レンズ.

objectif², ve 形 ❶ 客観的な, 公平な. ❷ 事実上の, 実質的な. ❸《医》他覚的な(他人に分かる症状を指す).

objection 安 ❶ 反論, 異議. ❷ ~ de conscience 良心的兵役拒否.

objectivation 安《哲》客観[客体]化, 対象化.

objectivement 副 ❶ 客観的に; 公平に. ❷ 事実上.

objectiver 他 ❶《哲》客観[対象]化する. ❷ 明確に表現する.

objectivisme 男 客観的態度, 客観主義.

objectiviste 形, 名 客観主義者(の人).

objectivité 安 客観性, 公平さ.

objet 男 ❶ 物体, 事物; 品物, 道具. ❷ 対象, (憎悪・賞美などの)的; 客体. ❸ 目的, 意図. ❹《文法》complément d'~ direct [indirect] 直接[間接]目的補語. ◇ avoir pour ~ … …を目的[対象]とする. faire l'~ de … …の的[対象]になる[である]. sans ~ 根拠のない, 目標のない.

objurgation 安 ❶ (多く複数) 文章 強い反対, 叱(し)責, 非難. ❷ 切願,

嘆願.

oblat, e 名《カト》献身者(寄進により入会した在俗修道会会員).

—男 (複数) パンとぶどう酒; 供物.

oblatif, ve 形《心》自己犠牲の.

oblation 安《カト》(ミサ中の)パンとぶどう酒の奉納; 奉納物.

obligataire 形, 名《証》債券[社債]の所有者.

obligation 安 ❶ 義務, 責務; 必要. ❷《法》債務;《証》債券, 社債. ❸ 恩義, 義理. ❹ être dans l'~ de … …せざるを得ない.

obligatoire 形 義務の, 強制的な. ❷ 避けられない, 当然の.

obligatoirement 副 義務として, 強制的に. ❷ 話 きっと, きっと.

obligé, e 形 ❶ (de …)せざるを得ない; 不可避の, 不可欠の. ❷ 話 当然である. *Je vous suis ~ de …* …にたいへんありがとうございます.
—名 恩義を受けた人.

obligeamment 副 親切に, 愛想よく, 喜んで.

obligeance 安 文章 好意.

obligeant, e 形 文章 親切な, 好意的な; 愛想のよい.

obliger ② 他 ❶ ~ A à B A にBを強いる, 義務づける;《法》拘束する. ❷ 恩恵を施す, 親切にする. ► … oblige …があるためだ. —s'~ (à) …を自分に課す.

oblique 形 ❶ 斜めの, 傾いた. ❷《言》cas ~ 斜格. —男《数》斜線. ◇ en ~ 斜めに.

obliquement 副 斜めに.

obliquer 自 曲がる, わき道に入る.

obliquité 安 傾斜, 傾き.

oblitérateur, trice 形 消印用の.
—男 郵税印紙押印機.

oblitération 安 ❶ 消印を押すこと; 消印. ❷《医》(記憶などの)衰え;《医》閉塞(そく).

oblitérer ⑥ 他 ❶ 消印を押す;(切符に)打印する. ❷ 文章 徐々に消し去る, 薄れさせる. ❸《医》閉塞(そく)させる.

oblong, ue 形 細長い, 横長の.

obnubilation 安《心》昏蒙(こんもう).

obnubilé, e 形 取りつかれた;《心》軽度に混濁した.

obnubiler 他 頭から離れない.

obole 安 ❶ 少額の寄付[献金]. ❷《貨》オボロス(中世フランスの小硬貨); オボロ(古代ギリシアの貨幣).

obombrer 他 文章 影で覆う.

obscène 形 猥褻(わいせつ)な, みだらな.

obscénité 安 猥褻(わいせつ)な;《多く複数》猥褻なことば.

obscur, e 形 ❶ 暗い, 薄暗い; 黒っぽい. ❷ 分かりにくい, 難解な; 曖昧(あいまい)な, 漠然とした, おぼろげな. ❸ 無名の; 卑しい. ► **obscurément** 副

obscurantisme 男 反啓蒙(けいもう)主義[精神]; 蒙昧(もうまい)主義.

obscurantiste 形, 名 反啓蒙主義の(人).

obscurcir 他 暗くする, 曇らせる; 鈍らせる; 分かりにくく[難解に]する; 曖昧(ﾎﾟ)にする. ━ **s'~** 暗くなる, 曇る; 鈍る;〖文章〗(目, 視界が)かすむ.

obscurcissement 男 暗くする[なる]こと, 闇, 曇り; 分かりにくくすること; 鈍化, 衰弱.

obscurément 副 漠然と; 世に知られず; ひっそりと; 分かりにくく.

obscurité 女 暗さ, 闇; 分かりにくさ, 難解さ, 不明瞭な点;〖文章〗無名.

obsécration 女〖宗〗祈願.

obsédant, e 形 頭から離れないでしつこい.

obsédé, e 形 強迫観念に取りつかれた; マニアック. ━ 名 強迫観念に取りつかれている人; マニア; 性的偏執狂.

obséder ⑥ 他 頭から離れない, 取りつく;〖文章〗つきまとう, 悩ます.

obsèques 女複 葬式, 葬儀.

obséquieux, se 形 ばか丁寧な; こびへつらうような.

☐obséquieusement 副

obséquiosité 女 ばか丁寧, こびへつらい.

observable 形 観察[観測]できる.

observance 女 ❶(戒律を)守ること, 遵守. ❷ 戒律, 会則; 修道会.

observant, e 形 医師の指示に従う者.

observateur, trice 名 観察[観測]者; 傍観者; オブザーバー; 監視員, レポーター. ━ 形 観察力が富む; 観察好きな, (目を)探るような.

observation 女 ❶ 観察, 観測; 監視, 偵察. ❷ (多く複数)観察記録; 所見, 考察. ❸ 注意, 批判, 異議. ▶ faire une ~ à … …を注意する, 叱る. ❹ 守ること, 遵守.

observatoire 男 ❶ 天文台; 気象台. ❷ 展望台; 監視所. ❸ ~ économique 経済研究所.

observer 他 ❶ 観察する, 観測する; 注視[監視]する. ❷ 気づく; (…と)評する. ▶ faire ~ à … que … … …と教えてやる, 注意する. ❸ 遵守する; (態度を)保持する.
━ **s'~** ❶ 言動に気をつける; 自分を見つめる. ❷ 観察し合う. ❸ 観察される, 認められる.

obsession 女 妄想, 強迫観念, 固定観念;〖神〗悪魔憑(ｽ)き.

obsessionnel, le 形 強迫的な.

☐obsessionnellement 副

obsidienne 女 黒曜岩, 黒曜石.

obsidional, ale〖男複〗**aux** 形 攻囲された(都市の).

obsolescence 女〖英〗文章 老朽, 旧式化. **☐obsolescent, e** 形

obsolète 形〖文章〗廃用の, 廃れた.

obstacle 男 障害物; 妨げ. ◇ faire [mettre] ~ à … …を妨げる, 阻止する.

obstétrical, ale〖男複〗**aux** 形 産科(学)の.

obstétricien, ne 名 産科医.

obstétrique 女 産科(学).

obstination 女 頑固; 執拗(ﾖｯ).

obstiné, e 形 強情な; 執拗な;〖楽〗basse ~e バッソ・オスティナート. ━ 名 頑固者, 強情者.

obstinément 副 頑固に, 執拗に.

s'obstiner 代動 執拗(ｼﾂ)である. ▶ s'~ à … [dans …] あくまで…しようとする […]を押し通す.

obstructif, ve 形 閉塞(ｿｸ)性の.

obstruction 女〖議事〗妨害; 〖医〗閉塞(症); 〖スポ〗オブストラクション.

obstructionnisme 男 議事妨害(戦術).

obstructionniste 形, 名 議事を妨害する(者).

obstruer 他 (道, 管を)詰まらせる; 妨げる. ━ **s'~** 詰まる, ふさがる.

obtempérer ⑥ 自 (à) (…)に従う.

obtenir 28 他 得る, 獲得する, 入手する. ▶ ~ de + inf. …する許可を得る / ~ que + subj. …してもらう; …する約束を取りつける. ━ **s'~** 得られる.

obtention 女 入手, 取得.

obtien-, obtin-, obtint-活 ⇨ obtenir.

obturateur, trice 形 ふさぐ; 〖解〗trou ~ 閉鎖孔.
━ 男 止め栓, 絞り弁; 〖写〗シャッター.

obturation 女 ふさぐこと, 閉鎖; 〖医〗(歯の)充塡(ﾃﾝ).

obturer 他 ふさぐ; (歯に)充塡する.

obtus, e 形 ❶ 鈍い, 鈍感な; 鋭さに欠ける. ❷〖数〗angle ~ 鈍角.

obtusangle 形〖数〗triangle ~ 鈍角三角形.

obus 男 砲弾.

obvie 形〖神〗自明の.

obvier 自〖文章〗(à) (…)を予防する.

oc 副〖言〗langue d'oc オック語 (oui を oc と言った, ロアール川以南の中世南仏方言の総称. ⇨ oïl).

ocarina 男〖伊〗〖楽〗オカリナ.

occase 女 俗 好機, チャンス; 中古品.

occasion 女 ❶ 好機, 機会, チャンス; 場合, 折. ❷ きっかけ, 原因. ❸ 中古品. ▶ d'~ 機会があれば. d'~ 中古の; その場限りの. par ~ たまに, 偶然に.

occasion(n)alisme 男〖哲〗機会原因論, 偶因論.

occasionnel, le 形 ❶ 偶然の, たまたまの; 臨時の. ❷〖哲〗cause ~le 機会原因, 偶因.

☐occasionnellement 副

occasionner 他 (損害などを)引き起こす, 誘発する.

occident [ɔksi-] 男 ❶ (O~) 西洋(文明); 西側諸国. ▶ Eglise d'O~ ローマ・カトリック教会. ❷〖文章〗西.

occidental, ale〖男複〗**aux** [ɔksi-] 形 西の, 西洋の; 西側の.
━ 名 (O~) 西洋人, 西欧人, 欧米人.

occidentalisation [ɔksi-] 女 西洋[西欧]化.

occidentaliser [ɔksi-] 他 西洋[西欧]化する. ━ **s'~** 西欧化する.

occipital, ale〖男複〗**aux** [ɔksi-] 形〖解〗後頭(骨)の.

occiput [ɔksipyt] 男 〖ラ〗〖解〗後頭.

occire [ɔksi-] 他〖不定形および過去分詞 occis のみ〗〖古〗(ふざけて)殺す.

occitan, e [ɔksi-] 形 オック語の.
— 男 オック語.

occitanisme [ɔksi-] 男 オック語擁護運動.

occlure 〖医〗(治療のために)閉塞(へいそく)する.

occlusif, ve 形〖医〗閉鎖(性)の;〖音声〗閉鎖(音)の. — 女 閉鎖音.

occlusion 女 ❶ 閉塞(へいそく);閉鎖;咬(こう)合. ❷〖音声〗閉鎖.

occultation 女 ❶〖天〗星食, 掩(えん)蔽, 遮蔽, 遮光. ❷〖天〗星食. ❸ 〖文〗秘密の.

occulte 形 神秘の, 謎(なぞ)の;秘密の.

occulter 他 ❶ 隠す, 隠蔽する;遮蔽する;〖天〗掩(えん)蔽する. ❷ (ある地域の)テレビ受信を不可能にする.

occultisme 男 神秘主義, 神秘学.

occultiste 名 オカルト学者, 神秘学者. — 形 神秘主義の.

occupant, e 形 占領[占拠]する.
— 名 占有者, 居住者.
— 男 占領軍(兵士).

occupation 女 ❶ 用事, 仕事;活動. ❷ 占領;占有;居住. ❸〖l'O~〗(ドイツによる)フランス占領期(1940-44).

occupé, e 形 ❶ 忙しい, 手がふさがっている. ❷ (場所が)ふさがっている, 使用中の, 話し中の;占領された.

occuper 他 ❶ (場所, 地位を)占める, 占領[占拠]する;住む. ❷ (時を)費やす. ❸ 忙殺する;退屈させない;心を占める. ❹~ A à B A を B に従事させる. ❺ 雇用している.
— s'~ ❶ (de)(…に)従事する;(…にかかわる;(…を)引き受ける;(…の)世話をする, 相手にする. ❷ (à)(…に)時を過ごす.

occurrence 女 ❶〖言〗出現(回数);〖カト〗祝日の競合.
◇en l'~ この場合, その時は: en pareille ~ このような場合には.

occurrent, e 形〖カト〗競合する.

océan 男 ❶ 大洋, 海洋. ❷ (l'O~)大西洋. ❸〖文章〗un ~ de ... 広大な[限りない]...

océanaute 名 潜水探検家.

océane 女 文章 大洋の, 大海の.

Océanie 女 オセアニア.

océanien, ne 形 オセアニアの.
— 名 (O~)オセアニア人.

océanique 形 大洋の, 海洋の.

océanographe 名 海洋学者.

océanographie 女 海洋学.

océanographique 形 海洋学の.

océanologie 女 海洋研究, 海洋学. ◇océanologique 形

océanologue 名 海洋学者.

ocelle 男〖動〗単眼;目玉模様, 眼状斑(はん).

ocellé, e 形〖動〗目玉模様のある.

ocelot 男〖動〗オセロット(の毛皮).

ocre 女 オーカー, 黄土. ❷〖絵〗の. ❸ 形〖不変〗黄土色の.

ocré, e 形 オーカー色をした, 黄土色の.

ocreux, se 形因 黄土色の.

octaèdre 男, 形〖数〗8 面体(の).
◇octaédrique 形

octal, ale (男複) **aux** 形 8 進法の.

octane 男〖化〗オクタン. ▶ indice d'~ オクタン価.

octante 〖数〗〖地〗〖地域〗80 の.

octave 女 ❶〖楽〗オクターブ, 第 8 音. ❷〖カト〗8 日間の祝祭(の 8 日目).

octavier 自〖楽〗オクターブ高く奏する.

octavin 男〖楽〗ピッコロ, オクターブフルート, オッタビーノ.

octavon, ne 名 8 分の 1 黒人混血児.

octet 男〖情報〗バイト.

octidi 男 (革命暦旬日の)第 8 日.

octobre 男 10 月.

octogénaire 形, 名 80 歳代)の(人).

octogone 男〖数〗8 角形, 8 辺形.
◇**octogonal, ale**, (男複) **aux** 形

octopode 形〖動〗8 本の足[腕]の.
— 男〖複数〗八腕類(形).

octosyllabe [-si-] / **octosyllabique** [-si-] 形 8 音節[音綴(てつ)]の.
— 男 8 音節詩行.

octroi 男 ❶ (恩恵の)授与, 下付. ❷ (昔の)入市税, 入市税関.

octroyer 他 恩恵として与える.
— s'~ 勝手に取る.

octuor 男 オクテット, 8 重奏.

octuple 形 8 倍(の).

octupler 他 8 倍する.

oculaire 形 ❶ 目の. ❷ témoin ~ 目撃者. — 男 接眼レンズ, 接眼鏡.

oculariste 名 義眼製造者.

oculiste 名 ⇨ ophtalmologiste.

oculus [-s] 男〖建〗(円形, 多角形の)採光窓.

odalisque 女 ❶ (トルコのハレムの)女奴隷. ❷ ハレムの女;文章 高級娼婦.

ode 女〖文〗オード, 頌(しょう)歌.

odelette 女〖文〗小オード, 小頌歌.

odéon 男 ❶ (l'O~)(パリの)オデオン座. ❷〖古代〗音楽堂.

odeur 女 におい, 香り.
◇ mourir en ~ de sainteté 立派なキリスト教徒として死ぬ. ne pas être en ~ de sainteté auprès de ... …によく思われていない. — de sainteté (聖人の遺体が放つ芳香 →) 聖徳の香り.

odieusement 副 憎らしく, おぞましく;ひどく, 耐えがたく.

odieux, se 形 ❶ ハレムの女;文章 憎らしい, 忌まわしい;ひどい, 我慢のならない.

odomètre 男 万歩計;積算計.

odontalgie 女 歯痛.

odontologie 女 歯科学.
◇odontologiste 名

odorant, e 形 においの, 芳香のある.

odorat 男 嗅(きゅう)覚.

odoriférant, e 形 芳香を放つ, かぐわしい.

odyssée 女 冒険旅行, 波乱万丈の人生.

O.E.C.E. 男〖略〗Organisation européenne de coopération écono-

œcuménique

mique ヨーロッパ経済協力機構.

œcuménique [e-] 形 〖キ教〗エキュメニズムの, 世界教会運動の.

œcuménisme [e-] 男 〖キ教〗エキュメニズム, 世界教会運動. ❏**œcuméniste** 形名

œdémateux, se [e-] 形 〖医〗浮腫(ふしゅ)の；[水腫]水腫性の. 浮腫性の.

œdème [e-] 男 〖医〗浮腫(ふしゅ), 水腫.

Œdipe [e-] 男 ❶〖ギ神〗オイディプス. ❷《œ～》〖心〗complexe d'～ エディプス・コンプレックス.

œdipien, ne [e-] 形 エディプス的.

œil；《複》**yeux** 男 ❶ 目. ► ouvrir de grands yeux 目を見張る / regarder de tous ses yeux 注意深く見る / du coin de l'～ 横目で, こっそり / d'un bon [mauvais]～ 好意的な[批判的な, 疑いの]目で見る. ❷（枝先や葉のつけ根の）目, つぼみ（パンやチーズの）気泡；のぞき穴. ❸（器具の差し込み穴；〖印〗〈活字の字面；〖海〗索環. ⓟ 語義通常の複数形は œils. ❹《複数》円い浮脂.

◇ **à l'～** ただで. **à l'～ nu** 肉眼で. **aux yeux de ...** …の見るところでは；…の目の前で. **avoir les yeux plus grands [gros] que le ventre** 料理を食べきれないほど自分の皿に盛る；大それた野心を抱く. **avoir l'～** 注意深い, 目ざとい. **avoir l'～ sur = avoir [tenir]... à l'～** …を監視する, …から目を離さない. **coup d'～** 一瞥；眺め；眺望；眺望；景観；景色. **entre quatre yeux** 差し向かいで, 二人きりで. **être tout yeux [tout oreilles]** 語 注意を集中する. **faire de l'～** 語 目くばせする；色目を使う. **faire les gros yeux (à ...)** 語 （…）をにらみつける, 目をむく. **les yeux fermés** 目をつぶって；信用しきって. **mauvais～** （見られた者に不幸をもたらすとされる）凶眼, 不吉な影響力. **Mon ～!** 語 まさか, ふざけちゃう（疑い, 拒否）. **n'avoir pas les yeux que pour ...** …しか眼中にない, …のみ大切にする. **ne pas avoir les yeux en face des trous** 語 寝ぼけ眼である；目が節穴である. **ne pas (pouvoir) fermer l'～ (de la nuit)** （一晩中）まんじりともしない. （**Œ- pour ～, dent pour dent.** 〖聖〗目には目を, 歯には歯を. **ouvrir les yeux** 目を開く；目覚める, 蒙(もう)を啓(ひら)かれる；注意深く見る. **ouvrir les yeux à [de] A sur B** AのBに目をむけさせる, AにBの存在《価値》を知らせる. **ouvrir l'～ (et le bon)** 語 注意深く見守る；用心する. **pour les beaux yeux de ...** …に気に入られたい一心で, 損得抜きで. **regarder dans les yeux** まじまじと見る. **se battre l'～ de ...** 語 …を気にしない, 意に介さない. **se mettre le doigt dans l'～** 語 とんでもない思い違いをする. **sortir par les yeux** 語 うんざりである. **sous les yeux (de ...)** （…）の目の前に[で]；（…）の監視下に.

œil-de-bœuf；《複》～**s**-～-～ 男 〖建〗円窓(まど).

œil-de-chat；《複》～**s**-～-～ 男 〖鉱〗猫目石, キャッツアイ.

œil-de-perdrix；《複》～**s**-～-～ 男（足にできる）魚の目.

œillade 女 ウィンク；目くばせ.

œillard 男 心棒の穴.

œillère 女 ❶《馬》遮眼革. ❷〖医〗洗眼用コップ.

◇ **avoir des ～s** 視野が狭い.

œillet [-jε] 男 ❶ 〖植〗ナデシコ（特にカーネーション）. ❷（靴のひも穴, ベルトの穴、穴を保護する）鳩(はと)目, アイレット.

œilleton 男（接眼レンズの）アイリング；のぞき穴；〖農〗腋芽, 腋芽.

œilletonner 他 〖園〗葉芽を取り除く；側芽を分けて増やす.

❏**œilletonnage** 男

œillette 女 〖植〗ケシ；ケシ油.

œkoumène [e-] 男 ⇨ écoumène.

œnanthe [e-] 女 〖ラ〗植ドクゼリ.

œnolisme [e-] 男（ワインの飲みすぎによる）アルコール中毒.

œnologie [e-] 女 ワイン醸造学.

❏**œnologique** 形

œnologue [e-] 名 ワイン醸造家.

œnométrie [e-] 女 〖ワイン〗アルコール度数測定.

œnothèque [e-] 女 銘醸ワイン産地直売所.

œnothère [e-] 男 / **œnothéra** [e-] 男 〖植〗マツヨイグサ, ツキミソウ.

œsophage [e-] 男 〖解〗食道.

œsophagien, ne [e-] 形 / **œsophagique** [e-] 形 〖解〗食道の.

œsophagite [e-] 女 〖医〗食道炎.

œstral, ale；《男複》**aux** [e-] 形 発情（期）の.

œstre [e-] 男 〖昆〗ヒツジバエ.

œstrogène [e-] 形 〖生理〗発情を促す. — 男 発情ホルモン物質.

œstrus [εstrys] 男 発情（期）.

œuf [œf]；《複》～**s** [ø] 男 ❶ 卵；鶏卵. ►～**s brouillés** スクランブルエッグ. ❷ 卵形のもの；ボンボン. ►～**s de Pâques** 復活祭の卵（卵形のチョコレート）. 元来は彩色した本物の卵）/ ～ **à repriser** 靴下繕用の卵形の木製台. ❸《スキー》position en ～ 卵形姿勢, クラウチングスタイル. ❹ ばかもの, うつけ.

◇ **dans l'～** 初期のうちに. **marcher sur des ～s** 慎重に（恐る恐る）歩く（話す, 推を探る. **mettre tous ses ～s dans le même panier** 一つの事にすべてを賭(か)ける. **plein comme un ～** 語 いっぱいの, はち切れそうな；たらふく食べた. **Va te faire cuire un ～!** 語 とっとと消えろ.

œufrier 男（卵の）ゆでかご, ゆで器.

œuvre [œvr] ❶ 女 ❶ 仕事, 活動. ► **être à l'～** 仕事中である. ❷ 所産, 成果, 業績；作品；著作. ❸（多く複数）（道徳的, 宗教的な）行い. ► **bonnes ～** 慈善行為. ❹ 慈善団体, 慈善事業；厚生事業. ❺〖海〗～**s vives** 喫水部. ～**s mortes** 乾舷(げん).

◊**être (le) fils de ses ~s** 自力で地位[財]を築く. **faire ~ de ...** ... として行動する; ...の推進役となる, ...に荷担する. **faire son ~** (時間, 病い, 死などが)その力を示す. **mettre en ~** 実行に移す; 活用する. **mise en ~** 使用; 実施; 発揮.
──男 ❶ 〖文〗 (芸術家の)全作品. ❷ 〖建〗建設工事, 施工. ❸ 〖錬〗 **grand ~** 大いなる作業(錬金のこと).
◊**être à pied d' ~** 現場にいる; 仕事に取りかかれる態勢にある. **maître d' ~** 施工者; 推進者.

œuvrer 自〖文章〗働く, 努める.

off 形〔不変〕〖英〗 ❶ 〖映〗〖テレビ〗オフの. ▶ **voix ~** 画面外からの声. ❷ 〖演〗オフの, 公式プログラム外の.

offensant, e 形 侮辱的な, 無礼な.

offense 女 ❶ 無礼, 侮辱; 〖法〗軽罪. ❷ 〖キ教〗(神に対する)罪.
◊**Il n'y a pas d' ~.** 〚語〛(謝罪に対して)なんでもない.

offensé, e 形, 名 侮辱された(人), 気分を害した(人).

offenser 他 侮辱する; 傷つける, 怒らせる; (...に)反する; 不快感を与える; 〖キ教〗(神に)背く. ◊**soit dit sans vous ~** こんなことを申しあげたくないのですが. ── **s' ~** 腹を立てる, 気分を害する.

offenseur 男 侮辱する(した)人.

offensif, ive 形 攻撃(用)の; 攻撃的な. ▶ **retour ~** 逆襲; ぶり返し.
── 女 攻撃, 攻勢.
□ **offensivement** 副

offert, e (offrir の過去分詞) 贈られた, 提供された. 提示された.

offertoire 男 〖カト〗(ミサのパンとぶどう酒の)奉献; 奉献文 〔唱〕.

office 男 ❶ 局, 公社, 庁; 事務所. ❷ 職務, 役目; 機能; 〖法〗(終身の)公職, 官職; 〖キ教〗ミサ, 礼拝; 聖務, 典礼. ❸ 新刊書送付. ❹ 配膳室.
◊**bons ~s** 世話; 調停, 斡旋(あっせん). **d' ~** 〖法〗職権による; 国選の(によって); 強制的に; (規定により)自動的に. **faire ~ de ...** ...の代わりを勤める.

official; (複) aux 〖カト〗宗教裁判所判事.

officialiser 他 公表 [公示, 公認] する. □ **officialisation** 女

officialité 女 〖カト〗宗教裁判所.

officiant, e 形 〖カト〗聖務日課〔祭式〕を執り行う. ── 男 司式者, 司祭.

officiel, le 形 ❶ 公式の; 公定の; 政府〔当局〕筋の, 公用の, 公職の. ❷ 正式の; 表向きの, 確定の.
◊**C'est ~.** それは間違いない, 確実だ.
── 男 ❶ 役人, 当事者, 高官. ❷ 〖スポ〗役員, オフィシャル.
□ **officiellement** 副

officier¹ 自 ❶ 〖カト〗司式する. ❷ ものものしく振る舞う.

officier² 男 ❶ 士官, 将校. ❷ 〖法〗吏員, 官吏. ❸ **~ de paix** 警部. **~ de police judiciaire** 司法警察員. ❹ オフィシエ(勲〔佩〕用章).

officieusement 副 非公式に.

officieux, se 形 非公式の.

officinal, ale; (男複) aux 形 薬用の.

officine 女 ❶ 調剤室; 薬局. ❷ 本拠, 出所.

offlag [-g] 男 (第二次大戦中のドイツの)捕虜将校収容所.

offrande 女 ❶ 奉納(物); 献金; 〖カト〗奉納. ❷ 寄付; 寄付物.

offrant 男 **le plus ~** 最高入札者.

offre¹ 女 ❶ 申し出, 提案; 提供(物). ❷ 〖経〗供給(量). ❸ **appel d' ~s** 入札. ❹ 〖証〗 **~ publique d'achat** 株式公開買付.

offre², offres 活 ⇨ offrir.

offreur, se 名 〖経〗提供者, 供給者.

offrir 18 他 ❶ 贈る, 与える, 提供する; 支払う. ❷ 申し出る. ❸ 示す; もたらす; さらす.
── **s' ~** ❶ (自分のために)奮発する. ❷ (à) ...しようと提案する; (...に)身をさらす. ❸ 志願する, 進んで行う(女性が)身を任せる. ❹ 現れる, 到来する.

offset [-t] 〖英〗 形 〔不変〕 〖印〗オフセット(印刷). ── 女 オフセット印刷機. ── 形 〔不変〕 オフセットの.
□ **offsettiste** 名

off(-)shore [-ʃɔːr] 〖英〗 形 〔不変〕 ❶ 〖油〗海洋掘削技術の. ❷ 〖経〗 **place ~** オフショア・センター[市場]. ── 男 〔不変〕 ❶ 海洋掘削技術〔装置〕. ❷ オフショア(大型ボート(レース)).

offusquer 他 気分を害する, 不快感を与える. ── **s' ~ (de)** (...に)憤慨する; 気分をそこねる.

oflag [-g] 男 ⇨ offlag.

ogival, ale; (男複) aux 形 〖建〗オジーヴの; オジーヴ的な.

ogive 女 〖建〗オジーヴ, 交差〔対角線〕リブ; 尖頭(せん)アーチ; 〖軍〗弾頭部.

OGM 男 〔略〕 Organismes génétiquement modifiés 遺伝子組み替え生物.

ogre, sse 名 ❶ (おとぎ話の)人食い鬼. ❷ 冷血漢; 大食漢.

oh 間 おお, ああ(感嘆, 驚きなど).

ohé 間 おい, おおい(呼びかけ).

ohm [-m] 男 〖計〗オーム.

ohmique 形 〖計〗オームの(法則の).

ohmmètre 男 〖電〗オーム計, 抵抗計.

oïdium 男 〖農〗うどん粉病.

oie 女 ❶ 〖鳥〗ガチョウ; ガン, ❷ (女性の)間抜け, まぬけ. ❸ 〖ゲーム〗 **jeu de l'oie** すごろく. ❹ **pas de l'oie** (ひざを曲げない, 関兵式の)上げ足歩調.

oign- ⇨ oindre.

oignon [ɔɲɔ̃] 男 ❶ 〖植〗タマネギ; 球根. ❷ (足の魚の目, たこ.
◊**aux petits ~s** 完璧な [に]; 入念に [に]. **Ce n'est pas tes [mes] ~s.** 〚語〛 君[私]には関係がない. **en rang d' ~s** 一列に並んで. **Occupe-toi [Mêle-toi] de tes ~s.** 〚語〛 余計なお世話だ.

oignonade [ɔɲɔ-] 女 タマネギ料理.

oïl 副 **langue d'oïl** オイル語(oui は oïl と言ったロワール川以北の中世北仏方言の総称. ◊ oc).

oindre 51 他 〖カト〗聖油を塗る.

oing / oint 囡 (塗布用)油.
oint, e 囮 (oindre の過去分詞)聖油を受けた者. — 男《キ教》油を注がれた者;キリスト.
Oise 囡 ❶ オアーズ県 [60], ❷ オアーズ川(セーヌ川支流).
oiseau; (複) x 男 ❶ 鳥, ❷ 圖人, やつ.
◇avoir un appétit d'~ 食が細い. avoir une cervelle d'~ おっちょこちょいだ. à vol d'~ 直線距離で;鳥瞰(ホュシ)の. être comme l'~ sur la branche 不安定な立場にいる;一か所に長くとどまらない.
oiseau-lyre; (複) ~x-~s 男《鳥》コトドリ.
oiseau-mouche; (複) ~x-~s 男《鳥》ハチドリ.
oiselet 男《文章》小鳥.
oiseleur 男 野鳥捕獲業者, 鳥刺し.
oiselier, ère 图 小鳥商.
oiselle 囡《軽蔑》うぶで愚かな娘.
oisellerie 囡 小鳥店.
oiseux, se 囮 むだな;無意味な.
— 图 暇人, 有閑階級の人.
oisillon 男 小鳥;ひな鳥.
oisivement 副 無為に, ぶらぶらと.
oisiveté 囡 無為, 暇.
oison 男 若いガチョウ, ガチョウのひな.
O.I.T. 囡《略》Organisation internationale du travail 国際労働機関(英語 ILO).
O.K. [ɔke] 《米》間 オーケー, 分かった. — 囮《不変》オーケーの.
oka 囡《俗》オカ(ケベック産チーズ).
okapi 男《動》オカピ(キリンに似た哺(∝)乳類).
okoumé 男《植》オクメ.
olé! 間 ❶ オーレ, しっかり, がんばれ.
— **olé olé** 囮《不変》《俗》語軽薄な, 軽々しい;不謹慎な, みだらな.
oléagineux, se 囮 油を含む;油性の. — 男 油植植物.
olécrane 男《解》肘(*)頭.
oléiculteur, trice 图 オリーブ栽培者;採油植物栽培者.
oléiculture 囡 オリーブ栽培;採油植物栽培. ▫**oléicole** 囮
oléifère 囮 油を含む;油が取れる.
oléiforme 囮 油状の.
oléine 囡《化》オレイン.
oléoduc 男 (石油の)パイプライン.
oléolat 男《薬》揮発性植物油, 精油.
oléomètre 男 油比重計.
Oléron (île d') オレロン島(フランス南西部, ジロンド河口北側にある).
oléum 男《化》オレウム, 発煙硫酸.
olfactif, ve 囮 嗅覚(ネョゥ)の.
olfaction 囡 嗅覚(作用).
olibrius [-s] 图 《俗》変わり者.
olifant 男 オリファント(中世の象牙(ॉ)製の楽器).
oligarchie 囡 寡頭支配;少数の支配者集団.
oligarchique 囮 寡頭支配の.
oligarque 男 寡頭政治家;少数の支配者.
oligiste 囮 fer ~ 赤鉄鉱.

— 男 赤鉄鉱.
oligocène 男, 囮《地》漸新世(の).
oligochètes [-ket] 男複 貧毛類[綱](ミミズなど).
oligoclase 囡《鉱》灰曹(ἕ)長石.
oligo(-)élément 男《生理》微量元素.
oligomère 男《化》オリゴマー. ▫**oligomérique** 囮
oligopeptide 男《化》オリゴペプチド.
oligophrénie 囡《心》精神薄弱.
oligopole 男《経》寡占, 売り手寡占. ▫**oligopolistique** 囮
oligopsone 男《経》買手寡占.
oligurie 囡《医》尿量過少(症).
oliphant 男 ⇨ olifant.
olivacé, e 囮 オリーブ色がかった.
olivaie 囡 ⇨ oliveraie.
olivaison 囡 オリーブの収穫(期).
olivâtre 囮 オリーブ色がかった.
olive 囡 ❶ オリーブ(の実). ❷ オリーブ形のもの. (電気コードの)中間スィッチ; (複数)《建》珠(≠)形飾り; (釣り糸や漁網の)おもり. — 囮《不変》オリーブ色の. ▫**oliveraie** 囡
oliverie 囡 オリーブ畑.
olivette 囡 オリーブ形の小さなトマト[ブドウ]; オリーブ畑.
olivier 男《植》オリーブの木; オリーブ材.
olivine 囡《鉱》橄欖(∄)石.
ollaire 囮 pierre ~ 蛇紋石の一種.
ollé 間 ⇨ olé.
olographe 囮 (遺言が)自筆の.
O.L.P. 囡《略》Organisation de libération de la Palestine パレスチナ解放機構, PLO.
Olympe 男 ❶《ギ神》オリンポス山; (集合的)オリンポスの神々. ❷《詩語》天, 天空.
olympiade 囡 ❶《複》(現代)オリンピック競技大会. ❷《古ギ》2つのオリンピックの合間の4年間.
Olympie オリンピア(古代オリンピック競技発祥の地).
olympien, ne 囮 ❶ オリンポス山の;オリンポスの神々の. ❷ 気高い, 堂々たる. ❸《O~》オリンポスの人. — 囝《O~》オリンポスの神々.
olympique 囮 オリンピック(会)の. ▶ jeux O~s オリンピック大会.
olympisme 男 オリンピック競技大会組織[機構].
Oman 男 オマーン国.
ombelle 囡《植》散形花序.
ombellifères 囡複《植》セリ科.
ombellule 囡《植》小散形花序.
ombilic 男 ❶《解》臍(*); (皿などの)中央の突起. ❷ 中央, 中心点. ❸《植》コチレドン(ベンケイソウ科).
ombilical, ale;《男複》**aux** 囮《解》臍(*)の.
ombilicoplastie 囡 臍(*)の美容形成.
ombiliqué, e 囮 臍のある.
omble 男《魚》イワナ.
ombrage 男 ❶ 木陰, 緑陰. ❷ 圖 疑念, 不安;不快の念.
◇porter [donner, faire] ~ à ... ...に不安[疑念, 嫉妬]を起こさせる.

prendre ~ de ... …に不安[疑念, 嫉妬]を感じる.

ombragé, e 形 木陰の, 陰になった.

ombrager ② 他 ❶ (木が) 陰を作る, 影を落とす. ❷ 文章 (髪が)覆う.

ombrageux, se 形 怒りっぽい; 疑い深い; (馬が)臆病でおびえやすい.

ombre¹ 女 ❶ 陰, 日陰; 物陰. ▶ à l'~ de ... …の陰で; …に庇護されて / ~ à paupières アイシャドー. ❷ 影, 影法師. ❸ (おぼろな)人影, 物影; 幻影; 亡霊. ❹ 闇(と), 暗闇; (世の中の) 闇の部分. ❺ (絵画などの)陰影; 色の濃い部分. ❻ 文章 かげり; 不安, 懸念. ❼ 文章 おぼろげな; …の気配. ❽ (塗料の)アンバー (= terre d'~).
◇être à l'~ 語 獄中にいる. *Il y a une ~ au tableau* ひとつだけ問題[心配事]がある; 玉に瑕(意)だ. *mettre à l'~* 語 閉じ込める, 投獄する.

ombre² 男 魚 カワヒメマス; イワナ.

ombré, e 形 陰影[濃淡]のついた.

ombrelle 女 (女性用の)日傘, パラソル; (クラゲ類の)傘.

ombrer 他 (絵画などに)陰影をつける, 明暗[濃淡]をつける.

ombrette 女 鳥 シュモクドリ.

ombreux, se 形 文章 陰になった; 薄暗い.

ombrien, ne 形 (イタリア中部)ウンブリア地方の. —— 名 [O~]ウンブリア地方の人. —— 男 ウンブリア語[方言].

ombrine 女 魚 ニベ科魚類の総称.

ombudsman [ombydzman] 男 (スウェーデン)オンブズマン.

O.M.C. / OMC 女 略 Organisation mondiale du commerce 世界貿易機関.

oméga 男 (ギリシア字母の)オメガ (Ω, ω).

omelette 女 オムレツ.

omerta 女 伊 沈黙の掟(発て).

omettre 66 他 ❶ (言い[書き]落とすことを)忘れる, 怠る. ❷ 言い[書き]落とす; 省く.

omicron 男 (ギリシア字母の)オミクロン (Ο, ο).

omîmes, omirent, omis(s-) 活 ⇨ omettre.

omis, e 形 (omettre の過去分詞)落とされた, 省かれた, 脱落した.
—— 男 軍 徴兵名簿抹消者.

omission 女 ❶ 言い[書き]落とし, 欠落, 脱落; 省略. ❷ 法 不作為; (税)の申告漏れ.

omissions, omit, omît- 活 ⇨ omettre.

ommatidie 女 動 個眼.

omnibus [-s] 男 ❶ 普通列車; (昔の)乗合馬車[自動車]. —— 形 各駅停車の.

omnicolore 形 あらゆる色の.

omnidirectionnel, le 形 全方向性の.

omnipotence 女 全能; 絶対的権力, 至上権.

omnipotent, e 形 全能の.

omnipraticien, ne 名 形 一般医の.

omniprésence 女 文章 遍在.

omniprésent, e 形 文章 遍在の.

omniscience 女 全知.

omniscient, e 形 全知の; なんでも知っている(ような).

omnisport(s) 形 不変 あらゆるスポーツが行われる.

omnium 男 ❶ 総合商社[企業]. ❷ (3歳馬以上の)オープンレース; (自転車の数種目混合の)オムニウム・レース.

omnivore 形, 名 雑食性の(動物).

omophagie 女 生肉を食う習慣; 古ギ 食肉祭.

omoplate 女 解 肩甲骨.

O.M.P.I. 女 略 Organisation mondiale de la propriété intellectuelle 世界知的所有権機関(英語 WIPO).

O.M.S. 女 略 Organisation mondiale de la santé 世界保健機関(英語 WHO).

on 代 不定 ❶ (叙述を一般化して)人は, 人々は. ❷ (不特定の人を指して)ある人が, だれかが. ❸ (主語人称代名詞の代わりに)私は, 私たちは (je, nous); 君(たち)は, あなた(たち)は; 彼(ら)は, 彼女(ら)は. ◇*comme on dit* いわゆる. *on dirait* … …のようだ.

onagre¹ 男 動 (アジア産の)ロバ.

onagre² 女 植 マツヨイグサ.

onanisme 男 オナニー, 自慰.

onc 副 古 かつて; 決して.

once¹ 女 計 オンス; 微量, わずか.

once² 男 動 ユキヒョウ.

onchocercose [-kɔ-] 女 医 オンコセルカ症, 回旋糸状虫症.

oncial, ale (男複) *aux* アンシャル書体の. —— 女 アンシアル書体.

oncle 男 伯父, 叔父. ◇*~ d'Amérique* アメリカの伯父さん (外国において思いがけない遺産を残してくれる裕福な親戚).

oncogène 形 腫瘍(≦;)原性の.
—— 男 腫瘍遺伝子, がん遺伝子.

oncologie 女 腫瘍学.
◇**oncologiste / oncologue** 名 腫瘍学者.

oncotique 形 医 腫瘍(≦;)の.

oncques 副 ⇨ onc.

onction 女 ❶ カト 塗油(式). ❷ 文章 もの柔らかな態度 [口調].

onctueux, se 形 ❶ 文章 油状の; ねっとりした, とろりとした; 肌にすべすべした. ❷ 文章 (皮肉)さも敬虔(学)しげな. ◇**onctueusement** 副.

onctuosité 女 文章 油性に; しっとりと滑らかなこと.

ondatra 男 動 マスクラット(北米産の水生のネズミ).

onde 女 ❶ 物 波動, 波. ❷ 電波; (複数)放送. ❸ 波状, うねり; (海, 湖, 川などの)水; 海. ❹ 波のような動き; (波形模様); (感情の)起伏. ◇*être sur la même longueur d'~* 語 波長が合う. *~ de choc* 衝撃波; 衝撃的影響.

ondé, e 形 文章 波形(模様)の; 波打った. —— 女 にわか雨.

ondemètre 男 周波計付, 波長計.

ondin, e 名 ウンディーネ, 水の精.

on-dit 男 不変 うわさ.

ondoiement 男 ❶ 波打つ(そよぐ)

ondoyant こと、うねり。❷《カト》略式洗礼。
ondoyant, e 形 波打つ、揺れ動く；(考えなどが)変わりやすい、移り気な。
ondoyer ⑩ 自《文章》波打つ；揺れ動く。— 他《カト》略式洗礼を授ける。
ondulant, e 形 ❶ 波打つ；起伏のある；しなやかに揺れる。❷《医》波状の。
ondulation 女 波動、波打つこと；起伏、蛇行；(髪の)ウェーブ。
ondulatoire 形 波状の；波動の。
ondulé, e 形 波打った；起伏のある；(髪の)ウェーブのかかった。
onduler 自 ❶ 波打つ、揺れ動く；蛇行する、起伏する。❷ 波状の、ウェーブがかっている。— 他 波立たせる；(…の髪に)ウェーブをかける。
onduleur 男《電》インバータ。
onduleux, se 形《文章》うねうねした、波状 [波形] の；起伏のある。
one(-)man(-)show [wanmanʃo] 男《不変》《英》ワンマンショー。
O.N.E.R.A. 男《略》Office national d'études et de recherches aérospatiales 国立宇宙空間開発院.
onéreux, se 形 費用のかかる、高くつく。◇à titre 〜《法》有償で [の].
one-step [wanstep] 男《複 〜s》《ダンスの》ワンステップ。
O.N.G 女《略》《不変》Organisation non gouvernementale 非政府組織、NGO.
ongle 男 爪。◇jusqu'au bout des 〜s 爪の先まで、完全に。
onglé, e 形 爪のある。
— 女 (寒さによる)指先のしびれ。
onglet 男《折り畳みナイフの》爪掛け；(辞書などの)爪(づめ)掛け；見出し紙.
onglette 女 彫版刀.
onglier 男 マニキュアセット [ケース]；(多く複数) 爪切りはさみ。
onglon 男《動》副爪(ふくづめ).
onguent 男《薬》軟膏(なんこう) [剤].
onguiculé, e 形《動》小さな爪の.
onguicule 男《動》小さな爪。
ongulé, e 形 有蹄(ゆうてい)の、蹄のある。— 男《動》有蹄獣.
onguligrade 形《動》有蹄の.
onirique 形 夢の；夢幻状態の.
onirisme 男 ❶《心》夢幻症(状態)、白日夢。❷ 夢；夢の中のイメージ群.

onirogène 形《心》夢幻状態を引き起こす；夢想的な。— 男 幻覚剤.
oniromancie 女 夢占い.
oniromancien, ne 男 夢占いの。
— 名 夢占師.
O.N.M. 男《略》Office national météorologique 気象庁.
onomasiologie 女《独》名辞論.
onomastique 女、形 固有名詞研究の.
onomatopée 女 擬声(語)、擬音(語)。
 □ **onomatopéique** 形
onques 副 ⇨ onc.
ont 活 ⇨ avoir.
ontique 形《哲》存在の；存在論の.
ontogenèse / **ontogénie** 女《生》個体発生。 □ **ontogénique** 形
ontologie 女《哲》存在論.
 □ **ontologique** 形
ontologisme 男《神》本体論主義.
O.N.U. [ɔny/ɔɛny] 女《略》Organisation des Nations unies 国際連合 (英語 UNO).
onusien, ne 形、名 国連の(職員).
onychomycose [-kɔ-] 女《医》爪(つめ)真菌症.
onychophagie [-kɔ-] 女《心》爪噛みの癖.
onyx [-ks] 男《ラ》オニックス；《特に》縞瑪瑙(しまめのう).
onyxis [-s] 男《医》爪(つめ)炎.
onzain 男 11行詩(節).
onze 形《数》《不変》11の；11番目の。— 男 ❶ 11；11日、11時；11番、11号。❷《サッカーの》イレブン.
onzième 形 11番目の；11分の1の。— 名 11番目の人 [物]。— 男 11分の1；12階；第11区。— 女 第11学級.
onzièmement 副 第11番目に.
oocyte 男《動》卵母細胞.
oogone 女《植》生卵(せいらん)器.
oolit(h)e 男《地》ウーライト、魚卵状(粒子).□ **oolithique** 形
oosphère 女《植》(藻類類の)卵球.
oospore 女《植》(藻類類の)卵胞子.
oothèque 女《昆》卵嚢(らんのう)、卵塊.
op.《略》《ラ》opus 作品.
O.P. 名 ❶ ouvrier professionnel 熟練工。❷ ドミニコ修道会の

---

onomatopée 擬音語、擬声語

物音 bing ガチャン (ガラスなどの割れる音) / boum ドーン、ドスン (爆発音、爆発音) / clic-clac カチッ、カチャリ、ピシャリ、ピシッ (鍵や戸の開閉、平手打ち) / crac ボキッ、メリッ、ピリッ (折れたり壊れたりする音) / ding リーン、カーンコーン (鐘、ベル) / ding-ding-dong キンコンカン (鈴) / drelin-drelin チリンチリン (鈴) / flic-flac ピシャピシャ (水音、平手打ち) / floc ザブン、ポチャン、バシャ (大きい物が落ちる音) / gougou ゴボゴボ、トクトク (注ぐ音) / paf ドスン、ピシャッ、ゴツン (落ちる音、打つ音) / pan バン、バタン (銃声、破裂音、ドアを閉める

音) / patapouf ズシン、ドシン、ドサッ (重い物が落ちたり、人が倒れる音) / patatras ドシン、ドスン、バタン (物が落ちたり倒れる音) / pouët-pouët プー、パパー (クラクション) / teuf-teuf ダダダ、ブルンブルン (エンジン) / tic-tac チクタク (時計) / toc-toc コツコツ (ドアのノック、下駄の音) / vlan バン、バタン、ポカン、バシッ (投打、ドアの開閉)

鳴き声 bé, bê (羊、ヤギ) / coax-coax (カエル) / coco-rico (鶏) / coin-coin (アヒル) / cri-cri (セミ、コオロギ) / croa-croa (カラス) / cui-cui (小鳥) / cocoglou-glou (七面鳥) / hi-han (ロバ) / meuh (牛) / miaou (猫) / oua(h)-oua(h) (犬) / ronron (猫)

O.P.A. 女《略》《不変》Offre publique d'achat 株式公開買付《英語 TOB》.

opacification 女《医》混濁化.

opacifier 他 不透明にする.

opacimétrie 女 不透明度測定.

opacité 女 不透明度, 不透過度; 暗がり, 暗さ; 不明瞭.

opale 女 オパール; 《宝》蛋白石. ──形《不変》オパール色の, 乳白色の.

opalescence 女《文章》オパールの光沢, 乳白色. **◇opalescent, e** 形

opalin, e 形 オパール色の, 乳白色の. ──女 オパール《乳白》ガラス《製品》.

opaque 形 光を通さない, 不透明の; 暗い; 《à》(…と)通じない; 不可解な.

op art [ɔpart] 男《米》《美》オプティカル・アート, オプアート.

ope 男／女《建》壁の受け穴; 排煙口.

O.P.E. 女《略》Offre publique d'échange 株式公開交換.

opéable 形, 男 株式公開買付《交換》の対象となる《会社》.

open [ɔpɛn]《英》形《不変》❶《プロ, アマの区別のない》オープンの. ❷ billet 〜 オープンチケット. ──男 オープン大会.

openfield [ɔpɛnfild] 男《英》開放耕地.

O.P.E.P. [ɔpɛp] 女《略》Organisation des pays exportateurs de pétrole 石油輸出国機構《英語 OPEC》.

opéra 男 ❶ オペラ, 歌劇. ❷ オペラハウス, 歌劇場〔団〕; (l'O〜) オペラ座.

opéra-ballet《複》〜s-〜s 男 《17, 18世紀の》オペラ・バレエ.

opérable 形 手術可能な.

opéra(-)bouffe《複》〜s(-)〜s 男 オペラ・ブッフ, 喜歌劇.

opéra-comique《複》〜s-〜s 男 オペラ・コミック, 喜歌劇;《l'O〜 C〜》《パリの》オペラ・コミック座.

opérant, e 形 効力ある《効果》のある.

opérateur, trice 名 ❶ 操作《運転》者, オペレーター; 電話交換手; 無線通信士. ❷ カメラマン, 撮影技師. ❸ 有価証券売買人. ──男《数》演算記号, 演算子;《言》操作子.

opération 女 ❶ 働き, 作用; 操作, 作業, 活動. ❷ 手術. ❸ 作戦, 軍事行動;《組織的な》運動, キャンペーン. ❹《警察による》取り締まり; 介入. ❺《経》《証》取引, 売買; 操作. ❻《数》演算. ▶ 〜 de tête nucléaire.

opérationnel, le 形 ❶ 実用に供し得る, 操業し得る; 実際的な;操作《作業》上の. ❷《軍》作戦上; 実戦用の. ❸《経》recherche 〜le オペレーションズ・リサーチ.

opératique 形 オペラの.

opératoire 形 ❶ 手術の[に関する]. ❷ 操作上の; 演算《運算》の.

opercule 男《動》《魚のえらぶた》; 《巻き貝のへた, ふた》;《ミツバチの巣房のふた》《植》蘚(こけ)蓋.

operculé, e 形《動》ふたのついた.

opéré, e 形 手術を受けた; 実現された, 行われた. ──名 手術を受けた人.

opérer ⑥ 他 ❶ 行う, 実行する. ❷ 引き起こす, もたらす. ❸ 手術する. ──自 ❶ 行動する; 操作する. ❷ 作用する, 効く. ──s'〜 ❶ 行われる, 起こる. ❷ 手術できる.

opérette 女 オペレッタ.

ophicléide 男《楽》オフィクレイド《19世紀の大型金管楽器》.

ophidiens 男複《動》ヘビ類.

ophioglosse 男《植》ハナヤスリ.

ophiographie / ophiologie 女 ヘビ学[研究].

ophiolâtrie 女 ヘビ崇拝.

ophite 男《鉱》オファイト.

ophiure 女《動》クモヒトデ.

ophrys [-s] 男《ラ》《植》オフリス.

ophtalmie 女《医》眼炎.

ophtalmique 形眼の;《医》眼炎の.

ophtalmologie 女 眼科学.

ophtalmologique 形 眼科の.

ophtalmologiste / ophtalmologue 名 眼科医.

ophtalmomètre 男《医》角膜曲率計. **◇ophtalmométrie** 女

ophtalmoscope 男《医》検眼鏡.

ophtalmoscopie 女《医》検眼鏡検査[法].

opiacé, e 形 阿片の; 阿片を含む. ──男《薬》アヘン製剤.

opiacer ① 他 阿片を混ぜる.

opiat 男 練り薬;《古》練り歯磨き.

opilions 男複《動》メクラグモ類.

opinel 男 商標 折り畳みナイフ.

opiner 自 意見を表明する;《à》(…に) 同意する. ◇〜 du bonnet [de la tête] うなずいて賛意を表明する.

opiniâtre 形 頑固な, 一徹な; 粘り強い, 執拗な. **◇opiniâtrement** 副

s'opiniâtrer 代動《文章》意地を張る.

opiniâtreté 女 執拗さ, しつこさ; 不屈;《古》強情, 頑固.

opinion 女 ❶ 意見, 見解; 自説. ❷ 世論, 世評. ▶ sondage d'〜 世論調査. ◇avoir bonne [mauvaise] 〜 de... …をよく[悪く]思う. avoir le courage de ses 〜s 堂々と自説を主張する.

opioïde 形《生化》モルヒネ様の.

opiomane 形, 名 阿片中毒の(人).

opiomanie 女 阿片中毒(症).

opisthobranches 男複《貝》後鰓(こう)類《ウミウシ, アメフラシなど》.

opisthodome 男《ギリシア神殿の》内陣.

opisthotonos [-s] 男《医》弓なり緊張.

opium 男《ラ》阿片.

oponce / oponcia 男《植》ウチワサボテン.

opopanax [-ks] / **opoponax** 男《薬》オポポナックス.

opossum 男《米》《動》キタオポッサム.

opothérapie 女《医》臓器抽出液療法.

oppidum 男《ラ》《古ロ》《台地上の》要塞(さい).

opportun, e 形 時宜[当]を得た, 都合のよい. **◇opportunément** 副

opportunisme 男 日和見主義, 御都合主義. **◇opportuniste** 名 形

opportunité 囡 時宜を得ていること, 好機.

opposable 形 ❶ 反証となり得る;【法】主張できる. ❷ 向き合わせにできる, 対置できる. ◊**opposabilité** 囡

opposant, e 图【法】異議を申し立てる;反対する. ― 图【法】異議申し立て人;反対者;野党(議員).

opposé, e 形 ❶ 反対(側)の, 向かいの;対照的な;敵対する.
― 男 反対(側), 逆(方向). ◊ **à l'~ (de ...)** (…)とは反対に, 逆に.

opposer 他 (à) ❶ (…と)対抗[対立]させる. ❷ (…に)抗する, 反論する. ❸ (障害などを)設けて(…を)防ぐ. ❹ (…と)対置する, 対比させる.
— s'~ ❶ (à) (…に)反対する. ❷ (à) (…を)妨げる. ❸ (人と)対決[対立]する;対置される;対称をなす.

opposite (à l') 副 反対側に, 向かい合って;逆に, 反対に. ◊ **à l'~ de ...** の反対側に;…とは逆に.

opposition 囡 反対, 逆, 向かい合い;対照, 対比;矛盾;❷ 対立, 反目;反対, 野党. ❸ 妨害, 抵抗;【法】故障申し立て;差し止め.
◊ **en ~ avec ...** …と対立して;と反対に. **par ~ (à ...)** (…と)対照的に, 反対に.

oppositionnel, le 形 名 反対派(の人), 野党(の議員), 反体制的な(人).

oppressant, e 形 息[胸]苦しくさせる.

oppressé, e 形 息[胸]苦しい.

oppresser 他 息苦しくさせる;胸をふさぐ.

oppresseur 男 圧制者;暴君.

oppressif, ve 形 圧制の, 抑圧的な.

oppression 囡 圧制, 抑圧;息苦しさ;(心理的)圧迫感.

opprimant, e 形 圧力を加える, 抑圧的な.

opprimé, e 形 名 圧制に苦しむ(人), 虐げられた(人), 抑圧された(人).

opprimer 他 ❶ 圧制をしく, 圧力を加える;虐げる. ❷ (…の)胸をふさぐ.

opprobre 男〖文章〗恥辱, 汚名;零落.

opsonine 囡【医】オプソニン.

optatif, ve 形 ;男【言】希望[欲求]を表す. ― 男 希求法.

opter 自〖文章〗(pour) (…を)選ぶ.

opticien, ne 图 光学器械販売[製造]業者;眼鏡屋.

optimal, ale ;《男複》**aux** 形 最適[最善, 最良]の.

optimiser / optimaliser 他 最適化にする;最大限利用する. ◊ **optimisation / optimalisation** 囡

optimisme 男 楽天主義;楽観(論).

optimiste 形 楽天主義の, 楽観的な. — 图 楽天家.

optimum;《複》**~s**(または **optima**)男, 形 最善(の), 最適(の).

option 囡 ❶ 選択;選択科目. ❷ オプション契約[装備];選択売買. ❸【法】選択権.

optionnel, le 形 選択の, 選択できる, オプションの.

optique 形 ❶ 視覚の, 眼の. ❷ 光学(上)の. ― 囡 ❶ 光学;光学論;光学部品;光学器械製造[販売]. ❷ (物の)見え方;観点, 視点, 視点.
◊ **illusion d'~** 錯視, 誤った見方.

optoélectronique 囡 オプトエレクトロニクス, 光電子工学.
― 形 電気光学的な.

optomètre 男 屈折計.

optométrie 囡 検眼, 屈折測定.

optométriste 图 検眼士.

optronique 囡, 形 オプトエレクトロニクスの軍事利用の.

opulence 囡 ❶ 富裕, 豪奢(だ);豊かさ. ❷ (体つき)豊満.

opulent, e 形〖文章〗富裕な, 豪奢(だ)な;豊かな. ❷ (体つきが)豊満な.

opuntia [opɔ̃sja] 男【植】ウチワサボテン.

opus [-s] 男 (ラ)【楽】作品(番号).

opuscule 男 小論文, 小品, 小冊子.

O.P.V. 囡〖略〗**Offre publique de vente** 株式公開売却.

or[1] 男 ❶ 金(貨幣価値を持つ)金, 金貨. ❷ 財産, 富, 金銭. ❸ 金色, 黄金色. ❹ 大切なもの, 貴重なもの. ▶ **or noir** 石油.
◊ **à prix d'or** 非常に高い値段で.

or[2] 接 ところで;ところが.

oracle 男 ❶ 神託, 託宣;神託所. ❷〖文章〗権威ある発言;権威者.

orage 男 ❶ (短時間の)雷雨. ❷〖文章〗激動, 波乱;(感情の)爆発.

orageusement 副 嵐のように, 激しく.

orageux, se 形 ❶ 嵐に曇った;一雨きそうな;雷雨の多い 波瀾万丈の;激烈な.

oraison 囡 祈祷, 祈り.

oral, ale;《男複》**aux** 形 ❶ 口頭の, 口述の. ❷ 口の;【心】**stade ~** 口唇期. ― 男 口頭試問, 口述試験.

oralement 副 口頭で, 口伝えで.

oraliser 他 音読[暗唱]する;(あえて)言葉にする.

oralité 囡 口伝え, 口承性;【心】口唇性.

orange 囡 オレンジ(の実). ― 男, 形 オレンジ色の, 黄土色の.

orangé, e 形 オレンジ色の.
― 男 オレンジ色.

orangeade 囡 オレンジエード.

orangeat 男【料】オレンジ・マーマレード.

oranger 男 オレンジの木.

orangeraie 囡 オレンジ園[畑].

orangerie 囡 ❶ オレンジ用温室. ❷ オレンジを配した中庭. ❷ **musée de l'O-** (パリの)オランジュリ美術館.

orangette 囡 小さいオレンジ(砂糖漬用).

orangiste 图 (オレンジ結社の)北アイルランドのプロテスタント.

orang-outan(g);《複》**~s-~s** 男 オランウータン.

orant, e 图 天を仰ぐ祈禱像.

orateur, trice 图 演説[雄弁]家, 弁士;発言者.

oratoire¹ 男 小礼拝堂;（O〜）オラトリオ修道会; オラトリオ会修道士.

oratoire² 形 演説(者)の, 弁論の.

oratorien 男〖伊〗〖楽〗オラトリオ士.

orbe¹ 形〖建〗mur 〜 開口部のない壁.

orbe² 男〖文〗球(面);〖詩〗天体.

orbiculaire 形 円い, 円を描く.

orbitaire 形〖解〗眼窩(ﾝ)の.

orbital, ale [-ki-] 形, 男 複 **aux**〖天〗軌道の.
— 男〖物〗(化学結合関数, 電子)軌道.

orbite 女 ❶ 軌道, 勢力圏. ❷〖解〗眼窩.

orbitèle 形〖動〗(クモが)渦状の巣を張る.

orbiter 自 (宇宙船が)軌道に乗る.

orbiteur 男 人工衛星.; (周回飛行をする)スペースシャトル.

Orcades (îles) オークニー諸島.

orchestique [-ke-] / **orchestrique**〖ギリ〗舞踏法.

orchestral, ale [-ke-]; 男 複 **aux** オーケストラの.

orchestrateur, trice [-ke-] 名 管弦楽編曲者.

orchestration [-ke-] 女 ❶ 管弦楽法, オーケストレーション, (楽曲の)管弦楽化. ❷(キャンペーンの)組織化.

orchestre [-ke-] 男 ❶ オーケストラ, 管弦楽(団); オーケストラボックス. ❷ 1階席;《集合的》1階席の観客.

orchestrer [-ke-] 他 ❶ (曲を)管弦楽に編曲する. ❷ (活動を大々的に組織する.

orchidacées [-ki-] 女複〖植〗ラン科.

orchidée [-ki-] 女〖植〗ラン.

orchis [-kis] 男〖ラ〗〖植〗ハクサンチドリ.

orchite [-kit] 女〖医〗睾丸(ﾝ)炎.

ordalie 女〖史〗(中世の)神明裁判.

ordinaire 形 ❶ 普通の, 通常の; いつもの. ❷ 並の, ありふれた.
— 男 ❶ 普通の水準, 平均; 通常, 日常, 習慣. ❷ 普段の献立[食事]. ❸ 国 レギュラーガソリン. ❹〖カト〗〜 de la messe ミサ聖祭通常式;教区長.
◇ d'〜 普通, いつもは, たいてい.

ordinairement 副 普通, 通常, 一般に.

ordinal, ale 形, 男 複 **aux** 順序数を示す, 序数形容詞.

ordinand 男〖キ教〗叙階される者.

ordinant 男〖キ教〗叙階執行者.

ordinateur 男 コンピュータ, 電子計算機. ► 〜 individuel [personnel] パーソナルコンピュータ, パソコン／〜 note bloc ノートパソコン.

ordination 女〖カト〗(司祭の)叙階(式); (プロテスタントの牧師の)按手(ﾂ)式.

ordinogramme 男〖情報〗フローチャート.

ordo 男(不変)〖ラ〗〖カト〗典礼暦書.

ordonnance 女 ❶ 配置, 配列;(絵, 建物などの)構成, ❷(薬の)処方, 処方箋(ﾝ). ❸ 行政命令;〖法〗(裁判官による)命令, 決定;〖経〗支払命令.

〖史〗勅令. ❹ 当番兵, 従卒.

ordonnancement 男〖公費の〗支払命令.

ordonnancer ①他 ❶〖経〗(公費の)支払命令を出す. ❷〖文章〗秩序立て, 配置する.

ordonnancier 男 〖報告用〗処方記録簿.

ordonnateur, trice 名 ❶〖文章〗組織者, 世話役, 幹事. ❷(葬儀, 葬列の)進行係.

ordonné, e 形 整理された; きちょうめんな.
— 女〖数〗縦座標.

ordonner 他 ❶ 命じる;(薬を)処方する. ❷ 整理する, 秩序立てる. ❸〖カト〗叙階する.

ordovicien, ne 形〖地〗オルドビス紀[系]の.
— 男 オルドビス紀[系].

ordre 男 ❶ 順序, 順番, 序列. ❷ 整理, 秩序, 治安. ❸ 種類, 性質, 次元;〖文章〗領域;〖生〗(分類上の)目(ﾓｸ). ❹ (自由業の)団体;〖カト〗修道会;〖史〗(中世の)騎士団;(僧侶, 貴族, 平民の)身分. ❺ 命令, 指図;〖商〗注文. ❻ 敷золе. ❼ (古典建築の柱の)様式.
◇ de l'〜 de … おおよそ…の. **mettre bon à …** (不都合なこと)を打ち壊［改善］する. **du jour** 議題; 時の話題. **sous les 〜 de …** …の命令下で.

ordure 女《複数形》ごみ, 汚物; 糞(ﾝ)便. ❷〖文章〗汚い言葉, 卑猥(ｱ)な言葉; 下劣な行為. ❸ 下でなし, くず.

ordurier, ère 形 汚い, 卑猥の.

oréade 女〖ギ神〗オレイアデス(山と森の精).

orée 女〖文章〗へり, 周辺部; 境目.

oreillard, e 形 膽(馬, などが)長い耳をした, 耳の垂れた.
— 男〖動〗ウサギコウモリ.

oreille 女 ❶ 耳. ❷ 聴覚, 聴力; 音感. ❸ (取っ手などの)耳状のもの;(帽子の)耳掩い. ► **écrou à 〜s** 蝶(ﾁｮｳ)ナット.
◇ **avoir l'〜 basse** 落胆している. **avoir l'〜 à …** …に信頼されている. **être tout 〜s** 全身を耳にして聴き入る. **montrer le bout de l'〜** 本心をのぞかせる. **se faire tirer l'〜** なかなか承知しない.

oreille-de-mer;〖複〗〜s-〜 〜 女〖貝〗アワビ.

oreille-de-souris;〖複〗〜s-〜-〜 女〖植〗ワスレナグサ.

oreiller 男 枕(ｻ).
◇ **sur l'〜** ベッドの中で.

oreillette 女 ❶〖解〗(心臓の)心房. ❷ (帽子の)耳覆い, イヤーキャップ.

oreillon 男〖複数形〗おたふくかぜ. ❷ (缶詰めにした)2つ割りのアンズ.

orémus [-s] 男〖ラ〗祈りましょう(ミサで神父が叫ぶ文句).

ores [ɔːr] 副
d'〜 et déjà [dɔrze-] 今やすでに.

orfèvre 名 金銀細工師［商].

orfèvrerie 女 金銀細工業; 金銀細工商［店]; 金銀細工製品.

orfraie 女〖鳥〗オジロワシ.
◇ **pousser des cris d'〜** 金切り声を

organdi

あげる.
organdi 男【繊】オーガンジー.
organe 男 ❶ 器官. ❷ 道具, 手段; 装置. ❸ 機関, 機構. ❹《歌手などの》声; 機関紙; 代弁者. ❺《複数》生殖器.
organeau 男;《複》**x** 【海】《鎖をつなぐ》鐶のリング.
organelle 女 ⇒ organite.
organicien, ne 名 有機化学(者)の; 有機体[生体]論(者)の. ── 名 有機化学者; 有機体[生体]論者.
organicisme 男 ❶ 有機体論; 社会有機体論. ❷【医】器質病説.
organigramme 男《官庁や企業の》組織図;【情報】フローチャート.
organique 形 ❶ 器官の; 体質的な. ❷ 有機(体)の. ❸ 文 組織的な.
organiquement 副 有機的に, 組織的に; 器官に関して, 器質上.
organisable 形 組織化できる.
organisateur, trice 名 組織者, 主催者, まとめ役;《組合などの》オルグ.
── 形 組織する, 組織力のある.
── 男【生】形成体.
organisateur-conseil;《複》
~**s**~**à**~**s** 男 経営コンサルタント.
organisation 女 ❶ 組織(化), 構成, 企画, 編成. ❷ 団体, 機関.
organisationnel, le 形 組織の.
organisé, e 形 ❶ 組織(化)された. ❷ 計画的な. ❸《生物が》器官形成された, 有機体を持つ.
organiser 他 ❶ 組織(化)する, 構成する. ❷ 準備[企画]する; 整理[配分]する. ❸ 有機的構造を与える.
── s'~ 代動 ❶ 組織[編成]される, 構成される; まとまる. ❷ 行動の手はずを整える.
organiseur 男 ❶ システム手帳. ❷ PDA（携帯情報端末）.
organisme 男 ❶ 有機体, 生物. ▶ ~ génétiquement modifié ⇒ OGM. ❷《人間の》身体;《業務》機関, 団体, 組織.
organiste 名 パイプオルガン奏者.
organite 男【生】細胞小器官.
organogenèse 女【生】器官形成（発生）.
organoleptique 形【生理】感覚印象受容性の.
organologie 女 楽器学.
organométallique 男【化】有機金属化合物.
── 形 有機金属（化合物）の.
organsin 男【繊】オーガンジン.
organsiner 他【繊】《生糸を》オーガンジンにする, 諸燃(よ)り糸にする.
orgasme 男《性的》絶頂, オルガスム.
◇**orgasmique / orgasmique** 形
orge 女 大麦. ── ~ mondé 脱穀した大麦. ~ perlé 精白した大麦.
orgeat 男 アーモンドシロップ(水).
orgelet 男【医】麦粒腫, ものもらい.
orgiaque 形 文 はめを外した, 乱痴気騒ぎの;《古代の》バッコス祭の.
orgie 女 ❶ はめを外した宴会, 乱痴気騒ぎ;《複数》《古代の酒神祭》バッコス祭. ❷ ~ de ... あふれんばかりの....
orgue 男 ❶ パイプオルガン;《教会の》オ

ルガン台. ❷ ~ de Barbarie 手回しオルガン【風琴】. ❸ point d'~ フェルマータ. ❹《複数》【地】玄武岩の6角柱状節理群. ── 女 パイプオルガン.
orgueil 男 傲慢, 慢心; 自尊心.
orgueilleusement 副 傲慢に, 思い上がった態度で; 誇らしげに.
orgueilleux, se 形 ❶ 傲慢な, 思い上がった, うぬぼれた. ❷《de》《...を》自慢する, 誇る. ── 名 傲慢な人.
oriel 男【建】張り出し窓.
orient 男【英】東, 東方. ❷ 東の空. ❸ l'O~ 東洋; 近東諸国. ▶ empire d'O~ 東ローマ帝国. ▶ Proche [Moyen, Extrême]-O~ 近東[中東, 極東]. ❹《真珠の》輝き, 光沢.
orientable 形 方向を変えられる.
oriental, ale;《男複》**aux** 形 ❶ 東の. ❷ 東洋［近東諸国］の, 東洋的な. ── 名《O~》東洋人.
orientalisme 男 東洋学; 東洋《オリエント》趣味.
orientaliste 名 東洋（語）学者; オリエンタリズムの画家. ── 形 東洋学の; 東洋趣味の, 東洋風の.
orientation 女 ❶ 方向づけ; 方向, 向き. ❷ 進路指導, オリエンテーション. ❸ 動向, 傾向; 方針.
orienté, e 形 ❶ 方向づけられた, 導かれた. ❷《一定の》思想傾向を持った.
orienter 他 ❶《ある方向に》向ける, 方向づける; 導く; 進路指導をする. ❷ 方位の目印をつける.
── s'~ 代動 ❶《à》向かう, 進む; 進路を見出す. ❷《自分の位置を知る《定める》.
orienteur, se 名 進路指導員.
── 形 方向を教える.
orifice 男《管の》穴, 口;【解】開口部.
oriflamme 女 旗, 幟(のぼり).
origami 男【日本】折り紙.
origan 男【植】マヨラナ(シソ科).
originaire 形 ❶《de》... 出身《原産》の. ❷ 元からの; 生まれつきの.
originairement 副 初めは, 本来は, もともとは.
original, ale;《男複》**aux** 形 ❶ 元の, 最初の, オリジナルの. ❷ 独創的な, 個性的な; 一風変わった. ── 男 原典, オリジナル;《絵画などの》モデル.
── 名 一風変わった人. ── 女 初版.
originalement 副 独創的に; 風変わりに.
originalité 女 ❶ 独創性, 斬(ざん)新さ. ❷ 風変わり, 奇抜さ; 奇行.
origine 女 ❶ 起源, 始まり, 始原; 原因. ❷ 出身, 素性; 由来, 産地. ❸《数》《座標の》原点; 始点.
◇ à l'~ 初めは, 当初は.
originel, le 形 本来の, もともとの, 原始の. ▶ péché ~ 原罪.
originellement 副 当初から, もともと.
orignal;《複》**aux / orignac** 男【動】ヘラジカ.
orin 男【イロープ, 浮標索.
Orion 男【半神】オリオン（巨人で美男の狩人(かりゅうど)）;【天】オリオン（座）.
oripeaux 男複 趣味の悪い派手な服; 金ぴかの服.

O.R.L.《略》❶ 名 oto-rhino-laryngologiste 耳鼻咽喉科医. ❷ 女 oto-rhino-laryngologie 耳鼻咽喉科.

Orléanais 男 オルレアン(旧地方).

orléanais, e 形 オルレアンの.
— 名 《O〜》オルレアンの人.

orléaniste 名 オルレアン派の(人).

Orléans オルレアン(Loiret の県庁所在地).

orlon 男《繊》オーロン(アクリル繊維).

Orly《町名》オルリー《県 94》. ▶ aéroport d'〜 オルリー空港.

ormaie / ormoie 女 ニレの林.

orme 男《植》ニレ.

ormeau¹;《複》x《複》ニレの若木.

ormeau²;《複》x《ormier / ormet** 男《貝》ミミガイ.

Orne 女 ❶ オルヌ県 [61]. ❷ オルヌ川.

orne 男《地域》マンナトリコ.

orné, e 形 (de)(…で)飾られた.

ornemaniste 名 室内装飾家.

ornement 男 ❶ 飾り, 装飾;《文章》誉れ, 華. ❷《カト》祭服;《楽》装飾音.

ornemental, ale 形 装飾の, 装飾用の.

ornementation 女 装飾(法).

ornementer 他 装飾する.

orner 他 飾る, 装飾する;美化する.

ornière 女 ❶ 轍(わだち). ❷《比》因習;しきたり. ◇ sortir de l'〜 旧習から抜け出す;苦境を脱する.

ornithogale 男《植》オーニソガラム(ユリ科).

ornithologie 女 鳥類学, 鳥学.
□**ornithologique** 形

ornithologiste / ornithologue 名 鳥(類)学者.

ornithomancie 女 鳥占い.

ornithophile 形, 名 ❶ 鳥を愛好する(人). ❷《植》鳥媒の.
□**ornithophilie** 女

ornithorynque 男《動》カモノハシ.

ornithose 女《医》鳥類病.

orobanche 女《植》ハマウツボ.

orogenèse / orogénie 女《地》造山運動. □**orogénique** 形

orographie 女 ❶ 山岳学, 山岳誌.
□**orographique** 形

oronge 女 タマゴタケ, テングタケ.

oropharynx [-ks] 男《解》咽(い)頭口部, 中咽頭.

orpaillage 男 砂金採取.

orpailleur, se 名 砂金採取者.

Orphée《ギ神》オルフェウス.

orphelin, e 名 孤児と;片親のない子.
— 形 孤児の, 片親のない.

orphelinat 男 孤児院(の子供).

orphéon 男 男性《俗》軍楽合唱団;ブラスバンド. □**orphéoniste** 名

orphie 女《魚》ダツ.

orphique 形《古代ギリシアの》オルフェウス教の;《美》オルフィスム.
— 名 オルフェウス教徒.

orphisme 男《古代ギリシアの》オルフェウス教;《美》オルフィスム.

orpiment 男《鉱》石黄, 雄黄(きょう).

orpin 男《植》キリンソウ.

orque 女《動》シャチ.

ORSEC [ɔrsɛk] 男《略》Organisa-tion des secours (警察の)災害救助組織.

orseille 女《植》リトマスゴケ.

orteil 男 足指;《特に》足の親指.

ORTF 男《略》Office de radiodiffusion-télévision française フランス・ラジオ・テレビ放送局(1974年に7つの独立した機関に改編された).

orthèse 女 矯正用具.

orthocentre 男《数》垂心.

orthochromatisme 男《写》(感光材料の)オルクロマチック, 整色性. □**orthochromatique** 形

orthodontie [-si] 女 歯科矯正学.

orthodontiste 名 歯科矯正医.

orthodoxe 形 ❶ 正統の;《カト》教義に合致した. ❷ ギリシア正教会の.
— 名《ギリシア》正教会の教徒;正統派.

orthodoxie 女 ❶ 正統性, 正統《公認》教義;ギリシア正教会の教義.

orthodromie 女 (船や飛行機の)大圏航路. □**orthodromique** 形

orthoépie 女 正音法, 正音学.

orthogenèse 女《生》定向進化.

orthogénie 女 計画出産学.

orthogénisme 男 計画出産業.

orthogonal, ale 形;《男 複》aux 形《数》直交の, 直交する.

orthographe 女 つづり;正書法.

orthographier 他 (正書法に従って)つづる. —s'〜 (語が)つづられる.

orthographique 形 つづりの. ▶ correcteur [vérificateur] 〜 スペルチェッカー.

orthonormé, e 形《数》(ベクトルなどが)正規直交の.

orthopédie 女 整形外科.
□**orthopédique** 形

orthopédiste 名 整形外科医;整形外科装具技術者.

orthophonie 女 発音矯正.

orthophoniste 名 発音矯正士.

orthopnée 女《医》起坐(き)呼吸.

orthoptères 男 複《昆》直翅(しょく)目, 直翅類(バッタ, コオロギなど).

orthoptie [-si] 女《医》両眼視矯正法. □**orthoptique** 形
□**orthoptiste** 名

orthorhombique 形 (結晶が)斜方晶系の.

orthoscopique 形《光》(レンズの)整像(性)の.

orthose 女《鉱》正長(くょう)石.

orthostatique 形《生理》起立性の.

orthosympathique [-sɛ̃-] 形《解》système nerveux 〜 交感神経(系).

orthotrope 形《植》直生の.

ortie 女 ❶《植》イラクサ. ❷《動》〜 de mer クラゲ, イソギンチャクの総称.

ortolan 男《鳥》ズアオホオジロ.

orvet 男《動》アシナシトカゲ.

oryctérope 男《動》ツチブタ.

oryx [-ks] 男《動》オリックス.

Os 男《化》の元素 オスミウム.

os [os] 男 (複数の場合は [o]) 男《複数》骸(がい)骨, 遺骨.
◇ donner un os à ronger à … …

O.S. にちょっとした仕事[恩恵]を与える。*Il y a un os.* 話 問題[支障]がある。*jusqu'à l'os = jusqu'aux os* 骨まで，完全に．*l'avoir dans l'os* 話 しくじる；だまされる．*ne pas faire de vieux os* 長生きしない；長居しない．

O.S. 名(略) ouvrier spécialisé 単能工．

oscar 男[英] ❶〈O～〉(映画の)オスカー賞. ❷ (各種コンクールの)大賞.

oscillant, e [-silã] 形 振動した，揺れ動く；不安定な．

oscillateur [-sila-] 男 発振器，オシレータ；[物] 振動子．

oscillation [-sila-] 女 ❶ 揺れ動くこと；揺れ幅. ❷ 動揺，優柔不断．

oscillatoire [-sila-] 形 振動の．

osciller [-sile] 自 ❶ 振動する，揺れ動く，ぐらつく. ❷ 動揺する，迷う．

oscillogramme [-silɔ-] 男 オシログラム．

oscillographe [-silɔ-] 男 オシログラフ．

oscillomètre [-silɔ-] 男 [医] オシロメーター，振動計．

oscilloscope [-silɔ-] 男 オシロスコープ，陰極線オシロスコープ．

osculateur, trice 形 [数]接触する．

oscule 男 [動] (海綿の)大孔．

ose 男 [生化] 単糖(類)．

osé, e 形 大胆な；露骨な；みだらな．

oseille 女 (単数形のみ)❶ [植] スイバ，スカンポ. ❷ 俗 金(ホホ)，銭(お)．

oser 他 ❶〜 + inf. 思い切って[厚かましくも]…する. ❷ 文章 敢行する．
◇*si j'ose dire* ちょっと申し上げれば．

oseraie 女 柳園，柳の林．

oside 男 [生化] 配糖体，グリコシド．

osier 男 [植] (編みかご用などの)柳の細枝．

osiériculture 女 柳栽培．

Oslo オスロ(ノルウェーの首都)．

osmique 形 [化] acide 〜 オスミウム酸, (四)酸化オスミウム．

osmium 男 [化] オスミウム．

osmomètre 男 [化] 浸透圧計．

osmonde 女 [植] ゼンマイ．

osmose 女 浸透；文章 相互の影響．

osmotique 形 [化] 浸透の．

ossature 女 骨，骨格；骨組，構成．

osséine 女 [化] 骨質(%)．

osselet 男 [解] 小骨(羊の骨の形のお手玉). 昔，羊の小骨を手の甲で受けて遊んだ．

ossements 男複 骸(%)骨．

osseux, se 形 骨(質)の；骨ばった．

ossianique 形 オシアン風の．

ossianisme 男 [文] オシアン, Ossian (スコットランドの伝説上の吟遊詩人)の詩とされるものの模倣[礼賛].

ossification 女 骨の形成，骨化．

s'ossifier 代動 [解] 骨化する．

osso-buco [-bu-] 男 (不 変)(伊)[料] オッソブーコ (子牛の骨付きすね肉の煮込み)．

ossu, e 形 古・文章 骨太の．

ossuaire 男 骨(%)骨の山；納骨堂．

ost [-t] 男 [史] (中世の)軍役義務；軍．

O.S.T. 女 (略) [経] Organisation scientifique du travail 科学的管理法, テーラー・システム．

ostéalgie 女 [医] 骨痛．

ostéite 女 [医] 骨炎．

ostensible 形 これ見よがしの，わざとらしい．⇨ostensiblement 副．

ostensif, ve 形 [論] 直示による．

ostensoir 男 [カト] 聖体顕示台．

ostentation 女 見せびらかし，誇示．

ostentatoire 形 これ見よがしの．

ostéoblaste 男 [生] 造骨細胞．

ostéochondromatose [-kɔ̃-] 女 骨軟骨腫(ゅ)症．

ostéoclasie 女 [医] 骨折術．

ostéoclaste 男 [生] 骨溶解[破骨]細胞．

ostéocyte 男 [生] 骨細胞．

ostéogenèse / ostéogénie 女 骨生成．

ostéologie 女 骨学．

ostéolyse 女 [医] 骨溶解．

ostéomalacie 女 [医] 骨軟化症．

ostéome 男 [医] 骨腫(%)．

ostéomyélite 女 [医] 骨髄炎．

ostéopathie 女 [医] 骨症；整骨医学．⇨ostéopathe 名．

ostéophyte 男 [医] 骨贅(ﾊﾞ)．

ostéoporose 女 [医] 骨粗鬆(ﾊﾞ)症．

ostéosarcome 男 骨肉腫(ﾞ)．

ostéosynthèse [-sɛ̃-] 女 [医] 骨接合(術)．

ostéotomie 女 [医] 骨切り術．

ostiole 男 [植] 気孔，開口部．

ostracé, e 形 貝殻状の，カキの．

ostraciser 他 (社会, 集団から)追放する．

ostracisme 男 [古ギ] オストラキスモス，陶片追放；追放；排斥．

ostréicole 形 カキ養殖の．

ostréiculteur, trice 名 カキ養殖者．

ostréiculture 女 カキ養殖．

ostréidés 男複 [貝] イタボガキ科．

ostrogot(h), e / ostrogothique 形 東ゴート族の．
── 男 ❶ 粗野な人. ❷ 話 un drôle d'〜 変人．❸〈O〜〉 東ゴート族人．

otage 男 人質．◇ prise d'〜s 人質を取る行為．

otalgie 女 [医] 耳痛．

O.T.A.N. [otã] 男 (略) Organisation du traité de l'Atlantique nord 北大西洋条約機構 (英語 NATO)．

otarie 女 [動] アシカ．

O.T.A.S.E. [otaze] 女 (略) Organisation du traité de l'Asie du Sud-Est 東南アジア条約機構 (英語 SEATO)．

ôté 前 …を除けば；(引き算で)引けば．

ôter 他 ❶ (…から) 取り除く，脱ぐ. ❷ {à} (…から) 取り去る，奪う. ❸ (数を) 引く. ── s'〜 立ち去る．*Ôte-toi de là.* そこをどけ．

otique 形 [医][解] 耳の，聴覚路の．

otite 女 [医] 耳炎．

otocyon 男 [動] オオミミギツネ.
otocyste 男 [動] 耳胞.
otolithe 男 [動] 平衡石, 耳石.
otologie 安 [医] 耳科学.
oto-rhino-laryngologie /語 **oto-rhino** 安 耳鼻咽喉(科)学.
oto-rhino-laryngologiste /語 **oto-rhino** 名 耳鼻咽喉科医.
otorragie 安 [医] 耳出血.
otorrhée 安 [医] 耳漏, 耳垂れ.
otoscope 男 [医] 耳鏡.
otoscopie 安 [医] 耳鏡検査.
Ottawa オタワ(カナダの首都).
ottoman, e 形 オスマン帝国の. — 名 (O~) オスマン帝国の人. — 男 [繊] オットマン(横畝の厚地絹織物). — 安 トルコ長椅子, オットマン.
ou 接 ❶ あるいは, または. ❷ すなわち. ❸ [命令文などのあと] さもないと.
où 副 [疑問] どこに [で, へ]. — Où habitez-vous? どこにお住まいですか/Où est votre père? お父さんはどちらですか/D'où vient-il? 彼はどこから来たんですか/[間接疑問] Dites-moi où vous allez. どこへ行くのか教えてください.
◇ Dieu sait [je ne sais] où どこかへ[に]. n'importe où どこでも, どこへでも.
— 副 [関係] /代 [関係] [先行詞は場所・時間を表す語] ≫ ville où il est né 彼の生まれた町/Au moment où je sortais, … 出かけようとしたとき …/[先行詞なしで] Asseyez-vous où vous voulez. お好きな所にお座りください.
◇ d'où 以上のことから, それゆえ. où …, c'est … = … だ. où que + subj. どこへ[で] …しても.
O.U.A. 男 [略] Organisation de l'unité africaine アフリカ統一機構(英語 OAU).
ouabaïne 安 [化] ウアバイン, [薬] ストロファンチン.
ouaille 安 [多く複数] [語] (キリスト教の)信徒, 教会員.
ouais 間 はい(=oui), へえ, そうかい(皮肉, 疑い, 困惑など).
ouananiche 安 [カナダ] (淡水の)サケ.
ouaouaron 男 [動] ウシガエル.
ouate 安 (衣類, 寝具の)綿; 脱脂綿.
ouaté, e 形 ❶ 詰め綿をした; キルティングの. ❷ ふんわりした; もの静かな.
ouater 他 綿を入れる, 詰め綿をする.
ouaterie 安 キルティング地.
ouatine 安 キルティング地.
ouatiné, e 形 キルティングの裏をつけた; キルティング地で作った.
ouatiner 他 キルティングの裏をつける.
Oubangui-Chari 男 ウバンギ=シャリ(中央アフリカ共和国のフランス植民地時代の名称).
oubli 男 ❶ 忘れること, 忘却. ❷ 失念, 手落ち; 怠り. ❸ 度外視, 無視.
oubliable 形 忘れられる.
oublie 安 [菓] ウーブリ(円錐形の軽いゴーフル).
oublier 他 ❶ 忘れる; 置き[入れ]忘
れる; おろそかにする. ❷ 大目に見る, 許す. — s'～ ❶ 忘れられる, 消え去る; 自分の所在を忘れる. ❷ [文語] 我を忘れる; 自制心をなくす. ❸ [語] 失禁する.
oubliette 安 [多く複数] 地下牢(ろう).
oublieux, se 形 [文語] (de) (…を)忘れがちな; 忘れっぽい; 恩知らずの.
ouche 安 [田園]/地域菜園, 家庭菜園.
oued [-d] 男 (複) ～s (または ouadi) 男 [地理] ワジ(北アフリカの川).
ouest [-st] 男 [単数形のみ] ❶ 西. ❷ (l'O～) (ある国の)西部; 西フランス; 西欧; 西側諸国. — 形 [不変] 西の.
ouest-allemand, e 形 旧西ドイツの.
ouf¹ 間 ふう, やれやれ (安堵(ど)).
ouf², se 形 [不変] 頭のおかしい(やつ).
Ouganda 男 ウガンダ.
ougandais, e 形 ウガンダの. — 名 (O～) ウガンダ人.
ougrien, ne 形 ウゴル諸語の. — 男 ウゴル諸語.
oui¹ 副 はい, ええ, そうです(肯定, 賛同の答). — Oui-da! もちろん. — 間 [不変] はい(という返答); 肯定; 承諾. ◇ pour un oui pour un non 何かにつけて, 些細なことで.
ouï, e ouïr の過去分詞.
ouï-dire 男 [不変] うわさ, 風聞.
ouie¹ [uj] 安 聴覚. ❷ [多く複数] (魚の)鰓(えら); [楽] 響孔(バイオリンの) f 字孔; [技術] 通気孔. ◇ Je suis tout ～. 私は全身を耳にしている.
ouïg(h)our 男 ウイグル語の. — 男 ❶ ウイグル語. ❷ (O～s) ウイグル族.
ouiller 他 (減った酒樽に)補充する.
ouillère 安 (ブドウの木の)株間(かぶま)(野菜や果樹の)株間栽培.
ouïr 他 [不定形, 命令法, 過去分詞および古用] 聞く; [法] 証言 [供述] を聞く.
ouistiti 男 ❶ [動] マーモセット. ❷ [語] un drôle de ～ 変なやつ.
oukase 男 ⇨ ukase.
Oulan-Bator ウランバートル(モンゴルの首都).
ouléma 男 ⇨ uléma.
oumiak [-k] 男 ウミヤック(イヌイットの用いる大型ボート).
ounce [awns] 安 [英] [計] オンス(記号 oz).
ouolof 形, 名 (セネガルのウォロフ族の人). — 男 ウォロフ語.
oups [ups] 間 おっと, しまった.
ouragan 男 暴風雨, 嵐.
Oural 男 ❶ chaîne de l'～ ウラル山脈. ❷ ウラル川; ウラル地方.
ouralien, ne 形 ウラル山脈の, ウラル地方の; ウラル語族の. — 男 ウラル語族.
ouralo-altaïque 男, 形 ウラル=アルタイ語族(の).
Ouranos [-s] 男 [ギ神] ウラノス.
ourdir 他 織る, 編む; [文] 企てたくらむ.
ourdissage 男 [繊] 整経.

ourdisseur, se 名〖繊〗整経工.
ourdissoir 男〖繊〗整経機.
ourdou 男 ウルドゥー語.
ourler 他 (縁を)かがる; 縁取る.
ourlet 男〖服〗(折り返した)へり, 裾.
ourlien, ne 形〖医〗流行性耳下腺(炎)炎の.
ours [-s] 男 ❶〖動〗クマ. ❷ 話 付き合いの悪い人, むっつり屋. ◊*tourner comme un ~ en cage* 話(部屋を)行ったり来たりする. *vendre la peau de l'~* とらぬ狸の皮算用をする.
ourse 女 ❶ 雌熊, 母熊. ❷ Grande [Petite] O~ 大熊 [小熊] 座.
oursin 男〖動〗ウニ.
ourson 男 子の熊.
oust(e) [-t] 間 話 (人をせかせて)おっとさあ.
out [awt] 〖英〗副 (テニスで)アウト; (ボクシングで)ノックアウト. ── 形 (不変)流行遅れの; 相手にならない, 問題外の; (テニスで)アウトの.
outarde 女〖鳥〗ノガン (野雁).
outardeau 男; (複) x〖鳥〗ノガンの幼鳥.
outil [-ti] 男 道具, 工具.
outillage 男 道具 [工具] 一式, 機械 [生産] 設備; (工場の)施設群.
outillé, e 形 道具をそろえた; 設備 [機械] の整った.
outiller 他 道具を備える; (工場などの)設備 [機械] を整える.
outilleur 男 工具製造業者.
outlaw [awtlo] 男〖英〗無法者.
outplacement [awt-] 男 解雇された管理職の職業復帰援助.
output [awtput] 男〖英〗出力.
outrage 男〖文章〗侮辱. ❷ (à...に対する)違反;〖法〗侮辱(罪). ► ~ *public à la pudeur* 公然猥褻(罪)罪.
outrageant, e 形〖文章〗侮辱的な.
outrager 2 他 ❶ (ひどく)侮辱する. ❷ (規則に)背く, 違反する.
outrageusement 副〖文章〗侮辱的に; ひどく, 極端に.
outrageux, se 形 旧〖文章〗侮辱的な. ひどい, 極端な.
outrance 女 行き過ぎ, 過度. ◊*à ~* 極端に [で]; 徹底的に [を].
outrancier, ère 形 行き過ぎだ, 大げさな, 極端な.
outre[1] 女 (液体を入れる)革袋.
outre[2] 前 ❶ …以外に, 加えて. ❷ 〖名詞をハイフン (-) で結びついて〗…の向こうに, …を越えて. ◊*~ mesure* 極端に, ひどく. ◊*~ que ...* …のみならず. ── 副 *en ~* そのうえ, さらに; *passer ~ (à ...)* (…を)無視する.
outré, e 形 憤慨した; 〖文章〗過度の.
outre-Atlantique 副 大西洋の向こうに [で]; アメリカに [で].
outrecuidance 女〖文章〗自信過剰, 思い上がり.
outrecuidant, e 形 思い上がった.
outre-Manche 副 英仏海峡の向こうに [で]; 英国に [で].
outremer 男 群青色, ウルトラマリン; 〖鉱〗ラピス・ラズリ. ── 形 (不変) 群青色の.

outre-mer 副 海外に [で].
◊*d'~* 海外の.
outrepasser 他 (範囲, 限界を)越える.
outre-Quiévrain 副 ベルギーに [で] 〖キエヴランは国境の町〗.
outrer 他 極端にする, 誇張する; 立腹 [憤慨] させる.
outre-Rhin 副 ライン川の向こうに [で]; ドイツに [で].
outre-tombe 副 死後に.
outrigger [awtrigœ:r] 男〖英〗(競走用の)アウトリガー付きボート.
outsider [awtsajdœ:r] 男〖英〗(競馬の)外様, ダークホース.
ouvert, e 形 (ouvrir の過去分詞) ❶ 開いた, (店などが)あいている; 開設された; 公然の; 公開 [開放] された. ❷ (人・性格が)開放的な, 屈託のない, 率直な. ❸ 始まった, 開始された. ❹ 無防備 [非武装] の. ── 男 (港などの)入り口; 〖数〗開集合.
ouvertement 副 率直に, 公然と.
ouverture 女 ❶ 開く [開かれる] こと, 開始; 開店, 開場, 開会; 開設, 創設. ❷ 〖建物などの〗開口部; 入り口, 通路; (物の)口, 穴. ❸ (理解, 認識への)道, 方法; 〖複数〗交渉の開始. ❹ (精神の)幅広さ; 開放的な態度; (政治的な)柔軟さ. ❺〖楽〗序曲; (狩猟の)解禁.
ouvrable 形 *jour ~* 就業日, 平日.
ouvrage 男 ❶ 仕事, 職務. ❷ 著作, 作品; 書物; 細工(物); 手芸, 裁縫. ❸ 建造物, 建設工事. ❹〖文章〗仕事, 所産; 功績. ── 女〖旧〗*de la belle ~* 〖しばしば皮肉〗結構な出来.
ouvragé, e 形 手の込んだ, 精巧な.
ouvrager 2 他 細工を施す.
ouvrai-, ouvre(-) 〖活〗⇨ **ouvrir**.
ouvrant, e 形 *toit ~* サンルーフ. ── 男 (建具の)可動部分, 扉.
ouvré, e 形 細工 [加工] された; (刺繍などで)飾られた.
ouvreau 男; (複) x (溶鉱炉の)出銑(はっ)口.
ouvre-boîte(s) 男 缶切り.
ouvre-bouteille(s) 男 栓抜き.
ouvre-huître(s) 男 カキむき用のナイフ.
ouvrer 他 加工 [細工] する.
ouvreur, se 名 開ける人; (ポーカーで)最初に賭ける人. ── 女 (劇場, 映画館などの)案内嬢.
ouvrier, ère 名 労働者, 工員; 〖文章〗腕の良い職人. ❷〖文章〗労働者の. ── 女〖昆〗働きバチ, 働きアリ.
ouvriérisme 男 労働者階級至上主義. ❑**ouvriériste** 形 名
ouvrir 18 他 ❶ 開く, 開ける; スイッチを入れる; (道などを)切り開く; (穴などを)あける. ❷ 開設する, 開店する; 開放 [公開] する. ❸ (体の部分を)切る, 切開する; (果物を)むく. ❹ 開始する; 先頭に立つ. ❺ (心, 視野, 展望を)開く, 開示する. ── 自 ❶ 開く, 始まる. ❷ (*sur*) (…に)通じる, 面する.
── *s'~* ❶ 開かれる; (道, 未来

などが)開ける; 始まる. ❷《sur》(…に)通じる,面する. ❸ 自分の(体の部分を)切る. ❹《à》(…に)自分の考えを打ち明ける.

ouvroir 男 (女子修道院で)裁縫や刺繍をする作業室.

ouzbek [-k] 形《不変》ウズベク人の; ウズベク語の. ─名《不変》《O~》ウズベク人. ─男 ウズベク語.

Ouzbékistan ウズベキスタン(共和国).

ouzo 男 ウゾー(ギリシアのリキュール).

ovaire 男〖動〗卵巣;〖植〗子房.

ovalbumine 女〖化〗卵(白)アルブミン.

ovale 男, 形 卵形(の), 楕円形(の).

ovalie 女 ラグビー界.

ovalisation 女〖機〗シリンダー壁の不均等な摩滅.

ovaliser 他 卵形[楕円形]にする.

ovariectomie [-rjek-] 女〖医〗卵巣摘出.

ovarien, ne 形 卵巣の.

ovarite 女〖医〗卵巣炎.

ovate 男 (古代ケルトの)オバト僧.

ovation 女 熱烈な喝采(かっさい), 大歓迎; 〖古〗小凱旋(がいせん)式.

ovationner 他 熱烈な喝采(かっさい)を浴びせる, 盛んな拍手を送る.

ove 男 (ドリス式柱頭などの)卵形装飾.

overdose [ovɛ(e)rdoz] 女《英》(麻薬の)多すぎる分量, 過量.

overdrive [ovɛ(e)rdrajv] 男《英》(変速機の)オーバードライブ.

ovibos [-s] 男〖動〗ジャコウウシ.

oviducte 男〖解〗卵管.

ovin, e 形 羊の. ─男 羊(類).

ovipare 形, 男〖動〗卵生の(動物).

oviparité 女〖動〗卵生.

ovipositeur / oviscapte 男〖昆〗穿孔産卵管.

ovni [ɔvni] 男《略》objet volant non identifié 未確認飛行物体, UFO (註 OVNI ともつづる).

ovocyte 男〖生〗卵母細胞.

ovogenèse 女〖生〗卵形成.

ovogonie 女〖生〗卵原細胞.

ovoïdal, ale;《男複》**aux** 形 卵形の, 卵形に近い.

ovoïde 形 卵形の.

ovovivipare 形〖動〗卵胎生の. ─男 卵胎生動物.

ovoviviparité 女〖動〗卵胎生.

ovulaire 形〖生〗卵(細胞)の.

ovulation 女〖生〗排卵. ◇**ovulatoire** 形

ovule 男〖植〗胚珠(はいしゅ);〖生〗卵(細胞);〖薬〗腟(ちつ)座薬.

ovuler 自〖生〗排卵する.

oxacide 男〖化〗オキソ酸, 酸素酸.

ozonosphère

oxalate 男〖化〗シュウ酸塩.

oxalide 女 / **oxalis** [-s] 男〖植〗カタバミ.

oxalique 形〖化〗acide ~ シュウ酸.

oxford [-(d)] 男 オックスフォード(丈夫な綿織物).

oxhydrique 形〖化〗酸水素の.

oxhydryle 男〖化〗水酸基.

oxime 女〖化〗オキシム.

oxonium 男 オキソニウム(イオン).

oxyacétylénique 形〖化〗酸素アセチレンの.

oxychlorure 男 オキシ塩化物.

oxycoupage 男 酸素アーク切断.

oxycoupeur 男 酸素アーク切断工.

oxydable 形 錆(さ)びやすい;〖化〗酸化し得る.

oxydant, e 形〖化〗酸化させる. ─男 酸化剤, オキシダント.

oxydase 女〖化〗酸化酵素.

oxydation 女〖化〗酸化.

oxyde 男〖化〗酸化物.

oxyder 他 錆(さ)びさせる; 酸化させる.

oxydoréduction 女〖化〗酸化還元(反応).

oxygénation 女 酸素処理, 酸化(作用);(過酸化水素水による)脱色.

oxygène 男 酸素; きれいな空気.

oxygéné, e 形 酸素を含んだ;(毛髪が)オキシンルで脱色［処理］した.

oxygéner 6 他 酸素を溶かす;(毛髪を)オキシンルで脱色する.
─ s'~ 勢い[きれいな]空気を吸う.

oxygénothérapie 女〖医〗酸素療法.

oxyhémoglobine 女 酸素ヘモグロビン.

oxymore / oxymoron 男〖レト〗撞着(どうちゃく)語法(例: un silence éloquent 雄弁なる沈黙).

oxysulfure [-syl-] 男〖化〗オキシ硫化物.

oxyton 男 オクシトーン(最終音節に強いアクセントを持つ語).

oxyure 男〖動〗蟯(ぎょう)虫.

oxyurose 女〖医〗蟯(ぎょう)虫症.

oyat [ɔja] 男〖植〗イネ科ハマムギ属.

oz〖記〗〖計〗(ヤード, ポンド法で) オンス.

ozène 男〖医〗臭鼻(症).

ozocérite / ozokérite 女〖鉱〗地蝋(ちろう), オゾケライト.

ozonation 女 オゾン処理.

ozone 男〖化〗オゾン.

ozoner / ozoniser 他 オゾン化[処理]する.

ozonide 男〖化〗オゾン化物, オゾニド.

ozonisation 女 オゾン化[処理].

ozonosphère 女〖気〗オゾン層.

P, p

P, p 男 フランス字母の第16字.
P. 《略》Père 神父.
Pa 《記》❶《化》protactinium プロトアクチニウム. ❷《物》pascal パスカル.
PAC 《略》Politique agricole commune (EU) の共通農業政策.
pacage 男 牧畜, 放牧; 放牧地.
pacager [2] 自《家畜が》牧草を食べる. — 他《家畜に》牧草を食わせる.
pacane 女 ペカンの実 (=noix de ～).
pacanier 男《植》ペカン.
pacemaker [pesmekœ:r] 男《英》《医》ペースメーカー.
pacha 男《史》パシャ(オスマン・トルコの地方総督). ◇ mener une vie de ～ 安逸で豪華な生活をする.
pachto(u) 男 パシュトー語(イラン諸語の一つ).
pachyderme 男《動》厚皮動物(ゾウ, サイなど).
pachydermie 女《医》強皮症.
pacificateur, trice 形, 名 平和をもたらす(人); 仲裁する(人).
pacification 女 平和の回復; 鎮定; 講和.
pacifier 他《国, 国民などに》平和をもたらす《心などを》鎮める, 穏やかにする.
— **se** — 平和になる; 鎮静化する.
pacifique 形 ❶ 平和を好む; 温厚な, 穏やかな; 平和な. ❷ 太平洋の.
— 男 (le P～) 太平洋.
pacifiquement 副 平和的に, 武力によらずに, 平穏に.
pacifisme 男 平和［穏健］主義.
□ **pacifiste** 名
pack [pak] 男《英》❶ 流氷. ❷ (瓶類の)カートン. ❸(ラグビーで)フォワード.
package [-ked3/-kad3] 男《英》パッケージ.
packager [-d3œ:r] / **packageur** 男 出版社の下請け.
packaging [-d3iŋ] 男 包装.
pacotille 女 安物, 粗悪品; 因 無賃輸送品. ◇ de ～ 安物の, 価値のない.
pacquage 男 (魚の) 樽詰め作業.
pacquer 他 (魚を) 樽詰めにする.
PACS [-ks] 男《略》pacte civil de solidarité 共同生活市民協約.
pacsé, e 形, 名 共同生活市民協約を結んだ(人).
pacser 自 / **se pacser** 代動 共同生活市民協約を結ぶ.
pacson 男《俗》包み, 荷物.
pacte 男 契約(書); 条約; 協定(書). ◇ faire un ～ avec le diable 悪魔と契約する(金や権力のため魂を売る).
pactiser 自《avec... (と)》協定を結ぶ, 共謀する; 折り合う, 妥協する.
pactole 男 宝庫, 重要収入源, 財源.
paddock [padɔk] 男《英》❶ (競馬場の)パドック, 下見所; 俗 ベッド.
paddy 男《英》籾米(%).
padine 女《植》ウミウチワ.

padou 男 (麻, 絹の)包装用リボン.
pæan [peã] 男《古ギ》アポロン賛歌.
paella [pae(l)la, pael(j)a] 女《料》パエーリャ, パエージャ.
PAF [paf] 男《略》Paysage audiovisuel français フランステレビラジオ放送網.
paf¹ 間 ドスン, バタン, ピシャ, ゴツン.
paf² 形《不変》俗 酔った.
pagaie 女 (カヌーをこぐ) パドル.
pagaïe / pagaille 女 俗 乱雑, 混乱. ◇ en ～ 乱雑に [に]; 大量に.
□ **pagailleux, se** 形
paganiser 他 異教(徒)化する.
paganisme 男 (キリスト教から見た)異教; (集合的)異教徒.
pagayer 自 (パドルで)こぐ.
pagayeur, se 名 (カヌーの)こぎ手.
page¹ 女 ❶《略》: 紙印 1枚. — ～ d'accueil ホームページ. ❷ (文学, 音楽作品の一節, 部分; (歴史などの)一時期. ◇ belle [fausse] ～ 右 [左] ページ. être à la ～ 事情に通じている; 時代の動きに遅れない.
page² 男《史》小姓, 近習(%).
page-écran; (複) ～s-～s 女《情報》ページ画面.
pageot / page 男《俗》ベッド.
pager 自 俗 ベッケル.
pagination 女 ページ付けの(数字).
paginer 他 ページ番号を打つ.
pagne 男 (原住民の)腰巻き.
pagnon 男 上質の黒ラシャ.
se pagnoter 代動 俗 寝床に入る.
pagode 女 ❶ (東アジアの)寺院, 仏塔, パゴダ. ❷ — 形《服》manche ～ パゴダスリーブ (先広がりの袖(%)).
□ **pagodon** 男 小パゴダ.
pagre 男《魚》タイ.
pagure 男《動》ヤドカリ.
pagus [-s]; (複) **pagi** 男《ラ》《史》パグス(古代ローマの村落単位).
paie 女 ◎ paye.
paie (-(活用) ◎ payer.
paiement 男 ❶ 支払い; 支払い金;《法》弁済. ❷ 報酬, 見返り.
païen, ne 形 (キリスト教から見て) 異教(徒)の; 無信仰の, 不信心な.
— 名 異教徒; 不信心者.
paierie 女 (県の)出納課, 支払窓口.
paillage 男 ①わら囲い, 根覆い.
paillard, e 形 猥褻(%)な, 卑猥な.
— 名 好色な人, すけべえ.
paillardise 女 淫蕩(%), 猥褻(%); 卑猥な行為 [言葉].
paillasse¹ 女 ❶ わら布団. ❷ (台所の流しのわきの)物置き台, 水切り台.
paillasse² 男 大道芸人; 道化師.
paillasson 男 ❶ (戸口のマット, 靴ぬぐい. ❷ 植 寒冷覆い, おべっか使い. ❸ (日よけ, 霜よけの)筵(%), こも.
paille 女 ❶ (集合的)わら; 麦わら; ストロー. ❷ 因 わずかなこと; (反語的)大変なこと, 大金. ❸ (金属, 宝石などの)

傷；欠点．◊**feu de ~** 一時的感情．**homme de ~** 名高い人，ダミー．**sur la ~** 語 困窮して．

――**e** 圏《不愛》わら色の，薄茶色の．

paillé, e 形 ❶ わら色の．❷（イスに）わらを張った．❸ ひびの入った，傷のある．

paille-en-queue 男《複》~s- ~~ 男《鳥》ネッタイチョウ．

pailler[1] 男 わら束，わら積み소．

pailler[2] 他 わらを張る；こもをかぶせる．

paillet 男（船体を守る）当て筵（むしろ）．

pailleté, e 形《服》スパンコールを散りばめた．

pailleter [4] 他 スパンコールで飾る．□**pailletage** 男

pailleteur 男 砂金採取者．

paillette 女 ❶《服》スパンコール．❷ 薄片，小片；砂金．❸《複数》虚飾の世界．

pailleux, se 形 ❶ わらでできた，わらの混じった．❷ ひびの入った，傷のある．

paillis 男《農》敷きわら，根覆い．

paillon 男 ❶（瓶にかぶせるこも）藁苞（わらづと）．❷ 金属箔．

paillo(t)te 女 藁（わら）ぶき小屋．

pain 男 ❶ パン，菓子パン；（型に入れた）練り物料理．~ **doré [perdu]** フレンチトースト．❷ 食糧，生活の糧；（精神の）糧．❸（パンに似た）塊．~ **de sucre**（円錐形の）砂糖の山／~ **de savon** 固形石鹸．❹ 仕事；平手，びんた．◊ **avoir du ~ sur la planche** 仕事をいっぱい抱えている．**pour une bouchée [un morceau] de ~** ただみたいな値段で．**se vendre comme des petits ~s** 飛ぶように売れる．

pair, e 形 偶数の．
――男 ❶《複数》（社会的，身分的に）同等の人，同輩，同僚．❷（1814–48 年までの）貴族院議員；（英国の）上院議員；（封建時代の）大貴族．❸《経》（為替）平価；額面金額．
◊ **aller [marcher] de ~** 相伴う，セットになっている．**au ~** オーペアの［で］（学生が食往と引きかえに家事を手伝う）．**hors (de) ~** 比類のない．**pair à pair**《情報》ピア・ツー・ピア，P2P．

pairage 男《テレビ》ペアリング，電子対生成．

pairesse 女 ❶（英国の）上院議員夫人；爵位をもつ女性．❷（フランスの）大貴族夫人；貴族院議員夫人．

pairie 女 貴族院［上院］議員の職［肩書］；大貴族の身分．

pais（-）活 ⇨ paître．

paisible 形 平和な，平穏な；（性格などが）穏和な．□**paisiblement** 副

paissance 女《法》放牧権．

paisseau 男 x 棒（ブルゴーニュ地方でブドウの）支柱，添え木．

paître 53 形 不定形・直説法現在形・半過去以外はほとんど用いない 自, 他（動物が牧草，木の実を）食べる．

paix 女 ❶ 平和，和平；講和条約．❷ 治安，安全；和解．❸（心の）平穏，安らぎ；静けさ．

◊ **en ~** 仲よく，静かに，心安らかに．

pajot 男 ⇨ pageot．

Pakistan 男 パキスタン．

pakistanais, e 形 パキスタンの．
――名《P~》パキスタン人．

PAL [pal]《略》《英》Phase Alternation Line（テレビの）パル方式．

pal 男《複》als 男（木または金属の）杭（くい）；串刺（くしざ）刑（死罪）．

palabre 女 男《多く複数》長談義．

palabrer 自 長談義をする．

palace 男《英》豪華ホテル．

paladin 男 ❶《武勲詩で》シャルルマーニュに仕えた騎士；（中世の）遍歴騎士．❷ 正義感の強い人．

palafitte 男（新石器時代の）杭（くい）上家屋，湖上家屋．

palais[1] 男 ❶（王侯の）宮殿，官邸；（個人の）大邸宅；公共の大建築物．❷《le P~》裁判所（=P~ de justice）．

palais[2] 男《解》口蓋（こうがい）；味覚．

palan 男 巻き上げ機．

palanche 女 天秤（てんびん）棒．

palançon 男《多く複数》（壁土の下地の）木舞（こまい）．

palangre 女 延（は）え縄．

palangrotte 女 小さな延（は）え縄．

palanque 女（城の）防御柵（さく）．

palanquée 女 ❶《海》（巻き上げ機で）吊り下げる荷．❷ 多数．

palanquer 自, 他 巻き上げ機で巻き上げる．

palanquin 男（東洋の）輿輦（こしれん），輿（こし）；（象やラクダの背上の）座椅子．

palastre 男 ⇨ palâtre．

palatal, ale 形《男複》**aux** 形《音声》硬口蓋音の，硬口蓋の．
――女 硬口蓋音，口蓋音．

palatalisé, e 形《音声》硬口蓋（こうがい）化された．

palataliser 他《音声》硬口蓋（こうがい）化する．□**palatalisation** 女

palatial, e 形《男複》**aux** 形 [-sj-] 形 豪荘な，宮殿並の．

palatin[1], **e** 形 ❶《史》（王の近臣，侍臣の）宮廷付役付の．❷《古以》パラティヌス丘の．❸《史》宮廷の高官；（ポーランドの）州知事；（ハンガリーの）副王．❷《P~》《古以》パラティヌス丘．

palatin[2], **e** 形《解》口蓋（こうがい）の．

palâtre 男 錠箱．

pale[1] 女 ❶（スクリュー，プロペラなどの）羽根；（オールの）水かき部，（水門の）扉．❷《カト》聖杯蓋布（ぬのふた），パラ．

pâle 形 ❶ 青白い，青ざめた．❷（光が）弱い；（色が）薄い；生彩のない．

◊ **se faire porter ~** 俗 仮病を使う．

pale-ale [pelel] 女《英》ペール・エール（イギリスのブロンド色のビール）．

palée 女 杭（くい）の列；杭構柵

palefrenier, ère 男 馬丁，厩務（きゅうむ）員．

palefroi 男（中世の）儀仗（ぎじょう）馬．

palémon 男《動》テナガエビ．

paléobotanique 女 古植物学．

paléocène 男《地》暁（ぎょう）新世の．

paléochrétien, ne 形（6 世紀までの）初期キリスト教（徒）の．

paléoclimat 男 古気候.
paléoclimatologie 女 古気候学.
paléoécologie 女 古生態学.
paléogène 男 [地] 古第三紀 [系].
paléogéographie 女 古地理学.
paléographe 名 古文書学者.
paléographie 女 古書体学, 古文書学. □paléographique 形
paléohistologie 女 古動物組織学 (化石動物組織の研究).
paléolithique 男, 形 旧石器時代 (の).
paléomagnétisme 男 古地磁気 (学).
paléontologie 女 古生物学. □paléontologique 形
paléontologiste / **paléontologue** 名 古生物学者.
paléo-océanograhie 女 古海洋学.
paléosol [-sɔl] 男 [地] 古土壌.
paléothérium 男 [古生] パレオテリウム (原始のウマに似た哺乳類).
paléozoïque 男, 形 古生代 (の).
paleron 男 [食] (牛の) うで肉.
Palestine 女 パレスチナ.
palestinien, ne 形 パレスチナの. ―名 (P~) パレスチナ人.
palestre 女 [古代] レスリング場.
palet 男 (的に投げて遊ぶ石や金属の) 円盤 (アイスホッケーの) パック.
paletot 男 [服] パルト― (短いオーバーコート). ◇*tomber sur le ~ de ...* 話 …に襲いかかる.
palette 女 ❶ パレット; (ある画家に) 特有の色彩. ❷ へら, くわ (車輪の水受け板, タービンの) 羽根; (フォークリフトの) パレット. ❸ (羊, 豚の) 骨付き肩肉. ❹ (de) (…の) 多彩な一群, いろいろと多くの….
palettisable 形 (運搬用) パレットに積める.
palettisation 女 パレット輸送.
palettiser 他 (荷物などを) パレットに積む; (運搬作業をパレット化する.
palettiseur 男 パレタイザー (積み込み装置).
palétuvier 男 [植] マングローブ.
pâleur 女 (顔色などの) 青白さ; (光の) 弱さ; (色の) 薄さ; 精彩のなさ.
pali, e 形 パーリ語の. ―男 パーリ語.
pâli, e 形 (顔などが) 青ざめた; (色が) あせた; (光などが) 薄くなった.
pâlichon, ne 形 話 やや青白い.
palier 男 ❶ (階段の) 踊り場. ❷ (道路, 線路などの) 水平部; (進行過程における) 安定期, 横ばい状態.
◇*par ~s* 段階的に, 段々に.
palière 形 女 (ドアが) 踊り場に面した; 踊り場と同一平面の.
palilalie 女 [心] 同語反復.
palimpseste 男 パリンプセスト (消した文字の上に新たに書いた羊皮紙).
palindrome 男 回文.
palingénésie 女 ❶ [哲] (ストア学派の) 歴史循環; 輪廻 (りんね). ❷ [宗] 再生. □palingénésique 形
palinodie 女 ❶ [複数] 前言取り消

し, 変節. ❷ [文] (古代の) 改詠詩.
pâlir 自 ❶ (人が) 青ざめる, 血の気を失う. ❷ (色が) あせる; (光などが) 薄れる. ◇*faire ~* …を…をくやしがらせる, 嫉妬させる. ◇*~ sur les livres* 根をつめて勉強する.
―他 [文章] (顔色のため) 青白くする; 色をあせさせる.
palis 男 (囲いのための) 杭; 杭囲い.
palissade 女 柵 (さく), 板塀; 生け垣.
palissader 他 (土地, 通りなどに) 柵 (さく) (塀, 囲い) を巡らす; 生け垣で覆う.
palissadique 形 柵 (さく) の.
palissandre 男 [植] ヒルギカズラ属; 紫檀 (したん).
pâlissant, e 形 青ざめた, 青白い; (色などが) あせる; (光などが) 薄れる.
palisser 他 [農] (枝などを) 支柱 [鉄線] に固定する. □palissage 男
palissonner 他 (へら掛けで) なめす.
palissonneur 男 へら掛け工.
paliure 男 [植] ハマナツメ.
palladien, ne 形 [建] (イタリアの建築家) パラディオを範とする.
palladium¹ 男 [古ギ] 女神パラスの像 (トロイアの守り神); 守護神.
palladium² 男 [英] [化] パラジウム (白金族元素の一つ).
palléal, ale [男複] **aux** 形 [動] 外套 (がいとう) (膜) の.
palliatif, ve 形 一時しのぎの; 一時押さえの. ―男 ❶ soins ~s 緩和ケア, パリアティフ·ケア. ❷ 一時しのぎの手段, 対症療法; [医] 緩和薬.
pallidum 男 [解] 淡蒼 (そう) 球.
pallier 他 ❶ 取り繕う, ごまかす. ―自 (à) (…を) 取り繕う, ごまかす.
pallium 男 [う] パリウム (古代ローマ人の外套; 教皇, 大司教の肩衣).
palmaire 形 [解] 手のひらの.
palmarès [-s] 男 受賞者名簿; ヒットチャート, 人気番付; 輝かしい戦歴.
palmaire 形 ヤシ栽培用温室.
palmas [-s] 女複 [西] (フラメンコの) 手拍子, パルマ.
palmature 女 ❶ [動] 水かき. ❷ [医] 手指癒合.
palme¹ 女 ❶ シュロ [ナツメヤシ] の葉; [植] ヤシ. ❷ 勝利, 栄誉 (シュロの葉を図案化した) 勲章; [複数] 教育功労勲章 (=P~s académiques). ❸ (潜水用の) 足ひれ.
palme² 男 手幅尺, パーム.
palmé, e 形 [植] (葉が) 掌状の; [動] 水かきのある.
palmer¹ 他 (針の頭を) 平たくする.
palmer² 男 マイクロメーター.
palmeraie 女 シュロ林, ヤシ園.
palmette 女 [建] シュロの葉の装飾模様; [園] 扇形の果樹仕立て.
palmier 男 [植] ヤシ; [菓] パルミエ (ハート形をしたパイ菓子).
palmipède 形 (足に) 水かきのある. ―男 [複数] [鳥] 蹼足 (ぼく) 類.
palmite 男 [植] アブラヤシ.
palmite 男 [植] ヤシの芽.
palmitine 女 [化] パルミチン.
palmure 女 [動] 水かき.
palois, e 形 ポー Pau の.

pantoire 女《海》短索, ペンダント.
pantois, e 形 茫然自失した.
pantomètre 男《測》程角測器, 万測器.
pantomime 女 ❶ パントマイム; 無言劇. ❷ 大げさで滑稽な態度［動作］.
pantothénique 形《生化》acide ~ パントテン酸.
pantouflage 男 天下り.
pantouflard, e 形, 名 家でのんびり過ごしたがる(人), 出不精の(人).
pantoufle 女 ❶ スリッパ, 部屋履き. ❷ 語《グランゼコール卒業生》の民間企業への就職;《その際に支払う》在学中の経費の弁済金.
pantoufler 自動《公務員, 特にグランゼコール出身者が弁済金を支払って》民間企業に就職する.
panure 女 パン粉.
panurgisme 男 付和雷同.
panzer [-dze:r] 男《独》《第2次大戦中のドイツ軍の》戦車, 装甲車.
P.A.O.《略》Publication assistée par ordinateur デスクトップパブリッシング, DTP.
paon [pã] 男 ❶《鳥》クジャク. ❷ 高慢な, 虚栄心の強い人.
paonne [pan] 女 雌クジャク.
papa 男 パパ. ◊ *à la* ~ ゆっくりと, 悠々と. *de* ~ 昔の.
papable 形 語 教皇に選ばれ得る.
papaïne 女《化》パパイン.
papal, ale 形《男複》*aux* 形（ローマ）教皇の.
papamobile 女 教皇公用車.
paparazzi [-dzi] 男《伊》パパラッチ.
papas [-s] 男《東方教会の》聖職者.
papauté 女 教皇権; 教皇位; 教皇の在位期間; 教皇庁.
papavéracées 女複《植》ケシ科.
papavérine 女《薬》パパベリン.
papaye [-paj] 女 パパイヤ(の実).
papayer [-paje] 男《植》パパイヤ.
pape 男 ❶《ローマ》教皇. ❷ 大御所, 最高権威者.
papelard¹, **e** 形 文章 さも優しげな.
papelard² 男 語 紙切れ; 書類.
papelardise 女 文章 猫かぶり.
paperasse 女 無用の書類.
paperasserie 女 無用の書類の山.
paperassier, ère 形, 名 書類の好きな(人), 書類手続きにこだわる(人).
papesse 女《伝説上の》女教皇.
papet 男《料》パペ（ポテトとネギの粥にソーセージを添えるスイス料理）.
papeterie [-p(ə)tri] 女 ❶ 文房具店; 文房具. ❷ 製紙（工場）.
papetier, ère 名 ❶ 製紙業者. ❷ 文房具商. — 形 製紙の.
papi 男 幼児語 おじいちゃん.
papier 男 ❶ 紙. ► ~ *à lettres* 便箋 / ~ *à musique* 五線紙 / ~ *peint* 壁紙 / ~ *hygiénique* トイレットペーパー. ❷ 一定の書かれた紙, 紙片; 書類, 文書. ❸《複》証明書; 身分証明書類. ❹《新聞, 雑誌》の原稿, 記事. ❺ 手形, 有価証券.
◊ *être dans les petits* ~s *de* ... 語 ...に優遇される, のお気に入りである. *sur le* ~ 机上では, 理論上は.
papier-calque 女《複》~s-~s 男 トレーシングペーパー.
papier-émeri《複》~s-~ 男 紙やすり.
papier-filtre;《複》~s-~s 男 濾(こ)紙; 紙フィルター.
papier-monnaie;《複》~s-~s 男 紙幣, 銀行券.
papilionacé, e 形《植》（花冠が）蝶（ちょう）形の. — 女複 マメ科.
papillaire [-ler] 形《解》《医》乳頭（状）の.
papille 女《解》乳頭. ► ~s *gustatives* 味蕾(らい).
papilleux, se 形 乳頭の点在する.
papillomavirus [-s] 男《医》パピローマウイルス, 乳頭腫(しゅ)ウイルス.
papillome 男《医》乳頭腫(しゅ).
papillon 男 ❶《昆》チョウ; ガ. ❷ *nœud* ~ 蝶(ちょう)ネクタイ, 蝶結び. ❷ 軽薄［移り気］な人. ❸ 語 挟み込みページ; ちらし; 駐車違反通告書. ❹《機》蝶ナット. ❺《泳》バタフライ.
papillonnage / papillonnement 男 あちこち飛び回ること; 移り気な.
papillonnant, e 形 あちこち飛び回る; 移り気な.
papillonner 自 あちこち飛び回る; 気移りする; ぱたぱた［ひらひら］する.
papillonneur, se 名 バタフライ泳者.
papillotage / papillotement 男 ❶ まばゆさ; きらめき. ❷ まばたき; 目のちらつき.
papillotant, e 形 ❶ きらめく, ちかちかする, まぶしい. ❷ まばたく.
papillote 女 ❶ カールペーパー, 毛巻紙. ❷《キャンディーなどの》包み紙; 紙にくるんだキャンディー. ❸《料》(1)（骨付肉の）飾り紙. (2) 包み焼き, パピヨット; バターを塗った紙, アルミホイル.
papilloter 自 ❶（目が）ちらちらする; まばたきする. ❷（光, 色などが）きらめく, ちかちかする.
papisme 男《プロテスタントが批判して言う》教皇絶対主義. ⇨ **papiste** 名
papivore 名 本の虫.
papotage 男 おしゃべり, むだ話.
papoter 自 おしゃべり［むだ話］をする.
papou, e 形 パプア（諸語）の. — 名《P-》パプア人;《複》パプア諸語.
Papouasie-Nouvelle-Guinée 女 パプアニューギニア.
papouille 女 愛撫(ぶ), くすぐり.
paprika 男 パプリカ.
papule 女《医》丘疹(しん).
papuleux, se 形《医》丘疹(しん)性の.
papy 男 ⇨ **papi**.
papy-boom [-bum] 男 高齢者の増加; 定年を迎える）団塊の世代.
papyrologie 女 パピルス文書学. ⇨ **papyrologue** 名
papyrus [-s] 男（う）❶《植》パピルス; パピルス（紙）. ❷ パピルス古文書.
paqson 男 ⇨ **pacson**.
pâque 女《ユダ》過越(すぎこし)の祭;（過越

paquebot

の祭の)いけにえの小羊.
paquebot 男 大型客船, 定期船.
pâquerette 囡【植】ヒナギク.
Pâques 男 復活祭, イースター(春分後最初の満月の次の日曜日).
── 囡複 Joyeuses ～! 復活祭おめでとう. ～ fleuries 枝の日曜日(復活祭1週間前の日曜日).
Pâques (île de) イースター島.
paquet 男 ❶ 包み, 袋, 箱; 小包. ❷ un ～ [des ～s] de … たくさんの…; …の塊, 集団. ► un ～ de mer 大波. ❸【印】組版. ❹【情報】パケット.
◇avoir [recevoir] son ～ 当然の叱責を受ける. faire son ～ [ses ～s] 出発の準備をする. lâcher son ～ 思っていることをぶちまける. mettre le ～ 全力を尽くす. ～ de nerfs 神経が高ぶっている人. par ～s いくつかずつまとめて; 集団となって. risquer le ～ 一か八かやってみる; 危ない橋を渡る.
paquetage 男 (兵士の)装具一式.
paqueter 4 他 包む, 包装する.
par¹ 前 ❶【経路】…を通って, …から, …中(ヂ")を[に]. ► regarder par la fenêtre 窓から眺める / voyager par le monde 世界中を旅する. ❷【位置, 部位】…に; …で[と]. ► par terre 地面[床]に / prendre … par le bras …の腕をつかむ. ❸【時間, 気象条件】…の時(さかいに). ► par temps de pluie 雨天のとき. ❹【手段, 媒介】…によって[で]; …を通じて. ► par avion 航空便で. ❺【原因, 動機】…によって, …から. ► par accident 事故によって / par plaisir [intérêt] 楽しみ[損得]で. ❻【動作主】…によって. ❼【配分】…につき; …ずつ[ごとに]. ► deux fois par mois 月に2度 / deux par deux 2つ[2人]ずつ. ❽【根拠】…にかけて, …として. ► Par ma foi! 誓って.
◇de par 文章 …によって; …中[に]; …の名において. par trop 文章 あまりにも.
par² 男【英】(ゴルフ)パー.
para 男【軍】落下傘兵.
parabellum 男 【不変】【独】パラベルム(ドイツ軍の大口径自動拳銃の銃).
parabole¹ 囡 寓話, 比喩. ◇parler par ～ 遠回しな言い方をする.
parabole² 囡【数】放物線.
parabolique¹ 形 たとえ(話)の, 寓話的な.
parabolique² 形 放物線(状)の.
paraboliquement 副 放物線を描いて.
paraboloïde 男【数】放物面.
paracentèse 囡【医】穿刺(*) (術).
paracétamol 男【薬】パラセタモール(鎮痛解熱薬).
parachèvement 男 完成, 完遂.
parachever ③ 他 完成する; 念入りに仕上げる.
parachronisme 男 (年代, 日付などを実際より後につける)記年錯誤.

parachutage 男 ❶ 落下傘降下. ❷ 突然の任命, 異例の抜擢(ﾊﾞﾂ).
parachute 男 パラシュート, 落下傘; (昇降機の落下防止用)安全装置.
parachuter 他 ❶ パラシュートで降下させる. ❷ 予期せぬ地位[職]に任命する.
parachutisme 男 パラシュート降下法【技術】, スカイダイビング.
parachutiste 名 落下傘兵; スカイダイバー. ──【軍】落下傘降下兵.
Paraclet 男【神】慰め主(聖霊).
parade¹ 囡 ❶ 閲兵式, 軍事パレード. ❷ 誇示, 見せびらかし; 【動】(求愛の)ディスプレイ. ❸ 客寄せ芝居.
◇de ～ 儀式用の; 見せかけの.
parade² 囡 ❶ 攻撃をかわすこと;【フェ】パラード; (ボクシングで)パーリング. ❷ 防御; 対応策.
parade³ 囡 (馬を)急に止めること.
parader 自 ❶ すまし込み, 気取って歩く. ❷【軍】行進する.
paradeur, se 名 気取り屋.
paradigmatique 形【言】範列的な, 範列の.
paradigme 男 (活用などの)屈折表;【言】範列; (科学史で)パラダイム.
paradis 男 ❶ 天国; (この世の)楽園, パラダイス. ► ～ fiscal 税金回避地. ❷ (劇場の)天井桟敷. ❸【園】(接木の台木用の)リンゴの木. ❹【鳥】oiseau de ～ フウチョウ, ゴクラクチョウ.
◇Vous ne l'emporterez pas en [au] ～. 今に後悔するぞ.
paradisiaque 形 天国の(ような).
paradisier 男【鳥】ゴクラクチョウ.
parados 男 背囊(ﾖﾝ); (後方からの攻撃を防ぐために築く盛り土).
paradoxal, ale (男複)aux 形 ❶ 逆説的な; 矛盾する; 逆説好きな. ❷ sommeil ～ 逆説睡眠(夢の時間に相当する睡眠の相).
paradoxalement 副 逆説的に.
paradoxe 男 逆説; 矛盾.
parafe 男 ⇨ paraphe.
parafer 他 ⇨ parapher.
parafeur 男 ⇨ parapheur.
paraffinage 男 パラフィン処理.
paraffine 囡【化】パラフィン.
paraffiné, e 形 パラフィンを塗った.
paraffiner 他 パラフィンを塗る.
parafiscal, ale (男複)aux 形 (税金の)公課の, 特別徴収の.
parafiscalité 囡 公課, 税外負担徴集.
parafoudre 男 避雷器.
parage 男 (肉の身おろし, 整形.
parages 男複 近所, 周辺; 沿岸海域.
paragraphe 男 ❶ (文章の)節, パラグラフ, 段落. ❷ パラグラフ記号(§).
paragrêle 形 除雹(ﾋｮｳ)装置.
── 形【不変】除雹の.
Paraguay [-gɥe-/-gwe] 男 パラグアイ(共和国).
paraguayen, ne [-geję, εn] 形 パラグアイの. ── 名 (P～)パラグアイ人.
paraître 50 自 ❶ 現れる. ❷ (出版物などが)出る. ❸ 目立つ. ❹ …のように見える, と思われる.
◇à ce qu'il paraît 見たところで, うわ

paralangage 男《言》パラ言語(身振り、表情など).

paralittérature 女 副次文学(大衆小説、シナリオ、漫画など). ◻paralittéraire 形

parallaxe 女《天》視差.

parallèle ❶ 平行な. ❷ (活動などが)並行した; 類似した. ❸ 非合法の; 秘密の、裏の. ❹《映》 montage 〜 カットバック.
— 男 ❶ 比較、対照. ❷《地理》緯線.
— 女《数》平行線;《電》並列.

parallèlement 副 平行して [に].

parallélépipède 男 平行6面体.

parallélisme 男 ❶ 平行性;並行関係. ❷ 類似;一致.

parallélogramme 男 平行四辺形.

paralogisme 男《論》論過、偽推理.

paralympique 形 jeux 〜 パラリンピック大会.

paralysant, e 形 麻痺(ま)させる.

paralysé, e 形 麻痺した; 身動きできない中風の. — 名 中風患者.

paralyser 他 麻痺(ま)させる; 金縛りにする.

paralysie 女 ❶ (体の)麻痺(ま)、不随; 中風. ❷ (活動、機能の)停止.

paralytique 形 麻痺した、不随になった. — 名 中風患者.

paramécie 女《動》ゾウリムシ.

paramédical, e;《男複》 aux 形 診療補助部門(看護部門、検査部門、医療事務などの).

paramètre 男 ❶《数》媒介変数、パラメータ;《統計》母数. ❷ 要因.

paramétrer 自 他 パラメータで表す.

paramétrique 形《数》助変数表示された.

paramilitaire 形 準軍事の.

paramnésie 女《心》記憶錯誤.

paramorphine 女《薬》p-モルヒネ(麻酔薬).

parangon 男《文章》模範、典型.

parangonner 他《印》(ポイントの違う活字を)行揃えする. ◻parangonnage 男

parano 名, 形 偏執狂(の).

paranoïa 女《医》パラノイア、妄想症; 偏執狂. ◻paranoïaque 形 名

paranoïde 形《医》パラノイア様の; 妄想的な.

paranormal, e;《男複》 aux 形 超常の、正常範囲外の.
— 男 超常現象.

parapente 女 パラグライダー. ◻parapentiste 名

parapet 男 ❶ 欄干、手すり;ガードレール. ❷《軍》(稜堡(き)の)胸壁.

parapharmacie 女 医薬部外品(販売、販売店).

paraphasie 女《医》錯語(症).

paraphe 男 (署名の終わりの)飾り書き; (イニシアルだけの)略署;《法》花押.

parapher 他 略署 [署名] する.

paraphernal, ale;《男複》 aux 形《法》 biens 〜aux 嫁資外財産.

parapheur 男 未決の書類入れ.

paraphrase 女 説明的言い替え;回りくどい説明;《言》言い替え、同義文.

paraphraser 他 言い替える、敷衍(ふえん)する.

paraphraseur, se 名 話のくどい人.

paraphrastique 形 言い替えの.

paraphrénie 女《医》パラフレニー. ◻paraphrène 形 名

paraphyse 女《植》側糸.

paraplégie 女《医》対麻痺(ま). ◻paraplégique 形 名

parapluie 男 ❶ 雨傘. ❷ 庇(ひ)護.

parapsychique / parapsychologique [-kɔ-] 形 超心理学の.

parapsychologie [-kɔ-] 女 超心理学. ◻parapsychologue 名

parapublic, que 形 公共的性格の. — 男 公共性のある企業. ❷ 雑音で妨害する.

parascève 女《ユダヤ》安息日の前日.

parascolaire 形 学校外(教育)の.

parasismique [-sis-] 形 耐震の.

parasitaire 形 寄生物の;寄生虫による;寄生虫の.

parasite 男 ❶ 寄生生物、寄生虫. ❷ 寄食者、居候. ❸ (複数)雑音. — 形 ❶ 寄生する. ❷ よけいな、邪魔な.

parasiter 他 ❶ 寄生する;食い物にする. ❷ 雑音で妨害する.

parasiticide 形 寄生生物 [寄生虫]を殺す. — 男 寄生虫駆除剤.

parasitisme 男 ❶ 寄生; 寄食、居候.

parasitologie 女 寄生虫学.

parasitose 女 寄生虫症.

parasol [-sɔl] 男 ❶ (大型の)パラソル. ❷《植》 pin 〜 カラカサマツ.

parasympathique [-sɛ̃-] 形, 男《解》副交感神経(の).

parasynthétique [-sɛ̃-] 形《言》複派生の. — 男 複派生語.

parataxe 女《文法》並列.

paratexte 男 パラテクスト.

parathormone 女《生理》上皮小体[副甲状腺]ホルモン.

parathyroïde 女《解》上皮小体. ◻parathyroïdien, ne 形

paratonnerre 男 避雷針.

parâtre 男 意地の悪い父親;《古義》義父.

paratyphoïde 女, 形《医》パラチフス(の). ◻paratyphique 形 名

paravalanche 男 雪崩防壁.

paravent 男 ついたて、屏風(いか).

paraverbal, ale;《男複》 aux 形《言》パラ言語の.

parbleu 間《古風》無論、そのとおり.

parc 男 ❶ 公園、大庭園. ► 〜 scientifique サイエンスパーク. ❷ 駐車場 (=〜 de stationnement). ❸ (車両などの)(保有)総数、車輌数、貯蔵品. ❹ (軍の)補給所. ❺ ベビーサークル; (牛、羊などの)牧養場; (貝の)養殖場.

parcage 男 ❶ (羊などを)囲い地に入れること. ❷ 駐車.

parcellaire

parcellaire 形 細分化[仕分け]された.

parcellariser / parcelliser 他 分割[細分]する. ○**parcellarisation / parcellisation**

parcelle 女 ❶ 小片, 小部分; 少量. ❷ (土地の)区画.

parce que 接句 ❶ なぜなら; …なので. ❷ …だからといって. ❸〖単独で〗どうしてもだよ〘説明的拒否, 不可比〙.

parchemin 男 ❶ 羊皮紙(羊皮紙の)文書. ❷ 貴族の称号. ❸ 話〖大学の〗卒業証書.

parcheminé, e 形 ❶ 羊皮紙(のよう)な. ❷ かさかさしてしわの寄った.

parcimonie 女 倹約, けち.

parcimonieux, se 形 つましい; けちけちした.
○**parcimonieusement** 副

par-ci(,) par-là 副 あちこちに; 時折.

parc(o)mètre 男 パーキングメータ.

parcotrain 男 列車利用者専用有料駐車場.

parcourir 23 他 ❶ 歩き回る, 駆け巡る; 走破〘踏破〙する(戦場などが走る). ❷ 一瞥〘さっと〙する; ざっと検討する.

parcours 男 ❶ 道のり, 行程, 道筋; 路線. ❷〘スポ〙コース;〘バレエ〙前方に跳ぶ能力. ◇*accident* [*incident*] *de* 〜 思わぬ事故.

par-dedans 副 中で, 内側で.
par-dehors 副 外で, 外側で.
par-delà 前 …を越えて, その向こう側に. —副 向こう側で.
par-derrière 前 …の後ろに.
—副 背後で[から]; 陰で.
par-dessous [-dasu] 前 …の下に, 下から. —副 下を, 下から.
pardessus [-dasy] 男 (男物の)オーバー.
par-dessus [-dasy] 前 …の上を, 上から. ◇*en avoir* 〜 *la tête* (*de* ...) 話(…はもうたくさんだ). ◇〜 *tout* とりわけ.
—副 その上を[に].
par-devant 前 …の前を[に];〖法〗…の立ち会いの下に.
—副 前を, 前から.
par-devers 前 …の面前で[に];〖法〗…の立ち会いの下に.
◇〜 *soi* 自分の手元に.

pardi 間 もちろん, そのとおり.
pardieu 間古 そうだとも; まったく.
pardon 男 ❶ 許し. ❷〖間投詞的に〗(1) すみません. ❷〖聞き返して〗何とおっしゃいましたか. (3)〖相手に反論して〗お言葉ですが; いいえ. (4) 恐れ入ります〘強い感嘆〙. ❸〖ブルターニュ地方の〗パルドン祭(巡礼). ❹〖ユ教〗Grand P〜 贖罪(しょくざい)の日.

pardonnable 形 許される.

pardonner 他 許す, 大目に見る. —自 ❶ 〖à〗(人を)許す. ❷ **ne pas** 〜 取り返しがつかない, ただではすまない(病気が助からない).
◇*Pardonnez-moi, mais ...* こう言っては失礼ですが….
— se 〜 ❶ 許される. ❷ 自分に(…

を)許す. ❸ 許し合う.

paré¹, e 形 ❶ 飾られた; 着飾った. ❷〖*de*〗(…を)持った. ❸〖海〗P〜! 用意完了.

paré², e 形〖*contre*〗(…に対して)備えができている.

paréage 男 ⇨ pariage.

pare-balles 男〘不変〙弾丸よけ板; 防弾服. —形〘不変〙防弾の.

pare-brise 男〘不変〙(車の)フロントガラス; 風防窓.

pare-chocs 男〘不変〙(車の)バンパー.

pare-éclats 男〖軍〗防弾壁, 土嚢.

pare-étincelles 男〘不変〙〖暖炉の前に〗置く火の粉止めついたて.

pare-feu 男〘不変〙❶ 防火装置;〖情報〗ファイアウォール. ❷ (森林の)防火帯. —形〘不変〙防火の.

pare-fumée 男〘不変〙防煙板.

parégorique 形〖薬〗élixir 〜 阿片カンフル鎮痛剤.

pareil, le 形〖*à*〗(…と)同じ(ような); よく似た. ❷ このような, そんな.
—名 同じような人[物]; 仲間, 同類.
▶ *Il n'a pas son* 〜. 彼の右に出る者はいない. ◇*C'est du* 〜 *au même.* それはまったく同じことだ. *rendre la* 〜 *le à ...* …にお返しをする.
—副 俗 同じように.

pareillement 副〘文章〙同じように.

parélie 男 ⇨ parhélie.

parement 男 ❶ (袖⁽そで⁾や襟の)折り返し; 袖[襟]飾り. ❷ (壁などの)仕上げ面, 外装面. ❸〖カト〗祭壇飾り.

parementer 他〖建〗外装する.

parenchyme 男〖解〗(器官や腺の)実質;〖植〗柔組織.
○**parenchymateux, se** 形

parent 男 ❶〖複数で〗両親, 父母;〖文章〗先祖, 祖先. ❷ (動物の)親.
— **parent, e** 形 親戚(しんせき), 親類.
◇*traiter en* 〜 *pauvre* 冷遇する.
—形 親戚の, 同系統の, 類似した.

parental, ale 形;〖男複〗**aux** 形 両親の.

parentalité 女 親であること.

parenté 女 ❶ 血縁, 親族(しんぞく)関係. ❷〖集合的に〗親戚一同, 親類縁者. ❸ 親近性, 類似.

parentèle 女 古風〖集合的に〗親類縁者; 血縁関係.

parentéral, ale 形;〖男複〗**aux** 形〖医〗非経口の, 消化管以外を経由する.

parenthèse 女 ❶ 丸括弧, (数式の)小括弧, ( ). ❷ 挿入句; 余談, 挿話.
◇*entre* [*par*] 〜 ついでながら.

paréo 男〖服〗パレオ(タヒチ島民の腰巻き衣装); タヒチ風ビーチウェア.

parer¹ 他 ❶ 飾る; 着飾らせる. ❷ 準備する; 下ごしらえする, 体裁を整える.
— se 〜 ❶〖*de*〗(…で)身を飾る; (…を)手に入れる.〘文章〙(…を)ひけらかす.

parer² 他 ❶ かわす, 避ける. ❷〖*contre*〗(…から)守る. —自〖à〗(…に)備える. **— se** 〜 ❶〖*de, contre*〗(…から)身を守る; (…に)備える.

parère 男〖法〗商事鑑定証明書.

parésie 女〖医〗不全麻痺(ふぜんまひ).

pare-soleil 男〘不変〙〖車〗日よけ.

サンバイザー.
paresse 囡 怠惰; 緩慢さ; 機能低下.
paresser 直 怠ける; のんびり過ごす.
paresseusement 副 怠惰に, のらくらと, のんびりと; 緩慢に, ゆっくりと.
paresseux, se 形 ❶ 怠惰な, 不精な. ▶ être 〜 pour [à] ... …するのがおっくうである. ❷ 緩慢な; 鈍い; 機能の低下した. ❸ 怠け者, 不精者.
—男 [動] ナマケモノ.
paresthésie 囡 感覚[知覚]異常.
pareur, se 名 ❶ [繊] 糊付け工. ❷ [革] 革漉(す)き工.
parfaire 他 完成する, 仕上げる.
parfait, e 形 ❶ 完全な, 申し分のない. ❷ 全面的な, まったくの. —男 ❶ [言] 完了(形). ❷ [菓] パルフェ(生クリームで作ったアイスクリーム).
parfaitement 副 ❶ 完全に. ❷ まったく. ❸ [間投詞的に] そうですとも.
parfiler 他 (飾りひもなどを)ほぐしていく. ▯**parfilage** 男
parfois 副 ときどき, 時には.
parfum [-fœ̃] 男 ❶ 香り; 香料, 香水. ❷ (アイスクリームなどの)フレーバー, 風味. ❸ 文藝 雰囲気; 名残. ◇être au 〜 de ... …をかぎつけている, 感づいている; 知っている.
parfumé, e 形 ❶ 香りのよい; 香水をつけた. ❷ (à) (…の香り)をつけた.
parfumer 他 ❶ 芳香で満たす; 香水をつける. ❷ (à) (…の香り)をつける.
parfumerie 囡 ❶ 香水製造[販売]業. ❷ 香水店, 化粧品店[コーナー]. ❸ 香水類, 化粧品.
parfumeur, se 名 ❶ 調香師. ❷ 香水製造[販売]業者.
parhélie 男 [気] 幻日(げん).
pari [-ri] 男 ❶ 賭(*か*)け; ギャンブル, 賭け事. ❷ [馬] 〜 mutuel hippodrome 場内勝馬投票. ◇Les 〜s sont ouverts. 結果は予測がつかない.
paria 名 ❶ (インドの)不可触賤民(*せんみん*). ❷ のけ者, 嫌われ者.
pariade 囡 [動] (鳥の)交尾期; 番(*つがい*)になること; (鳥の)番.
pariage 男 [史] 共有領主権.
parian 男 [英] パーリアン磁器.
paridés 男複 [鳥] シジュウカラ科.
paridigité, e 形 [動] 偶蹄(*ぐうてい*)の.
—男複 偶蹄目.
parier 他 ❶ 賭(*か*)ける. ❷ 請け合う; 確信する. ◇Il y a fort [gros] à que ... …には違いない.
pariétaire 囡 [植] ヒカゲミズ.
pariétal, ale (男複) aux 形 ❶ [解] 壁面の; 頭頂の, ❷ 頭頂膜の. ❸ peintures 〜ales 洞穴壁画.
—男 [解] 頭頂骨.
parieur, se 名 ❶ 賭(*か*)けをする [の好きな] 人; 競馬マニア.
parigot, e 形 俗 [P〜] パリの, パリっ子の. —名 [P〜] パリっ子.
Paris [町名] パリ [県75].
paris-brest 男 [不変] [菓] パリブレスト (アーモンド片を振った輪状シュークリーム).
parisette 囡 [植] ツクバネソウ.
parisianisme 男 ❶ パリ風; パリっ

子風. ❷ パリ中心主義.
parisien, ne 形 パリの; パリ風の.
—名 [P〜] パリ人, パリっ子.
parisyllabique [-si-] 形 [言] (曲用による)音節数不変の(語).
paritaire 形 同数の代表から成る.
paritarisme 男 労使同数の代表で決まること.
parité 囡 ❶ 同一, 同等; 平等. ❷ [経] (為替レートの)平価, パリティー.
parjure 男 偽りの宣誓, 誓約違反.
—形. 誓いに背く(人).
se parjurer 代動 偽りの宣誓をする; 誓いを破る.
parka 囡(男) [米] [服] パーカー.
parking [-kiŋ] 男 [英] 駐車場.
Parkinson [-kinsɔn] (maladie de) パーキンソン病.
▯**parkinsonien, ne** 形

parlant, e 形 ❶ 音声を出す; 話す; 話 おしゃべりの. ❷ (表情などが)豊かな; 雄弁な. —男 [映] トーキー.
parlé, e 形 話される, 話される. ▶ journal 〜 ラジオニュース.
—男 (オペラなどの)語りの部分.
parlement 男 ❶ [le P〜] 国会, 議会. ❷ [史] 高等法院.
parlementaire 形 国会の, 議会(制)の; 議員の. —名 ❶ 国会議員, 代議士. ❷ 休戦交渉使節; 軍使.
parlementarisme 男 議会制度 [政治].
parlementer 自 休戦交渉をする; 談判する.
parler[^1] 自 ❶ 話す; (à) (…に)話しかける. ▶ 〜 entre ses dents 口ごもる / généralement parlant 一般に言えば / Je ne lui parle plus. もう彼(女)とはロを利(*き*)かない. ❷ (de) (…の)話をする; (…という)言葉を口にする. ▶ Il m'a beaucoup parlé de vous. あなた(方)のことは彼からよくうかがっています / On parle de trois cents morts. 死者300人ということだ. ❸ de + inf. …すると言っている (=dire que ...). ❹ 口を割る. ▶ 〜 sous la torture 拷問されてしゃべる. ❺ (言葉以外で)意思を伝える; (à) (…に)話しかける, 訴えかける. ▶ 〜 par gestes 身振りで意を伝える / 〜 au cœur 心に語りかける, 感動させる.
◇faire 〜 de soi (目立つ行為で)評判になる. 〜 d'or 立派な [賢い] ことを言う. 〜 pour ne rien dire 意味のない話をする. Parlons-en! そんなもの取るに足りない, 願い下げだ! sans 〜 de ... …は言うに及ばず, とは別に. trouver à qui 〜 手ごわい敵に出会う. Tu parles! = Vous parlez! 話 よく言うよ, とんでもない! もちろんだ. Tu parles [Vous parlez] de ... 話 なんて…だ. Voilà qui est 〜. = Ça, c'est 〜. 話 まさにそのとおり, よくぞ言ってくれました.
—他 (言語を)話す; (…の)話をする.
◇Tu parles si ... 話 (si 以下を強調)…が.
—se 〜 ❶ (言語が)話される. ❷ 話し合う. ❸ se 〜 à soi-même 独り言

[^1]:

parler

parler² [-le] 他 ❶ 話し方; 語り口. ❷ 方言, 地域語.

parler-vrai;《複》**~s~** 男 率直(な口ぶり).

parleur, se 名 beau ~《軽蔑》口達者な人.

parloir 男 面会室, 談話室.

parlot(e) 女 おしゃべり, むだ話.

parme 形《不変》薄紫色(の).

parmentier, ère 形 hachis ~ パルマンチエ(ひき肉とマッシュポテトの重ね焼き).

parmesan, e 形, 名 パルマ(Parme)の(人). ─ 男 パルメザンチーズ.

parmi1 前 …の中に［で］, 間で.

Parnasse 男 ❶ パルナッソス山(ギリシア神話でアポロンとムーサが住むとされ, アテネ北西の山). ❷《文》高踏派.

parnassien, ne 形《文》高踏派の(詩人). ─ 男《昆》アポロチョウ.

parodie 女 ❶ パロディー. ❷ 物まね. ► une ~ de... 見せかけの….

parodier 他 パロディ化する; まねる.

parodique 形 パロディーの.

parodiste 名 パロディー作者.

parodonte 男 〖解〗歯周組織.

parodontologie 女 〖医〗歯周病学.

parodontiste 名 歯周病専門医.

parodontose 女 〖医〗歯周症.

paroi 女 ❶ 内壁(面); 間仕切り(壁). ❷ 岩壁, 絶壁.

paroisse 女 小教区; 小教区の教会. □**paroissial, ale** (男複) **aux** 形.

paroissien, ne 名 小教区の信者. ❷ 俗 人, やつ. ─ 男 ミサ典書.

parole 女 ❶ 言葉; 発言. ► prendre la ~ 発言する / passer la ~ à ...(次に)…に発言してもらう. ❷ 話す能力; 話しぶり. ► avoir la ~ facile 弁が立つ. ❸ 約束; 誓約. ► homme de ~ 約束を守る人 / Vous avez ma ~. 確かにお約束します. ❹《複数》歌詞, 言. ❺(ソシュール言語学での)パロール, 言. ❻ P~! (カードで)パス.

◇**de belles ~s** 甘言, 空約束. **être de ~** ＝n'avoir qu'une ~ 約束を必ず守る. **P~ d'honneur!**＝**Ma ~!**(間投詞的)誓っても, 絶対. **~(s) en l'air** 軽口; 出まかせ. **sur ~** 口約束で; 保釈願いで.

parolier, ère 男 作詞者; (オペラの)台本作者.

paronomase 女《レト》類音重語.

paronyme 男《言》類音語.

paronymie 女《言》類音語類似.

paros [-s] 男 パロス(エーゲ海の島)産の白大理石.

parotide 女〖解〗耳下腺(族). □**parotidien, ne** 形.

parotidite 女〖医〗耳下腺(族)炎.

parousie 女〖神〗キリスト再臨.

paroxysme 男 ❶(感情, 現象の)絶頂, 頂点. ❷〖医〗極期, 発作. □ **paroxystique**＝**paroxysmal**／**paroxysmal, ale** (男複) **aux** 形.

paroxyton 男《言》後ろから2番目の音節にアクセントをもつ語.

parpaillot, e 形 名《ふざけて》カルヴァン派(プロテスタント)の(人).

parpaing [-pē] 男〖建〗つなぎ石; コンクリートブロック.

Parque 女〖ロ神〗パルカ(運命の女神).

parquer 他 ❶ 囲いに入れる; 閉じ込める. ❷(車を)駐車させる. ─ 自 囲いの中にいる. **─se ─** 駐車する.

parquet 男 ❶ 検事局;《集合的》検察(官). ❷ 寄せ木張り(床). ❸〖米〗土間(通路の敷板). ❹(家禽(ﾎﾝ), 飼育用)囲い地.

parquetage 男(床の)板張り.

parqueter ④ 他 寄せ木張りにする.

parqueteur 男 寄せ木床板職人.

parquetier, ère 男 検査, 検察官.

parqueur, se 男 ❶ カキ養殖人. ❷(囲い地の家畜の)世話係, 番人.

parrain 男 ❶ 代父, 名親. ❷(船の進水式などの)主賓; 命名者. ❸(新会員の)推薦者. ❹ 語 ゴッドファーザー.

parrainage 男 ❶ 代父の役目［資格］. ❷ 推薦; 後援.

parrainer 他 後援する; 推薦する.

parraineur, se 名 スポンサー.

parricide 男 親殺しの(犯人). ─ 男 親殺し, 尊属殺人.

pars 活 ⇒ partir.

parsec 男〖天〗パーセク(約3.26光年).

parsemer ③ 他 ❶(de)(…を)まき散らす, ちりばめる. ❷ 文頭点在する.

part¹ 女 分け前, 取り分; 分担, 役割; 部分;(株主の)出資金; 持ち分. ► Chacun a sa ~ de peines et de joies. 人にはそれぞれの苦しみと喜びがある／C'est de la ~ de qui? (電話を受けて)どちらさまでしょうか／montrer une ~ de génie 才能の片鱗(ﾘﾝ)を示す.

◇**à ~** …を他と離れて, わきで, 別に;…を別にすれば; 独自の, 例外的な. **à ~ entière** 完全な権利［資格］を持った; 対等の. **à ~ moi** (他 moi 以外は各人称に変化させて用いる)私を除いて;心の中で, ひそかに. **autre ~** 別の所に［で］. **avoir ~ à ...** …に参加［関与］する; …の分け前にあずかる. **de la ~ de ...** …からとしては. **de ~ en ~** 一貫して. **de ~ et d'autre** [-par(t)e-] 双方ともに, 互いに, 両側で. **de toute(s) ~s** 至る所から［で］. **d'une ~ ..., d'autre ~ ...** 一方では…, 他方では…. **faire la belle à ...** …にいい取り分を与える, を優遇する. **faire la ~ de ...** …を考慮に入れる. **faire ~ à deux** 山分け[折半]する. **faire ~ de A à B** B にAを知らせる. **nulle ~** どこにも(…ない). **pour ma ~** (他 ma は各人称に変化させて用いる)私としては. **pour une ~** 一部分は, ある点では. **prendre ~ à ...** …に参加する. **prendre ~ en bonne [mauvaise] ~** …をよく［悪く］解釈する. **prendre ~ à ...** …に共感［同情］する. **quelque ~** どこかに［で］.

part² 男〖法〗substitution de ~ 新生児の取り替え／suppression de ~ 出生隠滅.

part³ 活 ⇨ partir.

partage 男 ❶ 分配, 配分; 分裂. ► ～ du travail ワークシェアリング. ❷ 共有. ❸ 区分 運命. ❹【土木】ligne de ～ des eaux 分水界.
◊*en ～* 分け前として; 天賦のものとして. *sans ～* 全面的な[に].

partagé, e 形 ❶ 分かれた, 分配された; 分裂した. ❷ 共有された.

partageable 形 分割[同意]できる.

partager ② 他 ❶ 分ける, 分配[分配]する. ❷ 共有する, 分け合う.
— *se ～* ❶ 分かれる, 分配される; 分け合う, 共有する. ❷ (entre) (…に)等しく関心[時間]を振り向ける.

partageur, se 形 気前のよい(人), 物惜しみしない(人).

partagiciel 男【情報】シェアウェア.

partai- 活 ⇨ partir.

partance 女 *en ～* 出発間際の.

partant¹, e 形 ❶ 話 être ～ 乗り気である. ❷ 出走する, 出発する.
— 男 ❶ 出発する人. ❷ 出走者[馬].

partant² 接 文語 ゆえに.

parte(-) 活 ⇨ partir.

partenaire 男女 ❶ パートナー, 相手役, 相棒; 貿易相手国. ❷ ～*s sociaux* 労使双方.

partenariat 男 パートナーシップ, 業務提携. ◻ *partenarial, ale*(男複)*aux* 形

parterre 男 ❶ 花壇. ❷ (劇場の)1 階後部席(の観客).

parthénogenèse 女【生】単為[処女]生殖.
◻ **parthénogénétique** 形

parti¹ 男 ❶ 党, 党派; 集団. ❷ 文語 解決策, (ある立場の)選択, 決心. ❸ 有利な結婚相手.
◊ *faire un mauvais ～ à* … …をひどい目にあわせる; 殺す. ～ *pris* 先入観, 偏見. *prendre le ～ de* …を決心する; …を支持する. *prendre ～ pour [contre]* … …に賛成[反対]の立場を取る. *prendre son ～ de* … …を仕方なく受け入れる. *tirer ～ de* … …を利用する.

parti², e 形 (partir の過去分詞) ❶ 出発した; 始まった; (de)(…から)来ている. ❷ 話 ほろ酔いの.

partiaire [-sjɛːr] 形【法】colon ～ 分益小作人.

partial, ale(男複)*aux* 形 偏った, 不公平な. ◻ **partialement** 副

partialité 女 不公平.

participant, e 形 参加者, 加入者. — 形 参加[加入]する.

participatif, ve 形 経営参加の. ❷ *titre ～* 出資証券.

participation 女 ❶ 参加, 協力, 投票(率). ❷ (費用の)分担; 負担金. ❸ 経営[資本]参加.

participe 男【文法】分詞.

participer 自 ❶ (à)(…に)参加[関与, 協力]する. ❷ (利益に)あずかる; (費用を)分担する; (喜びなどを)共にする. ❷ 文語 (de)(…の)性質を持つ.

participial, ale(男複)*aux* 形【文法】分詞の. — 女(絶対)分詞節.

particulariser 他 特異なものにする; 特殊化する.
◻ **particularisation** 女

particularisme 男 (地方の)自主独立主義. ◻ **particulariste** 名形

particularité 女 特性, 特徴.

particule 女 ❶ 微粒子.【物】粒子. ► ～ *élémentaire* 素粒子. ❷【言】小辞(接辞, 前置詞, 否定の副詞など). ❸ (貴族の姓の前に置く) de (の字).

particulier, ère 形 ❶ 独特の, 独自の. ❷ (à)(…に)固有の, 特徴的な. ❸ 特別な, 特殊な; 異常な. ❹ 個人の; 私的な.
— 男 特殊, 個別. ◊ *en ～* (1) とりわけ. (2) 個別に; 個人的に.
— 名 個人, 私人.

particulièrement 副 ❶ 特に, とりわけ. ❷ きわめて. ❸ 個人的に.

partie 女 ❶ 部分. ❷ 勝負, 試合, ゲーム. ❸ (得意の)分野, 専門. ❹ 遊び; パーティー, 集い. ► *de campagne* ピクニック. ❺【法】当事者. ❻【楽】楽譜, 声部, パート, パート.【複数⑴】(男性の)局部.
◊ *avoir affaire à forte ～* 強敵を相手にする. *en ～* 部分的に. *être de la ～* その分野に詳しい; (企てなどに)参加する. *faire ～ de* … …の一部を成すに所属する. *prendre à ～* 襲う; 攻撃する.

partiel, le [-sjɛl] 形 部分的な; 不完全な. — 男 小テスト. — 女 補充選挙.

partiellement [-sjɛl-] 副 部分的に.

partir ⑲ 自 (助動詞 être) ❶ 出かける, 出発する, 立ち去る; 発車[発車]する. ► ～ *pour Paris [la France]* パリ[フランス]へ発つ; ～ *à Paris*, ～ *en France* は本来誤用とされるが, 実際にはよく使われる. ❷ (de)(…から)発する; 始まる, 始める; (…に)基づく. ► *C'est le quatrième en partant de la gauche*. 左から数えて4番目です / *Le contrat partira du 1er mai.* 契約は5月1日から発効する. ❸ (*sur*) (…について) 話し始める; 話 (*pour*) … し始める. ❹ 出動する; (弾丸などが) 飛び出す; 外れる, 消える, なくなる. ► *faire ～ le moteur* エンジンを始動させる / *Le bouton de cette veste est parti.* この上着のボタンが取れた.
◊ *à ～ de* … …から. *C'est parti.* 話されおわった; もう始まったことだ.

partisan, e 名 支持者, 信奉者.
— 形 ❶ (de)(…を)支持する. ❷ 党派的な, 偏向した.
— 男 パルチザン, ゲリラ.

partiss-/ partit/ partît(-) 活 ⇨ partir.

partita(複)～*s*(または *partite*)女【伊】【楽】パルティータ.

partiteur 男【土木】分水工.

partitif, ve 形【文法】部分を示す. — 男 部分(冠詞); 部分格.

partition 女 ❶ 分割. ❷【楽】総譜.

partons

スコア；楽譜，譜面．

partons 動 ⇒ partir.

partouse / **partouze** 女 乱交パーティー．

partout 副 ❶ 至る所に，どこでも；あちこちに．❷ (スポーツで) 双方同点で．

parturiente 女 産婦．

parturition 女 分娩(炊)，出産．

paru(-), **parû-** ⇒ paraître.

parulie 女 歯肉膿瘍(鈎).

parure 女 ❶ (美しい) 装い．❷ (一揃いの) アクセサリー，女性用下着；シーツと枕カバー [テーブルクロスとナプキン] のセット．❸ [料理] 切り屑(ダ)；屑肉．

parurerie 女 婦人用服飾品製造 [販売] 業．

parurier, ère 名 婦人用服飾品製造 [販売] 業者．

paruss- 活 ⇒ paraître.

parution 女 出版，発行；発行日．

parvenir 28 自 [助動詞 être] ❶ (à) (…に) 達する，到達する；届く；(…することに) 成功する．❷ 立身出世する．

parvenu, e 形 (parvenir の過去分詞) ❶ 成り上がった．❷ 成り上がりの．
—名 成り上がり者，成金．

parvis 男 (教会前，駅前などの) 広場．

pas¹ 男 ❶ 歩(º)，歩み；歩幅，短い距離．► avancer d'un pas 1 歩前へ出る / C'est un grand pas de fait. それは大進歩だ，たいしたことだ / C'est à deux pas d'ici. ここからほんのちょっとだ．❷ 足音；足跡．► entendre des pas 足音が聞こえる / sur le sable 砂上の足跡．❸ 歩調 (バレエの，ダンスの) ステップ．► presser le pas 歩調を速める / marcher d'un bon pas さっさと歩く / pas de deux パ・ドゥ・ドゥ，(2 人) 二人の踊り．❹ 戸口，敷居；(階段の) 段．❺ 海峡 (山間の) 陰(?)路；峠．► pas de Calais ドーバー海峡．❻ 機 (ねじの) ピッチ．❼ pas de tir (ロケットの) 発射台，(射撃の) 射座．

◇**à chaque pas** = **à tous les pas** 1 歩ごとに，絶えず．**à grands pas** 大またで，足早に；急速に (=à pas de géant)．**à pas comptés** [mesurés] 慎重に，ゆっくりと．**arriver sur les pas de ...** …の直後に到着する．**au pas** 足並みをそろえて；(馬が) 並足で；(車が) 徐行して．**céder** [**donner**] **le pas** 道を譲る；譲歩する．**changer de pas** (歩調を変えて) 足並みをそろえる．**de ce pas** この足で，直ちに．**faire les cent pas** (同じ場所を) 行ったり来たりする．**faire le(s) premier(s) pas** (事業，交渉などから) 始める，(和解などのために) 自分の方から歩み寄る，先に折れる．**faux pas** 踏み外し，つまずく；失敗，ミス．*Il n'y a que [C'est] le premier pas qui coûte*. 諺 何事もやり始めが難しい，いへんなのは最初だけだ．**mauvais pas** 困難，難局．**mettre au pas** 規律 [命令] に従わせる．**ne pas quitter ... d'un pas** …のそばを片時も離れない．**pas à pas** [-za-] 一歩一歩，慎重に．**pas de clerc** 失策，失態，へま．**pas de porte** ⇒ pas-deporte. **prendre** [**avoir**] **le pas sur ...** …に勝る．**revenir** [**retourner**] **sur ses pas** 来た道を引き返し；方針を変える．**salle des pas perdus** (駅のコンコース，(裁判所などの) ホール，ロビー．

pas² 副 [否定] ❶ [ne とともに] ❶ …ない．► Je ne sais pas. 知りません．田 くだけた口語ではしばしば ne は省略される (例: Je sais pas)．❷ [副詞を否定し部分否定となる] ► ne ... pas absolument [forcément, tellement, vraiment] まったく [必ずしも，それほど，まったく] …というわけではない．田 副詞の置かれる位置によって全否定となる (例: ne ... absolument pas まったく…ない)．⇒ toujours.

❷ [ne なしで] ❶ [省略的に] ► Elle mange de la viande, mais pas de poisson. 彼女は肉は食べるが魚は食べない《Elle est rentrée?-Pas encore.》「彼女はもう帰ってきた」「いやまだ」/ *Pas de chance!* ついてないね．❷ [形容詞の否定] ► enfant pas sage 聞き分けのない子供．

◇**comme pas un** [**une**] [pazœzyn] どれよりも，どれよりも．**pas un** [**une**] ... 1 つ [1 人] の…もない．

pascal¹, ale 男 複 **als** (または **aux**) 形 [キ教] 復活祭の；[ユ教] 過越(?!)の祭の．

pascal²; **ale(s) als** 男 ❶ パスカル (圧力，応力の単位)．❷ パスカル (プログラム言語の一つ)．

pas-d'âne 男 [不変] ❶ [植] フキタンポポ．❷ [建] (蹴(?)上げが小さく斜面(?) が傾斜した) 階段．

Pas-de-Calais 男 パ=ド=カレ 県 [62].

pas-de-porte 男 [不変] (商人が営業権買い取りのために支払う) 権利金．

pas-grand-chose 名 [不変] つまらない人間，ろくでなし．

pashmina 男 [服] パシュミナ (のショール)．

pasionaria [-sjo-] 女 過激な女性活動家．

paso-doble [-so-] 男 [不変]《西》[楽] パソドブレ (闘牛から生まれた音楽，踊り)．

passable 形 ❶ まずまずの，並の．❷ (試験の評価が) 可の．

passablement 副 ❶ まずまず，どうにか．❷ かなり．

passacaille 女 [楽] パッサカリア．

passade 女 気まぐれ，浮気，一時的熱中．

passage 男 ❶ 通ること；通うこと；人通り；立ち寄ること．❷ 通り道；通路；廊下；アーケード．► ~ protégé (交差点での) 優先道路 / ~ à niveau 踏み切り．❸ 移行；遷移．❹ (文章，音楽の) 一節；(映画の) シーン．❺ (航海) 船賃；(廊下下などに敷く) 細長いじゅうたん．

◇**au ~** 通るときに；通りすがりに．**de ~** 短期滞在の；つかの間の；人通り [交通量] の多い．**oiseau de ~** 渡り鳥；

風来坊．~ **à vide** 虚脱状態．

passag|er, ère 名 乗客．同乗者．
——形 ❶ つかの間の，一時的な；短期滞在の，通りがかりの，❷ 人通りの多い．

passagèrement 副 一時的に，しばらくの間．

passant, e 形 人通り［交通量］の多い．——名 通行人．——男（ベルトの先を留める）留め環；ベルト通し．

passation 女 ❶ 調印，締結；（文書の）作成．❷ （権限の）移譲．❸ ~ d'écriture （取引の）帳簿への記載．

passavant 男 ❶ 【税】（酒類などの）課税貨物運送許可証．❷ 【海】上部甲板通路；常設歩路．

passe¹ 女 ❶ 【スポ】（ボールの）パス．❷ 【フェ】突き．❸ （闘牛で）かわし，パス．❹ （催眠術師などの）手の運き．❺ 水路；狭い通路；通過，渡来．❻ 時期，状況．❼ 俗 （売春婦の）ショートタイム．~ **maison** ［**hôtel**］ **de ~** 売春宿．❻ 1回ごとの賭（ﾄ）け金．❼ （ルーレットで）19から36までの数．❽ 【印】損紙予備．◊ **être en ~ de ...** しようとしている．~ **mot de ~** 合い言葉．~ **d'armes** 突き合い；議論の応酬．

passe² 男 マスターキー．

pass|é, e 形 ❶ 過去の，昔の；この前の．❷ （時間や年齢が）…を少し過ぎた．❸ 色のせた；盛りを過ぎた．——男 ❶ 過去の出来事；前歴．❷ 【言】過去（形）．◊ **par** ［**dans**］ **le ~** 昔，以前．——前 ~を過ぎて，過ぎると．——女 【狩】（獲物の）飛来；足跡．

passe-boules 男 （描かれた顔の口に球を投げ込む）ボール遊び．

passe-crassane 女 （不変）バスクラサン（ウィンターの一品種）．

passe-droit 男 不当な思恵，えこひいき．

passéisme 男 懐古趣味．

passéiste 形 名 懐古趣味の(人)．

passe-lacet 男 ひも通し針．

passement 男 飾りひも．

passementer 他 飾りひもで飾る．

passementerie 女 飾りひも（製造，販売）．

passementier, ère 名 飾りひも製造［販売］業者．

passe-montagne 男 パス・モンターニュ（頭と首を覆い顔だけ出す防寒帽）．

passe-partout 男 （不変）❶ 万能かぎ．❷ （両端に柄がついた2人用の）大鋸（ｶﾞ）．——形 （不変）❶ 何［どこ］にでも通用する，万能の．

passe-passe 男 （不変）**tour de ~** 手品，奇術；いかさま．

passe-plat 男 ハッチ（調理場と食堂との間で料理を通す窓口）．

passepoil 男 【服】縁飾り（ﾁｽ）．
◊ **passepoilé, e** 形．

passeport 男 パスポート．► **demander** ［**recevoir**］ **ses ~s** （大使が）任命国に退去を申し出る［要求される］．

passer 自 （助動詞は多くêtre）❶ 通る，通過する，通行する；承認される，通用する．► **Le train va ~**. 列車はまもなく通過する［来る］／**Cette scène ne passe pas.** あの場面はいただけないね．❷ 立ち寄る；（検査などが）通る．► **Elle est passée à Paris.** 彼女はパリに立ち寄った／~ **au contrôle** 検査を受ける．❸ 移動する；（別のもの，状態に）移る，進む．► **Passons à table** ［**autre chose**］. 食卓へ行きましょう［話題を変えましょう］／~ （**de + 数詞**）**+** 数詞 （…から…に）増える［減る］／**Il est passé chef de service.** 彼は係長になった．❹ 過ぎ去る；流れる，色あせる；費される．► **Comme le temps passe vite!** 時のたつのはなんと早いことか／**Ce tissu passe au soleil.** この生地は日に当たると色あせる．❺ 通（ｶ）る；消化される．► **Le café passe.** コーヒーができますよ／**Mon déjeuner ne passe pas.** 昼食が胃にもたれている．❻ ほる出る，越える．❼ 上映［放送］される；出演する．

◊ **en passant** 通りがかりに；ついでに．**en passer par ...** （あきらめて）…に従う，耐える．**laisser passer** 通す；見逃す．**le** ［**la**］ **sentir passer** 俗 痛い目にあう．（出費が）響く．**Passe encore de + inf.** ［**que + subj.**］ …は大目に見よう．~ **après** （...）（…）の次である．~ **aux ordres** 命令を受けに行く．~ **devant** （...）（…）の前を通り過ぎる；（…）の前を行く；（…）に割り込む；（…）に出頭する．~ **en première** ［**seconde**］ （車の）ギアをファースト［セカンド］に入れる．~ **inaperçu** 気付かれずに済む；注目されずに終わる．~ **par ...** ~ を通る［経る］；…を経験する；（学校を）出る．~ **pour ...** …と見なされる（助動詞 **avoir**）．~ **sur ...** …の上を通る；…を省略する；…を大目に見る．**y** ~ そこに使われる，それに充てられる；それを経験する［耐える］；俗 死ぬ．

——他 ❶ 越える；横切る，通り抜ける；追い抜く．► ~ **une rivière** 川を渡る／~ **les limites** 限度を超す．❷ 過ごす．► ~ **ses vacances** 休暇を過ごす．❸ （試験，検査を）受ける．► **passer l'examen** 試験を受ける．❹ 渡す，移す；（電話を）回す，（人を）電話に出す．► **Passe-moi le sel.** 塩を取ってくれる／**Allô, pourriez-vous me ~ M. Dupont?** もしもし，デュポンさんをお願いします／~ **un coup de fil à ...** 話 …に電話する．❺ （顔や手を）動かす，あてがう；（アイロンなどを）かける；（塗料などを）塗る．❻ ~ **A à B** A を B に通す，かける．► ~ **un plat au four** 料理をオーブンに入れる／~ **le linge à l'eau** リネンを水で洗う．❼ 濾（ｺ）す．► ~ **le café** コーヒーをいれる．❽ 抜かす，省略する．► ~ **une ligne** 1行飛ばす／~ **son tour** （自分の順番を）パスする．❾ 大目に見る，許す；（欲求などを）満たす，（怒りなどを）爆発させる．► ~ **sa colère sur ...** …に当たって鬱憤（ｳﾂ）を晴らす，…に八つ当たりする．❿ （色などを）あせさせる．⓫ 【服】着る；（指輪などを）はめる．⓬ 上映［上演，放送］する；（レコードなどを）かける．⓭ 記入

passereau

る；(文書などを)作成する；(契約などを)締結する．
◇~ *la première* [*seconde*] (車の)ギアをファースト[セカンド]に入れる．
—— **se** —— ❶ 起こる，行われる．— Tout s'est bien *passé*. すべてうまくいった．《非人称構文》Il *se passe* des choses étranges autour de lui. 彼の周りでおかしなことが起こる．❷ (時がたり)過ぎる．❸ 自分の(…の)欲求を満たす；過ぎ去る．❸ 自分に(…を)許す；互いに(…を)許す．
◇*Ça ne se passera pas comme ça*. そうはさせないぞ．*se ~ de …* …なしで済ます；要しない．

passereau 男《複》*x* / **passériforme** 男《鳥》燕雀類の鳥；固 スズメ．

passerelle 女 ❶ 歩道橋．❷ (飛行機，船のタラップ，ボーディング・ブリッジ．❸ 架け橋，交流；(離れた部署間の)直接的連携；(学生の)進路変更．❹《海》船橋．

passerine 女《鳥》ルリノジコ．
passe(-)rose 女《植》タチアオイ．
passe-temps 男《不変》ひまつぶし，娯楽．
passe-thé 男《不変》茶こし．
passe-tout-grain 男《不変》ブルゴーニュワイン．
passeur, se 名 ❶ 渡し守．❷ 密出入国の手引き人；密輸業者；(麻薬の)運び屋．❸ (球技で)パスを出す人．
passe-velours 男《植》ケイトウ．
passible 形 (de)(…を)課せられるべき．
passif, *ve* 形 ❶ 受け身の，消極的な．❷《言》受動(態)の．—— 名 ❶《言》受動態．❷ 負債；債務．
passiflore 女《植》トケイソウ，パッションフラワー．
passim [-sim] 副《ラ》ほか多所．
passion 女 ❶ 情熱；(激しい)恋心．❷ 熱中(の対象)．❸《P~》(キリストの)受難；《楽》受難曲．❹《植》 fruit de la P~ 《植》パッションフルーツ．
passionnant, e 形 非常に面白い，熱中させる．
passionné, e 形 ❶ 情熱的な，熱烈な．❷ (de, pour)(…に)熱中している，夢中な．—— 名 ❶ 情熱家．❷ 熱烈な愛好家[ファン]．
passionnel, le 形 ❶ 痴情による，情欲からの．❷ 情熱的な．
⇨ passionnellement
passionnément 副 情熱的に．
passionner 他 ❶ 熱中させる．❷ (議論などを)感情的なものにする．—— **se** ~《pour》(…に)熱中する；興奮して理性を失う．
passivement 副 受け身で，逆らわずに．
passivité 女 受動性，消極性．
passoire 女《料》水切り，ざるとし器．
pastel[1] 男 パステル(画)．—— 形《不変》◊ couleur ~ パステルカラー．
pastel[2] 男《植》タイセイ(アブラナ科)．
pastelliste 名 パステル画家．
pastenague 女《魚》アカエイ．
pastèque 女《植》スイカ．

pasteur

pasteur 男 ❶ (プロテスタントの)牧師；文章 司祭，羊飼い．❷《聖》le Bon P~ よい羊飼い(キリストのこと)．
pasteurien, ne 形 パストゥール Pasteur の(方法による)．
—— 名 パストゥール研究所研究員．
pasteurisation 女 低温殺菌法．
pasteuriser 他 低温殺菌する．
pastiche 男 模作品；模倣．
pasticher 他 模倣する，もじる．
pasticheur, se 名 模作品[模倣]者．
pastille 女 ❶ ドロップ，キャンディー；(薬用)トローチ．❷ 水玉模様．❸ ◊ ~ verte (排ガス規制適合車に貼る)緑のステッカー．
pastis [-s] 男 ❶ パスティス(アニスの香りの食前酒)．❷ 語 混乱；厄介事．
pastoral, ale 形 《男複》**aux** ❶ 羊飼いの；牧畜民の．❷ 田園(生活)の；牧歌的な．❸ 牧師の；司教の．
—— 女 ❶ 田園詩，牧歌劇；田園画；田園曲．❷《神》司牧神学．
pastoralisme 男 遊牧．
pastorat 男《キ教》牧師職．
pastorien, ne 形 ⇨ pasteurien.
pastoureau, elle 《男複》**eaux** 名《文章 羊飼いの少年[少女]．
pastourelle 女《文》(中世の)牧人詩，田園詩．
pat [-t] 男，形《不変》(チェスで)ステールメート(の)，パット(の)．
patache 女 ❶ 古 税関船．❷ 古•語 おんぼろ車[馬車]．
patachon 語 vie de ~ 放埒(ほうらつ)な生活．
pataouète 男 語 (アルジェリアのフランス語の)下町言葉．
pataphysique 女《ふざけて》超形而上学(作家ジャリの造語)．
patapouf 男 語 でぶ，太っちょ．
pataquès 男 ❶ 語 リエゾンの誤り；言葉遣いの誤り；訳の分からない話．
patate 女 ❶《語》サツマイモ．❷ 語 ジャガイモ．❸ 俗 ばか．
◊*en avoir gros sur la ~* 語 悲しみ[くやしさ]で胸がいっぱいだ．
patati, patata 間 ペチャクチャ．
patatoïde 形 (ジャガイモの)切断面の形状．
patatras 間 ガチャン，ドシン，バタン．
pataud, e 形 ❶ 語 のろまな人．❷ 脚の太い子犬．—— 形 のろまな，鈍重な．
patauges [-s] 男《商標》パトガス(布製の軽く丈夫な靴)．
pataugeage 男 ❶ ぬかるみを歩くこと．❷ 難渋する[もたつく]こと．
pataugeoire 女 幼児用プール．
patauger 自 ❶ (ぬかるみなどの中を)苦労して歩く；(子供が)水遊びする．❷ 難渋する，もたつく．
patauger, se 名 ❶ ぬかるみを歩く人．❷ 難渋する[もたつく]人．
patch [-tʃ] 男《英》❶ 貼付吸収薬．❷ (情報)パッチ(不具合の応急処置)．
patchouli [-tju-] 男《英》《植》パチョリ(シソ科の香料植物)．
patchwork [-tʃwœrk] 男《英》パッチワーク，(雑多なものの)寄せ集め．
pâte 女 ❶ 練り粉，生地．—— bri-

patriarche

pâté 男 ❶ [料]パテ. ❷ インキの染み. ❸ 砂山. ❹ ～ de maisons 一区画を成す家屋群.

pâtée 女 ❶ 飼料, 練り餌(ﾊ). ❷ 俗折檻(ｾｯ), 体罰. ❸ 俗敗北.

patelin¹ 男 故郷;村.

patelin, e² 形 文章さも優しげな, 猫をかぶった.

patelle 女 [貝]セイヨウカサガイ.

patène 女 [キ教]パテナ, 聖体皿.

patenôtre 女 ❶ 主の祈り, 〖無学な信者がむにゃむにゃ唱える〗お祈り.

patent, e 形 ❶ 明白な. ❷ [史] lettres ～es (国王の)公開状. —**e** 女 ❶ 営業税, 事業免許税. ❷ [海] ～ de santé (出港船の)検疫証明書.

patenté, e 形 ❶ 営業税を納めている;営業を認可された. ❷ 話名うての.

patenter 他 営業許可証を交付する;営業税を課す.

Pater 男 (不変) ❶ 主の祈り.

patère 女 ❶ (壁に取り付けた)洋服掛け;カーテン留め. ❷ [建]杯形装飾 [飾り]. ❸ [古史]脚のたい浅杯.

paterfamilias [-s] 男 (ラ) ❶ [古]家長. ❷ 厳格 [横暴]な家長.

paternalisme 男 〖企業経営における〗家族主義, 温情主義. ○ **paternaliste** 形名

paterne 形 文章慈父のような.

paternel, le 形 ❶ 父の;父方の. ❷ 親身の, 温情に満ちた. —男 話おやじ.

paternellement 副 父親のように優しく, 親身に.

paternité 女 ❶ 父親であること, 父性;父性愛; [法]父子関係. ❷ 作者 [発明者]の資格.

pâteux, se 形 ❶ ペースト状の, どろどろした, ベたベたした. ❷ 重苦しい, 音切れの悪い. ◇ avoir la bouche [langue] ～se 口が粘つく;舌がもつれる. voix ～se ぐもった声.

pathétique 形 ❶ 悲壮な, 心を揺さぶる. ❷ [解] nerf ～ 滑車神経. —男 ❶ 悲壮さ. ❷ [解]滑車神経.

pathétiquement 副 悲壮に.

pathétisme 男 文章悲壮さ.

pathogène 形 病原性の, 病因の.

pathogénie / pathogenèse 女 [医]病因論. ○ **pathogénique** 形

pathognomonique [-gno-] 形 [医]疾病特徴的の.

pathologie 女 病理学.

pathologique 形 病理学の;病的な, 病気の.

pathologiquement 副 病理学的に;病的に.

pathologiste 名, 形 病理(解剖)学者(の).

pathomimie 女 [心]仮病.

pathos [-s] 男 過度の悲壮感.

patibulaire 形 絞首台にふさわしい, 凶悪な.

patiemment [-sjamā] 副 忍耐強く.

patience¹ [-sjā:s] 女 ❶ 忍耐, 辛抱, 根気. ❷ ペイシェンス(トランプの一人遊び). ◇ jeu de ～ ジグソーパズル. P—! 我慢しなさい;今にみていろ.

patience² [-sjā:s] 女 [植]ギシギシ (タデ科).

patient, e [-sjā, ā:t] 形 ❶ 忍耐強い, 根気のある. ❷ 忍耐を要する. —名 患者; 受刑者.

patienter [-sjā-] 自 辛抱強く待つ.

patin 男 ❶ スケート靴;ローラースケート靴;スケート. ❷ (床を傷めないように靴の上から履く)スリッパ. ❸ (荷物などをのせて運搬するために敷く)道板. ❹ [車] ～ de frein ブレーキバンド.

patinage¹ 男 ❶ スケート. ► ～ artistique フィギュアスケート. ❷ (車輪の)空転, スリップ.

patinage² 男 古色〖艶(ﾂﾔ)〗をつける [帯びる]こと.

patine 女 ❶ 緑青. ❷ (家具, 建物などの)錆び, 変色;古色, 艶(ﾂﾔ).

patiner¹ 自 ❶ スケートをする;滑る. ❷ (車輪の)空転する;スリップする.

patiner² 他 緑青で; 古色〖艶(ﾂﾔ)〗をつける.

patinette 女 キックボード(片足で地面をけって進む乗り物).

patineur, se 名 スケーター.

patinoire 女 ❶ スケート場 [リンク]. ❷ 滑りやすい場所.

patio [-tjo-sjo] 男 [西]中庭.

pâtir 自 (de)(…で)苦しむ, (…の)被害をこうむる.

pâtis 男放牧場.

pâtisser 自 菓子を作る.

pâtisserie 女 ❶ 菓子, ケーキ. ❷ 菓子[ケーキ]屋. ❸ 菓子製造 [販売]業.

pâtissier, ère 名 菓子職人, 菓子[ケーキ]屋. —形 女 crème ～ カスタードクリーム.

pâtisson 男 [植]ペポカボチャ.

patoche 女 話大きな手.

patois 男 方言;俚言(ﾘ).

patoisant, e 形, 名 方言 [俚言(ﾘ)]を話す(人).

pâton 男 ❶ (窯入れ直前の)パン生地. ❷ (家禽(ﾄﾘ)の肥育用の)練り餌(ｴ).

patouiller 自話 ❶ (泥の中を)苦労して歩く. —他ぞんざいに扱う.

patraque 形 話体調 [気分]が悪い.

pâtre 男 文章牧人, 羊飼い.

patres 〈ラ〉◇ ad patres.

patriarcal, e (男,複) **aux** 形 ❶ (旧約聖書の)族長の. ❷ 文章質素な, 素朴な. ❸ [キ教] (カトリックの)総大司教の; (東方教会の)総主教の. ❹ [民]家父長制の.

patriarcalement 副 族長家族のように質朴に.

patriarcat 男 ❶ [キ教]総大司教 [総主教]の職 [在任期間]; 総大司教区. ❷ [民]家父長制, 父権制.

patriarche 男 ❶ (旧約聖書の)族長. ❷ 文章(大家族の)長老, 古老. ❸ [キ教] (カトリックの)総大司教; (東

patriciat

方正教会の）総主教.
patriciat 男 ❶《古》(1) 父身分の者. (2) パトリキ階層, 血統貴族. ❷ 貴族階級, エリート層.
patricien, ne 形《古仏》パトリキ (共和政初期の世襲貴族). ❷貴族の.
patriclan 男《民》父系氏族.
patrie 女 ❶ 祖国, 本国. ▸ mère ~ 母国. ❷ 生誕地; (心の)ふるさと. ❸ 名産地, 本場.
patrilinéaire 形父系(制)の.
patrimoine 男 ❶ 世襲財産; 遺産;《法》資産. ❷《生》~ génétique 遺伝形質.
patrimonial, ale;《男複》**aux** 形 世襲財産の; ❷遺産の.
patrimonialement 副《法》世襲財産[資産]として.
patriotard, e 形 極端な愛国主義者. ──形 極端愛国主義の.
patriote 名 ❶愛国者. ❷ (フランス革命期の)革命支持者.
──形 国を愛する, 愛国心に燃えた.
patriotique 形 愛国的な, 愛国心にあふれた. ❷**patriotisme** に同.
patriotisme 男 愛国心, 祖国愛.
patristique 形《キ教》教父学の.
──女 教父学, 教父学.
patrologie 女《キ教》教父学; 教父著作《文献》集.
patron¹, ne 名 ❶ 経営者, 雇用者, 主; 店主, 主人. ❷ (学生の)指導教授; 医学部教授; 主任医師. ❸《キ教》守護聖人.
patron² 男 ❶《服》型紙, パターン; サイズ. ❷ (彩色, 図案用の)紙型, 金属板, 型付け板.
patronage 男 ❶ 後援, 協賛; 庇(ʰ)護. ❷ 青少年クラブ. ❸《守護聖人の》守護, 加護.
patronal, ale;《男複》**aux** 形 経営[雇用]者の; 守護聖人の.
patronat 男《集合的》経営者.
patronner 他 後援[庇(ʰ)護]する.
patronnesse 形 女 dame ~ 慈善好きの女性; (慈善施設の)女性後援者.
patronyme 男《文》姓, 名字.
patronymique 形 nom ~ 姓.
patrouille 女 パトロール, 巡察(隊); 《軍》斥候(隊); 偵察(隊).
patrouiller 自 パトロールに行く; 《軍》斥候(ʰ⁴)戒する.
patrouilleur 男 ❶ 斥候兵, 偵察隊員. ❷ 偵察機, 哨(ʰ⁴)戒機[艇].
patte 女 ❶ 動物, 昆虫の)脚; (人間の)足, 脚; 手. ▸ à quatre ~s 四つんばいで. ❷《俗》足. ❸《芸術家の)腕前, 技. ❹《複数》もみあげ. ❺ (ポケット, 財布の)ふた, 垂れぶた; (先端の平らい)鉤(ʰ)足. ❻《軍》~ d'épaule (銃を染めるための)布製肩当て; 布製肩当て. ◊ coup de ~ (画家の)腕前, 技. ❷ 毒舌, 辛辣(ʰ)な批評. faire ~ de velours 爪を立てない. montrer ~ blanche 通行証か合い言葉で身分を証明する. ❷ 読みにくい小さな字. se tirer [sortir] des ~s de ...《話》…の支配から脱する. tirer dans les ~s de ...《話》…の邪

魔をする. **tomber sous les** ~s 《話》…の手中に落ちる.
patte(-)d'oie;《複》~s(-)~ 女 ❶ (道路の)三叉(ラ)路; 分岐点. ❷ 目尻(ラ)のしわジ, からすの足跡.
pattemouille 女《アイロンかけに使う》湿らせた当て布.
pattern [-t̃ə(ə)rn] 男《英》《心》型, パターン.
pattu, e 形 脚[足]の太い;《動》(鳥が)ひざまで羽毛が生えた.
pâturable 形 牧草地に適した.
pâturage 男 牧草地; 放牧(権).
pâture 女 ❶ 餌(ʳ), 飼料. ❷ 放牧地, 牧場. ❸ (精神の)糧;《悪意や好奇心の》対象.
pâturer 自, 他 (牧草)を食べる.
pâturin 男《植》イチゴツナギ.
paturon / pâturon 男 踵(ʰ)の節, 繋(ʰ)(馬のひづめと踵(ʰ)の間).
Pau ポー (Pyrénées-Atlantiques 県の県庁所在地).
Paul (saint) 男《聖》パウロ.
pauchouse 女《料》ポシューズ (ブルゴーニュの川魚料理などの白ワイン煮).
paulien, ne 形《法》action ~ne 債権者取消権, 許害行為取消権.
paulinien, ne 形《キ教》パウロの.
pauliste 形 サンパウロ São Paulo の. ──名《P~》サンパウロの人.
paulownia [-lonja] 男《植》キリ.
paume 女 手のひら;《スポ》ポーム (テニスの原型とされる球技). ▸ jeu de ~ ポームの球技場.
paumé, e 《話》形 ❶ 道に迷った; 途方に暮れた. ❷ 惨めな, 文無しの.
──名 道に迷った人; 落ちこぼれ; 文無し.
paumelle¹ 女 ❶ (扉の)蝶番(ʰ). ❷ (皮革などの縫製用)手袋.
paumelle² 女《植》ヤバネオムギ.
paumer 他《話》❶ なくす; 見失う. ❷ (殴打などの打撃を)受ける, 食らう. ❸ 逮捕する. ──**se ~** 道に迷う; 道を失う.
paupérisation 女 貧困化, 窮乏化; (生活水準の)低下.
paupériser 他 貧困化させる.
paupérisme 男 貧困[窮乏]状態.
paupière 女 まぶた.
paupiette 女《料》ポピエット (薄切りの肉で詰め物を巻いた魚料理).
pause 女 ❶ 中断, 休憩; (話の)間. ❷《スポ》ハーフタイム. ❸《楽》全休止符; 全休符.
pause-café; 《複》~s-~ 女 コーヒーブレイク, お茶の時間.
pauser 自 ❶《楽》休止する.
pauvre 形 ❶ 貧しい, 貧乏な; みすぼらしい, 貧弱な; 不十分な; 不毛な;《de, en》(…)に乏しい. ❷《名詞の前》気の毒な, 哀れな; 惨めな, 取るに足りない. ❸《名詞の前》つまらない, 今は亡き. ❹《名詞の前》気の毒な[哀れな]人. ❷ 貧しい人々, 貧民.
pauvrement 副 貧しく, 貧弱に.
pauvresse 女《古風》女乞食(ʰ).
pauvret, te 形 かわいそうな (子供), 哀れな(人).
pauvreté 女 貧しさ, 貧乏, 貧困.

pavage 男 舗装(工事);舗装面.
pavane 女《楽》パヴァーヌ(2拍子系の舞曲).
se pavaner 代動 気取って歩く;気取る.
pavé¹ 男 ❶ 敷石, 舗石;舗道, 石畳;街路. ❷ 分厚いビフテキ;話 分厚い本;字のぎっしり詰まった文章. ❸ ⇨ publicitaire (新聞の囲み広告).
◊battre le ~ 街をぶらつく;失業である. être sur le ~ 路頭に迷う;失業である. – dans la mare 青天の霹靂(<き).tenir le haut du ~ 最高の地位を占める.
pavé², e 形《de》(…で)舗装された;(…に)満ちた.
pavement 男 舗装, 石〔煉瓦, タイル〕敷き.
paver 他 舗装する, 石〔煉瓦, タイル〕を敷き詰める.
paveur 男 舗装工, 舗装人夫.
pavie 女《植》パヴィー(桃の一品種).
pavillon 男 ❶ (郊外の)一戸建て住宅;小屋, あずま屋;[博覧会などの]パビリオン, 展示館;(矩(<かね)形の)建物, 棟;張り出し;別館. ❷ らっぱ形の物[部分];(スピーカーの)ホーン部;(管楽器の)開口部. ❸ (船舶の)旗. ❹ (自動車の)屋根. ❺《解》~ de l'oreille 耳介. ❻ (競馬場の)スタンド横の席.
◊baisser le ~ 降参する.
pavillonnaire 形 一戸建て住宅の(集まった);(ホテルなどの)分棟の.
pavillonnerie 女 船旗製造所, 船旗収納庫.
pavlovien, ne 形《心》パブロフの.
pavois 男 ❶《海》船旗. ► grand ~ 満艦飾. ❷《史》大盾.
◊élever [hisser] sur le ~ 最高位に就かせる;祭り上げる.
pavoisement 男 旗で飾ること;満艦飾.
pavoiser 他 旗で飾る;《海》(…に)艦飾をする. – 自 話 大喜びする.
pavot 男《植》ケシ.
paxon 男 ⇨ pacson.
payable 形 支払われるべき.
payant, e 形 ❶ 有料の. ❷ 採算が取れる;報われる;有効な.
paye 女 ❶ 給料(の支払い). ❷ 話 長い間.
payement 男 ⇨ paiement.
payer 12動 ❶ 支払う;代金[報酬]を払う;(借金などを)返す;費用を出す,おごる;(物の)費用に当てる. ❷ 償う, 代償を払う;報いる.
◊~ cher … …に大きな犠牲を払う. Tu me le paieras! (脅し文句で)この借りはきっと返すぞ.
– 自 ❶ 支払う;償う, 報いを受ける. ❷ 金になる, 有利である.
◊~ d'audace 思い切った行動に出る. – pour … …の代わりに支払う;…の身代わりになる.
– se ~ ❶ 支払われる;当然の報いがある. ❷ 自分に(…を)奮発する. ❸ 話 (嫌なことを)押しつけられる. ❹ 話 手に入れる.

◊payez-vous. (多い額を出して)ここから代金を取ってくれ. se ~ de mots 口先ばかりである. se ~ la tête de … 話 …をからかう.
payeur, se 名 金を払う人;支払い人;(官公庁などの)会計係.
pays¹ 男 ❶ 国, 国家. ❷ 地方, 地域, 地帯;故郷, 地元. ► vin de ~ 地酒. ❸ 国民, 全住民. ❹ 村, 集落.
◊mal du ~ ホームシック. voir du ~ 各地を旅する.
pays² e 名 同郷人.
paysage 男 ❶ 風景, 景色;眺め, 光景;《美》風景画. ❷ 状況, 情勢.
paysagé, e 形 自然の風景を模した.
paysager, ère 形 自然の風景を模した.
paysagiste 名 ❶ 風景画家. ❷ 公園緑地(景観)デザイナー, 造園家.
paysan, ne 名 田舎者, 農民;百姓;《軽蔑》田舎者. – 形 農民の;粗野な.
paysannat 男 農民の身分;《集合的》農民.
paysannerie 女《集合的》農民.
Pays-Bas 男《複》オランダ.
Pb《記》《化》plomb 鉛.
P.C. 男《略》❶《軍》Poste de commandement 軍司令部. ❷ Parti communiste 共産党. ❸ personal computer パソコン.
P.C.C.¹ 男《略》《鉄道》Poste de commande centralisée 列車集中制御装置, CTC センター.
P.C.C.²《略》《法》pour copie conforme 原本と相違ないことを証明する.
P.C.F. 男《略》Parti communiste français フランス共産党.
P.C.V. 男《略》paiement contre vérification コレクトコール.
Pd《記》《化》palladium パラジウム.
P.-D.G. 男 président-directeur général 社長.
péage 男 通行料;入港税;料金所.
péagiste 名 料金徴収係.
péan 男《古代》アポロン賛歌.
peau 女《複》x ❶ 皮膚, 肌;(動物の)皮;皮革;(果物などの)皮;(チーズの)外皮;膜, 薄皮. ❷ 人皮, 命.
◊avoir … dans la ~ 話 …に熱愛している. dans la ~ de … 話 …の立場に;役柄に. être bien [mal] dans sa ~ くつろいだ[落ち着かない]気分である. faire ~ neuve 脱皮する;生活[態度, 服装]を一変する. vieille ~ 話 くそばばあ.
peaucier 男《解》皮筋.
peaufiner 他 セーム皮でふく;話 入念に仕上げる. □ peaufinage 男.
peau-rouge 形《複》~x-~s 形 アメリカ先住民の. – 名《P~-R~》アメリカ先住民.
peaussier 男 なめし革屋;なめし業, 皮革製造(販売)業.
peaussier 男《皮》なめし職人;皮革商.
pébroc / pébroque 男 話 傘.
pécan 男 ⇨ pacane.
pécari 男《動》ペッカリー(革).
peccable 形《神》罪を犯し得る.
peccadille 女 軽罪, わずかな過ち.

pechblende

pechblende [pɛʃblɛ:d] 囡《独》《鉱》瀝(ホ)青ウラン鉱, ピッチブレンド.

pêche¹ 囡 ❶ 桃の実. ❷ びんた.
◇ *avoir la* ～ 囮 元気である. *se fendre la* ～ 囮 大笑いする.
―形 《不変》桃色の.

pêche² 囡 ❶ 釣り; 漁, 漁業; 捕れた魚; 漁獲高; 漁場, 釣り場.

péché 男 ❶ (宗教上の)罪; 過ち, 欠点. ◇ ～ *mignon* 罪のない悪癖, 道楽.

pécher 自 ❶ (宗教上の)罪を犯す. ❷ (*par*) (…の点で)欠点がある. ❸ (*contre*) …にそむく.

pêcher¹ [-e] 男 モモ(桃)の木.

pêcher² 他 (魚などを)釣る, とる; 俗 見つけ出す, 拾う. ◇ ～ *en eau trouble* 漁夫の利を得る.

pêcherie 囡 漁場; 釣り場.

pécheur, eresse 名 (宗教上の)罪人(とがびと). ―形 罪(人)の, 罪深い.

pêcheur, se 名 漁師, 釣り人.
―形 漁をする.

pêchu, e 形 俗 元気いっぱいの.

pecnot 形 ⇨ péquenaud.

pécore 囡 囮 気取った〈ぬぼれた〉女.
―名 囮 《軽蔑》百姓.

pecten [-tɛn] 男 《貝》イタヤガイ.

pectine 囡 《化》ペクチン.

pectiné 形 恥骨筋.

pectique 形 《化》ペクチンの.

pectoral, ale; (男複) **aux** 形 胸の; 呼吸器疾患に効く, 咳(カ゛)止めの.
―男 ❶ 《古代》(ファラオなどの)胸当て, 胸飾り; 《古 □》胸甲. ❷ 《複数》《解》胸筋.

péculat 男 公金横領.

pécule 男 (こつこつためた)小金, へそくり; (軍人の)退役一時金; (受刑者の)作業貸与金; (後見人が預かる)未成年者の貯金.

pécuniaire 形 金銭の, 金銭による, 財政上の. **a pécuniairement** 副

P.E.D. 囡《略》 Pays en développement 発展途上国.

pédagogie 囡 教育学; 教授【教育】法; 教育者としての資質, 教育的センス.

pédagogique 形 教育学【法】の; 教育に適した, 教育的な.
a pédagogiquement 副

pédagogue 名 教育学(者); 教え方を心得ている人; 教育学者. ―形 教育者の素質に恵まれた, 教え上手な.

pédale 囡 ❶ ペダル, 足板; 自転車競技. ❷ 俗 男色家, ホモ. ◇ *perdre les* ～*s* 俗 しどろもどろになる.

pédaler 自 ペダルを踏む; 自転車をこぐ; 俗 早足で歩く; 急ぐ.
a pédalage 男

pédaleur, se 名 自転車乗り.

pédalier 男 ❶ (自転車の)クランクセット. ❷《楽》(パイプオルガンの)ペダル鍵盤; (ピアノの)ペダル《装置》.

pédalo 男 商標 ペダロ, 足踏みボート.

pédant, e 名 衒(テ゛)学者, 学者ぶる人. ―形 衒学的な, 学者ぶった.

pédanterie 囡 衒学的な態度, 学者ぶること.

pédantisme 男 衒(テ゛)学者の態度, 学者ぶること.

pédantesque 形 《文章》衒(テ゛)学的な, 学者ぶった, 学をひけらかすような.

pédé / pédéraste 男 同性愛者, ホモセクシュアル.

pédégère 囡 囮 女社長.

pédérastie 囡 少年愛; 男色.
a pédérastique 形

pédestre 形 徒歩の. ▶ randonnée ～ ハイキング. **a pédestrement** 副

pédiatre 名 小児科医.

pédiatrie 囡 小児科学.
a pédiatrique 形

pedibus [pedibys] 副《ラ》語 徒歩で, 歩いて.

pédicellaire 男《動》(ウニ, ヒトデの)叉棘(サキョク), 鉄棘(テッキョク).

pédicelle 男《植》小花柄(カヘイ).

pédiculaire 形《医》シラミの.
―囡《植》シオガマギク.

pédicule 男《植》(植物の柄(エ)); (キノコの)柄; 《解》肉茎, 茎.

pédiculose 囡《医》シラミ寄生症.

pédicure 名 足部治療師.

pédicurie 囡 足部治療(術).

pedigree [pedigre] 男《英》(動物の)血統(書).

pédiluve 男 (プールの)足洗い場.

pédiment 男《地》ペディメント, 山麓(サンロク)緩斜面.

pédogenèse 囡 土壌生成(論).

pédologie 囡 土壌学.
a pédologue 名

pédodontie [-si] 囡 小児歯科.

pédomorphe 形《生》幼形.
a pédomorphique 形

pédoncule 男《植》花柄(カヘイ); 《解》(脳などの)脚. **a pédonculaire** 形

pédonculé, e 形《植》花柄のある.

pédophilie 囡 小児(性)愛.
a pédophile 名 形

pédopsychiatrie 囡 児童精神医学. **a pédopsychiatre** 名

peeling [pilin] 男《美容》ピーリング, 剝皮(ハクヒ).

peep-show [pipʃo] 男《英》ピープショー.

pégase 男 《P～》《ギ神》ペガサス; 《天》ペガサス座; 《魚》ウミテング.

pegmatite 囡《地》ペグマタイト, 巨晶花崗(カコウ)岩.

pègre 囡 泥棒《詐欺, 強盗》仲間.

peignage 男 (羊毛などの)梳毛(ソモウ); 梳毛工場.

peigne 男 ❶ 櫛(クシ); (髪飾りに使う)さし櫛; 梳(ス)き道具; (麻)梳き器. ❷《貝》イタヤガイ; 《昆》櫛状毛.
◇ *passer au* ～ *fin* 入念に調べる.

peigné, e 形 櫛(クシ)でとかれた; 梳(ス)かれた. ◇ 《話》*fil* ～ 上等な(生)糸.
―囡 (梳毛糸紡績用の)スライバー; 梳毛織物, ウーステッド.

peigne-cul [-ky]; (複) ～*s* (s) 俗 くだらない; 粗野な男.

peignée 囡 俗 こっぴどい打ち, 殴打.

peigner 他 櫛(クシ)でとく; 髪(毛)をとかす; (羊毛など)を梳(ス)く.
―*se* ― 自分の髪をとかす.

peigni-, peigni- 活 ⇨ peindre.

peignier 男 櫛(クシ)製造職人.

peignoir 男 バスローブ; ガウン; (理

髪(などの)肩掛けカバー.
peinard, e 形 ⃝ ゆったりとした, のんびりした. ◻**peinardement**
peindre 80 他 ⃝ (ペンキなどを)塗る; 塗装する. ❷ (絵を)描く. ❸ (言葉などで)描写する.
— **se** — 感情などが)現れる, 描き出される; 自画像を描く.
peine 女 ❶ 刑; 刑罰. ～ **de mort** 死刑. ❷ 心痛, 苦悩; 苦労, 骨折り.
◊ **à** ～ ほとんど…ない, かろうじて; せいぜい. **à** ～ **... que** …するやいなや …. **avoir de** (**de la**) ～ **à ...** …するのに苦労する. **Ce n'est pas la ～ de** + **inf.** [**que** + **subj.**] …するには及ばない; …してもむだだ. **être** [**se mettre**] **en ～ de** [**pour**] …のことを心配する. **faire ～ à voir** 見るも哀れだ. **homme de ～** 肉体労働者. **mourir à la ～** 過労で死ぬ. **ne pas être en ～ pour** … 平気である. **perdre sa ～** むだ骨を折る. **pour la** [**sa**] ～ お礼に; お詫(わ)びに; 罰として. **prendre** [**se donner**] **la ～ de** …する労をとる, わざわざ…する. **sous ～ de** …(違反すれば)…の罰を受けるものとして; …しないように. **valoir la ～ de** + **inf.** [**que** + **subj.**] …するに値する.
peiner 自 ⃝ 苦労する, 骨を折る.
— 他 悩ませる, 悲しませる.
peins, peint 活 ⇒ **peindre**.
peint, e 形 色を塗った, 彩色した.
peintre 男 画家, 絵かき; ペンキ屋, 塗装工; 文章 (心理, 風俗の)描き手.
peinture 女 ❶ 絵, 絵画(作品). ❷ ペンキ, 塗料; 絵の具; 塗装, 彩色. ❸ 文章 (言葉によるどどきもめいな)描写.
◊ **ne** (**pas**) **pouvoir voir ... en ～** 語 …が大嫌いだ.
peinturer 他 を塗りたくる.
peinturlurer 他 ❶ をけばけばしく塗りたくる. — **se** — 語 厚化粧する.
péjoratif, ve 形 軽蔑的な, 悪い意味の. — 男 軽蔑語.
péjoration 女 言 軽蔑語化, 誹謗(ぼう)法.
péjorativement 副 軽蔑的に.
pékan 男 動 フィッシャーテン.
Pékin 男 北京.
pékin 男 語 人, だれか; 隠 (軍人に対して)民間人.
pékiné, e 形 語 経緯(たてよこ)縞の.
— 男 ペキン綿.
pékinois, e 形 北京の. — 名 (P～)北京の人. — 男 ❶ 北京語, 北京官話. ❷ ペキニーズ(犬).
pékinologue 名 中国の専門家.
pelade 女 円形脱毛症.
pelage 男 (動物の)毛, 毛並み.
pélagianisme 男 神 ペラギウス主義(原罪を否定し意志の自由を主張).
pélagien, ne 形, 名 神 ペラギウス主義の(人).
pélagique 形 遠洋の; 深海の.
pelagos [-s] 男 生 浮遊水生物.
pélamide / pélamyde 女 魚 モトカツオ.

pélargonium 男 植 ベラルゴニウム; ゼラニウム.
pelé, e 形 ❶ 毛の抜けた; はげた; 草木の生えていない. ❷ 皮をむかれた.
— 名 丸頭の人. ◊ **quatre ～s et un tondu** ごく少数の人々.
pêle-mêle 副 ごちゃごちゃに, 乱雑に. — 男 不変 ❶ ごちゃ混ぜの物, 雑多な集め. ❷ 額, 写真立て.
peler 3 他 皮をむく. — 自 ❶ (日焼けで)皮がむける. ❷ 語 (寒さで)震え上がる. — **se** — 皮がむける.
pèlerin, e 名 巡礼者.
— 男 鳥 ハヤブサ; 魚 ウバザメ; 昆 サバクトビバッタ.
pèlerinage 男 巡礼, 名所巡り; 巡礼地.
pèlerine 女 袖(そで)無しマント.
pélican 男 鳥 ペリカン.
pelisse 女 毛裏付きコート.
pelle 女 ❶ シャベル; ちり取り; ケーキサーバー. ❷ (オールの)水かき.
◊ **à la ～** 多量に, たくさん. **ramasser une ～** 語 転ぶ; 失敗する.
pelle-bêche 女 (複) **～s**-**～s** (兵士の)シャベル.
pelletée 女 ❶ シャベル1杯分. ❷ **des** —**s de ...** たくさん 大量 の….
pelleter 4 他 シャベルでかき混ぜる[掘る]. ◻**pelletage** 男
pelleterie 女 毛皮の加工[取引]; 毛皮.
pelleteur, se 名 シャベル作業の労働者. — 女 パワーショベル.
pelletier 男 毛皮加工[取引]業者, 皮革職人.
pelliculage 男 印 (印刷物表面の)ビニール引き; 写 ストリッピング. ◻**pelliculer** 他
pelliculaire 形 薄膜状の.
pellicule 女 ❶ フィルム. ❷ 薄皮, 薄膜. ❸ ふけ.
pelliculeux, se 形 ふけだらけの.
pellucide 形 (半)透明な.
pelotage 男 語 (体を)なで回すこと, ペッティング.
pelotari 男 ペロタ競技者.
pelote 女 ❶ (糸などの)玉; (猫などの吐き出す)毛玉. ❷ (裁縫の)針刺し, 針山. ❸ スポ ～ (**basque**) ペロタ正面の壁を利用して素手やラケットでボールを打ち合う競技); ペロタ用のボール.
◊ **avoir les nerfs en ～** 語 ひどくいらいらしている. **faire sa ～** 語 こつこつ金をためる.
peloter 他 (体を)なで回す, 愛撫(ぶ)する. ◻**peloteur, se** 名, 形
peloton 男 ❶ 毛糸などの小さい玉. ❷ (レース中の)選手の一団; 競争集団. ～ **de tête** 先頭集団, トップグループ. ❸ 軍 小隊. ～ **d'exécution** 銃殺(執行)隊.
pelotonner 他 (糸などを)巻いて玉にする. — **se** — 丸くなる; 一団[塊]になる. ◻**pelotonnement** 男
pelouse 女 芝(草); 芝地グラウンド; 馬 芝馬場.
peluche 女 繊 プラッシュ(ビロードに似た織物); (プラッシュの)縫いぐるみ.

peluché, e 形 (布地が)毛足の長い; 毛羽立った.

pelucher 自 (布地が)毛羽立つ.

peluscheux, se 形 手触りが柔らかい; 綿毛の生えた.

pelure 女 ❶ (果実などの)むいた皮; 薄皮. ❷ 上着; コート. ❸ papier ～ 薄葉紙. ❹ ～ d'oignon タマネギの皮色; 褐色がかったワイン.

pelvien, ne 形 〖解〗骨盤の.

pelvis [-s] 男 〖解〗骨盤(骨).

pénal, ale 形 〖男複〗**aux** 形 刑法の; 刑法上の. —刑 刑事裁判.

pénalement 副 〖法〗刑罰上; 刑事(訴訟法)上.

pénalisant, e 形 不利な.

pénalisation 女 不利益(を与えること); 〖スポ〗ペナルティ(を科すこと).

pénaliser 他 ❶ 〖罰金〗を科し; 不利益を与える. ❷ 〖スポ〗ペナルティを科す.

pénaliste 男 刑法の専門家. —刑法専門の.

pénalité 女 〖法〗刑罰; 罰金, 追徴金. 〖スポ〗ペナルティ.

penalty [pe-]; (複) **～s** (または *penalties*) 男 (英)(サッカーで)ペナルティキック.

pénard, e 形 名 ⇨ peinard.

pénates 男複 〖古 • 語〗家の守護神; 〖ふざけて〗住まい; 故郷.

penaud, e 形 恥じ入った, しょげている; 当惑した.

pence [pens] penny の複数形.

penchant, e 形 性向, 傾向, 癖; 好み; 文章好意, 共感.

pencher 自 ❶ 傾く, しゃぐ. ❷ (pour, à) (…に)気持ちが傾く, (…の方を)好む〖選ぶ〗. ► ～ à croire que ... …のように思える. —他 傾ける, かしげる. —**se** ～ ❶ 身をかがめる; 傾く. ❷ (sur) (…に)関心を寄せる; (…を)検討する.

pend(-) 活 ⇨ pendre.

pendable 形名 絞首刑に値する. ◇*cas* ～ 重大な過失. *tour* ～ ひどいいたずら.

pendage 男 〖地〗傾斜.

pendaison 女 絞首刑; 縊(い)死, 首つり; (物を)つるすこと.

pendant¹, e 形 ❶ 垂れ下がった. ❷ (問題などが)未解決の; 〖法〗係属中の. —男 ❶ 対をなすもの; 匹敵するもの. ❷ イヤリング, 耳飾り (= ～ d'oreille).

pendant² 前 ❶ …の間(に). ◇～ *que* ... …する間; …しているのに. 〜 *que j'y pense* あぁそうそう, 思い出したが. 〜 *que j'y suis* ついでに; いっそのこと.

pendard, e 名 〖古•語〗極悪人; ろくでなし.

pende(-) 活 ⇨ pendre.

pendeloque 女 ❶ (イヤリングなどに用いる)下げ飾りの宝石; (シャンデリアにつるす)カットグラス.

pendentif 男 ペンダント.

penderie 女 衣装部屋〖棚〗.

pendi-, pendi- 活 ⇨ pendre.

pendiller 自 (ぶらぶら)垂れ下がる.

pendoir 男 (肉屋の)つり鉤(ぎ)〖綱〗.

pendouiller 自 語 だらりと垂れ下がる.

pendre 58 他 ❶ つるす, ぶら下げる, かける. ❷ 絞首刑にする. ◇*dire pis que* ～ *de* ... …のことをさんざん悪く言う. ◇*Ça lui pend au nez*. 今にも危険〖厄介〗なことが起こりそうだ. —**se** ～ ❶ ぶら下がる, しがみつく. ❷ 首つり自殺する.

pendu, e 形 (pendre の過去分詞) ❶ ぶら下がった, つり下げられた. ❷ 絞首刑になった; 首をつった. ◇*être* ～ *à* ... …にしがみろいている, から離れない. —名 絞首刑にされた人; 首をつった人.

pendulaire 形 振り子の(ような).

pendule 男 振り子. —女 振り子時計; 置き〖掛け〗時計. ◇*en faire une* ～ 語 物事を大げさに考える.

pendulette 女 携帯用置き時計.

pendulier, ère 名 (大型の)時計職人.

pêne 男 ～ *demi-tour* (錠前の)ラッチボルト.

Pénélope 〖ギ神〗ペネロペ(オデュッセウスの貞節な妻).

pénéplaine 女 〖地理〗準平原.

pénétrable 形 ❶ 入り込める, 侵入〖浸透〗し得る. ❷ 理解できる. ⇨pénétrabilité 女

pénétrant, e 形 ❶ 浸透する, 入り込む. ❷ 洞察力がある, 鋭い. —女 幹線道路.

pénétration 女 ❶ 入り込むこと, 浸透; 侵入. ❷ 洞察力; 明敏さ.

pénétré, e 形 (de) (…が)染み込んだ; (…に)満ちた; (…を)確信した.

pénétrer 6 自 ❶ 入り込む; 侵入する. —他 ❶ 入り込む, 染み込む. ❷ (感情などの)満たす; (思想などが)行き渡る. ❸ (秘密などを)見抜く. —**se** ～ (de) (…を)確信する, 深く理解する.

pénétromètre 男 硬度計.

pénibilité 女 苦痛度, 困難さ.

pénible 形 骨の折れる, 苦しい, つらい; 痛ましい; 語 (人)が我慢ならない.

péniblement 副 苦労して, やっとの思いで; つらいほどに; かろうじて.

péniche 女 (河川運送用の)平底船, 伝馬船. ► ～ *de débarquement* 〖軍〗上陸用舟艇.

pénichette 女 観光用小型平底船.

pénicilline [-lin] 女 ペニシリン.

pénicillium [-li-] 男 アオカビ.

pénien, ne 形 〖解〗陰茎の.

pénil 男 〖解〗恥丘.

péninsulaire 形 半島の〖に住む〗.

péninsule 女 (大きな)半島. ► *la P*-～ イベリア半島.

pénis [-s] 男 〖解〗陰茎, ペニス.

pénitence 女 ❶ 〖カト〗悔悛(し), (の秘蹟); 罪の償い; (贖罪(しょく)のための)苦行. ❷ 罰.

pénitencier 男 ❶ 〖カト〗特別聴罪司祭. ❷ 刑務所.

pénitent, e 名〖カト〗悔悛(がん)者, 告解者.

pénitentiaire [-sjɛːr] 形 刑務所の.

pénitentiel, le 形 悔悛(がん)の, 贖(しょく)罪の.

penne¹ 女〖動〗(鳥の)大羽(鷲).
penne² 女〖伊〗《複数》〖料〗ペンネ.
penné, e 形〖植〗(葉の)羽状の.
pennon 男〖史〗(槍(やり)の先につけた)長三角旗;〖海〗風見.
penny 男〖英〗ペニー(英国などの通貨単位で複数形は pence. ❷ ペニー銅貨. 注 複数形は pennies.
pénologie 女 刑罰学.
pénombre 女 薄暗がり; 薄明かり.
pensable 形 考えられる.
pensant, e 形 思考能力のある, 考える. ◇**bien** ~ 正統派の, 保守的な. **mal** ~ 異端の, 反体制的な.
pense-bête 男 心覚え(のしるし); メモ帳.
pensée¹ 女 ❶ 考え, 思い; 思考(力); 思想; 見解; 考察; 観念. ❷ 箴言(しんげん), 格言. ❸〖植〗パンジー, 三色すみれ.
penser 考える, 思う.
◇~ **à** ... …のことを考える[思う]. ~ **à** + inf. …しようと考える; 忘れずに…する. ~ **tout haut** 考えを声に出して言う. **Penses-tu** [**Pensez-vous**]! 口まさか; とんでもない. **sans** ~ **à mal** 悪意なしに. **Tu penses** [**Vous pensez**]! (1) そうですとも, そうです. (2) ところが, そうはいかない.
—他 考える, 思う. ►~ **que** ... …と思う, 考える/ ~ + inf. …するつもりである; …と思う.
◇**du bien** [**du mal**] **de** ... …のことをよく[悪く]思う.

penseur, se 名 思想家; 思索する人.
pensif, ve 形 物思いにふけった, 考え込んだ.
pension 女 ❶ 年金, 恩給. = **alimentaire** (離婚後の)扶養手当. ❷ 食事付き宿泊所). ❸ 下宿屋. ❸ 寄宿舎, 寮;〖集合的〗寄宿生.
pensionnaire 名 ❶ 下宿人; (ホテルなどの)食事付き長期宿泊客. ❷ 寄宿生, 寮生. ❸ (養老院などの)居住者. ❹ (コメディ・フランセーズの)準座員.
pensionnat 男 (私立の)寄宿学校;〖集合的〗寄宿生.
pensionné, e 形, 名 年金を受けている(人).
pensionner 他 年金を支給する.
pensivement 副 物思わしげに.
pensum [pɛ̃sɔm] 男〖ラ〗❶ 退屈な仕事;〖古〗罰として生徒に課される宿題.
pentacle [pɛ̃-] 男 五芒[五綾]星形のお守り.
pentacrine [pɛ̃-] 男〖動〗ウミユリ.
pentadactyle [pɛ̃-] 形〖動〗5 本の指を持つ.
pentadécagone [pɛ̃-] 男 15 角形.
pentaèdre 男 5 面体の.
pentagonal, ale [pɛ̃-];《男複》 **aux** 〖数〗5 角形の.
pentagone [pɛ̃-] 男 ❶ 5 角形. ❷ (le P~) 米国国防総省, ペンタゴン.
pentamètre [pɛ̃-] 男〖ギリシア・ラテン韻律の〗5 歩格, 5 脚韻行.
pentarchie [-ʃi] 女〖古史〗(特にカルタゴの)五頭政治.
pentasyllabe 形, 男 5 音節の(詩句).
Pentateuque [pɛ̃-] 男〖旧約聖書〗モーセ五書.
pentathlon [pɛ̃-] 男〖スポ〗五種競技. ►~ **moderne** (ペンテコステ(復活祭後の第 7 日曜日). ❷ ペンテコステ祭, 五旬祭[節]. **pentathlonien, ne** ◇
pentatome [pɛ̃-] 男〖動〗カメムシ.
pentatonique [楽] 5 音音階の.
pente 女 ❶ 傾斜, 勾配(ふ); 坂, 斜面. ►~ **limite**〖地〗限界勾配. ❷ 性向, 性癖.
◇**être sur la mauvaise** ~ 悪い方に進んでいる. **remonter la** ~ 立ち直る. **sur une** ~ **glissante** [**savonneuse**] (悪い方へ)ずるずる引きずられて.

Pentecôte 女〖キ教〗❶ 聖霊降臨の主日, ペンテコステ(復活祭後の第 7 日曜日). ❷ ペンテコステ祭, 五旬祭[節].
pentédécagone 男 ⇨ **pentadécagone**.
pentu, e 形 傾斜した.
penture 女 (扉や鎧戸(よろいど)の)蝶番.
pénultième 形〖言〗(音節が)終わりから 2 番目の.
—女 2 尾音節, 次末音節.
pénurie 女 不足, 欠乏.
péon; 《複》~s (または ~es) 男 (中南米の農民); 労働者.
people [pipœl] 形《不変》有名人のゴシップを追いかける.
—男 有名人, セレブ.
pep [-p]〖米〗元気, 活力.
pépé 男〖幼児語〗おじいちゃん;〖話〗お年寄り.
pépée 女〖俗〗若い女, 娘.
pépère 男 ❶〖幼児語〗おじいちゃん. ❷〖話〗太っちょ; 太った坊や. —形〖話〗平穏な, 静かな; 気楽な; たやすい.
pépètes 女《複》〖俗〗金(かね);〖古〗小銭.
pépie 女〖獣医〗(鳥の硬化する)鳥類の舌病. ◇**avoir la** ~ ひどく喉が渇く.
pépiement [-pimɑ̃] 男 (小鳥の)さえずり.
pépier 自 (小鳥が)さえずる.
pépin 男 ❶ (果実の)種, 種子. ❷〖話〗面倒, 困難. ❸〖話〗雨傘.
pépinière 女 苗床; ~ **de** (人材の)養成所, ~ を墓地する土地柄; ~ **d'entreprises** インキュベーター(企業の立ち上げを支援する仕組み).
pépiniériste 名 苗木屋.
pépite 女 (金属の)天然の塊; 金塊; 細かく砕いたもの, 砕片, 粒.
péplum 男 ❶〖古代〗ペプロス(袖(そで)のない女性用寛衣. ❷〖映〗古代史劇.
pépon / péponide 男〖植〗ウリ状果(ウリ科植物の果実).
peppermint [peppərmint] 男〖英〗ペパーミント・リキュール.
pepsine 女〖生化〗ペプシン.
peptide 男〖生化〗ペプチド.
◇**peptidique** 形

peptique

peptique 形 ペプシンの; 消化性の.
péquenaud, e ⇒ **péquenot, te** 形《軽蔑》百姓; 田舎っぺ.
péquin 男 ペキン.
perçage 男 穴をあけること.
percale 女《英》《繊》パーケール(目の詰んだ平織り綿布).
percaline 女《繊》パーケリン(光沢のある裏地用綿布).
perçant, e 形 突き刺すような, 鋭い; (声, 音が) 甲高い.
perce 女 (錐などの) 穿じ孔具; 《楽》(管楽器などの) 穴. ◇*mettre un tonneau en ~* 酒樽を抜く.
percée 女 ❶ (森, 町などの) 貫通路; (建物の) 開口部; (庭園の) 見通し. ❷ 驚異的な成功[進歩]. ❸ 《軍》敵陣突破; 《スポ》ディフェンスを破ること.
percement 男 (穴を) あけること; (道を通すこと); 開通, 掘削.
perce-muraille 女《植》ヒカゲミズ.
perce-neige 男/女《不変》《植》スノードロップ, ユキノハナ.
perce-oreille 男《昆》ハサミムシ.
perce-pierre 女《植》ユキノシタ; クリスマス, ウミシャボン.
percepteur, trice 形 知覚する.
—— 男 収税吏; (罰金などの) 徴収官.
perceptible 形 知覚 [感知] できる; 察知し得る. ⇨**perceptibilité**
perceptiblement 副 知覚できるように, 感知できるほど.
perceptif, ve 形《心》知覚の.
perception 女 ❶ 知覚; 《文章》認識, 把握. ❷ 《税》徴収; 税金; 税務署.
percer ① 他 ❶ 突き刺す, 穴をあける (窓を) 設ける (トンネルを) 掘る; (道を) 通す. ❷ 突き [通し] 抜ける; 突破する; (雨などが) 染み通る. ❸ 見抜く, 見破る. ◇~ *les oreilles à qn* (音の) 耳をつんざく.
—— 自 ❶ (突き破って) 外に現れる (歯が) 生える (できものが) つぶれる. ❷ (感情などが) 表に出る (秘密などが) 漏れる. ❸ 有名になる; 頭角を現す.
perceur, se 名 穴をあける人; 穴あけ工. —— 男 ドリル, 穿じ孔機, ボール盤; 削岩機.
percevable 形 徴収できる.
percevoir 45 他 ❶ 知覚する; 察知する. ❷ 受領する; (税を) 徴収する.
Perche¹ 女 ペルシュ地方 (ノルマンディー地方の丘陵地帯).
perche¹ 女 棒, 竿 (じゃく). ~ ~ (à son) ブーム (録音マイクをつけた長い棒) / *saut à la ~* 棒高跳び.
◇*grande ~* 背高のっぽ. *tendre la ~ à qn* …に救いの手を差し伸べる.
perche² 女《魚》パーチ.
perché, e 形 ❶ (鳥が高い所に) 止まった; 高い所にある [いる]. ❷ 甲高い.
percher 自 ❶ (鳥が高い所に) 止まる. ❷ 住む位置する, ある. —— 他 (高い所に) 置く. —— **se ~** (鳥が高い所に) 止まる; 《話》(人が高い所に) 止まる.
percheron, ne 形 ペルシュ地方の.
—— 名 (P~) ペルシュ地方の人.
percher, se 形《動》(鳥が高い所

cinq cent trente 530

に止まる習性のある.
perchis 男 (棒を組んだ) 棚.
perchiste 名 ❶ 棒高跳びの選手. ❷ (映画やテレビの) マイク係. ❸ (スキー場の) バーリフトの係.
perchman [-fman] 男 マイク係.
perchoir 男 ❶ (鳥の) 止まり木; ねぐら. ❷《話》高い所にある住居; 高い所, 高座; (フランス国民議会の) 議長席.
perclus, e 形 動かない, 不随の.
percnoptère 男《鳥》エジプトハゲワシ.
perço-語 ⇨ percevoir.
perçoir 男 穿じ孔機, 錐じ.
percolateur 男 エスプレッソ用コーヒーメーカー, パーコレーター.
perçu, e 形 ❶ 知覚された; 察知された. ❷ 《税》徴収された.
perçu(-), perçû(-)-語 ⇨ percevoir.
percussion 女 ❶《文章》打撃, 衝突, 衝撃. ❷《楽》打楽器, パーカッション. ❸《医》打診法.
percussionniste 名《楽》打楽器 [パーカッション] 奏者.
percutané, e 形《医》経皮の.
percutant, e 形 ❶ 衝突する, 衝撃的な, センセーショナルな. ❷ 《軍》着発の. —— 男《軍》着発弾.
percuter 他 ぶつかる, 衝突する, 衝撃を与える;《医》打診する.
—— 自 (contre) (…に) ぶつかる, 衝突する; 当たって破裂 [爆発] する.
percuteur 男 (銃の) 撃針, 打ち金.
perd, perdai-語 ⇨ perdre.
perdable 形 《多く否定的な表現で》失う [負ける] 可能性のある.
perdant, e 名 敗者, 損した人. —— 形 《しながら》外れの; 敗者の, 負ける. ◇*partir ~* 初めから勝ち目がない.
perdi-, perdî--語 ⇨ perdre.
perdition 女《十教》(魂の) 破滅, 堕落. ◇*en ~* (船が) 遭難した; (企業などが) 倒産した. *lieu de ~* 悪所.
perdre 60 他 ❶ 失う, なくす; 紛失する. ❷ 亡くす. ❸ 無駄にする; 浪費する; (機会などを) 逃す. ❹ 少なくする; (植物の葉などを) 落とす. ❹ 見失う; はぐれる; 見 [聞き] 落とす; 忘れる. ❺ 負ける. ❻ 破滅 [隠滅] させる.
◇*~ … de vue* を見失う; 忘れる; と疎遠になる.
—— 自 ❶ 負ける; 損をする; 価値が低下する. ❷ (容器が) 漏れる.
—— **se ~** ❶ 失われる, なくなる, 消える. ❷ 道に迷う; 途方に暮れる. ❸ (dans, en) (…に) 没頭する. ❹ むだになる; 腐る, 傷む; 駄目になる. ❺ 破滅する, 堕落する.
◇*Je m'y perds.* 何が何だか分からない. *se ~ dans les détails* 枝葉末節にとらわれる.
perdreau 男《複》*x* ヤマウズラのひな.
perdrix 女《鳥》ヤマウズラ;《魚》~ *de mer* ヤリダイ.
perds-語 ⇨ perdre.
perdu, e 形 (perdre の過去分詞) ❶ 失われた; なくした; 消えた. ❷ 道に迷

た;途方に暮れた. ❸ 駄目になった;破滅[堕落]した. ❹ むだになった;使い捨ての. ▶ balle ~e 流れ弾. ❺ 負けた. ❻ 辺鄙(ぴ)な,人里離れた. ❼ 暇もない. ▶ à temps ~ あいた時間に. ❽《dans》(…に)没頭した.
— 匣気のふれた人.

perdurer 自 匣 永続する,長く続く

père 男 ❶ 父, 父親; 〈動物の〉雄親. ❷ 創始者, 元祖. ❸《愛称》おやじ, じいさん. ❹《複数》匣 父祖, 祖先. ❺《多くP~》《キ教》①父(なる神). ② 神父, 師. ▶ les P~s de l'Eglise (初期教会の)教父/le Saint-P~ ローマ教皇.
◇de ~ en fils 父から子へ; 代々の. gros ~ おっちょこおでぶさん. placement de ~ de famille 堅実な投資.

pérégrination 囡 奔走, 東奔西走; 歴訪; 固 (特に外国への)長旅.

Père-Lachaise (cimetière du) (パリの)ペール=ラシェーズ墓地.

péremption 囡 ❶《法》(訴訟の)減効. ❷ date de ~ (薬の)有効期限.

péremptoire 形 ❶ 断固とした; 反論の余地のない, 有無を言わせない. ❷《法》(訴えなどを)減効させる.

péremptoirement 副 断固として, 有無を言わせず.

pérennant, e 形《植》多年生化した: 宿根部の.

pérenne 形 rivière [source] ~ 恒常河川 [水源].

pérenniser 他 永続させる.
▫pérennisation 囡

pérennité 囡 匣 永続(性), 持続.

péréquation [-kwa-] 囡 (税金の)均等配当て;(年金などの)調整.

perestroïka [pere-] 囡《露》《史》(旧ソ連の)ペレストロイカ.

perfectible 形 改善し得る, 完全に向かい得る. ▫perfectibilité 囡

perfectif, ve 形《言》完了(相)の.
— 男 完了相.

perfection 囡 ❶ 完全, 完璧(ぺき). ❷《複数》美点, 長所. ❸ 申し分ない人[物], 傑作. ◇à la ~ 完璧に.

perfectionné, e 形 完璧(ぺき)に近い; 改良された.

perfectionnement 男 改良, 改善;(能力などの)向上.

perfectionner 他 改良[改善]する; 完全にする.
— se ~ ❶《en》(…に)上達する. ❷改良[改善]される.

perfectionnisme 男 完全主義. ▫perfectionniste 形 名

perfide 形 匣 不実な, 裏切りの;(見かけとちがって)油断のならない. — 名 裏切者, 不実な人.

perfidement 副 匣 不実に.

perfidie 囡 匣 裏切り.

perforage 男 穿(せん)孔, パンチング.

perforant, e 形 穴をあける.

perforateur, trice 形 穴をあける.
— 名 キーパンチャー. — 囡《鉱》回転

式削岩機;(パンチカードの)穿孔機.

perforation 囡 ❶ 穴をあけること;《医》穿(せん)孔. ❷ (パンチカードの)穴.

perforé, e 形 穴のあいた, 穿(せん)孔した. ▶ cartes ~es パンチカード.

perforer 他 (小さい)穴をあける, パンチを入れる; 穿(せん)孔する.

performance 囡《英》❶ (競技での)成績, 記録. ❷ 手腕; 大成功, 快挙. ❸《複数》(機械などの)性能, 能力. ❹ (演劇, 音楽の)パフォーマンス.

performant, e 形 (機械などの)高性能の;(企業, 製品が)競争力のある.

performatif, ve 形《言》遂行的な. — 男 遂行動詞.

perfusion 囡《医》(薬, 血清などの)灌(かん)流, 持続注入, 点滴.
▫perfuser 他

pergélisol 男《地》永久凍土.

pergola 囡 パーゴラ, 公園のつる棚.

péri (アラブ・ペルシア神話の)仙女.

périanthe 男《植》花被(ひ).

périarthrite 囡《医》関節周囲炎.

péribole 男《古史》(神聖な場所を囲む)壁,《ギリシア神殿》の境内.

péricarde 男《解》心囊.
▫péricardique 形

péricardite 囡《医》心膜炎.

péricarpe 男《植》果皮.

péricliter 自 危機に瀕(ひん)する; 衰える.

péridot 男《鉱》橄欖(かんらん)石.

péridural, ale;《男複》**aux** 形《医》硬膜外の.

périf 男 (パリの)外周環状道路.

périgée 男《天》近地点.

Périgord 男 ペリゴール地方(ボルドー東部).

périgourdin, e 形 ペリゴール地方の; ペリゴールの.

Périgueux ペリグー(Dordogne 県の県庁所在地).

périhélie 男《天》近日点.

péri-informatique 囡 周辺情報処理(コンピュータの周辺機器産業).
— 形 équipements ~s コンピュータ周辺機器.

péril 男 ❶ 匣 危険, 危機. ❷ 脅威, 災禍. ◇au ~ de sa vie 命がけで.

périlleux, se 形 危険な.
▫périlleusement 副

périmé, e 形 有効期限の切れた; 時代遅れの, 古くさい.

se périmer 代動 有効期限が切れる; 時代遅れになる.

périmètre 男 ❶ 周囲;《数》周(の長さ). ❷ 地域, 区域; 境界線.

périnatal, ale;《男複》**als**(または **aux**) 形《医》周産期の.

périnatalité 囡《医》周産期.

périnatalogie 囡《医》周産期(医)学.

périnée 男《解》会陰(いん),

période 囡 ❶ 期間; 時期; 時代. ❷ 周期;《物》半減期. ❸《地》紀. ❹《軍》(教練期間). ❺《レト》総合文;《楽》楽節.

périodicité 囡 周期性; 定期性.

périodique 形 ❶ 周期的な; 定期的な. ❷ (女性の)生理用の. ❸《化》classification ~ des éléments 元

périodiquement

素の周期表. ❹【生】activité ～ 周期活動;【心】psychose ～ 周期性精神病, 躁(ξ)うつ病. ── 男 定期刊行物.

périodiquement 副 周期的に; 定期的に.

périoste 男【解】骨膜.

périostite 女【医】骨膜炎.

péripatéticienne 女 俗 街娼.

péripétie [-si] 女 ❶ 思いがけない出来事, 波乱. ❷ (戯曲や物語の)急展開.

périph [-f] 男 ⇒ périf.

périphérie 女 ❶ (都市の)周辺地域, 近郊. ❷ 周, 周囲; (物体の)表面.

périphérique 形 ❶ 周辺の, 周辺地域の. ► boulevard ～ (パリなどの)外周環状道路. ── 男 ❶ (パリなどの)外周環状道路. ❷【情報】周辺装置. ► ～ d'information 情報周辺装置.

périphlébite 女【医】静脈周囲炎.

périphrase 女 遠回しな言い方; (婉)言法.

périphrastique 形 (言い方が)遠回しな [レト]迂言法の.

périple 男 大航海; 長旅, 大旅行.

périr 自 [文章] ❶ 死ぬ; (植物が)枯れる. ❷ 滅びる, 消える; (船が)沈没する.

périscolaire 形 学校補助の.

périscope 男 潜望鏡, ペリスコープ.
◇**périscopique** 形

périssable 形 ❶ 保存の利かない, 傷みやすい. ❷ [文章] 滅びやすい, はかない.

périssodactyles (ξ,)男【動】奇蹄(š,)目 [類] (サイ, ウマなど).

périssoire 女 カヌー.

périssologie 女 [レト] 重複表現, 冗語(法).

péristaltisme 男【生理】蠕(‡)動. ◇**péristaltique** 形

péristyle 男 ❶【列】柱廊; (建物正面の)列柱, 柱廊玄関.

péritel 形 [不変] prise ～ビデオケーブル.

péritéléphonie 女 (留守番電話などの)電話の周辺機器(サービス).

péritélévision 女 (テレビの)周辺機器.

péritexte 男 周辺テキスト.

péritoine 男【解】腹膜.
◇**péritonéal, ale** (男複) **aux** 形

péritonite 女【医】腹膜炎.

périphplébite 女【医】盲腸周囲炎.

périurbain, e 形 都市周辺の.

perle 女 ❶ 真珠; (真珠状の)玉; しずく. ► ～ fine [de culture] 天然[養殖]真珠. ❷ 申し分のない人;逸品. ❸ 傑 (答案などの)滑稽な間違い. ❹【建】玉形飾り. ► ◇**enfiler des ~s** つまらないことで時間を費やす.
── 形 [不変] 真珠色の.

perlé, e 形 ❶ 真珠で飾った; 真珠のような; 入念な, 申し分のない.

perlèche 女【医】口角瘰爛(ξ,)症.

perler 自 水滴になる.
── 他 [古風] (仕事などを)念入りにやる.

perlier, ère 形 真珠の [生産する].

perlimpinpin 男 poudre de ～ (香具師)などの売る)いかさま万能薬.

perlingual, ale (男複) **aux** 形【医】舌下の.

cinq cent trente-deux 532

perlite 女【鉱】真珠岩, パーライト.

permafrost [-st] 男【地】永久凍土.

permanence 女 ❶ 永続[恒常]性; 連続性. ► **en** ～ 常時, 休みなく. ❷ 終日業務; 常時開いている)窓口; 当直. ❸ (学校の)自習室.

permanent, e 形 ❶ 永続[恒常]的な, 途切れない; 連続的な. ► cinéma ～ 連続上映している映画館. ❷ 常任の; 常設の. ── 女 (党, 組合などの)専従職員. ── 女 (髪の)パーマ.

permanenter 他 パーマをかける.

permanganate 男【化】過マンガン酸塩.

perméabilité 女 浸透性, [文章] (影響などを)受けやすいこと.

perméable 形 ❶ 浸透性のある; (液体などを)通す. ❷ (à) (影響などを)受けやすい.

permettre 69 他 許す, 許可する; 可能にする. ── **se ～** 自分に(…を)許す; あえて…する.

permien 男【地】ペルム紀, 二畳紀.

permis, e 形 (permettre の過去分詞) 許された. ── 男 許可証; 免許; 運転免許証 (= ～ de conduire). ► ～ à points 点数制免許.

permissif, ve 形 自由放任の; 寛容な. ◇**permissivité** 女

permission 女 許可, 承認; (軍人などの)外出許可.

permissionnaire 男 休暇中の軍人.

permittivité 女【電】誘電率.

permutable 形 交替[交換]可能な. ◇**permutabilité** 女

permutant, e 名 (職務の)交替者.

permutation 女 置換, 入れ換え; 配置転換.

permuter 他 入れ換える, 交換する.
── 自 (avec) (…と)職務を交換する.

pernicieux, se 形 体に悪い, 有害な; 危険な; [古風] 悪性の.
◇**pernicieusement** 副

péroné 男【解】腓(š)骨.

péronier, ère 形【解】腓(š)骨の.
── 男 腓骨筋.

péronnelle 女 俗 ばかでおしゃべりな女[娘].

péroraison 女 (演説の)結論部; 内容空疎な長広舌.

pérorer 自 長広舌を振るう.
◇**péroreur, se** 名

per os [peros] 副 [ラ]【医】経口で.

Pérou 男 ペルー.

peroxyde [pe-] 男【化】過酸化物.

perpendiculaire 形 直角に交わる, 垂直な. ── 女 垂線.

perpendiculairement 副 垂直に, 直角に.

perpétrer 6 他【法】(犯罪を)遂行する, 犯す. ◇**perpétration** 女

perpette (à)/perpète (à) 副

perpétuation 女 文章 永続.
perpétuel, le 形 ❶ 永久の, 永続的な; 絶え間ない. ❷ 終身の.
perpétuellement 副 永久に; 絶えまなく, いつも.
perpétuer 他 文章 永続させる, 不滅にする; 保存する.
— **se** ~ 文章 永続する, 生き続ける.
perpétuité 女 文章 永続, 永久; 長期化. ◇à ~ 永久に; 終身の.
Perpignan ペルピニャン (Pyrénées-Orientales 県の県庁所在地).
perplexe 形 当惑した, 困惑.
perplexité 女 当惑, 困惑.
perquisition 女 法 (家宅) 捜索.
perquisitionner 他, 自 (家宅) 捜索する.
perré 男 土木 石張り, 石積み.
perron 男 (入り口前の) 階段, 石段.
perroquet 男 ❶ 鳥 オウム. ❷ おうむ返しに繰り返す人. ❸ ペロケ (ミントを混ぜたアニス酒). ❹ 海 トゲルンスル; トゲルンマスト.
perruche 女 鳥 インコ.
perruque 女 ❶ かつら; ヘアピース. ❷ 話 (就業時間中に隠れての) 内職.
perruquier 男 かつら [ヘアピース] 製造 [販売] 業者.
pers, e 形 青緑色の.
persan, e 形 ペルシアの.
— 男 〔P~〕ペルシア人.
— 男 ペルシア語. 動 ペルシャネコ.
Perse 女 ペルシア (イランの旧称).
perse 形 ペルシアの. — 男 〔P~〕ペルシア人. — 男 ペルシア語.
persécuté, e 形, 名 ❶ 迫害された (人); うるさく付きまとわれている (人). ❷ 被害妄想の (患者).
persécuter 他 迫害する; うるさく付きまとう.
persécuteur, trice 形, 名 迫害する (人); うるさく付きまとう (人).
persécution 女 迫害. ► **délire de** ~ 〖心〗迫害妄想.
Persée 男 〖ギ神〗ペルセウス; 〖天〗ペルセウス (座).
persévérance 女 根気, 粘り強さ; 固執.
persévérant, e 形, 名 粘り強い (人).
persévérer 自 辛抱強く続ける; 固執する.
persienne 女 鎧(よろい)戸, ブラインド.
persiflage 男 皮肉, 揶揄(やゆ)[嘲].
persifler 他 皮肉る, 揶揄[嘲]する.
persifleur, se 名 皮肉屋, 嘲(あざけ)り笑う人. — 形 皮肉な, 嘲笑的な.
persil [-si] 男 植 パセリ.
persillade 女 料 ペルシアード (ニンニク入りみじん切りパセリ, また刻みパセリなどをつけた薄切り牛肉の一種).
persillé, e 形 ❶ 刻みパセリを振りかけた; (チーズが) アオカビの生えた; (肉が) 霜降りの.
persique 形 (古代) ペルシアの.
persistance 女 ❶ 執拗(しつよう)さ, 頑固さ. ❷ 持続, 長期化.
persistant, e 形 執拗な, 頑固な; 持続する. ► **feuillage** ~ 常緑の葉.
persister 自 ❶ 〔dans〕(…に) 固執する, (…を) 固持する. ❷ 〔à〕執拗に〔あくまでも〕…し続ける. ❸ 持続する, 長引く.
perso 形 話 個人の, 個人的な; 協調性のない.
persona grata 形旬 〔不変〕(ラ) ❶ (外交官が) 受け入れ国にとって好ましい. ❷ 快く迎えられる.
persona non grata 形旬 〔不変〕(ラ) ❶ (外交官が) 受け入れ国にとって好ましくない. ❷ 快く迎えられない.
personnage 男 ❶ 要人, 著名人; 人物; やつ. ❷ (作品の) 登場人物; 〔劇の〕 役割, 役柄. ❸ 役割, 立場.
personnaliser 他 (規格品を) 個人の好みに合わせる, 個性化する; 個人差をつける; カスタマイズする. ⊃**personnalisation** 女.
personnalisme 男 〖哲〗人格主義. ⊃**personnaliste** 形 名.
personnalité 女 ❶ 個性; 人格, パーソナリティー. ❷ 名士, 重要人物. ❸ 〖法〗~ **juridique** [**morale**] 法人格. ◇**culte de la** ~ (政治的指導者に対する) 個人崇拝.
personne¹ 女 ❶ 人, 人間; 人柄, 人格; (特定の表現で) 女性. ► **grande** ~ 大人 / **jeune** ~ 若い女性. ❷ 身体; 容姿. ❸ 〖法〗~ **morale** [**civile**] 法人 / ~ **physique** 自然人. ❹ 〖文法〗人称; 〖カト〗位格, ペルソナ.
◇**en** ~ 自ら, 自分で. **par** ~ 一人当たり. **par** ~ **interposée** 人を介して. **payer de sa** ~ 体を張る; 労をいとわない.
personne² 代 〔不定〕 ❶ だれも…ない. ► 〔**ne** とともに〕 **Je n'ai vu** ~. だれも見かけなかった / **P**~ **ne le sait**. だれもそれを知らない / 〔**ne** なしで〕 **Y a-t-il quelqu'un?** — **P**~.〕 «だれかいますか?» «だれも». ❷ だれか. ► 〔否定の意を含む文中で〕 **Il est sorti sans que** ~ (**ne**) **le voie**. 彼はだれにも見られずに出ていった / 〔比較〕 **Vous devez le savoir mieux que** ~. あなた (方) はだれよりもよくそれを御存じのはずです / **comme** ~ だれよりも.
◇**Il n'y a plus** ~. だれもやりたがらない 〔手伝ってくれない〕. **Je n'y suis pour** ~. だれにも面会しません, 留守だと言っておけ.
personnel, le 形 ❶ 個人的な, 私的な; 独自の, 個性的な. ❷ 自分本位の; 身勝手な. ❸ 〖文法〗人称の.
— 男 ❶ 〔集合的に〕 職員, 従業員; スタッフ. ❷ 〖文法〗人称代名詞.
personnellement 副 ❶ 自分自身で, 自ら. ❷ 個人的に; 自分としては.
personnification 女 ❶ 擬人化. ❷ 化身, 典型.
personnifié, e 形 擬人化された; 化身のような, 典型の.
personnifier 他 ❶ 擬人化する. ❷ 具現 [体現] する; 権化となる.
perspective 女 ❶ 遠近法. ❷ 眺望, 見晴らし; (将来の) 見通し, 展望. ❸ 観点, 見地. ◇à la ~ **de** … …を

perspectivisme

思うと. **en ~** 将来は, 予想として; 一望のもとに; 遠近法によって.

perspectivisme 男〖哲〗遠近法主義, パースペクティビズム.

perspicace 形 鋭い, 慧眼(ﾊﾟ)の.

perspicacité 女 洞察力, 慧眼(ﾊﾟ).

perspiration 女〖生理〗皮膚呼吸; 発汗.

persuadé, e 形 確信した.

persuader 他 納得させる; 説得する.
— **se ~** 確信する; 信じ込む.

persuasif, ve 形 説得力のある.

persuasion 女 ❶ 説得(力). ❷ 確信, 納得.

perte 女 ❶ 失うこと, 喪失; 紛失; 損失; 損害. ❷ 死別; 別離. ❸ むだ, 浪費. ❹ 敗北; 破滅. ❺《複数》(戦争による)被害; 死傷者. ❻〖医〗**~s blanches** 白帯下(ﾊﾟ).
◊ **à** ~ 損をして. **à ~ de vue** 見渡す限り; 延々と. **avec ~ et fracas** 手荒に, 乱暴に. **en pure ~** 全くむだに. **~ de vitesse**〖航〗失速; 落ち目, 不振.

pertinemment 副 的確に.

pertinence 女 ❶ 適切さ, 確さ. ❷〖法〗直接関連性;〖言〗関与性.

pertinent, e 形 ❶ 適切な, 的確な. ❷〖言〗関与的な.

pertuis 男〖地理〗(島と島, 島と陸地の間の)狭水路.

pertuisane 女 (15-17世紀記の)矛.

perturbant, e 形 調子を狂わせる.

perturbateur, trice 形, 名 混乱をもたらす(人), 妨害する人.
— **perturbateur** 男 **~ endocrinien** 内分泌かく乱物質.

perturbation 女 ❶ 混乱, 動揺, トラブル. ❷ 天気の乱れ.

perturbé, e 形 混乱した, 動揺した.

perturber 他 混乱させる, 妨害する; 動揺させる.

péruvien, ne 形 ペルーの. **Pérou** の.
— 名《P~》ペルー人.

pervenche 女 ❶〖植〗ツルニチニチソウ. ❷ 名《駐車違反を取り締まるパリの補助婦警. ❸ 形《不変》淡青色の.

pervers, e 形 ❶ 邪悪な, 背徳的な. ❷ 変態的な; (性)倒錯の.
— 名 背徳者; (性)倒錯者.

perversion 女 邪悪, 堕落; 異常; 倒錯.

perversité 女 ❶ 邪悪さ, 背徳; 退廃; 悪意ある行為.

pervertir 他 堕落させる, 悪くする; (感覚を)異常にする.
— **se ~** 堕落する, 悪くなる.

pervertissement 男文章 堕落, 退廃.

pervibrer 他〖土木〗(コンクリートを)振動打ちする. ロ**pervibrage**.

pesage 男 計量所; パドック.

pesamment 副 重く, ずっしりと; のろのろと.

pesant, e 形 重い; 重苦しい; 鈍重な, 鈍い. — 男 **valoir son ~ d'or** たいへん価値がある.

pesanteur 女 ❶ 重さ, 重量; 重力. ❷ 重苦しさ; 鈍さ, 鈍重さ.

pèse-alcool 男《不変》アルコール計.

pèse-bébé 男;《複》**~(s)** 乳児用体重計.

pesée 女 ❶ 計量; (一度に量る)分量. ❷ 検討, 吟味. ❸ 押すこと, 力を加えること.

pèse-lettre 男;《複》**~(s)** 男 手紙秤, 小物郵便物秤.

pèse-moût 男;《複》**~(s)** 男 (ブドウ果汁中の糖分を調べる)糖量計.

pèse-personne 男;《複》**~(s)** 男 体重計, ヘルスメーター.

peser ③ 自 ❶ 重さがある; 重い. ❷ (**sur**)(…)に力を入れて押す; (…)に重くのしかかる; 影響を及ぼす. ►**~ sur l'estomac** 胃にもたれる. ❸ (**à**)(…)に負担となる, (…)を悩ませる. ❹ 重要性[影響力]を持つ. — 他 ❶ 重さを量る. ❷ 検討[吟味]する.
— **se ~** 自分の体重を計る.

pèse-sel 男;《複》**~(s)** 男 塩量計.

peseta [peze/pese-] 女《西》ペセタ (ユーロ以前のスペインの通貨単位).

pesette 女 小型天秤(ﾃﾝ).

peseur, se 名 計量係.
— 女 (食品などの)計り.

peso [pezo/peso] 男《西》ペソ (中南米諸国などの通貨単位).

peson 男 秤(ﾊｶﾘ).

pessaire 男〖医〗ペッサリー.

pesse 女〖植〗スギナモ.

pessimisme 男 悲観論, ペシミズム.

pessimiste 形, 名 悲観的な(人); 厭(ｴﾝ)世的な(人).

peste 女 ❶ ペスト. ❷ 疫病神; 手に負えない女[子供].

pester 自 ののしる, 毒づく.

pesteux, se 形〖医〗ペストの.

pesticide 男〖農〗殺虫剤(の).

pestiféré, e 形, 名 ペストにかかった(人).

pestilence 女 悪臭.

pestilentiel, le 形 悪臭を放つ.

pesto 男〖料〗ペストソース.

pet[1] 男〖話〗屁(ﾍ), おなら.

pet[2] 男 **~ [-t]** 男〖話〗(車の)衝突(の跡).

peta- ペタ, 10^{15} (基本単位の1000兆倍).

pétainiste 形, 名 (第二次大戦中の親独)ペタン元帥(ﾌ)支持の(人).

pétale 男 花弁, 花びら.

pétalisme 男〖古ギ〗ペタリスモス (シラクサでオリーブの葉に危険人物の名前を書いて投票し, 国外に追放する制度).

pétaloïde 形〖植〗花弁状の.

pétanque 女 ペタンク (金属の球を転がして標的球に寄せる南仏起源の球戯).

pétant, e 形〖話〗(時刻がちょうど).

pétaradant, e 形 続けざまに爆(発)音を立てる.

pétarade 女 連続的な爆発音.

pétarader 自 続けざまに爆(発)音を立てる.

pétard 男 ❶ 爆竹; 爆薬. ❷ 話 騒動; 騒音. ❸ 俗 マリファナ; 大麻.
◊ **être en ~** 話 怒っている.

pétaudière 女 話 てんやわんやの会合[集まり].

pétauriste 男〖動〗ムササビ;〖古ギ〗

曲芸師;綱渡り芸人.

pet-de-nonne:《複》~s-~-~ 男《菓》ペド・ノンヌ(シュー生地を揚げた菓子).

pétéchie 女《医》点状出血.

péter ⑥ 直 ❶ 俗 爆発する, 激しい音をたてる(不意に)割れる, 切れる. ❷ 俗 おならをする. ◇ ~ plus haut que son cul 俗 高望みする.
— 他 俗 壊す, 切る, 破る. ◇ ~ le feu [du feu, des flammes] 俗 元気いっぱいである.

pète-sec《不変》,名《不変》頭 横柄な(人).

péteux, se 名 臆病者; 気取り屋.

pétillant, e 形 ぱちぱちはぜる; 泡立つ; きらめく, 輝く.

pétiller 自 ぱちぱちはぜる; 泡立つ; きらめく, 躍動する. □**pétillement** 男

pétiole [-sjɔl] 男《植》葉柄.

pétiolé, e [-sjɔ-] 形 葉柄のある.

petiot, e 形《ごく》小さい.
— 名 おぼっちゃん.

petit, e 形 ❶ 小さい; 小柄な. ❷ 幼い, 年下の. ❸ 少ない, わずかな; 弱い; ちょっとした; 取るに足りない; つまらない. ❹ 下級の, 下層の. ► ~es gens 庶民. ❺ 愛情のこもった. ❻《所有形容詞とともに》かわいい, いとしい. ◇ ~ ami [~ amie]ボーイ[ガール]フレンド. se faire tout ~ 目立たないようにされ.
— 名 ❶ 子供, 小さい子. ❷《呼びかけ》君, お前; 坊や.
— 男 ❶《動物の》子. ❷《複数》低学年の生徒. ❸ 下層民, 弱者. ❹ 小さいもの. ◇ faire des ~s(動物が)子を産む; 増える.
— 副 小さく. ◇ ~ à ~ 少しずつ. voir ~ 視野が狭い.

petit-beurre:《複》~s-~ 男 プチブール(長方形のバターピスケット).

petit-bois:《複》~s-~ 男《建》(格子窓などの)桟, 組子(ﾁ).

petit-bourgeois, ~e-~e;《複》~s-~, ~es-~es 形, 名 小市民階級の(人); プチブルの(人).

petit-déjeuner 自 話 朝食を取る.

petit-enfant:《複》~s-~ 男 孫.

petite-fille:《複》~s-~ 女 孫娘.

petitement 副 ❶ 狭い所に; みすぼらしく, 細々と. ❷ 卑劣に; けちくさく.

petite-nièce:《複》~s-~ 女 姪(ﾒｲ) [姪(ﾒｲ)]の娘.

petitesse 女 ❶ 小ささ; 少なさ. ❷ 卑しさ; 卑しい行為.

petit-fils [-fis]:《複》~s-~ 男(男の)孫.

petit-four:《複》~s-~ 男《菓》プチ・フール(一口で食べられる小ケーキ).

petit-gris:《複》~s-~ 男 ❶ キタリス; キタリスの毛皮. ❷ ニワマイマイ(食用カタツムリ).

pétition 女 ❶ 陳情[嘆願]書;《法》請願(書). ❷《論》~ de principe 論点先取の虚偽.

pétitionnaire 名《法》請願者.

pétitionner 自 請願する; 請願書を提出する.

petit-lait:《複》~s-~s 男 乳製品製造の副産物(乳清, 脱脂乳など).

petit-nègre 男《単数形のみ》片言のフランス語.

petit-neveu:《複》~s-~x 男 甥(ｵｲ) [姪(ﾒｲ)]の息子.

petit(-)pois:《複》~s-(-)~ 男 グリーンピース.

petit-suisse:《複》~s-~s 男 プチスイス(脂肪分の多いチーズ).

pétoche 女 俗 恐怖.

pétoire 女 古 おもちゃの豆鉄砲; 俗 性能の悪い[古い]鉄砲.

peton 男 話 小さな足, あんよ.

pétoncle 男《貝》タマキガイ.

pétrel 男《鳥》ミズナギドリ.

pétrifiant, e 形 ❶(水が)石化作用のある. ❷ 文章 茫(ﾎﾞ)然とさせる.

pétrification 女 ❶ 石化(作用); 化石化(作用); 石灰質の付着したもの. ❷(思想などの)硬直化.

pétrifier 他 ❶ 石化させる; 石灰分で覆う. ❷ 身動きできなくさせる, 茫(ﾎﾞ)然とさせる. ❸(思想などを)硬直化させる.

pétrin 男 ❶(パン生地の)こね桶(ｵｹ). ❷ 話 窮地, 苦境.

pétrir 他 ❶ こねる; もむ; もみくちゃにする. ❷(精神などを)形成する, 鍛える. ◇ être pétri de ... ... に満ちた.

pétrissage 男 こねること; 強摩法(強いマッサージ法).

pétrisseur, se 名 パン生地職人.

pétrochimie 女 石油化学. □**pétrochimique** 形

pétrodollar 男《経》オイルダラー.

pétrographe 名 岩石学者.

pétrographie 女 岩石学. □**pétrographique** 形

pétrole 男 石油; 灯油.
— 形 bleu ~ 灰色がかった青.

pétrolette 女 小型バイク.

pétroleuse 女(パリ・コミューンのとき)石油をまいて火を放った女性闘士; 過激派の女性.

pétrolier, ère 形 石油の.
— 男 石油タンカー; 石油企業家[会社]; 石油探査技師.

pétrolifère 形 石油を含む[産出する].

pétrologie 女 岩石学.

P et T《略》ministère des Postes et Télécommunications フランス郵政省. 注 今日のP.T.T. の旧称.

pétulance 女 活発さ, 元気旺(ｵｳ)盛.

pétulant, e 形 活発な, 元気旺盛な.

pétunia 男《植》ペチュニア.

peu 副 ❶《un とともに》少し. ► Il a l'air un peu fatigué. 彼は少し疲れているようだ / un peu de ... 少量の... / Un peu de courage! もう少し頑張って. ❷《命令文で》ちょっと;《仮定法的に》ちょっと. ► Descends un peu. ちょっと下りてきて / C'est un peu tard! 少々遅すぎるな. ❸ もちろん, いやまったく, ほんと, だって.
❷ ❶ あまり...ない, ほとんど...ない. ► Il aime peu les enfants. 彼は子供があまり好きではない / peu connu あまり

知られていない / **avoir** *peu* **d'argent** あまりお金がない。❷ わずかな物；些細(さい)なこと。► **se contenter de** *peu* わずかな物で満足する。

❸ **le peu de ... わずかの…；…の少なさ.**

◊ **à peu près** おょそ, ほぼ；《名詞的》おおよそ, およそ, 不明確さ. **avant peu** 間もなく. **C'est peu de + inf. [que + subj.]** …するだけでは十分ではない. **C'est peu que** …というだけでは十分ではない. **de peu** わずかの差で, かろうじて. **depuis peu = il y a peu** 最近, 近ごろ. **d'ici peu** 近いうちに, 間もなく. **peu à peu** 少しずつ. **peu de chose** ほんの少しのこと, 些細なこと. **pour peu que + subj.** わずかでも…しさえすれば. **pour un peu** もう少しで, 危うく。**quelque peu**《文章》いささか, 少々. **si peu que + subj.** 少しでも…すれば. **sous peu** 近いうちに, 間もなく. **Très peu pour moi!** お願い下げだ. **un peu plus et + 直説法半過去** もう少しで…するところだった.

peuh 間 ふん, へえ（無関心, 軽蔑）.

peulven [-ɛn] 男《考古》メンヒル.

peuplade 女（未開社会の）小部族.

peuple 男 ❶ 民族；国民. ❷ 人民, 民衆；大衆, 庶民；圉群衆. ► **un ~ de** …の群れ.

peuplé, e 形 人の住んでいる.

peuplement 男 ❶ 人が住み着くこと, 入植；動物を放つこと；植林. ❷ 居住状態.

peupler 他 ❶ （人を）住まわせる；（動物を）放つ；植林する. ❷ 住み着く, 生息する. ❸ （心などを）満たす, 占める. ► **se ~ = être ~** 住民[人]でいっぱいになる；**(de)**（…で）満たされる.

peupleraie 女 ポプラの林［並木］.

peuplier 男《植》ポプラ.

peur 女 ❶ 恐怖, 恐れ；不安, 心配. ► **~ bleue** きつい恐怖.

◊ **avoir ~** 怖い. **avoir ~ de ... [que + subj.]** …を恐れる, 心配する. **de ~ de + inf. [que + subj.]** …を怒れて, 心配して. **faire ~ (à ...)** （…に）怖がらせる. **prendre ~** おびえる.

peureusement 副 おびえて；恐る恐る.

peureux, se 形 臆病な；おびえた. — 名 臆病者.

peut, peuvent, peux 活 ⇨ **pouvoir**.

peut-être [-tɛtr] 副 たぶん, おそらく. ► **~ que** ...たぶん…だろう.

peyotl 男《植》ウバタマ（サボテン科）.

pèze 男 話 金（カネ）.

pfennig [pfeniɡ] 男《独》ペニッヒ（ドイツの貨幣単位）.

pff(t) [pft]/pfut [pfyt] 間 ふん, くだらない, 軽蔑.

P.G.C.D. 男《略》（数）plus grand commun diviseur 最大公約数.

pH 男《略》《化》potentiel d'hydrogène ペーハー, 水素イオン濃度.

phacochère 男《動》イボイノシシ.

phaéton 男 4輪無蓋(ムガイ)馬車.

phagocyte 男《生》食細胞. ◇ **phagocytaire** 形

phagocyter 他 ❶《生》食作用で吸収［破壊］する. ❷ 吸収［併合］する.

phagocytose 女《生》食作用.

phalange 女 ❶《解》指骨, 趾骨(シコツ). ❷ 槍兵隊, グループ；軍団. ❸《P~》《史》ファランヘ党（スペインのファシスト団体）. ❹《古》密集隊形.

phalangette 女《解》（指）の末節骨.

phalangine 女《解》（指）の中節骨.

phalangiste 形, 名（スペインの）ファランヘ党の(党員).

phalanstère 男 ファランステール（フーリエ Fourier 構想の生活協同体）.

phalanstérien, ne 形, 名 ファランステールの(住民)；フーリエ主義の(人).

phalène 女《昆》シャクガ.

phallique 形 男根の；男根崇拝の.

phallo 形《不変》⇨ **phallocrate**.

phallocentrisme 男 男根中心主義. ◇ **phallocentrique** 形

phallocrate 形 男性優越論の. — 名 男性優越論者, 男尊女卑の人.

phallocratie [-si] 女 男性優位主義. ◇ **phallocratique** 形

phalloïde 形 男根の形をした.

phallus [-s] 男 ❶ ペニス, 男根；男根像. ❷《菌》スッポンタケ.

phanère 男《解》皮膚付属器官（毛, 羽毛, 爪, ひづめなど）.

phanérogame 形《植》顕花植物の. — 名《複数》顕花植物.

phantasme 男 ⇨ **fantasme**.

pharamineux, se 形 ⇨ **faramineux**.

pharaon 男 ファラオ（古代エジプト王の称号）.

pharaonien, ne / pharaonique 形 ファラオ（時代）の；壮大な.

phare 男 ❶ 灯台；航空灯台. ❷ ヘッドライト. ► **en ~s** ハイビームで／**appel de ~** （ヘッドライトによる）パッシング. ❸ 模範となる人［物］；目立つ物. ❹《船》（マストの）帆装.

pharillon 男《漁》集魚灯.

pharisaïque 形 パリサイ人のような；偽善的な.

pharisaïsme 男 ❶《宗》パリサイ派の教義；パリサイ人の風習［性格］. ❷ 偽善的態度.

pharisien, ne 名 ❶《ユ教》パリサイ人(ビト). ❷ 偽善者, 独善家. — 形 ❶ パリサイ派［人］の. ❷ 偽善的な.

pharmaceutique 形 薬学の, 製薬の.

pharmacie 女 ❶ 薬局, 薬屋. ❷ 薬種；救急箱；家庭常備薬. ❸ 薬学.

pharmacien, ne 名 薬剤師.

pharmacocinétique 女, 形 薬物動態学(の).

pharmacodépendance 女 薬物依存.

pharmacologie 女 薬理学. ◇ **pharmacologique** 形

pharmacologue / pharma-

cologiste 名 薬理学者.
pharmacomanie 女 薬物嗜癖.
pharmacopée 女 ❶ (P~)薬局方(中)(薬剤の公式処方集). ❷《集合的》薬品.
pharmacogénétique 女 薬理遺伝学.
pharmacovigilance 女 副作用観察報告.
pharyngal, ale;《男複》**aux** 形【音声】咽(いん)頭音の. ─名 咽頭音.
pharyngé, e / pharyngien, ne 形【解】咽頭の.
pharyngite 女【医】咽頭炎.
pharynx [-ks] 男【解】咽頭.
phase 女 ❶ 局面, 段階. ❷ 相; 位相. ◇ être en ~ avec ... …と馬が合う.
phasemètre 男【電】位相計.
phasianidés 男複【鳥】キジ科.
phasme 男 ナナフシ.
phelloderme 男【植】コルク皮層.
Phénicie 女 フェニキア(中東の地中海沿岸地域の古称).
phénicien, ne 形 フェニキアの. ─名 (P~)フェニキア人. ─男 フェニキア語.
phéniqué, e 形【化】フェノール[石炭酸]を含んだ.
phénix [-ks] 男 ❶ 不死鳥, フェニックス; 傑出した人物;【植】フェニックス.
phénol 男【化】フェノール, 石炭酸.
phénoménal, ale;《男複》**aux** 形 驚くべき, 異常な;【哲】現象の.
phénoménalement 副 驚くほど, 異常に.
phénomène 男 ❶ 現象. ❷ 異常な出来事; 驚くべきこと[人];《見世物にされた》奇形の人【動物】; 変わり者.
phénoménologie 女【哲】現象学. □**phénoménologique** 形
phénoménologue 名 現象学派の哲学者.
phénotype 男【生】表現型. □**phénotypique** 形
phényle 男【化】フェニル(基).
phéophycées 女複【植】褐藻類.
phéro(r)mone 女【生】フェロモン.
phi 男《不変》《ギリシア字母の》フィー, ファイ (Φ, φ).
philanthrope 名 博愛主義者; 慈善家, 篤志家.
philanthropie 女 博愛, 人類愛; 慈善. □**philanthropique** 形
philatélie 女 切手収集[研究]; 切手売買. □**philatélique** 形
philatéliste 名 切手収集[研究]家; 収集切手売買人.
Philémon et Baucis [-s]【ギ神】フィレモンとバウキス(夫婦愛の象徴).
philharmonie 女 音楽同好会.
philharmonique 形 音楽同好会の; 音楽愛好の.
philippin, e 形 フィリピンの. ─名 (P~)フィリピン人.
philippine 女 フィリピーヌ遊び(双子のアーモンドを2人で分け合い, 次に会ったとき《Bonjour Philippine》と先に言った方が勝ちとなり, プレゼントをもらう).
Philippines 女複 フィリピン(共和国, 諸島).
philippique 女【文】弾劾演説.
philistin 男《芸術を解さない》俗物.
philistinisme 男【文】芸術を解さない俗物根性.
philo 女《話》哲学(のリセの)哲学級.
philodendron [-dɛ̃-] 男【植】フィロデンドロン.
philologie 女 文献学;《文献批判を通しての》言語学.
philologique 形 文献学的な. □**philologiquement** 副
philologue 名 文献学者.
philosophale 形 女 pierre ~ 賢者の石(錬金術で, 金属を金に変える力があるとされた); 手に入れられないもの.
philosophe 名 ❶ 哲学者, 思想家. ❷ (18世紀フランスの)啓蒙(けい)思想家. ❸ 賢者; 人生の達人. ─形 達観した.
philosopher 自 哲学する; 思索を巡らす;《軽蔑》空疎な議論にふける.
philosophie 女 ❶ 哲学, 思想;(リセの)哲学クラス. ❷ 物の見方[考え方], 人生観; 基本方針. ❸ 平静, 達観. ► avec ~ 達観して, 冷静に.
philosophique 形 ❶ 哲学の, 哲学的な. ❷ 達観した, 超俗的な. □**philosophiquement** 副
philtre 男 媚(び)薬, ほれ薬.
phimosis [-s] 男【医】包茎.
phlébite 女【医】静脈炎.
phlébologie 女【医】静脈学. □**phlébologue** 名
phlébotome 男【昆】サシチョウバエ.
phlébotomie 女【医】静脈切開.
phlegmon 男【医】蜂巣(ほうそう)炎.
phlyctène 女【医】水疱(ほう).
pH-mètre 男【化】ピーエッチ計.
Phnom Penh [pnompɛn] プノンペン(カンボジアの首都).
phobie 女 ❶ 極端な嫌悪, 本能的恐怖;【心】恐怖症.
phobique 形 名 恐怖症の(患者).
phocéen, ne 形, 名 マルセイユの(人).
phocomédie 女【医】あざらし肢症.
phœnix [feniks] 男【植】フェニックス(ヤシ科).
phonateur, trice / phonatoire 形 発声[発音]の.
phonation 女 発声, 発音.
phone 男【物】フォン, ホン(音の大きさを表す単位).
phonématique / phonémique 形 音素の. ─名 音素論.
phonème 男【音声】音素.
phonéticien, ne 名 音声学者.
phonétique 形 音声(学)の; 表音の. ─女 音声学.
phonétiquement 副 音声学的に; 表音的に.
phonétisme 男【言】音声的特徴.
phoniatre 名 音声医学者.
phoniatrie 女 音声医学.
phonie 女 無線通信.
phonique 形 騒音の;【言】音声の.

phono 男 (昔の)蓄音機.
phonocardiographie 女【医】心音図検査法.
phonogénique 形 マイク乗りの良い. ◻phonogénie 女
phonogramme 男【言】表音文字; 録音機.
phonographe 男 (昔の)蓄音機.
phonographique 形 録音の, 蓄音機の.
phonolite 女【鉱】フォノライト.
phonologie 女【言】音韻論. ◻phonologique 形
phonologue 名 音韻論学者.
phonométrie 女 音の強弱測定.
phonon 男【物】フォノン, 音子.
phonothèque 女 録音資料館.
phoque 男【動】アザラシ(の毛皮).
phosphatage 男【農】リン酸肥料を施すこと.
phosphate 男【化】リン酸塩;【農】リン酸肥料.
phosphaté, e 形【化】リン酸塩を含んだ.
phosphater 他 リン酸肥料を施す.
phosphène 男【医】閃(光)(感覚).
phosphite 男【化】亜リン酸塩.
phosphore 男【化】リン.
phosphoré, e 形 リンを含む.
phosphorer 自 知恵を絞る.
phosphorescence 女 燐光; 青白い光.
phosphorescent, e 形 燐光を発する; 青白く光る.
phosphoreux, se 形【化】リンを含む.
phosphorique 形【化】リンを含む. ► acide ～ リン酸.
phosphorisme 男【医】リン中毒.
phosphure 男【化】リン化物.
photino 男【物】フォティーノ.
photo 女 写真; 写真撮影.
photoactif, ve 形 光活性の.
photocapteur 男 光検波器.
photocarte 女 (空中)写真地図.
photochimie 女 光化学. ◻photochimique 形
photocomposer 他 写植する.
photocomposeuse 女【印】写植字機.
photocompositeur, photocomposeur 男 写植工.
photocomposition 女【印】写植字, 写植.
photoconducteur, trice 形【エレ】光伝導(性)の.
photoconduction 女【エレ】光伝導性.
photocopie 女 コピー, 写真複写.
photocopier 他 コピーをとる.
photocopieur 男 / **photocopieuse** 女 コピーをとる人, コピー機.
photocopillage 男 共同使用もの目的で文書をコピーすること, 大量複写.
photoélectricité 女【物】光電気.
photoélectrique 形【物】光電の.
photo-finish;《複》～s-～ [-fi-] 女【英】(ゴールでの)写真判定.

photogène 形 発光性の.
photogenèse 女 (生体の)発光.
photogénie 女 写真写りのよさ.
photogénique 形 写真写りのよい, 写真[映画]向きの.
photogéologie 女 写真地質学.
photogramme 男【映】フィルムの 齣(ﾌﾟ).
photogrammétrie 女 写真測量.
photographe 名 写真家, カメラマン; 写真屋.
photographie 女 ❶ 写真; 写真撮影(法). ► ～ automatique スピード写真. ❷ 正確な再現.
photographier 他 写真に撮る, 写真を撮る; 正確に記憶する[描き出す].
photographique 形【写】(用)の, 写真による; 写真のように正確な. ◻photographiquement 副
photograveur 男 写真製版工.
photogravure 女 写真製版.
photo-interprétation 女 (空中写真の)写真判読.
photojournaliste 名 フォトジャーナリスト. ◻photojournalisme 男
photolithographie 女 写真平版.
photolyse 女【化】光分解.
photomacrographie 女【写】拡大撮影.
photomaton 男【商標】スピード写真(装置).
photomécanique 形 写真製版の.
photomètre 男 光度計.
photométrie 女【物】測光, 光度測定. ◻photométrique 形
photomicrographie 女 顕微鏡写真.
photomontage 男 モンタージュ(写真).
photon 男【物】光子, 光量子. ◻photonique 形
photopériode 女【生】光周期.
photopériodisme 男【生】光周(期)性.
photophobie 女【医】羞明(ﾋﾟﾝ), まぶしがり症.
photophore 男 反射鏡付きライト;【動】発光器官. —形【動】発光性の.
photopile 女【エレ】光電池.
photoreportage 男 フォトルポルタージュ.
photo-robot; 《複》～s-～ 女 (犯人の)モンタージュ写真.
photo-roman; 《複》～s-～ 男 フォト・ロマン(写真中心の読み物).
photosensible 形 感光性の. ◻photosensibilité 女
photosphère 女【天】光球.
photostoppeur, se 名 (観光客の写真を撮って売る)街頭写真屋.
photostyle 男【情報】ライトペン.
photosynthèse [-sɛ̃-] 女【植】光合成. ◻photosynthétique 形
photosystème 男【生化】(光合成における)光化学系.
phototactisme 男【生】光走性;

photétélégramme 男 電送写真.

photothèque 女 写真資料(館).

photothérapie 女 光線療法.

phototropisme 男 〖生〗光屈性.

phototype 男 〖写〗原版.

phototypie 女 コロタイプ印刷(法).

phragmite 男 〖植〗ヨシ, アシ; 〖鳥〗ヨシキリ.

phrase 女 **①** 文; 文章. **②** 〖楽〗フレーズ, 楽句.
◇ faire des ~s 美辞麗句を並べる. petite ~ 含みのあるひとこと. ~s toutes faites 紋切り型の言い回し. sans ~s 単刀直入に.

phrasé 男 〖楽〗フレージング, 分節法.

phraséologie 女 〖言〗慣用語法;〔軽蔑〕美辞麗句.

phraser 他 〖楽〗フレーズを明確に演奏する.

phraseur, se 名, 形 美辞麗句を並べたてる(人).

phrastique 形 〖言〗文の.

phratrie 女 〖古代〗フラトリア, 兄弟団;〖民〗フラトリー, 胞族.

phréatique 形 〖地〗井戸の水源となる.

phrénique 形 〖解〗横隔膜の.

phrénologie 女 囚 骨相学.

Phrygie 女 フリギア(小アジア中西部の古代地域名).

phrygien, ne 形 フリギアの. ►bonnet ~ フリジア帽(フランス革命時の自由の象徴). ——男〔P~〕フリギア人.

phtiriase 女 〖医〗ケジラミ症.

phtirius [-s] 男 〖動〗ケジラミ.

phtisie 女 囚 肺結核.

phtisiologie 女 〖医〗結核学.

phtisiologue 名 〖医〗結核専門医.

phtisique 形, 名 囚 肺結核の(患者).

phycomycètes 男複 〖植〗藻菌類.

phylactère 男 **①** 〔ユダヤ〕経札, 聖句箱. **②**(中世美術で祝詞や預言を書いた)巻物. **③**(漫画の)吹き出し.

phyllie 女 〖昆〗コノハムシ.

phyllotaxie 女 〖植〗葉序.

phylloxéra [-kse-] 男 〖昆〗ネアブラムシ;ブドウネアブラムシ病.

phylogenèse / phylogénie 女 〖生〗系統(発生)学. ▫phylogénétique / phylogénique 形

phylum 男 〖生〗(分類上の)門.

physalie 女 〖動〗カツオノエボシ.

physalis [-s] 男 〖植〗ホオズキ.

physicien, ne 名 物理学者.

physico-chimie 女 物理化学. ▫physico-chimique 形

physico-mathématique 形 数理物理学の; 物理数学の.

physiocrate 名, 形 重農主義者(の).

physiocratie [-si] 女 囚 重農主義.

physiognomonie [-gnɔ-] 女 囚 人相学.

physiologie 女 囚 生理学.

physiologique 形 生理学の; 生理的な. ▫physiologiquement 副

physiologiste 名 生理学者.

physionomie 女 顔つき, 表情; 容貌(ぼう); 様相, 特徴;〔事態の〕状況.

physionomiste 名 人の顔をよく覚えている(人).

physiopathologie 女 病態生理学. ▫physiopathologique 形

physiothérapie 女 物理療法.

physique 形 **①** 物理の, 自然の. **②** 物理(学)的な. **③** 身体[肉体]の, 生理的な; 性的な.
——男 身体, 肉体; 体つき, 容姿.
◇ au ~ 肉体的に. avoir le ~ de l'emploi 職業[役割]にふさわしい容姿をしている.
——女 物理学.

physiquement 副 **①** 物理(学)的に. **②** 身体[肉体]的に; 容姿の上で. **③** 性的に.

phythormone 女 植物ホルモン.

phytobiologie 女 植物生理学.

phytocide 形, 男 植物を枯らす(薬物, 薬品).

phytogéographie 女 植物地理学.

phytohormone 女 植物ホルモン.

phytopathologie 女 植物病理学.

phytophage 形 〖昆〗食植性の, 植物を食べる. ——男 食葉群〔類〕.

phytopharmacie 女 植物薬理学.

phytoplancton 男 植物プランクトン.

phytoremédiation 女 植物による汚染除去.

phytothérapeute 名 薬用植物療法士.

phytothérapie 女 薬用植物療法.

phytotron 男 〖生態〗ファイトトロン(植物生育装置).

phytozoaire 男 〖動〗植虫類.

pi 男 〖不変〗**①**(ギリシア文字の)ピー, パイ (Π, π). **②** 〖数〗パイ.

piaculaire 形 〖古〗贖(しょく)罪の.

piaf 男 〖俗〗スズメ.

piaffant, e 形 足踏みをする, 地団太を踏む.

piaffement 男(馬が)前足で足踏みする動作.

piaffer 自(馬が)前足で足踏みする.
◇ ~ d'impatience じりじりして地団太を踏む.

piaillement / piaillerie 女(鳥の)ピィピィ鳴くこと;(子供の)泣きわめく声.

piailler 自［話〕(鳥が)ピィピィ鳴く;(子供が)泣きわめく. ▫piailleur, se / piaillard, e 形, 名

pianissimo 〖伊〗副 **①** 〖楽〗ピアニシモ, きわめて弱く. **②**〖話〕そっと, ごくゆっくりと. —— **pianissimo** (複) ~s または **pianissimi** 男 〖楽〗ピアニシモ(の曲).

pianiste 名 ピアニスト.

pianistique 形 ピアノの[的な].

piano[1] 男 ピアノ. ► ~ droit [à queue] アップライト[グランド]ピアノ.

piano

◇ ~ à bretelles 俗 アコーディオン.

piano² 副(伊) ❶【楽】ピアノで, 弱音で. ❷ 圖 静かに.

piano-bar;〈複〉~s~s 男 ピアノバー.

pianoforte [-te] 男 〖不変〗(伊) 固 ピアノ.

pianoter 自 ❶ 下手にピアノを弾く. ❷ 指先で軽くたたく;話(コンピュータの)キーを打つ. **pianotage** 男

piapiater 自 話 おしゃべりする.

piassava 男 〖繊〗ピアサバ(ヤシから採る堅い繊維).

piastre 女 ❶ ピアストル(エジプトなどの通貨単位). ❷ 〖カナダ〗1 ドル紙幣.

piaule 女 俗 部屋, ねぐら.

piaulement 男 (小鳥の)鳴き声; (子供の)泣き声.

piauler 自 (小鳥が)ピィピィ鳴く; 話 (子供が)泣きめそめく.

piazza [-dza] 女 (伊)(建物に囲まれた)広場.

P.I.B. 男 〖略〗〖経〗produit intérieur brut 国内総生産.

pible (à) 〖海〗mât à ~ 1 本マスト.

pic¹ 男 ❶ 〖鳥〗キツツキ. ❷ ピック, 小型鶴嘴(誌). ❸ とがった山, 尖峰(憾). ❹ (グラフなどの)最大値, 頂点. ▶ ◇ **à pic** (1) 垂直に, 切り立って. (2) 話 ちょうどいいときに, 折よく. **couler à pic** (船が)船首 [船尾] を立てて沈没する.

pica¹ 男 〖医〗異食(症).

pica² 男 〖英〗〖印〗パイカ.

picador 男 〖西〗ピカドール(闘牛で馬上から槍(``)で牛を突き, 弱らせる役).

picaillons 男(複) 俗 金(b).

picard, e 形 ピカルディ地方の.
— 名 〈P~〉ピカルディ地方の人.
— 男 (オイル語の)ピカルディ方言.

Picardie 女 ピカルディー地方(フランス北部).

picaresque 形 〖文〗roman ~ 悪漢小説, ピカレスク・ロマン.

piccolo 男 (伊)〖楽〗ピッコロ.

pichenette 女 指 [爪] で軽くはじくこと.

pichet 男 水差し, ピッチャー.

picholine [-kɔ-] 女 グリーンオリーブ.

pickles [-kœls] 男(複)〖英〗〖料〗ピクルス.

pickpocket [-t] 男 〖英〗すり.

pick-up [-kœp] 男 〖不変〗〖英〗❶ (レコードプレーヤーの)ピックアップ; 古風 レコードプレーヤー. ❷ 小型トラック.

picoler 自 俗 酒を飲む; 深酒をする.

picolo 男 ⇨ piccolo.

picorer 他 (鳥が)ついばむ; 話 つまみ食いする. — 自 (鳥が)餌をあさる.

picot 男 ❶ (木材の)ささくれ, 刺(2). ❷ 先のとがったハンマー. ❸ 〖服〗ピコット(レースなどの縁飾り). ❹ 〖漁〗漁網.

picotage 男 何かで刺すこと, つつくこと.

picote 女 固 天然痘.

picoté, e 形 小さな穴のあいた; 斑点のある.

picotement 男 ちくちく [ひりひり] する感触.

picoter 他 ❶ つつく; ついばむ. ❷ ちくちく [ひりひり] する感触を与える.

picotin 男 古風(昔, 馬に与えたエンバクの容量単位. 約 2.5ℓ).

picpoule 男 ピクプール(南フランスのブドウの品種, また, これで作るワイン).

picrate 男 ❶〖化〗ピクラート, ピクリン酸塩. ❷ 話 安ワイン.

picrique 形 〖化〗acide ~ ピクリン酸.

picrocholine [-kɔ-] 形 女 guerre ~ とるに足らない争い.

pictogramme 男 絵文字; 絵表示.

pictographie 女 絵文字法, 絵文字による表記. **pictographique** 形

pictural, ale;〈男複〉**aux** 形 絵画の; 絵画的な.

pic-vert [pi-] 男 〖鳥〗ヨーロッパアオゲラ.

pidgin [-dʒin] 男 〖英〗ピジン語(2つ以上の言語の混成語); ピジン英語.

Pie ピウス(歴代の教皇名).

pie¹ 女 ❶〖鳥〗カササギ. ❷ 話 おしゃべり女. ▶ **trouver la pie au nid** 掘り出し物を見つける. — 形 〖不変〗(馬, 牛の)白に黒 [褐色] のぶちのある. ▶ **voiture pie**(白と黒の)パトカー.

pie² 形 œuvre **pie** 慈善.

pièce 女 ❶ (単位としての) 1 つ, 1 頭, 1 匹. ~ de terre 1 区画の土地 / une ~ d'artillerie 1 門の大砲 / une ~ de bétail 1 頭の家畜 / pêcher de grosses ~s 大物を何匹も釣り上げる. ❷ (全体を構成する) 1 点, 1 品; 部品; (チェスなどの)駒. costume trois ~s 三つ揃いのスーツ. ❸ 部屋. ❹ 硬貨, コイン; 話 チップ. ❺ 作品; (特に)戯曲, 劇. ~ en cinq actes 全 5 幕の戯曲. ❻ 書類, 証明書; 証拠書, 傍証; 切手, 当て布. ❼〖菓〗~ montée 山型デコレーションケーキ.

◇ **à la** ~ ばら売りで [の]; 出来高払いで [の] (=aux ~s). **de toutes ~s** 隅から隅まで, すっかり. **d'une seule** ~ 一塊でできた, 均質な. **en** ~s 粉々に, ばらばらに. **faire** ~ **à ...** …に反対する, の邪魔をする. **fait de ~s et de morceaux** 不統一な, ちぐはぐな. **ne pas être aux** ~s (出来高払いではないから)ゆっくりやれる. ~ **à** ~ 少しずつ. ~ **d'eau** 池. **tout d'une** ~ 一塊でできた, 均質な; ずけずけとものを言う, 率直な; 頑固な.

piécette 女 ❶ 小銭; 小型の硬貨. ❷〖建〗円盤のくぎ(飾り).

pied 男 ❶(足首から下の)足; 足どり. ❷(家具などの)脚; 下部, 基部; ふもと; 靴足. ❸(植物の)根元; 株. ▶ un ~ de céleri セロリ 1 株. ❹ 足跡, 嗅み; 快感. ❺〖計〗(1)ピエ(長さの旧単位約32.4cm). (2)〖英米の〗フィート. ❻〖詩〗(ギリシア・ラテン詩の)脚; (フランス詩の)音節.

◇ **à** ~ 歩いて, 徒歩で; **à** ~, **à cheval, en voiture** 話 あらゆる手段を使って. **au petit** ~ (皮肉)小型の. **avoir bon** ~ **bon œil** まだまだ達者なものである. **avoir** ~ (水中で)足が底

se pieuter

にづく. *Ça lui fera les ~s.* それは彼のためになる. *C'est bien fait pour ses ~s.* 彼にはいい薬だ. 画 *lui, ses* は各人称に変化させて用いる. *C'est le ~.* それは面白い, 御機嫌だ. *comme un ~* 不器用に. *de ~ ferme* 足を踏んばって; 断固として. *en ~* (立ち姿の) 全身像の; 正式の. *faire des ~s et des mains* あらゆる手段を用いる. *faire du ~ à …*（テーブルの下などで）…の足に自分の足をすり寄せる. *lever le ~* アクセルを離す; [古風] 持ち込げる; 逃げ出す. *marcher sur les ~s de …* …を無視する, 排除しようとする; 出し抜こうとする. *mettre à ~* 首 [停職処分] にする. *mettre … au ~ du mur* …に決断を迫る. *mettre les ~s dehors* 外に出る. *mettre les ~s + 場所* …へ足を運ぶ. *mettre sur ~* 準備 [組織] する, （計画を）立てる. *perdre ~* （水中で）背が立たない, 足を取られる; 自分を見失う. *~ à ~* 一歩一歩, 徐々に. *~ de nez*（親指を鼻先に当て, 他の指をひらひらさせて）からかうしぐさ. *~s et poings liés* 手も足も出ない, 動きが取れない. *prendre ~* 足場を固める, 根を下ろす. *prendre son ~* [俗] 性的快楽を得る; オルガスムスに達する. *s'en aller [partir, sortir] les ~s devant* 死ぬ, 埋葬される. *s'être levé du ~ gauche* 機嫌が悪い. *souhaiter [vouloir] être à cent ~s sous terre* 穴があったら入りたい. *sur le ~ de même* = *sur un ~ d'égalité* 同等に, 同じレベルで. *sur le ~ de guerre* いつでも出発できる態勢で. *sur ~* 立って, 起きて; （植物が）立ち木のまま, 収穫前に. *sur ses ~s* 立って, 起きて. *vivre le ~ de ~* …の世話になる. *vivre sur un grand ~* ぜいたくに暮らす.

pied-à-terre [pjeta-] 男 [不変]（短期滞在用の）仮の住居.

pied-bot ；（複）~s-~s 男 足が湾曲した人.

pied-d'alouette ；（複）~s-~ 男 [植] ヒエンソウ.

pied-de-biche ；（複）~s-~ 男 ❶ てこ, 釘抜き. ❷ （ミシンの）押さえ金. ❸ （家具の）湾曲した脚.

pied-de-cheval ；（複）~s-~ 男 [貝] ヨーロッパガキ.

pied-de-lion ；（複）~s-~ 男 [植] エーデルワイス.

pied-de-loup ；（複）~s-~ 男 [植] ヒカゲカズラ.

pied-de-poule 形 [不変] 千鳥格子の. ── **pied-de-poule** ；（複）~s-~ 男 千鳥格子の織物.

pied-droit 男 = *piédroit*.

piédestal 男 （複）~*aux* 男 （円柱, 彫像などの）台座, 台石.
◇ *mettre sur un ~* 賛美する. *tomber de son ~* 威信を失う.

pied-fort 男 （複）~s-~s 男 [貨] ビエフォー, 貨幣見本.

piedmont 男 = *piémont*.

pied-noir ；（複）~s-~s 名, 形 固 [俗]（独立以前の）アルジェリア在住 [出身] のフランス人.

piédouche 男 小型の台座.

pied-plat ；（複）~s-~s 男 [古風] 粗野で教養のない人.

piédroit 男 [建]（アーケード, ポールトのせり合と；（暖炉の）側柱, 側壁.

piège 男 ❶（狩）罠; 策略, 落とし穴.

piégeage 男 [地雷] の活性化装置, 罠にかけること.

piéger ⑦ [動] ~で捕らえる, 罠にかける, 窮地に陥れる; 起爆装置を仕掛ける.

piégeur, se 名 罠を仕掛ける人.

pie-grièche ；（複）~s-~s 女 ❶ [鳥] モズ. ❷ がみがみ言う女.

pie-mère ；（複）~s-~s 女 [解] 軟膜.

Piémont 男 ピエモンテ（イタリア北西部の州）.

piémont 男 [地理] 山麓（?）地帯.

piémontais, e 形 ピエモンテの. ── 名（P-~）ピエモンテの人.

piercing [-sip] 男 ピアス.

piéride 女 [昆] オオモンシロチョウ.

pierrade 女 [商標] 料理鉄板焼き.

pierraille 女 砂利, 砕石; 砂利道.

Pierre (saint) [聖] ペトロ（12使徒の一人）.

pierre 女 ❶ 石, 石材. ❷ 石碑; 墓石. ❸（*la ~*）不動産. ❹ [宝] *~ précieuse* 宝石. *~ fine* 天然宝石. ❺ [考古] *âge de la ~* 石器時代. ❻ [医] 結石.
◇ *de ~* 冷ややかな; 非情な. *jeter la ~ à …* …を非難する, 責める.

pierreries 女複 宝石類.

pierreux, se 形 ❶ 石ころだらけの, 砂利で覆われている; 石質の; 石に似た. ❷ [医] concrétion ~ *se* *=* *calcul*.

pierrier 男 ❶ 排水用井戸; [史] 投石器. ❷ がれ場, 石ころだらけの斜面.

pierrot 男 ❶ ピエロ, 道化; 固 (古風, 間抜け; [鳥] 雀. ❷ [俗] 男.

pietà [pje-] 女 [不変]（伊）ピエタ（キリストの遺体を抱く悲しみの聖母像）.

piétaille 女 （軽蔑）下っ端; 歩行者.

piété 女 信仰心, 敬虔（?）心;（親や故人に対する）敬愛の念.

piètement 男（家具の）脚.

piéter ⑥ 自 [狩]（鳥が）地上を走る.

piétin 男 [獣医]（ヒツジ, ヤギなどの）腐蹄（?）病; [植]（穀類の）立枯病.

piétinant, e 形 足踏みする; はかどらない.

piétiner 自 足踏みをする; 地団太を踏む; 停滞する. ── 他 踏みつける; 踏み固める. ◇ **piétinement** 男.

piétisme 男 敬虔（?）主義, 敬虔派（17世紀末, ドイツのルター派教会から起こった運動）. ◇ **piétiste** 形.

piéton, ne 名, 形 歩行者（用）の.

piétonnier, ère 形 歩行者のための; 歩行者天国の; 歩行者の.

piètre 形 ［名詞の前で］貧弱な, 取るに足りない. ◇ **piètrement** 副.

pieu¹ 男 × 固 杭（?）; 固 [俗] ベッド.

pieusement 副 敬虔（?）に, 信心深く; 恭しく, 敬意をもって.

se pieuter 代動 固 寝る.

pieuvre

pieuvre 女【動】タコ; 文章 執念深い人; 貧欲な夜の女.

pieux, se 形 敬虔(%)な, 信心深い; 文章 敬意に満ちた, 恭しい.

piézoélectricité 女【物】ピエゾ電気, 圧電気. **□piézoélectrique** 形

pif¹ 男 パンパン, パチパチ (破裂音など).

pif² 男 鼻; 勘. ◇*au pif* 勘で: 行き当たりばったりに.

pif(f)er 他 ne pas pouvoir ~ にあいを嗅ぐのも嫌だ, 我慢ならない.

pifomètre 男 ◇*au* ~ 勘で, おおよその見当で.

pige 女 ❶ 規準寸法; 物差し. ❷ 行数単位の原稿料 [校正料]; 出来高払いの仕事. ❸【数詞とともに】…歳. ❹【印】(植字工の賃金の基準となる) 一定時間内の作業量. ◇*faire la ~ à …* …を追い抜く, …に勝つ.

pigeon 男【鳥】ハト; 話 だまされやすい人, とんま. ❷ *mon (petit)* ~ 《愛情表現》ねえ, おまえ. ❸【建】漆喰(%), プラスター. ❹【植】 *cœur de ~* サクランボの一種. ❺【ゲーム】 *vole* 「ハトが飛ぶ」ゲーム (出される動物名のうち, 飛ぶものだけにこたえる遊び).

pigeonnant, e 形 はと胸の.

pigeonne 女【鳥】雌バト.

pigeonneau (複) **x** 男 ひなバト.

pigeonner 他 話 だます.

pigeonnier 男 鳩小屋.

piger ❷ 他 話 ❶ 理解する, 分かる; ❷ 見る, 眺める. ❸ 物差しで測る.

pigiste 名 (行数単位で原稿料を受ける) 記者, 校正者; 契約植字工.

pigment 男【生】色素; 顔料. **□pigmentaire** 形

pigmentation 女【生理】色素形成, (顔料による) 着色; 着彩.

pigmenté, e 形 色素が沈着した; (顔料で) 着色された.

pigmenter 他 (皮膚に) 色素を沈着させる; 顔料で着色する, 染色する.

pignada / pignada 女【林】(フランス南西部で) カイガンショウ林.

pigne 女 松かさ; 松の実.

pignocher 自, 他 古風 話 少しずつまずそうに食べる; (絵を) 入念に描く.

pignon¹ 男【建】切妻壁, 妻(壁).

pignon² 男【植】ピニョン, 松の実.

pignon³ 男 松の実;【植】カサマツ.

pignoratif, ve 形【法】contrat ~ 譲渡担保契約.

pignouf [-f] 男 下品なやつ [男].

pilaf [-f] / **pilaw** [-o] 男【料】ピラフ.

pilage 男 砕くこと, すりつぶすこと.

pilaire 形【解】体毛の [毛髪]の.

pilastre 男【建】(壁面から突き出した) つけ柱, 片ふた柱, ピラスター (壁などに適当な間隔で配置する) 透かし柱.

pilchard 男〔英〕【魚】シイワシ.

pile¹ 女 ❶ 堆積, 山. ❷【建】支柱; 橋脚, 橋台. ❸【電】電池; 乾電池. ❹【物】~ *atomique* 原子炉. ◇*une* ~ *de …* 山のような…

pile² 女 硬貨の裏面. ◇~ *ou face* (投げたコインの) 表か裏か. —— 副 話 ぴたりと, ちょうど; 突然.

◇*arriver* [*tomber*] ~ ちょうどよい時に来る.

pile³ 女 話 殴打; 惨敗. ◇*flanquer la* ~ *à …* …をめった打ちにする.

pile-à-poil 副 話 ちょうど.

piler 他 砕く, すりつぶす, 粉にする; 話 やっつける, さんざんな目にあわせる. —— 自 話 急ブレーキをかける.

pilet 男【鳥】オナガガモ.

pileux, se 形 毛の, 毛で覆われた.

pilier 男 ❶ 柱, 支柱; 支柱となるもの [人物], 大黒柱. ❷ (軽蔑) 常連, ❸【ラグビーのプロップ.

pilipino 男 タガログ語.

pillage 男 略奪; 横領; 剽(%)窃.

pillard, e 形 略奪する, 剽窃する.

pille 名 略奪者; 剽窃者.

piller 他 略奪 [強奪] する, 荒らす; 横領する; 剽窃する.

pilleur, se 名 略奪者; 剽窃者.

pilon 男 ❶ すりこ木; 乳棒. ❷ 木製の義足 (の先). ❸ (鶏肉の) 下腿(%)部. ◇*mettre un livre au* ~ (パルプにするため) 本をつぶす; 本を廃刊にする.

pilonner 他 つぶす, 砕く; 激しく砲撃 [爆撃] する. **□pilonnage** 男

pilori 男 晒(%)し台; 晒し刑.

pilosité 女【解】毛皮状 (体毛の全体またはその皮膚上の毛髪); 体毛, 発毛状態.

pilot 男【建】杭(%), 基礎杭.

pilotage 男 水先案内; 操縦; 経営, 運営.

pilote 名 男 ❶ パイロット; レーシングドライバー. ❷ 水先案内人. ❸ ガイド, 道案内; 指導者. ❹《名詞と多くハイフン(-) で結びついて》試験的な ~ *usine* (-) ~ モデル工場. —— 男【魚】ブリモドキ. ❷ 創刊準備号, パイロット版; (視聴者の反応をみる) テスト放送. ❸【情報】(デバイス) ドライバ. ❹ 水先船.

piloter 他 操縦する; 案内する; 経営 [監督] する.

piloter² 他 杭(%)を打ち込む.

pilotin 男【海】見習船員.

pilotis 男【建】基礎杭(%); ピロティ.

pilou 男 綿キル.

pilulaire 形 丸剤の; ピルの, 経口避妊薬の. —— 男【獣医】(動物用の) 丸薬投与器. —— 女【植】淡水生シダ植物.

pilule 女 丸薬; ピル, 経口避妊薬; 経口避妊法. ◇*avaler la* ~ 嫌なことをじっと我慢する. *dorer la* ~ *à …* …を甘言で丸め込む. *prendre une* [*la*] ~ 苦杯をなめる.

pilulier 男 錠剤製造器; ピルケース.

pimbêche 女 つんとすました女.

piment 男 ❶【植】トウガラシ. ❷ *doux* ピーマン. ❸ ぴりっとした味; 刺激.

pimenté, e 形 辛味の利いた, 辛い; 刺激のある; (話などが) 際どい.

pimenter 他【料】トウガラシ [香辛料] をつける, 辛味を利かせる; (話などにぴりっとした味を加える) 刺激を与える.

pimpant, e 形 粋(%)な, 優雅な.

pimprenelle 女【植】ワレモコウ.

pin 男【植】マツ(松); 松材.

pinacle 男[建](ゴシック建築の)小尖(芯)塔；高い地位，栄誉．
◇porter au ～ 祭り上げる；激賞する．

pinacothèque 女 ピナコテーク(アテナイのアクロポリスにあった絵画陳列館；ドイツとイタリアの絵画美術館).

pinailler 自語 (つまらぬことに)難癖をつける．◇pinaillage 男

pinailleur, se 形，名語 (つまらぬことに)けちをつける人．

pinard 男語 安ぶどう酒；ワイン．

pinardier 男語 ワイン商人[運搬船].

pinasse 女 平底漁船．

pinçage 男賤 挟むこと，つねること；(果樹，ブドウ栽培で)摘心．

pinçard, e 形 (馬が)蹄尖(芯)で歩く．— 男 蹄尖で歩く馬．

pince 女 ❶ 挟む道具(ペンチ，やっとこ，釘抜き，ピンセット，金てこなど)．❷話 手；[複数]指．❸[動](カニやエビの)鉄(ボ)．❹(草食動物の)門歯．❺[馬]蹄尖(芯)部．❻[服]ダーツ．
◇～ les lèvres 唇を引き締める．

pincé, e 形 ❶ 取り澄ました；(鼻などが)ほっそりした，とんがった．❷[楽] instruments à cordes ～es 撥(リ)弦楽器．— 女 一つまみ(の量)．

pinceau 男[複]x 男 筆，絵筆；刷毛(ヲ)．❷ 画法，画風；筆致，筆法．❸(毛の束，房)；ひげ．❹俗 足．❺[光] ～ lumineux 光線束．

pincelier 男 (油絵用の)筆洗い．

pincement 男 ❶ つまむこと，挟むこと．❷ ～ au cœur 胸が締めつけられるような思い．

pince-monseigneur；[複]～s-～ 女 合かぎ．

pince-nez 男固有 鼻眼鏡．

pincer 他語 ❶ つまむ，挟む；つねる；締めつける．❷[楽](ギターなどを)つま弾く．❸(寒さが肌を)刺す．❹話 捕らえる；(犯行，過ちの)現場で押さえる．❺[園](枝，芽などを)摘む，摘心する．
◇～ les lèvres 唇を引き締める．

pince-sans-rire [不変] 形，名 何食わぬ顔で冗談[皮肉]を言う(人)．

pincette 女 ピンセット；[複数]火ばさみ．

pinchard, e 形，名[飼養] 鉄灰色を帯びたあし毛の(馬)．

pinçon 男 つねられた跡，挟まれた跡．

pinéal, ale 形[複]aux 形[解] glande ～ale = corps ～ 松果腺(ミ)，松果体．

pineau；[複]x 男 ピノ(ブドウ液とコニャックを混ぜたデザートワイン)．

pinède/pineraie 女 松林．

pingouin 男[鳥] オオウミガラス；ペンギン．❷語 やつ，男．

ping-pong 男[pippɔ̃ɡ] 男[英] ピンポン；卓球用具，卓球台．

pingre 形，名 けちな，けち．

pingrerie 女 けちな臭さ，けち．

pinière 女 ⇨ pinède．

pinnipèdes 男[複][動] 鰭脚(ユ)類，鰭脚類(アザラシ，アシカなど)．

pinnule 女[測](アリダードの)視準板；[植](シダ類の葉の)小羽片(ジ)．

pinot 男 ピノ(ブドウの品種)．

pin-pon 固有 ピーポー(消防車の警笛)．

pin's [pins] 男 (襟などに刺す)ラペルピン，ピンバッジ．

pinson 男[鳥] アトリ．

pintade 女[鳥] ホロホロチョウ．

pintadeau；[複]x 男 ホロホロチョウの幼鳥．

pintadine 女 クロチョウガイ；真珠貝．

pinte 女[計] パイント(英米圏での液量の慣用単位；パント(フランスで用いた液量の旧単位．パリでは0.93Lに相当)．
◇se payer [se faire] une ～ de bon sang 大いに楽しむ，大笑いする．

pinter 自，他語 大酒を食らう．
— se ～ 語 酔っぱらう．

pin-up [-nœp] 女；[複]～(s) 女[英] ピンナップ；ピンナップガール．

pinyin [pinjin] 男，形 ピンイン(中国語のローマ字表記(ピ)の)．

piochage 男 鶴嘴(ぷ)で掘ること；猛勉強，がり勉．

pioche 女 鶴嘴．

piocher 他 鶴嘴(ぷ)で掘る；(積み上げられたものから)取り出す；猛勉強する．

piocheur, se 名 土方，語 がり勉，勉強家．— 男 鶴嘴がり勉．

piolet 男[伊] ピッケル．

pion[1] 男(チェスの)ポーン；(チェッカーの)駒(ミ)．
◇n'être qu'un ～ sur l'échiquier 将棋の駒にすぎない．
— pion, ne 名語 自習監督，舎監；(軽蔑)大家(カ)あこがれのインテリ．

pion[2] 男[物] π中間子．

pioncer 自語 (ぐっすり)眠る．

pionnier, ère 名 開拓者，創始者．

pioupiou 男古風 語 一兵卒．

pipa 男[動] コモリガエル．

pipe 女 パイプ，導管．
◇casser sa ～ 俗 死ぬ．par tête de ～ 話 1人につき，一人当たり．

pipeau；[複]x 男 牧人の笛；鳥笛；[複数](鳥を捕らえる)鶯笛(笞)．

pipée 女 鳥鯔(き)鳴き，鳥笛猟．

pipelet, te 名[俗] 門番，管理人；おしゃべり．

pipe(-)line [pajplajn/piplin] 男[英] パイプライン．

piper 自語 いかさまの細工をする；[狩](鳥を)おびき寄せて捕らえる．◇ne pas ～ (mot) 一言も言わない，黙っている．

piperade 女[料] ピプラード(ハム添えトマトとピーマンのオムレツ)．

piper-cub [-pərkœb] 男[米](第2次大戦中の)小型偵察機．

piperie 女 文書ごまかし，欺瞞(ホ)．

pipetage 男 (試料の)ピペット吸入．

pipette 女 ピペット．

pipi 男(幼児語) おしっこ．

pipier, ère 名 パイプ製造者，パイプ職人．— 男形 パイプ製造(業)の．

pipistrelle 女[動] ヨーロッパアブラコウモリ．

pipit [-t] 男[鳥] タヒバリ．

piquage 男 [縫製] ミシン縫い；穴あけ．

piquant, e 形 ❶ 刺す，とがった；辛い；舌[肌，鼻]を刺す；辛辣(笞)な，皮肉な；興味をそそる，刺激的な．❷[料]

pique sauce ~e ピカントソース, (中華の)甘酢. ― 男 形 古風 妬み, 面白み, 魅力.

pique¹ 男 槍(\$). 槍枝(\$\$).
― 男 《カード》スペードの札.

pique² 男 《カード》スペードのある言葉, 皮肉.

piqué, e 形 ❶ (虫などに)刺された; 斑(\$)点のある. ❷ 語 頭がおかしい. ❸ 《服》ミシンで縫った, キルティングした. ❹ 《楽》note ~ 鋭いスタッカート.
― 男 頭のいかれた人.
― 男 ❶ 語 酔い. ❷ 《航》急降下.

pique-assiette (複) ~(s) 名 語 《軽蔑》食事をたかる人.

pique-bœuf (複) ~s 男 《鳥》ウシツツキ.

pique-feu 男 (不変) 火かき棒.

pique-fleur(s) 男 (生け花の) 剣山.

pique-nique 男 ピクニック.

pique-niquer 自 ピクニックをする.

pique-niqueur, se 名 ピクニックをする人.

pique-note(s) 男 書類(伝票) 刺し.

piquer 他 ❶ 刺す, 突き刺す. ❷ ピン(針)で留める. ❸ 注射する; 針[鍼(\$)]を打つ. ❹ 《目, 皮膚などを》ちくちくさせる, ひりひりさせる. ❺ 点々と穴をあける; 斑(\$)状の染みをつくる. ❻ 強く打つ, 突く; (好奇心などを)刺激する. ❼ 《文語》いらだたせる, 感情を害する. ❽ 語 盗む, かすめ取る. ❾ 語 現場を押さえる, 逮捕する. ❿ 語 (行動を) 突然起こす; (状態に) 急に陥る. ❶ 《服》合わせ縫いをする; ミシンで縫う; キルティングする. ❷ 《楽》鋭いスタッカートで弾く.
◇ ~ des deux (馬に)両の拍車を入れる; 大急ぎで行く. ◇ ~ ... au vif ... の痛いところを突いて自尊心を傷つける. ~ une tête 頭から突っ込む. ~ un fard [soleil] 語 ぱっと顔を赤らめる.
― 自 ちくちくする; ぴりっとする; 突進する; 急降下する (ワインが) 酸っぱくなる; 《文語》気分を損ねる. ◇ ~ du nez 鼻先から倒れ込む; 前方に傾く.
― se ~ 自分の体(の一部)を刺す; 語 (自分に) 麻薬を打つ; (紙, 木に) 染み[カビ]が出る, 虫に食われる; (ワインが) 酸っぱくなる; 《文語》気分を損ねる.
◇ se ~ de ... ... を誇る, 自慢する. se ~ au jeu 興味を持つようになる. se ~ le nez 語 酔っ払う.

piquet¹ 男 ❶ 杭(\$). ❷ ~ de grève (ストライキの) ピケ; 《軍》 ~ d'incendie 駐屯地消防隊.
◇ mettre un enfant au ~ 子供を罰として立たせる.

piquet² 男 《カード》ピケ, ピケット.

piquetage 男 (杭(\$)打ち, 杭標示.

piqueté, e 形 杭で示された, 杭の打たれた; (de) (... が) ちりばめられた.

piqueter ❹ 他 (杭(\$)を打って)示す, 定める. ❷ 《文語》~ A de B A に B をちりばめる.

piquette 女 ピケット (ブドウの搾りかすと水で作る飲み物); 安ワイン; 語 惨敗, 大敗.

piqueur 男 炭鉱労働者, 坑夫.
― **piqueur, se** 名 《繊》縫製工; 《狩》猟犬係; 《馬》厩舎(\$\$\$)係.
― 形 《昆》(口に) 針状の.

piqueux 男 《狩》猟犬係.

piquier 男 昔の槍(\$)兵.

piquoir 男 《靴》穴あけ針, 刺し針.

piqûre 女 注射; 刺し傷, 虫刺され, 剣の傷; 虫食い; (湿気や腐食などによる) 染み, 斑(\$)点; 《服》 ステッチ, 縫い目.

piranha [-ɲa] / **piraya** [-raja] 男 《ポルトガル》《魚》 ピラニア.

piratage 男 《情》違法なダビング [コピー].

pirate 男 ❶ 海賊, 海賊船. ❷ ~ de l'air ハイジャック犯人. ❸ 悪徳業者; 《情報》ハッカー.
― 形 非合法の, もぐりの.

pirater 他 (剽(\$)窃 [盗作] する; 海賊版を作る [売る], 無断でコピー [ダビング] する. ― 自 海賊を働く.

piraterie 女 ❶ 海賊行為. ❷ ~ aérienne ハイジャック. ❸ 詐欺.

pire 形 ❶ より悪い, より劣る; より有害な, より危険な. 田 mauvais の比較級. ❷ 《定冠詞, 所有形容詞とともに》 最悪の, 最低の; 最も有害な; 最も危険な. 田 mauvais の最上級.
― 男 最悪なこと.

piriforme 形 西洋ナシの形をした.

pirogue 女 (アフリカなどの) 丸木舟.

piroguier 男 (丸木舟の) こぎ手.

pirojki [-ʃki] 男 (不変) 《露》《料》 ピロシキ.

piroplasmose 女 《獣医》ピロプラスマ症.

pirouette 女 (片足を軸とした)1回転, 半回転, 旋回;《バレエ》 ピルエット; (意見, 態度の)豹(\$\$)変;《比》はぐらかし.

pirouetter 自 (その場で)回転する; 《バレエ》ピルエットをする.

pis¹ 男 (牛, 羊, ヤギなどの) 乳房.

pis² 副《文語》もっと悪く.◇ aller de mal en pis (事態がますます悪くなる. au pis aller 最悪の場合には [で も]. tant pis (残念だが) 仕方がない.
― 形 (不変) 《文語》もっと悪い.
― 男 《無冠詞で》もっと悪いこと;《le ~》《文語》 最も悪いこと.

pis-aller [-zale] 男 (不変) その場しのぎの手段①; (やむなく選ぶ)代役.

pisan, e 形, 名 ピサ Pise の人.

piscicole 形 養魚の.

pisciculteur, trice 名 養魚者.

pisciculture 女 養魚; 養魚業.

pisciforme 形 魚の形をした.

piscine 女 プール.

piscivore 形, 名 魚食性の(動物).

Pise ピサ (イタリア中西部の都市).

pisé 男 (粘土, わらの) 練り土.

pissaladière 女 《料》 ピサラディエール (タマネギとアンチョビと入りタルト).

pissat 男 (ロバ, 馬の) 小便, 尿.

pisse 女 小便.

pisse-copie 男 (不変) 語 やたらと書きまくるものの書き.

pisse-(・)froid 男 (不変) 除気で冷やかな男, 楽しい気分に水をさすやつ.

pissenlit 男 《植》 タンポポ.

pisser 自 留 小便をする; 漏る; ほとばしり出る. ― 他 留 排泄(\$\$)する; 漏らす, 出す.

pissette 囡《化》(実験用の)噴射瓶.
◇ *de la copie* 駄文を書き散らす.
pisseur, se 名《俗》小便の近い人.— *de copie* 駄文を書きなぐる人, 三流記者.
pisseux, se 形《語》小便の染みた, 小便くさい; 黄ばんだ; (色の)あせた.
pisse-vinaigre 男《不変》《俗》陰気なやつ; 古・頑固な, しみったれ.
pissoir 男 / **pissotière** 囡 (男用)公衆便所.
pistache 囡 ピスタチオの実(種子).— 男, 形《不変》淡黄緑色(の).
pistachier 男 ピスタチオの木.
pistage 男 追跡, 尾行.
pistard 男 (自転車のトラック(レース)の選手, ピストの選手.
piste 囡 ❶ 足跡; 跡; 道筋, 手がかり. ❷ 専用道路; 踏み分けられた道; 滑走路. ❸《陸上の》トラック; ピスト, 自転車競技場; (円形の) 競技場 (馬場, ステージ). ❹《スキー》ゲレンデ. ❺《音響》《情報》(テープ, 磁気ディスクなどの)トラック録音帯. ❻《ボーリング》のレーン. ❼(犯人の)通過路線, 足どり.
pister 他 尾行する, あとを追う.
pisteur, se 名 ゲレンデ監視員.
pistil 男《植》雌蕊(しべ).
pistole 囡《貨》ピストル(スペイン, イタリアの古金貨).
pistolero [-le-] 男《西》手下, 用心棒.
pistolet 男 ❶ ピストル, 拳(こぶし)銃. ❷《語》変わったやつ. ❸ スプレーガン, 吹きつけ器. ❹《パン》ピストーレ(縦に割れ目の入ったソフトパン). ❺ 雲形定規.
pistolet-mitrailleur 男《複》～s～s 小型機関銃.
pistolet-pulvérisateur 男《複》～s～s スプレーガン.
pistoleur 男 吹きつけ工.
pistolier 男 ピストル射撃選手.
piston 男 ❶ ピストン; 《楽》(金管楽器の)ピストン, バルブ; コルネット. ❷《話》(就職や昇進等の)引き, 後押し, コネ. ❸国立高等工芸学校の受験生[学生]; (P～)国立高等工芸学校.
pistonner 他 推薦[後押し]する.
pistou 男《料》ピストゥ(バジルとニンニク入り野菜スープ).
pita 囡 ピタパン(具を詰める中東の円いパン).
pitance 囡《古》食糧; 餌(えさ).
pit(-)bull [pitbul-byl] 男 ピットブルテリア(闘犬).
pitchpin [-tʃ-] 男《植》リギダマツ.
piteusement 副 惨めに, 哀れに.
piteux, se 形 惨めな, 情けない.
◇ *faire* ～*se mine* 情けない顔をする.
pithécanthrope 男 ピテカントロプス, ジャワ原人.
pithiatisme 男《心》ピチアチスムの一種). □ **pithiatique** 形
pithiviers [-tivje] 男《菓》アーモンドクリームパイ.
pitié 囡 ❶ 哀れみ, 同情; 軽侮の念, さげすみ; 惨め. ❷《美》*Vierge de* ～ 嘆きの聖母.
◇ *à faire* ～ 哀れなほど; とてもひどく. *avoir* ～ *de* …に同情する. *faire* ～ (*à* …) …に哀れみを催させる. *par* ～ 哀れんで; お願いだから.
piton 男 ❶ 丸環(かん), ヒートン, アイボルト. ❷《登山》ハーケン, ピトン. ❸《地理》尖峰(せんぽう)岩.
pitonner 他《登山》ハーケンを打つ. □ **pitonnage** 男
pitoyable 形 哀れな, 同情に値する, 気の毒な; 情けない. □ **pitoyablement** 副
pitre 男 道化師; おどけ者.
pitrerie 囡《多く複数》道化ぶり; おどけ.
pittoresque 形 絵のような, 趣のある; 風変わりな, 人目を引く; 《文章》生き生きとした, 生彩に富む. — 男 絵になる美しさ, 画趣; 変わった趣; 生彩.
□ **pittoresquement** 副
pituitaire 形《解》下垂体の; 《医》粘液の.
pituite 囡《医》粘液.
pityriasis [-s] 男《医》粃糠疹(ひこうしん)(皮膚疾患の一種).
piu [pju] 副《伊》《楽》ピウ, もっと.
pivert 男《鳥》ヨーロッパアオゲラ.
pivoine 囡《植》ボタン, シャクヤク.
pivot 男 ❶ 軸, ピボット; (羅針盤の)心棒; 中心(人物), かなめ. ❷《歯》直根. ❸《植》*dent* à ～ 差し歯.
pivotant, e 形 回転する, 旋回する.
pivoter 自 (軸を中心に)回転する. ❷《植》(根が)まっすぐ地中に下りる.
□ **pivotement** 男
pixel 男 ピクセル, 画素.
pizza [-dza] 囡《伊》《料》ピザ.
pizzaïolo 男 ピザ専門のコック.
pizzeria [-dze-] 囡《伊》ピザ店.
pizzicato [-dzi-] 男《複》～s または *pizzicati*《伊》《楽》ピッツィカート.
P.J. 囡《司法警察.
placage 男 (壁や家具の)化粧張り; 化粧板; (ラグビーの)タックル.
placard 男 ❶ 戸棚, クロゼット. ❷ (新聞, 雑誌の)広告, 張り紙, ビラ; 掲示板. ❸《印》校刷り, 校正刷り.
◇ *mettre* [*ranger*] … *au* ～ ～を棚上げにする/の者にする.
placarder 他 (ポスターなどを)張る.
placardiser 他 の者にする.
place 囡 ❶ 位置, 場所; 余地, スペース. ❷ 席, 座席. — *Cette* ～ *est-elle libre?* この席は空いていますか / *Une* ～ –*étudiant, s'il vous plaît.* (窓口で)学生1枚お願いします / *une quatre* ～*s* 4人乗りの車. ❸ 順位. ❹ 広場. — ～ *de la Concorde* (パリの)コンコルド広場. ❺ 要塞(さい)(= ～ *forte*). ❻ 市場, 取引市場; 実業界. — *Il est bien connu sur la* ～ *de Paris.* 彼はパリの実業界ではかなり名が通っている.
◇ *à la* ～ (*de* …) (…の)代わりに; (…の)立場で, (…)だとしたら. *de en* ～ あちこちで. *en* ～ しかるべき所に地位のある, 有力な. *entrer dans la* ～ 敵の牙城(がじょう)に割り込む. *être à sa* ～ ふさわしい場所にいる. *être maître de la* ～ 我が物顔に振る舞

placé

う. faire ~ à ... ...に道を譲る;取って代わられる. faire ~ nette place を空ける,邪魔者を追い払う. mettre en ~ 配置[設置]する;整理する,確立する;実施する. mise en ~ 配置,設置;整理,確立;実施. ne pas tenir en ~ じっとしていない,動き回っている. par ~s 所々に. P~! 道を空けてください. prendre ~ 席につく,座る. prendre la ~ de ... ...に取って代わる,交代する. prendre ~ 着席する. quitter la ~ 地位を去る,仕事を辞める. remettre à sa ~ たしなめる. rester à sa ~ 身のほどをわきまえる. sur la ~ publique 公に,公衆の面前で. sur ~ その場で;《名詞的》立ち往生. tenir sa ~ ふさわしい地位を占める;ふさわしく振舞う.

placé, e 形 (ある場所,立場に)ある.

placebo [-se-] 男《ラ》《医》プラシーボ,偽薬(薬理学の効果はないが,心理効果をねらって与える物質).

placebothérapie 囡 偽薬療法.

placement 男 ❶ 投資,運用. ❷ 職業紹介,就職幹旋(ṡéい). ❸ 販売,セールス. ❹ (病院,施設などへの)収容.

placenta [-sɛ̃-] 男《解》胎盤;《植》胎座.

placentaire [-sɛ-] 形 胎盤の. —男(複)《動》有胎盤類.

placentation [-sɛ-] 囡《生》胎盤形成;《植》胎座配列[形成].

placer[1] ① 囮 ❶ 置く,設置[配置]する(席,地位,職に)つかせる. ❷ 位置づける,設置する. ❸ (言葉などを)差し挟む. ▸ Il n'a pu en ~ une. 彼はひとことも口を挟むことができなかった. ❹ 売りさばく[払う];預金[投資]する. ◇ne pas pouvoir ~ un nom sur un visage 顔を見ても名前が思い出せない.
— se ~ ❶ 席につく;(ある立場,地位に)身を置く;就職する. ❷ 置かれている;位置づけられる. ❸ (商品が)はける. ❹ 語 うまく立ち回る.

placer[2] 男《英》漂砂鉱床.

placet 男《ラ》《法》(原告が裁判所に提出する)事件登録申請書;団請願書.

placette 囡 小広場.

placeur, se 名(宴会場,劇場の)座席案内係;(就職口の)斡旋(ˁ̈ñせん)業者.

placide 形 平静な,穏やかな.
□**placidement** 副 **placidité** 囡

placier, ère 名《法》場所使用料徴収人;商品ブローカー,取次販売人.

placoplâtre 男 商標《建》石膏(ɛ̃こう)ボード.

plafond 男 ❶ 天井;上限,最高限度;《航》上昇限度. ❷《気》~ nuageux 雲底高度;《美》天井画.

plafonnage 男 天井工事.

plafonné, e 形 上限の(ある).

plafonnement 男 限度[限界]に達すること,頭打ち;限界の設定.

plafonner 自(à) (…で)頭打ちになる,限界に達する.
— 囮 (…に)天井を設ける.

plafonneur 男 (天井の)漆喰(ĵっ)塗り職人.

plafonnier 男 天井灯;(車の)室内灯.

plage 囡 ❶ 浜,海岸;海水浴場;(遊泳可能の)河岸,湖畔. ❷ 時間(帯),放送時間帯;幅,範囲;(レコードの)録音部分. ❸《海》甲板.

plagiaire 名 盗作者,剽(ɦðð)窃者.

plagiat 男 盗作,剽窃.

plagier 囮 盗作する,剽窃する.

plagioclase 男《鉱》斜長石.

plagiste 名 海水浴場業者.

plaid[1] 男《史》(フランク時代の)貴族会議;王立裁判所.

plaid[2] [-d] 男《英》《繊》プレード(タータンチェックの羊毛生地);(旅行用の)プレードのひざ掛け.

plaidable 形《法》弁護し得る.

plaidant, e 形《法》訴訟を行う.

plaider 自 弁論する,弁護する;訴訟を起こす. ◇~ contre ... ...に対して抗争する;…を非難する. ~ pour [en faveur de] ... ...のために弁明する;(事柄,性格などが)...に有利に働く.
— 囮 弁護をする;主張する.

plaideur, se 名《法》訴訟人.

plaidoirie 囡《法》口頭弁論;弁護.

plaidoyer 男 弁論,口頭弁論;(思想,制度に対する)弁護,擁護.

plaie 囡 傷,傷口;団《創傷;痛手,苦悩;災厄,禍根.
◇enfoncer [remuer, retourner] le fer [le couteau] dans la ~ (他人の)傷口に触れる. mettre le doigt sur la ~ 苦しみの原因を突き止める.

plaign- ⇒ plaindre.

plaignant, e 名《法》告訴する.
— 名 告訴人;請願者.

plain, e [-ɛ̃] 形《繊》無地の.

plain-chant 男 (複) ~s ~s《楽》単旋聖歌.

plaindre 囮 同情する,哀れむ.
— se ~ ❶ (苦痛などを)訴える;うめく,泣く;(de) ...について不満を言う. ❷ (…に)抗議する.

plaine 囡 平野,平原;《史》(フランス革命期の)平原派.

plain-pied (de) 副句 同一平面に,同じ階に;平易の直ちに;難なく. ◇être de ~ avec ... と対等の立場である;場が合う.

plains, plaint 活 ⇒ plaindre.

plainte 囡 苦痛の叫び,うめき声;苦情,不平;《法》告訴.

plaintif, ve 形 嘆きを含んだ,哀しみに満ちた. □**plaintivement** 副

plaire 自 (à) (…)の気に入る,好みに合う(…に). ◇comme il vous plaira お好きなように. Plaise [Plût] à Dieu [au ciel] que + subj. 反語 ...でありますように. Plaît-il? えっ,なんとおっしゃいましたか. s'il vous [te] plaît どうぞ,お願いします(前言を強調する場合にも).
— se ~ 《過去分詞 plu は原則として不変》❶ (à) (…を)好む,楽しむ. ❷ (…にいることを)好む;(avec) (…と一緒にいることを)好む. ❸ 自分を気に入る;互いに好きになる.

plantage

plaisamment 副 面白く, 冗談半分に, ふざけて; 気持ちよく.

plaisance 安 ❶ de ～ 娯楽の, 遊びの. ❷ クルージング・ヨッティングの.
◇faire un vol ～ 遊覧飛行する.

plaisancier, ère 名 舟遊び［クルージング］をする人.

plaisant, e 形 ❶ 快適な, 感じのよい; 面白い, 愉快な. —— 男 文章 面白いこと; 困人を笑わせる人, おどけた人.

plaisanter 自 冗談を言う, ふざける.
—— 他 冷やかす, 揶揄する.

plaisanterie 安 冗談, 冷やかし, からかい; 取るに足らぬこと; 容易なこと.

plaisantin 男 まじめな話を「いい加減な」人; 悪ふざけする人.

plaise(-), plaisi- ⇨ plaire.

plaisir 男 ❶ 楽しみ, 喜び, 快楽; 性的快感. ❷ 気晴らし, 娯楽, 趣味. ❸ ［心］ principe de ～ 快感原則.

plaisons, plaît ⇨ plaire.

plan¹, e 形 平らな, 平面の.
—— 男 平面, 面; (写真, 舞台などの)景; (映画, テレビの)カット, シーン.
◇au premier ～ 前面に, 最重要の位置に. de second ～ 二級の, 二流の. de (tout) premier ～ 第一級の, 最重要の. sur le même ～ 同じレベル［次元］で. sur le ～ [au ～] ... …の面で, レベルで.

plan² 男 計画, プラン; (総合的な)政策; 構想, 筋書; 地図; ［建］平面図, プラン; (複数)設計図.
◇dresser un ～ 図面を起こす; 計画を立てる. en ～ うっちゃって; 中断して.

planage 男 平らにすること; (木材などの)仕上げ.

planaire 形 ［動］プラナリア.

planant, e 形 (麻薬で)トリップさせる; 陶酔感に誘う.

plancha 安 ［料］(料理用の)鉄板.

planche 安 ❶ 板. ～ à repasser アイロン台 ／ ～ à dessin 製図板. ❷ 图 スキー(板). ❸ ［版画］原版；(印刷用の)版；挿し絵. ❹ ［スポ］(1)(水泳で)浮き板. (2) ～ à roulettes スケートボード. (3) ～ à voile ウインドサーフィン(のボード). ❺ (長方形の)畑, 菜園, 花壇.
◇faire la ～ (水泳で)浮き身をする. de salut 最後の綱, 最後の手段.

planche-contact 安 [複] ～s-~s [-kt] 安 (写真現像の)ベタ焼き.

planchéiage 男 床張り, 板敷き.

planchéier 他 床を張る.

plancher¹ [-ʃe] 男 床; (給料などの)最低限下限.

plancher² 自 ❶ 图 (口頭)発表をする, 報告する. ❷ 图 黒板に答えを書く. ❸ 图 (sur) (…に)専心する, 取り組む.

planchiste 图 ウインドサーファー; スケートボードのライダー.

plan-concave 形 [複] ～(s)-~s 形 (レンズが)片凹の.

plan-convexe 形 [複] ～(s)-~s 形 (レンズが)片凸の.

plancton 男 ［生］プランクトン.
□**planctonique** 形

plane 安 せん (両刃の鉋(かんな)).

plané, e 形 vol ～ 滑翔(かっしょう); 滑空.
◇faire un vol ～ 图 滑り落ちる.

planéité 安 平らにすること, 平らにする.

planer¹ 他 平らにする, 平らにする.

planer² 自 ❶ (鳥が)飛ぶ, 舞う, 滑翔(かっしょう)する; (グライダー, 飛行機が)滑空する. ❷ (煙, においなどが)漂う. ❸ (sur) (疑が), 疑いなどが…の周りに漂う. ❹ (危険などが…に)迫る(…を)見下ろす. ❺ 漠然としている. ❺ 图 恍惚(こうこつ)となる; (麻薬で)トリップする.

planétaire 形 惑星[遊星]の; 地球の規模の.
—— 男 惑星儀; ［機］遊星運動装置.

planétairement 副 地球[世界]の規模で.

planétarisation 安 (社会の現象の)地球的拡大, 世界的展開.

planétarium 男 プラネタリウム.

planète 安 惑星, 遊星; (la ～ の)地球.

planétoïde 男 ［天］人工惑星; 小惑星; 生成途中の惑星.

planétologie 安 惑星学.
□**planétologue** 名

planeur 男 グライダー, 滑空機.

planeuse 安 ［機］平削り盤.

planèze 安 ［地］開析火山原面台地.

planifiable 形 計画化の可能な.

planificateur, trice 形 計画化の, 計画推進上の. —— 名 計画立案者.

planification 安 計画化, 計画化.

planifier 他, 自 プランを立てる, 計画的に組織[運営]する.

planimètre 男 面積計.

planimétrie 安 ［測］平面測量; 平面形の決定. □**planimétrique** 形

planisme 男 経済計画論.

planisphère 男 平面天球図; 星座早見表; (地球の)平面球形図.

planiste 形 経済計画論(者)の, 計画主義(者)の.
—— 名 経済計画論者, 計画主義者.

plan-masse 男 [複] ～s-~s 男 ［建］全体配置図.

planning [planiŋ] 男 (英) ❶ プランニング, 計画立案. ❷ ～ familial 家族計画, 出産計画.

planoir 男 ［金］ノミ.

planorbe 安 ［貝］ヒラマキガイ.

plan-plan 形 [不変] 图 のんびりした, 目立たない; 平凡な. —— 副 のんびり.

planque 安 图 隠れ家; 隠し場所; (戦時の)避難場所; 楽で稼益な仕事.

planqué, e 形 图 隠された, 隠れた; 兵役を逃れた(兵士の)安全な勤務の.
—— 名 图 脱走兵, 安全な勤務の兵士.

planquer 他 图 隠す; かくまう.
—— 自 图 見張りをする, 張り込みをする.
—— **se ～** 图 隠れる; (戦時に)避難する.

plan-relief 男 [複] ～s-~s 男 (都市などの)立体模型地図.

plan-séquence 男 [複] ～s-~s 男 ［映］シーケンスショット.

plant 男 苗; 苗床; 畑, 植え込み.

plantage 男 誤ること, 失敗; 故障; フリーズ.

plantain 男【植】❶ オオバコ。❷ プランテン(バショウ科)。

plantaire 形【解】足底の。

plantation 囡 ❶ 植えること;(多く複数)(植えつけた)植物, 作物。❷ 農作地, 植林地; 大農園, プランテーション。

plante[1] 囡 植物; 草本;《複数》植物界; 植物相。◇*une belle* ～ 話 美人。

plante[2] 囡 足の裏, 足底。

planté, e 形 ❶ 植わった, 突き刺さった; ひげ, 歯などが生えた;(人が)じっと立っている。❷ *bien* ～ (*sur ses jambes*)(体格的の)がっしりとした。

planter 他 ❶ 植える(種を)蒔く。❷ 立てる; 刺す, 突っ込む。
◇～ *là* ... 話 ...を見捨てる; 投げ出す。
～ *son regard* [*ses yeux*] *sur* ... ...をじっと見つめる。
— *se* ～ ❶ 植えられる; 突き刺さる。❷ 話(人が)じっと立つ; 道路から外れる; 事故を起こす; 誤る, へまをする; 故障する, フリーズする。

planteur, se 名 大農園主, プランテーション経営者。

plantigrade 形【動】蹠行(せき)の, 足の裏を地面につけて歩く。
— 男 蹠行動物(霊長類, 熊など)。

plantoir 男【園芸】(苗植え用)土掘り農具。

planton 男 伝令(兵); 伝令の任務。
◇*faire le* ～ 話 じっと待つ。

plantule 囡【植】幼芽, 幼植物(種子の発芽以前の植物種)。

plantureusement 副 文章 たっぷりと。

plantureux, se 形 (食物の)豊富な, 量の多い; 豊満な; 肥沃な。

plaquage 男(ラグビーの)タックル; 話 見捨てること。

plaque 囡 ❶(金属, 木, 石の)板; 板状のもの; 標示板, プレート; バッジ; 記章。❷ ～ *de* ... ...で覆われた箇所(部分)。❸【医】匹(ひ)。❹ ～ *dentaire* 歯石。❺【生】板(ばん);【地】プレート;【写】乾板;《俗》電池の極板。
◇*être* [*mettre, répondre*] *à côté de la* ～ 的はずれである, 的を外す。～ *tournante*【鉄道】ターンテーブル; 中枢地, 中心地; かなめ。

plaqué, e 形 ～ *or* [*argent*] 張りしためっきの。— 男 化粧板; 金[銀]張り。

plaquemine 囡 カキ(の実)。

plaqueminier 男 カキ(の木)。

plaque-modèle;《複》～*s*-～*s* 囡【金】(鋳造用の)模型定盤。

plaquer 他 ❶ 張り付ける, かぶせる; めっきをする。❷ 押しつける。❸ 話 見捨てる, 放棄する。❹(ラグビーで)タックルする。❺【楽】～ *un accord* 和音の全構成音を同時に奏する。

plaquettaire 形【医】血小板の。

plaquette 囡 小さな板; 小冊子, 仮綴じ本;【医】血小板。

plaqueur, se 名【金】めっき工。

plasma 男【物】プラズマ;【医】血漿(けっしょう)。

plasmaphérèse 囡【医】血漿(けっしょう)交換。

plasmatique 形【医】血漿(けっしょう)の。

plasmique 形【物】プラズマの。

plasmocyte 男【生】プラズマ細胞。

plasmodium 男【生】プラズモジウム(マラリアの病原虫となる胞子虫類)。

plasmolyse 囡【生】原形質分離。

plaste 男【植】色素体。

plastic 男【英】プラスチック爆薬。

plasticage 男 プラスチック爆薬による爆破(テロ)。

plasticien, ne 名 ❶ 造形芸術家; プラスチック技士;【医】形成外科医。❷ プラスチック製造技師; 柔軟性士。

plasticité 囡 可塑性; 柔軟性。

plastie 囡 形成(術)。

plastifiant 男 可塑剤。

plastifier 他 プラスチック加工する, プラスチックで覆う; 可塑化する。
□ **plastification** / **plastiquage** □ **plastique**.

plastique 形 ❶【美】造形の; 形態美のある, 形成の; 整形の。► *chirurgie* ～ 形成外科。❷ プラスチック製の; 可塑性のある, 柔軟な。❸ *explosif* ～ プラスチック爆薬。❹【生】*substances* ～*s* 形成物質。— 男 プラスチック, 合成樹脂; ビニール; プラスチック爆薬。— 囡 造形芸術; 彫像; 体形(美)。

plastiquement 副 造形[形態]的に; 体形的に見て, 均斉美の点で。

plastiquer 他 プラスチック爆薬で爆破する。

plastiqueur, se 名 プラスチック爆弾犯人。

plastron 男(鎧(よろい)の)胸甲;(革製の)前掛け;【フェ】胸当て;【服】プラストロン;【軍】(演習時の)仮想敵。

plastronner 自 ふんぞり返る。

plasturgie 囡 プラスチック成形加工技術[業]。□ **plastique**.

plat, e 形 ❶ 平らな, 平坦(へいたん)な。❷ 平板な;(酒の)浅い; 平凡な, 特徴のない; 無味乾燥な。► *vin* ～ こくのないワイン。❸ 平身低頭する, 卑屈な; 話 打ちのめされた。
◇*à* ～ *ventre* 腹ばいに, うつ伏せに; 平身低頭して。*pied* ～ 偏平足。
— 男 ❶ 平らな部分; 平地。❷(料理を盛って出す)皿(に盛った)料理。❸ ～ *du jour* 日替わりの定食。❹ 表紙, ❺ 平地競走。
◇*à* ～ 平らに, 横に; 空気の抜けた(バッテリーが)上がった。*faire du* ～ *à* ... 話 ...にお世辞を言う, 甘言を弄(ろう)する。*faire* (*tout*) *un* ～ *de* ... 話 ...について大げさに騒ぎ立てる。*mettre les petits* ～*s dans les grands* 大歓迎をする。*mettre la main dans le* ～ 話 うっかりと微妙な問題に触れる; 失態を演じる。*tomber à* ～ (芝居, ジョークなどが)失敗に終わる。

platane 男【植】❶ プラタナス, スズカケノキ。❷ *faux* ～ シカモア。

plat-bord;《複》～*s*-～*s* 男【海】船縁材; ガンネル。

plate 囡【史】(重ね合わせて甲冑(かっちゅう)を作った)鋼鉄板;【貝】フランスガキ。

plateau;《複》～*x* 男 ❶ 盆, トレイ; 皿。❷ 器具皿; 台秤(だいばかり)皿;【TV】ターンテーブル。❸ 舞台; スタジオセット; 撮影現場。❹【地】台地, 高原。► ～ *continental* 大陸棚。

plateau-repas;〖複〗～x-～ 男 仕切りのあるトレー;機内食.

plate-bande;〖複〗～s-～s 女 花壇;菜園;〖建〗柳じ;平縁.

platée¹ 女 皿1杯〖分の食べ物〗.

platée² 女〖建〗べた基礎, 基盤.

plate-forme¹;〖複〗～s-～s 女 ❶ 少し高くなった水面;平屋根. ❷（バス, 列車などの）デッキ. ❸ 空港. ❹〖鉄道〗無蓋ᵉᵃⁱ貨車. ❺〖軍〗（人や武器を支える）台, プラットフォーム. ❻〖地〗台地, 高台. ❼〖油〗（海洋掘削用）プラットフォーム.

plate-forme²;〖複〗～s-～s 女 （政党などの選挙）綱領, 基本方針.

platelage 男〖建〗梯板.

platement 副 平凡に;卑屈に.

plateresque 男 style ～（スペイン・ルネサンスの）プラテレスク様式.

plathelminthes 男 複〖動〗扁じ形動物〖門〗.

platinage 男 プラチナ〖白金〗めっき.

platine¹ 女（機器の）支持台, 台板;〖音響〗プレーヤー.　— laser CD プレーヤー.

platine² 男 プラチナ, 白金. — 形〖不変〗プラチナ色の.

platiné, e 形 プラチナ色の;プラチナブロンドの（髪）の;プラチナめっきをした.

platiner 他 プラチナ〖白金〗めっきをする;（髪を）プラチナブロンドに染める.

platinifère 形 白金を含む.

platinite 女 プラチナイト.

platitude 女 平凡, 月並（な言葉, 行為）;固凤 低俗;凤俗 卑屈（な行為）.

platonicien, ne 形 プラトンの, プラトン哲学の. —名 プラトン主義の信奉者;プラトン学派の哲学者.

platonique 形 ❶ 純粋に精神的〔観念的〕な;～ amour プラトニックラブ. ❷ 理論上の, 実効性のない. ▫ **platoniquement** 副

platonisme 男 プラトン哲学.

plâtrage 男 プラスター塗装, 漆喰しっの塗り, 左官工事;（土壌改良のための）石膏じっ散布;凤旧 ギプスで固めること.

plâtras 男 プラスターの屑くす〖かけら〗;粗悪な壁材〖建材〗.

plâtre 男 石膏〖じっ〗;プラスター, 漆喰〖しっ〗;石膏像, 石膏作品;〖医〗ギプス.

plâtrer 他 プラスターを塗る;ギプスで固める, 石膏で固める;（土壌改良のため）石膏を散布する;凤旧 漆喰じっで塗る.

plâtrerie 女 石膏〖じっ〗製造工場;左官仕事, 漆喰〖しっ〗仕事.

plâtreux, se 形 プラスターを塗った;石膏のように白っぽい;（チーズなどが）石膏のように固い.

plâtrier 男（プラスターを扱う）左官;石膏〖じっ〗製造業者.

plâtrière 形 女〖建〗brique ～ 空胴煉瓦. —女 石膏〖じっ〗採掘場;石膏製造工場.

platyrhinien, ne 形 扁平鼻の. — 男〖複数〗〖動〗オキサル.

plausible 形 是認できる, もっともらしい, 真実らしい. ▫ **plausibilité** 女 **plausiblement** 副

play-back [ple-] 男〖不変〗〖英〗

---

plénipotentiaire

〖テレビ〗〖映〗プレイバック（方式）.

play-boy [plɛbɔj] 男〖英〗プレイボーイ.

plèbe 女〖古ロ〗平民, プレブス;凤文（軽蔑）庶民, 大衆.

plébéien, ne 形〖古ロ〗平民の;下品な, 野卑な.

plébiscitaire 形 国民〖住民〗投票による.

plébiscite 男 国民投票;プレビシト, 領土帰属民投票;〖古ロ〗平民会決議, 平民会投票.

plébisciter 他 国民〖住民〗投票で決める;圧倒的多数で選出〖賛成〗する.

plectre 男〖楽〗プレクトラム, 義甲（マンドリンなどを奏でるための爪）.

pléiade 女 ❶（les P～s）〖天〗プレヤデス（星団）, 昴ぱぽ. ❷（la P～）〖古〗七賢人;〖文〗プレイヤッド派. ❸（優れた人物の）集団.

plein, e（リエゾンの際には非鼻母音化する. 例:～ air [plene:r] ） 形 ❶（de）（…で）いっぱいの;Le cinéma est ～. 映画館は満員だ / avoir les mains ～ 両手がふさがっている / être ～ de santé 健康そのものである. ❷ 完全な, 完璧な;～ lune 満月 /～ mer 沖 /～e victoire 完勝. ❸ en ～（e）…の最中に, 真ん中に（で）/ être en ～e rue 道の真ん中で / être en ～e croissance 伸びざかり〖成長期〗の / en ～e nuit 真夜中に. ❹ 中身の詰まった, すきまのない;充実した. ～ voix ～e 声量のある声 / mur ～ 開口部のない壁 / journée ～e 充実した一日. ❺ ふっくらした（動物が）妊娠している. — visage ～ 丸々とした顔 / hareng ～ 子持ちニシン. ❻ 酔っ払った.

◇ à ～ …いっぱいに. **en ～e forme** 元気いっぱいで〖の〗. **être ～ de soi-même** うぬぼれている.

— 男 ❶ いっぱいの状態, 満ちること;満タン. ❷ 最高潮, ピーク. ❸ Il y a des ～s et des vides dans la vie. 人生は山あり谷ありだ. ❸（文字の）太い部分.

◇ à ～ 完全に;**battre son ～** 最高潮に達する. **en ～ dans [sur]** … 真っちょうど…の（中）上に）, …のどまん中に〖真上に〗. **faire le ～ de** … …をいっぱいにする;…でいっぱいにする, …を最大限に集める.

— 前 …いっぱいに…中〖じゅ〗に. — 副 ❶ avoir ～ d'argent 金をたんまり持っている. ❷ tout ～ たいへん, 非常に. ❸ **sonner ～** うつろでない音がする.

pleinement 副 十分に, 完全に.

plein(-)emploi [plenɑ̃-];〖複〗～s-～s 男 完全雇用.

plein(-)temps 男 フルタイム.

plein-vent 形〖複〗～s-～s 男〖園〗立ち木仕立ての果樹.

pléistocène 男,形〖地〗更 新 世〖の〗;更新世の.

plénier, ère 形 全員出席の.

plénipotentiaire [-sje:r]

plénitude

全権使節, 全権代表 [委員].
— 形 全権を有する.

plénitude 女 文語 最高期, 最大점, 絶頂; 十全, 完全性; 充足.

plénum 男 (党などの)大会, 総会.

pléonasme 男 [レト] 冗語法.
◘ pléonastique 形

plésiosaure 男 [古生] プレシオサウルス.

pléthore 女 過剰, 過多, だぶつき.

pléthorique 形 過剰の, 過多の.

pleurage 男 [音響] (レコード, テープなどの回転むらから生ずる)ワウ.

pleural, ale 形 (男複) aux 形 [解] 胸膜の.

pleurant 男 [美] 喪服で泣く人物像.

pleurard, e 形 泣き虫の; 愚痴っぽい. — 名 泣き虫.

pleurer 自 ❶ 泣く, 涙を流す; 泣き言を出す. ❷ 《auprès de》(…に)嘆願する, 泣きつく. ❸ 《sur》(…を)嘆く, 悲しむ. ❹ [園] (木が)樹液を出す.
— 他 嘆く; 後悔する; 流す(涙を); 出し惜しむ.

pleurésie 女 [医] 胸膜炎.
◘ pleurétique 形名

pleureur, se 形 [植] 枝の垂れた.
— 名 (葬儀に雇われる)泣き女.

pleurite 女 [医] 乾性胸膜炎.

pleurnichard, e 自 わざとらしく泣く; めそめそする; 泣き言を言う. ◘ pleurnichement 男/pleurnicherie 女

pleurnicheur, se/pleurnichard, e 形 (泣き虫な人); 愚痴っぽい(人), 泣き言を言う(人).

pleurodynie 女 [医] 胸膜痛.

pleurote 男 [菌] ヒラタケ.

pleurotomie 女 胸膜切開(術).

pleurs 男複 文語 涙; 樹液.

pleut 動 ⇒ pleuvoir.

pleutre 形 男 文語 臆病な(人); 意気地のない(人), 卑怯な(人).

pleutrerie 女 文語 臆病, 意気地のなさ; 卑怯(%), 卑劣.

pleuvasser 非人称 小雨がぱらつく.

pleuviner 非人称 霧雨が降る.

pleuvoir 動 非人称 雨が降る; 落ちて来る. ▶ Il pleut. 雨が降る(降っている); 雨だ. — 自 文語 (雨のように)降る; 殺到する, 押し寄せる.

pleuvoter 非人称 小雨が降る.

plèvre 女 [解] 胸膜.

plexiglas [-s] 男 [独] 商標 プレキシガラス(自動車や飛行機の窓ガラス).

plexus [-s] 男 [解] 叢(?)(神経, 血管などの網状になった部分).

pli[1] 男 ❶ ひだ, 折り目, 折り返し; (衣服のプリーツ); (紙, 衣服などの)しわ. ❷ (髪の)ウェーブ, 縮れ. ❸ (皮膚の)しわ, たるみ; (土地の)起伏; [地] 褶(½)曲. ❹ (事務的な)封書, 手紙. ❺ 癖, 習慣. ▶ prendre un [le] pli 習慣になる. ❻ [カード] 札を取ること; 取り札.
◊ Cela [Ça] ne fait pas un pli. それは確かに運ぶ, 確実だ.

pli[2] 男 単板(合板用の薄板).

pliable 形 曲げやすい, 折り畳める; 柔軟な, 従順な, 同調しやすい.

pliage 男 畳む[曲げる]こと.

pliant, e 形 折り畳み式の, 折り畳める. — 男 折り畳み椅子.

plie 女 [魚] カレイ.

plié 男 [バレエ] プリエ.

pliement 男 折り曲げること; 湾曲.

plier 他 ❶ (紙, 布)を折る, 畳む. ❷ 整理する, しまう. ❸ 折り曲げる, 曲げる; 従わせる.
— 自 たわむ, 曲がる; 屈伏する.
— 自 (…に)従う, 服従する; 順応する; たわむ, 曲がる; 折り畳まれる.
— se ~ (à) (…に)従う, 服従する.

plieur, se 名 [繊] (メリヤスなどの)折り畳み工. — 女 折り畳み機.

plinthe 女 [建] (壁の下の)幅木; プリンス(石柱の下部の平石).

pliocène 男 [地] 鮮新世(の).

plioir 男 (製本用の)折りペら, ペーパーナイフ; [繊] (糸の)巻き台; 巻き芯(½).

plique 女 [医] プリック.

plissage 男 ひだをつけること.

plissé, e 形 ひだのついた, しわの寄った. — 男 [服] ひだ, プリーツ.

plissement 男 しわを寄せること; [地] 褶(½)曲作用.

plisser 他 折り目をつける, ひだ[プリーツ]をつける; しわを寄せる.

plisseur, se 名 ひだ出し職人.
— 女 ひだ出し機械.

pliure 女 折り目; [本] 紙折り(場).

ploc 間 ドシン; ザブン.

ploiement 男 文語 曲げること; 湾曲.

plomb 男 鉛; 散弾; [電] ヒューズ; [印刷] 活字; 組版; [釣] おもり; [海] 測鉛(ステンドグラスの)鉛枠.
◊ à ~ 垂直に; にかに. avoir du ~ dans l'aile 危機に瀕(½)している; 損なわれている. avoir [mettre] du ~ dans la tête 慎重である[にさせる]. de [en] ~ 鉛でできた; 重い; 鉛色の; 圧倒する.

plombage 男 鉛をつける[詰める]こと; 鉛で封印すること; 歯の充填(½½).

plombaginacées 女複 [植] イソマツ科.

plombagine 女 [鉱] 黒鉛.

plombe 女 俗 時刻, 時間.

plombé, e 形 鉛をつけた[詰めた]; 鉛色の; 鉛のように重い.

plombée 女 (古代, 中世の)鉛付き棍棒; 釣付き投錨(½½).

plombémie 女 [医] 鉛血症.

plomber 他 鉛をつける[詰める]こと; 鉛色にする; 鉛で封印をする; (虫歯に)アマルガムを詰める, 充填(½½)する.

plomberie 女 配管(工事)工.

plombier 男 配管工 [鉛管] 工.

plombières 男 [菓] プロンピエール (砂糖漬け果物入りアイスクリーム).

plombifère 形 鉛を含む.

plonge 女 (レストランの)皿洗い.

plongeant, e 形 見下ろす, 下へ向かう.

plongée 女 ❶ 潜水. ❷ 見下ろすこと, 俯瞰(½); 俯瞰撮影. ❸ (飛行機などの)下降, 急降下. ❹ (城の胸壁上部の傾斜面. ▶ ~ sous-marine スキューバダイビング.

plongement 男 (液体に)浸すこと.

plongeoir 男 飛び込み台, 飛び板.
plongeon[1] 男 〖鳥〗アビ.
plongeon[2] 男 飛び込み, ダイビング；（前のめりに）落ちること；ばか丁寧なお辞儀；〈サッカーで〉セービング.
plonger [2] 他 （液体に）ひたす, 沈める；突っ込む；（ある状態に）陥れる，〈監獄などに〉投げ込む.
— 自 ❶ 《dans》（…に）没頭する；〈睡眠などに〉陥る. ❷ 《dans》（…に）深く入り込む；（…の）中に埋もれる. ❸ （視線が）下へ向かう, のぞき込める. ❹ 見渡せる. ❹ 水に潜る；水に飛び込む. ❺ 《sur》（…目がけて）急降下する. ❻ 〈サッカーで〉セービングする.
— se — 《dans》（…に）没頭する；身を浸す, 潜る；突き刺さる.
plongeur, se 名 潜る人, 潜水夫；（水泳の）ダイビング選手；〈レストランの〉皿洗い；〖動〗アビ.
plot 男 〖電〗固定接点電極；埋め込み端子極；〖林〗置(?)引き丸太.
plouc / plouk [-k] 形 （不変）名, 〖俗〗〖軽蔑〗どん百姓(の), 田舎っぺ(の).
plouf 男 ザブン, ドブン, ポチャン.
ploutocrate 男 金権政治家.
ploutocratie [-si] 女 金権政治. **ploutocratique** 形
ployable 形 曲がりやすい；従順な.
ployer 10 他 〖文章〗曲げる, 形を変える；服従させる. — 自 〖文章〗《sous》（…の重みで）曲がる；（…に）屈伏する.
plu plaire, pleuvoir の過去分詞.
plucher 自 ⇨ pelucher.
pluches 女複 〖軍〗皮をむいたじゃが芋.
plucheux, se 形 ⇨ pelucheux.
pluie 女 ❶ 雨, 雨水；雨降り. ❷ une ~ de ... …の雨；多量の….
◇faire de la ~ et le beau temps 強い影響力を持つ, 我が物顔に振る舞う. parler de la ~ et du beau temps 当たり障りない［つまらない］話をする.
plumage 男 羽, 羽毛；鳥の羽をむしること.
plumaison 女 鳥毛の羽むしり.
plumard 男 〖話〗ベッド, 寝床.
plumasserie 女 羽根細工(業).
plumassier, ère 名 羽根細工職人.
plum-cake [plumkɛk] 男 〖英〗プラムケーキ, フルーツケーキ.
plume 女 ❶ 羽, 羽毛；羽毛状のもの. ❷ ペン；ペン先；〖喩〗ペン文体, 筆致；文筆（で表現）. ❹ 〖スポ〗poids ~ 〈ボクシングの〉フェザー級.
◇vivre de sa ~ 文筆で身を立てる. voler dans les ~s à [de] ... 〖話〗…に殴りかかる；…を非難する.
— 男 〖話〗ベッド.
plumeau; 《複》**x** 男 羽箒(?).
plumer 他 羽毛を引き抜く, 羽をむしる；〖話〗金を巻き上げる, だまし取る.
plûmes 話 ⇨ plaire.
plumet 男 羽飾り, 羽の前立て.
plumetis 男 〖服〗浮出し刺繍；〖繊〗プラメティス（多色小紋柄モスリン風綿織物）.
plumeux, se 形 羽(毛)のような.

plumier 男 筆箱, ペン入れ.
plumitif 男 〖軽蔑〗〈裁判所の〉書記, 記録係；小役人, 官僚；三文文士, ヘボ作家.
plum-pudding [plumpudiŋ] 男 プラムプディング（英国の伝統的なクリスマスケーキ）.
plumule 女 〖動〗（鳥の）綿羽.
plupart 女 la ~ des ... 大部分の…, 大多数の…. ◇la ~ du temps たいてい, ほとんどいつも.
— 代 （不定）大部分の人.
plural, ale; 《男複》**aux** 形 ◇vote ~ 〈資産に比例する〉複数投票(権).
pluralisme 男 多元主義；複数体制；〖哲〗多元論. **pluraliste** 形
pluralité 女 複数性, 多数性, 多様性.
plurent 話 ⇨ plaire.
pluriannuel, le 形 数年にわたる, 複数年の；〖植〗多年生の.
pluricausal, ale; 《男複》**aux** 形 複数の原因に基づく.
pluricellulaire 形 多細胞の.
pluriculturel, le 形 多文化の.
pluridimensionnel, le 形 多次元の.
pluridisciplinaire 形 複数の専門分野にわたる, 学際的な.
pluridisciplinarité 女 〈研究, 教育の〉多領域性, 学際性.
pluriel, le 形 複数(形)の；〖文〗多元的な. — 男 〖文法〗複数(形).
pluriethnique [-et-] 形 多民族からなる.
plurilatéral, ale; 《男複》**aux** 形 〖法〗（契約などが）複数の人数にかかわる；多辺的な, 多角的な.
plurilingue 形 多言語併用の. **plurilinguisme** [-gq-] 男
pluripartisme 男 多党制, 小党分立.
pluripotent, e 形 〈胚(?)の細胞が〉多能な.
pluriséculaire [-se-] 形 数世紀に［何世紀にも］わたる.
plurivalent, e 形 多価の（多様な形を取り, 多様な効果を生み出し得る）.
plurivoque 形 〖論〗〖言〗多価の, 多義の.
plus [-(s)] （一般に子音の前および否定表現で [ply], 母音, 無音の h の前で [-z], de や que の前および文末で多く [-s]）〖副〗〈多くの形容詞, 副詞とともに〉 ❶ 〖比較級を作る〗► Il est ~ âgé que moi. 彼は私より年上だ / Parlez ~ fort. もっと大きな声で話してください. ❷ 〖定冠詞とともに最上級を作る〗► Elle court le ~ vite de nous tous. 彼女は私たちみんなの中で一番足が速い／〖副詞の前に最上級を置く場合には le〗/ 〖所有形容詞とともに〗C'est son ~ grand mérite. それが彼(女)の一番いいところだ.
❷〖単独で, beaucoup の比較級, 最上級〗❶ ~ より多く. ► Elle gagne ~ que son mari. 彼女は夫より収入が多い. ❷ ~ de ... より多くの…. ► Il a

plus(-)

~ de livres que moi. 彼は私よりたくさん本を持っている。❸ ~ de ...〘数量表現 ... 以上の〙. *d'*~ d'une fois 一度以上の/ les ~ de dix-huit ans 18歳を過ぎた人々. ❹ 〘le ~〙最も多く〜. De nous quatre, c'est Marie qui lit le ~. 私たち4人の中で一番の読書家はマリーだ. ❺ le ~ de ... 最も多くの〜. C'est lui qui nous a rendu le ~ de services. 我々に最も役立ってくれたのは彼だ.

❸〘否定の副詞〙❶〘ne とともに〙もはや…ない. ~ Elle n'est ~ très jeune. 彼女はもうそんなに若くない/Il n'y a ~ personne. もうだれもいない/Je n'ai ~ que huit euros sur moi. もう10ユーロの持ち合せがない. 田くだけた口語では ne はしばしば省略される（例：J'irai ~ la voir. もう彼女には会いに行かない）. ❷〘ne なしで〙もはや…ない. 〘省略的に〙P~ de doute. もはや疑いの余地なし/P~ de guerre! もう戦争はたくさん/Je vois encore Marie, mais ~ Claire. マリーとはまだ付き合っているが、クレールとはもう交際がない/〘形容詞の否定〙femme ~ très jeune もうそんなに若くはない女性.

―間〘-s〙と発音〙プラス…; …分進める…を加えて. ‖ Il fait ~ cinq. 気温はプラス5度だ.

―男〘le ~〙❶最大、最大限のこと. ❷プラスになること〘もの〙. ❸プラス記号〘+〙. 田この意味では〘-s〙と発音. *au* ~〘-s〙多くても、せいぜい. *bien* ~ ❶ その上、しかも、それどころか. *de* ~〘d(ə)ply(s)〙〘数量表現のあとで〙…だけ多く、さらに；…だけ、その上、さらに. *de* ~ *en* ~〘-zā〙ますます多く、次第に. *des* ~ + 形容詞 きわめて…な. *en* ~〘-s〙その上、おまけに、加えて；余分に；その上、しかも. *en* ~ *de* ...〘-zā〙…のほかにも. *en* ~ + 形容詞（似ているより）もっと…な. *il y a* ~〘-s〙その上、それどころか. *ne pas* ~ ... *que* ...〘-s〙…と同様に…ない. *non* ~ ... *que* ...〘-s〙…と同様に…ない. *non* ~ *A mais B* もはやAでなくBである. *pas* ~ *que* ... *ne* ...〘-s〙…と同様に…ない. ~ .., (*et*) ~ [*moins*] ...〘-z-〙〘副詞〙…すればするほど…. ~ *ou moins*〘-zu-〙多かれ少なかれ、ある程度は. ~ *que jamais*〘-s-〙かつてないほど. ~ *que* + 形容詞〘副詞〙このうえなく…〘に〙. *qui* ~ *est*〘-ze〙その上、おまけに. *sans* ~ ただそれだけ. *tout au* ~ 多くても、せいぜい. *tout ce qu'il y a de* ~ + 形容詞 このうえなく…で.

plus(-) 〘話〙 ⇨ plaire.

plusieurs 形 〘不定〙〘複数形のみ〙いくつも〔幾人も〕の, 一つ〔一人〕ならず, 若干の. ―代 〘不定〙〘複数形のみ〙いくつか, 数人.

plus-que-parfait 〘plys-〙 男 〘文法〙大過去.

plus-value 女 〔土地や有価証券の〕値上がり, キャピタル・ゲイン；〔工賃の〕割増し料金；剰余価値；税収超過.

plut, plût 〘話〙 ⇨ plaire, pleuvoir.

plûtes 〘話〙 ⇨ plaire.

Pluton 男 ❶〘ギ神〙プルトン（冥府(ぶ)の神）; ❷〘天〙冥王星.

pluton 男 〘地〙プルトン（深成岩体）.

plutonien, ne 形 〘地〙深成の.

plutonisme 男 〘地〙火成論；〘地〙深成活動.

plutonium 男 〘化〙プルトニウム.

plutôt 副 むしろ, どちらかと言えば；まあまあ. ~ *ou* ~ より正確に言えば.

pluvial, ale 形 〘男複〙 *aux* 形 雨の, 雨による.

pluvian 男 〘鳥〙エジプトチドリ.

pluvier 男 〘鳥〙チドリ.

pluvieux, se 形 雨の降る, 雨の多い；雨模様の.

pluviner 非人称 ⇨ pleuviner.

pluviomètre 男 雨量計.

pluviométrie 女 雨量測定（法）；降水量.

pluviométrique 形 雨量計〔測定〕の.

pluviôse 男 プリュビオーズ, 雨月（フランス革命暦第5月）.

pluviosité 女 降水特性.

P.L.V. 女 〘略〙〘不変〙publicité sur le lieu de vente 販売時点広告, POS広告.

P.M.¹ 〘略〙（ラ）post meridiem 午後.

P.M.² 女 〘略〙 préparation militaire 軍事基礎教育; police militaire 軍事警察.

P.M.³ 男 〘略〙〘軍〙 pistolet-mitrailleur 小型機関銃.

P.M.A., PMA 女 〘略〙〘不変〙 procréation médicalement assistée 補助妊娠出産.

P.M.E. 女 〘略〙 petites et moyennes entreprises 中小企業.

P.M.I. 女 〘略〙 petites et moyennes industries 中小製造業.

P.M.U. 男 〘略〙 pari mutuel urbain 場外馬券投票.

P.N.B. 男 〘略〙 produit national brut 国民総生産, GNP.

pneu 男 タイヤ; 〘古〙気送速達便.

pneumatique 形 空気の, 圧縮空気による. ―男 気送速達便; タイヤ.

pneumatophore 男 〘植〙気根.

pneumo- 〘略〙 pneumothorax (artificiel) 人工気胸(ホム)術.

pneumoconiose 女 〘医〙塵(ﾁﾝ)肺症.

pneumocoque 男 肺炎双球菌.

pneumogastrique 形 〘解〙肺と胃の. ―男 迷走神経.

pneumologie 女 呼吸器（病）学.

pneumologue 名 呼吸器科専門医.

pneumonectomie 女 〘医〙肺切除（術）.

pneumonie 女 〘医〙肺炎. ◻ **pneumonique** 形名

pneumopathie 女 〘医〙肺疾患.

pneumopéritoine 男 [医] 気腹(症); 気腹(術).

pneumo-phtisiologie 女 肺結核学.

pneumo-phtisiologue 名 肺結核専門医.

pneumothorax [-ks] 男 [医] 気胸(症); (人工) 気胸(法).

Po [記] [化] polonium ポロニウム.

pochade 女 スケッチ, 粗描画, 略画; 即興的作品, 即興の戯文.

pochard, e 名, 形 俗 酔いどれ(の); 飲んべえ(の).

se pocharder 代動 古・語 酔っぱらう.

poche[1] 女 ❶ ポケット. ► de ~ ポケットサイズの; 小型の/ argent de ~ 小遣い銭, ポケットマネー. ❷ (袋状の) 物入れ; 袋, 紙袋. ❸ (衣服, 目の下の) たるみ, しわ. ❹ [航] ~ d'air エアポケット; [地] 鉱穴 (の), 鉱袋; [医] 嚢, 嚢状部; [料] 絞り袋.
◊ C'est dans la ~. 話 必ずうまくいく; 朝飯前だ. en être de sa ~ 話 他人の負担でなく自分で支払う. ne pas avoir les yeux dans sa ~ 話 無遠慮にじろじろ眺める. payer de sa ~ 自分の金で支払わない, 自腹を切る.
―男 文庫本, ペーパーバック.

poche[2] 女 柄杓形(しゃくし).

pocher 他 ❶ [料] ゆでる. ❷ ~ un œil à … ～の目を殴ってあざをつくる. ❸ (絵の具で) さっと描く, 粗描する.

pochetée 女 袋一杯の量, 粗忽者.

pochette 女 ❶ (包装用の) 袋, (レコードの) ジャケット; 文房具入れ; クラッチバッグ, ポケットチーフ; 胸ポケット. ❷ [楽] 小型ヴァイオリン.

pochette-surprise 女 〖複〗 ~s~ ~s お楽しみ袋, 福袋.

pochoir 男 [版画] 合羽刷摺(がっぱずり)版版, 型染めの型版, ステンシル版版.

pochon 男 ウエストポーチ.

pochothèque 女 文庫本売場 [専門店].

pochouse 女 ⇒ pauchouse.

poco 副 (伊) [楽] ポコ, 少し.

podagre 形, 名 話 通風 (リウマチ) の (患者).

podestat 男 [史] ポデスタ (中世イタリア都市の総督).

podium 男 (ラ) [スポ] 表彰台; 壇, 演壇; 講壇 [ポディウム: 建物基底部.

podologie 女 足病学, 足学.
◊ podologue

podomètre 男 万歩計.

podzol [-dzol] 男 [土] ポドゾル, 灰白土. ◊ podzolique 形

pœcile [pe-] 男 [建] (古代ギリシア建築の) 色彩装飾を施したポルチコ.

pœcilotherme [pesi-] 形, 名 [動] 変温性の (動物).

poêle[1] [pwal] 男 フライパン.
poêle[2] [pwal] 男 ストーブ.
poêle[3] [pwal] 男 棺覆い布.

poêlée [pwa-] 女 フライパン1杯分.

poêler [pwa-] 他 (油を引いた鍋で) 蒸し焼きにする, 炒(い)め煮する.

poêlier, ère [pwa-] 名 ストーブ暖房具] 製造 [販売, 据え付け] 業者.

poêlon [pwa-] 男 小型の片手鍋.

poème 男 (1 編の) 詩, 詩作品; [楽] ~ symphonique 交響詩.
◊ C'est tout un ~ 話 現実離れしている; 奇妙だ; あきれたものだ.

poésie 女 詩, 詩歌, 詩作品; 詩情, 詩趣.

poète 男 詩人; 理想家, 夢想家; 話 〖軽蔑〗 現実離れした人. ―形 詩を書く, 詩情を解する.

poétereau, x 〖複〗 ~x 男 軽蔑 へぼ詩人.

poétesse 女 女流詩人.

poétique 形 詩の, 詩的な, 詩情あふれる. ―女 ❶ 詩学, 詩法.
◊ poétiquement 副

poétiser 他 美化する, 理想化する.

pogne 女 俗 手.

pognon 男 (単数形のみ) 俗 金, 銭.

pogrom [-grɔm] 男 ユダヤ人迫害 [大虐殺].

poids 男 ❶ 重さ, 重量, 目方; 体重. ❷ 荷重, 荷, 積み荷. ❸ おもり, 分銅. ❹ 重荷, 負担, 重圧. ❺ 重要性, 比重; 影響. ► de ~ 重要な, 権威のある. ► [スポ] ~ de l'or 非常に高い値で. avoir deux ~ (et) deux mesures 場合によってやり方を変える. avoir un ~ sur l'estomac 胃がもたれる. faire le ~ (ボクサーなどの) 体重を維持している; 力量がある. ► lourd [スポ] ヘビー級; 大型トラック. ~ mort 死荷重, 自重; 足手まとい.

poignait ⇒ poindre.

poignant, e 形 胸が張り裂けそうな.

poignard 男 短刀.

poignarder 他 短刀で突き刺す.
◊ ~ … dans le dos ～を後ろから刺す; を裏切る.

poigne 女 握力, 腕っぷし.
◊ à ~ 威圧的な, 権威主義的な.

poignée 女 ❶ 一握り; 少数の人々; 握りの部分, 柄, つか. ❷ à ~ (s) = par ~(s) 手いっぱいに, ふんだんに.

poignet 男 手首; 袖[口], カフス.
◊ à la force du ~ [des ~s] 腕の力だけで; 自力で, 努力して.

poïkilotherme 形, 名 ⇒ pœcilotherme.

poil 男 ❶ 毛; 毛並み; 体毛. ❷ (ブラシなどの) 毛; 毛羽, 毛足; パイル. ❸ (un ~) ほんの少し.
◊ à ~ 話 裸で. à un ~ près 話 もう少しのところで. au ~ 話 ちょうど, ぴったりに; 完璧 (かんぺき) に. avoir un ~ dans la main 話 ひどい怠け者だ. brave à trois ~s 空威張り屋. de tout ~ = de tous ~s 話 (人が) あらゆる種類の. être de bon [mauvais] ~ 話 機嫌がよい [悪い]. reprendre du ~ de la bête 元気を取り戻す.

poilant, e 形 俗 ひどく滑稽な.

poil-de-carotte 形 〖不変〗 話 にんじん色の, 赤毛の.

se poiler 代動 俗 笑いころげる.

poilu, e 形 毛の生えた; 毛深い.
―男 話 兵士, 兵隊さん.

poinçon 男 ❶ 錐(きり); ポンチ, パンチ

poinçonner

【機】押し抜き機. ❷【金】目打ち;(品質表示の)極印, 刻印. ❸(メダルの)母型. ❹【建】キングポスト, 真束(ﾏｯｶ).

poinçonner 他 ポンチを打つ, 目打ちする; 押し抜く, パンチあける;(切符にパンチを入れる. ▫ **poinçonnage / poinçonnement**

poinçonneur, se 名 改札係; 押し抜き工. — 女 押し抜き機; 穿孔(ｾﾝｺｳ)機; 自動改札機.

poindre 自【文章】現れ始める.

poing 男 こぶし, げんこつ.
◇ *dormir à ~s fermés* ぐっすり眠る. *faire le coup de ~* 殴り合う.

poinsettia [-sja] 男【植】ポインセチア.

point[1] 男 ❶ 点, 問題点, 項目; 地点, 拠点; 現在位置. ▸ *sur ce ~* この点については / *~ commun* 共通点 / *~ faible* 弱点 / *~ de départ* 出発点 / *~ d'eau* 給水地点. ❷段階; 程度. ▸ *au ~ où nous en sommes* 目下の段階では. / *à ce ~* 点数, 得点(さいころの目; (指数などの)ポイント. ▸ *victoire aux ~s* (ボクシングの)判定勝ち / *amener six ~s* 6 の目を出す. ❹ 終止符号, ピリオド. ▸ *~ d'exclamation* 感嘆符(!). ❺ 縫い目, 編み目, ステッチ; 縫い. ❻【化】境界点. ▸ *~ d'ébullition* 沸点. ❼【印】ポイント.
◇ *à ce [tel] ~* これ[それ]ほどまでに. *à ce [au, à tel] ~ que ...* 非常に… なので…, なほど…, …ほどにい; ちょうどがよい具合に. *au plus haut ~ = au dernier ~.* このうえなく, きわめて. *au ~* きちんと調整された; 準備万端整った. *au ~ de ~ de ...* するほど. *de ~ en ~* 逐一. *en tout ~ = à tous ~s* あらゆる点で, 完全に. *faire le ~* (船の)現在位置を測定する; 現状を明らかにする. *le ~ du jour* 夜明け. *mal en ~* 調子が悪い, 病気の. *marquer un ~* (~s) 優位に立つ, リードする. *mettre au ~* 調整する, 焦点を合わせる; 開発[完成]する; はっきりさせる. *~ chaud* 紛争地域; 激戦地 / (事故, 犯罪の)多発地点;争点, 焦点 / 名所, メッカ. *~ de côté* (走ったときの)脇腹の痛み. *~ de vue* 観点; 意見, 見解; 見晴らしのよい所. *~ mort* ニュートラル; 停滞状態. *~ noir* 黒い点, 困った点; 難所, 混雑する所; 事故多発地点. *~ par ~* 一つずつ, 逐一. *~ sensible* 弱点, 急所. *rendre des ~s à ...* …にハンディを与える;…より勝っている(と思う). *sur le ~ de ...* まさに…しようとしている. *Un ~, c'est tout.* これ以上ない.

point[2] 副【文章】(少しも)…ない.

point[3] 活 ⇨ poindre.

pointage 男 (名簿の)チェック, (選挙の)開票, 印付け, 照合; ねらいつけ; 照準合わせ.

pointal (複) *aux* 男【建】(垂直の)支柱.

pointe 女 ❶ とがった先, 先端, 刃; 突出部, 突端; 岬, 山脚. ❷ (技術の)最先端; (活動, 運動の)最前線; (グラフの)ピーク, 頂点. ❸ 辛辣(ｼﾝﾗ)な言葉, 皮肉. ❹ *une ~ de …* のー抹, いくらかの…. ❺ 釘, 鋲(ﾋﾞｮｳ), スパイク. ▸(複) スパイクシューズ. ❻ ボールペン, フェルトペン; エッチング用鉄筆. ❼ 三角布, スカーフ. ❽【彫】錐(ﾄﾞ)の類. ❾【バレエ】ポアント(つま先立ち). ❿【軍】(小部隊の)前進攻撃.
◇ *de ~* 最先端の; 最大の, 最高の. *en ~* 先のとがった; 最先端の. *heure de ~* ラッシュアワー. *la ~ du jour* 【文章】曙光, 夜明け. *pousser* [*faire*] *une ~ jusqu'à ...* …まで足を伸ばす. *sur la ~ des pieds* つま先立ちで; そっと慎重に.

pointé, e 形 付点のついた, 点による.

pointeau[1] (複) *x*【機】刻針円錐(ｿｳ), センターポンチ;(キャブレターノズルの)ニードル(バルブ).

pointeau[2] (複) *x* 男 (工場などの)勤務時間記録係.

pointer[1] 他 ❶ チェックする, 点検する; 出欠を取る; 向ける, ねらいを定める. ❷【楽】(音符に)付点を打つ. — 自 タイムカードを押す; (スポ)(ペタンクで)玉的を近くに投げる. *— se ~* 着く, やって来る.

pointer[2] 自 ❶ ぴんと立てる. — 自 そびえ立つ; 現れ始める; 芽を出す.

pointer[3] 男【英】ポインター(短毛の中型狩猟犬).

pointeur, se 名 チェック係, 照合係; 作業時間記録係;【スポ】得点記録係, スコアラー; (大砲の)照準手. — 男 タイムレコーダー.

pointil 男 ⇨ pontil.

pointillage 男 点を打つこと.

pointillé 男 ❶ 点線; ミシン目; 点描法. *en ~* 点線で; 大まかに, おおざっぱに.

pointiller 他 自 点で描く 刻点を打つ; 点を描いて絵を描く; 点描する.

pointilleux, se 形 (細かいことに)うるさい, 気難しい.

pointillisme 男 点描法, 点描主義. ▫ **pointilliste** 名 形

pointu, e 形 ❶ とがった, 鋭い; (声が)甲高い; 最先端の. — 副 *parler ~* パリ訛(ﾅﾏﾘ)で話す.

pointure 女 (手袋, 靴, 帽子の)サイズ.

point-virgule (複) *~s-~s* 男 セミコロン, ポアン・ヴィルギュル(;).

poire 女 ❶ ナシ(の実). ❷ ナシ形のもの; ナシ形プランデー, ポワール; 洋ナシ形のもの; 【話】間抜け, だまされやすい人. ◇ *couper la ~ en deux* 妥協する. *garder une ~ pour la soif* まさかのときに備えておく.
— 形 話 間抜けな, お人よしの.

poiré 男 ペリー, 洋ナシ酒.

poireau (複) *x* 男【植】ポロネギ. ❷ 話 *faire le ~* じっと待つ.

poireauter 自話 長々と待つ.

poirée 女 フダンソウ.

poirier 男【植】ナシ(の木).
◇ *faire le ~* 3 点倒立する.

poiroter 自話 ⇨ poireauter.

pois 男【植】エンドウ;【服】水玉模様.

poise 男 [計]ポアズ(粘性率の単位).
poison 男 ❶ 毒; 体に悪い物; 文書(精神面で)有害「危険」なもの. ❷ 嫌なもの.
— 名 厄介者, 嫌なやつ.
poissard, e 形 下層民の言葉をまねた.
— 女 固 下品な女; 市場の女商人.
poisse 女 固 不運, 厄介事.
poisser 他 べっとりと汚す「覆う」; 捕える, 逮捕する.
poisseux, se 形 べとべとした.
poisson 男 ❶ 魚; 魚肉;《複数》魚類. ❷[昆] petit ~ d'argent セイヨウシミ. ❸《P~s》[天]《座》[占]双魚宮. ◇*être comme un ~ dans l'eau* 水を得た魚のようである.
poisson-chat《複》~s-~s 男 [魚]ナマズ.
poissonnerie 女 魚貝類[海産物]販売業; 魚市場.
poissonneux, se 形 魚の多い.
poissonnier, ère 名 魚屋.
— 女 (細長い)魚鍋.
poisson-scie《複》~s-~s 男 [魚]ノコギリエイ.
poitevin, e 形 ポアトゥー地方の; ポアティエの.
— 名《P~》ポアトゥーの人; ポアティエの人.
Poitiers ポアティエ(Vienne 県の県庁所在地).
Poitou ポアトゥー地方(フランス西部の旧州).
Poitou-Charentes ポアトゥー=シャラント地方.
poitrail 男 (家畜, 特に馬の)胸; 話(人間の)大きな胸;[建]大梁(ᵒᵒᵉˢ).
poitrinaire 形 名 肺病にかかった, 肺結核の.
poitrine 女 胸, 胸部; 乳, 乳房; [食](牛の)肩ばら, 胸部肉(豚の)ばら.
poivrade 女 料 胡椒の利いたソース[ドレッシング].
poivre 男 胡椒, ペッパー.
◇~ *et sel* 形 (髪などが)白髪まじりの.
poivré, e 形 胡椒の入った(話などが)際いどい, 皮肉の利いた.
poivrer 他 胡椒をかける[加える].
— se ~ 話 酔っぱらう.
poivrier 男 [植]コショウ(の木); 胡椒入れ, ペッパーミル.
poivrière 女 胡椒入れ; コショウ畑[畑];(城塞(ᵒᵒᵉˢ)の)物見櫓(ᵒᵒ).
poivron 男 [植]ピーマン.
poivrot, e 名 話 酔っぱらい.
poix 女 木タールピッチ,松やに.
poker 男 [英][カード]ポーカー: フォアカード, 大胆な試み. ◇*partie de* ~ ポーカーの勝負; 虚々実々のかけひき.
polaire 形 ❶ 極の, 極地の;[航] *orbite* ~ 極軌道;[物](電)磁極の. ❷ *laine* [fibre] ~ フリース.
— 女 ❶ (*la P*~) 北極星. ❷ [数]極線;[航]揚抗曲線, 極線.
polaque 男 (17, 18世紀フランス軍の)ポーランド人傭(₃)兵.
polar 男 話 推理小説;探偵映画.
polard, e 形, 名 話 ひとつのことに夢中になった(人);がり勉(の).

polir

polarimètre 男 [光]偏光計.
polarimétrie 女 [光]偏光測定.
polarisation 女 [物]偏り,偏極;偏光; [力, 意見などの]一点集中;(電池などの)分極.
polarisé, e 形 [物][光]偏った,偏光した;[電]分極した,成極した;(*sur*) (…に)集中した; 熱中した.
polariser 他 [物][光]偏光する,偏光させる; [電]分極する, 成極する;(*sur*)(関心, 努力などを)…に集める,集中させる.
— se ~《sur》(ある特定の事柄に)関心を寄せる, 集中する;[電]分極する, 成極する.
polariseur 男 形 [写]偏光させる.
— 男 偏光板子, 偏光器.
polarité 女 [物]極性.
Polaroïd [-d] 男 商標 [光]ポーラロイド,人工偏光板;ポラロイドカメラ.
polatouche 男 [動]モモンガ.
polder 男 (オランダ)ポルダー(堤防に囲まれた干拓地).
pôle 男 ❶ [地]の極; 極地. ❷ 電極, 磁極;[生][数]極. ❸ 対極, 正反対. ❹ (活動, 関心の)中心, 拠点.
polémarque 男 [古代]軍指揮官.
polémique 形 論争的な, 攻撃的な.
— 女 (特に文筆の)論争, 論戦.
polémiquer 自《avec, contre》(…と)論争する.
polémiste 名 論争家.
polémologie 女 戦争学.
polenta [-lεn-] 女 [伊][料]ポレンタ(スープで練ったトウモロコシ粥).
pole position 女 [英]ポールポジション; 有利な立場.
poli¹, e 形 礼儀正しい.
poli², e 形 磨かれた, 艶(ᵒ)のある.
— 男 光沢, 艶.
police¹ 女 ❶ 警察; 治安, 統制, 取り締り. ❷ [法] *tribunal de (simple)* ~ 違警罪裁判所;[軍] *salle de* ~ 営倉.
police² 女 [法] ~ *d'assurance* 保険証券. ❷ フォント[印]一揃いの活字見本帳.
policé, e 形 文明化された.
policeman [-man]; 《複》 *men* 男 [英] (英国の)警官.
policer 他 [古](他)[文章]文明化する; 洗練する, 教養を高める.
polichinelle 男 ❶ (*P~*)ポリシネル, プルチネルラ(イタリア喜劇コメディア・デラルテの道化). ❷ (マリオネットの)ポリシネル人形; 日和見主義の人.
policier, ère 形 警察の; 探偵物の.
— *roman* ~ 推理小説.
— 男 警官; 探偵 推理小説.
policlinique 女 外来診療.
policologie 女 警察行政学.
poliment 副 礼儀正しく, 丁寧に.
polio 女 [医]ポリオ, 急性灰白髄炎.
— 名 ポリオの患者.
poliomyélite 女 [医]ポリオ, 急性灰白髄炎. ◇ **poliomyélitique** 形 名.
poliorcétique 女, 形 (古代の)都市攻囲術(の).
polir 他 磨く, 光らせる;(文章を)推敲(ᵏᵒᵒ)する, 彫琢(ᵏᵘ)する.

P

polissable 形 艶(?)の出せる.

polissage, 艶(?)出し;(文章の推敲(??))彫琢(???).

polisseur, se 名 研磨工, 艶(?)出し工. ― 女 艶出し器.

polissoir 男 研磨器.

polisson, ne 名 いたずらっ子. ― 形 やんちゃな;際どい, 好色な.

polissonner 自 いたずらをする.

polissonnerie 女 子供のいたずら; 悪ふざけ;[卑賤] 猥言.

poliste 男 [昆] アシナガバチ.

politesse 女 礼儀(正しさ);挨拶.

politicailleurie 女 [軽蔑] 下劣な政治駆け引き.

politicard, e 形 [軽蔑] 政治屋の, 策謀好きな. ― 名 政治屋, 策動家.

politicien, ne 名 [軽蔑] 政治屋, 政治家. ― 形 政治屋の, 策謀的な.

politicologie 女 ⇒ politologie.

politique 形 ❶ 政治の ► droits ~ 参政権／homme ~ 政治家. ❷ 文章 巧妙な, 駆け引き上手な. ― 女 ❶ 政治;政策. ► ~ intérieure 内政 / ~ extérieure 外交. ❷ 方策, やり方, 駆け引き.
― 名 政治家;政治犯.
― 男 政治的なこと. ▫ **politiquement**

politique-fiction: (複) ~s-~s 空想政治小説.

politisation 女 政治色を帯びること, 政治化.

politiser 他 政治色を与える, 政治化する. ― **se** ~ 政治色を帯びる, 政治的な色を決める.

politologie 女 [政] 政治学.

politologue 名 政治学者.

poljé [-lje] 男 [地] ポリエ(カルストの盆地).

polka¹ 女 [楽] ポルカ;2拍子の舞踏.

polka² 男 《不変》pain ~ 《格子状にひび割れ入りのポルカパン》.

pollakiurie 女 [医] 頻尿.

pollen [-ɛn] 男 [植] 花粉.

pollicitation 女 [法] 申し込み段階にある契約.

pollinie 女 [植] 花粉塊.

pollinique 形 [植] 花粉の.

pollinisation 女 [植] 受粉, 授粉.

polliniser 他 (…に) 授粉する.

pollinose 女 [医] 迷惑メール送信.

polluant, e 形 汚染する, 汚染源となる. ― 男 汚染物質.

polluer 他 汚染する; 因/文章 汚す. ► eau *polluée* 汚染された水.

pollueur, se 名 [環境の汚染者, 汚染源. ― 形 (環境を)汚染する.

pollupostage 男 迷惑メール送信.

pollution 女 ❶ (環境)汚染, 公害. ► ~ par les hydrocarbures 原油による汚染. ❷ [医] ~s nocturnes 夢精.

POLMAR 男 [略] plan pollution marine 海洋汚染防止計画.

polo 男 [異] [スポ] ポロ;ポロシャツ.

polochon 男 話 長枕(??).

Pologne 女 ポーランド.

polonais, e 形 ポーランドの. ― 名 《P~》 ポーランド人. ― 男 ポーランド語. ― 女 [楽] ポロネーズ.

polonium 男 [化] ポロニウム.

poltron, ne 形 臆病な(人).

poltronnerie 女 臆病.

poly 男 略 ⇒ polycopié.

polyacide 男 [化] ポリ酸, 多重酸.

polyakène 男 [植] 集合痩(?)果.

polyalcool 男 [化] 多価アルコール.

polyamide 男 [化] ポリアミド.

polyamine 女 [化] ポリアミン.

polyandrie 女 ❶ [民] 一妻多夫制;[植] 多雄蕊(?????). ▫ **polyandre**

polyarchie 女 多頭政治, 多頭制.

polyarthrite 女 [医] 多発(性)関節炎.

polycentrisme 男 多極主義, 多中心主義. ▫ **polycentrique** 形

polychètes [-ket] 男 複 [動] 多毛類 (ゴカイ, イムシなど).

polychlorure 男 ~ de vinyle ⇒ PVC.

polychroïsme 男 [光] 多色性.

polychrome 形 多色の, 極彩色の.

polychromie 女 極彩色; 彩色.

polyclinique 女 総合病院.

polycondensat 男 [化] 重縮合物, 縮合重合体.

polycondensation 女 [化] 重縮合, ポリ縮合.

polycopie 女 謄本, 複写.

polycopié 男 教材 [講義録の]プリント.

polycopier 他 謄写 [複写] する, プリントする.

polyculture 女 [農] 同時栽培.

polycyclique 形 [化] 多環式の.

polydactylie 女 [医] 多指化(症).
▫ **polydactyle** 形

polydipsie 女 [医] 煩渇多飲(症).

polyèdre 男 [数] 多面体. ― 形 angle [secteur] ~ 多面角. **polyédrique** 形 [数] 多面体の.

polyembryonie 女 [生] 多胚(?).

polyester 男 [化] ポリエステル.

polyéthylène 男 [化] ポリエチレン.

polygala 男 [ラ] [植] ヒメハギ.

polygame 名 多妻の男;多夫の女. ― 形 ❶ 一夫多妻の;一妻多夫の(制). ❷ [植] 雌雄混株.

polygamie 女 ❶ 一夫多妻(制);一妻多夫(制). ❷ [植] 雌雄混株.

polygénisme 男 人類起源多元説.

polyglotte 形 数か国語を話す[書かれた]. ― 名 数か国語を話す人.

polygonal, ale ;(男 複) **aux** 形 多角[多辺]形の;底面が多角形の.

polygonation 女 [測] 多角形測量.

polygone 男 ❶ 多角[多辺]形. ❷ [軍] ~ de tir 砲兵射撃演習場.

polygraphe 名 多様なる主題を扱う著述家;雑文家.

polygynie 女 [民] 一夫多妻制.

polymédicamenté, e 形 [医] 多剤服用患者の.

polymédication 女 [医] 多剤同時処方.

polymérase 女 [生化] ポリメラーゼ

(DNA, RNA 形成の触媒となる).
polymère 男《化》ポリマー, (高)重合体, 高分子(化合物).
— 形《昆》多くの体節から成る.
polymérie 女《生》ポリメリー, 異量; (多因子遺伝の)多型体.
polymérisable 形重合可能な.
polymérisation 女《化》重合.
polymériser 他《化》重合させる.
polymorphe 形 多形の.
polymorphisme 男《生》多形性;《化》(同質)多形, 同質異像.
Polynésie ポリネシア.
polynésien, ne 形 ポリネシアの.
— 名《P～》ポリネシア人.
— 男 ポリネシア語.
polynévrite 女《医》多発(性)神経炎.
polynôme 男《数》多項式.
polynucléaire 形《生》多核の.
— 男 顆粒(状)球.
polyoside 男《動》ポリプ(サンゴなどの腔(ラ)腸動物);《医》ポリープ.
polype 男《動》ポリプ(サンゴなどの腔(ラ)腸動物);《医》ポリープ.
polypeptide 男《化》ポリペプチド.
polypeux, se 形《医》ポリープ性の.
polyphasé, e 形《電》多相の.
polyphonie 女《楽》ポリフォニー, 多声音楽. ▷**polyphonique** 形
polyphoniste 名《楽》多声音楽作曲家.
polypier 男《動》ポリプ母質.
polyploïde 形《生》倍数性の.
polyploïdie 女《生》倍数性.
polypnée 女《生理》多呼吸.
polypode 男《植》シダ.
polypore 男《菌》サルノコシカケ.
polyptère 男《魚》ポリプテルス.
polyptyque 男 典礼用祭具.
polyribosome 男《生化》ポリリボソーム.
polysaccharide [-saka-] 男 ⇨ polyoside.
polysémie [-se-] 女《言》多義, 多義性. ▷**polysémique** 形
polysome 男《生》ポリソーム.
polysomnographie 女《医》終夜睡眠ポリグラフィ. ▷**polysomnographique** 形
polystyle 形 多柱式の.
polystyrène 男《化》ポリスチレン.
polysulfure [-syl-] 男《化》ポリ硫化物.
polysyllabe [-si-] / **polysyllabique** [-si-] 形 多音節の.
polysynodie [-si-] 女《史》多元会議制.
polysynthétique [-sɛ̃-] 形《言》多総合的な.
polytechnicien, ne 名 名理工科学校の(学生, 卒業生).
polytechnique 形 Ecole ～ 理工科学校(理工系のグランドゼコール).
— 名《P～》理工科学校.
polythéisme 男 多神教.
polythéiste 形, 名 多神教の(人).
polytherme 形《海》冷凍貼の.
polytonal, ale; (男複) **als**(または **aux**) 形《楽》多調(性)の.

polytonalité 女《楽》多調性.
polytoxicomanie 女《医》多毒物癖(ペッ).
polytransfusé, e 形, 名《医》頻回に輸血を受けた(患者).
polytraumatisé, e 形, 名《医》(複数の外傷で)重傷となった(人).
polytric 男《植》スギゴケ.
polyuréthan(n)e 男《化》ポリウレタン.
polyurie 女《医》多尿(症).
polyurique 形《医》多尿(症)の.
— 名 多尿症患者.
polyvalence 女 複数の機能[能力]を備えていること, 多目的性, 多面性;《化》多価.
polyvalent, e 形 複数の機能[能力]を持つ, 多目的の;《化》多価の.
— 名 会計検査官; ソーシャルワーカー.
polyvinyle 男《化》ビニル樹脂. ▷**polyvinylique** 形
pomelo [-me-] 男《植》グレープフルーツ.
pomiculteur, trice 名 リンゴ栽培者.
pommade 女 軟膏(ǎ); ポマード.
◇*passer de la ～ à ...* 話 ...におもねる, ごまをする.
pommader 他 ポマードをつける, 軟膏を塗る.
pommard 男《ワイン》ポマール(ブルゴーニュの赤ワイン).
pomme 女 ❶ リンゴ. ❷ ジャガイモ(= ～ de terre). ❸ 丸い形のもの. ～s frites フライドポテト. ～ d'amour トマト/～ de pin 松かさ/～ d'Adam のどぼとけ/～ de canne ステッキの丸い握り/～ de douche シャワーの口. ❹ 話 頭, 顔; ばか, お人よし.
◇*être aux ～s* とてもいい, 素晴らしい. *ma [ta, sa] ～* 私[君, あいつ]. *tomber dans les ～s* 話 気絶する.
pommé, e 形 (キャベツなどが)結球した; 話 ひどい, この上ない.
pommeau; (複) **x** 男 (刀剣の)柄頭(ふぞ); (杖(ʔ)や傘の)丸い握り.
pomme de terre; (複) ～s ～ 〜 女《植》ジャガイモ, バレイショ.
pommelé, e 形 うろこ雲に覆われた; (馬が) 連銭(ポ)ある毛の.
se pommeler 4 代動 (空が)うろこ雲[群雲]に覆われる.
pommelle 女 ストレーナー.
pommer 自 (レタスなどが)結球する.
pommeraie 女 リンゴ畑, リンゴ園.
pommette 女 頬(骨貝, 頬.
pommier 男《植》リンゴの木.
pomoculture 女 果樹栽培.
pomœrium [-me-] 男《ラ》《古ロ》ローマ市聖域.
pomologie 女 果樹園芸学.
pomologue / **pomologiste** 名 果樹園芸学者, 果樹園芸家.
pompadour 形《不変》《不変》古風 ポンパドゥール様式(の).
pompage 男 (ポンプによる)くみ上げ, 吸い出し; 揚水.

pompe¹ 囡 ❶[古風]/[文章] 盛大さ, 荘重さ. ❷ ~s funèbres 葬儀. service des ~s funèbres 葬儀屋.
◇en grande ~ 盛大に, 厳かに.

pompe² 囡 ❶ ポンプ. ❷[語] 靴; 腕立て伏せ. ❸[語] soldat de deuxième ~ 二等兵, 兵隊. ◇à toute(s) ~(s)[語] 全速力で. être [marcher] à côté de ses ~s[語] ぼんやりしている; 考えがまとまらない.

pompé, e 形 ヘとへとに疲れた.

pompéien, ne 形 ポンペイ Pompéi の; [美] ポンペイ様式の.

pomper 他 ❶ ポンプでくみ上げる; (液体を)吸う, 吸い取る. ❷[語] (酒を)飲む; (答などを)丸写しする. ❸[語] 疲れ果てさせる.

pompette 形 ほろ酔いの.

pompeux, se 形 大げさな, 仰々しい. ロpompeusement副

pompier¹ 男 消防隊員, 防火係.
◇fumer comme un ~[語] ヘビースモーカーである.

pompier², **ère** 形 もったいぶった, 大時代な. —男 大時代な作風[作家].

pompier³, **ère** 男 寸法直し職人.

pompiérisme 男 (作家, 画家の)気取ったスタイル; 滑稽な仰々しさ.

pompile 男[動] ベッコウバチ.

pompiste 男 給油係, スタンドマン.

pompon 男 (衣服, 帽子, カーテンなどにつける)玉房(ぼん), ポンポン; [植] ポンポン咲きの花. ◇avoir [tenir] le ~[語] 他人に勝る, 一番だ. C'est le ~![語] これはひどい.

pomponner 他 おめかしさせて飾り立てる. —**se** ~ 着飾る, めかしこむ.

ponant 男[文章] 西; (南仏で)西風.

ponçage 男 軽石, 磨き上げ, バフ[やすり]がけ.

ponce 形 軽石, 浮石.

ponceau¹: [pont/o/pã/o] 男 [植] ヒナゲシ. —形 (不変) 鮮紅色の.

ponceau²: [pont/o/pã/o] 男 小橋.

poncer 他 ❶ 磨く, 研磨する. ❷ (型紙などで)転写する.

ponceur, se 形 研磨工. —囡 研磨機.

ponceux, se 形[鉱] 軽石質の.

poncho [pontʃo/põʃo] 男 ポンチョ; (上部が靴下状の)室内履き.

poncif, ive 形 平凡な主題[表現], 紋切り型; 凡作; [美] 型紙, ステンシル.

ponction 囡 ❶[医] 穿刺(せんし). ❷ 天引き; (税などの)徴収.

ponctionner 他 ❶[医] 穿刺(せんし)する. ❷[語] 天引きする; (…から)徴収する.

ponctualité 囡 ちょうめんさ; 時間厳守.

ponctuation 囡 句読法. ▶signes de ~ 句読点[記号].

ponctuel, le 形 ❶ ちょうめんな, 時間に正確な. ❷ 一時的な, 一回限りの. ❸ 点の. ロponctuellement副

ponctuer 他 ❶ 句読点を打つ. ❷ (身振りや音で話を)区切る, 際立たせる. —**se** ~ **(de)** (…で)区切られている.

pond 活 ⇒ pondre.

pondaison 囡[語] (鳥の)産卵期.

pondérable 形 計量できる.

pondéral, ale;《男複》**aux** 形 量の.

pondérateur, trice 形[文章] 均衡(バランス)を保つ, 安定させる.

pondération 囡 ❶ (判断の)冷静さ, 慎重さ; 穏健さ. ❷ 力の均衡;[統計] 加重法.

pondéré, e 形 均衡のとれた; 思慮深い, 冷静な.

pondérer ⑥ 他 ❶ 均衡を保たせる, 落ち着かせる, なだめる. ❷[統計] (…に)加重する.

pondéreux, se 形 (荷などが)非常に重い. —男複 重量物質[貨物].

pondeur, se 形 (鳥が)卵をよく産む. —囡 産卵鶏, レイヤー.

pondi-, pondis- 活 ⇒ pondre.

pondoir 男 (鶏の)産卵場[場].

pondre 語 他 (卵を)産む; [語] (作品を)生み出す.

ponette 囡 雌のポニー.

poney 男 ポニー, 子馬.

pongé(e) 男[織] 絹紬(のう).

pongiste 名 卓球選手.

pont 男 ❶ 橋. ❷ 橋渡し, 仲立ち; つながり, 交流. ❸ 甲板, デッキ; 上甲板. ❹ P~s et Chaussées 土木局. ❺ [軍] ~ d'assaut 自走架橋機材; [軍] ~ élévateur (修理工場などの)リフト; ~ roulant 走行クレーン. ❻[服] 折り返し, フラップ;[カード] ブリッジ;[スポ] (レスリングの)ブリッジ;[楽] 経過句.
◇couper les ~s 背水の陣を敷く; 絶交する. faire le ~ 飛び石連休をつないで休む. faire un ~ d'or à … 大金を積んで…をある役職に迎える. ~ aérien ピストン空輸. ~ aux ânes ピタゴラスの定理の証明; だれでも解ける問題; 周知の事実.

pontage 男 仮橋の架設; (船の)甲板取り付け;[医] バイパス移植.

ponte¹ 囡 ❶ 産卵; 産卵期; 産卵数. ❷[生理] ~ ovarienne [ovarique, ovulaire] 排卵.

ponte² 男 ❶ [ゲーム] 胴元相手に賭ける人. ❷ [語] お偉方, 大物.

ponté, e 形 (船が)甲板の張ってある.

ponter¹ 他 (船に)甲板をつける;[医] (血管に)バイパスを作る.

ponter² 自 胴元相手に賭ける.

pontet 男 (銃の)用心鉄(空).

pontier 男[土木] 可動橋の操作係; 走行クレーン運転士.

pontife 男[カト] 高位聖職者;[語] 大御所, ボス.

pontifiant, e 形 大御所ぶった.

pontifical, ale;《男複》**aux** 形[カト] 教皇の, 司教の. —男 教皇・司教用典礼式文書.

pontificat 男[カト] (教皇[司教]の位[在位期間]; 教皇職.

pontifier 自 [語] 教皇ぶる, 偉そうに話す[振る舞う], もったいぶる.

pontil [-l] 男[ガラス] 取枘(とりえ), 取柄(ガラス作りの鉄棒); = ポンティ種(半熔融ガラス).

pont-l'évêque 男 (不変)[チーズ] ポン=レヴェック (四角い軟質チーズ).

pont-levis;《複》~s-~ 跳ね橋, 跳開橋.

Pont-Neuf ポン=ヌフ(セーヌ川最古の橋).

Pontoise ポントアーズ(Val-d'Oise県の県庁所在地).

ponton 男《海》浮き桟橋, 浮き橋; (港内用の)艀(はしけ); 台船.

ponton-grue;《複》~s-~s クレーン船, 浮きクレーン.

pontonnier 男《軍》架橋工兵.

pont-promenade;《複》~s-~(s) 遊歩甲板.

pool [pul] 男《英》生産者連合, 企業連合;(企業内の)作業グループ, チーム.

pop [-p] 男《英》形《不変》ポップ(ス)の. — 男/女《不変》ポップス(調).

pop'art [-part] / **pop art** 《英》《美》ポップアート.

pop-corn [-pkɔrn] 男《不変》《米》ポップコーン.

pope 男(ギリシア正教の)司祭.

popeline 女ポプリン.

poplité, e 形《解》膝窩(しつか)の, 膝の後ろの.

popote 女キャンピング用鍋セット;《士官[下士官]用》食堂; 田舎炊事, スープ. — 形《不変》所帯じみた; 俗っぽい.

popotin 男《俗》尻(しり).

populace 女《軽蔑》下層民; 庶民.

populacier, ère 形《文章》下層民[階級]の; 下品な, 下卑た.

populage 男《植》リュウキンカ.

populaire 形 ❶人気のある. ❷大衆の, 大衆的な, 通俗的な. ❸人民の, 民衆の.

populairement 副俗語的に; 俗語で.

populariser 他 普及させる; 人気を高める. ☐**popularisation** 女

popularité 女人気, 人望.

population 女《英》❶人口; 住民, 国民. ► ~ active 就業人口. ❷《態》個体群, 集団; 《統計》母集団.

populationniste 形 人口増加を図る, 人口増加主義の. — 名 人口増加主義者.

populéum 男《薬》unguent ~ 鎮痛軟膏(なんこう).

populeux, se 形人(口)の多い.

populiculture 女《林》ポプラ栽培.

populisme 男ポピュリズム(文学の民衆主義の); 民衆にこびる政治). ☐**populiste** 形

populo 男下層民; 群衆.

poquer 自(ペタンクなどで)落下して止まる球を投げる.

poquet 男《農》種をまく穴.

porc [por] 男 ❶豚; 豚肉; 豚革;《語》豚野郎.

porcelaine 女 ❶磁器, 磁器製品. ❷《動》ホシダカラガイ.

porcelainier, ère 名 磁器商, 磁器製造業者. — 形 磁器の.

porcelet 男子豚.

porc-épic [-ke-];《複》~s-~s 男 ❶《動》ヤマアラシ. ❷怒りっぽい人, 気難しい人.

porchaison 女《狩》猪の太る季節, 猪の巣期.

porche 男(建物の)ポーチ; 車寄せ.

porcher, ère 名 豚飼い.

porcherie 女 豚小屋, 養豚場; 不潔な場所.

porcin, e 形 豚の; 豚のような. — 男 イノシシ類, 豚類.

pore 男毛穴;(岩石などの)細孔, 空隙(くうげき);《植》(気孔などの)小孔. ◊ par tous les [ses] ~s 全身から, で.

poreux, se 形 細孔[小孔]のある, 多孔質の.

porion 男(炭坑, 油田での)坑内監督.

porno 男, 形《不変》語 ポルノ(の), 猥褻(わいせつ)な.

pornographe 男 ポルノ作家.

pornographie 女 ポルノグラフィー; 猥褻性. ☐**pornographique** 形

porosité 女 多孔性, 多孔度.

porphyre 男《鉱》斑岩.

porphyrique 形 斑岩の, 斑状の.

porphyroïde 形《鉱》斑岩状の.

porreau 《複》x 男 ⇨ poireau.

porridge [-dʒ] 男《英》《料》ポリッジ(オートミールの一種).

port¹ 男 ❶着用, 着(ちゃく)用; 所持. ► ~ franc 自由通貨免税港. ❷避難所; 安息の場所. ❸《情報》(接続用)ポート. ► ~ série シリアルポート. ❹(ピレネー山脈の)峠.
◊ *arriver à bon ~* 無事に到着する.
arriver au ~ 入港する; 目的を達する. *faire naufrage au ~* あと一歩というところで失敗する.

port² 男 ❶着用, 着(ちゃく)用; 所持. ❷(手紙, 荷物の)送料, 運賃. ❸姿, 態度; 物腰. ❹《海》載貨重量. ❺《楽》~ de voix ポルタメント. ❻《植》形態. ► ~ *d'armes* 武器の所持; 捧げ銃(つつ).

portable 形 携帯用の, ポータブルの; 着られる, 身につけられる;《法》持参すべき. — 男 携帯用機器. ☐**portabilité** 女

portage 男背負って運ぶこと; 荷担ぎ運搬, 荷運び;(ボートの)陸路運搬;《川の航行不能個所》《海》(綱の)止め輪.

portail 男(教会堂などの正面の)扉口, 玄関口;(大きな)門, 正門;《情報》ポータルサイト.

portal, ale;《男複》**aux** 形《解》門脈(系)の.

portance 女《物》揚力;《土木》地盤の支持力(係数).

portant, e 形 支える; 揚力を生じる. ◊ *bien* [*mal*] ~ 体調がよい[悪い]. — 男 隊列用洋服掛け;《演》(大道具の)支柱;(トランクなどの)取っ手;《スポ》(ボートの)オール受け.

portatif, ve 形携帯用の.

porte 女ドア, 扉, 戸口. ❶出入り口, 門, 戸口;(都市の)城門跡(バリの市内門, 市門界限(かい)).► ~ *de secours [service]* 非常[通用]口. ❸峡谷; 峠. ❹《スキー》旗門, ゲート. ◊ *à la ~* 戸口に[で], 外へ[で]. *de ~ en ~* 家から家へ, 一軒一軒. *entrer par la grande ~* 正面から

porté

堂々と入る;いきなり要職に就く. **entrer par la petite** ～ 縁故で職に就く;下積みからたたき上げる. **mettre à la** ～ 追い払う,たたき出す. **ouvrir [fermer] la** ～ **à ...** ～への道を開く[閉ざす]. ～ **ouverte à** ...((...への))門戸, 通じる道. **prendre [gagner] la** ～ (さっと)出て行く. **trouver** ～ **close** (訪問先が)留守である;門前払いを食わされる.
— 関〖解〗veine — 門扉.

porté, e 形 ❶ (a)(…する)傾向にある,(…しやすい)気持ちである. ❷(sur) (…が)大好きである. ❸《美》ombre ～ 射影.〖バレエ〗リフト.

porte-aéronefs 男 航空母艦.

porte-à-faux 男《不変》(建築物の)突出部分, 張り出し.
◊ **en** ～ 突き出た;不安定な.

porte-affiche 男 掲示板.

porte-aiguille [-egɥ-] 男《不変》針刺し, 針入れ;〖医〗持針器.

porte-amarre 男〖海〗(救命)索発射器, 救命火箭(の).

porte-à-porte 男《不変》戸別訪問, 訪問販売.

porte-avions 男 航空母艦.

porte-bagages 男 (自転車の)荷台(電車の)荷物棚, 網棚.

porte-balai 男《不変》箒(ほうき)立て, 箒掛け.

porte-bannière 名 旗手.

porte-bébé 男 (赤ん坊用の)かご, 腰掛け;抱っこひも, 負ぶいひも.

porte-billets 男 札入れ.

porte-bonheur 男《不変》お守り;幸福のマスコット.

porte-bouquet 男 (壁などに掛ける)花挿し.

porte-bouteille(s) 男 (ワインを寝かせておく)瓶敷き, ワイン棚;運搬用瓶かご.

porte-cartes 男 名刺入れ, 身分証明書入れ;地図入れ.

porte-chéquier (複) ～・～**s** 男 小切手帳入れ.

porte-cigares 男 葉巻入れ.

porte-cigarettes 男 シガレット・ケース.

porte-clés 男 キーホルダー;固 牢(ろう)番.

porte-conteneurs 男 コンテナ船.

porte-copie 男 (タイプを打つ際に用いる)原稿立て.

porte-couteau (複) ～(**x**) 男 ナイフ置き, ナイフ立て.

porte-crayon 男 ペンシルホルダー(デッサン用)木炭サック.

porte-croix 男〖カト〗(儀式のときの)十字架捧持(者).

porte-documents 男 書類カバン, 書類入れ, ブリーフケース.

porte-drapeau (複) ～(**x**) 男 (連隊の)旗手;(社会運動の)リーダー.

portée 女 ❶ 射程, 飛距離, 届く範囲(能力の及ぶ)範囲, 限界. ❷ 影響力, 効力;重要性, 重大さ. ❸ 一腹の子. ❹〖楽〗(五線)譜表. ❺〖建〗梁(はり)間,スパン.
◊ **à la** ～ **de** ... …の手の届く範囲に;理解できる. **à** ～ **de** ... …の届く範囲に. **hors de la** ～ **de** ... …の手の届かない所に;理解を越えて.

porte-épée(複) ～(**s**) 男 (ベルトにつける)剣差し.

porte-fenêtre(複) ～**s**-～**s** 女 フランス窓(観音開きのドア兼用窓).

portefeuille 男 ❶ 札(さつ)入れ, 紙入れ, 財布;固 紙挟み. ❷ 大臣の職. ❸ 有価証券, 株券, 株務. ❹《服》jupe (en) ～ 巻きスカート.

porte-greffe 男 (接ぎ木の)台木.

porte-hélicoptères [-teli-] 男 ヘリ母艦.

porte-jarretelles 男《不変》ガーターベルト.

porte-lame 男 受け刃;カッターヘッド.

porte-malheur 男《不変》臨 災いをもたらす人[もの], 疫病神.

portemanteau (複) **x** 男 コート[帽子]掛け;〖海〗ボートつり, ダビット.

portement 男〖絵〗 ～ **de croix** 十字架を背負うキリスト像.

porte-menu 男 メニュースタンド.

portemine 男 シャープペンシル.

porte-monnaie 男《不変》財布, 小銭入れ.

porte-objet 男 (顕微鏡の)スライドガラス;載物台.

porte-outil [-ti] 男 (工作機械の)刃物[ビット]台.

porte-papier 男《不変》トイレットペーパーホルダー.

porte-parapluies 男 傘[ステッキ]立て.

porte-parole 男《不変》スポークスマン;代弁者.

porte-plume 男 ペン軸, ペンホルダー.

porte-queue 男〖昆〗アゲハチョウ.

porter 他 ❶ (荷物,責任などを)持つ, 担う, 負う;(衣服を)身につけている;(ひげを)生やしている. ► ～ sous son bras [sur son dos, sur soi] si ... (記載を)有する;(外観, 特徴を)呈する, 示す. ► La Lettre *porte* la date du 8 mai. その手紙は5月8日付けとなっている. ❷(身体部位をある状態に)保つ;(物が)支える. ► ～ la tête haute 胸を張る / les cheveux longs 髪を長く伸ばしている / Mes jambes ne me *portent* plus. 私はもう立っていられない. ❹運ぶ, 持っていく, 届ける;もたらす. ► ～ une lettre à la poste 手紙を郵便局に出しに行く / ～ bonheur à ... …に幸せをもたらす / un jugement sur ... …について判断[評価]を下す. ❺ (ある)(…の状態に)導く, (…するように)しむける. ► ～ ... à sa perfection …を完成の域に高める / Tout cela me *porte* à croire que ... どう見ても私には…としか思えない. ❻ (sur)(視線, 努力などを…に)向ける;

(à)(感情を…に対して)抱く〜 son attention sur … …に注意を払う/〜 envie à … …をうらやむ. ❼〜 … en soi …を内に含む;性質，計画などを抱いている. ► Il porte en lui de la haine contre la bourgeoisie. 彼はブルジョワジーに対する憎しみを抱いている. ❽(動物が子を)身ごもる，宿す(実を)結ぶ. ❾記入[記載]する.
◇ne pas 〜 dans son cœur …を嫌っている，よく思っていない. ◇ bien 〜 son âge 年相応より若く見える. 〜 son âge 年相応に見える.
—自 ❶ 《sur》(…を)対象とする，(…に)かかわる. ❷《sur》(…に重みなどが)かかる;(…に)ぶつかる. ❸(ある距離まで)届く,到達する;命中する;的を射ている，有効[適切]である. ◇〜 à la tête (酒などが)頭をくらくらさせる.
— se 〜 ❶ se 〜 bien [mal] 体調が良い[悪い]. ❷ (服などが)着用される. ❸…になる，…として名乗りを上げる. ► se 〜 candidat à une élection 選挙に立候補する. ❹《sur》(視線，感情，支持が…に)向けられる.

porter² 男 《英》ポーター(黒ビール).
porte-revues 男 マガジンラック.
porterie 女 (修道院などの)受付.
porte-savon 男 せっけん入れ.
porte-serviettes 男 タオル掛け.
porteur, se 形 ❶ 持っている;備えている;運ぶ. ❷ 収益[発展性]のある. ❸ mère 〜se 代理母. —名 ❶ 配達人，使者，伝達者. ❷ 着用者者. ❸(病原菌の)保菌者，キャリア. ► 〜 du VIH エイズ保菌者. —男 ❶ ポーター;荷物を運ぶ人. ❷(手形の)所持者，(手形の)所持人. ❸ gros 〜 ジャンボ機.
porte-vent 男 〜(s) 《楽》(パイプオルガンの)送風管;(管楽器の)吹口.
porte-voix 男 メガホン;伝声管.
portfolio 男 ポートフォリオ(版画, 写真などの箱入り作品集).
portier, ère 男 《古教》門番修道者.
—男 ❶ 門衛;ドアマン;ゴールキーパー. ► 〜 électronique (暗証コードで開ける)玄関のロックシステム.
portière¹ 女 《古》(家畜の)妊娠した，出産の. —女 門橋(子連れ使用母の橋).
portière² 女 (車, 列車の)ドア, ドアカーテン.
portillon 男 開き戸, 小門;(地下鉄の)自動開閉扉.
portion 女 (1人分の)分け前, 割り当て，取り分;(食事の)1人前;部分.
portique 男 ❶《建》ポルチコ；柱廊(玄関). ❷《スポ》(器械体操用具の)横木(空港の金属探知装置. ❸ (P〜)《哲》ストア派.
porto 男 ポルト酒.
portoricain, e 形 プエルトリコの.
—名 (P〜)プエルトリコ人.
Porto Rico プエルトリコ(西インド諸島にある米国の自由連合州).
portrait 男 ❶肖像(画)，肖像彫刻[写真]，ポートレート. ❷生き写し;話顔. ❸人物描写，性格描写.

portraitiste 名 肖像画家.
portrait-robot 男 〜s-〜s ❶(容疑者の)似顔絵，モンタージュ写真. ❷(人物の)典型的イメージ.
portraiturer 他 肖像を描く.
port-salut 男《不変》《チーズ》ポール・サリュ.
portuaire 形 港の，港湾の.
portugais, e 形 ポルトガルの. —名 (P〜)ポルトガル人. —男 ポルトガル語. —女 《貝》ポルトガルガキ;語 耳.
Portugal 男 ポルトガル.
portulan 男 ポルトガル海図.
portune 男 ワタリガニ.
P.O.S. 男《略》plan d'occupation des sols 土地利用計画.
pose 女 ❶ 設置, 取り付け; ポーズ. ❷ 姿勢，態度;気取り. ❸《写》露出，ポーズ;(フィルムの)1コマ.
posé, e 形 落ち着いた, 冷静な;(声が)よく通る. **posément** 副
posemètre 男《写》露出計.
poser 他 ❶ 置く;取り付ける，設置する. ❷ (質問を)提出する;提起する. ❸(規則などを)定める；認める;仮定する. ❹他人に見せる，名声を高める;モデルにポーズを取らせる.
—自 ❶《sur》(…の上に)置かれている，載っている. ❷ ポーズを取る;格好をつける;語《à》(…を)気取る，(…の)ふりをする. ❸《写》露出する.
— se 〜 ❶(鳥などが)止まる;(飛行機の)着陸する. ❷(物が)置かれる;(視線が)注がれる;(問題が)提起される;生ずる. ❸(問題などを自分に)課す，考える. ❹《en》(…を)自任する，(…を)気取る. ◇se 〜 là 話度を超している;相当なものだ.
poseur, se 名 取り付け工[職人]. 置く[仕掛ける]人;気取り屋. —形 気取り屋の.
positif, ive 形 ❶確実な，明白な. ❷積極的な，建設的な;肯定的な，好意的な. ❸現実的な，実際[実利]的な;実証的な. ❹《電》陽極の，正の;《医》陽性の;《数》正の. ❺合理的なもの;実際[実利]的なもの;陽画，ポジ;《文法》原級.
position 女 ❶位置，配置;順位. ❷姿勢，構え;《バレエ》ポジション. ❸立場，状況;(社会的な)地位，身分. ❹態度，見解. ❺《軍》陣地. ❻(問題などの設定)《哲》定立, 指定. ❼(銀行口座などの)貸借状況，残高.
◇rester sur ses 〜s 立場を変えない，どんな姿勢にも応じる.
positionnement 男 ❶ 位置決め；(人員)配置. ❷(口座の)残高計算.
positionner 他 ❶位置づける；位置を測る. ❷(市場における商品の)位置づけを測る，ポジショニングする;(銀行口座の残高を)計算する. — se 〜 位地を占める，自分を位置づける.
positivement 副 ❶ 明確に;本当に，まったく. ❷積極的に;肯定的に. ❸《電》陽[正]電気に.
positiver 自 前向きに考える;改

普する.
positivisme 男 [哲]実証主義.
positiviste 名, 形 実証主義者の.
positivité 女 実証性；積極性，肯定. ❷ [数]正；[電]正帯電性.
posit(r)on 男 ポジトロン.
posologie 女 薬用量学；薬量.
possédant, e 形 財産［資産］のある. — 男 財産家, 資産家.
possédé, e 形, 名 取りつかれた(人).
posséder 6 他 ❶ 所有する. ❷ 熟知する，精通する，身につけている. ❸ 支配する，ものにする（悪魔などが）取りつく；（女を）ものにする. ❹ 騙す，ひっかける. — **se** ～ 自制する.
possesseur 男 所有者.
possessif, ve 形 [文法]所有の；[心]独占欲の強い. — 男 所有詞（所有形容詞または所有代名詞）.
possession 女 ❶ 所有；所持，入手. ❷ 所有物［地］；財産. ❸ 把握，制御；精通，熟知. ❹ [心]憑依（ひょうい）（現象）；[神]悪魔つき.
possessivité 女 独占欲の強いこと.
possessoire 形 [法]占有の.
possibilité 女 ❶ 可能なこと，可能性，見込み；機会，手段. ❷《複数》能力；資力.
possible 形 ❶ 可能な，ありうる，考えられる；可能な限りの，できるだけの. ❷ 話 まずまずの.
◇*Ce n'est pas* ～ ! = *Pas* ～ ! 話 まさか. *Il est* ～ *de* ... …するのは可能だ. *Il est* ～ *que* + subj. …かも知れない ; …は可能だ.
— 男 可能な(なこと)；できる限りのこと；《複数》可能性.
◇*au* ～ 非常に，極めて.
possiblement 副 [文章]おそらく.
postage 男 投函, 郵送.
postal, ale 形（男複）**aux** 形 郵便の. — **carte** ～**ale** 郵便はがき／**code** ～ 郵便番号.
postclassique 形 古典主義以後の.
postcombustion 女 [航]アフタバーニング；アフタバーナ.
postcommunion 女 [カト]聖体拝領後の祈り.
postcommunisme 男 ポスト共産主義. ⇒ **postcommuniste** 形, 名

---

poste 郵便

郵便局 bureau de poste／中央郵便局, 本局 bureau de poste central／窓口 guichet／切手販売機 machine distributrice／郵便差出箱, ポスト 男 郵便受け boîte le a[aux] lettres／郵便私書箱 boîte postale／郵便配達人, facteur, trice 郵便物 envoi (postal), courrier／郵便切手, 切手 timbre-poste, timbre／記念切手 timbre-poste commémoratif／手紙 lettre／はがき carte postale／往復はがき carte postale avec réponse payée／郵便書簡, ミニレター cartelettre 航空書簡 aérogramme／航空便で par avion／速達（で）(par) exprès／急送便

---

postcure 女 [医]アフターケア.
postdate 女 先日付, 事後日付.
postdater 他 日付を実際より遅らせる.
postdoctoral, ale 形（男複）**aux** 形 博士号取得後の.
poste¹ 女 ❶ 郵便（業務）；郵便局（= bureau de ～）. ❷（昔の）宿駅；宿駅内の行程（約 8 km）；駅馬車.
poste² 男 ❶ 地位, ポスト；職務. ❷ 部署, 持ち場；［軍］(部署についた)兵士, 部隊. ❸（用途，職務別の）…室，…所；…装置, 設備；供給所. ～ *d'incendie* 消火栓／～ *d'essence* ガソリンスタンド. ❹ 分署, 交番, 派出所（= ～ de police）. ❺ テレビ（= ～ de télévision）；ラジオ（= ～ de radio）；放送局. ❻（電話の）内線；（交替制の勤務, 番；（帳簿, 予算の）項目. ◇*être fidèle au* ～ 義務［職務］をきちんと果たす；話 しぶとい.
posté, e 形 交替勤務の.
Postéclair 男 商標 ポステクレール（電子郵便サービス）.
poster¹ 他 部署に就かせる, 配置する. — **se** ～ 部署に就く.
poster² 他 郵送する, 投函する.
poster³ 男 [英]ポスター.
postérieur, e 形 (à) (…より)あとの, 以後の. ❷ 後ろの, 後部の；［音声］後方の. — 男 話 尻.
postérieurement 副 (à) (…より)あとに.
postériorité 女 あとであること.
postérité 女 [文章]子孫, 後裔（こうえい）；（芸術家などの）後継者；後世.
postface 女 後書き, 後記.
postgénomique 女 [生]ポストゲノミクス.
postglaciaire 形 [地]後氷期の.
posthite 女 [医]包皮炎.
posthume 形 死後の；死後出版［刊行］の；（父の）死後に生まれた.
posthypophyse 女 [解]下垂体後葉.
postiche 形 人工の, 作り物の；見せかけの, 偽の. — 男 かもじ；つけひげ.
postier, ère 名 郵便局員.
postillon 男（昔の駅馬車の）御者；話（しゃべりながら飛ばす）唾（つば）.
postillonner 自 (しゃべりなが

---

courrier accéléré／電子郵便 courrier électronique／ポステクレール（電子郵便の一種）postéclair／ポストエクスプレス（超特急郵便）postexpress／小包 colis (postal)／書留郵便 envoi recommandé／受領証 récépissé／為替 mandat／郵便為替 mandat de poste／為替手形 billet à ordre／郵便805宛 virement postal／電信振替 télégramme-virement／郵便振替口座 compte courant postal
宛て名 adresse／郵便番号 code postal／差出人 expéditeur／受取人 destinataire ／消印 oblitération, cachet de la poste ／返送, 返還 retour／配達不能 rebut／宛当たらず inconnu

postimpressionnisme 男 後期印象派[主義].
☐ **postimpressionniste** 男

post(-)industriel, le 形 (高度)工業化時代の, 脱工業化の.

post-it [-tit] 男 [不変] 商標 (はがせる) 付箋(ふせん).

postmoderne 形 ポストモダンの.
☐ **postmodernisme** 男

postmodernité 女 ポストモダンの時代.

post mortem [-stmortem] 副句 形句 [不変]〖ラ〗死後に[の].

postnatal, ale; 男複 **als** 形 出生後の, 新生児の.

postopératoire 形〖医〗術後の.

post-partum [-st-] 男 [不変]〖ラ〗〖医〗産褥(じょく)期.

postposé, e 形〖言〗後置された, 後置の.

postposer 他〖言〗後置する.

postposition 女〖文法〗後置(詞).

postprandial, ale; 男複 **aux** 形〖医〗食後に起こる.

postromantique 形 ロマン派以後の.

postscolaire 形 学校卒業後の.

post-scriptum 男 [不変] 追伸.

postsonorisation 女〖映〗撮影済みフィルムへの音入れ, アフレコ.

postsynchronisation 女〖映〗アフレコ.

postsynchroniser 他〖映〗アフレコでせりふを入れる.

postulant, e 名 職, 地位の志願者, 志望者; 聖職志願者.

postulat 男〖文章〗前提, 仮定, 原則; 〖論〗公準, 要請; 〖カト〗修練［聖職］志願期.

postulation 女〖法〗手続進行, 訴訟代理.

postuler 他 ❶ (職や地位を)志願する, 志望する. ❷ 前提とする, 仮定する; 〖論〗公準［原理］として立てる. — 自 志願をする;〖法〗訴訟の代理をする.

postural, ale; 男複 **aux** 形 姿勢[体位]の.

posture 女 (特に不自然な)姿勢; 困(る)窮立場, 境遇.
◇ **être en bonne [mauvaise]** ~ 有利な[不利な]状況にある.

postvaccinal, ale; 男複 **aux** 形〖医〗ワクチン接種後の.

pot 男 ❶ 壺(つぼ), 甕(かめ); 瓶; 植木鉢; 漬(つ)物瓶, おまる. ❷ (酒類の)１杯; 酒宴, カクテルパーティー. ❸ 話 運, つき. ❹ 俗 尻(しり). ❺〖車〗**pot d'échappement** マフラー, 消音器. ❻〖料〗**poule au pot** めんどりのポトフ. ❼ 〖ゲーム〗繰り越した賭(か)け金.
◇ **à la fortune du pot** 有り合わせで. **découvrir le pot aux roses** 秘密をさぐりだす. **payer les pots cassés** (他人の)責任をかぶる. **tourner autour du pot** 遠回しに言う.

potable 形 (水が)飲用に適する; 話 まあまあの, 許容範囲の.

potache 男 話 中学生, 高校生.

potage 男〖料〗ポタージュ; スープ.

potager, ère 形 (植物が)食用の; 野菜の. — 男 家庭菜園, 野菜畑.

potamochère 男〖動〗カワイノシシ.

potamologie 女 河川水文学.

potamot 男〖植〗ヒルムシロ.

potard 男 古語,〖蔑〗薬剤師, 薬屋.

potasse 女〖化〗カリ; カセイカリ.

potasser 他 話 猛勉強する.

potassique 形〖化〗カリの, カリウムの.

potassium 男〖化〗カリウム.

pot-au-feu [-to-] 男 [不変]〖料〗ポトフ; ポトフ用牛肉［鍋］.
— 形 [不変] 話 家事にかまけた; マイホーム主義の.

pot-de-vin; 複 ~s~-~ 男 賄賂(わいろ).

pote 名語 友達, 仲間.

poteau; 複 **x** 男 ❶ 柱, 支柱; 電柱. ❷〖スポ〗ゴールポスト (= ~ de but); ポスト. ❸ 銃殺刑用の柱 (= ~ d'exécution). ❹ 語 太い奴.

potée 女〖料〗ポテ (塩漬け肉と野菜の煮込み料理);〖陶〗代赭(たいしゃ)色の泥漿(でいしょう);〖金〗(鋳型用の)真土(まね).

potelé, e 形 ぽっちゃ太った.

potence 女 絞首台; 絞首刑; 直角の支柱, Ｔ字型支柱.

potentat 男 専制君主, 絶対君主; 大立者, 実力者, ボス.

potentialiser 他 効果を高める; 薬効を増す. ☐ **potentialisation** 女

potentialité 女 可能性; 潜在性, 潜在力, 潜在能力.

potentiel, le 形 潜在的な, 可能性を持った;〖哲〗可能態の. ❷〖物〗**énergie** ~**le** ポテンシャル・エネルギー. — 男 ❶ 潜在力, 可能性. ❷〖物〗〖化〗ポテンシャル;〖言〗可能法.
☐ **potentiellement** 副

potentille 女〖植〗キジムシロ.

potentiomètre [-sjɔ-] 男 電位差計.

poterie 女 陶器製造; 製陶(術); 赤土素焼, テラコッタ; (金属製の)容器.

poterne 女 (城の城壁などに通じる抜け道の)出入り口, 隠し戸［門］.

potestatif, ve 形〖法〗契約当事者の一方の意思による.

potiche 女 陶磁器製, 花瓶, 飾り壺(つぼ); 話 名誉職にある人, 飾り物的人物.

potier, ère 名 陶工; 陶器商, 製陶業者.

potimarron 男 ポティマロン(カボチャの一種).

potin 男 うわさ話, 陰口; 騒ぎ.

potiner 自 古語 話 陰口をたたく.

potinier, ère 形, 名 古語 話 ゴシップ[陰口, うわさ話] 好きの(人).

potion 女〖薬〗水剤.

potiron 男〖植〗セイヨウカボチャ.

potolatch [-tʃ] 男〖民〗ポトラッチ.

potomanie 女 渇飲症.

potomètre 男 吸水計.

potorou 男〖動〗ネズミカンガルー.

pot-pourri; 複 ~s-~ 男 ❶ ポプリ(乾燥した花・香草の詰め物); ポプリポット. ❷〖楽〗メドレー; 雑録.

potron-minet 男[古]黎明, 夜明け.
potto 男[動]ポト(ロリス科の猿).
potto(c)k [-k] 男ポトック, ピレネー馬.
pou 〈複〉**x** 男[昆] ❶ シラミ. ❷ [植] herbe aux poux シラミソウ, ヨウガマタ. ◇ **chercher des poux à ...** 話 …に難癖をつける, からむ.
pouah [間] うっ, おえ (嫌悪, 軽蔑).
poubelle 女ごみ箱.
pouce 男 ❶ 親指. ❷ 話 親指を立てて言う]タイム, たんま;ごく少量. ❸ [計] プースの慣用単位(=27.07mm). ◇ **manger sur le ~** 話 急いで［簡単に］食事をする. **mettre les ~s** 抵抗をやめる, 降参する. **se tourner les ~s** 何もしないでいる.
pouce-pied〈複〉**~s-~s** 男[動]カメノテ.
poucier 男 指ぬき, 親指サック.
pou-de-soie〈複〉**~x-~-~** 男モアレ仕上げ用タフタ;モアレタフタの服.
pouding [-diŋ] 男[英]プディング.
poudingue 男[地]円礫岩;岩.
poudrage 男[農]粉剤散布.
poudre 女 ❶ 粉, 粉末. ❷ おしろい, パウダー;火薬;粉薬, 散剤. ◇ **jeter de la ~ aux yeux (de ...)** (…の)目をくらます[欺く], (…を)眩惑[欺瞞]する, だます. **mettre le feu aux ~s** 火薬に火をつける; 騒動［激情］を引き起こす. **ne pas avoir inventé la ~** あまり利口ではない. **se répandre comme une traînée de ~** (うわさなどが)どんどん広まる.
poudré, e 形 おしろいをつけた.
poudrer 他 おしろい［パウダー］をつける; [文章粉をまぶす［まく］, 覆う. ──**se ~** おしろいをつける.
poudrerie 女火薬工場.
poudrette 女[農] 乾燥人糞(肥).
poudreux, se 形 ❶ 粉のような, 粉状の; [文章ほこりっぽい. ──女 粉雪.
poudrier 男 (化粧用)コンパクト; 火薬製造業者.
poudrière 女 火薬庫; 紛争地域.
poudrin 男 波しぶき; 霧雨; 氷雨.
poudroiement 男[文章]ほこりを立てる［雪, 砂が〕舞い上がること, きらめくこと.
poudroyer 自 ほこりを立てる, 雪をきらめかす;舞い上がる, きらめく.
pouf 間 ドスン, ドカン(墜落, 破裂など). ──男 (腰掛け用の)クッション.
pouffer 自 (思わず)噴き出す.
pouillard 男 キジ［ウズラ］のひな.
pouillerie 女赤貧;貧民層;汚ない場所［もの].
pouilles 女[複]固 話 口汚い非難. ◇ **chanter ~ à ...** 文章 …を罵倒する.
pouilleux, se 形, 名 シラミのわいた(人); 極貧の(人); 惨めな(人).
pouillot 男[鳥] メボソムシクイ.
pouilly 男[ワイン]プイイ(ロワール川流域やブルゴーニュ産の白ワイン).
poujadisme 男 プジャード運動(1954年以降の商店主・職人の右派大衆運動); (プチブルの)偏狭な権利要求. □**poujadiste** 形 名

poulailler 男 鶏小屋; 話 天井桟敷.
poulain 男子馬; 秘蔵っ子, 新人.
poulaine 女 プレーヌ(中世の先がとがって反り返った靴); (昔の船の)船首.
poularde 女 若めんどり, 肥育鶏.
poulbot 男 (モンマルトルの)腕白小僧.
poule 女 ❶ めんどり. ❷ 俗 妻; 愛人; 尻;[軽な]売春婦. ❸ [鳥] **~ d'eau** バン. **~ des bois** エゾライチョウ. **~ d'Inde** シチメンチョウの雌. **~ faisane** キジの雌. ❹ [スポリーグ戦の]組. ◇ **mère ~** 過保護の母. **~ mouillée** 臆病者. **tuer la ~ aux œufs d'or** 欲にかられて元も子もなくす.
poulet 男 ❶ (鶏の)ひな, 若鶏; ブロイラー. **~ han (petit) ~** 幼児, 坊や. ❷ 話 手紙; 固 恋文. ❸ 俗 警官, 刑事.
poulette 女 ❶ 若いめんどり. ❷ 話 若い女, 娘. ❸ 話 **ma ~** さあ, 君. ❹ [料] **sauce (à la) ~** プーレットソース(卵黄, バター, レモンで作る).
pouliche 女若い牝馬(分).
poulie 女 滑車, プーリー.
pouliner 自 (牝馬が)子を産む.
poulinière 形 女 **~** 繁殖用の(雌馬).
pouliot¹ 男 [植] ペニロイアルハッカ.
pouliot² 男 (荷馬車の)荷縄巻締め機.
poulot, te 男 話 坊や; 嬢ちゃん.
poulpe 男 [動] タコ.
pouls [pu] 男 ❶ 脈拍; 脈所. ❷ (物事の)指標, 目安. ◇ **prendre [tâter] le ~ de ...** ⋯の脈を取る; ⋯の意向[動向]を探る.
poumon 男 ❶ 肺, 肺臓. ❷ [医] **~ artificiel [d'acier]** 鉄の肺. ◇ **avoir du ~** 声量がある; 息切れしない. **respirer à pleins ~s** 深呼吸する.
poupard 男 丸々と太った赤ん坊.
poupe 女 船尾. ◇ **avoir le vent en ~** 追風に乗る.
poupée 女 ❶ 人形; マネキン人形. ❷ (軽薄な)かわいい女;話 若い女, 娘. ❸ 指の包帯, 包帯をした指. ❹ [機] 心(心)受台, 主軸台. ◇ **de ~** 人形のような; とても小さな.
poupin, e 形 血色のよい 丸顔の.
poupon 男 赤ん坊; 赤ちゃん人形.
pouponner 自 赤ん坊をあやす; よく妊娠する[子供ができる].
pouponnière 女 (3歳児までの)託児所.

pour 前 ❶ (目的, 用途, 適応)…のために(で), ► **Il n'est pas fait ~ ...** 彼は…には向いていない / **~ + inf. [que + subj.]** …するために. ❷ (対象)…に対する, …に対して. ❸ (賛成, 支持)…に賛成して. ► **Vous êtes ~ ou contre ...?** あなた(方)は…に賛成ですか反対ですか. ❹ (目的地)…へ向かって, …行きの. ❺ (予定の時期, 期間) …の予定で, …のところで. ► **Ce sera ~ ce soir.** それは今晩です. ❻ (時期, 機会)…に; …のところで. ► **Viendras-tu ~ Noël?** クリスマスには来る

の / C'est tout ~ aujourd'hui. 今日のところはこれでおしまいです。❼《関与》…にとって。❽ C'est difficile ~ moi. 私には難しい。❾《主題、観点》…に関して［としては］。❿ ► P~ les mathématiques, il est imbattable. 数学に関しては敵う者はない。❾《文脈で文の要素を強調》…とさえば。► P~ une malchance, c'est une malchance. 不運と言えばまったく不運だ。❿《表現の補足》…すれば。► ~ prendre un exemple ~ 一例を挙げれば。⓫《原因、理由》…のために［せいで］。► C'est ~ ça que tu n'es pas venu? 君が来なかったのはそのせいなのだ／Il a été puni ~ avoir menti. 彼はうそをついたので罰を受けた。⓬《結果》…なことに。► P~ son malheur, il n'a pas vu le passant qui traversait. 不幸なことに彼には横断中の歩行者が見えなかった。⓭《assez, trop とともに》► Pierre est assez grand ~ comprendre cela. ピエールはもう十分にそのことが分かる年頃だ。⓮《判断の理由》…するには。…であるからには。⓯《文意》《譲歩》そして…。► Il est parti ~ ne plus revenir. 彼は立ち去って二度と戻らなかった。⓰《属性》…として。► ~ avoir ~ conséquence ... 結果として…になる。⓱《代理》…の代わりに、…を代表して。► payer ~ ... …の分を支払う。⓲《交換、代価》…と交換に、…の埋め合わせとして。► Il a eu ~ dix euros. 彼はそれを10ユーロで手に入れた。⓳《相当》…分、…相当。► L'augmentation des salaires contribuera ~ 0,2% à l'inflation. 賃金の上昇が0.2％のインフレ要因になろう。⓴《割合》…につき、…に対して。► ~ dix cent 10 パーセント。㉑《符合》► ~ce mot ~ mot ce qu'il a déjà dit. それを一語一語、彼が前に言った言葉をまだ。㉒《選択》同じ…。► Mourir ~ mourir, je préfère que ce soit ici. どうせ死ぬのならここで死にたい。㉓《対比、譲歩》…にしては。…ではあるが／いるが。…ではあろうが。► P~ être pauvre, il n'en est pas moins fier. 彼は貧しいけれども誇り高い。► ... que + subj. ~ い。…であろうと。

♦avoir ~ soi ...を長所［美点］とする. en être ~ ... ...の代償に何も得ない。être ~ beaucoup [quelque chose] dans ... ...に大いに［なんらかの］関係がある. être ~ + inf. ...文章まさに...しようとしている. ne pas être ~ + inf. 文章...ではない、...するようなものではない. P~ ce que ...! 話 ...ではなく。 ～ ce qui est de ... ...に関しては. le vote [voter] ~ 賛成投票［賛成投票］.

— 男 賛成；利点，長所.

pourboire 男 チップ，心付け.

pourceau 男〔複〕x〕 文章 豚；不潔な人；大食漢；道楽者.

pourcent 男 パーセント.

pourcentage 男 パーセンテージ，百分率；歩合.

pourchasser 他 執拗(しつよう)に追う、追い回す；追い求める.

pourfendeur, se 名 文章 激しく非難［攻撃］する人；一刀両断にする人.

pourfendre 68 他 文章 激しく非難［攻撃］する；一刀両断にする.

Pourim [-rim] 〔fête de〕《ユダヤ》プリム祭（ユダヤ民族がペルシャでの虐殺を免れたのを記念する祝日）.

pourlèche 女 《医》口角爛(らん)症.

se pourlécher 代動 舌なめずりする.

pourparlers [-le] 男複 交渉，折衝．

pourpier 男 《植》スベリヒユ．

pourpoint 男 《服》プルボアン（中世から17世紀頃の男子用胴衣）．

pourpre 形 赤紫色の、緋(ひ)色の．
— 男 赤紫色、緋色；《貝》アクキガイ．
— 女 ❶《古代紫》染料；文章 真紅；真紅の布〔衣〕（富や権威の象徴）. ❷《カト》枢機卿(きょう)の地位.

pourpré, e 形 文章 赤紫色の、緋(ひ)色の；《医》 fièvre ~e 猩紅熱(しょうこうねつ).

pourquoi 副《疑問》なぜ、どうして.
► P~ mets-tu ton manteau? なぜコートを着ているの？／Pourquoi est-il déchiré? この本はどうしたわけで破れているのですか／ P~ est-ce que tu dis ça? 話 どうしてそんなことを言うの／ P~ pleurer? なんだって泣くんだい、泣いたところでどうなる／《間接疑問》 Je ne comprends pas ~ tu es fâché contre moi. どうして君が私に腹を立てているのか私には分からない．

♦c'est ~ ...，せれゆえに…、だから…．
je ne sais ~ どうしてだか知らないが、なぜか. **~ pas?** どうしてそうしていけないということがあろうか、もちろん. **voilà [voici] ~** 以上［以下］の理由で.

— 男《不変》❶ 原因，理由，動機. ❷ なぜという質問.

pourr- 活 ⇨ pouvoir.

pourri, e 形 ❶ 腐った、腐敗した、朽ちた；（金属などが）ぼろぼろになった. ❷ 堕落した；悪化した；（子供の）甘やかされた. ❸《天気の》じめじめした.
► **être ~ de ...** …が腐るほどある．
— 男 腐ったもの〔部分〕；ろくでなし．

pourridié 男《農》根腐れ病．

pourrir 自 ❶ 腐る、朽ちる. ❷ 悪化する；（人が）堕落する、だめになる、くすぶる. — 他 腐らせる、悪化させる；堕落させる；甘やかす、だめにする.
— **se ~** 腐る；悪化する．

pourrissant, e 形 腐りかけた；悪化しつつある．

pourrissement 男 腐敗，腐食（状況などの）悪化，深刻化．

pourrissoir 男 文章 腐敗の場所；墓地；腐敗の場；牢獄．

pourriture 女 ❶ 腐敗；腐ったもの〔部分〕；堕落．❷（ののしって）ろくでなし．❸《農》腐敗病．

pourrons, pourront 活 ⇨ pouvoir.

pour-soi 男《不変》《哲》対自．

poursui- 活 ⇨ poursuivre.

poursuite 囡 ❶ 追跡, 追求；追い回すこと。❷ 継続, 続行。❸『法』訴追, 起訴。❹《自転車の》追い抜き競走。

poursuiteur, se 名《自転車の》追い抜き競走の選手。

poursuivant, e 图 ❶ 追跡者；追っ手。❷『法』《手続きの》行使者；原告。

poursuivre 他 ❶ 追う, 追跡する；追求する。❷ 続行する；《目的物などに》話を続ける。❸ 訴える；『法』訴追する。❹ つきまとう, 悩ませる；追い回す；《de》(…で) 責め立てる。
— se — 続く, 続いている；追いかける。

pourtant 副 しかしながら, それでも。

pourtour 男 周囲《の長さ》；周辺。

pourvoi 男『法』上告, 抗告。

pourvoir ③ 他 — A de B AにBを与える《備える, 備えつける》。
— 直《à》(…の) 必要を満たす, (仕事を) 引き受ける；(…に) A を供給する。
— se — ❶《de》(…を) 準備する, 調達する。❷『法』申立てを行う, 上訴する。

pourvoyeur, se 名 供給者, 供給源；調達者。— 男『軍』弾薬手。

pourvu, e 厢 (pourvoir の過去分詞)❶《de》(…を) 備えつけた；(…に) 恵まれた。❷ 不自由のない, 金持ちの。

pourvu que 接続 ~ + subj. ❶ …しさえすれば, であれば。❷《独立節》…であればよいのだが。

poussah 男 起き上がりこぼし；(俗) 太った人。

pousse 囡 ❶《植物の》発生, 発芽；新芽, 若枝；《歯, 髪などが》生えること。❷『獣医』《馬の》喘ぐ鳴症。❸『ワイン』再発酵。— 男 人力車。

poussé, e 形 ❶ 押され, 圧力, 力；駆り立てられた。❷ 高度の, 度を超した。❸ 成長した, 伸びた, 生えた。
— 囡 ❶ 押す力, 圧力, 力；勃(男)興, 高まり；急増；《病気の》激発, 発作。❷『物』浮力；『航』推力, スラスト。

pousse-café 男《不変》(コーヒーのあとに飲む) 食後のリキュール。

pousse-pousse 男《不変》人力車。

pousser 他 ❶ 押す；押しやる；追い立てる。❷ 推進する, 押し進める；勢いを強める。❸ 駆り立てる, けしかける。❹《声を》発する；歌う。❺ (枝などを) 伸ばす；(歯などを) 生やす。
— 直 ❶ 生える, 伸びる；成長する。❷ 行く, 進む。❸ 発展する, 大きくなる；急増する。❹ 息む, 力む。❺ 度を超す, 行き過ぎる。
— se — 出世する, のし上がる；場所を空ける, 詰める。

poussette 囡 ❶ (折り畳み式の) ベビーカー, バギー；ショッピングカート。❷ 俗 (渋滞時ののろのろ運転。

pousseur 男 押し船；『航』ブースター。

poussier 男 粉炭；炭塵(ﾃﾝ)。

poussière 囡 ❶ ちり, ほこり；粉塵(ﾁﾝ), 微粒子；(粉の) 鱗粉(ﾘﾝ)。❷ une — de … 数多く散らばった…, 無数の…。❸ 俗 une ~ ごくわずか, 取るに足りないもの。❹ 文語 なきがら。

◇… et des ~s … 少々。

poussiéreux, se 厢 ほこりっぽい。

poussif, ve 厢 息切れのする；あえぎよう；精彩のない；苦心惨憺(ﾀﾝ)の。

poussin 男 ひよこ；(俗) ちびちゃん。

poussine 囡《10歳以下の》キッズ級の選手。

poussinière 囡 飼育かご；孵卵器。

poussivement 副 息を切らして, あえぎながら；やっとのことで。

poussoir 男 押しボタン。

poutargue 囡『料』からすみ。

poutraison 囡『建』梁(ﾊﾘ)構造。

poutre 囡 ❶『建』梁(ﾊﾘ), 桁(ﾀﾞ), ビーム。❷『スポ』平均台。

poutrelle 囡『建』小梁(ﾊﾘ)。

pouture 囡 (昔の) 牛用混合飼料。

pouvoir ③ 他 ❶《不定詞を伴って》❶《能力, 可能》…できる。► Il ne peut pas marcher. 彼は歩けない。❷《許可, 権利》…してもよい。► Vous pouvez entrer sans frapper. ノックせずに入ってよい。❸《可能性, 推測》…であり得る, …かもしれない。► Cet état de choses peut durer des siècles longtemps. この事態はまだ当分続くかもしれない / Il peut se tromper lui aussi. 彼だって間違えることはある /《非人称構文》Il peut arriver [se faire] que + subj. …ということもあり得る。❹《疑問文で依頼》…してくれますか。❺《疑問文で；当惑, いらだちなどいったいぜんたい…。► Où est-ce que j'ai bien pu mettre mes lunettes? 眼鏡をいったいどこへ置いたかな。❻《感嘆文で：驚き, 憤慨など》なんとまあ…。► Qu'est-ce qu'il a pu [n'a pas pu] tonner! いやはや雷鳴のすごかったことよったら。❼《接続法の倒置文で；願望》…でありますように。Puisse le ciel nous être favorable! 天が我々に味方してくれますよう。❷《不定詞を伴わず》❶《不定詞の省略》…できる。► 《Est-ce que je peux aller au cinéma?—Oui, tu peux.》「映画に行ってもいい」「うん, いいよ」/《中性代名詞 le とともに》Résistez, si vous le pouvez. 抵抗できるものならするがいい。❷《不定代名詞, 疑問代名詞, beaucoup などとともに》できる；してよい。► Qu'y puis-je? このことについて私に何ができようか / Tu peux ce que tu veux. したいことをしていい。

◇n'en ~ plus (de …) (…で) もう駄目だ。n'y ~ rien どうしようもない, お手上げだ。on ne peut mieux このうえなくよく[よい]。on ne peut moins + 形容詞 [副詞] 全然…ではなく, 一向に[なく]。on ne peut plus + 形容詞 [副詞] このうえなく …な[に]。~ sur …に対して権威 [影響力] を持つ, 押さえが利く。Qui peut le plus peut le moins. 諺 大事を成し得る者は小事をも成し得る。

— se — 《非人称構文》Il se peut que + subj. …ということもあり得る, …かもしれない。

◇autant que faire se peut = si faire se peut できるかぎり。Cela [Ça] se peut. それはあり得る, そうか

もしれない. *s'il se peut* できれば.

pouvoir² 男 ❶ 力, 能力; …する力[量, 率]. ► ~ d'achat 購買力／~ blanchissant 漂白力／~ calorifique 発熱量. ❷ 権力, 政権; 政府当局. ► ~ exécutif [législatif, judiciaire] 行政[立法, 司法]権／parti au ~ 政権党, 与党／~s publics 行政当局, 諸官庁／décision du ~ 政府の決定. ❸ 支配力, 影響力, 権威; [しばしば複数]権限; [法]代理権; 委任(状). ► être [tomber] au ~ de … …の支配下にある[入る]／Il a un grand ~ sur ses enfants. 子供たちは彼の言うことをよく聞く／les ~s d'un ambassadeur 大使の職務権限. ◇*être en son ~* できる範囲内[権限の内]にある(田 son は各人称に変化させて用いる).

pouzzolane 女[建]ポゾラン(コンクリート混和材).

p.p. [略] pages (複数の)ページ.

P.P.C.M. 男[略] plus petit commun multiple 最小公倍数.

PPM ／ ppm 男[略] (英) part per million 百万分率, ピーピーエム.

P.Q. 男[俗] トイレットペーパー.

Pr. 男[略] professeur 教授.

P.R. 男[略] Parti républicain 共和党.

practice 男 ゴルフ練習場.

præsidium [pre-] 男 (旧ソ連の)最高会議幹部会.

pragmatique 形 ❶ 実際的な, 実用的な. ❷[言]語用論の. ── 女[言]語用論.

pragmatisme 男 ❶ プラグマティズム; 実用主義. □pragmatiste 形 名

Prague 男 プラハ(チェコの首都).

prag(u)ois, e 形 プラハの.
── 名 (P-)プラハの人.

praire 女[貝] マルスダレガイ.

prairial; (複) als プレリアル, 草月(フランス革命暦第 9 月).

prairie 女 ❶ 草地, 牧草地. ❷[動] chien de ~ プレーリードッグ.

pralin 男 ❶[菓] プララン(煮詰めたシロップにアーモンドを加えて冷やし, すりつぶしたもの). ❷[農](肥料, 農薬入りの)糖衣ををけた.

pralinage 男[菓] プラリーヌ製造.

praline 女[菓] プラリーヌ, 糖衣アーモンド; ベルギー風チョコレートボンボン.

praliné, e 形[菓] プラリーヌ入りの(アーモンドの)糖衣をかけた.
── 男 プラリネ(アーモンド糖クリームを挟んだスポンジケーキ).

praliner 他[菓] プラリネを加える.

prame 女 平底船, 角帆艀の小舟.

prandial, ale; (複) **aux** 形[医] 食事に関する, 食事中に起こる.

prao 男[伊][海] プラウ船(マレー諸島の船).

praticable 形 ❶ 通行可能な; 実現し得る; 通行可能の; [演](舞台装置が)実物の. ── 男 実物の大道具; [映] イントレ(カメラを載せる台); [スポ](床運動用の)マット.

praticien, ne 名 実践する人; 臨床医.

praticité 女 便利さ.

pratiquant, e 形 教会の掟(ぉきて)を実践する, 教会の掟を実践する信者(スポーツなどの)実践者, 愛好家.

pratique¹ 形 実践的な, 実用的な, 実地の, 実際的な, 現実的な; 実利的な; 便利な.

pratique² 女 ❶ 実践, 実行. ❷ 実践[実務]経験, 経験的知識; やり方, 慣行, 常用法. ❸[カト] ~ religieuse 教会の掟(ぉきて)の遵守. ❹ libre ~ ヨーロッパ共同体域外原産品の流通許可; 入港許可. ❺[古] 得意客.
◇*en* ~ = *dans la* ~ 実際には, 現実には. *mettre* … *en* ~ …を実践に移す.

pratiquement 副 実践[実際]では; 実用的に見て; ほとんど, いわば.

pratiquer 他 ❶ 常日ごろ行う, 実行する, 実践する, 実施する. ❷(窓, 道などを)つくる, 開ける; (道路を)利用する. ❸ 愛好する; (人と)付き合う.
── **se** ── (恒常的に)行われる, 実行される.

praxie 女[医] 実践.

praxis [-s] 女[独][哲] 実践, プラクシス.

pré 男 牧草地; 草地; 文章 決闘場.

préadolescence 女 前思春期.
□préadolescent, e 名

préalable 形 ❶ 事前の, 前もっての. ❷[法] question ~ 先決問題.
── 男 前提条件.
◇*au* ~ まず最初に; 前もって.

préalablement 副 前もって, 先に.

préalpin, e 形[地] アルプス前山の.

préambule 男 序言, 前置き; 前兆, 前触れ; [法] 前文.

préamplificateur 男[エレ] プリアンプ, 前置(ぜんち)増幅器.

préapprentissage 男 (卒業前の) 職業教育.

préau (複) **x** 男 (校庭の) 屋根付き通路; (修道院, 刑務所, 病院の) 中庭.

préavis 男[行] 告知[期間]; 解雇[辞職]予告. □préaviser 他

prébende 女 ❶ 文章 高収入の閑職; 役得. ❷[カト] 司教座聖堂参事会員職[聖職禄].

prébendé, e 形[カト](司教座聖堂参事会員が)有禄の. ── 男 有禄者.

prébendier 男[カト] 有禄聖職者.

prébiotique 形 生命(発生)以前の.

précaire 形 ❶ 不安定な, 不確実な; 一時的な. ❷ 臨時の, パートの; 一時しのぎの, 間に合わせの. ❸[法] 仮の.
□précairement 副

précambrien, ne 形[地] 先カンブリア時代の. ── 男 先カンブリア時代.

précampagne 女 選挙運動前の時期.

précancéreux, se 形[医] 前がん状態の.

précarisation 名 不安定化.

précariser 他 不安定にする.

précarité 女 文章 不安定, 不確実

一時的なこと；〖法〗仮占有．
précaution 囡 用心, 注意; 予防策; 慎重. ◇avec ～ 注意して. ◇~s oratoires（聴衆の反感を抑える）言葉の気配り, 予防線.
se précautionner 代動 〖文章〗 ❶ (contre)（…に）備える, 用心する. ❷ (de)（…を）備える, 用意［携行］する.
précautionneusement 副 慎重に, 用心深く, 注意して.
précautionneux, se 形 注意深い, 用心深い, 慎重な.
précédemment 副 あらかじめ, 前に, 以前に.
précédent, e 形 前の, 先の, 先行の. ―男 前例.
précéder ⑥ 他 ❶ 先行する, 前に位置する, 先に起こる; 先に立つ［着く］. ❷ 前任者である. ❸ 先を越す, 勝る.
préceinte 囡 〖海〗帯板, 外板腰板.
préexcellence 囡 〖文章〗優秀, 卓越.
précepte 男 教え; 戒律, 掟（おきて）.
précepteur, trice 名 家庭教師; 師, 指導者.
préceptorat 男 家庭教師の職［期間］.
précession 囡 〖天〗歳差（運動）.
préchambre 囡 〖機〗（ディーゼルエンジンなどの）副室, 予燃焼室, 渦流室.
préchauffage 男 あらかじめ暖めること; 予熱. ◇préchauffer
prêche 男〖新〗説教, 小言.
prêcher 他 ❶（福音を）述べ伝える; 説教をする; 説き勧める, 唱道する.
―自 福音を説く, 説教する.
prêcheur, se 形, 名 説教する(人), 説教好きの; ドミニコ会の（修道士).
prêchi-prêcha 男〖不変〗留くどい お説教, 繰り言.
précieusement 副 大切に, 大事に気取って, もったいぶって.
précieux, se 形 ❶ 高価な; 貴重な, 大事な, 得がたい. ❷ 気取った; 〖文〗（17世紀の）プレシオズムの; 才女の.
―名 気取り屋. ―囡〖文〗（17世紀の）才女, 才女気取りの婦人.
préciosité 囡〖文〗プレシオジテ（洗練を求めた17世紀の文学的傾向); （言動の）気取り, もったいぶり, 凝りすぎ.
précipice 男 ❶ 断崖, 絶壁; 深淵. ❷ 破滅, 破産(に), 危機; 破産.
précipitamment 副 大急ぎで, 慌ただしく, 突然に.
précipitation 囡 ❶ 大急ぎで, 慌ただしさ. ❷〖気〗降水;〖化〗沈殿.
précipité, e 形 大急ぎの, 急な; 慌ただしい, 性急な; 落下した.
―男〖化〗沈殿物.
précipiter 他 ❶ 突き落とす; 投げ落とす, たたきつける. ❷ 突き飛ばす. ❷ 破局に陥れる. ❸ 急がせる, 早める. ❹〖化〗沈殿させる. ―自〖化〗沈殿する.
―se ～ ❶ 落下する, 身を投げる, 落ちる. ❷ 駆け寄る; 突進する, 飛び込む. ❸ 急ぐ; 急に進む; 速まる.
préciput [-t] 男〖法〗（相続の）先取分.
précis, e 形 明確な, 鮮明な; 的確な,

正確な. ―男 概要, 概説, 概説書.
précisément 副 ❶ まさしく, 正しく, ちょうど; 〖応答〗そのとおりです. ❷ 正確に, 明確に.
préciser 他 明確にする, はっきり述べる. ―se ～ 明確になる.
précision 囡 ❶ 正確, 的確, 精度, 精密; 詳解, 詳細.
précité, e 形 前記の, 上述の.
préclassique 形 古典主義以前の, 前古典主義の.
précoce 形 早生（わせ）の, 早咲きの, 早なりの; 通常より早い; 早熟の. ◇préoccément
précocité 囡 早熟; 早咲き, 早なり; (季節などの) 早い到来.
précolombien, ne 形 コロンブス（によるアメリカ大陸到達）以前の.
précombustion 囡〖機〗（ディーゼルエンジンの）第1期燃焼, 着火遅れ期.
précompte [-kɔ̃t] 男〖法〗（給料から差し引くこと;〖税〗源泉徴収税追徴税.
précompter [-kɔ̃te] 他（税金, 保険料などを）差し引く, 天引きする.
préconception 囡〖哲〗先入観.
préconçu, e 形 前もって構想された. ► idée ～e 先入観.
préconisation 囡〖カト〗新司教の適任宣言［告示］; 国 勧奨, 推奨.
préconiser 他 ❶ 勧奨する;〖カト〗(教皇が新司教の) 任命を宣言する.
préconscient, e 形〖心〗前意識の, 前意識系の. ―男 前意識.
précordial, ale (男複) aux 形〖解〗心臓前の, 前胸部の.
précuit, e 形 調理済みの.
précurseur 男 先駆者. ―男 形 先触れの, 前兆の;〖医〗前駆症状の;〖軍〗détachement ～ 先遣隊.
prédaté, e 形 すでに日付けの入った.
prédateur, trice 形 捕食性の. ―男 捕食動物［植物］; 狩猟採集民.
prédation 囡 捕食; 捕食生活.
prédécesseur 男 前任者, 先任者; (複数) 先人, 先祖.
prédécoupé, e 形 裁断［カット］済みの.
prédélinquant, e 名 非行化一歩手前の少年［少女］.
prédelle 囡〖美〗プレデラ (祭壇画などの最下部を帯状に飾る一連の小画面).
prédestination 囡〖文章〗宿命, 運命;〖キ教〗（救霊）予定説.
prédestiné, e 形 前もって運命づけられた;〖キ教〗救霊を予定された. ―名〖キ教〗救霊予定者.
prédestiner 他 運命づける;〖キ教〗救霊［地獄落ち］を予定する.
prédétermination 囡 あらかじめ決定されていること;〖神〗予定.
prédéterminer 他 あらかじめ決定する.
prédéterminisme 男〖哲〗予定説.
prédicable 形〖論〗述語となり得る; 賓辞となる.
prédicant 男 囿 説教師.
prédicat 男〖文法〗述語, 述部;〖論〗

se prélasser

prédicateur, trice 名 説教師.
prédicatif, ve 形 [文法]述語[述部]の;[論]述語的な;賓辞の.
prédication 女 宣教, 布教, 伝道;[文ານ説教, 説教した, 訓話.
prédictible 形 予測可能な.
prédictif, ve 形 予測する.
prédiction 女 予言;予測.
prédigéré, e 形 あらかじめ消化しやすくされた.
prédilection 女 偏愛, 熱愛, ひいき. ◇*de* ~ 特に好みの.
prédiquer 他[文法]述語を付与する;[論]賓辞を与える.
prédire 他 予言する;予測する.
prédisposer 他 ~ A à B AにBの素地[傾向]を与える.
prédisposition 女 傾向, 素質, 性向.
prédominance 女 優位, 卓越.
prédominant, e 形 優勢な;主要な;支配的な.
prédominer 自 最も重要である;優勢である;(sur)(…)に勝る.
prééclampsie 女[医]妊娠中毒症, 子癇(ぶ)前症.
préélectoral, ale;(男 複) **aux** 形 選挙前の.
préélémentaire 形 就学前の, 幼稚園での.
préemballé, e 形 パック詰めの.
prééminence 女 優越, 優位.
prééminent, e 形[文章]優位なの, 上位のぬきんでた.
préemption 女[法]先買(権). ◻**préempter**.
préencollé, e 形 接着剤層付きの.
préenregistré, e 形 事前に録音された, 録音ずみの.
préétabli, e 形 前もって定められた.
préétablir 他 前もって定める.
préexcellence 女[文章]卓越.
préexistant, e 形[文章]先在の.
préexistence 女[文章]先在, 既存.
préexister 自 (à)(…より)前から存在する;より前からある.
préfabrication 女 プレハブ工法.
préfabriqué, e 形 プレハブの, 組み立て式の;作りもの.
　— 男 プレハブ部材;プレハブ建物. ◻**préfabriquer**.
préface 女 序文;前置き;前触れ, 発端;[カト]序唱.
préfacer 他 序文を書く.
préfacier 男 序文執筆者.
préfectoral, ale;(男 複) **aux** 形 知事の, 県の.
préfecture 女 ❶ 県庁;県庁所在地. ❷ 知事の職[任期]. ❸ (パリなどの)警視庁 (=*P*~ *de police*). ❹ [軍] ~ maritime 海軍軍管区.
préférable 形 (à)(…)より好ましい, 望ましい.
préférablement 副[文章](à)(…)よりもむしろ.
préféré, e 形 名 お気に入りの(人).
préférence 女 ❶ 好み, えり好み;(複数)ひいき, 偏愛;好みのもの. ❷ 関税の特恵 (=~ *douanière*).
◇*de* ~ むしろ, 好んで. *de* [*par*] ~ *à* … …よりもむしろ.
préférentiel, le 形 優先的な, 特権的な. ◻**préférentiellement** 副.
préférer 他 ~ A (à B)(B より) A を好む, 選ぶ.
—**se** ~ (…に) 自分を好む.
préfet 男 知事;長, 長官;(キリスト教系の学校の)学監, 生徒監 (=~ *des études*).
préfète 女 知事夫人;女性知事. 注 行政用語の法は女性にも **préfet** を用いる.
préfiguration 女[文章]予兆.
préfigurer 他[文章]あらかじめ示す, (…の)前兆となる.
préfinancement 男[輸出]前貸金融.
préfix, e [-ks] 形[法] *délai* ~(訴訟法での)除斥期間.
préfixal, ale;(男 複) **aux** 形[言]接頭辞の.
préfixation 女[言]接頭辞をつけること.
préfixe 男[言]接頭辞.
préfixé, e 形[言]接頭辞がついた.
préfixer 他 ❶[言]接頭辞を付加する. ❷[法]あらかじめ定める.
préformation 女 前もっての形成;前成(説).
préformer 他 あらかじめ作る.
préfourrière 女 (レッカー移動した駐車違反車の)一時置き場.
prégénome 男[生] プレグノム RNA.
prégnance [-gnā-] 女[心] プレグナンツ.
prégnant, e [-gnā, ā:t] 形 含み[含蓄]のある, 意味深長な.
préhellénique 形[史] 前ギリシア文明(期)の.
préhenseur 男 形[動]捕捉器の.
préhensile 形[動] 捕捉力のある.
préhension 女[動]把握, 捕捉.
préhistoire 女 ❶ 先史時代;先史学. ❷(科学, 技術の)前史;草創期.
préhistorien, ne 名 先史学者.
préhistorique 形 先史(時代)の;語 非常に古い, 時代遅れの.
préhominien 男[人]先行人類.
préimplantatoire 形 diagnostic ~ [医]着床前遺伝子診断.
preindustriel, le 形 産業革命以前の.
préinscription 女 予備登録.
préjudice 男 損害;迷惑. ◇*au* ~ *de* … …を無視して;犠牲にして. *sans* ~ *de* … …を損なうことなく;…は別として.
préjudiciable 形 (à)(…) に有害な, (…) を害する.
préjudiciel, le 形 先決の.
préjugé, e 男 偏見, 先入観, 先入主;予測し得る徴候[状況].
préjuger 自 *de* (…について)速断する;決めてかかる.
　— 他[文章]速断する;決めてかかる.
prélart 男 防水シート.
se prélasser 代動 くつろぐ, 息抜きを

prélat

prélat 男 [カト] 高位聖職者.
prélatin, e 形 ラテン文化以前の.
— 男 ラテン以前の文化[言語].
prélature 女 [カト] 高位聖職者の職[地位]; (教皇庁の)高位聖職者団.
prélavage 男 下洗い, 予洗.
prêle / prêle 女 [植] トクサ.
prélegs [-le(g)] 男 [法] 遺贈の先取分.
prélèvement 男 ❶ (一部の)採取, 抽出; 採取見本. ❷ (金額の)先取り, 控除, 天引き. ❸ ~ automatique (口座からの)自動支払い. ❹ [税] 課税, 徴税. ❺ (EC の)輸入課徴金.
prélever ③ 他 取り出す; 天引きする, 先取りする; 自動引き落としとする.
préliminaires 男複 予備[事前] 折衝; 前置き, 下準備.
— **préliminaire** 形 前座の, 予備の.
▫**préliminairement** 副.
prélogique 形 前論理的の.
prélude 男 ❶ [楽] 前奏曲, プレリュード; (演奏前の楽器[声]の)調音(音); 発端, 序幕.
préluder 自 ❶ [楽] (演奏前に)楽器の試し弾きをする[声を出してみる]; 開始を告げる楽句を奏する. ❷ (à~(…の)前兆[前触れ]となる; 開始を告げる.
prématuré, e 形 時期尚早の, 早すぎる; 月足らずの, 未熟の. — 名 未熟児. ▫**prématurément** 副.
prématurité 女 (早産による)未熟(児).
prémédication 女 [医] (麻酔)前投薬.
préméditation 女 (悪事などを)たくらむこと, 計画.
prémédité, e 形 熟考済みの; 計画的な.
préméditer 他 たくらむ, 計画を練る; [法] 予謀する.
prémenstruel, le 形 [医] 月経前の.
prémices 女複 [史] 初物, 初穂; (家畜の)初子; 文章 処女性; 始まり.
premier, ère 形 ❶ 最初の, 初めての; 初期の; 1番目の. ❷ 第 1 位の, 最高の, 第一級の, 最も優れた; 重大な; 根本的な, 基本的な; 原初の, 元来の. ❸ [数]素の.
— 名 ❶ 最初の人[もの], 一番の人[もの]; 前者. ❷ [劇] jeune ~ [~ère] 主役の美男[美女]役.
— 男 ❶ ついたち; 2階; 第 1 区. ❷ (le P~) (特に英国の)首相. ❸ mon ~ (文字謎の)最初の部分.
— 女 ❶ 初演, 初日; (映画の)封切り. ❷ 初成功, 画期的な出来事; 初登頂. ❸ 1等席; 1等切符. ❹ (リセの)第1学級(☞ terminale). ❺ [車] 1速, ローギア. ❻ [服] アトリエ主任.
♦ de ~ 第一級の, 類のすぐれた.
premièrement 副 第一に, まず.
premier-né, première-née ; 複 ~s-~s 名; 形 最初に生まれた(子).
prémilitaire 形 徴兵前の.

cinq cent soixante-dix 570

prémisse 女 [論] (三段論法の)前提; 文章 前提, 前提条件.
prémolaire 女 小臼歯(歯).
prémonition 女 予感, 虫の知らせ.
prémonitoire 形 前触れの, 前兆となる. ► rêve ~ 予知夢.
prémunir 他 文章 《contre》 (…から)守る. — **se** ~ 文章 《contre》 (…に対して)備える, 用心する.
prenable 形 手に入れることのできる, 獲得し得る; 奪取し得る; 攻略できる.
prenant, e 形 魅力的な; (金などを)受け取る; 買う別のある; (時間[労力]がかかる; 物をつかむ能力のある.
prénatal, ale ; 男複 **als** 形 産前の.
prendre ⑰ 他 ❶ 取る, つかむ, 抱く; とらえる, 捕まえる; 迎えに行く; 拘束[拘禁]する. ► Qu'est-ce qui te prend ? いったいどうしたの／ Je vous y prends! さあ現場を押さえたぞ. ❷ 食べる, 飲む; 吸う, 浴びる. ❸ 手に入れる, 得る, 買う; 選びとる; 雇う. ► ~ (un) rendez-vous 会う約束を取り付ける. ❹ (乗り物に)乗る; (道を)行く; (席などに)つく; (場所を)占める. ► ~ l'escalier 階段を利用する／ ~ le lit 床につく. ❺ 《à》 (…から)奪う, 取り上げる. ❻ (時間, 労力, 金を)要する; (料金を) ~ 別く; (時間を) 割く. ► Prenez votre temps. ゆっくりやってください／『目の語なしに』Ce médecin prend très cher. あの医者はすごく高い／ ~ sur son temps 時間を割く. ► Prends ton parapluie. 傘を持って行きなさい. ❽ (習慣などを)身につける; (外観, 様相を)帯びる; (色に)染まる; (病気に)かかる. ❾ (打撃, 被害などを)食らう, 被る. ❿ (感情, 関心などを)抱く, させる. ⓫ (数量, 年齢などが)増える. ► ~2kg ÷ 2キロ太る／ ~ de l'âge 年を取る. ⓬ 受ける; 受け付ける; (客, 患者などを)受け入れる; (人を乗り物に)乗せる; 引き受ける. ► Il a mal pris la plaisanterie. 彼は冗談を悪くとった／ ~ sur soi ... ...の責任を自分で引き受ける. ⓭ (写真, 記録などを)とる; 測る. ⓮ A dans [entre, à] B A を B の間に挟む.
♦ à tout ~ すべてを考え合わせれば, 結局. C'est à ~ ou à laisser. このまま受け入れるかやめるかどちらかだ, 嫌ならやめるがいい. le ~ bien 甘んじて受け入れる. On ne m'y prendra plus. もうその手には乗らないよ. Où avez-vous pris cela? あなたそんなことどこで仕入れたのか. ~ A pour B A を B と見なす [取り違える]; A を B として選ぶ (=~ A comme B). ~ l'air 空気[外気]を吸う, 一息入れる; 離陸する. ► une femme 妻をめとる; 腹を抱く. se laisser ~ 捕まる; だまされる.
— 自 ❶ 固まる, 凍る; 焦げつく. ❷ 根づく; (染料などが)着色する; (火が)つく; 効果が上がる; うまくいく, 成功する. ► Le vaccin a pris sur lui. ワクチ

ンは彼に効いた / Ce film a l'air de ~. この映画はヒットしそうだ / Ça ne *prend pas*. 話 その手には乗らないよ. ❹ 道を行く, 方向をとる. ► ~ à gauche 左へ曲がる / ~ au [par le] plus court 最短距離を行く. ❹ (道, 線, 証拠などが)始まる. ❺ (欲望, 感情などに)わき起こる. ❻ 話 しかられる, ひどい目にあう.

◇ **Bien [Mal] prend à ... de** + inf. …することは…にとって良い[悪い]結果となる. **~ sur soi** 忍耐する, 自制する.

— **se ~** ❶ 手に取られる, つかまれる; 捕える, つかまる, 挟まれる. ❷ 取り合う, 握り合う; 奪い合う. ❸ (食事などが) 取られる; 服用される. ❹ 理解される, 解釈される. ❺ (自分に)選ぶ, 雇う. ❻ 固まる, 凍る; 曇る. ❼ (病気などが)起こる, 広がる. ❽ (男女が)肉体的に結ばれる.

◇ **s'en ~ à ...** …を批判する, 責める. **se ~ à ...** 反意 …にしがみつく; 頼る; 執着[熱中]する. **se ~ à** + *inf*. 反意 …し始める. **se ~ de ...** (感情)を抱く. **se ~ de boisson [vin]** 酒に酔う. **se ~ par la main** 手を取り合う; 話 頑張る, 奮起する. **se ~ pour ...** 自分を…と思う. **s'y ~** 振る舞う, 行動する, 取りかかる.

preneur, se 图 ❶ 買い手; [法]賃借人. ❷ ~ de son 録音技師. ❸ ~ d'otage(s) 人質(誘拐)犯人.

prenez, preni-, prenn- 活 ⇨ prendre.

prénom 男 (姓に対して)名.

prénommé, e 形, 图 …という名の(人).

prénommer 他 名づける.
— **se ~** …という名前である.

prénotion 女 [哲]先概念.

prenons 活 ⇨ prendre.

prénuptial, ale 《男複》**aux** 形 結婚前の.

préoccupant, e 形 心配させる, 気がかりな.

préoccupation 女 ❶ 心配, 気がかり; 懸念. ❷ 専心, 没頭.

préoccupé, e 形 心配そうな.

préoccuper 他 心配させる; 念頭を去らない. — **se ~ (de)** (…)を気にかける, 心配する.

préolympique 形 プレオリンピックの.

préopératoire 形 [医]手術前の.

prépa 女 話 グランドゼコール準備課程.

préparateur, trice 图 実験助手; ~ en pharmacie 調剤助手.

préparatif 男 《多く複》準備(作業), 支度.

préparation 女 ❶ 準備, 用意, 支度; 心構え, 覚悟. ❷ 調理(済食品), 調合(薬), 加工(品). ❸ (計画の)立案, 作成; 作曲. ❹ [軍] ~ militaire 入隊前教育. ❺ [美]下絵, 地塗り作業.

préparatoire 形 準備の, 予備の. ► *cours* ~ (小学校の)準備課程.

préparer 他 ❶ 準備する, 用意する. (食事などを)作る. ❷ 企てる, 計画する. ❸ 予告する; 準備させる; 覚悟をさせる.

— **se ~** ❶ (**à, pour**) (…の)準備を整える, 覚悟を決める. ❷ 準備[用意]される; 起ころうとする. ❸ (自分のために)用意する.

prépayer 12 他 前払い [前納] する.

prépondérance 女 優越性, 優位; 主導権, 支配権.

prépondérant, e 形 優勢な, 優越した. ► *voix* ~*e* (議長の)裁決権.

préposé, e 图 担当者, 係員, 職員; 郵便外務員.

préposer 他 (職務などに)任ずる, 当たらせる.

prépositif, ve 形 [文法]前置詞の.

préposition 女 [文法]前置詞.

prépositionnel, le 形 [文法]前置詞の; 前置詞に導かれる.

prépositivement 副 [文法]前置詞的に.

préprogrammé, e 形 [電] (出荷時に)プリセットされた.

pré(-)presse 男 [解] 印刷前工程, プリプレス.

prépuce 男 [解] (陰茎の)包皮.

préraphaélite 形, 图 [美]ラファエロ前派の(画家).
▫ **préraphaélisme** 男

prérégler 6 他 [電]プリセットする.
▫ **préréglage** 男

prérentrée 女 (教員の)新学期準備期間.

prérequis 男 必修単位.

préretraite 女 定年前[早期]退職.

préretraité, e 图 早期退職者.

prérogative 女 特権, 特典.

préroman, e 男, 形 [美]前ロマネスク様式(の), ロマネスク以前の.

préromantique 形 前ロマン派の.

préromantisme 男 前ロマン主義.

près 副 近くに, そばに; すぐに. ► *La gare* [*Noël*] *est tout ~*. 駅はすぐそこです[クリスマスはもうすぐです].

◇ **à ...** …を除けば; …の(誤)差で. **à beaucoup ~** 《否定的表現で》それどころではない; はるかに. **à cela [ceci] ~ que ...** …ということを除けば. **à peu de chose(s) ~** ほとんど, ほぼ. **de ~** 間近から; 注意深く. **de ~ ou de loin** 多少なりとも, なんらかの形で. **être ~ de ...** しようとしている, する寸前である. **ne pas (en) être à ... ~** …など気にしない, …くらいなんでもない. **ne pas y regarder de si [trop] ~** それ以上のことを望まない, ほどほどにする. **ni de ~ ni de loin** まったく, 全然. **~ de ...** の近く [間合に]; におよそ…; 約….

présage 男 前兆, 前触れ; 予想.

présager 2 他 ❶ 文章 前兆である; 予測させる. ❷ 話 [推測]である.

présalaire [-sa-] 男 奨学金, 前払い給料.

pré-salé [-sa-] 男 《複》 ~ (*s*)-~ *s* プレサレ(海辺で育てられた羊, その羊肉).

présbyacousie 女〖医〗老人性難聴.

presbyte 形, 名 老眼の(人).

presbytéral, ale 形 (男 複) **aux** 〖キ教〗司祭の; 牧師の.

presbytère 男 〖キ教〗司祭館; 牧師館.

presbytérianisme 男 〖キ教〗長老制; 長老派教会.

presbytérien, ne 形, 名 〖キ教〗長老派の(教会員).

presbytie [-si] 女 老眼.

prescience 女 予知(能力); 予感.

préscolaire 形 就学前の.

prescri- 活 ⇒ prescrire.

prescripteur, trice 名 (消費動向に)影響力をもつ評論家など.

prescriptible 形 〖法〗時効になる.

prescription 女 規定する; (医者の)処方; 〖法〗時効.

prescrire 他 規定する, 命じる; 処方する; (治療法を)勧める. ❷〖法〗時効によって取得する［消滅させる］. —**se** ~ 規定される, 命じられる;〖法〗時効になる.

prescrit, e 形 (prescrire の過去分詞) 規定された;〖法〗時効の成立した.

préséance [-se-] 女 上席権, 優先権.

présélection [-se-] 女 予備選抜;(機械類の)プリセット.

présence 女 ❶ いること, あること, 存在; 出席; 参加, かかわり; 影響力, 勢力. ❷ (作家, 作品などの)現代性, 現代への影響力; (俳優などの)個性, 魅力, 存在感. ❸〖カト〗la ~ réelle キリストの実在.
◇en ~ de ... ...の前で, に直面して, の出席のもとに. faire acte de ~ ちょっと出席する, 顔だけ出す. — d'**esprit** 機転に富んだ落ち着き.

présent¹, e 形 ❶ (...に)いる, ある, 存在する, 現在の, 今の; (名詞の前に)この, 問題になっている. ❸〖文法〗現在の; (文法)現在の. ◇à ~ 今は, 今では. —名 ❶ 出席者. —男〖文法〗現在, 今;〖文法〗現在形. ◇à ~ 今は, 今では. —名 本書状.

présent² 男〖文章〗贈り物, プレゼント.

présentable 形 人前に出せる, 体裁のいい, 見苦しくない.

présentateur, trice 名 (ラジオ, テレビの)司会者; キャスター; (展示会などの)宣伝係, 販売説明員.

présentatif 男〖言〗提示辞［詞].

présentation 女 ❶ 紹介する; 推薦. ❷ 公開, 展示(会), 発表(会); 陳列品, 配列. ❸ 体裁; 風采(ﾌﾘ), 外見, 身なり. ❹ 呈示, 提出; (学説などの)説明, 展開.❺〖カト〗P ~ de la Vierge (11月21日の)聖母マリアの奉献の祝日).❻〖医〗胎位.

présentement 副〖文章〗現在, 今.

présenter 他 ❶ 紹介する;(候補者などを)推薦する, 立てる. ❷ 発表する; 公開する; 展示する, 陳列する; 上演［上映]する. ❸ 提示する, 見せる, 示す; 提出する; (学説などを)説明する, 述べる.❹〖軍〗Présentez armes! 捧(ﾂ)げ銃(ｼﾞ)(号令). —自 語 ~ **bien** [**mal**] 好感［嫌な感]を与える. —**se** ~ ❶ 自己紹介する. ❷ 志願［立候補]する; (試験を)受ける; 姿を見せる, 現れる; 出頭する. ❸ 起こる, 生じる; 外観を示す, 様相を呈する.

présentoir 男 陳列棚, ショーケース.

présérie [-se-] 女 量産モデル, 商品見本.

préservateur, trice 形 名 予防する. —男 保存料, 防腐剤.

préservatif, ve 形 名〖医〗予防する. —男 コンドーム; 避妊具.

préservation 女 保護, 保障, 保存; 予防.

préserver 他 (de) (...から)守る. —**se** ~ (de) (...から)身を守る, 免れる.

préside 男〖史〗(スペイン人の)要塞(ﾖｳｻｲ), 砦(ﾄﾘﾃﾞ).

présidence 女 ❶ 大統領［議長, 裁判長, 会長］の職［任期, 官邸, 執務室]. ❷ (議員, 集会の)主宰, 司会.

président 男 大統領［議長, 委員長; 裁判長, 会長, 主宰者など. ►~-**directeur général** 代表取締役社長.

présidente 女 (女性の)大統領［議長, 裁判長, 会長; 大統領［議長, 会長] 夫人.

présidentiable 形, 名 大統領候補となる可能性のある(人).

présidentialisation 女 大統領制化.

présidentialisme 男 大統領強権制.

présidentiel, le 形 大統領［議長, 裁判長, 会長の]. —女 大統領選挙.

présider 他 司会する, 議長［会長]を務める; 主宰する, ホスト役を務める. —自 (à) (...に)つかさどる, 支配する.

présidial, e 〖複〗**aux** 男〖史〗上座裁判所.

présidialité 女〖史〗上座裁判所の裁判権［管轄].

présidium 男 ⇒ præsidium.

présomptif, ve 形 推定される.

présomption 女 推定, 推測, 仮定; うぬぼれ, 高ぶり; 傲慢.

présomptueusement 副〖文章〗 うぬぼれて, 思い上がって, 横柄に.

présomptueux, se 形 名 うぬぼれた(人), 傲慢な(人).

présonorisation 女〖映〗〖テレビ〗プレイバック方式.

presque 副 ほとんど, ほぼ.

presqu'île 女 半島.

pressage 男 プレス加工; 加圧, 圧縮.

pressant, e 形 粘り強い, 執拗(ｼﾂﾖｳ)な; 差し迫った, 緊急な.

press-book [-buk] 男〖英〗(新聞の切り抜きなど, タレントやモデルの)売り込み用資料.

presse 女 ❶ 出版物; 新聞, 雑誌, 定期刊行物; 出版, 報道, ジャーナリズム. ❷ (集合的)ジャーナリスト, 報道関係者. ❸ 印刷機; 印刷. ❹ 圧縮機, 圧搾機. ❺ (商売の)繁忙, 活況. ❻〖文章〗群衆, 雑踏.
◇**avoir bonne** [**mauvaise**]

prêter

聞雑誌によく[悪く]書かれる;世間の評判がよい[悪い]. ◇*sous* — 印刷中の.

pressé, e 形 ❶ 絞った, 圧搾した. ❷ 急を要する, 緊急の;急いでいる.
◇*n'avoir rien de plus* ~ *que de* + inf. 一刻も早く…しようと急ぐ.

presse-agrumes 男 (電動)柑橘(気)類用ジューサー.

presse-bouton 形〔不変〕❶ オートメ化した. ❷ guerre ~ 押しボタン戦争.

presse-citron 男〔不変〕レモン搾り器.

presse-fruits 男 ジューサー.

pressentiment 男 予感.

pressentir 他 ❶ 予感する;感づく, 見抜く;胸中を探る, 意向を打診する.

presse-papiers 男 文鎮.

presse-purée 男〔不変〕野菜漉(⁻)し器, マッシャー.

presser 他 ❶ 圧縮する;強く押す;アイロンをかける;締めつける. ❷ 絞る, 絞り出す. ❸ せきたてる, 急がせる;責めたてる, 迫る. ❹ (速度, 動きを)速める. 一自 ❶ 差し迫っている, 急を要する. ❷ (*sur*)(…を)強く押す, 押しつける. 一*se* ~ ❶ (*sur*, *contre*)(…に)体を押しつける, 身を寄せかける, 抱きつく. ❷ 押し合う, ひしめく, 混み合う. ❸ 急ぐ.

presse-raquette 男〔複〕 ~ -(*s*) 男 (昔の)ラケットプレス.

presseur, se 形 プレスする, 圧搾の. 一名 プレス工.

pressier 男 印刷工;プレス職人.

pressing [-sin] 男〔英〕(衣服の)プレス;プレス専門店, クリーニング店.

pression 女 ❶ 押すこと;圧力, 強制. ❷ 生ビール. ❸〔服〕スナップ. ◇*sous* — 加圧[圧縮]した;いらいらした, うずうずした.

pressionné, e 形〔服〕スナップで留める.

pressoir 男 圧搾機, 搾り機;ブドウ圧搾機;圧搾場[小屋, 室].

pressurage 男 圧搾, 搾ること.

pressurer 他 搾る;圧搾する;搾り取る, 奪い取る. 一*se* ~ 一 *se* ~ *le cerveau* 頭を働かす, 知恵をしぼる.

pressureur, se 名 圧搾工〔職人〕;(金銭, 財産などを)搾り取る人.

pressurisation 女 与圧.

pressuriser 他 (飛行機の機内などの)気圧を正常に保つ, 与圧する.

prestance 女 堂々とした風貌(⁻⁻).

prestataire 男 ❶ ~ *de services* サービス業従事者. ❷〔法〕(給付金の)受給者.

prestation 女 ❶ 給付(金), 手当, 扶助金;〔法〕夫役. ❷ 宣誓. ❸ (選手, 俳優の)演技.

preste 形 素早い, 敏捷(気)な, 機敏な. □**prestement** 副

prestesse 女〔文章〕敏捷, 機敏.

prestidigita|**teur, trice** 名 手品師, 奇術師.

prestidigitation 女 手品, 奇術;出し物.

prestige 男 威信, 威光, 名声, 評判.

prestigieux, se 形 威信[威光]の

ある, 名高い;〔広告文で〕豪華な.

prestissimo 副〔伊〕〔楽〕プレスティシモ, 極めて急速に.

presto 副〔伊〕〔楽〕プレスト, 急速に. ② 早く, 急いで.

présumable 形 推定できる.

présumé, e 形 推定された, …と見なされた. ▶ meurtrier ~ 殺人容疑者.

présumer 他 推定する, 推測する, 思う. 一自 (*de*)…を買いかぶる.

présupposé [-sy-] 男 想定, 前提.

présupposer [-sy-] 他 想定する, 前提とする.

présupposition [-sy-] 女〔文章〕想定, 前提;予想.

présure 女 レンネット, 凝乳酵素.

prêt¹, e 形 ❶ 準備[用意]ができた, 支度の整った. ❷ (*à*)(…の)準備が整った, できる状態にある;覚悟ができた.

prêt² 男 ❶ 貸すこと, 貸し, 貸し出し;融資, 貸付金;貸借. ❷〔軍〕俸給.

prêt-à-coudre 男〔複〕~*s*-~-~ 男 (縫い合わせれば着られる)半既成服.

prêt-à-monter 男〔複〕~*s*-~-~ 男 キット.

prêtantaine 女 ➪ prétentaine.

prêt-à-partir 男〔複〕~*s*-~-~ 男 パックツアー.

prêt-à-porter [-ta-.] 男〔複〕~*s*-~-~ 男 プレタポルテ, 高級既製服;プレタポルテ業界.

prêté, e 形 貸し付けられた. 一男 *C'est un* ~ *pour un rendu*. これでおあいこだ.

prétendant, e 名 ❶ 王位を要求する人;求婚者.

prétendre 他他 ❶ ~ + inf. [que + ind.]…と言い張る, 主張する. ❷ ~ + inf. [que + subj.]〔文章〕…を要求する, 望む. 一自〔文章〕(*à*)(…を)要求する, 切望する. 一*se* ~ (自分が…だと)主張する.

prétendu, e 形 (prétendre の過去分詞)いわゆる…;自称….

prétendument 副 …と思われている;自称….

prête-nom 男〔法〕名義貸与.

prétentionneur 男 (安全ベルトの)自動ロック装置.

prétentaine 女 *courir la* ~ ほっつき歩く;享楽的生活を送る.

prétentieusement 副 これ見よがしに, 気取って.

prétentieux, se 形, 名 うぬぼれが強い(人);気取った(人).

prétention 女 ❶ (多く複数)(*à*, *sur*)(…に対する)権利の主張, 要求;野望;〔複数〕要求額. ❷ (*à*)(…という)自負, うぬぼれ;気取り.
◇*avoir la* ~ *de* + inf. …すると自負する;〔多く否定形で〕…するつもりである. *sans* ~ (*s*) 控えめな, てらいのない.

prêter 他 ❶ 貸す;金を貸す. ❷ 与える. ▶ ~ *serment* 宣誓する. ❸ (*à*)(…に)帰する, (…の)せいにする.
◇ ~ *le flanc à* …. …に身をさらす. 一自 (*à*)(…を)招く, 引き起こす.

prétérit

〜 à rire 笑いの種になる.
—**se** 〜 (**à**)(…に)同意する；適している.

prétérit [-t] 男《文法》汎(ﾊﾝ)過去.
prétérition 女《レト》逆言法, 暗示の看過法.
préteur 男《古''》プラエトル, 法務官.
prêteur, se 名 貸し手；債権者, 融資者.
prétexte[1] 男 ❶ 口実, 言い訳. ❷ きっかけ；機会.
◇*prendre* 〜 *de ...* …を口実にする.
sous aucun 〜 いかなる場合にも.
sous 〜 *de ...* [*que* ...] …を口実に.
prétexte[2] 男《古''》(高位公職者などが着た)緋(ヒ)色の縁取りのある長い白衣.
prétexter 他 口実にする.
pretium doloris [presjomdolɔris] 男《不変》《法》慰謝料, 補償金.
prétoire 男《文章》法廷；《古''》将軍の幕舎；地方長官の公邸.
prétorien, ne 形《古''》法務官の, プラエトルの. ❷ (独裁者の)親衛隊の. —男 親衛隊.
prétraille 女《蔑風》《軽度》坊主ども.
prétraité, e 形 プレ加工[処理]済みの.
prétranché 形 切り分けられた.
prêtre 男《カト》司祭, 聖職者；《宗》祭司, 神官, 僧侶(ﾘｮ).
prêtre-ouvrier 形 男《複》〜s-〜s 男 (第二次大戦後の)労働司祭.
prêtresse 女 ❶ 女祭司, 巫女(ﾐｺ). ❷ (ある分野の)ベテラン女性.
prêtrise 女《カト》司祭職の身分.
préture 女《古''》プラエトルの職[任期].
preuve 女 ❶ 証拠, 証(ｱｶ)；証明(法)；検算.
◇*à* 〜 = *la* 〜 証 その証拠に. *à que* ... その証拠に…だ；…であることの証拠に. *faire* 〜 *de* ... …を示す, 発揮する. *faire ses* 〜**s** 実力の程を示す.
preux 形 男《文章》《中世騎士道文学》武勇に優れた. —男 騎士, 勇士.
prévaloir 38 自《文章》(**sur, contre**)(…に)勝る, 優先する. —**se** 〜 (**de**) (…)を生かす；誇る；鼻にかける.
prévaricateur, trice 形 名《文章》不正をした(人)；背任罪に問われた(人). — *fonctionnaire* 〜 汚職官僚.
prévarication 女 業務上の不正；(特に公務員の)背任, 汚職.
prévariquer 自《文章》不正[背任, 汚職]をする.
prévau- 活 ⇨ prévaloir.
prévenance 女 思いやり；《複》思いやりのある態度[言葉].
prévenant, e 形 思いやりのある.
prévenir 28 他 ❶ 〜 A (**de** [**que** ...])(…を)Aに予告する, 通知[通報]する；警告する. ❷ 予防する, 防止する；《文章》(反対, 質問などに)先回りをする, 封じ込める. ❸ (察知して)かなえてやる, 満足させる.

---

cinq cent soixante-quatorze 574

〜 **à contre** [**en faveur de**] **B** A に B に対する偏見[好感]を抱かせる.
préventif, ve 形 予防の, 防止の. —男 予防拘禁.
prévention 女 ❶ (事故, 病気などの)予防措置, 防止対策；《法》予防拘禁(期間). ❷ 先入観, 思い込み；(特に)偏見, 悪意.
préventivement 副 予防のために.
préventologie 女 予防医学.
préventorium 男 結核予防サナトリウム.
prévenu, e (prévenir の過去分詞) ❶ 先入観を抱いた, 予断を持った. ❷《法》(**de**)(…の罪に)問われた. —名《法》被告人, 被疑者.
préverbe 男《言》動詞接頭辞.
préverr- 活 ⇨ prévoir.
prévien-, prévin-, prévîn- 活 ⇨ prévenir.
prévîmes, prévîrent, prévis 活 ⇨ prévoir.
prévisibilité 女 予想可能性.
prévisible 形 予想[予測]できる.
prévision 女 予想, 予測.
◇*en* 〜 *de* ... …に備えて.
prévisionnel, le 形 先を見越した, 予測に基づく.
prévisionniste 名 ❶ 経済予測専門家. ❷ 天気予報官.
prévoir 32 他 ❶ 予想[予測]する. ❷ 予定する, 見込む；準備する.
prévôt 男《史》プレヴォ(アンシャンレジーム下の地方行政官, 司法官)；《軍》憲兵, 憲兵隊長. ❷ 〜 **des marchands** (昔の)パリ市長.
◻**prévôtal, ale** 形《史》プレヴォの職[権限, 座]；《軍》憲兵隊の(任務).
prévoy- 活 ⇨ prévoir.
prévoyance 女 ❶ (将来への)心がけ, 先見の明. ❷ 生活保障.
prévoyant, e 形 名 用意周到な(人)；先見の明のある(人).
prévu, e 形 (prévoir の過去分詞) 予想された, 予定された.
priant (墓石上の)祈る人の彫刻.
priapée 女 艶裁(ｴﾝｻｲ)な詩[絵, 芝居].
priapisme 男 持続勃起(ｺﾞ)；《俗》.
prie-Dieu 男《不変》祈祷(ﾄｳ)台.
prier [3] 他 ❶ 〜 ... **de** + inf. [**que** + subj.] …に…を懇願する；祈る. ❷《文章》(**à**)(…に)招く.
◇*Je vous (en) prie.* すみませんが, お願いですから；どうぞ；どういたしまして.
se faire 〜 なかなかうんと言わない. ❸ 祈る.
prière 女 祈り(の文句), 祈祷(ｷﾄｳ)；懇願, 頼み. ◇P〜 **de** + inf. どうかしてください.
prieur, e 名《カト》小修道院長.
prieuré 男《カト》小修道院(付属の教会)；小修道院長職[館].
prima donna ：《複》*prime donne* [-medɔ(n)ne] (または両者同) 女《伊》プリマドンナ.
primaire 形 ❶ 初等の, 初歩の. — *école* 〜 小学校. ❷ 最初の, 第1次

の. ► secteur ～ 第1次産業／couleurs ～s 三原色／ère ～《地》古生代. ❸ 幼稚な, 単純な. ── 男 ❶ 初等教育. ❷ 《政》予備選挙；第1回投票. ── 名 幼稚者, 単純な人.
primal, ale形《男複》*aux* cri ～ 《心》原初の叫び(幼児期の叫びを出す精神療法).
primarité 囡《心》一次性, 一次的反応.
primat¹ 男《カト》首座司教.
primat² 男《哲》優位(性)；卓越.
primate 男《複数》《動》霊長類.
❷ 囮 粗野で無作法な人.
primatial, ale 形《男複》*aux* [-sj-] 《カト》首座司教の.
── 囡 首座司教座堂.
primatie [-si] 囡《カト》首座司教権[職, 管轄区].
primauté 囡 優位, 優越, 卓越.
prime¹ 形 ❶ (本給以外の)特別の手当, 報奨金；ボーナス；助成金. ❷ 景品, 特典. ❸ (保険の)掛け金, 保険料. ❹《証》プレミアム. ◊ *en* ～ おまけに. *faire* ～ 評価が高い, もてはやされる.
prime² 形 ❶《数》ダッシュ記号のついた. 用 *a'* は a prime と読む. ❷《文章》第1番の, 最初の. ── 男 ～ time ▷ prime time. ❸《カト》早課.
primé, e 形 助成金を与えられた.
primer¹ 他 賞[助成金]を与える.
primer² 他 勝る, 優位を占める.
── 自 (*sur*)(…に)勝る, (…を)しのぐ, (…より)優位を占める.
primerose 囡《植》タチアオイ.
prîmes ▷ prendre.
primesautier, ère 形 [-so-] 形 衝動的な, 率直な, 自然な.
prime time [prajmtajm] 男《英》ゴールデンアワー.
primeur 囡 ❶《複数》走りの[早取りの]青果. ► marchand de ～s 八百屋. ❷ できたて[盛んな]. ► vin (de) ～ 新酒. ◊ *avoir la* ～ *de* …を真っ先に入手する.
primeuriste 男 (果物, 野菜の)走り物栽培者[商人].
primevère 囡《植》サクラソウ.
primidi 男 (革命暦毎月の)第1日.
primipare 形 初産の(女性).
primitif, ve 形 原初の, 最初(時代)の；最初の, もともとの；基本の, 根源の；未開の, 素朴な；単純な, 簡略な.
── 名 ❶ 未開人, 未開種族の人. ❷《美》ルネサンス前期の画家；素朴派の画家.
── 男《哲》根本概念.
primitivement 副 最初は, 元来.
primitivisme 男《美》プリミティビズム.
primo 副《ラ》第1に, 最初に.
primogéniture 囡《法》長子(相続).
primo-infection 囡《医》初感染.
primordial, ale 形《男複》*aux* 形 最も重要な, 第一義的な；原初の.
prince 男 ❶ 君主, 王；王子, 親王.

王族. ❷ 大公. ❸ 第一人者, 王者. ◊ *être bon* ～ 寛容さを示す. *fait du* ～ 政府「権力」の専制的行為.
prince(-)de(-)galles 男, 形《不変》《服》グレンチェックの.
princeps [-ps] 形《ラ》初めての.
princesse 囡 王妃, 皇太子妃, 大公妃；王女, 皇女, 内親王；女王. ◊ *aux frais de la* ～ 囮 公費で. *faire* ～ 囮 気取る.
princier, ère 形 君主[王侯]の；君主[王侯]にふさわしい, 豪華な.
princièrement 副 君主[王侯]のように；豪華に.
principal, ale 形《男複》*aux* 主要な, おもな. ── 男 ❶ 要点, 事の本質；主要人物. ❷《経》元金. ❸ (公証人の)筆頭書記. ❹ コレージュの校長. ❺《文法》主節.
principalement 副 主として.
principat 男《史》君主[王族, 大公]の位.
principauté 囡 ❶ 公国. ❷ 大公の位[領地].
principe 男 ❶ 原則, 原理. ❷《複数》(個人, 集団の)主義, 信条. ❸《複数》行動の基礎知識, 初歩. ❹ 文章 根源；原因. ❺ 構成要素, 成分. ◊ *de* ～ 原則的な, 基本的な. *en* ～ 原則として；理論的には；おそらく. *par* ～ 主義として；必ず.
printanier, ère 形 春の, 春らしい. ❷ 話言葉 青春の.
printemps 男 ❶ 春；希望の時期. ❷ 文章 青春, 若い盛り；(若い人の)年.
prion 男《医》プリオン(狂牛病の病原体と見なされているたんぱく質).
priorat 男 小修道院長の職 [任期].
prioritaire 形 優先権のある(人)；優先カードを持った(人).
◊ **prioritairement** 副
priorité 囡 優先(権), 先行(権)；最重要課題. ── *action de* ～《証》優先株. ◊ *en* ～ 何よりもまず, 優先的に.
prirent, pris ▷ prendre.
pris, e 形 ❶ ふさがっている；忙しい. ❷ (感情などに)とらわれた；(病気に)かかった. ► de peur 恐怖にかられて／*avoir le nez* ～ 鼻をやられている. ❸ ひかかった, 挟まれた：動きが取れない. ◊ *C'est autant de* ～. = *C'est toujours de* ～ (*sur l'ennemi*). それだけでももうけものだから. *être bien* ～ (*dans sa taille*) = *avoir la taille bien* ～ な均整のとれた体つきである.
prise 囡 ❶ 取る[奪う, 捕らえる]こと. ► ～ *du pouvoir* 権力の掌握[奪取]／～ *de conscience* 自覚, 意識化／～ *de contact* コンタクトを取ること／～ *de son* 録音. ❷ 捕らえたもの, 獲物；捕獲(量), 漁獲(量). ❸ 持つ[手をかける]ところ, 足場. ❹ 差し込み(口), コック；コンセント. ► ～ *d'air* 通気口／～ *mâle* [*femelle*] 差し込みプラグ[コンセント]／～ *de terre* アース. ❺ (車などのエンジンとの連結, ギアの入った状態. ❻ (格闘技の)組み手, 技. ❼ 固まること, 凝固.
◊ *avoir* ～ (*sur* …)(…に対して)影

prisé

響力を持つ, 押さえが利く. *donner ~ à* … …の原因を作る, …を招く. *être [se trouver] aux ~s avec* … …と争って[闘って]いる. *lâcher ~* を手を放す; 放棄する. *mettre … aux ~s* …を争わせる, 対決させる.

prisé, e 形 高く評価された.
——名〖法〗値付け.

priser 他 文章 高く評価する.

priser[2] 他 文章 (かぎたばこを)かぐ; (麻薬などを)吸う. ◆**priseur, se**.

prismatique 形 ❶ 角柱(型)の. ❷ プリズムの, プリズム分光された. ❸ 色鮮やかな.

prisme 男 ❶〖数〗角柱. 〖光〗プリズム; 〖晶〗(結晶体の)柱. ► *~s basaltiques* 柱状節理. ❷ 色眼鏡, 偏見.

prison 女 ❶ 監獄, 刑務所; 〖軍〗営倉. ❷ 禁固(刑), 懲役(刑). ❸ 牢獄を思わせる場所.

prisonnier, ère 名 囚人, とらわれの人; 捕虜. ——形 ❶ とらわれの, 投獄された. ❷ (à の) …にとらわれた. ❸ *ballon ~* ドッジボール.

priss-, prit, prît(-) 活 ⇨ **prendre**.

Privas プリヴァス (Ardèche の県庁所在地).

privatdozent [-vatdotsent]
/ privat(-)docent [-t] 男 (ドイツ, スイスなどの)大学の私講師.

privatif, ve 形 ❶ (de ...) を剥(ハ)奪する. ❷ 独占的な, 専有の. ❸〖文法〗(接頭辞などが) 欠如を意味する, 欠性の.
——男〖文法〗欠性小辞, 欠性接頭辞.

privation 女 ❶ 剥(ハ)奪, 喪失. ❷ 〘複数〙(生活の)切り詰め, 耐乏, 節制.

privatisée 女 民営化された企業.

privatiser 他 民営化する; 個人所有にする. ◆**privatisation**.

privatiste 男 民法の専門家.

privautés 女複 なれなれしさ.

privé, e 形 私的な, 私有の; 公の, 民間の; 非公式の. ► *à titre ~* 私人として. ——男 民間企業; 私立探偵; 私生活. ◇*en [dans le] ~* 個人的に, 内輪で.

privé, e[2] 形 (de …) (…が)ない, (…を)欠いた, (…を)奪われた.

priver 他 ~ A de B A から B を奪い取り上げる; A に B を禁じる.
——**se** ~ ❶ (de …) (…を)自らに禁じる, …なしですませる. ❷ つましく暮らす; 節約する.

privilège 男 特権, 特典, 恩恵, 利点; (皮肉)才能, 特技.

privilégié, e 形, 名 特権[特典]を与えられた(人); 恵まれた人.

privilégier 他 特権を与える; 優先する; 重視する.

prix 男 ❶ 値段, 価格, 料金, 代金; 〘複数〙物価. ❷ 賞; 賞品, 賞金; (賞の懸かった)コンテスト, 試合; 受賞者 [作品]. ► *Grand P~* グランプリ (レース). ❸ 価値, 値打ち. ❹ 代価, 犠牲; 報い, 罰.
◇*à aucun ~* どんな場合(場合)でも (…しない). *à ~ d'or* 非常な高値で

à tout ~ 是が非でも. *au ~ de* ……と引き換えに, ……の条件で. *de ~* 高価な. *dernier ~* 最安値; 最終決定. *hors de ~* 法外に高い. *y mettre le ~* 大金を払う.

pro- 接 プロ (の).

probabilisme 男〖哲〗蓋(ガイ)然論. ◆**probabiliste** 名形.

probabilité 女 ❶ 確からしさ, 蓋(ガイ)然性; 推測. ❷ 確率.

probable 形 ありそうな, もっともらしい, 確からしい.

probablement 副 おそらく.

probant, e 形 説得力のある, 確かな. ◆〖法〗証拠となる.

probation 女 ❶〖カト〗志願期; 修練期. ❷〖法〗保護観察.

probationnaire 名〖法〗保護観察下にある人.

probatoire 形 学力[能力]認定の. ◆〖法〗*délai ~* 保護観察期間.

probe 形 文章 実直な, 正直な.

probiotique 男 プロバイオティクス(の).

probité 女 実直, 誠実, 正直.

problématique 形 ❶ (実現性, 真実性などの)疑わしい, 不確かな. ❷ 〖文章〗一連の問題をかかえる. ❸ 〖哲〗*jugement ~* 問然判断.
——女 文章 (特定の領域, 学問分野における)問題提起; 問題圏.

problématiquement 副 文章 疑わしく, 不確かに.

problème 男 問題, 課題; 悩み事.
◇*faire ~* 問題を引き起こす. *sans ~* 容易に, 無事に.

procédé 男 ❶ 方法, 方式, 手順; 技法, 手法. ❷〖撞球〗技巧, 常套手段. ❸〖複数〗文章 振る舞い, 行動, 態度. ❹〖ビリ〗タップ.

procéder 自 文章 ❶ (à …) (…を) 行う, 実行する, 進める. ❷ (de …) から生じる, 起こる, 発する.

procédural, ale (男複) **aux** 形 訴訟手続(上)の.

procédure 女 ❶ 手続; 訴訟手続. ❷ (技術的作業の)手順, 方法.

procédurier, ère 形 (軽蔑) 訴訟好きな(人).

procès 男〖法〗訴訟. ► ~ *civil [criminel]* 民事[刑事]訴訟 / *être en ~ avec* (contre) … …と係争中である. ❷〖言〗過程.
◇*faire le ~ de* …を非難する. *sans (autre) forme de ~* 文章 簡単に, あっさり.

processeur 男〖情報〗プロセッサ.

processif, ve 形 訴訟好きの; 〖心〗好訴性の. ——名〖心〗好訴者.

procession 女 列; (特に)(宗教儀式の)行列.

processionnaire 女〖昆〗ギョウレツケムシ (行列毛虫).

processionnel, le 形 行列の.

processus [-s] 男 プロセス, 過程, 経過; 工程.

procès-verbal; 〘複〙 aux 男 調書, 交通違反調書; 議事録.

prochain, e 形 (現時点からみて)次

proche 形 (de) ❶ (…に)近い, 近接した; 親しい. ▶ ~ parent 近親. ❷ (…に)似た, 類似した.
◇de ~ en ~ 少しずつ, 次第に.
— 名 〖複数〗近親者; 親友; 側近.

Proche-Orient 男 近東.
☐ **proche-oriental, ale** 男 複 **aux** 形

prochinois, e 形, 名 親中国派の(人).

proclamation 女 宣言(文), 声明(文); 発表, 布告.

proclamer 他 宣言[発表, 布告]する; (大勢の前で)明言[主張]する.

proclise 女〖言〗後接.

proclitique 形〖言〗後接的な.
— 名 後接語.

proconsul 男〖ラ〗〖古ロ〗プロコンスル, 属州総督. ☐ **proconsulaire** 形

proconsulat 男〖古ロ〗プロコンスルの地位[職, 任期].

procréateur, trice 形, 名 〘文章〙子供を産む(者).

procréation 女 〘文章〙生殖; 出産.

procréatique 女 人工生殖科学.

procréer 他 〘文章〙(人間が子を)作る; 出産する.

proctite 女〖医〗直腸炎.

proctologie 女 直腸[肛門]病学.

proctologue 名 直腸[肛門]病専門医.

procurateur 男〖古ロ〗代官.

procuration 女 委任, 代理, 代理権; 委任状. ◇par ~ 代理人を立てて; 他人任せに.

procure 女〖カト〗(修道院の)財務担当者[室].

procurer 他 à A à B B に A を手に入れさせる; もたらす, 引き起こす.
— **se ~** 手に入れる.

procureur, e 名 ❶ 検事. ▶ ~ général 検事総長. ❷〖法〗代理人. 注 procureur を女性名詞としても用いる場合もある. ❸ 修道院の会計係.

prodigalité 女 浪費癖; 〖複数〗浪費.

prodige 男 ❶ 驚くべきこと, 驚異; 奇跡; 偉才, 奇才. ▶ ~ enfant ~ 神童.

prodigieusement 副 驚くほど, 並外れて.

prodigieux, se 形 驚異的な, 並外れた; 奇跡的な, 不可思議な.

prodigue 形 ❶ 浪費家の; 気前のよい. ❷ (de) (…を)振りまく, 惜しまない. — 名 浪費家(⸨者⸩).

prodiguer 他 浪費する; 惜しみなく与える, 振りまく.

pro domo 〖ラ〗副句, 形句〈不変〉自分の(家の)ために(の).

prodrome 男 前兆, 前触れ; 〖医〗前駆症(状). ☐ **prodromique** 形

producteur, trice 形, 名 (de) (…を)生産[産出]する; 生み出す.
— 名 生産者, 生産業者, プロデューサー.

productible 形 製造可能な.

productif**, ve** 形 ❶ 生産[製造]の; 生産力の高い. ❷ (de) (…を)生む, もたらす.

production 女 ❶ 生産, 産出, 製造; 生産高. ❷ 生産物, 製品; 作品. ❸ (映画の)製作; 映画作品, 番組. ❹ 発生, 生成. ❺〖法〗(書類の)提出.

productique 女〖情報〗コンピュータ統合生産, CAD/CAM.

productivisme 男 生産本位理論, 生産性第一主義.
☐ **productiviste** 名形

productivité 女 ❶ 生産性, 生産力; 生産高. ❷ 利益[収益]率.

produire 他 ❶〖しばしば目的語なしに〗生産[産出]する; (利益を)生む; (作品を)作り出す, 製作する. ❷ 生じさせる, 引き起こす. ❸〖法〗提出する.
— **se ~** ❶ 起こる, 生じる. ❷ 舞台に出る, 出演する.

produis(-), produit 直 ⇒ produire.

produit 男 ❶ 生産物, 産物, 製品. ❷ 収益, 利益, 収入. ▶ ~ net 純益 / ~ national brut 国民総生産. ❸ メンテナンス用品, …剤. ❹〖数〗積.

proéminence 女 〘文章〙突起(物), 突出(部).

proéminent, e 形 突起している.

prof 男 (professeur の略) 俗 先生.

profana**teur, trice** 形, 名 漬(⸨せい⸩)聖者, 冒瀆者.

profanation** 女 瀆聖的, 冒瀆行為.

profanation 女 ❶ 瀆(⸨とく⸩)聖, 冒瀆; 汚損, 悪用.

profane 形 ❶ 〘文章〙世俗の. ❷ (en) (…に)素人の, 門外漢の. — 名 非信徒, 俗人; 素人. ❷ 世俗(事).

profaner 他 ❶ 神聖をけがす, 冒瀆(⸨とく⸩)する. ❷ 損なう, 悪用する.

proférer 他 [6] 強く発する.

profès, esse 形, 名〖カト〗修道立願をした(者).

professer 他 〘文章〙公言する, 表明する; 主張する.

professeur 男 (中等教育以上の)教授; 教師, 先生.

profession 女 ❶ 職業. ❷ 〖集合的〗同業者. ❸ 〘文章〙公言, 表明, 宣言; (信仰の)告白;〖カト〗修道誓願.
◇de ~ 本職の, 常習の / faire ~ de … …を公言する.

professionnaliser 他 職業化する, 専門職化する. — **se ~** プロになる. ☐ **professionnalisation** 女

professionnalisme 男 職業意識, プロ精神; (スポーツの)プロ資格.

professionnel, le 形 ❶ 職業の, 職業上の. ❷ 本職の, プロの.
— 名 ❶ 本職, プロ, 専門労働者, 常習者. ❷ 俗 売春婦.

professionnellement 副 職業的に, 専門的に; 職業上.

professoral, ale 形 〖男 複〗**aux** 教授 (教師)の; 学者めいた.

professorat 男 教職, 教授職; 教職期間.

profil 男 ❶ 横顔, プロフィール; 話. ❷ 輪郭, 外形, シルエット; 断面(図), 側面(図). ❸ 資格, 適性. ❹ (物事, 状況の)特徴; 概要. ❺『生』〜 génétique 遺伝的プロフィール. ◇de 〜 横を向いて; 側面から. 〜 bas 最低限の行動計画; 低姿勢; 低迷.

profilage 男 ❶『車』(車体の)流線型. ❷『機』(部品などの)輪郭付け. ❸ (犯罪者)プロファイリング.

profilé 男『車』(断面の)形鋼.

profiler 他 輪郭をはっきり示す; 断面図(側面図)を描く; 横顔を描く.
— **se** ─ 輪郭がはっきり現れる, 形を見せる, 浮かび上がる.

profileur, se 名 プロファイラー.

profit 男 利益, 利潤; 効用, 有益さ. ◇au 〜 de ... ...のために, ...に利する形で. avec 〜 有益に. avoir 〜 de ... = c'est 〜 de [beaucoup de] 〜 話 徳用である, 長持ちする. faire (son) 〜 de ... ...を利用する. mettre à 〜 de ... を有効に使う. tirer 〜 de ... = trouver (son) 〜 à ... ...を役立てる.

profitable 形 (à) (...に)有益な, 利益をもたらす. ◇**profitablement** 副

profitant, e 形 長持ちする, 経済的な.

profiter 自 ❶ (de) (...を)利用する, (...で)得をする. ❷ (à) (...に)利益をもたらす, 役立つ; 滋養となる. ❸ (de) (...と一緒に)楽しく過ごす. ❹ 話 成長する, 大きくなる. ❺ 話 経済的[徳用]である, 長持ちする.

profiterole 女 プロフィトロール (チョコレートをかけたシュークリーム).

profiteur, se 名 便乗者.

profond, e 形 ❶ 深い, 奥行きがある; 重々しい, 意味深い; 奥底にある, 本質的な, 深遠な; (色が)濃い. ❷ 極度の, 激しい; 痛切な, 深刻な.
— 男 深部, 奥底.
— 副 深く, 底の方へ.

profondément 副 ❶ 深く, 奥底まで. ❷ 非常に; 徹底的に.

profondeur 女 ❶ 深さ, 奥行き; (容器などの)高さ; (複数)深い所. ❷ (思想, 精神などの)深さ, 深遠さ; 不可解さ; (複数)奥底, 深層部. ❸ (程度の)激しさ; (色の)濃さ.
◇en 〜 深く; 根本的な[に].

pro forma 形副 (不変)『ラ』『商』facture 〜 見積り送状.

profus, e 形 文書 おびただしい.

profusément 副 文書 豊富に, 多量に; 気前よく.

profusion 女 ❶ 豊富, 多量; 過剰. ❷ 文書 乱費, 浪費; 気前のよさ.

progenèse 女『生』胎児に影響する母体の諸要因.

progéniture 女 文書『集合的』子, 子孫; 話 (ふざけて)家族.

progénote 男『生』プロジェノート (全生物の源の原始生命体).

progestatif, ve 男, 形『医』月経前期(の).

progestérone 女『生化』プロゲステロン.

progiciel 男『情報』パッケージ, 汎(ば)用プログラム.

prognathe [-gnat] 形, 名『人』突顎(ざの)(の人).

prognathisme [-gna-] 男『人』突顎症(ば).

programmable 形 (機器が)プログラミングできる, プログ『計画』可能な.

programm*ateur, trice* 名 番組編成者, (映画館の)番組担当.
— 男 プログラムのマイコン制御装置, タイマー; 『電』プログラム作成機.

programmation 女 番組編成; 計画, 予定作成; 『情報』プログラミング.

programmatique 形 計画(上)の, 予定された.

programme 男 ❶ 計画, 予定. ❷ 授業計画, カリキュラム; 科目. ❸ 番組, プログラム. ❹『情報』プログラム. ❺ *C'est tout un* 〜. 話 あとは推して知るべしだ.

programmé, e 形 プログラムされた; (機器が)マイコン付きの, 全自動の.

programmer 他 番組に組む; 予定する, 計画する; プログラミングする.

programmeur, se 名『情報』プログラマー.

progrès 男 ❶ 進歩, 進展, 発展; 上達, 向上; 『軍』(軍隊などの)前進.

progresser 自 ❶ 進歩する, 発展する; 上達する, 向上する; 広がる, 悪化する; 前進する.

progressif, ve 形 ❶ 段階的な, 漸進的な; 徐々に増大する. ▶ *impôt* 〜『税』累進税. ❷『文法』進行形の.

progression 女 ❶ (持続的な)発展, 上昇, 増加; 進行, 前進; 『軍』進軍. ❷『数』数列; 『天』(惑星の)順行.

progressisme 男 進歩主義.

progressiste 形, 名 進歩的な(人).

progressivement 副 徐々に.

progressivité 女 ❶ 漸次性, 前進性; 『税』累進性.

prohibé, e 形 (法的に)禁止された.

prohiber 他 (法的に)禁止する.

prohibitif, ve 形 ❶ (法的に)禁止する, 禁じる. ❷ 手が出ないほど高値の.

prohibition 女 ❶ (法的)禁止, 禁制. ❷ (1919-33年の米国の)禁酒法.

prohibitionnisme 男 ❶ 保護貿易主義. ❷ (米国の)禁酒法政策, 禁酒論. ◇**prohibitionniste** 形名

proie 女 ❶ 獲物, 餌食(ピ); 犠牲(激しい感情の)とりこ. ▶ *oiseau de* 〜 猛禽(ミ). ◇*en* 〜 *à* ... ...に襲われた, ...のとりこになった.

projecteur 男 投光器, スポットライト; 映写機, プロジェクター.

projectif, ve 形『数』射影の; 〔心〕投影〔投映〕の.

projectile 男 発射物; 砲弾, 弾丸.

projection 女 ❶ 発射, 射出; (複数)放出物 [噴出]物. ❷ 上映, 映写(会). ❸ (将来の)推定, 予測. ❹〔数〕〔建〕射影, 投影; 〔心〕投影, 投射; 〔測〕地図の図法.

projectionniste 名 映写技師.

projet 男 計画, 企画, プロジェクト; 草

579 cinq cent soixante-dix-neuf　　　　　　　　　　　　　　**prononcer**

案,草稿;設計(図),デザイン. ► ~ de loi 法案.

projeter ④ 他 ❶ 計画[企画]する. ❷ 投げつける,放出する,噴出する. ❸ 投影する;上映する;《数》[心]投射[投影]する. ─ 自 ~ 投影される,映る.

projeter, se 代動 ❶ 企画者,設計者.

prolactine 女《生化》プロラクチン,黄体刺激ホルモン.

prolapsus [-s] 男《医》脱(出症).

prolégomènes 男複 序論,緒言;前提概念,予備知識.

prolepse 女[-ɛps][レト] プ弁法,予期的叙述法;《哲》先取観念.

prolétaire 名 プロレタリアの;《古り》最下層市民. ─ 形 労働者(階級)の;プロレタリアの.

prolétariat 男 プロレタリアート.

prolétarien, ne 形 プロレタリアートの;プロレタリア文学の.

prolétariser 他 プロレタリア化する. ─ se ~ プロレタリアになる. ◇**prolétarisation** 女

prolifération 女 増殖,繁殖;急速な[異常な]増殖.

prolifère 形[植] 異常発育した.

proliférer ⑥ 自 増殖する,繁殖する;急増する.

prolifique 形 繁殖力の強い;多産の.

prolixe 形 饒舌(じょう)の;冗長な.

prolixité 女 饒舌,冗長.

prolo 名(不変),形(不変) 俗 労働者(の);プロレタリアの).

prologue 男 プロローグ,除幕,前口上;幕明け,前ぶれ.

prolongateur 男 延長コード.

prolongation 女 延長(時間);《スポ》延長戦.

prolonge 女《軍》~ d'artillerie 砲架(車).

prolongé, e 形 長く続く;(引き)延ばされた,延長された.

prolongement 男 ❶ 延長(部分). ❷《複数》余波,波紋;結果.

prolonger ③ 他 延長する,延長する;(…に)続く. ─ se ~ 延びる,長くなる,続く;広がる.

promenade 女 ❶ 散歩. ► aller en ~ 散歩に出かける. ► ~ à bicyclette サイクリング ► en voiture ~ ドライブ. ❷ 散歩道,遊歩道.

promener ③ 他 ❶ 散歩させる,連れ歩く;案内する. ❷ 持ち歩く[運ぶ],移動させる. ❸ (sur)(…に)(視線などを)巡らせる.
◇s'envoyer ~ 投げ出す;追い払う.
─ se ~ 散歩する,歩き回る,さまよう. ◇ *Allez vous ~* [*Va te ~*]! 出ていけ!

promeneur, se 名 散歩者.

promenoir 男 ❶ 遊歩場;遊歩デッキ;散策場所. ❷ 立見席.

promesse 女 ❶ 約束. ❷《複数》文章 将来の見込み,見込み. ❸《法》予約(証書);契約. ◇ ~ *de Gascon* [*d'ivrogne*] 空約束.

Prométhée 《ギ神》プロメテウス. ◇**prométhéen, ne** 形

prometteur, se 形 有望な.

promettre 65 他 ❶ 約束する. ► ~ de ... [*que* ...] …(すること)を約束する. ❷ 予告する,予想する;前兆を示す,見込まれる.
─ 自 ❶ 見込みがある;期待を抱かせる.
─ 語 先が思いやられる.
─ se ~ ❶ 期待する,見込む;予定する. ❷ *(de)* …に決心する.

promis, e 形 *(à)* (…に)約束された,取り決められた;予約された. ─ 名 古風 許婚者.

promis(-), promit, promît- 語 ⇒ promettre.

promiscue 形 女《法》共同の.

promiscuité 女 雑居(生活);ごった返し,混雑;ごたまぜ.

promo 女 (promotion の略) 話 (グランゼコールの) 同期入学生.

promontoire 男 岬;台地の突出部.

promoteur, trice 名 ❶ 発起人,発案者;推進者. ❷ 不動産開発業者.

promotion 女 ❶ 昇進;地位向上. ❷ 同期昇進者;(グランゼコールの)同期入学生. ❸ 販売促進. ► article en ~ 特売商品.

promotionnel, le 形 販売促進の.

promotionner 他(製品の)販売促進をする.

promouvoir 46 他 ❶ 昇進させる. ► *Il a été promu directeur.* 彼は部長に昇進した. ❷ 促進する,奨励する.

prompt, e [prõ, 5:t] 形 文章 迅速な,素早い;(à) 傾向がある.
◇*avoir la main* ~ *e* すぐ人を殴る.

promptement [prõt-] 副 文章 素早く,迅速に;手際よく.

prompteur (テレビの)プロンプター.

promptitude [prõti-] 女 文章 素早さ,迅速さ;手際よさ.

promu, e 形, 名 (promouvoir の過去分詞) 昇進した(人),進級した(生徒).

promulgation 女 発布,公布.

promulguer 他 発布[公布]する.

pronaos [-s] 男《古代》プロナオス(神殿の入り口).

pronation 女(前腕の)内転.

prône 男《カト》(主日のミサでなされる)説教,説教前後の告示.

prôner 他 文章 強く勧める;称賛する.

pronom 男《文法》代名詞.

pronominal, ale [男 複] *aux* 形《文法》代名詞的な. ► verbe ~ 代名動詞. ─ 男 代名動詞.

pronominalement 副《文法》代名詞的に;代名動詞として.

prononçable 形 発音できる.

prononcé, e 形 ❶ 述べられた;発音された. ❷ はっきりした,際立った. ─ 男《法》(判決の)言渡し.

prononcer ① 他 ❶ 発音する. ❷ (言葉を)発する,語り;(演説を)行う. ❸ 宣言する;《法》(判決を)言い渡す. ─ 自《法》判決を言い渡す. ─ se ~ ❶《sur》(…について)意見

を表明する; 立場を取る. ❷ 発音される.

prononciation 囡 ❶ 発音. ❷ (判決の)言渡し.

pronostic 男 ❶ [医] 予後; 病気の見通し; (医者の)予後診断. ❷ (複数で)予想, 予測. ▫pronostique 形

pronostiquer 他 ❶ 予想する; 予後を告げる. ❷ …の前触れである.

pronostiqueur, se 名 予想屋.

pronunciamiento [-nunsja-mjento] 男 (西) 軍explanation部クーデター.

propagande 囡 宣伝する, 宣伝活動.

propagandiste 名 宣伝する; 布教者. —— 形 宣伝する.

propagateur, trice 名 宣伝者, 伝播(ぱ)者. —— 男 [経] 外圧要因. —— 形 (de) (…を)広める, 伝播させる.

propagation 囡 ❶ 普及, 蔓延(まん)延; [物] 伝播(ぱ)〕. ❷ 布教, 伝教. ❸ (動植物の)繁殖, 増殖.

propager ❶ 他 ❶ 広める, 普及させる, 伝播(ぱ)する. ❷ 【文章】(動植物を)増殖[繁殖]させる. —— **se** ~ 広がる, 普及する; 伝わる, 伝播する.

propane 男 〔化〕プロパン.

propanier 男 LPG タンカー.

propédeutique 形 (1948-66年の制度で)大学1年目の教養課程.

propension 囡 (à) (…の)傾向, 性癖.

propergol 男〔独〕〔商標〕(ロケット)推進剤, 推進薬.

propfan [-fan] 男 〔航〕プロップファン.

propharmacien, ne 名 〔薬剤師のいない地域の〕調剤医師.

prophète, étesse 名 ❶ 預言者. ▶ le P~ 〔教〕ムハンマド, マホメット. ❷ 予言者, 占い師.

prophétie [-si] 囡 ❶ 預言; 予言, 予測. ❷ 預言, 神託.

prophétique 形 ❶ 預言的な, 予知の. ❷ 預言者の, 預言的な. ▫prophétiquement 副

prophétiser 他, 自 ❶ 予言〔予知, 予測〕する. ❷ 予言する.

prophylactique 形 予防の.

prophylaxie 囡 予防(措置).

propice 形【文章】 (à) (…に) 適した, 好都合な. ❷ 恵み深い, 好意的な.

propitiation [-sja-] 囡 〔キ教〕贖(しょく)罪. ▫propitiatoire 形

proportion 囡 ❶ 釣り合い, 均衡, バランス; (複数で) (全体の)調和, 釣合い. ❷ 割合, 比率. ❸ (複数で)大きさ, 規模. ❹ (数) 比例; 比例式.
◊ *en* ~ 同じ比率[割合] で. *en* ~ *de* … …に比例して; …に比較して. *sans [hors de]* ~ *avec* … …とはまったく不釣合いな. *toute(s)* ~ *(s) gardée(s)* (単純には比較するには小さい[安い] が)割合からいけば, それなりに.

proportionnalité 囡 比例; 釣り合い, 均衡; 比例配分(制).

proportionné, e 形 (à) (…に)釣り合った, 見合った.

proportionnel, le 形 ❶ (à) (…に)応じた, 釣り合った; 比例した. ❷ 比率の定まった, 比例制の. ▶ *représentation* ~ *le* 比例代表制. ❸ 〔数〕比例の. —— 囡 比例代表制.

proportionnellement 副 (à) (…に)比例して; (…の)割合から見て.

proportionner 他 釣り合わせる.

propos 男 ❶ (多く複数で)(事柄についての)言葉, 発言; 話. ❷【文章】意図. ◊ *à ce* ~ それについて(は). *à* ~ とこ ろで; 時宜を得た, 適切な. *à* ~ *de* … …について. *à* ~ *de tout (et de rien)* わけもなく. *à tout* ~ 何かにつけて. *hors de* ~ 折悪しく, 適切でない. *mal à* ~ 折悪しく.

proposer 他 ❶ 申し出る, 提案する, 提示する. ❷ (à, pour, comme) (…に)推薦する, 指名する.
—— **se** ~ する (pour, comme) (…に)志願する; (…しようと)申し出る. ❷ (…を)目的とする, 計画する, 心に抱く.

proposition 囡 ❶ 提案, 提議. ❷ 〔論〕命題; 〔数〕定理; 〔言〕節.

propositionnel, le 形 ❶ 提案を出す. ❷〔論〕命題の.

propre¹ 形 ❶ 清潔な. ❷ 身なりの整った; (排泄の)しつけのできた. ❸ 入念になされた, 正確な; 清廉な, やましいところのない. ◊ *Nous voilà* ~ *s!* 困ったことになった. —— 男 ▶ *mettre au* ~ 清書する. ◊ *C'est du* ~. そいつはひどい.

propre² 形 ❶ 固有の, 本来の; 自分自身の. ▶ *sens* ~ 〔語の〕本来の意味. ❷ (à) (…に)ふさわしい, 適切な. ❸ …に固有な. —— 男 ❶ 特性, 特質, 属性. ❷ 本義, 原義. ❸ (複数で)〔法〕(夫婦各自の)固有財産.
◊ *en* ~ 固有〔自分〕 のものとして.

propre-à-rien 名 (複) ~*s*-~-~ やくざ者, ろくでなし.

proprement 副 ❶ 清潔に, きれいに; きちんと, 入念に; 正しく, 誠実に. ❷ 本質的に; 文字どおり, まさしく. ◊ *à* ~ *parler* 厳密に言えば. ~ *dit* 厳密な[本来の]意味での.

propret, te 形 小ぎれいな(人), 小ざっぱりした(人).

propreté 囡 ❶ 清潔さ; 無公害性; おっつ取られていた[排泄(はい)せつ]のしつけができている]こと; 入念〔正確〕さ; 潔白.

propréteur 男 〔古代〕プロプラエトル, 前法務官.

propriétaire 名 ❶ 所有者, 持ち主. ❷ 家主, 地主. ◊ *faire le tour du* ~ *s* 家〔地所〕を見て回る.

propriété 囡 ❶ 所有, 所有権. ❷ 所有地; 財産, 所有物; (田舎の)大邸宅. ❸ 特性, 固有性, 属性. ❹ (言葉などの)適切さ, 正確さ.

proprio 男【話】家主, 大家.

propulser 他 推進させる; 投げ出す, 押しやる. ❷ 〔話〕(人を)抜擢(ばっ)する. —— **se** ~ 移動する, 行く.

propulseur 男 推進機関; ロケットエンジン.

propulsif, ve 形 推進させる.

propulsion 囡 推進.

propylée 男 ❶ 『古ギ』プロピュライア, 楼門. ❷ (18世紀の)パリの凱旋門.

prorata 男 〖不変〗『法』割当て, 分け前. ◇*au ~ de ...* …に比例して.

prorogatif, ve 形 延期される.

prorogation 女 延長, 延期, 更新;〖議会の〗会期の延長, 休会.

proroger 72 他 延期する, 延長する.

prosaïque 形 平凡な, つまらない, 散文的な. □**prosaïquement** 副

prosaïsme 男 平凡さ, 面白みのなさ.

prosateur 男 散文作家.

proscenium [-se-] 男〖演〗❶ プロセニアム(古典劇場の舞台前方部). ❷ 前舞台, エプロン.

proscription 女 追放; 使用禁止.

proscrire 78 他 追放する, 排除する;禁止する.

proscrit, e 形 (proscrire の過去分詞)追放〖禁止〗された. ── 名 追放者.

prose 女 ❶ 散文; 散文作品. ❷ 〖特徴のある〗文章. ❸〖カト〗プロゼ(ミサ中, 昇階誦のあとで唱える賛歌の一つ).

prosecteur [-sek-] 男 解剖助手.

prosélyte 名 新しい賛同者, 新信徒, 新党員.

prosélytisme 男 熱心な勧誘.

prosimiens [-si-] 男複〖動〗原猿類, 原猿亜目(キツネザルなど).

prosodie 女 ❶ 〖詩〗韻律法, 韻律学;〖言〗韻律音論. ❷ 〖楽〗プロソディー. □**prosodique** 形

prosopopée 女〖レト〗活喩〖法〗(不在者や事物に物をしゃべらせる技法).

prospect [-pɛ] 男〖英〗❶ 潜在的消費者層, 見込み客.

prospecter 他 ❶ (資源を求めて)調査する, 探鉱する. ❷〖商〗(市場, 顧客を)開拓〖調査〗する.

prospecteur, trice 名 調査する人, 探鉱者;探査者.

prospectif, ve 形 未来の, 未来予測の. ── 女 未来学, 未来研究;〖経〗長期経済見通し.

prospection 女〖英〗❶ 調査, 探鉱, 探査. ❷ 市場調査, 顧客層の開拓.

prospectiviste 名 未来学者.

prospectus [-s] 男 パンフレット, ちらし; 案内書.

prospère 形 繁栄している, 順調な;元気旺盛な.

prospérer 6 自 ❶ 繁栄する, 発展している. ❷ 繁殖する, よく育つ.

prospérité 女 繁栄, 発展; 幸運.

prostaglandine 女〖生化〗プロスタグランジン.

prostate 女〖解〗前立腺.

prostatectomie 女〖医〗前立腺切除(術).

prostatique 形〖解〗前立腺の; 前立腺炎の. ── 男 前立腺患者.

prostatite 女〖医〗前立腺炎.

prosternation 女 / **prosternement** 男 ひれ伏すこと, 平伏; 屈従, 隷属.

se prosterner 代動 ひれ伏す, 平伏する; 屈従する, ぺこぺこする.

prosthèse 女〖音声〗語頭音添加.

prostitué 男 男娼.

prostituée 女 娼婦, 売春婦.

prostituer 他 売春させる; 〖文章〗(才能などを)売り渡す. ── **se ~** 売春をする; 〖文章〗自分の才能を売る.

prostitution 女 売春;〖文章〗(才能の)安売り; (金銭による)堕落.

prostration 女〖医〗意気消沈; 衰弱, 虚脱;憔悴(しょう).

prostré, e 形 意気喪失した.

prostyle 形 〖建〗(古代神殿建築で)プロスタイルの, 前柱廊式の.

protagoniste 名 主役; 首謀者.

protase 女 ❶〖文法〗前提節. ❷〖文〗(古典演劇の)主題提示の部.

prote 男 (印刷所の)植字係長.

protéagineux, se 形 たんぱく質を多く含む(作物).

protéase 女〖生化〗プロテアーゼ, たんぱく質分解酵素.

protéasome 男〖生化〗プロテアソーム.

protecteur, trice 形 ❶ 保護する, 庇(ひ)護する. ❷ 保護者ぶった, 尊大な. ❸〖経〗保護貿易(主義)の. ── 名 保護者, 庇護者. ── 男〖史〗護国官.

protection 女 ❶ 保護, 庇(ひ)護, 擁護. **~ sociale** 社会保障. ❷ (contre) (…に対する) 防備〖予防〗(措置); 保護策; 防御物. ❸ 後ろ盾, 後援者. ❹〖経〗保護貿易. ◇*par ~* 後押し[コネ]によって.

protectionnisme 男 保護貿易主義, 保護貿易(主義). □**protectionniste** 形

protectorat 男 ❶ 保護領〖国〗; 保護制. ❷〖史〗護民官政治〖職〗.

Protée 〖Ħ神〗プロテウス.

protée 男 ❶ (意見, 態度が)ころころ変わる人, 変節漢. ❷〖動〗ホライモリ.

protégé, e 形 保護された, 守られた. ── 名 保護されている人;お気に入り.

protège-cahier 男 ノートカバー.

protège-dents 男 マウスピース.

protéger 7 他 ❶ 守る, 保護する; 擁護する;目をかける,後援〖助成〗する. ── **se ~** 自分を守る.

protège-slip 男〖服〗(女性用)パンティーライナー.

protège-tibia 男 脛当(すね).

protéide 男 (複合)たんぱく質.

protéiforme 形〖文章〗変幻自在の, 絶えず姿[形]を変える.

protéine 女〖生化〗たんぱく質.

protéiné, e 形 たんぱく質を強化した.

protéinique / **protéique** 形〖生化〗たんぱく質の.

protéinurie 女〖医〗たんぱく尿.

protèle 男〖動〗ツチオオカミ.

protéolyse 女〖生化〗たんぱく質(の)加水分解, プロテリシス. □**protéolytique** 形

protestant, e 名, 形 プロテスタント(の), 新教徒(の).

protestantisme 男 新教;(総称としての)プロテスタント教会.

protestataire 名〖文章〗抗議する(人), 反対する(人).

protestation 女 ❶ 抗議, 異議; 抗議文. ❷ 文書誓い, 確言, 明言.
protester 自 ❶ 抗議する, 反対する; 異議を唱える. ❷ 文書 (de) (…を)主張する, 保証する, 訴える.
── 他 〖法〗拒絶証書を作成する; 支払いを拒絶する.
protêt 男 〖法〗拒絶証書.
prothèse 女〖医〗補綴(ﾃｲ); 人工器具(義手, 義肢など), 人工臓器. ▶ ~ dentaire 義歯.
prothésiste 名 ❶ 義手[義足]製造技師. ❷ ~ dentaire 歯科技工士.
prothétique 形〖医〗補綴(ﾃｲ)の; 人工器官の.
prothorax [-ks] 男〖昆〗前胸.
prothrombine 女〖生化〗プロトロンビン, 第Ⅱ因子.
protide 男〖生化〗プロチド, 単純たんぱく質. □**protidique** 形
protiste 男〖生〗原生生物.
protocolaire 形 ❶ (外交的)儀礼[儀典]の, 儀礼上の. ❷ 作法にかなった, 慣例に従った; 儀式ばった.
protocole 男 ❶ 公式〔外交〕儀礼; 儀典〔典礼〕局. ❷ (社交上の)慣習, エチケット. ❸ 議定書; 議定事項. ❹ マニュアル, 手引き書; 規約, 書式. ❺〖情報〗プロトコル.
protoétoile 女〖天〗原始星.
protohistoire 女 原史時代. □**protohistorique** 形
proton 男〖英〗〖物〗陽子, プロトン. □**protonique** 形
protonéma 男〖植〗原糸体.
protonotaire 男〖カト〗使徒書記官.
protonthérapie 女〖医〗がんの陽子線治療.
protophyte 男〖生〗原生植物.
protoplasme / protoplasma 男 原形質. □**protoplasmique** 形
prototype 男 ❶ 試作品, プロトタイプ. ❷ 原型, モデル; 典型.
protoxyde 男〖化〗最低酸化度の酸化物.
protozoaires 男複〖動〗原生動物.
protractile 形〖動〗(舌が)伸長性のある.
protubérance 女 ❶ 隆起, 突出部. ❷〖天〗(太陽の)プロミネンス.
protubérant, e 形 (体の一部分が)突出した, 隆起した.
protubérantiel, le 形〖医〗隆起(状)の; 〖天〗(太陽の)プロミネンスの.
prou 副 peu ou ~ 多かれ少なかれ.
proudhonien, ne 形 プルードン(主義)の. ── 名 プルードン主義者.
proue 女〖海〗船首, 舳先(ﾍｻｷ).
prouesse 女 ❶ 快挙, 壮挙; 〖複数〗偉業, 力業. ❷〖皮肉〗(ばかげた)豪傑ぶり, お手柄.
prouvable 形 証明しうる.
prouver 他 ❶ 証明する, 証拠立てる. ❷ 示す, 明らかにする.
provenance 女 出所, 発送 [発信]地; 産地; 〖美〗(作品の)来歴. ◇ en ~ de ... …から来た, …発 [産]の.

provençal, ale; 〖男複〗**aux** 形 プロヴァンスの; プロヴァンス語の. ── 名 (P~)プロヴァンス地方の人. ── 男 プロヴァンス語.
Provence 女 プロヴァンス地方.
Provence-Alpes-Côte d'Azur 女 プロヴァンス=アルプ=コート=ダジュール地方.
provende 女 飼料.
provenir 自1〖助動詞 être〗(de) ❶ (…から)来る, 生じる, (…を)産地〔起源〕とする. ❷ (…の)結果である.
proverbe 男 ❶ 諺, 格言. ▶ passer en ~ 諺になる, 周知の事実となる. ❷ (les P~s) (旧約聖書の)箴言(ｼﾝｹﾞﾝ).
proverbial, ale; 〖男複〗**aux** 形 ❶ 諺の, 諺風の. ❷ 知れ渡った, 周知の. □**proverbialement** 副
providence 女 ❶〖神〗摂理, 神慮. ❷ (P~) 神. ❸ 救いの神, 天佑(ﾃﾝﾕｳ).
providentialisme 男〖神〗摂理主義.
providentiel, le 形 ❶〖神〗摂理による; 摂理の. ❷ 思いがけない, 幸運な. □**providentiellement** 副
provider 男〖情報〗プロバイダー.
provien- 活 ⇨ provenir.
provigner 他 (ブドウに圧条法で)取り木をする.
provin 男 取り木の枝.
provin-, provîn- 活 ⇨ provenir.
province 女 ❶ (首都に対する)地方; (各)地方. ❷ (フランスの昔の)州. ── 形 田舎っぽい.
provincial, ale; 〖男複〗**aux** 形 ❶ 地方の; 田舎くさい. ── 名 ❶ 地方住民; 地方出身者. ── 男〖カナダ〗州政府. ❷ (修道会の)管区長.
provincialat 男〖カト〗管区長の職〔在職期間〕.
provincialisme 男 ❶ 地方語(ｺﾞ), 方言. ❷ 地方性, 地方人気質; 田舎くささ.
proviseur 男 (リセの)校長.
provision 女 ❶ 蓄え, ❷〖複数〗買い物, 買った品物; (特に)食糧. ❸〖金引き当金; 預金; 〖法〗予納金; 仮払金. ◇ faire ~ de ... …を豊富に蓄える. une ~ de ... 大量の….
provisionnel, le 形〖税〗仮の, ▶ acompte ~ 予定納税.
provisionner 他 (引き落とし額を)入金する.
provisoire 形 仮の, 一時的な, 暫定的な. ▶ à titre ~ 一時的に, 仮に. ── 男 仮のもの, 一時的な処置.
provisoirement 副 仮に, 一時的に, 暫定的に.
provisorat 男 (リセの)校長職; (校長の)在職期間; 校長室.
provitamine 女〖生化〗プロビタミン.
provoc 女 〘話〙挑発.
provocant, e 形 挑戦〔挑発〕的な; 扇情的な.
provocateur, trice 形 扇動する, 挑発する. ── 名 ❶ 扇動者, 挑発者. ❷ おとり捜査官 (=agent ~).

provocation 囡 挑発, 挑戦; 教唆, 煽動, そそのかし.
provoquer 他 ❶ 引き起こす. ❷ (à)(…するように)そそのかす, 仕向ける. ❸ 怒らせる, 挑発する; 欲情をそそる.
proxène 男 [古代]公賓外人; 外人接待役.
proxénète 名 ぽん引き.
——男 (売春婦の)ひも.
proxénétisme 男 売春斡旋(談).
proximité 囡 隣接, 近接.
proxy 男 [情報]プロキシサーバー (=serveur 〜).
pruche 囡 [植]カナダツガ.
prude 形 (性的事柄に対して)上品ぶった(女性), とりすました(女性).
prudemment 副 用心深く.
prudence 囡 慎重さ, 用心深さ.
prudent, e 形 慎重な(人).
pruderie 囡 [文章](性的事柄に対して)上品ぶること.
prud'homal, ale 男 複 aux 形 [法]労働裁判所の.
prud'homie 囡 労働裁判所制度.
prud'homme 男 [法]労働裁判所裁判員.
pruine 囡 [園]白粉(笎), 蠟粉(笠).
prune 囡 セイヨウスモモ, プラム, プルーン; プラムブランデー. ◇*Des 〜s!* とんでもない. *pour des 〜s* むだに.
——形 (不変)プラム色の, 濃い紫の.
pruneau 男 (複) x 男 乾燥プラム; 俗 弾丸. ◇*être noir comme un 〜* 俗 真っ黒に日焼けしている.
prunelaie 囡 プラム[プルーン]の果樹園.
prunelée 囡 プラム[プルーン]ジャム.
prunelle[1] 囡 瞳(鳶); 目, まなざし. ◇*tenir à … comme à la — de ses yeux* …をことのほか大切にする.
prunelle[2] 囡 スロープラムの実.
prunellier 男 スロープラムの木.
prunier 男 プラム[プルーン]の木.
prunus [-s] 男 [植]サクラ属.
pruriginieux, se 形 [医]瘙痒(笑)(性)の, かゆさを伴う.
prurigo 男 [医]瘙痒(症), かゆみ.
prurit [-t] 男 [医]瘙痒(症), かゆみ.
Prusse 囡 プロイセン, プロシア.
prussiate 男 [古][化]シアン化物.
prussien, ne 形 プロイセンの, プロシアの; (1870年代以降の)ドイツ帝国の.
——名 (P〜)プロイセン人, プロシア人.
prussique 形 [古][化] *acide 〜* 青酸, シアン化水素酸.
prytane 男 [古代](ポリスの)プリュタネイス, 高等行政官.
prytanée 男 陸軍幼年学校.
P.S. 男 (略) Parti socialiste 社会党.
P.-S. 男 (略) post-scriptum 追伸.
psallette 囡 (教会の)聖歌隊学校.
psalliote 囡 ハラタケ(キノコの一種).
psalmiste 男 (旧約聖書の)詩編作者; (le P〜)ダビデ.
psalmodie 囡 (聖書の)詩編詠唱(法); [文章]単調な朗読; 平板な調子.
psalmodier 他, 自 (聖書の詩編を)詠唱する; [文章]——本調子に読む.
psaltérion 男 [楽]プサルテリウム

(14, 15世紀の撥(啄)弦楽器; ギリシア, ローマの角型ハープ).
psaume 男 (旧約聖書の)詩編; [楽]詩編曲.
psautier[-tje] 男 詩編集.
pschent [pskɛnt] 男 (古代エジプトの)二重王冠.
pseudonyme 男 筆名, 芸名; 偽名.
pseudoscience 囡 [哲]擬似 科学.
psi (ギリシア字母の)プシー, プサイ(Ψ, ψ).
psitt [-t] / **pst** [pst] 間 ほら おい(注意, 呼びかけなどで口で鳴らす音).
psittacidés 男 複 [鳥]オウム科.
psittacisme 男 [心]オウム症.
psittacose 囡 [医]オウム病.
psoralène 男 [薬]ソラレーン(乾癬(笠)などの治療用).
psoriasis [-s] 男 [医]乾癬(笠).
psy 名, 形 (不変) 心理学者の(人); 精神病理者の(人); 精神分析学者の(人).
psychanalyse [-ka-] 囡 精神分析(療法); 精神分析的解釈[研究].
psychanalyser [-ka-] 他 精神分析する; 精神分析的解釈を施す.
psychanalyste [-ka-] 名 精神分析学者.
psychanalytique [-ka-] 形 精神分析学の.
psychasthénie [-ka-] 囡 [医]精神衰弱. □*psychasthénique* 形
psyché [-ʃe] 囡 ❶ (角度が自在の)姿見. ❷ (P〜) [ギ神]プシュケー. ❸ [哲]プシケ, 魂, 精神.
psychédélique [-ke-] 形 ❶ [医]幻覚症状の; 幻覚を引き起こす. ❷ サイケデリックの.
——男 幻覚誘発薬(LSDなど).
psychédélisme [-ke-] 男 幻覚状態.
psychiatre [-kja-] 名 精神科医.
psychiatrie [-kja-] 囡 精神医学. □*psychiatrique* 形
psychiatriser 他 精神医療を施す; 精神医学的に解釈する. □*psychiatrisation* 囡
psychique 形 精神の, 心的な.
psychisme 男 精神現象; 精神構造.
psycho [-ko] 囡 (psychologie の略) 話 心理学.
psychoactif, ve [-ko-] 形 (薬物の)精神活性の.
psychoanaleptique [-ko-] 形 [薬]精神賦活の, 大脳機能を刺激する.
——男 精神賦活薬.
psychobiologie [-ko-] 囡 精神生物学, サイコバイオロジー.
psychochirurgie [-ko-] 囡 精神外科.
psychocritique [-ko-] 囡, 形 (芸術作品に対する)心理(分析)批評(の). ——名 心理(分析)批評家.
psychodiagnostic [-kɔdjag-nɔs-] 男 [医] ❶ 精神診断学. ❷ ロールシャッハテスト.
psychodrame [-ko-] 男 [心](治療法の)心理劇, サイコドラマ.

psychodysleptique

▫**psychodramatique** 形
psychodysleptique [-kɔ-] 形【薬】精神異常発現の.
― 男 精神異常発現薬.
psychogène [-kɔ-] 形【心】心因性の.
psychogenèse [-kɔ-] 女 精神発生学; 精神発生［形成］, 精神発達.
▫**psychogénétique** 形
psychokinésie [-kɔ-] 女 念力.
psycholeptique [-kɔ-] 形【薬】精神抑制の. ― 男 精神抑制薬.
psycholinguiste [-kɔlɛ̃gɥi-] 名 心理言語学者.
psycholinguistique [-kɔlɛ̃gɥi-] 女, 形 心理言語学(の).
psychologie [-kɔ-] 女 ❶ 心理学. ❷ 心理的洞察力. ❸ (芸術作品に表現された) 心理分析, 心理描写. ❹ (集団, 個人の) 心理, 性格, メンタリティー.
psychologique [-kɔ-] 形 心理学の; 心理的, 精神の.
◇moment [instant] ～ 絶好の チャンス, 潮時;【心】心理的契機.
▫**psychologiquement** 副
psychologisme [-kɔ-] 男 心理主義.
psychologue [-kɔ-] 名 心理学者; カウンセラー; 心理洞察家.
― 形 人間の心理に通じた.
psychométrie [-kɔ-] 女 心理測定, 精神測定; 計量心理学.
▫**psychométricien, ne** 名
psychomoteur, trice [-kɔ-] 形 【生理】精神運動の, 大脳活動の.
psychomotricien, ne [-kɔ-] 名 精神運動療法士.
psychomotricité 女 精神運動性.
psychonévrose [-kɔ-] 女【医】精神神経症.
psychopathe [-kɔ-] 名【医】精神病質者.
psychopathie [-kɔ-] 女【心】精神病質.
psychopathologie [-kɔ-] 女 精神病理学.
psychopédagogie [-kɔ-] 女 教育心理学.
psychopédagogue [-kɔ-] 名 教育心理学者.
psychophysiologie [-kɔ-] 女 精神生理学.
psychophysique [-kɔ-] 女, 形 (フェヒナーの創始した) 精神物理学(の).
psychoprophylactique [-kɔ-] 形【医】精神予防の.
psychorigide [-kɔ-] 形, 名【心】精神硬直の (症状を示す人).
▫**psychorigidité** 女
psychose [-koz-] 女 ❶【医】精神病. ❷ (集団的な) 強迫観念.
psychosensoriel, le [-kɔsɑ̃-] 形【医】精神感覚の.
psychosocial, ale [-kɔso-] 形;【男複】**aux** 形 社会心理的な; 社会心理学(上)の.
psychosociologie [-kɔso-] 女 社会心理学.

psychosociologue [-kɔso-] 名 社会心理学者.
psychosomaticien, ne [-kɔso-] 名 心身医学者.
psychosomatique [-kɔso-] 形【医】心身の, 精神身体の.
― 女 心身医学.
psychostimulant, e [-kɔ-] 形, 男 精神刺激性(の薬剤).
psychotechnique [-kɔ-] 女, 形 精神工学(の).
▫**psychotechnicien, ne** 名
psychothérapeute [-kɔ-] 名 精神療法医.
psychothérapie [-kɔ-] 女 精神療法, サイコセラピー.
▫**psychothérapique** 形
psychotique [-kɔ-] 形【医】精神病の. ― 名 精神病患者.
psychotonique [-kɔ-] 形, 男【医】精神賦活の. ― 男 精神賦活薬.
psychotrope [-kɔ-] 形【薬】向精神性の. ― 男 向精神薬.
psychromètre 男 乾湿球湿度計.
Pt 〖記〗【化】platine プラチナ.
ptéranodon 男【古生】プテラノドン, 翼竜.
ptéridophyte 女【植】シダ植物.
ptérodactyle 男【古生】翼手竜.
ptérosaurien 男【古生】翼竜.
ptolémaïque 形 (エジプト王) プトレマイオスの; プトレマイオス朝(時代)の.
ptose / **ptôse** 女【医】下垂(症).
ptosis [-s] 男【医】眼瞼(ガン)下垂症.
P.T.T. 男〖略〗ministère des Postes, Télécommunications et Télédiffusion フランス郵政省.
pu pouvoir, paître の過去分詞.
puant, e 形 ❶ 臭い, 悪臭を放つ. ❷ 〘話〙鼻持ちならない.
puanteur 女 悪臭.
pub¹ [-b] 女〘話〙広告; 広告業界.
pub² [pœb] 男 (英) (英国などの) パブ, 居酒屋.
pubalgie 女【医】恥骨炎.
pubère 形 文章 思春期に達した.
pubertaire 形 思春期の.
puberté 女 思春期;【法】l'âge de la ～ (法定の) 婚姻年齢(男子 18 歳, 女子 15 歳以上).
pubescence 女【生】軟毛［柔毛］が生えていること.
pubescent, e 形 ❶ 思春期の, 年頃の. ❷【生】軟毛［柔毛］のある.
pubien, ne 形【解】恥骨(ジ)の.
pubis [-s] 男【解】恥骨; 恥丘.
publiable 形 公表［発表］できる.
public, que 形 ❶ 公の, 公共の, 公衆の. ► opinion ～que 世論 / école ～que 公立学校 / relations ～ques 広報活動, PR. ❷ 国務の, 官公庁の, 公務の. ► fonction ～que 公務員 / la chose ～que 国家. ❸ 公開の, みんなのための. ► jardin ～ 公園. ❹ 周知の, 公然の.
― 男 ❶ 公衆, 一般の人々; 国民. ❷ (部門の) 読者, 観客, 聴衆. ❸ 公共企業部門; 公職.
◇en ～ 公衆の面前で. être bon ～

感動しやすい観客である. grand ~ 一般大衆;一般大衆向け.
publication 囡 ❶ 出版, 刊行. ❷ 出版物, 刊行物. ❸ 発表, 公表;〖法〗公布, 公示.
publiciste 图 広告業者〔製作者〕.
publicitaire 形 広告の, 宣伝の. — 图 広告関係者.
publicité 囡 ❶ 広告, 宣伝;広告文. ❷ 周知;〖法〗公示;公開(性).
publier 他 ❶ 出版する, 発行する;掲載する. ❷ 公にする, 公表する;公布する. — se ~ 公刊される.
publi-information 囡 記事広告.
publiphone 男 商標 カード公衆電話.
publipostage 男 通信販売;ダイレクトメール.
publiquement 副 公に, 公然で.
publirédactionnel / **publireportage** 男 記事広告.
puce 囡 ❶ 〖昆〗ノミ. ❷ (les ~s) (パリの)ノミの市;古物市 (= le marché aux ~s). ❸ 小柄な人, 子ども. ❹ 〖エレ〗チップ. ► ~ antiviolence (テレビに取付ける)Ⅴチップ/ ~ retournée フリップチップ. ❺〖生〗~ à gène 遺伝子チップ. ❻ 〖動〗~ d'eau ミジンコ.
◇avoir la ~ à l'oreille 警戒する, 心配する. mettre la ~ à l'oreille de ... ...に疑惑を抱かせる.
— 形 (不変)赤褐色の.
puceau, 〖複〗 x 男, 形男 俗 童貞(の).
pucelage 男 俗 処女性, 童貞
pucelle 囡 古 処女. ► la P~ d'Orléans [la sainte P~] オルレアンの処女〔聖処女〕 (ジャンヌ・ダルクのこと).
— 形女 処女の.
puceron 男〖昆〗アブラムシ, アリマキ.
pucier 男 話 (ノミだらけの汚い)寝床.
pudding [pudiŋ] 男〖英〗プディング.
puddler 他〖金〗攪錬(ホン)する.
pudeur 囡 ❶ 羞恥(シュウチ)(心);恥じらい. ► outrage public à la ~ 公然猥褻(ワイセツ)(罪) / attentat à la ~ 強制猥褻罪. ❷ 慎み, 遠慮.
pudibond, e 形, 图 上品ぶる(人);かまとぎわる(人).
pudibonderie 囡 お上品ぶること;(必要以上の)恥じらい.
pudicité 囡 ❶ 慎み深さ. ❷ 貞淑.
pudique 形 ❶ 慎み深い, 恥じらいのある. ❷ 控えめな, 遠慮深い.
□**pudiquement** 副
puer 自 悪臭を発する, 臭い.
— 他 (...の)におい〔悪臭〕を放つ (...を)感じさせる.
puériculteur, **trice** 图 (乳幼児専門の)保育士.
puériculture 囡 育児学 (法).
puéril, e 形 子供じみた, 子供のような, 幼稚な. □**puérilement** 副
puérilité 囡 子供っぽさ, 幼稚さ;〖複〗文章 子供じみた言動.

puerpéral, **ale** 男〖複〗**aux** 形〖医〗産褥(ジョク)の.
Puerto Rico ⇨ Porto Rico.
puffin 男〖英〗〖鳥〗ミズナギドリ.
pugilat 男 なぐり合い;〖古史〗拳(ゲン)闘.
pugiliste 男〖古史〗拳闘士;文章 ボクサー.
pugilistique 形〖文章〗拳闘の, ボクシングの.
pugnace [-gna-] 形 争い好きの.
pugnacité [-gna-] 囡 争い好き.
puîné, **e** 形 文章 次に生まれた.
— 图古風 弟, 妹.
puis¹ 副 ❶ それから, ついで, その向こうに. ❷ (et) ~ そして, さらに.
◇Et ~? そのあとは? だからどうだというのか. Et ~ c'est tout. ただそれだけである.
puis² 活 ⇨ pouvoir.
puisage 男 (水を)くむこと.
puisard 男〖建〗汚水溜(/"ミ), 汚水浸み込みタンク;〖鉱〗坑底水溜(\\ミ)り.
puisatier 男 井戸堀り人夫.
puiser 他 ❶ くむ, くみ取る;取り出す;採取する. ❷ 〖目的語なしに〗~ dans [à].....から金, 情報などを引き出す(,答えなど)に手をつける.
puisque 接 ...だから, であるから, である以上.
puissamment 副 ❶ 力強く, 強烈に. ❷ 大いに, 非常に.
puissance 囡 ❶ 権力, 支配力. ► ~ publique 国家(権力). ❷ 力, 勢力;体力, 能力. ❸ 大国, 列強. ❹ 権力者, 有力者;文章 絶大な力を持つもの. ❺ 効力;動力. ❻〖数〗累乗, 幂(ペキ) ❼〖物〗仕事率;〖電〗電力, パワー. ❽〖法〗権利. ❾〖宗〗可能性, 潜勢力. ❿ (les P~s)〖宗〗能天使(天使の第6階級). ◇en ~ 潜在的(の).
puissant, **e** 形 ❶ 権力〔勢力〕のある;軍事力に優れた. ❷ 強い, 力強い;強力な, 馬力のある.
— 男 権力者, 有力者;強者.
puisse(-), **puissi-** 活 ⇨ pouvoir.
puits 男 ❶ 井戸, 汲井;〖鉱〗立坑.
◇~ de science 博識家.
pull 男〖略〗pull-over セーター.
pullman [pulman] 男〖米〗プルマン型客車(設備のよい特別車両).
pull-over [-l-] 〖複〗 ~s 男 セーター.
pullulation 囡 急激な増殖.
pullulement 男 群れ, 大群;大発生.
pulluler 自 ❶ 急速に繁殖する, おびただしく増殖する. ❷ たくさんある〔ある〕;(de) (...で)いっぱいである.
pulmonaire 形 肺臓の;肺疾患の.
pulpaire 形〖医〗歯髄の.
pulpe 囡 ❶ 果肉;(野菜などの皮をむいた)身の部分. ❷〖解〗髄, 髄質.
pulpeux, **se** 形 果肉の多い, 果肉状の;肉質の;文章 柔らかい.
pulpite 囡〖医〗歯髄炎.
pulque 男 (メキシコの)竜舌蘭酒.
pulsar 男〖英〗〖天〗パルサー.
pulsatif, **ve** 形 拍動(性)の.

pulsation 囡 拍動, 脈動; 振動.
pulser 他 (空気, ガスなどを)押し出す, 送り出す.
pulsion 囡 《心》衝動.
pulsionnel, le 形 衝動の.
pulvérin 男 粉火薬(入れ); 黒色小粒火薬.
pulvérisable 形 粉末(状)にできる.
pulvérisateur 男 噴霧器, スプレー; 散布機.
pulvériser 他 ❶ 噴霧する; 吹き付け, 散布. ❷ 粉末化, 粉砕.
pulvériser 他 ❶ 噴霧する, 吹き付ける. ❷ 粉末にする; 粉砕する.
pulvériseur 男 《農》砕土機.
pulvérulence 囡 粉末状態; 粉末になりやすいこと.
pulvérulent, e 形 粉末状の; 粉末になりやすい.
puma 男 《西》《動》ピューマ.
pûmes 直過 ⇨ pouvoir.
punaise 囡 ❶ 《昆》ナンキンムシ, トコムシ. ❷ 画びょう, 押しピン. ❸ 俗 (間投詞的)おやおや, くそっ(驚き, やるせなど). ◇ ~ de sacristie 信心に凝り固まった女性.
punaiser 他 俗 画びょう[押しピン]で留める.
punch¹ [pɔ̃ːʃ] 男《英》パンチ, ポンチ.
punch² [pœn(t)ʃ] 男《英》(ボクシングの)パンチ(力); ◇俗 ガッツ.
puncheur [pœn(t)ʃœːr] 男 ハードパンチャー.
punching-ball [pœn(t)ʃiŋboːl] 男《英》パンチングボール.
puncture [pɔ̃-] 囡《医》穿刺(さ)(法).
puni, e 形, 名 罰せられた(者).
punique 形 《史》フェニキアの植民都市の(特にカルタゴの). ► guerres ~s ポエニ戦争.
punir 他 ❶ ~ A de [pour] B B のかどでAを罰する. ❷ ~ A de B A に B の罰を与える.
punissable 形 処罰に値する.
punitif, ve 形 処罰の, 刑罰の.
punition 囡 罰, 制裁, 懲罰; (悪業, 過ちなどの)報い《スポ》ペナルティー. ◇ en ~ de … …に対する罰として.
punk [pœːk] 《米》パンク.
── 名 《不変》, 形 《不変》パンク族(の).
pupe 囡 《昆》蛹形(ま); 囲蛹(ほ), 蛹殻.
pupillaire¹ [-(l)lɛːr] 形 《法》被後見子の.
pupillaire² [-(l)lɛːr] 形 瞳(ひとみ)孔の.
pupillarité [-pila-] 囡 《法》被後見子の地位[期間].
pupille¹ 名 (後見人付き未成年の)孤児; 《法》被後見子.
pupille² 囡 瞳(ひとみ)《解》瞳孔.
pupipare 形 《昆》蛹(さなぎ)生の.
pupitre 男 ❶ (傾斜した)書見台; (教室の)机, 譜面台; 指揮台. ❷ 《情報》制御卓, コンソール.
pupitreur, se 名 《情報》コンソールオペレータ, 制御卓操作員.
pur, e 形 ❶ 混じりけのない, 純粋な; 純理論的な. ❷ 澄んだ, きれいな; 純真無

垢(く)な, 清純な. ❸ 完璧(き)な; 洗練された. ❹ まったくの, 純然たる, 単なる. ► en **pure** perte むだに. ❺ (de …)の, まったくない. ◇ **pur et simple** 無条件の; 純然たる. ── 宗教 [党派] に忠実な人; 純粋な人.
purée 囡 ❶ 《料》ピュレ, 裏ごし; マッシュポテト. ❷ 俗 貧困; 貧乏人. ❸ 俗 P~! 惨めだ. ◇ ~ de pois 濃霧.
purement 副 まったく, 単に. ◇ ~ et simplement 無条件にただ単に.
purent 直過 ⇨ pouvoir.
pureté 囡 ❶ 混じりけのないこと; 純度, 清澄, 清潔; 純真無垢(く), 清潔. ❸ 完璧(き), 端正, 純正.
purgatif, ve 形 下剤の.
── 男 下剤の.
purgation 囡 ❶ 《文》 ~ des passions (演劇による)情念の浄化. ❷ 古 《医》便通; 下剤.
purgatoire 男 《神》煉(れん)獄; 試練の場 [時].
purge 囡 ❶ 下剤; 下剤で通じをつけること. ❷ 粛清, パージ. ❸ (パイプ, タンクなどの)排水, 排気; 排水[気] 装置.
purgeoir 男 (濾)過槽, 濾過池.
purger 他 ❶ 排水 [排気] する, 浄化する; 一掃する, 粛清する. ❷ 下剤を投与する. ❸ (刑)に服する.
── **se** ~ ❶ 下剤を服用する. ❷ (de) 自分の(…を)取り除く.
purgeur 男 《機》気水分離器.
purifiant, e 形 《文》清める.
purificateur, trice 形 清める, 浄化する. ── 男 浄化装置.
purification 囡 ❶ 浄化, 純化. ❷ 清めの儀式; 《カト》P~ de la Vierge 聖母マリアの清めの祝日(2月2日).
purificatoire 男 《カト》(ミサで司祭が使う)清拌巾(きん).
── 形 浄化の, 浄化の.
purifier 他 (de) (…を除去して)浄化[純化]する. ── **se** ~ 身を清める.
purin 男 《農》液肥(ひ), 液体肥料.
purisme 男 (芸術・思想上の)純粋主義; 《言》純正語法主義.
puriste 名 純粋主義者; 潔癖家; 純正語法主義者. ── 形 純粋主義(者)の, 純正語法主義(者)の.
puritain, e 形 ❶ ピューリタン, 清教徒. ❷ 厳格な人. ── 形 ❶ 清教徒の(ような). ❷ 厳格な.
puritanisme 男 ❶ ピューリタニズム, 清教(主義). ❷ 厳格主義.
purot 男 《農》液肥溜(だ)め.
purotin 男 俗 語 貧乏人, 文無し.
purpura 男 《医》紫斑(はん)病.
purpuracé, e 形 《医》紫色がかった; 紫斑(ほん)の.
purpurin, e 形 《文》緋(ひ)色の.
pur-sang 男 《不変》サラブレッド(種); 純血種.
purulence 囡 ❶ 《医》化膿(のう). ❷ 《文》道徳的退廃.
purulent, e 形 ❶ 《医》化膿(の)性の. ❷ 《文》退廃《堕落》させる.
pus¹ 男 膿(うみ), うみ.
pus² 直過 ⇨ pouvoir.
pusillanime [-(l)la-] 形 《文》気

puss-, put, pût 活 ⇒ pouvoir.
pustule 囡《医》膿疱(のう); 《生》いぼ.
pustuleux, se 形《医》膿疱(のう)の(できた).
putain 囡俗 ❶ 娼(しょう)婦, 売春婦; 身持ちの悪い女. ❷ くそ女. ❸ P—! ちえっ, くそっ(怒り, 驚き, 絶望など). ◇ **fils [enfant] de —** この野郎(ののしり).
putassier, ère 形《俗》売春(婦)の.
putatif, ve 形《法》推定上の; 誤想された.
pute 囡俗 娼(しょう)婦; ふしだらな女.
pûtes 活 ⇒ pouvoir.
putois 男《動》ケナガイタチ(の毛皮).
◇ **crier comme un —** 強く抗議する; がなり立てる.
putréfaction 囡 腐敗. ► **tomber en —** 腐敗する.
putréfiable 形 ⇒ putrescible.
putréfier 他 腐らせる, 腐敗させる.
—**se** 〜 腐る, 腐敗する.
putrescence 囡 腐敗状態.
putrescent, e 形 腐りかかった.
putrescibilité 囡 腐りやすさ.
putrescible 形 腐りやすい.
putride 形 腐った; 腐敗から生じる.
putridité 囡《文語》腐敗, 腐乱.
putsch [putʃ] 男;《複》—(s) 男《独》軍事クーデター.
putschiste [putʃi-] 形 軍事クーデターの(に加担する).
—名 軍事クーデター参加者.
putt [pœt] / **putting** [pœtiŋ] 男《英》(ゴルフの)パット.
putter[1] [pœ-] 自 パットを打つ.
putter[2] [pœtœːr] 男《英》パター.
putto [pu(t)to]; 《複》**i** 男《伊》《美》プット(裸体の小児像).
Puy (Le) ル=ピュイ(Haute-Loire 県の県庁所在地).
puy 男(オーヴェルニュ地方で)高い山.
Puy-de-Dôme 男 ピュイ=ド=ドーム県[63].
puzzle [pœzl] 男《英》ジグソーパズル; 難問, 謎(な)解き.
P.-V. 男《不変》《略》procès verbal 語 交通違反.
PVC 男《不変》《略》polyvinyl-chloride ポリ塩化ビニル.
P.V.D. 男複 pays en voie de développement 発展途上国.
pyélite 囡《医》腎盂(じんう)炎.
pyélonéphrite 囡 腎盂腎炎.
pygargue 男《鳥》ウミワシ.
Pygmalion 名 ギリ神《ピュグマリオン.
pygmée 名 ❶《P—》《人》ピグミー. ❷古風 小人; 《文語》取るに足りない人.
—形 ピグミーの.
pyjama 男 パジャマ.
pylône 男 鉄塔, 柱塔; (橋や街路の入り口を飾る)(古代エジプトの)神殿前の塔門.
pylore 男《解》幽門.
pyogène《医》化膿(のう)性の.
pyorrhée 囡《医》膿漏(のう)症. ► 〜 **alvéolaire** 歯槽炎症 / 〜 **alvéolo-dentaire** 歯槽膿漏.
pyrale 囡《昆》メイガ.
pyralène 男《化》ピラレン(合成油).
pyramidal, ale;《男複》**aux** 形 ピラミッドの, 角錐(こう)状の.
pyramide 囡 ❶ ピラミッド. ❷ ピラミッド状のもの[山]; 《数》角錐(こう);《解》錐体. ❸《統計》〜 **des âges** 人口年齢分布図.
pyramidion 男 (オベリスクの頂の)ピラミッド状部分.
pyrène 男《化》ピレン.
pyrénéen, ne 形 ピレネー山脈[地方]の, 《P—》 ピレネー地方の人.
Pyrénées 囡複 ピレネー山脈.
Pyrénées-Atlantiques 囡複 ピレネー=ザトランティク県[64].
Pyrénées-Orientales 囡複 ピレネー=ゾリアンタル県[66].
pyrèthre 男《植》ジョチュウギク.
pyrex [-ks] 男 商標 パイレックス.
pyrimidine 囡《生化》ピリミジン.
pyrite 囡《鉱》黄鉄鉱.
pyroclastique 形 coulée 〜 火砕流, 熱雲.
pyrogénation 囡《化》高熱反応, 熱分解.
pyrogène 形 ❶ 熱を生じる;《医》発熱性の. ❷《地》火成の.
pyrographe 男 (焼き絵用)鏝(こて), 電気鏝.
pyrograver 他 焼き絵をする.
pyrogravure 囡 焼き絵.
pyrolyse 囡《化》熱分解, 高温分解.
pyromane 名 放火狂.
—形 放火癖の.
pyromanie 囡 放火癖.
pyromètre 男《計》高温計.
pyrométrie 囡 高温測定(法).
◻**pyrométrique** 形
pyrophore 男 自然発火性物質.
pyrosis [-s] 男《医》胸やけ.
pyrotechnicien, ne 名 花火技術者.
pyrotechnie 囡 花火製造術; 花火製造工場. ◻**pyrotechnique** 形
pyroxène 男《鉱》輝石.
pyrrhique 囡《古ギ》(特にスパルタ, クレタの)舞踏, 戦舞.
pyrrhonien, ne 形《哲》ピュロン(の懐疑論)の; 懐疑的な. —名《哲》ピュロンの信奉者; 懐疑論者.
pyrrhonisme 男《哲》ピュロニスム, 懐疑, 懐疑主義.
pythagoricien, ne 形, 名 ピタゴラス主義[学派]の(人).
pythagorique 形《数》nombres 〜s ピタゴラス数.
pythagorisme 男《哲》ピタゴラス主義.
pythie 囡《古ギ》巫女(さ); 女占い師.
pythien, ne 形 デルフォイの.
python 男《動》ニシキヘビ.
pythonisse 囡《古ギ》女予言者; 女占い師.
pyxide 囡《植》蓋(ふた)果.

Q, q

Q, q 男 フランス字母の第17字.
qat [kat] 男 《植》カート(茶)(幻覚剤).
Qaṭar 男 カタール国.
qc(h) 男 quelque chose 何か.
Q.C.M. 女 《略》questionnaire à choix multiple 多肢選択式質問.
Q.G. 男 (不変)《略》quartier général 司令部.
Q.H.S. 男《略》quartier de haute sécurité (かつての刑務所内の)厳重監視地区.
Q.I. 男《略》quotient intellectuel 知能指数.
qibla 女 (不変)《イ教》キブラ(メッカの方向).
qi-exercice / qigong 男 気功.
Qin [tʃin] 秦(し) (前221−前207).
qn 男 quelqu'un だれか.
quad [kwad] 男 ❶ (4輪)ローラースケート. ❷ クワッド [4輪] バイク.
quadra [k(w)a-] 形, 名 40歳台の(人).
quadragénaire [kwa-] 形, 名 40歳代の(人).
quadragésime [kwa-] 女《カト》四旬節の第1日曜日; 古 四旬節.
quadrangulaire [k(w)a-] 形 四角(形)の.
quadrant [kwa-] 男 《数》四分円.
quadrature [kwa-] 女 《数》求積(法); 積分. ► ～ du cercle 解決できない問題;《数》円積問題.
quadrette 女 4人1組のチーム.
quadri [k(w)a-] 男 [話] ❶ 4チャンネル (方式); ❷ 4色刷り.
quadriceps [kwadriseps] 男 《解》大腿四頭筋.
quadrichromie [kwadrikrɔmi] 女 4色刷り.
quadriennal, ale [kwa-] 形 (男複 **aux**) 形 ❶ 4年間の; ❷ 4年に1度の.
quadrige [k(w)a-] 男 《古代》並列で4頭立ての2輪戦車.
quadrilatéral, ale [kwa-]; (男複 **aux**) 形 4辺形の.
quadrilatère [kwa-] 男 4辺形.
quadrillage 男 ❶ 碁盤縞, 方眼, 碁盤割り;❷ (警察などの)網の目作戦.
quadrille 男 カドリーユ (19世紀の4人1組の舞踊);カドリーユの4人組.
quadrillé, e 形 碁盤縞の, 方眼の.
quadriller 他 ❶ 碁盤目状に線を引く. ❷ 小区画に分けて警備する.
quadrillion [kwadrijɔ̃] 男 10^{24}.
quadrilobe [k(w)a-] 男《建》キャタフォイル, 四つ葉飾り(ゴシック建築の装飾意匠).
quadrimoteur [k(w)a-] 形 男 4基のエンジンを備えた. — 男 4発機.
quadripartite [kwa-] 形 ❶ 4つの部分[要素]から成る. ❷ 4党[4カ国, 4者]の.
quadriphonie [k(w)a-] 女 4チャンネル(方式).

◘ **quadriphonique** 形
quadriplégie [kwa-] 女《医》四肢麻痺(症).
quadriréacteur [k(w)a-] 男, 男《航》4発ターボジェットの(飛行機).
quadrumane [k(w)a-] 形《動》四手(の). — 男 四手獣(四肢が手の機能をも動物, 猿など).
quadrupède [k(w)a-] 形《動》四足の. — 男 四足獣.
quadruple [k(w)a-] 形 4倍の; 4重の; 4つの. — 男 4倍.
quadrupler [k(w)a-] 他 4倍にする;《鉄道》複々線にする. — 自 4倍[複々線]になる.
quadruplés, ées [k(w)a-] 名 (複数形のみ) 4つ子.
quadruplet [k(w)a-] 男 4つ組, 4つ揃い.
quai [ke] 男 ❶ (駅の)プラットホーム. ❷ 波止場, 埠(ふ)頭, 桟橋. ❸ 河岸(通り). ▶ le Q～ (d'Orsay) フランス外務省 / le Q～ des Orfèvres パリ警視庁.
quaker, esse [kwekœːr, kres] 名《英》クエーカー(教徒).
qualifiable 形 ❶ 形容できる, 言葉で表せる. ❷ (適当な)資格のある.
qualifiant, e 形 (職業的)資格を与える.
qualificatif, ve 形 ❶《言》品質[性質]を示す. ▶ adjectif ～ 品質形容詞. ❷《スポ》出場[進出]権を与える. — 男 形容詞[句].
qualification 女 ❶ 資格; 出場資格. ❷ 形容, 呼称;《文法》修飾.
qualifié, e 形 ❶ 資格のある, 十分な能力を持った; 出場資格を得た. ❷《法》加重された.
qualifier 動 ❶ (**de**) (…と)形容する, 呼ぶ, 名づける;《文法》修飾する. ❷ (qn) (…の)資格を与える;(…への)出場資格を与える.
— **se ～** (**pour**) (…への)出場資格を得る.
qualisigne 男《記》質記号.
qualitatif, ve 形 質的な, 性質上の;《化》analyse ～ve 定性分析.
◘ **qualitativement** 副
qualité 女 ❶ 質, 品質;(多く複数) 優れた性質, 長所. ❷ 肩書, 身分. ▶ avoir ～ pour + inf. …する資格がある. — **de** 高品質の. **en** (sa) ～ **de** … …の資格で.
qualiticien, ne 名 品質検査係.
quand 副《疑問》(**quand est-ce que** [kɛtɛsk] の場合以外リエゾンしない). ▶ Q～ Pierre est-il arrivé ? ピエールはいつ着いたのですか / Q～ reviendra ta fiancée ? / ta fiancée reviendra-t-elle ? 君のフィアンセはいつ帰ってくるのか(口 単純時制で目的語がない場合は複合倒置になる

quatorzièmement

てもよい）/《間接疑問》Il m'a demandé ～ je partirais. 彼は私にいつ出発するのか尋ねた。
❷一緒（母音の前でリエゾンし，この場合は語尾の d は [t] と発音）の。 ► ～ il est arrivé à la gare, le train partait [était parti]. 彼が駅に着いたとき，列車は発車しかけていた［出たあとだった］。
❸…するときにはいつも。《原因，条件》…だから，…ならば。► ～ je te le dis, tu peux me croire. 私どう言うのだから信じていいよ。❹《対立》…なのに。► Tu te plains, ～ tu as tout lieu d'être content. 君は喜んで当然なのに文句を言うんだね。❺《譲歩》［～ (bien) même］+ cond. たとえ…でも。► ～ Q～ il me le donnerait pour rien, je n'en voudrais pas. たとえ彼がそれをただでくれるのでもいりません。❻《名詞節を導いて》…のとき。► J'aime aussi ～ il parle de photographie. 写真の話をするときの彼も好きだ。
◇Q～ je [on] pense que … …だとはね，…とは驚きだ。Q～ je vous disais (que …)（…）と言っておいたとおりでしょう。～ même それでもやはり。［話］まったく，いくらなんでも，やっぱり。

quant à [-ta] 前句 …については，関しては，はどうかと言うと。

quanta [k(w)ɑ̃-] 男 quantum の複数形。

quant-à-soi [-ta-] 男《不変》打ち解けない態度，とりすましていること。

quantième 男《文》暦日付。

quantifiable 形 量化し得る。

quantificateur 男 ❶《言》数量詞，限量辞。❷《論》量記号。

quantification 女《英》《情報》量子化。

quantifié, e 形 ❶《物》量子化された。❷《論》量化された。

quantifier 他 数量化する。《論》(命題）を量化する；《物》を量子化する。

quantique [k(w)ɑ̃-] 形 量子力学的な；《論》logique — 量子論理。

quantitatif, ive 形 量的な，量の。► analyse ～ve《化》定量分析。**quantitativement** 副

quantité 女 量，数量。► adverbe de ～《文法》数量副詞。
◇en (grande) ～ 多量に，たくさん。(une) ～ de … たくさんの…。

quanton [k(w)ɑ̃-] 男《物》粒子。

quantum [k(w)ɑ̃-] 男《複》*a* 男 ❶ 定量；割り当て額；《選挙，票決に必要な》最低投票数。❷ 歩合。❸《物》量子。

quarantaine 女 ❶ およそ 40（歳）。❷ 検疫；（患者の）隔離。
◇mettre en ～ 仲間外れにする。

quarante 形《不変》40 の；40 番目の。— 男《不変》40番；《テニス》フォーティー（得点）。► les Q～ 《不変》《40名》のアカデミー・フランセーズ会員。

quarantenaire 形 ❶ 40 年間の，40 年続く。❷ 検疫の。

quarantième 形 40 番目の；40 分の 1 の。— 名 40 番目の人［物］。— 男 40 分の 1。

quark [kwark] 男《物》クォーク。

quart [kar] 男 ❶ 4 分の 1；4 分の 1 l（入りの小瓶）；4 分の 1 リーヴル（= 125 g）。❷ 15 分（— d'heure）。❸《海》（4 時間の）当直。❹《楽》～ de soupir 16 分休符。～ de ton 4 分音。❺ — de finale 準々決勝。
◇au — de tour すぐに，きっちり。aux trois —s 大方，ほとんど。de trois —s（肖像画などの）斜め正面からの。les trois —s du temps たいてい，しょっちゅう。passer un mauvais — d'heure（いっとき）つらい目にあう，しのされる。

quarte 女《楽》4 度。

quarté 男 4 連勝式勝馬投票法。

quarteron[1] 男《軽蔑》少数，一握り，少数派。❷《古》4 分の 1（125 g）。

quarteron[2], **ne** 名 黒人の血を 4 分の 1 受けた白人（特に母親が混血。

quartette [k(w)a-] 男《楽》ジャズ・カルテット。

quartidi [kwa-] 男《革命暦旬日の）第 4 日。

quartier 男 ❶（都市の）地区，…街，界隈（…）（の住人）；（行政上の）地区。► le Q～ latin カルチエ・ラタン（パリの学生街）。❷ 4 分の 1；一切れ，一片，一塊。❸《天》（月の）弦。❹ 兵営，兵舎。❺（刑務所で特殊用途の）舎，区域。❻《食》（肉の）クォーター。❼《紋》クォータリー。❽《馬》あおり（革）。
◇avoir — libre（兵営からの）外出を許されている；自由に行動をする。ne pas faire de — 皆殺しにする。— général 司令部；根城，拠点。

quartier-maître；《複》—s-—s 男《軍》— de 1re classe 水兵長。— de 2ème classe 上等水兵。

quart-monde；《複》—s-—s 男 ❶（先進国の）最貧困階層。❷ 第 4 世界（第 3 世界の最貧困国）。

quarto [kwa-] 副《ラ》4 番目に。

quartz [kwarts] 男《鉱》石英；水晶。

quasar [k(w)azar] 男《英》《天》クエーサー，準星。

quasi[1] 副《ラ》ほとんど…，…も同然。

quasi[2] 男《食》（子牛の）腿肉。

quasi-contrat 男《法》準契約。

quasi-délit 男《法》非故意不法行為（過失，不注意による不法行為）。

quasiment 副 ほとんど，ほぼ。

Quasimodo 女《カト》白衣の主日（復活祭後の第 1 日曜日）。

quater [kwa-] 副《ラ》4 番目に。

quaternaire [kwa-] 形 ❶ 4 つの要素からなる，4 で割り切れる。❷《地》第四紀の。❸《経》secteur — 第 4 次産業部門。— 男 第四紀。

quatorze 形（数）《不変》14 の；14 番目の。— 男《不変》❶ 14；14 日；14 番，14 号。❷ 1914 年。

quatorzième 形 14 番目の；14 分の 1 の。— 名 14 番目の人［物］。— 男 14 分の 1；15 階；第 14。

quatorzièmement 副 14 番目に。

quatrain

quatrain 男 カトラン, 4行詩(節).

quatre 形 〖数〗(不変) ❶ 4 つの, 4番目の ► — heures 4時; おやつの時間. ❷ 4 人の. ◊ *les* ~ *fers en l'air* あおむけにひっくり返って. —— 男 (不変) ❶ 4; 4つ, 4時, 4番, 4号. ❷ (トランプなどの) 4の札; (さいころの) 4の目. ❸ 〖スポ〗フォア (4人乗りボート). ◊ *comme* ~ たくさん, 並み外れて. *à* ~ (階段などの) 4つ分から4つに. *se mettre en* ~ 大いに骨を折る, 尽力する. *se tenir à* ~ 懸命にこらえる. *un de ces* ~ 近いうちに.

quatre-cent-vingt-et-un [-vɛ̃teɑ̃] 男 (不変) 〖ゲーム〗4, 2, 1 (この組み合わせが最も強いダイスゲーム).

quatre-épices 男 オールスパイス.

quatre-heures 男 おやつ.

quatre-mâts 男 4 檣(ドウ)帆船.

quatre-quarts 男 〖菓〗カトルカール (同量の小麦粉, 砂糖, 卵, バターで作るスポンジケーキ).

quatre-quatre 男/女 4 WD.

quatre-saisons 女複 *marchand(e) des [de]* ~ 露天商の八百屋.

quatre-temps 男複 〖カト〗四季の斎日 (各季最初の水, 金, 土の断食).

quatre-vingt-dix 男 〖数〗 90の; 90番目の; 90; 90番.

quatre-vingt-dixième 形 90番目の; 90分の1の. —— 名 90番目の人[物]. —— 男 90分の 1.

quatre-vingtième [-vɛ̃tjɛm] 形 80番目の; 80分の1の. —— 名 80番目の人[物]. —— 男 80分の 1.

quatre-vingts 形 〖数〗80の; 80番目の. 注他の数字が続く場合や序数詞的に用いる場合には語末の *s* が落ちる. —— 男 80; 80番.

quatrième 形 4番目の; 4分の1の. —— 名 4番目の人[物]. —— 男 4分の1; 5階; 第4区. —— 女 ❶ 第4学級(⇨ terminale). ❷ (自動車の) 4速, トップ.

quatrièmement 副 4番目に.

quatrillion [-lj5] 男 ⇨ quadrillion.

quattrocento [kwatrotʃen-to] 男 〖伊〗クァットロチェント(15世紀ルネサンス様式).

quatuor [kwa-] 男 〖楽〗四重奏[唱] (曲); 四重唱団.

qubit 男 〖情報〗量子ビット.

que¹ 接 (母音・無音のh の前で qu' となる) ❶ 〘名詞節を導く〙 ❶ …ということ. ► 〘間接話法〙Il m'a dit qu'il partait. 彼は出発すると私に言った / 〘名詞の同格〙J'ai l'impression qu'il n'est pas content. 私は彼が満足していないような気がする / 〘形容詞の補語〙Je suis certain (de ce) qu'il viendra. 彼はきっとやって来ると私は思う / 〘間接目的〙Il consent à (ce) que je fasse le travail. 彼は私がその仕事をすることに同意している. / 〘非人称構文の意味上の主語〙► Il faut que vous compreniez. あなた(方)に理解してもらう必要がある. ❸ 〘主語, 遊離構文〙► Qu'elle ait réussi à l'examen ne m'étonne pas du tout. 彼女が試験に合格したことに私は少しも驚かない.

❷ 〘副詞節を導く〙❶ 〘先行する接続詞(句)の代用〙► Si tu es sage et qu'il fasse beau, nous sortirons. おまえがいい子にしていてお天気がよかったら外へ出かけようね(注 *si* の代用の場合は以下では多く接続法). ❷ 〘結果, 程度; 多く *si*, *tant*, *tel*, *tellement* などとともに〙非常に…なので…, …なほど…. ► 〘単独で〙Il a changé qu'on a peine à le reconnaître. 彼はすっかり変わって, 彼だと分からないくらいだ. ❸ 〘原因, 説明〙…だから (=parce que); 〘理由〙…であるところを見ると (=puisque). ► Ce n'est pas *que* + subj. …のではない. ❹ 〘時間〙…するとき (=quand, lorsque); …して以来 (=depuis que). ❺ 〘時間〙…する前に (=avant que). ► Nous ne sortirons pas *que* tu n'aies fini ton devoir. おまえが宿題を終えないうちは出かけないよ. 注 ❺ - ❽ の用法では, que 以下は接続法. ❻ 〘除外〙…なしに (=sans que). ❼ 〘目的〙…するために (=pour que). ❽ 〘仮定, 譲歩〙もし…ならば; …であろうと (=soit que). ► Il doit travailler qu'il le veuille ou non. 彼はそう望もうと望むまいと働か[勉強し]なくてはならない. ❾ 〘対立〙…なのに (=alors que).

❸ 〘独立節を導く〙*Que* + subj. ► 〘命令, 願望〙► *Qu'il se taise!* 彼を黙らせろ / 彼に黙っていてくれますように. ► 〘驚き, 憤概〙► *Qu'elle fasse une pareille chose!* 彼女がそんなことをするとは!

❹ 〘比較の表現で〙…より; …と(同じ); …の(он). ► Il est plus grand *qu'elle*. 彼は彼女より背が高い.

❺ 〘制限の表現で〙❶ *ne* … *que* … しか…ない (⇨ ne). ❷ *ne* … *que plus* [*mieux*, *trop*] … よりいっそうよりよく, あまりにも…するばかりだ. ► Il n'en est que plus coupable. そのことで彼の罪はますます重い. ❸ 〘文章〙(personne, rien, aucun, nul など, または疑問文とともに)…でなければ, …のほかには (=si ce n'est, sinon).

❻ 〘連結詞として〙❶ 副詞(句) + *que* …; 熟語構文 + *que* …. ► *peut-être qu'il a raison*. たぶん彼が正しい / *Comment qu'il a fait?* あいつどうやったんだ. ❷ 〘同格, 強調〙► *Riche idée que la vôtre!* 素晴らしい考えだ, あなた(方)のは / 〘oui, non, si の強調〙*Oh! que non!* いや, とんでもない. ❸ 〘直接話法を導く〙► «Viens ici», *qu'il m'a dit*. 「ここへおいでよ」彼は私に言った. 注 正しくは m'a-t-il dit と倒置される. ❹ cond. + *que* + cond. たとえ…であろうと…; もし…ならば…. ► Il serait malade *que ça ne m'étonnerait pas*. 彼が病気だとしても私は驚かない.

questionnaire

7 〖強調構文〗C'est ... que ...は…だ。► C'est vous *que* je parle. 私はあなた(方)に話しているんですよ。

8 est-ce que ... 〖口〗 est-ce que ...

que² 副(母音・無音の h の前で qu' となる) **❶**〖感嘆〗なんと。► *Que* c'est beau! なんてきれいなんだ / *que* de ..., なんて多くの…。**❷**〖文章〗〖疑問〗なぜ; いかなる点で。► *Que* tardez-vous à ...? なぜ…するのをためらっているのですか。

que³ 代〖関係〗(母音・無音の h の前で qu' となる) ❶…するところの。► 〖先行詞は人・物〗Les jeunes filles *que* tu vois là sont mes élèves. あそこに見える女の子たちは私の生徒たち。❷〖先行詞は代名詞〗► Il n'est plus l'homme *qu*'il était. 彼はもはや昔の彼ではない / 〖先行詞が形容詞〗Absorbée *qu*'elle était dans ses pensées, elle ne répondit pas. 彼女は考えに夢中になって, 返事をしなかった / 〖感嘆文〗Etourdi *que* tu es! うかつだなあ, 君も。❸〖状況補語〗＝ de la façon *que* j'ai vécu 私の生きてきたやり方で。❹〖非人称構文の意味上の主語〗► Savez-vous l'heure *qu*'il est? 今何時か分かりますか。❺〖先行詞なしで〗慣用表現でのみ用いる。► advienne *que* pourra どんなことが起ころうとも。◇*ce que* ... (1) …するところのもの[こと]。(2)〖間接疑問〗何を。(3)〖先行する節,文を受ける〗Elle pleura, *ce qu*'elle ne faisait jamais. 彼女は泣いた, そんなことは一度もなかったのに。(4)〖現在分詞を伴って〗それを…すると, *ce que* disant そう言うと。*c'est que* ...〖直接目的語の強調〗C'est ... (et) ... *que* ... ❶ Et cette bague *que* j'ai perdue. ああ, あの指輪はなくしてしまった。

que⁴ 代〖疑問〗(母音・無音の h の前で qu' となる)何。► 〖直接目的語〗*Que* faites-vous ici? ＝ Qu'est-ce que vous faites ici? ここで何をしているのですか/ *que* faire? どうしよう/〖間接疑問〗Il ne savait plus *que* dire. 彼はもはやなんと言っていいか分からなかった/〖属詞〗*Qu*'est-elle devenue? 彼女はどうなっただろう/〖非人称構文の意味上の主語〗*Que* se passe-t-il? 何が起こったのか。

◇*qu'est-ce que* 〖直接目的語, 属詞〗何を, 何が, どのような; 〖口〗〖感嘆〗なんて…。*qu'est-ce qui* 〖主語〗何が。

Québec 男 ケベック(カナダ東部の州)。

québécisme 男 〖フランス語の〗ケベック特有語法。

québécois, e 形 ケベックの, ケベック州の。―名 Q〜 ケベック(州)の人。

quechua [ketʃwa] 男 (アンデスの)ケチュア族。

quel, le 形 ❶〖疑問〗どんな, どのくらいの, どの, 何の。► Q〜 est cet arbre? この木は何ですか。❷〖感嘆〗なんという(驚き, 称賛, 非難など)。❸〖譲歩〗〜 que + subj., ...がどうであろうとも。―代〖疑問〗どちらが, だれが。

quelconque 形 ❶〖不定〗なんらかの, ある, 任意の; 〖否定的表現で〗なんらの, どんな…(もない)。❷平凡な, ありふれた, つまらない, 取るに足りない。

quelque 形 ❶〖不定〗〖複数〗いくつかの, わずかな。❷ある量の, ある程度の。❸ある, なんらかの。

◇〜 *part* どこかで, どこかに; 〖口〗(トイレ, 尻(しり)などを婉(えん)曲に指して)あそこ, とある場所。〜 + 名詞 + *que* + subj., 〖譲歩〗どんな…でも。数量表現 + *et* 〜 …と少々。

―副〖文章〗(数詞の前で)およそ, 約, ほぼ。〜 *peu* 少し, やや, 数個。〜 + 形容詞 + *que* + subj., 〖譲歩〗どれほど…でも。

quelque chose 代〖不定〗❶ 何か, ある物[事]。❷ かなりの物[人], たいしたもの[人]。❸ 何かよくないこと, 困ったこと。

◇*avoir* 〜 *à dire* 不満がある; 文句[異論]がある。*dire* 〜 何か言う; 何かを思い出させる, 心に訴える。*être pour* 〜 *à* [*dans*] ... …に何らかの関係がある。*faire* 〜 何かをする; 大きなことをする; 感銘を与える。〜 *comme* ... …のようなもの。(数詞とともにおよそ…。

quelquefois 副 時おり, 時々。

quelques-uns, unes 代〖不定〗〖複数形のみ〗❶(…のその)ある人々, 何人か; いくつか(の物)。❷ 若干の人, ある種の人々。

quelqu'un, e 代〖不定〗〖男性単数形〗だれか; ある人; 重要な人物, 相当な人。❷〖文章〗〜 *de* + (代)名詞 …の中のある一人, ある一人。

quémander 他 せがむ, 懇願する。

quémandeur, se 名 〖文章〗しつこい嘆願者, うるさい請願者。

qu'en-dira-t-on 男〖不変〗世間のうわさ, ゴシップ。

quenelle 女〖料〗クネル(魚や肉の擂(す)り身)。

quenouille 女 糸巻き棒, 紡錘(つむ); (果樹の)紡錘形仕立て[刈り込み]。

◇*tomber en* 〜 女性に牛耳られる; (領地などが)女性の手に渡る。

quéquette 女 〖幼児語〗おちんちん。

querelle 女 喧嘩(けんか), 口論; 論争, 対立。◇*chercher* 〜 *à* ... …に喧嘩を売る。〜 *d'Allemand* 〖文章〗いわれのない喧嘩。

quereller 他 非難する。

―*se* 〜 ❶ 喧嘩(けんか)をする; 激しく口論する。❷ (avec) (...と)喧嘩をする。

querelleur, se 形 名 喧嘩(けんか)好きな人。喧嘩っ早い人。

quérir 他〖不定形のみ〗〖文章〗呼ぶ, 探す。

quèsco 代〖疑問〗〖口〗それはなんだ。

questeur 男〖古ロ〗財務官。

question 女 質問; 問題。

◇*en* 〜 問題になっている, 当該の。*faire* 〜 疑わしい。*mettre* ... *en* 〜 ...を検討する。*Pas* 〜 *de* + *inf.* [*que* + subj.] …は論外だ, とんでもない。

questionnaire 男 (アンケートなどの)質問事項, 質問表。

questionnement

questionnement 男 問題(提起).
questionner 他 質問する.
　— se 〜 互いに質問し合う.
questionneur, se 形, 名 文章 質問好きの(人).
questure 名 [古口]財務官の職.
quête 女 ❶ 募金. ❷ 文章 探究.
　◇**en 〜 de** ... …を探し求めて.
quêter 他 求める, 欲しがる.
　— 自 募金を集める.
quêteur, se 名 ❶ 募金を集める人. ❷ 文章 **— de** ... …を求める人.
quetsche [kwɛtʃ] 女 ❶ [植]クエッチ(の実) ❷ クエッチ(酒).
quetzal [kɛtzal] 男 (複 〜s) ❶ [鳥]ケツァール(中米産キヌバネドリの一種). ❷ ケツァル(グアテマラの通貨).
queue 女 ❶ 尾, しっぽ; 末尾, 後部. ❷ (待つ人の)列, 行列. **à la 〜** 列をなして / **faire la 〜** 列に並ぶ. ❸ (衣服の)垂れ. ❹ (鍋, 工具などの)柄, 取っ手. ❺ (字体の)しっぽ. ❻ [楽]符尾. ❼ (ビリの)キュー; [植]花梗(5), 葉柄, 茎. ❽ ペニス.
　◇**— de cheval** ポニーテール. **n'avoir ni 〜 ni tête** 文章 滅裂だ.
queue-de-morue/queue-de-pie; (複)〜**s**-〜-〜 男 [衣]燕尾(服).
queue-de-renard; (複)〜**s**-〜-〜 女 [植]ガマ, スギナモ.
queux[1] 男 文章 **maître 〜** 料理長.
queux[2] 女 砥(ど)石.
qui[1] 代 (関係) ❶ (関係詞の主語) 〔先行詞は人・物〕…するところの. ▶ Connaissez-vous l'homme **qui** parle avec elle? 彼女と話している男性を御存知ですか. ❷ (前置詞のあとで)〔先行詞は人〕…するところの. ▶ Comment s'appelle la fille avec **qui** tu parlais tout à l'heure? あなたがさっき一緒に話していた女の子はなんという名前なの.❸(先行詞なしで)…する(ところの人). ▶ Rira bien **qui** rira le dernier. 圏 最後に笑う者が一番よく笑う. ❹(先行詞なしで)…するもの[こと]. ▶ Voilà **qui** doit être agréable. これはきっとすてきなことだろう.
　◇**ce qui** (1) …するところのもの[こと]. (2) (間接疑問)何が. (3) (先行する節, 文を受ける) ▶ Il a réussi, **ce qui** m'a étonné. 彼は成功したが, そのことに私は驚いた. **C'est à qui + 直説法単純未来**. 我がちに[争って]…する(過去の場合は, + 条件法現在となる). **C'est ... qui ...** [主語の強調]…は…だ. **qui ... qui ... 文章** …する者は…まある者は….
qui[2] 代 (疑問)何か. ❶ [主語] Qui a téléphoné? だれが電話してきたのですか / [間接疑問] Dites-moi **qui est-ce qui** a cassé les vitres. だれがガラスを割ったのか言いなさい / [直接疑問] **Qui** attendez-vous? / **Qui est-ce que** vous attendez? これ[それ, あれ]はだれですか / **Qui** sont ces gens? この人たちはだれですか (注 属詞

の場合は常に単純倒置) / [前置詞のあとで] À **qui** pensez-vous? だれのことを考えているのですか.
　◇**je ne sais qui** = **on ne sait qui** だれかしら知らない. **qui est-ce que** だれを, だれに. **qui est-ce qui** だれが. **qui que + subj.** だれであろうと.
quia [kɥija] (à) 副 文章 お手上げで.
quiche 女 [料]キッシュ(タルト料理).
quichua [t-twa] 男 ⇨ quechua.
quiconque 代 (関係) ❶ (先行詞なしに)…する者. ❷ (不定)何人か, だれでも.
quid [kwid] 副 (疑) 話 (de) (…は)どんな具合か.
quidam [k(ɥ)idam] 男 (ラ)誰だれ某氏.
quiet, ète 形 文章 静かな, 穏やかな.
quiétisme 男 (17世紀の)静寂主義.
quiétiste 名, 形 静寂主義者の.
quiétude 女 文章 静けさ, 平穏.
quignon 男 パンの切れ端.
quille[1] 女 ❶ (九柱戯の)木柱, ピン. ❷ 話 足. ❸ [軍]兵役終了, 復員.
quille[2] 女 [海]竜骨, キール.
Quimper カンペール(Finistère 県の県庁所在地).
quinaud, e 形 文章 恥じ入った, 気まずそうな, 当惑した.
quincaillerie 女 金物類; 金物屋; 器安物装身具.
quincaillier, ère 名 金物商人.
quinconce 男 ❶ **en 〜** (正方形の四隅と中央の)5点形に〔の〕. ❷ 園 (樹木の)5点形の配植(のある遊歩道).
quinine 女 [植]キナノキ, キニン.
quinqua 形, 名 (不変)話 50歳代の(人).
quinquagénaire 形, 名 50歳代の(人).
quinquagésime 女 [カト]五旬節の主日(灰の水曜日直前の日曜日).
quinquennal, ale; (男 複) **aux** 形 5年ごとの; 5年間続く.
quinquennat [k(ɥ)ɛ̃-] 男 (5か年計画の)5年間; 任期の5年間.
quinquet 男 カンケ灯; 話 目.
quinquina 男 ❶ [植]キナノキ. ❷ キナ液のワイン(食前酒の一種).
quintaine 女 (中世の武技の)槍的(5); 標的人形.
quintal; (複) **aux** 男 [計]キンタル(100 kg).
quinte 女 ❶ [カード](同じマークの)5枚続き, ストレート; [楽]5度. ❷ [医]咳(3)の発作.
quinté 男 (5着までを当てる)5連馬券.
quintessence 女 本質, 精髄; (古代哲学での)第5元素, エーテル.
quintet [-t] 男 [楽]ジャズ・クインテット.
quintette 男 [楽]五重奏(曲); 五重奏[唱]団.
quinteux, se 形 文章 むら気な; すぐ腹をたてる.
quintidi 男 (革命暦旬日の)第5日.
quintillion [-lj5] 男 10^{30}.
quinto [kɥ̃-] 副 (ラ)第5番目に,

quintuple 男, 形 5倍(の).
quintupler 他 5倍にする.
—自 5倍になる.
quintuplés, ées 名《複数形のみ》5つ子.
quinzaine 女 約15; 2週間(分の給与). ▶ la grande ~ des prix littéraires 文学大賞週間(12月сле半).
quinze 形《不変》15の; 15番目の. ▶ ~ jours 2週間.
—男《不変》15; 15番目, 15時; 15番, 15号. ❶《スポ》フィフティーン.
quinzième 形 15番目の; 15分の1の. —名 15番目の人[物]. —男 15分の1; 16番; 第15区; 15世紀.
quinzièmement 副 15番目に.
quinziste 男〈15人制〉ラグビーの選手.
quinzomadaire 形 隔週刊の.
—男 隔週刊誌.
quiproquo 男 取り違え, 思い違い.
quirat 男《海》船舶共有持分.
quirataire 名《海》船舶共有者.
quirite 男《古》ローマ市民.
quittance 女 領収証, 支払済証書.
quitte 形 ❶ 借金[負い目]のなくなった. ❷ (de) (…を)済ませた; 免れた, 免除された.
♢*en être ~ pour ...* …だけで済む. *jouer (à) ~ ou double* 一か八かの大勝負に出る. *~ à + inf.* たとえ…することになっても.
quitter 他 ❶ 別れる; 立ち去る, 離れる. ❷ (仕事などを)やめる, 退く. ❸ 脱ぐ, 外す.
♢*ne pas ~ ... des yeux* …から目を離さない. *Ne quittez pas.* (電話で)そのままお待ちください.
quitus [-s] 男《法》(責任者の業務完遂を確認する)監査証明書.
qui-vive 間 だれか?《歩哨の》誰何(ホッカ)(の声). —男《不変》《歩哨の》誰何(の声).
♢*sur le ~* 警戒している.
quiz [kwiz] 男 クイズ.
quoi 代《疑問》《疑問代名詞 que⁴ の強勢形》何. ▶ A ~ pensez-vous? 何を考えているのですか /《間接疑問》Dites-nous à ~ cela sert. それが何に役立つのか私たちに教えてください. /《主題的疑問》Tu fais ~? 圄 何をしているの /《不定詞とともに》Q~ dire? なんと言ったらいいのか /《単独で》Q~? 圄《省略的に》何?(問い返しての)なんだって.
♢*De ~.* 圄 なんだって. *Et puis ~?* それがどうした. *Et puis ~ encore?*

その上なんだというんだ, いいかげんにしろ.
je ne sais ~ = on ne sait ~ (1)なんだか分からないもの. (2)《de + 形容詞を伴って》なにかしら…なもの. *n'importe ~* なんでも. *... ou ~?* 圄 …なのかどうだか, ……じゃないのか. *~ que ce soit* なにか, 何も; 何も. *~ que + subj.*《譲歩》何で[が], に[…]しようと. *~ qu'il en soit* ともかく, いずれにせよ.
—間 ❶《驚き, 憤慨》何. ❷ 圄《文末で》つまり, 要するに.
—代《関係》《関係代名詞 que³ の強勢形;前置詞のあとで》…するところのこと. ▶《ce, chose, point, rien などを先行詞とする》Il n'y a rien de ~ il s'étonne. 彼が驚くようなことは何もない /《先行詞を省略する》C'est à ~ je pensais. それは私が考えていたことだ.
♢*avoir de ~* 圄 金持ちだ. *de ~ + inf.* …するのに必要なもの; …する理由, 値打ち. (*Il n'y a pas de ~.* そんなことをする理由はない, とんでもない; (礼を言われて)どういたしまして.

quoique 接《il(s), elle(s), on, en, un(e) の前で quoiqu' とする》
❶ …とはいえ, にもかかわらず. ▶《接続法とともに》Je lui confierai ce travail quoiqu'il soit bien jeune. ずいぶん若いが彼にこの仕事を任せよう. /《形容詞, 分詞とともに》C'est simple, quoique riche. 彼は金持ちだが気さくだ. /《直説法, 条件法とともに》しかし, まあ…, もっとも.
♢*quoique ça* 圄 それはそうだが, それでもやはり.

quolibet 男 冷やかし, 嘲(ァ*)笑.
quorum [k(w)ɔ-] 男《法》定足数.
quota [k(w)ɔ-] 男 割り当て額[量].
quote-part 女 ~s—~s 分け前; 割り当て; 負担部分.
quotidien, ne 形 毎日の, 日常の; 日刊の; 凡な, 単調な.
—男 日刊紙; 日常的な事柄, 日常生活.
quotidiennement 副 毎日.
quotidienneté 女《文》日常性, 平々凡々さ, 月並.
quotient [-sjɑ̃] 男 ❶《数》商. 《心》~ intellectuel 知能指数;《法》~ électoral 当選基数;《税》~ familial (所得税の)家族係数.
quotité 女《法》持ち分, 割当額.
qwerty 形《不変》clavier ~ クワーティ配列のキーボード.

R, r

R, r 男 フランス字母の第18字. ▶ les mois en r つづりに r のつく月(9月-4月で, カキが食べられる時期).

Ra 《化》 radium ラジウム.

ra 男 《不変》 早打ちした太鼓の音.

rab [-b] 男 話 残り分; 追加分; 超過勤務; 追加兵役期間.

rabab [-b] 男 《アラビア》《楽》ラバーブ(アラビア起源の擦弦楽器).

rabâchage 男 同じことの繰り返しくどくど言うこと.

rabâcher 自, 他 くどくど繰り返す; 何度も陽気に覚える.

rabâcheur, se 同じことをくどくど言う人. — 形 話 くどくどしい.

rabais 男 値下げ, 割引. ◊ au ~ 安く安い賃金で[の]; 悪質な, 安っぽい.

rabaisser 他 ❶ 価値を低下させる; 低く評価する, けなす. ❷ (思い上がりなどを)くじく. — **se** — 身を下げる, 謙遜(けんそん)する; 自分の値打ちを下げる. □**rabaissement** 男

rabane 女 《織》ラフィアヤ(製品).

rabat¹ 男 (襟の)折り返し; 《服》(司法官や聖職者などのガウンの)胸飾り.

rabat² ⇨ rabattre.

rabat-joie 男 《不変》, 名 《不変》陰気で興ざめな(人), 座を白けさせる(人).

rabats, rabattu- ⇨ rabattre.

rabattable 形 折り畳める, 倒せる.

rabattage 男 (獲物の)狩り出し.

rabattement 男 ❶ (上がったものを)下げること; 折りたたむこと. ❷ (追い越しのあとで)元の車線に戻ること; 方向転換. ❸ 《図》ラバトマンを作ること(軸を中心とした回転射影).

rabatteur, se 名 《狩》勢子(せこ). ❷ 客引き, 周旋屋.

rabattre 他 他 ❶ (上がったものを)下げる, 下ろす. ❷ 平たくする; 折り返す, 折り畳む. ❸ (金額を)差し引く, 割り引く. ❹ (自信, 勢いなどを)くじく, そぐ. ❺ 図 (木, 枝を)元まで切る. ❻ 狩 (獲物を)狩り立てる, 追い込む. ◊ en — くじける. — 自 方向転換する. — **se** — ❶ 降りる, 下がる; 折り畳まれる; 閉じる. ❷ 方向転換する. ❸ (sur) (…に)甘んじる, (…で)我慢する.

rabattu, e 形 (rabattre の過去分詞)垂れ下がった.

rabbin 男 ラビ; ユダヤ教の祭司.

rabbinat 男 ラビの職; 《集合的》ある国のラビたち.

rabbinique 形 ラビの.

rabbinisme 男 ラビの教義.

rabelaisien, ne 形 ラブレーの; ラブレー風の; 陽気で露骨な.

rabibochage 男 ❶ 仲直り(させること). ❷ 応急処理.

rabibocher 他 ❶ 仲直りさせる, 和解させる. ❷ 応急修理する. — **se** — 仲直りする.

rabiot / rabe 男 話 ❶ (飲食物の)残り. ❷ 残業; (懲戒による)追加兵役期間.

rabioter 他 話 よけいに取る[もらう]. — 自 話 (sur) (…の)一部を得る.

rabique 形 《医》狂犬病の.

râble 男 (ウサギの)背肉. ◊ tomber [sauter] sur le ~ 話 不意に襲う.

râblé, e 形 ❶ (動物の)背肉のよくついた; ❷ (人が)がっしりした.

rabot 男 鉋(かんな).

rabotage 男 鉋(かんな)がけ.

raboter 他 ❶ 鉋(かんな)をかける. ❷ 話 ひどくこする; 擦りむく. — **se** — 擦りむく.

raboteur 男 鉋削り工.

raboteux, se 形 でこぼこした, ごつごつした. ❷ 鉋(かんな)盤.

rabougri, e 形 発育の悪い, 虚弱な; 体が曲がって縮んだ.

rabougrir 他 発育を妨げる. — **se** — (植物の)成育不良である; (人が)弱々しくなる; (老いて)背が縮む.

rabouter 他 (木材などを)接合する.

rabrouer 他 がみがみ言う; 邪険に扱う. □**rabrouement** 男

racahout [-t] 男 《料》ラカウ(中東の甘い飲み物).

racaille 女 《集合的》社会の屑(くず), ごろつき.

raccommodable 形 修繕できる.

raccommodage 男 繕い; 修繕.

raccommodement 男 仲直り, 和解.

raccommoder 他 ❶ 繕う; 修理する. ❷ 話 仲直りさせる, 和解させる. — **se** — 話 和解する, 仲直りする.

raccommodeur, se 名 (衣服の)繕い職人; 修繕屋.

raccompagner 他 送っていく.

raccord 男 ❶ 接合; 接合部, つなぎ目. ❷ 継ぎ手, 継ぎ部(部品). ❸ 《映》(場面の)つなぎ. ❹ 話 faire un ~ (de maquillage) 化粧を直す.

raccordement 男 連結, 接続. — voie de ~ 《鉄道》連絡線.

raccorder 他 つなぐ, 連結する. — **se** — 接続 [連結] する, つながる.

raccourci, e 形 短縮された, 縮めた. ◊ à bras ~ (s) 力を振り絞って. ❶ 短縮. ❷ 凝縮された表現; 省略(法). ❸ 《美》《彫》短縮法. ◊ en — 要約された形で; 要約して.

raccourcir 他 短くする, 縮める. — 自 短く[なる, なって] (= se ~).

raccourcissement 男 短くする [なる] こと, 短縮.

raccroc (par) [-kro] 副 句 まぐれで, 運よく.

raccrochage 男 ❶ 客引き, 呼び込み. ❷ 再び手に入れること; 巻き返し.

raccrocher 他 (à) (…に) 再びかける. ❶ (元の場所に)かける; (…に)結びつける. ❷ 呼び止める, (客を)引く. ❸ 話 (あきらめていたものを)思いがけず手に入れる, 再び手に入れる. — 自 ❶ 電話を切る. ❷ 話 (芸能人などが)引退する.

—se ~ ❶ (à) (…)にしみつく;すがる。❷ 関係する，結びつく。

race 囡 ❶ 人種；民族。❷ (動物の)品種；種(は)。❸ 血統，家系，一門，後裔(話)。❹ (よく似た人間の)部類，連中。
◇ *avoir de la* ~ (天性の)気品がある。*de* ~ 純血種の。*fin de* ~ 形 (形容詞的)退廃的な。

racé, e 形 ❶ 純血種の。❷ 天性の気品を備えた，優雅な。

racer [rɛsœːr/raːsœːr] 男 (英)レース用モーターボート。

rachat 男 ❶ 買い取り，買い戻し。❷ 贖(_)罪，償い。❸ (債務などの)清算，弁済；(保険金の)払い戻し，償還。❹ (身の代金支払いによる)解放，釈放。

rachetable 形 買い戻せる；償える。

racheter 他動 ❶ 再び買う；買い戻す，買い取る。❷ (罪や過ちを)償う；(欠点を)補う。❸『キ教』罪をあがなう。❸ (身の代金を払って)請け出す，釈放させる。❹ (賠償金を払って)負担を免れる，清算する。
—se ~ ❶ (罪や過ちが…によって)あがなわれる，償われる。❷ (自分のために)買い戻す，買い取られる。

rachialgie 囡『医』脊椎(梁)痛。

rachianesthésie 囡『医』脊椎(梁)麻酔(法)。

rachidien, ne 形 脊椎の，脊柱の。

rachis [-s] 男 ❶『解』脊(梁)柱。❷『植』花軸，中軸；葉軸。

rachitique 形 くる病の；[にかかった]；発育不全の。—名 くる病患者。

rachitisme 男 くる病。

racial, ale 形 (男複) *aux* 形 人種の。

racine 囡 ❶ 根，根源，根底。❷ (多く複数)文章(土地，集団との)強い絆(ぎ)，結びつき。❸『言』語根。❸『数』累乗根；(方程式の)根，解。
◇ *prendre* ~ 根付く；じっと突っ立っている，居座る，長居する。

Racinien, ne 形 (男)(女) ラシーヌ(風)の。
—名 ラシーヌ悲劇の研究者 [愛好家]。

racisme 男 人種差別，人種的偏見。

raciste 形 人種差別の，人種(差別)主義者の。—名 人種(差別)主義者。

rack [-k] 男 (英)(オーディオ)ラック。

racket [-t] 男 (米)ゆすり，恐喝。

racketter 他動 ゆする，恐喝する。

racketteur, se 名 ゆすり屋。

raclage / raclement 男 削り取ること；はぎ取り；[林]間代し，間引き。

raclée 囡 (話)さんざんな打ち；完敗。

racler 他動 ❶ こそげる，削る；かき落とす。❷ ひどくこする，ひっかく；(弦楽器を)キーキー鳴らす，下手に演奏する。❸『話』(飲み物が喉(㎏)を)ひりひりさせる。
◇ ~ *les fonds de tiroir* なけなしの金をはたく。
—se ~ ~ *la gorge* (痰(*な*)を取るために)咳(*)払いをする。

raclette 囡 ❶ (話)へら，スクレーパー。— *de table* ダストパン(パン屑(_)用へら)。❷ ラクレット (チーズを溶かしてポテトに添えるスイス料理)。

racleur, se 名 ❶ (弦楽器を)下手に弾く人。❷ 削り[かき]落とす人。

racloir 男 削り[かき]道具。

raclure 囡 削り屑(_);屑。

racolage 男 ❶ 勧誘(あくどい)客引き；(売春婦の)客引き。❷『史』国王軍の志願兵徴募。

racoler 他動 ❶ (宣伝などにより)勧誘する；(売春婦が客を)引く。❷『史』(強制や甘言によって)(志願兵と)徴募する。

racoleur, se 形，名 ❶ 勧誘する(人)；客引きをする(人)。❷ 街頭(㎏)。

racontable 形 語ることのできる。

racontar 男 記めた話，陰口。

raconter 他動 ❶ 物語る，話をする。❷ (いい加減なことを)言う，ほざく。
—se ~ ❶ 自己を語る。❷ 語り合う。❸ 語られる。
□ *raconteur, se* 名

racorni, e 形 固くなった，角質化した；干からびた；無感覚になった。

racornir 個動 固くする，角質化する；干からびさせる；かたくなにする。
—se ~ 固くなる，角質化する。

racornissement 男 角質化；干からびること；かたくなになること。

radar 男『英』レーダー。

radariste 名 レーダー技師。

rade 囡『海』錨(ホッ)泊地，錨地。
◇ *laisser en* ~ 置き去りにする，見捨てる。*rester [être] en* ~ 置き去りにされる；故障する，立往生している。

radeau (複) *x* 男 筏(ホッ)。

radiaire 形 放射状の。

radial, ale (男複) *aux* 形 ❶ 半径の；半径方向の；放射状の。❷『解』橈(*と*)骨の。
—囡 放射状環状道路。

radian 男『計』ラジアン，弧度。

radiant, e 形 放射する，輻(*)射する。
—男『天』(流星群の)放射点。

radiateur 男 ラジエーター，放熱器，冷却器；暖房器，ヒーター。

radiation[1] 囡 抹消，削除。

radiation[2] 囡『物』放射(線)，輻(*)射(線)。

radical, ale (男複) *aux* 形 ❶ 根源の，根本的な。❷ 徹底的な，全面的な；絶対確実な；(学説が)非妥協的な。❸『植』根の，根生の；『言』語根の；『数』根の。
—名 (フランスの)急進党員，急進社会党員；急進的な意見の持ち主。—男『言』語幹；『化』基(*)；『数』根号。

radicalement 副 根本的に，完全に，徹底的に。

radicalisation 囡 急進化，過激化，先鋭化。

radicaliser 他動 急進的にする，過激にする。**—se ~** 急進的になる。

radicalisme 男 ラディカリスム，急進主義，過激主義；非妥協的態度。❷『史』(7月王政以降の)急進主義。

radicalité 囡 過激さ，急進性。

radical-socialisme 男 急進社会主義。

radical-socialiste; (複) *radicaux-*~*s* 形 急進社会主義(党)の。—名 急進社会党員。

radicelle 囡『植』小根，細根。

radiculaire 形 ❶『植』幼根の。❷『医』神経[歯]根の，根性の。

radicule 女〖植〗幼根.
radié, e 形 ❶ 放射状の. ❷〖植〗fleur ~e (キク科植物の) 舌状花. ——男〖植〗(キク科の) タンポポ亜科.
radier¹ 男 護岸, 護床; (水路などの) 基礎; (ダムの) 水平叩たたき, エプロン.
radier² 他 削除する, 抹消する; (…の) 資格を取り消す.
radiesthésie 女〖枕(?), 振り子などで水脈などを探る〗磁気感知占い.
radiesthésiste 名 磁気感知占い師.
radieux, se 形 光り輝く; 日が差している; 喜びに満ちた.
radin, e 名, 形 話 けちん坊 (の).
radiner 自話 やって来る (= se ~).
radinerie 女 話 けちけちすること.
radio 女 ❶ ラジオ; ラジオ放送 (局). ❷ X 線撮影 [写真]. ❸ 無線電話 (機). —— 男 無線電信. ❷ 名 無線電信技師; 無線技師.
radioactif, ve 形 放射性の.
radioactivation 女〖医〗放射活性化.
radioactivité 女 放射能.
radioalignement 男 ❶〖航〗計器進入誘導装置, ILS. ❷〖海〗ラジオレンジ, 無線航路標識.
radioaltimètre 男 電波高度計.
radioamateur, trice 名 アマチュア無線家, ハム.
radioastronomie 女 電波天文学. ▫radioastronome 名
radiobalisage 男〖航〗〖海〗無線標識方式.
radiobalise 女 無線位置標識. ▫radiobaliser 他
radiobiologie 女 放射線生物学.
radiocarbone 男〖化〗放射性炭素 (特に)・素14.
radiocassette 女 話 ラジカセ.
radiochronologie 女 放射性元素による年代測定 (学).
radiocobalt [-lt] 男〖化〗放射性コバルト.
radiocommande 女 無線操縦.
radiocommunication 女 無線通信.
radiocompas 男 ラジオコンパス, 無線方位測定機 [探知機].
radiodermite 女 放射線皮膚炎.
radiodiagnostic [-gnɔ-] 男〖医〗放射線診断, レントゲン診断.
radiodiffuser 他 放送する.
radiodiffusion 女 ラジオ放送; (テレビを含む) 放送, 放送機関. ▶système de ~ numérique デジタルオーディオ放送.
radioélectricien, ne 名 無線技師.
radioélectricité 女 電波技術, 電波工学, 無線工学.
radioélectrique 形 電波の.
radioélément 男〖物〗放射性元素; 放射性同位元素.
radiofréquence 女 無線周波数.
radiogalaxie 女〖天〗電波銀河.
radiogoniométrie 女 無線方位測定.
radiogramme 男 無線電報.

radiographie 女 ❶ X 線撮影 (法). ❷ 客観的で深い分析. ▫radiographique 形
radiographier 他 ❶ X 線撮影する; ラジオグラフィーを撮る. ❷ 客観的に詳しく分析する.
radioguidage 男 ❶ 無線誘導. ❷ (ラジオによる) 道路交通情報.
radioguider 他 ❶ (船, 飛行機などを) 無線誘導する. ❷ (ラジオでドライバーに) 道路交通情報を与える.
radiohéliographie 女〖天〗太陽電波測定器.
radio-immunologie 女〖医〗放射免疫学.
radio-isotope 女 ⇨ radio-élément.
radiolaire 男〖動〗放散虫.
radiolésion 女〖医〗放射線傷害.
radioligand 男〖医〗放射性リガンド.
radiolocalisation 女 電波標定.
radiologie 女 放射線 (医) 学.
radiologique 形 放射線 (医) 学の.
radiologue / radiologiste 名 放射線科医; 放射線検査技師.
radiolyse 女〖化〗放射線分解.
radiomessagerie 女〖通信〗ポケベル通信.
radionavigant 男 無線通信士.
radionavigation 女 無線航法.
radioopaque 形〖医〗放射線非透過性の.
radiophare 男 無線標識.
radiophonie 女 無線通信; ラジオ放送. ▫radiophonique 形
radiophotographie 女 X 線間接撮影 (法).
radioprotection 女 放射線防護.
radiorécepteur 男 無線受信機.
radiorepérage 男 電波探知.
radioreportage 男 (ラジオの) 現地取材番組, ラジオ中継.
radioreporter 男 (ラジオの) 放送記者; 現地取材員, 中継記者.
radiorésistance 女〖医〗放射線免疫.
radio-réveil 男《複》~s-~s 男 ラジオ付き目覚し時計.
radioscopie 女 X 線透視 (法).
radiosensibilité [-sã-] 女〖生〗放射線感受性.
radiosondage [-s5-] 男〖気〗(高層大気の) ラジオゾンデ観測.
radiosonde [-s5-] 女 ラジオゾンデ.
radiosource 女〖天〗(宇宙) 電波源.
radio-taxi 男 無線タクシー.
radiotechnique 女, 形 無線技術 (の), 電波技術の.
radiotélégramme 男 無線電報.
radiotélégraphie 女 無線電信.
radiotélégraphique 形 無線電信の.
radiotélégraphiste 名 無線電信技師, 電信技手.
radiotéléphone 男 無線電話機.
radiotéléphonie 女 無線電話.
radiotéléphoniste 名 無線電話

radiotélescope 男 電波望遠鏡.

radiotélévisé, e 形 ラジオ・テレビ同時放送の.

radiotélévision 女 ラジオ・テレビ局.

radiothérapie 女 放射線療法.
◇radiothérapeute

radique 形 [医] 放射線治療による.

radis 男 [植] ハツカダイコン.
◇*n'avoir pas un* ～ 俗 一文無しである.

radium 男 [化] ラジウム.

radius [-s] 男 [解] 橈(とう)骨.

radjah [-dʒa] 男 ⇨ raja.

radon 男 [化] ラドン.

radotage 男 支離滅裂な物言い, たわごと; くどい話.

radoter 自, 他 支離滅裂なことを言う; 同じことをくどくど言う.

radoteur, se 名 支離滅裂なことを言う人; 同じことをくどくど言う人.

radoub [-b] 男 [海] 船体の修理.

radouber 他 [海] 修理する; 繕う.

radoucir 他 温和にする, 穏やかにする. ― **se ～** 温和に [穏やかに] なる.

radoucissement 男 温和になること, 穏やかになること.

rafale 女 ❶ 突風, 疾風. ❷ (機関銃などの) 連射, (砲の) 斉射. ❸ (感情, 物音などの) 突発, 嵐.

raffermir 他 より固くする, いっそう安定させる, 強固にする. ― **se ～** より固くなる, 強固になる: 《dans》(…で) 強固に貫く, (…で) 一歩も譲らない.

raffermissement 男 固くする [なる] こと, 安定, 強化.

raffinage 男 [油] 精製; 精錬.

raffinat 男 [油] 精製油; ラフィネート.

raffiné, e 形 洗練された; 凝った, 精製された. ― 名 洗練された人, 趣味のよい人. ― 男 精製油.

raffinement 男 ❶ 洗練, 凝ったこと. ❷ ～ *de* … の極み.

raffiner 他 ❶ 精製 [精錬] する. ❷ 洗練する, 磨く. ― 自 《sur》(…に) 凝る. ― **se ～** 洗練される.

raffinerie 女 製油所; 精錬所.

raffineur, se 名 [油] 精錬 [精製] 業者.

rafle[1] 女 ⇨ rafle[2].

rafflesia 男 / **rafflésie** 女 [植] ラフレシア.

raffoler 自 《de》(…に) 夢中になる.

raffut 男 大騒ぎ.

raffûter 他 [スポ] ハンドオフする.

rafiot 男 おんぼろ船.

rafistolage 男 大ざっぱな修繕, 応急措置.

rafistoler 他 ざっと修繕する, 応急修理をする.

rafle[1] 女 ❶ 一斉検挙, 手入れ. ❷ 強奪, 略奪.

rafle[2] 女 (ブドウ, スグリの) 花梗(こう).

rafler 他 残らずかっさらう, ぶんどる.

rafraîchi, e 形 冷たい状態にする, 冷ややかにする.

rafraîchir 他 ❶ 冷やす, 涼しくする. ❷ 再び新しくする, よみがえらせる. ◇～ *la mémoire* 忘れていたことを思い出させる. ～ *les cheveux* 毛先をカットする. ― 自 涼しくなる, 冷える. ― **se ～** 涼しくなる, 冷える; 冷たいものを飲む, 涼む.

rafraîchissant, e 形 さわやかな.

rafraîchissement 男 ❶ 涼しくなること. ❷ 冷たい飲み物, ソフトドリンク. ❸ 修復, 改修, 化粧直し.

ragaillardir 他 元気を回復させる; 元気づける. ― **se ～** 元気になる.

rage 女 ❶ 激怒. ❷ ～ *de* … への執着, 熱中, 熱狂. ❸ [医] 狂犬病. ◇*de* ～ 怒り狂って. *faire* ～ 猛威を振るう. *de dents* 激しい歯痛.

rageant, e 形 ひどく腹をかきたてる.

rager 自 自 激怒する.

rageur, se 形 ❶ 怒りっぽい, 短気な. ❷ (口調, 表情が) 怒った, 不機嫌な.

rageusement 副 激怒して.

raglan [英] 男 ラグラン袖(そで) のオーバーコート. ― 形 [英] ラグラン袖の.

ragnagnas 男複 *avoir ses* ～ 俗 生理中である.

ragondin 男 [動] ヌートリア.

ragot 男 (多く複数) むだ口, 陰口.

ragoûgnasse 女 まずい料理.

ragoût 男 (肉と野菜の) 煮込み.

ragoûtant, e 形 食欲をそそる; 感じのよい.

ragtime [ragtajm] 男 [米] [楽] ラグタイム.

rahat-loukoum [-atlukum] 男 ⇨ loukoum.

rai 古 [文章] 光線.

raï 男 ライ (アルジェリア起源のポピュラー音楽). ― 形 (不変) ライの.

RAID [red] 男 (略) recherche, assistance, intervention, dissuasion 警察の特殊部隊.

raid [red] 男 [英] ❶ 襲撃, 空襲, 拠点攻撃. ❷ 長距離耐久レース. ❸ 企業買収, 乗っ取り.

raide 形 ❶ 固い, 硬直した; まっすぐな, ぴんと張った. ❷ (傾斜が) 急な, 険しい. ❸ [文章] (態度が) 堅苦しい, ぎごちない. ❹ 信じがたい, 容認しがたい. ❺ 俗 卑猥(わい)な. ❻ [話] (酒が) 強い. ❼ [話] 文無しの. ― 副 ❶ 唐突に, 突然, 不意に. ❷ 急勾配(こうばい)で.
◇*tomber* ～ *mort* ばったり倒れて死ぬ. 副で用いる raide mort は主語と性数一致.

raider 男 [英] 乗っ取り屋.

raideur 女 ❶ 固さ, 硬直. ❷ 急勾配(こうばい), 険しさ. ❸ 堅苦しさ, ぎごちなさ.

raidillon 男 急な登りの小道.

raidir 他 固くする, 緊張させる; 頑固にする, 硬化させる. ― **se ～** ❶ 固くなる, ぴんと張られる; 体を固くする. ❷ 《contre》(…に) 敢然と立ち向かう, 屈しない. ❸ 《dans》(…を) 強硬に貫く, (…において) 一歩も譲らない.

raidissement 男 固くする [なる] こと, 硬直, 硬化; 緊張; 非妥協的態度.

raidisseur 男 鉄線 [ケーブル] 張り器.

raie[1] 女 ❶ (生地, 動物の) 縞(しま). ❷ (髪の) 分け目. ❸ 線, 筋, 溝.

raie[2] 女 [魚] エイ.

raifort 男 〖植〗セイヨウワサビ.
rail 男 〖英〗❶ レール, 軌条; 線路. ❷ 鉄道; 鉄道輸送.
◇*mettre sur les* ~*s* 軌道に乗せる.
railler 他 からかう, 嘲弄(ちょうろう)する.
— **se** ~ (*de*) (…を)からかう.
raillerie 女 からかい, 冷やかし; 嘲り.
railleur, se 形, 名 からかう(人).
rail(-)route 形 〖不変〗鉄道と道路を利用した, コンテナ輸送の.
rainer 他 溝を作る, 刻む.
rainette 女 〖動〗アマガエル.
rainurage 男 (高速道路の路面の)目地.
rainure 女 (木材, 金属に刻まれた)溝.
rainurer 他 溝をつける.
raiponce 女 〖植〗カブラギキョウ.
raire 68 自〖狩〗(鹿が)鳴く.
rais ⇨ rai.
raïs [-s] 男 (エジプトの)国家元首.
raisin 男 ❶ ブドウ(の実). ❷ 〖印〗ブドウ判(50 × 65 cm の用紙). ❸ 接尾辞.
◇~ *d'ours* クマコケモモ. ❹〖動〗~(*s*) *de mer* イカ〖タコ〗の卵.
raisiné 男 〖料〗ブドウジャム.
raison 女 ❶ 理性; 分別, 判断力, 良識. ❷ 理由, 原因; 論拠, 言い分. ❸ 口実. ❹ 比率, 割合. ❺〖法〗~ *sociale* (合名会社, 合資会社の)商号(たとえば「…兄弟商会」).
◇*à plus forte* ~ ましてや, いわんや.
à - *de* … の割合で; *avec* (*juste*) ~ 正当な理由があって.
avoir ~ *de* … に打ち勝つ, を打ちのめす. *avoir* ~ (*de* + *inf.*) (…するのは)正しい, もっともだ. *demander* ~ *de* … (侮辱などに対する)償いを求める. *donner* ~ *à* … …が正しいとする. *en* ~ *de* … の理由で, に相応じて. *en* ~ *inverse* (*de*…) (…に)反比例する(して). *mettre* … *à la* ~ … に無理やり言うことを聞かせる. *plus que de* ~ 度を超えて. ~ *de plus* それならなおさら. *se faire une* ~ あきらめる.
raisonnable 形 ❶ 思慮分別のある, 道理をわきまえた. ❷ もっともな, 程よい, 適切な. ❸ 理性を備えた.
raisonnablement 副 理性的に, 分別をもって, 道理に従って; 適度に, 程よく; そこそこに.
raisonné, e 形 よく考え抜かれた, 熟慮の上での; 理論に基づいた, 体系的な.
raisonnement 男 推論, 論理.
raisonner 自 ❶ 思考する, じっくり考える. ❷ 推論する, 推理する. ❸ 議論する; 屁理屈を並べる, 口答えする.
— 他 ❶ 論じる, 言い聞かせる. ❷ 〖文章〗考察する; 検討する.
— **se** ~ (理性によって)自制する, 抑えられる.
raisonneur, se 形, 名 理屈っぽい(人); 口答えする(人).
raja(h) 男 〖ram〗(ヒンドゥー教諸国の)王; (英国に圧従していた)インドの貴族.
rajeunir 68 他 ❶ 若返らせる; 年より若く見せる. ❷ 若返らせる. ❸ 新しくする, 刷新する. ◇*Cela* [*Ça*] *ne me* [*nous*] *rajeunit pas*. 話 私[我々]

もう年だ. — 自〖助動詞はときに être〗若返る, 若返る.
— **se** ~ 自分の年を若く言う; 若返って見せる.
rajeunissant, e 形 若返らせる, 若々しく見せる.
rajeunissement 男 若返らせること, 若返ること; 再生.
rajout 男 付加(物); 増補部分; 加筆.
rajouter 他 付け加える. ◇*en* ~ 話 余計なことを言う, 大げさに言う.
rajustement 男 (服装の)スライド, 調整.
rajuster 他 ❶ (服装を)きちんと直す. ❷ (給料などを)スライドさせる; 調整する. — **se** ~ 身なりを直す〖整える〗.
raki 男 ラキ(蒸留酒).
râlant, e 形 話 いまいましい.
râle[1] 男 〖鳥〗クイナ.
râle[2] 男 ぜいぜい言うあえぎ; 〖医〗ラ音.
râlement 男 ぜいぜいとしたあえぎ.
ralenti, e 形 (普通より)ゆっくりした, 緩やかな. — 男 ❶ アイドリング(回転). ❷ 〖映〗スローモーション. ◇*au* ~ ゆっくりと.
ralentir 他 速度を落とす; 抑制する, 鈍らせる. — 自 減速する; 徐行する; 弱まる. — **se** ~ 遅くなる, 衰える.
ralentissement 男 減速, 徐行; 低下, 不振.
ralentisseur 男 (車の)抑制ブレーキ; (車を減速させる)路面の起伏.
râler 自 ぜいぜいあえぐ; 話 ぶうぶう言う.
râleur, se 形, 名 ぶうぶう言う(人).
ralingue 女 〖海〗(帆の縁の)縁索(えんさく).
rallié, e 形, 名 (党派, 体制などに)加わった(人), 荷担した(人).
ralliement 男 ❶ (党派, 体制への)参加, 荷担, 賛同. ❷ (部隊などの)集合, 集結. ❸〖史〗(王党派, カトリック教徒の)第三共和政支持.
◇*mot* [*signe*] *de* ~ 合い言葉[集団の目印]. *point de* ~ 集合地点; 一致点.
rallier 他 ❶ 集める, 結集する. ❷ 賛同させる, 支持を得る. ❸ (部隊, 党派などに)再び戻る, 復帰する. ❹ (兵, 部隊, 艦隊を)再び集める. — **se** ~ (*à*) (党派などに)加わる, 賛同する, 支持する; (意見, 主張に)同意する; 再集合する.
rallonge 女 ❶ 継ぎ足し部分; 継ぎ足し板〖延長板〗. ❷ 延長コード. ❸話 追加; 臨時手当, 割増金. ❹ 話 *nom à ~*(*s*) (貴族の)長ったらしい名前.
rallongement 男 延ばすこと, 長くなること, 延長.
rallonger 2 他 長くする, 延ばす, 広げる. — 自 長くなる.
rallumer 他 再び点ける, 再点火する; 再燃させる. — **se** ~ 再び点灯する[再燃]する.
rallye 男 ラリー, 長距離競走.
RAM [ram] 女〖不変〗*random access memory*〖情報〗ラム.
ramadan 男 ラマダーン(イスラム暦の第9月, 日の出から日没まで断食する月).
ramage 男 ❶〖複数形〗葉むら[枝葉]模様; 唐草模様. ❷ 鳥のさえずり.

ramager 自 さえずる.

ramassage 男 寄せ[拾い]集めること, 収集; (バスによる)送迎.

ramassé, e 形 ずんぐりした, がっしりした; 引き締まった.

ramasse-miettes 男 パン屑(ξ)用卓上ブラシ, パン屑掃除器.

ramasser 他 ❶ 寄せ集める, まとめる; 回収する. ❷ 採集する; 拾う; 抱き起こす. ❸ 簡潔にする, 要約する; 縮める. ❹ 話 しょっぴく, 捕える. ❺ 話 食らう, こうむる. ◊~ ses forces 力を振り絞る. ~ une pelle 話《bûche》話 つまずく, 落ちる. se faire ~ 話 手厳しくしかられる.
— se ~ ❶ 身を縮める, 丸くなる. ❷ 話 (転んで)起き上がる; 転ぶ; 失敗する.

ramasseur, se 名 寄せ[拾い]集める人, 収集者, 集荷人.

ramasseuse-presse;《複》~s-~s 女 麦などの刈り取り収集機.

ramassis 男 (ろくでなしの)群れ; (がらくたの)山.

rambarde 女 手すり, 欄干.

ramdam [ramdam] 男 俗 どんちゃん騒ぎ.

rame¹ 女 オール, 櫂(ν). ◊ne pas fiche(r) une ~ 話 何も仕事をしない.

rame² 女 ❶《紙》連(紙の取引単位). ❷ (1編成の) 列車, 車両編成.

rame³ 女 (つる植物をはわせる) 支柱, 枝木.

rameau x 男 ❶ 小枝 (系統樹分類などの)分枝. ❷《R~x》《カト》枝の主日(復活祭直前の日曜日).

ramée 女 文章 枝の茂み.

ramender 他 再修正する; 繕う.

ramener ③ 他 ❶ 再び連れて行く[来る], 連れ戻す, 送り届ける. ❷ 持ち帰る, 持ってくる; 返しに来る, 戻しに行く. ❸ よみがえらせる, 回復させる; 立ち戻らせる. ❹(à)(…に)帰着させる, 帰する; 還元する. ❺(à, sur)(…に)(感情, 思考などを)集中する, 注ぐ.
◊la ~ 話 利口ぶる, 出しゃばって口を出す. ~ tout à soi なんでも自分中心に考える.
— se ~ ❶(à)(…に)帰着する, 結局…である. ❷ 話 やって来る.

ramequin 男《料》(円い)小型の焼き型.

ramer¹ 自 ❶ 船《オール》をこぐ. ❷ 俗 苦労する; すごく頑張る.

ramer² 他 (つる植物に)支柱を立てる.

ramette 女《紙》(便箋紙), 小判用紙(などの) (1連125枚).

rameur, se 名 こぐ人, 漕ぎ手(ζ).
— 男 ローイングマシン(筋力強化具).

rameuter 他 寄せ集める, 再結集する; 再び扇動する.

rameux, se 形 枝の多い.

rami 男《カード》ラミー.

ramie 女《植》ラミー(イラクサ科).

ramier 男《鳥》モリバト.

ramification 女 ❶ 枝分かれし, 分枝; 分岐, 支線, 支流, 支部. ❷ 下部組織, 傘下.

ramifié, e 形 枝分かれした.

se ramifier 代動 枝分かれする; 下部組織[支店, 支部]を持つ.

ramille 女《多く複数》《植》(枝の先端の)細枝, 小枝.

ramolli, e 名 話 頭がぼけた(人).

ramollir 他 ❶ 柔らかくする. ❷ 話 ぼけさせる; 気力をくじく. — se ~ ❶ 柔らかくなる. ❷ 話 ぼける.

ramollissant, e 形 気をそぐ, けだるくする.

ramollissement 男 ❶ 柔らかくなること, 軟化. ❷ 話 ぼけ, もうろく; 無気力(人).

ramollo 形, 名 話 頭がぼけた(人), 無気力な(人).

ramonage 男 ❶ 煙突掃除, 煤(す)払い. ❷《登山》チムニー登攀(ξ)技術.

ramoner 他 ❶ (煙突の)煤を掃除する. ❷《登山》(チムニー)を登る.

ramoneur 男 煙突掃除夫.

rampant, e 形 ❶ 這う; 卑屈な, こびへつらう. ❷ じわじわと進行する. ❸《建》傾斜した. ❹ 話 personnel ~ 地上勤務員. — 男 ❶《建》傾斜(部), 勾配(ζ). ❷ 話 地上勤務員.

rampe 女 ❶ スロープ, 傾斜路, 斜面; 勾配(ζ). ❷ (階段の)手すり, 欄干. ❸ 脚光, フットライト; 照明灯の列.
◊passer la ~ (せりふなどの)受ける, 当たる. ~ de lancement 発射台; (成功, 出世の)足場. tenir bon la ~ 話 元気でいる; しぶとい.

rampeau;《複》x 男《ゲーム》同点決勝.

rampement 男 話 はうこと, 這行, 匍匐(Σ).

ramper 自 はう; へつらう, 平伏する.

ramponneau;《複》x 男 話 殴打.

ramule 男《植》小枝.

ramure 女 ❶ (1本の木全体の)枝 ❷ (鹿などの)角.

ranatre 女《昆》ミズカマキリ.

rancard / rancart 男 ❶ 話 会う約束, 会う日時. ❷ 俗 密告, たれこみ.

rancarder 他 ❶ 話 会う約束をする. ❷ 俗 密告する, たれこむ.

rancart 男 話 mettre [jeter] au ~ 捨てる, お払い箱にする.

rance 形 悪臭のする, すえたにおいの. — 男 悪臭, すえたにおい.

ranche 女 (梯子(ばしご)の)横木(ζ).

ranch(o) - [-tʃ(o)/-ʃ(o)] 男《英》(アメリカ, アフリカ大陸の)牧場.

ranci, e 形 ❶ 酸敗した, 悪臭のする. — 男 酸敗したにおい, すえたにおい.

rancio 男《西》❶ ひね香(長期樽詰めワインの燻(ξ)り). ❷ ランシオ (ひね香を持つ甘口ワイン).

rancir 自 (脂肪質が)酸敗する, 悪臭を放つ. **rancissement** 男

rancœur 女 文章 恨み, 怨(ζ)恨.

rançon 女 ❶ 身の代金. ❷ 代価, 代償; (悪事の)つけ.

rançonnement 男 強奪; ゆすり, たかり; 不当な金銭要求, ぼること.

rançonner 他 金を脅し取る; ぼる, 不当に金を要求する.

rancune 女 恨み, 怨(ζ)恨.

rancunier, ère 形, 名 恨みを持つ(人), 執念深い(人).

randomiser 他《統計》(標本の抽出などを)無作為化する, 確率化する.

randonnée 女 ハイキング, 遠乗り.
randonner 自 ハイキングする; 遠乗りする.
randonneur, se 名 山歩き[山スキー]をする人; サイクリングする人.
rang 男 ❶ (横の)列, 順位, ランク; 順番. ❷ 地位, 身分, 家柄; (特に)高位, 名門. ❸ (複数)集団, 仲間; 陣営. ❹ (編み目の)段;《数》桁. ❺《軍》隊列; (集合的)兵卒;《複数》(ある部隊の)本隊.
◇*au ~ de ...* …の数の内[仲間]に. *avoir ~ de ...* …の肩書きをもつ. *être [se mettre] sur les ~s*(競争者として)志願する, 立候補する. *prendre ~ parmi [avec] ...* …の列[仲間]に加わる, 一員となる. *rentrer dans le ~* 当たり前の生活に戻る. *serrer les ~s* 隊列の間を詰める; 互いにささえ合う事に当たる.
rangé, e 形 ❶ 整理された, 片づいた; 整列した. ❷ まじめな; 生活態度のよかった. ◇*bataille ~e*(戦列を整えた)本格戦; 殴り合い. — 女 並び, 列.
range-CD 男《不変》CD 収納ラック.
rangement 男 整理, 片づけ; 収納; 収納家具.
ranger ❷ 他 ❶ 整理する, 片づける. ❷ 整列させる, 並べる; 分類する, 配列する; (parmi)(…のうちに)数える. ❸ (車などを)傍らに寄せる[寄せて駐車する]. — se ❶ 整理される, 収納される. ❷ 整列する, 並ぶ; 分類される, 配列される; (parmi)(…のうちに)数えられる. ❸ 傍らに寄る; 接岸する. ❹ 国生活態度を改める.
◇*se ~ à côté de ...* …の側につく, に味方する. *se ~ à l'avis de ...* …の意見に同調する.
Rangoon [rɑ̃(a)ŋun] ラングーン (ミャンマーの首都. 現在ヤンゴン).
rani 女(インドの)王妃.
ranidés 男複《動》アカガエル科.
ranimation 女 ⇒ réanimation.
ranimer 他 意気づかせる, 生気を取り戻させる; 活気づける, 活力をよみがえらせる. — se ❶ 生気を取り戻す. ❷ 活気づく; 活気を取り戻す.
rantanplan 男 ⇒ ratapalan.
rap [-p] 男《英》《楽》ラップ.
rapace 形 貪欲な, 強欲な; (鳥が)獰猛な. — 男《鳥》猛禽(もうきん)類.
rapacité 女 貪欲, 強欲;(猛禽の)獰猛.
râpage 男 擦り下ろすこと, 粉砕; やすりがけ.
rapatrié, e 形 (本国に)送還された; 引き揚げた, 帰還した. — 名 引揚者, 帰還者; 復員兵, 帰還兵.
rapatriement 男 本国送還, 引き揚げ.
rapatrier 他 ❶ 本国へ送還する, 帰国させる. ❷ 外国資産などを本国へ送り返す[引き揚げる]. — se ❶ (本国へ)引き揚げる, 送還される.
râpe 女 下ろし金; 荒目やすり.
râpé, e 形 (下ろし金で)下ろした; 擦り切れた; 国 絶望的な, だめになった.

— 男 擦り下ろしたチーズ.
râper 他 ❶ 擦り下ろす; やすりをかける. ❷ (肌や喉(のど)を)ひりひりさせる.
rapetassage 男 国 (衣服の)応急修理, 繕い, 継ぎ当て.
rapetasser 他 国 修繕[手直し]する.
rapetissement 男 縮小, 短縮; 過小評価, 価値の低下.
rapetisser 他 小さくする, 短縮する; 過小評価する. — 自 小さく[短く]なる, 縮む. — se ❶ 小さくなる, 縮む.
râpeux, se 形 ざらざらした;(ワインなどの)渋味の強い; 耳障りな.
raphaélesque / raphaélique 形 ラファエロの; ラファエロ風の.
raphia 男《植》ラフィアヤシ.
rapiat, e 男, 名国 けちな人.
rapide 形 ❶ 速い; 素早い, 迅速な; 短期間におこなわれる; 手短な. ❷ (傾斜が)急な, 険しい. ❸《写》pellicule (ultra) ~ 高感度フィルム.
— 男 特急;《多く複数》急流, 激流.
rapidement 副 速く, 迅速に.
rapidité 女 速さ, 素早さ; 迅速.
rapiéçage / rapiècement 男 継ぎはぎ, 修繕.
rapiécer ⑨ 他 継ぎを当てる, 穴をふさぐ, 修繕する.
rapière 女 (決闘用の)細身の長剣.
rapin 男 (才能のない)画家, へぼ絵描き; 古 画家の内弟子, 画学生.
rapine 女 文章 略奪; 横領;《多く複数》略奪[着服]した金品.
rapiner 自 他 文章 略奪を行う; 横領する, 私腹を肥やす.
rapinerie 女 文章 略奪; 横領.
raplapla 形《不変》国 くたくたの.
raplatir 他 平ら[ぺしゃんこ]にする.
rappareiller 他 (セット品の)欠けを補充する.
rapparier 他 (対をなす物を)再びそろえる[対にする].
rappel 男 ❶ 呼び戻し, 召還; カーテンコール, アンコール. ❷《軍》(集合の太鼓[らっぱ]); 集合, 召集. ❸ 注意, 警告, 喚起; 再通知, 督促状. ❹ 反復; (給料の)追加支給. ❺《登山》懸垂下降.
◇*battre le ~* 集合太鼓[らっぱ]を鳴らす; 集める, 集める.
rappelé, e 形 再召集された; (外交官が)召還された. — 名 再召集兵.
rappeler ❹ 他 ❶ 呼び戻す, 再び呼ぶ; 召還[再召集]する. ❷ 再び電話する, 電話をかけ直す. ❸ 思い出させる, 想起させる. ❹ もう一度言う, 念を押す. ❺ 立ち戻らせる, 立ち戻るよう勧告する. ❻ (欠陥車を)リコール[回収]する.
◇*~ à la vie* 生き返らせる; 意識を取り戻させる. *Rappelez-moi au bon souvenir de ...* …によろしくお伝えください.
— se ~ (…を)覚えている, 思い出す.
rapper 自《楽》ラップを歌う.
rappeur, se 名 ラッパー.
rappliquer 自 国 戻ってくる; やって来る.
rapport 男 ❶ 関係, かかわり;《多く複数》対人関係, 交際;《特に》性的関

係. ❷ 報告; 報告書; 《軍》命令会報. ❸ 類似; 共通点. ❹ 収益, 利潤; 収穫. ❺ 比率; 《車》ギヤ比.
◊en ~ avec … …と釣り合った. mettre A en ~ avec B AをBに紹介する. par ~ à … …と比べて; 【関連して. ~ à … 【話…に関してで. sous le ~ de … …の点で. sous tous (les) ~s あらゆる点で.

rapportage 男 告げ口.

rapporté, e 形 持ち込まれた, 縫いつけられた. ◊ pièce ~e (1) はめ込み部品. (2) 【話余計者; 義理の兄弟[姉妹].

rapporter 他 ❶ (もとに)戻す, 返す; 再び持ってくる; 持ち帰る. ❷ もうけ, 利益をもたらす. 生む. ❸ 報告する; 伝える; 【話告げ口をする. ❹ 《à》 (…) に結びつける, 関係づける; (…) のせいにする; (…) に付け加える, 縫い付ける. ❺ (政令, 任命などを)撤回する.
— **se ~** ❶ 《à》 (…) に結びつく, (…) にかかわる, 関連がある. ❷ s'en ~ à … …に任せる, 頼る.

rapporteur, se 名 告げ口をする(人), 言い触らす(人). — 男 ❶ 報告者. ❷ 分度器; 検定ゲージ.

rapprendre 他 ❶ 再び学ぶ, 学び直す. ❷ 再び教える, 教え直す.

rapprochement 男 ❶ 近づける[近づく]こと, 接近; 歩み寄り; 和解. ❷ 比較; 類似関係.

rapprocher 他 ❶ 《de》 (…) に近づける, 近寄せる. ❷ 親密にさせる; 和解させる. ❸ 関連づける; 比較する.
— **se ~** ❶ 《de》 (…) に近づく, 接近する; 近づき合う. ❷ 親密になる; 和解する. ❸ 関連をもつ, 類似する; 似通う.

rapsode 男 ⇨ rhapsode.
rapsodie 女 ⇨ rhapsodie.
rapt [-pt] 男 誘拐, 拉(ら)致.
raptus [-s] 男 《精神病の》発作.
râpure 女 《やすりの》削り屑(くず).
raquer 他 【俗 (金を)支払う.
raquette 女 ❶ ラケット. ❷ かんじき.
raquetteur, se 名 かんじきを履いて歩く人.

rare 形 ❶ 稀な, 珍しい. ❷ 数少ない, ごくわずかな; (髪などが)薄い, まばらな. ❸ 【話ありそうもない, 驚くべき. ◊ se faire [devenir] ~ めったに姿を見せなくなる; 数少なくなる.

raréfaction 女 《気体の》希薄化; 減少, 不足, 品薄.

raréfier 他 希薄化する; 少なくする.
— **se ~** 希薄化する; 少なくなる.

rarement 副 稀に, めったに…ない.
rareté 女 珍しさ, 希少性; 珍品.
rarissime 形 きわめて稀な[珍しい].
ras¹, e 形 ❶ 短く刈った; 毛足の短い.
❷ すれすれの.
◊en rase campagne 一面の平野で. table rase 白紙状態.
— 副 ごく短く.
◊à ras ごく短く, すれすれに. à [au] ras de … …すれすれに. à ras de terre 地面すれすれに; 低俗な, 卑近な. en avoir le bol ~ de … 【話(…) にうんざりする. ras du cou 丸首の.

ras² 男 浮き足場, 作業台船.

ras³ [ras] 男 エチオピアの王子 [王侯].

R.A.S. [略] rien à signaler 特記事項なし.

rasade 女 une ~ de … たっぷり1杯(分)の….

rasage 男 (ひげなどを)そること.

rasant, e 形 ❶ 地面をかすめる, すれすれの. ❷ 【話うんざりさせる, 退屈な.

rascasse 女 形 《魚》カサゴ.

ras-du-cou 男 《不変》 《服》 襟ぐりの狭いセーター; チョーカー.

rasé, e 形 (ひげを)そった, 短く刈った.

rase-mottes 男 《航》 超低空飛行.

raser 他 ❶ (ひげなどを)そる; 刈り込む. ❷ 徹底的に壊し尽くす, 取り壊す. ❸ かすめる, すれすれに通る. ❹ 【話退屈 [うんざり] させる.
— **se ~** ❶ ひげをそる; 自分の(…を)そる. ❷ 【話うんざりする.

raseur, se 名, 形 【話退屈な(人), うんざりさせる(人).

rasibus [-s] 副 【話すれすれに.

ras(-)le(-)bol 男 《単数形のみ》 飽き, 嫌気, 不満, いらだち, やりきれなさ.

rasoir 男 かみそり. — 形 《不変》 退屈な, うんざりさせる.

rassasié, e 形 満腹した; 《de》 (…) に満足した; 飽きた.

rassasiement 男 【文章 満腹, 飽食; 満足, 堪能.

rassasier 他 満腹させる; 《de》 (…で) 堪能させる.
— **se ~** 満腹する; 《de》 (…に) 満足する; 飽きる.

rassemblement 男 ❶ 集めること; 収集; 《軍》集合(の合図). ❷ 群衆, 人だかり; 結集; 集会; (政治的)連合.

rassembler 他 集める, 集合させる, 召集する; まとめる, 集中する.
— **se ~** 集まる; 集合する.

rasseoir 他 再び座らせる; 据え直す, 置き直す. — **se ~** 再び座る.

rasséréner 他 《文章 安心させる, 平静を取り戻させる. — **se ~** 《文章 晴朗かかになる, 平静を取り戻す.

rassey-, rassi-, rassi- 活 ⇨ rasseoir.

rassir 自 (パンなどが)固くなる. ▢ rassissement

rassis, e 形 (rasseoir の過去分詞) (パンなどが)固くなった; 沈着冷静な.

rassoi-, rassoy- 活 ⇨ rasseoir.

rassortiment 男 ⇨ réassortiment.

rassortir 他 ⇨ réassortir.

rassurant, e 形 安心させる.

rassuré, e 形 安心した.

rassurer 他 安心させる, 落ち着かせる. — **se ~** 安心する.

rastafari / rasta 名, 形 ラスタファリアン(の)《アフリカへの復帰を唱え, レゲエ音楽を奏でる》.

rastaquouère / rasta 男 【話 金遣いの荒いうさんくさい外国人.

rastel 男 南仏 招宴, 供宴; 宴会場.

rat 男 ❶ 《動ネズミ. ❷ 《愛情表現》坊ずちゃん. ❸ けちん坊. ◊ petit rat (de l'Opéra) パリ・オペラ座の練習生.
◊ être fait comme un rat まん

rata まと罠にかかる. **rat de bibliothèque** 圄 本の虫. **rat d'hôtel** ホテル荒らし.
— 形 《不変》 圄 けちな.

rata圄 粗末な食事.

ratafia 男 ラタフィア(果実, 花, 種子などを蒸留酒に漬けた自家製リキュール).

ratage 男 失敗, しくじり.

rataplan 男 ドンドン(太鼓の音).

ratatiné, e 形 ❶ しなびた, 縮んだ, 体が曲がった. ❷ 壊れた, ぼろぼろの.

ratatiner 他 ❶ 語 しなびさせる, 縮ませる. ❷ 語 めちゃめちゃにする; 俗 殺す; てんぱんにやっつける. — se ~ ❶ しなびる; 体が縮む. ❷ 語 激やせする.

ratatouille 女 ❶ 語 熊手での掃除 [かき集め]. ❷ 徹底的な捜査; 《軍》 掃討.

ratatouille 女 ❶ 語 熊手での掃除[かき集め]. ❷ 語 粗末な食事. ◇ ~ niçoise (トマト, ナスなどの炒(🤔)め煮). ❷ 語 粗末な食事.

rat-de-cave; 《複》 ~ s-~-~ 男 細いろうそく.

rate¹ 女 《動》 雌ネズミ.

rate² 女 《解》 脾(°)臓.

raté, e 形 《標的が》外れた; しくじった. —名 《人生の》落伍(²く)者, 失敗者. —男 不発, 《エンジンなどの》不調[異常](音); 《交渉, 計画の》不調, 欠陥.

râteau; 《複》 **x** 男 熊手(チップをかき寄せるレトー.

râtelée 女 熊手1かき分の量.

râteler 4 他 熊手でかき集める. □ râtelage

râtelier 男 ❶ 秣(ぎ)棚, (長い物を立てて並べる)棚, …立て[架, 台]. ❷ 語 入れ歯. ◇ **manger à deux [plusieurs, tous les]** ~ **s** 語 同じ人からもらう[もうけ話なら何にでも飛びつく]者.

rater 他 ❶ 取り損じる; つかまえ損なう, 乗り遅れる, しくじる.
◇ **ne pas en ~ une** 語 へまばかりしている. **ne pas** ~ ... 語 ...に思い知らせる, をこっぴどくやっつける. —自 不発に終わる, 命中しない; 失敗に終わる.
◇ **Ça n'a pas raté.** 語 思った通りだ. —se ~ 行き違いになる.

ratiboiser 他 ❶ ~ **A à B** AをBから奪う, 巻き上げる. ❷ 《賭(🤔)で》文無しにする. ❸ 《髪》を丸刈りにする.

raticide 男 殺鼠(🤔)剤.

ratier, ère 形 ネズミ取り用の. — 名 ❶ ネズミ取り. ❷ 男 ラトビー.

ratification 女 批准; 承認, 追認; 批准書.

ratifier 他 ❶ 批准する, 承認する; 追認する. ❷ 文語 公然と認める.

ratine 女 《繊》 ラチネ(昔の外套(🤔)用織物).

ratio [-sjo] 男 《英》《商》 比率, 比.

ratiociner [-sjo-] 自 文語 長々と理屈を言う, へ理屈をこねる. □ ratiocination

ration 女 ❶ 1日分の食糧 [割当, 配給]. ▶ ~ **calorique** カロリー摂取量. ❷ 語 《いやな例の》分け前.

rationalisation 女 合理化.

rationalisé, e 形 合理化された.

rationaliser 他 合理化する.

rationalisme 男 合理主義; 《哲》

合理論, 理性論.

rationaliste 形 合理主義の; 《哲》 合理論の, 理性論の. —名 合理主義者; 合理論者, 理性論者.

rationalité 女 合理性.

rationnaire 名 配給を受ける権利のある人; (付加給付などの)受給者.

rationnel, le 形 合理的な, 理にかなった; 理性的な; 《数》 有理の. □ rationnellement

rationnement 男 配給(制).

rationner 他 ❶ 配給する; 配給制を敷く. ❷ 食事の量を制限する. —se ~ (自分の)食事を制限する.

ratissage 男 ❶ 熊手での掃除[かき集め]. ❷ 徹底的な捜査; 《軍》 掃討.

ratisser 他 ❶ 熊手で掃除する[かき集める]. ❷ 徹底的に捜査する; 掃討する. ❸ 《賭(🤔)で》 一文無しにする.

ratites 男複《鳥》 走鳥類.

raton 男 ❶ 子ネズミ. ❷ 《動》 ~ **laveur** アライグマ.

raton(n)ade 女 アラブ人迫害; 《人種, 社会集団への》迫害, 暴力行為.

R.A.T.P. 女 《略》 Régie autonome des transports parisiens パリ交通公団.

rattachement 男 (再び)結びつけること, 結合; 合併, 併合.

rattacher 他 ❶ 再び結ぶ, 結び直す. ❷ 《à》 ...に結びつける. 従属 [付属] させる. —se ~ 結びつく.

rattrapable 形 取り返せる; 追いつける.

rattrapage 男 追いつくこと, 取り戻すこと, 挽(🤔)回; 調整.

rattraper 他 ❶ (再び)捕らえる; 追いつく. ❷ 《落ちそうなものを》つかむ, キャッチする. ❸ 取り戻す, 挽回する; 償う, 埋め合わせる. —se ~ ❶ 《à》 ...にしがみつく, すがる. ❷ 遅れ [損失] を取り戻す; 埋め合わせる.

raturage 男 削除, 抹消.

rature 女 《字句を》削除する線, 削除箇所.

raturer 他 抹消 [訂正] する.

raucité 女 《声の》しわがれ.

rauque 形 《声が》しわがれた; 《音が》低く響く, うなるような.

rauquer 自 《トラが》ほえる.

ravage 男 《多く複数》 ❶ 被害, 大損害. ❷ 《肉体的, 精神的》 荒廃.
◇ **faire des** ~ **s** 猛威をふるう; 語 《多くの》異性をとりこにする [ものにする].

ravagé, e 形 荒廃した, 憔悴(🤔)した; 語 頭のおかしい.

ravager 他 荒らす, 被害を与える; 《肉体的, 精神的に》 荒廃させる.

ravageur, se 形 荒らす (者), 荒廃させる (者).

ravalement 男 《建物壁面の》化粧直し, 磨き直し, 塗り替え.

ravaler 他 ❶ 《壁などを》化粧直しをする, 塗り替える. ❷ 《口の中のものを》飲み込む; 《言葉, 感情を》抑える. ❸ おとしめる. —se ~ の品位を落とす.

ravaleur 男 《壁面の》けれん工, 左官.

ravaudage 男 古風 《衣類の》繕い.

ravauder 他 古風 繕う.
rave[1] 女【植】カブ.
rave[2] [rev] 女 レイブパーティー(テクノ音楽などをかけて開催).
ravenala 男【植】オウギバショウ.
ravenelle 女【植】ニオイアラセイトウ; ハマダイコン.
raveur, se 名 レイブパーティーの参加者.
ravi, e 形 大喜びの, たいへんうれしい.
ravier 男 オードブル皿.
ravière 女 カブ畑.
ravigotant, e 形 元気づける.
ravigote 女【料】ラヴィゴットソース(香辛料, 香草入りのドレッシング).
ravigoter 他 元気づける.
ravin 男 峡谷; くぼ地.
ravine 女 小さな峡谷〔くぼ地, 溝〕.
raviné, e 形 溝ができた; 深いしわの刻まれた.
ravinement 男 (流水による) 溝の形成, 地面のくぼみ.
raviner 他 (流水が地面を) うがつ; (顔に) しわを刻む.
raviole 女【料】ラビオル(ドーフィネ地方のラビオリに似た料理).
ravioli; (複) 〜(s)【伊】【料】ラビオリ.
ravir 他 ❶ 心を奪う, 魅了する. ❷〔文章〕(à) (…から) 奪う, 奪い去る.
◇à 〜 うっとりするほど, 素晴らしく.
se raviser 代動 意見を変える.
ravissant, e 形 素晴らしい, 見事な, 美しい.
ravissement 男 恍惚(こうこつ)の, 有頂天;【宗】神意による引き上げ; 法悦.
ravisseur, se 名 誘拐者犯人, 拉致犯人. —形【昆】 patte 〜se 捕獲肢.
ravitaillement 男 (食糧, 物資の) 補給, 供給;【話】食料品の買い出し. 〜 en voile 空中給油.
ravitailler 他 (…に食糧, 燃料などを) 補給する; (en) (…を) 補給する. — **se** 〜 (en) (…を) 補給する; 食料品を買いに行く.
ravitailleur, se 名(軍隊, 自転車競技の) 補給係;(レースの) ピットクルー.
raviver 他 ❶ 勢いを強める; 再び勢いづける, よみがえらせる. ❷【金】(はんだ付け, めっき面の) 汚れ落としをする. — **se** 〜 再び燃える, よみがえる, 蘇る.
□ravivage 男
ravoir 他 〔不定形のみ〕再び手に入れる, 取り戻す. 【話】元どおりきれいにする.
rayage 男 ❶ 擦り傷〔筋〕(をつけること). ❷ 線を引いて消すこと, 削除.
rayé, e 形 ❶ 縞のついた, 筋のついた. (銃身, 砲身の) 腔のついた. ❷ 擦り傷のついた. ❸ 線を引いて消した.
rayer 12他 ❶ 擦り傷をつける; 筋をつける, 線を引く. ❷ (線を引いて) 消す; (de) (…から) 削除する.
rayère 女 (塔の壁面に設けた) 採光口.
rayon[1] 男 ❶ 光線, 光明; (複数)【物】放射線, 輻(ふく)射線. ❷ (車輪の輻(や)), スポーク. ❸ (中心からの) 距離, 範囲; 半径. ◇en 〜s 放射状で〔の〕. 〜 d'action (1) 航続〔射程〕距離. (2)

行動半径, 活動範囲.
rayon[2] 男 ❶ (本棚などの) 棚板. ❷ (店の) 売り場. ❸【蜂】巣板(す).
◇Ce n'est pas (de) mon 〜. 話 それは私とは無縁だ. en connaître un 〜 話 その分野に詳しい.
rayon[3] 男 (播) 種用の前溝, 畝.
rayonnage 男 本棚, 棚.
rayonnant, e 形 光を放つ, 輝く; 放射する; 放射状の.
rayonne 女【繊】レーヨン, 人絹.
rayonné, e 形 放射状の, 放射装飾のある; 後光の差した.
rayonnement 男 ❶ 放射, 輻(ふく)射, 光放射. ❷ 輝き; (表情などの) 晴れやかさ; 威光, 名声; 影響(力), 音及.
rayonner 自 ❶ 光を放つ, 輝く. ❷ 放射する, 伝播(でんぱ)する; 影響力を及ぼす; 放射状に延びる, 四方八方に広がる; (ある拠点を基に) 動き回る; 巡回する.
—他 (光, 熱などを) 放射する.
rayure 女 ❶ (多く複数) 縞(しま), 縞模様. ❷ 擦り傷; (刻み込まれた) 筋, 溝; 腔(くう)線 (砲身内の螺旋(らせん) 状の溝).
raz 男【海】激しい潮流(の海域).
raz(-)de(-)marée 男〔不変〕津波, 高潮; 大変動; 運命の大勝利.
razzia [-(d)ʒja] 女 (野盗の) 襲撃.
razzier [-(d)ʒje] 他 襲撃〔強奪〕する.
RC【略】rez-de-chaussée 1 階.
R.D.A. 女【略】République démocratique allemande (旧) 東ドイツ, ドイツ民主主義共和国 (英語 GDR).
ré〔不変〕【楽】(階名の) レ, ニ音, D音.
réa 男 綱車 (滑車の溝付き車).
réabonnement 男 (新聞, 雑誌の) 予約 (購読) の更新, 購読継続.
réabonner 他 (新聞, 雑誌の) 予約 (購読) を更新させる. 【話】更新してくれる. — **se** 〜 (à) (新聞, 雑誌の) 予約 (購読) を更新する; 【話】…を続けている.
réac 形, 名【略】反動的な(人).
réaccoutumer 他【文章】(à) (…に) 再び慣らす. — **se** 〜 再び慣れる.
réactant 男 化学反応する物質.
réacteur 男 ❶【航】ジェットエンジン. ❷【物】(原子) 炉. ❸【化】反応装置.
réactif, ive 形 反応する, 反応性の.
—男【化】試薬.
réaction 女 ❶ 反動, 反響; 反発, 反動; 保守反動. ❷【物】【化】反応; 反作用. 〜 avion à 〜 ジェット機 / 〜 acrosomique【生】先体反応. ❸ (サイバネティックスで) フィードバック.
réactionnaire 形, 名 反動的な(人).
réactionnel, le 形 反応性の, 反応による.
réactiver 他 再び活発にさせる;【化】再活性化する. □réactivation 女
réactivité 女 反応性.
réactualiser 他 現代に適合したものにする. □réactualisation 女
réadaptation 女 再適応;【医】リハビリテーション.
réadapter 他 再び適応させる; リハビリテーションを行う.

réadmettre 他《入会などを》再び許可する; 復帰［復職, 復学］を許可する. ⟂**réadmission** 女

ready-made [redimed] 男《英》《マルセル・デュシャンの》レディメイド.

réaffirmer 他 再び確認［断言, 主張］する.

réagir 自 ❶ (à) (…に) 反応［対応］する. ❷ (contre) (…に) 抵抗する. 《sur》(…に) 逆作用する, 影響を及ぼす.

réajustement 男 ⇨ rajustement.

réajuster 他 ⇨ rajuster.

réal¹;《複》**aux** レアール (昔のスペインの貨幣).

réal², ale;《男複》**aux** 形《史》galère〜ale 国王［指揮官］の乗るガレー船, 御座(♐)船. — 女 御座船.

réaléser ⑥ 他《機》(シリンダーなど) の中ぐり直す. ⟂**réalésage** 男

réalgar 男《鉱》鶏冠石.

réalignement 男《経》通貨［為替相場］の見直し. ⟂**réaligner** 他

réalisable 形 実現［実行］可能な; 現金に換えられる, 換金し得る.

réalisa teur, trice 名 ❶ 《映画の》監督; 《テレビ, ラジオの》ディレクター. ❷ 実現［実行］でき人, 実行力のある人.

réalisation 女 ❶ 実現, 実行; 製作, 建造. ❷ 成果; 作品, 製品. ❸《映》テレビ監督, 演出. ❹《法》資産の現金化; 売却. ❺《楽》通奏低音の） リアリゼーション.

réaliser 他 ❶ 実現［実行］する; 具体化する. ❷ 作る, 製作する. ❸《映》《テレビ》演出する. ❹《財産などを》現金化する; 売却する. ❺ 実感する; 分かる. ❻《楽》〜 une basse chiffrée 数字付き低音を演奏する. — **se** 〜 実現する; 自己実現する.

réalisme 男 ❶ 現実主義, 現実的感覚. ❷ 実利性, 迫真性. ❸《文》《美》写実主義. ❹《哲》実在［実念］論.

réaliste 形 ❶ 現実主義的な; 写実的な(文学や美術で) 写実主義の, リアリスムの. ❷《哲》実在［実念］論的な. — 名 ❶ 現実主義者; (文学, 美術で) 写実主義者, 写実派. ❷《哲》実在［実念］論者.

réalité 女 現実; 実情, 実体; 真実性; 写実性;《哲》実在(性). ▶ 〜 augmentée《情報》複合現実感(CGと実写映像の合成).
◇ en 〜 実際には, 本当のところ.

reality-show [realitiʃo]《英》実録番組.

realpolitik [realpɔlitik] 女《独》現実的(外交) 政策.

réaménagement 男 再整備, 再開発.

réaménager ② 他 再整備する; 再改造［再改正］する.

réanima teur, trice 名 蘇(₂)生医, 救急医. — 男 蘇生器, 人工呼吸器.

réanimation 女《医》蘇(₂)生(法).

réanimer 他 蘇(₂)生させる.

réapparaître 50 自《助動詞は avoir または être》再び現れる.

réapparition 女 再出現, 再登場.

réapprendre 他 ⇨ rapprendre.

réapprovisionner 他 再び品物を仕入れる［補給する］.
⟂**réapprovisionnement** 男

réargenter 他 銀めっきし直す; 銀箔(⤒)を張り直す.

réarmement 男 ❶ 再武装, 再軍備. ❷《船の》再艤(*̈*)装(銃などの再填(𝑠)装), 再セット.

réarmer 他 ❶ 再武装させる. ❷《船を》再艤(*̈*)する(銃などを) 再び装填(𝑠)[再セット]する. — 自 再軍備する.

réarrangement 男 再整理, 再配列.

réarranger ② 他 再び整える.

réassigner 他 ❶ 再び与える, 新たに割り当てる. ❷《法》再び召喚する.

réassortiment 男《セットの》そろえ直し;《商品の》補充; 新入荷品.

réassortir 他《セットの》不足分を補充する; (不足分を足して) そろえ直す.

réassurance 女《法》再保険.

réassurer 他《法》再保険をかける.

réassureur 男《法》再保険業者.

rebab [-b] 男 rabab.

rebaisser 自 再び下がる. — 他 再び下げる［降ろす］.

rebaptiser [-bati-] 他 ❶ 改名する. ❷ 再び洗礼を施す.

rébarbatif, ve 形 気難しそうな;《仕事などの》うんざりする, 面白みのない.

rebâtir 他 建て直す, 再建する.

rebattement 男《紋》副紋章.

rebattre 他 再び打つ, 繰り返したたく;《カードを》切り直す.
◇ 〜 **les oreilles à ...** …の耳にたこができるほど繰り返す.

rebattu, e (rebattre の過去分詞) 形 言い古された, 月並な.

rebec 男《楽》レベック (中世, ルネサンス期の擦弦楽器).

rebelle 形 ❶ à (…に) 反逆の, 反乱の; (…に) 反抗的な; (…に) 向かわない, (…を) 理解しない. ❷ 扱いにくい, 手に負えない; 治りにくい. — 名 反逆者.

se rebeller 代動 (contre) (…に対して) 反逆する; (…を) 受け入れない.

rébellion 女 反逆, 反乱; 反抗; 反逆者, 反徒.

rebelote 間 話 たもや, またしても.

se rebiffer 代動《contre》(…に) 逆らう, 反抗する; (…に) はねっかえる.

rebiquer 自《髪の毛などが》立つ, 反り返る.

reblanchir 他 再び白くする.

reblochon 男 ルブロション (軟質チーズ).

rebobiner 他 ⇨ rembobiner.

reboiser 他 (再び) 植林する.
⟂**reboisement** 男

rebond 男 跳ね返り, バウンド.

rebondi, e 形 丸く膨らんだ; 丸々と太った.

rebondir 自 ❶ 跳ね返る, 弾む. ❷《事件などが》新たな展開を見せる; 再燃する. ⟂**rebondissement** 男

rebord 男 (一段高くなった) 縁, ヘリ.

reborder 他 縁［ヘリ］を付け直す.

rebot 男 ルボ (バスク地方の球技).

reboucher 他 再びふさぐ[栓をする]. ❑rebouchage 男

rebours (à) 副句, 形句 [不変] 逆さまに[の], あべこべに[の]. ► compte à ~ 秒読み.
◇à [au] ~ de ... とは逆に[の].

rebouteux, se 名 接骨師.

reboutonner 他 (服の)ボタンを再びかける.

rebras 男 (袖口の)折り返し; カフス.

rebroder 他 新たに刺繍する.

rebroussement 男 ❶ (髪, 毛などを)逆立てること. ❷ 折り返し.

rebrousse-poil (à) 副句 毛並みに逆らって. ◇prendre ... à ~ ...の神経を逆なでする.

rebrousser 他 逆立たせる, 逆なでする. ◇~ chemin 引き返す.

rebrûler 他 (ガラス製品の縁を再び)加熱する.

rebuffade 女 手荒い拒絶, 手ひどいあしらい.

rébus [-s] 男 判じ物, パズル.

rebut 男 かす, 廃物; (人間の)屑(ᡯず).
◇de ~ 粗悪な. mettre [jeter] au ~ お払い箱にする.

rebutant, e 形 うんざりさせる, 不快にさせる.

rebuter 他 やる気をなくさせる, うんざりさせる; 不快にさせる.

recacheter ④ 他 再び封印する.

recadrer 他 ❶ (写真の)フレーミングを変える. ❷ 枠組を見直す. ❑recadrage 男

recalage 男 落第, 不合格.

recalcifier 他 カルシウムを投与する.

récalcitrant, e 形 強情に逆らう, 言うことを聞かない.
—— 名 頑固者, 強情っ張り, 抵抗者.

recalculer 他 計算し直す.

recalé, e 名, 形 落第した(人), 不合格の(人).

recaler 他 試験に落第させる.

recapitalisation 女 (英)[財] 資本修正, 資本構成の是正. ❑recapitaliser 他

récapitulatif, ve 形 要約する, 要点を挙げている.
—— 男 要点の確認, 要点一覧表.

récapituler 他 要点を繰り返す, 要約する; 丹念にたどる, 回顧する. ❑récapitulation 女

recarder 他 [繊]梳(す)き直す.

recarreler 他 タイル[底]を張り替える.

recaser 他 復職 [再就職] させる.

recauser 自 再び話す.

recéder ⑥ 他 返却する; 譲り渡す; 転売する.

recel 男 [法] 隠匿(罪).

receler ⑤ / **recéler** ⑥ 他 ❶ 隠匿する; かくまう. ❷ 内に含む, 包蔵する.

receleur, se 名 隠匿者.

récemment 副 最近に, 近頃.

récence 女 [心]新近性.

recensement 男 調査, 明細目録; 人口調査, 国勢調査.

recenser 他 (人口などを)調査する.

recenseur, se 形, 名 人口 [国勢] 調査する(人).

recension 女 ❶ 校訂(版); 批評, 書評. ❷ 検討調査.

récent, e 形 最近の, 新しい.

recentrer 他 ❶ 中心軸へ戻す. ❷ (サッカーで)センタリングする. ❸ (政策を)修正する. ❑recentrage 男

recéper 他 ❶ [園](強い新芽が出るようブドウ木などを)根元で刈り込む. ❷ (杭)(の頭部を)切りそろえる.

récépissé 男 受領書; 預り証.

réceptacle 男 集積所; たまり場. ❷ [植] 花托(ᡯく), 花床.

récepteur 男 ❶ 受信 [受信] 機; 受話器. ❷ [生] 受容器 [体]. ❸ [言] 受信者. —— récepteur, trice 形 (電波などを)受ける.

réceptif, ve 形 (à) (...の)影響を受けやすい; [医]病気にかかりやすい.

réception 女 ❶ 受け取ること, 受領, 受信; 受信. ❷ 受付, フロント(係); 応接, 接待; 歓迎会, レセプション(会場); 入会(式). ❸ [スポ]レシーブ; 着地.

réceptionnaire 名 ❶ (納品の)受理 [検査] 係; (ホテルの)フロント主任.

réceptionner 他 ❶ (納品を)受理する. ❷ [スポ]レシーブする.

réceptionniste 名 受付係, 応接係, フロント係.

réceptivité 女 ❶ 受容性, 感受性; (受信機の)感度. ❷ [医]罹(ᡯ)患性.

recercler 他 (樽の)輪換えをする.

récession 女 後退, 落ち込み; 景気後退, リセッション.

récessivité 女 [生]劣性. ❑récessif, ve 形

recette 女 ❶ 売上(額); 売上高; 収益. ❷ 徴税(係); 税務所, 納税窓口. ❸ 調理法, レシピ; 処方; やり方, 秘訣. ◇faire ~ 大当たりする.

recevabilité 女 [法] (請求などの)受理可能性.

recevable 形 容認し得る, 受け入れることができる; [法] 受理可能.

receveur, se 名 ❶ 収入役, 徴税吏; 郵便局長; 車掌. ❷ (輸血の)受血者; (臓器の)移植被移植者.

recevoir ④ 他 ❶ 受ける, 受け取る, もらう; こうむる. ❷ 迎え入れる, もてなす; 面会する. ❸ 受け入れる; 認める, 入学[入会]を許す; 収容する.
—— se [スポ]着地する.

reçu 形 ◇ recevoir.

réchampir / rechampir 他 [美] (刻(ᡯ)の)形, 装飾などを)際立たせる.

rechange 男 取り替え用の品, 交換部品. ◇de ~ 予備の; 代わりの.

rechanger ② 他 (再び)取り替える.

rechanter 他 再び歌う.

rechaper 他 [車] (タイヤを)再生する. ❑rechapage 男

réchapper 自 (助動詞は avoir または être) (à, de) (...から)逃れる, (...を)切り抜ける.

recharge 女 ❶ ► recharge. ❷ 再装填(ᡯ); (再装塡した)弾薬; スペア.

rechargeable 形 再装塡(ᡯ)できる, 入れ換え[充塡]式の.

rechargement 男 ❶ 再び荷を積むこと; 再充電; 再装塡(ᡯ). ❷ (道路の)

recharger ② 他 ❶ 再び荷を積む; 再び装填[充電]する. ❷ (道路を)嵩(ホシ)上げする; 補修する.

rechasser 他 再び追い出す.

réchaud 男 こんろ; レンジ.

réchauffage 男 温め直し, 再加熱.

réchauffé, e 形 温め直された.
— 男 ❶ 温め直した料理. ❷ 副 蒸し返し, 焼き直し, 二番煎じ.

réchauffement 男 ❶ 暖かくなること; 温暖化.

réchauffer 他 再び温める, 温め直す; 再び奮い立たせる.
— **se ~** ❶ 体を温める. ❷ より暖かくなる, 温まる.

réchauffeur 男 予熱器.

rechaussement 男 (木の根元の)盛り土; (壁の)基礎強化.

rechausser 他 ❶ 再び靴を履かせる; 蹄(ひづめ)に鉄をつけ直す. ❷ (木の根に)土をかける; (壁などの)基礎を補強する.

rêche 形 ❶ 粗い, ざらざらした. ❷ 渋い, 酸っぱい. ❸ つっけんどんな, 気難しい.

recherche 女 ❶ 研究; 追求, 探求; 捜索. ❷ 洗練; 気取り.

recherché, e 形 ❶ 探し求められている; 珍しい, 貴重な. ❷ 凝った.

recherche-développement 男 (複) ~s-~s 研究開発.

rechercher 他 ❶ 探す, 追い求める; 捜索する. ❷ 探究する, 研究する; 調査する. ❸ 迎えに来る【行く】, 取りに来る【行く】.

rechigner 自 ❶ 顔 (à) (…を嫌がる, 渋る. ❷ 不機嫌な顔をする.

rechristianiser 他 再びキリスト教化する.

rechute 女 (病気の)ぶり返し; (罪, 悪習などに)再び陥ること.

rechuter 自 病気がぶり返す; (罪, 悪習などに)再び陥る.

récidivant, e 形 【医】再発性の.

récidive 女 同じ過ちを犯すこと; 【法】再犯, 累犯; 【医】(病気の)再発.

récidiver 自 同じ過ち[犯罪]を繰り返す; (病気の)再発する.

récidiviste 名 【法】累犯者, 再犯者. — 形 同じ過ち[犯罪]を繰り返す.

récif 男 岩礁, 暗礁, リーフ.
□**récifal, ale** 形 (男複) **aux** 形.

récipiendaire 名 (正式な)新加入者; (大学の)卒業証書, 勲章などの)受領者.

récipient 男 容器, 器, 入れ物.

réciprocité 女 相互性.

réciproque 形 相互的な, 相互の; 【論】交換的な, 逆の, 相反の.
— 女 逆, 反対; 【論】換位命題.

réciproquement 副 相互に.
◇ **et ~** また逆に, 逆もまた同じ.

récit 男 ❶ 物語, 話; 【演】語り. ❷ 【楽】パイプオルガンのレシ鍵盤.

récital 男 (複) **als** リサイタル, 独唱[独奏]会; 独演会.

récitant, e 名 ❶ 暗唱[朗読]者, ナレーター. ❷ (オペラの)叙唱の歌い手.

récitatif 男 【楽】レチタティーヴォ, 叙唱.

récitation 女 暗唱; 暗唱用の文章.

réciter 他 暗唱する.

réclamant, e 名 【法】申立者.

réclamation 女 ❶ (権利の)主張, 要求. ❷ 異議; 苦情, 抗議; (複数) 苦情処理係.

réclame 女 (旧) 広告, 宣伝; 広告文. ◇ **en ~** 特売の, 安売りの. *faire de la ~ à ...* …を宣伝する.
— 男 【狩】鷹を呼び戻す合図 [呼び声].

réclamer 他 ❶ 要求[請求]する; 求める. ❷ 必要とする. — 自 抗議する, 異議を申し立てる. — **se ~ (de)** (…の)引き合いに出す, 後ろ盾にする.

reclasser 他 ❶ 分類し直す; 給与体系[職階]を改める. ❷ 再就職口を斡旋(あっせん)する. □**reclassement** 男.

reclouer 他 釘を打ち直す.

reclus, e 形 独りで閉じこもっている.
— 名 世捨て人, 隠遁者.

réclusion 女 隠遁(いんとん); 【法】懲役.

réclusionnaire 名 【法】懲役囚.

recognitif [-gni-] 形 男 【法】 *acte ~* 確認証書.

récognition [-gni-] 女 【哲】再認.

reçoi- 活 ⇨ **recevoir**.

recoiffer 他 髪を直してやる; 再び帽子をかぶせる. — **se ~** 自分の髪を直す; 再び帽子をかぶる.

recoin 男 片隅; 内奥, 奥底.

récolement 男 【法】(差押さえ物件の)確認; 検(あらた)め工検査.

récoler 他 照合点検する; 【法】(差押さえ物件の)目録を作成する.

recollage / recollement 男 再び張り付けること, 接合, 張り合わせ.

récollection 女 【宗】黙想; 黙想会.

recoller 他 再び糊で張り付ける; 張り合わせて修復する.
— 自 顔 (à) (先行集団に)追いつく.

récollet 男 【宗】リコレ派 ((聖フランシスコ会原始会則派)).

récoltable 形 収穫できる.

récoltant, e 形, 名 自分で収穫する(人), 自作農.

récolte 女 収穫, 取り入れ, 採取; 収穫物; 収穫量; (資料などの)収集.

récolter 他 ❶ 収穫する, 取り入れる; 手に入れる. ❷ 副 (報いとして) 受ける.

récolteur, se 名 生ぴん採取人.

recombinaison 女 【化】再結合 (反応); 【生】組み換え. **~ génétique** 遺伝子組み換え.

recommandable 形 推奨に値する; 敬意に値する.

recommandation 女 ❶ 推薦, 推挙, 推薦状; (強い)勧告, 忠告. ❷ (郵便物の)書留扱い.

recommandé, e 形 ❶ 書留の. ❷ 推薦された, 勧められる. — 男 書留.

recommander 他 ❶ 推薦する, 勧告する; 勧める, 勧告する. ❷ 書留にする. — **se ~ (de)** (…の名を)引き合いに出す, 推薦者として挙げる. ❷ (*par*) (…により)際立つ; 推薦される.

recommencement 男 再開; やり直し.

recommencer ① 他 再び始める, 再開する; やり直す; 繰り返す.
— 自 再び始まる, 再開する; ぶり返す.

recomparaître 50 自[法]再出廷する.
récompense 女 褒美, 報酬, 賞; 報い;[法]償還, 補償.
récompenser 他 報いる, 褒美を与える.
recomposé, e 形 再構成された. ► famille — é 連れ子の再婚家族.
recomposer 他 組み立て直す, 再構成する;[印]組み直す.
□**recomposition** 女
recompter [-kõte] 他 数え直す.
réconciliation 女 和解, 仲直り;[カト](異端者の)教会復帰, 教免;(瀆(ﾄｸ)聖された教会や墓地の)復원.
réconcilier 他 和解させる, 仲直りさせる; 良さを見直させる. ❷[カト]教会に復帰させる; 復聖する.
— se ~ 仲直りする, 和解する.
recondamner [-dane] 他 再び有罪とする, 再び刑を言い渡す.
reconductible (契約などが)更新[継続, 延長]できる.
reconduction 女 (契約などの)更新, 継続, 延長.
reconduire 70 他 ❶送って行く, 見送る. ❷追い払う. ❸(契約などを)更新[継続, 延長]する.
reconduite 女 送って行くこと; 追放; 更新. ► ~ à la frontière 強制送還.
réconfort 男 力づけ, 慰め, 励まし.
réconfortant, e 形 元気にする, 力をつける; 慰める, 励ます.
réconforter 他 活力を与える; 励ます, 元気づける.
reconnais(-), reconnaît 活 ⇨ reconnaître.
reconnaissable 形 それと分かる, 識別できる.
reconnaissance 女 ❶見分けること, 識別; 認識; 確認. ❷承認, 認知; 承認証, 認証書, 証書. ❸調査, 踏査, 探査;[軍]偵察(隊). ❹感謝; 謝意.
reconnaissant, e 形 感謝している.
reconnaître 他 ❶それと分かる; 識別する, 見分ける; 確認する. ❷認める; 認知する. ❸(場所などを)調査する, 踏査する.
— se ~ ❶自分の姿と認める(自分のいる場所の)見当がつく; 事情をのみ込む. ❷自分を…と認める. ❸互いにそれと分かる.
reconnu, e 形 (reconnaître の過去分詞)みんなに[世に]認められた.
reconquérir 27 他 再び征服する, 奪回[回復, 挽回]する; 取り戻す.
□**reconquête** 女
reconsidérer 6 他 再検討する.
reconstituant, e 形 体力を回復させる. — 男 強壮剤.
reconstituer 他 作り直す, 再構成する; 再現する, 復元する; 再生させる.
reconstitution 女 再編成, 再構成; 再現, 復元; 現場検証.
reconstruction 女 再建, 復興; 復元.
reconstruire 70 他 再建する, 復興する; 復元する.

□**reconstructeur, trice** 名
recontacter 他 再び連絡を取る.
reconvention 女[法]反訴請求.
□**reconventionnel, le** 形
reconversion 女 (産業などの)再転換; 切り替え. ❷配置転換する, 転職させる; 再教育する.
— se ~ 転職する.
recopier 他 再び書き写す; 清書する.
□**recopiage** 男
record (英)男 (最高)記録, 新記録. — 形 記録的な, 最高の.
recorder 他 弦(ガット)を張り替える; 綱で結びなおす.
recordman, woman [r(ə)kɔrdman, wuman];(複) **men, women** [-men, wumen](または **mans, womans**)名 記録保持者.
recorriger 2 他 再び訂正する.
recoucher 他 再び寝かせる[横たえる]. — se ~ 再び寝る[横になる].
recoudre 83 他 縫い直す, 繕う.
recoupage 男 再び切ること; 裁ち直し.
recoupe 女 ❶削り屑(ﾂ); 裁ち屑; (牧草などの)2番刈り(=2番目の日で取れた)下級粉. ❷加水蒸留酒.
recoupement 男 ❶情報の突き合わせ, 検証. ❷[測]側方交会法. ❸[建]根積み; 引き込み.
recouper 他 ❶再び切る; 裁ち直す. ❷(証言が)一致する;(情報を)突き合わせる. — 自[カード]カットし直す.
recourai- 活 ⇨ recourir.
recourbé, e 形 (先端の)曲がった.
recourber 他 端を曲げる; 再び曲げる.
recourir 23 自 ❶ (à) (…に)助けを求める, 頼る. ❷再び走る.
recours[1] 男 ❶ (à) (…に)助けを求めること, 頼る[訴える]こと; 頼みの綱. ❷[法]上訴, 不服申立て.
◊ avoir ~ à … …に頼る, 訴える.
recours[2], **recourt**, **recouru(-), recourû** 活 ⇨ recourir.
recous- 活 ⇨ recoudre.
recouvert, e 形 (recouvrir の過去分詞)覆われた; 覆い尽くされた.
recouvrable 形 回収[徴収]可能な.
recouvrage 男 再びの張り替え.
recouvrement[1] 男 文章 (失ったもの)回復; 取り立て, 徴収.
recouvrement[2] 男 再び覆うこと; 被覆, カバー; 下地塗, 漆喰(しっくい)塗.
recouvrer 他 ❶ 取り戻す, 回復する. ❷取り立てる; 徴収する.
recouvrir 19 他 ❶ 再び覆う; (椅子を)張り替える. ❷ 包含する; 及ぶ.
recracher 他, 自 (口から)吐き出す.
récré 女 récréation の略.
récréance 女[法] lettres de ~ 外交官召還状.
récréatif, ve 形 気晴らしの, 娯楽の, 面白い.
récréation 女 再創造; 再現.
récréation 女 休息, 気晴らし, 息抜き; 休み時間.

recréer 他 再び作り出す；再現する.

récréer 他 〖文章〗気晴らしをする.

recrépir 他 漆喰(い)などで塗り替える. ▫**recrépissage** 男

recreuser 他 再び掘る；掘り下げる.

se récrier 代動〖文章〗(感嘆などの)叫び声を上げる；激しく抗議する.

récriminateur, trice 名 他 人を非難する(人), 文句の多い(人).

récrimination 女 非難, 不平.

récriminer 自 非難して非難する.

récrire 78 他 再び書く；書き直す.

recristalliser 自 再結晶する. ▫**recristallisation** 女

recroître 52 自 再び増大[成長]する.

recroquevillé, e 形 縮んだ；(人が)縮こまった.

se recroqueviller 代動 縮む, 反り返る；体を縮める.

recru, e 形〖文章〗疲労困憊(ほい)した.

recrû 男〖文章〗新芽, ひこばえ.

recrudescence 女 (病気の)再び勢いを盛り返すこと, ぶり返し, 再流行.

recrudescent, e 形 再び勢いを盛り返した, ぶり返した.

recrue 女 新兵；新会員, 新党員.

recrutement 男 新兵徴募, 徴兵；募集, 採用.

recruter 他 募集する；(兵員を)徴募する；新兵を補充する. **— se —** ❶ 募集される. ❷ (ある層の)出身である.

recruteur, se 名 募集者, 勧誘員.

recta 副〖話〗きちんと, 極めて正確に.

rectal, ale 形〖医〗(男複) **aux** 形 直腸の.

rectangle 男〖数〗直角. **—** 男 長方形(のもの).

rectangulaire 形 長方形の；〖数〗(座標軸が)直交する.

recteur, trice 名 ❶ 大学区長；(私立大学の)学長；(イエズス会の)学院長；〖カト〗支配堂付き司祭.

rectifiable 形 訂正[修正]可能な；〖数〗長さの測れる.

rectificateur 男〖化〗精留器.

rectificatif, ve 形 訂正[修正]のための. **—** 男 訂正文, 訂正表.

rectification 女 ❶ 訂正, 修正；訂正文. ❷ まっすぐにすること；〖機〗研削；〖化〗精留；〖数〗(曲線の)求長法.

rectifier 他 ❶〖機〗研削する；〖化〗精留する. ❷ 訂正する, 直す, 訂正する. ❸〖数〗(曲線の)長さを求める.

rectifieur, se 名 研削工. **—** 女〖機〗研削機.

rectiligne 形 まっすぐな, 直線の；〖数〗直線から成る. **—** 男 **~ d'un dièdre** 2面角の平面角.

rectilinéaire 形〖写〗**objectif ~** 収差矯正レンズ.

rection 女〖文法〗(格や法の)支配.

rectite 女〖医〗直腸炎.

rectitude 女 (判断の)正しさ, 公正；〖文章〗まっすぐなこと.

recto 男 (紙の)表：右ページ, 奇数ページ. **~ verso** 表裏ともに(書).

recto-colite 女〖医〗直腸結腸炎.

rectoral, ale；(男複) **aux** 形 大学区長の.

rectorat 男 大学区長の職[任務, 任期]；大学区本部.

rectoscope 男 直腸鏡.

rectoscopie 女 直腸鏡検査(法).

rectrice 女 ❶ 尾羽. ❷ **recteur** の女性形.

rectum 男 直腸.

reçu, e 形 (**recevoir** の過去分詞)受け入れられた；一般に認められた. **—** 男 領収書, 受け取り. **—** 合格者.

reçu-, reçû- 活 ▷ **recevoir**.

recueil 男 文集, 選集；寄せ集め.

recueillement 男 精神集中；内省；(宗教的な瞑(めい)想, 黙想.

recueilli, e 形 (**recueillir** の過去分詞)瞑想にふけった；黙想[瞑想]的な.

recueillir 18 他 集める, 収集する；手に入れる, 獲得する；受け継ぐ；引き取る. **— se —** 内省する；黙想する.

recuire 70 他 再び焼く[煮る], 焼きなおす. **—** 自 焼き[煮]直される.

recuit, e 形 (**recuire** の過去分詞)長く焼いた[煮込んだ]；焼き[煮]すぎた；日焼けした. **—** 男 焼き直し；〖金〗焼きなまし；(ガラスの)徐冷.

recul 男 ❶ 後退；退却；減少；(空間的, 時間的)隔たり, 距離. ❷ (火器発射時の反動；〖スポ〗ランクバック.

reculade 女 後退；しりごみ, 譲歩.

reculé, e 形 人里離れた, 奥まった；遠い昔の. **—** 女〖地〗袋谷.

reculement 男 ❶ (馬具の)尻(しり)革. ❷〖法〗(壁面線の)後退.

reculer 他 ❶ 後退させる, 退く；しりごみする, 後ずさりする. ❷ 減少する. ◇ **~ pour mieux sauter** 厄介な問題を先送りする. **—** 他 ❶ 後退させる；押し広げる. ❷ 延期する.

reculons (à) 副 後戻りして；しぶしぶ.

reculotter 他 ズボンをはき替えさせる. **— se —** ズボンをはき替える.

reçûmes 活 ▷ **recevoir**.

récupérable 形 ❶ 取り戻せる, 回収できる；懐柔し得る. ❷ 社会[職場]復帰できる.

récupérateur, trice 形 (元気を)回復させる；(廃品を)回収する. **—** 名 ❶ (廃品)回収業者. **—** 男〖機〗再生用熱交換器.

récupération 女 回収, 回復；(反対派などの)懐柔. **▶ ~ du pétrole** (流出した)原油の回収 **/ matériaux de ~** 廃材.

récupérer 6 他 ❶ 取り戻す, 回収[回復]する；埋め合わせる. ❷ (反対派を)懐柔する. **—** 自 元気を回復する.

recurent 活 ▷ **recevoir**.

récurer 他 (磨き粉などで)磨く. ▫**récurage** 男

récurrence 女 回帰, 反復；再発.

récurrent, e 形 回帰性の, 繰り返し現れる.

récursif, ve 形 繰り返し適用される, 再帰的な；(命題などが)帰納的な.

récursivité 女 再帰性, 反復性；(命題などの)帰納性.

récursoire 形〖法〗**action ~** 求

reçus(-) 騒 ⇨ recevoir.
récusable 形 信用のおけない；〖法〗忌避し得る.
récusation 囡 〖法〗忌避.
récuser 他（正当性を）疑う、認めない；〖法〗忌避する. **— se —** 自らに能力［権限、責任］なしとする.
reçut, reçut(-) 騒 ⇨ recevoir.
recyclable 形 リサイクル［再利用］可能な；再教育できる. 口**recyclabilité** 囡
recyclage 圐 **❶** 再利用、リサイクル；（職業人の）再教育；（生徒の）進路変更；（資本などの）還流；再循環.
recycler 他 再利用する；再教育する、進路変更させる；再循環させる. **— se —** 再教育を受ける.
recycleur, se 图 リサイクル業者.
rédacteur, trice 图（文書の）作成者、執筆者；編集者；記者.
rédaction 囡 **❶** 作成、起草；（学校の）作文. **❷** 編集；編集者、編集局.
rédactionnel, le 形 編集［文書作成］の.
redan 圐 ⇨ redent.
reddition 囡 〖軍〗明け渡し；〖法〗~ de compte 計算書の提示.
redécouvrir 他 再発見する.
redéfaire 他 再び壊す［崩す、ほどく］.
redéfinir 他 新しい定義を与える、定義し直す. 口**redéfinition** 囡
redemander 他 再び頼む［要求する、尋ねる］；返却を求める.
redémarrer 自 再び出発する、再スタートする；再開する. 口**redémarrage** 圐
rédempteur, trice 图 罪をあがなう人；(le R~) 救い主（イエス・キリスト). **—** 形 贖罪の.
rédemption 囡 償い、あがない；(la R~)（キリストによる）贖罪（し），；
rédemptoriste 圐 レデンプトール会修道士.
redent 圐 〖建〗カスプ連続してゴシックの葉形装飾を作る）.
redéploiement 圐 再編成、再展開；〖軍〗再配備.
redéployer 他（経済活動など）再編成する；〖軍〗再配備［再展開］する.
redescendre 自他 (助動詞 être) また降りる；再び下がる. **—** 他 再び降ろす.
redevable 形 (de)（…の）借りがある、債務を負っている；恩を受けている. **—** 图 負担金義務者；債務者.
redevance 囡 使用料；負担金；債務；（特許などの）ロイヤリティー.
redevenir 自 (助動詞 être) 再び…になる.
redevoir 他 他 ~ A à B B に A の借りがまだ残っている.
rédhibition 囡 〖法〗（瑕疵（か）担保による）売買契約の解除.
rédhibitoire 形 〖法〗売買契約解除の明白な、重要な.
rediffuser 他 再放送する.
rediffusion 囡 再放送、再放映.

rédiger 他（原稿、文書などを）書く、作成する.
rédimer 他 〖キ教〗あがなう.
redingote 囡（ウエストでくびれたフレアー形の）婦人用コート；フロックコート.
réintégration 囡〖心〗再統合.
redire 他 繰り返す；口外する. ◊ avoir [trouver] à ~ 文句を言う.
rediscuter 他 再び議論する.
redistribuer 他 配り直す；再分配する. 口**redistribution** 囡
redite 囡 むだな繰り返し、冗言.
redondance 囡 冗長；贅言（說）；〖情報〗
redondant, e 形 冗長な、よけいな.
redonner 他 再び与える；（借りた物を）返す（自信などを）取り戻させる.
redorer 他 金箔をはり直す；金めっきを直す；（名声などを）再び輝かせる.
redoublant, e 图 留年生、落第生.
redoublé, e 形 繰り返された、二重の；立て続けの；倍加した.
◊ à coups ~s 続けざまに.
redoublement 圐 倍加、激化；留年；〖言〗（語や音節の）重複.
redoubler 他 倍加する、二倍［二重］にする；重複させる、2度繰り返す；（学年を）やり直す. **—** 他 (de)（…を）倍加する. **❷** いっそう激しくなる.
redoul 圐 〖植〗セイヨウドクウギ.
redoutable 形 恐ろしい、恐るべき.
redoute 囡〖要塞〗小さな方形堡（ほう）.
redouter 他 ひどく恐れる；心配する、危惧（き）する. ◊ ~ de tomber malade 病気になりはしないかと恐れる.
redoux 圐 寒気のゆるみ.
redowa [rədova] 囡〖独〗レドバ（ボヘミア地方の舞踏）.
redresse (à la) 形 句 腕っぷしの強い、強引な；したたかな.
redressement 圐 **❶** 立て直し、再建；立ち直り、復興. **❷** 矯正；修正；〖法〗更正. **❸**〖電〗整流（作用）.
redresser 他 **❶**（まっすぐに）立て直す、起こす. **❷** 文章正す、修正する. **❸**〖電〗整流する. **—** 自 車輪をまっすぐに直す；機首を引き起こす. **— se —** 身を起こす；立ち直る、復興する；姿勢を正す、胸を張る；毅（）然とする.
redresseur, se 形 まっすぐにする；〖電〗整流する.
— 圐 **❶** ~ de torts 正義漢；（中世の）遍歴の騎士. **❷**〖電〗整流器.
réductase 囡〖生化〗レダクターゼ.
réducteur, trice 形 減少させる、単純化する；〖化〗還元する；〖機〗減速する. **—** 圐〖化〗還元剤；減速装置.
réductible 形 減少［縮小］し得る、単純化できる；〖化〗還元し得る；〖数〗可約の；〖医〗整復し得る.
réduction 囡 **❶** 削減、減少；値引き；割引. **❷** 縮小；縮小模型、ミニチュア. **❸** 単純化、要約. **❹**〖数〗約分；〖化〗還元；〖医〗整復.
réductionnisme 圐〖哲〗還元主義、体系的還元.
réduire 他 **❶** 減らす、少なくする；縮小する. **—** à B B に A を B に単純化する、帰する；追い込む. **❸** ~ A en

réduit

BをAに変える；換算する。 ❹【化】還元する；【医】整復する；【料】煮詰める。 —自 煮詰まる。 **—se ❶** 減少［縮小］する；低下する；生活を切り詰める。 ❷ (à) (…に)とどまる；帰着する；(en) (…と)化す。

réduit¹, e 形 少ない、減少［縮小］した；簡略化した；割引された。

réduit² 男 ❶ 奥まった小部屋；（部屋の）片隅；隠遁生活。 ❷ 城中砦(とりで)。

réduit³ 過去分詞 ⇨ réduire.

réduplication 女【言】重複、反復的用法；畳語。

rééchelonnement 男【経】リスケジューリング、債務返済日程の繰延べ。 □**rééchelonner** 他

réécouter 他 再び聞く、聞き直す。

réécrire 78 他, 自 書き直す；書き直す。

réécriture 女 書き直し、リライト。

réédification 女【文章】再建；復興。

rééd¡fier 他【文章】再建［復興］する。

rééditer 他 再版する、重版する；新版を出す；拡張 繰り返す。

réédition 女 再版、重版；再版本；繰り返し、再現。

rééduquer 他 機能回復訓練［リハビリテーション］を施す；(非行少年などを)再教育する。 □**rééducation** 女

réel, le 形 ❶ 現実の、実在の；実際の、実質的な；《名詞の前》本当の、真実の。 ❷【数】nombre ～ 実数。 ❸【法】物権の、対物の。 — 男 現実、現実のもの；現実世界。

réélection 女 再選、当選還。

rééligible 形 再選できる；再選される資格のある。

réélire 72 他 再選する。

réellement 副 現実に、実際に。

réembaucher 他 再び雇う。

réemetteur 男 小放送局。

réemploi 男 再利用；再雇用。

réemployer 10 他 再利用する；再び雇う。

réemprunter 他 再び借りる。

réengagement 男 ⇨ rengagement.

réengager 他 ⇨ rengager.

réenregistrer 他 再録音する。 □**réenregistrable** 形 □**réenregistrement** 男

réensemencer 1 他 再び種子をまく。

réentendre 58 他 もう一度聞く、聞き直す。

rééquilibrer 他 均衡［バランス］を取り戻させる。 □**rééquilibrage** 男

réer 自【狩】(鹿が)鳴く。

réescompte [-kɔ̃ːt] 男 (手形の)再割引。

réessayer 12 他 再び試みる；再び仮縫いをする。 □**réessayage** 男

réétudier 他 再び学ぶ［研究する］。再学する。

réévaluer 他 (資産などを)再評価する；平価切り上げを行う。 □**réévaluation** 女

réexaminer 他 調べ直す、再検討する。 □**réexamen** 男

réexpédier 他 再び発送する；転送する。 □**réexpédition** 女

réexporter 他 (輸入品を)再輸出する。 □**réexportation** 女

refaçonner 他 作り直す；再加工する。

réfaction 女【法】(商品が契約条件と異なる場合の)減価、減価譲渡し。

refaire 10 他 ❶ やり直す、もう一度する；作り直す；修理する。 ❷ 取り戻す、回復する。 ❸ だます、だまし取る；盗む。 **—se ❶** 体力［健康］を回復する；自身を改める：自分の(…を)取り戻す。 ❷ (à) (…に)再び慣れる。 ❸ 年代を立て直す；ばくちの負けを取り返す。

réfection 女 改修、修理、修復。

réfectoire 男 (学校などの)食堂。

refend 男 ❶ (外壁面の)化粧目地。 ❷【建】mur de ～ 耐力内壁。

refendre 58 他 縦に割る、縦に挽(ひ)く；再び裂く。

refer- 活 ⇨ refaire.

référé 男【法】急速審理、仮処分。

référence 女 ❶ 準拠、基準；参照、参考；出典指示［注記］；(商業文の)照会記号。 ❷ 保証；《複数》身元保証(書)、紹介状。 ❸【言】指示、指向。

référencement 男 (ウェブサイトの)登録。

référencer 1 他 出典を明示する；照会記号をつける。

référendaire 形 ❶ 国民投票に関する。 ❷ conseiller ～ à la Cour des comptes 会計検査院主任検査官。

referendum [referɛ̃ːdɔm] / **référendum** 男 国民投票；(集団の全構成員に対する)意見調査。

référent 男【言】指示［指向］対象。

référentiel, le 形【言】指示する、指向的な。 — 男【物】座標系、慣性系；【数】全体集合、普遍集合。

se référer 6 代動 (à) (…を)参照する；(…に)従う、頼る；関連する、かかわる。 **—référer** 自 (à) (…に)関連する；【言】(…を)指示する。 ◆**en ～ à …** …に頼る、訴える；決定を仰ぐ。

referez, referi- 活 ⇨ refaire.

refermer 他 再び閉じる；閉め直す。

referon-, refi-, refi- 活 ⇨ refaire.

refiler 他 売りつける、つかませる。

réfléchi, e 形 ❶ 熟慮された；思慮深い。 ❷ 反射した、映った；【言】再帰的な。

réfléchir 他 ❶ 反射する；反映する。 ❷ ～ que … と判断する；気がつく。 —自 (à, sur) (…について)熟考する。 **—se** ～ 反射する、映る。

réfléchissant, e 形 反射する。

réflecteur, trice 形 反射する。 — 男 反射装置、反射鏡；反射望遠鏡。

reflectif, ive 形【生理】反射の。

réflectorisé, e 形 反射装置を備えた；夜光塗料を塗った。

reflet 男 ❶ (光の)反射、照り返し；(鏡、水に映る)影；(時代の)反映。 ❷ 光沢、艶(つや)。

refléter 6 他 反射する；映し出す；反映する。 **—se** 映し出される、反映される；現れる。

refleurir 自 再び花が咲く；再び栄える．

reflex [refleks]《英》形《不変》《写》反射式の． ― 男 レフレックス・カメラ．

réflexe 形 反射的な；[生]反射の．

réflexible 形《物》反射され得る．

réflexif, ve 形 反省的な；《数》反射的な．

réflexion 女 ❶ 熟考する，熟慮，反省；省察力；考慮，見解；《批判的》指摘． ❷ 形《物》反射．
◇ (toute) ~ faite よく考えた末に．

réflexogène 形《医》反射性応の誘因となる．

réflexologie 女 ❶《心》反射学． ❷ リフレクソロジー，反射療法．

réflexologue 男 反射学の専門家．

refluer 自 逆流する；逆戻りする．

reflux 男 逆流；引き潮；後退，退潮．

refondateur, trice 男女 (政党などの) 再建派の (政治家)．

refonder 他 (政党などを) 再建する．
◇ **refondation**

refondre 59他 ❶ (金属を) 再び溶かす，鋳直す；作り直す，改作する． ❷《印》「改訂」する．

refonte 女 (金属の) 鋳直し；(貨幣の) 改鋳；改訂，改良．

reforestation 女 (再) 植林．

réformable 形 改革可能な．

reformage 男 (石油の) 改質．

réformateur, trice 男女 改革者；《宗教》宗教改革者．
― 形 改革の，改革を図る．

réformation 女 ❶《法》(上級審による判決などの) 変更，修正． ❷ (la R~)《宗教》宗教改革．

réforme 女 ❶ 改革，改善；(la R~)《宗教》(16世紀の) 宗教改革；(トリト) (修道会の) 改革． ❷《軍》(不適格者による) 免役除隊，退役；兵役免除；(資材，車両などの) 廃棄処分．

réformé, e 形 宗教改革派の，新教の，カルヴァン派の． ❷《軍》(不適格者として) 除隊になった． ― 男女 改革派，カルヴァン派；宗教改革派道会員． ― 男 除隊になった軍人．

reformer 他 作り直す；再編成する．
― se ~ 再編成される．

réformer 他 ❶ 改革する，改める；(むだを) 取り除く． ❷《軍》免役除隊 [兵役免除] にする；廃用 [廃棄] 処分にする． ❸《法》(下級審の判決を) 変更する．

réformette 女 小手先の改革．

réformisme 男女《政》[修正] 主義．

réformiste 形 男女 改良主義者 (の人)；修正主義者 (の人)．

reformuler 他 (より明確に) 書き直す，言い直す．

refouiller 他《美》例 (に) 彫りする，彫りを深くする．

refoulé, e 形《心》抑圧された；語本能 [性欲] を抑えた． ― 男 抑圧された人． ― 男 抑圧された人．

refoulement 男 ❶ 追い返す [押し戻す] こと；撃退． ❷ 抑制；《心》抑圧．

refouler 他 ❶ 押し返す，撃退する． ❷ (感情を) 抑える，押し殺す；《心》抑圧する． ❸ 逆流させる．

refouloir 男 (砲弾の) 装塡桿；抽弾機．

réfractaire 形 ❶ (à) (…に) 逆らう；服従しない． ❷ 作用を受けない；耐熱性の；[医] 耐性の；《生理》無反応の． ❸《史》対独協力を拒否した；徴兵を忌避した；宣誓を拒否した．
― 男女 反抗する人；《史》対独協力拒否者． ― 男 耐熱材． ― 男《史》(フランス革命期の) 宣誓拒否司祭．

réfracter 他 (光線を) 屈折させる．

réfracteur, trice 形 (光線を) 屈折させる． ― 男 屈折望遠鏡．

réfraction 女《物》屈折．

réfractomètre 男 屈折計．

refrain 男 リフレーン，反復句；同じ言葉の繰り返し；口癖．

réfrangible 形 屈折性の．

refréner / réfréner 他 (感情を) 抑える，静める．
◇ **refrènement / réfrènement** 男

réfrigérant, e 形 ❶ 冷却する． ❷ 冷やかせる． ― 男 熱交換器，冷却器．

réfrigérateur 男 冷蔵庫．

réfrigération 女 冷却，冷蔵．

réfrigéré, e 形 ❶ 冷却した，冷蔵の． ❷ 凍えている．

réfrigérer 6他 ❶ 冷却する，冷蔵する． ❷ 熱意を冷ます．

réfringence 女《光》屈折性．
◇ **réfringent, e** 形

refroidir 他 ❶ 冷ます，冷やす；熱意を失わせる；俗殺す． ― 自 冷める，冷える． ― se ~ 冷める，冷える；体が冷える；風邪を引く．

refroidissement 男 ❶ 冷える [冷める] こと；冷却；冷え；悪寒；(景気などの) 抑制．

refroidisseur 男 冷却装置．

refuge 男 避難場所，待避所，(車道の安全地帯) 小屋；たまり場．

réfugié, e 名 避難した，亡命した．

se réfugier 代動 避難する，亡命する；逃避する．

refus 男 拒否，拒絶．◇*Ce n'est pas de* ~．喜んでお受けします．

refusable 形 拒否できる．

refusé, e 形 拒否された；不合格 [不採用] の． ― 男女 不合格者；落選者．

refuser 他 ❶ 断る，拒む；拒絶 [拒否] する． ❷ 不合格 [不採用] にする．
― se ~ ❶ 自分に(…を) 禁ずる． ❷ (à) (…に) 認めない，受け入れない．

réfutable 形 反駁 (分) できる．

réfutation 女 反駁，反駁；反証．

réfuter 他 反駁 (分) する，論駁 (分) する．

refuznik [-k] 男 (1970年代のソ連で) イスラエルへの出国を拒否されたユダヤ人．

reg [reg] 男《アラビア》《地》レグ (小さな礫(ホ)が堆積した砂漠)．

regagner 他 取り戻す，回復する；戻る，帰り着く．

regain 男 ❶ 回復，よみがえり． ― ~ de jeunesse 若返り． ❷ 二番生えの草．

régal (復) *als* 男 大好物；ごちそう；楽しみ，喜び．

régalade 女 壺喰 饗(*)う宴．

régalage 男 地ならし.

régale¹ 男【楽】リーガル(16, 17世紀の小型携帯用オルガン); リード笛.

régale² 女【化】eau ~ 王水.

régaler¹ 他 (税)を均等に割り振る. ▭**règlement** 男

régaler² 他 ごちそうする, 供応する; 〘話〙〖目的語なしに〗おごる.
　— **se ~** 他 (…を)ごちそうになる, 好物を食べる; 〖de, à〗(…を)大いに楽しむ.

régalien, ne 形〖史〗王権に属する.

regard 男 ❶ 視線; 注視; 目つき, まなざし. ❷〘法〙droit de ~ 監視[監査]権. ❸ マンホール; 検査孔. ◇*au ~ de* …に関しては; 照らし合わせて見ると. **en ~** 相対して, 対比して.

regardant, e 形〘話〙けちな; 〖sur〗(…に)うるさい.

regarder 他 ❶ 見る, 眺める. ❷ 考えに入れる. ❸ ~ A comme B A を B とみなす. ❹ かかわる, 関係がある. ❺ (建物などが)臨む. — 自 ❶ 見る; 〖à〗(…に)気を配る, こだわる. ❷ (建物などが)…の方を向いている.
◇*y ~ à deux fois* よくよく考える. *y ~ de près* 子細に検討する.
　— **se ~** ❶ 自分の姿を見る; 見詰め合う; 向かい合う.

regarnir 他 再び備えつける, 補充する.

régate 女 ❶ レガッタ, ヨット[ボート]レース. ❷ 幅広の水兵結びのネクタイ.

régater 自 レガッタに参加する.

régatier, ère 名 ヨットレースの選手.

regel 男 再氷結, 復氷.

regeler 自 再び凍らせる.
　— 自 再び凍る.

régence 女 ❶ 摂政の職; 摂政政治. ❷〖la R~〗(オルレアン公フィリップの)摂政時代(1715-23). ❸〖不変〗王朝風の, 優雅な; (R~)レジャンス様式の, オルレアン公摂政時代風の.

régénérateur, trice 形 再生なさせる. — 名〖文章〗再生者, 刷新者; 〘機〙再生装置, 交換器, 蓄熱器[室].

régénération 女 再生, 更生, 革新; 〖触媒の〗再活性化; 〘物〙増幅.

régénéré, e 形 再生された.

régénérer 他 再生させる; よみがえらせる, 刷新する; 〘化〙再活性化する.
　— **se ~** 再生する.

régent, e 名 摂政. ▶ le R~ 〖フィリップ 15世の摂政〗オルレアン公フィリップ. ❷ (ベルギーの)中等学校教師.

régenter 他 支配したがる, ぼる.

reggae [rege]〘英〙男, 形〖不変〗〘楽〗レゲエ(の).

régicide 名, 形 王の殺害者(の), 弑逆[い]者(の); 〖史〗ルイ16世処刑賛成派. — 男 国王殺害, 弑逆(罪).

régie 女 ❶ 国家[自治体]管理, 国営, 公営. ❷ 公共企業体; 公社, 公団. ❸ (テレビ, ラジオの)音響・映像調整室; (映画, 舞台の)製作進行, 舞台監督. ❹〘古〙直接徴収; 税務局.

regimber 自 逆らう, 反抗する; (馬などが)後肢を持ち上げて逆らう.
　— **se ~** 逆らう, 反抗する.

régime¹ 男 ❶ 体制, 政体; 制度, 規定. ▶ Ancien R~〘史〙(フランス革命前の)アンシャンレジーム. ❷ 食餌(じ)療法, ダイエット; 〖文章〗生活の規律. ❸〘機〙(エンジンの)回転数; 正常運転, 定格. ❹〘河川の〙流況, 河相. ❺〘言〙被制辞.

régime² 男〘植〙(果実の)房.

régiment 男 ❶ 〘陸軍の〙連隊; 連隊兵; 〘話〙軍隊; 兵役. ❷ 〘話〙un ~ de … 多数の….

régimentaire 形 連隊の.

région 女 ❶ 地方; 地域; (フランスの行政単位の)地域圏; (軍や鉄道の)管区. ❷ 領域, 分野; (身体の)部位.

régional, ale; 男複 **aux** 形 地方の; 地域の〘医〙身体局所の.

régionaliser 他 (政治, 経済など)を地方分権化する, 地方分権化する. ▭**régionalisation** 女

régionalisme 男 地方尊重, 地方主義; 地方主義運動; 〖文〗地方趣味; 〘言〙地方に特有の語法.

régionaliste 男, 名 地方主義(分権主義)の(人); 地方色豊かな(作家).

régir 他 支配している.

régisseur 男 ❶ 管理人. ❷ 舞台監督; (映画, テレビの)製作進行係.

registre 男 ❶ 登録簿, 記録簿, 帳簿. ❷ 〘情報〙(コンピュータの)レジスタ. ❸〘楽〙音域, 声域. ❹ オルガンストップ, 通風装置. ❺ (作品, 演説などの)調子, スタイル. ❻ 活動, 能力の幅.

registrer 他〘楽〙レジストレーションを行う, ストップを選ぶ.

réglable 形 調節可能な; 支払える.

réglage 男 ❶(機器の)調整, 調節; (射撃の)修正. ❷ (紙の)罫引き.

règle 女 ❶ 規定, 規則, ルール; 規範, 原則; 通例. ❷ 定規, 物差し. ▶ ~ à calcul 計算尺. ❸〘複数形〙月経, 生理. ◇*en bonne ~* 規定〘慣例〙にかなった. **en** 〖*dans les ~s*〗正規の, 正式な. **en ~ générale** 一般に. *être de ~* 通例である. *se mettre* **en ~** 義務〘債務〙を果たす.

réglé, e 形 ❶ 片のついた, 解決済みの; 取り決められた, 調整[調節]された規律のある. ❷ 月経〖生理〙のある. ❸ 罫(い)を引いた. ❹〘数〙surface ~e 線織面.

règlement 男 ❶ 規則, 規定; 内規; 規則書; 法規. ❷(紛争などの)解決, 決着. ❸ 決済, 決算; 支払い.

réglementaire 形 規定どおりの, 正規の規則に関する.

réglementairement 副 規則にのっとって, 規則上は.

réglementariste 形, 名 規則[規制]万能主義の(人).

réglementation 女 規制, 統制; 法制化(特定分野の)法規, 規則.

réglementer 他 規制[統制]する; 規則を制定する.

régler 他 ❶ 解決する. ❷ 支払う, 決済する. ❸ 取り決める; 調整[調節]する. ❹ 罫(い)線を引く.
　— **se ~** 解決する, 片づく; 調整[調節]される. ◇*~ son compte à* …

réglet 男 スチール製の巻き尺, 鋼尺.
réglette 女 角定規; 小定規.
régleur, se 男 (機械の)調整工.
réglisse 女 〖植〗カンゾウ(甘草).
régio 形 〖不変〗規則[規定]にかなった; きちょうめんな.
régloir 男 〖印〗引き具.
réglure 女 罫〖印〗引き, 罫(の引き方).
régnant, e 形 君臨する, 統治する; 支配的な, 流行している.
règne 男 ❶ (王の)君臨, 治世; 統治(期間). ❷ (流行の)支配, 天下, 絶対の影響力. ❸ 〖生〗(分類上の)界.
régner 自 ❶ 君臨する, 統治する; 権力を振るう; 支配する, みなぎる.
régolite 男 〖地〗表土.
regonfler 他 再び膨らせる.
　— 他 再び膨らませる ❶ 元気〖勇気〗を取り戻させる, 励ます.
□**regonflement / regonflage** 男
regorger 自 ❶ (水などが)あふれ出る; 〖de〗(…で)満ちあふれる, いっぱいになる. □**regorgement** 男
regratter 他 (壁の汚れなどを)かきとす, 削り落とす. □**regrattage** 男
regreffer 他 再び接ぎ木する.
régresser 自 後退する; 退歩する; 減少する; 〖心〗(幼児性へ)退行する.
régressif, ve 形 ❶ 後退の, 後戻りの; 逆行〖退行〗の. ❷〖経〗impôt ~ 逆進(課)税.
régression 女 後退; 退歩, 逆行; 減少, 低下; 〖心〗(幼児性への)退行.
regret 男 ❶ 後悔, 悔い; 心残り. ❷ 遺憾, 申し訳なさ. ❸ 愛惜.
◊à ~ 心ならずも, いやいや. être au ~ de ... 遺憾ながら …せねばならない.
regrettable 形 残念な, 遺憾な.
regretté, e 形 惜しまれる; 今は亡き, 故….
regretter 他 ❶ 後悔する, 悔やむ. ❷ 残念〖遺憾〗に思う, 不満に思う. ❸ 惜しむ, 恋しがる.
regrimper 自 再びよじ登る[上昇する]; 再び乗り込む. — 他 再びのぼる.
regros 男 柏の樹皮分(タンニンの原料).
regrossir 自 再び太る.
regroupement 男 再び集める[集まる]こと, 再編成; 統合, 結集. ~ familial (移民の)家族呼び寄せ.
regrouper 他 再び集める, 再編成する; 統合〖結集〗する.
　— se ~ 集まる; 再結集する.
régularisation 女 ❶ 正規〖正式〗化; (内縁関係の相手との)正式の結婚. ❷ 調節, 調整.
régulariser 他 ❶ 正規〖正式〗のものにする; 正式に結婚する. ❷ 安定させる; 調節〖調整〗する.
régularité 女 ❶ 正規であること; 適法性, 合法性. ❷ 整っていること, 端正さ, 均整. ❸ 規則正しさ, むらのなさ; 正規, きちょうめんさ.
régulateur, trice 形 調整〖調節〗する, 規制する. — 男 ❶ 調整〖調節〗器, 調速機, レギュレータ; 制御装置; 標準時計. ❷〖鉄道〗運転指令員.
régulation 女 規制, 管制, 調節, 調整; 制御.
régule 男 ホワイトメタル, 減摩合金.
réguler 他 調節する, 規制する.
régulier, ère 形 ❶ 規則的な, 正式な; 合法的な; 公正な; ルールに従った; 規律正しい. ❷ 規則正しい, 一定の; 定期的な; 均等がとれた; きちょうめんな. ❸〖言〗規則的な. ❹〖カト〗修道会に属する. — 男 修道士; 正規軍兵士.
régulièrement 副 ❶ 正式に, 合法的に. ❷ 規則正しく, 定期的にきちょうめんに. ❸〖話〗〖文頭で〗普通なら.
régur 男〖土〗レグール(デカン高原の熱帯黒色土壌).
régurgitation 女〖生理〗吐出; 〖動〗反芻(すう).
régurgiter 他 (食物を)戻す, 吐く.
réhabilitable 形 復権可能な; 名誉を回復される得る.
réhabilitation 女 ❶ 復権, 復位; 復職; 名誉回復; 再評価. ❷ 改修, 改築; (市街の)再開発.
réhabilité, e 形, 名 復権を許された(人), 有罪〖破産〗宣告を取り消された(人); 名誉を回復した(人).
réhabiliter 他 ❶ 有罪〖破産〗宣告を取り消し, 復権させる; 名誉を回復させる; 再評価する. ❷ 改修〖改築〗する; 再開発する. — se ~ 復権する; 名誉を回復する, 汚名をそそぐ.
réhabituer 他 再び慣らす.
　— se ~ 再び慣れる.
rehaussement 男 さらに高くすること, 嵩(かさ)上げ; 〖税〗税収増額補正.
rehausser 他 ❶ さらに高くする, 嵩(かさ)上げする. ❷ ~ A de B A を B で飾る. — se ~ さらに高くなる; 一段と引き立つ.
rehausseur 男 チャイルドシート.
rehaut 男〖美〗ハイライト(明色部分).
réhoboam [-am] 男 (シャンパンの 6 本分の)大瓶.
réhydrater 他 (元どおりに)水分を与える.
Reich [rajʃ/reʃ] 男〖独〗ドイツ帝国.
Reichsmark [rajʃsmark/rεʃs-] 男〖独〗ライヒスマルク(ドイツの旧通貨).
Reichstag [rajʃtag/rεʃ-] 男〖独〗ドイツ帝国議会.
réifier 他〖哲〗物化[物象化]する. □**réification** 女
réimperméabiliser 他 再び防水加工を施す.
réimplanter 他 ❶ 再導入[再設置]する. ❷〖医〗(臓器を)再移植する. □**réimplantation** 女
réimporter 他 再輸入[逆輸入]する. □**réimportation** 女
réimposer 他 再課税する, 新税を課する; 〖印〗版を組み直す.
réimpression 女 再版, 再版.
réimprimer 他 再版〖重版〗する.
Reims [rɛ̃s] 〖町名〗ランス[図51].
rein 男 腎〖臓〗; 〖複数形〗 ❶ 腰部(わき). ◊avoir les ~s solides 資力〖財力〗がある. casser les ~s à ... …をたたきのめす; 挫折させる.
réincarcérer 他 再び監禁する, 再び投獄[拘置]する.

réincarnation

▫réincarcération 囡
réincarnation 囡 〖宗〗(魂の)他の肉体に宿ること, 転生; 再来, 化身.
se réincarner 代動 (死者の魂が)他の肉体に宿って生まれ変わる.
réincorporer 他 再び合体[合併]させる;(元の部隊に)再編入する.
reine 囡 ❶王妃; 女王. ❷女王バチ; 女王アリ. ❸ (チェス, トランプの)クイーン. ❹ 喩 la petite ～ 自転車.
reine-claude 囡 (複) ~s-~s 囡 レーヌ・クロード(西洋スモモの一品種).
reine-des-prés 囡 (複) ~s-~~s 〖植〗シモツケ.
reine-marguerite 囡 (複) ~s-~s 〖植〗アスター, エゾギク.
reinette 囡 レネット(リンゴの品種).
réinscriptible 形 (記憶媒体が)書き換えできる.
réinscrire 78 他 再び記入する; 再登録する. ▫réinscription 囡
réinsérer 6 他 再び挿入する; 社会復帰させる. ━**se ～** 社会復帰する. ▫réinsertion 囡
réinstaller 他 再び据える; 再任する; 再び居住させる. ▫réinstallation 囡
réintégrable 形 復帰[復職]できる;(権利などを)回復できる.
réintégrande 囡 〖法〗占有回収の訴え.
réintégration 囡 ❶復帰, 復職;(権利)の回復. ❷(美術品の)復元.
réintégrer 6 他 ❶復帰[復職]させる;(権利などを)回復させる, 復権させる. ❷(元の場所に)戻る.
réintroduire 78 他 再び導入[挿入]する. ▫réintroduction 囡
réinventer 他 再発明[発見]する.
réinvestir 他 再投資する.
réinviter 他 再び招待する.
reis [reis] 男 〖史〗(オスマントルコの)高官.
réitératif, ve 形 反復の, 重ねての.
réitération 囡 反復.
réitérer 6 他 繰り返す, 反復する.
reître 男 〖史〗(15-17世紀にフランスに仕えた)ドイツ騎兵; 〖文〗粗暴な兵隊.
rejaillir 自 (液体が)はねかえる;はねとばされる《sur》(…に); (名誉, 恥辱などが)及ぶ.
rejaillissement 男 〖文〗(液体の)跳ね返り; ほとばしり; 波及, 影響.
rejet 男 ❶投票, 廃案; 廃棄物. ❷拒否, 拒絶;〖医〗拒絶反応. ❸新芽, 若芽. ❹〖詩〗送り出し, 送り節.
rejetable 形 拒絶すべき[できる].
rejeter 4 他 ❶戻す; 投げ返す; 投げ出す; 締め出す; 吐き出す. ❷拒否する, 拒絶する. ❸捨てる, 廃棄する. ❹《sur》(…に)(責任を)押しつける, 転嫁する. ━(若芽[新芽]を)出す. ━**se ～** 飛びのく;《sur》(次善のもので)済ませる.
rejeton 男 ❶新芽, ひこばえ. ❷喩子供, 息子, 娘.
rejoindre 81 他 ❶再び一緒になる, 追いつく; 復帰する; 戻る, たどりつく. ❷つながる, 通じる. ❸接合する.

rejointoyer 10 他 (目地などの)目塗りし直す.
rejouer 自 再び賭をする. ━他 再び賭ける[賭する]; 再び演じる[演奏する].
réjoui, e 形 楽しげな; 陽気な.
réjouir 他 喜ばせる, 楽しませる. ━**se ～** 喜ぶ, 楽しむ;《de》(…を)喜ぶ.
réjouissance 囡 歓喜,(集団的な)喜び, 祝い;《複数》祝祭, お祭り騒ぎ.
réjouissant, e 形 喜ばせる; 楽しい, 愉快な.
rejuger 2 他 再審査[判定]する.
relâche 囡 ❶休演, 休館. ❷〖文〗(仕事の)中断; 〖海〗入港; 避難港. ◊sans ～ 絶え間なく.
relâché, e 形 緩んだ; だらけた.
relâchement 男 緩み, 弛緩.
relâcher 他 緩める, 緩和する; 釈放する, 放免する. ━自 寄港する.
━**se ～** 緩む, たるむ; 怠る.
relais 男 ❶(勤務などの)交替(制), 引き継ぎ; 仲介者, 調停者. ► prendre le ～ de … …と交替する; を引き継ぐ. ❷中継, 中継地;(昔の駅馬車用の替え馬, 駅馬; 宿駅. ❸〖電〗継電器;〖スポ〗リレー競走.
relance 囡 ❶(計画, 景気などの)再開, 立て直し, 推進; 経済振興策. ❷(ポーカーで)賭(か)け金のつり上げ.
relancer 1 他 ❶再び投げる, 投げ返す. ❷再び動かす, 再び推進する. ❸付きまとう, 迫る.
━自 〖ゲーム〗賭(か)け金をつり上げる.
relaps, e [-ps] 形, 名 〖カト〗再び異端に陥った《者》.
relater 他 詳細に述べる[報じる].
relatif, ve 形 ❶《à》(…)についての, 関する. ❷相対的な; 不十分な. ❸〖文法〗関係を示す;《数》entier ～ (正負の)整数. ━男 〖文法〗関係詞.
━囡 〖文法〗関係節.
relation 囡 ❶関係, 関連; 交際, 交流; 知人, 知り合い; コネ. ❷(交通・通信上の)連絡. ❸〖文〗陳述, 報告. ◊être en ～ avec … …と付き合っている. ~s publiques 広報活動, PR.
relationnel, le 形 (人間)関係の.
relativement 副 相対的に; 比較的, 割合に.
relativisation 囡 相対化.
relativiser 他 相対化する.
relativisme 男 〖哲〗相対主義.
relativiste 形 〖哲〗相対主義の, 相対論的な. ━名 相対論者.
relativité 囡 ❶相対性; 相関性. ► théorie de la ～ 相対性理論.
relaver 他 再び洗う, 洗い直す.
relaxant, e 形 リラックスさせる.
relaxation 囡 ❶休息, くつろぎ; 〖医〗リラックス療法. ❷〖物〗緩和.
relaxe 囡 〖法〗(刑)の免除; 釈放.
relax(e) [r(ə)laks] 形 《不変》〖英〗リラックスした, くつろぎの.
relaxer 他 ❶くつろがせる, リラックスさせる. ❷〖法〗放免する, 釈放する. ━**se ～** リラックスする, くつろぐ.
relayer 12 他 ❶交替する, 引き継ぐ;〖スポ〗リレーする. ► ～ A par B

remboîter

AをBで置き換える。❷《放送》中継する。— **se** ~ 交替する，リレーする。

relayeur, se 图《スポ》リレー選手。

relecture 囡 読み返すこと，再読。

relégation 囡《法》(海外領土への)流刑；《スポ》(チームの)下部リーグ落ち。

relégué, e 形 ❶ 追いやられた，格下げされた；流刑に処せられた。— 图 流刑囚。

reléguer 他 ❶ 追いやる，格下げする。❷ 片づける，しまう。

relent 男 ❶ 悪いにおい，(染みついた)悪臭。❷ 文 雰囲気，疑い。

relevable 形 引き下げできる，起こせる。

relevage 男 引き上げること。

relevailles 囡《カト》産後の婦人の祝別式。

relevé, e 形 ❶ 引き上げられた，高くなった；引き立てられた。❷ 香辛料の利いた。❸ 立派な，気高い。— 男 ❶ 書き出すこと；一覧表。❷《建物の》図面。❸《美》(壁画の)模写；『バュエルルベ』

relève 囡 交替；交替要員。▶ **prendre la ~** (de ...)(...と)交替する。

relèvement 男 ❶ 起こすこと；引き上げ；上昇。❷ 再建，復興。❸《法》赦免。❹《海》方位(測定)；位置決定。

relever 他 ❶《再が》起こす；引き上げる；再建［復興］する；引き立たせる。❷ 指摘する；書き留める；写し取る（図面）をおこす。❸ 交替する，引き継ぐ。❹《de》(...から)解放［赦免，解任］する。❺ 取り集める。❻ やや高め，応酬する。— 自《de》(...)に従属する；(...の)領域に属する。❷ (病気から)回復する。

— **se** ~ ❶ 立ち上がる；起き上がる；回復する。❷ 持ち上がる，高くなる。❸ (互いに)交替する。

releveur, se 形 引き上げる。— 图（ガスメーターなどの）検針員。— 男 ❶《解》挙筋。❷ 楽行器；引き上げ機。

reliage 男（樽の）輪締め。

relief 男 ❶ 凹凸，起伏，隆起；浮き彫り，レリーフ。❷ 立体感；際立たせること。❸《多く複数》宴会の食事の残り，残飯。◊ **mettre en ~** 強調する，はっきりさせる。

relier 他 ❶ 結ぶ，連結する；関連させる，関係づける。❷（本を）綴じる，製本［装丁］する；（樽の）輪締めをする。

relieur, se 图 製本屋，製本職人。

religieusement 副 宗教的に；信心深く。❷ 細心に，注意深く。

religieux, se 形 ❶ 宗教の；宗教的な，宗教の，信仰の。❷ 敬虔［けいけん］な，信心深い；恭しい；細心の。— 男 修道士［女］。— 囡《菓》（2つのシュークリームを重ねて糖衣かけをした）ダブルシュー。

religion 囡 ❶ 宗教；信仰，宗教心；修道生活，修道会。❷ 崇拝（対象）。

religionnaire 图《史》（宗教戦争当時の）プロテスタント。

religiosité 囡 宗教的感情，宗教心。

reliquaire 男 聖遺物箱。

reliquat 男 残余；残金；残り物。

relique 囡 ❶ 聖遺物；遺品，遺物，形見。❷（昔の）のこった。

relire 他 再び読む，読み返す。

reliure 囡 製本；装丁，表紙。

reloger 他《家》（家を失った人に）新しい住居を与える。◊ **relogement**

relooker [-luke] 他 图 見た目を新しくする，模様変えする。

relou, e 形 图 鈍重な，繊細さに欠ける。

relouer 他 再び貸す［借りる］。

relu(-), relû- 活 ⇒ **relire**.

reluire 自 ❶ 輝く，光る；艶（つや）が出る。◊ **passer [manier] la brosse à ~** 見え透いたお世辞を言う。

reluisant, e 形 輝く，光る，ぴかぴかの。❷ 輝かしい。

reluquer 他 ❶（物欲しそうに）横目でじろじろ見る；目をつける，ねらう。

rem [rεm]《理》レム。

remâcher 他 ❶（思い出を）かみしめる，絶えず思い返す。❷ 反芻（すう）する。

remailler 他 編み目をかがり直す。◊ **remaillage**

remake [rimεk] 男《英》リメーク。

rémanence 囡 残留，残存性；《生理》（刺激後の）残像，残覚，残感。

rémanent, e 形 残留［残存］する。

remanger 他 また食べる。

remaniable 形 手直しできる。

remaniement 男 手直し，改造，再編成。

remanier 他 手直しする，改作する；編成し直す。

remaquiller 他 化粧を直す。— **se** ~ 自分の化粧を直す。

remarcher 自 再び歩きだす。

remariage 男 再婚。

se remarier 再婚する。

remarquable 形 注目すべき，目立つ；卓越した，優れた。

remarquablement 副 素晴らしく，見事に。

remarque 囡 ❶ 注意，指摘，忠告；注記；備考。❷《版画》ルマルク（構図外の余白に彫られた小版画）。

remarqué, e 形 注目の，目立つ。

remarquer 他 ❶ 注目する，気づく；見分ける。❷ 指摘する。❸ 再び印をつける。◊ **faire ~** 注意を促す，指摘する。**se faire ~** 注目を集める。

remastérisé, e 形《デジタル》リマスターの。

remastériser 他（多くデジタル）リマスターする。

remastiquer 他 パテをつけ直す。

remballage 男 再包装，再梱包。

remballer 他 荷造り［包装］し直す。

rembarquer 他 再び乗船させる；再び船に積み込む。— 自 再び乗船する（=se ~）。◊ **rembarquement** 男

rembarrer 他 激しく拒絶する，手ひどくはねつける。

remblai 男 盛り土；埋め立て；築堤。

remblaiement 男 堆積(作用)。

remblayer 他《農》盛り土をする；埋め立てる。◊ **remblayage** 男

rembobiner 他 巻き戻す。

remboîter 他 はめ直す；《本》装丁し

rembourrage

直す。☐remboîtement / remboîtage 男

rembourrage 男 詰め物(をすること).

rembourré, e 形 詰め物をした; 話 ぽってりと太った.

rembourrer 他 詰め物をする.

rembourrure 女 詰め物.

remboursable 形 償還され得る, 償還されるべき.

remboursement 男 返済, 償還, 払い戻し.

rembourser 他 返済する; 払い戻す, 償還する.

rembranesque 形 レンブラント(風)の.

se rembrunir 代動 (表情が)曇る, 悲しげになる; 暗くなる.

rembucher 他〖狩〗(獲物を)森〖隠れ場所〗まで追いかける.
☐rembuchement 男

remède 男 ❶ 薬; 治療. ❷〈à, contre〉(…の)救済手段, 打開(防止)策.

remédiable 形〘古〙〖治療〗できる.

remédier 自〈à〉(…を)改善する.

remembrement 男〖耕地を〗区画整理する. ☐remembrement 男

remémoration 女 想起.

remémorer 他文章 思い出させる.
—**se ~** 思い出す.

remerciement 男 感謝, お礼.

remercier 他 ❶ 感謝する, 礼を言う. ❷ 好意を(丁重に)辞退する. — Je vous *remercie*. いいえ結構です. ❸ 暇を出す, 解雇する.

réméré 男〖法〗買戻しの特約.

remettant 男 振出人.

remettre 65 他 ❶ (元の場所, 状態に)戻す. ❷ 健康を回復させる, 元気を取り戻させる. ❸ 再び着る〖身につける〗; 再び着せる. ❹ 手渡す, 提出する, ゆだねる. ❺ 延期する. ❻ (さらに)加える. ❼ 免除する, 許す. ❽ 思い出す; 思い起こさせる.
◇en ~ 話 やりすぎる, 誇張する. ~ ça 話 また始める; もう1杯飲む. ~ en cause〖question〗 再び問題にする, 問い直す.
—**se ~** ❶〈à〉再び…し始める. ❷ (元の場所, 状態に)戻る. ❸〈de〉(…から)回復する. ❹ 思い浮かぶ; 思い出す, 覚えている. ❺ 和解する, 仲直りする. ❻ 身をゆだねる. ◇se ~ à … …に任せる, を信頼する.

remeubler 他 新しい家具を入れる.

rémige 女〖動〗(鳥の)風切羽.

remilitariser 他 再軍備する.
☐remilitarisation 女

réminiscence 女 ❶ 漠然たる記憶〖思い出〗;〖芸術・文学作品の〗無意識の借用;〖心〗無意志的記憶, レミニサンス.

remis, e 形 (remettre の過去分詞) ❶ 回復した, 立ち直った. ❷ (元の状態に)戻された. ❸ 延期された.
—**remise** 女 ❶ (元に)戻すこと. ► ~ en marche (運転, 営業の)再開. ❷ 手渡し, 提出, 交付. ❸ 値引き, 割引. ❹ 延期. ❺ 免除, 減免. ❻ 物置; 車庫.

remiser 他 車庫に入れる; しまっておく, 片づける. ☐remisage 男

remisier 男〖証〗中間仲買人.

remiss-, remit, remitt(-) 活 ▷ remettre.

rémissible 形 (罪 が) 許し得る;〖法〗減刑の対象となる.

rémission 女 ❶ 赦免; 容赦. ❷ (病気の小康, 一時的鎮静).
◇sans ~ 容赦なく; 決定的に.

rémittence 女〖医〗寛解.

rémittent, e 形〖医〗寛解を示す.

remix [-ks] 男〖楽〗リミックス.

rémiz [-z] 男〖鳥〗ツリスガラ.

remmaillage 男 ⇨ remaillage.

remmailler [rɑ̃-] 他 ⇨ remailler.

remmailleuse [rɑ̃-] 女 (靴下などの)かがり職人.

remmailloter [rɑ̃-] 他 くるみ〖巻き〗直す.

remmancher [rɑ̃-] 他 柄を付け替える.

remmener [rɑ̃-] 3 他 連れて帰る, 連れ戻す.

remnographie [rɛm-] 女〖医〗核磁気共鳴による断層画像(法).

remodeler 他 形を作り直す; 整備〖編成〗し直す;(顔を)整形する;(都市を)再開発する. ☐remodelage 男

rémois, e 形 ランス Reims の.
—名 (R~) ランスの人.

remontage 男 ❶ (機械の)再組み立て. ❷ (時計の)巻き上げ; 組み立て.

remontant, e 形 ❶ 上がっていく, 上昇する;(飲み物などの)元気をつける. ❷〖園〗1年に2度以上花が咲く.
—男 強壮剤〖飲料〗.

remonte 女 (流れを)さかのぼること;(産卵期に)川上りする魚群.

remonté, e 形 ❶ 元気を取り戻した. ❷ 怒った.

remontée 女 ❶ 再び上がること, 再上昇;(河川の)さかのぼり;(競争での)追い上げ. ❷ (スキー場の)リフト.

remonte-pente 男 T バーリフト.

remonter 自 (助動詞は多く être) ❶ 再び上る〖登る〗; 再び乗る; 再び〖増加〗する. ❷ さかのぼる, 逆にたどる; 起源を持つ.
—他 ❶ 再び上る; 再び運ぶ〖運び〗, さらに高くする. ❷ さかのぼる; 逆にたどる. ❸ (分解したものを)再び組み立てる; ぜんまい〖ねじ〗を巻く. ❹ 元気づける, 活気を与える. ❺ 補充する, そろえる. ❻ (競争者または)に追いつく.
◇~ le courant〖la pente〗 形勢を立て直す.
—**se ~** 元気を取り戻す.

remonteur, se 名 組立工.

remontoir 男 (ぜんまいの)ネジ;(時計の)竜頭(竜).

remontrance 女 叱(L)責, 忠告;〖史〗(王に対する)建言.

remontrer 他 再び見せる〖示す〗.
◇en ~ à … …より優れていることを示すに説教をたれる.
—**se ~** 再び姿を現す.

rémora 男〖魚〗コバンザメ.

remordre 60 他 再びかみつく.

remords 男 後悔, 悔恨; 良心の呵責.
remorquage 男 ❶ (船の) 曳く 航; (車などの) 牽引(けんいん) (作業).
remorque 女 ❶ (船の) 曳く 航; (車などの) 牽引(けんいん). ❷ トレーラー, 被牽引車. ❸ 引き綱 (＝câble de ～).
◊ à la ～ 後ろに. être à la ～ de ... の言いなりになる.
remorquer 他 曳く 航 [牽引(けんいん)] する; 話 (人を) 引きまわる.
remorqueur, se 形 曳く [牽引(けんいん)] する. — 男 曳(ひ)く船, タグボート.
remoudre 24 他 ひき直す.
remouiller 他 再び湿らせる.
rémoulade 女 料 レムラードソース (香草, からしを利かせたマヨネーズ).
remoulage 男 穀 ((穀物を挽(ひ)いた) 残りかす.
remouler 男 鋳直す, 再び鋳造する.
rémouleur 男 研ぎ屋.
remous 男 渦, 逆波; 群衆の渦, 雑踏; (精神的, 社会的) 動揺.
rempailler 他 (椅子などの) わらを詰め替える. ⇨ **rempaillage**
rempailleur, se 名 わらを詰め替える職人.
rempaqueter ④ 他 包み直す.
rempart 男 城壁; 防御物, 盾.
rempiéter ⑥ 他 (建物などの) 基礎を補修する. ⇨ **rempiètement**
rempiler 他 積み直す. — 自 再び兵役につく.
remplaçable 形 交替 [交換] 可能な.
remplaçant, e 名 代理人, 代役; 補欠; 後任者.
remplacement 男 交替, 交換; 代理, 代用.
remplacer ① 他 ❶ ～ A (par B) A を B と取り替える. ❷ 代わる.
rempli, e 形 ❶ (de) (…で) いっぱいの, 満たされた. ❷ (時間が) 充実した; (義務などが) 果たされた. ◊ être ～ de soi-même うぬぼれている.
remplier 他 折り返す; タックをとる.
remplir 他 ❶ (de) (…で) 満たす, いっぱいにする; 埋め尽くす. ❷ 必要事項を書き込む, 記入する. ❸ (義務などを) 果たす (職務を) 遂行する; (条件などを) 満たす. — se ～ ❶ (de) (…で) 満たされる. ❷ 自分の (…に) 満たす.
remplissage 男 ❶ 満たす [いっぱいにする] こと. ❷ (文章の) 冗長 [むだ] な部分. ❸ 建 充填(じゅうてん)材.
remploi 男 再利用; 再投資.
remployer ⑩ 他 再利用する; 再投資する.
se remplumer 代動 (鳥が) 再び羽毛が生える; (経済的に) 立ち直る; (健康を回復する; 体重が戻る.
rempocher 他 再びポケットに入れる.
rempoissonner 他 (池に) 稚魚を放流する. ⇨ **rempoissonnement**
remporter 他 ❶ 獲得する, 勝ち取る. ❷ 持ち帰る; (元の場所に) 戻す.
rempoter 他 別の鉢に植え替える. ⇨ **rempotage**
remprunter 他 再び借りる.

remuage 男 撹拌(かくはん); (シャンパン瓶の) 施転.
remuant, e 形 動き回る, じっとしていない; 活動的な.
remue 女 移牧; 一時的な放牧地.
remue-ménage 男 不変 (家具などの) 配置換え; 上を下への大騒ぎ.
remue-méninges 男 不変 ブレーンストーミング.
remuement 男 動く [動かす] こと.
remuer 他 ❶ 移動させる, 動かす (手足などを) 動かす, 振る. ❷ かき混ぜる, かき回す. ❸ 感動させる. ◊ ～ ciel et terre あらゆる策を講ずる.
— 自 動く, 身動きする.
— se ～ 動き回る, 体を動かす; 努力する.
remueur, se 名 文章 ～ d'idées 思想的変革者.
remugle 男 かび臭いにおい.
rémunérateur, trice 形 金になる, もうかる.
rémunération 女 報酬; 賃金.
rémunératoire 形 法 報酬としての.
rémunérer ⑥ 他 報酬を与える.
remyélinisation 女 医 髄鞘(ずいしょう) 再形成.
renâcler 自 (動物が不満そうに) 鼻を鳴らす; (話) (…に) 嫌がる.
renais(-) 活 ⇨ renaître.
renaissance 女 ❶ 再生; 復活, 復興. ❷ 〈la R～〉ルネサンス. — 形 不変 〈R～〉ルネサンス期 [様式] の.
renaissant, e 形 ❶ 再生する, よみがえる. ❷ ルネサンス (期) の.
renaître ㊿ 自 助動 être ❶ 再び生まれる; よみがえる; 活力を取り戻す. ❷ 文章 (話) (…に) 再び戻る.
rénal, ale (男複) **aux** 形 解 腎臓の.
renaqui-, renaquî- 活 ⇨ renaître.
renard 男 ❶ キツネ; キツネの毛皮. ❷ ずる賢い男. ❸ 漏水孔.
renarde 女 雌キツネ.
renardeau 名 (複) **x** 子ギツネ.
renardière 女 キツネの巣 [穴].
rencaisser 他 園 プランターに植え替える; 経 金庫に戻し入れる.
rencard 男 ⇨ rancard.
rencarder 他 ⇨ rancarder.
renchérir ⓴ 自 ❶ 値上がりする. ❷ 競り値をつける. ❸ (sur) (…より) 上のことをする (言う).
renchérissement 男 値上がり.
renchérisseur, se 名 値をつり上げる人.
rencogner 他 話 隅に押しやる.
— se ～ 身を縮める (寄せる).
rencontre 女 ❶ (偶然の) 出会い, 遭遇. ❷ 会見, 会談; 会議. ❸ スポ 試合. ❹ (車などの) 衝突; (川の合流; (線の) 交わり. ◊ à la ～ de ... …を迎えに. de ～ 偶然の.
rencontrer 他 ❶ 偶然出会う; 知り合う. ❷ (約束して会う, 会見する. ❸ (困難などに) 遭遇する; ぶつかる. ❹ スポ 対戦する.

—se ~ ❶ 出会う；知り合う；会見する．**❷** 〔車などが〕衝突する；〔川が〕合流する．**❸** 見いだされる，存在する．

rend, rendai-, rende(-) ⇨ rendre.

rendement 男 **❶** 生産量，収穫高；収益．**❷** 生産性，効率．

rendez-vous 男 **❶** 会う約束．会合〔約束〕の場所；たまり場．

rendi-, rendî- ⇨ rendre.

rendormir 20 他 再び眠らせる．
—se ~ 再び眠る．

rendosser 他 再び着る．

rendre 58 他 **❶** 返す〔お返しに〕…をする〔与える〕；取り戻させる；引き渡す，明け渡す．**►~ une invitation** 返礼に招待する．**❷** 考え〜А В А を В にする．**►~ qn heureux** …を幸せにする／〔目的語にして〕**Ce travail rend nerveux.** この仕事からいらいらする．**❸** 表現する；翻訳する；表明する，言い渡す．**❹** 吐く，戻す．**❺** 〔実りを〕もたらす；〔水分などを〕出す；〔音を〕発する．**◊ le ~ bien** お返しをする；同じ振舞いを抱く；負けず劣らず〔似たり寄ったり〕する．**—自** 実りをもたらす，結果を出す．
—se ~ ❶ 行く，赴く．**❷**〔à〕〔…に〕従う，屈する；降伏する．**❸** 自らを〔…〕にする．

rendu, e 形 (rendre の過去分詞) **❶** 表現された，描かれた．**❷** 疲れ切った．**❸** 着いた，届いた．**—男 ❶** 返されたもの，返品．**❷** 〔美〕描写，表現〔力〕．

rêne 女 手綱．

renégat, e 名 改宗者；裏切り者．

renégocier 他 再交渉する．
□**renégociation** 女

reneiger 2 非人称 再び雪が降る．

rénette 女 〔建〕罫〔け〕引き．**❷**〔馬具用の〕溝掘り．

renfermé, e 形 感情を表に出さない，閉鎖的な．**—男** こもったにおい．

renfermement 男 再び閉じ込めること．

renfermer 他 含む，収める；再び閉じ込める．**—se ~** 閉じこもる．

renfiler 他 再び糸を通す．

renflé, e 形 ふくらんだ．

renflement 男 ふくらみ．

renfler 他 膨らませる．

renflouer 他 **❶**〔船を〕浮上させる；離礁させる．**❷** 財政困難を救う，資金援助する．
□**renflouage / renflouement** 男

renfoncé, e 形 奥深くくぼんだ．

renfoncement 男 くぼみ，へこみ．

renfoncer 1 他 さらに深く〔奥へ〕押し込む．

renforçant 形〔麻薬が〕習慣性の，依存性の．

renforçateur 男 補強材．

renforcement 男 強化，補強．

renforcer 1 他 **❶** さらに強くする，強化〔補強〕する．**❷** 〔色を〕より濃くする．

renformir 他 〔古壁を〕補修する．

renfort 男 **❶** 増援，加勢；援軍；救援物資．**❷** 補強材．**◊ à grand de…** 多くの…を使って．

renfrogné, e 形 しかめ面の；不機嫌な．

se renfrogner 代動 顔をしかめる，眉をひそめる．

rengagé 男 再役軍人．

rengagement 男 **❶**〔軍〕再役；兵役再期用．再び抵当に入れること．

rengager 2 他 **❶** 再び質〔抵当〕に入れる．**❷** 再び〔軍〕再役する (= se ~).
—自 〔軍〕再役する (= se ~).

rengaine 女 決まり文句，口癖；はやり歌（のリフレーン）．

rengainer 他 **❶** 鞘〔さや〕〔ケース〕に収める．**❷**〔言いかけたことを〕引っ込める．

se rengorger 2 代動〔鳥が〕胸を反らす；〔人が〕胸を張る，威張る．

rengraisser 自 再び太る．

rengrener / rengréner 3 他〔機〕〔歯車の歯を〕かみ合わせ直す．

reniement 男 否認；放棄；裏切り．

renier 他 **❶** 否認する；〔偽って〕知らないと言う，自分のものと認めない．**❷**〔信仰などを〕捨てる．

reniflard 男〔ボイラーの〕排気弁．

renifler 自 鼻を鳴らして息を吸う．
—他〔においを〕かぐ；嗅ぎつける．
□**reniflement** 男

renifleur, se 形, 名 鼻を鳴らす（人）．

réniforme 形〔植〕腎〔じん〕臓形の．

rénitent, e 形〔医〕弾力性のある．

rennais, e 形 レンヌの．
—名 〔R～〕レンヌの人．

renne 男〔動〕トナカイ．

Rennes レンヌ (Ille-et-Vilaine 県の県庁所在地).

renom 男 名声，（よい）評判．**◊ de grand ~ = en ~** 名高い，評判の．

renommé, e 形 名高い，評判の，〔pour〕〔…で〕有名な．
—女 名声；世評．**► preuve par commune ~**〔法〕伝聞証拠．

renommer 他 再び任命〔選出〕する．

renonce 女〔カード〕ディスカード（出すべきマークの札がないこと）．

renoncement 男（現世の幸福の）放棄，断念；禁欲．

renoncer 1 自 **❶** 〔à〕〔…を〕放棄する，捨てる；断つ；あきらめる，断念する．**❷** 〔カード〕場札以外の札を出す．

renonciataire 名〔法〕〔権利の〕放棄による受益者．

renonciateur, trice 名〔法〕〔権利の〕放棄者．

renonciation 女 断念，放棄．

renoncule 女〔植〕キンポウゲ．

renouée 女〔植〕タデ．

renouer 他 再び結ぶ；結び直す；再開する．**—自**〔avec〕〔…と〕仲直りする；〔伝統などに〕復活させる．

renouveau 男〔複〕x 男 **❶** 再生，復活；回復．**❷**〔文章〕春の訪れ；春．

renouvelable 形 更新〔継続〕できる；繰り返すことのできる．

renouvelant, e 形〔カト〕（初聖体の 1 年後）改めて信仰告白を行う子供．

renouveler 4 他 **❶** 新しくする，取り〔入れ〕替える；変革〔一新〕する．**❷**

更新する；再行う，繰り返す．
— se ⸺ 更新される；一新される；(芸術家が)作風を一新する．❷ 繰り返される．

renouvellement 男 取り替え，入れ替え；一新；更新；繰り返し．

rénovateur, trice 形 変革する，革新的な．― 名 変革者，改革者．

rénovation 囡 変革する，改革，刷新．► ~ urbaine 都市再開発．

rénové, e 形 新しくなった，改装された．

rénover 他 新しくする；改修[改装]する；改革[刷新]する．

renseigné, e 形 情報を得ている．

renseignement 男 ❶ 情報，資料．❷《複数》案内所；番号案内．❸ 諜[スパイ]報，情報収集．
◇aller aux ~s 問い合わせる．

renseigner 他 教える，情報を与える．
— se ⸺ 問い合わせる，調べる．

rentabiliser 他 収益を上げる．
▫rentabilisation 囡

rentabilité 囡 収益性．

rentable 形 収益のある，採算が合う．

rentamer 他 再び始める．

rente 囡 ❶ 金利収入；年金．❷ 国債．❸ 語 金づる，かも．❹ ~ de situation 地位に伴う特権，既得権．

renter 他 に年金を与える．

rentier, ère 名 金利生活者．

rentoiler 他 (古くなったカンバスを)裏打ちする．▫rentoilage 男

rentrage 男 (千し草の)取り込み．

rentraire 12 他 / **rentrayer** 12 他 (タピスリーを)修復する．
▫rentraiture 囡

rentrant, e 形 ❶ 引き込み式の．❷《数》angle ~ 優角(180度以上の角)．

rentré, e 形 ❶ 抑制された，内に秘められた．❷ くぼんだ，引っ込んだ．
— 男《医》折り返し．

rentre-dedans 男 公然と媚びる態度．

rentrée 囡 帰る[戻る]こと；カムバック．❷ (活動の)再開；休み明け；新学年，新学期．❸ (農作物の)収穫；(金銭の)受領，徴収．❹《カード》めくり札．

rentrer 自《助動詞 être》❶ 帰る，戻る；帰宅する．❷《学校が》新学年[新学期]を迎える．❸《dans》(…に)取り戻す．❹ 入る；はまる，収まる；含まれる．❺《dans》(…に)激突する．❻《金が回収[徴収]される．
◇~ dans … = ~ dedans à … ~ に殴りかかる，ぶつかる．
— 他 ❶ (中に)入れる，しまう；隠す．► ~ le ventre 腹をへこます．❷ (感情などを)抑える．

renverr- 活 ⇨ renvoyer

renversant, e 形 驚くべき．

renverse 囡《海》潮変り．
◇à la ~ あおむけに．

renversé, e 形 ❶ 逆になった；倒れた；びっくり仰天した．❷《料》crème ~ カスタード・プリン．◇C'est le monde ~. それは常識外れだ．

renversement 男 逆になる[する]

こと，逆転，転倒；転覆；瓦(か)解．

renverser 他 ❶ 逆にする；倒す，ひっくり返す；(人を)はねる；(液体を)こぼす．❷ (制度などを)覆す，打倒する；失脚させる．❸ 後ろに反らす，のけぞらせる．❹ 語 びっくり仰天させる．
— 自《海》(潮が)変わる．
— se ⸺ 体を反らせる；倒れる，ひっくり返る．❷《海》(潮が)変わる．

renvidage 男《繊》(紡績糸を)ボビンに巻き取る．

renvoi 男 ❶ 解雇，免職；追放；退学．❷ 返送，返却．❸ 参照，送り；参照記号．❹ 延期．❺ げっぷ，おくび．❻ (委員会への)付託；《法》(他の裁判所への)移送．❼《楽》反復記号．

renvoyer 13 他 ❶ 送り返す，返送する，送り戻す．❷ 帰す，戻す．❸ 追い払う；解雇する；退学させる．❹ 差し向ける；参照させる；(委員会などに)付託する；《法》移送する．❺ 延期する．

réoccuper 他 再び占領する；(地位などに)再び就かせる．▫réoccupation 囡

réopérer 6 他 再び手術する．

réorchestrer [-kɛ-] 他《楽》(…)の管弦楽法を改める．
▫réorchestration 囡

réordination 囡《カト》再叙階．

réorganisateur, trice 形，名 組織し直す(人)，再編成する(人)．

réorganiser 他 組織し直す，再編成[改組]する．▫réorganisation 囡

réorienter 他 新しい方向に向ける；再指導する．▫réorientation 囡

réouverture 囡 再開．

repai-, repaî- 活 ⇨ repaître

repaire 男 (野獣の)隠れ場，巣；(盗賊などの)巣窟(な)．

repairer 自《狩》巣に潜む，隠れる．

repaître 50 他 文章 養う；堪能(な)させる．— se ⸺《de》(動物が)空腹を満たす；《de》(…を)餌(な)とする．❷《de》(…を)楽しむ；(…に)ふける．
◇se ~ de sang et de carnage 殺戮を好む，残忍である．

répandre 58 他 ❶ こぼす，流す；散らかす；放つ，発散する．❷ 広める，伝える．❸ (思惑などを)与える，施す．
— se ⸺ ❶ こぼれる，流れる；散らばる，広がる．❷ 広まる，伝わる．❸《en》存分に…する．► ~ se en louanges ほめちぎる．

répandu, e 形 (répandre の過去分詞) ❶ 広がった，広く知られた．❷ こぼれた；散らばった．

réparable 形 修理できる；償い得る．

reparaître 50 自 再び現れる．

réparateur, trice 名 修理する人．
— 形 体力を回復させる．

réparation 囡 ❶ 修理；《複数》補修工事．❷ 回復；再生；《生》再生．❸ 償い，補償；賠償．❹ coup de pied de ~《サッカーの》ペナルティーキック．

réparer 他 ❶ 修理する．❷ 償う，弁償する．❸ (体力などを)回復する．

reparler 自 再び話す．
— se ⸺ 話し合う，和解する．

repartager 2 他 再び分ける，分け直す．

repartie 女 素早い応答, 当意即妙の答え.

repartir 19 自《助動詞 être》 ❶ 再び出発する. ❷ 戻る, 帰って行く. — 他 [文章] 言い返す, 即答する.

répartir 他 [配分]する; 割り当てる. — se ~ ❶ 分け合う. ❷ 割り当てられる, 配分される.

répartiteur, trice 名 分配者, 配給者.

répartition 女 分配, 配分; 割り当て; 分布, 配置; 分類.

reparution 女 再出現.

repas 男 食事.

repassage 男 ❶ アイロンかけ. ❷ (刃物を)研ぐこと.

repasser 自《助動詞 être》再び通る; 立ち寄る; 戻る; ちらと再び映される. ◇ ~ *derrière* ... …の仕事を点検する. — 他 ❶ 再び通る [越える]; 再び渡す [回す]. ❷ (刃物を)研ぐ. ❸ アイロンをかける. ~ *fer à* ~ アイロン. ❹ 復習する, 繰り返し練習する.

repasseur 男 研ぎ屋.

repasseuse 女 アイロンをかける女工. ❷ アイロン仕上機, ロータリープレス.

repaver 他 舗装し直す. ◻ **repavage** 男

repayer 12 他 再び支払う.

repêchage 男 ❶ 水中から引き上げること; 再び釣り上げること. ❷ (落第生への)追試験; [スポ] 敗者復活戦.

repêcher 他 ❶ 水中から引き上げる; 再び釣り上げる. ❷ 話 (落第生を)救済する;《落第寸前の学生に》敗者復活の機会を与える.

repeindre 80 他 塗り替える.

repeint 男 (絵の)修正 [修復] 箇所.

rependre 53 他 再び吊るす [掛ける].

repens 男 ⇨ se repentir.

repenser 自 (à) (…を)再考する. — 他 再考する; 検討し直す.

repentance 女 [文章] 後悔, 良心の呵責(ホシャ).

repentant, e 形 罪を悔いている.

repenti, e 形, 名 罪を悔いた(人).

se repentir 19 代動 (de) (…を)悔いる, 悔やむ; 悔い改める.

repentir 男 悔い, 後悔; 改悛(ネスン). ❷ (絵などの)修正, 修正した跡.

repérable 形 位置が決定できる; 見分けがつく.

repérage 男 ❶ (位置の)測定, 探知. ❷ [映] ロケハン.

repercer 他 再び穴をあける.

répercussion 女 反響, 反射; 影響, 波紋.

répercuter 他 ❶ 反響させる. ❷ 伝える, 及ぼす.《(sur) (…に)跳ね返らせる. — se ~ 反響する.《(sur) (…に)影響を及ぼす, 跳ね返る.

reperdre 60 他 再び失う.

repère 男 ❶ 目印, 目標, 目盛り. ❷ 水準(点), 基準(点). ◇ *point de* ~ 目印; 手がかり.

repérer 6 他 ❶ 目印で示す. ❷ (位置を)探知する, 見つけて示す; 気づく. ◇ *se faire* ~ 目をつけられる; 見つかる. — se ~ 自分の位置を知る, 方向が分かる.

répertoire 男 ❶ 目録, リスト; 総覧. ❷ レパートリー, 上演 [演奏] 目録. ❸ 話 豊富な知識; 物知り.

répertorier 他 目録を作成する; 目録に記入する.

répéter 6 他 ❶ 繰り返して言う; 繰り返す, 反復する. ❷ (秘密などを)口外する. ❸ 稽古する; 稽古させる. ❹ [法] 返還を要求する. — se ~ 同じことを繰り返し言う; 繰り返される.

répéteur 男 (電話の)中継器.

répétiteur, trice 名 [古] 家庭教師.

répétitif, ve 形 繰り返される, 反復的な. ◻ **répétitivité** 女

répétition 女 ❶ 繰り返し, 反復. ❷ 稽古, リハーサル. ❸ [軍] *arme à* ~ 連発式火器. ❹ [法] 返還請求権.

repeuplement 男 (人口や動植物を)増やす. ◻ **repeuplement** 男

repiquer 他 ❶ 再び刺す. ❷ (苗を)移植する. ❸ 再録音 [ダビング] する. ❹ 話 (à) (…を) 再び始める; (…に) 再び戻る. ◻ **repiquage** 男

répit 男 中断, 小休止; 休息. ◇ *sans* ~ 絶え間なく.

replacer 11 他 ❶ 戻す, 置き直す. ❷ 新しい地位に就ける; 復職させる. ◻ **replacement** 男

replanter 他 植え替える, 移植する. ◻ **replantation** 女

replat 男 [地] 棚, 段地, 肩地形.

replâtrage 男 ❶ 漆喰(ミッ)の塗り替え. ❷ うわべを取り繕うこと; 一時的な手直し; 表面上の和解.

replâtrer 他 ❶ 漆喰(ミッ)を塗り直す. ❷ 取り繕う, 糊塗(ミ)する.

replet, ète 形 でっぷり太った.

replétion 女 充満; 満腹状態.

repleuvoir 47 非人称 また雨が降る.

repli 男 ❶ 折り返し; ひだ; しわ. ❷ (土地の)起伏; (河川の)蛇行. ❸ 〔複数〕 [文章] (心, 感情の) 深奥, 秘められた部分. ❹ (景気の)後退; [軍] 撤退.

repliable 形 折り畳める.

réplication 女 [生] (DNA) 複製.

repliement 男 ❶ 内向, 殻に閉じこもること. ❷ 後退; [軍] 撤退.

replier 他 ❶ 折り畳む; 折り曲げる. ❷ (軍隊などを) 後退 [撤退] させる. ❸ 後退 [撤退] する. — se ~ ❶ 折り畳まれる; 折れ曲がる. ❷ 後退 [撤退] する. ◇ *se* ~ *sur soi-même* (1) 身を丸める, (蛇が)とぐろを巻く. (2) 自分の殻に閉じこもる.

réplique 女 ❶ (素早い)応答, 受け答え; 反駁(ミキミ), 口答え. ❷ [演] (相手に返すべき)せりふ. ❸ そっくりに似た物 [人], うりこつの [美]レプリカ, 複製. ❹ [物] 余震. ◇ *donner la* ~ *à* ... [演] …の相手役を務める.

répliquer 他 ❶ (すかさず)言い返す; 反駁(ミキ)する. ❷ 話 言い返す; 反論 [口答え] する. — se ~ [生] 複製される.

replisser 他 ひだをつけ直す.

reploiement 男 ⇨ repliement.

représenter

replonger 2 他 再び浸す[沈める];(ある状態に)陥らせる。— 自 再び飛び込む[潜る];再び陥る。— **se ~** 再び潜る[浸る];陥る。

reployer 10 他 ⇨ replier.

repolir 他 磨き直す。

répondant, e 名 保証人。
◊avoir du ~ 財政的な裏付けがある;相当な金をもっている。

répondeur, se 形 質問に答える;口答えする。
— 男 留守番電話。**~-enregistreur** 録音機能付き留守番電話。

répondre 59 自 ❶ 答える,返事をする;応答する;返事を書く。❷ 反論[反駁]する;口答えする。❸ 応じる;対応する;応酬する;反応する。❹ (期待などに)見合う,合致する。❺ 《de》(…の)保証をする;(…の)責任を持つ。
— 他 (…と)答える,返事を言う。
— **se ~** (…と)響き合う。

répons 男 [カト]応唱。

réponse 女 ❶ 返事,答え;返信。❷ 反論,反駁(はんばく)。◊ droit de ~ (新聞などへの)反論権。❸ 応答,反応。
◊avoir ~ à tout なんにでも対処できる。

repopulation 女 人口の再増加。

report 男 ❶ 繰り越し(高);転記;[印]転写。❷ (期日の)延期。❸ (選挙の票の)移動。❹ (競馬などでもうけた金を次のに賭け)つけること。

reportage 男 ルポルタージュ,現地報告;報道記者の仕事。

reporter¹ 他 ❶ (元の場所に)持っていく,返す;戻す。❷ (文章などを)移動する;転記する。❸ 《sur》(…に)移す,向け直す。❹ 延期する。
— **se ~** à ❶ (過去に)さかのぼる,立ち返る。❷ (…を)参照する。

reporter² [英] 男 記者,リポーター。

reporter-photographe; 〔複〕 **~s-~s** 男 フォトジャーナリスト。

reporteur, trice 名 写真工, ◊ ~ d'images 報道カメラマン。

repos 男 ❶ 休息,休憩;休暇。
R-! [軍]休め。❷ 活動の停止,静止。❸ 平安,安らぎ;(社会の)平和。❹ 〔文章〕 睡眠。**~ éternel** 永眠。❺ (朗読などの)間(ま),息継ぎ。❻ [建] 踊り場。◊de ~ 非番で。◊安全確実な。

reposant, e 形 疲れをいやす。

reposer 自 (取り外した物に)取り付ける。

reposé, e 形 十分休息した,疲れをいやした。◊à tête ~ 落ち着いて。

repose-pied(s) 男 ステップで,足乗せ。

reposer¹ 自 ❶ 《sur》(…に)基づく,根拠を置く;(…の上に)建つ。❷ 〔文章〕 休む;横になる;眠る;永眠する。❸ laisser ~ du vin ワインを寝かせておく。— 他 休める,疲れをやすめる;(体の一部)をもたせかける。
— **se ~** ❶ 休む,休養する。❷ 《sur》(…に)任せる,頼る。

reposer² 他 戻す;再び置く;再び取り付ける。

repose-tête; 〔複〕 **~(s)** 男 (椅子,座席の)頭の支え,ヘッドレスト。

repositionnable 形 はがしてもまたつけられる,再貼付タイプの。

repositionner 他 再び位置を測定する。

reposoir 男 [カト]仮祭壇,聖体仮安置所;(病院の)遺体安置所。

repoussage 男 打ち出し加工。

repoussant, e 形 嫌な,不快な。

repousse 女 再び生えること。

repoussé 形 男 打ち出し細工を施した(製品)。

repousser 他 ❶ 押し返す,押しやる;拒絶する。❷ 延期する。❸ 打ち出し細工をする。
— 自 再び生える[伸びる]。

repoussoir 男 ❶ 引き立て役;醜女(ぶおんな)。❷ [美] 遠近感を出す前景のアクセント。❸ (釘ヒビを使う打ち抜き工具)。

répréhensible 形 非難すべき。

reprendre 他 ❶ 再び手にする,取り戻す;引き取る。**~ sa place** 席に戻る。❷ 再開する;再び取り上げる;(話,言葉を継いで);再演[再上映]する。**~ une conversation** 会話をまた始める。❸ 再び捕らえる;再び迎える;(病気が…に)ぶり返す。❹ 食べ物,飲み物を)お代わりする。❺ (店などを)引き継ぐ。❻ 手直しする,書き直す;(人)を戒める。
◊On ne m'y reprendra plus. もうそんなことはしないよ もうその手は食わない。◊Que je ne vous y reprenne pas. 二度と同じことはしないで,今度は黙っていない。**~ sa parole** 約束を取り消す。
— 自 元気 [活況] を取り戻す;(植物が)根付く。❷ 再開する。
— **se ~** ❶ 立ち直る,気を取り直す。❷ 言い直す,言い始める。

◊s'y ~ à deux [plusieurs] fois 繰り返しやってみる。

repreneur, se 名 (企業の)再建者。

représailles 女複 復讐,報復。

représentable 形 表現され得る;上演できる;代表[代理]され得る。

représentant, e 名 ❶ 代表者,代理人;販売代理人。◊ **Chambre des ~s** (米国やベルギーの)下院(日本の)衆議院。❷ 代表例,典型。

représentatif, ve 形 ❶ 代表する;代表[典型]的な。❷ 代表者による代議制の。❸ 《de》(…を)表す,示す。❹ 風采(ふうさい)の立派な。

représentation 女 ❶ 表現,表示;再現;表象。❷ (演劇の)上演,公演。❸ 代表(制);代表機,代議機;販売代理業,セールスの仕事。❹ [法]代理。

représentativité 女 代表性;代表としての価値。

représenter 他 ❶ 表す,表現する;描く,示す;表象[象徴]する。❷ 上演する;演じる。❸ 代表する;典型である;代理する;代理業務をする。❹ 相当する;(…に)なる。❺ 再び提出[提示]する。❻ 〔文章〕指摘する。
— 自 演じる。
— **se ~** ❶ 想像する,思い浮かべる。❷ 再び現れる;《à》(…に)再び出馬[志

represseur 男【生化】リプレッサー, 抑制因子.

répressif, ve 形 ❶ 抑圧的な. ❷【法】処罰の, 取締りの. ▶ textes ～s 刑罰法令.

répression 女 抑圧, 鎮圧; 弾圧.

réprimande 女 叱(し)責, しかる.

réprimander 他 叱責する, しかる.

réprimer 他 抑える, こらえる; 抑圧［鎮圧］する.

reprint [reprint] 男【英】復刻版.

repris 男 ～ de justice 前科者.

reprise 女 ❶ 再開; 繰り返し, 反復; (景気の)回復. ❷ 再演, 再上演. ❸ 取り戻すこと; 奪回. ❹ (商品の下取り; (新入居者による家具の)買い取り金(買い取った)家具. ❺ (エンジンの)加速性能. ❻ (衣服の)繕い; 修繕. ❼ 《スポ》(ボクシングの)ラウンド. ▶ à plusieurs ～s 何度も.

repriser 他 (衣類を)繕う.
□ **reprisage** 男

repriss-, reprit, reprît(-) 活 ⇨ **reprendre**.

réprobateur, trice 形 非難するような.

réprobation 女 厳しい非難, 指弾.

reproche 男 非難, 叱(し)責; 批判.

reprocher 他 非難する, とがめる.
— **se ～** 自分を責める.

reproducteur, trice 形 生殖［繁殖］用の. — 男 繁殖用の家畜.

reproductible 形 再生［複製］できる; 繁殖可能.
□ **reproductibilité** 女

reproductif, ve 形 生殖［繁殖］の; 再生産の.

reproduction 女 ❶ 再現, 再生, 繰り返し. ❷ コピー; 複製; 再録; 転載. ▶ droit de ～ 版権, 著作権. ❸ 生殖, 繁殖. ❹ 再生産.

reproduire 他 ❶ 再現［再生］する; 繰り返す. ❷ コピーする, 複写する; 再録［転載］する. ❸ 生む, 増やす.
— **se ～** ❶ 繁殖する. ❷ 再び生じる, 繰り返される.

reprogrammer 他 ❶【情報】プログラムを修正する. ❷ (プログラムに組み)直す.【生】(遺伝子を)組み換える.

reprographie 女 複写技術【法】.

reprographier 他 複写する.

réprouvé, e 形, 名 (神に)見放された(人); (世間からの)のけ者にされた(人).

réprouver 他 非難［排斥］する; (神が)永劫の罰を与える.

reps [-ps] 男【英】【織】畝織.

reptation 女 這(は)うこと, 匍行(ほこう).

reptile 男 爬(は)虫類の動物.
□ **reptilien, ne** 形

repu, e 形 (repaître の過去分詞) 満腹した(形の); 《de》(…に)堪(た)能(のう)した.

républicain, e 形 共和国の, 共和国の. ▶ parti ～ 共和党.
— 名 共和主義者; (米国の)共和党員.

républicanisme 男 共和主義.

republication 女 再版.

république 女 ❶ 共和国, 共和制.

▶ la R～ (française) フランス共和国. ❷ 集団, グループ.

répudier 他 ❶ 離婚［離縁］する. ❷ 捨てる, 放棄する. □ **répudiation** 女

répugnance 女 嫌悪感, 嫌気.

répugnant, e 形 嫌悪感を催させる, 不快な.

répugner 自 《à》❶ (…に)嫌悪感を催させる. ❷ (…を)嫌う, 嫌がる.

répulsif, ve 形 反発する; 反感を引き起こす.

répulsion 女 嫌悪, 反感, 反発; 【物】反発力.

réputation 女 評判; 名声, 好評.

réputé, e 形 ❶ (…と)見なされている. ❷ 有名な, 評判の高い.

réputer 文章 (…と)見なす.

requalifier 他 新たな資格［法的性質］を与える. □ **requalification** 女

requérant, e 形【法】申請する.
— 名 申請者.

requérir 27 他 ❶ 要請する, 強く求める. ❷ 必要とする; 【法】申請［求刑］する.

requête 女 ❶ 懇請; 要望(書);【法】申請(書); 請願. ▶ maître des ～s (コンセユ・デタの)主任調査官.

requi-, requi- 活 ⇨ **requérir**.

requiem [rekɥijem] 男 [不変]【カト】レクイエム, 死者のためのミサ(曲).

requin 男 ❶【魚】サメ, フカ. ❷ 強欲漢, 暴利をむさぼる人.

requin-marteau《複》～s-~x 男【魚】シュモクザメ.

requinquer 他 話 元気づける.
— **se ～** 話 元気になる.

requis, e (requérir の過去分詞) 必要な, 要求された. — 男 徴用者.

réquisit [-t] 男【哲】要件.

réquisition 女 徴用; 要請(書);【法】(審理)請求;《複》論告, 求刑.

réquisitionner 他 徴用［徴発］する; 話 駆り出す.

réquisitoire 男【法】論告, 告発文書;【法】請求; 論告(文).

réquisitorial, ale《男複》**aux** 形 論告と見なし得る.

requitter 他 再び立ち去る; 再度別れる.

RER 男 (略) Réseau express régional (パリと近郊を結ぶ)首都圏高速交通網.

resaler [-sa-] 他 塩を足す; 再び塩漬けにする.

resalir [-sa-] 他 再び汚す.

rescapé, e 形, 名 生き残った(人), 難を免れた(人).

rescindant, e 形【法】取り消しが可能にする.

rescinder 他【法】取り消す.
□ **rescindable** 形

rescision 女【法】取り消し.

rescisoire 形【法】action ～ 取消訴訟.

rescousse (à la) 副句 救援［救助］に.

rescrit 男 勅書, 王令;【ロ法】皇帝詔書;【カト】教皇答書.

réseau 男《複》**x** ❶ 網, ネット; 網目状のもの; (交通, 通信, 供給などの)組織網, ネットワーク; 地下組織網.

❷ 〖情報〗ネットワーク. ► ~ d'entreprise étendu 広域ネットワーク／~ domestique ホームネットワーク.

résection [-sɛ-] 囡 〖医〗切除(術).

réséda 男 〖植〗モクセイソウ.

réséquer [-se-] 他 切除する.

réservataire 形 〖法〗遺留分を有する. —— 名 遺留分権利者.

réservation 囡 (座席などの)予約.

réserve 囡 ❶ 貯え, 予備, 備蓄. ► en ~ 予備に. ❷ 在庫, 収蔵庫;(美術館の)非公開収蔵品. ❸ 慎重さ;遠慮. ► obligation de ~ (公務員の)守秘義務. ❹ 留保(条件);制限. ❺ 保護地域. ► ~ de chasse 禁漁区. ❻《複数》資源, (資源の)埋蔵量. ► les ~s de poissons 魚類資源／les ~s du thon マグロ資源. ❼〖経〗積立金, 準備金;〖法〗遺留分;〖軍〗予備役;《複数》予備軍.
◊ être sur la ~ 慎重な態度を保つ. faire des ~s sur … … に全面的には賛成しない. sans ~ 留保なしに[の], 全面的に[な]. sous toute ~ 条件つきで;真偽の保証なしで.

réservé, e 形 ❶ 慎重な;慎み深い. ❷ 専用の. ► chasse ~ e 禁猟地/quartier ~ 赤線地帯. ❸ 予約済みの. ❹〖カト〗cas ~s 留保事項.

réserver 他 ❶ 取って[残して]おく;割り当てる. ❷ 予約する. ❸ 運命づける定めになる.
—— se ~ ❶ 自分のために取っておく. ❷ se ~ de + inf. …することを控える, あとで[折を見て]…することにする. ❸《pour》(…に備えて)様子を見る, 自制する.

réserviste 男 予備役軍人.

réservoir 男 貯水池[槽];タンク;貯蔵所;宝庫;〖漁〗養魚池, 生け簀(す).

résidanat 男 医学実地研修.

résidant, e 形 在住する(人).

résidence 囡 ❶ 住居;居住地;駐在地. ❷ 邸宅;高級マンション;官邸.

résident, e 名 ❶ 在留外国人. ❷ レジデント, 医学実地研修生;(大学寮の)寮生;居住者. ❸《史》~ général (保護領に派遣された)総督.

résidentiel, le 形 住宅の, 居住用の. ► quartiers ~s (高級)住宅街.

résider 自 ❶ 住む, 在留する. ❷《dans, en》(…に)存する.

résidu 男 かす, 残り;残滓;残留物.

résiduaire 形 残りかけの, 廃物の.

résiduel, le 形 残りの;長引く.

résignation 囡 忍従;あきらめ.

résigné, e 形, 名 あきらめた(人).

résigner 他 辞任した, 放棄する.
—— se ~ あきらめる;《à》(…を)甘受する, あきらめて受け入れる.

résiliable 形 (契約の)解除可能な.

résiliation 囡 (契約の)解除, 解約.

résilience 囡 〖物〗衝撃強さ.

résilier 他 (契約を)解除する.

résille 囡 ヘアネット.

résine 囡 樹脂, 松やに.

résiné, e 形 樹脂入りの. —— 男 レチナ(松やに入りギリシア産白ワイン).

résiner 他 樹脂を採る;樹脂を塗る.

résineux, se 形 樹脂(性)の.
—— 男《植》(樹脂を含む)針葉樹.

résinier, ère 名 樹脂採取人.
—— 形 樹脂(製品)の.

résinifère 形 樹脂を分泌する.

résipiscence [-si-] 囡 〖文語〗改悛(しゅん), 改悛.

résistance 囡 ❶ 抵抗力, 反抗;持久力, 耐性;〖電〗抵抗(器). ❷《la R~》(第2次大戦の)レジスタンス. ❸ plat de ~ メインディッシュ.

résistant, e 形 ❶ 丈夫な, 耐久性[抵抗力]のある. ❷ レジスタンス活動をする;反抗的な. —— 名 抵抗する人;対独レジスタンス活動家.

résister 自《à》❶ (…に)抵抗[反抗]する, 逆らう. ❷ (…に)耐える;(…を)持ちこたえる.

résistible 形 〖文語〗抵抗できる.

résistif, ve 形 〖電〗抵抗性の.

résistivité 囡 〖電気〗抵抗率.

resituer [-si-] 他 位置づけし直す.

resocialisation [-so-] 囡 (病人などの)社会復帰. ✿**resocialiser** 他

résolu, e 形 (résoudreの過去分詞) ❶ 断固とした, 毅(き)然とした. ❷《à》(…を)決心している, (…の)覚悟がある.

résolu-, résolū- 囲 ⇨ résoudre.

résoluble 形 (問題が)解決できる;〖法〗(契約などが)解除される.

résolument 副 断固として;敢然と.

résolutif, ve 形 (炎症などを)消散させる, 鎮める. —— 男 消炎[消散]剤.

résolution 囡 ❶ 決意, 決心;決断力. ❷ 決議, 決定. ❸ 解決;〖数〗解法. ❹ 変化;分解. ❺〖法〗解除;〖医〗消散;〖光〗分解能, 解像度.

résolutoire 形 (契約の)解除できる.

résolv- 屈 ⇨ résoudre.

résonance 囡 響き, 反響;〖物〗〖電〗共鳴;共振.

résonateur 男 共鳴器, 共振器.

réson(n)ant, e 形 共鳴する.

résonner 自 鳴り響く;反響する.

résorbable 形 吸収されやすい.

résorber 他 徐々に解消する, 取り除く;(腫瘍(しゅ)を)吸収する. —— se ~ 徐々に解消される;吸収される.

résorcine 囡 / **résorcinol** 男 〖化〗レゾルシン, レゾルシノール.

résorption 囡 ❶ (弊害などの)段階的解消;〖医〗(腫瘍(しゅ)などの)吸収.

résoudre 图 ❶ 解く, 解決する. ❷ ~ de + inf. …する決心をする. ❸ ~ … à + inf. …に…する決心をさせる. ❹《en》…に変える. ❺〖法〗解除される;〖医〗(腫瘍(しゅ)などを)散らす. —— se ~ ❶ se ~ à + inf. [à ce que + subj.] …の決心をする, 覚悟を決める. ❷《en》(…に)変わる;《à》(…に)帰着する.

respect [-pɛ] 男 尊敬, 敬意;尊重, 重視;《複数》敬意の印.
◊ ~ humain 世間体. sauf votre ~ = sauf [avec] le ~ que je vous dois こう申しては失礼ですが. tenir … en ~ (武器で)…を威圧する.

respectabiliser 他 尊敬に値するようにする.

respectabilité 女 尊厳, 貫禄; 体面.

respectable 形 尊敬すべき; 相当な.

respecter 他 尊敬する, 敬意を払う; 尊重する, 重んじる.
— **se ~** 自分を大事にする; 体面を重んじる. ◊*qui se respecte* 語 その名にふさわしい.

respectif, ve 形 それぞれの, 各自の. □**respectivement**

respectueux, se 形 ❶ 敬意を抱いている; 尊重する. ❷ 丁重な, うやうやしい. □**respectueusement**

respirable 形 呼吸に適した; 息がつける.

respirateur 男 人工呼吸器.

respiration 女 呼吸, 息.

respiratoire 形 呼吸の. ▶ *capacité* ~ 肺活量.

respirer 自 呼吸する, 息をする; 一息つく; ほっとする.
— 他 ❶ (空気を)吸う; (においを)かぐ. ❷ はっきりと示す.

resplendir 自 光り輝く.

resplendissant, e 形 光り輝く.

resplendissement 男 輝き.

responsabiliser 他 責任を負わせる. □**responsabilisation**

responsabilité 女 ❶ 責任, 責務; 責任のある地位[仕事].

responsable 形 ❶ 責任がある; 責任感のある; 思慮に富む. ❷ (*de*) …の原因である. — 名 責任者.

resquille 女 / **resquillage** 男 語 ただ見, ただ乗り; 割り込み.

resquiller 自 語 ただで入る, ただ乗りする; (列に)割り込む.
— 他 語 ただで手に入れる.

resquilleur, se 形 名 語 ただ見[ただ乗り]する(人).

ressac [rəsa-] 男 磯波, 砕ける大波.

ressaigner [rəsɛ-] 自 再出血する.

ressaisir [rəsɛ-] 他 再び手に取る, 再び捕らえる; 取り戻す. — **se ~** 落ち着きを取り戻す; 立ち直る.

ressaisissement [rəsɛ-] 男 文章 落ち着きを取り戻すこと.

ressasser [rəsa-] 他 くどくど繰り返す; (心の中で)反芻する.

ressaut [rəso-] 男 (地面などの)隆起; 凹凸; 建(壁面の)突き出し.

ressauter [rəso-] 自 再び飛び越す.
— 他 再び飛び越える.

ressayage 男 ⇨ réessayage.

ressayer 12 他 ⇨ réessayer.

ressemblance [rəsã-] 女 似ていること, 類似(点).

ressemblant, e [rəsã-] 形 そっくりな, 似ている.

ressembler [rəsã-] 自 (*à*) (…)に似ている, 類似している; ふさわしい. ◊*ne ~ à rien* (作品が)まとまりがない, 珍奇だ.
— **se ~** 互いに似ている.

ressemeler [rəsəm-] 4 他 靴底を替える. □**ressemelage** 男

ressemer [rəsə-] 3 他 再び種子をまく.

ressentiment [rəsã-] 男 恨み.

ressentir [rəsã-] 19 他 ❶ (強く)感じる; (感情を)抱く. ❷ 影響を受ける.
— **se ~** (*de*) (…の)影響を受ける; 被害[後遺症]が残る. ◊*ne pas s'en pour ...* 語 …する気にならない.

resserre [rəsɛ-] 女 物置, 貯蔵庫.

resserré, e [rəsɛ-] 形 挟まれた; 狭い.

resserrement [rəsɛ-] 男 締め直すこと, 狭まること; 強化, 緊張化.

resserrer [rəsɛ-] 他 締め直す; 挟める, 縮める; (関係を)強める, 緊密化する. — **se ~** 狭まる, 縮まる; 引き締まる; (関係が)強まる.

resservir [rəsɛ-] 21 他 (料理を)再び出す. — 自 再び使える.
— **se ~** (*de*) (…を)再び使用する.

ressort[1] [rəsɔ-] 男 ❶ ばね, ぜんまい, スプリング. ❷ 気力, やる気; 文章 原因, 動機. ◊*faire ~* はね返る, 弾む.

ressort[2] [rəsɔ-] 男 法(裁判所の)管轄(区域); (人の)権限.
◊*en dernier ~* 最終審で(の); 最終的に, 結局. *être du ~ de ...* …の権限内[管轄]である.

ressortir[1] [rəsɔ-] 19 自 (助動詞 *être*) ❶ 再び外出する; (入ってすぐ)外へ出る. ❷ 目立つ, 浮き出る. ❸ (*de*) (…から)生じる. ▶ (非人称構文) *Il ressort de ... que ...* …から…が明らかになる.
— 他 再び取り出す; 繰り返す.

ressortir[2] [rəsɔ-] 17 自 (*à*) 法 (…の)管轄に属する; 文章 (…に)関わる.

ressortissant, e [rəsɔ-] 名 海外在留者, 外国居住者.

ressouder [rəsu-] 他 再びはんだ付けする; (関係を)再び強固にする.

ressource [rəsu-] 女 ❶ (苦境を脱する)手段, 手段. ❷ (複数)資産, 財源; 資金. ❸ (複数)(潜在的)能力, 可能性. ❹ (航)急降下引き起こし. ◊*avoir de la ~* 余力がある. *personne de ~* (s) 辣腕(た)家. *sans ~* 手の施しようの.

ressourcement 男 立ち帰ること.

se ressourcer [rəsu-] 1 代動 (…)に立ち帰る.

se ressouvenir [-rəsu-] 28 代動 文章 (*de*) (…を)再び思い出す.

ressui 男 狩 (鹿の)体を乾かす場所.

ressurgir [rəsyʁ-] 自 ⇨ resurgir.

ressuscitation 女 蘇生法(術).

ressuscité, e [rəsy-] 形 蘇生した(人), 命を取り留めた.

ressusciter [rəsy-] 自 (助動詞は多く *être*) 生き返る, よみがえる; 命を取り留める.
— 他 生き返らせる, よみがえらせる; (重病などから)回復させる.

ressuyage 男 (野菜の)土落とし.

ressuyer 11 他 再び拭う; 乾燥させる; (収穫した野菜の)土を落とす.

restant, e 形 残っている. ▶ *poste ~e* 局留郵便. — 男 残り; 残額.

restau [rɛsto] 男 語 レストラン, 食堂. ▶ *~ U* 学生食堂.

restaurant 男 レストラン, 食堂.

restaurateur, trice 名 ❶（芸術作品などの）修復［修復］者；[文章][複数][再建]者。❷ レストラン経営者。
restauration 女 ❶ 修復，復元；復活，復興；復権。❷《la R～》王政復古(時代)(1814-30)。❸ レストラン業。
▶ ～ rapide ファーストフード産業。
restaurer 他 ❶ 修復［復元］する；[文章]復活させる，立て直す。❷ 食事を出す。—**se ～**（食べて）体力を回復する。
restauroute 男 ⇨ restoroute ドライブイン。
reste 男 ❶ 残り，余り；残金。❷ その残りの人［人］。❸ わずかに残った物，名残，痕跡。❹《複数》残飯，残り物；遺骸；遺骨；廃墟。❺《数》差；（割り算の）余り，剰余。
◇avoir de beaux ～s 往年の名残をとどめている。de ～ 余分の［に］。du [au] ～ その上；もっとも，être [demeurer] en ～ avec ...…に借りがある。ne pas demander son ～ 早々に退散する。
resténose 女［医］再狭窄(きょう)。
rester 自［助動詞 être］❶ ❶（ある場所，状態に）とどまる，…のままでいる。
▶ ～ tranquille 静かでいる／debout 立ったままでいる。❷ + inf. とどまって…する；…し続ける，…し続けて時を過ごす。▶ Restez (à) dîner avec nous. 一緒に食事をしてください。❸ **en ～** à …（の程度に）とどまる，…まででやめる。❹《sur》（…に）とどまる，もたれる，わだかまる；執着［固執］する；（…を）強く感じ続ける。
❷ ❶ 残る。▶ C'est une œuvre qui restera. これは後世に残る作品だ。❷ ～ à + inf. …すべきものとして残る，依然…する必要がある。
❸［非人称構文］❶ Il reste ... …が残っている。❷ Il reste à + inf. まだ…しなければならない，まだ…しなければならない。▶ Il ne me reste plus qu'à vous remercier. （あとはお礼を言うだけで…）そろそろ失礼します。❸［省略して］Reste à savoir si ... …かどうかまだ分からない。❹ Il reste que ... = Il n'en reste pas moins que ... = Reste que ... それでもやはり…であることに変わりはない。▶ Il reste que ce travail est nécessaire. それでもやはりこの仕事は必要だ。❺ Il reste + 形容詞 + que ... [de ...] それでもやはり…のに…であることに変わりはない。▶ Il reste possible de se réconcilier. 和解し合うのはまだ可能だ。
◇**en ～**（à）…のままでいる。**y ～**[口語]死ぬ。
restituable 形 返還されるべき；返還［再現］しうる。
restituer 他 ❶（本来の持ち主に）返す，返還する。❷ 復元する；再現する；（音）を再生する。
restitution 女 返還，返却；復元。
resto 男 ⇨ restau.
restoroute 男 ⇨ restauroute.
restreign- 語 ⇨ restreindre.
restreindre 他 ⑩ 限定［制限］する。—**se ～** ❶ 生活を切り詰める。❷ 制限される，狭まる。

restreint, e 形（restreindre の過去分詞）限られた；小さい。
restrictif, ve 形 制限する，限定の。
restriction 女 ❶ 制限，削減；制約，条件；留保。❷《複数》物資統制，配給制。◇sans ～ 全面的に［な］，無条件で［の］。
restructuration [ra-] 女 再編成，リストラ。
restructurer [ra-] 他 再構成［再編成］する；立て直す。
resucée [-sy-] 女［口語]（飲み物の）お代わり；繰り返し，焼き直し。
résultant, e 形《de》（…の）結果生ずる。—女 結果，産物；［数］合力。
résultat 男 ❶ 結果，成果；（計算の）解答；《複数》（試験の）成績；合格者名簿。❷《複数》（会社の）収支，（損得の）差引。
résulter 自［助動詞は être または avoir］《de》（…の）結果である，（…から）生じる。▶［非人称構文］Il résulte A de B. BからAが生じる／Il résulte de ... que ... …の結果…ということになる。
résumé 男 要約，レジュメ；概説書。◇**en ～** 簡単に言うと，要するに。
résumer 他 要約する，総括する。—**se ～** ❶（自分の発言などを）要約する。❷ (à, en)（…に）要約される。❸ 加熱される。
resurchauffer [-sy-] 他 再加熱する。
résurgence 女（伏流水の）再湧(ゆう)出；[文章]再出現。
résurgent, e 形（伏流水が）地表に現れる。
resurgir [-sy-] 自 また突然現れる。
résurrection 女 蘇生，復活。la R～ キリスト復活の(図)。
retable 男（教会の）祭壇画。
rétablir 他 ❶ もとの状態に戻す，立て直す；復活させる；復旧する；復活させる。❷ 健康を回復させる。
◇～ les faits [la vérité] 事実[真実]を明らかにする。
—**se ～** ❶ 健康を回復する。❷ 復活する，再び現れる。
rétablissement 男 ❶ 回復，復活；正常化，再建。❷ 健康の回復，治癒。❸［スポ］懸垂。
retaille 女（宝石の）再カット。
retailler 他 再び切る［削る］。
rétamage 男 錫めっきの直し。
rétamé, e 形 へとへとに疲れた。
rétamer 他 ❶ 再び錫めっきをする。❷ へとへとにさせる。❸［se faire ～ で］（賭博(ばく)などで）する；落第する。
rétameur 男 錫めっき職人。
retapage 男（大ざっぱな）手直し，修理；健康の回復。
retape 女（売春婦の）客引き；（激しい）宣伝活動，勧誘。
retaper 他 ❶［口語]ざっと手直し［修理］する，整える。❷［口語]元気［健康］を取り戻させる。❸ タイプライターで打ち直す。—**se ～** [口語]元気［健康］を取り戻す。
retard 男 遅刻；遅れ，遅滞。
◇**en ～**（sur ...）（…より）遅れて。**sans ～** 直ちに。
— 形《不変》[口語]徐放［持続］性の。

retardataire 形, 名 遅刻した(人); 遅れた(人); 時代遅れの(人).
retardateur, trice 形 遅らせる.
retardé, e 形 知恵遅れの; 遅れた, 延期された. ── 名 知恵遅れの子供.
retardement 男 知恵遅れの. ◇à ~ 遅れて, あとから; 時限装置を備えた.
retarder 他 遅らせる; 延期する.
── 自 遅れる; 話 事情に疎い.
── **se ~** 遅れる.
retâter 他 もう一度手を触れる.
── 自 (de) (…を) 再び試す.
reteindre 他 染め直す.
retendoir 男 調律用ハンマー.
retendre 58 他 張り直す; 再び差し出す.
retenir 28 他 ❶ 引き止める, 足止めする. ❷ 抑える, 5えをおさえる; 制止する; (de) (…するのを) 思いとどまらせる. ❸ 押さえる, 支える; 留める, 固定する, せき止める. ❹ 記憶に留める, 覚えている; 取り上げる, 採用する, 考慮に入れる. ❺ 取っておく; 予約する. ❻ 控除［天引き］する; 返きずりおく; 差し押える.
◇**Je vous [le, la] retiens!** 話あんた[あれ]はもう願い下げだ!
── **se ~ ❶** 身を支える; (à) (…に) つかまる. ❷ (de) (…するのを) 自制する, こらえる; 話 便意をこらえる. ❸ 覚えられる.
retenter 他 再び試みる.
retenteur 男 特許権者.
rétention 女 ❶ [地理] 滞水. ❷ [医] 停留. ── ~ d'urine 尿閉. ❸ [法] droit de ~ 留置権.
retentir 自 鳴り響く, 響き渡る; (sur) (…に) 影響を与える.
retentissant, e 形 よく響く, 響き渡る; 反響を呼ぶ; 評判, 反響の.
retentissement 男 影響, 余波; 評判, 反響; 話 [med] 合併症.
retenu, e 形 (retenir の過去分詞) ❶ 予約済みの. ❷ 抑制された; 慎み深い. ── 女 ❶ 慎み深さ, 節度, 控えめ. ❷ 留め置き, 保留. ❸ (給料からの) 控除, 天引き. ❹ (罰として生徒に課す) 居残り. ❺ 交通渋滞. ❻ 貯水(池). ❼ [数] (次の桁への) 繰り上がり.
rétiaire [-tj-/-sj-] 男 [古ロ] レーティアリウス (三つ又槍(ほこ)と網を武器とした闘士).
réticence 女 ❶ 故意の言い落とし; 言外の意味. ❷ ためらい.
réticent, e 形 ❶ 故意に黙っている; 思ったままを言わない. ❷ ためらいがちな.
réticulaire 形 網状の; 結晶格子の.
réticulation 女 [化] 網状化.
réticule 男 ❶ 小さな手提げ袋, 小型のハンドバッグ. ❷ [光] 照準十字線.
réticulé, e 形 網状の.
── 女 [解] 網様体.
réticuler 他 [化] 網状化する.
réticulocyte 男 [生] 網状赤血球.
retien- 活 ⇨ retenir.
rétif, ve 形 動 (言うことを) 聞かない, 扱いにくい.
retin-, retin- 活 ⇨ retenir.
rétinal 男 [生化] レチナール.
rétine 女 [解] 網膜.
rétinien, ne 形
rétinite 女 [医] 網膜炎.
rétinoïde 男 [化] レチノイド.
rétinol 男 [生化] レチノール.
rétique 形, 名 ⇨ rhétique.
retirage 男 再版, 重版; 焼き増し.
retiration 女 [印] 裏版(刷り).
retiré, e 形 ❶ 人里離れた, 辺鄙(ぴ)な. ❷ 引退[退職]した; 引きこもった.
retirer 他 ❶ 取り出す, 引き抜く; (利益などを) 得る. ❷ 引っ込める; 取り消す; 撤回する. ❸ 脱ぐ, 外す. ❹ ~ A à B A を B から取り上げる; 奪う.
── **se ~ ❶** 立ち去る, 退出する; 引きこもる, 隠遁する. ❷ 手を引く, 引退する; (勝負など) 降りる. ❸ (潮, 水が) 引く.
retisser 他 再び織る, 織り直す.
◇**retissage** 男
retombant, e 形 垂れ下がった.
retombée 女 ❶ 落下物. ❷ 《複数》 (悪) 影響, 余波. ❸ 文章 (興奮などの) 沈静.
retomber 自 (助動詞 être) ❶ 再び倒れる [落ちる]; 着地 [落下] する. ❷ (悪い状態に) 再び陥る; (sur) (…に) 戻る. ❸ 垂れ下がる. ❹ (sur) (…に) (責任などが) 降りかかる, のしかかる. ❺ (興奮などが) 冷める.
retondre 他 再び刈る.
retoquer 他 はねつける, はねる.
retordage / retordement 男 [繊] 撚糸(し).
retordeur, se 名 [繊] 撚糸工.
retordoir 男 [繊] 撚糸機.
retordre 他 (糸を) 撚(り) 合わせる; 再び絞る. ◇**donner du fil à ~ à ...** …をてこずらせる.
rétorquer 他 反論する, 言い返す.
retors, e 形 ❶ 狡猾(ぶ)な, ずる賢い. ❷ [繊] fil ~ 燃り糸.
rétorsion 女 報復措置, 対抗手段.
retouche 女 手直し, 修正, 加筆; (服装の) 寸法直し.
retoucher 他 手を加える, 修正 [加筆] する; (服) の寸法直しをする.
── 自 (à) …に再び手を出す.
retoucheur, se 名 (写真の) 修正屋; (服) の寸法直し屋.
retour 男 ❶ 戻る [帰る] こと; 帰還, 帰宅; 帰り道, 帰路. ▶ **un aller et ~** 往復切符. ❷ 復帰, 回帰; 回帰. ❸ 再来, 再発, 反復, 反復. ❹ 返送, 返却; 返品. ❺ 相互関係; 返礼, 報い. ❻ 急変, 変奏. ❼ (衣服の折り返し. ❽ [スポ] match ~ リターンマッチ.
◇**en ~** 逆方向に, お返しに. **être de ~** 帰っている. **faire un ~ sur soi-même** 自己を顧みる. **~ d'âge** 更年期. **~ de bâton** しっぺ返し. **~ de flamme** しっぺ返し (活気などのよみがえり); (内燃機関の) バックファイア. **~ de manivelle** 情勢の急変; しっぺ返し. **sans ~** 永久に. **sur le ~** 帰ろうとしている; 老いかけている.
retournage 男 (衣服の) 裏返し.
retourne 女 [カード] アップカード.
retournement 男 ❶ 急変, 急転. ❷ 裏返す [裏返る] こと.

retourner 他 ❶ 裏返す，ひっくり返す．❷ かき回す［混ぜる］．❸ 返品［返送］する．❹〔批判，悪口を〕やり返す．❺ 態度［意見］を変えさせる；急に〔向きを〕一変させる．❻ 動揺［抑欝］させる．◊ ~ *la tête* 振り向く．*tourner et* ~ ... 〔手の中で〕…をもてあそぶ；〔考えを〕何度も検討する．
— 自《助動詞 être》帰る，戻る，戻り行く．◊ *de quoi il retourne*《非人称構文》何が問題なのか．
—**se** ~ ❶ 体の向きを変える；ひっくり返る．❷ 振り返る．❸ s'en ~ 帰る，戻る．❹ (contre) …にはね返る，不利に働く；〈…を〉敵に回す．❺ (vers) 〈…に〉頼る．

retracer 他 ❶ 〔線を〕描き直す，引き直す．❷ 生き生きと描く［描く］．

rétractable 形 取り消し得る．

rétractation 女 取り消し，撤回．

rétracter 他 ❶ 文章 取り消す，撤回する．❷ 収縮させる；引っ込める．
—**se** ~ ❶ 文章 前言を取り消す．❷ 収縮する，引っ込む．

rétractif, ve 形 収縮性の．

rétractile 形 〔爪などの〕引っ込む；収縮性の．

rétractilité 女 〔組織の〕収縮性．

rétraction 女 収縮；退縮．

retraduire 70 他 翻訳し直す；重訳する．

retrait 男 ❶ 後退，撤退；〈水などが〉引くこと．❷〔預金の〕引き出し；受領．❸〔資格，身分などの〕取り消し；剥(ハク)奪．❹〔物体の〕収縮．❺〔法〕取り戻し．◊ *en* ~ 引っ込んだ；後退した．

retraitant, e 形 [名] 黙想会参加者．

retraite 女 ❶ 引退，退職，退役；隠居．❷（退職後の）年金，恩給．❸ 文章 隠れ家，隠居所．❹〔軍〕退却，後退．◊ *battre en* ~ 退却する，（一時的に）譲歩する．

retraité, e 形 [名] 退職［退役］した（人）；年金［恩給］を受けている（人）．

retraiter 他 （核燃料を）再処理する．
▫ **retraitement**

retranché, e 形 〔堡塁(ホウルイ)等〕などの防御施設を施した．

retranchement 男 陣地，砦；塁壁(ルイヘキ)．◊ *attaquer ... dans ses derniers* ~*s* …を徹底的に追い詰める．

retrancher 他 ❶ 削除する，差し引く；引く．—**se** ~ 身を守る；立てこもる．

retranscrire 文章 他 書き写す，写し直す．▫ **retranscription**

retransmettre 65 他 再び伝える；中継放送する．

retransmission 女 再び伝えること；中継放送．

retravailler 他 ❶ 再び手を加える；修正する．— 自 再び働く［する］（…に）再び取りかかる．

retraverser 他 再び横切る（渡る）．

retrayant, e 形 〔法〕受け渡しの．

— 男 受渡者．

rétréci, e 形 狭められた，縮めた；〔精神が〕偏狭な．

rétrécir 他 狭める；縮小する．
— 自 狭くなる，縮む．
—**se** ~ 狭くなる，縮む；偏狭になる．

rétrécissement 男 狭まる［狭める］こと；収縮；偏狭；〔医〕狭窄(キョウサク)．

retrempe 女〔金〕再焼き入れ．

retremper 他 ❶ 再びつける［浸す］．❷（精神などを）鍛え直す；〔金〕再焼き入れする．—**se** ~《*dans*》（…に触れて）新たな活力を得る．

rétribuer 他 報酬を与える．

rétribution 女 報酬；給料．

retriever [retrivœːr] 男〔英〕〔狩〕レトリーバー（射止めた獲物を拾ってくるように訓練された猟犬）．

rétro 形〔不変〕懐古趣味の，レトロの．
— 男 懐古趣味；話 バックミラー．

rétroactif, ve 形 遡(ソ)及力のある．
▫ **rétroactivement**

rétroaction 女 遡及効果；フィードバック．

rétroactivité 女 遡(ソ)及性．

rétroagir 自 文章《*sur*》（…に）遡(ソ)及する．

rétrocéder 6 他 再譲渡する，返還する；転売する．▫ **rétrocession**

rétrochargeuse 女 ロッカーショベル（掘削機）．

rétrocontrôle 男〔生理〕フィードバック．

rétroflexe 形 そり舌（音）の．
— 女 そり舌音．

rétrofusée 女 逆（推進）ロケット．

rétrogradation 女 後退，退却；降格；着順を下げる罰則．

rétrograde 形 後退［逆行］の；反動的な；復古的な．

rétrograder 自 後退する，後戻りする；退行［下降］する；さかのぼる；〔車〕（ギアをシフトダウンする．
— 他〔階級を〕下げる，降格させる．

rétrogression 女 後退，逆行，退化．

rétropédalage 男〔自転車のペダルの〕逆踏み．

rétroprojecteur 男 オーバーヘッドプロジェクター．

rétropropulsion 女〔航〕逆推力［推進］．

rétropseudogène 男〔生〕プロセシング済み偽遺伝子．

rétrospectif, ve 形 過去にさかのぼる，回想の，回顧的な．— 女 回顧展；〔テレビなどの〕回顧特集；総集編．

rétrospectivement 副 過去を顧みて，あとで思い返して．

retroussé, e 形 まくり上がった；反り返った．

retrousser 他 まくり上げる；反り返らせる．▫ **retroussement** 男

retroussis 男〔服〕折り返し．

retrouvailles 女複 再会（で交友関係などの）回復．

retrouver 他 ❶ 再び見いだす；再び会う．❷ 取り戻す，回復する；思い出す．❸（特徴，面影などを）認める．◊ *Je saurai vous* ~．覚えていろよ．
—**se** ~ ❶ 再会する，落ち合う．❷（同じものなどが）再び［ほかにも］見つかる．❸（ある状態に）戻る；突然始まる．❹（自分のいる場所が分かる；見当がつく）．◊ *s'y* ~ 話 元を取る；利益を上げる．

rétroversion 囡【医】後傾.
rétroviral, e 形 レトロウイルスの.
rétrovirologie 囡 レトロウイルス学.
rétrovirus [-s] 男 レトロウイルス.
rétroviseur, trice 男 バックミラー.
rets [re] 男〘文章〙網；罠(わな).
retuber 他 配管を交換する.
réunification 囡 再統一, 再統合.
réunifier 他 再統一［再統合］する.
Réunion レユニオン島（県974）（マダガスカル島東方のフランス海外県）.
réunion 囡 ❶ 集会, 会合, 会議. ❷ 集合, 結合；統合, 併合.
réunionnais, e 形 レユニオン島の. ― 名〈R―〉レユニオン島の人.
réunionnite 囡 語 会議病.
réunir 他 ❶ 集める, まとめる；(会を) 召集する；結びつける；❷併合する；(いくつかの物を)併せ持つ.
― **se ~** 集まる；統合される；合流する.
réunissage 男〘繊〙合糸(ごうし).
réussi, e 形 成功した, 素晴らしい.
réussir 自 ❶ 成功する, うまくいく. ❷ (植物が) よく育つ. ❸〈à〉(…に) いい結果をもたらす, 有利である. ― 他 成功する；(試験に)合格する.
réussite 囡 ❶ 成功；合格, 成功作, 大ヒット. ❷【カード】ペーシェンス.
réutilisable 形 再利用可能な.
réutiliser 他 再利用する. ⟹réutilisation 囡
revaccination 囡 ワクチンを再接種する. ⟹revaccination
revaloir 38 他 恩返し［仕返し］する.
revalorisation 囡 ❶ (賃金の) 引き上げ；平価切上げ. ❷ 再評価.
revaloriser 他 ❶ 価値を高める, 引き上げる. ❷ 再評価する.
revanchard, e 形, 名 報復心に燃えた(人)；復讐心に燃えた(人).
revanche 囡 ❶ 報復, 復讐；リターンマッチ. ◊ **à charge de ~** お返しを条件に. **en ~** その代わりに, 逆に.
se revancher 代動〘文章〙報復する.
revanchisme 男 報復主義.
revascularisation 囡【医】血管を再生する. ⟹revascularisation
rêvasser 自 夢想にふける.
rêvasseur, se 名, 形 夢想家の.
revaudr- 活 ⟹ revaloir.
rêve 男 夢；願望, 理想, 幻想, 空想.
rêvé, e 形 理想的な.
revêche 形 とっつきにくい, 気難しい.
revécu(-), revécû- 活 ⟹ revivre.
réveil 男 ❶ 目覚め；目覚まし時計；覚醒. ❷〘文章〙よみがえり, 復活.
réveille-matin 男〘不変〙目覚まし時計.
réveiller 他 目覚めさせる, 起こす；意識を回復させる；発奮させる；よみがえらせる, 呼び覚ます.
― **se ~** 目が覚める, 起きる；発奮する；よみがえる.
réveillon 男 クリスマスイブ［大晦日］の祝宴.

réveillonner 自 大晦日［クリスマスイブ］で祝宴する.
révélateur, trice 形 明かす；示唆する. ― 男〘写〙現像液.
révélation 囡 ❶ (秘密の)暴露, 新事実ひらめき, 啓示. ❷ 新星, 新鋭.
révélé, e 形 神の啓示による, 天啓の.
révéler 6 他 ❶ 暴露する, 明かす；表す；noter する.❷〘写〙現像する.
― **se ~** ❶ 現れる, 明らかになる. ❷〈+ 属詞〉…であることが分かる.
revenai- 活 ⟹ revenir.
revenant, e 名 幽霊；語 久しぶりに会った人.
revend(-) 活 ⟹ rvendre.
revendeur, se 名 仲買人；古物商.
revendicateur, trice 名 (権利の)要求者, 請求者.
revendicatif, ve 形 権利要求の.
revendication 囡 (権利の)要求, 主張；【法】返還請求.
revendiquer 他 ❶ (権利として)要求する. ❷ (責任を)負う, 引き受ける；自分の行為［物］だと主張する, 犯行声明を出す.
revendre 58 他 転売する；また売る. ◊ **avoir ... à ~** あり余るほど…がある.
revenez-y [-zi] 男〘不変〙〘文章〙(昔の感情, 感覚などの) よみがえり, 再生. ◊ **avoir un goût de ~** また欲しくなるほどよい.
revenir 28 自〘助動詞 être〙❶ 再び来る；再び現れる. ❷ 戻る, 帰る；立ち直る, 回復する, よみがえる；(忘れていたことなどが) 思い出される. ◊ **…して戻る / ~ de + inf.** …して戻る / **~ à soi** 意識を回復する, 我に返る / **à la vie** 生き返る / **On y reviendra**. あとでまたその点に戻ることにしよう / **Ça me revient!** 思い出した / 〘非人称構文〙**Il me revient que …** …ということだ. ❸〈à〉(…に)帰属する；(…に)帰する；〘数量表現を伴って〙(金額が)(…だけ)かかる, (…に)つく. ▶ **terrain qui lui reviendra** いずれは彼(女)のものになる土地 / **Le dîner m'est revenu à vingt euros.** 夕食は(あわせて)代で 20 ユーロかかった / 〘非人称構文〙**Il lui revient de + inf.** …するのは彼(女)の役目だ. ❹〈à〉〘文章〙(…の)耳に入る；語 (…の)気になる；語 …した後味を残す. ❺〈sur〉(…を)再検討する, 話題にする；(約束などを)取り消す；(考え, 気持ちを)変える. ▶ **~ sur une décision** 決定を翻す / **~ sur sa parole** 前言を取り消す. ❻ **faire ~** 炒(いた)める.
◊ **s'en ~** 金を取りとめる；(誤り, 夢などから)覚める. **ne ~ à ...** …に立ち返る, 話を戻す. **n'en pas ~** 〈**de ...** [que + subj.]〉語 (…に)驚く, あきれる. **~ de tout** 何事にも無関心になる.
― **s'en ~** 語 〈**de**〉(…から)戻る.
revente 囡 転売；仲買.
revenu¹ 男 所得, 収入.
revenu², e 形 revenir の過去分詞.
revenue 囡〘林〙ひこばえ.
rêver 自 ❶ 夢を見る；夢想にふける；

réverbération 囡 (光, 熱) の反射; (音) の反響; [音響] 残響.

réverbère 男 ❶ 街灯. ❷ four à ～ 反射炉.

réverbérer ⑥ 他 反射する; 反響させる.

reverchon 男 (紫色の) サクランボ.

reverdir 自 再び緑色になる.
— 他 再び緑色にする.

révérence 囡 ❶ 文語 畏(")敬, 尊敬. ❷ (片足を後ろに引き, ひざを折る) お辞儀. ◇～ *parler* 文語 失礼ながら. *tirer sa* ～ (一礼して) 立ち去る.

révérenciel, le 形 うやうやしい.

révérencieux, se 形 文語 畏(")敬の念を込めた, うやうやしい.

révérend, e 形 尊い;…師(司祭, 修道女に対する敬称). ► ma –*e* Mère (女子修道院の)院長様.
— 名 師. ► mon ～ 神父様.

révérendissime 形 [カト] 尊いともっとも尊い;…猊下(",), …聖下(大司教, 修道会総長などに対する敬称).

révérer ⑥ 他 敬う, 尊ぶ.

rêverie 囡 夢想, 空想.

revernir 他 ワニスを再び塗る.

reverr- 活 ⇨ revoir.

revers 男 裏, 裏側, 裏面. ❷ [服] 折り返し; 折り襟. ❸ (手の) 甲; [スポ] バックハンド. ❹ 裏目, 不運; 失敗.

reversement 男 繰り越し.

reverser 他 ❶ 再び注ぐ (元に) 戻す. ❷ (金銭などを) 移す; 繰り越す.

réversible 形 ❶ 逆にできる, 可逆性の. ❷ リバーシブルの, 両面使いの. ❸ [法] (元の所有者に) 戻し得る, 返還すべき; (他の人に) 移譲し得る.
□**réversibilité** 囡

réversion 囡 ❶ [法] (贈与財産の) 取戻権; (給付金などの) 金額変更. ❷ [生] 復帰突然変異.

révertant, e 形 復帰突然変異体の.

revêtement 男 外装 [内装]材; 被覆, 護岸, 土止め; (道路の)舗装.

revêtir 他 ❶ (…に) 着せる. ❷ ～ A de B AにBを着せる[与える]; AをBで覆う[飾る]. ❸ (形状, 性質を) 帯びる, 呈する. ❹ (書類などに) 有効性 [必要な形式] を与える.

revêtu, e (revêtir の過去分詞) *de* (…を) 着た, (…で) 覆われた, (権限などを) 有する.

rêveur, se 形 夢見がちな; 夢想にふける.
— 名 夢想家, 空想家.

rêveusement 副 夢見るように; ぼんやりと [して].

revien- 活 ⇨ revenir.

revient 男 prix de ～ 原価, 元値.

revif 男 [海] 大潮.

revigorant, e 形 元気を回復させる.

revigorer 他 元気を回復させる, 新たな力を与える.

revîmes, revirent 活 ⇨ revoir.

revin-, revîn- 活 ⇨ revenir.

revirement 男 急変, 方向転換.

revis 活 ⇨ revivre, revoir.

révisable 形 再検討 [修正] できる.

réviser 他 ❶ 再検討する; 修正する. ❷ 復習する. ❸ 点検する; 修理する.

réviseur, se 名 修正する人; 校正係.

révision 囡 ❶ 再検討, 修正, 点検, 修理. ❷ 復習. ❸ [法] 再審.

révisionnel, le 形 修正の.

révisionnisme 男 修正主義; 憲法改正論. ► ～ négationnisme.
□**révisionniste** 名

revisiter 他 ❶ 再訪する. ❷ 新たな光をあてる, 新しい視点で見直す.

reviss- 活 ⇨ revoir.

revisser 他 ねじを締め直す.

revit 活 ⇨ revivre, revoir.

revit, revîtes 活 ⇨ revoir.

revitaliser 他 再活性化する, よみがえらせる. □**revitalisation** 囡

reviv- 活 ⇨ revivre.

revival [rəvaivəl/rivaivəl]; [複] *als* 男 (英) リバイバル, 復活; [キ教] (プロテスタントの) 信仰覚醒.

revivifier 他 文語 再び活性化する, 元気を回復させる.
□**revivification** 囡

reviviscence 囡 文語 (記憶, 感情の) 復活, よみがえり; [生] 蘇生力.

reviviscent, e 形 文語 よみがえる, 再生する. ❷ 蘇生力のある.

revivre ⑥ 自 ❶ 生き返る, よみがえる; 元気を取り戻す. ❷ 文語 (dans) (…の中に) 生き続ける. ◇*faire* ～ …を生き返らせる; 元気を取り戻させる; 復活させる; 再現する.
— 他 再び体験する; 思い起こす.

révocable 形 罷(")免できる; 取り消し可能の. □**révocabilité** 囡

révocation 囡 取り消し, 撤回; 廃止; 罷(")免, 解任.

revoici 前置 またここ(ここ)に来た.

revoilà 前置 またあそこに [ここに] やって来た.

revoir ③① 他 ❶ 再会する; 再び見る; 再び行く, 再訪する. ❷ 思い出す. ❸ 検討 [修正] する, 見直す; 復習する.
— **se** ～ 再会する; 自分の姿を思い出す. — 男 再会. ◇*au* ～ さようなら.

revoler¹ 自 飢えて飛ぶ; 再び飛ぶ.

revoler² 他 再び盗む.

révoltant, e 形 反発を買うような, けしからぬ.

révolte 囡 ❶ 反乱, 暴動; 抵抗, 反抗. ❷ 憤慨, 激しい怒り.

révolté, e 形 ❶ 反乱 [暴動] を起こした, 反逆の. ❷ 憤慨した.
— 名 反逆者, 暴徒; 反抗的な人.

révolter 他 憤慨 [立腹] させる.
— **se** ～ ❶ 反抗する; 反乱を起こす. ❷ 立腹する, 怒る.

révolu, e 形 (時が) 経過した, 満了した; 満(…歳).

révolution 囡 ❶ 革命. ► la *R* ～ フランス革命. ❷ 革新, 激変; 騒動.

révolutionnaire

大混乱. ❸〖天〗公転(周期);〖数〗回転. ~ de palais 政権交代.
révolutionnaire 形 革命の;革命期の;革命的な. —名 革命家.
révolutionnarisation 女 革命の推進.
révolutionnarisme 男 革命至上主義. **révolutionnariste** 形
révolutionner 他 激変［一変］させる; 話 動転させる, 大混乱に陥れる.
revolver [re-] 男〖英〗ピストル;弾倉回転式拳〖銃〗.
révoquer 他 罷〖免〗［解任〗する; 撤回する, 取り消す.
revoter 自 再投票する.
revouloir 他 再び欲しがる.
revoy- → revoir.
revoyure (à la) 副 話 あばよ.
revu, e revoir の過去分詞.
revue 女 ❶ 雑誌. ❷ 検討, 点検. ~ de presse (新聞記事の要約紹介. ❸〖軍〗閲兵, 観閲〖式〗. ❹ 風刺喜劇, 寸劇;(ミュージックホールの)レビュー.
◊être de la ~ 話 期待が外れる.
être de ~ 話 また会う機会がある.
passer en ~ 点検する;閲兵する.
revuiste 男 レビュー作者.
révulsé, e 形 ひきつった.
révulser 他 動転させる;〖文章〗(感などに)ひきつらせる;〖医〗(炎症を)散らす. —se ~ (顔などが)ひきつる.
révulsion 女 激しい嫌悪.
rewriter¹ [rəraj-] 他 リライトする. □**rewriting** [rərajtiŋ] 男
rewriter² [rərajtœːr] 男〖英〗リライター.

rez-de-chaussée 男〖不変〗1階.
rez-de-jardin 男〖不変〗(床が庭と同じ高さの)1階.
R.F. 女〖略〗République française フランス共和国.
R.F.A. 女〖略〗République fédérale d'Allemagne ドイツ連邦共和国, 旧西ドイツ.
Rh 男 ❶〖記〗〖化〗rhodium ロジウム. ❷〖略〗facteur Rhésus Rh 因子.
rhabdomancie 女 (地中の水脈や鉱脈を発見する)占い杖(?)による占い法. □**rhabdomancien, ne** 名
rhabillage 男 着替え;修理.
rhabiller 他 ❶ 再び着せる, 着替えさせる. —名 ❷ 見た目を新しくする. —se ~ 再び着る, 着替える.
rhabilleur, se 名 修理〖修繕〗工.
rhapsode 男〖古ギ〗吟遊詩人.
rhapsodie 女 ❶〖楽〗ラプソディー, 狂詩曲;〖古ギ〗叙事詩.
rhénan, e 形 ライン Rhin 川の;ラインラントの.
Rhénanie 女 ラインラント(ドイツのライン川中流・下流地域).
rhénium 男〖化〗レニウム.
rhéobase 女〖生理〗基電流.
rhéologie 女 レオロジー(物質の変形と流動を取り扱う科学).
□**rhéologique** 形 □**rhéologue** 名
rhéophile 形〖生〗流水に住む, 流水を好む.

rhéostat 男〖電〗加減抵抗器.
rhésus [-s] 男 ❶〖動〗アカゲザル. ❷ (R~)〖医〗Rh 抗原.
rhéteur 男 ❶ (古代の)修辞学〖雄弁術〗教師;〖文章〗雄弁家.
rhétoricien, ne 名 レトリックを用いる, 弁舌の巧みな.
—名 レトリックを用いる人;修辞学者.
rhétorique 女 修辞学, レトリック;雄弁術, 演説法;〖軽蔑〗美辞麗句.
—形 修辞学の, レトリックの.
rhétoriqueur 男 grands ~s (15世紀末 - 16世紀初頭の)大押韻派.
rhéto-roman, e 形 レトロマン語の. —名 レトロマン語.
Rhin 男 ライン川.
rhinanthe 男〖植〗オオゼガララ.
rhinencéphale 男〖解〗嗅脳.
rhinite 女 鼻炎.
rhinocéros [-s] 男〖動〗サイ.
rhinologie 女〖医〗鼻科学.
rhinolophe 男 キクガシラコウモリ.
rhino-pharyngien, ne / rhino-pharyngé, e 形 鼻咽(?)頭の.
rhino-pharyngite 女〖医〗鼻咽(?)頭炎.
rhino-pharynx [-ks] 男〖解〗鼻咽(?)頭.
rhinoplastie 女〖医〗鼻形成〖術〗.
rhinoscopie 女〖医〗検鼻法.
rhinovirus 男〖医〗ライノウイルス.
rhizobium 男〖細〗根粒(?)菌.
rhizome 男〖植〗根茎.
rhizophage 男〖動〗根を食べる.
rhizophore 男〖植〗マングローブ.
rhizopodes 男 複〖動〗根足虫類.
rhizotome 男 根切り道具.
rhô 男 (ギリシャ文字のロー(P, ρ)).
rhodamine 女〖化〗ローダミン〖色素〗.
rhodanien, ne 形 ローヌ Rhône 川の, ローヌ地方の.
Rhodes [-d] ロドス島(エーゲ海南東部にあるギリシャ領の島).
Rhodésie 女 ローデシア(アフリカ南部の英国の旧植民地).
rhodien, ne 形 ロドス島の.
—名 (R~) ロドス島の人.
rhodite 女〖昆〗バラタマバチ.
rhodium 男〖化〗ロジウム.
rhododendron 男〖植〗ツツジ.
rhodoïd [-d] 男 商標 ロドイド(不燃セルロイド).
rhodophycées 女 複〖植〗紅藻類.
rhombe 男 ❶ うなり木, ブルロアラー(世界で広く使われる楽器). ❷ 菱形.
rhombencéphale 男〖解〗菱(²?)脳.
rhombique 形 菱(?)形の.
rhomboèdre 男 菱(?)面体.
□**rhomboédrique** 形
rhomboïdal, ale; 男 複 aux 形 菱形辺形の.
rhomboïde 男 ❶ 平行四辺形. ❷〖医〗菱形筋. **rhomboïde, e** 形〖解〗菱形の.
rhônalpin, e 形 (R~) ローヌ=アルプ地方の人.
Rhône 男 ❶ ローヌ県 [69]. ❷ ローヌ川.

Rhône-Alpes 男 ローヌ=アルプ地方 (ローヌ川流域 8 県にわたる地域圏).

rhotacisme 男 ❶《音声》ふるえ音化. ❷《医》ラ行発音不全(症).

rhovyl 男〘商〙ロービル(合成繊維).

rhubarbe 女〘植〙ルバーブ.

rhum [rɔm] 男 ラム酒(酒).

rhumatismal, ale 形 (男複) **aux** 形 リウマチ性の.
☐rhumatisant, e 名 形

rhumatisme 男 リウマチ.
☐rhumatisant, e 名 形

rhumatoïde 形 リウマチに似た.

rhumatologie 女 リウマチ(病)学.
☐rhumatologie 女

rhumatologue 名 リウマチ病の専門医.

rhume 男 風邪, 感冒.

rhumer [rɔme] 他 ラム酒を加える.

rhumerie [rɔm-] 女 ラム酒製造所.

rhynchite [-kit] 男〘昆〙チョッキリゾウムシ.

rhyolit(h)e 女〘地〙流紋岩.

rhytidome 男〘植〙

rhyton 男〘考古〙角杯(女性や動物の頭部をかたどった陶·金属製の杯).

ri rire の過去分詞.

ria 女〘西〙〘地〙リアス(式海岸).

rial- 活 ⇨ rire.

rial (複) **als** 男 リアル(イラン, イエメン, オマーンの通貨単位).

riant, e 形 ほほえむような, うれしそうな; 喜びに満ちたのどかな, 明るい.

R.I.B. [rib/eribe] 男〘略〙relevé d'identité bancaire 銀行版証明書.

ribambelle 女 長い行列.
◇ une ~ de ... たくさんの….

ribaud, e 形名〘文章〙自堕落な(人);(中世に軍隊について歩いた)無頼の(者).

ribaudequin 男〘軍〙多連装砲車.

ribésiacée 女〘植〙ユキノシタ科.

riblon 男〘金〙屑(くず)鉄.

ribonucléase 女〘生化〙リボヌクレアーゼ, RNA 分解酵素.

ribonucléique 形〘生化〙acide ~ リボ核酸(略 A.R.N.).

ribose 男〘生化〙リボース.

ribosomal, ale 形 (男複) **aux** / **ribosomique** 形〘生〙リボソームの.

ribosome 男〘生〙リボソーム.

ribote 女〘古·俗〙〘文章〙大酒盛り.

ribouis 男〘古·俗〙ぼろ靴.

ribouldingue 女〘古風·話〙古風宴会, どんちゃん騒ぎ.

ribouler 他〘古風·話〙~ **des yeux** (あっけに取られて)目を白黒させる.

ribozyme 男〘生化〙リボザイム.

ricain, e 形〘俗〙アメリカ人の.
— 名 (**R~**) アメリカ人, アメ公.

ricanant, e 形 あざ笑う, にやにや笑う.

ricanement 男 嘲笑, せせら笑い.

ricaner 自 あざ笑う, にやにや笑う.

ricaneur, se 形 嘲笑の, 冷笑の.
— 名 嘲笑的な態度をとる人, 冷笑家.

riccie [-ksi] 女〘植〙ウキゴケ.

richard, e 名〘話〙大金持ち.

riche 形 ❶ 金持ちの, 裕福な; 豪華な, ぜいたくな. ❷ 豊かな, 豊富な; 多彩な.

❸《en, de》(…に)富んだ.
◇ une ~ nature 話 活動的な人.
— 名 金持ち, 富豪.

richelieu;(複) ~ (**-s**) 男 (編み上げの)短靴.

richement 副 ❶ 豊かに, 豊富に; 豪華に, 華美に. ❷ 金持ちになるように.

richesse 女 ❶ 富, 裕福;《複数》財産. ❷ 豪華, ぜいたくさ;《複数》宝物. ❸ 豊かさ, 豊富さ.《複数》生産物; 生産高; 資源.

richissime 形 話 大金持ちの.

Richter [-ʃtɛ(e):r] (échelle de) リヒターの地震規模.

ricin 男 ❶《植》ヒマ, トウゴマ. ❷ huile de ~ ひまし油.

riciné, e 形 ひまし油入りの.

rickettsie [-tsi] 女《生》リケッチア.

rickettsiose [-tsjoz;e]《医》リケッチア症.

ricocher 自 (小石が) 跳ねて飛ぶ.

ricochet 男 (水切りで小石が) 跳ねること, 水切り; 跳ね返り.
◇ par ~ 間接的に.

ric-rac 副 きっぱり; ぴったり, ぎりぎり.

rictus [-s] 男 引きつった笑い.

ridage 男《索などを》張り込むこと.

ride 女 ❶ しわ. ❷ さざ波, 波紋. ❸ (土地の起伏, うねり.

ridé, e 形 しわの寄った; 波立った.
— 女《狩》ヒバリ網.

rideau; x 男 ❶ カーテン; 幕. ► R~! やめろ, もうたくさんだ! ❷ 仕切り, 遮蔽《ことば》. ► de fer シャッター; 防火扉; (かつての東西間の)鉄のカーテン. ◇ en ~ 話 故障《パンク》した.

ridelle 女 (トラック, 荷車の) 荷台枠.

ridement 男 しわが寄ること.

rider 他 ❶ しわを作る; さざ波を立てる. ❷《海》(索などを) 引き締める.
— **se** ~ しわがよる; さざ波が立つ.

ridicule 形 ❶ おかしな, 滑稽(こっけい)な, ばかしい. ❷ 取るに足りない, わずかな.
— 男 ばかしさ, 滑稽さ.
◇ tourner en ~ ばかにする.
☐ridiculement 副

ridiculiser 他 笑い物にする.
— **se** ~ 笑い物になる.

ridoir 男《海》索具締直ねじ.

ridule 女 小じわ.

rie 活 ⇨ rire.

riel 男 リエル(カンボジアの通貨単位).

rien 代(不定)《次の語とリエゾンする》❶《ne とともに》何も…ない. ► Ça ne sert à ~. それは何の役にも立たない. ► (**ne** を省略して)何も … ない. ► R~ à dire. 何も言うことはない / R~ d'étonnant si ... …だとしてもまったく驚くにはあたらない. ❸《ne を伴わずに》何か; 何であれ. ► Y a-t-il ~ de plus arrogant que son attitude? 彼女の態度ほど傲慢(ごうまん)なものがあろうか. ❹《ne を伴わずに》わずかなもの, つまらないこと; 無. ► vivre de ~ 無に等しく暮らす / tomber à ~ 無に帰する.
◇ **Ça [Cela] ne fait** ~. たいしたことではない. **Ce [Ça] n'est pas** ~. 大変なことだ; 無視し得ない. **Ce n'est** ~. なんでもない, どういたしまして.

rient

C'est ça [*cela*] *ou* ~. ほかに選択の余地はない. (*C'est*) *mieux que* ~. ないよりはまだ: なかなかのものだ. *Comme ci de* ~ *n'était*. 何事もなかったかのように. *De* ~. 話 どういたしまして. *de* ~ (*du tout*) 無価値な, 取るに足りない. *Il n'en est* ~. それは正確[本当]ではなく, *n'avoir* ~ *de* + 形容詞 [名詞] まったく…な[…らしい], …に似なり]ところがない. *ne dire* ~ *à* … …にとって どうでもよい; …に聞き覚えがない. (*ne* …) *en* ~ いかなる点でも(…ない). *n'en* ~ *faire* 絶対にしない; (辞退して)それはできません, とんでもない. *ne* … *de moins que* … まさしく…である. *ne* ~ *faire* 害[効果]を及ぼさない; どうでもいい. *ne* … *moins que* … まったく…でない; まさしく…である. *n'être* ~ *à* [*pour*] … …と無関係である, 親しくない. *pour* ~. 無論に, ただ[同然]で; つまらぬ理由で存在しないものとして. *à faire* ~ 手の打ちようがない (拒否して)駄目です. ~ *à* [*de*] ~ まったく…ない. ~ *de plus* [*moins*] それ以上 [以下] でない. ~ *que* … ただ…だけ.
— 男 (次の語とリエゾンしない)つまらないもの, くだらないこと; 些細(ﾞさい)なこと, ごくわずかなもの. ◊*comme un* ~ 話 たやすく. *un* ~ … [副詞的に]ほんの少し…. *un* ~ *de* … ほんの少しの….

— 副 [不 変] 少 し *un* [*une*] (-)*du*(-)*tout* = *un* [*une*] ~ *de* ~ 取るに足りない人.
— 副 副まって, まったく.

rient, ries 直 ▷ rire.

riesling [rislin] 男 独)ワイン)リースリング(アルザス地方のブドウ品種, またそれで作った辛口白ワイン).

rieur, se 形 よく笑う, 陽気な. — 名 笑う人, 陽気な人. — 女 [鳥]ユリカモメ.

riez 直 ▷ rire.

rif / riff(**f**)**e** 男 ❶ 戦場, 戦闘. ❷ ピストル.

rifain, e 形 リーフ山地(モロッコ北部)の. — 名 (R~)リーフ山地の住民.

riff [英] (ジャズの)反復節.

rififi 男 話 喧嘩(けか); 騒ぎ.

riflard¹ 男 ❶ 荒仕工鉋(かんな). ❷ (左官用)ヘラ; (金属用)大型やすり.

riflard² 男 俗 傘.

rifle [英] ライフル銃.

riflette 女 話 殴り合い, 喧嘩(けか).

rifloir 男 波目やすり, 波形やすり.

rift [-t] 男 [英] [地] 地溝.

rigatoni 男 [伊] (複数) [料] リガトーニ (短く角ばったマカロニ).

rigaudon / rigodon 男 [楽] リゴドン (17, 18世紀に流行した舞踏(曲)).

rigide 形 硬[固]い, 堅固な; 厳しい, 厳格な. □**rigidement** 副

se rigidifier 他動 堅くなる; 厳しくなる.

rigidité 女 ❶ 堅いこと, かたさ. ❷ 厳しさ, 厳格さ. ❸ [電]耐力, 強度.

rigolade 女 話 ❶ 笑い興じること, 楽しむこと; 冗談. ❷ たやすいこと.

rigolage 男 [園] 畝溝作り.

rigolard, e 形, 名 話 陽気な(人), おどけた(人).

rigole 女 ❶ (灌漑(ﾞん)・排水用の)溝, 水路. ❷ (種まき, 苗植えの)浅い畝溝.

rigoler 自 話 笑う; 笑い興じる.

rigoleur, se 形, 名 話 陽気・冗談の好きな人, 陽気な人.

rigolo, te 形 話 面白い, 滑稽な; 奇妙な. — 名 話 面白い人, おどけ者.

rigorisme 男 厳格主義, 厳格主義.

rigoriste 形, 名 厳格すぎる(人).

rigotte 女 リゴット(チーズ).

rigoureux, se 形 ❶ 厳格な, 厳しい, 情け容赦のない. ❷ 厳密な, 正確な, 整然とした. □**rigoureusement** 副

rigueur 女 ❶ 厳格; 過酷な状況. ❷ 厳正, 厳密. ◊*à la* ~ やむを得なければ. *de* ~ 必要な. *tenir* ~ *à A de B* BについてAを許さない.

riiez, riions 直 ▷ rire.

rikiki 形 [不変] 話 ちゃちな, 小さい.

rillettes 女 [料] リエット (豚, ガチョウなどのペースト).

rillons 男 (複) [料] リヨン (豚肉をラードで炒(いた)め, その脂肪に漬け込んだ料理).

rilsan 男 商標 リルサン (ナイロンの一種).

rimailler 自, 他 下手な詩を作る.

rimailleur, se 名 古風 ヘボ詩人.

rimaye [-maj/-me] 女 [地] ベルグシュルント (山岳氷河の上端のクレバス).

rime 女 脚韻, 韻. ~ *féminine* 女性韻 (無音の e で終わるもの) *rime masculine* 男性韻 (無音の e 以外で終わるもの), 女性韻 (無音の e で終わるもの). *n'avoir ni* ~ *ni raison* 訳が分からない.

rimer 自 韻を踏む; 詩句をつくる. ◊*ne* ~ *à rien* 意味がない, ばかげている. — 他 韻文で書く.

rimes 直 ▷ rire.

rimeur, se 名 ヘボ詩人.

rimmel 男 商標 リメルのマスカラ.

rinçage 男 すすぎ (洗い); リンス.

rinceau 男 (複) *x* 男 [建] [美] 唐草, 巻葉装飾.

rince-bouteilles 男 瓶洗いブラシ; 空瓶洗浄機.

rince-doigts 男 話 フィンガーボール.

rincée 女 ❶ 話 土砂降り; めった打ち.

rincer ❶ 洗う; すすぐ, ゆすぐ.
— **se** ~ 自分の(…を)すすぐ. ◊*se* ~ *le gosier* 話 一杯やる. *se* ~ *l'œil* 話 (美人などを見て)目の保養をする.

rincette 女 話 (酒飲みがコップすすぎに称してつぐ)もう1杯の酒.

rinceur, se 形 洗う, すすぐ.
— 女 瓶洗い用ブラシ.

rinçure 女 すすぎに使った水, 汚れ水.

rinforzando [rinforʦando]
[伊] リンフォルツァンド(記号く).

ring [rin] 男 ❶ (ボクシングなどの)リング. ❷ (ベルギー)環状大通り.

ringard, e 形 話 ❶ 無能な, 能なしの. ❷ 話 時代遅れの. — 名 話 大根役者; ろくでなし. — 男 火かき棒.

ringarder 他 (溶融金属を)攪拌(ﾞん)

ringardage 男性

ringardise 女性 間延び、時代遅れ。
ringardiser 他 間延びにする。
Rio de Janeiro リオデジャネイロ。
rions 活 ⇨ rire.
ripage / ripement 男 ❶ リブがけ（リブで磨くこと）。❷ 横滑り；荷がずれ。
ripaille 女 ぜいたくな食事、大宴会。
► faire ~ たらふく食べる。
ripailler 自 たらふく食べる。
ripailleur, se 名 食いしん坊。
ripaton 男 足。
ripe 女 【建】リブ、石材削り具。
riper 他 ❶ 〖研磨具リブで〗削る、磨く。❷ 滑らせて位置をずらす。— 自 滑る。
ripolin 男 〖商標〗リポラン（エナメル塗料の一種）。
ripoliner 他 リポリンを塗る。
riposte 女 ❶ 反論、反撃、応酬。❷ 〖フェ〗リポスト。
riposter 自 ❶ (à) (…に)（即座に）言い返す、応酬する。❷ 〖フェ〗突きを返す。— 他 言い返す、（負けずと）応酬する。
ripou 名《複》 x (または ~s) 名, 形 汚職警官(の)。田 pourri の逆さ読み。
ripper [-pœr] 男 【英】【土木】リッパー、破砕機。
ripple-mark [ripœlmark] 女《英》【地】リップルマーク、砂紋。
riquiqui 形《不変》 ちゃちな。
rire 55 自 ❶ 笑う。❷ 楽しむ、気晴らしをする。❸ ふざける、冗談を言う。❹ (de) (…を)茶化す、からかう。
◇**avoir le nez à ~** 何かにつけて冗談を飛ばす。**pour ~** 冗談に。— **au nez [à la barbe] de ~** (…の)鼻先でせせら笑う。— **sous cape** ほくそ笑む。**Vous voulez ~!** 冗談でしょう。**Je ne dis pas cela pour ~.** 冗談ではなく言っているのだ。
— **se ~** (de) (…を)ばかにする、笑いものにする。
— 男 笑い；嘲笑。

ris¹ 男 複 文章 les Ris 悦楽の神。les jeux et les ris 悦楽、快楽。
ris² 男 【海】リーフ、縮帆部。
ris³ 男 【食】（子牛や子羊の）胸腺(きょうせん)。
ris⁴ 活 ⇨ rire.
risberme 女 【土木】大走り；防護堤。
risée¹ 女 あざけり、あざけりの的。
risée² 女 【海】突風、スコール。
risette 女 (特に幼児の)笑い。
risible 形 滑稽な、こっけいな。
risotto 男 〖伊〗【料】リゾット。
risque 男 ❶ 危険、危険性；脅威、おそれ。 ► gestion des ~ 危機管理。❷ (保険の対象となる)危険、災害。
◇**à ~(s)** 危険の多い、ハイリスクの。**à ses ~s et périls** 全責任において。**au ~ de ~** …の危険をおかして。
risqué, e 形 危険のある；際どい。
risquer 他 ❶ 危険にさらす。❷ (…の)危険を冒す。❸ ~ de + inf. …する可能性がある、チャンスがある。
◇**~ le coup** あえてやってみる。
— **se ~** ❶ (危険なことに)乗り出す、手をつける。❷ あえて足を運ぶ。❸ **se ~ à + inf.** 思い切って…する。
risque-tout 名《不変》向こう見ずな人。
riss [-s] 男 【地】リス氷期。

R.M.A.

riss- 活 ⇨ rire.
rissole¹ 女 【料】リソル（パイ生地などに肉や魚を詰めた半月形の焼揚げ）。
rissole² 女 【海中の】のイシ網。
rissoler 他 【料】きつね色に炒(い)める、こんがり焼く。
ristourne 女 ❶ 値引き、割引；割戻し。❷ 【商】リベート；海上保険解除。
ristourner 他 払い戻す。
rit, rit- 活 ⇨ rire.
Rital 男 《軽蔑》イタリア人。
ritardando 副 〖伊〗【楽】リタルダンド、だんだん緩やかに。
rite 男 ❶ 祭式、典礼；儀式、式典。❷ 習わし、慣行。❸ 【民】儀礼。
ritournelle 女 【楽】リトルネッロ（反復される曲、楽節）；決まり文句。
ritualiser 他 儀式化する；しきたりを作る。 □**ritualisation** 女
ritualisme 男 【宗】【儀式】偏重；【キ教】（英国国教会の）典礼過重主義。
ritualiste 形 名 典礼偏重の(人)。
rituel, le 形 儀式の、典礼の；儀礼的な、慣例の。— 男 典礼式定書；慣例、しきたり；儀礼。 □**rituellement** 副
rivage 男 海岸、浜辺。
rival, e 形;《男複》 **aux** 名 競争相手、ライバル。 ◇**sans ~** 比類のない。— 形 競合関係にある、対抗する。
rivaliser 自 (de) (…と)張り合う、競う。❷ (avec) (…に)匹敵する。
rivalité 女 競争、対抗；敵対関係。
rive 女 ❶ 河岸、湖岸、沿岸；川沿いの地区。❷ 端；軒瓦(のきがわら)。
rivelaine 女 【鉱】鶴嘴(つるはし)。
river 他 ❶ (打ち込んだ釘などの先を)打ち曲げる、打ちつぶす。❷ (金属部品で)固定する、リベット締めにする。❸ (鎖などで)つなぐ、縛る(場所、集団に)縛りつける。 ◇**~ son clou à …** 口をつぐませる。
riverain, e 形, 名 沿岸[沿道]の(住民)。
riveraineté 女 沿岸所有権。
rivesaltes [-t] 男 リヴザルト（南仏ルション地方の天然甘口ワイン）。
rivet 男 リベット、鋲(びょう)。
riveter 他 リベット締めをする、鋲打ちする。 □**rivetage** 男
riveteuse 女 リベット打ち機。
riveur, se 名 リベット工。
rivière 女 ❶ 川、河。❷【障害競技の】水濠(ごう)。❸ダイヤモンドの首飾り。
rivoir 男 リベットハンマー。
rivure 女 リベット接合、鋲(びょう)留め。
rixe 女 殴り合い、喧嘩(けんか)、乱闘。
Riyad [-d] リヤド（サウジアラビアの首都）。
riz 男 【植】イネ；米、飯。◇**eau de ~** 重湯。❷ **poudre de ~** おしろい。
rizerie 女 精米所。
rizicole 形 稲作の。
riziculteur, trice 名 稲作従事者。
riziculture 女 稲作。
rizière 女 稲田。
riz-pain-sel 男《不変》 【軍】兵站(へいたん)部の士官【下士官】。
R.M.A. 男《略》revenu minimum d'activité 活動最低所得保障。

RMI 男《略》revenue minimum d'insertion 再就職準備最低所得保障.

RMIste 名 RMI の対象者.

R.M.N. 女《略》核磁気共鳴（CT 装置）.

Rn《記》〔化〕ラドン.

R.N. 女《略》route nationale 国道.

RNA 男《略》ribonucleic acid リボ核酸（⇨ A.R.N.）.

R.N.I.S. 男《略》réseau numérique à intégration de services 総合デジタル通信網（英語 ISDN）.

road(-)movie [rodmuvi]（英）ロードムービー.

rob¹ [-b] 男 薬用果汁シロップ.

rob² [-b] 男〔カード〕ラバー（ブリッジで 3 回戦のうち 2 回勝つこと）.

robe 女 ❶ ドレス, ワンピース; ガウン. ❷ 法服, 僧服. ▶ homme de 〜 司法官, 法律家. ❸（果物, 野菜などの）皮. ❹（葉巻の）外巻き葉. ❺（動物, 特に馬の）毛色;〔ワイン〕色調.

rober 他（葉巻に）上巻き葉を巻く. ⇨ robage

roberts 男複 俗 乳房, おっぱい.

robin 男〈文章〉〈軽蔑〉法律屋.

robinet 男 ❶（水道, ガスなどの）コック; 蛇口. ▶ 〜 d'incendie 消火栓.

robinetier 男 コック類製造[販売]業者.

robinetterie 女 ❶ コック類製造[販売]業;コック類製造工場;コック類.

robinier 男〔植〕ニセアカシア.

robinson 男 ロビンソン・クルーソーのように暮らす人.

roboratif, ve 形〈文章〉元気[活気]づける.

robot 男〔独〕❶ ロボット. ▶ 〜 humanoïde 人間型ロボット. ❷ 家庭用万能電気調理器.

roboticien, ne 名 ロボット工学専門家.

robotique 女, 形 ロボット工学（の）.

robotiser 他 ロボットを備える;ロボット化する. ⇨ **robotisation** 女

robre 男 ⇨ rob².

robusta 男 ロブスタ（コーヒーの一種）; ロブスタ用コーヒーのみ.

robuste 形 頑丈な, 丈夫な;確固たる.

robustesse 女 頑丈さ, 丈夫さ.

roc 男 岩, 岩石.

rocade 女 バイパス道路;〔軍〕（前線と平行した）横行路.

rocaillage 男〔建〕ロカイユ仕上げ.

rocaille 女 ❶ 小石, 砂利; 石ころだらけの土地. ❷〔建〕ロカイユ（貝殻, 小石などによる装飾）. ❸〔美〕ロカイユ様式の（渦巻き形の曲線模様を持つ装飾）. ─ 形《不変》ロカイユ様式の.

rocailleur 男〔建〕ロカイユ職人.

rocailleux, se 形 ❶ 石ころだらけの. ❷（文章が）ごつごつした;耳障りな.

rocambole 女〔植〕アサツキ.

rocambolesque 形 途方もない, 奇想天外な.

rocelle 女〔植〕リトマスゴケ.

rochassier 男 ロッククライマー.

roche 女 ❶ 岩, 岩石. ▶ eau de 〜 岩清水. ▶ 〜 mère 母岩（石油）根

源岩. ◊ clair comme de l'eau de 〜 明確な.

Rochelle (La) ラ・ロシェル（Charente-Maritime 県の県庁所在地）.

rocher¹ 男 ❶ 岩, 岩石. ▶ faire du 〜 ロッククライミングをする. ❷《菓》ロッシェ（岩をかたどった砂糖菓子）.

rocher² 自 ❶（発酵中のビールが）泡立つ. ❷（銀精錬で）気泡の膨れを生じる.

Roche-sur-Yon (La) ラ・ロシュ＝シュル＝ヨン（Vendée 県の県庁所在地）.

rochet¹ 男〔カト〕ロシェットム（司教などの祭服の短白衣）, ❷（英国上院議員の）マント式礼服.

rochet² 男〔織〕（絹系用）ボビン.

Rocheuses (montagnes) ロッキー山脈.

rocheux, se 形 岩石で覆われた;岩でできた.

rochier 男〔魚〕岩場にすむ海魚.

rock¹ 男 ロック（近東の伝説の怪鳥）.

rock² 男《不変》, 形《不変》ロック（の）, ロックンロール（の）.

rocker [-kœːr] / **rockeur, se** 名（米）❶ ロック歌手. ❷ 俗 ロックファン;ロック調の服を着た若者.

rocking-chair [rokin(t)ʃɛːr] 男（英）ロッキングチェアー, 揺り椅子.

rococo 男《美》ロココ様式. ─ 形《不変》❶ ロココ様式の. ❷ 流行遅れの.

rocou 男 アナトー（ベニノキの種皮から採る橙色の食品染料）.

rocouer 他 アナトーで着色する.

rocouyer [-je] 男〔植〕ベニノキ.

rodage 男 ❶（自動車などの）慣らし運転（期間）. ❷ 習熟, 実習（期間）. ❸〔機〕擦り合わせ加工, 研磨加工.

rôdailler 自 歩き回る, うろつく.

rodéo 男 ❶ ロデオ（アルゼンチンで放牧する子牛の焼印押しなどの祭り;米国のカウボーイたちが操る荒馬の乗りこなし）. ❷〔俗〕（市街地の暴走族の）車の競走.

roder 他 ❶ 慣らし運転する. ❷ ならす, 調整する. ❸〔機〕（ぴったり合うように）部品を擦り合わせる, 研磨する.

rôder 自 うろつく, 徘徊する.

rôdeur, se 名 ごろつき, 無頼漢.

Rodez [-z] ロデス（Aveyron 県の県庁所在地）.

rodoir 男〔機〕（シリンダーのボーリングなどに用いる）エメリースティック.

rodomont 男〈文章〉空威張りする人.

rodomontade 女〈文章〉空威張り.

rœntgen [rœntgen] ⇨ röntgen.

rogations 女複〔カト〕（4月 25 日の聖マルクの祝日, およびキリスト昇天祭に先立つ 3 日間の）豊作祈願行列.

rogatoire 形〔法〕依頼の.

rogaton 男 ❶ 古 〈話〉屑, がらくた. ❷ 複 食べ残し, 残飯.

rogne 女 俗 怒り, 不機嫌.

rogner¹ 他 ❶ 切り落とす;減らす;〈sur 〉（…にかかる費用を）節約[削減]する. ◊ 〜 les ailes à ... …の行動を制限する. ⇨ **rognage** 男

rogner² 自 古 腹を立てる.

rogneur, se 名 端を切り落とす人;

rognoir 男 断裁工.
rognonnade 女 断裁機, カッター.
rognon 男 ❶ (食用の)腎(臓)臓. ❷ 《家具》table ～ (腎臓形の小卓.
rognonnade 女 《料》ロニョナード (子牛の腎に臓とロインのロースト).
rognonner 自 《話》ぶつぶつ言う.
rognure 女 切り屑(分), 切れ端.
rogomme 男 ❶ 《話》voix de ～ (酒飲みの)しゃがれ声. ❷ 《古・俗》ブランデー.
rogue¹ 形 横柄な, 無礼な.
rogue² 女 (イワシ漁に用いる)タラの塩漬け魚卵.
rogué, e 形 《漁》(魚が)子持ちの.
roi 男 ❶ 王; 王者, 第一人者. 〔キ教〕les *Rois* mages 東方の三博士. fête [jour] des *Rois* 公現祭. 〔ゲーム〕キング.
◇*heureux comme un roi* 最高に幸せに. *le roi de la création* 万物の霊長, 人間. *morceau de roi* 飛びきりのごちそう. *tirer les Rois* (公現祭のお菓子を食べて)王様を選ぶ (⇨ *fève*). *travailler pour le roi de Prusse* ただ働きをする.
roidir 他 ⇨ raidir.
Roissy ロアシー (シャルル=ドゴール空港の通称).
roitelet 男 ❶ 《鳥》ムシクイ科キクイタダキ属の鳥の総称. ❷ 弱小国の王.
rôle 男 ❶ (演劇の)役, 役柄; せりふ. ❷ 役割; 機能. ❸ 名簿, 目録.
◇*à tour de* ～ 順番に. *avoir le beau* ～ 楽な役目付けになる.
rôle-titre 《複》～s-～s 男 タイトルロール; メーンキャスト.
roller [-lœːr] 男 《英》ローラースケート. ～ *en ligne* インラインスケート.
rolleur, se 名 ローラースケートをする人.
rollier 男 《鳥》ブッポウソウ類.
rollmops [-ps] 男 《独》《料》ロールモップス, 巻きニシンのマリネ.
rollot 《チーズ》ロロチーズ.
ROM [rom] 女 《情報》ロム.
rom [rom] 形 《不変》ジプシーの.
romain, e 形 ❶ 古代ローマの. ❷ ローマのカトリック教会の. ❸ 《印》《R～》ローマ人.
◇*travail de R～* 大事業.
— 男 ローマン体. — 女 《植》タチヂシャ (レタスの一品種). ❸ 桿秤(ばかり).
romaïque 男, 形 現代ギリシア口語(の).
roman¹ 男 小説, 長編小説; (小説のような)波乱万丈の物語; 作り話; 《文》(中世にロマンス語で書かれた)物語.
roman², *e* 形 ❶ 《言》ロマンス語の. ❷ 《美》ロマネスク様式の. — 男 ❶ 《言》ロマンス語. ❷ 《美》ロマネスク様式.
romance 男 《文》ロマンセ (スペインの8音綴(ぎょ)詩の物語・叙事詩). — 女 《楽》ロマンス (叙情的小曲); 恋の歌.
romancer 他 小説化する.
romancero [-se-] 男 《西》ロマンセロ, ロマンセ集.
romanche 男 ロマンシュ語(の).
romancier, ère 名 小説家.
romand, e 形 (スイスで)フランス語を話す地域[住民]の.
— 名 《R～》フランス語を話すスイス人.
romanée 男 《ワイン》ロマネ (ブルゴーニュ地方の高級赤ワイン).
romanesque 形 ❶ 小説的な, 現実離れした 小説の. ❷ 空想にふける.
— 男 小説的 [空想的]なこと.
roman-feuilleton 《複》～s-～s 男 新聞連載小説.
roman-fleuve 《複》～s-～s 男 大河小説; 極めて長い小説 [物語].
romani 男 ロマニー語; ジプシー語.
romanichel, le 名 《軽蔑》 ❶ 《古風》ジプシー. ❷ 放浪者, 浮浪者.
romaniser 他 ローマ化する; ローマ字でつづる. — 自 カトリック教会の教義に従う. ▫romanisation 女
romanisme 男 《宗》ロマニスム, ローマ教 (ローマカトリックの庇護).
romaniste 名 ❶ ロマンス諸語学者. ❷ ローマ法学者. ❸ 《美》ロマニスト (ルネサンスを北に広めたフランドル画家).
romanité 女 《史》ローマ文化(圏).
roman-photo 《複》～s-～s 男 写真小説 (写真を伴う場面説明).
romantique 形 ❶ ロマン派[主義]の. ❷ 夢想的な, ロマンチックな. — 名 ロマン派の作家 [芸術家].
romantisme 男 ロマン主義; ロマンチックな傾向 [心情].
romarin 男 《植》マンネンロウ(シソ科, ローズマリーとして香料に用いる).
rombière 女 奥様然とした婦人.
Rome ローマ.
rompre 43 他 ❶ (関係, 契約などを)断つ, 解消する, 破棄する. ❷ 砕す, 乱す, 解く. ❸ 《文》折る, 砕く, 壊す. ❹ 壊す; 妨害する. ❺ 《軍》── A à B A を B に慣れさせる. ❻ *applaudir à tout* ～ 割れるような拍手をおくる.
— 自 ❶ 《avec》(…と)関係を断つ; (…と)やめる. ❷ 《文》折れる, 切れる, 砕ける. ❸ 《スポ》後退する.
— *se* ～ 折れる, 切れる, 砕ける.
◇*se* ～ *le cou* (堕落して)大けがをする; 破滅する.
rompu, e 形 (rompre の過去分詞) 《美》*ton* ～ 明度に変化をつけた色合い. ❷ 《工》端株, 単位未満株.
romsteck / rumsteck [rom-] 男 《食》ランプ (ステーキ用牛の腰肉).
ronce 女 ❶ 《植》キイチゴ; イバラ. ❷ 有刺鉄線. ❸ 木目.
ronceraie 女 キイチゴ[イバラ]の生い茂った荒れ地.
ronceux, se 形 《文章》 ❶ キイチゴ[イバラ]に覆われた. ❷ 木目の目立つ.
ronchon, ne 形, 名 ぶつぶつ不平を言う(人).
ronchonner 自 ぶつぶつ不平を言う. ▫ronchonnement 男
ronchonneur, se 形, 名 小言の絶えない(人).
roncier 男 / **roncière** 女 キイチゴ[イバラ]の茂み.
rond, e 形 ❶ 丸い, 円形の, 球形の; 肉付きのよい; 《話》ずんぐりした. ❷ 端

rondache 女〖考古〗円形盾.
rondade 女（軽業の跳躍.
rond-de-cuir; (複) ~s-~-~ 男〖古〗〖軽蔑〗小役人, 事務員.
ronde 女 ❶ 輪舞, ロンド. ❷ 巡回, 見回り; パトロール隊. ► chemin de ~（城壁の内などの）巡回路. ❸ 円書体. ❹〖楽〗全音符.
◊ à la ~ 四方に, 周りに; 順番に.
rondeau 男 ❶〖文〗ロンドー（17世紀に流行した定型詩）; ロンド.
ronde-bosse; (複) ~s-~s 女〖彫〗丸彫り.
rondel 男 ロンデル（中世の定型詩）.
rondelet, te 形 ❶ 小太りの, 丸々とした. ❷（金額が）かなりの.
rondelle 女 ❶ ワッシャー; 輪切り.
rondement 副 素早く, きびきびと.
rondeur 女 丸み; 率直さ, 人の良さ.
rondier 男 ⇨ rônier.
rondin 男 丸太薪(まき); 輸入原木.
rondo 男〖伊〗〖楽〗ロンド.
rondouillard, e 形〖話〗ぽっちゃりした, 太っちょの.
rond-point; (複) ~s-~-s 男 円形交差点, ロータリー.
ronéo 女〖商標〗ロネオ（タイプ孔版印刷機）.
ronéoter/ronéotyper 他 ロネオで印刷する.
ronflant, e 形 ❶ うなる, ゴウゴウと鳴る. ❷ 大げさで空疎な, 誇張した.
ronflement 男 いびき; うなるような音, ブンブン［ゴウゴウ］いう音.
ronfler 自 いびきをかく; うなりを発する.
ronfleur, se 名 いびきをかく人.
—— 男 ブザー.
rongement 男 かじること.
ronger ②他 ❶ かじる, かむ. ❷ さいばむ; 腐食させる. ❸ 苦しめる, 悩ます.
rongeur, se 形 かむ, かじる; むしばむ.
—— 男 複〖動〗齧歯(げっし)類.
rônier 男〖植〗ウチワヤシ.
ronron 男 ❶ ゴロゴロ（猫が喉(のど)を鳴らす音）. ❷〖話〗鈍い連続音, 単調さ.
ronronnement 男 猫が喉(のど)をゴロゴロ鳴らすこと［音］; うなること.
ronronner 自 ❶（猫が）ゴロゴロ喉(のど)を鳴らす. ❷（モーターなどが）うなる.
röntgen [rœntɡɛn] 男〖計〗レントゲン（X線の照射線量の単位）.
roof [ruf] 男〖海〗甲板室.
roque 男（チェスの）キャスリング.
roquefort 男 ロックフォールチーズ.
roquer 自（チェスで）キャスリングする.
roquet 男 ❶ パグ（愛玩犬）; すぐほえる小犬. ❷ やかまし屋.
roquetin 男〖繊〗（生糸の撚糸(ねんし)用）小ボビン; ビロード用クロスビーム.

roquette¹ 女〖植〗キバナクレソン.
roquette² 女 ロケット.
rorqual [-kwal] 男〖動〗ナガスクジラ.
Rorschach [-ʃa/-ʃax/-ʃak/-ʃaʃ] （test de）ロールシャッハテスト.
rosace 女 ❶〖建〗ロザース, 円花飾り; （教会の）ばら窓. ❷〖古風〗バラ.
rosacé, e 形 バラ色の.
—— 女 ❶（複数）バラ科. ❷〖医〗酒皶(さ)（性紅斑症(こうはんしょう)）.
rosage 男〖植〗〖地域〗シャクナゲ; アザレア, ツツジ.
rosaire 男〖カト〗ロザリオ（の祈り）.
rosalbin 男〖鳥〗モモイロインコ.
rosat 形（不変）バラを入れた.
rosâtre 形 くすんだばら色の.
rosbif [-s/-z-] 男 ローストビーフ.
rose 女 ❶ バラ（の花）. ► eau de ~ バラ水（化粧水に用いる）. ❷〖建〗ばら窓（ゴシック教会建築などの円窓）;〖宝〗ローズカット. ❸ bois de ~ 紫檀(したん);〖海〗~ des vents（羅針盤の）コンパスカード, 風配図.
◊ à l'eau de ~ 甘ったるい, 感傷的な. envoyer ... sur les ~s 各を追い払う. ne pas sentir la ~ 嫌なにおいがする.
—— 形 ❶ ばら色の, ピンクの. ❷ 楽しい, 愉快な. ► Ce n'est pas (tout) ~. そういつも楽しくない. ❸ 社会主義の, 赤がかった. ❹ セックスに関する, ピンクの.
—— 男 ばら色, ピンク.
◊ voir tout en ~ 楽観的に見る.
rosé, e 形 ばら色の. —— 男 ロゼワイン.
roseau 男 複〖植〗ヨシ, アシ.
Rose-Croix 女 薔薇(ばら)十字団（17世紀のドイツにおける秘密結社）. —— 男（r~-c~）❶ 薔薇十字団員. ❷ 薔薇十字騎士（フリーメーソンの高位階）.
rosé-des-prés; (複) ~s-~-~ 男〖菌〗ハラタケ.
rosée 女 露.
roselet 男〖革〗夏毛のオコジョ.
roselier, ère 形 アシの茂る.
—— 女 アシ原.
roséole 女〖医〗バラ疹(しん).
roser 他 ばら色にする.
roseraie 女 バラ園.
rosette 女 ❶（リボンの）ばら結び. ❷（勲章の）ロゼット, 略綬(しょう).
roseur 女〖動〗バラの木.
Rosh ha-Shana [rɔʃaʃana] 男〖ヘブライ〗（ユダヤ暦の）新年祭.
rosier 男〖植〗バラ（の木）.
rosière 女 ばらの冠の乙女賞, 村で品行方正によりばら冠を授けられた少女.
rosiériste 名 バラ栽培家.
rosir 他 ばら色にする.
—— 他 ばら色にする.
rossard, e 形, 名 意地悪な（人）.
rosse 女 ❶〖話〗意地悪者. ❷ 駄馬.
—— 形 意地悪い; 厳しい.
rossée 女〖話〗ぶんなぐり, 殴打.
rosser 他 ひどく殴る.
rosserie 女 悪意; 邪険な言葉.
rossignol 男 ❶〖鳥〗ナイチンゲール, サヨナキドリ. ❷ 売れ残りの品; 流行遅れの品. ❸ 錠前をこじ開ける道具.

rossinante 囡 〖文章〗やせ馬.
rossolis 男 〖植〗モウセンゴケ.
rostre 男 ❶ 〖古〗船嘴(ぜん)(攻撃用につけられた船首の突出部); 〖歴史〗ロストラ(フォルム・ロマヌムにあった演壇). ❷ 〖昆〗口吻(ふん); (甲殻類の)額角(がくかく).
rot 男 〖俗〗げっぷ, おくび.
rot² [-t] 男〖英〗〖農〗腐敗病.
rotacé, e 形〖植〗車形の.
rotang [-g]〖植〗トウ(籐).
rotary〖英〗ロータリー式掲削機; (電話交換の)回転(スイッチ)方式.
rotateur, trice 形 回転する, 回転式の.
 ── 男 〖印〗輪転機.
rotatif, ve 形 回転する, 回転式の.
rotation 囡 ❶ 回転(運動); 自転. ❷ (交通機関の)運行周期(間隔), 便数. ❸ (業務の)交替. ❹ 〖農〗輪作.
rotativiste 男 〖印〗輪転工.
rotavirus 男〖医〗ロタウイルス.
rote 囡〖カト〗ローマ教皇庁控訴院.
rotengle 男〖魚〗アカヒレフナモドキ.
roténone 囡〖化〗ロテノン.
roter 直〖俗〗げっぷを出す.
rôti 男 〖料〗ローストした肉.
rôtie 囡 〖料〗トースト.
rotifères 男複 〖動〗輪形動物.
rotin 男 籘(ら); 籘のステッキ.
rôtir 他 ❶〖料〗ローストする, オーブンで蒸焼きにする. ❷〖話〗強い熱にさらしおえする. ── 直 (日光などで)焼ける. ── se ~ 直 〖話〗炎熱で焼ける.
rôtissage 男 ロースト, 天火焼き.
rôtisserie 囡 ロースト肉専門店, ロースト肉専門のレストラン.
rôtisseur, se 名 ❶ ロースト肉屋. ❷〖料〗ロティスール(調理のロースト係).
rôtissoire 囡 ロースター, ロースト器.
roto 男 〖印〗(略の輪転機.
rotogravure 囡 輪転グラビア印刷.
rotonde 囡 ❶ ロトンダ(ドームのある円形の建物). ❷ (バスの)後部展望室.
rotondité 囡 ❶ 丸いこと; 球形. ❷〖話〗肥満; 丸々としていること.
rotor 男〖英〗〖航〗回転翼;〖電〗ロータ.
Rotterdam [-dam] ロッテルダム(オランダの都市).
rottweil(l)er [-vajlœr] 男 ロットワイラー(犬の品種).
rotule 囡 ❶〖解〗膝蓋(しつがい)骨. ❷〖機〗回り[トグル]継ぎ手. ◇être sur les ~s ひざがガクガクする, へとへとだ.
rotulien, ne 形 膝蓋骨の.
roture 囡 平民の身分; 平民.
roturier, ère 名 形 平民(の).
rouable 男〖製パン〗火かき. ❷ 塩よせ(平釜の塩をかき寄せる道具).
rouage 男 歯車(装置); 機構, 組織.
rouan, ne 形〖馬〗毛色粕毛(かすげ)の.
 ── 男 粕毛色の馬.
rouanne 囡 (木材に印をつける)罫書(けいがき)用具; (酒樽に印をつける)コンパス.
roublard, e 形名〖話〗悪賢い(いやつ).
roublardise 囡〖話〗ずる賢さ, 狡猾(こうかつ)さ; 悪賢い行い.

rouble 男 ルーブル(独立国家共同体(旧ソ連)の通貨単位).
roucoulade 囡 / **roucoulement** 男 / **roucoulis** 男 ❶ (ハトの)クウクウ鳴く. ❷ 甘いささやき.
roucoulant, e 形 ❶ (ハトが)クウクウ鳴く. ❷ (言葉が)甘く切ない.
roucouler 直 ❶ (ハトが)クウクウ鳴く. ❷ 甘くささやく, ── 他 悩ましげに歌う; 切々と語る.
roudoudou 男〖菓〗(貝殻などに流し込まれた)キャラメル.
roue 囡 ❶ 車輪. ~ de secours スペアタイヤ. ❷ 車輪状の装置. ❸〖史〗車刑(四肢を折り, 宙づりの車に縛る). ◇faire la ~ (クジャクが)尾羽を開く; 気取る; (体操で)側転する. la ~ de la Fortune 運命, 有為転変. pousser à la ~ 一肌脱ぐ; 後押しする.
roué, e 形 ❶ 悪賢い, したたかな. ❷ être ~ de fatigue くたくたに疲れている. ── 名 悪賢い人, したたか者.
rouelle 囡〖料〗輪切りにした子牛の腿(もも)肉; (野菜などの)輪切り.
Rouen ルーアン(Seine-Maritime 県の県庁所在地).
rouennais, e [rwa-] 形 ルーアンの. ── 名 (R~)ルーアンの人.
roue-pelle:(複)~s-~s 囡 ベルト状掲削機.
rouer 他〖史〗車刑に処する. ◇~ ... de coups ...をめった打ちにする.
rouergat, e 形 ルエルグ Rouergue 地方(南仏)の. ── 名 (R~)ルエルグ地方の人.
rouerie 囡〖文章〗策略; ずる賢さ.
rouet 男 ❶ 糸車, 紡ぎ車. ❷ (昔の銃の)車輪式引き金. ❸ ウォード(錠前の鍵識別装置).
rouf [-u-] 男〖海〗甲板室.
rouflaquette 囡〖話〗頬(ほお)ひげ; こめかみの巻き毛.
rouge 形 ❶ 赤い, 赤らんだ; 赤熱した. ► vin ~ 赤ワイン. ❷ 共産主義の, 左翼の, 赤の.
 ── 男 ❶ 赤, 赤色; 紅; (肌の)赤み; (金属の)赤熱. ~ ~ (à lèvres) 口紅, ルージュ. ❷ 赤信号. ❸ 赤ワイン. ► gros ~ 安物の赤ワイン.
 ◇être au [dans le] ~ 赤字である; 危険な状態にある.
 ── 名 左翼, 共産主義者.
 ── 副 (怒りで)真っ赤になって. ◇voir ~ かっとなる.
rougeâtre 形 赤みがかった.
rougeaud, e 形, 名 赤ら顔の(人).
rouge-gorge: (複) ~s-~s 男〖鳥〗ロビン.
rougeoiement 男 赤みのある輝き.
rougeole 囡〖医〗麻疹(ましん), はしか.
rougeoleux, se 形, 名 麻疹(ましん)の(患者).
rougeoyer [-u-] 直 赤みを帯びる. ❑rougeoyant, e 形
rouge-queue: (複) ~s-~s 男〖鳥〗ジョウビタキ.
rouget, te 形 赤みがかった. ── 男 ❶〖魚〗ヒメジ. ❷〖獣医〗豚丹毒.

rougeur 囡 ❶ (顔などの)紅潮;(皮膚の)赤味(鯰), 発赤. ❷ 赤色, 赤味.

rough [rœf] 男《英》(ゴルフの)ラフ. ❷《広》ラフ・レイアウト, ラフ.

rougir 他 ❶ 赤くする;顔を赤らめる. ― 自赤くする.

rougissant, e 形 赤くなる.

rougissement 男 赤くなる[する]こと.

rouille 囡 ❶ 錆(*). ❷〖植〗錆(*)病. ❸〖料〗ルイユ(すりつぶしたニンニクと赤トウガラシをオリーブ油で溶いたソース). ― 形 (不変)錆色の, 赤錆色の.

rouillé, e 形 錆(*)のついた, 錆色の, 赤茶色の.

rouiller 他 ❶ 錆(*)つかせる. ❷ (しなやかさ)を失わせる. ― 自 ❶ 錆びる. ❷ しなやかさを失なう.

rouillure 囡 ❶ 錆(*)が生じていること. ❷ 錆(*)病柄にかかっている所.

rouir 他〖繊〗(繊維を採るために麻類を)浸漬(浸漬(蘇*))する. ☐ **rouissage** 男

rouissoir 男〖繊〗(麻の)浸水場.

roulade 囡 ❶ てんぐり返し;回転. ❷〖楽〗ルラド. ❸〖料〗ルラード(ミートロール).

roulage 男 ❶ ローラーをかけること. ❷ 〖鉱〗運送;〖鉱〗(坑道内の)運搬. ❸〖冶〗圧延加工, ロール成形. ❹〖海〗ロール・オン・ロール・オフ方式(貨物をトラックごと船で輸送する方法).

roulant, e 形 ❶ 動く;移動式の. ► escalier ― エスカレーター. ❷ 話〔笑い転げるほど〕おかしい, ひどく滑稽な. ❸ personnel ― (列車などの)乗務員. ❹ feu ― 連射. ◇*feu* ― *de …* の連発. ― 男話 車両乗務員. ► 野外炊事用車.

roule 男 (石材運搬用の)ころ, 丸太.

roulé, e 形 ❶ (円筒形に)巻いた;丸めた;丸くなった. ► *un pull à col* ― タートルネックのセーター. ◇《口》〖音声〗巻き舌の r. ◇ *bien* ― 話プロポーションのよい. ― 男話 ロールケーキ.

rouleau 男 (複)x ❶ ロール;ころ, 丸太. ► ― *à pâtisserie* めん棒. ❷ (円筒状に)巻いたもの, 巻物;カーラー. ❸〖海〗巻き波. ❹〖スポ〗(走り高跳びの)ベリーロール. ◇*être au bout du* ― もう話すことがない;金〔力〕が尽きる;余命いくばくもない. ◇ ― *compresseur* ロードローラー;(大きな出来事の)押し寄せる波.

rouleauté, e 形 = rouletté.

roulé-boulé (複)~*s*~*s* 男 (落下のショックを和らげる)体の一回転.

roulement 男 ❶ 転がること, 回転;走行. ❷ 転がる〔走る〕音;轟音. ► ― *de tonnerre* 雷鳴. ❸ (仕事などの)交替, 輪番, 循環. ❹ (資本や商品の)回転, 循環. ❺〖機〗軸受, ベアリング.

rouler 他 ❶ 転がす, 転がして運ぶ;動かす;移す. ❷ 巻く, 丸める. ❸ ~ *A dans B* A を B でくるむ. ❹ ローラーをかけるか, めん棒で延ばす;(体の一部)を揺する. ❺文意思い巡らす. ❻ だます, かつぐ. ❼〖音声〗― *les* « r » r を巻き舌で発音する. ― 自 ❶ 転がる;転げ落ちる. ❷ (車が)走る;車を走らせる. ❸ とどろく, 鳴り響く. ❹ 〔*sur*〕(…を巡って)展開する;(…に)翻訳する. ❺〖海〗ローリング〔横揺れ〕する. ◇*Ça roule.* 話うまくいっている. ◇ ~ *sur l'or* 大金持ちである. ― **se** ― ❶ 転げ回る;話笑い転げる. ❷ 体を転がる. ❸〔*dans*〕(…に)くるまる. ❹ 巻かれる;巻く.
◇*se* ~ *les pouces = se les* ~ 話何もしていない.

roulette 囡 ❶ (家具の)キャスター, 脚輪. ❷話歯科用バー(虫歯などを切削するための器具). ❸ルレット, 回転歯車. ❹〖ゲーム〗ルーレット.

rouleur, se 形転がる;巻く. ― 男 ❶ 荷車〔手押し車〕を押す人. ❷ ガレージ・ジャッキ(ローラーで移動できるジャッキ). ❸ (自転車レースの平地で)持久力のある選手. ❹ バーコードリーダー.

roulier 男〖海〗ローロー船(貨物を積載したトラックをそのまま運ぶ貨物船).

roulis 男 横揺れ, ローリング.

roulotte 囡 ❶ (ジプシーや旅芸人などが住む)大型馬車, ハウストレーラー. ❷ 話 *vol à la* ― 車荒らし.

roulotté, e 形〖服〗巻縫いされた. ― 男 巻縫いされたへり.

roulotter 他〖服〗(ヘリ)を巻き縫いする.

roulure 囡 ❶〖農〗(樹木の)風割れ, 目回り. ❷ 俗淫〗売, 売女(鱸*).

roumain, e 形 ルーマニアの.
― 名 (R~)ルーマニア人.
― 男 ルーマニア語.

Roumanie 囡 ルーマニア.

roumi 男 ルーミー(イスラム教徒がキリスト教徒を指していう).

round [rawnd/rund] 男《英》(ボクシングの)ラウンド.

roupie¹ 囡古话 鼻水, 鼻汁. ◇*de la* ~ *de sansonnet* 取るに足りない.

roupie² 囡 ルピー(インド, パキスタンなどの貨幣単位).

roupiller 自话 眠る.

roupillon 男话 うたた寝, 一眠り.

rouquin, e 形, 名话 赤毛の(人).
― 男话 赤ワイン.

rouscailler 自话 文句を言う.

rouspéter 自话 文句を言う, 抗議する. ☐ **rouspétance** 囡

rouspéteur, se 形, 名话 不平を鳴らす(人), 文句を言う(人).

roussâtre 形 赤茶色の.

roussi 男 焦げ臭いにおい.
◇*Ça sent le* ~. 話 うさん臭い.

Roussillon 男 ルション地方(ピレネー山脈の地中海にかけて広がる地域).

roussillonnais, e 形 ルション地方の. ― 名 (R~)ルション地方の人.

roussir 他 赤褐色にする;焦がす.
― 自 赤褐色になる;焦げる.

roussissement 男 / **roussis-**

sure 囡 赤褐色にする[なる]こと；赤茶けた状態.

rouste 囡 殴打, 敗北.

routard, e 图 安上がりの旅をする人, ヒッチハイカー.

route 囡 ❶ 国道, 街道；陸路, 道路交通. ❷ 行程, ルート；旅；(一定のルート), 路線, 航道. ❸ (人生の)道, 進路；手段, 方法.
◇ faire fausse ～ 道を間違える；判断を誤る. faire ～ avec … …と旅をする. faire ～ vers … …に向かって進む. mettre en ～ (エンジンを)始動させる；始める.

router 他 (郵便物を仕分けして)【海】 航路選定をする. ▶ **routage** 男

routeur, se 图 水先案内人.

routier¹ 图 ❶ 囡【史】(中世の)私兵, 野武士. ❷ 古： vieux ～ 老練家.

routier², ère 形 ❶ 道路の, 道路を利用した. ― 男 ❶ 長距離トラック運転手. ❷ ドライブイン. ❸ ロードの自転車選手. ❹ ローバースカウト(16歳以上のボーイスカウト).― 囡 ツーリングカー.

routine 囡 ❶ 型にはまった行動[思考], 習慣的な行動；因習. ❷【情報】ルーチン(プログラムの作業単位).

routinier, ère 形, 图 旧習を守る(人)；型にはまった(人).

rouvraie 囡 オウシュナラの林.

rouvre 男【植】オウシュウナラ.

rouvrir 他 再び開ける；再開する. ◇ ～ une blessure [une plaie] 悲しみを新たにさせる.

roux, sse 形 赤褐色の；赤毛の.
― 图 赤毛の人.
― 男 ❶ 赤褐色. ❷【料】ルー(小麦粉をバターで炒めたもの).

royal, ale ;(男複) aux 形 ❶ 国王の, 王位の；王立の. ▶ prince ～ 皇太子. ❷ 王にふさわしい, 堂々たる, 豪華な.
◇ voie ～ ale 王道, 確実な方法.
― 男 ❶ (ルイ 13 世治下で流行した)下唇の下の房状のひげ. ❷ (la R～) フランス海軍.

royalement 副 豪華に；堂々と.

royalisme 男 王政主義, 王党.

royaliste 形, 图 王政主義の(人)；王党派の(人).
◇ être plus ～ que le roi 当事者よりも強硬な意見を吐く.

royalties [-ti] 囡複【英】著作権料, ロイヤリティ；特許権使用料.

royaume 男 王国. ◇ ～ des cieux 天国／～ des morts 冥府(の).

royauté 囡 王座, 王位；王権, 王政.

R.P.F. 囡【略】Rassemblement du peuple français フランス国民連合.

R.P.R. 男【略】Rassemblement pour la République 共和国連合.

R.T.T. 囡【略】réduction du temps de travail 労働時間短縮.

Ru【記】【化】ruthénium ルテニウム.

ru 男 文 副小川, 流れ.

ruade 囡 (馬が)後蹴ること.

Ruanda [rwã(an)-] 男 ルワンダ(共和国).

ruandais, e 形 ルワンダの.
― 图 (R～) ルワンダの人.

ruban 男 ❶ リボン；帯状のもの；テープ. ❷ (勲章の)綬り. ▶ ～ rouge ルージュ綬賞, 最優秀賞. ❸【建】リボン形飾り. ❹【機】繊維束. ❺【植】～ d'eau ミクリ.

rubané, e 形 帯状の.

rubaner 他 古風 ❶ 帯状にする. ❷ リボンで飾る.

rubanerie 囡 リボン製造[販売]業.

rubanier, ère 形 リボン製造[販売]の.

rubato [ru-] 副【伊】【楽】ルバートで.

rubéfaction 囡 ❶【医】(薬物の刺激による)皮膚の発赤(症). ❷【土】(土壌の)赤色化作用.

rubéfiant, e 形【医】発赤の.
― 男 発赤剤.

rubéfier 他【医】発赤させる.

rubellite 囡【鉱】ルーベライト.

rubénien, ne 形 ルーベンス風の.

rubéole 囡【医】風疹(けん), 三日はしか. ▶ **rubéoleux, se** 形

rubescent, e 形 文 語 赤みを帯びた.

rubiacées 囡複【植】アカネ科.

rubican 形 男【馬】白斑(ぶち)のある.

Rubicon 男 ルビコン川(イタリア中北部からアドリア海に注ぐ川).

rubicond, e 形 赤ら顔の.

rubidium 男【化】ルビジウム.

rubigineux, se 形 錆(さ)びた；錆色をした.

rubis 男 ルビー；紅玉. ◇ payer ～ sur l'ongle 即金で支払う.

rubrique 囡 ❶ (新聞の)欄, 見出し；(分類の)項目. ❷【カト】典礼執行規定(典礼書中赤字で書かれた指示).

rubriquer 他 見出しをつける；項目に分ける.

ruche 囡 ❶ (ミツバチの)巣箱；(1つの巣に住む)蜂群. ❷ 人々の集まる場所.

ruché 男【服】ルーシュ, ひだ飾り.

ruchée 囡 一つのミツバチ群.

rucher¹ 男【蜂】養蜂場；巣箱群.

rucher² 他【服】ルーシュで飾る.

rudbeckia 男【植】オオハンゴンソウ.

rude 形 ❶ 手触りの悪い；耳障りな. ❷ 粗野な, 無骨な. ❸ 厳しい, 過酷な. ❹ 語 (名詞的用法) 並み外れた, ものすごい.

rudement 副 ❶ 荒々しく, 乱暴に；厳しく. ❷ 語 非常に, すごく.

rudenture 囡【建】縄飾装飾.

rudéral, ale ;(男複) aux 形 荒地に生える.

rudération 囡 砂利舗装.

rudesse 囡 ❶ 荒々しさ, 過酷さ. ❷ きめの粗さ, ざらざらしていること.

rudiment 男 ❶ (複数で) (学問の)初歩, 初歩知識. ❷ 初・文言素, 下書き. ❸ 【生】原基, 萌(ほう)芽；痕(こん)跡器官.

rudimentaire 形 初歩の, 基本の.

rudoiement 男 文 語 邪険な扱い.

rudologie 囡 廃棄物処理研究.

rudoyer 他 荒々しく, 邪険に[乱暴に]扱う.

rue¹ 囡 ❶ 通り, 街路；街, 市街. ❷ 町の人；都会, 大衆. ▶ homme de la rue 普通の人, 一般の人.
◇ à tous les coins de rue 至る所に. être à la rue 路頭に迷う.

rue² 囡《植》ヘンルーダ.
ruée 囡 (大勢の人の)殺到; 人の波.
ruelle 囡 ❶ 路地, 小路. ❷ 寝台と壁の間の空間. ❸《文》(16, 17世紀に, 上流婦人が客を迎えた)閨(ﾀ)房.
ruer 自《馬》後脚でける. ◇ ~ *dans les brancards* 激しく抗議する. —**se** ~《sur》(…に)飛びかかる; 殺到する.
ruf(f)ian 男 大胆な冒険家.
rugby 男《英》ラグビー.
rugbyman [-man]《複》~**s**（または **rugbymen**）男 ラグビー選手.
rugine 囡《医》骨膜剝離(ﾋ)子.
rugir 自 ほえる; うなる, どなる, 叫ぶ.
rugissant, e 形 ほえる, うなる.
rugissement 男 ❶（ライオンなどの）ほえ声, うなり声. ❷ うなり, とどろき.
rugosité 囡 ❶（表面の）ざらつき, ごつごつしていること.
rugueux, se 形 ざらざらした, でこぼこの. ❷《信者の発火装置.
Ruhr 囡 ❶ ルール川（ライン川支流）. ❷ ルール地方（ドイツの工業地域）.
ruiler 他《建》コーキングを詰める.
ruine 囡 ❶ 廃墟(ﾀ), 瓦礫(ﾚｷ); あばら屋;《複数》遺跡. ❷ 破損, 破壊; 没落. ❸ 破産, 倒産. ❹ 落ちこれた人.
ruine-de-Rome《複》~**s**~ ~《植》シンバラリア, ツタグサ.
ruiner 他 ❶ 破産「倒産」させる. ❷ 失わせる, 台なしにする. ❸《文章》大損害を与える. —**se** ~ 破産《散財》する.
ruineux, se 形 莫大な費用のかかる.
ruiniforme 形《地》(風化を受けて)廃墟のような［彫られた］.
ruiniste 名 廃墟(ﾀ)の画家.
ruisseau《複》**x** 男 ❶ 小川;《文章》流れ, 流出. ❷ 溝, どぶ, 排水溝, どぶ底の生活, 惨めな境涯.
ruisselant, e 形 とめどなく流れる; びしょぬれの.
ruisseler 自 ❶ とめどなく流れる. ❷《de》(…で)びしょぬれになる.
ruisselet 男 小さな流れ, 小川.
ruissellement 男 流れること, 流れ; (光, 宝石の)きらめき.
rumba [rum-] 囡 ルンバ.
rumen [-men] 男《動》第一胃.
rumeur 囡 うわさ, 風聞; ざわめき.
rumex [-ks] 男《植》ギシギシ.
ruminant, e 形 反芻(ｳ)する.
—男 反芻動物.
ruminer 他 ❶ 反芻する. ❷ 繰り返し考える. ❏**rumination** 囡
rumsteck 男 ⇒ romsteck.
runabout [rœnabawt] 男《英》小型モーターボート.
rune 囡 ルーン文字（北欧ゲルマン民族の古文字). ❏**runique** 形
ruolz [-ls] 男 洋銀.
rupestre 形 ❶《植》岩場に生える. ❷ 岩壁に描かれた［彫られた].
rupicole 形《鳥》イワドリ.
rupin, e 形 名 金持ちの, 豪華な.
—名 金持ち.
rupiner 自《古・語》いい成績をとる.

rupteur 男 遮断器; ブレーカー.
rupture 囡 ❶ 折れること, 切断; 決壊; 破裂. ❷ 絶交; (国交などの)断絶; (契約などの)破棄. ❸ 急変, 激変. ◇ *en* ~ *de* ... …を欠いた.
rural, ale《男複》**aux** 形 田舎の, 農村の. —名 田舎の住民, 農民.
ruralisme 男 田園生活賛美思想.
ruralité 囡 田舎らしさ, 素朴さ.
rurbain, e 形 都市郊外の.
rurbanisation 囡 大都市近郊農地の都市化.
ruse 囡 策略; 悪だくみ.
rusé, e 形 名 悪賢い(人).
ruser 自 策略を弄(ﾛｳ)する.
rush [rœʃ]《複》~(**e**)**s** 男《英》❶ 大勢の人の殺到, ラッシュ. ❷《スポ》ラストスパート; 最後の猛攻. ❸《複数》《映》ラッシュ, 未編集フィルム.
russe 形 ロシアの. ◇ *montagnes* ~**s** ジェットコースター. —名 (R~) ロシア人. —男 ロシア語.
Russie 囡 ロシア(連邦).
russifier 他 ロシア(語)化する. ❏**russification** 囡
russophile 形, 名 ロシアびいきの(人).
russophobe 形, 名 ロシア嫌いの(人).
russophone 形 ロシア語に関する.
—名 ロシア語圏の人.
russule 囡《菌》ベニダケ.
rustaud, e 形, 名 がさつな(人).
rusticage 男《建》田舎風仕上げ.
rusticité 囡 武骨さ, 粗野.
rustine 囡 商標 リュスチン（自転車のパンク修理用の丸い粘着ゴム).
rustique 形 ❶ 田舎の, 素朴な, 民芸調の. ❷《建》ルスティカ（仕上げ）の. ❸《農》(動植物が)丈夫な.
—男 田舎風, 民芸調.
rustiquer 他《建》（石材の表面を）ルスティカ（歯びしゃ）で仕上げる.
rustre 名 粗野でない.
rut [-t] 男《動》盛り; 発情期.
rutabaga 男《植》スウェーデンカブ.
rutacées 囡複《植》ミカン科.
ruthénium 男《化》ルテニウム.
rutilance 囡 / **rutilement** 男《文章》輝き, きらめき.
rutilant, e 形 ❶ きらきら輝く. ❷《文章》燃えるように赤い, 真っ赤に輝く.
rutiler 自 きらきらと輝く, 真っ赤に輝く.
rutile 男《鉱》ルチル, 金紅石.
ruz [ry] 男《地》リュ（ジュラ山脈などで, 背斜に沿って侵食が進んでできた横谷).
Rwanda 固 ルワンダ.
rye [raj] 男《米》ライウイスキー.
rythme 男 ❶ リズム, テンポ, 拍子. ❷《文》(詩の)韻律, 律動.
rythmer 他 リズムに合わせる; リズムをつける.
rythmicité 囡 商 律動性.
rythmique 形 リズムのある, 律動的な; リズムに関する.
—囡 リトミック; リズム体操.

S, s

S¹, s 男 《不変》 ❶ フランス字母の第19字。 ❷ S字形。
S² 《記》《化》soufre 硫黄; siemens ジーメンス(コンダクタンスのSI単位).
s 《記》《計》seconde 秒.
S. 男 ❶ sud 南。 ❷ Saint 聖者.
s' se の省略形。 ❷ si¹ の省略形。
sa son の女性形.
S.A. 囡《略》société anonyme 株式会社.
Saba シバ(アラビア半島の古代王国).
sabayon [-bajɔ̃] 男《料》サバイヨン(卵黄, 砂糖, ワインで作るクリーム).
sabbat 男 ❶ 《ユ教》安息日。 ❷ サバト, 魔女集会.
sabbatique 形 安息日の. ▶ année ~ 安息の年; (大学教授などの7年ごとの)休暇年度.
sabéen, ne 形 シバの。 — 名 〈S~〉シバ族。 ❷ サビア教徒.
sabéisme 男 サビア教.
sabelle 囡 《動》ケヤリ(ムシ).
sabine 囡 《植》サビナビャクシン.
sabir 男 ❶ サビール語(地中海沿岸で用いた混成語). ❷ 訳の分からない言葉.
sablage 男 砂まくこと; 砂吹き.
sable 男 砂; 《複数》砂浜, 砂原. ~s mouvants 流砂.
◇bâtir sur le ~ 砂上に楼閣を築く. être sur le ~ 文無しで; 仕事にあぶれている.
— 形《不変》砂色の, 明るいベージュの.
sablé, e 形 ❶ 砂で覆われた。 ❷ 《菓》サブレの. — 男《菓》サブレ.
sabler 他 砂をまく, 砂で覆う; 砂を吹きつけて磨く. ▶ ~ le champagne (祝賀などで)シャンパンを開ける.
sableur 男 砂型工, 《鋳》砂型工.
sableuse 囡 砂吹き機, 噴砂機.
sableux, se 形 砂を含む, 砂地の.
sablier 男 形 砂採取[取引]の. — 男 砂時計. — 囡 砂採取場.
sablon 男 細砂.
sablonner 他 砂で薄く覆う.
sablonneux, se 形 砂地の, 砂の多い.
sablonnière 囡 採砂場.
sabord 男《海》砲眼(穴).
saborder 他 ❶ (船を)自沈させる. ❷ (自主的に)廃業する.
— se ~ (自主的に)廃業する.
□ sabordage/sabordement 男
sabot 男 ❶ 木靴, サボ. ❷ 蹄(ヅ). ❸ (家具の)脚金具, 脚飾り; (杭の)石突; 金物. ❹ むち独楽(ゴ). ❺ (座浴用の)浴槽. ❻ 古風 役立たずな物.
◇~ de Denver (駐車違反の車にかける)足かせ。 ▶ de frein ブレーキシュー; 制輪子. voir venir ... avec ses gros ~s 話 …の算段[魂胆]が見え透く.
sabotage 男 ❶ (仕事などを)ぞんざいに片づけること; サボタージュ, 怠業. ❷ (計画の)破壊; (計画の)妨害. ❸ 《鉄道》~ des traverses 枕(マ)木の削正. ❹ 木靴の製造.

sabot-de-Vénus 《複》~s-~. — 男《植》アツモリソウ属(ラン科).
saboter 他 ❶ (仕事などを)ぞんざいに片づける; (設備を)破壊する; (計画などを)妨害する. ❷ 《鉄道》(枕木を)加工する. ❸ (杭に)沓(り)[シュー]金具を取り付ける; (木靴を)製造する.
saboterie 囡 木靴製造.
saboteur, euse 名 いい加減な仕事をする人; 破壊する人; 妨害する人.
— 男《鉄道》枕木を加工する人.
sabotier, ère 名 木靴師[製造工].
sabra 名, 形 イスラエル生まれのユダヤ人(の).
sabrage 男 (羊毛皮の)汚染物除去.
sabre 男 ❶ サーベル, 刀; 《フェ》サーブル. ❷ 話 軍隊, 武力. ❸ 古風 話(柄つきの)ナイフ.
sabre-baïonnette 男《複》~s-~s (昔の)銃剣.
sabrer 他 ❶ サーベルで斬(ぢ)る. ❷ 話 大幅に削る[不合格にする]; 解雇する. ❸ (仕事などを)ぞんざいに片づける.
sabretache 囡 (18, 19世紀の)騎兵が携帯した革鞘の小かばん.
sabreur, se 名《フェ》サーブルの選手. — 男 (昔の)サーベルを振り回す兵士.
sac¹ 男《袋》袋(の中身, 1袋(分)); かばん, ハンドバッグ (= sac à main). ▶ ~ à dos リュックサック / sac de couchage 寝袋. ❷ 金, 財産. ❸《解》囊(ホ); 《動》sac aérien 気嚢;《植》sac embryonnaire 胚(ヘ)嚢.
◇avoir plus d'un tour dans son sac 話 抜け目がない. L'affaire est dans le sac. 話 成功間違いなし. mettre dans le même sac 話 ひとからげに扱う. prendre ... la main dans le sac …を現行犯で逮捕する. sac à vin 話 大酒飲み. sac de nœuds こじれた問題. vider son sac 腹の内をぶちまける.
sac² 男 (都市での)略奪, 蹂躙(ゲッ).
◇mettre à ~する.
saccade 囡 ぎくしゃくした動き.
◇par ~s ぎくしゃくと.
saccadé, e 形 ぎくしゃくとした.
saccager 他 ❶ 略奪する; (踏み)荒らす. ❷ saccage 男
saccageur, se 名 略奪者; 破壊者.
saccharifère [-ka-] 形 糖を産する, 糖分を含む.
saccharifier [-ka-] 他《化》糖化する. □ saccharification 囡
saccharimètre [-ka-] 男 検糖計.
saccharimétrie [-ka-] 囡《化》検糖法. □ saccharimétrique 形
saccharin, e [-ka-] 形 糖質の; (砂)糖の. — 囡 サッカリン.
saccharine, e [-ka-] 形 サッカリンを加えた.
saccharose [-ka-] 男 ショ糖.
saccharure [-ka-] 男《薬》糖散.

saccule 男 〖解〗(内耳の)球形囊(?).
sacculer 他動 フクロムシ.
S.A.C.E.M. [sasem] 女〖略〗Société des auteurs, compositeurs et éditeurs de musique サセム (作詞家作曲家音楽譜出版者協会.
sacerdoce 男 司祭職; 聖職.
sacerdotal, ale 男(複) **aux** 形 聖職(者)の.
sach- 接頭 ⇨ savoir.
sachem [-.ʃem] 男 (北米先住民の)長老.
sacherie 女 袋製造業.
sachet 男 小さな袋[包み].
sacoche 女 肩掛けかばん.
sac-poubelle; (複) **~s-~** 男 ゴミ袋.
sacquer 他 首にする, 不合格にする; 手ひどく叱る.
sacral, ale; (男複) **aux** 形 神聖な.
sacralisation 女 神聖化.
sacraliser 他 神聖化[視]する.
sacramentaire 名 サクラメンタリウム(中世の典礼書); 聖餐形式論者.
sacramental, le; (複) **aux** 男 〖カト〗準秘跡.
sacramentel, le 形 秘跡の.
sacre[1] 男 ❶〖王の〗戴冠式; (司教の)聖別式. ❷ 祭典, 祝典.
sacre[2] 男 〖鳥〗ワキスジハヤブサ.
sacré[1], **e** 形 ❶ 神聖な, 聖なる; 宗教の. ▶ livres ~s 聖書. ❸ 崇高に極めて重要な. ❸ 語いまいましい; ついへに結構な. ◇ avoir le feu ~ (仕事に)情熱を燃やす.
— 男 聖なるもの, 神聖.
sacré[2], **e** 形 〖解〗仙骨の.
sacrebleu / sacredieu 間投 ちえっ, 畜生.
Sacré-Cœur 男 ❶ (イエス・キリストの)聖心(た). ❷ (モンマルトルの)サクレクール寺院(~ basilique du ~).
sacrement 男 ❶〖カト〗秘跡. ▶ les derniers ~s 臨終の秘跡 / le saint ~ 聖体. ❷ (プロテスタントで)聖礼典.
sacrément 副 とても, ひどく.
sacrer 他 聖別する; …としてたたえる[認める].
sacrificateur, trice 名 犠牲をささげる祭司.
sacrifice 男 ❶ 犠牲; 犠牲的行為. ❷《複数》経済的犠牲, 出費. ❸ 供犠(ぎ), いけにえ. ▶ ~ humain 人身御供(こう)/le saint ~ ミサ聖祭.
sacrificiel, le 形 犠牲の, 供犠の.
sacrifié, e 形 ❶ 犠牲にされた; 自らを犠牲にする. ❷ 投げ売の.
— 名 犠牲者; 犠牲的精神の持ち主.
sacrifier 他 ❶ 犠牲にする. ❷ 手放す, 処分する. ❸ いけにえとしてささげる.
— 自 《文章》(à)(…に)従う, 身を任せる.
— se — 自らを犠牲にする.
sacrilège 男 ❶〖カト〗汚聖, 瀆(ぞく)聖. ❷ 冒瀆. — 形 冒瀆的な; 不敬な. — 名 瀆神者; 罰当たり.
sacripant 男 ならず者, ごろつき.

sacristain 男 (教会の)堂守, 聖具室係.
sacristi 間投 ちえっ, 畜生.
sacristie 女 聖具室, 香部屋.
sacristine 女 聖具室係の(修道)女.
sacro-iliaque 形 〖解〗仙骨腸骨の.
sacro-saint, e 形 〖皮肉〗神聖不可侵の.
sacrum 男 〖解〗仙骨.
sadique 形 サディズムの, 加虐性愛の; 残酷な. — 名 サディスト.
 □**sadiquement** 副.
sadisme 男 〖心〗サディズム.
sadomasochisme [-.ʃi-] 男 〖心〗サド・マゾヒズム.
 □**sadomasochiste** 名形.
SAF 男〖略〗 syndrome d'alcoolisation fœtal 胎児アルコール症候群.
safari 男 (スワヒリ)(アフリカでの)猛獣狩り, サファリ.
safari-photo; (複) **~s-~s** 男 (アフリカでの)野生動物撮影旅行.
safran[1] 男 ❶〖植〗サフラン; 〖料〗サフラン粉. ▶ ~ des prés イヌサフラン. ❷ サフラン色, 黄色.
— 形 (不変)サフラン色の.
safran[2] 男 〖海〗舵板(ほ).
safrané, e 形 サフランの香りをつけた; サフラン色の, 黄色の.
safraner 他 サフランで色[香り]つけする.
saga 女 ❶〖文〗サガ(中世北欧の散文物語群). ❷ 伝説, 物語.
sagace 形 〖文〗慧(けい)眼の, 聡明な.
sagacité 女 聡明, 聡明さ.
sagaie 女 投槍(?).
sagard 男 木挽(ひ)職人.
sage 形 ❶ 賢明な, 良識ある. ❷ (子供, 動物が)おとなしい. ❸ (異性に対して)慎み深い, 貞淑な, 控えめな, 地味な. ❹ 賢い, 賢者; 哲人. ❷ 学識経験者, 有識者.
sage-femme; (複) **~s-~s** 女 助産婦, 産婆.
sagement 副 賢明に; おとなしく.
sagesse 女 ❶ 賢明さ, 良識; 慎重さ. ❷ 文献知恵, 英知. ❸ おとなしさ, 従順. ❹ 節度, 穏健さ; 地味.
sagine 女 〖植〗ツメクサ.
sagittaire 男 ❶〖古今〗射手; (S~)〖天〗射手座. — 女 〖植〗オモダカ.
sagittal, ale; (男複) **aux** 形 矢の形をした; 〖解〗矢状(じよう)の.
sagou 男 サゴでん.ぷん.
sagouin, e 名 〖俗〗不潔な人[子供]. — 男 〖動〗(南米産の)キヌザル.
sagoutier 男 〖植〗サゴヤシ.
saharien, ne 形 サハラ砂漠の, サハラの. ❷ (S~)サハラ砂漠の住民. — 女 〖服〗サファリジャケット.
sahib [-ib] 男 (インドで尊称として)殿下.
sahraoui, e 形 西サハラの. ❷ (S~)西サハラの住民.
saï 男動 〖動〗ナマケモノ.
saïga 男 〖動〗サイガ(ウシ科).
saignant, e 形 ❶ 出血している. ❷ 生焼けの, レアの. ❸ (心が)痛んでい

る; 過酷な.

saignée 女 ❶ 〖医〗 瀉血(しゃけつ); 瀉血された液. ❷ ひじの内側のくぼみ. ❸ 人的損失; 大出費. ❹ 排水路; 〖林〗(樹皮の)刻み, 切り口. ❺ 〖機〗溝, 筋.

saignement 男 出血.

saigner 自 ❶ 出血する. ❷ 〖文章〗痛む; 傷つく, うずく.
── 他 ❶ 採血〔瀉血〕する. ❷ (家畜を)血を抜いて殺す. ❸ 〖古風〗金を巻き上げる. ❹ (排水路を)設ける; (樹液採取用の)刻みを入れる.
── se ── 莫(ばく)大な犠牲を払う. ◇ se ～ aux quatre veines どんな犠牲もいとわない.

saillie₁ 盛 ⇨ saillir.

saillant, e 形 ❶ 張り出した, 突き出た. ❷ 目立った, 際立った. ❸ 〖数〗 angle ～ 凸角. ── 男 突出部.

saillie 女 ❶ 突出部, 張り出し. ❷ 〖文章〗(表現の)とっさ, 才気. ❸ 交尾.

saillir 自 ❶ せり出す, 張り出す, 突き出る; 盛り上がる. ── 他 ❺ 交尾する.

saïmiri 男 〖動〗リスザル.

sain, e 形 ❶ 健康な; 丈夫な; 傷んでいない; 正常な, 健全な. ❷ 健康によい, 体のためになる. ❸ 〖海〗安全な.
◇ ～ et sauf 無事に.

sainbois 男 ジンチョウゲの一種.

saindoux 男 ラード, 豚の脂身.

sainement 副 健康的に; 健全に.

sainfoin 男 〖植〗ムラサキウマゴヤシ, アルファルファ.

saint, e 形 ❶ 聖なる, 神聖な. ❷ 聖…, 聖な…; 聖…祭［の祝日］. ► S～e Vierge 聖処女, 聖母. ❸ 聖人のような, 信心深い. ❹ 非常に, 極度の.
◇ toute la ～ e journée 〖話〗一日中.
── 名 聖人, 聖女. ❷ 聖人像.
◇ prêcher pour son ～ 自分の利益を図る.
── 男 (エルサレム神殿の)至聖所.
◇ des ～ des ～ s 〖話〗秘密, 中枢.

saint-bernard 男 〖不変〗セントバーナード(犬).

Saint-Brieuc [-brijø] サン=ブリュー (Côtes-d'Armor 県(旧 Côtes-du-Nord 県)の県庁所在地).

saint-cyrien, ne 名 陸軍士官学校生徒.

Saint-Denis ❶〖町名〗サン・ドニ[県93]. ❷ フランス海外県 Réunion 島の県庁所在地.

Sainte-Hélène セント=ヘレナ島 (南アフリカ北西にある英国領火山島).

sainte-maure 女 〖不変〗〖チーズ〗サントモール.

saintement 副 聖人のように.

saint-émilion 男 〖不変〗〖ワイン〗サンテミリオン(ボルドー地方のワイン).

sainte nitouche; 〖複〗 ～ s ～ s 女 偽善者, 猫かぶり; かまとと.

Saint-Esprit 男 〖不変〗〖キ教〗(三位一体の一位格としての)聖霊.

sainteté 女 ❶ 聖性, 神聖さ. ❷ Sa S～ 猊(げい)下(教皇に対する尊称).

Saint-Étienne サンテティエンヌ (Loire 県の県庁所在地).

saint-frusquin 男 〖不変〗〖話〗所持品, 全部, 全財産. ◇ ... et tout le ～ …とその他一切合切, 残り全部.

Saint-Germain-des-Prés サンジェルマンデプレ(パリ左岸).

saint-glinglon (à la) 副 〖話〗永久に, 決して［いつまでも］…ない.

Saint-Guy (danse de) 舞踏病.

Saint-Honoré (rue de faubourg) サントノレ通り(パリ高級モード街で知られる).

saint-honoré 男 〖不変〗〖菓〗サントレ(プチシューとカスタードのケーキ).

saint-jacques 女 〖料〗ホタテ貝.

Saint-Lô サン=ロー (Manche 県の県庁所在地).

Saint-Louis (île) サン=ルイ島(パリの中心, セーヌ川の島).

Saint-Michel (boulevard) (パリの)ミッシェル大通り.

saint-nectaire 男 〖不変〗〖チーズ〗サン・ネクテール.

Saint-Nicolas 女 聖ニコラウスの祝日(12月6日).

Saint-Office 男 〖不変〗検邪聖省(教皇庁の異端審問機関).

Saintonge 女 サントンジュ地方(フランス西部の旧州).

saintpaulia 男 〖植〗セントポーリア.

saint-paulin 男 〖不変〗〖チーズ〗サン=ポーラン.

Saint-père; 〖複〗 s-~s 男 〖カト〗聖父(ローマ教皇の尊称).

saint-pierre 男 〖不変〗〖魚〗ニシマトウダイ(使徒ペテロがその口から貨幣を取り出した).

Saint-Pierre-et-Miquelon サン=ピエール=エ=ミクロン ［県 975］(カナダ東部のニューファンドランド島の南にあるフランスの特別自治体).

Saint-Siège 男 〖カト〗聖座(ローマ教皇庁).

saint-simonien, ne 形 サン=シモン主義の. ── 名 サン=シモン主義者.

saint-simonisme 男 サン=シモン主義.

sais ⇨ savoir.

saisi, e 形 ❶ 衝撃を受けた; とらわれた. ❷ 〖法〗差し押えられた. ❸ 焼きかけた; 焦がされた. ── 名 〖法〗差押え債務者. ── 男 〖法〗差押えの目的物; 発禁. ❹ 〖情報〗データ入力.

saisie-arrêt; 〖複〗 ～ s-～ s 女 〖法〗(第三債務者に対する)差押え.

saisie-exécution; 〖複〗 ～ s-~ s 女 〖法〗動産の差押え.

saisie-revendication; 〖複〗 ～ s-~ s 女 〖法〗物件係争差押え.

saisine 女 〖法〗❶ 提訴. ❷ ── héréditaire 遺産占有.

saisir 他 ❶ つかむ, とらえる; 把握する. ❷ 〖法〗差し押える, 押収する; 発禁にする(…を); 提訴［付託］する. ❸ 〖料〗強火で手早く〈炒(いた)める〉. ❹ 〖情報〗(入力を)行う.
── se ── (de) (…を)つかむ, とらえる; 奪い取る.

saisissable 形 ❶ とらえられる; 理解できる. ❷ 〖法〗差押え可能な.

saisissant, e 形 心をとらえる, 印象

saisissement 男 ❶ 驚き, 衝撃, 感動. ❷ ぞく-とした寒さ.

saison 女 ❶ 季節; 時期, シーズン; 収穫期, 旬(シュン), 漁[猟]期. ❷ 湯治(の時期). ◇*être de* ~ 時宜にかなう.

saisonnalité 女 季節性.

saisonnier, ère 形 季節(特有)の; 季節〔一定の期間〕限りの. — 男 季節労働者; シーズン客.

sait 活 ➡ savoir.

sajou 男 オキザル.

saké 男〔日本〕日本酒.

salace 形〔文章〕好色な; 卑猥(ヒワイ)な.

salacité 女〔文章〕好色.

salade 女 ❶ サラダ; サラダ用野菜. ❷〔話〕混乱, 支離滅裂;〔複数〕でたらめ, ほら話, うそ.
◇*vendre sa* ~ 自分を述べる, 口車にのせる; 説得に努める.

saladier 男 サラダボールの(中身).

salage 男 塩漬け; (水結防止に路面への)塩の散布.

salaire 男 給与, 賃金; 褒美, 報い.

salaison 女 塩漬け(食品).

salaisonnerie 女 塩漬け製造販売業.

salamalecs 男複〔話〕ばか丁寧な挨拶.

salamandre 女 ❶〔動〕サンショウウオ; (伝説の)火トカゲ. ❷ 暖炉(暖炉の中に置く)滞焼ストーブ.

salami 男 サラミ(ソーセージ).

salangane 女〔鳥〕アナツバメ.

salant 形 塩を産出する〔含んだ〕.

salarial, ale; 男複 aux 形 給与の, 賃金の.

salariat 男 ❶ 給与生活;〔集合的〕サラリーマン. ❷ 賃金制.

salarié, e 形 名 給与〔賃金〕の支払いを受ける. — 名 サラリーマン.

salarier 他 給料を払う.

salaud 男〔俗〕卑劣漢, けす野郎. — 形 形〔俗〕卑劣な, 下劣な.

sale 形 ❶ 汚い, 汚れた, 不潔な. ❷ 卑劣な; 嫌な, 不愉快な. ❸ くすんだ. ❹ 卑猥(ヒワイ)な, みだらな.
◇*avoir une* ~ *gueule* 嫌な顔[悪党面]をしている; 顔色が悪い. *C'est pas* ~ *!* そいつはいい. *faire une* ~ *gueule* 困った[いまいましそうな]顔をする.

salé, e 形 塩味の, 塩漬けの; 塩分を含んだ. ❷ 卑猥(ヒワイ)な, 露骨な. ❸〔話〕手厳しい; 法外な. — 男〔料〕豚肉の塩漬け. ► *petit* ~ 浅漬けの豚肉.

salement 副 汚く; 卑劣に;〔俗〕ひどく.

saler 他 ❶ 塩で味つけする; 塩漬けにする. ❷ 厳しく罰する; 吹っかける. ❸ (結氷防止に道路に)塩をまく.

saleron 男 (小さな)塩入れ.

saleté 女 ❶ 汚さ, 不潔; ごみ, 汚物; 糞(クソ). ❷ 卑劣な行為[言葉].❸〔話〕がらくた, 不良品; まずい食べ物.

saleur, se 名 塩漬け食品加工業者.

salicole 形 塩田製造の.

salicorne 女〔植〕アッケシソウ.

saliculture 女 塩田開発; 製塩.

salicylique 形〔化〕acide ~ サリチル酸.

salière 女 ❶ (食卓用)塩入れ. ❷〔話〕鎖骨の上のくぼみ; (馬の)眼窩(ガン).

salifère 形 塩分を含んだ.

saligaud 男〔俗〕卑劣漢; 不潔な人.

salin, e 形 塩分を含んだ. — 男 塩田. — 女 製塩工場; 塩田.

salinier, ère 名 塩田で働く人.

salinisation 女 (溶液などの)塩分増加.

salinité 女 塩分(濃度).

salique 形〔史〕(フランク族の支族の)サリ族の. ► *loi* ~ サリカ法典.

salir 他 汚す; けがす.
— se ~ 汚れる; 体面をけがす.

salissant, e 形 ❶ 汚す, 汚い. ❷ 汚れやすい.

salisson 女 地域・語 不潔な少女.

salissure 女 汚れ, ほこり.

salivaire 形 唾液(ダエキ)の.

salivation 女〔生理〕唾(ツバ)液分泌.

salive 女 唾液(ダエキ), よだれ.
◇*avaler* [*ravaler*] *sa* ~ (うまい言葉が見つからず)黙り込む. *dépenser beaucoup de* ~〔話〕しゃべりまくる.

saliver 自 よだれが出る, 唾(ツバ)液を分泌する.

salle 女 (特定用途の)部屋. ► ~ *à manger* 食堂 / ~ *de séjour* 居間 / ~ *d'eau* (洗面もできる)洗面所兼シャワールーム. ❷ (公共の)室, ホール, 会議場; 劇場, 映画館. ❸ 観客(席).

salmanazar 男 (シャンパン12本分の)大瓶.

salmigondis 男 ごたまぜ, 寄せ集め.

salmis 男 サルミ(野鳥のソース煮).

salmonella / salmonelle 女〔不変〕サルモネラ(菌).

salmonellose 女 サルモネラ症.

salmoniculture 女 サケ[マス]の養殖.

salmonidés 男複〔魚〕サケ科.

saloir 男 塩漬け用容器.

salomé 男 (女性用) T ストラップシューズ.

salon 男 ❶ 客間; 応接間; 応接セット. ❷ サロン(上流婦人が催す集い);〔複数〕〔文章〕社交界の人々. ❸ 室, 店. ❹ ~ *de thé* 喫茶店, パーラー. ❺ 〈S〜〉(定期的な)美術展; 見本市.

salonnard, e 形, 名〔軽蔑〕サロン常連〔社交界ぶれ〕(の人).

saloon [-lun] 男〔米〕(米国西部の)酒場.

salop 男 ➡ **salopard**

salopard 男〔俗〕卑劣漢.

salope 女 俗 あばずれ, 売女(バイタ).

saloper 他 雑にする; 汚す.

saloperie 女 ❶ ごみ, 汚物; 粗悪なもの. ❷ 卑劣な行為; 卑猥(ヒワイ)な話.

salopette 女 オーバーオール.

salopiaud / salopiot 男〔俗〕卑劣漢.

salpêtre 男〔化〕硝石; 硝酸カリウム.

salpicon 男〔料〕サルピコン(肉や魚のこま切れを使うソースの具).

salpingite 女〔医〕卵管炎.

salsa 女 サルサ《ラテンアメリカの音楽》.

salsifis 男【植】バラモンジン; セイヨウゴボウ.

saltation 女 跳躍;【地】躍動.

saltatoire 形 跳躍の. ► art ～ ダンス.

saltimbanque 名 軽業師.

salto 男【スポ】サルト, 宙返り.

salubre 形 健康によい.

salubrité 女 健康によいこと; 衛生.

saluer 他 ❶ 挨拶をする; 敬意を表する; 迎える, 受け止める. ❷ 称賛する. ► ～ A en B B をAとして認める, たたえる. ──**se** ～ 挨拶を交わす.

salure 女 塩分, 塩気.

salut 男 ❶ 救済; 安泰;【神】救霊, 死後の魂の救済. ► ～ public 国家の保護, 公安 / Armée du ～ 救世軍. ❷ 挨拶; 会釈, 敬礼. ❸【カト】聖体降福式. ──間 やあ, さらば; バイバイ; そんな話興ずない.

salutaire 形 健康によい; 有益な.

salutation 女 ❶ 大げさな挨拶. ❷【カト】～ angélique 天使祝詞, アヴェ・マリア. ❸ Veuillez agréer, Monsieur, mes ～s distinguées.《手紙の末尾で》敬具.

salutiste 形, 名 救世軍の(兵士).

Salvador 男 エルサルバドル.

salvadorien, ne 形 エルサルバドルの. ──名《S～》エルサルバドル人.

salvat**eur, trice** 形, 名 文章 救助する(人); 救済する(人).

salve 女 ❶ 礼砲, 祝砲; 一斉射撃［砲撃］. ❷ ～ d'applaudissements 万雷の拍手.

samare 女【植】翼果.

samaritain, e 形 サマリアの. ► Samarie《古代パレスチナの都市》の. ──名《S～》サマリア人.

samba 女《ポルトガル》サンバ.

samedi 男 土曜日.

samit 男【織】サミット《金糸入りの豪華な絹織物》.

samizdat [-t] 男《露》サミズダート《旧ソ連での地下出版》, サミズダート.

Samoa 女複 西サモア《南太平洋のサモア諸島内の国》.

samosa [samɔsa] 男 ⇒ samoussa.

samouraï / samurai [-murai] 男《日本》侍, 武士.

samoussa 男《料》サムッサ《香辛料をきかせた肉や野菜などを小麦粉の皮で三角形に包んで油で揚げたもの》.

samovar 男《露》サモワール《湯沸かし器》.

samoyède 形, 男 サモエード種の(犬)《そり犬》. ──男 サモエード諸語.

sampan(g) 男《中国》三板《（》, 山舟《小型木造船》.

sample [-pəl] 男【楽】サンプル.

sampleur 男 サンプリング楽器, サンプラー.

sampling [-liŋ] 男《英》【楽】サンプリング. ✳**sampler** 他

SAMU [samy] 男《略》Service d'aide médicale d'urgence 緊急医療援助サービス.

---

sana 男 サナトリウム.

sanatorium [-ɔm]《英》サナトリウム; 療養所. ✳**sanatorial, ale** 形《**aux**》

san-benito 《複》～(**s**) 男《西》《火刑になる異端者などの着せられた》囚衣, 地獄服.

sancerre 男 サンセール《ロアール川流域産の辛口の白ワイン》.

sanctifiant, e 形【キ教】成聖の.

sanctificat**eur, trice** 形【キ教】成聖する. ──名 成聖［聖化］者.

sanctification 女 ❶【キ教】成聖; 聖化. ❷ 祝い.

sanctifier 他【キ教】聖化［成聖］する; 《聖なるものとして》尊ぶ; 祝う.

sanction 女 ❶ 承認, 認可;【法】《元首, 国王による》裁可, 批准. ❷ 報い; 制裁; 刑罰.

sanctionner 他 ❶ 承認［認可］する;【法】批准［裁可］する. ❷ 罰する; 制裁する.

sanctuaire 男 ❶ 聖域, 聖地; 神殿;【カト】内陣;《ユダヤ教の》至聖所. ❷ 保護区域; 核抑止力の及ぶ範囲.

sanctuarisation 女 聖域化.

sanctuariser 他 聖域化する, 保護区域にする.

sanctus [-s] 男【カト】三聖唱.

sandale 女 サンダル.

sandalette 女 軽いサンダル.

sandaraque 女 サンダラック《ワニス製造などに用いられる樹脂》.

sandow [-do] 男 商標 ゴムベルト; エキスパンダー.

sandwich [-witʃ] 男《複》～(**e**)**s**《英》サンドイッチ; 3層構造. ◇**en** ～ 挟まれた. ──形《不変》3層構造の.

sandwicherie [-witʃ-] 女 サンドイッチ店.

sang 男 ❶ 血, 血液; 流血. ❷ 血筋, 血統. ◇**avoir** ... **dans le** ～ 生まれつき…に向いている［…の傾向がある］. **avoir du** ～ **dans les veines** 血気盛んである. **avoir le** ～ **chaud** 血の気が多い. **coup de** ～ 脳内出血; かっとなること. **être fier du mauvais** ～ [**un** ～ **d'encre**] 心配する.《**Tout**》**mon** ～ **n'a fait qu'un tour**. 私はすっかり動転した. **voix du** ～ 家族の絆.

sang-froid 男《単数形のみ》冷静, 平静. ► **de** ～ 冷静に; 平然と.

sanglant, e 形 ❶ 血まみれの; 流血の. ❷ 情け容赦のない.

sangle 女《革, 麻などの》バンド, 帯ひも. ► **lit de** ～(**s**) 簡易ベッド.

sangler 他《馬に》腹帯をつける;《体を》強く締めつける.

sanglier 男【動】イノシシ(の肉).

sanglot 男 しゃくり泣き; 嗚咽《》.

sangloter 自 しゃくり上げて泣く, 泣きじゃくる. ✳**sanglotement** 男

sang-mêlé 名《不変》混血の(人).

sangria 女《西》サングリア《赤ワインにオレンジなどを入れた飲み物》.

sangsue [sɑ̃sy] 囡〖動〗ヒル；話 しつこくつきまとう人.

sanguin, e [-za-] 形 血液の；多血の；血の色の. ―名 多血質の人.

sanguinaire 形 血を好む，残虐な；〖文章〗血みどろの.

sanguine 囡 ❶ ブラッドオレンジ. ❷〖美〗紅殻；紅殻チョーク画.

sanguinolent, e [-za-] 形 血の混じった，血に染まった；血のように赤い.

sanhédrin [-ne-] 男〖古史〗サンヘドリン（ユダヤ人の最高自治機関）.

sanie 囡〖医〗血膿(のう).

sanisette 囡 サニゼット（コイン投入式）トイレ.

sanitaire 形 保健衛生の. ―男〖複数〗衛生設備，バス・トイレ.

sans 前 ❶ …のない，…なしに. ► document ~ importance 重要でない書類. ❷〖条件，仮定〗…がなければ. ❸〖不定冠詞を伴って〗…せずに；…でなくとも. ► S~ être belle, elle a du charme. 美人ではないが彼女はチャーミングだ. ❹ ~ que + subj. …せずに；…でなくとも. ► Il est entré ~ qu'on s'en aperçoive. だれにも気づかれずに彼は中に入った.
◇*ne pas être ~…* …せずにいない，*non ~…*がないわけではない，やはり…を伴う. *~ quoi [cela, ça]* もないで.
―副 話 それなしで(は).

sans-abri [-za-] 名〖不変〗家を失った人；宿無し，ホームレス.

sans-cœur 形〖不変〗，名〖不変〗薄情な（人）；情け知らずな（人）.

sanscrit, e, 男 ⇒ sanskrit.

sans-culotte 男〖史〗サンキュロット（フランス革命期の過激派）.

sans-emploi [-zā-] 名〖不変〗失業者.

sans-façon 男〖不変〗儀式ばらないこと；無作法.

sans-fil 男〖不変〗無線電話機，トランシーバー；無線電信文，電報.
―囡 無線電信.

sans-gêne 〖不変〗名 ずうずうしい人. ―男 無遠慮，ずうずうしさ.

sanskrit, e 形 サンスクリットの.
―男 サンスクリット.

sanskritiste 名 サンスクリット学者.

sans-le-sou 〖不変〗名 文無し.

sans-logis 名 宿無し，ホームレス.

sansonnet 男〖鳥〗ホシムクドリ.

sans-ordonnance 形（薬が）処方せんなしで買える.

sans-papiers 名 不法入国者.

sans-parti 名〖不変〗無党派の人.

sans-plomb 名〖不変〗無鉛ガソリン.

sans-souci 名〖不変〗古風 のんきな人；楽天家.

santal 男〖複〗*als* 男〖植〗ビャクダン.

santé 囡 ❶ 健康；健康状態；精神的健康，健全. ❷ 保健衛生.
◇*A votre ~!* 乾杯.

santiag [-g] 囡 話 サンチャゴ靴（先端で飾りステッチが入る）.

santon 男 サントン（クリスマスにキリスト誕生場面の模型に飾る人形）.

Saône [so:n] 囡 ソーヌ川（フランス東部を流れる川）.

Saône-et-Loire [sone-] 囡 ソーヌエロアール県 [71].

saoudien, ne 形 サウジアラビアの.
―名〈S~〉サウジアラビア人.

saoul, e [su, sul] 形，名 ⇒ soûl.

saouler [sule] 他 ⇒ soûler.

sapajou 男〖動〗リスザル.

sape¹ 男〖軍〗対壕(ごう)（壁などを倒壊させるために掘る）溝.

sape² 囡〖俗複数〗衣服.

saper¹ 他 土台から掘り崩す，崩壊させる；浸食する. □**sapement** 男

saper² 他 服を着せる.
―**se** ～ 服を着せる.

saperlipopette 間 古風/戯 ふざけてなんたることだ.

sapeur 男〖軍〗工兵.

sapeur-pompier；〖複〗 **~s-s** 消防隊員.

saphique 形〖詩〗サッフォー風の.

saphir 男〖鉱〗サファイア；サファイア針.
―形〖不変〗サファイア色の.

saphisme 男〖文章〗女性の同性愛.

sapide 形〖文章〗味のある；うまみのある.

sapidité 囡（食べ物の）うまみ.

sapiential, ale [-pjē(ā)-]；〈男複〉*aux* 形〖キ教〗*livres ~aux* 知恵の書.

sapin 男〖植〗モミ；話 棺桶(おけ).
◇*sentir le ~* 話 死期が近い.

sapine 囡 小型クレーン.

sapinette 囡〖植〗トウヒ.

sapinière 囡 モミ林.

saponacé, e 形 せっけん性の；洗浄力のある.

saponaire 囡〖植〗サボンソウ.

saponifier 他〖化〗鹸(けん)化する. □**saponification** 囡

saponine 囡〖化〗サポニン.

sapristi 間 ちえっ，おいおい.

sapropèle 男〖地〗腐泥.

saprophage 形〖生〗腐生の；腐食性の. ―男 腐生生物；腐生菌.

saprophile 形〖生〗腐敗有機物を好む.

saprophyte 形（植物，菌類などが）腐生の. ―男 腐生植物，腐生菌.

saquer 他 ⇒ sacquer.

sarabande 囡 ❶〖楽〗サラバンド（17, 18世紀に流行した舞曲）. ❷ 話 騒々しい遊び，大騒ぎ.

sarbacane 囡（吹矢の）筒.

sarcasme 男 皮肉，嘲弄(ちょう).

sarcastique 形 皮肉な，嘲笑的な. □**sarcastiquement** 副

sarcelle 囡〖鳥〗コガモ.

Sarcelles サルセル（パリの衛星都市，大きな団地がある）.

sarcellite 囡 団地病，ニュータウン症候群.

sarclage 男 除草，草取り.

sarcler 他 除草する，雑草を除く.

sarcleur, se 名 草取り人，名.

sarcloir 男 草掻(かき)鎌(がま).

sarcoïde 囡〖医〗サルコイド，類肉腫.

sarcome 男〖医〗肉腫.

sarcomère 男〖解〗筋節.

sarcophage 男 ❶ (古代の)石棺. ❷ (チェルノブイリ事故原子炉の)コンクリートの遮蔽(しゃ). ❸ 寝袋.
— 自 [昆]ニクバエ.

sardane 女 サルダーナ(スペインのカタロニア地方の民俗舞曲)[舞踊].

sarde 形 サルデーニャ(Sardaigne (島))の. — 名 〈S～〉サルデーニャの人. — 男 サルデーニャ語.

sardine 女 [魚]ニシイワシ, サーディン. ◊ *être serrés comme des ～s* 詰め込まれている.

sardinerie 女 イワシ缶詰工場.

sardinier, ère 形 イワシ(漁)の. — 名 イワシ漁の漁師; イワシ缶詰工. — 男 イワシ漁船[網].

sardoine 女 [鉱] 赤色縞瑪瑙(めのう).

sardonique 形 冷笑的な.
□ sardoniquement 副

sargasse 女 [植]ホンダワラ.

sari 男 [服](インド女性の)サリー.

sarigue 女 ⇨ opossum.

sarin 男 [化]サリン. ► attentat au ～ サリン毒ガステロ事件.

S.A.R.L. 女 [略] société à responsabilité limitée 有限(責任)会社.

sarment 男 つる(ブドウの)若枝.

sarmenteux, se 形 這う茎のある.

sarong 男 (マライ)[服]サロン(インドネシアなどの筒形の腰布).

saros [-s] 男 [天]サロス(日食, 月食がほぼ同じ状況で起こる周期).

saroual (複) als / **sarouel** 男 [服]サルワール(アラブ風のズボン).

sarrasin, e 形 サラセン(人)の. — 名 〈S～〉サラセン人. — 男 [植]ソバ. — 女 (城門の)落とし格子.

sarrau 男 [服]サロー, 上っ張り.

Sarre 女 ❶ ザール川(モーゼル川支流). ❷ ザール地方(ドイツ西部).

sarrette 女 [植]タムラソウ.

sarriette 女 [植]セイバリー.

sarrois, e 形 ザール地方の. — 名 〈S～〉ザール地方の人.

Sarthe 女 ❶ サルト県[72]. ❷ サルト川(メーヌ川支流).

sas [-s] 男 ❶ 篩(ふるい). ❷ 濾(こ)し器. ❸ (運河の)閘(こう)室; 出入口. ❹ 気閉室.

sashimi 男 [日本]刺身.

sassafras [-s] 男 [植]サッサフラス.

sassage 男 [宝]貴金属の篩(ふるい)出し.

sassanide 形 ササン朝ペルシアの.

sassement 男 篩(ふるい)にかけること.

sassenage 男 サスナージュ(イゼール県産の円筒形のチーズ).

sasser 他 ❶ 篩(ふるい)にかける; 濾(こ)す. ❷ [河川]閘(こう)門を通過させる.

sasseur, se 名 ふるい分け職人.

Satan サタン, 魔王.

satané, e 形 ひどい, 嫌な.

satanique 形 悪魔の; 悪魔のような.

satanisme 男 悪魔崇拝; 悪魔性.

sataniste 名 形 悪魔崇拝者(の).

satellisable 形 人工衛星化できる.

satelliser 他 ❶ 人工衛星にする; 衛星軌道に乗せる. ❷ 衛星国にする; 従属させる. □ satellisation 女

satellitaire 形 人工衛星の [による].

satellite 男 ❶ 衛星; 人工衛星. ❷ 衛星国(支配するもの), 取り巻き. ❸ 付属建物: サテライト.

satî 女 [不変]サティー(寡婦が夫と一緒に火葬されるヒンズー教の古い習慣). — 女 [不変]サティーで殉死した寡婦.

satiété [-sje-] 女 [文章]満腹[飽満]状態; 飽き足りた状態. ◊ (*jusqu'*)à ～ 飽きるほど; うんざりするほど.

satin 男 [繊]緞子(どんす), サテン.

satinage 男 サテン仕上げ, 艶(つや)出し.

satiné, e 形 サテンの光沢のある. — 男 サテンの光沢.

satiner 他 サテンの光沢を与える.

satinette 女 [繊] 綿緞子(どんす).

satire 女 風刺詩; 風刺; 風刺詩 [文学].

satirique 形 風刺の利いた, 皮肉な. — 男 風刺詩人[作家].
□ satiriquement 副

satiriste 名 風刺作家; 風刺家.

satisfaction 女 ❶ 満足, 充足; 満足感, 喜び. ❷ 弁償い; 報復.

satisfaire 他 満足させる; (欲望などを)満たす, 充足させる; 喜ばせる. — 自 (à) (義務, 要求などを)満たす. — *se* ～ (de) (…で)満足する.

satisfaisant, e [-fə-] 形 満足のいく, 十分な.

satisfait, e 形 (satisfaire の過去分詞) ❶ (de)(…に)満足した. ❷ 満たされた, 充足した.

satisfecit [-fesit] 男 [不変] (ラ) 区 賞賛; 賞状.

satisfer-, satisfi-, satisfi- 話 ⇨ satisfaire

satrape 男 (古代ペルシアの)太守; 区 暴君.

saturabilité 女 飽和性.

saturable 形 飽和できる.

saturant, e 形 飽和させる.

saturateur 男 加湿器.

saturation 女 飽和状態; うんざりすること.

saturé, e 形 (de) (…で)飽和状態の, いっぱいの; (…に)うんざりした.

saturer 他 (de) (…で)いっぱいにする; 飽和させる; うんざりさせる.

saturnales 女複 [古]サトゥルヌス祭.

Saturne 男 ❶ [ロ神]サトゥルヌス(農耕の神). ❷ 土星.

saturnien, ne 形 [ロ神]サトゥルヌスの.

saturnin, e 形 [医]鉛の, 鉛によって誘発される.

saturnisme 男 [医]鉛中毒.

satyre 男 ❶ [ギ神]サチュロス(半人半獣で好色な森の神). ❷ 露出狂, 痴漢.

satyrique 形 [ギ神]サチュロスの.

satyriasis [-s] 男 [医]男子色情症.

sauce 女 ❶ ソース; 肉汁. ❷ 飾り, 添え物. ❸ 木炭筆.
◊ *allonger la* ～ 余計なことをだらだらと話[書]す[書く]. *mettre à toutes les* ～ *s* あらゆる用途に使う, とことん利用する.

saucé, e 形 (古い銀貨などが)銀をかぶせた. — 女 にわか雨; どしゃ降り.

saucer ① 他 ❶ (皿の)ソースをぬぐ

saucier

う];ソースに浸す. ❷話(雨が)びしょぬれにする.

saucier 男[料]ソース作りの担当者;ソース撹拌(な)器.

saucière 女 卓上用ソース入れ.

saucisse 女 ❶ (火を通して食べる)ソーセージ. ❷ (第1次大戦で用いた)係留気球. ◇*ne pas attacher son chien avec des ～s* けちである.

saucisson 男 (そのまま食べる)大型ソーセージ. ◇*être ficelé comme un ～* おかしな服装をしている.

saucissonnage 男 ❶ 細かく分割すること, 細切れ. ❷ 縛り上げること.

saucissonné, e 形 窮屈な服を着た.

saucissonner 自話 手軽な食事をとる, 立ち食いする. —他 ❶ 縛り上げる, 締めつける. ❷ 細かく分割する.

saudade [so/saw-] 女 [ポルトガル]音楽に表現される甘い悲しみ.

sauf¹ 前 ❶ …は別として; …を除いて. ► ～ *si* … …でなければ／～ *que* … …ということを除けば. ❷ 〜 + 無冠詞名詞 …の[である]場合は別として, …がなければ. ❸[文章] ～ *à* + inf. …するかもしれないが／…するという留保つきで.

sauf², **ve** 形 助かった; 無事な.

sauf-conduit 男 通行許可証.

sauge 女[植]サルビア.

saugrenu, e 形 風変わりな.

saulaie 女 柳の林.

saule 男[植]ヤナギ.

saumâtre 形 ❶ 塩辛い, 塩分の混じった. ❷ 不愉快な. ◇*la trouver ～* 話 堪え難い[許し難い]と思う.

saumon 男[魚]サケ. —形 〔不変〕サーモンピンクの.

saumoné, e 形 サーモンピンクの. ◇*truite ～* カワマス.

saumoneau 男〔複〕～x 男 サケの幼魚.

saumonette 女 ツザメ.

saumurage 男[食]塩水漬け.

saumure 女 (塩漬用)塩水, にがり.

saumurer 他 塩水に漬ける.

sauna 男 (フィンランドの)サウナ.

saunage 男／**saunaison** 女 (塩田での)採塩(期);塩の販売.

sauner 自 製塩する.

saunier 男 ❶ 製塩労働者;塩商人. ❷[史] *faux ～* 塩の密売人.

saunière 女 (昔の)塩入れ箱.

saupiquet 男[料]ソピケ(辛口のエシャロットソース).

saupoudrer 他 (de) (…を)振りかける, まぶす;ちりばめる;ばらまく. □**saupoudrage** 男

saupoudreuse 女 調味料入れ.

saur 形 *hareng ～* 薫製ニシン.

saur- 活 ⇨ savoir.

saurer 他 (ニシンなどを)薫製にする. □**saurage** 男／**saurissage** 男

saurien 男[動]トカゲ.

saurisserie 女 薫製工場.

saut 男 ❶ 跳躍, ジャンプ. ❷ 飛び降り[込み];墜落, 落下. ❸ 飛躍;急増. ◇*au ～ du lit* 寝起き抜けに. *faire le ～* 思いきった決断を下す. *faire un ～ + 場所* …に急いで立ち寄る. *ne faire qu'un ～ de A à B* AからBへ大急ぎで移動[往復]する. —*périlleux* 宙返り, とんぼ返り.

saut-de-mouton 男〔複〕～s-~~ 男 クローバー型立体交差.

saute 女 激しい変動, 急変.

sauté, e 形 ソテーにした. —男 ソテー.

sautelle 女 (ブドウ栽培の)取り木;長くためれた株.

saute-mouton 男〔不変〕馬跳び.

sauter 自 ❶ 跳ぶ;飛び跳ねる;飛び降りる, 飛び込む;飛び乗る;飛び起きる; (*sur*, *à*) (…に)飛びかかる. ❷ (栓, ボタン, ヒューズが)弾ける;外れる; (栓, ボタン, ヒューズが)弾ける. ❸ 抜け落ちる, 読み[書き]落とされる. ❹ (話などが)飛躍する. ❺ 倒産する;職を失う. ❻[料] *faire ～* ソテーする. ◇*Et que ça saute!* 話 ほら急いで. ～ *au plafond* 激昂する. ～ *aux yeux* 一目瞭然(然)である. *se faire ～ la cervelle* 頭を撃って自殺する. —他 ❶ 飛び越える. ❷ 抜かす;飛ばす. ◇*la ～* 話 食事を抜く;腹ぺこだ. ～ *le pas* 一か八かやる.

sauterelle 女 ❶[昆]イナゴ, バッタ. ❷ やせぎすの女[娘].

sauterie 女／〔ふざけて〕内輪のダンスパーティー.

Sauternes 男[ワイン]ソーテルヌ(甘口のボルドー白ワイン).

sauteur, se 名 ❶ ジャンプ競技の選手. ❷ 話 いい加減な人. —形[動]跳躍する. —男 障害馬. —女 ❶ ソテー用フライパン. ❷ 電動糸鋸(ぎこ).

sautillant, e 形 ぴょんぴょん跳ぶ, 飛び跳ねるような;切れ切れの.

sautillement 男 ぴょんぴょん跳び;脈々.

sautiller 自 ぴょんぴょん跳ぶ;脈々とする. □**sautillement** 男

sautoir 男 ❶ 跳躍競技場. ❷ 長い首飾り;胸飾り. ❸ ソテー用フライパン.

sauvage 形 ❶ 野生の; 人跡未踏の, 未開の. ❷ 非社交的な, 人見知りする. ❸ 野蛮な. ❹ 無許可の, 無統制の. —男 ❶ 粗野な[乱暴な]人;未開人. ❷ 非社交的な人.

sauvagement 副 野蛮に;乱暴に.

sauvageon 男[園]自生の若木. —**sauvageon, ne** 形 しつけをされていない子供, 野生児.

sauvagerie 女 ❶ 非社交性, 人間嫌い. ❷ 野蛮さ;乱暴さ.

sauvagine 女 ❶ 水鳥. ❷ (肉食鳥の)毛皮.

sauvegarde 女 保護, 庇(ひ)護;保護する[もの]; [情報]バックアップ.

sauvegarder 他 保護する, 守る.

sauve-qui-peut 男〔不変〕❶「逃げろ」という叫び声. ❷ 我先に逃げること, 壊走.

sauver 他 ❶ 救う, 守る;[キ教]救済する. ❷ 欠陥の埋め合わせをする. ◇*～ les meubles* 最低限必要なものを手元に残す. —*se ～* ❶ 逃げ出す;話 早々に立ち去る. ❷ 救済される.

sauvetage 男 救助, 救命;救済.

sauveteur 男 救助隊員, 救助者.

sauvette (à la) 副 ❶大急ぎで; もぐりで.

sauveur 男 ❶ 救済者. ❷《S-》救世主; イエス・キリスト.
— 形男 救いの, 救世主の.

savai- 活 ⇨ savoir.

savamment 副 学者のように; 事情をよく心得て; 巧みに.

savane 女 サバンナ.

savant, e 形 ❶ 博識な; 造詣(ぞうけい)が深い. ❷ 学者の; 学術的な, 難解な. ❸ 巧みな; (動物が)よく芸を仕込まれた.
— 男 学者; 科学者.

savarin 男《菓》サヴァラン.

savate 女 ❶ 古スリッパ, 古靴. ❷ 下手くそな人; ぶきっちょ. ❸《スポ》サヴァット(フランス式キックボクシング).
◇ *trainer la* — 語 貧乏に暮らす.

save-, savi- 活 ⇨ savoir.

savetier 男 靴直し.

saveur 女 味, 風味; 味わい, 面白さ.

Savoie 女 サヴォア県[73]. ❷ サヴォア地方(フランス東部の旧州).

savoir¹ 27 他 ❶ 知っている, わかっている; 知る. ▸ ~ *un poème par cœur* ある詩をそらんじている /*Il sait le latin.* 彼はラテン語ができる /*Je ne sais (pas) s'il viendra.* 彼が来るかどうか私には分からない. ❷ ~ *que* ... …ということを知っている. ❸ ~ *A à* A を知っている. ❹ ~ *A à* B B が A を持っていることを知っている.
❷《不定詞を伴って》…できる, …する すべを心得ている. ▸ ~ *lire* 字が読める. ❷《条件法の否定文で》…するわけにはいくまい, …できない.
◇ (à) ~ すなわち; 列挙すれば. *à ~ que* ... すなわち…である. *faire* ~ *que* ... …ということのはずです. *Je ne sache que* ... 文章私としては…は存じません[…ということはないように存じます]. *je ne sais [on ne sait] où* どこか分からない所に[で]. *Je ne veux pas le ~.* 言い訳は聞きたくない. *Je sais ce que je dis.* 事情を知ったうえで言うのです. *Je sais ce que je sais.* これ以上申し上げることはありません. *ne pas ~ ce qu'on veut* 優柔不断である; 気が変わりやすい. *ne rien vouloir ~* (言い訳に)まったく耳を貸そうとしない. *ne ~ que [quoi] faire* どうしてよいか分からない. *On ne sait jamais (ce qui peut arriver).* 何が起きるか分かったものではない; 用心するに越したことはない. *que sais-je (encore)!* 等々, その他いろいろ. *qui sait* ありそうなことではないが; おそらく. *qui vous savez* 例の人. *reste à ~ si ... : c'est à ~ si ...* …かどうかはまだ分からない; ただ…か否かが問題だ. ▸ *s'y prendre [y faire] (avec ...)* (…の扱いなど)心得たものである, *tout ce qu'il sait [peut] faire* 思い切り, 大いに. *tu sais = vous savez* ね, …でしょ. *Va [Allez]* ~. それ

はどうかな. *Vous n'êtes pas sans* ~ *que* ... あなた(方)も御存知のように….

—**se** — ① …が…であると知っている. ② 知られる, 知れわたる.
◇ *Ça se saurait.* それが本当なら知れわたっているよ, そんなことはあり得ない.

savoir² 男 知識; 学問; 知.

savoir-faire 男《不変》❶ 手腕; 腕前, 技量. ❷ ノウハウ.

savoir-vivre 男《不変》礼儀作法, マナー.

savon 男 ❶ せっけん. ❷ 話 大目玉.
▸ *passer un* ~ *à* ... …をこっぴどく しかる.

savonnage 男 せっけんで洗うこと.

savonner 他 ❶ せっけんで洗う. ❷ 話 こっぴどくしかる.
—**se** — 自分の体をせっけんで洗う.

savonnerie 女 せっけん製造工場.

savonnette 女 化粧せっけん.

savonneux, se 形 せっけんを含んだ; せっけんのような.

savonnier, ère 形 せっけん(製造販売)の. — 男 ❶ せっけん製造業者[工]. ❷《植》ムクロジ.

savons 活 ⇨ savoir.

savourer 他 じっくり味わう【楽しむ】.

savoureux, se 形 美味な; 味わいのある, 面白い. ◇ **savoureusement** 副

savoyard, e 形 サヴォア Savoie 地方の. — 名《S-》サヴォア地方の人.

Saxe 女 (ドイツの)ザクセン地方.

saxe 男 マイセン磁器.

saxhorn [-ksɔrn] 男《楽》サクソルン.

saxifrage 女《植》ユキノシタ.

saxo 男《楽》サックス(奏者).

saxon, ne 形 ザクセン Saxe 地方の.
— 名《S-》ザクセン地方の人.

saxophone 男《楽》サクソフォーン.

saxophoniste 名 サクソホーン奏者.

saynète 女 寸劇;《文》サイネーテ(スペインの顕又笑劇).

sbire 男 (軽蔑)悪徳警官; 用心棒.

scabieux, se 形《医》疥癬(かいせん)の.

scabreux, se 形 ❶ 際どい, みだらな. ❷ 文章 厄介な, 危険のある.

scalaire¹ 男, 形《物》スカラー(の).

scalaire² 男《魚》エンゼルフィッシュ.

scalp [-lp] 男《英》(北米先住民がはぎ取る)毛皮付きの頭皮.

scalpel 男《医》メス.

scalper 他 頭皮をはぐ.

scampi 男複《伊》料 スカンピ(エビの衣揚げ).

scandale 男 ❶ 世間のひんしゅく, 悪評, 非難; とんでもないこと; 醜聞, 不正事件. ❷ 大騒ぎ. ❸《神》躓(つまづ)き.

scandaleux, se 形 破廉恥な 醜聞の. ◇ **scandaleusement** 副

scandaliser 他 ❶ 憤慨させる; 眉(ま)をひそめさせる. ❷《神》躓(つまづ)かせる.
—**se** — ① 憤慨する.

scander 他 ❶ (音節や語を)区切ってはっきり発音する. ❷ (詩句を)脚に分解する; 拍子を明確につけて朗読する.

scandinave 形 スカンジナビアの.
— 名《S-》スカンジナビア人.

Scandinavie

Scandinavie 囡 スカンジナビア.
scanner 男《英》《印》《医》スキャナー.
— 他 スキャンする, 走査する.
scanneur 男《印》スキャナー.
scanographe 男《医》スキャナーグラフ.
scanographie 囡《医》コンピュータ断層撮影, スキャノグラフィ.
scansion 囡 詩句を切って発音すること; 音節を切って発音すること.
scaphandre 男 潜水服. ◇ ~ autonome アクアラング / ~ spatial 宇宙服.
scaphandrier 男 潜水夫.
scapulaire 男《カト》スカプラリオ (修道者の肩衣(がろも)). — 形《解》肩の.
scarabée 男 ❶《昆》コガネムシ. ❷《考古》(古代エジプトの)スカラベ.
scarificateur 男《医》乱切(きり)器.
scarification 囡 ❶《医》乱切(きり)法. ❷《民》身体瘢痕(はんこん).
scarifier 他《医》(皮膚を)乱切する.
scarlatine 囡《医》猩(しょう)紅熱.
scarole 囡《植》キクヂシャ.
scat [-t] 男《米》《楽》スキャット.
scatologie 囡 糞尿譚(たん); 糞尿趣味. □scatologique 形
sceau 男《複》x 囡 公印, 官印; 刻印, 印影; 封(蝋). ◇ garde des S~x 司法大臣. sous le ~ du secret 秘密を守るとの条件で.
scélérat, e 形,名 邪悪な; 凶悪な. — 名 文書 極悪人, 凶悪犯.
scélératesse 囡 文書 凶悪.
scellé 男 (多く複数)《法》封印.
scellement 男《建》埋込み[差込み] 固着.
sceller 他 ❶ 押印する; 封印する. ❷ (友好, 協定などを)確固たるものにする. ❸ 固く閉ざす, 密封する.
scénarimage 男《映》絵コンテ.
scénario 男 シナリオ; 筋書, 手順.
scénariser 他 (ルポルタージュなどを)脚色する.
scénariste 名 シナリオライター.
scène 囡 ❶ 舞台; 舞台装置(集合的)演劇, 舞台芸術. ❷《戯曲の》場, (映画などの)シーン; (実生活の)場面. ❸ 喧嘩(けんか); 騒ぎ. ❹《心》 ~ originaire [primitive] 原風景. ◇ mettre en ~ 演出[上演]する. mise en ~ 演出; 上演.
scénique 形 舞台の; 演劇的な. ~ indication ト書き.
scéniquement 副 演劇的に見て.
scénographe 名 舞台設計家.
scénographie 囡《舞台背景などの》遠近感を表現する技法; 舞台装置. □scénographique 形
scénologie 囡 舞台学.
scepticisme 男 懐疑的な態度;《哲》懐疑論.
sceptique 形,名 懐疑的な(人);《哲》懐疑論者の(論者).
sceptre 男 王杖(おうじょう); 王権; 支配権.
schah 男 シャー (イラン[ペルシア]国王の称号).
schéma 男 略図, 図表, 図式; 概要.
schématique 形 ❶ 図解による. —

coupe ~ 断面図. ❷ 簡略な; 大ざっぱな. □schématiquement 副
schématiser 他 図で表す; 単純 [簡略]化する. □schématisation 囡
schématisme 男 図式化傾向; 単純化しすぎる傾向.
schème 男 ❶ 図式. ❷《哲》先験的図式;《心》シェーマ.
scherzando [skerts(dz)an-] 副 《伊》《楽》スケルツァンド, 陽気に.
scherzo [skerdzo] 男《伊》《楽》スケルツォ.
schilling [ʃiliŋ] 男《独》シリング (オーストリアの通貨単位).
schismatique 名,形 離教者(の).
schisme 男 ❶《宗教》分離, 離教. ❷ ~ d'Orient 東方教会の分離. ❸ 文書 団体, 団体の分裂.
schiste 男《鉱》結晶片岩, 頁(けつ)岩.
schisteux, se 形《鉱》頁(けつ)岩質の.
schizoïde [ski-] 形 分裂病質の.
schizoparaphasie [ski-] 男《心》分裂性錯語.
schizophrène [ski-] 形,名《心》統合失調症にかかった(人).
schizophrénie [ski-] 囡《心》統合失調症. □schizophrénique 形
schlass [-s] 男《独》酔っぱらった.
schlinguer 自動 臭い.
schlittage 男《独》《林》木馬(ばう)による木材運搬.
schlitte 囡 地域 (木材運搬用)木馬.
schlitteur 男 地域《林》木馬引き.
schnaps [-ps] 男《独》シュナップス (ドイツ, オーストリアの蒸留酒).
schnauzer 男 シュナウザー(犬).
schnock 男,形《不変》語 間抜けな(人).
schnorchel [-kel] 他的/schnorkel** 男 シュノーケル.
schupo [ʃupo] 男《独》ドイツ保安警察官.
schuss [ʃus] 男《独》, 副《スキー》直滑降(で).
sciage 男 鋸(のこ)びき;《林》製材(品).
scialytique 男 商標 無影灯.
sciant, e 形 語 びっくり仰天させられる.
sciatique 形《解》坐骨の. — 囡《医》坐骨神経痛.
scie 囡 ❶ 鋸(のこ). ❷ うんざりする繰り返し, 陳腐な決まり文句; 退屈な人 [物]. ❸《楽》 ~ musicale 音楽鋸(のこ). ❹《魚》ノコギリエイ.
sciemment 副 承知の上で; 故意に.
science 囡 ❶ 学問; 科学. ❷《多く複数》(特定領域の)科学[学]. ❸《複数》理科系の学問. ❹ 学識 (知識と経験からなる)知恵. ❺ 文書 技術; 技量.
science-fiction 囡《複》 ~s - ~s 《米》SF.
scientificité 囡 科学性; 学術性.
scientifique 形 学問の; (自然)科学の, 科学的な. —名 科学者; 理系大学生.
scientifiquement 副 科学的に.
scientisme 男 科学(万能)主義.
scientiste 形 科学(万能)主義の. —名 科学(万能)主義者.

scier 他 鋸(のこ)でひく; 📘 悩ます.
scierie 安 石切りの工場.
scieur 男 製材工; 石割り工.
scieuse 安 機械鋸(のこ).
scinder 他 分割する, 細分する.
— se ～ 分裂する.
scintillant, e 形 きらめく.
scintillation 安 ❶〔文章〕きらめき. ❷〔物〕シンチレーション.
scintillement 男 きらめき, 輝き; (星のまたたき, 画面のちらつき等).
scintiller 自 きらめく, 輝く.
scion 男〔植〕新芽; 接ぎ穂;〔釣〕(釣り竿の)穂先.
scission 安 (政党などの)分裂.
scissionniste 形 分裂主義の; 分裂[分派]した. ❷ 名 分裂主義者; 分離派. ▫scissionisme 同
sciure 安 おが屑(くず); 切り屑.
sclérodermie 安〔医〕強皮症.
scléroprotéine 安〔生化〕硬たんぱく質(ケラチン, コラーゲンなど).
sclérose 安〔医〕硬化症; 硬直化.
sclérosé, e 形〔医〕硬化した; 硬直化した. — se ～ 硬化[硬直化]する.
scléroser 他 ❶〔医〕硬化[硬直化]させる. — se ～ 硬化[硬直化]する.
sclérothérapie 安〔医〕硬化療法.
sclérotique 安〔解〕(眼球の)強膜.
scolaire 形 学校(教育)の;〔軽蔑〕教科書的な. — 男 学童. ▫scolairement 副
scolarisable 形 就学可能な.
scolarisation 安 ❶ 学校教育[教育施設]の整備. ❷ 就学.
scolarisé, e 形 就学した.
scolariser 他 ❶ 学校教育[教育施設]を整備する. ❷ 就学させる.
scolarité 安 就学, 通学; 就学年限.
scolastique 形 ❶ スコラ神学(哲学)の. ❷〔軽蔑〕形式主義的な. — 安 スコラ神学(哲学). — 男 ❶ スコラ神学者(哲学者). ❷ 修道士.
scoliaste 男 (古代の)古典注釈家.
scoliose 安〔医〕脊椎側湾.
scolopendre 安〔植〕コタニワタリ;〔動〕オオムカデ.
scolyte 男〔昆〕キクイムシ.
sconse 男〔動〕スカンクの毛皮.
scoop [skup] 男〔英〕(新聞の)特種.
scooter [skutɛ(œ)ːr] 男〔英〕スクーター.
scootériste [sku-] 名 スクーター運転者.
scopie 安〔医〕Ｘ線透視.
scorbut [-t] 男〔医〕壊血病.
scorbutique 形, 名 壊血病の(人).
score 男〔英〕スコア, 得点; 点数, 得票数.
scorie 安 (多く複数)鉱滓(こうさい); スラグ;〔地〕岩滓(がんさい); 屑(くず), かす.
scorpion 男〔動〕サソリ; (S～)〔天〕蠍(さそり)(座).
scotch[1] [-t]; 〔複〕～(e)s 男〔英〕スコッチ(ウイスキー).
scotch[2] [-t] 男〔米〕(ときに S～)〔商標〕セロハンテープ.
scotcher [-tʃe] 他 セロハンテープを張りつける.
scotome 男〔医〕(視野内の)暗点.

scotomiser 他 (都合の悪い点を)黙殺する, 忘れたかを消す;〔心〕(現実の一部を)否認する; 暗点化する.
▫scotomisation 安
scottish-terrier [skɔtiʃ-] 男〔英〕スコッチテリア.
scout, e [-t]〔英〕形 ボーイスカウトの. — 男 ボーイスカウト.
scoutisme 男 ボーイスカウト運動.
scrabble 男〔英〕(ときに S～)〔商標〕スクラブル(文字札で単語を作るゲーム).
scrabbler 自 スクラブルで遊ぶ.
▫scrabbleur, se 名
scratch [-t]〔英〕形〔不変〕〔スポ〕ハンディキャップなしの. — 男 ❶ スクラッチレース. ❷〔DJ の〕スクラッチ.
scratcher [-tʃe] 他〔スポ〕(遅刻した選手, チームの)出場を取り消す.
— 自〔DJ〕がスクラッチをする.
— se ～ (車が)クラッシュする.
scribe 男〔軽蔑〕事務員;〔古史〕(エジプトの)書記, (ユダヤの)律法学者.
scribouillard, e 名〔語〕〔軽蔑〕事務員, 帳簿係.
scribouilleur, se 名〔語〕二流作家.
script [-pt]〔英〕❶ 活字体文書. ❷〔映〕撮影台本.
scripte 名〔映〕スクリプター; 記録係.
scripteur 男〔言〕書き手.
script-girl [-ptgœrl] 安〔英〕〔映〕スクリプター[記録係].
scripturaire 形 聖書の.
scriptural, ale 男 複 aux 形 ❶〔経〕monnaie ～ale (手形などの)書式通貨. ❷ 文字の.
scrofulaire 安〔植〕ゴマノハグサ.
scrofule 安〔医〕腺病.
scrogneugneu 間 畜生ちぇ, ちくしょうめ.
scrotum [-ɔm] 男〔解〕陰嚢(のう).
scrupule 男 ❶ ためらい; 良心のとがめ. ❷ きちょうめん, 細心, 綿密.
◇ sans ～(s) 平然と, はばかるところなく; 良心のない, 破廉恥な. se faire (un) ～ de ... 気がひけて…をためらう, …するのに二の足を踏む.
scrupuleux, euse 形 ❶ 良心的な;きちょうめんな. ▫scrupuleusement 副
scrutateur, trice 形〔文章〕詮(せん)索する. — 名 開票立会人.
scruter 他 探る, 詮(せん)索する; じっくり観察する.
scrutin 男 投票.
scull [skœl] 男〔英〕スカル(オール, および片方のオールを用いるボート).
sculpter [-lte] 他, 自 彫刻する; 彫り込む.
sculpteur, trice [-ltœːr, ltris] 名 彫刻家.
sculptural, ale [-lty-];〔男 複〕aux 形 彫刻の; 彫刻のような.
sculpture [-ltyːr] 安 彫刻(作品).
scythe / **scythique** 形 スキティア(人)の. — 男 (S～)〔古代〕スキティア語.
S.D.F. 名〔略〕sans domicile fixe ホームレス, 路上生活者.
S.D.N. 安〔略〕Société des Nations (第1次大戦後の)国際連盟.

se

se 代《人称》(代名詞の再帰代名詞 3人称単数・複数形。母音・無音の h の前で s' となる) ❶《直接目的語》自分を。▶《再帰形》Elle *se regarde* dans la glace. 彼女は鏡で自分の姿を見る / 《相互形》Ils *s'aiment*. 彼らは愛し合っている / 《受動形》Ces produits *se* sont bien vendus. これらの製品はよく売れた。❷《間接目的語》自分に〔の〕。▶《再帰形》Elle *s'est lavé* les cheveux. 彼女は髪を洗った。❸《語義の説明できない se》▶Elle *s'est moquée* de moi. 彼女は私を冷やかした。❹《非人称構文》Il *se* fait tard. もう遅い時間だ。

S.E.《略》Son Excellence 閣下.
S.-E.《略》sud-est 南東.
sea-line [silajn]《英》海底ライン.
séance 囡 ❶ 会議，審議；会期. ❷ (1 回の)時間；1 回分の仕事. ▶payment par 〜 ペイパービュー. ❸ 上映，催し．＊上演している場面，大騒ぎ．
séant¹ 男 sur son 〜 座った姿勢で，しりもちをついて.
séant²,e 形《文語》ふさわしい.
seau 男《複》x 囡 バケツ，手桶(ﾃｵｹ)；〔桶〕1 杯分.
◊ Il pleut à 〜 *x*. 土砂降りである.
sébacé,e 形《生理》皮脂の.
sébile 囡 小さな椀.
séborrhée 囡《医》脂漏(症).
sébum 男《生理》皮脂.
sec, sèche 形 ❶ 乾いた，水気のない；乾燥した. ❷ 単独の，それだけの，やせ切った；柔らかみのない，無味乾燥な. ❸ 冷淡な，素っ気ない. ❹《ワイン》辛口の，ドライな．
◊ *à pied sec* 足をぬらさずに，*couper sec* 1 回きりの勝負； *aussi sec* さっそく. *boire sec* ストレートで飲む；大酒を飲む.

— 男 乾燥(状態)；乾燥した場所；干し草. ◊ *à sec* 水のかれた，乾いた；《語》一文無しの，何の考えもない. *se mettre au sec* 座礁する.

— 副 ❶ 素早く，出し抜けに；手加減せずに，ひどく. ❷ 無愛想に，素っ気なく. ◊ *aussi sec* すぐに. *boire sec* ストレートで飲む；大酒を飲む.

sécable 形 切り離せる，割れる.
secam [sekam] 囡 セカム(フランスで開発されたカラーテレビの方式).
sécant,e 形 ❶《図》剪定(ｾﾝﾃｲ)する；交わる. ❷ 《料》鳥肉用の.
— 囡 割線.
sécateur 男《園》剪定(ｾﾝﾃｲ)ばさみ.
sécession 囡《住民の国家からの分離》▶ guerre de S〜 南北戦争.
sécessionniste 形 分離(独立)主義の. — 名 分離(独立)主義者.
séchage 男 乾かすこと，乾燥.
séchant,e 形 乾燥機能付きの.
sèche¹ sec の女性形.
sèche² 囡《話》たばこ，もく.
sèche(-) 囲 ⇨ sécher.
sèche-cheveux 男 ヘアドライヤー.
sèche-linge 男《不変》乾燥機.

se

sèche-mains 男 エアータオル.
◊ **ment** 副 ❶ いきなり；乱暴に.
sécher 6 他 ❶ 乾燥させる；無味乾燥にする（水気を取る. ❷ 《語》(授業を)さぼる. ◊ 〜 *les larmes [pleurs] de ...* …の悲しみを慰める.
— 自 ❶ 乾く，干上がる. ❷ 《de》(…で)憔悴(ｼｮｳｽｲ)する. ❸ 《語》答えに窮する.
◊ 〜 *sur pied* 立ち枯れする；《語》うんざりする，やつれる.
— **se** — 自分の体〔衣服〕を乾かす；自分の(…を)乾かす.

sécheresse 囡 ❶ 乾いた状態；旱魃(ｶﾝﾊﾞﾂ). ❷ 味気なさ，無味乾燥. ❸ 冷淡；素っ気なさ.
sécherie 囡 乾燥室.
sécheur 男 / **sécheuse** 囡 乾燥機，ドライヤー.
séchoir 男 ❶ 乾燥場〔室〕，物干し場〔台〕. ❷ ヘアドライヤー；乾燥機.
second,e [s(ə)gɔ̃, 5d] 形 ❶ 第 2 の；2 番目の，2 番目の．❷ もう一つの，別の. ▶ *être en [dans un] état* 〜 正気を失った状態である.
— 名 2 番目の人〔物〕；後者.
◊ *sans* 〜 比類のない.
— 男 ❶ 助手，補佐役，片腕. ❷《軍》副艦長；《海》一等航海士. ❸ 3階. ◊ *en* 〜 次席の〔で〕；上の者に代わって.
— 囡 ❶ (乗り物の) 2 等. ❷ 第 2 学級(⇨ terminale). ❸ (自動車の)セカンド.
secondaire [s(ə)gɔ̃-] 形 副次的な；第 2 段階の；2 番目の. ▶ enseignement 〜 中等教育 / secteur 〜 第 2 次産業. ❷ 男 中等教育. ❸《地》中生代. ❹《経》第 2 次産業.
secondairement [s(ə)gɔ̃-] 副 2 次的に；付随的に.
seconde [s(ə)gɔ̃-] 囡 ❶ 秒. ❷ 瞬時，つかの間. ▶ *Une* 〜! ちょっと待って. ❸《計》秒(角度の慣用単位).
secondement [s(ə)gɔ̃d-] 副 第 2 に，次に.
seconder [s(ə)gɔ̃-] 他 補佐する，援助する，後押しする.
secouement 男《文語》振ること.
secouer 他 ❶ 振さぶる；振る；振り払う. ❷ 衝撃を与える；《語》どやしつける，発破をかける. — **se** 〜 (自分の)体を(激しく)揺する；奮起する.
secourable 形 進んで人を助ける.
secourir 他 救助する，救出する；援助〔救援〕する.
secourisme 男 応急手当，救急法.
secouriste 名 救急隊員.
secours¹ 男 ❶ 救助，救援；助け；物質的な援助，救援物資. ❷《多く複数》救助策，救助策.
◊ *Au* 〜! 助けて. *de* 〜 非常用の，予備の.
secours², **secourt-, secouru(-), secourû-** 囲 ⇨ secourir.
secousse 囡 ❶ 揺れ；振動. ❷ 動揺，ショック. ◊ *par* 〜 ぎくしゃくと；不規

secret, ète 形 ❶ 秘密の；内に秘めた. ❷ 人目につかない，隠された. ❸ 感情を表に出さない.
—男 ❶ 秘密. ❷ 秘法, 奥義. ❸ 神秘；内奥；真相. ❹ 秘密の仕掛け.
◇au ~ 独 男 に. *dans le ~ (de ...)* (…の)秘密を知っている. *en [dans le] ~* こっそりと.

secrétaire 名 ❶ 秘書. ❷ 書記（官）. ▶ ~ d'Etat 閣外大臣；(米国の)国務長官／~ général 事務局長；幹事長. ❸ ~ de rédaction 編集次長. —男 ライティング・デスク.

secrétairerie 女 ~ d'Etat (バチカン市国の)国務[聖省]長官の職；国務省, 聖省.

secrétariat 男 ❶ 秘書［書記］の職［任期］. ❷ 秘書課；事務局, 書記局.

secrètement 副 内密に，ひそかに.

sécréter 他 ❶ 〖生理〗分泌する. ❷ にじみ出させる，発散する.

sécrétion 女 〖生理〗分泌(物).

sécrétoire 形 〖生理〗分泌の.

sectaire 形, 名 セクト［党派］主義な(人)；偏狭な(人).

sectarisme 男 セクト［党派］主義；了見の狭さ.

sectateur, trice 名 ❶ セクト［党派］の一員. ❷ 信奉者.

secte 女 宗派；学派；セクト，党派.

secteur 男 ❶ 部門，分野. ❷ 地区，区域. ❸ 〚話〛場所. ❹ 〖電〗地域電網；電源. ❺ 〖軍〗防衛担当区域. ❻ 〖数〗~ circulaire 扇形.

section 女 ❶ 切断(面)；断面図. ❷ (組織の)区分，部，科，支部. ❸ (文章の)節. ❹ 区間(バスの運賃区間). ❺ 〖軍〗小隊；〖楽〗セクション.

sectionnement 男 分割；切断.

sectionner 他 分割する；切断する.

sectoriel, le 形 部門の，分野ごとの.

sectorisation 女 (産業の)部門化；(行政上の)地域分化.

sectoriser 他 区分する.

séculaire 形 ❶ 100年ごとの. ❷ 100年たった，数世紀来の.

séculariser 他 ❶ 〖宗〗俗させる. ❷ (教会の資産などを)国家［民間］に移譲する. ⊠**sécularisation** 女

séculier, ère 形 世俗の；〖宗〗在俗の. —男 在俗司祭.

secundo [s(ə)gɔ̃do] 副 〖ラ〗第2に.

sécurisant, e 形 安心感を与える.

sécuriser 他 安心感を与える. ⊠**sécurisation** 女

securit [sekyrit] 男 商標 強化ガラス.

sécuritaire 形 治安維持重視の.

sécurité 女 安心，安全；安全保障，保安. ▶ S~ sociale 社会保険(局).

sédatif, ive 形 鎮静［痛］薬の. —男 鎮静［痛］薬.

sédentaire 形 ❶ 座ったままの；出不精の. ❷ 定住する. —男 ❶ 出歩かない職業［産業］の人；出不精の人. ❷〘複〙定住民.

sédentariser 他 (遊牧民を)定住させる. ⊠**sédentarisation** 女

sédentarité 女 定住性.

sédiment 男 植物；〖化〗沈殿物.

sédimentaire 形 堆積性の.

sédimentation 女 〖地〗堆積作用；〖医〗沈降.

sédimenter 自 堆積する (= se ~).

séditieux, se 形 ❶ 反乱［暴動］を起こす(者)；扇動的な(者).

sédition 女 反乱；暴動.

séducteur, trice 形 誘惑者；女たらし. ❷ 魅惑的な；誘惑する.

séduction 女 誘惑；魅惑，魅力.

séduire 70 他 魅惑する；誘惑する.

séduisant, e 形 魅力的な.

sedum 男 〖植〗キリンソウ.

séfarade 名, 形 地中海沿岸諸国のユダヤ人(の).

segment 男 ❶ 〖数〗線分；(図形の)部分. ❷ 〖動〗(環形動物の)体節. ❸〖言〗切片, 分節.

segmentaire 形 分節の.

segmental, ale 形 ❶ 〖男複〗*aux* 形〖言〗分節の.

segmentation 女 ❶ 分割；分節. ❷ 〖生〗(受精卵の)卵割.

segmenter 他 分割する. —se ~ 分裂する，分割される.

ségrégatif, ve 形 人種隔離の.

ségrégation 女 (人種の)隔離，分離；差別，区別.

ségrégationnisme 男 人種隔離政策.

ségrégationniste 形 人種隔離政策(主義)の；差別主義の. —名 人種隔離政策主義者；差別主義者.

ségrégu(u)é, e 形 人種隔離[差別]政策が行われている；隔離を受けた.

séguedille / seguidilla [se-] 女 セギディーリャ(スペイン南部の舞踊，舞曲).

seiche 女 〖動〗イカ.

séide 男 〚文〛盲従者.

seigle 男 ライ麦(粉).

seigneur 男 ❶ 〖史〗領主，主君；貴族. ❷ 富豪；支配者. ❸ 〖固〗~殿，様；(呼びかけで)閣下. ❹ 〚S~〛〖宗〗主(s.). ▶ Notre-S~ 我らの主(イエス・キリスト). ◇*faire le grand ~* 金に糸目をかけない；殿様風吹かす.

seigneuriage 男 〖史〗領主の権利；(領主の)貨幣鋳造権.

seigneurial, ale 形 ❶ 〖男複〗*aux* 形〖史〗領主の；王侯貴族の，豪勢な.

seigneurie 女 ❶ 〖史〗領地；領主権. ❷ Votre S~ 閣下(英国上院議員，昔のフランス貴族議員への敬称).

sein 男 ❶ 乳房. ❷ 〚文〛胸；胸の内；胎内，腹. ❸ 内部，内奥；真ん中.

Seine 女 ❶ セーヌ川. ❷ セーヌ県(北仏の旧県名).

seine 女 〖漁〗引網.

Seine-et-Marne 女 セーヌ=エマルヌ県 [77].

Seine-Maritime 女 セーヌ=マリティーム県 [76].

Seine-Saint-Denis 女 セーヌ=サンドニ県 [93].

seing 男 (公式証書への)署名. ▶

séismal 形〖不変〗地震の.

séismal, ale 形〖男〗**aux** 形 ligne ～*ale* 等震度線.

séisme 男 地震;大混乱.

S.E.I.T.A. [seita] 女〖略〗Société nationale d'exploitation industrielle des tabacs et allumettes たばこ・マッチ専売公社.

seize 形〖数〗(不変) 16の; 16番目の. — 男〖不変〗❶ 16; 16日, 16時; 16番, 16号. ❷ 16ミリフィルム.

seizième 形 16番目の; 16分の1の. — 名 16番目の人. — 男 16分の1; 17番; 第16巻.

seizièmement 副 16番目に.

séjour 男 ❶滞在(期間); 〖文章〗滞在地. ❷居間 (＝salle de ～).

séjourner 自 滞在する; (物が)残る, 動かないでいる, (水が)よどむ.

sel 男 ❶塩;〖化〗塩(えん). ❷ぴりっとしたもの, 機知;〖複数〗気つけ薬.
◊*mettre son grain de sel* 出しゃばって口を出す.

sélect, e [-kt] 形 えり抜きの, 上流の.

sélecteur 男 チューナー; セレクター.

sélectif, ve 形〖説明〗[分別]式の.

sélection 女 選択, 選抜; 選ばれた人[物]. ► ～ *naturelle* 自然淘汰(とうた).

sélectionné, e 形, 名 選抜[選別]された(人).

sélectionner 他 選抜する [選別].

sélectionneur, se 名 選抜[選抜]する人, 選考委員.

sélectivement 副 選択[分別]して; 淘汰(とうた)によって.

sélectivité 女〖電波〗(受信機による)選択度.

sélène 形 月の.

séléniéux 形男〖化〗*acide ～* 亜セレン酸. *anhydride ～* 二酸化セレン.

sélénite 名〖想像上の〗月の住人.

sélénium 男〖化〗セレン.

sélénologie 女〖天〗月質学.

self 語 セルフサービス.

self-control 男〖英〗自己抑制.

self-made-man [-medman] 男〖複〗*men* 男〖英〗腕一本で出世した男, 立志伝中の人.

self-service 男〖英〗セルフサービス(の店).

selle 女 ❶鞍(くら); サドル. ❷便所;〖複数〗大便. ❸〖食〗腰下肉;〖彫〗回転式彫刻台. ◊ *être bien en ～* 馬にしっかりまたがっている; 地位が安泰である. *remettre en ～* 立ち直らせる.

seller 他 鞍(くら)を置く.

sellerie 女 ❶ 馬具置場; 馬具一式. ❷ 馬具製造 [販売].

sellerie-bourrellerie 女 馬具製造修理(術).

sellerie-maroquinerie 女 (旅行かばんなどの)皮革品製造.

sellette 女 ❶〖質〗の被告席の腰掛け. ❷〖彫〗小型の回転式彫刻台(鉢植などの). ❸〖建〗腰掛け式つり足場. ◊ *être sur la ～* 告発される. *mettre sur la ～* 尋問する.

sellier 男 馬具製造 [販売] 人.

selon 前 ❶ …に従って. ❷ …によれば; の見地からは. ❸ …に応じて; …次第で. ► ～ *que* …に応じて.
◊ *C'est ～* それは時と場合による.

Seltz [sɛl(t)z] (eau de) セルツァー炭酸水.

selve/selva 女〖地〗セルバ(アマゾンの熱帯原生林).

semailles 女複 種; 種まき; 播種期.

semaine 女 ❶ 週; 1 週間; 平日, ウィークデー. ❷ 週給.
◊ *à la petite ～* その場限りの, 先の見通しなく. *de ～* 当番の[で]. *en ～* 平日に.

semainier, ère 名 週番の. — 男 ❶ 七曜表, 日付きデスクダイアリー; 7段の引出し付きたんす.

sémantème 男〖言〗意義素.

sémanticien, ne 名 意味論学者.

sémantique 女, 形 意味論の.

sémaphore 男〖海〗信号所;〖鉄道〗腕木式信号機.

semblable 形 ❶(à)(…)に似ている. ❷〖数〗相似の. ❸ そんな. — 名 同類, 同族; 似た存在.

semblablement 副 同様に.

semblant 男 ❶ un ～ de … うわべ, 外見, 見かけ.
◊ *faire ～ (de …)* (…)するふりをする. *ne faire ～ de rien* 無関心を装う, 何食わぬ顔をする.

sembler 自〖思われる〗(…)に見える.
► *Il me semble qu'il n'y a [ait]* rien à faire. 万事休すかに見える /〖挿入句で〗 *ce me semble* = (me) *semble-t-il* どうやら.
◊ *Que vous en semble?* 〖文章〗 それをどう思いますか. *Que vous [te] semble(-t-il) de …?* 〖文章〗 …をどう思いますか. *si [comme, quand, ce que] bon me semble* …よいと思えば〖よいと思うように〗, よいと思うときに, よいと思うものを.

semé, e 形 (de)(…)をまき散らした, ちりばめた, (…)でいっぱいの.

sème 男〖言〗意味素.

semelle 女 ❶ 靴底;(靴の)底敷き; 靴下の底;(スキー板の)裏;(アイロンの)底. ❷ 堅い板. ❸ 一歩.
◊ *battre la ～* (暖まるために)足踏みをする.

semence 女 ❶ 種子.❷〖文章〗精液; 原因. ❸ 小釘.

semencier, ère 形 種子の. — 名 種苗.

semer ③ 他 ❶(種を)まく; まき散らす; 広める. ❷ 話 (追っ手を)まく; 引き離す.

semestre 男 ❶ 6か月, 半年, 半期, 学期. ❷ 半年分の手当 [年金].

semestriel, le 形 半年ごとの; 6か月間の. ◊ *semestriellement* 副

semeur, se 名 種をまく人; 広める人.

semi-aride 形〖気〗半乾燥の.

semi-automatique 形 半自動(式)の.

semi-auxiliaire 男, 形〖言〗準助動詞(の).

semi-circulaire 形 半円(形)の.

semi-conducteur, trice 形 [エレ]半導体の. ― 男 半導体.
semi-conserve 女 チルド食品.
semi-consonne 女 [言]半母音.
semi-durable 形 (使用期間が)並の平均的な;[経]半耐久的な.
semi-fini, e 形 [経] produit ~ 仕掛品.
semi-grossiste 名 仲買商.
semi-liberté 女 [法]外出許可.
sémillant, e 形 快活な;活発な.
séminaire 男 ❶ [カト]神学校. ❷ セミナー;ゼミナール.
séminal, ale, (男複) **aux** 形 精液[種子]の;[文章]根源的な.
séminariste 男 神学生.
séminifère 形 [解]精液を運ぶ.
semi-nomadisme 男 半遊牧.
◇semi-nomade 形, 名.
semi-officiel, le 形 半官半民の.
sémiologie 女 記号学;[医]症候学.
sémiologique 形 (S~)サンスの人.
sémiologiste / sémiologue 名 記号学者;症候学専門医.
sémioticien, ne 名 記号論学者.
sémiotique 女, 形記号論(の).
semi-public, que 形 半公共的な, 半官半民の.
sémique 形 [言]意味(素)の.
semi-remorque 女 セミトレーラ.
semis 男 ❶ 種まき;種のまき方. ❷ 苗床;[集合的]苗;苗木. ❸ 散らし模様.
semi-submersible 形 半潜水型の.
sémite 名, 形セム族(の);[誤用でユダヤ人(の).
sémitique 形 [言]セム語系の;[古風]セム族の. ― 男 セム語.
sémitisme 男 セム族気質;セム文明の特性.
semi-voyelle 女 半母音.
semoir 男 (種まき用の)種袋;播種機.
semonce 女 ❶ 叱(し)責;訓戒. ❷ 国旗掲揚[停船]命令. ▶ coup de ~ 国旗掲揚[停船]を求める警告射撃.
semoncer 他 ❶ 叱(し)責する;訓戒する. ❷ 国旗掲揚[停船]を命じる.
semoule 女 ❶ セモリナ(硬質小麦粉). ❷ sucre ~ グラニュー糖.
semoulerie 女 セモリナ製粉業[工場].
semoulier, ère 名 セモリナ製粉工.
sempervirent, e 形 常緑(樹)の.
sempiternel, le 形 果てしのない;相も変わらぬ.
◇sempiternellement 副
semtex 男 セムテックス(プラスチック爆弾).
sénat 男 ❶ (S~)元老院(フランスの上院). ❷ [古]元老院.
sénateur, trice 名 元老院[上院]議員.
◇train de ~ 重々しい足どり.
sénatorial, ale, (男複) **aux** 形 元老院[上院]の.
― 女 元老院議員選挙.
sénatus-consulte [-tys-] 男

[古из]元老院令;[史]元老院決議.
séné 男 [植][薬]センナ.
sénéchal; (複) **aux** 男 [史](王家, 貴族の)家令;(おもに南仏の)代官.
sénéchaussée 女 [史]セネシャル裁判所[管区].
séneçon 男 [植]キオン(キク科).
Sénégal 男 セネガル.
sénégalais, e 形 セネガルの.
― 名 (S~)セネガル人.
sénégalisme 男 [言](セネガル人のフランス語に特有な)セネガル語法.
sénescence 女 老化(現象);老衰.
sénescent, e 形 老化した.
sénevé 男 [植]カラシナ.
sénile 形 老人の, 老年の;面老いぼれた, もうろくした.
sénilité [se-] 女 老化(現象);老衰.
senior [se-] [英](不変), 形(不変)[スポ]シニアの.
séniorité 女 先任権(年功に基づく諸権利).
sénologie 女 [医]乳房学.
sénonais, e 形 サンスの.
― 名 (S~)サンスの人.

sens¹ [-s] 男 ❶ 感覚;センス;見方, 意見;(複数)官能, 性欲. ❷ 意味;意義. ❸ 方向, 向き;動力, 流れ. ▶ (voie à) ~ unique 一方通行(路).
◇à mon ~ 私の考えでは. bon ~ 良識, 分別. en ce ~ この意味では;この方向に, この方針に沿って. ~ commun 常識. ~ dessus dessous 上下逆さに;ごちゃごちゃに;動転して. ~ devant derrière 前後逆に. tomber sous le(s) ~ 明白である.
sens² 活 ⇨ sentir.
sensass [-s] 形(不変) 圖 すごい.
sensation 女 ❶ 感覚, 感じ, 気持ち. ❷ (複数)興奮, 刺激.
◇à ~ センセーショナルな, 俗受けする. faire ~ センセーションを巻き起こす.
sensationnalisme 男 センセーショナリズム, 扇情主義.
sensationnel, le 形 センセーショナルな;圄素晴らしい, すごい.
― 男 センセーショナルなもの.
sensé, e 形 良識[分別]のある;理にかなった. ◇sensément 副
senseur 男 センサー.
sensibilisateur, trice 形 関心をかき立てる;[写]増感性の.
― 男 [写]増感剤.
sensibilisation 女 ❶ 関心を持たせること, 世論の喚起. ❷ [写]増感;[医]感作(かさ).
sensibiliser 他 ❶ 関心を持たせる. ❷ [写]感光性を与える, 増感する;[医]感作(かさ)する. ― se ~ 敏感になる.
sensibilité 女 ❶ 感覚(能力);感度;感光度. ❷ 感受性;思いやり. ❸ (思想などの)傾向.
sensible 形 ❶ 感受性の鋭い;敏感な;過敏な, 弱い;感度の高い;[写]感光性の. ❷ 著しい, 目立つ;感知され得る. ― 女 [楽]導音 (=note ~).
sensiblement 副 かなり;はっきりと;ほとんど, ほぼ.
sensiblerie 女 (過度の)感傷癖.

sensitif

sensitif, ve 形 ❶《生理》感覚を伝達する。 ❷《文章》神経過敏な。 ―图 神経過敏な人。 ―囡《植》オジギソウ。
sensitomètre 男《写》感光計.
sensoriel, le 形 知覚神経の.
sensualisme 男《哲》感覚論.
sensualiste形《哲》感覚論(学派)の. ―图 感覚論者.
sensualité囡 ❶ 官能性;《複数》官能の喜び. ❷ 感覚的な快楽の追求.
sensuel, le形《文章》官能の;肉感的な;好色な. ―图 享楽家;好色家.
◆**sensuellement**副
sent(-) ⇨ sentir.
sent-bon 男《不変》(幼児語)香水.
sente囡《文章》小道.
sentence囡 ❶《法》判決;裁定. ❷ 文章,格言.
sentencieux, se形《軽蔑》/《皮肉》もったいぶった;格言調の.
◆**sentencieusement**副
sentent, sentes, sentez 活 ⇨ sentir.
senteur囡 ❶《文章》香り,香気. ❷《複》pois de ～ スイートピー.
senti, e形 (sentir の過去分詞)《文章》(bien, fortement とともに)(言葉などが)真情のこもった;手厳しい.
sentier男《森などの》小道. ―《文章》歩むべき道.
sentiez ⇨ sentir.
sentiment 男 ❶ 感情,気持ち;情,感情;《複数》思いやり,愛情. ❷ 直感,印象;意識. ❸ 感受性;感覚,センス. ❹《文章》意見,判断.
sentimental, ale《男 複》aux 形 ❶ 愛情の,情愛による,心情的な. ❷ 感傷的な,センチメンタルな;涙もろい. ―图 感傷的な人,情にもろい人.
◆**sentimentalement**副 心情的に;感傷的に.
sentimentalisme 男 感情的傾向,感傷主義;感傷癖.
sentimentalité囡 感じやすい性格;感傷癖,感傷過多.
sentîmes 活 ⇨ sentir.
sentine囡《海》艙水溜り(淦汁).
sentinelle囡 歩哨(守);見張り.
sentir 19 他 ❶ 感じる,感じとる;気づく,自覚する. ❷ においをかぐ. ❸ においを放つ;印象を与える.
◆**se faire** ～ 感じられる.
―自(におい)を放つ.
◆～ **bon** いいにおいがする.
◆**se** ～ **①** 自分が…だと感じる:自分に(…を)感じる. ❷ 感じ取られる.
◆**ne pas [plus] se** ～ **(de ...)** (…)に我を忘れる.
seoir43 自《古風》《文章》à (…)に似合う,ふさわしい. ―《非人称構文》Il **sied** (à ...) de + inf. [que + subj.] (…)には…するのがふさわしい.
Séoul ソウル(韓国の首都).
sep [-p] 男《農》ヒール(プラウ).
sépale男《植》萼(%)片.
séparable形 分離可能.
séparateur, trice形 ❶ 分離する. ❷ pouvoir ～ (レンズ,目の)解像力. ―男 分離器;《電》(電池の)隔離板.

séparation囡 ❶ 分離;別離;別居. ❷ 境界;区別. ❸《法》demande en ～ de corps 別居(請求).
séparatisme 男 分離[独立]主義(運動).
séparatiste形 分離[独立]主義の. ―图 分離[独立]主義者.
séparé, e形 ❶ 別個の. ❷《de, d'avec》(…と)別れた;切り離された.
séparément副 別々に,個別に.
séparer 他 ～ A (de B) (Bから) Aを分ける,分離する;区別する;引き離す;分け隔てる.
◆**se** ～ **《de》**(…)と分かれる,離れる;区別される.
sépia囡 イカの墨;セピア;セピアで描いた淡彩画. ―形《不変》セピア色の.
seppuku [sepuku]男《日本》切腹.
seps [-ps] 男《動》カラカネトカゲ.
sept [sɛt]男《数》《不変》7つの;7番目の. ―《不変》7;7日,7時;7番,7月.
septain [sɛtɛ̃]男《詩》7行詩.
septante 形《数》地域 70の.
septembre 男 9月.
septembrisades囡複《史》(1792年の)9月の虐殺.
septembriseur 男《史》9月の虐殺に参加した革命派市民.
septénaire [-p-] 男《病状の》7日間.
septennal, ale《男 複》aux [-p-] 形 ❶ 7年続く;7年ごとの. ❷ 7年間の.
septennat [-p-] 男 7年の期間(フランス大統領の2002年までの7年任期).
septentrion 男《文章》北,北方.
septentrional, ale;《男 複》aux 形《文章》北の,北方の.
septicémie 囡《医》敗血症.
◆**septicémique**形
septicité囡《医》腐敗性;伝染性.
septidi [-p-] 男《革命暦旬日の》第7日.
septième [sɛt-] 形 7番目の;7分の1の. ―图 7番目の人[物]. ―男 7分の1;8階,第7学区. ―囡 第7学級(⇨ terminale).
◆**septièmement** [sɛt-] 副 7番目に.
septillion [-ptiljɔ̃] 男 10[42].
septimo [-p-] 男 7番目に.
septique形 細菌感染の;《医》敗血症の. ◆ fosse ～ 浄化槽.
septmoncel [sɛm5-] 男 セモンセル(ジュラ県産のブルーチーズ).
septuagénaire [-p-] 形,图 70歳代の(人).
septum男《解》中隔,隔膜,隔壁.
septuor [-p-] 男《楽》七重唱[奏](曲).
septuple [-p-] 形,男 7倍(の).
septupler [-p-] 他 7倍にする. ―自 7倍になる.
sépulcral, ale《男複》aux 形 ❶ 墓[死]を思わせる,薄気味悪い.
sépulcre 男《文章》墓,墳墓.
sépulture 囡 墓;《文章》埋葬.
séquelle囡《多く複数》❶《医》後遺

séquençage 男 【生化】配列決定. ► le ~ du génome humain ヒトゲノムの配列決定.

séquence 女 一続きのもの；(作業などの)手順；【映】シークエンス；【カード】続き札；【カト】続唱；【情報】シークエンス；【生化】配列.

séquencer 1 他 【生化】配列を決める.

séquenceur 男 【生化】シーケンサー.

séquentiel, le 形 連続した；【情報】traitement ~ 逐次処理.

séquestration 女 (不法)監禁.

séquestre 男 ❶ 【法】係争物寄託[供託]；係争物受寄者. ❷ (敵国財産の)接収. ❸ 腐骨.

séquestrer 他 ❶ 閉じ込める；不法監禁する. ❷ 【法】(係争物を)寄託[供託]する.

sequin 男 ❶ (地中海で使われた)ドゥカート金貨. ❷ 【服】スカン(縫い付ける円い飾り).

séquoia 男 【植】セコイア.

sera, serai, seraient, serais, serait 活 ⇨ être.

sérac 男 ❶ セラック(氷河上の塔状氷塊). ❷ セラック(ホエーチーズ).

sérail 男 ❶ (オスマン・トルコ皇帝の)宮殿；ハーレム(の女たち). ❷ (政界などの)舞台裏，内幕.

sérancer 1 他 【繊】(麻を)梳櫛(くしけず)でとく. ⇨ sérançage

séraphin 男 【神】熾(し)天使，セラフィム(9階級中1級の天使).

séraphique 形 【神】熾(し)天使の；[文章] 天使のような.

seras 活 ⇨ être.

serbe 形 セルビアの. — 男 〈S~〉 セルビア人. — 男 セルビア語.

Serbie 女 セルビア(共和国).

serbo-croate 形 セルボクロアチア(語)の. — 男 セルボクロアチア語.

serein, e 形 ❶ 心静かな，平穏な；公明正大な. ❷ [文章] (天気などが)晴朗な. ❸ 【医】goutte ~e 黒内障.

sereinement 副 冷静に.

sérénade 女 ❶ 【楽】セレナード. ❷ [話] 大騒ぎ；きつい叱(し)責.

sérénissime 形 ❶ son Altesse ~ 殿下(王族などに対する尊称). ❷ la ~ République 静謐(じょうひつ)の上なき共和国(15, 16世紀のベネチアの呼称).

sérénité 女 平静，平穏；公平；[文章] (空などの)清澄.

séreux, se 形 ❶ 漿(しょう)液性の；血清の. — 女 【解】漿膜.

serez 活 ⇨ être.

serf, ve [-(f), v] 名 (封建時代の)農奴. — 形 農奴の；土地隷従的な.

serfouette 女 【農】セルフエット(園芸用具の一種).

serfouir 他 【農】セルフエットで表耕する. ☆serfouissage / serfouage 男

serge 女 【繊】サージ.

sergé 男 【繊】綾(あや)織.

sergent 男 ❶ 【軍】伍(ご)長. ❷ [古風] ~ de ville 警察官.

sergent-chef 男 (複) ~s-~s

【軍】(陸・空軍の)軍曹.

sergent-major 男 (複) ~s-~s 男 (昔の)特務軍曹.

sergette 女 【繊】薄サージ.

sérialisme 男 【楽】セリエリズム(作曲技法の一種).

sériation 女 系列化，分類.

séricicole 形 養蚕の.

sériciculteur, trice 名 養蚕家.

sériciculture 女 養蚕業.

série 女 ❶ 連続，シリーズ；一揃い，セット. ► une ~ de ... 一揃いの ... / numéro de ~ 通し番号 / ~ noire セリ・ノワール(推理小説叢(そう)書)；犯罪・ミステリー映画)；相次ぐ不幸な事件. ❷ 種別，カテゴリー；【スポ】グループ，クラス；予選. ► film de ~ B B級映画. ❸ (規格品の)大量生産. ❹ 【数】級数；【化】系列；【電】直列；【楽】音列，セリー.
◇faire [travailler] en ~ = faire de la ~ 量産する. hors ~ 規格外の；並外れた.

sériel, le 形 ❶ 連続した，一続きの，系列的な. ❷ 【楽】セリーの，音列の.

sérier 他 分類する；系列化する.

sérieusement 副 ❶ まじめに，真剣に. ❷ ひどく，危険なほど.

sérieux, se 形 ❶ まじめな，真剣な；入念な. ❷ 【信頼できる，確かな，信用のおける. ❸ かなりの，重大な；深刻な. — 男 まじめさ，真剣さ，熱心；重大さ，深刻さ. ◇prendre au ~ 真に受ける，重要視する.

seriez 活 ⇨ être.

sérigraphie 女 【印】【版画】(シルク)スクリーン印刷，セリグラフィー.

serin 男 ❶ カナリヤ(総称). ❷ 間抜けな[愚直な]男.

seriner 他 (繰り返して)教え込む；(何度も言うこと)うるさがられせる.

sérinette 女 (小鳥に鳴き声を仕込む)バードオーガン.

seringa(t) 男 【植】バイカウツギ.

seringue 女 ❶ 【医】注射器；[古] 浣(か)腸器，洗浄器. ❷ 噴霧器.

seringuer 他 ❶ 注入する. ❷ [古] (水などを)噴霧する.

serions 活 ⇨ être.

sérique 形 血清の.

serment 男 誓い，宣誓.
◇~ d'ivrogne [話] 当てにならない誓い.

sermon 男 説教；お説教，小言.

sermonnaire 男 説教集；説教作家[師].

sermonner 他 お説教する.

sermonneur, se 形, 名 [文章] お説教好きの(人).

séroconversion 女 (血清診断で)陽性・陰性化すること.

sérodiagnostic [-gno-] 男 【医】血清診断学.

sérologie 女 【医】血清学. □sérologique 形

sérologiste 名 【医】血清学者.

séronégatif, ve 形 【医】HIV (エイズウイルス)に感染していない(人).

séronégativation 女 【医】抗体

serons

serons, seront[活] ⇨ être.
séropositif, ve[形][名]HIV(エイズ・ウイルス)に感染した(人).
séropositivité[女]HIV(エイズ・ウイルス)に感染していること.
sérosité[女][生理]漿(しょう)液.
sérothérapie[女][医]血清療法.
sérotonine[女][生化]セロトニン.
serpe[女]鉈鎌(なたがま).
serpent[男]❶[動]ヘビ. ❷邪悪な人, 腹黒い人; 陰険な言動. ❸蛇状のもの. ❹[経]スネーク(1970年代のECの固定為替相場制の別称).
◊～ *de mer* (伝説上の)大海蛇; [話] (新聞の)埋め草; おきまりの話題.
serpentaire[男][鳥]ヘビクイワシ.
serpente[女]薄葉紙.
serpenteau;[複] *x*[男]❶蛇の子. ❷蛇花火.
serpentement[男]文章蛇行.
serpenter[自]蛇行する.
serpentin, e[形]蛇のような.
―[男]紙テープ; 冷却用蛇管.
―[女][鉱]蛇紋石.
serpette[女]小鉈鎌(なたがま).
serpillière[女]床用雑巾(ぞうきん).
serpolet[男][植]イブキジャコウソウ.
serrage[男]締めつけること.
serratule[女][植]タムラソウ.
serre¹[女]❶温室(=～ *chaude*); 養魚池, 生け簀(す). ❷ *effet de* ～温室効果. ❸[農](果実の)圧搾. ❹[動](猛禽(きん)類の)爪.
serre²[女][地]細長い丘陵.
serré, e[形]❶きつく締められた; 体にぴったりした, 窮屈そうな. ❷密集した; 濃い. ❸緻(ち)密な, 厳密正確な. ❹(試合などが)白熱した, 互角の. ❺(経済的に)困窮した, 切り詰めた. ❻(時間的に)余裕のない.
―[副]厳密に; 慎重に.
serre-file[男][軍]押伍(おう)兵, 後尾兵将校; 押伍長.
serre-fils[男][電]コネクタクランプ.
serre-joint[男](固定用)締め金具.
serre-livres[男]ブックエンド.
serrement[男]❶締めつけること; 締めつけられること. ❷[鉱]防水壁.
serrer[他]❶握りしめる; 抱き締める; 締めつける. ❷(体の一部を)ぎゅっと引き締める. ❸(ねじ, ひもを)締める; 束ねる. ❹(服が)ぴったり合う; 窮屈である. ❺(感情が胸を)締めつける. ❻間隔を詰める; 追い詰める; すれすれに寄る. ❼子細に検討する, 正確に表現する.
serre-tête(s)[男]ヘアバンド; (頭にかぶったりした)縁無し帽.
serriculture[女]温室栽培.
serriste[名]温室栽培家.
serrure[女]錠, 錠前, ロック.
serrurerie[女]❶錠前製造(業). ❷金具製造業; 金具, 金物製品.
serrurier[男]❶錠前屋. ❷(建築用)金具製造業者.
sers, sert[活] ⇨ servir.
sertão [-tao/-tã][男][地]セルトン(ブラジルの半乾燥地帯).
sertir[他]❶[宝](宝石を)はめ込む.

❷(金属部品を)接合固定する.
sertissage[男]❶[宝]の石留め(作業). ❷(金属部品の)接合固定法.
sertisseur[男][宝]石留め工.
―[男]缶詰の巻き締め器.
sertissure[女][宝](宝石の)石留め, ふせ込み.
sérum[男]❶[医]血清. ❷乳漿.
servage[男](中世の)農奴制, 農奴の身分; 隷属.
servai-je, ...[活]⇨ *servir*.
serval;[複] *als*[男][動]サーバル(キャット).
servant[形][男] *chevalier* [*cavalier*] ～貴婦人に忠義を誓った騎士.
―[男]❶[カト](ミサの)侍者. ❷[軍]火器操作要員. ❸[スポ]サーバー.
servante[女][古風]下働き女中. ❷(鍛冶(じ)屋などの使う)腕立台.
serve (-)[活] ⇨ *servir*.
serveur, se[名]❶ウエーター, ウエートレス, ボーイ. ❷[スポ]サーバー. ❸[カード]ディーラー.
―[男][情報]サーバー.
servi, e *servir* の過去分詞.
serviabilité[女]世話好き.
serviable[形]世話好きの.
service[男]❶(人の)役に立つこと, 手助け. ► *Je suis à votre* ～. なんなりと申しつけてください/ *A votre* ～! (巡査や案内係などのお礼に対して)どういたします. ❷ サービス(料); 給仕. ► ～ *compris* サービス料込み/*Le est en plus.* サービス料は別です/*faire le* ～給仕する, 食べ物を皿に盛る. ❸勤務; 奉公; (宗教上の)お勤め; (複数)(有給の)仕事. ► *heures de* ～勤務時間/*être en* ～ *chez ...* の家に奉公している/ *porte de* ～勝手口/～ *funèbre* 死者のためのお勤め. ❹役(=～ *militaire*). ► *faire son* ～兵役をする. ❺(公共)サービス機関(役所, 会社などの)局, 部, 課; (多く複数)サービス部門, サービス産業. ► *chef de* ～ 部[課]長/～ *d'ordre* [集, 集会などの]警備員, 治安係/*les biens et les* ～*s* 財とサービス. ❻(交通機関の)運行, 便; (店舗, 工場などの)営業, 操業. ► *d'été* 夏期ダイヤ. ❼(物の)使用; (機械などの)稼動状態. ► *faire un long* ～長持ちする. ❽(刊行物の)配布, 発送. ❾(食器などの)―式; *de table* ～ナプキンとテーブルクロスの一揃い. ❿[スポ]サービス(ゲーム).
◊ *au* ～ *de ...* の役に立って; …のために働いて. *être à cheval sur le* ～ 諸 *être* (-)～ 部下の仕事ぶりに厳しい. *être de* ～ 勤務中である. *hors* ～ 使用不能の. *mettre en* ～ 設置する; 動かし始める, 運行[業務]を始める, 開通させる. *prendre son* ～ 勤務に就く. *rendre* ～ *à ...* の役に立つ. *rendre un mauvais* ～ *à ...* …のありがた迷惑にする. ～ *de presse* (新刊書の)マスコミ関係への寄贈, 寄贈版; 広報係, 要人の報道済.
serviette[女]❶(食卓用)ナプキン, タオル. ❷書類かばん, 折かばん. ❸～

hygiénique（生理用）ナプキン.

serviette-éponge 囡《複》~s-~s 囡 パイル地のタオル.

serviez 活 ⇨ servir.

servile 形 ❶ 卑屈な, 奴隷のような; 盲従的な, 模倣的な. ❷ 奴隷の, 農奴の. ◇**servilement** 副

servilité 囡 ❶ 〖文章〗卑屈, 奴隷根性. ❷（模倣における）盲従性.

servir 21 他 ❶（…に）食事［飲み物］を出す；（店員などが）応対する, サービスする; 奉仕する, 仕える; 役立つ, 助ける. ▶ Vous êtes servi [On vous sert], Monsieur?（ご注文）を承っております御用［御注文］をお聞きしているでしょうか / Je vais vous ~ de ce plat. この料理を取ってあげましょう / ~ sa patrie 祖国に奉仕する. ❷（料理, 飲み物などを）出す, 供する；（品物を）出す; 給仕する, 供給する. ▶ C'est servi. 食事の用意ができました / ~ à … …に飲み物を出す / ~ une pension 年金を給付する / ~ la balle 〖スポ〗サービスをする. ❸ 弾丸を装填(そうてん)する. ◇**être servi** 圖 嫌というほど味わわされる.

— 自 ❶ (à)（…に）役立つ；使用される. ▶ A quoi sert cet instrument? この道具は何に使うのですか. ❷ ~ de A（à B）（Bにとって）Aとして役立つ；Aの役目を果たす. ▶ Il m'a servi d'interprète. 彼が私の通訳を務めてくれた. ❸ 仕える；兵役に就く. ❹ 〖スポ〗サービスをする.

— **se** ~ ❶ (de)（…を）使う, 利用する. ❷ se ~ (de) …（料理, 飲み物）を自分で取る, つぐ. ▶ ~ se ~ de vin 自分でワインをつぐ（『目的語なしに』 Servez-vous. どうぞお取りください. ❸（決まった店で）買う. ❹（料理, 飲み物に）自ら取る.

serviteur 男 〖文章〗仕える者, 奉仕者；［古］奉公人, 下僕.

servitude 囡 ❶ 隷属, 隷従；〖文章〗束縛, 拘束. ❷ 〖法〗地役（権）.

servocommande 囡 〖機〗サーボ制御機構.

servodirection 囡 〖車〗パワーステアリング.

servofrein 男 〖車〗（ブレーキの）サーボパイント.

servomécanisme 男 サーボ機構.

servomoteur 男 サーボモータ.

servons 活 ⇨ servir.

servovalve 囡 サーボ弁.

ses son¹, sa の複数形.

sésame 男 ❶ 〖植〗ゴマ（の実）. ❷ 魔法の言葉［手段］.

sesbanie 囡 〖植〗セスバニア.

sesquicentenaire [-kɥi-] 男 150年記念.

sessile 形 〖植〗無柄(むえ)の.

session 囡 会期; （法廷の）開廷期; 試験期間. ▶ ouvrir [fermer] une ~ 〖情報〗ログオン［ログオフ］する.

sesterce 男 〖貨〗セステルス（古代ローマの銀［青銅］貨）.

set [-t] 男 〖英〗❶ ランチョンマット, 食卓マット. ❷ 〖スポ〗セット.

setacé, e 形 〖生〗（豚毛のように）剛毛状の.

setier 男 スティエ（小麦の旧容量単位）.

séton 男 〖医〗串線法, 貫通路.

setter 男 〖英〗セッター（猟犬）.

seuil 男 ❶ 敷居; 戸口, 入口. ❷ 始まり, 端緒. ❸ 限界, 許容限度. ▶ ~ de rentabilité 損益分岐点. ❹ 〖心〗閾(いき)値, 閾値. ❺ 〖地鞍〗(と部)；地形形成の源地. ◇ *au — de …* …の初めに.

seuillage 男（CGなどでの）閾(いき)値処理.

seul, e 形 ❶ 唯一の, ただ…だけ. ▶ une ~e fois ただ一度だけ. ❷ ひとりだけの, …の連れのいない, 孤独な. ❸（副詞的）…が独力で, ひとりでに. ◇ *à moi [toi, lui, elle] ~* 独力で、ひとりで. *Cela [Ça] va tout ~.* 圖 うまくいく, 簡単に片づく. *~ à ~* 一対一で, 差し向かいで.

— 名 ただ一人, 唯一の人.
◇ *pas un ~* ただ一人として…ない.

seulement 副 ❶ ただ…だけ（時間についても）まだ…, やっと…. ❷ 《節の初めで》ただし.
◇ *ne ... pas ~ ...* …だけ…ではない；…さえ…ない. *non ~ A mais (encore [aussi]) B* AだけでなくBも. *sans ~ ...* …さえずに. *si ~ +直説法半過去 [大過去]* …ならば［だったら］.

seulet, te 形 〖文章〗〖話〗独りぼっちの.

sève 囡 ❶ 樹液. ❷ ワインの（芳醇(ほうじゅん)な）香気. ❸ 〖文章〗精気, 活力.

sévère 形 ❶ 厳しい, 厳格な. ❷ 飾りのない, 地味な. ❸ 深刻な, 手痛い. ◇**sévèrement** 副

sévérité 囡 ❶ 厳しさ, 厳格；厳しい行為［判断］. ❷ 飾りのなさ, 地味. ❸ 深刻さ, 重大さ.

sévices 男複 虐待, 暴力, 折檻(せっかん).

sévillan, e 形 セビリャ Séville（スペインの都市の）の.
— 名《S~》セビリャの人.

sévir 自 ❶ (contre)（…に）厳しく扱う. ❷ 猛威を振るう, 蔓延する.

sevrage 男 ❶ 離乳. ❷（麻薬, たばこなどを）断つこと, 禁断.

sevrer 3 他 ❶ 離乳させる, 乳離れさせる. ❷（習慣などを）やめさせる；（楽しみなどを）取り上げる, 奪う. ❸ 〖園〗（取り木を）母株から切り離す.

Sèvres（町名）セーヴル（県92）（パリ南西郊. セーヴル焼で知られる）.

sèvres 男 セーヴル磁器.

sévrienne 囡（セーヴルにあった）女子高等師範学校の生徒.

sexage 男（ひよこなどの）雌雄鑑別.

sexagénaire 形, 名 60歳代の（人）.

sexagésimal, ale（男複）*aux* 形 60を基本とする, 60進の.

sexagésime 囡 〖カト〗六旬節の主日.

sex-appeal [sɛksapil] 男 〖米〗（古）セックスアピール, 性的魅力.

sexe 男 性, 性別；性器；性的問題.

sexer 他 雌雄鑑別する.

sexe-symbole 男《不変》《英》セックスシンボル.
sexeur, se 名 (動物の)性別鑑定士.
sexiatre 名 性問題の専門医.
sexiatrie 女 性問題を扱う分野.
sexisme 男 女性差別(主義).
sexiste 名 女性差別主義者, 男尊女卑の人. ― 形 女性差別の.
sexologie 女 性科学.
sexologue 名 性科学者.
sexothérapie 女 性障害の治療. ▫sexothérapeute
sex-ratio 女《英》性比.
sex-shop [-ʃɔp] 男《英》ポルノショップ.
sex-symbole 男 ⇨ sexe-symbole.
sextant 男 六分儀;【数】円の 6 分の 1, 60度の円弧〔角〕.
sextidi 男 (革命暦旬日の) 第 6 日.
sextillion [-ljɔ̃] 男 10の36乗.
sexto 副 (ラ) 第 6 番目に.
sextolet 男【楽】6 連〔音〕符.
sextuor 男【楽】六重唱〔奏〕; 六重唱〔奏〕団.
sextuple 男, 形 6倍(の).
sextupler 他 6倍にする. ― 自 6倍になる.
sextuplés, ées 名《複数のみ》六つ子.
sexualisation 女 ❶ 性的意味の付与. ❷【生】性徴の明確化.
sexualiser 他 ❶ 性的意味を与える. ❷【生】性的特徴を与える.
sexualité 女 ❶ 性的行動, 性生活; 性欲. ❷【生】性別, 雌雄性.
sexué, e 形【生】有性の, 性別のある; 両性の結合による.
sexuel, le 形 ❶ 性的な, 性欲の, 性交の. ❷【生】性別の.
sexuellement 副 性的に.
sexy 形《不変》《英》セクシーな.
seyaient, seyait 活 ⇨ seoir.
seyant, e 形 似合う.
Seychelles 固女 セーシェル(共和国).
SFC 女《略》syndrome de fatigue chronique 慢性疲労症候群.
sforzando 副 (伊)【楽】スフォルツァンド.
sfumato [sfu-] 男 (伊)【美】スフマート (物の輪郭線をぼかして描く画法).
S.G.B.D. 《略》【情報】 système de gestion de base de données データベース管理システム.
S.G.D.G. 《略》 sans garantie du gouvernement (特許製品について) 政府の保証なし.
shabbat [-t] 男【ユダ】安息日.
shaker [ʃɛkœːr] 男《英》シェーカー.
shakespearien, ne [ʃɛkspirjɛ̃, ɛn] 形 シェークスピアの.
shako 男 シャコ(羽根の前立てと庇のついた昔の円筒形軍帽).
shampoiner [-pwi-] 他 シャンプーする.
shampoineur, se [- / sham-**pouineur, se** ❶ シャンプー係. ❷ (電動)カーペットクリーナー.

shampo(o)ing [-pwɛ̃] 男《英》シャンプー, 洗髪; シャンプー剤; カーペット用洗剤.
Shanghai [ʃɑ̃ŋgaj] 上海 (中国東部の都市).
shant(o)ung [-tuŋ] 男【繊】シャンタン, 山東絹.
sharpeï 男 (中国産の)砂皮(犬).
shed [-d] 男【建】鋸歯(シ)屋根.
shelling [ʃɛliŋ] 男 ⇨ shilling.
shéol 男 (旧約聖書の)冥途(ξ[*]).
shergottite 女【天】シャーゴッティ隕石 (火星起源隕石の一つ).
shérif(f) 男 (英国の)州長官; (米国の)保安官, シェリフ.
sherpa 男 (ネパール)シェルパ.
sherry; (複) ~s (または **sherries**) 男《英》シェリー酒.
shetland [ʃɛtlɑ̃:d] 男【繊】シェトランド(シェトランド諸島産羊毛の毛糸).
shiatsu [ʃjatsy] 男 (日本)指圧.
shilling [ʃiliŋ] 男《英》シリング (1) ケニア, ウガンダなどの通貨単位. (2) 1971年2月以前の英国の通貨単位.
shilom [-lɔm] 男 ハッシシ用パイプ.
shintoïsme 男【宗】神道. ▫shintoïste 形 名
shipchandler [-lœːr] 男《英》船具商.
shirting [ʃœrtiŋ] 男《英》【繊】シャツ地.
shit [ʃit] 男 ハッシシ.
shocking [ʃɔkiŋ] 形《不変》固(ふざけて)ショッキングな, 破廉恥な.
shog(o)un [-gun] 男 (日本)将軍.
shoot [ʃut] 男《英》❶ (サッカーの)シュート. ❷ 語 麻薬の注射.
shooter [ʃu-] 自 (サッカーで)シュートする. — se ~ 語 自分に麻薬を注射する.
shop(p)ing [-piŋ] 男《英》ショッピング, 買い物.
short [-rt] 男 ショートパンツ.
short ton [-rtɔn] 女《英》【計】ショートトン, 米トン.
show [ʃo] 男 ショー; (政治家の)スタンドプレー.
show-business [ʃobizinɛs] / **show-biz** [-z] 男《米》ショービジネス.
show-room [ʃorum] 男《英》ショールーム.
shrapnel(l) 男《英》榴(ʸ*)散弾.
shunt [ʃœ:t] 男【電】❶ 分路, 分流器. ❷【医】シャント, 短絡.
shunter 他 ❶【電】分流器を挿入する. ❷ 語 (仲介となる人や物を)飛ばす, 無視する.

SI 男《略》【計】 système international d'unités 国際単位系.
Si【記】【化】 silicium ケイ素, シリコン.
si¹ [si] (il, ils の前では s' となる) ❶ (仮定, 条件) ❶ *si* + 直説法現在 [複合過去] もし…ならば (単なる仮定). » *s'il fait beau demain, nous sortirons.* 明日もし天気がよければ外出しよう. ❷ *si* + 直説法半過去 もし…だったら (…なのに) (現在の事実に反する仮定). ▶ *Si j'avais de l'argent,*

j'achèterais une voiture. お金があれば車を買うのに。 ❸ *si* + 直説法大過去 もし…だったとしたら(…だったのに)。 ► *S'il avait fait beau hier, nous serions sortis.* 昨日天気がよかったら外出したのだが。 ❹《文章語》*si* + 接続法大過去 もし…だったとしたら(…だったのに)。 ❺《主節を省略した疑問文・感嘆文で》► 《勧誘》*Si* nous allions au cinéma!* 映画でも見に行こうよ!/《願望》*Si seulement je pouvais me reposer!* せめて休憩くらいできたらなあ/《後悔》*Si vous m'aviez prévenu!* 前もって私に知らせておいてくれたら/《命令》*Si vous vous taisiez!* 黙った!/《仮定的疑問》*Et si elle se fâche?* もし彼女が怒ったら。 ❷《事実を表す》► 《原因》*Ne vous étonnez pas s'il est venu.* 彼が来たからといって驚かないでください/《対立, 比較》*Si* lui est aimable, sa femme est arrogante.* 彼は愛想のいいのに奥さんは威張っている。 ❷ …するときは(いつも)。 ❸《間接疑問文を導く》❶ …かどうか。 ► *Savez-vous s'il viendra?* 彼が来るかどうか御存知ですか。 ❷ なんだ, どれほど。 ❸《相手の質問を繰り返して》 …かどうかって。 ► 《*Vous connaissez cette ville!*》*Si* je connais cette ville!»* 「その町を知っていますか」「私がその町を知っているかだって」

◇*comme si* + 直説法半過去[大過去] まるで…であるかのように。 *excepté [sauf] si* …の場合を除いて, …でない限り。 *même si* …といえどもであろうと。 *si ce n'est* [*n'était*] …を除いては, …でなければ；…でないとしても；…がなければ；…以外は 《文章語》*si ce n'est pas …!* まったく…だ。 *si jamais* [*par hasard*] … 万一…なら。*SI* 非人称のうえない, 希代の。 *si tant est que* + subj. (実現可能性をいぶかっていう)もし…ならば, 仮に…として。

—男《不変》もしも, 仮定。 ► *Avec des si, on mettrait Paris dans une bouteille.* 勝もしという話ならどんなことでも可能だ。

si²副 ❶《否定的な考えを肯定的に切りかえして》いいえ, そう。 ► 《否定疑問に対する返答として》《*Tu ne viens pas?—Si*, je viens.》「来ないの」「いや, 行くよ」

❷《強調》❶ これほど, そんなに；とても, たいへん。 ► *Pas si vite!* そんなに急がないで。 ❷ *si* + 形容詞[副詞] + *que* …非常に…なので, …である, …なほど。 ► *Il parle si bas qu'on ne l'entend pas.* 彼はたいへん小声で話すので聞き取れない。 ❸《否定文・疑問文での同等比較; *aussi* の代用》► *Il n'est pas si grand que son père.* 彼は父親ほど背が高くない。 ❹《譲歩》*si* + 形容詞[副詞] + *que* + subj. …ほど…であろうと。 ► *si malin qu'il soit* = *si malin soit-il* 彼がいくら抜け目がないといっても。

◇*si bien que …* …その結果…, それで…。

si³《不変》《音階の》シ, ロ音。
sialagogue 形《医》唾液の分泌を促進する。 —男 唾液分泌促進薬。
sialis [-s] 男《昆》センブリ。
siamois, e 形シャム Siam (タイ王国の旧称)の。 —名《S～》シャム人。 —男 シャム語; シャム猫。
sibérien, ne 形シベリア Sibérie の。 —名《S～》シベリア人。
sibilant, e 形《医》歯擦音の, しゅーという音を立てる。
sibylle 女《古代》巫女(ﾐｺ), シビラ。
sibyllin, e 形 ❶ 《古代》巫女(ﾐｺ)の。 ❷《文章語》謎めいた, 分かりにくい。
sic 副原文のまま, 原文通り。
sicaire 男《文章語》刺客。
SICAV/sicav [sika:v] 女《略》Société d'investissement à capital variable オープン投資信託会社。
siccatif, ve [sika-] 形 乾燥させる。 —男 乾燥剤。
siccité [siksi-] 女《文章語》乾燥(状態)。
Sicile 女 シチリア, シシリー(島)。
sicilien, ne 形 シチリアの。 —名《S～》シチリア人。
S.I.D. 男《略》service d'information et de diffusion à Matignon 首相官邸広報部。
sida 男《略》(syndrome immuno-déficitaire acquis の略)エイズ, 後天性免疫不全症候群。
sidateux, se 名形エイズ患者。
sidatique 形エイズにかかった。 —名 エイズ患者(差別的呼称)。
side-car [sid-/sajd-] 男《英》サイドカー。
sidéen, ne 形エイズ感染者[患者]。 注公認の呼称；普通は *malade (du sida)* を用いる。
sidénologie 女 ⇨ sidologie.
sidéral, ale, 形《男複》*aux* 形《天》恒星の；宇宙星の。
sidérant, e 形 唖(ｱ)然とさせる。
sidération 女《医》急劇発作。
sidéré, e 形 唖(ｱ)然とした。
sidérer ⑥ 他 ❶ 口語唖(ｱ)然とさせる, びっくり仰天させる。 ❷《医》卒倒させる。
sidérite 女 ❶《鉱》菱(ﾘｮｳ)鉄鉱；隕(ｲﾝ)鉄。
sidérose 女 ❶《鉱》菱(ﾘｮｳ)鉄鉱。 ❷《医》鉄沈着症。
sidérostat 男《天》シデロスタット(反射装置の一種)。
sidéroxylon 男 アカテツ科の高木。
sidérurgie 女 製鉄術; 鉄鋼工業。
sidérurgique 形 製鉄業の。
sidérurgiste 名 製鉄工[業者]。
sidologie 女 エイズ研究。
sidologue 名 エイズ専門家[医]。
siècle 男 ❶ 100年間, 1世紀；世紀。 ❷ 時代；当代。 ❸ 長い年月。 ❹ 宗 ・文章俗界, 浮世。
sied, sié- 3単 ⇨ seoir.
siège 男 ❶ 椅子, 座席；裁判官席。 ❷ 本部, 本拠地, 所在地；《カ》《教皇, 司教の》座。 ► ～ *social* 本社。 ❸ 源, 中枢；患部。 ❹ 議席。 ❺ 尻(ｼﾘ), 臀(ﾃﾞﾝ)部。 ❻《軍》攻城戦；攻囲戦。
◇*état de ～* 戒厳令。
siéger ⑦ 自 ❶ 本拠を置く, 所在する。

sien ❷《議員などが》現職にある；開廷される. ❸《病気などが》宿る.

sien, ne 代《所有》《定冠詞とともに》彼《彼女》のもの，自分のもの．— 男《les ~s》彼《彼女》の，身内，仲間. ◊ *y mettre du* ~ できる限りのことをする．—女隔 faire des ~ 相変わらずばかげたことをした．—形《所有》《文章》彼の，彼女の，自分の．

siér- 語《古》⇒ seoir.

sierra 女《地理》山脈，連峰．

sieste 女《昼食後の休息，昼寝．

sieur 男《法廷で》…氏，…殿．《軽蔑》le ~ un tel なんという男．

sievert [-vɛrt] 男《物》シーベルト《線量当量のSI単位，記号 Sv》．

sifflant, e 形 口笛のような，ピーピー〔スースー〕いう．

sifflement 男《空気を裂くような》鋭い音；ヒューヒュー〔シューシュー〕いう音；口笛〔汽笛〕の音《ラジオの雑音》．

siffler 自 ❶ 口笛を吹く；汽笛を鳴らす．❷《小鳥が》鋭く鳴く《蛇が》シューシューという音を出す．❸《物が》鋭い音を立てる．— 他 ❶ 《曲を》口笛で吹く；口笛で呼ぶ；笛で合図する；口笛を吹いてやじる．❷《俗》一気に飲み干す．

sifflet 男 ❶ 呼び子，汽笛．❷《呼び子の音，鳥の鳴き声》口笛のやじ．❸ 《卑》喉(2)笛；喉．◊ *couper le* ~ *à* … …を黙らせる．*en* ~ 斜めに．

siffleur, se 男 ❶ 口笛を吹く〔鳥が〕ピーピー鳴く《蛇が》シューシューという． — 名 口笛を吹いてやじる人．

sifflotement 男 軽く口笛を吹くこと；軽く口笛で吹かれた音．

siffloter 自 軽く口笛を吹く．— 他 《曲を》軽く口笛で吹く．

sigillaire [-lɛːr] 形 印章の付いた．

sigillé, e [-(l)le] 形 印章が押してある；印章模様のある．

sigillographie [-(l)lɔ-] 女 印章学．⇨ **sigillographique** 形

sigisbée 男《文章》／《皮肉》まめまめしく女性に仕える男．

siglaison 女《頭文字による》略号化．

sigle 男 略号．

siglé, e 形 略号が意匠としてついた．

sigma 男《ギリシア字母の》シグマ《Σ, σ, ς》．

sigmoïdite 女《医》S状結腸炎．

signal《複》*aux* 男 ❶ 合図，サイン；信号《機》；標識．❷ 火，徴候．

signalé, e 形 ❶ 標識〔信号機〕を備えた．❷《文章》注目すべき．

signalement 男 人相書き；身体的特徴．

signaler 他 ❶《信号，標識で》知らせる，合図する，示す．❷ 教える，指摘する；注意を促す．❸《警察などに》通報する．— **se** — ❶ 人目を引く，注目される；異彩を放つ．

signalétique 形 ❶ 特徴を記載してある．❷《信号作用》の．

signaleur 男 信号手；信号兵．

signalisation 女 信号〔標識〕の設置；信号を送ること；信号システム，標識体系．

signaliser 他 標識〔信号〕を設ける．

signataire 名 署名者，調印者．

signature 女 ❶ 署名，サイン；署名すること，調印．❷《印》折り記号，背票．

signe 男 ❶ 兆し，前兆；しるし，表徴．❷ 合図，サイン；身振り；《複数》手話．❸ 印，マーク；記号，符号；記章．❹《占》黄道十二宮．◊ *donner des* ~ *s de* … …の兆候を見せる．*faire* ~ *à* … 語 …と連絡を取る．*faire* ~ *de* … …の身振り〔合図〕をする．*sous le* ~ *de* … …の下にこの状況で．

signer 他 署名する，サインする；調印する；刻印する．— **se** — — 十字を切る．

signet 男《本付属の》栞(しおり)；《情報》ブックマーク，お気に入り．

signifiant 男《言》能記，記号表現，シニフィアン．

significatif, ve 形 ❶ 意味深い，明白に意味を表す；《de》《…の》示している．❷ 重要さ，大きな意味を持つ．

signification 女 ❶ 意味，意義；語義．❷《言》記号内容．❸《法》送達．❹《文法》degré de — 比較の級．

significativement 副 はっきりした意味を表して，意味深く．

signifié 男《言》所記，記号内容，シニフィエ．

signifier 他 ❶ 意味する，表す，示す，物語る．❷ はっきりと言う，知らせる，通告する．❸《法》送達する．

sikh [-k] 男 シク教徒(の)．

sikhisme 男《インドの》シク教．

sil 男《陶土にする》黄土(5)，赭土(よ)．

silence 男 ❶ 沈黙，無言；静けさ，静寂；秘密を守ること，公言しないこと；音沙汰(5)のないこと．❷《楽》休止；休止符．◊ *passer* … *sous* … …に言及せずに．

— 間 静かに，静粛に．

silencieusement 副 静かに，黙って，ひそかに．

silencieux, se 形 無言の；音を立てない，静かな；無口な．— 男 消音器．

silène 男《植》マンテマ《ナデシコ科》．

silésien, ne 形 男《シロンスク Silésie《ポーランド南西部》の，シレジアの．— 名《S~》シロンスクの人，シレジアの人．

silex [-ks] 男《ラ》《鉱》フリント，火打石．

silhouette 女 輪郭，シルエット．

silhouetter 他 輪郭を描く，シルエットに写す．— **se** — シルエットが浮かび上がって見える．

silicate 男《ケイ酸塩《鉱物》．

silice 女《鉱》シリカ，二酸化ケイ素．

siliceux, se 形《鉱》ケイ質の．

silicium 男《化》ケイ素，シリコン．

silicone 女《化》シリコーン．

silicose 女《医》珪(ハ)肺(症)．

silicotique 形 珪肺の(患者)．

sillage 男《海》航跡；通った跡；《物》伴流，後流．◊ *marcher dans le* ~ *de* … …の例にならう．

sillet 男 (弦楽器の)糸受け；フレット.
sillon 男 畝溝；(物の通った)溝, 筋.
sillonner 他 [溝]をつける；縦横に走る[行き交う].
silo 男《西》サイロ, 倉庫, 地下倉.
silotage 男 サイロでの貯蔵.
silphe 男《昆》ヒラタシデムシ.
silure 男《魚》ナマズ.
silurien, ne 形《地》シルル紀の. — 男 シルル紀.
simagrées 女複 見せかけ, 気取り.
simarre 女 (法官などが着る)長衣.
simaruba 男《植》ニガウルシ.
simien, ne 形 猿の(ような). — 男複《動》真猿類, 真猿亜目.
simiesque 形《文章》猿のような.
similaire 形 類似した, 同種の.
similarité 女 類似, 相似.
simili 男 模造品；《印》網版.
similicuir 男 人造革, 模造革.
similigravure 女《印》網版法.
similitude 女 類似；《数》相似.
simonie 女《キ教》聖物[聖職]売買(の罪).
simoun [-mun] 男 シムーン(砂漠の熱風).
simple 形 ❶ 単一な, 単純な；簡素な. ❷《名詞の前》単なる, ただの. ~ particulier 一個人, 一兵卒. en une, 1回の. ❸ 率直な, 気取らない；素朴な；お人よしの；粗野な. ❹《植》feuilles ~s 単葉. ◇ ~ comme *bonjour* 話 ばかみたいに簡単な. — 名 ❶ 単純素朴な人；つましく暮らす人. ❷ ~ d'esprit 知恵遅れの人. — 男 ❶ 単純なこと[もの]；一重；一倍；《スポ》シングルス. ❷《複数》薬草.
simplement 副 簡単に, 単純に；簡素に；率直に, 気取らずに. 3 単に, ただ.
simplet, te 形 単純すぎる；愚直な.
simplicité 女 ❶ 単純さ；簡素. ❷ 率直さ, 素朴さ. ❸ 愚かさ. ❹ 単一性.
simplifiable 形 簡単[簡略]化できる；《数》約分できる.
simplificateur, trice 形, 名 単純[簡略]化する(人).
simplification 女 単純化, 簡略化；《数》約分.
simplifié, e 形 単純[簡略]化された.
simplifier 他 簡単[簡素]にする, 単純化する.
simplisme 男 過度の単純化(傾向), 一面化；簡略主義.
simpliste 形, 名 単純化しすぎる(人).
simulacre 男《文章》まねる事, 模擬行為；見せかけ；模造品.
simulateur, trice 名 (感情などを)偽ってみせる人；まねをする人；仮病を使う人. — 男 シミュレータ.
simulation 女 ❶ (病気などの)ふりをすること, 偽装；《法》仮装行為；《心》偽態. ❷ シミュレーション.
simulé, e 形 装われた, 模造の.
simuler 他 ❶ 装う, 見せかける, ふりをする；《法》仮装する. ❷《情報》シミュレーションを行う.
simultané, e 形 同時に起こる, 同時の. — 女 (チェスの)同時対局.

sinoque

simultanéisme 男《文》同時叙(⼘)述(同じ時に違った場所で起こった事を平行描出する映画の手法).
simultanéité 女 同時性.
simultanément 副 同時に.
Sinaï 男 シナイ(半島).
sinanthrope 男 北京原人.
sinapisé, e 形《薬》カラシ灰の.
sinapisme 男《薬》カラシ硬膏.
sincère 形 ❶ 誠実な, 真摯(しん)な, 率直な. ❷ 本物の, 正真正銘の.
sincèrement 副 率直に, 心から.
sincérité 女 ❶ 誠実, 真摯(しん)さ, 率直. ❷ 本物であること, 真正さ.
sinécure 女 閑職；絶対安全な地位.
sine die [sinedje] 副《ラ》《法》無期限に.
sine qua non [sinekwanon] 形句《ラ》必要不可欠の.
singalette 女《繊》サンガレット.
Singapour シンガポール(共和国).
singe 男 ❶ 猿；雄猿. ❷ 醜い人；悪賢い人；猿まねをする人. ❸ 親方, ボス；話 コンビーフ. ◇ *faire le* ~ おどけてみせる. *payer en monnaie de* ~ ごまかして金を払わない.
singe-araignée; 《複》~*s*-*s* 男《動》クモザル.
singer 他 猿まねしてからかう；ものまねする；ふりをする, 装う.
singerie 女 ❶ 百面相；滑稽な仕草；猿まね；媚(こ). ❷ 猿山；猿の群れ.
single [singœl] 形《英》男《スポ》シングルス. ❷ 個室, シングル・ルーム；シングル feb.
singleton 男《英》《カード》シングルトン(他の手札とマークの異なる唯一のカード).
singulariser 他 目立たせる. — **se** ~ 目立とうとする, 奇をてらう.
singularité 女 ❶ 奇妙さ；奇抜さ；《文章》特異性. ❷《数》特異点.
singulier, ère 形 ❶ 奇妙な, 奇抜な；常軌を逸した；独特な. ❷《言》単数の, 単一の. — 男《文法》単数.
singulièrement 副 ❶ 奇妙に, 風変わりに. ❷ ひどく, たいそう；特に.
sinisant, e 名 中国研究家, 中国学者；中国通になった人.
sinisation 女 中国文化の普及.
siniser 他 中国文化を広める, 中国風にする.
sinistralité 女 (保険の)損害率.
sinistre 形 ❶ 不吉な, 無気味な；陰気な, 暗い. ❷《文章》有害な. ❸《名詞の前》恐ろしい；いまいましい. — 男 災害；《法》(被保険物件の)損害, 損失.
sinistré, e 形, 名 罹(り)災した(人).
sinistrement 副 不吉に, 無気味に.
sinistrose 女《心》賠償[災害]神経症；極端な悲観論.
sinologie 女 中国学, 中国研究.
sinologue 名 中国研究家.
sinon 接 ❶ さもなければ, そうでなければ. ❷ …を除いて, …以外は, …でないのなら. ❸ …ではないにしても.
sinoque / **sinoc**, 名, 形 古風・話 頭

sintérisation

のいかれた(人).
sintérisation 囡 焼結.
sinuer 自《文》曲がりくねる.
sinueux, se 形曲がりくねった.
sinuosité 囡 曲がりくねり; 紆余曲折.
sinus¹ [-s] 男《数》正弦, サイン.
sinus² [-s] 男《医》副鼻腔(炎).
sinusite 囡《医》副鼻腔(洞)炎.
sinusoïdal, ale形《男複》**aux** 形 正弦曲線[サインカーブ]状の.
sinusoïde 囡《数》正弦曲線(線).
Sion シオン,《古代》エルサレムの丘.
sionisme 男シオニズム.
sioniste 形 シオニズムの, ユダヤ復興運動の. —名シオニスト.
sioux 形, 名 スー族の(人).
siphoïde 形 サイホン状の.
siphon 男 サイホン, 吸い上げ管; サイホン瓶; トラップ.
siphonné, e 形 頭頭が空っぽの.
siphonner 他 サイホンで吸い上げる [注入する]; サイホンで空にする.
sir [sœːr]男《英》…卿(〝); サー.
sire 男 ❶《呼びかけで》陛下. ❷ triste 〜くだらないやつ.
sirène 囡 ❶ サイレン, 警笛. ❷《神話》セイレン(歌声で水夫を誘惑する人魚). ❸ 妖(ﾋ)婦, 魔性の女. ❹《複数》(危険な)誘惑.
sirex [-ks] 男《昆》キバチ.
sirli 男《鳥》デュポントヒバリ.
sirocco 男 シロッコ(北アフリカの砂漠から地中海南岸に吹く乾燥した熱風).
sirop 男 シロップ.
siroter 他囲 ちびちび飲む.
sirtaki 男 シルターキ(ギリシアの民俗舞踊).
sirupeux, se 形 シロップ状の; 甘い; 甘ったるい.
sis, e 形 (seoir の過去分詞)《文章》《法》所在する.
sisal;《複》**als** 男《植》サイザル麻.
sismicité 囡 地震活動度.
sismique 形《物》地震の.
sismogramme 男 地震記録(於) (波形記録).
sismographe 男《物》地震計.
sismographie 囡 地震観測(法).
sismologie 囡 地震学.
 ◻**sismologique** 形
sismologue 名 地震学者.
sisson(n)e 男 囡《バレエ》シソンヌ (両足で踏み切り片足で着地する跳躍).
sistre 男 シストルム(がらがらに似た古代楽器).
sisymbre 男《植》カキネガラシ.
sitar 男 シタール(インドの弦楽器).
sitariste 名 シタール奏者.
sitcom [-kɔm] 男/囡(テレビ)の連続ホームコメディー.
site 男 ❶ 景観, 景勝(地). ❷ 地勢/用地, 敷地, 施設. ▶ 〜 propre バス専用道路[レーン]. ❸ 遺跡. ❹ 〜 Internet《情報》サイト. ❺ 〜 olympique オリンピック会場.
sit-in [satin] 男《不変》《英》座り込み.
sitiomanie 囡《心》暴食症.
sitogoniomètre 男《測》高低角測定器.

sitologue 名 景勝(保全)学者.
 ◻**sitologie**
sitôt 副 ❶(過去分詞とともに)…するとすぐに. ❷ 〜 que …するとすぐに. ❸ ne … pas de 〜 すぐに…ない.
sittelle 囡《鳥》ゴジュウカラ.
situation 囡 ❶ 状況, 情勢, 局面. ❷ 立場, 境遇; 地位; 職. ❸ 位置, 所在. ❹(劇, 物語などの)場面. ◇être en 〜 de … …できる状態にある.
situationnel, le 形 状況的な.
situationnisme 男 状況主義.
 ◻**situationniste**
situé, e 形位置した, 面した.
situer 他 位置づける; 設定する.
 ー **se** 〜 位置する, …にある.
sium 男《植》ムカゴニンジン.
sivaïsme 男シバ神信仰, シバ教.
sivaïte 名, 形 シバ教徒(の).
six [-s] 形《数》(子音・有音の h の前では [si], 母音・無音の h の前では [siz])6つの; 6番目の. ―男《常に [-s]》6; 6日, 6時; 6番, 6号.
sixain 男 ⇨ sizain.
six-huit [sizɥit] 男《不変》《楽》8分の6拍子.
sixième [sizjɛm] 形 6番目の; 6分の1の. ―名 6番目の人[物]. ―男 6分の1; 7階; 第6区. ―囡 第6学級(⇨ terminale).
sixièmement [sizjɛm-] 副 第6(番目)に.
six-quatre-deux (à la) [sis-] 副 慌てて; ぞんざいに.
sixte 囡《楽》6度.
sixties [-kstiːz] 囡複《英》60年代.
sizain 男 6個1組;《詩》6行詩.
sizerin 男《鳥》ベニヒワ.
S.J. 略《カト》Société de Jésus イエズス会.
ska 男《楽》(ジャマイカの)スカ.
skaï 男商標 レザーレット(合成皮革).
skateboard [sketbɔrd] / **skate** [skɛt] 男《英》スケートボード, スケボー.
skeet [skit] 男《英》スキート射撃.
skeleton [skaltɔn] 男《英》《スポ》スケルトン.
sketch [sketʃ];《複》〜**es** 男《英》スケッチ, 寸劇, コント.
ski [-i] 男 スキー; スキー用具. (⇨ 次ページ囲み) ▶ 〜 nautique 水上スキー.
skiable 形 スキーのできる.
skibob 男《英》スキーボブ(タイヤの代わりにスキーを付けた自転車).
skier 自 スキーをする.
skieur, se 名 スキーヤー; スキー選手.
skiff 男《英》スキフ(1人用ボート).
skinhead [-nɛd] / **skin** [skin] 男 囡 スキンヘッド(頭をそった右翼の暴力的な若者).
skipper [-pœːr] 男《英》(外洋レース用のヨットの)船長, 艇(芸)長.
skunks [skɔ̃ːks] 男 ⇨ sconse.
skydome [skaj-] 男商標 スカイドーム (天井の採光窓).
slalom [-m] 男《ノルウェー》《スキー》 スラローム, 回転競技.
slalomer 自 (スキーの)スラロームをする; 語 (障害)を縫って進む.

slalomeur, se 名《スキー》回転競技《スラローム》の選手.
slang [-g] 男 スラング, 俗語.
slash [-ʃ] 男 スラッシュ, 斜線記号.
slave 形 スラブの; スラブ言語の. — 名《S〜》男 スラブ族.
slaviser 他 スラブ化する.
slavisme 男 スラブ民族統一運動.
slaviste / slavisant, e 名 スラブ語[文学]専門家, スラブ学者.
slavistique 女 スラブ語研究.
slavon, ne 形《クロアチアの》スラボニャ Slavonie 地方の. — 名《S〜》男 スラボニャ地方の人. — 男 スラブ語.
slavophile 男 スラブ主義者, スラブ派. — 形 スラブ主義者の.
sleeping [slipiŋ] 男《英》寝台車.
slepton [物] スレプトン, スカラーレプトン.
slice [slajs] 男 スライス.
slikke 女《海》スリック(潮汐の干潟).
slip [-p] 男《英》❶ パンティ; 水泳パンツ. ❷《海》(修理・進水用の)船台; 船架. ❸ 証票, 証紙.
slogan 男《英》スローガン, 標語.
sloop [slup] 男《英》スループ(帆船).
slovaque 形 スロバキア Slovaquie の. — 名《S〜》男 スロバキア人. — 男 スロバキア語.
Slovaquie 女 スロバキア(共和国).
slovène 形 スロベニア Slovénie の. — 名《S〜》男 スロベニア人. — 男 スロベニア語.
Slovénie 女 スロベニア(共和国).
slow [slo] 男《ダンス》スローフォックス; スローナンバー(の曲).
slurp [slyrp] 間 ゴクッ(液体を飲み込む音).
Sm《記》《化》samarium サマリウム.
S.M.《略》Sa majesté 陛下(ごう).
smala(h) 女《アラブ遊牧民の首長が率いる》一族郎党; 因 大世帯.
smalt [-lt] 男 紺青リ; 青色ガラス.
smash; (複) 〜(e)s [-ʃ] 男《英》《スポ》スマッシュ. ▷ **smasher** 自, 他.
S.M.E.《略》Système monétaire européen ヨーロッパ通貨制度.
S.M.I.C. [smik] 男《略》salaire minimum interprofessionnel de croissance スライド制最低賃金.

smicard, e 名《話》(S.M.I.C. 受給者の)最低賃金労働者; 最低給与生活者.
S.M.I.G. [smig] 男《略》salaire minimum interprofessionnel garanti 全産業一律最低保証賃金.
smigard, e 名《話》(S.M.I.G. 受給者の)最低保障賃金労働者.
smiley [smajle] 男《英》(メールの)顔文字.
smocks [-k] 男複 スモッキング刺繡.
smog [-g] 男《英》スモッグ.
smoking [-kiŋ] 男 タキシード.
smorzando [-tsɔ̃-] 副《伊》《楽》スモルツァンド.
SMS 男《略》(携帯電話の)ショートメッセージサービス.
SMUR [smyːr] 男《略》Service mobile d'urgence et de réanimation 緊急蘇生(の)移動サービス団.
smurf 男 スマーフダンス.
Sn《記》❶《化》stannum 錫. ❷《計》sthène ステーヌ(力の慣用単位).
snack-bar [snak-] / **snack** 男《米》スナックバー, スナック, 軽食堂.
S.N.C.F. 女《略》Société nationale des chemins de fer français フランス国有鉄道.
sneutrino 男《物》スニュートリノ, スカラーニュートリノ.
snif(f) 間 クンクン(においをかぐ音).
sniffer 他《話》(麻薬)を吸う.
S.N.L.E.《略》sous-marin nucléaire lanceur d'engins 作戦用ミサイル発射原子力潜水艦.
snob [-b] 形, 名 スノッブな(人), 上流気取りの(人).
snober 他 見下す, 鼻先であしらう.
snobinard, e 形, 名《話》スノッブの(人), ちょっときどな(人).
snobisme 男 スノビスム, 上流気取り; 気どり, 俗物根性.
snowboard [snobɔrd] 男《英》スノーボード.
snow-boot [snobut] 男《英》《古》オーバー・シューズ.
snowpark [snopark] 男《英》スノーパーク.
S.-O.《略》sud-ouest 南西.
soap-opéra [sopɔ-] 男《英》大衆向け連続テレビドラマ.
sobre 形 ❶ 飲食を控えた; 酒を飲まな

---

ski スキー

用具 スキー板 skis / (板の) トップ [テール] spatule / [カカト] talon / エッジ carre / ワックス fart / セーフティー・バインディング fixations de sécurité / ストック bâtons / ブーツ chaussures (de ski) / スキーケース housse pour ski / ゴーグル masque (de ski) / スキージャケット anorak / スキーパンツ pantalon (de ski)

技術 山足, 山スキー ski amont / 谷足, 谷スキー ski aval / 横滑り descente en biais / スケーティング pas de patinage / 斜滑降 traversée / キックターン conversion / 抜重 appui, suppression / 抜重の(ための)上下運動, 屈曲・伸

展 flexion-extension / ブルーク chasse-neige / ブルークボーゲン virage chasse-neige / シュテムターン virage stem / パラレルターン virage parallèle / ウェーデルン godille / 直滑降 schuss

ゲレンデ スキー場 station de ski [d'hiver] / ゲレンデ piste / リフト remontées mécaniques / シュレップリフト (T バーなど) téléski / チェアリフト télésiège / ゴンドラ télécabine / ロープウエー téléphérique / リフト券 forfait / 急(中, 緩)斜面 pente forte [moyenne, faible] / 整地された斜面 piste damée / コブ斜面 piste bosselée / アイスバーン piste verglacée

競技 回転 slalom spécial / 大回転 slalom géant / 滑降 descente

sobrement 副 節度をもって，控えめに；地味に，簡素に．

sobriété 囡 (飲食の)節制；[文章] 節度；簡素．

sobriquet 男 あだ名；ニックネーム．

soc 男 犂(すき)先；犂の刃．

sociabilité 囡 社交性；社会性．

sociable 形 社交的な，愛想のよい；社会生活を営む，社会的な；群生する．
□**sociabiliser** 他

social, ale 形 (男複) **aux** ❶ 社会の，社会的な；社会階級(間)の，労使(間)の．❷ 社会福祉(保障)の．❸ 社会生活を営む，群生する．❹ 社交界の，社交上の．❺ 会社の．
―男 [労働] 問題；社会的なもの，社会性．

social-chrétien, ~ale-~ne 形, 名 (ベルギーの)キリスト教社会党の(党員)．

social-démocrate; (男複) sociaux-~s 形, 名 社会民主党の(党員)；社会民主主義の(人)．

social-démocratie [-si] 囡 社会民主主義；改良主義的社会主義体制．

socialement 副 社会的に．

socialisant, e 形, 名 社会主義的傾向の(人)；社会問題を重視する(人)．

socialisation 囡 ❶ 社会主義化；共有[国有]化する．❷ 社会化，社会の適応化．

socialiser 他 ❶ 社会主義化する；共有[国有]化する．❷ 社会化する．

socialisme 男 社会主義；社会主義政権．

socialiste 形 社会主義者の，政党の；社会党の．
―名 社会主義者；社会党員．

socialité 囡 [文章] 社会性，社会生活への適性，社会自体への本能．

sociatrie 囡 社会的治療法．

sociétaire 名 (正規の)団員，会員；正座員．―形 正会員の．

sociétal, ale；(男複) **aux** 形 社会に関わる．

sociétariat 男 正会員の資格．

société 囡 ❶ 社会．― vivre en ~ 社会生活を営む．❷ 協会，団体；組合．❸ 会社．― ~ anonyme 株式会社／ ~ à responsabilité limitée 有限会社．❹ 社交界；交際，付き合い；臨席その場にいる人々．― civile 市民社会，国家；知識人．

société-écran; (複) ~s-~s 囡 ダミー会社，ペーパーカンパニー．

sociobiologie 囡 社会生物学．

socioculturel, le 形 社会文化の，文化複合の．

sociodrame 男 [心] ソシオドラマ，社会劇．

socioéconomique 形 社会経済学の．

socio-éducatif, ve 形 社会教育の．

sociogramme 男 [心] ソシオグラム (集団の構造を図式化したもの)．

sociolinguistique [-gui-] 囡, 形 社会言語学(の)．

sociolinguiste 名

sociologie 囡 社会学．

sociologique 形 社会学の．
□**sociologiquement** 副

sociologisme 男 社会学主義．

sociologue 名 社会学者．

sociométrie 囡 ソシオメトリー，社会測定法．□**sociométrique** 形

sociopathologie 囡 社会病理学．

sociopolitique 形 社会政治的な．

socioprofessionnel, le 形 社会的職能別の，職業別の．―名 ある職業を代表して社会活動をする人．

sociopsychanalyse [-ka-] 囡 社会精神分析(学)．

sociothérapie 囡 [心] 社会療法．

socle 男 台座，台石；[地] 基盤．

socque 男 ❶ 木製サンダル；厚底の木靴．❷ [古] 軽い短靴．

socquette 囡 商標 短い靴下．

socratique 形 ソクラテスの Socrate (流)の．― 名 ソクラテス派の哲学者．

soda 男 [英] ソーダ水．

sodé, e 形 [化] ソーダ[ナトリウム]を含んだ．

sodique 形 [化] ナトリウムの．

sodium 男 [化] ナトリウム．

sodoku [sodoku] 男 [日本語] 鼠(ねずみ)毒．

sodomie 囡 男色，肛(こう)門性交．□**sodomiser** 他

sodomite 男 男色家．

sœur 囡 ❶ 姉妹，姉，妹．❷ [文章] 似通ったもの．― âme ～ 異性の親友，魂の伴侶．❸ 修道女，シスター．❹《神話》les Neufs S~s ミューズ 9 姉妹．

sœurette 囡 俗語 (多く呼びかけに)妹．

sofa 男 ソファー，寝椅子．

Sofia ソフィア (ブルガリアの首都)．

S.O.F.R.E.S. [sofres] 《略》Société française d'enquêtes par sondages フランス世論調査会社．

soft [-t] 形 ❶ [不変] [英] [ポルノ映画などが]ソフトな．― 形 [不変] ❶ エロティック英語の．❷ [古風] ソフトウェア．

software [-wɛːr] 男 [英] [情報] ソフトウェア．

soi 代 (人称) ❶《3人称再帰代名詞 se の強勢形》自分，自分自身；それ自体．❶《不特定の主語 (on, chacun, personne, tout le monde など)，不定詞や非人称構文の意味上の主語，総称的に用いられた名詞主語を受ける》 ►《前置詞とともに》Chacun pense d'abord à soi. だれしもまず自分のことを考える／《属詞として》Il faut toujours être soi. どんなときでも自分を失ってはならない／《比較・制限の que とともに》celui qui n'aime que soi 自分しか愛さない者．❷《特定の主語を受ける》 ► Elle comprit pourquoi Marie ne voulait jamais parler de soi. 彼女にはマリーがなぜ自分のことを決して話そうとしないのか分かった．国特定の主語を受ける場合は，普通 lui(-même), elle(-même) を用いるが，この例では elle とどちらを指すのか曖昧(あいまい)になる．

◇**Cela va de soi.** それは言うまでもな

いことだ. *en soi* それ自体として; 自らのうちに. 〚哲〛即自. *Il va de soi que ...* ...は言うまでもない. *pour soi* 自分のために; 〚哲〛対自.
soi-disant 形 《不変》自称の, いわゆる. ━ 副 ❶ ...と称して, (表向きは)...ということにして. ◇ ～ *que* ... だそうだ, ...らしい.
soie 女 ❶ 絹; 絹糸. ▸ *ver à* ～ 蚕. ❷ (絹のような)光沢, 柔らかさ. ❸ (動物の)剛毛, 硬毛.
soient 活 ⇨ être.
soierie 女 絹織物(業), 絹製品.
soif 女 (喉(%)の)渇き; 渇望, 欲求. ◇ *avoir* ～ 喉が渇く; 水が不足する. *jusqu'à plus* ～ 存分に.
soiffard, e / soiffeur, se 形, 名 酒好きの(人), 大酒飲みの(人).
soignant, e 形, 名 看護する(人).
soigné, e 形 ❶ 身だしなみのよい, 手入れの行き届いた; 入念になされた; 世話〚治療〛を受けた. ❷ 〘話〙結構な, ひどい.
soigner 他 ❶ 世話をする; 手入れをする. ❷ 治療をする; 看護する. ❸ 入念にする. ❹ 〘話〙たっぷりとあじわせる.
━ *se* ～ ❶ 自分で病気[けが]を治す. ❷ 治療〚世話〛される. ❸ 〘話〙ひどい目にあわせる.
soigneur 男 世話をする人; (運動選手の)トレーナー; (ボクシングの)セコンド.
soigneusement 副 念入りに.
soigneux, se 形 (*de*) (...に)よく気を配る; (...を)大事にする. ❷ 文書 入念な.
soi-même 代 《人称》自分自身.
soin 男 ❶ 入念さ, 細心; 配慮. ❷ 《複数》世話, 心遣い; 治療, 看護; 〘古〙もてなし, (客の)手入れ, ケア. ❸ 管理; 仕事, 責任. ❹ 化粧品.
◇ *aux bons* ～*s de* ... 気付(%), 様方. *avoir [prendre]* ～ *de* ... を大事にする, ...の世話をする. *être aux petits* ～*s pour* ... に細かく気を配る; をかわいがる.
soir 男 晩; 夕方. ━ 副 晩に, 夜に.
soirée 女 ❶ 夜の時間, 晩, 宵. ❷ 夜会; (夜の)パーティー; 夜の公演[部].
sois 活 ⇨ être.
soit[¹] 接 ❶ ～ ..., ～ ... かあるいは...か; ...にせよ...にせよ. ▸ ～ *que* + subj., ～ *que* [*ou*] + subj. ...にせよ, ...にせよ. ❷ 仮に...であるとしよう. ❸ すなわち, つまり.
━ 副 [-t] まあいいでしょう, よろしい.
soit[²] 活 ⇨ être.
soixantaine [-sā-] 女 約 60; 60 歳.
soixante [-sā:t] 形 《数》《不変》60 の; 60 番目の. ━ 男 60; 60 番目.
soixante-dix [-sātdis] 形 《数》70 の; 70 番目の. ━ 男 70; 70 番目.
soixante-dixième [-sātdizjɛm] 形 70 番目の; 70 分の 1 の. ━ 名 70 番目の人[物]. ━ 男 70 分の 1.
soixante-huitard, e 形, 名 68 年 5 月革命(1968 年の 5 月革命)の(参加者).
soixantième [-sā-] 形 60 番目の; 60 分の 1 の. ━ 名 60 番目の人[物]. ━ 男 60 分の 1.
soja 男 〚植〛ダイズ.

solidarité

sol[¹] 男 地面, 地表; 床. ❷ 土壌, 土質; 土地.
sol[²] 男 〚楽〛ソ, ト音, G音.
sol[³] 男 〚化〛ゾル.
sol[⁴] 男 〘西〙ソル(ペルーの通貨単位).
solaire 形 ❶ 太陽の; 太陽暦[光]の. ▸ *système* ～ 太陽系. ❷ 太陽光線から受ける. ▸ *crème* ～ 日焼けによるクリーム. ━ 男 太陽エネルギー関連産業.
solanacées 女 複 〚植〛ナス科.
solarium 男 サンルーム, (日光)浴室.
soldat 男 ❶ 兵隊, 軍人; 〘下級〙兵士, 兵卒. ❷ 闘士, 戦士.
soldate 女 女兵士.
soldatesque 形 兵隊(風)の, 下品な. ━ 女 軍規の乱れた兵士の群れ.
solde[¹] 男 (軍人の)俸給.
◇ *à la* ～ *de* ... ...に金で雇われて.
solde[²] 男 ❶ バーゲン(品), 見切り処分(品). ❷ 残金, 差引き残高; 未払い金.
solder 他 給料を支払う.
solder[²] 他 ❶ 安売りする. ❷ (勘定, 借金を)清算する.
━ *se* ～ (*par*) (...の)結果に終わる.
solderie 女 格安商店, ディスカウントショップ.
soldeur, se 名 見切り品商人.
sole[¹] 女 ❶ 〚農〛耕圃(貸); 輪作地. ❷ 〚機〛底板, 基板.
sole[²] 女 〚魚〛舌ひらめ.
solécisme 男 〚文法〛(文構成上の)誤用.
soleil 男 ❶ 太陽; 太陽のような人[物]. ▸ *lever* [*coucher*] *du* ～ 日の出[入り] / *le Roi-S* ～ 太陽王(ルイ 14 世). ❷ 日光, 日射; 日なた. ❸ 〘鉄棒競技の〙車輪. ❹ 〚植〛ヒマワリ.
◇ *avoir des biens* [*du bien*] *au* ～ 不動産を所有している. *sous le* ～ 地上に, この世に.
solen [-lɛn] 男 〚ラ〛〚貝〛マテガイ.
solennel, le [-lanɛl] 形 ❶ 荘厳な, 壮麗な; 重々しい, もったいぶった. ❷ 正式な, 公式の.
solennellement [-lanɛl-] 副 ❶ 荘厳に, 厳かに; 仰々しく, 儀式ばって. ❷ 正式に, 公式に.
solenniser [-lani-] 他 盛大に [厳かに] 祝う; 荘重なものにする.
solennité [-lani-] 女 ❶ 荘厳さ; もったいぶった様子, 気取り. ❷ 祝典, 祭典; 儀式, 式典; 〚法〛厳格な方式.
solénoïde [電] ソレノイド.
□ *solénoïdal, ale* (男複) *aux* 形.
solex [-ks] 男 商標 原動機付き自転車.
solfatare 女 〚地〛硫気孔.
solfège 男 〚楽〛ソルフェージュ.
solfier 他 〚楽〛階名で歌う.
sol-gel 形 〚化〛ゾル-ゲルの.
solidage 女 〚植〛アキノキリンソウ.
solidaire 形 ❶ (*de*) (...と)連帯[団結]している; 関連している. ❷ 〚法〛(*avec*) (...と)連帯(責任)の.
solidairement 副 連帯して, 連帯責任によって.
solidariser 他 連帯[団結]させる; 〚法〛連帯責任を負わせる.
━ *se* ～ 連帯する.
solidarité 女 連帯; 連帯感; 連帯組

solide 形 ❶ 丈夫な；固い，固形の；〖物〗固体の．❷ 確固たる；しっかりした．❸ 〖名詞の前〗すごい；たっぷりの．❹ 〖数〗立体の．
—男 ❶ 固体；固形物．❷ 頑丈さ；堅実さ．❸ 〖数〗立体．

solidement 副 しっかりと，頑丈に；確実に；固したがって，激しく．

solidification 女 固化；凝固．

solidifier 他 凝固させる，固める．
—se ～ 凝固する，固まる．

solidité 女 ❶ 丈夫さ，頑丈さ；堅牢性．❷ 確固たること，確実さ．

soliflore 男 一輪差し．

soliloque 男 独り言，独語；独白．

soliloquer 自 独り言を言う．

solipède 形[動] 単蹄 (たんてい) の．

solipsisme 男 〖哲〗唯 (ゆい) 我論．

soliste 名 独奏 〖独唱〗者，ソリスト．

solitaire 形 ❶ 孤独な；単独の；孤独好きな．❷ 人気 (ひとけ) のない；人里離れた．❸ 〖植〗単生 (たんせい) の；〖動〗animal ～ 単独性動物．
—名 ❶ 孤独な人．
—男 ❶ 隠者；出家．❷ 〖狩〗離れ猪．❸ 一個石のダイヤモンド．❹ 〖ゲーム〗ソリテール (独り遊びのパズル)．

solitairement 副 独りで，孤独に．

solitude 女 ❶ 孤独，独居．❷ 文章 人気のなさ；〖古風〗〖詩語〗人気のない場所．

solive 女 〖建〗根太 (ねだ)，梁 (はり)．

soliveau 《複》～x 男 小根太 (ねだ)．

sollicitation 女 懇願，請願；誘惑；刺激．

solliciter 他 ❶ 願い出る；懇願する，請願する．❷ 刺激する；誘惑する．

solliciteur, euse 名 願い出る人，請願する人．

sollicitude 女 心遣い，配慮；関心．

solo 《複》～s (または *soli*) 〖伊〗 男 独奏 (曲)，独唱；〖楽〗ソロ，ソロ．
—形 《不変》ソロの．

sol-sol 形 《不変》[軍] 地対地の．

solstice 男 〖天〗至点．～ d'été [d'hiver] 夏至 [冬至]．

solubilisé, e 形 溶けやすい．— café ～ インスタントコーヒー．

solubiliser 他 溶けやすくする．

solubilité 女 〖化〗溶解性，溶解度．

soluble 形 ❶ 溶ける，溶解性の，可溶性の．❷ 解決可能な．

soluté 男 〖化〗溶質；〖薬〗溶体，液剤．

solution 女 ❶ 解答，解決 (案)，決着；〖数〗解，根．❷ 溶液；溶解．

solutionner 他 解答を与える．

solvabiliser 他 支払い能力を持たせる．

solvabilité 女 〖法〗(借金の) 支払い [返済] 能力．

solvable 形 〖法〗支払い能力のある．

solvant 男 溶解剤；溶剤．

solvate 男 溶媒化合物，溶媒和物．

soma 男 〖生〗体部，体質．

somali, e / somalien, ne 形 ソマリアの．—名 〖S～〗ソマリア人．—男 ソマリア語．

Somalie 女 ソマリア (民主共和国)．

somatique 形 ❶ 身体の，身体的な．❷ 〖生〗体部の；体細胞の．

somatiser 他 (精神的苦痛を) 身体の症状に転換する．
❏**somatisation** 女

somatostatine 女 〖生化〗ソマトスタチン．

somatotrophine 女 〖生化〗成長ホルモン．

sombre 形 ❶ 暗い，薄暗い；くすんだ，濃い．❷ 陰気な，憂うつな；不吉な；不安な．❸ 〖名詞の前〗ひどい．

sombrer 自 ❶ 文章 沈没する；(物が) 失われる．❷ (dans) (…に) 陥る；没入する．

sombrero [-bre-] 男 〖西〗ソンブレロ (つば広のフェルト帽)．

sommaire 形 ❶ 手短な，簡潔な；簡単な，最低限の．❷ 表面的な，皮相な，浅薄な．❸ 〖法〗略式の；即決の．
—男 要約，概略．

sommairement 副 簡単に，簡潔に；略式に．

sommation¹ 女 〖軍〗誰何 (すいか)；解散命令．❷ 勧告，要請；〖法〗催告．

sommation² 女 〖数〗求和；総和法．

Somme 女 ソンム県 [80]．またソンム川 (北仏を流れ英仏海峡に注ぐ)．

somme¹ 女 ❶ 金額，総額 (= d'argent)；大金．❷ 和，合計；総量，総計．❸ 全書，大全．
◇en ～ = toute 結局，要するに．

somme² 女 bête de ～ 運搬用の家畜；酷使される人．

somme³ 男 眠り．

sommeil 男 ❶ 眠り，睡眠；眠気．— avoir ～ 眠い．❷ 休止状態．

sommeiller 自 うたた寝する，まどろむ；文章 活動している，休止している．

sommelier, ère 名 ソムリエ．

sommer¹ 他 強く促す，命令する；〖法〗勧告 [督促] する．

sommer² 他 〖数〗和を求める．

sommes 動 ⇨ être.

sommet 男 ❶ 山頂，頂点；絶頂；最高位．❷ サミット，首脳会談 (conférence au ～)．

sommier 男 ❶ 〖建〗(アーチの) 迫元；(窓などの) 楯 (まぐ)；横木．❷ (ベッドの) ボトム．❸ 〖楽〗(オルガンの) 風箱；(ピアノの) ピン板．❹ 〖法〗帳簿．

sommital, ale 《男複》*aux* 形 頂上にある；絶頂の．

sommité 女 傑出した人物；先端．

somnambule [som-] 形, 名 夢遊病の (患者)．

somnambulique [som-] 形 夢遊症の；夢遊病のような．

somnambulisme [som-] 男 夢遊症．

somnifère [som-] 男 睡眠薬．

somniloquie 女 寝言．

somnolence [som-] 女 半睡状態；眠り；文章 無為，無気力．

somnolent, e [som-] 形 半睡状態の，夢うつつの；文章 無気力な (才能などが) 眠っている，発揮されない．

somnoler [som-] 自 うとうとする；(才能などが) 眠っている．

somptuaire 形 ぜいたくな．

somptueux, se 形 ぜいたくな，豪華

somptueusement 副 ☐somptueux.
somptuosité 女 [文章] 豪華さ，華麗さ；豪華なもの．

son¹, sa；(複) **ses** [所有] [母音・無音のhで始まる単数女性名詞の前ではsaではなくsonを用いる] 彼の(女)の父／sa file 彼の(母)の(女)の娘；自分の；それの．▶ son père (女)の父／sa fille 彼の娘／à chacun (à) son tour おのおの順番に／Paris et ses habitants パリとその住民．

son² 男 ❶ 音，響き；[言] 語音；音声．
son³ 男 ❶ 麩(ﾌｽﾏ)，糠(ﾇｶ)；(紋)殻．▶ taches de son そばかす．

sonal；(複) **als** CM ソング．
sonar 男 [英] ソナー，音波探知機．
sonate 女 [楽] ソナタ．
sonatine 女 [楽] ソナチネ．
sondage 男 ❶ 調査；世論調査(= ~ d'opinion)．❷ 測深，観測，探査．
sonde 女 ❶ [海] 測鉛；水深測量機． ❷ 探査機；探測気球，気象観測機． ❸ [医] ゾンデ，消息子：カテーテル． ▶ ~ ADN DNAプローブ．
sondé, e 名 調査対象者，回答者．
sonder 他 調査する，探査する；測深する；検査する．
◇~ le terrain 状況を詳しく調べる．
sondeur, se 名 ❶ [世論調査などの]調査員；文書探査人．❷ 測深機；探査機．─ 男 ボーリング機械．
songe 男 夢想，空想；[古] 夢想．
songe-creux 男 夢想[空想]家．
songer 自 ❶ (à) (…に)思い浮かべる，思い出す；考える．❷ (à) …するつもりである．❸ 夢想する．
─ 他 考える．
songerie 女 夢想．
songeur, se 形 ❶ 考え込んでいる，物思わしげな．❷ 空想好きの．
sonie 女 [心理的な]音の強さ．
sonique 形 [物] 音の；音速の．
sonnaille 女 [家畜の]鈴；鈴の音．
sonnailler 男 [群れの先頭の]鈴をつけた家畜．─ 自 鈴をならす．
sonnant, e 形 ❶ 音を響かせる；時を打つ．❷ [時刻の]ちょうどの．
sonné, e 形 ❶ [時刻が] (鐘などで)告げられた，経過した；[年齢が]過ぎた． ❷ 打ちのめされた；[話] 少し頭がおかしい．
sonner 自 ❶ 鳴る，響く；音を立てる． ❷ ベル[呼び鈴]を鳴らす．❸ [時が]告げられる．❹ 発音される．
─ 他 ❶ 鳴らす，響かせる．❷ [鐘などで]告げる，合図する；[鐘などで]呼ぶ．❸ 鳴りつける，打撃を与える．
sonnerie 女 ❶ [鐘，ベルの]音；合図音．❷ ベル；[鐘様の一組の鐘(による合図)]．
sonnet 男 [詩] ソネット(14行詩)．
sonnette 女 ❶ 小鈴，ベル；鈴[ベル]の音．❷ [動] serpent à ~s ガラガラヘビ．❸ [土木] 杭(ｸｲ)打ち機．
sonneur 男 ❶ (教会の)鐘突き男；笛[地]吹ｸらっぱ吹き．
sono 女 [話] 音響装置，スピーカー．
sonoluminescence 女 [物] 音(響)ルミネセンス．
sonomètre 男 [音響] 測音器．
sonore 形 ❶ よく響く，よく反響する．

❷ 音の；音を出す．▶ effets ~s 音響効果／bande [piste] ~ サウンド・トラック．❸ [音声] 有声の．
─ 男 [音声] 有声音；有声音音．
sonorisation 女 ❶ 音響装置（の設置）．❷ [映] 音入れ，音づけ．❸ [音声] 有声化．
sonoriser 他 ❶ 音響装置を取り付ける．❷ [映] 音響をつける，音響効果を挿入する．❸ [音声] 有声化する．
sonoriste 名 音響技師．
sonorité 女 音色，響き；抑揚；音響．
sonothèque 女 (効果音の)サウンドライブラリー．
sont 活 ▶ être．
sophisme 男 詭(ｷ)弁；こじつけ．
sophiste 名 ❶ (古代ギリシアの)ソフィスト．❷ 詭(ｷ)弁家，へ理理屈屋．
sophistication 女 ❶ 気取り，わざとらしさ；凝りすぎ．❷ (技術の)精密化，高度化．
sophistique 形 詭(ｷ)弁の，詭弁を弄(ﾛｳ)する，こじつけの．─ 女 (古代ギリシアの)ソフィストの論法；詭弁．
sophistiqué, e 形 ❶ 気取りすぎた，凝りすぎた；洗練された；精巧な．
sophistiquer 他 ❶ 洗練する，凝りすぎにする．❷ (技術を)精巧にする，高度化する．
sophora 男 [植] エンジュ(マメ科)．
sophrologie 女 精神集中効果学．☐sophrologue．
soporifique 形 催眠性の；[話] 眠くなるような，退屈な．─ 男 睡眠薬．
sopraniste 男 [楽] 男性ソプラノ歌手．
soprano；(複) ~s (または **soprani** [伊])男 [楽] ソプラノ；ソプラノ楽器．─ 名 ソプラノ歌手．
sorbe 女 [植] ナナカマドの実．
sorbet 男 シャーベット．
sorbetière 女 アイスクリーム[シャーベット]製造器．
sorbier 男 [植] ナナカマド．
Sorbonnard, e 名 [話] ソルボンヌの教授[学生]．─ 形 [話] ソルボンヌ大学の；ソルボンヌ風の．
Sorbonne (la) ソルボンヌ(パリ大学の通称；現在はパリ第1，第4大学がこの名で呼ばれる，第3大学は新ソルボンヌの名で呼ばれる)．
sorcellerie 女 魔法，呪術．
sorcier, ère 名 ❶ 魔法使い，魔術師；呪(ｼﾞｭ)術師；(特に)魔女．❷ [話] 地底の醜い老婆．─ 形 難しい．
sordide 形 汚れた；下劣な，あさましい．☐sordidement．
sordidité 女 [文章] 汚らしさ；下劣さ．
sorgho 男 モロコシ．
sornette 女 [古] [複] くだらない話．
sororal, ale 形 (男復) aux 形 [文章] 姉妹の．
sororat 男 [民] ソロレート婚(妻の死後，その姉妹が夫の妻となる慣習)．
sororité 女 女性同士の情誼．
sorption 女 [化] 吸着．
sors, sort 活 ▶ sortir．
sort 男 ❶ 運，運命；境遇，身の上．❷ 成り行き，結果．❸ 抽選，くじ．❹ のろ

sortable

い。◇*faire un* ~ *à ...* を強調する;語…を平らげる;…にけりをつける。

sortable 形 ❶人前に出せる, 行儀のよい。❷ 題 〔服〕が着て外出できる。

sortai-, 語 ⇨ sortir.

sortant, e 形 ❶ (くじなどが) 当たった, 当選の。❷ 任期の満了した, 退いた。——名 退出者; 任期満了者。

sorte[1] 女 ❶ 種類。❷ *une* ~ *de ...* 一種の…, …のようなもの。❸ 古風 やり方, 仕方。

◇*de la* ~ そんな風に。*de* (*telle*) ~ *que ...* その結果, したがって; …するように。*en quelque* ~ いわば。*faire de* ~ *de* + inf. [*que* + subj.] …となるようにする。

sorte[2], **sorte**- 語 ⇨ sortir.

sortie 女 ❶ 外出, 外に出ること; 退出, 退場; 脱出。❷ 出口。❸ (液体, 気体の) 漏出, 流出, 排出。❹ 出荷, 輸出, 国外持ち出し。❺ 発売, 発表; 出版 (映画の) 公開, 封切り。❻ 〔簿〕支出, 出金。❼ 罵(ののし)り倒. 無作法な言葉。❽ 〔情報〕出力, アウトプット。

sortie-de-bain 〔複〕 ~s ~ 女 バスローブ。

sortie-de-bal 〔複〕 ~s ~ 女 イブニング・ラップ, オペラ・ケープ。

sortilège 男 魔力, のろい; 魅力。

sortir 19 〔助動詞 être〕❶ 《*de*》(…から) 外に出る (…から) は外出る, 外れる, 漏れる; 外出する, 出かける。~ + inf. …しに出かける。❷《*de*》(…の) 出身である; (…を) 卒業する; (ある時期を) 終える, (ある状態を) 脱する。❸ (…から) 生じる。❹ 発表される [公開, 出版] される。❺ (くじ, さいころで, 数字が) 出る; (問題が) 出る。❻ 生えてくる。

◇*D'où sort-il?* (無知, 無作法にあきれて) あれはいったい何者なんだ, 山奥にいたわけじゃあるまいし。*en* ~ 窮地を脱する; 仕事を終わらせる。*Les yeux lui sortent de la tête.* 語 彼(女)は目をむいて怒っている。*ne pas* (*vouloir*) ~ *de là* 論点をやたらに広げない; 自説を曲げようとしない。~ *de la mémoire* [*la tête, l'esprit, l'idée*] 忘れられる。~ *d'en prendre* 二度とごめんだ。~ *de table* (食事を終えて) 食卓を離れる。~ *de* + inf. …したばかりである。~ *par les yeux* [*oreilles*] うんざりだ。

——他〔助動詞 avoir〕❶《*de*》(…から) 取り出す, 外に出す;《*de*》…から助け出す, 救い出す; 外に連れ出す;語(観劇, パーティーなどに) 連れていく。❷ 発表する, 出版する。❸ 語 追い出す, つまみ出す;〔相手を〕破る。❹ 語 口に出す, 言う。

——*se* ~ 《*de*》(…から) 抜け出す。

◇*s'en* ~ 窮地を脱する, なんとかなる。

——男 文章 出る〔終える〕こと。

◇*au* ~ *de* …から出る〔出た〕ときに, …を終えるときに。

S.O.S. 男 遭難信号, エス・オー・エス; 保護要請, 保護団体。► *S.O.S. racisme* 人種差別監視団体。

sosie 男 うり二つの人。

sostenuto [-tenu-] 副〔伊〕〔楽〕ソステヌート。

sot, te 形 ばかな。——名 ばか。

sot-l'y-laisse 男〔不変〕(家禽(きん)の) 腰骨の両わきについている肉。 注〔ばかはそれを残す〕意。美味で賞味される。

sottement 副 愚かにも, ばかのように。

sottie / **sotie** 女〔文〕(中世の) 阿呆(ほう)劇。

sottise 女 ❶ 愚かさ; 愚かしい言行。❷ (子供の) いたずら。

sottisier 男 愚言集。

sou 男 ❶ 語 スー (5 サンチーム相当の旧貨幣単位)。❷ 語 金; コイン。

◇*de quatre sous* 値打ちのない。*être près de ses sous* 語 けちだ。*n'avoir sou* [*pas*] *un* [*pour un sou*] *de ...* …が全然ない。

soubassement 男 基礎; 土台; 〔地〕基部。

soubise 女 (軍服の) 金色の飾りひも。

soubresaut 男 ❶ (馬の) 不意の跳ね; 急な揺れ; 身震い。❷〔ダンス〕スープルソー (つま先をそろえた垂直跳び)。

soubrette 女 文章 (喜劇に登場する) 抜け目のない小間使い。

soubreveste 女 (武具の上から着た) 袖(そで) 無しマント。

souche 女 ❶ 切り株, 根元; (ブドウの) 株。❷ 始祖, 先祖; 系統; (言語, 民族の) 起源。❸ (小切手帳, 領収書の) 控え, 割符。

souchet[1] 男〔植〕カヤツリグサ。

souchet[2] 男〔鳥〕ハシビロガモ。

souci[1] 男 ❶ 心配, 気がかり; 心配の種。❷《*de*》(…への) 気遣い, 配慮。

souci[2] 男〔植〕キンセンカ。

se soucier 代動《*de*》(…を) 気にかける, 心配する。

soucieux, se 形《*de*》心配している, 気にする。❷《*de*》(…を) 気にする。

soucoupe 女 ❶ 受け皿, ソーサー。❷ ~ *volante* 空飛ぶ円盤, UFO。

soudabilité 女 溶接性。

soudable 形 溶接できる。

soudage 男 溶接法, はんだ付け。

soudain, e 形 文章 突然の, 不意の, 急な。——副 ふいに, 突然に, 不意に。

soudainement 副 突然に, 突然。

soudaineté 女 唐突さ, 突然なこと。

Soudan スーダン (共和国)。

soudanais, e 形 スーダンの, スーダン人の。

——名 《*S*~》スーダン人。

soudard 男 古風 粗暴な兵隊。

soude 女 ❶ 炭酸ナトリウム, ソーダ; 水酸化ナトリウム。❷〔植〕オカヒジキ。

souder 他 ❶ はんだ付け〔鎔接〕する, 溶接する; 接合する。❷〔文章〕緊密に結びつける。——*se* ~ 溶接 [接合] される。

soudeur, se 名 はんだ付け〔鎔接〕付け〕工, 溶接工。——女 溶接機。

soudier, ère 形 ソーダの; ソーダ製造の。——女 ソーダ工場。

soudoyer 他 語 買収する, 金で雇う。

soudure 女 ❶ 溶接, 鎔(ろう) 付け; 溶接部, 溶接継手。❷ 接合, 合着。

souffert, e souffrir の過去分詞。

soufflage 男 ❶ 吹き (空気を送ってガラスの成形を行う方法)。❷ (溶部炉へ

soufflant, e 形 ❶風を送る. ❷息を切らした; 話驚くべき. ——女 送風機.

soufflard 男 [地] 噴気(孔).

souffle 男 ❶ (吐く) 息; 呼吸, 息遣い. ❷ (風などの) そよぎ, 一吹き; 微風. ❸ 爆風; (送風装置の) 風. ❹ 話息吹; 霊感. ❺ [医] 雑音同時に認められる雑音. ❻ (オーディオの) 高音域ノイズ.
◇avoir du ~ 息切れしない; 厚かましい気力に富む. avoir le ~ court すぐ息が切れる. couper le ~ à … …を驚かせる. être à bout de ~ 息切れしている.

soufflé, e 形 ❶ 膨れた; ふっくらした. ❷ 話びっくり仰天した, 唖然とした. ——男 [料] スフレ.

souffler 自 ❶ 息を吹きかける, 息を吐く. ❷ 息を切らす; 息をつく, 一休みする. ❸ (風が) 吹く.
——他 ❶ 息を吹きかける; 吹き出す; 吹き飛ばす; 吹き込む. ❷ 小声で言う, 耳打ちする. ❸ 話奪う. ❹ 話びっくりさせる.
◇ne pas ~ mot ひとことも言わない. □soufflement 男

soufflerie 女 送風機械; 風洞.

soufflet 男 ❶ ふいご, 送風器. ❷ 蛇腹; 蛇腹状襞; 襠. ❸ 文章侮辱; 平手打ち.

souffleter 他 文章侮辱する; 平手打ちを食らわす.

souffleur, se 名 [演] プロンプター.
——男 ❶ [動] タイセイヨウハンドウイルカ; クジラ. ❷ (ガラス成形の) 吹き手.

soufflure 女 気泡, ブロホール.

souffrai-, souffre(-) 活 ➪ souffrir.

souffrance 女 ❶ 苦しみ, 苦痛, 苦悩. ❷ [法] 受忍. ◇en ~ 未決の.

souffrant, e 形 ❶ 体調 [気分] の悪い; 文章苦しんでいる.

souffre-douleur 男 なぶり者.

souffreteux, se 形 病弱な, 病身の; 体調 [気分] の悪い.

souffrir 16 自 ❶ (de) (…で) 苦しむ; (…が) 痛い. ❷ 話苦労する. ❸ 被害をこうむる, 損なわれる. ——他 ❶ 我慢する, 耐える. ❷ 文章許容する.
——se ~ 互いに我慢する.

soufi, e 形 スーフィー教 (徒) の.
——男 スーフィー教徒.

soufisme 男 スーフィー教, イスラム神秘主義.

soufrage 男 硫黄処理.

soufre 男 硫黄; 硫黄色.
——形 《不変》 硫黄色の.

soufrer 他 硫黄を塗る [で処理する].

soufreur, se 名 硫黄製造工; (ブドウ畑に) 硫黄粉を散布する人.
——女 硫黄散布機.

soufrière 女 硫黄鉱坑.

soufroir 男 [繊] (羊毛漂白の) 硫黄燻 (い) 蒸室, ストービング室.

souhait 男 ❶ 願い, 望み; 祝詞.
◇à~ 望みどおりに, おあつらえむきに. □souhaitablement 副

souhaitable 形 望ましい, 願わしい.

souhaiter 他 願う, 望む.

souillard 男 排水孔.

souille 女 ❶ [狩] (イノシシなどの) 泥浴場. ❷ [海] (干潮時に干し上がった) 船底の跡. ❸ [軍] 陶痕 (沈).

souiller 他 文章 汚す, 汚染する; (人の名誉などを) けがす.

souillon 名 薄汚れた人.

souillure 女 文章 けがれ, 汚点.

souk [-k] 男 (アラブ諸国の) 市場; 話雑然とした場所.

soul [sol] 女 《不変》 [英] [楽] ソウル (の).

soûl, e [su,sul] 形 話酔った; 陶酔した; 飽きた.
——男 tout son ~ 思う存分.

soulagement 男 (肉体・精神的苦痛の) 軽減, 緩和; 安堵; 安らぎ.

soulager 2 他 ❶ (重荷を) 軽くする; (苦痛を) 軽減する. ❷ 楽にする; 助ける. ——se ~ ❶ (負担が) 軽減される; 気が楽になる. ❷ 話用を足す.

soûlant, e 形 話うんざりさせる.

soûlard, e / soûlaud, e 名 話飲んだくれの.

soûler 他 酔わせる, 陶酔させる; うんざりさせる. ——se ~ 話酔っぱらう.

soûlerie 女 酒盛り; 酔い.

soulèvement 男 ❶ 持ち上がる [上げる] こと; 高まり, 盛り上がり. ❷ (大規模な) 反乱, 蜂起; 暴動. ❸ [地] 隆起.

soulever 3 他 ❶ 少し上げる, 持ち上げる; 舞い上げる. ❷ (感情, 関心など) を高ぶらせる, あおる; 反乱を起こさせる, 蜂 (き) 起こさせる. ❸ (問題を) 提起する. ❹ 話盗む, くすねる.
◇ ~ le cœur 吐き気を催させる.
——se ~ ❶ 身を起こす, 起き上がる. ❷ 反乱を起こす.

soulier 男 短靴, 靴.

souligner 他 下線を引く; 強調する; 際立たせる. □soulignage 男

soûlographe 名 話飲んだくれ.

soûlographie 女 話泥酔.

soulte 女 [法] 清算金.

soumettre 65 他 ❶ 服従させる, 従属させる; 抑える. ❷ ゆだねる, 任せる. ❸ (試験などを) 受けさせる. ——se ~ (à) (…に) 降伏する, 服従する.

soumis, e 形 (soumettre の過去分詞) ❶ 従順な, 素直な. ❷ (à) (…に) 従った, 服従している.

soumission 女 ❶ 服従; 従順さ; 降伏. ❷ [法] 請負見積書, 入札.

soumissionnaire 名 [法] 入札者.

soumissionner 他 [法] 入れる.

soumit, soumit(-) 活 ➪ soumettre.

soupape 女 弁, バルブ; 栓; ダンパー.

soupçon 男 ❶ 疑い, 嫌疑. ❷ 推測, 予想. ❸ ごく少量.

soupçonnable 形 疑わしい.

soupçonner 他 疑いを抱く, 嫌疑をかける; 推測する, ではないかと思う.

soupçonneusement 副 文章 疑わしそうに.

soupçonneux, se 形 疑い深い.

soupe 女 ❶ スープ; (スープ漬けの) 食事. ❷ ~ populaire (貧窮者のための) 無料公営給食 (所). ❸ スープ状のも

soupente 女 ❶ 中二階, 天井部屋. ❷ (暖炉の)鉄製の支柱かさご.

souper 自 夜食を取る; [古] [地] 夕食を取る.
— 男 夜食; [古] [地] 夕食.

soupeser ③ 他 手に持って重さを計る, 子細に吟味する.

soupeur, se 名 夜食を取る人.

soupière 女 スープ鉢(の スープ).

soupir 男 ❶ ため息; (風や波の)音, さやぎ. ❷ [楽] 4分休符. ▶ demi-〜 8分休符. ◇rendre le dernier 〜 息を引き取る.

soupirail 男 《複》 **aux** 男 (地下室の)採光換気窓; (円天井の)天窓.

soupirant, e 男 [文章] (恋の)ため息をつく; [古] (〜に)悩憂する. ❷ 男 [ふざけて] 恋する男.

soupirer 自 ❶ ため息つく. ❷ [古風] (après, pour) (〜に)熱望する, こいねがう. ❸ [詩語] (風や波が)ささやく.
— 他 ❶ ため息まじりに言う. ❷ [詩語] やるせなく歌う.

souple 形 柔らかい, しなやかな; 軟弱な; 従順な. ◇**avoir l'échine 〜 = avoir les reins 〜s** 従順である.
⇨**souplement** 副

souplesse 女 柔らかさ, 柔軟性.

souquer 他 [海] (綱を)固く締める.
— 自 力いっぱい櫓(ろ)をこぐ.

sourate 女 コーランの章, スーラ.

source 女 ❶ 泉, 水源. ❷ 〜 **minérale** 鉱泉. ❸ 源, 原因, 出所, 発生源. ▶ en 〜 ouverte (公開オープンソース)(方式)で. ❸ 《複数》原典, 原資料; 典拠, 確認.

sourcer 他 出典を明示する; 情報源を確認する.

sourceur, se 名 [商] 調達専門担当者.

sourcier, ère 名 水脈占い師.

sourcil [-si] 男 眉(毛), 眉毛.

sourcilier, ère 形 [解] 眉(毛)の.

sourciller 自 眉(毛)をひそめる.

sourcilleux, se 形 ❶ 気難しい, 口やかましい, 煩雑な. ❷ [文章] 傲(ごう)慢な.

sourd, e 形 ❶ 耳の聞こえない. ❷ (à) (〜に)耳を貸さない. ❸ はっきりしない, 内にこもった; ひそかな, 暗黙裏の. ❹ [音声] 無声の. ◇**faire la 〜e oreille** 聞こえない[理解できない]ふりをする.
— 名 耳の聞こえない人. ◇**crier [frapper] comme un 〜** 力いっぱい叫ぶ[打つ].
— 女 [音声] 無声音.

sourdement 副 鈍く, こもって, かすかに; ひそかに, こっそりと.

sourdière 女 防音戸(ど).

sourdine 女 [楽] 弱音器, ミュート. ◇**en 〜** ひそかに.

sourdingue 形, 名 [俗] 耳の聞こえない(人).

sourd-muet, 〜e-〜te; 《複》 〜s-〜s 形, 名 耳と口がきけない(人).

sourdre 自 [文章] わき出る, (涙が)あふれる; (感情などの)生じる, 現れる.

souri, souriai- 活 ⇨ sourire.

souriant, e 形 にこやかな, 微笑を浮かべない; 感じのよい.

souriceau 男 **x** 子ネズミ.

souricier 男 捕鼠(ねずみ)動物.

souricière 女 ❶ ネズミ取り(器). ❷ (警の)罠(わな), 張り込み.

sourire¹ 59 自 ❶ 微笑を浮かべる, にっこり笑う. ❷ (à) (〜の)気に入る. ❸ (de) (〜を)面白がる, ばかにする. ❹ 微笑させる. ◇**faire 〜** ばかにする.

sourire² 男 微笑, ほほえみ. ◇**avoir le 〜** にんまりしている.

souris¹ 女 ❶ ネズミ. ❷ 若い女, 娘; 情婦. ❸ 羊のすね肉.

souris², **souris-**, **sourit**, **souri-ri-** 活 ⇨ sourire.

sournois, e 形 陰険な, 腹黒い; ひそかな.
— 名 陰険な[腹黒い]人.

sournoisement 副 陰険に.

sournoiserie 女 [文章] 陰険さ, 腹黒さ; 陰険な行為.

sous 前 ❶ 《位置》〜の下に[で, の], 〜の中に[で, を, の]. ❷ 《支配, 影響, 条件》〜のもとに[によって], 〜の形[条件]で. ❸ 《視点》〜から見て. ❹ 《時間》〜のうちに; 以内に.

sous-alimentation 女 栄養不足; 栄養失調.

sous-alimenter 他 不十分な食べ物しか与えない.

sous-alimenté, e [-za-] 形, 名 栄養不足の(人), 栄養失調の(人).

sous-amendement [-za-] 男 [法] (法案の)再修正案, 再修正案.

sous-barbe 女 ❶ [海] ボブステー. ❷ [馬] 顎革.

sous-bois 男 ❶ (森林の)下木; 下草, 下生え. ❷ 森林内部を描いた絵.

sous-chef 男 次長代理, 副長.

sous-chemise 女 (ファイルの)中仕切り.

sous-classe 女 [生] 亜綱.

sous-comité 男 小[分科] 委員会.

sous-commission 女 小[分科] 委員会.

sous-comptoir [-kɔ̃t-] 男 (海外の)営業支店.

sous-consommation 女 [経] 過少消費.

sous-continent 男 亜大陸.

sous-couche 女 (塗装の)下塗り; [地] 下層; 根雪.

souscripteur, trice 名 ❶ (手形, 小切手の)振出人. ❷ (公債の)応募者; 予約[寄付]申し込み者. ❸ [法] 株式引受人.

souscription 女 ❶ 予約申し込み, 応募; 予約金; 寄付金. ❷ [法] (株式の)引受け.

souscrire 78 他 署名する; (署名して)支払いを約束する.
— 自 (à) ❶ (〜に)出資する; 応募する, 買う. ❷ (〜に)同意する.

sous-cutané, e 形 [医] 皮下の.

sous-développé, e 形 低開発の.
— 名 低開発国民.

sous-développement 男 低開発状態, 後進性.

sous-diacre 男 [カト] 副助祭.

sous-directeur, trice 名 ❶ 次長, 管理者補佐; 副社長, 副支配人.

sous-traitance

sous-dominante 囡 ❶ 【楽】下属音. ❷ 選択必修課目,副専攻課目.
sous-effectif 男 人員 [人数] 不足.
sous-embranchement 男 【生】亜門.
sous-emploi [-zã-] 男 不完全雇用, 部分雇用.
sous-employer [-zã-] 他 不完全に雇用する.
sous-ensemble [-zã-] 男 【数】部分集合;部分要素, 組立部品.
sous-entendre [-zã-] 68他 ほのめかす, 示唆する;当然予想する.
sous-entendu, e [-zã-] 形 ❶ 言外にほのめかされた. ❷【文法】言外の.— 男 言外の意味, 当てこすり.
sous-entrepreneur [-zã-] 男 下請け業者.
sous-équipé, e [-ze-] 形 設備が整っていない;産業設備の不十分な.
sous-équipement [-ze-] 男 設備不足;産業設備の不備[立ち後れ].
sous-espèce [-ze-] 囡 【生】亜種.
sous-estimation [-ze-] / **sous-évaluation** [-ze-] 囡 過小評価.
sous-estimer [-ze-] / **sous-évaluer** [-ze-] 他 過小評価する.
sous-exploiter 他 開発を十分に行わない.
❍ **sous-exploitation** 囡
sous-exposer [-ze-] 他 【写】露出を十分に行わない.
❍ **sous-exposition** [-ze-] 囡 【写】露出不足.
sous-faîte 男 【建】地棟.
sous-famille 囡 【生】亜科.
sous-fifre 男(語) 下っ端, ひら.
sous-genre 男 【生】亜属.
sous-glaciaire 形 【地】氷河下の.
sous-gouverneur 男 副総裁.
sous-groupe 男 ❶〖群の部分を成す〗サブグループ, 小群. ❷【数】部分群.
sous-homme [-zɔm-] 男 人間の屑.
sous-humanité [-zy-] 囡 文章 人間以下[の状態].
sous-jacent, e 形 ❶ 下にある, 下の;隠れた, 基底の. ❷ 【数】基礎の.
sous-lieutenant [-zɔ-] 男 【陸軍, 空軍】少尉.
sous-locataire 名 又借り人.
sous-location 囡 転貸借 [契約].
sous-louer 他 又貸し [又借り] する.
sous-main 男 【写】 [吸取紙付きの筆記用] 下敷き, デスクパッド;紙挟み.
sous-maître 男 下級下士官;〖馬術の〗助教官;〖工場の〗現場監督.
sous-maîtresse 囡〖1946年の禁止法以前の売春宿の〗やり手ばばあ.
sous-marin, e 形 海中 [海底] の.— 男 ❶ 潜水艦. ❷ 【話】秘密工作員.
sous-marinier, ère 名 潜水艦乗組員.
sous-marque 囡 (有名ブランドから許可を得たブランド使用製品.
sous-maxillaire [-(l)lɛːr] 形 顎骨下の.
sous-médicalisé, e 形 医療体制が整わない.
sous-multiple 男 形 約数の.
sous-nappe 囡 テーブルクロスの下敷.
sous-nutrition 囡 栄養不足.
sous-œuvre 男 〖zœ-〗 ❶ 土台, 基礎. ❖ en ～ 土台から;根本的に.
sous-officier [-zɔ-] 男 下士官.
sous-orbitaire [-zɔr-] 形 【解】眼窩 (がんか) 下の.
sous-ordre [-zɔr-] 男 ❶ 下役, 下っ端;部下. ❷ 【生】亜目.
sous-palan (en) 副句 港内引き渡しで.
sous-payer 12他 低賃金を支払う.
sous-peuplé, e 形 人口過疎の.
sous-peuplement 男 人口過疎.
sous-pied 男 【服】〖足の裏にかける〗裾] バンド, アンダーストラップ.
sous-préfectoral, ale 〖男複〗**aux** 形 副郡庁の;副知事の.
sous-préfecture 囡 ❶ 郡庁 [所在地];郡. ❷ 副知事職.
sous-préfet 男 副知事.
sous-préfète 囡 副知事夫人;女性副知事.
sous-production 囡 生産不足.
sous-produit 男 ❶ 副産物, 付随物. ❷ 悪しき物まね, 亜流.
sous-programme 男 【情報】サブルーチン.
sous-prolétaire 名, 形 下層プロレタリアート(の), 下層無産労働者(の).
sous-prolétariat 男 下層無産労働者階級.
sous-pull 男(セーターの下に着る) 丸首のTシャツ.
sous-secrétaire 男 ～ d'Etat 政務次官, 次官補;〖米国の〗国務次官.
sous-secrétariat 男 ～ d'Etat 政務次官職;事務次官の事務局.
sous-seing 男 【法】私署証書.
soussigné, e 形, 名〖証書などの〗末尾 [下] に署名した, 下記の者.
soussigner 他 末尾に署名する.
sous-sol 男 地下 [下室], 地階.
sous-station 囡 変電所.
sous-système 男 下位システム.
sous-tasse 囡 〖ベルギー〗受け皿.
sous-tendre 68他 ❶〖弧の〗間に挟まれる;両端を成す. ❷ …の基盤である, 根底にある.
sous-tension 囡 不足電圧.
sous-titrage 男 字幕入れ;〖集合的〗字幕.
sous-titre 男 ❶ 副題, サブタイトル. ❷ 字幕;字幕スーパー, スーパー字幕.
sous-titré, e 形 字幕スーパー付きの.
sous-titrer 他 字幕を入れる.
sous-toilé, e 形 【海】帆を少な目に張った.
soustractif, ve 形 引き算の.
soustraction 囡 ❶ 引き算, 減法. ❷ 【法】〖書類などの〗抜き取り, 窃盗.
soustraire 68他 (à) (…から) ❶ 巻き上げる, だまし取る;抜き取る. ❷ 引く;控除する. ❸ 逃れさせる, 守る.— se ～ (à) (…から) 逃れる.
sous-traitance 囡 下請け.

sous-traitant, e 名 下請け業者.
sous-traiter 他, 自 下請けをする; 下請けに出す.
soustray- 語 ⇨ soustraire.
sous-utiliser 他 十分に活用しない.
sous-ventrière 女 〖馬〗腹帯.
sous-verge 男〖不変〗〖馬〗(右側につながれた)副[そ]馬.
sous-verre 男〖不変〗(ガラス板と台紙の間に挟まれた)写真, 絵, 書類; ガラス入りの額.
sous-vêtement 男 下着, 肌着.
sous-virer 自(自動車が)アンダーステアになる.
soutache 女〖服〗飾りひも, ひも飾り.
soutacher 他 飾りひもをつける.
soutane 女 ❶〖カト〗スータン(聖職者の通常服). ❷ 聖職; 聖職者.
soute 女 ❶ 船倉, 貨物室; 燃料庫, タンク. ❷(複数)船舶用燃料.
soutenable 形 ❶ 支持[弁護]できる. ❷(多く否定的表現で)我慢できる.
soutenance 女 博士[修士]論文の口頭審査.
soutènement 男 ❶〖土木〗支承, 扶壁[ほ]; 止止め. ❷〖鉱〗坑木.
souteneur 男 売春婦のひも.
soutenir 28 他 ❶ 支える, 支持する; 励ます, 援助する. ❷ 保つ, 持続させる, 維持する. ❸〖文章〗耐える, 持ちこたえる. ❹ 主張[力説]する; 弁護する.
  ◇ ~ **la comparaison avec** ... ... と肩を並べる, に匹敵する. ► **son rang [sa réputation]** 地位[名声]にふさわしく振る舞う.
  —**se ~** ❶ 立っている; 持続する. ❷ 認められる; うなずける; 互いに助け合う.
soutenu, e 形 (soutenir の過去分詞) ❶ 一貫した, 持続した; 強烈な, 際立った. ❷ 改まった, 格調の高い.
souterrain, e 形 ❶ 地下の, 地下でなされる; 隠れた, 内密の. —男 地下道.
souterrainement 副 ひそかに.
soutien 男 ❶ 支える物, 支柱. ❷ 支持, 維持; 援助; 支持者. ❸ 関キ協力.
soutien-, soutin-, soutîn- 語 ⇨ soutenir.
soutien-gorge 男〔複 ~**s**-~〕男 ブラジャー.
soutier 男 (昔の)石炭係水夫; 縁の下の力持ち.
soutirage 男 ❶(ワインの)澱[ち]抜き; 澱引きワイン. ❷ 抜き取り, 採取.
soutirer 他 ❶(ワインを)詰め替える, 澱を引く. ❷(à ... から) 取り上げる, 巻き上げる; 抜き聞き出す.
soutra; (複) ~ (**s**) ~ 男 〖ヒンズー教, 仏教で〗スートラ, 経典.
souvenance 女〖文章〗追憶.
se souvenir 28 代動《de》(...を)思い出す, 覚えている; 忘れずにいる.
  —**souvenir** 自〖文章〗《非人称構文》《de》(...が)思い出される, (...を)覚えている. ► **autant qu'il m'en souvienne** 私の覚えている限りでは.
souvenir 男 ❶ 記憶; 思い出, 回想. ❷ 記念品, 思い出物; 回想記[録].
souvent 副 しばしば, たびたび; 多くの場合, 普通.

—形[副/文章] —**es fois** 何度も.
souventefois 副 何度も.
souvenu, e souvenir の過去分詞.
souverain, e 形 ❶ 上位の, 至上の; 主権を持つ[至上権]. ► **Etat** ~ 主権国家. ❷ 優越感あらわな, 尊大な. ❸(薬が)きわめて有効な. —男 君主, 支配者. —男 主権者.
souverainement 副 ❶ 最高に, 最高の権威をもって; 尊大に, 横柄に.
souveraineté 女 至上権, 主権.
souverainiste 形, 名 ケベック独立派の(人).
souvien-, souvin-, souvîn- 語 ⇨ souvenir.
souvlaki 男〖料〗スブラキ(ギリシャの肉の串焼き).
soviet [-vjɛt] 男〖露〗ソビエト.
soviétique 形 ソ連の. ► **ex-** ~ 旧ソ連の. —名 (**S**~)ソ連人.
soviétisation 女 ソビエト化.
soviétiser 他 ソビエト化する.
soviétologue 名 ソ連政治研究者.
sovkhoz(e) [-kɔz] 男 (旧ソ連の)ソホーズ.
soyeux, se 形 絹のような.
  —男 (リヨンの)絹織物業者.
soyez, soyons 語 ⇨ être.
spa 男 ジャグジー; スパ, 保養施設.
space opera 男 [spɛsɔpe-]〖英〗スペースオペラ.
spacieux, se 形 広々とした, ゆったりした. ◇**spacieusement** 副
spadassin 男〖古〗雇われ刺客.
spaghetti; (複) ~(**s**) 男〖伊〗スパゲッティ.
spahi [spai] 男〖史〗オスマン・トルコの騎兵; (アルジェリアなどの)先住民騎兵.
spalax [-ks] 男〖動〗メクラネズミ.
spallation 女〖英〗〖物〗破砕.
spalter 男 (壁画の大理石模様, 木目模様を描くための)刷毛[け].
spam [spam] 男〖英〗迷惑メール.
spammer 他 迷惑メールを送信する.
sparadrap 男 絆創膏[こう].
spardeck 男〖海〗軽甲板.
sparganier 男〖植〗ミクリ.
sparring-partner [-riŋ-] 男〖英〗(ボクシングの)スパーリングの相手.
spartakisme 男〖史〗(第1次大戦下ドイツの)スパルタクス団運動.
spartakiste 形 スパルタクス団運動の. —名 スパルタクス団運動員.
spart(e) [-t] 男〖植〗エスパルト, アフリカハネガヤ.
spartéine 女 スパルテイン(強心剤).
sparterie 女 エスパルト工芸品(製造業).
spartiate [-sja-] 形 スパルタ Sparte の; スパルタ式の. —名 ❶(**S**~)スパルタ市民. ❷ 厳格な性格の人. —女 ❶ 革ひもで編んだサンダル. ◇ **à la** ~ スパルタ式に, 厳しく.
spasme 男 (筋肉の)痙攣[けい]; けいれん.
spasmodique 形 痙攣(性)の.
spasmolytique 形 ⇨ antispasmodique.

spasmophile 形, 名《医》痙攣(質)の(患者).

spasmophilie 女《医》痙攣質. ⇨spasmophilique形

spasticité 女《医》痙直(性)(骨格筋の緊張状態).

spathe 女《植》仏炎苞(ﾎﾞﾎｳ)(変形した大形の包葉).

spatial, ale;《男複》*aux* 形 空間の;宇宙空間の.

spatialement 副 空間的に(見て).

spatialiser 他 ❶(宇宙環境に)適応させる. ❷空間化する. ⇨spatialisation 女

spatialité 女 空間性.

spatiologie 女 宇宙空間学.

spationaute 名 宇宙飛行士.

spationef 男 宇宙機;宇宙船.

spatio-temporel, le 形 時間と空間に関する,時空の. ―男 時空.

spatule 女 ❶へら,へら状の器具. ❷《鳥》ヘラサギ. ❸《美》パレットナイフ. ❹《スキー》トップベンド.

spatulé, e / spatuliforme 形《解》へらの形をした.

speaker [spikœ:r] 男《英》❶《英米の》下院議長. ❷男性アナウンサー.

speakerine [spikrin] 女性アナウンサー.

spécial, ale;《男複》*aux* 形 特別の,特殊な,特異な;(à)(…に)特有の. ―女 ❶大粒のカキ. ❷(ラリーの)独別レース.

spécialement 副 特に,専門に.

spécialisation 女 専門[特殊]化.

spécialisé, e 形(en, dans)(…が)専門の,(…を)専門とする.

spécialiser 他 専門化する,分野を限定する. ―**se** ~(en, dans)(…を)専門とする,専攻する.

spécialiste 名 ❶専門家;専門医. ❷語 精通した人,上手な人;常習者.

spécialité 女 ❶専門知識,専攻;専門職. ❷得意分野;特産品,名物. ❸語(悪い)癖.

spéciation 女《英》《生》種形成.

spécieusement 副《文雅》もっともらしく,見かけ上は.

spécieux, se 形《文雅》見せかけの.

spécification 女 明示;仕様(書).

spécificité 女 特性,特殊性.

spécifier 他 明示する,はっきり言う.

spécifique 形 ❶特有の,独特の;特殊な. ❷《税》droits ~s 従量税. ❸(分類上の)種の.

spécifiquement 副 特徴的に.

spécimen [-men] 男 見本,標本;試供品,内容見本.

spectacle 男 光景,情景. ❷ショー;興行,上演;番組. ◇à grand ~ 大がかりな演出の. se donner en ~ 見せ物[さらし者]になる.

spectaculaire 形 人目を引く,派手な,目覚ましい.

spectateur, trice 名 ❶観客,見物人. ❷傍観者;目撃者.

spectral, ale;《男複》*aux* 形 ❶幽霊の,幽霊に似た. ❷スペクトルの.

spectre 男 ❶幽霊,亡霊;やせて蒼白い人. ❷恐ろしさ,脅威. ❸《物》《光》スペクトル. ❹《動》メガネザル.

spectrochimique 形 analyse ~ 分光分析.

spectrogramme 男 分光写真.

spectrographe 男 分光(写真)器;《化》~ de masse 質量分析器.

spectrographie 女 分光写真法. ⇨spectrographique 形

spectromètre 男 分光計.

spectrophotomètre 男 分光光度計.

spectroscope 男 分光器.

spectroscopie 女 分光学. ⇨spectroscopique 形

spectroscopiste 名 分光技師.

spéculaire 形 鏡の. ―poli ~ 鏡面研磨. ―男《植》オミナゾカラ.

spéculateur, trice 名 投機家,相場師.

spéculatif, ve 形 ❶思弁的な,純理論の. ❷投機的な.

spéculation 女 ❶思索,思弁;推測. ❷投機,思惑買い.

spéculer 自(sur)❶(…について)思索する. ❷(…を)投機の対象とする. ❸(…に)つけ込む.

spéculum 男《医》検鏡式検鏡.

speech [spitʃ];《複》~(e)s 男《英》スピーチ,談話,挨拶.

speed [spid] 男《英》《語》アンフェタミン, LSD. ―形 アンフェタミンが効いた.

speedé, e 形 [spide] 形《英》アンフェタミンが効いた,トリップした.

speeder [spide] 自 語 急ぐ.

speed-sail [spidsɛl] 男《商》商標ランドヨット.

speiss [spɛs] 男《独》《金》スパイス,砒鉱[鉛].

spéléologie 女 洞穴学;洞窟探検. ⇨spéléologique 形

spéléologue 名 洞穴学者;洞窟探検家.

spencer [spɛsœ(ɛ)r] 男《英》《服》スペンサー(短いジャケット).

spergule 女《植》オオツメクサ.

spermaceti [-se-] / **spermacéti** 男《動》鯨(ﾏｯｺｳ)脳,鯨蝋(ﾛｳ).

spermatide 女《生》精細胞.

spermatie 女《植》(紅藻類,子嚢(ﾉｳ)菌類などの)不動精子,雄精体.

spermatique 形《解》精液の.

spermatocyte 男《生》精母細胞.

spermatogenèse 女 精子形成.

spermatogonie 女 精原細胞.

spermatophyte 男《植》種子植物(門).

spermatozoïde 男《生》精子.

sperme 男 精液.

spermicide 形《医》殺精子の.

spermogramme 男《医》精子像,精液検査.

spermophile 男《動》ジリス.

sphacèle 男《医》壊(ｴ)死物.

sphaigne 女《植》ミズゴケ.

sphénisque 男 フンボルトペンギン.

sphénoïde 男《解》蝶(ﾁｮｳ)形骨.

sphère 囡 ❶ 球; 球体, 球面. ❷ 範囲, 領域, 圏. ❸ ~ d'influence 勢力範囲.
sphéricité 囡 球形であること.
sphérique 形 球形[状]の.
sphéroïdal, ale ;(男複) **aux** 形 球状の.
sphéroïde 男 《数》回転楕円形.
sphéromètre 男 《理》球面計.
sphex [-ks] 男 《昆》ジガバチ.
sphincter 男 《解》括約筋.
sphinge 囡 女のスフィンクス; 謎めいた女.
sphinx [-ks] 男 ❶(ラ) スフィンクス. ❷謎めいた人物. ❸《昆》スズメガ.
sphygmomanomètre 男 血圧計.
sphyrène 囡《魚》カマス.
spi 男 spinnaker の略.
spic 男 スパイク.
spicilège 男《文章》文書集, 随筆集.
spicule 男《動》針状体; 骨片, 針葉.
spider 男固《車》カブリオレ型自動車の後部トランク.
spiegel [-gœl] 男《金》スピーゲル, スピーゲルアイゼン, 鏡鉄.
spin [spin] 男《英》《理》スピン.
spina-bifida 男《不変》《医》脊椎(怠)披(宣)裂, 二分脊椎.
spinal, ale ;(男複) **aux** 形《解》脊椎(怠)の, 脊柱の; 脊髄の.
spinelle 男《鉱》尖晶石.
spinnaker [-nekœːr/-nakɛːr] 男《英》スピネーカー(ヨットの3角帆).
spinozisme 男 スピノザの学説.
spinoziste 形, 名 スピノザ学派の(人).
spiral, ale ;(男複) **aux** 形 螺旋(ら)状の; (渦巻)状の. ー 囡 ❶ 螺旋; 螺旋(渦巻)状のもの. ~ escalier en ~ 螺旋階段. ❷ (物価などの)連鎖的な上昇; 悪循環.
spirant, e 形《音声》擦音の, 狭擦音の. ー 囡 擦音, 狭擦音.
spire 囡 ❶ 螺旋(ら), スクリューなどの 1 巻き. ❷ (巻き貝の)螺旋.
spirée 囡《植》シモツケ.
spirille 男 スピリル菌.
spirillose [-(l)lo-/-jo-] 囡《医》ラセン菌症.
spiritain 男 聖霊布教会の修道者.
spirite 男 交霊術師. ー 名 交霊術者, 交霊術研究家.
spiritisme 男 交霊術.
spiritual [-tɥɔl] ;(複) **als** 男《米》《楽》黒人霊歌.
spiritualisation 囡 精神化, 霊化; 寓(ぐう)意《神秘》的解釈.
spiritualiser 他《文章》精神性を付与する, 気高くする.
spiritualisme 囡 ❶《哲》唯心論. ❷ 交霊術. ❸《神》心霊主義. □**spiritualiste** 形
spiritualité 囡 ❶ 精神性, 唯心性; 霊性. ❷ 信仰《精神》生活.
spirituel, le 形 ❶ 精神的な, 知的な; 霊的な, 魂の. ❷ 機知に富んだ, 才気煥発な. ❸《キ教》 pouvoir ~ (俗権に対しての)教権.

spirituellement 副 ❶ 精神的に; 霊的に. ❷ 機知をもって.
spiritueux, se 形 アルコール度の高い. ー 男 アルコール度の高い蒸留酒.
spirochète [-ket] 男《細》スピロヘータ.
spirochétose [-ke-] 囡《医》スピロヘータ症.
spiroïdal, ale ;(男複) **aux** 形 螺旋(ら)状[形]の.
spiromètre 男 肺活量計.
spirorbe 男《動》ウズマキゴカイ.
splanchnique 形《解》内臓の.
spleen [splin] 男《英》固《文章》憂うつ, 厭世(えん)的気分; 《心》うつ病.
splendeur 囡 ❶ 豪華, 華麗; 栄華, 繁栄. ❷《文章》光輝.
splendide 形 華麗な, 見事な; 輝く.
splendidement 副 輝かしく, 燦(さん)然と; 豪華に, 華麗に; 見事に.
splénite 囡《医》脾(ひ)炎.
splénomégalie 囡《医》脾臓肥大.
spondée 男《詩》(ギリシャ・ラテン詩で)長長脚. □**spondaïque** 形
spondylarthrite / spondylarthrose 囡 脊椎(せき)関節炎.
spondyle 男《貝》ショウジョウガイ.
spondylite 囡 脊椎炎.
spongiaires 男複《動》海綿動物(門).
spongieux, se 形 吸水性の; 海綿質の, スポンジ状の, 多孔質の.
spongiforme 形《医》海綿状の.
spongille [-l] 囡《動》淡水海綿.
sponsor 男《英》スポンサー, 広告主.
sponsoring [-riŋ] 男《英》スポンサーになること.
sponsoriser 他 スポンサーになる. □**sponsorisation** 囡
spontané, e 形 ❶ 自発的な. ❷ 自然発生的な. ❸ 素直な, 打算のない. ❹《生理》自律性の.
spontanéisme 男 自発性信奉主義. □**spontanéiste** 名形
spontanéité 囡 自発性, 自然さ; 素直さ.
spontanément 副 ❶ 自発的に, 自然発生的に. ❷ 思わず, 本能的に.
spontanéisme 男 自然発生説.
sporadicité 囡 散発性, 散在性.
sporadique 形 散発的な, 散在する. □**sporadiquement** 副
sporange 男《植》(隠花植物の)胞子嚢, 芽胞嚢; (苔)類の子嚢.
spore 囡《植》胞子.
sporogone 男《植》スポロゴン.
sporophyte 男《植》胞子体.
sporotriche 男《菌》スポロトリクム.
sporozoaires 男複《動》胞子虫類.
sport 男《英》スポーツ, 運動. ◇*C'est du ~.* 諺 それは面倒【厄介】だ. *Il va y avoir du ~.* 諺 ただでは

済まないぞ．
――形 (不変) ❶ 話 スポーツ用の；スポーティな． ❷ 正々堂々とした．

sportif, ve 形 スポーツの；スポーツ好きの，スポーツマンの；正々堂々とした．
――名 スポーツ選手，スポーツマン．

sportivement 副 スポーツマンらしく．

sportivité 女 スポーツマンシップ．

sportswear [-tswɛːr] 男 (英) スポーツウェア．

sporulation 女 [生] 胞子形成．

sporuler 自[生] 胞子を形成する．

SPOT [spɔt] 男 (略) système probatoire d'observation de la Terre 地球観測衛星．

spot [-t] 男 (英) ❶ スポットライト；間接照明灯；スポット広告． ❷ [物] 光点．

spoule 男 [情報] スプール．

spoutnik [-k] 男 スプートニク (旧ソ連が打ち上げた人工衛星).

spray 男 (英) 霧状の液体，スプレー．

springbok [-ringbɔk] 男 [動] スプリングボック (南アフリカ産のガゼル).

springer [-ringɛːr] 男 (英) スプリンガー (スパニエル) (英国産の猟犬).

sprinkler [-rin-] 男 (英) 散水器．

sprint [-rint] 男 (英) スパート；ラストスパート；短距離レース，スプリント．

sprinter¹ [-rintœːr] 男 (英) / **sp.rinteur, se** 名 短距離走者．

sprinter² [-rin-] 自 ❶ ラストスパートをかける；話 全力で走る．

sprue 女 (英) [医] スプルー．

spumeux, se 形 泡状の．

squale [-kw-] 男 [魚] サメ．

squame [-kw-] 女 ❶ [医] 鱗屑（りんせつ）． ❷ [植] 鱗片．

squameux, se [-kw-] 形 [医] 鱗屑（りんせつ）で覆われた．

squamifère [-kw-] 形 [動] うろこで覆われた，うろこのある．

squamule [-kw-] 女 [動] 鱗粉（りんぷん），鱗毛．

square [-kw-] 男 (英) ❶ (柵（さく）で囲まれた) 小公園． ❷ 四角い中庭．

squash [-kw-] 男 [英] スカッシュ．

squat [skwat] 男 [英] (空きビルなどの) 不法占拠．

squatine [-kw-] 女 [魚] モトカスザメ (=ange de mer).

squatter¹ [skwatœːr] 男 / **squatteur, se** [-kw-] 名 (米) ❶ 無断入居者，不法占拠者． ❷ (米国の) 合法的土地占拠者． ❸ (オーストラリアの) 国有地を借りて放牧した牧羊者．

squatter² [-kw-] / **squattériser** 他 不法占拠する；話 独占する．

squeezer [skwi-] 他 ❶ 話 (うまい手で) …に勝つ． ❷ [カード] (ブリッジで) …にスクイズする．

squelette 男 ❶ 骨格系，骸（がい）骨． ❷ 話 がりがりにやせた人． ❸ 骨組み，骨子． ❹ (無脊椎（むせきつい）動物の) 外骨格．

squelettique 形 ❶ 骸骨のような，貧弱で，骨組みだけの． ❷ 骨格の．

squille [-ij] 女 シャコ．

squire [skwajr] 男 (英) 郷士 (英国の郷士，田舎地主，平貴族.

squirr(h)e 男 [医] 硬(性)癌（がん）．

Sr [記] [化] strontium ストロンチウム．

sr [記] [数] stéradian ステラジアン．

SRAM [sram] 男 (略) short range attack missile 空対地短距離攻撃ミサイル．

SRAS [sras] 男 (略) syndrome respiratoire aigu sévère 重症急性呼吸器症候群 (英語 SARS).

Sri Lanka スリランカ．

SRM (略) [M] système de réparation des mésappariements ミスマッチ修復機構．

SS (略) sous-sol 地下，地階．

S.S. (略) sécurité sociale 社会保障．

S.S.B.S. (略) sol-sol balistique stratégique 地対地戦略ミサイル．

st [記] [計] stère ステール (材木，薪（まき）を量る単位).

St. (略) Saint 聖….

stabat mater [-bat-] 男 (ラ) [カト] 悲しめる聖母は立ちり．

stabilisant, e 形 安定させる．
――男 [化] 安定剤．

stabilisateur, trice 形 安定させる． ――男 安定装置，スタビライザー；[航] 安定板，尾翼；[化] 安定剤．

stabilisation 女 安定化 [処理].

stabiliser 他 安定させる；落ち着かせる． ――se ～ 安定する；落ち着く．

stabilité 女 安定性，永続性，堅牢（けんろう）さ．

stable 形 安定した，永続性のある；しっかりした，安定性のある．

stabulation 女 ❶ (家畜の) 小屋飼育． ❷ [漁] (魚，カモの) 生け贄（にえ）飼い．

staccato [伊] [楽] スタッカートで，音をはっきり切って．
――男 スタッカート．

stade 男 ❶ スタジアム，競技場． ❷ 段階；(病気などの) 期． ❸ [昆] 齢（れい）． ❹ [古ギ] [計] スタジオン (約180 m).

stadhouder ➩ stathouder.

stadia 男 [測] スタジア標尺．

stadier, ère 名 (サッカーなどの) スタジアム安全管理担当者．

staff¹ 男 [建] スタッフ (匠石（しゃくせき）膏（こう）).

staff² 男 (米) 幹部グループ，スタッフ．

staffeur, se 男 スタッフ (工事) 職人．

stage 男 実習，研修；短期講習．

stagflation 男 (米) [経] スタグフレーション．

stagiaire 名 研修者，実習生．
――形 研修（中）の．

stagnant, e [-gn-] 形 よどんでいる，停滞している，不活発な．

stagnation [-gn-] 女 よどみ；停滞，沈滞，不活発．

stagner [-gn-] 自 よどむ，停滞する．

stakhanovisme 男 スタハーノフ運動 (旧ソ連の労働生産性向上運動).

stakhanoviste 形 スタハーノフ運動の． ――名 スタハーノフ運動参加者．

staking [-nij] 男 [ノルウェー] [スキー] (クロスカントリーで) 推進滑走．

stalactite 女 鍾（しょう）乳石．

stalag [-g] 男 (独) (第2次大戦中の) ドイツの捕虜収容所．

stalagmite 女〖地〗石筍(ﾁﾞｭﾝ).
stalagmomètre 男〖物〗滴計計.
stalagmométrie 女〖物〗(表面張力の)滴計計測定.
stalinien, ne 形 スターリンの; スターリン主義の. — 名 スターリン主義者.
stalinisme 男 スターリン主義.
stalle 女 ❶ (教会の)聖職者席. ❷ (劇場の)折り畳み席. ❸ (ガレージの)駐車区画. ❹ 家畜小屋の仕切り.
staminal, ale; 男 (複) **aux** 形〖植〗雄蕊(ｼﾞ)の, 雄しべの.
stance 女 ❶〖文〗(複数) スタンス(叙情詩の一種). ❷〖詩〗詩節.
stand [-d] 男〖英〗❶ 展示場所; 台, 小卓. ❷〖スポ〗(モータースポーツで)ピット. ❸ 射撃場, 射的場.
standard 男 ❶ 規格, 規準. ❷ (内線の)電話交換台. ❸〖ジャズ〗スタンダード.
— 形 (不変) 標準の, 規格に合った.
standardiser 他 標準化する, 規格化する. ☐**standardisation**
standardiste 名 (内線の)電話交換手(国際電話の)オペレーター.
stand-by [-dbaj] 名; 形〖英〗(不変)(飛行機の)空席待ちの(旅客).
— 男 空席待ち.
standing [-diŋ] 男〖英〗❶ (高い)社会的地位 [身分]; 名声; (高い)生活程度. ❷ (建物などの)快適さ, 豪華さ.
standiste 名 ブース担当者.
stanneux, se 形 (2価の)錫を含む.
stannifère 形 錫の, 錫を含む.
stannique 形 (4価の)錫を含む.
staphisaigre 女〖植〗スタベザイカー(種子が殺虫剤に用いる).
staphylier 男〖植〗ミツバウツギ.
staphylin[1] 男〖昆〗ハネカクシ.
staphylin[2], **e** 形〖解〗口蓋垂の.
staphylococcie 女〖医〗ブドウ球菌症.
staphylocoque 男 ブドウ球菌.
staphylome 男〖医〗ブドウ腫症.
star 女〖英〗映画スター, 人気俳優; 超一流品.
stariser / starifier 他 スターにする[仕立てる].
starlette 女 駆け出し女優.
staroste 男〖史〗(ポーランドの)貴族; (帝政ロシアの)農村共同体の村長.
star-system 男〖英〗スターシステム.
starter 男〖英〗❶ スターター: 出発合図係. ❷〖車〗チョーク.
starting-block [-tip-] 男〖英〗(陸上競技の)スターティング・ブロック.
starting-gate [-tiŋget] 男 /女〖英〗(競馬の)スターティング・ゲート.
start-up [-tœp] 女〖英〗(不変) 創業間もない企業.
stase 女〖医〗うっ滞, 静止.
Stasi 女 (略) 元東ドイツ共産党の秘密警察組織(l'ancienne police d'Etat est-allemande).
stathouder 男〖史〗スタットハウデル (ネーデルランドの州総督; 総督, 総領).
statice 男 イソマツ.
statif 男 ❶ (器具の)支持台, スタンド. ❷ (顕微鏡の)鏡基, 鏡体.

statine 女〖業〗スタチン.
station 女 ❶ 駅; 停留所, 乗り場. ❷ 立ち寄ること. ❸ 姿勢. ❹ 逗(ｽﾞ)留地, リゾート. ❺ 観測所, 発電所, 放送局, 基地, 施設. ❻ 遺跡. ❼ (動物群の)生息区域, (植物群の)自生場所.
stationnaire 形 ❶ 静止している; 変動のない. ❷〖物〗定常の, 核反応上の.
❸〖軍〗沿岸警備艦.
stationnement 男 ❶ 駐車; 停車. ❷ (公道, 公用地の)使用, 占拠. ❸〖軍〗宿営, 野営.
stationner 自 ❶ 駐車する; 停車する. ❷ (軍隊が)駐屯[駐留]する; 沿岸警備する. — 他 駐車する.
station-service 女 (複) ~s-~s ガソリンスタンド, サービスステーション.
statique 形 変化しない[動き]のない, 停滞した; 静的の. — 女〖物〗静力学.
statisme 男 文書静止状態, 停滞.
statisticien, ne 名 統計学者.
statistique 女 ❶ 統計, 統計学. ❷ 統計と. — 形 統計の, 統計上の, 統計学の. ☐**statistiquement** 副
statocyste 男〖動〗平衡胞.
stator 男〖電〗(タービンの)固定子.
statoréacteur 男〖航〗ラムジェットエンジン.
statthalter [sʃta-] 男〖独〗(ドイツ諸の)総督.
statuaire 形 彫像用の; 彫像の. — 名 彫刻家. — 女 彫像術.
statue 女 全身像, 彫像.
statuer 自 **sur**(...について)決定を下す; 裁定[裁決]する.
statuette 女 丸彫り小像, 小立像.
statufier 他 ❶ (...の)像を立てる.
❷ 立ちすくませる.
statu quo [-kwo] 男 (不変) (ラ) 現状.
stature 女 身長; スケール, 規模.
staturo-pondéral, ale; 男 (複) **aux** 形 身長体重の.
statut 男 ❶ 社会的地位, ステイタス. ❷ (複数) 定款, 法令, 約款.
statutaire 形 規約 [定款] に基づく, 規約上の. ☐**statutairement** 副
stayer [stejœːr] 男〖英〗(競馬, 自転車競技の)ステイヤー.
steak [stek] 男〖英〗ステーキ.
steamer [stimœːr] 男〖英〗古風 汽船.
stéarine 女〖化〗ステアリン.
stéarinerie 女 ステアリン製造工場.
stéarinier 男 ステアリン製造業者.
stéarique 形〖化〗acide ~ ステアリン酸.
stéatite 女〖鉱〗ステアタイト, 凍石.
stéatopyge 形 脂尻(ﾃﾞﾝ)の.
stéatopygie 女 脂臀(ﾃﾞﾝ)の(脂肪がたまり, 尻(ﾉ)が突き出した状態).
stéatose 女〖医〗脂肪症.
steeple-chase [stipal(t)fe:rz/sti-palt∫e:z] 男〖英〗(競馬の)障害競走.
stéganographie 女 ステガノグラフィー(情報非可視化技術).
stégocéphales 男複〖古生〗堅頭(ｹﾝ)類.
stégomyie 女〖昆〗シマカ.

steinbock [stejn-] 男 〖動〗スタインボック(アフリカ産の小型のレイヨウ).

stèle 安 〖古代〗の石碑; 墓石.

stellage 男 〖独〗〖証〗二重[複合]選択権付取引.

stellaire 形 ❶ 星の; 恒星の. ❷ 星形の, 放射状の. — 安 〖植〗ハコベ.

stellionat 男 〖法〗詐欺的転売.

stellite 男 商標〖金〗ステライト.

stem(m) [stem] 男 (スキーの)シュテムターン.

stemmate 男 〖昆〗側点眼.

stencil [sten-] 男 〖英〗ステンシル.

stendhalien, ne [stɛ̃-] 形 スタンダールの, スタンダール流の.
— 名 スタンダール研究家〖愛好者〗.

sténo 安 ❶ (sténodactylo の略) 速記タイピスト. ❷ (sténographe の略) 速記者.
— 安 (sténographie の略)速記術.

sténodactylo 名 速記タイピスト.

sténodactylographie 安 速記タイプライティング.

sténogramme 男 速記文字[記号]; 速記録.

sténographe 名 速記者.

sténographie 安 速記(術); 速記業; 速記録. □**sténographique** 形

sténographier 他 速記する.

sténopé 男 〖写〗ピンホールカメラ.

sténosage 男 〖繊〗幅(さ)出し処理.

sténose 安 〖医〗狭窄(さぐ)症.

sténotype 安 ステノタイプ, 欧文印字用速記タイプライター.

sténotypie 安 (ステノタイプを用いた)速記タイプライター[業].

sténotypiste 名 速記タイピスト.

stentor 男 ❶ 〖動〗ラッパムシ(原生動物). ❷ voix de — よく徹る大声.

stéphanois, e 形 サン゠テティエンヌ Saint-Etienne の.
— 名 (S～)サン゠テティエンヌ人.

steppe 安 〖地理〗ステップ, 温帯草原.

steppique 形 ステップの[に住む].

stercoraire 男 〖鳥〗トウゾクカモメ.

stercoral, ale 形 〖男複〗 aux 形 〖医〗便の.

stère 男 ステール(木材の容積単位).

stéréo 安 ステレオ(装置). — 安 立体音響(術). — 形 〖不変〗ステレオの.

stéréocomparateur 男 〖測〗〖天〗実体座標測定器.

stéréoduc 男 (炭我などを運ぶ)パイプライン.

stéréognosie [-gn-] 安 〖心〗立体認知.

stéréogramme 男 立体写真[図].

stéréographique 形 projection ～ ステレオ投影(法); 立体図形.

stéréométrie 安 立体幾何学; 立体測定. □**stéréométrique** 形

stéréophonie 安 ステレオ, 立体音響(術). □**stéréophonique** 形

stéréophotographie 安 立体写真(術).

stéréorégularité 安 〖化〗(高分子の)立体規則性.

stéréoscope 男 〖英〗立体鏡.

stéréoscopie 安 立体視(法); 立体映像. □**stéréoscopique** 形

stéréospécificité 安 〖化〗立体特異性.

stéréotaxie 安 〖医〗定位法.

stéréotomie 安 〖建〗規矩(きく)術; 截石(きり)法. □**stéréotomique** 形

stéréotype 男 ❶ 〖文章〗常套句, 紋切り型. ❷ 〖印〗ステロ版, 鉛版.

stéréotypé, e 形 紋切り型の.

stéréotypie 安 ❶ 〖印〗ステロ版[鉛版]印刷(術). ❷ 〖医〗常同(症).

stéréovision 安 立体映像.

stérer 6 ステール stère で計る.

stérile 形 ❶ 不毛の; 不妊の. ❷ 殺菌された. — 男 〖鉱〗脈石, ズリ. □**stérilement** 副

stérilet 男 体内避妊具(リングなど).

stérilisant, e 形 ❶ 不妊にする; 不毛にする. ❷ 殺菌する.
— 男 避妊薬.

stérilisateur 男 滅菌装置.

stérilisé, e 形 ❶ 殺菌された. ❷ 不妊処置[手術]を施された.

stériliser 他 ❶ 殺菌する, 消毒する. ❷ 不妊処置[手術]を施す. □**stérilisation** 安

stérilité 安 ❶ 不毛性, 貧弱さ. ❷ 無益的議論. ❸ 〖医〗不妊性, 生殖不能.

stérique 形 〖化〗立体の.

sterling [-liŋ] 男 〖英〗(英国の)ポンド. — 形 〖不変〗英貨の.

sternal, ale 〖男複〗 aux 形 〖解〗胸骨の.

sterne 安 〖鳥〗アジサシ.

sterno-cléido-mastoïdien, ne 〖解〗胸鎖乳突筋.

sternum 男 胸骨; (昆虫の)腹板.

sternutatoire 形, 男 くしゃみを誘発する(物).

stéroïde 男, 形 〖化〗ステロイド(の).

stérol 男 〖化〗ステロール, ステリン.

stertoreux, se 形 いびきの.

stéthoscope 男 聴診器.

steward [stjuward/stiwart] 男 〖英〗(飛行機などの)スチュワード.

sthène 男 〖物〗ステーヌ(記号 Sn).

stibié, e 形 〖薬〗アンチモンを含む.

stibine 安 ❶ 〖化〗スチビン, 水素化アンチモン. ❷ 〖鉱〗輝安鉱.

stichomythie [-ko-] 安 (古代ギリシャ劇の)隔行対詩.

stick 〖英〗❶ 男 ステッキ, 杖(え); ❷ スティック型化粧品. ❸ 落下傘部隊.

stigma 男 〖生〗(原生動物の)眼点.

stigmate 男 ❶ 傷あと; 烙印; 〖複数〗(キリストの)聖痕. ❷ (昆虫の)気門; 〖植〗柱頭.

stigmatisation 安 ❶ 〖文章〗糾弾; 汚名を着せること, 烙印を押すこと. ❷ 〖キ教〗聖痕発現.

stigmatisé, e 形 ❶ 汚名を着せられた. ❷ 傷痕〖瘢(はん)痕〗のある; 〖キ教〗聖痕を受けた.
— 名 〖キ教〗聖痕者.

stigmatiser 他 ❶ 公然と非難する. ❷ 〖医〗傷痕〖瘢(はん)痕, 徴候〗を残す.

stigmatisme 〖光〗無非点収差.

stilligoutte [-li-] 男 点滴器.

stimugène 形, 男 〖医〗(生体の)防

stimulant

御機構を刺激する(もの).
stimulant, e 形 増進させる, 刺激する. — 男 刺激, 刺激剤, 発酵材料.
stimulateur 男《医》~ cardiaque 心臓ペースメーカー.
stimulation 女 激励, 刺激.
stimuler 他 刺激する, 増進させる.
stimuline 女《生化》スチムリン.
stimulus [-s]; 《複》~ (または *stimuli*) 男 刺激(物).
stipe 男《植》葉柄(ぱ); (キノコ類の)柄; (藻類の)茎.
stipendié, e 形,《文章》買収された(人); 金で雇われた(人).
stipendier 他《文章》買収する.
stipité, e 形《植》有柄(な)の.
stipulation 女《法》約定, 条項.
stipule 女《植》托葉(ば).
stipuler 他《法》規定する, 定める.
stochastique [-ka-] 形 確率(論)的な, 偶然量を含んだ. — 女 確率論.
stock 男《英》ストック, 在庫; 保有高.
stockage 男 (商品の)ストック, 貯蔵; (燃料の)貯蔵所;《情報》メモリー.
stock-car [stɔkkaːr] 男《英》(障害物レース用の)ストックカー(のレース).
stocker 他 ストックする, 貯蔵する.
stockfisch [-f] 男《不変》棒ダラ, 魚の干物.
Stockholm [-m] ストックホルム.
stockiste 男 ❶仕入れ業者. ❷メーカー専属部品代理店, メーカー推計店.
stock-option 女《経》ストックオプション, 株式買付権.
stoïcien, ne 形, 名 ストア哲学[学派]の(哲学者); 禁欲的な(人).
stoïcisme 男 ストア哲学; 禁欲主義; 克己心.
stoïque 形 克己的な, ストイックな. — 名 克己した人, ものに動じない人. ⟡**stoïquement** 副
stoker [-kœːr] 男《英》(蒸気機関車の)自動給炭機, ストーカ.
stokes [-ks] 男《計》ストークス(動粘性率の単位).
STOL [stɔl] 男《略》《英》short takeoff and landing 短距離離着陸機.
stolon 男 ❶《植》匍匐(ほ)枝, 匍匐茎. ❷《動》走根, 匍匐根.
stolonifère 形《植》匍匐(ほ)枝のある, 匍匐根のある.
stomacal, ale《男複》**aux** 形 《古風》胃の, 胃に関する.
stomachique 形《医》健胃の.
— 男 健胃薬.
stomate 男《植》気孔.
stomatite 女 口内炎.
stomatologie 女 口腔(ﾛｳ)病学.
stomatologue / stomatologiste 名 口腔(ﾛｳ)科医.
stomatoplastie 女《医》子宮口形成術; 口内形成術.
stomoxe 男《昆》サシバエ.
stop [-p] 間 男 ❶止まれ, ヒッチハイク. ❷(車の制動灯); 一時停止(標識).
— 間 止まれ, そこまで; やめろ.
stop-and-go [-pād-] 男《不変》《英》《経》ストップ・アンド・ゴー政策.
stop-over [-pɔvœr] 男《不変》

《英》(飛行機の)途中降機.
stoppage 男《服》かけはぎ.
stopper[1] 他 停止させる, 阻止する.
— 自 停止する, 立ち止まる.
stopper[2] 他《服》かけはぎする.
stoppeur, se 名 ❶《話》ヒッチハイカー. ❷(サッカーで)センターバック. ❸《服》かけはぎをする人.
store 男 ブラインド; シャッター.
storiste 名 ブラインド製造[販売]業者.
story-board 男《英》ストーリーボード, 絵コンテ.
stoupa 男 ⇨ stupa.
stout [stawt/stut];《複》~(s) 男 /女 スタウト(英国の黒ビール).
strabique 形, 名《医》斜視の(人).
strabisme 男 斜視.
strangulation 女 絞首, 絞殺.
strapontin 男 ❶(地下鉄などの)折り込み椅子, 補助席. ❷二流の地位.
strapping [-piŋ] 男 (関節のサポーター).
Strasbourg ストラスブール(Bas-Rhin 県の県庁所在地).
strasbourgeois, e 形 ストラスブールの.《S~》ストラスブールの人.
stras(**s**) [-s] 男 ストラス, 模造ガラス(人造宝石用のホウケイ酸ガラス; 金びかのまがい物).
strasse 女 絹屑(ｸﾞ), フロス.
stratagème 男 計略, 権謀術数.
strate 女 層, 階層; 地層.
stratège 男 戦略家, 計略家.
stratégie 女 作戦, 駆け引き; 戦略.
stratégique 形 戦略上の; 駆け引き上の. ⟡**stratégiquement** 副
stratification 女 層, 層状(化); 《地》成層, 層理.
stratifié, e 形 層をなした, 層状の.
stratifier 他 層にする, 層配列する.
stratigraphie 女 ❶《地》層位学, 層序学; 地層学. ❷《医》(X線の)断層撮影法. ⟡**stratigraphique** 形
stratiome 男《昆》ミズアブ.
stratocumulus 男《気》層積雲.
stratopause 女 成層圏界面.
stratosphère 女 成層圏. ⟡**stratosphérique** 形
stratum 男《地》層.
stratus [-s] 男《気》層雲.
streptocoque 男《細》連鎖球菌. ⟡**streptococcique** 形
streptomycète 男《生》ストレプトミセス(放線菌の一種).
streptomycine 女《化》ストレプトマイシン.
stress [-s] 男《英》ストレス.
stressant, e 形 ストレスのたまる.
stresser 他 ストレスを生じさせる.
stretch [-tʃ] 男《英》商標《繊》伸縮[ストレッチ]加工(した).
stretching [stretʃiŋ] 男《英》ストレッチング.
strette 女《楽》(フーガの)ストレット, ストレッタ, 迫回部.
striation 女 ❶平行な筋, 溝, 線条. ❷(レンズ, プリズムなどの)傷.
strict, e [-kt] 形 ❶ 厳密な, 厳格な. ❷ 最低限の, ぎりぎりの. ❸ 端正な, 簡

stylomine

素な.
◊*au sens* ~ 厳密な意味で.
strictement 副 ❶ 厳密に, 厳しく. ❷きちんと, 端正に.
striction 女 ❶《金属片の》断面収縮. ❷《医》絞窄(さく), 狭小化.
stricto sensu [-sɛ̃sy] 副句《ラ》狭い意味で, 狭義には;厳密な意味で.
stridence 女《文章》[声, 音の]鋭さ, 甲高くて鋭い音[声], 甲高い音[声].
strident, e 形 鋭い, 甲高い.
— 女《音学》粗雑性子音.
stridor 男《医》喘(ぜん)鳴.
stridulant, e 形 鋭い音を出す.
stridulation 女 ❶《昆虫などの》鋭い鳴き声[音]. ❷《医》笛声喘(ぜん)鳴.
striduler 自《昆》鋭い声で鳴く.
strie 女《多く複数》線条, 溝, 縞(しま).
strié, e 形 ❶ 線のある, 縞(しま)模様の. ❷《解》muscles ~s 横紋筋.
strier 他 縞(しま)をつける.
strige 女《女性, 犬の姿の》吸血鬼.
strigidés 男複《鳥》フクロウ科.
strigile 男《古》垢(あか)かき器.
string [-riŋ] 男《服》ストリング《超ビキニ型の水着や下着》.
strioscopie 女《物》ストリオスコピ—. ◊strioscopique 形
stripper¹ [-pœːr] 男《英》《証》静脈抜去器, ストリッパー.
stripper² 他《油》ストリッピングする.
stripping [-piŋ] 男《油》❶ ストリッピング. ❷《医》静脈抜去(術).
strip-tease [-pti:z] 男《複》~s 《英》ストリップショー;ストリップ劇場. ❷ 露出趣味;暴露趣味.
strip-teaseuse [-pti-] 女 ストリッパー.
striure 女 線条, 筋;縞(しま)模様.
strobile 男 ❶《動》線形分体. ❷《植》円錐(すい)体.
strobophotographie 女 ストロボ写真.
stroboscope 男 ストロボスコープ.
stroboscopie 女《光》ストロボ測定法. ◊stroboscopique 形
stroma 男《解》基質, 間質.
strombe 男《貝》ソデボラ.
strombolien, ne 形《地》érup-tion ~ne ストロンボリ式噴火.
strongle / strongylé 男《動》マンエンチュウ《馬の虫》.
strongylose 女《獣医》円虫症.
strontiane 女《化》ストロンチア, 酸化ストロンチウム.
strontium 男《英》《化》ストロンチウム.
strophe 女 詩節.
structural, ale 《男複》**aux** 形 構造の, 構造を研究する;構造主義の.
structuralisme 男 構造主義.
structuraliste 形 構造主義(者)の. — 名 構造主義者.
structurant, e 形 構造化する.
structuration 女 構造化.
structure 女 ❶ 構造, 機構;組織, 構成. ❷《言》~ profonde 深層構造. ~ de surface 表層構造. ❹《情報》構

造, アーキテクチャー. ❺《考古》遺構.
structuré, e 形 構造を備えた;組織化された.
structurel, le 形 構造的な, 《社会》構造上の. ◊structurellement 副
structurer 他 構造化する, 組織化する;構成する, 形を整える.
strudel [s-/-l] 男《菓》シュトルーデル《オーストリアの焼き菓子》.
strychnine [-k-] 女《化》ストリキニーネ.
stuc 男《建》スタッコ, 化粧漆喰(しっくい);スタッコ[化粧漆喰]細工.
stucateur 男《建》スタッコ仕上げ工.
stud-book [stœdbuk] 男《英》《純血種馬の》血統台帳, 血統登録帳.
studette 女 ミニ・ワンルームマンション.
studieusement 副 勤勉に, 熱心に.
studieux, se 形 ❶ 学問好きの;勤勉な. ❷ 学究的な;勉強に適した.
studio 男《英》ワンルームマンション, 一室仕立て;スタジオ, 撮影所;アトリエ.
stuka [ʃtu-] 男《独》シュトゥーカ《第2次大戦中の急降下爆撃機》.
stupa [stu-];《複》~(s) 男 卒塔婆(そとば), 仏舎利塔.
stupéfaction 女 びっくり仰天, 茫(ぼう)然自失.
stupéfaire 他 呆(ぼう)然とさせる.
stupéfait, e 形 呆(ぼう)然とした.
stupéfiant, e 形 肝をつぶすような, 驚くべき. — 男 麻薬.
stupéfier 他 呆(ぼう)然とさせる.
stupeur 女 驚愕(がく)し, 茫(ぼう)然自失.
stupide 形 愚鈍な, ばかげた, 愚かしい. ◊stupidement 副
stupidité 女 愚かしさ, 愚行.
stupre 男《文章》淫(いん)蕩, 破廉恥行為.
style 男 ❶ 文体, 言葉遣い;作風, 流儀. ~ de vie ライフスタイル. ❷《文法》話法. ❸ 暦法. ❹ 日時計の指針.
◊*de grand* ~ 大がかりの. *de* ~ 時代物の, 昔風の.
stylé, e 形 よく仕込まれた.
styler 他《作法を》教え込む, しつける.
stylet 男 ❶ 細身の短剣. ❷《医》探り針, 消息子. ❸《昆》《ハチの》刺針.
stylicien, ne 名 デザイナー.
stylique 女 デザイン.
stylisation 女 様式化;図案化.
styliser 他 様式化する;図案化する.
stylisme 男 ❶ デザイナーの職業[仕事]. ❷ 文体[形式]に凝りすぎること.
styliste 名 ❶ 服飾デザイナー;工業デザイナー. ❷ 名文家, 文章家.
stylisticien, ne 名 文体論(論)学者.
stylistique 形 文体の, 文体論の. — 女 文体論.
stylo 男 ❶ 万年筆. ❷ ~ à bille ボールペン(=~(-)bille).
stylobate 男《建》《ギリシア神殿などの》基壇, スタイロベート, ステロバテス.
stylo-feutre;《複》~s-~s 男 フェルトペン.
stylographe 男 万年筆.
styloïde 形 名《解》茎状の(突起).
stylomine 男 商標 シャープペンシル.

styptique 男 止血薬.
— 形 〖薬〗収斂(は^ん)性の, 止血の.

styrax [-ks] 男〖植〗エゴノキ.

su, e 形 (savoir の過去分詞) 知られた; 知っていること.

suage¹ 男 (燃える薪から)出る水滴.

suage² 男 (錫製食器皿の縁の折り返し; (蝋)台の四角い基部.

suaire 男 ❶ 〖文章〗屍(^し)衣, 経帷子(^{きょうかた}). ❷ 〖キ教〗saint ～ 聖骸布.

suant, e 形 ❶ 汗の出る; 〖俗〗汗ばんだ. ❷ 〖俗〗うんざりさせる; 厄介な.

suave 形 甘美な, 心地よい; 好ましい.

suavement 副〖文章〗甘く, 心地よく, 優しく.

suavité 女〖文章〗❶ この上ない甘美さ, 心地よさ; 優しさ, 優雅. ❷〖宗〗法悦.

subaérien, ne 形 地上の, 陸成の.

subaigu, ë 形〖医〗亜急性の.

subalpin, e 形 ❶ アルプス山麓(ﾛﾝ)の. ❷〖植〗亜高山性の.

subalterne 形 ❶ 下位の, 下級の; 副次的な. ❷ 平凡な, 卑俗な.
— 名 下役, 部下.

subaquatique [-kwa-] 形 水面下の, 水中で起こる.

subatomique 形〖物〗原子構成要素の.

subcellulaire 形〖生〗細胞レベル以下の.

subconscient, e 形 意識下の, 潜在意識の. — 男〖心〗下意識.

subdéléguer ⑥ 他 (委任された仕事を)再授権する, 再委任させる.

subdiviser 他 (各区分を)さらに分割する, 小分けする.

subdivision 女 細分化, 下位区分. □ **subdivisionnaire**

subduction 女〖地〗(プレートの)もぐり込み.

subéquatorial, ale [-kwa-]; (男複) **aux** 形 亜赤道帯の.

suber 男 (ラ)〖植〗コルク形成層.

subéreux, se 形〖植〗コルク質の.

subérine 女〖植〗スベリン, コルク質.

subintrant, e 形 (発熱, 痙攣(ﾞﾝ)が)予備発作の, 引き続いて起こる.

subir 他 ❶ 受ける, こうむる; 我慢する. ❷ 受け身になる.

subit, e 形 突然の, 急な.

subitement 副 突然, 急に.

subito 副 (ラ)突然, 急に.

subjectif, ve 形 主観的な, 主観的な; 〖言〗主語の. □ **subjectivement** 副

subjectile 男 塗装下地.

subjectivisme 男 主観主義; 主観的態度. □ **subjectiviste** 形, 名

subjectivité 女 主観(性), 主観的事実.

subjonctif, ve 形〖文法〗接続法の. — 男 接続法.

subjuguer 他 ❶〖文章〗魅了する, 心をとらえる. ❷〖古〗〖文章〗屈伏させる.

sublimation 女 昇華, 純化, 浄化.

sublime 形 崇高な, 高尚な; 卓越した, 見事な. — 男 崇高, 気高さ. □ **sublimement** 副

sublimé, e 形 昇華された; 純化された. — 男〖化〗昇華物.

sublimer 他 昇華させる, 純化させる.

subliminal, ale; (男複) **aux** / **subliminaire** 形〖心〗閾(^い)下の, サブリミナルの.

sublimité 女〖文章〗崇高, 卓越性.

sublingual, ale [-gwal]; (男複) **aux** 形〖解〗舌下の.

sublunaire 形 月と地球の間の.

submerger ② 他 浸す, 沈める; 圧倒する, 制圧する.

submersible 形 潜水できる, 水中の. — 男 潜水艦.

submersion 女 沈没; 水没, 冠水.

subodorer 他 (犬が)かぎつける, 見抜く.

subordination 女 服従; 従属.

subordonnant, e 形〖言〗従属節を導く. — 男 従位接続詞.

subordonné, e 形 従属した, 下位の; (à) …次位の. — 名 部下, 配下.
— 女〖文法〗従属節.

subordonner 他 従属させる, 下位に置く.

subornation 女〖法〗証人の買収.

suborner 他 ❶〖法〗買収する, 偽証させる. ❷〖文章〗(女性を)誘惑する.

suborneur, se 名〖法〗偽証教唆犯. — 男 誘惑者, 女たらし.

subpixel 男〖情報〗サブピクセル.

subrécargue 男〖海〗上乗り(積み荷の監督).

subreptice 形 違法の; 内密の. □ **subrepticement** 副

subrogateur 形,男〖法〗acte ～ (後見人や報告者の)代位証書. — 男 代位者.

subrogatif, ve 形〖法〗代位の.

subrogation 女〖法〗代位.

subrogatoire 形〖法〗代位による.

subrogé, e 名〖法〗❶ 代位者. ❷ ～ tuteur [～e tutrice] 後見副監督人.

subroger ② 他〖法〗代位させる.

subséquent, e 形 直後の; 次位の.

subside [-bzi-/-psi-] 男 援助金; 助成金.

subsidence [-psi-/-bzi-] 女〖英〗〖地〗沈降.

subsidiaire [-psi-/-bzi-] 形 補足的な. □ **subsidiairement** 副

subsidiarité [-psi-/-bzi-] 女 principe de ～ (欧州議会の権力を各国の内政の枠内にとどめる)補足的位置づけの原則.

subsistance [-bzis-] 女 ❶ 生活の糧, 生計. ❷ (複数) 〖軍〗食糧, 生活必需品. ❸〖軍〗mise en ～ (給与, 給食の取り扱い)転属.

subsistant, e [-bzis-] 形 ❶ 存続している, 残存している. ❷〖軍〗(給与, 給食の取り扱い上の)転属軍人. ❸ (所轄外の経理事務所から給料を受けている)社会保険加入者.

subsister [-bzis-] 自 存続する, 残存する; 生活を維持する.

subsonique 形 亜音速の.

substance 女 ❶ 物質. ► ～ cancérigène 発癌物質. ❷ 実体, 実質; 要点, 内容. ◆ en ～ 要するに.

substantiel, le 形 ❶ 栄養のある,

滋味豊かな。 ❷ 中身の濃い。 ❸ 相当な, かなりの。 ◘**substantiellement** 副

substantif, ve 形《文法》実詞の。
— 男 実詞.

substantifique 形《文章》la ~ moelle 文章からくみ取るべき精髄.

substantivement 副《文法》実詞的に, 名詞として.

substantiver 他 実詞化する, 名詞化する。 ◘**substantivation** 女

substituable 形〔à〕(…の)代わりとなりうる。

substituer 他 — A à B B の代わりに A を用いる, B を A に置き換える.
— se ~〔à〕(…の)代わりとなる; (…に)取って代わる.

substitut 男 代理人, 代行; 代替物, 代用品;《法》検事代理;《心》代理. ◘**substitutif, ve** 形

substitution 女 取り替え, 代用, 置換; (相続人の)代襲;《数》代入.

substrat 男 ❶ 基盤, 土台;《哲》基体, 実体;《言》基層, 《エレ》基板; 《化》基質;《土》地層, 基盤岩石.

substruction 女 基盤; 基礎工事.

subsumer 他《哲》包摂する.

subterfuge 男 逃げ道; 言い逃れ, 策略, 手管.

subtil, e 形 繊細な, 鋭敏な; 微妙な, 巧妙な. ◘**subtilement** 副

subtiliser 他口語 くすねる, だまし取る. — 自 凝りすぎる; 微に入り細に入る. ◘**subtilisation** 女

subtilité 女 ❶ 繊細, 鋭敏; 巧妙. ❷《々複数》凝りすぎ.

subtropical, ale 形;《男 複》aux 形《地理》亜熱帯の.

suburbain, e 形 近郊の, 郊外の.

suburbicaire 形《カト》ローマ近郊の, ローマ隣接 7 司教区の.

subvenir 28 自〔à〕(…に)費用を提供する; (…に)援助する.

subvention 女 助成金, 補助金.

subventionné, e 形 助成金を受けている.

subventionner 他 助成金[補助金]を出す.

subversif, ve 形 覆す, 破壊する.

subversion 女 (秩序, 価値の)転覆, 破壊.

subversivement 副 覆す 破壊的に, 秩序を無視して.

subvertir 他文章 覆す, 破壊する.

subvien-, subvin-, subvîn- ⇒ subvenir.

suc 男 汁, 液; 体液;《文章》精髄.

succédané, e 形 代用(品)の.
— 男 代用品; 代用薬; 亜流, もどき.

succéder 6 自〔à〕(…の)あとを継ぐ, あとに続く; (…に)相続する.
— se ~ あとを継ぐ, 受け継がれる; 続く.

succès 男 ❶ 成功, 好結果. ❷ 好評, 人気; ヒット作.
◊ à ~ 大成功の, 大当たりの.

successeur 男 後継者; 相続人.

successif, ve 形 継起する, 相次ぐ. ◘**successivement** 副

succession 女 ❶ 連続, 継起. ❷ 後

継, 継承; 相続; 相続財産. ❸《生》遷移, 変遷. 遷移.

successoral, ale 形;《男 複》aux 形《法》相続(上)の.

succin 男 琥珀(こはく).

succinct, e [-sɛ̃, ɛ̃:t] 形 簡潔な, 手短な; 話 量の少ない. ◘**succinctement** 副

succinique 形《化》acide ~ コハク酸.

succion 女 吸水, 吸い上げ.

succomber 自《文章》死ぬ; 敗北する, 屈伏する.

succube 男 スクブス(女妖の夢魔).

succulence 女《文章》おいしさ, 味わい; 《複数》美味, ごちそう.

succulent, e 形 ❶ おいしい, うまみのある, 味わい深い. ❷《植》多肉の.

succursale 女 支店, 支部; 支教会.

succursalisme 男 チェーン店方式.

succussion 女《医》振盪(じ)法.

sucement 男 吸うこと, しゃぶること.

sucer 他 吸う, しゃぶる.

sucette 女 ❶ 棒付きボンボン[キャンディー]. ❷ おしゃぶり.

suceur, se 形 吸う, 吸引する.

suçoir 男《動》(昆虫の)吻(ふ), 吻管; 《植》(寄生菌の)吸盤.

suçon 男口語 キスマーク.

suçoter 他口語 ちびちびなめる.

sucrage 男 加糖, 補糖.

sucrant, e 形 甘味をつける.

sucre 男 砂糖;《化》糖; 糖質.
◊ casser du ~ sur le dos de ... …の悪口を言う. **en pain du ~** 円錐形の. **en ~** ひ弱な; かわいい.

sucré, e 形 ❶ 甘い; 砂糖を入れた. ❷ さも優しそうな. ❸《医》diabète ~ (真性)糖尿病. — 名 faire le ~ [la ~e] さも優しそうに振る舞う.

sucrer 他 ❶ 砂糖を加える; 甘くする. ❷ 俗 取り消す.
— se ~ 話 うまい汁を吸う.

sucrerie 女 ❶ 砂糖製造; 精糖工場. ❷《カナダ》カエデ糖工場; サトウカエデ林. ❸《々複数》甘い物; 甘い料理.

sucrette 女《商標》シュクレット(合成甘味料).

sucrier, ère 形 精糖の, 砂糖を作る; 砂糖の採れる. — 男 精糖業者; 精糖工. — 男 砂糖壺(つ).

sucrin 男, 男 甘味の強い(メロン).

sud [-d] 男《単数形のみ》❶ 南; 南方. ❷《多く S~》南部, 南部地方[地域]. — 形《不変》南の, 南方の.

sud-africain, e 形 南アフリカ(連邦)の. — 名《S~-A~》南ア連邦人.

sud-américain, e 形 南アメリカの. — 名《S~-A~》南米人.

sudation 女《医》《植》排汗, 出液.

sudatoire 形 促汗性の, 発汗を伴う.

sud-coréen, ne [syd-] 形 韓国の. — 名《S~-C~》韓国人.

sud-est [-dɛst] 男《単数形のみ》南東; 南東. — 形《不変》南東の.

sudiste 名, 形 南部派の(人);《史》(米国の南北戦争時の)南部連合派(の).

sudorifique 形 発汗を促す, 発汗の. — 男 発汗薬.

sudoripare / sudorifère 形 〖解〗汗を分泌する.

sud-ouest [-dwest] 男《単数形のみ》南西の. ── 形《不変》南西の.

Suède 女 スウェーデン.

suède 男 スエード革.

suédé, e 形 スエード革の.

suédine 女 スエード仕上げの生地.

suédois, e 形 スウェーデンの. ── 名《S~》スウェーデン人. ── 男 スウェーデン語.

suée 女 語 汗出て; 骨折り; ひや汗.

suer 自他 ❶ 汗をかく. ❷ 水気を染み出させる; 結露する. ❸ 骨折れる, 苦労する. ── 他 分泌する, にじみ出させる; 発散する.
◊ *faire ~* うんざりいらいらさせる. *se faire ~* うんざりする. *~ sang et eau* 大いに骨を折る.

suet 男 〖海〗南東.

suette 女 〖医〗粟粒(ぞくりゅう)〔汗〕熱.

sueur 女 汗; 発汗. ❷ 労苦, 苦労.

suffire 自動 自 ❶ (à) (…に)十分である, (…の)要求を満たす; (…を) 満足させる. ❷《非人称構文》(de) (…だけで)十分である. ▶ Il suffit d'une fois. 一度でたくさんだ, 一度でもう十分だ. ◊ *Ça suffit*. もうたくさんだ, これで十分だ.
── *se* ~ ❶ 自足する, 自分のやっていくに〔を〕充足する. ❷ 互いに満たし合う.

suffisamment 副 十分に.

suffisance 女 うぬぼれ, 思い上がり.
◊ *en* ~ 十分に.

suffisant, e 形 ❶ 十分な, 満足できる. ❷ うぬぼれの強い, 傲(ごう)慢な. ── 名 うぬぼれ屋, 威張り屋.

suffixal, ale〖男複〗*aux* 形 〖言〗接尾辞の, 接尾辞的な.

suffixation 女 〖言〗接尾辞添加.

suffixe 男 〖言〗接尾辞.

suffixer 他 〖言〗接尾辞をつける.

suffocant, e 形 息苦しくさせる.

suffocation 女 窒息; 息苦しさ, 〖気道閉塞などによる〗呼吸困難.

suffoquer 他 ❶ 息苦しくさせる. ❷ 呃(あく)然とさせる. ── 自 息苦しくなる; 窒息する.

suffragant, e 形 〖キ教〗大司教(区)の; 付属司教の. ── 男 付属司教.

suffrage 男 ❶ 投票, 票; 選挙. ❷〖文章〗賛同, 同意. ❸〖カト〗代禱(だいとう).

suffragette 女〖英〗〖史〗《英国の》婦人参政権獲得のための女性.

suffusion 女〖医〗広汎〔汎〕(性)出血.

suggérer 他 ❶ 暗示する; 示唆する. ❷ 勧める, 提案する; 吹き込む.

suggestibilité 女〖心〗暗示にかかりやすい性質; 〖心〗被暗示性.

suggestible 形 暗示にかかりやすい.

suggestif, ive 形 ❶ 暗示に富んだ. ❷ 扇情的な. □ *suggestivité* 女.

suggestion 女 暗示; 示唆; 教唆; 提案, 勧告.

suggestionner 他 暗示をかける.

suicidaire 形 自殺しやすい; 自殺的な. ── 名 すぐに自殺を考える人.

suicidant, e 名 自殺未遂を起こしたばかりの(人).

suicide 男 ❶ 自殺, 自滅; 自殺行為. ❷《同格の》死を覚悟の.

suicidé, e 名 自殺者; 《皮肉》自殺未遂者. ── 形 自殺した.

se suicider 代動 自殺〖自滅〗する.

suidés 男複〖動〗イノシシ科.

suie 女 煤(すす), 煤(のろ), 〖植〗黒穂病.

suif 男 獣脂; 油脂; 脂肪; 人間の脂肪.

suiffer 他 脂を塗る.

sui generis [-ʒeneris] 形句〖ラ〗その種に特有の, 独特の, 特殊な.

suint 男 スイント(羊毛の不純物).

suintant, e 形 染み出る; じめじめ〔じとじと〕した.

suintement 男 滲(しん)出, 漏出.

suinter 自 染み〔漏れ〕出る; 水[血, 液体] を滴らせる.

suis 活 ➪ *être, suivre*.

Suisse 女 スイス(連邦).

suisse 形 スイスの. ── 名《S~》スイス人. ── 男 ❶〖史〗スイス人傭兵. ❷〖チーズ〗スイス, プティスイス. ❸〖カナダ〗〖動〗シマリス.
◊ *manger [boire] en* ~ 1人で食べる〖飲む〗.

suit 活 ➪ *suivre*.

suite 女 ❶ 続き, 連続; 列. ❷ 結果, 影響. ❸ 一貫性, 筋道. ❹《集合的》随員, 従者; 取り巻き(連). ❺《高級ホテルの》続き部屋, スイートルーム. ❻ 連作, 一連の作. ❼〖数〗列, 数列. ❽〖楽〗組曲; 〖医〗~*s de couches* 産褥(さんじょく)期.
◊ *à la* ~ 続けて, 次々に. *à la* ~ *de* …の後に, …の結果. *de* ~ 連続して. *donner* ~ *à* … …を実現する, に応じる. *et ainsi de* ~ 以下同様. *par la* ~ 後に, あとで. *par* ~ 従って, その結果. *par* ~ *de* … …の結果, が原因で. *tout de* ~ すぐに.

suivant¹, e 形 次の, 後続の; 以下の. ── 名 ❶ 次の人物, 後に続くもの. ❷ 次の人. ❸ お供, 従者; 召し使い.

suivant² 前 …に従って, 応じて, 沿って. ◊ ~ *que* … …に応じて.

suiveur, se 名 あとを追う人; 追随者, 模倣者, 伴走者. ── 形 伴走する.

suivi, e (*suivre* の過去分詞) 形 ❶ 継続的な, 一貫した. ❷ 人気のある, 評判の. ── 男 (一定期間の)調査, 検査.

suivisme 男 追随的な態度.

suiviste 名 追随的な(人).

suivre 他他 ❶ あとを追う, 従う, 付き随いをする; 付き従う. ❷ 次にくる, 続く. ❸ (道などに)沿って進む. ❹ (議論などに)ついていく, 理解する. ❺ (療法や治療を)継続的に続ける. ❻ 見守る.
◊ *à* ~ 次号に続く. ~ *le mouvement* 皆と同じように行動する. ~ *son cours* 当然の成り行きを示す.
── 自 ❶ 次に来る, 続く; 付随する. ❷ 注意して理解する.
── *se* ~ ❶ 引き続く, 相次ぐ. ❷ 首尾一貫している.

sujet¹, te 形 (à) ❶ (…に)陥りやすい, …する傾向のある, (…を)免れ得ない. ── 名 ❶ 臣下, 臣民. ❷ 国民.

sujet² 男 ❶ 主題, 題目, テーマ. ❷ 原因, 理由. ❸ 人, 生徒. ❹ 実験動物; 被験者; 患者. ❺〖文法〗主語; 主辞. ❻〖哲〗主体, 主観.
◊ *au* ~ *de* … …について, 関して.

avoir ~ de ... …する理由がある.
donner ~ de ... …する口実を与える.

sujétion 囡 ❶服従, 従属; 隷属. ❷規則, 拘束; 窮屈さ.

sulciforme 形〖医〗溝状の.

sulfamide 男 ❶〖化〗スルフリルアミド. ❷〖薬〗サルファ剤(抗菌薬).

sulfatage 男〖農〗(ブドウの病害防除のための)硫酸銅[硫酸鉄]溶液散布.

sulfate 男〖化〗サルフェート, 硫酸塩.

sulfaté, e 形 ❶硫酸銅[硫酸鉄]溶液を散布した. ❷〖化〗硫化した.

sulfater 他〖農〗硫酸銅液をまく; 硫酸銅溶液を散布する.

sulfateur, se 图 硫酸銅溶液散布者. ―囡 硫酸銅溶液散布器.

sulfhydryle 男〖化〗スルフヒドリル基, メルカプト基 -SH.

sulfinisation 囡〖金〗浸硫処理.

sulfitage 男(ワイン)亜硫酸添加.

sulfite 男〖化〗亜硫酸塩.

sulfonation 囡〖化〗スルホン化.

sulfone 囡〖化〗スルホン.

sulfurage 男〖農〗(土壌の)硫化炭素処理.

sulfure 男 ❶〖化〗硫化物; チオエーテル, スルフィド. ❷〖金〗硫黄分含有鉱.

sulfureux, se 形 ❶硫黄質の, 硫黄を含む. ❷硫黄臭い; 危険な.

sulfurisé, e 形〖化〗硫酸処理の.

sulky 〈複〉**ies** 男〖英〗(繋駕(げい)競走で用いる)2輪車.

sulpicien, ne 形〖カト〗聖スルピス会(神学院)の. ―安つしい, 悪趣味な. ―男 聖スルピス会司祭(神学生).

sultan 男(トルコ)オスマン・トルコ皇帝, スルタン; (イスラム教国の)君主.

sultanat 男 スルタンの位〖治世〗.

sultane 囡 ❶オスマン・トルコ皇帝の妻 [愛妾(ぱ)]. ❷女性の髪飾り宝石.

sumac 男〖植〗ウルシ.

sumérien, ne 形 シュメール Sumer の. ―图 (S~) シュメール人. ―男 シュメール語.

sûmes 活 ⇨ savoir.

summum 男〖ラ〗文章 絶頂, 極み.

sumo [sy-/su-] 男〖日本〗相撲; 力士取.

sunlight [sœnlajt] 男〖英〗〖映〗スカイ(戸外の明るさ)用照明.

sunna [sy(n)na] 男〖イ教〗スンナ(イスラム教の律法; スンナ派の教義).

sunnisme 男〖イ教〗スンナ派.

sunnite 形 スンナ派の. ―图〖イ教〗スンナ派の教徒.

super¹〖不変〗素晴らしい, すごい.

super²; ―〈複〉―(**s**)〖男〗ハイオク.

superalliage 男 スーパー合金.

superbe¹ 形 とても美しい, 素晴らしい; 立派な. □**superbement** 副

superbe² 囡文章 傲慢, 尊大.

superbénéfice 男 超高利潤, 過剰利益.

superbombe 囡 超高性能爆弾.

supercalculateur 男 スーパーコンピュータ.

supercarburant 男 ハイオクタンガソリン.

superchampion, ne 图 圧倒的に強いチャンピオン.

supercherie 囡 ごまかし, いんちき.

supère 形〖植〗(子房が)上位の.

supérette 囡 小型スーパー, コンビニ.

superfétatoire 形文章 よけいな.

superficie 囡 ❶面積, 表面積, 床面積; 表面. ❷〖数〗外見, うわべ, 表層.

superficiel, le 形 ❶表面の, 表層の; うわべだけの, 生半可な付きの, 皮相な. □**superficiellement** 副

superfin, e 形 極上の, 最高級の.

superfinition 囡〖機〗超仕上げ.

superflu, e 形 よけいな, 不要な, 無益な. ―男 余分なもの, 余剰(物).

superfluide 形 超流動体(の).

superfluité 囡 文章不要なこと; 余分なもの; ぜいたく品.

superforme 囡 絶好調.

superforteresse 囡 超空の要塞(いい)(米国の重爆撃機 B 29, B 36).

supergrand [-t] 男 超大国; 巨大企業.

super-huit [-t] 形〖不変〗スーパー8(ミリ)(コダック社の8ミリフィルム).

supérieur, e 形 ❶ 上の, 上方の, 上流の. ❷ (à) …より上での, 上位の; (…より)大きい, 多い, 以上の. ❸ 高度な, 優れた. ―图 ❶ 目上の人, 上司, 上官; 上級の者. ❷ 修道院長.

supérieurement 副 ❶ 人並み以上に; 見事に. ❷ 話 非常に, とても.

supériorité 囡 優越, 優位; 優勢.

superlatif, ve 形〖文法〗最上級の. ―男 最上級.

superman [-man] 〈複〉**men** 男 〖米〗スーパーマン, 超人.

supermarché 男 スーパーマーケット.

supernova 囡〖天〗超新星.

superordinateur 男 スーパーコンピューター.

superovarié, e 形〖植〗子房上位の.

superphosphate 男〖農〗過リン酸石灰.

superposable 形 重ねられ得る.

superposer 他 重ねる, 重ね合わせる. ―**se** ― 重なり合う; ダブる; (à) (…に)付け加わる.

superposition 囡 重ねること; 重なり.

superproduction 囡〖映〗超大作.

superprofit 男 超過利潤.

superpuissance 囡 超大国.

supersonique 形 ❶ 超音速の. ❷〖物〗超可聴周波の. ―男 超音速機.

superstar 囡〖米〗スーパースター.

superstitieux, se 形 迷信深い, 迷信に凝る; ―图 迷信家. □**superstitieusement** 副

superstition 囡 迷信; 盲信.

superstructure 囡 上部構造.

supertanker 男〖英〗超大型タンカー.

superviser 他 監督[管理]する; 監修する.

superviseur 男 監督者; 監修者; 〖情報〗スーパーバイザ, 監視プログラム.

supervision 女 (英)監督, 監視; 監修.

supin 男 [文法](ラテン語の)目的分詞.

supinateur, trice 形 [解]回外運動を起こす; 回外筋の. ——男 回外筋.

supination 女 [生理](前腕の)回外運動; 外転.

supplanter 他 地位を奪う, 取って代わる.

suppléance 女 代理, 代行; 代理職. ❷ 補充, 補填(ほてん).

suppléant, e 形 代理の, 代行の; 補欠の. ——名 代理人, 代行者; 補欠.

suppléer 他 [文章]補う; 代理を務める. ——自 (à) ❶ (…を)補う. ❷ (…)に代わる.

supplément 男 ❶ 追加, 補足; 付録, 増補; 追加料金. ❷ [数]補角.

supplémentaire 形 追加の, 補足の; 余分な. ▶ angle ~ [数]補角.

supplémentation 女 (サプリメントなどによる)栄養補給.

supplétif, ve 形 ❶ 補充の. ❷ 補充兵の. ❸ (現地採用の)補充兵.

suppliant, e 形 懇願する, 嘆願する. ——名 懇願[嘆願]者.

supplication 女 懇願, 哀願.

supplice 男 ❶ 体刑, 拷問; 死刑; 処刑場. ❷ ひどい苦しみ. ◇être au ~ ひどく苦しむ, 責められている.

supplicié, e 形 ❶ 拷問にかけられた(人); 死刑に処せられた(人).

supplicier 他 ❶ 拷問にかける; 死刑に処する. ❷ 文 責めさいなむ.

supplier 他 懇願する, 哀願する.

supplique 女 [法](関係筋からの)嘆願, 請願. ❷ 国 願い, 依頼.

support 男 ❶ 支え, 支柱; 台; 固定器具. ❷ 参考資料; 補助教材. ❸ 媒体. ❹ [電]回路基板. ❺ [数]直線.

supportable 形 我慢できる, 耐えられる.

supporter¹ 他 ❶ 支える, 引き受ける; 負担する. ❷ 耐える, 甘受する, 受け入れる. ❸ 根拠となる, 基礎となる. ——se ~ ❶ 互いに我慢し合う. ❷ 耐えられる.

supporter² [-tɛ(œ)r] 男 (英) /**supportrice, trice** 女 サポーター; 支持者.

supposable 形 仮定できる, 予想し得る.

supposé, e 形 ❶ 想定された; 仮定された. ❷ 偽りの, 偽造された. ——前 …とすれば, としても. ◇ ~ que + subj. …と仮定すれば.

supposer 他 ❶ 仮定する, 想定する; 推測する. ❷ 前提とするに(当然)予想させる. ❸ 含める, 包含する. ❹ 偽造する, 詐称する.

supposition 女 ❶ 仮定, 推定; 仮説, 仮定. ❷ [法](文書)偽造; 詐称.

suppositoire 男 座薬.

suppôt 男 文章 (悪人, 悪事の)手先.

suppresseur 形男 [生] gène ~ サプレッサー遺伝子.

suppression 女 ❶ 除去; 削除, 廃止. ❷ 不可禁止. ❸ 抹殺; [法]隠蔽.

supprimer 他 ❶ 取り除く; 廃止する; 削除する, 省く. ❷ ~ A à B A を B から取り上げる. ❸ 抹殺する. ❹ (哲]止揚する. ——se ~ ❶ 自殺する.

suppurant, e 形 化膿(かのう)している.

suppuration 女 化膿(かのう).

suppurer 自 化膿する.

supputation 女 ❶ 算出, 見積もり; (日付の)算定. ❷ 予測, 見通し.

supputer 他 算定する, 概算する; 予測する.

supra 副 (ラ)副に, 上に, 前述 [前記]のように.

supraconducteur, trice 形 超伝導性[体]の. ——男 超伝導体.

supraconductivité / **supraconduction** 女 [物]超伝導の.

supraluminique 形 超光速の.

supramoléculaire 形 [生]超分子の.

supranational, ale; (男複) **aux** 形 超国家的な, 一国家を超えた.

supranationalité 女 超国家性.

suprasegmental, ale [-seg-]; (男複) **aux** 形 [音声]かぶせ音素の.

suprasensible [-sā-] 形 超感覚的な.

supraterrestre 形 現世を超えた, 彼岸の.

suprématie [-si] 女 ❶ 支配的地位, 主導権, 覇権. ❷ 優位, 優越.

suprême 形 ❶ 最高位の, 最高の権限を持つ ❷ 至高の, 最高の; 非常に大きな. ❸ 最後の, 末期の. ◇au ~ degré 最高に, 極度に. ——男 [料]シュプレーム; シュプレームソース.

suprêmement 副 最高に, 極度に.

sur¹ 前 ❶ [位置]…の上に [の]; …(の表面)に. ▶ sur la table テーブルの上に / sur le mur 壁に. ❷ [方向, 近接]…の方に; …の近くに; …に面して. ▶ sur votre droite あなた(方)の右手に / Il y a beaucoup de châteaux sur la Loire. ロアール川沿いには多くの城がある. ❸ [範囲]…にわたって. La plage s'étend sur trois kilomètres. 砂浜は 3 km にわたっている. ❹ [主題]…について. ▶ sur ce point この点に関して. ❺ [対象, 優越, 影響]…に対して. ▶ Tu as un avantage sur lui. 君には彼よりも有利な点がある. ❻ [根拠, 保証, 基準]…に基づいて; …にかけて; …に合わせて. ▶ fabriquer sur commande 注文に応じて作る / jurer sur son honneur 名誉にかけて誓う. ❼ [比較, 抽出]…のうちで …に対して; …のうちから. ▶ deux Français sur trois フランス人の 3 人に 2 人は / pièce de 4 mètres sur 5 4m × 5m の部屋. ❽ [状態, 調子, 媒体, 手段]…で. ▶ être sur la défensive 守勢に立っている / Ne me parle pas sur ce ton. そういう口の利き方はやめてくれ. ❾ [累加, 反復]…に重ねて. ❿ [時間]…と同時に; …の直後に; …してから; …しようとして; …ころに. ▶ sur ce そうすぐと / sur le soir 夕方ごろに. ◇ sur moi [toi, ...] 身につけて.

sur² 形 酸味のある, 酸っぱい.

sûr, e 形 ❶ (de) (…を)確信している, (…に)自信がある. ❷ 確実な, 信頼[信

用]できる, 間違いのない.
◊à coup ~ 確実に, 必ず. *bien* ~ もちろん.

surabondamment 副《文章》過剰に, 過度に.
surabondance 囡 過剰, 過多.
surabondant, e 形 過剰な.
surabonder 自 ❶ 多すぎる, 有り余っている. ❷ [de] (…を)有り余るほど持っている.
suractivité 囡 過剰活動.
suraigu, ë 形 ❶ (音, 声の)甲高い. ❷ (痛みが)猛烈な.
surajouter 他 さらに加える.
suralimentation 囡 ❶《医》過栄養; 高栄養療法. ❷《機》過給.
suralimenté, e 形 栄養のとりすぎの.
suralimenter 他 ❶ 過度の栄養を与える; 高栄養療法を施す. ❷ (燃料を)過給する.
suranné, e 形《文章》時代遅れの, 古めかしい; 年寄りじみた.
surarbitre 男《法》第三仲裁人.
surarmement 男 過剰軍備.
surate 囡 コーランの章, スーラ.
surbaissé, e 形 ❶ 高さがぎりぎりまで下げられた; 通常より低い. ❷ [建] (アーチ, ボールトの)欠円の.
surbaissement 男《建》(アーチの弦が)半円より小さいこと, 欠円(度).
surbaisser 他 ❶ ぎりぎりまで下げる. ❷《建》欠円にする, 弓形高を弦(ツル)の半分以下にする.
surboum [-m] 囡《古風・話》(若者が自宅で行う)ダンスパーティー.
surcapacité 囡 過剰生産能力.
surcapitalisation 囡 資本の過剰評価; 過剰投資.
surcharge 囡 ❶ 積みすぎ, 重量超過; 過度の負担; 過剰. ❷ 書き加え, 加筆; 色の重ね塗り.
surchargé, e 形 ❶ 荷を積みすぎた; 仕事の多すぎる, 多忙な. ❷ 飾りすぎた. ❸ 加筆のある.
surcharger 他 ❶ 荷を積みすぎる, 乗客を乗せすぎる, 重量をかけすぎる; 負担をかけすぎる; 飾りすぎる. ❷ 加筆する; 色を塗り重ねる.
surchauffe 囡 過熱, オーバーヒート.
surchauffé, e 形 ❶ 暖房[暖気]が効きすぎた. ❷ 過度に興奮した, 高ぶった.
surchauffer 他 温めすぎる; 過熱する.
surchauffeur 男《機》過熱器.
surchemise 囡《服》シャツジャケット.
surchoix 男 極上, 精選.
surclasser 他 圧勝する; 格段に優れている.
surcompensation 囡 ❶ [経] 収支の相殺. ❷ [心] 過補償, 補償過剰.
surcomposé, e 形《文法》重複合の.
surcompression 囡《機》加圧; (内燃機などの)過給.
surcomprimer 他 過給する.
surconsommation 囡 過剰消費.

surcontre 男 (ブリッジで)リダブル. □**surcontrer** 他
surcot 男 (中世の)外衣, 長衣.
surcoupe 囡《カード》オーバーラフ.
surcouper 他 より強い切り札で切る.
surcoût 男 追加費用, 過額費用.
surcreusement 男[地] 地下方深食作用.
surcroît 男 追加, 余分; 増加.
◊*par [de]* ~ その上, おまけに.
surdétermination 囡 ❶ [心] 多元決定. ❷[哲] 重層的決定.
surdéveloppé, e 形 (経済などが)極度に発達した.
surdimensionné, e 形 必要以上に大きい.
surdi-mutité 囡 聾唖(ウア).
surdité 囡 難聴. ▶ ~ verbale 聴覚性失語症.
surdorer 他 二重に金めっきをする.
surdos 男 (馬の)背革.
surdosage 男 過剰投与.
surdose 囡 過剰投与, 過剰摂取.
surdoué, e 形, 名 非常に知能指数の高い(子供).
sureau 男《複》**x** 囡《植》ニワトコ.
sureffectif 男 過剰人員.
surélévation 囡 (建物などを)さらに高くすること; 再増加; 再増加.
surélever ③ 他 さらに高くする.
sûrement 副 確かに, 必ず, きっと; 確実に; 《返答で》もちろん.
suremploi 男 過剰雇用.
surenchère 囡 (競売での)競り上げ; エスカレートすること.
surenchérir 自 (競売で)競り上げる; さらに値上がりする.
□**surenchérissement** 男
surenchérisseur, se 名 (競売で)値を競り上げる人.
surencombré, e 形 非常に混雑した.
surendetté, e 形 累積債務をかかえた.
surendettement 男 累積債務.
surent ⇨ savoir.
surentraîner 他《スポ》過度に鍛える, オーバートレーニングする.
□**surentraînement** 男
suréquiper 他 過剰に設備を施す. □**suréquipement** 男
surestimer 他 過大評価する, 買いかぶる. □**surestimation** 囡
suret, te 形 少し酸っぱい.
sûreté 囡 ❶ 安全, 保安; 安全性; 安全装置. ❷ 確かさ; 確実さ《古風/文章》確信, 自信. ❸ 保証; 抵当; 《法》担保. ❹《S—》警察庁.
◊*de* ~ 安全のための, 安全な. *en* ~ 安全に.
surévaluer 他 過大評価する. □**surévaluation** 囡
surexcitable 形 すぐ興奮する.
surexcitation 囡 熱狂.
surexciter 他 過度に興奮させる; 強く刺激する.
surexploiter 他 ❶ 過度に開発する; (魚などを)乱獲する. ❷ 過度に搾取

surexposer 他【写】露出オーバーにする. ⮡ surexposition 囡

surf [sœrf] 男【英】❶ サーフボード. ▶ ～ des neiges スノーボード. ❷ ネットサーフィン.

surface 囡 ❶ 表面l, 地表, 水面. ❷ 面積, 広さ. ❸ 見かけ, 外観. ❹ 囲 実力, 資力, 信用. ❺ 【数】面. grande ～ 大規模小売店. ❻【言】表層.

surfacer ① 他 磨く, 表面仕上げをする. ー 自 磨く. ⮡ surfaçage 男

surfaceuse 囡【機】表面仕上機.

surfacique 形 表面の.

surfacturation 囡 水増し請求. ⮡ surfacturer 他

surfaire ⑥ 他【文語】(商品を)高くふっかける; 過大評価する.

surfait, e 形 (surfaire の過去分詞) (物や値段が)高すぎる; 過大評価された, 買いかぶられた.

surfer¹ [sœr-] 自 ❶ サーフィンをする; ネットサーフィンをする. ❷ 〈sur〉(流行に)乗る.

surfer² [sœrfœ:r] 男 (英)／**surfeur, se** 名 サーファー, ネットサーフファー.

surfil 男 縁かがり, 裁ち目かがり.

surfiler 他 (布に)縁かがりをする, 裁ち目をかがりをする;【繊】(糸に)撚(*よ*)りを多く加える. ⮡ surfilage 男

surfin, e 形 極上の, とっておきの.

surgélateur 男 急速冷凍設備.

surgélation 囡 急速冷凍.

surgelé, e 形 急速冷凍した. ー 男 冷凍食品.

surgeler ⑤ 他 急速冷凍する.

surgénérateur, trice 形【物】réacteur ～ 増殖炉.

surgénération 囡【物】増殖.

surgeon 男 吸枝(根元から出る芽).

surgir 自 出現する, 突然現れる; (不意に)生じる, 起こる.

surgissement 男 不意の出現.

surhaussement 男 さらに高くすること;【建】せり高を築(*きず*)間の半分以上にすること; 超半円度.

surhausser 他 さらに高くする.

surhomme 男 超人.

surhumain, e 形 超人的な.

suricate 男【動】スリカータ.

surimi 男【日本】かまぼこ.

surimposer 他 付加税を課す; 重税をかける.

surimposition 囡 ❶ 付加税; 付加税の課税. ❷【地】積畳【表成】作用.

surimpression 囡【写】【映】二重写し, 二重焼き付け.

surin 男 ❶ 囲 リンゴの若木. ❷ 囮 ナイフ.

Surinam [su[y]rinam] 男 スリナム (共和国).

suriner 他 囮 ナイフで刺す.

surinfection 囡【医】二次感染.

surinformation 囡 情報過多.

surinformé, e 形, 名 情報過多の(人).

surinformer 他 過剰な情報を与える.

surintendance 囡【史】監督者の職;(旧体制下の)財務卿の職[官邸].

surintendant, e 名【労】(工場内の)福利厚生に携わるケースワーカー. ー 男 ❶【史】監督者, 長官. ❷【キ教】(ルター派の)教区監督. ー 囡【史】❶ 財務卿夫人. ❷ (旧体制下で王妃の)女官長. ❸ (レジオンドヌール受勲者の子女教育施設の)女性校長.

surintensité 囡【電】過電流.

surir 自 酸っぱくなる.

surjaler 自【海】錨桿(*びょうかん*)に絡まる.

surjectif, ve 形【数】application 〜ve 全射.

surjection 囡【数】全射.

surjet 男 かがり;【医】連続縫合; (本の)糸綴じ.

surjeter ④ 他 かがる.

surjouer 他 過剰に演技する.

sur-le-champ 副 句 すぐに, 直ちに.

surlendemain 男 あさって.

surligner 他 蛍光ペンで線を引く.

surligneur 男 蛍光ペン.

surlonge 囡【食】(牛の)肩ロース.

surloyer 男【商】割増家賃.

surmédicaliser 他 医療づけにする. ⮡ surmédicalisation 囡

surmenage 男 酷使; 過労.

surmener ③ 他 酷使する; 過労に陥らせる. ー se ～ 過労に陥る.

sur-mesure 男【不変】オーダーメイド品.

sur-moi 男【心】超自我.

surmontable 形 克服できる.

surmonter 他 上に乗る; 乗り越える.

surmortalité 囡 超過死亡率.

surmoule 男 複製用の鋳型.

surmouler 他 (複製用の鋳型によって)複製[鋳造]する.

surmulet 男【魚】ヒメジ.

surmulot 男【動】ドブネズミ.

surmultiplication 囡【機】増速歯車装置;【車】オーバードライブ(装置).

surmultiplié, e 形【車】rapport 〜 オーバードライブ・レシオ.

surnager ② 自 表面に浮かぶ; 残存する, 生き残る.

surnatalité 囡 過剰出生率.

surnaturel, le 形 超自然的な; 囡 並み外れた; 不思議な; 神の恩寵(*ちょう*)による. ー 男 超自然的な[神秘的]なもの; 恩寵.

surnom 男 異名; ニックネーム.

surnombre 男 剰余, (定員)過剰.

surnommer 他 あだ名[異名]をつける.

surnuméraire 形 定数[定員]以上の; 余分な. ー 名 定員外の職員.

suroît 男 ❶ 防水帽. ❷ (大西洋沿岸で吹く雨を伴った)南西風.

suroxyder 他【化】過酸化する.

surpassement 男【文語】超越.

surpasser 他 しのぐ, 上回る, (…より)秀でる. ー se 〜 いつもよりうまくやる; 実力以

surpatte 囡 (自宅で催す)ダンスパーティー.

surpâturage 男〖農〗過放牧.

surpayer 12 個 高すぎる値段で買う;過分の賃金を払う. ◇surpaye 囡

surpêche 囡 魚の乱獲.

surpeuplé, e 形 人口[人員]過剰の.

surpeuplement 男 人口[人員]過剰.

surpiqûre 囡〖服〗ミシンステッチ. ◇surpiquer 他

sur(-)place 男 faire du 〜 (自転車競走で)スタンディングの状態にいる;〖話〗(車が交通渋滞で)進めない.

surplis 男〖カト〗スルプリ, サープリス (司祭がミサで着る,短袖の白衣).

surplomb 男 上部の張り出した状態;張り出した部分.

surplombement 男 上部の張り出し.

surplomber 他 上に張り出す;上に切り立つ. ─ 自 上部が張り出す.

surplus 男 余分, 剰余;余剰[過剰]生産物;〖経〗剰余金, 超過分.

surpoids 男 重量超過.

surpopulation 囡 人口過剰.

surprenai- 活 ⇨ surprendre.

surprenant, e 形 意外な, 驚くべき, 予想しない.

surprendre 57 他 ❶ 現場で取り押さえる;不意に訪れる;奇襲をかける. ❷ 驚かせる. ❸ 見つける, 看破する. ❹ 盗〖文章/法〗だまし取る.

surpression 囡 ❶〖土木〗超過圧(力). ❷ 精神的重圧.

surpri-, surpri- 活 ⇨ surprendre.

surprime 囡 割増保険料.

surpris, e 形 (surprendre の過去分詞)不意を突かれた, 驚かされた.

surprise 囡 ❶ 驚き, 驚愕(きょうがく). ❷ 思いがけないもの[出来事];思いがけない贈り物[喜び]. ❸ 囲 不意打ち. ❹〖軍〗奇襲.

surprise-partie;〖複〗〜s-s-s 囡〖古〗押しかけパーティー,(自宅で催される)ダンスパーティー.

surpriss-, surprit, surprît- 活 ⇨ surprendre.

surproduction 囡 過剰生産. ◇surproduc*teur, trice* 名 ◇surproduire 70 他 過剰生産する.

surprotection 囡 過保護. ◇surprotec*teur, trice* 形 ◇surprotéger 他 過保護にする.

surpuissant, e 形 極めて強力な.

surqualifié, e 形 (特定の仕事に)必要以上の学歴[経歴]がある.

surréalisme 男 シュルレアリスム,超現実主義. ◇surréaliste 形名

surrection 囡〖地〗隆起.

surréel, le 形 超現実的な. ─ 男 超現実的(性), 超現実的なもの.

surrégénérateur, trice 形 ⇨ surgénérateur.

surrégime 男 超過回転.

surrénal, ale;〖男 複〗aux 形 [解]腎(じん)の上の;副腎の. ─ 囡 副腎.

surréservation 囡 予約超過.

sursaturation 囡〖物〗過飽和.

sursaturé, e 形 ❶ (de)(…に)うんざりの. ❷〖地〗roche 〜e 過飽和岩.

sursaturer 他 過飽和にする.

sursaut 男 ❶ 思わず飛び上がること,どきっとすること;発奮, 奮起. ❷〖天〗太陽フレア.

◇*en* 〜 はっとして, 不意に.

sursauter 自 思わず飛び上がる.

sursemer 3 他 (種を)まき足す.

surseoir 42 自〖文章/法〗(à) (…を)延期[猶予]する.

sursis 男 ❶ 延期;猶予期間. ❷〖法〗執行停止, 猶予.

sursitaire 形, 名 執行猶予中の(人);徴兵猶予された(人).

sursoi-, sursoy- 活 ⇨ surseoir.

surstock 男 過剰在庫.

surtaxe 囡 付加税;郵便割増料金.

surtaxer 他 付加税を課す;過重に課税する.

surtension 囡〖電〗過電圧.

surtitrage 男 ❶ わき見出しを付けること. ❷ (オペラなどの)舞台上の同時翻訳.

surtitre 男 ❶ わき見出し.

◇surtitrer 他

surtoilé, e 形〖海〗帆を大目に張った.

surtout[1] 副 とりわけ, 特に.

surtout[2] 男 ❶ (食卓中央の)飾り皿. ❷ 囲 外套(とう), マント.

surtravail; 〖複〗aux 男 (マルクス主義で)剰余労働.

surveillance 囡 監視, 見張り;監督.

surveillant, e 名 監視人, 監督,見張り;生徒監督.

surveiller 他 監視[監督]する, 見張る, 見守る;気を配る, 配慮する.

survenance 囡 ❶〖文章〗不意の到来, 突発. ❷〖法〗事後生.

survendre 58 他 (実際の価値以上の)高値で売る.

survenir 28 自 不意にやって来る, 突然現れる;突発する.

survente 囡 高値販売.

survenue 囡 盗〖文章〗不意の到来.

surveste 囡 オーバージャケット.

survêtement 男 トレーニングウエア, トラックスーツ.

survie 囡 ❶ 生存;生き延びること, 余命. ❷ 存続. ❸ 死後の生;来世.

survien-, survîn-, survîn- 活 ⇨ survenir.

survirage 男〖車〗オーバーステアリング.

survirer 自〖車〗オーバーステアリングになる.

survireur, se 形〖車〗オーバーステアリングが強い.

survis, survit- 活 ⇨ survivre.

survitrage 男 (窓の)補助ガラス.

survivance 囡 ❶ 名残, 残存;過去の遺物. ❷〖文章〗生き延びること.

survivant, e 形 あとに残された, 生き延びた;生存する. ─ 名 (死別して)あとに残された人;生存者, 遺族.

survivre

survivre 62 自 (à)(…より)長生きする,(…のあとまで)生き残る. — **se ~** (dans) (…の中に)生き続ける.

survoler 他 ❶ 上空を飛ぶ. ❷ ざっと目を通す; ざっと検討する. ⇨表現

survoltage 男 過電圧.

survolté, e 形 ❶ 異常に興奮した. ❷ 過大な電圧のかかった.

survolter 他 ❶ 極度に興奮させる, 熱狂させる. ❷ 過大な電圧をかける.

survolteur 男 [電] 昇圧機.

survolteur-dévolteur; (複)**~s-~s** 男 可逆昇圧機, 昇降圧機.

sus[1] [-(s)] 副 (à) …を目がけて. ◆*en sus de ...* …に加えて, おまけに.

sus[2] 活 ⇨ savoir.

susceptibilité 女 ❶ (自尊心が強くて)傷つきやすいこと; 感受性の鋭さ. ❷ [物] 感受率, 磁化率.

susceptible 形 ❶ (de)…し得る; …する可能性のある. ❷ (de)(…を)受け入れる. ❸ 傷つきやすい; 怒りっぽい.

susciter 他 ❶ (感情, 考えを)呼び起こす, かき立てる. ❷ 文章 引き起こす.

suscription 女 ❶ (封筒の)上書き. ❷ [法] (証書作成者の)記名.

susdit, e 形, 名 前述の(もの).

sus-dénommé, e 形, 名 前述の(者).

sus-dominante [sys-] 女 [楽] 属音の上の音, 音階の第6音.

sus-hépatique [syze-] 形 [解] 肝上の.

sushi [su-] 男 [日本文] 寿司.

sus-maxillaire [sy(s)maksil(l)e-] 形 [解] 上顎(の).

susmentionné, e 形, 名 上述の, 前記の.

susnommé, e 形, 名 前記の(者).

suspect, e [-pe,kt] 形 怪しい, 疑わしい; 信用できない; (de)(…の)疑いがある.
— 名 容疑者; 不審人物.

suspecter 他 疑う, 嫌疑をかける.

suspendre 58 他 ❶ つるす, ぶら下げる, かける. ❷ 中断する; 失効させる; 保留する, 延期する. ❸ 停職処分にする.

suspendu, e 形 (suspendre の過去分詞) ❶ つるされた, ぶら下げられた. ❷ 中断された; 保留された; 停職された. ❸ [機] サスペンションの.

suspens 男 文章 不安; 〔固〕 語頭 未決定の状態. ◆*en ~* 中断された, 未解決の. — 形 男 (聖職者が)停職中の.

suspense[1] [-pɛns] 男 (英) サスペンス; 緊張感の高まる場面.

suspense[2] [カト] 停職処分.

suspenseur 男 [解] ligaments *~s du foie* 肝提靱(じん)帯.
— 形 [植] 牽引(いん)の.

suspensif, ive 形 [法] 停止する.

suspension 女 ❶ つるすこと, 懸垂. ❷ 中断, 一時停止. ❸ [機] サスペンション, 懸架; つり下げ照明器具 ❹ [化] 懸濁液; [医] 懸垂(ちゅう)法; [言] points de *~* 中断 〔省略〕 符; [軍] 停職.

suspente 女 ❶ [海] 昇桁(がた)索. ❷ (パラシュートの) 吊(つ)り索.

suspicieux, se 形 文章 疑わしげな.

suspicion 女 疑惑, 嫌疑;〔法〕*~ légitime* 正当な疑惑.

sus- 活 ⇨ savoir.

sustentateur, trice 形 支える, 平衡維持の; [航] 揚力を発生する.

sustentation 女 ❶ 支えること, 支えられた状態. ❷ [航] 揚力, 浮力. ❸ [医] 生命維持.

se sustenter 代動 栄養〔食事〕を取る.
— **sustenter** 他 [古風] 栄養〔食事〕を与える.

susurrant, e [sysy-] 形 文章 ささやくような; さらさらいう.

susurrement [sysy-] 男 文章 ささやき; さらさらという音〔声〕.

susurrer [sysy-] 他 ささやく.
— 自 [文章] さらさらと音を立てる.

susvisé, e 形 [法] 上掲の.

sut, sût(-) 活 ⇨ savoir.

suture 女 [医解] (術); [解] (骨などの)縫合; [生] 縫合線.

suturer 他 [医] 縫合する.

suzerain, e 形 [史] 封主.
— 形 封臣の, 封主に属する.

suzeraineté 女 [史] 封建権; 支配権.

Sv 男 [記] [計] sievert シーベルト(線量当量の SI 単位).

svastika 男 (サンスクリット) まんじ (卍), 逆まんじ (卍).

svelte 形 すらりとした, ほっそりした, しなやかな. ⇨*sveltesse* 女

S.V.P. [silvuple/esvepe] (略) s'il vous plaît どうぞ, お願いします.

swahili, e 形 スワヒリ族の. — 名 (S~) スワヒリ族. — 男 スワヒリ語.

sweater [swe(i)tœ:r] 男 (英) セーター.

sweat-shirt [swe(i)tʃœrt] 男 (英) スウェットシャツ, トレーナー.

sweepstake [swipstek] 男 (英) (競馬の)ステークス競走.

swing [swiŋ] 男 (英) (ジャズの)スイング;(ボクシングの)スイング.

swinguer [swiŋ-] 自 [楽] スイングする.

sybarite 形, 名 文章 惰な(人).

sybaritisme 男 惰性(情), 逸楽.

sycomore 男 [植] エジプトイチジク; シカモア, サイカモアカエデ.

sycophante 男 文章 密告者, スパイ; [古代] 職業的密告者.

sycosis [-s] 男 [医] 毛瘡(*そう*).

Sydney シドニー.

syllabaire 男 [言] 音節文字.

syllabation 女 [言] 音節区分.

syllabe 女 [言] 音節, シラブル.

syllabique 形 [言] 音節の, 音綴(てつ)の.

syllabus [-s] 男 [宗教] シラブス, 教令要旨; (一般に)綱要, 摘要; (一般に)説表.

syllepse 女 [文法] シレプシス(意味によって性数を一致させる方法).

syllogisme 男 [論] 三段論法.

syllogistique 形 [論] 三段論法の.

sylphe 男 シルフ(ケルト・ゲルマン神話の空気の精).

sylphide 女 文章 空気の小妖精(せい); ほっそりした優美な女性; 理想の女性.

sylvain 男 ❶ (S~) 〔ロ神〕森の神シルウァヌス. ❷〔昆〕イチモンジチョウ類；〔鳥〕タカブシギ.

sylve 女〔地理〕森林；湿潤熱帯密林.

sylvestre 形〔植〕森の；森に生える.

sylvicole 形 植林の；林学の.

sylviculteur, trice 名 植林者, 林業従事者.

sylviculture 女 植林；林学.

sylvinite 女 シルビナイト (塩化カリウムと塩化ナトリウムの混合物で肥料用).

symbiose 女〔生〕共生；深い関係.

symbiote 男〔生〕共生者, 共生体.

symbiotique 形〔生〕共生の.

symbole 男 ❶ 象徴, シンボル；記号, 符号. ❷〔カト〕~ des Apôtres 使徒信経.

symbolique 形 象徴的な；形だけの, 実質のない；記号の.
— 女 象徴体系〔理論〕.
— 男〔法〕象徴的なもの.

symboliquement 副 象徴的に, 記号によって；名目上.

symbolisation 女 象徴化, シンボル表現.

symboliser 他 象徴する.

symbolisme 男 象徴主義；象徴〔記号〕表現；象徴〔記号〕体系；〔心〕象徴性.

symboliste 形, 名 象徴主義の(芸術家), 象徴派の(詩人).

symétrie 女 (左右) 対称；類似 (性), 相似；均整, 調和；〔数〕対称.

symétrique 形 (左右) 対称の, 対になる；〔数〕対をなすもの, 対称物. — 男〔数〕逆元.

symétriquement 副 対称的に；釣り合いよく.

sympa 形 (不変) 語 感じがいい.

sympathectomie 女〔医〕交感神経切除(術).

sympathie 女 好感, 好意；共感, 親近感；同感, 共鳴；同情, 思いやり.

sympathique 形 感じのよい, 好ましい；話 すてきな, 快適な；共感した, 同情的な.
— 男〔生理〕交感神経.

sympathiquement 副 好意的に；快く.

sympathisant, e 形 共鳴〔同調〕している. — 名 共鳴者, シンパ.

sympathiser 自 気が合う, 仲よくなる；共鳴する, 共感する.

sympathomimétique 形〔医〕交感神経様作用の.

symphonie 女 シンフォニー, 交響曲；〔文章〕(色などの) 調和. **◘symphonique**

symphoniste 名 交響曲作家；交響楽団員.

symphorine 女〔植〕セツコウボク.

sympodial, ale;〔男複〕aux 形〔植〕仮軸分枝の.

symposium；〔複〕~s (または symposia) 男 討論会, シンポジウム.

symptomatique 形 症状の, 徴候を示す；前兆となる, 暗示的な.

symptomatologie 女 症候学.

symptôme 男 前兆, 徴候；症状.

synagogue 女 シナゴーグ (ユダヤ教の集会・礼拝用会堂).

synallagmatique 形〔法〕双務的な.

synapse 女〔生〕シナプス.

synaptique 形〔生〕シナプスの.

synarchie 女 寡頭支配.

synarthrose 女〔解〕関節結合症.

synchrocyclotron 男〔物〕シンクロサイクロトロン.

synchrone 形〔物〕同時の, 同時に起こる；〔電〕同期の, 同位相の.

synchronie 女〔言〕共時態.

synchronique 形, 男〔言〕共時態の. **◘synchroniquement**

synchronisation 女 同時化, 同調, 同期(化)；〔映〕同時録音.

synchroniser 他 同時に行う；連動〔同期〕させる；〔映〕シンクロさせる.

synchroniseur 男 同期装置；シンクロナイザー.

synchronisme 男 同時性, 同時発生；同時期, 同一期, 同速性.

synchrotron 男〔物〕シンクロトロン.

synclinal, ale;〔男複〕aux〔英〕~ 形〔地〕向斜の. — 男 向斜.

syncope 女〔医〕失神；〔楽〕シンコペーション；〔言〕語中音消失.

syncopé, e 形〔楽〕シンコペーションを用いた (ジャズなどで) ビートのある.

syncoper 他〔楽〕シンコペーションする.

syncrétique 形 混合主義の, 諸説混合の.

syncrétisme 男 (哲学, 宗教上の) 混合主義, 諸説混合；〔心〕混沌(ぶっ)性, 混合心性；〔民〕(異文化の) 同化.

syncrétiste 名, 形 諸説混合主義の (人).

syndactylie 女〔医〕合指症, 合趾 (ごう)症. **◘syndactyle**

syndicat 男 ❶〔法〕労働組合；協会, 協議会. ❷〔経〕~ financier 金融調査団.

syndiqué, e 形 組合に加入した.
— 名 組合員.

syndiquer 他 組合に加入させる.
— se ~ 組合に加入する；組合を結成する.

syndrome 男〔医〕症候群. ► ~ des classes économiques エコノミークラス症候群.

synderme 男 (混ぜ込んだ皮革繊維をラテックスで固め圧縮した) レザーボード.

syndic 男 委員, 代表；(集合住宅の) 管理委員；破産管財人 (=~ de faillite).

syndical, ale;〔男複〕aux 形 労働組合の, 組合員の；同業組合の.

syndicalisation 女 組合加入；組合員化.

syndicaliser 他 組合に加入させる；(産業別組合に) 組織する.

syndicalisme 男 労働組合運動, 組合活動；労働組合主義.

syndicaliste 名 組合活動家；組合主義者.
— 形 労働組合(主義)の.

synecdoque 女〔レト〕提喩(ていゆ)(部

synéchie

synéchie 囡【医】癒着, キネシア.
synérèse 囡【音声】合音, 母音融合.
synergide 囡【植】助細胞.
synergie 囡 協同, 共働；【生理】（器官の）連合作用. ☐synergique 形
syngnathe [-gn-] 男【魚】ヨウジウオ.
synodal, ale;（男 複）**aux** 形【キ教】司教区（教会）会議の.
synode 男【キ教】司教区会議；教会会議.
synodique 形【天】会合の, 朔望の.
synonyme 形【言】同義の, 類義の.
— 男 同義語, 類義語.
synonymie 囡【言】類義.
synonymique 形【言】同義語の, 類義語の.
synopse 囡【キ教】共観福音書異同一覧表.
synopsie 囡【医】共視症.
synopsis [-s] 男 概要, 要覧；一覧表；【映】シノプシス, あらすじ.
synoptique 形 ❶ 概観的な, 一覧する. ❷【キ教】les Evangiles 〜s 共観福音書.
— 男（複）【キ教】共観福音書.
synostose 囡【解】（頭蓋（ふた）縫合などの）骨結合.
synovial, ale;（男 複）**aux** 形【解】滑液の.
synovie 囡【解】滑液.
synovite 囡【医】滑膜炎.
syntacticien, ne 名 統語論研究者.
syntagmatique 形【言】連辞の.
syntagme 男【言】連辞, 統合；句.
syntaxe 囡 シンタックス, 統語論（法）, 統辞論（法）, 構文論（法）. ☐syntactique / syntaxique 形
synthé 男 synthétiseur の略.
synthèse 囡 総合, 総括, 集大成；総論；【化】合成.
synthétase 囡 合成酵素.
synthétique 形 総合的な, 総括的な；合成の. — 男 合成品.
synthétiquement 副 総合的に；合成によって, 人工的に.
synthétisable 形 合成しうる；まとめられる.
synthétiser 他 総合する, 総括する, まとめる；【化】合成する.
synthétiseur 男 ❶【楽】シンセサイザー. ❷ 〜 d'images 画像合成装置.
syntone 形【心】同調的な.
syntonie 囡【電】【心】同調（性）.
syntonisation 囡【電】（複数の共振回路の）同調法.
syntoniseur 男 チューナー.
syphilide 囡【医】梅毒疹（しん）.
syphilis [-s] 囡【医】梅毒.
☐syphilitique 形
Syracuse シラクサ（イタリアの都市）.
syriaque 男（古代）シリア語.
Syrie 囡 シリア・アラブ共和国.
syrien, ne 形 シリアの.
— 名（S〜）シリア人.
syringomyélie 囡【医】脊（せき）髄空洞症.
syrinx [-ks] 男 / 囡【ギ神】牧神パンの笛；【動】鳴管（鳥類の発音器）.
syrphe 男【昆】ハナアブ, ヒラタアブ.
syrte 囡【地理】（地中海のリビア・チュニジア沿岸の）流砂岸地帯.
systématicien, ne 名 分類学者.
systématique 形 ❶ 体系的な；秩序立った. ❷ 一貫した, 徹底的な. ❸ 融通の利かない, 型にはまった.
— 囡 系統学, 分類法；(文章) 体系.
systématiquement 副 体系的に, 組織的に；一貫して, 徹底的に.
systématisation 囡 体系化, 系統づけ, 組織化.
systématiser 他 体系化する, 系統づける, 組織化する.
— 自 型にはまった考えをする.
système 男 ❶ 体系；統一理論, 学説, 学体制, 制度；組織. ❷ 方法, 方式；方策；(話) うまいやり方. ❸ 系, 系統. ❹ 装置, 機構, システム. ► 〜 d'excision-resynthèse【生】除去修復機構. ❺ 計量法；単位系（=〜d'unités）.
◊ esprit de 〜 体系的精神；型にはまった考え. par 〜 思い込みで；型どおりに.
systémicien, ne 名 システム設計技師. — 囡 システム工学の.
systémique 形 体系の, システムの；血液循環系の；（農薬などの）浸透性の.
— 囡 システム工学；【経】システムズ・アナリシス.
systole 囡【生理】（心）収縮（期）.
☐systolique 形
systyle 男, 形【建】二径間式の（の）.
syzygie 囡【天】朔望.

T, t

T¹, t 男 フランス字母の第20字.
T²《記》❶《物》tritium 三重水素, トリチウム. ❷《計》tera- テラ(10^{12}); tesla テスラ(磁気密度のSI単位).
t《記》tome 巻;《計》tonne トン.
t' te, tu の省略形.
Ta《記》《化》tantale タンタル.
ta ton¹ の女性形.

tabac¹ [-ba] 男《植》タバコ;(喫煙用)たばこ;たばこ屋;(T~s) 国 たばこ専売公社. たばこ層. ◇ *le même* ~ 同じこと[もの]. —形《不変》たばこ色の.

tabac² [-ba] 男 ❶(芝居などの)大成功. ❷ 国 殴打. ▶ passer à ~ 激しく殴る. ◇ *coup de* ~ 国 (激しいがすぐ止む)嵐. *faire un* ~ 国 大当たりする.

tabaculture 女 たばこ学.
□**tabacologue**
tabaculteur, trice 名 タバコ栽培者.
tabagie 女 紫煙立ちこめる部屋.
tabagique 形, 名 たばこ中毒の(人).
tabagisme 男 たばこ中毒.
tabar(d) 男 (中世の騎士が鎧(ょろい)の上に着た)マント, タバード.
tabassée 女 国 殴打; 乱闘.
tabasser 他 殴りつける.
□**tabassage**
tabatière 女 ❶ 嗅(か)ぎたばこ入れ. ❷ (屋根の)明かり取り穴; 天窓.
tabellion 男 古 (裁判所の)勝本発行係; 公証記録人.
tabernacle 男 ❶《カト》聖櫃(せいひつ). ❷(古代ヘブライ民族の)幕屋; 仮神殿.
tabes [-s] / **tabès** 男《医》瘵(ろう)性の, 瘵になった. —形 瘵患者.
tablature 女《楽》(文字, 数字を用いた中世の)タブラチュア, 文字譜.

table 女 ❶ テーブル, 台, 机. ❷ 食卓; 食事. ▶ *aimer la* ~ 食通である / *mettre la* ~ 食卓の用意をする. ❸ 表; 目録, 一覧. ~ *de multiplication* 九九の表 / ~ *des matières* 目次. ❹ 平板, 盤. ~ *de cuisson* ガスレンジ. ◇ *se mettre à* ~ 食卓につく; 国 口を割る. ~ *ronde* 円卓(会議); シンポジウム.

tableau 男《複》**x** ❶ 絵, 絵画. ❷ 黒板(= noir); 掲示板, 告知板. ❸ 盤, ボード. ▶ ~ *de bord* 計器板. ❹ 表, 一覧表; 名簿. ~ [A[B,C]《薬》A[B,C]表(毒物や麻薬の公式表). ❺ 描写; 光景, 場面;(芝居の)景. ◇ *jouer [miser] sur les deux* ~ *x* 二股(か)をかける.

tableautin 男 小さな絵.
tablée 女 食卓を囲む人々; 会食者.
tabler 自 自 ~ *sur* (...に)当てにする.
tabletier, ère 名 細工職人[物商].
tablette 女 ❶ 棚板, 横板. ❷ 板状のもの; 錠剤. ▶ ~ *de chocolat* 板チ

ョコ. ❸ 笠(かさ)石, 笠木石; 上板, 棚. ❹《複》《考古》粘土板. ◇ *écrire [mettre] sur ses* ~ *s* 肝に銘じる. *rayer de ses* ~ *s* 当てにしない.
tabletterie 女 細工品; 細工品製造・販売業者.
tableur 男《情報》表計算ソフト.
tablier 男 ❶ 前掛け, エプロン;(上っ張り). ❷ 仕切り板, 保護板;(橋の)桁床, 床板;(暖炉の)鉄製カーテン. ◇ *rendre son* ~ 辞任する.
tabloïd(e) [-d] 男 タブロイド判の(新聞). —形《不変》タブロイド判の.
tabou 男 タブー, 禁忌; 禁制; 禁句の. —**tabou, e** 形 タブーの, 禁制の; 国 批判できない; 神聖不可侵の.
tabouleh 男《料》タブーレ(小麦の引き割り粉に野菜のことミントを加えたもの).
tabouret 男 (背のない)椅子, スツール; 足載せ台.
tabulaire 形 テーブル状の; 平板状の;《数》表の.
tabulateur 男 (タイプライターなどの)タブレーター.
tabulation 女《ワープロなどの》タブ.
tabulatrice 女《情報》作表機, タビュレーター.
tac 男 カチッ, カタッ, パチン(発砲音, 剣の接触音). ◇ *répondre du tac au tac* 売り言葉に買い言葉でやり返す.
tacaud 男《魚》フランスダラ.
tacca 男《植》タシロイモ.
tache 女 ❶ 染み, 汚れ. ❷ 斑(ふ)点, ぶち; あざ. ▶ ~ *s de rousseur* そばかす. ❸ 汚点, 欠点; けがれ. ❹ 色の点. ❺《天》(太陽の)黒点. ◇ *faire* ~ そぐわない, 不調和である.
taché, e 形 染みのついた, 汚れた; 斑(ふ)のある.
tâche 女 ❶ 仕事; 任務, 使命. ❷《情報》タスク. ◇ *à la* ~ 出来高払いで.
tacher 他 染み[汚]点]をつける; 固 (名声に)傷をつける. —自 染みになる.
tâcher 他 ~ *de* + inf. [*que* + subj.] ...するよう努める.
—**se** ~ 自分の(...)を汚す.
tâcheron, ne 名 ❶ (出来高払いの)農業労働者;(建築関係の)下請け業者, 作業員. ❷《軽蔑》くそまじめな働き者.
tacheté, e 形 斑(ふ)のある.
tacheter ❹ 他 斑(ふ)点[染み]をつける. 点々と彩る; 点在する.
tachisme 男《美》タシスム(色彩(な)を用いる抽象画の技法).
tachistoscope [-kis-] 男《心》瞬間露出器, タキストスコープ.
Tachkent [-kent] タシケント(ウズベキスタンの首都).
tachyarythmie [-ki-] 女 不整頻拍.
tachycardie [-ki-] 女《心》頻拍.
tachygraphe [-ki-] 男 タコグラフ, 運行記録計.

tachymètre

tachymètre [-ki-] 男 タコメータ.
tachyon [-kjɔ̃] 男 〖物〗タキオン(仮想的な粒子).
tachyphémie [-ki-] 女 〖心〗発語亢(ニぅ)進.
tacite 形 暗黙の; 黙示の. □**tacitement** 副
taciturne 形 無口な(人), 寡黙な(人), 口数の少ない(人).
taciturnité 女 無口, 寡黙.
tacle 男〖英〗〖スポ〗タックル.
tacler 自, 他 タックルする.
taco 男〖料〗タコス.
tacon 男 サケの稚魚.
taconeos [-neɔs] 男複〖西〗タコネオス(フラメンコの踊(ネ⁺)のリズム).
tacot 男俗 おんぼろ車, ぽんこつ車.
tact [-kt] 男 ❶〖生理〗触覚. ❷ 機転, 臨機応変.
tacticien, ne 名 〖軍事〗戦術家, 参謀; 〖文章〗策略家, 策士.
tactile 形 〖生〗触覚の.
tactique 形 ❶ 戦術の. ❷ 策略, 術策, 駆け引き. ― 形 戦術の; 戦術上の. □**tactiquement** 副
tactisme 男〖生〗走性.
Tadjikistan タジキスタン(共和国).
tadorne 男〖鳥〗ツクシガモ.
taekwondo [tekwɔ̃-] 男〖スポ〗テコンドー.
tænia, tænia ⇨ **ténia**.
taffetas 男 ❶〖繊〗(絹)タフタ, 薄琥珀(ミ゚). ❷〖薬〗~ gommé 絆創膏.
tafia 男 タフィア(安いラム酒).
tag [-g] 男〖英〗スプレーによる落書き.
tagalog [-g] / **tagal**; (複) ~s 男 タガログ語(フィリピンの公用語).
tagète 男〖植〗マリゴールド.
tagine 男〖料〗タジンヌ(北アフリカの肉と野菜の蒸し物).
tagliatelles [talja-] 女〖伊〗タリアテッレ(きしめんに似たパスタ).
taguer 自 スプレーで落書きする. □**tagueur, se** 名
Tahiti タヒチ(仏領ポリネシアの島).
tahitien, ne [-sjɛ̃] 形 タヒチの. ― 名 (T~)タヒチ人. ― 男 タヒチ語.
taï-chi / tai-chi [taj(t)ʃi] 男 太極拳.
taie 女 ❶ 枕のカバー. ❷〖医〗角膜瘢痕(ਜ਼).
taïga 女〖地理〗タイガ(シベリア, ロシア北部の亜寒帯林).
taïkonaute 名 (中国の)宇宙飛行士.
taillable 形 〖史〗タイユ税のかかる.
taillade 女 切り傷; 切れ込み.
taillader 他 …に切り傷をつける; 切れ込みを入れる. ― **se** ~ 自分の(…)に切り傷をつける.
taillage 男〖機〗切削(加工).
taillanderie 女 刃物製造〔販売〕業; 刃物類.
taillandier 男 刃物師, 刃物職人.
taillant 形 (刀, 斧(ポ)などの)刃.
taille 女 ❶ 身長, 背丈. ❷ 体つき, (服のサイズ) 胴(周り), ウエスト. ❸ 大きさ, 規模; 重要性. ❹ 切ること, カット; 裁断(法); (植木の剪(ネ)定; (彫刻の)彫り; 〖鉱〗採掘現場. ❺〖史〗タイユ税(人頭税).
◊ **à [de] la ~ de** …にふさわしい. **de ~** 非常に大きな; 重大な. **être de ~ à** …する力がある.
taillé, e 形 ❶ (…の)体つきをした. ❷ 切られた, 裁された. ◊ **être ~ pour** …に向いている, 適している.
taille-crayon 男 鉛筆削り.
taille-douce; (複)~s-~s 女 凹版(画), 陰刻(画); 銅版画.
taille-haie 男 生垣刈り込みばさみ.
taille-ongles 男 爪切り.
tailler 他 切り整える, 刻む, 刈る; (服地などを)裁断する. ― 自 切開する. ― **se** ~ 自分の(…)を切る; (…を)獲得する. 話 逃げ出す.
taillerie 女 宝石加工(場).
tailleur 男 ❶ テーラー, 仕立て屋, 洋服屋. ❷ (女性用)テーラード・スーツ. ❸ カッティング職人. ◊ ~ **de pierre** 石工. ◊ **s'asseoir en** ~ あぐらをかく.
tailleur-pantalon;(複)~s-~s 男 パンタロンスーツ.
taillis 男 若木林, 雑木林, 低木林.
tain 男 (鏡の裏箔(ミ))錫のアマルガム.
taire 他 ❶ 言わない, 黙っている, 隠す. ◊ **faire** ~ 黙らせる; 抑圧する. ― **se** ~ 黙る, 口をつぐむ, 沈黙を守る. ❷ 聞こえなくなる, 静まる.
Taïwan 台湾 (=Formose).
take-off [tekɔf] 男〖英〗〖経〗離陸(工業化による自力の経済発展).
talc 男〖鉱〗滑石, タルク.
talé, e 形 (果物などが)傷んだ.
talent 男 ❶ 才能, 素質, 適性. ❷ 才能のある人. ❸〖古代〗タラント(重量, 貨幣の単位).
talentueux, se 形 才能のある.
taler 他 (果物を)傷める, 損なう.
taliban; (複) ~s 男 タリバン.
talion 男〖古法〗**loi du** ~ (目には目, 歯には歯の)同害刑法.
talisman 男 お守り, 魔よけ, 護符; 〖文章〗〖魔法〗不思議な力を持つもの. □**talismanique** 形
talitre 男〖動〗ハマトビムシ.
talkie-walkie [tokiwoki]; (複) ~s-~s 男〖米〗トランシーバー.
talk-show [tɔkʃo] 男〖英〗(テレビの)トークショー.
talle 女〖植〗分蘖(ᡎ).
taller 自〖農〗分蘖(ᡎ)する.
Talmud [-d] 男 タルムード(ユダヤ教の律法・伝承集). □**talmudique** 形
talmudiste 名 タルムード研究者.
taloche¹ 女〖話〗びんた, 平手打ち.
taloche² 女 (左官用)の鏝(ミ)板.
talocher 他 平手打ちする.
talon 男 ❶ 踵(ミ゚). ► ~ **plat** [haut] ロー[ハイ]ヒール. ❷ 末端, 下端(パンなどの)端, 切り落とし; (小切手帳などの)控え部分; 〖ゲーム〗(配った残りの)山札, ストック. ❸ (有蹄(ミ)類の後ろつめの(蹄鉄の)鉄箸(ミゎ); 〖建〗(船の)舵(*)踵; 〖機〗支点, 軸受.
◊ **marcher sur les ~s de** …を追いかけ回す. **montrer** [**tourner**] **les ~s** 踵(*)を返す, 逃げる. ~

d'Achille アキレス腱(½); 弱点, 急所.
talonnade 安《スポ》ヒールキック.
talonnage 男 ❶《ラグビー》ヒールアウト. ❷《海》乗り上げ, 船底接触.
talonner 他 ❶あとにぴったりつく, 追跡する; せめたてる. ❷《馬》に拍車を入れる;《ラグビー》にヒールアウトする. ——自《海》乗り上げる, 船底接触する.
talonnette 安 ❶《靴》のアウトサイド・カウンター; 踵(￤)敷き. ❷《ズボン》の裾(ғ)の内側の補強布.
talonneur, se 名《ラグビー》でフッカー.
talonnière 安 ❶《複数》《神話》ルメスの踵(￤)の小翼. ❷《モデルや患者の姿勢を楽にする》踵受け.
talquer 他 打ち粉をつける; 滑石粉を引く.
talure 安《果実の》傷, 傷み.
talus¹ 男 傾斜, 勾配(￤); 斜面;《道路の》土手;《建物の》傾斜壁面.
talus² [-s] 形《不変》《医》pied ~ 踵行肢位(㎞㎏).
talweg [-vɛg] 男《独》❶《地図の》谷(￤)線, 凹線. ❷《気》気圧の谷の軸.
tamandua 男《動》コアリクイ.
tamanoir 男《動》オオアリクイ.
tamarin¹ 男《植》タマリンド(の実).
tamarin² 男《動》タマリン(キヌザル科).
tamarinier 男《植》タマリンド.
tamaris [-s] / **tamarix** [-ks] 男《植》ギョリュウ, タマリスク.
tambouille 安 粗末な《ありきたりの》料理; 料理.
tambour 男 ❶ 太鼓; 太鼓の音. ~ de basque タンバリン. ❷ 鼓手, 太鼓をたたく人. ❸《建》タンブール(円筒状壁体・石材, または二重扉の出入り口). ~ cylindrique 回転ドア. ❹ 円筒形部品, ドラム, シリンダー, 胴. ◇sans ~ ni trompette こっそりと. ~ battant てきぱきと.
tambourin 男 タンブラン(プロヴァンス地方起源の長太鼓); タンバリン.
tambourinage / **tambourinement** 男 ❶ 太鼓の演奏[音]. ❷ トントンたたくこと[という音].
tambourinaire 男 タンブラン奏者; (アフリカの)鼓手.
tambouriner 他 ❶ 太鼓で(伴)奏する; トントンとたたく. ❷《文章》触れ回る, 騒ぎ立てる. ——自《sur, contre》(…を)トントンたたく.
tambourineur, se 名 太鼓手, 太鼓[タンブラン]奏者.
tambour-major 名《複》~s-~s 男《軍隊》の鼓笛隊隊長.
tamier 男《植》タムス(ヤマノイモ科).
tamil ⇨ **tamoul**.
tamis 男 ❶ 篩(￤), 漉(¯)し器. ❷ ラケットの面. ❸《列車の》振動. ◇passer au ~ 篩にかける; 選選する.
tamisage 男 篩(￤)にかけること.
Tamise 安 テムズ川.
tamiser 他 ❶ 篩(￤)にかける, ふるい分ける. ❷ (光を)和らげて通す.
tamiseur, se 名 篩かけ工; 篩機.

tamisier, ère 名 篩(￤)製造業者.
tamoul, e 形 タミール人の. ——名《T~》タミール人. ——男 タミル語.
tamouré 男 タムーレ(ポリネシアの舞踏).
tampico 男 タンピコ麻.
tampon 男 ❶《穴をふさぐ》詰め物, 栓. ❷ 丸めたガーゼ[綿], タンポン. ❸ ~ hygiénique 生理用タンポン. ❹ たんぽ, パッド. ❺ 緩衝器. ▶ Etat ~ 緩衝国. ❺ スタンプ, 検印, 消印.
tamponnage 男《化》緩衝(法).
tamponnement 男 ❶ タンポンで治療すること. ❷ (ガーゼなどによる)塗布; ふき取り. ❸《医》タンポン挿入. ❹ 衝突.
tamponner 他 ❶ (パッド, タンポンなどで)ふく, ぬぐう; 塗る. ❷ スタンプ[印章]を押す. ❸ 衝突する. ❹ 穴をふさぐ; 詰め木をする.
—— **se** ~ ぶつかり合う.
◇s'en ~ (l'œil [le coquillard]) 図 気にしない.
tamponneur, se 形 衝突する. ▶ auto ~se (遊園地の)電気豆自動車.
tamponnoir 男 穿(￤)孔用ドリル.
tam-tam [tamtam] 男 ❶ タムタム(アフリカの打楽器). ❷ (中国の)銅鑼(￤). ❸ 図 大騒ぎ; 大がかりな宣伝.
tan 男 タン皮(￤), タンニン樹皮.
tanaisie 安《植》ヨモギギク.
tancer ① 他《文章》叱(￤)責する.
tanche 安《魚》テンチ.
tandem [-dɛm] 男《英》❶ 2人乗り自転車. ❷ 縦 2 組;(2者の)協力体制, 連合.
tandis que 接句 ❶《同時性》…している時に, …する間に. ❷《対立》一方…, これに反して…; …であるのに.
tandoori [-dori/-duri] 男《料》タンドリー(インド料理).
Tang [tɑ̃ɡ/taŋ] / **T'ang** 唐(中国の王朝).
tangage 男 縦揺れ, ピッチング.
tangelo 男 タンジェロ(タンジェリンとグレープフルーツの交配種).
tangence 安 接転, 接触状態.
tangent, e 形 ❶《数》接する. ❷ 図 すれすれの, ぎりぎりの. ——安《数》接線; タンジェント. ◇prendre la ~ 図 こっそり逃げ出す; 巧みに切り抜ける.
tangenter 他 (…に)沿って行く[いる], 進む; 接近する.
tangentiel, le 形 ❶《数》接線の; 正接の. ❷《物》accélération ~le 接線加速度.
tangentiellement 副 接して.
tangerine 安《英》《植》タンジェリン(の実).
tangibilité 安 触知できること; 明白さ, 確実性.
tangible 形 触知できる; 明白な.
□ **tangiblement** 副
tango 《西》男 ❶《楽》タンゴ. ❷ (鮮やかな)オレンジ色(タンゴが流行した時代の流行色). ❸ タンゴ(ザクロシロップを混ぜたビール).
——形《不変》オレンジ色の.
tangue 安《地》未固結珪藻泥.
tanguer 自 ❶ 縦揺れする. ❷ 図 揺

tanière 女 (野獣の)巣穴; あばら家.

tanin 男 [化] タンニン(酸).

taniser 他 タンニンを添加する. ⟡**tanisage** 男

tank [-k] 男 ❶ [英] 貯蔵槽, タンク; ❷ (大型)自動車; [古風] 戦車.

tanka 男 (不変) (チベット, ネパールの)仏画.

tanker [-kœːr] 男 [英] タンカー.

tankiste 男 戦車兵.

tannage 男 (皮の)なめし.

tannant, e 形 ❶ 皮なめし用の. ❷ [話] うんざりさせる. ⟡**tanné, e** 形 なめし剤.

tanne 女 皮膚にきず.

tanné, e 形 なめされた; なめし革のような, 日焼けした. —— 女 ❶ タン皮のかす. ❷ [話] 殴打, めった打ち; 惨敗.

tanner 他 なめす; 日焼けさせる. ❷ [話] うんざりさせる.
◇ ~ le cuir à ... [俗] …を懲らしめる.

tannerie 女 なめし業 [工場, 作業].

tanneur, se 名 なめし工; なめし革製造 [販売] 業者.

tannin 男 = tanin.

tannique 形 [化] タンニンを含む.

tansad [-d] 男 [英] (オートバイの)タンデムシート, 後部座席.

tant 副 ❶ 非常に, あれほど, そんなに; [文章] (節の冒頭で原因を表して) それほど. — Ne travaillez pas ~ ! そんなに頑張りなさんな / 《名詞的》 J'ai ~ à vous dire. あなた(方)に言うことがたくさんあります. ❷ ~ de ... (それほど)多くの…. ❸ ~ (de ...) que ... 非常に…するので…. — J'ai marché ~ que je suis épuisée. あんまり歩いたのでくたくただ. ❹ ne ... pas ~ (de ...) que ... ...ほど…ない. — Vous ne travaillez pas ~ que lui. あなた(方)は彼ほど働いて [勉強して] いない ❺ 《名詞的に明示されていない数量を示して》 いくらか, これこれ. — Cette traduction est payée à ~ la ligne. この翻訳は一行いくらという形で支払われる / le ~ 某日.
◇ comme il y en a ~ よくある [いる] ように, ありふれた. en ~ que ... (1) …として. (2) …する限り. — A que B A も B も. ~ bien que mal どうにかこうにか. ~ et plus たくさん; おおいに. ~ et si bien que ... 非常に…なので…. ~ il est vrai que ... …であるゆえに; それほど…である. ~ mieux それはよかった, しめた; その方がいい. ~ pis 仕方がない; 気の毒です. ~ que ... (1) …のあいだ. (2) …なだけ. Prenez ~ que vous voudrez. 好きなだけお取りなさい. ~ que ... の役目を果たす限りは. ~ qu'à : どうせ…しなければならないなら. ~ qu'à faire どうせやるなら, そうするんだったら. ~ qu'à moi [toi, ...] [話] 私 [君, ...] はと言えば. ~ que ça [話] それほど, そんなに. ~ ..., ~ ... …すれば…する. tous ~ que nous sommes [vous êtes] 私たち [あなた方] みんな. (un) ~ soit peu ほんの少し (でも). Vous

m'en direz ~ ! [話] 《驚き; 不信の念を込めた反応》 いやはや驚いたなあ; そうだったか, すこしも知らなかったね.

tantale 男 ❶ (T~) [ギ神] タンタロス. ❷ [化] タンタル. ❸ [鳥] トキコウ.

tante 女 ❶ 伯母, 叔母. ❷ [話] ma ~ 質屋. ❸ [俗] おかま.

tantième 男 一定の割合, 定率. — 形 (数量的) 一定の割合の; 幾番目かの.

tantine 女 [話] おばちゃん.

tantinet 男 un ~ (de ...) ほんの少し(の…).

tantôt 副 ❶ ~ ..., ~ ... ある時は…またある時は…. ❷ (今日の)午後.

tantra 男 [仏] タントラ (ヒンズー教, 仏教の経典の一部).

tantrisme 男 タントラ派. ⟡**tantrique** 形

Tanzanie 女 タンザニア.

tanzanien, ne 形 タンザニアの. — 名 (T~) タンザニア人.

tao 男 (中国) 道 (道教の根本原理; 儒教の道徳).

taoïsme 男 道教.

taoïste 形 道教の; 道教信奉者の, 道士の. — 名 道教信奉者, 道士, 道家.

taon [tɑ̃] 男 [昆] アブ.

tapage 男 ❶ 大騒ぎ, 喧嘩(喧嘩), 騒音. ❷ 物議, 騒ぎ; センセーション.

tapageur, se 形 ❶ 騒々しい, 騒ぎ好きの. ❷ 物議を醸す; 人目を引く.

tapageusement 副 騒々しく; 派手に.

tapant, e 形 ちょうど(…時). — à midi ~ 正午きっかりに.

tapas [-s] 女複 [料] タパス (スペインのおつまみ).

tape 女 (平手で)たたくこと; 平手打ち.

tapé, e 形 ❶ たたかれた, 腐りかけている. ❷ [話] (顔が)くたびれた, たるんだ; 老けた. ❸ [話] 的確な; (魚・果物が)たっぷりつめられた. ❹ [話] 頭のおかしい, いかれた. — 女複 たくさん, 多く. — une ~ [des ~s] de ... 多くの….

tape-à-l'œil 形 (不変), 男 (不変) けばけばしい(物), 安がねの(物).

tape(-)cul [-ky] 男 ❶ シーソー. ❷ [話] おんぼろ馬(車); 速歩. ❸ 1人乗り 2輪馬車.

tapement 男 たたくこと [音].

tapenade 女 [料] タプナード (南仏のアンチョビーペースト).

taper 自 ❶ (sur, dans, à) (...)をたたく; ぶつ. ❷ (sur) (...)を殴る; [話] (...)の悪口を言う, (...)を非難する. ❸ タイプライターを打つ. ❹ (太陽の)照りつける. ❺ [話] (dans) (...)に手をつける; (...)をたっぷり食う [飲む].
◇ dans l'œil de ... …の気に入る.
— 他 ❶ (...)をたたく, ぶつ. ❷ タイプライターで打つ. ❸ ~ A sur [contre] B A を B にぶつける. ❹ [話] 金を借りようとする; ねだる.
—— se ~ ❶ 自分の体をたたく. ❷ [話] たっぷり楽しむ; (嫌なことを)しいられる. ❸ [俗] s'en ~ (...)のことを気にしない.

tapette 女 ❶ 絨毯(絨毯)たたき; ハエたたき. ❷ ネズミ捕り. ❸ [話] 舌; おしゃべりな人; おかま. ❹ タペット (ビー玉遊

tapeur, se 名 借金魔.
tapi, e 形 うずくまった, 潜んだ.
tapin 男 [俗] 〔街娼の〕客引き行為.
tapinois (en) 副 句 ひそかに.
tapioca 男 [ポルトガル]タピオカ; タピオカ ポタージュ.
tapir 男 1 [動] バク. 2 個人教授を受けている学生.
se tapir 代動 うずくまって隠れる; 引きこもる.
tapis 男 ❶ 絨毯(じゅうたん), カーペット. ❷ 敷物; 床材; [ボクシングの] マット. 〜 de souris [情報] マウスパッド / aller au 〜 ダウンする. ❸ クロス; 厚布; 賭博(とばく)台 (= 〜 vert). ❹ 文章 絨毯状の広がり.
◇amuser le 〜 座をにぎわす; 少しだけ賭(か)ける. marchand de 〜 絨毯売り; しつこい商人. sur le 〜 話題になる. 〜 roulant 動く歩道, ベルトコンベヤ.
tapis-brosse 男 靴ふきマット.
tapisser 他 ❶ 〔壁紙などで〕張る, 〔壁掛けなどで〕飾る. ❷ 覆い尽くす.
tapisserie 女 ❶ タピスリー, 綴(つづ)れ織りの壁掛け. ❷ 壁紙; 織物型壁装材. ◇faire 〜 壁の花になる.
tapissier, ère 名 ❶ 内装業者; 壁紙職人; 〔タピスリー, 綴錦(つづれにしき)の〕織師.
tapon 男 丸めた布.
tapotement 男 ❶ 軽くたたく音[音]. ❷ 〔マッサージの〕叩打(こうだ)法.
tapoter 他 軽く何度もたたく.
tapuscrit 男 タイプ打ち原稿.
taquer 他 [印] 紙面を平らにする.
taquet 男 楔(くさび), 突っかい; 止め金具 [タイプライターの].
taquin, e 形 名 からかい好きな〔人〕.
— 男 数字並べパズル.
taquiner 他 からかう, 冷やかす; (…の)気に障る.
taquinerie 女 からかい好き; からかい, 冷やかし.
tarabiscoté, e 形 [建] 彫刻りが [凹(おう)形]の多い; 凹凸装飾過多の.
tarabuster 他 悩ませる, 苦しめる.
tarage 男 風袋〔容器〕の計量.
tarama 男 [料] タラマ (ギリシアの魚卵ペースト).
tarasque 女 タラスク (プロヴァンス地方の伝説の竜).
taratata 間 話 ふうん, へえ (疑惑, 軽蔑, 拒否など); タラタタ (らっぱの音).
taraud 男 [機] タップ, 雌ねじ切り.
taraudage 男 ねじ立て, 雌ねじ切り; ねじ穴.
tarauder 他 ❶ [機] ねじ立てをする. ❷ 文章 心をかき乱す.
taraudeur, se 名 ねじ立て工.
— 女 ねじ立て盤.
Tarbes [-b] タルブ (Hautes-Pyrénées 県の県庁所在地).
tarbouch(e) [-ʃ] 男 [服] トルコ帽.
tard 副 ❶ 遅く, 遅れて; あとで. ❷ 夜遅くに; 遅い時刻 [時刻] に.
◇au plus 〜 遅くとも. plus 〜 あとで. tôt ou 〜 遅かれ早かれ.

— 男 sur le 〜 年を取ってから; 晩になって.

tarder 自 ❶ (à) (…に)遅れる, なかなか(…しない); (…に) 手間取る. ► ne pas 〜 à... すぐに〜する / sans 〜 即座に. ❷ [非人称構文] Il me tarde de ... [que ...] …が待ち遠しい.
tardif, ive 形 遅い; 遅すぎた, 遅れた; 〔植物の〕遅咲きの.
tardigrade 男 [動] クマムシ; 緩歩類.
tardillon, ne 名 [古生] 末っ子, 最後に生まれたもの.
tardivement 副 遅く, 遅れて; あとになって.
tardiveté 女 [農] おくて.
tare 女 ❶ 風袋; 容器の重量. ❷ 〔秤(はかり)の〕重り. ❸ 価値の低下; 欠陥; 遺伝的欠陥.
taré, e 形 ❶ 傷んだ; 欠陥のある; 腐敗した, 「堕落」した. ❷ 俗 うすのろの. — 男 〔遺伝的〕欠陥のある人; 堕落した人.
tarente 女 南仏 [動] ヤモリ.
tarentelle 女 タランテラ (南イタリアの舞曲).
tarentule 女 [動] タランチュラコモリグモ.
tarer 他 容器 [風袋] の重さを計る.
taret 男 [貝] フナクイムシ.
targe 女 (中世の) 小さな円盾.
targette 女 〔戸の〕掛け金, 差し金.
se targuer 代動 文章 〔de〕 (…を) 鼻にかける, 自負 [自慢] する.
targui, e 形 トゥアレグ族の.
— 男 (T—) トゥアレグ族の人.
tarier 男 [鳥] ノビタキ.
tarière 女 ❶ 錐(きり), 壺(つぼ)錐, ドリル. ❷ [昆] 〔穿(せん)孔産卵管〕.
tarif 男 ❶ 料金; 料金表. ► 〜 extérieur commun ヨーロッパ共同体外貿易にかかる関税率 (略 T.E.C.). ❷ 語 相場, 常識的な線.
tarifaire 形 料金 [価格] の; 税率の.
tarifer 他 料金 [価格] を定める.
tarification 女 料金 [価格, 税率] の決定.
tarin¹ 男 [鳥] マヒワ (類).
tarin² 男 俗 鼻.
tarir 他 からす; 尽きさせる. — 自 ❶ かれる; 尽きる. ❷ ne pas 〜 sur ... …を止めどなくしゃべる [する].
— se — 代動 かれる; 尽きる.
tarissable 形 尽きる, かれる.
tarissement 男 涸れること; 枯渇.
tarlatane 女 薄地モスリン.
tarmac 男 [航] 〔空港の〕駐機場.
Tarn [-n] 男 ❶ タルン県 [81]. ❷ タルン川 (ガロンヌ川の支流).
Tarn-et-Garonne 男 タルン=エ=ガロンヌ県 [82].
taro 男 [植] タロイモ.
tarot 男 タロットカード [ゲーム].
tarpan 男 [動] ターパン (絶滅した中央アジアの野生馬).
tarpon 男 [英] [魚] ターポン.
tarse 男 [解] 足根部; 跗節(ふせつ).
tarsien, ne 形 [解] 足根の; 跗節の.
— 男 [動] メガネザル類.
tarsier 男 [動] メガネザル.

tartan¹ 男 (英) タータン(チェック).
tartan² 男 商標 (競技場の)タータントラック.
tartane 女 (地中海の)小型帆船.
tartare 形 タタール(人)の, 韃靼(だったん)(人)の. — sauce ～ タルタルソース. — 名 (T～) タタール人. — 男 (料) タルタルステーキ.
tartarin 男 ほら吹き, はったり屋.
tarte 女 ❶ タルト. ❷ 話 平手打ち, 殴打. ◇ *C'est de la ～.* それは簡単だ. ～ *à la crème* クリームタルト; ばかの一つ覚え. — 形 間抜けな; みっともない.
tartelette 女 小型のタルト.
Tartempion 男 なにがし, 何某.
tartiflette 女 (料) タルティフレット(サヴォワ地方の郷土料理).
tartine 女 ❶ (バター, ジャムなどを塗った)パン切れ. ❷ 話 長ったらしい話「記事, 手紙」.
tartiner 他 ❶ (パンにバターなどを)塗る. ❷ 長々とじゃべる [書く].
tartir 俗 *faire ～* うんざりさせる. *se faire ～* うんざりする.
tartrate 男 (化) 酒石酸塩.
tartre 男 ❶ (ワインの沈殿物). ❷ 歯石(= ～ *dentaire*); 湯垢(あか).
tartreux, se 形 酒石性の; 湯垢のついた.
tartuf(f)e 男 偽善者; 固 えせ信心家 (モリエールの喜劇の主人公の名から).
tartuf(f)erie 女 偽善ぶり, 偽善.
tas 男 ❶ 山積み. ◇ *un [des] tas de …* 多数の…. ❷ 話 有象無象の人 [連中]. ❸ 技 金床. ❹ (建) 建設中の建造物; 建築工事現場.
◇ *dans le tas* 話 大勢の中に. *sur le tas* 実地で, 仕事現場で. *tas de boue* ぽんこつ車.

tassage 男 (スポ) 走路妨害.
tasse 女 カップ; 茶碗一杯分. ◇ *boire une [la] ～* (泳いでいて)水を飲む.
tassé, e 形 ❶ 沈下した. ❷ 身をかがめた(年老いて)体が縮んだ. ❸ すし詰めの. ◇ *bien ～* なみなみとつがれた; 濃いぱ, たっぷり….
tasseau 男 (複) **x** (棚の)受け木.
tassement 男 ❶ (土, 雪などの)圧縮; 沈下. ❷ 鈍化; 伸び悩み, 低下.
tasser 他 ❶ 圧縮する, 押し込める; 圧し固める. ❷ 縮こませる; ぎゅっかり見せる. — *se* — ❶ 沈下する, めり込む. ❷ 身をかがめ, 背を丸める; (老齢で)体が縮む. ❸ 詰め込まれる; 詰め合う. ❹ 話 (平常に)戻る; 安定する, 収まる. ❺ 話 腹一杯食う [飲む].
taste-vin 男 (不変) (聞き酒用の)小カップ; ピペット管.
tata 女 幼児 語 おばちゃん.
tatami 男 (日本の) 畳.
tatane 女 俗 靴.
tatar, e 形 タタール(人)の. — 名 (T～) タタール人. — 男 タタール語.
tâter 他 ❶ 触る, 手で探る. ❷ 意向を探る; 出方をさぐる.
◇ ～ *le terrain* 語 探りを入れる.
— 自動 ❶ (*de*) (…に)挑戦する; 経験する. ❷ *y* — その心得がある.

— *se* ❶ 熟考する; 迷う, ためらう.
tâteur, se 自 味見役, 味聞き.
tâte-vin 男 (不変) ⇨ taste-vin.
tatillon, ne 形, 名 些(ささ)細なことにこだわる(人), 細かい(人).
tâtonnant, e 形 手探りの; 暗中模索の, 手探る人.
tâtonnement 男 手探り; 暗中模索, 試行錯誤.
tâtonner 自 ❶ 手探りで[進む]; 暗中模索 [試行錯誤] する; ためらう.
tâtons (à) 副 句 手探りで, 暗中模索で.
tatou 男 (動) アルマジロ.
tatouage 男 入れ墨(をすること).
tatouer 他 入れ墨をする.
tatoueur, se 名 入れ墨師.
tau 男 (ギリシア字母の) タウ (T, τ).
taud 男 / **taude** 女 (海) 天幕.
taudis 男 あばら家.
taulard, e 名 (俗) 囚人, 受刑者.
taule 女 (俗) 監獄部屋; 俗 刑務所.
taulier, ère 名 (ホテル, レストランなどの)主人, 経営者.
taupe 女 ❶ モグラ; モグラの毛皮. ❷ (魚) ネズミザメ. ❸ 話 スパイ. ❹ (理工科学校受験のための)数学準備学級.
taupé, e 形 (服) モールスキン風の. — 男 モールスキン風フェルト帽.
taupier 男 (農) モグラ捕獲人.
taupière 女 モグラ用罠(わな).
taupin 男 ❶ (理工科学校受験のための)数学準備学級の生徒. ❷ (昆) コメツキムシ.
taupinière 女 モグラ塚; モグラの巣穴.
taure 女 若い雌牛.
taureau 男 (複) **x** ❶ (去勢されていない)雄牛. ❷ (T～) (天) 牡(お)牛(座); (占)金牛宮. ◇ *de ～* たくましい, 巨大な. *prendre le ～ par les cornes* 決然と困難に立ち向かう.
taurillon 男 若い雄牛.
taurin, e 形 闘牛の, 闘牛の.
tauromachie 女 闘牛術.
tauromachique 形 闘牛(術)の.
tautologie 女 同義語反復.
□ tautologique

taux 男 ❶ 公定価格; レート, 水準; 税額, 税率. ❷ 年利率, 金利 (= ～ *d'intérêt*). ❸ 百分率, 比率, 割合.
tauzin 男 (植) ピレネーナラ.
tavaïolle 女 [カト] 幼児洗礼着.
tavelé, e 形 斑(ぶち)のある.
taveler 4 他 斑点をつける.
tavelure 女 (皮膚の)染み, 斑点. ❷ (農) 黒星(ほし)病.
taverne 女 居酒屋, 飲み屋; 田舎風カフェレストラン.
tavernier, ère 名 居酒屋の主人.
taxable 形 課税対象の.
taxacées 女 複 (植) イチイ.
taxateur, trice 名 納税額査定者.
taxation 女 課税; 納税額の査定; (法) (訴訟費用の)査定; 価格統制.
taxe 女 ❶ 税, 租税. ❷ 公共料金; 公定価格. ❸ (法) 確定訴訟費用.
taxer 他 ❶ 課税する; (法) (訴訟費用を)査定する. ❷ 価格を統制する. ❸

～ A de B A をB と非難する.

taxi 男 タクシー; 語 タクシー運転手 (=chauffeur de ～).
◇*avion-*～ = ～ *aérien* チャーター機.

taxidermie 女 剝[-ヲ]製術.

taxidermiste 名 剝[ハク]製専門家.

taxi-girl 女 (キャバレーなどで客と踊る)女性ダンサー.

taximètre 男 タクシーメーター; (船の)方位盤.

taxinomie / taxonomie 女 分類学. □taxi[o]nomique 形

taxi[o]nomiste 名 分類学者.

taxiphone 男 (古風) 公衆電話.

taxiway [-wɛ] 男 (米) (飛行機の)誘導路.

taxol 男 [生化] タキソール.

taxon / taxum 男 (複) **taxa** 男 [生] 分類群(科，種など).

tayloriser [telɔ-] 他 [経] テーラーシステムを導入する.
□taylorisation 女

taylorisme 男 [経] テーラリズム(経営管理の哲学).

Tb [記] [化] terbium テルビウム.

Tc [記] [化] technétium テクネチウム.

Tchad [-d] 男 チャド(共和国).

tchadien, ne 形 チャドの. — 名 (T～) チャド人. — 男 チャド諸語.

tchador 男 チャドル(イスラム女性の全身を覆う黒い布).

tchao 間 ⇨ ciao.

tchatche 女 話 おしゃべり; 都会の隠語.

tchatcher 自 おしゃべりする.
□tchatcheur, se

tchécoslovaque 形 チェコスロバキアの. — 名 (T～) チェコスロバキア人.

Tchécoslovaquie 女 チェコスロバキア(1993年，チェコ共和国とスロバキア共和国に分離.

tchèque 形 チェコ地方の. — 名 (T～) チェコ人. — 男 チェコ語.

tchétchène 形, 名 チェチェンの(人). — 男 チェチェン語.

tchin-tchin [tʃintʃin] 間 話 乾杯.

tchitola 男 [植] チトラ.

Te [記] [化] tellure テルル.

teck 男 [植] チーク材; チーク材.

teckel 男 [独] ダックスフント.

tectonique 形, 名 [地] テクトニクス(の), 構造地質学(の).

tectrice 形名 [動] tectrice ～ plume ～ (鳥の)雨覆[ホホヒ]羽. — 名 雨覆羽.

Te Deum [tedeɔm] 男 (不変) テ・デウム(カトリックのラテン語賛歌, 儀式).

tee [ti] 男 [英] (ゴルフの)ティー.

teenager [tinedʒœːr] 男 (不変) (英)ティーンエージャー.

tee-shirt [tiʃœrt] 男 (英) T シャツ.

téflon 男 商 テフロン.

téflonisé, e 形 テフロン加工された.

tégénaire 女 [動] イエナグモ.

tégéviste 名 T.G.V. の運転手.

tégument 男 [生] (動植物の)外皮, 外被; (植物の)珠皮, 種皮.

Téhéran テヘラン(イランの首都).

Téhéran

technétronique 形 技術と電子工学中心の.

technicien, ne 名 ❶ 専門家, 技術者. ❷ (ingénieur の下で働く)特殊技術者. ❸ テクニシャン. — 形 技術の.

techniciser 他 (科学)技術化する; 技術を導入する.

technicité 女 専門性; (技術の)技能, テクニック.

technico-commercial, ale; (男複) **aux** 形 技術で営業両分野に関わる.

technicolor 男 [英] 商標 (映画の)テクニカラー.

technique 形 ❶ 専門的な, 専門分野の. ❷ テクニックの, 技法上の. ❸ (科学)技術の; 技術分野の; 技術者養成の. — 女 ❶ テクニク, 技巧, 技法. ❷ (科学)技術. ❸ やり方, こつ.

techniquement 副 技術的に, 技術面で; 専門的に.

techno 形, 女 (音) テクノミュージック(の).

technobureaucratie [-si] 女 テクノビュロクラシー, 技術官僚支配体制. □technobureaucratique 形

technocrate 名 テクノクラート(技術家出身の管理職者, 高級官僚).

technocratie [-si] 女 (多くは悪い意味で) テクノクラシー.

technocratique 形 テクノクラシーの; テクノクラートの.

technocratiser 他 テクノクラシー化する; テクノクラートの支配下におく. □technocratisation 女

technocratisme 男 テクノクラート専用主義の言動.

technoéconomique 形 テクノエコノミクスの, 技術と経済の.

technologie 女 工学, テクノロジー. □technologue / technologiste 名

technologique 形 工学の; テクノロジーの.

technophilie 女 科学技術礼賛.

technophobie 女 科学技術嫌悪.

technopole 女 / **technopôle** 男 研究学園都市.

technopolitique 形 テクノポリティックの, 技術支配政治の.

technostructure 女 [経] テクノストラクチャー, 専門家作業界.

teign-

teign- 屈 ⇨ teindre.
teigne 囡 ❶〖昆〗ヒロズコガ, イガ. ❷〖医〗頭部白癬(はくせん). ❸ 囮 意地悪な人.
teigneux, se 形 ❶〖医〗白癬(はくせん)の(患者). ❷ 囮 意地悪な(人).
teillage 男〖繊〗製織工.
teille 囡 アサの皮; シナの木の靭皮(じんぴ).
teiller 他 (麻などの)皮をはぐ.
teilleur, se 名〖繊〗製繊工.
 ── 囡 自動製繊機.
teindre 他 ❶ 染める, 染色する; 色づける. ── **se ~** (自分の)髪を染める; 《de》(…に)染まる.
teint, e 形 (teindreの過去分詞) 染められた; 囡 髪を染める.
 ── 男 顔色;〖繊〗染め上がり.
 ◇**bon ~** 堅牢染めの; 囡 意志強固な.
 ── 囡 ❶ 色合い, 色調, 濃淡; 色. ❷ **une ~ de ...** …気味なところ, を帯びたもの.
teintant, e 形 着色用の.
teinté, e 形 ❶ 薄く着色された. ❷ 《de》(…の)気味を帯びた, 混じった.
teinter 他 薄く着色する; ニュアンス[色合い]をつける.
teinture 囡 ❶ 色染, 染め出し; 染料; 毛染め剤; 染色剤;〖薬〗チンキ剤. ❷ **une ~ de ...** …の表面的な知識.
teinturerie 囡 染色業, 染物業, (染物もする)クリーニング店.
teinturier, ère 名 (染物もする)クリーニング屋; 染物業者, 染物職人.
tek [-k] 男 ⇨ teck.
tel, le 形 (不定) ❶ そのような, それほどの. ▶ **une telle occasion** そのような機会 /《文頭で前文の内容を受けて》**Telle est la situation actuelle.** それ[以上]が目下の状況である. ❷;《que (...)》que ... 非常に…なので…;《否定文で, 接続法を伴って》…ほど…(ではない). ▶ **Sa fatigue était telle qu'il s'est endormi tout de suite.** 疲労が激しかったので彼はすぐ眠りに落ちた. ❸ **tel que ...** …のような. ▶ **pays tel que la France** フランスのような国 /《que を省略して》**certains fruits, tels les pommes, les oranges, etc.** リンゴ, オレンジ, といったような果物. ❹ **tel ..., tel ...** …のように…. ▶ **Tel père, tel fils.** 諺 この父にしてこの子あり. ❺ 文章 …のままの. ▶ **Il a filé telle une flèche.** 彼は矢のように逃げ去った. 旧 tel は普通後続の名詞と性数一致. ❻《無冠詞で不定のものを示しことさら…しない》ある, …の.
 ◇**rien de tel (que ...)** そのようなものは何もない, …にまさるものはない. **tel et [ou] tel** これこれの, しかじかの. **tel quel** そのままの, ありのままの.
 ── 代 (不定) ❶ (不定冠詞とともに) 某(なにがし). ▶ **Monsieur Un tel** 某氏. ❷《文章》ある人[物]. ▶ **Tel est pris qui croyait prendre.** 諺 してやるつもりでいた者がしてやられる.
télamon 男〖建〗男像柱.
Tel-Aviv-Jaffa テル=アビブ=ヤフォ, テルアビブ (イスラエル西部).
télé 囡 テレビ.
télé(-)achat 男 テレビショッピング.
téléacheteur, trice 名 テレビショッピングをする人.
téléacteur, trice 名 コールセンターのオペレーター.
téléaffichage 男 電光掲示板.
téléalarme 囡 (警備センター直結の)非常警報; 緊急電話, 緊急通報.
télébenne / télécabine 囡 (スキー場の)ゴンドラ, 小型ロープウエー.
télécarte 囡 商標 テレホンカード.
téléchargeable 形 ダウンロード可能な.
téléchargement 男〖情報〗ダウンロード. ◆**télécharger** 他
téléchirurgie 囡〖医〗遠隔手術.
télécinéma 男 テレシネ (映画からテレビ映像への変換装置).
Télécom [-kɔm] テレコム (通信衛星システム).
télécommande 囡 遠隔操作[制御], リモートコントロール (装置).
télécommander 他 遠隔操作[リモートコントロール]する; 陰で操る.
télécommunication 囡 ❶ (電信, テレビなど) 遠距離通信. ❷《複数》遠距離通信装置 (télécoms [-kɔm] と略).
téléconférence 囡 テレビ電話会議.
télécontrôle 男 遠隔制御[制御].
télécopie 囡 (電話) ファックス.
télécopier 他 ファックスで送る.
télécopieur 男 ファックス.
télécran 男 テレビスクリーン.
télédétection 囡 遠隔探査, リモートセンシング.
télédiagnostic [-gnɔ-] 男 遠隔診断.
télédiffuser 他 放映する, テレビ中継する.
télédiffusion 囡 テレビ放送.
télédistribution 囡 ケーブル[有線]テレビジョン, CATV.
téléécriture 囡 テレライティング (遠隔通信ライティング).
téléenseignement 男 通信放送教育.
téléfax [-ks] 男 商標 テレファックス (ファックス機).
téléférique 形 ⇨ téléphérique.
téléfilm [-m] 男 テレビドラマ.
télégénie 囡 テレビ映りのよさ.
télégénique 形 テレビ映りのよい.
télégestion 囡 遠隔管理システム.
télégramme 男 電報.
télégraphe 男 (有線)電信(機); モールス電信機.
télégraphie 囡〖通〗電信(技術).
télégraphier 他 電信で送る, 打電する; 電報で知らせる.
télégraphique 形 電信の; 電信による; 電文の; 非常に簡略な.
télégraphiquement 副 電信[電報]で.
télégraphiste 名 ❶ (有線)電信技手; 無線士. ❷ 男〖速達〗配達人.
téléguidage 男 無線誘導, 遠隔操縦, リモートコントロール.
téléguider 他 無線誘導[遠隔操縦,

téléimprimeur 男 テレプリンタ.
téléinformatique 女 データ通信(技術). ─ 男 データ通信(技術)の.
téléjournal: (複) **aux** 男 テレビ番組案内誌.
télékinésie 女 テレキネシス, 念力.
télémaintenance 女 [情報] 遠隔保守.
télémanipulateur 男 マニプレータ, 遠隔操作装置, マジックハンド.
télémanipulation 女 (マニプレータによる) 遠隔制御.
télémarketing [-ketiŋ] 男 テレマーケティング.
télématique 女, 形 データ通信(の), テレマティークの.
télémédecine 女 [医] 遠隔医療.
télémessage 男 (携帯の) メール.
télémessagerie 女 メールサービス.
télémesure 女 遠隔測定, テレメータリング.
télémètre 男 測距儀, 距離計.
télémétrie 女 測距儀による距離測定; (音響, 電波などによる) 距離測定.
télémétrique 形 測距儀の; 距離測定の.
téléobjectif 男 望遠レンズ.
téléologie 女 [哲] 目的論, 目的観.
téléonomie 女 [生] テレオノミー.
téléopérateur, **trice** 名 テレオペレータ. ─ 男 テレオペレータ-ビークル・システム.
télépaiement 男 (口座へのミニテルなどによる) 振込み.
télépathe 名 [心] テレパシー[精神感応, 思念伝達]能力のある(人).
télépathie 女 テレパシー, 精神感応, 思念伝達. ▸ **télépathique** 形
télépathologie 女 テレパソロジー, 遠隔病理診断.
télépéage 男 高速道路料金の自動精算.
téléphérage 男 空中ケーブル輸送.
téléphérique 形 空中ケーブル輸送の. ─ 男 ❶ ロープウェー; 空中ケーブル. ❷ 空中輸送ケーブル, ワイヤロープ.
téléphone 男 電話; 電話機. ▸ **numéro de ~** 電話番号/ **~ interurbain** 市外電話. ◇ ← *arabe* 口コミ.
téléphoné, **e** 形 ❶ 電話伝達による. ❷ [スポ] (手の内が) 読まれた.
téléphoner 他 電話で知らせる. ─ 自 電話する.
téléphonie 女 電話; 電話通信.
téléphonique 形 電話の, 電話による.
téléphoniquement 副 電話で.
téléphoniste 名 電話交換手.
téléphotographie 女 写真電送術; 望遠写真術.
téléport 男 テレポート.
téléportation 女 瞬間移動. ▸ **téléporter** 他
téléprompteur 男 プロンプター.
téléradar 男 遠隔制御レダ.
téléradiographie 女 [医] 遠距離X線撮影.
téléréalité 女 庶民の日常生活を撮ったテレビ番組.

téléreportage 男 ドキュメンタリー番組.
téléreporter 男 テレビレポーター.
télérupteur 男 リモコン・スイッチ.
télescope 男 (反射) 望遠鏡; 《T~》 [天] 望遠鏡(座).
télescoper 他 (他の車に) 激突する, めり込む; [言] 陥入させる. ─ **se ~** 互いにめり込む; [文章] 交錯する. ▸ **télescopage** 男
télescopique 形 望遠鏡による; 肉眼では見えない; はめ込み [入れ子] 式の.
téléscripteur 男 電信印字機, テレタイプ.
télésiège [-sjɛ-] 男 [スキー] チェアリフト.
télésignalisation 女 遠隔信号 [標識, 通報].
téléski 男 [スキー] シュレップリフト; Tバーリフト.
télésonder [-s5-] 他 遠隔探査する. ▸ **télésondage** 男
télésouffleur 男 プロンプター.
téléspectateur, **trice** 名 視聴者.
télésurveillance [-syr-] 女 遠隔監視.
Télétel 男 テレテル(フランスのビデオテックス・システム).
télétex [-ks] 男 テレテックス.
télétexte [-ks] 男 [情報] テレテキスト.
téléthèque 女 番組ライブラリー.
téléthon 男 テレビマラソン(募金をつのる長時間番組).
télétraitement 男 遠隔処理.
télétravail 男 データ通信による在宅勤務. ▸ **télétravailleur**, **se** 名
télétype [英] 商標 テレタイプ.
téleutospore 女 [植] 冬胞子.
télévangéliste 名 (米国の) テレビ説教師.
télévendeur, **se** 名 通信販売員.
télévente 女 (ミニテルなどによる) 通信販売, テレビセールス.
télévisé, **e** 形 テレビ放送の.
téléviser 他 放映する, テレビに映す.
téléviseur 男 テレビ受像機.
télévision 女 ❶ テレビジョン, テレビ(放送); テレビ局. ❷ 商標 テレビ受像機.
télévisuel, **le** 形 テレビの [向かの].
télex [-ks] 男 テレックス, 加入電信.
télexer 他 テレックスで伝送する.
télexiste 名 テレックス係.
tell 男 (不変) 古塚 テル, 遺丘.
tellement 副 ❶ とても, 非常に. ❷ 圏 **de ~** 非常に多くの… ❸ (否定的表現で) それほど…でない, あまり…でない. ❹ ─ **~ que** … とても…なので…. ❺ (比較級の強調) はるかに, ずっと. ❻ (原因, 理由の節を導く) それほど…で.
tellurique[1] 形 [化] テルル酸の.
tellurique[2] 形 ❶ [物] 地球の; 地中の. ▸ **secousse ~** 地震. ❷ [天] **planète ~** 地球型惑星.
tellurure 男 [化] テルル化物; (オルトテルル酸塩.
téloche 女 俗 テレビ.
télomérase 女 [生] テロメラーゼ.
télomère 男 [生] テロメア.

telson

telson 男《動》尾節.

téméraire 形 向こう見ずな, 無謀な; 大胆不敵な; 軽率な. ― 名 向こう見ずの人, 無鉄砲な人.

témérité 女 無謀, 無鉄砲, 向こう見ず; 軽率.

témoignage 男 ❶ 証言. ► faux ~ 偽証. ❷ ~ de ... …のしるし, 証(あかし). ◇rendre ~ à ... (人)に有利な証言をする;(物等)に敬意を表す.

témoigner 自 ❶ 証言する. ❷ 《de》(…)を立証する;(…)を表す. ― 他 ❶ 証言する. ❷ (であると)証言する. ❷ (感情)を表す, 示す.

témoin 男 ❶ 証人; 立会人. ❷ 目撃者;(時代の)証人, 証言者. ❸《文頭で》その証拠に…がある. ❹《同格の》証拠[指標]となる物. ► lampe ~ 表示ランプ/appartement(-)~ モデルルーム. ❺《スポ》バトン.

tempe 女 こめかみ.

tempera [-pe-] 女 《伊》《美》テンペラ(技法); テンペラ画.

tempérament 男 ❶ 気質, 気性, 性分;個性の強い人. ❷ 体質. ❸《医》好色. ❹ 緩和, 軽減. ❺《楽》音律; 平均律. ◇à ~ 分割払いで. avoir du ~ 個性が強い; 好色である.

tempéramental, ale《男複》**aux** 形 体質の, 体質に関する.

tempérance 女 節制; 節食; 節酒.

tempérant, e 名, 形 節食[節酒]家(の); 節制家(の).

température 女 ❶ 気温, 温度; 体温. ❷(集団などの)動向.

tempéré, e 形 ❶ 温暖な, 穏やかな.《文章》節度のある. ❷《楽》gamme ~e 平均律音階.

tempérer 他《文章》和らげる, 緩和する.

tempête 女 ❶ 暴風雨, 嵐; しけ. ❷ 動乱, 騒擾(そうじょう); 動揺; 激動.

tempêter 自《contre》(…に対して)どなる, わめき散らす.

tempétueux, se 形《文章》嵐の多い; 嵐を引き起こす; 波乱に富んだ, 激動する; 怒りっぽい.

temple 男 ❶ 神殿, 聖堂, 寺院. ❷ プロテスタント教会. ❸《史》chevalerie du T~ テンプル騎士団. ❹《le T~》(パリの)テンプル騎士団本拠地; (現在の)タンプル地区.

templier 男《史》テンプル騎士団員.

tempo [tẽpo] ;《複》~s (または tempi)男《伊》《楽》テンポ, 速さ.

temporaire 形 一時的な, 臨時の, 仮の. □**temporairement** 副

temporal, ale《男複》**aux** 形《解》側頭骨の. ― 男《解》側頭骨.

temporalité 女《哲》《文法》時間性. ❷《古法》(教会)の世俗領.

temporel, le 形 ❶ 一時的な, この世の, はかない. ❷ 現世の, 俗の, 物質的な. ❸ 時制の;《文法》時を表す, 時制の. ― 男《カト》❶(教皇)の世上権. ❷(聖職者の)収入.

temporellement 副 世俗的に, 物質的に; 時間的に.

---

temporisateur, trice 形, 名 時機を待つ(人), 時間稼ぎをする(人). ― 男 タイマー.

temporisation 女 好期を待つこと, 時間稼ぎ;《医》経過観察.

temporiser 自 時機を待つ, 待機する.

temps 男 ❶ 時間. ► employer son ~ à la lecture 読書して時間を過ごす. ❷ 時代, 時期;《複数》時代;《特に複》~ modernes 現代. ► le bon vieux ~ 古きよき時代/Les ~ sont durs. 厳しい御時世だ. ❸(作業などの)段階, ステップ;《機》サイクル;《楽》拍子, 札. ❹《文法》時; 時制. ❺《スポ》タイム. ❻ 天気. ► beau ~ 好天 / Quel ~ fait-il? 天気はどうですか. ◇à plein ~ フルタイムで[の]. ► 定刻に; 間に合って, 遅れずに. à ~ partiel パートタイムで[の]. Au ~ pour moi. 間違った, やり直し. ❻ avant le ~ 時期よりも早く, 思ったより早く. avoir fait son ~ 現役を退く; 兵役[刑期]を務めあげる; 使い古し[時代遅れ]になる. avoir tout le ~ たっぷり時間がある. ces derniers ~ = ces derniers 最近. Chaque chose en son ~. 何事にも時期というものある. dans le ~ 昔, かつて. dans le [au, du] ~ où ... …の時. de ~ en ~ = de ~ à autre ときどき. de [en] tout ~ 常に, いつの時代にも. en deux ~, trois mouvements 素早く. en même ~《que ...》(…と)同時に; (…の)一方では. en peu de ~ たちまちのうちに. en ~ et lieu しかるべき時と場所で. en ~ normal 普通は[に]. entre ~ その間に, そうこうするうちに. être de son ~ 時流に乗っている. faire son ~ 兵役に服する. Il est ~ de + inf. [que + subj.] …する時だ. Il était ~. 辛うじて間に合った, 危いところだった. Il n'est que ~《de ...》(…するのを)急がなくてはならない. l'air du ~ 時の運, 天の巡り合わせ. le ~ de ... …する時間;…すぐさま時間. n'avoir qu'un ~ つかの間のものである. On prendra bien le ~ de mourir. 急ぐ必要はない. tout le ~《que ...》(…の間中)絶えず, 始終. Voilà [Il y a] beau ~ que ... …してから久しい. **tempura** [tempu-] 女《日本》てんぷら.

tenable 形 我慢できる; 維持できる.

tenace 形 くっついて離れない頑固な, 粘り強い. □**tenacement** 副

ténacité 女 くっついて離れないこと, 粘り付; しつこさ, 頑固さ, 強情さ.

tenai(-) = **tenir**.

tenaille 女 ❶《多く複数》やっとこ, プライヤー;《昔のやっとこ形の》拷問器具. ❷《軍》凹角堡(ほう).

tenaillement 男 責め苦しみ, 呵責

tenailler 他 苦しめる, 責めさいなむ.

tenancier, ère 名(酒場, ホテルの)支配人, 経営者; 借地農, 小作農.

tenant, e 形 くっついた，離れない．◇ *séance* ~e 開会中に；すぐその場で． ——名《スポ》選手権保持者．——男 ❶ (主義，学説の)信奉者，支持者．❷《複数》《法》隣接地．
◇*d'un (seul)* ~ = *tout d'un* ~ 一続きの，地続きの．*les* ~s *et les aboutissants*〈事柄の〉詳細，一部始終．

tend, tendai(-) 活 ⇨ *tendre*.

tendance 囡 ❶ 性向，性癖，傾向，趣(ポゴ)勢，動向．❷ 派閥，分派，セクト．

tendanciel, le 形 特定の傾向を示す．

tendancieux, se 形 偏向した，意図的な．□**tendancieusement** 副

tende(-) 活 ⇨ *tendre*.

tender 男《鉄道》炭水車，テンダー．

tenderie 囡 罠(き)猟，テンダー．

tendeur, se 名 張る人，つるす人．——男 引っ張り具；引き締めねじ．

tendi-, tendî- 活 ⇨ *tendre*.

tendineux, se 形 ❶《解》腱(½)の．❷ (肉が)すじの多い．

tendon 男《解》腱；《食》すじ．

tendre¹ 他 ❶ ぴんと張る，引き伸ばす．❷ 広げる，張る．❸ 差し出す，差し伸べる；提供する．❹ 緊張させる，張り詰める．——自 (à, vers) ❶ (…を)目標とする，目指す．❷ (…の)傾向がある．❸ (…に)近づく，赴く．

tendre² 形 ❶ 柔らかい．❷ (植物などが)若い，ひ弱な．❸ (色，光などが)淡い．——名 心優しい人；情にもろい人．——男《文》*carte du T*~ 恋愛地図《スキュデリ嬢の考案した，恋情の進展の寓意図》．

tendrement 副 優しく，愛情を込めて．

tendresse 囡 ❶ 優しさ，愛情；《複数》愛撫(ホワ)，甘い言葉．❷ 囮 好み，愛好．

tendreté 囡 柔らかさ．

tendron 男 ❶《食》ともばら(牛の胸部)．❷ 新芽；《ふざけて》若い娘．

tendu, e 形 (*tendre* の過去分詞)ぴんと張られた，引き伸ばされた；緊張した；広げられた，張り巡らされた．

ténèbres 囡複 ❶ 闇，暗闇．❷ 未知の領域，《雅》蒙昧(鯰)．

ténébreux, se 形《文雅》闇の，暗闇の；陰険な，腹黒い；謎(贽)の；陰気な，憂うつな；謎めいた．——男《文雅》陰気《憂うつ》な人；神秘的な人．

ténébrion 男《昆》ゴミムシダマシ．

tènement 男《史》保有地．

teneur¹ 囡 ❶ 文面(で(文書などの正確な)内容．❷ 含有量，濃度．

teneur² 男 名係，担当者．▶ ~ *de livres* 帳簿係．

tenez, teniez 活 ⇨ *tenir*.

ténia 男《動》条虫属，サナダムシ．

ténifuge 形 条虫駆除の．——男 条虫駆除薬．

tenir 28 ❶ 持っている，つかんでいる；つなぎ止めている．固定している．❷ 拘束する，引き止める；押さえる，意のままにする．❸ ~ A B ＝ A を B の状態に保つ．◇ ~ *les yeux fermés* 目を閉じたままでいる．❹ (状態，態度などを)保つ；(場所を)離れないでいる．❺ 保管，位置を占める．❻ 収容する，(…の)容量がある．❼ 担当する；管理する，経営する．❽ 会議，催しなどを)開く，行う；(話，演説を)する．❾《約束などを》守る．❿ ~ A *de* B A から B を得る，受け継ぐ．⓫ ~ A *pour* B A を B と見なす．⓬ (感情，病気などが)〜にとらえる，襲う．⓭ 囮 (病気に)かかっている．(酔いが)回っている．⓮ 耐える；囮 (酒に)強い．⓯ (商品を)扱っている，店に置いている．⓰《文雅》 ~ *que* … …と主張する，思う．

◇*en* ~ *pour* … …に夢中である．*en* ~ *une* 酔っ払っている．*faire* ~ 届ける，提出する．*Qu'est-ce qu'il tient!* 囮 あいつはばかだ；彼はひどく酔っ払っている；彼はひどい風邪だ．~ *la mer* (船が)沖合にいる，荒天に耐えて航行している；制海権を保持する．~ *la route* (車が)ロード・ホールディングがよい；囮 困難や疲労に負けない，しっかりしている．*Tiens* [*Tenez*]! (注意を引いて)ちょっと，ねえ，ほら；(物を差し出して)はい，どうぞ；(驚き，怒り，皮肉を表して)おや，まあ，ほう，へえ(囮 この意味では *Tiens* の形のみ).

——自 ❶ (ある位置，姿勢に)とどまっている；持ちこたえる，頑張る，我慢する；長持ちする，崩れない，破壊(ぎ)がない．❷ 収まる，座れる；要約される．❸ (à) (…に)執着する，(…を)大切に思う，強く望む．▶ ~ à + inf. [à ce que + subj.] …することを強く望む．❹ (à) (…に)起因する，(…の)結果である．▶ ~ à ce que + ind. …に起因する．❺ (à) (…に)くっついている．❻ (de) (…の)血を引く(影響を受けている)；…に似る，(…を)思わせる．

◇*avoir de qui* ~ 親譲りの素質を持っている，血筋は争えない．*Il n'y a* (*pas de*) … *qui tienne*. …などもっての外である；…は通用しないぞ．*Il* [*Cela*] *tient à* … *de* + inf. [*que* + subj.] (非人称構文)…かどうかは…次第である．*ne plus pouvoir* ~ = *ne pouvoir y* ~ = *n'y plus* ~ こらえきれない．*Qu'à cela ne tienne*. それはいっこう問題ではない．~ *bon* 頑張る，耐え抜く，生き延びる．~ *pour* … …を支持する．

——*se* ~ ❶ (à) (…に)つかまる，くっつく．❷ じっとしている；行儀よくする；(ある状態，姿勢で)いる；(ある場所に)いる，位置する．▶ *se* ~ *mal* 行儀[姿勢]が悪い／*Tiens-toi droit!* 背筋を伸ばしなさい．❸ (会議，催しなどが)開かれる，行われる．❹《de》自分を(…と)見なす．❺ 互いに関連している；依存し合う；関係し合う．❻ (話の)首尾一貫している．❼ 《par》互いに(…を)取り合う．❽ 自分の(…を)押さえる[抱える](…).

◇*ne (pas) pouvoir se* ~ *de* … 文雅 …せずにいられない．*savoir* à *quoi s'en* ~ 事情に通じている，どう対処すべきかが心得ている．*s'en* ~ à … …だけにとどめる[で満足する]．*Tenez-*

tenir

vous [Tiens-toi] **bien!** 行儀よく[姿勢をよく]しない; 齟齬しないで, 気を確かにして. **Tenez-vous-le pour dit.** 黙って言いつけを守りなさい.

tennis [-s] 男《英》テニス; テニスコート;《複》テニスシューズ. ▶ ～ de table 卓球. □**tennistique** 形.

tennisman [-man];《複》～s (または **tennismen**) 男 テニスプレーヤー.

tenon 男《建》枘(ほぞ).

tenonner 他《建》枘を作る.

tenonneuse 女 枘突き機.

tenons 直・命 ← tenir.

ténor 男 ❶《楽》テノール, テノール歌手. ❷《複》大立者, 花形.

ténoriser 自 テノールの声域で歌う.

ténotome 男《医》切腱(けん)刀.

ténotomie 女《医》腱切断(術).

tenseur 男 ❶《解》張筋. ❷《数》テンソル. —— 形・男《解》張筋の.

tensioactif, ve 形《化》界面活性の. —— 男 界面活性剤.

tensioactivité 女《化》界面活性.

tensiomètre 男 表面張力計; ひずみ計; 《医》血圧計.

tension 女 ❶ 張り(具合), 引っ張り. ❷ 緊張(状態), 緊迫. ❸《医》血圧;《物》張力; 圧力;《電》電圧.

tentaculaire 形 触手の, 触手のある; 四方八方に広がる.

tentacule 男《動》(軟体動物などの)触手; (タコ, イカなどの)足.

tentant, e 形 気を引く, 魅力的な.

tentateur, trice 形 心を惑わす. —— 名 誘惑者; 《le T～》悪魔.

tentation 女 誘惑, 欲望.

tentative 女 試み, 企て;《法》未遂.

tente 女 テント; 天幕; 幕舎. ◇ se retirer sous sa ～ 怒って手を引く.

tente-abri;《複》～s-～s 女 携帯テント.

tenter 他 ❶ 試みる, 企てる. ❷ 気をそそる; 購買心を起こす; 悪に誘惑する.

tenthrède 女《昆》ハバチ.

tenture 女 壁掛け, 壁紙, カーテン.

tenu, e 形 (tenir の過去分詞) ❶ bien [mal] ～ 手入れの行き届いた[行き届かない]. ❷ être ～ à ... [de + inf.] ... を義務づけられている.

ténu, e 形 ❶ 薄い, ごく細い, 微小な, かすかな, 微妙な. □**ténuité** 女.

tenue 女 ❶ 服装, 身なり. ❷ 行儀(のよさ), マナー; 姿勢. ❸ 管理, 経営, 手入れ, 世話. ❹ 高尚さ, 格調. ❺ 保持(期間). ◇ en petite ～ 軽装[薄着]で[の]. tout d'une ～ = d'une seule ～ 一続きの, 連続した.

tenuto [tenu-] 副《伊》《楽》テヌート.

TEP 女《略》tomographie par émission de positrons ポジトロンエミッション.

tep [-p] 男《不変》tonne équivalent pétrole テップ(エネルギーの単位).

téphrochronologie 女《地》火山灰編年学.

téphrosie 女《植》ナンバンクサフジ.

tequila [te-] 男/女《西》テキーラ(メキシコの蒸留酒).

ter 副 第2, 番地, 条項などで) ... の3;《楽》3回繰り返して.

téragone 男《数》超多角形.

tératocarcinome 男《医》奇形がん.

tératogène 形 奇形を引き起こす.

tératologie 女 奇形学. □**tératologique** 形.

terbium 男《化》テルビウム.

tercet 男《詩》3行詩.

térébelle 女《動》フサゴカイ.

térébenthine 女 松やに; テレビン油.

térébinthe 男《植》ピスタチオ.

térébrant, e 形《動》穿(う)孔する器官のある; 穿孔性の.

térébratule 女《貝》チョウチンガイ.

tergal 商標《繊》テルガル(ポリエステル繊維).

tergiversation 女《多く複》回りくどい言い方, 逃げ口上; 躊躇(ちゅうちょ).

tergiverser 自 回りくどい言い方をする, 言い逃れる; ためらう.

termaillage 男 貿易支払期日変更.

terme 男 ❶ 期限, 期日. ❷《家賃などの》支払期間; 借用期間; 1期分の支払い金. ❸《文》終期, 終わり. ❹ 出産予定日, 臨月. ❺《複》関係, 間柄. ❻ 単語; 用語. ❼《複》表現, 言葉遣い. ❽ 名辞;《数》項;《言》辞項. ◇ à court [moyen, long] ～ 短期[中期, 長期]の. à ～ 時期が来れば; 結局は. être à bons [mauvais] ～s avec ... ... と仲がよい[悪い]. moyen ～ 中間策; 妥協策.

terminaison 女 語尾; 末端, 終末.

terminal[1];《複》aux 形《英》ターミナル駅, エアターミナル;《情報》端末.

terminal[2], ale 形 末端の, 最終の;《医》末期の.

terminale 女 (リセの)最終学級(☆次ページ囲み).

terminateur 男《天》(月や惑星などの)明暗界線.

terminer 他 ❶ 終える, 完了する. ❷ ～ A par B A を B で締めくくる, おしまいにする. —— 自 (en) avec ... ... を終える, ... にけりをつける; ... と縁を切る. —— se ～ ❶ ～ で終わる, 終了する. ❷ (par, en) (... で)終わる.

terminisme 男《哲》名辞論;《神》恩恵有期説.

terminologie 女《集合的》専門用語; 専門用語学.

terminus [-s] 男《英》終点.

termite 男《昆》シロアリ.

termitière 女 シロアリの巣.

ternaire 形 3要素から成る.

terne 形 くすんだ; 精彩のない.

terni, e 形 輝きを失った, 曇った.

ternir 他 輝きを失わせ, 曇らせる; 損なう, けがす. —— se ～ 輝きを失う. □**ternissement** 男.

terpène 男《化》テルペン.

terpine 女《英》《化》テルピン.

terrain 男 ❶ 土地, 地形, 地表; 地

所. ❷ 土壌, 地質, 地味;《多く複数》地層, 調査地. ❸ 場所; グラウンド. ❹ 戦場, 陣地; 決闘場. ❺ 受け入れ基盤, 下地. ❻《活動の場》分野; 状況. ◇*céder du* ~ 退却する; 譲歩する. *être sur son* ~ 自分の土俵で相撲をとる. *se placer sur un bon* [*mauvais*] ~ 有利[不利]な立場に身を置く. *sur le* ~ 現場で, 実地に.

terra incognita [-in-] 囡《単数のみ》(ラ)未知の領域.

terrarium 男《生》陸生動物収集飼育場[器].

terrasse 囡 ❶ テラス;（大きな）バルコニー. ❷ 台地, 盛り土; 段丘.

terrassement 男 土木（作業）, 整地, 土地造成; 盛り土.

terrasser 他 打ち倒す, 打ちのめす; 黙らせる.

terrassier 男 土木作業員; 土木工事業者.

terre 囡 ❶ 地面, 大地, 陸地. ❷ 所有地, 領地; 土地; 耕地; 農耕生活. ❹ 地方, 地域,（*la* T~の）地球. ❻ 世界; 全世界の人々, 人類. ❼ 現世, この世. ◇*à* [*par*] ~ に, 床に, 地面に. *avoir les pieds sur* (*la*) ~ 足が地についている. *entre ciel et* ~ 空中に. *revenir sur* ~ 現実に返る. *vouloir rentrer sous* ~ 穴があったら入りたい.

terre(-)à(-)terre 形《不変》世俗の, 卑近な; 物質的な, 実際的な.

terreau;《複》**x** 男 腐植土, 黒土.

terre-neuvas 男 ニューファンドランド漁場タラ漁船(船員).

terre-neuve 男《不変》ニューファンドランド犬.

terre-neuvien, ne 形 ニューファンドランド島[州] Terre-Neuve の. ── 图（T~-N~）ニューファンドランド島[州]の人.

terre-plein 男（盛り土した）台地, 土手. ▶ ~ *central* 中央分離帯.

terrer 土をまく; 根元に肥えた土をかける. ── *se* ~（動物が地中, 穴に）住む, 隠れる; 人目を引きこもる.

terrestre 形 ❶ 地球の. ❷ 地上の; 世俗の; 物質的な. ❸ 陸上の; 陸生の.

terreur 囡 ❶（極度の）恐怖;《複数》（激しい）不安. ❷ 圧政;（T~》《仏史》恐怖政治. ❸ 話 乱暴者.

terreux, se 形 土の（ついた）; 土色の.

terrible 形 ❶ 恐ろしい, ぞっとする; すさまじい; 騒々しい, 実に不愉快な. ❷ 話 すごい. ── 副 話 素晴らしく. ── 男 恐ろしいこと; 困ったこと.

terriblement 副 非常に, 過度に.

terrien, ne 形 農民の, 田舎の; 土地を所有する; 地(*chi*)に住む. ── 图 農民, 田舎の人; 地主（船乗りに対して）陸者. ❷（les T~s）地球人.

terrier 男 ❶（動物の）巣穴, トンネル. ❷ テリア（犬）. ❸《古法》土地台帳.

terrifiant, e 形 怖がらせる, ぞっとさせる; ものすごい, 途方もない, 異常な.

terrifier 他 怖がらせる.

terrigène 形《地》陸源の, 陸性の.

terril 男（鉱山の）ボタ山.

terrine 囡 ❶《料》テリーヌ型; テリーヌ, パテ. ❷《陶製の鉢》俗 頭, 顔.

territoire 男 ❶ 領土, 国土. ❷ 担当地区, 管轄地域; 領地; 居住地域. ❸ 区分, 縄張り;（動物の）テリトリー.

territorial, ale（男複）**aux** 形 領土の, 国土の; 国土防衛の;（動物の）テリトリーの. ── 男 国土防衛軍兵士[部隊]. ── 囡 国土防衛軍.

territorialement 副 領土の点で, 領土に関して.

territorialité 囡《法》属地性, 属領性; 属地主義;《動》縄張り性.

terroir 男 ❶ 耕作適地,《特に》（ワイン用の）ブドウ産地. ❷ 郷土, 地方.

terroriser 他 恐怖に陥れる; 恐怖政治を行う. ◻ *terrorisant, e*

terrorisme 男 テロリズム, テロ行為;《仏史》恐怖政治.

terroriste 图 テロリスト. ── 男《仏史》恐怖政治家. ── 形 テロリストの; テロリストの; 恐怖政治の.

tertiaire 形 ❶《経》secteur ~ 第三次産業. ❷《地》第三紀の; 第三系の. ❸《経》第三次産業従事者. ── 男 第三紀[系]; 第三次産業.

tertiarisation [-sja-] / **tertiairisation** [-sje-] 囡《経》（産業）の第三次化.

tertio [-sjo] 副《ラ》第三に.

terminale 最終学級

17-18歳	リセ lycée	最終学級 (classe)	terminale
16-17歳		第1学級 (classe de)	première
15-16歳		第2学級 (classe de)	seconde
14-15歳	中学校 collège	第3学級 (classe de)	troisième
13-14歳		第4学級 (classe de)	quatrième
12-13歳		第5学級 (classe de)	cinquième
11-12歳		第6学級 (classe de)	sixième
10-11歳	小学校 école primaire	中級課程2年	C.M.2 [第7学級]
9-10歳		中級課程1年	C.M.1 [第8学級]
8-9歳		初級課程2年	C.E.2 [第9学級]
7-8歳		初級課程1年	C.E.1 [第10学級]
6-7歳		準備課程	C.P. [第11学級]

田 [ ] 内は旧制度の名称であるが, 慣用的に用いられる.

tertre 男 [頂上の平たい]小丘；塚．

tes ton¹, ta の複数形．

tesselle 女 テッセラ，モザイクガラス．

tessiture 女 [楽] テッシトゥーラ．

tesson 男 [ガラス，陶器の]破片，かけら；[考古]土器片．

test [-st] 男 [英] テスト，検査；試金石．

testable 形 テスト[検査]され得る．

testament 男 ❶ 遺言[書]；(作家の)遺作． ▶ Ancien [Nouveau] T～ 旧約[新約]聖書．

testamentaire 形 遺言の．

testateur, trice 名 [法]遺言者．

tester¹ 自 遺言する；遺贈する．

tester² 他 ❶ テストする，検査する；(…の)気持ちなどを)試す．

testeur, se 名 ❶ テストを行う人；検査技師．—— 男 検査機器，テスター．
🞏 **testiculaire** 形

testicule 男 [解]精巣，睾丸(ホッシン)．
🞏 **testiculaire** 形

testimonial, ale；(男 複) **aux** 形 [法]証言による；証明となる．

testostérone 女 [生化]テストステロン．

têt 男 テト(ベトナムの旧暦元日)．

tétanique 形 破傷風の，痙攣性の．[生]強縮の．—— 名 破傷風患者．

tétaniser 他 ❶ 痙攣(ホシン)させる；[生]強縮を起こさせる． ❷ 身動きできなくさせる．🞏 **tétanisation** 女

tétanos [-s] 男 ❶ 破傷風；[生]強縮．

têtard 男 ❶ [動]オタマジャクシ． ❷ [園]梢頭(ホジン)を深く刈り込んだ木．

tête 女 ❶ 頭；顔．▶ Il a une bonne ～．彼は人のよさそうな顔をしている． ❷ 頭の働き；性格(の人)．▶ avoir de la ～ 頭がいい／avoir (toute) sa ～ 頭がしっかりしている／avoir la chaude ～ 血の気が多い，怒りっぽい． ❸ 命；首．▶ sauver sa ～ 命を救う． ❹ (数を示して)…人，…頭(弘)．▶ par ～ 1人[1頭]につき． ❺ 上部，頭部，先端部；先頭，冒頭，最初；指導者，リーダー．▶～ de ligne 路線の起点／～ de lecture (テープの)再生ヘッド． ❻ [スポ]ヘディング；[楽] voix de ～ ファルセット．
◇ **à la ～ de …** …のトップに；を率いて；を所有して．**avoir ses ～s** ある人の好き嫌いが激しい．**C'est une forte ～**. あれは頑固者だ．**coup de ～** 頭突き；軽率な行動；一時的な感情．**de ～** 先頭の；理知的な；頭の中で，暗算で．**en avoir une ～** 疲れきった顔をしている．**en faire une ～** 陰気な顔をする．**en ～** (…の)先頭[冒頭]に．**en être tombé sur la ～** 話 頭がどうかしている．**faire la ～** 話 ふくれっ面をする，むくれる．**grosse ～** (1) 大きな頭．(2) 話 頭のいい人．**avoir une [la] grosse ～** 自信過剰である．うぬぼれている；頭がいい．(3) **faire une grosse ～ à …** 話 (顔のはれあがるほど)…を殴る．**la ～ haute [basse]** 頭を昂(ホシ)然と[うなだれて]．**la ～ la première** 真っ逆さまに；軽率に；向こう見ずに．**monter à la ～ à …** …を興奮させる，のぼせ上がらせる，酔わせる．

---

sept cent six 706

n'en faire qu'à sa ～ 他人の忠告に耳を貸さない，好き勝手に振る舞う．**ne pas [plus] savoir où donner de la ～** 目が回るほど忙しいで暮れている．**perdre la ～** 気が狂う，逆上する．**prendre la ～** 首位に立つ，主導権を握る．**se mettre en [dans la] ～ de … [que …]** …することに決める；…する気になる．**tenir à … à ～** …に逆らう，反抗する．**～ baissée** 頭を下げて，前を見ずに；向こう見ずに．**～ de mort** 頭蓋骨，どくろ．**～ de pipe** パイプの火皿；話 1人．

tête-à-queue 男 [不変] (自動車などの)スピン；(馬の)急な反転．

tête-à-tête 副 ❶ 向かい合って．❷ (avec)(…と) 2人きりで．—— 男 [不変]差し向かいの対談；(2人用の)ラブチェアー；ティーセット．

tête-bêche 副 (頭の向きが)互い違いに．

tête-de-clou ；(複) **～s-～-～** 男 [建] ネールヘッド (ロマネスク建築のピラミッド形装飾)．

tête-de-loup ；(複) **～s-～-～** 女 (天井用の)長柄箒(キネ)．

tête-de-Maure ；(複) **～s-～-～** 女 (オランダ産の)エダムチーズ．—— 形 [不変]濃褐色の．

tête-de-nègre 男 [不変] 黒褐色(の)．

tétée 女 乳を飲むこと；授乳；(授乳 1 回分の)乳の量．

téter 他 他 (乳を)吸う；話 しゃぶる．

tétière 女 ❶ (椅子の背の)カバー．❷ [馬]項革(ネネ)．

tétin 男 話 (人の)乳房；乳首．

tétine 女 ❶ [哺乳]乳腺の乳房；ゴム製乳首；ゴムのおしゃぶり．❷ (人の)乳房．

téton 男 ❶ 話 乳房．❷ [機]突起．

tétra 男 [魚]テトラ(熱帯魚)．

tétracorde 男 [楽]テトラコード(古代ギリシア音楽の4音音列)；四弦琴．

tétradactyle 名 [動]四指の．

tétrade 女 [植]四分子；[生]四分染色体．

tétradyname 形 [植]四強雄蕊(学)の．

tétraèdre 男 [数]四面体．

tétraédrique 形 [数]四面体の．

tétragone 男 [数]四辺ツナナ．

tétralogie 女 [文] 4 部劇；4 部作．

tétramètre 男 (ギリシア・ラテン詩で) 4 歩格，8 脚韻詩．

tétraplégie 女 四肢麻痺(ゲ)．🞏 **tétraplégique** 名

tétraploïde 男, 形 四倍体の．

tétrapodes 男複 [動]四足類．

tétraptère 形 [昆] 四翅(ゲ)の．

tétrarchat [-ka] 男 [古史]テトラルキアの職[地位，統治]．

tétrarchie 女 [古史]テトラルキア(ローマ時代の四分割統治)，四分治制．

tétrarque 男 [古史]テトラルケス，4 分割領土の各区の統治者，四分領主．

tétras 男 [鳥] ライチョウ．

tétras-lyre 男 [鳥] クロライチョウ．

tétrasyllabe [-si-] / **tétrasyllabique** 形, 男 [詩] 4 音節の(詩

tétratomique 形 [化] 4原子の.
tétrode 女 [エレ] 四極管.
tétrodon 男 ❶ マフグ科魚類の総称. ❷ [建] モデュラーユニット構造.
têtu, e 形 頑固な. — 名 頑固者. — 男 (先が V 字の) 杭(ぐい), ハンマー.
teuf [tœf] 女 [語] 祭り.
teuf-teuf 男 [不変] パタパタ (エンジンの音); [語] ぽんこつ車.
teuton, ne 形 チュートン人の; [佪] [軽蔑] ドイツ人の. — 名 [T~] チュートン人; [佪] [軽蔑] ドイツ人.
teutonique 形 チュートン人の; [佪] [軽蔑] ドイツ人の.
tévé 女 [語] テレビ.
tex [-ks] 男 テクス (糸の太さの単位).
texan, e 形 テキサス州の. — 名 [T~] テキサス州の人.
tex-mex [teksmɛks] 形, 男 テキサス風メキシコ料理 (の).
texte 男 ❶ 原文, 原典, 本文. ❷ 原稿, 草稿; 文書. ❸ テキスト; 文献; (作品の) 断章, 抜粋, 章句. ❹ 主題, 題目. ❺ 歌詞, せりふ; 台本, シナリオ. ❻ [法] 法文, 条文; 法案.
textile 形 ❶ 織物 (の原料) になる. ❷ 織物の, 紡績 (工業) の. — 男 ❶ 繊維, 織物の原料. ▶ ~s synthétiques 合成繊維. ❷ 織物工場, 繊維産業.
texto 副 [語] 原文のまま, 一字一句変えずに.
textuel, le 形 原文に忠実な; 原文の, テキストの.
textuellement 副 原文どおりに.
texturant 男 [食] 増粘剤, 糊料.
texture 女 ❶ (生物体, 岩石の) 組成, 組織, 構造. ❷ (作品の) 構成.
texturiser / texturer 他 (化学繊維を) テクスチャード加工する.
TF1 男 [略] Télévision française 1 テー・エフ・アン (テレビ局の一つ).
Tg [記] tangente タンジェント.
T.G.V. 男 [略] ❶ train à grande vitesse フランス新幹線. ❷ 超高速鉄道.
Th [記] [化] thorium トリウム.
th [記] ❶ [物] thermie テルミ (熱エネルギーの慣用単位). ❷ [数] tangente hyperbolique 双曲線正接.
thaï, e 形 タイの. — 男 タイ諸語.
thaïlandais, e 形 タイ (王国) の. — 名 [T~] タイ国人.
Thaïlande 女 タイ (王国).
thalamus [-s] 男 [解] 視床.
⇨ **thalamique**.
thalassémie 女 [医] サラセミア (先天性溶血性貧血の一種).
thalassocratie [-si] 女 [史] 海上王国; 海上制覇.
thalassothérapie 女 海洋療法.
thaler 男 [貨] ターレル (ゲルマン諸国で用いられた旧銀貨).
thalidomide 女 サリドマイド.
thalle 男 [植] 葉状体.
thallium [英] 男 [化] タリウム.
thallophyte 女 [植] 葉状植物.
thalweg [-vɛg] 男 [地] 谷底 ⇨ **talweg**.
thanatologie 女 死学に関する研究, 特に死体現象の法医学的研究).
thanatopraxie 女 死体の防腐処理.
thanatos [-s] 男 [心] タナトス, 死の欲動.
thaumaturge 形, 男 [文章] 奇跡を行う(人).
thaumaturgie 女 魔力, 奇跡の力.
thé 男 お茶; 紅茶; ハーブティー; ティータイム, ティーパーティー; 茶の木.
théatin 男 テアチノ会修道士.
théâtral, ale; [男複] **aux** 形 演劇の, 芝居の; 芝居がかった.
théâtralement 副 芝居がかって; 演劇の規則に従って.
théâtraliser 他 演劇化する; 脚色する.
théâtralisme 男 [心] 演戯症.
théâtralité 女 [文章] 演劇性.
théâtre 男 ❶ 演劇, 芝居. ❷ 劇場; 劇団. ❸ 戯曲, 劇作品. ❹ 芝居がかった態度; ❸ (事件の) 現場, 舞台.
◇ **coup de ~** どんでん返し; 突発事件.
théâtreux, se 名 役者, 舞台人.
thébaïde 女 [文章] 隠遁(とん)地, 人里離れた所.
thébain, e 形 テーベ (古代エジプトの都市) の; テバイ (ギリシアの都市) の. — 名 [T~] テーベの人; テバイの人.
thébaïsme 男 [医] アヘン中毒.
théier 男 [植] チャ (茶) の木.
théière 女 ティーポット, 急須.
théine 女 [薬] テイン, カフェイン.
théisme¹ 男 有神論.
théisme² 男 [医] 茶中毒.
théiste 名 有神論者. — 形 有神論の, 有神論を主張する.
thématique 形 テーマ [主題] に関する, テーマの; [楽] 主題の. — 女 テーマ研究 [批評]; テーマ群.
thème 男 ❶ テーマ, 主題; 命題. ❷ (外国語への) 翻訳作文. ❸ [言] 語幹.
théobromine 女 [薬] テオブロミン.
théocratie [-si] 女 神権 [教権] 政治. ⇨ **théocratique**.
théodicée 女 [哲] 弁神論, 神義論.
théodolite 男 経緯儀, トランシット.
théogonie 女 [神] 神々の起源 [系譜]; 神統記, 神統系譜学.
théologal, ale; [男複] **aux** 形 [カト] 神を対象とする.
théologie 女 神学; 神学説 [書].
théologien, ne 名 神学者; 神学生.
théologique 形 神学上の.
⇨ **théologiquement**.
théophilanthrope 男 敬神博愛主義者.
théophilanthropie 女 敬神博愛主義 (理神論的宗派の一つ).
théophylline 女 [薬] テオフィリン (利尿剤).
théorbe 男 [楽] テオルボ (バロック時代に用いられたリュート属の楽器).
théorématique 形 [数] [論] 定理の.
théorème 男 [数] [論] 定理.
théoricien, ne 名 理論家.

théorie

théorie¹ 囡 理論；学説.
◊ *en* ～ 理論上は；理論では.

théorie² 囡〔古イ〕代表使節団の(行列)；文章(人，車の)行列.

théorique 厖 理論的な，純理の，思弁的な；単に理論上の，理屈だけの.

théoriquement 副 理論上，理論的に；理屈の上では；原則的には.

théorisation 囡 理論化，理論づけ.

théoriser 直 学説［理論］を立てる.
— 他 理論づける.

théosophe 男 神智学者.

théosophie 囡 神智学.
◻ théosophique 厖

thèque 囡〔植〕(葯の)半葯(ɣ)；(苔(ɕ)類の)子囊(ఔ)；〔解〕胞膜，嚢胞.

thérapeute 图 臨床医，療法士，セラピスト；〔特に〕精神療法医.

thérapeutique 厖 治療の.
— 囡 治療学，療法.

thérapie 囡 治療学；〔心〕精神療法.

thérapigénie 囡〔医〕遺伝子治療.

théridion 男〔動〕ヒメグモ.

thermal, ale（男複）**aux** 厖 温泉の湯治の．► **station** ～**ale** 温泉．

thermalisme 男 温泉治療技術；温泉利用；温泉開発(事業).

thermalité 囡 温泉質.

thermes 男複〔古〕共同浴場.

thermicien, ne 图 熱エネルギー学者.

thermicité 囡〔物〕熱交換作用.

thermidor 男 熱月，テルミドール(フランス革命暦 11月).

thermidorien, ne 图〔史〕テルミドリアン，熱月派．
— 厖 テルミドール反動の，熱月派の.

thermie 囡 テルミ(熱量の慣用単位).

thermique 厖 熱の．► **centrale** ～ 火力発電所．— 囡 熱学．
◻ thermiquement 副

thermistance 囡〔エレ〕サーミスタ.

thermobalance 囡 熱天秤(ੈ).

thermocautère 男〔医〕焼灼器.

thermochimie 囡 熱化学.

thermochromie 囡 熱変色性.
◻ thermochrome 厖

thermocollage 男 熱接着.

thermocollant, e 厖（布·糸などが)熱接着の.

thermocouple 男〔電〕サーモカップル，熱電対(Ꞌ).

thermodurcissable 厖〔化〕熱硬化性の．— 男 熱硬化性樹脂.

thermodynamicien, ne 图 熱力学者.

thermodynamique 囡, 厖 熱力学(の).

thermoélectrique 厖 熱電の.

thermoélectronique 厖 ⇨ thermoïonique.

thermoformage 男 熱成形.

thermogène 厖〔物〕熱を発生する.

thermogenèse 囡〔生〕熱発生，産熱.

thermographie 囡 サーモグラフィ；〔印〕隆起印刷.

thermoïonique 厖 熱電子の.

thermologie 囡 熱学.

thermoludique 厖 温泉施設療法の.

thermoluminescence 囡 熱ルミネセンス.

thermolyse 囡〔化〕熱分解.

thermomètre 男 温度計，体温計.

thermométrie 囡 温度測定(法).

thermométrique 厖 温度測定の；温度計の；気温の.

thermonucléaire 厖〔物〕熱核反応の，原子核融合反応の.

thermoplastique 厖〔化〕熱可塑性の．— 男 熱可塑性樹脂.

thermopompe 囡〔機〕熱ポンプ.

thermopropulsion 囡〔機〕熱推進．◻ thermopropulsé, e 厖

thermorégulation 囡〔生〕体温調節；(室内などの)自動温度調節.
◻ thermorégula**teur, trice** 厖

thermorésistant, e 厖 耐熱性の.

thermos [-s] 男／囡 商標 魔法瓶.

thermoscope 男〔物〕測温器，温度験(?)．◻ thermoscopique 厖

thermosensible 厖 感熱性の.

thermostat 男 サーモスタット.
◻ thermostatique 厖

thésard, e 图 博士論文準備者.

thésaurisation 囡 退蔵，蓄財；〔経〕資本蓄積.

thésauriser 他 (金を)ため込む.

thésauriseur, se 图文章金をため込む人，蓄財家.

thesaurus [-s] / **thesaurus** [tezyrys] 男〔文献学，考古学の〕辞典；〔情報〕シソーラス，類語辞典.

thèse 囡 命題，主張，説；学位論文，博士論文；〔哲〕定立，テーゼ；指定.
◊ à ～（政治·哲学上の）主張を持った.

thesmothète 男〔古ギ〕テスモテタイ，立法官.

Thessalie テッサリア(ギリシア中東北部の地方).

thêta 囡 テータ，シータ（Θ, θ)（ギリシア字母の第 8 字）.

thétique 厖〔哲〕命題提起の.

théurgie 囡 降神術.

thiamine 囡 チアミン(ビタミン B_1).

thiazole 男〔化〕チアゾール.

thibaude 囡〔繊〕チボード(カーペットの下に敷く厚地の織物).

thionique 厖 acide ～ チオン酸.

thiosulfate [-syl-] 男〔化〕チオ硫酸塩.

thiosulfurique [-syl-] 厖〔化〕acide ～ チオ硫酸.

thlaspi 男〔ラ〕〔植〕グンバイナズナ.

tholos 男〔ギ〕トロス(先史時代の円形墓所；古代ギリシア·ローマの円形堂).

thomise 男〔動〕カニグモ.

thomisme 男〔哲〕トミズム，トマス説（トマス·アクィナスの哲学および神学説).
◻ thomiste 图

thon 男〔魚〕マグロ類の総称.

thonaire 男〔マグロ漁の〕大型網.

thonier 男 マグロ漁船；マグロ漁船員.

thonine 囡〔魚〕タイワンヤイト.

Thora 女 モーセ五書.
thoracentèse / thoracocentèse 女 [医]胸腔(はき)穿刺(はり)術.
thoracique 形 [解]胸郭の.
thoracotomie 女 [医]開胸術.
thorax [-ks] 男 [ラ][解]胸部(き).
thorianite 女 [鉱]方トリウム石.
thorine 女 [化]トリア,酸化トリウム.
thorite 女 [鉱]トーライト,トール石.
thorium 男 [化]トリウム.
thoron 男 [化]トロン.
Thrace 女 トラキア(ギリシア,ブルガリア,トルコにまたがる地域).
thrace 形 トラキアの.
——名 (T～) トラキア人.
thrène 男 [古詩]挽歌,哀悼歌.
thridace 女 [薬]チサヤエキス.
thriller [tʃriloeːr] 男 [英]スリラー(映画);ミステリー小説[映画].
thrips [-ps] 男 [昆]アザミウマ.
thrombine 女 [生化]トロンビン.
thrombocyte 男 [医]血小板.
thrombolyse 女 [医]血栓崩壊.
thromboplastine 女 [医]トロンボプラスチン(血液凝固因子の一つ).
thrombose 女 [医]血栓症.
□**thrombotique** 形
thrombus [-s] 男 [医]血栓.
thug [-g] 男 [英][史]タグ(北インドの狂信的暗殺教団員).
thune 女 [俗][金](昔の)5フラン銀貨. ◊*n'avoir pas une*〜 一文無しである.
thuriféraire 男 ❶ [カト](提げ)香炉捧持者. ❷ [文書]おべっか使い.
thuya 男 [植]クロベ.
thylacine 男 [動]タスマニアオオカミ.
thym [tɛ̃] 男 [植]イブキジャコウソウ(シソ科).
thymie 女 [心]情性.
thymique 形 [解]胸腺(ホ˜ネ)の.
thymus [-s] 男 [解]胸腺.
thyréotrope 形 [医]甲状腺を刺激する.
thyristor 男 [エレ]サイリスタ.
thyroïde 形 [解]甲状の. ◊*corps*〜 甲状腺. ——男 甲状腺.
thyroïdectomie 女 [医]甲状腺摘出(術).
thyroïdien, ne 形 [解]甲状の.
thyroïdite 女 甲状腺炎.
thyroxine 女 [生化]チロキシン.
thyrse 男 [古詩]チュルソス(酒神ディオニュソスの杖(ラ˜)).
Ti [記][化] titane チタン.
Tiananmen 天安門. ▶ *les événements de* (*la place*)〜 天安門(広場)事件.
tiare 女 [カト](教皇の)三重冠,教皇冠;教皇職,教皇位.
tibétain, e 形 チベット(自治区)の.
——名 (T～)チベット(自治区)の人.
tibia 男 [ラ][解]脛(ス˜)骨;[動]脛節.
□**tibial, ale**, (複) *aux* 形
tic 男 チック(症);無意識の癖.
ticket 男 [英]切符,券,チケット.
tic(-)tac 男 [不変]カチカチ[コチコチ,チクタク]という音.
tie-break [tajbrɛk] 男 [英](テニスの)タイブレイク.

tiédasse 形 生ぬるい;気のない.
tiède 形 ぬるい,生暖かい;熱意のない,煮えきらない. ——副 *boire* [*manger*]〜 生ぬるい[冷めた]飲み物[食べ物]をとる. ——名 熱意のない人.
tièdement 副 熱意がない様子で.
tiédeur 女 生ぬるさ,生暖かさ;心地よさ,暖かみ;熱意のなさ,気のなさ.
tiédir 自 ぬるく[生暖かく]なる.
——他 ぬるく[生暖かく]する.
□**tiédissement** 男
tien, ne [所有][定冠詞とともに]君のもの,君のそれ.
——男 (*les*〜*s*)君の身内[仲間]. ◊*y mettre du*〜 できる限りのことをする.
——女複 (君のいつもの)愚行.
——形 [所有][古]君の.
tiendr-, tienn- [活] ⇨ tenir.
tiens[1] (驚き)おや,まあ;まあ,おや,まさかね;(注意を促して)ほら,さあ.
tiens[2], **tient** [活] ⇨ tenir.
tiento [tjɛn-] 男 [西]ティエント(16,17世紀のスペインの器楽曲の形式).
tierce[1] 女 ❶ [印] 3枚. ❷ (角度,時間の)60分の1秒. ❸ (カードの)同種類の3枚続き. ❹ [楽] 3度.
tierce[2] tiers の女性形.
tiercé, e 形 *pari*〜 3連勝式勝馬投票法. ——男 3連勝式勝馬投票法.
tiercefeuille 女 [紋]トレフフイル, 3弁の花の図形.
tiercelet 男 [狩]猛禽(ﾓﾝ)類の雄.
tierceron 男 [建]枝リブ.
tiers, ce 形 第3の,第3番目の;[法]第三者の. ▶〜 *monde* 第三世界/〜 *état* [史]第三身分.
——男 ❶ 3分の1. ▶〜 *provisionnel* [税]予定納税. ❷ 第三者,部外者.
tiers-mondialisation 女 (先進国の)第三世界化.
tiers-mondisme 男 第三世界主義;(先進国の)第三世界との連帯.
tiers-mondiste 名 第三世界主義者. ——形 第三世界主義の.
tiers-point 男 [建] *arc en*〜 尖(ｾ)頭アーチ; 3角やすり.
tif 男 [俗]髪の毛.
tifosi 男複 [伊][スポ]サポーター.
tifs 男複 [俗]髪.
tige 女 ❶ 茎;幹,樹幹;[園]苗木. ❷ 軸,棒,細長い部分;(独台の)支柱;(ブーツの)胴. ❸ [史]〜 *de l'arbre généalogique* (家系の)始祖,祖先.
tigelle 女 [植]胚軸.
tignasse 女 (もじゃもじゃの)髪.
tigre 男 [動]トラ;[文書]残酷な人,情容赦もない人. ◊*jaloux comme un*〜 恐ろしく嫉妬(ﾄ)深い.
tigré, e 形 虎斑(ｺﾞﾊﾝ)のある). ▶ *chat*〜 虎猫.
tigresse 女 雌のトラ;嫉妬深い女.
tigridie 女 [植]ティグリディア(中南米産のアヤメ科の球茎植物).
tigron 男 [動]タイゴン(ライオンとトラの交雑種).
tiki 男 チキ(ポリネシアの女神);チキ像.
tilbury 男 [英] 2人乗り2輪馬車.

tilde 男《西》《言》ティルデ(スペイン語で, n を [ɲ] と発音するときにつける波形の補助記号(`~`)).
tiliacées 女《複》《植》シナノキ科.
tillac 男《海》(昔の船の)上甲板.
tillage 男 ⇨ teillage.
tille 女 ⇨ teille.
tiller 他 ⇨ teiller.
tilleul 男《植》シナノキ; オウシュウボダイジュ; (シナノキの花の)ハーブティー.
tilt [-t] 男ティルト(ピンボールの台ランプ). ◇ *faire* ~ ぴんとくる.
tilter 自《話》ぴんとくる.
timbale 女《楽》ティンパニー; (円錐形の)金属カップ;《料》タンバル(円錐形焼き型, それで焼いたパイ). ◇ *décrocher la* ~ (競争の末)目的を達する.
timbalier 男《楽》ティンパニー奏者.
timbrage 男 証印[消印]を押すこと; 切手[印紙]の貼(は)り付け.
timbre 男 ❶ 郵便切手; 収入印紙[印紙, シール. ❷ 証印, 印, スタンプ; 打印器. ❸ 音色, 響き; ベル音. ◇ *avoir le* ~ *fêlé* 語 少し頭がおかしい.
timbré, e 形 ❶ 切手をはった, 消印の押された; 証印[認印]のある. ❷ 響きのよい. ❸ 語 少し気のふれた.
timbre-amende;《複》~*s*-~*s* 男(交通違反の)罰金納入用印紙.
timbre-poste;《複》~*s*-~ 男郵便切手.
timbre-quittance;《複》~*s*-~(*s*) 男《領収書用》収入印紙.
timbrer 他 切手[収入印紙, シール]をはる; 証印[消印]を押す.
timide 形 内気な, 臆病な; 消極的な.
— 名 内気な人, 臆病な人.
timidement 副 遠慮がちに; おどおどして; はにかんで.
timidité 女 気弱; 遠慮; 内気, ぎこちなさ; 消極性, 保守性.
timing [tajmiŋ] 男《英》(作業などの)細かい設定時間.
timon 男 轅(ながえ); 梶(かじ)棒.
timonerie 女 操舵(だ)手, 舵取り; 操舵室; 操舵室.
timonier 男 操舵手, 舵取り; 航路監視員; (轅につながれた)引き馬.
timoré, e 形, 名 小心翼々とした(人), 引っ込み思案の(人).
tin 男《海》竜骨盤木, キール盤木.
tin-, tîn- 語 ⇨ tenir.
tinctorial, ale《男 複》*aux* 形 染色の, 染色用の.
tinette 女(バター運搬用の)小樽; 肥桶(おけ); 便器.
tintamarre 男 すさまじい音, 騒音.
tintement 男 ❶ (鐘の)音;(チリンチリン [カチンカチン]という音. ❷ ~ *d'oreilles* 耳鳴り.
tinter 自 (鐘が)鳴る; チリンチリンと音を立てる;(音が)響く; 余韻を引く; 耳鳴りがする. — 他(鐘を)鳴らす.
tintin 間 何もないお手上げだ.
◇ *faire* ~ 食べ物]がない.
tintinnabuler [-tina-] 自 《文章》チリンチリンと鳴る.
tintouin 男 語 心配, 悩み;《古風・語》

騒音, 喧噪(そう).
T.I.P. [tip] 男《略》 titre interbancaire de paiement (公共料金の)銀行間支払証.
tipule 女《昆》ガガンボ, カガンボ.
tique 女《動》マダニ.
tiquer 自 嫌な顔をする.
tiqueté, e 形 斑(はん)点のある.
tiqueture 女《動》(小さな)斑(まだら)点, 斑紋, 斑(ふ).
tiqueur, se 形, 名 痙攣(けいれん)癖のある(馬);《医》チック(症)の(患者).
tir 男 射撃, 発砲; (ロケットの)発射; 射程, 照準; 射撃(練習)場;《スポ》(ペタンクで)ティール;(サッカーの)シュート.
tirade 女 (役者の)長ぜりふ; くどい話しぶり; 長広舌, 饒(じょう)舌.
tirage 男 ❶ 印刷物, 版; 印刷[発行]部数;(版画の)刷り; 版画. ❷ (写真の)焼き付け, プリント. ❸ 取り出すこと; 抽選, くじ引き. ❹ 引くこと, 引き伸ばし. ❺ (煙突などの)吸い込み; 通風. ❻ (小切手などの)発行, 振り出し.
tiraillement 男 ❶ (あちこちへ何度も)引っ張ること; (多く複数)引きつり, 痙攣(けいれん). ❷ 引き裂かれること, 葛藤(とう). ❸ (多く複数)意見の対立, 不和, 軋轢(れき).
tirailler 他 ❶ (あちこちへ何度も)引っ張る; 心を引き裂く, 迷わす, 悩ます.
— 自 めくら撃ちする.
tiraillerie 女 (多く複数)語 度重なる争い, 不和.
tirailleur 男 ❶ 狙(そ)撃兵. ▶ en ~s 散開隊形に. ❷ 一匹狼. ❸ 困 (植民地の)原地人歩兵.
tiramisu [-su] 男 ティラミス.
tirant 男 ❶ (靴の)つまみ革; (巾(きん)着)のひも. ❷ ~ *d'eau* (船の)喫水. ❸《機》引っ張り棒;《建》つなぎ材.
tirasse 女《狩》捕(と)り網;《楽》(オルガンの)ティラッス.
tire 女(vol à la ~);自動車; カナダ メープルシロップ.
tiré, e 形 ❶ 引かれた, ぴんと張られた;(顔などが)やつれた. ❷ (図が)描かれた; 印刷された. ❸ (弾丸が)発射された. ❹《経》la personne ~ e 小切手の支払人. — 男 ❶ (小切手, 為替手形の)支払人. ❷ 狩 銃猟; 銃猟許可地域. ❸ 印 ~ à part 抜き刷り.
tire-au-cul [-ky] / **tire-au-flanc** [-flɑ̃] 男《不変》語 なまけ者.
tire-bonde 男 (樽の)栓抜き具.
tire-botte 男 長靴脱ぎ器;(長靴を履くときに用いる)鉄鈎(が).
tire-bouchon 男 (コルク栓の)栓抜き, コルクスクリュー;《複》渦巻き毛;《スポ》(身体の)ひねり;《航》きりもみ降下. ▶ en ~ 螺旋(らせん)状の[に].
tire(-)bouchonner 他 螺旋(らせん)状にする; ねじる.
tire-braise 男《不変》(パン焼きがまの)火かき.
tire-clou 男 釘抜き.
tire-d'aile (à) 副句 はばたいて; 大急ぎで.
tire-fesses 男 語《スキー》Tバーリフト, Tバーリフト.

tire-fond 男《不変》輪付きボルト、つり環；(頭部が四角形の)木ねじ；[鉄道]螺釘(%)、スクリューバイク。

tire-laine 男《不変》[文章]泥棒、追いはぎ。

tire-lait 男《複》~s(s)(母乳の)搾乳器。

tire-larigot (à) 副句 大量に。

tire-ligne 男 烏口。

tirelire 女 貯金箱。

tire-nerf 男 [医]抜髄(%)針。

tirer 他 ❶引く；(線、図面を)引く；(くじ、カードなどを)引く、引き当てる；引いて占う；引いて開ける[閉める]。► ~ un verrou 差し錠を外す[かける]。❷ (de) (…から)取り出す、引き出す、抽出する、得る；救い出す。► ~ un porte-monnaie de son sac バッグから財布を取り出す／► ~ un film d'un roman 小説をもとに映画を作る。❸発射する、射る；撃つ、射止める；(花火を)打ち上げる。❹刷る、印刷する；(写真をプリントする。► ~ bon à ~ 校了。❺[話](ある期間を)我慢して過ごす、耐える。❻ (小切手、為替を)切る、振り出す。❼ (船が)…の吃水である。
◇~ à soi 独り占めする；自分の都合のよいように解釈する。► ~ … au sort …をくじで決める。► ~ des larmes à … …を泣かせる。► ~ l'aiguille 縫い物をする。► ~ la jambe [patte] 足を引きずる；いやいや仕事をする。► ~ le bon numéro 運に恵まれる。
— 自 ❶ (sur) (…を)引っ張る。❷ (sur) (…を狙って)撃つ、射る；(サッカーで)シュートする；(ペタンクで)相手の玉に命中させる。► ~ sur un ennemi 敵に向けて発砲する／► ~ au but ゴールにシュートする。❸ (à) (…部)印刷[発行]される。❹ (煙突が)煙[空気]を吸い込む；(sur) (たばこなどを)強く吸う。❺ (自動車が)力がある。
◇~ à sa fin 終わりかけている。(trop) ~ sur la corde [ficelle] [話]やりすぎる、度を過ごす。
— se ~ ❶ (de) (…から)抜け出す、(…を)切り抜ける。❷ (de) (…から)引き出される；(…に)由来する。❸[話]逃げる；(嫌な仕事が)終わる。
◇s'en ~ なんとか切り抜ける。

tiret 男 ダッシュ(―)。

tiretaine 女 綿毛混紡織物。

tirette 女 ❶ (機械作動用の)引きひも、つりひも、スイッチ用のスライド式の棚板。

tireur, se 名 ❶射撃手、射手。❷印刷工。❸占い師。❹ (小切手、為替の)振出人。❺ [写] (写真の)焼き付け作業者。❻ [スポ]シュートする人；ストライカー。— 女 焼き付け機、プリンター。

tire-veine 男 ⇨ stripper¹.

tiroir 男 ❶引き出し。❷ [鉄道]引き込み線。❸ [機]滑り弁。
◇pièce [roman] à ~s 挿話劇 [小説]。

tiroir-caisse 男 《複》~s-~s ❶金銭登録器、レジスター。

tisane 女 煎(%)じ薬、ハーブティー。

tisanière 女 煎(%)じ器、ハーブティー用ポット。

tison 男 (新(%)の)燃えさし、燠(%)。

tisonner 他 (火を)かき立てる。

tisonnier 男 火かき棒。

tissage 男 機織り、製織；織物工場。

tisser 他 織る；織り成す、組み立てる。

tisserand, e 名 機織り工、織工。

tisserin 男 [鳥]ハタオリドリ。

tisseur, se 名 織工、機織業者。

tissu 男 ❶織物；布地、生地；織り目、織り方。❷ [生]組織；(社会などの)構造。► un ~ de … (よからぬことの)の連続、きわだち。
— 形 [文章] (de) (…で)織り成された、作られた。

tissu-éponge 男 《複》~s-~s タオル(地)、テリークロス。

tissulaire 形 (器官の)組織の。

tissure 女 (経(%))糸と緯(%)糸の交差、織り目；[固]構成、組み立て。

titan 男 ❶ (T~s) [ギリシア神]ティタン、タイタン(巨人族の神)。❷ [文章]巨人；巨大な物。► ~ de ~ 巨大な、超人的な。

titane 男 [化]チタン。

titanesque / titanique 形 [文章]巨大な、超人的な。

titanique 形 [化]チタン酸の。

titi 男 [話]生意気なパリの若者。

titillant, e 形 くすぐったい、むずむずする。

titillation 女 [文章] (ふざけて)軽いくすぐり [くすぐったさ]。

titiller 他 [文章] (ふざけて)心地よく触れる、軽くくすぐる。

titisme 男 チト―主義(旧ユーゴスラビア独自の社会主義政策)。

titrage 男 ❶ (映画などの)タイトル付け；字幕付け；(記事などの)見出し付け。❷ [化]滴定。

titre 男 ❶題名、標題；(新聞、テレビなどの)見出し、主要ニュース。❷称号；肩書き、官職、資格；(複数)学歴、資格；(スポーツのタイトル、選手権；[文章]権利、資格。❸証書；証券、株券。❹ ~ de transport 乗車証(切符、定期券の総称)。❺比率；純金のプラチナ、金、銀の含有率）；[史] (貨幣の品位)；[計]力価、滴定量；(特に)質量濃度；[繊] (糸の太さを示す)番手、繊度。
◇à ce ~ そのような理由で [理由に] à juste ~ 正当に。à ~ de … …として、の資格で。à ~ + 形容詞 …の形として、…の…として、…の…として、公認の。

titré, e 形 爵位のある；(金が)純分を検定された；(溶液が)滴定された。

titrer 他 ❶題をつける；字幕を入れる；見出しをつける。❷爵位を与える。❸ [計]滴定する：純分を検定する；(酒類が)…度のアルコールを含む。

titreuse 女 [印]見出し活字鋳植機。

titrimétrie 女 [化]滴定。

titrisation 女 [経]証券化。

titubant, e 形 よろめく、千鳥足の。

tituber 自 よろめく、千鳥足で歩く；ぐらつく、揺れ動く。

titulaire 形 爵位を有する、正式の；(de) (…を)(法的に)有する、保持する。
— 名 正職員；正教授；有資格者、(証明書などの)保持者；[カト]守護聖人。

titulariser 他 正職員にする，任用［任命］する．✿**titularisation** 女

TI 【記】【化】thallium タリウム．

Tm 【記】【化】thulium ツリウム．

tmèse 女 【レト】分離法，合成語分割．

T.N.P. 男 【略】Traité de non-prolifération nucléaire 核拡散防止条約．

T.N.T.¹ 男 【略】trinitrotoluène トリニトロトルエン（爆薬），TNT 火薬．

T.N.T.² 男 【略】télévision numérique terrestre 地上デジタル放送．

toast [to:st] 男 ❶【英】祝杯，乾杯（の音頭）；乾杯の挨拶；トーストパン．

toaster [tos-] 男 トースター．

toboggan 男 【英】❶ トボガン（小型のそり）；トボガン競技用コース；（子供の）滑り台．❷ （荷物の積み換え用）滑走装置；【土木】（立体交差の）仮設橋．

toc 間 ❶ コツン，コツコツ．❷ うまくやったぞ，よく言った（= Et toc!）．
— 男 ❶ コツコツいう音；（魚の）当たり．❷（旋盤の）回し金．❸ 金メッキの，まがい物，模造品．
— 男 【不変】頭の変な；安びかの．

tocade 女 ⇒ toquade.

tocante 女 腕時計，懐中時計．

tocard, e 形 園 無価値な；醜い，悪趣味な．— 男 園 勝ち目のない馬；へぼ選手；園 くだらない時．

toccata 女 （複）**toccate**（または **~s**）女 【伊】【楽】トッカータ．

tocsin 男 警鐘，半鐘，早鐘；警報．

tofu 男 （日本）豆腐．

toge 女 （法曹人の着用する長い）礼服．

Togo 男 トーゴ（共和国）．

togolais, e 形 トーゴ（共和国）の．
— 名 （T～）トーゴ人．

tohu-bohu 男 【不変】（天地創造前の）混沌（ぜん）；［比］混乱；大騒ぎ．

toi 代 〖人称〗❶ （2人称単数 強勢形）君，あなた． ► avec **toi** 君〖あなた〗と一緒に／ *Toi, mentir!* 君がうそをつくなんて／〖代名動詞の肯定命令文で〗*Dépêche-toi!* 急げ（但 en, y の前では t' となる．⇨ **Va-t'en!** 行け）．

toilage 男 （レースの）地．

toile 女 ❶ 平織物，（平織の）布．❷ (les ~s) シーツ．❸ カンバス；絵画；园スクリーン；映画． ❹ ~ **d'araignée** クモの巣．❺【情報】ウェブ．❻【海】帆．
◇ ~ **de fond** （舞台の）背景を描いた布；（風景画の）背景．

toilé, e 形 布張りの，布で覆われた．

toilerie 女 平織物〖麻布，綿布〗製造(工場)；平織物販売（店）．

toilettage 男 （ペットの）毛並みの手入れ；部分的な推敲．

toilette 女 ❶ 身支度；洗面；化粧． ❷（女性の）衣服，衣装 装い． ❸（建物の）清掃，手入れ． ❹（複数）トイレ．

toiletter 他 （ペットの）毛並みを整える；部分的に推敲する．

toilier, ère 形 园 平織物製造〖販売〗業者．— 男 平織物（製造）の．

toi-même 代 〖人称〗君自身．

toise 女 身長計；トワーズ（長さの旧計量単位．1.949 m）．

toiser 他 ❶ （軽蔑的に）じろじろ見る．❷ 身長を計る（トワーズで）計る．

toison 女 ❶ 羊毛；（ラマ，アルパカなどの）毛；国 ふさふさした髪の毛．❷ 【ギ神】T～ d'or 金羊毛；【史】ordre de la T～ d'or 金羊毛騎士団．

toit 男 屋根；住処(が)，家；避難所；（坑道の）天井． ► ~ **panoramique**（自動車の）パノラマルーフ．
◇ *crier sur les ~s* 世間に言い触らす． *habiter sous les ~s* 屋根裏に住む． *le ~ du monde* 世界の屋根（ヒマラヤ）．

toiture 女 屋根組み，屋根．

toiture-terrasse；（複）~s-~s【建】陸(2)屋根，テラス屋根．

tokamak 男 【物】トカマク．

tokay [toke] 男 トカイ（ハンガリー産甘口ワイン）．

tôle¹ 女 鉄板，鋼板；园 アイスバーン．

tôle² 女 园 刑務所．

tôlé, e 形 板金で覆われた．❷ neige ~e アイスバーン．

tolérable 形 許容〖我慢〗できる．

tolérance 女 寛容，寛大さ；黙認，許容事項；［区］耐性：（度量衡器，工作物などの）公差，許容範囲．
◇ *maison de ~* （昔の公認の）娼家．

tolérant, e 形 寛容な，寛大な．

tolérer 他 容認する，黙認する；体が耐える 副 作用を起こさない．

tôlerie 女 板金加工（販売）業；板金〔鉄板〕工場；板金〔鉄板〕製品．

tôlier¹ 男 板金工．

tôlier², ère 名 ⇨ taulier.

tolite 男 トリニトロトルエン（爆薬）．

tollé 男 抗議〔憤激〕の叫び声，怒号．

Tolu (baume de)【化】トルーバルサム（香料）．

toluène 男 【化】トルエン．

TOM [tom] / **T.O.M.** 男 【略】territoire d'outre-mer 海外領土．

tomahawk [-o:k] 男 【英】トマホーク（北米先住民が用いた戦闘用の斧（ボ））．

tomaison 女 （扉，背などの）巻数表示；巻に分けること，分冊．

tomate 女 【西】トマト；トマトの実．

tombac 男 丹銅（亜鉛と銅の合金）．

tombal, ale；（男 複）**als**（または **aux**）形 〖文雅〗墓石の．

tombant, e 形 垂れた；（日が）暮れかかる．◇ *à la nuit ~e* 日がたそがれた時に．

tombe 女 墓，墓穴；墓石．
◇ *descendre dans la ~* 〖文雅〗死ぬ． *être au bord de la ~ = avoir un pied dans la ~* 死にかけている． *être muet comme une ~* 押し黙っている． *se retourner dans sa ~*（死者が）安らかに眠れない．

tombé, e 形 落ちた；降った；失墜した；挫折(ぽん)したたたぱやって来た． ❷ **en**（…に）傾いた，(…の)ある．❸【スポ】coup de pied ~（ラグビーの）ドロップキック．◇ *à la nuit ~* きっかり夜になった時に．
— 男 落ちること；降ること；（衣服などの）垂れ方；裁ち屑(ダ)．

tombeau；（複）**x** 男 墓碑，墓標；墓；〖文雅〗陰気な場所．

◇ à ~ ouvert 猛スピードで. descendre au ~ jusqu'au ~ 死ぬまで. tirer du ~ よみがえらせる.

tombelle 囡〖考古〗塚,土墳.

tomber 自〖助動詞 être〗❶ 倒れる,転ぶ,崩れる;失敗に終わる,陥落する;死ぬ. ❷ 落ちる,転落する;抜け落ちる;垂れる,垂れ下がる;(雨などが)降る,(光が)射す;(日が)暮れる. ▶〖非人称構文〗Il tombe de la neige. 雪が降っている. ❸ 下がる,下降する;質〖評判〗が落ちる. ❹ (ある状態に)陥る;なる. ▶ ~ en panne 故障する /〖形容詞とともに〗~ amoureux (…)に落ちる. ❺ (ある時点に)当たる;(sur) (…に)出くわす,及ぶ. ❻ (sur) (…に)襲いかかる;(…を)容赦なく非難する. ❼ (場所に)出向く.
◇ laisser ~ 落とす;弱める,下げる. 話 見捨てる,やめる;忘れる,関心を失う. ~ bas 低くなる,下がる;もうろくする,衰える. ~ bien [mal] タイミングが良い [悪い];(服が)きれいな線が出る [出ない]. ~ juste ぴったり合う;都合よく起こる. ~ sous la main [les yeux, la dent] たまたま手に入る [目に触れる,口にする]. ~ sous le coup de la loi 法に触れる.

—他動 ❶ 倒す〖スポ〗フォールする. ❷ ~ sa veste 上着を脱ぐ. ❸ (女を)落とす,ものにする.

tombereau 男〖複〗x 男 ❶ (後部を傾ける)放下車,ダンプカー;無蓋(ｶﾞｲ) 貨車;1台分の積載量. ◇ des ~x どっさり.

tombeur, se 囡男〖スポーツや政争の〗勝利者;話 女たらし.

tombola 囡〖伊〗福引.

tome[1] 男〖書物の〗巻,部.

tome[2] 囡 ⇨ tomme.

tomenteux, se 彫〖植〗〖解〗綿毛 [絨(ｼﾞｭｳ)毛] に覆われた.

tomer 他 巻に分ける,分冊にする.

tomme 囡 チーズ トム.

tom(m)ette 囡 (6角形の舗床用)テラコッタタイル.

tommy, 男〖複〗ies 男〖英〗トミー (英国兵の愛称).

tomodensitomètre 男〖医〗コンピュータ断層撮影装置.

tomodensitométrie 囡〖医〗コンピュータ断層撮影.

tomographie 囡〖医〗断層撮影(像). ▷ **tomographique** 彫

tom-pouce 男〖複 toms-〗男〖不変〗話 ちび.

ton[1], **ta**[1] 彫〖複〗tes 彫 (母音・無音の h で始まる単数女性名詞の前ではton を用いる) 君の,あなたの.

ton[2] 男 ❶ (声の)調子;抑揚;口調. ❷ (文章などの)調子,印象;文体. ❸〖文芸〗物腰,態度;様子. ❹ 色調,トーン;(色彩の)明度;〖楽〗全音;音高;調;旋法;〖言〗調.
◇ donner le ton 範を示す. être [se mettre] dans le ton 調子が合っている [合わせる]. hausser le ton 声を荒立てる.

tonal, ale 彫〖複〗als 彫〖楽〗調性の;調の;〖音声〗声調の.

tonalité 囡 ❶ 音質,音色;〖楽〗調性,調. ❷ 色調,基調色. ❸ 印象,感じ. ❹ (外しての受話器の)発信音.

tond, tondai- 話 ⇨ tondre.

tondage 男 剪毛;刈り込み.

tondaison 囡 ⇨ tonte.

tondeur, se 囡 男 剪(ｿﾞﾝ)毛工;刈り込み師.

—囡 剪毛機;刈り取り機;バリカン.

tondre 他〖毛を〗刈り込む,剪(ｾﾞﾝ)毛する;〖語〗(税金,高利で)丸裸にする.

tondu, e 彫 (tondre の過去分詞) 短く刈られた. —男 髪を短く刈った人.

toner [-nœːr] 男 トナー.

tong [-g] 囡 ビーチサンダル.

Tonga 男 トンガ (王国).

tonic 男 トニックウォーター.

tonicardiaque 彫 強心性の.
—男 強心薬.

tonicité 囡 爽(ｿｳ)快さ,刺激性;〖生〗(生体組織の)緊張;筋緊張;張性.

tonie 囡〖生理〗音の高低.

tonifiant, e 彫 活力 [刺激] を与え,元気づける. —男 強壮剤.

tonifier 他 弾力を与え,引き締める;活気づける.

tonique[1] 彫 強壮にする;刺激する,元気づける;元気な;〖生〗筋緊張の.
—男 強壮薬;興奮 [刺激] 剤.

tonique[2] 彫〖音声〗アクセントのある;〖詩〗強勢音節の. —囡〖楽〗主音.

tonitruant, e 彫 雷鳴のような.

tonitruer 自 (雷のような) 大声で話す,わき立てる;大音響を立てる.

tonka 男〖植〗トンカマメノキ. —囡 トンカ豆.

tonlieu 男〖封建時代の〗市場税.

tonnage 男 (船舶の) 積量,トン数.

tonnant, e 彫 雷鳴のような.

tonne 囡 ❶ トン (記号 t). ▶ des ~s de … 話 莫(ﾊﾞｸ)大な量の…. ❷ 大樽;大樽 1 杯の量.

tonneau 男〖複〗x 男 ❶ 樽;樽 1 杯分の量. ❷ (樽が転がるような)回転;(曲技飛行の)樽回転;(自動車の横転(事故). ❸〖海〗(容積)トン (船の容積単位, 2.83m³).
◇ du même ~ 話 同種の,似たり寄ったりの. ~ des Danaïdes 果てしない仕事.

tonnelage 男 ❶ 樽製造. ❷ marchandise de ~ 樽詰めの商品.

tonnelet 男 小さい樽.

tonnelier 男 樽職人.

tonnelle 囡 園亭,あずまや.

tonnellerie 囡 樽製造 [販売] 業;樽工場;樽類.

tonner 自〖非人称構文〗Il tonne. 雷が鳴る. ❷ とどろく;怒号をあげる;(contre) (…を)激しく糾弾する.

tonnerre 男 雷鳴;轟音(ｺﾞｳｵﾝ). ▶ un ~ de … 雷のような…の(音声).
◇ coup de ~ 雷鳴;突発事件. du ~ (de Dieu) すごい;すごくよい. T~ (de Dieu)! 畜生!

tonométrie 囡〖医〗眼圧測定(法);〖物〗蒸気圧測定法.

tonsure 囡〖カト〗剃(ﾃｲ)髪;剃髪式;

tonsuré

tonsuré 円形はげ.
tonsuré, e 形 [カト] 剃髪式を受けた.
— 男 剃髪者, 剃髪式を受けた人.
tonsurer 他 [カト] 剃(ソ)髪する.
tonte 女 (毛, 草などの) 刈り込み, 剪(セン)毛;羊毛;(羊の) 剪毛期.
tontine 女 トンチン年金(共同出資者が死ぬと, 権利が生存者に移る年金).
tontisse 形 ラシャの剪(セン)毛の.
tonton 男 幼児語 おじさん, おじちゃん.
tonus [-s] 男 [英] 活気, 活力;[生] 緊張性収縮, 筋緊張, トーヌス.
top¹ [-p] 男 信号, 信号音;合図(音);(録音, 録画の開始記号). ◇donner le top 合図する, ゴーサインを出す.
top² [-p] 形 [不変] トップの.
— 男 トップモデル.
topaze 女 [鉱] トパーズ, 黄玉.
tope 間 よしきた, いいとも, 承知した.
toper 自 同意する;(同意のしるしに)手[グラス] を打ちつけ合う.
topette 女 細長い小瓶.
tophus [-s] 男 [医] 痛風結節. □**tophacé, e** 形
topinambour 男 [植] キクイモ.
topique 形 ❶ 文章 核心を突いた, 適切な. ❷ [薬] 局所用の.
— 男 ❶ (古代修辞学で) トピカ, 類型表現;[計] 話題. ❷ 局所薬.
— 女 [論] 問題弁証論.
topless [-s] 形 [不変] トップレスの.
— 男 トップレスの恰好.
top-modèle, top modèle 名 [不変] トップモデル.
top niveau [-p-] 形 [複] ~(x) 男 トップレベル (最高, 最良).
topo 男 論述, 説明, 報告, スピーチ;[登山] ルート図;話 見取り図.
topographe 男 地形 [地誌] 学者.
topographie 女 地形測量法;地形;地形図法.
topographique 形 ❶ 地形図の. ❷ anatomie ~ 局所解剖学.
topographiquement 副 地形測量上;地形的に;地形的に.
topo-guide 男 (山歩き用) ガイドブック.
topologie 女 [数] 位相, トポロジー;[レト] トピカ [類型表現] の研究.
topologique 形 [数] 位相の;[心] psychologie ~ 位相心理学.
topométrie 女 [測] 地形測量[測定].
toponyme 男 [言] 地名.
toponymie 女 (一地方, 一言語に属する) 地名;[言] 地名学.
toponymique 形 [言] 地名の.
toponymiste 名 地名学者.
top secret [-psəkrɛ] 形 [不変] 極秘の.
toquade 女 話 熱中の, のぼせ上がり.
toquante 女 話 腕時計.
toquard, e 形, 男 ⇨ tocard.
toque 女 トーク, 縁なし帽;騎手帽.
toqué, e 形, 男 話 頭のおかしい人.
se toquer 代動 話 (de) (…に) 夢中になる, ほれ込む, 熱を上げる.
torche 女 ❶ たいまつ, トーチ. ► ~ électrique (強力な) 懐中電灯. ❷ 丸く輪に巻いたもの;束ねた針金 [麦わら].

torché, e 形 ふかれた, きれいになった;話 うまくいった, うまく描いた.
torcher 他 ふく, ぬぐう, きれいにする;ぞんざいに片づける.
torchère 女 大燭台;枝付き燭台.
torchis 男 [建] 荒壁土.
torchon 男 布巾(キン), 雑巾;話 くだらない文章;汚い原稿;三流新聞 [雑誌]. ◇coup de ~ 一掃;(警察の) 手入れ;殴り合い. Le ~ brûle. (夫婦, 友人などが) 喧嘩(ゲン)している.
torchonner 他 ぞんざいに片づける;いい加減にする.
torcol 男 [鳥] アリスイ.
tord, tordai- ⇨ tordre.
tordage 男 撚(ヨ)り, 撚り合わせ.
tordant, e 形 話 腹の皮がよじれるほどおかしい.
tord-boyaux 男 話 安くて強い酒.
tordeur, se 名 (繊)撚(ヨン)糸工.
— 女 [昆] ハマキガ.
tordi-, tordi- ⇨ tordre.
tord-nez 男 [馬] 鼻捻(ネジ), 鼻捻棒.
tordoir 男 (ロープ締めに用いる) ねじ棒;(洗濯物の) 絞り機.
tordre 60 他 ねじる, よじる, 絞る;(髪を編む) ねじ曲げる, ゆがめる;(胸, 腹などを) きりきり痛ませる;(糸を) 撚(ヨ)る, 撚(ヨ)り糸する.
— se ~ 身をよじる, (自分の手足を) くじく, 捻挫(ネンザ)する.
tordu, e 形 (tordre の過去分詞) ねじれた, ゆがんだ;ひねくれた;俗 変な, まともでない;[植] 螺旋状の.
— 名 奇型の人;頭のおかしい人.
tore 男 [数] 輪環 環面 [体, 群];[建] (大) 玉縁, トルス;[情報] 磁気コア.
toréador 男 [西] 闘牛士.
toréer 自 闘牛をする, 牛と闘う.
torero, ra [-re-] 名 [西] 闘牛士.
torgnole 女 話 殴打, 平手打ち.
toril [-l] 男 [西] トリル (闘牛場の牛の控え場).
tornade 女 竜巻, トルネード.
toron 男 子縄, ストランド.
torpédo 女 [廃] トルペード (魚雷型の無蓋自動車).
torpeur 女 麻痺(ヒ);けだるさ;無気力.
torpide 形 文章 麻痺している, 無気力な;麻痺させる;[医] (病状の) 横ばいの.
torpillage 男 魚雷 [水雷] 攻撃;(計画, 組織などの) 阻止, 妨害.
torpille 女 魚雷;[魚] シビレエイ.
torpiller 他 魚雷 [水雷] で攻撃する;破壊する, (陰険な仕方で) 阻止する.
torpilleur 男 魚雷 [水雷] 艇;(小型) 駆逐艦;魚雷手.
torque 男 [考古] トルク (古代ゴール人などの金属製首飾り).
torréfacteur 男 焙煎(バイセン)器;焙煎して売る人.
torréfaction 女 焙煎(バイセン).
torréfier 他 焙煎(バイセン)する, 炒(イ)る.
torrent 男 急流, 奔流. ► un ~ [des ~s] de …… のほとばしり, 大量流出;充満, 氾濫.
torrentiel, le 形 急流の;急流のような. □**torrentiellement** 副

torrentueux, se 形 文章 急流の.

torride 形 酷熱の, 灼(や)熱の.

tors, e 形 曲がった, ゆがんだ; 撚(よ)った, ねじれた.
— 男 (糸, 綱の)撚り.

torsade 女 螺旋(らせん)状に撚(よ)ったもの; 撚り房 (編み物で)縄編み, (ロマネスク建築などの)綱彫形(ぞう)形.

torsader 他 螺旋(らせん)状に撚(よ)る, 撚り合わせる.

torse 男 上半身 (彫)トルソ, 胸像.

torsion 女 ねじること, ねじり; ねじれ.

tort 男 誤り, 間違い; 過ち, 落ち度; 損害, 迷惑.
◊ à ～ 間違って. à ～ et à travers 軽率に, でたらめに. à ～ ou à raison 是非はともかく; むやみに. avoir ～ 間違っている. donner ～ à ... 〜を非難する; 〜の誤りを証明する. faire du ～ à ... 〜に損害を与える. mettre ... dans son ～ 〜に過ちを犯させる.

torticolis 男 (痛みを伴う)首のねじれ; 首の痛み. (医)斜頸(しゃけい).

tortilla [-lja] 女 (西)(料)トルティージャ (メキシコのクレープ; スペインのオムレツ).

tortillard 男 ローカル鉄道列車.

tortillement 男 撚(よ)ること, ねじること; 捩れ, ねじれ.

tortiller 他 撚(よ)る, ねじる, ひねくる; (腰などを)くねらせる; 話 軽く片づける.
— 自 身をくねらせる.
— se ～ 身をくねらせる, のたくる; 渦を巻く.

tortillon 男 ねじったもの; (荷物を頭に載せて運ぶための)クッション.

tortionnaire 形 拷問する, 拷問用の. — 男 拷問する人.

tortu, e 形 文章 ねじれた, 曲がりくねった; ひねくれた; 陰険な.

tortue 女 (動) カメ. のろまな人.

tortueux, se 形 曲がりくねった; ひねくれた; 陰険な. ロ**tortueusement** 副.

torturant, e 形 苦しめる.

torture 女 拷問, 責め苦.

torturer 他 拷問にかける; 苦しめる, 悩ませる; (工夫を)ゆがめる, ねじ曲げる.
— se ～ 自分を苦しめる.

torve 形 (目つきが)険しい歪んだ.

tory; (複) ies (英) (史) トーリー党員. — 形 parti ～ トーリー党 (英国の政党で, 現在の保守党の前身).

torysme 男 トーリー主義; 保守主義.

toscan, e 形 (イタリアの)トスカナの. — 名 (T～) 男 トスカナ州の人.

tôt 副 早く, 早めに.
◊ au plus tôt できるだけ早く; 早くとも. tôt ou tard 遅かれ早かれ.

total, ale; (男複) aux 形 全部の, 全体の; 完全な; 総計の.
— 男 全体, 総計, 総額.
◊ au ～ 合計で; 結局.
— 女 (俗)子宮全摘出.

totalement 副 まったく, 完全に.

totalisateur**, trice** 形 加算する, 総計する. 総計的な; 総括的な.
— 男 加算器; 競馬賭(かけ)率表示機.

totalisation 女 総計, 合算.

totaliser 他 総計する; 総計…になる.

totalitaire 形 全体主義の; 包括的な, 総括的な.

totalitarisme 男 全体主義.

totalité 女 全体, 総体; 全体性, 総体性.
◊ en ～ 全体として, 完全に.

totem [-tɛm] 男 (英)(民)トーテム (ポール).

totémique 形 (民)トーテムの; トーテミズムの.

totémisme 男 (6 角の) (民)トーテミズム.

tôt-fait 男 (菓)トフェ (簡単にできるスポンジケーキ).

totipotent, e 形 (生)分化全能性の.

toto 男 俗 シラミ.

toton 男 (6 角の)さいころ独楽.

touage 男 引き船すること; 曳(えい)航.

touareg [-g] 男 トゥアレグ族の. — 名 (T～) トゥアレグ族 (ベルベル系の遊牧民). — 男 トゥアレグ語.

toubib [-b] 男 話 医者.

toucan 男 (鳥) オオハシ.

touchant, e 形 心に触れる, 感動的な. — 前 文章 …について.

touche 女 ❶ (鍵盤の)鍵; (機械のボタン, スイッチ; (キーボードの)キー.
❷ (絵画のタッチ); 色彩効果, 配色.
❸ 文章 文体, 筆遣い; (芸術家の)作風, スタイル. ❹ 話 格好, 様子; 外観.
❺ (スポ) (フェンシングで)突き; (ラグビーで)タッチライン; (釣)当たり, 食い.
◊ avoir la [une] ～ 話 (異性に)もてる. faire une ～ 異性の気を引く.

touche-à-tout 男 (不変) 話 何にでも触る人 (手を出す人), なんでも屋.

toucher 他 ❶ 触る, 触れる, 接する; 接触する, 連絡をとる. ❷ (…に) 関わる, 及ぶ; 関係がある. ❸ (金などを)受け取る, 手に入れる, 撃つ; 心を打つ.
◊ ne pas ～ terre 飛ぶように急ぐ.
～ un mot de A à B Bに A について 簡単に話す.
— 自 (à) ❶ (…に)触る, 触れる, 言及する; 関わる, 関係する. ❷ (金, 食べ物などに)手をつける; (…に)手を加える; (…を)傷つける. ～ au texte 原文に手を加える. ❸ 文章 (…に)さしかかる; 達する; (…に)紙一重である.
◊ ne pas avoir l'air d'y ～ 何食わぬ顔をする. ～ à tout 何にでも手を出す.
— se ～ ❶ 接し合う, (互いに)似ている. ❷ 自分の(…に)触る; 話 自慰をする.
— 男 触覚; 手触り; (ピアノの) タッチ.

touche-touche (à) 副 話 (人や車が)触れ合うかたちに.

touchette 女 (ギターの)フレット.

toucheur 男 (昔の)牛追い(人).

touer 他 曳(えい)船する.

toueur 男 引き船, 曳船.

touffe 女 茂み; 房, 束.

touffeur 女 文章 むっとする熱気.

touffu, e 形 密生した, 生い茂った; ぎっしり詰まった; 込み入った, 錯雑した.

touille (魚) ニシモウカザメ.

touiller 他 話 かき混ぜる.

touillette 女 話 (プラスチックの)小さ

なスプーン.
toujours 副 ❶ いつも, 常に, 絶えず; 永久に, いつまでも. ► ne ... pas ~ 必ずしも…ではない. ❷ 今もなお, 相変わらず. ► ne ... ~ pas 依然として…ではない. ❸ とにかく, いずれにせよ, それでもやはり.
◇comme ~ いつものように. depuis ~ ずっと以前から. de ~ 常に変わらない. pour ~ 永久に. T~ est-il que ~ いずれにせよ…である. ~ plus [moins] + 形容詞 ますます…である [でない].
Toulon トゥーロン (Var 県の県庁所在地).
toulousain, e 形 トゥールーズの.
— 名 (T~) トゥールーズの人.
Toulouse トゥールーズ (Haute-Garonne 県の県庁所在地).
toundra 女［地理］ツンドラ.
toungouse / toungouze 形 ツングース人の. — 名 ❶(T~) ツングース人. ❷ ツングース諸語.
toupet 男 (毛髪の)房; 前髪; 話 厚かましさ, ずうずうしさ.
toupie 女 独楽; [建] 面取り台.
toupiller 他 [建] 面取り加工する.
toupilleur 男 形削り工 [職人].
toupilleuse 女 [建] 面取り盤.
toupiner 自 方言 くるくる回る.
touque 女 金属製容器.
tour¹ 男 塔, タワー; 櫓[ﾔｸﾞﾗ]; 鐘楼; 高層ビル, 高層マンション; (チェスで) ルーク.
tour² 男 旋盤, 轆轤(ろくろ) (菓子やパンの) 作業台, めん台.
tour³ 男 ❶ 一周, 一巡, 一回り. ❷ 回転. ► donner un ~ de clef 鍵を回す. ❸ 周囲 (の長さ); 縁, 輪郭. ❹ 順番; (投票の)回. ❺ 旨; 策略. ❻ 成り行き, 様子. ❼ 言い回し, 表現.
◇à ~ de bras 力いっぱいに. à ~ de rôle 順番に. en un ~ de main またたく間に. jouer [faire] un ~ à ... …をだます. ~ à ~ 交替で; 次々に. ~ de force 力業; 離れ業.
touraillage 男 焙燥(ばいそう)(香りと色をつけるビールの製造工程).
touraille 女 焙燥(ばいそう)用麦芽乾燥室.
touraillon 男 [畜] 乾燥麦芽.
Touraine 女 トゥーレーヌ地方(フランス中部の旧州).
tourangeau, elle 《男複》 eaux 形 トゥーレーヌ地方の; トゥール Tours の. — 名 (T~) トゥーレーヌ地方の人; トゥールの人.
touranien, ne 形 トゥルキスタン人の. — 名 (T~) トゥルキスタン人.
tourbe¹ 女 文語 (軽蔑すべき人々の)群れ, 輩(やから).
tourbe² 女［地] 泥炭.
tourber 自 泥炭を採掘する.
tourbeux, se 形 泥炭質の.
tourbier, ère 形 泥炭の. — 女 ❶ 泥炭層, 泥炭鉱; [地理] 泥炭地, 湿原.
tourbillon 男 渦, 渦巻き; 旋風; 急旋回; めまぐるしい動き; 渦巻き花火.
tourbillonnaire 形 渦を巻く.
tourbillonnant, e 形 渦を巻く,

旋回する; めまぐるしい, 慌ただしい.
tourbillonnement 男 渦巻くこと, 旋回; めまぐるしさ, 慌ただしさ.
tourbillonner 自 渦を巻く, 旋回する.
tourelle 女 小塔; 砲塔, 司令塔.
touret 男 (ロープを巻き取る)ドラム, 巻胴; ボビン; [機] 回転式研磨機; (宝石細工用) 小轆轤(ろくろ).
tourie 女 耐酸瓶.
tourier, ère 形, 名 回転受付口担当 [渉外担当] の (修道者).
tourillon 男 回転支軸, 旋回軸.
tourisme 男 ❶ 観光, 観光旅行 [事業]. ► durable 接続可能な観光. ❷ [車] (voiture de) grand ~ グランドツーリスモ, ＧＴカー.
turista 女 ⇒ turista.
touriste 名 観光客, ツーリスト.
touristique 形 観光用の.
tourmaline 女 [鉱] トルマリン.
tourment 男 文語 激しい苦しみ, 苦痛; 悩み, 心配; 悩み [心配] の種.
tourmente 女 動乱; 嵐, 突風.
tourmenté, e 形 ❶ 苦しんでいる; 激しい動きの; 文語 変化 (起伏) の多い; 凝りすぎた, 不自然な.
tourmenter 他 ❶ 激しい苦痛を与え, 苦しめる. ❷ 悩ませる; しつこく付きまとう. ❸ 激しく揺する. ❹ 曲解する; 凝りすぎる. — **se ~** 悩む, 苦しむ.
tournage 男 [映画の]撮影; 轆轤(ろくろ)かけ; 旋盤加工; [鉄道] 転車作業; [海] 索止め (栓); [漁] 再剤引.
tournailler 自 話 うろうろする.
tournant, e 形 ❶ 回転する; 曲がりくねった, 螺旋(らせん)の. ❷ 迂回(うかい)する; 裏をかく. ❸ grève ~e 波状スト. — 男 ❶ 曲がり角, カーブ; 転機. ◇attendre ... au ~ 話 …に仕返しする機会を待つ. avoir [rattraper] ... au ~ 話 …に仕返しする. — 女 ❶ 当番制, ローテーション. ❷ 回輪桑.
tourne 女 ❶ (牛乳, ワインの) 変質, 酸敗. ❷ (新聞の他面への) 続き記事.
tourné, e 形 変質した, 酸っぱくなった. ◇avoir l'esprit mal ~ 万事悪意に満ちた見方をする, つむじ曲がりだ. bien [mal] ~ 体裁のよい [不格好な]; (文章などが)うまい [まずい].
tourne-à-gauche 男 (不製) レンチ, 片口 [両口] スパナ; (鋸(のこ)の) あさり出し具.
tournebouler 他 話 動転させる.
tournebroche 男 焼き串回転器.
tourne-disque 男 レコードプレーヤー.
tournedos 男 牛ヒレ肉の切り身.
tournée 女 ❶ 巡回; 出張, 巡業, ツアー. ❷ 話 (カフェなどでの) おごり.
tournemain (en un) 副 文語 またたくまに.
tourne-pierre 男 [鳥] キョウジョシギ.
tourner 他 ❶ 向きを変える; 回す; (ある方向へ)向ける. ❷ (ページをめくる; (映画を) 撮影する; (言葉, 文章を) 巧みにひねり出す [書く]. ❸ (角を) 曲が

る;(障害などを)回避する, 避けて通る. **❹** 〈en〉(…)に変える. ◇ かき混ぜる. ◇ ~ en bien [mal] 好意的に[悪意に]解釈する. ~ et retourner (手の中で)いろいろとあちこち 何度も検討してみる. ~ la tête à ... ...を酔わせる, の頭を回させる;を夢中にさせる. ◇ le cœur [l'estomac] à ... ...の胸をむかつかせる, 吐き気を催させる. ~ le sang [les sangs] à ... 話 ...を動転させる. ―自 ❶ 回る, 巡る; 歩き回る, 動き回る. ❷ 作動する, 動く; 交替で働く. ❸ 〔映画に〕出演する; 映画を撮影する. ❹ 〈en, à〉(…)に変る, 変わる. ❺ 酸化する, 腐敗する. ◇ avoir la tête qui tourne 目が回る. Ça [Tout] tourne. めまいがする. La tête me [lui] tourne. めまいがする. ~ bien うまく行く. ~ court 不意に中断[挫折(ざっ)]する;...に方向を変える. ~ de l'œil 目を回す, 気絶する. ~ mal まずいことになる; 素行が悪くなる.
— se ~ ❶ 向きを変える, (ある方向を)向く; 振り返る. ❷ 〈vers〉(…)に助けを求める;(…)に関心を抱く, (職業を)志す. ❸ 〈contre〉(…)に敵対する.

tournesol [-sol] 男 ❶ 【植】ヒマワリ. ❷ 【化】リトマス.
tournette 女 ❶ 糸繰り車; 轆轤(ろくろ)面, 回転板. ❷ 〔演〕回り舞台.
tourneur, se 名 旋盤[轆轤(ろくろ)]工. ― 形 【昆】ミズスマシ.
tournevis [-s] 男 ねじ回し, ドライバー.
tournicoter / tourniquer 自 話 うろうろする.
tourniquet 男 ❶ 回転木戸, 回転ドア; 回転式陳列台; スプリンクラー. ❷ 【医】止血帯. ❸ 【昆】ミズスマシ.
tournis 男 話 めまい. 〔獣医〕(羊, 牛の)蟲倒(きんとう)病.
tournoi 男 〔スポ〕トーナメント, 選手権; 【文章】競争, 試合; 【史】馬上試合.
tournoiement 男 旋回運動, 渦巻き.
tournois 形 〔不変〕トゥール硬貨の. 回転する; 渦を巻く.
tournoyant, e 形 くるくる回る, 旋回する; 渦を巻く.
tournoyer 自 くるくる回る, 回転する; 渦を巻く.
tournure 女 ❶ 成り行き, 展開; 外観, 様子, 体裁; 言い回し, 表現. ❷ d'esprit 物の見方, 受け止め方.
touron 男 〔菓〕トゥロン(スガー).
tour-opérateur 男 (おもにパック旅行を扱う)旅行業者.
Tours トゥール(Indre-et-Loire 県の県庁所在地).
tourte 女 〔料〕トゥルト(野菜, 肉, 果物などのパイ包み焼き).
tourteau[1], 〈複〉 **x** 男 ❶ 〔畜〕(飼料, 肥料用の)搾りかす. ❷ 丸い黒パン.
tourteau[2], 〈複〉 **x** 男 〔動〕イチョウガニの一種.
tourtereau ; 〈複〉 **x** 男 〔鳥〕コキジバトのひな; 〈複数〉 話 若いカップル.
tourterelle 女 〔鳥〕(小形の)ハト.
tourtière 女 〔料〕タルト型.
Toussaint 女 【カト】諸聖人(の祝日); 万聖節(11月1日).
tousser 自 咳(せき)払いをする.
tousseur, se 名, 形 よく咳をする(人).
toussoter 自 何度も軽く咳をする; 軽く咳払いをする. ❏**toussotement** 男
tout, e; 〈男複〉 **tous** (tout は母音・無音の h の前でリエゾンする; tous は形容詞のときは [tu] で, 代名詞のときは [tus]) 形 〔不定〕 **❶** 〈単数〉の, 一つの, すべての. ― ~e la journée 一日中. ― ~ un roman. まるで一編の小説だ. ❸ 〈無冠詞名詞を伴って〉どんな…でも. ― T~ homme aspire au bonheur. 人はだれでも幸福を願っている. ❹ 〈無冠詞抽象名詞を伴って〉このうえない, 完全な. ― avoir ~e liberté まったく自由である. ❺ 〈同格〉全体的の, 完全に. ― Elle était ~e à son travail. 彼女は完全に仕事に打ち込んでいた. ❻ 〈町名を伴って〉…の町全体; …の全住民; …の名士たち. ― pour ~ ... ...唯一の…として.
❷ 代 〈複〉すべての, 一の全部. ― tous mes amis 私の友人全員. ― tous 〈~es〉 les ... ...ごとに, 毎に. ― tous les jours 毎日.
◇ C'est ~ un. それは同じことだ. ~ ce qu'il y a de ... ... のすべての. ~ ce qu'il y a de plus + 形容詞 話 非常に….
― **tout**; 〈複〉 **tous, toutes** 代 〔不定〕 **❶** 〈単数〉すべて, なんでも. ― T~ va bien. すべて順調だ. ❷ 〈複数〉の人[物], 皆. ― nous tous 我々全員.
◇ à ~ faire なんにでも役立つ, 万能の. avoir ~ de ... ...をまったく...だ. Ce n'est pas ~. それだけではない. Ce n'est pas ~ de ... ...するだけでは十分ではない. C'est ~. = Voilà ~. それで全部だ, それだけだ. comme ~ 非常に. en ~ あらゆる点で, 完全に; 全部で. en ~ et pour ~ 全部合わせて(やっと).
― 副 〈子音・有音の h で始まる女性形容詞の前では性数の変化をして toute(s) となる〉 **❶** まったく, 非常に. ❷ 〈ジェロンディフの同時性・対立の強調〉…しながら; …ではあるが. ❸ + 形容詞[名詞, 副詞] + que ... 〈譲歩〉いかに…でも; 〈対立〉…ではあるが.
― 男 〈複数は tous となるが使用は稀〉 ❶ 全体, 総体. ❷ 重要なこと.
◇ du ~ 〈否定の強調〉まったく, 全然. du ~ au ~ すっかり. jouer [risquer] le ~ pour le ~ 一か八か勝負する.
tout-à-l'égout [-ta-] 男 〔不変〕下水道の合流式.
toute-épice; 〈複〉 **~s-~s** 女 オールスパイス; ブラックミン.
toutefois 副 しかしながら, ただし.
toute-puissance 女 〔不変〕絶対権力(者), 至上権; 【神】(神の)全能.
Tout-le-Monde 男 (monsieur)

toutou《単数のみ》だれでも；普通の人.
toutou男《幼児語》わんわん.
Tout-Paris男《単数形のみ》パリの名士，パリのお歴々.
tout-petit男幼児；赤ん坊，乳児.
tout-puissant, ~e~-~e；《複》~~-s, ~es-~es 形絶対的権力を有する，全能の．— 名絶対権力者．— 男《T~-P~》全能の神．
tout-terrain；《複》**tous**-~**s** 男オフロード車．
tout-venant 男《単数形のみ》 ❶ 有り合わせの物；（だれかれなく）その場に居合わせている人． ❷《鉱》原［粗］炭．
toux 女咳(^{せき})．
township [tawnʃip] 男《英》南アフリカ大都市周辺の黒人スラム．
toxémie 女《医》毒血症．
toxicité 女《医》毒性．
toxicologie 女《医》毒物学．
toxicologue 名中毒［毒物］学者．
toxicomane 形, 名薬物嗜(^し)癖［麻薬中毒］（の患者）．
toxicomanie 女薬物嗜癖，麻薬中毒．♡**toxicomaniaque**
toxicophilie 女薬物［麻薬］嗜癖．
toxicose 女《医》乳児期中毒症．
toxine 女毒素．♡**toxinique** 形
toxique 形毒（物），毒性；毒性．—形有毒の，毒性の；中毒の．
toxoplasmose 女《医》トキソプラスマ症．
toyotisme 男《経》トヨティズム（トヨタ自動車の生産管理）．
trabe 女旗竿(^{ざお})．
trac (**tout à**) 副句《古風》出し抜けに；無分別に．
trac 男《口》（緊張して）上がること，気後れ．
traçabilité 女トレーサビリティ，追跡可能性．
traçage 男 ❶ 線引き，作図；地割り． ❷《機》（部品加工前に行う）罫書き．
traçant, **e** 形（根や茎が）地下をはう．
tracas 男気苦労，煩わしさ．
tracasser 他 心配させる，悩ませる．—**se ~** 心配する，気をもむ．
tracasserie 女煩わしさ；難癖．
tracassier, **ère** 形煩わしい，うるさい．— 名ろうるさい人．
tracassin 男不安な気持ち．
trace 女 ❶ 足跡，軌跡． ❷（病気，行為的）跡，痕(^{あと})；名残．❸（心の）刻印，印象． ❹ ~ **de ...** 微量の…；ちょっとした…． ❺（山林の）通路． ❻《数》（図学で）跡． ❼《スキー》= **directe** 直滑降．
◇ **marcher sur les ~s de ...** …を手本にする，まねる．
tracé 男 ❶ 図面，設計図；路線（図）． ❷ 道路，川筋；海岸線． ❸（文字，デッサンの）輪郭．
tracement 男作図，線引き．
tracer ① 他 ❶（線を）引く；（図形を）描く ② 描写［説明］する． ❸（道をどに）通ずる．—自 疾走する，突っ走る．
traceret 男罫書き針． ❷（計量器具に目盛りをつける）分割(^{ぶんかつ})器．
traceur, **se** 名製図工． —形 ❶ 跡を残す，尾を引く． ❷《物》トレーサーの．
traceur 男 ❶ 追跡車． ❷作図機，トレーサ；《情報》プロッタ．
trachéal, **e** [-ke-]；《男 複》**aux** 形《解》気管の．
trachée [-ke-] 女《植》導管．
trachée-artère；《複》**~s-~s** 女《解》気管．
trachéen, **ne** [-ke-] 形気管の．
trachéite [-ke-] 女気管炎．
trachéo-bronchite [-ke-] 女気管気管支炎．
trachome [-ko-] 男《医》トラホーム．
trachyte [-ki] 男《地》粗面岩．
traçoir 男罫書き針．
tract [-kt] 男《英》宣伝ビラ，ちらし．
tractable 形牽引(^{けんいん})可能の．
tractage¹ 男牽引(^{けんいん})．
tractage² 男ビラ配り．
tractation 女（多く複数）闇(^{やみ})取引，裏工作．
tracter¹ 他 牽引(^{けんいん})する．
tracter² 自 ビラを配る．
tracteur, **trice** 形引っ張る，牽引する．—男トラクター；牽引車．
tractif, **ve** 形《機》牽引(^{けんいん})する，引っ張る．
traction 女 ❶《物》引っ張り（力）． ❷（車などを）引くこと；駆動；《鉄道》牽引(^{けんいん})，運転． ❸ 懸垂，腕立て伏せ．
tractopelle 女 パワーショベル．
tractoriste 名 トラクターの運転手．
trader 男《英》トレーダー，証券業者．
tradescantia [-sja] 男《植》ムラサキツユクサ．
trade-union [trednjɔ̃] 女《英》（英国の職種別）労働組合．
tradition 女 ❶ 伝統，しきたり，慣習． ❷ 伝承，伝説． ❸《法》引渡し．
traditionalisme 男 伝統の墨守；伝統主義．
traditionaliste 形, 名 伝統を墨守する（人）；伝統主義者の．
traditionnel, **le** 形 ❶ 伝統の，伝承に基づく． ❷ 慣例の，恒例の．
traditionnellement 副伝統的に；慣例どおりに．
traducteur, **trice** 名 翻訳家，訳者．—男《情報》翻訳ルーチン，コンパイラ（言語変換のプログラム）．
traduction 女 ❶ 翻訳．► ~ **automatique** 機械翻訳． ❷ 訳本；表現．
traduire ⑦⓪ 他 ❶ 翻訳する；表現する，伝える．—**se ~** 表現される；現れる．
traduisible 形翻訳できる．
trafic 男 ❶ 不正取引，密売． ❷ 《口》怪しげな振る舞い． ❸ 交通（量）；輸送（量）． ❹《法》~ **d'influence**（公務員の）職権乱用，受託収賄．
traficoter 自他 闇《口》取引をする，不正をする．— 他 細工をする．
trafiquant, **e** 名《軽蔑》密売者．
trafiquer 自他 ❶ 不正取引をする，密売をする． ❷ 《文章》(**de, sur**)（…）を不正に利用する，（…から）不当な利益を得る．— 他（製品などに）不正な細工をする． ❷ 不正に取引する． ❸ たくらむ．—**se ~** 起こる，生じる．

tragédie 囡 悲劇; 惨劇.
tragédien, ne 名 悲劇俳優.
tragi-comédie 囡 悲喜劇.
tragi-comique 厖 悲喜劇の[的な].
tragique 厖 悲劇的な; 悲劇的な, 悲惨な. —男 ❶ 悲劇作家. ❷ 悲劇.
tragiquement 副 悲劇的に.
trahir 他 ❶ 裏切る, 背く. ❷ 露呈する, 漏らす; 本心［正体］を暴露する. ❸ 曲げて伝える. ❹（能力などの…を）見捨てる. —se ❶ 本心を漏らす, 内面をあらわにする; あらわれる.
trahison 囡 ❶ 裏切り; 不貞. ❷ 歪(ゆが)曲, 曲解. ❸【法】反逆(罪).
traie(-) 蹟 ⇨ traire.
trail [trɛj(l)] 男〖英〗(悪路用の)トレールバイク.
traille 囡 渡し船; 引き網, トロール網.
train 男 ❶ 列車, 電車. ❷ 車列, 行列. ❸（法律・行政上の）一連の措置. ❹ 速度, 歩調. ► accélérer le ~ ペースを速める. ❺（仕事などの）進み具合, 調子;（物事の）進行の仕方. ❻（四つ足動物の）半躯(はんく), 躯 〖人間の〗尻(しり). ❼〖車〗► avant [arrière] 前部［後部］車軸. ❽（連動する機械の）装置, 一組.
◇à fond de ~ 全速力で. aller bon ~ 速く進む. en ~ 元気な; 進行中の. être en ~ de ... ...しているところである. mener ... bon ~ ...を急がせる. mener grand ~ 豪勢な暮らしをする. mener le ~ ペースメーカーを務める. mettre ... en ~ ...を始める; 活気づかせる. mise en ~ 下準備; 着手. ~ de maison (集合的) 家の使用人. ~ de vie (収入面から見た) 暮らしぶり.
traînage 男 ❶ そりによる輸送. ❷ 曳(ひ)くこと.
traînant, e 厖 だらだらした, 退屈な. ❷ 地面を引きずる; 垂れ下がる.
traînard, e 名 落伍(らくご)者; のろま. —厖 だらだらした, のろのろした.
traînasser / traînailler 圓 ❶ ぐずぐずする, だらだら長引く. ❷ うろつく, ぶらぶらする.
traîne 囡 ❶（服の）引き裾(そ). ❷ かすみ網;〖海〗索;〖漁〗引き網.
◇à la ~ 遅れてに; ほったらかしで.
traîneau 男（複）x 男 ❶ そり. ❷〖狩〗(密猟者が用いる)鳥網, かすみ網.
traînée 囡 ❶ 細長い跡［筋〗, 帯状のもの. ❷ 箇(ふしだら)な女, 売女(ばいた). ❸〖物〗抵抗, 抗力. ❹〖漁〗底はえ縄.
traînement 男 ❶（足を）引きずること; 引きずる音；（声を長く伸ばすこと.
traîner 他 ❶ 引く, 引っ張る, 引きずる. ❷ 持ち歩く, 肌身から離さない. ❸ 連れていく, 引っぱっていく; 長く患う, 長く耐える. ❹ 長引かせる.
—圓 ❶ 引きずる, 垂れ下がる. ❷ 散らばっている. ❸ ぐずぐずする, 遅れる; 長引く; 長く患っている. ❹ 消え残る, 漂う. ❺ どこにでもある, 陳腐である. ❻ うろつく, ぶらつく.
—se ~ はう; やっとの思いで歩く; のろのろと進む; 長引く.

traîne-savates 名 複 浮浪者; ぶらぶらしている人.
traîneur, se 名（荷車などを）引く人; その御者; ぶらぶらしている人.
training [trenɪŋ] 男〖英〗❶ トレーニング, 練習. ❷ トレーニングウエア;（複数）トレーニングシューズ.
train-train 男（単数形のみ）単調な繰り返し.
traire 圕 他（乳を）搾る.
trait 男 ❶ 線, 描線; 輪郭. ❷ 特徴, 特性. ❸（複数）顔だち, 目鼻だち, 表情. ❹ ～ de ... ...の現れ［言動］. ❺ 矢, 投擲(とうてき);〖古風〗(矢を)射ること, (投擲を)投げること. ❻ うまい表現; 筆致. ❼ 恋愛, 毒舌. ❼ 紐(ひも)な言葉, 毒舌. ❼ 牽(けん)引, 引き網.
◇à grands ~s 大ざっぱに. à longs ~s ごくごくと. avoir ~ à ... ...に関係する. d'un ~ 一気に, 立て続けに. partir comme un ~ 矢のように飛び出す. tirer un ~ sur ... ...を抹消する; 断念する. ~ d'union トレデュニオン, ハイフン (-); 仲介役. ~ pour ~ 正確に.
traitable 厖 扱いやすい; 加工しやすい;〖文語〗御しやすい, 手なずけやすい.
traitant, e 厖 ❶（継続的に）治療する. ► médecin ～ 主治医. ❷ 効き目のある. ❷〖史〗徴税請負人.
traite 囡 ❶ 手形;（手形の）振り出し. ❷ 行程, 道のり. ❸ 搾乳. ❹〖史〗► des Noirs 黒人(奴隷)売買.
traité 男 ❶ 概論, 論説;〖法〗条約.
traitement 男 ❶ 待遇, 取り扱い. ❷ 治療, 手当て. ❸ 待(公務員の)俸給, 月給. ❹ 処置, 処理; 加工. ► ~ de textes ワードプロセッサー.❺〖映〗(映画的)処理, シナリオ化, 脚色.
traiter 他 ❶ 遇する, 取り扱う; もてなす. ► ~ A en [comme] B A をB として扱う. ❷ ~ A de B A をB 呼ばわりする. ❸（題材などを）取り扱う; 論じる. ❹ 交渉する; 取り決める. ❺ 治療する. ❻ 処理[加工]する. ❼〖文語〗（客を）もてなす, 供応する.
—自 ❶ 交渉する, 取り決めをする. ❷ (de)（…について）論じる,（…を）取り扱う.
traiteur 男 仕出し屋, 総菜屋.
traître, sse 名 裏切者, 謀反(むほん)人; 不実な人. —厖 ❶ 裏切りの, 背信の. ❷ 危険な, 油断のならない. ◇ne pas dire un ~ mot 一言もしゃべらない.
traîtreusement 副〖文語〗卑劣なやり方で, 陰険に.
traîtrise 囡 卑劣さ; 背信, 裏切り.
trajectographie 囡（ロケット・ミサイルの)軌道計算; 軌道追跡法.
trajectoire 囡〖弾道, 軌道.
trajet 男 ❶ 道のり, 行程; 道筋. ❷〖解〗走向路.
tralala 男 派手; 気取り. —間 おやおや, ああまあ喜び, 呼びかけに.
tram [tram] 男〖英〗路面電車.
trame 囡 ❶ 緯(ぬき)糸. ❷（物事の骨組み）内容. ❸〖テレビ〗駒(こま). ❹〖印〗網目スクリーン. ❺〖建〗基準格子.
tramer 他 ❶ 織る. ❷ たくらむ, 謀る.

traminot 男 路面電車従業員.

tramontane 女〖地中海沿岸の北風〗(アルプス、ピレネー山脈の)山風.

tramp [-p] 男〖英〗不定期貨物船.

trampoline 男〖英〗トランポリン.

tramway [tram-] 男〖英〗路面電車.

tranchage 男 切断; 丸太の板取り.

tranchant, e 形 ❶ よく切れる, 鋭利な. ❷ 断定的な. ❸ 際立った対照を見せる, 著しい. ― 男 ❶ 刃, 刃先; 刃状のもの. ◇ à double ~ もろ刃の; 相反する効果をもたらす.

tranche 女 ❶ 薄切り, 薄片. ❷ 部分; 一工程. ❸ 縁, へり;(書籍の)小口. ❹ 断面. ❺ (牛の)腿(もも)の上肉. ◇ s'en payer une ― 回 大いに楽しむ.

tranché, e 形 ❶ 他とはっきり区別される, 明確な, 際立った. ❷ 断定的なもの, きっぱりとした. ― 女 ❶ 溝, 堀; 切り通し. ❷ 塹壕(ごう). ❸〖複数〗〖医〗激しい腹痛, 疝(せん)痛.

trancher 他 ❶ 切る. ❷ 決着をつける. ― 自 ❶ 判決を下す, 断言する. ❷ (sur, avec)(…と)対照をなす.

tranchet 男 切り出しナイフ.

trancheur, se 名 製材工場長, 挽割(ひきわり)工. ― 女 〖林〗スライサー, 単板平削機. ❷ 溝掘機.

tranchoir 男 まな板; 刃物, 包丁.

tranquille [-kil] 形 ❶ 静かな, 穏やかな; 平静な. ❷ 安らかな, 安心した. ◇ laisser ... ~ …をそっとしておく.

tranquillement [-kil-] 副 静かに, 穏やかに; 心配なしに; 落ち着いて.

tranquillisant, e [-kili-] 形 安心させる. ― 男 精神安定剤.

tranquilliser [-kili-] 他 安心させる;(心を)鎮める. ― se ~ 安心する, ほっとする.

tranquillité [-kili-] 女 ❶ 静けさ, 穏やかさ; 平穏, 安らぎ. ❷ 平静, 平穏.

transaction [-za-] 女 ❶〖多く複数〗合意, 和解, 妥協. ❷〖法〗和解, 示談. ❸(脱税に対する)追徴税額の承認. ❹〖複数〗商取引, 株式取引.

transactionnel, le [-za-] 形 ❶ 和解に関する, 示談による, 妥協的な. ❷〖心〗analyse ~ le 交流分析.

transafricain, e [-za-] 形 アフリカ横〖縦〗断の.

transalpin, e [-za-] 形 アルプス山脈の向こう側の; アルプス横断の.

transaminase [-za-] 女〖生化〗トランスアミナーゼ.

transandin, e [-zsɑ̃-] 形 アンデス山脈横断の.

transat [-zat] 男 口 デッキチェア. ― 女 口 大西洋横断ヨットレース.

transatlantique [-za-] 形 大西洋横断の. ― 男 ❶ 大西洋定期船. ❷ (布製の折り畳み式)デッキチェア. ❸ 大西洋横断ヨットレース.

transbahutage / transbahutement 男 口 運搬, 移動.

transbahuter 他 口 運ぶ, 移す.

transbordement 男(乗客, 貨物の)積み換え, 中継.

transborder 他(乗客を)乗り換えさせる;(貨物を)積み換える.

transbordeur 男 ◇ pont (à) ～ 渡し浮き橋. ❷ フェリーボート, 渡し船.

transcanadien, ne 形 カナダ横断の.

transcaucasien, ne 形 カフカス〖コーカサス〗山脈の向こう側の.

transcendance 女 ❶ 卓越(性), 優越(性). ❷〖哲〗超越(性).

transcendant, e 形 ❶ 卓越した, 優れた. ❷〖哲〗超越的な.

transcendantal, ale(男複)**aux** 形〖哲〗先験的な, 超越論的な.

transcender 他 ❶ 超越する. ❷〖文章〗(他を)しのぐ, 抜きん出る.

transcodage 男 コード変換, 符号変換.

transcoder 他 コード変換する.

transconteneur 男 大型〖海上〗コンテナ.

transcontinental, ale(男複)**aux** 形 大陸横断の.

transcriptase 女〖生化〗～ inverse 逆転写酵素.

transcripteur, trice 名 写字生. ― 男 転写機.

transcription 女 ❶ 転写, 筆写; 写し, 複本, 写本. ❷(他の表記法への)書き換え. ❸〖楽〗編作; 編曲. ❹〖生〗(遺伝情報の)転写.❺〖法〗登記.

transcriptome 男〖生〗トランスクリプトーム.

transcrire 78 他 ❶ 書き写す, 転写する; 文字化する. ❷(他の表記法に)書き換える. ❸〖楽〗編曲〖編作〗する.

transcrit 男〖生〗転写産物.

transculturel, le 形 異文化間の; 多文化にまたがる.

transdisciplinaire 形 学際的な. ◇ transdisciplinarité 女

transducteur 男 変換器.

transduire 他 形質導入する.

transe 女 ❶(多く複数)恐怖, 不安, 危惧. ❷(霊媒の)トランス状態, 忘我. ◇ entrer en ~ 興奮して我を忘れる.

transept [-pt] 男〖英〗(教会の)交差廊.

transfectant 男〖生〗形質移入体.

transfèrement 男 ❶ 移転. ❷〖法〗(囚人などの)移送.

transférentiel, le [-za-] 形〖心〗転移(現象)の.

transférer 6 他 ❶ 移す, 移送〖移転〗する. ❷〖法〗譲渡する. ❸〖心〗転移する.

transfert 男 ❶ 移転, 移動; 移籍. ❷(財産の)移転, 譲渡; 所得移転〖再配分〗. ❸〖心〗転移. ❹〖情報〗転送.

trans-fert-hybridation 男 田 転写ハイブリッド形成法.

transfiguration 女〖文章〗❶ 変容, 変貌. ❷〖カト〗キリストの変容; 主の変容の祝日(8月6日).

transfigurer 他〖文章〗❶ 変容〖変貌(ぼう)〗させる;(よいほうに)変化させる. ❷ 顔を輝かせる. ― se ~〖文章〗❶ 変容〖変貌〗する. ❷ 顔つきが変わる.

transfo 男 変圧器, トランス.
transformable 形 変形できる.
transformateur, trice 形 ❶ 変換する; 加工する. ❷ 変圧する.
— 男 変圧器, トランス.
transformation 女 ❶ 変化, 変形; 加工; 改良, 変革. ❷《数》変換; 《電》変圧. ❸(ラグビーの)コンバート.
transformationnel, le 形 《言》変形[変換]の.
transformer 他 ❶ 変化させる; 加工する. ━ ~ A en B A を B に変える. ❷ 良くする; 元気にする. ❸ ~ un essai (ラグビーで)トライをコンバートする.
— **se ~** 変化[変貌(ﾎﾞｳ)]する.
transformisme 男 生物変移論.
transformiste 形 生物生物変移論(者)の. — 名 生物変移論者.
transfrontalier, ière 形 国境にまたがった, 国境を越えた.
transfuge 男 脱走兵, 投降者.
— 名 脱党者, 転向者; 変節者.
transfusé, e 名 輸血を受けた人.
transfuser 他 輸血する.
transfusion 女 輸血.
transgène 男《生》導入遺伝子.
transgenèse 女《生》遺伝子組み換え体作成.
transgénique 形 遺伝子組み換えによる.
transgresser 他 背く, 違反する.
transgression 女 違反; 〖地〗海進 (海岸線が陸地側に食い込むこと).
transhumance 女 [-zy-] 〖 〗❶ 移動牧畜, 移牧. ❷《蜂》移動養蜂.
transhumant, e 形 [-zy-] 〖 〗夏の間, 羊の群れなどが山へ移動する.
transhumer 自 [-zy-] 〖 〗夏の間, 羊の群れなどが山へ牧草を食べに行く.
— 他 (羊の群れを)山へ移動する.
transi, e 形 [-zi-] 形 凍えた, 麻痺(ﾋ)した; 内気で片思いの. — 男〖美〗死体墓像(中世, ルネサンス期の死体彫刻).
transiger [-zi-] 自 ❶ (avec ...)と和解する, 折れ合う; (sur ...)をごまかす. ❷ (sur ...について)妥協する.
transir [-zi-] 他自〖文章〗凍えさせる, ぞくっとさせる.
transistor [-zi-] 男 ❶〖電〗《英》トランジスタ; トランジスタラジオ.
transistorisé, e [-zi-] 形 トランジスタ化された.
transistoriser [-zi-] 他 (ラジオ, テレビなどを)トランジスタ化する.
transit [-zit] 男 ❶ 免税通過, トランジット. ❷ cité de ~ 仮収容住宅. ❸〖医〗~ baryté バリウム検査.
transitaire [-zi-] 形 免税通過の.
— 男〖法〗通過貨物取扱業者.
transiter [-zi-] 他 免税で通過させる. — 自 一時寄港する, 通過する.
transitif, ve [-zi-] 形〖文法〗他動の; 他動詞的な;《数》推移的な.
transition [-zi-] 女 ❶ 推移, 移り変わり. ❷ (論理, 文章の)展開, つなぎ方; つなぎ部分. ❸《物》遷位.
transitionnel, le [-zi-] 形 過渡的な, 推移する.

transitivement [-zi-] 副〖文法〗他動的に.
transitivité [-zi-] 女 ❶〖文法〗(動詞の)他動性. ❷《数》推移性.
transitoire [-zi-] 形 ❶ 一時的な, はかない. ❷ 過渡的な, 臨時の.
translatif, ve 形〖法〗移転を行う.
translation 女 ❶〖文章〗(公式の)移動, 移転; 転属. ❷〖法〗(財産などの)譲渡. ❸《数》平行移動.
translittération 女〖言〗(別の文字体系への)翻字, 文字転記.
translucide 形 半透明の, 曇った.
translucidité 女 半透明.
transmanche 形《不変》英仏海峡横断の.
transmetteur 男 ❶《生》神経伝達物質. ❷ 発信[送信] 器.
transmettre 65 他 ❶ 伝える, 伝達する; 伝播(ﾊﾟ)する; 伝染させる. ❷ 譲渡する. — **se ~** ❶ 伝わる, 伝播する; 伝染する. ❷ 譲渡[委譲] される.
transmi- 活 ⇨ transmettre.
transmigration 女 ❶ 輪廻(ﾘﾝﾈ), 転生. ❷《文章》(民族集団などの)移住.
◇transmigrer ①
transmissibilité 女 伝達[伝染, 遺伝]可能性; 譲渡可能性.
transmissible 形 ❶ 伝達[伝染, 遺伝]し得る. ❷ 譲渡可能.
transmission 女 ❶ 伝達; 譲渡, 委譲; 相続, 継承. ❷ 動力伝達装置. ❸ 伝染; 遺伝. ❹《複数》通信隊.
transmit, transmit- 活 ⇨ transmettre.
transmodulation 女 混変調, 相互変調.
transmuer / transmuter 他 変質させる, 変換する.
transmutabilité 女 変質[変換]可能性.
transmutation 女 ❶〖錬〗(貴金属への)変成. ❷《文章》変換, 変換(ﾎﾞｳ).
transnational, ale 形《男複》**aux** 形 超国家的な, 国際的な.
transocéanique 形 大洋の向こう側にある; 大洋横断の.
transparaître 50 自 ❶ 透けて見える; (感情が)表に出る.
transparence 女 ❶ 透明(度); 半透明, 透けて見えること. ❷ 明瞭, 明白; ガラス張り, 公開. ❸《映》スクリーンプロセス (合成撮影法の一種).
transparent, e 形 ❶ 透明な; 透き通るような. ❷ 包み隠しのない; 明白な.
— 男 スライド.
transparu- 活 ⇨ transparaître.
transpercer 1 他 ❶ 貫く, 貫通する. ❷ 染み通る.
transphrastique 形〖言〗連文の.
transpirant, e 形 汗をかいた.
transpiration 女 発汗, 汗.
transpirer 自 ❶ 汗をかく, 発汗する. ❷《文章》露見する, 明るみに出る.
transplant 男〖医〗移植組織.
transplantable 形 移植可能な.
transplantation 女 ❶ (植物の)移植. ❷ 移住, 転居. ❸〖医〗移植.

transplanter 他 ❶ 移植する,植え替える. ❷ 移住 [移転] させる.
— se ～ 移住 [移転] する.
transpondeur 男 [電] 応答器.
transport 男 ❶ 輸送,運送,運搬; (複数) 交通 [輸送] 手段,輸送機関. ❷ 輸送車両; [軍] 輸送艦 [列車,船]. ❸ (しばしば複数) [文章] 激情.
transportable 形 運搬可能の.
transportation 女 [刑] 流刑.
transporté, e 形 輸送 [運搬] された; 興奮した,有頂天になった.
transporter 他 ❶ 運ぶ,輸送 [運搬] する. ❷ 移す,移転する. ❸ [文章] 興奮させる. ❹ 譲渡する.
— se ～ ❶ 赴く. ❷ (想像上で) 身を置く; 行った気になる.
transporteur, se 名 運搬する.
— 男 ❶ 運送業者. ❷ 運搬輸. ► ～ de gaz 液化ガス運搬船. ❸ コンベヤ.
transposable 形 順序を変えられる; 移し換えられる.
transposer 他 ❶ 順序を変える. ❷ 移し換える. ❸ [楽] 移調する.
transpositeur 形男 [楽] instrument ～ 移調楽器.
transposition 女 ❶ 入れ換え; 転換. ❷ [楽] 移調; [数] 互換; [化] 転位.
transposon 男 [生] トランスポゾン.
transpyrénéen, ne 形 ピレネー山脈の向こうの; ピレネー山脈横断の.
transsaharien, ne 形 サハラ砂漠横断の.
transsexualisme 男 [心] 性別倒錯(異性願望,または異性であると思い込む傾向). □ transsexuel, le 形名
transsibérien, ne 形 シベリア横断の.
transsonique 形 [物] 遷音速の.
transsubstantiation 女 [カト] 実体変化.
transsudation 女 浸出,浸透.
transsuder 自 滲出 [浸透] する.
transvaser 他 (液体を) 他の容器に移し換える. □ transvasement 男
transversal, ale (男 複) **aux** 形 横断列の,斜めの. — 女 ❶ [数] 横断線. ❷ 都市間道路.
transversalement 副 横断して,横に,水平に.
transverse 形 [解] 横の.
transvider 他 他の容器に移す.
trapèze 男 ❶ 台形. ❷ ぶらんこ. ❸ [海] (ヨットの) トラピーズ. ❹ [解] muscle ～ 僧帽筋.
trapéziste 名 空中ぶらんこ乗り.
trapézoïdal, ale; (男 複) **aux** 形 台形の.
trappe¹ 女 ❶ 揚げ蓋,揚げ戸,揚げ板. ❷ (獣の) 罠(ﾜﾅ), 落とし穴.
trappe² 女 ❶ (la T～) トラピスト修道会. ❷ トラピスト修道会の建物.
trappeur 男 わなを使う毛皮猟師.
trap(p)illon 男 [演] (書割を出し入れするための) 小さい揚げ戸.
trappiste 男 トラピスト修道士.
trappistine 女 ❶ トラピスチン修道女. ❷ トラピスチン (トラピスト修道士

の作るリキュール).
trapu, e 形 ❶ ずんぐりした,太って背の低い; どっしりとした. ❷ [話] (ある科目が) 得意な. ❸ (問題などが) 難しい.
traque 女 [狩] (獲物の) 狩り出し,追い詰め,包囲. ❷ (人の) 追跡,尾行.
traquenard 男 ❶ 罠(ﾜﾅ); 策略,落とし穴. ❷ [馬] 調子を乱した速歩.
traquer 他 ❶ [狩] 狩り出す,包囲する. ❷ 追い詰める,追跡 [尾行] する.
traquet 男 [鳥] ハグロビタキ.
traqueur, se 名 [狩] 勢子(ｾｺ). — 男 追跡者,追跡者.
trash [-ʃ] 形 (不変) [英] 低俗な.
trattoria 女 [伊] (イタリアの) 大衆レストラン.
trauma 男 [医] 外傷; (心的) 外傷.
traumatique 形 [医] 外傷性の.
traumatisant, e 形 (身体的,心的な) 外傷を引き起こす.
traumatiser 他 (身体的,心的な) 外傷を与える; 激しく動揺させる.
traumatisme 男 [医] 外 傷 性 障害; [心] ～ psychique (心的) 外傷.
traumatologie 女 外傷学.
travail; (複) **aux** 男 ❶ 仕事,労働; 勉強; (複数) (個々の分野での) 作業. ► ～ intellectuel 頭脳労働. ❷ 職務,職能; 職場. ❸ (集合的) 労働者. ❹ (複数) (土木) 工事. ► ～aux publics 公共事業. ❺ (多くの場合複数) 研究,業績・研究論文,著作. ❻ (複数) (議会の) 審議,討議. ❼ 仕事ぶり; 出来ばえ,仕上がり; 細工品. ❽ 働き,作用,力; 変化,変質. ❾ 陣痛; 分娩(ﾌﾞﾝ).
travaillé, e 形 ❶ 細工を施した; 入念に仕上げられた. ❷ 労働に苦しめられた.
travailler 自 ❶ 仕事をする,働く,勤める; 勉強する,学ぶ. ❷ 練習 [稽古] する. ❸ 活動 [機能,作用] する; 営業する. ❹ 変化 [変形] する. ❺ (à…) に専念する,努力する. ❻ 発酵する.
— 他 ❶ 勉強する; 練習する. ❷ 加工する; 手直し [推敲(ｽｲｺｳ)] する. ❸ 働きかける,影響を与える. ❹ 悩ませる; 苦しめる. ❺ (ボールに) 回転をかける. ❻ (生地などで) こねる.
travailleur, se 名 ❶ 勤労者,労働者. ❷ 働き者,勤勉な人. ❸ [法] ～se familiale 家事援助員. — 形 ❶ 勤勉な,働き者の. ❷ [文章] 労働者の,労働階級の. — 女 裁縫台.
travaillisme 男 (英国の) 労働党の政策.
travailliste 名 (英国の) 労働党員.
— 形 (英国の) 労働党の.
travailloter 自 [話] 軽く仕事をする.
travée 女 ❶ 柱の間; [建] 張り間,柱間. ❷ 椅子 [机] の列.
traveller's check [-vlœr(s)-ʃɛk] / **traveller's chèque** 男 [英] 旅行者用小切手.
travelling [-vliŋ] 男 [英] [映] 移動撮影 [撮影].
travelo 男 [話] おかま,ゲイボーイ.
travers 男 ❶ ちょっとした欠点; 奇癖. ❷ [海] 舷側 (ｹﾞﾝ), 船体. ❸ ～ de porc スペアリブ. ❹ [古語] 横幅.
♦ à ～ (…)(…を) 横切って; 介して, au

~ de ... ...を通して. de ~ 斜めに; 間違って. en ~ (de ～) (...に対して)横に. passer au ~ de [à ~] ... (危険など)を免れる. prendre en ~ de ... ...にからだを,曲解する. se mettre en ~ de ... ...に反対する,を妨害する.

traversable 形 渡れる,横断できる.

traverse 女 ❶ 近道; 横道. ❷ 腕木,横架材; 枕木. ❸ 文章 障害.

traversée 女 ❶ (水路または空路で海や川を渡ること. ❷ 横断,通過. ❸ (鉄道の分岐部の)横断.

traverser 他 ❶ 横断する,渡る,横切る. ❷ 貫通する,染み込む. ❸ (ある時期を)生きる; 経験する.
◊ ~ l'esprit (考えなどが)頭をよぎる.

traversier, ère 形 ❶ 横切る,横切りの. ❷ flûte ~ère 大型フルート.
— 男 カナダ フェリーボート.

traversin 男 ❶ (寝台の)長枕. ❷ (樽,桶)の底の補強桟,押さえ木.

travertin 男 トラバーチン (温泉などに沈殿する無機質石灰岩).

travesti, e 形 女装 [扮 (ﾌﾝ) 装]した.
— 男 ❶ 仮装(衣裳). ❷ 女形; ゲイボーイ.

travestir 他 ❶ ~ A en B AをBに変装させる,仮装させる. ❷ 歪 (ﾔｶﾞ) 曲する. — se ~ 変装 [仮装]する.

travestisme 男 【心】服装倒錯.

travestissement 男 ❶ 変装,仮装; 仮装衣裳. ❷ 歪 (ﾔｶﾞ) 曲.

traviole (de) 副 斜めに.

tray- 語 ⇨ traire.

trayeur, se 名 ❶ 乳を搾る人.
— 男 搾乳器.

trayon 男 (雌牛,雌ヤギなどの)乳頭.

trébuchant, e 形 ❶ よろめく,ふらつく. ❷ 言いよどみがちの; (困難に)つまずく,失敗する. ❸ ふざけて espèces sonnantes et ~es 現なま.

trébucher 自 ❶ つまずく,よろめく,踏み外す. ❷ (sur) (言葉等を)言いよどむ; (困難に)つまずく.
— 他 (貨幣,量目を秤 (ﾊｶﾘ) で量る.

trébuchet 男 ❶ 罠 (ﾜﾅ); 精密秤 (ﾊｶﾘ).

tréfilage 男 【金】線引き,伸線.

tréfiler 他 【金】線引きする.

tréfilerie 女 【金】線引き工場.

tréfileur, se 名 線引き工.

trèfle 男 ❶ 【植】クローバー,ツメクサ. ❷ (トランプの)クラブ. ❸ クローバー型,三つ葉形. ❹ 俗たばこ; 銭 (ｾﾞﾆ).

tréfonds 男 ❶ 深奥底の,心奥. ❷ 【法】地下物.

treillage 男 格子造り [細工,模様].

treillager 2 他 格子をつける; 金網 [金網]で囲む.

treille 女 ブドウ棚; 棚仕立てのブドウ. 《ふざけて》 le jus de la ~ ワイン.

treillis[1] 男 ❶ (木,鉄)の格子,金網. ❷ 数 束. ❸ 【土木】骨組構造物.

treillis[2] 男 ❶ 厚布の粗布,ズック; ジーンズ,デニム. ❷ 作業服; 戦闘服.

treillisser 他 格子をつける,格子工にする; 金網を巡らす.

treize 形 《数》(不変) 13の; 13番目の. — 男 (不変) 13; 13日, 13時; 13番, 13号.

treizième 形 13番目の; 13分の1の. — 名 13番目の人 [物]. — 男 13分の1; 14階; 第13区.

treizièmement 副 13番目に.

treiziste 名 13人制ラグビー選手.

trekking -[kiŋ] / **trek** -[k] 男《英》トレッキング. ¤ **trekkeur, se** 名

tréma 男 【文法】トレマ, 分音符号(¨)(e, i, u の上につけて, 先行する母音とは独立して発音することを示す).

trémater 他 (他の船を)追い越す.

tremblant, e 形 震える; 揺れる.
— 男 【獣医】羊の痙癬 (ﾀﾞﾆ).

tremble 男 【植】オウシュウヤマナラシ.

tremblé, e 形 震える.

tremblement 男 ❶ 震え, 身震い; 揺れ. ▶ — de terre 地震. ❷ 【楽】トランブルマン.
◊ (et) tout le ~ その他もろもろ.

trembler 自 ❶ 震える, 身震いする; 震動する. ❷ おびえる, 心配する.

trembleur, se 名 ❶ 臆病者, 小心者.
— 男 振動機; ブザー.

tremblotant, e 形 かすかに震える.

tremblote 女 語 震え.
◊ avoir la ~ 震える, ぞくぞくする.

tremblotement 男 かすかな震え.

trembloter 自 かすかに震える.

trémie 女 ❶ 漏斗 (ｼﾞｮｳｺﾞ) 型流入口 [投入口], ホッパー. ❷ 【建】暖炉座; 通風口. ❸ トレミー (状の塩). ❹ (家禽 (ｶｷﾝ) の)給餌口 (ｸﾁ) 器.

trémière 形女 【植】rose ~ タチアオイ.

trémolite 女 【鉱】透角閃石 (ｾｷ).

trémolo 男 ❶ 【楽】トレモロ. ❷ (感情の高ぶった)震え声.

se trémousser 代動 (細かく不規則に)体をゆする, 身動きする.

trempage 男 浸すこと; (洗濯物の)つけおき.

trempe 女 ❶ 焼き入れ; 急冷; クエンチ. ❷ (精神的な)強さ; (固有の)性質. ❸ 語 しごき.

trempé, e 形 ❶ ぬれた. ❷ (性格などが)鍛えられた, 強固な. ❸ (金属が)焼き入れされた; (ガラスが)急冷した.

tremper 他 ❶ (液体に)浸す, つける; ぬらす. ❷ (人, 性格などを)鍛える, 強くする. ❸ (金属に)焼き入れする; (ガラスに)急冷強化処理を行う. — 自 ❶ 漬る, つかる, 浸される, 荷担する.

trempette 女 語 faire ~ (海や川で)ちょっと水浴びする.

tremplin 男 踏み切り板; ジャンプ台; (目的への)踏み台, ステップ.

trémulation 女 【医】振戦 (ｾﾝ).

trémuler 自 文章 震える.

trench-coat [trenʃkot] / **trench** [trenʃ] 男《英》トレンチコート.

trentaine 女 およそ30; 歳ぐらい.

trente 形 《数》(不変) 30の; 30番目の. — 男 (不変) ❶ 30; 30日; 30番, 30号. ❷ 【テニス】サーティ.
◊ se mettre sur son ~ et un (服装を)最高にキメている.

trente-et-quarante 男 (不変)【カード】トランテ・カラント.

trentenaire 形 30年続いている．
trente-six 形《数》(子音・有音のhの前では [si], 母音・無音h の前では [siz]) ❶ 36の; 36番目の. ❷たくさんの. ― 男 36; 36番, 36号. ◊ *tous les* ~ *du mois* めったに(…ない).
trentième 形 30番目の; 30分の1の. ― 名 30番目の人［物］. ― 男 30分の1.
trépan 男〖医〗(特に頭蓋(ﾞが)骨用の)穿(ｾ)孔器. ❷〖機〗鑿岩(ｻﾞ)機.
trépanation 女〖医〗穿(ｾ)孔(術).
trépaner 他〖医〗(患者に)穿(ｾ)頭術を施す.
trépas 男〖文語〗他界, 死. ◊ *passer de vie à* ~ 死ぬ.
trépassé, e 形〖文語〗死去した. ― 名〖文語〗死者, 故人. ► *la fête des T*~*s*〖死者の記念日 (11月2日).
trépasser 自〖文語〗他界する, 逝く.
trépidant, e 形 ❶小刻みに揺れる. ❷急テンポの; 慌ただしい.
trépidation 女 ❶小刻みな揺れ. ❷慌ただしさ, 喧噪(ﾖｳ).
trépider 自 小刻みに震える, 揺れる.
trépied 男 ❶三脚台; 三脚の家具.
trépignement 男足を踏み鳴らすこと.
trépigner 自足を踏みならす.
très 副 非常に, とても, たいへん.
tresaillir 自 (荷車の)横木.
trésor 男 ❶ 宝, 宝物. ❷ 貴重なもの, 大切なもの. ❸ *un* ~ *[des* ~*s] de* …の多くの貴重な…, 限りないの…. ❹《複数》財庫. ❺《複数》(美術品などの)至宝, 逸品. ❻《多く複数》(国家, 都市の)財貨, 富. ❼《(le) T~》限りなく貴重な宝典, 宝鑑. ❽《多く le T~》〖経〗国庫.
trésorerie 女 ❶財務局; 財務行政. ❷流動資本, 現金資産. ❸会計係, 経理課. ❹(英国の)財務省.
trésorier, ère 名 会計係, 経理員. ► ~-*payeur général* 県出納長.
tressage 男 編むこと; 編み方.
tressaillement 男 身震い.
tressaillir 自 身震いする.
tressauter 自 ❶ びくっとする; 激しく揺れる.
tresse 女 ❶三つ編み. ❷(三つ編みの)組みひも, 飾りひも. ❸〖建〗編み［組み］ひも飾り. ❹〖海〗編綱.
tresser 他 三つ編みする; 編む.
tréteau 男 (脚）x 架. うま, うまだい. ❷《複数》大通りの小屋掛け芝居; 〖古風〗大道芝居の舞台［小屋〗.
treuil 男 ウインチ, 巻上機〖装置〗.
treuillage 男 ウインチによる昇降.
treuiller 他 ウインチで昇降させる.
trêve 女 ❶休戦, 停戦; 休戦協定. ❷(争いの)中断, 中止. ❸(苦痛の伴う仕事, 心痛などの)休止, 休息. ◊ *sans* ~ *de* … …はもちろんである.
trévise 女 トレヴィーズ(赤チコリの一種).
tri 男 ❶ 選別; 分類, 仕分け, 整理. ❷〖情報〗ソート, 分類.
triacide 男〖化〗三酸.

---

triade 女 ❶ 3つ組, 3人組, 3幅対, 三位一体. ❷〖神話〗三神, 三体の神.
triage 男 選別, 仕分け, 分類.
trial 男〖英〗トライアル(オートバイ競技の一種). ❷ トライアル用オートバイ.
trialcool 男〖化〗トリアルコール.
trialogue 男 3者会談, 鼎(ﾃｲ)談.
triangle 男 ❶ 3角形, 3角形のもの. ❷〖楽〗トライアングル.
triangulaire 形 ❶ 3角形の, 3角状の. ❷ 3者間の, 3国間の.
triangulation 女 ❶〖測〗三角測量. ❷〖建〗〖美〗3角形による構成.
trianguler 他〖測〗三角測量する.
trias 男〖地〗(中生代の)三畳紀.
triathlète 名 トライアスロン選手.
triathlon 男〖スポ〗トライアスロン.
tribade 女 同性愛の女.
tribal, ale 形;（男 複）**als** (または *aux*) 部族の.
tribalisme 男 部族的社会編制, 部族主義.
triboélectricité 女〖物〗摩擦電気. ► *triboélectrique*.
tribologie 女 摩擦学.
tribométrie 女〖物〗摩擦測定法.
tribord 男〖海〗右舷(ｹﾞﾝ).
tribordais 男 右舷(ｹﾞﾝ)直.
triboulet 男 ~ *métrique* (指輪の内径を測る)サイズ棒.
tribu 女 ❶ 部族, 種族. ❷〖皮肉〗大家族; 大団体. ❸〖生〗連, 族(科 famille と属 genre との中間).
tribulations 女複《しばしば皮肉》艱難(ﾝ)辛苦, 苦労.
tribun 男 ❶(思想の)雄弁な擁護者; 大衆的な雄弁家. ❷〖古〗護民官.
tribunal,（複）*aux* 男 ❶ 裁判所, 法廷; 裁判. ❷《集合的》裁判官. ❸〖文語〗批判, 審判.
tribunat 男〖古〗護民官の職.
tribune 女 ❶ 演壇. ❷ 討論会, 座談会, 論壇. ❸(議会の特別席)(競技場の)観覧席.
tribut 男 貢ぎ, 貢ぎ物; 年貢, 租税; 〖文語〗義務, 務め.
tributaire 形 ❶ *de* (…に)依存［従属〗した; (川などが)注ぐ, 流れ込む. ❷〖史〗貢ぎ物(年貢, 租税)を納める.
tricennal, ale 形;（男 複）*aux* 形 30年間の.
tricentenaire 男 300年祭. ― 男 300年たった.
tricéphale 形 頭を3つ持った.
triceps [-ps] 男〖解〗三頭筋.
triche 女 ごまかし, いかさま, いんちき.
tricher 自 ❶ いかさまをやる. ❷ 不正を働く, ― 他 ❶(*sur*で) (…を)ごまかす. ❷(素材などを)手直しする.
tricherie 女 ❶(賭(ｶ)け事における)いかさま. ❷ 不正, ごまかし.
tricheur, se 名 ❶ ぺてん師, いかさま師. ❷ 不正をする人. ― 形 いんちきをする; 不正をする.
trichine [-kin] 女 旋毛虫.
trichiné, e [-ki-] 形〖医〗旋毛虫の寄生した.
trichinose [-ki-] 女 旋毛虫症.

trichloréthylène [-klɔ-] 男 〖化〗トリクロロエチレン, トリクレン.

trichocéphale [-kɔ-] 男 〖医〗鞭(べん)虫.

tricholome [-kɔ-] 男 〖菌〗ハツメジ.

trichomonas [-kɔmɔnas] 男 〖医〗トリコモナス(寄生虫の一種).

trichophyton [-kɔ-] 男 〖医〗白癬(はくせん)菌.

trichrome 形 三原色法の.

trichromie 女 三色法; 三色印刷.

trick 男 〖英〗〖カード〗トリック.

tricoises 女複 スパナ; 釘抜き.

tricolore 形 3色の:《特に》(フランス国旗の)青, 白, 赤の3色の. ► drapeau ― (フランス国旗の)三色旗.
— 男 《複数》フランスチーム.

tricorne 男 (18世紀の)三角帽.

tricot 男 ❶ 編み布地; メリヤス. ❷ 編み物. ❸ ニットウエア, メリヤス製品.

tricotage 男 編むこと; 編み物.

tricoter 他 編む. ― 自 ❶ 編み物をする. ❷ 〖話〗足をばたばた動かす.

tricoteur, se 編み物をする人.
— 女 (自動)編み機.

trictrac 男 〖ゲーム〗トリックトラック, バックギャモン.

tricycle 男 3輪車.

tridacne 男 〖貝〗オオジャコ.

tridactyle 形 《動》(足の)3指の.

trident 男 (魚を突く)三つまたの鉾(ほこ); 三つまたの熊手〖釣〗, 叉〗.

tridi 男 (革命暦旬日の)第3日.

tridimensionnel, le 形 3次元の; 立体の.

trièdre 男 〖数〗3面体.

triennal, ale 形 《男 複》 **aux** 3年ごとの; 3年間続く.

trier 他 選別する; 分ける, 分類する.
— **se ~** 語勢動き回る.

trière 女 〖古代〗三段櫂(かい)船.

trieur, se 選別する; 選鉱夫.
— 男 選別機; 選鉱機; 分類機.
— 女 (パンチ)カード分類機.

trifide 形 〖植〗(葉などの)3裂の.

trifouiller 自〖話〗かき回す, いじり回す. ― 他 《dans》(…を)かき回して探し; いじり回す.

trigle 男 ⇨ grondin.

triglycéride 男 〖生化〗トリグリセリド.

triglyphe 男 〖建〗(ドリス式建築の)トリグリフ, トリグリュポス.

trigone 男 〖解〗~**s** fibreux 線維三角. — 形 3角形の.

trigonelle 女 〖植〗レイリョウコウ, コロハ(染料, 医薬に用いる).

trigonométrie 女 〖数〗三角法.

trigramme 男 3字から成る語; 3つの頭文字から成る略語.

trijumeau 男 《複》 **x** 形 男 〖解〗 nerf ~ 三叉(さんさ)神経. — 男 三叉神経.

trilatéral, ale 形 《男 複》 **aux** 3辺の, 3辺を持つ.

trilingue 形 3か国語で書かれた; 3か国語に通じた.

trille 男 〖楽〗トリル.

triller 他 トリルをつける, トリルで奏する. ― 自 トリルを奏する.

trillion [-ljɔ̃] 男 100京, 10¹⁸.

trilobé, e 形 〖植〗3裂の. ❷ 〖建〗《美》トレフォイルの; 三葉形の.

trilobite 男 〖古生〗三葉虫.

triloculaire 形 〖植〗3室[房]の.

trilogie 女 3部作; 3つ組, 三つ組み; 3人組. □**trilogique** 形

trimaran 男 〖海〗トリマラン, 三胴船.

trimard 男 〖俗〗〖風・俗〗道, 道路.

trimarder 自〖俗〗放浪する.

trimardeur, se 名〖古風・俗〗放浪者; 〖俗〗街娼.

trimbal(l)er 他〖話〗持ち歩く; 連れ回す. — **se ~** 語勢動き回る. □**trimbal(l)age / trimbal(l)ement**

trimer 自 つらい仕事をする.

trimestre 男 3か月, 四半期; (3か月の)学期; (年金などの)3か月分.

trimestriel, le 形 3か月間[分]の; 学期の. □**trimestriellement** 副

trimètre 男 ❶ (古典詩の)3歩格. ❷ (近代詩の)3分節(韻律)詩句.

trimoteur 男, 形 3発機(の).

trin, e 形 《古》三位一体の.

tringle 女 細い棒, パイプ; カーテンレール.

tringler 他 線引きをする.

trinitaire 形 〖宗教〗三位一体の.
— 名 三位一体修道会の修道士; 三位一体説の信者.

trinité 女 ❶ 《la T~》〖宗教〗三位一体; 三位一体の祝日. ❷ 3人組, 3つ一組のもの.

Trinité-et-Tobago 女複 トリニダード・トバゴ(共和国).

trinitrotoluène 男 〖化〗トリニトロトルエン(略 T.N.T.)(爆薬の原料).

trinôme 男 〖数〗3項式.

trinquer 自 ❶ 乾杯する, 祝杯を上げる. ❷ 〖話〗被害を受ける.

trinquette 女 〖海〗フォア・ステースル(船首の三角帆).

trio 男 ❶ 〖伊〗〖楽〗トリオ, 三重奏[唱]; 三重奏[唱]曲. ❷ 3人組.

triode 女 〖エレ〗3極管.

triol 男 ⇨ trialcool.

triolet 男 ❶ 〖楽〗3連符. ❷ 〖詩〗トリオレ; ロンデル(=rondel).

triolisme 男 3人で行う性行為.

triomphal, ale 形 《男 複》 **aux** 形 ❶ 凱旋(がいせん)の. ❷ 語勢勝ち誇った, 得意気な. □**triomphalement** 副

triomphalisme 男 自信過剰.

triomphaliste 形, 名 自信過剰の(人).

triomphant, e 形 大勝利[大成功]を収めた; 勝ち誇った, 得意気な.

triomphateur, trice 形 〖文章〗戦勝した, 得意満面の. ― 名 勝者.

triomphe 男 ❶ 大勝利; 大成功, 大当たり, ヒット. ❷ 得意満面, したり顔. ❸ 得意芸, 十八番

triompher 自 ❶ 圧勝[大勝]する. ❷ 《de》(…に)勝利する; 圧倒する, (…を)克服する. ❸ 勝ち誇る, 得意になる.

trionyx [-ks] 男 〖動〗スッポン.

trip [-p] 男 語 ❶ 幻覚剤の服用; 幻覚状態, トリップ. ❷ 陶酔状態.

tripaille 女 語 はらわた; 臓物.

tripang 男 動 ナマコ.

triparti, e / tripartite 形 ❶ 3つに分割した, 3部から成る. ❷ 3者間の; 3党による; 3国の.

tripartisme 男 3党連立体制.

tripartition 女 3分割, 3分割.

tripatouiller 他 ❶ 語 勝手に改変する, 改竄(ざん)する; (帳簿などを)不正操作する. ❷ かき回す. ─ 自 (dans) ❶ (…を)勝手に改変する, 不正操作する, ごまかす. ❷ (…を)かき回す. ¤tripatouillage 男

tripe 女 ❶ (多く複数)(動物の)腸, もつ; 臓物料理. ❷ (多く複数) 語 心の奥底; 内心の感情. ❸ (葉巻の) 中身.

triperie 女 臓物(屋); 臓物販売業.

tripette 女 無価値なもの.

triphasé, e 形 電 三相(交流)の.

triphtongue 女 音声 三重母音.

tripier, ère 名 臓物商(屋).

triplace 形 3人乗りの.

triplan 男 航 3葉機.

triple 形 ❶ 3重の; 3倍の. ❷ 語 ものすごい. ─ 男 ❶ 3倍, 3重. ❷ (スポ)三段跳び. ─ 副 3倍に, 3重に.

triplé, e 名 (複数) 3つ子.
─ 男 3連勝 (競馬の) 3連勝式.

triplement 副 3倍に, 3重に.

tripler 他 ❶ 3倍にする. ¤**triplement** 男
─ 自 3倍になる.

triplet 男 ❶ (複数) 3つ1組. ❷ (集合で) 3つ1組. ❸ 建 三連窓. ❹ 写 トリプレット(複合レンズ). ❺ 物 三重項(スペクトルの) ❻ 数 三組.

triplette 女 (ペタンクの)3人チーム.

triplex [-ks] 男 ❶ 3重合わせガラス. ❷ 3階メゾネット型マンション.

Triplice 女 三国同盟.

triplure 女 服 芯地(ビ).

tripode 名 三脚の.

Tripoli トリポリ(リビアの首都).

tripoli 男 地 珪藻(ジ)岩(土).

triporteur 男 3輪自転車.

tripot 男 賭博(と)場; いかがわしい所.

tripotage 男 ❶ いじくり回す, こね回すこと; 策略, 裏工作, 不正投機.

tripotée 女 ❶ 殴打, めった打ち; 屈辱的敗北, 完敗. ❷ 多数, たくさん.

tripoter 他 ❶ いじくり回す; 愛撫する. ❷ 投機につぎ込む, 利殖に運用する. ─ 自 かき回す; 不正投機する.

tripoteur, se 名 ❶ 不正投機をする人; 山師, ペテン師; 策謀家. ❷ 人のものに触りたがる人.

tripous / tripoux 男複 料 トリプー(臓物の煮込み).

triptyque 男 ❶ 美 彫 トリプティカ, 三連祭壇画. ❷ 3景 3話 から成る作品は 3部作.

trique 女 棍(ご)棒, 太い棒.

triqueballe 男 木材運搬車.

triquet 男 建 三角足場; 脚立.

trirème 女 古口 3段橈船(シェ).

trisaïeul, e; 男 複 ─s (または **trisaïeux**)名 高祖父, 高祖母.

trisannuel, le 形 3年ごとの.

trisection [-sɛk-] 女 数 3等分.

trisomie 女 生 医 トリソミー; ダウン症候群. ¤**trisomique** 名

trisser 自 語 急いで出発する.
─ **se ~** 語 逃げる, 立ち去る.

trisser' 他 演劇 に 3度くり返させる.

triste 形 ❶ 自 語 (T~) ギ神 トリトン (半人半魚の海神). ❷ 《ふざけて》泳ぐ人. ❸ 動 イモリ. ❹ 貝 ホラガイ.

triton' 男 楽 トリトノス, 全音.

triton' 男 物 トリトン, 3重陽子.

triturateur 男 粉砕機.

trituration 女 ❶ 粉砕, 咀嚼(セっ). ❷ 細工, 操作.

triturer 他 ❶ 粉砕する, すりつぶす; 咀嚼(セっ)する. ❷ こねる, いじくり回す. ❸ (世論などを)操作する.
─ **se ~ les méninges** [**la cervelle**] さんざん気をもむ, 骨折り損ずる.

triumvir [trijɔm-] 男 ラ 古ロ 三頭政治家の一人.

triumvirat [trijɔm-] 男 古ロ 三頭政治; (三頭政治の)執政官の職務.

trivalent, e 形 ❶ 化 3価の. ❷ 論 三値の. ─ 男 生 三価染色体.

trivial, ale; 男複 **aux** 形 ❶ 下品な, 野卑な. ❷ 古風 文章 陳腐な, ありふれた. ¤**trivialement** 副

trivialité 女 下品, 野卑; 古風 文章 陳腐.

troc 男 物々交換; 物々交換制.

trochanter [-kã-] 男 ❶ 解 (大腿ジ)骨)転子. ❷ 昆 転節.

troche 女 ¤ troque.

trochée' 男 (古典詩で)長短脚(近代詩で)長音節と短音節の連なり.

trochée' 女 ¤ cépée.

trochure 女 (鹿の角の)第4枝.

troène 男 植 イボタノキ.

troglobie 形 動 真洞窟(グウ)性の.

troglodyte 男 ❶ 穴居人; 地下生活者. ❷ 鳥 ミソサザイ.

troglodytique 形 穴居の.

trogne 女 (大食漢, 酒飲みの)赤ら顔.

trognon 男 ❶ (野菜, 果物の)芯(し). ❷ (愛情表現)かわいい子. ❸ 顔, 頭. ─ 形 語 かわいらしい.

troïka 女 ロシア ❶ 3頭立ての馬ぞり. ❷ 三頭政治, トロイカ方式.

trois 形 数 ❶ 3つの; 3番目の. ❷

わずかの.
— 男 3; 3日; 3時; 3番; 3号.
trois(-)étoiles [-ze-] 男 ❶ 某(人名を伏せて3つ星(***)を使うときの呼称). ❷ (3つ星の)高級ホテル, 一流レストラン. — 形 3つ星の, 一流の.
trois-huit [trwaɥit] 男〘不変〙 ❶〘楽〙8分の3拍子. ❷〘複数〙8時間交替制, 1日3交替制.
troisième 形 3番目の; 3分の1の.
— 名 3番目の人物.
— 男 ❶ 第3の物; 3の1; 4階; 第3区. — 女 ❶ 第3学級 (⇨ terminale). ❷ (ギアの)第3速.
troisièmement 副 第3に.
trois-mâts 男 3本マストの帆船.
trois-quarts 男 (子供用の)3分の4コート; 七分丈のコート; (ラグビーの)スリークォーターバック; 三角やすり.
trois-quatre 男〘不変〙〘楽〙4分の3拍子.
trolley 男〘英〙❶ (ロープウェーの)高架軌道貨車. ❷ 触輪(電車と架線との接触部). ❸ 語 トロリーバス.
trolleybus [-s] 男〘英〙トロリーバス.
trombe 女 竜巻. ◇en ~ ものすごい勢いで. ~ d'eau 土砂降り.
trombidion 男 古風 ダニの幼虫.
trombidiose 女〘医〙ダニ皮膚炎.
trombine 女 語 面.
trombinoscope 男 語(メンバーの)写真入り一覧.
tromblon 男 (昔の)らっぱ銃砲.
trombone 男 ❶ トロンボーン; トロンボーン奏者. ❷ クリップ.
tromboniste 名 トロンボーン奏者.
trompe 女 ❶ らっぱ; 警笛. ❷〘動〙象の鼻; 〘昆〙吻(ふん)管; 〘解〙管; 〘建〙スキンチ, 入隅迫持(せりもち). ❸〘物〙ポンプ.
trompe-la-mort 名〘不変〙風変, 九死に一生を得た人.
trompe-l'œil 男〘不変〙〘美〙トロンプ・ルイユ, だまし絵; 見せかけ, まやかし.
tromper 他 ❶ だます, 裏切る; 不貞を働く. ❷ 監視〔追跡〕をかわす; 逃れる.
— **se** ~ ❶ 間違える, 誤る. ▶ *se* ~ *sur* …について思い違いをする. ❷ (*de*) (…を)取り違える. ❸ (*à*) (…に)失敗する, ごまかされる.
tromperie 女 ❶ 欺瞞(ぎまん), ごまかし; 詐欺. ❷ 古風 見せかけ; 錯覚.
trompeter 他 触れ聴(まわ)らす.
— 自 ❶ らっぱを吹く. ❷ (ワシが)鳴く.
trompette 女 ❶ らっぱ; トランペット. ❷〘貝〙ホラガイ.
◇*en* ~ (鼻が)上を向いた.
— 男 トランペット奏者; らっぱ手.
trompettiste 名 トランペット奏者.
trompeur, se 形 偽りの, 見せかけの; 不実な. — 名 うそつき, ぺてん師.
trompeusement 副文章 ごまかして, 偽って, 人を欺(あざむ)いて.
tronc [trɔ̃] 男 ❶〘植〙(木の)幹; 胴体. ❷ 器 頭. ❸ 献金箱. ❹ 起源; 祖先. ❺〘解〙幹; ~ *cérébral* 脳幹. ◇~ *commun* 共通部, 幹線部.
troncation 女〘言〙切除.

---

troncature 女 ❶ 欠損; 切断面. [部]. ❷ 〘晶〙欠角.
tronche 女 ❶ 丘/地域 丸太材, 大薪. ❷ 俗 頭, 顔; 面倒らくさ.
tronchet 男 丸木の作業台.
tronçon 男 (筒切りの)一片; 丸木台; (道路, 鉄道の)一区間; 一部分.
tronconique 形 円錐(すい)台形の.
tronçonnage 男〘林〙玉切り; (金属棒, 管の)切断; (紙の巻き取り).
tronçonnement 男 ≒ tronçonnage.
tronçonner 他 筒切りにする.
tronçonneuse 女〘機〙金切り盤, 鋸(のこ)盤; チェーンソー, 丸鋸.
tronculaire 形〘解〙(神経や血管の)幹の. — 形 神経幹麻酔.
trône 男 ❶ 王座; 王位, 王権. ❷ (les T~s) 〘キ教〙座天使. ❸ 語 便座.
trôner 自 (上席に)納まる, 君臨する; 自慢する, のさばる.
tronqué, e 形 一部を切り取られた.
tronquer 他 一部を削除する.
trop (母音・無音の h の前では [trɔp] となる) 副 あまりに, 過度に; とても, 非常に.
◇*C'en est* ~. もうたくさんだ. *C'est* ~. 恐縮です. *de* (*en*) ~ 余分に, よけいな. *ne* (*pas*) *savoir* ~ + *inf.* いくら…してもしすぎることはない. *ne* ~ *que* ~ 十分すぎるほど. ~ ... *pour* ... …するにはあまりに…だ. ~ *de* ... あまりに多くの…
trope 男〘レト〙転義, 比喩(ゆ).
trophée 男 ❶ 勝利[成功]の記念品; 戦利品; 賞杯, トロフィー. ❷ 武具飾り; 飾り武器文様.
trophique 形〘生理〙栄養の.
tropical, ale 男〘複〙**aux** 形 熱帯(性)の. ❷ ラテンミュージックの.
tropicalisation 女 (資材, 設備の)耐熱帯処理, 熱帯向け処理.
tropicaliser 他 耐熱帯処理を施す.
tropique 男 (les ~s) 熱帯地方. ❶ 回帰線. ▶ ~ *du Cancer* [*Capricorne*] 北[南]回帰線. ❷〘天〙année ~ 回帰年.
tropisme 男〘生〙(植物の)屈性, (動物の)向性.
tropopause 女〘気〙圏界面.
troposphère 女〘気〙対流圏.
trop-perçu 男 過払い; 余剰金; 還付税額.
trop-plein 男 ❶ 過剰分, 余剰分. ❷〘土木〙排水装置; 水槽.
troque 男〘貝〙ニシキグズイ.
troquer 他 (*contre*) (…と) 物々交換する, 取り替える.
troquet 男 語 (安手の)カフェ, 居酒屋; 古・語 カフェ[居酒屋]の主人.
trot 男〘馬〙速歩(はや). ◇*au* (*grand*) ~ 速歩で, 語 大急ぎで.
trotskiste / trotskyste 形 トロツキーの, トロツキズムの.
— 名 トロツキスト.
trotte 女 語 (徒歩の)長い道のり.
trotte-menu 形〘不変〙小走りの.
trotter 自 ❶ 小走りに走る; 語 駆けずり回る, 奔走する. ❷〘馬〙速歩(はや)す

trotteur

る。— **se ~** 逃げ出す，立ち去る。
trotteur, se 名【馬】速歩のトロッター。— 形 速歩の速度を得意とする。— 男 締ハイヒールウォーキングシューズ；(幼児の)歩行器。— 女 ❶〖時計〗の秒針。❷ 2人乗り2輪馬車。
trottin 男 古風〖婦人洋装店の〗使い走りの少女。
trottiner 直 ❶〖馬〗小刻みの速歩をする。❷ 小走りに[ちょこちょこ]歩く。
trottinette 女 古風〖子供用の〗スクーター，片足スケート。— 男 小型車。
trotting [-tiŋ] 男〖英〗【馬】速歩訓練，のトレーニング。
trottoir 男〖車道沿いの〗歩道。◇ faire le ~〖街娼が客の袖を引く〗.
trou 男 ❶ 穴，くぼみ；すき間，裂け目。❷ 欠落，弱点；欠損，赤字。❸ 寒村，田舎；僻(ﾍｷ)地，片田舎；墓穴；監獄。❹〖ゴルフ〗の穴；【解】孔；(チーズの)眼。
◇boucher un ~ 穴をふさぐ，穴埋めする。faire son ~ 出世する。~ d'air エアポケット；ガス抜き。~ de mémoire 物忘れ，度忘れ。~ noir ブラックホール。
troubadour 男〖文〗トルバドゥール（中世南仏詩人）；トルバドゥール様式。
troublant, e 形 困惑させる；気にかかる；心を乱す。
trouble¹ 形 濁った，どんよりした；不鮮明な，怪しげな。► avoir la vue ~ 目がかすんでいる。— 副 voir ~ 目がかすんでいる；よく見分けられない。
trouble² 男 ❶ 動揺，内心，困惑；〖複数〗騒乱，紛争；混乱。❷ 稚(ﾁ)はっきりしないこと，不明確。❸【法】侵害，妨害。
troublé, e 形 ❶ 不安な，動揺した；乱れた。❷ 濁った。❸ ぼんやりした。❹【法】侵害[妨害]された。
trouble-fête 〖複〗~~(s) 座を白けさせる人。
troubler 他 ❶ 濁らせる；曇らせる。❷ 乱す，邪魔する；狂わせる，動揺させる。— **se ~** ❶ 動揺する。❷ 濁る。
troué, e 形 穴のあいた；開口部[窓]のある。— 女 ❶ 穴，抜け道；雲の切れ目，雲間。❷【軍】突破口。
trouer 他 穴をあける；貫く。
troufion 男 話 一兵卒。
trouillard, e 形，名 話 臆病な(人)。
trouille 女 話 恐怖。
troupe 女 ❶ 一団，群れ；一座。❷ 部隊，軍隊；兵隊。❸ 治安部隊，機動隊。◇en ~ 群れをなして。par ~~ グループ単位で。
troupeau 〖複〗x 男 ❶ 〖家畜の〗群れ；家畜の群れ。❷〖軽蔑〗人の群れ。❸ 文章 le ~ de Jésus-Christ [du Seigneur] キリスト教徒。
troupiale 男【鳥】ムクドリモドキ。
troupier 男 古風 兵隊(ものの)。
troussage 男【料】(ローストする前の)鳥を糸でからげること。
trousse 女 ❶ 小物入れ［袋］，用具ケース。❷ 半ズボン。
◇aux ~~s de ... ...を追い回して。avoir ... à ses ~~s ...に追われる。
trousseau 〖複〗x 男 ❶ 嫁入り道

具；入寮支度品。❷〖鍵の〗束。
trousse-pied 男〖馬の〗足架(ｶ)，平打ち綱。
trousse-queue 男【馬】の鞦(ｼﾘｶﾞｲ)。
troussequin 男〖鞍の〗後橋(ｼﾂﾞﾜ)，後輪(ｼﾞﾘﾝ)。
trousser 他 ❶ 古風〖文章〗手際よく片づける，手早く終える。❷ 古風（裾を）たくし上げる。
trousseur 男 話 ~ de jupons 女の尻ばかり追い回す男。
trou-trou 男〖服〗飾りリボンを通した一列の小穴(下着の装飾)。
trouvable 形 発見できる。
trouvaille 女 思いがけない発見；掘り出し物，素晴らしい発想。
trouvé, e 形 見つけられた，拾われた。
◇bien ~ 巧みな，独創的な，斬新な。
trouver 他 ❶ 見つける，発見する，考えつく；出会う；手に入れる，得る。❷ ~~ + 属詞 ...が...だと思う；...の状態だったに出くわす。► Comment trouvez-vous le film? — J'ai trouvé excellent.「この映画をどう思いますか／最高だと思いました」❸ ~ A à B B に A があると思う。~ à que ...する機会を見つける。
◇la ~ mauvaise〖相手の態度などが〗気に食わない。Où avez-vous trouvé ça? 話 なんでそんなことを思いついたんですか。Tu trouves [Vous trouvez]？話 そう思いますか。
— **se ~** ❶ (ある場所にいる，ある；(ある状態で)ある；自分を...だと思う。❷〖非人称構文〗Il se trouve ... ...がいる[ある]。❸ se ~ + inf. たまたま...する。❹〖古風〗(...に)見つかる。
◇se ~ bien [mal] de ... ...に満足する［不満である］。se ~ mal 気を失う。si ça se trouve 話 ひょっとして。
trouvère 男 トルヴェール（中世北仏の吟遊詩人）。
trouveur, se 名〖文章 発見者。
troyen, ne 形 トロイアの(小アジアの古代都市の)。❷ トロアの。— 名（T~）❶ トロイア人。❷ トロア人。
Troyes [trwɑ] トロア（Aube 県の県庁所在地）。
truand, e 名〖中世の〗浮浪者，物乞い。— 男 話 ごろつき；ひも；泥棒。
truander 他 盗む，だまし取る。— 直 ごまかす，規則を守らない。
truanderie 女 乞食〖古〗【稼業】。
trublion 男 扇動家，アジテーター。
truc 男 ❶ 話 要領，こつ，才覚。❷ トリック，からくり。❸ あれ，それ；（T~）ある人。◇C'est mon ~. 話 得意čessent。
trucage 男 ❶ トリック；トリック撮影，特殊撮影。❷ ごまかし，不正。
truchement 男 par le ~ de ... ...を介して，を通じて。
trucider 他 戯殺戮する，虐殺する。
truck [trœk] 男〖英〗無蓋(ﾑｶﾞｲ)貨車。
Trucmuche 男〖名を出さずに〗某氏，だれかさん。
truculent, e 形 豪放磊落(ﾗｲﾗｸ)な，大胆な；露骨な。 ❏truculence 女
truelle 女〖鏝(ｺﾃ)；魚用スパチュラ。
truellée 女 1鏝(ｺﾃ)分の量。

truffe 囡 ❶ トリュフ;(チョコレートの)トリュフ。❷ (犬猫の)鼻先;団子っ鼻.
truffer 他 ❶ トリュフを加える。❷ ～ A de B AにBを詰め込む、ちりばめる.
trufficulture 囡 トリュフ栽培.
truffier, ère 厖 トリュフの;トリュフを産する。── 囡 トリュフの採れる土地.
truie 囡 雌豚.
truisme 男 自明の理.
truite 囡 ❶ 【魚】マス。❷ 鮭の幼魚.
truiticulture 囡 マスの養殖.
trullo 男 (複 i 伊)(イタリア南部の)円錐形の屋根の家.
trumeau 男 (複 x)【建】トリュモー、窓間壁;窓間にある[暖炉の上の]飾り[鏡]。❷【食】すね肉.
truquage 男 ⇨ trucage.
truquer 圓 ごまかす。── 他 ごまかす、細工をする;【映】トリック撮影する.
truqueur, se 名 ごまかす人、偽造者.
truquiste 男【映】特撮担当技術者.
trusquin 男 罫引(%)、トースカン.
trusquiner 他 (罫引(%)を用いて)平行線を引く、罫引をかく.
trust [trœst] 男【英】トラスト.
truster [trœs-] 他 独占する、買い占める.
trusteur [trœs-] 男 トラスト組織者;独占者.
trypanosomiase 囡【医】トリパノソーマ症.
trypsine 囡【生化】トリプシン.
trypsinogène 男【生化】トリプシノーゲン(酵素前駆体).
tryptamine 囡【生化】トリプタミン.
tryptophane 男【生化】トリプトファン(必須アミノ酸).
tsar 男 ツァー(ロシア、東欧の皇帝).
tsarévitch [-vit∫] 男 ツァーの皇子;帝政ロシア皇太子.
tsarine 囡 ツァーの妃;ロシア皇后.
tsarisme 男 ツァーリズム、ロシア帝政、ロシア専制政治(の体制).
tsariste 厖 ロシア帝政の。── 名 ロシア帝政派の人.
tsé-tsé 囡《不変》【昆】ツェツェバエ.
T-shirt [ti∫œrt] 男【英】⇨ tee-shirt.
tsigane 厖、名、男 ⇨ tzigane.
tsunami 男 (日本)津波.
T.T.C. 厖《略》 toutes taxes comprises 税込み.
tu[ty] 代《人称》(2人称単数の主語)君は、おまえは、あなたは、きみ。◇être à tu et à toi avec ...語 …とごく親しい間柄である.
tu², e taire の過去分詞.
T.U. 男《略》temps universel 世界時、グリニッジ平均時、GMT.
tuant, e 厖 骨の折れる、つらい;うんざりさせる、耐えがたい.
tub [tœb] 男【英】浴槽;入浴.
tuba 男【楽】チューバ.
tubage 男 ❶【医】挿管(法)。❷【油】ケーシング設置;ケーシングパイプ.
tubaire 厖【解】管状の;卵管の.
tubard, e 厖、名 ❶ 結核の(患者).
tube 男 ❶ 管、チューブ、パイプ。❷ ヒット曲;(芝居のロング)ラン。◇à pleins ～s 語 音量いっぱいに.

tullerie

tuber 他【土木】パイプを挿入する.
tubercule 男【植】塊茎;【医】結節、結核結節;【動】小隆起.
tuberculeux, se 厖 ❶ 結核性の;結核にかかった。❷ 結節の。❸【植】塊茎を持つ、塊茎状の。── 名 結核患者.
tuberculine 囡【医】ツベルクリン.
□ tuberculinique 厖
tuberculisation 囡【医】結核化.
tuberculose 囡【医】結核、結核症.
tubéreux, se 厖【植】塊茎状の.── 囡 観賞用球根植物の通称.
tubérisation 囡【植】塊茎形成.
tubérosité 囡【解】粗面、結節;【植】(ニンジンやカブなどの)貯蔵根.
tubifex [-ks] 男【動】イトミミズ.
tubing [-biŋ] 男【英】(タイヤチューブを使う)川下り;(筒)のチューブ.
tubipore 男【動】クダサンゴ.
tubiste 男 チューバ奏者.
tubulaire 厖 管状の;金属管の.
tubulé, e 厖 管状の、管形の.
tubuleux, se 厖 管状の.
tubuline 囡【生化】チューブリン.
tubulure 囡 管状口;管、配管.
TUC [tyk]《略》travail d'utilité collective 男 (16歳から25歳までの失業者向けの)公共事業雇用。❷ 名 ①による被雇用者.
tucard, e 名 TUC による若年の一時の被雇用者.
tué, e《人称》❶ 殺された、死んだ;疲労困憊(%)した。── 名 死者.
tue-chien 男《不変》【地域】【植】イヌサフラン.
tue-diable 男《不変》【釣】スプーン.
tue-mouche(s) 厖《不変》papier ～ ハエ取紙;【菌】amanite ～ ベニテングダケ.
tuer 他 ❶ 殺す、死なせる;消滅させる。❷ 損なう、台なしにする。❸ (間)疲労困憊(%)させる、閉口させる。
── **se** ～ ❶ 自殺する;(事故で)死ぬ。❷ 健康を損なう、疲労困憊する。❸ (à) 苦労して…する。❹ 殺し合う.
tuerie 囡 殺戮(%)、虐殺.
tue-tête (à) 副 大声で;大音響で.
tueur, se 名 人殺し、殺し屋;猟師、ハンター;屠(%)畜作業員.
tuf 男 ❶【地】凝灰(%)岩。❷ 隠れた本質、奥底.
tuf(f)eau 男《複》x 男 石灰土.
tuile 囡 ❶ 瓦(%);語 思いがけない災難;【菓】チュイール(瓦型のクッキー).
tuileau 男《複》x 男 瓦(%)片.
tuilerie 囡 ❶ 瓦製造[工場]、瓦窯。❷ (les T～s) チュイルリー宮殿[公園].
tuilier, ère 厖 瓦製造の.── 男 瓦製造工、瓦工場経営者.
tularémie 囡【医】野兎(%)病.
tulipe 囡 チューリップ;チューリップ形のもの(ランプのかさ、グラスなど).
tulipier 男【植】ユリノキ.
Tulle テュール(Corrèze 県の県庁所在地).
tulle 男【繊】チュール.
tullerie 囡 チュール製造[販売]業;チ

tullier

ュール工場[工房].
tullier, ère 形〖繊〗チュールの.
tulliste 名 チュール製造職人;チュール製造[販売]業者.
tumbling [-bliŋ] 男〖英〗宇宙レ.
tuméfaction 女〖医〗腫(は)脹.
tuméfié, e 形腫れた;膨らんだ.
tuméfier 他 腫れさせる.
　— **se** 〜 腫れる,むくむ.
tûmes 語 ⇨ taire.
tumescence 女〖医〗腫(は)脹(特に陰茎海綿体の腫脹).
tumescent, e 形〖医〗腫脹性の.
tumeur 女〖医〗腫瘍(ニミぅ).
tumoral, ale(男 複) **aux** 形〖医〗腫瘍(ニミぅ)の.
tumulaire 形 古墳の.
tumulte 男 ❶ 騒ぎ,喧噪(忮),繁忙. ❷〖文章〗動揺,乱れ,さわぎ.
tumultueusement 副 騒々しく;混乱して.
tumultueux, se 形 騒々しい,騒然たる;波乱に富んだ,混乱を極めた.
tumulus [-s] 男〈複〉〜(または **tumuli**)〖考古〗墳丘;墳墓.
tune 女 ⇨ thune.
tuner [tynœːr/tjunœːr] 男〖英〗チューナー.
tungstène 男〖化〗タングステン.
tuniciers 男複〖動〗被囊(ぅ)亜門.
tuning [-niŋ] 男(車などの)チューニング.
tunique 女 チュニック;トゥニカ(古代ギリシア・ローマの貫頭衣);〖植〗外皮.
Tunis [-s] チュニス(チュニジアの首都).
Tunisie 女 チュニジア.
tunisien, ne 形 チュニジアの.
　— 名(T〜) チュニジア人.
tunisois, e 形 チュニスの.
　— 名(T〜) チュニス人.
tunnel 男〖英〗❶ トンネル,隧(ぶ)道;地下道. ❷〖物〗〜 aérodynamique 風洞. effet 〜 トンネル効果.
tunnelier 男 トンネル掘削機.
T.U.P. [typ]〖略〗titre universel de paiement 一括支払[払込]証.
tupinambis [-s] 男〖動〗テグ(熱帯アメリカ産の大型トカゲ).
turban 男 ❶ ターバン;ターバン風婦人帽[軍帽]. ❷〖料〗王冠形盛りつけ;(魚,鶏などの)リング状の型詰め料理.
turbide 形 混乱[動揺]した.
turbidité 女 ❶ (河川の)濁り度. ❷〖海〗courant de 〜 混濁流,乱泥流.
turbin 男 俗 ❶ 不快労働;厳しい,不正な行為;交通違反. ❷ 俗 売春.
turbine 女 ❶〖機〗タービン. ❷〜 à neige(除雪車の)回転羽根,ロータリー.
turbiner¹ 自 俗 目まぐるしく働く.
turbiner² 他 タービンを動かす.
turbo 男〖車〗ターボ. —— 形 ターボ車の.
turboalternateur 男 タービン発電機.
turbocompressé, e 形 ターボチャージャーのついた.
turbocompresseur 男 ターボ形圧縮機;〖車〗ターボチャージャー.
turboforage 男〖油〗ターボドリルを使った掘削.
turbomachine 女 タービンエンジン.
turbomoteur 男 ターボ[ガスタービン]エンジン.
turbopompe 女〖機〗ターボポンプ.
turbopropulseur 男〖航〗ターボプロップエンジン.
turboréacteur 男〖航〗ターボジェットエンジン.
turbosoufflante [-su-] 女 ターボ送風機;空気圧縮機.
turbot 男〖魚〗イシビラメ.
turbotière 女〖料〗魚用蒸し鍋.
turbotin 男〖魚〗小さなイシビラメ.
turbotrain 男 ガスタービン車.
turbulence 女 ❶ 騒々しさ;〖文章〗喧噪(忮),ざわめき. ❷〖気〗乱(久)流,渦流.
turbulent, e 形 騒がしい;〖文章〗騒ぎを好む.
turc, que 形 トルコ(Turquie)の;トルコ人の. —— 名(T〜) トルコ人.
◊ **fort comme un T〜** 非常に力が強い. **tête de T〜** 嘲笑の的.
　— 男 トルコ語. —— 名 à la 〜 トルコ風の[に]. ▶ cabinets à la 〜(便座のない)トルコ式トイレ.
turcomongol, e 形 トルコ-モンゴルの. —— 男 トルコ-モンゴル語.
turcophone 形, 名 トルコ語を話す(人).
turdidés 男複〖鳥〗ツグミ科.
turent 語 ⇨ taire.
turf [tœf]rf] 男〖英〗競馬(界);競馬場;俗 仕事.
turfiste [tœf]r-] 名 競馬ファン.
turgescence 女〖植〗(膨圧による細胞の)膨張;〖生理〗膨満状態.
turgescent, e〖生理〗膨満状態の 勃起(ダ)状態の;〖文章〗膨らんだ.
Turin トリノ(イタリア北西部の都市).
turion 男〖植〗(アスパラガスの)若茎.
turista 女 旅行者がかかる下痢.
turkmène 形 トルクメン(族)の.
Turkménistan トルクメニスタン.
turlupinade 女 古 悪趣味なしゃれ.
turlupiner 他 話 悩ます,苦しめる.
turlutaine 女 決まり文句,常套句.
turlutte 女 引っ掛け釣り仕掛け.
turlututu 間 ピーヒャララ(笛の音);ふん,ばかな(拒絶,不信など).
turne 女 話 ひどい部屋,あばら屋.
turnover [tœrnovœːr] 男〖英〗(企業における)労働移動(率).
turpitude 女〖文章〗卑劣,破廉恥;卑劣な[恥ずべき]言動.
turquerie 女(絵画や文学などにおける)トルコ風のもの,トルコ趣味.
Turquie 女 トルコ(共和国).
turquoise 女〖鉱〗トルコ石. —— 男, 形〈不変〉トルコ石色(の),青緑色(の).
turritelle 女〖貝〗キリガイダマシ.
tus (-) 語 ⇨ taire.
tussah 男〖繊〗柞(ぶ)蚕糸.
tussilage 男〖植〗フキタンポポ.
tussor 男〖繊〗柞(ぶ)蚕絹布;薄絹布.
tut, tût (-) 語 ⇨ taire.
tutélaire 形〖法〗後見の;〖文章〗守護

tutelle 囡 ❶ 保護; 監視, 監督. ❷ 【法】後見, 後見の監督, 信託統治.
tuteur, trice 图 後見者, 保護者; 【法】後見人. 囲 (苗木の)支柱.
tuteurer 他 (苗木などに)添え木[支柱]をする. ¤tuteurage 男
tutoiement 男 (親しい間柄で) tu を用いて話すこと.
tutorat 男 チューター制.
tutoriel, le 形 チューターによる.
—— 男【情報】チュートリアル (学習プログラム).
tutoyer 10 他 (…に) tu を用いて話す, 親しみを込めた口調で話す.
—**se** 互いに tu を用いて話す.
tutti [tu(t)ti] 男【不変】【伊】(オーケストラなどの)トゥッティ, 総奏, 全合奏.
tutti frutti [tu(t)tifru(t)ti] 形【不変】(数種の)果物入りの.
—— 男【不変】フルーツアイスクリーム.
tutti quanti [tu(t)tikwā-] 副 句【伊】その他いろいろ, 等々.
tutu 男【バレエ】チュチュ (バレリーナのスカート).
tuyau;〔複〕**x** 男 ❶ 管, パイプ, ホース; 円筒, 軸. ❖ — de poêle ストーブの煙突;話 シルクハット. ❷ 話 (内密の)情報. ❸ 話 喉, 口, 胃. ❹【服】筒形ひだ, 玉縁. ◇dire [raconter] dans le ~ de l'oreille 耳打ちする.
tuyauté, e 形 筒形ひだをつけた. 男 話 情報に通じた. — 男 筒形ひだ [飾り].
tuyauter 他 ❶ (シャツなどに)筒形ひだをつける. ❷ 話 情報を与える.
tuyauterie 囡 配管, 管路;【楽】〈集合的〉オルガンパイプ.
tuyère 囡 (ジェット機関の)排気コーン [ノズル]; (溶鉱炉の)羽口.
TV / T.V. 囡〔略〕télévision テレビ.
T.V.A. 囡〔略〕taxe à [sur] la valeur ajoutée 付加価値税.
T.V.H.D. 囡〔略〕télévision à haute définition 高品位テレビ.
tweed [twid] 男〔英〕【繊】ツイード.
tweeter [twitœ:r] 男〔英〕ツイータ (高音用の小スピーカー).
twist [twist] 男 ツイスト.
tylenchus [-lēkys] 男【動】チレンクス (植物根に寄生する微小線虫).
tympan [tɛ̃pā] 男 ❶ 鼓膜; 鼓室. ❷【建】タンパン (扉の上方など開口部のアーチと棚とで囲まれた半円形の部分).
tympanique 形 鼓膜の; 鼓室の.
tympanisme 男【医】鼓脹.
tympanon 男 ⇨ cymbalum.
Tyndall [tɛ̃dal] 男〔物〕effet ～ チンダル現象 (微粒子による光の散乱・偏光).
typage 男 類型化.
type 男 ❶ 型, 類型, タイプ; 典型, 見本; 好みのタイプ. ► Ce n'est pas mon ～. あいつは私の好みじゃない. ❷ 語 男, やつ; 俗 俺大; 俗【風・俗】変わり者. ❸【印】活字体 (書体).
typé, e 形 典型的な; 型どおりの.
typer 他 典型的に描く; 類型化する.
typesse 囡 俗【風・俗】(軽蔑)女, 娘.
typha 男【植】ガマ.
typhacées 囡複【植】ガマ科.
typhique 形, 图 チフスの(患者).
typhlite 囡 盲腸炎.
typhoïde 形【医】fièvre ～ 腸チフス. — 囡 腸チフス.
typhoïdique 形 腸チフスの.
typhon 男 台風.
typhus [-s] 男【医】チフス;(特に)発疹(むが)チフス.
typicité 囡 ワイン銘柄の個性.
typique 形 ❶ 典型的な, 代表的な;〈de〉(…に)特有の, (…)の特徴をよく示す. ❷【楽】ラテンアメリカの(音楽).
typiquement 副 典型的に.
typographe / 略 typo, te 图 植字工.
typographie / typo 囡 活版印刷.
typographique 形 活版印刷の; 印刷工の.
typologie 囡 類型学, 類型論.
typologique 形 類型学[論]の.
typtologie 囡 ラップ (霊との交信 (⌒)) による交信).
tyran 男 ❶ 専制君主, 暴君;【古刊】僭(ざ)主. ❷【鳥】タイランチョウ.
tyranneau;〔複〕**x** 男【文章】小専制君主, 小暴君.
tyrannicide 图 暴君[僭(ざ)主]殺害者. — 男 暴君[僭主]殺害.
tyrannie 囡 専制政治, 暴政, 圧政;【古刊】僭(ざ)主政治.
tyrannique 形 専制政治の, 暴君の; 横暴な;〈文章〉抗しがたい; 圧制的な. ¤tyranniquement 副
tyranniser 他 ❶ 暴政を行う, 圧制する; 虐げる. ❷ 抗しがたい力をふるう.
tyrannosaure 男【古生】ティラノサウルス.
Tyrol チロル (オーストリアからイタリアにまたがる山岳地帯).
tyrolien, ne チロルの. — 图〈T～〉チロルの人. — 囡 ヨーデル.
tyrosinase 囡【化】チロシナーゼ.
tyrosine 囡【化】チロシン.
tzar [tsa:r] 男 ⇨ tsar.
tzarévitch [tsarevitʃ] 男 ⇨ tsarévitch.
tzarine [tsa-] 囡 ⇨ tsarine.
tzatziki [tsatsi-] 男【料】ツァツィキ (ギリシアのヨーグルトサラダ).
tzigane [tsi-] 图 ロマニー;〈T～s〉ロマニー民族. — 形 ロマニーの. — 男 ロマニー語.

U , u

U¹, u 男 ❶ フランス字母の第21字. ❷ U字形(のもの). ► en U U字型の.
U²〖記〗〖化〗uranium ウラニウム.
ubac 男 (アルプス山地の)北側斜面.
ubiquiste 形 ❶ 遍在する:[文章至る所に現れる. ❷〖神〗ubiquité遍在説の.
— 名 キリスト遍在論者.
ubiquité 女〖文〗同時に何か所にも現れ得ること.❷〖神〗遍在.
ubuesque 形 (ジャリの戯曲の主人公)ユビュのような, 不条理極まる.
uchronie 女〖文〗空想歴史小説(もしナチスが勝利していたら…式の小説).
U.D.F. 女〖略〗Union pour la démocratie française フランス民主主義連合.
U.D.R. 女〖略〗Union des démocrates pour la République 共和国民主連合.
U.E.F.A. 女〖略〗Union européenne de football association 欧州サッカー連盟.
UEM 女〖略〗Union économique et monétaire 経済通貨同盟.
U.E.O. 女〖略〗Union de l'Europe occidentale 西欧同盟.
U.E.R. 女〖略〗Unité d'enseignement et de recherche 教育研究単位.囲 1984年までの呼称.
UFO 男〖英〗未確認飛行物体, UFO.
ufologie 女 UFO 研究.
ufologue 名 UFO 研究家.
UFR 女〖略〗unité de formation et de recherche 教育研究単位.
uhlan 男〖独〗(ドイツ, オーストリア, ポーランドの陸軍にあった)槍騎兵(そう)兵.
U.H.T. 女〖略〗ultra-haute température 超高温(殺菌法について).
ukase 男 (帝政ロシアの)勅令;専制的な決定;至上命令.
Ukraine 女 ウクライナ(共和国).
ukrainien, ne 形 ウクライナ共和国の,~人の.— 男〖U~〗ウクライナ人.
ukulélé 男 ウクレレ.
ulcératif, ve 形〖医〗潰瘍(かよう)性の.
ulcération 女 潰瘍(かよう)形成;潰瘍.
ulcère 男 潰瘍(かよう);(社会, 組織の)がん.
ulcéré, e 形 ❶ 深く傷ついた;激しい恨みを抱いた. ❷〖医〗潰瘍(かよう)化した.
ulcérer ⑥他 ❶ (精神的に)深く傷つける;激しい恨みを抱かせる. ❷〖医〗(器官に)潰瘍を生じさせる.
ulcéreux, se 形 潰瘍(かよう)の;潰瘍にかかった.— 名 潰瘍患者.
uléma 男 ウラマー(イスラム法学者).
uligineux, se / uliginaire 形 湿潤な;〖植〗湿地に生える.
ulluque / ulluco 男〖植〗ウルコ(ナカザ科の多年草で, 根茎は食用).
U.L.M. 男〖不変〗〖略〗ultra-léger motorisé 軽量エンジン付き飛行機.
ulmacées 女〖植〗ニレ科.
ulmaire 女〖植〗セイヨウナツユキソウ.

ultérieur, e 形 後の, 将来の.❷〖地理〗向こうの, 遠方の.
ultérieurement 副 あとで, 後日.
ultimatum 男 最後通牒(ちょう);最終的[絶対的]要請.
ultime 形 最後の, 最終的の.
ultra 形 極右の.— 名 極右派;〖史〗(王政復古期の)過激王党派の人).
ultracentrifugation 女 超遠心分離.
ultracentrifugeuse 女 超遠心分離機.
ultrachic 形 すごくシックな.
ultracourt, e 形 超短波の;非常に短い.
ultrafiltration 女 限外濾(ろ)過.
ultra(-)gauche 女 極左派.
ultramarin, e 形 群青色の.
ultramicroscope 男 限外顕微鏡.— 形 ultramicroscopique の.
ultramoderne 形 超現代的な, 最先端の.
ultramontain, e 形 ❶〖カト〗教皇権至上主義者の. ❷〖古・文章〗山のかなたの;アルプスのかなたの.
— 名 教皇権至上主義者.
ultramontanisme 男〖カト〗教皇権至上主義.
ultrapériphérique 形 超周辺の.
ultra-petita [-pe-]〖ラ〗授権範囲を越えた判決.
ultraplat, e 形 超薄型の.
ultrapression 女〖物〗超高圧.
ultra-rapide 形 超高速の.
ultraroyaliste 名, 形〖史〗(王政復古期の)過激王党派の人).
ultrasensible 形 超高感度の.
ultrason 男 超音波.
ultrasonique / ultrasonore 形 超音波の.
ultraviolet, te 形 紫外線の.
— 男 紫外線(略 U.V.).
ululement 男 (ミミズクなどの)鳴き声;(風などの)もの悲しげな音.
ululer 自 (ミミズクなどが)鳴く;(風の音などが)もの悲しげに鳴る.
UMTS 男〖略〗universal mobile telecommunication system (ヨーロッパの第3世代移動体通信システム).
un, une〖冠〗**des** (un と une は母音・無音の h の前でリエゾンする)不定冠
❶[普通名詞とともに] ❶ ある, 1つの, 1人の. ❷[総称] ~というもの. — Une définition doit être aussi simple que possible. 定義はできるだけ簡単であるべきだ. ❸(感嘆, 強調)たいへんな, 真の. — Celui-là, c'est un homme. あれはたいした男だ.
❷[固有名詞とともに] ❶(称賛, 軽蔑を込めて)…のような人[やつ]. — Je ne verrai plus un Leroux! ルルーのようなやつとは二度と会うものか. ❷(比較

unguis [ɔ̃ɡɥis] 男〖解〗涙骨.

uni, e 形 ❶ 結びついた; 仲のよい; 統一[統合]された. ❷ 平坦(な)な, 滑らかな; 無地[単色]の. ❸ 文彩な, 平穏な. ◇*unis comme les deux doigts de la main* とても仲のよい.
— 男 無地の生地.

uniate 名, 形〖宗〗東方帰一教会信徒(の).

uniaxe 形 *cristal* ～ 単軸結晶.

unicaule 形〖植〗単茎の.

UNICEF [ynisɛf] 男〖略〗《英》United Nations International Children's Emergency Fund ユニセフ.

unicellulaire 形〖生〗単細胞の.

unicité 女 単一性, 唯一性.

unicolore 形〖文語〗単色の, 1色の.

unicorne 角(2) の 1 つの, 一角の.
— 男〖動〗イッカク, 一角獣.

unidimensionnel, le 男, 形 1次元(の).

unidirectionnel, le 形 単一方向の.

unidose 女 1回使い切り.

unième 形 (10位, 100位などの数とともに複合数詞として) 1番目の. ► *vingt et* ～ 21番目の.
◇**unièmement** 副

unificateur, trice 形名 統一する.

unification 女 統一, 統合.

unifié, e 形 統一[統合]された.

unifier 他 統一[統合]する, 一体化[単一化]する. — s'～ 統一[統合]される; 一体となる, 団結する.

unifilaire 形〖電〗単線の.

unifolié, e 形〖植〗単葉の.

uniforme 形 ❶ 同形の, 一様な; 一定の. ❷ 変化に乏しい, 単調な; 画一的な.
— 男 制服, ユニフォーム; 軍服.

uniformément 副 一様に, 一定して; 画一的に; 単調に.

uniformisation 女 画一化, 規格化.

uniformiser 他 一様[一律]にする; 画一化する.

uniformité 女 画一性, 一様性; 単調さ.

unijambiste 形, 名 片足の(人).

unilatéral, ale;(男複)**aux** 形 一方的な; 偏った; 片側だけの;〖法〗片務的な. ◇**unilatéralement** 副

unilatéralisme 男 ユニラテラリズム(一方向外交政策).

unilinéaire 形 (系列が)単一の; 〖人〗単系の.

unilingue 形 単一言語を使用する.

uniloculaire 形〖植〗(子房が) 1 室の.

uniment 副 規則正しく; むらなく. ◇*tout* ～ 率直に, ありのままに.

uninominal, ale;(男複)**aux** 形 単記の.

union 女 ❶ 結合, 結びつき; 団結, (一致)協力, 団結, 連合. ❷ 組合, 同盟, 連合. ❸ 結婚. ► ～ *libre* 内縁関係, 同棲. ❹ trait d' ～ トレデュニオン, ハイフン.

unioniste 形 ❶ 統一[連合]主義の. ❷ éclaireur ～ プロテスタント系ボーイスカウト. — 名 統一[連合]主義者.

□unionisme 男

unique 形 ❶唯一の、ただ一つ[一人]の。►sens ~ 一方通行。❷統一的な；共通する。❸独自の、卓越した、比類のない。❹奇妙な、風変わりな。

uniquement 副 唯一、もっぱら。

unir 他 ❶結びつける；1つにする；(…)を併せ持つ。❷団結させる；結婚させる。►s'~ ❶結びつく、1つになる。❷団結する；連携する。❸結婚する。

unisexe 形 □**unisexualité** 女

unisexué, e/unisexuel, le 形〖生〗単性の。□**unisexualité** 女

unisson 男 ❶〖楽〗ユニゾン、斉唱[奏]。❷〈考え方、感じ方の〉一致、調和。◇à l'~ ユニゾンで、一致して。

unitaire 形 ❶統一の、統一的な。❷単一の、単位の。►prix ~ 単価/vecteur ~ 〖数〗単位ベクトル。

unité 女 ❶統一(性)、一体性；一致；まとまり。►règle des trois ~s 〖文〗三単一の法則(フランス古典劇の規則)。❷単位。►~ de valeur 大学の履修単位。❸〈製品の〉1個；単品。❹〖数〗(複数)1の位。❺設備、装置。❻〖軍〗(兵站⑥補給などの)単位、組織体；設備；装置。

unitif, ve 形〈霊魂が神と〉一致する。

univalent, e 形〖化〗1価の；〖数〗単葉の。

univers 男 (しばしば U~)宇宙；世界、地球全体；領域、活動場。

universalisation 女 普及；普遍化。

universaliser 他 普及させる；普遍化する。―s'~ 普及[普遍化]する。

universaliste 形〖キ教〗普遍的救済論者の；普遍主義の。―名 普遍救済論者；普遍主義者。

universalité 女 ❶普遍性、一般性；〈知識、能力の〉広範性、多方面性。❷〖哲〗全称性；〖法〗総体。

universaux 男複〖哲〗普遍(一般)概念；〖言〗普遍事象。

universel, le 形 ❶全体の；普遍的な。►suffrage ~ 普通選挙。❷(全)世界の、世界共通の；宇宙の。❸すべてに通暁している；なんにでも適用し得る、万能[自在]の。❹〖法〗包括的の；〖哲〗全称の。―男 普遍(的なもの)。

universellement 副 (全)世界的に、広く多くの人により；普遍的に。

universitaire 形 大学の；大学で行われる；大学生の。―名 大学教員、大学関係者。

université 女 (総合)大学。

univitellin, e 形〖生〗一卵性の。

univocité 女〈語の〉一義性。

univoque 形 一義の、同一で同じ意味を持つ；〖医〗(疾病に)特徴的な。

U.N.R. 女 (略) Union pour la nouvelle République 新共和国連合。

untel, unetelle 名 (名を伏せて)ある、…。►M.U~ 某氏。

upérisation 女 ユーペリゼーション(直接過熱蒸気による滅菌法)。□**upériser** 他

U.P.F. 女 (略) Union pour la France フランス連合(1995年の大統領選挙に統一候補を立てるための連合)。

uppercut [yperkyt] 男〖英〗(ボクシングの)アッパーカット。

upsilon 男 〈ギリシア語字母の〉ユプシロン(Υ,υ)。

up to date [œptudeːdejt] 形〖不変〗〖英〗当世風の、最新(式)の。

U.P.U. 女 (略) Union postale universelle 万国郵便連合。

uraète 男〖鳥〗オオイヌワシ。

uranate 男〖化〗ウラン酸塩。

uraneux 形〖化〗4価のウランの。

uranie 女〖虫〗ツバメガ。

uranien, ne 形 天王星の。

uranifère 形〖化〗ウランを含む。

uraninite 女〖鉱〗閃ウラン鉱。

uranique 形〖化〗ウランの。

uranisme 男 〈男性の〉同性愛。

uranium 男〖化〗ウラン。

uranoscope 男〖魚〗ミシマオコゼ。

Uranus [-s] 男〖天〗天王星。

uranyle 男〖化〗ウラニル(基)。

urbain, e 形 ❶都市の、都会の(⇔rural)。❷(人が)都会的な、洗練された。

urbanisation 女 〈人口の〉都市集中化；都市化；都市開発。

urbanisé, e 形 都市化された、都市開発された。

urbaniser 他 (ある地域を)都市化する。―s'~ 都市化する。

urbanisme 男 都市計画。

urbaniste 男 都市計画家。

―形 都市計画の。

urbanistique 形 都市計画の、都市化の。

urbanité 女 (都会的な)洗練された礼節、優雅さと礼儀正しさ；都会風。

urbanologie 女 都市学。

urbi et orbi 副句 [-etɔr-]〖ラ〗都(ローマ)と世界に(教皇が全カトリック信徒に呼びかけるとき)；万人に、あまねく。

urdu 男 ウルドゥー語。

urée 女〖化〗尿素。

uréide 男〖化〗ウレイド、アシル尿素。

urémie 女〖医〗尿毒症。

urémique 形,名〖医〗尿毒症の(患者)。

uretère 男〖解〗尿管。

□**urétéral, ale** 形 (男複) aux 形

urétéronéphroscopie 女〖医〗尿道尿管内視鏡。

uréthan(n)e 男〖化〗ウレタン(樹脂)。

urètre 男〖解〗尿道。

□**urétral, ale** 形 (男複) aux 形

urgemment 副 緊急に。

urgence 女 緊急、切迫；救急(処置)；急患。◇d'~ 早急に；緊急の。

urgent, e 形 緊急の、切迫した。

urgentiste 名 救急専門医。

urger 自 (話) 緊急である。

uricémie 女 尿酸血。

uricémique 形 尿酸血の。

urinaire 形 尿の。

urinal; (複) **aux** 男 尿器、溲(しび)瓶。

urine 女 尿、小便。

uriner 自 排尿する、小便をする。―他 (尿の中に)出す。

urineux, se 形 尿の。

urinifère 形〖解〗輸尿の。

urinoir 男 男子用公衆便所。

urique 形《化》acide ～ 尿酸.
urne 女 ❶ 投票箱. ◇aller aux ～s 投票に行く. ❷ 骨壺; (古代の)水がめ.
urodèles 男複《動》サンショウウオ類.
uro-génital, ale 形《男複》 **aux** 形《解》泌尿生殖の.
urographie 女《医》尿路造影.
urologie 女 泌尿器科学.
urologue 男 泌尿器科医.
uromètre 男 尿比重計.
ursidés 男複《動》クマ科.
U.R.S.S. 女《略》Union des républiques socialistes soviétiques ソビエト社会主義共和国連邦, ソ連.
ursuline 女《カト》ウルスラ会修道女.
urticacées 女複《植》イラクサ科.
urticaire 女 蕁麻疹(ﾋﾞﾝ)(体質).
urticant, e 形 ちくちく刺す.
urtication 女《医》(イラクサでたたくなどの)蕁麻疹法; 発疹.
urubu 男《鳥》クロコンドル.
Uruguay [-gɥɛ] 男 ウルグアイ.
uruguayen, ne [-gɥɛ-] 形 ウルグアイの. ── 名《U～》ウルグアイ人.
Urundi [urun-] 固 ⇨ Burundi.
us [ys] 男複 les *us* et coutumes ある地方・国の習慣, しきたり.
USA 男複《略》《英》United States of America アメリカ合衆国.
usage 男 ❶ 使用, 利用; 用途, 使い道;《法》使用権. ❷ 慣例, 慣習, しきたり; (言語の)用法;《言》慣用. ❸ 作法, 礼儀(器官の)機能. ◇à l'～ 使っているうちに. à l'～ de ... ...用の［に］. d'～ 習慣的な, いつもの. en ～ 使用されている; 現用の. faire de l'～ 長もちする. faire ～ de ... ...を用いる. hors d'～ 使えなくなった; 使用できない.
usagé, e 形 使った, 使い古した.
usager, ère 名 (公共サービスなどの)利用者;(言語の)使用者;《法》使用権者.
usant, e 形 消耗させる, 疲れさせる.
usé, e 形 すり減った, 傷んだ; 使用済みの; 言い古された, 月並の. ❷ やつれた, 衰弱した; (感情, 関心が)弱まった.
user 動 ❶《de》(...を)用いる, 使う. ❷ en ～ 《avec ...》(...に対して)振る舞う, 行動する. ── 他 ❶ すり減らす; だめにする; 消費する. ❷ 消耗［衰弱］させる, 損なう. ── s'～ すり減る, 傷む, 弱まる, 使い果たされる. ❷ (体力が)衰える; (威信や勢力を)徐々に失う.
usinage 男《機械》加工, 工作.
usine 女 工場; 発電所; 因 工場のような所, 大量生産の場.
usiner 動 (工作機械で)加工する;《工場で》生産する. ── 自 猛烈に働く.
usinier, ère 形 工場の; 工場のある.
usité, e 形 (言葉が)よく用いられる.
ustensile 男 ❶ 家庭用品; 台所用具; 道具. ❷ 語 ものの.
usucapion 女《法》(不動産の)取得時効.
usuel, le 形 日常の, よく使われる; 慣用の. ── 男《図書館開架室の》常備書.
usuellement 副 慣用的に, 一般に.
usufruit 男《法》用益権.
usufruitier, ère 形 用益権の. ── 名《法》用益権者.
usuraire 形 高利の, 暴利の.
usure¹ 女 損耗, 摩減; 衰弱, 悪化. ◇avoir ... à l'～ 語 持久戦で...を参らせる.
usure² 女 高利, 暴利; 固 利息金. ◇avec ～ おまけをつけて.
usurier, ère 名 高利貸し.
usurpateur, trice 形, 名《文章》横領する(人), 侵害する(人).
usurpation 女 不当な取得, 横領; 侵害;《法》僭称; 詐称.
usurpatoire 形 僭称者の; 濫用の.
usurper 他 奪い取る, 横取りする; 詐称する. ── 自《sur》(...を)侵害する.
ut [yt] 男《不変》《楽》❶ (階名唱法の)ド. ❷ *ut* majeur ［mineur］ ハ長調［ハ短調］.
utérin, e 形 ❶《医》子宮の. ❷《法》同母異父の. ── 名 異父兄弟［姉妹］.
utérus [-s] 男《解》子宮.
utile 形 ❶ (...に)役立つ, 有用な, 有益な. ❷ 有効な, 実効の. ◇en temps ～ 適当なときに;《法》有効期間内に.
utilement 副 有益に, 効果的に.
utilisable 形 利用［使用］できる.
utilisateur, trice 名 利用者, 使用者. ── 形《情》利用する.
utilisation 女 利用, 使用.
utiliser 他 利用する, 使用する.
utilitaire 形 ❶ 実用に即した, 実用向きの. ▶ véhicule ～ 営業用車. ❷《軽蔑》実利［打算］的な;《哲》功利主義の. ── 男 営業用車;《哲》功利主義者;《情報》ユーティリティプログラム.
utilitarisme 男《哲》功利主義. ⇨utilitariste
utilité 女 ❶ 役に立つこと, 有用性; 利点;《経》効用. ❷《法》公益. ❸《演》端役.
utopie 女 ❶ ユートピア. ❷ 実現不可能な考え, 夢物語.
utopique 形 空想的な; ユートピアの.
utopisme 男 空想癖, 現実離れした態度.
utopiste 名 夢想家. ── 形 空想的な, ユートピアの.
utricule 男《解》(内耳の)卵形嚢(ﾉｳ);《植》小嚢, 小胞.
U.V. 女《略》unité de valeur (大学の)履修単位.
uval, ale 形《男複》 **aux** 形 ブドウの.
uva-ursi 男《植》クマコケモモ.
uvée 女《解》ブドウ膜.
uvéite 女《医》ブドウ膜炎.
uvulaire 形《解》口蓋垂(ｶﾞｲｽｲ)の.
uvule 女《解》口蓋垂(ｶﾞｲｽｲ).
uxorilocal, ale 形《男複》 **aux** 形《民》妻方居住の.
uzbek [u(y)zbɛk] 形, 名, 男 ⇨ ouzbek.

V, v

V¹, v 男 ❶ フランス字母の第22字. ❷ V字形(のもの).
V²《記》❶《物》volume 容積；《化》vanadium バナジウム；《電》volt ボルト. ❷ ローマ数字の5.
v.《略》❶ voir, voyez …を参照, …を見よ. ❷ verbe 動詞.
V1, V2《軍》V1, V2号(ドイツ軍が使用したロケット弾).
VA / va《記》《電》voltampère ボルトアンペア.
va¹ さあ, 本当に, まったく(激励, 威嚇(ど)など). ◊ *Va pour …* 話 …では でよいが, 手を打とう.
va² 話 ⇨ aller.
vacance 女《複数》(おもに長期的な)休暇, バカンス. ▶ grandes ~s 夏休み. ❷《複数》《法》(裁判所の休廷期間)；(国会の休会期間). ❸ 欠員, 空席；空位(期間)；不在.
vacancier, ère 形 休暇の. —名 休暇を過ごす人, バカンスの旅行者.
vacant, e 形 ❶ 欠員の, 空席の, 空いている. ❷《文章》無為の；放心した.
vacarme 男 喧噪(��), 騒音.
vacataire 形 自由[臨時]契約の.
—名 自由契約者, フリーランサー.
vacation 女 ❶ (裁判所, 鑑定人の調査のための)所要時間；(弁護士の)報酬；《複数》(裁判所の休廷期間). ❷ 自由契約の仕事.
vaccin 男《医》ワクチン；種痘.
vaccinable 形 接種可能の, ワクチン接種で予防できる.
vaccinal, ale 形《医》《男 複》*aux*《医》ワクチンの；(種)痘接種(ど)の.
vaccination 女 ワクチン接種[注射, 投与]；《特に》予防接種.
vaccine 女 牛痘；馬痘；種痘疹(ど).
vacciné, e 形 ❶ ワクチン接種を受けた. ❷ 話 (contre) (…に)懲りた.
vacciner 他 ❶ ワクチン[予防]接種をする；種痘をする. ❷ 話 (contre) (…に対して)免疫にする；懲り懲り[御免だ]と思わせる.
vaccinologie 女 ワクチン医学.
vaccinothérapie 女《医》ワクチン療法.
vachard, e 形 話 意地の悪い；手厳しい.
vache 女 ❶ 雌牛；牛革[皮]. ❷ 話 意地の悪い人, 嫌なやつ；(警官的な)密告者；《反語的》すごい. ❸ 俗 警官.
◊ *à ~* 俗 (山が)楽に登れる. *coup de pied en ~* 裏切り行為. *manger de la ~ enragée* 話 食うや食わずの生活をする. *à lait* 金づる, かも. *~s grasses [maigres]* 豊饒[窮乏]の時代.
— 形 話 ❶ 意地悪な；冷たい；ついてない.
◊ *un [une] ~ de …* すごい[見事な]….
vachement 副 話 ものすごく.
vacher, ère 名 牛飼い.

vacherie 女 話 意地悪；嫌なこと, 不快. ❷ 牛小屋, 牛舎.
vacherin 男《菓》ヴァシュラン(メレンゲケーキ)；《チーズ》ヴァシュラン(スイス産の軟質チーズ).
vachette 女 (雌の)子牛；子牛革[皮].
vacillant, e 形 ぐらぐらする, 揺れる；(決意が)ぐらついた, はっきりしない.
vacillation / vacillement 男 ぐらぐらすること；揺れること；迷い, 動揺, 優柔不断.
vaciller 自 ぐらつく, 揺らめく；動揺する；(能力などが)衰える.
va-comme-je-te-pousse (à la) 副 話 行き当たりばったりに.
vacuité 女《文章》空虚；無意味.
vacuole 女《生》(細胞内の)液胞, 空胞；(火山岩などの)気孔. ◊ vacuolaire 形
vade-mecum [vademekɔm] 男《不変》《文章》(常用の)手引き書, 便覧, 参考書.
vadrouille¹ 女《海》甲板モップ；タールブラシ.
vadrouille² 女 話 そぞろ歩き；旅.
vadrouiller 自 話 ぶらつく.
vadrouilleur, se 形 名 話 (当てもなく)ぶらぶら歩く(人).
va-et-vient 男《不変》❶ 往復運動；(人や物の)行き来, 往来. ❷ (河の)渡し綱, 引き揚げ滑車, 連絡ロープ；《電》2路スイッチ, 3路配線.
vagabond, e 形《文章》放浪する, さすらいの；散慢な, とりとめのない.
—名 浮浪者；放浪者.
vagabondage 男 ❶ 放浪(癖)；《法》浮浪(罪). ❷ とりとめのなさ, 気まぐれ, 移り気.
vagabonder 自 さすらう, 放浪する；《文章》とりとめもなく移り変わる.
vagin 男 腟(ち).
vaginal, ale 形；《男 複》*aux*《解》腟(ち)の；腟の鞘(ぢ)の.
vaginisme 男《医》腟痙攣(���).
vagir 自 (赤ん坊が)泣く；(ウサギ, ワニなどが)鳴く.
vagissant, e 形 (赤ん坊が)泣いている；(声が)か細い.
vagissement 男 (赤ん坊の泣き声；(ウサギ, ワニなどの)鳴き声.
vagotonie 女《医》迷走神経緊張(症). ◊ **vagotonique** 形
vague¹ 女 ❶ 波；うねり. ❷《気》une ~ de froid [chaleur] 寒波[熱波].
◊ *atteindre le creux de la ~* (景気が)底入れする. *être au [dans le] creux de la ~* 落ち込んでいる；不振である. *faire des ~s* 世間を騒がせる. *nouvelle ~* 新傾向, ヌーベル・バーグ(特に1960年頃の映画の一派). *de fond* (社会的, 精神的)大変動, (世論などの)うねり；勢.

vague² 形 ❶ 漠然とした, 曖昧(あいまい)な; かすかな. ❷ (名詞の前) どこかの, 何かの; 取るに足りない. ❸ (衣服などが) ゆったりした.
— 男 中途半端, 曖昧さ; 虚空.
◊ avoir du ~ à l'âme もの憂い気分である.

vague³ 男 terrain ~ 空地.

vaguelette 女 さざ波; 波紋.

vaguement 副 曖昧(あいまい)に, 漠然と; かすかに, 微かに.

vaguemestre 男 〖軍〗郵便物担当下士官.

vaguer 自 〖文章〗 さまよう.

vahiné 女 タヒチ島の女 [妻].

vaillamment 副 勇敢に, 勇ましく; くじけずに, 熱心に.

vaillance 女 勇気, 勇ましさ, 頑張り; 〖文章〗武勇.

vaillant, e 形 ❶ 〖文章〗勇ましい; 仕事熱心な. ❷ 元気な. ❸ n'avoir pas un sou ~ 一文の金もない.

vaille- 活 → valoir.

vain, e 形 ❶ むだな; 無意味な; 当てにならない. ❷ 〖文章〗うぬぼれた, 虚栄心の強い. ❸ en ~ むだに; むなしく.

vaincre 他 ❶ 負かす, 打ち破る; しのぐ. ❷ 克服する, 征服する.

vaincu, e 形 (vaincre の過去分詞) 負けた; 克服された.
— 名 敗者; 敗北主義者.

vainement 副 むだに, むなしく.

vainqu- 活 → vaincre.

vainqueur 男 勝利者; 征服者.
— 形 男 勝利者の; 勝ち誇った.

vair 男 シベリアリスの毛皮.

vairon 男 ニシアブラハヤ (コイの一種). — 形 男 目の色が左右異なる.

vais 活 → aller.

vaisseau 男 (複) x ❶ (大型の) 船. — spatial 宇宙船. ❷ (植物の) 導管; (生体内の) 管; 脈管; 血管. ❸ (大きな建物の) 内部空間.
◊ brûler ses ~x 背水の陣を敷く.

vaisselier 男 (民芸風の) 食器戸棚.

vaisselle 女 (集合的で単数) 食器 (類); (食後の) 汚れた食器; 食器洗い. — faire la ~ 皿洗いをする.

vaissellerie 女 食器製造 [販売] 業.

val¹; (複) als (ときに aux) 男 谷, 渓谷. ◊ à val 谷底の方へ.

val² 男 véhicule automatique léger 自動運転小型車両.

valable 形 ❶ 効力のある, 有効な; 正規の. ❷ 納得できる, 根拠のある. ❸ 価値のある, 立派な; (人の) 資格のある.

valablement 副 正当に, 妥当に; 有効に, 納得のいくように.

valai- 活 → valoir.

Val-de-Marne 男 ヴァルドマルヌ県 [94].

valdinguer 自 落ちる, 倒れる.

Val d'Oise 男 ヴァルドワーズ県 [95].

valençay 男 ヴァランセーチーズ.

valence¹ 女 〖英〗〖化〗原子価, イオン価; 〖心〗誘発性, 誘意性.

valence² / valencia 女 〖不変〗バレンシアオレンジ.

valencien, ne 形 バレンシア (スペイン東部) の. — 名 (V-) バレンシアの人. — 男 バレンシア方言.

valent 活 → valoir.

valentin, e 名 バレンタインデーに愛を告白する相手.

valériane 女 〖植〗カノコソウ.

valérianelle 女 〖植〗ノジシャ.

valet 男 ❶ 従僕, 召し使い; 雇い人. — ~ de chambre (屋敷の) 召し使い; (ホテルの) ルームボーイ / ~ de pied (仕着せを着た) 召し使い; 従者. ❷ 〖軽蔑〗卑屈な人. ❸ (トランプの) ジャック. ❹ (男性用の) 脚付き衣装掛け.

valetaille 女 古風 名 召し使いたち, 奉公人ども; 〖文章〗おべっか使い.

valétudinaire 形, 名 古風/文章 病気がちな (人), 虚弱な (人).

valeur 女 ❶ 価値, 値打ち; 価格. ❷ (多く複数) 有価証券; (特に) 株, 債券, 手形. ❸ (人の) 能力, 才能; 有能な人. ❹ 重要性; 意義, 意味; 有効性; 〖法〗の効力. ❺ (複数) (各時代, 社会の) 価値観. ❻ 数値, 値; 〖ゲーム〗 (カードなどの) 強さ. ❼ unité de ~ (大学の) 履修単位. ❽ 〖楽〗(音符, 休符の) 長さ; 〖美〗色価 (色調), 明暗の度合い). ◊ de (grande) ~ 高価な; 有能な. la ~ de ~ おおそ…と等しい量. mettre ... en ~ ~ を利用 [活用] する; 際立たせる. mise en ~ 開発, 利用, 強調. prendre de la ~ 価値が上がる, 値が出る.

valeureux, se 形 〖文章〗勇気のある.

valeureusement 副 勇気をもって.

valez 活 → valoir.

valgus [-s] 形 〖?〗〖医〗外反の.

valide 形 ❶ 健康な; (手足が) 丈夫な. ❷ 〖法〗(法的に) 有効な, 通用する.

validement 副 〖文章〗〖法〗有効に.

valider 他 (法律上有効にする); 有効と認める. ⊃ validation

validité 女 ❶ 有効(性), 効力; 有効期間. ❷ 正当性, 妥当性.

valiez, valions 活 → valoir.

valise 女 旅行かばん, スーツケース. — faire sa ~ [ses ~s] 荷物をスーツケースに詰める; 旅行の準備をする.

Valkyrie 女 ワルキューレ (北欧神話の武装した乙女たち).

vallée 女 ❶ 谷, 渓谷 (山岳地方の) 低地, 谷間. ❷ (大河の) 流域.

vallisnérie 女 〖植〗セキショウモ.

vallon 男 小さな谷.

vallonné, e 形 起伏の多い.

vallonnement 男 (土地の) 起伏.

se vallonner 代動 起伏に富む.

valoche 女 俗 旅行かばん.

valoir 自他 ❶ (…の) 値段である, 値打ちがある; 価値 [意義, 効力] がある; (…に) 相当する. ❷ 語 (…の) 財産 [収入] がある. ❸ [pour] (…に) 適用される, 関連する; 価値がある. ◊ à ~ sur …の内金として. faire

Valois

~ 前面に打ち出す，主張する；活用［運用］する；引き立たせる；褒める；売り込む；鼻にかける． *Il vaut mieux [Mieux vaut] + inf.* [*que + subj.*] …する方がよい． *L'un vaut l'autre.* どんぐりの背比べだ． *ne rien ~* 有害である；役に立たない． *ne ... rien qui vaille* いいことは何も…ない． *se faire ~* 自分を引き立たせる；やたらと自己宣伝をする，自分を鼻にかける． *vaille que vaille* どうにかこうにか． *~ mieux que ...* …に勝る．
—他 ~ A à B B に A をもたらす．
~ à ... de + inf. …という結果をもたらす．
—se ~ 同じ価値ある．

Valois 男 ヴァロア地方（パリ盆地北部）．

valons 直 ⇨ valoir.

valorisant, e 形 価値を高める．

valorisation 女 ❶ 価値［評価］を高めること，重視；活用，有効化． ❷ 価格［相場］の引き上げ［安定化］．

valoriser 他 ❶ 価値［評価］を高める；（資格などを）活用する． ❷（価格，相場などを）引き上げる，安定させる．
—se ~ 自分の価値［評価］を高める；自分を売り込む．

valse 女 ワルツ，円舞曲；話 めまぐるしい変化；（政権，役職の）頻繁な交替．

valse-hésitation 女（複）~s-~s はっきりしない態度，優柔不断．

valser 自 ❶ ワルツを踊る． ❷ 話 めまぐるしく動く，揺れる．
◊ *envoyer ~ ...* …を粗末に扱う，投げ捨てる；に暇を出す． *faire ~ l'argent* 金を湯水のように使う． *faire ~ ...* 話 …を追い払う，他の部署にとばす．

valseur, se 名 ワルツを踊る人．

valu(-), valû(-) 直 ⇨ valoir.

valvaire 形 ［植］弁状の．

valve 女［機］弁，バルブ；［動］（二枚貝の）殻；［解］弁；［電］電子管．

valvulaire 形［解］弁の，弁状の．

valvule 女［解］（リンパ管の）弁．

valvulite 女［医］（心）弁膜炎．

vamp [-p] 女 話 ヴァンプ，妖婦．

vamper 他（男を）誘惑する．

vampire 男 吸血鬼；文章 殺人鬼；強欲非道な人；［動］吸血コウモリ．

vampiriser 他 話 意のままに操る．

vampirisme 男 ❶ 文章 強欲，過酷な搾取． ❷［心］吸血狂．

van¹ 男 箕(み)，ふるい．

van² 男（英）競走馬運搬車［貨車］；（自家用の）ワンボックスカー［ワゴン］．

vanadium 男［化］バナジウム．

vandale 名 ❶（V~）バンダル人（古代ゲルマンの一部族）． ❷（芸術，文化財の）無知で粗暴な破壊者．

vandaliser 他 破壊する．

vandalisme 男（芸術品や文化財への）心ない破壊行為．

vandoise 女［魚］ニウグイ．

vanesse 女［昆］アカタテハ．

vanille 女［植］バニラ（の実）；バニラエッセンス．

vanillé, e 形 バニラで香りをつけた．

vanillier 男［植］バニラ．

vanillon 男 バニラ（の変種）．

vanité 女 ❶ うぬぼれ；虚栄心，見栄． ❷ 文章 はかないもの．
◊ *tirer ~ de ...* …を自慢する．

vaniteusement 副 文章 うぬぼれて，見栄を張った．

vaniteux, se 形，名 うぬぼれ［虚栄心の強い］（人）．

vanity-case [vanitike:z] 男 （英）（婦人の携帯用の）化粧道具入れ．

vannage¹ 男［農］（穀粒を）箕(み)で選別する作業．

vannage² 男 水門，弁表шение.

vanne¹ 女 水門の扉；（流量を調節する）堰［板，仕切り板．

vanne² 女 話 悪口，嫌み．

vanné, e 形 話 疲れ果てた．

vanneau 男（複）x 男［鳥］タゲリ．

vanner¹ 他［農］（穀物を）箕(み)にかける； 話 ひどく疲れさせる，へとへとにする．

vanner² 他（水路に）水門をつける；（水道管に）バルブをつける．

vanner³ 他 話（…に）悪口［嫌み］を言う．

vannerie 女 かご細工業；かご製品．

Vannes 女 ヴァンヌ（Morbihan 県の県庁所在地）．

vanneur, se 名 風選する人．

vannier 男 かご編み職人．

vannure 女（風選によって取り除かれた）穀粒［殻］．

vantail 男（複）*aux* 男 扉，開き戸．

vantard, e 形，名 自慢ばかりする（人），ほら吹きの（人）．

vantardise 女 自慢癖；自慢話，ほら話．

vanter 他 文章 褒めそやす．—se ~ 自慢する；ほらを吹く．
◊ *ne pas s'en ~*（失敗などを）隠す，黙っている．

Vanuatu バヌアツ（共和国）．

va-nu-pieds 男 物こい，浮浪者．

vape 女 話 もうろう状態． ◊ *tomber dans les ~* 意気を失う，気絶する．

vapeur¹ 女 ❶ 蒸気；湯気，水蒸気；霧(もや)，霧． ❷（複）文章 上気，のぼせ；ふさぎの虫．
◊ *à toute ~* 全速力で．

vapeur² 男 汽船．

vapocraquage 男（石油の）水蒸気分解．

vaporeux, se 形 ❶ 靄(もや)のかかった，曇った，かすんだ． ❷ ふんわりした；（衣服が）透けるような．
□ **vaporeusement** 副

vaporisage 男［繊］蒸熱（じょうねつ）（水蒸気を用いた加熱処理）．

vaporisateur 男 噴霧器，スプレー．

vaporisation 女 ❶ 蒸発，気化． ❷ 噴霧，スプレー．

vaporiser 他 ❶ 蒸発［気化］させる． ❷（霧状にして）吹きつける，噴霧する．

vaquer 自 ❶（官庁用語）休む． ❷（à）（…に）従事する，励む．

Var 男 ヴァール県 [83]． ❷ ヴァール川（アルプス山脈から地中海に注ぐ）．

varan 男［動］オオトカゲ．

varappe 女 ロッククライミング．

varapper 自 ロッククライミングをする．

varappeur, se 名 ロック・クライマー．

varech [-k] 囲 (漂着した)海草.
vareuse 囡 (船員や漁師の)仕事着, 上っ張り; ゆったりした上着.
varia 男複 (ラ)雑録集, 雑文集.
variabilité 囡 ❶ 変わりやすさ, 可変性;(天候)不順. ❷ 文語節操のなさ.
variable 形 ❶ 変わりやすい, 不安定な. ❷ さまざまな. ❸ (用途に応じて)変えられる;【言】(語形の)変化する. —囡【数】変数, 変項.
variance 囡【物】分散度;【統計】分散.
variant 男【生化】変異体.
variante 囡 ❶ (作品などの)異文, 異本. ❷ 変形, 異なった形.
variateur 男 ~ de vitesse 変速機.
variation 囡 ❶ 変化, 変動; 変遷, 推移. ❷【楽】変奏(曲);【生】変異;【数】変分;【統計】偏差;【バレエ】ヴァリアシオン(パ・ド・ドゥのソロ部分).
varice 囡【医】静脈瘤.
varicelle 囡【医】水疱瘡.
varié, e 形 ❶ 変化に富んだ, 多彩な; さまざまな. ❷【楽】変奏(部)のついた.
varier 自 ❶ (物の)変化する, 変わる; 異なる. ❷ (人が)意見[態度]を変える; (複数の人々が)意見を異にする. —他 変化をつける, 多様にする, 変える;【楽】変奏する.
varietal, ale 形(男複) **aux**【農】変種の.
variété 囡 ❶ 変化に富むこと, 多様性; 相違. ❷ 種類;【生】変種. ❸ (複数)バラエティー・ショー, 寄席演芸; 軽音楽. ❹ (複数)雑録; (新聞の)雑報.
variole 囡【医】天然痘.
variolé, e 形 あばたのある(人); 痘瘡(*とうそう*)の跡のある(人).
varioleux, se 形, 名【医】痘瘡にかかった(人).
variolique 形【医】痘瘡の.
variolisation 囡【医】人痘接種.
variomètre 男【電】バリオメータ.
variqueux, se 形, 名【医】静脈瘤(*リゅう*)の(患者).
varlope 囡【建】長鉋(*ながかんな*).
Varsovie ワルシャワ(ポーランドの首都).
varus [-s], **ra** 形 (ラ)【医】内反の, 内に向かった.
vas 活 ⇨ aller.
vasard, e 形 泥地の.
vasculaire 形【解】脈管の, 血管の.
vascularisation 囡【医】血管構築[新生].
vase¹ 男 ❶ 花瓶; 壺(*つぼ*); 甕(*かめ*); 器. ❷ 瀆(*よご*)れ瓶 (= ~ de nuit).
　◊ *en ~ clos* 閉じこもって.
vase² 囡【地】(水底の)泥; 軟泥.
vasectomie 囡【医】輸精切除(術).
vaseline 囡【英】【化】ワセリン.
vaseliner 他 ワセリンを塗る.
vaser 非人称 雨が降る.
vaseux, se 形 ❶ 話 ぐったりした, ぼうっとした; 曖昧(*あいまい*)な, 訳の分からない; つまらない. ❷ 泥の多い.
vasistas [-s] 男 開閉式小窓.

vasoconstricteur, trice 形【医】血管収縮の. — 男 血管収縮薬.
vasoconstriction 囡【医】血管収縮.
vasodilatateur, trice 形【医】血管拡張の. — 男 血管拡張薬.
vasodilatation 囡【医】血管拡張.
vasomoteur, trice 形【医】血管運動の.
vasopressine 囡 抗利尿ホルモン.
vasouiller 自話 しどろもどろになる; もたつく.
vasque 囡 (噴水などの)受水盤, 水盤;(卓上用の)飾り鉢.
vassal, ale; (男複) **aux** 名 ❶ (封建時代の)家臣; 封臣. ❷ 隷属【従属】者; 配下. — 形 隷属【従属】した.
vassalisation 囡 隷属化, 属国化.
vassaliser 他 隷属化させる.
vassalité 囡 ❶【史】封臣の身分; 封臣制. ❷ 隷属, 従属.
vaste 形 ❶ 広大な; 巨大な. ❷ 大規模な; 壮大な; 広範な.
va-t-en-guerre 形 (不 変), 名 (不変) 語 戦争好きな(人).
Vatican 男 バチカン(市国).
vaticane 形女 バチカンの.
vaticination 囡 予言; 御託宣.
vaticiner 自文語 予言する, 神託を下す; 御託宣を垂れる.
va-tout 男 (不変) (トランプなどに) 有り金全部の賭(*か*)け.
　◊ *jouer son* ~ 一かバチかやってみる.
Vaucluse 囡 ヴォークリューズ県 [84].
vauclusien, ne 形 ヴォークリューズの. — 名 (V~) ヴォークリューズの人.
vaudeville [-l] 男 軽喜劇; ボードビル.
vaudevillesque [-le-] 形 ボードビルのような; 滑稽な.
vaudevilliste [-li-] 名 ボードビル作者.
vaudois, e 形【宗】ヴァルドー派の. —名 (V~) ヴァルドー派の(信徒).
vaudou ブードー教(ハイチ島の宗教). — 形 (不変)ブードー教の.
vaudr- 活 ⇨ valoir.
vau-l'eau (à) 副句 流れのままに.
▶ aller à ~ (計画などが)流れる; 崩壊への一途をたどる.
vaurien, ne 悪がき; いたずらっ子; 話爛 ごろつき. — 男 (V~)【ヨット】ボーリアン級ディンギー.
vaut 活 ⇨ valoir.
vautour 男 ❶ 禿鷲(*はげわし*); コンドル. ❷ 強欲で冷酷な人; 高利貸. ❸ タカ派.
se vautrer 代動 転げ回る; 寝転ぶ; 文語 (dans) (…に)ふける, おぼれる.
vaux 活 ⇨ valoir.
va-vite *à la* 副句 大急ぎで.
V.D.Q.S. 男【略】(ワイン) vin délimité de qualité supérieure 上質ワイン.
veau; (複) **x** 男 ❶ 子牛; 子牛の肉; 子牛の革; カーフ. ❷ 話うすのろ, ものぐさ; 鈍馬; 出足の鈍い車. ❸【動】~ marin ゴマアザラシ. ❹【建】アーチ枠組.
　◊ *pleurer comme un* ~ 話 おい

おい泣く. **tuer le ~ gras** 祝宴を開く. **~ d'or** 黄金の子牛(金銭の象徴).

vécés 男複 トイレ.

vecteur 男 ❶ [数]ベクトル. ❷ 運搬媒体, 媒介者;[生]媒介動物[植物]. ❸ [軍]核運搬手段.

vectoriel, le 形 ベクトルの;[情報] **processeur ~** ベクタプロセッサ.

vectorologie 女 [生]ベクトル学.

vectorothèque 女 [生]ベクターバンク.

vécu, e (vivre の過去分詞)実際に体験した. — 男 体験.

vécu-, vécū- ⇨ vivre.

Veda [ve-] 男 (不変)《サンスクリット》ベーダ(バラモン教の根本聖典).

vedettariat 男 スターの地位, スターダム;スター気取り.

vedette 女 ❶ スター;立て役者. ❷ 大見出し;(辞書の)見出し. ❸ モーターボート;[軍]哨(ミェシ)戒艇.
◇**en ~** 脚光をあびて;大見出しで. — 形 人気の, 売れっ子の;主要な.

vedettisation 女 スターにする[なる]こと;スター視.

védique 形, 男 ベーダの(言語).

védisme 男 ベーダ信仰.

végétal, ale;男複 **aux** 形 植物(性)の;植物をかたどる. — 男 植物.

végétarien, ne 形 菜食主義(者)の. — 名 菜食主義者.

végétarisme 男 菜食主義.

végétatif, ve 形 ❶ 植物の生長の. ❷ [医]植物性の;自律神経系の. ❸ 生きているだけの;無為な.

végétation 女 ❶ (地域の)植生. ❷ (複数)[医]肥大増殖;アデノイド. ❸ (植物の)生育;繁い.

végéter 自 ❶ 地味な生活を送る;沈滞する. ❷ (植物が)生育する.

véhémence 女 [文章] 激しさ;熱烈.

véhément, e 形 [文章] 激しい;熱烈な. □**véhémentement** 副

véhiculaire 形 [言] **langue ~** 媒介言語.

véhicule 男 ❶ 車, 乗り物;運搬[交通]手段. ❷ 媒体;伝達手段. ❸ [光] リレーレンズ.

véhiculer 他 乗り物で;輸送する;伝達する.

veille 女 ❶ 前日;前夜. **~ de Noël** クリスマスイブ / **~ du jour de l'an** 大晦日(おおみそか). ❷ 目覚めていること, 覚醒(なんない);(夜勤)徹夜(仕事), 不眠. ❸ 寝ずの番, 夜警.
◇**à la ~ de ...** …の直前に.

veillée 女 ❶ (夕食後から就寝までの)夜;宵. ❷ 夜の集い;夕食後の団欒(なん). ❸ 徹夜の看病;通夜.
◇**~ d'armes** 重大事[試練]の前夜.

veiller 自 ❶ 眠らずにいる, 徹夜する;不寝番をする;見張りに当たる. ❷ 夜の集いをもつ. ❸ 《à》(…に)気を配る. ❹ 《sur》(…に)気を配る;(…の)面倒をみる.
— 他 徹夜で看病する;通夜をする.

veilleur 男 (ホテルの)夜勤係;夜回り;[軍]哨兵(し).

veilleuse 女 ❶ 常夜灯;パイロットランプ;(ガス器具の)種火. ❷《複数》[車]車幅灯, スモールランプ. ◇**en ~** (火が)小さい;活動を抑えた:保留した.

veinard, e 形, 名 ついている(人).

veine 女 ❶ 静脈(人複数). ❷ 葉脈;木目, 石目;[鉱]鉱脈. ❸(芸術的)感興;霊感. ❹ 詔 幸運. ◇**être en ~ de ...** …の気持ちになっている.

veiné, e 形 ❶ 静脈が浮き出た. ❷ 木目[石目]のある;鉱脈のある.

veiner 他 木目[石目]模様をつける.

veineux, se 形 ❶ 静脈の. ❷ 葉脈の;木目[石目]の多い.

veinule 女 [解]細静脈.

veinure 女 木目[石目]模様.

vêlage / vêlement 男 (牛の)分娩(なん).

vélaire 形 [音声]軟口蓋(なん)の.
— 女 軟口蓋音.

vélar 男 [植]カキネガラシ.

Velay ヴレ地方(中央山地東部).

velcro 男 商標 (靴などの)ベルクロ.

veld [-d] 男 [地](南アフリカの)大草原.

vêler 自 (牛が)子を産む.

vélie 女 [昆]カタビロメンボ.

vélin 男 ❶ 犢皮(だく)紙;子牛革紙;子牛革. ❷ ベラム紙(犢皮紙風の上質紙).

véliplanchiste 名 ウィンドサーファー.

vélique 形 [海]帆の.

vélivole / vélivoliste 形, 名 グライダー飛行の;グライダーを操縦する(人).

velléitaire 形, 名 優柔不断な(人).

velléité 女 (実行に至らない)漠然とした意志[意欲];軽い気持ち.

vélo 男 詔 自転車;サイクリング.

véloce 形 [文章] 速い;敏捷(びっ)な.

vélocimétrie 女 速度計測.

vélocipède 男 (昔の)足けり式自転車.

vélociste 名 自転車屋.

vélocité 女 (楽器演奏の)運指の速さ;[文章]速い動き;迅速さ.

vélodrome 男 自転車競技場.

vélomoteur 男 (125cc以下の)小型オートバイ.

véloroute 女 自転車道.

véloski 男 ⇨ ski-bob.

velours 男 ❶ ビロード, ベルベット. ❷ 柔らかい[滑らかな]感触(触覚, 味覚などに)快いもの.
◇**à pas de ~** 足音を立てずに. **faire patte de ~** (猫が)爪を隠す;(人が)猫をかぶる. **jouer sur le ~** もうけた金で賭(か)ける;危険を冒さずにやってのける.

velouté, e 形 ❶ ビロードのような;滑らかな, 柔らかた. ❷ 口当たりのよい, まろやかな. — 男 ❶ 滑らかさ;口当たりのよさ. ❷ [料]ブルーテーソース.

velouter 他 ビロード状にする;柔らかくする;まろやかにする.

velouteux, se 形 ビロードに似た.

veloutier 男 ビロード製造工[織工].

veloutine 女 綿絹フランネル, 綿紙巾.

velu, e 形 毛深い.

velum [ve-] / **vélum** 男 日よけ

布; 天窓.
velux [velyks] 男 商標 ベルックス (天窓).
velvet [-t] 男 〖英〗〖繊〗別珍, ベルベット.
venai- ⇨ venir.
venaison 女 (鹿などの) 野獣肉.
vénal, ale 形 (男複) *aux* ❶ 金銭ずくの; 金で動かされる [買える]. ❷〖経〗 valeur *~ale* 市場 [換金] 価値.
vénalité 女 金銭ずく; 買収されやすいこと; 金権体質.
venant 男 *à tout ~* だれにでも.
vend, vendai- ⇨ vendre.
vendable 形 売りに出せる.
vendange 女 ❶ ブドウの収穫, 収穫したブドウ. ❷〘複〙ブドウ収穫期.
vendangeoire 男 (ブドウ収穫用) 負いかご, かご.
vendanger ② 他 ❶ (ブドウを) 収穫する. ❷ ブドウの取り入れをする.
vendangeur, se ブドウ収穫者. ― 形 ブドウ収穫機の.
vende(-) 活 ⇨ vendre.
Vendée 女 ❶ ヴァンデ県 [85]. ❷ ヴァンデ川.
vendéen, ne 形 ヴァンデ県の. ― 名 (V~) ヴァンデ県の人.
vendémiaire 男 バンデミエール, ぶどう月 (フランス革命暦第 1 月).
vendetta 女〖伊〗親族復讐(ふく).
vendeur, se 名 売り子, 販売員; 売り手. ― 形 売り手の; 売る気のある.
vendre 46 他 ❶ (を) 売却 [販売] する. ❷ 売りものにする. ❸ (仲間, 良心を) 売り渡す; 裏切る. ◊ *~ la peau de l'ours* 皮算用をする.
― *se ~* ❶ 売られる; 売れる. ❷ 身を売っている.
vendredi 男 金曜日.
vendu, e 形 (vendre の過去分詞) ❶ 売られた; 売却済みの. ❷ 身を売った; 買収された.
― 名 裏切り者; 恥知らず.
venelle 女 路地.
vénéneux, se 形 有毒な.
vénérable 形 ❶ 文章 神聖な; 尊敬 [崇拝] に値する. ❷ 古い; 時代物の. ― 名 ❶〖カト〗尊者. ❷ (フリーメーソンで) ロッジ長.
vénération 女 崇拝; 尊敬; 敬愛.
vénérer ⑥ 他 (神聖なものを) 敬う; 文章 尊敬する; 深く敬愛する.
vénerie 女〖狩〗猟犬狩猟術.
vénérien, ne 形 性病の.
venette 女〖古〗恐れ; 怖(お)じ気.
veneur 男 (猟犬を使う狩猟者 [係]).
venez 活 ⇨ venir.
Venezuela [venezɥe-] 男 ベネズエラ.
vénézuélien, ne 形 ベネズエラの. ― 名 (V~) ベネズエラ人.
vengeance 女 復讐(ふく); 報復.
venger ② 他 ❶ 復讐 (のうらみ) を晴らす. ❷ の名誉を (に) 挽(ばん)回する. ― *se ~* ❶〘de に〙復讐する. ❷ (…に対する) 恨みを晴らす [の埋め合わせをする].
vengeur, eresse 形 ❶ 復讐する (者); 懲らしめる (者).

véniel, le 男 〖神〗(罪の) 赦(ゆる)しの. ❷ 文章 (過ちの) 見逃せる, 軽い.
venimeusement ⇨ venir.
venimeux, se 形 ❶ (動植物が) 有毒な. ❷ 悪意のある, 中傷.
venir 28 自 〖助動詞 être〗 ❶ 来る. ❷ (話 (相手の) 方へ) 行く. ❸ 《de》 (…の) 出身である; (…から) 生じる; (…に) 由来する. ❹ 《近接過去》~ de + inf. …したばかりである. ❺ 《à》 (…に) (考えなどが) 浮かぶ. ❺ 《à》 (…に) 達する. ❼ (植物が) はえる, 育つ. ❽ ~ à + inf. たまたま…する.
◊ *Ça vient?* (人をせかして) まだかの.
en ~ à ... …結局…になる. (*en*)
à ... …に取りかかる. *faire ~* 来させる, 呼ぶ; 注文する, 取り寄せる; 生じさせる. *laisser ~* 成り行きを見守る. *Viens-y!* 話 やるならやってみろ. *y ~* 話 結局承諾する, 最後には折れる.
Venise ベネチア, ベニス (イタリア北部の都市).
vénitien, ne [-sjɛ̃, ɛn] 形 ベネチアの. ― 名 (V~) ベネチアの人.
venons 活 ⇨ venir.
vent 男 ❶ 風; 大気, 空気. ❷ 形勢, 風向き; (社会の) 動向, 気運. ❸ 方位, 方向. ❹〖腸内〗ガス; 屁(へ). ❺ 無価値 [無意味] なもの; 空約束. ❻〖楽〗管楽器 (総称); 吹奏楽器.
◊ *avoir ~ de ...* を風の便りで知る. *dans le ~* 流行の. *en plein ~* 戸外の. *prendre le ~* 事態を静観する. *tourner à tous les ~s* すぐ気が変わる.
vente 女 ❶ 販売; 売却. ► *~ en gros* (au détail) 卸 [小] 売り. ❷ 売り上げ; 売れ行き. ❸ 競売 (会). ❹〖林〗伐採区域; 立木. ◊ *en ~* 発売中の. *hors de ~* 非売品の.
venté, e 形 風が吹きわたる; 吹きさらしの.
venter 非人称 風が吹く.
venteux, se 形 風がよく吹く.
ventilateur 男 扇風機; 換気 [通風] 装置; 送風機.
ventilation 女 ❶ 換気; 通風. ❷ 分類, グループ分け; (支出などの) 振り分け; 〖法〗割合評価.
ventiler ⑥ 他 ❶ 換気する; 通風をよくする. ❷ 分類する, 振り分ける.
ventôse 男 バントーズ, 風月 (フランス革命暦 6 月).
ventouse 女 ❶ (ヒルなどの) 吸盤; 吸着器具;〖医〗吸角, 吸い玉. ❷ (通気口, 空気取入口. ◊ *faire ~* ぴったりくっつく. *voiture ~* 放置自動車.
ventral, ale 形 (男複) *aux* 形 腹側の, 腹部の.
ventre 男 ❶ 腹; 腹部; 胎内. ❷ (物の) 胴, 膨らんだ部分 (車体などの下部). ❸〖物〗(定常波の) 腹.
◊ *à plat ~* 腹ばいに. *avoir quelque chose dans le ~* 何かを秘めている. *courir ~ à terre* の全速力で走る. *le ~ mou* 弱点. *marcher* [*passer*] *sur le ~ de ...* …を踏み

ventre-de-biche 台にする.
ventre-de-biche 形《不変》《文》薄茶色の.
ventrée 女 腹いっぱいの食べ物.
ventricule 男《解》心室; 脳室. ◘**ventriculaire** 形
ventrière 女《馬をつり上げる》腹帯.
ventriloque 形 腹話術のできる. ──名 腹話術師.
ventriloquie 女 腹話術.
ventripotent, e 形 腹の出た.
ventru, e 形 腹の出た; 膨らんだ.
venu, e 形《venir の過去分詞》❶ le premier ... ── なん[だれ]でもよい. ❷ bien [mal] ── 発育の良い[悪い]; できばえの良い[悪い]; 時宜を得『得ない]. ◊**être mal ~ de + inf.** …するのにふさわしくない; …する資格がない. ──名 来た人. ► nouveau ~ 新参者. ──女 来ること, 到来; 発育ぶり.
vénus [-s] 女 ❶《V~》《ロ》ビーナス(愛欲と美の女神);《天》金星. ❷《貝》マルスダレガイ.
vénusien, ne 形 金星の.
vénusté 女《文》優美さ.
vépéciste 男 通信販売業者.
vêpres 女《カト》晩禱, 夕べの祈り.
ver 男《細長く柔らかい虫; 幼虫; 青虫. ► **ver à soie** カイコ / **ver de terre** ミミズ / **ver solitaire** さなだ虫. ◊**avoir le ver solitaire** いつも空腹である. **nu comme un ver** 素っ裸である. **tirer les vers du nez à** (…から)秘密な聞き出す; かまをかける. **tuer le ver** すきっ腹に一杯飲む.
véracité 女 真実性; 正確さ.
véraison 女《農》《ブドウの》色づき.
véranda 女 ベランダ, 縁側.
vératre 男《植》シュロソウ.
vératrine 女《薬》ベラトリン.
verbal, ale (男複) **aux**)形 ❶ 口頭の; 言葉の, 言葉だけの. ► **dérapage** ~ 失言. ❷《文法》動詞の.
verbalement 副 口頭で; 言葉で.
verbalisateur, trice 名 調書作成者.
verbaliser 自《法》調書を作成する. ──他 言葉で表現する; 言語化する. ◘**verbalisation** 女
verbalisme 男 言葉の儘虚; 駄弁.
verbatim [-tim] 男《不変》(省略なしの)完全議事録.
verbe 男 ❶《文法》動詞. ❷ 語調;《文》言語, 言葉《V~》《神》御言子語.
verbeux, se 形 回りくどい; おしゃべりな; 冗長な. ◘**verbeusement** 副
verbiage 男 駄弁; 饒舌; 饒舌(じょうぜつ).
verbicruciste 名 クロスワードパズル作家.
verbosité 女 回りくどさ; 多弁; 冗長.
verdage 男《農》青刈り飼料.
verdâtre 形 緑がかった.
verdelet, te 形《古・文》(ワインが)まだ少し酸味のある.
verdeur 女 ❶《果物の》渋み. ❷《老人の》若々しさ. ❸《言葉遣いの》大胆さ.
verdict [-kt] 男《英》《法》(陪審員の)評決. ❷ 判断; 意見.

verdier 男《鳥》アオカワラヒワ.
verdir ❶ 緑色になる; 青ざめる. ──他 緑色にする. ◘**verdissage** 男
verdissement 男 緑色になること.
verdoiement 男《文》(野原などが)青々とすること; 一面の緑になること.
verdoyant, e 形 青々とした.
verdoyer 10 自《文》緑に色づく; 一面の緑になる.
verduniser 他 殺菌消毒する.
verdure 女 ❶《草木の》緑; (緑色の)草木. 緑葉. ❷《集》生野菜; 青物. ❸《織》草葉などの模様のタピスリー.
vérétille 男《動》ウミサボテン.
véreux, se 形 ❶ 虫の食った. ❷ 腐敗した, 朽ちた; 不正な; 怪しげな.
verge 女 ❶ (昔の)棒むち. ❷ ペニス. ❸《植》~ **d'or** アキノキリンソウ(キク科). ◊**donner des ~s pour se faire fouetter [battre]** (相手に)攻撃の武器を与える; やぶへびになる.
vergé, e 形 ❶ 糸[染め]むらのある. ❷ **papier** ~ 簀(す)の目線入りの紙.
vergence 女《光》屈折力.
verger 男 果樹園.
vergeté, e 形 むちの跡のついたよう)な.
vergette 女 小さい棒[むち].
vergeture 女《医》線状皮膚萎縮.
verglaçant, e 形 雨氷をもたらす.
verglacé, e 形 雨氷の張った.
verglacer 10 非人称 雨氷が張る.
verglas 男 雨氷.
vergne 男 地域《植》セイヨウハンノキ.
vergogne 女《古・文》羞恥[じゅう]心. ◊**sans** ~ ずうずうしく, 破廉恥にも.
vergue 女《海》ヤード, 帆桁(ほげた).
véridicité 女《文》真実性; 正確さ.
véridique 形 真実の, 真実の; 《文》正直な. ◘**véridiquement** 副
vérifiable 形 確かめられる.
vérificateur, trice 形 検査の. ──名 検査員.
vérificatif, ve 形《文》検査を可能にする; 検査に役立つ.
vérification 女 検査, 審査; 確認, 検査. ► ~ **des pouvoirs** 《法》議員資格審査; (株主総会の)委任状審査.
vérifier 他 確かめる; 検査する; 実証[立証]する.
── **se ~** 立証{確認}される.
vérifieur, se 名 点検係.
vérin 男 ジャッキ.
vérisme 男 ベリズモ(19世紀末イタリアの自然主義). ◘**vériste** 形
véritable 形 ❶ 本当の; 本物の, 正真正銘の. ❷ まさに…とも言うべき. ◘**véritablement** 副
vérité 女 ❶ 真実; 真実性, 真実味, 迫真性, リアリティー. ❷ 真理, 真. ❸ 率直; 誠実.
◊**à la ~** 実を言うと, 実際は. **dire à ... ses (quatre) ~s** …にものをずけずけ言う. **en ~** 全く. 本当に, 本当に.
verjus 男 酸味ブドウ果汁.
verjuté, e 形 ちょっぱく酸っぱい.
verlan 男 逆さ言葉(**café** を **féca** とするなど).
vermeil, le 形 鮮紅色の; 朱色の.

―― 男 金めっきした銀.
vermet 男 [貝] ムカデガイ.
vermicelle 女 バーミセリ(細長いスープ用パスタ).
vermiculaire / vermiforme 形 虫状の, 虫様の.
vermiculé, e 形 虫食い形装飾の.
vermiculure 女 虫食い形装飾.
vermifuge / vermicide 男, 形 虫下しの.
vermillon 男 朱砂(ﾏ); 鮮紅色; 朱色. ―― 形 (不変)鮮紅色の; 朱の.
vermine 女 ❶(集合的)(ノミなどの)害虫. ❷ 社会のダニ; 人間の屑(ｸｽﾞ).
vermineux, se 形 (ノミなどの)虫のたかった.
verminose 女 寄生虫症.
vermis [-s] 男 [解]小脳の虫部.
vermisseau 男 (複 ~x)(ミミズなどの)小虫; 蛆(ｳｼﾞ)虫; 虫けら同然の存在.
vermoulu, e 形 虫に食われた; 古臭い.
vermoulure 女 (木材の)虫食い(跡); (虫食い跡から出る)木屑(ｸｽﾞ).
vermouth [-t] 男 ベルモット酒.
vernaculaire 形 その土地固有の.
► nom ~ [生]通称(名).
vernal, ale (男複) **aux** 形 春の.
► point ~ [天]春分点.
verni, e 形 ❶ ニスを塗った; 光沢のある. ❷ 運のよい. ―― 名 運のよい人.
vernier 男 副尺.
vernir 他 ニス[釉薬(ﾕｳﾔｸ), マニキュア]を塗る; 文章 艶(ｯﾔ)を出す.
vernis 男 ❶ ワニス, ニス; エナメル; マニキュア. ❷ 釉薬(ﾕｳﾔｸ). ❸ 艶(ｯﾔ); 輝き; うわべの飾り[知識]. ❹ [植]ウルシ.
vernissage 男 ❶ ニスの塗布; [陶]釉(ｳﾜｸﾞｽﾘ)かけ. ❷ 展覧会の初日; 展覧会の特別招待.
vernissé, e 形 釉薬(ﾕｳﾔｸ)のかかった; 艶(ｯﾔ)のある.
vernisseur 男 釉薬塗布する人.
vernisseur, se 名 ニスを塗る人; 釉(ｽﾘ)かけ職人.
vérole 女 ❶ 話 梅毒. ❷ **petite ~** 天然痘(ﾄｳ).
vérolé, e 形, 名 話 梅毒にかかった(人). ❷ あばたのある(人).
véronique[1] 女 [植]クワガタソウ.
véronique[2] 女 ベロニカ(闘牛士が静止してゆっくり振る技).
verra (-) 活 ⇨ **voir**.
verrat 男 (繁殖用の)雄豚; 種豚.
verre 男 ❶ ガラス; [鉱]ガラス質の物質. ❷ グラス; グラス1杯. ► **petit ~** (小グラスで飲む)リキュール, ブランデ. ❸ (複)眼鏡. ◇ **maison de ~** ガラス張りの家; 何の秘密もない家.
verrerie 女 ガラス製造; ガラス製品製造技術; ガラス工場; ガラス製品.
verrez, verri-, verron- 活 ⇨ **voir**.
verrier, ère 形 ガラスの. ―― 名 ガラス工; ステンドグラス職人. ―― 男 ガラスの屋根[壁]; 大ステンドグラス.
verrine 女 [料]カクテル; カクテルグラス.
verroterie 女 (集合的)彩色ガラス製品.
verrou 男 ❶ 差し錠, 門(ｶﾝ);[スポ]守備固め. ❷ (銃の)遊底. ❸ ◇ **mettre sous les ~s** 投獄[投獄]する.
verrouillage 男 ❶ 差し錠をかけること; 鎖錠. ❷ (砲尾の)遊底の閉鎖. ❸ [軍](要路の閉塞(ｿｸ))作戦. ❹ [医] **syndrome du ~** 閉じ込め症候群(意識はあるが体が動かせない状態).
verrouillé, e 形 施錠された, ロックされた状態の.
verrouiller 他 ❶ 錠をかける; ロックする. ❷ 監禁[投獄]する; 封鎖[閉鎖]する. ❸ 発展を妨げる.
―― **se ~** 閉じこもる.
verrue 女 ❶ いぼ; 文章 美観を損うもの; 汚点. ❷ [植] **herbe aux ~s** トウダイグサ.
verruqueux, se 形 [医]いぼ状の.
vers[1] 前 ❶ …の方へ. ❷ …のあたりで, …の近くで. ❸ …の頃に.
vers[2] 男 詩句 ❶ (詩の)1行; 韻文.
versaillais, e 形 ヴェルサイユの. ―― 名 (V~) ヴェルサイユの人.
Versailles ヴェルサイユ(Yvelines県の県庁所在地).
versant 男 斜面, 傾斜面; 側面.
versatile 形 意見の変わりやすい; 移り気な.
versatilité 女 意見の変わりやすさ, 移り気.
verse 女 [農](作物の)倒伏.
◇ **à ~** 土砂降りに.
versé, e 形 文章 (**en, dans**) (…に) 精通した.
Verseau 男 [天]水瓶(ﾐｽﾞｶﾞﾒ)(座).
versement 男 支払い; 振り込み; 支払い額.
verser 他 ❶ つぐ; こぼす. ❷ まき散らす; (血, 涙)を流す. ❸ 支払う; 払い込む. ❹ 配属する. ❺ 添付する. ❻ ひっくり返す. ―― 自 ❶ 転覆する, ひっくり返る. ❷ (**dans**) (…)に陥る; (意見などに)同調する.
verset 男 (聖書などの)節; [カト]交唱用短句; [詩] (一呼吸をリズム単位とした)詩の一節.
verseur, se 形 注ぎためる.
verseuse 女 コーヒーポット.
versicolore 形 文章 多色の; 色合いが変化する.
versificateur, trice 名 詩人; 作詩家; (軽蔑)へぼ詩人.
versification 女 詩法.
versifier 自 詩を作る.
―― 他 韻文にして[書く].
version 女 ❶ (学校での)翻訳練習; (聖書の)翻訳(版). ❷ 異本. ❸ 解釈, 説明. ❹ [映]…版. ❺ ~ **doublée** 吹き替え版.
vers-libriste 名 自由詩法の詩人.
―― 形 自由詩法の.
verso 男 裏面; 裏.
versoir 男 (鋤(ｽｷ)の)撥土(ﾊﾂﾄﾞ)板.
versus [-s] 前 [ﾗ]…に対して.
vert, e 形 ❶ 緑(色)の. ❷ (顔色が)蒼(ｱｵ)白の. ❸ (果物が)熟していない. ❹ 生の; 乾燥していない. ❺ (老人が)若々しい. ❻ (言葉が)厳しい; 荒々し

vert-de-gris

い. ❼ 自然の中の；自然環境保護論(者)の. ◇*billet* ~ ドル紙幣. *numéro* ~ フリーダイヤル，通話料着信払いの電話番号.
— 男 ❶ 緑色；緑色の染料［顔料］. ❷《複数》環境派，緑の党.
◇*se mettre au* ~ 田舎で休養する.

vert-de-gris 男 緑青(ろくしょう).

vert-de-grisé, e 形 緑青(ろくしょう)が吹いた.

vertébral, ale; 男複 **aux** 形《解》椎(つい)骨の；脊(せき)椎の.

vertèbre 女 椎骨.

vertébré, e 形 脊椎のある.

vertement 副 激しく；厳しく.

vertical, ale; 男複 **aux** 形 ❶ 垂直の. ❷ 縦の；直立の. — 男《天》鉛直線. ❷ 鉛直；垂直.

verticalement 副 垂直に.

verticalité 女 垂直，鉛直.

verticillé, e [-le] 形《植》輪生の.

vertige 男 めまい；目くるめく陶酔.

vertigineux, se 形《文章》目がくらむほどの. ❷ 極端な，ものすごい.
◇**vertigineusement** 副

vertu 女 ❶ 徳；美徳. ❷ 古風《女性の》貞節. ❸ 効力，効果；メリット. ❹《複数》《カト》天使. ◇*en* ~ *de* …によって；の名において.

vertueusement 副 高潔に.

vertueux, se 形 徳の高い；貞淑な.

vertugadin 男 ❶ ヴェルチュガダン（スカートを膨らませる詰め物，またそのスカート）. ❷ 半円形の傾斜芝地.

verve 女 才気；精彩；熱気.

verveine 女［植］クマツヅラ；クマツヅラのハーブティー［リキュール］.

verveux¹, se 形《文章》才気あふれる；熱気ある.

verveux² 男《漁》張網.

vésanie 女《医》狂気，錯乱.

vesce 女［植］ベッチ；ソラマメ.

vésical, ale; 男複 **aux** 形《解》膀胱(ぼうこう)の.

vésication 女《医》発疱(ほう).

vésicatoire 男 発疱薬(の).

vésiculaire 形《生》小胞状の.

vésicule 女 ❶《生》小胞，小囊(のう)；(細胞の)液胞. ❷《植》小気泡，小気胞. ◇**vésiculeux, se** 形

Vesoul [-(l)] ヴズール，ヴズー (Haute-Saône 県の県庁所在地).

vespa 女 商標 ベスパ（スクーター）.

vespéral, ale; 男複 **aux** 形 夕暮れの，晩の. — 男《カト》晩課集.

vespertilion 男《動》ヒナコウモリ.

vesse 女 古風 透かしっ屁(ぺ).

vesse-de-loup;《複数》~**s**-~-~ 女［菌］ホコリタケ.

vessie 女 ❶《解》膀胱(ぼうこう). ❷ (動物の)膀胱で作った囊(のう), 袋.
◇*prendre des* ~*s pour des lanternes* ひどい勘違いをする.

vestale 女［古］《ウェスタ女神の》巫女(みこ)；《文章》純潔で品位の高い女性.

veste 女 ❶ 上着，ジャケット. ❷ 失敗. ◇*retourner sa* ~ 意見を急に変える.

vestiaire 男 ❶ クローク (で預けた)携帯品. ❷《複数》更衣室，ロッカールーム.

vestibulaire 形《解》前庭の.

vestibule 男 ❶ 玄関；玄関ホール. ❷《解》(体内腔(こう)の)前庭.

vestige 男 遺跡，残存物［者］；名残.

vestimentaire 形 衣服の.

veston 男 (スーツ，タキシードの) 上着

vêtement 男 衣服；《集合的》服飾.

vétéran 男 ❶ 古参兵，老兵；退役軍人. ❷ 熟練者，ベテラン. ❸《スポ》ベテラン級の競技者（シニアの上のクラス）

vétérinaire 形 獣医(学)の.
— 名 獣医.

vétille 女 取るに足りないこと.

vétilleux, se 形《文章》つまらないことにけちをつける，口うるさい.

vêtir 22 他《文章》服を着せる；着る.
— **se** ~ 服を着る.

vétiver 男［植］ベチベルソウ.

veto [ve-] 男《不変》❶《法》拒否権. ❷ 拒絶，反対.

vêtu, e (vêtir の過去分詞) 形 (服を) 着た.

vêture 女《カト》着衣式.

vétuste 形 古くなった，老朽化した.

vétusté 女《文章》老朽化.

veuf, ve 形 ❶ 配偶者を亡くした，やもめの ❷ (一時的に) 配偶者と別れている，単身の.
— 名 やもめ；男やもめ；未亡人.
◇*défendre la* ~*ve et l'orphelin* 弱者を救済する.
— 女［鳥］テンニンチョウ.

veuill-, veulent 活 ⇨ vouloir.

veule 形《文章》無気力な；ひ弱な.

veulerie 女《文章》無気力さ；だらしなさ.

veut, veux 活 ⇨ vouloir.

veuvage 男 やもめ暮らし.

veuve 女 veuf の女性形.

vexant, e 形 癪(しゃく)にさわる，いまいましい；自尊心を傷つける.

vexation 女 自尊心を傷つけること；侮辱.

vexatoire 形 抑圧的な，苛酷な.

vexer 他 気を悪くさせる；感情を害する.
— **se** ~ 傷つく，腹を立てる.

vexille [-l] 男 ❶ 古ロ ローマ軍旗. ❷ 鳥の (鳥の) 羽状弁の.

v.f. 男《略》《映》version française (外国映画の) フランス語吹き替え版.

via 前 …を通して.

viabiliser 他 (土地に) 居住用の諸施設を整備する.

viabilité 女 ❶ 生存能力；生存率. ❷ 道路状態のよいこと. ❸ (ガス，水道，電気の) 用地整備工事.

viable¹ 形 ❶ 生育［生活］力のある. ❷ 持続性のある，長持ちする.

viable² 形 通行可能な.

viaduc 男 陸橋，鉄橋.

viager, ère 形 終身の.
— 男 終身年金.

viande 女（食）肉. ▶ ~ *rouge* 牛，羊，馬の肉 / ~ *blanche* 仔牛，鶏，家兎(うさぎ)の肉 / ~ *noire* 狩猟肉.

viander 自《狩》(鹿などが) 草を食べる. — **se** ~ 俗 大きな事故にあう.

viatique 男 ❶ [カト] 臨終の聖体拝領. ❷ [文章] 頼りになるもの, 心のよりどころ; 成功の手段. ❸ 古 旅費, 旅の必需品.

vibrant, e 形 ❶ 震動する, 震える; よく響く. ❷ 感動的な, 感情のこもった. ── 女 [音声] 震え音.

vibraphone 男 [楽] ビブラフォン.

vibraphoniste 名 ビブラフォン奏者.

vibrateur 男 振動機.

vibratile 形 [生] 震動性の.

vibration 女 振動; 震え, 揺れ.

vibrato 男 [伊] [楽] ビブラート.

vibratoire 形 振動の, 振動による.

vibrer 自 ❶ 震動する; (声などが)震える. ❷ 感動する.

vibreur 男 振動板; ブザー.

vibrion 男 [医] ビブリオ (細菌). ❷ 話 じっとしていない人.

vibrionner 自話 休みなく動き回る.

vibrisse 女 ❶ 鼻毛. ❷ [動] 震毛. ❸ [鳥] 糸状の羽.

vibromasseur 男 [医] 振動マッサージ器.

vicaire 男 [カト] 助任司祭. ── ~ de Jésus-Christ ローマ教皇.

vicarial, ale 形; 男複 aux 形 [カト] 助任司祭の.

vicariat 男 [カト] 助任司祭の職.

vice 男 ❶ [文章] 悪徳, 悪事; 背徳. ❷ 悪癖, 悪習. ❸ 欠陥, 欠点, 不備. ❹ [法] 瑕疵(かし) (法律上の欠陥があること). ◇ avoir du ~ 話 悪賢い.

vice-amiral, aux 形;男複 aux 海軍中将.

vice-consul 男 副領事.

vice-consulat 男 副領事の職; 副領事館.

vicelard, e 形 俗 悪賢い.

vicennal, ale 形;男複 aux 形 ❶ 20年続く; 20年の. ❷ 20年ごとの.

vice-présidence 女 副大統領 [副総裁, 副会長, 副議長]の職.

vice-président, e 形 副大統領, 副総裁; 副議長, 副社長, 副会長.

vice-recteur 男 (神学校などの)副学長, 副院長.

vice-roi 男 副王, 総督.

vice-royauté 女 歴 副王 [総督]の地位[職]; 副王[総督]の統治国.

vicésimal, ale 形;男複 aux 形 [数] 20を基本とする.

vice versa 副 [ラ] 逆に, 反対に.

Vichy [町名] ヴィシー [県 03] (フランス中部の温泉地).

vichy 男 ❶ [織] ヴィシー (格子柄綿布). ❷ ヴィシー水 (ミネラルウォーター).

vichyssois, e 形 ヴィシーの. ❷ [史] ヴィシー政府の. ── 名 ❶ (V~) ヴィシーの人. ❷ 史 ヴィシー派の人.

vichyste 形; 名 [史] ヴィシー派の(人).

viciable 形 汚染の可能性のある.

viciation 女 汚染, 腐敗.

vicié, e 形 汚れた, 腐敗した.

vicier 他 ❶ [法] 瑕疵(かし)あるものとする. ❷ 汚す.

vicieusement 副 ❶ よこしまに, みだらに. ❷ 不完全に, 間違って.

vicieux, se 形 ❶ 悪徳の, 悪い; 放蕩(とう)した; (性的に)倒錯した. ❷ 趣味の悪い; 風変わりな. ❸ 人を欺く; 裏をかく. ❹ 欠陥 [不備] のある. ❺ (動物が)扱いにくい. ── 名 ❶ 放蕩者; 性的倒錯者. ❷ 話 変人, ひねくれ者.

vicinal, ale 形;男複 aux 形 ~ chemin 地方道 としての性質. ❷ (集合的)地方道.

vicinalité 女 ❶ 地方道としての性質. ❷ (集合的)地方道.

vicissitudes 女複 [文章] (人生などの)浮沈, 変転; 不幸, 苦難.

vicomtal, ale 形;男複 aux 形 子爵(の).

vicomte 男 子爵.

vicomté 女 子爵の爵位; 子爵領.

vicomtesse 女 女性の子爵; 子爵夫人.

victime 女 ❶ 犠牲(者), 被害者, 死傷者. ❷ いけにえ. ◇ (être) ~ de ... … を被る, にさらされる.

victimiser 他 いけにえにする.

◇ **victimisation** 女

victimologie 女 被害者学.

victoire 女 ❶ 戦勝; 勝利. (V~) 勝利の女神(像). ◇ chanter [crier] ~ 凱歌(がいか)をあげる. ~ à la Pyrrhus 犠牲の大きな勝利.

victoria 女 [英] ❶ 2人乗り無蓋(がい)4輪馬車. ❷ [植] オオオニバス.

victorien, ne 形 ビクトリア女王の; ビクトリア朝時代(的)の.

victorieusement 副 勝利を収めて, 勝ち誇って.

victorieux, se 形 戦勝の; 勝利の.

victuailles 女複 食糧.

vidage 男 空にする [なる] こと.

vidange 女 ❶ (容器を)空にすること; (汚水などの), 排水. ❷ 排水孔(穴); [溝] 排水装置. ❸ [複] 汚水, 廃液; 屎(し)尿. ❹ (車の)オイル交換. ◇ en ~ 空になりつつある.

vidanger 他 ❶ (タンクなどを)空にする, さらう; (汚水などを)くみ出す.

vidangeur 男 屎(し)尿くみ取り人.

vide 形 ❶ 空の, 何も入っていないがらんとした. ❷ 内容のない, 無意味な. ❸ (de) (…の)ない. ── 男 ❶ 虚空, 空(くう) ❷ 空間; すき間, 空白. ❸ 欠落; 空席, 欠員. ❹ 虚無(感), むなしさ. ❹ (時間の)あき, 暇. ❺ 真空. ◇ à ~ 空で; 空転して. faire le ~ autour de ... …を孤立させる.

vidé, e 形 ❶ 空にした, 空っぽの. ❷ 臓物を抜かれた. ❸ 話 疲れきった.

vidéaste 名 ビデアスト, ビデオ作家.

vide-bouteille(s) 男 (栓を抜かずに瓶の中味を抜き取る)サイホン.

vide-cave; 複 ~~(s) 男 (浸水箇所の水を吸い上げる)排水ポンプ.

vide-grenier(s); 複 ~~s 男 ガレージセール.

videlle 女 (果物の)芯(しん)抜き器.

vidéo 形 (不変) ビデオの, テレビ映像の. ── 女 ビデオ技術; ビデオ映画.

vidéocapsule 女 [医] カプセル式内視鏡.

vidéocassette 女 ビデオカセット.

vidéo-clip [-p] 男 プロモーションビデオ.

vidéoclub [-klœb] 男 ビデオショップ, レンタルビデオ店.

vidéocommunication 女 映像通信.

vidéoconférence 女 テレビ会議.

vidéodisque 男 ビデオディスク.

vidéofibroscope 男【医】内視鏡.

vidéofréquence 女 映像周波数.

vidéogramme 男 ビデオソフト.

vidéographie 女 ❶ 画像情報電送システムの総称. ❷ ビデオソフト作品. ▫ **vidéographique** 形

vidéolecteur 男 ビデオディスプレーヤー.

vidéophone 男 テレビ電話.

vidéophonie 女 テレビ電話技術.

vide-ordures 男 ダストシュート.

vidéoprojecteur 男 画像プロジェクター. ▫ **vidéoprojection** 女

vidéosurveillance 女 ビデオカメラによる監視術.

vidéotex [-ks] 男 ビデオテックス (電話とテレビによるデータベース・システム).

vidéothèque 女 ビデオのコレクション; ビデオライブラリー; ビデオ収納庫.

vidéotransmission 女 広帯域映像伝達システム [サービス].

vide-poche(s) 男 ❶ 小物入れ. ❷ (自動車の)ドアポケット; シートポケット.

vide-pomme 男, (複) ～(s) 男 (リンゴの)芯ぬき器.

vider 他 ❶ 空にする, あける. ❷ ～ de B A から B を取り除く. ❸ (…の)臓物〔芯(し)〕を抜く. ❹ 追い出す. — se faire ～ 追い出される. ❺ 〈場〉へとっとと去る. ❻ 〈文〉解決する. ◊ ～ *le plancher* [*les lieux*] 立ち去る.

videur, se 名
— 男 (ナイトクラブなどの)用心棒.

vide-vite 男 〖不空〗燃料放出装置.

vidicon 男 〖テレビ〗ビジコン.

vidimer 他〖法〗(勝本を)認証する.

vidimus [-s] 男〖法〗(勝本と原本との)照合済み証書.

vidoir 男 ❶〖土木〗汚水溜(だ)め. ❷〖建〗(ダストシュートの)ごみ投入口.

viduité 女 ❶ *délai de* ～ (女性の)再婚禁止期間.

vidure 女 (魚や鳥の)臓物, はらわた.

vie 女 生命, 生. — *éternelle* 〖カト〗来世. ❷ 一生, 生涯, 人生. ❸ 生活, 暮らしぶり; 生き方; 生活費, 生計. ❹ 実社会, 世間. ❺ 生気, 活気, 生命感. ❻ 存続(期間); 寿命, 耐用期間.
◊ *à la vie, à la mort* 永遠に. ◊ *vie* 終身の. *Ce n'est pas une vie.* こんな生活は耐えられない. *de la* [*sa*] *vie* はっきり(…ない). *devoir la vie à* …に命を助けられる. *donner la vie à* …を産む. *faire la vie* 〖俗〗ふしだらな生活をする! 耐えられない. *refaire sa vie* 人生をやり直す; 再婚する.

vieil vieux の男性第2形.

vieillard 男 老人.

vieille vieux の女性形.

vieillerie 女 ❶ 古物, 古道具. ❷ 古臭い考え; 時代遅れの作品.

vieillesse 女 ❶ 老年; 老化, 老い. ▶ *assurance* ～ 老齢保険. ❷〖集合的〗老人. ❸〖文章〗古さ.

vieilli, e 形 ❶ 年取った. ❷ 古臭くなった; 〖言〗使われなくなりつつある.

vieillir 自 ❶ 年を取る, 老ける; 高齢化する. ❷ 古くなる, 老朽化する; 時代遅れになる. ❸ (ワインなどが)熟成する.
— 他 老けさせる, 老けて見せる.
— se ～ 自分を老けて見せる, 年上に見せる; 自分を実際より年上に言う.

vieillissant, e 形 老け始めた, 古くなってきた.

vieillissement 男 ❶ 年を取ること, 老化. ❷ 古臭くなること. ▶ ～ *pathologique*〖医〗消耗性疾患.

vieillot, te 形 古ぼけた, 古めかしい.

vielle 女 〖楽〗～ *à roue* ハーディ・ガーディ(鍵盤付き擦弦楽器の一種).

viendr-, vienne(-) 活 ⇨ venir.

Vienne 女 ❶ ウィーン(オーストリア共和国の首都). ❷ ヴィエンヌ県 [86]. ❸ ヴィエンヌ川(ロアール川支流).

viennois, e 形 ❶ ウィーンの. ❷ ヴィエンヌ(リヨン南方の都市)の; ヴィエンヌ県の. — 名 〈V ～〉ウィーンの人. ❷ ヴィエンヌの人.

viennoiserie 女 菓子パン.

viens, vient 活 ⇨ venir.

Vientiane [vjɛn-] ビエンチャン(ラオスの首都).

vierge 形 ❶ 処女の; 童貞の. ❷ 無垢(りく)の; 手つかずの, 未使用の. ❸ 〈de〉(…で)汚されていない, (…)を免れた. — 女 ❶ 処女. ❷ 〖カト〗(la V ～) 聖母マリア (=la Sainte V ～, la V ～ Mère). ❸ 〖天〗〈V ～〉乙女座(ざ).

Viêt-nam [vjɛtnam] 男 ベトナム.

vietnamien, ne [vjɛt-] 形 ベトナムの. — 男 〈V ～〉ベトナム人. — 男 ベトナム語.

vietnamiser 他 〈他〉(米国が戦闘を)ベトナム軍にゆだねる/(紛争を)現地軍にゆだねる. ▫ **vietnamisation** 女

vieux, vieille; 〈男性第2形〉 **vieil** (註 vieil は母音・無音のhで始まる男性名詞の前で用いる)形 ❶ 年老いた; 年上の, 年のいった; 老練な, 経験豊かな. ◊ *vieille dame* 老夫人. ❷ 古い, 旧来の, 長年の. ◊ *mon vieil ami* 私の旧友. ❸ 使い古しの, 古ぼけた; 古色を帯びた, くたびれた. ❹ 〈副詞的〉 ◊ *vivre* ～ 長生きする.
◊ *sur ses* ～ *jours* 晩年に.
— 名 ❶ 年寄り; 年長者, 古株. ❷ 〖所有形容詞とともに〗おやじ, おふくろ. ◊ *mon* ～ [*ma vieille*] 〖話〗(親愛の呼びかけ)ねえ君. ◊ *de la vieille* 古つわもの, ベテラン.
— 男 古いもの. ◊ *prendre* [*recevoir*] *un coup de* ～ 〖話〗急に老け込む; 急に変わる.

villosité

vieux-croyant 男 (ロシア正教の)古儀式派, 分離派, ラスコリニキ.
vieux-lille [-l] 男《不変》ヴィユイール(強い味のチーズ).
vif, ve 形 ❶ 生き生きした, 活発な; 明敏[利発]な. ❷ 激しい, 強烈な; 鮮明な; 厳しい; 激しすい. ❸ 鮮鋭な, 清らかな. ❹ 生きている. ▶ haie vive 生け垣. ❺ 鋭い, 鋭角の.
　◊ *de vive force* 力ずくで. *de vive voix* 口頭で, 肉声で. *être plus mort que vif* (恐怖で)生きた心地がしない.
　— 男 ❶ 生身. ❷ 核心. ❸《法》生存者. ❹《釣》生き餌(え). ❺《海》vif de l'eau 大潮.
　◊ *à vif* むき出しに. *couper [trancher] dans le vif* 生身を切る; 断固とした処置をとる. *entrer dans le vif de ...* …の核心に触れる. *piquer [toucher] au vif* 痛いところをつく. *sur le vif* 現場で(の); ありのままに.
vif-argent 男 《複》~s-~s 形 ❶ よい刺激; ❷ 水銀.
vigie 女《海》(船上の)見張り(人).
vigil, e [-l] 形《医》覚醒時の.
vigilamment 副 文語 注意深く.
vigilance 女 ❶ 警戒; 監視. ❷《生理》覚醒状態.
vigilant, e 形 注意深い; 細心の.
vigile[1] 男 警備員; 《古口》夜警.
vigile[2] 女《カト》(祝日)前日, 前夜.
vigne 女《植》ブドウ, ブドウ畑[園]. ▶ ~ vierge ツタ属. *être dans les ~s du Seigneur* 酔っている.
vigneau x / vignot 男《海貝》(食用の)タマキビガイ類.
vigneron, ne 名 ブドウ栽培者.
　— 形 ブドウ栽培の.
vigneter 4 他《写》ぼかしを作る.
vignette 女 ❶ ブドウの装飾模様, つる状装飾. ❷《税》納税証紙, ❸《薬》医療費払戻し請求用証紙.
vignettiste 名 装飾模様作家.
vignoble 男 ブドウ畑[園]; (一地方、一国の)ブドウ畑[栽培地].
vigogne 女 ❶《動》ビクーニャ. ❷《織》ビクーニャの毛(織物).
vigoureux, se 形 ❶ 力強い, たくましい. ❷ 強力な; 断固とした.
　□vigoureusement 副

vigueur 女 活力, 体力; 力強さ, 激しさ. ◊ *en ~* 有効な.
viguier 男 (アンドラの)行政官, 軍隊長.
V.I.H 男 《略》 virus d'immunodéficience humaine《医》ヒト免疫不全ウイルス(英語 HIV).
viking [-kiŋ] 形《男女同形》バイキングの.
vil, e [-l] 形 文語 卑しい, 下劣な.
　◊ *à vil prix* 安値で.
vilain, e 形 ❶ 醜い, 見苦しい. ❷ 汚い, 不正な; 下品な. ❸(子供の)聞き分けのない, 行儀の悪い. ❹ たちの悪い, 危険な; うっとうしい. — 副 Il fait ~. 嫌な天気だ. — 名 いたずらっ子, 聞き分けのない子. — 男 中世 不愉快なこと; ❷ 問(う)着, 騒動.
vilainement 副 醜く; 下品に.
vilebrequin 男 ❶ ハンドドリル. ❷《機》クランク軸, クランクシャフト.
vilement 副 文語 卑しく, 下劣に.
vilenie [-l(ə)-]女 文語 卑劣な言動.
vilipender 他 文語 けなす, くさす.
villa [-la] 女《伊》❶ (庭付きの)別荘; 邸宅. ❷ 別荘地の私道.
village [-la-] 男 村, 村落; 田舎. ▶ ~ de toile テント村.
villageois, e [-la-] 名 村人, 村民.
　— 形 村の, 田舎の; 村人の.
villagisation [-la-] 女 村落強制移住.
villanelle [-la-] 女《楽》ヴィラネラ (16世紀ナポリに起こった世俗歌曲).
ville [-l] 女 ❶ 都市, 都会, 町; (都市の)— (行政上の)市. ❷ 〔集合的〕都市の住民, 市民. ❸ 都会生活.
　◊ *à la ~* 町で; 〔俳優などが〕私生活で. *en ~* 町で; 外出して, 外で.
ville-champignon [vil-]; 《複》~s-~s 女 (人口急増の)新興都市.
ville-dortoir [vil-]; 《複》~s-~s 女 ベッドタウン.
villégiature [-le-] 女 保養(地), 避暑【避寒】(地).
villégiaturer [-le-] 自 古 俗 保養地に逗留する.
ville-satellite [vil-]; 《複》~s-~s 女 衛星都市.
villosité [-lo-] 女 毛で覆われている

---

vin ワイン

香り, 味, 種類 色調 robe /ブーケ bouquet / 果実[醸造] 香 arôme primaire [secondaire] / 光沢 brillant / ボディ corps /清澄度 limpidity / 残存性 persistance / 泡 perle / 試飲 dégustation 果実風味の fruité / 花の香りの floral / 木の香りの boisé / スパイスを思わせる épicé 口当たりの良い aimable / しっかりした corsé / 女性的な, 優美な féminin / さわやかな frais / 喉 (?) ごしの良い gouleyant / 華やかな épanoui / バランスのとれた équilibré / まじりけのない racé / まろやかな rond / しなやかな souple / 発剌 (?) とした vif / 男性的な, 力強い viril

渋い acerbe / 酸が強く鋭い aigu / やせた amaigri / ざらざらした âpre / タンニンの強い astringent / 貧弱な faible / 飲み疲れた fatigué / 酸化した madérisé / 変質したtourné / 未熟な vert

黄ワイン vin jaune / 砂地ワイン vin de sables / わらワイン vin de paille / 濁りワイン vin bourru / 澱(ち)の上で寝かせたワイン vin sur lie /香味補強ワイン vin aromatisé / ブレンドワイン vin de coupage / 微発泡性ワイン vin pétillant

分類 原産地呼称統制ワイン A.O.C., vin d'appellation d'origine contrôlée / 上質限定ワイン V.D.Q.S, vin délimité de qualité supérieure / 地酒 vin de pays

vîmes 匯 ⇨ voir.

vin 男 ぶどう酒, ワイン (⇨ 前ページ囲み); 酒. *vin rouge* [blanc, rosé] 赤 [白, ロゼ] ワイン / *vin sec* [doux] 辛口 [甘口] ワイン.
◊*être entre deux vins* ほろ酔い加減である. *mettre de l'eau dans son vin* 態度を軟化させる. *vin d'honneur* 小宴, 歓迎会.

vinage 男 (ワインへの) アルコール添加.

vinaigre 男 酢, 食酢.
◊*faire* ~ 匯 急ぐ. *tourner au* ~ 匯 悪化する; 険悪になる.

vinaigrer 他 酢で味をつける.

vinaigrerie 女 酢製造所; 酢の醸造 [販売].

vinaigrette 女 フレンチドレッシング.

vinaigrier 男 ❶ 酢の製造人 [販売人]. ❷ 酢の小瓶; 酢を作る容器.

vinaire 形 ぶどうの.

vinasse 女 蒸留廃液; 匯 安ワイン.

vincristine 女 〖薬〗ビンクリスチン (急性白血病などに用いる).

vindas [-s] 男 〖機〗ウインチ.

vindicatif, ve 形, 名 復讐(ふく)心の強い人, 執念深い人.

vindicte 女 〖文章〗処罰. ► ~ *publique* [*populaire*] 社会的制裁.

vinée 女 ぶどうのなる枝.

vinelle 女 (ブドウの搾りかすに水だけ加えて醗酵させた) 安ワイン.

viner 他 (ワイン) アルコールを添加する.

vineux, se 形 ❶ 赤ワイン色の, ワインレッドの. ❷ ワインの香り [味] のする. ❸ アルコール分の強い.

vingt [vɛ̃] (母音の前, および22から29まで [vɛ̃t]) 形 (不変) 20の; 20番目の. — 男 (不変) 20; 20日, 20時; 20番, 20号.

vingtaine 女 (約) 20.

vingt-deux [vɛ̃t-] 形 (数) 22の; 22番目の. — 間 注意しろ, 危ない.

vingt-et-un [-te-] 男 (不変) トランプ 21.

vingtième [vɛ̃t-] 形 20番目の; 20分の1の. — 名 20番目の人 [物]. — 男 20分の1; 21階; 第20区.

vingtièmement [vɛ̃t-] 副 20番目に.

vingt-quatre [vɛ̃t-] 形 (数) (不変) 24の; 24番目の.
◊~ *heures sur* ~ 24時間体制で.

vinicole 形 ブドウ栽培の; ワイン醸造の.

vinifère 形 ブドウを産する.

vinificateur, trice 名 ワイン醸造業者.

vinification 女 ワイン醸造 (技術).

vinifier 他 (ブドウ液を) ワインにする.

vinique 形 〖化〗酒精の.

vînmes, vinrent, vins(-), vint, vînt(-) ⇨ venir.

vinosité 女 (ワイン) アルコールの強さ.

vintage[1] 男 (英) (ワイン) (年代物の) 極上ポートワイン. ❷ ビンテージカー.

vintage[2] [vɛ̃ta:ʒ / vintedʒ] 男, 形 (不変) (服) (ジーンズなどの) ビンテージものの).

vinyle 男 〖化〗ビニル (基).

vinylique 形 〖化〗ビニル基を含む.

vinylite 女 商標 ビニライト (ビニル樹脂).

vioc / vioque 形 年取った.
— 名 年寄り; 親.

viol 男 ❶ 〖法〗強姦(ごう); 強姦罪. ❷ 違反; 不法侵入.

violacé, e 形 紫がかった.
— 女 〖植〗スミレ科.

se violacer 代動 紫色になる.

violateur, trice 名 (法律などの) 違反者; (不法) 侵入者.

violation 女 違反; 侵害; 不法侵入.

violâtre 形 〖文章〗紫がかった.

viole 女 〖楽〗ビオール (属). ► ~ *de gambe* ビオラ・ダ・ガンバ (チェロの前身).

violemment 副 荒々しく, 乱暴に.

violence 女 ❶ 暴力; 暴力行為. ❷ 激しさ, 荒々しさ. ◊*faire* ~ *à* … に無理強いをする; を曲解する. *se faire une douce* ~ 匯 (本心を偽って) 嫌がるふりをする.

violent, e 形 ❶ 乱暴な. ❷ 激しい, 強烈な. ❸ 匯 ひどい. ❹ *mort* ~*e* 非業の死. ❺ 粗暴な人.

violenter 他 ❶ 強姦(ごう)する. ❷ 〖文章〗無理強いをする.

violer 他 ❶ (法律などに) 違反する. ❷ 力ずくで開く; (無理やり) 侵入する. ❸ 暴行する, 強姦(ごう)する.

violet, te 形 紫色の, スミレ色の.
— 男 紫色, スミレ色.

violeter 他 紫色に染める.

violette 女 〖植〗スミレ; スミレの香水.

violeur, se 名 強姦(ごう)者; 違反者; 不法侵入者.

violier 男 〖植〗アラセイトウ, ストック.

violine 形 赤紫色の(の).

violiste 男 〖楽〗ビオール奏者.

violon 男 ❶ バイオリン; バイオリン奏者. ❷ 匯 留置所, 豚箱.
◊*accorder ses* ~*s* 同意する. ~ *d'Ingres* (芸術分野の) 余技.

violoncelle 男 チェロ.

violoncelliste 名 チェロ奏者.

violoneux 男 村の (祭りの) バイオリン弾き; 匯 下手なバイオリン弾き.

violoniste 名 バイオリン奏者.

viorne 女 〖植〗ガマズミ.

vipère 女 ❶ 〖動〗クサリヘビ. ❷ 腹黒い人. ◊*langue de* ~ 匯 毒舌家.

vipéreau / vipereau; (複) x 男 クサリヘビの子.

vipéridés 男複 〖動〗クサリヘビ科.

vipérin, e 形 クサリヘビの, クサリヘビに似た. — 女 〖植〗シャゼンムラサキ.

virage 男 ❶ カーブ; (方向の) 方針転換. ❷ (道路などの) コーナー, カーブ. ❸ 〖写〗調色; 〖化〗(指示薬の) 変色; 〖医〗陽転. ❹ 〖スポ〗ターン.

virago 女 〖ラ〗男勝りの女.

viral, ale; (男複) aux 形 〖医〗ウイルスの, ウイルスによる.

vire 女 〖登山〗バンド, 岩棚.

virée 囡 散歩, 小旅行.
virelai 男 ヴィルレ(中世の定型詩).
virelangue 男 早口言葉.
virement 男 ❶[経]振替, 振り込み; (手形の)交換. ❷[海]針路変更.
virent 活 ⇨ voir, virer.
virer 圁 ❶ 回る, 回転する. ❷ 方向転換する, 曲がる; 方針転換する. ❸ 変色する. ❹(à)(…に)変質する; 変色する. ❺[写]色調が変わる, 調色される. ―他 ❶ 振り込む, 振り替える. ❷ 追い払う; 俗 解雇する. ❸ 俗 取り除く, 始末する. ❹[写]調色する.
◇~ *sa cuti* (ツベルクリン反応で)陽転する; 語 自由になる; 意見を変える.
vireux, se 形 ❶ 有毒の. ❷ 吐き気を催す.
virevolte 囡 ❶ 半回転, 急回転. ❷ 急変; 豹(ﾋﾖｳ)変.
virevolter 圁 ❶ 半回転をする; くるくる回る. ❷ 意見[態度]を豹変させる.
virginal, ale;《男複》**aux** 形 処女の; 文献 汚れのない, 純白の.
virginie 男 バージニアたばこ.
virginité 囡 処女[童貞]であること, 処女性; 純真, 無垢(ﾑｸ).
virgule 囡 ❶ コンマ(,); 小数点. ❷ [細] *bacille* ~ ビブリオ; コレラ菌.
viril, e 形 ❶ 男の; 男性的な. ❷ 成年男子の.
virilement 副 男らしく, 力強く.
viriliser 他 男性的にする.
virilisme 男 男性化(症).
virilité 囡 ❶ 男であること; 男らしさ. ❷(男の)生殖能力; 性的能力. ❸文 童心強さ, 勇気.
virion 男[生]ウイルス粒子.
virocide 形 殺ウイルス性の.
―男 殺ウイルス剤.
virole 囡 ❶(先端的をを覆う金具, 口金, 輪; (傘などの)石突き. ❷(貨幣の)鋳型. ❸ タンク容器構造物の補強リング.
viroler 他 ❶ ~ に輪[石突き]をつける. ❷[貨](地金を)鋳型に入れる.
virologie 囡[医]ウイルス学.
◻**virologique** 形
virologiste / **virologue** 名 ウイルス学者.
viron 男 俗 小旅行; ちょっとした散歩.
virose 囡[医]ウイルス病.
virtualité 囡 潜在性, 潜在能力.
virtuel, le 男 形 ❶ 潜在的な; 事実上の. ❷[光] *image* ~*le* 虚像. ❸ 仮想的な, バーチャルな.
virtuellement 副 潜在的に.
virtuose 名 名演奏家; 名人, 達人.
virtuosité 囡 名人技[芸].
virulence 囡 辛辣(ｼﾝﾗﾂ)さ; 毒性.
virulent, e 形 ❶ 辛辣(ｼﾝﾗﾂ)な. ❷ 有毒[有害]な; [医]発病性のある.
virus [-s] 男 ❶[医][情報]ウイルス. ❷(精神的な)害毒, 中毒.
vis[1] [-s] 囡 ❶ ねじ釘, ビス;ボルト. ❷ 螺旋階段 (*escalier à* [*en*] *vis*).
◇*donner un tour de vis* [*serrer la vis*] 厳しくする, 引き締める.
vis[2] 活 ⇨ *vivre, voir*.
visa 男 ❶(パスポートの)入国査証, ビザ. ❷ 証印, 検印; (認証の)署名.

visage 男 ❶ 顔, 顔だち; 顔色, 顔つき; 人. ❷ 文重 (物の)姿, 様相, 面.
◇*à ~ découvert* 率直に. *changer de ~* 顔色[表情]を変える; 様変わりする. *faire bon* [*mauvais*] *~ à …* 文 …に愛想よく[冷たく]する.
visagisme 男 美顔術.
visagiste 名 美顔術師, 美容師.
vis-à-vis [-za-] 副 向かい合って.
―前 (*de*) ❶(…と)向かい合って, (…の)正面に. ❷(…に)対して; (…と)比べて. ❸(…に)関して.
―男 ❶ 差し向かい, 向かいの人[もの]. ❷ 2人掛け S 字型ソファー.
viscéral, ale;《男複》**aux** 形 ❶ [解]内臓の. ❷ 根深い, 内面の.
viscéralement 副 心底から.
viscéralgie 囡[医]内臓痛.
viscère 男[解]内臓.
viscoélasticité 囡[物][化]粘弾性. ◻**viscoélastique** 形
viscose 囡[化]ビスコース.
viscosimètre 男[物](流体の)粘度計.
viscosité 囡 粘着性; [物]粘性, 粘度.
visé 男 ねらい撃ち. ► *tirer au ~* ねらい撃ちする.
visée 囡 ❶ ねらい; 照準. ❷《複数》目的, 意図.
viser[1] 他 ❶ ねらう; 目指す. ❷(…に)適用される. ❸(銃などで)ねらう. ❹(à)(…を)ねらう, 目指す.
◇~ *haut* 大望を抱く.
viser[2] 他 査証する; 証印を押す.
viseur 男 ❶(カメラの)ファインダー. ❷(銃砲の)照準装置.
vishnouisme 男(ヒンドゥー教)ビシュヌ派.
visibilité 囡 目に見えること; 可視性; 視界.
visible 形 ❶ 目に見える; 可視の. ❷ 目につく, 目立つ; 明白な. ❸語面会できる; 人前に出られる.
―男 目に見えるもの[世界].
visiblement 副 目に見えて; 明らかに, ありありと.
visière 囡(帽子の庇(ﾋｻｼ); サンバイザー; (ヘルメットの)シールド.
◇*rompre en ~ à* (*avec*) …文重 …に真正面から反対[攻撃]する.
visioconférence 囡 テレビ会議.
vision 囡 ❶ 視覚, 視力; 見えること. ❷ 見ること; 見たこと; 光景. ❸(ものの)見方, 理解, 解釈; 見通し. ❹ 幻, 幻影; 幻覚. ◇*avoir des ~s* 幻を見る.
visionique 囡 画像情報処理.
visionnaire 形 ❶ 幻覚のある; 幻想を抱く; 予見[予言]できる, 眼力のある.
―名 幻覚者; 妄想家; 予言者.
visionner 他(フィルムなどを)ビューアーでチェックする; 試写をして見る.
visionneuse 囡 [映]ビューアー.
visiophone 男 テレビ電話.
visiophonie 囡 テレビ電話技術.
visitandine 囡[菓](丸や舟形の)アーモンド菓子.
Visitation 囡[カト][美]《la ~》

visite 囡 ❶ 訪問. ❷ 訪問者；見物，見学. ❸ 検査，点検；視察；往診；回診；検診(= ~ médicale).

visiter 他 ❶ (場所を)訪れる，見物する，見学する. ❷ 調べる，点検する. ❸ 見舞いに行く，慰問する；往診する.

visiteur, se 图 ❶ 見物客，見学者；観光客. ❷ 訪問者，来客，面会人，見舞い客. ❸ 検査官，調査員，点検係. ──男 見学者の；訪問者の.

visnage 男 [植] ウイキョウ.

vison 男 [動] ミンク. ❷ ミンクの毛皮；ミンクのコート.

visonnière 囡 ミンク飼育場.

visqueux, se 囲 ❶ 粘りのある，粘性［粘度］の高い；ねばねば［ぬるぬる］した. ❷ (人，態度などが)嫌らしい.

vissage 男 ❶ ねじによる固定，ねじ留め. ❷ [医] (骨折などの)ねじ固定. ❸ 厳しい取り扱い，容赦しない扱い.

vissé, e 囲 ねじで固定した. [語] 不動の.

visse(-) 話 ⇒ voir.

visser 他 ねじで固定する；(回して)締める；[話] 厳しく扱う［監視する］.

visserie 囡 ねじ類，ねじ類製造工場.

visseuse 囡 ねじ締め機；ねじ回し.

visu 囡 [不変] 試写装置.

visualisation 囡 視覚化；映像化；[情報] ディスプレイ表示.

visualiser 他 目に見えるようにする，視覚［映像］化する；[情報] ディスプレイ表示する.

visuel, le 囲 視覚の；──視覚による. ► angle ~ 視角. ► champ ~ 視野. type ~ 視覚型人間. ──男 [情報] ディスプレイ装置.
◻ **visuellement** 副

vit 活 ⇒ vivre, voir.

vît 活 ⇒ voir.

vital, ale;(男複)**aux** 囲 生命の；生命維持に不可欠な；極めて重要な.

vitaliser 他 生気［活力］を与える.

vitalisme 男 [哲][生] 生気論.
◻ **vitaliste** 囲

vitalité 囡 生命力, 活力, 生気；ダイナミズム；成長力；持続力.

vitamine 囡 ビタミン.

vitaminé, e 囲 ビタミン添加の.

vitaminique 囲 ビタミンの.

vitaminothérapie 囡 ビタミン療法.

vite 副 ❶ 速く；素早く，急いで. ❷ すぐに，間もなく. ──囲 速い.

vitellin, e 囲 [生] 卵黄の.

vitellus [-s] 男 [ラ][生] 卵黄.

vîtes 活 ⇒ voir.

vitesse 囡 ❶ 速さ，速度，速力，速力，スピード；素早さ，迅速. ❷ [車] 変速ギヤ. ❸ [スポ] スプリント(競走).
◆ *à toute [pleine] ~* 全速力で；あっと言う間に. *en perte de ~* 失速状態の；落ち目の. *en quatrième ~* (ギヤをトップに入れて→)全速力で；できるだけ速く. *en ~ s* できるだけ速く，大急ぎで；*prendre [gagner] de ~ ...*を追い越す，出し抜く.

viticole 囲 ブドウ栽培の；ワイン醸造の.

viticulteur, trice 图 ブドウ栽培家.

viticulture 囡 ブドウ栽培.

vitiligo 男 [ラ][医] 白斑(はん).

vitivini culture 名 ブドウ・ワイン作り.
◻ **vitivinicole** 囲

vitrage 男 [集合的] (建物の)ガラス；ガラス格子，ガラス壁；ガラス窓用の薄いカーテン；ガラスの取り付け.

vitrail; [複] **aux** 男 ステンドグラス，彩色ガラス；ステンドグラス製法.

vitre 囡 板ガラス，窓ガラス；車窓.
◆ *casser les ~ s* (1) 激怒する. (2) 物議をかもす；ひんしゅくを買う.

vitré, e 囲 ガラスのはまった. ❷ [解] *corps ~* (目の)ガラス体.

vitrer 他 ガラスをはめる［張る］.

vitrerie 囡 ガラス製造［販売］業；[集合的] 板ガラス.

vitreux, se 囲 ❶ ガラス状の；ガラスに似た. ❷ 艶(つや)［生気］のない，曇った.

vitrier 男 ガラス屋，ガラス張り職人.

vitrière 囡 (細い金属の)枠，鉄枠.

vitrifiable 囲 ガラス化し得る.

vitrificateur 男 透明樹脂塗料.

vitrification 囡

vitrifier 他 ガラス化［透化］する；(床などに)透明樹脂塗料を塗る.

vitrine 囡 ❶ 陳列窓，ショーウィンドー(のガラス)；陳列品；展示(品)；ショーケース. ► *lécher [faire] les ~s* ウインドーショッピングする. ❷ *(de) ~ (...)* の特徴をよく示すもの，典型，縮図.

vitriol 男 [化] 濃硫酸. ❷ [文章] 辛辣(しん)な言葉, 毒舌.

vitriolage 男 硫酸処理.

vitrioler 他 硫酸を加える；硫酸処理する；(人の顔に)硫酸をかける.

vitrioleur, se 图 (人の顔に)硫酸をかける人.

vitrocéramique 囡 グラスセラミック.

vitrothèque 囡 [生] 試験管内系統保存施設.

vitulaire 囲 [獣医] *fièvre ~* 牛の産褥(じょく)熱.

vitupérateur, trice 囲，图 [文章] のしる(人)，毒舌の(人).

vitupération 囡 [文章] 非難，酷評；罵(ののし)倒，のしる.

vitupérer 他 [文章] 激しく非難する，ののしる. ──自(*contre*) (…を)激しく非難する.

vivable 囲 [話] 住みやすい，居心地のよい；[多く否定的表現で] 我慢できる.

vivace[1] 囲 [植] 多年生の；根強い.

vivace[2] [-tʃe] 囲 (伊) 囲 [不変]，男 [楽] ビバーチェ，快活な［に］.

vivacité 囡 ❶ 活発さ，活気，活力；敏捷(びんしょう)さ；鋭敏さ. ❷ (感情の激しさ；辛辣(しんらつ)さ；かんしゃく. ❸ (色の)鮮明さ；(空気の)身を切る冷たさ.

vivai- ⇒ vivre.

vivandier, ère 图 従軍商人.

vivant, e 囲 ❶ 生きている，命のある. ► *êtres ~s* 生物 / *mort ou ~* 生ける死(し)，重病人. ❷ 生き生きした，活発な. ❸ 生きているような；生き写しの. ❹ 生きた人間による，生身の. ► *mur ~* 人

voilà

垣. ❺存続している; 現用の. ▶ language ~e【言】現用語. ❻【カトリ】聖体.
— 男 ❶ (多く複数)生きている人, 生者. ❷ 命命, 生きている期間.
◇ bon ~ 楽天家; 享楽主義者. du ~ de ... ...の存命中に.

vivarium 男 (ラ)小動物飼育所.
vivat [-(t)] 間 (ラ)万歳.
vive[1] 間 万歳. ▶ V~ la France! フランス万歳.
vive[2] 女【魚】ハチミシマ(科).
vive[3] 活 ⇨ vivre.
vive-eau (複) ~s-~ 女 大潮.
vivement 副 ❶活発に, 生き生きと, 敏捷(しょう)に. ❷ 文語激しく, 猛烈に, 猛然として. ❸ 文語 (色などが)強烈に, 鮮明に. — 間早く, さっさと.
vives, vivent 活 ⇨ vivre.
viveur, se 名 豪遊家, 遊び人.
vividité 女【心】(印象の)生々しさ.
vivier 男 ❶ (魚, 甲殻類の)養殖池; 生け簀(す); 生け簀のある漁場. ❷ (人格, 思想などの)育成の場.
viviez, vivions 活 ⇨ vivre.
vivifiant, e 形 生気[活気]を与える, 生き生きとさせる; 魂を高揚させる.
vivifier 他 活気づける, 元気にする; よみがえらせる. ◇ vivification 女
vivipare 形【生】胎生の.
viviparité 女【生】胎生.
vivisection [-se-] 女 生体解剖.
vivons 活 ⇨ vivre.
vivoter 自 細々と暮らす, かろうじて生きる; (仕事が)どうにか存続する.
vivre[1] 自 ❶ 生きる, 生きている, 生存する. ❷ 暮らす, 生活する, 住む (de, sur) で生計を立てる. ❸ 世間の常識をわきまえて行動する. ❹ 人生を享受[体験]する. ❺ (物が)存続する; 生気がある.
◇ avoir de quoi ~ 生活していけるだけの稼ぎがある. avoir vécu 終わった; 経験豊かである. facile [difficile] à ~ 付き合いやすい[にくい]. faire ~ 養う; 生き長らえさせる. ne plus [pas] ~ 気が気でない, 心配だ. — 他 ❶ (人生を)生きる, 送る; (時代, 時代を)過ごす. ❷ 体験する, 味わう; 実践する.
vivre[2] 男 (複数)食べ物, 食糧. ◇ le ~ et le couvert que le gîte 食べ物と宿. ◇ couper les ~s à ... ...への生活費の支給[金銭的援助]をやめる.
vivrier, ère 形 食糧生産の.
vizir 男【史】(イスラム教国の)ワジール, 大臣.
vizirat 男 ワジールの地位[任期].
v'là 前 ⇨ voilà.
vlan / v'lan 間 バタン, ポカッ, バシッ (設打, ドアの開閉の音).
V.O. 女【略】【映】version originale (吹き替えしない)オリジナル版.
vocable 男 ❶ 語彙, 言葉; 【言】使用語. ❷【カト】(聖人の)守護.
vocabulaire 男 ❶ 語彙(く): 言葉遣い; 専門用語; 基本語[専門語] 辞典.
vocal, ale (男複) **aux** 形 ❶ 発声の, 声の. ▶ cordes ~ales 声帯. ❷ 歌の. ▶ musique ~ale 声楽.
vocalement 副 声に出して.
vocalique 形【音声】母音(性)の.
vocalisation 女 ❶ 母音の発声. ❷ 母音唱法; 【音声】(子音の)母音化.
vocalise 女 ヴォカリーズ, 母音唱法(1つの母音で行う発声練習).
vocaliser 自 母音ヴォカリーズで歌う. — 他【音声】(子音を)母音化する.
vocalisme 男【音声】(言語の)母音組織[体系].
vocatif 男【言】呼格; 呼びかけの形.
vocation 女 ❶ (生来の)好み, 性向; 適性; 使命, 天職. ❷【神】神のお召し, 召命. ❸ ...の資質がある, ...に向いている.
◇ avoir ~ à [pour] ... ...の資質がある, ...に向いている.
vociférateur, trice 名
vociférer ⓺ 自 (contre) (...に)どなり散らす. — 他 (罵(ののし)りなどを)わめく.
vocodeur 男【情報】ボコーダー.
vodka 女 (露) ウォッカ.
vœu; (複) **x** 男 ❶ 誓い, 誓約(神への誓願, 立願, 立誓); 【宗】誓願; 祈願, 祝福. ❷ 要求, 意向; (諮問機関などの)勧告, 諮問.
vogoul(e) 男 ヴォグル語 (ウラル系オビウゴル諸語の一つ).
vogue 女 流行り, 人気.
◇ en ~ 流行の, 評判の.
voguer 自 文語 こいで進む; 航行する; (考えなどが)さまよう, 漂う.
◇ Vogue la galère! なるがままに.
voici 前 ❶ これが ...である, ここに ...がある. ▶ V~ une porte. ほらここにドアがある. ❷ ... que ... (状況の変化を示す) ▶ V~ que la nuit tombe. 今や日が暮れた. ❸ (話の導入)以下が ...である, ...は次のとおりである. ❹ (時間を)前に. ◇ ... que ~ ここにある[いる]... 以下の...

voie[1] 女 ❶ 道, 道路; 車線. ▶ ~ express (市街地の)高速道路. ❷ 線路. (駅などの), 軌道(鉄道の)の軌道; 軌間. ❷ 交通路; 交通手段. ▶ ~ maritime [aérienne] 海 [空] 路. ~ de terre 陸路. ❹ (進むべき)方法, 方向, 進路. ❺ 手段, 方法; 経路. ❻ V~ lactée 銀河, 天の川. ❼【解】管, 道. ⑧ ~s de recours 不服申立て. ❾【車】トレッド, 輪距.
◇ en ~ de ... の途中にある, ...しつつある. montrer la ~ ... 先輩(たち)が示した例. (2) garage (1) (鉄道の)留置線. (2) 見込みのない地位[仕事].
voie[2], **voient, voies** 活 ⇨ voir.
voilà 前 ❶ ❶ これ [それ, あれ] が ...である, ここ [そこ, あそこ] に ...がある. ▶ V~ le disque que vous cherchiez. はい, これがお探しになっていたレコードです. ❷ ... que ... (状況の変化を示す) ▶ Tiens, ~ qu'il pleut. おや, 雨が降ってきた. ❸ (話の導入, 導入)以上 [以下] が ...である. ❹ これこそ ...だ. ❺ (時間を)前に. ▶ V~

voilage

deux ans que j'habite ici. ここに住んで2年になります。 ❷〖間投詞的〗はい、ただいま《返答》。 ❸ほら、それが《論点の強調》。 ❸以上のとおり《話の締めくくり》;そのとおり《同意》.
◇**Ah! V~!** ああ、そうだったんですか、なるほど. **en ~ ...** これぞまさしく…だ；なんたる…だ. **(Ne) ~-t-il pas que ...**〖話〗驚いたことに…でしょう. **Nous y ~.**《principalement nous》に人様に変化させて用いる》やっと着いた；とうとう来たよいよこれからが本題だ. **V~ ce que c'est que de + inf.** …するとこういうことになる. **V~ tout.** これですべてです、それだけです.

voilage 男〖大型〗の薄地〗のカーテン；《帽子、服などの飾りの》薄い布飾り.

voile¹ 男 ❶ ベール、覆い、幕；ボイル、薄い布地；覆い隠すもの；〖変質〗見かけ；外見. ◇〖写〗かぶり. ◇〖航〗~ noir 暗黒視《加速時に操縦士の目にかかる》曇り. ◇**prendre le ~** 修道女になる. **sans ~(s)** 包み隠さず、率直に.

voile² 男 反り、ひずみ.

voile³ 女 ❶ 帆；帆船；帆船航行〖競技〗. ► **planche à ~** ウィンドサーフィン / **faire de la ~** セーリングをする. ❷〖航〗vol à ~《グライダーの》滑空飛行. ◇**avoir le vent dans les ~s** 順風満帆である. **mettre les ~s** 逃げ出す、立ち去る.

voilé, e 形 ❶ 幕をかけられた；ベールで覆われた；不明瞭な、曖昧《あいまい》な；曇った、ぼんやりした. ► **voix ~e** 曇った、(声がかれた)《目がくれたり》.

voilé², e 形 反りのある、ゆがんだ.

voilement 男 反り、ゆがみ.

voiler¹ 他〖文章〗ベール〖幕〗をかける；包み隠す；曇らせる、ぼかす. — **se ~** ベールをかぶる；隠れる；曇る、ぼやける；(声が)かれる；(目が)かすむ.

voiler² 他 ゆがませる；反らせる. 帆を装備する. — **se ~** 反る、ゆがむ.

voilerie 女 帆の製造〖修理〗工場.

voilette 女 《婦人帽に付ける》ベール.

voilier 男 ❶ 帆船；ヨット. ❷ 帆製造〖修理〗職人. ❸〖鳥〗飛翔《ひしょう》力のある鳥. ❹〖魚〗マカジキ科.

voilure¹ 女〖集合的に〗帆；帆面；〖航〗翼；《パラシュートの》傘布.

voilure² 女 反り、ゆがみ.

voir 31 他 ❶ 見る、見える；見いだす；想像する、思い浮かぶ. ► **~ ... + inf.** …が…するのを見る. ❷ 目撃する、体験する. ❸ 会う、面会する；交際する. ❹ 分かる、理解する. ❺ 調べる、検討する；考える. ❻〖話〗《目的語なしに命令形のあとで意味を強める》► **Ecoute ~.** まあ聞けよ.

◇**en avoir vu (plus d'une)** これまでずいぶんつらい目にあっている. **en faire ~ à ...** …をひどい目にあわせる. **Je voudrais (bien) vous y ~.**〖話〗あなたが私の立場でも同じことをすると思いますよ. **n'avoir rien à ~ avec [dans] ...** …とかんの関係もない. **n'y ~ que du feu [bleu, brouillard]** 何も気づかない〖分からない〗. **On aura tout vu!** それはひどすぎる、あんまりだ.

On verra (bien). 今に分かるよ；まあ見てよう. **pour ~** 試しに. **Que vois-je?** これはいったいどうしたことか. **Qui vivra verra.** 時がたてば分かるだろう. **se faire bien [mal] (de ..)** (…に)よく[悪く]思われる. **se faire ~** 姿を見せる；〖話〗消えうせる. **~ à + inf. [ce que + subj.]** …するよう努める、注意する. **~ d'ici**〖話〗…がありありと目に浮かぶ. **~ grand** 大きなことをもくろむ. **~ venir** 成り行きを見守る；(人の)魂胆を見抜く. **Tu vois, Tu voyez, vous voyez**《挿入句》そうでしょう、分かりますか、ほらね. **Vous m'en voyez ravi.**《しばしば皮肉》そのことをとてもうれしく思います. **Vous n'avez encore rien vu.** これからが見物(みもの)です. **Voyons!** さあきみ、ほら《激励、たしなめなど》. **y ~** 目が見える.

— **se ~** ❶ 自分の姿を見る；自分が…だと思う〖想像する〗. ❷ 《ある状態で》ある. ► **Elle s'est vue contrainte de partir.** 彼女は出ていかざるを得なかった. ❸ …される. ❹ お互いに姿を見る；出会う；付き合う. ❺ 《物が》見られる、見受けられる.

◇**Cela [Ça] se voit.** そうだということが見てとれる、それはよくわかる.

voire 副 いや(それどころか)、さらに.

voirie 女〖集合的〗道路；交通路. ❷ 道路管理；道路課. ❸ ごみ捨て場.

vois-tu ⇒ voir.

voisement 男〖音声〗有声(性).

voisin, e 形 ❶ 隣の、隣接した、近くの；《時間的に》接近した、近い. ❸ 似た、類似の. — 名 ❶ 隣人、隣の人、近くの人；隣国の住民；隣国. ❷ 仲間、同席[他人. ◇**en ~** 気安く、気軽に.

voisinage 男 近所、近隣；近さ；近所付き合い、隣人関係；〖集合的〗隣人.

voisiner 自 (avec) (…と)隣り合う；(…の)近くにある〖いる〗；近所付き合いをする.

voit ⇒ voir.

voiturage 男《馬車による》運搬.

voiture 女 自動車、車；馬車；客車；車1台分の(荷、乗客). ► **~ intelligente** インテリジェントカー.

voiture-balai:《複》**~s-~s** 女 《自転車レースで途中棄権した選手を拾う》収容車.

voiture-bar:《複》**~s-~s** 女 軽食堂車、ビュッフェ.

voiturée 女 車1台分の(荷、乗客).

voiture-lit:《複》**~s-~s** 女 寝台車.

voiture-piège:《複》**~s-~s** 女 覆面パトカー.

voiturer 他〖話〗車で運ぶ〖送る〗.

voiture-poste:《複》**~s-~s** 女 《列車の》郵便車.

voiture-radio:《複》**~s-~s** 女 無線車、ラジオカー.

voiture-restaurant:《複》**~s-~s** 女 食堂車.

voiturette 女《排気量49-125ccの》超小型自動車；小さな車；手押し車.

volonté

voiturier 男 [法]輸送人; [古]御者; 荷売引き.

voïvode 男 [史]ボイェボド(東欧の大将, 地方長官; 昔のルーマニアの大公; ルマニーの王).

voix 囡 ❶ 声, 音声; 歌声; [楽]声部; (動物の)鳴き声. ► à haute [basse] ～ 大声[小声]で. ❷意見, 忠告; 言葉; 内心の声. ❸票, 投票(権); 発言権; (集団の)意見. ❹(楽器の)音, 響き. ❺[言]態. ► active [passive] 能動[受動]態.
◇de vive ～ 口頭で. être sans ～ 失声症である; (驚きなどで)声が出ない.

vol¹ 男 ❶ (鳥などが)飛ぶこと, 飛翔(ひしょう) (距離); 飛翔する群れ(鳥の)翼毛. ❷ 飛行; 飛行便, フライト. ❸ [狩]鷹狩り; 鷹の一群. ❹ [演](舞台の)宙づり(装置).
◇au vol 空中で; à vol d'oiseau 直線[最短]距離で; 上空から見て, 鳥瞰(ちょうかん)して. en (plein) vol 飛行中の. prendre son ～ 飛び立つ, 立ち去る; …の上がる. vol à voile 滑空.

vol² 男 盗み; 盗品, 盗難品; 暴利, 詐欺.

volage 形 移り気な; 浮気な.

volaille 囡 ❶ 家禽(きん)(の肉). ❷ 女[娘]たち.

volailler, ère / volailleur, se 名 家禽(きん)商; 家禽飼育家.

volant, e 形 ❶ 飛ぶ, 飛ぶことができる. ❷ 移動可能な; 持ち運びのできる. ► feuille ～e ルーズリーフ / secrétariat ～ 人材派遣会社. ❸ [文章]はためく, ひらびらする.
— 男 ❶ (車のハンドル. ❷ 羽根(つき); (バドミントンのシャトルコック. ❸ [服]裾(心)飾り, フリル. ❹ [商](小切手帳の)本紙. ❺ [機]はずみ車. ❻ [農]ような鎌(な); [狩]猟毛(もう)毛. ❼ (飛行機の)搭乗員. ◇～ de sécurité 安全装置; 余剰資金.

volanter 他 [服]…に裾(たう)飾り[フリル]をつける.

volapük [-k] 男 ❶ ボラピュク語(英語を基にした人工言語). ❷ (軽蔑)わかちん語, ごたまぜ語.

volatil, e 形 揮発性の, 気化[蒸発]しやすい; [文章]消えやすい, はかない; [情報] mémoire ～e 揮発性記憶装置.

volatile 男 家禽(きん).

volatilisable 形 気化し得る.

volatiliser 他 気化[蒸発]させる; 消す, 消失させる. — se — 話 蒸発する, 消える. ◇volatilisation 囡.

volatilité 囡 [化]揮発性.

vol-au-vent [-lo-] 男 [不 変] [料] ヴォ・ロ・ヴァン(パイ皮にソースであえた肉, 魚などを詰めた料理).

volcan 男 ❶ 火山. ～ dormant 休火山. ❷ 気性の激しい人. ❸ 差し迫った危険.

volcanique 形 火山の; 気性の激しい, かっとしやすい.

volcaniser 他 火山岩質にする.

volcanisme 男 [地]火山活動.

volcanologie 囡 火山学.

volcanologique 形 火山学の.

volcanologue 名 火山学者.

volé, e 形 盗まれた.
— 名 盗難の被害者.

volée 囡 ❶ [文章](鳥などが)飛ぶこと; 飛翔(ひしょう)距離. ❷ (鳥の群れ, [文章](人の)群れ, 一団. ❸ 一斉射撃; 殴打, 連打. ❹ 等級, ランク; 身分. ► de haute ～ 身分の高い; 一流の, スケールの大きい. ❺ [スポ](テニスなどの)ボレー; (ラグビーの)パント; (重量上げの)スナッチ.
◇à la ～ 空中で, 飛んでいるところを; 素早く; 激しく. à toute ～ 力一杯, 激しく. prendre sa ～ 飛び立つ; 巣立つ; 独立する.

volémie 囡 [生理]血液量.

voler¹ 自 ❶ 飛ぶ, 飛行する; (空中に)舞う. ❷ (言葉, うわさなどが)飛び交う, 急速に広まる; 飛んでいく[いく].
◇Ça vole bas. 圖 (話題などが)低級である. ～ de ses propres ailes 圖 自立する. ～ en éclats 圖 砕け散る.

voler² 他 (à) (…から)盗む; 不当に入手する, 剽窃(ひょうせつ)する; 横領する; ごまかす. ◇ne pas l'avoir volé 圖 当然の報いである.

volerie 囡 鷹狩り.

volet 男 ❶ 鎧(よろい)戸, 雨戸; シャッター. ❷ (折り畳みの利く)面; (一連のものの)一面. ❸ [航]フラップ, 下げ翼; [車]バルブ, 弁. ◇tirer sur le ～ 精選する, えりすぐる.

voletant, e 形 あちこち飛び回る; とりとめのない.

voleter 4 自 あちこち飛び回る; [文章]風に舞う, ひらひらする.

voleur, se 名 ❶ 泥棒, 盗賊. ► Au ～! 泥棒だ/ ～ d'enfant 子供の誘拐犯人. ❷ 詐欺師, 悪徳商人; 剽窃(ひょうせつ)者. ～ 盗癖のある; はる.

volière 囡 大きな鳥かご; 鳥小屋.

volige 囡 野地板(いた).

voligeage 男 野地板張り; 野地板.

voliger ② 他 (屋根に)野地板を張る.

volis 男 [林]風折(これ).

volitif, ve 形 [心]意志[意欲]に関する.

volition 囡 [心]意志, 意欲.

volley(-ball) [(-bo:l)] 男 [英]バレーボール.

volleyer ② (b) 自 (テニスで)ボレーをする.

volleyeur, se 名 バレーボールの選手; (テニス)ボレーヤー.

volontaire 形 自発的な; 故意の; 意志の強い, 確固たる; 強情な, わがままな. ❷ 志願者, ボランティア; 意志強固な人; [軍]志願兵.

volontairement 副 自分の意志で, 自発的に; 故意に, わざと.

volontariat 男 [軍]志願兵制; 志願兵役; ボランティア活動[精神].

volontarisme 男 [哲][心]主意主義, 主意説. ◇volontariste 形 名.

volonté 囡 ❶ [心]意志, 意欲; 意思, 意向. ► avoir de la ～ 意志が強固である. ❷ [複数]気まぐれ, わがまま.

volontiers

◇*à* ~ 好きなだけ;好きな時に. *bonne* ~ やる気,熱意;善意,厚意. *faire les quatre* ~*s de* ... ...の言いなりになる. *faire ses quatre* (*cents*) ~*s* 勝手気ままをする. *mauvaise* ~ やる気のなさ.

volontiers [-tje] 副 ❶ 喜んで,心から. ❷ 容易に,えてして. ❸ 普段は.

volt [-t] 男【電】ボルト.

voltage 男【電】電圧,ボルト数.

voltaïque 形【電】ボルタ(電池)の.

voltaire 男 ヴォルテール椅子(座が低く背が高い革張りのひじ掛け椅子).

voltairianisme 男 ヴォルテール主義. ◻**voltairien, ne** 形

voltmètre 男 電圧計.

voltampère 男【電】ボルトアンペア(記号VA).

volte 女 文章 急旋回;半回転;【馬】巻き乗り(輪を描く乗り方).

volte-face 女〈不変〉反転,半回転;意見,態度の急変,豹(゚゙)変.

volter 自 振り向く,反転する;【馬】巻き乗りする.

voltige 女 馬の曲乗り;(空中ぶらんこなどの)空中曲芸;(綱渡りの)綱;アクロバット飛行;アクロバティックな推論.

voltigement 男 文章 ひらひら飛び交うこと;はためくこと.

voltiger 自② ❶ (鳥などが)飛び回る,ひらひらと飛ぶ;翻る,はためく;気移りする. ❷ 古 曲乗りする[空中曲芸をする].

voltigeur, se 男女 軽業師. — 男 ❶ (第1次大戦以来の)選抜軽歩兵. ❷ ヴォルティジュール(葉巻の銘柄).

voltmètre 男 電圧計.

volubile 形 ❶ おしゃべりな,饒舌(゙しょウ)な. ❷【植】(茎などが)巻きつく.

volubilis [-s]男【植】ヒルガオ類.

volubilité 女 饒舌,おしゃべり.

volucelle 女【昆】ベッコウハナアブ.

volucompteur [-kōtœːr]男 商標 ボリュコンター(ガソリンスタンドの料金表示付き給油ポンプ).

volume 男 ❶ 体積,容量;総量,量;音量. ❷ 本,巻,冊;(写本の)巻物. ❸【美】立体感,量感. ◇*faire du* ~ かさばる.

voluménomètre 男【物】容積形,体積計.

volumétrie 女 体積[容積]測定. ◻**volumétrique** 形

volumineux, se 形 大変大きい;かさばった;(本が)大部の,浩瀚(こうかん)な.

volumique 形 単位体積当たりの.

volupté 女 ❶ 逸楽,快感;官能的快楽. ❷ (精神的,審美的な)喜び,楽しみ.

voluptueusement 副 快楽を以って,心地よげに;官能的に.

voluptueux, se 形 ❶ 快楽を好む,享楽的な;好色な,淫靡(いんび)な. ❷ 快楽にひたった,快楽の. — 名 享楽主義者;好色な人.

volute 女 (柱頭の)渦巻装飾;渦巻き,渦巻き状のもの;【貝】ヒタチオビガイ.

volvaire 女 ヒラタケ科のキノコ.

volve 女【菌】(キノコの)壺(つぼ).

volvulus [-s]男 軸捻じ;腸捻転.

vombat ⇒ wombat.

vomer 男【解】(鼻中隔の)鋤(すき)骨.

vomi 男 嘔(お)べ,げろ.

vomique[1] 形 *noix* ~ ホミカ,馬銭子(し)(マチンの種).

vomique[2] 女【医】膿喀出(物).

vomiquier 男【植】マチン.

vomir 他 吐く,戻す;文章 噴出する;(激しい言葉などを)吐く,浴びせかける;毛嫌いする,忌み嫌う.

vomissement 男 吐くこと;へど.

vomissure 女 嘔吐物,吐瀉(しゃ)物.

vomitif, ve 形【医】催吐性の;へどが出るほど嫌な. — 男【医】吐剤.

vont ⇒ aller.

vorace 形 むさぼり食う,がつがつした;貪欲な. ◻**voracement** 副

voracité 女 がつがつ食べること,貪欲;食欲.

vortex [-ks]男【物】【気】渦.

vorticelle 女【動】ツリガネムシ.

vorticisme 男【美】ボーティシズム,渦巻派.

vos *votre* の複数形.

Vosges [voːʒ] 女複 ❶ ヴォージュ県[88]. ❷ ヴォージュ山地. ❸ *place des* ~ ヴォージュ広場(パリのマレ地区).

vosgien, ne [voʒjĒ, en] 形 ヴォージュ山地[県,地方]の. — 名 (V〜) ヴォージュ山地[地方]の人.

votant, e 名 投票者;有権者.

votation 女〈スイス〉投票.

vote 男〈英〉❶ 票;票決,投票;投票[選挙]方法. ❷ 採択,可決.

voter 自 投票する;(投票により)意見を表明する. — 他 可決する;議決する.

votif, ve 形 奉納の;〈カト〉誓願の. ◇*fête* ~*ve* (教区の)守護聖人.

votre;〈複〉*vos* 形【所有】あなたの;あなた方の;君たちの.

vôtre 代【所有】(定冠詞とともに)あなた方(のもの),君たちのもの. — 男(les ~s)あなた(方)の身内[仲間,同僚]. ◇*y mettre du* ~ できる限りのことをする. — 形【所有】文章 あなた(方)の,君たちの.

voucher 男〈英〉(旅行の各種サービス利用クーポン).

voudr- ⇒ vouloir.

vouer 他 (à) ❶ (…に)誓う;(…に)(ある感情を)抱き続ける. ❷ (…に)ささげる;(神,聖人などの)庇(ひ)護の下に置く. ❸ 〈多く受動態〉(…に)運命づける,(…と)定める. — *se* ~ (à) (…に)身をささげる;没頭する. ◇*ne* (*plus*) *savoir à quel saint se* ~ 誰に頼ればよいか分からない.

vouge 男 (中世の)長刀(な゙)(ち);【園】(刈込み用の)鋭鎌(こま)(がま).

vouivre 女 (伝説上の)大蛇.

vouloir[1] 助動 ❶ …したい. ► ~ *que* + subj. …であってほしい. ❷ 欲しい,望む. ❸〈2人称の疑問文で〉依頼・命令...してくれ;…しなさい. ► *Veuillez* + inf. どうぞ…してくださいますよう. ❹〈多く bien を伴って〉同意する;認める. ❺ 主張する,断言する. ❻(物が)…しようとする;必要とする,…しなければならない.

◊*Je veux!* そうとも,もちろん. *Que voulez-vous* [**veux-tu**]? どうしろと言うんですか,仕方ないではありませんが. *si* (*l'*)*on veut* そう言ってもいいが. *si tu veux* [*vous voulez*] 君[あなた]の好きなように,こちらは全く構わない:そう言ってもよければ,あるいはこう言った方がよければ,たとえば.▶ *dire* 意味すると:言いたいと思う,主張する.
—自(*de*) (…を)受け入れる.
◊*en veux-tu*(,) *en voilà* たっぷりと,十分に. *en ~* 回張り切る. *en ~ à …* (人)を恨む;(金などを)ねらう.
—*se ~* 自分が…であることを望む,ありたいと願う. ◊*s'en ~ de …* …のことで自分をとがめる,悔やむ.
vouloir² 男 文 意志,意欲.
vouloir-vivre 男 哲 (ショーペンハウアーにおける)生存・種属保存本能.
voulu, e 形 (vouloir の過去分詞)必要な,要求された;故意の,意図的の.
voulu-, voulû- 活 ⇨ vouloir.
vous 代 《人称》(2人称) 男 主語となる場合,動詞の2人称複数形をとる. ❶ あなた;あなた方,君たち.▶《主語》Comment allez-~? 御機嫌いかがですか/《直接目的語》Je ~ ai vu hier, devant la gare. 昨日駅前であなたをお見かけしました/《間接目的語》Il ~ téléphonera ce soir. 今晩あなた(方)に彼が電話します/《強勢形》Et ~? で,あなた(方)[君たち]は. ❷ 《不特定の人間を指して》⇨ Sa maison, ~ diriez-un château. 彼(女)の家ですか,まるでお城みたいですよ. ◊*de ~ à moi* 2人だけの話だが. *dire ~ à …* …に vous を用いて話す,丁寧「他人行儀」な口を利く.
vous-même 代 《人称》 あなた自身;あなた方自身.
voussoyer 10 他 ⇨ vouvoyer.
voussure 女 建 (ボールトなどの)曲線;アーチ形,アーチ剖[り]形.
voûte 女 ❶ 建 ボールト,円天井,穹窿(きゅうりゅう);蒼空 穹窿状[ドーム形]のもの. ❷ 解 ~ du crâne 頭蓋(ずがい). ~ palatine [du palais] 硬口蓋. ~ plantaire 足底弓,土踏まず.
voûté, e 形 背が丸まった,猫背の; 建 ボールト架構の;アーチ形の.
voûter 10 他 建 ボールトを架ける;アーチ形にする;(…の)背を曲げる.
—*se ~* 曲がる;背が曲がる.
vouvoiement 男 相手に vous を使って話すこと.
vouvoyer 10 他 vous で話す.
vouvray 男 《ワイン》ヴーヴレ(トゥーレーヌ地方産の白ワイン).
vox populi [vɔks-] 男 《不変》《ラ》民の声(vox populi, vox dei (民の声は神の声)の略); 世論,民意.
voyage 男 ❶ 旅,旅行;移動.▶ *gens de ~* (サーカスの)旅芸人. ❷ 往復;運搬. ❸ 《麻薬》のトリップ. ◊*Bon ~!* (旅立つ人に)よい御旅行を. *le grand ~* 死出の旅.
voyager 2 自 ❶ 旅行する;(商用で)旅をする,出張する. ❷ 運送される;移動する. ❸ 《麻薬》でトリップする.

voyageur, se 名 ❶ 旅行者, 旅人;(列車,バスの)乗客. ❷ 外交員,セールスマン. ❸ 《麻薬》で幻覚を見ている人.
—形 旅行する;旅好きの;旅行したい気分にさせる.
voyageur-kilomètre 男;《複》 ~s-~s 旅客キロ(輸送量単位).
voyagiste 名 旅行業者.
voyai- 活 ⇨ voir.
voyance 女 透視能力,千里眼.
voyant, e 形 ❶ 目立つ,人目を引く;あからさまな. ❷ 透視能力[千里眼]を備えた. ❸ 目の見える人;透視者,千里眼の人;占い師;[文]見者.
—男 標示ランプ,警告灯;(機械内部を見る)のぞき窓.
voyelle 女 《音声》母音;母音字.
voyeur, se 名 のぞき魔;見物人,野次馬.
voyeurisme 男 のぞき趣味;《心》窃視[観淫(かんいん)](症).
voyez, voyiez, voyions, voyons 活 ⇨ voir.
voyou 男 (街でたむろする)不良少年,ちんぴら;以前,ごろつき.
V.P.C. 女 《略》vente par correspondance 通信販売.
V.Q.P.R.D. 男 《略》《ワイン》vins de qualité produits dans des régions déterminées 指定地域優良ワイン.
vrac [-k] 男 副 ばら荷で;乱雑に.
vrai, e 形 ❶ 真の,真実の;正しい;本当の,実際の,現実の;本物の,正真正銘の;(芸術において)迫真の,リアルな;最もふさわしい. ◊*pas ~?* そうでしょう(=n'est-ce pas?).
—男 真実;事実,現実(性). ◊*pour de ~* 本当に,本気で.
—副 本当に. ◊*à dire ~* = *à ~ dire* 実は,本当を言うと.
vrai-faux, vraie-fausse;《複》 ~s-~, ~s-~s 形 ❶ 公式に発行された偽造の. ❷ 詐称の,無免許の.
vraiment 副 実際に,本当に;非常にものすごく;実に,まったく.
vraisemblable [-sā-] 形 本当らしい,もっともらしい.—男 本当らしさ.
vraisemblablement [-sā-] 副 たぶん,おそらく.
vraisemblance [-sā-] 女 本当(実)らしさ.
vraquier 男 《海》 ばら荷貨物船.
vrille 女 ❶ 植 巻きひげ. ❷ ねじれ錐(ぎり), リ錐(きり). ❸ 螺(ら)旋; 航 錐揉(もみ)(糸などのよじれ).
vrillé, e 形 植 巻きひげのある;よじれた,ねじれた.—女 植 ソバカズラ.
vriller 他 ねじれ錐(ぎり)で穴をあける;突き刺す.—自 (飛行機が)錐揉(きりもみ)しながら降下する;(糸が)よれる,ねじれる.
vrillette 女 昆 シバンムシ.
vrombir 自 (虫,エンジンなどが)ブンブン音を立てる,うなる.
vrombissant, e 形 ブンブンいう.
vrombissement 男 (エンジンの)うなる音,爆音;(虫の)羽音.
V.R.P. 男 《略》 voyageur représentant placier 委託販売外交員.

vs [versys]《略》《ラ》versus 対(〜).

V.S.N. 男《略》volontaire du service national 海外協力役務従事者.

V.S.O.P.《略》《英》very superior old pale ブランデーの特級, VSOP.

V.T.C 男《略》《英》vélo tout chemin 多目的自転車, マウンテンバイク.

VTOL [vtol] 男《略》《英》vertical take-off and landing 垂直離着陸機.

V.T.T. 男《略》vélo tout-terrain (本格的な)マウンテンバイク.

vu¹, e 形 (voir の過去分詞) ❶ 見られた; 理解された, 検討された. ❷ bien [mal] *vu a* で〜に〔悪く〕思われている.
◇*C'est bien vu? = Vu?* 語 分かったか. *C'est tout vu.* それはもう済んだことだ. *ni vu ni connu* 語 だれにも気づかれずに, ひそかに.
— 男 見ること.
◇*au* [*sur le*] *vu de ...* …を見ると, 調査すると. *au vu et au su de tout le monde* [*de tous*] 公然と. *C'est du déjà vu.* それは別に新しいことではない.

vu² 前 ❶ …から見て, を考慮に入れて. ❷ 古風 *vu que* ... …なので, …であるから.

vue 女 ❶ 視覚, 視力; 視線, 見ること. ❷ 眺め, 見晴らし; (物の見え方), 角度; (風景などの)絵, 写真. ▶ *vue de face* 正面(図). ❸ 見方, 考え方, 見解, 意見; 洞察力; 《複数》意図, 計画, ねらい.
◇*avoir ... en vue* …が念頭にある, に目をつけている. *à vue* 見ながらの(の); 肉眼によって [よる]; (手形などが)一覧払いの. *à vue de nez* 語 およそ, 見たところ. *à vue d'œil* 見る見るうちに, 急速に; 一目見た限りでは; およそ見当で. *de vue* 目で見て, 目で. *en vue* よく見えるところに; 近くに; すぐに; 目前に; 注目される, 重要な, 著名な. *en vue de ...* …のために, を目指して. *perdre de vue* 見失う; 疎遠になる. *seconde* [*double*] *vue* 千里眼, 透視力; 慧眼(妖). *vue de l'esprit* 机上の空論.

Vulcain 《ロ神》ウルカヌス(火の神).

vs sept cent cinquante-six 756

vulcaniser 他《化》加硫する, 硬化させる. ✿**vulcanisation** 女

vulcanite 女《地質》火山岩.

vulcanologie 女 固 火山学. ✿**vulcanologique** 形

vulcanologue 名 固 火山学者.

vulgaire 形 ❶ 下品な, 卑俗な. ❷ 通俗の. ▶ *langue* 〜 俗語(ラテン語に対する各国語; 雅語に対する日常語). ❸ 普通の, 平凡な;《名詞の前》ありふれた. — 男 ❶ 下品, 卑俗. ❷ 固/文章 庶民, 大衆; 下層民.

vulgairement 副 ❶ 下品に, 野卑に. ❷ 固/文章 一般に, 俗に.

vulgarisateur, trice 名 (知識, 習慣などの)普及者. — 形 広める.

vulgarisation 女 大衆化, 通俗化; 普及.

vulgariser 他 ❶ (知識, 言葉などを)普及させる, 一般化[大衆化]する. ❷ 下品《単位的》にする.

vulgarisme 男 誤用表現, 卑俗語.

vulgarité 女 下品さ, 卑俗; 下品な言動.

vulgate 女《V〜》ウルガタ聖書 (4-5世紀に聖ヒエロニムスが訳したラテン語訳聖書). ❷《軽蔑》通説, 世の風潮.

vulgum pecus [-pekys] 男《単数形のみ》一般大衆, 衆愚.

vulnérabiliser 他 傷つきやすくする, 弱くする.

vulnérabilité 女 傷つきやすさ, もろさ; 脆(パ)弱.

vulnérable 形 傷つきやすい, 弱い.

vulnéraire 形 古 (薬などが)傷に効く. — 男 固 傷薬; 気付け薬. — 女《植》キドニーヴェッチ(昔腎臓病の特効薬とされた).

vulpin 男《植》スズメノテッポウ.

vultueux, se 形《医》(顔が)赤く充血した.

vulvaire¹ 形《解》外陰部の.

vulvaire² 女《植》アカザの一種.

vulve 女《解》外陰(部).

vulvite 女《医》外陰炎.

V.V.F. 男《略》Villages Vacances Familles 家族バカンス村.

vx《略》vieux 古い.

W, w

W¹, w 男 フランス字母の第23字.
W² 《記》❶【計】watt ワット. ❷【化】tungstène タングステン.
wading [wediŋ] 男《英》《釣り》ウェーディング, 立ち込み.
wagnérien, ne [vaɲe-] 形 ワーグナー(風)の.
— 名 ワーグナー崇拝者.
□**wagnérisme** 男
wagon [va-] 男《英》《鉄道》の車両; 貨車; 客車; 貨車1台分の量.
wagon-citerne [va-]; 《複》~s-~s 男《鉄道》のタンク車.
wagon-foudre [va-]; 《複》~s-~s 男 ワイン運搬用の貨車.
wagon-lit(s) [va-]; 《複》~s-~s 男《個室》寝台車; 寝台席.
wagonnet [va-] 男 トロッコ; トロッコ1杯分の(積載量).
wagonnier [va-] 男 (貨物の)操車係.
wagon-poste [va-]; 《複》~s-~ 男 郵便車.
wagon-réservoir [va-]; 《複》~s-~s 男 ⇨ wagon-citerne.
wagon-restaurant [va-]; 《複》~s-~s 男 食堂車.
wagon-tombereau [va-]; 《複》~s-~x 男 (石炭などを運ぶ)無蓋(ふ)貨車.
walkie-talkie [wo(l)kito(l)ki]; 《複》~s-~s 男《英》トランシーバー.
walkman [wɔkman] 男 商標 ウォークマン.
Walkyrie [va-] 女 ⇨ Valkyrie.
wallaby; 《複》**ies** 男《動》ワラビー.
wallingant, e 名, 形 (ベルギーの)ワロン地方自治論者(の).
wallon, ne [w(v)a-] 形 ワロン地方[人, 語]の.
— 名 (W~) ワロン人.
— 男 ワロン語(ワロン地方のフランス語方言).
Wallonie [w(v)a-] 女 ワロン地方(ベルギー南部).
wallonisme [w(v)a-] 男 ワロン語特有語法.
waouh [wau] 間 おお, うわあ.
wap [-p] 男《略》《英》wireless application protocol ワイヤレスアプリケーションプロトコル.
wapiti 男《米》《動》ワピチ(北米産の大シカ).
wargame [-gɛm] 男《英》戦争ゲーム.
warning [warniŋ] 男《英》ハザードランプ.
warrant [w(v)a-] 男《英》《商》質入証券(倉庫証券の一種).
warranter [w(v)a-] 他《法》(寄託物の)質入証券を発行する.
wasabi 男 (日本の)わさび.
Washington [waʃintɔn] ワシントン(米国の首都).
WASP, wasp [wasp] 形, 名《略》《英》ワスプの(人), アングロサクソン系プロテスタントの白人.
water-ballast [-st] 男《英》《海》バラストタンク.
water-closet(s) [-t] 男《英》固 ⇨ waters.
watergang [-g] 男 (オランダの)排水路, 小運河.
wateringue 女/男 (オランダ, ベルギー北仏の)排水工事.
Waterloo ワーテルロー(ナポレオンが敗北を喫したベルギーの町).
water-polo 男《スポ》ウォーターポロ, 水球.
waterproof [-pruf] 形《不変》防水の; 水に強い, ウォータープルーフの.
waters 男複 便所, 化粧室, トイレ. ▶ aller aux ~ トイレに行く.
waterzooi / waterzoï [-zoj] 男《料》ワテルゾイ(肉や魚を野菜と煮込んだベルギー料理).
watt [wat] 男《計》ワット.
wattheure 男《計》ワット時(記号 Wh).
wattman [watman]; 《複》~s (または **wattmen**) 男 古風 (路面電車の)運転士.
wattmètre 男《電》電力計.
Wb 《記》【電】weber ウェーバー.
W.-C. [vese] 男複《英》トイレ.
web [web] 男《英》ウェブ.
webcam [-kam] 女《英》ウェブカメラ.
weber [ve-] 男《電》ウェーバ(磁束の単位).
webfilm [-m] 男 ウェブ映画.
webmestre 名 ウェブマスター.
week-end [wikɛnd] 男《英》週末, ウイークエンド. ▶ Bon ~! よい週末を.
welche / welsche [vɛlʃ] 形, 名 (ドイツ人からみた) 外国人.
Wellington [weliŋtɔn] ウェリントン(ニュージーランドの首都).
wellingtonia [weliŋ-] 男《英》【植】セイコア.
weltanshauung [veltanʃauŋ] 男《独》【哲】世界観.
welter 《英》形, 男 (ボクシングの)ウェルター級の(選手).
western [-n] 男《英》《映》西部劇, ウエスタン.
westernien, enne ウエスタン(映画の)の, 西部劇風の.
western-spaghetti [westernspageti)(ti] 男 イタリア製西部劇, マカロニ・ウエスタン.
Wh 《記》wattheure ワット時.
wharf [-f] 男《英》埠頭(ふとう), 桟橋.
whig [-g] 男《英》《史》ホイッグ党員.
— 形《男女同形》ホイッグ党の.
whipcord [-d] 男《英》《繊》ウィップコード(太飲が浮き出た綾織物).
whisky; 《複》~s (または **whis-**

whist

kies) 男《英》ウイスキー.
whist [-st] 男《英》《カード》ホイスト.
white-spirit [wajtspirit]; 《複》~-~(*s*) 男《英》ホワイトスピリット（塗料の希釈などに使う油）.
widia [vi-] 男《独》《商標》ウィディア（超硬合金）.
wi(-)fi 男《不変》ワイファイ（無線ＬＡＮ製品の接続の規格）.
wigwam [wigwam] 男（アメリカ先住民の）小屋.
wilaya [vi-] 女 ウィラーヤ（アルジェリアの行政区分）.
williams [wiljams] 女 ウィリアムス（洋ナシの品種）.
winch [win(t)ʃ]; 《複》~*e*(*s*) 男《英》《ヨット》巻き取り機, ウインチ.
winchester [winʃɛs-] 女《商標》ウィンチェスター銃.
windsurf [windsœrf] 男《商標》ウィンドサーファー（ウィンドサーフィン用のボード）; ウィンドサーフィン.
windsurfiste [windsœr-] 名 ウィンドサーフィンをする人.
wisigothique [vi-] 形 西ゴート（人）の; 《史》écriture ~ 西ゴート文字（中世スペインの草書体文字）.
witloof [-lɔf] 女 ⇨ endive.
wok [-k] 男 中華なべ.
wolfram [vɔlfram] 男《独》《鉱》鉄マンガン重石.
wolof 形, 名 ⇨ oulof.
wombat [w[v]ɔ̃ba(t)] 男《英》《動》ウォンバット（オーストラリア産の有袋類）.
won [wɔn/w5] 男《不変》ウォン（韓国の通貨単位）.
woofer [wufœr] 男《英》ウーファー（低音用スピーカー）.
worabée [v[w]-] 男《鳥》オウゴンチョウ.
world music [wœrld-] 女《英》ワールド・ミュージック.
würm [vyrm] 男《地》ウルム氷期.
 □**würmien, enne** 形
wyandotte [vjā-] 女《英》名《畜》ワイアンドット種の鶏（米国原産の卵肉兼用種）.
 ── 形 ワイアンドット種の.
WWW 男《略》《英》World Wide Web ウェブ.

X, x

X¹, x 男 ❶ フランス字母の第24字(名を伏せて人物を示す). ► Monsieur X X氏, 某氏. ❷ X形(のもの); X脚スツール. ❸《映》成人向き. ❹ l'*X*《略》理工科学校の学生, 出身者.

X²《記》❶《物》rayons *X* X 線. ❷《生》chromosome *X* X 染色体. ❸ ローマ数字の10.

x《記》《数》未知数; 変数; x 座標, 横座標. ► axe des *x* x 軸.

xancus [gzãkys] 男《貝》シャンクガイ(タイでは祝いに使う).

xanthine [gzã-] 女《生化》キサンチン; キサンチン誘導体.

xanthoderme [gzã-] 形《人》(皮膚が)黄色の; 黄色人種の.

xanthogénique [gzã-] 形《化》acide 〜 キサントゲン酸.

xanthome [gzã-] 男《医》黄色腫.

xanthophylle [gzã-] 女《化》キサントフィル;《植》(葉の)黄色素.

Xe《記》《化》xénon キセノン.

xénarthres [gzɛks-] 男複《動》異節類(ナマケモノ, オオアリクイなど).

xénélasie [gzɛks-] 女《古 ギ》外人法令;《法》敵国人追放権.

xénodevise [gze-] 女《金》国外流通通貨.

xénogreffe [gze-] 女《医》異種移植.

xénon [gze-] 男《化》キセノン.

xénophile [gze-] 形, 名 外国(人)びいきの(人). ◻**xénophilie** 女

xénophobe [gze-] 形, 名 外国(人)嫌いの(人).

xénophobie [gze-] 女 外国人嫌い.

xérès [gz(ks)ɛrɛs] 男 ヘレス産白ワイン, シェリー酒.

xérodermie [gz(ks)e-] 女《医》乾皮症.

xérographie [gz(ks)e-] 女《商標印》ゼログラフィー(乾式コピーの一方法).

xérophtalmie [gz(ks)e-] 女《医》眼球乾燥症.

xérophyte [gz(ks)e-] 女《植》乾生植物. ◻**xérophytique** 形

xérus [gz(ks)erys] 男《動》アトラスシマリス.

xi 男(ギリシア字母の)クシー(ξ, Ξ).

xiphoïde [gz(ks)i-] 形《生》剣状の;《解》appendice 〜(胸骨の)剣状突起.

xylène [gz(ks)i-] 男《化》キシレン.

xylochimie [gz(ks)i-] 女 木材化学.

xylocope [gz(ks)i-] 男《昆》クマバチ.

xylographe [gz(ks)i-] 男 木版彫刻師.

xylographie [gz(ks)i-] 女 木版術; 木版画. ◻**xylographique** 形

xylol [gz(ks)i-] 男《化》キシロール.

xylophage [gz(ks)i-] 形 木を食う. — 男《昆》食材性昆虫;《貝》キクイムイ.

xylophène [gz(ks)i-] 男《商標》キシロフェン(木材の保存性向上剤).

xylophone [gz(ks)i-] 男 シロフォーン, 木琴.

xylose [gz(ks)i-] 男《化》キシロース, 木糖.

Y, y

Y¹, y 男 ❶ フランス字母の第25字. ❷ Y字形(のもの).

Y²《記》❶《化》yttrium イットリウム. ❷《生》chromosome *Y* Y 染色体.

y¹《記》《数》未知数; 変数; y 座標, 縦座標. ► axe des *y* y 軸.

y² 副 ❶《場所》そこに[へ, で]. ► «Allez-vous à Paris?—Oui, j'*y* vais.» 「パリへいらっしゃるのですか」「はい, 行きます」❷《動詞句を作る》s'*y* prendre 振る舞う, 取りかかる / s'*y* connaître en … …に精通している.

◊*Ça y est.* うまくいった, これでよし; 用意はできている; ほらきた, やっぱり. *il y a* ⇨ il y a. *Il y va de …* ⇨ aller¹. *n'y être pour rien* それにはまったく関係がない. *y être* 在宅している; 分かる. *y être pour quelque chose* [*beaucoup*] それにはいくらか関係がある [大いに貢献している].

—代《中性》❶《à + 語句 の代用》それに[を], そのことに[を]. ► «à + 名詞[代名詞] の代用》«Avez-vous répondu à cette lettre?—Oui, j'*y* ai répondu.»「ご手紙に返事を出しましたか」「はい, 出しました」《前文の内容を受けて》Vous avez un rendez-vous à deux heures; pensez-*y* bien. 2時や約束があります. そのことを忘れないでください. ❷《à 以外の前置詞 + 名詞の代用》► N'*y* comptez pas. そのことを当てにしないでください(*y* = sur cela).

y³ 代《il の俗語的表現》► Y peut pas. 彼にはできない.

*****yacht** [jɔt] 男《英》ヨット.

*****yacht-club** [jɔtklœb] 男《英》ヨットクラブ.

*****yachting** [jɔtiŋ] 男《英》ヨットの操縦[航海].

yacht(s)man 男《複》〜*s*(または *yacht(s)men*) [jɔtman] 男 ヨット乗り.

*****yack / yak** [jak] 男《英》《動》ヤク.

yakitori 男《日本》焼き鳥.
yakusa / yakuza [-ku-];《複》**~(s)** 男《日本》やくざ.
yang [-g] 男《中国》(易学の)陽.
yankee [-ki] 形《英》ヤンキーの. — 名《Y~》男《多く軽蔑》ヤンキー; 米国人. — 男《英》ヤンキージブ.
***yaourt** [jaurt] 男ヨーグルト.
***yaourtière** 女《家庭用の》ヨーグルト製造器.
***yard** [-d] 男《英》《計》ヤード(長さの単位).
***yatagan** 男 ヤタガン(緩い S 字形でつばのいトルコの剣).
Yb《記》《化》ytterbium イッテルビウム.
***yearling** [joerliŋ] 男《英》(サラブレッドの)明け2歳馬.
yèble 女《植》セイヨウニワトコ.
Yémen [-mɛn] 男 イエメン.
yéménite 形 イエメンの. — 名《Y~》イエメン人.
***yen** [jɛn] 男《日本》円(貨幣単位).
***yeoman** [joman];《複》**men** 男《英》《史》❶ ヨーマン, 自由農民. ❷ ~ de la garde (英国の)国王親衛隊員.
***yeomanry** [joman-] 女《英》《史》(英国の)義勇騎兵団.
(*)**Yersin** (bacille de) ペスト菌.
***yeti** [je-] 男《チベット》雪男.
Yeu (île d') ユー島 [県85] (大西洋上のフランス領の島).
***yeuse** 女《植》セイヨウヒイラギガシ.
yeux œil の複数形.
***yé(-)yé** 名《不変》《古風》イエイエ歌手[族]. — 形《不変》イエイエ(風)の. — 男《単数形のみ》《楽》イエイエ.
***yiddish** [-dif] 男《単数形のみ》イディッシュ語(ユダヤ人の言語). — 形《不変》イディッシュ(語)の.
yin [jin]《中国》(易学の)陰.
ylang-ylang;《複》**~s~s** 男 ⇨ ilang-ilang.
ylem 男《物》アイレム, イレム(多くの物質の基とされる原子素粒子群).
ynol 男《化》イノール.
***yod** [-d] 男《音声》ヨッド(半母音の

[j]);《言》ヨッド(ヘブライ語アルファベットの第10字で, y に相当する).
***yoga** 男《単数形のみ》ヨーガ.
***yog(h)ourt** [jogu:r/-gurt] 男 ⇨ yaourt.
***yogi** [-gi] 男 ヨーガの行者.
***yogique** 形 ヨーガの.
***yogisme** 男 ヨーガの行; ヨーガの思想.
***yohimbine** 女《薬》ヨヒンビン(局所麻酔用).
***yole** 女(オランダ)ヨール(2, 4, 8 人乗りの競走用ボート).
Yom Kippour [jom-] 男《不変》《ユダヤ教》贖い罪の大祭, ヨム・キプルの祭.
Yonne 女 ❶ ヨンヌ県 [89]. ❷ ヨンヌ川.
***yougoslave** 形 ユーゴスラビアの. — 名《Y~》ユーゴスラビアの人.
***yorkshire(-terrier)** [-fœ:r(-)] 男《英》ヨークシャーテリア.
***Yougoslavie** 女 ユーゴスラビア.
***youp** [-p] 間 それ, さあ(とびきびした動きを表す掛け声).
***youpi** 間 わあっ, わあい(興奮の叫び).
***youpin, e** 名, 形《軽蔑》ユダヤ人(の).
***yourte** 女(遊牧民などの)獣皮テント.
***youyou** 男 雑用艇, ディンギー.
***youyou**[2] 男《擬音》ユーユー(アラブ女性の式典などでの喜びの叫び).
***yo-yo** 男《不変》❶ 商標 ヨーヨー. ❷ 値段)上がり下がり.
***ypérite** 女 イペリット, マスタードガス(第一次大戦で使用された毒ガス).
***ypérité, e** 形, 名 イペリットに冒された(人).
***ysopet** 男《文》(イソップ風の中世の)寓話集.
***ytterbine** 女《化》イッテルビア.
***ytterbium** 男《化》イッテルビウム.
***yttria** 男《化》イットリア.
***yttrium** 男《化》イットリウム.
***yuan** [jyãn] 男《中国》元(貨幣単位).
***yucca** 男《植》ユッカ, イトラン.
***yuppie** [jupi] 名《英》ヤッピー.
Yvelines 女複 イヴリーヌ県 [78].

Z, z

Z[1], **z** 男 フランス字母の第26字.
Z[2]《記》❶《数》整数全体の集合(Z)(ゼロを除く整数の集合. ❷《物》元素の原子番号. ❸《電》インピーダンス. ❹《生》Z染色体.
z《記》《数》未知数; 複素数または複素変数; z 座標. ► axe des z z 軸.
zabre 男《昆》マルガタゴミムシ.
Z.A.C. [zak] 女《略》zone d'aménagement concerté 国土整備対象区域.
Z.A.D. [zad] 女《略》zone d'aménagement différé 開発整備予定区域.
zader 他 開発整備予定区域にする.
zain 形 男 (馬, 犬が)1本の白い毛もなく全身一色の.

Zaïre 男 ザイール.
zaïrois, e 形 ザイールの. — 名《Z~》ザイール人.
zakouski 男複(露)《料》ザクースカ(ロシア料理の前菜).
zamak 男 商標 ザマク(合金).
Zambie 女 ザンビア.
zambien, ne 形 ザンビア(人)の. — 名《Z~》ザンビア人.
zamier 男《植》ザミア(ソテツ科).
zancle 男《魚》ツノダシ.
zan(n)i [d]zani] 男《伊》《演》ザンニ(コメディア・デラルテの道化役).
zanzi(bar) 男《ゲーム》ザンジ(バル)(3個のさいころで勝負を争う).
zapatéado 男《西》《ダンス》サパテア

- ード(床板を踏み鳴らすスペイン舞踊).
zapper 自(リモコン)でテレビのチャンネルを次々変える. ▫**zapping** [-piŋ]
zap(p)ette 女 俗 テレビのリモコン.
zappeur, se 名 チャンネルを次々に変える人, 移り気な人.
zarbi/zarb [-b] 形 俗 奇妙な, おかしな.
zarzuela 女 《西》 ❶ サルスエラ(スペインの伝統的な小規模のオペラ). ❷ サルスエラ(スペインの魚貝料理).
zazou 名, 形 俗 ジャズマニアの(人).
zèbre 男 動 シマウマ; 俗 (変な)やつ.
zébrer ⑥ 他 縞(模様)をつける.
zébrure 女 縞(模様).
zébu 男 動 コブウシ.
zée 男 魚 ニシマトウダイ.
ZEE 女 (略) zone économique exclusive 経済水域.
zélateur, trice 男 文章 (熱狂的な)支持者, 信奉者.
zèle 男 熱意, 熱心, 熱情. ◇*faire du ～* 熱心すぎる; いかにも熱心そうにする. *grève du ～* 順法闘争.
zélé, e 形, 名 熱心な(人), 献身的な(人).
zélote 男 《軽蔑》狂信者.
zen [zεn] 男, 形 〔不変〕 《日本》禅(の), 禅宗の.
zénith [-t] 男 絶頂; 天 天頂. ▫**zénithal**; *ale*; 《男複》 *aux* 形
zéolit(h)e 男 鉱 沸石, ゼオライト.
Z.E.P. [zεp] 女 (略) zone d'environnement protégée 環境保護区域 (1983年廃止).
zéphyr 男 ❶《Z～》 ギリシア ゼフィロス(西風の神). ❷ 詩語 そよ風.
zéphyrien, ne 形 文章 そよ風のような.
zeppelin [-lεn] 男 《独》 ツェッペリン飛行船.
zéro 男 名 形 ❶ ゼロ, 零; 零度; 零点; 無; 無価値, 無能. —— 形 〔数〕(不変)ゼロの.
zeste 男 ❶ (柑橘類の)外皮, 外皮の一片; (クルミの)内皮. ❷ ほんのわずか, 微量; 無価値のもの.
zester 他 (柑橘類の)皮をむく.
zêta [dzε-] 男 ギリシア字母のゼータ (Z, ζ).
zététique 形 ❶ 真理探究の. ❷ (古代ギリシアの)懐疑論者の;《特に》ピュロン学派の. — 女 懐疑論. ❷ ピュロン学派の人. — 女 真理探究法.
zeugma 《ラ》/**zeugme** 男 〔レト〕くびき語法 (共通の要素(主として動詞)を一度しか用いない語法).
Zeus [dzø:s] 男 ギリシア ゼウス.
zeuzère 女 虫 ゴマフボクトウ.
zézayer ⑫ 自 シューShe音を s 音で発音する. ▫**zézaiement** 男.
Z.I. 女 (略) zone industrielle 工業地域.
zibeline 女 動 クロテン(の毛皮).
zicral 男 商標 スキー用アルミ合金.
zidovudine 女 医 ジドブジン.
zieuter 他 俗 見詰める, 眺める.
Z.I.F. [zif] 女 (略) zone d'intervention foncière 先買権地域.
zig [-g]/**zigue** 男 俗 やつ.
ziggourat [-t] 女 考古 ジッグラト

(古代メソポタミアのピラミッド形建築).
zigoteau; 〈複〉 *x*/**zigoto** 男 (変な)やつ; 目立ちたがり屋.
zigouiller 他 俗 殺す, 刺し殺す.
zigzag [-g] 男 ジグザグ.
zigzaguer ⑥ 自 ジグザグに進む; ジグザグになる. ▫**zigzagant(e)** 形.
Zimbabwe [zim-] 男 ジンバブエ.
zimbabwéen, ne [zim-] 形 ジンバブエの. — 名 《Z～》 ジンバブエ人.
zinc [-g] 男 ❶ 化 亜鉛. ❷ 俗 (酒場の)カウンター; 飛行機.
zincate 男 化 亜鉛酸塩.
zincide 男 亜鉛鉱.
zincifère 形 化 亜鉛を含む.
zingage/zincage 男 亜鉛めっき.
zingage/zincage 男 亜鉛めっき.
zinguer 他 トタンを張る; 亜鉛めっきを施す.
zingueur 男 亜鉛めっき工; トタン工.
zinjanthrope 男 ジンジャントロプス (旧石器時代前期の化石人類).
zinnia 男 植 ヒャクニチソウ.
zinzin 男 俗 ❶ うるさい機械[楽器]. ❷ (物を名で呼ばずに)あれ. ❸ 機関投資家.
—— 形 (不変) 頭が少々おかしい.
zinzolin, e 形 赤紫色の.
zip [-p] 男 商標 ジッパー.
zipper 他 ジッパーをつける.
zircon [-kɔ̃] 男 鉱 ジルコン, 風信子鉱.
zircone 女 化 ジルコニア.
zirconium 男 化 ジルコニウム.
zizanie 女 ❶ 植 マコモ. ❷ 文章 不和, 不一致.
zizi¹ 男 鳥 クロノドオジ.
zizi² 男 児童語 おちんちん.
zloty 男 ズロチ (ポーランドの通貨単位).
Zn (記) 化 zinc 亜鉛.
zoanthropie 女 獣化妄想.
zodiac 男 商標 ゴムボート.
zodiacal, ale;《男複》 *aux* 形 天 黄道(帯)の, 獣帯の.
zodiaque 男 ❶ 天 黄道帯, 獣帯. ❷《占》*signes du ～* 黄道十二宮. ❸《美》黄道十二宮図.
zoé 女 動 ゾエア (十脚類の幼生).
zoïde 男 動 個虫;《植》 (藻類・下等菌類の)遊走子.
zombi(e) 男 ❶ (ブードゥー教の)幽霊, 亡霊; 生き返った死者, ゾンビ. ❷ 俗 生気のない人; (他人の)操り人形.
zona 男 医 帯状ヘルペス.
zonage 男 ❶ ゾーニング, 地区制 (地域を用途に応じて区画すること). ❷ 《情報》ゾーン方式.
zonal, ale;《男複》 *aux* 形 地理 地域 (特有)の, 色帯模様のついた.
zonalité 女 地理 成帯性.
zonard, e 名 俗 はだし者; 宿なし; (パリ周縁の)貧民街の住民.
—— 形 みすぼらしい; 汚れた.
zone 女 ❶ 地帯, 一帯, 地域; 領域, 範囲; (市街地などの)地区, 区域; 地理 帯; 《地』』帯. ❷ ~ *résidentielle* 住宅地域/~ *franche* (国境の)無関税地区/~ *franc* フラン圏. ❸ (都市周縁の)貧民街, 場末.
◇*de seconde* ~ 二流の.
zoné, e 形 動 鉱 帯状模様[紋]のあ

zoner 他 ゾーンに分ける. —自 語 当てもなくぶらぶら. —se ~ 寝る.
zonure 男 ズームでヨロイトカゲ.
zoo [zo(o)] 男 動物園.
zoocénose 女《生》動物群集.
zoochorie 女《植》動物布(種子や果実が動物によって散布されること).
zoogéographie 女 動物地理学.
zoolâtre 名, 形 動物崇拝者(の).
zoolâtrie 女 動物崇拝.
zoologie 女 動物学.
zoologique 形 動物学の(上)の; 動物の. ▶ jardin [parc] ~ 動物園. ◘**zoologiquement** 副
zoologiste / **zoologue** 名 動物学者.
zoom [zum] 男《米》《写》ズーム(レンズ); 《映》ズーミング.
zoomer 自 ズームで撮影する; 《sur …》(…を)ズームアップする.
zoomorphe / **zoomorphique** 形 動物をかたどった.
zoomorphisme 男 動物形態観(神などの姿を動物で表す); (人の)動物変身;《医》獣化症.
zoonose 女《医》動物原生疾(症).
zoophage 形, 名《動》肉食の(生物).
zoophile 形 動物愛好の.
zoophilie 女 獣姦(ぼう).
zoophobie 女 動物恐怖症.
zoophore 男《建》獣飾りフリーズ.
zoophyte 男《旧》植虫類.
zoopsie 女《心》動物(幻)視.
zoopsychiatrie 女 動物精神医学.
zoopsychologie 女 動物心理学.
zoosémiotique 女 動物記号論(動物種内および種間の信号行動の研究).
zoospore 女《植》遊走子.
zoostérol 男《生化》動物ステロール.
zootaxie 女 動物分類学《系統学》.
zootechnicien, ne 名 畜産技師.
zootechnie 女 畜産(学). ◘**zootechnique** 形
zoothèque 女 (剝(は)製や骨の) 動物展示館.
zoothérapie 女 獣医学. ◘**zoothérapeutique** 形
zorille [-l] 男《動》ゾリラ(イタチ科).

zoroastrisme 男 ゾロアスター教. ◘**zoroastrien, ne** 名形
zostère 女《植》アマモ.
zostérien, ne 形, 名《医》帯状疱疹(ヘルペス)の(患者).
zostérops 男《鳥》メジロ.
zou 間 南仏 さあさあ, それ, 早く.
zouave 男 ❶ 史 ズワーヴ兵(19世紀のアルジェリア歩兵). ❷ 話 変わった男. ◇ faire le ~ おどける; 空威張りする.
zoubrovka 女 ズブロフカ(ポーランドのウオッカ).
zouk [-k] 男 ズーク(アンティル諸島の舞曲). ◘**zouker** 自
zozo 男 話 間抜け, とんま.
zozotement 男 ⇨ zézaiement.
zozoter 自 ⇨ zézayer.
Z.P.P.A.U. 女《略》 zone de protection du patrimoine architectural et urbain 都市建造物保護区域.
Zr《記》《化》 zirconium ジルコニウム.
Z.U.P. [zyp] 女《略》 zone à urbaniser par priorité 優先市街化地区.
Zurich [-k] チューリヒ(スイス北部の都市).
zut [-t] 間 話 ちぇっ, 畜生.
zutiste 男《文》ジュティスト(19世紀末シャルル・クロら zut! が口癖の詩人).
zwinglianisme [zwɛ̃-] 男《キ教》(スイスの宗教改革者)ツウィングリの教義. ◘**zwinglien, ne** 名形
zyeuter 他 ⇨ zieuter.
zygène 女《昆》ベニモンマダラ.
zygoma 男《解》頬(ᄚ)骨.
zygomatique 形 頬(ᄚ)骨の. —男 頬骨筋.
zygomorphe 形《植》(花が)左右相称の.
zygopétale 男《植》ジゴペタル(南米産の蘭の一種).
zygospore 女《植》接合胞子.
zygote 男《生》接合子, 接合体.
zyklon 男 チクロン(ナチスのユダヤ人強制収容所で用いられた毒ガス).
zymase 女《生化》チマーゼ.
zymotechnie 女 発酵法.
zymothermie 女 チモテルミー(野菜など生物の熱処理).
zymotique 形 発酵(性)の.
zythum《ラ》/ **zython** 男 (古代エジプトの)ビール.

和仏辞典

あ

ああ ああいうことをしてはいけない Il ne faut pas faire une chose pareille.
ああ ah, oui ああ困った Ah, c'est embarrassant. /ああ，はいいとも Oui, d'accord.
愛 amour 男, affection, tendresse 女;〔愛着〕attachement 男 愛を打ち明ける avouer son amour /(…への)愛を貫く garder de l'amour pour… /愛をはぐくむ nourrir l'amour /愛を注ぐ concentrer l'affection sur… /愛を込めて avec tendresse /愛に満ちた plein(e) d'amour /愛している Je t'aime. /愛があれば年の差なんて On a toujours vingt ans quand on est amoureux. /思まれない人に愛の手を Tendre la main aux défavorisés. /(リストの)『愛の夢』 Rêve d'amour
合いかぎ double clé 女
相変わらず encore, comme toujours 相変わらずの元気そうだね Tu as toujours l'air bien. /二日酔いだ—相変わらずだね J'ai la gueule de bois. — Tu es toujours le même.
アイコン icône 女 アイコンをクリックする cliquer sur une icône
あいさつ salut 男 (→会う, 別れる) あいさつを返す rendre un salut /あいさつを交わす échanger un salut /きちんとあいさつしたの？ Tu as bien dit bonjour? /とんでもないさつだ Ce sont des compliments très polis! /〔初対面〕お会いできてうれしく思います Je suis heureux(se) (ravi(e)) de faire votre connaissance. /うわさはかねがね J'ai beaucoup entendu parler de vous. /〔知人に会ったとき〕こんにちは Bonjour! /こんばんは Bonsoir! /やあ Salut! /元気かい—うん (Comment) ça va? — Ça va.
◇**あいさつ状** faire-part 男
アイシャドー ombre (à paupières) 女
哀愁 mélancolie 女, tristesse 女 哀愁を帯びた mélancolique /哀愁がにじむ suinter la tristesse /哀愁をそそる engendrer de la mélancolie
愛情 amour 男, affection, tendresse 女; sentiment 男 愛情を抱く avoir du sentiment pour… /母親の愛情に飢える avoir faim de tendresse maternelle /愛情を込めて植物を育てる élever les plantes avec amour
愛人〔男〕amant 男, petit ami 男 〔女〕maîtresse 女, petite amie 女

合図 signal 男, signe 男 合図に au signal de… /…するよう合図する faire signe à qn de… /手で[目で]合図する faire un signe de la main [du regard]
アイスクリーム glace 女 アイスクリームコーン corne de glace 女 ◎フレーバーはどれになさいますか—バニラとストロベリーのダブルで Quel parfum voulez-vous? — Vanille et fraise, deux boules.
愛する aimer 国を愛する aimer son pays /クラスのだれからも愛されている子 un enfant aimé par tout le monde dans la classe
愛想のいい aimable 愛想がない peu aimable /愛想を振りまく faire l'aimable /あいつには愛想が尽きた Je n'ai plus aucune sympathie à son regard. /愛想笑い sourire flatteur
間【空間】東京と大阪の間に entre Tokyo et Osaka /間を空ける espacer /間を詰める réduire l'intervalle /本の間にしおりをはさむ insérer un signet dans un livre /【期間】10時から11時の間に entre dix et onze heures /10年の間 pendant dix ans /〔期間〕10年の間に en l'espace de dix ans /今から3日の間に d'ici trois jours /長い間 longtemps, pendant longtemps /一生の間 toute sa vie /【相互関係】親しい間だけで夕食をする dîner entre ami(e)s /二人の間がうまくいかない La relation entre eux deux ne va pas bien.
◇**間に入る** entrer dans l'intervalle; 〔仲裁する〕intervenir この間〔先日〕l'autre jour; 〔数日前〕il y a quelques jours
愛着 attachement 男 愛着を抱く s'attacher à… /10年も乗った車に愛着がある J'ai de l'attachement pour la voiture que j'ai conduit pendant dix ans.
相次ぐ se succéder, se suivre 相次いで l'un(e) après l'autre, successivement /事件が相次ぐ Des affaires se suivent.
相づち ◎また先生にほめられちゃった—ああそう Le professeur m'a à nouveau fait des compliments. — Ah bon… /また女の子に振られたよ—いつものことだろ Les filles me laissent tomber à chaque fois. — Ce n'est pas nouveau! /パリでサイフをすられた—それで？ Je me suis fait voler à Paris. — Et alors? /このボタンを押せばいいんですよ—なるほど C'est sur ce bouton qu'il faut appuyer. — Je comprends. /こんどおごってあげる—ほんと？ C'est moi qui t'inviterai la prochaine fois. — C'est vrai?

相手

相手 〔パートナー〕partenaire 图；〔敵〕adversaire 图, rival(ale) 图；〔スポーツ・商売の〕concurrent(e) 图；〔会話の〕interlocuteur(trice) 图 相手をする tenir compagnie à... /遊び相手にする jouer avec... /相手にしない n'avoir rien à faire avec..., ne tenir aucun compte de... /相手次第だ Ça dépend du concurrent. /相手にとって不足はない C'est un bon adversaire pour moi. /ぼくが相手になろう C'est à moi que tu auras affaire. /ダンスの相手をしてくれますか Voulez-vous danser avec moi?

アイデア idée 图 きみのアイデアにはいつも驚かれる Tu as des idées qui surprennent toujours. /アイデアマン homme qui a des idées

IT〔情報技術〕technologie de l'information 图
●IT産業 secteur de l'informatique 图

IDカード carte d'identité 图

愛読 この雑誌を愛読している Je suis un lecteur fidèle de ce magazine.
●愛読書 livre de chevet 图

あいにく malheureusement 〔ぼくのmalencontreux(se)〕/あいにくだけど、ちょうど出かけるところなんだ Ça tombe mal, je dois justement partir. /おあいにくさま Tant pis! /あいにくですが、ケーキはもうないよ Pas de chance, il n'y a plus de gâteau.

合間 intervalle 图 その合間に Dans l'intervalle /合間合間に par intervalle /仕事の合間に本を読む lire des livres à ses heures de loisir

相部屋 chambre commune 图 相部屋になる partager une chambre (d'hôtel) avec...

あいまいな〔意味がいくつにも取れる〕ambigu(ë), équivoque；〔漠然とした〕indécis(e), vague 〔あいまいな態度 attitude ambiguë /あいまいな逃げ口上 réponse évasive

愛用する se servir habituellement de...

アイロン fer (à repasser) 男 アイロンをかける donner un coup de fer à...

会う voir, rencontrer；〔来訪者に〕recevoir （→あいさつ）人に会う約束がある avoir rendez-vous avec une personne /いつ会おうか Quand est-ce qu'on se voit? /それについては会ったときに話そう Quand on se voit, on en parle. /いい所で会ったね Ah, tu tombes bien [=je voulais justement te voir]! /またいつか会おう Tâchons de nous revoir un jour.

合う 〔適合〕convenir に；〔調和〕être en harmonie, aller bien に；〔意見が〕être d'accord

遭う〔被害・苦難に〕rencontrer, éprouver；〔あらしに〕essuyer つらい目に遭う éprouver des difficultés

あえぐ haleter, s'essouffler えぎ続を…して courrir en s'essoufflant /生活苦にあえぐ être écrasé(e) par les difficultés de la vie

あえて oser 危険を冒す braver un danger /あえて言わせてもらえば si j'ose (le) dire /あえてその話題を持ち出す se risquer à mettre ce sujet sur le tapis

青 bleu 图；〔信号〕vert 信号が青になる Le feu passe au vert.

青い bleu(e)；〔信号が〕vert(e)；〔顔色が〕pâle 青いリンゴ pomme verte /実が青い Le fruit est vert.

仰ぐ 星空を仰ぐ lever les yeux au ciel étoilé /天を仰ぐ regarder en l'air

あおぐ éventer うちわで（自分を）あおぐ s'éventer un éventail

青空 ciel bleu 青空教室 école de plein air 图

あおむけになる se coucher sur le dos あおむけに倒れる tomber à la renverse

あおり 不景気のあおりを食う subir l'influence de la dépression économique

あおる agiter, attiser, exciter, susciter 旗が風にあおられる Le drapeau s'agite au vent.

垢 crasse 图 垢を落とす enlever la crasse, se décrasser /垢すりしてもらう se faire faire un gommage corporel

赤 rouge 图；〔赤字〕déficit 信号が赤になる赤に変わる Le feu va passer au rouge. /彼女には赤がよく似合う Le rouge lui va bien. /赤の他人 une personne qui ne (me) concerne pas du tout /（スタンダールの）『赤と黒』Le Rouge et le Noir

赤い rouge；〔真っ赤な〕écarlate 赤く燃える〔空などが〕s'embraser /なに赤くなっているの Pourquoi est-ce que tu rougis?

あかし justification 图, preuve 图 身のあかしを立てる se justifier /生きたあかし preuve de sa vie /愛のあかし preuve d'amour

赤字 déficit 赤字の déficitaire /赤字を埋める combler un déficit /その企業は赤字だ Cette entreprise est en déficit.
●赤字国債 emprunt d'État déficitaire 男 赤字財政 finances déficitaires

明かす 留置場で夜を明かす passer la nuit au violon /友人に胸の内を明かす se confier 友に〔=se livrer〕à un ami

暁 aube 图 成功した暁には en cas de succès

明かり lumière 图, clarté 图 明かりをつける allumer la lumière /部屋に明かりをつける allumer une pièce /街の明かり lumières de la ville /窓に月の明かりが差し込む Un rayon de lune éclaire la chambre par les fenêtres.

上がり〔上昇〕montée 图；〔収入〕recette 图

上がる monter；〔増える〕augmenter；〔緊張する〕avoir le trac 2階に上がる monter au premier étage /中

学校に上がる passer au collège /どうぞお上がりください Entrez, s'il vous plaît. /人前に出ると上がってしまう J'ai le trac en public.

挙がる 犯人が挙がった Le coupable est arrêté. /名が挙がる se faire célèbre

揚げる frire

明るい clair(e); [陽気な] gai(e) /明るい色 couleur claire /明るい性格 caractère gai /明るい選挙 élection juste /法律に明るい être au courant du droit /東の空が明るくなった Le ciel s'est éclairci à l'est. /未来が明るい On peut concevoir des espérances pour l'avenir.

赤ん坊 bébé 男, nouveau-né(e) 男; [乳幼児] nourrisson 男 /8歳にもなってまるで赤ん坊だ C'est un vrai bébé, malgré ses huit ans.

秋 automne 男 /2005年秋に à l'automne 2005 [=en automne de l'année 2005] /人生の秋 arrière-saison de la vie

空き巣 cambrioleur(se) /空き巣にご用心 Prenez garde aux cambrioleurs.

飽き足りない être mécontent(e); [水準が] laisser à désirer

商い commerce 男

商う faire commerce de... /日用品を商う faire commerce d'articles de consommation courante

明らかな évident(e), clair(e) /だれの目にも明らかな évident(e) aux yeux de tous /根拠を明らかにする éclaircir les raisons /明らかな間違いだ C'est une erreur manifeste. /明らかにきみが悪い C'est toi qui a tort évidemment. /明らかだ L'origine du problème est claire [évidente].

あきらめ renoncement 男 /あきらめの悪い人ね Tu ferais mieux de vite abandonner.

あきらめる renoncer à... /運が悪かったとあきらめる se résigner à son sort /あきらめられないよ J'aurais aimé que ça se termine mieux. /最初からあきらめていたわけではない Je ne t'avoue pas vaincu dès le départ. /最後まであきらめないよ Jusqu'au bout, je ne renoncerai pas. /☺︎もう、いいぞ Je renonce! /もうどうしようもない Il n'y a plus rien à faire.

飽きる se fatiguer, en avoir assez /...するのに飽きる s'ennuyer à... /勉強に飽きる se fatiguer du travail /飽きずに sans se lasser /ごちそうを飽きるほど食べる manger des mets délicieux (jusqu'à) satiété /もう飽きた Ça ne m'intéresse plus.

あきれる être stupéfait(e) /この子の無知加減にはあきれる Cet enfant m'étonne par sa bêtise. /あきれたよ Je n'en reviens pas. ☺︎また食器を割ったのか、どうしようもないな Tu as encore de la vaisselle, c'est exaspérant. /また金を貸せだって? Quoi?

Tu veux encore que je te prête de l'argent?

開く (s')ouvrir 店が開く On ouvre le magasin. /箱のふたが開かない Cette boîte ne veut pas s'ouvrir.

空く se vider 空いた箱を利用するutiliser un boîte vide /時間が空く avoir du temps libre /空いたいすに座ってください Prenez une chaise libre.

悪 mal 悪に染まる tomber dans le vice /(ボードレールの)『悪の華』 *Les Fleurs du mal*

悪意 malveillance 女, mauvaise intention 女 /悪意を抱く être malveillant(e) pour [envers] ... /悪意のないことだったと思って許してやってください Excusez-le, il a fait une bêtise, mais c'était sans mauvaise intention.

悪事 mauvaises action 女, méfait 男 /人に隠れて悪事を働く commettre de mauvaises actions à la dérobée [en cachette]

握手する se serrer la main けんかをやめて握手する se serrer la main après un dispute

悪循環 cercle vicieux 男 /悪循環から抜け出す s'arracher d'un cercle vicieux

アクセサリー bijou 男, bijou fantaisie 男 /カーアクセサリー accessoires d'automobile

アクセル accélérateur 男 /アクセルを踏み込む enfoncer l'accélérateur

アクセント accent 男 /アクセントがある avoir l'accent /最後の音節にアクセントを置く accentuer la dernière syllabe

悪党 bandit 男, scélérat 男 /名うての悪党 scélérat notoire

悪徳 vice 男

あくび bâillement 男 /あくびをする bâiller /眠くてあくびが出る bâiller de sommeil /あくびをかみ殺す retenir un bâillement /あごが外れるほど大きくあくびをする bâiller à se décrocher la mâchoire

悪魔 diable 男, démon 男 /悪魔のような démoniaque /心に悪魔がすむ être possédé(e) par le diable /悪魔にたましいを売る vendre son âme au diable /(ベルナノスの)『悪魔の陽のもとに』 *Sous le soleil de Satan*

あくまで あくまで…を persister à... /事故の原因をあくまで追及するつもりだ Je persisterai à rechercher la cause de l'accident.

悪夢 cauchemar 男 /悪夢にうなされる avoir un cauchemar /悪夢から抜け出す sortir d'un cauchemar /悪夢のような一晩 nuit cauchemardesque /彼女に振られるなんて悪夢だ Elle m'a plaqué, c'est un cauchemar.

明くる 明くる朝 le lendemain matin /明くる年 l'année suivante

アクロバット acrobatie 女 /アクロバット飛行 acrobatie aérienne

揚げ足 人の揚げ足を取るやつだな Tu

あげく es du genre à tirer profit des paroles malheureuses dites par les autres.

あげく à la fin, enfin, finalement, en fin de compte／さんざん…したあげく après avoir＋過去分詞＋longtemps／考えたあげく toute réflexion faite

開ける ouvrir／本の14ページを開けなさい Ouvrez votre livre à la page quatorze.

空ける vider／時間を空ける donner de la marge／1字空ける laisser un blanc entre deux lettres

明ける 明けても暮れても tout le temps／夜が明ける Le jour se lève.／梅雨がやっと明ける La saison des pluies prend finalement fin.／除夜の鐘とともに年が明ける L'année se renouvelle aux 108 coups de cloches de la Saint-Sylvestre.

上げる lever, monter；〔増やす〕augmenter／空の箱を棚に上げる mettre une boîte vide sur l'étagère

挙げる 〔手を〕lever；〔例を〕citer, donner

揚げる 積み荷を陸に揚げる débarquer des cargaisons

あご mâchoire 囡, menton 男／無意識にあごをさする se frotter le menton machinalement／あごをしゃくって場所を示す désigner un endroit du menton

◇**あごで使う** manier... par le bout du nez／**あごを出す** s'épuiser

⇨あごひげ barbe

あこがれ aspiration 囡；〔夢〕rêve 男／あこがれのまなざし regard d'admiration／未知へのあこがれ aspiration vers l'inconnu／あこがれの一戸建てを手に入れた J'ai enfin acheté la maison de mes rêves!

あこがれる aspirer, rêver；〔崇拝する〕adorer／宇宙飛行士にあこがれる rêver de devenir astronaute／フランスに行きたいとあこがれる aspirer à aller en France

朝 matin 男／朝早く de bon [grand] matin／きょうの朝 ce matin／毎朝 chaque matin, tous les matins／いい朝ですね Quelle belle matinée!／朝は強くないんです Je ne suis pas une personne du matin.

あざ meurtrissure 囡〔青あざ〕bleu 男／彼は転んだときのあざがまだ残っている Il a encore des marques de sa chute.

浅い peu profond(e)

あざけり raillerie 囡

あざける se moquer de..., railler／他人をあざける se moquer des autres

あさって après-demain／あさっての晩に après-demain soir／しあさって après après-demain

朝寝坊 gros dormeur(se) 男／朝寝坊する faire la grasse matinée

朝日 soleil levant 男

浅ましい 〔みじめ〕misérable, piteux(se)；〔下劣〕bas(se), vil(e)

欺く tromper, duper／敵の目を欺く tromper les yeux de l'ennemi／昼を欺く明るさ clarté comme en plein jour

朝飯前だ C'est un jeu d'enfant.

鮮やかだ 〔色・形が〕vif(ve), éclatant(e), net(te)；〔腕前が〕habile／鮮やかじゃない〔心に〕Je vois d'ici；〔目立つ〕distinct(e)／鮮やかに描く exprimer nettement／緑が鮮やかだ Le vert est éclatant.／鮮やかな色おお似合いですね Cette couleur vive vous va bien.

あさる 女をあさる draguer les filles／ごみ箱をあさる fouiller dans une poubelle／読みあさる lire tous les livres au hasard／買いあさる faire la chasse à...

あざわらう ricaner

足・脚 pied 男, jambe 囡；〔動物の〕patte 囡／足の先から頭のてっぺんまで des pieds à la tête／脚を組む croiser les jambes／足の裏 plante du pied／机の脚 pied de bureau／足が太い avoir de grosses jambes／彼は足が速い Il court vite.／足〈＝交通機関〉を奪われる être privé(e) de moyens de transport／交通の足が乱れている Les moyens de transport sont interrompus.

◇**足が地に着かない** perdre son sang-froid／**足がつく** 〔犯人などの〕être dépisté(e)／**足が棒になる** avoir les jambes comme du coton／**歩き詰めで足が棒だ** J'ai tellement marché que je ne sens plus mes jambes.／**足に任せる** 足に任せて歩く marcher au hasard／**足を洗う** renoncer à...／**足を延ばす** aller au delà du but fixé／**足を運ぶ** aller, visiter, rendre visite／**足を引っ張る** empêcher le succès de／**足が出るほど暮らせない** avoir une grosse dette de reconnaissance envers...

味 goût 男, saveur 囡／味をつける assaisonner／味がする avoir un goût de...／味なことを言う parler spirituellement／味なことをやる montrer de l'esprit／味のある文体 style qui a de la saveur

◇**味もそっけもない** insipide／**味を占める** s'enhardir par ses premiers succès

アジア Asie 囡／東南アジア Asie du Sud-Est

足跡 empreinte des pas 囡, trace 囡／クマの足跡 piste d'un ours／獲物の足跡を追う suivre le gibier à la trace／偉大な足跡を残す marquer une étape importante

足音 bruit de pas 男／足音を忍ばせて à pas de loup／春の足音が聞こえる On sent l'approche du printemps.

足首 cheville 囡／足首をくじく se tordre la cheville

足腰 もう若いころのように足腰がじょうぶでない n'avoir plus ses jambes de vingt ans

あした（→あす）あしたは授業がない Il n'y a pas cours demain. ／さようなら，またあした Au revoir, à demain.

足手まとい きみはじゃまといだ Tu es toujours dans mes jambes.

足取り pas, allure 囡

足並み 足並みをそろえる marcher au même pas ／足並みがばらばらだ ne pas s'accorder

足場 échaffaudage 男 ／足場を組む dresser un échaffaudage ／海外に足場をつくる former un point d'attache à l'étranger

足早 早足に歩く marcher d'un bon pas ／足早に通る passer d'un pas rapide ／足早にやって来る venir à pas rapides

足元 足元にうずくまる s'accroupir sur place ／足元がおぼつかない chanceler ／足元を固める affermir sa situation ／足元から崩れる s'écrouler par la base ／足元に気をつけて Faites attention où vous mettez les pieds.
◇ 足元に火がつく Le danger approche. 足元の明るいうちに avant la tombée de la nuit, avant qu'il ne soit trop tard ／足元を見る〔=相手の弱みにつけこむ〕 profiter de la faiblesse [des points faibles] de...

味わい saveur 囡, succulence 囡 ／深い味わい saveur profonde ／原文の味わい saveur du texte originel ／ひなびた味わいの家 maison rustique

味わう goûter, déguster, savourer ／ここの名物ですが，味わってみてください C'est la spécialité de la région, je vous en prie goutez.

足技 techniques de pieds 女複

あす demain ／あすの朝 demain matin ／あすの日本 le Japon de demain ／日本のあすを担う porter l'avenir du Japon sur les épaules ／あすのことは分からない On ne connaît pas l'avenir.

預かる garder ／留守の間，猫を預かってもらえる Est-ce que je peux vous laisser mon chat pendant mon absence?

預ける déposer, confier ／友人に子供を預ける confier son enfant à un(une) ami(e)

アスファルト asphalte 男 ／アスファルトで舗装する asphalter

汗 sueur 囡 ／汗をかく suer, transpirer ／玉のような汗をかく suer à grosse goutte ／汗びっしょりになる être en nage, être baigné(e) de sueur ／汗が流れる La sueur coule. ／汗をふく essuyer la sueur ／額に汗して à la sueur de son front

焦り impatience 囡

焦る s'impatienter ／締め切りが近いから焦る La date limite approche. ／焦ると失敗する La précipitation est toujours source d'échec. ／あんまり美人なんで焦った J'ai perdu mon sang-froid devant sa beauté.

あせる〔褪せる〕 passer, se décolorer ／日に当たってカーテンの色があせた Le soleil a pâli les rideaux.

あそこ là-bas ／あそこが駅です Il y a la gare là-bas ／放課後にあそこで会おう On se voit à l'endroit habituel après la classe. ／あそこにあれ，どうした Et ce qui était là-bas, qu'est-ce que tu en as fait? ／あそこまで言わなくてもいいと思う Je crois que tu n'as pas besoin d'en dire autant.

遊び jeu 男 ／遊びに行く aller jouer dehors ／悪い遊びを覚える prendre un mauvais chemin ／砂遊びをする jouer sur le tas de sable ／遊び半分で par jeu ／遊びじゃないんだからちゃんとやれよ Ce n'est pas du jeu! Travaille sérieusement. ／このゲームの遊び方知ってる？ Est-ce que tu peux me montrer comment on joue à ce jeu?

遊ぶ jouer à..., s'amuser ／パリに遊ぶ aller étudier à Paris tout en profitant du séjour ／仕事につけず1年遊ぶ rester un an sans trouver de travail ／けんちゃん，遊ぼ Ken, tu viens jouer avec moi? ／トランプをして遊ぼう Jouons aux cartes. ／よく学び，よく遊べ Apprends bien et amuse-toi bien. ／遊びにいらしてください Venez nous voir! ／一生遊んで暮らせればなあ Si je pouvais vivre pour toujours sans travailler...

あだ 彼を信用したのがあだになった J'ai été puni de lui avoir fait confiance.

与える donner ; 〔贈る〕 offrir ; 〔商品などを〕 fournir ; 〔よいものを〕 procurer

あたかも comme, comme si ／時あたかも justement

温かい・暖かい chaud(e), doux(ce), tempéré(e) ; 〔心・態度が〕 chaleureux(se) ／暖かい日差し soleil doux ／暖かい風 vent tiède ／温かい手袋 gants chauds ／温かいスープ potage chaud ／暖かい色 couleur chaude ／温かい人柄 cœur tendre ／暖かく見守る regarder affectueusement ／温かくもてなす accueillir cordialement ／きょうは暖かい Il fait doux aujourd'hui. ／ふろの水はまだ温かいかな L'eau du bain est-elle encore bonne?

温まる・暖まる se réchauffer ／部屋が暖まる La pièce devient chaude.

温める・暖める chauffer; réchauffer ／スープを温める réchauffer la soupe ／旧交を温める renouer une ancienne amitié ／温めていたアイデアを発表する rendre publique une idée gardée secrète ／冷凍カレーをレンジで温めてください Faites réchauffer au four à micro-ondes le curry qui est dans le frigo.

あだ名 surnom 男, sobriquet 男 ／あだ名をつける appliquer un surnom [un sobriquet] à...

頭 tête 囡 ; 〔頭髪〕 cheveux 男複 ／頭を

頭から

頭から 頭から拒絶する refuser carrément

頭を 上げる lever la tête / 頭を刈ってもらう se faire couper les cheveux / 頭がいい intelligent(e) / 頭に浮かぶ venir à l'esprit / 頭をよぎる passer par la tête / (…ということを)よく頭に入れておいてください Mettez-vous bien dans l'idée que… / 一人あたま par tête / 彼女は進路の問題で頭を悩ませている Elle se fait du souci à propos de sa carrière.
◇ 頭が上がらない ne jamais être l'égal(ale) de… / 彼は奥さんに頭が上がらない Il se laisse mener par sa femme. 頭が痛い avoir mal à la tête ; 〔悩む〕 se tourmenter 頭が割れるように痛い avoir un terrible mal de tête 頭が固い être têtu(e) / 頭が固いね Tu as la tête dure. 頭が切れる avoir l'esprit agile [rapide, vif] 頭隠して尻かくさず se mettre la tête sous l'aile 頭が下がる 〔尊敬する〕 admirer 頭に来る 頭に来るよ Ça m'énerve. 頭を痛める 〔悩む〕 se casser la tête 頭を抱える 〔考え悩む〕 être à bout de ressources 頭を下げる baisser la tête ; 〔謝る〕 s'excuser 頭をひねる se torturer le cerveau 頭を冷やす reprendre son sang-froid ; 〔冷静になる〕 se rafraîchir le front 頭を丸める se faire raser la tête (pour devenir bonze)

頭金 arrhes 図 頭金を入れる verser des arrhes

新しい nouveau(elle), neuf(ve) 〔新しい車〕〔新車〕 voiture neuve (★「新型車」は voiture nouvelle, 「新しく買い換えた車」は nouvelle voiture) / 新しい教科書〔新品の〕 manuel neuf / 新版の〕 manuel nouveau / 新しい考え方 idée nouvelle / 新しく(=最近)できた店 magasin nouvellement ouvert / 新しく生え変わる repousser à nouveau / 新しい年を迎える Le nouvel an arrive.

辺り alentours 男複, environs 男複 辺りを見回す regarder autour de soi / 辺り一面 partout / 辺り構わず sans se soucier du regard des autres / この辺りに dans ces environs, par ici / この辺りは桜の木が多い Dans les alentours, il y a beaucoup de cerisiers.

当たり 使用人への当たりが柔らかい être affable envers des employés

当たり障り 当たり障りのないおしゃべりをする bavarder de la pluie et du beau temps

当たり散らす décharger sa colère sur…

当たり年 ブドウの当たり年だ C'est une bonne année pour la viticulture.

当たり外れ フランスワインは当たり外れが少ない Avec le vin français on a peu de chances de se tromper.

あたりまえの normal(ale), naturel(le) 彼はあたりまえのことしか言わない Il ne dit que des choses banales.

当たる 〔ぶつかる〕 frapper, heurter ; 〔命中〕 的中〕 toucher 風に当たる s'exposer au vent / 火に当たる se chauffer au feu / 手強い相手に当たる affronter un ennemi redoutable / …の意味に当たる語 le mot équivalent à… / フグに当たる être empoisonné(é) par un poisson globe / (…するに)当たらない Il n'y a pas de quoi… / あしたが彼の命日に当たる Le jour anniversaire de sa mort tombe demain. / ぼくの家は学校の東に当たる Ma maison est située à l'est de l'école. / 私に当たらないでよ Ne t'en prends pas à moi. / 当たって砕けろ Tant pis, je tente le coup.

あちこち partout, çà et là, par-ci, par-là あちこち探し回る chercher partout / 話があちこちになる L'histoire part dans tous les sens.

あちら あちらからお入りください Entrez par là. / あちらの品を見せてください Voulez-vous me montrer cet article-là ? / あちらに海が見えます On voit la mer là. / あちらは山田さんです Cette personne-là est monsieur Yamada.

暑い・熱い chaud(e) 暑くてのどが渇く avoir soif à cause de la chaleur / 熱いお茶を飲む boire du thé chaud / 暑い盛りに en pleine chaleur / きょうは特に暑い Il fait particulièrement chaud aujourd'hui. / 暑くありませんか Vous n'avez pas chaud ? / 32度になった ずいぶん暑いね On a atteint les 32 degrés. Quelle chaleur ! / 彼はすぐ熱くなる(=熱中する) Il s'enthousiasme aisément.

厚い épais(se) ; 〔病気が重い〕 grave 氷が厚く張る être recouvert(e) d'une couche épaisse de glace / 厚いもてなしを受ける recevoir un accueil cordial / 厚くお礼を申し上げます Je vous remercie chaleureusement.

悪化 aggravation 囡 悪化する s'aggraver / この政策は教育の質の悪化につながる Cette politique va dégrader la qualité de l'enseignement.

扱う 〔物・道具を〕 manier, manipuler ; 〔人・問題を〕 traiter 器用に鋏を扱う manier avec habileté le pinceau / 動物を扱った物語 histoire qui traite des animaux / この商品は当店では扱っていません Nous n'avons pas cet article dans notre magasin.

厚かましい impudent(e), indiscret(ète), effronté(e) 厚かましくも… avoir l'aplomb de… / なんて厚かましい Quel effronté ! / 厚かましいお願いですが… J'ai quelque chose d'indiscret à vous demander, mais…

圧巻 物語の圧巻 point culminant de l'histoire / あれは圧巻の…だった C'était le [la] meilleur(e)…!

暑さ chaleur 囡 むせ返るような暑さ chaleur étouffante

厚さ épaisseur 囡 厚さ40センチの壁 mur épais de 40cm

あっさりと simplement, facilement /あっさり断る refuser purement et simplement /あっさりしたものを食べる manger léger /あっさりした味つけ assaisonnement léger /あっさり引き下がった L'adversaire s'est retiré sans trop de résistance.

圧する 会場を圧する conquérir l'audience [le public de la salle]

斡旋する 就職先を斡旋する trouver un emploi à… /労働争議で斡旋を行う intervenir dans le conflit entre ouvriers et patrons

あっち (→あちら) 見せ物じゃなくて, あっち行って Il n'y a rien à voir, éloignez-vous.

圧倒する écraser 圧倒的な勝利 victoire écrasante /精神力に圧倒される succomber à la force d'un esprit

集まり réunion 囡 きょうの会は集まりが悪い Il y a du monde à la réunion aujourd'hui.

集まる se réunir, se rassembler 集まってください Regroupez-vous.

集める réunir, rassembler; [収集] collectionner 全校生徒を集める rassembler tous les élèves

あつらえる commander 背広をあつらえる commander un costume

圧力 pression 囡 圧力をかける faire pression /圧力に屈する céder à la pression /圧力をはねのける rejeter la pression /圧力が高い La pression est haute.

◇ **圧力計** manomètre 圧力団体 lobby 圧力なべ autocuiseur 男

あてがう donner, appliquer 部屋をあてがう assigner une chambre /手を腰にあてがう mettre les mains sur les hanches

あて先 adresse, destination 囡 どちらのあて先にお送りしますか Où est-ce que je dois adresser ce courrier?

当てにする se fier à…, compter sur… /当て外れの décevant(e) /当てもなく歩く marcher à l'aventure /当てにならない人だよ On ne peut pas compter sur toi. /今年のボーナスが当てが外れた Cette année je n'ai pas eu la prime que j'attendais. /おばには莫大な遺産がある当てがある Elle a de belles espérances du côté d'une tante.

あて (宛て) (…) あての手紙 lettre adressée à…

当てはまる s'appliquer ここに当てはまることばを探しなさい Cherchez le mot correspondant.

当てる 〔的に〕atteindre /〔推測して〕deviner 一発で的に当てる atteindre la cible à un coup /ラケットにボールを当てる frapper une balle avec une raquette /壁に耳を当てる appliquer son oreille au mur /〔賞品〕車を当てる gagner une voiture /生徒を出席簿の順に当てる désigner les élèves selon la liste

充てる consacrer à… 予算の一部を宣伝費用に充てる consacrer une partie du budget à la publicité

跡 marque 囡, trace 囡, empreinte 囡 跡を継ぐ succéder à… /跡をくらます laisser s'effacer les traces /かいちゃだめ, 跡が残るよ Il ne faut pas gratter. /絵画どろぼうは跡を絶たない Les voleurs de tableaux arrivent les uns après les autres.

後 après, dans (★指事から見て「…後に」のときは dans +期間, 過去のある時点から見て「…後に」のときは期間+après) 2時間後に dans deux ans /それから3日目後に trois jours après /パリからローマに向かう quitter Paris pour Rome /すぐ後から行く suivre immédiatement /後でもう一度考える réfléchir encore une fois plus tard /後に回す remettre… à plus tard /後を任せる charger son travail à… comme successeur /後は残りをあげる Tu peux prendre le reste. /あと10歳若かったらなあ Si j'avais dix ans de moins!

◇ **後にも先にも** 後にも先にもこんな機会は二度となかった De telles circonstances ne se sont jamais retrouvées. **後の祭り** Il est trop tard de pleurer une fois que le mal est fait. **後は野となれ山となれ** Après moi le déluge. **後へ引く** こうなった後へは引けない Arrivé à ce point, il ne reste qu'à avancer. **後を追う** 〔追跡〕poursuivre, courir après…; 〔死ぬ〕suivre… dans la tombe **後を引く** この事件は後を引く Cet accident laisse des influences désagréables. /このお菓子は後を引く Quand on commence à manger de ce gâteau, on ne peut plus s'arrêter.

後かたづけ remise en ordre

後がまに座る succéder à…

後腐れ 後腐れがないように pour éviter de futures troubles

あどけない candide, innocent(e), naïf(ve) あどけない少女 une jeune fille naïve /あどけない表情 physionomie innocente

後先 後先考えずに事業に乗り出す se jeter dans une affaire tête baissée

アドバイス conseil 男 アドバイスがほしい J'ai besoin de votre conseil.

後払い paiement différé /送料後払いで en port dû

アドリブ improvisation 囡 アドリブで演奏する jouer ad libitum /アドリブで切り抜ける s'en tirer en improvisant

穴 trou, fosse 囡 穴を掘る creuser un trou /壁に穴を開ける percer un trou dans le mur

◇ **穴があったら入りたい** Je voudrais rentrer sous terre. **穴のあくほど見る** fixer

穴馬 outsider 男 穴馬を当てる gagner sur un outsider

穴埋め (借金・欠員の)穴埋めをする boucher un trou

アナウンサー présenta*teur*(*trice*) (de TV [radio])

あながち あながちそうとも限らない Ce n'est pas toujours ainsi.

あなた vous, tu;〔夫への呼びかけ〕mon chéri 次はあなたです C'est à vous maintenant.

侮る faire peu de cas de..., sous-estimer 敵を侮る sous-estimer l'adversaire /侮りがたい non négligeable

穴場 釣りの穴場 bon coin (que personne ne connaît) pour pêcher

アナログの analogique

兄 (grand) frère 男 兄が1人と妹が1人いる J'ai un grand frère et une petite sœur.

アニメ animation 女, dessin animé
◇ アニメ(ーション)映画 film d'animation 男

姉 (grande) sœur 女

あの ce, ce moment(-là) / あの件について話そう Parlons un peu de cette affaire. /確か, あの…さんでしたよね Certes, c'était bien ce Monsieur... / あの木を見なさい Regarde cet arbre-là →こ

アパート appartement 男;〔ワンルームの〕studio 男

暴く dévoiler, révéler 墓を暴く violer une sépulture /不正を暴く dénoncer l'injustice

あばた traces de variole
◇ あばたもえくぼ Pour celui qui est amoureux, il n'y a pas de laideur.

アパルトヘイト apartheid 男

暴れる se démener, se débattre めちゃくちゃに暴れる se démener comme un diable

アパレル vêtement 男 アパレル産業 industrie du vêtement

アバンギャルド avant-garde

浴びせる 悪口雑言を浴びせる couvrir... d'injures

浴びる 水を浴びる s'asperger d'eau / 日差しを浴びる se baigner dans le soleil

アブ(虻) taon 男 虻蜂取らず Qui trop embrasse mal étreint.

危ない dangereux(se), risqué(e);〔有害な〕nocif(ve) 危ない! Attention! /命が危ない目にあう être exposé(e) au danger /危うく…する manquer de +不定詞, faillir +不定詞 /命が危ない Sa vie est en danger. /道路で遊ぶのは危ない Il est dangereux de s'amuser sur la route. /最近会社が危ない La société est en mauvaise posture ces temps-ci. /危ないところだったよ Tu l'as échappé belle.

油・脂 huile 女, graisse 女 油でいためる cuire à l'huile /油をさす lubrifier, huiler /牛の脂 graisse de poisson /油を流したような海 mer d'un calme plat /脂っこい料理は胃にもたれる La cuisine trop riche reste sur l'estomac. /油が切れたせいか疲れた Je ne sais pas ce que j'ai mais je suis vidé(e).

油を売る(=さぼる) passer son temps à bavarder 油を絞る(=とっちめる) laver la tête à... さんざん油を絞られた Je me suis fait attraper comme un poisson pourri.

アフリカ Afrique 女 南アフリカ Afrique du Sud
◇ アフリカ人 Africain(e) 名

あぶる rôtir, griller 手をあぶる se chauffer les mains /火であぶる faire chauffer à petit feu

アプレゲール après-guerre

あふれる déborder あふれそうなコップ verre plein à déborder /川の水があふれる Le fleuve déborde. /あふれる胸の思いを打ち明ける épancher le trop-plein de son c[œ]ur

あべこべ inverse, opposé(e) あべこべの方向 sens opposé /順序をあべこべに en ordre inverse /左右あべこべだ La droite et la gauche sont à l'envers.

アペリチフ〔食前酒〕apéritif 男

甘い〔砂糖で〕sucré(e), doux(ce);〔人に〕indulgent(e) 甘いジュースを飲む boire du jus sucré /甘いものに目がない raffoler de sucreries /親は子に甘い Les parents sont indulgents pour leurs enfants. /甘いことばに乗るな Ne te laisse pas prendre par des paroles mielleuses. /甘いやつだな Tu rêves un peu trop.
◇ 甘い汁を吸う amener [tirer] la couverture à soi 甘く見る いやだった, 彼を甘く見てた Je ne m'y attendais pas. Il a été plus fort que moi.

甘える se faire cajoler [dorloter] par... 親に甘える profiter de l'indulgence des parents /好意に甘える abuser de la bienveillance de... /ことばに甘えて…します Je profite de votre indulgence pour... /おんぶして―ていつまで甘えてるの Mets-moi sur ton dos. — Jusqu'à quand est-ce que tu vas te faire dorloter ainsi?

天下り pantouflage 男

アマチュア amateur 男 アマチュアカメラマン photographe amateur /アマチュア精神 amateurisme 男

雨戸 volet 男

甘やかす dorloter, gâter

雨宿りする se mettre à l'abri de la pluie

あまり trop うれしさのあまり par excès de joie /おそろしさのあまり声も出ない La peur est si grande que je reste sans voix. /あまりのいたずらに腹が立つ C'est une trop mauvaise farce pour que je rentre ma colère.

余り reste 男, restant 男, superflu 男 おこづかいの余り reste de l'argent de poche /5年余り前 il y a un peu plus de cinq ans

余りある 察するに余りある dépasser toute imagination /彼の美点は欠点を補って余りある Ses qualités rachètent largement ses défauts.

余る rester 身に余る光栄 honneurs

immérités / 時間が余る Il reste du temps.

甘んじる se contenter de..., se résigner à... avec résignation

網 filet 男, réseau 男 網を張る tendre un filet / 法の網をくぐる éluder la loi / 魚が網にかかる Les poissons sont pris aux filets.

網棚 filet (à bagages) 男

網の目 maille 女

編む tricoter

雨 pluie 女 雨が降る Il pleut. / 雨にぬれる se mouiller par la pluie / 雨がやんだ La pluie a cessé. / あれ, 雨かな, ぱらぱらっと来たぞ Il y a des gouttes de pluie, on dirait qu'il commence à pleuvoir. / 月曜と雨の日はゆううつだ Le lundi et les jours de pluie, c'est mélancolique.
◇雨降って地固まる Après la pluie le beau temps.

あめ(飴) bonbon 男, sucre d'orge 男 あめをなめる sucer un bonbon

アメリカ Amérique 女; [合衆国] Etats-Unis 男複 北アメリカ Amérique du Nord / 南アメリカ Amérique du Sud / ラテンアメリカ Amérique latine / 〈トリュフォーの〉『アメリカの夜』 La Nuit américaine / 〈アラン・レネの〉『アメリカの伯父さん』 Mon Oncle d'Amérique

アメリカ人 Américain(e) 名 アメリカナイズする américaniser

危うい 危うく死にそうになる frôler la mort

あやかる désirer avoir la chance d'un gagnant 私もあの人にあやかりたいものだ J'aimerais bien qu'il me donne un peu de sa chance...

怪しい douteux(se), suspect(e) 空模様が怪しい Le temps est menaçant. / 怪しい話だ Ce sont des paroles plutôt douteuses. / 彼女が来るかどうか怪しいものだ Je doute qu'elle vienne. / 怪しい人が歩いているのを見た J'ai vu un type louche qui passait.

操る manœuvrer 陰で操る tirer les ficelles / 英語を自在に操る avoir une bonne maîtrise de l'anglais

過ち faute 女, erreur 女 過ちを犯す commettre une faute / 過ちを悔いる se repentir de ses fautes / 過ちを改める réparer ses fautes / 過ちを責める reprocher la faute de... / 過ちを許す pardonner [excuser] une faute / 若気の過ち erreurs de jeunesse

過り faute 女, erreur 女 自分の誤りに気づく se rendre compte de son erreur

謝る demander pardon, s'excuser 謝ってもだめだよ Même tes excuses n'y feront rien. / 弁解しないですなおに謝れよ Ne cherche pas d'explications et excuse-toi tout simplement. / まちがいに気づいたらすぐ謝りなさい Si tu reconnais que tu t'es trompé, excuse-toi de suite. / 謝って済む問題ではない Tu ne t'en tireras pas en t'excusant. / 口先だけで謝ってなどだめだ Il faut s'excuser sincèrement. / ごめんなさい Pardonnez-moi. / すみません Je suis désolé(e). / 許して Je te prie de m'excuser. [= Je te demande pardon.] / 悪く思わないで Ne le prends pas mal. [= Ne m'en veux pas.] / そんなつもりじゃなかった Je n'en avais pas l'intention. / 私がいけなかった C'est de ma faute. / ごめん, もうしないよ Excuse-moi. Cela ne se reproduira plus. / 返信が遅くなり申し訳ありません Excusez-moi d'envoyer ma réponse en retard.

誤る se tromper

歩み marche 女, pas 男, cheminement 男 歩みを続ける poursuivre sa marche / 歴史の歩み marche de l'histoire / 100年の歩み évolution pendant cent ans

歩み寄り rapprochement 男 東西両陣営の歩み寄りを背景に dans le contexte du rapprochement entre l'Est et l'Ouest

歩み寄る [近づく] s'approcher de...; [譲歩] se faire des concessions mutuelles

歩む marcher (→歩く) 苦難の道を歩む marcher sur le chemin de croix / 幸せな人生を歩む mener une vie heureuse

荒い brutal(e), violent(e) 荒い波 vague agitée

粗い grossier(ère) 肌のきめが粗い avoir la peau rugueuse / 目の粗いセーター chandail à larges mailles / 粗く見積もる estimer approximativement / 計画が粗い Le plan est bâclé.

洗いざらい complètement, entièrement, totalement 洗いざらい打ち明ける avouer tout / 洗いざらいお金をかっさらう rafler tout l'argent

洗う laver, nettoyer 手を洗う se laver les mains / 心が洗われる Le cœur est purifié.

あらがう résister à... 冒険のあらがいたい魅力 attrait irrésistible de l'aventure

あらかじめ d'avance, par avance あらかじめ必要な手をすべて打つ prendre par avance toutes les mesures nécessaires

粗削り・荒削り dégrossissage 男, dégrossissement 男 粗削りする dégrossir / 粗削りな文章 style grossier

あらし tempête 女, orage 男 あらしに遭う être assailli(e) par la tempête / あらしが来る Une tempête s'élève.
◇あらしの前の静けさ calme avant la tempête

荒らす ravager, piller 動物が田畑を荒らす Des animaux ravagent les champs.

粗筋 résumé 男, argument 男 映画の筋をざっと話してくれますか Est-ce que vous pouvez nous résumer le contenu du film?

争い conflit 男; 〔乱闘〕mêlée 女; 〔言い争い〕querelle 女

争う lutter contre…, se battre って…する faire…, se faire mieux / 国が争う Les pays sont en guerre.

新たに 〔改めて〕à nouveau; 〔最近〕nouvellement, récemment 新たにつけ加える ajouter nouvellement / 装いも新たに sous un aspect tout nouveau

改まる 〔更新〕se renouveler; 〔改善〕s'améliorer 改まった口調で d'un ton cérémonieux / 年が改まる La nouvelle année commence.

改めて à nouveau この件は改めて説明します En ce qui concerne cela, je vous donnerai des explications plus tard.

改める changer, modifier, réviser; 〔改善〕améliorer; 〔矯正〕corriger

アラビア Arabie 女
◯ アラビア数字 chiffres arabes 男複

あらまし aperçu 男, esquisse 女, résumé 男, sommaire 男 あらましを話す donner un aperçu de… / 計画のあらましを述べる tracer les grandes lignes d'un projet

あられ 〔空から降る〕grêle 女 あられが降っている Il tombe de la grêle.

あらわ découvert(e), nu(e) 肩もあらわに the épaules nues / 対立があらわになる L'opposition se manifeste [perce].

表す・現す 〔表現〕exprimer, manifester, montrer; 〔表示〕représenter 動揺を表情に表す manifester son émotion / 自分の意見をことばに表す exprimer son opinion

著す 本を著す écrire un livre; 〔出版する〕publier

表れる・現れる apparaître, se montrer; 〔急に〕surgir 彼本人が現れる Il se montre en personne.

アリ fourmi 女 働きアリ fourmi aptère

あり余る surabonder

ありうる possible ありえない！C'est pas possible! / 彼はうそをついたんだ―十分ありうる Il avait menti. ― C'est fort possible.

ありがたい ありがたいことに好天に恵まれた On a eu de la chance, il a fait beau.

ありがとう merci

ありさま aspect 男, état 男, spectacle 男 痛々しいありさまで dans un état pitoyable / ふるさとの今のありさまを見て au spectacle actuel de mon pays / なんてありさまだ、いったい何があったの Te voilà bien arrangé! Qu'est-ce qui t'est arrivé?

アリバイ alibi 男 アリバイをでっち上げる se forger un alibi / アリバイのあやしい C'est lui qui est louche puisqu'il n'a pas d'alibi.

ありふれた banal(ale), commun(e), ordinaire ありふれた表現 expression banale

ある 〔有る・在る〕il y a, exister, être, se trouver 机の上に本がある Il y a un livre sur le bureau. / その銀行は駅前にある Cette banque est située devant la gare. / 今までに日本に行ったことがありますか Est-ce que vous êtes déjà allé(e) au Japon?
◇ **あらん限り** あらん限りの手を尽くす essayer tous les moyens possibles et imaginables あることないこと言う raconter n'importe quoi

ある 〔或る〕un(e), certain(e) ある日 un 〔certain〕jour / ある人 quelqu'un / ある日ある時 une fois ou l'autre / ある所 dans un endroit

あるいは 〔或〕ou; 〔ひょっとして〕peut-être ペンあるいは筆で書く écrire avec stylo à bille ou au crayon / ある人・あるいは… les uns…, les autres… / あるいは…かもしれない Il se peut que +接続法

アルカリ alcali

歩く marcher, aller à pied すたすた歩く marcher vite / 道を歩く marcher sur un chemin / 小さくなって歩く marcher en se faisant tout petit / 駅まで歩こうか? On va à pied jusqu'à la gare? / 店まで歩いて5分かかる Il faut cinq minutes à pied pour aller jusqu'à ce magasin.

アルコール alcool 男 彼は明らかにアルコールが入っている Il a bu, c'est évident.
◯ **アルコール依存症** alcoolisme 男
◯ **アルコール中毒者** alcoolique 名
◯ **アルコール度数** degré alcoolique 男

アルツハイマー病 maladie d'Alzheimer 女

アルバイト job 男, petit boulot 男 アルバイトを探す chercher un job / アルバイトの学生を雇う employer des étudiants pour un job occasionnel / アルバイトでなんとか食いつなぐよ J'arriverai à gagner ma croûte avec ce petit boulot.

アルバム album 男 アルバムに写真をはる coller des photos sur la page de l'album / アルバムをめくる tourner les pages de l'album / マイケル・ジャクソンの2枚目のアルバム second album de Michael Jackson

あるまじき 警官としてあるまじき行為 conduite indigne d'un policier

あれ cela, ça あれをご覧 Regardez cela. / あれから10年たった Dix ans se sont passé depuis ce moment-là. / あれはまじめな男だ C'est un type sérieux. / なんていったかな、…に使うあれ Comment ça s'appelle, ce truc qu'on utilise pour…

あれこれ あれこれの思い出が交錯する Divers souvenirs se superposent.

荒れる 〔天候が〕devenir orageux(se); 〔性行〕devenir rude 彼は生活が荒れている Sa vie se déprave. / 会議は大荒れだった La séance a été houleuse.

アレルギー allergie 女 数学アレルギーがある avoir de l'allergie pour les

math(s)
泡〔水の〕bulle 囡;〔海・口の〕écume 囡/〔せっけんの〕mousse 囡
◇泡を食う perdre la tête, se troubler 口角泡を飛ばして postillonner, écumer /ひと泡吹かす troubler...par surprise
淡い faible, léger(ère) 淡い香り parfum léger /淡い色合い teinte faible /淡い望み faible espoir
合わせる・併せる〔結合〕joindre, unir;〔調整〕ajuster, accorder 手を合わせる joindre les mains /服を体のサイズに合わせる ajuster un vêtement à sa taille /合わせていくらですか Ça fait combien en tout?
慌ただしい précipité(e) 慌ただしく出発する partir précipitamment /慌ただしい生活 vie affairée
泡立つ écumer, mousser 泡立てる battre, fouetter
慌て者 étourdi(e) 囡
慌てる〔急ぐ〕se précipiter;〔動揺する〕se déconcerter, se décontenancer 慌てて…する faire...avec précipitation /慌てて外に出る se précipiter dehors /慌てないで Ne t'affole pas.
あわよくば si la chance lui sourit
哀れな(→かわいそう) 哀れな身の上 situation pitoyable
哀れみ pitié 囡, compassion 囡 哀れみをかける avoir pitié de..., prendre...en pitié /哀れみ深い compatissant(e)
哀れむ plaindre
案 plan 男, projet 男 案を練る élaborer un projet /案に相談して contre toute attente /いい案だ C'est une bonne idée.
安易な aisé(e), facile 安易に考える prendre les choses à la légère /安易な道を選ぶ se laisser aller à la facilité [=choisir la facilité] /安易な態度 attitude sans honnêteté
案外(→意外) 国語のテストは案外よくできた J'ai mieux réussi à l'examen de japonais que je ne le croyais.
暗記する apprendre par cœur このテキストを暗記しなさい Apprenez ce texte par cœur.
行脚 pélerinage 男, voyage 男 全国を行脚する voyager par tout le pays à pied
アンケート enquête 囡 アンケートをとる faire une enquête /アンケートに答える répondre aux questions d'une enquête /アンケートにご協力ください Ayez la gentillesse de bien vouloir répondre à l'enquête.
暗号 chiffre 男, code secret 男 暗号を読む déchiffrer un message codé
◇暗号文 cryptogramme 男
暗黒 obscurité 囡, ténèbres 囡 複
◇暗黒街 milieu louche 男
暗殺 assasinat 男 暗殺する assasiner

□暗殺者 assassin(e)
暗示 allusion 囡, suggestion 囡 暗示する suggérer /暗示にかける suggestionner /暗示にかかる se laisser suggestionner
暗礁 écueil 男, récif 男
◇暗礁に乗り上げる échouer sur un écueil 話し合いは暗礁に乗り上げた La négociation est tombée dans une impasse.
案じる (→心配する) 身の上を案じる s'inquiéter du sort de... /一計を案じる combiner un plan
安心する se rassurer 安心して…する faire...en toute tranquillité /安心して眠る dormir tranquille /ご安心ください Rassurez-vous. /母が元気になり安心した J'ai été rassuré(e) quant au rétablissement de ma mère. ⓒ やったじょうだぶ! Maintenant, je suis tiré d'affaire! /なんでもないよ Ça ne fait rien! /やれやれ Quel soulagement! /ほっとした Je respire!
案ずる (→案じる) 案ずるより産むがやすし La peur grossit les problèmes.
安全 sécurité 囡 安全な sûr(e) 安全を守る maintenir la sécurité /お金を安全な場所に隠す cacher de l'argent en lieu sûr /その地区はあまり安全ではない Le quartier n'est pas très sûr.
◇安全装置 dispositif de sécurité 男 安全地帯 refuge 男 安全ピン épingle de sûreté 囡 安全ベルト ceinture de sécurité 囡 安全保障条約 traité de sécurité 男 安全保障理事会 Conseil de sécurité 男
安息日〔キリスト教〕jour de repos 男;〔ユダヤ教〕sabat 男
安定 stabilité 囡, équilibre 男 安定した stable /生活の安定を得る avoir sa subsistance assurée
アンテナ antenne 囡 テレビアンテナ antenne de télévision /パラボラアンテナ antenne parabolique
安堵が soulagement 男 安堵する se rassurer, respirer /安堵の胸をなおろす éprouver un grand soulagement
あんな pareil(le), tel(le) あんなに飲むべきではなかった Il ne fallait pas tant boire. /あんなに恐ろしかったことはない Je n'ai jamais eu une telle peur.
案内する guider, conduire 受付で (…への)案内を頼む se faire annoncer chez... à la réception /客間に案内された On m'a introduit dans le salon. /旅行者を案内する guider un touriste /京都を案内してあげよう Je vais te piloter à [dans] Kyoto.
◇案内係 préposé(e) aux renseignements 男 /〔劇場の〕ouvreuse 囡 案内書 guide 男 案内書を見る consulter un guide 案内状 lettre d'invitation 囡
案の定だ Je m'y attendais!

案配

案配 arrangement 男, état 男（→ぐあい）案配に heureusement, par bonheur

アンバランス déséquilibre

安否 安否を気遣う craindre pour la sûreté de..., s'inquiéter du sort de...

あんまり (→あまり) それはあんまりだ C'est trop fort.

暗黙の tacite 暗黙の了解 entente tacite

安楽 aisance 女 安楽な aisé(e), confortable
◻安楽死 euthanasie

い

胃 estomac 男 胃が痛い avoir mal à l'estomac／胃にもたれる rester sur l'estomac（★「いやな思いが胸に残る」の意もある）／こんなものを食べると胃を悪くしますよ Ces aliments vous détraquent l'estomac.

意〔思い，考え〕pensée 女, sentiment 男；〔意志〕intention 女；〔意味〕sens 男 意に背く s'opposer à la volonté de... ／わが意を得たり Tout s'est passé comme je le souhaitais.
◇ **意に介さない** ne pas tenir compte de... 意のままに動かす mener... au doigt et à l'œil 意を汲んで理解する comprendre les sentiments de l'autre 意を決する se décider 意を尽くす s'exprimer parfaitement 意を強くする renforcer sa confiance en soi

異 différence 女 ［奇妙なこと］étrange 異なことを言う dire des choses bizarres
◇ **異とする** ...ということを異とするには足りない Il n'est pas étonnant que ＋接続法

いい bon(ne), bien；〔...してもいい〕pouvoir；〔...したほうがいい〕faire mieux, il vaut mieux これでいい？ Ça va comme ça? ／もういいよ(＝たくさんだ) Ça suffit.／ま，いいや Tant pis!／いいから気にするな Allez, cela va comme ça. Ne t'inquiète pas. ／まあいいじゃないか Ce n'est pas grave.／いい人だけどちょっとね Je l'aime bien mais sans plus.／入ってもいいですか Je peux entrer?／すぐ出かけたらいいでしょう Il vaut mieux qu'on parte tout de suite.／そんなことどうだっていい Cela n'a pas d'importance.

言い表す exprimer 言い表しようのないほど美しい beau(belle) au-delà des mots ／一口で言い表すのは難しい C'est difficile à expliquer en un mot.

いいえ non；〔否定疑問文に対して〕si あなたは山田さんですか？—いいえ違います Vous êtes Monsieur Yamada?—Non, ce n'est pas moi.／あなたは山田さんではないのですか—いいえ私が山田です. Vous n'êtes pas Monsieur Yamada?—Si, je suis Monsieur Yamada.

言い返す répliquer, riposter あいつに強く言い返してやった Je lui ai répondu sur le même ton. ☺よくできますね―自分はどうなんだ Tu fais souvent des erreurs. — Regarde-toi donc!

言い換えると en d'autres mots, autrement dit

いいかげんな bâclé(e) いいかげんな話をする parler de ce qui est incertain／ちょうどいいかげんの塩味にする saler un plat selon sa convenance ［＝Mais voyons.］／いいかげんにしろ Allons, donc. ［＝Mais voyons.］／いいかげんやめてほしいんだが J'aimerais bien que tu cesses un peu.／いいかげんなこと言うな Tu devrais assumer ce que tu as dit.／いいかげんいやになるよ Je me dégoûte moi-même.

言い方 manière ［façon］de dire ほかに言い方はないのかねえ Il n'a pas une autre manière de le dire?

いい気 いい気なもんだ Quelle suffisance!／いい気になるなよ Tu te prends pour qui!

言い聞かせる convaincre 約束を守るのが大事だと子供に言い聞かせる instruire un enfant de l'importance de tenir ses promesses／よく言い聞かせますから Je vais lui faire la morale, soyez-en sûr.

いい子 bon(ne) enfant いい子ぶる feindre d'être bien／いい子だから静かにしてくれ Sois gentil(le), calme-toi.

言い過ぎ 言い過ぎだよ Tu vas un peu trop loin.◇言っていいことと悪いことがあるよ Il y a des choses qu'on peut dire et d'autres pas.

言い出す commencer à dire, proposer さっきそれを言い出したのはあなたですよ C'est vous qui l'avez proposé.

言いつける ［命じる］commander；〔告げ口〕cafarder, rapporter 〔慣れる〕avoir l'habitude de dire 仕事を言いつけられる se voir attribuer un travail／弟が私のことを母に言いつけた Mon frère me cafarde à notre mère.／言いつけがましいあいさつはぎこちない Les formules de politesse forcées rendent gauche.

言いなりになる se laisser mener au doigt et à l'œil ［par le bout du nez］

言い逃れ faux-fuyant 男 へたな言い逃れはやめて Arrête tes faux-fuyants.

言い分 ［主張］opinion 女；〔異議〕objection 女；〔不満〕plainte 女 あいつも言い分はあるだろう Lui aussi, il a probablement son mot à dire.／そんな言い分は認めない Je n'admets pas de telles excuses.

言い回し expression 女, formule

女, tour 男, tournure 女 言い回しが巧みだ tourner bien des phrases / この言い回しをフランス語に訳すのは難しい Il est difficile de rendre en français cette tournure.
イーメール courrier électronique 男, e-mail 男 イーメールを送る envoyer un courrier électronique
◘ **イーメールアドレス** adresse du courrier électronique
言いよどむ balbutier, bafouiller ☺あのう Eh bien… /—えーと Euh… / どう言えばいいかな Comment dire? / フランス語でどう言うのかな Comment dit-on en français? / 何を言おうとしてたんだっけ,あっそうそう Qu'est-ce que j'allais dire? Ah oui, j'y suis.
言い寄る (…が)言い寄ってきた鼻であしらう rester froid devant les avances de…
言い訳 excuse 女, explication 女, prétexte 男 苦しい言い訳をする donner une mauvaise excuse / 言い訳がましくしゃべる parler en cherchant des prétextes / Pas d'excuse! ☺私のせいじゃない Ce n'est pas de ma faute. / 聞いてください Écoutez ce que j'ai à dire. / だって… Mais c'est que…
委員 membre 男 組合の委員長に選ばれる être élu(e) président du syndicat
◘ **委員会** comité 男; (政府·国際機関の) commission 女; ある件を委員会で検討する examiner une affaire en comité
言う dire 言いたいのは… Ce que je veux dire, c'est que… / 言いにくいんだけど Ça me gêne de te le dire, mais… / そう言えばそうですね Maintenant que vous le dites, je pense que c'est vrai. / そうは言うけどねえ C'est ce que tu dis, mais… / そうは言ってないよ Ce n'est pas ce que je dis. / それは言えるね Comme tu dis! / それを言われると弱いよ C'est dur de me l'entendre dire. / それならもっと早く言えよ Tu aurais dû le dire plus tôt. / そんなこと言ったって J'ai dit ça, moi? / そんなこと言っても Ç'est facile pour toi de le dire. / そんなこと言わないで Ne dis pas ça. / 何言ってるんだよ Qu'est-ce que tu racontes? / 何か言ったらどうだ Et si tu disais quelque chose? / 何て言ったらいいか Euh…, comment dire? / よく言うよ Comment peux-tu dire ça? / ノルマンディと言うとすぐにクレープとシードルだ Quand on parle de la Normandie, on pense tout de suite aux crêpes et au cidre.
◇ **言うまでもない** Cela va sans dire que… **言わぬが花** Mieux vaut ne rien dire…
家 maison 女, (家庭) famille 女, foyer 男 …の家で/に chez… /家を探す chercher un logement /家を買う acheter une maison /家を借りる louer une maison /家を建てる construire maison /大きな家を構える avoir une grande maison /家を空ける s'absenter de chez soi /家に帰る rentrer chez soi /家にいる être à la maison /家に閉じこもる s'enfermer dans sa maison, garder la maison /友だちを家に呼ぶ inviter des amis chez soi /家(=父)の家業を継ぐ succéder à son père dans une profession /家の者 membre de la famille /庭のある家 maison avec un jardin /家はどこですか—新宿から1時間の所です Où habitez-vous? — J'habite à une heure de Shinjuku.
◆ **煙突** cheminée 女 **応接間** salon 男 **階段** escalier 男 **玄関** entrée 女, vestibule 男 **食堂** salle à manger 女 **寝室** chambre (à coucher) 女 **テラス** terrasse 女 **バルコニー** balcon 男 **ブラインド** jalousie 女 **ベランダ** véranda 女 **日除け** store 男, jalousie 女
胃液 suc gastrique
家路 家路を急ぐ se hâter vers sa demeure
家じゅう 大風で家じゅうほこりだらけだ Il y a de la poussière partout dans la maison à cause du vent. / 夏休みに家じゅうで旅行に行く Toute ma famille voyage pendant les vacances.
家出する faire une fugue, fuguer
言える pouvoir dire 真理は一つしかないと言える On dit qu'il n'y a qu'une seule vérité.
以下 moins de, au-dessous de 10歳以下の(10歳を含む)子供 les enfants de dix ans ou moins (★「10歳未満の(10歳を含まない)子供」は les enfants de moins de dix ans) / 以下のように(な) comme suit / 以下同様 et ainsi de suite / 以下省略 Le reste est omis. / 先生以下5名 le prof et cinq personnes / 成績は中以下だ Les notes sont au-dessous de la moyenne. / 以下の問いに答えよ Répondez aux questions ci-dessous.
以外は excepté(e), sauf, à part 水以外は飲まない ne rien boire excepté de l'eau / 彼は誇りを以外のすべてを失った Il a tout perdu sauf sa fierté.
意外な inattendu(e), imprévu(e), inopiné(e) 意外にも contre toute attente / 意外なことを言う dire des choses imprévues / 意外な所で会った C'est l'endroit où je m'attendais le moins à le rencontrer. / …とは思っても見なかった On n'aurait jamais imaginé que…
胃潰瘍 ulcère à l'estomac
威嚇 intimidation 女, menace 女 威嚇する menacer, intimider (→おどす) /威嚇的な態度 attitude menaçante /威嚇射撃する tirer en l'air pour intimider.
医学 医学を勉強する faire sa médecine
生かす 才能を仕事に生かす mettre son talent au service de son travail /金を生かして使う faire valoir son argent /生かしておく laisser à…

la vie sauve
いかにも〔どう見ても〕à tous points de vue;〔まことに・実に〕tout à fait, vraiment いかにも重そうだ paraître vraiment lourd(e) /いかにも彼らしい C'est bien digne de lui. /いかにも、おっしゃるとおりです Vous avez tout à fait raison.
いかみ合う〔人が〕se disputer ;〔獣が〕se montrer les dents 細かいことでいがみあって暮らす vivre dans la haine l'un de l'autre /友だち同士でいがみあってはよせ Arrête de te disputer avec tes amis.
怒り colère 囡;〔激しい〕rage 囡, fureur 囡 怒りに震える frémir de colère /怒りをぶつける passer sa colère sur… /怒り心頭に発する être dans une colère noire /怒りを爆発させる laisser exploser sa colère /怒りを抑えきれなかった Je n'ai pu contenir ma colère. /先生の怒りを買った Je me suis attiré(e) la colère de mon professeur.
=怒り狂う être fou(folle) de colère
遺憾 regret 男, dommage 男 今回の事故はまことに遺憾です Il est regrettable que cet accident soit arrivé.
◇遺憾なく parfaitement, entièrement
息 haleine 囡, souffle 男, respiration 囡 息を吸う aspirer /大きく息を吐く expirer profondément /息を詰める retenir son haleine /息が詰まる étouffer, suffoquer /息をはずませる haleter, souffler /息が続く avoir du souffle long, avoir du souffle /苦しい息の下から…を言う dire…dans un souffle /笑いすぎて息ができない J'ai ri à en perdre le souffle.

◇息が合う s'accorder 息がぴたりと合ったコンビ paire qui s'accorde parfaitement /息がかかる 社長の息がかかった人 le petit protégé du directeur /息が切れる s'essouffler, perdre haleine /息が絶える s'éteindre /息長い〔根気のいる〕de longue haleine;〔キャリアの長い〕à la longue haleine /息を引き切って hors d'haleine /息をつかず sans reprendre haleine /息を殺す retenir son souffle /息をもつかずに reprendre haleine 息をつくひまもない ne pas avoir le temps de respirer /息をのむ en avoir le souffle coupé /息を引き取る expirer, rendre le dernier souffle /息を吹き返す revenir à la vie
意気 moral 男, entrain 男, vivacité 囡 意気に感じる être fier(ère) de… /意気が揚がる Le moral s'exalte.
行き aller 東京行きの列車 train à destination de Tokyo /行きは飛行機にする J'y vais par avion.
いき(粋)な élégant(e), chic
意義 signification 囡, sens 男 〔意味〕意義がある avoir un sens /意義のある人生 vie digne d'être vécue /ある問題の今日の意義を強調する souli-

gner l'actualité d'un probleme
異議 異議を唱える faire une objection, contester, soulever une contestation /異議がなければ Si vous n'avez pas d'objection /異議あり Objection! /異議なし! D'accord!
生き生きした animé(e), vivant(e) 生き生きと描く décrire d'une manière vivante /生き生きとした表情 physionomie vivante /目が生き生きとする Les yeux s'animent.
勢い〔強さ・速さ〕vivacité 囡, force 囡;〔効力〕puissance 囡, influence 囡 勢いのある vigoureux(se), énergique /勢い余って emporté(e) par son propre élan /勢いよく飛び出す sortir avec entrain /雪の日はいきおい…(=自然のなりゆきで)車も少ない Les jours de neige, il n'y a naturellement pas beaucoup de voitures.
生きがい raison de vivre 囡, sens de la vie 男 生きがいのある生活 vie digne d'être vécue
意気込み ardeur 囡, passion 囡, zèle 男 意気込みをくじく refroidir l'ardeur de…
意気込む mettre de l'entrain 意気込んで働く travailler avec ardeur /意気込んで話す parler avec élan
意気消沈する être abattu(e)
息詰まる 息詰まる戦い lutte serrée
意気投合する s'entendre très bien
いきなり brusquement, tout à coup, sans préambule
息抜き détente 囡 息抜きが必要だ avoir besoin d'une détente
生き物 être vivant 男 ことばは生き物 La langue vit.
異教 paganisme 男
◇異教徒 païen(ne) 囡
意気揚揚と triomphalement
イギリス Angleterre
◇イギリス人 Anglais(e) 囡
いきり立つ se mettre en fureur [rage]
生きる vivre;〔生きている〕être vivant(e) 人生を生きる vivre une vie /たくましく生きる vivre courageusement /100歳まで生きる vivre centenaire /人間らしく生きる mener une vie humaine /私の心の中に生きる vivre en moi /武士が生きた時代 époque où les samouraïs ont vécu /生きる道 moyen pour vivre /生きる喜び joie de vivre /生きるか死ぬかの問題だ C'est une question de vie ou de mort. /生きてよかった La vie vaut la peine d'être vécue!
行く aller, se rendre, partir …から…まで行く aller de… à… /行こう On y va? /すぐ行く J'arrive. /さあ、どこに行こうか Bon, où est-ce qu'on va? /日本へ行ったことがありますか Vous êtes déjà allé(e) au Japon?
育児 仕事と育児を両立させるのは大変だ Il est difficile de travailler et de s'occuper à la fois des enfants.
いくつ combien /〔年齢〕quel âge /いくつかの quelques, plusieurs /駅を

いくつも通り過ぎる dépasser plusieurs gares

幾分 un peu, quelque peu; [一部分] part 囡, partie 囡 幾分か誇張がある Il y a quelque peu de l'exagération.

いくら combien これ、いくらですか? Ça fait combien? [=C'est combien?]／その絵はいくらぐらい? Il fait dans les combien, ce tableau?／いくら待っても彼は来ない J'ai beau l'attendre, il ne vient pas.

いくらかの [幾分の] un peu de, quelques

いくらでも autant qu'il vous plaira

いくら何でも quand même, tout de même

いくらも 貯金はいくらも残っていない Il reste peu d'économies maintenant.

池 étang 男 池のよどんだ水 eau stagnante d'un étang

胃けいれん crampe d'estomac 囡

生け垣 haie (vive) 囡 庭を生け垣で囲む enclore un jardin d'une haie

いけない mauvais(e) 私が何かいけないことした？ Qu'est-ce que j'ai fait de mal?／うそをつくとはいけない子だ Tu as menti, c'est enfant méchant.／大水で堤防が切れたのでもう仕方ない、逃げよう Le Barrage a cédé avec les inondations, on ne peut plus rien faire, fuyons.

◇**…てはいけない** Il ne faut pas... そんなことしてはいけない Il ne faut pas faire ça. …なくてはいけない Il faut..., devoir...／隣人同士は助け合わなくてはいけない Entre voisins, il faut s'entre-aider.

意見 avis 男, opinion 囡 [忠告] conseil 男 意見を述べる donner son avis／意見に従う suivre l'avis de…／意見が一致する tomber d'accord (avec…)／なまけていて母に意見された Ma mère m'a fait des remontrances à cause de ma paresse.／他に意見はありませんか Vous n'avez pas une autre opinion?／あなたの意見はどう？—私はいいと思う Qu'est-ce que vous en pensez? [=Quel est votre avis?] — Moi, je pense que c'est bien. ☺私としては A mon avis [=Pour moi, D'après moi, Selon moi]／はっきり言って Pour être franc [honnête] …／間違っているかもしれないけれど Je me trompe peut-être, mais…／気を悪くしないでほしいんだけど Ne prends pas mal ce que je vais te dire mais…

威厳 dignité 囡 威厳がある avoir de la dignité／威厳を保つ conserver sa dignité／威厳がそこなわれる compromettre sa dignité／威厳を示す montrer de la dignité／威厳のある plein(e) de majesté

以後 à partir de, depuis 以後気をつけます Je ferai attention désormais.／10時以後は静かに寝なさい Allez au lit sagement après dix heures.

意地

res.

憩い 憩いのひととき moment de détente [repos, délassement]／憩いの場 lieu de repos, oasis

移行 passage 男 A から B への移行 le passage de A à B

○**移行措置** mesures de transition 囡複

意向 dessein 男, disposition 囡, intention 囡 意向に沿って suivant les intentions de…／意向を探る sonder les intentions de…

威光 親の威光を振り回す se parer du prestige de ses parents

以降 一以後

遺骨 cendres 囡複, restes 男複 遺骨を拾う recueillir les restes de…

いざ Allons, Bon いざというときに în cas de nécessité, s'il y a lieu／いざとなると au dernier moment

潔い courageux(se), franc(che), intègre, sans regret 潔く敗北を認める accepter sportivement sa défaite／潔い最期 mort digne／潔い態度 attitude noble [digne]／…することを潔しとしない être trop fier(ère) pour…

いざこざ querelle 囡 家庭内のいざこざ querelle de famille／昔のいざこざはなかったことにしよう Passons l'éponge sur cette vieille querelle.

いささか un peu, légèrement いささかも…ない ne…pas du tout／いささかのためらいもなく sans la moindre hésitation

勇ましい courageux(se), brave, vaillant(e) 勇ましく戦う combattre vaillamment／勇ましい音楽 exécution d'une musique qui exalte les gens／彼は口ばかりは勇ましい Il n'est brave qu'en paroles.

遺産 héritage 男 彼はばくだいな遺産を相続した Il a hérité d'une immense fortune.

意志・意思 volonté 囡, intention 囡 意志が強い avoir de la volonté／意志を曲げる abandonner sa volonté／…する意志がある avoir l'intention de…(→つもり)／…の意志に反して contre le gré de…／自分の意志で de son propre chef／意思の疎通 compréhension mutuelle

○**意志薄弱** 彼は意志薄弱だ Il a peu de volonté. 意思表示 manifestation [expression] de la volonté

石 pierre 囡, 小石 caillou 男 [結石] calcul 男 石を投げる lancer une pierre／石みたいに固い dur comme une [la] pierre／腎臓に石がある avoir des calculs dans les reins

◇**石にかじりついても** à tout prix 石の上にも三年 La patience est la mère de la sûreté.

維持 maintien 男, conservation 囡, entretien 男 速度を維持する maintenir la vitesse／治安を維持する maintenir l'ordre

○**維持費** frais d'entretien 男

意地 [気だて] caractère 男; [強情] obstination 囡 意地になる être obs-

石頭

い

tiné(e)／意地を張る s'obstiner [s'entêter] dans sa pensée／意地でも absolument, sur l'honneur

石головка tête de bois [lard]／「女 あいつは石頭だ C'est un irréductible.

意識 conscience 囡；〔精神分析で〕conscient 男 ／意識を失う perdre conscience／意識を取り戻す reprendre conscience／意識の欠如を感じる prendre conscience de ses défauts／意識的に consciemment／罪の意識 prise de conscience d'un crime

◻意識調査 sondage d'opinion

意識不明 être sans conscience

意地汚い avare, glouton(ne)

石畳 pavé 男 雨に濡れた石畳 pavés inondés de pluie

石橋 pont de pierre 男

いじめ brimades 囡複 学校で生徒間のいじめが問題になっている Les écoles ont des problèmes avec les persécutions entre enfants.

◻いじめっ子 enfant méchant(e)

いじめる brimer, persécuter 動物をいじめる maltraiter des animaux／弱いをいじめる persécuter les faibles

医者 médecin 男，〔敬称で〕docteur 男 医者を呼ぶ appeler [faire venir] un médecin／医者に連れて行く emmener... chez le médecin／医者に見せたほうがいい Il vaut mieux consulter un médecin.／いい医者をご存知ですか Est-ce que vous connaissez un bon médecin?

移住 migration 囡；〔他国への〕émigration 囡；〔他国からの〕immigration 囡／ブラジルに移住する émigrer au Brésil

遺言 testament 男

衣装 vêtements 男複, habits 男複, costume 男 衣装持ちだ avoir une garde-robe bien fournie／婚礼の衣装 habits [robe] de mariage／貸し衣装 costume de location

◇馬子にも衣装 A beau ramage bel oiseau!

以上の plus de, au-dessus de 10歳以上の(10歳を含むの)子供 les enfants de dix ans ou plus（★「10歳より上の(10歳を含まない)子供」は les enfants de plus de dix ans)／以上でも以下でもない ni plus ni moins／以上で説明を終わります Voilà tout ce que j'avais à expliquer.／これ以上入飲めない Je ne peux boire plus.

異常・異状な anormal(ale) 精神に異常をきたす avoir le cerveau détraqué／異常に興奮する s'exciter anormalement／異常なし！ Tout est en ordre!／機械に異状がある Il y a un défaut dans le mécanisme.

移植 translantation 囡, greffe 囡 遺体から採取した角膜を移植する effectuer une cornée prélevée sur un cadavre ◆角膜移植 greffe de la cornée 骨髄移植 greffe de la moelle osseuse 心臓移植 greffe du cœur 腎臓移植 greffe du rein 臓器移植 greffe d'organes ドナー donneur(se)

異色の peu commun(e), original(ale), singulier(ère), unique 異色の組み合わせ combinaison imaginable／この分野で異色の作 œuvre unique dans son genre

いじる manipuler, tripoter 機構をいじる réorganiser sans nécessité

意地悪な méchant(e) 意地悪をする［言う］ faire [dire] des méchancetés／なんて意地悪なの！ Que tu es méchant(e)!

いす chaise 囡；〔地位〕 poste 男 いすに座る s'asseoir sur une chaise／社長のいす poste de président

泉 source 囡, fontaine 囡

イスラム Islam 男

◻イスラム教 islam 男 イスラム教寺院 mosquée 囡 イスラム教徒 musulman(e)

いずれ bientôt いずれまた à bientôt／いずれにしても en tout cas／いずれもすばらしい Tous sont formidables.

居座る s'incruster ...の家に居座る s'implanter chez...／地位に居座る s'incruster dans son poste

威勢 puissance 囡, vivacité 囡 威勢がいい plein(e) de vivacité／威勢よく avec vivacité／一杯やって威勢をつけ prendre un verre pour se remonter

遺跡 vestiges 男複, site (archéologique) 男 遺跡を発掘する fouiller les vestiges

移籍 transfert 男 フィオレンティーナへ移籍する être transféré(e) à Fiorentina

以前 avant, autrefois 以前のようにcomme auparavant／以前の住所 ancienne adresse／父は以前、九州に住んでいたことがある Autrefois, mon père a habité à Kyusyu.

依然と toujours 旧態依然としている Il n'y a aucun progrès depuis longtemps.

いそいそ いそいそと客を出迎える accueillir un visiteur avec empressement

いそうろう parasite 男 (...の所にい)そうろうする vivre aux dépens de...

忙しい occupé(e), débordé(e) 仕事で忙しい être occupé(e) par le travail／お忙しいところ malgré vos occupations／忙しく繰り返す répéter précipitamment／忙しい性格 caractère agité

イソギンチャク actinie 囡, anémone de mer 囡

急ぐ se dépêcher, se hâter, se presser 急いで [すばやく] vite, rapidement；[あわてて] à la hâte；[すぐに] en hâte／大急ぎで en toute hâte／急いで…する se dépêcher [se hâter, se presser] de + 動詞／お急ぎですか C'est urgent?／急いで! Dépêchez-vous!／急がないと列車に間に合わないSi on ne se dépêche pas, on va ra-

依存 dépendance 囡 外国に依存する dépendre [être dépendant(e)] de l'étranger

板 [木の] planche 囡 (★ planches で舞台にするという意味にもなる);[木・金属・石の] plaque 囡;[金属の] tôle 囡;[厚い] madrier 男
◇板につく s'accoutumer 板ばさみになる être tiraillé(e) entre...
▫板の間 pièce planchéiée 囡

痛い avoir mal (→体調) どうしたの? Aie! — Qu'est-ce que tu as? /痛いのはどこ Tu as mal où? /五千円は痛い Cinq mille yen, c'est une grosse dépense pour moi. /痛いところを突くね Tu as le chic de me faire remarquer mes points faibles.

◇痛くもかゆくもない 何を言われても痛くもかゆくもない Quoiqu'on dise, ça ne me fait ni chaud ni froid.

偉大な grand(e) 偉大な人物 grand homme / 偉大な発明(品) grande invention

いたく いたく感動する s'émouvoir à l'extrême

抱く tenir dans ses bras 疑問を抱く concevoir des doutes sur... / 大志を抱く concevoir une grande ambition

いたずら(悪戯) espièglerie 囡 いたずらな malicieux(se) いたずらをする [commettre] une espièglerie, jouer un tour; [女性などに] attenter à sa pudeur de... /いたずら半分に à moitié par plaisanterie
▫いたずらっ子 (petit(e)) espiègle 囡

いたずらに inutilement いたずらに時を過ごす passer son temps dans l'oisiveté

頂く [もらう] recevoir 返事を頂く recevoir une réonse /山々が真っ白に雪を頂いている Les montagnes sont couronnées de neige.
◇いただけない その計画はいただけない Je ne soutiens pas ce projet.

いたって très

痛ましい misérable, pitoyable, tragique 痛ましい事件 événement tragique

痛み douleur 囡 激しい痛みを感じる éprouver une douleur aigue / 痛みにうめく gémir de douleur / 痛みをこらえる supporter la douleur / モルヒネは痛みを和らげる La morphine assourdit les douleurs.
▫痛み止め analgésique 男

傷む dégât 男, dommage 男; [積荷などの] avarie 囡 [果実などの] meurtrissure 囡 建物の傷みがひどい Les dommages des bâtiments sont considérables. / 箱詰めのリンゴに傷みがつく Les pommes se pourriront si on les laisse dans une boîte.

傷む s'abîmer 輸入した果物が傷んでいた Les fruits importés ont été avariés.

悼む 死を悼む déplorer la mort de...

痛める・傷める [体を] se faire mal; [心を] se faire du souci スキーで足を痛める se blesser au pied en faisant du ski

イタリア Italie 囡
▫イタリア人 Italien(ne) 名

至る aboutir ...するに至る arriver [aboutir] à..., finir par... / 3月から9月に至るまで depuis le mois de mars jusqu'au mois de septembre
◇至らない 至らない点はご容赦ください Soyez indulgent envers mes négligences. 至る所に partout

いたわる ménager 高齢者をいたわる ménager une vieille personne / 体をいたわる se ménager

一 un 男
▫一か八か 一か八か勝負する tenter le tout pour le tout 一も二もなく sans la moins hésitation 一を聞いて十を知る tout comprendre à demi-mot

市 marché 男; [大規模な見本市・定期市] foire 囡 市へ買いにいく aller au marché /門前市をなす Les visiteurs se pressent.

位置 position 囡, situation 囡, place 囡 位置する se trouver / 机の位置を変える déplacer le bureau / 京都の北西に位置する se trouver [être situé(e)] au nord-ouest de Kyoto

一位の [人の] [もの] premier(ère) 名

一応 [さしあたり] pour le moment; [暫定的には] à titre provisoire 傷に一応の手当てをして病院へ行く aller à l'hopital après le premier traitement / 仕事は一応終わった En tous cas le travail est fini.

一概に facilement, de même manière

一時 [ある時の] une fois; [一時期] un temps; [かつて] autrefois, dans le temps; [しばらく] un moment, pour quelque temps 一時の感情 sentiment momentané / 一時に (=同じ時に) à la fois, en même temps / 一時は生命の危険があった Une fois, sa vie a été en grand danger.
▫一時しのぎ expédient 男

著しい remarquable 著しく変わる changer sensiblement / 著しく冷がり manquer notablement de / 著しい類似 ressemblance frappante / 進境が著しい Le progrès est remarquable.

一族 famille 囡, parenté 囡

一存 私の一存では決められない La décision ne dépend pas seulement de moi.

一段と きょうは一段と寒いね Aujourd'hui il fait exceptionnellement froid. / きょうは一段とお美しい Vous êtes encore plus belle aujourd'hui.

一度 une fois 一度に à la fois 一度限り pour une fois 一度ならず plus d'une fois 一度も…ない ne...ja-

一日 mais／ぜひ一度遊びにいらっしゃい Venez nous voir en tout cas. ／一度あることは二度ある Un malheur ne vient jamais seul.

一日 un jour, une journée ／一日じゅう toute la journée ／一日おきに tous les deux jours ／きょうがいい一日でありますように J'espère qu'aujourd'hui la journée sera bonne.
◆**夜明け**に au petit jour 朝 matin 男／**午前** matinée 女 **正午** midi 男 **午後** après-midi 男／**夕方** soir 男 **夜** nuit 女／**夜中** en pleine nuit

一人前 part pour une personne ／すしを一人前注文する commander des sushis pour une personne ／一人前の口を利く parler comme un homme fait

一年 un an, une année ／一年じゅう toute l'année ／一年おきに tous les deux ans

市場 marché 男, halle 女 ／青物市場 marché aux légumes 女 ／魚市場 halle au poisson

一番 premi*er*(*ère*) 教室に一番に着く arriver premier [la première] en salle de classe

一部 une partie ／一部は pour une part ／一部の人 certains, quelques gens ／新聞を一部下さい Un exemplaire du journal, s'il vous plaît.

一部始終 一部始終を知る savoir tout ／彼は私に一部始終を物語った Il m'a tout raconté point par point.

一味 partisan(e) 女 ／ルパンとその一味 Lupin et consorts

一面 〔一方〕un côté 男;〔全面〕tout, à perte de vue;〔新聞〕une 女 ／辺り一面雪で覆われている Tout est recouvert de neige. ／〔新聞の〕一面で大きく扱う traiter en grand à la une ／一面の政治記事を読む lire un article politique à la une ／一面もある Il a de bons côtés. ／一面的な見方 approche partielle

一目 一目して状況を理解する comprendre la situation au premier regard
◇**一目置く** s'incliner devant..., respecter... en tant que supérieur

一目散 一目散に逃げる〔走る, 引き返す〕s'enfuir [courrir, retourner] à toutes jambes

一目瞭然 Cela saute [crève] aux yeux.

一門 clan 男, école 女

一夜 一夜づけで勉強する bachoter ／〔エリック・ロメールの〕『モード家の一夜』*Ma nuit chez Maud*

一躍 tout d'un coup

意中 意中を打ち明ける dévoiler sa pensée ／意中の人 dame [homme] de ses pensées

一覧表 tableau (synoptique) 男

一理 あなたの言うことにも一理ある Il y a bien une raison à ce que vous dites.

一律に uniformément

一流 de premier ordre [rang]

いつ quand ／いつでも toujours, n'importe quand ／いつまで jusqu'à quand ／秋の遠足はいつまでだか分からない On ne sait pas encore quand on va en excursion.

◇**いつになく** exceptionnellement
いつの間にか à notre insu, avant qu'on ne s'en soit aperçu

一家 famille 女 ／一家の苦しい生活を支える soutenir sa famille dans ses difficultés financières ／一家の大黒柱 soutien de famille, gagne-pain

いつか un jour, un jour ou l'autre ／この本はいつか読んだことがある J'ai lu ce livre l'autre jour. ／いつか彼にも分かる時がきっと来る Le jour viendra où il comprendra, c'est sûr.

一括 一括して売る vendre en bloc
□ **一括購入** achat en bloc [en gros] 男

一気に d'un (seul) trait, d'une seule traite, d'un (seul) jet ／一気に飲み干す vider son verre d'un (seul) trait ／小説を一気に読み終える lire un roman d'affilée ／仕事を一気にかたづける finir le travail d'une (seule) traite

一喜一憂する éprouver alternativement de la joie et de l'inquiétude

一挙 一挙一動を見守る veiller sur les moindres gestes de...
□ **一挙両得** faire d'une pierre deux coups

慈しむ chérir, aimer, affectionner ／娘を慈しむ éprouver de l'affection pour sa fille ／自然を慈しむ chérir la nature

一見 〔見かけ〕en apparence;〔一瞥〕un regard ／一見したところ à premier regard, à première vue ／一見…風の男 homme qui a l'air de..., en apparence ／百聞は一見にしかず Voir, c'est croire.

一向に 少しも ／一向に…ない ne...pas du tout ／そんなこと一向に平気だ Je me moque de cela.

一刻 一刻を争う Il n'y a pas un moment à perdre.

いっさい tout, tout à fait ／きみにいっさい任せる Je vous donne carte blanche.

一種の une sorte [espèce] de...

一周 un tour ／世界一周する faire le tour du monde ／〔ジュール・ヴェルヌの〕『80日間世界一周』*Le Tour du monde en 80 jours*

一瞬 un instant, un moment ／一瞬にして en un instant, en un moment ／一瞬の油断に en un moment d'inattention ／一瞬のできごとだった Ça s'est passé en un clin d'œil.

いっしょになる ensemble ／いっしょになる se joindre, se rejoindre ／〔結婚する〕se marier ／いっしょに生活する cohabiter, vivre ensemble ／いっしょに加える ajouter, unir ／〔混同する〕confondre avec... ／ごいっしょする aller ensemble, s'asseoir à la même table ／いっしょに行くよ Je t'accompagne.

ぼくたちはずっといっしょだよ On est ensemble pour la vie.
一生 toute sa vie (durant) 一生懸命に de toutes ses forces / 一生きみを守ってあげる Je te protégerai toute ma vie. / 一生の願い souhait de toute une vie / 一生を棒に振る gâter [rater] sa vie
一心に ardemment, avidement 合格を一心に祈る prier avec ferveur pour l'admission / 一心に…する s'absorber dans... / …したい一心で en désirant..., exclusivement
一身上 一身上の都合で休暇を取る prendre un congé pour convenance personnelle
一心同体 un corps
一心不乱に avec ardeur [acharnement]
一寸 一寸先も見えない濃霧 un brouillard à couper au couteau / 世の中、一寸先はやみだ Dans le monde personne ne sait ce qui peut arriver dans la minute qui suit.
一斉に simultanément 一斉にスタートを切る Les athlètes partissent simultanément [à la fois].
◻ **一斉検挙** rafle **一斉射撃** salve 囡, volée 囡
いっそ plutôt いっそこのまま死んだほうがましだ Il vaut mieux mourrir.
いっそう davantage, encore plus 夜になるといっそう寒くなる Il fait encore plus froid dans la nuit. / よりいっそう勉強しなければならない Il faut travailler davantage.
一体となる s'unifier みんなが一体となって働く Tout le monde fait corps pour travailler. / この夏はいったい涼しい Il ne fait pas chaud cet été dans l'ensemble. / 一体どういうことなの Mais qu'est-ce que ça veut donc bien dire?
一端 ひもの一端 un bout de la ficelle / 事件の一端 une partie de l'événement
いったん une fois いったん眠ると彼は朝まで絶対に目を覚まさない Une fois endormi, il ne se réveille jamais jusqu'au matin.
一致 concordance, conformité 囡 目的のために一致団結する s'unir pour atteindre un but
一着 かけっこで一着になった J'ai terminé premier à la course à pied
一対の une paire de
一定の constant(e), fixe 距離を一定に保つ conserver [garder] la distance
一転 情勢が一転する La situation change complètement
いっぱい plein(e) 戸をいっぱいに開ける ouvrir la porte au maximum / 時間いっぱいで答案を書き上げる passer un examen écrit en utilisant tout le temps octroyé / 部屋は人でいっぱいだ La salle est pleine.
一杯 un verre コップ一杯の水 un verre d'eau / 一杯やりに行こう Allons prendre un verre.
一般 ordinaire, commun(e) 一般に en général, généralement / 一般の人々 gens ordinaires / 一般の呼び方 (=通称) nom courant / 一般に知られていない話を集める recueillir des récits inconnus du public
◻ **一般論** généralités
一般的 [全般] général(ale); [通常] ordinaire, commun(e)
一ぺん とおり一ぺんの挨拶 salut formel / 外国へ一ぺん行きたい Je veux aller à l'étranger une fois dans ma vie. / 一ぺんには食べきれない On ne peut pas tout manger en une seule fois.
一歩 un pas 男 もう一歩も歩けない Je ne peux plus faire un pas. / 一歩も譲らない ne pas céder d'un pli
一方で d'une part 一方に unilatéralement / 人の波が一方に流れる Des hordes de gens se dirigent d'un côté. / ソックスの一方がない Une des chaussettes est perdue. / 人口は増える一方だ La population ne cesse de s'accroître.
一方通行 sens unique 男
いつも tout le temps, toujours いつもの habituel(le) / いつものように comme d'habitude / いつも言ってるだろ Je le répète sans cesse. / 私はいつも朝7時に起きる Je me lève habituellement à sept heures du matin. / いつも遅れてくるねー いつもじゃないよ。たまにだよ Tu es tout le temps en retard. ― Pas tout le temps, de temps en temps seulement.
偽る tricher, mentir 年齢を偽る tricher sur son âge / 病気と偽る feindre une maladie / 感情を偽る déguiser ses sentiments / 名前を偽って sous un faux nom
移転 déménagement 男, transfert 男 移転する transférer, déménager
◻ **移転先** nouvelle adresse 囡
遺伝 hérédité 囡 **遺伝性の** héréditaire
◻ **遺伝形質** patrimoine génétique **遺伝情報** information génétique 囡 **遺伝病** maladie héréditaire 囡
遺伝子 gène 男
◻ **遺伝子組み換え** recombinaison génétique 囡 **遺伝子組み換え生物** organismes génétiquement modifiés 男複 ★略語は OGM / **遺伝子工学** génie génétique 男 **遺伝子操作** manipulation génétique 囡 **遺伝子治療** thérapie génétique 囡
糸 fil 男; (釣りの) ligne 囡 針に糸を通す enfiler une aiguille / 糸を紡ぐ filer
◇ **糸を垂れる** (=釣りをする) pêcher à la ligne / **糸を引く** (=陰で操る) tenir les ficelles
意図 intention 囡 …する意図がある avoir l'intention de... / 意図を探る scruter les intentions de... / 意図して à dessein, exprès, intentionnelle-

井戸

ment／彼の意図が分からない Je ne comprends pas ses intentions.
井戸 puits 男／井戸を掘る creuser un puits／井戸を埋める combler un puits／井戸水 eau de puits
🔲 井戸端会議 commérages (des femmes au foyer) 男複
緯度 latitude 女
移動 déplacement 男／東に移動する se déplacer vers l'est／物を移動する déplacer des choses
異動 〔人事の〕mouvement de personnel 男／公務員の人事異動 déplacement d'un fonctionnaire
糸口 解決の糸口を見つける trouver une amorce de solution
いとこ cousin 男, cousine 女／母方のいとこ cousin(e) du côté de la mère／またいとこ cousin(e) au deuxième degré／《クロード・シャブロルの》「いとこ同志」 Les Cousins
いとしい cher(ère), aimé(e)／いとしいわが子 enfant chéri／いとしい人〔呼びかけ〕mon chéri, ma chérie
営む 商売を営む exercer un commerce／生活を営む mener une vie
挑む défier, braver 山に挑む [s'attaquer à] une montagne／(…に)戦いを挑む défier…en combat
いな〔否〕non
以内 20字以内 moins de vingt lettres／数日以内に d'ici quelques jours, avant quelques jours／駅まで5分以内で行ける On peux arriver à la gare en moins de cinq minutes.／白線以内に入るな Ne dépassez pas la ligne blanche.
いなか〔農村〕campagne 女；〔地方〕province 女；〔故郷〕pays 男／いなかに引っ込む se retirer à la campagne／こう言っては東京でもいなかです Bien que ce soit encore Tokyo, par ici c'est la campagne.
🔲 いなか者 campagnard(e) 名；〔軽蔑的〕rustaud(e) 名
稲妻 éclair 男 稲妻が走る L'éclair court.
いななく〔馬が〕hennir
犬 chien(ne) 名；〔手先〕mouchard(e) 名／犬を飼う avoir [élever] un chien／犬と遊ぶ s'amuser avec un chien／犬をなでる caresser un chien
◇犬と猿〔不仲のたとえ〕chien et chat 犬も歩けば棒に当たる Qui reste à la maison ne rencontre jamais la fortune. 犬も食わない 夫婦げんかは犬も食わない Il ne faut pas mettre le doigt entre le tronc et l'écorce.
🔲 犬かきで泳ぐ nager comme un chien 犬小屋 niche 女 犬死に mort inutile 女
稲 riz 男／稲が豊かに実る La récolte de riz est abondante.
居眠り somnoler, s'assoupir 居眠り運転する conduire en état de somnolence
命 vie 女／命を捧げる sacrifier la vie

命の限り tant que je vivrai／水で命をつなぐ survivre en ne buvant que de l'eau／命を縮める abréger la vie／命を落とす perdre la vie／命を奪う ôter la vie à…／命にかえて守る protéger… au revage de la vie／命にかわる mortel(le)／命ばかりはお助けを Je vous en prie, veuillez au moins m'épargner la vie.
◇命あっての物種 Le chien en vie vaut mieux que le lion mort. 命の親(=の恩人) 彼は命の親だ C'est à lui que je dois la vie. 命の綱 corde de secours 命をかける jouer [risquer] sa vie
命がけで au risque de sa vie 命がけで戦う lutter avec une énergie désespérée／命がけの仕事 travail qui expose la vie
命からがら逃げる l'échapper belle
命知らず risque-tout 名, casse-cou
命取り fatal(ale)
命拾いする échapper de justesse à la mort
祈り prière 女／神に祈りをささげる offrir une prière à la divinité
祈る prier, faire une prière 旅の無事を祈る souhaiter bon voyage／祈るような気持ちでいる avoir l'impression de prier／きみの幸せを祈っている Je prie pour ton bonheur.
いばる prendre de grands airs, faire l'important そんなにいばって、何様だと思ってるの Avec tes grands airs, pour qui est-ce que tu te prends?
違反 violation 女；〔法律用語〕infraction 女；〔交通・契約などの〕contravention 女／規則に違反する commettre une infraction à la règle／違反を罰する punir [sanctionner] une infraction／違反を見逃す tolérer une infraction
いびき ronflement 男 いびきをかく ronfler
いびつな déformé(e) いびつになる se déformer
いぶかしげ いぶかしげな顔 physionomie d'un air méfiant
いぶかる douter de…
いぶき 春いぶき souffle du printemps／大自然のいぶき souffle de la nature／命のいぶきを感じるのが好きだ Ce que j'aime, c'est ressentir le souffle de la vie.
衣服 vêtement 男 →服
違法な illégal(ale)
今 maintenant, en ce moment, actuellement 今まで jusqu'à maintenant, jusqu'à présent／今の子供たち enfants de notre époque／今行きます J'y vais tout de suite. [=J'arrive.]／今来ます Il vient partir.／ほら今だ Allez, c'est le moment.／今テレビを見ている Il regarde la télé maintenant.／いま一度試してみよう Essayons encore une fois.
今か今かと d'un instant à l'autre

居間 salle de séjour 囡, living 男
いまいましい vexant(e), exaspérant(e), contrariant(e) なんていまいましい雨だ Cette maudite pluie!
今ごろ à cette heure-ci, à l'heure qu'il est あしたの今ごろは飛行機の中だ Nous serons dans l'avion demain, à l'heure qu'il est.
いまさら プロの世界の厳しさをいまさらのように感じる se rendre compte trop tard de la dureté du monde professionel /いまさら(ながら)ですが Je sais bien qu'il est trop tard mais… /いまさら後に引けない On ne peut plus reculer. /いまさらそんなこと言うの C'est maintenant que tu me le dis!
戒める 〔前もって警告する〕 donner un avertissement à…; 〔しかる・こらしめる〕 reprocher, faire des remontrances à… 風潮を戒める critiquer les mœurs /自らを戒める s'imposer des règles
いまだかつて いまだかつて見たこともない n'avoir jamais vu
いまだに encore maintenant 神の存在はいまだに論争の的だ L'existence de Dieu reste toujours controversée.
いまに bientôt いまに見ていろ! Tu me le paieras!
いまにも いまにも泣き出しそうである être au bord des larmes /いまにも雨になりそうだ Il va bientôt pleuvoir.
今もって même maintenant
今や maintenant, désormais
意味 sens 男, signification 囡 意味する vouloir dire, signifier /意味がない 〔むだだ〕 inutile; 〔意味を持つ意味がない〕 ne pas avoir de sens /ある語を最も普通の意味で用いる employer un mot dans le sens le plus commun /この語はどういう意味ですか Ce mot, que veut dire? /こんな議論、意味ないよ Cette discussion ne mène à rien.
意味深長な plein(e) de sens 意味深長なことを言うね Tu dis des choses qui ont beaucoup de sens.
移民 〔外国への〕 émigrant(e) 囡; 〔外国からの〕 immigrant(e) 囡
イメージ image 囡 イメージをいだく se faire une image /自分のイメージをたいせつにする soigner son image (de marque) /商品のイメージ image (de marque) de marchandise /ブランドをイメージアップする améliorer son image de marque /ブランドイメージがダウンする Son image de marque baisse.
◻︎イメージチェンジ changement d'image de marque
芋 〔サツマイモ〕 patate 囡; 〔ジャガイモ〕 pomme de terre 囡 芋を掘る arracher des patates
◇芋を洗う 通りは芋を洗うような人出 Les rues fourmillent de gens.
妹 (petite) sœur 囡
いやな 〔不快〕 désagréable, déplaisant(e); 〔嫌悪・恐怖〕 horrible, affreux(se), abominable, atroce, épouvantable; 〔道徳的に〕 bas(se), méprisable, ignoble, infâme, odieux(se) いやな顔一つせず sans faire la grimace /いやだ Je refuse. /まったくいやになる J'en ai plus que marre. /いやなことを言うね Tu dis des choses vraiment désagréables. /外に出かけるのはいやだ Je n'aime pas sortir les jours de pluie.
◇いやというほど (jusqu')à satiété
いや (否) non (→いいえ)
◇いやも応もなく bon gré mal gré
意訳 traduction libre 囡 意訳する traduire librement
いやに bizarrement, terriblement
いやいや à contrecœur, avec répugnance, malgré soi
嫌がらせ vexation 囡 嫌がらせを言う vexer par des paroles désobligeantes /ひどそれは嫌がらせなんだ! De toute façon je suis sûr que c'est encore un sale coup.
嫌がる répugner, détester 嫌がる子に無理に歌わせる forcer un enfant à chanter
卑しい vulgaire, vil(e) 金に卑しい mesquin(e) /食べ物に卑しい glouton(ne) /身なりが卑しい pauvrement vêtu(e)
いやしくも いやしくも教師ならそんなことをするわけにはいかない Du moment qu'on est professeur on ne peut se permettre ce genre de choses.
いやす apaiser 渇きをいやす apaiser la soif
イヤホン écouteur 男
嫌味 sarcasme 男 ゴリラと比べたらあの人もハンサムね—嫌味だなあ Comparé à un gorille il n'est pas si mal de sa personne. — Que de sarcasmes!
いやらしい désagréable, répugnant(e) いやらしい目つき regard vicieux /いやらしいネロ acte ignoble /いやらしいことを言う tenir des propos impudiques
イヤリング boucle d'oreille 囡
いよいよ 〔とうとう〕 enfin; 〔ますます〕 de plus en plus; 〔確かに〕 certainement 風がいよいよ激しくなった Le vent est de plus en plus fort.
異様な bizarre, étrange 異様な空気 air menaçant /異様に輝く Briller bizarrement
意欲 volonté 囡 意欲がある avoir la volonté /意欲を買う apprécier sa volonté
◇意欲に燃える être animé(e) de la volonté de…
意欲的 ambitieux(se)
依頼 demande 囡 依頼する faire une demande, demander /依頼に応じる accepter une demande /依頼を断る rejeter une demande
以来 depuis (★過去・現在に用い、未来については à partir de, dès などを用いる) X先生には卒業して以来会って

いらいら

いない Je n'ai jamais vu le professeur X depuis qu'il a quitté l'école.

いらいらする s'énerver 時間がなくていらいらする s'impatienter du manque de temps／きみと話してるといらいらする Ça me porte sur les nerfs de parler avec toi.／いいかげんにしてーそういらいらするなよ Ça suffit! — Ce n'est pas la peine de t'énerver.

イラスト illustration 囡 イラストレーター illustrat*eur(trice)*

いらだたしい énervant(e), irritant(e)

いらだち irritation 囡, énervement 男 いらだちを抑えきれない ne pas pouvoir maîtriser l'énervement

入り口 entrée 囡 入り口はどこですか Où est l'entrée?／やっと研究の入り口にたどり着く arriver enfin à l'entrée de l'étude

医療 soins médicaux 男複 ◆医の倫理 déontologie 囡 尊厳死する mourir dans la dignité 安楽死 euthanasie 囡 クオリティオブライフ qualité de la vie 緩和ケア(パリアティフ・ケア) soins palliatifs

威力 puissance 囡, force 囡 威力のある puissant(e)／威力を発揮する montrer sa puissance／威力をふるう user de ses pouvoirs／金の威力 puissance de l'argent

いる(居る) être, demeurer, rester, se trouver 屋根に猫がいる Il y a un chat sur le toit.／そこにいるのは分かっていますよ Je sais bien où vous vous cachez.

◇ **いても立ってもいられない** perdre son calme tout en s'impatientant ...ている いつまでも海を見ている rester à voir la mer sans fin／彼は毎週教会に行っている Il va à l'église toutes les semaines.／その話はすでに聞いている J'ai déjà entendu cela.

要る avoir besoin de... (→ 必要) すぐお金が要るんだ J'ai besoin d'argent tout de suite.

射る 的を射る atteindre dans le mille／人を射る lancer une flèche sur un homme／光が目を射る La lumière m'éblouit.

入れ墨 tatouage 男 入れ墨を彫るを tatouer

入れ物 récipient 男

入れる (挿入) insérer, introduire

色 couleur 囡 明るい色 couleur claire／暗い色 couleur sombre／鮮やかな色 couleur vive／落ち着いた色 couleur discrète

◇ **色を失う** perdre contenance 色をつける(=おまけをつける) donner quelque chose en prime 色をなして怒る rougir de colère

色合い nuance 囡, ton 男

色あせる 色あせたセーター pull-over décoloré 男

いろいろな différent(e), divers(e) いろいろな話を聞いた J'ai entendu de nombreuses histoires.／遅いじゃないの一家でいろいろあったんだ Dis donc, tu es bien en retard. — J'avais beaucoup à faire à la maison.

色気 (性的魅力) charmes (sexuels) 男複；(関心) intérêt 男 色気づく s'éveiller à l'amour／色気のある affriolant(e), séduisant(e)

色恋 aventure amoureuse 囡

色づく se colorer

色つや coloris 男, teinte 囡

彩り coloration 囡, combinaison de couleurs 彩りよく添加する／彩りを添えるを ajouter du charme

色とりどり multicolore, varié(e)

色眼鏡 lunettes à verres teintés 囡複

◇ **色眼鏡で見る** (=偏見を持って見る) voir à travers un prisme

異論 異論を挟む faire une objection／その点にはなんの異論もない Il n'y a rien à opposer à cela.

岩 roche 囡, roc 男；(大きな) rocher 男

◇ **一念岩をも通す** La volonté déplace les montagnes.

祝い fête 囡 よくやった、お祝いに一杯やろう Tu as gagné, on va arroser ça.

祝う fêter, célébrer, féliciter 正月を祝う fêter le nouvel an

岩場 paroi 囡

いわば pour ainsi dire

岩山 montagne rocheuse 囡

いわゆる ce qu'on appelle, comme on dit, soi-disant, prétendu()

いわれ raison 囡, origine 囡 名のいわれ origine du nom／いわれのない非難 accusation purement gratuite

陰うつ sombre, morose, morne

因果 karma 男, fatalité 囡 因果とあきらめる se résigner à son sort／何の因果か on ne sait pas par quelle fatalité mais...

◇ **因果を含める** persuader...que personne ne peut l'empêcher

◇ **因果関係** causalité 囡, relation de cause à effet AとBの間には因果関係がある Il y a lien de cause à effet entre A et B.

陰気な triste, sombre, morne 陰気な顔をする faire une tête d'enterrement／陰気くさい avoir l'air mélancolique

インク encre 囡 インクで書く écrire à l'encre／ペンをインクに浸す tremper sa plume dans l'encre／インクの染み traces d'encre

隠語 argot 男, verlan 男；(軽べつ的) jargon 軍隊での隠語 argot militaire

印刷 impression 囡 本を8000部印刷する imprimer un livre à 8000 exemplaires

◇ **印刷所** imprimerie 囡

飲酒 boisson 囡

◇ **飲酒運転** conduite en état d'ivresse 囡

因習 conventions 囡 因習にとらわれる être esclave des conventions / 因習を打破する renverser les conventions

印象 impression 囡 印象的な impressionnant(e) / 印象を与える produire une impression / 印象が薄れる L'impression s'estompe. / 私の印象では… Mon impression est que… / 日本の印象はいかがですか Quelle est votre impression du Japon? / 彼の第一印象は最悪でした La première impression que j'ai eue de lui a été désastreuse.

◻印象主義 impressionnisme 男

飲食 ここでのご飲食はご遠慮ください Prière de ne pas manger ni boire ici.

インスタント インスタントカメラ appareil photo jetable 男 / インスタントコーヒー café instantané / インスタント食品 produits alimentaires instantanés 男複

インストール installation 囡 新しいソフトをインストールする installer un nouveau logiciel

隕石 ほとんどの隕石は地上に落下する前に燃え尽きてしまう Presque tous les météorites se désintègrent avant de percuter le sol.

インターチェンジ échangeur 男

インターネット Internet 男 (→コンピュータ) インターネット上で sur Internet / インターネットに接続する se connecter à Internet / インターネットを始めよう Branchons-nous sur Internet.

引退 retraite 囡 あの選手は引退がささやかれている Selon le bruit qui court, ce joueur devrait prendre sa retraite.

インタビュー interview 囡 インタビューする interviewer / (…に)インタビューを申し込む demander une interview à… / 女優にインタビューをするinterviewer une actrice / インタビューに答える répondre aux questions à l'interview / インタビューのテープを起こす retranscrire une interview à partir d'un enregistrement sur cassette / 大臣がテレビでインタビューを受ける Le ministre donne une interview à la télé.

◻インタビュアー interviewer 男

いんちき 〔欺き〕 tromperie 囡 〔不正行為〕 fraude 囡 〔詐欺〕 supercherie 囡 ; 〔いかさま〕 tricherie 囡 トランプでいんちきをする tricher aux cartes / いんちき占い師 faux(sse) voyant(e)

インテリ intellectuel(le) 男 青白きインテリ intellectuel(le) chétif(ve)

インテリア intérieur 男

◻インテリアデザイナー décorateur(trice) 名

インド Inde 囡

◻インド人 Indien(ne) 名

因縁 〔運命〕 fatalité 囡, destinée 囡 何の因縁か par on ne sait quelle fatalité / 因縁浅からぬ仲 relation pré-destinée / (…に)因縁をつける chercher querelle à…

インフォームドコンセント consentement agréé (de plein gré)

インフルエンザ grippe 囡 インフルエンザの予防注射をする se faire vacciner contre la grippe / 鳥インフルエンザ grippe aviaire

インフレ inflation 囡 インフレ対策 politique inflationniste / インフレは貨幣価値を下げる L'inflation déprécie la monnaie. / インフレは年率4パーセントを割った L'inflation est tombée au-dessous de la barre des 4% par an.

陰謀 complot 男, intrigue 囡, conspiration 囡 陰謀を企てる faire [tramer] un complot, comploter, conspirer

引用 citation 囡 引用する citer

引力 attraction 囡 万有引力 attraction universelle

う

ウィット esprit 男 ウィットに富んだ spirituel(el)

ウィルス virus 男

ウインク clin d'œil 男 ウインクする cligner de l'œil

ウインタースポーツ sports d'hiver 男複

ウインドサーフィン planche à voile 囡

ウール laine 囡

上に sur, au-dessus, en haut 雲の上を飛ぶ voler au-dessus des nuages / 木の上の鳥 oiseau dans un arbre / テーブルの上に本がある Il y a un livre sur la table. / 彼は上に住んでいる Il habite en haut. / こうなった上はあきらめよう Je me résigne puisqu'il en est ainsi.

◇上には上がある À malin, malin et demi. [=Il y en a toujours de plus forts.] 上を下への大騒ぎ être sens dessus dessous, être bouleversé(e)

飢える faim 囡 飢えに苦しむ souffrir de la faim / 飢えをしのぐ apaiser la faim / 飢えを満たす satisfaire sa faim / 飢えて死んでいく子供たちのことを考えてみろ Tu oublies le nombre d'enfants qui meurent de faim!

ウエーター garçon 男, serveur 男

ウエート poids ウエートコントロールする surveiller son poids / (…に)ウエートを置く mettre l'accent sur

ウエートレス serveuse 囡

植木 arbre de jardin 父が植木の手入れをする Mon père soigne le jardin.

◻植木鉢 pot à fleurs 男

ウエスト taille 囡 ウエストが細いavoir la taille fine / ウエストが太ったSa taille s'est alourdie.

植える planter 花を植える planter des fleurs / 畑にジャガイモを植える

う

planter le champs en pomme de terre / 皮膚を植える(=移植する) transplanter la peau / 考え方を植えつける implanter une idée

飢える être affamé/e 愛情に飢える être avide d'amour

右往左往 courrir de côté et d'autre

うがい gargarisme 男 うがいする (se) gargariser / 外から帰ったらうがいをしなさい Quand vous rentrerez chez vous, faites-vous un gargarisme.

うかうかと faute d'attention / うかうかと暮らす vivre dans l'oisiveté / うかうかする rester indifférent/e / うかうかしていられない ne plus avoir de temps à perdre

伺う 〔訪問〕 passer, rendre visite; 〔話を聞く〕écouter お宅へもう一度伺いたい rendre visite chez... / あした10時に伺います Je passerai chez vous demain à dix heures. / ちょっと伺いますが Je voudrais demander quelque chose mais... / お話を伺いましょう Je vous écoute. / 来月ご出発とのことですね On le dit, mais vous partez le mois prochain, n'est-ce pas?

うかがう 〔窺う〕 guetter, épier, surveiller

うかつ distraction 女, étourderie 女, inadvertance 女 うかつなことを言う dire une parole étourdie / うかつに手出しする fourrer son nez étourdiment / うかつにも par inadvertance

うがつ creuser, percer うがった見方 interprétation excessive

浮かぶ flotter;〔心に〕venir à l'esprit 海にヨットが浮かぶ Un yacht flotte sur la mer. / 夜空に月が浮かぶ La lune se découpe dans le ciel nocturne.

◇**浮かばれない** ne pas pouvoir s'endormir dans la paix, ne pas être sauvé(e)

浮かべる faire flotter ささ舟を池に浮かべる faire flotter un bateau en feuilles de bambou dans un étang

受かる réussir, être admis(e) 入学試験に受かる être admis(e) à l'école

うきうきした gai(e), de bonne humeur, réjoui(e) 日曜は朝からうきうきする Le dimanche, je suis de bonne humeur dès le matin.

憂き目 (dure) épreuve 女 憂き目を見る essuyer de rudes épreuves

浮き世 ce monde éphémère, la vie réelle これが浮き世の習い C'est la vie. / 浮き世の波にもまれる être ballotté(e) par la vie

浮く flotter 水面に浮き上がる remonter sur la surface de l'eau / 浮かぬ顔 mine maussade / 浮いた噂 bruits sur des aventures amoureuses / 金具が浮く Une ferrure bouge. / 浮いた気持ちではいい仕事はできない On ne peut pas faire un bon travail sans concentration.

請け合う 〔保証する〕 garantir, assurer;〔引き受ける〕se charger de 人物表請け合う répondre de...

受け入れる accepter, accueillir

請け負う se charger de..., s'engager à dire

☐**請負仕事** travail au forfait 男

承る écouter, accepter 承ったところでは... J'ai entendu dire que... /〔ご用は何ちと承ります Je suis à votre entière disposition.

受け継ぐ 親の性質を受け継ぐ hériter de la nature de ses parents

受付 〔ホテルの〕 réception 女; 〔会社などの〕 (bureau d')accueil 男

受け付ける accepter

受け取り réception 女;〔領収書〕 reçu 男

受け取る recevoir 飛んできたボールを受け取る prendre [attraper] une balle à la volée / 手紙を受け取る recevoir une lettre / 話を好意的に受け取る interpréter favorablement les paroles de... / 確かに受け取りました Nous en avons fait bonne réception.

受け身 attitude passive 女;〔柔道の〕 brise-chutes 女複;〔受動態〕 voix passive 女, passif 男

受け持ち 受け持ちの先生 professeur chargé de la classe / そこの掃除は私の受け持ちです C'est moi qui me charge de nettoyer là-bas.

受ける recevoir;〔被害などを〕 subir;〔試験を〕 passer その映画は大いに受けた Ce film a eu un grand succès.

請ける 工事を請ける se charger des travaux

動かす bouger, remuer;〔心を〕 émouvoir 機械を動かす faire fonctionner une machine / 人の心を動かす絵 tableau émouvant

動き mouvement 男 世の中の動きを見きわめる examiner l'orientation de la société

動く bouger, se remuer;〔機械が〕 marcher, fonctionner 落ち着きなく動き回る s'agiter sans cesse / 動くな, 手を挙げろ Ne bougez pas, haut les mains!

うごめく grouiller, fourmiller

ウサギ 〔飼育種〕 lapin(e) 名;〔野ウサギ〕 lièvre 男 (★雌は hase 女, 子は levraut 男)

牛 〔雌〕 vache 女;〔子牛〕 veau 男; 〔去勢した〕 bœuf 男;〔去勢してない〕 taureau 牛の群れを追う pousser un troupeau de bœufs

☐**牛飼い** bouvier(ère) 牛小屋 étable à bœufs, bouverie 女

失う perdre 父親を事故で失う perdre son père dans un accident

後ろに derrière 後ろを振り返る se retourner / 後ろの方を見る regarder vers l'arrière / 後ろに倒れる tomber sur le dos / 後ろに (à la renverse) / 後ろについて来る suivre / 後ろから襲う attaquer par(-)derrière

◇後ろを見せる 敵に後ろを見せる tourner le dos à l'ennemie

後ろ髪 後ろ髪を引かれる思いで avec regret

後ろめたい avoir conscience du péché 後ろめたいこともない avoir la conscience en paix / 後ろめたく感じる se sentir honteux(se)

後ろ指 後ろ指を指される se faire montrer du doigt

渦 tourbillon / 事件の渦に巻きこまれる être entraîné(e) dans le tourbillon de l'événement / 興奮の渦 excitation collective

薄い mince; 〔色が〕clair(e), pâle; 〔味が〕peu épicé(e), léger(ère) / 薄いハム une tranche mince de jambon / 薄いコーヒー café léger / 薄いインク encre faible / (絵の具などを) 薄く塗る peindre finement / (練り生地を薄く延ばす étendre une pâte / 最近頭が薄くなってきた Ces derniers temps j'ai perdu des cheveux.

うすうす vaguement 彼は現れないと彼女はうすうす思っている Elle a comme un pressentiment qu'il ne viendra pas.

うずくまる s'accroupir 足下にうずくまる s'accroupir sur place / 草むらにうずくまる s'accroupir sur une touffe d'herbe

渦巻き tourbillonner 渦巻く濁流 torrent de boue et de tourbillons

薄暗い sombre 薄暗い部屋 chambre sombre / 薄暗いところで dans la pénombre

薄目 薄目を開ける entrouvrir les yeux

うずめる (→埋める) 枕に顔をうずめる enfoncer sa tête dans l'oreiller

薄れる diminuer 傷みが薄れる La douleur diminue.

うせる disparaître 出て行け! Va-t'en!

うそ mensonge 男 うそをつく mentir / 真っ赤なうそ gros mensonge / 善意から出たうそ mensonge officieux / うそのような invraisemblable, incroyable / うそでしょう！ Tu rigoles! [=C'est une blague?]
◇うそから出たまこと La vérité naît parfois du mensonge. うそ八百を並べる débiter des mensonges / うそも方便 Faire un mensonge pieux.
● うそつき menteur(se) 女 / うそ発見器 détecteur de mensonges

うそぶく 〔とぼける〕faire l'innocent(e); 〔豪語する〕se vanter, fanfaronner

歌 chanson 女, chant 男 歌を歌うとストレスが発散する On se détend en chantant. / 最近の歌は知らない Je ne connais pas les chansons récentes. / 『ロランの歌』 La Chanson de Roland ◆メロディー mélodie 女 / リズム rythme 男 / ハーモニー harmonie 女

歌う chanter / 歌を歌う chanter une chanson / 春景色を歌う chanter [faire un poème] sur des paysages de printemps / アニエス・ヴァルダの『歌う女 歌わない女』 L'oiseau chante [crie]. / (アニエス・ヴァルダの)『歌う女 歌わない女』L'une chante, l'autre pas

謳う (謳う) 憲法にうたう insister sur... dans la Constitution

疑い doute 男; 〔嫌疑〕soupçon 男; 〔不信〕méfiance 疑いもなく sans aucun doute, hors de doute / (…に) 疑いを抱く concevoir des doutes [soupçons] sur... / 疑いのまなざしで見る regarder avec méfiance / がんの疑いがある être soupçonné(e) d'avoir un cancer / 疑いが晴れる Les soupçons se dissipent

疑い深い soupçonneux(se)

疑う douter de... / うちのチームの実力を疑う douter des forces de notre équipe

疑わしい douteux(se), incertain(e)

うたわれる (謳われる) 神童とうたわれる loué(e) comme enfant prodige

内 dedans 男, intérieur 男 / 内に秘めた dissimuler dans son cœur / 3人のうちは parmi les trois / 朝のうちに勉強する travailler dans la matinée / 雨が降らないうちに avant qu'il (ne) pleuve / 街を歩いているうちに pendant que je marche dans la rue

うち (家) maison 女; 〔家族〕famille 女 / 新しいうちを建てる faire construire une maison / うちの父は公務員です Mon père est fonctionnaire. / うちの子は将来が楽しみだ Je place tous mes espoirs dans l'avenir de mon fils. / うちのチーム notre équipe / うちじゅう toute la maison, toute la famille

打ち明ける confier / 〔心情を〕épancher / つもりの思いで愛を打ち明けたJ'ai déclaré mon amour tant bien que mal. / だれにも言うな、実は… Ne le dis à personne. En fait…

内気 timidité 女; 〔慎重さ〕réserve 女 / 内気な子 enfant timide / 内気な性格 caractère fermé

内金 acompte 男; 〔手付〕arrhes 女複

打ち消す démentir, nier

打ち込む・撃ち込む enfoncer 杭を打ち込む enfoncer un pieu

打ち解ける se sentir à l'aise 打ち解けて話す parler à cœur ouvert / 新しい同僚と打ち解ける se sentir à l'aise avec un nouveau collègue

打ちのめす abattre, assommer さんざんに打ちのめす rouer... de coups

内また 内またで歩く marcher les pieds en dedans

宇宙 univers 男, espace 女 宇宙の膨張 expansion de l'univers / 光年 année lumière 女 / 星雲 nébuleuse 女 / ビッグバン big bang 男 / ブラックホール trou noir 男

● 宇宙空間 espace cosmique / 宇宙人 extra-terrestre (=E.T.) / 宇宙船 vaisseau spatial 男 / 宇宙飛行士 astronaute 女

有頂天になる être ravi(e), être au comble de la joie
内輪 内輪の結婚式 mariage cérébré dans l'intimité
打つ frapper, battre ;〔心を〕toucher 棒で打つ frapper d'un bâton /転んで頭を打った Je me suis cogné(e) la tête en tombant. /時計が12時を打つ L'horloge sonne midi [minuit].
撃つ tirer 撃て Feu!
討つ battre 父親の敵を討つ venger son père
うつ(鬱) dépression 女, mélancolie 女 うつになる faire une dépression nerveuse /うつ状態から立ち直る retrouver son équilibre après une dépression
うっかり par mégarde, par inattention うっかり秘密をしゃべる livrer un secret par mégarde
美しい beau(belle) ;〔魅 力 的 に〕joli(e), mignon(ne), adorable 美しくなる embellir /心の美しい人 personne qui a bon cœur / 美しく晴れ渡る Il fait un beau soleil. /〈クロード・シャブロルの〉『美しきセルジュ』 Le Beau Serge
美しさ beauté 女
移す déplacer, transporter ;〔病気を〕passer 人からかぜを移された On m'a passé un rhume.
写す 〔写真を〕prendre en photo ;〔書き写す〕copier, recopier 写真に写っているこの男の子はだれ Qui est ce garçon sur la photo?
映す refléter ;〔上映〕projeter 鏡に顔を映す regarder son visage dans un miroir /スライドを映す projeter des photos
うっそう touffu(e), épais(se) うっそうとした森 bois touffu /うっそうとした原始林 forêt vierge épaisse
訴える 〔裁判に〕porter plainte ;〔手段に〕recourir à..., avoir recours à... ;〔痛みを〕se plaindre 平和維持を訴える appeler le maintien de la paix /目に訴える広告 la publicité qui agit sur la perception visuelle /訴えるぞと脅したら彼は支払いに応じた On l'a menacé d'un procès, et il a consenti au paiement.
うつつ(現) réel 男, réalité 女, réveil 男
◇**うつつを抜かす** s'abandonner à..., avoir de l'engouement pour...
うっとうしい triste, désagréable うっとうしい気分だ avoir le cafard
うつぶせになる se coucher à plat ventre
うつむく baisser la tête 恥ずかしそうにうつむく baisser les oreilles /しょんぼりうつむく baisser la tête d'un air découragé
移り変わり changement 男, vicissitudes 女 季節の移り変わり changement des saisons
移る se transporter, déménager ;〔病気が〕se transmettre 父はこんど

営業部に移る Mon père sera muté au service commercial. /友だちのかぜが移った J'ai contracté le rhume d'un ami. /〔…に〕火が移る Le feu se propage à... /セーターの色がシャツに移る Le pull-over déteint sur la chemise.
映る se réfléchir, se refléter 月が水に映る La lune se réfléchit dans l'eau. /白のスーツに赤いブローチがよく映る La broche rouge va bien sur le tailleur blanc.
写る 友だちといっしょに写った写真 une photo qu'on a prise de moi avec des amis
うつろ vide 男, creux 男 うつろな視線 regard vide /うつろな表情 visage vague /うつろな日々 jours vides
器 récipient, vase 男 ;〔人間の度量〕envergure 女 ガラスの器 récipient en verre /器が大きい人 esprit de grande [large] envergure /器が小さい manquer d'étoffe /人の上に立つ器だ avoir l'étoffe d'un chef
腕 bras 男 ;〔腕前〕habileté 女, talent 男 腕を組む croiser les bras /〈2人で〉腕を組んで歩く marcher bras dessus, bras dessous /腕をまくる relever ses manches /腕のいい habile, capable /腕を誇る s'énorgueillir de son habileté
◇**腕が上がる**〔上達する〕faire des progrès 腕が落ちる perdre son habileté 腕が立つ avoir du métier 腕が鳴る vouloir montrer son habileté au plus vite 腕に覚えがある avoir confiance en ses capacités 腕によりをかける mettre ses efforts 腕の見せどころ occasion favorable pour montrer sa capacité 腕を振るう 料理の腕を振るう déployer son talent culinaire 腕を磨く se faire la main
◇**腕立て伏せ** traction 女 腕時計 montre(-bracelet) 女
腕組み croiser les bras
腕づく de vive force, de haute lutte
腕試し pour tester son habileté
疎い ne pas être au courant de, être ignorant(e) en [dans, sur] 歴史には疎い Je ne suis pas au courant de l'histoire.
うとうとする sommeiller, s'assoupir, somnoler 本を読みながらうとうとする sommeiller en lisant un livre
疎んじる tenir à distance 人に疎んじられる être évité(e) par tout le monde 促す inciter
ウナギ anguille 女
うなずく donner un signe de tête なるほどとうなずく faire signe de la tête qu'on comprend /目でうなずく faire un signe affirmatif avec les yeux
うなだれる baisser la tête [les oreilles, le nez]
うなる 〔獣が〕gronder ;〔うめく〕gé-

mir
うぬぼれ vanité 囡, fatuité 囡
うぬぼれる être plein(e) de soi-même, être vaniteux(se)
うねる serpenter, onduler 体をうねらせる faire ondoyer son corps / 道がうねる La route serpente. / うねる波 Les vagues ondulent. / うねうね波なす山なみ crêtes de montagnes ondulées
乳母 nourrice 囡
◇**乳母車** voiture d'enfant
奪う prendre, enlever ; [盗む] voler (…から)金を奪う [enlever] de l'argent à… / 子供から楽しみを奪う priver un enfant de son plaisir
馬 cheval 男 [雌] jument 囡 馬に乗る monter à cheval / 馬から落ちる tomber de cheval / 馬で野を駆ける parcourir des champs à cheval / 馬にむちを入れる cravacher son cheval / どの馬が勝つと思う？ C'est quel cheval qui va gagner, à ton avis?
◇**馬が合う** s'accorder bien avec
馬の骨 どこの馬の骨か分からない On ne sait pas son origine. **馬の耳に念仏** prêcher dans le désert
◇**馬小屋** écurie 囡
うまい [おいしい] bon(bonne), délicieux(se) ; [巧みな] habile, adroit(e) 歌 [話] がうまい chanter [parler] bien / フランス語がうまい être fort(e) en français / うまいもの mets délicieux / うまいと言うねえ Tu t'exprimes bien.
うまく bien うまくいけば avec de la chance / うまくいったぞ Ça s'est bien passé! / 彼女はだれともうまくいかない Elle ne s'entend avec personne.
埋まる [物が] s'enfouir, s'ensevelir ; [穴など] être comblé(e), se boucher / 家が埋まる être comblé / 人で埋まる se couvrir de gens / 首まで雪に埋まる s'ensevelir dans la neige jusqu'à l'avant-toit
生まれ naissance 囡 イギリス生まれのスポーツ sport d'origine anglaise / 生まれたばかりの赤ん坊 nouveau-né(e) / お生まれはどちらですか Où est-ce que vous êtes né(e)?
生まれ変わる renaître
生まれつき 生まれつき体が弱い Il est faible de constitution par nature.
生まれながら 彼女は生まれながらの詩人だ Elle est née poète.
生まれる・産まれる naître 生まれて初めて pour la première fois de sa vie / 生まれてこのかた depuis sa naissance / 子供が生まれた Je viens d'avoir un bébé. / 女 [男] に生まれる naître femme [homme] / そんな議論からは何も生まれない Rien de bon ne ressort de cette discussion.
海 mer 囡 [大洋] océan 男 海で泳ぐ nager dans la mer / 海に出る aller en mer / あらしで海が荒れる La mer est agitée par une tempête. / 海の幸 fruits de mer / 海の男 homme de la mer / 火 [血] の海 mer de feu [sang] ◆**インド洋** l'Océan Indien **大西洋** l'Atlantique **太平洋** le Pacifique **日本海** la mer du Japon **北極海** l'Océan Arctique **南極海** l'Océan Antarctique **地中海** la Méditerranée
◇**海の物とも山の物ともつかない** On ne sait pas ce qu'il donnera dans l'avenir.
うみ(膿) pus 男 うみを出す évacuer le pus / うみがたまる Du pus s'amasse.
海辺 bord de (la) mer 男, plage 囡 海辺で肌を焼く se bronzer au bord de la mer / (エリック・ロメールの)『海辺のポーリーヌ』 Pauline à la plage
生む・産む [子を] donner naissance, accoucher de ; [動物が] mettre bas ; [結果を] produire / よい作品を生む produire une bonne œuvre
うむ(膿む) 傷がうんだ La plaie a suppuré.
有無を言わさず bon gré mal gré, de force
うめき声 gémissement 男
うめく gémir うめくような声 cri plaintif
埋め立てる remblayer
埋める enterrer, enfouir ; [風呂の湯を] faire tiédir l'eau d'un bain
埋もれる (→埋まる) 世に埋もれて暮らす vivre dans l'obscurité / 埋もれた逸材 talent ignoré du monde
恭しい respectueux(se) 恭しく頭を下げる s'incliner respectueusement, faire la révérence / 恭しい態度 attitude pleine de respect
敬う respecter, honorer お年寄りを敬う honorer [révérer] la vieillesse / 相手を敬う respecter le partenaire
うやむや うやむやな返事 réponse ambiguë / うやむやにする Personne ne prend la responsabilité. / うやむやのうちに mystérieusement
裏 envers 男, revers 男 家の裏に回る aller derrière la maison / 裏から出る sortir par derrière / 紙の裏に書く écrire sur l'envers d'une feuille / ことばの裏を考える voir ce qui se cache sous les mots / 政界の裏に通じる être au courant des dessous de la politique / 事件の裏には au fond de l'affaire / 裏を返せば d'un autre point de vue / 足の裏 plante du pied / 帽子の裏 fond de chapeau
◇**裏には裏がある** Le dessous sert multiples. **裏をかく** 彼に裏をかかれた Il a déjoué mes plans.
裏返す retourner 服を裏返しだよ Tu as mis ton vêtement à l'envers.
裏書き [小切手などの] endos 男 手形を裏書きする endosser une lettre de change
裏方 [劇場の道具方] machiniste 囡 大会の裏方として働く travailler comme personnel des coulisses
裏切り trahison 囡
◇**裏切り者** traître(sse) 名
裏切る trahir
裏口 porte de derrière 囡

裏口入学 admission illégale [d'un candidat dans une école]

裏声 voix de fausset [tête]

裏づける corroborer, confirmer 犯行を裏づける指紋 empreinte digitale qui fournit la preuve du crime / 主張を裏づける corroborer l'assertion

占い divination, prédiction 占いが当たる La divination s'est accomplie.

◇ **占い師** diseur[se] de bonne aventure

占う dire la bonne aventure, pratiquer la divination トランプで恋を占ってあげる Je vais te tirer les cartes pour prédire ta vie amoureuse.

裏腹 contraire, contradictoire 心とは裏腹に au contraire de son cœur / 言うこととすることがうらはらだ Sa conduite contredit ses paroles.

裏町 rue de derrière

恨み rancune 女, ressentiment 男 恨みを抱く avoir de la rancune contre... / 恨みを買う s'attirer le ressentiment de... / 恨みを晴らす tirer vengeance de... / 食べ物の恨みは恐ろしい Les choses peuvent aller très loin quand il s'agit de nourriture.

◇ **恨み骨髄に徹する** Le ressentiment pénètre au fond du cœur.

恨っこ 恨みっこなしだよ Sans rancune!

恨む avoir de la rancune, en vouloir à... ひどい仕打ちを根む garder rancune d'un traitement dur / 自分を恨む se reprocher / 私を恨まないでいただけますか Ne m'en veuillez pas.

裏目 することなすこと裏目に出る Tout ce qu'on fait tourne mal.

恨めしい regrettable 恨めしそうな目つき regard de rancune [reproche]

うらやましい enviable うらやましそうに見る regarder avec envie / 休みが長くてうらやましいです Je vous envie de prendre de longues vacances.

うらやむ envier 人もうらやむ仲だった Ils s'entendaient si bien qu'ils faisaient des envieux. / 今月ハワイに行くのうらやましいなあ Je vais à Hawaïi ce mois-ci. — Quelle chance vous avez!

ウリ[瓜] melon 男 彼らはうり二つだ Ils se ressemblent comme deux gouttes d'eau.

◇ **うりのつるになすびはならぬ** La poire vient sur le poirier et la figue sur le figuier.

売り上げ vente 女, recette 女

売り出し mise en vente 女

売り出す mettre... en vente 日本のメーカーが新製品を売り出した Un fabricant japonais vient d'éditer un nouveau modèle.

売り飛ばす vendre même à perte

売る vendre 安く売る vendre bon marché / 500ユーロで売る vendre... (à) 500 euros / 友人を売る vendre [trahir] un(e) ami(e)

潤い [湿り気] humidité 女; [経済的繁栄] prospérité 女; [精神的豊かさ] charme 男, grâce 女 潤いのある生活 vie pleine de charme

潤す arroser, humecter, mouiller; [富ます] enrichir 雨が大地を潤す La pluie arrose la terre. / セーヌ川はイル・ド・フランス地方を潤している La Seine arrose l'Ile-de-France.

うるさい bruyant(e); [煩わしい] persistant(e), agaçant(e) ラジオがうるさい La radio est bruyante. / うるさいなあ, 何時だと思っているんだ Moins de bruit, s'il vous plaît. Vous savez l'heure qu'il est? / 8時には帰っておいで子供じゃないんだ うるさいよ Rentre pour huit heures. — Je ne suis plus un gamin! Tu m'énerves...

憂い・愁い [不安] inquiétude 女, souci 男; [悲しみ] tristesse 女, chagrin 男 愁いに沈む être plongé(e) dans la tristesse / 彼女の顔に愁いを帯びている Sur son visage se reflète le chagrin.

うれしい content(e), heureux(se), ravi(e) うれしいことに à ma grande joie, heureusement / うれしい悲鳴を上げる pousser un cri de joie / 涙が出るほどうれしい pleurer de joie / 病気が治ってうれしい Je suis heureux(se) d'avoir guéri. / お手紙うれしく拝見しました Votre lettre m'a fait grand plaisir. / うれしいなあ [=Quel bonheur!] / うれしいことを言ってくれるね Tu me dis quelque chose qui me fait plaisir.

売れる se vendre 暑いのでアイスクリームがよく売れる Les glaces se vendent bien grâce à cette chaleur.

熟れる mûrir 熟れた果実 fruit mûr

うろうろ うろうろする flâner partout dans la ville / 周りをうろうろする rôder autour de... / うろつき回る rôder autour de... pour une investigation

うろたえる se démonter, perdre son sang-froid

浮気 infidélité 女 夫の浮気を極秘に調査した Sa femme a fait en grand secret une enquête sur la tromperie de son mari.

上着 veste 上着をひっかけて来るから, ちょっと待ってて Attends, j'arrive, juste le temps d'enfiler ma veste.

うわ言 délire 男 うわ言を言う délirer, avoir le délire

うわさ bruit 男, rumeur 女 うわさを打ち消す démentir un bruit / うわさを裏づける confirmer une rumeur / ...といううわさだ Le bruit court que... / うわさでもちきり La rumeur du moment est que... / うわさにたがわぬ conformément aux rumeurs / 変なうわさを流さないで Ne laisse pas courir de bruits suspects. / はくしょん, だれかうわさしてるな Atchoum. Tiens! Quelqu'un parle de moi.

◇うわさをすれば影がさす Quand on parle du loup, on en voit la queue. 人のうわさも七十五日 Il faut laisser parler.
上の空 de tout cœur n'y est pas
運 chance 女, 運よく par bonheur [chance] 女, 運が悪い ne pas avoir de chance / 運がいいですね Vous avez de la chance. / 運も実力のうち La chance fait partie du succès. / やっと運が向いてきた Enfin la chance s'est mise de mon côté.
◇運がない malchanceux(se) 運の尽き (…が)の尽きだった … fut la fin de sa chance 運を天に任せる s'en remettre au hasard
運営 direction 女, administration 女 会社を運営する diriger [administrer] une société
● 運営委員会 comité d'administration 男
運河 canal 男 スエズ運河 le canal de Suez
うんざりする en avoir assez, se fatiguer きみにはうんざりだ Tu me fatigues.
運勢 運勢を占う dire la bonne aventure
運試し 運試しだ. オーディションに応募してみな Tente ta chance. Va passer l'audition.
うんちく vaste érudition 女, vastes connaissances 女 うんちくを傾けるmettre toute son érudition
運賃 frais de transport 男複
運転 conduite 女, manœuvre 女 車を運転する conduire une voiture / 運転を誤って崖から落ちた Il a fait une erreur de conduite et il s'est jeté dans un précipice.
● 運転資金 fonds de roulement 男複 運転資金が足りない Le fonds de roulement n'est pas suffisant. 運転免許証 permis de conduire 男
運転手 conduc*teur*(*trice*) 名, [タクシーの] chauffeur 男, [マイカーの] automobiliste 名 運転手を抱えるprendre un chauffeur privé
運動 mouvement 男, [スポーツ] sport 男, exercice 男 運動する faire de l'exercice / あまり運動していないJe ne fais pas assez d'exercice. / 美術館をつくるために運動する (=交渉する) faire des démarches pour fonder un musée des beaux-arts
● 運動会 réunion sportive 女 運動神経 nerfs moteurs 男複
運動場 terrain de sport 男 運動場を2回りする faire deux tours du terrain de sport
うんぬん et le reste, et cetera うんぬんする parler de…
運搬 transport 男 運搬する transporter
運命 sort 男, destin 男, destinée 女, fatalité 女 運命を占う prédire le destin / 運命を知る prendre conscience de son destin / 運命を受け入れる accepter son sort / 運命とあきらめる se résigner à son sort / 運命をのろう maudire le sort / 運命に立ち向かう contrarier le destin / 運命にもてあそばれる être le jouet du sort / (…する)運命にある être destiné(e) à… / 運命を共にする partager le sort de… / 運命の糸 fil de la destinée / 運命の分かれめ tournant du sort / 運命のいたずらで par les jeux du destin
● 運命論 fatalisme 男
運用 預金金運用する faire valoir du dépôt / 法律の運用 application de la loi

え

絵 peinture 女, 〔額に入った〕tableau 男; 〔カンバスに描いた〕toile 女; 〔素描〕dessin 男; 〔下絵〕esquisse 女; 〔速写風〕croquis 男; 〔挿絵〕illustration 女; 〔絵本の〕image 女 →71ページ（囲み）, 絵を描く faire de la peinture, peindre un tableau / 絵のようなpittoresque / 壁の絵を外す décrocher un tableau de mur
◇絵に描いた餅だ C'est irréalisable [impraticable].
エアカーテン rideau d'air 男
エアコン climatiseur 男
エアポケット trou d'air 男
永遠 éternité 女 永遠の éternel(le) / 永遠に éternellement, pour toujours / 永遠の平和を願う souhaiter la paix éternelle
映画 〔個々の映画〕film 男; 〔映画一般〕cinéma 男 →133ページ（囲み）黒沢の映画 un film de Kurosawa / 北野の映画に出る tourner avec Kitano / 日本映画 le cinéma japonais / 映画を撮る (=撮影する) tourner un film / 映画を上映する passer [donner] un film / 映画を見に行く aller au cinéma, aller voir un film / 映画はお好きですか―ゴダールが好きです Vous aimez le cinéma? ― J'aime les films de Godard.
● 映画館 (salle de) cinéma 男 映画人 cinéaste 名 映画通 cinéphile 名
英気 …に備えて英気を養う se reposer en prévision de…
永久 éternel(le) （→永遠）
● 永久歯 mouvement perpétuel 男 永久歯 dent de l'adulte
影響 influence 女 影響を受ける subir l'influence de… / 大きな影響を及ぼす exercer une grande influence / 台風の影響で海が荒れる La mer est agitée sous l'influence d'un typhon.
営業 commerce 男, exploitation 女
● 営業時間 heures d'ouverture 女複 営業所 bureau 男 営業部 service commercial 男
英語 anglais 男
栄光 gloire 女 栄光への道を切り開くse frayer un chemin vers les honneurs / 彼の栄光は消え去った Sa

エイズ

エイズ sida 男, syndrome d'immunodéficience acquise 男 エイズで死ぬ mourir du sida
◘ **エイズウイルス**, H I V virus du sida 男, virus d'immunodéficience humaine (VIH) 男 エイズウイルス感染者 séropositif(ve) エイズ患者 malade du sida 女, malade atteint(e) du sida 男 エイズ対策 lutte contre le sida 女

衛星 satellite 男
◘ **衛星放送** émission par satellite 女

衛生 hygiène 女 衛生的な hygiénique 形 夏は特に衛生に気をつけよう Il faut soigner son hygiène surtout en été.

英雄 héros 男 国民的英雄 héros national /(ベートーベンの)『英雄』 *Symphonie héroïque*

栄養 nutrition 女 栄養がある nourrissant(e) 形 栄養をとる se nourrir de manière équilibrée /この食品は栄養たっぷりだ Cet aliment contient des nutritifs en abondance. ◆ カルシウム calcium 男 カロリー calorie 女 脂肪 graisse 女 炭水化物 glucide 男 たんぱく質 protéine 女 鉄分 fer 男 ビタミン vitamine 女 ミネラル minéral 男

営利 営利的な lucratif(ve) 形 /非営利団体 association à but non lucratif /営利誘拐 enlèvement [kidnapping] contre rançon

エース 〔トランプの〕as 男

ＡＶ(エーブイ) 〔視聴覚の〕audiovisuel(le) 形 〔アダルトビデオ〕film vidéo interdit aux moins de dix-huit ans

エープリルフール poisson d'avril 男

笑顔 visage souriant 男 彼はいつも笑顔を絶やさない Il a toujours le sourire aux lèvres. /赤ちゃんの笑顔はとてもかわいい Le visage souriant du bébé est très mignon.

描く dessiner, peindre;〔心に〕se figurer, s'imaginer, se représenter よく描けた C'est bien peint [bien dessiné]. /20年後の自分の姿を心に描く se figurer [s'imaginer, se représenter] soi-même vingt ans plus âgé(e)

駅 gare 女 〔地下鉄の〕station 女 駅で上る à la gare /次の駅で降りる descendre à la prochaine station /駅へ迎えに行く aller chercher à la gare

駅員 employé(e) de gare 女

液体 liquide 男 容器の中の液体をかき混ぜる agiter un liquide dans un récipient
◘ **液体燃料** combustibles liquides

駅長 chef de gare 男

えこひいき favoritisme 男 えこひいきする avoir une prédilection pour... /それはえこひいきだ C'est du favoritisme.

えさ pâture 女, nourriture 女;〔釣りの〕appât 男 犬にえさをやる donner à manger à son chien /家畜にえさを与える donner sa pâture au bétail /えさをあさる chercher sa nourriture

エスカレーター escalier roulant 男

枝 branche 女;〔小枝〕rameau 男 木の枝を払う élaguer un arbre /枯れ枝 branche morte

枝道 彼はいつも話が枝道にそれる Il fait des digressions tout le temps.

エチケット 〔宮廷・公式の場での〕étiquette 女;〔礼儀〕bonnes manières 女複;〔慣習・作法〕usage 男 エチケットを守る respecter l'étiquette

エックス線 rayons X 男複

エネルギー énergie 女 水を燃料にしてきたらエネルギー問題は解決だ Si l'on pouvait produire de l'énergie avec l'eau tous les problèmes d'énergie seraient résous. /ぐっすり寝てエネルギーをたくわえる emmagasiner de l'énergie en dormant bien
◘ **エネルギー資源** ressources énergétiques

エビ 〔小エビ〕crevette 女;〔イセエビ〕langouste 女;〔ロブスター〕homard 男
◇ **えびでたいを釣る** donner un œuf pour avoir un bœuf

エピソード épisode 男, anecdote 女

絵筆 brosse de peintre 女

エプロン tablier 男 服が汚れないようエプロンをする mettre un tablier afin de rester propre

絵本 livre d'images 男

笑み sourire 男 笑みを漏らす laisser échapper un sourire

ＭＤ mini(-)disque 男

獲物 〔狩猟の〕gibier 男, chasse 女;〔肉食動物の〕proie 女 獲物をねらう〔人間が〕viser le gibier;〔ライオンなどが〕épier la proie

偉い grand(e), admirable 偉い人の伝記を読む lire des biographies des grands hommes /会社の偉い人に会う voir une personne haut placée de la société /いいぞ, 偉い子だね C'est bien. Tu es un grand garçon. /えらい暑さだ Il fait une chaleur! /えらい目にあった J'ai joué d'une malchance terrible.

選ぶ choisir;〔選挙で〕élire たくさんの中からよい品を選ぶ choisir de bonnes choses entre mille /会社の役員に選ぶ élire... administrateur(trice) de société

襟 col 男 襟を正して聞く écouter avec respect

エリート élite 女

襟首 nuque 女

襟巻き cache-col 男

得る obtenir, acquérir, se procurer;〔金を〕gagner この仕事は一人では完成し得ない Il est impossible d'accomplir ce travail tout seul.

エルニーニョ現象 le Niño 男

エレベーター ascenseur 男 停電でエレベーターに閉じ込められたままになる rester bloqué(e) dans l'ascenseur à cause de la panne de courant

円 cercle 男, rond 男；〔貨幣〕yen 男 コンパスで円を描く tracer un cercle avec un compas／円安が進む一方だ La chute du yen se poursuit.

縁 〔絆〕lien 男；〔関係〕relations 女複 縁を切る rompre les liens avec...／彼は病気とは縁がない Il est étranger à la maladie.

◇縁は異なもの味なもの Les rencontres ont quelque chose de mystérieux mais aussi de fabuleux.

宴会 banquet 男 宴会の気分を楽しむ s'amuser dans l'atmosphère du banquet

❏宴会場 salle de banquet 女

塩化ビニル chlorure de vinyle 男

遠隔の éloigné(e)

❏遠隔操作 télécommande 女

沿岸 côte 女, littoral 男 沿岸を汚染する polluer le littoral [la côte]／沿岸に漂着する atteindre [dériver vers] le littoral

❏沿岸漁業 pêche côtière 女

延期する remettre, reporter コンサートは雨で延期になった Le concert a été reporté à cause de la pluie.

演技 jeu 男, interprétation 女；〔スポーツの〕exécution 女 彼女のみごとな演技に息をのんだ Son jeu m'a coupé le souffle.

❏演技力 talent d'interprétation 男

縁起がいい de bon augure

◇縁起でもない 縁起でもないこと言わないで Ne dis pas des choses qui portent malheur. 縁起をかつぐ être superstitieux(se)

婉曲な euphémique, indirect(e), détourné(e) 婉曲表現 expression euphémique／婉曲な言い方をする parler par circonlocutions

園芸 horticulture 女, jardinage 男

演劇 (→劇) 演劇シーズン saison théâtrale

冤罪 fausse accusation 女

エンジニア ingénieur 男 会社にエンジニアを入れる employer un ingénieur à la compagnie

エンジニアリング ingénierie 女

演出 mise en scène 女

❏演出家 metteur en scène 男

◇援助 aide 女, assistance 女, secours 男 難民を援助する secourir des réfugiés

演じる jouer, interpréter 役を演じる jouer un rôle

エンジン moteur 男 エンジンをかける mettre un moteur en marche [=démarrer un moteur]／エンジンを調べる vérifier un moteur

円錐 cône 男

エンストを起こす Le moteur cale.

演説 discours 男；〔短い〕allocution 女 演説をする faire [prononcer] un discours／施政方針演説 discours-programme 男

演奏する interpréter, jouer de／ピアノを演奏する jouer du piano／ベートーベンを演奏する interpréter Beethoven,

❏演奏会 concert 男 演奏者 interprète 女

遠足 excursion 女 あしたは遠足だ Demain il y a une excursion.／遠足のようすを母親に話す raconter à sa mère les circonstances de l'excursion

円柱 cylindre 男

延長 〔距離〕prolongement 男；〔時間〕prolongation 女；〔期限〕prorogation 女 延長する prolonger

❏延長コード prolongateur 男, rallonge 女 延長線上にある se situer dans le prolongement 延長戦をする jouer les prolongations

煙突 cheminée 女 すすだらけの煙突 cheminée encrassée par la suie

円盤 disque 男 空飛ぶ円盤 soucoupe volante 女

◇円盤投げ lancement du disque 男

鉛筆 crayon 男 鉛筆で書く écrire au crayon／鉛筆を削る tailler un crayon

❏鉛筆削り taille-crayon 男

円満な harmonieux(se) 円満な家庭を築く fonder une famille harmonieuse／彼らの紛争は円満に解決した Leur différend s'est réglé à l'amiable.

延命を施す maintenir un malade en vie, s'acharner à repousser le moment ultime

❏延命装置 équipement de survie 男 延命治療 acharnement thérapeutique 男, obstination déraisonnable dans les investigations ou la thérapeutique 女

遠慮 discrétion 女 遠慮する se gêner, s'abstenir／遠慮深い réservé(e), discret(ète)／上司に遠慮する se gêner avec son supérieur／ご遠慮なく Ne vous gênez pas. [=N'hésitez pas.]／遠慮なくお電話ください N'hésitez pas à me téléphoner.／たばこはご遠慮ください Prière de ne pas fumer.

お

尾 queue 女 尾を振る remuer la queue

◇尾を引く Il reste les conséquences de...

老い vieillesse 女 →老化

甥っ子 neveu 男 《ディドロの》『ラモーの甥』 Le Neveu de Rameau

お家芸 マラソンは日本のお家芸だ Le marathon a toujours été au Japon un sport qui prévaut.

追いかける poursuivre, courrir après 先に行った友だちを追いかける poursuivre l'ami qui me précède

追い越し dépassement 男 ここは追い越し禁止です Il est interdit de doubler ici.

追い越す dépasser；〔車が〕doubler

追い込む acculer 辞任に追い込む acculer... à la démission

お

おいしい(→うまい) このサラダおいしいね Cette salade est délicieuse, n'est-ce pas?

生い茂る pousser dru, croître avec abondance 庭に雑草が生い茂る Les mauvaises herbes poussent dru [croissent avec abondance] dans le jardin.

追いつく rattraper, rejoindre やっとき君に追いついたね Enfin, je t'ai rattrapé(e).

追い払う chasser; [やっかい者を] se débarrasser de

オイル huile 男 [石油] pétrole 男
◻**オイル交換** vidange 女 **オイルショック** crise du pétrole 女 **オイルマネー** pétrodollar 男

老いる vieillir

追う poursuivre, courir après 彼女の後を追うように死んだ Elle l'a suivi dans la mort. ◯待て Un instant! / 止まれ Ne bougez pas!

負う [責任を] assumer; [おかげだ] devoir

王 roi 男
◻**王子** prince 男 **王女** princesse 女 **王妃** reine 女

応援 encouragement 男, soutien 男, aide 女 応援する encourager, soutenir (←励ます) ◯がんばれ日本 Allez, le Japon! / そこだ, 行け! Fonce!
◻**応援演説** discours pour soutenir

扇 éventail 男 扇であおぐ éventer

応急 urgence 女
◻**応急処置をとる** prendre des mesures d'urgence **応急手当をする** donner les premiers soins **王国** royaume, monarchie

黄金 or 男
◻**黄金時代** âge d'or 男 **黄金分割** section d'or 女

欧州 Europe 女
◻**欧州連合** Union européenne 女 (略 UE)

押収 saisie 女 麻薬を押収する saisir [confisquer] de la drogue

応じる répondre, accepter 招待に応じる accepter l'invitation / 話し合いに応じる se prêter à un accommodement / 求めに応じる satisfaire une demande / 暴力には暴力で応じる répondre à la violence par la violence

往診 consultation à domicile 女

応接間 salon 男 客を応接間に通す introduire [faire entrer] un visiteur dans le salon

横断 traverser
◻**横断歩道** passage clouté 男 **横断歩道を渡ろう** Prenons le passage clouté!

嘔吐する vomissement 男 →吐く

往復 aller et retour, aller-retour 男 ◯片道 (simple) (列車・バスなどが) AとBの間を往復する faire la navette entre A et B / 学校へは往復で1時間かかる Il faut une heure pour l'aller et le retour de l'école à chez moi.
◻**往復はがき** carte postale timbrée pour la réponse 女 **往復便** [飛行機の] vol aller-retour 男

応募 souscription 女, inscription 女 (…に)応募する souscrire à…, s'inscrire à…
◻**応募者** souscripteur(trice)

応用 application 女 応用する appliquer, mettre en pratique

横領 détournement 男

終える finir, terminer; [完成] achever

多い nombreux(se), abondant(e)

覆い couverture 女, enveloppe 女

覆う couvrir, recouvrir; [隠す] cacher 厚い雲が空を覆う Des nuages épais couvrent le ciel.

大型の grand(e), gros(se)
◻**大型本** livre de grand format 男

大柄な de grande taille

多かれ少なかれ plus ou moins

大きい grand(e), gros(se); [音・声が] fort(e); [重要な] important(e) 大きくなる grandir, se développer / 大きく出たね Tu vois grand!

大きさ grandeur 女

多くの beaucoup de, un tas de, tant de

大げさな exagéré(e), emphatique 大げさに痛がる se plaindre de sa douleur en exagérant

オーケストラ orchestre 男 アマチュアオーケストラを編成する former un orchestre d'amateurs

大ざっぱな approximati(ve); [人間が] peu méticuleux(se) 大ざっぱに言うと dans les grandes lignes

おおぜい nombre de gens 複数 広場におおぜい集まる Un nombre de gens s'assemblent à la place.

大手 大手を振って歩く marcher partout sans gêne

オートバイ [排気量125 cc以上] moto 女; [125 cc以下] vélomoteur 男 オートバイに乗る monter sur une [à, en] moto

オードブル hors-d'œuvre 男 オードブルに…を取る prendre… en hors-d'œuvre

オーブン four, fourneau 男 タルトをオーブンで焼く faire cuire une tarte au four

大みそか dernier jour de l'année 男, Saint-Sylvestre 女

大麦 orge 女

大文字 (lettre) majuscule 女

公の public(que), officiel(le) 公にする rendre public, publier / (…との)連帯を公に表明する manifester publiquement sa solidarité avec…

おおよそ approximativement (→およそ) おおよその見積もりをする évaluer approximativement

オーロラ aurore (polaire) 女

丘 colline 女 丘を登る faire la montée d'une colline

おかげ 兄のおかげで泳げるようになった

Je suis arrivé(e) à nager grâce à mon frère. /おかげでひどい目にあったよ J'en ai vu de dures à cause de cela.

おかしい amusant(e), drôle, rigolo(ote); [ばかばかしい] ridicule; [奇妙な] bizarre お腹の調子がおかしい J'ai un détraquement de l'estomac. /おかしなかっこうだね Tu es drôlement habillé(e)! /彼のそぶりはおかしい Son attitude est douteuse.

侵す・犯す [領土を] envahir; [法律・女性を] violer; [罪を] commettre; [権利を] empiéter sur... 侵すべからざる inviolable

冒す [危険を] affronter, braver がんに冒される être atteint(e) du cancer

拝む adorer, prier

オカルト occultisme 男

小川 ruisseau 男 小川のせせらぎ murmure d'un ruisseau

置き 2日置きに tous les trois jours, à deux jours d'intervalle /10メートル置きに tous les dix mètres, à sept mètres d'intervalle

沖 large 男 沖で au large /沖に船が見える On voit un bateau au large.

置き換える [移動する] déplacer; [交代させる] substituer, remplacer ある語を別のことばに置き換える substituer un mot à un autre

補う suppléer, compenser, compléter 不足を補う suppléer un manque /質を量で補う compenser la qualité par la quantité

お気に入り préféré(e) 男, favori(te) 女 彼(女)のお気に入りの店だ C'est sa boutique préférée.

起きる se lever; [目を覚ます] se réveiller 転んだがすぐ起きた Je suis tombé(e) mais je me suis relevé(e) tout de suite. /8時に起きる se lever à huit heures. /早く起きて,学校に遅れるよ—あと5分寝かせて Lève-toi vite, tu vas être en retard pour la classe. — Laisse-moi encore dormir cinq minutes.

置く mettre, poser, placer 床に置いてください Posez cela par terre. /2, 3日置いて行く aller à deux ou trois jours d'intervalle /ドアを開けておく laisser la porte ouverte

奥 fond 男 森の奥に au fond des bois

億 cent millions 男複 10億 milliard 男 /日本の人口は約1億2000万である Le chiffre de la population japonaise est de cent vingt millions environ.

屋外 en plein air

屋上 toit-terrasse 男 屋上で sur le toit

屋内 à l'intérieur 屋内プール piscine couverte 女

奥歯 dent de fond 女 奥歯の詰め物が外れた Le plombage de ma molaire est tombé. /彼は奥歯に物のはさまったような言い方をする Il parle comme s'il avait un chat dans la gorge.

臆病な timide, peureux(se)

億万長者 milliardaire

奥ゆかしい à la fois élégant(e) et modeste

贈り物 cadeau 男 誕生祝いの贈り物 cadeau d'anniversaire

送る [手紙などを] envoyer, expédier;[人を] accompagner 子供を学校まで送る accompagner son enfant à l'école /夏休みはいなかで送りたい Je veux passer mes vacances à la campagne.

贈る offrir 友人の誕生日に花束を贈る offrir des fleurs à un ami pour son anniversaire

遅れる・後れる être en retard 列車が30分遅れる Le train a un retard d'une demi-heure. /えっ,知らないの？遅れてるなあ Quoi! Tu ne le savais pas? Tu es en retard!

起こす [人を] réveiller; [問題・事故を] provoquer, causer あした7時に起こして Réveille-moi demain à sept heures.

怠る négliger 義務を怠る manquer à son devoir

行い action 女 (→行為) よい行いをする faire une bonne action /行いを改める se corriger

行う faire →する

起こる [事件が] avoir lieu, se produire ちょっとした事件が起こった Il s'est produit un petit incident.

怒る se mettre en colère, se fâcher 彼はすごいけんまくで怒った Il a piqué une colère terrible. /まあ怒らないよ Allons, ne te mets pas en colère.

おごる régaler きょうは給料日だからおごるよ Aujourd'hui, c'est mon jour de paye, je t'invite.

押さえる maintenir; [拘束] tenir 板を押さえていて Maintenez cette planche. /話の要点を押さえる tenir compte des points importants du discours

抑える retenir, réprimer 怒りを抑えるretenir sa colère /反対意見を抑える réprimer l'opinion opposée /病気が広がるのを抑える empêcher la propagation de l'épidémie

幼い petit(e), en bas âge; [幼稚な] enfantin(e) 考え方が幼い La manière de penser est enfantine.

収まる・納まる être mis(e) dans, se calmer 風が収まる Le vent se calme [tombe]. /怒りが収まる La colère s'apaise. /社長の座に収まる être satisfait(e) du poste de président

収める mettre, fournir ミカンを箱に収める mettre des clémentines dans une boîte

納める payer, fournir; [倉庫に商品などを] stocker, emmagasiner

治める gouverner 国を治める gouverner un pays

押し 押しの強い人だ Il a le don de faire ce qu'il veut des autres.

おじ(伯父・叔父) oncle 男 (ジャック・タチの)『ぼくの伯父さん』 Mon oncle

惜しい regrettable …とは惜しいことだ C'est dommage que… /時間が惜しい ne pas vouloir perdre de temps /惜しげもなく savoir compter, généreusement /人にあげるのが惜しい C'est dommage de devoir partager.

おじいさん grand-père 男, vieillard 男

教える apprendre, [入門知識を] instruire; [科目を] enseigner; [示す] montrer, indiquer 道を教える montrer [indiquer] le chemin /住所を教えてください Donnez-moi votre adresse.

おじぎ salut 男 先生におじぎする s'incliner devant le prof (pour saluer)

おじけづく être intimidé(e) おじけづくな Ne recule pas.

押しつけがましい imposant(e); [言語に] gonflé(e)

押しつける presser; [強制] imposer 自分の考えを押しつける imposer ses idées /掃除を(…に)押しつける forcer… de faire le nettoyage

おしまい fin 女 きょうの店はもうおしまいです Le magasin est déjà fermé aujourd'hui.

惜しむ [金・労力を] épargner; [残念] regretter (→惜しい) 別れを惜しむ avoir du regret à se séparer /協力を惜しまない coopérer totalement

おしめ couche 女 おしめを替える changer les couches

おしゃべり bavardage 男; [人] bavard(e) 女 おしゃべりする bavarder /このおしゃべり! Tu bavardes trop.

おしゃれな élégant(e), bien habillé(e), coquet(te); [シックな] chic とてもおしゃれな人ね. センスが違うわ Elle est toujours bien habillée. Elle a un goût sûr et personnel.

汚職 malversation 女, corruption 女

押す pousser, presser, appuyer sur どのボタンを押すの？ Je dois appuyer sur quel bouton? /病気をおして登校する aller à l'école malgré la maladie /押すな押すなの大盛況だ Il y a tant de monde qu'on se bouscule. /押してもだめなら引いてみな Il faut tenter plusieurs approches.
◇押しも押されもせぬ 押しも押されもせぬ政治家だ C'est un politicien solidement établi.

雄 mâle 男 (★「雌」は femelle 女)

オセアニア Océanie 女

おせじ flatterie 女, compliments 男複 おせじを言う flatter /心にもないおせじを言わないでください Gardez pour vous vos compliments.

おせっかい intervention inutile 女 おせっかいをする se mêler des affaires des autres /彼女はおせっかいうるさい Elle se mêle de tout et est pénible.

汚染 pollution 女 汚染する polluer ◇**汚染対策** mesure contre la pollution 女 **汚染物質** polluant 男

遅い [時間が] tardif(ve); [緩慢な] lent(e) 遅く tard

襲う attaquer 銀行を襲う attaquer une banque /台風が九州地方を襲った Le typhon a ravagé la région de Kyūshū.

遅かれ早かれ tôt ou tard

おそらく sans doute, peut-être, probablement

おそるおそる timidement, craintivement

恐れ peur 女, crainte 女

恐れ入る ご足労いただき恐れ入ります Je suis reconnaissant(e) de votre visite. /あれでうまくいったつもりなんだから恐れ入る Je suis stupéfait parce que même avec ça, il croit que ça s'est bien passé.

恐れる avoir peur de, craindre 失敗を恐れては何もできない On ne fait rien avec la peur de l'échec.

恐ろしい terrible, horrible, effrayant(e), épouvantable, affreux(se) 恐ろしい病気 maladie terrible /習慣とは恐ろしいものだ Il ne faut pas sous-estimer la force de l'habitude. /この冬は恐ろしく寒い Il fait terriblement froid cet hiver.

教わる apprendre 交番で道を教わる On me montre le chemin au poste de police.

オゾン ozone 男 →地球温暖化

おだてる おだてに乗る se laisser prendre aux flatteries

おだてる flatter おだててもなにも出ないよ Ça ne sert à rien de me flatter.

おたまじゃくし [カエルの子] têtard 男; [台所用品] louche 女

穏やかな doux(ce), calme 最近は穏やかな天気だ Il fait doux ces derniers temps. /家出とは穏やかでないな Une fugue? C'est ennuyeux.

落ち着き calme 男

落ち着く [心が] se calmer; [場所に] s'installer まあ, まあ, 落ち着いて Allons, allons, calme-toi. /落ち着いたら便りをあげよう Après l'installation, je t'écrirai.

落ち葉 feuille morte 女

落ち穂 glanure 女 落穂拾い [人] glaneur(se) 女 /(ミレーの)『落ち穂拾い』 Les Glaneuses

お調子者 tête légère 女

落ちる tomber; [低下] baisser, chuter; [速度が] diminuer; [試験に] échouer 木から落ちる tomber d'un arbre

夫 mari 男 夫に不満を抱く avoir des griefs contre son mari

おつり monnaie 女 おつりはいりません Gardez la monnaie.

お手上げ もうお手上げだ J'ai les poings liés.

お手のもの 料理は彼にはお手のものだ La cuisine est son fort.

汚点 tache 囡 汚点を残す entacher

お天気屋 彼女はお天気屋だ Elle change d'avis comme de chemise.

音 son 男, bruit 男 音を出す produire un son / 音を立てる faire du bruit / 雨の音 bruit de la pluie / 海の音がかすかに聞こえる On entend bruire doucement la mer.

弟 frère cadet 男, petit frère

男 homme 男;(男の子) garçon 男 男の masculin(e)
◇男が廃る 男が廃るよ Tu n'es pas un homme.
▶男やもめ veuf 男

男前 beau garçon 男 男前ではないけれど、あの男の彼が好き Il n'est pas très beau, mais il me plaît tel quel.

男らしい viril(e) 男らしくないやつだ Ce n'est pas un homme.

脅し (→脅迫) 脅しに屈する céder devant les menaces / あなたの脅しには屈しません Je ne me laisserai pas intimider par vous.

陥れる わなに陥れる faire tomber... dans un piège / 絶望に陥れる pousser... au désespoir

落とし物 objet perdu

落とす laisser tomber; (なくす) perdre ハンカチを落とす laisser tomber un mouchoir / 彼女を落としてみせる J'aurai certainement.

脅す menacer ナイフをちらつかせて脅す menacer... avec un couteau / 脅すような口調で prendre un ton menaçant / テレビをお預けにすると言って子供を脅す menacer un enfant de le priver de télévision

訪れる 〔場所を〕 visiter;〔人を〕 rendre visite (→もてなす) ☺いまよろしいですか、いまよろしいですか? Bonjour. Je ne vous dérange pas? / おじゃまします Je peux entrer?

おととい avant-hier 男
◇おととい来い Reviens la semaine des quatre jeudis!

おととし il y a deux ans

おとな grande personne 囡, adulte 囡 おとなとして扱う traiter comme un adulte / おとなになったら俳優になりたい Je voudrais être acteur quand je serai grand. / おとな 1枚と子供 2枚ください Un billet pour adulte, deux pour enfants.

おとなしい tranquille, calme, sage おとなしくしていなさい Restez sage! / 彼女はおとなしくて、いるかいないか分からない Elle est si calme qu'on ne remarque pas sa présence.

おとなびる avoir l'air d'une grande personne

乙女 jeune fille 囡 (シューベルトの)『死と乙女』 La Jeune Fille et la Mort

踊らす 宣伝に踊らされる être manœuvré(e) par la publicité

踊り danse 囡

踊る danser フラメンコを踊るダン ser le flamenco / 踊りませんか Vous ne voulez pas danser avec moi?

躍る sauter, bondir 入学の喜びで胸が躍る Son cœur bat de joie à l'idée d'entrer à l'école.

衰え affaiblissement 男 視力の衰え affaiblissement de la vue / 時が流れても彼女の美しさは衰えを見せない Sa beauté est un défi au temps qui passe.

衰える faiblir, s'affaiblir がんに冒されて彼は日に日に衰えていった Atteint du cancer, il dépérissait de jour en jour.

驚き surprise 囡, étonnement 男 驚きの声を上げる s'exclamer de surprise / 驚きのあまりその場で釘づけになる être cloué(e) de surprise sur place / 彼が成功したとは驚きだ Ça m'épate qu'il ait réussi.

驚く s'étonner 驚いた な Ça m'étonne! / 驚くほどのことはない Il n'y a pas de quoi crier au miracle. ☺たまげたよ Je n'en reviens pas. / まさか Tu parles! [=C'est pas vrai.] / 何だって Comment! / ひぇー だから alors!

おなか (→腹) おなかが下っている J'ai la diarrhée.

同じ même, identique 何度同じことをさせるんだ Tu me fais toujours répéter la même chose. / 〔これでは何もしないのと同じだ Autant faire rien.

おなら pet 男 おならをする lâcher un pet

鬼 ogre(sse) 男, démon 男
◇鬼に金棒 Voilà qui double ses forces. / 鬼のいぬ間に洗濯 Quand le chat est sorti, les souris dansent. / 鬼の首を取ったよう comme s'il avait tué un ogre / 鬼の目にも涙 Les hommes impitoyables versent aussi des larmes.

鬼ごっこ chat

鬼ばば vieille sorcière [mégère, méchante]

おの(斧) hache 木におのを入れる mettre la cognée à l'arbre

己 己を偽る se mentir à soi-même

おば (伯母・叔母) tante

おばあさん grand-mère 囡, vieille femme 囡

お化け 〔幽霊〕 fantôme, spectre 男; 〔怪物〕 monstre 男 お化けカボチャ potiron monstre 男

おはよう Bonjour! →会う

帯 ceinture 囡 黒帯 ceinture noire
◇帯に短したすきに長し Cela est trop court pour l'un et trop long pour l'autre.

おびえる (→怖い) 自分の影におびえる avoir peur de son ombre

おびただしい 〔金額などが大きい〕 considérable, énorme;〔数え切れない〕 incalculable, innombrable

オフィス bureau 男
◇オフィス街 quartier des affaires 男

オペラ opéra (ブレヒトの)『三文

オペラ *L'Opéra de quat'sous*

オペラ歌手 chanteur(se) d'opéra

オペラグラス jumelles 囡 de théâtre [spectacle], lorgnette 囡

覚える 〔習う〕apprendre 覚えておいて se souvenir /覚えていろよ! Tu me le paieras! /そのカフェを覚えていますかーええ, よく覚えています Vous vous souvenez de ce café? — Oui, je m'en souviens bien.

おぼれる 〔おぼれ死ぬ〕se noyer 酒におぼれる s'adonner à la boisson /おぼれる者はわらをもつかむ Celui qui se noie s'accroche même à un brin de paille.

おまけ prime 囡 この菓子にはおまけがついている Cette confiserie est vendue avec un gadget.

おまけに en outre, de plus 彼は病気になり, おまけに地位も失った Il est tombé malade, en outre il a perdu sa place.

お守り amulette 囡, talisman 男

おめでとう Félicitations! まあ, おめでとう. 祝杯を上げなくちゃ Toutes mes félicitations! Ça s'arrose!

主な principal(e) 本日の主な議題 sujets principaux de la discussion d'aujourd'hui

重い lourd(e) 〔病気が〕grave 事態を重く見る tenir la situation pour grave /試験が近づくにつれ気が重くなる tomber dans la mélancolie à l'approche de l'examen /重い刑罰 châtiment sévère

思い 〔考え〕pensée 囡 〔望み〕souhait 男 思いをかなえる réaliser un souhait /思いに沈む être absorbé(e) dans ses pensées /…に思いを致す réfléchir sur… /思いのままに à son gré, à sa guise /ふるさとへの思いつのる Il redouble de nostalgie pour son pays. /思いもよらなかった Ça ne m'était pas venu à l'idée.

思い上がる s'infatuer

思い当たる se rappeler まったく思い当たるふしはない n'avoir pas la moindre idée

思い余る se tourmenter sans trouver de solutions à ses problèmes

思い浮かべる se souvenir, se rappeler

思い思い chacun(e) à sa manière, chacun(e) à sa guise

思いがけない inattendu(e), imprévu(e) 思いがけなく à l'improviste /思いがけず彼らの会話を聞いてしまった J'ai involontairement entendu leur conversation.

思い切り 思いっ切りが悪い irrésolu(e), indécis(e) /思い切りたたく frapper de toutes ses forces

思い切る (→あきらめる) 空模様が怪しかったが, 思い切って出発した Le temps était menaçant, mais on s'est hasardé à partir.

思い込む être persuadé(e) 〔convaincu(e)〕本当だと思い込む croire fermement que c'est vrai

思い知る prendre conscience de…

思い過ごす きみの思い過ごしだ Vous avez trop d'imagination.

思い出す se rappeler, se souvenir それで思い出したんだけど Ça me rappelle que…

思い付き 思いつきでやってもうまくいかないよ Ça n'ira pas si tu agis sur un coup de tête.

思いつく une idée surgit, il vient à l'esprit

思い詰める Une pensée ne le quitte pas〔l'obsède〕.

思い出 souvenir 男 子供のころの思い出 souvenirs d'enfance

思いとどまる renoncer à… 思いとどまらせる dissuader de…

思い直す changer d'avis, se raviser

思いのほか contre toute attente 〔一般外〕思いのほか支度に手間取った Les préparatifs ont pris plus de temps que ce qu'on avait prévu.

思いやり prévenance 囡 思いやりがある prévenant(e)

思いやる 先が思いやられる Ça va de plus en plus mal.

思う penser, croire あす出発しようと思う penser partir demain /かねより くれれると思っています Je le pense.〔Je crois que oui.〕/思ったより早く着いた Je suis arrivé(e) plus tôt que je ne le pensais. /思うようにはいかないものだ Les choses ne vont pas toujours comme on le voudrait.

思う存分 autant qu'on le veut, tout son soûl

面影 祖母の面影を胸に浮かべる voir en esprit le visage de la grand-mère

重きを置く mettre l'accent sur…

重苦しい lourd(e), pesant(e) 重苦しい雰囲気 atmosphère pesante

重さ poids 男 〔重 力〕pesanteur 囡 〔重苦しさ〕lourdeur 囡 この肉の重さは3キロです Cette viande pèse trois kilos.

おもしろい intéressant(e), amusant(e) 何かおもしろいことない? Il n'y a rien d'intéressant à faire? 〔=Quoi de drôle?〕/おもしろ半分に pour s'amuser, par plaisir

おもちゃ jouet 男 猫をおもちゃにするな! Ne fais pas du chat ton jouet!

おもちゃ箱 coffre à jouets 男

表 〔コインの〕face 囡 〔布・紙の〕endroit 男 〔外〕dehors 男 表から入って来る entrer par la porte principale /表で遊んでおいで Va jouer dehors. /表〈外見〉を飾る décorer son extérieur

表ざたになる devenir public(que)

表向き officiellement 表向きの口実 prétexte officiel 男 表向きは彼はバカンスに行っていることになっている Officiellement, il est parti en vacances.

主に principalement

重荷 fardeau 男 この任務は彼には重荷だ Cette tâche lui pèse.

重み (…に)重みがかかる peser sur…

おもり 〔秤の〕poids 男；〔釣具などの〕plomb 男

思わず involontairement, inconsciemment 思わずやっちゃった Excusez-moi, ça m'a échappé.

親 〔両親〕parents 男複；〔トランプの〕donneur(se) 名, banquier 男 親の言うことを聞く obéir à ses parents ／親の目の届かないところで à l'insu des parents ／この親不孝者! Quelle ingratitude envers tes parents!
◇親の心子知らず Les parents trop bons font des enfants ingrats. 親の七光り prestige des parents 親の七光りで職を得る trouver un travail grâce au prestige parental 親はなくとも子は育つ La nature est une bonne mère.

親会社 société [maison] mère 女

親子 parents et enfants 男複

親知らず dent de sagesse 女

お休み Bonne nuit! →寝る

おやつ goûter 男

親譲りだ tenir... de ses parents

親指 〔手の〕pouce 女；〔足の〕gros orteil 男

泳がす スパイを泳がせておく laisser un espion libre sous surveillance

泳ぐ nager プールで泳ぐ nager en piscine ／人込みの中を泳ぐ se frayer dans la foule ／世の中をうまく泳いでいける savoir nager

およそ 〔だいたい〕environ, à peu près, approximativement；〔一般に〕en général, généralement 学校まで歩いておよそ10分だ Il faut environ dix minutes pour aller à pied à l'école. ／およそ人の欲は限りがない En général, le désir humain est infini.

及ばずながら 及ばずながらお手伝いさせていただきます Je vais vous aider dans la mesure de mes moyens.

及ぶ 議論は6時間に及んだ La discussion s'est prolongée cinq heures. ／速きは光に及ぶものはない Rien n'égale la vitesse de la lumière. ／それには及ばない Ce n'est pas la peine.

オランダ Pays-Bas
□**オランダ人** Hollandais(e) 名

折 〔機会〕occasion 女 折に見て伺います Quand j'en trouverai l'occasion, je vous rendrai visite. ／折よく opportunément, à propos ／折悪しく inopportunément, mal à propos
◇折に触れて en différentes occasions

檻 cage 女 ライオンの檻 cage aux [des] lions

オリーブ 〔実〕olive 女；〔木〕olivier 男
□**オリーブオイル** huile d'olive 女

折り紙 origami 男, papier plié 男

下りる・降りる descendre 次の駅で降ります Je descends à la prochaine. ／建築の許可が下りる On donne l'autorisation de la construction.

オリンピック jeux Olympiques 男複 冬季オリンピック jeux Olympiques d'hiver ／次のオリンピック開催地はどこ? Où se passent les prochains jeux Olympiques?

折る casser；〔紙・布などを〕plier 枝んで腕を折る tomber et se casser le bras

織る tisser 機を織る tisser au métier

オルガン harmonium 男；〔パイプオルガン〕orgue 男 オルガンを弾く jouer de l'orgue

オルゴール boîte à musique 女

折れる se casser, se briser ／〔道の角を右に折れる tourner le coin prochain à droite ／頑固な父も今度ばかりは折れるだろう Même mon père obstiné cèdera cette fois.

愚かな sot(te), imbécile (→ばか) 愚かにも…する avoir la sottise de...

愚かさ sottise 女

卸 gros 卸の値 prix de gros
□**卸売商** grossiste 名 **卸売物価指数** indice des prix de gros 男

下ろす・降ろす descendre, baisser そこで降ろしてくれ Dépose-moi là. ／棚の本を下ろす descendre les livres de l'étagère

おわび excuses 女複 おわびの印に受け取ってください Voilà quelque chose pour me faire pardonner.

終わり fin 女 終わりよければすべてよし Tout est bien qui finit bien. ／きょうはこれで終わりり C'est fini pour aujourd'hui.

終わる finir, se terminer, s'achever 華々しく終わる finir en beauté ／夕食を食べ終わる finir de dîner ／がんばって仕事を早く終わらせよう Du courage. Finissons-en vite avec ce travail. ／5分もあれば終わります Je terminerai dans cinq minutes maximum.

恩 〔親切〕bienfait 男；〔恩義〕obligation 女 恩を返す rendre à... sa bonté ／恩は一生忘れません Je n'oublierai jamais ce que vous avez fait pour moi. Merci.
◇恩に着せる きみはそれを恩に着せるんだから Tu te fais toujours valoir pour tes bons services. 恩に着る 恩に着ます Je vous en serais reconnaissant(e). 恩をあだで返す rendre le mal pour le bien

恩知らず ingrat(e) 恩知らずなことをする faire preuve d'ingratitude à l'égard de...

音階 échelle (des sons) 女, gamme 女 全音階 échelle diatonique ／半音階 échelle chromatique

音楽 musique 女 (→474ページ（囲み）) 音楽を流す faire écouter de la musique ／音楽を和らげる La musique tranquillise les esprits. ／軽音楽 musique légère ／〔バッハの〕『音楽の捧げ物』 L'Offrande musicale
□**音楽家** musicien(ne) 名

音響効果 effets sonores 男複 このホールは音響効果がよい Cette salle a

une bonne acoustique.
音叉 diapason 男
温室 serre 女　温室育ちの élevé(e) trop douillettement
☐ 温室効果 effet de serre／温室栽培 culture en serre 女
音色 tonalité 女　音色がいい avoir une bonne tonalité
音節 syllabe 女　開音節 syllabe ouverte／閉音節 syllabe fermée／語の終わりから2番目の音節 avant-dernière syllabe d'un mot
温泉 eaux thermales 女複　温泉が出る Les eaux thermales jaillissent.／温泉設備 établissement thermal
温暖な doux(se), tempéré(e)
音痴だ chanter faux
恩寵 〔君主の〕faveur 女;〔神の〕grâce
温度 température 女　温度を計る mesurer la température／温度を上げる augmenter la température
☐ 温度計 thermomètre 男
女 femme 女;〔女の子〕fille 女　女嫌い〔人〕misogyne 男
女ざかりだ être à la fleur de l'âge
女らしい féminin(e)
音波 onde sonore
音符 note de musique 女　◆ 2分音符 blanche 女　4分音符 noire 女　8分音符 croche 女
おんぶする porter sur son dos
温和な doux(se), paisible

か

蚊 moustique 男　蚊がうなる Un moustique bourdonne.／蚊に刺される être piqué(e) par un moustique／蛾 papillon de nuit, papillon nocturne
ガーゼ gaze 女　ガーゼの包帯をする mettre une bande de gaze
カーテン rideau 男　カーテンを開ける ouvrir les rideaux／カーテンを閉める fermer les rideaux／カーテンに人影が写る On voit une silhouette d'une personne derrière les rideaux.／レースのカーテン rideau de dentelle
☐ カーテンコール rappel 男　カーテンレール tringle (à rideau)
カード carte 女;〔資料用〕fiche 女　カードを切る battre les cartes／カードに記入する remplir une fiche／お支払いはカードですか，小切手ですか Vous payez avec une carte ou par chèque ?／カード破産を dépasser la limite d'un crédit bancaire／好カード〔試合〕beau match 男
カーブ 〔曲線〕courbe 女;〔道の〕virage 男　道はカーブしている La route fait une courbe.／高スピードでカーブを切る prendre un virage sur les chapeaux de roue
会 réunion 女　会に出席する assister à une réunion
回 fois 女　2回目 deuxième fois／回を重ねる se répéter／回を追って参加

者が増える Le nombre des participants augmente de fois en fois.
階 étage 男【★日本での1階は rez-de-chaussée, 2階は premier étage という〕下[上]の階に住んでいる habiter à l'étage au-dessous [au-dessus]
貝 coquillage 男;〔貝殻〕かい(甲殻) 努力のかいあって合格した Mes efforts ont été récompensés par l'admission.／教えがいのないやつだ J'ai eu beau t'enseigner.
害 dégâts 男複　害が及ぶ faire des dégâts
飼い犬 彼は飼い犬に手をかまれた Il s'est fait mordre par son propre chien.
会員 membre 男
☐ 会員証 carte de membre 女　会員証をお持ちですか――いいえ，作ってください Vous avez une carte de membre ? – Non, vous pouvez m'en faire une ? 会員名簿 liste des membres 女
開会 ouverture 女　開会します La séance est ouverte.（★議長のことば）
☐ 開会式 cérémonie d'ouverture 女

海外 (で[に]) à l'étranger〔フランスから見て〕outre-mer　海外に行ったことがない Je ne suis jamais allé(e) à l'étranger.
☐ 海外県 départements d'outre-mer [=D. O. M.]　海外派遣 envoi à l'étranger　海外領土 territoires d'outre-mer [=T. O. M.]　海外旅行 voyage à l'étranger
改革 réforme 女　税制を改革する réformer le système fiscal
買いかぶる surestimer　自分を買いかぶる s'estimer trop
海岸 bord de (la) mer 男, côte 女　海岸に沿って航行する naviguer en longeant la côte／リアス海岸 côte à rias
☐ 海岸線 ligne côtière
回帰 retour 男　伝統への回帰 retour à la tradition／自然への回帰 retour à la nature
☐ 回帰線 tropique 男　北回帰線 tropique du Cancer／南回帰線 tropique du Capricorne
会議 réunion 女, assemblée 女;〔国際会議〕conférence 女;〔大会〕congrès 男;〔討論会〕colloque 男　会議を引き延ばす faire traîner la réunion／あしたの朝8時から会議です Il y a une réunion demain matin à huit heures.
懐疑 doute 男　懐疑的 sceptique
☐ 懐疑主義 scepticisme 男
階級 classe 女, grade 男;〔スポーツの〕catégorie 女　上流階級 classes supérieures／中流階級 classes moyennes／労働者階級 classe ouvrière, prolétariat　資本家階級 classe capitaliste／あのボクサーは3階級を制覇した Il est champion de boxe trois catégories.

🔲階級闘争 lutte des classes 囡
海峡 détroit 男 ジブラルタル海峡 détroit de Gibraltar / イギリス海峡を泳いで渡る faire la traversée de la Manche à la nage
改行する aller à la ligne
会計 compte 男, comptabilité 囡 企業会計 comptabilité d'entreprise / クラブの会計に選ばれる être élu(e) trésorier(ère) d'un club
🔲公認会計士 expert-comptable 图
解決 solution 囡, résolution 囡 解決に向かう être en voie de solution / 問題を解決する résoudre un problème / 未解決の問題 une question en suspens / 安易な解決策に頼る recourir à une solution de facilité / この問題の解決には時間がかかった La résolution de ce problème a pris du temps.
会見 entrevue 囡, entretien 男 会見する avoir une entrevue avec... / 社長は公式会見に出た Le patron a été officiellement interviewé. / 会見を打ち切る couper court à un entretien
外見 apparence 囡 人を外見で判断する juger les gens sur l'apparence
戒厳令を敷く proclamer l'état de siège
解雇 renvoi 男, licenciement 男 解雇する renvoyer, licencier / 14人の解雇に抗議してストに入る se mettre en grève pour protester contre quatorze licenciements
回想 souvenir 男, rétrospection 囡 回想する faire un retour sur le passé / 回顧的な rétrospectif(ve)
🔲回顧展 exposition rétrospective 囡
懐古 nostalgie du passé 囡
🔲懐古趣味 amour du passé 男
カイコ ver à soie 男
介護 soins 男複
🔲介護者 soignant(e) 图
会合 réunion 囡, assemblée 囡 極秘に会合する se réunir [s'assembler] dans le secret / 会合が今夜ある Une réunion aura lieu ce soir.
外交 diplomatie 囡 戦争より外交による解決を求める recourir à la diplomatie plutôt qu'à la guerre / 日中の外交関係 relations diplomatiques nippo-chinoises
🔲外交員 voyageur(se) 图 **外交官** diplomate 图
外向的な extraverti(e)
外国 pays étranger 男 外国に亡命する se réfugier à l'étranger / 外国から穀物を輸入する importer du grain de l'étranger
🔲外国為替 opération de change 囡, devises 囡複
外国語 langue étrangère 囡
外国人 étranger(ère) 图 私たちのほかは乗客はみな外国人だった A part nous, tout le monde était étranger.
改札 accès aux quais 男; [自動改札機] composteur 男 改札口で切符を改める contrôler le billet à l'accès aux quais

解散 する [議会などを] dissoudre; [別れる] se séparer ここで解散しよう Nous allons nous séparer ici.
海産物 fruits de mer 男複 ◆イカ seiche 囡 ウニ oursin 男 貝 coquillage 男 カキ huître 囡 カニ crabe 男 昆布 laminaire 囡 タコ pieuvre 囡, poulpe 男 ホタテ貝 coquille Saint-Jacques 囡 ムール貝 moule 囡 わかめ algue comestible 囡
会社 entreprise 囡; [組織] compagnie 囡, firme 囡; [法的に見た] société 囡; [勤め先] maison 囡; [事務所] bureau 男 会社を起こす créer une entreprise / 会社を辞める quitter son entreprise / 保険会社で働く travailler dans une compagnie d'assurances
🔲会社員 employé(e) d'une compagnie 图 **会社更正法** loi de réhabilitation des sociétés 囡
解釈 interprétation 囡 解釈する interpréter / テキストに新しい解釈を加える donner une nouvelle interprétation nouvelle à un texte / 異なった解釈のできるテキスト textes susceptibles d'interprétations différentes / 文を誤って解釈する interpréter une phrase à contresens
🔲解釈学 herméneutique 囡
回収 récupération 囡 古新聞を回収する récupérer de vieux journaux / 資金を回収する faire rentrer des fonds
改宗 conversion 囡 イスラム教に改宗する se convertir à l'islamisme
🔲改宗者 converti(e) 图
外出 sortir (→帰宅) 外出を許す donner la permission de sortir / もしあす天気がよければ外出しよう S'il fait beau demain, nous sortirons. / 外出先 destination de la sortie ⊙ いってらっしゃい—いってきます Bonne journée! [=Amusez-vous bien!] — Bon, j'y vais.
解除 する lever, résilier 注意報は解除された L'alerte a été levée.
解消 する annuler, rompre 赤字を解消する éponger le déficit / インフレと失業の二重苦を解消する guérir les maux joints de l'inflation et du chômage
会場 salle 囡 音楽会の会場は人であふれた La salle du concert regorgeait de monde.
外食 manger à l'extérieur
改心 repentir 囡 改心する se repentir
外人 étranger(ère) 图 外人墓地 cimetière pour étrangers
海水 eau de mer 囡
海水浴 bain de mer 男
回数 nombre de fois 男 (→回) 練習の回数を重ねる répéter des exercises à plusieurs fois ◆1 回 une fois 2 回 deux fois 3 回 trois fois
回数券 carnet 男 回数券がお得です

か

C'est avantageux d'acheter un carnet.

害する nuire à… 酒で健康を害する ruiner sa santé par la boisson

解説 commentaire 男 ニュースを解説する commenter les nouvelles
- **解説者** commenta*teur(trice)*

開設 création 女, fondation 女 事務所を開設する créer un bureau

回線 ligne téléphonique

改善 amélioration 女, améliorer / この計画は改善の余地がある Il y a des améliorations à faire sur ce projet.

凱旋がいせん**する** rentrer en triomphe
- **凱旋門** arc de triomphe 男

回想 souvenir 男, mémoire 女
- **回想録** mémoires 男複

階層 couche (sociale) 女 国の最も貧しい階層 les couches les plus pauvres du pays

海賊 pirate 男, forban 男
- **海賊船** bateau pirate 男, corsaire 男 海賊版 édition-pirate

開拓 exploitation 女, défrichage 男 土地を開拓する exploiter une terre / 新しい領域を開拓する ouvrir un nouveau domain / 製品の販路を開拓する créer des débouchés à un produit
- **開拓者** pionnier 男, défricheur(se) 女 開拓者精神 esprit de pionnier

買いたたく marchander

階段 escalier 男 階段を上る[降りる] monter [descendre] l'escalier / 非常階段 escalier de secours
- **階段教室** amphithéâtre 男

会談 entretien 男, conversation 女 非公式に会談する avoir un entretien avec… à titre officieux / 三者会談 conférence à trois, conférence tripartite / 英仏会談 colloque franco-britanique

懐中電灯 lampe de poche 女 ; (棒型の) torche électrique 女

会長 président(e) 女学会の会長 président(e) d'une société scientifique

改訂・改定 révision 女 全面改訂された教科書 un manuel scolaire entièrement revu [révisé]
- **改訂版** édition revue et corrigée

海底 fonds océaniques [de la mer] 男複 (ジュール・ヴェルヌの)『海底2万里』 *Vingt mille lieues sous les mers*
- **海底火山** volcan sous-marin 男
- **海底ケーブル** cable sous-marin 男
- **海底トンネル** tunnel sous-marin 男

快適な agréable, confortable 快適な生活を送る mener une vie agréable

回転 tour 男, rotation 女 回転する tourner / (軸の周りを)pivoter / 頭の回転が早い avoir l'intelligence vive / 資金を回転させる faire rouler des fonds
- **回転ドア** tourniquet 男

開店 ouverture 女 新規開店する店の数は閉店数を上回っている Le nombre de nouveaux magasins dépasse celui de ceux qui ferment. / 新装開店であのレストランは見違えるようになった Le restaurant est méconnaissable avec cette nouvelle décoration.

ガイド guide ガイドの案内で美術館を見学する visiter un musée sous la conduite d'un guide
- **ガイドブック** guide (touristique) 男 あのレストランはガイドブックに載るほどの店ではない Ce restaurant ne mérite pas d'être signalé dans les guides.

解答 réponse 女, solution 女 解答を見つけようと頭をひねる se creuser la tête pour trouver une solution / 模範解答集 recueil de corrigés

回答 réponse 女 回答する répondre / 回答を保留する réserver sa réponse / 回答の有無にかかわらず qu'on réponde ou non / 記者に文書で回答する répondre par écrit à un journaliste
- **回答用紙** bulletin-réponse 男

解凍する décongeler

街道 route 女

街頭で dans la rue 街頭デモを行う manifester dans les rues

街灯 réverbère 男

該当する correspondre 該当者は名乗り出てください Que les personnes concernées se fassent connaître.

解読 déchiffrement 男, décodage 男 暗号を解読する déchiffrer un cryptogramme / (暗号の)メッセージを解読する décoder un message

介入 intervention 女 介入する intervenir / 一国の内政に介入する intervenir dans les affaires intérieures d'un état [de l'Etat]

飼い主 maître(sse) 女

概念 concept 男, notion 女, idée 女 概念的な conceptuel(le)

開発 exploitation 女 開発する exploiter, mettre en valeur / 新製品を開発する mettre au point un nouveau produit

海抜 altitude 女 ここは海抜千メートルだ Ici, nous sommes à l'altitude de mille mètres.

開票を行う procéder au dépouillement (du scrutin)

外部 extérieur 男, dehors 男 外部の人間 des gens du dehors

回復 rétablissement 男, guérison 女 回復する se rétablir, reprendre / 病人の回復を願う être en convalescence / 病人の回復を朝夕, 神に祈る prier Dieu le matin et le soir pour la guérison du malade

怪物 monstre 男 海の怪物 monstres marins

解放 libération 女, émancipation 女 解放感を味わう éprouver un sentiment de délivrance / 奴隷を解放する affranchir un esclave

介抱 soins しっかりして, すぐ介抱してあげる Tenez-bon. On va vite vous soigner.

解剖 dissection 囡；〔死体の〕autopsie 囡
◻**解剖学** anatomie 囡
開幕 ouverture 囡；〔舞台の〕lever du rideau 男 サミットの開幕 ouverture d'un sommet / 8時開幕 Rideau à 8 heures
買い物 achat 男 買い物する faire des achats, 〔日用品を〕faire les courses, faire les commissions / お得な買い物 bon achat ☺ これください Donnez-moi ceci s'il vous plaît. / これいくらですか — 20ユーロです C'est combien, s'il vous plaît? — Ça fait 2.000 euros. / また にします Je vais réfléchir.
◻**買い物かご** sac à provision 男 買い物袋 cabas 男
海洋 océan 男, mer 囡
◻**海洋汚染**〔タンカーからの原油流出による〕marée noire 囡 **海洋性気候** climat maritime 男
傀儡 pantin 男
◻**傀儡政権** gouvernement fantoche 男
外来 d'origine étrangère；〔病院の〕ambulatoire
◻**外来語** mot d'origine étrangère
快楽 plaisir 男 （ロラン・バルトの）『テクストの快楽』Le Plaisir du texte
改良 amélioration 囡 土壌を改良する améliorer le sol / 品種改良 amélioration des races
会話 conversation 囡 会話がはずむ La conversation s'anime.
買う acheter （→買い物）acheter... pour mille yen 千円で買う / 買おうかどうしようか Je me demande si je dois l'acheter ou non.
飼う élever この猫うちで飼っていい？Est-ce que nous pouvons garder ce chat à la maison ?
カウンセラー conseiller(ère) 男 結婚カウンセラー conseiller matrimonial
カウンセリング conseil 男, consultation 囡 カウンセリングを受ける prendre conseil
カウンター comptoir 男, bar 男；〔計数器〕compteur 男 カウンターで一杯やる prendre un verre au comptoir /ガイガーカウンター compteur à scintillations
返す rendre；〔金を〕rembourser；〔元の場所に〕remettre 借りていた本を返します。長いことありがとう Je vous rends ce livre. Merci de me l'avoir laissé aussi longtemps.
かえす（孵す） faire éclore, couver, incuber
かえって au contraire, plutôt そんなこと言ったらかえって傷つくよ Si tu lui dis ça, au contraire, ça va le blesser.
帰り retour 男 帰り道で the chemin du retour 帰りを待ち伏せる épier le retour de... / 帰りにパンを買ってきて Achète du pain en rentrant. / 行きは歩いて行ったが、帰りは地下鉄に乗った J'ai fait l'aller à pied, mais je suis revenu en métro.
帰る・返る〔自宅・生活拠点に〕rentrer；〔話し手のいる場所に〕revenir；〔元いた場所に〕retourner 今から帰るよ Je rentre bientôt. /二度と返らない日々 les jours irretrouvables
◻**帰らぬ人となる** trépasser
変える changer, transformer, modifier AをBに変える transformer A en B
代える・替える・換える changer, échanger ドルをユーロに替える changer des yens contre [pour] des euros
かえる（孵る） éclore ニワトリのひなが かえる Les poussins éclosent.
カエル（蛙） grenouille 囡
◻**蛙の子は蛙** Tel père, tel fils.
顔 visage 男, figure 囡, face 囡；〔顔立ち〕physionomie 囡（→ようぼう）顔に何かついてるよ Tu as quelque chose sur le visage. / 浮かない顔してどうしたの Tu fais une drôle de tête, qu'est-ce qu'il y a ? / 彼はここでは顔が通る Il est bien connu ici.
◻**顔が利く** avoir du crédit 顔が広い 顔が広い人だ Il connaît beaucoup de monde. **顔から火が出る** 顔から火が出る思いがした Je suis devenu(e) rouge comme une tomate. **顔を立てる** faire sauver la face をつぶす おまえに顔をつぶされた J'ai perdu la face à cause de toi.
顔合わせ rencontre 囡
顔色 mine 囡, teint 男；〔血色〕carnation 囡, couleurs 囡複 顔色がいい avoir bonne mine / 顔色が悪い avoir mauvaise mine / 顔色を読む lire sur le visage / 顔色をうかがう surveiller l'humeur de... / 顔色一つ変えない faire bonne contenance
顔写真 portrait (photographique) 男
顔立ち visage 男 端正な顔立ち visage aux traits fins
顔つき physionomie 囡, mine 囡
顔なじみ bien se connaître
顔ぶれ〔メンバー〕membres 男複 知らない顔ばかりだった Je n'y voyais que des visages inconnus.
顔負け 彼の妓技はプロも顔負けだ Sa virtuosité émerveille même les spécialistes.
顔向け 顔向けできない ne plus oser se présenter devant...
顔役〔大物〕personnage influent 男, roi 男 財界の顔役 les rois de la finance
香り parfum 男, odeur 囡 香りのいい aromatique 香りを放つ exalter un parfum / ジャスミンの香り odeur de jasmin / そよ風が香りを運ぶ La brise apporte un parfum.
画家 peintre 囡 日曜画家 peintre amateur
抱える porter, tenir
価格 prix 男 石油価格を25パーセント

か

値上げする augmenter le prix du pétrole de 25%
化学 chimie 囡
❏化学記号 symbole chimique 男
❏化学工業 industrie chimique 囡
❏化学式 formule chimique 囡 ❏化学者 chimiste 名 ❏化学繊維 fibre chimique 囡
科学 science 囡 科学の発展がどこへ向かうのか分からない On ne sait pas dans quel sens se fera l'évolution de la science.
❏科学者 scientifique 名, homme de science 男
かかし(案山子) épouvantail 男, mannequin 男
鏡 miroir 男;〖姿見〗 glace 囡, psyché 囡 鏡に自分の姿を見る se regarder dans une glace
かがみ(鑑) 貞女のかがみ exemple de la femme vertueuse
かがむ se baisser, se courber 庭の雑草をかがんで取る cueillir des mauvaises herbes au jardin en se baissant
輝かしい brillant(e), éclatant(e)
輝く briller, luire 輝くばかりの美しい être d'une beauté éblouissante
係 service 男;〖人〗 préposé(e) 名
かかりつけ かかりつけの医者 médecin de famille
かかる〖掛かる・懸かる・架かる〗〖時間が〗 falloir, prendre;〖金が〗 coûter;〖橋が〗 être jeté(e);〖ぶら下がる〗 être pendu(e)〖accroché(e)〗 この仕事は時間がかかる Ce travail prend beaucoup de temps. / 3日もかかった Il a bien fallu trois jours. / 勉強を続けるのにお金がかかる Cela coûte de l'argent de poursuivre ses études.
かがる avoir l'air 赤みがかった空 ciel qui tire sur le rouge
かかわらず malgré, en dépit de... あらしにもかかわらず出かける sortir malgré la tempête
かかわる se rapporter, concerner つまらない事にかかわるな Ne t'occupe pas de futilités. / あいつにかかわっておくことがないぞ Si tu as affaire à lui, tu risques d'avoir des histoires.
カキ(牡蠣) huître 囡
かぎ(鍵) clef, clé 囡;〖錠〗 serrure 囡 かぎがかかっている être fermé(e) à clef / ちゃんと家のかぎ掛けたか？ Tu as bien fermé la porte de la maison à clé?
書き換え renouvellement 男;〖名義の〗 transfert 男 もうすぐ免許の書き換えです Je vais être obligé(e) de faire renouveler mon permis.
書き言葉 langue écrite 囡
書き取り dictée 囡 書き取りをさせる donner une dictée
書きなぐる griffonner
垣根 haie 囡, clôture 囡
かき混ぜる mélanger, brouiller
限り limite 囡, fin 囡 私の知る限り autant que je sache / その場限りの

de fortune, de circonstance / できる限り手伝います Je vous aide de tout mon possible. / うれしい限りです Je suis au comble de la joie. / 仕事がある限り帰れない ne pas pouvoir rentrer tant qu'il reste du travail
限る limiter, borner, restreindre 限られた limité(e) / 人数を限って入場させる faire entrer des gens en nombre limité / 体が大きいから強いとは限らない L'homme grand n'est pas toujours fort. / やっぱりワインは赤に限るよ Il n'y a pas à dire, le meilleur, c'est bien le vin rouge. / 彼に限ってうそはつかない Il serait le dernier à mentir.
書く écrire
かく〖描く〗〖絵を〗 peindre, dessiner
かく〖掻く〗 gratter 背中をかいて Gratte-moi le dos.
核 noyau 男
❏核エネルギー énergie nucléaire 囡
❏核兵器 arme nucléaire 囡
角 angle 男 直角 angle droit / 鋭角 angle aigu / 鈍角 angle obtus
家具 meuble 男 家具付きアパート (appartement) meublé 男
かぐ(嗅ぐ) sentir;〖くんくん〗 renifler この花いいにおい。かいでみて Cette fleur, quel parfum! Sens-la.
額〖額縁〗 cadre 男;〖金額〗 somme 囡 壁に額入りの絵が掛かっている Un tableau encadré est accroché au mur.
学位 grade 男;〖学位免状〗 diplôme 男
架空の imaginaire 架空の人物 personnage fictif
覚悟する se préparer 決死の覚悟で avec un courage désespéré / 最悪の場合の覚悟はできる？ Tu es prêt(e) à affronter le pire?
角材 bois équarri 男
核酸 acide nucléique 男 デオキシリボ核酸 acide désoxyribonucléique [= A. D. N.] 男
学士 licencié(e) 名
❏学士号 licence 囡
隠し芸 talent caché 男, violon d'Ingres 男
確実な certain(e), sûr(e) 確実に certainement
学習 étude 囡
確信 certitude 囡, conviction 囡 確信している être sûr(e), être convaincu(e) / 成功を確信している être sûr(e) de réussir
核心 cœur 男 核心に迫る aller à l'essentiel / 問題の核心を突く entrer dans le vif du sujet
隠す cacher;〖目を欺く〗 dissimuler;〖視界を遮る〗 masquer;〖盗品・犯人を〗 receler マットレスに金を隠す cacher son argent sous son matelas
学生 étudiant(e) 名 法学部の学生 étudiant en droit / 学生運動に走る s'engager soudain dans le mouvement étudiant

拡大 agrandissement 男, élargissement 男 拡大する agrandir, élargir
☐拡大鏡 loupe 女
各地 divers endroits 慣用.
確定する déterminer
☐確定申告 déclaration d'impôts
角度 angle 男 問題をあらゆる角度から検討する envisager une question sous tous ses aspects
獲得 obtention 女, acquisition 女
確認 confirmation 女 確認する confirmer, vérifier
学年 année scolaire
角ばる 角ばった angulaire, carré(e)
楽譜 partition 女 楽譜を読む lire une partition [=lire la musique]
学部 faculté 女 文学部 faculté des lettres
確保する assurer きみのチケットを確保したよ Un billet t'a été retenu.
革命 révolution 女 革命のあらし tempêtes révolutionnaires／フランス革命 Révolution (française)
☐革命家 révolutionnaire 名 革命政府 gouvernement révolutionnaire
学問 science 女 学問研究に専念する se livrer à des travaux scientifiques
楽屋 foyer des artistes 男, loge d'acteurs 女
確率 probabilité 女
隠れ家 refuge 男, agile 女
隠れる se cacher, se dissimuler 机の後ろに隠れる se cacher derrière le bureau／月が雲に隠れた La lune s'est cachée derrière les nuages.
かくれんぼ cache-cache 男 ⊙もういいかい—まだだよ Ça y est, je peux regarder?—Non, pas encore.
かけ(賭け) pari 男, jeu 男 パスカルのかけ le pari de Pascal／大きなかけに出たね Tu as plutôt parié gros, non?
☐かけ金 enjeu 男, mise 女
陰・影 ombre 女；[木陰] ombrage 男 陰で悪口を言う médire en cachette／陰で動く intriguer sourdement／死の影におびえる s'effrayer du signe de la mort／池に木の影が映る L'arbre se réfléchit dans l'étang.
◆影が薄い effacé(e) 影も形もない Il n'en reste aucune trace. 陰で糸を引く [tenir] tirer les ficelles
かけ(掛け) 帰りがけに寄る passer sur le chemin du retour
かけ(崖) escarpement 男；[海岸の] falaise 女
☐かけ崩れ éboulement de terrain
駆け足で pas de course 男；[馬の] galop 男 駆け足で学校に行く aller à l'école au pas de course
家計 budget domestique 男
過激な radical(ale)
☐過激派 extrémiste 名
かけ声 cri (d'encouragement) 男, appel 男

掛け算 multiplication 女 (★「2 × 3＝6」を Deux fois trois font six. といい,「a × b ＝ c」を a multiplié par b égale c. という)
駆け出す se mettre à courir
駆けつける accourir 病院に駆けつける accourir à l'hôpital
かける (掛ける・懸ける・架ける) [吊す] accrocher, suspendre；[かぶせる] mettre；[数を] multiplier 壁に絵をかける accrocher un tableau sur le mur／マヨネーズをご飯にかけるの? Tu mets de la mayonnaise sur ton riz?
欠ける [皿などが] s'ébrécher；[足りない] manquer de, faire défaut à；[月が] décroître
駆ける courir まっしぐらに駆ける courir tout droit
かける (賭ける) parier, jouer, faire un pari 命をかける risquer sa vie／次のレースはあの馬にかけよう A la prochaine course c'est sur ce cheval que je jouerai.／一か八かだ Je joue le tout pour le tout.
かける 帰りかける être sur le point de partir／自信を失いかける faillir perdre confiance en soi
加減 [度合い] degré 男；[量] mesure 女；[具合] condition 女；[味] saveur 女；[足し算引き算] addition et soustraction 女 力を加減する ménager ses forces／塩分を加減する régler la salure／体のかげんがいい・悪い bien se porter
過去 passé 男 (自分の)過去を振り返る faire un retour sur son passé ◆複合過去 passé composé 男 単純過去 passé simple 男 接続法過去 passé du subjonctif 前過去 passé antérieur 男 半過去 imparfait 男 大過去 plus-que-parfait 男
かご corbeille 女, panier 男 かごを編む tresser des corbeilles
加工する façonner, transformer 原料を加工する transformer de la matière première
苛酷な dur(e), rude 過酷な仕事 métier rude
囲む entourer, encercler 単語を丸で囲む entourer un mot d'un cercle／恩師を囲んでの会 réunion d'anciens autour de leur professeur
傘 parapluie 男；[日傘] ombrelle 女 傘を差す ouvrir son parapluie／傘も差さずに雨の中を歩く marcher sous la pluie sans parapluie
かさ(嵩) かさにかかって d'une manière hautaine [méprisante]
火災 (→火事) 火災を防ぐ prévenir les incendies／火災が発生しました. 速やかに避難してください Un feu s'est déclaré. Mettez-vous à l'abri au plus tôt.
☐火災報知器 avertisseur d'incendie
かざす 額に手をかざす faire un abat-jour à la main／火に手をかざす étendre les mains au-dessus du feu／光

風向き

にかざしてみる regarder... par transparence
風向き direction du vent 囡 / 風向きが変わる Le vent tourne.
重なる se superposer, s'entasser, s'accumuler ;〔続く〕se succéder
重ねる superposer, entasser, empiler / これ以上失敗を重ねるな Arrête d'accumuler tes erreurs!
飾り ornement 男, décoration 囡 / 服に飾りをつける parer un vêtement d'ornements
飾る orner, décorer 陶製品で壁を飾る décorer les murs de faïence / 彼は飾らない人柄でみんなに好かれている Il est d'une telle franchise que tout le monde l'apprécie.
火山 volcan 男 / 火山が噴火を上げる Le volcan fume. / 活火山 volcan actif /休火山 volcan dormant /死火山 volcan éteint
菓子〔ケーキ〕gâteau 男, pâtisserie 囡 ◆アイスクリーム glace 囡 クッキー biscuit 囡, gâteau sec 男 シャーベット sorbet 男 シュークリーム chou à la crème タルト tarte 囡 チョコレート chocolat 男 プリン crème caramel 男 ワッフル gaufre 囡
歌詞 paroles 囡複
火事 incendie 男, feu 男 / 火事だ！消防車を呼んだ Au feu! Appelez les pompiers. (★消防の電話番号はパリでは18) /火の回りが速く大火事になる Le feu a gagné très vite et a provoqué un grand incendie.
家事 travaux ménagers〔いくらやっても家事はきりがない Les tâches ménagères, on n'en voit jamais la fin! /毎日の掃除洗濯炊事は疲れる Tous les jours le ménage, la lessive, la cuisine..., c'est épuisant.
舵 barre 囡
賢い〔聡明な〕intelligent(e);〔思慮深い〕sage 賢く立ち回る agir astucieusement
過失 faute 囡, erreur 囡 / 業務上の過失 faute de service
舵取り 竹中氏が日本経済の舵取りをする C'est Monsieur Takenaka qui sera à la barre de l'économie japonaise.
火事場どろぼうする〔比喩〕pêcher en eau trouble
カシミヤ cashemire 男
貸し家 maison à louer 囡
歌手 chanteur(se) 歌手を売り出に入れる mettre un chanteur sur orbite /歌手は声が命だ La voix est ce qu'il y a de plus précieux pour un chanteur.
カジュアル カジュアルな服装 tenue de ville 囡
箇所 lieu 男, endroit 男, partie 囡 誤りの箇所を正す corriger les faux endroits
過剰 surabondance 囡, excédent 男
かじる ronger ;〔少しだけ知る〕connaître un peu ドイツ語をかじる avoir une teinture de langue alle-

mande
貸す prêter ;〔賃貸しする〕louer 少しお金を貸してくれない？—いつ返してくれる？ Tu peux me prêter un peu d'argent? — Tu peux me le rendre quand?
数 nombre 男 ある中で parmi tant d'autres
ガス gaz 男 / ガス臭くない？ Ça ne sent pas le gaz? /ガスが漏れている Il y a une fuite de gaz. /ガスを止める fermer le gaz
◆ガスタンク gazomètre 男 ガスマスク masque à gaz ガスレンジ cuisinière à gaz
かすか〔物音〕faible, léger(ère) かすかな物音 bruit faible /かすかに faiblement, légèrement
かすむ être brumeux(se) 遠くの山がかすむ Les montagnes au loin sont couvertes de brouillard. /目がかすんで細かい物が見えない J'ai la vue trouble, et je ne peux pas voir les petites choses.
かすれる 声がかすれた J'ai la voix enrouée.
風 vent 男 ;〔そよ風〕brise 囡 ;〔突風〕bourrasque 囡 きょうは風がある Aujourd'hui il y a du vent. /風が出る Le vent s'élève. /風がうなる Le vent hurle. /風がやむ Le vent cesse. /風を受ける recevoir le vent /風を防ぐ protéger contre le vent /（マーガレット・ミッチェルの）『風と共に去りぬ』Autant en emporte le vent
◆風の便り 風の便りに聞く avoir vent de... /風の吹き回し どういう風の吹き回しですか Quel bon vent vous amène? /風を切る（＝すばやく動く）fendre l'air
かぜ〔風邪〕rhume 男〔インフルエンザ〕grippe 囡 かぜを引く attraper un rhume /はくしょん！かぜを引いたかな Atchoum. J'ai dû prendre froid. /今年のかぜはしつこいから気をつけて Cette année la grippe est longue à guérir. Attention!
化石 fossile 男
◆化石燃料 combustibles fossiles 男複
稼ぐ gagner 彼はかなり稼いでいる Il gagne pas mal.
仮説 hypothèse 囡 事実から仮説を裏づける appuyer l'hypothèse des faits
カセット cassette 囡〔カセットテープ〕cassette audio
風通しのいい aéré(e)
仮装 déguisement 男, travestissement 男
◆仮装行列 défilé en tenues de déguisement 男
数える compter 指折り数える compter sur les doigts /数えるほどしかいない peu nombreux(se), rare /数え切れない innombrable, incalculable, sans nombre 〔いくつありますか—たくさんあります Combien y en a-t-il? — Il y en a beaucoup.

加速する accélérer
加速度 accélération 囡
家族 famille 囡 家族のfamilial(ale) /家族を養う entretenir une famille /家族水入らずで préférer être en famille /家族が全員そろった La famille s'était rassemblée au grand complet. /核家族 famille nucléaire ◆父 père 男 母 mère 囡 兄 (grand) frère 男 弟 (petit) frère 男 姉 (grande) sœur 囡 妹 (petite) sœur 囡 祖父 grand-père 男 祖母 grand-mère 囡 petit-fils 男, petite-fille 囡, petits-enfants 男複 息子 fils 男 娘 fille 囡 婿 gendre 男, beau-fils 男 嫁 belle-fille 囡 義父 beau-père 男 義母 belle-mère 囡

ガソリン essence 囡 ハイオクですか、レギュラーですか―ハイオクで満タンにして Vous voulez du super ou de l'ordinaire? — Le plein de super.
▫ガソリンスタンド station-service 囡

型・形 〔型式〕modèle 男;〔形状〕forme 囡;〔様式,流行〕style 男;〔鋳型〕moule 男 型を破る rompre la tradition /学者型の avoir l'étoffe d'un savant /(借金などの)かたに取る prendre en gage
◇型にはまる 型にはまった表現 expression stéréotype, cliché

肩 épaule 囡 肩をすぼめる hausser les épaules /肩が外れる se disloquer l'épaule /ちょっと肩をもんでくれる? Est-ce que tu peux me masser un peu les épaules?
◇肩が凝る avoir les épaules raides;〔緊張する〕avoir l'esprit tendu 肩で風を切る se pavaner, marcher fièrement 肩の荷が下りる se sentir dégagé(e) d'une responsabilité 肩を落とす se décourager 肩を並べる égaler 肩を持つ いつもお父さんの肩を持つな Tu prends toujours le parti de ton père.

方をつける mettre fin à …

固い・堅い・硬い dur(e), rigide, solide 固くなる〔人前で〕se gêner;〔舞台などで〕avoir le trac /堅く決心する se résoudre fermement /固く断る refuser net /表情が硬いですね. リラックスして Votre physionomie est trop figée. Détendez-vous. /これは規則だーそう言われても固いこと言わないで C'est le règlement! — Oui, mais il faut aussi savoir faire preuve de souplesse.

片思い amour malheureux [non partagé]
型紙 patron 男
肩書き titre 男 肩書きで人を判断するな Il ne faut pas juger les gens sur leur titre.
肩代わり 借金を肩代わりする se charger de la dette à la place de …
かたき〔仇,敵〕ennemi 男 父のかたきを打つ venger son père

堅苦しい empesé(e) 堅苦しいあいさつは抜きで Oublions les formalités.
肩すかし 肩すかしを食らわす esquiver une attaque
片隅 coin 男 記憶の片隅に dans un coin de sa mémoire
形 形ばかりのお礼 remerciement de pure forme
形作る former, composer, constituer
かたづける ranger, mettre en ordre;〔じゃまなものを除く〕débarrasser;〔終える〕finir テーブルの上をかたづける débarrasser la table /部屋をかたづけなさい Range ta chambre. /きょうの仕事はかたづいた? Vous avez fini votre travail pour aujourd'hui?
カタツムリ escargot 男
片手 d'une main
刀 sabre 男, épée 囡 日本刀 sabre japonais
片端 じゃまな物を片端から片づける se débarrasser des objets encombrants au fil du hazard
片方 l'un;〔他方〕l'autre 手袋の片方 un des gants /片方だけの手袋 gant dépareillé
固まる (se) durcir;〔凝固〕prendre, se figer 固まって登校する aller à l'école en groupe /ゼリーは固まった?―まだみたい Est-ce que la gelée a pris? — Pas encore semble-t-il.
形見 souvenir (d'un(e) défunt(e))
肩身が狭い se sentir honteux(se) 愛煙家は近ごろ肩身が狭い Ces derniers temps, il n'est pas facile d'être un grand fumeur.
傾く s'incliner, pencher 店が傾く Le magasin décline. /日が西に傾いてきた Le jour commence à décliner vers l'ouest.
傾ける pencher, incliner
固める renforcer, consolider;〔地面を〕tasser;〔守りを〕garder 地位を固める consolider sa situation
語り narration 囡
◇語り手 narrateur(trice)
語る raconter 〈ニーチェの〉『ツァラトゥストラはかく語りき』 Ainsi parlait Zarathoustra 〈つまず …〉次に … 最後に〉D'abord... et puis... enfin...
カタログ catalogue 男 カタログのことは店にありますか? Est-ce que vous avez ce qui est là, sur le catalogue?
花壇 parterre 男, plate-bande 囡 花壇を踏み荒らす piétiner les plates-bandes
価値 valeur 囡 (→値打ち) 交換価値 valeur d'échange /これは商品価値のない代物だ Cet article ne vaut rien commercialement. /この絵は1万ユーロの価値がある Ce tableau a une valeur de dix mille euros.
◇価値判断 jugement de valeur 男
がち〔しやすい〕être enclin(e) [su-

家畜 animal domestique 男, bétail 男, bestiaux 男

勝ち目 勝ち目がない Il y a peu de possibilités de gagner.

勝つ gagner, vaincre 勝った On a gagné./勝てば準決勝だ Si on gagne, on est qualifié en demi-finale.

がっかりする être déçu(e), se décourager あいつにはがっかりだ Il m'a déçu(e).

活気 entrain 男, vivacité 女 活気がある animé(e), vivant(e) /活気にあふれる déborder de vitalité

楽器 instrument (de musique) 男 楽器を演奏する jouer d'un instrument ◆オーボエ hautbois 男 ハーモニウム harmonium 男, orgue 男 ギター guitare 女 クラリネット clarinette 女 コントラバス contrebasse 男 チェロ violoncelle 男 ティンパニー timbale 女 ドラム batterie 女 トランペット trompette 女 トロンボーン trombone 男 サクソフォーン saxophone 男 ハーモニカ harmonica 女 バイオリン violon 男 ピアノ piano 男 アルト alto 男 フルート flûte 女 ベース basse, ホルン cor 男

学期 [3学期制の] trimestre 男 ;[2学期制の] semestre 男

画期的な qui fait date

かつぐ [肩に] porter sur l'épaule; [だます] tromper, faire marcher みんなにかつがれて会長になる devenir président grâce au soutien de tout le monde

かっこ ( ) parenthèses 女複[[ ]] crochets 男複;[{}] accolades 女複; [《》] guillemets 男複 引用文をかっこでくくる mettre les passages cités entre guillemets

かっこう [格好] forme 女, apparence 女 かっこうの（…に）かっこうの idéal(e) pour... かっこうをつけるな Tu te donnes un genre./彼女はかっこうばかり気にしている Elle ne se soucie que des apparences.

○**かっこうがつく** これでかっこうがついた Ça prend forme!

学校 école 女 ;[小学校] école primaire 女 ;[中学校] collège 男 ;[高校] lycée 女 ;[各種の] cours 男 ;[教育施設] établissement (scolaire) 男 学校に入る entrer à l'école / 学校に通う fréquenter l'école / 学校が休みだ Il n'y a pas classe aujourd'hui.

活字 caractère 男 活字に飢える être avide de lire (n'importe quoi)

合唱 chœur 男 ◆アルト (=コントラルト) alto 男, contralto 男 カウンターテナー haute-contre 女 ソプラノ soprano 男 テノール ténor 男 バス basse 女

○**合唱団** chœur 男, chorale 女

合奏 concert 男 合奏する jouer de concert

勝手に à son gré, librement 勝手なこと言うな Parle pour toi! /何をしようと私の勝手だ J'ai le droit de faire comme je veux./勝手にしろ Fais ce qui te plaira. [=Comme tu veux.] /勝手が違うな Je ne me sens pas chez moi.

かつて autrefois, jadis かつてここはお城だった Autrefois, ici c'était un château.

カット [紙・布・毛髪などの] coupe 女; [挿] petite gravure 女 ;[宝石・植木などの] taille 女 1場面をカットする supprimer une scène

かつて すぐかっとなる être soupe au lait

活動 action 女, activité 女 活動範囲を広げる étendre sa sphère d'activité

活発な actif(ve), animé(e), vif(ve) 活発な息子さんですね Votre fils est plein de vie./市況は活発な動きを見せる La transaction au marché s'anime vivement.

カップ tasse 女 ;[優勝の] coupe 女 ;[ブラジャーの] bonnet 男

合併 fusion 女 合併を前提に交渉を始める On entame des négociations en présupposant la fusion.

活動 activité 女 選手たちの活躍が報道される Les activités des joueurs sont retransmises dans les journaux.

活用 exploitation 女, utilisation 女 ;[動詞の] conjugaison 女 不規則動詞を活用させる conjuguer un verbe irrégulier

かつら perruque 女

家庭 famille 女 家庭の事情で pour raison familiale /父子 [母子] 家庭 famille sans mère [père] /家庭の中のことは外からでは分からない De l'extérieur, personne ne sait ce qui se passe dans les foyers.

○**家庭内暴力** violence familiale 女

仮定 hypothèse 女 ぼくがいなかったと仮定しよう Supposons que je n'aie pas été là…

過程 processus 男

カテゴリー catégorie 女 その2つの語はどちらのカテゴリーにも属さない Ces deux termes ne rentrent pas dans la même catégorie.

家電 appareils 男複 électroménagers

角 coin 男, angle 男 角を曲がる tourner au coin

○**角が立つ** そんなことを言っては角が立つ Cette parole va aigrir tout le monde, 角が取れる 年を取って角が取れる devenir affable avec l'âge

かなう [違う・叶う・敵う] 目的にかなった方法を考える trouver la manière convenable d'atteindre son but / 長い間の望みがかなう Un vieux souhait se réalise./暑くてかなわない Il fait une chaleur insupportable.

悲しい triste; [つらい] malheureux(se), affligé(e), déprimé(e) 悲しいことに malheureusement, c'est triste à dire / 泣きたいほど悲しい être triste au point de pleurer

悲しみ chagrin 男, tristesse 女　人生の悲しみを味わう éprouver la tristesse de la vie / 深い悲しみに沈める plonger... dans un profond chagrin / 悲しみで胸がはちきれそうだ avoir le cœur gros / 悲しみを乗り越える vaincre son chagrin

悲しむ s'affliger　友人の死を悲しむ s'affliger de la mort d'un ami

カナダ Canada 男
● **カナダ人** Canadien(ne) 名

必ず sans faute, à coup sûr, inévitablement, nécessairement 飲むと必ず歌う toujours chanter après avoir bu / 宿題は必ずやってきなさい Venez après avoir fait votre travail, sans faute.

かなり assez, suffisamment 彼はかなり稼いでいるようだ Il a l'air de bien gagner sa vie.

カニ（蟹） crabe 男

金 argent 男 ;〔小銭〕monnaie 女 ;〔紙幣〕billet 男 ;〔現金〕espèces 女複　金に困る être à court d'argent / 金に任せて手に入れる obtenir à force d'argent / 金で買えないものはない Tout s'achète avec de l'argent. / 金が金を生む L'argent fait des petits. / 金をどぶに捨てるようなものだ C'est jeter l'argent par les fenêtres.
◇ **金がうなる** 彼は金がうなるほどある Il est plein aux as. [=Il est bourré de fric.] **金に糸目をつけない** Dites le prix et je paierai.

鐘 cloche 女　鐘をつく sonner la cloche

加熱 chauffage 男 ;〔料理で〕cuisson 男　加熱する chauffer

過熱 surchauffe 女

金遣い 金遣いが荒い dépensier(ère)

かねない 仲間を裏切りかねないやつだ Il est capable de trahir ses camarades.

金持ち riche　金持ちも金持ち、ビル・ゲイツだよ Le plus riche des riches, c'est Bill Gates.

兼ねる cumuler　兼職　台所が仕事場を兼ねている La cuisine sert aussi d'atelier.

可能な possible 可能な限り autant que possible, dans la mesure du possible / あの人なら不可能も可能にできる Avec lui, rien n'est impossible.

可能性 possibilité 女　無限の可能性を秘めた若者 jeune homme aux possibilités illimitées

彼女 elle ;〔恋人〕petite amie 女, copine 女　きみの彼女って少し軽いね Je trouve ta petite amie assez olé olé.

カバー couverture 女 ;〔家具・器具などの〕housse 女　カバーをかける recouvrir

かばう protéger, prendre sous sa protection, défendre　しかられた弟をかばう plaider pour son frère qui s'est fait grondé

かばん sac 男 ;〔書類用〕serviette 女, porte-documents 男 ;〔通学用〕cartable 男　かばんをお持ちしましょうか Laissez moi donc porter votre sac. / むりやり詰め込んだらかばんが壊れるよ Ne bourre pas trop ton sac, tu vas le déchirer.

過半数 majorité 女　与党が過半数を占めている Le parti gouvernemental est en majorité.

華美な luxueux(se), fastueux(se), somptueux(se)

かび（黴） moisissure 女　かびが生える moisir

花瓶 vase 男　バラを花瓶に挿す mettre une rose dans le vase

株〔株式〕action 女 ;〔切り株〕souche 女 ;〔植物の根もと〕pied 男　お株を奪う s'approprier la spécialité de...

株価 cours d'une action 男　株価は上昇した La Bourse a monté. / 株価は下落した La Bourse a baissé. / 株価は暴落した La Bourse a dégringolé. / このニュースで株価は下がった Cette nouvelle a déprimé la Bourse.

株式会社 société anonyme 女　株式会社は19世紀に生まれた Des sociétés anonymes se sont formées au dix-neuvième siècle.

カフス manchette 女　カフスボタン bouton de manchettes

株主 actionnaire 名
● **株主総会** assemblée des actionnaires

カブトムシ rhinocéros 男

かぶる〔身につける〕mettre ;〔帽子を〕se couvrir　かぶせる couvrir / 頭から水をかぶる se verser de l'eau sur la tête / 罪をかぶる prendre sur soi la faute de...

花粉 pollen 男
● **花粉症** allergie aux pollens 女　花粉症である être allergique au pollen

壁 mur 男　壁に突き当たる se heurter à un obstacle /〔ダンスパーティーなどで〕壁の花になる faire tapisserie
◇ **壁に耳あり** Les murs ont des oreilles.

貨幣 monnaie 女　新しい貨幣を発行する émettre une nouvelle monnaie / 貨幣は物の価値を示す La monnaie représente la valeur des biens.

過保護 子供を過保護に育てる élever un enfant dans du coton

カボチャ citrouille 女 ;〔セイヨウカボチャ〕potiron 男

かまう〔こだわる〕se soucier ;〔世話する〕s'occuper　どうぞおかまいなく Ne vous dérangez pas. / 私にかまわずお先にどうぞ Allez-y sans égard pour moi.

構える〔敵などに〕se mettre en garde　のんびり構える rester tranquille

カマキリ

カマキリ mante 女

かまわない 鉛筆書きでもかまいません Vous pouvez écrire au crayon de papier.

我慢 patience 女, endurance 女 / 我慢する supporter, endurer / 我慢が足りないよ Tu manques de patience. / もう我慢できない Je n'en peux plus. / ここが我慢のしどころだ C'est le moment le plus dur à passer.

紙 papier 男 / 紙でできた en papier / 紙に包む envelopper... dans du papier / 紙切れに書く écrire sur un bout de papier

◇ **紙一重** 紙一重の差だ C'est presque la même chose.

☐ **紙ナプキン** serviette en papier 女

神 〔特にキリスト教の〕Dieu 男;〔多神教の〕dieu 男 / 神に祈る prier Dieu / 神がいる Les dieux existent. / 神様、願いをかなえて Mon Dieu, faites que mon vœu soit exaucé!

◇ 神も仏もない Les dieux m'ont abandonné(e).

髪 cheveu 男, chevelure 女 (→理容店) / 髪をとかす se peigner / 髪に癖がつく avoir des épis dans les cheveux / 髪を直す arranger sa coiffure / 髪を染める se teindre les cheveux / ずいぶん髪が伸びたね Tes cheveux ont poussé! / 髪を切りに行ってくる Je vais aller me les faire couper.

髪型 coiffure 女 / 髪型を変える changer de coiffure / 髪型はどうしようかな Quelle coupe je vais me faire faire?

紙芝居 théâtre d'images

かみそり rasoir 男 / かみそりを当てる se donner un coup de rasoir / かみそりに負ける avoir la peau irritée par le rasoir

かみつく mordre そうカムつくなよ Tu protestes trop contre moi.

雷 foudre 女;〔雷鳴〕tonnerre 男 / 雷に打たれる être foudroyé(e) / 部長の雷が落ちた〔=どなられた〕Je me suis attiré(e) les foudres de mon directeur.

神業 miracle 男

かむ mordre / よくかんで食べる avaler les aliments après les avoir bien mastiqués / この事件には彼が一枚かんでいる〔=関係している〕Il joue un rôle dans cette affaire.

◇ かんで含める かんで含めるように仕事の説明をする mâcher le travail

ガム chewing-gum 男 / ガムをかむ mâcher du chewing-gum

カメ〔亀〕tortue 女

◇ 亀の甲より年の功 L'expérience passe avant la science.

加盟 adhésion 女, affiliation 女 / 加盟する adhérer à..., s'affilier à...

カメラ appareil (de) photo 男;〔映画・テレビ撮影の〕caméra 女 / 使い捨て三脚 trépied 男 / シャッター déclencheur 男 / ストロボ flash électronique 男 / ファインダー viseur 男 / フィルター filtre 男 / ポラロイドカメラ polaroïd 男 / レンズ objectif 男

☐ **カメラマン** photographe 名

仮面 masque 男 / 仮面をはぐ démasquer

◇ **仮面舞踏会** bal masqué 男

画面 écran 男

カモ〔鴨〕canard (sauvage) 男;〔雌〕cane 女;〔雛〕caneton 男 / カモにされる être dupé(e) par...

かもしれない そうかもしれない Cela 〔Ça〕se peut. / 戦争になるかもしれない Il peut y avoir la guerre.

貨物 marchandise 女

◇ **貨物船** cargo 男 **貨物列車** train de marchandises 男

カモメ mouette 女;〔大型の〕goéland 男

火薬 poudre 女

◇ **火薬庫** poudrière 女

かゆい démanger / 背中がかゆい Le dos me démange. / 蚊に刺された、かゆい Je me suis fait piquer par un moustique. Ça me démange.

通う aller;〔頻繁に〕fréquenter;〔継続して〕suivre / 映画館に足しげく通う fréquenter les cinémas / 英会話学校に通っている Je suis des cours de conversation anglaise dans une école.

火曜 mardi 男

画用紙 papier à dessin 男

空の vide;〔中空の〕creux(se) / 空にする vider / その箱に何か入っています か—いや空です Il y a quelque chose dans cette boîte? — Non, elle est vide.

殻 coquille 女 / 卵の殻 coquille d'œuf

◇ 殻に閉じこもる 彼は殻に閉じこもるほうだ Il s'enferme dans son cocon.

から 〔場所・時間・材料〕de, depuis, à partir de / 東京からパリまで de 〔depuis〕Tokyo 〔jusqu'à〕Paris / きょうから à partir d'aujourd'hui / 20ページから始めよう commencer à la page 20 / 2年前からここに住んでいる habiter ici depuis deux ans / あなたから始めてください Vous commencerez le premier 〔le première〕. / こちらからお入りください Entrez par ici, s'il vous plaît. /〔アニエス・ヴァルダの〕『5時から7時までのクレオ』Cléo de cinq à sept

柄 〔体つき〕taille 女;〔模様〕dessin 男, motif 男 / 柄が悪い vulgaire, grossier(ère) / 私の柄じゃない Ce n'est pas à ma taille. / 仕事柄、休みは不規則だ Dans ce genre de travail, les jours de repos sont irréguliers.

カラー 〔色〕couleur 女;〔襟〕col 男

からい piquant(e), épicé(e) / からいからしのつけすぎ C'est épicé. Tu as mis trop de moutarde. / からい採点 noté sévèrement.

空いばりする fanfaronner

カラオケ karaoké 男 / カラオケをする faire du karaoké

からかう se moquer, taquiner / そう

からかうなよ Arrête de me taquiner.
からし moutarde 囡
カラス corbeau 男
ガラス verre 男;〔窓の〕carreau 男, vitre 囡 曇りガラス verre dépoli
体 corps 男 体を鍛える fortifier le corps / 体が締まっている être tout en muscles / 体がじょうぶだ avoir une santé de fer / 体を大事にする prendre soin de sa santé / それでは体が持たないよ Tu vas te ruiner la santé / 体が言うことを聞かない Mon corps ne m'obéit plus.
空回りする tourner à vide
絡む〔巻きつく〕s'enrouler autour de;〔関係する〕avoir un rapport avec;〔言いがかりをつける〕chercher (une) querelle à
狩り chasse 囡 キツネ狩り chasse au renard
仮の provisoire, temporaire 仮に provisoirement, temporairement / 仮に…だとすると supposer [en admettant] que... +接続法
カリスマ charisme 男
カリフラワー chou-fleur 男
◘下流 aval 男 下流に or 下流へ/ローヌ河下流 cours inférieur du Rhône [=Rhône inférieur]
借りる emprunter;〔賃借りする〕louer 同僚からペンを借りる emprunter un stylo à un collègue
刈る couper,;〔鎌で〕faucher /〔形を整えるために〕tailler /〔髪を短く〕tondre
軽い léger(ère) 軽い病気 maladie bénigne / 軽く勝てるだろう On va facilement gagner. / 何が食べたい？ ─軽いものがいい。Qu'est-ce que tu veux manger? ─ Quelque chose de léger.
彼 il;〔恋人〕petit ami 男, copain 男 こんどの彼はどんな人？ A quoi ressemble ton nouveau copain?
カレー curry 男
ガレージ garage 男
◘ガレージセール vide-grenier à domicile 男
枯れる se flétrir, se faner
かれる〔涸れる〕(se) tarir, s'épuiser 才能がかれる Le talent se tarit.
かれる〔嗄れる〕〔のどが〕s'enrouer, s'érailler
カレンダー calendrier 男;〔日めくり〕éphéméride 囡
過労 surmenage 男, excès de travail 男
かろうじて difficilement, péniblement かろうじて間に合う arriver juste à temps [tout juste] / かろうじて危機を脱する l'échapper belle, échapper de justesse au péril
カロリー calorie 囡
川・河 rivière 囡,〔大河〕fleuve 男 川を渡る traverser une rivière / 川沿いを行く le long de la rivière / 川が増水する La rivière croît. / 川が暴れる Une fleuve déborde.
皮 peau 囡;〔革〕cuir 男 皮をはぐ

dépouiller;〔木の〕écorcer;〔動物の〕écorcher / ジャガイモの皮をむく éplucher des pommes de terre / 木の皮をはぐ écorcer un arbre / ウサギの皮をはぐ écorcher un lapin
かわいい mignon(ne), adorable, joli(e) この服のかわいい Ce vêtement est joli. / 彼女は性格がかわいい Elle a bon caractère.
◘かわいい子には旅をさせよ Qui aime bien châtie bien.
かわいがる aimer, chérir 赤ちゃんばかりかわいがるのでやけるよ Tu ne fais que t'occuper du bébé et j'en suis jaloux.
かわいそうな pitoyable, misérable, pauvre かわいそうに Quelle pitié!
乾かす sécher
川岸 bord de la rivière 男, rive 囡
乾く sécher sec(sèche) / 乾いた文体 style sec
渇く のどが渇く avoir soif
為替 mandat 男 change 男 為替市場の過熱を抑える faire tomber la fièvre sur le marché des changes / 為替の変動が激しい Les fluctuations des taux de change sont très importantes.
◘為替相場 cours des changes 男
為替手形 lettre de change
川原・河原 lit à sec
かわら（瓦）tuile 囡 かわらで屋根をふく couvrir un toit de tuiles
代わりに à la place de, au lieu de 代わりにこれをあげます Je vous donne ça à la place. / 代わりによく食べるね Je peux encore en avoir? ─ Tu en as, de l'appétit! / きみみたいな人の代わりは簡単には見つからない Un homme comme toi ne se remplace pas facilement.
変わる changer, se modifier, se transformer あなた, 変わっていませんね Vous n'avez pas changé. / 変わったやつだ C'est un drôle de type.
代わる・替わる・換わる remplacer, se substituer バイト代わってくれない？ Tu ne peux pas me remplacer pour mon job? / 先生が替わった Le professeur a changé.
かわるがわる alternativement, tour à tour かわるがわる意見を言った Chacun a donné son avis à tour de rôle.
巻 livre 男, volume 男 全20巻の全集 œuvres complètes en vingt volumes [tomes] / 第6巻 tome six, sixième livre
勘 intuition 囡, instinct 男 勘が鋭い avoir de l'intuition / また当たった. きょうは勘がさえてるぞ J'ai encore gagné. J'ai une bonne intuition aujourd'hui.
缶 boîte 囡, bidon 男
がん（癌）cancer 男 がんを早期発見する découvrir un cancer en début de phase
願 願をかける faire un vœu
考え idée, pensée 囡 考えに入れる

考え込む

tenir compte de... /考えに沈む être plongé(e) dans ses pensées /考えを文章にまとめる résumer ses idées par écrit /いい考えがある J'ai une bonne idée. /いい考えを思いついた Une bonne idée m'est venue à l'esprit. /考えを整理したい Je voudrais remettre mes idées en place.

考え込む rester absorbé(e) dans ses pensées

考え物 それは考え物だ C'est discutable.

考える penser, réfléchir 考えすぎだよ Tu penses trop. /何考えてるんだ A quoi est-ce que tu penses? /考えさせてください Laissez-moi réfléchir. /考えれば考えるほど頭が混乱してくる Plus je réfléchis, plus mes idées se brouillent. /《ロダンの》「考える人」 *Le Penseur*

感覚 sens 男, sensation 女 音に対する感覚が鋭い avoir l'oreille fine /寒くて指先の感覚がなくなった Il fait tellement froid que j'ai le bout des doigts indolores. ◆嗅覚 odorat 男 /視覚 vue 女 /触覚 toucher 男 /聴覚 ouïe 女 /味覚 goût 男
◘**感覚器官** organes des sens 男複

間隔 intervalle 男, espace 男 3メートル間隔で à un intervalle de trois mètres /バスはいつ来ますか—10分間隔だから次は20分です Quand est-ce que le bus va venir? — Il en passe un toutes les dix minutes. Le prochain passera donc à 20.

カンガルー kangourou 男

換気 aération 女, ventilation 女 部屋をときどき換気しなさい Aérez [Ventilez] la pièce de temps en temps.
◘**換気扇** ventilateur 男

観客 specta*teur(trice)* 名 きょうは観客が少ない Il y a peu de spectateurs aujourd'hui. /怒った観客が競技場に流れ込んだ Les spectateurs en colère ont envahi le stade.

環境 milieu 男, environnement 男 生活を便利にするために人間は環境を破壊してきた Les hommes ont détruit l'environnement afin de se construire une vie confortable.
◘**環境権** droit de l'environnement 男 **環境保護運動** mouvement écologiste 男 **環境ホルモン** dérégulateur hormonal 男 **環境問題** problèmes écologiques 男複

缶切り ouvre-boîte 男

監禁 détention 女; /病院・収容所などへの/ internement 男 監禁する détenir,; interner

換金 トラベラーズチェックを換金する toucher un chèque de voyage

関係 relation 女, rapport 男, lien 男 関係する se rattacher à..., concerner, participer /…に関係ない n'avoir rien à voir avec... /教育関係の仕事 travail dans le domaine pédagogique /彼とはどういう関係ですか Quels sont vos rapports avec lui? /きみには関係ないよ Ce n'est pas votre affaire! /二人は結婚前から関係があった Ils avaient déjà une relation avant leur mariage.
◘**関係者** intéressé(e) 名 「関係者以外立ち入り禁止」《Entrée réservée》

歓迎 accueil 男, bienvenue 女 歓迎する accueillir, acclamer /熱狂的な歓迎を受ける recevoir un accueil triomphal /歓迎の辞を述べる prononcer un discours de bienvenue

感激 émotion 女, 感激する être ému(e) [touché(e)] ⓒ まあ Que dire? /なんてすてきだ C'est beau, non?

簡潔な concis(e), bref(ève) もっと簡潔に説明できませんか？ Vous pouvez vous expliquer de manière plus concise?

還元 /返還/ restitution 女; /化学の/ réduction 女

頑固な têtu(e), obstiné(e), opiniâtre いやと言ったらいや—頑固なやつだな Si je dis non, c'est non. — Ce que tu peux être têtu!

観光 tourisme 男 観光する faire du tourisme /あしたはエッフェル塔を観光する Demain nous visiterons la Tour Eiffel.
◘**観光客** touriste 名
観光案内所 office du tourisme 男 (→予約) ホテルを紹介してください Vous pouvez me recommander un hôtel, s'il vous plaît? /1 泊いくらですか Combien coûte la nuit? /街の地図をもらえますか Je voudrais un plan de la ville.

看護師 infirmier(ère) 名

観察 observation 女 望遠鏡で星を観察する observer les astres à la lunette
◘**観察眼** esprit d'observation 男

冠詞 article 男 冠詞の使い方は日本人には難しい L'emploi des articles est difficile pour les Japonais. ◆定冠詞 article défini 男 不定冠詞 article indéfini 男 部分冠詞 article partitif 男

監視 surveillance 女 監視する surveiller /姿を監視カメラの画面にとらえる repérer... sur les écrans de contrôle

感じ sensation 女, sentiment 男 /印象/ impression 女 感じの悪い homme antipathique /彼のことどう思います？—やさしそうな感じね Que pensez-vous de lui? — Il a l'air gentil, non?

感謝 remerciement 男, reconnaissance 女 感謝する remercier /感謝のことばを述べる faire un discours de remerciement /感謝のことばもないよ—たいしたことじゃない Je ne trouve pas les mots pour te remercier. — C'est vraiment peu de chose. ⓒ ありがとう—どういたしまして Merci. — Je vous en prie.

患者 malade 名, patient(e) 名 患者を診察する examiner un patient /入院患者 malade hospitalisé /外来患者 malade en visite /末期がん患者 ma-

lade en phase terminale
願書 demande 囡 / 志望校に願書を出す présenter sa demande à l'école de son choix
干渉 intervention 囡, ingérence 囡 / 干渉する intervenir, s'immiscer / 親の干渉がうっとうしい L'intervention des parents m'agace.
鑑賞する admirer 鑑賞に値する mériter d'être admiré
勘定 compte 男, calcul 男 勘定を締める faire les comptes
感情 sentiment 男, 感情的になる s'exciter, s'emballer / 感情に走る se livrer à ses sentiments / 感情を抑えた maîtriser ses sentiments /(フロベールの)『感情教育』 *L'Éducation sentimentale*
感じる sentir, éprouver, ressentir 喜びを感じる éprouver [sentir] de la joie / 暖かく感じる se sentir au chaud
関心 intérêt 男 / 絵画に強い関心がある éprouver un intérêt très vif pour la peinture / あなたは神を信じますか一関心ないです Est-ce que vous croyez en Dieu? – Je n'ai aucune conviction religieuse.
感心する admirer きみのねばり強さには感心するよ J'admire ta persévérance. / 彼のばかな振る舞いには感心する [皮肉に] Il est bête à ravir.
歓心を買う flatter
関数 fonction 囡 2次関数 fonction du deuxième degré
歓声 cri de joie 男 / 歓声をあげて迎え る accueillir... avec des cris de joie / 歓声で彼の声が打ち消された Sa voix a été couverte par le bruit de la foule.
完成した achèvement 男 / 新校舎が完成した Les nouveaux bâtiments de l'école se sont achevés.
関税 (droits de) douane 囡 / 15品目について関税を引き下げる réduire les droits de douane sur une quinzaine de produits
関節 jointure 囡, articulation 囡 肩の関節が外れる se disloquer [se démettre] l'épaule
間接に indirectement 間接の indirect(e) 直接間接に介入する intervenir directement ou indirectement / 間接的に関係がある être en rapport indirect avec...
◯間接税 impôts indirects 圑復 / 間接税は特に消費財にかかる Les impôts indirects frappent notamment les biens de consommation. **間接選挙** suffrage indirect 男
感染 contagion 囡, infection 囡 エイズウイルスが空気感染したら大変だ Ça serait une catastrophe si le virus du Sida se transmettait par l'air.
◯感染症 maladie infectieuse 囡
完全な parfait(e), complet(ète) 完全を期する viser la perfection / 飛行機が完全に停止するまでお待ちください

Attendez l'immobilisation totale de l'avion.
元祖 〔家系の先祖〕ancêtre 男; fondateur(trice) 囡, créateur(trice) 囡
乾燥した sec(sèche) 空気が乾燥して いる. 火事に気をつけてください L'air est très sec. Faites attention aux incendies.
感想 avis 男, impression 囡 この映画の感想は?—なかなかいいね Que pensez-vous de ce film? – C'était pas mal. ◆最高の superbe 印象的な impressionnant(e) おもしろい intéressant(e), amusant(e) 感動的な émouvant(e), touchant(e) つまらない sans comme-ça ひどい affreux(se)
観測 observation 囡 / 天体望遠鏡で月を観測する observer la lune au télescope / 希望的観測 prévisions optimistes
◯観測気球 ballon-sonde 男, ballon d'essai 男 **観測所** observatoire 男
寛大な indulgent(e), généreux(se), tolérant(e) 寛大にふるまう se montrer indulgent(e)
甲高い aigu(ë) 甲高い声 voix aiguë
簡単な facile, simple 簡単に申しますと... pour simplifier, nous dirons... / 簡単なものさ C'est du gâteau. / 簡単には いかないよ Ce n'est pas aussi facile que tu le penses. / 簡単に状況を説明してください Exposez-nous brièvement la situation.
元旦 jour de l'an
勘違い méprise 囡, malentendu 男 おかしいなあ, おれの勘違いか Ah, c'est bizarre. Est-ce que je me serais trompé?
官庁 administration, Administration
干潮 marée basse 囡
缶詰 conserve 囡 缶詰にする mettre en conserve
鑑定 〔専門家による〕expertise 囡; 〔評価〕évaluation 囡, estimation 囡, appréciation 囡
観点 point de vue 男, perspective 囡 この観点からは彼も間違いじゃない De ce point de vue, c'est sûr qu'il n'a pas tort.
感動 émotion 囡 (→激動) 感動的な émouvant(e), touchant(e) / あの映画のラストシーンはとても感動的だった La dernière scène de ce film était fort émouvante.
監督 surveillance 囡; 〔映画の〕 réalisateur(trice) 男; 〔スポーツの〕entraîneur(se) 監督する diriger, surveiller, réaliser
カンニング tricherie 囡, fraude 囡 隣の人の答案をカンニングする copier sur son voisin
観念 idée 囡, notion 囡, concept 男 観念をする résigner, être prêt(e) / もはや逃げられない. 観念しろ Tu ne peux plus t'échapper, résigne-toi.

もう観念したほうがいい Tu ferais mieux d'accepter ton sort.
◯**観念論** idéalisme 男

乾杯 〔音頭〕 A votre santé! 乾杯する porter un toast / 乾杯の音頭を取らせていただきます Laissez-moi vous porter un toast. / お2人の幸せを祈って乾杯! A votre bonheur à tous les deux.

がんばる faire beaucoup d'efforts 玄関に犬がはしっている Le chien se tient à l'entrée. / がんばろうねー、がんばる! Bon courage! — Merci. Il en faut!

看板 enseigne 女 看板を出す mettre une enseigne / もう看板にしよう Allez, on boucle tout! / 看板(=閉店)です On ferme.

完備 このホテルは最新の設備を完備している Cet hôtel a tout le confort moderne.

看病 soins 男手厚く看病する donner des soins dévoués

幹部 cadres 男複

完璧な(→完全) 完璧な人間はいない L'homme est imparfait.

勘弁する pardonner テレビなんか見てたら勘弁しないよ Si je t'attrape à regarder la télé, tu vas voir!

冠 couronne 女

慣用 usage (courant) 男 慣用で認められた言い回し une tournure autorisée par l'usage
◯**慣用句** locution usuelle 女

寛容 tolérance 女, indulgence 女 寛容を説く prêcher l'indulgence

管理 administration 女 管理する administrer, gérer / 彼は家の管理を託された On lui avait confié la garde de la maison.
◯**管理職** cadres 男複 **管理人** 〔アパートなどの〕concierge

官僚的 fonctionnaire 男, bureaucratique / 日本の官僚は職務に怠慢なわけではない Ce n'est pas que les fonctionnaires japonais soient paresseux.
◯**官僚政治** bureaucratie 女

完了する achever, terminer, s'achever 準備完了です Les préparatifs sont terminés.

感涙 感涙にむせんだ J'en ai pleuré d'émotion.

関連 rapport 男, relation 女 関連する avoir rapport

貫禄 dignité 女 貫禄がある avoir un air digne

緩和 détente 女 緩和する apaiser, relâcher

き

気 〔性格〕caractère 男, nature 女；〔意識〕conscience 女 気を紛らす tromper son chagrin 気が荒い avoir un caractère violent / やる気にさせる motiver / 気にしないで Ne t'en fais pas. / 気のせいだよ Tu te fais des idées. / 気に病むな Ne te fais pas de souci. / また気が変わったの Tu as encore changé d'avis? / 分かるような気がする Je crois que je comprends.
◯**気が合う** ぼくたち気が合うね On s'entend bien, n'est-ce pas? **気が重い** être mélancolique **気が利く** 気が利くね Vous êtes prévenant(e). **気が気でない** s'inquiéter (beaucoup) **気が進まない** 気が進まないなあ Je n'en ai pas envie. **気が済む** それで気が済んだ Cela m'a satisfait. **気が小さい** 気が小さいなあ Tu manques de courage. **気が散る** ne pas pouvoir se concentrer **気がつく** s'apercevoir, remarquer；〔正気に返る〕revenir à soi **気がとがめる** avoir mauvaise conscience **気が長い** être patient(e) **気が抜ける** 気が抜けた Je me sens vidé(e). **気が早い** 気が早いことだ Vous êtes trop pressé(e). **気が引ける** se sentir intimidé(e) **気が短い** être impatient(e) **気に入る** 〔物が主語〕plaire à… それで気に入った Ça me plaît. **気にかかる** 〔事が〕préoccuper **気にくわない** きみのやり方が気にくわない Ta manière de faire ne me plaît pas. **気を入れる** se concentrer **気を失う** s'évanouir, perdre conscience **気を落とす** se décourager **気を配る** être attentif(ve) à… **気を取り直す** reprendre courage 気を取り直してもう一度挑戦する reprendre courage et retenter encore une fois le défi **気をもむ** きみのことでずいぶん気をもんだ Je me fais bien du tracas à cause de toi. **気を許す** avoir confiance en… **気を悪くする** se froisser, se vexer

木・樹 arbre 男〔材木〕bois 男 木を植える planter un arbre / 木に登る grimper sur [monter dans] un arbre / 木の肌 surface du bois ◆**枝** branche 女 **茎** tige 女 **梢** cime 女 **幹** tronc 男 **葉** feuille 女 **根** racine 女 **イチョウ** gingko 男 **梅** prunier 男 **オーク** chêne 男 **カエデ** érable 男 **カラマツ** mélèze 男 **クスノキ** camphrier 男 **クチナシ** gardénia 男 **桑** mûrier 男 **ゲッケイジュ** laurier 男 **シラカバ** bouleau 男 **杉** cryptomeria 男 **ポプラ** peuplier 男 **ニレ** orme 男 **ブナ** hêtre 男 **プラタナス** platane 男 **松** pin 男 **マロニエ** marronnier 男 **モクレン** magnolia 男 **モミ** sapin 男 **柳** saule 男
◯**木で鼻をくくる** 木で鼻をくくったような返事をする répondre sèchement

気圧 pression (atmosphérique) 女

キー →かぎ

黄色 jaune 男 **黄色い** jaune / **黄色い声** voix aiguë

議員 〔国民議会〕député 男；〔上院〕sénateur 男；〔市町村〕conseiller(ère) 男

消える disparaître, se dissiper；〔火が〕s'éteindre

記憶 mémoire 女, souvenir 男 / 記憶する retenir / 私の記憶に誤りがなければ si je m'en souviens bien /（…の）記憶に新しい avoir un souvenir frais de… / 記憶の糸をたどる remonter le fil de sa mémoire / 記憶がはっきり残る avoir un mémoire claire / 記憶が薄れる La Mémoire s'estompe.
◯**記憶喪失** amnésie 女

気温 température 女 気温は何度ですか Quelle est la température?

帰化 naturalisation 女 日本に帰化する se faire naturaliser japonais(e)

気化 volatilisation 女, vaporisation 女
◯**気化熱** chaleur de vaporisation

戯画 caricature 女

機会 occasion 女 機会をうかがう épier [guetter] une occasion (favorable) / 機会があり次第 à la première occasion / 機会があればまたお会いしたい Si l'occasion se présente, j'aimerais vous revoir. / いい機会だから言っておきたいことがある C'est une bonne occasion pour te donner un avertissement.

機械 machine 女, appareil 男, dispositif 男 機械を操作する manœuvrer une machine / …のための機械 machine à +不定詞（★ machine à calculer は「計算機」）
◯**機械化** mécanisation 女 農業の機械化 mécanisation de l'agriculture

議会 assemblée 女, parlement 男

着替え changement d'habit 男

着替える se changer, changer de vêtements パジャマに着替える se changer en pyjama / さっさと着替えていって Va vite te changer.

幾何学 géométrie 女

企画 projet 男, plan 男, planning 男 企画する faire un projet, projeter

規格 norme 女, standard 男
◯**規格品** article standarisé [normalisé] 男

着飾る 華やかに着飾る être vêtu(e) avec magnificence

気軽に sans façon 気軽に相談してね N'hésitez pas à me demander conseil.

期間 période 女, durée 女, délai 男 短期間の de courte durée, à court terme / 長期間の de longue durée, à long terme

機関 〔組織〕organisme 男, organisation 女 ;〔動力装置〕machine 女

器官 organe 男, appareil 男

気管 trachée 女 気管に入ってむせる avaler… de travers

気管支 bronche 女
◯**気管支炎** bronchite 女

機関車 locomotive 女

危機 crise 女, péril 男 危機を脱する se sauver d'un danger
◯**危機管理** gestion des risques 女

聞き返す faire répéter ⊙なんだって? Comment? [=Pardon?] / なんとおっしゃいましたか Qu'est-ce que vous dites? / よく分かりませんでした Je n'ai pas très bien compris. / もう一度言ってください Vous pouvez répéter, s'il vous plaît? / もっとゆっくりしゃべってください Est-ce que vous pouvez parler plus lentement?

利き酒する déguster le saké

聞き流す écouter avec indifférence

企業 entreprise 女（→259ページ（囲み）) 企業を吸収する fusionner une entreprise
◯**企業イメージ** image de marque
◯**企業グループ** groupe industriel

戯曲 pièce de théâtre 女

基金 fonds 男, caisse 女

飢饉 famine 女

聞く 〔注意して〕écouter ;〔自然に聞こえる〕entendre / おい, 聞いてる? Tu m'écoutes? / おい, 聞いたか Tu as entendu? / 最後まで聞けば Ecoute-moi jusqu'à ce que j'aie fini. / 聞かなかったことにして Oublie ce que je t'ai dit.

効く・利く agir, faire de l'effet その薬はあまり効かない Ce médicament ne fait pas beaucoup d'effet.

菊 chrysanthème

器具 instrument 男, appareil 男 ; 〔台所などの〕ustensile 男

気配り prévenance 女 気配りに欠ける manquer de prévenance

喜劇 comédie 女 （バルザックの）『人間喜劇』 *La Comédie humaine*

危険 danger 男, risque 男 危険な dangereux(se), périlleux(se) / 野生動物が滅びる危険がある Les animaux sauvages risquent de disparaître.

棄権 abstention 女 棄権する s'abstenir / レースを棄権する abandonner la course / 投票に行った？— 棄権しちゃった Tu es allé(e) voter? — Non, je me suis abstenu(e).

機嫌 機嫌がいい être de bonne humeur / 機嫌が悪い être de mauvaise humeur / 人の機嫌を損ねる fâcher, froisser / 機嫌を取る s'empresser autour [auprès] de… / 機嫌が悪いみたいだ Tu as l'air de bien mauvaise humeur! / ⊙すっきりした Tout m'énerve. / ああすっきりした Ah! Ça m'a fait du bien.

期限 date limite 女, délai 男, terme 男 期限切れの périmé(e) / パスポートの期限が切れる Le passeport expire. / 期限を延ばす reculer le terme / 期限はいつまでですか? Quelle est la date limite?

起原・起源 origine 女, source 女 人類の起源 origine de l'humanité

気候 climat 男 地中海性気候 climat méditerranéen

記号 signe 男, symbole 男
◯**記号論** sémiotique 女

き

聞こえる 〔人が主語〕entendre；〔物が主語〕se faire entendre／何も聞こえませんでしたか―いいえ何も．空耳ちょっといですか Vous n'avez rien entendu? — Non, rien. Vous n'avez pas rêvé?

帰国する retourner dans son pays

気さくな ouvert(e), franc(che), rond(e)

刻む 〔細かく〕hacher；〔彫って〕graver タマネギを刻む hacher des oignons／時を刻む marquer les secondes〔les heures〕／心に刻まれた思い出 souvenir gravé dans son cœur

岸 bord 男；〔川・湖の〕rive 女；〔波打ち際・なぎさ〕rivage 男；〔砂浜・海水浴場〕plage 女；〔地理学で〕côte 女 岸を離れる〔船が〕déborder

記事 article 男 新聞記事を切り抜く découper un article dans le journal

生地 étoffe 女, tissu 男

儀式 cérémonie 女；〔祭儀〕rite 男

気質 tempérament 男

きしむ grincer, crisser タイヤのきしむ音が聞こえた J'ai entendu les pneus crisser.

汽車 train 男

記者 journaliste 名
□記者会見 conférence de presse 女 記者会見を開く tenir〔donner〕une conférence de presse

騎手 cavalier(ère) 名；〔競馬の〕jockey 男

技術 technique 女, art 男 最新の技術を身につける apprendre les techniques les plus nouvelles
□技術革新 innovation technologique 女 技術者 technicien(ne) 名, ingénieur 男

基準・規準 norme 女, critère 男 基準から離れる s'écarter de la norme

気象 phénomène atmosphérique 男 異常気象 phénomène atmosphérique anormal
□気象衛星 satellite météorologique 男 気象台 observatoire météorologique 男

気性 tempérament 男 気性の激しい男 Cet homme a un tempérament violent.

キス baiser 男 キスする embrasser；〔ほおに軽く〕faire la bise／キスしてだめだよ. 人が見てるよ Embrasse-moi. — Non. On nous regarde.

傷 blessure 女, plaie 女 傷をいやす guérir une blessure／傷は浅い La blessure est légère.

傷跡 cicatrice 女, trace de blessure

築く bâtir, construire 要塞を築く construire une forteresse

傷つく se blesser；〔心が〕se froisser；〔物が〕s'abîmer 彼女はちょっとしたことで傷つく Elle se blesse pour un rien.

傷つける blesser だれも傷つけたくない一心で sans autre idée que de ne froisser personne

絆 lien 男 彼らは太い絆で結ばれている Un lien solide les unit.

偽物 〔商品の〕marchandise de rebut 女

規制 réglementation 女 規制する contrôler, réglementer
□規制緩和 modération de la réglementation 女, déréglementation 女 むやみに規制緩和された市場 un marché aveuglément déréglementé

寄生する parasitisme 男 寄生する parasiter
□寄生虫 insecte parasite 男

既製 tout(e) fait(e)
□既製品 article tout fait 男 既製服 vêtements de confection 男複

既成の accompli(e)
□既成概念 idée toute faite 女 既成事実 fait accompli 男

犠牲 sacrifice 男 大きな犠牲を払う faire de grands sacrifices／戦争の犠牲となる être victime de la guerre
□犠牲者 victime 女

奇跡 miracle 男, prodige 男 奇跡的な miraculeux(se) 奇跡だ！ C'est un miracle.

議席 siège 男 選挙で20議席を獲得する gagner vingt sièges à l'Assemblée

季節 saison 女
□季節外れの hors saison 季節風 mousson 女 季節労働者 saisonnier(ère) 名

偽善 hypocrisie 女 偽善的な hypocrite
□偽善者 hypocrite 名

基礎 base 女, fondement 男 基礎的な fondamental(ale)／基礎フランス語 français élémentaire 男／なにごとも基礎が大事です Les bases sont très importantes pour tout.
□基礎工事 travaux de fondation 男複 基礎控除 abattement à la base 男

起訴 accusation 女 起訴する accuser, engager des poursuites contre...

偽造 contrefaçon 女 ブランド品を偽造する contrefaire les grandes marques

規則 règle 女, règlement 男 規則正しい régulier(ère)／規則を守る observer un règlement／規則を破る violer un règlement／規則にやかましい être strict(e) sur le règlement／規則に基づいて問題を処理する arranger l'affaire conformément aux règles／規則を規則です. 守ってください Le règlement est le règlement. Il faut le respecter.

貴族 〔階級〕noblesse 女, aristocratie 女；〔人〕noble 名, aristocrate 名

北 nord 男 ...の北に au nord de.../北フランス le Nord

ギター guitare 女 ギターを弾く jouer de la guitare

期待 espérance 女 期待する espérer, attendre／期待してやまない ne pas pouvoir s'empêcher d'attendre／先

生の期待にこたえる répondre à l'attente de son professeur / 期待を裏切る tromper son attente, frustrer l'espérance / 期待はずれの décevant(e) がんばって。期待しているよ! Bon courage. J'attends beaucoup de vous. ◇彼ならうまく点を取ってくれる Lui, il marquera des points à coup sûr. / 息子には大学に行ってほしい Je souhaite que mon fils étudie à l'université. / 宝くじが当たらないかなあ J'espère gagner un lot...

気体 gaz 男 気体は熱で膨張する Les gaz se dilatent à la chaleur.
◘ **気体燃料** combustibles gazeux 男

議題 sujet 男, thème 男 (de discussion)

鍛える exercer, fortifier 最近ジムで体を鍛えている Ces temps-ci je vais dans un club de gym pour m'entraîner.

北風 vent du nord

帰宅する rentrer chez soi (→外出) 帰宅してもよいですか Puis-je rentrer chez moi? ◇ただいま、お帰りなさい C'est moi! [=Me voilà!] — Ah, c'est toi...

気だて caractère 男 気だてがいい avoir bon caractère

汚い [不潔な] sale, malpropre; [卑劣な] sale, vilain(e); [下品な] grossier(ère) 金に汚い être près de son argent / 汚いやり口 sale tour 男 / まあ、汚い。たまには部屋をかたづけなさい Quel bazar! Tu devrais ranger ta chambre de temps en temps.

基地 base 女

貴重な précieu*x(se)* 貴重品はフロントにお預けください Laissez vos objets de valeur à la réception.

議長 président(e) 女

きちんと correctement 部屋をきちんとかたづける mettre une chambre en ordre / きちんとした服装をする s'habiller convenablement

きつい dur(e), pénible; [厳格な] sévère; [服・靴が窮屈な] serré(en), juste 彼女の言うことは結構きつい Ce qu'elle dit est plutôt dur.

きっかけ occasion 女, amorce 女 話のきっかけをつかむ trouver l'occasion de parler

キック frappe (du pied) 女
キックオフ coup d'envoi 男
キックボクシング boxe pieds-poings, boxe française

気づく remarquer, s'apercevoir, se rendre compte 気づいた時は病院だった J'étais à l'hôpital quand j'ai repris conscience. ◇あ、そうか。分かった Ah. J'y suis.

ぎっくり腰 tour de reins 男

喫茶店 café 男, salon de thé 男 ◇いらっしゃいませ。ご注文は Bonjour, je peux prendre les commandes?

切手 timbre(-poste) 男 手紙に切手を張る affranchir une lettre / 世界じゅうの切手を集める collectionner des timbres de tous les pays / ダイアナ妃の記念切手 des timbres commémoratifs de la Princesse Diana
◘ **切手収集** philatélie 女 **切手収集家** philatéliste

きっと certainement, sûrement きっとそうだよ Ça doit être ça. / また来てください。きっとよ Vous promettez de revenir nous voir. Sans faute. / 来週には金を返す。きっとだ Je te rends l'argent la semaine prochaine. Juré!

キツネ〔狐〕 renard 男;〔雌〕 renarde 女
◇ **狐につままれる** être trompé(e) par un renard

切符 [劇場・列車・飛行機の] billet 男;〔地下鉄・バスの〕 ticket 男〔*往復切符* aller-retour〕切符はどこで買うんですか Où peut-on acheter les billets? ◇リヨンまで1等で願います Une place en 1ère pour Lyon s'il vous plaît.

気詰まりな gêné(e) あの人といると気詰まりだ Je me sens mal à l'aise en sa compagnie.

規定 règle 女, règlement 男 規定する définir /規定の競技〔体操などの〕 programme imposé

軌道 orbite 女, trajectoire 女;〔鉄道の〕 voie 女 人工衛星を軌道に乗せる mettre un satellite sur orbite /仕事がやっと軌道に乗った Mon travail est enfin sur la bonne voie.

気取る poser ヒーローを気取る se poser en héro /気取った態度 manière affectée /気取って話す parler avec affectation

絹 soie 女
◘ **絹織物** soierie 女

記念 souvenir 男, commémoration 女 **記念する** commémorer
◘ **記念碑** monument (commémoratif) 男 **記念碑を建てる** dresser un monument **記念日** anniversaire 男

きのう hier きのうきょうの話じゃないよ Cette discussion ne date pas d'hier.

機能 fonction 女 **機能的な** fonctionnel(le)

キノコ champignon 男 毒キノコ champignons vénéneux

気の毒 それはお気の毒です Je suis désolé(e) pour vous.

牙〔犬などの〕 croc 男;〔象・イノシシなどの〕 défense 女 牙をむく montrer les dents

気晴らし divertissement 男, distraction 女 気晴らしする se distraire /気晴らしにぱあっと行こう Allons-y sans plus réfléchir.

厳しい sévère, dur(e), rigoureu*x(se)* 厳しい訓練を受ける subir un entraînement sévère /今年は厳しい寒さだ Il fait un froid rude cette année.

気品 distinction 女 気品が漂う avoir l'air distingué

寄付 don 男, contribution 女 寄付

き

を集める réunir un don /(…に)寄付する faire don à… /寄付を募る ouvrir une souscription /難民に寄付をお願いします A votre générosité pour les réfugiés.

貴婦人 dame 囡,〔ロベール・ブレッソンの〕『ブローニュの森の貴婦人たち』 Les Dames du bois de Boulogne

気分 humeur 囡, état d'âme 男, disposition 囡 気分を害する se fâcher, s'offenser /その時の気分次第だ Cela dépendra de l'humeur du moment. /最高の気分です Je suis comblé(e). /朝からどうも気分が悪い Depuis ce matin je ne me sens pas bien. /踊ろうよ, 気分が変わるから Viens danser! Ça va te défouler. /ご気分はいかがですか—よくないようだ Comment vous sentez-vous ? — Je ne sens mieux.

規模 envergure 囡, dimension 囡 世界的規模で à l'échelle mondiale /彼の事業は規模が拡大した Son affaire a pris de l'envergure.

希望 espoir 男, espérance 囡 希望する espérer /希望に胸ふくらむ Mon cœur se dilate d'espoir. /希望がなければ生きていけない On ne peut pas vivre sans espoir. /やっと希望の光が見えてきた On a enfin vu apparaître une lueur d'espoir. ◎フランスに行きたいな J'aimerais aller en France. /あす晴れるといいな J'espère qu'il fera beau demain. /ひょっとしたら私たちも助かるかもしれない Si par hasard on nous sauvait.

基本 (→基礎) 基本的にきみの考えは間違っている Sur le fond, tu te trompes.
◻ 基本的人権 droits fondamentaux de l'homme 男

気前 気前がいい généreux(se)

気まぐれ caprice 男 気まぐれな人だね Tu es capricieux(se).

決まって toujours, invariablement

決まり (→規則) これで決まりだ Bon, on fait comme ça.
◻ 決まり文句 cliché 男, expression toute faite 囡

決まる se décider, se fixer きょうの服は決まってる Tu ne pourrais pas être mieux habillé(e). /それは彼の仕業に決まっている Il est certain qu'il l'a fait.

気味 気味が悪い sinistre, inquiétant(e) いい気味だ C'est bien fait pour toi.

黄身 卵の黄身 jaune d'œuf

きみ tu; toi

奇妙 bizarre;〔謎めいた〕 étrange;〔ユニークな〕 singulier(ère);〔関心をそそる〕 curieux(se)

義務 devoir 男, obligation 囡 義務を果たす s'acquitter de son devoir
義務教育 enseignement obligatoire 男

決める décider, déterminer, fixer 朝食は果物と決めている avoir pour règle de faire des fruits son petit déjeuner /決めるのはきみだ C'est à toi de décider. /さっさと決めろ Prends ta décision rapide.

肝 foie 男 肝に銘じておく Tâche de le graver en toi.
◇肝をつぶす être atterré(e) [stupéfait(e)] 肝を冷やす être effrayé(e)

気持ち sentiment 男 人の気持ちを読み取る lire le sentiment d'un autre /気持ちの持ちようだ Cela dépend comment on le prend. /気持ちはわかります Je comprends ce que vous ressentez. /気持ちばかりの品ですが C'est un modeste témoignage de ma reconnaissance…

肝っ玉 肝っ玉がすわっている être imperturbable

疑問 question 囡, interrogation 囡 間に合うかは疑問だ Je doute que ça soit fait à temps. /疑問の余地はない Il est hors de doute que +直説法
◻ 疑問符 point d'interrogation 男

客 invité(e) 囡;〔来客〕 visiteur(se) 囡, visite 囡;〔店の〕 client(e) 囡, clientèle 囡 (→もてなす) 客を大事にする traiter avec soin les clients /お客様は神様です Le client est roi.

逆の contraire, inverse

ギャグ gag つまらないギャグはやめてくれ Arrête tes gags ennuyeux.

客席 salle 囡 観客が客席を埋める Les spectateurs remplissent la salle.

逆説 paradoxe 男 逆説的な paradoxal(ale)

逆転 renversement 男, inversion 囡 機械を逆転させる enclencher la marche arrière /この絵は上下が逆転してかかっている Ce tableau est accroché à l'envers.

着やせする人 faux(sse) maigre

客観 客観的な objectif(ve)
◻ 客観性 objectivité 囡 科学の客観性 objectivité de la science

逆境 adversité 囡 逆境に強い être fort(e) dans l'adversité

キャッシュカード carte bancaire 囡, carte bleue 囡 ◆フランスではレジなどで直接支払いもできる

キャプテン capitaine 男

キャラクター caractère 囡;〔登場人物〕 personnage 男 特異なキャラクターの女優 actrice qui a un caractère particulier

キャンセルする annuler ◎予約をキャンセルしたいのでが一承知いたしました. またのご来店をお待ちしています Je voudrais annuler ma réservation. — C'est entendu. N'hésitez pas à nous contacter la prochaine fois.

キャンプ camping, camp 山でキャンプする camper en montagne
◻ キャンプ場 terrain de camping 男
キャンプファイヤー feu de camp

ギャンブル jeu ギャンブルに手を出す s'adonner aux jeux /ギャンブルですべてなくす人がいる Il y a des gens qui perdent tout au jeu.

キャンペーン campagne 囡

きゅう〔灸〕 moxa 男 きゅうをすえる appliquer du moxa 男 ; 〔しかる〕réprimender

級 classe 女, grade 男

急な brusque, subit(e), soudain(e) ; 〔急を要する〕urgent(e) ; 〔坂が〕raide, escarpé(e) 急に brusquement, tout d'un coup / 急な仕事を頼んでごめんなさい Excusez-moi de vous demander de service si subitement.

救援 secours 男 救援を求める chercher des secours

◘救援物資 matériel de secours 男

休暇 congé 男, vacances 女 休暇を取る prendre ses vacances / まとめて休暇を取る prendre ses vacances en une fois / 休暇がほしい J'ai envie de vacances. / よい休暇をお過ごしください Bonnes vacances!

嗅覚 odorat 男 犬は嗅覚が発達している Le chien a un odorat très développé.

球技 jeu de balle 男

救急車 ambulance 女 救急車を呼ぶ appeler une ambulance ; faire appel à une ambulance / けが人を救急車で transporter un blessé en ambulance

窮屈 〔狭い〕étroit(e) ; 〔気詰まりな〕gêné(e) 去年の服は窮屈で着られない Les vêtements que j'ai portés l'année dernière me serrent. / 初対面の人と話すのは窮屈だ C'est gênant de parler avec une nouvelle connaissance. / そう窮屈に考えるな Ne sois pas aussi catégorique dans la façon de penser.

休憩 pause 女, repos 男 少し休憩しよう On fait une petite pause.

急行 express 男 オリエント急行 l'Orient-Express

休講 きょうの授業は休講です Le cours d'aujourd'hui est annulé.

九死 九死に一生を得る échapper belle

休日 (jour de) congé 男 ; 〔祝祭日〕jour férié

吸収 absorption 女 吸収する absorber / 学んだことを吸収する assimiler ce qu'on apprend

救助 sauvetage 男, secours 男 救助する sauver, secourir

給食 demi-pension 女

求職 demande d'emploi 女

求人 offre d'emploi 女 求人を出す faire une offre d'emploi publique

◘求人広告 annonce de recrutement 女 フランス語の実務経験を要す La pratique du français est indispensable.

急性の aigu(ë) 急性肝炎 hépatite aiguë

休戦 armistice 男 休戦ライン ligne de cessez-le-feu

◘休戦協定 accord d'armistice, trêve 女

宮廷 cour (impériale) 女

◘宮廷詩人 poète de cour 男

宮殿 palais (royal) 男, résidence royale 女

牛肉 bœuf 男 牛肉にパセリを添える garnir de persil un morceau de bœuf

牛乳 lait 男 牛乳を搾る traire le lait / 牛乳が悪くなっている Le lait a tourné.

旧約聖書 Ancien Testament 男

旧友 vieil(le) ami(e) 男

給与 (→給料)

◘給与所得者 salarié(e) 女 給与所得者の購買力 pouvoir d'achat des salariés

休養 repos 男 少し休養をとる prendre un peu de repos

急用 ごめん,急用ができた Oh, excusez-moi, j'ai eu un imprévue.

キュウリ concombre 男 〔ピクルス用の〕cornichon 男

給料 appointements 男複 ; 〔定期的な〕salaire 男 ; 〔公務員の〕traitement 男 ; 〔報酬〕paye 女 ; 〔ギャラ〕cachet 男 すずめの涙ほどの給料だ Je ne reçois qu'un salaire de misère. / 給料から税金を引かれる Les impôts sont déduits du salaire.

◘給料日 jour de paye 男

器用な habile, adroit(e) 彼は手先が器用だ Il est habile de ses doigts.

きょう aujourd'hui きょうは10月2日だ Aujourd'hui nous sommes le 2 octobre.

行 ligne 女 行を改めて書く aller à la ligne

凶悪 〔犯罪などが〕atroce ; 〔人間が〕dangereux(se) 凶悪な犯罪 crime atroce

脅威 menace 女 核の脅威 menace nucléaire

教育 enseignement 男, éducation 女 教育的 éducatif(ve), éducateur(trice) / やっぱりねえ,教育のある人は違うよ Il n'y a pas à dire... Les gens cultivés, c'est pas pareil!

◘教育学 pédagogie 女 教育機関 établissement d'enseignement 男

教育システム système éducatif 男

強化 renforcement 男, intensification 女 強化する renforcer, intensifier

◘強化合宿 stage d'entraînement intensif 男

協会 association 女, société 女

教会 〔カトリック〕église 女 ; 〔プロテスタント〕temple 男 ; 〔イスラム教〕mosquée 女 ; 〔ユダヤ教〕synagogue 女 教会に行く aller à l'église ◆祭壇 autel 男 十字架 croix 女 ステンドグラス vitrail 男 聖水盤 bénitier 男 説教壇 chaire 女 礼拝堂 chapelle 女

境界 frontière 女, limite 女, bornes 女複 所有地の境界を画定する démarquer une propriété

◘境界線 ligne de démarcation 女

教科書 livre scolaire 男, manuel 男

恐喝 chantage 男 恐喝する exercer un chantage sur...

共感 sympathie 女 ダイアナの呼びか

き

けは多くの人の共感を呼んだ L'appel de Diana a attiré la sympathie de beaucoup de gens.

行間 行間を読む lire entre les lignes

競技 jeu 男（→試合）

◘**競技会** réunion sportive 囡　**競技場** stade 男　観客が競技場をうずめる Les spectateurs remplissent le stade.

協議 concertation 囡　協議する concerter

◘**協議会** commission de concertation 囡　**協議離婚** divorce par consentement mutuel

行儀 tenue 囡, manières 囡複　行儀がよい avoir de la tenue／行儀が悪い mal se tenir／なんですか，行儀の悪い Qu'est-ce que c'est que cette façon de te tenir?

供給 approvisionnement 男, alimentation 囡, fourniture 囡；[市場での] offre 囡　町に電気を供給する alimenter une ville en électricité／供給が需要を上回る L'offre dépasse la demande.

教訓 leçon 囡, morale 囡　災難から教訓を引き出す tirer une leçon de la mésaventure／こんどのことから教訓にするんだね Il faut le prendre comme une bonne expérience.

狂犬 chien enragé(e) 名

◘**狂犬病** rage 囡, hydrophobie 囡

恐慌 panique 囡；[経済恐慌] crise économique

教皇 pape 男　◆コンクラーベ[教皇選挙会議] conclave 男

共産主義 communisme 男

◘**共産主義者** communiste 名

共産党 parti communiste 男　フランス共産党 Parti communiste français（★略語は略 P. C. F.）／(マルクスの)『共産党宣言』 Manifeste du parti communiste

教師 enseignant(e) 名, professeur 男；[小学校の] instituteur(trice) 名　ピアノの教師 professeur de piano／子供に家庭教師をつける faire donner des leçons particulières à un enfant／教師に何が求められているのか On demande-t-on d'un professeur ?

行事 fête, cérémonie 囡　年中行事 fête annuelle

教室 [部屋] (salle de) classe 囡；[講義] cours 男　教室に入る entrer dans la classe／ダンス教室 cours de danse

教授 [教えること] enseignement 男；[教員] professeur 男, prof 名　生徒に個人教授をする donner des leçons particulières à un élève

教習所 [自動車の] auto-école 囡

強制する forcer, contraindre　強制的に obligatoirement

◘**強制収容所** camp de concentration 男；[ナチスの] camp d'extermination 男　強制送還 expulsion 囡

行政 administration 囡

◘**行政改革** réforme administrative 囡

競争 compétition 囡, concurrence 囡　競争する concurrencer／(…との)競争に勝つ briser la concurrence de…

◘**競争相手** concurrent(e), rival(ale) 名　**競争心** émulation 囡　競争心をあおる exciter l'esprit de la rivalité　**競争力** compétitivité 囡

競走 course 囡　競走する faire la course avec…／100 メートル競走 course sur [de] cent mètres／100 メートル競走に出る courir un cent mètres

◘**競走馬** cheval de course 男

兄弟 frère 男　何人兄弟ですか—3 人です Vous avez combien de frères et sœurs? — Nous sommes trois.／(ドストエフスキーの)『カラマーゾフの兄弟』 Les Frères Karamazov

協調 entente 囡, conciliation 囡　協調性がない manquer d'esprit d'entente

強調する souligner, accentuer, insister　いくら強調しても強調しすぎることはない On ne saurait trop en souligner l'importance.

共通の commun(e)　共通の友人 un ami commun／共通の趣味で結ばれている Nous sommes liés par des goûts communs.

協定 accord, convention 囡　協定を結ぶ passer un accord／2 国間協定 accord bilatéral

強敵 ennemi(e) redoutable 名　強敵を破る battre l'ennemi redoutable

郷土 pays natal 男

◘**郷土芸能** folklore 男　**郷土料理** cuisine régionale 囡

共同で en commun, collectivement　共同で所有する posséder collectivement／共同作業に従事する travailler en équipe／共同生活をする vivre en communauté／共同戦線を組む former un front commun／3 国政府共同の努力 efforts conjugués de trois gouvernements

◘**共同体** communauté 囡　原始共同体 communauté primitive／経済共同体 communauté économique

協同 協同して働く travailler de concert／産学協同 jumelage écoles-entreprises 男

◘**協同組合** coopérative 囡　農業協同組合 coopérative agricole／生活協同組合 coopérative de consommation

競売 enchères 囡複, vente aux enchères 囡　絵を競売にかける mettre un tableau aux enchères

脅迫 menace 囡, chantage 男　脅迫する faire chanter／脅迫には屈しない On ne va pas reculer devant le chantage.

◘**脅迫状** lettre de menaces 囡　**強迫観念** obsession 囡

共犯 complicité 囡　殺人の共犯 complicité pour meurtre

◘**共犯者** complice 名

恐怖 crainte 囡, peur 囡, horreur 囡 /恐怖に駆られる être pris(e) de peur
恐怖症 phobie 囡
競歩 marche (athlétique) 囡
興味 intérêt 男 興味深い intéressant(e) /興味がある s'intéresser à… /強い興味を引かれる être vivement intéressé(e) par… /そんなことに興味を持つんじゃない Tu ne devrais pas t'intéresser à ces choses. /そんなの興味ないね Moi ça ne m'intéresse pas.
共有 copropriété 囡 共有する partager /共有財産 biens collectifs 男複
教養 culture 囡, éducation 囡 教養のある cultivé(e) /一般教養 culture générale /大学で教養を身につけたい J'aimerais me cultiver à l'université.
恐竜 dinosaure 男; 〘総称〙 dinosauriens 男複
協力 collaboration 囡, coopération 囡 (…に)協力する collaborer avec [à] … /協力を求める demander une coopération /協力を惜しまない coopérer sans réserve
◘**協力者** coopérateur(trice) 名, collaborateur(trice) 名
強力な fort(e), puissant(e) 強力な薬を処方する administrer un remède puissant /強力な軍備を持つ国 pays puissamment armé
行列 queue 囡, cortège 男; 〘数学の〙 déterminant 男 この店は行列ができるんだ Ce restaurant est tellement fréquenté qu'il faut faire la queue.
共和国 république 囡 フランス共和国 République Française
虚栄心 vanité 囡 虚栄心を満足させる〔くすぐる〕 satisfaire〔flatter〕la vanité de… /彼は虚栄心のかたまりだ C'est un vantard.
許可 permission 囡 許可する permettre; 〖加入を〗 admettre;〖認可して〗 autoriser /許可を与える accorder une permission /許可を得る obtenir une permission /電話をお借りできますか―どうぞ Est-ce que je pourrais utiliser votre téléphone? — Allez-y.
漁業 pêche 囡 遠洋漁業 pêche lointaine /沿岸漁業 pêche côtière
◘**漁業組合** association des pêcheurs
曲 morceau 男, air 男 歌詞に曲をつける mettre des paroles en musique /バッハの曲をジャズにアレンジする mettre en jazz une œuvre de Bach
極右 extrême droite 囡 極右グループ groupe d'extrême droite
曲芸 acrobatie 囡, tour d'adresse 男
◘**曲芸師** acrobate 名 曲芸飛行 vol acrobatique 男
曲線 courbe 囡
極左 extrême gauche 囡
極端な extrême, excessif(ve) 極端から極端に走る passer d'un extrême à l'autre /どうしてそう極端なの Pourquoi es-tu si excessif(ve)?
極東 Extrême-Orient 男
曲面 surface courbe 囡
巨人 géant(e) 名 森の巨人 géant des forêts
去勢 émasculation 囡, castration 囡 去勢する émasculer, castrer /猫を去勢してもらう faire castrer un chat
拒絶 refus 男, rejet 男 拒絶にあう essuyer un refus de la part de…
◘**拒絶反応**〖移植臓器への〗 rejet 男
巨大な énorme, géant(e) 男 その衝撃から巨大なエネルギーが生じる Ces chocs dégagent une énergie énorme.
去年 année dernière 囡 〘アラン・レネの〙『去年マリエンバードで』L'année dernière à Marienbad
拒否 refus 男, rejet 男 拒否する refuser, rejeter /登校拒否 rejet de l'école /そんなことできません Je n'en suis pas capable. /だめです C'est non.
◘**拒否権** (…に)拒否権を行使する mettre son veto à… /拒否反応 blocage 男 集団生活に拒否反応を示す rejeter les activités de groupe
距離 distance 囡 車の走行距離が10万キロを超えた Ma voiture a dépassé les 100.000 km. /あの人とは距離を置いたほうがいいよ Avec lui, tu ferais mieux de te tenir à distance. /彼の家までどのくらい? ― 3キロくらいかな Ça fait quelle distance jusqu'à chez lui? — À peu près trois kilomètres.
嫌いだ détester, avoir horreur, haïr, exécrer きみが嫌いだ Tu ne me plais pas. /おすしが嫌いなので、お気の毒に Je vous plains vraiment de ne pas apprécier le sushi.
嫌う ne pas aimer, détester 食卓に会食者が13人になるのを嫌う éviter d'être treize à table
気楽な sans souci, aisé(e), facile 気楽に暮らす vivre dans l'insouciance
きらきら étinceler
きらめく étinceler, scintiller
霧 brouillard 男;〘薄い〙 brume 囡 霧に巻かれて見えなくなる s'éclipser dans la brume /霧が晴れる Le brouillard s'éclaircit.
きり 彼らは2人きりで住んでいる Ils habitent seulement à deux. /朝ごはんを食べたきりだ Je ne mange rien après le petit déjeuner. /ぜいたくを言えばきりがない Plus on en a plus on en veut.
義理 obligation 囡, devoir 男 義理を欠く manquer à ses obligations /義理堅い男 homme de devoir /義理と人情の板ばさみ dilemme entre le devoir et l'affection /彼には義理があるから手助けをした Il faut l'aider. C'est mon devoir. /義理の父 beau-père 男 /義理の母 belle-mère 囡

ぎりぎり

ぎりぎりに juste à temps／列車には乗れたけれどぎりぎりだった J'ai pu prendre le train, mais c'était juste!
霧雨 bruine 囡
キリスト Christ
キリスト教 christianisme 男／《シャトーブリアンの》『キリスト教精髄』 *Génie du christianisme*
⬜キリスト教徒 chrétien(ne)
規律 discipline 囡／規律に従う obéir à la discipline
切り開く〔道を〕frayer;〔森・新分野などを〕défricher
霧吹き vaporisateur 男
切り札 atout 男／切り札を切る jouer atout／最後の切り札を出した Il a posé son dernier atout.
気力 moral 男／生きる気力さえもなくした J'ai tout perdu, y compris l'envie de vivre.
切る couper;〔一定の形に〕découper;〔すぱっと〕trancher;〔輪切りに〕tronçonner;〔みじん切りに〕hacher;〔薄切りに〕émincer／ガラスで足をぱっくり切る se couper le pied avec du verre／15秒を切る mettre moins de 15 secondes
着る mettre, s'habiller;〔着ている〕porter（★ s'habiller は様態を示す副詞とともに用いる）子供に服を着せる habiller un enfant／いい服着てるね Tu es bien habillé(e).
きれいな（→美しい）きれい好きだ aimer la propreté／きれいに忘れる oublier complètement／まあ, きれい Ah que c'est beau!／机の上をきれいにしよう Remettons un peu de l'ordre sur le dessus du bureau.
切れる 食べきれない ne pas pouvoir finir un plat／その計画が成功するとは言いきれない On ne peut pas affirmer que ce projet réussira.
記録 enregistrement 男, document 男;〔スポーツ〕record 男／記録する enregistrer, noter／新記録に挑む défier un nouveau record／世界記録を破る battre un record mondial／記録を公認する enregistrer officiellement un record
⬜記録映画 documentaire 男
議論 discussion 囡, débat 男／議論する discuter de［sur］…, débattre de…／議論の余地はない C'est incontestable.
疑惑 soupçon 男, doute 男／疑惑を招く faire naître des soupçons／疑惑を晴らす dissiper les soupçons
金 or 男／金色の doré(e)／18金 or à dix-huit carats
⬜金メダル médaille d'or 囡
銀 argent 男／銀のスプーン cuiller en argent 囡

⬜銀メダル médaille d'argent 囡
禁煙する arrêter de fumer 禁煙するぞ―何回目? Je vais arrêter de fumer. — Ça fait combien de fois que tu le dis?／「禁煙」《Prière de ne pas fumer》
銀河 Galaxie 囡, Voie lactée 囡／銀河系外の extragalactique
金額 somme 囡／500ユーロ, それだけでも大した金額だ 500 euros, c'est déjà une jolie somme.
近眼 myopie 囡／近眼の人 myope
緊急 urgent(e), d'urgence 緊急の際は携帯に電話してください En cas d'urgence, appelez sur le portable.
金魚 poisson rouge 男
金庫 coffre-fort 男, coffre 男, caisse 囡／銀行に貸し金庫を持っている avoir un coffre à la banque
均衡 équilibre 男／均衡のとれた équilibré(e)／均衡の崩れた déséquilibré(e), disproportionné(e)／均衡が崩れる L'équilibre est rompu.
銀行 banque 囡／銀行にお金を預ける déposer de l'argent à la banque／銀行から金を下ろす retirer de l'argent de la banque／銀行振込で支払う payer par virement
⬜銀行員 employé(e) de banque
銀行券 billet de banque 男, coupure 囡
金策 金策に走る courir partout pour se procurer de l'argent
禁止 défense 囡, interdiction 囡／禁止する défendre, interdire／上流でのごみ投棄を禁止する interdire les dépôts d'ordures en amont de la source
禁じる（→禁止）（ルネ・クレマンの）『禁じられた遊び』 *Jeux interdits*
近所 voisinage 男／近所の人 voisin(e) 男囡／近所のうわさになる Ce sont des potins de quartier.
◇近所迷惑な gêner les voisins
琴線 心の琴線に触れる émouvoir jusqu'aux fibres
金属 métal 男／貴金属 métal précieux
⬜金属工業 métallurgie 囡
勤続 勤続10年だ avoir dix ans d'ancienneté
近代の moderne
⬜近代化 modernisation 囡／明治維新の時期に日本は近代化への道を突き進んだ Pendant la Restauration Meiji, le Japon s'est lancé dans la modernisation.
緊張 tension 囡／緊張する se tendre／彼女はとても緊張している Elle est très tendue.／両国間の緊張が高まる La tension entre les deux pays s'accroît.
⬜緊張緩和 dégel 男／東西間の緊張緩和 dégel entre l'Est et l'Ouest
筋肉 muscle 男／筋肉を鍛える exercer ses muscles／筋肉マン Monsieur muscles
金髪 cheveux blonds 男複
勤務 travail 男, service 男／勤務先の

電話です C'est mon numéro au travail.
◻勤務時間 heures de service [bureau] 女複
金融 finance 女
◻金融機関 institution financière 女 金融市場 marché financier 男 金融資本 capital financier 男 金融政策 politique financière 女
金曜 vendredi 男; 13日の金曜日 vendredi treize
金利 (→利子) こんな低金利では生活が苦しい Les temps sont durs avec des taux d'intérêts aussi bas.

く

句 locution 女 形容詞句 locution adjective
区 arrondissement 男, secteur 男 パリの2区に住む habiter dans le deuxième arrondissement de Paris
◻区長 maire (d'un arrondissement) 男 区民 habitant(e) d'un arrondissement 男 区役所 mairie (d'un arrondissement)
ぐあい condition 女, état de santé 男 (→体調) ぐあいはどう？ Tu te sens comment? / モーターのぐあいが変だ Le moteur ne marche pas très bien. / こんなぐあいにやればいい Tu peux faire de cette façon. / うまくぐあいにことが運ぶ Ça marche heureusement.
悔い regret 男, repentir 男, remords 男 悔いを残す avoir un regret [repentir, remords] / 悔いのない人生を送りたい Je veux vivre ma vie sans regrets.
食い意地 gloutonnerie 女, goinfrerie 女
区域 circonscription 女, secteur 男, zone 女
食いしばる 息子はひたむきでも歯を食いしばって走り抜いた Mon fils a couru jusqu'au bout en serrant les dents jusqu'à ce qu'il était dernier.
食いしん坊 gourmand(e) 名; 〖大食漢〗goinfre 男;〖美食家〗gourmet 男, bec fin 男;〖食通〗gastronome 男
クイズ devinette 女 クイズの答えを当てる deviner la bonne réponse de la question
食い違い〖異なる〗différer, diverger 証人の話が食い違っている Les avis des témoins sont contradictoires. / その点で意見が食い違う Nous ne nous accordons pas sur ce point.
食う (→食べる) カに食われる être piqué(e) par un moustique / 準備に時間を食う prendre beaucoup de temps pour la préparation
空間 espace 男 空間が足りない On manque d'espace.
空気 air 男 山は空気がおいしい L'air est bon en montagne. / 会場はなごやかな空気に包まれた L'atmosphère apaisée a rempli la salle.
◻空気銃 fusil à air comprimé 男
空港 aéroport 男;〖ターミナル〗aérogare 女 空港は厳戒態勢だ L'aéroport est sous la plus haute surveillance. / 成田空港は都心から遠すぎる L'aéroport de Narita est trop éloigné du centre de Tokyo.
空車 chambre vacante 女 申し訳ありませんが、空室はございません Nous sommes désolés, il n'y a plus une chambre de libre.
空車 taxi libre 男
偶然 hasard 男 偶然の accidentel(le) 偶然に par hasard, par accident / まあ偶然ね Quel hasard! /〖モーノーの『偶然と必然』〗Le Hasard et la Nécessité
空想 imagination 女, fantaisie 女 空想する imaginer, songer
ぐうたら paresseux(se), inactif(ve) うちの亭主はぐうたらで Mon mari ne lève pas le petit doigt.
空中 aérien(ne)
◻空中衝突 collision aérienne 女 空中戦 combat aérien 男 空中ブランコ trapèze volant 男 空中分解 explosion en vol 女
空調 air conditionné 男 空調設備のあるホテル hôtel avec air conditionné
クーデター coup d'Etat 男 クーデターを企てる entreprendre un coup d'Etat
空洞 cavité 女 空洞の creux(se) / 肺の空洞 cavité pulmonaire
空白 vide 男, blanc 男 空白を埋める remplir le vide / その欄は空白のままでいいです Vous n'avez pas besoin de remplir cette case.
空輸 transport aérien 男
寓話 fable 女, parabole 女〖ラ・フォンテーヌの『寓話集』〗Fables
茎 tige 女
くぎ clou 男, pointe 女 くぎを打つ enfoncer un clou / くぎを抜く arracher un clou / くぎの頭 tête de clou
◇くぎを刺す 母親は子供たちに遅刻しないようくぎを差した La mère a rappelé en insistant à ses enfants de ne pas arriver en retard.
くぎづけにする clouer
苦境 adversité 女 苦境に立つ se trouver dans une position pénible
区切り division 女, sectionnement 男 作業に区切りをつける mettre fin [un terme] au travail
区切る diviser, sectionner
くぐもる 彼女の声は涙でくぐもった Sa voix s'est troublée lorsqu'elle s'est mise à pleurer.
くぐる passer sous… 法の目をくぐる se soustraire à la justice
草 herbe 女 草を引き抜く déraciner une herbe / 雨が降ると草が伸びる La pluie fait pousser l'herbe. / 草を食べて生きている vivre d'herbes
臭い puer, sentir mauvais 臭いなあ Ça pue. / あいつが臭いぞ Cet indi-

vidu est louche.
◊ 臭い物にふたをする étouffer un scandale

草刈り 庭の草刈りしてくれる? Est-ce que vous pouvez désherber le jardin?

草木 plantes 女複, végétation 女

草取り sarclage 男

草の根 草の根を分けても捜し出すぞ On le trouvera quitte à tout passer au peigne fin.
◘ 草の根運動 mouvement des citoyens

草花 fleurs 女複

くさび coin 男 / くさびをさす enfoncer un coin
◘ くさび形文字 écriture cunéiforme 女

草むら broussaille 女, brousse 女

鎖 chaîne 女, chaînette 女 / 犬を鎖でつなぐ enchaîner un chien

ぐさり ぐさりとくるね Tu me plantes des aiguilles dans le cœur.

腐る (se) pourrir, se gâter ; 〔めいる〕 être déprimé(e) 腐った pourri(e), gâté(e) / 梅雨時はものが腐りやすい Les choses s'abîment facilement pendant la période des pluies. / そう腐るなよ Il ne faut pas que cela te déprime.
◊ 腐るほど やつは腐るほど金がある Il est pourri de fric.

くし(串) broche 女 / 〔小さな串・串焼き〕 brochette 女

くし(櫛) peigne 男 / 乱れた髪をくしでとかす (se) peigner les cheveux défaits

くじ sort 男, loterie 女 / くじに外れる tirer un billet blanc / くじで 1 等を当てた J'ai gagné le gros lot. / くじを 1 枚引いてください。残念でした Tirez un billet au sort. Pas de chance.
◘ くじ引き tirage au sort 男

くじく 〔手・足などを〕 se tordre ; 〔気持ちを〕 décourager, rabattre, abaisser

くじける se décourager, se laisser abattre

くしゃみ éternuement 男 / くしゃみする éternuer

苦情 plainte 女, réclamation 女 / 夜中に騒いだら近所から苦情が出た Les voisins se sont plaints du tapage nocturne.

具象的な concret(e), matériel(le)
◘ 具象絵画 peinture figurative 女

苦心 peine 女, labeur 男 / …に苦心する se donner beaucoup de peine pour… / 苦心が生きる Les efforts portent leurs fruits. / 苦心の跡が見られるよ On peut voir à quel point ce travail a été laborieux.

くず déchet 男, résidu 男 / ごみはちゃんとくず箱に捨ててください Prenez soin de bien mettre les déchets à la poubelle. / きみは人間のくずだ Tu n'es qu'une loque humaine.

ぐず traînard(e) 名 / もう、ぐずなんだから Quel traînard!

ぐずぐず paresseusement, lentement

くすぐったい éprouver un chatouillement

くすぐる chatouiller こちょこちょくすぐる faire des petites chatouilles

崩す 〔壊す〕 démolir ; 〔両替〕 changer お札を崩す changer un billet / 列を崩す briser la file

くすぶる fumer ; 〔不満などが〕 couver ; 〔同じ地位にとどまる〕 moisir

薬 remède 男 ; 〔医薬品〕 médicament 男 / 6 時間おきに薬を飲みなさい Prendre un médicament toutes les six heures / 忘れずに薬を飲んでください N'oubliez pas de prendre vos médicaments. / 薬で病気が治った Le remède a triomphé du mal. / 「こんどのことはいい薬になった Ça m'a bien servi de leçon.

崩れる s'écrouler, s'effondrer 土手が崩れた Le talus s'est éboulé.

癖 habitude 女, tic 男 悪い癖がつく prendre une mauvaise habitude / 悪い癖は直すのが大変だ Il est difficile de corriger les mauvaises habitudes. / 指をかむ癖はやめなさい Arrête ce tic de te mordiller le pouce.

くせに 知っているくせに嘘つくなよ Ne fais pas seulement de me faire naïf voir. / あいつは若いくせに元気がない Il n'a pas de vigueur malgré sa jeunesse.

くそ(糞) excréments 男複
くそっ! Merde! / くそまじめだ être sérieux(se) comme un pape

管 tube 男, tuyau 男 ゴムの管 tuyau de caoutchouc
◊ 管を巻く parler longuement sous l'effet de l'alcool

具体具体案 projet concret 男 具体化 matérialisation 女

具体的な concret(ète) 具体的に説明してください Expliquez-vous concrètement.

砕く briser, fracasser

くたくた 一日じゅう歩いてもうくたくただ Je suis épuisé(e) parce que j'ai marché toute la journée. / くたくたに煮た野菜 légumes qui ont bouilli trop longtemps / くたくたのシャツ chemise fatiguée

砕ける se briser 砕けた表現 expression familière

ください 少しお金をください Donnez-moi un peu d'argent, ne fut-ce que dix francs.

くたばる crever, claquer あんなやつ、くたばれ Ce type, qu'il aille se faire voir!

くたびれもうけ en être pour sa peine

くたびれる (→疲れる) 背広がそろそろくたびれてきた Mon costume commence à prendre de l'âge.

果物 fruit 男 (→314 ページ〔囲み〕)
◘ 果物ナイフ couteau à fruits 男

下り descente 女 下り坂 pente descendante 女 / 下り列車 train descendant

下る descendre 川を下る descendre la rivière／犠牲者は千人を下らないだろう Le nombre des victimes s'élève à au moins mille.

口 bouche 囡；［動物の］gueule 囡 開いた口がふさがらない rester bouche bée／その知らせを彼の口から聞いた J'ai appris cette nouvelle de sa bouche.

◇口が重い être taciturne 口が肥える avoir le palais fin 口が堅い discret(ète), savoir garder le secret 口がうまい 口がうまいな Tu as le don de flatter. 口が軽い 口が軽い人だな Tu ne sais pas garder un secret. 口が滑る ついつい口が滑って秘密を漏らす divulguer un secret en laissant échapper une parole 口が減らない 口が減らないやつだ Tu as la langue bien pendue. 口から先に生まれる あれは口から先に生まれたような人だ Il n'a pas la langue dans sa poche. 口が悪い médisant(e), sarcastique 口に合う être au goût de... 口は災いの門 C'est de la bouche que sort le malheur. 口ほどにもない 口ほどにもないやつだ C'était seulement un beau parleur. 口を利く そんな口を利くな Ne me parlez pas sur ce ton! 口を滑らす 容疑者は口を滑らせた Le suspect s'est vendu lui-même. 口をつぐむ se taire 口を挟む 人の問題に口を挟むな Ne vous mêlez pas des problèmes d'autrui! 口を割る 金を握らせて口を割らせる distribuer de l'argent pour dénouer les langues

愚痴 plainte 囡 きみは愚痴ばっかりだね Tu ne fais que te plaindre.

口当たりのいい agréable (au palais)

口裏 口裏を合わせる se donner le mot

口うるさい grondeur(se)

口数 口数が多い bavard(e)／口数が少ない taciturne

口汚い grossier(ère), vulgaire

口癖 propos rabâchés 男複

口に 口口に夏休みのできごとを話した Chacun a parlé de ses vacances.

口車 口車に乗せられた It s'est fait embobiner par le vendeur.

口答え réplique 囡, riposte 囡 口答えするな Ne réponds pas comme ça!／この子は口答えばかりで Il a réponse à tout, ce petit. 口だって Pourtant…／違うよ Mais non, c'est pas ça.

口コミ téléphone arabe [de brousse] 囡

口ごもる balbutier, bafouiller

口先で en paroles 口先だけのことば parole en l'air／口先だけで何もしない人なんて most Les gens qui parlent bien mais qui n'agissent pas, c'est détestable.

口ずさむ chantonner

口止める acheter le silence, imposer silence

口直しに redonner l'appétit

くちばし bec 男, mandibule 囡

◇くちばしが黄色い（=未熟だ）おまえはまだくちばしが黄色いよ Tu es encore bien jeune. くちばしを入れる placer des mots

口走る lâcher; divaguer

口火 [ガスなどの] allumeur 男

唇 lèvre 囡 唇をかみしめる se mordre fort les lèvres／冬になると唇が荒れる Les lèvres se dessèchent en hiver.

口笛 sifflement 男；[やじの] sifflets 男複 口笛を吹く siffler

口紅 rouge (à lèvres) 男 口紅を塗る se mettre du rouge à lèvres

口まねする imiter la manière de parler

口元 bouche 囡, lèvres 囡複 彼女は少し口元をほころばせて私を見つめた Elle m'a regardé, l'amorce d'un sourire aux lèvres.／きりっと締まった口元 des lèvres fines et serrées

口約束 promesse verbale [orale] 囡

口調 ton 男, intonation 囡, inflexion 囡, accent 男 口調のよい euphonique／演説口調 ton oratoire

靴 chaussure 囡, soulier 男 靴を履く se chausser／靴を脱ぐ se déchausser／新しい靴を下ろす étrenner ses chaussures neuves／靴を磨く cirer [polir] des chaussures／靴が痛い avoir mal aux pieds à cause des chaussures／どうぞ靴のままお上がりください Vous n'avez pas besoin de vous déchausser.／(クローデルの)『繻子の靴』Le Soulier de satin

苦痛 douleur 囡, souffrance 囡 苦痛に身をよじる se tordre de douleur／苦痛にじっと耐える se raidir contre la souffrance／苦痛を和らげる donner un soulagement à la douleur

覆す renverser

くっきり clairement, distinctement

クッション chaussettes 囡複；[ストッキング] bas 男複；[パンティーストッキング] collant 男複 絹の靴下 bas de soie

屈辱 humiliation 囡 屈辱的な敗北 défaite humiliante

靴墨 cirage 男

ぐっすり 疲れたせいかぐっすり眠った J'ai profondément dormi peut-être à cause de la fatigue.

靴ずれ おろしたての靴を履いたら靴ずれした J'ai attrapé une ampoule après avoir mis des chaussures neuves.

屈折 réfraction 囡 屈折した性格 caractère faussé 男

ぐったり 疲れてぐったり横になる se coucher mort(e) de fatigue

くっつく adhérer à... いつも兄にくっついている être sur les talons du frère aîné

くっつける coller ガラス窓に顔をくっつける coller son visage contre la

食ってかかる

vitre /親指と人差指をくっつける joindre le pouce et l'index
食ってかかる s'en prendre à..., prendre...à partie
ぐっと 腕をぐっと引っ張る tendre un bras avec force /ぐっと胸がつまる Le cœur se serre instantanément.
屈服 soumission 囡, capitulation 囡 /屈服する se soumettre, capituler
靴べら chausse-pied 男
靴磨き [人] cireur(se)
くつろぐ se détendre, faire comme chez soi ; se mettre à son aise
くどい だめと言っただろ，くどいぞ Je t'ai déjà dit non, alors n'insiste pas. /くどいようですが Je ne voudrais pas insister mais...
句読点 signes de ponctuation 男
くどく [女性を] faire la cour à, courtiser
くどくど言う s'étendre sur..., parler longuement
国 pays 男 ; [国家] Etat 男 ; [故郷] pays natal 男 ; [祖国] patrie 囡 /国を治める gouverner un pays /国じゅうで dans tout le pays /国をあげてのお祭り騒ぎだ La nation tout entière est en fête. ◆アイルランド Irlande 囡 アメリカ合衆国 Etats-Unis 男複 アラブ首長国連合 Emirats arabes unis 男複 アルジェリア Algérie 囡 アルゼンチン Argentine 囡 アルメニア Arménie 囡 イギリス Angleterre 囡 イタリア Italie 囡 イラク Iraq 男 イラン Iran 男 インド Inde 囡 インドネシア Indonésie 囡 ウガンダ Ouganda 男 ウクライナ Ukraine 囡 エジプト Egypte 囡 エストニア Estonie 囡 エチオピア Ethiopie 囡 オーストラリア Australie 囡 オーストリア Autriche 囡 オランダ Pays-Bas 男複 カナダ Canada 男 ガボン Gabon 男 カメルーン Cameroun 男 韓国 République de Corée 囡 カンボジア Cambodge 男 キプロス Cypre 囡 キューバ Cuba 囡 ギリシア Grèce 囡 クウェート Koweit 男 クロアチア Croitie 囡 ケニア Kenya 囡 コートジボアール Côte-d'Ivoire 囡 コロンビア Colombie 囡 コンゴ共和国 République du Congo Brazzaville 男 コンゴ民主共和国 Congo Démocratique 男 サウジアラビア Arabie saoudite 囡 シンガポール Singapour 囡 スイス Suisse 囡 スウェーデン Suède 囡 スーダン Soudan 男 スペイン Espagne 囡 スリランカ Sri Lanka 囡 スロバキア Slovaquie 囡 スロベニア Slovénie 囡 セネガル Sénégal 男 タイ Thaïlande 囡 タンザニア Tanzanie 囡 チェコ Tchécoslovaquie 囡 中国 Chine 囡 チュニジア Tunisie 囡 朝鮮民主主義人民共和国 Corée du Nord 囡 チリ Chili 男 デンマーク Danemarque 囡 ドイツ Allemagne 囡 トーゴ Togo 男 トルコ Turquie 囡 ナイジェリア Nigéria 囡 日本 Japon 男 ニカラグア Nicaragua 男 ニュージーランド Nouvelle-Zélande 囡 ハイチ Haïti 男 パキスタン Pakistan 男 パナマ Panama 男 パラグアイ Paraguay 男 ハンガリー Hongrie 囡 バングラデシュ Bangladesh 男 フィリピン Philippines 囡 フィンランド Finlande 囡 ブラジル Brésil 男 フランス France 囡 ベトナム Vietnam 男 ベネズエラ Vénézuela 囡 ペルー Pérou 男 ベルギー Belgique 囡 ポーランド Pologne 囡 ボリビア Bolivie 囡 ポルトガル Portugal 男 マダガスカル Madagascar 囡 マリ Mali 男 マルタ Malte 囡 マレーシア Malaisie 囡 南アフリカ共和国 Afrique du Sud 男 ミャンマー Myanmar 囡 メキシコ Mexique 男 モーリタニア Mauritanie 囡 モナコ Monaco 男 モロッコ Maroc 男 ユーゴスラビア Yougoslavie 囡 ラトビア Lettonie 囡 リトアニア Lituanie 囡 ルーマニア Roumanie 囡 ルクセンブルク Luxembourg 男 ルワンダ Rwanda 囡 ロシア Russie 囡
苦肉 苦肉の策をとる recourir à un expédient
苦杯をなめる boire le calice d'amertume
配る distribuer このプリントを配ってください Distribuez ces imprimés.
首 cou 男 /首を曲げる plier le cou /首を絞める étrangler /おまえは首だ Je vous renvoie.

◆首が回らない [借金で] avoir des dettes par-dessus la tête /首を突っ込む 他人のことに首を突っ込む se mêler des affaires des autres /首を長くする 首を長くしてパパの帰りを待っている J'attends le retour de papa avec impatience. /首をひねる (=疑問に思う) hocher la tête d'un air de doute /首を振る 首を縦に振る dire oui, donner son consentement à... /彼は首を横に振って否定した Il a secoué sa tête et a dit non.

首飾り collier 男
首輪 collier 男
工夫 invention 囡, moyen 男 /生活に工夫をこらす s'inventer les outils de son bonheur dans la vie /時間を工夫して使う s'ingénier à utiliser le temps
区別 distinction 囡 /区別する distinguer
熊 ours(e) 囡 ; [子熊] ourson 男
組合 syndicat 男, association 囡
組み合わせ combinaison 囡, association 囡 /組み合わせる combiner, associer
組み立て montage 男, assemblage 男 /組み立てる monter, assembler
組む [交差] croiser ; [協力] collaborer avec [à] ..., faire équipe 友人と組んで会社を作る créer une société conjointement avec des amis
くむ [液体を] puiser 加害者の心をくんで許してやる excuser l'auteur de l'accident en songeant à ses sentiments
工面 金の工面がつかない Je n'arrive pas à rassembler cette somme.

雲 nuage 男 低い雲が垂れ込めていた Des nuages bas ont couvert le ciel.
◇雲をつかむ 雲をつかむような話だった C'était une histoire assez vague.
クモ〔蜘蛛〕araignée 女 クモの糸 fil d'araignée 男/クモの巣 toile d'araignée 女
◇蜘蛛の子を散らす 蜘蛛の子を散らすように逃げる s'enfuir dans toutes les directions
雲行き あやしい雲行き temps menaçant 男
曇り temps couvert 男
曇る s'assombrir 急に曇ってきた Le temps est devenu subitement nuageux. /湯げで眼鏡が曇る Les lunettes sont embuées par la vapeur.
悔しい éprouver du dépit 悔しい dépit 男 悔しいな、あんなやつに負けるなんて C'est vexant, perdre contre quelqu'un comme lui!
悔し泣き pleurer de dépit
悔し涙 larmes de dépit
悔やみ condoléances 女複 お悔やみ申し上げます Je vous transmets toute ma compassion.
悔やむ (→後悔する) 悔やんでもしかたがない Ça ne sert à rien de regretter. /悔やんでも悔やみきれない On n'en finit pas de regretter.
くよくよ つまらないことでくよくよするな Ne t'inquiète pas de telles pacotilles.
暗い sombre, noir(e), obscur(e) あの人は暗そうだからいや Il a l'air sombre, je n'aime pas ça.
位 grade 男, rang 男 位が上がる monter en grade
くらい〔およそ〕environ, à peu près 日本にいらしてどのくらいですか Ça fait combien de temps que vous êtes au Japon?
グラウンド terrain 男, stade 男
暗がり coin mal éclairé 男
クラクション klaxon 男 クラクションを鳴らす donner un coup de klaxon
クラゲ méduse 女
暮らし vie 女 こんなにがんばっても暮らしが楽にならない Malgré tout ce que je fais, je n'arrive pas à joindre les deux bouts.
クラシック classique 男 待合室にはクラシック音楽が流れていた Dans la salle d'attente on faisait passer de la musique classique.
暮らす vivre, subsister 独りで[2人で]暮らす vivre [à deux] /悠々自適に暮らす couler une retraite agréable
クラス classe 女
◻クラス会 réunion de classe 女 クラスメート camarade de classe 女
クラッカー biscuit salé 男
クラブ club 男〔バー〕boîte (de nuit) 女〔トランプの〕trèfle 男〔ゴルフの〕crosse 女, club 男 クラブに入る s'inscrire à un club
グラフ graphique 男, diagramme 男 グラフに表す représenter graphiquement /グラフを読む lire un graphe
◻グラフ用紙 papier quadrillé 男
グラフィック graphique
グラフィックアート arts graphiques 男複 グラフィックデザイナー graphiste 女
比べる comparer, faire la comparaison A と B を比べる comparer A et [avec, à] B /前に比べるとずっと顔色がよくなった En comparaison de ce qu'il était avant, il a vraiment bonne mine maintenant.
グラム gramme 男
暗やみ obscurité 女, ténèbres 女複 事件を暗やみに葬る enterrer l'affaire
グランプリ Grand Prix 男 カンヌ映画祭グランプリ la palme d'or du festival de Cannes
クリ〔栗〕〔木〕châtaignier 男;〔実〕châtaine 女, marron 男 クリを拾う ramasser des marrons
繰り上げる〔日時を〕avancer, hâter;〔順位などを〕remonter
クリーナー〔電気掃除機〕aspirateur 男;〔染み抜き〕détachant 男
クリーニング nettoyage 男, blanchissage 男 ドライクリーニング nettoyage à sec
クリーム crème 女 生クリーム crème fraîche /シェービングクリーム crème à raser
繰り返し répétition 女 繰り返し念を押す insister sur un point pour rappeler son attention /同じことの繰り返しでいやになる Je suis las de faire toujours la même chose.
繰り返す répéter
クリスタルガラス cristal 男
クリスマス Noël 男
◻クリスマスイブ veille de Noël 女
クリスマスカード carte de Noël 女
クリスマスケーキ bûche de Noël 女
クリスマスツリー sapin de Noël 男 クリスマスツリーを豆電球の光で飾る orner un sapin de Noël de petites lumières クリスマスプレゼント cadeau de Noël 男
クリックする cliquer ダブルクリックする cliquer deux fois
クリップ trombone 男, attache 女 書類をクリップで留める attacher des papiers avec un trombone
くりぬく évider, creuser トマトの中身をくりぬく creuser une tomate
繰り広げる dérouler, étaler 新製品のキャンペーンを繰り広げる faire la retape pour un nouveau produit
来る venir, arriver 中国から来た語の一つが中国語に由来の chinois
くる だんだん混んできた Le nombre de personnes a augmenté de plus en plus.
狂い dérèglement 男, dérangement 男;〔間違い〕erreur 女
狂う perdre la raison, devenir fou;〔機械が〕se détraquer;〔予定などが〕être dérangé(e)
グループ groupe 男, bande 女 グループごとに par groupes /グループの一

員として迎えられる être reçu(e) comme un membre du groupe

苦しい douloureux(se), pénible /息っぱくて、息ができない Je suffoque, je ne peux pas respirer.

◇苦しいときの神頼み On ne s'adresse à Dieu que quand on a besoin de lui.

苦し紛れ 苦し紛れに嘘をつく mentir en désespoir de cause

苦しみ douleur 囡, souffrance 囡; 〔悲しみ〕peine 囡, chagrin 男 /産みの苦しみ les douleurs de l'enfantement / 地獄の苦しみをなめる souffrir comme un damné

苦しむ souffrir, avoir de la peine /物価上昇に苦しむ ressentir durement la hausse des prix

苦しめる tracasser, tourmenter;〔拷問のように〕torturer, martyriser

車 voiture (→自動車) 囡 /車に乗る monter dans une [en] voiture /車で旅行する voyager en voiture /ここに車を止めていいですか Est-ce que je peux me garer ici? /車には気を付けよう Faites attention à la circulation. /車社会 société de l'automobile /ここまで何で来たの —車だよ Tu es venu(e) ici comment? — En voiture. /車は何に乗っているの —プジョーです Quelle sorte de voiture as-tu? — Une Peugeot.

車いす chaise roulante 囡

車座になる s'asseoir en rond [en cercle]

くるみ〔実〕noix 囡;〔木〕noyer 男

◘ **くるみ割り** casse-noisettes, casse-noix 男

ぐるみ 街ぐるみの歓迎を受けた Nous avons été accueillis par toute la ville.

グルメ →食いしん坊

ぐるり ぐるりと見回す regarder tout autour

クレープ〔織物〕crêpe 男;〔菓子〕crêpe 囡

クレーン grue 囡

クレジット crédit 男 /クレジットでのお支払いもできます Vous pouvez aussi payer à crédit.

◘ **クレジットカード** carte de crédit 囡 /クレジットカードは使えますか Est-ce que vous acceptez les cartes de crédit?

クレヨン crayon gras 男

くれる 兄が本をくれた Mon frère m'a donné un livre. /姉が数学を教えてくれた Ma sœur m'a enseigné les maths.

暮れる とっぷりと日が暮れる Le soleil se couche complètement. /年が暮れる La fin de l'année approche.

黒 noir 男;〔黒字〕excédent 男

黒い noir(e);〔日に焼けた〕bronzé(e) /黒くする noircir

苦労 peine 囡, effort 男 /苦労して avec peine, péniblement

◘ **苦労人** 父は苦労人だ Mon père en a beaucoup vu dans sa vie. /ちょっとやそっとの苦労では成功しない On ne peut pas réussir seulement avec de petits efforts.

グローバリゼーション mondialisation 囡, globalisation 囡

クローン clone 男 /クローン羊 une brebis clonée, un clone de brebis, une brebis produite par clonage /クローン羊ドリーの誕生 naissance de l'agnelle clonée Dolly

◘ **クローン化** clonage 男 /人間のクローン化 clonage humain /クローン人間 clone humain, homme cloné という表現は避ける傾向がある)

黒字 excédent 男 /黒字の excédentaire /貿易黒字 excédent commercial

黒っぽい noirâtre

黒幕 éminence grise 囡 /政界の黒幕 éminence grise du monde politique

加える additionner, ajouter;〔手を〕retoucher /一つまみの塩を加える ajouter une pincée de sel

くわえる tenir... dans la bouche

詳しい détaillé(e), minutieux(se);〔よく知っている〕bien connaître, être bien branché(e) sur, être au courant de /もっと詳しく説明して Expliquez-moi plus en détails. 彼女はファッションに詳しい Elle est bien branchée sur la mode.

企て entreprise 囡 /企てに失敗する échouer dans une entreprise

企てる entreprendre, tenter

加わる〔参加〕participer à;〔増加〕augmenter /進んで討論に加わる participer activement aux débats

軍 armée 囡, forces 囡複

郡 arrondissement 男 (★ canton は小郡、commune は町村)

軍艦 vaisseau de guerre 男

ぐんぐん 背がぐんぐん伸びる grandir vite /ぐんぐん上達する faire de rapides progrès de...

軍国主義 militarisme 男

軍事 affaires militaires 囡複

◘ **軍事介入** intervention militaire 囡 /**軍事基地** base militaire 囡 /**軍事機密** secret militaire 男 /**軍事政権** régime militaire 男 /**軍事同盟** alliance militaire 囡 /**軍事費** budget des armées 男 /**軍事力** force militaire 囡

君主 monarque 男, souverain(e) 囡 /君主に頂く être sous la souveraineté de... /立憲君主制 monarchie constitutionnelle 囡

軍需 industrie de guerre 囡 /軍需品 matériel de guerre 男

群集・群衆 foule 囡, masse 囡 /群衆を操る manœuvrer une foule /群衆に飲み込まれる être submergé(e) par la foule /群衆を追い散らす procéder au dispersement de la foule

◘ **群集心理** psychologie des foules 囡

軍縮 désarmement 男 /核軍縮 désarmement nucléaire

経済

勲章 décoration 囡, médaille 囡

軍人 militaire 男 ; 職業軍人 militaire de carrière [de métier]

薫製 fumage 男

群生 grégarisme 男

軍隊 armée 囡, forces 囡覆, troupes 囡覆(→335ページ(囲み)) / 軍隊に入る entrer dans l'armée

軍備 armements 男覆 / 軍備を増強する renforcer son armée / 再軍備 réarmement 男

◻**軍備縮小** désarmement 男

軍部 autorités militaires 囡覆

軍服 uniforme (de soldat) 男 / 軍服を脱ぐ(=軍職を辞す) quitter l'uniforme

軍法会議 conseil de guerre 男, cour martiale 囡 / 軍法会議にかける faire passer... en cour martiale

君臨 règne 男 / 君臨するregner / 国王は君臨すれど統治せず Le roi règne mais ne gouverne pas.

訓練(→練習) 訓練する entraîner, exercer / スポーツ選手に猛訓練を施す soumettre un sportif à un entraînement sévère / 盲導犬を訓練する dresser un chien pour personne non-voyante

◻**訓練所** centre d'entraînement 男

訓練生 élève 囡, stagiaire 囡

け

毛 poil 男 ; 〔髪〕cheveu 男 ; 〔羽毛〕plume 囡 ; 〔羊毛〕laine 囡

げ 親切げにふるまう agir d'un air gentil

毛穴 pore 男 / 毛穴を引き締めるローション lotion pour refermer les pores

刑 peine 囡, pénalité 囡, punition 囡 / 刑を科す infliger une peine / 刑に服する purger sa peine

計 計5万円だ Cela fait 50.000 yen au total.

芸 art 男 / 芸の筋がいい être doué(e) pour l'art / 猿に芸をさせる faire exécuter des tours aux singes

ゲイ gay 男

◻**ゲイバー** bar gay 男 / マレ地区にはゲイバーが多い Dans le Marais il y a beaucoup de bar gay.

敬意 respect 男, estime 囡 / 敬意を払う avoir du respect pour... / 先輩に敬意を払ってここはおごってもらおう On laisse l'honneur de payer aux aînés.

経営 gestion 囡, administration 囡 / 会社を経営する gérer une entreprise

◻**経営学** science de l'administration 囡 / **経営者** administrateur(trice) 男(囡)

警戒 vigilance 囡, surveillance 囡 / 警戒する faire attention à, surveiller / パリやローマで日本語で話しかけてくる人は警戒したほうがいい Méfiez-vous des gens qui vous abordent en japonais à Paris ou à Rome.

◻**警戒網** quadrillage 男

軽快な léger(ère), agile / 軽快な足取りで歩く marcher d'un pas léger

計画 plan 男, projet 男 ; 〔手順〕programme 男 / 計画する projeter / 計画を練る élaborer un projet / 長期計画 projet à long terme / 計画の全体を見渡して調整する arranger le projet en visualisant sa sa totalité / 夏休みの計画を立てよう Faisons des projets pour nos vacances d'été.

◻**計画経済** économie planifiée 囡

警官 agent (de police) 男, policier 男 / フランスでは警官は人気がない En France les policiers ne sont pas populaires.

景気 conjoncture (économique) 囡 / 景気がなかなか上向かない L'économie ne semble pas redémarrer. / やっと景気が回復した Les affaires ont enfin repris.

刑期 durée de réclusion 囡 / 彼は3年の刑期を終えたところだ Il vient d'effectuer une durée de réclusion de 3 ans.

景気づけ 景気づけに一杯やろう Allons prendre un verre pour nous remonter le moral.

経験 expérience 囡 / 経験する faire l'expérience de, connaître / 経験を積む acquérir de l'expérience / 経験を生かす mettre ses expériences en valeur / 何ごとも経験だ Toute expérience vaut la peine d'être vécue. / いざというときは経験がものをいう En cas de besoin, l'expérience aide toujours. / この分野では彼は経験が浅い Il manque d'expérience en cette matière.

◻**経験論** empirisme 男

軽減する atténuer, alléger / この措置によって我が国の貿易赤字は軽減されるだろう Cette mesure atténuera le déficit de notre commerce extérieur.

稽古 exercice 男 ; 〔芝居の〕répétition 囡

敬語 〔尊敬語〕terme honorifique ; 〔謙譲語〕terme différent ; 〔丁寧語〕terme respectueux

傾向 tendance 囡, penchant 男, inclination 囡 / 左翼的傾向の人 un homme de sensibilité de gauche / 彼は最近たるみがちな傾向がある Il a tendance à se relâcher ces temps-ci.

蛍光 fluorescence 囡

◻**蛍光灯** lumière fluorescente 囡 / **蛍光塗料** peinture fluorescente 囡

迎合する flatter / 時代の流れに迎合する se conformer au goût du jour

渓谷 val 男, vallée 囡

警告 avertissement 男 / 警告する avertir / 警告を発する donner un avertissement / ◻これだけは言っておく Cest mon dernier avertissement. / あれほど言ったのに Je te l'avais bien dit.

経済 économie 囡 / 経済的な écono-

mique /経済危機が深刻化する La crise économique s'approfondit. /日本は経済의驚くべき見本だ Le Japon est un exemple frappant de réussite économique.
◻経済援助 assistance économique
◻経済学 science économique
経済界 monde des affaires 男 経済活動 activité économique 女 経済危機 crise économique 女 経済政策 politique financière 女 経済成長率 taux de croissance économique 男 経済大国 grande puissance économique 女 経済摩擦 frictions économiques

警察 police 女 犯人が警察に刃向かう Le malfaiteur résiste à la police. /いいかげんにしないと警察を呼びますよ Si vous continuez, je vais appeler la police. (★警察の電話番号は17) /秘密警察 police parallèle
◻警察犬 chien policier 男 警察手帳 carte de policier
警察官 policier 男, flic 男; 〔制服の〕 agent (de police) 男; 〔私服の〕 inspecteur(trice) (de police)
警察署 commissariat

計算 calcul 男, compte 男 計算する calculer, faire des calculs /計算を間違える faire une erreur de calcul [=se tromper dans ses calculs] /計算が合わない Le compte n'y est pas. /私の計算では d'après mes calculs /多少の損は計算に入れてある On a déjà fait entrer quelques pertes en ligne de compte.
◻計算機 calculateur 男

刑事 inspecteur 男 コロンボ刑事はとても感じがいい L'inspecteur Colombo est bien sympathique.
◻刑事事件 affaire criminelle 女 刑事責任 responsabilité pénale 女 刑事訴訟 procès criminel 男

掲示 affichage 男, affiche 女 掲示する afficher
形式 forme 女, formalité 女 形式的な de pure forme /形式にこだわりすぎだ Tu es trop formaliste.
◻形式主義 formalisme 男

軽自動車 voiturette 女
掲示板 panneau d'affichage 電光掲示板 tableau d'affichage électronique 男

傾斜 pente 女, inclinaison 女 道はゆるやかに傾斜している Le chemin s'incline en pente douce.

芸術 art 男 芸術に国境はない L'art n'a pas de frontières.
◻芸術家 artiste 名 芸術祭 festival des arts 芸術作品 œuvre d'art 女

継承 〔地位の〕 succession 女; 〔遺産の〕 héritage 男 継承する hériter de..., succéder à... /チャールズ皇太子は王位を継承するだろうか Le Prince Charles va-t-il succéder à la couronne?

形状 forme 女
係数 coefficient 男 微分係数 coeffi-

cient différentiel
◻形成 formation 女
◻形成外科 chirurgie plastique 女
形勢 situation 女 形勢がひっくり返る La situation se renverse.
継続 continuation 女, continuité 女 継続する à continuer /継続的に continuellement /継続力 La persévérance, c'est la force.
軽率な imprudent(e), étourdi(e)
携帯の portati(f/ve), portable
◻携帯電話 portable 男 携帯電話持ってる? うーん, 便利だよ, どこからでも Est-ce que tu as un portable? — Oui, c'est pratique. On peut téléphoner de partout.
経度 longitude 女
系統 système 男 系統立てて systématiquement /フランス語は系統立てて学習する必要がある Le français nécessite un apprentissage méthodique.

芸人 artiste 名
芸能界 monde du spectacle 男
競馬 courses (de chevaux) 女 あの人は競馬好きだ C'est un fan des courses de chevaux.
競馬馬 cheval de courses 男
軽薄な léger(ère), frivole あんな軽薄な男とよくつきあうね Comment peux-tu bien sortir avec un type si peu sérieux?
競馬場 hippodrome 男
経費 frais 男, coût 男, dépense 女 近ごろ会社は経費節減にうるさい Ces derniers temps, la société a mis un frein aux dépenses.
警備 garde 女, surveillance 女 ずいぶん厳しい警備だ La surveillance est très serrée.
◻警備員 garde 男, surveillant(e) 警備員を置く placer des gardiens
景品 prime 女 景品はティッシュ1箱だった La prime était un paquet de mouchoirs en papier.
軽べつ mépris 男, dédain 男 軽べつする mépriser, dédaigner /軽べつしてはばからない afficher son mépris pour...
警報 alarme 女, alerte 女 警報を出す donner l'alarme /強風で警報が発令された L'alarme s'est déclenchée sous l'effet du vent. /暴風雨警報 alerte aux tempêtes
◻警報器 avertisseur 男

刑法 droit pénal 男; 〔法典〕 code pénal 男
刑務所 prison 女 刑務所に入っている être en prison
啓蒙する éclairer 啓蒙書 ouvrage de vulgarisation 男
◻啓蒙運動 mouvement éducatif 啓蒙時代 〔フランスの〕 siècle des lumières 啓蒙主義者 〔フランスの〕 philosophe 名
契約 contrat 男, engagement 男 契約する passer un contrat /(…を)契約を取り付ける arracher un con-

trat à... /契約を取り消す annuler un contrat /契約を破棄する rompre un contrat /仮契約 contrat provisoire
○契約違反 violation de contrat 契約者 contractant(e) 男 契約書 contrat 男

経由で via ロンドン経由でパリに行きます Je vais à Paris via Londres.

形容する qualifier これほどの美しさを形容することばはない Il n'y a pas de mots pour qualifier tant de beauté.

○形容詞 adjectif 男 /指示形容詞 adjectif démonstratif /所有形容詞 adjectif possessif /品質形容詞 adjectif qualificatif

経理 comptabilité 女

計略 appeau 男 計略にひっかかる se laisser duper

計量 〔長さの〕métrage 男, mesure 女 ;〔重さの〕pesage 男, pesée 女
○計量カップ verre gradué 男

競輪 cyclisme 男
○競輪場 vélodrome 男 競輪選手 cycliste 名

敬礼 salut 男 国旗に敬礼する saluer le drapeau

経歴 antécédents 男複, carrière 女 経歴に傷をつける porter atteinte à sa carrière

系列 filiation 女, groupe 男
○系列会社 société affiliée 女

けいれん convulsions 女複, spasme 男 けいれんする se convulser

ケーキ gâteau 男, pâtisserie 女 ケーキを焼いてちょうだい Mets le gâteau au four, s'il te plaît.

ゲージ 〔線路の〕écartement des rails 男 ;〔測定具・編み物の〕jauge 女

ケース caisse 女, étui 男, boîte 女 ;〔場合〕ケース ワインを6ケース買う acheter un caisson de vin /眼鏡ケース étui à lunettes /ケースバイケースですね Ça dépend des cas.
○ケースワーカー assistante sociale 女

ケーブル câble 男
○ケーブルカー funiculaire 男 ケーブルテレビ télévision par câble 女

ゲーム jeu 男 ;〔試合〕match 男 おもしろそうなゲームだね。やり方を教えて Ce jeu a l'air intéressant. Montre-moi comment ça marche.
○ゲームセット fin d'une partie 女, clôture d'un match 男

けが blessure 女 けがをする se blesser, se faire mal /けがを治す guérir une blessure /軽いけが blessure légère /けがのぐあいはどう? —もう痛くない Comment va votre blessure? — Je ne souffre plus.
◇けがの功名 succès dû à l'erreur
○けが人 blessé(e) 名

汚す souiller, salir ...の名誉を汚す déshonorer...

けがらわしい infâme, sale

けがれ saleté 女 souillure 女, impureté 女 けがれた souillé(e), taché(e)

毛皮 fourrure 女 毛皮のコート manteau de fourrure 男

劇 〔演劇〕théâtre 男 ; pièce (de théâtre) 女
○劇作家 dramaturge 名, auteur dramatique 男

激化 intensification 女 激化する s'intensifier, s'aggraver

激減する diminuer considérablement

劇場 théâtre 男 小劇場 théâtre de poche /野外劇場 théâtre en plein air

激増する augmenter considérablement 社会に溶け込めない移民の数が激増している On voit croître trop vite le nombre d'immigrés inassimilables.

撃退する refouler, repousser 最初の攻戦で敵を撃退する refouler les ennemis au premier choc

劇団 troupe 女 劇団に入る rentrer dans une troupe de théâtre

激怒 fureur 女, furie 女 激怒させる mettre... en fureur

激動 bouleversement 男 激動の人生を送る mener une vie orageuse

激務 こう激務が続くと身が持たない Si je continue à me tuer ainsi au travail, j'y perdrai ma santé.

激励 encouragement 男 →励ます

下校する rentrer de l'école

けさ ce matin けさから腹の調子がおかしい J'ai des problèmes intestinaux depuis ce matin.

下剤 purgatif 男, laxatif 男 下剤を飲む prendre un purgatif

夏至 solstice d'été 男

景色 paysage 男, site 男 景色を眺める regarder le paysage /雪景色 paysage enneigé

消しゴム gomme (à papier) 女

下宿人 pensionnaire 名 下宿人を置く prendre des pensionnaires

化粧 maquillage 男, toilette 女 薄く化粧する se maquiller légèrement /簡単に化粧をする faire un bout de toilette /化粧を直す refaire son maquillage
○化粧水 eau de toilette 女 化粧道具 outils de maquillage 男複 化粧品 produits de beauté 男複 肌に優しい化粧品 produits doux pour la peau

化身 彼女は美の化身だ Elle est la beauté en personne. /あいつは悪魔の化身だ Il est le démon incarné.

消す 〔火・明かりを〕éteindre ;〔書いたものを〕effacer ;〔削除〕supprimer ;〔姿を〕disparaître

下水 eaux d'égout 女複
○下水工事 travaux d'égout 男複 下水道 système d'égout 男

削る 〔刃物などで〕gratter, raboter ;〔削減〕réduire

毛染め teinture des cheveux 女

けた 〔橋などの〕poutre 女 4けたの数 nombre de quatre chiffres

げた(下駄) socque en bois japonais

◇**げたを預ける** donner carte blanche

気高い noble, sublime, élevé(e) / 気高い心 cœur noble

けたたましい strident(e), criard(e), aigu(ë), perçant(e) / けたたましい笑い声を上げる pousser de grands éclats de rire

けた外れの extraordinaire, hors ligne / 彼はロトでけた外れの大金を当てた Il a touché au loto une somme extraordinaire.

けち avarice 囡, parcimonie 囡 ; [人] avare 囡, radin(e) 囡, grippe-sou 男 / あまりのけちさ加減にあきれる être sidéré(e) par tant d'avardise / もっと小遣いくれてもいいんじゃないか Tu pourrais me donner plus d'argent de poche, non !

◇**けちがつく** avoir un pépin **けちをつける** trouver à redire à...

けちけち けちけちするな Ne sois pas si radin(e)!

血圧 tension artérielle 囡 朝は弱いんです─血圧が低いんじゃないの Je suis lent(e) le matin. ─ Tu as peut-être un peu de tension?

決意 (→決心) 決意が固まる La décision s'affermit.

血液 sang 男

◘**血液型** groupe sanguin 男 私の血液型はA型. あなたは? Je suis de groupe sanguin A. Et toi? **血液銀行** banque du sang 囡 **血液検査** analyse du sang 囡

血縁 liens du sang 男複, parenté 囡

結果 résultat 男 ; [望ましくない] conséquence 囡 ; [時間的] suite 囡 ; [作用] effet 男 ...の結果 par suite de..., en conséquence de... / がんばったけど残念な結果になった Après tant d'efforts le résultat est bien décevant. / きみが行こうと行くまいと, 結果は同じだ Que tu y ailles ou non, le résultat sera le même. / 結果以下のとおり Voici les résultats.

◘**結果論** そんなの結果論だ Tu peux bien parler après coup.

欠陥 défaut 男, imperfection 囡 事故はタイヤの欠陥によるものだった L'accident est dû à un défaut du pneu. / このおもちゃは欠陥商品だ Ce jouet a un défaut de fabrication.

血管 vaisseaux sanguins 男複 血管が老化する Les veines vieillissent.

結局 enfin, après tout, finalement 結局だめなんだ En fin de compte, c'est impossible.

欠勤 absence 囡 欠勤を重ねる accumuler les absences

◘**欠勤者** absent(e) 名

月経 règles 囡複

◘**月経周期** cycle menstruel 男

結構 結構おいしいですよ C'est plutôt bon. / もう結構です C'est assez. / この案で結構です Ce plan est parfait. / 結構なお品をありがとう Merci de votre cadeau magnifique.

血行 circulation du sang 囡 血行が悪くて血管が詰まる Le sang circule mal et engorge les vaisseaux.

決行する mettre... à exécution

結合 union 囡, combinaison 囡 結合する s'unir avec... / (…に)結合させる unir à...

月光 clair de lune (ベートーベンの)『月光』Clair de lune

結婚 mariage 男 ; [式] noce 囡 結婚する se marier avec..., épouser 他 結婚を決める décider un mariage / 見合い結婚 mariage arrangé / 恋愛結婚 mariage d'amour / 結婚して10年になる Ça fait dix ans que nous sommes mariés. / (ボーマルシェの)『フィガロの結婚』Le Mariage de Figaro ou La Folle Journée

◘**結婚記念日** anniversaire de mariage 男 **結婚生活** 結婚生活に終止符を打った Ils ont mis un terme à leur vie conjugale. **結婚相談所** agence matrimoniale 囡 **結婚適齢期** âge nubile 男, nubilité 囡 **結婚披露宴** repas de noces 男 **結婚指輪** alliance 囡

傑作 chef-d'œuvre 男 あいつのジョークは傑作だ C'est un grand farceur. / (バルザックの)『知られざる傑作』Le Chef-d'œuvre inconnu

決算 règlement 男, liquidation 囡 決算する régler, liquider

決して jamais, en aucune façon, jamais de la vie このことは決して忘れません Je ne l'oublierai jamais.

傑出した éminent(e), remarquable

欠如 absence 囡, lacune 囡, manque 男 良識が欠如している manquer de bon sens

決勝 finale 囡, épreuve finale 囡

◘**決勝点** but décisif 男

結晶 cristal 男 努力の結晶だ Voilà le résultat de ses peines.

◘**結晶作用** cristallisation 囡

月食 éclipse de Lune 囡 皆既[部分]月食 éclipse totale [partielle] de Lune

決心 résolution 囡, décision 囡, détermination 囡 決心する décider de, se décider, prendre une décision / 決心なさい, どれにするの Décide-toi. Qu'est-ce que tu choisis?

血清 sérum 男 彼は血清肝炎になった Il a fait une hépatite sérique.

欠席 absence 囡 欠席者は手を挙げて Que les absents lèvent la main.

◘**欠席裁判** jugement par défaut 男

血相を変える changer de couleur ; [青ざめる] blêmir 彼は血相を変えて現れた Quand il est apparu, son visage avait changé de couleur.

結束 union 囡 結束して共通の敵に当たる s'unir contre un ennemi commun

げっそり げっそりやせた Il ne lui reste plus que la peau sur les os.

決断 décision 囡 決断を促す exhorter à se décider

決着 決着済みと見なす considérer... comme une affaire réglée

決定 décision, détermination 囡 決定する décider, déterminer / それはもう決定だ C'est décidé pour de bon?
○**決定版** édition définitive 囡 **決定論** déterminisme 男

欠点 défaut 男 欠点を直す corriger ses défauts / 彼には欠点が見つからない Je ne lui connais pas de défaut. / 欠点のないのが彼の欠点だ Son défaut est de ne pas en avoir. / 彼の最大の欠点は大食だ Son plus gros défaut est la gourmandise.

血統 sang 男 ; [動物の] pedigree 男 血統のよい馬 cheval (de) pur sang
○**血統書** certificat d'origine 男

決闘 duel 男 (…に)決闘を挑む provoquer...en duel

潔白 innocence 囡 潔白を証明できますか Vous pouvez prouver votre innocence? / 彼は潔白だ Il est innocent.

げっぷ rot 男 げっぷが出る faire un rot

月給 mensualité 囡 月給で払う payer par mensualités / 12回月賦で en douze mensualités

潔癖 潔癖性だなあ Tu es un(e) maniaque de la propreté.

欠乏 manque 男, pénurie 囡 …する manquer de / カルシウムが欠乏すると骨がもろくなる Le manque de calcium entraîne la porosité des os.

結末 fin 囡, dénouement 男 映画の結末は意外なものだった Le film a eu un dénouement inattendu.

月末 fin du mois

月面 surface de la lune 囡 月面に着陸する atterrir sur la lune
○**月面着陸** alunissage 男

血友病 hémophilie 囡
○**血友病患者** hémophile 囡 非加熱製剤により感染した血友病患者 hémophile contaminé(e) par les produits non chauffés

月曜 lundi 男

決裂 rupture 囡 決裂する se rompre

結論 conclusion 囡 結論を出す conclure / (…という)結論に達する (en) arriver à la conclusion que...

解毒 désintoxication 囡
○**解毒剤** contrepoison 男, antidote 男

蹴飛ばす [ボールなど] lancer d'un coup de pied; [断る] refuser net

けなげな courageux(se), brave / まだ若いのにけなげにも母親を看護した Pour son jeune âge, il a bien du courage de s'occuper de sa mère.

けなす critiquer, rabaisser, déprécier, dire du mal de 人をけなすばかりで自分はどうなの Tu critiques les autres mais tu ne te regardes pas.

毛抜き pince à épiler 囡, épilateur 男

懸念 appréhension 囡 事故を懸念する appréhender un accident

ゲノム génome 男
○**ゲノムインプリンティング** empreinte génétique

気配 apparence 囡, air 男, signe 男 人の気配がする Il me semble qu'il y a quelqu'un. / 秋の気配がしのびよる On sent l'automne s'approcher tout doucement.

けばけばしい clinquant(e), criard(e)

下品な vulgaire, grossier(ère) 下品なことばを吐く dire des mots grossiers

毛深い poilu(e), velu(e) 毛深い足 jambes poilues

毛虫 chenille 囡

煙たい enfumé(e) みんな彼を煙たがる Tout le monde garde ses distances avec lui.

煙 fumée 囡 火のない所に煙は立たず Il n'y a pas de fumée sans feu.

煙る fumer; [かすむ] s'estomper 雨に煙る空港 aéroport qui s'estompe dans la pluie

獣 animal 男, bête 囡 獣にも劣るやつだ Il est pire qu'un animal.

下落 dépréciation 囡, baisse 囡, chute 囡 選挙の結果を受けて株価が下落した Le résultat des élections a entraîné une baisse des actions.

けりをつける mettre fin けりがつく se terminer, se régler

下痢 diarrhée 囡, colique 囡

ゲリラ guérilla 囡 ゲリラ活動 mouvements de guérilla 男複

ける [足で] donner un coup de pied; [拒絶] refuser, repousser

下劣な bas(se), vilain(e) やつの行為は下劣だ C'est moche ce qu'il a fait.

けれども ぼくも見た. けれどもきみの見たのとは違う Moi aussi je l'ai vu. Mais c'était différent de celui que vous avez vu.

険しい [山・坂など] raide, escarpé(e); [顔などが] sévère, menaçant

県 département 男 県の départemental(ale)
○**県会議員** conseiller(ère) général(ale) **県知事** préfet 男

券 billet 男, ticket 男; [引換券] bon 男 →チケット

件 affaire 囡, question 囡, cas 男 この件には目をつぶろう Je fermerai les yeux sur cette affaire.

剣 sabre 男, épée 囡

圏 sphère 囡, zone 囡, aire 囡 電話の通信圏内にいる être dans la zone des communications téléphoniques / 優勝圏内にある avoir des chances de remporter la victoire

けん [腱] tendon 男 アキレスけん tendon d'Achille

弦 corde 囡 弦を張る tendre des cordes / バイオリンの弦が緩んでいる Les cordes du violon sont détendues.

険悪

険悪 menaçant(e), inquiétant(e) /会談の雰囲気は険悪になった L'atmosphère de la rencontre devenait menaçante.

懸案 affaire en suspens 囡, question pendante 囡 /長年の懸案だった問題がやっと解決した Le problème concernant cette affaire en suspens depuis des années a enfin été résolu.

権威 autorité 囡, prestige 男 /権威がある faire autorité /権威に反抗する résister à l'autorité /権威筋によれば de sources autorisées

原因 cause 囡, raison 囡 /何がけんかの原因？ Quelle est la raison de votre dispute?

幻影 illusion 囡, mirage 男 /（ジャン・ルノワールの）『大いなる幻影』 La Grande Illusion

検疫 contrôle sanitaire 男, quarantaine 囡 /うちの猫が成田の検疫に引っかからないかとても心配なの J'ai bien peur qu'on ne garde mon chat en quarantaine à Narita.

☐ **検疫所** lazaret 男

現役 en activité /あの事故がなければ彼はまだ現役だろう Si cet accident ne s'était pas produit, il serait encore en activité.

検閲 censure 囡 /検閲する censurer /その映画は検閲で数か所が切られた La censure a ordonné des coupures dans le film.

嫌悪 dégoût 男, répugnance 囡 aversion 囡 /嫌悪感を抱く prendre... en aversion [en dégoût] /生理的嫌悪 dégoût physique

けんか 〔口げんか〕querelle 囡, dispute 囡 /〔殴り合い〕bagarre 囡 /けんかする se quereller, se disputer /（…に）けんかを売る chercher querelle à... /けんかを買う accepter le défi /けんかを止める intervenir dans une querelle /ロげんかには負けないよ Je saurai argumenter. /兄弟でけんかばかりするな Ne vous disputez pas entre frères et sœurs. /けんか両成敗 Dans une querelle, les torts sont toujours partagés.

原価 prix de revient 男 /原価の上昇はさまざまな結果を引き起こした L'élévation des prix de revient a entraîné diverses conséquences. /これらの商品は原価割れで売られている Ces articles sont vendus moins cher que leur prix de revient.

見解 avis 男, opinion 囡, point de vue 男

限界 limite 囡, bornes 囡複 /もう限界だ Je n'en peux plus.

見学 visite (d'études) 囡 /工場見学 visite de l'usine

幻覚 illusion 囡, hallucination 囡, vision 囡

☐ **幻覚剤** drogue 囡, hallucinogène 男

けんか腰の hargneux(se), agressif(ve)

玄関 entrée 囡, vestibule 男

嫌疑 soupçon 男, suspicion 囡 /ビデオの男に犯罪の嫌疑がかかっている Les soupçons du crime pèsent sur l'homme de la vidéo.

元気 vitalité 囡, énergie 囡, entrain 男 /元気な vif(ve), vigoureux(se), énergique; [体調がよく健康] être en bonne santé, aller bien /元気に働く travailler avec vivacité [entrain] /元気？ 元気, あなたは？ Ça va? [=C'est la forme?] — Oui. Et vous? /早く元気になってね Rétablissez-vous vite. /元気なお年寄りが多い Il y a beaucoup de personnes âgées en bonne santé.

研究 étude 囡, recherches 囡複 /研究する étudier /研究に打ち込む s'adonner à l'étude /日本文学を研究する faire des recherches en littérature japonaise /研究に金をかける dépenser des fonds à la recherche

☐ **研究員** attaché(e) /**研究会** séminaire 男 /**研究室** salle d'études 囡 /**研究者** chercheur(se) 囡 /**研究所** institut 男; [実験をする] laboratoire 男 /**研究費** fonds d'étude 男

言及 mention 囡 /（…に）言及する mentionner..., faire mention de...

検挙 arrestation 囡 /警察はイスラム教活動家たちを検挙した La police a fait une arrestation des militants islamiques. /大量検挙 arrestation en masse

謙虚 modestie 囡, réserve 囡 /謙虚な modeste /謙虚さが大事は C'est important de rester modeste.

現金 espèces 囡複, liquide 男 /現金で払う payer en espèces /お支払いはカードですか現金ですか Vous réglez comment, par carte ou en espèces? /現金なやつだ Tu marches à l'argent. [=Tu es quelqu'un d'intéressé.]

☐ **現金書留** envoi d'espèces en recommandé 男 /**現金自動支払機** distributeur de billets 男 /**現金輸送車** transporteur de fonds 男

厳禁 「火気厳禁」《Défense absolue de faire du feu》

献血 [呼びかけ] collecte de [du] sang 囡; [提供] don de sang 男 /献血をする faire une collecte de sang

☐ **献血者** donneur(se) de sang 囡

権限 compétence 囡, pouvoir 男, attribution 囡 /それは私の権限外だ Ceci n'est pas de ma compétence.

堅固な ferme, solide, résistant(e)

言語 [人の能力・人為的体系としての] langage 男; [ことば遣い・各国語] langue 囡 /**人工言語** langue artificielle /**プログラム言語** langage de programmation /言葉明瞭意味不明瞭ってやつだね Ses paroles sont belles mais vides de sens. ◆**アラビア語** arabe /**イタリア語** italien 男 /**英語** anglais 男 /**スペイン語** espagnol 男 /**中国語** chinois 男 /**朝鮮語** coréen 男 /**ドイツ語** allemand 男 /**日本語** japo-

nais ヒンディー語 hindi 男／フランス語 français 男／ポルトガル語 portugais 男／マレー語 malais 男／ロシア語 russe 男
□言語学 linguistique 女 言語学者 linguiste 言語障害 troubles du langage 男複

健康 santé 女 健康を保つ conserver sa santé／健康を取り戻す réparer sa santé／健康にいい bon(ne) pour la santé／健康に気をつけて Faites attention à votre santé.
□健康状態 état de santé 男 健康食 nourriture saine 健康診断 examen médical 男 健康保険 assurance maladie 女

原稿 manuscrit 男 著者は原稿を出版社に送ったばかりだ L'auteur vient d'envoyer son manuscrit à la maison d'édition.
□原稿用紙 papier (à écrire) 男

現行 actuel(le), existant(e)
□現行犯 flagrant délit 男 現行法 loi en vigueur 女

げんこつ poing 男 げんこつで殴る donner un coup de poing

検査 examen 男, contrôle 男 検査する examiner, contrôler／検査を受ける être soumis(e) à l'examen [au contrôle]／視力検査する tester la vue／よくなおる。再検査しましょう Ce n'est pas bon. Il faut refaire des analyses.／安全上の理由で所持品検査をいたします Je dois faire des fouilles pour raison de sécurité.

現在 présent 男, moment actuel 男 現在の actuel(le), d'aujourd'hui, de nos jours；[同時代の] contemporain(e)；[現代の] moderne／現在(で)は à présent, maintenant, actuellement

原材料 matériaux bruts 男複 原材料を加工する transformer une matière première

検索 recherche 女 検索する rechercher／インターネットで検索するのが好き Faire des recherches sur Internet me plaît.

検札 contrôle (des billets) 男 切符を検札する contrôler des billets／日本の地下鉄では検札はまずない Le contrôle des billets est rare dans le métro japonais.

検察(庁) parquet 男, ministère public 男
□検事総長 procureur général 男

原産地 lieu de provenance 男, pays d'origine 男

検事 procureur 男

原始的な primitif(ve)
□原始人 homme primitif 男 原始林 forêt vierge 女

原子 atome 男
□原子価 valence 女 原子核 noyau de l'atome 男 原子記号 signe atomique 男 原子番号 nombre atomique 男 原子炉 réacteur 男

見識 discernement 男, perspicacité 女 見識を疑われるよ Tu n'as aucune perspicacité.
堅実な sûr(e), solide 堅実な人 esprit solide

現実 réalité 女, réel 男 現実の réel(le)／現実的な réalisable／現実を見すえる regarder la réalité en face
□現実主義 réalisme 男

研修 stage 男
□研修期間 période de formation 女 研修生 stagiaire 男

厳重な rigoureux(se), strict(e) 厳重に見張る exercer une surveillance active／厳重に抗議する protester énergiquement

厳粛な grave, solennel(le)

検出 détection 女 検出する détecter／モンパルナスタワーでアスベストが検出された Une détection d'amiante a été découverte dans la tour Montparnasse.

憲章 charte 女

懸賞 concours [à prix] 男；[賞品] prix 男 懸賞に応募する se présenter [participer] à un concours

謙遜 modestie 女 謙遜の美徳 la vertu de la modestie

減少 diminution 女, baisse 女；[人為的な] réduction 女；[急激な] chute 女 大幅に減少する diminuer／児童数は減少の一途だ Le nombre des élèves ne fait que diminuer [=décroît régulièrement].

現象 phénomène 男 自然現象を前にしてはいかんともしがたい On ne peut rien contre les phénomènes naturels.
□現象学 phénoménologie 女

現状 état actuel 男, situation actuelle 女 現状では dans l'état actuel des choses／現状を維持する maintenir le statu quo／現状に甘んじる se contenter de sa situation

原色 couleurs fondamentales 女複 原色はシャガールの絵の特色だ: Les couleurs fondamentales sont la caractéristique des œuvres de Chagal.

原子力 énergie atomique 女
□原子力エネルギー énergie nucléaire 女 原子力潜水艦 sous-marin atomique 男 原子力発電機 électronucléaire 男 原子力発電所 centrale nucléaire 女

献身 dévouement 男 献身的に看病する soigner avec beaucoup de dévouement

けん制 [戦争などでの] diversion 女 証人をけん制する soutenir du regard un témoin

厳正な rigoureux(se) 厳正に avec rigueur／ミスの選出は厳正な審査を経てなされる La sélection des Miss se fait d'après un examen rigoureux.

原生 原生代 algonkien 男／原生動物 protozoaires 男複／原生林 forêt vierge 女

減税 dégrèvement 男, réduction

des impôts 囡 減税は消費の増大に効果があるだろうか La diminution des impôts va-t-elle faire redémarrer la consommation?

建設 construction 囡 建設する construire /建設的な constructif(ve) /中国では高速道路の建設ラッシュだ La construction d'autoroutes augmente rapidement en Chine.
○建設会社 entreprise de construction 囡

健全な sain(e), salubre 心身ともに健全だ être sain de corps et d'esprit

源泉 source 囡 温泉の源泉が今年枯れた La source des eaux thermales est tarie cette année.
○源泉徴収 retenue à la source 囡

元素 élément 囲 元素の周期表 tableau périodique des éléments ◆ 水素 hydrogène 囲 ヘリウム hélium 囲 炭素 carbone 囲 窒素 azote 囲 酸素 oxygène 囲 ナトリウム sodium 囲 マグネシウム magnésium 囲 硫黄 soufre 囲 塩素 chlore 囲 カルシウム calcium 囲 鉄 fer 囲 銅 cuivre 囲 銀 argent 囲 スズ étain 囲 白金 platine 囲 金 or 囲 水銀 mercure 囲 鉛 plomb ウラン uranium 囲
○元素記号 symbole chimique 囲

建造 construction 囡 橋を建造する bâtir un pont /船を建造する construire un navire
○建造物 bâtiment 囲, monument 囲

幻想 illusion 囡, fantaisie 囡 結婚に幻想を抱く人が多すぎる Trop de gens se font des illusions sur le mariage. /(ベルリオーズの)『幻想交響曲』 *Symphonie fantastique*
○幻想曲 fantaisie 囡

現像 développement 囲 現像する développer /このフィルムを現像に出して Portez cette pellicule à développer.

原則 principe 囲 原則的に en principe /公共交通機関での移動を原則とする avoir pour principe de se déplacer par les transports en commun

減速する décélérer 減速もせずにずっと突っ走った Il n'a pas décéléré de tout le trajet.

けんそんする être modeste いやいや私なんかごけんそんを Non, je ne suis pas très doué(e). — Vous êtes trop modeste.

倦怠 ennui 囲, lassitude 囡 倦怠感を覚える se sentir las(se)
○倦怠期 période de lassitude 囡

現代 époque contemporaine 囡 notre temps 囲 現代的な moderne /現代に生きる vivre avec notre temps /現代の若者たち les jeunes de maintenant
○現代音楽 musique moderne [contemporaine] 囡

けんだま bilboquet 囲

現地 lieux 囲 津波が起こって報道陣が現地に駆けつける Lors d'un tsunami, les journalistes accourent sur les lieux.
○現地時間 heure locale 囡 現地調査 enquête sur place 囡 現地報告 reportage 囲

建築 [方法・学問] architecture 囡; [建設・建築物] construction 囡; [巨大な] édifice 囲
○建築家 architecte 囲 建築士 architecte diplômé(e) 建築事務所 bureau d'architecte

県庁 préfecture 囡

原付き cyclomoteur 囲

限定 limitation 囡, restriction 囡 このメニューは夏期限定です Ces menus sont limités seulement pour l'été.
○限定版 édition à tirage limité 囡

原点 point de départ 囲 原点に戻って考え直そう Revenons au début pour reprendre nos idées.

減点 point de pénalisation 囲 減点する enlever des points /駐車違反で3点減点された On m'a enlevé trois points de pénalisation pour stationnement interdit.

限度 limite 囡, bornes 囡複 我慢にも限度がある Ma patience a des limites.

見当 見当をつける deviner..., se faire une idée de... /私には見当もつかない Je n'ai aucune idée.

検討 examen 囲, étude 囡 検討する examiner, étudier /この提案は検討に値する Cela vaut la peine d'examiner cette proposition.

健闘 健闘むなしく敗れた Nous avons lutté courageusement mais en vain.

原動力 moteur 囲, force motrice 囡

現ナマ grisbi (→現金) (ジャック・ベッケルの)『現金に手を出すな』 *Touchez pas au grisbi*

現に de fait, effectivement 現にこの目で事故を目撃したのです Cet accident, je l'ai vu effectivement de mes propres yeux.

兼任 cumul (de fonctions) 囲

現場 lieux 囲 学校の現場で働きたい Je voudrais travailler sur les lieux de l'école.
○現場監督 contremaître(maîtresse) 現場検証 descente sur les lieux 現場中継 retransmission sur place 囡

原爆 bombe atomique 囡
○原爆実験 essai nucléaire 囲

厳罰 punition sévère 囡 違反者を厳罰に処す punir sévèrement un contrevenant

鍵盤 touches 囡複, clavier 囲 ピアノの鍵盤をたたく frapper les touches d'un piano

顕微鏡 microscope 囲
○顕微鏡写真 microphotographie 囡

見物 visite 囡 見物する visiter /次はどこを見物しようか Ensuite, qu'est-ce qu'on va voir?

現物 objet réel 男 現物で払う payer en nature 男 現物を見なくてなんとも言えない On ne peut rien dire sans voir la pièce réelle.
原文 texte original 男 原文のまま（ママ）sic
検便 analyse des matières fécales
憲法 constitution 女 憲法を改正する réviser [réformer] la Constitution／憲法第九条 article 9 de la Constitution
❏憲法記念日 anniversaire de la Constitution 男
厳密な strict(e), exact(e), rigoureux(se)
懸命に de toutes ses forces
賢明な intelligent(e), sage ここで止めたほうが賢明だ Il serait plus raisonnable d'arrêter ici.
言明 déclaration 女, affirmation 女 言明する déclarer, affirmer
幻滅 désillusion 女 使ったら幻滅でどうして？ Il me déçoit. — Pourquoi?
原野 terre inculte 女, friche 女
倹約 économie 女 épargne 女 倹約する économiser／倹約家だ être économe／食費を倹約する家庭が多い Beaucoup de familles essaient de faire des économies sur la nourriture.
原油 pétrole (brut) 男 原油流出［漏れ］ fuite de pétrole, pétrole échappé [libéré]／(漏れて海面に広がった)原油の帯 nappe d'hydrocarbures (répandue à la surface de la mer)／原油による汚染 pollution par les hydrocarbures, pollution pétrolière／原油の回収 récupération du pétrole
権利 droit 男 権利と義務 les droits et les devoirs／(…する)権利がある avoir le droit de…；きみにそんなことを言う権利はない；Tu n'as pas le droit de dire cela.／この土地の権利を息子に譲った J'ai cédé les droits sur ce terrain à mon fils.
❏権利金 pas de porte
原理 principe 男 この国では民主主義の原理が実施されている Ce pays applique les principes de la démocratie.
❏原理主義 intégrisme 男
原料 matière première 女 原料の値段が上がった Le prix de la matière première a augmenté.
減量 diminution en quantité 女；［体重の］ perte de poids 女
権力 pouvoir 男, puissance 女 権力を振り回す abuser de son pouvoir／息子に権力を譲る passer les pouvoirs à son fils／フセインはイラクで権力を失った Hussein a perdu le pouvoir en Iraq.
❏権力闘争 lutte pour le pouvoir
言論 opinion 女 すべての国が言論の自由を尊重すべきだろう Tout pays devrait respecter la liberté d'opinion.
❏言論界 presse 女

こ

子 enfant 名, petit(e) 名
語 mot 男
後 ［一〇後に］ 数日後に dans quatre ou cinq jours
濃い ［色 が foncé(e)；［味 が fort(e)；［ひげ が drue, touffu(e)；［霧が］ dense
恋 amour 男 恋に落ちる tomber amoureux(se)／恋は盲目 L'amour est aveugle.／恋はそのなく règle l'amour.／老いらくの恋 passion crépusculaire
語い vocabulaire 男 語いが貧しい avoir un vocabulaire pauvre
恋敵 rival(e) (en amour) 名
恋しい 町のにぎわいが恋しい L'animation de la ville me manque.
こいつ cet individu, ce type
恋人 amoureux(se) 名, petit(e) ami(e) 名 恋人いるの？ Tu sors avec quelqu'un?
子犬 petit chien 男, petite chienne 女, chiot 男
コイル bobine 女
コイン pièce (de monnaie) 女
❏コインランドリー laverie (automatique) 女 コインロッカー consigne automatique 女
甲 ［カメの］ carapace 女；［手の］ dos de la main 男；［足の］ coup-de-pied 男
幸 幸か不幸か par bonheur ou par malheur
功 功を急ぐ se hâter de réussir
郷 郷に入っては郷に従え A Rome il faut vivre comme les Romains.
業 karma 男
◇業を煮やす s'irriter
号 ［定期刊行物の］ numéro 男 最新号 dernier numéro
高圧 haute pression 女, haute tension 女
❏高圧線 ligne à haute tension 女
高圧的な hautain(e) 高圧的な態度を取るのは知性のない証拠だ Une attitude hautaine n'est pas une preuve d'intelligence.
公安 sécurité publique 女 国家公安委員会 comité national de sécurité publique 男
考案 invention 女 考案する［機械・手段などを］ inventer；［理論・方法などを］ imaginer
❏考案者 inventeur(trice) 名
好意・厚意 bienveillance 女, complaisance 女, bonté 女 好意的な bienveillant(e), favorable な 好意でやったのにあだになった J'ai cru bien faire et en fait cela lui a fait du tort.／ご好意に甘えていいでしょうか Est-ce que je n'abuse pas de votre bonté?

行為〔個々の〕acte 男;〔持続的な〕action 女 あなたは自分の行為に責任がある Vous êtes responsable de vos actes. / きみの行為は犯罪に等しい Tu es comme un criminel avec ce que tu as fait.

合意 accord 男, entente 女 合意する se mettre d'accord / 合意の上で par entente mutuelle

こういう tel(le), pareil(le)

更衣室 vestiaire 男

後遺症 séquelles 女複 バイク事故の後遺症が残った Son accident de moto lui a laissé des séquelles.

強引な forcé(e) 強引に de force, par force / 彼に強引で押し切られた Il a réussi à me faire céder.

豪雨 pluie diluvienne 女

幸運 chance 女, bonne fortune 女, bonheur 男 幸運にも par bonheur [chance], heureusement / ご幸運を祈ります Je vous souhaite bonne chance. [=Bonne chance!]

光栄 honneur 男 お近づきになれて光栄です J'ai bien l'honneur de vous saluer.

後衛 arrière-garde 女

公営の public(que), municipal(ale)

公益 intérêt publique 男 交通安全対策は公益にかなう La prévention routière est d'intérêt publique.
◻公益事業 entreprise d'intérêt public 女

後援 patronage 男, appui 男 後援する patronner, appuyer
◻後援会 comité de patronage 男
後援者 protecteur(trice) 女

公園 parc 男, jardin 男 東京にはとてもきれいな公園が多い Il y a beaucoup de très beaux parcs à Tokyo.

公演 représentation 女 公演を行う donner une représentation

講演 conférence 女 講演する donner une conférence / テープ録音された講演 conférence enregistrée au magnétophone
◻講演者 conférencier(ère) 男 作家を講演者として迎える inviter un écrivain comme conférencier.

甲乙つけがたい Il est difficile de dire quel est le meilleur des deux.

高音 son aigu 男

高温 haute température 女

効果 effet 男, efficacité 女 しかるだけでは効果はない Les reproches seuls ne servent à rien. / この薬はかぜに効果がある Ce médicament est très efficace contre la grippe.
◻効果音 bruitages 男複

硬貨 pièce (de monnaie) 女

硬化 durcissement 男, raidissement 男 硬化する se durcir, se raidir

高価な cher(ère), coûteux(se) 彼が買ったソファーは高価だった Il a payé cher son canapé.

豪華な splendide, magnifique, luxueux(se)

豪華版 édition de luxe 女

後悔 regret 男, remords 男, repentir 男 後悔する regretter, se repentir / いまに後悔するぞ Tu ne l'emporteras pas au Paradis. ◎なんてばかなんだろう Que je suis bête ! / あんなこと言わなきゃよかった Je regrette d'avoir dit cela. / あんなに酒を飲まなければよかった Je n'aurais pas dû tant boire.
◎後悔先に立たず Il est trop tard pour regretter quand le mal est fait.

公開する ouvrir au public 国王の絵画コレクションを一般に公開する ouvrir au public la collection de tableaux du roi
◻公開討論 débat public 男

航海 navigation 女 航海する naviguer
◻航海日誌 journal (de bord) 男

公害 nuisances 女複 騒音公害 nuisances sonores / 公害反対運動を展開する mener une campagne de lutte contre les nuisances
◻公害病 maladie due à la pollution 女

口外する révéler, divulguer 口外するな Cela doit rester entre nous.

合格 succès 男, admission 女 試験に合格する réussir à un examen / みごと東大に合格した Il a été brillamment reçu à Todai. / 合格おめでとう Félicitations pour votre succès au concours!
◻合格者 candidat(e) reçu(e) 名, admis(e) 名

光学 optique 女
◻光学器械 instrument d'optique 男

工学 technologie 女, génie 男

狡猾な subtil(e), rusé(e), retors(e)

効果的な efficace

交換 échange 男 AとBを交換する changer A contre B / この券と交換に記念品をくれます On vous remettra en échange de ce coupon un cadeau-souvenir.
◻交換台 standard (téléphonique) 男 交換留学生 étudiant(e) venu(e) dans le cadre d'un échange 名, étudiant(e) d'échange 名

後期〔学校の〕deuxième semestre 男 後期の作品 une des dernières œuvres

高貴な noble, élevé(e) 彼は高貴の出だ Il vient d'une classe sociale élevée.

抗議 protestation 女, contestation 女 抗議すべきだと思う A mon avis, il faudrait protester.
◻抗議集会 réunion de protestation 女

講義 cours 男 講義を受ける assister à un cours

高気圧 anticyclone 男

好奇心 curiosité 女 好奇心が強い curieux(se) / 好奇心を満足させる satisfaire [contenter] la curiosité / 〔単なる〕好奇心から par (simple) curiosité / 子供は好奇心おうせいだ Les enfants font preuve de beaucoup de curiosité.

高級な de premier ordre, de première catégorie
☐ **高級住宅地** beau quartier résidentiel 男 **高級品** article de choix 男, produit de luxe 男

高給 salaire élevé 男 銀行は高給を批判されている Les banques sont critiquées parce qu'elles paient bien leurs employés.

皇居 palais impérial 男 彼女は毎朝皇居の周りをジョギングする Elle fait le tour du palais impérial en jogging chaque matin.

公共の public(que), commun(e)
☐ **公共機関** service public 男 **公共事業** travaux publics 男複 **公共施設** installation publique 女 **公共心** civisme 男, sens civique 男 **公共投資** investissements publics 男複 **公共料金** tarif public 男, tarif des services publics

好況 prospérité 女 この国の産業は好況を呈している L'industrie de ce pays est en pleine prospérité.

工業 industrie 女 **軽工業** industrie légère / 重工業 industrie lourde / 臨海工業地帯 zone industrielle littorale
☐ **工業化** industrialisation 女 **工業製品** produits industriels 男複

興行 représentation 女, spectacle 男

鉱業 industrie minière

公金 deniers publics 男複 大臣は公金横領で告訴された Ce ministre a été inculpé pour détournement des fonds publics.

合金 alliage 男 **超合金** superalliage 男

工具 outil 男, instrument 男

航空 navigation aérienne 女, aviation 女
☐ **航空会社** compagnie d'aviation 女 **航空券** billet d'avion 男 **航空券の予約** location des places d'avion **航空写真** photographie aérienne 女

航空機 avion 男

光景 spectacle 男, scène 女 すばらしい光景が眼前に現れた Un spectacle magnifique s'est présentée à nos yeux.

工芸 arts et métiers 男複
☐ **工芸家** menuisier d'art 男, ébéniste 男 **工芸品** objet d'art 男

合計 total 男, montant 男 **合計する** faire le total

後継者 successeur 男, héritier(ère) 女 工場の経営者は後継者に悩んでいる Le patron de l'usine s'inquiète quant à son successeur.

攻撃 attaque 女, offensive 女 **攻撃する** attaquer 〔＝攻める〕/ **攻撃する** lancer une offensive / **激しい攻撃を受ける** subir une rude attaque / **敵の攻撃を阻む** arrêter l'attaque ennemie / このチームは攻撃がうまい Cette équipe a une bonne attaque. / **攻撃目標** objectif d'attaque

貢献 contribution 女, apport 男 **貢献する** contribuer à...

公言 déclaration 女, proclamation 女 **公言する** déclarer, proclamer

高原 plateau 男, hauteurs 女複 夏は高原に避暑に行こう Allons chercher de la fraîcheur sur les plateaux en été. /（ドゥルーズの）『千の高原』 Mille Plateaux

口語 langue parlée 女 口語で詩を作る faire des poèmes en langue parlée

交互に alternativement 手と足を交互に上げなさい Levez la jambe et le pied alternativement.

高校 lycée (supérieur) 男
☐ **高校生** lycéen(ne) 名 **高校野球** championnat de base-ball des lycéens 男

皇后 impératrice 女

光合成 photosynthèse 女

考古学 archéologie 女

考古学者 archéologue 名

広告 publicité 女;〔新聞・雑誌などの〕annonce 女 新聞に折り込み広告を挟む insérer un encart publicitaire dans un journal / **広告キャンペーン** campagne publicitaire / **三行広告** petites annonces / **死亡広告** annonce de deuil
☐ **広告代理店** agence publicitaire 女 **広告料** frais de publicité 男複

こうこつ (恍惚) extase 女 こうこつとなる tomber en extase

交差 croisement 男 その2本の道はここで交差する Ces deux rues se croisent ici.
☐ **交差点** carrefour 男

口座 compte 男 口座を開きたいのですが Je voudrais ouvrir un compte, s'il vous plaît. / **架空口座** compte fictif

交際 fréquentation 女, relation 女, rapport 男 交際範囲を広げる étendre le cercle de ses relations / 彼女はフランス人と交際している Elle sort avec un Français. / 父は交際が広い Mon père a des relations très étendues. / **交際家** personne sociable / 交際費 frais de représentation

工作 travaux 男複
☐ **工作機械** machine-outil 女

考察する considérer

鉱山 mine 女

鉱山労働者 mineur 男

高山 haute montagne 女

☐ **高山植物** plantes alpines 女複 **高山病** mal d'altitude 男

格子 grille 女, barreaux 男複;〔格子縞〕carreaux 男複

公使 ministre 男

☐ **公使館** légation 女

公私 公私ともに忙しい毎日だ Je suis très occupé(e), dans mon travail

講師 professeur délégué 男; [大学の] chargé(e) de cours 男; [語学講座の外国人の] lecteur(trice) 男女
工事 travaux 男複, ouvrages 男複　工事を急ぐ avancer les travaux
❑ **工事現場** chantier 男
公式 formule 女　公式の officiel(le)
❑ **公式訪問** visite officielle
皇室 famille impériale 女
口実 prétexte 男 (→言い訳)　口実を与える donner [fournir] des prétextes / 口実を並べる se trouver des excuses / ただの口実だ Ce n'est qu'un prétexte.
校舎 bâtiments de l'école
公衆 public 男　公衆の面前で en public
❑ **公衆衛生** hygiène publique 女
❑ **公衆電話** taxiphone 男, téléphone public 男　**公衆トイレ** cabinets publics 男複　**公衆道徳** sens civique 男, civisme 男
口臭 mauvaise haleine 女　口臭にあたる avoir l'haleine forte, avoir mauvaise haleine
講習 cours 男, leçon 女　パソコンの講習を受けなくてはいけない Il faut que je suive des cours d'informatique.
❑ **講習会** conférence 女
口述 dictée 女　病人は遺言を弁護士に口述した Le malade a dicté à son avocat son testament.
❑ **口述試験** examen oral 男　口述試験で応募者の能力を判定する jauger un candidat à l'examen oral
高所 hauteur 女, haut 男
❑ **高所恐怖症** acrophobie 女
控除 prélèvement 男, retenue 女　控除する prélever
<u>**交渉**</u> négociation 女　交渉する être en négociation, négocier / 米国との交渉が長引いている Les négociations avec les Etats-Unis traînent en longueur.
工場 usine 女; [中小規模の] fabrique 女
❑ **工場労働者** ouvri**er**(**ère**) 男女　**工場長** direct**eur**(**trice**) d'usine　**工場閉鎖** lock-out 男
向上 progrès 男, avancement 男　向上する progresser / テクノロジーはこの10年で大きく向上した La technologie a fait d'énormes progrès ces dix dernières années.
強情 entêté(e), obstiné(e), têtu(e)　私のどこが悪いのよ一強情なところよ Qu'est-ce que tu me reproches? — Ton entêtement.
公職 fonction publique 女　彼は公職から追放された Il a été expulsé de la fonction publique.
❑ **公職選挙法** législation électorale des fonctions publiques 女
好色な lascif(ve), lubrique
高じる s'exalter; [悪化] s'envenimer, empirer　写真好きが高じてプロのカメラマンになった Il était tellement exalté par la photo qu'il en a fait son métier.
更新 renouvellement 男, reconduction 女　更新する renouveler, reconduire
行進 marche 女, défilé 男　軍隊の行進には音楽がつきものだ Les défilés militaires sont souvent accompagnés de musique.
香辛料 épice 女
香水 parfum 男　いいにおいだね一かるの？新しい香水なの Ah, ça sent bon. — Tu as remarqué? C'est un nouveau parfum.
洪水 inondation 女, déluge 男; [ノアの大洪水] Déluge (de Noé) 男　家が洪水で流された La maison a été emportée par les inondations. / 車が洪水のように道にあふれる Des voitures inondent la rue.
構成 composition 女, formation 女, constitution 女　この芝居は3部から構成される Cette pièce a été composée en trois parties.
❑ **構成員** membre 男
更生 régénération 女　古着を更生する retailler de vieux vêtements
❑ **更生施設** établissement d'éducation spécialisée 男
校正 correction 女　ゲラを校正する corriger les épreuves
❑ **校正者** correct**eur**(**trice**) 男女　校正刷り épreuve 女
後世 postérité 女　後世に伝わる passer à la postérité
公正な juste, équitable
合成 synthétique　合成する composer, synthétiser; [写真を] monter
❑ **合成語** mot composé 男　**合成写真** photo-robot 女　**合成樹脂** résine synthétique 女　**合成繊維** textile synthétique 男
豪勢な somptueux(se), fastueux(se)　ずいぶん豪勢だね Tu mènes un train de vie plutôt luxueux.
抗生物質 antibiotique 男
功績 mérite 男　若い移民への援助に功績があった Il a fait acte de mérite en patronnant de jeunes immigrants.
光線 rayon 男　太陽光線を遮る couper les rayons du soleil / (エリック・ロメールの)『緑の光線』 Le Rayon vert
交戦する livrer bataille
公然 ouvertement, publiquement; 彼がかつらなのは公然の秘密だ Sa perruque, c'est un secret de Polichinelle.
酵素 enzyme 男 (★女の場合もある)　消化酵素 enzyme digestif
抗争 conflit 男, antagonisme 男　2組の暴力団が抗争していた Les deux gangs étaient en conflit.
構想 plan 男, dessein 男　構想を練る élaborer un plan
高層の en altitude
❑ **高層雲** altostratus 男　**高層ビル** gratte-ciel 男
構造 structure 女, mécanisme 男

構造改革 réformes de structure
🔲 構造主義 structuralisme
拘束 contrainte 囡, joug 男 身柄を拘束する contraindre... par corps
高速 grande vitesse 囡;〔高速道路〕autoroute 囡
🔲 高速度撮影 tournage accéléré 男
交代・交替 remplacement 男 交代する remplacer, relayer／選手交代. 高原に替えて柳沢 Changement de joueurs. Yanagisawa vient prendre la place de Takahara.
後退 recul 男, marche (en) arrière 囡 後退する reculer;〔車などが〕faire marche arrière
抗体 anticorps 男
広大な grand(e), immense, vaste
光沢 poli 男, lustre 男 このコートの生地は光沢がある Le tissu de ce manteau est lustré.
強奪 pillage 男, brigandage 男, extorsion 囡 金品を強奪する extorquer de l'argent
耕地 terrain cultivé 男, cultures 囡
高地 hauteur 囡, éminence 囡
拘置所 centre de détention 男, maison d'arrêt 囡
紅茶 thé (noir) 男 紅茶を入れる préparer le thé
好調だ être en bonne condition [=être en forme, être en bon état]／最近どうですか――絶好調です Et ces derniers temps, comment ça va ? ― Ça ne pourrait pas aller mieux.
校長 direct*eur(rice)* 名;〔リセの〕proviseur 男
硬直 raidissement 男, raideur 囡, rigidité 囡 手足が凍えて硬直していた Ses membres étaient raides de froid.
交通 circulation 囡, trafic 男 交通の便が悪い difficilement accessible／この辺は交通量が多い Il y a beaucoup de circulation dans ce quartier.
🔲 交通違反 contravention 囡 交通機関 moyens de transport 男複 交通事故 accident de la circulation 男 交通事故が減った Le nombre d'accidents de la route a diminué. 交通整理する régler la circulation 交通費 frais de transport 男複 交通法規 code de la route 男
好都合な convenable, favorable, opportun(e)
公定の officiel(le)
🔲 公定価格 prix fixé par l'Etat 男 公定歩合 taux d'escompte officiel 男
皇帝 empereur 男（ヨハン・シュトラウスの）『皇帝円舞曲』 *La Valse de l'Empereur*
肯定 affirmation 囡 肯定する affirmer／肯定も否定もできません Je ne peux ni affirmer ni nier cela.
🔲 肯定文 proposition affirmative 囡
公的な officiel(le), public(que)

鋼鉄 acier 男 まひはあるけれど鋼鉄の意志でがんばっている Elle a une volonté d'acier malgré sa paralysie.
好転する s'améliorer 景気は大きく好転している La situation économique s'améliore progressivement.
後天的な acquis(e)
高度 altitude 囡, hauteur 囡 高度な技 technique d'ordre supérieur 男／高度経済成長 développement économique accéléré 男
🔲 高度計 altimètre 男
口頭の oral(e), verbal(e)
🔲 口頭試問 oral 男, épreuves orales 囡複 口頭弁論 plaidoirie 囡
高等な supérieur(e), haut(e)
🔲 高等教育 enseignement supérieur 男 高等裁判所 cour d'appel 囡

行動 action 囡 行動に移る passer à l'action／行動範囲が広がる La sphère de l'activité s'étend.／行動的な人 homme d'action 男
🔲 行動主義 behaviorisme 男 行動半径 rayon d'action 男
講堂 salle de conférence 囡
強盗〔人〕bandit 男;〔行為〕banditisme 男
合同する s'unir, s'associer 合同な図形 figures congrues [congruentes]
🔲 合同委員会 commission mixte 囡
購読 lecture 囡;〔新聞などの〕abonnement 男 雑誌の予約購読を申し込む souscrire un abonnement à une revue／定期購読している Je suis un lecteur abonné au...
🔲 購読者 lect*eur(rice)* abonné(e) 名 購読料 tarif d'abonnement 男
校内 intérieur de l'école 男
🔲 校内暴力 violence à l'école 囡
構内 enceinte 囡, champ clos 男
購入 achat 男;〔高価な物の〕acquisition 囡 プロヴァンスに土地を購入した J'ai fait l'acquisition d'une propriété en Provence.
🔲 購入価格 prix d'achat 男
公認 autorisation officielle 囡 民主党の公認をねらう briguer l'investiture du parti démocrate／まだ若いけれど親公認のカップルだ Leurs parents les ont autorisés à se fréquenter malgré leur jeune âge.
🔲 公認会計士 expert-comptable 男 公認記録 record homologué 男 公認候補 candidat(e) approuvé(e) 名
高熱 forte fièvre 囡
光熱費 frais de chauffage et d'éclairage 男複
光年 année lumière 囡
更年期 retour d'âge 男, âge critique 男
🔲 更年期障害 troubles ménopausiques 男複
効能（→効果）ショウガには効能が多いそうだ On dit que le gingembre a beaucoup de vertus médicales.
🔲 効能書き légende des vertus mé-

後輩 cadet(te) 女

勾配 pente 女, inclinaison 女

購買 achat 男 この製品は数が少ないので、みんなの購買欲をそそる Le nombre limité de ces produits fait que tout le monde veut les acheter.
- **購買力** pouvoir d'achat 男

香ばしい sentir bon コーヒーの香ばしいにおいがする Ça sent bon le café dès que je me réveille.

後半 dernière moitié 女;[サッカーなどの] deuxième mi-temps 女 その小説は後半からおもしろくなる Le roman commence à devenir passionnant à la deuxième moitié.

交番 poste de police 男 交番に連行する conduire [emmener] ... au poste de police

公費 dépenses de l'État 女複 彼は公費で留学した Il a fait ses études à l'étranger sur les dépenses de l'Etat.

交尾 accouplement 男 交尾させる accoupler

公表する publier, mettre à jour

好評 bonne réputation 女 好評を博す jouir d'une bonne réputation, connaître un grand succès

交付 délivrance 女
- **交付金** [手当て] allocation 女;[補助金] subvention 女

公布 promulgation 女 政令を公布する promulguer des décrets

後部 [乗り物などの] arrière 男; partie postérieure 女

幸福 bonheur 男 幸福な heureux(se) / 幸福に暮らす vivre heureux(se) / 幸福を求める chercher le bonheur

降伏 capitulation 女, reddition 女 降伏する capituler

好物 morceau de choix 男, plat favori 男 ブラックチョコレートが好物だ Je suis friand(e) de chocolat noir.

鉱物 minéral 男
- **鉱物学** minéralogie 女 鉱物資源 substance minérale 女

興奮 excitation 女, exaltation 女, fièvre 女 興奮している exalté(e), excité(e) / 興奮を冷ます refroidir l'excitation / 彼はすぐに興奮する Il s'exalte facilement.
- **興奮剤** stimulant 男

構文 structure de phrase 女, construction 女

高分子 macromolécule 女

公文書 acte officiel 男 公文書偽造 fabrication d'un faux acte

公平 impartialité 女, équité 女, objectivité 女 公平な impartial(ale), équitable

候補 candidat(e) 名, postulant(e) 名 候補者を立てる présenter un candidat / 選挙である候補者を支援する appuyer un candidat aux élections / 人心がその候補者から離れた Les gens se détachent de ce candidat.
- **候補地** site possible 男 東京は次のオリンピック候補地だ Tokyo est un site possible pour prochains jeux olympiques.

公募する recruter publiquement 広く一般から教授を公募する On recrute des professeurs parmi un large public.

酵母 [パン種] levain 男;[菌] levure 女

広報 information 女
- **広報課** bureau d'informations 男 広報誌 journal d'information

後方に en arrière

合法的な légitime, légal(ale) 合法とはいえ, どいやり方だ Ses procédés, quoique légaux, ne sont pas très catholiques.

ごうまんな orgueilleux(se), arrogant(e)

巧妙な adroit(e), habile, astucieux(se) 巧妙に事態を切り抜けた Il s'est adroitement sorti de la situation.

公民 citoyen(ne)
- **公民館** salle de réunion publique 女 公民権 droits civiques 男複

公務 fonction publique 女
- **公務員** fonctionnaire 名 国家公務員 fonctionnaire d'État 名/地方公務員 [県の] fonctionnaire départemental;[市町村の] fonctionnaire communal

被る [被害を] recevoir, subir;[恩恵を] bénéficier de, profiter de

項目 article 男, rubrique 女

コウモリ chauve-souris 女

肛門 anus 男

拷問 torture 女, supplice 男 拷問にかける torturer, infliger la torture à...

荒野 terre sauvage 女, lande 女

公用 affaire officielle 女 公用で外国に行く Il part à l'étranger pour affaire officielle.
- **公用語** langue officielle 女

紅葉 jaunissement des feuilles 男

行楽 excursion 女 日本では秋の紅葉見物が人気の行楽だ Au Japon, aller admirer les érables d'automne est une excursion très prisée.
- **行楽客** excursionniste 名 行楽地 lieu d'excursion 男 行楽日和 temps favorable à une excursion 男

高利 usure 女, intérêt usuraire 男
- **高利貸し** usurier(ère) 名

小売り vente au détail 女, débit 男
- **小売り価格** prix de détail 男 小売り業者 revendeur(se) 名, détaillant(e) 名 小売り店 débit 男, magasin de détail 男

公理 axiome 男

合理的な rationnel(le) 西洋人は合理的な説明を好む Les Occidentaux aiment les explications rationnelles.
- **合理化** rationalisation 女 合理主義 rationalisme 男

公立の public(que), communal(e)
◘公立学校 école publique 囡 高校まで公立に通った J'ai suivi mes études dans une école publique jusqu'à ce que j'entre en université.

効率 〔作業・生産性の〕rendement 男；〔効果〕efficacité 囡 最近日本では効率第一主義だ Récemment, au Japon, l'efficacité est plus appréciée que tout.

交流 〔交わり〕échange 男, relations 囡；〔電気〕courant alternatif 男

合流 jonction 囡 合流する confluer
◘合流点 confluent 男

考慮 considération 囡 考慮する prendre en considération

荒涼とした désert(e), désolé(e)

香料 aromate 男, parfum 男

恒例の habituel(le), traditionnel(le)

高齢 âge avancé 男, grand âge 男
◘高齢化 ヨーロッパの高齢化 vieillissement de l'Europe／高齢化社会 société dont l'âge moyen des membres est élevé 高齢者 personne âgée 囡；〔集合的で〕vieux 高齢者に席を譲る offrir sa place à une personne âgée 高齢出産 accouchement à un âge mûr 男

号令 commandement 男 大声で号令する crier un ordre à...

航路 route 囡；〔海の〕ligne maritime 囡；〔空の〕ligne aérienne 囡

口論 dispute 囡, altercation 囡／けんか 口論する se disputer avec.../あの二人は口論ばかりしている Ces deux-là, ils se disputent fréquemment.

講和 paix 囡, pacification 囡
◘講和条約 traité de paix 男

声 voix 囡 （…に）声をかける adresser la parole à.../声を和らげる adoucir la voix／もっと大きな声で話してください Parlez plus fort!／大きな声じゃ言えないけど Je le dis à voix basse mais.../そんな低い声は出せない Ma voix ne descend pas si bas.／小声で à voix basse, à mi-voix／大声で à voix haute／《デリダの》『声と現象』 La Voix et le Phénomène

護衛 garde 囡, escorte 囡
◘護衛機 avion d'escorte 男

声変わり mue 囡 この少年は声変わりの時期だ Ce garçon est à l'âge où la voix mue.

越える・超える 〔場所・障害物を〕passer；〔苦労、〕franchir；〔限度を〕dépasser この山を越えたら国境だ De l'autre côté de cette montagne, c'est la frontière.

コース 〔課程〕cours 男；〔陸上競技・ゴルフ・観光旅行などの〕parcours 男, circuit 男 初級コース cours élémentaire／ハイキングコース parcours d'excursion en montagne

コーチ entraîneur ・ moniteur(trice) 男 オリンピックに出るチームのコーチを替えてよかった C'est une bonne chose que l'entraîneur de l'équipe olympique ait changé!

コート manteau 男, pardessus 男；〔ブレザー〕blazar 男；〔レインコート〕imperméable 男；〔テニスの〕court (de tennis) 男 コートの襟を立てていた Il avait relevé le col de son manteau.／コートのすそを引きずる Son manteau traîne.

コード 〔符号〕code 男；〔和音〕accord 男；〔電線〕fil (électrique) 男 コードレスの sans fil 男／延長コード rallonge 囡／電源コード cordon d'alimentation 男

小躍り 小躍りして喜ぶ sauter de joie

コーナー 〔角・隅〕coin 男；〔売場〕rayon 男；〔カーブ〕tournant 男
◘コーナーキック （サッカーの）corner 男

コーヒー café 男 コーヒー豆をひく moudre du café／コーヒーを入れる préparer 〔faire〕 du café
◘コーヒーカップ tasse à café 囡 コーヒーポット cafetière 囡 コーヒーミル moulin à café 男

コーラン le Coran

氷 glace 囡 氷のような glacial(ale)／池に氷が張る L'étang est couvert d'une couche de glace.
◘氷まくら oreiller à glace 男

凍る geler, se glacer；〔血が〕se figer

ゴール but 男, arrivée 囡 最初にゴールを切ったのは彼だった C'est lui qui a coupé le premier le fil d'arrivée.

コールタール goudron de houille 男, coaltar 男

誤解 malentendu 男, contresens 男 誤解を生む engendrer un malentendu／誤解を解く dissiper un malentendu／誤解を避ける éviter un malentendu／この対立は誤解に基づいている Ce conflit repose sur un malentendu.

互角の être de force égale 両チームの力は互角だ Les deux équipes antagonistes étaient de force égale.

語学 語学の才能がある avoir le don des langues

焦がす brûler, griller；〔黒焦げに〕calciner；〔焼いて赤茶色に〕roussir

小型・小形の petit(e), de petit format

小柄な de petite taille 小柄な女性が好きだ J'aime les femmes de petite taille.

互換性 compatibilité 囡

語義 sens (d'un mot) 男

こき使う surmener, exploiter こき使われてるって？―いやになるよ Il paraît que tu te fais exploiter? ― Je n'en peux plus.

小切手 chèque 男 小切手を切る tirer un chèque
◘小切手帳 carnet de chèques 男

ゴキブリ blatte 囡, cafard 男 ゴキブリがいて悲鳴を上げた En voyant un cafard, elle a poussé un cri.

呼吸 respiration 囡 息切れした後、呼吸を整えた J'ai repris ma respiration après m'être essoufflée. ◘呼

故郷 て、吐いて Inspirez, expirez.
故郷 pays natal 男, 故郷の土を踏む mettre les pieds sur le sol de son pays / 故郷に骨を埋める finir ses jours au pays natal
小ぎれいな propret(te), coquet(te) 小ぎれいな旅館に泊まった J'ai passé la nuit dans une auberge coquette.
こぐ〈漕ぐ〉 ramer, manier l'aviron; 〔自転車を〕pédaler ブランコをこぐ faire de la balançoire
語句 locution 囡 不適切な語句を正しく改める changer une phrase impropre en une locution correcte
極意 secret 男, arcanes 囡複 剣道の極意を究めていた Il avait acquis les arcanes du kendo.
刻一刻 d'heure en heure, d'une heure à l'autre 締め切りが刻一刻と近づいている La date limite approche d'heure en heure.
国営 régie 囡
  ◘ 国営化 nationalisation 囡;〔特に企業などを〕étatisation 囡 国営事業 travaux en régie 男複
国益 profit national 男 国益を守る préserver le profit national / この政策は国益に反する Cette politique va à l'encontre des intérêts du pays.
国語 langue nationale 囡
国債 emprunt public 男 国債を発行する faire un emprunt public
国策 politique nationale 囡
国際 国際的の international(ale)
  ◘ 国際化 internationalisation 囡 国際関係 relations internationales 囡複 国際空港 aéroport international 男 国際司法裁判所 Cour internationale de Justice 囡 国際収支 balance des paiements 囡 国際人 cosmopolite 男 国際通貨基金 (IMF) Fonds monétaire international 男 国際法 droit international
国産品 produit national 男
酷使 surmenage 男
極上 extra, extra-fin(e) 極上ワイン vin extra 男
黒人 noir(e) 男 黒人はリズム感がいい Les Noirs ont du rythme.
  ◘ 黒人霊歌 négro-spiritual 男
国勢調査 recensement (de la population) 男
国籍 nationalité 囡 二重国籍 double nationalité
告訴 plainte 囡 告訴する porter plainte
告知 annonce 囡, avis 男 告知する annoncer
国内の intérieur(e)
  ◘ 国内産業 industries nationales 囡複 国内市場 marché intérieur 男 国内総生産 produit intérieur brut 男 (★略語は P. I. B.)
告白 confession 囡, aveu 男, déclaration 囡 (→白状) 告白する avouer, déclarer / 愛を告白した Elle lui a avoué qu'elle l'aimait. /〔ルソーの〕『告白』Les Confessions

---

告発 accusation 囡, dénonciation 囡 告発する accuser, dénoncer
黒板 tableau (noir) 男 黒板に答えを書きなさい Ecrivez la réponse au tableau.
極秘 en grand secret, strictement confidentiel(le)
  ◘ 極秘情報 informations secrètes
国賓 hôte d'Etat 男, invité(e) d'Etat 彼は国賓として招待された Il a été invité en tant qu'hôte d'Etat.
克服する vaincre, surmonter 難病を克服した Il a vaincu une maladie incurable.
国宝 trésor national 男 芸術作品を国法に指定する déclarer une œuvre d'art trésor national / 国宝級の壺 poterie qui vaut un trésor national
国防 défense nationale 囡 国防を論じる discuter de la stratégie de défense national
国民〔民族〕peuple 男;〔国家から見た〕nation 囡;〔地理的に見た〕population 囡
  ◘ 国民感情 sentiment national 男 国民所得 revenu national 男 国民総生産 produit national brut 男 国民投票 référendum 男, plébiscite 男 国民投票で民意を問う consulter le peuple par plébiscite
国務 affaires d'Etat 囡複
  ◘ 国務省 département d'Etat 男 国務大臣 ministre d'Etat 男 国務長官 secrétaire d'Etat 男
克明な minutieux(se), détaillé(e) 克明にメモを取る prendre minutieusement des notes
穀物 céréales 囡複, grains 男複 穀物を輸入する importer des céréales
国有の national(ale) 国有財産を民間に払い下げる vendre des biens nationaux au peuple
  ◘ 国有地 domaine de l'Etat 男 国有林 forêts domaniales 囡複
国立の national(ale) 国立大学に入る rentrer dans une université nationale
  ◘ 国立競技場 stade national 男 国立公園 parc national 男 国立図書館 bibliothèque nationale
国力 puissance nationale 囡 中国は国力が増しつつある En Chine, la puissance nationale augmente.
国連 Organisation des Nations Unies 囡, O. N. U. 囡 国連は組織改革に乗り出している L'O. N. U. est en train de prévoir des réformes.
  ◘ 国連加盟国 pays affilié à l'O. N. U. 男 国連憲章 la Charte des Nations Unies 囡 国連事務総長 secrétaire général des Nations Unies 男 国連総会 Assemblée générale de l'O. N. U. 囡 国連平和維持活動 Opération de l'O. N. U. pour le maintien de la paix 囡
こけ〈苔〉mousse 囡, lichen 男 こけ

むした 日本のお寺が好き J'aime la mousse des temples japonais.
固形の solide
◇固形食 aliment solide 男 固形燃料 combustible solide 男
こける〔やせる〕maigrir, s'émacier ;〔転ぶ〕tomber 病気でほおがこけた Avec la maladie ses joues se sont émaciées.
焦げる brûler, roussir 何かにおわない？焦げてるよ Tu ne sens rien ? Il y a quelque chose qui brûle.
語源 étymologie
ここ ici, ce point, cet endroit ここ3日間 depuis trois jours / ここしばらく d'ici quelque temps / ここ一番に強い saisir l'occasion par les cheveux
個々の chaque, particulier(ère), individuel(le) 個々の事例を検討する Nous étudions chaque cas en particulier.
午後 après-midi 男 きょうの午後 cet après-midi
凍える s'engourdir de froid 指が凍えてうまく書けなかった Mes doigts étaient tellement engourdis de froid que je ne pouvais écrire.
故国 pays natal 男, patrie 女
心地 生きた心地がしない être plus mort que vif(ve)
心〔感性的に見た〕cœur 男 ;〔霊魂〕âme 女 ;〔精神〕esprit 心が痛む avoir mal au cœur / 心の底で話 le fond de son cœur / 心を打つ話 anecdote touchante / 心のこもったことば mots bien sentis / 心のまっすぐなやつだ C'est un type droit. / 心が乱れる se sentir troublé(e)
◇心暖まる attendrissant(e) 心が通い合う s'entendre 心が弾む s'égayer 心が広い 彼は心が広い人だ Il a une grande générosité. 心から de tout son cœur 心に刻む bien retenir 心にもないことを言う dire des choses qui vont à l'encontre de sa pensée 心を入れ替える 心を入れ替えて働きます Je vais changer et travailler avec plus d'ardeur. 心を奪われる être fasciné(e)〔absorbé(e)〕par〔dans〕… 心を鬼にする s'endurcir le cœur 心を砕く se creuser la tête〔l'esprit, la cervelle〕 心を許す faire confiance à…
◇孤児院 orphelinat 男
心当たり 心当たりはないですか Vous n'avez pas la moindre petite idée ?
心得 règle à suivre 女 外国に行くときの心得がある Il y a des règles à suivre quand on va à l'étranger.
心置きなく sans regret, sans souci
心がけ prévoyance 女, une personne prévoyante et attentionnée
心がける veiller à…, s'efforcer de… エコロジーを心がける avoir l'écologisme toujours en tête
心構えを持つ se préparer
心変わり inconstance 女 不実な男の心がわりがいやだ Je déteste l'inconstance des hommes infidèles.
志 intention 女, dessein 男 お志ありがとうございます Je vous remercie de votre bonté.
志す se vouer, se destiner 彼女は芸術家をめざした Elle s'est destinée à devenir artiste.
心遣い attentions 女複, soins 男複 いろいろとお心遣いをいただきました Je vous remercie de tant d'attentions.
心強い se sentir encouragé(e) あなたがいてくれて心強い Votre présence m'a encouragé.
心ならずも à contrecœur, malgré soi, à regret 心ならずも友人と戦うことになった J'ai dû me battre à contrecœur contre mon ami.
心残り regret 男 もう心残りはない Je n'ai plus aucun regret.
心細い〔頼るものがない〕être sans appui, se sentir seul(e) ;〔心配〕être inquiet(ète) ;〔寂しい〕être triste 老後は心細い On se sent sans appui lors de la vieillesse.
試み essai 男, tentative 女 この機械を試みに使ってみた Il faisait des essais de cette machine.
試みる essayer, tenter 新しい治療法を試みた Ils ont essayé un nouveau traitement.
快い agréable, doux(ce) 友人の頼みを快く引き受ける accepter volontiers la demande d'un ami
誤差 erreur 女 誤差の範囲内だ Cela ne dépasse pas la marge de l'erreur.
小細工する user d'artifices 小細工はやめろ Cesse d'user de tant d'artifices.
こざっぱりした propre, convenable
小雨 pluie fine 女, crachin 男
誤算 mécompte 男, erreur (de calcul) 女 とんだ誤算をする essuyer de graves mécomptes
腰 reins 男複, hanches 女複 ;〔めん類の〕consistance 女 腰が曲がっている être courbé(e)
◇腰が低い modeste, humble 腰を折る 話の腰を折る couper la parole à… 腰を据える s'installer 腰を抜かす 腰を抜かしてしまった J'ai été pétrifié(e) sur place.
孤児 orphelin(e) 孤児を養子にした Ils ont adopté un orphelin.
◇孤児院 orphelinat
誇示 étalage 男, parade 女 誇示する exhiber, faire étalage de
腰掛ける s'asseoir いすに腰掛ける s'asseoir sur une chaise
個室 chambre individuelle 女 ;〔レストランの〕cabinet particulier 男
固執する tenir, être fidèle, persister 自分の意見に固執するな Ne te fie pas seulement à tes opinions.
ゴシップ potins 男複, propos familiers 男複 ゴシップ記事〔欄〕écho 男
腰抜け lâche, poltron(ne) 女, poule mouillée 女 この腰抜けめ Tu es un lâche.

語順 ordre des mots 男

故障 panne 女, détraquement 男, dérangement 男;〔差し支え〕empêchement 男 故障する tomber en panne / 私の車は故障している Ma voiture est en panne.

後生 後生だから pour l'amour de Dieu

誤植 faute d'impression 女, coquille 女

個人 individu 男, particulier 男 個人攻撃する attaquer une personne en particulier / そんなのは個人の自由だ Ça, c'est une liberté individuelle.
◘個人差 différence personnelle 女 個人主義 individualisme 男 個人授業 leçon particulière 女 個人情報 information personnelle 女

故人 décédé(e) 名, défunt(e) 名 故人の冥福をお祈りします Je prie pour que le défunt aille au ciel.

誤診 erreur de diagnostic 女 胃潰瘍だという診断は誤診だった On a fait une erreur de diagnostic en déclarant un ulcère.

護身術 arts martiaux de défense 男複

個人的な personnel(le) 私は彼を個人的に知っている Je le connais personnellement.

越す・超す 度を超す passer les limites / 年を越す passer l'année / 早くやるに越したことはない Il vaudrais mieux faire au plus vite.

こす〔漉す〕filtrer, passer

コスト frais 男複, coût 男 生産コストを下げなくてはならない Il faut abaisser le coût de production.
◘コストパフォーマンス rapport coût performance 男

こする frotter;〔こすり取る〕gratter;〔やすりで〕râper;〔削り取る〕racler 銀色の所をコインでこってね Gratte une des cases argentées.

個性 personnalité 女, individualité 女 個性的な personnel(le), original(ale) / 個性を殺す écraser la personnalité / 個性を出す encourager la personnalité

戸籍 état civil 男
◘戸籍抄本 extrait de registres d'état civil 戸籍謄本 copie des actes de l'état civil

こぜに〔小銭〕(petite) monnaie 女 小銭を用意する préparer sa monnaie / 小銭がありません Je n'ai pas de petite monnaie.
◘小銭入れ porte-monnaie 男

午前 matin 男, matinée 女 午前10時 dix heures du matin / 午前中に dans la matinée

こそ それこそしてはいけないことだった C'est justement ce qu'il ne fallait pas faire.

護送 escorte 女 商船を護送する convoyer des navires marchands / 囚人を護送する conduire un prisonnier sous bonne escorte

固体 (corps) solide 男

古代 Antiquité 女, temps anciens 男複
◘古代人 Anciens 男複

誇大な exagéré(e)
◘誇大広告 publicité exagérée 女 誇大妄想 délire de grandeur 男, mégalomanie 女

答え réponse 女;〔問題などの〕solution 女 答えは全部合っている Toutes les réponses sont bonnes. / さ, 答えをどうぞ Bon, donnez votre réponse. / 答えになっていないよ Ce n'est pas une réponse!

こたえる〔応える〕répondre à..., satisfaire 娘の一言が彼にはひどくこたえた Un mot de sa fille l'a touché au vif.

答える répondre 文を読んで問いに答えなさい Répondez aux questions après avoir lu la phrase.

子宝に恵まれる connaître le bonheur d'avoir des enfants

ごたごた désordre 女 うちの会社はごたごたしている C'est plutôt le désordre dans la société.

木立 bosquet 男, bouquet 男 木立の中に別荘が建っている Il y a une maison de campagne dans les bosquets.

こだま écho 男

こだわる s'attacher 細部にこだわる s'attacher aux détails

こちこちになる durcir, se dessécher

ごちそう régal 男, bonne table 女 ごちそうさまでした Merci. C'était un régal.

誇張 exagération 女, emphase 女, enflure 女 誇張する exagérer / 誇張じゃないよ Je n'exagère pas.

語調 ton 男 語調でどこの出身かわかる Son ton indique la région d'où il vient.

こちら ici, par ici こちらへどうぞ Par ici, je vous prie. / こちらでお待ちいただけますか Pourriez-vous attendre ici, s'il vous plaît? / こちら佐藤さんです Je vous présente Monsieur [Madame, Mademoiselle] Sato.

こつ secret 男;〔…する〕こつを心得ている〔覚える〕avoir [attraper, prendre] le coup pour... / こつさえつかめば後は簡単 Une fois qu'on a compris le truc, c'est facile.

国家 État 男 国家に忠誠を尽くす être fidèle à l'État
◘国家権力 pouvoir d'État 男 国家公務員 fonctionnaire d'État 国家財政 finances d'État 女複 国家試験 concours national 男

国歌 hymne (national) 男 オリンピックで国歌が演奏された On a joué l'hymne national aux Jeux Olympiques.

国会 parlement 男 国会を召集する convoquer le parlement
◘国会議員 parlementaire 名 国会議事堂 Palais de la Diète 男

小遣い argent de poche 男 息子に

小遣いをやる donner à son fils de l'argent de poche
骨格 squelette 男, ossature 女, charpente 女 頑丈な骨格をしている avoir de gros os
国旗 drapeau national 男 国旗を掲揚する arborer un drapeau national
国境 frontière 女 国境を越える franchir la frontière
◘国境紛争 incident de frontière 男
コック 〔料理人〕cuisinier(ère) 名; 〔栓〕robinet 男 一流のコックだ C'est un cuisinier de premier ordre.
こっけいな plaisant(e), drôle こっけいた話を聞くとすぐ笑ってしまう Il rie à la moindre histoire drôle.
国交 relations diplomatiques 女複 ある国と国交を断絶する rompre les relations diplomatiques avec un pays
刻刻と à chaque instant, de plus en plus
こつこつと〔辛抱強く〕laborieusement, assidûment 夏休みの宿題をこつこつやる faire assidûment ses devoirs de vacances
ごつごつした〔岩が〕en aspérité; 〔感touch・態度が〕rude
骨髄 moelle 女 骨髄移植を受けた Il a reçu une greffe de moelle.
◘骨髄バンク banque de moelle (osseuse) 女
骨折 fracture 女 スキーで脚を骨折した Je me suis fracturé la jambe au ski.
こっそり en cachette, secrètement 妻の携帯をこっそり見た J'ai consulté en cachette le portable de ma femme.
ごった返す être plein de monde, affluer クリスマス前で店はごった返していた Le magasin était plein de monde avant Noël.
こっち (→こちら) もうこっちの物だ C'est dans la poche. / こっちを見て Regardez par ici.
ごっちゃにする confondre, mêler, mélanger 何もかもごっちゃにしてしまった Il a tout confondu.
小包 paquet, colis 男 この小包を日本に送りたいのですが Je voudrais envoyer ce paquet au Japon. / 荷造り用のセットはありますか Vous avez des emballages?
こってりした gras(se), consistant(e) こってりした料理は好きじゃない Je n'aime pas la cuisine grasse. / 先生にこってり絞られた Le professeur m'a sévèrement réprimandé.
骨董 curiosités 女複; 〔古美術品〕antiquités 女複
◘骨董屋 antiquaire 名
小粒 petit grain, granule 男 今年の新人はどうも小粒だ Les recrues de cette année ne semblent pas avoir beaucoup d'envergure.
コップ〔グラス〕verre 男; 〔足・取っ手のない〕gobelet 男 紙コップ verre en papier
◇コップの中のあらし(=空騒ぎ) tempête dans un verre (d'eau)
小手 小手先で à la légère
◘小手調べ coup d'essai
固定 fixation 女, fixage 男 固定する fixer / 固定客だ Ce sont des clients réguliers.
◘固定観念 idée fixe 女 固定資産 immobilisations 女複
古典 classique 男 古典は古びることはない Le classique ne se démode pas.
◘古典主義 classicisme 男
こと chose 女, affaire 女, fait 男 あなたに話したい事があります J'ai quelque chose à vous dire. / おっしゃっている事がわかりません Je ne comprends pas ce que vous dites.
◇事ここに至って au point où en sont les choses 事だ それは事だ〔大変だ〕C'est toute une affaire. 事によると Il est possible que... 事を構える causer des ennuis
こと その映画を見たことがありますか Vous avez vu ce film? / あす帰ることにした J'ai décidé de rentrer demain. / 泣くことはない Vous n'avez pas à pleurer.
ごと avec; 〔全部〕en entier リンゴを皮ごと食べる manger une pomme sans la peler
ごと(毎) 試合ごとに強くなる devenir plus fort à chaque match / 赤字は月を追うごとに増えている Les déficits s'aggravent au fil des mois.
孤島 île isolée 女
鼓動 battement 男, pulsation 女 胸の鼓動を感じた J'avais des battements de cœur.
孤独 solitude 女, isolement 男 孤独な solitaire / 孤独を好む avoir des goûts solitaires / 孤独の果てに死ぬ mourir après une longue solitude / 群衆の中で孤独を感じた Je me sentais seul dans la foule. / 〔ガルシア・マルケスの〕「百年の孤独」Cent ans de solitude
ことさら〔故意に〕à dessein, exprès, intentionnellement; 〔あえて…する〕oser ことさら陽気にふるまう Je montre intentionnellement un visage gai.
今年 cette année
異なる différer, être différent(e) 国が異なれば習慣も異なる Les coutumes diffèrent selon les pays.
ことば〔人間の活動・用法〕langage 男;〔言われた言葉・単語〕mot 男;〔発せられた語・口を利くこと〕parole 女;〔各国語〕langue 女 ことばを発する prononcer des mots / ことばの壁を乗り越える surmonter la barrière de la langue / ことば巧みに avec des paroles habiles / 言葉は肉となった Le verbe s'est fait chair. (★ヨハネ福音書 1：14) /〔フーコーの〕「言葉と物」Les Mots et les Choses

ことばじり

◇**ことばの綾** figures de rhétorique 〔言訳〕それはことばの綾に過ぎない Ce n'est qu'une manière de parler. ことばを返す おことばを返すようですが Je ne voudrais pas vous contredire mais… ことばを濁す répondre en Normand

ことばじり ことばじりをとらえる relever les lapsus

ことば遣い langage 男, façon de parler 女;〔言い方〕façon de parler ことば遣いが悪い Il a une mauvaise façon de parler.

子供 enfant 男;〔がき・じゃり〕gosse 名, môme 名 そんなことは子供にもわかる Les enfants même comprennent cela. /ちょっと子供を見ててくれる? Est-ce que tu peux prendre soin de l'enfant un moment? /(ジャン・コクトーの)「恐るべき子供たち」 *Les Enfants terribles*

◘ **子供服** vêtement pour enfants 男 **子供部屋** chambre d'enfants 女

子供っぽい enfantin(e) 日本の男は子供っぽいところがある Les hommes japonais ont un coté enfantin.

小鳥 petit oiseau 男, oiselet 男 小鳥がえさを求めてチイチイなく Le petit oiseau fait cui cui pour demander la nourriture.

ことわざ proverbe 男 ことわざにあるように comme le dit le proverbe

断り 〔拒絶〕refus 男;〔許可〕permission 女 断りもなしに sans permission /お断りよ Pas question.

断る refuser;〔許可を求める〕demander la permission;〔予告〕prévenir (→誘う) 招待を断る refuser une invitation /気が向かないなら Ce me dit rien. /せっかくですが C'est gentil mais je le regrette. /残念ですが予定があります Je suis désolé(e), mais je ne suis pas libre. /体調がよくないのでやめておくよ Je ne me sens pas très bien. Je ne peux pas accepter. /いやです Je ne veux pas. /いりません Non, merci.

粉 poudre 女, poussière 女 麦をひいて粉にする moudre du blé

◘ **粉せっけん** savon en poudre 男 **粉雪** neige poudreuse 女

粉々 《になる》être mis(e) en morceaux コップは粉々になった La tasse s'est cassée en mille morceaux.

こなし この選手は身のこなしがいい Ce joueur est très agile.

コネ piston 男 コネで出版社に入った Grâce au piston, j'ai pu entrer dans une maison d'édition.

この ce, cette, ces この位 comme cela, autant que cela /この次 la prochaine fois, une autre fois /この辺 près d'ici, par ici, dans ces environs /この前 la dernière fois, l'autre fois, l'autre jour /あなたが言っていたのはこのこと? Ce que tu disais, c'est ça?

このごろ ces derniers temps, ces temps-ci, récemment このごろ彼を見かけない Je ne le vois plus ces derniers temps. /あの少女はこのごろ一段ときれいになった Cette jeune fille a beaucoup embelli ces derniers temps.

木の葉 feuille 女;〔1本の木全体の〕feuillage 男 木の葉が風に舞った La feuille a tourbillonné dans le vent.

好ましい désirable, souhaitable, agréable 相手を傷つける言い方は好ましくない Il n'est pas désirable de blesser les autres par la parole.

好み goût 男, préférence 女 好みは人さまざま Chacun (a) ses goûts.

好む aimer, avoir du goût, avoir une préférence 好むと好まざるとにかかわらず働かなくてはならない Que ça vous plaise ou non, vous devez travailler.

拒む refuser 親からの援助を拒んだ Il a refusé l'aide de ses parents.

湖畔 bord d'un lac 男

ご飯 〔米〕riz 男;〔食事〕repas 男 晩ご飯を何にするか決める décider de ce qu'on va préparer pour le dîner

こびを売る faire des coquetteries à…

コピー copie 女, double 男 この書類を5部コピーしておいて Faites-moi cinq photocopies de ce document.

◘ **コピー機** photocopieur 男, copieur 男 **コピーライター** rédacteur(trice) publicitaire 名

こびる flatter 彼女はすぐ男にこびる Elle use facilement de son charme envers les hommes.

こぶ bosse 女, excroissance 女 あらやだ、こぶができたわね Oh là là, tu as une bosse. /こぶのある bossu(e)

古風な archaïque, à la mode ancienne;〔流行遅れの〕démodé(e)

ごぶさた ごぶさたしております Excusez-moi de mon long silence.

こぶし 〔拳〕poing 男 こぶしを握る serrer le poing /こぶしを振り上げる brandir le poing

小降り 小降りになった La pluie a diminué d'intensité.

子分 protégé(e) 名 子分が多い Il a de nombreux protégés.

個別に individuellement, personnellement

戸別 de porte en porte, de maison en maison 戸別訪問をする faire du porte-à-porte

語法 usage 男, idiotisme 男

誤報 fausse nouvelle 女 誤報を流す diffuser une fausse nouvelle

ゴボウ bardane 女 先ırabardane 先頭集団を一気にごぼう抜きした Il a dépassé d'un coup le peloton de tête.

こぼす 〔水を〕répandre, renverser;〔不平を〕se plaindre 仕事がきついとこぼした Il s'est plaint de trop de travail.

こぼれる se répandre, couler, déborder

子ほんのうな gâteau, aimant(e) 子ほんのうな父親だ Avec ses enfants

こま 日常生活のひとこま une scène dans la vie quotidienne / 週に10コマ授業がある avoir dix séances de classe par semaine

ゴマ(胡麻) sésame 囡 開けゴマ Sésame, ouvre-toi!
◇ごまをする flatter

コマーシャル publicité 囡, pub 囡, réclame 囡 テレビでコマーシャルを流す passer une publicité à la télé / 番組をコマーシャルで何度も中断させる entrecouper une émission d'annonces publicitaires / DVDのおかげでコマーシャルを飛ばせるようになった Grâce aux DVD, on peut échapper à la publicité.
◘コマーシャルソング refrain publicitaire 男, air de publicité 男

細かい〔目・粒など〕fin(e), 〔小さい〕petit(e)〔ささいな〕menu(e)〔詳しい〕détaillé(e)〔綿密・緻密な〕minutieux(se)〔神経がこまかい〕sensible みなに細かい気を配る regardant(e), économe, dur(e) à la détente / 細かいことは省きます Je passe sur les détails.

ごまかす tricher, frauder 年をごまかす tricher sur son âge / 勘定をごまかす falsifier une addition / 彼女に問い詰められて、笑ってごまかした Comme elle m'a assommé de questions, j'ai essayé de la tromper en riant.

鼓膜 tympan 男 鼓膜が破れそうな音 un bruit à crever le tympan

困る avoir des difficultés;〔当惑する〕être embarrassé(e), se sentir gêné(e) 困らせる gêner, ennuyer / そんなこと言われても困ります C'est gênant, ce que vous dites. / 返事をしないことになるよ Si tu ne réponds pas, tu vas avoir de gros problèmes.

ごみ ordures 囡複, immondices 囡複, déchets 男複 ごみを掃き寄せる balayer et ramasser des ordures / 生ごみ déchets de cuisine / 燃えるごみ ordures brûlables / 粗大ごみ déchets encombrants
◘ごみ焼却炉 incinérateur 男 ごみ捨て場 dépotoir 男 ごみ箱 poubelle 囡

こみ上げる 怒りがこみ上げた J'ai eu un accès de colère. / 涙がこみ上げてきた Les larmes me sont montées aux yeux.

込み入った compliqué(e), complexe, embrouillé(e) 彼の辞任には込み入った事情があった Il y eut des raisons compliquées pour sa démission.

小耳 小耳に挟む avoir vent de… 通りすがりに人の会話を小耳に挟む entendre au passage des bribes de conversation

コミュニケーション communication 親子のコミュニケーションがない Parents et enfant sont sans communication.

込む 朝晩は列車が込む Les trains sont bondés le matin et le soir.

ゴム caoutchouc
◘ゴム印 tampon de caoutchouc 男 ゴム長 caoutchoucs 男複, bottes de caoutchouc 囡複 ゴムボート bateau gonflable de caoutchouc ゴムまり balle de caoutchouc

小麦 blé 男
◘小麦粉 farine (de blé) 囡 小麦粉と卵をかき混ぜる malaxer de la farine et des œufs

こむら返し 起こす avoir une crampe au mollet

米 riz 男 米をとぐ laver du riz / 米を炊く préparer du riz
◘米屋 marchand(e) de riz 囡

米粒 grain de riz 男 米粒一つといえども粗末にしてはいけない Il ne faut pas gaspiller un seul grain de riz.

込める 心を込めて de tout son cœur / 力を込めて de toutes ses forces

ごめん(→謝る) 国民不在の政治はもうごめんだ A bas les politiciens qui n'écoutent pas le peuple!
◇ごめんください〔おじゃまでしょうか〕Je vous dérange?〔だれかいますか〕Il y a quelqu'un?

コメント commentaire 男 いっさいのコメントを拒む se refuser à tout commentaire

小文字 (lettre) minuscule 囡

子守り nurse 囡, baby-sitter 囡
◘子守り歌 berceuse 囡 母はよく子守り歌を聞かせてくれた Ma mère m'a chanté souvent des berceuses.

こもる s'enfermer, se cloîtrer, se retirer;〔煙などが〕remplir 家にこもる s'enfermer chez soi

顧問 conseiller(ère) 囡 テニスクラブの顧問になる Il va devenir conseiller du club de tennis.
◘顧問弁護士 avocat(e)-conseil 囡

小屋 cabane 囡 小屋で夜を過ごした J'ai passé la nuit dans une cabane.

誤訳 erreur de traduction 囡 誤訳を見つける relever des erreurs de traduction

固有 particulier(ère), propre 日本固有の習慣だ C'est une coutume particulière au Japon.

雇用 emploi 男, embauche 囡 雇用した社員を教育する former un nouvel arrivé à l'emploi / 雇用の安定を求める rechercher la sécurité de l'emploi
◘雇用者 employeur(se) 囡 雇用保険 assurance-chômage 囡

御用 なんの御用でしょう Qu'est-ce qui vous amène ici?/ お安い御用です Ce n'est pas un souhait difficile à réaliser.

暦 calendrier 男, almanach 男 暦の上では suivant le calendrier / 暦の上では春なのにまだ寒い Il fait encore froid malgré le calendrier.

こら hé, hé là, holà こら静かにしないか Hé, reste tranquille!

こらえる →耐える

娯楽 divertissement 男, distraction 女 娯楽が足りない Ils manquent de divertissement./映画は当初から大衆の娯楽だ Dès ses origines, le cinéma fut une distraction populaire.
- **娯楽映画** film de divertissement 男 **娯楽室** salle de distraction 女

コラム 〔囲み記事〕 entrefilet 男；〔時評欄・署名入りコラム〕 chronique 女
- **コラムニスト** chroniqueur(se) 名

こりごりだ J'en ai assez

孤立 isolement 男
- **孤立主義** isolationnisme 男

ゴリラ gorille 男

懲りる あつものに懲りてなますを吹く Chat échaudé craint l'eau froide.

凝る 〔打ち込む〕 se passionner 彼はなんでも凝るほうだ Il est perfectionniste dans tout ce qu'il fait.

ゴルフ golf 男

ゴルファー golfeur(se) 名 プロゴルファー golfeur(se) professionnel(le)

これ ça, cela, ceci これからは désormais, à partir de maintenant
◇ **これという** これという…こともない n'avoir rien de particulier à faire /これという名案がない On n'a pas l'idée qu'il nous faudrait.

これきり pour la dernière fois もうこれきりにしよう Finissons-en là.

コレクション collection 女 パリコレクション les défilés de collection de Paris

コレステロール cholestérol 男 コレステロール値を下げなくてはいけない Je dois faire baisser mon taux de cholestérol.

これまで jusqu'à maintenant, jusqu'ici

ころ 〔頃〕 vers きのうの11時ごろ hier vers onze heures

転がす 〔石などを〕 rouler；〔相手を〕 terrasser；〔転売する〕 revendre

転がる rouler；〔転ぶ〕 tomber どこにでも転がっている物 un objet que l'on peut trouver partout /ビール瓶が転がった La bouteille de bière s'est mise à rouler.

ごろごろ 家でごろごろする paresser chez soi /目がごろごろして痛い avoir une poussière dans l'œil

殺し屋 tueur(se) 名, nervi 男

殺す tuer, faire mourir；〔大量に〕 massacrer；〔根絶やしにする〕 exterminer；〔謀って〕 assassiner 声を殺して baisser la voix /才能を殺す gâcher son talent /感情を殺す étouffer un sentiment

コロッケ croquette 女

ごろ寝する coucher tout habillé(e) sur terre

転ぶ tomber, se renverser 道で転んでひざを擦りむいた Je suis tombé en chemin et je me suis écorché le genou. /どちらへ転んでも損はない Quoi qu'il arrive, on en tirera toujours parti.
◇ **転ばぬ先のつえ** Prudence est mère de sûreté.

怖い terrible, affreux(se), horrible お化けが出そうな家だね…怖いの？ Cette maison a l'air hantée. — Tu as peur？ [=Ça te fait peur?]

声色 voix contrefaite 女 彼はシラクの声色をまねるのがうまい Il est très doué pour contrefaire la voix de Chirac.

怖がる avoir peur de..., s'effrayer 怖がることはないですよ Vous n'avez pas besoin d'avoir peur.

小脇 ラケットを小脇に抱える porter une raquette sous le bras

こわごわ timidement, craintivement 犬にこわごわ近づく approcher timidement un chien

壊す détruire, détruire 建物を壊す détruire un bâtiment /体を壊す s'abîmer la santé

こわばる se raidir, se durcir, être raide

壊れる se casser；〔故障する〕 se détraquer, tomber en panne；〔計画などが〕 avorter, échouer 「壊れ物注意」 «Fragile»

紺 bleu foncé 男, azur 男 濃紺の背広 un costume bleu foncé

根 racine 女 平方根 racine carrée /立方根 racine cubique
◇ **根を詰める** travailler patiemment

こんがらかる s'embrouiller 頭がこんがらかった Mes idées se sont embrouillées.

懇願 supplication 女, instances 女複 懇願する supplier /彼の懇願を聞き入れた J'ai accepté ses supplications.

根気 persévérance 女, patience 女 根気のある persévérant (e), patient(e) /彼は根気よくフランス語を学んでいる Il étudie le français avec persévérance. /根気が要る仕事だ C'est un travail qui exige de la patience.

根拠 base 女, fondement 男, motif 男 君がやったネー何を根拠に言うんだ C'est toi qui as fait ça. — Qu'est-ce qui te fait dire ça?

コンクール concours 男 たいしたもんだ、ショパンコンクール入賞なんて Il a du mérite. Il a remporté un prix au concours Chopin.

コンクリート béton 男 鉄筋コンクリート béton armé

混血 sang mêlé 男, métissage 男

今月 ce mois, mois courant

根源 racine 女, source 女 争いの根源を絶つ stopper la dispute à la base

今後 désormais 今後ともよろしく J'espère qu'on va faire du bon travail.

混合 mélange 男, mixité 女
◇ **混合ダブルス** double mixte 男 **混合物** mixture 女, mélange 男

言語道断 (→もってのほか) パリのど真ん中に高速道路とは言語道断だ Une voie rapide en plein cœur de Paris, c'est un vrai sacrilège.

こんこん〔ドアなどをたたく音〕toc toc

コンサート concert 男 コンサートに行く aller au concert／コンサートは19時からある Le concert sera donné à partir de 19h.／ベルリンフィルは東京で一連のコンサートを催す予定だ L'Orchestre Philharmonique de Berlin donnera une série de concerts à Tokyo.

◘コンサートホール salle de concert 女 **コンサートマスター** premier violon 男

混雑 encombrement 男, bousculade 女 最高に混雑するのは8時だ Le plein de la bousculade, c'est à huit heures.／混雑のピークを避けて通勤している Je vais toujours au bureau en évitant les heures de pointe.

コンサルタント conseil 男, conseiller(ère) 経営コンサルタント conseiller(ère) de gestion

今週 cette semaine 今週いっぱいかかります Cela prendra toute cette semaine.

根性 tempérament 男, fermeté d'esprit 女 根性を鍛える tremper le caractère／あいつには根性がない Il ne fait preuve d'aucun courage.

懇親会 réunion amicale 女

昏睡 léthargie 女, coma 男 昏睡が続いている Il est toujours dans le coma.

根絶 déracinement 男 世界保健機関は天然痘の根絶を宣言した L'Organisation mondiale de la santé a déclaré le déracinement de la variole.

コンセンサス consensus 男 税金について国民のコンセンサスを求める faire accepter un consensus par la population à propos des impôts

コンセント prise (de courant) 女

コンタクト contact 男 …とコンタクトをとる prendre contact avec…

◘コンタクトレンズ verre de contact 男

献立 menu 男 今晩の献立は何にしようか Qu'est-ce qu'on va faire à manger pour ce soir?

昆虫 insecte 男 **◆アブ** taon 男 **アリ** fourmi 女／**イナゴ** sauterelle 女／**カ(蚊)** moustique 男／**ガ(蛾)** papillon nocturne 男／**カゲロウ** éphémère 女／**カマキリ** mante 女／**キリギリス** sauterelle 女／**コオロギ** grillon 男／**ゴキブリ** cafard 男／**シラミ** pou 男／**セミ** cigale 女／**チョウ** papillon 男／**トンボ** libellule 女／**ノミ** puce 女／**ハエ** mouche 女／**バッタ** criquet 男／**ホタル** ver luisant 男

◘昆虫学者 entomologiste 男 **昆虫採集** collection d'insectes 女

根底 fond 男, base 女 …を根底から覆す renverser qc par la base／社会の仕組みを根底から揺がす faire trembler l'édifice social dans ses fondements

コンディション condition 女 コンディションを整える se mettre en condition

コンテスト concours 男 美人コンテスト concours de beauté

コンテナ conteneur 男

◘コンテナ船 cargo porte-conteneurs 男

今度 〔今回〕cette fois；〔次回〕prochaine fois；〔近々〕prochainement, bientôt；〔最近〕dernièrement, récemment 今度の prochain(e) 今度の試合は雪が降り始めた La pluie ayant cessé, c'est la neige qui a pris le relais.／今度の先生は嫌いだ Je n'aime pas mon nouveau professeur.

混同 confusion 女 混同する confondre／公私を混同するな Il faut distinguer sa vie publique de sa vie privée.

コンドーム préservatif 男 エイズ予防にコンドームをしよう Utilisons les préservatifs en prévention du SIDA.

コントラスト contraste 男 テレビ画面のコントラストを調整する régler le contraste de la télévision

混沌 chaos 男, confusion 女 混沌から偉大な作品は生まれる Du chaos naissent les grandes œuvres.

こんな pareil(le), semblable こんなに aussi, si／こんなことになるなんて思わなかった Je n'imaginais pas que c'est ça qui arriverait.

困難 difficulté 女, peine 女 困難な difficile 〔難しい〕／困難にぶつかる se heurter à une difficulté／困難を楽々と乗り切る jongler avec les difficultés／困難な仕事に身を投じる s'engager dans une affaire difficile

こんにちは Bonjour! →あいさつ

コンパ réunion amicale 女 (d'étudiants) 歓迎のコンパを開く organiser une réunion amicale pour faire se connaître les nouveaux

コンパクトディスク disque compact 男

コンパス compas 男 コンパス(=脚)が長い avoir de longues jambes

コンパニオン hôtesse 女

今晩 ce soir 今晩、おじゃましていいでしょうか Est-ce que je peux vous rendre visite ce soir?

こんばんは Bonsoir! →あいさつ

コンビ paire 女, couple 男 コンビを組む former un couple avec…

コンビーフ bœuf en conserve 男

コンビナート combinat 男, complexe 男

コンピュータ ordinateur 男 **◆アイコン** icône 女／**アクセス** accès 男／**アップグレード** mise à niveau 女／**アップデート** mise à jour 女／**アドレス** adresse 女／**アプリケーション** application 女／**インストール** installation 女／**インターネット** Internet 男／**インターフェース** interface 女／**ウェブサイト** site web 男／**上書き** récriture 女／**エディター** éditeur 男／**エミュレータ** émulateur 男／**エンコード** encodage 男／**オペレーティン**

コンプレックス

グシステム（OS）système d'exploitation 男 お気に入り〔ブックマーク〕signet 男 拡張子 extension 男 カーソル curseur 男 カーボンコピー copie conforme キーボード clavier 男 起動する démarrer キャッシュメモリ cache 男, mémoire cache 女 クリックする cliquer 掲示板 forum 男 検索エンジン moteur de recherche サーバー serveur 男 システムエンジニア ingénieur système 男 周辺機器 périphérique 男 初期化 initialisation 女 ショートカット raccourci 男 ジョブ travail 男 スキャナー scanneur 男 スクロール défilement 男 ソフトウェア logiciel 男 ダウンロード téléchargement 男 タスク tâche 女 ダンプ dump 男 端末〔装置〕terminal 男 チャット chat 男 ディスプレー affichage 男 テキスト形式 format texte 男 データベース base de données 女 テンキーボード dix touches numérotées 添付ファイル annexe 女, fichier attaché 男 ドライバ pilote 男 ドライブ entraînement 男 バイト octet 男 バグ bogue 男 パスワード mot de passe 男 バックアップ secours informatique 男 ハードウエア matériel 男 ハードディスク disque dur 男 貼り付ける coller 半導体 semi-conducteur 男 ビット bit 男 ファイル fichier 男 ファンクションキー touche de fonction 女 フォーマット format 男 フォルダ dossier 男 フォント police de caractère 女 フリーズする freezer, geler プリンター imprimante 女 ブログ blog 男 フロッピーディスク disquette 女 プロトコル protocole 男 プロバイダ fournisseur d'accès 男 ホームページ page d'accueil 女 マウス souris 女 命令 instruction 女 メモリ mémoire 女 メールアドレス adresse e-mail 女 モデム modem 男 リンク lien 男 ルーチン routine 女 ルーティング acheminement 男 ループ boucle 女 ロード chargement 男 ❏コンピュータグラフィックス infographie 女

コンプレックス complexe 男 コンプレックスになっている complexer / 鼻が大きいのが彼のコンプレックスだ Son grand nez le complexe.

こん棒 gourdin 男, massue 女;〔警官の〕matraque 女

根本 base 女, fondement 男 根本的 fondamental(e)

コンマ virgule 女

根負けする finir par céder 根負けしてついに折れた À bout de patience, il a fini par céder.

今夜 ce soir, cette nuit 暖かい物を着て行きなさい。今夜は冷えますよ Prends une laine, il fait froid ce soir.

婚約 fiançailles 女複 婚約発表 annonce des fiançailles / 婚約を破棄する rompre ses fiançailles ❏婚約者 fiancé(e) 婚約指輪 bague de fiançailles 女

混乱 désordre 男, confusion 女 頭の中が混乱した Tout s'est brouillé dans ma tête.

婚礼 noce 女（ガルシア・ロルカの）『血の婚礼』Noces de sang

こんろ ガスこんろにやかんがかかっている La bouilloire est sur le feu du réchaud à gaz.

困惑 embarras 男, confusion 女, perplexité 女 困惑している être embarrassé(e), être dans l'embarras

さ

差 différence 女, écart 男 雲泥の差がある C'est le jour et la nuit. / 年齢差 différence d'âge

さあ さあ、おいで Allons, viens! / さあ、どうでしょうか Eh bien, c'est pas sûr.

サーカス cirque 男 ◆空中ぶらんこ trapèze volant ピエロ pierrot 男, clown 男 曲芸 acrobatie 女 猛獣使い dompteur(se) de fauves

サービス service 男 サービスする〔値引き〕faire une réduction;〔無料〕offrir / サービス料を含めて service compris / アフターサービス service après-vente / サービスしますから買ってください Prenez-le, je vous ferai un prix. ❏サービス業 サービス業で働く travailler dans les services

サーファー surfeur(se) 女

サーフィン surf 男

歳 〜年としの

サイ〔犀〕rhinocéros 男

最悪 (la pire) le pire, le plus mauvais (la plus mauvaise) 最悪の事態も起こるかもしれない Les pires catastrophes pourraient advenir.

再会 retrouvailles 女複 再会するrevoir, retrouver（→会う）/ また会えるとは思っていなかった Je ne pensais pas qu'on se reverrait un jour.

災害 désastre 男, calamité 女, catastrophe 女 災害の規模を見積もる mesurer les proportions d'une catastrophe

才気あふれる déborder d'esprit

最近 récemment, ces derniers temps, récent(e)

細菌 bactérie 女;〔微生物〕microbe 男 細菌の毒性を弱める atténuer la virulence des microbes

細工〔木工による〕façonnage 男, ouvrage 男;〔たくらみ〕ruse 女, artifice 男 細工が粗い Le travail est peu soigné. / 竹細工 ouvrage en bambou / 金銀細工 ouvrage d'orfèvrerie

サイクリング cyclisme 男 サイクリングする faire du vélo

サイクロン cyclone 男 サイクロンの発生 génération des cyclones

歳月 それから10年近い歳月が流れた Près de dix ans se sont depuis lors écoulés. / 歳月人を待たず Le temps n'attend personne.

債権 créance 囡 債権を取り立てる recouvrer une créance
☐**債権者** créanci*er(ère)* 图
際限のない sans limites 若いころは時間が際限なくある気がする Quand on est jeune, le temps donne l'impression d'être sans limites.
再現する reproduire, faire revivre 事件を再現してみよう On va essayer de reproduire les circonstances.
最後 fin 囡, terme 男 最後の der*nier(ère)*, ultime, fina*l(ale)* /最後に finalement, enfin, à la fin /最後まで jusqu'au bout /仕事は最後までやり遂げなくてはいけない Il faut mener le travail à sa fin. /最後から2両目の車両 deuxième voiture avant la dernière
◇**最後を飾る** couronner à la fin
☐**最後通牒**^{ﾂｳﾁｮｳ} ultimatum 男
在庫 stock 男 在庫をさばく écouler un stock /在庫を整理する liquider le stock
最高の suprême 最高だ！ Génial! [=C'est super!]
さいころ dé 男 さいころを振る jeter un dé
さい先 さい先よいデビューを飾る faire des débuts prometteurs
採算 採算が合う être rentable
財産 fortune 囡, bien 男 財産を築く faire fortune /財産を譲る transférer ses biens /財産を食いつぶす dissiper sa fortune
☐**財産家** homme riche 男
採集 collection 囡 チョウの採集に行こう Allons chasser les papillons pour notre collection.
最初 début 男, commencement 男 最初のpremi*er(ère)* 囡/なぜ最初に言わないの Pourquoi est-ce que tu ne l'as pas dit dès le début? /最初はだれでもできないよ Au début, personne n'est capable. /最初で最後のお願いだ C'est la première et la dernière fois que je te demande quelque chose.
最小の minimum, minim*al(ale)*, le plus petit (*la plus petite*) 世界一最軽量のカメラだ C'est l'appareil photo le plus petit et le plus léger du monde.
最上級〖文法の〗superlatif 男 最上級の肉 viande de première qualité ☺**彼女は5人の中でいちばん背が高い** Elle est la plus grande des cinq. /あなたほど美しい人はこの世にいない Aucune personne n'est aussi belle que vous dans ce monde.
最小限で au minimum 出費を最小限に抑える limiter ses dépenses au strict minimum
菜食 régime végétarien 男
☐**菜食主義者** végétari*en(ne)* 图
最新 tout nouveau, derni*er(ère)* 最新流行の服を着る s'habiller à la dernière mode /批評家たちは彼の最新作に冷淡だった La critique a été dure pour son dernier ouvrage.

サイズ taille 囡;〖帽子・手袋・靴の〗pointure 囡 これは私のサイズではない Cette veste n'est pas à ma taille. /これのサイズ違いはありますか Est-ce que vous avez une autre taille? /服のサイズはいくつですか—40です Quelle taille faites-vous? — Je fais du quarante.
再生 renaissance 囡;〖器官・触媒などの〗régénération 囡;〖音・映像などの〗reproduction 囡 音を再生する reproduire un son
再生紙 papier recyclé 男
財政 finances 囡 財政を潤す améliorer les finances /財政を立て直す redresser la situation financière
最善 最善を尽くす faire de son mieux
催促 réclamation 囡 催促された réclamer ☺**千円貸してあるよね** Je te rappelle que tu me dois 1.000 yen. /注文したものがまだですが Ma commande n'est pas encore arrivée.
最大 maximum, maxim*al(ale)*, le plus grand (*la plus grande*) 最大多数の最大幸福 le plus grand bonheur du plus grand nombre
最大限に au maximum 廃棄物を最大限に利用する exploiter au maximum les déchets /最大限がんばれよ。こっちもできるだけの応援はするから Tu feras de ton mieux. De mon côté, j'essaierai de t'aider au maximum.
最中に au milieu de コンサートの最中に携帯電話が鳴った Mon portable s'est mis à sonner en plein concert.
最低の minimum, minim*al(ale)* 最低なやつだな Il n'y a pas pire que toi. /最低でもこのぐらいは知らないと困るよ Si tu n'as pas au minimum cette notion de base, ça va être ennuyeux.
最低賃金 salaire minimum 男
災難 désastre 男, mésaventure 囡 (→災害) 災難に遭う être victime d'un accident /とんだ災難だ Ça y est, c'est la tuile.
才能 talent 男, génie 男 才能のある dou*é(e)*, talentueu*x(se)* /彼は人の才能を引き出すのがうまい Il a l'art de tirer parti du talent des gens. /才能を生かすも殺すも心がけ次第だ C'est de toi et toi seul que dépend le développement de ton talent.
さいの目 ニンジンをさいの目に切る couper des carottes en dés
さい配を振る commander, diriger
栽培 culture 囡 花を栽培する cultiver des fleurs
裁判 justice 囡;〖訴訟〗procès 男 裁判に訴える recourir à la justice /〖ロベール・ブレッソンの〗『ジャンヌ・ダルク裁判』 *Le Procès de Jeanne d'Arc*
☐**裁判官** juge 男 **裁判所** cour 囡
財布 portefeuille 男, porte-monnaie 男 財布を落とした J'ai perdu mon porte-feuilles. /財布を拾ってく

だった方にはお礼を差し上げます J'offre une récompense à qui rapportera mon portefeuille. / うちは母親が財布を握っている C'est maman qui tient les cordons de la bourse à la maison.

◇財布の底をはたく 財布の底をはたいて車を買った Il a dépensé jusqu'à son dernier sou pour acheter cette voiture.

細部 détail 細部に注意を払って son attention sur le détail / ごく細部に至るまで jusque dans les moindres détails

裁縫 couture 女

細胞 cellule 女 細胞が分化する Les cellules se différencient.

◻細胞分裂 division cellulaire

歳末 fin d'année 男 歳末謝恩セール solde de fin d'année

催眠 hypnose 女

◻催眠剤 hypnotique 男 催眠術 hypnotisme 男 催眠術をかける hypnotiser

債務 dette 女, obligation 女 債務を履行する s'acquitter d'une obligation.

◻債務者 débiteur(trice) 女

財務 finances 女

◻財務大臣 ministre des Finances 男

材木 bois 男 材木を積み上げる empiler du bois

採用 [採択] adoption 女; [雇用] admission 女, embauche 女 採用する〈物を〉adopter; 〈人を〉engager

最良の le meilleur (la meilleure) わが生涯最良の時 le meilleur temps de ma vie

材料 matériaux 男複, matière 女

サイレン sirène 女 救急車のサイレン sirène d'une ambulance

幸い bonheur 男 幸い雨が降らなかった Nous avons eu la chance d'avoir du beau temps.

◇幸いする 雨がうちのチームに幸いした La pluie a porté la chance à notre équipe.

サイン [署名] signature 女, autographe 男; [合図] signal 男, signe 男 書類にサインする signer un papier / スターにサインをねだる demander un autographe à une star / 指でVサインをする faire des doigts le signe V de la victoire

さえ même; [だけ] seulement 水さえあればひとまず安心だ / せめて彼女がぼくに一言声をかけてくれましたらなあ Si seulement elle m'adressait un seul mot!

遮る 視界を遮る arrêter [cacher] la vue / 話を遮る interrompre, couper la parole à... / 行く手を遮る barrer la route à...

さえる〈冴える〉目がさえて眠れない garder les yeux grand ouverts sans arriver à dormir / さえた頭 esprit lucide

さお perche 女, gaule 女

坂 pente 女 険しい坂 pente raide [escarpée] / きつい坂だった―毎朝自転車で登っているんだ C'est une pente raide. — Je la monte tous les jours à vélo.

境 limite 生死の境をさまよう être entre la vie et la mort

逆さまに à l'envers, à rebours あのじいさん英字新聞を上下逆さまに読んでるよ Ce vieux lit son journal en anglais à l'envers.

探す・捜す chercher, rechercher, fouiller 仕事を探す chercher un travail / くまなく探す chercher dans tous les coins / 血眼で探す chercher éperdument

魚 poisson 男 魚を捕る prendre des poissons / 魚を網で [オーブンで] 焼く faire cuire des poissons au gril [au four] / 水を得た魚のようだ Il est comme un poisson dans l'eau. / 逃がした魚は大きい Les regrets sont d'autant plus grands que la perte est importante. ◆アジ chinchard 男 アナゴ congre 男 アンコウ baudroie 女, lotte de mer 女 イワシ sardine 女 ウナギ anguille 女 エイ raie 女 カツオ bonite 女 カマス brochet 男 カレイ limande 女 キンメダイ béryx (long) 男 コイ carpe 女 サケ saumon 男 サバ maquereau 男 サメ requin 男 サヨリ balaou 男 シタビラメ sole 女 スズキ bar 男 タイ daurade 女 タラ morue 女 トビウオ poisson volant 男 ニシン hareng 男 ヒラメ barbue 女 フグ tétrodon 男 ブリ carassin 男 ブリ sériole 女 マグロ thon 男 マス truite 女 マンボウ poisson-lune 男

さかな〈肴〉mets légers qui accompagnent le saké 男複

さかのぼる remonter 時をさかのぼる remonter dans le temps

酒屋 magasin de vin 男 酒屋を営む tenir un magasin de vin

逆らう s'opposer à..., résister à..., aller contre... 人込みに逆らって歩く marcher à contre sens de la foule

盛り apogée 男, comble 男 さかりがつく entrer en rut

◻盛り場 quartier fréquenté 男

下がる baisser, descendre; [後ろに] reculer 気温が下がる La température se refroidit. / 熱が下がった La fièvre a cessé. / 後ろに1歩下がる faire un pas en arrière / 2歩下がる reculer de deux pas

盛んな populaire サッカーが盛んな国 pays où le football est très populaire / 彼は歳でまだなお盛んだ Même à cet âge, il a beaucoup d'énergie.

先 bout 男, pointe 女; [~より] avant 先を急ぐ presser [hâter] le pas / (…に)先を越される se laisser devancer par... / 先に行って Pars avant moi. / お先にどうぞ Je vous en prie, allez-y. / その先は何かあるの Qu'est-ce qu'il y a là-bas devant? / 先が思いやられる Ça va de plus en plus mal. /

まだ3年も先のことだ Il reste encore trois ans!

詐欺 fraude 囡, tromperie 囡, escroquerie 囡, arnaque 囡 詐欺を仕組む agencer une escroquerie
◘**詐欺師** escroc 男 詐欺師にひっかかる se faire déjouer [arnaquer] par un escroc

作業 travail 男, opération 囡
◘**作業着** vêtement de travail 男

咲く fleurir, s'épanouir

裂く・割く déchirer [人の仲を] brouiller ; [絵の] consacrer 家計の5分の2を家賃に割く consacrer les deux cinquièmes du budget au loyer

柵 barrière 囡, clôture 囡, [鉄柵] grille 囡 柵を飛び越える sauter une barrière

策 moyen 男, mesure 囡 策を講じる prendre des mesures / 策を弄する employer la ruse

索引 index 男 アルファベット順索引 table alphabétique

作者 auteur 男 絵の作者 auteur d'un tableau / 作者不明の anonyme

作品 œuvre 囡, ouvrage 男 作品を発表する livrer son ouvrage au public / この作品はだれのですかーゴッホです De qui est cette œuvre? — De Van Gogh. / ブラームスの交響曲第4番, 作品番号98 quatrième symphonie opus 98 de Brahms

搾取 exploitation 囡 労働者から搾取する exploiter les ouvriers

作文 〔小中学校の〕 rédaction 囡, composition 囡;〔小論文〕 dissertation 囡;〔外国語での〕 thème 男

作物 produit agricole 男;〔収穫〕 récolte 囡

桜 cerisier 男 花盛りの桜 cerisiers en floraison / この辺の桜の名所はどこですか Où sont les endroits les plus connus pour les cerisiers en fleurs dans les alentours? / (チェーホフの)『桜の園』 La Cerisaie

さくらんぼ cerise 囡

策略 ruse 囡, artifice 男 策略を弄する recourir à la ruse

探る 弱点を探る épier le point faible

ザクロ 〔実〕 grenade 囡;〔木〕 grenadier 男

酒 〔アルコール〕 alcool 男, boisson 囡;〔日本の〕saké 男 酒を飲む boire de l'alcool / 酒を浴びるほど飲む boire comme un trou [comme une éponge] / 酒が回る Le vin monte à la tête. / 酒の勢いで sous l'empire de la boisson / 酒の上の sous l'effet de l'alcool / お酒は止められているんですよ On m'interdit de boire. / バーボンをロックでください Un bourbon avec des glaçons, s'il vous plaît. / ウイスキーを水割りでください Un whisky à l'eau, s'il vous plaît. / ウイスキーのダブルをください Un whisky, un double, s'il vous plaît. / 何年代のワインをください Un vin vieux, s'il vous plaît.
◇**酒に飲まれる** laisser ses sens [sa raison] au fond d'une bouteille
酒癖が悪い avoir le vin mauvais

叫び cri 男 叫び声を上げる jeter [pousser] un cri / (ベルイマンの)『叫びとささやき』 Cris et Chuchotements

叫ぶ crier, s'écrier 何かあったら大声で叫ぶんですよ S'il y a quelque chose, crie fort! / きゃあーでっかいのーゴキブリ Au secours! — Qu'est-ce qu'il y a? — Un cafard!

避ける éviter, fuir 彼に避けられているような気がする J'ai l'impression qu'il me fuit.

下げる baisser, abaisser, diminuer ; [後ろへ] reculer 温度を下げる baisser la température

提げる [手に] porter スーツケースを提げる porter une valise à la main

笹 bambou nain 男

ささい minime, insignifiant(e) ささいなことだよ, なぜ怒るの Cela n'a pas grande importance. Je ne vois pas pourquoi tu te mets en colère.

支え soutien 男, support 男, appui 男 心の支えを必要とする avoir besoin d'un réconfort moral

支える soutenir, supporter, appuyer けが人を支える soutenir un blessé

ささげる vouer, consacrer, offrir 生涯を研究にささげる consacrer sa vie à l'étude / 神々にいけにえをささげる offrir des victimes aux dieux

ささやく chuchoter, murmurer 甘いことばを耳元でささやく susurrer des mots doux à l'oreille

さじ cuiller 囡, cuillère 囡 大[中, 小]さじ2杯 deux cuillerées à soupe [dessert, café]
◇**さじを投げる** laisser tomber

差し当たって pour le moment

挿絵 illustration 囡 挿絵を入れる insérer des illustrations
◘**挿絵画家** illustrateur(trice)

差し押さえ saisie 囡 差し押さえにあう être sous saisie / 動産を差し押さえる saisir des meubles

差しかかる 幼稚園の前に差しかかると, 子供たちの声がした Quand je me suis approché(e) du jardin d'enfants, j'ai entendu les voix des enfants.

さじ加減 [薬の調合・比少の配分] dosage 男

座敷 salon (de style japonais)

差し込む [光が] pénétrer ; [物を] introduire, insérer

指図 indication 囡, ordre 男, instruction 囡 指図を与える donner des indications / 私はだれの指図も受けたくない Je n'ai d'ordre à recevoir de personne.

さしずめ [差し当たって] pour le moment ; [つまり] bref, en un mot ; [まるで...のよう] être tout comme...

差出人 expéditeur(trice) 囡 差出人

差し支え に小包を返送する retourner un paquet à son expéditeur

差し支え empêchement 男 差し支えなければそれを教えてください Si cela ne vous dérange pas, pouvez-vous me donner votre nom?

詐称 彼は経歴を詐称した Il a fait une fausse déclaration de ses antécédents.

差す 〔光が〕entrer, pénétrer 雲の間から日が差している Le soleil perce les nuages.

刺す piquer, percer；〔短刀などで〕poignarder

指す indiquer, marquer 指で指す désigner du doigt, indiquer du doigt

挿す 花を瓶に挿す mettre une fleur dans un vase

さすが 年をとったとは言え腕前はさすがだ Bien qu'il ait vieilli, son adresse est toujours formidable. / さすがの彼も怒り出した Même lui s'est fâché malgré son calme olympien.

さする caresser, frotter doucement しびれた膝をさする se frotter un genou engourdi

座席 →席

挫折 ざっ échec, avortement 男 挫折を知らない人だ Il ne connaît pas l'échec.

させる faire, laisser やりたいようにさせる laisser faire

誘う inviter, proposer (→断る) この曲は悲しみを誘う Ce morceau amène la tristesse. / 今晩あいてますか Vous êtes libre ce soir? / 今夜あたりどう？ Et ce soir ça te conviendrait? / 食事でも行きませんか Si on allait dîner? / 映画に行かない？ Ça te dit d'aller au cinéma? / 一杯いかがですか Je peux vous offrir un verre? / あすうちに来ない？ Ça te dit de venir chez moi demain? / いいよ Oui, d'accord. [=Je pense que oui.] / それはどうも Merci, c'est gentil. / うれしいな Oui, c'est sympa. / 喜んで Avec plaisir. [=J'accepte avec joie.]

サソリ scorpion 男

定める fixer, déterminer パリに居を定める fixer son domicile à Paris

撮影 tournage 男, filmage 男 映画を撮影する tourner un film

作家 auteur 男, écrivain 男 作家を発掘する découvrir un auteur

サッカー football (→303ページ囲み) 国際サッカー連盟 Fédération internationale de football association (★略記は F. I. F. A.)

錯覚 illusion 女 彼じゃなかったかな─違うよ，錯覚さ C'était bien lui? — Mais non, c'est une illusion.

さっき tout à l'heure, il y a instant 彼はさっきまでここにいたよ Il était là il y a juste un moment. / さっき言ったばかりだろ Je viens de te le dire à l'instant.

作曲 composition musicale 女

作曲家 composit*eur(trice)*

サックス saxophone 男

さっさと vite, rapidement, sans hésitation さっさと部屋をかたづけなさい Range vite ta chambre!

雑誌 revue 女；〔写真などが入った〕magazine 男 雑誌を拾い読みする feuilleter une revue ◆週刊誌 hebdomadaire 男 月刊誌 mensuel 男 季刊誌 revue trimestrielle

殺人 meurtre 男, homicide 男 殺人を犯す commettre un meurtre

◇殺人者 meurtri*er(ère)* 殺人未遂 tentative de meurtre

雑草 mauvaise herbe 女 雑草を刈る couper les mauvaises herbes

さっそく tout de suite, sans tarder, immédiatement さっそく始めてください Commencez immédiatement.

札束 liasse de billets

殺虫剤 insecticide 男

さっと 彼はさっと立ち上がった Il s'est levé rapidement.

雑踏 affluence 女, bousculade 女

さっぱり さっぱりだよ C'est nul. / 汗だくだ，シャワーを浴びてさっぱりしたい J'ai tellement transpiré que je voudrais prendre une bonne douche. / さっぱりした味 goût léger

さて この話はさておき ce propos à part / さて，休憩としようか Bon allez, on fait une petite pause. / さて，本題に入りますが Bon, nous allons entrer dans le vif du sujet. / さて，出かけるとするか Allez, si je sortais.

里 〔故郷〕pays natal 男 里(=実家)に帰る rentrer chez ses parents

砂糖 sucre 男

サトウキビ canne à sucre 女

悟る comprendre, entendre, voir だまされたことを悟る s'apercevoir enfin d'avoir été trompé(e)

さなぎ chrysalide 女 さなぎからチョウへの変態 transformation de la chrysalide en papillon

サバ maquereau 男

◇**サバを読む** この歌手は年齢のさばを読んでいる Cette chanteuse triche sur son âge.

砂漠 désert 男 砂漠化 désertification 女 / 砂漠化が進む Le désert s'accroît.

裁き justice 女, jugement 男 政治家は世論の裁きを受ける L'homme politique est justiciable de l'opinion publique. / 〔アンドレ・カイヤットの〕『裁きは終りぬ』 *Justice est faite*

裁く juger 公平に裁く juger avec impartialité / 国家間の紛争を裁く juger les litiges entre les Etats

サバンナ savane 女

さび（錆） rouille 女；〔緑青〕patine 女 さびついた rouillé(e)

寂しい triste；〔人気のない〕désert(e)；〔孤独な〕solitaire 私は寂しい Je me sens seul(e) / いつパリを立つの？─来週の月曜一寂しくなるね Quand est-ce que tu quittes Paris? — Lundi prochain. — Tu vas me

manquer.
さびる se rouiller
差別 discrimination 囡 差別する discriminer / 女たちを早く帰すなんて差別だよ On doit aux femmes de rentrer plus tôt, c'est de la discrimination.
サボテン cactus 男
サボる 〔授業を〕sécher; 〔仕事を〕manquer 午後の授業サボって遊びに行かない？ Et si tu séchais ton cours de cet après-midi pour venir avec moi?
様 aspect 男, apparence 囡, état 男 ひどい様 état misérable
◇様になる スーツが様になってるよ Le costume te va bien.
ざま ざまを見ろ Ça t'apprendra!
さまざまな divers(e), varié(e) 人さまざまだ Il y a toutes sortes de gens.
冷ます refroidir 湯を冷ます faire tiédir l'eau
覚ます 〔人の目を〕réveiller; 〔人の迷いを〕dégriser; 〔自分の酔いを〕se dégriser
妨げ 出世の妨げになるよ Cela serait une entrave à ta promotion.
妨げる empêcher, gêner, entraver 眠りを妨げる troubler le sommeil
さまよう errer, vaguer, vagabonder
寒い froid(e), glacial(ale) 寒くないかい Tu n'as pas froid? / 寒さにでないで運動しなさい Arrête de te plaindre du froid. Sors faire de l'exercice.
寒さ froid 男 寒さに震える trembler de froid / 急に寒さを覚える sentir le froid tout à coup / 寒さを防ぐ se défendre du froid / 寒さもようやく和らいだ Le temps enfin s'est adouci.
覚める 〔目が〕se réveiller; 〔迷いが〕se détromper, se dégriser
冷める refroidir 冷めないうちに召し上がれ Mangez avant que ça ne refroidisse. / せっかくの料理が冷めてしまった La cuisine qui avait été préparée exprès pour nous a refroidi.
さも 弟はさもうれしそうに笑った Mon frère a ri d'un air tout heureux.
さもないと sinon, autrement
左右 gauche 囡 et droite 囡 左右を見回す regarder à droite et à gauche / 農業は天候に左右される L'agriculture est soumise aux intempéries.
作用 action 囡, effet 男 〔…に〕作用する agir sur...
さようなら (→別れる) Au revoir. Rentre bien. 気を付けて
皿 〔料理を取り分ける小皿〕assiette 囡; 〔料理を盛る大皿〕plat 男 〔カップの受け皿〕soucoupe 囡 皿を洗う faire [laver] la vaisselle / 皿を落とす laisser échapper un plat
さらす exposer 日光にさらす exposer au soleil / 命を危険にさらす exposer sa vie / 人目にさらされる s'exposer au regard des autres

サラダ salade 囡 季節のサラダ salade de saison ◎ドレッシングは何にされますか―フレンチにしてください Pour votre salade, vous choisissez quelle sauce? — De la vinaigrette.
ざらざら ざらついた感じだ être rude au toucher
さらに 〔よりいっそう〕davantage; 〔その上〕en outre 期日をさらに2日延ばす prolonger de nouveau le terme de deux jours
去る 〔立ち去る〕quitter, partir; 〔過ぎさる〕s'en aller, passer 去る者は追わず Ne le retiens pas plus longtemps.
◆去る者は日々に疎し Loin des yeux, loin du cœur
猿 singe 男
猿まね singerie 囡
される 敵から尊敬される se faire respecter de ses adversaires
騒がしい bruyant(e); 〔人心が〕turbulent(e) 世の中が騒がしくなる Le monde connaît de plus en plus de troubles.
騒ぎ bruit 男, tapage 男, vacarme 男, tumulte 男; 〔人だかり〕attroupement 騒ぎを起こす provoquer un tumulte / 騒ぎが落ち着く Le tumulte s'apaise. / なんの騒ぎ？—マイケル・ジャクソンのコンサートみたいだ Quel est cet attroupement? — Il paraît que Michael Jackson donne un concert.
騒ぐ faire du bruit
さわやか frais(fraîche), rafraîchissant(e) さわやかな朝ですね―ええ、久しぶりに青空が広がって Quelle belle matinée. — Vraiment. Ça fait longtemps qu'on n'avait pas vu un ciel aussi bleu.
触る toucher; 〔触ってみる〕tâter 彼は私の肩に触った Il m'a touché l'épaule. / 触ってみて—柔らかいわ Touche. — Que c'est doux! / ちょっと触っただけなのに Je n'ai fait que l'effleurer!
障る 体に障る nuire à la santé / あいつの言うことはいちいち気に障る Tout ce qu'il dit me fâche.
酸 acide 男
さん 〔男性〕Monsieur; 〔既婚女性〕Madame; 〔未婚女性〕Mademoiselle
参加 participation 囡 〔…に〕参加する participer à... / 私も参加しません Moi non plus, je ne participerai pas.
◇参加者 participant(e) 囡
酸化 oxydation 囡
◇酸化物 oxyde 男
三角 triangle 男
◇三角関係 ménage à trois 男 三角関数 fonction trigonométrique 囡 ◇三角錐 pyramide triangulaire 囡
三角形 triangle 男 三角形の triangulaire
産業 industrie 囡 産業の industriel(le)

◻産業革命 révolution industrielle

残業 heures supplémentaires 女複 簡単で残業がなくて給料のいい仕事を探している Je cherche un boulot facile, sans heures supplémentaires et qui rapporte bien.

サングラス lunettes de soleil 女複

サンゴ(珊瑚) corail 男

◻サンゴ礁 récif corallien 男

参考 référence 女 ご参考までにお渡ししておきます J'espère que cela vous sera de quelque usage. / そんな意見は参考にならない Cette opinion n'apporte rien.

◻参考文献 ouvrage de référence 男

惨事 désastre 男 流血の惨事一大ドラマ drame sanglant / あわや大惨事となるところだった On a frôlé la catastrophe de près.

残酷 cruauté 女 残酷な cruel(le), féroce / なんて残酷な Que c'est cruel! / (リラダンの)『残酷物語』Contes Cruels

さんざん (…に)さんざんめんどうをかける causer bien des ennuis à… / さんざん放とうする vivre sans restraintes dans la débauche / さんざんだった C'était une série de catastrophes!

賛辞 éloge 男, louanges 女複 惜しみない賛辞を送る prodiguer des louanges

参照 référence 女 参照する se référer

算数 arithmétique 女

賛成 approbation 女, consentement 男 (→反対) (…に)賛成する approuver, consentir à… / 賛成が過半数を占めた Plus de la moitié des gens ont donné leur accord. / そうだな。C'est vrai, ça. / いいね C'est juste. / まったくだ Absolument! [=Tout à fait!] / いいよ D'accord. / 了解, 賛成だ C'est entendu. / それでいこう On fait comme ça. / そのとおりです Vous avez raison. / まあいいですよ Si vous voulez. / まあなんとかなるさ Ça se peut.

酸性 acidité 女

◻酸性雨 pluie acide 女

酸素 oxygène 男

◻酸素ボンベ ballon d'oxygène 男

残高 reste 男, position 女 〔口座の差引残高〕 solde 男 残高を調べる demander sa position

サンタクロース Père Noël 男

サンダル sandale 女

産地 pays producteur 男 この魚は産地直送です Ce poisson arrive directement ici.

山頂 sommet 男 山頂を踏む atteindre le sommet

暫定的な provisoire パレスチナ問題の暫定的解決 solution provisoire au problème palestinien

三度 trois fois 女複 三度目の正直 La troisième fois c'est la bonne!

サンドイッチ sandwich 男

残念 (→惜しい) 残念だね C'est dommage. / 残念ですが à mon [notre] regret / 貴社がらご協力できないことをお知らせします J'ai le regret de vous informer que nous ne pouvons pas coopérer.

散髪 coupe de cheveux 女, coiffure 女 散髪をする se faire couper les cheveux

産物 production 女, produit 男; 〔結果〕 conséquence 女

散歩 promenade 女, balade 女 散歩に行く aller en promenade / 犬を散歩に連れて行く emmener son chien promener / 毎朝散歩することにしている J'ai l'habitude de me balader tous les matins.

山脈 chaîne de montagnes 女

三面記事 faits divers 男

産卵 ponte 女 〔魚の〕frai 男 産卵する pondre; 〔魚が〕 frayer / 産卵のため川をさかのぼるサケ saumon qui remonte les cours d'eau pour frayer

し

死 mort 女 自然死 mort naturelle / 事故死 mort accidentelle / 過労死 mort par excès de fatigue / 急死 mort subite / 凍死 mort de froid / (リヒャルト・シュトラウスの)『死と変容』 Mort et Transfiguration

◇死の灰 retombées radio-actives 女複

市 ville 女

詩 poème 男; 〔詩句・韻文〕 vers 男

師 maître(sse) 女, professeur 男 師と仰ぐ respecter comme son maître / 師を乗り越える dépasser son maître

字 lettre 女, caractère 男 字がうまい〔汚い〕 avoir une belle [mauvaise] écriture / きれいな字で書いてください Ecrivez lisiblement. 地 〔地面〕 terrain 男, sol 男; 〔バック〕 fond 男; 〔生地〕 tissu 男 地が出る laisser transparaître sa vraie nature / 地の文 partie descriptive

時 いま何時？ — 2時半です Quelle heure est-il? — Il est deux heures et demi.

試合 compétition 女; 〔団体〕 match 男; 〔格闘技〕 combat 男; 〔選手権〕 championnat 男; 〔トーナメント〕 tournoi 男; 〔予選など〕 épreuve 女 試合をする faire 〔disputer〕 un match avec… / 試合に勝つ gagner le match / 試合に負ける perdre le match

仕上げる achever, parachever 絵を仕上げる achever son tableau

幸せ bonheur 男 (→幸福) 末永くお幸せに Mes meilleurs vœux de bonheur. / 〔Tous mes vœux de bonheur.〕 / 幸せな家庭を築くのが夢だった Mon rêve a toujours été de fonder une famille heureuse.

思案 réflexion 女 思案に暮れた Il ne savait plus que faire.

飼育 élevage 男 飼育する élever
◘**飼育係** gardien(ne) de bêtes
自意識 conscience de soi 女 自意識過剰だ être trop conscient(e) de soi
シーズン saison 女 シーズンオフに hors-saison 女 ジェット東京間の往復切符はシーズンオフになると安くなる L'aller-retour Paris-Tokyo est moins cher hors saison.
シーソー bascule 女
◘**シーソーゲーム** match serré 男
シーツ drap (de dessous) 男 ベッドにシーツを敷く garnir un lit de draps
シーディー disque compact 男 (★英語の CD も用いられる)
シートベルト ceinture de sécurité 女 シートベルトをお締めください Attachez vos ceintures.
強いる 民衆に服従を強いる forcer le peuple à se soumettre
子音 consonne 女
ジーンズ jean 男;〔ブルージーンズ〕blue-jean 男
ジェット〔噴射・噴出〕jet 男
◘**ジェットエンジン** moteur à réaction 男 ◘**ジェット機** avion à réaction 男 ◘**ジェット気流** courant-jet 男, jet-stream 男 ◘**ジェットコースター** montagnes russes 女複
塩 sel 男 塩を入れる mettre du sel
潮 marée 女 潮が満ちる La marée monte. / 潮が引く La marée descend.
塩辛い salé(e)
仕送り 父親は仕送りを打ち切ると言って彼を脅した Son père l'a menacé de lui couper les vivres.
塩こしょうする saler et poivrer
潮時 そろそろ潮時だ Ça va être le moment propice pour m'arrêter.
しおり〔本の〕signet 男;〔案内書〕guide 男
しおれる se flétrir しおれちゃってどうしたの Tu baisses la tête. Qu'est-ce que tu as?
鹿〔雄〕cerf 男;〔雌〕biche 女;〔小鹿〕faon 男
しか 所持金が少ししかない n'avoir que peu d'argent / 彼は仕事のことしか考えていない Il pense uniquement à son travail.
時価 prix courant 男
司会 présidence 女 本日は私が司会を務めます Aujourd'hui, c'est moi qui vais présider le comité.
◘**司会者** animateur(trice) 男女
紫外線 ultraviolet 男 南の島は紫外線が強い Les ultra-violets sont très forts dans les îles du Sud.
仕返し revanche 女 仕返しする rendre la pareille
資格 qualification 女, diplôme 男 …の資格で à titre de…, en qualité de… /文学修士の資格を与える conférer le grade de maîtrise [master] ès lettre / 何か資格はおもちですか? Est-ce que vous avez des diplômes? / きみにそんなことを言う資格はない Tu n'as aucun droit pour me dire ça.

四角 carré 男;〔長方形〕rectangle 男 四角い carré(e) /四角四面のあいさつ salut cérémonieux
視覚 vue 女
自覚 conscience 女 母親としての自覚をもちなさい Tu devrais bien prendre conscience que tu es une mère.
◘**自覚症状** symptôme subjectif 男
仕掛ける(…に)けんかを仕掛ける chercher querelle à… /爆薬を仕掛ける placer une bombe
しかける 宿題をしかけて遊びに行く aller jouer sans achever son devoir
しかし mais, cependant, pourtant 彼は努力した。しかし成功はしなかった Il a fait un effort, et pourtant il n'a pas réussi.
自画像 autoportrait 男 レンブラントはさまざまな年齢の自画像を描いた Rembrandt a peint ses autoportraits à âges divers.
しかた façon 女, manière 女, méthode 女 法律の適用のしかた / façon dont on applique les lois / しかたなく faute de mieux
◇**しかたがない** しかたがないやつだな Tu es incorrigible. / うれしくてしかたがない Je n'arrive pas à contenir ma joie. /謝るよりしかたがない Nous n'avons pas d'autre moyen que de nous excuser.
じかに directement, sans intermédiaire じかに社長に話してくる Je m'adresse directement au président.
しがみつく se cramponner à…, s'agripper à…/過去の栄光にしがみつく s'agripper à la gloire du passé
しかめっ面 grimace 女
しかめる 顔をしかめる grimacer, faire la grimace, se renfrogner
しかも en plus, en outre, à la fois 気だてがよく、しかも器量よし Elle a bon caractère, et en plus elle est belle.
しかる gronder, réprimander わがままな子供をしかる gronder un enfant désobéissant ☺ Arrête. [=Dis, donc toi!] / だめじゃないか Tu ne sais pas que c'est mal? /…してだめじゃないか Tu n'aurais pas dû… /なぜそんなことするの Pourquoi tu fais ça?
志願する postuler
◘**志願者** postulant(e) 女, candidat(e) 男
時間 temps 男 時間をつぶす tuer le temps /時間を生かす bien employer son temps /時間をむだにする perdre son temps /時間が経つのは早い Le temps passe vite. /時間が足りない Le temps me manque. / 少し時間をください Donnez-moi un peu de temps. /必ず時間どおり行くよ Je te promets que j'arriverai à l'heure. / 時間がありますか Vous avez du temps? /1時間後に会いましょう On

se voit dans une heure. /週35時間労働 semaine de trente cinq heures
◇時間の問題だ C'est une question de temps.
◘時間給 時間給で支払いを受ける être payé(e) à l'heure　時間割 emploi du temps

式 〔儀式〕cérémonie 囡；〔様式〕style 男；〔数式〕expression 囡, formule 囡　式を挙げる célébrer /フランス式に à la française

四季 quatre saisons 囡複　四季おりおりの花 fleurs des saisons /〈ヴィヴァルディの〉『四季』 *Les Quatre Saisons*

指揮 〔軍の〕commandement 男；〔実務・音楽の〕direction 囡　指揮する commander, diriger
◘指揮者〔オーケストラの〕chef d'orchestre

時期 moment 男, temps 男, période 囡；〔歴史・人生の〕époque 囡　行動に出る時期を見計らう attendre le moment d'agir /時期尚早だ Il est encore un peu trop tôt.

じきに →すぐ

磁器 porcelaine 囡　磁器を焼く faire cuire des porcelaines

磁気 magnétisme 男　磁気を帯びた magnétique
◘磁気あらし orage magnétique 男　磁気テープ bande magnétique 囡

敷居 seuil 男, pas (de la porte) 男　二度とうちの敷居はまたがせないぞ Tu peux partir. Ne remets jamais les pieds ici.

敷き詰める recouvrir　部屋にじゅうたんを敷き詰める recouvrir le sol de la salle avec un tapis

識別 distinction 囡, discernement 男／識別困難な死体 un cadavre difficilement identifiable /〔この鳥は赤い尾で識別できる Cet oiseau se reconnaît à sa queue rouge.

支給 allocation 囡, fourniture 囡　交通費を支給する allouer une indémnité de déplacement /食糧を支給する distribuer des vivres

至急 urgent(e)　すぐ来て. 大至急 Venez tout de suite. C'est urgent.

自給 autosuffisanc ○ autarcie 囡　日本が自給自足できる唯一の産物は米である La seule production où le Japon se suffise à lui-même est le riz.
◘自給自足〔国家の〕autarcie 囡

事業 affaire 囡, entreprise 囡　事業を起こす lancer une affaire /事業に失敗する rater son affaire /事業を立て直す remettre une affaire en ordre /再建事業を完成させる achever l'œuvre de reconstitution /慣れない事業に手を出して大けがした En touchant des affaires auxquelles je ne suis pas habitué j'ai eu de sérieux problèmes.

しきりに 〔間断なく〕sans cesse, fréquemment 〔熱心に〕vivement, instamment　入会をしきりにすすめる recommander instamment d'entrer dans un club /犬がしきりにほえる Le chien aboie sans cesse.

資金 fonds 男複　資金を回収する rentrer dans ses fonds

敷く カーペットを敷く étendre un tapis /座布団を下に敷く s'asseoir sur un coussin /鉄道を敷く construire un chemin de fer /善政を敷く gouverner sagement /軍政を敷く établir un régime militaire

軸 axe 男, pivot 男

仕組み mécanisme 男, mécanique 囡　望遠鏡の仕組みを調べる élucider le mécanisme de la lunette de longue-vue

仕組む machiner　わなを仕組む tendre [dresser] des embûches

しけ coup de mer 男

死刑 peine capitale [de mort] 囡　〈…に〉死刑を宣告する condamner... à mort /フランスに死刑はもうない En France la peine de mort a été abolie.
◘死刑囚 condamné(e) (à mort) /〈ユゴーの〉『死刑囚最後の日』*Le Dernier Jour d'un condamné*　死刑台 échafaud 男 /〈ルイ・マルの〉『死刑台のエレベーター』*Ascenseur pour l'échafaud*

刺激 stimulation 囡, excitation 囡　刺激する stimuler, exciter /刺激的な stimulant(e), excitant(e) /生活には刺激が必要だ Dans la vie on a besoin de stimulation.

茂み buisson 男, feuillage 男, fourré 男

しけるこのクッキーしけてる Ces biscuits ont perdu leur croustillance.

茂る 草がよく茂る L'herbe pousse dru. /茂った森 bois touffu

試験 examen 男, concours 男；〔試すこと〕épreuve 囡, essai 男　試験を受ける réussir à un examen /試験に落ちる échouer à un examen /試験が無事終わる finir son examen sans grande faute /試験に通るかどうか危うい La réussite à l'examen est litigeuse. /〔試験的に〕(行う) (faire) à l'essai

資源 ressources 囡複　資源を開発する exploiter des ressources /人的資源 ressources en hommes

事件 affaire 囡, événement 男, incident 男；〔訴訟事件〕cas 男, cause 囡　事件を enquêter sur une affaire /事件をもみ消す étouffer une affaire /事件が発生した Il s'est produit un incident.

次元 dimension 囡　3次元空間 espace à trois dimensions /次元の違う才能 talent d'un ordre différent

試験管 éprouvette 囡, tube à essai 男

私語 bavardage 男, chuchotement 男　私語はやめなさい Arrête de chuchoter.

死語〔使われなくなった言語〕langue morte 囡；〔廃れた単語〕mot désuet 男

事故 accident 男　事故に遭う avoir

un accident /事故の原因を調べる rechercher les causes d'un accident /事故だ。救急車を呼ばないと Un accident. Il faut appeler une ambulance. / 1 か月前から事故が相次いでいる Les accidents s'enchaînent depuis un mois.

◇事故死 mort accidentelle

自己 soi, soi-même /自己流に à sa manière [façon]

◻自己暗示 autosuggestion 囡 自己欺瞞<small>ぎまん</small> mensonge envers soi-même 男 自己嫌悪 dégoût de soi-même 自己紹介する se présenter 自己批判 autocritique 囡 厳しく自己批判する exercer une sévère critique sur soi-même 自己免疫疾患 maladie auto-immune 囡

思考 pensée 囡 著者の思考の歩みをたどる suivre le cheminement de la pensée d'un auteur /（レヴィ=ストロースの）『野生の思考』 La Pensée sauvage

時刻 heure 囡 指定の時刻に à l'heure désignée

◻時刻表 horaire 男 鉄道の時刻表を調べる consulter l'indicateur des chemins de fer

地獄 enfer 男 地獄に堕ちる se damner, aller [tomber] en enfer /（ランボーの）『地獄の季節』 Une saison en enfer /（ドラクロワの）『地獄のダンテとウェルギリウス』 Dante et Virgile aux Enfers

◇地獄の沙汰も金しだい Même en Enfer c'est l'argent qui compte.

仕事 travail, boulot 男〔職〕emploi 男〔任務〕tâche 囡, besogne 囡〔→職業〕りっぱに仕事をやり遂げる accomplir parfaitement son travail /仕事に追われる être surchargé(e) /これ以上仕事を増やさないで Ne me donne pas plus de travail. /仕事をなんだと思ってるんだ Le travail, ce n'est pas de la rigolade. /やりがいのある仕事 travail qui en vaut la peine

時差 décalage horaire 男, différence d'heure 囡

◻時差出勤 étalement des horaires 男

司祭 prêtre 男;〔主任司祭〕curé 男

視察 inspection 囡 視察する inspecter

自殺 suicide 男 自殺する se suicider, se donner la mort, se tuer /自殺を企てる tenter le suicide /自殺は自然に反する行為だ Le suicide est un acte contre nature.

◻自殺未遂 tentative de suicide 囡, suicide manqué 男

資産 bien 男, fortune 囡 ばくだいな資産がある avoir une fortune immense

指示 indication 囡 指示する〔指し示す〕indiquer;〔命令〕ordonner /指示を仰ぐ demander des instructions /指示を与える donner des indications

支持 appui 男, soutien 男 候補者を支持する appuyer un candidat

◻支持者 supporter, supporteur 男

時事 時事問題について記事を書く écrire une colonne sur une question d'actualité

事実 fait, vérité 囡 事実を偽る dénaturer les faits /実際どうなんだ、事実を言え En fait, qu'est-ce qui se passe? Dis la vérité. /事実は小説よりも奇なり La réalité dépasse la fiction.

事実無根だ Ce n'est fondé sur aucune preuve.

死者 mort(e) 警察によれば死者は100名にのぼる Au dire de la police, il y a eu à peu près 100 morts.

自首 se livrer 犯人は全員自首した Les coupables se sont tous livrés.

磁石 aimant 男;〔コンパス〕boussole 囡 磁石の針 aiguille aimantée /磁石の反発 répulsion de l'aimant

自主 自主的な autonome, indépendant(e), volontaire

◻自主規制 autocensure 囡 自主性 autonomie 囡

刺しゅう broderie 囡

詩集 recueil de poèmes 男 詩集を編む faire un recueil de poèmes

支出 dépense 囡 支出を切り詰める diminuer les dépenses

思春期 puberté 囡 思春期は悩みが多い À l'âge de la puberté, on a beaucoup de problèmes.

辞書 dictionnaire 男 辞書を引く consulter un dictionnaire /原文を理解するのに辞書を用いる s'aider d'un dictionnaire pour comprendre un texte ◆見出し語 entrée 囡 定義 définition 囡 用例 exemple 男

支障 inconvénient 男, empêchement 男

市場 marché 男;〔販路〕débouché 男 市場に打って出る lancer sur le marché /日本のビール市場の閉鎖性 le caractère très fermé du marché japonais de la bière

◻市場開放 ouverture du marché 囡 市場価格 prix de marché 男 市場経済 économie de marché 囡 市場調査 étude de marché 囡

事情 circonstances 囡複, situation 囡 事情通である être bien renseigné(e) /やむをえない事情で par un empêchement majeur /事情の許す限り autant que les circonstances le permettront /こうなった事情を話してください Est-ce que vous pouvez nous expliquer comment on en est arrivé là?

辞職 démission 囡 辞職する démissionner

詩人 poète このダイヤは天使の涙みたい―詩人だなあ Ce diamant ressemble à la larme d'un ange. – Tu es poète /（シューマンの）『詩人の恋』 Les Amours du poète

自信 confiance 囡, assurance 囡 自

信満々だ être plein(e) de confiance (en soi) / 自信をもって avec assurance / きみって自信家だね Tu ne manques pas de confiance en toi! / 自信のほどがうかがわれる On peut deviner sa confiance en soi.

地震 tremblement de terre 男, séisme 男 / あっ地震だ―かなり揺れてるね Un tremblement de terre! — Ça bouge fort. / ナマズは地震を予知できる Les poissons-chat peuvent prévoir les tremblements de terre. ◆ 震源 hypocentre 男 震度 degré d'intensité sismique 男 マグニチュード magnitude 女 耐震構造 structure antisismique 女 津波 raz de marée 男, tsunami プレート plaque 女

自身 それ自身の重さ son propre poids / 計画自身に問題はない Il n'y a pas de problème dans le projet en lui-même.

静かな calme, tranquille; 〔平穏な〕paisible; 〔音がしない〕silencieux(se) / ずいぶん静かだね C'est d'un calme ici! / 静かにして，子供が寝ているんです Fais moins de bruit. Les enfants dorment.

滴 goutte 女 / 雨の滴が滴り落ちている傘 un parapluie tout dégoulinant de pluie

静まる se calmer / 心がまだ静まらない s'affoler sans pouvoir se calmer / 会場が静まる La salle de réunion devient silencieuse.

沈む s'immerger; 〔船，人が水に〕couler; 〔気分が〕se sentir déprimé(e) / 日が沈む Le soleil se couche. / 沈んだ紫色 violet sombre

姿勢 position, attitude 女 / 姿勢よくなさい Corrige ta posture.

自制 maîtrise (de soi) 女 / 彼は自制が利かない Il ne sait pas se maîtriser.

私生活 vie privée

歯石 tartre 男 / 歯に歯石が付着している Le tartre se dépose sur les dents. / 歯石を取ってもらう se faire détartrer les dents

施設 établissement, équipement 男 / 129の研究施設を保有している posséder 129 unités de recherche / 施設の子を引き取る recueillir un enfant de l'Assistance

自説 自説を曲げない s'entêter dans ses opinions

視線 regard 男, vue 女 / 視線をそらす détourner son regard [ses yeux]

自然 nature 女 / 自然を保護する protéger la nature / 自然に覚える 覚えれば nouveau naturellement / 自然な生活に戻らなければ Il faut revenir à un mode de vie naturel. / 都心から少し離れるだけで自然が見つかる On peut trouver la nature dès qu'on s'éloigne un peu du centre-ville.

◘**自然科学** sciences naturelles 女複 **自然現象** phénomène naturel 男 **自然主義** naturalisme 男 **自然食品** aliments naturels 男複 **自然数**

nombre naturel 自然破壊 destruction de la nature

慈善 charité 女, bienfaisance 女
◘**慈善事業** œuvre de charité / 工場長はこの慈善事業を後援した Le directeur de l'usine a patronné cette œuvre de charité.

事前の préalable
◘**事前協議** délibération préalable 女

思想 pensée 女 / デカルトの思想 pensée cartésienne / 言語は思想を伝える媒体である Le langage est le véhicule de la pensée.
◘**思想家** penseur(se) 男女

持続 durée 女 / 持続する continuer, durer / 産業の持続的成長 accroissement continu de l'industrie / 持続性薬剤 médicament à effets durables

子孫 descendant(e) 男女; 〔集合的に〕descendance 女 / たくさんの子孫を持つ avoir une nombreuse descendance

自尊心 amour-propre 男, orgueil 男 / 自尊心をくすぐる chatouiller son amour-propre / 自尊心を傷つけられむっとする être vexé(e) dans son amour-propre / そんなこと自尊心が許さない J'ai ma propre fierté. Je ne peux pas faire ça.

舌 langue 女 / 舌が回る avoir la langue bien pendue / 舌が肥えている avoir le palais fin, être gourmet / 舌がざらざらする avoir la langue pâteuse
◇舌の根の乾かぬうちに 彼は舌の根の乾かぬうちに別のことを言う Il change d'avis comme de chemise. 舌を出す tirer la langue 舌を巻く s'émerveiller de...

下に sous, en bas, dessous / 下から上に de bas en haut / 橋の下で寝る coucher sous les ponts / 彼は2階下に住んでいる Il habite deux étages plus bas. / 彼は私の3つ下だ Il a trois ans de moins que moi.

死体 cadavre 男 / 死体を解剖する disséquer un cadavre / 死体を埋葬する enterrer un cadavre
◘**死体解剖** autopsie 女

次第 〔事情〕circonstance 女; 〔すぐに〕dès que; 〔…で決まる〕dépendre de 次第に graduellement / こういう次第で puisqu'il en est ainsi / それはきみ次第だ Cela dépend de toi.

事態 situation 女 / 大変な事態だ La situation est grave.

辞退 décliner, refuser poliment

時代 〔最も一般的〕époque 女; 〔幅のある期間〕période 女; 〔歴史上の〕temps 男 (★複数形で用いて漠然と一時代を表す); 〔改まった表現〕ère 女; 〔大きな区切〕âge 男 (★特に先史時代に用いる); 〔世代〕génération 女 / 時代に先んじる devancer son siècle / 時代に後れる être en retard sur son temps / 時代の流れに逆行する rétrograder par rapport à son temps / 鋭敏な時代感覚をもっている être à la page

◇**時代錯誤** anachronisme 男 時代錯誤も甚だしい C'est le comble de l'anachronisme.

時代遅れの dépassé(e), arriéré(e), attardé(e), suranné(e) まだタイプライター使ってるの? 時代遅れだねぇ Tu utilises encore une machine à écrire... Tu ne vis pas avec ton temps.

下請け sous-traitance 囡

従う suivre; [服従する] obéir à..., se soumettre à...; [要求に] accéder à... 山を登るに従って寒くなった Le froid gagnait au fur et à mesure que nous gravissions la montagne.

従える être suivi(e) (accompagné(e), escorté(e)) de [par] ...

下書き brouillon 男, ébauche 囡

従って 〔故に〕par conséquent, donc

下着 sous-vêtements 男複, linge 男 下着を替える changer de linge (の) dessous ◆ アンダーシャツ maillot de corps 男 コルセット corset 男 ストッキング bas 男 スリップ combinaison 囡 ソックス chaussette 囡 トランクス caleçon 男 パンスト collant 男 パンティー slip 男 ブラジャー soutien-gorge 男 ブリーフ slip 男

支度(→準備) 早く支度しなさい Prépare-toi vite! / まだ支度ができてないの Tu n'as pas encore terminé les préparatifs?

下心 arrière-pensée 囡 下心を見抜かれた On a deviné nos arrière-pensées.

親しい intime, familier(ère) …と親しい être intime avec... / 親しい仲にも礼儀あり Même entre proches, la politesse n'est pas à négliger.

下敷き sous-main 男 関ヶ原戦で下敷きになる se faire écraser à la joute à cheval / ギリシア神話を下敷きに戯曲を書く écrire une pièce de théâtre en s'inspirant de la mythologie grecque

親しみ sympathie 囡 (…に)親しみを感じる avoir [éprouver] de la sympathie pour...

親しむ se familiariser 自然に親しむ vivre en ami de la nature / 親しみやすい accessible, abordable / 親しみにくい inaccessible, inabordable

下調べ préparation 囡 授業の下調べをする préparer une leçon

下っ端 subalterne 男, sous-fifre 男

下手に出る se montrer humble envers...

下町 quartier populaire 男

示談にする arranger à l'amiable

自治 autonomie 囡

試着する essayer 試着できますか Je peux essayer?

◇**試着室** cabine d'essayage 囡

シチュー [小麦粉を加えて煮込む] ragoût 男; [牛肉赤ワイン煮込み] bourguignon 男; [ホワイトシチュー] blanquette 囡; [野菜煮込み] ratatouille

市長 maire 男

視聴 audition 囡

◇**視聴者** téléspectateur(trice)

視聴率 この番組は視聴率がいい C'est une émission à grande audience.

視聴覚の audiovisuel(le) 視聴覚方式でフランス語を学ぶ apprendre le français par des méthodes audiovisuelles

視聴覚設備 audiovisuel 男

質 qualité 囡 質のよい製品 un produit de bonne qualité / 質量ともに en qualité et en quantité

実 実を言うと à vrai dire

実家 maison paternelle 囡

失格する se disqualifier ドーピングで失格となった選手 un athlète disqualifié pour sa pratique illégale du doping

しっかり ferme, fermement, solidement しっかりしろ Reprends-toi. / お父さんが亡くなったんだからきみがしっかりしないとね Ton père est mort. Il va falloir que tu sois fort.

実感 sens du réel, sensation vécue 囡 地震の怖さを実感する réaliser à quel point les tremblements de terre sont effrayants

失業 chômage 男 失業問題に取り組む s'attaquer au problème du chômage / 彼は3か月前から失業している Il est au chômage depuis trois mois.

◇**失業者** chômeur(se) 囡

実業 affaires 囡

◇**実業家** homme d'affaires

しっくり しっくりいかない Il y a quelque chose qui ne va pas bien.

しつけ discipline 囡, éducation 囡 犬はちゃんとしつけないといけない Les chiens doivent être dressés correctement.

湿気 humidité 囡, moiteur

実験 expérience 囡, expérimentation 囡 実験する expérimenter / 新薬の実験台になる se prêter à l'expérimentation d'un nouveau médicament

実現 réalisation 囡, accomplissement 男 実現する se réaliser, s'accomplir / 計画を実現する réaliser un projet

しつこい tenace しつこいぞ Tu m'embêtes! [=Tu m'énerves!] / しつこい料理 plat gras

執行 exécution 囡 刑を執行する exécuter une peine

◇**執行猶予** sursis 男

実行する pratiquer, exécuter 実行に移す passer à l'exécution / 実行力のある人だ C'est une personne d'action. / 実行不可能な計画 projet inexécutable

実際は en fait, en réalité 社会生活の実際を描く dépeindre la réalité de la vie sociale / 彼には実際、腹が立つ Je me fâche vraiment contre lui.

実在 existence réelle UFOは実

実施

在するんだ―見たことあるの―あるさ Les ovnis existent vraiment. — Tu en as déjà vu? — Bien sûr.

実施 exécution 囡 実施する mettre à exécution, exécuter

実質 substance 囡 実質的に substantiellement, réellement

実証 〔確かな証拠〕preuve matérielle 囡;〔事実による証明〕démonstration par les faits 実証する démontrer, faire preuve de /実証的な positif(ve)
- **実証主義** positivisme 男

実情 circonstances actuelles 囡複;〔実態〕véritable situation 囡

失神 évanouissement 男, défaillance 囡

実践 pratique 囡 実践的な pratique /実践する pratiquer

質素な simple, modeste, frugal(ale)

実存主義 existentialisme 男

実態 実態が明らかになる La situation s'éclaircit.

しっと jalousie 囡

湿度 humidité 囡
- **湿度計** hygromètre 男;〔乾湿球湿度計〕psychromètre 男

じっと immobile, patiemment じっと考えよる se recueillir / じっと待つ patienter / じっとしてろ Ne bouge plus. / そんなにじっと見ないで Ne me regarde pas avec autant d'insistance.

室内 intérieur 男 洗濯物を室内で乾かす faire sécher la lessive à l'intérieur
- **室内楽** musique de chambre 囡

実に vraiment, tout à fait

実の 実の父 son propre [vrai] père

実は en fait →実際

失敗 échec 男;〔へま〕maladresse 囡, gaffe 囡 失敗する échouer, rater / 失敗に終わる aboutir à un échec /人の失敗を責める reprocher les fautes des autres / 彼のことだからまず失敗はないだろう Je n'essuie peut-être pas un échec. /失敗は成功のもと L'échec est le premier pas vers la réussite. ☺ しまった Ah bon sang!

実物 objet même 男, original 男, nature 囡 キムタクの実物大のポスター poster grandeur nature de la statue de Kimura Takuya

しっぽ queue 囡
- **しっぽを出す** montrer le bout de l'oreille / しっぽをつかむ しっぽをつかんだぞ Je t'ai enfin réussi à te prendre la main dans le sac. / しっぽを振る〔犬などで〕remuer la queue;〔へつらう〕flatter

失望 déception 囡, désappointement 男 失望する être déçu(e) [désappointé(e)]

失明する perdre la vue

質問 question 囡 質問する poser une question 質問攻めにあう être accablé(e) de questions /質問はありませんか Est-ce que vous avez des questions? /質問していいですか―どう

---

huit cent soixante-quatre 864

ぞ Est-ce que je peux vous demander quelque chose? — Je vous en prie.

実用的な pratique /実用化する mettre en pratique

質量 masse 囡 ◆トン tonne キログラム kilogramme 男 グラム gramme 男 ミリグラム milligramme 男

実力 capacité 囡, compétence 囡, force 囡 実力のある capable, compétent(e) /実力を養う développer [cultiver] ses capacités /相手の実力の程は分からない On ne sait pas quelle est la capacité de l'adversaire. /緊張して実力の半分も出せなかった J'avais tellement le trac que j'ai perdu plus de la moitié de mes moyens.
- **実力行使** recours à la force 男
- **実力者** personnage influent 男

失礼 impoli(e) 遅れたり相手に失礼です C'est incorrect pour les autres d'arriver en retard. /このへんで失礼します Je dois vous laisser maintenant. /失礼ですが、フランスの方ですか Excusez-moi mais, vous êtes français? /失礼!〔ぶつかった時など〕Pardon!

実例 example 男 実例を挙げて話す parler en citant des exemples

失恋 déception sentimentale 囡 ☺ いい相手はいくらでもいる Un(e) de perdu(e), dix de retrouvé(e)s. /男なんて他にいくらでもいるよ Ce n'est pas le seul homme qui existe au monde.

指定 désignation 囡, indication 囡 時間と場所を指定する indiquer [fixer, désigner] l'heure et le lieu
- **指定席** place réservée 囡

指摘 remarque 囡 誤りを指摘する faire remarquer une erreur

私的な privé(e), personnel(le)

支店 succursale 囡 支店を開設する fonder [établir] une succursale /支店に飛ばされる être expédié(e) à une succursale

辞典 dictionnaire 男

自伝 autobiographie 囡

自転車 bicyclette 囡, vélo 男 自転車に乗る monter à bicyclette (ヴィットリオ・デ・シーカの)『自転車どろぼう』 Le voleur de bicyclette ◆空気入れ pompe à bicyclette 囡 サドル selle 囡 タイヤ pneu 男 チェーン chaîne 囡 荷台 porte-bagages 男 ハンドル guidon 男 ブレーキ frein 男 ペダル pédale 囡 三輪車 tricycle 男 ツール・ド・フランス Tour de France

指導 direction 囡 研究を指導する diriger [orienter] les recherches /子供の進路について指導する guider [orienter] un enfant dans le choix d'une carrière /…の指導で sous la direction de...

自動の automatique
- **自動ドア** porte automatique 囡
- **自動販売機** distributeur (automati-

que) / 自動車 auto 囡, voiture 囡; automobile 囡 (→55ページ(囲み))
○自動車工場 usine de voitures 囡
自動車産業 industrie automobile
品 objet 男, article 男 スーパーでは同じ品がもっと安く手に入る Dans un supermarché, on peut avoir pour meilleur marché le même article.
品切れになる s'épuiser
品物 objet 男;[商品] marchandise 囡 店の品物を仕入れる s'approvisionner en marchandises
シナリオ scénario 男 シナリオどおりにことが運んだ Tout s'est passé comme d'après le scénario.
○シナリオライター scénariste 名
死に金 argent mort
死人 mort(e) 名
◇死人に口なし Les morts ont toujours torts.
死ぬ mourir, [行政用語] décéder; [文章語] disparaître, périr, trépasser; [改まった表現] expirer (★息を引き取ること); [動植物が] crever (★俗語では人にも用いる) がんで死ぬ mourir d'un cancer / 事故で死ぬ mourir dans un accident [par accident] / きみのためなら死ねる Je suis prêt à donner ma vie pour toi. / 寒くて死にそうだ Je meurs de froid. / 誰また来なければ本が死んでしまう Si on ne les lit pas, les livres finiront par mourir. / (トーマス・マンの)『ヴェニスに死す』 La Mort à Venise
地主 propriétaire
しのぎを削る se battre avec acharnement
しのぐ [耐える] endurer; [勝る] surpasser
忍び足で d'un pas furtif
忍び込む 家に忍び込む s'introduire dans une maison
忍び寄る s'approcher de... furtivement
忍ぶ [耐える] supporter, subir 世を忍ぶ vivre caché(e) / お忍びで incognito
しのぶ(偲ぶ) ガロアの業績をしのんで en souvenir des travaux de Galois
芝 gazon 男, pelouse 囡
○芝刈り機 tondeuse (à gazon) 囡
支配 domination 囡 支配する dominer
○支配階級 classe dominante
支配人 [ホテルの] gérant(e) de l'hôtel
芝居 [=劇] 芝居がはねる La représentation prend fin. / へたな芝居はやめろ Pas de comédie! / 芝居がかったしぐさ geste théâtral
自白 avou(x) 男 自白する avouer / 自白に追い込まれる acculer... aux aveux
しばしば souvent, fréquemment
自発的な spontané(e), volontaire 自発的に行動する agir de son propre mouvement
芝生 pelouse 囡, gazon 男 隣の芝生は青い Le gazon des voisins est bien vert. / 芝生に入るな 《Défense de marcher sur les pelouses》
支払い paiement 男 お支払いはどうなさいますか Vous payez comment?
しばらく un certain temps, quelque temps, pour le moment しばらくお待ちください Attendez un moment, s'il vous plaît. / しばらく見ない間に大きくなったね Tu as beaucoup grandi depuis la dernière fois.
縛る lier, attacher, nouer; [拘束] astreindre 規則に縛られる être astreint(e) à des règles
私費 fonds personnels 男複 彼は私費で留学した Il a fait ses études à l'étranger avec des fonds personnels.
辞表 lettre de démission 囡 もはや辞表を出すまでだ Nous n'avons plus qu'à démissionner.
持病 持病の頭痛に悩む souffrir d'un mal de tête chronique
しびれ しびれを切らす s'impatienter, perdre patience, être à bout de patience
しびれる s'engourdir 彼の声にはしびれる Sa voix me donne le frisson.
渋い [味が] âpre; [好みが] sobre; [金に] avare 渋い顔をする se renfrogner / 渋い芸 art pour personne initiée
しぶき [波しぶき] embruns 男複; [水しぶき] éclaboussement d'écume
しぶしぶ à regret, à contrecœur しぶしぶ腰を上げる se lever à contrecœur
自分 soi, moi 自分の道を行く aller son chemin / 自分で試してごらん Essaie par toi-même. / 自分を売り込まないと損だよ Si on ne se fait pas sa propre publicité, on y perd. / そんなことぐらい自分で決めよう Pour une si petite chose, tu es bien capable de décider toi-même.
○自分自身 soi-même, moi-même
自分勝手な égoïste, égocentrique
紙幣 billet (de banque) 男
司法 jugement 男
○司法解剖 dissection judiciaire
司法官 magistrat 司法権 pouvoir judiciaire
死亡 mort 囡, décès 男 (→死ぬ)
○死亡率 mortalité 囡, taux de mortalité 男 高い死亡率 forte mortalité / [男性(女性、乳幼児)の]死亡率の増加 hausse de la mortalité masculine [féminine, infantile]
脂肪 (→脂) 脂肪がつく avoir de la graisse
志望 souhait 男, désir 男 彼女は教育者志望だ Elle se destine à l'enseignement.
○志望校 école de son choix 囡 志望者 candidat(e), aspirant(e), postulant(e)
しぼむ se dégonfler; [花が] se faner
絞り [カメラの開口度] ouverture 囡; [装置] diaphragme 男

絞る・搾る 〔水分を出す〕presser；〔布などを〕tordre；〔限定〕réduire, restreindre　レモンを絞る presser un citron／先生にこってり絞られた Mon professeur m'a mis en compote.

資本 capital 男　事業に資本を投ずる engager des capitaux dans une affaire

資本主義 capitalisme 男
□**資本主義経済** économie capitaliste 女

島 île 女；〔小島〕îlot 男　最近は取りつく島もない Ces derniers temps il n'est pas à prendre avec les pincettes.

しま（縞） raie, rayure 女　縞のシャツ chemise rayée [à raies]

姉妹 sœurs 女
□**姉妹都市** villes jumelées 女複

しまい finir　いい加減にしないと怒るよ Je vais finir par me mettre en colère.

しまう remettre　どこにしまったか覚えてないの―困ったな Je ne me souviens pas où je l'ai mis. — C'est ennuyeux.

自前 à ses frais

字幕 sous-titre 男　字幕付き映画 un film sous-titré

島国 pays insulaire
□**島国根性** mentalité insulaire 女

始末 〔解決〕régler　彼のわがままは始末に終えない Ses caprices sont insupportables.／何回も注意したのにこの始末だ Malgré plusieurs avertissements, voilà le résultat.

島流し exil (sur une île)

閉まる fermer　図書館は何時に閉まりますか A quelle heure ferme la bibliothèque?

締まる　ドアがちゃんと締まっているか確認して Assure-toi que la porte est bien fermée.／この服を着るとウエストが締まって見える Cette robe amincit votre taille.

自慢 orgueil 男, fierté 女　自慢する être fier(ère) de, se vanter de　自慢じゃないけどシャラポアにインタビューしたことがある Ce n'est pas de la vantardise mais j'ai fait une interview avec Sharapova.
□**自慢話** vantardise 女

染み tache 女　染みを抜く enlever des taches／染みそばかす taches et éphélides

地味な sobre, modeste

しみじみ しみじみ思い出す se rappeler [évoquer] ... avec attendrissement／病気をして健康のありがたさをしみじみ知った En tombant malade j'ai bien pris conscience de la valeur et de la joie d'être en bonne santé.

染みる pénétrer；〔ちくちく〕piquer　タマネギが目に染みる Les oignons me piquent les yeux.

市民 citoyen(ne) 名, habitant(e) 名
□**市民権** citoyenneté 女

事務 travail de bureau 男；〔大学などの〕secrétariat 男
□**事務所** bureau 男　**事務屋** homme de bureau　**事務用品** fournitures de bureau 女複

事務的な administratif(ve)

氏名 nom et prénom

指名 nomination 女　指名する nommer
□**指名手配** recherche d'un criminel d'après son signalement

使命 mission 女　使命を帯びる être chrgé(e) d'une mission／使命を果たす remplir une mission

締め切り date limite

示す 〔見せる〕montrer, témoigner, prouver；〔指示〕indiquer　パスポートを示す montrer son passeport／手本を示す donner l'exemple

湿っぽい humide, moite　酒を飲むと彼はっぽい湿っぽくなる Quand il boit il se met à raconter ses malheurs.

閉める fermer　入ったらちゃんとドアを閉めてください Fermez bien la porte une fois que vous serez entré(e).

湿る devenir humide, s'humecter　湿った空気 air humide

占める 全体の10パーセントを占める représenter 10% de l'ensemble

締める 〔ねじ・ふたを回して〕visser　帯を締める se mettre une ceinture

地面 sol 男, terre 女

霜 gelée (blanche) 女, givre 男　霜が降りる Il gèle blanc.

霜降り 〔肉〕viande persillée 女

霜焼け engelure 女

指紋 empreintes (digitales) 女複　指紋を取る relever des empreintes

視界 champ visuel　視界を横切に traverser le champ visuel／視野の狭い男 homme à courte(s) vue(s)

ジャーナリスト journaliste

シャープペンシル portemine 男

シャーベット sorbet 男

謝意 gratitude 女, reconnaissance 女　謝意を表する témoigner [exprimer] sa gratitude [reconnaissance]

社員 employé(e) 名；〔集合的に〕personnel 男

謝恩 gratitude 女, reconnaissance 女
□**謝恩会** réunion pour les remerciements (par les élèves pour leurs profs) 女

社会 société 女, monde　社会の social(ale)／社会を変える changer la société／社会に出る débuter dans la vie／失業問題は社会不安を生み出す主要因の一つだ Le chômage est une des composantes principales du malaise social./反社会的な antisocial(ale)
□**社会科学** sciences sociales　**社会学** sociologie 女　**社会学者** sociologue 名　**社会主義** socialisme 男　**社会保険** sécurité sociale　**社会面** 〔新聞〕faits-divers 男複

ジャガイモ pomme de terre 女

しゃがむ s'accroupir, se blottir 若者たちはなぜ道端でしゃがんでるの Pourquoi les jeunes s'accroupissent-ils le long des trottoirs ?

弱者 faible 圐 弱者は依然としてひどい不公平の下で苦しんでいる Trop d'injustices pèsent encore sur les faibles.

爵位 titre de noblesse 圐 ◆公爵 duc 圐 侯爵 marquis 圐 子爵 vicomte 圐 男爵 baron 圐 伯爵 comte 圐

市役所 mairie 囡, hôtel de ville 圐

蛇口 robinet 圐 蛇口をひねる ouvrir [fermer] un robinet

弱点 point faible 圐 弱点を突く prendre... par son faible / 彼に弱点はない Il n'a aucun point faible.

釈明 justifications 囡複, explications 囡複 (→弁解) 釈明を求める demander des justifications / 釈明の機会を与える donner l'occasion de se justifier

射撃 tir 圐, feu 圐

車庫 garage 圐 ; [列車・バスなどの] dépôt 圐

社交 社交の才 talents de société ◆社交家 homme 圐 [femme 囡] sociable 社交界 monde 圐 社交界の花 fine fleur de la société 社交ダンス danse de salon

謝罪 excuses 囡複 謝罪を要求する exiger des excuses / 悪かったと心から謝罪した J'ai présenté mes excuses sincères en disant que j'étais vraiment désolé. / なんてことをしたんだ──ごめんなさい Tu réalises ce que tu as fait ? ─ Je suis désolé(e).

車掌 receveur(se) 圐囡 ; [検札係に] contrôleur(se)

写真 photo 囡, photographie 囡 写真を撮る prendre une photo / 写真を撮ってもらう se faire photographier / 写真を大きく焼く tirer une photo sous grand format / 写真を修整する retoucher la photo / 写真写りのよい photogénique / 撮るよ、前を向いて。はい、チーズ Regardez bien en face, je prends la photo. Bon, souriez! ◆写真家 photographe 圐囡 写真判定 photo-finish 囡

写生する dessiner sur le vif

社長 président-directeur général 圐 (★略語は P. -D. G.)

シャツ chemise 囡 ; [男性用肌着] maillot de corps 圐 シャツの上からセーターを着る mettre un pull par-dessus sa chemise

借金 dette 囡, emprunt 圐 借金を返す rembourser une dette / 多額の借金を残す laisser beaucoup de dettes

しゃっくり hoquet 圐 しゃっくりが出る avoir le hoquet

車道 chaussée 囡 車道の左側を走る rouler sur la partie gauche de la chaussée / 見物人が車道にはみ出す Les spectateurs débordent sur la chaussée.

邪道 魚料理にブルゴーニュの赤を出すとは、邪道だね Servir du bourgogne rouge avec le poisson ! Quelle hérésie!

謝肉祭 carnaval 圐 (サン=サーンスの)「動物の謝肉祭」 Le Carnaval des animaux

じゃぶじゃぶ シャツをじゃぶじゃぶ洗った J'ai lavé ma chemise à grande eau.

しゃぶる sucer 骨の髄までしゃぶる sucer... jusqu'à la moelle

しゃべる bavarder, causer よくしゃべるね Tu es bavard(e). / 大学へ行って学生食堂で友だちとしゃべる Je vais à la fac où je rencontre mes copains au restau-U pour bavarder.

シャボン玉 bulle de savon 囡

じゃまする gêner, déranger じゃまな embarrassant(e), gênant(e) / じゃまだ, どっか行って Tu me gênes. Vas ailleurs. / あす、おじゃまします Je vais vous voir demain.

ジャム confiture 囡

斜面 côte 囡, versant 圐, pente 囡

砂利 gravier 圐 砂利道をジープで走る rouler en jeep sur une route de cailloux

車輪 roue 囡

しゃれ jeu de mots 圐, bon mot 圐 しゃれになんないよ Ce n'est pas une plaisanterie de bon goût.

謝礼 rémunération 囡 ; [医師などへの] honoraires 圐複 この猫を見つけた方には謝礼を200ユーロ差し上げます Je donnerai 200 euros à la personne qui aura retrouvé ce chat.

シャワー douche 囡 シャワーを浴びる prendre une douche / シャワーで汗を流す se passer à la douche

じゃんけん pierre feuille ciseaux

ジャンル genre 圐 ジャンル別に分ける classer suivant le genre

ジャンプ saut 圐 バンジージャンプ saut à l'élastique

種 [生物の] espèce 囡 (ダーウィンの)「種の起源」 De l'origine des espèces

週 semaine 囡 週に3回ジムに行っている Je vais au gymnase trois fois par semaine. ◆今週 cette semaine 来週 la semaine prochaine 再来週 dans quinze jours 先週 la semaine dernière 1週間 (pendant) une semaine 1週間おきに toutes les deux semaines 1週間後に dans une semaine 毎週 chaque semaine, tous les semaines 翌週 la semaine suivante

周 tour 圐, pourtour 圐 ; [平面図形の] périmètre 圐 トラックを3周する faire trois fois le tour de la piste

銃 fusil 圐 銃を構える braquer un fusil

じゅう 一日じゅう (pendant) toute la journée / 日本じゅう partout au Japon / きょうじゅう avant la nuit

自由 liberté 囡 自由な libre / 自由に

librement / 自由を謳歌する chanter la joie d'être libre /(…から)self を奪う priver... de sa liberté /行こうが行くまいが私の自由だ Je suis libre d'y aller ou pas. /(ルネ・クレールの)『自由を我等に』 A nous la liberté

自由業 professions libérales 女
自由経済 économie libérale 女 自由主義 libéralisme 男

周囲 tour 男, pourtour 男, circonférence 女 この湖は周囲5キロだ Ce lac a un pourtour de cinq kilomètres. /周囲の目を気にする se soucier du regard des autres

獣医 vétérinaire 男

集会 réunion 女, assemblée 女, meeting 男 集会を開く tenir une réunion /集会, 結社の自由 liberté de réunion et d'association

収穫 récolte 女 ;〔ブドウの〕vendange 女

習慣 habitude 女 ;〔惰性的な〕routine 女 ;〔しきたり〕coutume 女, usage 男 習慣とは恐ろしいものだ Les habitudes, ça ne se perd pas comme ça.

周期 période 女, cycle 男 周期的な périodique
◘周期表〔元素の〕classification périodique des éléments 女

住居 logement 男, habitation 女
◘住居侵入 violation de domicile

宗教 religion 女 宗教的な religieux(se)
◘宗教改革 Réforme 女 宗教裁判 Inquisition 女

従業員 employé(e) 名 新しい従業員を雇う engager un nouvel employé /従業員に給料を払う payer un employé

充血 目が充血している avoir les yeux injectés (de sang)

集合 rassemblement 男 ;〔数学での〕ensemble 男 7時に駅に集合する se rassembler à la gare à sept heures

収支 recettes 女複 et dépenses 女複 〔貸借対照表〕bilan 男 収支を決算をまとめる établir [dresser] le bilan

修士 修士号 maîtrise 女 ;〔新課程〕master 男

習字〔書道〕calligraphie 女

重視する attacher de l'importance à...

十字 十字を切る faire le signe de la croix
◘十字架 croix 女 十字架に架ける mettre... sur la croix, crucifier 十字軍 croisade 女 十字路 carrefour 男, croisement 男

充実した〔生活・時間などが〕rempli(e), 〔しっかりと〕riche 気力が充実する avoir bon moral

収集 collection 女
◘収集家 collectionneur(se) 名

従順な obéissant(e), docile 日本では従順な女性が理想とされる Au Japon, on considère qu'une fille docile est une fille idéale.

住所 adresse 女 住所を変える changer d'adresse /現住所 domicile actuel
◘住所不定者 personne sans domicile fixe 住所録 carnet d'adresses 男

就職する obtenir [trouver] un emploi [une place] この就職難の時代にぜいたくは言ってられない Avec une telle pénurie d'emplois, contente-toi de ce que tu trouves. /就職おめでとう Félicitations pour votre nouvel emploi.
◘就職活動 démarche pour obtenir un emploi 女

終身の perpétuel(le) 終身刑を宣告される être condamné(e) à perpétuité
囚人 prisonnier(ère)

ジュース jus 男, suc 男 オレンジジュース jus d'orange /グレープフルーツジュース jus de pamplemousse /トマトジュース jus de tomate

修正する corriger, modifier, rectifier 計画を修正する modifier le plan /計算を修正する rectifier le calcul
◘修正案 amendement 男 修正液 correcteur liquide 修正主義 révisionnisme 男

渋滞 embouteillage 男 ;〔高速道路・国道の〕bouchon 男 しまった, ひどい渋滞だ Ah bon sang, quel bouchon!

重大な important(e), grave, sérieux(se) 重大事件が起こった Un événement grave s'est produit.

住宅 logement 男, habitation 女 ;〔一戸建て〕maison 女 ;〔集合住宅の中の〕appartement 男 ;〔ワンルームの〕studio 男 ;〔庭付きの〕villa 女 ;〔邸宅〕résidence 女 habitation commune /プレハブ住宅 maison préfabriquée /日本は住宅難だ Au Japon, il n'est pas facile de trouver de quoi bien se loger.
◘住宅地〔高級な〕quartier résidentiel 男

集団 groupe 男, collectivité 女 集団的な collecti(f(ve)) /小学生は集団で登校する Les écoliers vont à l'école en bande.
◘集団生活 vie collective 女 集団安全保障 sécurité collective 女

じゅうたん tapis 男 ;〔家具の下に敷く〕carpette 女 ;〔部屋に敷きつめる〕moquette 女 床にじゅうたんを敷く recouvrir le plancher d'un tapis

集中 concentration 女, centralisation 女 集中する se concentrer, se centraliser /集中力に欠ける子供 un enfant qui manque de concentration
◘集中豪雨 pluie torrentielle localisée 女 集中攻撃 attaque convergente

終点 terminus 男 お客さん, 終点です Monsieur, c'est le terminus.

重点 point essentiel 男 練習に重点を置く attacher de l'importance à

l'exercice

シュート 〔サッカーの〕shoot 男, tir au but 男 シュートが決まる réussir un tir au but

修道 修道士〔女〕religieux(se)

修道院 〔一般の〕couvent 男;〔教会の正式呼称〕monastère 男;〔大修道院〕abbaye 女

習得 acquisition 女, apprentissage 男 習得する apprendre

柔軟な souple, flexible, élastique ◘柔軟体操 exercices d'assouplissement 男

収入 revenu 男, recette 女, gain 男 1世帯当たりの収入 revenu par ménage / 収入を確保する s'assurer un revenu / この収入じゃやっていけない Ce revenu ne suffit pas pour vivre. ◘収入印紙 timbre-quittance 男

就任 entrée en fonction(s) 女

執念 opiniâtreté 女 執念深い obstiné(e);〔恨み深い〕haineux(se) 重箱 重箱の隅をつつく chercher la petite bête

周波数 fréquence 女 ある周波数ジヤ電波を発する émettre l'onde radio sur une certaine fréquence

秋分 équinoxe d'automne 男

十分な suffisant(e), satisfaisant(e) 十分満足させる donner pleine satisfaction à... /〔ワインをもうどうか?〕— いえ、もう十分いただきました Voulez-vous encore du vin? — Non, merci, j'ai assez bu.

周辺 circonférence 女 周辺の périphérique

週末 week-end 男 この週末は何をするの Qu'est-ce que tu fais ce week-end?

住民 habitant(e) 名, population 女 住民を緊急避難させる évacuer promptement la population

衆目 衆目を集める attirer tous les regards

収容する recevoir, accueillir ◘収容所 asile 男

重要な important(e), capital(ale), fondamental(ale), essentiel(le), primordial(ale) 非常に重要だ être de la plus haute importance ◘重要文化財 bien culturel important 男

従来 jusqu'à présent, jusqu'ici 従来どおり comme d'habitude, comme par le passé

修理 réparation 女, réfection 女, remise en état 女 修理する réparer ◘修理工場 atelier de réparation 男

重力 gravité 女, pesanteur 女 無重力状態で en apesanteur

収録する 〔本に〕recueillir;〔録音・録画〕enregistrer 10万語収録の辞書 dictionnaire qui contient cent mille mots

主観 主観的な subjectif(ve) ◘主観性 subjectivité 女

主義 principe 男, doctrine 女 主義として par principe / ...する主義である avoir pour principe de... / 主義を曲げない rester fidèle à ses principes / 主義を曲げる transiger sur ses principes

修行 exercice 男, entraînement 男 〔見習い〕apprentissage 男 〔苦行〕austérités 女複, mortification 女

授業 classe 女, cours 男 授業に出る assister à un cours / 授業を受ける suivre un cours / 授業を始めます。席に着いて On commence le cours. Prenez place. / きのうの授業は何ページまで進んだの Vous êtes allés jusqu'à quelle page au cours d'hier? / きょうの授業はこれで Le cours d'aujourd'hui s'arrêtera là.

塾 cours privé 男

祝日 jour de fête 男

縮小 réduction 女 縮小する réduire /判型の縮小 réduction de format

熟す mûrir 時が熟した Le moment est arrivé.

宿題 devoir 男 3日で宿題を終わらせる terminer son devoir en trois jours / まだ宿題をやっていない Je n'ai pas encore fait mes devoirs. / 宿題をやってしまえば出かけてもいいよ Quand tu auras fini ton devoir, tu pourras sortir.

祝典 fêtes 女複 祝典を催して100周年を記念する marquer un centenaire par des fêtes

熟年 熟年を迎える entrer dans l'âge mûr

熟達した 〔精通した〕expert(e);〔経験を積んだ〕expérimenté(e);〔巧みな〕habile ◘熟練工 ouvrier qualifié 男

受験する passer un examen 受験勉強 la préparation au concours d'entrée à l'école / 受験地獄の後の大学は天国だ Après l'enfer des concours d'entrée, l'université c'est le paradis. ◘受験生 candidat(e) 名

主催 organisation 女 主催する organiser ◘主催者 organisateur(trice) 主催者側は参加者が20万人だと言っている Les organisateurs revendiquent 200.000 participants.

取材 enquête journalistique 女 現地で取材する recueillir des informations sur les lieux

手術 opération 女 手術する opérer /手術を受ける subir une opération / がんの手術を受ける se faire opérer d'un cancer / すぐ手術しないと手後れです Si on n'opère pas maintenant, il sera trop tard. ◘手術台 table d'opération 女

首相 premier ministre 男 日本に新首相が誕生した Le Japon s'est donné un nouveau premier ministre.

主人 maître(sse) 名;〔経営者・雇い主〕patron(ne) 名;〔店・動物などの持ち主〕propriétaire 名;〔夫〕époux 男 ご主人はいらっしゃいますか — いえ、留守

です Est-ce que votre époux est là ? — Non, il est sorti.
主人公 héros 男; 〔女性の〕héroïne 女
首位 première place 女 首席を争う se disputer la première place
主題 sujet 男, thème 男;〔音楽・美術などの〕motif 男
手段 moyen 男, mesure 女, ressource 女 最後の手段で en dernière ressource / あらゆる手段を尽くす employer tous les moyens / 非常手段に訴える employer les grands moyens / 手段を選ばない ne reculer devant aucun moyen
主張 〔意見〕opinion 女;〔権利の〕prétentions 女, affirmer, prétendre / 主張を貫く persévérer [persister] dans son opinion / 自分の権利ばかり主張してやるべきことをやらないなんて Tu clames sans cesse tes droits mais tu ne fais pas ce que tu devrais faire. ☺私の考えでは… A mon avis… / あえて申し上げますが… Je me permets de vous contredire mais… / …と確信しています Je suis convaincu(e) [persuadé(e), sûr(e)] que…
出演する jouer un rôle, paraître en scène
🔲**出演料** cachet 男
出血 hémorragie 女, saignement 男 内出血 hémorragie interne
🔲**出血サービス** vente à perte 女
出欠 appel 男 出欠をとります Je fais l'appel. ☺ドミニクは — Dominique ! — Présent ! (★出欠をとるときは女性でも男性形で答えるのがふつう)
出産 accouchement 男 ご出産おめでとう Félicitations pour votre nouveau-né. / もうすぐごあなたもお父さん — 男な女な子 Tu vas bientôt être papa. — Est-ce que c'est un garçon ou une fille ?
🔲**出産予定日** terme (de l'accouchement) 男
出生 naissance 女
🔲**出生率** natalité 女 出生率の低下 baisse de la natalité / 出生率の低い国 un pays à faible natalité
出場 participation 女
出身 出身はどちら ? Vous êtes d'où ? / …大学の出身だ être sorti(e) de l'université…
🔲**出身地** pays d'origine 男
出世 succès dans la vie 男;〔昇進〕promotion 女 出世する réussir dans le monde, faire une belle carrière / 出世の階段を駆け上る franchir les étapes du succès au gallop
出生とう naissance 女 (→誕生) 子供の出生を届け出る déclarer un enfant à la mairie
出席 présence 女, assistance 女 出席を取る faire l'appel / 会議に出席する participer à un congrès / 出席を遠慮する s'abstenir d'assister

出席者 personne présente 女
出張 voyage d'affaires 男, déplacement 男 出張中である être en déplacement
出発 départ 男 出発する partir / 何時の出発ですか A quelle heure est le départ ? / 出発の時間が来た Le moment est venu de partir.
出版 publication 女, édition 女, presse 女 出版する publier / 出版報道の自由 liberté de la presse
🔲**出版社** maison d'édition 女
出費 dépense 女 ばくだいな出費をする faire de grosses dépenses / 思っていたより出費がかさんでいる La dépense monte plus haut que je ne pensais.
首都 capitale 女 首都の近郊で aux environs de la capitale / 首都への幹線道路 les grandes voies d'accès à la capitale / ペルーの首都はどこ ? — えーっと、分かりません Quelle est la capitale du Pérou ? — Euh ! … euh ! … je ne sais pas.
受難 la Passion 〔バッハの〕『マタイ受難曲』 Passion selon saint Matthieu /〔バッハの〕『ヨハネ受難曲』 Passion selon saint Jean
首脳 仏独首脳会談 sommet franco-allemand 男
守備 défense 女 このゴールキーパーは守備範囲が広い Ce gardien de but couvre une vaste partie de l'aire de jeu.
主婦 ménagère 女, mère de famille 女, femme au foyer 女 主婦にも給料を払ってほしいわね Je voudrais bien que les ménagères reçoivent elles aussi un salaire.
手法 procédé 男
趣味 〔センス〕goût 男;〔楽しみ〕passe-temps 男 いい趣味してるね Tu as bon goût. / 趣味悪いよ Tu as vraiment mauvais goût. / 趣味はなんですかーサッカーが好き Quel est votre passe-temps favori ? — Le football, ça me plaît.
寿命 longévité 女, durée de vie 女;〔物の〕durée d'usage 女 犬が死んじゃった — 寿命だと思ってあきらめるしかないね Mon chien est mort. — Il était âgé. C'est naturel.
主役 premier rôle 男, protagoniste 男 主役を務める avoir le premier rôle / 主役から降ろす priver… du premier rôle
主要な principal(ale), capital(ale), dominant(e)
腫瘍しゅよう tumeur 女 腫瘍を散らす résorber une tumeur
需要 demande 女 需要のある demandé(e) / 需要と供給の法則 loi de l'offre et de la demande
種類 sorte 女;〔動物などの〕espèce 女;〔事物の〕genre 男;〔類型〕type 男
手話 langage digital 男
受話器 récepteur 男
順 〔順序〕ordre 男;〔順番〕tour 男

順を追って説明する expliquer par ordre/アルファベット順 ordre alphabétique/先着順に par ordre d'arrivée
順位 rang 男, classement 男
瞬間 moment 男, instant 男/瞬間的 instantané(e)/その瞬間 à ce moment/瞬間湯沸かし器みたいな人だ Il est soupe au lait.
循環 circulation 女 循環する circuler
○循環小数 fraction périodique
順序 ordre 男 順序が逆だ C'est dans l'ordre inverse. /ものには順序ってものがある Il ne faut pas renverser l'ordre des choses.
純粋な pur(e)
順調に bien すべて順調だ Tout va bien. /病人は順調に回復している Le malade est en bonne voie de guérison. /結果は?—順調だよ Et le résultat? — Ça se passe bien.
順番 tour 男 順番を à tour de rôle /順番を待つ attendre son tour /次はだれの順番?—私です Ensuite, c'est au tour de qui? — Au mien.
準備 préparation 女, préparatifs 男複 準備する préparer ;[場所を整える] arranger, aménager ;[計画を] organiser ;[心構え・身支度などを] se préparer / 準備万端整った Nous avons pris toutes les dispositions nécessaires.
春分 équinoxe de printemps 男
巡礼 pèlerinage 男 (リストの)『巡礼の年』 Les Années de pèlerinage
賞 prix 男 /賞を与える décerner un prix /賞を受ける recevoir un prix /賞をもらう remporter un prix /ノーベル賞 prix Nobel
省 ministère 男 /外務省 ministère des Affaires étrangères
章 chapitre 男 新しい章に入る attaquer un nouveau chapitre
商 quotien 男
使用 emploi 男, usage 男 使用する employer, utiliser, se servir de /「使用中」《Occupé》
情 [感情] sentiment 男 ; [情愛] affection 女 ; [情熱] passion 女 ; [感動] émotion 女 /情が深い affectueux(se) /情にもろい (très) sensible /…に情が移る s'attacher petit à petit à…
情愛 affection 女 親子の情愛を描いた作品 bel ouvrage qui décrit l'affection entre parents et enfants
上映 映画を上映する passer un film
省エネ économies d'énergie 女複
上演する 喜劇を上演する représenter une comédie
消化 digestion 女 消化する digérer /よくかんで食べないと消化に悪いよ Il faut bien mâcher pour bien digérer. /忙しいスケジュールを消化する assurer un emploi du temps chargé
○消化液 suc digestif 男 消化器官 appareil digestif 男 消化不良 trouble digestif 男, dyspepsie 女

ショウガ gingembre
紹介する présenter ; [推薦する] recommander ; [未知のものごとを人に紹介する] introduire 自己紹介する se présenter /アランとは知り合いか Tu connais Alain? /こちらドミニクです Je vous présente Dominique. /初めまして Enchanté(e) (de vous connaître). /初めまして、ケイコです Bonjour. Je m'appelle Keiko. /自己紹介させてください Permettez-moi de me présenter.
生涯 vie 女 ; [一生の間] durant (toute) sa vie 生涯忘れられない意義を感じる être reconnaissant(e) à vie /生涯の友だ Nous sommes amis jusqu'à la mort. /(シューマンの)『女の生涯』 L'Amour et la Vie d'une femme
障害 obstacle 男, entrave 女 障害なく empêchement /障害にぶつかる rencontrer un obstacle /障害を乗り越える surmonter un obstacle
○障害競走 course d'obstacles 女 ;(水濠や・土塁・石垣などを越える) steeple-chase 男 ;(ハードル・垣根を越える) course de haies 女 障害者 handicapé(e)
奨学金 bourse (d'études) 女 奨学金をもらう obtenir une bourse d'études
正月 nouvel an 男 正月休み vacances de noël
蒸気 vapeur 女
○蒸気機関 machine à vapeur 女 蒸気機関車 locomotive à vapeur 女
定規 règle 女
乗客 [列車・バスの] voyageur(se) 名 ;(船・飛行機の) passager(ère) 名 /[タクシーの] client(e) 名
商業 commerce 男
○商業英語 anglais des affaires 男 商業都市 ville marchande 女
状況 circonstances 女複, situation 女 /状況に応じて d'après les circonstances /事故の状況を調査する examiner les circonstances d'un accident
○状況証拠 preuve indirecte 女
消極的な négatif(ve), passif(ve)
賞金 prix (en espèces) 男, prime 女
上下 上下の区別なく扱う traiter sans tenir compte du rang
情景 scène 女 夢の中の情景 scène onirique /情景を記憶に刻み込む fixer une scène dans sa mémoire /一つの情景が頭に焼きついている J'ai toujours la même scène en tête.
衝撃 choc 男 事件の衝撃が日本じゅうをかけめぐった Le choc de cet événement a été ressenti dans tout le Japon.
証券 valeurs 女複, titre 男
○証券会社 maison de titres 女 証券取引所 Bourse 女
証言 témoignage 男 証言する témoigner /証言を拒む refuser de témoigner
条件 condition 女 条件を満たす

remplir les conditions／破格の条件で契約する passer un contrat sous des conditions exceptionnelles／条件付きの conditionnel(le)／条件付きで conditionnellement, sous condition／必要十分条件 condition nécessaire et suffisante／(マルローの)『人間の条件』 La Condition humaine
◻条件反射 réflexe conditionnel

証拠 preuve 有力な証拠を集める amasser des preuves convaincantes／目の前に証拠を突きつける mettre des preuves sous les yeux de...／動かぬ証拠 preuve incontestable
◻証拠物件 pièce à conviction 囡
証拠隠滅 suppression d'une preuve 囡

正午 midi 男
錠剤 comprimé 男
上司 supérieur／上司に指示を仰ぐ se référer à un supérieur／上司に認められる être estimé(e) par son supérieur
正直な honnête 正直者がばかを見る L'honnêteté n'est pas récompensée.／正直,友人の問題で困っている Franchement, je suis embarrassé(e) par les problèmes d'un ami.
常識 sens commun 男；［良識］bon sens 男 常識のある raisonnable／常識から外れている Ça manque de bon sens.
商社 maison de commerce 囡
少女 petite fille 囡, fillette 囡 少女趣味 goût de jeune fille
賞状 diplôme d'honneur 男
症状 symptôme 男
上昇 montée 囡, élévation 囡, ascension 囡 物価上昇 montée des prix
上場する inscrire à la cote (de la Bourse)
生じる se produire, avoir lieu
昇進 promotion 囡, avancement 男 部長に昇進する être promu directeur
じょうずな (→うまい) ピアノがじょうずだね Tu joues bien du piano.／おせじのじょうずなこと Tu as l'art pour me faire des compliments.
小数 nombre décimal 男 (→485ページ(囲み)) 小数第3位の数字 chiffre de la troisième décimale
◻小数点 virgule décimale 囡 (★フランスでは小数点はコンマで表す)
少数 minorité 囡
◻少数意見 opinion minoritaire 囡
少数派 minorité 囡 少数派の反対を押し切る briser l'opposition de la minorité／少数民族 minorité ethnique／少数民族の住む地区 quartier habité par une minorité ethnique
小説 roman 男；［短編］conte 男 小説を書く écrire un roman／小説を読む lire un roman
◻小説家 romancier(ère) 囡
肖像(画) portrait 男

消息 nouvelles 囡, information 囡 消息がある avoir des nouvelles／彼の消息は途絶えたままだ Le contact est encore perdu avec lui.
消息筋 milieux bien informés 男
招待 invitation 囡 招待する inviter／友人を夕食に招待する inviter des amis à dîner
◻招待状 lettre d'invitation 囡
正体 vrai caractère 男 正体を現す révéler son vrai caractère／正体を暴く démasquer／正体をなくすほど酔う noyer sa raison dans le vin
状態 état 男, situation 囡, condition 囡 心理状態 état psychologique
上達 progrès 男, perfectionnement 男 ずいぶん上達したね。この調子だよ Tu as fait beaucoup de progrès. Continue sur ta lancée.
商談する parler affaires 商談をまとめる conclure une affaire／商談成立だ Marché conclu！
冗談 plaisanterie 囡 冗談でしょ Tu plaisantes.／冗談だよ C'est une plaisanterie.／冗談じゃない Il n'y a pas de quoi rire.／冗談はやめにしよう Trêve de plaisanteries！／冗談はさておき Plaisanterie à part／冗談ばっかり Tu racontes toujours des blagues.／冗談は顔だけにして Ta tête suffit à faire rire.
承知 承知の上で sciemment, exprès／ご承知のように comme vous le savez／承知しました Entendu.／ばかにすると承知しないぞ Je n'admets pas qu'on me prenne pour un imbécile.／無理を承知でお願いします Je sais que c'est impossible mais je vous le demande quand même.
象徴 symbole 男, emblème 男 象徴的 symbolique, emblématique／(ボードリヤールの)『象徴交換と死』 L'Echange symbolique et la Mort
◻象徴主義 symbolisme 男
情緒 émotion 囡；［味わい］charme 男 情緒の安定を欠く manquer de stabilité dans ses sentiments
商店 (→店)
◻商店街 rue commerçante 囡
焦点 foyer 男 焦点を合わせる mettre... au point／焦点のぼやけた flou(e)
◻焦点距離 distance focale 囡, focale 囡
衝動 impulsion 囡 衝動的に par impulsion／怒りの衝動に駆られて sous l'impulsion de la colère
消毒 désinfection 囡, aseptisation 囡, stérilisation 囡 消毒する désinfecter, aseptiser／煮沸消毒 stérilisation par l'ébullition
衝突 collision 囡, heurt 男 衝突する heurter／トラックとバスが正面衝突した Un bus et un camion se sont heurtés de plein fouet.／上司と衝突してばかりだ Je me heurte constamment à mon patron.
承認 reconnaissance 囡, approba-

tion 正式に承認する reconnaître officiellement
証人 témoin 男
商人 commerçant(e) 名, marchand(e) 名
情熱 passion 女
〇情熱家 passionné(e) 名
少年 garçon 男
勝敗 勝敗を占う diagnostiquer le résultat du match
商売 commerce 男, affaires 女複 商売から魚に詳しい s'y connaître en poisson de par son métier / この不景気では商売が成り立たない Avec la crise économique, le business ne marche pas fort. / 作家は書くのが商売だ Le travail de l'écrivain, c'est d'écrire.
〇商売敵 concurrent(e) 名 商売道具 instrument de travail 男 商売人〔商人〕commerçant(e) 名 ;〔くろうと〕professionnel(le) 名
蒸発 évaporation 女, vaporisation 女 蒸発する s'évaporer /〔失踪〕disparaître
消費 consommation 女 消費する consommer / 日本のワインの消費量が伸びている La consommation du vin s'accroît de plus en plus au Japon.
〇消費財 biens de consommation 男複 消費者 consommateur(trice) 名 消費者保護のために pour la protection des consommateurs / 消費者価格 prix à la consommation 男 消費社会 société de consommation 女 消費税 impôts de consommation 男複
商品 article 男, marchandise 女 商品を安売りする vendre des marchandises au rabais / 売れ行き好調な商品 article d'un bon débit
〇商品券 bon d'achat 男
勝負 partie 女, match 男 勝負する faire une partie / 勝負を争う disputer une partie à... /〔い〕勝負 partie bien jouée / 勝負を降りる quitter la partie / 勝負をつける décider de la victoire ou de la défaite / 勝負は時の運だ L'issue du combat dépend aussi de la chance du moment.
〇勝負事 jeu 男 勝負師〔ギャンブラー〕joueur(se) 名 ;〔向こう見ずな人〕aventureux(se) 名
じょうぶな solide, robuste, fort / 生まれつき体がじょうぶだ Il est né avec une santé solide. / この製品はじょうぶで長持ちする Ce produit est solide et durable.
城壁 murailles 女複, remparts 男複
小便 urine 女 ;〔おしっこ〕pipi 男 小便する uriner / 小便を漏らす mouiller sa culotte
譲歩 concession 女 譲歩する concéder, faire une concession / 互いに譲歩する se faire des concessions réciproques / 大幅に譲歩する faire de larges concessions
消防 lutte contre l'incendie 女

〇消防士 (sapeur-)pompier 男 消防車 autopompe 女 消防署 caserne de pompier 女 消防団 corps des sapeurs-pompiers 男
情報 information 女, renseignement 男 情報を集める recueillir des informations / 警察に情報を提供する renseigner la police / 情報公開の義務 obligation de transparence de l'information / 彼は情報通だ Il est toujours au courant des dernières informations.
〇情報科学 informatique 女 情報機関 service de renseignements 男 情報提供者 informateur(trice) 名 情報理論 théorie de l'information 女
静脈 veine 女
〇静脈注射 injection intraveineuse 女
証明 démonstration 女, preuve 女 証明する prouver, démontrer / ピタゴラスの定理を証明する démontrer un théorème de Pythagore
〇証明書 certificat 男
照明 éclairage 男, illumination 女 不十分な照明で読書して目を悪くする s'abîmer la vue à lire avec un éclairage insuffisant
〇照明技師 éclairagiste 男
正面 front 男 正面の d'en face / 正面切って非難する reprocher ouvertement / 正面衝突する se heurter de front
消耗 usure 女 消耗する s'user, s'épuiser
〇消耗品 biens consommables 男複
条約 pacte 男, traité 男 条約を締結する〔=結ぶ〕conclure un pacte / 条約を破棄する rompre un traité
しょうゆ sauce de soja 女
将来 avenir 男, futur 男 将来は dans l'avenir / 将来を占う prévoir l'avenir / 将来のことを少しは考えちゃ Tu devrais penser un peu à ton avenir? / 将来何になりたい? Qu'est-ce que vous voudriez faire dans le futur? / 将来は絵の道に進みたい Je veux embrasser une carrière de peintre dans l'avenir.
勝利 victoire 女 勝利を収める remporter la victoire / 勝利を祝う célébrer une victoire / 勝利の女神 déesse de la Victoire
上陸 débarquement 男 上陸する débarquer
省略 omission 女 省略する omettre
上流 amont 男 上流に en amont / ローヌ河上流 cours supérieur du Rhône
〇上流社会 haute société 女
常連 habitué(e) 名, familier(ère) 名 この店は常連客でいっぱいだ Ce restaurant est toujours plein d'habitués.
ショー show 男, spectacle 男 歌と踊りのあるショー spectacle chanté et dansé / 今晩オランピア劇場でおもしろいショーをやってる Ce soir, l'Olympia présente un spectacle intéressant.

◻ショービジネス industrie du spectacle
女王 reine 囡 女王様気取りだね Elle se prend pour une reine.
ショーウインドー vitrine 囡 ショーウインドーに陳列する mettre... en vitrine
ショール châle 男 ショールを肩にかけ羽織る jeter un châle sur ses épaules
ジョギング jogging 男 ジョギングする jogger
食 食が細い avoir un appétit d'oiseau
職 (→職業) 職を得る obtenir un emploi / 自分の適性と好みにあわせて職を選ぶ choisir un métier en fonction de ses aptitudes et de ses goûts
職員 personnel 男
◻職員会議〔学校の〕réunion des professeurs 囡
職業〔一般的〕métier 男 〔知的・専門的〕profession 囡 〔キャリア〕carrière 囡 職業上の professionnel(le) / ご職業は？—医師です Qu'est-ce que vous faites dans la vie? — Je suis médecin. ◆エンジニア ingénieur 男 音楽家 musicien(ne) 学者 savant 男 学生 étudiant(e) 菓子職人〔菓子屋〕pâtissier(ère) 看護師 infirmier(ère) 教師 enseignant(e), professeur 男, institut*eur*(*trice*) 銀行員 employé(e) de banque 警察官 polici*er*(*ère*) 建築家 architecte 公務員 fonctionnaire サラリーマン salarié(e) ジャーナリスト journaliste スチュワーデス hôtesse de l'air 囡 消防士 (sapeur-)pompier 男 ソーシャルワーカー assistant(e) social(e) 大工 charpentier 男 通訳 interprète デザイナー styliste, dessinat*eur*(*trice*) 農業従事者 agricult*eur*(*trice*) 俳優 act*eur*(*trice*) パイロット pilote 花屋 fleuriste 秘書 secrétaire 囡 美容師 coiff*eur*(*se*), esthéticien(ne) プログラマー programm*eur*(*se*) プロスポーツ選手 jou*eur*(*se*) professionnel(le) 保育士 jardini*er*(*ère*) d'enfants 翻訳家 traduct*eur*(*trice*) 弁護士 avocat(e) モデル mannequin 男 薬剤師 pharmacien(ne) 料理人 cuisinier(ère)
◻職業病 maladie professionnelle 囡
食後酒 digestif 男 (★アルマニャック armagnac. カルバドス calvados. キルシュ kirsch. コアントロー cointreau. コニャック cognac. ブランデー eau-de-vie)
食事 repas 男 食事をする manger, prendre un repas / 食事に行く aller prendre un repas / お食事はあちらに用意しております Les repas sont prêts, là-bas. ◯おに口に合うかどうか Je ne sais pas si vous aimerez ce plat ou non. / どうぞ召し上がれ Bon appétit! / お味はいかがーおいしいです Comment le trouvez-vous? — Que

c'est bon!
食前酒 apéritif 男 (★カクテル cocktail. カンパリ campari. キール kir. シェリー xérès. シャンパン champagne. チンザノ cinzano. ベルモット vermouth. マティーニ martini)
食卓 table à manger 食卓に着く se mettre à table / 食卓を囲む s'asseoir autour de la table
食堂〔家などの〕salle à manger 囡〔飲食店〕restaurant 男〔駅の〕buffet 男
◻食堂車 voiture-restaurant 囡
職人 artisan 男 職人肌だ avoir l'étoffe d'un artisan
◻職人かたぎ esprit artisanal 男
食品 aliment 男, denrées (alimentaires) 囡複, nourriture 囡 買済み 食品を買う acheter des aliments tout cuits
◻食品添加物 additif alimentaire 男
植物 plante 囡, végétal 男 冷気から植物を守る abriter une plante contre le froid / 観葉植物 plante verte (d'appartement)
◻植物園 jardin des plantes 男, jardin botanique 男 植物学 botanique 囡 植物学者 botaniste 植物採集 herborisation 囡 植物油 huile végétale
植民 colonisation 囡 植民化する coloniser
◻植民地 colonie 囡 フランスは北アフリカを植民地とした La France a colonisé l'Afrique du Nord. / 旧植民地 ancienne colonie 植民地主義 colonialisme 男
食物 aliment 男, nourriture 囡〔食べ物〕消化の悪い食物 aliment indigeste / トウモロコシをベースにした食物 aliment à base de maïs
◻食物繊維 fibre alimentaire 囡 食物連鎖 chaîne alimentaire 囡
食欲 appétit 男 食欲が旺盛だ J'ai un bon coup de fourchette. 食欲がない Je n'ai pas d'appétit.
食料・食糧 vivres 男複, provisions 囡複〔食料品〕aliment 男 食糧が不足する事態になった La nourriture est venue à manquer. / 世界には食糧難に苦しむ国がたくさんある Il y a beaucoup de pays dans le monde qui n'ont pas de quoi s'alimenter.
◻食糧自給率 taux d'autarcie alimentaire
処刑 exécution 囡 処刑する exécuter / 死刑囚は明け方に処刑された Le condamné a été exécuté à l'aube.
助言 conseil 男 (→忠告) 助言する conseiller, suggérer / 助言を求める demander conseil à...
女子〔女の子〕petite fille 囡〔若い娘〕jeune fille 囡〔女性〕femme 囡, dame 囡 女子シングルス〔ダブルス〕simple [double] dames
◻女子高 lycée de jeunes filles 男
助手 aide 囡, auxiliaire 囡, assistant(e) 助手を使って仕事する se

servir d'auxiliaires pour son travail
処女 vierge 囡
◻**処女航海** première navigation 囡 / **処女地** terre vierge 囡
徐々《に》 lentement, pas à pas, petit à petit, peu à peu
初心 初心に返る retourner à sa passion première
◻**初心者** débutant(e) 图, novice
女性 femme 囡, sexe féminin 围 女性の féminin(e) / 女性を解放する émanciper les femmes / 女性を差別する faire de la discrimination féminine
所帯 ménage 围 所帯を持つ se mettre [entrer] en ménage / 所帯じみる s'éreinter pour nourrir sa famille
◻**所帯道具** meubles et ustensiles de ménage 複
処置 mesures 囡複, dispositions 囡複；[治療] traitement 围 もう処置なしだ Aucun traitement n'est possible.
触覚 toucher 围
食器 vaisselle 囡 食器を洗う faire la vaisselle
◻**食器棚** buffet 围
ショック choc 围, coup 围 きみがそんなことを言うなんてショックだ Je ne pensais pas que tu pourrais dire des choses si choquantes.
◻**ショック療法** traitement de choc 围
しょっちゅう à tout moment, très souvent, constamment
書店 librairie 囡 古書店 librairie ancienne
所得 revenu 围 税務署に所得を申告する déclarer son revenu au fisc
◻**所得税** impôt sur le revenu 围
初歩 abc 围, rudiments 围複, éléments 围複 / 初歩的な知識 connaissances élémentaires
処方 prescription 囡 薬を処方する prescrire un médicament
◻**処方せん** ordonnance 囡
除幕 彫像の除幕をする dévoiler une statue
庶民 gens du peuple 複 庶民的な街 quartier populaire
署名 signature 囡 契約書に署名する signer un contrat
◻**署名運動** campagne pour recueillir des signatures de pétition 囡
所有 possession 囡 広大な土地を所有する posséder un vaste domaine
◻**所有者** propriétaire 图, possesseur 围
処理 traitement 围 処理する traiter / 未処理の書類が山にたまっている Il reste une pile énorme de documents non encore traités.
書類 papiers 围複；[証明書] pièces 囡複；[資料] dossier 围, documents 围複
しょんぼりと d'un air abattu [découragé] 試合に負けてしょんぼりする

avoir l'air triste après une défaite
白髪 cheveu blanc 围 白髪が交じる Les cheveux grisonnent. / 白髪が目立ってきた J'ai maintenant trop de cheveux blancs apparents.
白けた のせいで座が白けた Il a gâché l'ambiance.
知らず知らず sans s'apercevoir
知らせ nouvelle 囡, annonce 囡
知らせる informer, mettre au courant；[実用情報を] renseigner；[前もって] avertir, prévenir；[危険を] alerter
調べる examiner；[本当かどうか] vérifier；[資料に当たって] s'informer, se renseigner；[辞書などを] consulter；[予習] préparer 税関で荷物を調べられた On a examiné mes bagages à la douane.
知らん顔をする faire semblant de ne pas reconnaître
しり(尻) fesses 囡複, derrière 围 女のしりを追いかける courir après les femmes しりが青い inexpérimenté(e) しりが重い être lent(e) à agir しりが軽い しりの軽い女 femme légère しりに敷く [夫を] porter la culotte しりに火がつく se démener à la dernière minute しりを叩く [せきたてる] presser しりを拭う réparer les fautes des autres
知り合い connaissance 囡 彼とは7年来の知り合いだ Ça fait sept ans qu'on se connaît, lui et moi.
知り合う faire connaissance avec..., faire la connaissance de..., (se) connaître
しり込みする hésiter [reculer] devant... しり込みしないでやってみろ Ne sois pas timide, fonce.
じりじり 電車が来なくてじりじりする s'impatienter à cause du retard du train / 夏の日が背中をじりじりと焦がす Le soleil d'été brûle mon dos.
退く reculer, aller en arrière；[引退] se retirer
退ける rejeter, refuser 彼の提案を退けた J'ai rejeté sa proposition.
私立の privé(e)
◻**私立学校** école privée 囡；école libre 囡 (★フランスでは修道会の経営)
しりもちをつく tomber sur le derrière
資料 document 围, matériaux 围複 資料をあさる (=集める) recueillir des documents / 資料を書類に添付する ajouter un document au dossier / 資料を送っていただけないでしょうか Voudriez-vous bien m'envoyer les documents?
視力 vue 囡 視力が落ちた Ma vue a baissé. ◆近視の myope 遠視の hypermétrope 弱視の amblyope 乱視の astigmate 検眼 optométrie 囡
知る savoir, connaître 私の知る限りにà ma connaissance, autant que je sache / ラジオでニュースを知った J'ai appris cette nouvelle par la radio.

汁

/知らないぞ Moi, je ne veux rien savoir. /知るかよ Qui sait? /それって /Ça, je le sais. /知る人ぞ知る工芸家だ Il est connu dans le milieu de l'artisanat.

汁 〔果実・肉などの〕jus 男; 〔抽出された・分泌される〕suc 男; 〔樹液〕sève 女; 〔スープ〕soupe 女 レモンの汁 jus d'un citron / 人をだましてうまい汁を吸う faire son beurre de la misère des autres

印 marque 女, signe 男; 〔象徴〕symbole 男 …の印として en signe de… / お礼の印に en témoignage de ma reconnaissance

白 blanc 男, blanc(che) 形 容疑者は白(=無罪)らしい On dirait que le suspect est innocent.
◇**白い目** 彼は白い目で見られている On le regarde de travers.

城 château 男; 〔城ццの〕citadelle 女 城を築く bâtir un château / まるで お城のようだ On en dirait un château. / 書斎は私の城だ Le cabinet de travail est mon territoire.

しろうと amateur 男

白身 卵の白身 blanc d'œuf 男 / 白身の肉 viande blanche 女

しわ(皺) ride 女, pli 男 しわが寄る se rider / 額にしわを寄せる plisser son front / 服にしわになる Les vêtements se froissent. / アイロンをかけて服のしわを伸ばす défriper un vêtement en le repassant

しわがれた しわがれた声 voix cassée [rauque]

心・芯 〔果物などの〕cœur 男; 〔火をともすための〕mèche 女; 〔鉛筆の〕mine 女 体の芯まで冷える être gelé(e) jusqu'aux os [jusqu'à la moelle] / 彼は芯がしっかりしている Au fond il est robuste.

真意 真意を胸に秘める dissimuler ses véritables intentions / 真意をただす interroger… sur ses intentions

進化 évolution 女 人間と猿は共通の祖先から進化した L'homme et le singe ont évolué à partir d'un ancêtre commun.
◘**進化論** évolutionnisme 男

真価 真価が現れる La vraie valeur se dévoile.

侵害 empiétement 男, atteinte 女 プライバシーの侵害だ C'est une atteinte à la vie privée.

進学 大学へ進学する accéder à l'enseignement supérieur / 大学進学をあきらめる renoncer à faire ses études à l'université

人格 personnalité 女, caractère 男 旅は人格を形成する Les voyages forment la personnalité.
◘**人格者** personne vertueuse 女

新型の de nouveau modèle 新型車を発表する présenter un nouveau modèle de voiture

心機 心機一転 renouvellement de l'humeur

審議 délibération 女 審議する délibérer

蜃気楼 mirage 男

寝具 literie 女 ◆シーツ drap 男 羽布団 couette 女 ベッドカバー couvre-lit 男 枕 oreiller 男 マットレス matelas 男 毛布 couverture 女

真空 vide 男 空気を抜いて真空にする faire le vide en aspirant l'air
◘**真空管** tube à vide

神経 nerf 男 神経が太い avoir les nerfs solides / 神経が細い avoir les nerfs fragiles / 神経がいらだつ avoir les nerfs tendus / 神経をすり減らす se fatiguer les nerfs / 神経にさわる donner sur les nerfs / 全神経を集中してあの人の相手をするのは神経を使う / Quand je suis en sa compagnie, je ne peux pas me relaxer.

◘**神経系系** système nerveux 男 **神経症** névrose 女 **神経衰弱** neurasthénie 女 **神経戦** guerre d'usure 女 **神経組織** tissu nerveux 男 **神経痛** névralgie 女

神経質な nerveux(se)

真剣 vraie épée 女 真剣な sérieux(se)

人権 droits de l'homme 男複 人権をじゅうりんする empiéter sur les droits de l'homme
◘**人権宣言** Déclaration des droits de l'homme et du citoyen

信仰 foi 女, croyance 女 信仰が厚い dévot(e), pieux(se) / 信仰と科学の抗争 conflit entre foi et science / 生産性に対する信仰 foi en la productivité

進行 marche 女 進行方向に dans le sens de la marche

信号 signal 男; 〔交通の〕feu 男 青信号 feu vert / 黄信号 feu jaune / 赤信号 feu rouge / 信号は赤だ Le feu est au rouge.

人口 population 女 人口の多い町 ville surpeuplée / 人口が増える La population augmente. / この町の人口は40万です Cette ville a une population de quatre cent mille habitants.
◘**人口密度** densité de population

人工の artificiel(le) 人工的に artificiellement
◘**人工衛星** satellite artificiel 男 **人工栄養** alimentation artificielle **人工呼吸** respiration artificielle 女 **人工授精** insémination artificielle **人工知能** intelligence artificielle 女 **人工ふ化** incubation artificielle 女

深呼吸 respiration profonde 女 深呼吸しましょう Respirons à pleins poumons.

申告 déclaration 女 申告するものはないですか Vous n'avez rien à déclarer?

深刻な grave 深刻な顔をする prendre une expression grave / 深刻な事態 situation grave

審査 examen 男　審査する examiner
□**審査員** membre du jury, examinateur(trice) 名　グランプリの審査員 les jurés du Grand Prix

人材 talent 男　当社は有能な人材を求めています Nous cherchons une personne compétente pour notre société.
□**人材派遣会社** secrétariat volant 男

診察 consultation 女　(一体調) 原先生の診察予約をお願いしたいのですが Je voudrais prendre une consultation avec le Docteur Hara. ／診察券をお出しください Présentez votre carte de consultation s'il vous plaît. ／保険証はお持ちですか Vous avez votre carte de Sécurité Sociale sur vous? ／どうなさいましたか Alors, qu'est-ce qui ne va pas? ／かぜですね C'est un rhume. ／薬を3日分出しておきます Je vais vous faire une ordonnance pour trois jours.

紳士 gentleman 男
□**紳士服** vêtements d'homme 男名

寝室 chambre (à coucher) 女

真実 vérité 女, vrai 男　真実に生きる vivre de vérité ／真実を曲げる déformer la vérité

信者 croyant(e) 名, fidèle 名

神社 temple shintoïste 男

真珠 perle 女　真珠のネックレスをしている porter un collier de perles ／(コローの)『真珠の女』 La Femme à la perle ／(ビゼーの)『真珠採り』Les Pêcheurs de perles

人種 race 女　人種的な racial(ale)
□**人種差別** discrimination raciale 女, racisme 男

浸食 érosion 女　海が岸を浸食する La mer empiète sur le rivage.

寝食を忘れる en oublier le boire et le manger

信じる croire　そんなの信じられない Je n'arrive pas à y croire. ／…のことばを信じる croire… sur parole ／自分の成功を信じている être sûr(e) de son succès ／医学を信じる croire à la médecine ／UFOの存在を信じる croire au OVNI

新人 débutant(e) 名　新人を励ます encourager un débutant

神聖な sacré(e); saint(e)

人生 vie 女　人生いろいろある Dans la vie il y a des hauts et des bas. ／人生ってこんなものさ C'est la vie!

親戚 parent(e) 名　◆おじ oncle 男　おば tante 女　甥 neveu 男　姪 nièce 女　いとこ cousin(e) 名

親切な gentil(le); (愛想のいい) aimable; (気配りする) chic　ご親切にどうも Merci de votre gentillesse. ／人の親切が身に染みる La gentillesse touche profondément.

新鮮な frais(fraîche)　新鮮な感覚の工芸品 objet artisanal qui montre une sensibilité nouvelle

真相 vérité 女　真相を究明する dévoiler la vérité ／真相はなぞに包まれたままだ Personne n'arrive à connaître la vérité.

心臓 cœur 男　そんな冗談やめて。心臓に悪いわ Ne blague pas ainsi. C'est mauvais pour mon cœur. ／かなりの心臓だ《俗》 être effronté(e)
□**心臓まひ** paralysie du cœur 女

身体 corps 男
□**身体検査** examen médical 男
□**身体障害者** handicapé(e) physique 名

寝台 lit 男
□**寝台車** voiture-lit 女

人体 corps humain 男　◆脚 jambe 女　足 pied 男　頭 tête 女　腕 bras 男　うなじ nuque 女　かかと talon 男　肩 épaule 女　首 cou 男　くるぶし cheville 女　腰 reins 男, hanches 女pl　しり derrière 男, fesses 女pl　すね tibia 男　背中 dos 男　乳房 sein 男　手 main 女　手首 poignet 男　のど gorge 女　胴 tronc 男　腹 ventre 男　ひざ genou 男　ひじ coude 男　ふくらはぎ mollet 男　太もも cuisse 女　へそ nombril 男　胸 poitrine 女　もも cuisse 女

診断 diagnostic 男　診断を下す faire un diagnostic
□**診断書** certificat médical 男

身長 taille 女, stature 女　身長は何センチですか Combien vous mesurez? ／彼は身長が1メートル80センチある Il mesure un mètre quatre-vingts. ／身長と体重を測定する mesurer et peser
□**身長計** toise 女

慎重な prudent(e)　慎重に avec prudence

振動 vibration 女, oscillation 女

侵入 invasion 女, envahissement 男　侵入する pénétrer, envahir ／何者かが部屋に侵入した形跡があった Il y avait des traces de pas dans la chambre.

新年 nouvel an 男　新年を迎える fêter l'arrivée du nouvel an ／新年おめでとう Bonne année!
□**新年会** banquet du nouvel an 男

心配 souci 男, préoccupation 女, inquiétude 女　心配する se faire du souci, s'inquiéter ／心配をかける inquiéter, donner de l'inquiétude ／心配の種 sujet d'inquiétude ／心配性 nature inquiète ／心配しないで Ne t'en fais pas! [=Ne t'inquiète pas.] ／心配で眠れない J'en perds le sommeil. ／心配が絶えないな Tu n'as pas fini d'avoir des soucis. ／心配してくれてありがとう Merci de t'inquiéter pour moi.

審判 (裁き) jugement 男; (審判員) juge 男, arbitre 男

人物 homme 男, personne 女; (登場人物) personnage 男　彼はなかなかの人物だ C'est un homme de caractère.
□**人物画** portrait 男

新聞 journal 男　(総称) presse 女　新聞を読む lire un journal ／新聞でそのニュースを読む lire cette nouvelle dans le journal

進歩 progrès 男, avancement 男 進歩する progresser, faire des progrès /進歩的な progressiste /医学の進歩 les progrès de la médecine

辛抱 patience 女(→我慢) 辛抱しなさい. すぐ戻るから Sois patient, je reviens tout de suite! /辛抱がついに報われた Sa patience est enfin récompensée.

尋問 interrogatoire 男 尋問された interroger /誘導尋問 interrogatoire dirigé

新約聖書 Nouveau Testament 男

親友 ami(e) 女 intime, ami(e) de cœur 女, meilleur(e) ami(e) /唯一無二の親友です C'est mon (ma) seul(e) et unique ami(e).

信用 confiance 女, foi 女, crédit 男 信用する avoir confiance en…, faire confiance à… /信用をなくす perdre la confiance de… /信用を傷つける jeter le discrédit sur… ○信用組合 caisse de crédit 信用取引 crédit 男 信用状 lettre de crédit 女

信頼 confiance 女 信頼するに足りる être digne de confiance /みんなに信頼されている Tout le monde te fait confiance. /人の信頼を裏切ってはいけない Tu ne dois pas trahir la confiance qu'on te porte.

心理 psychologie 女, mentalité 女 心理的な psychologique /女性の心理が分からない Je ne comprends rien à la psychologie féminine. ○心理学 psychologie 女

侵略 invasion 女, agression 女 侵略する envahir /度重なる侵略を受ける subir de nombreuses invasions /侵略を防ぐ résister à l'invasion ○侵略戦争 guerre d'agression

森林 (→木) 森林を伐採する abattre une forêt /世界で森林破壊が進んでいる La déforestation s'accentue dans le monde.

人類 humanité 女 ○人類学 anthropologie 女

神話 mythe 男, mythologie 女 ゲルマン神話の英雄 héros de la mythologie germanique /19世紀には進歩の神話が作り上げられた Au XIXe siècle, on a mythifié le progrès. /『シーシュポスの神話』 *Le Mythe de Sisyphe*

す

酢 vinaigre 男

巣 nid 男 ; [野獣の住みか] repaire 男 ; [巣穴] terrier 男 巣を作る [bâtir] son nid /クモが巣を張る L'araignée file sa toile. /愛の巣 nid d'amour [amoureux]

図 figure 女, dessin 男 /[図面] plan 男, tracé 男 /[図表・グラフ] diagramme 男, graphique 女 /[イラスト] illustration 女 図で示す expliquer au moyen de figures /図に乗る 私は物分かりのよいほうだけど, 図に乗ってはいけない Je suis compréhensif, mais il ne faudrait pas abuser.

スイートルーム suite 女

水泳 natation 女, nage 女 水泳をする faire de la natation /水泳教室 cours de natation ◆クロール crawl 男 自由形 nage libre 女 背泳ぎ nage sur le dos バタフライ papillon 男 平泳ぎ brasse 女

スイカ pastèque 女, melon d'eau 男

水害 dégâts causés par l'inondation 男

遂行 exécution 女 遂行する exécuter /計画の遂行を阻む empêcher l'exécution du projet

水酸化物 hydroxyde 男

水質 qualité de l'eau 女 ○水質汚濁 pollution des eaux 女

水準 niveau 男 物価を現在の水準に抑える tenir les prix au niveau actuel

水晶 cristal 男 ○水晶時計 montre à quartz 女

すいすい すいすい泳ぐ nager sans difficulté /試験問題がすいすい解けた J'ai résolu les problèmes avec facilité.

すい星 comète 女 ハレーすい星 comète de Halley

推薦 recommandation 女 推薦する recommander ○推薦状 lettre de recommandation 女

水槽 réservoir 男, citerne 女 ;〔魚類飼育の〕aquarium 男

推測 supposition 女, conjecture 女 それはきみの推測にすぎない Tu ne fais que des suppositions.

水族館 aquarium 男

水中の sous-marin(e) ○水中撮影 tournage sous-marin 水中写真 photographie sous-marine 女 水中眼鏡 lunettes de plongée 女

垂直 aplomb 男 垂直の〔鉛直の〕vertical(ale) ; [直角の] perpendiculaire /垂直に d'aplomb, verticalement, perpendiculairement

スイッチ interrupteur 男, bouton 男 〔電源の〕スイッチを入れる rétablir le contact /スイッチを切る couper le courant /スイッチを回す tourner le bouton /スイッチを押す appuyer sur le bouton

推定 présomption 女 推定する estimer, présumer ○推定相続人 héritier(ère) présomptif(ve) 男

水筒 gourde 女 ;〔兵士用の〕bidon 男

水道 eau courante 女 水道を引く amener l'eau /水道が止まった L'eau est coupée. ○水道管 conduite d'eau 女 水道水 eau du robinet 女

水爆 bombe à hydrogène 女

随筆 essai 男

○随筆家 essayiste 女
水分の多い aqueux(se)
ずいぶん très, beaucoup, assez / ずいぶん旅行してるみたいだね Tu as l'air d'avoir pas mal de problèmes. / 君の言い方ってずいぶんね Tu ne penses pas que tu vas un peu trop loin dans tes propos?
水平 niveau 男, horizontalité 女 / 水平の horizontal(ale)
○水平線 horizon 男
睡眠 sommeil 男 / 睡眠が浅い avoir le sommeil léger / 7時間の睡眠を取る prendre sept heures de sommeil / 睡眠不足で頭がくらくらする J'ai la tête lourde à cause du manque de sommeil.
○睡眠薬 somnifère 男
水面 surface d'eau 女
水曜 mercredi 男
推理する raisonner sur... / ポアロの推理では犯人は左利きだった D'après le raisonnement de Poirot le malfaiteur était gaucher.
○推理小説 roman policier 男
推量 conjecture 女 / 推量する conjecturer
吸う〔気体・香りを〕aspirer, respirer;〔液体を〕sucer, pomper / 外の空気を吸う prendre l'air du dehors / スポンジが水を吸う Une éponge absorbe l'eau.
数 nombre 男（→485ページ（囲み））
◆ 奇数 nombre impair 男 / 偶数 nombre pair 男 / 素数 nombre premier 男 / 有理数 nombre rationnel 男 / 無理数 nombre irrationnel 男 / 実数 nombre réel 男 / 虚数 nombre imaginaire 男 / 自然数 nombre naturel 男 / 整数 entier 男 / 公倍数 commun multiple 男 / 公約数 commun diviseur 男
数学 mathématiques 女 / 応用数学 mathématiques appliquées
○数学者 mathématicien(ne) 名
数字 chiffre 男 / 5万という驚異的な数字に達する atteindre le chiffre extraordinaire de 50.000
図々しい effronté(e), impudent(e) / 図々しくも…する avoir l'impudence [l'aplomb] de... / 図々しいにも程がある Il y a des limites à l'impudence.
スーツ costume 男;〔三つぞろい〕complet 男;〔女性用〕tailleur 男
○スーツケース valise 女, mallette 女 / スーツに合わせてネクタイを選ぶ assortir une cravate à son costume
スーパー〔スーパーマーケット〕supermarché 男;〔字幕〕sous-titre 男 / スーパーで買い物する faire les courses dans un supermarché
○スーパーマン surhomme 男
スープ soupe 男,〔ブイヨン〕bouillon 男 / スープを飲む manger de la soupe / 野菜スープ soupe de légumes
末〔終わり〕fin 女;〔将来〕avenir 男 / 苦心の末に作品を終える terminer une œuvre après beaucoup de peine / 世も末だ Le monde va vers sa fin. / 末恐ろしい 末恐ろしい子供たち enfants délinquants dont l'avenir est inquiétant
末っ子 le [la] plus jeune, benjamin(e)
据える établir, installer / 腰を据えてかかる s'appliquer
スカート jupe 女 / スカートをはく porter une jupe / フレアスカート jupe évasée / タイトスカート jupe droite
スカーフ〔広く上半身に巻く〕foulard 男;〔襟巻き〕écharpe 女
スカイスポーツ sport aérien 男
透かし〔紙などの〕filigrane 男
○透かし彫り ajour 男
透かす〔間をあける〕laisser un espace / ガラスを透かして見る regarder à travers les vitres / 樹々の枝を透かす éclaircir les arbres
すがすがしい frais(fraîche) / すがすがしい香り une odeur fraîche
姿〔人影〕forme 女;〔像〕image 女 / 痕跡も残さず姿をくらます disparaître sans laisser de traces / この1か月彼は姿を見せない Il ne s'est pas manifesté depuis un mois.
姿見 psyché 女, glace 女
図鑑 encyclopédie illustrée 女
好きだ aimer / 大好きだ adorer / (…が)好きになる tomber amoureux de..., prendre goût à... / お好きなように Comme vous voulez. / 好きにしな Fais ce qu'il te plaira. / お茶よりコーヒーが好きだ Je préfère le café au thé. / 好きな時に終わっていいよ Tu peux finir quand il te plaira.
◇好きこそ物の上手なれ Plus on aime plus on y excelle.
すき〔透き・隙〕 / すきのない人〔抜かりのない〕homme vigilant;〔非の打ちどころのない〕homme inattaquable / すきを見せる〔油断する〕manquer de prudence;〔わざと〕feinter;〔武道などで〕relâcher sa garde
過ぎ / 明らかに太り過ぎだ être manifestement trop gras 男 / 気持ちは分かるが、あまりに言い過ぎだ Je te comprends mais tu as dépassé les bornes.
スキー ski 男（→665ページ（囲み））/ 今度の休みにスキーしないか Pour les prochaines vacances tu ne veux pas aller au ski?
好き嫌い 好き嫌いなくなんでも食べなさい Que tu l'aimes ou non, il faut manger de tout.
透き通る être transparent(e) / 透き通るような肌 peau diaphane
すき間 interstice 男, fente 女 / すき間をふさぐ boucher les interstices
○すき間風 vent coulis 男, courant d'air
スキャンダル scandale 男 / スキャンダルを起こす causer du scandale / スキャンダルを暴く dévoiler un scandale / 世間を騒がすスキャンダル scandale bruyant / このところ大統領はスキャンダル続きだ Ces derniers temps le

過ぎる〔時が〕passer；〔程度など〕dépasser 母が亡くなって3年が過ぎた Trois ans ont passé depuis la mort de ma mère. /車内は静寂を過ぎた Le train a dépassé Shizuoka.
◇過ぎたるはなお及ばざるがごとし Trop ne vaut rien.

すく（透く・空く）腹がすく avoir faim /客が降りて電車がすく Les voyageurs descendent et le train se vide.

すぐに tout de suite, aussitôt, immédiatement すぐ行こう Il faut y aller tout de suite. /すぐそこだよ C'est tout de suite là-bas. /すぐそういうことを言うね C'est ce que tu dis toujours. /帰ったらすぐに電話してね Appelle-moi dès que tu seras rentré.

救い secours 男；〔宗教的な〕salut 男 救いを求める demander du secours

救う sauver 命を救う sauver la vie à…

すくう（掬う）puiser 足をすくう［すくって倒す］faire un croc-en-jambe à… (★比喩的にも用いる)

少ない peu nombreux(se), rare フランスには大都会は少ない En France, on compte peu de grandes cités. / この劇場の客席数は非常に少ない Le nombre de places est très limité dans ce théâtre.

少なくとも au moins, au minimum 少なくとも100万円はかかる Cela nécessite au moins 1 million de yen.

少なからず 政府にも少なからず責任がある Le gouvernement a aussi sa responsabilité, qui n'est pas mince.

すぐれる exceller すぐれた excellent(e), éminent(e) /かぜのせいか, どうも気分がすぐれない Je ne me sens pas bien sans doute à cause du rhume.

図形 figure 囡 2図形の合同 égalité de deux figures

スケート patinage 男 アイススケート patinage sur glace /フィギュアスケート patinage artistique /リンクが凍っていたよースケートをしようよ Le lac était gelé. — On va faire du patin.
◘スケートボード skate-board 男, planche à roulettes 囡 スケートリンク patinoire 囡

スケジュール emploi du temps 男, programme 男 旅行のスケジュールを組む établir un calendrier de voyage /今週はスケジュールがぎっしりだ Cette semaine mon emploi du temps est plein.

スケッチ esquisse 囡, croquis 男 スケッチする esquisser
◘スケッチブック carnet de croquis 男

すごい formidable, extraordinaire すごい目でにらみつける fixer d'un regard farouche /きょうはすごい暑さだ Il fait une chaleur terrible aujourd'hui. /すごいね Chapeau! /そんなことができるなんてすごいね C'est formidable que tu puisses faire ça.

少しずつ, quelque peu 少しずつ petit à petit, peu à peu /もう少しで頂上だ Encore un peu et on arrive au sommet. /少しは優しいことばをかけてあげたらどう Et si tu lui disais un petit quelque chose de gentil?

少しも pas du tout, aucunement, nullement /少しも楽しくない Ce n'est pas du tout amusant.

過ごす passer 南仏で冬を過ごす passer l'hiver dans le Midi /きのうは何をして過ごしたの一日じゅう本を読んだ Comment est-ce que tu as passé ta journée hier? — J'ai passé toute la journée. /度を過ごす oublier toute mesure

筋〔筋肉の〕nerf 男；〔物語の〕intrigue 囡；〔道理〕raison 囡 筋を違える se froisser un nerf /青い筋を立てて怒る se fâcher tout rouge
◇筋を通す se comporter justement et avec droiture

筋違い きみが怒るのは筋違いだ Tu ne devrais pas t'en prendre à moi.

筋道 筋道を追って考える suivre le fil de ses idées

すす suie 囡

鈴 clochette 囡, sonnette 囡；〔動物につける〕grelot 男 鈴を鳴らす agiter [tirer] une sonnette

涼しい frais(fraîche) この辺は夏でも涼しい Par ici il fait frais même en été.
◇涼しい顔 d'un air indifférent

進む (s')avancer, se diriger, aller 東の方へ進む se diriger du côté de l'orient /上のクラスに進む monter dans la classe supérieure /きみのお父さん進んでるね Tu as un père aux idées plutôt avancées.

スズメ moineau 男

勧める recommander, conseiller, inviter (…にいすを勧める proposer…de s'asseoir /(…に) 食事を勧める inviter…à manger ⑤保険に入りませんか Vous ne voulez pas prendre cette assurance? /この料理には白ワインがよろしいですよ Avec ce plat, je vous conseille un vin blanc.

進める avancer 目覚まし時計を15分進める avancer le réveil d'un quart d'heure /交渉を進める mener [conduire] des négociations /業務を円滑に進める assurer la bonne marche d'un service

すそ bas 男, partie inférieure 囡

スタイル style 男 スタイルのいい女の子 fille très bien faite /新しいスタイルの絵 tableau de style nouveau /いつまでもいいスタイルを保つ s'entretenir toujours en bonne forme

スタッフ personnel 男, équipe 囡 スタッフに加わる faire partie du personnel /経験豊かなスタッフ équipe d'un service

ずつ ミカンを1個ずつもらう Chacun reçoit une mandarine. /少しずつ日が長くなる Les jours rallongent petit

すっかり complètement, totalement すっかりなくなった Ça a complètement diminué.

すっきり すっきりした文章 un texte clair /髪を切ってすっきりしたね Cette coupe de cheveux te redonne un air frais. /少し昼寝したら頭がすっきりした Après une petite sieste, les idées me sont revenues.

ずっと 〔はるかに〕beaucoup;〔続けて〕toujours, depuis longtemps パリについた翌日からずっと雨だった Dès le lendemain de mon arrivée à Paris il a plu tout le temps. /彼女にはずっと前に会ったことがある Je l'ai vue il y a longtemps.

酸っぱい acide, aigre わっ、酸っぱいレモン！ Que ce citron est acide! /酸っぱいものが食べたい J'ai envie de manger quelque chose d'acide.

ステーキ steak 男 ステーキの焼き方はどうなさいますか―ウエルダン［ミディアム，レア］でお願いします Comment voulez-vous votre steak? — Je la préfère bien cuit [à point, saignant].

すてき chouette, merveilleux(se) 彼ってすてき C'est un type merveilleux.

すでに déjà 家についたときはすでに日が暮れていた Quand je suis arrivé(e) chez moi, le soleil s'était déjà couché.

捨てる jeter, abandonner;〔別れる〕quitter いらない物は捨てなきゃ Il faut se débarrasser des objets inutiles. /困っている人を見ると捨てておけない Je ne peux pas abandonner des gens qui sont dans la peine. /ぼくを捨てないで Ne me quitte pas!
◇捨てたものではない 私もまだ捨てたもんじゃないわね Je ne pense pas être déjà bonne à mettre au panier.

ステレオ 〔立体音響〕stéréophonie 女;〔音響装置〕chaîne stéréo 女 携帯用ヘッドホンステレオ baladeur 男

スト (→ストライキ) ストに入る commencer la grève

ストーブ poêle 男; radiateur 男 ストーブをたく allumer un poêle /電気ストーブ radiateur électrique

ストッキング bas 男

ストライキ grève 女 ストライキを打つ faire (la) grève

ストレス stress 男 ストレスを受ける être stressé(e)

ストロー paille 女 ストローで飲む boire avec une paille

砂 sable 男 庭の小道に砂を敷く sabler les allées d'un jardin /砂が目に入った―こすっちゃだめ J'ai attrapé du sable dans les yeux. — Il ne faut pas frotter.
◇砂をかむよう insipide

砂あらし tempête de sable 女

すなおな docile うちの息子はすなおだよ Mon fils a beaucoup de candeur. /すなおに謝ったらどうだ Et si tu présentais de simples excuses? /すなおな髪の毛 cheveux faciles à coiffer

砂浜 plage 女 砂浜にべっとり広がった油 huile étalée sur la plage

砂場 tas de sable 男

すなわち c'est-à-dire, autrement dit, à savoir それがすなわち自由ということだ C'est justement la liberté.

すね 親のすねをかじる vivre aux dépens de ses parents

頭脳 cerveau 男, intelligence 女
◘**頭脳流出** fuite des cerveaux 女

スノーボード snowboard このゲレンデでスノーボードをやられるとスキーヤーに迷惑だ La pratique du snowboard sur cette piste gêne les skieurs.

スパイ espion(ne);〔行為〕espionnage 男 スパイを放つ envoyer un espion /スパイかと疑われる être soupçonné(e) d'être espion(ne) /産業スパイ espionnage industriel

すばやい rapide, prompt(e), preste すばやいね、もう新しい彼氏を見つけたの Tu n'as pas été longue à trouver un nouveau petit ami.

すばらしい beau (belle), magnifique, extraordinaire, merveilleux(se);〔くだけた表現で〕formidable, terrible, chouette 生きてるってすばらしい La vie est belle.

スピーカー haut-parleur 男

スピーチ discours 男, speech 男

スピード vitesse 女, rapidité 女 フルスピードで à toute vitesse /スピードを上げる augmenter [accroître] la vitesse, prendre de la vitesse /スピードを落とす diminuer la vitesse /スピード違反で捕まった Je me suis fait coincer pour excès de vitesse.
◘**スピード写真** photomaton 男

スプーン cuiller 女, cuillère 女 スプーンで食べる manger avec une cuillère

スペイン Espagne 女
◘**スペイン人** Espagnol(e) 名

すべて tout 金がすべてではない L'argent n'est pas tout. /すべての人が善良であるわけではない Tous les hommes ne sont pas bons. /私の知っているすべて tout ce que je sais

滑る glisser, déraper 氷の上を〔スケートで〕滑る patiner /足が滑った Mon pied a glissé. /大学を滑った Tu n'as pas réussi le concours d'entrée de l'université

スペル orthographe 女 スペルミスに気をつけて Prends garde de ne pas faire de fautes d'orthographe! /お名前のスペルを教えてください Vous pouvez m'épeler votre nom?

スポークスマン porte-parole 男

スポーツ sport 男 体力を保つためにスポーツをする faire du sport pour s'entretenir /スポーツは何が好き？ Tu aimes quels sports? /アウトドアスポーツ sport de plein air

スポーツマン sportif(ve) 名
◘**スポーツマンシップ** esprit sportif

ズボン

ズボン ズボンをはく mettre [enfiler] son pantalon

スポンジ éponge 囡

スマートな svelte, élégant(e)

済ます 〔終える〕finir, terminer, acomplir / 1日1食で済ます se contenter d'un repas par jour / 昼食抜きで済ます se passer de déjeuner / 手持ちのもので済ます s'arranger de ce que l'on a / 今回は許すが、次はただでは済まないぞ Pour cette fois je vous pardonne; mais gare à la prochaine !

すまない →すみません

隅 coin 團, encoignure 囡 隅から隅まで dans tous les coins et recoins / これを隅においておいて Collez ça dans un coin.

◇**隅に置けない** 隅に置けない人だ Il est plus malin qu'il n'y paraît.

炭 charbon 團 炭を焼く faire du charbon / 炭がおこる Le charbon prend.

すみません (→謝る) すみませんが、席を取ってください Excusez-moi, passez-le-moi s'il vous plaît. / 私がおじゃまでは…—いつもすみませんよ C'est à mon compte. — Je vous suis tout le temps redevable.

住む habiter, résider 住む所を見つけなくては Je dois trouver à me loger. / きみたちは住む世界が違うよ Nous vivons dans des mondes différents. / 住みよい世の中 monde facile à vivre

◇**住めば都** A chaque oiseau son nid est beau.

済む 〔終わる〕finir, se terminer / なしで済むを s'en passer de… / 済んだことだ、しかたないよ On n'y peut rien. Les choses ont avancé.

澄む devenir clair(e), se clarifier 澄んだ空気 air pur / 澄んだ音色 son clair / 心が澄む L'âme se purifie.

図面 plan 團 図面を引く tracer un plan

相撲 sumo 團, lutte traditionnelle du Japon

スモッグ smog 團 光化学スモッグ smog photochimique

スライド 〔映写用の〕diapositive 囡; 〔賃金などの〕indexation 囡; 〔顕微鏡の〕porte-objet 團

ずらす déplacer, décaler 出発の予定を1時間ずらす décaler le départ d'une heure

すらすら 教科書をすらすらと読む lire couramment le manuel

すり pickpocket 團 すりに財布を取られる se faire voler son portefeuille par un pickpocket

擦り傷 écorchure 囡

スリッパ pantoufle 囡 スリッパをはく chausser ses pantoufles

すりつぶす piler, broyer うすで小麦をすりつぶす broyer le blé entre les meules

すり減る s'user

擦りむく s'écorcher, se déchirer 手を擦りむく se déchirer les mains

する faire, effectuer いい香りがする sentir bon / 3か月もしたら dans trois mois / 娘をバレリーナにする faire de son enfant une danseuse étoile / ぼくは15ユーロの定食にする Je prends le menu à 15 euros. / どうすればいいか—これはこうするんだよ Qu'est-ce qu'il faut faire? — C'est comme ça qu'il faut s'y prendre.

する(擦る・磨る) マッチをする gratter une allumette / ギャンブルで財産をすってしまった J'ai perdu ma fortune au jeu.

ずるい rusé(e), malin(gne) ずるい手を使う recourir à des procédés malhonnêtes / 用心しなさい、あいつはずるいから Méfiez-vous, il est rusé.

すると alors この紙を水につける。すると色が変わる Tremper cette feuille dans l'eau et sa couleur change.

鋭い 〔尖った〕tranchant(e), aigu(ë); 〔頭が〕avoir l'esprit vif 鋭い攻撃 attaque vigoureuse / 鋭い観察 observation fine / 目つきが鋭い Le regard est perçant.

ずる休み 仕事をずる休みする en profiter pour manquer son travail

すれ違い 意見のすれ違い discordance des opinions

すれ違う (se) croiser 道ですれ違うse croiser en route / きみとはすれ違うばかりで、なかなか会えないね Nous ne faisons que nous croiser sans pouvoir nous voir.

ずれる glisser 時代とずれている 〔考え方などが〕être en désaccord avec son temps

スローガン slogan 團 スローガンを掲げる lancer un slogan

座る s'asseoir, se mettre いすに座る s'asseoir sur une chaise / 人の左側に座る s'asseoir à la gauche de qn / どうぞお座りください Je vous en prie, asseyez-vous. / どこに座ろうか Où est-ce qu'on se met?

据わる 赤ん坊の首が据わる Le cou du bébé commence à se tenir.

寸法 mesure 囡, dimension 囡 寸法をとる prendre les dimensions de…

せ

背 (→身長) 背が低い avoir la taille courte [=être court de taille] 背の順に par l'ordre de la taille / 彼女は1年で5センチ背が伸びた Elle a grandi de cinq centimètres en un an. / 背が高いね。何センチ? Tu es grand(e)? Tu mesures combien?

◇**背に腹は変えられない** La faim fait sortir le loup de son bois. 背を向ける tourner le dos à… / 友人たちの考えに背を向ける faire fi des opinions des amis

性 sexe 團; 〔文法上の〕genre 團

☐**性行為** acte sexuel 團 性行為およ

び血液を介して伝染する病気 maladie transmissible par voie sexuelle et sanguine

姓 nom (de famille) 男 結婚しても旧姓のままで通す女性が増えている Il y a de plus en plus de femmes qui gardent leur nom de jeune fille.

精 精が出るね Tu travailles dur.

せい きみのせいで飛行機に乗り遅れた C'est à cause de toi que j'ai raté l'avion.

税 (→税金) 税込みで78ユーロになります Cela fait 78 euros, toutes taxes comprises.

誠意 sincérité 女 誠心誠意 en toute sincérité／誠意を示す montrer de la bonne foi

精いっぱい 精いっぱいがんばる faire tout son possible／よい製品でも5年もつのが精いっぱいだ Un bon produit subsiste au mieux cinq ans.

成果 résultat 男, fruit 男 一応の成果を収める obtenir des résultats appréciables

政界 monde politique 男 政界に身を投じる se jeter [lancer] dans la politique／政界で暴れる faire preuve d'audace en politique

正解 réponse correcte 女 立ち去ったのは正解だった J'ai eu le nez creux de m'en aller.

性格 caractère 男 妹とは性格が合わない Mon caractère est incompatible avec celui de ma sœur.／離婚の原因はなに？―性格の不一致よ Quelles sont les causes du divorce? — Une différence de personnalité. ◆明るい gai(e) 意地悪な méchant(e) 気さくな franc(che) ひょうきんな changeant(e) 気難しい difficile 暗い、陰気な nerveux(se) 短気な いらいらする irritable 朗らかな gai(e), joyeux(se) 優しい tendre 愉快な joyeux(se)

正確 exactitude 女, précision 女, justesse 女 正確な exact(e), précis(e), correct(e)／正確を期して par souci d'exactitude／正確な原文の写しcopie exacte d'un texte／この時計は正確なことこの上ない Cette montre est une merveille de précision.

生活 vie 女, existence 女 生活が苦しい être dans la gêne／生活費を稼ぐ gagner de quoi vivre／生活を切り詰めて小金をためる faire quelques petites économies à force de privations／こんな生活にもうたくさんだ J'en ai marre de cette vie.／路地にたゆ生活のにおいが好きだ J'aime les ruelles qui transpirent la vie au quotidien.

◘**生活水準** niveau de vie 男 生活水準を引き上げる accroître le niveau de vie／ヨーロッパの生活水準に追いつく rejoindre le niveau de vie européen

請願 pétition 女 (…に)請願する faire une pétition auprès de…

税関 douane 女

世紀 siècle 男 21世紀に au vingt et unième siècle／原子力の世紀 siècle de l'atome／世紀の祭典 fête du siècle

◘**世紀末** fin de siècle 女 世紀末調の家具 mobilier fin de siècle

正規の régulier(ère) 正規の手続き procédure régulière

正義 justice 女 正義の味方 défenseur de la justice

請求 demande 女, réclamation 女 請求する demander, réclamer

◘**請求書** facture 女, note 女

税金 impôt 男;「サービスへの見返り」taxe 女;「登録・印紙税」droit 男;「直接税・間接税」contribution 女 税金を払う payer ses impôts／ビールに税金をかける taxer la bière／政府は税金を上げる気配はない Le gouvernement n'est pas prêt d'alléger les impôts!

清潔な propre 手が清潔である avoir les mains propres／豚は清潔だって知ってた？ Les cochons, en fait, sont très propres. Tu le savais?

制限 limitation 女 制限する limiter, restreindre／糖尿病患者はきびしい食事制限を受ける Les diabétiques sont soumis à un régime draconien.

成功 succès 男, réussite 女 成功する réussir／3度目に成功する réussir au troisième coup／成功を収める obtenir un succès／計画を成功に導く conduire le projet au succès／成功への道 chemin du succès／成功をお祈りします／やった.大成功 Je vous souhaite de réussir.／やった. 大成功 Bravo. C'est un succès complet.

星座 constellation 女 ◆アンドロメダ座 Andromède 女 オリオン座 Orion 男 カシオペア座 Cassiopée 女

制裁 sanction 女 制裁を加える prendre des sanctions contre…／経済制裁 sanction économique

政策 politique 女 住宅政策 politique du logement／外交政策を決定する fixer sa politique étrangère

製作・制作 映画を製作する faire un film／製作会社 maison de production

生産 production 女, fabrication 女 生産する produire, fabriquer／大量生産する fabriquer à grande échelle／生産過剰 surproduction 女 生産過剰で価格が下落した La surproduction a fait chuter les prix. 生産財 biens de production 生産者価格 prix à la production 男 生産手段 moyens de production 男 生産性 productivité 女 生産性を向上させる accroître la productivité／生産性の高い[低い]企業 entreprise à haute [faible] productivité

清算 liquidation 女 清算する liquider／関係を清算する finir une liaison／過去を清算する enterrer son passé

静止 arrêt 男, immobilité 女 静止した immobile

◘**静止衛星** satellite géostation-

せ

naire 男

政治 politique 女 政治的な politique／政治問題に疎い être ignorant(e) dans les questions politiques／政治工作 manœuvre politique

政治家 homme politique 男, politicien(ne) 男女 政治家がわいろをもらっていたんだって―ひどい話だよね Il paraît que les politiciens ont reçu des pots-de-vin. ― C'est du joli!

正式に officiel(le), légal(ale)

性質 caractère 男 兄は怒りっぽい性質だ Mon frère aîné a un tempérament violent.／水に溶けにくい性質 propriété d'être insoluble dans l'eau

誠実 sincérité 女 誠実な sincère

成熟 maturité 女 成熟する arriver [venir] à maturité／成熟した mûr(e)

青春 jeunesse 女, printemps de la vie 男, bel âge 男 青春を楽しむ profiter de sa jeunesse

聖書 la Bible 聖書に出てくる figure rendans la Bible

正常 normal(ale);〔健全な〕sain(e) 正常に normalement／国際関係を正常に復する rétablir le calme dans les relations internationales

生殖 génération 女

生殖器官 système génital 男 ◆ペニス pénis 男 こう丸 testicule 男 膣 vagin 男 卵巣 ovaire 男 子宮 utérus 男

聖職者 〔一般に〕ecclésiastique 男;〔集合的に〕clergé 男;〔司祭〕prêtre 男;〔牧師〕pasteur 男;〔主任司祭〕curé 男;〔英米系の〕clergyman 男;〔神父の呼称〕abbé 男

精神 esprit 男, âme 女 精神的な moral(ale), mental(ale), spirituel(le) 精神を集中する tendre son esprit／憲法の精神 esprit de la Constitution／『精神現象学』 (ヘーゲルの)『精神現象学』 La Phénoménologie de l'esprit

❏**精神医学** psychiatrie 女 **精神衛生** hygiène mentale 女 **精神鑑定** expertise psychiatrique 女 **精神年齢** âge mental 男 **精神分析** psychanalyse 女

成人 adulte 名 成人は1日平均2500カロリー必要だ Il faut en moyenne 2,500 calories par jour pour un adulte.／成人向け映画 film réservé aux adultes／成人の死亡率 mortalité chez les adultes

聖人 saint(e) 名 諸聖人の大祝日(万聖節) Toussaint 女

せいぜい せいぜい努力するんだな Tu as intérêt à faire des efforts!／観客はせいぜい50人だ Les spectateurs sont à peine cinquante.／一日せいぜい2千円しか稼げない On ne gagne qu'à peine deux mille yens par jour.

成績 résultats 男複;〔点数〕note 女 成績が悪い avoir des mauvaises notes

❏**成績表** bulletin (scolaire) 男

生鮮 生鮮食品を保存する conserver des denrées périssables

製造 fabrication 女, production 女 製造する fabriquer, produire／自動車を製造する faire une voiture

生存 existence 女, vie 女 1人の生存者もいない Il n'y a pas un seul survivant.

❏**生存競争** lutte pour la vie 女 生存競争にりっぱに耐えられる être bien armé(e) dans la lutte pour la vie

生態 mode de vie 男 動物の生態を描く représenter le mode de vie des animaux

❏**生態系** écosystème 男, système écologique 男 人間と動物の生存に適した生態系 système écologique propice à l'homme et aux animaux

盛大な fastueu×(se), magnifique 盛大なパーティーだったね Cette réception a été fastueuse.

ぜいたく luxueu×(se) それはぜいたくというものだ C'est trop demander.／フランス料理でも食べようか―ぜいたくしちゃだめよ Et si on mangeait de la cuisine française? ― Il ne faut pas faire d'extras.／ぜいたく三昧の暮らし vie dans le luxe

成長・生長 croissance 女, développement 男 成長する grandir, croître;〔植物が〕pousser 生長を促す accélérer la croissance／子供は成長が早い Les enfants grandissent vite.／経験が人を成長させる L'expérience mûrit l'homme.

生典 livre sacré 男

生徒 élève 名;〔大学生〕étudiant(e) 名;〔コレージュの〕collégien(ne) 名;〔リセの〕lycéen(ne) 名;〔小学校の〕écolier(ère) 名 生徒をテストする tester des élèves

制度 système 男, institution 女, régime 男 教育制度を全面的に見直す revoir entièrement le système d'éducation

正当 juste, légitime 正当化する justifier／正当な理由なしに sans raison valable／人を正当に評価するのは難しい Il est difficile de donner une appréciation des gens.

❏**正当防衛** légitime défense 女

政党 parti 男, formation (politique) 女 政党を結成する fonder un parti politique

❏**政党政治** politique de parti 女

正道 正道を外れる dévier de la bonne voie

青年 jeune homme 男, jeunes gens 男複 好青年 bon garçon

性能 qualité 女, performances 女複 高性能の performant(e)／機械の性能を高める améliorer les performances d'une machine

整備 〔設備・環境などの〕aménagement 男;〔メンテナンス〕entretien 男

性病 maladie vénérienne 女 ◆梅毒 syphilis 女 淋病 blennorragie 女, chaude-pisse 女

製品 produit 男, article 男 新製品を送り出す faire connaître un nou-

veau produit／フランス[日本]製品を買う produit français [japonais]
政府 gouvernement 男／政府指示を abattre le gouvernement
征服 conquête 女／征服する conquérir／ある国を力で征服する conquérir un pays par le fer et le feu
制服 uniforme 男／制服を着る revêtir l'uniforme
生物 êtres vivants 男複／単細胞生物 organisme unicellulaire
○**生物学** biologie 女／生物学者 biologiste 名
成分 composant 男；[材料] ingrédient 男／薬の成分 les composants d'un médicament
聖母 la Vierge （レオナルド・ダ・ヴィンチの）『岩窟の聖母』 *La Vierge aux rochers*
性別 sexe 男
製本 reliure 女／製本する relier un livre
精密な précis(e), minutieux(se)
○**精密機械** machine de précision
生命 vie 女／生命の起源 origine de la vie／どこかの星にも生命があるかもしれない On peut imaginer qu'il y a de la vie sur d'autres planètes.
○**生命保険** assurance-vie 女／**生命力** vitalité 女
声明 déclaration 女, communiqué 男／新聞に共同声明を発表する faire une déclaration commune à la presse
生命科学 sciences de vie 女複
正門 porte principale 女／夜間は正門は閉鎖される La porte principale est fermée pendant la nuit.
制約 [制限] restriction 女；[束縛] contrainte 女；[条件] condition 女／(…に)制約を設ける apporter des restrictions à...
西洋 Occident 男／西洋に学ぼう Apprenons de l'Occident.／日常生活に西洋の習慣を取り入れる introduire les usages occidentaux dans la vie quotidienne／[シュペングラーの]『西洋の没落』 *Le Déclin de l'Occident*
整理 ordre 男, rangement 男／整理する mettre en ordre, ranger／人員整理を進める企業が増えている Il y a de plus en plus de sociétés qui licencient.
生理 règles 女複／生理がある avoir ses règles／生理が不順だ avoir des règles irrégulières／生理痛に苦しむ souffrir des troubles de la menstruation／生理用品 serviette hygiénique 女
生理現象 phénomène physiologique 男 ◆あくび bâillement 男／いびき ronflement 男／おなら pet 男／くしゃみ éternuement 男／げっぷ rot 男／せき toux 女／はな morve 女
成立 [組織・文明などの] formation 女；[協定などの] conclusion 女；[法案などの] adoption 女／契約が成立した Le contrat est signé.

勢力 influence 女, force 女／勢力争い lutte d'influences
精力 énergie 女, vigueur 女, vitalité 女／全精力を注ぎ込む consacrer toute son énergie／精力的に énergiquement
政令 décret 男
整列する se mettre en ligne／整列！ [号令で] Alignez-vous!
セーター pull(-over) 男, sweater 男, chandail 男／セーターを編む tricoter un chandail／セーターを編んであげる Je vais te tricoter un pull-over.
セールスマン voyageur(se) (de commerce) 名／（アーサー・ミラーの）『セールスマンの死』 *Mort d'un commis-voyageur*
背負う porter sur le dos　過失の責任を背負う se charger d'[=endosser] une faute／日本の将来を背負う人だ Tous mes espoirs reposent sur toi. C'est de toi que l'avenir du Japon dépendra.
世界 monde 男／世界的な mondial(ale)／世界じゅうで dans le monde entier／住む世界が違う n'être pas du même monde／（ドヴォルザークの）『新世界より』 *Du Nouveau Monde*
○**世界遺産** patrimoine mondial 男／**世界観** conception du monde／**世界記録** record mondial 男／**世界銀行** Banque mondiale 女／**世界選手権** championnat du monde／**世界大戦** Guerre mondiale 女
せかす presser
せがむ quémander
席 place 女, siège 男／席に着く prendre sa place／席を離れる quitter sa place／ちょっと席を外す s'absenter pour une minute／席を移る passer à une autre place／席を詰めてください Serrez-vous.／席を外してもらえますか Voulez-vous nous laisser seuls?／先に着いたら席をとっておく Si j'arrive le premier, je te réserverai une place.／いえ、塞がっています Est-ce que cette place est libre? — Non, elle est occupée.／席がまだあいているのは運がいい On a de la chance d'avoir des places disponibles.
せき（咳）toux 女／せきをする tousser／せき止めシロップ sirop contre la toux／合図にせき払いをする tousser pour donner un signal／ひどいせきだね。のどあめなめる？ Tu tousses beaucoup. Tu veux une pastille pour la gorge?
赤外線 infrarouge 男, rayons infrarouges 男複
石炭 houille 女, charbon 男／石炭を掘る extraire [tirer] de la houille
脊椎 [椎骨] vertèbre 女；[脊柱] colonne vertébrale／脊椎の湾曲 déformation de la colonne vertébrale
○**脊椎動物** vertébrés 男複　無脊椎

赤道

動物 invertébrés 男

赤道 équateur 男；天の赤道 équateur céleste

◘ 赤道祭 baptême de la ligne [du tropique]

責任 responsabilité 女, devoir 男 責任のある responsable／責任を引き受ける accepter ses responsabilités／責任が重い avoir de lourdes responsabilités／責任を免れる se dérober à la responsabilité／責任を転嫁する rejeter la responsabilité sur…／どう責任をとるつもりなんだ Comment as-tu l'intention de prendre tes responsabilités?／私の責任ではありません Je ne suis pas responsable.

◘ 責任感がある avoir le sens des responsabilités 責任者 responsable

せき払いする s'éclaircir la gorge

積分 intégrale 女

赤面する rougir

石油 pétrole 男 石油がわく Le pétrole jaillit.／石油を消費する brûler du pétrole

斥力 répulsion 女

セクシュアルハラスメント harcèlement sexuel 男

世間 monde 男, société 女；〔人々〕gens 男複, public 男；〔体裁〕apparence 女 世間を騒がせる faire sensation／世間を渡る vivre dans le monde／渡る世間に鬼はなし Le monde n'est pas peuplé que de méchants.／世間は狭いよ Le monde est petit.／世間の口がうるさい Les rumeurs publiques sont fatigantes.／世間に名が売れる Son nom est connu de tout le monde／世間と何を話していたの一世間話だよ Toi et lui, vous parliez de quoi ? ― De tout et de rien.

◘ 世間知らずだなあ Tu ne connais pas les règles de conduite en société. 世間体 respect humain 男 世間体をはばかる avoir peur du qu'en-dira-t-on

せこい mesquin(e)

背筋 raie du dos 女 背筋がぴんとしている avoir le dos droit／考えただけで背筋がぞっとした Cela m'a fait froid dans le dos rien qu'y penser.

世相 mœurs 女複, société 女 世相を反映する refléter la société

世俗的な 〔非宗教的な〕laïque；〔小市民的な〕bourgeois(e)

世代 génération 女 若い世代はますますアメリカナイズしている Les jeunes générations sont de plus en plus americanisées.

◘ 世代交替 relève des générations

せっかく せっかくだから行ってみよう C'est une bonnne occasion, allons-y.／せっかく彼が来たのに何も話さなかった Malgré l'occasion de sa venue, vous n'avez pu parler de rien?

せっかちだ impatient(e)

説教 〔カトリックの〕sermon 男；〔プロテスタントの〕prêche 男 お説教するお説教のしすぎだ／あなたのお説教はもうたくさんです Je vous dispense de vos leçons de morale.／〔ゴーギャンの〕『説教のあとの幻影』La vision après le sermon

積極的な positif(ve), actif(ve) 積極的に positivement, activement

セックス sexe 男, rapports sexuels 男複 セックスする faire l'amour／この服はユニセックスだ Ce vêtement est unisexe.

設計 plan 男 生活設計を立てる faire un plan de son avenir

せっけん savon 男 食事の前はせっけんで手を洗いなさい Savonne-toi les mains avant de manger.

石こう plâtre 男

接触 contact 男 接触する toucher；〔人と連絡をとる〕contacter, prendre contact avec

◘ 接触事故 accrochage

接する toucher (à…)；客に接する traiter les clients／悲報に接する recevoir une nouvelle triste／ベルギーはフランスと国境を接している La Belgique est limitrophe de la France.

せっせと せっせと働く travailler assidûment／せっせとお金をためる économiser en grignotant sa faim

接待 réception 女 接待は神経ばすりが減るよ Les dîners d'affaires épuisent les nerfs.

絶対に absolument 絶対的な absolu(e), formel(le)／その映画、絶対おもしろいよ Je suis sûr que ce film est intéressant.／絶対視する rendre absolu

◘ 絶対安静 repos absolu 男 絶対音感 audition absolue 女 絶対温度 température absolue 女 絶対命令 être aux abois 絶対値 valeur absolue 女

セット 〔家具などの一そろい〕ensemble 男；〔道具などの一そろい〕trousse 女；〔食器などの〕service 男；〔演劇・映画などの〕décor 男；〔テニスなどの〕manche 女；〔髪型の〕mise en plis 女 7時に目覚しをセットする mettre le réveil à sept heures／〔テニスなどで〕第1セットを取る gagner la première manche

説得する convaincre, persuader 説得力のある persuasif(ve)

設備 équipement 男, installation 女 設備の整った bien installé(e)／近代的設備の完備したホテル hôtel tout confort

◘ 設備投資 investissement en biens d'équipement

絶望 désespoir 男 もう絶望だ Je suis désespéré(e).

説明 explication 女 説明する expliquer／どういうことか説明してください Expliquez-moi de quoi il s'agit.／説明のしょうがない Il n'y a pas d'explications à fournir.／詳しい説明は

済みます Je ne donnerai pas d'explications plus détaillées.

絶滅 extinction 囡 マンモスは大昔に絶滅した Les mammouths ont disparu depuis très longtemps.
◘ **絶滅危惧** espèces animales menacées d'extinction

節約 économie 囡, épargne 囡 かなりの時間の節約をする faire (réaliser) une sérieuse économie de temps / 水を節約しよう Économisons l'eau.

背中 dos 男 背中をどんと押されて recevoir une bourrade dans le dos / 背中を流して Lavez-moi le dos! / 背中のボタンを外してくれる？ Tu veux bien défaire les boutons du dos ?
◘ **背中合わせに** dos à dos

背伸びする se hausser sur la pointe des pieds

ゼネスト grève générale

ぜひ à tout prix ぜひ，あなたにやってほしい Je voudrais vivement que vous le fassiez. / 近くに来たらぜひ寄ってね Ne manquez pas de venir nous voir si vous êtes dans le quartier.

狭い étroit(e), petit(e) 心が狭い avoir l'esprit étroit / ずいぶん狭い家だね一寝に帰るだけだからないんです C'est une maison qui manque d'espace. — Oui, mais ça me suffit car je ne rentre que pour dormir.

迫る 〔近づく〕approcher; 〔追い詰める〕acculer; 〔要求する〕réclamer 二者択一を迫る placer...devant une alternatif

セミ cigale 囡 セミの声がうるさい Les cigales font un bruit strident.

せめて 忙しくても電話ぐらいは親にしなさい Même si tu es occupé, téléphone à tes parents au moins.

責める reprocher, blâmer; 〔催促〕tourmenter, talonner; 〔拷問〕torturer どうするの．きみのせいだよ—ぼくばかり責めるなよ Qu'est-ce qu'on va faire? C'est de ta faute. — Ne t'en prends pas qu'à moi. ◘謝ってください．J'exige des excuses de votre part. / 絶対にあいつを許さない Je ne lui pardonnerai jamais.

攻める attaquer

セメント ciment

せりふ rôle 男 せりふを覚える apprendre son rôle / それはこうなんだ言うふ C'est ce que je veux dire. / 捨てぜりふ flèche du Parthe

セルフサービス libre-service 男 セルフサービスの店 magasin où l'on se sert soi-même, self-service

ゼロ zéro 男 ゼロから出発する partir de zéro / 彼の経営の才能はゼロだ Il est nul en gestion.

セロハンテープ 〔商標〕scotch 男; ruban adhésif

セロリ céleri 男

世話 soin 男, charge 男 世話をする s'occuper de… / 献身的に病人の世話をする prodiguer ses soins aux malades / 大きなお世話だ Ça ne te regarde pas. / 親の焼けるチどだ C'est un enfant qui réclame beaucoup de soins. / 猫のお世話はちゃんとぼくがするよ Je te promets de m'occuper de ce chat. / 日頃お世話になりまして Merci pour tous les soins que vous m'avez apportés.

◇ **世話好き** 自分の掘った穴に落ちたのだから世話がない Il est tombé dans le trou qu'il a creusé lui-même, on ne peut rien faire pour lui.

線 ligne 囡, trait 男 定規で線を引く tirer un trait avec une règle / 体の線が美しい avoir une silhouette élégante / いい線いってるね Vous prenez une bonne direction.

千 mille 千円札 billet de mille yen / 数千の人々 des milliers de personnes / 「千一夜物語」Les Mille et Une Nuits

栓 bouchon 男; 〔水道・ガスなどの〕robinet 男 栓をひねる fermer un robinet / ビールの栓を抜く décapsuler une bouteille de bière

善 bien 男

繊維 fibre 囡; 〔織物の〕textile 男
◘ **繊維工業** industrie textile 囡

善意 bonne volonté 囡 善意につけ込む abuser de la bonne volonté / 善意に解釈する reconnaître que c'était par bonne volonté / 《ジュール・ロマンの》『善意の人々』Les Hommes de bonne volonté

全員 tout le monde 全員一致で賛成してくれた Tout le monde a été d'accord avec moi à l'unanimité.

前衛 avant-garde 囡 前衛的な d'avant-garde

洗顔する se laver la figure
◘ **洗顔フォーム** mousse à nettoyer le visage

前期 première période 囡; 〔学校の〕premier semestre 男

選挙 élection 囡 選挙に出る se présenter aux élections / 選挙に勝つ remporter les élections, sortir vainqueur des élections / 選挙に負ける perdre les élections / 普通選挙 au suffrage universel / 総選挙 élections générales / 地方選挙 élections locales / 市町村選挙 élections municipales / 大統領選挙 élection présidentielle / 〈フランスの〉国民議会選挙 (élections) législatives / 選挙の左翼陣営の圧勝 écrasante victoire de la gauche aux élections législatives

◘ **選挙違反** violation de la loi électorale, délit électoral 選挙運動 campagne électorale 囡 選挙活動 opérations 〔activités〕 électorales 選挙権 droit de vote 選挙公約 promesses électorales 〔囡複〕 選挙戦 campagne électorale 囡

先月 le mois dernier

宣言 déclaration 囡, proclamation 囡, manifeste 男 開会を宣言する dé

clarer la séance ouverte
前後 体を前後に曲げて fléchir le corps en avant et en arrière / 50歳前後だ Il a autour de cinquante ans.
専攻 spécialité 囡 専攻はなんですか Quelle est votre spécialité?
宣告 sentence 囡 禁固3年の刑を宣告する condamner à trois ans de prison
全国 tout le pays 全国的な national(ale) /全国各地で dans différents endroits du pays /全国的に普及している être répandu(e) dans tout le pays /被害は全国に及ぶ Le dommage s'étend sur tout le pays.
繊細 délicat(e), fin(e), subtil(e)
洗剤 lessive 囡, détergent 男 合成洗剤 détergent synthétique
潜在 潜在的な potentiel(le), virtuel(le)
◘ **潜在意識** subconscient 男
千載一遇のチャンスだ C'est une chance unique parmi 1000.
詮索 fouiller, scruter /詮索好きな人だ C'est quelqu'un qui aime fouiller.
先日 l'autre jour 先日はありがとう Merci pour l'autre jour. /先日のことは内密に願います Gardez pour vous ce que je vous ai confié l'autre jour.
前日 le jour précédent, la veille 自殺の前日に彼女に会った Je l'ai vue la veille de son suicide.
戦車 char (d'assaut)
選手 athlète 男, joueur(se) 男 あの選手はフリーキックがうまい Ce joueur excelle dans l'art du coup franc. /サッカー選手 joueur(se) de football
◘ **選手権** championnat 男
戦術 tactique 囡 ゲリラ戦術をとる appliquer la tactique de la guérilla
戦場 champ de bataille 男
染色体 chromosome 男
◘ **染色体異常** aberration chromosomique 囡
先人 devancier(ère) 先人の失敗に学ぶ s'inspirer des fautes de nos devanciers
前進 avance 囡, marche en avant 囡 /一歩前進する avancer d'un pas /前進だ! En avant!
全身 tout le corps 全身の力をこめて de toute(s) sa [ses] force(s) /全身全霊を捧げる se donner corps et âme
扇子 éventail 男
センス(→趣味) センスがある avoir le sens de...
潜水 plongée 囡
◘ **潜水夫** scaphandrier 男, plongeur(se) 男 ◘ **潜水艦** sous-marin 男
前世 vie antérieure 前世からの因縁 karma [destin] décidé dans une vie antérieure
先生 〔教師〕professeur, 〔医者〕docteur /〔法律家・芸術家〕maître /先生になる資格が十分にある avoir tous les titres pour enseigner

先制 先制攻撃 attaque préventive
前線 front 男 前線に行く aller [partir] au front /前線の兵士 soldat sur le front /温暖前線 front chaud /寒冷前線 front froid
全然 pas du tout, absolument pas 疲れてないですか — 全然 Vous n'êtes pas fatigué(e)? — Absolument pas! /スポーツは全然好きじゃない Pas! n'aime pas du tout le sport.
先祖 ancêtre 男, aïeul(e) 男 先祖を敬う vénérer ses ancêtres /先祖伝来の土地 terres patrimoniales /うちは先祖代々ここに住んでいる Ma famille habite ici de génération en génération
戦争 guerre 囡;〔歴史的会戦〕bataille 囡;〔戦闘行為〕hostilité 囡, combat 男;〔紛争〕conflit 男 戦争をする faire la guerre /戦争が目前に迫っている La guerre frappe à nos frontières. /アメリカとイラクは戦争になるのか Est-ce que les Etats-Unis et l'Iraq vont entrer en guerre? /湾岸戦争 la guerre du Golfe /〔トルストイの〕『戦争と平和』 Guerre et Paix /〔アラン・レネの〕『戦争は終った』 La guerre est finie
前奏曲 prélude 男 〔ドビュッシーの〕『牧神の午後への前奏曲』Prélude à l'après-midi d'un faune
全体 tout 男, ensemble 男, totalité 囡 全体と部分 le tout et la partie /全体として dans l'ensemble /これは社会全体の問題だ C'est un problème concernant la société tout entière.
◘ **全体主義** totalitarisme 男
洗濯 lessive 囡, lavage 男 洗濯をする faire la lessive /洗濯物を干す étendre du linge /洗濯物を洗濯に出す donner le linge à laver /これは洗濯物なの? C'est du linge à laver? /洗濯物は乾いた?—まだ少し湿ってる Le linge est sec? — Il est encore un peu humide.
◘ **洗濯機** machine à laver 囡 洗濯挟み pince à linge
選択 choix 男 〔~を選ぶ〕選択を誤る se tromper dans le choix /多すぎて選択に苦しむ On n'a que l'embarras du choix. /賢明な選択だ C'est un bon choix. /選択の余地はない On n'a pas le choix.
◘ **選択科目** matière à options
先端 pointe 囡;〔末端〕extrémité 囡 流行の先端 pointe de la mode
◘ **先端技術** technique de [en] pointe
センチ centimètre 男
船長 capitaine 男;〔漁船の〕patron
前兆 symptôme 男, présage 男, augure 男 どうもよくない前兆だ C'est plutôt un mauvais présage.
前提 prémisse 囡 自由は責任を前提とする La liberté suppose la responsabilité. /結婚を前提に女の子とつきあう fréquenter une jeune fille pour

葬儀

宣伝 publicité 囡, propagande 囡
宣伝する faire la publicité /宣伝カーvoiture publicitaire /この本の宣伝が大々的になされている On fait beaucoup de ce publicité autour de ce livre dans la presse.

先天的な inné(e), congénital(ale)

前途 chemin 男;〔将来〕avenir 男
前途を祝う souhaiter son bon succès /前途に困難が横たわる avoir des difficultés à surmonter en amont /前途を悲観する être pessimiste sur l'avenir

先頭 tête 囡 環境保護運動の先頭に立つ prendre la tête du mouvement écologiste /先頭車両 voiture de tête

戦闘 combat 男, bataille 囡 戦闘を停止する mettre fin aux hostilités /夜になって戦闘がやんだ La nuit a mis fin au combat.
○戦闘員 combattant 男 戦闘機 chasseur 男

先入観 prévention 囡, préjugé 男, parti pris 男 先入観をもってはいけない Il ne faut pas se laisser envahir par les préjugés.

栓抜き décapsuleur 男;〔コルク抜き〕tire-bouchon 男

先輩 ancien(ne) 囡, aîné(e) 囡 彼はぼくの中学校の先輩です C'est un de mes anciens. /先輩風を吹かせる tirer vanité d'être aîné(e)

前半 première moitié 囡

全部 tout 男, totalité 囡;〔全体〕ensemble 男;〔合計〕total 男 これで全部です C'est tout. /全部でいくらですか Ça fait combien en tout ?

前部 avant 男

扇風機 ventilateur 男

戦法 tactique 囡

先方 partie intéressée 囡 先方にぶつかってみよう Je vais m'adresser directement à l'autre partie.

前方に en avant 前方にみごとなパスをする faire une belle passe en avant

ぜんまい ressort 男 ぜんまいを巻く remonter un ressort

鮮明な net(te), vif(ve) あの日のことはいまでも鮮明に覚えている Je me souviens encore très nettement de ce jour-là.

洗面 toilette 囡
○洗面器 cuvette 囡 洗面所 toilettes 囡複, lavabos 男複

専門 spécialité 囡 病人を専門医に回す envoyer un malade chez un spécialiste
○専門家 spécialiste 男, expert 男
専門学校 école professionnelle 囡

前夜 la nuit d'avant 革命前夜のロシア la Russie à la veille de la révolution

戦略 stratégie 囡 戦略を練る élaborer une stratégie
○戦略兵器 arme stratégique 囡

戦略防衛構想 I. D. S. 囡(★ initia-tive de défense stratégique)

占領 occupation 囡 占領する occuper
○占領軍 armée d'occupation 囡

全力で de toutes ses forces 全力を注ぐ concentrer toute son énergie

洗礼 baptême 男

洗練 raffinement 男 彼は着こなしが洗練されている Il est très raffiné dans son habillement.

線路 voie ferrée 囡;〔レール〕rail 男 線路は川に沿って走っている La voie ferrée passe le long du fleuve.

そ

そう ああそう, そうですか. わかりました Ah bon ! très bien, je comprends. /私もそう思っていたんです C'est bien ce que je pensais. /そうはいかない Ça ne se passera pas comme ça. /そう言っても彼女も電話ぐらいできただろうに N'empêche, ell aurait pu me téléphoner. /パリに行ってきたって. それじゃ, 彼女に会ったんだね—そうです Tu es allé à Paris ? Alors tu l'as vue ! — Voilà.

沿う longer, border 新たな方針に沿って conformément à la direction nouvelle /この道に沿って行くと海に出る Si on longe ce chemin, on arrive à la mer.

添う répondre 期待に添う répondre à l'attente

層 couche 囡;〔階級〕classe 囡 このチームは選手の層が厚い Cette équipe regorge de bons joueurs.

像 〔彫像〕statue 囡;〔肖像〕portrait 男;〔イメージ〕image 囡 木像を彫る sculpter une statue en bois

象 éléphant 男 子象 éléphanteau 男/象使い cornac 男

そういう そういうこともあるさ Ces choses-là arrivent. /そういうわけで何も言えなかった Voilà pourquoi je n'ai rien pu dire.

騒音 bruit 男, vacarme 男 騒音に悩まされる être importuné(e) par le bruit /なんの騒音?—家の前の道路で工事してるんだ Quel est ce vacarme ? — Il y a des travaux devant la maison.

増加 augmentation 囡, accroissement 男 増加する augmenter /失業率の増加 accroissement du taux de chômage /中国の人口は増加の一途だ La population en Chine augmente sans cesse.

総会 réunion générale 5月にパリで総会が開かれる Il se tiendra une réunion générale à Paris en mai.

総会屋 professionnels des assemblées d'actionnaires 男複;〔暴力団配下の会社〕sociétés dans la mouvance de la pègre 囡複,〔ゆすり屋〕maîtres chanteurs 男複

総額 somme totale 囡

葬儀 (→葬式) 葬儀に参列する ren-

象牙

そ

象牙 ivoire 男 ◇象牙海岸 Côte d'Ivoire
◇象牙の塔 tour d'ivoire 女 象牙の塔に閉じこもる s'enfermer dans sa tour d'ivoire

草原 prairie 女 広大な草原 vaste étendue de prairies

倉庫 〔商品を保管する〕entrepôt 男; 〔預かり所〕dépôt 男;〔備蓄用の〕magasin 男;〔港湾陸揚用の〕dock 男 商品を倉庫に保管する garder des marchandises en entrepôt

相互の mutuel(le), réciproque
◇相互依存 interdépendance 女 相互理解 intercompréhension 女, dépendance mutuelle 女

造語 〔つくられたことば〕mot inventé 男;〔新語をつくること〕néologisme 男

総合 synthèse 女, globalisation 女 総合する faire la synthèse / 総合的な global(ale), général(ale), synthétique / 総合的に判断する juger synthétiquement

荘厳な solennel(le), majestueux(se)

捜査 recherche 女, enquête 女 捜査にご協力ください Faites des efforts dans vos recherches.

操作 maniement 男, manœuvre 女, opération 女 操作する manipuler, manœuvrer

捜索 recherche 女 消息を絶った登山家の捜索に出発する partir à la recherche d'un alpiniste disparu / 容疑者の家宅捜索 perquisition au domicile de l'inculpé

掃除 ménage 男, nettoyage 男, balayage 男 掃除する faire le ménage, nettoyer, balayer / 台所の床を掃除する nettoyer le sol de la cuisine /〔自分で〕耳の掃除をする se nettoyer les oreilles /〔自分で〕爪の掃除をする se curer les ongles / 掃除を手伝って Aide-moi à faire le ménage.
◇掃除機 aspirateur 男

葬式 cérémonie funèbre 女, obsèques 女複 葬式を出す célébrer des funérailles /〔死者への祈り〕Qu'il repose en paix ! [=Paix à ses cendres !]

操縦 〔車・船などの〕manœuvre 女;〔飛行機などの〕pilotage 男 操縦する manœuvrer, piloter / この車は操縦にすぐれている Cette voiture est manœuvrable / 日本の女性は夫の操縦がうまい Les Japonaises savent comment manœuvrer leurs maris.
◇操縦士 pilote 男

早熟な précoce 早熟な子 enfant précoce

装飾 décoration 女, ornement 男;〔装飾法〕ornementation 女

装身具 parure 女, bijou 男 ◆イヤリング boucle d'oreille 女 ネックレス collier 男 ピアス piercing 男 ブレスレット bracelet 男 ブローチ broche 女 ペンダント pendentif 男 指輪 bague 女

想像 imagination 女 想像する imaginer / 想像上の imaginaire / 想像を絶する inimaginable / 想像力の豊かな子 enfant plein(e) d'imagination / ご想像にお任せします Je vous laisse cours à votre imagination. /大げさですよ, あなたは想像力がたくましすぎる Vous brodez, vous avez trop d'imagination. /何を笑っているのーきみの女装姿を想像したらおかしくて De quoi tu ris? — Je t'imaginais en train de porter des vêtements féminins.

創造 création 女 創造する créer / 創造的な créatif(ve) /〔ベルクソンの〕『創造的進化』 L'Évolution créatrice / 天地創造 création du monde

騒々しい bruyant(e) 騒々しいなあ Que de bruit!

相続 succession 女, héritage 男 財産を相続する hériter d'une fortune
◇相続税 droits de succession 男複

そうだ このリンゴはおいしそうだ Ces pommes ont l'air bonnes. / 雨が降りそうだ La pluie semble tomber. / 彼は死んだそうだ On dit qu'il est mort.

相対 相対的な relatif(ve)
◇相対性理論 théorie de la relativité 女

増大 augmentation 女, accroissement 男 →増加

相談 consultation 女 相談する (se) consulter / 相談を受ける être consulté(e) / 3人寄ってあることについて相談する Tous trois se réunissent et discutent sur un sujet. / 相談があるんですが — どうぞ J'ai à vous demander conseil. — Je vous écoute.

装置 dispositif 男, mécanisme 男 機械に安全装置を取り付ける équiper une machine d'un dispositif de sécurité

装丁 〔製本〕reliure 女;〔デザイン〕présentation 女

相当の d'une valeur de この袋には500ユーロ相当のものが入っています Il y a quelque chose d'une valeur de 500 euros dans ce sac. / あすは相当寒いだろう Il fera assez froid demain.

騒動 agitation 女, troubles 男複, pétard 男 いまにひと騒動持ち上がるよ Il va y avoir du pétard !

遭難 accident 男, détresse 女 遭難者のほとんどが救助された La plupart des naufragés ont été sauvés. / 遭難信号 signal de détresse

挿入する introduire;〔物と物との間に〕insérer;〔連続するものの間に〕intercaler

相場 cours 男, cote 女;〔投機〕spéculation 女 この辺りの部屋代の相場はいくらですか Quelle est la cote des loyers dans ce quartier?

装備 équipement 男, attirail 男

創立 fondation 女 創立する fonder

送料 port 男, affranchissement 男 別途送料がかかります L'affranchissement est en plus. / 送料は無料です Port gratuit.

添え木 〔園芸の〕rame 女;〔外科用の〕

attelle 囡, éclisse 囡
添える 〔付け足す〕ajouter;〔添付する〕annexer;〔同封する〕joindre ここに写しを添えておきます Vous trouverez ci-jointe une copie.
ソース sauce 囡. ◆ウスターソース sauce anglaise 囡 トマトソース sauce tomate 囡 ドミグラスソース sauce demi-glace 囡 ベシャメルソース sauce béchamel 囡 ホワイトソース sauce blanche 囡
ソーセージ saucisse 囡;〔サラミ風 食用の〕saucisson 男
疎外 aliénation 囡 社会から疎外されている être exclu(e) de la société
阻害する entraver
組閣する former le gouvernement
俗称 mot populaire〔vulgaire〕男
属する appartenir à..., faire partie de
即席の〔即興の〕impromptu(e), improvisé(e);〔インスタントの〕instantané(e)
足跡 囡 1年間の生活の足跡を振り返る revenir sur la dernière année écoulée
速達 exprès 男 手紙を速達で送る envoyer une lettre en exprès
測定 mesure 囡 測定する mesurer 尿中のグルコース含有量を測定する mesurer la dose de glucose contenu dans les urines
速度 vitesse 囡, rapidité 囡 速度を落とす diminuer la vitesse / 同じ速度を保つ garder la même vitesse / 1時間に80 kmの速度で à la vitesse de quatre-vingts kilomètres à l'heure /平均速度 vitesse moyenne
束縛する contraindre, restreindre 自由を束縛されたくない Je veux garder toute ma liberté.
そこ そこへいくと quant à ce point / そこまでは知らない Je n'en sais pas plus que ça. / 話はそこからだ Je ne reprendrai la conversation qu'à partir de ce point. / ちょっとそこまで散歩してくる Je vais faire un petit tour dans le quartier.
底 fond 男 心の底からわびる s'excuser du fond du cœur / 海の底に眠っている石油 pétrole qui gît au fond des mers
◆底が浅い 底が浅い知識 connaissances superficielles 底を突く 値が底を突く Le prix descend jusqu'à la limite extrême. / 食糧の蓄えが底を突いた Les réserves de vivres sont épuisées.
素行 conduite 囡, mœurs 囡 素行調査 enquête sur la conduite
祖国 patrie 囡, pays natal 男 祖国に思いをはせる songer à la patrie
そこで そこで、お願いがあるのですが Eh bien, je voudrais vous demander un service. / うまくできない、そこで別の方法を試みた Je n'y arrivait pas bien alors j'ai tenté une autre méthode.
損なう nuire à..., perdre やり損なう

manquer son coup / 死に損なう être sur le point de mourir
素材 (→材料) 小説の素材 donnés d'un roman
阻止 entrave 囡, empêchement 男 阻止する entraver, empêcher 学生たちが首相の訪米を阻止した Les étudiants ont entravé la visite du Premier Ministre aux Etats-Unis.
組織 organisation 囡, système 男 組織的な systématique 組織する organiser, former 組織に属する appartenir à une organisation
素質 aptitude 囡, étoffe 囡 きみには歌の素質がない Tu n'as aucune aptitude pour la musique. / 素質を伸ばすには適切な助言が必要だ Pour développer les aptitudes, il faut donner de bons conseils.
そして、 et, puis, ensuite 夏は過ぎ、そして秋が来た L'été est passé, puis l'automne est venu.
訴訟 procès 男, action 囡 訴訟を起こす introduire une instance, intenter un procès [une action]
祖先 → 先祖
注ぐ verser お湯を注いで3分お待ちください Il suffit de verser de l'eau chaude et d'attendre trois minutes. / ローヌ河は地中海に注ぐ Le Rhône se jette dans la Méditerranée.
そそのかす そそのかされて行動する agir [sur] l'instigation de...
育ち 育ちがいい[悪い] être bien [mal] élevé(e)
育つ grandir;〔植物が〕pousser 愛情あふれる環境で育つ grandir dans une atmosphère affectueuse
育てる élever, nourrir;〔植物を〕cultiver 子供を甘やかして育てる élever un enfant avec trop de douceur
措置 mesures 囡
卒業する finir ses études 学校を一番で卒業する sortir premier de l'école / ギャンブルはもう卒業だ J'en ai fini avec les paris.
◘卒業式 cérémonie de la remise des diplômes 囡 卒業論文 mémoire de licence 囡
そっくり きみはお父さんにそっくりだ Tu es le portrait tout craché de ton père. / 街はそっくり消えてしまった La ville a entièrement disparu.
そっけない brusque, froid(e), sec(sèche) やけにそっけないね Tu pourrais refuser moins sèchement.
率直に franc(che) 率直に言うと franchement
そっち そっちのほうが近道だよ C'est plus près par là.
そっと〔音を立てずに〕doucement;〔ひそかに〕silencieusement そっとしておく laisser la paix à... /不幸に遭った友人をそっとしておく laisser tranquille un ami à qui ce n'est pas le moment de parler car il eu un malheur
ぞっと (それは)ぞっとするね C'est à faire frémir. /お化けの話を聞いてぞっ

そ

とした Une histoire de fantômes m'a fait tressaillir de peur. / そくしない(=感心しない) sans grand intérêt

そで manche 囡 シャツのそでをひじの上までまくり上げる rouler les manches de la chemise jusqu'au-dessus du coude
◇ **そでにする** 彼女は何人もの男をそでにした Elle a laissé tomber bien des hommes. **その下** pot-de-vin 男

外 dehors, extérieur 外で遊んでおいで Vas jouer dehors. / そとは寒いから、何か羽織りなさい Il fait froid à l'extérieur. Va passer quelque chose.

備えがある être paré(e) contre... 備えあれば憂いなし Si tu veux la paix, prépare la guerre.

備える parer à... 地震に備えて非常食を買い込んだ J'ai fait beaucoup de provisions en cas de tremblement de terre.

その ce この本はおもしろいですか Ce livre vous dit-il quelque chose ? / どうして遅れたの―それがその、列車に乗り遅れちゃって Pourquoi es-tu en retard ? — Eh bien voilà, j'ai simplement raté le train.

その上 en plus, en outre 彼女は美人で育ちもよく、その上金持ちだ Elle est jolie, bien élevée, et de plus, riche. / その上さらに雑費が加わる À quoi s'ajoutent divers frais.

そのうち bientôt, d'ici peu 妹はそのうちに帰るだろう Ma petite sœur va rentrer de l'école bientôt.

そのかわり à la place, en revanche

その後 ultérieur(e), postérieur(e) その後どうした？ Après ça qu'est-ce qui s'est passé?

そのころ alors, en ce temps-là そのころきみは何をしていた？ Qu'est-ce que tu faisais à cette époque-là?

そのため pour cela, dans ce but そのためにがんばってきたんじゃないの C'est dans ce but que nous nous sommes battus jusqu'ici, non?

その時 alors, à ce moment

その場 その場で sur place / その場限りの恋 rencontre amoureuse d'une seule fois / その場しのぎの expédient(e), de fortune

その日暮らしをする gagner sa vie au jour le jour

その次 リモコンどこ？―その辺にない？ Où est la télécommande? — Elle n'est pas loin.

そのまま そのまま食べられます On peut le manger tel quel. / (電話を切らずに) そのままお待ちください Ne quittez pas! / 彼は帰ってきて、そのまま寝込んでしまった Il est rentré et s'est immédiatement couché.

そのもの la chose elle-même 彼は誠実そのものだ Il est la sincérité même.

そばに près 駅はすぐそばです La gare est tout près. / きみがそばにいてくれるだけで安心する Ta simple présence est rassurante. / いつでもきみのそばをまもる Je resterai à tes côtés pour toujours.

そば (蕎麦) 〔植物〕sarrasin 男, blé noir 男；〔麺〕nouille de sarrasin / そば粉のクレープ crêpe de [au] sarrasin

そびえる s'élever, se dresser 雲の上にそびえる山 montagne qui se dresse au dessus des nuages / 高層ビル群が天に向かってそびえている Un groupe de tours s'élancent vers le ciel.

ソファー canapé 男 ソファーに横になる s'allonger sur un canapé / このソファーはベッドにもなる Ce canapé sert de lit.

ソフトウエア logiciel 男, software

素朴な simple, naï(ve) 田園生活の素朴さ simplicité de la vie pastorale / 素朴な造りの家 maison de style rustique

粗末な pauvre, humble 食べ物を粗末にするばちが当たる Qui gâche la nourriture sera puni par le ciel. / 贈り物としては少々お粗末だ Comme cadeau, c'est un peu chiche.

染まる se teindre, se colorer 悪に染まる se dévoyer dans le vice

背く désobéir à...；〔裏切る〕trahir 両親に背く désobéir à ses parents

染める teindre, colorer 髪を染める se teindre les cheveux / 布地を黒く染める teindre une étoffe en noir

粗野な grossier(ère), rude

そよ風 brise 囡 そよ風がささやく La brise soupire. / 心地よいそよ風がほおをなでた Une douce brise m'a caressé les joues.

空 ciel 男 夕日が空を赤く染めていた Le soleil couchant embrasait le ciel. / 上の空で d'un air distrait
◇ **そらで** par cœur そらで言う réciter par cœur

空似 ressemblance fortuite 囡

ソラ豆 fève 囡

空耳 何か聞こえなかった？―いえ何も。空耳じゃないの Vous n'avez rien entendu ? — Non, rien. Vous n'avez pas rêvé?

そり traîneau 男 犬ぞり traîneau à chiens

そる (剃る) raser 毎朝ひげをそるのはめんどうだ C'est pénible d'avoir à se raser tous les matins.

それ ça, cela, celui-là それを貸してあげる Je te prête cela. / それで十分です Cela me suffit amplement. / それをどう思いますか Qu'en dites-vous ?
◇ **それはさておき** à part ça それ見たことか Je te l'avais bien dit.

それから puis, ensuite それから？ Et puis ? / それからどうなるんだろう Qu'arrivera-t-il ensuite ?

それぞれ chacun(e) ものの見方は人

それぞれだ Chacun a sa manière d'envisager les choses.
それだけ それだけしか持ってない Voilà tout ce que j'ai. /それだけはいやだ Je ferai n'importe quoi sauf cela.
それで c'est pourquoi, et, alors それで? Et alors?
それでは それでは, もうその話はよそう Alors, n'en parlons plus. /それでは大事な話に移ろう Bien！passons aux choses sérieuses. /それではかえってめんどうなことになるだろう Cela ne nous amènera que des ennuis.
それどころ 忙しくてそれどころじゃない Je suis trop occupé pour cela. /彼のことは好きでない。それどころか憎くさえいる。Non seulement je ne l'aime pas mais je le hais.
それとなく dire à mots couverts [en paroles couvertes]
それとも (bien) パンにしますか, それともご飯にしますか？ Est-ce que vous prenez du pain ou du riz?
それにしても それにしても遅れた人ですね Mais vous êtes inouï! /それにしても知らせてくるべきだろうに C'est égal, il aurait pu me prévenir.
それほど 試験はそれほど難しくなかった L'examen n'était pas si difficile. /あなたがそれほどおっしゃるなら引き受けましょう Puisque vous insistez, j'accepte.
それまで jusque-là, jusqu'alors だめならそれまでだ Si ça ne marche pas cette fois-ci je laisse tomber.
それる s'écarter de … 話がわき道にそれる s'égarer dans les digressions
そろう se rassembler, se réunir そろっている complet(ète) /全員そろいましたか Tout le monde est là? / 書類はまだそろっていない Le dossier n'est pas encore complet.

そろえる 〔並べる〕ranger, disposer;〔集める〕rassembler 高さをそろえる égaliser la hauteur /声をそろえて歌う chanter à l'unisson /ずいぶん本をそろえましたね Tu t'es fait une belle collection de livres.

そろそろ お年寄りがそろそろ歩いている Un vieillard marche doucement. /彼はそろそろ50歳だ Il va sur ses cinquante ans. /そろそろ出かけようか Si on partait sans trop tarder.

ぞろぞろ ぞろぞろ人が通る Les gens défilent les uns après les autres.

損 〔損失〕perte ;〔不利〕désavantage /損する perdre /株で大損をする subir de grosses pertes à la Bourse

損害 dommage 男;〔天災などの〕dégâts 男;〔大規模な〕ravages 男複;〔量的〕pertes 女複;〔賠償付き〕préjudice 男 /損害を受ける subir [éprouver] des dommages /大損害をもたらす causer de gros dégâts

 ◆ 損害賠償 dédommagement 男, dommages-intérêts 男複

尊敬 respect 男, estime 女 /尊敬する

respecter, estimer /尊敬を集める s'attirer l'estime de… /尊敬する人は？― 父です Quels sont les gens que tu estimes? — Mon père.

尊厳 dignité 女

存在 existence 女, être 男 /存在する exister, être présent(e) /きみはかけがえのない存在だ Tu es unique et donc irremplaçable. /貧困は世界じゅう至る所に存在する La misère est présente partout dans le monde.「（クンデラの）『存在の耐えられない軽さ』」 L'Insoutenable Légèreté de l'être

 ◆ 存在理由 raison d'être 女 存在論 ontologie 女

損失 perte 女, dommage 男 /損失を弁償してもらう se dédommager de ses pertes

尊重 〔たいせつにする〕respecter;〔重視する〕faire (grand) cas de… /私の気持ちも少しは尊重してEssaie un peu de respecter mes sentiments.

損得 損得勘定をする peser le gain et la perte /損得抜きで行動する agir par (pure) générosité /損得抜きでたとえ私が損をして、とにかくこれを救いたい Que j'y gagne ou que j'y perde, de toute façon je veux le sauver.

そんな pareil(le), semblable, tel(le) /そんな話は初めてだ Je n'ai jamais entendu une telle histoire. /そんなことだろうと思っていた Je m'en doutais /そんなに持ってったら落としますよ Si tu en portes plus tu vas te faire tomber. /そんなにかっこうするなんておかしいよ Tu es ridicule de te monter comme ça. /そんなこんなで ainsi

存分 存分に飲む boire à sa soif /存分に食べる manger à sa faim /思う存分 tant qu'il vous plaira

た

ダース douzaine 男 ダース単位で売る vendre à la douzaine

たい 山に登りたい Je veux monter sur la montagne.

大 等々大 grandeur nature /大人物 grand homme /大好きだ adorer /大なり小なり plus ou moins /大は小を兼ねる Qui peut le plus peut le moins.

台 脚, support テーブルの脚に台をかます rehausser les pieds d'une table /30万円台で車が買えなんてすごい Une voiture dans un créneau de prix de 800 à 900.000 yens, c'est incroyable!

代 彼女〔彼〕は20代だ Elle [Il] est dans ses vingt ans. /年代 les années quatre-vingt-dix /うちは祖父の代から東京に住んでいる Ma famille habite à Tokyo depuis le vivant de mon grand-père.

題 titre 男;〔主題〕sujet 男, thème

体育 éducation physique 女

第一 premier(ère), primaire, initial(ale) 第一に premièrement, en premier lieu / 健康が第一だ La santé, c'est primordial. /転職第一日目 Aujourd'hui était la première journée à mon nouveau travail. /第一、買うお金がない Pour commencer, je n'ai pas l'argent pour l'acheter.

◘**第一印象** première impression 囡 **第一人者** roi 男, première personne 囡

第一線 front 男 第一線から身を引く se retirer du front

退院する sortir de l'hôpital

ダイエット régime 男, diète 囡 ダイエットでやせる s'amincir en suivant un régime

対応する [対処する] faire face à... correspondre 一対一対応 correspondance biunivoque /提案に慎重に対応する réagir prudemment à une proposition

◘**対応策** remède 男

ダイオード diode 囡 発光ダイオード diode photoémettrice

ダイオキシン dioxine 囡 ダイオキシンは胎児に影響があるのかな Est-ce que la dioxine a vraiment de effets nocifs sur l'embryon?

体温 température 囡 体温を測る prendre la température

◘**体温計** thermomètre (médical) 男

退化 dégénérescence 囡 退化する dégénérer

大会 [スポーツの] meeting 男 [学術・政党などの] congrès 男 党の大会 congrès national d'un parti

大概 en général, pour la plupart, dans la plupart des cas 大概の店が閉まっている La plupart des magasins sont fermés.

体格 constitution 囡, carrure 囡 体格がいいですね Vous avez un belle constitution. ◆ 太った gros(se) やせた maigre ひよわな fluet(te), mince, fin(e) がっしりした solide, robuste 大柄な de grande taille 小柄な de petite taille

大学 université 囡 [学部] faculté 囡, fac 囡 大学生のころから depuis ses années d'université /兄は大学生です Le frère aîné est étudiant.

大気 atmosphère 囡, air 男 大気圏外空間 espace extra-atmosphérique

◘**大気汚染** pollution atmosphérique 囡

大規模な grand(e) 大規模な改革 réforme de grande envergure /大規模に sur une grande échelle

退去 彼は退去を命じた Il a commandé qu'l'on parte.

代金 prix 男 代金は100ユーロで、別に送料をいただきます Cela coûte cent euros, avec le port en plus.

大工 [人] charpentier 男 [職] charpenterie 囡 日曜大工 bricolage 男

待遇 traitement 男 [もてなし] service 男, accueil 男 功績相応に待遇する traiter... selon ses mérites /労働者の待遇改善 amélioration de la condition ouvrière /最恵国待遇 traitement de la nation la plus favorisée

退屈 ennui 男, monotonie 囡 退屈する s'ennuyer /退屈な ennuyeux(se) /退屈しのぎにチェスでもしよう Pour tuer l'ennui, si on faisait une partie d'échecs?

体形・体形 taille 囡, formes 囡 ligne 囡 体形がいい être bien bâti(e) /運動して体型を維持する conserver sa ligne en faisant de l'exercice ◆ バスト tour de poitrine 男 ウエスト taille 囡 ヒップ tour de hanches 男

体系 système 男 体系を打ち立てる bâtir un système

対決 confrontation 囡

体験 expérience 囡 自分の体験をことばで表現する mettre en phrases sa propre expérience

◘**体験談** histoire vécue 囡

太鼓 tambour 男 太鼓腹の ventru(e) /太鼓を打つ battre le tambour

◇**太鼓判を押す** garantir

対抗 antagonisme 男, rivalité 囡 対抗する s'opposer à, rivaliser avec

◘**対抗意識** émulation 囡 **対抗馬** rival(e)

滞在 séjour 男 滞在する séjourner /いつまでパリにご滞在ですか―来週までです［すぐロンドンに立ちます］ Vous séjournez à Paris jusqu'à quand? — Jusqu'à la semaine prochaine. ［Je pars bientôt pour Londres.］/滞在許可証をもらうのは手続きがめんどうだ Les formalités à remplir pour obtenir un permis de séjour sont vraiment ennuyeuses.

対策 mesure 囡, dispositions 囡変, moyen 男 早く対策を立てないといけない Il faut prendre des dispositions rapides.

大使 ambassadeur 男 [女性の] ambassadrice 囡

◘**大使館** ambassade 囡

大事な (→たいせつな) 大事な所は赤で囲っている Soulignez en rouge les passages importants du livre. /お大事に Soignez-vous.

◇**大事に至る** 大事に至らなくてよかった C'est une chance qu'il y ait eu si peu de dégats. /大事をとる 大事をとってその試合を休む ne pas participer à ce match avec précaution

たいした (→すごい) 1キロもよく泳ぐね―たいしたことないさ Tu en as eu du courage pour nager jusqu'à 1 kilomètre. — Il n'y a pas de quoi s'étonner.

体質 tempérament 男, nature 囡, constitution 囡 じょうぶな体質である avoir une constitution robuste 異体質 idiosyncrasie 囡

大衆 public 男, masses 囡変 一般大

衆 le grand public／大衆的な populaire

体重 poids 男 最近体重が増えた J'ai pris du poids ces temps-ci.／体重は60キロです Je pèse soixante kilos.／全体重を載せてドアを押し開ける appuyer de tout son poids contre une porte pour la forcer
◘体重計 pèse-personne 男

対処する faire face à..., affronter 経済危機に対処する affronter une crise économique

対象 objet 男, but 男, cible 女 研究対象 objet des recherches／若者を対象とした番組 émission destinée aux jeunes gens

対照 contraste 男, comparaison 女 (…とは)対照的だ faire contraste avec…／対照する comparer

対称 symétrie 女

だいじょうぶ (→励ます) 病人はもうだいじょうぶだ Le malade est maintenant hors de danger.

退職 retraite 女 退職する prendre sa retraite／Qu'est-ce que tu vas faire si tu laisses tomber ton travail?
◘退職者 retraité(e)

大臣 ministre 男 大臣に民間人を起用する nommer un civil au ministre／(…に)大臣のいすを与える confier un portefeuille ministériel à…／外務大臣 ministre des Affaires étrangères

大豆 soja 男

対する envers, vis-à-vis de, contre 開発途上国に対する援助 aide aux pays sous-developpés／それが客に対することば遣い？ C'est sur ce ton que vous vous adressez à vos clients?

体制 régime 男, système 男 資本主義体制 régime capitaliste／反体制的なデモ manifestation de contestataires

態勢 position 女, posture 女 …する態勢を整える se mettre en état [mesure] de…

大西洋 Atlantique 男

体積 volume 男；(容積) capacité 女

たいせつな important(e), précieux(se), cher(ère), de valeur きみがいちばんたいせつな人だ Pour moi, c'est toi la personne la plus importante.／たいせつに持っている garder précieusement

体操 gymnastique 女, exercices physiques 男複 腹が出ないように体操をする faire de la gymnastique pour garder un ventre plat／リズム体操 gymnastique rythmique／ラジオ体操 exercises gymnastiques radiodiffusés／新体操 gymnastique rythmique et sportive

たいそう (大層) ごたいそうなあいさつ salutation emphatique／たいそうなことを言う tenir des propos exagérés／きみのごたいそうな理論には笑ってしまうよ Tu m'amuses avec tes grandes théories！

怠惰な paresseux(se), indolent(e) とかく怠惰に流れる性向 vive inclination à la paresse

だいたい environ, à peu près；(一般的に) en général, (大まかに) dans l'ensemble, en gros だいたい半分に切る couper environ à la moitié／若いころはだいたいのんきなものだ De façon générale, la jeunesse est insouciante.／だいたいきみはなまいきだ Dans le fond, tu es impertinent(e).

代替 substitution 女
◘代替エネルギー énergie de remplacement 女

大胆な hardi(e), audacieux(se), intrépide きみも大胆だね、社長に食ってかかるとは Tu as de la hardiesse pour avoir osé te plaindre directement au patron.／大胆な服を着ている Tu portes des tenues osées.

大地 terre 女；(地面) sol 男 (マーラーの)「大地の歌」 Le Chant de la Terre

体調 condition physique 女 体調を整える soigner sa condition physique／体調がよくありません Je ne me sens pas très bien.／ここが痛いんです J'ai mal ici.／頭痛がします J'ai mal à la tête.／頭がくらくらします J'ai la tête en compote.／のどが痛いんです J'ai mal à la gorge.／腹が痛いんです J'ai mal à l'estomac.／歯が痛いんです J'ai mal aux dents.／熱があります J'ai de la fièvre.／悪寒がします J'ai des frissons.／下痢です J'ai la diarrhée.／吐き気がします J'ai des nausées.／せきが出ます Je tousse.／食欲がありません J'ai pas d'appétit.／動悸がします J'ai des des palpitations.／のどがいがらっぽいんです J'ai la gorge irritée.／鼻がむずむずします J'ai le nez qui gratte.／節々が痛いんです J'ai des courbatures.／目がかすんでいます J'ai la vue troublée.／かぜを引きました Je suis enrhumé(e).

タイツ collant 男

たいてい en général, pour la plupart, dans la plupart des cas 彼はたいていの事には驚かない Il lui en faut beaucoup pour s'étonner.／日曜日はたいてい家にいますよ Je reste en général chez moi le dimanche.

態度 attitude 女；(礼儀としての) manières 女複 横柄な態度をとる prendre une attitude arrogante／生活態度に非の打ち所がない être irréprochable dans ses mœurs.／みんなの彼に対する態度が変わった Tout le monde a changé son attitude envers lui.／なんだ、その態度は Qu'est-ce que c'est que ces manières？

対等な égal(e) 対等につきあう traiter d'égal à égal avec…／男も女もない、人はみな対等だ Que ce soit un homme ou bien une femme, tout le monde est égal.

大統領 président 男 シラク大統領 le président Chirac

台所 cuisine 囡 台所からいいにおいがする Une bonne odeur se dégage de la cuisine./国の台所を預かる administrer les finances de l'Etat

台なしにする gâcher 雨でせっかくのピクニックが台なしだ On avait tout prévu et la pluie a gâché notre pique-nique.

代表 représentation 囡, délégation 囡; (個々の) représentant(e), délégué(e) 囲 代表する représenter/代表的な représentatif(ve)/日本文学を代表する représentatif œuvre représentative de la littérature japonaise/彼は全職員を代表して話をした Il a parlé au nom de tous les employés.

タイプ type 男, sorte 囡, genre 男; [タイプライター] machine à écrire 好みのタイプじゃない Ce n'est pas mon genre [type].

だいぶ sensiblement, assez (→かなり) だいぶ寒くなってきた Le temps s'est passablement refroidi.

台風 [極東の] typhon 男; [ハリケーン] ouragan 男; [サイクロン] cyclone 男 台風は農作物に大きな被害を与えた Le typhon a gravement endommagé l'agriculture.
○台風の目 noyau du typhon

大部分 la plupart, la plus grande partie 大部分は pour une bonne part / 軍の大部分が脱走した Une bonne partie de l'armée a déserté.

太平洋 Pacifique 男

たいへん [非常に] très, beaucoup, bien ; [大変な] dur(e), difficile ; [重大な] grave ; [たくさんの] énorme / たいへんご親切にありがとう Merci, vous êtes bien bon. / こんな大変なことを頼まれるとは思っていなかった Je ne pensais pas qu'on me demanderait quelque chose d'aussi impossible.

大便 excréments 男複, selles 囡複; [うんち] caca 男 大便をする faire ses besoins

逮捕 arrestation 囡, capture 囡 逮捕する arrêter /現行犯逮捕する prendre... en flagrant délit

大砲 canon 男 大砲を打つ tirer le canon

台本 texte 男; [映画の] scénario 男; [オペラの] livret 男

大枚をはたく dépenser une forte somme

怠慢 négligence 囡, paresse 囡 怠慢な négligent(e)

タイム [競走・競技の] temps 男; [試合の中断] temps mort 男
○タイムスイッチ [タイマー] minuterie 囡, minuteur 男 タイムトライアル course contre la montre 囡 タイムマシン machine à explorer le temps 囡 タイムレコーダー (horloge) pointeuse 囡

タイムリーな à propos

代名詞 pronom 男 人称代名詞 pronom personnel / 関係代名詞 pronom relatif / 指示代名詞 pronom démonstratif

タイヤ pneu 男

ダイヤモンド diamant 男 ダイヤモンドは永遠だ Un diamant est éternel.

ダイヤル cadran 男 ツーという発信音を待ってダイヤルする attendre la tonalité avant de composer le numéro

太陽 soleil 男 太陽が水平線に沈む Le soleil descend sur l'horizon. / (ルネ・クレマンの)『太陽がいっぱい』Plein Soleil 太陽系 système solaire 太陽電池 pile solaire 囡 太陽暦 calendrier solaire

代用 substitution 囡, remplacement 男
○代用品 succédané 男

平らな plat(e), égal(ale) 地球は平らだと昔の人は考えていた Autrefois les gens croyaient que la terre était plate.

代理 [代行] remplacement 男, suppléance 囡; [委任] procuration 囡; [代表] représentation 囡 …の代理で à la place de... / 母の代理であいさつに行った Je suis allé(e) présenter des hommages au nom de ma mère.
○代理店 agence 囡 代理人 remplaçant(e), suppléant(e)

大陸 continent 男 大陸性の continental(ale)
○大陸横断鉄道 chemin de fer transcontinental 男 大陸間弾道ミサイル missile balistique intercontinental 男 大陸性気候 climat continental 男 大陸棚 plateau continental 男

大理石 marbre 男 (アンジェイ・ワイダの)『大理石の男』L'Homme de marbre

対立 opposition 囡, antagonisme 男 対立する s'opposer à... / 選挙で対立候補を破る battre son adversaire aux élections / 2国間の利害の対立 opposition d'intérêts entre deux pays

体力 force (physique) 囡, énergie 囡 体力の限界まで働く travailler jusqu'à l'extrême limite de ses forces / 若者の体力が落ちてきている Les jeunes ont de moins en moins de résistance physique.

タイル carreau 男 壁に白いタイルを張る carreler un mur en blanc

退路 退路を断つ couper la retraite à...

対話 dialogue 男, entretien 男 対話する dialoguer / 南北の対話は行き詰まっている Le dialogue Nord-Sud s'enfonce dans l'impasse.

田植え repiquage du riz 男

堪えがたい insupportable, intolérable 堪えがたい暑さ chaleur intolérable / この騒音は堪えがたい Le bruit est insupportable.

耐える・堪える [我慢] endurer, supporter ; [抵抗] résister à... / 誘惑に耐える résister à la tentation / 体を

鍛えて寒さに耐えられるようにする entraîner son corps à supporter du froid

絶える〔家系・息が〕s'éteindre;〔水・食料などが〕s'épuiser 絶えず sans cesse, continuellement / 息も絶え絶えになる n'avoir plus qu'un souffle de vie / この通りは日曜になる人通りが絶える La rue se dépeuple le dimanche.

倒す faire tomber, renverser;〔勝つ〕battre 座席の背もたれを倒す incliner le dossier d'un siège / 日本はアルゼンチンを倒せるだろうか Est-ce que le Japon va battre l'équipe d'Argentine?

タオル serviette 囡 タオルハンガー porte-serviettes 男／ハンドタオル essuie-main 男
◇タオルを投げる〔ボクシングで〕jeter l'éponge

倒れる tomber, s'abattre, s'écrouler 父が脳卒中で倒れた Mon père a eu une attaque cérébrale. ／内閣が倒れるのは時間の問題だ La chute du Cabinet n'est plus qu'une question de temps.

タカ〔鷹〕〔ハヤブサ〕faucon 男;〔ハイタカ〕épervier 男
◻タカ派 faucon 男 タカ派中のタカ派として通る passer pour un pur et un dur en politique

だが mais, cependant, pourtant 辛いことだが、ほんとうだ C'est dur à dire, mais c'est vrai.

高い〔位置が〕haut(e);〔値段が〕cher(ère), coûteux(se);〔程度などが〕haut(e), élevé(e);〔音・声が〕aigu(ë);〔翼が〕grand(e) 高く飛ぶ鳥 oiseau de haut vol / 壁を1メートル高くする remonter d'un mètre un mur / お高くとまる prendre des airs / 同情が高くつく Ma pitié m'a coûté cher. / ずいぶん高そうな服だね、高かった? Tu portes des vêtements plutôt luxueux. — Tu as remarqué?

互いに réciproque, mutuel(le) 互いに réciproquement, l'un(e) l'autre / 大変なのはお互い様だよ La difficulté est réciproque. / 互いに助け合おう Aidons-nous mutuellement.

互い違いに alternativement

たかが たかが野球選手が何を言うか Mais qu'est-ce qu'il se permet de dire, alors que ce n'est qu'un joueur de baseball!

高さ hauteur 囡, altitude 囡 高さ2メートルの壁 un mur haut de deux mètres / 目もくらむ高さだ C'est une hauteur à donner le vertige.

耕す cultiver, labourer 畑を耕す cultiver un champ

宝 trésor 健康は宝だ La santé est un trésor. / 宝を発掘する déterrer [exhumer] un trésor 宝探し chasse aux trésors
◇宝の持ち腐れだ C'est du gâchis de ne pas en profiter.

だから donc, par conséquent, de sorte que だから何が言いたいの Et alors qu'est-ce que tu veux dire? / だからだめだと言っただろう Et alors je veux vous dire que c'est non.

宝くじ loterie 囡 宝くじに当たる gagner à la loterie

たかる（→集まる）人がたかっている Il y a une foule. / 上司に昼飯をたかる pousser un supérieur à offrir le déjeuner

滝 chute (d'eau) 囡, cataracte 囡 滝のような雨 pluie torrentielle

抱き合う s'embrasser 優勝を抱き合って喜ぶ s'embrasser de la joie d'avoir remporté le championnat

タキシード smoking 男

妥協 compromis 男 まあ、いいか。この辺で妥協するか Bon. Ça va comme ça. On clôt sur ce compromis.

炊く（焚く）香をたく faire brûler de l'encens

抱く porter [serrer] dans ses bras;〔卵を〕couver 固く抱きしめて Tiens-moi bien fort dans tes bras.

たくさん〔数が〕beaucoup, un grand nombre;〔量が〕beaucoup, une grande quantité 彼は本をたくさん持っている Il a plein de livres. / 戦争もうたくさんだ On en a assez de la guerre. / もうたくさんだ Ça suffit!

タクシー taxi 男 タクシーを呼ぶ appeler un taxi / 疲れた。タクシーに乗ろう Je suis fatigué(e). Prenons un taxi. / この辺でタクシーを拾うのは大変だ Il est difficile d'arrêter un taxi dans le coin. / タクシー！ — どちらまで — 駅までお願いします Taxi! — Je vous conduis où? — Jusqu'à la gare, s'il vous plaît. / おつりはいらないよ Vous pouvez garder la monnaie.
◻タクシー乗り場 station de taxis

宅配 livraison à domicile 囡 この品は宅配できます Cet article est livrable à domicile.

たくましい vigoureux(se), fort(e) 筋骨たくましい être taillé comme Hercule / 想像をたくましくする donner libre cours à son imagination

巧みな adroit(e), habile ことば巧みに par des paroles artificielles

企む comploter, machiner, tramer 何か企んでいる? Tu n'as pas quelque chose derrière la tête?

蓄え réserve 囡, provision 囡 知識を蓄える amasser des connaissances

竹 bambou 男
◇竹を割ったよう 竹を割ったような性格 caractère ouvert et franc

丈 スカートの丈を詰める raccourcir une jupe / 丈の短いドレス une robe courte

だけ ne... que, seulement ちょっとだけよ Juste un petit peu. / 言いたいことはそれだけ? C'est tout ce que tu as à me dire? / 自慢なだけあって、彼女はきれいだ Elle mérite les compliments qu'elle se prête parce

打撃

qu'elle est vraiment belle. / やれるだけやってみましょう Je ferai autant que je pourrai.

打撃 coup, choc 男, dommage 男 打撃を与える porter un coup だけど pourtant, toutefois いい車だけど，高いね C'est une bonne voiture, seulement elle coûte cher.

たこ(凧) cerf-volant 男 たこを揚げる faire voler un cerf-volant

たこ(胼胝) 〔手足にできる〕durillon 男 耳にたこができるほど聞かされる avoir les oreilles rebattues de...

タコ(蛸) poulpe 男

確かな sûr(e), certain(e) 確かに sûrement, certainement / それは確かかい Tu en es bien sûr? / 絶対に確かで C'est sûr et certain. / もし私の記憶が確かならば月曜日だったはずだ Si j'ai bonne mémoire, c'était un lundi.

確かめる s'assurer, vérifier, constater うわさを確かめる vérifier une rumeur / 本人に確かめて Vérifie auprès de la personne elle-même.

足し算 addition 女 ◆ 2 + 3 = 5 Deux plus [et] trois égalent [font] cinq.

他者 autre 男, autrui 代

多少 un peu 多少のミスは見逃して Pardonnez-moi les petites erreurs que je pourrais faire. / 多少のことで怒らないよ Je ne t'en voudrai pas si ce n'est pas trop grave.

足す(→加える) 水を足してください Ajoutez de l'eau s'il vous plaît.

出す 〔外へ〕sortir, retirer;〔手などを伸ばす〕tendre;〔見せる〕montrer;〔提出する〕remettre, présenter;〔送る〕envoyer お茶ぐらいはお出しして Est-ce que vous pouvez servir un thé aux invités?

だす 歌いだす commencer à chanter

多数 majorité 女,〔絶対多数〕majorité absolue /〔比較多数〕majorité relative / 3分の2の多数 majorité des deux tiers /〔相当多数〕〔安定多数〕comfortable majorité /〔圧倒的多数〕une comfortable majorité, une majorité écrasante / 53パーセントの多数 une majorité de 53% (→選挙)

◘多数決で決める décider à la majorité **多数派** majorité 女 多数派に属する appartenir à la majorité

助け 〔援助〕aide 女,〔救助〕secours 男 助けを求める demander de l'aide / 助けを借りる recevoir de l'aide / 助けを呼ぶ demander du secours;〔助けてと叫ぶ〕appeler au secours

◘助け舟 助け舟を出す tendre la perche à...

助ける aider, sauver テキストの理解を助ける faciliter la compréhension du texte / 助かります Ça m'aide beaucoup. / よく助かったね! [=Ça l'a sauvé.] / 天の助けで破産を免れた Grâce au ciel, j'ai évité la faillite.

訪ねる 〔人を〕faire [rendre] visite à...;〔場所を〕visiter 史跡を訪ねる visiter un monument historique

尋ねる demander, poser une question 道を尋ねる demander son chemin à...

ただ(唯) seulemement, simplement ただ祈る tout simplement / ただ一心に祈る prier exclusivement avec recueillement / 彼女がただ一人生き残った Elle seule a survécu. / ただじゃおかないぞ Tu ne t'en tireras pas comme ça!

ただ 〔無料〕gratuit(e) ただほど高いものはない Il n'y a rien de plus cher que ce qui est gratuit.

ただいま →帰宅

戦い・闘い bataille 女, combat 男, lutte 女 戦いに敗れる perdre une bataille / 彼の一生は差別との闘いだった Il a livré une bataille à vie contre la discrimination. / 病気との闘い lutte contre la maladie

戦う・闘う combattre, se battre, lutter contre...; / 侵略者と戦う lutter contre l'envahisseur /〔睡魔と闘う〕lutter contre le sommeil

たたき売り braderie 女

たたく frapper, battre, taper sur;〔軽く何度も〕tapoter マスコミにたたかれる être attaqué(e) par les médias / たたけばだれでもほこりがある Personne n'est parfait.

ただし cependant, seulement, toutefois 行ってもいい。ただし一条件がある Je viendrai, mais à une condition.

正しい vrai(e), véritable;〔事実の〕exact(e);〔規則に合った〕correct(e);〔正義の〕juste;〔本物の〕authentique 正しいフランス語を話す parler un bon français / 正しい答えは一つとは限らない Il se peut qu'il y ait plus d'une réponse exacte.

正す 誤りを正す corriger des fautes / 姿勢を正す se redresser

ただす(糺す・質す) 真偽をただす s'assurer la véracité

畳 tatami 男

畳む plier, replier 傘を畳む fermer son parapluie / 脱いだものはきちんと畳んでおきなさい Pliez avec soin les vêtements que vous avez enlevés.

漂う flotter, dériver 部屋に花の香りがただよっている Un parfum de fleurs flotte dans la salle.

立ち上がる se lever, se mettre debout どん底の生活から立ち上がる sortir du fond de la misère

立ち入る entrer 立ち入った質問をしていいですか Je peux vous poser une question personnelle?

立ち去る s'en aller

立ちすくむ se pétrifier [être paralysé(e)] debout

立ち尽くす être stupéfait(e) debout

立ち止まる s'arrêter さあさあ，立ち止まらないで Allez, allez, circulez.

立ち直る se relever, se remettre, /〔病気から〕se rétablir

立場 position 女, situation 女 私が

あなたの立場なら si j'étais à votre place／苦しい立場に追い込まれる être mis(e) dans une situation difficile

たちまち その商品はたちまち売り切れた Ces articles ont été épuisés en un instant.／空が暗くなった時 Le ciel est devenu sombre en un clin d'œil.

立ち寄る passer, s'arrêter （…の所に）あいさつに立ち寄る passer dire un bonjour à…

立つ être debout, se lever；〔出発する〕partir, quitter 成田を立つ partir de Narita／立っていられないの？ Tu ne tiens pas debout？／早朝にホテルを立った J'ai quitté l'hôtel de très bonne heure.

建つ se bâtir, se construire ビルが建つ Un bâtiment se construit.

経つ passer, s'écouler この人は三日も経てば歩けるだろう Je crois qu'il suffira seulement de trois jours pour que ce blessé marche.

断つ・絶つ 〔切り離す〕couper （…との）関係を断つ rompre les relations avec…／酒を断つ se priver de vin

タックル plaquage 男

達する atteindre, arriver 失業率が 4．3パーセントに達した Le taux de chômage a atteint 4,3%.

脱する 植民地支配を脱する s'émanciper de la domination coloniale

達成 accomplissement 男, achèvement 男 達成する accomplir／900万ユーロの売り上げを達成する réaliser un chiffre d'affaires de 9 millions d'euros

脱税 fraude fiscale 女 野球選手が脱税で捕まった Des joueurs de base-ball ont été arrêtés pour fraude fiscale.

脱線 déraillement 男／〔話の〕digression 女 脱線する〔列車が〕sortir des rails／脱線事故で5人の死者が出た Le déraillement a causé cinq morts.／脱線ばかりして問題をややこしくする embrouiller la question par des digressions

たった 〔ただ〕たったそれだけ？ C'est tout？／たった15歳違いか Rien que quinze ans de différence！

タッチ touche 女, coup de pinceau 男 大まかなタッチで描く peindre à larges touches／タッチの差で終電に乗り遅れた J'ai manqué le dernier train d'un fil.

だって 〔でも〕mais, cependant；〔なぜなら〕car, parce que 今からだって遅くはない Il n'est pas encore trop tard.

手綱 rênes 女複, bride 女 手綱を引く tirer les rênes／手綱を緩める lâcher les rênes

脱皮 mue 女 古い習慣から脱皮する se dégager des vieilles habitudes de routine

たっぷり abondamment, en abondance, suffisamment お色気たっぷり plein(e) de séduction／広さをたっぷり3日取る prendre beaucoup de place／ルーヴル美術館はたっぷり一日かけて見る価値がある Le musée du Louvre mérite une bonne journée de visite.

竜巻 tornade 女；〔水上の〕trombe 女

縦 longueur 女 縦10メートル横5メートルの庭 un jardin de dix mètres de longueur sur cinq mètres de largeur／縦の方向に dans le sens de la longueur

たて 産みたての卵 œuf tout frais pondu

縦書き écriture verticale 女

建物 bâtiment 男, construction 女；〔壮麗な〕édifice 男；〔共用ビル〕immeuble 男, building 男

建てる construire, bâtir, édifier

立てる dresser, lever 旗を立てる dresser un drapeau／音を立てる faire du bruit／候補者を立てる présenter un candidat

妥当 raisonnable まあ妥当な金額ですね Je pense que c'est une somme raisonnable.

たとえ(例え) 〔隠喩〕métaphore 女；〔直喩〕comparaison 女；〔例〕exemple 男 たとえようもない美しさ beauté incomparable

たとえ 〔仮に〕quoique たとえきみがなんと言おうが行く Quoique tu dises, je partirai.

例えば par exemple, comme, tel que なんてことを言うの—例えばの話さ Tu te rends compte de ce que tu dis？— Ce n'était qu'une supposition.

たどり着く arriver ＝ 〔atteindre〕finalement；〔偶然に〕échouer 頂上にたどり着く atteindre enfin le sommet

たどる suivre 山道をたどる suivre le chemin de montagne／かすかな記憶をたどる chercher [fouiller] dans sa mémoire／衰退の一途をたどる courir vers sa ruine

棚 étagère 女, rayon 男 本を棚に戻す remettre un livre sur son rayon
◇**棚に上げる** 自分のことは棚に上げる oublier ses propres défauts

棚上げ 計画を棚上げする laisser un projet en suspens

棚卸し faire un inventaire

谷 vallée 女, vallon 男

他人 les autres, étranger(ère) 女 他人のことに口を出すな Ne vous mêlez pas des affaires des autres.
◇**他人のそら似** ressemblance fortuite

他人行儀だ être réservé(e)

タヌキ とらぬタヌキの皮算用をする vendre la peau de l'ours avant de l'avoir tué
◇**タヌキ寝入りする** faire semblant de dormir

種 graine 女, semence 女；〔原因〕

種馬 cause 囡 種をまく semer, ensemencer /庭にヒマワリの種を植えた J'ai planté des graines de tournesol dans mon jardin. /あいつが自分でまいた種だ Il récolte ce qu'il a semé. /種もしかけもありません Ce n'est pas du bluff. /話の種 sujet de conversation

種馬 étalon 囲

楽しい joyeux(se), amusant(e), heureux(se), agréable きょうは楽しくやろう Il faut que nous passions la journée agréablement.

楽しみ plaisir 囲, agrément 囲 楽しみにしていたのに残念ね C'est dommage, tu t'en faisais une telle joie! /またお会いできることを楽しみにしております J'espère que nous aurons le plaisir de vous revoir.

楽しむ s'amuser 楽しんでらっしゃい Amusez-vous bien.

頼み demande 囡, prière 囡 きみに頼みがある J'ai quelque chose à te demander. /頼みを聞く accepter une demande
◇頼みの綱 頼みの綱が切れる Sa dernière espérance s'évanouit.

頼む demander, prier 頼むからこれ以上めんどうを起こさないでくれ Je te le demande. Ne nous cause pas plus d'ennuis. /塩を取ってくれますか Passez-moi le sel, s'il vous plaît. /窓を閉めてよ Ferme la fenêtre, veux-tu? /ちょっとお願いいですか Est-ce que je peux me permettre de vous demander un petit service? /お手数ですが…してもらえますか Excusez-moi de vous déranger, est-ce que vous pourriez...?

束 (特に薪などの)fagot 囲;〔わらやニンジンなどの〕botte 囡 書類の束 liasse de papiers /古新聞の束 paquet de vieux journaux /さあ、束になってかかってこい Allez, vous pouvez tous m'attaquer.

たばこ tabac 囲;〔紙巻〕cigarette 囡;〔葉巻〕cigare 囲 たばこを吸ってもいい? Je peux fumer? /たばこは弊害が多い Le tabac a beaucoup de méfaits. /たばこをやめたら体重が増えた J'ai pris du poids après avoir arrêté de fumer.

旅 voyage 囲(→旅行) 旅をしてまわる voyager, faire un voyage /旅に出る partir en voyage /船旅をする voyager par mer /〔シューベルトの〕『冬の旅』 Le Voyage d'hiver
◇旅の恥はかき捨て On peut se permettre toutes les excentricités quand on est en voyage.

たび fois 囡 彼は行くたびに留守だ Chaque [Toutes les] fois que je lui rends visite, il est absent.

たびたび souvent, fréquemment, bien des fois 彼にはたびたび会ったことがある Je l'ai vu à diverses reprises.

ダビング 〔別の媒体への録音・録画〕copie 囡, dubbing 囲 オーバーダビング re-enregistrement, overdubbing

タブー tabou 囲 タブーを犯す violer le tabou /彼の前ではかつらの話はタブーだ Le port de la perruque est un sujet tabou en sa présence.

たぶん probablement, sans doute, peut-être 彼女はたぶん8時の列車に乗るだろう Elle prendra sans doute le train de huit heures. /だまされてってことなのかたぶんな Se pourrait-il qu'il m'ait trompé(e)? − Oui, c'est probable.

食べ物 aliment 囲, nourriture 囡 (→肉, 魚) 食べ物に好き嫌いがある avoir de la répugnance pour certains aliments /食べ物の好き嫌いをくす ne plus faire le difficile avec la nourriture ◆オムレツ omelette 囡 カツレツ escalope panée 囡 カレー curry 囲 ギョーザ ravioli chinois グラタン gratin 囲 コロッケ croquette 囡 シチュー ragoût 囲 チャーハン riz cantonais 春巻 rouleau de printemps パン pain 囲 ハンバーグ hamburger 囲 ピザ pizza 囡 ビフテキ bifteck 囲 フライ friture 囡 ラーメン soupe de nouilles

食べる manger, prendre 何か食べ物はないかしら Il n'y a rien à manger? /お昼にピザを食べた J'ai pris une pizza à midi. /彼の給料じゃ食べていくのがやっとだ Avec son salaire, il ne peut que vivoter.

玉 〔球形のもの〕boule 囡, globe 囲;〔ビー玉〕bille
◇玉にきずだ Il y a une ombre au tableau. 玉の輿に乗る épouser un homme riche

球 〔サッカーなど〕ballon 囲;〔テニスなど〕balle 囡;〔ビリヤードなど〕bille 囡 球を打つ frapper une balle

弾 〔弾丸〕balle 囡 銃に弾を込める charger un fusil /弾を撃ち込む tirer [loger] une balle

たまに de temps en temps;〔まれに〕rarement たまには連絡をください Essayez de nous faire signe de temps en temps. /たまの休みぐらい家でゆっくりしたい J'ai peu de congés et j'ai besoin de rester au calme à la maison.

卵 œuf 囲 卵を抱く couver des œuf /卵を産む pondre des œuf /卵を割って卵白と卵黄を分ける casser un œuf et séparer le blanc du jaune /卵をよく混ぜる bien battre les œufs /卵が傷む Un œuf se pourrirait. /兄は医者の卵だ Mon frère est un futur médecin.

魂 âme 囡, esprit 囲 悪魔に魂を売り渡す vendre son âme au diable /いざ大学に入ったら魂が抜けた J'ai perdu mon ardeur après mon entrée ardue à l'université.

だます tromper, attraper, duper, faire marcher 彼にだまされた It m'a encore raconté des mensonges. /だまされたってそうはいかない On ne m'a pas si facilement. /だまされたと思ってみなよ Même si tu sais que tu te feras avoir, essaie toujours.

たまたま par hasard 駅でたまたま父に会った J'ai rencontré mon père à la gare par hasard.

タマネギ oignon 男

たまらない 〔我慢できない〕insupportable, intolérable, irrésistible 頭が痛くてたまらない J'ai mal à la tête insupportable. /きみに会いたくてたまらない Je languis de te voir. /彼女のあの胸、あの足、たまらないね Elle a une de ces poitrines, et de ces jambes!

たまり場 rendez-vous 男 この喫茶店は学生のたまり場だ Ce café est un lieu de rendez-vous populaire pour les étudiants.

たまる(堪る) 負けてたまるか Il n'est pas question que je perde.

たまる(溜まる) s'accumuler, s'amasser ベッドの下にたまった綿ぼこりを掃く balayer les moutons accumulés sous le lit /家賃がたまってアパートを追い出された J'ai été expulsé(e) de mon appartement à cause de tous ces loyers impayés.

黙る se taire, garder le silence 黙って en silence, sans rien dire /黙れ Tais-toi! [=Ferme-la!] /彼がなんとか言ったらもう Ne reste pas si silencieux. Dis quelque chose.

民 peuple 男 民の声は神の声 Voix du peuple, voix de Dieu.

ダム barrage 男 発電用ダム barrage à vocation énergétique /貯水量100億トンのダム barrage avec retenue de dix milliards de mètres cubes

ため pour 病気のために欠席する s'absenter pour cause de maladie /入試のために勉強する travailler pour le concours d'entrée /自分のためになる本を読む lire un livre profitable à soi /きみのためを思って言っているんだ Je te le dis pour ton bien. /きみのためなら、たとえ火の中水の中 Pour toi, j'irai jusqu'au bout du monde.

だめ 〔役に立たない〕inutile, qui ne sert à rien だめなものはだめ Quand c'est non, c'est non. [=Ce n'est pas la peine d'insister.] /それじゃあだめ。やり直し Ça, ça ne va pas. Reprends. /10時以降に外出しちゃだめ Je ne veux pas que tu sortes après dix heures. /この桃はもうだめだね Cette pêche s'est déjà gâtée. /だめだ、もう歩けない Impossible de marcher, je n'en peux plus. /だめな人間 homme nul
◇だめを押す mettre les points sur les i

ため息 soupir 男 ため息をつく soupirer /どうしたの、ため息なんかついて Qu'est-ce que ce soupir veut dire?

ため池 citerne 女, réservoir d'eau

試す essayer, éprouver 彼の勇気を試す éprouver son courage /運を試す tenter sa chance /試しにやってごらん Essaie un peu pour voir.

ためらう hésiter ☺どうしよう J'hésite. [=Que faire?] /どっちにしよう Qu'est-ce que je vais choisir? /だれにしよう Qui est-ce que je vais choisir?

ためる amasser, accumuler; 〔金を〕économiser

保つ maintenir, garder, conserver 冷静さを保つ garder la tête froide /秩序を保つ maintenir l'ordre /保育器の温度を一定に保つ entretenir une température constante dans la couveuse /距離を保ってください Gardez vos distances.

便り 〔消息〕nouvelles 女複 お便りください Donnez-moi de vos nouvelles. /便りのないのはよい便り Pas de nouvelles, bonnes nouvelles.

頼る recourir à, dépendre de 頼りにしている子供 Ne fais pas l'enfant. /頼りにしてるよ Je compte sur toi. /人に頼ってばかりつめだめ Il ne faut pas toujours compter sur les autres.

だらけ 間違いだらけ plein(e) de fautes /泥だらけ boueux(se) /傷だらけ criblé(e) de blessures /血だらけ couvert(e) de sang

だらしない négligé(e), débraillé(e)

垂らす 〔ぶら下げる〕laisser pendre; 〔液体を〕laisser couler ハンカチにオーデコロンを垂らす arroser son mouchoir d'eau de Cologne

だらだら 汗がだらだら流れる La sueur coule.

たり 妹はたりがはねたりしている Ma sœur saute et bondit.

足りない manquer あと100ユーロ足りない Il me manque encore cent euros.

足りる suffire, être suffisant(e) このセーターを買うにはそれで足ります Ça suffit pour acheter ce pull.

樽 tonneau 男, 〔小さな〕tonnelet 男

だるい se sentir languissant(e) 熱で体がだるい se sentir lourd(e) à cause de la fièvre

タルト tarte 女

たるむ se détendre, se relâcher たるんどるぞ。気を引き締めなさい Il y a trop de relâche. Reprenez-vous.

だれ qui, quel(le) だれのせいでもない Ce n'est de la faute à personne. /だれかに道を尋ねよう On va demander le chemin à quelqu'un. /彼女はだれにでも親切だ Elle est gentille avec n'importe qui.

垂れる pendre /〔しずくが〕dégoutter こうべを垂れる baisser la tête /範を垂れる prêcher d'exemple

たわいない enfantin(e), puéril(e) たわいない話をする tenir des propos frivoles

段 〔階段の〕marche 女; 〔階級・段階〕grade 男; 〔新聞などの〕colonne 女; 〔柔道などの〕dan 男 3段になったケー

キ gâteau à trois étages / たんすの中の上の段を見てごらん Regarde dans l'armoire, à l'étage du haut. / 彼は3 段だ Il est troisième dan. / いざという段になると au dernier moment

単位 unité / 履修単位 unité de valeur, U. V. / 貨幣単位 unité monétaire / 単位が足りなくて卒業できそうもない Je pense que je n'ai pas assez d'U. V. pour obtenir ma licence.

担架 brancard 男, civière 女 / 負傷者たちは担架で運ばれた Les blessés ont été transportés sur des brancards.

段階 degré 男, étape 女, stade 男 / 段階的に par étapes / この治療法はまだ実験段階だ Ce traitement médical n'est pas encore à son stade définitif. / 文明は新たな段階を迎えている Notre civilisation entre dans une nouvelle phase.

短気な irritable, irascible / 短気は損気 Patience et longueur de temps font plus que force ni rage.

タンク réservoir 男, citerne 女 / 戦車 char / タンクに水を満たす remplir un réservoir d'eau

◘タンクローリー camion-citerne 男

団結 union 女, solidarité 女 / 労働者の団結を強化する resserrer l'union entre des ouvriers

断言 assertion 女, affirmation 女 / 断言するaffirmer / 断言はできないが… Ce n'est pas une affirmation sûre mais…

断固たる résolu(e), décidé(e) / 断固反対だ Je suis absolument contre.

炭鉱 mine (de charbon) 女

◘炭鉱夫 mineur 男

単細胞の unicellulaire

炭酸 acide carbonique 男

◘炭酸ガス gaz carbonique 男 炭酸水 eau gazeuse 女

男子 男の子 garçon 男 ; 男性 homme 男 / 男子シングルス[ダブルス] simple [double] messieurs

断食 jeûne 男 / ラマダンの断食 jeûne du ramadan / 断食療法 jeûne de santé

短縮 raccourcissement 男, réduction 女 / 労働時間の短縮を急務だ Il faut réduire au plus vite le nombre d'heures de travail.

単純 simplicité 女 / 単純な simple / 単純化する simplifier / 単純なものから複雑なものへと進む aller du simple au complexe / 話はそう単純ではないな Ce n'est pas aussi simple que ça.

短所 défaut 男, faiblesse 女 / 短所は長所の裏返しだ Les défauts sont l'envers des qualités.

男女 男女間の賃金格差 inégalité des salaires entre les hommes et les femmes / 男女それぞれ 3 人ずつ選ぶ choisir trois hommes et trois femmes / 男女共学の mixte

誕生 naissance 女 / わが子の誕生を喜ぶ se réjouir de la naissance de son enfant / (ボッティチェッリの)『ヴィーナスの誕生』 *La Naissance de Vénus*

誕生日 anniversaire 男 / 誕生日に友だちを呼ぶ inviter des amis à [pour] son anniversaire / 誕生日はいつ？— 3 月の31日です Votre anniversaire c'est quand? – Le 31 mars. / 誕生日おめでとう! Bon anniversaire! / きのう20歳になった J'ai eu vingt ans hier.

たんす armoire 女, garde-robe 女

ダンス danse 女 / チークダンスを danser joue contre joue / 社交ダンス danse de salon / タップダンス danse de claquettes / ベリーダンス danse du ventre / アイスダンス danse sur glace

単数 singulier 男

男性 homme 男, sexe masculin / 男性の masculin(e) / 男性的な viril(e) / 年配の男性 un homme d'un certain âge

◘男性ホルモン hormones mâles

団体 association 女, organisation 女 / 団体で en groupe / 鉄道の団体乗車券 billet collectif de chemin de fer

◘団体競技 sport d'équipe 男 / 団体旅行 voyage en groupe 男

だんだん graduellement, de plus en plus / だんだん寒くなっていく De plus en plus, le temps se met au froid.

団地 grand ensemble 男

短調 mineur 男 / イ短調の en la mineur

単調な monotone

探偵 détective 男

断定する conclure, jurer / 断定的な tranchant(e), catégorique / なぜそんなこと断定できるの? Comment peux-tu en conclure une telle chose?

担当する se charger

◘担当者 préposé(e)

単独の seul(e), individuel(le) / 単独行動をとる agir en franc-tireur

単なる冗談だよ Ce n'est qu'une plaisanterie.

単に simplement, seulement / 単にきみの気を引きたかっただけだ Je voulais seulement attirer ton attention.

担任 経理を担任する se charger de la comptabilité

断念する renoncer à… / 断念させる dissuader

断片 fragment 男, morceau 男 / 断片的な fragmentaire

田んぼ rizière 女

暖房 chauffage 男 / よく暖房のきいた家 une maison bien chauffée

段ボール [素材] carton ondulé 男 ; [箱] carton (ondulé) 男

段落 paragraphe 男
だんらん 一家だんらんの風景 scène de la réunion familiale
弾力 élasticité 女 弾力的な élastique
暖炉 cheminée 女 暖炉の火を燃やす faire du feu dans la cheminée

ち

地 〔陸地・大地〕terre 女; 〔地面〕sol 男; 〔土地・行われる場所〕terrain 男 地の果てまで行く aller aux confins de la terre / うれしくて足が地に着かない être transporté(e) de joie
◇地に落ちる tomber bien bas 地の利を得る avoir l'avantage du terrain

血 sang 男 血が出てるよ—ほんとだ Mais tu saignes! — Ah, c'est vrai. / 血の凍る思いをさせる glacer le sang de... / 怒りで頭に血が上る La colère fait monter le sang à la tête.
◆血で血を洗う venger le sang par le sang, s'entre-tuer 血の雨を降らす faire une tuerie effroyable 血の海 mer de sang 血の気 血の気が多い avoir le sang chaud / 血の気が引く pâlir 血の涙を流す pleurer des larmes de sang 血のにじむような努力をする suer sang et eau 血の巡りが悪い avoir l'esprit lourd 血も涙もない 血も涙もない仕打ちを traitement inhumain 血を引く 父の血を引く être de sang paternel 血を分ける 血を分けた兄 frère (aîné) du même sang être du même sang

知 savoir 男『知の考古学』L'Archéologie du savoir

治安 ordre public 男 治安を維持する maintenir l'ordre publique

地位 position 女, place 女, poste 男 責任ある地位にいる occuper un poste à responsabilités / 地位を利用する exploiter sa place / 会長の地位にある être dans la position de président / 地位を奪われる être dépossédé(e) de sa place / 低い地位に甘んじる stagner dans un poste subalterne / 地位が危ない Son poste est menacé.

地域 région 女 地域の régional(ale) / 地域の発展に尽くす faire des efforts pour améliorer les conditions de la région / この地域に新幹線を通すそうだ Il paraît qu'il y a un projet de construction sur une ligne Shinkansen dans cette région.
◻地域社会 société locale

小さい petit(e); 〔音が〕bas(se); 〔規模が〕faible; 〔人物が〕mesquin(e) 小さい家 petite maison / ラジオのボリュームを小さくする diminuer le volume de la radio
◇小さくなる 負け上がされて小さくなる ne plus savoir quoi répondre et se faire tout petit(e)

チーズ fromage 男 このチーズは独特のにおいがする Ce fromage a une odeur bien particulière. / チーズに虫がわいている Les vers fourmillent dans ce fromage. / フレッシュチーズ fromage frais / プロセスチーズ fromage fondu ◆カマンベール camembert / グリュイエール gruyère 女 / フォンデュ fondue 女 / ブルーチーズ bleu 男 / ロックフォール roquefort 男

チーム équipe 女 チームを率いる diriger une équipe / 強いチームとぶつかる jouer contre une équipe forte / サッカーチームを応援する supporter une équipe de football / プロジェクトチームを組む former une équipe de projet
◻チームプレー jeu d'équipe 男 チームワーク チームワークがとれている avoir l'esprit d'équipe

知恵 〔知性〕intelligence 女; 〔賢明さ・叡知〕sagesse 女 知恵を絞る se mettre l'esprit à la torture / 知恵を借りる demander conseil à... / それも生活の知恵というものだ Cela aussi fait partie du savoir-vivre. / 知恵比べ joute d'esprit / 知恵の輪 anneau magique

チェーン chaîne 女 ドアチェーンを外す décrocher l'entrebailleur d'une porte

チェス échecs 男複 チェスをする jouer aux échecs ◆チェック échec 男 チェックメイト échec et mat キング roi 男 クイーン reine 女 ナイト cavalier 男 ポーン pion 男 ビショップ fou 男 ルーク tour 女

チェック 〔小切手〕chèque 男; 〔格子縞〕carreau 男 チェックする 〔印をつける〕pointer; 〔点検・管理する〕contrôler; 〔攻撃などを止める〕arrêter トラベラーズチェック chèque de voyage / 出欠をチェックする noter les présents et les absents

チェックアウトする régler sa note

チェックインする remplir une fiche 航空会社のチェックインカウンター le comptoir d'enregistrement d'une compagnie aérienne

地下 souterrain(e) 地下2階 second sous-sol / 地下に sous terre
◻地下資源 ressources du sous-sol 女複 地下室 sous-sol 男 地下組織 organisation clandestine 女

近い proche 近い将来に dans un proche avenir / 200万人近い労働者 près de deux millions de travailleurs / 近いうちに引っ越します Je vais bientôt déménager. / それは不可能に近い C'est presque impossible.

違い différence 女 / AとBでは機能に違いがある Il y a une différence de fonction entre A et B. / このいたずらは弟に違いない Il est certain que c'est mon petit frère qui a joué ce tour.

誓う jurer 女; serment 男, voeu 男 / 神かけて誓う jurer devant Dieu / 永遠の愛を誓い合う se jurer un amour éternel

ち

違う être différent(e), différer, varier　AとBはずいぶん違う A est très différent de B.

近くに près　このすぐ近くです C'est tout près d'ici. / 早起きして家の近くを散歩します Le matin je me lève tôt et vais faire une promenade dans le quartier.

知覚 perception 囡　知覚はしばしば記憶の影響を受ける La perception est souvent influencée par la mémoire. / 知覚動詞 verbes de perception (★ regarder, écouter, sentir など) / 超感覚的知覚 (ＥＳＰ) perception extrasensorielle / (メルロ=ポンティの)『知覚の現象学』 Phénoménologie de la perception

地殻 croûte terrestre 囡
◘ 地殻変動 mouvement de la croûte (terrestre)

近ごろ (→このごろ)　近ごろの若い者は自由気ままだ Les jeunes ont maintenant la bride sur le cou.

近づく (s')approcher　ドアに近づく s'approcher de la porte / 夏が近づくと a l'approche de l'été / 試験が近づいてきて落ち着かない Je suis nerveux(se) à l'approche des examens.

地下鉄 métro 男　地下鉄に乗る prendre le métro (ライモン・クノーの)『地下鉄のザジ』 Zazie dans le métro

近道 raccourci 男, chemin de traverse 男　近道しよう Prenons un raccourci.

力 force 囡; 〔気力〕énergie 囡, vigueur 囡; 〔能力〕capacité 囡; 〔威力・権力〕puissance 囡, pouvoir 男　力尽きる épuiser ses forces / 力を借りる avoir recours à l'aide de... / 力を合わせる collaborer [coopérer] à... / 力比べをする se mesurer avec... / 急に英語の力がついてきた Ces temps-ci mon anglais a beaucoup progressé.
◇ **力を入れる** 英語に力を入れる concentrer ses efforts sur l'anglais　**力を落とす** 力を落とさないで Ne te décourage pas.　**力を貸す** prêter la main

力いっぱい いっぱい走る courir de toutes ses forces

力仕事 travail de force 男

力ずく 力ずくでねじ伏せる écraser de force

力づける revigorer, encourager

力任せに de vive force

力持ち fort(e), vigoureu*x*(*se*)

地球 terre 囡　21世紀に地球がどうなっていくか不安だ Il est angoissant de penser à ce que deviendra la Terre au 21 ième siècle.
◘ 地球儀 globe terrestre 男

地球温暖化 réchauffement de la Terre 男 ◆ 二酸化炭素[炭素ガス]の排出 les émissions de dioxyde de carbone [gaz carbonique] 温室効果(ガス) (gaz) à effet de serre フロンガス chlorofluorocarbures 男 (★略語は CFC) 窒素酸化物 oxydes d'azote 男複 排気ガス gaz d'échappement 男 オゾン層 couche d'ozone 囡 オゾンホール le trou de la couche d'ozone 京都議定書 le protocole de Kyoto 大気汚染 la pollution de l'atmosphère 環境破壊[破壊] la protection [la dégradation] de l'environnement 環境保護団体 groupes de défense de l'environnement エコロジスト団体グリンピース (l'organisation écologiste) Greenpeace (★ Greenpeace は単独で使うと無冠詞)

ちぎる déchirer　食いちぎる arracher d'un coup de dent

地区 zone 囡, secteur 男, quartier 男

畜生 bête 囡, brute 囡　ちくしょう! Zut!

チケット 〔一般に券〕billet 男; 〔地下鉄・バスなどの〕ticket 男　チケットを2枚お願いします Deux billets s'il vous plaît. / 入場チケットがなかなか手に入らない On n'arrive pas à se procurer des billets d'entrée.

遅刻 retard 男　彼は遅刻の常習犯だ Il a pour habitude d'être en retard.

知事 préfet 男

知識 connaissances 囡複, savoir 男　勉強して知識を身につける acquérir des connaissances en étudiant / 知識をひけらかす faire étalage de ses connaissances
◘ 知識階級 classe des intellectuels
知識人 intellectuel(le) 男

地上の terrestre 地上の楽園 paradis terrestre

知人 connaissance 囡 知人を訪問する rendre visite à ses connaissances

地図 carte 囡, plan 男　地図を見る consulter [regarder] une carte / 道路地図 carte routière / 駅からきみの家までの地図を書いて Fais-moi un plan du chemin de la gare jusqu'à chez toi. / この場所は地図に載っていない Ce lieu n'est pas indiqué sur la carte.
◘ 地図帳 atlas 男

知性 intelligence 囡; 〔学術的な意味で〕intellect 男　知性を磨く cultiver son intelligence / あの政治家には知性のかけらも感じられない Je ne vois pas un brin d'intelligence chez ce politicien.

地層 strate 囡

地帯 zone 囡, ceinture 囡　非武装地帯 zone démilitarisée

父 père 男　父の paternel(le) / 彼は若くして3人の子の父となった Il est devenu père de trois enfants quand il était jeune. / 現代医学の父 père de la médecine moderne / 天にましますわれらが父よ Notre Père qui êtes aux cieux

乳 lait 男; 〔乳房〕sein 男, mamelle 囡　子供に乳をやる allaiter un enfant / 乳が張る avoir les seins gonflés / 子供を乳離れさせる sevrer un

bébé /牛の乳を搾る traire une vache

縮む rétrécir 洗濯したらセーターが縮んだ Mon pull a rétréci au lavage. /恥ずかしさに身が縮む avoir honte et se faire tout petit(e)

縮める raccourcir

膣 vagin 男

秩序 ordre 男 ;〔規律〕discipline 女 社会秩序を乱す troubler l'ordre de la société /世界経済の新秩序を確立する établir un nouvel ordre économique mondial

ちっとも pas du tout, aucunement, nullement (→少しも) この本はちっともおもしろくない Ce livre est parfaitement ennuyeux. /おじゃまですか —いえ、ちっとも Je vous dérange ? — Mais non, pas du tout !

チップ pourboire 男 ポーターにチップをはずむ gratifier un porteur d'un bon pourboire /日本はチップがいらないから気が楽です L'absence de pourboires au Japon facilite la vie. /チップっていくらぐらい渡せばいいのかな A ton avis, il faut laisser combien comme pourboire?

千鳥足 彼は酔って千鳥足で家に帰った Ivre, il est rentré chez lui en titubant.

ちなみに à propos, à ce sujet, à cet égard ; soit dit en passant

知能 intelligence 女 ◻知能指数 quotient intellectuel 男 知能犯 criminel(le) astucieux(se)

地平線 horizon 男 地平線に日が昇った Le soleil est apparu à l'horizon.

地方 région 女 ;〔首都に対して〕province 女 /地方の régional(ale), provincial(ale) /地方から出てきたばかりだ J'arrive tout juste de province. ◻地方紙 journal régional 男 自治体 collectivité locale 女 地方色 couleur locale 女

血まみれの ensanglanté(e), sanglant(e)

緻密な minutieux(se) 緻密な論理 logique serrée

致命傷 blessure mortelle 女 致命傷を負う être blessé(e) à mort 致命的な fatal(ale), mortel(le)

茶 thé 男 ;〔茶色〕marron 男, brun 男 緑茶 thé vert /ウーロン茶 thé oo-long
◇お茶を濁すな réponds-y ! Ne tourne pas autour du pot. Réponds!

チャイム carillon 男

着 スーツを一着 un costume

着想 idée 女 着想を具体化する donner du corps à des idées /民間伝承から着想を得る s'inspirer d'une légende populaire

着実に 準備を着実と進められた On a régulièrement fait avancer la préparation.

着陸 atterrissage 男 着陸する atterrir /オルリー空港に着陸する atterrir à Orly

茶の間 salle à manger 女, salle de séjour 女

チャンス occasion 女, chance 女 (→機会) チャンスをつかむ saisir une occasion /チャンスを生かす faire valoir une occasion /絶好のチャンスを逃した Il a laissé passer la chance de sa vie.

ちゃんと correctement, exactement, fidèlement (→きちんと) /かぎをちゃんと閉めましたか Vous aviez bien fermé à clé? /ちゃんと授業に出る être ponctuel(le) à suivre les cours

チャンネル 〔テレビ受像機などの〕chaîne 女 ;〔周波数帯〕bande de fréquence 女 何チャンネルでやるの Sur quelle chaîne? /テレビのチャンネルを替える changer de chaîne de télévision

チャンピオン champion(ne) 名

宙 air 男 計画が宙に浮く Le projet est suspendu. /宙に舞うほこり poussière en suspens

中* 授業中に pendant la classe /禁煙中なんです Je suis en train de m'abstenir de fumer. /空気中の水蒸気 vapeur d'eau dans l'air /100人中3人 trois personnes sur cent

注意 attention 女 注意する faire attention ;〔忠告〕avertir /注意を払う prêter attention sur... /注意して attentivement, avec attention /きみは注意が足りない Tu ne fais pas assez attention.
◻注意人物 voyou surveillé par les autorités

中央 centre 男, milieu 男 中央の central(ale) /広場の中央 milieu d'une place ◻中央銀行 banque centrale 女 中央集権 centralisation 女

中学 collège 男 ◻中学生 collégien(ne) 名

中間 milieu 男 AとBの中間に mi-chemin entre A et B ◻中間子 méson 男 中間報告 rapport provisoire 男

中継 relais 男, retransmission 女 試合を中継で放送する retransmettre un match en direct

中古の d'occasion, de seconde main 中古車 voiture d'occasion

忠告 conseil 男, avis 男 忠告をする conseiller, donner conseil /忠告を無視する négliger des conseils /忠告してあげたのに、いまだがんばるの Malgré mes conseils, vous persistez ? ☺すぐ出かけたほうがいい Je vous conseille de partir le plus vite possible. /それは言わないほうがいい Il vaudrait mieux ne pas le dire. /しばらく酒をやめたほうがいい Je vous conseille de ne plus boire d'alcool pendant un certain temps.

中国 Chine 女 ◆中華人民共和国 la République populaire de Chine ◆北京 Pékin ◆胡錦濤 Hu Jintao, président de la République, secrétaire général du parti communiste chinois 温家宝首相 Wen Jiabao, Premier ministre, le premier ministre Zhu Rongji 党政治局 le Bureau politique du Parti 全国人民代表大会(全人代) l'ANP (Assemblée nationale populaire) 香港の返還 rétrocession de Hongkong 一国二制度 un pays, deux systèmes 経済(特別)区 zones économiques spéciales 自治区 régions autonomes 天安門(広場)事件 les événements de (la place) Tiananmen 新華社 l'Agence Chine nouvelle

仲裁 arbitrage 男, médiation 女 けんかの仲裁に入って殴られた J'ai essayé d'intervenir dans une querelle et j'ai reçu un coup.

中止 cessation 女 中止する cesser, arrêter/製品の製造を中止する arrêter la fabrication d'un produit/雨で試合が中止になった Le match a été annulé à cause de la pluie.

忠実な fidèle 忠実な臣下 sujet loyal/原文に忠実な訳 traduction fidèle

駐車 stationnement 男 ここは駐車禁止です Ici, le stationnement est interdit. ◆パーキングメーター parcmètre 男/レッカー車 dépanneuse 女
🔲 **駐車違反** contravention pour stationnement interdit 女 **駐車場** parking 男, parc de (stationnement) 男/車で来る客を引きつけるために広い駐車場をつくる créer de vastes parcs de stationnement pour attirer une clientèle motorisée

注射 piqûre 女, injection 女 注射を打つ piquer, faire une piqûre/注射をすればよくなりますよ Ça ira beaucoup mieux si on vous fait une injection./いくつになっても注射はいやだ Quel qu'ait été mon âge, j'ai toujours détesté les piqûres.
🔲 **注射針** aiguille à injection 女

注釈 note 女, commentaire 男, remarque 女 ウェルギリウスの作品に注釈をつける annoter [commenter] les œuvres de Virgile

中傷 calomnie 女 中傷する calomnier/中傷の的になる être en butte à la calomnie

抽象的な abstraire 抽象的な abstrait(e)/きみの言うことは抽象的でよく分からない Je ne saisis pas ce que tu veux dire. C'est trop abstrait.
🔲 **抽象化** abstraction 女 **抽象画** peinture abstraite 女

昼食 déjeuner 男 昼食を取る déjeuner/昼食にしようか—何を食べましょうか—中華がいい On va déjeuner? — Qu'est-ce qu'il vous dit? — De la cuisine chinoise. (モネの)『草上の昼食』 *Le Déjeuner sur l'herbe*

中心 centre 男, milieu 男 円の中心 centre d'un cercle/街の中心街に住む habiter au centre de la ville
🔲 **中心人物** pivot 男

中絶 avortement 男 中絶する se faire faire une IVG (★ IVG = interruption volontaire de grossesse 〔妊娠中絶〕の略語)

抽選 tirage 男 応募が多数の場合は抽選です La sélection se fera par tirage au sort si le nombre des participants est trop élevé.

中断する interrompre 2週間の中断の後に après une interruption de deux semaines/番組はニュース速報のために中断された L'émission s'est interrompue pour un flash.

中東 Moyen-Orient 男 中東紛争 conflit israélo-arabe (du Moyen-Orient) ◆パレスチナ Palestine 女

中毒 intoxication 女, empoisonnement 男 中毒になる être intoxiqué(e)/漫画中毒だ se droguer de bandes dessinées/仕事中毒の人 une personne droguée de travail

中途半端 何事も中途半端にはしない ne rien faire à moitié/中途半端な態度 attitude équivoque

中年 âge moyen 男 中年になる atteindre l'âge moyen/中年の人 une personne entre deux âges

注目 attention 女 注目する prêter attention/注目すべき remarquable/注目の的 être en vedette

注文 commande 女 注文する commander/注文を受ける recevoir une commande/注文の品を配達する livrer une commande/そんなの無理な注文だ Ça, c'est une requête impossible.
🔲 **注文をつける** やり方に注文をつける faire une demande sur la manière

中立 neutralité 女 中立の neutre/非武装中立地帯 zone neutralisée et démilitarisée

腸 intestin 男 大腸 gros intestin 男 小腸 intestin grêle/十二指腸 duodénum 男 直腸 rectum 男

チョウ papillon (de jour), papillon diurne 男 チョウが花に留まる Un papillon se pose sur une fleur.

超音波 ultrason 男

超過 excédent 男, excès 男 超過する excéder, dépasser/重量超過の荷物の機内への持ち込みはご遠慮ください Prière de ne pas transporter de bagages excédant le poids limite.

聴覚 ouïe 女

調教 dressage 男;〔馬の〕entraînement 男
🔲 **調教師** entraîneur 男 (★ entraîneuse 女 も用いられる)

兆候 présage 男, signe 男 自殺する兆候などみじんもなかった On n'avait pu déceler aucun signe de son intention de suicide.

彫刻 sculpture 女 →71ページ(囲み)

調査 enquête 女〔学術的な〕recherches 女 調査する faire une enquête/調査の上で après enquête/警察が調査に乗り出した La police a décidé de faire une enquête./失業率は調査のたびに高くなっている Le pourcentage de chômeurs grossit à cha-

調子 condition 女；[口調] ton 男 調子を落とす perdre la forme / 皮肉な調子で話す parler d'un ton ironique / きょうは調子が出ない Aujourd'hui je ne suis pas en train.
◇調子がいい 調子のいいこと言うな Ne dis pas seulement ce qui t'arrange. 調子に乗る 調子に乗るんじゃない Tu y vas trop fort. 調子を合わせる être [se mettre] dans le ton
長所 mérite 男, qualité 女 長所を伸ばす développer ses points forts / 長所を挙げる vanter les qualités de... / 父親の長所を受け継ぐ hériter des qualités de son père
頂上 sommet 男 頂上会談 conférence au sommet
朝食 petit déjeuner 男 朝食を取る prendre son petit déjeuner / 朝食抜きで家を飛び出す Je sors de la maison en trombe sans prendre mon petit déjeuner / きょうの朝食は何ですか Aujourd'hui qu'est-ce qu'il y a pour le petit déjeuner?
超人 surhomme 男 超人的な surhumain(e)
調整する [長さ・重さなどを] ajuster; [機械・機能などを] régler
調節 régulation 女 調節する régler / 音量をつまみで調節する contrôler le volume du son à l'aide d'un bouton
挑戦 défi 男 挑戦する défier / 大西洋横断に挑戦する s'aventurer à traverser l'Atlantique / なんだ, その挑戦的な態度は Pourquoi prends-tu cet air de défi?
◻挑戦者 challenger 男 挑戦状 lettre de défi
彫像 statue 女
長蛇 長蛇の列をつくる former une queue interminable
長調 majeur 男 ハ長調の en do majeur
調停 arbitrage 男 調停する arbitrer / 2国間の調停役を務める jouer le rôle d'intermédiaire entre deux nations
頂点 sommet 男, point 男, zénith 男 多角形の頂点 sommets d'un polygone / 組織の頂点に立っている être au sommet de la hiérarchie
ちょうど juste, exactement 8時ちょうどだ Il est juste 8 heures. / 100ユーロちょうどです C'est 100 euros tout rond. / ちょうど彼に電話しようとしていたところだった J'étais justement sur le point de t'appeler. / 1年後のちょうどその日に un an après jour pour jour
超能力 pouvoir surnaturel 男
挑発 provocation 女 挑発的な provocant(e) / 相手の挑発に乗っていけんかした Il m'a provoqué et alors on s'est battu.
帳簿 livre de comptes 男, registre 男 帳簿をつける tenir les livres
調味料 assaisonnement 男 ◆ケチャップ ketchup 男 砂糖 sucre 男 塩 sel 男 しょうゆ sauce de soja 女 酢 vinaigre 男 マヨネーズ (sauce) mayonnaise 女 みそ pâte de soja 女
跳躍 saut 男, bond 男 跳躍する sauter, bondir
調律 accordage 男 調律する accorder / ピアノを調律する accorder un piano
調和 harmonie 女, accord 男 調和する s'harmoniser / 調和の取れた建物 batîment harmonieux / 調和を欠く qui manque d'harmonie
貯金 épargne 女 貯金する économiser, faire des économies / 貯金をおろす prendre sur ses économies
◻貯金通帳 livret de caisse d'épargne 男 貯金箱 tirelire 女
直接に directement 直接の direct(e), immédiat(e) / 直接行動に訴える recourir à l'action directe / この航空路線はヨーロッパとアジアを直接結んでいる Cette ligne aérienne unit directement l'Europe et l'Asie. / それはあなたには直接関係のないことだ Cela ne vous concerne pas directement.
◻直接税 impôt direct 男 直接選挙 suffrage direct 男
直線 droite 女 その2つの町は直線距離で5キロしか離れていない Les deux villes ne sont distantes que de 5 km à vol d'oiseau.
直面 やっかいな問題に直面している être confronté(e) à un problème ardu / これまでにない危機に直面して face à une crise inédite / 死の危険に直面している être en danger de mort
直訳 traduction littérale 女
直流 courant continu 男
チョコレート chocolat 男 チョコレート屋 [人] chocolatier(ère) 名; [店] chocolaterie 女
著作 ouvrage 男, œuvre 女, écrit 男
◻著作権 droit d'auteur 男
貯水池 réservoir d'eau 男; [ダムの] barrage-réservoir 男 貯水池の水が減った Le niveau d'eau dans le réservoir a baissé.
貯蔵 conservation 女 貯蔵する conserver
◻貯蔵庫 dépôt 男
貯蓄 épargne 女, économies 女複
直感・直感 intuition 女, instinct 男 直感でピンときた J'ai eu un flash d'intuition. / 10年前の私の直感は間違っていなかった Mon instinct d'il y a 10 ans ne me trompait pas.
ちょっと un peu ちょっと来てくれる? Vous ne pouvez pas venir un peu par ici? / ちょっと, あなただれ? Dites donc, qui êtes-vous?
◇ちょっとした ちょっとしたことで腹を立てる se mettre en colère pour peu de chose / きみにちょっとしたものを持ってきたよ Je t'ai apporté un petit quelque chose.

散らかす déranger ずいぶん散らかしたね Quel désordre!
散らす disperser, éparpiller 風が吹いて雲を散らす Le vent dissipe les nuages. /あたら若い命を散らす mourir à la fleur de l'âge
ちり(塵) poussière テーブルの上はちり一つなかった Il n'y avait pas un atome de poussière sur la table.
◇**ちりも積もれば山となる** Les petits ruisseaux font les grandes rivières.
地理 géographie 囡
治療 traitement 男, soins 囡覆 治療する soigner, traiter
▷**治療費** frais médicaux 男覆
散る se disperser, s'éparpiller；〔花が〕tomber 群衆は三々五々散って行った La foule s'est éparpillée en petits groupes.
賃上げ 賃上げを要求する revendiquer une augmentation de salaire
賃金 salaire 男
ちんぴら voyou 男
珍品 objet rare 男 珍品を掘り出す dénicher un objet rare
陳腐な banal(ale), éculé(e), rebattu(e)
沈没 submersion 囡；〔難破 nau-frage 男 沈没船を引き上げる remonter un vaisseau à la surface
沈黙 silence 男；沈黙を守る garder le silence /沈黙を破って発言する prononcer une parole pour rompre le silence /(ルネ・クレールの)『沈黙は金』 Le silence est d'or /(クストーの)『沈黙の世界』 Le Monde du silence
陳列 exposition 囡；〔商品の〕étalage 男 陳列する exposer, étaler

つ

ツアー voyage organisé 男 (→予約) パッケージツアー voyage à forfait /ツアーでヨーロッパを回った J'ai fait le tour de l'Europe en voyage organisé.
つい juste, seulement；〔思わず〕malgré soi／つい最近 tout récemment ／ついロが滑った Je n'ai pas pu m'empêcher de parler.
追加 supplément 男, addition 囡 追加する ajouter /デザートの追加を注文する demander un peu plus de dessert
追求・追及 poursuite 囡 完全美を追求する rechercher la beauté parfaite /企業は利益だけを追求していていいのか Est-ce qu'il est bon que l'entreprise ne poursuive que ses intérêts?
追跡 poursuite 囡 追跡する poursuivre ／警察の追跡をかわす dépister les poursuites de la police
ついでに en passant 話のついでに言っておくと Maintenant que vous en parlez

ついに enfin, finalement ついにやったぞ J'ai enfin fini! ／ついに暴力に訴える en arriver aux extrêmes ／彼はついに会えずじまいだ Finalement, je n'ai pas pu le voir.
追放 expulsion 囡, exil 男 彼は国外追放処分を受けた Il a été exilé de son pays.
通貨 monnaie courante 囡 通貨の安定 stabilité de la monnaie ◆円 yen 男 ドル dollar 男 ユーロ euro 男 ポンド livre sterling 囡 クローネ couronne 囡 元 yuan 男
▷**通貨圏** zone monétaire 囡
通過する passer, traverser；〔法案が〕être adopté(e) 予算を通過する franchir le cap des éliminatoires
▷**通過儀礼** initiation 囡
通学する aller à l'école 通学路 passage d'écoliers
通勤する aller au travail 通勤に2時間かかる avoir deux heures de trajet pour aller au travail
通行 passage 男, circulation 囡 通行を止める interrompre la circulation ／一方通行にして道路の混雑を緩和する décongestionner une rue en établissant un sens unique
通称 フィリップ4世、通称美男王 Philippe IV, dit le Bel
通常は ordinairement, normalement
通じる 〔交通手段・通路・公共サービスが〕desservir；〔精通〕s'y connaître, être au courant その通りにはサン・ミシェル大通りが通じている La rue rejoint le boulevard Saint-Michel. ／友人を通じて par l'intermédiaire d'un ami ／外交ルートを通じて par (la) voie diplomatique ／1年を通じて pendant toute l'année
通信 communication 囡
▷**通信衛星** satellite de télécommunications 男 通信講座 cours par correspondance 男 通信社 agence (de presse) 囡 通信販売 vente par correspondance
通知 annonce 囡 通知状を出す envoyer un faire-part ／追って通知があるまで jusqu'à nouvel avis
▷**通知表** carnet de notes [scolaire] 男
通訳 traduction 囡；〔人〕interprète 囡(★翻訳者は traducteur) 通訳する servir d'interprète, traduire ／同時通訳 traduction simultanée
通用 英語は多くの国で通用する L'anglais est utilisé dans beaucoup de pays.
▷**通用門** porte de service 囡
つえ(杖) bâton 男, canne 囡 棒をつえにして歩く marcher en s'aidant d'un bâton en guise de canne
使い 使いをやる envoyer...en commission ／スーパーに使いに行く faire une course au supermarché /神の使い messager(ère) du dieux
使い捨ての jetable
使い走り coursier 男

使い古しの usé(e)
使い道 emploi 男 使い道がある[ない] être utile [inutile]
使う・遣う employer, utiliser;〔道具を〕se servir de;〔手段・方法などを〕user de;〔金を〕dépenser 人を使うのは難しい Employer des gens à son service n'est pas chose facile.
つかえる もちものどにつかえる Le riz gluant colle à la gorge.
捕まえる attraper, prendre;〔逮捕〕arrêter 犯人を捕まえてみたら警察官だった Quand on a attrapé le coupable, on s'est rendu compte que c'était un policier.
捕まる 警察に捕まる être arrêté(e) par la police
つかみどころ つかみどころがない人 personnage indéfinissable
つかむ prendre, saisir;〔握りしめる〕empoigner;〔乱暴に〕s'emparer de;〔動いている物を〕attraper 彼は私の腕をつかんだ Il m'a pris le bras.
漬かる (se) tremper お湯に漬かる se tremper dans l'eau chaude / 洗物がたらいに漬かっている Le linge trempe dans la cuvette.
疲れ fatigue 女 疲れを感じる ressentir〔éprouver de〕la fatigue / 夏の間にたまった疲れが急に出た C'est la fatigue accumulée pendant l'été qui ressort.
疲れる se fatiguer 目が疲れる se fatiguer les yeux / ああ疲れた Ah je suis fatigué(e). ⊙〔くたくたになる〕être épuisé(e), être mort(e) de fatigue;〔ぐったりする〕être inanimé(e)
月 lune 女;〔暦の〕mois 男 月が空にかかる On voit la lune haut dans le ciel. ◆満月 pleine lune / 三日月 croissant 男 / 新月 nouvelle lune / 半月 demi-lune 女 ◆ 1 月 janvier 男 / 2 月 février 男 / 3 月 mars 男 / 4 月 avril 男 / 5 月 mai 男 / 6 月 juin 男 / 7 月 juillet 男 / 8 月 août 男 / 9 月 septembre 男 / 10 月 octobre 男 / 11 月 novembre 男 / 12 月 décembre 男 ◆ 今月 ce mois 男 / 来月 le mois prochain / 再来月 dans deux mois / 先月 le mois dernier / 先先月 avant-dernier mois / 月末に à la fin du mois / 毎月 chaque mois / 翌月 le mois suivant / 上旬 première décade du mois / 中旬 deuxième décade du mois / 下旬 troisième décade du mois / 月初め début du mois / 月半ば milieu du mois / 月末 fin du mois ◆ 月とすっぽんだ C'est le jour et la nuit.
継ぎを当てる rapiécer
次の prochain(e) 次に ensuite, puis /またこの次にしよう Ça sera pour la prochaine fois. / 次から次へとよくもまあ文句ばかり出るね Tu n'arrêtes pas de te plaindre.
つきあう fréquenter, être en relation コーヒーぐらいならつきあいます Si ce n'est que pour aller prendre un café, j'accepte. / 仕事のつきあいで今晩は遅くなるよ Je rentrerai tard ce soir, je dois sortir avec mes collègues de travail. / 好きなんだ、つきあって Tu me plais. Tu ne veux pas sortir avec moi?
突き当たり fond 男, bout 男 駅までの道の突き当たりを右です La gare est à droite au bout de ce chemin.
付き添い 付きそいで看病する être sans arrêt au chevet d'un(e) malade
突き刺す percer, piquer
付き添う accompagner, escorter 一晩じゅう枕元に付き添った Je suis resté(e) à son chevet toute la nuit.
突き出す 窓から顔を突き出す sortir la tête par la fenêtre / どろぼうを交番に突き出す livrer un voleur à la police
次々 《に》 l'un(e) après l'autre 人々が次々と到着した Des gens sont arrivés les uns après les autres.
月並みな banal(ale) 月並みなお世辞を言う faire des flatteries banales
突き指する se fouler le doigt
尽きる〔なくなる〕s'épuiser;〔おしまいになる〕finir 話題が尽きる La conversation tarit.
着く arriver;〔苦労して〕atteindre, parvenir;〔思いがけず〕aboutir 時間ぎりぎりに駅に着いた Il est arrivé à la gare à la dernière minute.
つく(付く) s'attacher;〔付き従う〕suivre ついてきなさい Suivez-moi. / この料理にはサラダがついてくる Ce plat est garni de salade.
突く pousser 針で指を突く se piquer le doigt avec une aiguille / ナイフで突く donner un coup de poignard / つえを突く s'appuyer sur une canne
就く 新しい職に就く trouver un nouvel emploi / 師匠に就いてお花を習う apprendre l'art floral avec un maître
つく(点く) s'allumer 街灯がつく Des réverbères s'allument. / 紙に火がつく Une feuille de papier s'allume.
つく(憑く) 悪魔につかれる possédé(e) par le démon
つく(搗く) 米をつく〔脱穀する〕décortiquer du riz
注ぐ verser 酒を杯に注ぐ verser du saké dans une coupe
継ぐ succéder à... 父親のあとを継いで工場の経営に当たる succéder à son père à la direction d'une usine / 5 か月間夜を日に継いで仕事をする travailler jour et nuit pendant cinq mois
机 table, bureau 男 机に花を飾る décorer une table avec des fleurs / 机を窓際に動かす déplacer le bureau à côté de la fenêtre / 机に向かっている être assis(e) à un bureau
尽くす se dévouer 食べ尽くす manger tout entier(ère)
つくづく 旅先で家のよさをつくづくと思

償い

う En voyage, on se rend compte parfois avec regret qu'on est jamais mieux que chez soi.

償い expiation 囡, réparation 囡 この償いは必ずします Je vous serai redevable de tous les ennuis que je vous ai causés.

償う 〔罪を〕expier；〔過ち・損害を〕réparer どうしたら償えるだろうか Comment pourrais-je réparer ?

作り付け 本棚を作り付けにする fixer des étagères au mur

作り話 histoire inventée 囡

作る・造る faire；〔製品・作品を〕produire；〔工業的に〕fabriquer；〔要素をまとめて〕composer；〔建てる〕construire；〔創設〕fonder, créer；〔作成〕établir, dresser；〔栽培〕cultiver；〔創造〕créer 友人を作る se faire des amis／食事を作る préparer le repas

付け回す 刑事に付け回される être toujours filé(e) par un inspecteur de police

つける（付ける） mettre；〔固定〕fixer；〔設置〕installer, poser；〔添付〕joindre 車を家の前につける arrêter la voiture devant la maison

着ける mettre アクセサリーを身につける porter des bijoux de fantaisie

つける（点ける） テレビをつける allumer le poste (de télévision)

就ける 要職に就ける mettre... à un poste clé 漬ける tremper タオルを水に漬ける tremper une serviette dans l'eau／漬物を漬ける faire des légumes saumurés

告げる annoncer, informer 別れを告げる dire adieu à...／大聖堂の鐘が正午を告げた Midi a sonné à la cathédrale.

都合 convenances 囡複 それは都合がよい Cela me convient.／あしたは都合が悪い Demain ça ne me convient pas.／都合がつけば行きます J'irai si cela me convient.／都合のいいときにお出でください Venez au moment qui vous convient.／都合のいいことばかり言うな Tu ne dis que ce qui te convient.／いくらか金を都合してやる procurer un peu d'argent

伝える 〔伝言〕transmettre, communiquer；〔電気・熱を〕conduire 最新ニュースを伝える communiquer une information de dernière heure／状況をありのままに伝える donner une image fidèle de la situation／彼女に会ったら伝えて Dis-lui de me téléphoner quand tu la verras.

土 sol 男, terre 囡 土を掘り返す remuer la terre

土踏まず voûte plantaire 囡

つつ …しつつある être en train de…／景気は回復しつつある La situation économique est en train de s'améliorer.

筒 tuyau 男, tube 男

続き suite 囡 続きはまた今度 On continuera la prochaine fois.／彼は不運続きだ Il a eu une suite de malheurs.

つつく 〔くちばしで〕becqueter 隣の人をひじでつつく donner un coup de coude à son voisin

続く continuer, durer；〔連続〕se suivre, se succéder 試合はまだ続いている Le match continue encore.／こう雨の日が続くといやになる Cette petite pluie continuelle jour après jour porte sur les nerfs.

続ける continuer, poursuivre ジョギングを3日続けてやった J'ai fait du jogging trois jours consécutifs.

突っ込む 車が人家に突っ込んだ Une voiture a percuté une maison.／突っ込んだ質問をする poser une question qui va droit au but／うそを突っ込まれる se faire reprendre pour ses mensonges

慎み 慎みに欠ける impudent(e)

慎み深い modeste

慎む 〔ことば・行動を〕mesurer；〔酒・たばこを〕s'abstenir de…

筒抜け 秘密は彼らに筒抜けだった Ils n'ignorent rien des secrets.

包み隠す cacher 包み隠さず話す parler franchement

包む envelopper, entourer 紙に包んだボンボン bonbon enroulé dans du papier

つづり 〔スペリング〕orthographe 囡 つづりの誤りを直す corriger une faute d'orthographe

勤め (→勤務) どこにお勤めですか Où est-ce que vous travaillez?

務め devoir 男, tâche 囡 務めを果たす accomplir son devoir

勤める travailler テレビ局に勤める travailler à la télévision／この会社に勤めて20年だ Il travaille depuis vingt ans dans cette entreprise.

務める 会議の議長を務める présider une assemblée

努める 正確なフランス語で話そうと努める s'efforcer de parler en français correct／努めて平静を装う faire des efforts pour se montrer calme

綱 corde 囡, câble 男 →ロープ

つながる se lier 血がつながっている avoir un lien de parenté／不注意が事故につながる L'inattention entraîne les accidents.／この2部屋は扉でつながっている Ces deux pièces communiquent entre elles par une porte.

つなぐ attacher, nouer, joindre 手をつなごう Donne ta main.／岸壁に船をつなぐ arrimer un bateau au quai／犬はつないであるのに猫はなぜ飼いな Pourquoi est-ce que les chiens portent des laisses et pas les chats?

津波 raz de marée 男, tsunami 男 津波のおそれはありません Il n'y a pas de danger de tsunami.

常に →いつも

角 corne 囡 角で突く donner de la corne

◇角を矯めて牛を殺す Le mieux est

つば(唾) salive 囡 つばが出る saliver /つばを飲み込む ravaler sa salive /つばを飛ばして喋る envoyer des postillons /シンガポールでは道路につばを吐くと罰金だ A Singapour on paye une amende si l'on crache dans la rue.

翼 aile 囡 翼を広げる déployer ses ailes

粒 grain 男 粒が粗い Les grains sont gros. /ブドウの粒 grain de raisin /(ジッドの)『一粒の麦もし死なずば』Si le grain ne meurt

つぶす écraser, broyer 時間をつぶす tuer le temps /親の顔をつぶす faire perdre la face à ses parents /のどをつぶす érailler /若鶏をつぶす saigner un poulet

粒ぞろいの (qui sont tous) dans le dessous du panier

つぶやく murmurer, marmonner 訳の分からないことをつぶやく marmonner des choses inintelligibles

つぶれる s'écraser, s'écrouler ; 〔倒産〕faire faillite 卵がかごの中でつぶれた Les œufs se sont écrasés dans le panier. /引っ越しで一日つぶれた J'ai perdu une journée à cause du déménagement. /銀行がいくつもつぶれた Plusieurs banques ont fait faillite.

つぼ(壺) 〔実用的〕pot 男 ; 〔美術・装飾品〕vase 男

つぼみ bouton 男, bourgeon 男 つぼみが膨らむ Les bourgeons se développent.

妻 femme 囡, épouse 囡 妻をめとる prendre femme

つまずく trébucher, buter contre 〔sur, à〕 ... 高齢者はちょっとつまずいただけで骨折します Les vieilles personnes se font des fractures au moindre trébuchement.

つまみ 〔取っ手〕bouton 男 ; pincée 囡 ;〔つまんだ分量〕〔酒などの〕amuse-gueule 男 最後にこしょう一つまみ入れてできあがり Une dernière pincée de poivre et c'est prêt.

つまむ pincer すごいにおいに鼻をつまんだ Je me suis pincé(e) le nez, tellement ça puait. /ちょっと何かつまむか Si on grignotait un peu?

つまらない sans valeur, peu important(e) つまらないことで言い争うのはやめよう Ne nous disputons pas pour si peu. /つまらない品ですがお受け取りください C'est bien peu mais veuillez accepter ce cadeau. /話の筋がつまらない L'intrigue est peu intéressante.

つまり 〔結局〕enfin, après-tout ; 〔要するに〕bref, en somme ; 〔すなわち〕c'est-à-dire, à savoir

詰まる être bouché(e) ; ことばに詰まる ne savoir que dire /来月まで仕事が詰まっている déborde(e) de travail jusqu'au mois suivant

罪 〔道徳・法律的な〕crime 男 ; 〔宗教的な〕péché 男 罪を犯す commettre un péché 男 /罪を負う prendre sur lui le crime de... /罪を着せる imputer un crime à... /小さい子を虐めるのを罪なことをするな Ne pousse pas la méchanceté jusqu'à taquiner un petit enfant. /罪のない冗談 plaisanterie innocente /罪のない顔 visage innocent /(ドストエフスキーの)『罪と罰』Crime et Châtiment

積み木 cubes (de bois) 男

積み荷 cargaison 囡, charge 囡

罪滅ぼし expiation 囡, réparation 囡

積む entasser, empiler ; 〔荷を〕charger

摘む cueillir

爪 ongle 男 ; 〔動物の〕griffe 囡 爪を切る se couper les ongles /爪をはがす arracher les ongles
◇爪に火をともす 爪に火をともすような生活をする faire des économies de bouts de chandelles

爪切り coupe-ongles

冷たい froid(e), glacial(ale) 何か冷たいものをください Donnez-moi quelque chose de frais à boire. /冷たい人だ Dis donc, quelle froideur!

詰める bourrer ;〔席に〕se pousser ; 〔減らす〕réduire

つもりだ avoir l'intention 冗談のつもりで言ったんです J'ai dit cela pour blaguer. /ほんとうにそこに行くつもりなのか Penses-tu vraiment y aller ? /彼はもう試験に合格したつもりだ Il croit déjà avoir réussi son examen. /彼女は自分が女王様か何かのつもりでいる Elle se prend vraiment pour une reine. /あすご出発の予定ですか―そのつもりです Vous comptez partir demain ? — J'y compte bien. /そんなつもりじゃなかったんだーじゃあどういうつもり Ce n'était pas dans mon intention. — Eh bien, c'était dans quel but?

積もる s'accumuler, s'entasser 雪が20センチ積もった Il est tombé 20 cm de neige. /積もる話をする conter cent et une histoires /積もる話に時はずくに過ぎた La discussion est allée bon train, le temps a passé vite.

つや(艶) poli 男, lustre 男 髪につやを与える donner du brillant aux cheveux

露 rosée 囡 露に濡れた草 herbe trempée de rosée

強い fort(e), puissant(e) ;〔確固とした〕ferme ;〔じょうぶな〕solide 強くノックする frapper fort /強く握る serrer fort /チェスが強い être fort(e) aux échecs /強く要求を求める demander avec insistance /度の強い眼鏡 (lunettes avec) des verres puissants /彼は数学に強い Il est calé [doué] en maths. /きっと彼も承諾するでしょう Sans doute qu'il acceptera, si vous insistiez. /性格は試練に遭って強くなる Le caractère se

強がる fortifie dans l'épreuve.
強がる jouer au brave
強火 肉を強火で焼く faire cuire de la viande à feu vif
つらい dur(e), pénible つらい立場にある ître dans une situation difficile／つらく当たる se montrer dur envers...／冬は起きるのがつらい C'est dur de se lever le matin en hiver.
づらい 行きづらい C'est pas facile d'y aller.
面の皮 面の皮が厚い ehonté(e)
釣り 《pêche》 絶好の釣りシーズンだ C'est la meilleure saison pour la pêche.／海釣り pêche en mer／川釣り pêche en rivière
◘ **釣り糸** ligne 釣りざお canne à pêche 釣り針 hameçon 男 釣り船 bateau de pêche 男 釣り船を雇う affréter un bateau de pêche
釣り合う s'équilibrer このドレスはこの靴のほうが釣り合う Cette robe s'harmonise mieux avec ces chaussures.
つり橋 pont suspendu 男 つり橋が揺れる Un pont suspendu oscille.
つる（蔓） vrille 囡
ツル（鶴） grue 囡
釣る pêcher マスを釣る pêcher la truite／魚がおもしろいほど釣れる On peut pêcher du poisson l'une après l'autre.／景品で客を釣る attirer les clients par des primes
つる（吊る） [つり下げる] suspendre 足がつる avoir une crampe au mollet／足がつって泳げない ne pas pouvoir nager à cause d'une crampe à la jambe
つるし上げる [非難する] mettre...sur la sellette
つるす suspendre, pendre, accrocher 天井にシャンデリアをつるす pendre un lustre au plafond
連れ compagnon 男 旅の連れ compagnon de voyage／5人連れ groupe de cinq personnes
連れる 連れて行く emmener／連れて来る amener／だれでも好きな人を連れて来なさい Amenez qui vous voulez.／このホテルは犬を連れた客は泊めない Cet hôtel ne prend pas les clients avec des chiens.

て

手 main 囡;[なべなどの取っ手] manche 男 手を上げろ！ Haut les mains!／手(=人手)が足りない manquer de travailleurs／それも手だな Ça peut être une solution.／その手は食わない On ne m'y prendra pas.／手の施しようがない C'est sans remède!／この手の本はよく売れる Les livres de ce genre se vendent bien.

◘ **手が込む** 手の込んだいたずら farce compliquée／これは手が込んでる！ C'est de la (vraie) dentelle! 手が付けられない On ne sait comment traiter. 手が出ない 高すぎて手が出ない C'est trop cher pour moi. 手がふさがっている être occupé(e) 今手がふさがっています Je suis occupé maintenant. 手が回る そこまで手が回らないね pas pouvoir s'occuper de cela 手取り足取り教える enseigner avec douceur mais fermeté 手に汗を握る ne plus pouvoir se contenir そのテニスマッチに私は手に汗を握った Ce match de tennis m'a donné chaud. /手に汗握る冒険 aventure palpitante この仕事は手に余る C'est une tâche au-dessus de mes capacités. 手に入れる se procurer 手に負えない この仕事は私の手に負えない Ce travail est en dehors de mes capacités. 手に落ちる 敵の手に落ちる tomber dans les mains de l'ennemi 手に付かない 仕事が手に付かない ne pas se concentrer sur son travail 手に手を取る se donner la main 手に手を取って歩く marcher la main dans la main 手に取るよう 子供の気持ちは手に取るように分かる Je comprends distinctement les sentiments de mes enfants. 手に乗る もうその手には乗らないよ On ne m'y prendra plus. 手も足も出ない ne savoir que faire 手を入れる 原稿に手を入れる corriger son manuscrit 手を打つ 前もって手を打っておく prendre des mesures d'avance 手を替え品を替え en usant de tous les expédients 手を貸す donner un coup de main 手を切る rompre avec..., rompre les liens avec... 手をこまぬく se croiser les bras 手を染める 悪事に手を染める commencer à commettre des méfaits 手を出す 先に手を出したのほうか C'est toi qui a frappé le premier? /投機に手を出す se lancer dans les spéculations 手を尽くす faire tous ses efforts 手を握る あの連中と手を握る気はない Je ne veux pas coopérer avec eux. 手を抜く 仕事の手を抜く négliger son travail 手を引く 仕事から手を引く abandonner une affaire 手を広げる 事業の手を広げる développer son affaire 手を結ぶ faire bloc avec..., se donner la main 手を焼く この生徒には手を焼く Cet élève me donne beaucoup de souci.

出会う rencontrer ばったり出会う tomber sur ここが彼女と出会った場所だ C'est ici qu'elle et moi, nous nous sommes rencontrés.

手足 membres 男閥 会長の手足となって働く être l'instrument du président

手当 [報酬] allocations 囡閥, indemnité 囡

手当 traitement 男, soins 男閥 手当てを受ける se faire soigner／ひどいけがだ。すぐ手当てしよう C'est une mauvaise blessure. Il faut la soigner immédiatement.

提案 proposition 囡, offre 囡 提案する proposer, suggérer／提案を受け入れる accepter la proposition／提案を拒否する rejeter la proposition／何か提案がありますか Vous avez une proposition à me faire?

ディーゼルエンジン diesel 男

庭園 jardin 男 日本庭園 jardin japonais

低音 son grave 男

低温 basse température 囡 低温で保存する conserver... à basse température

低下 baisse 囡 低下する baisser／水位の低下 baisse des eaux／世界におけるヨーロッパの地位は相対的に低下した La place de l'Europe dans le monde a relativement baissé

定価 prix marqué 男 定価より安く買う acheter meilleur marché que le prix fixé／定価の8掛けで買う acheter à quatre-vingts pour cent du prix marqué

定期の régulier(ère), périodique
●定期券 carte d'abonnement 囡
定期預金 dépôt à terme 男 定期預金を解約したい Je voudrais annuler mon dépôt à terme.

定義 définition 囡 定義する définir

低気圧 cyclone 男, dépression 囡

抵抗 résistance 囡 抵抗する résister à..., s'opposer à...／無断で休むのは抵抗がある Ma conscience m'empêche de prendre des congés sans avertir à l'avance.／AにBに対する抵抗力をつける endurcir A à B 帝国 empire 男 帝国的 impérial(e)
●帝国主義 impérialisme 男

停止 arrêt 男, suspension 囡 停止する s'arrêter／心停止 arrêt cardiaque

提示 présentation 囡 提示する présenter／身分証明書の提示を求められた On m'a demandé de présenter mes papiers.

提出 remise 囡 報告書を提出する remettre un rapport／レポートの提出期限を守ってください Respectez la date limite pour remettre vos rapports.

定食 menu (à prix fixe) 男

ディスク disque 男 磁気ディスク disque magnétique

訂正 correction 囡, rectification 囡 誤りを訂正する corriger une faute

ティッシュペーパー kleenex 男, mouchoir en papier 男

停電 panne d'électricité [de courant] 囡 停電で家の中が暗くなる plonger dans l'obscurité à cause de la panne d'électricité

程度 degré 男, mesure 囡, niveau 男 ある程度は dans une certaine mesure／他人の短所は大目に見られるだが、それもある程度までだ Je suis indulgent pour les défauts d'autrui, mais jusqu'à un certain degré.／その程度でよろしい Ca __ ira comme ça.／その程度のやつだったのか Je croyais que tu étais d'un niveau plus élevé.／ここから100キロ程度です C'est à environ 100km d'ici.

ディナー dîner 男
●ディナーショー dîner-spectacle 男
丁寧な poli(e) 丁寧に頭を下げる s'incliner poliment／丁寧な仕事 travail fait avec soin／丁寧に扱おう Prenons soins des livres.

定年 limite d'âge 囡 定年後ぐらい楽させてよ Laisse-moi vivre à l'aise maintenant que je suis à la retraite.

底辺 base 囡 ;〔社会の〕bas-fonds de la société

堤防 digue 囡 堤防が決壊するおそれがある Il est à craindre que la digue se rompe.／堤防の補強工事 travaux de renforcement de la digue

定理 théorème 男 ピタゴラスの定理 théorème de Pythagore

出入りする fréquenter

停留所 arrêt 男

手入れ soin 男 ;〔警察の〕descente de police お肌の手入れは毎晩かかせない Il faut prendre soin de sa peau tous les soirs.

データ donnée 囡 データを集める recueillir des données／データが全部消えてしまった Toutes les données ont été effacées.
●データ通信 téléinformatique 囡
データ通信網 réseau informatique de transmission de données 男 データバンク banque de données 囡
データベース base de données 囡

デート rendez-vous 男 (→誘う) デートする時間もない Je n'ai même pas le temps d'avoir des rendez-vous amoureux.

テープ bande 囡 ;〔カセット〕cassette 囡
●テープレコーダー magnétophone 男

テーブル table 囡 全員テーブルにつく Tout le monde se met à table.
●テーブルクロス nappe 囡 テーブルクロスを外す enlever la nappe テーブルマナー les bonnes manières de la table

テーマ thème 男, sujet 男 論文のテーマを絞る circonscrire un sujet de thèse
●テーマソング chanson-thème 囡

手がかり indice 男 ;〔痕跡〕trace 囡, piste 囡 ;〔端緒〕犯人の手がかりは何もなかった Le criminel n'avait laissé aucune trace.

出がけ 出がけに電話がかかってきた Le téléphone a sonné quand j'allais sortir.

出かける sortir, partir, aller 旅行に出かける partir en voyage／きょうは出かけるんじゃなかったの Tu ne devais pas sortir, aujourd'hui?

手かげんする traiter avec ménagement

出方 相手の出方を読む lire l'action prochaine de son adversaire

手紙 lettre 囡, courrier 男 (→562ペ

敵

ージ(囲み) 手紙を出す envoyer une lettre / きっと手紙を書くよ Je te jure que je t'écrirai. / 手紙には…とある La lettre porte que...

敵 ennemi(e) 男, adversaire 名, rival(ale) 男 / 敵に回すse faire un ennemi de… / 敵に向かう faire face à l'ennemi / 敵に降伏する capituler devant l'ennemi / あああう人を敵に回すと怖い Il ne vaut mieux pas se le mettre à dos.

できのいい bien fait(e) できの悪い小説 roman mal écrit 彼は仕事のできにやかましい Il est sévère pour la qualité du travail.

でき上がる être fini(e) [achevé(e)], s'achever ; [酔いが回る] prendre une cuite

敵意 hostilité 女, inimitié 女 敵意を抱く éprouver de l'hostilité

適応 adaptation 女, acclimatation 女 適応する s'adapter à… / 現実に適応する s'adapter à la réalité / 社会的不適応 inadaptation sociale

的確な juste, exact(e) 的確な指摘 remarque juste

でき心で sous l'impulsion (du moment)

できごと événement 男 ;[意外な] incident 男 ;[不幸な] accident 男 ;[胸躍る] aventure 女 このできごとが深刻な経済的混乱を引き起こした Cet événement a entraîné un profond bouleversement économique.

テキスト texte 男 前日にテキストを読んでおく lire le texte préalablement la veille

適性 aptitude 女
◇**適性検査** test d'aptitude

適切な juste, approprié(e) 適切なことばを探す chercher le terme exact / 警察は迅速かつ適切に対処した La police a réagi avec rapidité et efficacité.

適度な modéré(e), mesuré(e) 適度に食べる manger modérément

適当な convenable, approprié(e) なかなか適当な人が見つからない On a beau chercher, on ne trouve pas la personne qui convient. / ずいぶん適当なんだね C'est vraiment de l'à-peu-près.

できる [能力・可能性] pouvoir, savoir ;[完成] être fini(e) [achevé(e)], [素材] être fait(e) (…が)よくできる être fort(e) en [à, sur] … /彼は学科・分野, sur à 特殊なテーマに用いる) /彼は数学ができる Il est fort en maths. / ここではワインができる On ne produit pas de vin ici. /この家は木でできている Cette maison est en bois. /いやあ, できそうにないな Non, je ne m'en sens pas capable. /あの二人はできている Ils ont une liaison. /できた! Ça y est, c'est fini!
◇**できるだけ** autant que possible, dans la mesure du possible できるだけ早く aussitôt que possible /でき

るだけ協力するよ Je collaborerai autant que possible.

手鉤 手鉤が悪い avoir les doigts crochus

出口 sortie 女, issue 女 出口を探す chercher une issue / 出口のない sans issue 出口は2か所ある Il y a deux sorties. /地下鉄の出口 sortie de métro /プラットホーム最前部の出口 sortie de quai en tête

手首 poignet 男 手首をつかむ tenir [saisir] le poignet de...

てこ levier 男
◇**てこでも動かない** être têtu(e) comme un âne

でこぼこ inégalités 女複, dénivellations 女複 でこぼこした道 chemin raboteux

手ごろな pratique, commode 手ごろな値段で Le prix est avantageux.

デザート dessert 男 デザートは何にさいますか Qu'est-ce que vous prendrez comme dessert?

デザイナー dessinateur(trice) 名

デザイン dessin 男 ;[服などの型] modèle 男

手探りで à tâtons

手触り toucher 男 手触りが粗い rude au toucher

弟子 disciple 男 弟子を育てる former ses disciples / 孫弟子 disciple indirect

デジタル digital(ale) デジタル化する digitaliser
◇**デジタルカメラ** appareil de photo numérique 男

手品 prestidigitation 女, tour de passe-passe 男 余興に手品をする faire de la prestidigitation comme divertissement / まるで手品だ C'est de la prestidigitation!
◇**手品師** prestigitateur(trice) 名

手数料 commission 女 高い手数料を取る empocher une forte commission

テスト examen 男, épreuve 女 (→試験) 自動車をテストする essayer une voiture /テストに備えて猛勉強した J'ai beaucoup travaillé en vue de cet examen. /テストで10点もらった J'ai eu dix à l'examen.
◇**テストパイロット** pilote d'essai 男
テストパターン mire 女 テスト飛行 essai en vol 男

てすり [階段の] rampe 女 ;[バルコニーなどの] balustrade 女 ;[橋などの] parapet 男 ;[危険防止用の柵] garde-corps 男 手すりにおつかまりください Tenez-vous à la rampe s'il vous plaît.

でたらめ mensonge 男, invention 女 そんな話をするとは Tu parles sans savoir. / でたらめばかり言わないで Ne parle pas tant à la légère.

手帳 carnet 男 ;[日付入りの] agenda 男 考えを手帳にメモする noter une réflexion sur un carnet

鉄 fer 男 ;[鋼] acier 男 鉄の意志 volonté de fer /鉄の規律 discipline de

fer
◇鉄のカーテン rideau de fer 鉄は熱いうちに打て Il faut battre le fer pendant qu'il est chaud.

哲学 philosophie 女 ギリシア哲学 philosophie grecque
❍哲学者 philosophe

手つき 危ない手つきで d'une main mal assurée

手作り 母の手作りのセーター tricot fait à la main par ma mère / 手作りの菓子 gâteaux de sa confection

鉄骨構造 construction avec charpente métallique

デッサン dessin 男 風景をデッサンする dessiner un paysage

手伝う aider, assister 母親の皿洗いを手伝う aider sa mère à faire la vaisselle / 手伝おうか Tu veux que je t'aide? / あいつに手伝ってもらうと後が恐ろしい J'ai peur de ce qu'il me demandera en retour si je lui demande de m'aider.

手続き formalité 女, procédure 女 入学の手続きを踏む remplir les formalités d'inscription dans une école / 煩わしい手続きを簡略化する simplifier les formalités ennuyeuses / 手続きの上で必要な nécessaire pour les formalités / 手続きがうるさい Les formalités sont compliquées.

徹底的な complet(ète), approfondi(e) 〜あくまで〕事故原因を徹底的に調べる必要がある Il faut faire des recherches approfondies sur les causes de l'accident.

鉄道 chemin de fer 男 (→列車) 鉄道を敷く poser une voie ferrée / 国有鉄道 chemin de fer national / フランス国有鉄道 Société nationale des chemins de fer français (★略記は S. N. C. F.)
❍鉄道員 employé(e) des chemins de fer 名, cheminot 鉄道事故 accident ferroviaire

手っ取り早い facile, rapide, simple 成功するための最も手っ取り早い方法 les moyens les plus courts pour réussir

撤廃 suppression 女 人種差別を撤廃する supprimer la discrimination raciale

てっぺん 〔→頭上〕 頭のてっぺんから足の先まで de la tête aux pieds

鉄棒 barre de fer 女 ; 〔体操の〕 barre fixe 女

鉄砲 →銃

徹夜 veille 女 徹夜明けで頭がぼうっとする J'ai la tête dans les nuages parce que j'ai passé une nuit blanche.

鉄路 rail 男 〈ルネ・クレマンの〉『鉄路の闘い』 La Bataille du rail

テニス tennis 男 テニスをしに行く aller au tennis ◆サーブ service 男 / フォールト faute 女 / ダブルフォールト double faute 女 / アドバンテージ avantage 男 / デュース égalité 女 / ボレー volée 女 / スマッシュ smash 男 / ロブ lob 男 / ドロップショット amorti 男 / コート court 男 / ネット filet 男 / フォアハンドショット coup droit 男 / バックハンド revers 男 / ラリー échange 男 / 全仏オープン(会場) Roland Garros

手荷物 bagage à main 男 手荷物を一時預かり所に預ける déposer ses bagages à la consigne / 手荷物預かり所からスーツケースを引き取る retirer une valise de la consigne

手ぬぐい 〔タオル〕 serviette 女 ; 〔手ふき〕 essuie-main(s) 男

手のひら paume 女 手のひらを返す retourner la main ; 〔態度を変える〕 faire volte-face

では eh bien, alors

デパート grand magasin 男 (→買い物) 開店と同時にデパートへ行く aller dans un grand magasin dès l'ouverture / ◎何をお探しですか—食器がほしいんですが—7階になります Vous désirez? — Je voudrais de la vaisselle. — C'est au sixième étage.

手放し 彼は手放しで喜んだ Il était fou de joie.

デビュー début 男 デビューする débuter / 華々しいデビューを飾る faire des débuts éblouissants / この歌手は15歳でデビューした Cette chanteuse a entamé sa carrière à l'âge de 15 ans.

手袋 gant 男 手袋をはめる mettre ses gants / 革の手袋 gants de peau moufles 女

手札 〔カードの〕 main 女

手本 modèle 男, exemple 男 後輩の手本になるような社会人になりなさい Vous devez devenir un modèle pour tous ceux qui vous succèderont dans la société.

手間 peine 女 編み物には手間がかかる Le tricot demande de la peine. / 手間を省く épargner de la peine / ごめん、来るのに手間取った Désolé, j'ai du mal pour venir.
❍手間賃 rémunération à la tâche

デマ faux bruit 男 デマを流す propager de faux bruits / デマにまどわされてはいけない Il ne faut pas se laisser prendre par de faux bruits.

手前 レバーを手前に引いてください Tirez le levier vers vous. / 私の家は郵便局の手前だ Ma maison se trouve en deçà de la poste.

手短 手短に話す parler brièvement

でも 雨が降っても出かける Je sortirai même s'il pleut. / 見てもわからなかった Je l'ai vu sans le reconnaître.

でも mais, cependant, pourtant お茶でも飲もうか Si nous prenions du thé? / 何でもします Je ferai n'importe quoi. / 今からでも遅くない Il n'est pas encore trop tard. / 子供でも知っている Les enfants même le savent.

デモ manifestation 女 反戦デモに参加する participer à une manifestation contre la guerre

寺 temple bouddhique 男

照らす éclairer, illuminer ヘッドライトで道路を照らす éclairer la route avec les phares / 原文に照らして confronter avec l'original

テラス terrasse 女 喫茶店のテラス terrasse d'un café

デラックスな de luxe, luxueux(se)

デリケートな délicat(e), sensible デリケートな肌 peau délicate / デリケートな問題だ Il s'agit là d'un problème délicat.

照りつける 夏の太陽が照りつける Le soleil d'été brille d'un vif éclat.

照る briller 日が照る Il fait (du) soleil.

出る 〔外に〕sortir ; 〔出発〕partir ; 〔出席〕assister à ; 〔出版・登場〕paraître, sortir 前へ出る s'avancer / 小道から幹線道路に出る déboucher d'une petite rue dans une artère / 何時に出る? Tu pars à quelle heure? / その映画はだれが出ているの Qui est-ce qui joue dans ce film?
◇出る杭は打たれる L'envie escorte la gloire. 出る所へ出る 出る所へ出てけりをつけよう Nous allons faire appel au tribunal. 出る幕ではない 私ごときの出る幕ではない Ce n'est pas mon affaire.

テレビ télévision 女, télé 女 ; 〔受像機〕téléviseur 男 テレビを見る allumer la télévision / テレビに出る passer à la télévision / テレビの連続ドラマを見る regarder un feuilleton à la télé / きのうのドラマは見た? Tu as vu cette pièce dramatique à la télé, hier soir? / 7時から何を見ようか―ニュースが見たいな Qu'est-ce qu'on regarde à sept heures? ― Je voudrais bien regarder les infos.
○テレビゲーム jeu vidéo 男 テレビ電話 vidéophone 男

テロ 〔テロリズム〕terrorisme 男 ; 〔テロ行為〕acte de terrorisme 男, acte terroriste 男, attentat 男 テロを犯す声明を出す revendiquer un attentat / テロに反対する dire halte au terrorisme / 爆弾テロ attentat à la bombe / 自爆テロ terrorisme kamikaze / 車に爆弾を仕掛けるテロ attentat à la voiture piégée / サリンテロ attentat au sarin
○テロ対策 lutte contre le terrorisme, lutte antiterroriste

点 point 男, virgule 女 ; 〔試験の〕note 女 ; 〔競技の〕point 男, but 男 ある点を強調する insister sur un point / その点が問題だ C'est justement ça, le problème. / 20点満点で16点取る obtenir seize sur vingt / 彼は筆記試験でいい点を取った Il a eu de bonnes notes à l'écrit.

天 ciel 男 天にも昇る気持ちだ Je suis comme au Paradis. / 天は自ら助くる者を助く Aide-toi, le Ciel t'aidera.

店員 vendeur(se) 女, commis 男 デパート店員 commis d'un grand magasin

田園 campagne 女, champs 男複 〔ベートーベンの〕『田園』¥Symphonie pastorale

天下 〔世界〕monde 男 ; 〔世間〕public 男 天下を取る s'emparer du pouvoir / 天下分け目の一戦 bataille décisive

○**天下晴れて** au grand jour

展開 développement 男 論議を展開する développer un argument / 巧みな論法を展開する opérer une dialectique subtile / その映画はギリシアを舞台に展開する L'action du film se passe en Grèce. / 中東危機は新たな展開を見た La crise du Moyen-Orient a connu de nouveaux développements.

○**展開図** schéma developpé

天下一品 unique au monde

天気 temps 男 (→予報) 天気がいい Il fait beau. / 天気が悪い Il fait mauvais. / 天気が崩れる Le temps se gâte. / 天気が危ない Le temps n'est pas sûr. / いやな天気だ Quel sale temps. / 今日のパリはどんな天気ですか Quel temps fait-il à Paris au mois de mai?
○**天気図** carte météorologique 女 **天気予報** bulletin météo 男, météo 女 明日は朝方は冷えこむようだ La météo annonce un rafraîchissement des températures. / 天気予報が当たった La météo a vu juste.

電気 électricité 女 ; 〔電灯〕lampe 女 電気の électrique / 電気をつける allumer la lampe / 静電気 électricité statique
○**電気スタンド** lampe de table 女 **電気抵抗** résistance électrique 女 **電気分解** électrolyse 女

伝記 biographie 女

電球 ampoule 女, lampe 女 廊下の電球が切れた La lampe du couloir a grillé.

転勤 changement de poste 男, mutation 女

典型 type 男, modèle 男 ギリシア人たちは美の典型をつくり出した Les Grecs ont créé un type de beauté. / これは統合失調症の典型的な症例である C'est un cas typique de schizophrénie.

点検 vérification 女, contrôle 男 エンジンを点検する vérifier un moteur

転校 changement d'école 男

天国 paradis 男 役人天国だ C'est le règne du fonctionnarisme.

伝言 message 男 伝言を残す laisser un message à ... / 伝言を伝える transmettre un message

天才 génie 男 天才的である avoir du génie

天災 calamité naturelle 女 天災は忘れたころにやってくる C'est quand on les a oubliées que les catastrophes naturelles se manifestent.

天使 ange 男 天使が通る Un ange passe.（★会話が途切れてみんなが急に黙り込んだときにいう）

展示 présentation 女, exposition 女「展示品には手を触れないよう願います」《Prière de ne pas toucher aux objets exposés.》
◘ 展示会場 halle d'exposition 女 展示即売会 exposition-vente 女

点字 braille 男 点字を習う apprendre le braille
◘ 点字図書館 bibliothèque braille 女 点字訳 transcription en braille 女

電子 électron 男
◘ 電子計算機 ordinateur 男 電子顕微鏡 microscope électronique 男 電子工学 électronique 女 電子レンジ four à micro-ondes 男 電子レンジで5分かしてte Mets-le au four à micro-ondes cinq minutes.

電磁 電磁波 onde électromagnétique 女 電磁場 champ électromagnétique 男

電車 train électrique 男 (→ 列車) 電車で行く aller par le train ／電車を利用する utiliser le train ／次の電車を待つ attendre le train suivant ／電車が動く Le train marche. ／終電車には酔っぱらいが多い Il y a beaucoup d'ivrognes dans le dernier train.

天井 plafond 男 天井知らずの物価上昇 hausse des prix exhorbitante ／（マルセル・カルネの）『天井桟敷の人々』Les Enfants du paradis

点数 point 男, note 女 上司の点数を稼ぐ faire bonne impression sur son supérieur

天性 nature 女 彼女は天性の芸術家だ Elle est neé artiste. ／習慣は第2の天性である L'habitude est une seconde nature.

伝説 légende 女 伝説的な légendaire ／伝説によれば…である La légende veut que...

伝染 contagion 女 (→感染) 伝染性の contagieux(se) ／笑いはときに伝染する Le rire est parfois contagieux.
◘ 伝染病 maladie contagieuse 女, épidémie 女 伝染病の発生区域 foyers d'épidémies

電線 fil électrique 男 電線にスズメが3羽止まっていた Il y avait trois moineaux perchés sur un fil électrique.

天体 astre 男 天体の運動 mouvement des astres

電池 pile 女 乾電池 pile (sèche) 女 水銀電池 pile au mercure ／電池が切れている Les piles sont mortes.

テント tente 女 テントを張る dresser une tente

伝統 tradition 女 伝統的な traditionnel(le) 伝統を維持する maintenir la tradition ／伝統を破る rompre avec la tradition ／伝統を誇る être fier(ère) de ses traditions

電灯 lampe 女 電灯をつけっぱなしにする laisser la lampe allumée ／懐中電灯 lampe de poche

天然 nature 女 天然の naturel(le)
◘ 天然資源 ressources naturelles

天皇 empereur 男
◘ 天皇制 régime impérial 男

電波 ondes électriques 複数
◘ 電波望遠鏡 radiotélescope 男 電波妨害 brouillage 男

転覆 capotage 男

でんぷん〔種子からとる〕amidon 男；〔塊根などからとる〕fécule 女

展望 vue 女, panorama 男, perspective 女 長期的展望に立って dans une perspective à long terme ／エッフェル塔からのパリの展望はすばらしい De la Tour Eiffel, on découvre le splendide panorama de Paris.
◘ 展望台 belvédère 男

電報 télégramme 男 電報を打つ envoyer un télégramme

天文学 astronomie 女 天文学的な数字 chiffres astronomiques
◘ 天文学者 astronome 名

天文台 observatoire 男

展覧会 exposition 女 展覧会を見逃す manquer l'exposition ／この展覧会を見て現代絵画への認識を新たにした Cette exposition m'a réconcilié avec la peinture contemporaine. ／（ムソルグスキーの）『展覧会の絵』Tableaux d'une exposition

電流 courant électrique 男

電力 énergie électrique 女, électricité 女

電話 téléphone 男 電話する téléphoner, appeler, donner un coup de fil ／電話を切る raccrocher ／電話をとる décrocher ／電話を引く installer le téléphone ／電話が切れる La communication est coupée. ／この電話つながらない Ce téléphone ne fonctionne pas. ／きみに電話だよ Le téléphone, c'est pour toi! ☺ もしもし，パトリシアをお願いします Allo, est-ce que je pourrais parler à Patricia? ／私です．どちら様ですか C'est elle-même. C'est de la part de qui? ／いま代わります Je vous la passe. ／（切らずに）そのままお待ちください Ne quittez pas. ／他の電話に出ています．お待ちになりますか Elle est sur une autre ligne. Vous voulez patienter? ／ただいま席を外しています Elle n'est pas à son bureau pour le moment. ／いつごろお戻りでしょうか Elle rentrera vers quelle heure? ／伝言をお預かりできますか Je peux lui laisser un message? ／ご伝言を承りましょうか Je peux prendre un message?
◘ 電話代 note de téléphone 女, redevance téléphonique 女 電話帳 annuaire téléphonique 男 電話番号 numéro de téléphone 男 電話番号を言うから書いて Je te donne mon numéro. Note-le. 電話ボックス cabine (téléphonique) 女

と

戸 porte 囡（→ドア）／戸をたたく frapper à une porte／戸を細目に開ける entrouvrir une porte／戸が開く La porte s'ouvre.

度 〔回数〕fois 囡；〔温度・角度・経度・緯度〕degré 男 気温が30度を超えている Il fait plus de 30 degré.／度を過ごすな Il faut éviter les excès.
◇**度を失う**（＝あわてる）perdre la tête

ドア porte 囡；〔車・列車の〕portière 囡 ドアにかぎをかける fermer une porte à clef／ドアを開けてください Ouvrez la porte, s'il vous plaît.／だれかドアをノックする人がいたらフロントに電話して Si quelqu'un frappe à la porte, téléphone à la réception.

問い question 囡, interrogation 囡 人はなぜ生きるのかという のは答えのない問いだ Il n'y a pas de réponse à la question de savoir pourquoi on vit.

問い合わせる demander des renseignements, se renseigner

という 田中という人 une personne qui s'appelle Tanaka／百億円という金 l'argent de dix milliard de yens／きみという人は！ Toi alors!／家という家が壊れた Toutes les maisons ont été détruites.／というわけで、事件は 解決しました C'est ainsi que l'affaire a été résolue.

といえば quant à...

ドイツ Allemagne 囡
◘**ドイツ人** Allemand(e) 囡

トイレ toilettes 囡pl, lavabos 男pl トイレに行く aller aux toilettes／トイレを流す tirer la chasse d'eau／トイレで新聞を読むのは やめてよ, トイレで新聞を読むのは Arrête de lire le journal dans les toilettes.／☺ちょっと失礼 Excusez-moi, je reviens dans un instant.（★トイレへ行くときの表現. ふざけて La nature m'appelle. とも いう.）
◘**トイレットペーパー** papier hygiénique 男

問う demander；〔問題にする〕interroger 殺人罪に問われる être accusé(e) d'assassinat／政府の責任を問う mettre en cause la responsabilité du gouvernement／年齢、性別を 問わず sans distinction d'âge ni de sexe

塔 tour 囡；〔お寺の〕pagode 囡 エッフェル塔 la tour Eiffel

党 parti 男（→政党）党の方針と対立 したため党首は辞任した En désaccord avec la ligne du parti, son chef a démissionné.

等 〔階級〕classe 囡；〔など〕et cetera, etc.（★人名については省略形（...）を用いる）

どう 〔どのように〕comment どういっしょに行かない Alors, on y va ensemble?／どうやってその問題を解いたの Comment est-ce que tu as résolu ce problème?／つまりどういうことだ Mais enfin, de quoi s'agit-il?／いなかにでも引っ越したらどうだ Et si vous déménagiez à la campagne? Je vous en prie.
◇**どう致しまして** Je vous en prie.

銅 cuivre 男；〔青銅〕bronze 男 銅線 fil de cuivre
◘**銅メダル** médaille de bronze 囡

胴 tronc 男 胴が長い、avoir le corps long

胴上げする porter...en triomphe

答案 copie 囡

同意 consentement 男, accord 男 同意する consentir à...／同意を求める［得る］demander［obtenir］l'assentiment de...　☺おっしゃるとおりです Vous avez raison.／そうです C'est ça.／まったくそのとおりです Vraiment.［＝Exactement.］／なるほどそうですね Je comprends.／了解 D'accord.／いいよ O.K.／もちろん Bien sûr.［＝Bien entendu.］／わかりました J'ai compris.［＝C'est entendu.］／お引き受けします J'accepte（volontiers）.

統一 unité 囡, unification 囡 統一する unifier, uniformiser／朝鮮半島はいつになったら統一されるだろうか Quand la Corée du Nord et du Sud finiront-elles par se réunir?

同一 même, identique
◘**同一性** identité 囡

同一視 AとBを同一視する identifier A avec B

どうか どうかお願いします Je vous le demande vivement.／どうかしたの Il t'est arrivé quelque chose?／あの人どうかしているよ Qu'est-ce qui lui passe par la tête?／彼女が来るかどうか分からない On ne sait pas si elle viendra.

投函する poster, mettre à la poste

陶器 faïence 囡, poterie 囡 陶器を焼く faire cuire des poteries

投機 spéculation 囡

討議 délibération 囡, discussion 囡 討議する délibérer, discuter de ［sur］...／討議に入る entrer en discussion

動機 motif 男, mobile 男 行動の動機を探る scruter les motifs d'une action
◘**動機づけ** motivation 囡

同義語 synonyme 男

闘牛 course de taureaux 囡, corrida 囡

同級 même classe 囡
◘**同級生** camarade de classe 男

同居 cohabitation 囡 同居する cohabiter；子供との同居を望む親が多い Il y a beaucoup de gens qui espèrent passer leur vieillesse avec leurs enfants.

道具 instrument 男；〔手仕事用〕outil 男；〔家庭用の〕ustensile 男 事件を宣伝の道具にする se servir de l'affaire comme instrument de pu-

blicité
○**道具箱** boîte à outils 囡
洞くつ grotte 囡, caverne 囡
○**洞くつ探検** spéléologie 囡
峠 col 男／（病人は）今夜が峠だろう On ne sait pas si ce soir il va passer le cap.
統計 statistique 囡 統計をとる faire des statistiques／豊富な統計データを駆使して à grand renfort de données statistiques
統合 unification 囡, intégration 囡 統合する unifier, intégrer／ヨーロッパ諸国の経済統合 intégration économique des États européens
動作 mouvement 男, geste 男 動作が鈍い être lent(e) dans ses mouvements／ぎこちない動作で d'un geste gauche／ダンスの基本動作を習う apprendre les principaux mouvements de la danse
倒錯 perversion 囡 性倒錯 perversions sexuelles
倒産 faillite 囡, banqueroute 囡 倒産する faire faillite／今年は倒産が相次いだ Cette année a vu des faillites successives.／一大事だ．うちの会社が倒産だ Quelque chose de grave est arrivé: notre société a fait faillite.
投資 investissement 男, placement 男 投資する investir／堅実な投資 placement sûr
○**投資家** investisseur(se)
闘志 esprit combatif 男 闘志がわく L'esprit combatif surgit.
当時 alors, à cette époque(-là) 当時の流行 mode du moment
同志 camarade 囡, partisan 男 同志を募る recruter des partisans
同士 友だち同士だ Nous sommes entre amis.
動詞 verbe 男 自動詞 verbe intransitif／他動詞 verbe transitif／代名動詞 verbe pronominal／使役動詞 verbe factitif
同時に simultanément, en même temps, à la fois 発売と同時にこの小説は爆発的な売れ行きを示した Dès sa publication le roman a connu un succès considérable.
○**同時通訳** traduction simultanée
当日 ce jour-là, le jour même
○**当日券** billet au guichet 男
どうして 〔なぜ〕 pourquoi；〔どのように〕 comment, par quel moyen／どうしてそんなことをおっしゃるのですか Pourquoi dites-vous cela？／どうしていいか分からない Je ne sais pas comment faire.
どうしても absolument, nécessairement どうしてもだめ？ C'est absolument négatif?／どうしても話したいことがある Il fallait absolument que je vous parle.／どうしても分からない Je n'arrive pas à comprendre malgré tous mes efforts.
登場する entrer en scène 新製品が市場に登場する Un nouveau produit apparaît sur le marché.
○**登場人物** personnage 男
同情 compassion 囡 (→哀れみ) 人の同情を誘う se faire plaindre／同情が集まる La compassion des gens est concentrée sur...／きみに同情するよ Je te plains.／同情の余地はない Il ne mérite pas la moindre compassion.
どうせ de toute façon, en tous cas どうせなら今、払ってしまおう Tant qu'à faire, on va payer maintenant.／どうせてもどうせやるんでしょう Tu te feras de toute façon même si l'on essaie de t'en empêcher.
統制 contrôle 男, réglementation 囡 思想統制 contrôle idéologique／統制経済 économie dirigée
当選 élection 囡 当選のあかつきには減税します Si je suis élu, je m'engage à faire baisser les impôts.
○**当選番号** numéro gagnant 男
当然 naturellement, évidemment 当然の naturel(le), normal(ale)／それは当然だ Cela va de soi.／うそだったの一当然さ？ C'était faux ？ — Et comment!
どうぞ s'il vous plaît, je vous en prie 入っていいですか一はい、どうぞ Je peux entrer？ — Je vous en prie.
闘争 lutte 囡, combat 男
銅像 statue de bronze 囡, bronze 男
灯台 phare 男
到着する arriver (→着く) 一行は無事にホテルに到着した Le groupe est arrivé à l'hôtel sain et sauf.
盗聴 écoute clandestine 囡 電話を盗聴する mettre... sur écoutes
○**盗聴器** appareil d'écoute 男
尊い・貴い 〔高貴である〕auguste；〔価値が高い〕précieux(se)
とうとう enfin, finalement (→ついに) 警察は犯人をとうとう突き止めた La police a enfin trouvé qui est le criminel.
堂々（とした） imposant(e) 正々堂々と loyalement
○**堂々巡り** cercle vicieux 男
道徳 morale 囡 （ベルクソンの）『道徳と宗教の二源泉』Les Deux Sources de la morale et de la religion
○**道徳観** sens moral
盗難 vol 男 盗難にあう se faire voler
どうにか à peine, d'une manière ou d'une autre どうにか仕事は終わった Si on peut dire, j'ai bouclé mon travail.／この荷物をどうにかしてよ Tu peux débarrasser ces bagages?
どうにも あいつにはどうにも我慢ならない Jamais de la vie, je ne le supporte pas.／もうどうにもならない Il n'y a rien à faire.
導入 introduction 囡 導入する introduire
糖尿病 diabète 男 糖尿病はぜいたく病だ Le diabète est la maladie des riches.

当番 tour de service 男 当番に当たる être de service / きょうは私の当番だ Je suis de service aujourd'hui.

投票 scrutin 男 投票する aller aux urnes / 有効投票 suffrages exprimés / 第1[2] 回投票(で) (au) premier [second] tour
◻投票者 votant(e) 名 投票所 bureau de vote 男 投票日 échéance 女 投票率 taux de participation 男

豆腐 tofu 男, pâte de soja 女

動物 animal 男;〔人以外の〕bête 女 動物の animal(ale) / 動物を飼う alimenter un animal
◻動物愛護協会 société protectrice des animaux (★略語は S. P. A.) 動物園 zoo 男 動物園へ行く aller au zoo 動物学 zoologie 女 動物実験 expérience sur les animaux

当分 pour quelque temps 当分はおとなしくしています Je vais me calmer pour quelques temps.

逃亡 fuite 女, évasion 女
◻逃亡者 fugitif(ve) 名

動脈 artère 女
◻動脈硬化 artériosclérose 女, sclérose des artères 女

冬眠 hibernation 女

透明な transparent(e), limpide 水の透明性 transparence de l'eau / 透明な声 voix pure

同盟 alliance 女, coalition 女 同盟を結ぶ conclure une alliance
◻同盟国 pays alliés

同胞 compatriote 名 同胞を売り渡して livrer [vendre] les compatriotes

どうも どうもお世話になっています Je vous remercie de vos bons services. /カラオケはどうもねーたまにはいいじゃない Je n'aime pas aller au karaoke. — Mais pour une fois... / ハンカチを落とされましたよ、これはどうも Vous avez laissé tomber votre mouchoir. — Ah, merci.

獰猛な féroce, farouche 獰猛な番犬 dogue féroce

トウモロコシ maïs 男

東洋 Orient 男

同様に de même, égalememt 同様な例 exemple semblable /実の子同様に愛する aimer ... comme son propre enfant

動揺 ébranlement 男, agitation 女 心の動揺を隠しきれなかった Je n'ai pu garder pour moi le choc émotionnel.

道理 raison 女, bon sens 男 それで道理で C'est pour ça...

同僚 〔職場の〕collègue 名;〔自由業などの同業者〕confrère 男 彼は同僚みんなを敵に回した Il s'est mis tous ses collègues à dos.

道路 route 女, rue 女 道路を横切る traverser la rue /ぬれた道路で横すべりする faire un dérapage sur une route mouillée

登録 enregistrement 男, inscription 女 登録する enregistrer, s'inscrire
◻登録商標 marque déposée 女

討論 discussion 女;〔公開の〕débat 男;〔審議〕délibération 女 討論する discuter de [sur] ...

童話 conte pour enfants 男 子供に童話を読んで聞かせる lire un conte à ses enfants

当惑 embarras 男, perplexité 女 はたと当惑している être très embarrassé(e)

遠い éloigné(e), lointain(e);〔はるか昔〕reculé(e) 遠い国 pays lointain /遠い親戚 parent(e) éloigné(e) /駅はまだ遠い La gare est encore loin.

遠く loin (→遠い) 遠くから来る venir de loin /鐘楼は遠くから見える Le clocher se voit de loin.

通す faire passer ...を通して à travers... /通してください Laissez-moi passer. /自分の意を通す persister dans son opinion

トースター grille-pain (électrique) 男

トースト toast 男 バターを塗ったトースト toasts beurrés /トーストにジャムを塗る tartiner un toast de confiture

通せん坊をする barrer le passage

ドーピング dopage 男, doping 男
◻ドーピング剤 dopant 男

遠回しの indirect(e), détourné(e) 遠回しな話し方をする parler par circonlocution

遠回り détour 男 この道だと遠回りだが、しかたがない Cette route nous fait faire un détour mais bon, tant pis.

通り rue 女(→道) 通りで dans la rue /この通りはブティックが多い Il y a beaucoup de magasins dans cette rue. /二通りのやり方 deux manières de procéder /きみの言うとおりだ Tu as raison. /思ったとおりだ C'est bien comme je l'imaginais. /ご存じのとおり Comme vous le savez

どおり 予定どおり conformément au programme, comme prévu

通りかかりに en passant 通りがかりの人 passant(e) 名

通り越える dépasser

通り抜ける passer (par), traverser 町を通り抜けるとすぐに丘がある Sitôt après avoir traversé la ville, on trouve une colline.

通る passer, circuler, traverser;〔合格する〕réussir;〔...として通用する〕passer pour... 火のよく通った well cuit(e) /よく通る声 C'est une voix qui porte bien. /ここはだれも通さない Personne ne passe par ici. /偉い先生として通っている Il passe pour un bon professeur.

とか 金とか銀とかの貴金属 métaux précieux tels que l'or et l'argent /ミシェルとかいう人 un certain Michel (★やや軽べつ的)

都会 ville 女 (→都市) 都会の urbain(e) /都会に住む habiter en ville ◻都会人 citadin(e)

度外視する ne pas tenir compte de...

トカゲ lézard 男 / トカゲは自分のしっぽを切って難を逃れた Le lézard s'est amputé de sa queue et s'est sauvé.

溶かす 〔液体に〕fondre, délayer, dissoudre / 砂糖を水に溶かす dissoudre du sucre dans de l'eau

とがめる 〔非難する〕reprocher, blâmer / 警官にとがめられる être interpellé(e) par des agents de police

とがる s'aiguiser / とがった鉛筆 crayon pointu / 声がとがる parler d'un ton acerbe

時 temps 男, moment 男 / ...する時には quand, lorsque, au moment où / 時を稼ぐ gagner du temps / 時は金なり Le temps passe. / 時と場合によっては en cas de besoin / 時と場合によるる Ça dépend des circonstances. / こんな時あの人ならどうするかね Et lui, dans cette situation, qu'est-ce qu'il ferait?

◇時の人 homme du moment 時は金なり Le temps, c'est de l'argent. 時を移さず sans perdre un instant

ときどき de temps en temps, parfois

どきどき 〔≒鼓動〕どきどきしてきた J'en ai eu le cœur battant.

度胸 courage 男, audace 女, hardiesse 女 / いい度胸してるね Tu as du courage!

解く 〔ほどく〕dénouer, défaire / 〔解決する〕résoudre / 包みを解く défaire un paquet

得 profit 男, gain 男 / 得な性分だな Tu as une personnalité qui a de l'avantage. / 近道をするほうが得だ Il y a avantage à prendre une traverse.

研ぐ aiguiser; 〔砥石で仕上げる〕 affiler / 米を研ぐ laver du riz

毒 poison 男, venin 男 / 毒をあおる avaler du poison / 毒が回る Le poison fait son effet. / 毒にも薬にもならない négligeable / 毒のあることば propos empoisonnés

◇毒をもって毒を制す vaincre le poison par le poison

得意だ 〔自慢する〕être fier(ère), se flatter; 〔得手だ〕être fort(e) (→できる) / 彼は女にもてると得意になっている Il est fier de ses succès féminins. / 数学が得意だ être fort en maths / 店のお得意さん client(e), habitué(le)

毒ガス gaz toxique 男

独裁 dictature 女 独裁的な dictatorial(ale)

◻独裁者 dictateur(trice) 名 / 独裁者の人形を焼く brûler en effigie un dictateur / 独裁者を倒す faire tomber le dictateur

独自の 〔固有の〕particulier(ère) / 独自の判断で de son propre chef

読者 lecteur(trice) 名; 〔集合的に〕public 男 / 雑誌の読者に対するアンケート enquête auprès des lecteurs d'une revue

特殊な spécial(ale), particulier(ère) (→特別) / これは特殊なケースだ C'est un cas à part.

読書 lecture 女 / 趣味は読書だ Mon passe-temps favori, c'est la lecture. / 読書で心を豊かにする repaître son esprit de lectures / 読書会を開く organiser une séance de lecture

特色 particularité 女, caractéristique 女 (→特徴) / 自分の特色を出す mettre en avant son côté original / この地区の特色は外国人が多いことだ Ce quartier se caractérise par la forte présence d'une population étrangère.

独身 célibataire 名; 〔状態〕célibat 男 / 独身で通す rester célibataire / このアパートは独身者向けだ Cet appartement est plutôt pour célibataires.

特性 spécificité 女

毒性 virulence 女 / 毒性のある virulent(e)

毒舌 langue de vipère 女

独占 monopole 男 / 独占する monopoliser / 独占的な exclusif(ve) / 体操でメダルを独占する truster des médailles en gymnastique / 彼は独占欲が強くて困る Il veut tout s'accaparer, cela est ennuyeux.

独断 de son (propre) chef / 独断的な dogmatique / 独断と偏見で選ばせてもらいます Je choisis de mon propre chef et avec parti pris.

特徴 caractère 男; 〔技術的な〕 caractéristique 女; 〔特殊性〕 particularité 女; 〔要素〕 trait 男; 〔物理・化学的〕 propriété 女 / 身体的特徴 caractères physiques / 日本社会の第一の特徴は... Ce qui caractérise avant tout la société japonaise, c'est...

得点 point 男 / 得点する marquer un but / 得点王〔サッカーの〕le meilleur buteur

特典 privilège 男, avantage 男

得々《と》 avec complaisance / 得々と話す parler triomphalement

独特の caractéristique, particulier(ère)

特に surtout, spécialement / 特に意見はありません Je n'ai aucune opinion particulière. / パリ16区の住人には特にブルジョアが多い Le seizième arrondissement à Paris est surtout habité par des bourgeois.

特別の spécial(ale), exceptionnel(le) / 特別に spécialement, exceptionnellement / 特別扱いはいけない Il ne faut pas faire de préférences.

毒蛇 serpent venimeux 男

匿名 anonymat 男 / 匿名で手紙が送られてきた J'ai reçu une lettre anonyme.

独立 indépendance 女 / 独立した indépendant(e), autonome / 親から独立する voler de ses propres ailes /

と

立てて商売する s'établir à son compte
◻独立国 Etat indépendant 男 独立採算制 autonomie financière
独力で tout(e) seul(e)
とぐろ とぐろを巻いている蛇 serpent qui se love
とげ épine 女 きれいな花にはとげがある Les belles fleurs ont souvent des épines. / とげのあることば langage acerbe
時計 [腕時計] montre 女;[大型の] horloge 女;[掛け時計] pendule 女;[目覚まし] réveil 男 時計を合わせる régler sa montre / 時計が合っている La montre est à l'heure. / 時計が遅れる La montre retarde. / 時計のねじを巻く remonter une montre
溶ける (se) fondre, se dissoudre 積もった雪がなかなか溶けない La neige accumulée n'arrivait pas à fondre.
解ける [ほどける] se dénouer, se défaire;[答えが] se résoudre / 第1問はすぐ解けた J'ai résolu la première question de l'examen avec facilité.
遂げる accomplir 目覚ましい進歩を遂げる faire des progrès surprenants / 目的を遂げる parvenir à ses fins
床 lit 男 床に就く se mettre au lit
どこ 今いまどこにいますか Où est-ce que vous êtes maintenant? / どこに行くの Où est-ce que tu vas? / ここはどこ、私はだれ Ici, c'est où? Et moi, qui je suis? / どこからの仕事に手をつけていいか分からない Je ne sais pas par quel bout commencer ce travail. / どこもかしこも partout / どこまでも jusqu'au bout, sans fin
◇どことなく どことなく悲しげな顔 un visage plutôt mélancolique
どこかに quelque part / ぼくの眼鏡見なかった?—どこかで見たよ As-tu vu mes lunettes? — Oui, Je l'ai vues quelque part.
床屋 →理髪店
所 [場所] endroit 男 元の所に戻しなさい Remettez-le à sa place. / 彼の所で働いている Je travaille chez lui. / きみのいいところは明るい点だ Ton atout, c'est ta gaieté. / 彼がビルに入るところを見た Je l'ai vu entrer dans ce bâtiment. / いま帰ったところだ Je viens de rentrer. / ところどころ en apparence / 聞くところによると今のところ jusqu'à présent / このところ ces jours-ci
◇所変われば品変わる Autres pays, autres mœurs.
ところが mais, cependant, or
ところで eh bien, or ところできょうはどちらへ? A propos, vous allez où aujourd'hui? / あいつに忠告したところでむだだ Il est vain de le conseiller.
ところどころ ça et là ところどころ染みがある Il y a des taches ça et là.
登山 alpinisme 男 登山隊のリーダー難した登山者救援のためにヘリコプターを飛ばす dépêcher un hélicoptère auprès des alpinistes en danger
都市 ville 女;[大都市の] cité 女;[地方自治体] municipalité 女
◻都市化 urbanisation 女 都市計画 urbanisme 男
年 âge 男;[暦の] année 女;[単位] an 男 お年はいくつですか Quel âge avez-vous? / いいかをしてるんだ Ce n'est plus de ton âge. / 年の割にお元気です Vous portez bien votre âge. / このごろ年を感じる Ces temps-ci je ressens le poids des années. / 彼女はその年に見えない Elle ne fait pas son âge.
年上の plus âgé(e); aîné(e)
閉じ込める enfermer 悪い子は物置に閉じこめるよ Si tu n'es pas sage, je vais t'enfermer dans le débarras.
年ごろ 年ごろの娘 fille à marier / 彼女もそういう年ごろなのね Elle est arrivée en âge de faire ça.
年下の plus jeune; cadet(te)
として comme, en tant que, en qualité de 私としては pour moi, pour ma part / 彼はフランス人としては背が高い Pour un Français, il est grand. / それはそれとして à part ça
年波 寄る年波には勝てない Personne ne peut rien contre l'âge.
年端 年端も行かぬ en bas âge
戸締まり 戸締まりを忘れないように N'oublie pas de fermer la porte.
どしゃ降り pluie torrentielle 女 どしゃ降りの雨だ Il pleut à verse.
図書 livre 男 図書を部門別に整理する ranger les livres par séries
図書館 bibliothèque 女 図書館から本を借りる emprunter un livre à la bibliothèque
年寄り vieillard 男, personne âgée 女;[時に軽べつの] vieux, vieille 女 お年寄りに席をお譲りください Veuillez laisser les places assises aux personnes âgées.
閉じる fermer さあ目を閉じて Bon, ferme tes yeux. / 口を閉じる(=黙れ) Ferme ta bouche! / 病院で生涯を閉じる finir ses jours à l'hôpital
都心 centre-ville 男, centre de la ville 男 都心から離れる s'éloigner du centre de la ville
塗装 peinture 女 塗装する peindre / スプレー塗装 peinture au pistolet
土台 fondations 女複, base 女 土台を据える asseoir des fondations / 土台から崩壊するよ s'écrouler par la base / しっかりした土台の上に建てる bâtir... sur un fond solide
途絶える cesser, s'interrompre あらしで島との通信が途絶えた Les communications avec l'île ont été interrompues à cause de la tempête.
戸棚 armoire 女;[作り付けの] placard 男;[食器棚] buffet 男 砂糖はどこ?—戸棚の下の棚だよ Où est le sucre?—Dans le placard, sur l'éta-

gère du bas.

途端 立った途端にめまいがした A peine me suis-je levé que j'ai eu un vertige.

土地 terre 女, terrain 男;〔地方〕région 女, pays 男／土地を開墾する défricher une terre／土地の周りを塀で囲む clôturer un terrain／いなかで平方メートルの土地を買う acheter mille mètres carrés de terrain à la campagne／この土地の方ですか Vous êtes d'ici?

途中 à mi-chemin;〔事の最中に〕au milieu de..., au cours de...／道の途中で出会う rencontrer...sur sa route／途中で投げ出すのはよくない Il n'est pas bon d'abandonner en chemin.／途中経過です C'est en cours de déroulement.

どちら lequel(laquelle) どちらでもいい Ça m'est égal.／どちらかと言えばこっちがいい Je préfère plutôt ça.／どちらからお見えですか D'où êtes-vous?／どちら様ですか A qui ai-je l'honneur (de parler)?

特急 rapide／この特急に乗るには割増料金が必要です Pour prendre ce rapide, vous devez payer un supplément.

特許 brevet (d'invention) 男／新発明の特許を取る prendre un brevet pour une nouvelle invention

とっく (→すでに) 父はとっくに寝ています Mon père est déjà allé au lit.／とっくの昔 il y a longtemps

特権 privilège 男／冒険は若者の特権だ、思い切ってやってみなさい L'aventure, c'est le privilège de la jeunesse. Vas-y, fonce.

とっさの instantané(e) とっさに言い返す être prompt à la riposte／とっさに身をかわして落石をよけた J'ai eu le réflexe d'esquiver une pierre qui tombait, en sautant de côté.

どっさり (→たくさん) (…に)どっさり贈り物をする couvrir... de cadeaux／リンゴをどっさりもらう On me donne beaucoup de pommes.

どっしり 椅子にどっしりと座る s'asseoir dans une posture imposante／どっしりした本 livre massif

突然 tout à coup, soudain, soudainement, brusquement (一急) 友人が突然訪ねてきた Un ami m'a brusquement rendu visite.
◘**突然変異** mutation 女

どっち →どちら

どっちつかず ambigu(ë), équivoque どっちつかずになる adopter une attitude indécise

どっと どっと笑う éclater de rire／ベッドにどっと倒れ込む tomber de fatigue sur un lit／8月には外国の観光客がパリにどっと押し寄せる Au mois d'août, les touristes étrangers arrivent à Paris par flots.

突破する 敵の前線を突破する enfoncer le front ennemi
◘**突破口** brèche 女, trouée 女

トップ 彼はトップから5人以内に入っていた Il était parmi les cinq premiers.

土手 berge 女;〔道路・鉄道などの〕talus 男

とても très, bien／このリンゴはとてもおいしい Ces pommes, c'est très bon.／とても信じられない Je n'arrive pas à y croire.／あの人はとても40過ぎには見えない On ne lui donne pas plus de quarante ans.

届く arriver;〔到達〕atteindre 送ったはずの荷物が届いていない Les paquets qu'on était supposé avoir envoyés ne sont pas arrivés.／一跳びで枝に手が届く On atteint la branche d'un seul saut.

届ける envoyer, livrer;〔申告〕déclarer 落とし物を警察に届ける porter un objet trouvé à la police／盗難を警察に届ける déclarer un vol à la police

整う・調う〔用意ができる〕être prêt(e), être préparé(e) 整った顔立ち traits réguliers／旅の準備が調う être prêt(e) à partir

整える・調える〔用意〕préparer;〔整理〕arranger

とどまる rester その場にとどまる rester en place／とどまるを知らない ne pas connaître de limite／被害はこの地域にとどまらない Les dégâts ne se limitent pas dans cette région.

隣 voisin(e) 隣の人とけんかする se quereller avec son voisin／隣町 ville voisine／(トリュフォーの)『隣の女』 La Femme d'à côté

隣り合わせになる voisiner テーブルで美人と隣り合わせになる voisiner à table avec une jolie femme

どなる crier (en colère) そんなにどなるな Ne crie pas comme ça.

とにかく en tout cas, de toute façon／とにかく早くやって De toute façon, fais vite.／とにかく彼らは生きていた、それが何よりだ Enfin, ils sont vivants, c'est le principal.

どの quel(le), lequel(laquelle);〔否定文で〕aucun(e) どの辺に住んでいるの Vous habitez dans quel coin?／どの駅で降りるんですか On descend à quelle gare?／どの車も嫌いだ Aucune voiture ne me plaît.

とはいえ toutefois 若いとはいえ、あいつはプロだ Bien qu'il soit jeune, il est professionnel.／それは難しい、とはいえ不可能ではない C'est très difficile, toutefois ce n'est pas impossible.

飛ばす lancer;〔省く〕sauter 日本もロケットを打ち上げるようになった Le Japon a enfin lui aussi envoyé une fusée.／車で飛ばせば10分で着くよ Si on fonce en voiture, on y sera dans dix minutes.／ある章を飛ばす sauter un chapitre

飛び歩く 仕事で日本じゅうを飛び歩く courir partout au Japon

と

飛びかかる sauter [se jeter] sur... ライオンは獲物に飛びかかった Une lionne a sauté sur sa proie.

飛び込み plongeon 男

飛び込む se jeter プールに飛び込む piquer un plongeon dans la piscine / ジャーナリズムの世界に飛び込む se lancer dans le journalisme

飛び出す 〔外へ〕se jeter dehors 子供が車の前に飛び出した Un enfant a surgi devant la voiture.

飛び回る ハチがぶんぶん飛び回る Les abeilles voltigent partout. / 仕事で一日じゅう飛び回る courir toute la journée pour ses affaires

飛ぶ voler 100メートルの高さを飛ぶ voler à cent mètres de haut / 飛ぶように売れる se vendre comme des petits pains / どんな夢を見たの―町の上を飛ぶ夢 Qu'est-ce que tu as rêvé ? — J'ai rêvé que je flottais au-dessus de la ville.
◇**飛ぶ鳥を落とす勢いで** avoir une puissance irrésistible

跳ぶ sauter, faire un bond 勢いをつけて跳ぶ prendre son élan pour sauter / 跳び上がるくらい熱い湯だった L'eau était chaude à vous faire bondir.

どぶ égout 男, fossé d'écoulement

徒歩で à pied →歩く

途方 途方もない extraordinaire, extravagant(e) 途方に暮れる être désemparé(e)

とまどう être déconcerté(e) 環境が変わってとまどった J'ai été désorienté en entrant dans un milieu aussi différent.

止まる・留まる s'arrêter 事故で列車が止まった Le train s'est arrêté pour cause de l'accident.

泊まる loger 泊まっていったら？ Tu peux dormir chez nous. / 一度マイトルームに泊まってみたい Au moins une fois je voudrais prendre une suite à l'hôtel.

富 (→財産) fortune 富が公平に配分されていない Les richesses ne sont pas équitablement réparties.

止める・留める arrêter

泊める loger, héberger 自宅に泊めて loger... chez soi

とも 送料とも二千円 y compris le port / 二人とも二人 tous (les) deux

供 〔同伴者〕accompagnateur(trice) 女 ; 〔従者〕suite 女

共食い s'entre-dévorer

共倒れ faillite commune

友だち ami(e), copain(e) 女 友だちと遊ぶ jouer avec des amis / 彼はだれとでもすぐ友だちになる質だ Il est du type à devenir ami avec tout le monde. / 友だちだろ, 助けてくれよ Nous sommes amis, non ? Alors aide-moi. / (エリック・ロメールの)『友だちの恋人』L'ami de mon amie

伴う emmener, aller avec ; 〔同時に起こる〕accompagner 危険を伴って comporter des risques

共に avec, ensemble ; 〔同時に〕à la fois 喜びを共にする partager la joie de... / 両親は共に教師です Mes parents sont professeurs tous les deux. / 彼女は年齢とともに美しくなった Elle devenait belle à mesure qu'elle avançait en âge.

共働き ménage à doubles revenus 男 うちの親は共働きです Mes parents travaillent tous les deux.

土曜 samedi

トラ (虎) tigre(sse) 男
◇**虎の威を借る狐** âne vêtu de la peau d'un lion

ドライブ randonnée en voiture 女 車の免許を取りました. ドライブに行こう J'ai passé mon permis de conduire. On va se promener en voiture ?

ドライヤー sèche-cheveux 男 ホテルの部屋にドライヤーが置いてあるかな Je me demande s'il y a un sèche-cheveux dans les chambres de cet hôtel.

捕らえる (→捕まえる) 盗みの現行犯で捕らえる prendre... en flagrant délit de vol

トラック camion 男 トラックに荷物を積む charger un camion

トラブル ennuis 男複, problèmes 男複 君はトラブルが絶えないね Tu es du genre à causer des ennuis aux autres. / トラブルメーカー faiseur(se) d'embarras

トランク valise 女 ; 〔車の〕coffre 男

トランプ cartes à jouer 女複 トランプをする jouer aux cartes / (セザンヌの)『トランプをする人々』Les Joueurs de cartes

鳥 oiseau 男 / 〔小鳥〕oisillon 男, petit oiseau 鳥を飼う nourrir un oiseau / 鳥の声 chant d'un oiseau / (ストラヴィンスキーの)『火の鳥』 L'Oiseau de feu ◆アヒル canard (domestique) 男 アホウドリ albatros 男 インコ perruche 女 ウグイス bouscarle 女 ウズラ caille 女 オウム perroquet 男 ガチョウ oie 女 カッコウ coucou 男 カモ (鴨) canard (sauvage) 男 カモメ goéland 男 カラス corbeau 男 キジ faisan 男 クジャク paon 男, paonne 女 コウノトリ cigogne 女 コンドル condor 男 七面鳥 dinde 女, dindon 男 スズメ moineau 男 タカ faucon 男 ダチョウ autruche 女 ツバメ hirondelle 女 ツル grue 女 トキ ibis 男 鶏 coq 男, poule 女 白鳥 cygne 男 ハト (鳩) pigeon 男, colombe 女 ヒバリ alouette 女 フクロウ chouette 女 ペリカン pélican 男 ペンギン manchot 男 ワシ aigle 男

とりあえず 〔さしあたって〕pour le moment ; 〔急いで〕en hâte ; 〔まずは〕pour commencer とりあえずホテル住まいをする loger provisoirement à

l'hôtel
取り上げる 〔手にとって〕prendre ; 〔没収〕enlever, retirer ; 〔採用〕adopter 手から武器を取り上げる arracher une arme des mains de… /ある問題を議題として取り上げる mettre une question sur le tapis
取り扱い maniement 男
取り扱う（→扱う）花瓶を注意して取り扱う manier un vase avec précaution
取り入れる 〔内に入れる〕rentrer ; 〔採用する〕adopter ; 〔収獲する〕récolter, moissonner 麦を取り入れる moissonner du blé
取り柄 mérite 男 目がいいのが取り柄だったのにね Tout ce que tu avais à ton avantage, c'était une bonne vue.
取り返す récupérer 負けを取り返そうとしてますます負けが込んだ Je me suis mis à perdre de plus en plus au jeu pour récupérer ma mise. / 取り返しのつかない失敗 faute irrémédiable [irréparable]
取り替える changer, remplacer 電球を取り替える changer une ampoule /このセーター、サイズが違うので取り替えてもらえますか Il y a eu erreur de taille pour ce pull. Est-ce qu'on pourrait me le changer?
取りかかる commencer, se mettre à… 翻訳に取りかかる se mettre à une traduction〔à traduire〕
取り組む aborder, s'affronter 問題に正面から取り組む aborder de front une question
取り消す annuler ; 〔前言を〕retirer ; 〔注文を〕décommander 前言を取り消す revenir sur sa parole
とりこ esclave 女 あなたのとりこになった Je suis tellement amoureux d'elle que je suis comme un oiseau en cage.
取り締まる surveiller, réprimer
取り出す sortir, retirer
トリック truc 男 ; 〔映画の〕truquage 男
取り付ける fixer, attacher, installer ; 〔許可・了承を〕obtenir, arracher 壁に棚を取り付ける fixer une étagère au mur
取り直す reprendre
鳥肉 volaille 女（★雄鶏は coq, 雌鶏は poule, 若鶏は poulet）
取り除く enlever, ôter 障害を取り除く faire disparaître un obstacle / 心配を取り除く délivrer… d'un souci
取り計らう うまく取り計らってください Arangez cette affaire convenablement.
鳥肌 鳥肌が立った J'en ai la chair de poule.
取り引き commerce 男, affaire 女 ; 〔経済用語〕échanges 男複, transactions 女複 ; 〔裏取引〕tractation 女 ; 〔密売〕trafic 男
取り巻き entourage 男
取り巻く entourer 日本を取り巻く環境はきびしいものがある Le Japon est sérieusement atteint par beaucoup de problèmes.
取り戻す reprendre, retrouver ; 〔遅れを〕rattraper
塗料 peinture 女
努力 effort 男 努力する faire des efforts / 長年の努力が報われた J'ai récolté le fruit de longues années d'efforts.
◘ **努力家** grand(e) travailleur(se) 名
取り寄せる faire venir
採る・捕る 〔採用〕engager ; 〔採集〕cueillir ; 〔収集〕ramasser ; 〔収獲〕récolter ; 〔捕獲〕attraper ; 〔漁〕pêcher オリーブから油を採る extraire de l'huile des olives / トロール網でニシンを捕る pêcher le hareng au chalut / 検査しますから血を採ってください On va vous faire un examen. Pour cela il faudra faire une prise de sang.
取る 〔手に〕prendre, obtenir ; 〔奪う〕voler ; 〔除く〕enlever, ôter 距離を取る garder ses distances / 宿を取る réserver une chambre dans un hôtel / 新聞を取る s'abonner à un journal / 父親のかたきを取る venger son père / この机は場所を取る Ce bureau occupe trop de place. / 彼女は私の言ったことを悪く取った Elle a mal pris ce que je lui ai dit. / かばんを取られた On m'a volé mon sac. J'y avais mon passeport.
◇ **取るに足りない** Cela ne fait rien.
取るものも取りあえず sans perdre une minute
撮る 写真を撮る prendre une photo
ドル dollar 男 ドル高が進んでいる La montée du dollar continue. / ドルは円に対して安くなった Le dollar a baissé par rapport au yen.
どれ lequel(laquelle) どれにしようかな Lequel est-ce que je vais choisir? / どれでも好きなものをどうぞ Choisissez celui qui vous plaira. / どれだけ食べても太らないなんて、うらやましい Je t'envie de pouvoir manger n'importe quoi sans grossir. / どれ、一服するか Bon, et si l'on faisait une petite pause?
奴隷 esclave 名 奴隷廃止 abolition de l'esclavage
トレーナー 〔コーチ〕entraîneur ; 〔運動着〕sweat-shirt 男
トレーニング entraînement 男 きびしいトレーニングに音を上げた Il a supplié qu'on le dispense d'un entraînement si sévère.
ドレス robe 女 ドレスを作る se faire une robe / 結婚式にはどんなドレスを着るの一できるだけシンプルなのにする Quelle robe choisis-tu pour ton mariage ? — Le modèle plus simple.
◘ **ドレスアップ** 彼女はみごとにドレスアップして現れた Elle est apparue en

ドレッシング

ドレッシング vinaigrette 囡 サラダにドレッシングをかける assaisonner la salade avec une vinaigrette

泥 boue 囡 車に泥をはねられた J'ai été éclaboussé(e) de boue par une voiture.
◇**泥のように眠る** dormir comme un loir **泥を吐く** 犯人は泥を吐いた Le coupable a lâché le morceau **泥を塗る** 輝かしい名声に泥を塗る galvauder un nom prestigieux / おれの顔に泥を塗ったな Tu m'as fait perdre la face.

泥くさい rustaud(e), mal dégrossi(e)

どろぼう voleur(se) 图; (空き巣) cambrioleur(se) 图 どろぼうに入られる recevoir la visite d'un cambrioleur / どろぼう！ Au voleur! Attrapez-le! / 人を見たらどろぼうと思え La méfiance est mère de la sûreté.

ドングリ gland 男

とんだ とんだペテン師だ C'est un vrai charlatan! / とんだ災難だったね On ne s'attendait vraiment pas à un tel malheur.

とんでもない とんでもない話だ Vous plaisantez? / とんでもないやつだ Il ne manque pas d'air. / 休暇は取りますか — とんでもないです Vous prenez des vacances? — Vous n'y pensez pas!

どんどん どんどん仕事する travailler ardemment / どんどん魚が釣れる On peut pêcher les poissons les uns après les autres. / 仕事がどんどんはかどった Mon travail a bien avancé. / 遠慮せずにどんどん召し上がって Ne faites pas de manières, mangez autant que vous le désirez.

どんな quel(le), comment どんなかばんをお望みですか Quelle sorte de sac désirez-vous? / あなたの彼ってどんな人？ A quoi ressemble ton petit ami?

どんなに comme, combien, à quel point どんなに心配したか分かっているの Tu te rends compte à quel point tu nous a inquiétés? / どんなにがんばっても彼には勝てない Même en faisant les plus gros efforts, je ne le battrai pas. / どんなにきみに会いたかったことか！ Comme je voulais te voir!

トンネル tunnel 男 トンネルを掘る creuser un tunnel / トンネルをくぐる passer un tunnel / トンネル(=苦境)を脱する arriver au bout du tunnel / トンネルの向こうは一面の雪だった A la sortie du tunnel tout était blanc de neige.

トンボ libellule 囡; (俗語) demoiselle 囡

とんぼ返り culbute 囡 とんぼ返りのパリ旅行 un voyage éclair à Paris

貪欲 avide 金に対して貪欲だ être avide d'argent

な

名 nom 男 (→お名前) 名を改める changer de nom / 名をかたる user frauduleusement le nom de... / 名に恥じない être digne de sa réputation. / 名を捨てて実を取る sacrifier les honneurs à des avantages réels / 刑罰に名を借りた殺人 meurtre sous prétexte de peine / 名もない花が辺りに咲き乱れていた Il y avait partout des fleurs sans nom.
◇**名を売る** se faire une réputation **名を汚す** déshonorer le nom de... **名を成す** se faire un nom **名を残す** laisser son nom

ない(無い) ne pas exister, il n'y a pas もうお寺はもうない Ce temple n'existe plus. / デパートにはないものはない Dans les grands magasins, on peut tout trouver. / 暑いといったら Il fait extrêmement chaud. / 何もなかったことにしよう Faisons comme s'il ne s'était rien passé.

内閣 cabinet 男, gouvernement 男, ministère 男 連立内閣 cabinet de coalition / 影の内閣 cabinet fantôme
◇**内閣官房長官** secrétaire général du cabinet

内向的 introverti(e)

ないしょ secret(ète), caché(e) ないしょの話だよ C'est un secret (entre nous)! / 親にないしょでアルバイトした J'ai fait un petit boulot sans le dire à mes parents.

内心 pensée 囡, cœur 男, intention 囡 内心では au-dedans / 彼は内心…と考えている Il pense au fond de son cœur que... / 平気だと言ったが内心怖かった J'ai dit que ça allait, mais intérieurement j'étais effrayé.

内臓 entrailles 囡(複); [解剖学で] viscère 男 内臓の viscéral(e) ◆胃 estomac 男 肺 poumon 男 肝臓 foie 男 心臓 cœur 男 腎臓 rein 男 膵臓 pancréas 男 胆嚢 vésicule biliaire 脾臓 rate 囡 腸 intestin 男 副腎 capsules (glandes) surrénales 膀胱 vessie 囡
◇**内臓構造** structure interne

内容 contenu 男, teneur 囡 内容のない会議だった L'assemblée n'a rien donné. / 映画はどんな内容？ — ちょっといにくい。反戦映画だよ Quel était le sujet du film? — C'est difficile à expliquer. Mais c'était un film antiguerre.

苗 semis 男

苗木 plant 男
苗床 pépinière 女
なお いまもなお maintenant encore, toujours／手を加えたら、なおよくなった Il y a encore plus d'amélioration après la retouche.
なおさら à plus forte raison
直す 〔修正〕corriger；〔修理〕réparer；〔調整〕arranger
治す guérir 病気を治す guérir une maladie
中 dedans 男, intérieur 男；〔真ん中〕milieu 男 中に〔で、へ〕dans, à l'intérieur de…／その中には何があるの Qu'est-ce qu'il y a là-dedans?／大雪の中を登校する aller à l'école sous de grandes chutes de neige
仲 relations 女複, rapports 男複 仲が悪い être mal avec…／彼らはとても仲がよい Ils sont copains comme cochons.／二人の仲が怪しい On peut soupçonner une amourette entre eux.／きみとぼくの仲じゃないか Toi et moi, on se connaît bien.
直る se corriger, être réparé(e) 故障がちゃんと直って彼らは出発できた La panne dûment réparée, ils ont pu repartir.／彼の怠け癖はなかなか直っていない Je reconnais bien là sa paresse.
治る (se) guérir 手術を受けずに病気が治る guérir sans intervention chirurgicale／結核は今では比較的よく治る La tuberculose se soigne bien aujourd'hui.
長い long(ue), allongé(e) 足が長い avoir des jambes longues／長い間 longtemps；〔ずっと〕depuis longtemps／長い目で見れば一度や二度の失敗なんでもない A long terme, une ou deux erreurs ne sont pas bien graves.／日本は長いんですか— 2年になります Ça fait longtemps que vous êtes au Japon? — Ça fait deux ans.
◇長い物には巻かれろ La raison du plus fort est toujours la meilleur.
長生きする vivre longtemps
長靴 bottes 女複
長さ longueur 女 長さ1キロのlong(ue) de 1km ／メートル mètre 男 ／センチメートル centimètre 男 ／ミリメートル millimètre 男 ／マイル mille 男 ／ヤード yard 男
流し 〔台所の〕évier 男 汚れた食器を流しに置く mettre la vaisselle sale dans l'évier
流す couler, verser, déverser；〔タクシーが街中を〕marauder
仲直りする se réconcilier, se raccommoder いつまでけんかしてるの、仲直りなさい Vous vous disputez encore! Essayez donc de vous réconcilier. ☺私が悪かった—いいえ、こちらこそ C'était de ma faute. — Non, c'était de la mienne.
なかなか bien, assez このワインはなかなかいける C'est pas mauvais, ce vin-là.／校長の話はなかなか終わらない Le discours du proviseur n'en finit pas.
長続き longueure, interminablement
半ば à moitié, à demi 6月半ばにà la mi-juin／19世紀の半ばに au milieu du dix-neuvième siècle／半ば冗談で言ったんだ Je l'ai dit un peu pour plaisanter.／志半ばで倒れた Il est mort au cours de sa mission.
長引く se prolonger 経済危機が長引く La crise économique s'éternise.
仲間 compagnon 男, camarade 男；〔女性の〕compagne 女，〔同僚〕collègue 男女 仲間に入れる joindre…aux membres／みんなに仲間外れにされた Mes copains m'ont exclu de leur groupe.／遊び仲間 compagnon de jeu
中身 contenu 男 小包の中身は爆弾だった C'était une bombe que contenait le petit colis.
眺め vue 女, perspective 女 眺めのいい部屋 chambre avec vue
眺める regarder 窓から眺める regarder par la fenêtre
長持ちする durer, tenir, résister longtemps 日本車はじょうぶで長持ちする Les voitures japonaises sont solides et durables.
仲よしだ être intime
ながら 昔ながらの街道 route telle qu'elle était autrefois／歩きながら話そう On parle en marchant.／彼はそのことを知っていながら言わない Bien qu'il le sache, il ne le dit pas.
流れ cours 男, courant 男 水の流れに沿って進む suivre le fil de l'eau／バカンス中は車の流れがスムーズだ La circulation automobile se décongestionne pendant les vacances.
◇流れ星 étoile filante 女, météore 男
流れる couler, s'écouler；〔時が〕passer；〔中止〕être annulé(e)
流れ作業 travail à la chaîne 男 工場では流れ作業をやっている Il travaille à la chaîne dans une usine.
流れ弾 balle perdue
流れ星 étoile filante 女 流れ星を見て願い事をする faire un vœu à la vue d'une étoile filante
泣き声 〔赤ん坊の〕vagissement 男
鳴き声 cri 男 →498ページ（囲み）
泣きつく prier, implorer 給料を上げて欲しいと career に泣きつく aller pleurer auprès de son patron pour obtenir une augmentation
泣く pleurer；〔赤ん坊が〕vagir さめざめと泣く pleurer à chaudes larmes／泣く子をなだめる apaiser un enfant qui pleure／泣かないで Ne pleure pas.／この映画のラストシーンは泣ける A la dernière scène du film tout le monde pleure.
◇泣いても笑っても qu'on rie ou qu'on pleure

鳴く crier
慰め consolation 囡 慰めのことばをかける adresser quelques mots de consolation à...
慰める consoler ◇ついてないよ Tu n'as pas de chance. [=Pas de veine.] /大変だったね Tu en as vu! /こんなこともあるよ Ce sont des choses qui arrivent. /また今度がんばればいいよ Ne t'en fais pas, ça ira mieux la prochaine fois. /きみのせいじゃない。どうしようもないことだよ Ce n'est pas de ta faute. Personne n'y pouvait rien.
なくす perdre, égarer 核戦争の脅威をなくす éliminer la menace de guerre nucléaire /すぐ物をなくす人だね Tu es le genre de personne qui perd tout le temps ses affaires.
なくなる disparaître 腕時計がなくなった Ma montre a disparu.
殴る frapper 殴られたら殴り返せ Si on te frappe, rends-le.
嘆く se plaindre, se lamenter;〔残念に思う〕déplorer;〔涙する〕pleurer わが身の薄さを嘆く pleurer sur son propre malheur /いくら嘆いても死んだ人は帰ってこない On a beau pleurer, les morts ne reviennent pas. /なんてことだ Quelle catastrophe!
投げ出す〔物を前に〕jeter;〔体を〕se jeter;〔財産などを〕donner, sacrifier;〔放棄する〕abandonner 資料をテーブルにぽんと投げ出す jeter des documents sur la table /足を投げ出す allonger ses jambes
投げやりな nonchalant(e), négligent(e)
投げる jeter;〔遠くに〕lancer;〔空に〕projeter;〔放棄〕abandonner 海に身を投げる se jeter dans les flots /燃えるような視線を投げる jeter un regard fulgurant vers...
なければ きみなければできないんだよ Personne ne peut le faire à part toi. /きみといっしょでなければ行きたくない Si ce n'est pas avec toi, je ne veux pas y aller. /これが罪でなければ何が罪だろう Si ça ce n'est pas un crime, qu'est-ce qu'on pourrait appeler un crime?
なごやかな なごやかな表情 physionomie douce /なごやかな雰囲気で dans une ambiance amicale
なごり〔痕跡〕vestige 囲, reste 囲, trace 囡 冷めた恋のなごり vestiges d'un amour éteint
なごり惜しい お別れがなごり惜しいです Je regrette de vous quitter.
情け charité 囡, miséricorde 囡 情けをかける avoir pitié de...
◇情けは人のためならず Si on fait la charité, on recevra à son tour.
情けない〔みじめな〕pitoyable, misérable;〔恥ずべき〕honteu*x(se)* こんな簡単な問題が解けないなんて、ああ情けない Ah, quelle pitié qu'un problème si simple ne puisse être résolu.
情け容赦なく sans pitié, impitoya-

blement
なし 彼は秘書なしで済ませている Il se passe de secrétaire.
なじみ なじみが薄い inconnu(e) /この辺になじみの店がある Il y a un bar que je connais bien dans ce coin.
なじむ se familiariser, s'accoutumer いなかでの生活になじむ s'accoutumer à vivre à la campagne
なぜ pourquoi, pour quelle raison なぜ遅れたのですか Pourquoi êtes-vous arrivé(e) en retard? /子供たちのなぜという質問には持て余すことが多い Les pourquoi des enfants sont souvent embarrassants.
なぜなら car, parce que なぜなら妻が病気だからです Parce que ma femme est malade.
なぞ〔難問〕énigme 囡;〔神秘〕mystère 囲 なぞをかける poser une énigme /生命のなぞを解く résoudre une énigme de la vie
なぞなぞ devinette 囡 なぞなぞを出す poser une devinette
なだめる apaiser 泣く子をなだめる apaiser un enfant qui pleure
なだらかな dou*x(se)*
なだれ avalanche 囡 なだれに巻きこまれる être enseveli(e) sous une avalanche
夏 été 囲 夏はよく旅行する Je voyage beaucoup en été. /夏服 tenue estivale /〔シェークスピアの〕『夏の夜の夢』 Le Songe d'une nuit d'été
なつかしい なつかしいなあ Ça m'en rappelle, ces choses... /青春時代がなつかしい J'ai la nostalgie de ma jeunesse.
なつく s'attacher à... 子供たちは先生にすぐなついた Les enfants se sont tout de suite attachés à l'institutrice.
名づけ親 parrain 囲, marraine 囡 子供の名づけ親となる servir de parrain à un enfant
名づける nommer
納得する être convaincu(e) 納得のいく説明 une explication convaincante /納得いかないなあ Je ne suis guère convaincu(e).
夏休み grandes vacances 囡複 夏休みを有効に使おう Tâchez de profiter efficacemnt de vos vacances d'été.
なでる caresser ラオスでは子供の頭をなでるのはよくない Au Laos on dit qu'il n'est pas bon de caresser la tête des enfants.
など et cetera, etc. ペンやノートなどを買う acheter des stylos, des cahiers etc... /デカルトやパスカルなどの思想家 penseurs tels que Décartes et Pascal /私などにはとてもできません C'est absolument impossible pour quelqu'un comme moi.
斜めに de biais, en oblique 斜めのoblique /広場を斜めに横切る traverser une place en oblique /肩から斜めにカメラをぶら下げる porter un ap-

pareil photo en bandoulière
何 que, quoi それはいったい何？ Qu'est-ce que c'est que ça? /何を考えているの A quoi penses-tu? /小遣いくれよ―何に使うの―なんだっていいだろ Donne-moi de l'argent de poche. — Pour quoi faire? — Ce que je veux. /なに、忘れたって？ Comment! tu as oublié!?
◇ 何が何でも〔どうしても〕coûte que coûte 何から何につけ お世話 何食わぬ顔で sans avoir l'air de rien 何はさておき avant tout (autre chose) 何はともあれ de toute façon, en tout cas
何か quelque chose /何か隠してるな Tu nous caches quelque chose. /何かっていうとすぐこれだ Tu dis ça à tout bout de champ.
何か(何彼) 車があると何かと便利で Une voiture peut toujours être utile.
何げない involontaire /何げなく言った言葉で傷つける blesser... par des propos innocemment dits /何げなく外へ出たら、友だちに会った J'étais sorti comme ça, j'ai rencontré un ami.
何事 何事もなく sans accident /何事もなかったかのように comme si de rien n'était /何が起こったのかと驚く s'étonner de ce qui se passe /忍耐力があれば何事もうまくいく Avec de la patience, on arrive à tout. /約束を忘れるとは何事だ Tout de même comment peut-on oublier ses promesses?
何しろ 何しろ努力家だから試験に受かるよ Travaillant comme il est, il réussira à son examen.
何も ne... rien, ne... aucun(e) /何もかもおしまいだ J'ai perdu tout espoir. [=Tout est fini.] /何も怒ることはないよ Tu n'as quand même pas besoin de te mettre en colère. /何もきみを責めているわけじゃない Je n'ai pas l'intention de te blâmer.
何よりも avant tout, surtout /何よりも健康が大事だ Rien n'est plus important que la santé. /それは何よりです Je suis content pour vous.
ナプキン serviette (de table) 囡 /紙ナプキン serviette en papier
名札 plaque d'identité
なべ〔両手なべ〕marmite 囡；〔片手なべ〕casserole 囡；〔つるのついた〕chaudron 男 /なべをこんろにかける mettre une marmite sur la plaque /なべで湯を沸かす faire bouillir de l'eau dans un chaudron /あわててたべから手を引っ込める retirer à la hâte sa main de la casserole
なべ敷き dessous-de-plat 男
生の cru(e) /生の声を聞け Ecoutez la voix du peuple directement dans la rue. /生の演奏を聞く assister à un concert
生意気な〔礼を欠いた〕impertinent(e), insolent(e)；〔うぬぼれた〕présomptueu*x(se)*；〔ませた〕précoce /生意気なことを言う se permettre des impertinences

名前〔姓〕nom 男；〔名〕prénom 男 /名前を伏せる taire le nom /お名前を伺っていいですか Est-ce que je peux avoir votre nom? /彼のことは名前しか知らない Je ne le connais que de nom. /どんな名前にしようか―かわいい名前がいいな Comment est-ce qu'on va l'appeler? — Il faut lui trouver un nom élégant.
生かじり 生かじりの知識を振り回す étaler des connaissances superficielles
生クリーム crème fraîche
怠け者 paresseu*x(se)* 名 /根っからの怠け者だ Il est paresseux comme une couleuvre.
怠ける paresser /休み明けは怠け癖がついてしまうよ Le lendemain des jours de vacances, je ne peux me défaire de ma paresse.
生々しい 生々しい記憶 souvenir frais
生ビール bière (à la) pression 囡
生返事 遊びに夢中で、生返事ばかりしている Il est absorbé par son jeu et ne fait que répondre avec indifférence.
生放送 émission en direct
なまり accent 男 /なまりがなかなか抜けない Il a du mal à perdre son accent.
波 vague 囡；〔文章語で〕onde 囡, flots 男複；〔うねり〕houle 囡 /波が高い La mer est agitée. /気分に波がある Il est d'humeur changeante. /時代の波に乗れる être avec son temps
涙 larme 囡 /目に涙を浮かべる avoir les larmes aux yeux /目に涙をためる avoir les yeux au bord des larmes /涙をこらえる retenir ses larmes /涙を流す verser des larmes /涙をふきなさい Essuie tes larmes. /泣きすぎて涙も枯れた J'ai tellement pleuré que je n'ai même plus de larmes.
涙ぐましい努力 efforts touchants
涙声になる avoir des larmes dans la voix
涙もろい avoir la larme facile /近ごろ涙もろくって Ces temps-ci les larmes me viennent aux yeux.
並外れた hors du commun, hors de pair, extraordinaire /並外れた記憶力がある avoir la mémoire hypertrophique
滑らかな lisse
なめる lécher /ひどいせきね。のどあめなめる？ Tu tousses beaucoup. Tu veux une pastille pour la gorge? /なめるんじゃない Ne te moque pas de moi.
悩み souci 男, ennui 男；chagrin 男 /悩みがありそうな顔だね Tu n'as pas l'air d'avoir beaucoup de soucis.
悩む se tracasser, se tourmenter, se faire du souci /栄養失調で悩む souffrir de carences nutritives /恋に悩む

なら

- **なら** 出かけるなら買い物してきて Si tu sors, tu peux me faire des courses? / あいつならやりかねない Lui, il serait bien capable de faire cela. / そのことなら quant à cela, / 住居のことなら心配いらない En fait de domicile, ne vous inquiétez pas.
- **習う** apprendre, étudier ピアノを習う prendre des leçons de piano ◇習うより慣れろ C'est en forgeant qu'on devient forgeron.
- **鳴らす** 〔鐘・時計・呼び鈴・楽器などを〕sonner; 〔鐘を〕tinter ラジオをがんがん鳴らす mettre la radio à pleins tubes
- **慣らす** accoutumer
- **並ぶ** s'aligner, se ranger; 〔列を作る〕faire la queue 3列に並ぶ s'aligner sur trois rangs / 順番待ちの列の後ろに並ぶ se mettre à la suite d'une file d'attente
- **並べる** arranger, ranger; 〔陳列〕étaler, exposer; 〔列挙〕énumérer, dénombrer いすを壁際に並べる aligner des chaises contre le mur / 大きい順に数を並べる ranger les nombres dans l'ordre décroissant
- **なり** 私なりに考えた J'y ai pensé à ma manière. / 帰るなり遊びに行った Aussitôt rentré, il est allé jouer.
- **成り立つ** 〔組織される〕se former; 〔契約などが〕être conclu(e) 生活が成り立たない avoir du mal à subvenir
- **なりゆき** tournure 囡, cours 男 〔…の変化〕évolution 囡 なりゆきを見守る observer la tournure des événements / 事のなりゆきで par la force des choses
- **なる(成る)** devenir; 〔…に変わる〕se transformer en この街に来て10年になる Ça fait dix ans que je suis venu dans cette ville. / そう言えばあの話はどうなった A propos, ce que tu disais, comment ça s'est passé? / なるようになる Que sera sera.
- **鳴る** 〔鐘・時計・呼び鈴・楽器などが〕sonner; 〔鐘が〕tinter 11時が鳴る Il sonne onze heures. / 電話が鳴った Le téléphone a sonné.
- **なる(生る)** この木にはミカンがなる Cet arbre porte des mandarines.
- **なるべく** autant que possible なるべく早く来てください Viens aussi vite que possible.
- **なるほど** 東京はなるほど人間が多い En effet, il y a du monde à Tokyo. / なるほど、ごもっともです Oui, vous avez raison.
- **慣れる** s'habituer à..., s'accoutumer à...; 〔適応〕s'adapter à... 慣れた手つきで d'une main experte / 人前で話すのに慣れる s'habituer à parler en public / 新しい環境に慣れる s'adapter à un nouveau milieu / フランス語会話に慣れていません Je n'ai pas l'habitude de parler en français
- **なれる(馴れる)** 人になれた犬 chien apprivoisé

- **縄** corde 囡
- **縄跳び** sauter à la corde 男
- **縄張り** territoire 男 縄張りを荒らす envahir le domaine de...
- **南極** pôle Sud
- **なんて** なんてきれいな人だ Quelle belle femme!
- **なんでも** n'importe quoi, tout 男 分からないことなんでも聞いて Tu peux me demander tout ce que tu ne comprends pas. / どうしたの?-なんでもない Qu'est-ce qu'il y a? - Ce n'est rien.
- **なんと** なんとおわびしていいか Je ne peux vous dire à quel point je suis désolé pour ce que j'ai fait. / なんとまあ、信じられない話だ Que dire, je n'arrive pas à y croire.
  ◇なんといっても quoiqu'on dise
- **なんとか** à peine なんとかする se tirer d'affaire, se débrouiller / なんとか間に合った Ça a été juste. / なんとか言えよ Dis quelque chose! / なんとかいう人がやって来たよ C'est un monsieur quelque chose qui est venu ici. / 心配しないで。なんとかなるよ Ne t'en fais pas! Je pense que ça ira.
- **なんとなく** sans savoir pourquoi 彼はなんとなく元気がないな Je le trouve un peu déprimé. / なんとなく駅まで来てしまった Je suis venu à la gare sans raison spéciale.
- **なんとも** 時計を床に落としたが、なんともなかった J'ai fait tomber ma montre mais elle n'a rien. / 彼女はお前のことなんとも思っていないぞ Tu la laisse indifférente. / なんとも言えない気持ち sentiment inexprimable
- **なん〜** なん〜 quel(le), quelle sorte なんの役にも立たない Ça ne sert à rien. / 痛いのなんのって Ça a été une douleur au-delà du supportable. / なんのことを言っているんですか De quoi parlez-vous?
- **ナンパ** 繁華街でナンパする draguer dans les quartiers animés
- **難民** réfugié(e) 難民を受け入れる accueillir les réfugiés / 飢えと寒さにさらされた難民たち réfugiés exposés à la faim et au froid
  ◘ 難民キャンプ camp de réfugiés 男

に

- **荷** charge 囡, cargaison 囡 荷を積む charger / 荷を下ろす décharger / 私には荷が重い C'est trop lourd pour moi.
- **似合う** aller bien このスカート似合う? Est-ce que cette jupe me va? / 似合いのカップルだ C'est un couple bien assorti.
- **におい** odeur 囡 においを放つ exhaler une odeur / うーん、いいにおい。まそうだなあ Ça sent bon, miam-miam!
- **におう** sentir 香水がきつすぎない?すごくにおうよ Ce parfum n'est pas

苦い amer(ère) このお茶, 苦すぎる Ce thé est trop amer. /苦い経験 expérience amère

逃がす laisser échapper 鳥を逃がしてやる lâcher un oiseau

苦手 数学は苦手です Les maths, c'est mon point faible. /スポーツはどうも苦手です Le sport est mon cauchemar.

苦々しい 苦々しく思う se scandaliser de...

苦笑いする rire jaune, sourire du bout des lèvres

にぎやかな gai(e), joyeux(se) 〔活気のある〕animé(e) 彼はにぎやかな人だ Il a une personnalité très gaie. /にぎやかな表通り rue principale fréquentée

握りつぶす 調査報告をにぎりつぶす effacer les preuves et empêcher le bon déroulement de l'enquête

握る empoigner, prendre, saisir; 〔秘密などを〕détenir, tenir 彼は私の手を握った Il m'a saisi la main. /棒の太いほうの端を握る tenir un bâton par le gros bout

肉 〔食用の〕viande 囡;〔動物・人間の〕chair 囡 肉を焼く cuire de la viande ◆牛肉 bœuf 男 豚肉 porc 男 鳥肉 volaille 野生の禽獣類の肉 gibier 男 ひき肉 hachis 男 ソーセージ saucisse 囡, saucisson 男 ハム jambon 男 ベーコン lard fumé 男, bacon 男 臓物 entrailles 囡複 レバー foie 男

憎い haïssable, détestable 憎いことを言うね Tu fais de l'esprit.

にくい 意味がわかりにくい difficile à comprendre /燃えにくい材質 matière inflammable

憎しみ haine 囡 憎しみを買う s'attirer la haine de... /憎しみに燃える目 des yeux étincelants de haine

肉体 corps 男, chair 囡 肉体的な physique /肉体関係がある connaître charnellement..., avoir des rapports intimes avec... /肉体は魂の牢獄である Le corps est la prison de l'âme. (ラディゲの)『肉体の悪魔』 Le Diable au corps

肉食の carnassier(ère), carnivore /肉食獣 animaux carnassiers

憎たらしい なんて憎たらしいぺてん師だ! Maudit tricheur!

肉付きのいい charnu(e)

憎まれっ子 憎まれっ子世にはばかる Mauvaise herbe croît toujours.

憎む haïr 罪を憎んで人を憎まず C'est le crime qu'il faut haïr, et non le criminel.

肉屋 〔牛・羊〕boucher(ère); 〔豚〕charcutier(ère); 〔鶏〕volailler(ère)

憎らしい haïssable, détestable

逃げ腰になる s'apprêter [se préparer] à fuir

逃げ場 refuge 男

逃げ道 issue 囡 逃げ道を確保する se ménager une porte de sortie

逃げる se sauver, s'enfuir, fuir 恐れをなして逃げる s'enfuir épouvanté(e) /いやな役目から逃げる esquiver un rôle désagréable /逃げるが勝ちだ Il est préférable de s'enfuir.

にこにこ いつもにこにこしている人 personne toujours souriante

濁る se troubler 濁って泡立っている水 eau trouble et mousseuse

西 ouest 男, occident 男 西の d'ouest, occidental(ale) /西に à l'ouest, dans l'ouest/西の空が焼けている Le soleil embrase le ciel d'ouest.

虹 arc-en-ciel 男 噴水に虹がかかっていた Le jet d'eau lançait des arcs-en-ciels.

にじみ出る suinter 彼の人柄全体に誠実さがにじみ出ている L'honnêteté respire dans toute sa personne.

にじむ 〔インクなどが〕baver

二重の double 人影が二重に見える voir double /毛布を二重にする doubler une couverture ◆二重唱 duo 男 二重人格 dédoublement de personalité 男 二重奏 duo 男 チェロの二重奏曲 duo pour violoncelles 二重否定 double négation 囡

ニス vernis 男

偽の faux(sse) 偽のサイン signature imitée

偽札 faux billet 男 偽札が出回っている Il y a de faux billets en circulation.

偽物 contrefaçon 囡

日常 couramment, d'ordinaire 日常の quotidien(en), ordinaire /昔の人の日常生活はどんなだったろう Je me demande quelle était la vie quotidienne des gens d'autrefois. /そんな日常茶飯事だ C'est quelque chose qui arrive tous les jours.

日曜 dimanche 男 日曜は家でゆっくりする Le dimanche, je me mets à mon aise chez moi.

日用の objets d'usage courant 男複 ◆タオル serviette 囡 ティッシュペーパー kleenex 男 トイレットペーパー papier hygiénique 男 歯ブラシ brosse à dents 囡 歯磨き dentifrice 男 シャンプー shampo(o)ing 男 洗剤 lessive 囡 スポンジ éponge 囡 電球 ampoule 囡

日記 journal 男 日記をつける tenir son journal 『ベルナノスの』『田舎司祭の日記』 Journal d'un curé de campagne

日光 soleil 男 日光を避ける s'abriter du soleil /湖は日光を受けて輝いていた Le lac luisait au soleil.

日光浴をする prendre un bain de soleil

にっこり gracieusement さあ, ママににっこり笑ってちょうだい Allons, fais un petit sourire à ta maman!

二度 deux fois 週に二度 deux fois par semaine /二度とこんなこと

鈍い るタ Tâche de ne pas recommencer une deuxième fois!

鈍い〔音・痛みが〕sourd(e);〔動きが〕lent(e) /転んだ時に鈍い音がした J'ai entendu un bruit sourd quand je suis tombé. /鈍いやつだな Tu es bouché.

鈍る〔速度が〕se ralentir;〔生体機能が〕s'engourdir;〔決意・信念が〕faiblir, mollir, fléchir

日本 Japon 男, japonais(e) /谷崎は非常に日本的な小説を書いた Tanizaki a écrit des romans typiquement japonais. ◆日出ずる国 L'Empire du Soleil Levant
◘日本語 japonais 男, langue japonaise 女 日本人 Japonais(e)

二枚舌 あいつは二枚舌だ Un jour il dit blanc, l'autre, noir. Il est menteur.

二枚目 bel homme 男;〔役〕rôle de jeune premier 男

荷物 bagage 男, paquet 男;〔小荷物〕colis 男 /荷物をまとめる faire ses bagages /荷物を預かる prendre un bagage en garde /荷物を改める(=検査する) inspecter les bagages /お荷物はこれだけですか Vous n'avez que ça comme bagages? /旅行に赤ん坊を連れて行くなんて荷物になるだけだ Quand on part en voyage, on a bien assez d'un bébé comme bagage!

にやにやする〔ひとりで〕sourire tout(e) seul(e);〔ばかにして〕sourire dédaigneusement /何をにやにやしてるの, 気持ち悪いな Qu'est-ce que tu as à sourire? C'est énervant.

ニュアンス nuance 女 /…というニュアンスを別にすれば à cette nuance près que … +直訳法

入院 hospitalisation 女 /入院する entrer à l'hôpital

入学 entrée 女;〔許可〕admission 女 /リセに入学する entrer au lycée /医学部に入学する entrer à la faculté de médecine /入学願い demande d'admission dans une école /入学を許す admettre [accepter] à l'école
◘入学試験 concours d'entrée /入学試験に受かった Il a passé avec succès le concours d'entrée.

入賞 remporter le prix

入場 entrée 女 /演奏中なのでご入場はご遠慮ください Le spectacle a commencé. Il est interdit d'entrer.
◘入場券 billet d'entrée 男 /入場券の予約 réservation des billets d'entrée 入場料 droit d'entrée

ニュース nouvelles 女複;〔テレビの〕journal 男, actualités (télévisées) 女複 /ニュースを流す faire courir une nouvelle /いいニュースがあるよ J'ai une bonne nouvelle. /9時のニュースです Voici le journal de neuf heures.
◘ニュースキャスター présentateur(trice)

入門する se faire disciple 入門書 un ouvrage d'initiation

尿 urine 女
◘尿検査 analyse d'urines 女

にらみ合いになる se défier du regard mutuellement

にらむ fixer 敵意のこもった目つきでにらむ regarder… d'un œil noir /あの部長ににらまれたらおしまいだ Si je ne suis pas dans les petits papiers du chef, c'en est fini pour moi.

似る ressembler à… 顔だちが似ている avoir des traits de ressemblance avec… /似た話をどこかで聞いたことがある J'ai déjà entendu quelque chose qui ressemblait à cette histoire.
◘似ても似つかぬ complètement dissemblable

煮る cuire とろ火で煮る cuire à feu doux
◘煮ても焼いても食えない être dur à cuire

庭 jardin 男;〔中庭〕cour 女 /庭に水をまく arroser un jardin /庭にプールなんて日本にはまずない Il est inimaginable de concevoir une maison avec piscine au Japon.

庭いじり jardinage 男 庭いじりする jardiner

にわか雨 averse 女

にわかに soudainement, subitement

鶏〔雄〕coq 男;〔雌〕poule 女 (★若鶏肉は poulet, ひよこは poussin)

任(=任務) /任を解かれる être relevé(e) de ses fonctions /彼はその任ではない Il n'est pas de taille.

任意の facultati(ve), arbitraire 任意に選ぶ choisir arbitrairement

認可 autorisation 女 /穀物の輸出を認可する autoriser l'exportation des grains

人気 popularité 女 /人気のある populaire, à la mode, recherché(e) /人気を呼ぶ gagner la faveur du public /この教授は学生たちにとても人気がある Ce professeur a une grande popularité auprès de ses élèves.

人気者 favori(te) 名 /ミッキーマウスはディズニーランドの人気者だ Mickey Mouse est un des caractères favoris de Disney Land.

人魚 sirène 女 /人魚の像が何者かに壊された Quelqu'un a cassé la statue de la sirène.

人形 poupée 女;〔操り人形〕marionnette 女, pantin 男;〔指人形〕guignol 男;〔ろう人形〕mannequin de cire 男 /人形で遊ぶ jouer à la poupée /人形を操る faire jouer des marionnettes /人形みたいな女の子だ Cette petite fille est aussi jolie qu'une poupée.

人間 homme 男, être humain 男;〔人類〕humanité 女 /人間的な humain(e) /人間として humainement /人間そっくりの humanoïde /人間を超越した surhumain(e) /人間は考える葦である L'homme est un roseau pensant. /彼は人間ができている C'est un

homme de caractère.
◇人間万事塞翁が馬 A toute chose malheur est bon.
❏人間嫌い 〔人〕misanthrope 男 (モリエールの)『人間嫌い』 Le Misanthrope / 人間工学 ergonomie 女
人間国宝 trésor national vivant 男
認識 connaissance 女 認識する connaître, reconnaître / 芸術への認識が深まる s'avancer dans la connaissance de l'art
❏認識論 épistémologie 女 (ピアジェの)『発生的認識論序説』Introduction à l'épistémologie génétique
人情 sentiments humains 男複;〔同情〕pitié 女 人情に薄い avoir le cœur froid / 彼は人情に厚い Il est plein d'humanité.
妊娠 conception 女, grossesse 女 妊娠する[させる] devenir [rendre] enceinte ◆子宮 utérus 男 卵巣 ovaire 男 精子 spermatozoïde 男 卵子 ovule 男 排卵 ovulation 女 受精 fécondation 女 着床 nidation 女 胎児 fœtus 男 へその緒 cordon ombilical 男 産褥熱 fièvre puerpérale 女 つわり malaise de la grossesse 男 試験管ベビー bébé-éprouvette 男 体外受精 fécondation in vitro 女 代理母 mère porteuse, mère de substitution 女
人数 nombre de personnes 男 小人数に分かれて行く aller par petits groupes / 人数が足りない Nous sommes en nombre insuffisant.
人相 physionomie 女, mine 女;〔犯人の〕signalement 男 犯人の人相は?―背が高くて頬に傷がありました Quel est le signalement du coupable?― Il est grand et a une balafre sur la joue.
忍耐 patience 女, endurance 女 忍耐強い patient(e), endurant(e)
認知 〔科学で〕cognition 女;〔法律で〕reconnaissance 女 子供を認知する reconnaître un enfant
❏認知症 démence sénile 女
任務 tâche 女, charge 女 任務を果たす remplir sa mission

ぬ

縫いぐるみ peluche 女 ずっと大事にしている縫いぐるみです C'est une peluche que j'ai toujours gardée avec soin.
縫う coudre ミシンでドレスを縫う coudre une robe à la machine / 傷口を三針縫う faire trois points de suture à une plaie
ヌード nu 男 ヌードモデルになる poser nu
❏ヌード写真 photo de nu 女
抜く 〔引き抜く〕arracher;〔取り除く〕enlever;〔追い越す〕dépasser, doubler;〔引き抜く〕déraciner;〔省略する〕passer 力を抜く se relâcher; se relaxer / がんばり抜く tenir (ferme)

jusqu'au bout
脱ぐ enlever, ôter, quitter;〔服を〕se déshabiller;〔靴を〕se déchausser 日本では家に入るとき靴を脱ぐ Au Japon, on enlève ses chaussures avant d'entrer dans la maison.
抜け出す s'échapper, s'évader 部屋をそっと抜け出す s'esquiver de la chambre / スランプから抜け出す (se) sortir du marasme
抜ける 〔歯・髪が〕tomber;〔不足する〕manquer;〔通り過ぎる〕passer, traverser;〔まぬけな〕sot(te), niais(e) 髪が抜け始めた Mes cheveux commencent à tomber.
抜け道 passage secret 男 渋滞を避けるために抜け道を行く emprunter une dérivation pour éviter un bouchon
抜け目のない malin(gne)
盗み vol 男 盗みを働く commettre un vol
盗み聞きする écouter aux portes
盗み読みする 妻の日記を盗み読みする lire le journal de sa femme à la dérobée
盗む voler, piquer 目を離したすきにスーツケースを盗まれた J'avais à peine détourné les yeux qu'on m'a volé ma valise. / 目を盗んで…する faire… derrière le dos de…
布 étoffe 女, tissu 男 〔亜麻・麻・綿などの〕toile 女
沼 marais 男
ぬらす mouiller, tremper, baigner 髪をぬらす se mouiller les cheveux
塗りつぶす 壁を黒く塗りつぶす recouvrir un mur d'une peinture noire
塗る enduire, peindre
ぬるい tiède ぬるめのお湯にゆっくりつかるのが好きだ J'aime me prélasser dans un bon bain tiède.
ぬるま湯 eau tiède 女 ぬるま湯でうがいをする se gargariser à l'eau tiède / ぬるま湯に入る prendre un bain tiède
ぬれる se mouiller ぐっしょりぬれる être mouillé(e) jusqu'aux os / 涙にぬれた顔 visage trempé de larmes / 雨にぬれた舗道 pavé inondé de pluie

ね

根 racine 女 根を張る s'enraciner, prendre racine / 悪の根を絶やす couper le mal à sa racine / 根が明るい Il est d'un tempérament gai.
◇根に持つ いつまで根に持つの Pendant combien de temps encore est-ce que tu vas m'en vouloir?
根も葉もない 根も葉もないうわさ bruit [rumeur] sans fondement
根を下ろす 地域にしっかり根を下ろした政党 un parti politique bien ancré dans une région
値 (→値段) 値をつける mettre un prix / 値が張る coûter cher / 値は張るけどいい商品だ C'est cher mais de bonne qualité.

ね

値上がり augmentation de prix 囡

値打ち valeur 囡, prix 男 /値打ちがある avoir de la valeur /値打ちが出る prendre de la valeur /陶器の値打ちが分かる connaître la valeur d'une poterie /人間の値打ちは収入では計れない La valeur d'une personne ne se mesure pas à son salaire.

ねえ Ecoutez!, Dis donc! ねえ、ちょっと Dis, écoute. /ねえ、こうやってDis, est-ce que tu peux le faire?

寝起き avoir le réveil pénible

願い souhait 男, vœu 男 /願いをかなえる combler les vœux de… /お願いがあるんですが Je voudrais vous demander quelque chose. /お願いだからそんなこと言わないで Ne dis pas ça, je t'en prie!

願い下げ 敢役は願い下げだ Non merci, si c'est le mauvais rôle.

願い出る demander 3日間の休暇を願い出る demander un congé de trois jours

願う souhaiter, espérer, aspirer à… 人はだれしも幸福を願っている Tout homme aspire au bonheur. ◇願ったりかなったりだ Je ne demande pas mieux. 願ってもない チャンス chance inespérée

寝返りを打つ se retourner dans son lit

寝かす endormir; [横にする] coucher 赤ん坊を寝かしつける endormir un bébé

値切る marchander →値引き

値崩れ chute des prix 生産過剰を回避して値崩れを防がねばならない On doit éviter la surproduction et, par suite, la chute des prix.

ネクタイ cravate 囡 /ネクタイを締める(=結ぶ) nouer sa cravate /ネクタイを締めて会社に行く mettre une cravate pour aller au bureau /ネクタイが曲がっていますよ Votre cravate est de travers. /ノーネクタイではぐあい悪いよ La cravate sera de rigueur.
◘ **ネクタイピン** épingle de cravate

猫 chat(te) 男 /子猫をかまうtaquiner un petit chat /猫をかぶる être hypocrite
◇ 猫に小判だ C'est donner de la confiture aux cochons. 猫の手も借りたい Je n'ai pas assez de deux mains. 猫も杓子も tout le monde sans exception

猫かわいがり 孫を猫かわいがりしていdolâtrer son petit-fils

猫背 avoir le dos rond

猫なで声で話し掛ける parler d'une voix cajoleuse

猫ばばする s'approprier

寝込む s'aliter かぜで3日も寝込んだ Je suis resté couché à cause d'un rhume pendant trois bons jours.

寝転ぶ se coucher 寝転んで本を読む lire allongé

ねじ vis 囡, écrou 男 /ねじを締める serrer une vis /ねじをゆるめる desserrer une vis /ねじが甘い La vis n'est pas bien serrée. /ねじがばかになる La vis ne tient plus. 雄ねじ vis mâle /雌ねじ vis femelle

ねじる tordre 足首をねじった Je me suis tordu la cheville.

寝ずの番 veille 囡

ネズミ rat 男, [ハツカネズミ] souris 囡

寝そべる s'allonger 長いすに寝そべる s'allonger sur un divan

ねたむ envier, être jaloux(se) être jaloux(se) de la réussite de son ami 友人の成功をねたんでいる

ねだる demander mielleusement 母親におもちゃをねだる tanner sa mère pour obtenir un jouet /金をねだる quémander de l'argent auprès de…

値段 prix 男 手ごろな値段 prix raisonnable /土地の値段がどんどん下がっている Le prix des terrains baisse de plus en plus.

熱 chaleur 囡 /[病気の] fièvre 囡; [休温] température 囡 (→体温) 熱を測りなさい Prends ta température. /39度の熱がある avoir trente-neuf degrés de fièvre
◇ 熱を上げる s'enthousiasmer pour…

熱心 ardeur 囡, empressement 男 きみの熱意には頭が下がる Je m'incline devant ton enthousiasme.

熱狂 exaltation 囡, enthousiasme 男 熱狂する s'exalter /熱狂的な歓迎を受ける recevoir un accueil triomphal

ネックレス collier 男

熱心 ferveur 囡, zèle 男 熱心な fervent(e), zélé(e) /熱心に働く travailler avec zèle /あの先生は教育熱心だ Ce professeur enseigne d'une manière enthousiaste.

熱する chauffer, donner de la chaleur 鉄を真っ赤になるまで熱する chauffer le fer au rouge /熱しやすくさめやすい人 une personne au tempérament soupe au lait

熱帯の tropical(ale) 熱帯性気候で sous les climats tropicaux
◘ 熱帯魚 poisson tropical 男 家で熱帯魚を飼っている J'élève des poissons tropicaux chez moi. 熱帯地方 tropiques 男複 熱帯夜 nuit tropicale 囡

熱中する s'enthousiasmer, se passionner コンピュータに熱中している Je me donne à fond dans la pratique de l'ordinateur.

ネット [網] filet 男, réseau 男; [インターネット] Internet 男; [ヘアネット] résille 囡, filet à cheveux 男; [正味重量] poids net 男 ネットで髪をまとめる enfermer ses cheveux dans une résille /ネット2キログラムだ Cela pèse 2kg net.
◘ **ネットワーク** réseau 男 情報ネットワーク réseau d'information

熱弁を振るう faire un discours ar-

dent
寝床 lit 寝床から飛び起きる sauter de son lit
粘り〔ねばねば〕viscosité 囡;〔根気〕persévérance
粘り強い persévérant(e), opiniâtre 粘り強く戦う lutter avec opiniâtreté
粘る〔ねばねばした〕visqueux(se);〔根気のある〕persévérer 喫茶店で粘る s'attarder dans un café
値引きする faire un prix, faire une réduction 値引きしてもらえますか Est-ce que vous pouvez me faire un prix? / そんなに値引きされると買いたくなる Au prix qu'on m'a offert, il fallait que je l'achète.
寝坊する〔ゆっくり起きる〕faire la grasse matinée;〔寝過ごす〕dépasser l'heure du réveil
寝巻〔パジャマ〕pyjama 男;〔ネグリジェ〕chemise de nuit
寝耳 寝耳に水だった Ça m'a fait l'effet d'une douche froide.
眠い avoir sommeil 眠そうだね Tu as l'air d'avoir sommeil.
眠気 sommeil 男 眠気を催す avoir envie de dormir / 濃いコーヒーを飲めば眠気が覚めよう Un café bien tassé te réveillera.
眠り sommeil 男, somme 男 一眠りする faire un somme / 眠りに落ちる s'endormir / 眠りが浅くて眠れない Je dors mal, ce qui m'empêche de récupérer.
眠りこける sombrer dans le sommeil
眠る s'endormir, dormir ぐっすり眠る dormir profondément / よく眠れた？ Tu as bien dormi? / Xここに眠る〔墓碑名で〕Ici gît X. / 海底に眠る資源 ressources sous-marines non exploitées
根元 pied (d'un arbre) 男 計画を根元から引っくり返す renverser un projet radicalement
ねらい visée 囡;〔目的〕but 男 ねらいが狂う mal viser / それがこの試験のねらいだ C'est le but auquel cet examen vise.
ねらう viser 優勝をねらう viser le premier prix
練り歩く défiler デモ隊は都心部を練り歩いた Les manifestants ont défilé dans le centre de la ville.
寝る〔横になる〕se coucher;〔眠る〕dormir;〔眠り込む〕s'endormir;〔セックスする〕coucher avec... あおむけに寝る se coucher sur le dos / もう寝る時間ですよ C'est le temps d'aller au lit. / 暖かくして早く寝なさい Couvre-toi bien et couche-toi vite.
◇寝た子を起こす remettre le problème sur le tapis 寝る子は育つ Les enfants qui ont un bon sommeil grandissent bien.
練る pétrir, malaxer セメントを練る malaxer du béton / 練りに練った文章 phrase ciselée

年 an 男, année 囡（→ 年 ）数年 quelques années / 約10年 une dizaine d'années / 3年目 troisième année / 2000年に en l'an deux mille / 2006年に en deux mille six / 年に1度 une fois par an / 何年か間をおいて à quelques années d'intervalle / 3年で博士論文を書く faire une thèse en trois ans / 2年ごとにフランスに行く aller en France tous les deux ans / パリには何年いらっしゃいますか Combien d'années restez-vous au Japon? / パリに住んで10年になります Ça fait dix ans que j'habite à Paris. / このワインは何年物ですか Quel est le millésime de ce vin?
念 念のため pour plus de sûreté
◇念には念を入れよ Ne te satisfais pas d'une seule vérification. 念を押す confirmer pour éviter des fautes ちゃんと念を押したのに Je te l'avais pourtant bien demandé.
念入りに avec beaucoup de soin, soigneusement
年間〔1年につき〕par an 年間のannuel(le) 年間降雨量 budget annuel / 年間を通して雨が多い Il y a beaucoup de pluie toute l'année. / 年間5万台の車を輸出する exporter cinquante mille automobiles par an
念願 vœu 男 念願を果たす accomplir ses vœux
年金 pension 囡, retraite 囡 年金をもらう toucher une pension / 年金生活に入ってからの彼らの生活はつましい Ils ne roulent pas sur l'or depuis qu'ils sont à la retraite. / 終身年金 rente viagère
◻︎年金生活者 rentier(ère)
年月 années 囡, temps 男 年月を経ても変わらない友情 amitié qui a résisté au temps
ねんざ entorse 囡;〔軽度の〕foulure 囡 足をねんざする se faire une entorse au pied / 一度ねんざすると癖になりやすい Quand on a eu une entorse une fois, il est facile de s'en faire une deuxième.
年収 revenu annuel 男
年代 80年代 les années quatre-vingts / 年代順の資料 données chronologiques / この車は年代物だ Cette voiture est antique.
◻︎年代記 chronique
念頭に置く avoir... à l'esprit
年頭 début de l'année
燃料 combustible 男 飛行機に燃料を補給する ravitailler un avion en carburant
年齢 âge 男 彼女は年齢を偽って夜のバイトをした Elle a menti sur son âge et elle travaille le soir. / 彼は年齢不詳だ On ne sait pas son âge.
◻︎年齢制限 limite d'âge 年齢層 groupe d'âge 男

の

野 野に咲く花 fleurs des champs／野バラ rosier sauvage ◊ **あとは野となれ山となれ** Après moi [nous] le déluge!

ノイローゼ névrose 囡 ノイローゼになりそうだ être au bord de la névrose

脳 cerveau 男, encéphale 男; [脳みそ] cervelle 囡; [小脳] cervelet 男 ◆ 視床 thalamus 男 脳下垂体 hypophyse 囡 延髄 bulbe rachidien 男 前頭葉 lobe frontal 男 海馬 hippocampe 男

脳炎 encéphalite 囡

農家 ferme 囡

農学 agronomie

農業 agriculture 囡 農業の agricole／農業を営む exercer dans l'agriculture ◊ **農業協同組合** coopérative agricole 囡

脳梗塞 infarctus cérébral 男

農作物 produits agricoles

脳死 mort cérébrale 囡 脳死は人の死か Est-ce qu'on peut considérer que la vie prend fin avec la mort cérébrale?

農場 ferme 囡, [大規模な] plantation 囡

納税 paiement des impôts ◊ **納税者** contribuable 納税者から税金を搾り取る saigner les contribuables

脳卒中 apoplexie 囡 がんによる死亡者は脳卒中を上回る Le cancer fait plus de morts que l'apoplexie.

農村 commune rurale 囡 農村の過疎化 exode rural

農地 terre cultivée

農薬 insecticide agricole 男

能率 efficacité 囡, rendement 男 作業の能率を上げる augmenter le rendement

能力 capacité 囡, faculté 囡, compétence 囡 能力を存分に発揮する donner libre cours à ses capacités／この問題は私の能力を超えている Ce problème excède ma capacité.

ノート note 囡, [ノートブック] cahier (de notes) 男 ノートに写す transcrire sur son cahier／ノートを借りて写す emprunter et copier le cahier／授業中ノートを取る prendre des notes pendant un cours／ノートを貸して．授業中寝てたんだ Passe-moi tes notes. Je m'étais endormi pendant le cours.

ノーベル賞 prix Nobel 男 ◊ 日本人でノーベル賞をとったのは何人か知ってる？ Tu sais combien de Japonais ont obtenu le Prix Nobel?

逃す manquer, laisser échapper のけ者にする tenir... à l'écart

のける [どける] enlever, débarrasser; [排除する] exclure 机をのけて掃除する nettoyer après avoir déplacé le bureau

のこぎり scie 囡 木材をのこぎりでひく scier du bois

残す laisser; [保持する] garder, mettre de côté きみにケーキを残しておいたよ Je t'ai gardé un gâteau.

残り reste 男 25パーセントは即金で，残りはクレジットで払う payer 25% comptant, le reste à crédit

残る rester, demeurer 私はここに残ります Moi je reste ici.／10から3を引くと7が残る Otez trois de dix, il reste sept.／まだワインが何本か残っている Il reste encore quelques bouteilles de vin.

乗せる・載せる [乗り物に荷を] charger; [置く] placer, poser 魚を皿に載せて出す servir du poisson sur une assiette／車に乗せてもらえますか Pouvez-vous me prendre dans votre voiture ?

除く enlever, exclure 不純物を除く exclure [enlever] des impuretés／…を除いて sauf, excepté／やむを得ない場合を除いて sauf cas de force majeure

のぞく (覗く) regarder かぎ穴からのぞく regarder par le trou de la serrure

望ましい souhaitable 彼はその地位に就くのに望ましい資質をすべて備えている Il a toutes les qualités souhaitables pour ce poste.

望み souhait 男, vœu 男, désir 男 望みをかける porter [fonder] ses espérances à…／望みを3つだけかなえてやると言われたら何をお願いする？ Si tu n'avais que trois vœux à faire, quels seraient-ils?

望む souhaiter, désirer 切に望む souhaiter ardemment／フランス語に熟達されることが望まれます Il est à souhaiter que vous vous perfectionniez en français.

後に plus tard 4, 5日後に dans quatre ou cinq jours

後ほど 後ほど電話します Je vous appelle plus tard.／では後ほど A tout à l'heure.

ノックする frapper à… 入るときはちゃんとノックしなさい Il faut frapper à la porte avant d'entrer. ◊ どうぞ．開いてますよ Entrez! C'est ouvert.

乗っ取り 会社の乗っ取りを仕掛ける lancer un raid sur une entreprise

乗っ取る 飛行機を乗っ取る détourner un avion／会社を乗っ取ろうと，大それた野心を抱く avoir l'ambition de prendre le contrôle de l'entreprise

のど gorge, gosier 男 のどが渇く avoir soif／のどが痛い avoir mal à la gorge／のどがいらいらする avoir gorge irritée／のどを潤す se désaltérer ◊ **のどから手が出る** この本はのどから手が出るほど欲しかった Ce livre, je

brûlais d'envie de l'obtenir.
のどぼとけ pomme d'Adam 男
のどもと のどもと過ぎれば熱さを忘れる Le mal passé n'est plus qu'un souvenir.
のに そうと言ってくれればよかったのに Il fallait me le dire. / せっかく出かけたのにむだだった。閉まってたよ Je me suis dérangé pour rien, c'était fermé.
ののしる insulter 口汚くののしる insulter grossièrement ☺この野郎。ただじゃおかないぞ Quel imbécile! Ça ne finira pas comme ça.
伸ばす・延ばす 〔長くする〕allonger, prolonger; 〔まっすぐにする〕redresser; 〔延期する〕prolonger; 〔手足を〕étendre; 〔能力を〕développer; 〔しわを〕défriper 出発を1週間延ばす différer son départ d'une semaine
野原 campagne 囡, champs 男複 野原を駆け巡る parcourir la campagne
伸びる・延びる 〔時間的・空間的に長くなる〕s'allonger, se prolonger; 〔成長〕grandir, croître; 〔発展〕se développer, augmenter; 〔延期〕être remis(e) 〔reporté(e)〕彼はひげがのびる Sa barbe pousse très vite. / 精根尽きて走者は草の上に伸びた Exténué, le coureur s'est affalé sur l'herbe.
述べる énoncer, émettre, exprimer 祝辞を述べる faire 〔adresser〕 des félicitations / お悔みを述べる présenter ses condoléances
上り montée 囡 次の上り(東京行き)は何時だろう A quelle heure est le prochain train pour Tokyo? / 山では上りより下りのほうが疲れる En montagne, la descente est plus fatigante que la montée.
上る・登る・昇る 〔高い所に〕 monter; 〔苦労して〕grimper; 〔ある数量に達する〕atteindre à..., s'élever à... 川を上る remonter un fleuve / ジュノアで坂を上る monter une côte en première / マルセイユからパリに上る monter de Marseille à Paris / ずいぶん登ったね Nous avons beaucoup grimpé. / 犠牲者の数は100人に上る Le nombre des victimes s'élève à cent personnes.
飲み込み 飲み込みが早い vite comprendre
飲み込む avaler 水といっしょに薬を飲み込む prendre 〔avaler〕 une pilule avec une gorgée d'eau
のみの市 marché aux puces
飲み物 boisson 囡 飲み物はなにになさいますか Vous désirez quoi comme boisson? ◆紅茶 thé 男 コーヒー café 男 ココア cacao 男 コーラ coca(-cola) 男 シャンパン champagne 囡 ジュース jus de fruits 男 清涼飲料 boisson rafraîchissante 囡 ソーダ水 soda 男 炭酸飲み boisson gazeuse 囡 ビール bière 囡 ミネラルウォーター eau minérale 囡 ミント水

menthe à l'eau 囡 ワイン vin 男
飲む boire, prendre 水を飲む boire de l'eau / 何かお飲みになりますか―紅茶だけいただけますか Vous voulez boire quelque chose? — Je prendrais bien un thé. / あの人には酒を飲ませないほうがいい Il vaut mieux ne pas inviter cet homme à boire. / 飲みすぎると翌日に響く Quand on boit trop, on en paie les conséquences le lendemain.
のむ〔呑む〕要求をのむ accepter une demande / 相手をのんでかかる sous-estimer son adversaire
のり (糊) colle 囡 ゴムのり colle gommeuse / ポスターにのりをつける enduire de colle une affiche
乗り換え changement 男, 〔連絡〕correspondance 囡 ランスに行くにはどこで乗り換えですか Pour aller à Lens, il faut changer de train où?
乗り換える changer コンコルドで乗り換える changer à Concorde
乗り越える franchir, surmonter 壁を乗り越える franchir un mur
乗り込む monter, s'embarquer たった一人で敵に乗り込む pénétrer seul(e) en terre ennemie
乗り物 voiture 囡, véhicule 男 ☺お降りになりますか Vous descendez? / 皆さん奥へお進みください Avancez, Messieurs, avancez, s'il vous plaît!
乗る 〔乗り物などに〕monter, prendre, s'embarquer; 〔物の上に〕monter sur...
載る 〔新聞などに〕être mentionné(e), figurer 会社のスキャンダルが新聞に載った Le scandale de notre société est mentionné dans les journaux.
のれん What I did was just donner des coups d'épée dans l'eau.
のろい malédiction 囡, maléfice 囡
のろう maudire
のんきな nonchalant(e), insouciant(e)
のんびり 〔ゆったりと〕paresseusement, tranquillement / 〔気がかりもなく〕sans souci / のんびりした景色 paysage tranquille / のんびりした性格 caractère doux / たまにはのんびりしたい De temps en temps, je voudrais me la couler douce.

は

歯 〔人間・動物・道具の〕dent 囡 ぐらぐらする歯 une dent qui se déchausse / 歯が抜ける perdre une dent / 歯を抜いてもらう se faire arracher une dent / 歯にしみる agacer les dents / 歯が痛いよ―歯医者に行きなさい J'ai mal aux dents. — Va voir un dentiste. / ちゃんと歯を磨いた？ Tu t'es bien brossé les dents? / 赤ちゃんに歯が生え始めた Le bébé vient d'avoir sa première dent.

◇歯が浮く 歯の浮くようなおせじはやめて Arrête tes compliments mielleux. 歯が立つ アルゼンチンチームには歯が立つまい L'équipe d'Argentine ne va pas être facile à battre. 歯に衣着せぬ 歯に衣着せぬ言い方をする parler sans ménager ses expressions 歯の抜けたよう édenté(e) 歯の根が合わない claquer des dents 歯を食いしばる serrer les dents

葉 feuille 〔集合的〕feuillage 男/葉を茂らせる se garnir de feuilles/葉が散る Les feuilles tombent./葉を摘む effeuiller/ケヤキは冬に葉が落ちる L'orme du Japon se défeuille en hiver.

刃 tranchant 男, lame 女 鋭い刃 lame tranchante/鈍い刃 lame émoussée/刃がこぼれる s'ébrécher/ナイフの刃を研ぐ affûter un couteau

場〔空間・場所〕endroit 男, espace 男, place 女〔場合〕cas 男, circonstance 女〔演劇の〕scène 女〔物理学で〕champs 男/場をふさぐ encombrer/その場の状況に応じて selon les circonstances/場にふさわしい de circonstance/その場で livrés sur le champ/パリはあらゆる芸術様式の出会いの場だ Paris est le lieu de rencontre de toutes les formes d'art.

場合 cas 男, circonstance 女 場合による Ça dépend./場合によって、場合によっては selon les cas [les circonstances]/多くの場合 dans la plupart des cas/いついかなる場合にも en tout cas/もし私に何か起こった場合は si jamais il m'arrive quelque chose/そんなことしている場合じゃない Ce n'est pas le moment de faire une chose pareille./演奏会が中止の場合、入場料は払い戻される Au cas où le concert n'aurait pas lieu, les places seront remboursées.

把握 compréhension 女 問題点を把握する embrasser un problème/状況を把握する saisir la situation

バーゲン solde 男, vente au rabais 女 バーゲンセールはきょう限りです Le solde se termine aujourd'hui./バーゲン価格にしてお安くします Je vais vous faire un prix sur ces articles déjà soldés. ☺全品3割引き 30% de réduction sur tous les articles

バーコード code à barres 男

パーセント pourcentage 男 百パーセント cent pour cent/輸入が2.7パーセント減少した Les importations ont reculé de 2,7%.

パーティー réunion 女, soirée 女, fête 女〔登山〕groupe 男 夜のパーティーに出かける aller en soirée/昇進祝賀パーティーを開く arroser [fêter] la promotion de...

ハードウエア matériel 男

バードウォッチング バードウォッチングに行こう Allons observer les oiseaux dans la nature.

パートナー partenaire 名〔ダンスの〕cavalier(ère) 名 パートナーとして彼は最高だ En tant que partenaire, il est formidable.

ハーフ〔半分〕moitié 女, demi 男〔混血の人〕métis(e) 名 彼女はイタリア人とのハーフだ Elle est à moitié italienne.

☐**ハーフボトル** demi-bouteille 女

バーベキュー barbecue 男 バーベキューをする faire la cuisine en plein air

はい oui 〔出席の返事〕présent(e);〔注意を促して〕Tenez.〔=Voilà.〕マルタンさん-はい Mademoiselle Martin?-Présent(e)!〔★女性でも男性形を用いて答えることが多い〕はい、これで書いて Voici de quoi écrire./はい、プレゼントだよ Voilà une surprise pour toi.

灰 cendre 女 灰にする se réduire en cendres/灰が降る Les cendres tombent./たばこの灰 cendre de cigarettes/灰を払う enlever [ôter] des cendres

肺 poumon 男 X線で見ると右肺に小さい影がある La radiographie montre une petite tache sur le poumon droit.

杯 coupe 女 水をもう一杯ください Donnez-moi un autre verre d'eau./杯を重ねる boire verre après verre

倍 double 男 2倍にして au double/きみの倍の本を持っている J'ai deux fois plus de livres que toi.

はい上がる grimper

灰色 gris 男 灰色のセーター pull-over gris/灰色がかった grisâtre/灰色になる grisailler/灰色の青春なんてまっぴらだ Mener une vie si monotone en pleine jeunesse, je n'en peux plus.

バイオテクノロジー biotechnologie 女

バイオリン violon 男 バイオリンを弾く jouer du violon/バイオリンの音を合わせる accorder un violon

媒介 médiation 女 媒介として par la médiation de...

排気 échappement 男, ventilation 女

☐**排気ガス** gaz d'échappement 男

排気量 cylindrée 女

廃棄する abolir, abandonner;〔条約などを〕annuler

☐**廃棄物** déchets 男複 産業廃棄物 déchets industriels

配給 distribution 女, ration 女 映画を配給する distribuer un film

廃墟 ruines 女複 戦災で街は廃墟と化した La ville était en ruine après la guerre.

ハイキング excursion 女, randonnée 女 ハイキングに行く faire une excursion/きょうは絶好のハイキング日和だ Il n'y a pas de meilleur jour qu'aujourd'hui pour faire de la randonnée.

背景 fond 男, arrière-plan 男 青い空を背景にして sur (un) fond de ciel bleu / スキャンダルの政治的背景 arrière-plan politique d'un scandale / この小説の筋は前大戦が背景だ L'intrigue de ce roman a pour toile de fond la dernière guerre.

廃止 abolition 囡, suppression 囡 死刑を廃止する abolir la peine de mort

歯医者 dentiste 圐 歯医者の予約をとる prendre rendez-vous avec un dentiste

ハイジャック détournement d'avion 圐, piraterie de l'air 囡 ハイジャックを犯す détourner un avion, commettre un détournement d'avion

買収 〔購入〕achat 圐, acquisition 囡;〔贈賄〕corruption 囡〔企業などの〕rachat 圐 企業が土地を買収する Le gouvernement expropriera un terrain. / 役人を買収する corrompre un fonctionnaire / 企業を買収する racheter des entreprises

売春 prostitution 囡 売春斡旋者 proxénète 圐, maquereau 圐

○売春婦 prostituée 囡, fille de joie 囡;〔高級娼婦〕courtisane 囡;〔街娼〕racoleuse 囡 売春宿 maison de prostitution

賠償 dédommagement 圐, réparation 囡 賠償する dédommager, indemniser / 賠償を求める réclamer un dédommagement

○賠償金 indemnité 囡

排水 évacuation 囡, écoulement 圐 生活排水で川が汚れる La rivière est polluée par des rejets domestiques.

排斥 expulsion 囡, boycottage 圐 外国製品を排斥する boycotter les produits étrangers

排他 排他的な exclusif(ve) 圐/極端な排他主義に陥る tomber dans trop d'exclusivisme / 日本は排他的な社会だと思いませんか Vous ne pensez pas que la société japonaise soit exclusive?

はい出す sortir en rampant

配達 livraison 囡, factage 圐 配達にどのくらい時間がかかりますか La livraison prendra combien de temps? / 代金受取人払いの配達 livraison payable à la réception

配置 disposition 囡, arrangement 圐 気分転換に家具の配置を変えよう Je vais changer la disposition des meubles pour changer d'atmosphère.

○配置転換〔人員の〕mutation 囡

ハイテク high-tech 圐, haute technologie 囡

配当 dividende 圐, rapport 圐 株主に配当金を割り当てる distribuer des dividendes aux actionnaires

排尿する uriner, évacuer l'urine

ハイヒール talons hauts 圐pl

パイプ〔たばこの〕pipe 囡;〔管〕tuyau 圐 パイプをふかす fumer la pipe / パイプを本管につなぐ brancher un tuyau sur une conduite principale

○パイプオルガン orgue 圐 パイプライン pipeline 圐, oléoduc 圐

廃物 rebut 圐 廃物を利用する utiliser des objets de rebut

配分 distribution 囡, répartition 囡 利益を配分する partager des bénéfices / 力の配分を心得ている savoir doser ses forces / 富が公平に配分されていない Les richesses ne sont pas équitablement réparties.

敗北 défaite 囡, perte 囡 敗北を喫する essuyer [subir] une défaite (→負け)/敗北に終わる aboutir à la défaite / 敗北を認める reconnaître [admettre] sa défaite / 日本は韓国に手痛い敗北を喫した La défaite des Japonais contre les Coréens leur a porté un coup dur.

○敗北主義 défaitisme 圐

配布 distribution 囡 →配分

俳優 acteur(trice) 圐, artiste 映画俳優 artiste de cinéma / 舞台俳優 artiste dramatique

入り込む pénétrer, s'introduire, enfiler 私生活に入り込む s'introduire indiscrètement dans l'intimité de...

配慮 attentions 囡, sollicitude 囡, soin 圐 配慮する soigner / 行き届いた配慮する entourner... d'attentions / 配慮に欠ける manquer d'attentions /…の配慮による par les bons soins de...

入る entrer;〔収容〕recevoir, tenir;〔含む〕contenir, comprendre 家に入る entrer dans la maison / 七月に入る Le mois de juillet arrive. / その本はカバンに入る Ces livres peuvent tenir dans le sac. / 入っていいですか—どうぞ Je peux entrer? — Je vous en prie.

はう ramper, se traîner ツタが壁をはう Le lierre rampe sur le mur. / 地をはう ramper à terre

ハエ mouche 囡 ハエがうるさい Une mouche m'agace. / 手でハエを追い払う chasser les mouches de la main /〔ゴールディングの〕蠅の王 Sa Majesté-des-Mouches

○ハエたたき tapette 囡 ハエたたきでハエをたたく frapper une mouche avec une tapette

生える〔植物・歯・ひげなどが〕pousser 多種多様な植物が生えている谷 vallon où croissent des plantes de toutes espèces / まかぬ種は生えぬ On ne récolte que ce qu'on a semé.

映える・栄える〔光に輝く〕briller;〔合う〕aller à [avec]...;〔浮き出る〕ressortir 夕日に映えて briller au soleil couchant / 彼女は笑顔が映える Elle est rayonnante avec un tel sourire.

墓〔墓穴〕tombe 囡;〔墓地〕cimetière 圐;〔墓碑〕tombeau 圐 墓に花を供える déposer des fleurs sur une tombe / 丘の墓を作ってほしい J'aimerais me faire construire un tombeau dans un colline qui

ばか imbécile 囡, idiot(e) 囡 **ばかな** imbécile, idiot(e), bête／ばかにする Tu me prends pour un imbécile?／ばかを言うな Ne dis pas de bêtises!／こんなばかなことはもうやめにしよう Arrêtons de faire ce genre de bêtise.
◇**ばかにならない** ne pas pouvoir sous-estimer／ばかを見る perdre sa peine／あの家を買ってばかを見た J'ai fait une idiotie en achetant cette maison.

破壊 destruction 囡 **破壊する** détruire, dévaster／破壊的な destructif(ve)／環境破壊 destruction de l'environnement／建設するよりも破壊するほうがやさしい Il est plus facile de détruire que de construire.
◇**破壊活動** œuvre de destruction 囡 **破壊力** force destructrice 囡

はがき carte postale 囡 **はがきを出す** envoyer des cartes postales／往復はがき carte postale avec réponse timbrée

はがす décoller 封筒から切手をはがす décoller un timbre d'une enveloppe

化かす jouer きつねに化かされる être déjoué(e) par un renard

博士 docteur (★女性にも用いる)／文学博士 docteur ès lettres
◘**博士号** doctorat 男 **博士論文** thèse (de doctorat) 囡

ばか丁寧な poli(e) à l'excès ばか丁寧で誠意のほどが疑われない trop poli pour être honnête

はかどる avancer, marcher, faire un [des] progrès あいつがいないと仕事がはかどる Quand ce type n'est pas là, le travail avance plus vite.

はかない éphémère はかない抵抗, résistance inutile／はかない希望を抱く se leurrer de vaines espérances／人の命ははかないものだ La vie de l'homme est transitoire.

ばかに (→いやに)にひどく冷える Il fait terriblement froid.

鋼 acier 男 鋼のような筋肉をしている avoir des muscles d'acier／鋼の刃 lame d'acier

墓参り visite sur une tombe

歯がゆい énervant(e), horripilant(e)

はかり (秤) balance 囡 はかりにかける peser sur la balance

ばかり 輝くばかりに美しい être d'une beauté éblouissante／彼は着いたばかりだ Il vient d'arriver.／30人ばかり集まった Environ trente personnes se sont rassemblées.／みんなに喜んでほしいばかりにこんなことをした J'ai fait ça dans le seul but que tout le monde soit content.

計る・測る・量る mesurer, peser;〔評価〕estimer, évaluer 体温をはかる prendre sa température／距離を測る mesurer la distance／体重を量るのが怖い J'ai peur de me peser.

図る〔計画〕projeter 合理化を図る projeter la rationalisation du travail／便宜を図る apporter [offrir] à... des facilités／再起を図る viser à se relever／自殺を図る tenter un suicide [=attenter à sa vie]

諮る〔相談〕consulter 核政策について専門家に諮る consulter les spécialistes au sujet de la politique nucléaire

謀る comploter 大統領暗殺を謀る comploter d'assassiner le président

バカンス vacances 囚複 バカンスに出かける partir [aller] en vacances

破棄 rupture 囡, annulation 囡

吐き気 nausée 囡, haut-le-cœur 男 吐き気を催す avoir des haut-le-cœur／吐き気を催す光景だった C'était un spectacle à faire vomir.

履物 →靴

破局 catastrophe 囡 いつ破局が訪れるとも知れない A tout moment la catastrophe peut se produire.

歯切れ 歯切れのいい答え réponse nette／歯切れの悪い答え réponse ambiguë

吐く〔嘔吐〕vomir;〔つば・血などを〕cracher 息を吐く expirer l'air／吐きそうです。袋をください J'ai envie de vomir. Donnez-moi un sac.

履く〔衣類などを〕mettre;〔靴・靴下などを〕chausser;〔履いている〕porter

掃く balayer 部屋を掃く balayer sa chambre／掃いて捨てるほどの très ordinaire

はぐ(剥ぐ) décoller (睡眠中に自分で布団をはぐ se découvrir en dormant／官位をはぐ supprimer un poste officiel

迫害 persécution 囡 少数民族を迫害する persécuter une minorité ethnique／迫害を受ける être persécuté(e)

博学な érudit(e)

歯茎 gencive 囡 歯茎がはれています Vous avez les gencives enflammées.

はぐくむ élever, nourrir (→育てる) 自由な空気をはぐくむ maintenir une ambiance décontractée／情熱をはぐくむ nourrir la passion

爆撃 bombardement 男 **爆撃する** bombarder
◘**爆撃機** bombardier 男

白紙 papier blanc 男, feuille vierge 囡 白紙の答案を出す rendre une copie blanche
◇**白紙に戻す** faire table rase ◘**白紙委任する** donner [laisser] carte blanche à...／白紙委任状 procuration en blanc 囡, blanc-seing

白日 意見の対立が白日の下にさらされた Les divisions de l'opinion ont

拍手 applaudissement 男 拍手する applaudir, battre des mains /盛んな拍手を浴びる être chaleureusement applaudi(e) /観客は割れんばかりの拍手を送った Les spectateurs ont applaudi à tout casser.

白状 avouer (→告白) 潔く白状する avouer franchement [avec franchise] /神妙にも白状する avouer avec sincérité /だれが好きなの？白状しなさい Qui aimes-tu? Avoue.

白人 Blanc(che) 男 黒人と白人の間に立ちはだかる人種の壁 barrière raciale entre les Noirs et les Blancs

剥製 empaillage 男 剥製のキツネ un renard empaillé

漠然と vaguement, confusément 漠然と生きる vivre sans but

ばくだいな immense, énorme /ばくだいな量の une grande quantité de...

爆弾 bombe 女 爆弾を投下する lancer des bombes

◘ 爆弾テロ attentat à l'explosif [à la bombe] 男 爆弾テロが日常茶飯事となった L'attentat à l'explosif est devenu une pratique courante.

ばくち jeu 男 /ばくちを打つ jouer un jeu d'enfer /ばくちで食べていく gagner sa vie avec le jeu

白昼に en plein jour

◘ 白昼夢 rêve éveillé 男, rêverie 女

バクテリア bactérie 女 →細菌

爆発 explosion 女 爆発する exploser, éclater /爆発が起こった Une explosion s'est produite. /この本は爆発的に売れた Ce livre a connu une vente explosive.

博物学 histoire naturelle 女

◘ 博物学者 naturaliste 女

博物館 musée 男；[自然科学の] muséum 男

舶来 舶来品 articles importés de qualité

はぐらかす やっかいな質問をはぐらかす escamoter une question gênante

迫力 vigueur 女, force 女 迫力のある puissant(e), vigoureux(se) /迫力に欠ける manquer de force

歯車 roue dentée 女；[装置] engrenage 男 歯車がかみ合う s'engrener /時計の歯車に油を差す graisser les engrenages d'une montre

はぐれる〔道に迷う〕s'égarer, se perdre;〔見失う〕perdre de vue その子は雑踏の中で母親とはぐれた L'enfant a perdu sa mère dans la foule. /食いはぐれる manquer une occasion de manger

暴露 révélation 女, divulgation 女 暴露する révéler, divulguer /この記事は筆者の無教養ぶりを暴露している Cet article trahit l'inculture de son rédacteur.

◘ 暴露記事 chronique à scandale 女

はけ brosse 女 はけで掃く brosser

はげ calvitie 女；[人] chauve 男 若はげ calvitie précoce /つるっぱげの chauve comme un œuf [une bille, un genou]

化け 化けの皮をはぐ démasquer /あいつの化けの皮をはがしてやる Je vais vous le montrer sous son véritable jour.

はけ口〔感情などの〕exutoire 男；〔水などの〕écoulement 男；〔商品の販路〕débouché 男 怒りのはけ口 exutoire à sa colère

激しい violent(e), intense, fort(e) 激しく violemment, sévèrement /激しい論争を招く susciter une vive controverse /激しい口調で言い返す répliquer vertement /激しく生きる vivre de manière intense /この通りは往来が激しい Il y a beaucoup de passage dans cette rue.

バケツ seau 男 バケツで水をくむ puiser de l'eau avec un seau

励まし 励ましのことば paroles réconfortantes

励ます encourager, réconforter 彼を励ましてやろう On va lui remonter le moral. /声を励まして〈くする〉élever la voix ⌣さあ、がんばって Allons, courage! /しっかりして、もうすぐだ Du courage, on arrive. /きみならだいじょうぶ Tu y arriveras.

励む s'appliquer à..., se livrer à...;〔勉める〕s'efforcer de... 好きなスポーツに励む se livrer à son sport favori /日夜励む faire des efforts jour et nuit /それは励みになるよ Ça me donne du courage.

はげ(禿)calvitie 女 (イヨネスコの)『禿の女歌手』 La Cantatrice chauve

はげる〔うろこのように〕s'écailler;〔頭が〕devenir chauve 彼は若いのにはげている Il est chauve malgré son jeune âge.

派遣 expédition 女, envoi 男 派遣する envoyer, déléguer /政府から派遣される être envoyé(e) par le gouvernement /調査団が現地に派遣された Une équipe d'enquêteurs a été envoyée sur le terrain.

箱 boîte 女;〔大きな〕caisse 女;〔ふたつきの大きな〕coffre 男;〔装飾つきの小さな〕coffret 男;〔ボール箱〕carton 男, boîte en carton 女 箱に詰めるmettre... dans une boîte [caisse] /古い漫画本は箱に入れて押し入れにしまいなさい Mets tes vieilles BD dans un carton et range-les dans le placard. /列車の箱〈=客室〉voiture 女 /たばこ 1 箱 un paquet de tabac

運ぶ porter, transporter;〔持っていく〕emporter;〔持ってくる〕apporter 荷物を部屋まで運んでください Portez mes bagages jusqu'à ma chambre. /式はつつがなく運んだ La cérémonie s'est déroulée sans accroc. /話がうまく運ぶ L'affaire marche bien. /ことがうまく運んでいる Ça se passe bien.

箱船 ノアの箱船 arche de Noé 囡

はさみ(鋏) ciseaux 男複；[カニ・エビの] pince 囡 / ひもをはさみで切る couper la ficelle avec des ciseaux / 布をはさみでざくざくと切る donner de grands coups de ciseaux dans un tissu

挟む coincer, pincer;［挿入］insérer / 車のドアにコートを挟む prendre son manteau dans une portière / ノートに紙片を挟む mettre une feuille de papier dans un cahier

破産する faire faillite →倒産

橋 pont 男 / 橋を渡る traverser un pont / 橋を架ける jeter un pont / 川に新しい橋がかかった Un pont neuf a été jeté sur une rivière.
◇危ない橋を渡る jouer un jeu dangereux, risquer [jouer] sa peau

端 bout 男；［縁］bord 男, bordure 囡；［角］coin 男 / 端から端まで de bout en bout / テーブルの端に座る être assis(e) au bout de la table / プールの端から飛び込む plonger du bord de la piscine / 本のページの端を折る replier le coin de la page d'un livre / ひもの端を持ってください Prends la ficelle par ce bout.

はし(箸) baguette 囡 / はしにはしをつける entamer un plat / はしで食べる manger avec des baguettes

◇**はしにも棒にもかからない** incorrigible

恥 honte 囡；［羞恥心］pudeur 囡；［不名誉］déshonneur 男；［屈辱感］humiliation 囡 / 恥をかく se déshonorer, essuyer la honte / 恥を忍んでお願いする ravaler sa honte / 恥の上塗りをする essuyer une honte à plusieurs reprises
◇恥も外聞もない sans pudeur / 恥じらい discrétion 囡 / 恥を知れ Honte à toi! / 恥をすすぐ laver la honte, reprendre la face

はじく 指先で小石をはじく faire une chiquenaude à un caillou / 油は水をはじく L'huile repousse l'eau.

はしご échelle 囡 / 壁にはしごを掛ける planter une échelle contre un mur / 飲み屋をはしごする faire la tournée des bars

恥知らず 恥知らずなやつだ Il n'a aucune pudeur.

始まり commencement 男, début 男

始め；［開始］ouverture 囡 / 一日の始まり début du jour / この突然の出会いが私たちの恋の始まりだった Cette rencontre inattendue a été le prologue de notre amour.

始まる commencer, débuter / 学校は9月に始まる Les écoles font la rentrée en septembre. / ほら,また始まった Eh bien, ça recommence!
◇始まらない がんばっちゃって始まらない A quoi bon tous ses efforts？

初め・始め commencement 男, début 男；［起源］origine 囡 / 今月の初めに au début de ce mois / 始めからやり直す Recommence à partir du début. / なにごとも始めが肝心だ Le premier pas est essentiel pour toute chose. / 始めから分かっていたことじゃないか Tu le savais bien dès le début.

初めて pour la première fois こんなものを見たのは生まれて初めてだ De ma vie, je n'ai vu chose pareille!

始める commencer；［日常的行動を］se mettre à；［取りかかる］entreprendre, entamer；［交渉などを］engager；［組織的行動を］déclencher / さあ始めよう Bon, on commence. / まずどこから始めましょうか Par où allez-vous commencer？ / …し始める commencer à [de] … / 泣き始める se mettre à pleurer / 本を読み始める commencer un livre

馬車 voiture (à cheval) 囡；［豪華4輪馬車］carrosse 男（ジャン=ルノワールの）『黄金の馬車』Le Carrosse d'or
◇馬車馬のように働く travailler comme un boeuf [une bête de somme]

はしゃぐ［はしゃぎ回る］s'ébattre；［陽気になる］s'égayer お祭りで子供たちがはしゃぎ回る Les enfants s'ébattent à la fête.

パジャマ pyjama 男 パジャマ姿でいる être en pyjama

場所 lieu 男, endroit 男, place 囡, espace 男；［相撲の］tournoi 男 / 場所を空ける faire de la place / 場所を取る tenir beaucoup de place / 場所が悪い être mal situé(e) / 場所を移してもらえますか Est-ce que vous pouvez vous déplacer？ / バカンスを過ごすのに絶好の場所だ C'est l'endroit rêvé pour passer des vacances

場所がら 場所がらをわきまえずに sans se soucier des circonstances

柱 pilier 男, poteau 男; colonne 囡 / 大理石の柱 colonne de marbre / 教会の柱 piliers d'une église / 火の柱 colonne de feu

走らす 車を走らせる dépêcher… / 毎朝公園で犬を走らせることにしている Tous les matins j'emmène mon chien courir au parc.

走り書きする griffonner

走り回る parcourir あちこち走り回る courir à droite et à gauche

走る［人・動物が］courir；［車が］rouler 走って（…に）追いつく rattraper… / …la course / T G Vはパリ・リヨン間を2時間で走る Le T. G. V. fait le trajet Paris-Lyon en deux heures. / 道が南北に走っている Le chemin va du nord au sud.

恥じる avoir honte de…, être honteux(se) de… / 恥じるところはない avoir bonne conscience

橋渡しをする servir de pont

はす(斜)に de [en] biais はすに切る couper en biais

はずだ devoir そんなはずはない C'est inconcevable. / 彼はそろそろ着くはず

バス 〔路線バス〕autobus 男, bus 男；〔長距離バス・観光バス〕autocar 男, car 男 バスに乗る prendre l'autobus / 2 階建てバス autobus à deux étages
◘バスターミナル gare routière 女

パス 〔スポーツの〕passe 女；〔定期券〕carte d'abonnement 女；〔フリーパス〕laisser-passer 男 パスする〔スポーツ・トランプで〕passer / パスが通る réussir une passe / 試験にパスする réussir à l'examen

恥ずかしい honteux(se), avoir honte, se sentir gêné(e) お恥ずかしい話だけど Je me sens gêné de l'avouer, mais... / この子は恥ずかしがり屋だ Cet enfant est timide. / プロとして恥ずかしくないできばえだ C'est une œuvre d'art digne d'un professionnel.

バスケットボール basket 男, basket-ball 男

外す enlever, retirer, décrocher

パスタ pâtes 女複 ◆カネローネ canelloni 男 スパゲッティ spaghetti 男 ヌードル nouilles 女複 マカロニ macaroni 男 ラザニア lasagne 女 ラビオリ ravioli 男

パスポート passeport 男 パスポートをなくした J'ai perdu mon passeport. / パスポートを再発行してほしい Je voudrais me faire refaire un passeport.

弾み 〔勢い〕élan 男；〔バウンド〕rebond 男；〔衝動〕impulsion 女 ものはずみで par la force des choses / どうしたはずみか par hasard

弾む 〔ボールなどが〕rebondir 息が弾む avoir la respiration haletante / チップを弾む(=気前よく出す) donner un bon pourboire

はす向かいの dans la diagonale

外れ lisière 女 森の外れに à la lisière de la forêt / 町の外れ extrémité de la ville

外れる se décrocher, se détacher / 壁紙が外れる Le papier se décolle du mur. / 高速道路に入るため国道から外れる quitter la nationale pour prendre une autoroute

パスワード mot de passe 男 パスワードを 3 か月ごとに変える changer le mot de passe tous les trois mois

派生 dérivation 女 派生した derivé(e) 一つのできごとから派生する諸問題 des problèmes qui dérivent d'un seul événement
◘派生語 (mot) dérivé 男

パソコン P. C. 男 パソコンが日常生活にすっかり入り込んだ Les P. C. ont envahi notre quotidien.

旗 drapeau 男；〔小旗〕fanion 男；〔団体の〕bannière 女；〔船の国籍を示す〕pavillon 男 旗を掲げる hisser un drapeau / 旗を立てる planter [dresser] un drapeau / 旗を振る agiter un drapeau / 旗が風に翻る Un drapeau flotte au vent. / 自由の旗の下に sous le drapeau de la liberté
◘旗を巻く〔降参〕s'avouer vaincu, crier grâce

はた 〔端・傍〕〔側〕côté 男；〔境〕bord 男 井戸の端 bord d'un puits / はたから見ると aux yeux des autres

肌 peau 女 肌が白い avoir la peau blanche / 肌がきれいだ avoir une belle peau / 肌で人との付き合いの経験を積む acquérir l'expérience de... / あの人とは肌が合わない C'est physique. Je m'entends pas avec lui. / 肌を刺す寒さだ Le froid mord la peau.
◘肌を許す se livrer, s'abandonner

バター beurre 男 パンにバターを塗る beurrer du pain

旗色 旗色が悪い avoir le dessous

裸 nu 男, nudité 女 裸の nu(e) / 裸になる se déshabiller / あいつとは裸のつきあいをしてきた Nous avons toujours eu des rapports ouverts.

裸一貫 裸一貫から財を築く passer de l'indigence à la fortune

裸馬 cheval nu 男

はたく frapper；〔ほこりを〕épousseter さいふをはたいて買う faire un achat en déboursant jusqu'à son dernier sou

畑 campagne 女, champ 男；〔領域〕domaine 男 畑を耕す cultiver un champ / 畑を開く〔開墾する〕défricher une terre / それは私には畑違いだ Ce n'est pas (de) mon domaine.

肌触り toucher 男 肌触りの悪い生地 un tissu désagréable au toucher

はだし pieds nus 男複 はだしで歩く marcher pieds nus [nu-pieds]

はたして en effet, comme on s'y attendait 〔l'avait prévu〕はたして予報どおり雨になった Il a effectivement plu comme l'avait prévu la météo. /はたしてできるかどうか心配だ Je m'inquiète de savoir si c'est vraiment possible de le faire.

旗印を掲げる arborer [déployer] la bannière de...

果たす 役割を果たす jouer un rôle / 蓄えを使い果たす épuiser les réserves

ばたばた 羽をばたばたさせる〔羽ばたく〕battre des ailes / 手足をばたばたさせる se battre des pieds et des mains / 準備にばたばたする se battre pour la préparation

肌身 肌身離さず持っている porter toujours... sur soi

はた迷惑になる causer des ennuis aux autres

働き 〔労働〕travail 男；〔活動〕activité 女；〔作用〕fonction 女 働き(=稼ぎ)がある gagner sa vie / ことばの働き fonction du langage / 腸の働きを助ける favoriser un bon mouvement intestinal / 夜型なので午前中は頭の働きが悪い Je suis quelqu'un du soir. Ma tête a du mal à démarrer le matin.

働きアリ ouvrière 女

働きかける agir, influer sur... 政府に働きかける intervenir auprès de

は

働き盛り 彼は働き盛りだ Il est dans la force de l'âge.

働きバチ ouvrière 囡

働き者 travailleur(se) あの人は大変な働き者だ C'est un grand travailleur.

働く travailler パートで働く travailler à mi-temps／せっせと働く ne pas rechigner à la besogne／額に汗して働く travailler à la sueur de son front／彼は9時から5時まで働いている Il travaille de 9h à 5h.／日曜まで働かせるなんてあんまりだ Il ferait beau voir qu'on nous fasse travailler même le dimanche.／夜中の2時まで働けだって、なんてこった。人をなんだと思っているんだ Travailler jusqu'à minuit ? Ça alors ! Je vous remercie.／頭を働かせる faire travailler son cerveau／引力が…に働く L'attraction s'exerce sur…／風は われわれに有利に働くだろう Le vent travaillera pour nous.

ハチ〔蜂〕〔ミツバチ〕abeille 囡，〔スズメバチ〕guêpe 囡 ハチに刺される se faire piquer par les abeilles

鉢 bol 男, pot 男

罰 punition du ciel [de Dieu] 囡 罰が当たる être puni(e) du ciel 囡

罰当たりな impie, sacrilège

場違い 場違いな話をする tenir des propos déplacés

はちきれる crever ぱんぱんに詰まってはち切れそうな袋 un sac trop plein qui risque de crever／健康ではちきれそうだ être éclatant(e) de santé

ハチの巣 銃弾を浴びてハチの巣になった死体 un cadavre criblé de balles ◇ハチの巣をつついたような騒ぎだ Ça a entraîné une grand confusion.

破竹 破竹の勢いで brisant tout obstacle

はちみつ miel 男 クレープにはちみつをかける tartiner du miel sur une crêpe

は虫類 reptiles 男複 ◆イグアナ iguane 囡 カメ tortue 囡 カメレオン caméléon 男 恐竜 dinosaure 男 スッポン trionyx 男 トカゲ lézard 男 蛇 serpent 男 ヤモリ gecko 男 ワニ crocodile 男

波長 longueur d'onde 囡 波長が合う être sur la même longueur d'onde

罰 punition 囡, châtiment 男 罰を受ける être puni(e)／罰を免れる être exempt(e) de punition／息子に罰を科す infliger une punition à son fils／罰としてお小遣いは抜きです Comme punition, tu seras privé(e) d'argent de poche.

発育 croissance 囡, développement 男 発育盛りの en pleine croissance

発音 prononciation 囡 発音がいい[悪い] avoir une bonne [mauvaise] prononciation／正確に発音する prononcer correctement／彼女は発音が南仏なまりだ Elle a l'accent du Midi.

☐**発音記号** signe phonétique 男

発覚 découverte 囡, dévoilement 男 陰謀が発覚する Le complot est dévoilé au public.

発がん性の cancérigène 発がん物質 agent cancérigène

発揮 déploiement 男 能力を発揮する déployer ses talents

はっきり clairement, nettement はっきり言って… Je n'hésite pas à dire que…／はっきり返事をする faire une réponse définitive／はっきり断る refuser net／はっきりしたことはわかりません Je ne sais pas exactement.／何ですか、はっきりしてください Qu'est-ce qu'il y a? Soyez précis.／問題点がはっきりしてきた J'ai clairement compris où était le problème.／はっきりしない空模様だ C'est un temps incertain.

罰金 amende 囡 罰金を科する frapper…d'une amende／食事中に仕事の話をしたら罰金だぞ Tu seras mis à l'amende pour avoir parlé de travail pendant le repas.

バック 〔後部〕arrière 男；〔背景〕arrière-plan 男；〔後援〕appui 男 バックしてきた車に子供がひかれた Un enfant a été écrasé par une voiture faisant marche-arrière.／山をバックに sur un fond de montagne／有力なバック puissant appui

バッグ（→はんどかばん）◆ウエストポーチ(sac) banane 男 ショルダーバッグ sac (à) bandoulière 男 ハンドバッグ sac à main 男 ボストンバッグ sac de voyage 男

バックグラウンド・ミュージック musique d'ambiance 囡

発掘 〔土地などの〕fouille 囡；〔死体・埋蔵物などの〕déterrement 男, exhumation 囡

バックナンバー 〔雑誌などの〕ancien numéro 男

抜群 抜群に速い être de loin le plus rapide／抜群の成績 notes hors ligne／抜群の強さ force sans pareil／効果が抜群だ L'efficacité est remarquable.／この小説は抜群のできばえだ Ce roman sort de l'ordinaire.

発見 découverte 囡 発見する faire une découverte／ラジウムを発見する découvrir le radium／毎日が驚きと発見の連続だ Il y a tous les jours de nouvelles choses à découvrir et qui nous surprennent.

発言 parole 囡, intervention 囡 発言をめぐる demander la parole／発言を許す accorder la parole à…／発言を封じる réduire… au silence／発言を取り消す retirer sa parole／発言力がある avoir de l'influence／大胆な発言 parole audacieuse／手を挙げて発言してください Levez la main quand vous voulez prendre la parole.

☐**発言権** droit à la parole 男

発行 〔印刷物の〕parution 囡, publication 囡/[紙幣・公債・切手などの]émission 囡 établir publier, émettre /身分証明書を発行してもらう faire établir une carte d'identité

◇発行部数 tirage 男 発行部数の多い新聞 un journal à gros tirage /この雑誌は膨大な発行部数を誇る Cette revue a un gros tirage.

発酵 fermentation 囡 発酵する fermenter /発酵性の fermentable

伐採 abattage 男 森林を伐採する abattre une forêt

バッジ insigne 男, badge 男 バッジを得意げにつけている arborer un insigne

発車 départ 男, démarrage 男 発車する partir, démarrer

発車時刻 heure de départ 囡

発射 décharge 囡, tir 男 男たちに向けてピストルを発射する décharger un revolver sur des hommes /弾丸を一発発射する tirer une balle de fusil /ロケットを発射する lancer une fusée

抜粋 extrait 男, fragment 男 要点を抜粋する extraire le point essentiel /小説からの抜粋 extraits d'un roman /この記事に「ルモンド」紙からの抜粋だ Cet article est extrait du Monde.

発する[光・音・熱などを] émettre

罰する punir

発生 génération 囡, production 囡 発生する se produire, apparaître

発送 envoi 男, expédition 囡 注文の品を発送する(→注文) expédier la commande /小包を発送する expédier un colis à ses frais

発想 idée 囡, conception 囡 発想する concevoir /発想が豊かだ avoir des idées /いかにも彼らしい発想だ C'est bien une idée à lui.

発達 développement 男, évolution 囡 発達する se développer /急速な発達を遂げる réaliser un développement rapide

ばっちり その薬は効く?—ばっちりです Ce médicament fait de l'effet? — A merveille.

バッテリー batterie 囡 バッテリーが上がった La batterie s'est épuisée.

発展 développement 男, croissance 囡, essor 男 発展する se développer /発展を遂げる suivre l'évolution /国によって経済の発展の仕方が異なる L'économie évolue différemment selon les pays.

発熱 accès de fièvre 男 発熱とこの病気の特徴だ L'accès de fièvre et les diarrhées caractérisent cette maladie.

発病する tomber malade

発表 annonce 囡, publication 囡 発表する annoncer, publier /会議で発表する faire une communication au congrès

八方美人だ se mettre bien avec tout le monde

発明 invention 囡 道具を発明する inventer un instrument /彼はダイナマイトを発明した Il a inventé la dynamite. /発明とは無から何かを作り出すことにある Toute l'invention consiste à faire quelque chose de rien.

◇発明家 inventeur(trice) 男

果て bout 男 世界の果てまで jusqu'au bout du monde /北の果て extrême nord /旅路の果て bout du voyage /事の果て bout de la terre /口論の果てに au bout de la discussion /あげくの果てに en fin de compte

果てしない sans fin [limite(s), borne(s)], interminable 果てしない空 ciel sans fin /果てしなく広がる à l'infini

はでな voyant(e), tapageur(se) はでにふるまう agir tapageusement /そのネクタイではできすぎる Cette cravate est trop voyante. /この家ではいつもはでな騒ぎをしている Il y a de perpétuels charivaris dans cette maison.

ハト pigeon(ne) 名, colombe 囡 ;[幼鳥] pigeonneau 男 伝書バト pigeon voyageur

◇ハト派 colombe 囡

ののしる[罵倒] injure 囡, invectives 囡複, insulte 囡 ののしる injurier, insulter →ののしる

パトロール patrouille 囡 パトロールに出る patrouiller

バトン[陸上競技の] témoin 男 ;[バトントワリングの] bâton de majorette 男 バトンを渡す passer le bâtonnet

花 fleur 囡 花が咲く Les fleurs s'épanouissent [s'ouvrent, éclosent]. /花を摘む cueillir des fleurs /花瓶に花を生ける mettre des fleurs dans un vase /花が散る Les fleurs tombent. /花がしぼむ Les fleurs se fanent. /仕事に追い詰められるうちが花だ Mieux vaut trop de travail que pas assez. ◆花びら pétale 男 花粉 pollen 男 つぼみ bouton 男 おしべ étamine 囡 めしべ pistil 男 アサガオ ipomée du Nil 囡 アジサイ hortensia 男 ガーベラ gerbera 男 キク chrysanthème 男 コスモス cosmos 男 桜 cerisier 男 シクラメン cyclamen 男 ジャスミン jasmin 男 スイートピー pois de senteur 男 スイセン narcisse 男 スズラン muguet 男 ダリア dahlia 男 タンポポ pissenlit 男 チューリップ tulipe 囡 ツツジ azalée 囡 ツバキ camélia 男 バラ rose 囡 パンジー pensée 囡 ヒマワリ tournesol 男 ヒヤシンス jacinthe 囡 フジ glycine 囡 ベゴニア bégonia 男 ボタン pivoine 囡 マーガレット marguerite 囡 ユリ lis 男 ラベンダー lavande 囡 リラ lilas 男 リンドウ gentiane 囡 忘れな草 myosotis 男, ne-m'oubliez-pas 男

◇花の都 ville florissante 囡 花より団子 Préférer l'utile à l'agréable. 花を咲かせる 桜が花を咲かせる Les cerisiers fleurissent. /話に花を咲かせる La conversation s'anime. 花を

持たせる reporter ses mérites sur..., faire une fleur à...

鼻 nez 男;〔動物の〕museau 男;〔象の〕trompe 安;〔豚などの〕groin 男/鼻の穴 narine 安;〔馬などの〕naseau 男/鼻が利く avoir du nez/鼻をあぐらをかく avoir un nez épaté/鼻が詰まる avoir le nez bouché/鼻をほじる se fourrer un doigt dans le nez/(くさくて)鼻をつまむ se boucher le nez
◇鼻が高い 彼女は息子の成功に鼻が高い Elle est fière du succès de son fils. 鼻が曲がる 鼻が曲がるようなにおい odeur fétide 鼻であしらう traiter avec froideur 鼻で笑う ricaner 鼻にかける 彼は親が有名人なのを鼻にかけている Il se vante d'être le fils d'une personne célèbre. 鼻につく (うんざりする)être dégoûté(e) de... 鼻の下が長い avoir un faible pour les femmes 鼻を明かす devancer et étonner 鼻を突き合わせて nez à nez 鼻を突く 悪臭が鼻を突く L'odeur pique le nez.

はな(洟) morve 安 はなを垂らす avoir la morve au nez/はなをかむ se moucher/はなをする renifler
◇はなもひっかけない ne tenir aucun compte de...

はな(端) 岬のはな pointe (de terre) 安/はなから dès le début

鼻息 souffle par le nez 男 鼻息をうかがう sonder les dispositions de...

鼻歌を歌う fredonner

鼻声 vibrisse 安

花ことば langage des fleurs 男

花盛りの 景気後退でもレジャー産業は花盛りの Malgré la récession, l'industrie des loisirs reste florissante.

鼻先 au nez de... 鼻先であしらう traiter... dédaigneusement

話 conversation 安, discours 男, discussion 安, paroles 安複, propos 男(→話す) 話をする parler avec..., tenir conversation avec... /話を聞く écouter/...という話だ Il paraît que.../...の話では d'après.../話は変わるけど A propos.../お恥ずかしい話ですが à ma honte/早い話 (en) bref, en somme/話が合う s'entendre bien avec.../話に乗る participer à un projet/話を逸らすなよ Ne change pas de sujet./話を元に戻すと pour revenir à ce que nous disions/ここだけの話だけど C'est entre nous./話がはずむ La conversation s'anime./話はあるんだ J'ai à te parler./なんの話? C'est à quel propos?/話がうますぎるよ C'est trop beau pour être vrai./うまい話に乗るな Il ne faut pas se laisser séduire par une offre alléchante./話が違うよ Ce n'est pas ce que tu avais dit./そういうことなら話は別だ Dans ce cas-là, c'est différent.
◇話がつく s'arranger avec... 話が分かる あいつは話が分かる Il est rai-

sonnable et compréhensif. 話にならない Pas question.

話し合い conversation 安, discussion 安 話し合いの場を設けよう Il faut que nous fassions une réunion pour mettre les choses au point.

話し相手 interlocuteur(trice)

話し合う parler, discuter, négocier, avoir un entretien 将来の方向について父と話し合う parler de ma direction future avec mon père

放し飼い 放し飼いにする élever... en liberté

話しかける parler à..., s'adresser à..., adresser la parole à... やたらと観光客に話しかける商店主 patron de magasin qui adresse la parole aux touristes beaucoup trop souvent /すみません、ちょっといいですか Excusez-moi, je peux vous parler?/今お忙しいですか Vous êtes occupé(e) maintenant?/2、3分いいですか Vous avez deux ou trois minutes pour moi?

話しことば langue parlée 安

話半分 話半分に聞く ne croire... qu'à moitié

話す parler;〔ある内容を伝える〕dire;〔話してきかせる〕raconter;〔語り合う〕s'entretenir, discuter 小さな(大きな)声で話す parler bas (fort)/彼は日本語が話せる Il parle japonais./それについては話しましたよね Je vous en ai déjà parlé, non?/もう話すことはない Je n'ai plus rien à te dire./話してもむだだ Inutile de parler./話せば分かる Si je te parle, tu comprendras./起きたことを全部話して Raconte-moi tout ce qui s'est passé.

放す lâcher;〔自由にする〕libérer 鳥を放す lâcher un oiseau/犬を放す détacher un chien/手を放す lâcher la main de.../おりの中の動物を放してやりたい Je voudrais libérer les animaux enfermés.

離す séparer, écarter AからBを離す écarter B de A/AとBを離す séparer A et B/座席の間隔を離す espacer les sièges

花束 bouquet 男

鼻血 saignement de nez 男 彼は鼻血を出している Il saigne du nez.

放つ 川に稚魚を放つ peupler une rivière d'alevins/犬を放って鹿を追わせる lâcher un chien après (contre, sur) un cerf

鼻っ柱 鼻っ柱をへし折ってやりたい Je voudrais lui rabattre le caquet.

はなはだ très, extrêmement はなはだ残念です Je suis vraiment désolé(e).

甚だしい excessif(ve), extrême

華々しい 華々しい活動 activité brillante/華々しい最期 derniers moments glorieux/華々しい成功によってこれまでの失敗を帳消しにする compenser ses échecs précédents par un brillant succès

花火 feu d'artifice 花火を打ち上げる tirer un feu d'artifice

鼻持ちならない puant(e)

華やかな brillant(e), splendide 華やかな都会 grande ville splendide 華やかなりしころに à l'apogée de sa gloire

離れる quitter, se détacher de… 考えが頭から離れない Une idée ne me quitte pas.

はにかむ se montrer timide 彼女ははにかんで笑った Elle a ri avec pudeur.

パニック panique 囡 パニックに襲われる être pris(e) de panique パニック状態になる paniquer 原発事故は住民の間にパニックを引き起こした La catastrophe de la centrale atomique a répandu la panique parmi la population.

羽 plume 囡;〔翼〕aile 囡 羽をたたむ plier ses ailes /羽を広げる déployer ses ailes /羽を休める replier les ailes en repos

◇**羽を伸ばす** agir dans la détente

ばね ressort 男 ばね仕掛けの à ressort

跳ね返る rebondir ボールが壁に当たって跳ね返った Un ballon a rebondi contre le mur.

ハネムーン lune de miel 囡 セカンドハネムーン deuxième lune de miel
◻**ハネムーンベイビー** bébé de lune de miel 男

跳ねる bondir, sauter;〔水・泥などが〕rejaillir, gicler 魚が池で跳ねた Un poisson a fait un saut dans la mare. /跳んだり跳ねたりする gambader

はねる(撥ねる) 子供をはねる〔車が〕renverser un enfant

母 mère 囡 母の maternel(le) /未婚の母 mère célibataire /実の母 vraie mère /私の亡き母 ma défunte mère

幅 largeur 囡 ネクタイの幅 largeur de cravate /幅が広い large /幅が狭い étroit(e) /幅(=ゆとり)をもたせる laisser une marge /この道は幅6メートルある Cette rue a six mètres de large. /もう少し人間に幅があればいい Il faudrait qu'il soit un peu plus mûr sur le plan humain.

◇**幅を利かせる** この辺で幅を利かせている人物だ C'est quelqu'un qui a de l'influence dans la ville.

はばかる 人前をはばかる crainde d'être vu(e) /だれはばかることなく sans gêne /…してはばからない ne pas hesiter à… /過ちを改めるにはばかることなかれ Il n'est jamais trop tard pour se corriger.

羽ばたく battre des ailes;〔飛び立つ〕s'envoler 社会にはばたく débuter dans la vie

阻む empêcher, arrêter

はびこる pulluler 雑草が庭にはびこる De mauvaises herbes envahissent le jardin. /悪い虫がはびこる Les vermines pullulent partout. /迷信がはびこる Le mal sévit. /迷信がはびこる La superstition se propage.

パフェ parfait 男

省く supprimer, omettre 費用を省く réduire les dépenses /細かい説明は省く omettre une explication détaillée /時間を省く économiser [épargner] son temps

はぶり puissance 囡, ressources 囡複 はぶりがいい puissant(e), prospère /はぶりを利かせる utiliser son pouvoir

バブル bulle 囡 バブル崩壊 éclatement de la bulle financière ◆不良債権 créances (douteuses) 囡複, mauvaises créances 囡複 /回収不能な不良債権 créances irrécupérables 囡複 /住専(住宅金融専門会社) établissements de crédit immobilier 男複 /ノンバンク établissements non-bancaires 男複 /共同債権買い取り機関 Société coopérative de rachat de créances 囡 /公的資金 fonds publics 男複 /総合景気対策 plan de relance (économique) 男 /赤字国債の発行 émissions d'obligations de financement du déficit 囡複

破片 éclat 男, débris 男複, fragment 男 ガラスの破片 éclat de verre

浜 plage 囡, grève 囡 浜で甲羅干しをする s'exposer au soleil à la plage

葉巻 cigare 男 葉巻をふかす fumer un cigare

はまり役 ハムレットは彼のはまり役だ Il convenait à la perfection pour le rôle d'Hamlet.

はまる〔ぴったり合う〕s'ajuster 泥沼にはまる s'enliser dans la boue /型にはまる être stéréotypé(e) /彼女の思うつぼにはまる se laisser mener comme il l'espérait

はみ出す dépasser, déborder, passer 枝が塀の外にはみ出す Les branches débordent du mur. /スカートが上着のすそからはみ出している La jupe dépasse du manteau.

ハム jambon 男 生ハム jambon cru /ボンレスハム jambon cuit
◻**ハムエッグ** œuf(s) au jambon 男
◻**ハムサンド** sandwich au jambon 男

刃向かう 権威に刃向かう braver l'autorité /父親に刃向かう s'opposer [résister] à son père

羽目〔羽目板〕lambris 男, panneau 男 苦しい羽目に陥る être dans une mauvaise passe /…するハメになる en être réduit à…

◇**羽目を外す** se permettre des folies

破滅 perte 囡, ruine 囡 ああ破滅だ Ah, je suis ruiné(e)! /破滅する se perdre, tomber en ruine

はめる ajuster, emboîter 合わせる〔だます〕tromper /あいつにすっかりはめられた J'ai été complètement trompé(e) par lui.

場面 scène 囡, situation 囡 映画の

波紋 中の悲しい場面 scène triste dans un film／場面が変わる La scène change.

波紋 ronds 男 水面に波紋を描く faire des ronds dans l'eau／波紋を巻き起こす avoir un retentissement／波紋を呼ぶ faire du bruit

早い・速い 〖運動・行動などが〗rapide, agile 朝早く de bon matin／速く走る courir vite／仕事が早い être rapide sur son travail／足の速いサラブレッド un avant-blanc rapide／馬 cheval rapide／一刻も早く le plus vite possible／…するが早いか dès [aussitôt] que…／…と早く死に別れる perdre… il y a longtemps／…はまだ早い Il est trop tôt pour…／早くも déjà／早くとも au plus tôt
◇ **早い話** En bref

早い者勝ち Premier arrivé, premier servi.

早起きの matinal(ale) 早起きして朝の空気を吸うといい On dit qu'il est bon de se lever tôt et de respirer l'air matinal.

早合点 interprétation hâtive

早口 早口にしゃべる parler vite

速さ 〖速度〗vitesse 女, rapidité 女 電光石火の速さで avec la rapidité de l'éclair

林 bois 男, forêt 女 雑木林 bois taillis

生やす laisser pousser 根を生やす prendre racine／ひげを生やす se laisser pousser la barbe／口ひげを生やした男 un homme à moustaches

はやす（囃す）はやす太鼓 tambour qui rythme

早まる 早まったことをする faire un coup de tête

速める・早める 足を速める hâter [presser, précipiter] le pas／出発を早める avancer [hâter] le départ

はやり mode 女, vogue 女 はやりことば mot à la mode

はやる être à la mode, être en vogue …がはやっている Il y a beaucoup de grippes en ce moment. そんなのはどきはやらない Ce n'est pas à la mode de nos jours.／新しいスポーツがはやる Un nouveau sport devient populaire.／近所の店ははやっている Le magasin voisin a beaucoup de clients.

はやる（逸る）être dans l'impatience ...しようとはやる s'impatienter de...／はやる心を抑える réprimer son impatience／血気にはやる se laisser emporté(e) par l'ardeur

腹 ventre 男 腹が減る avoir faim／腹いっぱい食べる manger à satiété／腹の足しになる tromper sa faim／腹が痛い avoir mal à l'estomac／腹が張る avoir le ventre ballonné／腹が出る prendre du ventre／腹の底から laugh rire du cœur／腹の中で笑う rire sous cape [dans sa barbe]
◇ **腹が黒い** sournois(e) 腹が据わる

imperturbable 腹が立つ se mettre en colère, se fâcher だんだん腹が立ってきた La colère m'a envahi(e) progressivement. 腹が太い〖度量がある〗généreux(se) 腹が減っては軍[いくさ]ができぬ Il ne faut pas se battre le ventre creux. 腹に一物ある avoir une arrière-pensée. 腹に据えかねる 腹に据えかねて上司をよん殴ってしまった J'ai frappé mon supérieur quand la patience m'a fait défaut. 腹をよじる rire à se tordre 腹の皮をよじって笑った Il s'est tordu de rire. 腹の虫 腹の虫がおさまらない La colère n'apaise pas. 腹を痛める 彼女が腹を痛めた子 enfant qu'elle a porté(e) dans son sein 腹を抱える 腹を抱えて笑う se tenir les côtes de rire [=rire à se tenir les côtes] **腹を決める** se décider à... 腹を切る (se) faire harakiri 腹を肥やす s'engraisser 腹を探る sonder [scruter] les intentions de... 痛くもない腹を探られる avoir soupçonné(e) sans raison 腹を据える prendre une résolution 腹を読む lire les intentions 腹を割る 腹を割って話そう Parlons à cœur ouvert.

バラ（薔薇）rose 女（ウンベルト・エーコの）『薔薇の名前』Le Nom de la rose

腹いせに pour se venger

払う payer, 〖返済する〗rembourser 20ユーロ払う payer vingt euros／ホテル代を払う régler sa note d'hôtel, payer sa chambre à l'hôtel／商品の代金を現金で払う payer comptant une marchandise／きょうは私が払います Aujourd'hui, c'est moi qui paie／〖人の〗足を払う faire un croc-en-jambe à...

パラシュート parachute 男 パラシュートで降下する sauter en parachute

晴らす 気分を晴らす se distraire／疑いを晴らす dissiper les doutes

腹違いの consanguin(e) 腹違いの兄弟 frère consanguin

腹ばいになる se coucher à plat ventre

ばらばら おもちゃをばらばらにする mettre un jouet en morceaux／死体をばらばらに切断する dépecer un cadavre／意見がばらばらだ Les opinions divergent.

はらむ concevoir 子をはらむ concevoir un enfant, être enceinte／重大な結果をはらむできごと événement gros [lourd] de conséquences／その計画には問題をはらんでいる Il y a des problèmes dans ce projet.

波乱 mouvement 男 〖人生などの盛衰〗Vicissitudes 女複〖もめごと〗trouble 男／家庭内に波乱を起こす jeter [semer] le trouble dans la famille／波乱万丈の生涯 vie aux aventures fabuleuses

バランス équilibre 男, balance 女 バランスを保つ garder son équilibre

/バランスを失う perdre son équilibre /バランスのとれた食生活 régime équilibré

バランスシート bilan 男

針 aiguille 囡；[ホッチキスの] agrafe 囡；[動植物の] aiguillon 男 針に糸を通す enfiler une aiguille Une aiguille s'enfonce. /針で刺す piquer une aiguille /傷を 7 針縫う faire sept points de suture à une plaie /針の穴 trou d'une aiguille /針を含んだことば propos malveillant

パリ Paris パリに[パリ市内に]住む habiter à [dans] Paris /パリ祭 la Quatorze Juillet

針金 fil métallique 男

張り切る être plein(e) d'ardeur 張り切って勉強する travailler avec entrain

バリケード barricade 囡 バリケードを築く dresser [élever] une barricade

ハリケーン ouragan 男

はりつけ crucifixion 囡；[キリストの] crucifixus 男 はりつけにする crucifier

ハリネズミ hérisson 男

春 printemps 男 春に au printemps /ずいぶん春めいてきた Le printemps est plutôt avancé. /春なのにまだ寒い Bien que le printemps soit arrivé, il fait encore froid. /我が世の春だ Le monde est à moi. /(ストラヴィンスキーの]『春の祭典』 *Le Sacre du printemps*

張る・貼る [引っ張る] tendre；[取り付ける] coller 壁に板を張る revêtir un mur de boiseries /部屋に壁紙を張る tapisser une chambre

はるかな lointain(e), éloigné(e) はるか昔の話 histoire de l'époque lointaine /はるかによい beaucoup mieux /歴史をはるかにさかのぼる remonter loin dans l'histoire

バルコニー balcon 男 バルコニーに出る se mettre au balcon /バルコニーを観葉植物で飾る orner un balcon de plantes vertes

はるばる 遠路はるばる…に行く faire un long voyage pour aller à [en]... /はるばる出かける aller au loin /はるばるやって来る venir de loin

晴れ beau temps 男 晴れの舞台で devant un large public

はれ (腫れ) enflure 囡 はれがひかない L'enflure ne dégonfle pas.

バレエ ballet 男 バレエを踊る exécuter un ballet

パレード défilé 男, parade 囡 パレードする défiler

バレー (ボール) volley-ball 男, volley 男 バレーボールをする jouer au volley /ビーチバレー volley de plage

晴れ着 parure cérémonieuse 囡

晴れ間 éclaircie 囡 所々に晴れ間の見える曇り空 ciel nuageux avec de larges trouées bleues

晴れやか clair(e) 晴れやかな顔になる avoir un visage épanoui

晴れる s'éclaircir ある晴れた午後 un après-midi ensoleillé /彼と話してすっかり気が晴れた En parlant avec lui je me suis complètement détendu.

はれる (腫れる) s'enfler, se gonfler, bouffir 顔がはれる avoir le visage bouffi /傷で指がはれる La blessure enfle un doigt.

ばれる se découvrir やっちゃえよ。ばれやしないから Vas-y. Personne ne s'en apercevra.

班 équipe 囡, groupe 男 四班に分ける diviser en quatre groupes

判 [公印・封印] sceau 男；[印章・消印・封印] cachet 男 判を押す mettre [apposer] son sceau /判で押したような [決まり切った] 答え réponses stéréotypées

版 édition 囡 版を重ねるごとの改訂 une mise à jour d'édition en édition /この小説は 4 版まで版を重ねる Ce roman en est à sa quatrième édition.

晩 [夕方] soir 男；[夜] nuit 囡 朝から晩まで du matin au soir /今晩 ce soir /明晩 demain soir /昨晩 hier soir /月夜の晩 nuit de lune

番 [順番] tour 男；[見張り] garde 囡 番を待つ attendre son tour /番が回ってくる Son tour vient. /きみの番だ C'est ton tour. /店の番をする garder un magasin /掃除当番を決めよう Décidons de tours de rôle pour faire le ménage. /電話をお願いできますか ce que vous pouvez prendre les appels téléphoniques?

パン pain 男 ◆いなか風パン pain de campagne 男 黒パン pain bis, pain de seigle 男 クロワッサン croissant 男 食パン pain de mie 男 バゲット baguette 囡 バタール bâtard 男 パリジャン pain parisien 男 フィセル ficelle 囡 ブリオッシュ brioche 囡 ジャム confiture 囡 バター beurre 男 マーガリン margarine 囡 トースター grille-pain 男 パンを焼く faire cuire du pain ；[こんがり[あぶる]] faire griller du pain /パンを焼くにおいがする Il y a une bonne odeur de pain grillé. /人はパンのみにて生きるにあらず L'homme ne vit pas seulement de pain.

パン生地 pâte à pain 囡 パン生地を寝かせる laisser reposer la pâte /パンくず miette 囡 パン屋 (さん) 男 boulanger(ère) 囡；[店] boulangerie 囡

範囲 sphère 囡, champ 男, étendue 囡 予算の範囲内で dans les limites du budget /可能な範囲の最大限 la mesure du possible /研究を狭い範囲に限る limiter l'étude à un champ précis /試験の範囲はどこですか L'examen portera sur quelle partie du cours?

反意語 antonyme 男

繁栄 prospérité 囡 繁栄を促

反映 rer, fleurir / 経済の繁栄を享受する jouir d'une grande prospérité économique / 店が繁盛する Le magasin est prospère.

反映 reflet 男 / 作品は生き方や考え方を反映する La création reflète la manière de vivre et de penser.

版画 gravure 女, estampe 女 → 71ページ(囲み)

ハンガー cintre 男 / 上着をハンガーにかける mettre sa veste sur un cintre

ハンカチ mouchoir 男 / ポケットからハンカチを取り出す sortir un mouchoir de sa poche / ハンカチで汗をふく essuyer la sueur avec un mouchoir / ハンカチではなをかむ se moucher dans un mouchoir / ハンカチで目を押さえる se couvrir les yeux de son mouchoir / 別れにハンカチを振る agiter son mouchoir en signe d'adieu

反感 antipathie 女, aversion 女, répulsion 女 / 反感を抱く avoir [éprouver] de l'antipathie pour [contre] ... / 反感がつのる L'antipathie s'accroit. / そんな態度ではみんなの反感を買うよ Si tu agis ainsi, tu attireras l'antipathie de tout le monde.

反響〔響き〕 retentissement 男, résonnance 女;〔こだま〕écho 男 / 反響する faire écho, résonner / 大きな反響を呼ぶ avoir un grand retentissement

パンク crevaison 女 / タイヤがパンクした Le pneu a crevé.

番組 programme 男, émission 女 / テレビ番組に出演する participer à une émission télévisée / 番組を視聴する suivre une émission / 番組を作る établir un programme / 番組を降りる quitter le programme / 教育番組 programme éducatif / 報道番組 programme d'information

反撃 riposte 女, contre-attaque 女 / 反撃する riposter à..., contre-attaquer

判決 jugement 男 / 判決を下す prononcer [rendre] un jugement / 判決に異議を申し立てる faire opposition à un jugement / 判決を不服として上訴する faire appel à un jugement / 一審判決を破棄する annuler [casser] le premier jugement / 判決が覆った Le jugement a été renversé.

反抗 révolte 女, résistance 女 / 反抗的な révolté(e), rebelle / 反抗期で手がつけられない Il est à l'âge de la révolte. / On ne peut rien faire de lui. / (カミュの)『反抗的人間』 L'Homme révolté

○反抗心 esprit de rebellion 男

犯行 crime 男 / 犯行を自白する avouer son crime / 計画的犯行 crime prémédité

番号 numéro 男 / 番号を打つ numéroter / 番号順に par ordre numérique

犯罪〔重罪〕crime 男;〔軽罪〕délit 男;〔罰金で済む〕contravention 女 / 犯罪を引き起こす commettre un crime / 犯罪をそそのかす inciter... au crime / 犯罪を防ぐ prévenir des crimes / 犯罪のにおいがする Ça sent le crime.

○犯罪者 coupable 名, criminel(le) 名

万歳 Vive!, Hourra! 万歳を叫ぶ pousser des hourras / フランス万歳 Vive la France.

反作用 réaction 女

晩さん dîner 男 / 最後の晩さん la Cène

判事 juge 男 / 正判事 juge titulaire / 判補判事 juge suppléant

反射 reflet 男, réflexion 女, réverbération 女;〔医学・生理学で〕réflexe 男 / 反射する réfléchir, refléter

○反射望遠鏡 télescope à réflexion 男

反射的な réflexe / 反射的な拒否反応 réaction spontanée de refus

繁盛 prospérité 女 / この店はずいぶん繁盛している Ce magasin est très prospère.

半信半疑 être sceptique / 半信半疑だった J'y croyais sans y croire.

反する être contraire, choquer / ...に反して contrairement à... / それに反して par contre

反省 réflexion 女 / 反省を求める inciter... à la réflexion / 行き過ぎを反省する regretter ses excès / 生活を反省する réfléchir sur sa vie / 少し反省したらどうだ Et si tu réfléchissais un peu à ce que tu fais?

万全の parfait(e) / 万全を期する parer à toute éventualité / ⟨...に対して⟩万全の対策をとる prendre toutes les mesures possibles pour...

ばんそうこう sparadrap 男, taffetas gommé 男 / ばんそうこうを張る mettre un taffetas gommé

反則 faute 女, pénalisation 女 / 反則を犯して commettre une faute / 笛を吹いて反則を取る siffler une faute / そんなの反則だ！ C'est une faute.

反対の contraire, opposé(e);〔順序・方向・位置が〕inverse / 反対する s'opposer à... / それどころか反対に au contraire / 反対に à l'inverse de..., à l'opposé de..., au contraire de... / 道の反対側に住んでいる habiter de l'autre côté de la rue / 私は反対です Je suis contre. / ⊖そんなことはない Ce n'est pas vrai. / 違うよ Ce n'est pas ça. / 納得できません Je ne suis pas convaincu de ce que vous dites. / ちょっと意見が違うな Je ne suis pas tout à fait de cet avis.

○反対運動 faire campagne contre...

判断 jugement 男 / 判断する juger / 判断を下す se prononcer / 判断を誤る mal juger de... / 判断に任せる s'en remettre au jugement de... / 判断力がある avoir du jugement / 私の経験から判断すると à en juger par mon

expérience／すぐ出発すべきだと判断した J'ai jugé qu'il fallait partir tout de suite.
番地 numéro／デカルト街12番地に住む habiter au 12 (de la) rue Descartes／番地を書く écrire l'adresse
パンチ〔切符に穴を開ける〕poinçonneuse 囡；〔ボクシングなどの〕punch 男 パンチを見舞う donner un coup de poing／顔面にパンチを食らう recevoir un coup de poing en pleine figure
班長 chef de groupe [d'équipe]
パンツ slip 男；〔男性用〕caleçon 男；〔ズボン〕pantalon 男 パンツをはく mettre un caleçon
判定 jugement 男 判定が下る Le jugement est prononcé.／判定で勝つ gagner aux points
パンティー slip 男, culotte 囡
◘パンティーストッキング collant 男
バンド〔帯・ベルト〕ceinture 囡；〔腕時計の〕bracelet 男；〔音楽の〕formation musicale
半島〔大きい〕péninsule 囡，〔小さい〕presqu'île 囡 朝鮮半島 péninsule de Corée／バルカン半島 presqu'île des Balkans
反動 réaction 囡 抑えつけられた反動で par réaction contre l'étouffement／反動的な réactionnaire 反動的な主張をする tenir un discours réactionnaire／反動勢力を抑える combattre les forces de la réaction
半導体 semiconducteur 男
ハンドバッグ sac à main
ハンドル volant 男；〔自転車の〕guidon 男 ハンドルを握る prendre le volant／ハンドルを右に切る braquer à droite／ハンドルさばきのうまい人 as du volant
犯人 criminel(le) 囡, malfaiteur(trice) 囡 犯人を追う poursuivre un criminel／あいつが犯人だととらえ soupçonner ce type-là de culpabilité／人を犯人扱いして，証拠はあるのか Tu m'accuses. Tu as des preuves?／犯人を捕らえる attraper le criminel／やはりあいつが犯人だったか C'était bien lui le coupable.
万人 tout le monde 万人をうなずかせる convaincre tout le monde／万人の認める真理 vérité universellement reconnue／万人向きの qui convient à tout le monde
晩年 dernières années de la vie 囡復
反応 réaction 囡, réponse 囡, écho 男 反応する réagir à…／反応がない faire de l'effet／いかにもフランス人的な反応 une réaction typiquement française／彼はいつも反応が鈍い Il réagit toujours à retardement.／若者は流行に敏感に反応する Les jeunes sont très sensibles à la mode.／化学反応 réaction chimique／連鎖反応 réaction en chaîne
万能 スポーツが万能である savoir pratiquer tous les sports／科学は万能だ La science est toute-puissante.

◘万能選手 athlète complet(e)
万能薬 panacée 囡
半端な〔不ぞろいの〕dépareillé(e)；〔不完全な〕incomplet(ète)
販売 vente 囡 販売する vendre／販売価格を下げる baisser le prix de vente／カタログ販売 vente par catalogue／店頭販売 vente en magasin
反発 répulsion 囡 強く反発する réagir vivement contre…／反発を感じる éprouver de la répulsion／反発を買う inspirer de la répulsion
◘反発力 force répulsive
万物 Tout 男, création 囡 万物は流転する Tout s'écoule.／万物の霊長 sommet de la Création
パンフレット brochure 囡；〔折り畳みの〕dépliant 男 パンフレットはご自由におとりください Ces brochures sont gratuites.
半分 demi, moitié 囡 ケーキを半分に切る couper un gâteau de moitié／半分減らす réduire… de moitié／冗談半分で par plaisanterie／半分もらうよ J'en prends la moitié.
反面 その反面 en revanche, par contre／彼は無口だったが，反面情熱的でもあった Il est silencieux, mais d'un autre côté, passionné.
万雷 万雷の拍手の中で sous un tonnerre d'applaudissements
反乱 sédition 囡, révolte 囡, rébellion 囡 反乱を鎮める réprimer une révolte
◘反乱軍 troupe séditieuse 囡
はんらん(氾濫)する déborder, inonder 日本じゅうに日本車がはんらんしている Les voitures japonaises inondent le marché international.
反論 réfutation 囡, contradiction 囡, objection 囡 反論の余地がない Il n'y a rien à répliquer.／反論させてください Permettez-moi de vous contredire.

ひ

火 feu 男, flamme 囡；〔火事〕incendie 男 火をおこす faire du feu／火をあおる animer le feu／火にかける mettre sur le feu／火に当たる se chauffer au feu／火を消す éteindre le feu／納屋から火が出る Le feu prend dans la grange.／火が二階にまで回る Le feu gagne le premier étage.／火を貸してもらえませんか Donnez-moi du feu, s'il vous plaît.／(ネルヴァルの)『火の娘たち』 Les Filles du feu
◘火に油を注ぐ jeter de l'huile sur le feu／火のついたように泣き出す se mettre à crier brusquement／火のないところに煙は立たぬ Il n'y a pas de fumée sans feu.／火を見るよりも明らかな clair(e) comme le jour
日〔太陽〕soleil 男；〔一日〕jour 男 日が昇る Le soleil se lève.／もう日が

ひ

高い IL fait déjà grand jour. / 日が傾く Le jour décline. / 日が沈む Le soleil se couche. / 日が照る Il fait du soleil. / 日がかげる Le ciel s'assombrit. / 日が部屋に入る Le jour entre dans la pièce. / 日が長い［短い］Les jours sont longs［courts］. / 日に当たる se mettre au soleil / 日に当てる exposer... au soleil / 日に当たる Le soleil donne sur... / 日に干す sécher au soleil / 日を浴びる prendre un bain de soleil / 日に焼けるbronzer / 日を遮る intercepter le jour / 日を限る fixer le terme / 日が悪い C'est un mauvais jour. / A と B が重なる A tombe B. [=A et B tombent le même jour.] / 試験まで日があまりない Il me reste peu de jours pour l'examen.

◇ **日が浅い**（…から）まだ日が浅い Il n'y a pas longtemps que... **日を改める** Je reviendrai un autre jour. **日を追って** avec le temps

美 beauté 囡, beau 男 真善美 le beau, le bien et le vrai

火遊びする〔子供が〕jouer avec le feu ;〔情事〕avoir une aventure

日当たり ensoleillement 男 日当たりがよい bénéficier d'un bon ensoleillement / 南向きで、日当たりが良好 Donne sur le sud, ensoleillé.

ピアス piercing 男 ピアスをするために耳に穴をあけてもらう se faire percer les oreilles

ピアニスト pianiste 男囡 (トリュフォーの)『ピアニストを撃て』*Tirez sur le pianiste*

ピアノ piano 男 ピアノを弾く jouer du piano / ピアノ曲を演奏する exécuter［jouer］un morceau de piano

ひいき ひいきにする avoir une prédilection pour... / ひいきの役者 son acteur(trice) favori(te) / ひいき目で見る avoir un préjugé favorable à l'égard de...

ピーナッツ〔実〕cacahuète 囡;〔植物〕arachide 囡

◻︎ **ピーナッツバター** beurre de cacahuètes［d'arachides］囡

ビール bière 囡 生ビール pression 囡, bière (à la pression), demi 男 / 淡色［濃色、黒、白］ビール bière blonde［brune, noire, blanche］/ とりあえずビール Pour commencer, une bière. / 疲れたときのビールは格別だ Quand on est fatigué, il n'y a rien de meilleur qu'une bonne bière. / ビールを飲むとトイレが近くなって困る L'ennui, c'est qu'avec la bière il faut souvent aller aux toilettes.

冷え froid 男, refroidissement 男

冷え込む 朝晩冷え込むでしょう Les températures vont se rafraîchir en matinée et en soirée.

冷える fraîchir, refroidir よく冷えたお茶 thé bien frais / 足下が冷える avoir froid aux pieds / 明け方は冷える Il fait froid au petit matin. / 愛情が冷える L'amour se fait moins ardent.

美化する embellir, poétiser 思い出を美化する embellir les souvenirs / 町の美化に貢献する contribuer à l'embellissement de la ville

被害（→損害）地震で大きな被害が出た Le tremblement de terre a fait de gros dégâts.

◻︎ **被害者** victime 囡 **被害地** région endommagée 囡 **被害妄想** délire de la persécution

控え note 囡 控えの選手 remplaçant(e) 男囡 控えの間 antichambre 囡

控えめ réserve 囡, discrétion 囡 控えめな態度 attitude discrète / 控えめに言う dire... modestement / 塩分は控えめに Consommez le sel avec parcimonie. / 日本の女性が控えめというのは昔の話だ La fameuse discrétion des Japonaises fait partie du passé.

日帰り 日帰りの旅行 voyage d'un jour 男 東京へはゆうゆう日帰りできる On peut faire l'aller-retour de Tokyo en une journée sans se presser.

控える noter ;〔差し控える〕s'abstenir 40代を目前に控えて aux approches de la quarantaine / 番号を手帳に控えた J'ai noté le numéro dans mon carnet. / 発言は控えてください Abstenez-vous de prendre la parole.

比較 comparaison 囡, rapprochement 男 比較する comparer / 比較して en comparaison de..., à côté de... / 比較的 relativement / 比較にならないほど安い incomparablement moins cher(ère) / とても比較にならない Il n'y a aucun rapprochement possible à faire.

◻︎ **比較文学** littérature comparée 囡

比較級 comparatif 男 ⊙太陽は地球よりずっと大きい Le soleil est beaucoup plus grand que la terre.

日陰 ombre 囡 日陰を歩く marcher à l'ombre / アジサイは日陰を好む Les hortensias aiment l'ombre. / 日陰の生活を送る vivre comme un reclus

東 est 男, orient 男 東京の東に位置する à l'est de Tokyo / 東を向く se tourner à l'est

ぴかぴか ぴかぴかの靴 des chaussures d'un vernis éclatant / 車をぴかぴかに磨く astiquer la voiture / ネオンサインがぴかぴか光る Les enseignes lumineuses clignotent.

ひがむ se sentir brimé(e), être jaloux(se) そうひがむな Ne t'afflige pas sur ton propre sort.

光 lumière 囡, clarté 囡 ;〔弱い〕lueur 囡 ;〔輝き〕éclat 男 ;〔線状・帯状の〕rayon 男 ;〔日の〕jour 男 ;〔月光〕clair (de lune) 男 ;〔一瞬の〕éclair 男 ;〔照明〕éclairage 男 光を放つ émettre de la lumière / 光を当

てる〔照らす〕éclairer;〔公にする〕mettre... au jour／光を失う(＝失明する) perdre la vue

◘光ファイバー fibre optique 囡

光り物　誕生日には光り物がほしいわ Pour mon anniversaire je veux quelque chose qui brille.

光る briller, luire;〔強く〕reluire, dir;〔反射光が〕reluire, étinceler 水の中で何かが光っていた Quelque chose brillait dans l'eau. この絵はひときわ光っている Ce tableau se détache parmi les autres.

悲観 pessimisme 男　悲観することはないよ Il ne faut pas être pessimiste.

美観 belle vue 囡　広告の看板のせいで街の美観が損なわれている Les panneaux publicitaires sont responsables de l'enlaidissement des rues.

匹 子犬5匹 cinq chiots／通りには猫一匹いない Il n'y a pas un chat dans les rues.

引き上げる　荷物を2階に引き上げる monter les marchandises au premier étage／観客が引き上げていった Les spectateurs sont retirés.

率いる mener, commander, conduire　軍隊を率いる commander une armée

引き受ける se charger de..., assumer, s'occuper de...　子供は引き受けるよ Je m'occupe des enfants.

引き起こす〔倒れたものを〕relever, redresser;〔事件などを〕causer, provoquer 転んだ子を引き起こす relever un enfant qui est tombé

引き換え échange 囲　代金と引き換えに品物を渡す délivrer l'article en échange du paiement

◘引換券 bon 男

引き返す s'en retourner, rebrousser chemin　もう引き返せない On ne peut plus rebrousser chemin.

引き金〔銃の〕détente 囡　引き金を引く appuyer sur la détente

引き裂く déchirer, lacérer;〔仲 ♦を〕séparer 紙をびりびりに引き裂く déchirer violemment une feuille de papier／絹を引き裂くような悲鳴

引き算 soustraction 囡　♦ 5 − 3 = 2 Cinq moins trois égale (également, font) deux.

引きずる traîner　足を引きずる traîner les pieds／箱を引きずって運ぶって運ぶ faire glisser une caisse pour le déplacer／警察に引きずっていく 警察に引きずっていく過去を引きずる Il ne faut pas revenir sans cesse sur les erreurs du passé.

引き出し tiroir 男;〔預金の〕retrait 男　引き出しを開ける ouvrir un tiroir／引き出しを整理する faire du rangement dans un tiroir／記憶の引き出しをひっくり返す fouiller dans tous les tiroirs de sa mémoire

引き出す tirer, retirer　情報を引き出す tirer des informations de...

引き取る reprendre　走り込んだ車を引き取る reprendre une voiture qui a beaucoup de kilomètres／お引き取りください Pourriez-vous vous retirer?

引き抜く arracher;〔草木を〕déraciner

引き延ばす・引き伸ばす allonger, étirer;〔期間を〕prolonger

ひきょう lâche ひきょう者！ Quel lâche!／だますなんてひきょうだ C'est lâche de me tromper.

引き分け partie nulle 囡, match nul 男　試合は引き分けだった Le match s'est terminé sur un résultat nul.

引き渡す livrer, remettre　犯人を警察に引き渡す livrer un coupable à la police

引く tirer, traîner;〔船・車を牽引する〕remorquer;〔退却〕battre en retraite;〔引退〕prendre sa retraite;〔差し引く〕déduire;〔ガスなどを〕installer;〔注意・関心を〕attirer;〔引用する〕citer;〔塗って広げる〕enduire 5から2を引く soustraire deux de cinq

◇引きも切らず　見物客は一日引きも切らなかった Les visiteurs ont défilé toute la journée.

弾く jouer, exécuter　ショパンのソナタをピアノで演奏する exécuter au piano une sonate de Chopin／一曲弾いてよ Joue-nous un morceau.

低い bas(se), peu élevé(e)　低くする baisser, abaisser／低い声で話す parler doucement

卑屈な servile　卑屈なおべっか flatterie servile

ピクニック pique-nique 男　ピクニックをする pique-niquer

日暮れ soir 男, crépuscule 男　日暮れ時に à la nuit tombante〔＝à la tombée de la nuit〕

ひげ(髭)〔あご・ほおの〕barbe 囡;〔口ひげ〕moustache 囡;〔類ひげ〕favoris 男複;〔コオロギなどの〕antenne 囡　ちょびひげ moustache en brosse／カイゼルひげ moustache en croc／ヤギひげ bouc 男／ひげをそる se raser la barbe／ひげを蓄える porter la moustache／ひげのびを伸ばしたようなね Et si je me laissais pousser la barbe?

悲劇 tragédie 囡　悲劇的な様相を帯びる tourner au tragique

引ける 母にねだるのが引ける hésiter à demander à sa mère／夕方何時に仕事が引けるの A quelle heure quittes-tu le bureau ce soir?

飛行 vol 男, volée 囡

◘飛行士 aviateur(trice)　（エリック・ロメールの）『飛行士の妻』La Femme de l'aviateur　飛行場 aéroport 男　飛行船 dirigeable 男

非行 délinquance 囡　非行を防止する prévenir la délinquance

尾行する filer, prendre en filature

飛行機 avion 男　あしたパリに立ちます—何時の飛行機ですか Je pars demain pour Paris. — A quelle

非公式 officieux(se), non officiel(le)

非合法 illégitime, illégal(ale)

日ごろ toujours (→ふだん) 日ごろから健康に注意してください Ménagez quotidiennement votre santé.

ひざ(膝) genou 男 ひざを折って座る s'asseoir à genoux / ひざを曲げる plier [ployer] les genoux / ひざを伸ばす tendre le jarret / ひざをついて床をふく s'agenouiller pour nettoyer le parquet / ひざを痛める se faire mal au genou / 母のひざに乗る grimper sur les genoux de sa mère / (エリック・ロメールの)『クレールの膝』 Le Genou de Claire
◇ひざを崩す s'asseoir à son aise ひざを交える avoir une conversation intime

ビザ visa 男 ビザが必要です Il faut un visa. / ビザを取るのにどのくらいかかりますか Combien de temps faudra-t-il pour obtenir le visa?

被災する subir un désastre
❶**被災者** sinistré(e) 名 被災者に救援物資を送る envoyer des secours aux sinistrés **被災地** région sinistrée 女 被災地へはヘリコプターでしか行けない La région sinistrée n'est accessible que par hélicoptère.

日ざし rayons de soleil 男 日ざしを浴びる se baigner dans le soleil / 日ざしがきつい Le soleil tape dur. / 晩秋の淡い日ざし soleil pâle d'arrière-saison

久しぶり 久しぶりに映画を見る voir un film après bien des jours / 久しぶりですね Ça fait longtemps que je ne vous ai pas vu.

ひざまずく s'agenouiller, se mettre à genoux

悲惨 misère 女 労働者の悲惨な状況 situation misérable [pitoyable] des travailleurs / 悲惨なことといったらきてね Je suis tombé(e) dans la misère. / 彼は悲惨な最期を遂げた Il a eu une fin tragique.

ひじ coude 男 ひじをつく s'accouder sur [à] ... / ひじを曲げる plier son coude / ひじを枕にする appuyer la tête sur le coude

ひじ掛け (いすの) bras 男

ひじ鉄砲 ひじ鉄砲を食らわせた Je lui ai donné un coup de coude.

ビジネス travail, affaire 会談はビジネスライクに行われた Les conversations ne sont déroulées sur un ton commercial.
◆**ビジネススクール** école de commerce [management] 女 **ビジネスチャンス** 絶好のビジネスチャンスだ C'est une occasion unique de faire une affaire en or. **ビジネスマン** (実業家) homme d'affaires **ビジネス昼食** déjeuner d'affaires

美術 beaux-arts 男複(→71ページ(囲み))
◆**美術館** musée 男 **美術品** objet d'art

避暑 避暑客 estivant(e) 名 避暑地 station estivale

美女 belle 女, beauté 女 (ジャン・コクトーの)『美女と野獣』 La Belle et la Bête

非常 très, bien, beaucoup (→たいへん) 非常の urgent(e)
◆**非常階段** escalier de secours 男 **非常口** sortie de secours 女 **非常線** を張る placer un cordon d'agents **非常ベル** sonnerie d'alarme

微笑 sourire 男 微笑を浮かべる sourire / 日本人の微笑は外国人にはなぞだ Le sourire des Japonais est énigmatique pour les étrangers.

美人 belle 女, beauté 女 絶世の美人 beauté à nulle autre pareille / 美人は得だ Les belles femmes sont favorisées.

ビスケット biscuit 男 遭難者はビスケットをかじって命をつないだ Les sinistrés ont difficilement survécu en ne grignotant que des biscuits.

ヒステリー hystérie 女 ヒステリーを起こすな Arrête tes crises d'hystérie.

ヒステリックな hystérique

ピストル revolver 男, pistolet 男 ピストルで撃ち殺す tuer à coups de revolver

美声 belle voix 女 美声である avoir un beau gosier [=avoir un gosier de rossignol]

微生物 microbe 男 微生物の培養 culture microbienne

ひそかに secrètement ひそかな期待を抱く espoir caché / ひそかに会う se voir secrètement / 心中ひそかに intérieurement, en son cœur

ひだ pli 男, plissé 男 スカートのひだ plis d'une jupe / 山のひだ plis des montagnes / 心のひだ replis du cœur

額 front 男 額にしわを寄せる avoir un plissement au front / 額を集める [相談] se consulter
◇**額に汗する** 額に汗して働く travailler à la sueur de son front

浸す (液体に) plonger, tremper, baigner 顔を洗面器に浸す plonger sa tête dans la cuvette / 布をアルコールに浸す imbiber un tissu d'alcool

ビタミン vitamine 女 ビタミンCは効が多いとされる On prête beaucoup de vertus à la vitamine C. / ビタミン剤 suppléments vitaminés

左 gauche 女 左に曲がる tourner à gauche / 左手で書く écrire de la main gauche / 左寄りの思想をもっている avoir des opinions de gauche / アラビア文字は右から左に向かって書く L'écriture arabe va de droite à gauche.

左うちわで暮らす vivre à l'aise

左きき gaucher(ère) 名; (酒飲み) buveur(se) 名

左手 main gauche 女 左手の方の城を見て Regarde le château là-bas,

sur la gauche!

左前 商売が左前になる Les affaires entrent dans une mauvaise passe.

浸る baigner 幸福感に浸る baigner dans l'euphorie

ひっかかり その男にはこの事件には何のひっかかりも = 関係）もない Cet homme n'est pour rien dans cet affaire.

ひっかかる 〔くぎなどに〕s'accrocher à...; 〔巻き込まれる〕s'empêtrer; 〔だまされる〕se tromper たこが電線にひっかかった Le cerf-volant s'est accroché à un fil électrique. /わなにひっかかる se laisser prendre au piège /悪い男にひっかかる être trompée par un mauvais homme /宿題のことが心にひっかかる être inquiet(ète) de ses devoirs

ひっかく griffer, gratter, égratigner 猫にほっぺたをひっかかれた Mon chat m'a griffé la joue.

ひっかける accrocher;〔酒を〕boire un coup;〔だます〕tromper 足をひっかけて倒す renverser... d'un croc-en-jambe /服をくぎにひっかけて破った J'ai déchiré ma chemise à un clou. /道すがら一杯ひっかけようと寄り道した Je me suis arrêté en chemin juste le temps de prendre un verre. /うまくひっかかった Le tour est joué.

棺 cercueil 〔男〕 花で棺を埋める couvrir un cercueil de fleurs

びっくりする s'étonner, être surpris(e), s'effarer (→驚く) びっくりするじゃないか Ah tu m'as fait peur. /急に車が出てきたのでびっくりした Je me suis étonné qu'une voiture ait tout à coup apparu.

◻びっくり箱 boîte à surprise(s) 〔女〕

ひっくり返す 〔上下を〕renverser;〔表裏・前後を〕retourner;〔順序・方向を〕inverser つまずいて卓立てをひっくり返す renverser un porte-parapluies à cause d'un faux pas

ひっくり返る se renverser;〔乗り物などが〕culbuter, capoter ちょっとしたことで私たちの計画はひっくり返ってしまう Un rien suffirait pour que nos plans soient bouleversés.

日付 date 〔女〕 手紙に日付を入れる dater une lettre

◻日付変更線 ligne de changement de date 〔女〕

引っ越し 〔引き払う〕déménagement 〔男〕;〔越してくる〕emménagement 〔男〕 パリに引っ越しを5回した J'ai déménagé cinq fois au cours des trois ans que je suis resté(e) à Paris.

引っ越す déménager, emménager 東京へ引っ越す déménager à Tokyo /引っ越すのにトラックを借りる fréter un camion pour déménager

引っ込み いまさら引っ込みがつかない être trouvé(e) pour reculer

引っ込む いなかに引っ込む se retirer à la campagne

引っ込める retirer, rentrer, rétrac-

ter 手を引っ込めろ Retire ta main. /意見を引っ込める rétracter son opinion

必死の désespéré(e), acharné(e) 必死に努力する faire un effort désespérément /必死の捜査 enquête acharnée

羊 mouton 〔男〕 子羊 agneau 〔男〕

羊飼い berger(ère) 〔男〕

必修の obligatoire

◻必修科目 matière obligatoire 〔女〕

びっしょり 練習でびっしょり汗をかく être en nage à l'exercice /びっしょりぬれる être tout(e) trempé(e) de pluie

必然 nécessité 〔女〕 必然の nécessaire /必然の帰結 résultat nécessaire /必然的に nécessairement, inévitablement

ひっそり 一人ひっそり暮らしている vivre tranquillement tout(e) seul(e) /夜の学校はひっそりとしている L'école, la nuit, est déserte.

ぴったり 戸をぴったり閉める clore hermétiquement la porte /雨がぴったりやむ La pluie s'arrête net.

ヒッチハイク auto(-)stop 〔男〕 ヒッチハイクする faire de l'auto(-)stop

匹敵する égaler, aller de pair

ヒット succès 〔男〕 ヒットを飛ばす remporter un succès /…の最新アルバムがヒットした Le dernier album de... est un succès.

◻ヒット曲 chanson à succès 〔女〕

引っ張る tirer 電気コードを引っ張る tirer sur un cordon conducteur (…で) 野球部へ引っ張る entraîner... au club de baseball /彼は子供の腕をつかんで引っ張って行った Il a emmené l'enfant en le tenant par le bras.

必要 nécessaire 必要とする avoir besoin de... /…する必要に迫られる [se trouver] dans la nécessité de... /必要以上に plus qu'il ne faut /遠征に必要なものをそろえる se procurer les objets nécessaires pour l'excursion /あなたが行く必要はない Vous n'avez pas besoin d'y aller. /必要なときのお金を使って Prends cet argent au cas où tu en aurais besoin. /必要は発明の母 La nécessité est mère de l'invention.

◻必要悪 mal nécessaire 〔男〕 必要経費 frais déductibles 〔男複〕

否定 négation 〔女〕 否定する nier /否定的な意見を述べる exprimer sa pensée négative /役人が事件への関与を否定した Les fonctionnaires ont nié qu'ils avaient été impliqués dans l'affaire.

ビデオ vidéo 〔女〕 レンタルビデオ店 magasin de location de vidéos /9時からの映画をビデオにとっておいて Enregistre sur vidéo le film de neuf heures.

◻ビデオカメラ caméra vidéo 〔女〕 ビデオデッキ magnétoscope 〔男〕

美点

美点 qualité 囡

人 homme 男, personne 囡, gens 男複(→容ぼう, 性格, 体格) 人が悪い méchant(e) /人を使う employer des gens /人を得る trouver l'homme qu'il faut /過ちを人に転嫁する se décharger d'une faute sur un autre /人の言うことに耳を傾ける prêter une oreille docile à ce qu'on dit /あなたという人が分からない Vous êtes comme un rébus pour moi. /彼は結婚してから人が変わった Il ne se ressemble plus depuis qu'il s'est marié. /彼女は人がいい Elle est bon enfant. /とても感じのいい人だね Je le trouve très sympathique. /人のこと言えるかよ Ce n'est pas à toi de le dire. /先んずれば人を制す Premier arrivé, premier servi.
◇人の口に戸は立てられない On ne peut pas empêcher les gens de parler. /人のふり見て我がふり直せ Il faut savoir tirer une leçon des erreurs d'autrui. /人のふんどしで相撲をとる tirer profit des mérites d'autrui /人を食う 人を食ったことを言う dire des paroles insolentes

人当たり attitude pour les autres

ひどい ひどいよ C'est insupportable! /ひどい目にあった J'en ai vu de belles. /風がひどい Le vent souffle violemment. /なんてひどい天気だ Quel temps de chien!

一息 一息に飲む boire d'un trait [d'un coup]

人影 ombre humaine 囡, silhouette 囡 /上演が終わると客席からたちまち人影もまばらになった Après le spectacle, la salle s'est rapidement dégarnie.

人柄 personne 囡, personnalité 囡 /彼の人柄に誠実さがにじみでている L'honnêteté respire dans toute sa personne.

美徳 vertu 囡 (サドの)『美徳の不幸』 Justine ou les Malheurs de la vertu

一口 bouchée 囡, gorgée 囡 /一口にほおばる avaler d'une bouchée /一口乗る (=加わる) participer à un projet /一口飲んだらやめられない On ne put plus s'arrêter après la première gorgée. /一口で説明するのは難しい C'est difficile à expliquer en un mot.

人恋しい いなかに住んでいると人恋しくなる Quand on habite à la campagne on a besoin de contacts humains.

一言 un mot /一言多い dire un mot de trop /人前では一言もいえない ne pas pouvoir dire un mot en public

人込み foule 囡, bousculade 囡 /人込みに紛れる se mêler à la foule /人込みを嫌う détester la foule

人差指 index 男 /人差し指で指す montrer... de l'index

等しい égal(ale), équivalent(e), 等しく également /自分の子供を等しく愛する aimer également tous ses enfants /仮に2つの速度が等しいものとして les deux vitesses étant supposées fictivement égales

人質 otage 男 人質を取る prendre une personne en otage /人質を救出する sauver les otages

人知れず 人知れず泣く pleurer secrètement

一筋縄 あいつは一筋縄ではいかない C'est un fin [fine, vrai] renard.

一つ un (une) 心を一つにする joindre les cœurs /一つ残らず sans exception /上司の考え一つですべて決まった Tout s'est joué sur une seule décision de notre supérieur. /成功するかどうかはきみの努力一つだ Le succès dépend uniquement de vos efforts. /ひとつ試してみよう Essayons en peu.

人使い 人使いが荒い surmener ses hommes

人手 main-d'œuvre 囡 人手が足りないよ Je n'ai pas assez de gens pour m'aider. /大掃除に人手を借りる se faire aider pour le grand nettoyage /人手(=他人の所有)に渡る tomber dans les mains d'autrui

人出 foule 囡 5万人に及ぶ人出 foule qui s'élève à cinquante mille personnes /ものすごい人出だ C'est une foule terrible.

ひととおり テキストにひととおり目を通す parcourir le texte /必要なものはひととおりそろっている avoir à peu près tout ce qu'il faut

人通り 人通りの多い道 rue fréquentée

ひととき 楽しいひとときを過ごす passer un moment amusant /ひとときは友だちだった J'étais un de ses amis autrefois.

一旗揚げる fonder une entreprise

一肌脱ぐ donner un coup de main

人人 gens 男複 昔の人々の生活を調べる faire une enquête sur la vie des gens d'autrefois /人々と行動を共にする agir de compagnie avec des gens

人前 人前で恥をかく essuyer la honte en public /人前を取り繕う sauver les apparences /人前で話すのは恥ずかしい Je me sens gêné de parler en public.

一回り 構内を一回りする faire un tour d'enceinte /兄より一回り(=12歳)年下だ J'ai douze ans de moins que mon frère.

ひとみ prunelle 囡, pupille 囡 ひとみをこらす fixer les yeux sur... /つぶらなひとみ grands yeux mignons /きみのひとみには吸い込まれそうだ J'ai l'impression que je pourrais me noyer dans la prunelle de tes yeux.

人目 人目を引く attirer les regards /人目を忍ぶ éviter les regards /人目を避ける se dérober aux regards /

もはばからず sans craindre d'être vu(e)

一目 彼女に一目でいいから会いたい Je voudrais la voir ne fût-ce qu'un instant. / 仕組みが一目でわかる図 plan par lequel on comprend au premier coup d'œil le mécanisme

一目ぼれ coup de foudre 男

一山 〜山いくらの安売り商品 un lot de marchandises en solde / 株で一山当てる faire fortune dans les actions

一人・独りの seul(e) 弟が一人いる J'ai un petit frère. / 彼は友人の一人だ Il est un de mes amis. / 年を取ってから独りでは寂しい Il est triste de vivre seul quand on est vieux. / この家に独りで暮らしているの Vous vivez seul dans cette maison? / 留守番をするのを嫌がる garder la maison tout(e) seul(e)

日取り date 女 出発の日取りを決める déterminer la date de son départ

独り言 monologue 男, soliloque 男 ぶつぶつ独り言を言う parler sans cesse tout(e) seul(e)

ひとりでに de soi-même, tout(e) seul(e) ドアがひとりでに開く La porte s'ouvre de elle-même.

独りぼっち solitaire 独りぼっちになると気がめいる J'ai le cafard quand je suis seul.

独り身 célibat 男 ; [人] célibataire 名

独りよがりの satisfait(e) de soi-même

ひな petit 男 ; [鶏の] poussin 男 カナリアのひながかえる Un œuf de canari éclot.

ひな型 modèle 男, [模型] maquette 女 ; [書式] formule 女

ひなたに au soleil ひなたに干す exposer au soleil

避難する s'abriter, se réfugier 避難口を確認しておいてください Soyez bien sûr de vérifier où se trouvent les issues de secours.

◘避難訓練 exercices de protection 男 避難所 abri 男, refuge 男, asile 男

非難 blâme 男, reproche 男, condamnation 女 非難する blâmer, reprocher / 非難を浴びる essuyer des reproches / 失政に非難ごうごうだ Des plaintes critiquant les actions du gouvernement ont afflué. / きみのせいだ, それは君の責任だ! C'est ta faute! / 責任を取れ! Répare tes fautes! / 監督を代えろ! Change d'entraîneur! / 何を考えているんだ! A quoi penses-tu!? / もう少しましな手段がなかったですか Est-ce que vous n'aviez pas un peu mieux mesuré? / 言い訳は聞きたくありません Je ne veux pas écouter votre excuse.

ビニール vinyle 男
◘ビニール樹脂 résine vinylique 女 ビニールハウス serre de vinyle 女 ビニール袋 sac en plastique 男

皮肉 ironie 女 ; [痛烈な] sarcasme 男 皮肉な ironique / 運命の皮肉だ C'est une ironie du sort. / 皮肉な世の中だ Le monde fait preuve d'ironie.

◘皮肉屋 ironiste 名, moqueur(se)

皮肉る ironiser

日に日に de jour en jour

避妊 contraception 女 避妊する utiliser un moyen contraceptif ◆コンドーム préservatif 男 ピル pilule 女 ペッサリー diaphragme 男

◘避妊薬 contraceptif 男

ひねる tortiller

ひねくれる ひねくれた批判をする critiquer par esprit de contradiction

ひねる tordre ひげをひねる tortiller sa moustache

日の入り coucher du soleil 男

日の出 lever du soleil 男 日の出の勢いで comme le soleil levant / (モネの)『印象・日の出』 Impression, soleil levant

日延べ [期日変更] ajournement 男 ; [延長] prolongation 女

火花 étincelle 女 火花が散る Des étincelles jaillissent. / 火花を散らす論戦 discussion ardente

批判 critique 女 批判する critiquer / 批判に耳を傾ける écouter la critique envers soi-même / 批判するのは易しい Il est facile de critiquer. / きみには人を批判する権利はない Ce n'est pas toi qui peut critiquer les autres.

◘批判精神 esprit critique 男 批判哲学 philosophie critique 女

ひび fêlure 女, fissure 女 茶碗のひびfissure d'une tasse / 手にひびが切れる avoir les mains gercées

日日 chaque jour 日々の糧 pain quotidien

響き [反響・共鳴] résonance 女 ; [こだま] écho 男 [音の]

響く [音が] résonner ; [影響] retentir 叫び声が中庭に響き渡った Des cris ont résonné dans la cour. / 心の乱れは体に響く Les troubles de conscience réagissent sur l'organisme. / 天下に名が響く se faire connaître universellement / 心に響く一言 un mot qui touche au cœur

批評 critique 女 論文を読んで批評する critiquer un article / 大新聞で文芸批評を担当する s'occuper de la critique littéraire dans un grand journal

◘批評家 critique 名 批評眼 sens critique 男

皮膚 peau 女, épiderme 男 皮膚を移植する faire une greffe de la peau ◘皮膚炎 inflammation cutanée 女 皮膚科 皮膚科に行って下さい aller chez la dermatologue 皮膚病 maladie de (la) peau 女, dermatose 女

微分 différentielle 女 微分方程式 équation différentielle 女

美貌 美貌の持ち主 personne dotée d'une grande beauté

暇 temps 男；[余暇] loisir 男　暇だ être libre／暇をつぶす tuer le temps／今宵お暇ですか Vous êtes libre ce soir?／暇な人だとか Tu en as bien du temps sur les bras.／遊んでいる暇はない On n'a pas le temps de s'amuser.／仕事が忙しくて音楽を聞く暇もない Mon travail ne me laisse pas le loisir d'écouter de la musique.
◇暇を出す　従業員に暇を出す donner son congé à [licencier] un employé　暇を取る [休職] obtenir un congé；[退職] prendre son congé
ヒマワリ tournesol 男　〈ゴッホの〉『ひまわり』Tournesols

秘密 secret 男, mystère 男　秘密の secret(ète)／秘密を守る garder un secret／秘密を打ち明ける confier un secret／秘密を漏らす révéler un secret／公然の秘密 secret de Polichinelle
❏秘密警察 police secrète 囡　秘密結社 société secrète 囡　秘密文書 note confidentielle 囡

微妙 subtil(e), délicat(e)　微妙に異なる subtilement différent(e)／状況は微妙だ La situation est délicate.

秘める cacher　胸に秘めた思い sentiment caché

ひも ficelle 囡, cordon 男, lacet 男；[情夫] maquereau 男　靴ひもを結ぶ lacer ses chaussures／靴ひもをとく délacer ses chaussures／ひも付き予算 budget sous condition

冷や汗をかく avoir des sueurs froides

飛躍 essor 男, élan 男, saut 男, bond 男　人口の飛躍的増加 un vigoureux essor démographique／きみの話はすぐ飛躍する Tu sautes toujours d'un sujet à l'autre.

百 cent 男　何百という人々 des centaines de personnes
◇百に一つ　間違いなど百に一つもない Il n'y a absolument aucune faute.／百も承知　そんなことは百も承知だ Je ne le connais que trop bien.

百戦 百戦百勝の invincible

日焼け hâle 男, coup de soleil 男　日焼けした bronzé(e), bruni(e)／彼女はよく日焼けしている Elle est bien bronzée.
❏日焼けサロン centre de bronzage 男　日焼け止め crème solaire 囡

冷やす rafraîchir, refroidir　冷蔵庫でビールを冷やす mettre la bière à refroidir au réfrigérateur

百科事典 encyclopédie 囡

比喩 〘直喩〙comparaison 囡；〘隠喩〙métaphore 囡；〘換喩〙métonymie 囡；〘提喩〙synecdoque 囡；〘寓意〙allégorie 囡　比喩的な figuré(e)／比喩的表現 expression figurée

ヒューズ plomb 男, fusible 男　ヒューズが飛んだ Les plombs ont sauté!

票 vote 男, voix 囡　共産党候補に票

neuf cent cinquante-huit　958

を入れる voter pour le candidat communiste／票を読む prévoir le résultat d'un vote／票が割れた Le vote a été à voix égales.／賛成票 vote favorable／反対票 vote défavorable

表 table 囡, tableau 男, liste 囡　表に書き込む remplir un tableau／価格表 tableau de prix／年表 table chronologique／略語表 liste des abréviations

費用 dépense 囡, frais 男複　かなり費用がかかる coûter cher／費用を惜しむ regarder à la dépense／旅行の費用をためる économiser pour le voyage／費用が……円で上がる Il suffit … de yens pour les frais.／費用が浮く Le budget se porte mieux que prévu.／留学費用を親に出してもらった Mes parents m'ont payé mes études à l'étranger.

秒 seconde 囡　10秒の壁を破る franchir le mur des dix secondes

美容 soins de beauté 男複　全身美容 esthétique corporelle
❏美容院 salon de coiffure 男　美容整形 chirurgie esthétique 囡　美容体操 exercice physique pour l'esthétique 男

病院 〔公立の大病院〕hôpital 男；〔私立〕clinique 囡；〔無料診療所〕dispensaire 男；〔医務室〕infirmerie 囡　病院に行く aller à l'hôpital／彼は救急病院に運ばれた Il a été subitement envoyé aux urgences.

評価 estimation 囡, évaluation 囡, appréciation 囡　評価する estimer, évaluer, apprécier／過大評価する surestimer／過小評価する sous-estimer／努力を高く評価する estimer beaucoup ses efforts／その劇は評価が分かれた Les jugements sont très partagés sur cette pièce.

氷河 glacier 男
❏氷河期 période glaciaire 囡

病気 maladie 囡, mal 男；[悪い面] maladie (→平癒)　病気の malade／病気になる tomber malade／病気が進む La maladie progresse.／病気に負けないで Ne te laisse pas abattre par cette maladie.／病気を早く治して, また遊びに行こう Guéris vite pour que nous puissions à nouveau sortir ensemble.　◆アトピー性皮膚炎 dermatite atopique 囡　アルツハイマー病 maladie d'Alzheimer 囡　インフルエンザ grippe 囡　うつ病 dépression 囡　エイズ sida 男　潰瘍 ulcère 男　がん cancer 男　肝硬変 cirrhose 囡　結核 tuberculose 囡　結膜炎 conjonctivite 囡　血友病 hémophilie 囡　コレラ choléra 男　歯周病 parodontopathies 囡　湿しん eczéma 男　腫瘍 tumeur 囡　心筋梗塞 infarctus du myocarde 男　心不全 insuffisance cardiaque 囡　じんましん urticaire 囡　胆石 cholélithiase 囡　中耳炎 otite moyenne 囡　虫垂炎 ap-

pendicite 女 痛風 goutte 女 統合失調症 schizophrénie 女 糖尿病 diabète 男 脳卒中 apoplexie cérébrale 女 肺炎 pneumonie 女 白内障 cataracte 女 はしか rougeole 女 鼻炎 rhinite 女 ペスト peste 女 マラリア paludisme 男

表現 expression 女, représentation 女 /表現する exprimer /表現を和らげる atténuer [adoucir] l'expression /表現力に富む plein(e) d'expression /ことばで表現する exprimer... par le langage /表現の自由を享受する jouir de la liberté d'expression /うまい表現だ C'est une expression heureuse.

氷山 iceberg 男
◇氷山の一角 partie visible de l'iceberg /この事件は氷山の一角に過ぎない Cette affaire ne représente qu'une partie du problème.

拍子 mesure 女, rythme 男, cadence 女 /3拍子の曲 air à trois temps 男 /手をたたいて拍子をとる battre la mesure avec les mains /転んだ拍子に足をくじく se fouler la cheville en tombant

表紙 couverture 女 /美人ファッションモデルがこの雑誌の8月号の表紙を飾った Un joli mannequin a fait la couverture de cette revue au mois d'août.

標識 signal 男, signalisation 女 /踏み切りに標識を掲げる mettre un panneau au passage à niveau /道路標識 poteau indicateur 男

病室 chambre [salle] d'hôpital 女 /病室から出ることを許されていない un malade condamné à garder la chambre

描写 description 女, peinture 女 /描写する décrire, peindre /状況を生々しく描写する peindre une situation sous les plus vives couleurs /人物描写をする faire le portrait de... /物語は長々とした場面の描写で始まる Le récit s'ouvre par une longue description des lieux. /心理描写 description psychologique

標準 standard 男, normale 女 /標準的な moyen(ne), normal(ale) /標準以下の体重 poids au-dessous de la moyenne /今回のテストは標準点まで行かなかった Je n'ai pas ateint le niveau moyen à cet examen.
◻標準語 langue standard 女 標準時 heure légale 女

表彰 couronner
◻表彰式 cérémonie élogieuse 女 表彰状 certificat de mérite 男

表情 expression 女, mine 女, physionomie 女 /表情豊かな expressif(ve) /表情豊かに話す parler avec beaucoup d'élocution et d'expression /表情に乏しい manquer d'expression /西洋人は表情が豊かだ Les Occidentaux affichent sur leur visage de nombreuses expressions. /現地の表情を伝える rapporter les cir-

constances sur les lieux

病状 楽観できない病状だ C'est une maladie sans espoir.

秒針 trotteuse 女, aiguille des secondes 女

秒速 音は秒速およそ330メートルで伝わる Le son parcourt environ trois cent trente mètres à la seconde.

ヒョウタン gourde 女

票田 fief électoral 男 /候補者の票田 fief électoral d'un candidat

平等 égalité 女 /平等な égal(ale) /自由, 平等, 友愛 Liberté, Egalité, Fraternité /平等に分ける partager également /平等な待遇を要求する réclamer la parité des traitements /悪平等 fausse égalité

病人 malade 男女 /心を込めて病人を看病する soigner un malade avec une extrême sollicitude /病人を抱えて苦労する avoir de la peine à vivre tout en ayant un malade à charge

氷のう sac de glaçon 男 /氷のうで頭を冷やす appliquer un sac de glaçon sur le front

評判 réputation 女, renom 男 /悪い評判が立つ se faire une mauvaise réputation /あのお店おいしいって評判だ Ce restaurant a la réputation d'être délicieux. /評判の医者 médecin réputé

標本 〔統計・分析・商品などの〕échantillon 男 /〔動植物の種・芸術などの〕spécimen 男 /〔動植物の〕exemplaire 男; 〔特に植物の〕herbier 男
◻標本調査 échantillonnage 男

表面 surface 女, superficie 女 /それは表面的なとらえ方だ C'est une façon de penser très superficielle. /水の表面に油が浮く De l'huile flotte à la surface de l'eau.
◻表面化する se révéler, se dévoiler, apparaître 表面張力 tention superficielle

秒読み compte à rebours 男

肥沃な fertile, fécond(e) /肥沃な土壌 terrain fertile [fécond]

ひよこ poussin 男 /私などまだひよこです Je ne suis que débutant.

ひより 〔天候〕temps; 〔好天〕beau temps

ひ弱な faible, fragile; 〔やせて〕malingre; 〔発育不全で〕chétif(ve) /ひ弱な子 enfant faible

ぴょんぴょん跳ねる sautiller

びら tract 男 /びらをまく lancer des tracts

開く ouvrir; 〔開催する〕organiser, tenir /рを開く ouvrir sa bouche /本を開く ouvrir un livre /心を開く ouvrir son cœur /開かれた組織 organisation ouverte /バラが開く La rose éclot.

開ける 広い平野が開けている Une plaine vaste s'étend. /世の中が開ける La société se civilise. /運が開ける La chance sourit à...

平たい

平たい plat(e) 平たい箱 boîte plate / 子供に平たく話す parler simplement à un enfant / 平たく言うと en termes faciles

ピラミッド pyramide 女 ◆スフィンクス sphinx 男

ひらめき éclair 男 天才のひらめき éclair de génie

ひらめく 〔輝く〕 étinceler, scintiller ある考えが私にひらめいた Une idée m'est venue à l'esprit.

びり dernier(ère) レースでびりになる être dernier(ère) de la course

ビリヤード billard 男 ◆キュー queue 女 球 bille 女 台 table 女

肥料 engrais 男 〔堆肥〕 fumier 男 化学肥料 engrais chimiques / 肥料をやる mettre de l'engrais

昼 jour 男, journée 女 〔正午〕 midi 男 昼まで眠る dormir jusqu'à midi / 昼の時報 signal horaire à midi / お昼にしようか On déjeune ?

ビル immeuble 男 〔高層ビル〕 tour 女 オフィスビル immeuble de bureaux / ビルを管理する avoir la garde de l'immeuble / コンクリートのビルを建てる construire un immeuble en béton

昼寝 sieste 女

昼間 jour 男, journée 女 昼間働く travailler de jour / 昼間から酒を飲む boire en plein jour

昼休み pause du déjeuner 女

ひれ nageoire 女 〔サメなどの三角形状の〕 aileron 男 尾びれ nageoire caudale / 背びれ nageoire dorsale

比例 proportion 女, raison 女 正比例〔反比例〕して en proportion directe 〔inverse〕 de...
◘比例代表制 proportionnelle 女

非礼 非礼をわびる impolitesse 女 s'excuser de son impolitesse

広い grand(e), vaste, immense ; 〔家・部屋 が〕 spacieux(se) ; 〔幅 が〕 large 額が広い avoir le front large / 知識が広い avoir de grandes connaissances / 広い視野を持つ avoir des vues amples / 広くは浅く何にでも手を出す Il touche à tout sans rien approfondir

拾う ramasser ; 〔見つける〕 trouver ; 〔捨て犬などを〕 recueillir 瓶のかけらを拾い集める ramasser des débris de bouteille / 新聞の中から新語を拾い出す relever de nouveaux mots dans les journaux / 暇つぶしに雑誌を拾い読みする feuilleter une revue pour passer le temps

疲労 fatigue 女 〔慢性疲労〕 fatigue résiduelle

広がる s'étendre, se répandre ; 〔幅 が〕 s'élargir 道が広がる La route s'élargit. / 知識が広がる Ses connaissances s'étendent. / 付き合いが広がる Le cercle de ses relations s'étend. / 会社の事業が広がる Les affaires de l'entreprise s'étendent. / 山火事が広がる L'incendie de forêt se propage. / 競走者たちの間隔が広がる L'espace augmente entre les coureurs.

広げる étendre ; 〔幅 を〕 élargir ; 〔畳んだ物 を〕 déplier, déployer, étaler 地図を広げる déployer une carte / 両腕を広げて通せんぼをする étendre ses bras en croix pour barrer le passage / 草の上に布を広げて昼食をとった On a étalé un drap sur l'herbe pour déjeuner. / この党は前の選挙で勢力を広げた Ce parti a gagné du terrain aux dernières élections.

広場 place 女 ; 〔建物の前の〕 esplanade 女 広場でギターを弾いて金を集める jouer de la guitare sur la place et faire la quête / 〔モスクワの〕赤の広場 la place Rouge 広々とした家に住んでいる être amplement logé

広まる 〔情報が〕 se répandre, se propager うわさが広まる Le bruit se répand. / 病気が広まる La maladie se propage.

広める répandre うわさを広める répandre un bruit / 外国旅行で彼は見聞を広めた Les voyages à l'étranger ont enrichi ses connaissances.

品 dignité 女, élégance 女 品がある élégant(e), distingué(e) / 品がない vulgaire, grossier(ère), trivial(ale) / 物腰が穏やかで品がない avoir de bonnes manières et de la distinction / 品のない冗談を連発する lâcher de grosses plaisanteries

瓶 bouteille 女 〔香水などの〕 flacon 男 瓶に詰める mettre en bouteille / 瓶を開ける ouvrir 〔déboucher〕 une bouteille / 瓶を空ける vider une bouteille / ビール瓶 bouteille de bière 魔法瓶 bouteille thermos

ピン épingle 女 〔ボウリングの〕 quille 女 〔ゴルフの〕 perche 女 髪をピンで留める fixer ses cheveux avec des épingles

品位 distinction 女, décence 女, dignité 女 一応の品位を保つ garder une certaine décence

敏感 sensible, émotif(ve) 寒さに敏感だ être sensible au froid / 敏感に反応する bien réagir à / においに敏感な動物 animal qui a l'odorat fin

貧血 anémie 女 彼女は貧血で倒れた Elle s'est évanouie car elle est anémique.

ピンク rose 女 明るいピンクのドレスを着る porter des robes rose clair

品行 conduite 女 品行が悪い avoir une mauvaise conduite

品詞 parties du discours 文法

品質 qualité 女 高品質の製品 produit de bonne qualité / 値段が安い上に品質もよい Non seulement le prix est bas, en plus la qualité est excellente.
◘品質管理 contrôle de la qualité　品質保証 garantie de qualité

貧弱 pauvre, maigre, médiocre 貧弱な体 corps malingre / 貧弱な内

容の本 livre de peu d'envergure／貧弱な資源 ressources pauvres
品種 race 囡 品種改良 amélioration des races
ひんしゅくを買う scandaliser
品性 caractère 男 品性が卑しい d'un caractère vil
ピンセット pince 囡, brucelles 囡複 ピンセットでつまむ saisir avec des brucelles
便せん papier à lettres
ヒント suggestion 囡, allusion 囡 ヒントを与える laisser entrevoir la solution／ヒントをください Faites-moi une suggestion.
ピント foyer 男 ピントを合わせてシャッターを切る déclencher l'obturateur après l'avoir mis au point／ピントが甘い flou(e)
◇ピントが外れる 彼の話はピントが外れている Ce qu'il dit n'est pas assez clair.
頻繁に fréquemment 頻繁に通う fréquenter
貧富 貧富の差が年々拡大している Le fossé entre riches et pauvres s'accentue chaque année.
貧乏な pauvre; indigent(e) 貧乏な暮らしをする mener une vie pauvre／貧乏暇なしだ Je suis trop pauvre pour prendre des vacances.
品目 liste des articles 囡

ふ

部 section 囡, division 囡, service 男;〔本の部数〕exemplaire 男 二千部の初刷 premier tirage de deux mille exemplaires
分 35度7分 trente sept／今夜,5分熱が上がった Ce soir, la fièvre a augmenté de cinq degrés.／分が悪い désavantageux(se)
ファーストフード prêt-à-consommer 男, fast-food 男
ファイト esprit combatif 男 ファイトを出せ Du courage!／ファイトあふれる選手 joueur(se) accrocheur(se)
🗖 ファイトマネー gain de combat 男
ファイル classeur 男;〔コンピュータの〕fichier 男 書類をファイルする ranger un papier dans un dossier
ファシズム fascisme 男
ファスナー fermeture à glissière 囡;〔商標〕fermeture éclair 囡 ファスナーを下ろす ouvrir une fermeture à glissière
分厚い épais(se) 分厚いステーキを食べたい Je voudrais prendre un bon steak bien épais.
ファックス fax 男, télécopie 囡;〔装置〕télécopieur 男 ファックスで送る télécopier
ファッション mode 囡, vogue 囡 パリでファッションを見てみたい J'aimerais bien voir un défilé de mode à Paris.
🗖 ファッションモデル mannequin

(de défilés) 男;〔熱狂的〕fanatique 囡, fana 囡 ファンがコンサート会場に詰めかけた Les fans sont accourus en foule à la salle de concert.
🗖 ファンレター lettre d'admirateur(trice)
ファン〔扇風・送風の〕ventilateur 男
不安〔漠然とした〕inquiétude 囡, anxiété 囡, angoisse 囡;〔対象が明確な〕peur 囡, craintes 囡複 不安になる inquiéter(être), anxieux(se)／不安を抱く s'inquiéter, éprouver une inquiétude／不安に襲われる être frappé(e) d'inquiétude／不安を打ち消す rejeter l'inquiétude／不安が顔に表れる L'appréhension se manifeste sur le visage.／大詞で不安な一夜を明かす passer une nuit en proie à l'anxiété à cause de la forte pluie／キルケゴールの『不安の概念』 Le Concept de l'angoisse
不安定な instable, précaire 天候が不安定だ Le temps est instable.
不案内 この土地は不案内です Je suis étranger(ère) dans ce pays.
不意 soudain(e), subit(e), brusque 不意に brusquement／不意をつく prendre... à l'improviste [au dépourvu]／不意を食らう être pris(e) au dépourvu
不一致 discordance 囡, désaccord 男
フィルター filtre 男 フィルタつきたばこ cigarette à (bout) filtre／フィルターでコーヒーを入れる préparer du café filtre
フィルム〔素材〕pellicule 囡;〔映画〕film 男 ✦ネガ négatif 男 ポジ positif
封をする cacheter 手紙の封を切る décacheter une lettre
ふう〔フランスふうに〕à la française／あんなふうではだめですね J'espère bien que tu ne deviendras pas comme ça.／どんなふうにしますか Vous voulez cela comment?／こんなふうにする faire de cette façon-ci
フーガ fugue 囡〔バッハの〕『フーガの技法』 L'Art de la fugue
風格 風格を備えている avoir de la classe／人を圧する風格 présence qui en impose aux gens
風景 paysage 男, vue 囡 海の風景を描く peindre un paysage de la mer／なんてすばらしい風景だ! Quel paysage magnifique!／田園風景 paysage champêtre
🗖 風景画 paysage 男 風景画家 paysagiste 囡
封鎖 blocus 男 封鎖する bloquer／経済封鎖 blocus (économique)／国境を封鎖する bloquer la frontière
ふうさい うだつのりっぱな男 homme impressionnant par son aspect ふうさいが上がらない avoir une mauvaise apparence
風刺 satire 囡 小説で社会を風刺する faire dans un roman la caricature

風車 d'une société
風車(小屋) moulin à vent 男 (ドーデの)『風車小屋便り』 Lettre de mon moulin
風習 coutume 女 日本特有の風習 coutume spécifiquement japonaise
風船 ballon 男 紙風船 ballon en papier / 風船を飛ばす lâcher un ballon
風俗 mœurs 女複 時代の風俗を描く peindre les mœurs d'une époque / 風俗を乱す dépraver les mœurs
風土 climat 男 日本の風土は稲作に合っている Le climat japonais convient à la culture du riz.
 ◻風土病 endémie 女
封筒 enveloppe 女 手紙を封筒に入れる mettre une lettre sous enveloppe
夫婦 ménage 男, couple 男 夫婦の conjugal(ale) 晴れて夫婦となる se marier publiquement / すっかり夫婦気取りだ Ils sont aussi unis qu'un couple.
ブーム boom 男, engouement 男, vogue 女 ブームになる faire fureur / 旅行ブーム boom touristique / ブームに乗る profiter du boom / ベビーブーム baby-boom
風流 raffinement 男, élégance 女
プール〔水泳の〕piscine 女;〔共同出資〕mise en commun 女 プールで泳ぐ nager en piscine / お小遣いをプールする faire de petites économies sur son argent de poche
不運 malchance 女, infortune 女 不運に見舞われる jouer de malchance / 身の不運を嘆く se plaindre de son sort / 不運としか言いようがない C'est vraiment un coup de malchance!
笛〔フルート〕flûte 女;〔縦笛〕flûte à bec 女;〔審判などの〕sifflet 男 試合開始の笛 sifflet de début de match
フェリー ferry(-boat) 男, bac 男
増える・殖える augmenter, se multiplier, croître
フォーク fourchette 女;〔音楽の〕folk, folksong 男 フォークでビフテキに刺す piquer sa fourchette dans un bifteck
 ◻フォークダンス danse collective pour la récréation
部下 inférieur(e) 名, subalterne 名, subordonné(e) 名 有能な部下を持つ avoir d'excellents seconds / 部下を使う utiliser ses subordonnés
深い profond(e) 川の深いところでおぼれる se noyer à l'endroit le plus profond de la rivière / 深い森に入る pénétrer dans la forêt profonde / 深く考える réfléchir profondément / 深く息する respirer profondément / 木々が深い緑色になる Les arbres se colorent en vert foncé.
不快な (→いや) 食後に不快感がある éprouver une sensation de gêne pendant la digestion
 ◻不快指数 indice d'inconfort 男

不可解な incompréhensible あの日の彼の態度は不可解だ L'attitude qu'il a eue ce jour-là est incompréhensible.
不覚 不覚にも par inadvertance / 不覚をとる essuyer un échec par manque de vigilance / 前後不覚になる perdre complètement conscience
不確定 incertain(e) 不確定性原理 principe d'incertitude
不可欠な indispensable
深さ profondeur 女 洞くつの深さを調べる mesurer la profondeur de la caverne
不可能な impossible 実現不可能な夢 rêve irréalisable / とても不可能な相談だ C'est une proposition complètement inacceptable.
深める approfondir
不完全な imparfait(e), incomplet(ète) 不完全燃焼 combustion incomplète
武器 arme 女 武器を取る prendre les armes / 武器を取れ! Aux armes! / 武器を捨てろ! Jetez vos armes! / 武器弾薬庫 entrepôt d'armes et de munitions / 涙は女の武器 Les larmes sont une arme bien féminine.
吹き替え doublage 男 フランス映画の日本語版吹き替え doublage d'un film français en japonais
不機嫌になる devenir de mauvaise humeur
不起訴になる bénéficier d'un non-lieu
不規則な irrégulier(ère) 不規則な生活で彼は胃を悪くした Sa vie irrégulière lui a dérégulé l'estomac.
噴き出す jaillir おかしくて思わずぷっと噴き出した C'était si rigolo que j'ai involontairement pouffé.
不吉な sinistre, funeste, maléfique 不吉な予感がする J'ai un pressentiment funeste.
不気味な sinistre, lugubre 不気味な笑い声 rire sinistre
普及 diffusion 女, généralisation 女 普及する se diffuser, se généraliser / 彼の功績でサッカーが普及した Grâce à lui le football a connu un essor important.
 ◻普及版 édition courante 女 普及率 taux de diffusion 男
不況 dépression 女 不況が深刻化する La dépression économique s'aggrave.
不器用 maladroit(e), gauche 不器用なやつだな Que tu es maladroit!
不義理 ingratitude 女
付近 alentours 男複, environs 男複 この付近に怪しい男を見かけませんでしたか Vous n'avez pas vu un type louche dans les environs? / 学校付近の書店で辞書を買った J'ai acheté un dictionnaire à la librairie près de l'école
不均衡 déséquilibre 男
吹く・噴く〔風が〕souffler トランペットを吹く souffler dans une trom-

pette / 干し柿に白い粉が吹く Une poudre blanche apparaît sur les kakis secs. / パイプから水が噴き出している Le jet d'eau part d'un tuyau.

ふく (拭く) essuyer 手をふきなさい Essuie-toi les mains.

服 vêtement 男, habit 男 服を着替える changer des vêtements ◆カーディガン cardigan 男 キュロットスカート jupe-culotte 女 靴下 chaussette 女 ストッキング bas 男 タイツ collant 男 コート manteau 男, pardessus 男 ジーパン blue-jean, jean 男 ジャケット veste 男 シャツ chemise 女 半袖の à manches courtes ノースリーブの sans manche ジャンパー blouson 男 ショートパンツ short 男 ショール châle 男 スーツ complet 男, tailleur 男 スカート jupe 女 スカーフ écharpe 女 foulard 男 ズボン pantalon 男 半ズボン culotte 女 セーター pull-over 男, chandail 男 タートルネック col roulé Vネック col V ティーシャツ tee-shirt 男チェックの gilet ◆ドレス robe 女 ネクタイ cravate 女 ブラウス blouse 女 ベスト gilet 男 レインコート imper 男 レオタード collant 男 ワンピース robe 女 【素材】麻 chanvre 男 ウール laine 女 カシミア cachemire 男 革 cuir 男 サテン satin 男 シルク soie 女 ナイロン nylon 男 ビロード velours 男 フェルト feutre 男 ポリエステル polyester 男 木綿 coton 男 ◆【パーツ】襟 col 男 折り返し revers 男 袖 manche 女 袖口 poignet 男 カフス manchette 女 チャック fermeture éclair 女 ファスナー fermeture à glissière 女 へり ourlet 男 ポケット poche 女 ボタン bouton 男 ホック agrafe 女, bouton-pression 男

複雑な compliqué(e); complexe 単純なものから複雑なものへと進む aller du simple au complexe / 複雑怪奇な compliqué(e) et étrange / 複雑な気持ちだ C'est un sentiment complexe.

副作用 effet secondaire 男
副産物 sous-produit 男
福祉 bien-être 男 公共の福祉を図る viser à augmenter le bien-être public / 税金を社会福祉に役立てる faire servir l'impôt au bien-être social / 老人福祉 bien-être de la personne âgée
○**福祉国家** État-providence 男
複写 reproduction 女 複写する copier, reproduire / 名画の複写 reproduction d'un tableau célèbre
○**複写機** duplicateur 男 [コピー機] photocopieur 男, photocopieuse 女 **複写紙** (papier) carbone 男
復讐ふく vengeance 女, revanche 女 犯人に復讐する se venger du criminel / 復讐の鬼になる devenir démon pour sa vengeance / いつか復讐してやる Je me vengerai un jour. ☺ざまあみろ C'est bien fait pour toi.

復習 révision 女 復習する faire des révisions
服従 obéissance 女, soumission 女 服従する obéir à... / 親の言いつけに服従する obéir aux instructions de ses parents / 絶対服従 obéissance absolue
複数 pluriel 男 複数の人の意見 opinions de plusieurs personnes / 単語を複数形にする mettre un mot au pluriel / フランス語の複数の作り方 formation du pluriel en français
複製 reproduction 女, copie 女 不許複製 droits de reproduction réservés
服装 tenue 女, mise 女 服装に気を遣う soigner sa mise / 服装を改める se changer en parure de cérémonie / 改まった服装 grande tenue / 彼は服装に構わないたちだ Il a tendance à se négliger.
不屈の inébranlable
含む contenir, renfermer, comprendre, comporter 手数料を含めて commission comprise / この水はカルシウムを大量に含んでいる Cette eau contient beaucoup de calcium. / 彼の思想は東洋的なものも含んでいる Son idée renferme de l'orientalisme. / あめ玉を口に含む avoir un bonbon dans la bouche / 彼は私に含むところがあるようだ Il semble qu'il ait une mauvaise impression sur moi.
含める inclure, comprendre かんで含めるような調子 un ton didactique
膨らむ (se) gonfler, s'enfler 風が帆を膨らませる Le vent gonfle les voiles.
膨れる (se) gonfler; [不機嫌] faire la moue 膨大な額に膨れ上がった予算 budget démesurément gonflé / 彼女はすぐ膨れる Elle se pique pour un rien.
袋 sac 男; [小さな] sachet 男 紙袋 sac en papier / 袋詰め mise en sac / 買ったものを袋に入れる mettre ses achats dans un sac
袋小路に入り込む s'enfiler dans une impasse
袋叩きにする rouer... de coups en grand nombre
ふけ pellicules 女複 ふけだらけの pelliculeux(se) / ふけ止めシャンプーで髪を洗う se laver les cheveux avec un shampoing anti-pelliculaire
不景気 dépression 女, récession 女 不景気で失業者が多い Il y a beaucoup de chômeurs à cause de la dépression économique. / どこもかしこも不景気だ On ressent la récession dans tous les domaines.
不経済な peu économique
不潔 sale; malpropre 不潔な手 des mains malpropres / あかまみれの不潔なシャツ chemise crasseuse / あなたって不潔 Que tu es sale!
老ける vieillir, s'approcher de la vieillesse 年の割に老けて見える Il fait plus vieux que son âge. / まだ老

ふ

不健康 〜な malsain(e)

不幸 malheur 男 不幸な malheureux(se) /不幸にも malheureusement /不幸せな星の下に生まれた né(e) sous une mauvaise étoile /不幸中の幸い J'ai de la chance dans mon malheur. /お隣に不幸(=身内の死)があった Un deuil a frappé la famille voisine.

不公平な partial(ale), injuste /不公平な判定 juge partial /不公平な税 impôt injuste /不公平だよ。皿洗いをやるのはいつもぼくだなんて Ce n'est pas juste; c'est toujours moi qui me tape toute la vaisselle !

不合理な irrationnel(le), absurde

ブザー vibreur 男, trembleur 男 ;〔呼び鈴〕sonnette 女 ★フランスの呼び鈴はブザー式が多い

負債 dette 女, emprunt 男 /負債を償う rembourser sa dette /莫大な負債をかかえている Il a des dettes à n'en plus finir.

不在 absence 女 /彼はいま不在です。外出しています Il n'est pas là en ce moment, il est sorti. /(アンリ・コルピの)『かくも長き不在』 *Une aussi longue absence*

ふさがる あすは一日じゅうふさがっているので自由な時間は取れない Je ne peux pas être libre toute la journée demain. /ごみなどが溝をふさいだ Le caniveau est obstrué par des ordures.

不作 mauvaise récolte 女 /豪雨による不作 mauvaise récolte provoquée par des pluies diluviennes

ふさぐ boucher, fermer /穴をふさぐ boucher un trou /病気で気がふさぐ sombrer dans la déprime à cause de la maladie /トラックが道をふさいでいる Un camion bouche la rue.

ふざける 〔冗談を言う〕plaisanter ;〔はしゃぐ〕gambader /ふざけるな Tu n'es pas sérieu*x(se)*.

ふさわしい convenable, approprié(e) /この仕事は彼の才能にふさわしい Cette tâche est à la dimension de son talent. /皇帝と呼ばれるにふさわしい選手 joueur digne d'être appelé empereur /厳かな場にふさわしくない陽気な gaieté malséante en un lieu solennel

節 〔関節〕articulation 女 ;〔歌の〕air 男 ;〔材木の〕nœud 男 /指の節が痛む avoir mal aux articulations des doigts /ことばに節をつけて歌う composer un air sur des paroles /怪しい節がある Il y a quelque chose de suspect.

無事に sans accident; sain et sauf /平穏無事に tranquillement /無事に過ごす passer une vie sans histoire /よくご無事なお戻りになられて Je suis content de voir que vous êtes revenus sains et saufs.

不思議 mystère 男, merveille 女 /不思議な mystérieu*x(se)*, mer- veilleu*x(se)* /世界の七不思議 Les Sept Merveilles du monde /ウミガメの不思議な行動 comportement inexplicable de la tortue de mer /不思議とかぜを引かない Chose curieuse, je n'attrappe pas de rhume. /(ルイス・キャロルの)『不思議の国のアリス』 *Alice au pays des merveilles*

不時着 atterrissage forcé 男 /砂漠に不時着する faire un atterrissage forcé dans le désert

不死身の invulnérable

節目 〔節〕nœud 男 /人生の一つの節目 tournant de sa vie

不自由な 〔不便〕incommode ;〔手足が〕impotent(e) /金に不自由する être dans la gêne /何不自由なく暮らす vivre dans l'aisance

不十分な insuffisant(e)

不順な〔天候に〕détraqué(e) /天候が不順である Le temps se détraque.

不純な impur(e)

部署 département 男 /部署に就く se mettre en poste /どこの部署で働いてるの Tu travailles dans quelle section de la société?

負傷 blessure 女 (→けが)

◇**負傷者** blessé 男 /負傷者を担架に載せる étendre un blessé sur une civière

無精 (→ 怠惰) /私は筆無精だ Je n'aime pas écrire.

◇**無精ひげ** barbe de plusieurs jours 女

不条理 absurde, absurdité 女 /不条理な absurde

◇**不条理演劇** théâtre de l'absurde 男

侮辱 affront 男, insulte 女, humiliation 女 /侮辱する insulter /侮辱を受ける subir un affront /公衆の面前で侮辱される recevoir une insulte en public /ひどい侮辱に耐える endurer de cruelles humiliations

不審な suspect(e), douteu*x(se)* /不審の念を抱く concevoir des doutes sur... /彼の死に不審な点がある Il y a des points douteux quant à sa mort. /不審人物を職務質問する interpeller un individu suspect

不信 méfiance 女 /政治不信の人々は frustrés de la politique

不振 mauvaise marche /食欲不振で manquer d'appétit /不振に陥った事業のてこ入れをする repêcher une entreprise en perte de vitesse

夫人 femme 女, épouse 女 /夫人同伴で accompagné de son épouse /伯爵夫人 Madame la Comtesse

不正 injustice 女, malhonnêteté 女 /不正な injuste, malhonnête /不正を働く commettre une malhonnêteté /不正を憎む haïr l'injustice /不正に抗議する réclamer contre une injustice /彼は不正を見逃せない質だ Il est du genre à refuser la malhonnêteté.

不正確な inexact(e), incorrect(e) /不正確な情報 renseignements inexacts／不正確なデータをよりどころとする s'appuyer sur des données incertaines

防ぐ prévenir　安全規定を厳しく適用して事故を防ぐ éviter des accidents en appliquant rigoureusement les règles de sécurité

伏せる 身を伏せる se mettre à plat ventre／皿を伏せる mettre une assiette à l'envers

武装 armement 男　ピストルで武装する s'armer d'un revolver／核武装に反対する se déclarer opposé à l'armement nucléaire／覆面武装した男たち des hommes armés et cagoulés

◻**武装解除** désarmement 男

不足 insuffisance 女, manque 男, défaut 男　不足する manquer／不足を言う se plaindre／10ユーロ不足している Il manque dix euros.／疲れているのは寝不足のせいだと彼は思っていた Il attribuait sa fatigue à un manque de sommeil.

不測 imprévu(e)　不測の事態に対処する faire face à des situations imprévues

付属 annexe 大学付属研究所 les instituts annexés à une université

◻**付属小学校** école annexe 女　付属品 accessoire 男

ふた couvercle 男　ふたをする［取る］ mettre [soulever] le couvercle／初日のふたが開く Le premier jour commence.

札 ［ラベル］étiquette 女；［立て札］écriteau 男；［トランプの］carte 女；［お札］amulette 女　トランプの札を配る distribuer les cartes

豚 cochon 男／［豚肉］porc 男

◻**豚に真珠** donner de la confiture aux cochons

◻**豚小屋** porcherie 女

舞台 scène 女, planches 女複　舞台に立つ monter sur les planches／初舞台を踏む débuter par scène／世界を舞台に活躍する déployer des activités sur un plan international　パリは18世紀のパリだ La scène se passe à Paris au dix-huitième siècle.

◻**舞台衣装** costume de théâtre 男

◻**舞台裏** coulisses 女複　舞台監督 régisseur 男　舞台効果 effet scènique 男　舞台照明 éclairage de la scène 男　舞台装飾 décor 男　舞台度胸がある ne pas avoir le trac

双子 jumeaux 男複, jumelles 女複

再び de nouveau, encore une fois　再び会うことはないだろう On ne se verra jamais plus.

負担 charge 女, fardeau 男　費用は全部会社が負担した La société a pris tous les frais en charge.／統計が大きすぎる C'est un fardeau trop lourd pour ma petite sœur.

ふだん d'habitude, d'ordinaire　健康にふだんから気をつける se soigner quotidiennement／ふだんの力を出す déployer ses capacités comme d'habitude／ふだん着きしません

Vous pouvez vous habiller comme d'ordinaire.／ふだんからあんな人なんですか Il est comme ça d'habitude?

不断の continuel(le)　不断の努力を積み重ねる faire des efforts continuels

縁 bord 男　コップの縁が欠けている Le bord du verre est ébréché.／赤い縁の眼鏡をかける porter des lunettes à monture rouge

縁取り bordure 女

不注意 inattention 女　不注意による par inadvertance／彼は万事に不注意だ Il est toujours inattentif.／不注意は事故の元 Un instant d'inattention peut causer un accident.

不調 ne pas être en forme

部長 directeur(trice)

ぶつ frapper, battre, taper sur…　おしりをぶつ donner une fessée／一席ぶつ prononcer un discours

普通の ordinaire, commun(e), normal(ale)　ごく普通の人 personne très ordinaire／体調が普通ではない La condition physique n'est pas normale.／普通なら怒るところだ Normalement, on se fâche pour ce genre de choses.／普通の人に戻りたい Je voudrais redevenir quelqu'un comme tout le monde.

◻**普通列車** (train) omnibus 男

不通　鉄道が不通だ La circulation des trains est interrompue.／電話が不通だ La communication téléphonique est coupée.

物価 coût de la vie 男, prix 男　物価が上がる Les prix montent.／物価が安定する Les prix se stabilisent.／ユーロ導入で物価はどうなるだろう Avec la venue de l'euro, je me demande ce que va devenir le coût de la vie.

復活 résurrection 女, renaissance 女　復活する renaître, ressusciter／キリストの復活 résurrection du Christ

◻**復活祭** Pâques 女複　復活祭おめでとう Joyeuses Pâques.

二日酔いだ avoir la gueule de bois

ぶつかる heurter；［遭遇］rencontrer　2つのがぶつかる Les deux fleuves se réunissent.／結婚式と葬式が同じ日にぶつかった J'ai eu un mariage et un enterrement qui tombaient le même jour.

ぶっきらぼうな brusque, cassant(e)　ぶっきらぼうな返事 réponse d'un ton brusque

ぶつける ［投げつける］jeter；［衝突させる］heurter, se cogner, accrocher　肩をぶつけてドアを破る donner un coup d'épaule pour enfoncer une porte／たんすに頭をぶつけた Je me suis cogné la tête contre la commode.

復興 ravitaillement 男　被災者への物資の補給を確保する assurer le ravitaillement des sinistrés

物質 matière 女, substance 女　物質の三態 les trois états de la matière (★固体・液体・気体)／有毒な物質が含ま

仏陀

れている De la matière nuisible est contenue. /（ベルクソンの）『物質と記憶』 Matière et Mémoire
◘ **物質界** monde matériel [physique] 囲　**物質文明** civilisation matérielle 囡

仏陀 Bouddha
物体 corps 囲　不思議な物体が空に浮かんでいた On a aperçu un corps étranger dans l'air.
沸騰 ébullition 囡, bouillonnement 囲　沸騰する bouillir /海水を沸騰させて塩を採る extraire le sel de l'eau par ébullition
ぶつぶつ 陰でぶつぶつ文句を言う grogner en secret /にきびがぶつぶつできる Des boutons de jeunesse apparaissent sur la peau l'un après l'autre.
物理 physique 囡　原子物理学 physique atomique /それは物理的に不可能だ C'est physiquement impossible.
◘ **物理学者** physicien(ne) 名　**物理療法** physiothérapie 囡
ブティック boutique (de mode)
筆 pinceau 囲; （ペン）plume 囡　新しい筆を下ろす utiliser un pinceau neuf pour la première fois /北斎の筆になる浮世絵 estampe au pinceau de Hokusai /筆がさえる écrire [peindre] magnifiquement /筆で食う vivre de sa plume
◇ **筆が立つ** savoir bien écrire　**筆を入れる** [直す] corriger; （加筆修正する）faire quelques retouches à…　**筆を置く** [書き終える] finir d'écrire　**筆を折る** cesser d'écrire　**筆を執る** prendre la plume　**筆を走らせる** laisser courrir sa plume
不敵 intrépide
不適当 ne pas convenir　不適当な表現 expression impropre
不手際 maladresse 囡　不手際をわびる s'excuser d'une maladresse
筆立て pot (à) crayons
筆遣い touche 囡
筆箱 plumier 囲
部隊 troupe 囡　部隊を引き揚げる retirer une troupe /3つの部隊に編成された300人の兵士 trois cents soldats rassemblés en trois troupes
ふと par hasard, tout à coup　ふと空を見上げる lever les yeux vers le ciel sans raison spéciale /ふと思ったんだけど Ça m'est venu tout d'un coup à l'esprit… /ふとした事から彼と知り合いになった C'est par hasard que nous nous sommes rencontrés.
太い gros(se)　眉が太い avoir de gros sourcils /脚が太くていやなんです Je n'aime pas mes jambes. Elles sont trop grosses. /太い＝（横着な）やつだ C'est un type effronté!
不当 不当な injuste, illégitime　不当な利益を上げる réaliser des profits illicites /不当解雇 renvoi illégal
ブドウ (葡萄) （実）raisin 囲; （木）vigne 囡
◘ **ブドウ球菌** staphylocoque 囲　ブドウ糖 glucose 囲
不動 不動の immobile, inébranlable
不動産 biens immobiliers 囲複
◘ **不動産業** affaires immobilières 囡複
不透明な opaque　不透明なガラス verre opaque /先行きが不透明だ Le déroulement de la situation est imprévu.
懐 （胸）sein 囲; （所持金）bourse 囡　懐に短刀を忍ばせる cacher un poignard dans son sein
◇ **懐が暖かい** （金がたくさんある）avoir la bourse bien garnie　**懐が寂しい** avoir la bourse plate, être à court d'argent　お金を使いすぎて，懐が寂しい J'ai dépensé trop d'argent, et ma bourse est vide.
太る prendre du poids, grossir　太った赤ちゃん gros bébé /1週間で2キロも太った J'ai grossi de deux kilos en une semaine. /あの会社は近ごろだいぶ太った [＝もうけた] Cette entreprise a beaucoup profité de ces derniers temps.
布団 futon 囲, literie japonaise 囡; （敷き布団）matelas 囲; （掛け布団）couverture 囡
船遊び promenade en bateau 囡
舟歌・船歌 barcarolle 囡
船出する appareiller
船乗り marin 囲, matelot 囲; （商船の）homme d'équipage 囲; （大航海をする）navigateur 囲
船便 en bateau
船酔い mal de mer 囲
無難な passable, acceptable　無難に切り抜ける s'en tirer sans faute /無難に任務をやり遂げる accomplir sa mission sans problème /こっちのほうが無難だね Celui-ci est plus acceptable.
不妊 infécondité 囡
◘ **不妊治療** traitement d'infécondité
船・舟 bateau 囲; （船舶）navire 囲, bâtiment 囲; （客船）paquebot 囲; （小舟）embarcation 囡; （運搬用の川船）péniche 囡　船に乗る monter sur un bateau /船で行く aller en bateau /船を浮かべる faire flotter un bateau /船を出す faire démarrer un bateau /船が揺れる Un bateau chavire. /こうなったら乗りかかった舟だ Je me suis embarqué(e) dans cette affaire, alors je dois continuer.
◇ **舟をこぐ** aller à la rame; （頭をこっくりこっくり）dodeliner de la tête
腐敗 pourriture 囡; （精神の）corruption 囡　食べ物が腐敗する La nourriture pourrit. /政治の腐敗が国を乱す La corruption politique crée le désordre dans le pays. /腐敗菌 bactérie responsable de la pourriture
不敗 invincible, invaincu(e)
不発 （銃などの）raté 囲　不発弾 bombe qui n'a pas marché
不備な défectueux(se)　手続上の不備

vice de procédure / 計画の不備 défectuosité d'un projet

不評 〔不人気〕 impopularité 囡／〔信用の低下〕 discrédit 男 不評を買っている être en discrédit auprès de…

ふびんな pitoyable, pauvre

部品 pièce détachée 囡 部品を組み立てる assembler les pièces détachées ／旋盤で部品を丸く削る arrondir une pièce au tour ／欠陥部品を交換する remplacer des pièces défectueuses ／機械の部品が足りない Une pièce de la machine manque.

吹雪 tempête de neige 囡 ひどい吹雪で歩けない La tempête de neige nous empêche de marcher.

部分 partie 囡；〔集団の〕 fraction 囡；〔分け前〕 part 囡, portion 囡；〔断片〕 fragment 男 部分的なpartiel(le)／3つの部分から成る consister en trois parties ／部分的にはよい C'est partiellement bien. ◆ 半分 demi 男, moitié 囡 3分の1 un tiers 4分の1 un quart

普遍(性) universalité 囡 普遍的な universel(le)

不便 incommodité 囡 不便な incommode ／交通の不便な場所 endroit mal desservi ／不便な生活に耐える supporter une vie incommode

父母 parents 男複, père et mère 父母会〔学校の〕 association de parents d'élèves

踏まえる 大地を踏まえる fouler la terre ／現実を踏まえる se fonder sur la réalité

不満 mécontentement 男, plainte 囡 不満だ être mécontent(e), être insatisfait(e)／不満を漏らす se plaindre de…／不満が残る laisser à désirer ／国民の不満が爆発した Le peuple a explosé de mécontentement. ／この生活のどこが不満なの Qu'est-ce que tu as à reprocher à cette vie? ／この程度の練習では不満だ Je suis mécontent d'un tel exercice. ／ひどいじゃないか C'est un peu trop! ／まだまだですね Ce n'est pas encore satisfaisant. ／信じられない C'est pas croyable.

踏切 passage à niveau 男 踏切を渡る traverser un passage à niveau

踏み切る 〔決心する〕 sauter le pas

踏み込む faire irruption ぬかるみに踏み込む s'engager dans une tourbier ／警官隊がナイトクラブに踏み込んだ Les policiers ont fait irruption dans la boîte de nuit.

踏み台 escabeau 男 踏み台にする marcher sur (le corps de)…

踏み倒す 借金を踏み倒す frustrer ses créanciers

踏み出す faire un pas en avant 右足から踏み出す partir du pied droit ／戦争へ向けて一歩踏み出す faire un pas vers la guerre

踏みにじる fouler aux pieds 道徳を踏みにじる outrager la morale

踏み外す faire un faux pas 正道を踏み外す dévier de la bonne voie

不眠 彼はよく不眠に悩む Il souffre de fréquentes insomnies.

不眠症 insomnie 囡

踏む fouler 千円を踏む estimer à mille yen

▶ 踏んだりけったりだ Ça va de mal en pis.

不明な obscur(e), inconnu(e)

不名誉 déshonneur 男 不名誉な déshonorant(e)

不滅 immortalité 囡 霊魂不滅 immortalité de l'âme

譜面 partition 囡 譜面のページをめくる tourner les pages d'une partition

◻ **譜面台** pupitre 男

不毛 stérile 不毛の地 terre stérile ／こんな議論は不毛だ C'est une discussion stérile.

部門 section 囡, département 男 営業部門 département commercial

増やす・殖やす augmenter, accroître, multiplier 植物を増やす multiplier des plantes ／財産を殖やす accroître ses biens ／人数を増やして仕事を早く終わらせる augmenter le personnel pour terminer le travail plus vite

冬 hiver 男 冬はフォンデュが最高だ En hiver, la fondue, c'est super. ／冬支度 préparatifs à la venue de l'hiver ／冬枯れた木々 arbres dépouillés par l'hiver ／(エリック・ロメールの)『冬物語』 Le Conte d'hiver

富裕 riche, opulent(e) 富裕層に生まれる être issu(e) d'un milieu aisé

不愉快な désagréable, déplaisant(e) (一いや) そんなこと言われたらだれだって不愉快さ Ce que tu dis dégoûterait n'importe qui.

不要な inutile, hors d'usage 不要な本 livre inutile

フライ friture 囡 カキフライ huître frite ／フライで揚げる frire ／フライドポテト frites 囡複

プライド fierté 囡, amour-propre 男 プライドを傷つける blesser l'amour-propre ／だれにもプライドがある Chacun a sa fierté.

プライバシー vie privée 囡 プライバシーの侵害 intrusion de la vie privée

フライパン poêle 囡 フライパンを火にかけっぱなしだ J'ai oublié d'éteindre le feu sous la poêle.

ブラインド jalousies 囡複 ブラインドを下ろす faire tomber les jalousies

ぶら下がる pendre, être suspendu(e) 鉄棒にぶら下がる se suspendre [se pendre] à la barre fixe

ブラシ brosse 囡 ブラシをかける brosser ／洋服ブラシ brosse à habits ／歯ブラシ brosse à dents

プラス plus 男 5に3をプラスする ajouter trois à cinq ／そんなことをしてもプラスにならない Cela ne t'apportera rien de plus. ／この経験は私にと

プラスチック

ふ

ってプラスだった Cette expérience a été bénéfique pour moi.
プラスチック plastique 男
ふらつく tituber, chanceler めまいがしてふらつく chanceler à cause de vertige / ふらついて決心がつかない vaciller dans ses résolutions
ぶらつく flâner, se balader 公園をぶらつく se balader dans un parc / 町の中をぶらつく flâner dans les rues
プラットホーム quai 男 プラットホームで待つ attendre sur le quai
ぶらんこ balançoire 囡, escarpolette 囡 ぶらんこをこぐ se balancer à l'escarpolette / ぶらんこに乗る jouer à la balançoire
フランス France 囡 フランスで en France (★「日本で」は au Japon) / フランス本土 l'Hexagone (★ほぼ6角形であるため)
■**フランス語** français 男 フランス語で話す parler en français / ブリュヌレーの『フランス語の擁護と顕揚』 *Défense et Illustration de la langue française* フランス人 Français(e) 囡
ブランド marque (de fabrique) 囡
■**ブランド品** produits de marque 男 ブランド品を買いあさる faire la chasse aux produits de marque
不利 désavantage, inconvénient 男 不利に 不利な défavorable / 立場が不利になる se trouver dans une position désavantageuse / 不利な条件をのむ accepter les conditions défavorables
振り 〔振り付け〕chorégraphie 囡 振りをつける composer une chorégraphie / 〔知らないふりをする〕feindre de ne pas savoir / ふりの客には売らない ne pas vendre aux clients de passages
ぶり 10年ぶりに再会する revoir après dix ans d'absence
振り返る tourner la tête, se retourner 私は名前を呼ばれて振り返った Je me suis retourné quand on m'a appelé. / 1年を振り返る faire un retour sur cette année
ブリキ fer-blanc 男 ブリキの缶 boîte en fer-blanc
■**ブリキ製品** ferblanterie 囡
振り込む verser あなたの口座に振り込んでおきました J'ai fait le versement sur votre compte.
振り出し 振り出しに戻る revenir au point de départ
プリペイドカード carte prépayée 囡
振り回す 棒を振り回す brandir un bâton
不良 〔質の悪い〕mauvais(e), défectueux(se) 不良に 不良な 付き合ってはいけない Il ne faut pas fréquenter les voyous. / 不良少年 mauvais garçon
■**不良品** article défectueux 男
不良債権 →バブル
降る 雨が降る Il pleut. [= La pluie tombe.] / 降ったりやんだりの天気だった C'était un temps de pluies intermittentes. / 降ってわいたような話 événement tombé du ciel
振る agiter / 〔首を〕hocher 尾を振る remuer la queue / 魚に塩を振る mettre du sel sur un poisson / 進路を東に振る se diriger vers l'est / 女に振られる être repoussé par une femme / 期末試験を振る manquer à l'examen semestriel
ぶる 秀才ぶる se donner des airs de brillant élève / えらぶる faire l'important
古い vieux(vieille); 〔昔〕ancien(ne) 古い城 vieux château / 古い友人 vieil ami / その考え方は古い Cette idée est surannée. / その手はもう古い Ce procédé est démodé.
ふるいにかける tamiser
振るう 〔振る〕ハンマーを振るう donner des coups de marteau / 彼は言うことが振るっておもしろい Ce qu'il dit est original et amusant.
奮う 奮ってご応募ください N'hésitez pas à souscrire.
震える trembler, frémir, frissonner
古傷 vieille plaie 古傷に触れる enfoncer le couteau dans la plaie
ふるさと pays natal 男 (→故郷) ふるさとに帰る retourner au pays / 心のふるさと pays natal spirituel
ブルジョア bourgeois(e) 囡 ブルジョア階級 classe bourgeoise / 〔ブニュエルの〕『ブルジョワジーの秘かな愉しみ』 *Le Charme discret de la bourgeoisie*
ぶるぶる 寒くてぶるぶる震える grelotter de froid
古本 livre d'occasion 男
■**古本屋** librairie de livres d'occasion 囡
ふるまい conduite 囡, comportement 男 乱暴なふるまい comportement violent
ふるまう se conduire, se comporter
無礼な impoli(e), incongru(e) 無礼者 impertinent(e) 囡, insolent(e) 囡
無礼講 今夜は無礼講だ Ce soir, ce sera à la bonne franquette.
プレーガイド guichet de location 男
ブレーカー disjoncteur 男 ブレーカーが落ちる Le disjoncteur coupe le courant.
ブレーキ frein 男 ブレーキをかける freiner / ブレーキを踏む appuyer sur le frein
プレーヤー joueur(se) 若いプレーヤーを発掘する découvrir un jeune joueur
プレゼント cadeau 男, don 男 プレゼント用に包んでもらえますか Pouvez-vous me faire un paquet-cadeau? / プレゼントです。気に入ってもらえるといいんですが Voici un petit cadeau pour vous. J'espère que ça vous plaira.
プレッシャー pression 囡 プレッシャーを感じる 彼は今ひどいプレッシャーに弱い Je n'ai pas des nerfs d'acier.
触れる toucher à…; 〔言及〕men-

tionner 手を触れないでください Ne touchez pas.
ふろ bain 男〔→入浴〕ふろを沸かす préparer le bain / ふろに入る prendre un bain / ふろの水を止めて Fermez le robinet du bain! / ふろ上がりにはビールが飲みたい Je voudrais une bonne bière après le bain.
プロ professionnel(le) 名 さすがプロ Il n'y a qu'un professionnel pour faire ça.
ブローカー courtier(ère) 名
ブローチ broche 女
付録 appendice 男；（おまけ）prime 女 本に付録のCDを付ける rajouter en cadeau un CD au livre
プログラム programme 男
◘**プログラム学習** enseignement programmé
ブロック bloc 男 学区を5つのブロックに分ける partager la circonscription scolaire en cinq / 相手の攻撃をブロックする bloquer l'attaque de l'adversaire
◘**ブロック建築** bâtiment en par-paing
フロッピーディスク disquette 女 フロッピーディスクに書き込む écrire sur une disquette
プロテスタント protestant(e) 名
プロパンガス propane 男
プロペラ hélice 女
プロポーズする demander... en mariage
プロレタリア prolétaire 名；〔階級〕prolétariat 男
◘**プロレタリア革命** révolution prolétarienne 女
フロント 〔ホテルの〕réception 女 フロントで宿泊の手続きをする remplir une fiche à la réception
不和 désaccord 男, dissension 女 友人と不和になる se brouiller avec un ami
ふわふわ ふわふわとしたパン pain tendre / 風船がふわふわと飛ぶ Un ballon s'envole avec légèreté. / ふわふわした気持ちではいけない Ne soyez pas vacillant(e).
分 minute 女
分 〔分け前〕part 女 足りない分を補う suppléer à ce qui manque / 分をわきまえる savoir tenir son rang / 自分の分を尽くす accomplir son devoir / ぼくの分も食べていいよ Tu peux manger aussi ma part. / この分で行けばすは雨だ Vu le temps qu'il fait, il pleuvra demain.
文 phrase 女 否定文 phrase négative / 疑問文 phrase interrogative / 巧みな文 phrase adroite / 文は人なり Le style est l'homme même.
雰囲気 atmosphère 男, ambiance 女 家庭的な雰囲気 atmosphère familiale / 和やかな雰囲気をかもし出す créer une atmosphère intime / 雰囲気のある人 personne dont émane une atmosphère particulière / 雰囲気のいい店で L'ambiance de ce res-

taurant est sympathique.
噴火 éruption 女 阿蘇山は時々噴火する Le mont Aso fait des éruptions de temps en temps.
◘**噴火口** cratère 男
文化 culture 女, civilisation 女 文化を後世に伝える léguer la culture à la postérité / 人間とその文化の起源を探究する rechercher les origines de l'homme et de sa culture / 西洋文化 culture occidentale
◘**文化遺産** patrimoine culturel
文化勲章 médaille du mérite culturel 女 **文化交流** échanges culturels 男複 **文化財** biens culturels 男複 町の文化財を保存する garder le bien culturel de la ville **文化人類学** anthropologie culturelle 女 **文化大革命**〔中国の〕Révolution culturelle
憤慨 indignation 女 憤慨する s'indigner / 憤慨に堪えない ne pas pouvoir retenir sa colère
分解 décomposition 女, démontage 男 分解する décomposer / 時計を分解掃除に出す faire faire une révision de sa montre / 水を酸素と水素に分解する décomposer l'eau en hydrogène et en oxygène
文学 littérature 女 文学の littéraire / 友人と文学を語る causer avec ses amis de littérature / 純文学 littérature pure / 大衆文学 littérature populaire
◘**文学作品** œuvre littéraire 女 **文学者** homme de lettres 男, femme de lettres **文学博士** docteur ès lettres 男 **文学部** faculté des lettres 女 文学部に所属する être inscrit(e) à la faculté des lettres
分割 division 女, démembrement 男, partage 男 分割する diviser / 遺産を分割する partager un héritage
◘**分割払い** paiement échelonné
文献 document 男, documentation 女 文献をあさる fureter partout pour trouver des documents
分権 この10年来, 行政省庁の地方分権化が進められてきた Une décentralisation administrative s'est opérée depuis dix ans.
文庫 bibliothèque 女
◘**文庫本** livre de poche 男
分子 molécule 女；〔分数の〕numérateur 男 党内に不平分子が多くて困る Cela m'ennuie qu'il y ait beaucoup de membres mécontents du parti.
分詞 participe 男 現在分詞 participe présent / 過去分詞 participe passé
紛失 perte 女 紛失する perdre / 定期券を紛失する perdre une carte d'abonnement / 紛失物を探す chercher un objet perdu / 紛失したバッグを見つける retrouver un sac perdu
文書 écrit 男, document 男, papier 男 怪文書 document mystérieux / 文書で示す transmettre par écrit

◻文書課 service des archives 男

文章 phrase 女；〔散文〕prose 女／旅行の思い出を文章にする écrire ses souvenirs du voyage／文章を練る travailler son style／文章を飾る orner son style／その1語で文章が生きる Ce mot rend la phrase vivante.／簡潔が文章の命です La concision est essentielle pour faire une bonne phrase.

噴水 jet d'eau 男, fontaine 女（レスピーギの『ローマの噴水』Fontanes de Rome）

分数 fraction 女 →485ページ（囲み）

分析 analyse 女, décomposition 女／分析する analyser／分析的な analytique／事故の原因を分析する analyser les causes d'un accident

紛争 conflit 男, différend 男／国境で紛争が起きる Un conflit s'élève aux frontières.／紛争を収める régler un différend／今なお世界には紛争が絶えない Il y a encore et toujours des conflits qui se déclenchent de par le monde.

文体 style 男 飾りの多い文体 style fleuri

分担 partage 男, répartition 女 何人かで仕事を分担している Plusieurs personnes se partagent la besogne.／役割のひとつを分担する se charger d'un rôle

文通 correspondance 女 文通する correspondre／10年来文通を続ける s'écrire depuis dix ans

分配 partage 男, distribution 女 分配する partager, distribuer／おやつを均等に分配する partager équitablement le goûter

分泌 sécrétion 女 ホルモンを分泌する sécréter des hormones

分布 répartition 女, distribution 女 竹は熱帯から温帯にかけて分布する Les bambous se répandent de la zone tropicale à la zone tempérée.

分別 〔識別〕discernement 男；〔理性〕raison 女；〔判断〕jugement 男；〔良識〕bons sens 男 分別のある raisonnable, sage／分別を失う perdre la lucidité

文法 grammaire 女 文法的にはこれで正しいですか Est-ce que c'est grammaticalement correct?

◻文法学者 grammairien(ne) 名

文房具 papeterie 女, articles de bureau 男 ◆インク encre 女 鉛筆 crayon 男 鉛筆削り taille-crayon 男 カッターナイフ canif 男 画びょう punaise 女 紙ばさみ clip 男 クリップ trombone 男 消しゴム gomme (à papier) 女 コンパス compas 男 裁断機 rogneuse 女 三角定規 équerre 女 シャープペンシル portemine 男 修正ペン〔液〕correcteur 男 スタンプ tampon 男 チケット穴あけ機 chiquetteuse de papier 女 定規 règle (graduée) 女 粘着テープ ruban adhésif 男 ノート cahier 男 のり colle 女 はさみ ciseaux 男複 パンチ perforateur 男 ピン épingle 女 付せん fiche 女 分類器 rapporteur 男 ペンケース plumier 男 ボールペン stylo à bille 男 ホッチキス agrafeuse 女 マーカー marqueur 男 万年筆 stylo 男 指サック doigtier en caoutchouc 男 ルーズリーフ feuille volante 女

◻文房具店 papeterie 女

文明 civilisation 女 文明化する civiliser／メソポタミア文明 civilisation mésopotamienne

分野 domaine 男, champ 男, sphère 女 情報科学の分野で dans le domaine de l'informatique／研究分野 champ de recherches

分離 séparation 女, dissociation 女 分離する séparer／政教分離 séparation de l'Eglise et de l'Etat

分量 quantité 女, volume 男；〔薬などの〕dose 女 分量を量る peser, mesurer

分類 classification 女, classement 男 分類する classifier, classer／リスは齧歯目に分類される L'écureuil se classe parmi les rongeurs.

◻分類学 taxonomie 女

分裂 division 女；〔政党・団体などの〕scission 女 分裂する se diviser／イデオロギーの相違から政府内部が分裂した Une divergence idéologique a entraîné la dissidence au sein du gouvernement.

〈へ〉

ヘア cheveu 男 (→髪)

◻ヘアクリーム crème capillaire 女

ヘアドライヤー séchoir à cheveux 男

ヘアピン épingle à cheveux 女 ヘアピンカーブ virage en épingle à cheveux ヘアブラシ brosse à cheveux 女

ヘアスタイル coiffure 女 彼女はヘアスタイルを変えた Elle a changé de coiffure.

塀 mur 男, clôture 女 塀を巡らす entourer...de murs／台風で塀が倒れた La clôture s'est écroulée à cause d'un typhon.／塀越しに par-dessus le mur

兵役 service militaire 男 兵役を免れる échapper au service militaire

平穏な tranquille, paisible, calme 平穏を乱す troubler le calme／平穏な毎日に大事件が降ってわいた C'est au milieu d'une période paisible que l'affaire du siècle a éclaté.／平穏な暮らし vie paisible

閉会 clôture 女, fermeture 女 閉会のあいさつ allocution de clôture

◻閉会式 cérémonie de clôture 女

弊害 mal 男, méfait 男, abus 男 弊害が伴う avoir des défauts／より弊害の少ない解決法を見い出す trouver une solution moins dommageable／行き過ぎた中央集権化による弊害を是正する corriger les méfaits d'une centralisation excessive

平気な〔落ち着いた〕calme, tranquille ;〔気にかけない〕indifférent(e) / 平気でうそをつく mentir sans remords / 冬でも平気で水をかぶる S'octroyer une bonne douche écossaise / きみに悪く思われたって平気だよ Je me moque complètement de ce que tu penses de moi.

兵器 arme 囡, engin de guerre 囲
◻**兵器庫** arsenal 囲

平均 moyenne 囡 平均して en moyenne / 平均的な家庭で育った J'ai été élevé dans un milieu de classe moyenne.

◻**平均寿命** durée moyenne de la vie / 平均寿命が延びた La durée moyenne de la vie a augmenté. ◻**平均台** poutre 囡 ◻**平均点** note moyenne ◻**平均余命** espérance de vie (moyenne)

閉経 ménopause 囡

平行・並行 parallélisme 囲 並行する als der de pair / セーヌ川に並行して走る道 rue qui longe parallèlement la Seine / 2つの仕事を並行して進める mener de front deux tâches / ある線に対して平行な線を引く tirer une parallèle à une ligne

◻**平行線** ligne parallèle 囡, droite parallèle 囡 話し合いは平行線をたどった La conversation s'est poursuivie sur des lignes parallèles.

閉鎖 fermeture 囡, clôture 囡 閉鎖する fermer / 病気の流行性期間中、学校を閉鎖する fermer une école en période d'épidémie

兵士 soldat 囲 兵士たちが村々を荒らす Les soldats pillent les villages. /〔ストラヴィンスキーの〕『兵士の物語』L'Histoire du soldat

平日 jour de semaine 囲 平日に en semaine / 平日どおり店を開ける ouvrir le magasin comme à l'ordinaire /平日割引料金 tarif réduit les jours de semaine

平常の normal(ale), ordinaire, habituel(le) 平常どおり営業します On ouvre comme d'habitude /バカンスが終わって平常の生活に戻る retourner à la vie habituelle après les vacances

平静な calme, tranquille 平静を装う feindre le calme / 平静な態度 attitude tranquille / 平静な気持ちでいられない ne pas pouvoir garder son calme

閉店 fermeture 囡 デパートは19時に閉店する Les grands magasins ferment à 19 heures. / この店は月曜日は閉店です Ce magasin n'est pas ouvert le lundi.

平方の carré(e) 12平方メートルの部屋 une chambre de douze mètres carrés / 3の平方は9です Le carré de trois est neuf.

◻**平方根** racine carrée 囡

平凡な banal(ale), ordinaire 平凡な考え idée banale / 平凡な男 homme quelconque / 平凡な一生を送るのも悪くない Aspirer à une vie ordinaire n'est pas déshonorant.

閉幕 chute du rideau

平面 surface plane 囡, plan 囲
◻**平面幾何学** géométrie plane 囡
◻**平面図** plan géométral 囲 ◻**平面図形** figure plane

平野 plaine 囡, campagne 囡 平野が見渡す限り広がっている La plaine s'étend à perte de vue.

平和 paix 囡 平和な pacifique, paisible / 平和な家庭 famille paisible / 世界の平和はすぐには実現しないだろう La paix universelle ne se réalisera pas de sitôt.

◻**平和維持活動（ＰＫＯ）** opérations de maintien de la paix 囡複
◻**平和運動** mouvement pacifiste ◻**平和共存** coexistence pacifique 囡

ベーコン bacon 囲, lard fumé 囲
◻**ベーコンエッグ** œufs au bacon 囲複

ページ page 囡 本の80ページを開けなさい Ouvrez votre livre (à la) page quatre-vingt. / ページを割く consacrer des pages à…

ベージュ beige

ベール voile 囲, voilette 囡 神秘のベールに包まれている être couvert(e) d'un voile de mystère

べき ルールは守るべきだ Il faut observer les règles. / こちらを買うべきだ Tu dois acheter celui-ci. / 見るべき所がない Il n'y a rien à voir.

へこむ s'enfoncer, se bosseler 車の後ろがへこんだ L'arrière de ma voiture a été enfoncé. / 収入がへこむ Le revenu diminue brusquement.

ベスト mieux 囲 ベストを尽くします J'essaierai de faire de mon mieux. / ベストファイブ les cinq meilleurs
◻**ベストセラー** la meilleure vente, best-seller ベストセラーを読む lire un best-seller

へそ nombril, ombilic 囲 へそまで見えそうな服を着ている porter un vêtement découvrant le nombril
◇**へそを曲げる** se mettre de mauvaise humeur へそを曲げるなよ Ne te mets pas de mauvaise humeur.
◻**へその緒** cordon ombilical 囲
◻**へそ曲がり** avoir l'esprit tordu

へたな maladroit(e), mauvais(e), médiocre 字がへたで I'ai une mauvaise écriture. / 日本の男性は自己表現がへただ Les hommes japonais s'expriment mal. / へたに彼に逆らうと後悔するよ Si tu as le malheur de le contrarier, tu le regretteras.
◇**へたの考え休むに似たり** Mal réfléchir revient à ne pas réfléchir.

隔たり distance 囡, écart 囲 2点間の隔たりは約8キロメートルだ La distance entre les deux points est environ de huit mètres. / 弟の年齢とは5年の隔たりがある J'ai cinq ans de différence avec mon petit frère.

別の autre, différent(e) それはまた別の問題だ C'est un autre problème. / 住民を所得別に分類する classer les

habitants par tranche de revenus / 子供は4人にして彼らは4人だった Ils étaient quatre, sans compter les enfants.

別個に indépendamment, en particulier / この点は別個に検討しよう Nous examinerons ce point en particulier.

別室 autre salle 女

別人 autre personne 女 / 同名の別人と混同する confondre... avec un de ses homonymes / 酒が入ってないと彼とはまるで別人だ A jeun, il est très différent.

別荘 villa, cottage 男 / 別荘で夏を過ごす passer l'été dans la villa

別段 particulièrement

ベッド lit 男 / ベッドに横になる se coucher dans son lit / ベッドの中で丸くなる se blottir dans son lit / ベッドでたばこを吸わないでください Prière de ne pas fumer au lit. / ベッドを共にする coucher avec... / ダブルベッド grand lit

□ **ベッドタウン** cité-dortoir 女 **ベッドルーム** chambre à coucher

ヘッドホン casque 男 / ヘッドホンで聴く écouter au casque

別に 別に心配はない ne pas avoir particulièrement de soucis / 別に言うこともない n'avoir rien de particulier à dire / 何かあったの—別に Il s'est passé quelque chose? — Mais non, rien.

別便で sous pli séparé

別別に séparément, isolément / 別別に帰る rentrer séparément / 寝室を別別にする faire lit à part / 部屋は別別にしてください Donnez-nous des chambres séparées.

別名 autre nom 男 / ニューヨーク株式取引所, 別名ウォール街 La Bourse de New York, autrement dit, Wall Street

ベテランの expérimenté(e)

蛇 serpent 男 / 蛇にかまれる se faire piquer par un serpent ◆アナコンダ anaconda (vert) 男 / ウミヘビ serpent marin 男 / ガラガラヘビ serpent à sonette 男 / コブラ cobra 男 / ニシキヘビ python 男 / マムシ vipère 女

ベビーシッター baby-sitter 女

へま (→失敗) へまをやる faire une gaffe

部屋 pièce 女, salle 女; (ベッドのある) chambre 女 / 子供部屋 chambre d'enfant / 自分の部屋に閉じこもる se confiner dans sa chambre / 海に面した部屋をお願いします Je souhaiterais avoir une chambre avec vue sur la mer.

減らす diminuer, réduire, abaisser / 人員を減らす réduire son personnel / たばこを減らす réduire le nombre de cigarettes / A を B だけ減らす réduire A de B / A を B に減らす réduire A à B

ベランダ véranda 女 / ベランダのある家 une maison à véranda

ヘリコプター hélicoptère 男 / ヘリコプターを操縦する piloter un hélicoptère

減る diminuer; (徐々に) décroître; (すり減る) s'user

ベル sonnette 女, timbre 男 / 電話のベルの音に飛び上がった La sonnerie du téléphone m'a fait sursauter. / 終業のベルはまだ鳴っていない La fin du travail n'a pas encore sonné.

ベルギー Belgique 女 **ベルギー人** Belge

ベルト ceinture 女; (機械の) courroie 女 / グリーンベルト ceinture verte

□ **ベルトコンベヤ** convoyeur à bande

ヘルメット casque 男

辺 (→辺り) 確かこの辺にあるはずです Oui, c'est probablement par là.

変な étrange, bizarre, drôle / 変な格好をする s'habiller de manière ridicule / 変な男がうろつく Un individu suspect rôde. / 近ごろ少し変よ, どうしたの Ces temps-ci, tu parais un peu bizarre. Qu'est-ce qui se passe? / 変だぞ, 食堂で足音がする Voilà qui est bizarre: j'entends des pas dans la salle à manger.

ペン plume 女; (万年筆) stylo 男; (ボールペン) stylo à bille 男 / ペンを走らす laisser courir sa plume / ペンで身を立てる vivre de sa plume / ペン習字 exercices calligraphiques avec stylo à bille

○ **ペンは剣よりも強し** La plume est plus forte que l'épée. **ペンを折る** cesser d'écrire

□ **ペンネーム** nom de plume 男

変化 changement 男, transformation 女, modification 女 / 変化に乏しい monotone / 変化に富む海岸線 ligne côtière dentelée / 時代は時時刻刻と変化している Notre époque change de seconde en seconde.

弁解する s'excuser (→言い訳) / 弁解の余地がない être inexcusable / 弁解に努める s'efforcer de s'excuser / 弁解無用 Pas d'explication! / いまさら弁解しても始まらない C'est trop tard pour m'excuser maintenant.

便宜 faveur 女, facilité 女, commodité 女 / 説明の便宜上 pour la commodité de l'explication / 人に…のための便宜を図る procurer à qn toutes les facilités pour... / 入場券が手に入るよう便宜を図ってもらう demander de fournir des facilités pour se procurer les billets d'entrée

ペンキ peinture 女 / ペンキ塗りたて Peinture fraîche / ペンキがはげる La peinture s'écaille.

勉強 étude 女, travail 男 / フランス語を勉強する étudier [apprendre] le français / 勉強が足りないな Mon petit, tu ne travailles pas assez. / こんどのことはいい勉強になった Ça m'a donné une bonne leçon. / うんと勉強

しておきますから買ってください Nous vendons à très bon marché, achetez s'il vous plaît.
◆**勉強家** travailleur(se)

偏見 (→先入観) 偏見を持つ avoir un préjugé contre... /偏見が染みこんでいる être imprégné(e) de préjugés /根強い偏見 préjugés tenaces /偏見は無知から生まれる Les préjugés naissent de l'ignorance.

弁護 défense 囡 défendre, plaider /友だちを弁護する défendre un ami /自己弁護する faire son apologie
◆**弁護士** avocat(e) 囡

変更 changement 男, modification 囡 変更する changer, modifier /急な予定変更は困ります Les changements brusques d'emploi du temps sont ennuyeux. /約束に変更はありませんね Ça tient toujours, notre rendez-vous?

返済 remboursement 男 金の返済を迫る réclamer son dû /借金を返済する rembourser une dette

返事 réponse 囡 返事をする donner une réponse /返事に困る ne savoir que répondre /いいかげんな返事をする répondre négligemment /色よい返事を待つ attendre une réponse affirmative /質問の返事が来ない On n'a pas encore donné de réponse à ma question. /早く返事がほしい J'aimerais une réponse rapide. /彼は二つ返事でオーケーした Il a accepté sans se faire prier.

編集 rédaction 囡 ［映画の］ montage 男 編集する rédiger, monter
◆**編集者** rédacteur(trice) 囡 ◆**編集長** rédacteur(trice) en chef 囡 ◆**編集部** rédaction 囡

弁償 dédommagement 男 弁償する dédommager /損失を弁償してもらう se dédommager de ses pertes /ガラスを壊して隣人に弁償する dédommager le voisin de la vitre cassée

編成 formation 囡, organisation 囡 編成する former, organiser

弁舌 弁舌さわやかに答える répondre avec éloquence

変装 déguisement 男, travestissement 男 変装する se déguiser en... /変装を見破る découvrir le déguisement

返送 renvoi 男 返送する renvoyer /手紙を差出人に返送する renvoyer une lettre à l'expéditeur /返送用に切手を貼った封筒を同封する joindre une enveloppe timbrée pour la réponse

変奏曲 variation 囡 （フランクの）『交響的変奏曲』 Les Variations symphoniques

変態 anomalie 囡; ［昆虫などの］ métamorphose 囡, transformation 囡 昆虫の完全［不完全］変態 métamorphose complète［incomplète］

ベンチ banc 男 ベンチにかける s'asseoir sur un banc /石のベンチ banc en pierre /3人掛けのベンチ banc pour trois personnes /ベンチの指図に従う obéir aux directives des dirigeants /ベンチに下がる être remplacé(e)

ペンチ pince 囡 ペンチで針金を切る couper un fil métallique avec une pince

返答 réponse 囡 (→返事) 返答を促す presser de répondre

変動 mouvement 男, fluctuation 囡 世界情勢がめまぐるしく変動する La situation mondiale change vertigineusement. /社会変動 mouvement de la société

弁当 casse-croûte 男, panier-repas 男 弁当が出る On offre une boîte-repas. /お母さん、お弁当をよろしくね Maman, tu me prépareras un casse-croûte.

ペンパル correspondant(e) 囡

便秘 constipation 囡 便秘には野菜を食べるといい Les légumes sont bons pour la constipation.

弁明 (→弁解) 弁明の機会を与える donner l'occasion de s'expliquer /弁明を要求する demander des explications

便利 commodité 囡 便利な commode, pratique /便利な道具 outil commode /便利な世の中になった La vie moderne est devenue bien commode.

弁論 ［議論］ discussion 囡, débats 男複; ［演説］ discours 男
◆**弁論大会** concours d'éloquence 男

ほ

歩 pas 男 3歩前へ出る avancer de trois pas /歩を運ぶ faire ses pas /一歩一歩 pas à pas

帆 voile 囡 帆を上げる hisser les voiles /帆を下ろす amener les voiles /帆が風をはらむ La voile se gonfle au vent. /しりに帆をかける (=一目散に逃げる) mettre les voiles

ぼい 忘れっぽい oublieux(se) /黒っぽい服 vêtements dans les tons foncés /水っぽい果物 fruit trop juteux

ボイコット boycottage 男 ボイコットする boycotter /日本車がボイコットされる On boycotte les voitures japonaises.

母音 voyelle 囡

方へ vers 北の方に vers le nord /医学の方に進む entrer dans le domaine médical /向こうの方 là-bas /魚より肉のほうが好きだ préférer la viande au poisson /ここで待ってたほうがいいんじゃない? Il ne vaudrait pas mieux attendre ici?

法 （→法律） 法を守る observer la loi /法に背く contrevenir à une loi /人は生まれながらにして法の下に自由であり平等である Les hommes naissent libres et égaux en droit. /憲法も法

なのか Est-ce que même une mauvaise loi en est une? /ここでやめる法はない On n'a pas de raison de s'arrêter maintenant. /話を聞く人に合わせて話を説くAdaptez le discours à l'auditoire. /(モンテスキューの)『法の精神』*De l'esprit des lois*

棒 bâton 男, barre 女 /棒でたたき battre... avec un bâton /鉄の棒を曲げる courber une barre de fer /横棒を引いて文を消する tirer une barre pour biffer un passage

◆棒に振る つまらないことで一生を棒に振った Il a gâché sa vie pour une peccadille.

法案 〔政府提出の〕projet de loi 男, 〔議員提出の〕proposition de loi 女 /その法案は国会審議中だ Ce projet de loi est en attente de réalisation au parlement. /法案は通った La loi a passé.

包囲する envelopper, encercler /敵に包囲される être encerclé(e) par l'ennemi

防衛する défendre /チャンピオンの座を防衛する défendre son titre de champion

貿易 commerce 男, échanges 男 /貿易を行う faire du commerce /貿易を盛んにするために関税を引き下げる réduire les droits de douane en vue d'accroître les échanges /貿易商の国際的 commerçant international

◻貿易黒字 excédent commercial /貿易赤字 déficit commercial /貿易収支 balance commerciale /日本の貿易収支は今のところ大幅に黒字だ La balance commerciale du Japon est maintenant fortement positive. /貿易商社 firme d'import-export /貿易自由化 libéralisation des échanges /貿易風 (vent) alizé 男 /貿易摩擦 frictions commerciales 女

望遠鏡 〔地上用〕lunette 女, longue-vue 女 ; 〔天体用〕lunette astronomique 女, télescope 男

法王 pape 男

防音 insonorisation 女, isolation acoustique 女

◻防音材 matériaux insonores 男

砲火 敵の砲火を浴びる essuyer le feu de l'ennemi

防火 protection contre le feu /防火ポスターを張る coller une affiche de la prévention des incendies

◻防火戸 coupe-feu 男 /防火シャッター rideau de protection 男

崩壊する s'écrouler, s'effondrer /地震でビルが崩壊する Les immeubles s'écroulent sous l'effet du séisme.

法外な démesuré(e), exorbitant(e) /土地が法外に値上がりする Le prix des terrains augmente excessivement. /法外な値段 prix exorbitant /法外な要求 demande déraisonnable

妨害する empêcher /営業妨害だ Cela a empêché les ventes. /選挙演説を妨害する interrompre un discours électoral /交通の妨害 obstacle à la circulation

方角 (→方向) /南東の方角 direction sud-est /北西の方角 direction nord-nord-ouest /霧で方角を誤った Le brouillard m'a désorienté. /方角が悪い 〔吉凶の点で〕C'est une direction de mauvais augure. /方角違いである prendre une fausse direction

放課後 après la classe

ほうき balai 男 /竹ほうき balais en bambou

放棄する abandonner, renoncer à... /相続を放棄する répudier une succession /日本は戦争の放棄を憲法で定めている D'après la constitution, le Japon a renoncé à reprendre les armes.

◻放棄試合 match abandonné 男

防御 défense 女 /防御する protéger /攻撃は最大の防御なり La meilleure défense c'est l'attaque.

封建 封建的な féodal(ale) /日本は封建時代から工業の時代へと一気に移行した Brûlant les étapes, le Japon est passé de l'ère féodale à l'ère industrielle.

方言 dialecte 男, patois 男, parler 男 /方言を話す parler patois

冒険 aventure 女 /冒険する s'aventurer /冒険する価値がある digne de tenter l'aventure /冒険家がやってきた C'est dangereux mais je vais essayer.

◻冒険家 aventurier(ère) 名 /冒険小説 roman d'aventure 男

方向 direction 女, sens 男 /…の方向へ dans la direction de… /あらゆる方向に dans tous les sens /方向感覚を失う perdre le sens de l'orientation /吹雪で方向を誤る se tromper de direction à cause d'une tempête de neige /合併の方向で話を進める faire avancer la négociation vers la fusion /バスティーユ広場ですか。その方向ですよ La place de la Bastille ? Vous lui tournez le dos.

◻方向転換 changement de direction /方向転換する changer de direction /方向音痴 彼は方向音痴だ Il n'a pas le sens de l'orientation.

暴行 violences 女 /警察官が黒人に暴行している場面が放映された On a fait un reportage télévisé sur la violence des policiers contre les Noirs. /暴行犯 récidiviste sexuel 男

膀胱 vessie 女

報告 rapport 男, exposé 男 /報告する rapporter /事故の状況を報告する rapporter les circonstances d'un accident /…だと述べた報告書がある Voici un compte rendu où il est dit que… /この件でなんの報告も受けていない Je n'ai encore reçu aucun rapport sur cette affaire.

奉仕する servir /国に奉仕する servir l'État /奉仕活動を pratiquer le bénévolat

◻奉仕品 article en réclame 男

法事 死者の法事を営む célébrer un service anniversaire de commémoration pour un défunt

帽子 chapeau 男；〔縁なしの〕bonnet 男 帽子をかぶる mettre son chapeau／帽子を脱ぐ enlever son chapeau／帽子をかぶったほうがよくない？ Avec un chapeau, ça ne serait pas mieux？

防止する prévenir 交通事故を防止する prévenir les accidents de la route

放射 radiation 女, rayonnement 男 光が放射する La lumière rayonne.／放射状の道路 voie radiale

◆放射性元素 éléments radioactifs 放射線 radiation 女 放射熱 chaleur radiante／地面の冷却は放射冷却による Le refroidissement du sol par rayonnement

放射能 radioactivité 女 放射能に汚染される être contaminé(e) par la radioactivité／放射能を浴びる s'exposer à la radioactivité／チェルノブイリにはまだ放射能の影響に苦しむ人がいる Il y a encore des gens qui souffrent des effets radioactifs de Chernobyl.

報酬 rémunération 女, rétribution 女 報酬を受ける recevoir une rétribution／あなたの仕事の報酬として en paiement de votre service／（クルーゾーの）『恐怖の報酬』 Le Salaire de la peur

防臭剤 désodorisant 男

方針 orientation 女, direction 女 教育の方針を決める déterminer la direction de l'éducation／方針に従う suivre la direction／基本方針が確たる方針もなく行動する agir sans méthode précise

坊主 bonze 男 坊主頭 tête rasée

防水 étanchéité 女 通気性と防水性とを併せ持つ生地 tissu perméable à l'air et imperméable à l'eau／防水加工のコート manteau imperméable

宝石 pierre précieuse 女, gemme 女 宝石をちりばめた王冠 couronne ruisselante de pierres précieuses ◆ エメラルド émeraude 女 ◆ オパール opale 女 ◆ キャッツアイ œil de chat サファイア saphir 真珠 perle 女 ダイヤモンド diamant 男 トパーズ topaz 男 トルコ石 turquoise 男 ひすい jade 男 めのう agate 女 ルビー rubis 男

◆宝石商 bijoutier(ère) 名 宝石箱 écrin 男, cassette 女

放送 émission 女, diffusion 女 放送する émettre, diffuser／番組を放送する diffuser une émission／番組を再放送する repasser une émission

◆放送局 station émettrice 女

暴走する〔行動が〕agir suivant sa volonté sans réfléchir

◆暴走族 gangs de jeunes motards

法則 loi 女, règle 女 自然の法則に逆らう contrarier la loi de la nature／物体は万有引力の法則に従う Les corps obéissent à la loi de la gravitation universelle.／メンデルの遺伝の法則 loi de l'hérédité de Mendel

包帯 pansement 男, bandage 男 包帯をする mettre un pansement à..., bander／手に包帯巻いて，どうしたの Qu'est-ce que c'est que ce bandage que tu as à la main？

放題 言いたい放題言う ne pas mâcher ses mots／したい放題する faire tout ce qu'il veut／10ユーロの定食，パンとワイン取り放題 menu à dix euros, pain et vin à discrétion

棒立ちになる avoir un haut-le-corps

包丁 couteau (de cuisine) 男；〔大型の〕coutelat 男 肉切り包丁 couperet 男／みごとな包丁さばきだ Il est habile à la cuisine.

膨張 dilatation 女, expansion 女 膨張する se dilater／体積の膨張 dilatation du volume

◆膨張率 taux de dilatation 男

法廷 tribunal 男；〔特に上級の裁判所〕cour (de justice) 女 法廷が開かれる Le tribunal a lieu.／法廷に立つ comparaître devant un tribunal／ある事件を法廷へ持ち出す porter une affaire devant le tribunal

方程式 équation 女 方程式を立てる poser une équation／方程式を解く résoudre une équation／連立方程式 équations simultanées／二次方程式 équation du second degré

報道 information 女, nouvelles 女複 報道する annoncer／報道を規制する bâillonner la presse／報道を差し止め a interdire de publier les informations

◆報道写真 photo de presse 女 報道機関 organisations de presse 女複 報道機関が伝えているように comme la presse s'en est fait l'écho 報道陣 représentants de la presse 女複

暴動 émeute 女, révolte 女 ロスで暴動が起きた Une émeute a éclaté à Los Angeles.／暴動を鎮める réprimer une émeute

防波堤 brise-lames 男

褒美 récompense 女；〔賞〕prix 男 優勝した褒美に本を買ってもらった On m'a acheté un livre comme récompense de ma victoire.

豊富な abondant(e), riche ピーマンはビタミンが豊富だ Les poivrons sont pleins de vitamines.

暴風雨 ouragan 男, tempête 女 ◆ サイクロン cyclone 男 台風 typhon 男 モンスーン mousson 女 竜巻 trombe 女 しけ coup de mer 男 うねり houle 女

報復〔国家間の〕rétorsion 女, représailles 女複；〔復讐〕vengeance 女 報復を招く provoquer des mesures de représailles／報復措置として全農産物の輸出が禁止された En représailles, tous les produits agricoles ont été frappés d'embargo.

ほ

◘報復関税 droit (de douane) de représailles

放物線 parabole 囡 ボールが放物線を描く La balle décrit une parabole.

方法 méthode 囡;〔手段〕moyen 男, procédé 男;〔やり方〕façon 囡, manière 囡 最良の方法 le meilleur moyen／しわを隠す方法はないかでもある Je me demande s'il y a un moyen pour effacer les rides.／方法はいくらでもある Des méthodes, il y en a tant qu'on veut.（デカルトの)方法序説』 Discours de la méthode pour bien conduire sa raison et chercher la vérité dans les sciences

◘方法論 méthodologie 囡

ほうぼう partout, de tout côté, de toutes parts ほうぼう探し回る chercher partout／ほうぼうにポスターを貼る coller ça et là les affiches

放牧 pâturage 男 牛を放牧する mettre les vaches au pâturage

葬る enterrer, inhumer 社会から葬り去られる être mis(e) au ban de la société／事件はやみに葬られた L'affaire a été étouffée.

亡命 expatriation 囡, exil 男 キューバから野球選手が亡命した Un joueur de base-ball s'est expatrié de Cuba.

◘亡命者 exilé(e) 男女, réfugié(e) 男女

訪問 visite 囡 訪問する visiter／フランス大統領の初めての中国公式訪問 la première visite officielle d'un chef d'Etat français à Pekin

◘訪問着 robe de visite 囡 **訪問販売** vente à domicile 囡

法要 法要を営む célébrer un service funèbre de bouddhisme

法律 loi 囡, droit 男, législation 囡 法律を守る respecter la loi／法律を犯す violer la loi／法律に触れる tomber sous le coup de loi／法律を改める améliorer la législation／法律では公務員のストは禁じられている La loi s'oppose à ce que les fonctionnaires fassent grève.

暴力 violence 囡, force brutale 囡 暴力を振るう user de violence／すぐ暴力に訴える facilement user de violence／暴力を嫌う détester la violence

◘暴力革命 révolution violente 囡 **暴力団** bande de truands 囡, 〔集合的に〕la pègre, les milieux interlopes

放浪 vagabondage 男 ヨーロッパを放浪する vagabonder à travers l'Europe／放浪癖がある avoir le goût du vagabondage

ほえる〔犬が〕aboyer;〔ライオン・トラ・海などが〕rugir

ほお joue 囡 ほおを張る gifler／ほおを膨らます gonfler les joues／ほおを染める avoir rouge aux joues／寒風がほおに快い La brise fait du bien sur les joues.

◇ほおが緩む 思わずほおが緩んだ Je n'ai pas pu contenir mon sourire.

ボーイ garçon 男, groom 男 ホテルでボーイとして働く travailler comme garçon à l'hôtel

◘ボーイスカウト scout 男

ホース tuyau 男 蛇口にホースをはめる ajuster un tuyau au robinet

ほおずりする caresser de la joue **ほおづえをつく** poser son menton sur sa main

ほおばる se caler ses joues

ボート canot 男 公園でボート遊びをした J'ai fait du canot dans le parc.／モーターボート canot automobile

◘ボートレース aviron 男

ボーナス prime 囡, gratification 囡, bonus 男 ボーナスで家計の赤字を埋めて combler le surcroît de ses dépenses avec sa prime

ホームシックにかかる avoir le mal du pays

ホール hall 男, salle 囡

ボール balle 囡;〔大型の〕ballon 男 ボールを投げる lancer une balle／ボールで遊ぶ jouer au ballon

◘ボール紙 carton 男

ボールペン stylo à bille 男 ボールペンのキャップをはめる mettre le capuchon sur un stylo à bille

ほかの autre, différent(e);〔…以外〕sauf, à part;〔よそ〕ailleurs だれかほかの人、quelqu'un d'autre／ほかに質問ありますか Avez-vous d'autres questions?／ほかへ行こう Allons ailleurs.／ほかはすべて順調です A part ça, tout va très bien.／驚くほかはない Je ne fais que m'étonner.

ほかならない ほかならないきみの頼みだ、何としよう Si c'est toi qui me le demande, je ferai un effort.／死刑は絞人にほかならない La peine de mort n'est ni plus ni moins qu'un meurtre.

朗らかな gai(e) 毎日朗らかに暮らして vivre gaiement tous les jours

保管 garde 囡, conservation 囡 保管する garder, conserver／商品を倉庫に保管する garder des marchandises en entrepôt／金庫で安全に保管する mettre... en sécurité dans un coffre

補給 ravitaillement 男, approvisionnement 男 ガソリンを補給する se ravitailler en essence／栄養を補給する prendre des aliments nutritifs／水分補給 apport d'eau

補強 renforcement 男 チームを補強する renforcer une équipe／いすを補強する consolider une chaise

ボクサー boxeur 男 ボクサーは試合前に計量する Les boxeurs doivent se faire peser avant le match.／経験を積んだボクサー boxeur bien entraîné

◆ライト級 poids léger ◆フェザー級 poids plume ◆ミドル級 poids moyen ◆ヘビー級 poids lourd 男

牧場 prairie 囡;〔放牧専用の〕pâturage 男;〔小さ目の〕pré 男

ボクシング boxe 囡 ◆グローブ gants

マウスピース protège-dents 男／**アッパー** uppercut 男／**ジャブ** jab ／**ストレート** direct 男／★右ストレート は un direct du droite／**フック** crochet 男（★左フック）は un crochet du gauche／**ディープーの** coup au corps 男／**ダッキング** esquive 女／**ウェービング** esquive rotative 女／**クリンチ** clinch 男／**コーナー** coin 男／**セコンド** soigneur 男

牧畜 élevage 男

▶牧畜業者 éleveur(se) 男女

ほくろ grain de beauté 女 泣きぼくろ grain de beauté au-dessous de l'œil／入れぼくろ faux grain de beauté

捕鯨 pêche à la baleine 女 捕鯨禁止の運動が広がっている La campagne contre la pêche à la baleine se développe.

▶捕鯨船 baleinier 男

墓穴 tombe 女 墓穴を掘るようなものだ Tu creuses ta propre tombe.

ポケット poche 女 両手をポケットに突っ込む enfouir ses mains dans ses poches／ポケットの中を探す fouiller dans sa poche／ポケットにキャンディーをたくさん詰め込む bourrer ses poches de bonbons

▶ポケットブック livre de poche
▶ポケットベル récepteur de poche
▶ポケットマネー argent de poche

ぼける devenir gâteux(se), retomber en enfance 顔はぼけて彼の顔もわからなくなった Il a perdu la tête. Il ne reconnaît même plus sa femme.／この写真は失敗だ, 顔がぼけている Cette photo est râtée, les visages sont flous.

保険 assurance 女 保険をかける assurer／社会保険 assurances sociales／旅行保険に入っていますか Vous avez pris une assurance-voyage?／保険がきかない L'assurance ne s'applique pas.

▶保険料 prime d'assurance

保護 protection 女, sauvegarde 女 保護する protéger／野生動物を保護する protéger les animaux sauvages／政治亡命者を保護する donner (un) asile aux réfugiés politiques／自然保護 protection de la nature

▶保護色 homochromie 女, mimétisme des couleurs 男
▶保護者 protecteur(trice) 男女；〔後見人〕tuteur(trice) 男女；〔親〕parents 男複

母語 langue maternelle 女

歩行 marche 女

▶歩行者 piéton 男 歩行者を優先させる laisser la priorité aux piétons
▶歩行者天国 zone piétonne 女

母国 pays (natal) 男 彼は間もなく母国に帰る Il va bientôt retourner dans son pays.

ほこり（埃） poussière 女 ほこりを舞い上げる faire voler la poussière／服

のほこりを払う épousseter les vêtements／家具の上にほこりが積もる La poussière se dépose sur les meubles.

誇り fierté 女, orgueil 男, amour-propre 男 誇りを傷つけられる être blessé(e) dans son orgueil／この彫刻は当美術館の誇りです Cette sculpture est la gloire de notre musée.

誇る être fier(ère) 日本人が世界に誇る人です C'est quelqu'un qui fait la fierté du Japon aux yeux du monde.

星 étoile 女, astre 男；〔惑星〕planète 女；〔衛星〕satellite 男；〔容疑者〕suspect(e) 男女 星占いをする faire l'horoscope de...／幸せの星のもとに生まれる être né(e) sous le signe de la chance／都会では星が見えない Dans les grandes villes, on ne peut pas voir les étoiles.／(ゴッホの)『星月夜』La Nuit étoilée ◆ 1 等星 étoile de première grandeur 女 彗星 comète 女 巨星 étoile géante 女 矮星 étoile naine 女 新星 nova 女 星団 amas stellaire 男 星雲 nébuleuse 女 北極星 étoile polaire 女 北斗七星 Grand Chariot 男 南十字星 Croix du Sud 女

ほしい désirer, vouloir, demander, avoir envie de... ほしいものを買ってあげる Je t'achèterai tout ce que tu veux.／何もほしくない Je ne veux rien.／静かにしてほしい Je vous demande d'être silencieux.

星占い astrologie 女, horoscope 男 ◆きみは何座？―乙女座だよ Tu es née sous quel signe? — Le signe de la Vierge. ◆牡羊座 Bélier 男 牡牛座 Taureau 男 双子座 Gémeaux 男複 蟹座 Cancer 男 獅子座 Lion 男 乙女座 Vierge 女 天秤座 Balance 女 さそり座 Scorpion 男 射手座 Sagittaire 男 山羊座 Capricorne 男 水瓶座 Verseau 男 魚座 Poissons 男複

保守的な conservateur(trice) 保守的な考え方をする bien penser

▶保守主義 conservatisme 男 保守党 parti conservateur 男 保守党員 conservateur(trice) 男女

募集 recrutement 男 職員を募集する recruter du personnel／彼を募集中です Je cherche un petit ami.

補助 aide 女, assistance 女 費用の一部を補助する subvenir à une partie des dépenses

▶補助金 subvention 女 補助席 strapontin 男

保証する garantir, assurer 品質は保証します Je vous en garantis la qualité.／この品には半年の保証がついている Cet article a une garantie de six mois.

▶保証金 caution 女 保証人 garant(e) 男女

干す〔乾かす〕sécher；〔からにする〕vider 洗濯物を干す faire sécher du linge／コップの水を干す vider un

ポスター

verre d'eau / 仕事を干される être sur le sable
ポスター placard [男], affiche [女] ポスターを張る coller des affiches
ポスト [郵便の] boîte à [aux] lettres [女] / [地位] poste [男] / [郵便ポスト] poteau [男] ポストに手紙を投函する mettre une lettre dans la boîte / 責任あるポストを任される se voir confier un poste à responsabilités / ボールはゴールポストに当たった Le ballon a frappé le poteau.
◇**ポスト構造主義** post-structuralisme **ポストモダン** postmoderne [女], postmodernisme [男]

母性 maternité [女] 母性は本能か Est-ce que la maternité est un instinct?
◇**母性愛** amour maternel [男] **母性保護** protection maternelle [女] **母性本能** instinct maternel [男]

細い mince, étroit(e), fin(e) / 手首 [足首] が細い avoir les attaches fines / 食料品店の向こうに細い路地があります Après l'épicerie, vous trouverez une petite rue. / 秋も更けて虫が細い声で鳴いている Les insectes chantent d'un ton fluet en plein automne.

舗装 revêtement [男] 道を舗装する paver une rue
◇**舗装道路** route revêtue [女]

細める 目を細める plisser les yeux / 声を細める baisser sa voix

保存 conservation [女], entretien [男] 保存する conserver, garder / 肉を冷所に保存する conserver de la viande au froid / 保存状態がよい être en bon état de conservation
◇**保存食** aliment à conserver [男]; [非常用] vivres de réserve [男複] **保存料** (produit) conservateur [男]

ホタル luciole [女]; [ツチボタルの幼虫、雌] ver luisant [男]

ボタン bouton [男] 上着にボタンをつける mettre un bouton à une veste / 上着のボタンをかける boutonner sa veste / 上着のボタンを外す déboutonner sa veste / 上のボタンが外れていますよ Votre bouton du haut est défait.
◇**ボタンホール** boutonnière [女]

墓地 cimetière [男] 墓地に埋める enterrer dans le cimetière / (ヴァレリーの)『海辺の墓地』 *Le Cimetière marin*

歩調 allure [女] 歩調を速める presser l'allure [le pas] / 共同歩調をとる faire une démarche en commun

北極 pôle Nord [男]
◇**北極海** océan Arctique [男] **北極グマ** ours polaire [blanc] [男] **北極圏** cercle arctique [男] **北極星** la Polaire

ホッケー hockey (sur gazon) [男] アイスホッケー hockey sur glace

発作 crise [女], accès [男], attaque [女] 発作的に par crise / 心臓発作が起きた Il a eu une crise cardiaque.

neuf cent soixante-dix-huit 978

没収 confiscation [女] 財産を没収する confisquer des biens / 警察が証拠書類を没収した La police a confisqué les documents de preuve.

ほっと ほっとため息をつく pousser un soupir de soulagement / やれやれ、ほっとした Ouf! Quel soulagement!

没頭する se livrer à..., s'adonner à..., s'appliquer à... エジソンは常に発明に没頭した Edison s'est toujours livré à l'invention.

ホテル hôtel [男]; [レストラン兼用の] auberge [女] [家庭的サービスの] pension [女]; [民宿] chambre d'hôte [女]; [ユースホステル] auberge de la jeunesse [女] (→予約) ホテルに泊まる loger à l'hôtel ⊙部屋は空いていますか Avez-vous des chambres libres? / 予約してあります J'ai fait une réservation. / これが確認書です Voici la confirmation. / ルームサービスをお願いします Le service de chambre, s'il vous plaît. / 貴重品を預かってください Je peux vous confier mes objets de valeur? / ツアーを申し込めますか Vous pouvez m'inscrire à ce circuit touristique? / タクシーを呼んでください Vous pouvez appeler un taxi, s'il vous plaît?

程 degré [男]; [比較] aussi que; [程度] au point de; [およそ] environ, à peu près 彼女は10日ほど日本に滞在した Elle est restée au Japon à peu près dix jours. / サッカーほどおもしろいスポーツはない Il n'y a aucun sport aussi intéressant que le football.
◇**程がある** お人好しにも程がある Il est bon à en être bête.

歩道 trottoir [男]「歩道」[道路工事などの表示] (Piétons)
◇**歩道橋** passerelle [女]

ほどく dénouer, défaire ネクタイをほどく dénouer sa cravate

仏 Bouddha [男] 仏にすがる recourir au Bouddha
◇**仏作で魂入れず** créer une œuvre sans âme 仏の顔も三度 La patience a des limites.

ほどほど まだテレビゲームをやってるの？ ほどほどにしなさい Tu fais encore des jeux vidéo? Il faut que tu arrêtes.

ほとんど presque, à peu près; [否定の意味で] ne guère, peu, à peine ほとんど勝てた同然だ C'est presque gagné! / 彼はほとんど酒を飲まない Il ne boit guère. / ほとんど泣きそうだった J'ai failli me mettre à pleurer. / ほとんどの者が試験に合格した Presque tout le monde a réussi à l'examen.

母乳 lait maternel [男] 赤ん坊を母乳で育てる nourrir son bébé au sein / 母乳にダイオキシンが含まれている Il y a de la dioxine dans le lait maternel.

哺乳類 〜類 mammifères [男複] アザラシ phoque [男] アシカ otarie [女], lion de mer [男] アライグマ raton laveur イノシシ sanglier [男] イタチ belette イルカ dauphin 男 ウサギ lapin 男/〔野ウサギ〕lièvre 男 オオカミ loup 男 オランウータン oran-outan(g) 男 カバ hippopotame 男 カンガルー kangourou 男 キツネ renard 男 キリン girafe 女 鯨 baleine 女 コマ 男 コアラ koala 男 コウモリ chauve-souris 女 ゴリラ gorille 男 猿 singe 男 サイ rhinocéros 男 雄鹿 cerf 男/〔雌〕biche 女 シマウマ zèbre 男 象 éléphant 男 チーター guépard 男 チンパンジー chimpanzé 男 トラ tigre 男 ナマケモノ paresseux 男 パンダ panda 男 ビーバー castor 男 モグラ taupe 女 ヤギ chèvre 女, bouc 男 ラクダ chameau 男 ライオン lion 男 リス écureuil 男 ロバ âne 男/〔雌〕ânesse 女

○哺乳瓶 biberon 男
● 骨 os 男; 〔魚の〕arête 女; 〔傘の〕baleine 女 スキーで足の骨を折った Je me suis fait une fracture en faisant du ski. /のどに魚の骨が刺さる avoir une arête dans le gosier 骨(気骨)がある avoir du caractère / 早起きは骨だ（骨が折れる）C'est dur de se lever tôt. ◆ あばら骨 côte 女 関節 articulation 女 肩甲骨 omoplate 女 骨盤 pelvis 男, bassin 男 鎖骨 clavicule 女 頭蓋骨 crâne 男 背骨 échine 女, colonne vertébrale 女 大腿骨 fémur 男 尾骨 coccyx 男 肋骨 côte 女 軟骨 cartilage 男

◇骨が折れる 骨の折れる仕事を抱えている avoir une tâche pénible sur les bras 骨と皮になる n'avoir que la peau sur les os 骨までしゃぶる sucer... jusqu'à la moelle
骨折り 先生の骨折りで就職する Trouver un travail grâce aux efforts de son prof
骨折り損 C'est peine perdu.
骨組み charpente 女
骨抜き désossement 男 法案を骨抜きにする faire un projet de loi inopérant
骨ばる 骨ばった体つき corps osseux 男/骨ばったものの言い方 façon de parler qui a l'air obstinée
骨身 骨身を削る suer sang et eau / 骨身を惜しまない ne pas ménager ses efforts
骨休め たまには骨休めしたい De temps en temps je voudrais faire une petite pause.
炎 flambée 女, flamme 女 炎を上げる flamber 炎は一瞬にして森に延焼した La forêt a été un instant la proie des flammes. / ろうそくの炎の揺らめき vacillation de la flamme des bougies /恋の炎をかき立てる embraser... d'amour /嫉妬の炎を燃やす brûler de jalousie
ほのめかす suggérer, faire allusion à... 反対の気持ちをほのめかす faire allusion à l'objection
ほほえむ sourire いつもほほえみを浮かべている avoir toujours le sourire

ほほえむ sourire 赤ちゃんにほほえみかける sourire à un bébé /桜の花がほほえむ Les cerisiers fleurissent un peu.
褒めそやす acclamer, applaudir
褒める féliciter, louer やたらと褒めて porter... aux nues ○すごいな 子供のことを褒めている Il parle toujours en bien de toi. /すごいな C'est génial. /すてきな服ね C'est un vêtement super. / よくやった Tu as bien réussi! /頭がいいね Tu n'es pas bête. /さすが彼ね C'est bien lui!
ほら fanfaronnade 女 ほらを吹く bluffer
ボランティア bénévolo 男, volontaire ボランティアでアフリカに行った Je suis allé en Afrique en tant que bénévole.
●ボランティア活動 bénévolat 男
掘り出す déterrer, exhumer 被害者の死体を掘り出す exhumer le corps de la victime
保留 réserve 女 態度を保留する faire des réserves ○さあどうかな C'est à voir. /そうでもない Pas tellement.
捕虜 prisonnier(ère) 名, captif(ve) 名 捕虜になる être fait prisonnier / 捕虜を本国へ送還する rapatrier des prisonniers de guerre
●捕虜収容所 camp de prisonniers
掘る creuser
彫る sculpter, graver, ciseler
ポルノ pornographie 女
●ポルノ映画 film porno 男 ポルノ産業 industrie porno
惚れる s'éprendre de..., tomber amoureux(se) de... 彼女に一目でほれた J'ai eu le coup de foudre pour l'instant où je l'ai vue. /ほれっぽいやつだなあ Tu tombes vite amoureux.
ぼろ chiffon 男, lambeau 男, haillon 男 言い訳をしてかえってぼろが出た Je me suis excusé, mais on a plutôt retenu mes défauts.
滅びる périr, s'éteindre 人類もいつか滅びる時がくる Viendra un jour où l'humanité disparaîtra.
滅ぼす détruire, anéantir 彼は酒で身を滅ぼした Il s'est détruit par l'alcool.
ぼろぼろ ご飯粒をぼろぼろこぼす laisser souvent tomber du riz /ぼろぼろの雑巾 serpillière dépenaillée /身も心もぼろぼろになる Le corps et l'esprit s'épuisent.
ほろほろ 涙をほろほろこぼす verser des larmes l'une après l'autre
本 livre 男, bouquin 男 本を読むのが好きだ aimer lire /書籍をまとめて本にする rassembler les lettres dans un livre /本が出る Le livre se vend bien. /彼は物を書いているが、まだ本にしたことはない Il écrit, mais n'a pas encore été imprimé. /本が三度の飯より好きだ Pour moi, la lecture est

盆

encore plus importante que les repas.
盆 plateau 男 お茶を盆に載せて運ぶ apporter le thé sur un plateau
本格的 家を本格的に建て直す rebâtir totalement sa maison /本格的に夏になる Le vrai été commence.
本気 sérieu*x(se)*, sincère 冗談を本気にする prendre une plaisanterie au sérieux /本気を出す devenir sérieu*x(se)* /本気でオーケーなんだね? Alors c'est sérieux, tu acceptes?
本腰を入れる se mettre sérieusement à…
盆栽 bonsaï 男 盆栽をいじる soigner ses bonsaïs
本質 essence 女, substance 女, nature 女 本質的な essentiel(le) /問題の本質に触れる toucher à l'essence du problème /実存は本質に先立つ L'existence précède l'essence.
本社 bureau central 男, siège social 男 本社勤務になる être transféré(e) au siège social /東京に本社がある Le siège social est à Tokyo.
本性を現す se démasquer
本心 友人に本心を明かす se livrer à ses amis
本題 sujet 男 本題に入る entrer en matière /話を本題に戻すう pour en revenir à notre sujet /早く本題に入ってくれ Au fait! et vivement!
本棚 bibliothèque 女 本棚に本を並べる arranger des livres dans une bibliothèque
盆地 bassin 男
ほんとうの vrai(e), réel(le) ほんとうに vraiment, réellement /ほんとうは en fait, à vrai dire /彼はほんとうに親切だ Il est vraiment gentil. /それ、ほんとう? C'est vrai, ça? /ほんとうを言うと Pour vous dire la vérité /ほんとうのところ自信はない A vrai dire, je manque de confiance en moi.
本音 本音を吐く dévoiler son cœur /本音を隠す dissimuler ses véritables intentions
ほんの ほんの 2, 3 分 deux ou trois minutes seulement /まだほんの子供だった J'étais encore tout(e) jeune.
本能 instinct 男 本能的な instincti*f(ve)* /本能のままに動く se laisser dominer par ses instincts /本能的に危険を察知する flairer un danger par instinct /食欲は本能の一つだ L'appétit est un des instincts.
本部 siège 男 本部の承認を受けて avec le feu vert du siège
ポンプ pompe 女 ポンプで水をくみ上げる tirer de l'eau à la pompe /消火ポンプ pompe à incendie
本物の vrai(e), authentique 本物のジャン・レノを初めて見た J'ai vu pour la première fois Jean Reno en personne. /この宝石は本物だ Cette pierre précieuse est naturelle. /彼の腕は本物だ Il a la main sûre.

neuf cent quatre-vingts 980

翻訳 traduction 女 翻訳する traduire /原文を翻訳で読む lire un texte en traduction /翻訳の原書と照合する contrôler une traduction sur l'original /詩は翻訳できるか Est-ce qu'on peut vraiment traduire la poésie? /自宅で翻訳の仕事をしています Je travaille comme traduc*teur(trice)* à la maison.
◘**翻訳者** traduc*teur(trice)* 名 翻訳練習 [自国語への] version 女; [外国語への] thème 男
ぼんやりと vaguement, indistinctement, confusément ぼんやりしてうしたの Tu as l'air d'être dans la lune. Pourquoi? /山がぼんやりとかすんで見える On voit indistinctement la montagne dans le brouillard. /ぼんやりとしか覚えていない Je n'en ai plus qu'un souvenir vague. /ぼんやりしていないで働け Travaillez sans vous distraire!
本来は foncièrement, fondamentalement, par nature 人間本来の弱さ faiblesse inhérente à la nature humaine /これが猫の本来の姿だ C'est ça, la vraie nature du chat. /妹は本来の優しい子だ Ma petite sœur a naturellement un caractère doux. /本来なら許されないことだ Normalement c'est impardonnable.

ま

真 真冬に en plein hiver
◇**真に受ける** prendre… au sérieux 無邪気にも彼女は詐欺師のうそを真に受けた Dans sa candeur naïve, elle a cru aux mensonges de l'escroc.
間 [空間] espace 男, intervalle 男; [時間] temps 男; [部屋] pièce 女 あっという間だよ Ça ne va durer qu'une seconde. /間を見はからって、話を切り出した En choisissant le moment propice, j'ai abordé le sujet principal.
◇**間が抜ける** 間の抜けた質問 question sans importance /彼は考えられないほど間が抜けている Il est inconcevablement idiot. 間が悪い /運が悪い] ne pas avoir de chance; [きまりが悪い] éprouver de la honte 間もない 休む間もなく次の仕事を言いつけられた J'avais à peine terminé mon travail qu'on m'en donnait un autre. 間を持たす 観客の間を持たす soutenir l'intérêt des spectateurs.
魔 démon 男/魔の道路 [事故の頻発する] la route qui tue /ウォール街の大暴落に見舞われた魔の木曜日 Le jeudi noir où une panique boursière a frappé Wall Street /[トーマス・マン]の『魔の山』 *La Montagne magique*
◇**魔が差す** あいつは魔が差したのかとんでもない事をしでかした Mais on ne sait pas quelle mouche l'a piqué, il a fait une gaffe énorme.

まあ まあ、うれしい Ah quelle joie! / まあ、いいや Bon, et bien tant pis. / そりゃ、まあねえ Oui mais… / まあおかけください Asseyez-vous donc. / まあよい方です C'est passable. / まあ、あきれた Quel imbécile!

マーケット marché 男 マーケットを広げる étendre son marché / マーケットリサーチ étude de marché

毎 chaque, tous [toutes] les 毎土曜 tous les samedis / 毎秒10回 dix fois par seconde

枚 数枚 quelques feuilles / 三枚に下ろしたニシン filets de hareng

毎回 chaque fois, toutes les fois

マイク micro 男, microphone 男 マイクを使ってしゃべる parler au micro

迷子 enfant perdu(e) 迷子を保護する recueillir un enfant perdu / 駅で迷子になる se perdre à la gare

毎号 chaque numéro, tous les numéros

毎週 chaque semaine

埋葬 inhumation 女; [広く葬儀も指して] enterrement 男 埋葬する enterrer, inhumer / 遺体を埋葬する enterrer un cadavre / ペールラシェーズ墓地に埋葬する enterrer … au cimetière du Père-Lachaise

マイナス moins 男 気温はマイナス5度だ Il fait moins cinq. / そんな言い訳はかえってあなたのマイナスだ Cette excuse vous montre plutôt à votre désavantage. / マイナスのドライバー tournevis plat

毎日 chaque jour, tous les jours 毎日の quotidien(ne) / 毎日日記をつける tenir un journal tous les jours

毎年 chaque année, tous les ans

毎晩 chaque soir, tous les soirs

参る [閉口] être ennuyé(e) [embarrassé(e)]; [弱る] être épuisé(e); [来る, 行く] venir, aller 参った! Je suis battu(e). [J'ai été eu(e)!] / 困るね Cela pose un problème. / この暑さで体が参る Je suis accablé par cette chaleur. / 子供に泣かれて参った J'ai été ennuyé que mon bébé ait pleuré. / 駅にお迎えに参ります Je vais vous chercher à la gare. / ただいま参ります Je viens de suite.

舞う danser; [鳥などが] tournoyer 枯れ葉がひらひらと風に舞う Des feuilles mortes tournoient au vent. / 雪が風に渦を巻いて舞っていた La neige tourbillonnait dans le vent.

前の [空間] devant, en face de…; [時間] il y a, avant; [順序] précédent(e), ancien(ne); [状況] devant 家の前に駐車する se garer devant une maison / 前から出て、もうちょっと、はいストップ Avancez, encore, stop! / そんな話は子供の前ですべきことではない Ces choses-là ne se racontent pas devant des enfants! / 彼は1か月前に日本にかえろう Il est venu au Japon il y a un mois. / 雨が降る前に帰ろう Rentrons chez nous avant qu'il (ne) pleuve. / 10時前には寝ます Je vais au lit avant dix heures. / ずっと前に聞いた Je l'ai entendu il y a longtemps. / 三人前の食事 repas pour trois personnes

前置き préambule 男, préliminaires 男 ◇さあ、始めよう Allons, on commence. / さて、そろそろ行こうか Bon, on y va? / まずは、前回の復習からやろう D'abord, on fait la révision du cours précédent. / ところで、フランス映画はお好きですか？ A propos, aimez-vous les films français?

前歯 dent de devant

前払い paiement d'avance 男 給料の前払いを頼む demander une avance sur son salaire / 前払いでお願いします Veuillez régler d'avance, s'il vous plaît.

前前 彼のことは前前から聞いていた J'ai entendu parler de lui depuis longtemps.

前もって au préalable, auparavant, à l'avance 都合を前もって尋ねる demander les convenances à l'avance / 前もって連絡してください Prévenez-nous à l'avance.

真顔で d'un air sérieux

任せる s'en remettre à…, confier 任せてよ Fais-moi confiance. / 先生に任せる s'en remettre à son prof / 水の流れに身を任せる se laisser aller au fil de l'eau / この仕事はきみに任せるからよろしくやってくれ Je te charge de ce travail; tu peux le faire selon ta convenance.

曲がりくねる serpenter 川が平野を曲がりくねって流れる Le fleuve serpente dans la plaine. / 曲がりくねった道 chemin sinueux

曲がる plier; [方向を変える] tourner 次の角を右に曲がってください Tournez à droite au coin prochain. / 曲がったことの嫌いな質だ Je n'aime pas ce qui est injuste.

まき(薪) bois 男, bûche 女 まきを割る fendre du bois / 暖炉にまきをくべる mettre des bûches dans le foyer

紛らわしい vague 紛らわしい表示 indication vague

紛れ 腹立ち紛れに par un accès de colère, ab irato

◇紛れもない indubitable 紛れもない事実 fait réel et incontestable

紛れる à la faveur de l'obscurité / 気が紛れる se distraire

幕 [芝居の一幕] acte 男; [劇場の] rideau 男 幕を開ける lever le rideau / 幕が上がる Le rideau se lève. / 幕が下りる Le rideau s'abaisse. / 第一幕 premier acte / 演劇シーズンの幕を閉じる clôturer une saison théâtrale / みの出る幕はない Tu n'as rien à faire là-dedans. / これで幕としよう Tirons le rideau jusqu'ici.

巻く rouler, enrouler 腕に包帯を巻く enrouler un pansement autour d'un bras / 川が橋脚の周辺で渦を巻いている La rivière tourbillonne au-

まく（撒く）〔種子を〕semer, ensemencer アサガオの種をまく semer des ipomées du Nil／畑に小麦をまく ensemencer un champ en blé
- ◘**まかぬ種は生えぬ** Il faut avoir ensemencé pour récolter.

まく（撒く）répandre 庭に水をまく arroser le jardin／逃亡者がうまく追っ手をまいた Le fuyard a réussi à semer ses poursuivants.

幕切れ〔閉幕〕chute du rideau;〔終わり〕fin 囡

まくら oreiller 男 羽毛のまくら oreiller de plumes
- ◘**まくらが上がらない** être cloué(e) au lit まくらを高くして寝る dormir sur ses deux oreilles

まくらカバー taie 囡
まくらぎ traverse 囡
まくら元 chevet 男 病人のまくら元で徹夜で看病する veiller au chevet d'un malade

負け犬 負け犬の遠ぼえ hurlement d'un chien vaincu

負けず嫌い 彼女は負けず嫌いだ Elle n'aime pas céder facilement.

負ける perdre, être vaincu(e);〔譲歩〕céder テニスの試合に負ける perdre la partie de tennis／100ユーロ負ける faire une réduction de cent euros／もう少し負けてよ Faites-moi un prix plus bas.／きみには負けたよ Tu m'as eu.
- ◘**負けるが勝ち** Qui perd gagne.

曲げる courber, fléchir 体を前に曲げる courber le dos／右ひじをまっすぐ伸ばして，左ひじは曲げなさい Allongez la jambe droite, pendant que la gauche fléchit.

孫〔男の〕petit-fils 男;〔女の〕petite-fille 囡;〔孫たち〕petits-enfants 男複 孫を甘やかすおばあちゃん grand-mère qui gâte son petit-fils／初孫 premier petit-enfant

孫引き citation empruntée

まさか（→驚く）まさかの時に備える parer à toute éventualité／まさか日本が勝つとは思わなかった Je ne pouvais pas imaginer que l'équipe japonaise gagne.／へえ，まさか！ Eh! qui l'aurait cru?／まさか本当でしょうね Vous plaisantez, j'espère ?／彼はトップで合格したよーまさか，そんなはずがない Il a été reçu premier. — Non, pas possible?

摩擦 friction 囡, frottement 男 国際間の摩擦を避ける éviter la friction internationale／誤解から生じる摩擦 friction provenant d'un malentendu／乾布摩擦をする se frictionner avec une serviette sèche
- ◘**摩擦音** fricative 囡 **摩擦抵抗** résistance de frottement 囡 **摩擦熱** chaleur par frottement 男

まさに précisément, justement, exactement 日がまさに沈もうとしている Le soleil est sur le point de se coucher.／まさにおっしゃるとおり Vous avez tout à fait raison.／金5千円まさに受け取りました J'ai bien reçu la somme de cinq mille yens.

まじめ（一本気）性格がまじめである avoir un caractère sérieux／まじめな話だ C'est sérieux.／まじめ一辺倒の人だと思っていた Je pensais qu'il était sérieux sur tous les plans.／まじめさを買って委員に選ぶ nommer... membre du comité pour son intégrité

魔術 magie 囡 魔術をかける pratiquer la magie／黒魔術 magie noire
- ◘**魔術師** magicien(ne) この画家はまさに色彩の魔術師だ Ce peintre est un véritable magicien de la couleur.

魔女 sorcière 囡, magicienne 囡
- ◘**魔女狩り** chasse aux sorcières 囡

真正面 juste en face 真正面から取り組む faire corps à corps avec une difficulté

混じる・交じる se mêler, se mélanger アメリカ人の血が混じっている avoir du sang américain

交わる〔交差〕couper, croiser;〔交際〕fréquenter 道路が交わる Les routes se croisent.

増す augmenter 人員を増す augmenter le personnel／何物にも増してありがたい Rien n'est plus agréable que cela.

まず d'abord, avant tout 帰ったらまず手を洗おう Quand vous rentrez chez vous, lavez-vous les mains avant tout.／まず無理だね Cela paraît presque impossible.／まずは荷物を降ろして休もう De toute façon, descendons les bagages et prenons du repos.

麻酔 anesthésie 囡 麻酔をかける anesthésier／麻酔がかかりにくいようです Les anesthésies prennent difficilement sur moi.／局部〔全身〕麻酔 anesthésie locale〔générale〕
- ◘**麻酔医** anesthésiste

まずい〔味が悪い〕mauvais(e);〔無味乾燥な〕fade;〔不都合〕incommode そんな言い方はまずいよ Il serait délicat d'employer de tels termes.／まずいことがあった Il m'est arrivé quelque chose d'ennuyeux.／辛すぎてまずい C'est trop piquant pour être bon.／まずい顔 visage laid

マスク masque 男 マスクをかぶる porter un masque／デスマスク masque mortuaire／甘いマスク beau et attirant

マスコミ communication de masse 囡, mass-média 男複 マスコミで取り上げられる être annoncé(e) par les mass-média

貧しい pauvre, modeste, défavorisé(e), économiquement faible 才能が貧しい être pauvre de talent／彼は家が貧しい Sa famille est pauvre.／心の貧しい人々は，幸いである Bienheureux les pauvres en esprit. (★マタイによる福音書 5 : 3)

ますます de plus en plus (→いよよ) /ますますエスカレートする暴力 une surenchère de violences /ユーロはますます高くなっている L'euro est de plus en plus haut.

まずまず honnête /まずまずの10ユーロ以下でまずまずのワインが見つかる On y trouve des vins honnêtes à moins de dix euros. /調子はどうかー まずまずだ Ça va? — Moyennement.

混ぜる・交ぜる mêler, mélanger A をBに混ぜる mêler A à [avec] B /卵を割って混ぜる casser et battre un œuf /ミルクを入れよく混ぜて飲んでください Ajoutez du lait, mélangez bien et buvez. /私も話に混ぜてください Puis-je participer à votre conversation?

また [再び]de nouveau, encore; […もまた] aussi, également またおまえか C'est encore toi? /またの機会にしよう Une autre fois. /何でまたそんなことを言ったんだ Mais pourquoi donc est-ce que tu as dit ça?

まだ encore /まだ雨が降っている Il pleut toujours. /まだ4時だ Il est seulement quatre heures. /まだ食べるの Tu manges encore? /まだ子供だなあ Tu n'es pas encore adulte. /どうなるかまだ分からない C'est trop tôt pour le dire.

またがる 馬にまたがる enfourcher un cheval /10年にまたがる大工事 grands travaux d'une durée de dix ans

瞬く [目を]cligner des yeux; [星が]scintiller 夜空に星が瞬く Les étoiles scintillent dans le ciel nocturne.

◇**瞬く間に** en un clin d'œil

または ou (bien) /ペンまたは鉛筆で書く écrire avec un stylo ou avec un crayon

町・街 ville 図, quartier 男 町で ville /町前の街 quartier à côté de la gare /町の中心 le centre d'une ville /町の中にある大きな公園って、とても貴重ですね Un grand jardin en ville, c'est très appréciable. /街の観光案内図がほしいのですが…はい、どうぞ Je voudrais la carte touristique de la ville. — Voilà, monsieur.

待合室 salle d'attente 図 /駅の待合室 salle d'attente d'une gare

待ち合わせ rendez-vous 男 /待ち合わせに10分遅れる arriver en retard de dix minutes à un rendez-vous /駅で待ち合わせる prendre rendez-vous à la gare /待ち合わせの場所 lieu de rendez-vous /どこで待ち合わせますかー適当な喫茶店を知っていますか Où est-ce qu'on peut se donner rendez-vous? — Vous connaissez un café pratique?

間違い erreur 図, tort 男 ;[規範・法に適っていない]faute 図 /重大な間違い /間違いを犯す faire une grosse erreur /同じ間違いを繰り返す refaire les mêmes erreurs /間違いなって Sans aucun doute. /これは間違いで す C'est faux. /きみは間違っている Tu as tort. /だれにでも間違いはある L'erreur est humaine.

間違う faire une erreur, se tromper /答えが間違っていた La réponse était mauvaise. /間違っても彼が負けることはない Quoi qu'il arrive, il est impossible qu'il soit vaincu.

間違える faire une erreur, se tromper /砂糖と砂糖を間違えて prendre le sel pour le sucre /電話番号を間違えました Je me suis trompé(e) de numéro.

待ち焦がれる attendre avec impatience

町並み rangée de maisons 図

待ち遠しい /お正月が待ち遠しい J'attends la fête du Nouvel An avec impatience. /母の帰りが待ち遠しい Il me tarde que ma mère rentre.

待ち伏せ embuscade 図, guet-apens 男 /待ち伏せして敵を襲う s'embusquer et surprendre l'ennemi

待つ attendre; [辛抱して]patienter 待って、すぐ行くから Un moment! J'arrive. /しばらくここでお待ちください Veuillez patienter ici quelques minutes. /お待たせしてすみません Excusez-moi de m'être fait attendre. /待った？—ううん、ほんの1時間だけ Tu m'as attendu? — Pas vraiment. Seulement une heure. /待つ身はつらい L'attente est longue et pénible. /待ちに待った日がついに来た Voilà enfin arrivé ce jour que j'avais tant attendu. /(ベケットの)『ゴドーを待ちながら』 En attendant Godot

真っ赤 tout(e) rouge 真っ赤なリンゴ pomme toute rouge /真っ赤なうそ mensonge pur et simple /顔が真っ赤になる rougir jusqu'aux yeux

真っ暗 tout(e) obscur(e), complètement noir(e) /外はもう真っ暗だ Il fait déjà tout noir dehors. /お先真っ暗だ Mon avenir est tout à fait sombre.

真っ黒 tout(e) noir(e), noir comme un corbeau 真っ黒な猫 chat tout noir /海で真っ黒に焼けた J'ai bien bruni à la mer.

マッサージ massage 男 /指先でマッサージする masser du bout des doigts /マッサージしてもらう se faire masser /マッサージをして腕の筋肉をほぐす décontracter les muscles du bras en massant

◇**マッサージ師** masseur(se)

真っ青 tout(e) bleu(e) /真っ青な海 mer toute bleue /驚いて真っ青になる pâlir de surprise

真っ白 tout(e) blanc(che) /真っ白なハンカチ mouchoir tout blanc /真っ白な雪 neige d'une blancheur éclatante

まっすぐ droit(e), direct(e), rectiligne まっすぐに droit, directement まっすぐ行きなさい Allez tout droit.

まったく tout à fait, complètement, absolument;〔否定文で〕ne... pas du tout, nullement なんて言えば分かるんだ、マッチをすっておくだちゃるとりで？ Tu as absolument besoin qu'on te le dise 36 fois? /まったくおっしゃるとおりです Vous avez tout à fait raison. /スポーツにまったく関心がない Le sport ne m'intéresse pas du tout.

マッチ allumette 囡 マッチをする frotter une allumette

マッチ〔試合〕match 男 タイトルマッチ championnat 男/家具が部屋にぴったりマッチしている Les meubles s'assortissent bien à [avec] la salle.

マットレス matelas 男 マットレスを敷く étendre un matelas

松葉づえ béquille 囡 松葉づえをついて歩く marcher avec une béquille

祭り fête 囡 年に一度のお祭りだ C'est un festival qui n'a lieu qu'une fois par an. /街にはちょっとしたお祭り気分が漂っている Il y a dans les rues un petit air de fête. /株にみを出さなかった一後の祭りだよ J'ai bien fait de ne pas avoir touché les actions. — Il est trop tard.

まで jusqu'à..., même 7時まで待ちます Je vous attends jusqu'à sept heures. /7時までにこの仕事を終えます Je finirai ce travail avant sept heures. /きみまでぼくを裏切るのか Même toi, tu me trahis? /ちょっと聞いたまでです J'ai seulement posé une petite question. /言うまでもない On n'a pas besoin de le dire.

的 but 男, cible 囡 的をねらう viser le but /的を射る atteindre [frapper] le but /的を外す manquer le but /矢が的の真ん中を射抜いた Une flèche a traversé le milieu du but. /みんなのあこがれの的となる faire l'admiration de tout le monde

窓 fenêtre 囡 窓を閉める fermer une fenêtre /窓にガラスをはめる vitrer une fenêtre /窓を開けて空気を入れ替えよう Ouvrez la fenêtre. On va aérer. /この窓から海が見える De cette fenêtre, on voit la mer. /ヨーロッパの家の窓には花が飾られています Il y a toujours des fleurs aux balcons des fenêtres en Europe.

◻ **窓ガラス** vitre 囡, carreau 男

窓口 guichet 男 窓口に問い合わせる se renseigner au guichet /隣の窓口にお回りください Adressez-vous au guichet d'à côté.

まとまる se réunir, se rassembler, se grouper 3つの班にまとまる être groupé en trois équipes /チームがまとまる L'équipe fait corps. /まとまったお金 forte somme

まとめる réunir, rassembler, grouper 食料品をまとめて買う acheter les aliments en bloc /論文を1冊の本にまとめる réunir des articles pour en faire un seul ouvrage /10個まとめてお買い上げになると3割引になります Si vous faites un achat groupé de 10 articles, vous avez 30% de réduction.

まともに directement, en face まともな honnête, raisonnable /石油ショックのおあおりをまともに受ける recevoir le choc pétrolier en pleine figure /強風をまともに受ける Le vent frappe... de plein fouet. /あいつ、まともじゃない Ce type n'est pas raisonnable.

惑わす ensorceler, égarer 青少年を惑わす Ces romans qui détournent les jeunes /美人の甘いことばに惑わされた J'ai été ensorcelé par les paroles mielleuses d'une belle femme.

マナー manières 囡複 マナー違反をする choquer les bienséances

まな板 planche à découper 囡 パン切り用まな板 planche à pain

真夏 plein été 男 真夏の太陽がまぶしい Le soleil en plein été est aveuglant.

学ぶ〔初歩知識を〕apprendre;〔研究して〕étudier;〔努力して〕travailler;〔学校の外で〕s'instruire 人はいくつになって学ぶことがある On s'instruit à tout âge.

マニア fanatique 男, maniaque うるさい音楽マニアを満足させる satisfaire les mélomanes difficiles

間に合う arriver à temps;〔足りる〕suffire 早くしないと演奏会に間に合わない Si on ne se dépêche pas on sera en retard au concert. /今ならまだ間に合うよ Si on y va maintenant, on a encore le temps. /今のところ間に合ってます Je n'ai besoin de rien pour le moment.

マニキュア vernis à ongles 男 爪にマニキュアをぬる appliquer du vernis sur ses ongles

免れる échapper à..., se dispenser

まね imitation 囡, mimique 囡 彼はまねがうまい Il excelle dans l'imitation. /なんのまねだ？ Qu'est-ce que cela signifie? /生意気なまねをするな Cesse d'être insolent!

招く inviter, convier, recevoir 手で招く appeler... de la main /招かれざる客 hôte indésirable /お招きいただきありがとう Je vous remercie de votre invitation. /結婚式に招かれる être invité(e) au mariage de...

まねる imiter オウムは人のことばをまねる Le perroquet imite la parole de l'homme.

まひ paralysie 囡, engourdissement 男 まひする paralysé(e), s'engourdir /心臓まひを引き起こす provoquer une paralysie cardiaque /大雪で交通がまひする Une grande chute de neige paralyse la circulation.

まぶしい éblouissant(e), aveuglant(e) まぶしい、カーテンを閉めて La lumière m'aveugle. /鮮やかなカーテンを閉めて、まぶしいほどの美人 femme d'une beauté éblouissante

まぶた paupière 囡 まぶたを閉じる

fermer les paupières /まぶたが重い(=眠い) **se sentir les paupières lourdes** /二重まぶた **paupière fendue**

真冬 plein hiver 男

マフラー cache-nez 男;〔車の〕pot d'échappement 男 マフラーを巻く **porter un cache-nez**

魔法 magie 囡, enchantement 男 魔法をかける **pratiquer la magie**
◻**魔法使い** sorcier(ère) 名 **魔法瓶** bouteille thermos 囡

幻 fantôme 男, illusion 囡 幻の名画 **chef-d'œuvre de tableau disparu** /幻の報告書 **rapport fantôme** /幻でも見たんだろう **Tu as des hallucinations!**

まま 服を着たまま寝る **se coucher tout habillé(e)** /そのまま, 動かないで **Reste comme ça, sans bouger.** /このままのやり方じゃだめだ **Tu ne peux pas continuer comme ça.** /母は出かけたまま戻らない **Ma mère est sortie et toujours pas rentrée.**
◇**ままならぬ** ままならぬのが世の中だ **Rien ne passe comme on le veut dans la vie.**

まみれ 泥まみれの顔 **visage couvert de boue** /血まみれになって倒れる **tomber par terre ensanglanté(e)**

豆 graine de légumineuses 囡 鳩に豆をやる **donner des grains aux pigeons**

まめ ampoule 囡 足にまめができて痛い **Une ampoule au pied fait mal.** /まめをつぶす **écraser une ampoule**

豆電球 lampe miniature 囡

まもなく bientôt, sous peu, avant peu ここへ引っ越してきて間もない **Je viens d'emménager ici.**

守る protéger, défendre, préserver AをBから守る **protéger A de B** /侵略者から同盟国を守る **défendre un allié contre l'envahisseur** /何があっても きみを守る **Quoiqu'il arrive je te protégerai.** /彼は上から覆いかぶさるようにして子供を守った **Il s'est couché sur l'enfant pour le protéger.**

麻薬 drogue 囡, stupéfiant 男 麻薬をやる **se droguer**
◻**麻薬常用者** toxicomane 名 **麻薬中毒** toxicomanie 囡

眉 sourcil 男 眉をひそめる **froncer les sourcils** /眉を引く **dessiner le sourcil au crayon**
◇**眉につばをつける** se méfier 彼の話は眉につばをつけて聞いたほうがよい **Avec lui il faut en prendre et en laisser.** **眉に火がつく** Le danger approche. **眉を開く** se rassurer

繭 cocon 男 繭をつくる **filer son cocon** /繭から生糸をとる **dévider de la soie des cocons**

迷う 〔判断に〕hésiter, osciller (→ためらう); 〔道に〕se perdre, s'égarer 黙っていようか話そうか迷う **hésiter entre se taire et parler** /迷い出すときりがない **Si l'on commence à hésiter, il n'y a pas de fin.** /女に迷う **être en proie à une femme**

マヨネーズ (sauce) mayonnaise 囡

マラソン marathon 男
◻**マラソン選手** marathonien(ne)

マラリア malaria 囡 マラリアは蚊で移る **La malaria est transmise par les moustiques.**

マリネする mariner 肉をマリネして柔らかくする **faire mariner une viande pour l'attendrir**

マリンスポーツ sports nautiques 男複

丸・円 rond 男, cercle 男 単語を丸で囲む **entourer un mot d'un cercle** /テストでたくさん丸をもらう **donner beaucoup de réponses correctes à l'examen** /リンゴを丸のまま食べる **manger une pomme sans l'éplucher**

丸い・円い rond(e), circulaire 地球は丸い **La terre est ronde.** /すべて丸く収まった **Tout a été bien arrangé.** /円く輪になって踊る **danser en rond** /猫は丸くなって眠っていた **Le chat dort, roulé en boule.**

まるで 〔あたかも〕comme si, on dirait que; 〔否定の強調〕pas du tout まるで夢のようだ **C'est comme un rêve.** /まるでだめだ **Ça ne va absolument pas.** /そんなことまでで気にしません **C'est le moindre de mes soucis.** /まるで覚えていないんだ **Je l'ai complètement oublié.**

丸見え そんなミニスカートでは丸見えよ **On va tout voir si tu mets une jupe si courte.**

丸裸の tout(e) nu(e)

丸める arrondir 紙を丸めて捨てる **chiffonner une feuille de papier et la jeter** /妹を丸めるのは簡単だ **Il est facile d'amadouer ma petite sœur.**

まれな rare, exceptionnel(le) アインシュタインは類まれな知性の持ち主だった **Einstein était d'une rare intelligence.** /父が怒るのはまれだ **Il est rare que ma père soit en colère.**

回す 〔回転〕tourner; 〔順に送る〕passer à, faire circuler キーを時計回りに回す **tourner une clef dans le sens des aiguilles d'une montre** /両手を背中に回している **avoir les mains derrière le dos** /車を玄関に回す **faire venir la voiture à l'entrée** /塩を回してください **Passez-moi le sel.**

周り・回り circonférence 囡, environs 男複 家の周りで遊ぶ **jouer aux environs de chez soi** /周りの者がだれも知らない間に **à l'insu de tout son entourage** /周りの景観を損なう高速道路 **une autoroute qui perturbe l'harmonie du paysage d'alentour** /周りに気を遣いすぎだよ **Tu t'inquiètes trop pour ceux qui t'entourent.** /回り方の速い酒 **le vin qui enivre rapidement** /池袋回りで新宿に行く **aller à Shinjuku en passant par Ikebukuro**

回り道 détour 男 回り道して帰ろう **Rentrons en faisant un détour.** /飼い犬を避けて回り道する **faire un dé-**

み

回る 〔巡回〕circuler, parcourir／もう3時を少し回ったIl est déjà trois heures passées.／〔建物の後ろへ回る〕aller derrière le bâtiment／回れ右Demi-tour (à droite)!／回れ右するexécuter un demi-tour

万 dix mille 男 数万の人 plusieurs dizaines de milliers de personnes
◇万に一つ きみは万に一つも勝てる可能性はない Tu n'as pas une chance sur mille de gagner.

満 弟は今5歳です Mon frère a cinq ans bien révolus.

万一 万一の場合 en cas d'imprévu

満員 complet(ète), bondé(e) 満員列車でドアにコートを挟まれた Mon manteau s'est coincé dans la porte du train bondé.／客席はほぼ満員だ La salle est remplie aux neuf dixièmes.

漫画 bande dessinée 女, manga 男 漫画を読む lire un manga／漫画はもはや文化だ La bande dessinée fait maintenant partie de la culture.／少女漫画 manga pour filles
▷ **漫画家** dessinateur(trice) de manga

満月 pleine lune 女 〔エリック・ロメールの〕『満月の夜』 Les Nuits de la pleine lune

まんざら まんざら捨てたもんでもない Ce n'est pas trop mal.／まんざらでない顔をしている avoir plutôt l'air content

慢性 chronique 母の神経痛は慢性だ La névralgie de ma mère est chronique.／インフレが慢性化した L'inflation s'est éternisée.

満足 satisfaction 女, contentement 男 満足する se satisfaire／満足のいくsatisfaisant(e)／満足感を得る éprouver de la satisfaction／満足できる結果が得られた On a obtenu un résultat satisfaisant.／計算も満足にできないんだから Il ne sait même pas calculer.／若者は敬語も満足に使えない Les jeunes n'emploient plus convenablement les formules de politesse.
○ かわいい！／完ぺき！／The best! C'est joli./完ペキ！ C'est parfait.／これ、気に入った Ça me plaît.／最高！ Génial!／しめしめ！ C'est gagné. [=C'est dans la poche.]／すてき！ Ça me ravit.／すばらしい！ Formidable.

満潮 marée haute 満潮になると海中に消える小島 îlot qui disparaît à marée haute

真ん中 髪を真ん中で分ける se coiffer avec la raie au milieu／リンゴを真ん中から2つに切る couper une pomme par le milieu／的の真ん中に当たる toucher la cible juste au milieu／真ん中のボタン bouton du milieu／三人兄弟の真ん中 le deuxième parmi les trois frères

マンネリ routine 女 マンネリを打ち破る s'affranchir de la routine／関係がマンネリ化する Les relations deviennent ennuyeuses.

万年筆 stylo 男 万年筆で書く écrire au stylo

万引き voleur à l'étalage 名

マンホール regard 男 マンホールの蓋 plaque d'égout

まんまと まんまと謀られる se laisser bien avoir／彼はまんまとわなにかかった Il a été piégé de belle façon.

マンモス mammouth 男 マンモス企業 une société géante

み

身 corps 男；〔肉〕chair 女 身を売る vendre son corps／川に身を投げる sauter dans la rivière／身を尽くす risquer sa vie／人の身になる se mettre dans la peau des autres

◇身に余る 身に余る光栄です C'est un honneur que je ne mérite pas. 身に覚えがない 身に覚えのないことを疑われる être soupçonné(e) d'une chose dont on n'a pas la moindre idée 身にしみる 寒さが身にしみる Le froid me pénètre. 身の置き所がない 私は身の置き所がなかった Je ne savais où me mettre. 身を立てる 商売に身を入れる s'appliquer au commerce 身を立てる ペンで身を立てる vivre de sa plume 身から出たさび On récolte ce qu'on a semé. 身につまされる sentir comme si c'était le sien 身の振り方を考える réfléchir sur la voie à suivre 身を誤る se perdre 身を入れる s'appliquer à… 身を固める そろそろ身を固めたらどうだ Le moment est venu de t'établir, non? 身を粉にする se couper en quatre, travailler comme un forçat 身を引く se retirer そんなに彼女のことが好きなら身を引こう Si elle te plaît autant, je ne peux que me retirer. 身をもって 身をもって守る faire à… un rempart de son corps／身をもって体験する faire l'expérience soi-même

実 fruit 男 実のない vide, vain(e)／柿の実が熟す Les fruits de kaki mûrissent.
◇実を結ぶ porter ses fruits 努力が実を結んだ Mes efforts ont été fructueux.

見上げる regarder en haut, lever les yeux 月を見上げる lever les yeux vers la lune／見上げた態度 attitude admirable／こんな状況で学業を続けていくとは、見上げた学生だ Cet étudiant a du mérite à continuer ses études dans de telles conditions.

見当たる trouver 友だちの家がなかなか見当たらない Je n'ai pas encore trouvé le logement de cet ami.／財布をなくしてて、どこにも見当たらない J'ai perdu mon portefeuille, je ne le trouve nulle part.

見合わせる 顔を見合わせて黙り込む

faire silence en se regardant l'un(e) l'autre / 2つの辞典を見合わせる comparer deux dictionnaires entre eux / 雨に降りそうなので出発を見合わせる suspendre le départ car il semble qu'il pleuvra / 見合わせたほうがいい Il vaut mieux se réserver.

ミーティング réunion 囡 (→ 会合) 試合の前にミーティングがある Nous nous concertons avant le match. / ミーティングに出られますか―ええ,行きます Vous pouvez venir à la réunion ? — En principe, oui.

ミイラ momie 囡 ミイラ取りがミイラになる Tel est pris qui croyait prendre.

見失う perdre de vue
見えを張る faire du fla-fla
見えっ張り vaniteux(se)
見える voir, être en vue 窓から海が見える De nos fenêtres, on voit la mer. / 危機の兆しが間近に見えている On voit à l'horizon la menace d'une crise. / あの人はとても40過ぎには見えない On ne lui donne pas plus de quarante ans. / すぐ先生が見えます Le professeur vient bientôt. / よほどうれしかったと見える paraître vraiment content(e)

見送る raccompagner 客を門の前まで見送る raccompagner des visiteurs à la porte / 別れがつらいから空港まで見送りには行かないよ Je n'aime pas les adieux. Je ne t'accompagnerai donc pas à l'aéroport. ◎また来てくださいね Reviens nous voir. / これはお土産です Voilà un petit cadeau souvenir.

見納め これが見納めだ C'est pour la dernière fois que je le vois.

見落とす ne pas remarquer 標識をうっかり見落とした Je n'ai pas remarqué le panneau routier. / 本文の誤りを見落とす laisser passer une faute dans le texte

見下ろす regarder en bas 山から町を見下ろす regarder la ville du haut de la montagne / 相手を見下ろした態度 attitude dédaigneuse

未開の sauvage, primitif(ve) 未開の原野 lande sauvage / 未開の社会 société primitive

磨き粉 abrasif 男, poudre à récurer

味覚 goût 男 味覚を楽しむ savourer / 味覚をそそる appétissant(e)

磨く polir, poncer ; [上達させる] perfectionner

未確認情報 renseignements qui ne sont pas encore confirmés 男

未確認飛行物体 objet volant non identifié 男, OVNI 男

見かけ apparence 囡 見かけは en apparence / 見かけによらず malgré l'apparence / 見かけの怖い人 homme d'apparence terrible / 人は見かけによらず être jeune d'aspect / 人は見かけによらないものだ Il ne faut pas juger d'après les apparences. / この魚は見かけは悪いが

味はとびきりだ Ce poisson ne paie pas de mine, mais il est très bon.

見かけ倒しの postiche 見かけ倒しの才能 talents postiches

見かける voir, apercevoir どこかで見かけたことのある人だ Je suis sûr que je l'ai déjà vu(e) quelque part. / よく見かける人 personne qu'on voit souvent / テレビを見かけたら友だちが来た Quand j'ai commencé à regarder la télé, un ami est venu.

味方 ami(e) 囡, partisan(e) 男, allié(e) 男 味方に引き入れる mettre... de son côté / 敵も味方も彼の頭脳の鋭さを認めている Partisans comme adversaires s'accordent à lui reconnaître une intelligence exceptionnelle.

見方 point de vue 男, façon de voir 囡 人によって見方が違う Chacun a son point de vue. / 見方を変えてみる changer d'optique / 地図の見方 moyen de lire la carte

身軽な agile 身軽によじ登る grimper avec agilité

ミカン mandarine 囡 ミカンの皮をむく peler le zeste d'une mandarine

未完成の inachevé(e) 〈シューベルトの〉『未完成交響曲』 Symphonie inachevée

幹 tronc 男, fût 男

右 droite 囡 右の droit(e) / 右向け右 A droite, droite! / 右も左も分からない街を勘を頼りに歩き回った Ne connaissant rien de la ville, je me suis fié à mon instinct pour me guider. / あいつは思想が右寄りだ Il a des idées de droite. / お菓子を作らせたら彼女の右に出る者はいない Elle n'a pas sa pareille pour réussir les gateaux.

右利き droitier(ère) 男

右手 main droite 囡 ペンを右手に持てペンを右手にインクを tenir un stylo de la main droite / 右手を上げて宣誓する lever la main droite pour prêter serment / あなたから見て右手にある C'est à votre droite.

見切り 仕事に見切りをつける renoncer au métier / 見切り時 moment d'abandonner / あいつには見切りをつけた Je l'ai abandonné.

◎見切り品 soldes 男複, marchandises sacrifiées

見くびる sous-estimer 敵を見くびる sous-estimer son adversaire

見苦しい désagréable à voir 見苦しい身なりの男 un homme hideusement vêtu

みごとな おみごと! A merveille! [=Ah, c'est envoyé!] / みごとな腕前を発揮する déployer des chefs-d'œuvre d'habileté / もののみごとに入試に失敗した J'ai bel et bien échoué au concours d'entrée. / みごとにやられた Nous avons été parfaitement battus.

見込み espérance 囡, espoir 男, probabilité 囡 勝てる見込みはない Il est peu probable de gagner. / 見込み違

未婚

いをする se tromper dans ses prévisions / 仕事が見込みどおりに進む Le travail avance comme prévu. / 見込みのありそうな子だ C'est un garçon qui promet beaucoup. / 雨は昼過ぎには上がる見込みだ On espère que la pluie cessera après midi.

未婚 célibataire, non marié(e) 未婚の人の割合が増加する Le taux des célibataires augmente.
◇未婚の母 mère célibataire

ミサイル missile 男, engin 男 地対空ミサイル missile sol-air

岬 cap 男, promontoire 男 岬を回る passer un cap / 岬の灯台 phare du cap

短い court(e), bref(ève) 短く切る couper court / 休み時間が短い Le temps de la pause est court. / 秋には日が短くなる Les jours raccourcissent en automne. / 気の短い人 personne impatiente

惨めな misérable, lamentable, pitoyable 惨めに敗北する subir lamentablement une défaite / あんな惨めな思いは二度としたくない J'espère bien ne jamais avoir à subir une expérience aussi misérable.

未熟な 〔果実などが〕 vert(e) / 〔経験のない〕 inexpérimenté(e), novice 未熟な芸 art qui manque de maturité
◇未熟児 (enfant) prématuré(e)
未熟者 personne inexpérimentée

ミシン machine à coudre 女 ミシンをかける coudre à la machine

ミス erreur 女, faute 女 不注意からミスをする commettre une faute par inadvertance / どうしてこんなミスが起こったのか一彼のうっかりからです Comment s'est produit cette erreur ? — C'est une négligence de sa part.

水 eau 大量の水で洗う laver à grande eau / アルコールを水で割る diluer de l'alcool avec de l'eau / カメラは水に弱い L'appareil de photo résiste mal à l'eau.
◇水と油 あの人たちは水と油だ Ils sont comme l'eau et le feu. 水に流す 昔のことは水に流して仲直りしよう Oublions le passé et faisons la paix. 水の泡 苦労がすべて水の泡だ Tous mes efforts sont tombés à l'eau. 水の滴るよう 水の滴るような美しさの女 femme d'une beauté séduisante 水も漏らさぬ 水も漏らさぬ防衛体制 système de défense étanche / 水も漏らさぬ警戒 garde parfaite 水をあける 〔引き離す〕 distancer 水をあけられる se laisser distancer 水を打ったよう 会場は水を打ったように静まり返っていた Un silence absolu régnait dans la salle. 水をさす 熱意に水をさす refroidir l'ardeur / 水にさす jeter un froid dans l'assistance 水を向ける うまく水を向けて話を引き出す mener la conversation sur un sujet et faire parler

---

988

水入らず 母と水入らずで暮らしたい Je veux vivre dans l'intimité avec ma mère.

水遊びをする s'amuser avec de l'eau

湖 lac 男 塩水湖 lac salé / 風が湖にさざ波を立てていた Le vent ridait les eaux du lac. / (チャイコフスキーの) 『白鳥の湖』 Le Lac des cygnes

水かき 〔鳥・カエルなどの〕 palmure 女 水かきのある palmé(e)

みずから soi-même, en personne, personnellement みずからを反省する réfléchir sur soi-même / みずから命を絶つ se donner la mort / みずから先頭に立つ prendre la tête de sa propre initiative

水着 maillot de bain 男 水着に着替えて泳ぎましょう Mettons-nous en maillots de bain et nageons.

水くさい 〔よそよそしい〕 distant(e) 水くさいぞ Je pensais qu'on était amis.

水気 皿の水気を切る faire égoutter de la vaisselle / 水気たっぷりのナシを味わう se délecter de poires juteuses / サラダの水気を切る essorer la salade

見過ごす 〔不注意で〕 ne pas apercevoir 〔remarquer〕 / 〔不正などを〕 passer 〔fermer les yeux〕 sur ...

水玉 goutte d'eau 女 白地に青い水玉模様のスカート jupe blanche à pois bleus

水たまり flaque (d'eau) 女, fondrière 女 水たまりをよけて通る passer en évitant une flaque d'eau

見捨てる abandonner けが人を見捨てる abandonner un blessé / 友人を見捨てる délaisser un ami

みすぼらしい miteu×(se), misérable, pauvre みすぼらしい身なりをしている être miteusement vêtu(e) / 高層ビルがみすぼらしい家々に隣接している Des immeubles de grande hauteur côtoient des taudis.

水虫 pied d'athlète

店 magasin 男, boutique 女 店を持って tenir une boutique / 店を畳む fermer boutique / 店が開くのは10時です Le magasin ouvre à dix heures.

未成年 minorité 女; 〔人〕 mineur(e) ★フランスでは18歳未満 未成年を誘拐する détourner un mineur / 未成年者の財産を管理する gérer les biens d'un mineur

見せびらかす faire étalage, exhiber 得意げに札束を見せびらかす étaler ostensiblement ses billets / ブランド品を見せびらかすなんて趣味が悪いよ A faire étalage de tant de produits de marque, tu manques vraiment de goût.

見せ物 spectacle 男, exhibition 女 この周りには見せ物の小屋が立つ Des baraques de spectacle se construisent près d'ici.

見せる montrer, faire voir, présenter, exhiber 今度は勝ってみせる Je vous jure de gagner la prochaine

fois.

みそ pâte de soja (fermenté) 囡 このアイデアがこの発明のみそだ Cette idée est le point à noter dans cette invention.

◇**みそをつける** entacher sa réputation

溝 fossé 男, tranchée 囡 車が溝に落ちた La voiture est tombée dans un fossé. / 下水の溝が詰まる Le fossé-égout est bouché. / 人の間に溝ができた Le fossé s'est creusé entre eux.

見損なう 〔見落とす〕 ne pas remarquer; 〔評価を誤る〕 se méprendre きみを見損なったよ Je me suis trompé à ton sujet. / 見損なうな Ne me sous-estime pas. / 好きな番組を見損なった J'ai loupé un programme de télé que je voulais voir.

みたいだ リンゴみたいな赤いほお joues rouges comme des pommes / 彼には子供みたいなところがある Il y a de l'enfant en lui. / 彼は兄みたいなものだ Autant dire qu'il est mon grand frère. / どうやら晴れるみたいだ Il paraît qu'il fera beau. / 一度は日本に行ってみたい J'aimerais aller au Japon une bonne fois.

満たす 〔充満させる〕 remplir; 〔満足させる〕 satisfaire, combler 豪邸に住んでいるのに心が満たされない Il a beau vivre dans une maison luxueuse, il n'est pas comblé.

乱す mettre en désordre, troubler 社会の秩序を乱す troubler l'ordre de la société / 心を乱す bouleverser l'esprit

乱れ désordre 男, trouble 男

乱れる être en désordre, se troubler 千々に乱れる心 le cœur en tumulte / 国が乱れる Le pays se désorganise. / 髪が乱れている avoir les cheveux en désordre

道 〔都市の外の〕 chemin 男; 〔都市と都市を結ぶ〕 route 囡; 〔野山の〕 sentier 男; 〔都市の中の〕 rue 囡; 〔並木のある〕 boulevard 男; 〔主要建造物に通じる〕 avenue 囡; 〔路地〕 ruelle 囡 道に迷う perdre son chemin / 人に道を聞く demander le chemin à autrui / 道を教えていただけますか Pourriez-vous m'indiquer le chemin? / 〔クロード・シモン の〕『フランドルへの道』 *La Route des Flandres* / 駅にはどう行けばいいですか Comment faire pour se rendre à la gare? / ここはどこですか Nous sommes où ici? / この地図ではいまどこですか Où est-on situé sur cette carte?

未知の inconnu(e), étranger(ère) 未知の領野へ飛び込む faire un saut dans l'inconnu / 深海はまだ未知の世界だ L'abysse reste un monde encore inconnu. / 未知の人 inconnu(e)

■**未知数** inconnue 囡 未知数を2つもつ方程式 équation à deux inconnues

道草 どこで道草を食ってるのやら Où est-ce qu'il peut bien traîner?

道順 itinéraire 男

道端 bord de la route [rue] 男 道端に咲く花 fleur au bord de la route

導く guider, conduire, diriger 世論を新たな方向に導く donner une direction nouvelle à l'opinion / インスピレーションに導かれる se laisser guider par son inspiration

満ちる 自信に満ちた顔 visage plein de confiance en soi / 世の中は矛盾に満ちている Le monde est plein de contradictions. / 月が満ち始める La lune commence à croître.

蜜 miel 男, nectar 男 花の蜜 花から蜜を採集する Les abeilles butinent (sur) les fleurs.

見つかる être trouvé(e) [découvert(e)] お菓子を盗み食いしているところを彼は母親に見つかった surpris(e) à manger des gateaux à la dérobée / 財布は見つかったものの、金はなくなっていた J'ai retrouvé mon portefeuille vide de ses billets.

見つける trouver, découvrir; 〔なくした物を〕 retrouver あちこち探し回ってやっと彼はホテルを見つけた Après avoir cherché partout, il a enfin trouvé un hôtel. / 探していた本を見つけた J'ai trouvé le livre que je cherchais.

密した compact(e) 人口密集地域 région à population dense

密接な étroit(e), intime 2つの事件は密接に絡み合っている Les deux affaires sont étroitement imbriquées. / アジアと密接な関係を持つ avoir des rapports étroits avec l'Asie

密度 densité 囡 密度の高い dense

みっともない désagréable à voir, déshonorant(e) こんな失敗するなんてみっともない Un tel échec! Quel déshonneur.

密売 commerce clandestin 男, trafic 男 武器を密売する faire le trafic d'armes / 麻薬の密売ルートを断つ intercepter le trafic des stupéfiants

ミツバチ abeille 囡

見つめる regarder fixement, fixer les yeux sur..., fixer まじまじと見つめる regarder... bien en face 赤ちゃんが母親の顔をじっと見つめる Le bébé fixe le visage de sa mère.

見積もり évaluation 囡, estimation 囡;〔見積書〕 devis 男 見積もりは無料です Le devis est gratuit. / 工事費の見積もりを出す estimer le coût des travaux

見積もる estimer 修理代を見積もる chiffrer le coût de la réparation

密輸 contrebande 囡 武器を密輸する faire de la contrebande des armes

■**密輸業者** contrebandier(ère) 图

密輸品 article de contrebande

未定

未定の indécis(e), indéterminé(e)

見通し prévision 囡, perspective 囡 / 見通しのよいカーブ un virage découvert / 見通しの利かないカーブ un virage sans visibilité / 見通しを誤る se tromper dans ses prévisions / 見通しが暗い La perspective est rassurante. / 経済見通しは明るい L'horizon économique s'éclaircit. / 神様はすべてお見通しだ Le Dieu voit tout.

認める [事実だと] reconnaître, admettre, convenir de ; [見つける] apercevoir / 怪しい人影を認める apercevoir une ombre suspecte / 彼は潔く敗北を認めた Il a loyalement accepté sa défaite. / これはそのまま認めざるを得ない事実だ C'est un fait qu'il faut admettre comme tel. / 彼はあの戦争は間違いだったと認めた Il a reconnu que cette guerre avait été fausse.

緑 vert 男, verdure 囡 / 緑の vert(e) / 緑滴る山 montagne pleine de verdure / 黄と青を混ぜると緑になる Le mélange du jaune et du bleu donne le vert. / 信号は緑に変わった Le feu est passé au vert.

皆 tout le monde, tous / 皆に喜んでほしいおりそうしたんだ J'ai fait ça dans le seul but que tout le monde soit content.

見直す réviser, changer d'opinion / 答案を見直す revoir sa copie / きみを見直したよ J'ai changé d'opinion à ton sujet.

見なす regarder comme..., tenir pour... / 敵と見なす traiter... en ennemi / 未成年者が婚姻すれば成年に達したものとみなす Les mineurs mariés sont considérés comme majeurs.

港 port 男 / 港に寄る faire escale à un port / 港に停泊する stationner dans un port ◆波止場 quai 男, embarcadère 男 / 灯台 phare 男 / 霧笛 trompe de brume / カモメ goéland 男

源 source 囡 / 源を発する prendre sa source

南 sud 男, midi 男 / …の南に au sud de... / オルレアンはパリの南に位置する Orléans se trouve au sud de Paris. / このアパルトマンは南向きだ Cet appartement est exposé au sud. / 南フランス le Midi

南風 vent du sud 男

南十字星 Croix du Sud 囡

見習い中だ être en apprentissage

見習う suivre l'exemple de... / …のふるまいを見習う régler sa conduite sur... / よいところを見習いなさい Prends de bons exemples.

身なり tenue 囡, mise 囡 / 身なりを気にする soigner sa mise / きちんとした身なりをする se mettre en tenue / あいつは大きな身なりをして背が小さい Il est timide malgré sa grande taille.

ミニ [スカート] mini-jupe 囡, mini 男

見にくい difficile à voir, illisible / 老眼が進んで字が見にくい La presbytie évolue et il m'est de plus en plus difficile de voir. / 活字が小さくて見にくい Les caractères sont trop petits pour que je les lise.

醜い laid(e), moche, affreux(se), hideux(se) / ぞっとするほど醜い顔 visage épouvantablement laid / 遺産を巡る醜い争い querelle sordide autour d'un héritage / 醜さ laideur 囡

見抜く deviner, pénétrer / 嘘を見抜く découvrir des mensonges de son mari

ミネラルウォーター eau minérale 囡

身の上 vie 囡 ; [前歴] passé 男

見逃す laisser échapper, ne pas remarquer / 彼は何一つ見逃さない Rien ne lui échappe. / 今度だけは見逃してやる Pour cette fois, je ferai comme si je n'avais rien remarqué.

身の毛 / 身の毛のよだつ話 une histoire à faire frissonner / 怖くて身の毛がよだった J'ai tellement peur que j'en ai le poil qui se hérisse.

身の代金 rançon 囡 / 誘拐犯たちは莫大な身の代金を要求している Les ravisseurs demandent une forte rançon. / 身の代金を支払う payer une rançon / 身の代金と引換えに人質を解放する libérer les otages en échange d'une rançon

身の程 (→身分) / 身の程を知らない ne pas se connaître soi-même [=oublier son rang]

実る porter des fruits / ブドウの豊かに実る地方 une région fertile en vignes / 日々の努力が実る Les efforts journaliers portent des fruits.

見晴らし vue 囡, perspective 囡 / お宅は見晴らしがいいですね On a une belle vue de chez vous.

見張り garde 囡, surveillance 囡 ; [人] garde 男 / 見張りを置く placer des gardes

見張る garder, surveiller ; [こっそり] épier / 怪しい人物を見張る épier une personne suspecte / 入り口で守衛が見張っている Un gardien surveille à l'entrée.

身ぶり geste 男, signe 男 / 身ぶり手ぶりでなんとかなるよ Tu te débrouilleras bien même en faisant des gestes.

身分 [境遇] condition 囡 ; [地位] rang 男, position 囡 / 身分不相応な暮らしをする mener une vie inadaptée à ses ressources / 身分が低い être de basse condition / 身分の高い人 personne de condition élevée / 身分を偽って暮らす vivre sous une fausse identité / 身分を明かす dévoiler son identité / 公務員の身分を保障する pérenniser un fonctionnaire / 結構な身分だね Tu es dans une position enviable.

◘**身分証明書** carte d'identité 囡

未亡人 veuve 女

見本 échantillon 男, spécimen;〔手本〕modèle 男 無料見本 échantillon gratuit／見本を見て注文する demander sur un échantillon／新製品を国際見本市に出品する présenter un nouveau modèle à la foire internationale

見舞い 見舞いの手紙を出す envoyer une lettre de consolation／フランス人は病人の見舞いには何をもっていきますか Qu'est-ce que les Français apportent comme cadeau à l'hôpital?

見舞う visiter ◇伊藤さんの病室はどこですか Où se trouve la chambre où Mr. Ito est hospitalisé?／思っていたよりずっと元気そうで安心した Tu vas beaucoup mieux que je ne le pensais. Je suis rassuré.／お大事に Bon rétablissement.

見守る regarder attentivement, observer 事のなりゆきを見守る observer la suite d'un événement／病後の経過を見守る observer la voie de guérison d'un malade

見回す 自分を見回す regarder autour de soi

耳 oreille 女;〔なべなどの〕anse 女;〔パンの〕croûte 女 耳をふさぐ se boucher ses oreilles／彼女の歌がいまも耳に残る J'ai encore son chant dans l'oreille.／聞く耳は持たないよ Je reste sourd à tes propos.／それも彼には右の耳から左の耳がぬけるのだ Cela lui entre par une oreille et lui sort par l'autre.／耳の穴 conduit auditif

◇耳が痛い J'ai mal à l'oreille Tu me dis des choses dures à entendre. 耳が遠い être dur(e) d'oreille [=avoir l'oreille dure] 耳が早い avoir l'oreille fine 耳にする entendre あちこちで耳にすることだ C'est ce qu'on entend dire de droite et de gauche. 耳にたこができる J'ai les oreilles rebattues de cette histoire. 耳につく 波の音が耳について眠れない Le bruit des vagues m'énerve et m'empêche de dormir. 耳を疑う 自分の耳を疑った Je n'en croyais pas mes oreilles. 耳を貸す prêter l'oreille à…／抗議の声にいっさい耳を貸さない rester sourd à toutes les protestations 耳を傾ける 演説に耳を傾ける ouvrir [tendre] l'oreille au discours 耳を澄ます être tout oreilles 耳をそろえる 耳をそろえて金を返す payer intégralement la dette

耳あか cérumen 男
耳かき cure-oreille 男
ミミズ ver de terre 男, lombric 男 ミミズがはったような字を書く avoir une écriture de chat
耳たぶ lobe de l'oreille 男
耳鳴りがする avoir des bourdonnements d'oreilles

身元 identité 女 身元を洗う fouiller son identité／身元が割れる être iden-

tifié(e)／身元を明らかにする établir l'identité／襲撃犯の身元を調査する rechercher l'identité de l'auteur d'un attentat／身元は保証する présente toutes les garanties.／身元保証人 répondant(e) 女

見もの それは見ものだ Ça va être quelque chose d'intéressant à voir.／祭りの行列は見ものだ Le défilé de la fête vaut la peine d'être vu.／なかなかのみものだった C'était un grand spectacle.

脈〔医学〕pouls 男;〔鉱脈〕filon 男;〔見込み〕espoir 男 脈を打つ avoir le pouls／脈が速い〔遅い〕avoir un pouls rapide [lent]／病人の脈を取る tâter le pouls d'un malade／どうも脈（=先の望み）がなさそうだ Il me semble que c'est sans espoir.

みやげ cadeau 男, souvenir 男 手みやげを持っていく porter un petit cadeau／おみやげで両手いっぱいに抱えて prendre des cadeaux à pleins bras／みやげ話に花が咲く Le récit de son voyage amuse tout le monde.

◇みやげ物屋 boutique de souvenirs 女

都 capitale 女 都を移す transférer la capitale

妙な bizarre, étrange (→ 変) 妙な話をする raconter une drôle d'histoire／へえ，そりゃまた妙だね Tiens, tiens! C'est bien étrange.／妙に憎めない彼だ Je ne sais pourquoi mais on ne peut pas le haïr.

見よう見まね 見ようみまねでやってみる essayer en imitant

未来 avenir 男, futur 男 未来の future) 未来に dans l'avenir／未来を占う prédire l'avenir／未来を切り開く prendre son avenir en main／明るい未来を描く dessiner le brillant avenir／明日の産業の構想を練る charpenter l'industrie de demain

魅力 charme 男, attrait 男 魅力的な charmant(e), séduisant(e), ravissant(e)／魅力に欠ける manquer de charme／女性の髪に魅力を感じる Je suis attiré par la chevelure des femmes.

見る voir;〔能動的に〕regarder;〔観察・考察〕examiner, considérer;〔じっと〕fixer ちらっと見る jeter un coup d'œil à…／…を見る Au premier coup d'œil…／人を見る目がある savoir juger les hommes／見て見ぬふりをする feindre de ne voir／あの問題を政治的な観点から見る examiner un problème du point de vue politique／子供の勉強を見る enseigner personnellement des matières à un enfant

◇見た目 présentation 女 見た目の悪い avoir une mauvaise présentation 見る影もない n'être plus que l'ombre de soi-même この選手は2年間目覚ましい働きを見せたが，いまはもう見る影もない Cet athlète a brillé deux ans, mais le voilà fini. 見る

診る に忍びない 彼の衰弱したようすは見るに忍びない Son état d'alanguissement fait peine à voir. 見るに見かねて 見るに見かねて助けてあげた Je ne supportais plus de le voir ainsi, j'ai volé à son secours. 見る間に à vue d'œil

診る 医者に診てもらったらどうだ Tu devrais te faire soigner.

ミルク lait 男 コンデンスミルク lait condensé／彼女には赤ん坊にあげるミルク代もない Elle n'a pas de quoi donner de lait à son bébé.

未練 未練を残して日本を離れた J'ai quitté le Japon avec regret.／未練がましい男 homme qui garde un vain regret

見分ける distinguer／[抽象的なものを] discerner ひよこの雄と雌を見分ける distinguer le mâle et la femelle chez les poussins／見分けがつかないくらいだ C'est à s'y tromper.／あの鳥は赤い尾で見分けがつく Cet oiseau se reconnaît à sa queue rouge.

見渡す エッフェル塔からはパリ全体が一望の下に見渡せる De la tour Eiffel, on a une vue très dégagée sur tout Paris.

民営の privé(e)
○ **民営化** privatisation 女 郵便事業が民営化された Le service des postes a été privatisé.

民間 ○ [軍に対して] civil(e)；[公に対して] privé(e) 民間機と軍用機が衝突した Il y a eu une collision entre un avion militaire et un avion civil.
○ **民間人** civil 男 多くの民間人がその事故で死んだ Beaucoup de civils ont trouvé la mort dans cet accident. 民間療法 remède de bonne femme

民衆 peuple 男 民衆をあおる agiter le peuple／政府への民衆の反発 réaction populaire contre le gouvernement／《ドラクロワの》「民衆を導く自由の女神」 La Liberté guidant le peuple

民主的な démocratique 民主的に選ばれた大統領 un président démocratiquement élu

○ **民主主義** démocratie 女 日本は民主主義国家ですか Est-ce que le Japon est un pays démocratique?

民族 peuple 男；[言語・文化を共有する] ethnie 女；[人種] race 女 アジアには 100 以上の民族がいる L'Asie compte plus de 100 peuples.／民族間の対立がなくなる日はやってくるのだろうか Est-ce que les antagonismes entre ethnies disparaîtront un jour?／多民族国家 un état multinational
○ **民族衣装** costumes nationaux 男複 **民族学** ethnologie 女 **民族自決** droit des peuples à disposer d'eux-même 男 **民族主義** nationalisme 男；[差別的な] racisme 男

民俗の folklorique 民俗舞踊 danse folklorique 女
○ **民俗学** folklore 男

みんな tout le monde やあみんな元気かい Salut, tout le monde, ça va?／花壇の花がみんな虫にやられた Des insectes nuisibles ont mangé toutes les plantes dans le parterre.

む

無 néant 男 努力が無になった Les efforts n'ont abouti à rien.／無の境地で座禅を組む Je m'assois en zazen en faisant le vide en moi.／《サルトルの》『存在と無』 L'Être et le Néant

無意識 inconscience 女；[心理学で] inconscient 男 無意識に inconsciemment, machinalement, involontairement／無意識状態で en état d'inconscience

無一文の n'avoir pas un rond, être fauché(e) à sec

無意味な vain(e), insignifiant(e) 無意味なことば mots vides de sens

ムード atmosphère 女 平和ムードが全世界に広がる Le climat de paix s'élargit au monde entier.／この映画には重く官能的なムードが漂っている Ce film dégage un climat lourd et sensuel.／ムードのある店で酒を飲みたい Je voudrais aller boire dans un bar à l'ambiance sympa.

無益な futile, inutile 子供の頭に無益な知識を詰め込む farcir la tête d'un enfant de connaissances inutiles

向かいの 向かいにだれか引っ越してきた En face, quelqu'un a déménagé.／病院の向かいの公園 parc d'en face de l'hôpital

無害の inoffensif(ve) 人畜無害な作品 une œuvre aseptique

向かい風 vent contraire 男

向かう [進む] se diriger 銀行は駅に向かって右手です La banque est sur votre droite face à la gare.／田中さんはいますか—そちらに向かっています Est-ce que je pourrais parler à M. Tanaka?—Il est en chemin.

迎えに行く aller chercher des amis à l'aéroport／彼はロールスロイスで私を迎えに来た Il est venu me chercher avec une Rolls!

迎える recevoir, accueillir 30年後、現在の若い親たちが60歳を迎えたときにdans trente ans, au moment où les jeunes parents actuels auront soixante ans

昔 passé 男 昔は autrefois, jadis, dans le temps／昔を懐かしむ se souvenir du temps passé avec nostalgie／ひと昔前のできごと événement d'il y a une dizaine d'années／昔はよかった Ah le bon vieux temps!／昔のことは忘れて Oubliez le passé.／昔そんなこともあったな Je me souviens qu'on faisait ça dans le temps. /昔に戻れたらなあ Si on pouvait revenir dans le passé.

昔話 vieux conte 男, vieille histoire 女

むかつく むかっ腹が立った La moutarde m'est montée au nez.

無我夢中で frénétiquement 火事に遭い無我夢中で飛び出した Lors de l'incendie, je suis sorti précipitamment, comme hors de moi-même.

無関心 indifférence 女 無関心な indifférent(e) /無関心を装う affecter l'indifférence /流行には無関心だ Je suis indifférent à la mode. /政治に無関心な若者が多い Il y a beaucoup de jeunes qui restent indifférents à la politique. ◇どっちでもいいよ Ça m'est égal. /どうでもいいよ Ça ne m'intéresse pas. /関係ないよ Ça ne me regarde pas. [=Je n'en ai rien à faire.]

向き direction 女 南向きの部屋 une pièce exposée au midi /これは大学生向きの仏和辞典です C'est un dictionnaire français-japonais pour les étudiants.
◇ **むきになる** devenir sérieux(se) むきになって反論する objecter avec trop d'ardeur

無機の inorganique

麦 [小麦] blé 男; [大麦] orge 女; [ライ麦] seigle 男 麦畑 champ de blé

無気力 inertie 女, mollesse 女 無気力な人を見ているといらいらする Ça m'énerve de voir des gens mous.

向く se tourner; [面する] donner sur…; [適正] être apte à… /右[左]を向く se tourner à gauche [droite] /学問に向いている avoir des dispositions pour l'étude /彼はこの仕事に向いている Il est bon pour ce métier. / Enfin la chance me sourit. /気が向かないな Ça ne me dit rien.

むく (剝く) éplucher, peler リンゴの皮をむく éplucher [peler] une pomme /小エビの殻をむく décortiquer des crevettes /目をむく écarquiller les yeux /きばをむく montrer les dents

報いる récompenser, payer, gratifier 恩に報いる répondre au bienfait de…

無口 taciturne 無口な子 enfant silencieux [taciturne]

向ける tourner, diriger, orienter 顔を左に向けなさい Tourne ta tête à gauche. /警察官は空に向けて発砲した La police a tiré en l'air. /アメリカの批判は日本に向けられている Les critiques des Etats-Unis se portent vers le Japon. /試合に向けて練習する s'exercer pour le match

無限の infini(e) 無限に広がる空間 un espace indéfiniment étendu

向こうに au-delà, par-delà 向こう10日間 d'ici dix jours /着替えるから 向こうを向いてて Regarde par là-bas. Je me change. /向こうについたら連絡します Je vous informerai quand j'arriverai là-bas. /向こう岸 l'autre rive /山の向こう側 l'autre côté de la montagne
◇ **向こうを張る** rivaliser avec…

向こう見ずな téméraire

無効の nul(le); [期限切れの] périmé(e) 選挙を無効とする invalider une élection /無効になる perdre sa validité /入場券は期限が過ぎると無効だ Le billet d'entrée périmé est nul. /無効票 bulletin nul

無言 silence 男, mutisme 男 彼は無言で立ち去った Il est parti sans mot dire. /無言の圧力 pression silencieuse

◻**無言劇** théâtre mimé 男

無罪 innocence 女 無罪の innocent(e) /無罪を主張する plaider non coupable /陪審団は無罪放免の評決を下した Le jury a rendu un verdict d'acquittement.

無差別に aveuglément 無差別に人を殺す tuer aveuglément /無差別テロ terrorisme aveugle /[柔道の]無差別級 toutes catégories

無残な cruel(le), misérable 無残な光景 spectacle apocalyptique

虫 [昆虫] insecte 男; [うじ・ミミズ・回虫など] ver 男 虫の音 cri d'un insecte /本の虫 dévoreur de livres /勉強の虫 bête à concours /娘に悪い虫がついている Ma fille sort avec un type inacceptable.

虫がいい 虫がよすぎるよ Quel toupet! 虫が好かない あいつは虫が好かない Je n'y peux rien, c'est physique. 虫の息 彼は虫の息だ Il n'a plus qu'un souffle de vie. 虫の居所が悪い être de mauvaise humeur 虫の知らせ 虫の知らせで嫌な予感がしていた J'ai eu la prémonition d'un malheur.

無視する négliger, mépriser 赤信号を無視して事故を起こす provoquer un accident en brûlant un feu rouge /人の意見などを無視する Je passe outre l'opinion des autres. /政府は世論を無視して原子力発電所を建設した Le gouvernement, bravant l'opinion, a construit une centrale nucléaire.

蒸し暑い chaud et humide [lourd] 今夜は蒸し暑い Il fait une chaleur lourde cette nuit.

無実 innocence 男 無実の innocent(e) /無実の罪か着せられた être accusé(e) à tort /無実を叫ぶ crier son innocence /私は無実だ——それを証明できますか Je suis innocent. — Vous pouvez le prouver?

虫歯 dent cariée 女 虫歯の治療をする traiter une dent cariée /虫歯が痛む avoir mal à une dent cariée /1本虫歯があると, 周りの歯も虫歯になりやすい Une dent cariée peut carier les dents voisines.

無邪気

無邪気な innocent(e), naïf(ve) 無邪気な笑顔 visage souriant innocent／無邪気で愛らしい弟 petit frère naïf et mignon

矛盾 contradiction 囡 矛盾した contradictoire, inconséquent(e)／矛盾だらけの文章 texte qui cumule les contradictions

無性に excessivement 無性に本が読みたくなる être saisi(e) d'une boulimie de lecture／彼の愚痴に無性に腹が立つ Il m'exaspère avec ses plaintes.

無条件の inconditionnel(le), sans conditions
◇**無条件降伏** reddition sans conditions 無条件降伏する capituler sans conditions

むしる arracher 庭の草をむしる arracher les herbes dans le jardin／パンをむしって食べる manger le pain en arrachant des morceaux／鶏の羽をむしる plumer un poulet

むしろ plutôt 彼は医者としてより, むしろ小説家として名高い Il est célèbre comme romancier plutôt que comme médecin.

無人島 île déserte

無神経な indélicat(e) 彼の無神経さは我慢ならん Il est d'une indélicatesse insupportable.

蒸す cuire à la vapeur, étuver 野菜を蒸す cuire des légumes à la vapeur／赤飯を蒸す cuire du riz à la vapeur avec des haricots rouges／きょうは蒸すね Aujourd'hui, il y a beaucoup d'humidité.

無数の innombrable, sans nombre 無数の星が見える On voit un nombre infini d'étoiles.／バルザックの小説に出てくる無数の登場人物 les innombrables personnages qui peuplent les romans de Balzac

難しい difficile, pénible；〔やっかいな〕délicat(e), compliqué(e)；〔気難しい〕difficile, exigeant(e) そこが難しい点だ Voilà le hic.／何を難しい顔をしているの Qu'est-ce que tu as? Tu as l'air maussade.

息子 fils 囡 一人息子 fils unique／未熟な若い女性 jeune fille 囡／母と娘の間が気まずくなっている Il y a du froid entre la mère et la fille.／〔ピカソの〕『アヴィニョンの娘たち』Les Demoiselles d'Avignon

無政府主義 anarchisme 無責任な発言 parole irresponsable／無責任きわまる男 homme qui n'a aucun sens des responsabilités

無線で sans-fil, par radio
◇**無線電信** radiotélégraphie 無線電話 radiotéléphonie

夢想 rêverie 夢想する s'abandonner à la rêverie／月旅行を夢想する imaginer un voyage dans la lune／これほどすばらしいとは夢想だにしなかった Je ne pensais pas du tout que ce fût si magnifique.／〔ルソーの〕『孤独な散歩者の夢想』Les Rêveries du promeneur solitaire

むだな inutile, vain(e) むだな議論 discussion stérile／時間をむだにしたくない Je ne voudrais pas perdre mon temps.／むだを省いて効率を上げよう Limitons les dépenses inutiles pour obtenir plus de rendement.

むだ足 むだ足を踏む faire une course inutile

むだ話 bavardage 男 むだ話はもうたくさん Assez de bavardages!／むだ話はやめとこう... trêve de balivernes...

無断で sans prévenir 母親に無断で釣りに行く aller pêcher sans rien dire à sa mère／「無断立ち入り禁止」«Défense d'entrer sans permission»
◇**無断欠席** absence irrégulière

むち〔鞭〕 fouet 男, baguette 囡；〔乗馬の〕cravache 囡 むちを当てる fouetter／あめとむち la carotte et le bâton／愛のむちを加える être sévère d'autant plus qu'on a de l'affection
◇**むち打ち症** coup du lapin

無知 ignorance 囡 無知な ignorant(e), inculte／経済問題には無知です Je suis ignorant dans les questions économiques.／人の無知につけこんでだますなんてひどい Il est affreux de profiter de l'ignorance des gens pour les rouler.

むちゃな absurde, déraisonnable むちゃなことをする faire des extravagances／そんなむちゃな話があるか Tu racontes des absurdités.

夢中で à la folie, éperdument 弟は遊びに夢中だ Mon petit frère est absorbé dans le jeu.／いまラテン音楽に夢中です Je me passionne pour la musique latine en ce moment.

無敵の sans rival(e), sans égal(e) 無敵のチャンピオン un champion imbattable

胸騒ぎがする avoir un sinistre pressentiment

むなしい vain(e), inutile むなしい希望を抱かさる repaître... de fausses espérances／むなしく手をこまねく être obligé(e) de rester les bras croisés／むなしい努力の連続には耐えない Il est impossible de poursuivre des efforts qui ne mènent à rien.

胸 poitrine 囡, sein 男；〔心〕cœur 男 胸を張って歩く marcher en redressant le buste／新鮮な空気を胸いっぱいに吸う gonfler ses poumons d'air frais／胸を患う être atteint(e)

d'une maladie de poitrine /胸がどきどきする avoir des palpitations /胸に秘めた愛 l'amour logé dans son cœur /喜びで胸がいっぱいになる La joie inonde le cœur. /ずいぶん胸の開いた服だね C'est un vêtement bien décolleté.
◇胸がつぶれる 胸がつぶれそうだ J'ai le cœur bien gros. 胸に刻む graver dans sa mémoire 胸に迫る émouvoir, toucher 胸に手を当てて考えてごらん Pose ta main sur ton cœur et demande-toi bien pourquoi tu as fait ça. 胸を打つ 映画の結末が胸を打つ La fin du film me frappe. 胸を躍らせる 期待に胸を躍らせた J'avais le cœur battant d'espoir. 胸をなで下ろす être soulagé(e)
胸焼けがする avoir des brûlures d'estomac
無能な incompétent(e), incapable
無法な illégal(ale), injuste
◻無法者 hors-la-loi 男
無謀な téméraire
無名の inconnu(e) 無名戦士の墓 tombeau du Soldat inconnu
むやみ むやみに人の悪口を言うものじゃない Il ne faut pas facilement critiquer des autres. /むやみに薬を飲む prendre n'importe quel médicament sans réflexion
無用の inutile, oiseux(se) 心配ご無用 Inutile de t'inquiéter. /問答無用 Pas de discussion!
◇無用の長物だ C'est une chose inutile et encombrante.
村 village 男, 過疎の村 village dépeuplé /隣村 village voisin /村は祭りでにぎわっていた La fête anime le village. /（シャガールの）『私と村』 Moi et le village
むら inégalité 女 むらなく一色で塗る peindre d'une couleur uniforme /あの選手は調子にむらがある Ce joueur est irrégulier.
紫 violet 男
◻紫水晶 améthyste 女
村人 villageois(e) 男
村役場 mairie de village 女
無理な impossible, impraticable 無理をして出かける se forcer à sortir /無理に口を開かせて薬を飲ませる forcer à ouvrir la bouche et à prendre le médicament /彼が怒るのも無理はない Il est naturel qu'il se fâche. /あまり無理するな Ne force pas trop. /年のせいで無理が利かない Mon âge ne me permet pas les excès. /そんな無理だよーやってみなければわからないさ Que ne tente rien n'a rien.
むりやり むりやり…させられる être forcé(e) de /むりやり会長職を押し付けられる se voir imposer la fonction de chef de l'association
無料の gratuit(e) 無料で gratuite-
ment /入場は無料だ L'entrée est libre. /無料駐車場 parking gratuit 男 /無料バス bus gratuit 男
無力な impuissant(e), faible 無力感に襲われる se sentir inutile /自分の無力を恥じる avoir honte de son impuissance /自然の前では人間は無力だ L'homme reste impuissant devant la nature.
群れ groupe 男, bande 女 群れで進む s'avancer en cohorte /羊の群れを牧草地に連れて行く conduire un troupeau dans une prairie

め

目 œil 男（★複数形 yeux） 青い目の少年 un garçon aux yeux bleus /自分の目で見る voir de ses (propres) yeux /目をこする se frotter les yeux /目をそらす détourner les yeux /目を伏せる baisser les yeux /横目でテレビを見ながら勉強する travailler en regardant la télé du coin de l'œil /目を移す faire changer son regard de direction /いい目を見る connaître une situation heureuse
◇目がくらむ être ébloui(e) 欲に目がくらんで一生を誤る gâcher sa vie à cause d'envies incontrôlées 目が高い 目が高いね Tu sais reconnaître ce qui a de la valeur. 目が肥えている être connaisseur(se) 目が覚める être réveillé(e) 夜中に地震で目が覚めた J'ai été réveillé au milieu de la nuit par le tremblement de terre. /彼のことばで目が覚めた Je suis resté désabusé grâce à ses paroles. 目がすわる avoir le regard figé 目がない avoir un faible pour. …甘い物には目がない Je ne peux pas résister aux sucreries. 目が光る 会場には警備の目が光っている La salle est sous bonne garde. /親の目が光っている Mes parents ont l'œil sur moi. 目が回る avoir un vertige 忙しくて目が回る J'ai tellement de travail que j'en ai la tête qui tourne. 目じゃない そんなのは目じゃない Je m'en tamponne le coquillard. 目と鼻の先 ここからは目と鼻の先だ C'est à deux pas d'ici. 目に余る choquant(e), criant(e) 目に余る悪習を廃する supprimer les abus trop criants /目に余る商業主義 commercialisme insupportable 目に入れても痛くないほどかわいがる chérir comme la prunelle de ses yeux 目に浮かぶ revoir, voir encore 故郷の風景がいまも目に浮かぶ garder frais à la mémoire le paysage de son pays natal 目に染みる piquer les yeux 煙が目に染みる La fumée pique les yeux. 目につく apparent(e) 間違いが目につく Des erreurs attirent l'attention. 目には目を、歯には歯を Œil pour œil, dent pour dent. 目に触れる s'offrir aux re-

め

芽

gards この写真がたまたま彼の父親の目に触れた Cette photo est tombée sous les yeux de son père. 目に見えて / à vue d'œil 失敗は目に見えている Il est évident que vous essuierez un échec. 目にも留まらぬ 目にも留まらぬ速さ vitesse éclair 目に留まる arrêter son regard 目に物見せる faire payer cher 目の上のこぶ élément dérangeant 目の敵にする prendre... en haine 目のつけどころがいい remarquer un point intéressant 目も当てられない insupportable, affreux(se) 目もくれない ne pas jeter même un regard 目を疑う ne pas en croire ses yeux 目を奪う fasciner 目を奪われる美しさ beauté qui attire les regards 目を覆う se cacher les yeux derrière ses mains 目をかける favoriser, protéger 目をくらます tromper le regard de... 目を凝らす concentrer son regard sur... 目を皿のようにする boire... des yeux / être à l'affût / regarder (avec) les yeux grands ouverts 目を白黒させる rouler des yeux ahuris 目をつける avoir... en vue, remarquer 目をつぶる être volontairement aveugle à... 小さな不正には目をつぶった Nous avons fermé les yeux sur de petites fraudes. 目を通す jeter un coup d'œil; 〔ざっと〕 lire en diagonale 新聞に目を通す jeter un coup d'œil sur un journal [=parcourir un journal] 目を盗む 目を盗んでin cachette de... 目を離す détourner son attention 目を丸くする ouvrir de grands yeux 驚いて目を丸くする J'en ai écarquillé les yeux de surprise. 目を見張る ouvrir de grands yeux

芽 bourgeon 男, bouton 男 芽を出す bourgeonner, germer / 芽が吹き始める Les bourgeons commencent à pointer. / 反乱の芽を摘む étouffer une rébellion dans son germe / 才能の芽を伸ばす développer un jeune talent

名 nom 男 会社名 nom de l'entreprise / 名演説 dicours excellent

姪ぬ nièce 囡 →親戚

明快 clair(e), lucide 明快に話す parler nettement /明快な説明 explication claire [lucide]

明確 précis(e), net(te), défini(e) 明確な答え réponse précise / 違いを明確に指摘する marquer nettement les différences / 政府の立場を明確にするよう要求する demander au gouvernement de définir sa position

迷宮 labyrinthe 男 あの事件は迷宮入りだ On ne trouve pas la clé de l'énigme de cette affaire.

名作 chef-d'œuvre 男 不朽の名作 chef-d'œuvre impérissable / 名作の名に堪える作品 pièce qui mérite le titre de chef-d'œuvre

名産 spécialité 囡 ここの名産はなんですか Quelle est la spécialité de la région?

名刺 carte (de visite) 囡, bristol 男 名刺を交換する échanger les cartes de visite

名士 personnalité 囡, célébrité 囡, notabilité 囡 町の名士の列に加わる prendre rang parmi les célébrités de la ville

名詞 nom 男 男性名詞 nom masculin / 女性名詞 nom féminin / 固有名詞 nom propre / 単数名詞 nom singulier / 複数名詞 nom pluriel

名所 町の名所旧跡を訪ねる visiter les principaux monuments d'une ville

命じる ordonner, commander チームの監督を命じられる être chargé(e) de la direction d'une équipe

迷信 superstition 囡 迷信が生きている Une superstition est toujours vivante.
◻**迷信家** superstitieux(se) 名

名人 maître 男, virtuose 男 彼の奥さんは料理の名人だ Sa femme est très bonne cuisinière.
◻**名人芸** coup de maître 男

名声 réputation 囡, célébrité 囡, renommée 囡 名声を得る se faire une célébrité

瞑想 méditation 囡, contemplation 囡 瞑想する méditer, contempler / 瞑想にふける se plonger dans la méditation

明白 évident(e), apparent(e), manifeste この契約が違法なのは明白だ L'illégalité de ce contrat est évidente.

名簿 liste 囡 名簿を作る dresser une liste /名簿に名前を載せる inscrire un nom sur la liste

めいめい chacun(e) 弁当はめいめいが持参する Chacun apporte son repas.

名門 famille honorable 囡

名文句 paroles célèbres 囡

名誉 honneur 男, gloire 囡 名誉な honorable / 名誉にかけて sur son honneur / 名誉をもたらす faire honneur à... /名誉にかかわる問題だ C'est une affaire d'honneur.
◻**名誉会長** président d'honneur 男
名誉毀損ぎそん (罪) diffamation 囡
名誉教授 professeur honoraire 男

明瞭りょう clair(e), distinct(e) 明瞭な発音を心がける s'efforcer de prononcer clairement / 意識が明瞭でない La conscience est obscure.

命令 ordre 男, commandement 男 命令する ordonner, commander / 命令を下す donner un ordre / 命令に背く désobéir à [enfreindre] un ordre / 命令口調で sur un ton impératif / 至上命令 ordre absolu 言われたとおりにしなさい、これは命令です Obéissez, c'est un ordre!

明朗 joyeux(se), gai(e)

迷惑 embarras 男, ennui 男 迷惑な embarrassant(e), ennuyeux(se) / 迷

惑する être ennuyé(e) / 騒音で近所に迷惑をかける gêner ses voisins par le bruit / 少しは人の迷惑を考えろ Réfléchis un peu aux ennuis que tu peux causer.

目上の supérieur(e), plus âgé(e) / 目上の者にへりくだった態度を取る être humble avec ses supérieurs

メーカー fabricant 男, marque 女 メーカー品 produit de marque

メーデー la fête du travail, le premier mai

メートル mètre 男

◘**メートル原器** mètre étalon 男

メーンの principal(e)

◘**メーンイベント** attraction principale 女; [スポーツ・格闘技などの] match vedette 女 **メーンストリート** rue principale 女 **メーンディッシュ** plat de résistance 男

目がける viser / ゴール目がけて突っ走る s'élancer vers le but

目頭 目頭が熱くなる être ému(e) jusqu'aux larmes

眼鏡 lunettes 女複 眼鏡をかける［かけている］mettre [porter] des lunettes / 眼鏡を外す ôter ses lunettes / 眼鏡越しに見る regarder par-dessus ses lunettes / この眼鏡はよく見える Je vois bien avec ces lunettes. / 眼鏡をどこにやったかな Qu'ai-je bien pu faire de mes lunettes? / 眼鏡違い erreur de jugement

◇**眼鏡にかなう** trouver grâce devant [aux yeux de] …, plaire à …

女神 déesse 女 自由の女神 la déesse de la Liberté

目利き connaisseur(se) 女 目利きに鑑定してもらう soumettre … à l'appréciation d'un connaisseur

目薬 collyre 男 目薬をさす appliquer du collyre

恵まれる 健康に恵まれる jouir d'une bonne santé / 体格に恵まれている être doué(e) pour les activités physiques

恵む donner… en [par] aumône

恵み bienfaits 男, bénédiction 女 恵みの雨 pluie bienfaitrice / どうかお恵みを La charité, s'il vous plaît!

めくる 本のページをめくる tourner les pages d'un livre / カレンダーをめくる effeuiller un calendrier

目指す viser 頂点を目指す viser le sommet / 早期解決を目指す tendre vers la résolution rapide / 目指すは優勝だ Nous cherchons à gagner le championnat.

目覚まし [時計] réveil(-matin) 男

目覚める se réveiller, s'éveiller 小鳥の声で目覚める être réveillé(e) par le chant des oiseaux

召し上がる さあ, 召し上がってください Servez-vous, je vous prie.

召し上げる confisquer → 没収

目下の inférieur(e) / 目下の者に寛大な態度を取る se montrer paternel envers ses inférieurs

目印 signe 男, repère 男, marque 女 目印をつける marquer / 北極星を目印に北に進む se diriger vers le nord en prenant comme repère l'Etoile Polaire / お宅の近くに目印になる建物はありますか Qu'est-ce qu'il y a comme point de repère pour trouver votre maison?

雌 femelle 女 雌猫に不妊手術をさせる faire stériliser une chatte

珍しい rare, bizarre ; [斬新な] nouveau(elle) (→まれ) 珍しいネ Ça c'est rare. / おや, 珍しい所で会ったね Dis-donc, c'est un endroit bien bizarre pour se rencontrer!

目立つ ressortir, se faire remarquer 彼はいつでも目立ちたがる Il veut toujours se faire remarquer. / 今の活躍が特に目立った Tes activités se sont faites remarquer. / 目立って高い死亡率 un taux de mortalité en sensible recul

目玉 [眼球] globe oculaire 男 目玉 article le plus recommandé / 目玉が飛び出るほど高い C'est un coup d'assommoir. / 彼は父親からお目玉を食らった Il s'est fait doucher par son père.

メダル médaille 女, médaillon 男 金メダルをもらう s'offrir une médaille d'or

メタン méthane 男

メッキ placage 男 金メッキをする plaquer… avec de l'or / あの政治家のメッキもはげてきた Cet homme politique montre le bout de l'oreille.

目つき 冷たい目つき regard froid / うっとりした目つき regard admiratif / 目つきの鋭い男が入り口に立っていた Il y avait un homme à l'œil aigu dans l'entrée.

滅亡 anéantissement 男 核兵器使用による人類の滅亡 l'anéantissement de l'humanité par l'emploi des armes nucléaires

めでたい きょうはめでたい日だ Aujourd'hui, cela se fête. / 彼のことばを信じるなんてよほどおめでたい人間だ Il faudrait être bien ingénu pour croire à ses paroles.

メニュー carte 女 メニューを見せてください Montrez-moi la carte. / フランス語で書かれたメニュー carte en français ◘**定食** menu 男 (à prix fixe) 男 本日のお勧め plat du jour 男 ガチョウの脂肪炒め confit d'oie 男 カモのオレンジ煮 canard à l'orange 牛肉のホワイン煮 bœuf bourguignon 男 舌ビラメのムニエル sole meunière 女 シュークルート choucroute 女 白インゲンの煮込み cassoulet 男 ポトフ pot-au-feu 男 ローストチキン poulet rôti 男

目の前に sous les yeux de… 知らせを聞いて目の前が暗くなった La nouvelle m'a fait tomber dans le désespoir. / キーを探してるって, そこ目の前にあるじゃないか Tu cherches ta clef? Pourtant elle te crève les yeux. / 目の前から消えてくれ. それだけ

めまい だ Disparaissez de ma vue, j'ai tle tête!
めまい étourdissement 男, vertige 男 なんだかめまいがする Je me sens pris de vertiges.
メモ mémorandum 男 メモする noter / 大事な用件をメモしておく prendre note de tout ce que l'on a à faire d'important / メモの用意はいいですか Vous êtes prêts à prendre des notes?
◻ **メモ帳** agenda 男, calepin 男
目盛り graduation 女, échelle 女 目盛りを読む lire la graduation
メロディー mélodie 女 美しいメロディーを口ずさむ chantonner une belle mélodie / 聞く人すべての耳に残るメロディー une mélodie qui reste dans toutes les oreilles
面 masque 男; (観点) aspect 男; (表面) surface 女 面をかぶる mettre un masque / 子供のよい面を伸ばす développer le bon côté des enfants / ある面だけを見て人を評価してはいけない Il ne faut pas juger un homme de par son seul aspect. / 効率の面で見ると この仕事は面の面であまりよくないが Ce travail est peu intéressant sur le plan de l'efficacité.
◇ **面と向かって** en face 陰では悪口を言い, 面と向かってはお世辞を言う médire par-derrière et flatter par-devant
綿 coton 男 じょうぶな綿の服 vêtements solides de coton / 綿製品 du coton manufacturé
めん(麺) nouilles 女複
免疫 immunité 女 自己免疫疾患 maladie auto-immune / 車の騒音にはもう免疫になった Je suis immunisé contre les bruits des voitures.
◻ **免疫反応** réactions immunitaires 女複
面会 entrevue 女 ロビーで客と面会する recevoir un client dans le hall / 面会を求める demander à voir... / 責任者に面会したい J'aimerais avoir une entrevue avec le responsable. / 面会謝絶 Visites interdites.
免許 permission 女, licence 女; (車の) permis (de conduire) 男 車は買ったけど免許がまだだ J'ai déjà acheté une voiture mais je n'ai pas encore mon permis.
免除 exemption 女, remise 女 franchise 女 家が貧しいと学費は免除してもらえる Les foyers à revenus modérés sont exempts de frais de scolarité.
面する donner sur..., avoir vue sur... 庭に面している s'ouvrir sur un jardin / セーヌ川に面したアパルトマンに住む habiter un appartement avec vue sur la Seine / 南に面する窓 la fenêtre qui fait face au sud
免税 franchise 女, détaxation 女
◻ **免税店** boutique franche 女, boutique hors taxes 女 **免税品** article détaxé 男

面積 étendue 女, superficie 女 広大な面積を持つ公園 parc d'une vaste étendue
面接 entrevue 女, entretien 男 入社試験の面接 examen oral de l'entreprise / 社長に面接する avoir une entrevue avec le P. D. G.
めんどう ennui 男, embarras 男 めんどうな ennuyeux(se), embêtant(e) / それではかえってめんどうなことになる Cela ne nous amènera que des ennuis.
◇ **めんどうをかける** めんどうをかけてすみません Excusez-moi de vous avoir ennuyé. **めんどうを見る** prendre soin de..., se charger de... / もうめんどうは見切れない J'en ai assez de m'occuper de toi.
メンバー membre 男; (チームの) équipier(ère) 男 メンバーがそろう L'équipe est au complet.
綿棒 coton-tige 男
面目 honneur 男, face 女 町の面目を一新する renouveler l'aspect de la ville
◇ **面目を失う** perdre la face 面目を失った J'ai perdu mon honneur. **面目を施す** 負けたけど1点を挙げてなんとか面目は施した Battus, nous avons du moins sauvé l'honneur en marquant un but.
◻ **面目ない** se sentir honteux(se) 失敗ばかりで面目ない J'ai honte d'essuyer tant d'échecs.
綿密 minutieux(se), méticuleux(se) 計画を綿密に立てる dresser minutieusement un plan / 文学テキストの綿密な分析 la dissection minutieuse d'un texte littéraire / 警察の綿密な捜査によって犯人が突き止められた Les recherches minutieuses de la police ont permis de remonter jusqu'au coupable.

も

もう (すでに) déjà, maintenant; (まもなく) bientôt; (さらに) encore, un(e) autre; (…でない) ne... pas もう1回 encore une fois / もうおしまい? C'est déjà fini? / もうこれ以上何も言うな Ne dis rien de plus. / もうすぐ夏だ C'est bientôt l'été. / もう間に合わない C'est trop tard. / もう終わりにしよう On va finir bientôt. / もう日も暮れた Le soleil s'est déjà couché. / もう少し待って Attends encore un peu. / もうだれも愛さない Je n'aime plus personne.
猛威を振るう faire rage
もうかる lucratif(ve), rentable もうかる仕事 travail lucratif
もうけ (儲け) (→利益) もうけの薄い仕事 travail qui rapporte peu / 彼は ころがしで1万ドルもうけた Il a gagné une fortune sans lever le petit doigt. / 金もうけしか頭にない奴らは嫌いだ Je déteste les machines à fabriquer de l'argent.

設ける fonder 文学賞を設ける fonder un prix littéraire

もうける〔儲ける〕10万ユーロもうける faire un bénéfice de cent mille euros / 彼女は夫との間に2人の息子をもうけた Elle a donné deux fils à son mari.

申し込み お申し込みはお電話で Vous pouvez vous inscrire par téléphone.

申し込む s'inscrire, souscrire à…

申し出 offre, proposition 囡 申し出を受ける accepter une offre / せっかくのお申し出ですが、お断りいたします C'est une proposition très intéressante mais je ne peux l'accepter.

申し出る proposer, offrir 援助を申し出る proposer son aide / 希望者は申し出てください Les personnes intéressées sont priées de s'adresser à nous.

妄想 chimère 囡, illusion 囡 妄想にふける se repaître de chimères

毛布 couverture 囡 毛布に包まって寝る dormir en s'enroulant dans la couverture / 眠っている子供に毛布をかける couvrir un enfant qui dort

猛烈な violent(e), impétueux(se), furieux(se) 猛烈な反対に遭うse heurter à une vive opposition / 猛烈に試験勉強をする préparer intensivement un examen

燃える brûler, s'allumer;〔燃え上がる〕s'enflammer 熱のせいで手が燃えるように熱い avoir les mains chaudes de fièvre / 空は夕日で真っ赤に燃えている Le ciel s'embrase au soleil couchant.

モーター moteur 男 モーターがうなる Le moteur bourdonne [ronfle]. / モーターを止める arrêter un moteur

◇**モーターショー** salon de l'automobile 男 モーターショーに新型車を出品する présenter les nouveautés au Salon de l'auto モータースポーツ sports mécaniques 男複

目撃する assister à…, être témoin de… 交通事故を目撃する assister à un accident de la route / 事件の目撃者は7歳の少年だった Le témoin de l'affaire était un jeune garçon de 7 ans.

目前の imminent(e) 目前の危機を回避する éviter un danger imminent / 優勝は目前だ La victoire est toute proche. / 60代を目前にしてすっかり元気がなくなった Tirant sur la soixantaine, mon père perd de sa vivacité.

目的 but 男, objectif 男, objet 男, fins 囡複 目的を遂げる remplir son but / 人生の目的を考える réfléchir sur le but de la vie / 目的のためには手段を選ばない人だ Il est prêt à tout pour atteindre son but.

◇**目的地** destination 囡 **目的論** téléologie 囡

目標 but 男, objectif 男 同じ目標を目指す tendre vers un même but / 目標にはまだまだ遠い être encore très loin du but / 彼はスペイン語を4週間で学ぶ目標を立てた Il s'est posé pour but d'apprendre l'espagnol en quatre semaines. / 目標に爆弾を投下する lancer des bombes sur un objectif / 彼の家に行くには郵便局を目標にして行くといいですよ Pour aller chez lui, la poste vous servira de repère.

黙然 黙々と掃除をする nettoyer en silence / 黙々と働く travailler comme un bœuf

木曜 jeudi 男

もぐりの clandestin(e) もぐりの医者 un médecin marron

潜り込む se glisser 毛布に潜り込む se glisser sous les couvertures

潜る plonger 水中に潜って真珠を探る plonger pour pêcher des perles / 海に潜ってみたい Je voudrais bien faire de la plongée. / 机の下に潜る se glisser sous le bureau

模型 modèle 男, maquette 囡 子供に飛行機の模型を買ってあげる acheter une maquette d'avion pour son enfant / 原寸大の模型 maquette grandeur nature

モザイク mosaïque 囡

もし si, quand 週末もし暇なら電話するよ Si je suis libre ce week-end, je te téléphonerai. / もし透明人間になれたら何をする？ Si tu devenais un homme invisible, qu'est-ce que tu ferais? / もし発見が遅れたら助からなかったかもしれない On n'aurait pas trouvé plus tard, il y aurait eu peu de possibilité d'être sauvé.

文字 lettre 囡, caractère 男 文字どおりに littéralement, à la lettre / あの看板の文字が読める？ Tu peux lire les lettres sur cette pancarte? / 字から類推すると几帳面な人らしい Il me semble que c'est une personne minutieuse à juger par son écriture.

もしか もしかしたら、間違えたかもしれない Il se peut que j'ai fait une faute. / もしかすると、勝てるかもしれない Peut-être bien qu'on pourrait gagner. / もしかして、博司君？ Ne serait-ce pas Hiroshi par hasard?

もしもし Pardon, Monsieur [Madame];〔電話〕Allô! もしもし、どこへ行かれるのですか Eh, dites-donc, où allez-vous？/もしもし、デュポンさんをお願いします Allô, pourriez-vous me passer M. Dupont?

もたれる s'appuyer, s'accoter 壁にもたれる s'appuyer contre un mur / 食べすぎると胃にもたれる Trop manger pèse sur l'estomac.

もち〔餅〕pâtés faits de riz gluant grillés

◇**餅は餅屋** Chacun son métier, les vaches seront bien gardées.

持ち上げる soulever, lever, relever 重い荷物を軽々と持ち上げる lever facilement un fardeau lourd / 持ち上げ

持ち場 poste 男 持ち場を離れる quitter son poste

用いる employer 建築に石材を用いる employer la pierre pour la construction／あらゆる手段を用いて par tous les moyens／溶剤を用いて絵の具を溶かす diluer une couleur à l'aide d'un solvant

持ち出す いつも同じ理屈を持ち出す reprendre toujours les mêmes arguments／クラス会の費用の不足分は先生が持ち出した Le professeur a payé de sa poche pour suppléer aux frais de la réunion de classe.

持ち主 propriétaire 名, possesseur 男 ビルの持ち主 propriétaire d'un immeuble／その城はまた元の持ち主の手に戻った Le château est repassé à son ancien propriétaire.

持ち前 持ち前の明るさで会合を活気づける animer une réunion par sa bonne humeur

持ち物 propriété 女, affaires 女複 空港の持ち物検査 fouille des affaires à l'aéroport／この別荘は私の祖父の持ち物だ Cette villa appartient à mon grand-père.

もちろん naturellement, certainement, bien sûr, pourquoi pas? (→当然) もちろん知っている Certainement, je le sais.／いっしょに来るかい —もちろん Tu viens avec moi? —Mais oui [bien sûr, certainement].／母はもちろんのこと, 私も参加します Outre ma mère, moi aussi j'y participerai.

持つ avoir；[所有] posséder；[持ちこたえ] tenir いつもハンカチを持っている avoir toujours un mouchoir／バッグを持ってくれる？ Tu tiens mon sac?／この花はどのくらいもちますか Combien de temps ces fleurs tiennent-elles?／費用は当社が持ちます Notre entreprise payera les frais.
◇**持ちつ持たれつ** se tenir (entre eux)　**持って生まれた** fincier(ère), naturel(le), inné(e)

もったいない まだ使えるのに捨てるなんてもったいない Quel gâchis de jeter ça, ça peut encore servir!

もってのほか C'est hors de question [propos].／こんな由緒ある地区にタワーを建てるなどもってのほかだ C'est criminel de construire une tour dans ce quartier historique.

持って回った 持って回った言い方をする s'exprimer par périphrases／持って回った言い方はよせ Pas tant de détours!

もっと plus, encore, davantage もっとはっきり言ってください Soyez plus explicite.／値段はもっと張る Il y a mieux, mais c'est plus cher.

モットー devise 女, principes 男複 努力をモットーにする prendre comme devise ses efforts

最も…な le [la/les] plus, le [la/les] moins 彼はクラスで最も背が高い Il est le plus grand dans la classe.／政府にとって最も重要な課題は失業問題だ Pour le gouvernement, la priorité, c'est le problème du chômage.

もっとも (尤も) 〔当然〕 normal(ale)；〔ただし〕toutefois, cependant 彼が怒るのももっともだ Tu as raison d'être en colère.／彼はよくやった. もっとも文句をつけたい点もあるが Il a bien agi, encore qu'il y ait à redire.

もっぱら uniquement, exclusivement もっぱら本を読んで過ごす passer son temps uniquement à lire／（…という）もっぱらのうわさだ On entend dire partout que…

もつれる s'enchevêtrer 交渉がもつれた La négociation s'est éternisée.／猫がじゃれついて毛糸玉をすっかりもつれさせた En jouant, le chat a complètement embrouillé la pelote de laine.

もてなす accueillir, recevoir, donner l'hospitalité 店員が客をもてなす Un employé de magasin sert un client.／家庭料理でもてなす régaler avec la cuisine familiale／厚くもてなす faire un accueil chaleureux [cordial] à…／いらっしゃい Soyez le bienvenu. [=Ça me fait plaisir de vous voir.]／よくお出でくださいました Je suis content(e) de votre visite.／お荷物をお預かりしましょう Donnez-moi vos affaires.／お座りください Asseyez-vous.／気楽になさってください Mettez-vous à l'aise. [=Faites comme chez vous.]

もてはやす vanter

持てる この荷物は重くて持てない Ce fardeau est trop lourd à porter.／女の子たちにもてる選手 joueur qui a du succès auprès des femmes

モデル modèle 男；[ファッションモデル] mannequin 男 自動車のニューモデルを開発する étudier un nouveau modèle de voiture／モデルルームの下見をする visiter un appartement-témoin
◇**モデルケース** cas type 男

下に ひとつの同じ旗の下に集まる se réunir sous une seule et même bannière／親の下を離れて暮らす vivre hors de chez ses parents／…の指導の下で博士論文を書く écrire sa thèse sous la direction de…

元 傷が元で死ぬ mourir à la suite de ses blessures／彼の映画は一晩で元が取れる Son film est amorti en une soirée.／味噌の元は大豆です Le miso est à base de soja.／元はおとなしい子だった Il était doux autrefois.／彼は元警官だ C'est un ex-policier.／元通りに回復させる remettre… en état

◇元のさやに納まる 二人は元のさやに納まった Les époux se sont réconciliés. 元の木阿弥だ Tout est à recommencer! 元も子もない 元も子もなくしてしまう manger ses fonds avec son revenu

基 base, fondement 男

戻す remettre, replacer；［吐く］rendre, vomir 本を元の場所に戻す remettre un livre à sa place /彼は夕食に食べたものをすっかり戻してしまった Il a rendu tout son dîner.

基づく se baser sur…, se fonder sur… 事実に基づいて判断する juger sur les faits

求める demander, réclamer；［探す］chercher 教師に何が求められるのか Que demande-t-on d'un professeur? /（プルーストの）『失われた時を求めて』 A la recherche du temps perdu

もともと（→本来）失敗してももともとだ Même si j'essuie un échec, je ne perdrai rien. /彼はもともと足が速い Il court vite de nature. /もともとこの2つの部屋は1部屋だった A l'origine, ces deux chambres n'en formaient qu'une.

戻る rentrer, revenir, retourner すぐ戻ります Je reviendrai dans un instant. /彼は傘を取りに家に戻った Il est retourné chez lui prendre son parapluie. /ホタルが戻ってきた Les vers luisants ont fait leur réapparition.

物 chose 囡, objet 男 公共の物を大事にする traiter des objets publics avec soin /お年寄りには優しくするものだ Il est naturel d'être gentil pour les personnes âgées.

◇ものともせず あらしをものともせず出発する partir malgré la tempête ものにする［習慣］maîtriser 英語をものにする maîtriser l'anglais のになる 彼はものになるぞ Il doit devenir quelque chose. ものの数ではない insignifiant(e) ものを試し On peut toujours essayer. ものを言う［何かしゃべる］dire quelque chose；［影響を及ぼす］important(e), puissant(e) 疲れてものを言うのもおっくうだ Je suis trop fatigué pour dire quelque chose. ものを言わせる 金にものを言わせる profiter du pouvoir de l'argent

物置 débarras 男
◆物置小屋 resserre 囡

物音 bruit 男 変な物音で目を覚ます être réveillé(e) par des bruits bizarres /物音1つ立てずに sans faire aucun bruit

物書き écrivain 男

物語 histoire 囡, récit 男, narration 囡 物語を語る raconter une histoire /察物語 confidences sur l'oreiller /（オッフェンバックの）『ホフマン物語』Les Contes d'Hoffmann

物語る raconter 自分の不幸を一部始終物語る raconter tout le détail de ses misères /彼の沈黙はどんな発言よりも多くを物語っていた Son silence était plus éloquent que tous les discours.

物腰 彼は物腰が丁寧な Il a des façons polies.

物事 最近の物事の変化のスピードときたら恐ろしいほどだ C'est effrayant, la rapidité avec laquelle les choses changent ces temps-ci.

ものさし règle 囡 自分のものさしで人を判断する juger un homme selon son propre critère

ものすごい ものすごい顔つき visage effrayant /ものすごく暑い Il fait une chaleur horrible.

もの足りない 少々もの足りないな C'est un peu jeune. /彼女はきれいだけど、それだけではもの足りない Elle est jolie, mais cela ne suffit pas.

ものの ものの3分で仕上がる être fait(e) en trois minutes seulement

物干し séchoir 男 洗濯物を広げて物干しに掛ける étendre du linge sur le séchoir

物持ち 物持ちがいいね Tu prends soin de tes affaires. /この街一の物持ち personne la plus riche de la ville

モノレール monorail 男

物別れ 交渉は物別れに終わりそうだ Les négociations risquent d'échouer.

物忘れ 年を取ると物忘れがひどくなる Avec l'âge, notre mémoire s'affaiblit.

物笑い 物笑いの種と être la risée de

もはや déjà, maintenant もはやこれまで On ne peut pas aller plus loin.

模範 modèle 男, exemple 男 模範的な exemplaire 模範を示す tracer le chemin à… /模範をとる prendre... /模範を先生は先に模範を示す L'enseignant donne l'exemple préalablement.

模倣 imitation 囡, copie 囡 人の作品を模倣する imiter les œuvres des autres /日本人は模倣たけている Les Japonais sont les maîtres dans l'art de la copie.

もまれる 人ごみにもまれる être bousculé(e) par la foule /波にもまれる être ballotté(e) par les vagues

もみ消す étouffer 事件はもみ消された L'affaire a été étouffée. /吸殻をもみ消す écraser sa cigarette

もみ手をする se frotter les mains （★フランス語では「満足する」の意）

揉む 紙をもむ froisser [chiffonner] une feuille de papier /肩をもんでください Massez-moi le cou. /もむことはない、そう気をもむなよ Ce n'est pas grave, ne t'en fais pas!

もめごと brouille 囡, complications 囡複 もめごとが起こる Il se produit une brouille. /あの家はもめごとが絶えない Il y a tout le temps des brouilles dans cette famille.

もめる avoir un différend avec..., être brouillé(e) 話がもめる La discussion s'éternise.

もも〔腿〕 cuisse 囡

もや brume 囡 もやが晴れた La brume s'est levée.

燃やす brûler, enflammer 庭でごみを燃やす brûler les ordures dans le jardin/音楽に情熱を燃やす s'éprendre d'une grande passion pour la musique

模様 dessin 男, motif 男 どうやら成功した模様だ Il semble qu'on a réussi./何人か死者が出た模様である Il peut y avoir quelques morts./事故の模様を話す raconter les circonstances de l'accident/空は荒れ模様だ Le ciel est orageux.

催し manifestation 囡

催す tenir, organiser, célébrer 送別会を催す organiser une réunion d'adieu

もらう recevoir, accepter, obtenir 彼からプレゼントをもらった Il m'a donné un cadeau./人に喜んでもらえるようにしなさい Cherchez à ce qu'on soit content de vous.

漏らす〔液体を〕laisser couler/〔気体を〕laisser échapper/〔秘密を〕dévoiler 聞き漏らす omettre d'écouter

森 bois 男/〔深い〕forêt 囡/〔憩いの〕bosquet 男 (シャルル・ペローの)『眠れる森の美女』La Belle au bois dormant

盛る〔土を〕amonceler/〔ご飯を〕remplir/〔毒を〕empoisonner 盆に果物を盛る entasser des fruits sur un plateau

漏れる〔ガス・水が〕fuir, s'échapper/〔秘密・情報が〕filtrer 隙間から明かりが漏れる La lumière filtre par les interstices./名簿から名が漏れる Le nom est omis dans la liste./秘密が漏れた Le secret a transpiré./お買い上げの方に漏れなく粗品進呈 Prime à tout acheteur.

もろい fragile, frêle, cassant(e) 彼は情にもろい人だ Il a une sensibilité à fleur de peau./緒戦でもろくも敗れる être battu(e) facilement au premier match

門 porte 囡, entrée 囡 門を閉ざす〔開く〕fermer〔ouvrir〕la porte à.../(ジッドの)『狭き門』La Porte étroite

文句 plainte 囡, murmure 男/〔言い回し〕locution 囡 文句を言う se plaindre/文句なしに incontestablement/彼はいつも文句ばかり言っている Il est grognon./文句を言っても始まらない Ça ne sert à rien de se plaindre.

門限 heure de fermeture 寮の門限に遅れる arriver après la fermeture de la porte de l'internat

門前払い 彼に門前払いを食った Il m'a fermé la porte au nez.

問題 question 囡, problème 男 数学の問題を解く résoudre un problème de mathématiques/問題を提起する poser une question/問題になるのか De quoi s'agit-il? /それは問題外だ C'est hors de question./まさにそこが問題だ C'est précisément le problème./それは別問題だ C'est une autre question.

◻**問題児** enfant à problemes 名

門番 gardien(ne) 名

や

矢 flèche 囡, trait 男 矢を放つ lancer une flèche/質問の矢を浴びせる cribler de questions/光陰矢のごとし Le temps file comme une flèche.

▷**矢の催促** 借金返せと矢の催促だ Il me harcèle sans cesse pour que je lui rende l'argent que je lui dois.

野外 ou air, en plein air

◻**野外コンサート** concert donné en plein air 男 **野外劇** théâtre en plein air 男

やがて tout à l'heure, sous peu, bientôt 彼女と別れてやがて1年だ Voici bientôt un an que je l'ai quittée.

やかましい bruyant(e)/〔人が〕turbulent(e) 車の音がやかましい Les voitures sont bruyantes./やかましいぞ、静かにしなさい Il y a trop de bruit. Taisez-vous!

やかん bouilloire 囡 やかんで湯を沸かす faire chauffer de l'eau dans la bouilloire

夜間 soir 男, nuit 囡 (サン=テグジュペリの)『夜間飛行』Vol de nuit

焼きつく なべの底が焼きつく Le fond de casserole brûle.

野球 base(-)ball 男

◻**野球場** stade de baseball 男

焼く brûler, cuire

役〔芝居の〕rôle 男/〔地位・職〕fonction 囡, poste 男 フェードルの役を演じる jouer le rôle de Phèdre

▷**役に立つ** être utile à..., rendre service à... どのようなお役に立てますか En quoi puis-je vous être utile? /この役立たず Tu ne sers à rien.

約 environ, à peu près, presque 約100メートル environ cent mètres

訳 traduction 囡, version 囡 この文章を訳しなさい Traduisez cette phrase./原文に忠実な訳 traduction fidèle à l'original/逐語訳をする traduire mot à mot

やくざ mafia japonaise 囡, organisation criminelle japonaise 囡

役者 acteur(trice) 名 役者がそろう Tous les acteurs sont réunis.

役所〔官公庁〕administration 囡/〔省〕ministère/〔市・区・町・村役場〕mairie 囡 役所に30年勤続する avoir trente ans de service dans une administration

役職に就く occuper un poste impor-

約束 promesse 囡, parole 囡 約束する promettre／約束を守る tenir sa promesse／約束に背く manquer à sa parole／口約束 promesse verbale／空約束 vaine promesse／約束は5時です Le rendez-vous est à cinq heures.／約束よ、忘れないでね N'oublie pas ta promesse.／まだなんとも約束できない Je ne peux encore rien vous promettre.／約束が違うよ Ce n'est pas ce qu'on avait décidé.

◆**約束手形** billet à ordre

役立つ être utile, servir 作品の理解に役立つ注釈 notes utiles à la compréhension de l'œuvre

薬品 (→薬) 化学薬品 produits chimiques

薬物 substance médicamenteuse
◆**薬物依存症** pharmacodépendance

役目 fonction 囡, rôle 男, devoir 男 会長としての役目 fonction de président／子供を育てるのは親の役目だ Il appartient aux parents d'élever leurs enfants.

役割 rôle 男 役割を与える attribuer un rôle／決定的役割を果たす jouer un rôle déterminant dans...

やけ やけになる s'abandonner au désespoir／やけを起こすな Ne te laisse pas aller au désespoir.

夜景 panorama nocturne 男 香港の夜景はすばらしい Le panorama nocturne de Hong-Kong est magnifique.

焼け石 焼け石に水だ Ce n'est qu'une goutte d'eau dans la mer.

やけど brûlure 囡 熱湯で左手をやけどした Je me suis brûlé la main gauche avec de l'eau bouillante.／やけどしないうちに相場から手を引いたほうがいい Il vaut mieux te retirer de la spéculation avant d'avoir de sérieux problèmes.

やける (妬ける) être jaloux(se) あんまり仲がいいからやけるよ Je suis jaloux de votre bonne entente.

焼ける être brûlé(e)

野菜 légumes 男複 (→414ページ〈囲み記事〉)／野菜をゆでる mettre des légumes à bouillir／野菜を煮る mettre des légumes à cuire／一煮立ちしたら野菜を取り出す retirer les légumes au premier bouillon／フライパンで野菜を炒める faire sauter des légumes à la poêle

◆**野菜サラダ** salade de légumes
野菜スープ soupe de légumes

優しい tendre, doux(ce), gentil(le) 優しく子供を見守る observer son enfant avec tendresse／彼女はきれいで、優しくて、魅力的で、頭がいい Elle est jolie, douce, charmante, intelligente.／ああ、痛いよ、もっと優しくやって Aïe tu me fais mal. Doucement !

易しい facile, aisé(e) もっと易しく言い直してください Reprends avec des mots plus faciles.

やじ huées 囡複 やじを飛ばす huer

やじ馬 badauds 男複, curieux(se) 囡 事故現場をやじ馬が取り囲んでいた Un attroupement de badauds s'est formé autour de l'accident.

養う nourrir, entretenir, élever 積み木遊びは子供の注意力を養う Les jeux de cubes exercent l'attention des enfants.

野心 ambition 囡 たいへん野心的な小説ではあるが失敗作だった C'est un roman très ambitieux, mais manqué.
◆**野心家** ambitieux(se)

安い bon marché, pas cher(ère) 安いよ、安いよ On brade, on brade !／もっと安いのはありませんか Y en a-t-il de meilleur marché ?／安くておいしいフランス料理店といったらどこでしょうか Quel restaurant me conseillez-vous pour goûter la bonne cuisine française pas chère ?／思ったより安くついた C'était moins cher que prévu.

やすい (易い) facile 言うはやすく行うは難し La critique est aisée mais l'art est difficile.

安売り vente au rabais, solde 男

休み (休息) pause 囡, repos 男;(休暇・休日) congé 男, vacances 囡複 休みなく働く travailler sans repos／休み時間である être en récréation／授業の合間に10分間の休み時間がある Entre deux classes, les élèves ont dix minutes pour souffler.／田中さんはいますか―今一休み中です Est-ce que M. Tanaka est là ?―Non, il est absent.／あしたは休みだ. 何をしようか Demain c'est un jour de congé. Qu'est-ce qu'on va faire ?／もう11時ですよ、お休みなさい Il est maintenant onze heures, allez vous coucher.

休む 〔休息〕se reposer, prendre du repos;〔仕事・学校を〕être absent(e), s'absenter 休まず sans arrêt／かぜで学校を休む s'absenter de l'école à cause du rhume／腸の調子がおかしいのできょうは休みます J'ai un dérangement intestinal, donc je ne pourrai pas venir.／1時間ぐらいゆっくり休ませてよ Laisse-moi me reposer le dimanche au moins !

安物 pacotille 囡, camelote 囡 安物の時計 montre de pacotille
◇**安物買いの銭失い** Bon marché ruine.

やすり lime 囡 やすりをかける limer

野生・野性の sauvage 野生動物を保護する protéger les animaux sauvages／〈トリュフォーの〉《野性の少年》 L'Enfant sauvage

やせる maigrir, perdre du poids;〔土地が〕s'épuiser やせた maigre, mince／病気で5キロやせた J'ai maigri de cinq kilo à cause de la maladie.
◇**やせても枯れても** やせても枯れても偉大なピアニストだ Quoiqu'il arrive il sera toujours un grand pianiste.

やたら

やたら やたら見かける広告 publicité qu'on voit partout／やたら重いトランク valise excessivement lourde

家賃 loyer 男, location 女 東京は家賃が非常に高い Les locations sont très chères à Tokyo.／家賃を2ヵ月分けている Je dois deux mois de loyer au propriétaire.

やっかい（→勝つ） やっかいな問題だ C'est un problème ennuyeux.／おじさんの家にやっかいになる être à la charge de la famille de son oncle／警察のやっかいになる avoir des ennuis avec la justice

やっかい払いする se débarrasser de...／反抗的な選手をやっかい払いする se débarrasser d'un joueur rebelle

薬局 pharmacie 女 ◇何か薬をください Je voudrais un médicament contre la grippe. ▷**鎮痛剤** analgésique 男 ▷**解熱剤** fébrifuge 男 アスピリン **aspirine** ▷**生理用品** serviette hygiénique 女 ▷**ばんそうこう** sparadrap 男 ▷**目薬** collyre 男

やっつける（→勝つ） 対戦チームをやっつけた Nous avons vaincu l'équipe adversaire.／いつか徹底的にやっつけてやる Un jour, c'est moi qui vais le battre, et pas à moitié！

やっと enfin, finalement；〔かろうじて〕avec peine, péniblement やっと終わった J'ai enfin fini.／やっと二人きりになれた Enfin, nous sommes seuls tous les deux.

やっぱり（→やはり） やっぱりやめた A bien réfléchir, je renonce.

雇う employer, embaucher

野党 parti d'opposition 男；〔総称〕opposition 女 野党連合 union de l'opposition／野党は連合して政権に立ち向かった Les forces opposées se sont alliées contre le pouvoir en place.

家主 propriétaire 名 家主に家賃を払う payer le loyer au propriétaire

柳 saule 男
◇**柳に風** coup d'épée dans l'eau 柳の下にいつもどじょうはいない On ne s'en sert pas toujours bien en procédant de la même manière.

屋根 toit 男, couverture 女 屋根を直す refaire la toiture／屋根に雪が積もった La neige s'est accumulée sur les toits.／同じ屋根の下で生活している Ils habitent sous le même toit.／ルネ・クレールの『巴里（パリ）の屋根の下』 Sous les toits de Paris

□**屋根裏部屋** grenier 男

やはり〔依然〕toujours；〔結局〕finalement；〔…もまた〕aussi 今でもやはり maintenant encore／やはり大した男だった C'était quelqu'un, malgré tout.／やはりだめだった Comme je m'y attendais, ça n'a pas réussi.／やはり雨か Et oui, il pleut, j'en étais sûr…

やぶ broussailles 女複, buisson 男, fourré 男
◇**やぶから棒に** (à) brûle-pourpoint

やぶの中 真相はやぶの中だ La vérité est enterrée.

やぶ蛇 C'est réveiller le chat qui dort.

破る〔裂く〕déchirer, lacérer；〔勝つ〕battre；〔法律・契約を〕violer

破れる se déchirer 彼のシャツが破れた Sa chemise s'est déchirée.

敗れる perdre 試合に敗れる perdre un match

山 montagne 女；〔固有名詞で〕mont 男；〔多量〕pile 女, monceau 男 山に登る escalader〔gravir〕une montagne／山を歩く faire une excursion en montagne／本を山と積み上げる échafauder des piles de livres／洗濯物の山を前にため息をついた J'ai poussé un soupir devant cette montagne de linge sale.／苦しいのも今が山だ C'est maintenant le moment le plus dur.

◇**山をかける** 試験で山をかけると難しい theme を絞って出題することを予想する étudier que les thèmes que l'on peut sortir à l'examen

山男〔山に住む〕montagnard 名；〔登山する〕alpiniste 名

病 病を治す soigner pour recouvrir la santé／恋の病に薬はない Il n'y a pas de vaccin contre l'amour.

山火事 incendie de forêt 男

山小屋 refuge 男, chalet 男

山師〔探鉱者〕prospecteur(trice) 名；〔相場師〕spéculateur(trice) 名

山積みする mettre... en tas 机に資料を山積みする couvrir un bureau de documents

山道 chemin de montagne 男 秋の山道を歩く marcher sur un chemin de montagne en automne

やまやま 言いたいことがやまやまある avoir des tas de choses à vous dire／旅行に行きたいのはやまやまだが、お金がなくて Je voudrais bien aller en voyage, mais je n'ai pas d'argent.

やみ obscurité 女, ténèbres 女複 やみの中を手探りで歩く marcher à tâtons dans l'obscurité／歴史上の事実をやみに葬る occulter un fait historique／やみルートで禁制品を買う acheter des marchandises prohibées au marché noir

やみ市 marché noir 男

やみ討ちする attaquer à la faveur de la nuit

やみくも やみくもに走り出す se mettre à courir à l'aveuglette

やみ取引する faire du marché noir

やむ（止さる）
◇**やまない** 絶えず新しいものを求めてやまない réclamer sans cesse de la nouveauté／いたしやまねぬ やむにやまれぬ事情があった Il se trouvait dans des circonstances irrésistibles. やむを得ず やむを得ず引き返した Faute de mieux, nous sommes retournés en arrière.

やめる（止める） arrêter, cesser けんかはやめて Arrêtez de vous dispu-

ter. /もうやめた Je laisse tomber.
辞める quitter, démissionner わいろを受け取った役人は辞めさせろ Il faut mettre à la porte les fonctionnaires qui ont reçu des pots-de-vin.
やや plus ou moins, un peu 風はやや弱まった Il fait un peu moins de vent.
ややこしい compliqué(e) きみと話すと話がややこしくなる Tu compliques tout. /ややこしい話だな、さっぱり分からないよ Tu parles du business, on n'y comprend rien!
やり(槍) lance 囡;〔競技の〕javelot 男 /雨が降っても malgré tout
やりくり 何とかやりくりして生活する vivre en faisant des économies de bout de chandelle /母はやりくりがうまい Ma mère tient bien son ménage.
やり過ごす laisser passer
やり遂げる achever 難しい仕事をやり遂げた J'ai achevé un travail difficile.
やり直し C'est à refaire. やり直しがきかない仕事 travail qui ne donne aucun droit à l'erreur /やり直しがければいいのだが Si c'était à recommencer...
やり直す refaire, recommencer 一からやり直す repartir de zéro
やり場 目のやり場に困る ne savoir où poser son regard
やる〔行う〕faire;〔試みる〕essayer;〔与える〕donner やってみなきゃ分からないよ Il faut essayer pour savoir. /やればできるじゃないか Tu vois bien que tu peux y arriver quand tu le veux.
やる気 volonté 囡 やる気あるのか Tu as envie de le faire ou non?
柔らかい・軟らかい mou(molle), doux(ce), tendre 体が柔らかい avoir le corps souple /頭の柔らかい人 personne qui a un esprit souple /柔らかい春の日差し lumière douce du soleil du printemps /柔らかい毛の歯ブラシ brosse à dents à poils souples
和らげる adoucir, atténuer

ゆ

湯 eau chaude 囡 /湯を沸かして Fais chauffer de l'eau. /いい湯だな Quel bon bain!
唯一の seul(e), unique 水泳が唯一の楽しみだ La natation est mon seul plaisir.
遺言 testament 男 遺言状をつくる faire [rédiger] un testament /遺言を残さずに死ぬ mourir sans testament /(ジャン・コクトーの)『オルフェの遺言』Le Testament d'Orphée
唯物論 matérialisme 男
憂うつな mélancolique, triste これからのことを考えると憂うつになる Je déprime lorsque je pense à mon avenir. /憂うつな時は寝てしまうに限る Quand on est triste, tout ce qu'il y a de mieux à faire, c'est de dormir. /(ボードレールの)『パリの憂鬱』Le Spleen de Paris
◘憂うつ症 mélancolie 囡
有益な utile, profitable お金を有益に使う utiliser l'argent à bon escient /有益な忠告をありがとう Vos conseils m'ont bien profité.
優越感 complexe de supériorité 男
遊園地 parc d'attractions 男 ◆観覧車 grande roue, roue de Ferris 囡 ゴーカート kart 男 ジェットコースター montagnes russes 囡 メリーゴーラウンド carousel 男
優雅な élégant(e), gracieux(se) 優雅に踊る danser avec élégance
誘拐 enlèvement 男, kidnapping 男;〔未成年者の〕rapt 男 子供を誘拐して身の代金を要求する enlever un enfant pour exiger une rançon /(モーツァルトの)『後宮からの誘拐』L'Enlèvement au sérail
◘誘拐犯人 kidnappeur(se) 囡, ravisseur(se) 囡
有害な nuisible, pernicieu(se), malfaisant(e) 有害な食品添加物 additif alimentaire nocif /有害無益である faire plus mal que de bien
夕方 soir 男, crépuscule 男 夕方、家に帰る rentrer chez soi le [au] soir /夕方になる Le soleil décline.
勇気 courage 男, bravoure 囡 勇気のある courageu(se), brave /勇気づける encourager /勇気を奮う rassembler tout son courage /正しいことを貫く勇気を持つ avoir le courage de faire jusqu'au bout ce qui est juste /彼女の応援で勇気百倍だ Son cri d'encouragement redouble mon courage.
有機 有機的な organique
◘有機化学 chimie organique 囡
◘有機化合物 composé organique 男
有機体 organisme 男, corps organique 男
有給休暇 congé payé 男
有限 fini(e) 有限会社 société à responsabilité limitée
有権者 électeur(trice) (inscrit(e)) 囡
友好 amitié 囡 友好ムードで dans un climat d'amitié /彼は日中友好に大いに尽くした Il a fait beaucoup pour resserrer les liens d'amitié entre le Japon et la Chine.
有効な valable, valide, efficace 1年間有効なカード une carte valable pour un an
有罪 culpabilité 囡 有罪の coupable /有罪の判決を受ける être déclaré(e) coupable
優秀な excellent(e), éminent(e) 彼は優秀な成績で大学を卒業した Il a obtenu ses diplômes universitaires avec d'excellentes notes.
優勝 victoire 囡, championnat 男 優勝する remporter la victoire /優

友情

友情 amitié 囡 友情から par amitié /友情を深める approfondir une amitié /固い友情で結ばれている être comme les deux doigts de la main

夕食 dîner 男 友人を夕食に招待する inviter des amis à dîner /夕食は外で済まそう Allons dîner à l'extérieur.

友人 (→友だち) 友人代表であいさつする adresser un petit discours comme représentant de tous les amis

融通〔柔軟さ〕souplesse 囡, flexibilité 囡 金を融通する prêter de l'argent

優先 priorité 囡 彼は仕事よりも家庭生活を優先している Pour lui, la vie familiale prime sur le travail.

郵送 expédition 囡 本を郵送する expédier des livres par la poste
🔾 郵送料 port 男

雄大な grandiose, magnifique ブルターニュの海岸は眺めが雄大だ Les côtes de la Bretagne offrent des spectacles grandioses.

夕立 averse 囡, orage 男 夕立にあう essuyer une averse

誘導 guider 安全な場所に乗客を誘導する guider les passagers en lieu sûr
🔾 誘導ミサイル missile téléguidé 男

有毒な toxique, délétère 有毒物質を扱う manipuler des produits toxiques /地下鉄に有毒ガスがまかれた Un gaz toxique a été répandu dans les rames du métro.

有能な compétent(e), doué(e) 有能な人材を登用する utiliser des hommes doués

夕日 soleil couchant 男 水平線に夕日が沈む Le soleil descend sur l'horizon.

優美な élégant(e)

郵便 poste 囡;〔郵便物〕courrier 男 (→562ページ〈囲み記事〉) 郵便を出す expédier du courrier /郵便で小包を送る envoyer un paquet par la poste /郵便を配達する distribuer le courrier /〈ケインの〉『郵便配達は二度鳴らす』*Le facteur sonne toujours deux fois* ⓒこの小包を日本まで願います―航空便ですか Je voudrais envoyer ce paquet au Japon, s'il vous plaît. — Par avion?

裕福な riche, aisé(e), fortuné(e) 裕福に暮らす vivre dans l'abondance

ゆうべ hier soir, la nuit dernière ゆうべは一睡もできなかった Je n'ai pu

dormi de toute la nuit.

雄弁 éloquence 囡 雄弁を振るう déployer toute son éloquence /それが何よりも雄弁な証拠だ C'est la preuve la plus éloquente.
🔾 雄弁家 orateur(trice)

有望な 有望な会社 entreprise prometteuse /この学生は将来有望だ Cet étudiant promet de grandes espérances.

有名な (bien) connu(e), célèbre, fameux(se), illustre /〔店・産物から〕réputé(e), renommé(e) /〔悪名高い〕notoire 世界的に有名な作家 écrivain mondialement connu /がんの研究で有名になる devenir célèbre par les recherches sur le cancer /この店の有名なだご汁ってみようか Il paraît que ce restaurant est célèbre. — Et si on y allait...

有名無実な nominal(e)

ユーモア humour 男 ユーモアに欠けるmanquer d'humour /ユーモアのセンスがないね Tu n'as vraiment pas le sens de l'humour! /ブラックユーモア humour noir

夕焼け embrasement du soleil couchant 男 夕焼け空 ciel embrasé

ゆうゆうと バスにゆうゆう間に合う avoir largement le temps pour prendre le bus /電車がすいていて、ゆうゆうと座れる Il y a peu de voyageurs dans le train, on peut s'asseoir à son aise.

猶予 délai 男, répit 男 もはや一刻の猶予もない Il n'y a plus un instant à perdre! /3日の猶予をください Accordez-moi un délai de trois jours.

有利 avantage 男 英語ができると就職に有利だ Parler anglais, c'est un avantage pour trouver un emploi. /試合はフランスチームが有利に進めている Le match se déroule favorablement pour l'équipe de France.

有料 payant(e)
🔾 有料トイレ toilettes payantes 囡
有料道路 route à péage 囡

有力 influent(e), puissant(e), fort(e) 有力者の息子だ C'est le fils d'un personnage influent. /有力候補と目されている être considéré(e) comme un des favoris

幽霊 fantôme 男, revenant 男, spectre 男 この家に幽霊が出るんだよ、この家 Cette maison est hantée, tu sais?
🔾 幽霊会社 société fantôme 囡 幽霊船 vaisseau fantôme 男

誘惑 tentation 囡, séduction 囡 誘惑する tenter, séduire /誘惑に堪える résister à la tentation /誘惑に負ける succomber à la tentation /都会には誘惑が多い Il y a beaucoup de tentations dans les grandes villes. /〈フロベールの〉『聖アントワーヌの誘惑』*La Tentation de Saint Antoine*

床 plancher 男, sol 男 床を張る poser un plancher /床に畳を敷く installer des tatamis sur le plancher /床

が抜けた Le plancher s'est effondré. **床面積** surface de plancher 囡
愉快な joyeux(se), agréable, plaisant(e) 愉快に語り合う converser joyeusement / 彼は愉快なジョークを連発する Il fait sans cesse des astuces drôles.
湯かげん température du bain 囡
ゆがむ se tordre, se déformer 地震で戸がゆがんだ Le tremblement de terre a déformé la porte.
雪 neige 囡 雪が降る Il neige. / 雪が積もる La neige s'accumule. / 雪をかく balayer de la neige / 雪を払う enlever de la neige / 雪が溶ける La neige fond. / 雪の肌 peau blanche comme neige / 雪を欺く aussi blanc(che) que la neige
雪明かり reflets de la neige 男
雪下ろし déneigement des toits 男 雪下ろしをする déneiger le toit
雪女 femme de neige 囡
雪合戦 を jouer à se lancer des boules de neige
雪化粧 山が雪化粧する Les montagnes sont couvertes de neige.
行き先 destination 囡 行く先も告げずに出ていった Il est parti sans préciser sa destination. / バカンスの行き先を決めた J'ai choisi où aller en vacances.
雪だるま bonhomme de neige 男 彼の借金は雪だるま式に増えた Ses dettes ont fait boule de neige.
雪解け fonte des neiges 囡, dégel
行く (→行く) 行く年を振り返る se souvenir de l'année qui s'en va
ゆくえ ゆくえ不明 disparaître complètement / その遭難で5人の死者と3人のゆくえ不明者が出た Il y a cinq morts et trois disparus dans ce naufrage.
湯げ vapeur 囡, fumée 囡 湯げが立つ La vapeur se dégage.
輸血 transfusion (de sang) 囡 負傷者に輸血する transfuser du sang à un blessé / 輸血を受けた血友病患者のHIV感染 contamination par le VIH d'un hémophile transfusé
輸出 exportation 囡 輸出品を exporter / 日本は輸出大国だ Le Japon est un grand pays exportateur.
〇輸出品 article d'exportation
揺する secouer, ébranler, agiter
ゆする (強請る) 金をゆする faire du chantage pour de l'argent
譲る （譲渡）céder, donner ;（譲歩）céder, concéder 友達に本を譲る céder un livre à un ami / 詳しい話は後に譲ります Je garder les détails pour plus tard. / 歩譲ってこの条件を受け入れてもいい。しかしそれ以上はお断りだ À la limite, j'accepterais ces conditions, mais pas plus.
輸送 transport 男 トラックで輸送する transporter... en camion / 海上輸送 transport maritime
〇輸送機 avion de transport 男

送能力 capacité de transport 囡
豊かな riche, abondant(e), opulent(e) 豊かになる s'enrichir / 豊かな生活を夢見る rêver d'une vie riche / 確かに日本は豊かになった Il est vrai que le Japon est devenu un pays riche.
ユダヤ Judée 囡
〇ユダヤ人 Juif(ve) 囡
油断 inattention 囡, imprudence 囡 油断ならない相手 adversaire dont il faut beaucoup se méfier / 油断は失敗のもと L'imprudence est cause d'échec.
◇油断大敵だ Il faut se méfier du cheval de Troie.
ゆっくり lentement, doucement ゆっくり歩く marcher lentement / ゆっくり間に合う avoir tout son temps / ゆっくりやろう Bon, allons-y doucement. / どうぞゆっくり Prenez votre temps. / もっとゆっくり話すようにしない Vous vous forcez à parler plus lentement.
ゆで卵 〔固い〕œuf dur 男 ;〔半熟〕œuf à la coque
ゆでる faire cuire à l'eau
ゆとり marge 囡 ;〔生活の〕aisance 囡 ゆとりのある生活をする vivre dans une grande aisance / 座席の数にゆとりがある Il reste des places libres.
輸入 importation 囡 輸入する importer / 輸入を制限する limiter les importations / 個人輸入をする faire de l'importation à titre privé / 日本は石油を輸入している Le Japon importe le pétrole.
〇輸入品目 liste des articles d'importation 囡 **輸入超過** excédent des importations (sur les exportations)
指 doigt 男 ;〔足の〕orteil 男 ドアに指を挟む se coincer 〔pincer〕 le doigt dans une porte / 指をポキポキ鳴らす faire craquer ses doigts 〔ses articulations〕/ 指をパチンと鳴らす faire claquer des doigts / 指をつばでぬらしてページをめくる mouiller son doigt de salive pour feuilleter un livre / 五本の指に入る compter parmi les cinq meilleurs
◇指一本も差させない ne pas montrer la moindre faiblesse **指をくわえる** 指をくわえて見ている regarder d'un air envieux
指折り数える compter sur ses doigts
指切りする jurer de tenir sa promesse
指差す indiquer du doigt 山の頂を指差す indiquer du doigt le sommet de la montagne ◇どれですか ─ 左のです C'est lequel? ─ Celui de gauche. / 犯人は? ─ あいつです Quel est le coupable? ─ C'est lui.
指輪 bague 囡, anneau 男 指輪に名前を彫る graver un nom sur une bague / 指輪をはめる passer une bague à son doigt /（ヴァーグナーの）「ニー

湯船 baignoire 囡

弓 arc 男；〔楽器の〕archet 男
◇弓を引く tirer à l'arc；〔反逆〕se révolter contre.

湯水 湯水のように金を使う jeter l'argent par les fenêtres

弓なり 体を弓なりにそらす se cambrer

夢 rêve 男, songe 男；〔夢想〕rêverie 囡 夢を見る rêver／大きな夢を抱くavoir une ambition／少年時代の夢がかなう Un rêve d'enfance se réalise.／夢みたいな話だ Je crois rêver.／お休み、いい夢を見るんだよ Bonne nuit. Fais de beaux rêves.／どうしたの、悪い夢でも見たの？ Qu'est-ce que tu as fait un cauchemar?／《フロイトの》『夢判断』 L'Interprétation des rêves
◇夢にも思わない ne jamais songer

夢うつつ 夢うつつで話を聞く écouter sans savoir si l'on se trouve dans un rêve ou dans la réalité

ユリ lis, lys 男 《バルザックの》『谷間の百合』 Le Lys dans la vallée

ゆりかご berceau 男 赤ん坊のゆりかごを揺する bercer un bébé dans un berceau／ゆりかごから墓場まで du berceau à la tombe

緩い lâche, mou(molle) 緩い下り坂 descente douce／緩い球を投げる lancer une balle molle／この土地は地盤が緩い Ce terrain manque de fermeté.

許す〔許可〕permettre, autoriser；〔容赦〕pardonner, excuser；〔免除〕exempter, dispenser 時間の許す限りtant que le temps nous le permettra／あいつを決して許さない Je ne lui pardonnerai jamais.／今度うそをついたら許さないぞ Si je te prends encore à mentir, je te punis.

緩む se desserrer, se relâcher 緩んだボルトを締め直す resserrer un boulon desserré

緩める desserrer, relâcher；〔速度を〕ralentir 気を緩める relâcher son attention

揺れる se balancer, trembler, osciller

よ

世 monde 男, société 囡 世のために人のために尽くす rendre service aux gens et à la société／わが世の春を謳歌する gloire de sa vie／世を捨てる renoncer au monde／この世の果てまで追いかける suivre... jusqu'au bout du monde
◇世が世ならば si on était à une autre époque 世に出る sortir de l'ombre 世を去る quitter ce monde 世を渡る vivre

夜 nuit 囡 秋の夜 nuit d'automne／夜を明かす passer une nuit／夜が明けてきた Le petit jour se lève.／夜の目も寝ないで看病する veiller au chevet d'un(e) malade

夜明け point du jour 男 夜明けとともに起きる se lever dès l'aube

よい（→いい）黙っているほうがよい Il est meilleur de se taire.／よい行いをする faire une bonne action

宵 soir 男, soirée 囡 もう帰るの。まだ宵の口だよ Tu veux déjà rentrer? Mais la nuit ne fait que commencer.
◇宵の明星 étoile du soir 囡

用（→用事）用もないのに来るな Ne viens pas sans raison précise.／ちょっと用があるので〔失礼〕ます J'ai des choses à faire.
◇用を足す〔大小便をする〕faire ses besoins

よう さあ昼食にしよう Ça, déjeunons.

酔う s'enivrer, se griser 酔って〔ivre, soûl(e)／ぐでんぐでんに酔った一人で用をなめる être soûl comme un tonneau.／船に酔う avoir le mal de mer／《ランボーの》『酔いどれ船』 Le Bateau ivre

用意（→準備）食事の用意をする préparer un repas／用意はいいかい？ [=Tu as fini tes préparatifs? =Tu es prêt(e)?]／用意、どん Prêts? Partez!

容易 facile, aisé(e) 容易に解決しない事件 affaire difficile à résoudre／それは容易に想像がつくことだ Cela s'imagine aisément.

要因 facteur 男

溶岩 lave 囡

陽気な gai(e) 陽気な性格である être gai(e) de nature／陽気に騒ぐ faire la fête gaiement／陽気(=天気)がよくなってきた Le temps est devenu plaisant.／《シェークスピアの》『ウィンザーの陽気な女房たち』 Les Joyeuses Commères de Windsor

容器 récipient 男 容器に水を張る remplir un récipient d'eau／プラスチックの容器 récipient (en) plastique

容疑 soupçon 男, inculpation 囡 殺人容疑で逮捕される être arrêté(e) sous inculpation d'assassinat／容疑が晴れる Les soupçons se dissipent.
◇容疑者 suspect(e) 男囡 容疑者を取り調べる faire subir au suspect un interrogatoire

要求 exigence 囡, demande 囡；〔権利土分の主張〕réclamation 囡, revendication 囡 要求する exiger, demander／要求をはねる repousser une demande

用件 affaire 囡 ご用件は何ですか De quelle affaire s'agit-il?／用件を切り出す commencer à faire sa demande／用件に入るに当たって pour en venir à notre affaire

要件 condition requise 囡 パイロットになるための要件を満たす satisfaire les conditions requises pour devenir pilote

用語 terme 男, terminologie 囡 わかりやすい用語で話す parler avec des

よ

mots simples /専門用語 termes techniques

🔷**用語集** vocabulaire 男, lexique 男, glossaire 男

容姿 apparence 女, figure 女 容姿端麗だ avoir un physique agréable /容姿も心もすばらしい人 personne merveilleuse tant de l'intérieur que de l'extérieur /彼は容姿を気にする年ごろだ Il est à l'âge où l'on se préoccupe des apparences.

用事 affaire 女 (→用件) 今晩は空いてる？ —ごめん，用事があるんだ Tu es libre ce soir ? — Désolé. J'ai quelque chose à faire.

幼児 petit(e) enfant 男 この病気は一般に5歳以下の幼児がかかる Cette maladie atteint généralement les enfants de moins de cinq ans.

🔷**幼児語** langage enfantin 男

幼時 première enfance 女 （ベルリオーズの）「キリストの幼時」 L'Enfance de Christ

容赦する pardonner à... 容赦ない impitoyable /何やってるの．今度は容赦しませんよ Vous pouvez m'expliquer ce que vous faites? Cette fois-ci je ne vous pardonne pas.

養殖する élever, cultiver 東南アジアで養殖されたウナギを食べている Nous mangeons de l'anguille élevée dans l'Asie du Sud-Ouest. /カキ（牡蠣）を養殖する cultiver des huîtres

用心 attention 女, précaution 女 かぜに用心する se prévenir du froid /用心に越したことはない Il vaut mieux prendre des précautions. /火の用心 Faites attention au feu !

用心深い prudent(e), précautionneux(se)

ようす [情勢] état 男, situation 女 ；[外見] aspect 男 ようすをうかがう avoir l'œil aux aguets /どんなようすでしたか Quel était son état? / 疲れたようすだ Il a l'air fatigué. /ようすがいつもと違った Il n'avait pas l'air comme d'habitude. /ちょっとようすを見よう Attendons un peu de voir.

要するに bref, en un mot, après tout 要するに何を言いたいのか En bref, qu'est-ce que tu veux dire?

要請 demande 女 選挙への出馬を要請する demander de se présenter aux élections /隣国からの要請で食糧を援助した Nous avons envoyé sur leur demande des vivres aux pays voisins.

妖精 fée 女

養成する former 熟練労働者を養成する former une main-d'œuvre qualifiée /グランドゼコールは将来の権力の担い手を養成する Les grandes écoles forment les futurs détenteurs du pouvoir.

容積 capacité 女, contenance 女 容積の大きなケース caisse d'une grande contenance /容器の容積を測る mesurer la capacité d'un récipient /この水槽の容積は100リットルだ Cette citerne cube 100 litres.

要素 élément 男 ；[要因] facteur 男 不可欠の要素 élément indispensable /運というものはいつもついて回るわけではない Le facteur chance n'intervient pas à tous les coups.

ようだ 今年の夏は暑いようだ Il paraît qu'il fera chaud cet été.

幼稚な enfantin(e), puéril(e) 幼稚な意見を述べる faire des remarques enfantines /考え方が幼稚で困る Il a toujours des idées puériles et c'est embêtant.

🔷**幼稚園** (école) maternelle 女

要点 point essentiel 男 話の要点を書き取る prendre en note les points essentiels /議論の要点を数行にまとめるとこうなる Voici en quelques lignes la substance de cette discussion.

用途 usage 男, emploi 男 用途が広い peut servir à divers usages /これは何に使うの一野菜の皮むき用です À quoi ça sert? — Ça sert à éplucher des légumes.

曜日 jour de la semaine 男 ◆月曜 lundi 男 火曜 mardi 男 水曜 mercredi 男 木曜 jeudi 男 金曜 vendredi 男 土曜 samedi 男 日曜 dimanche 祝日 jour de fête, jour férié 週末 week-end 平日 semaine 男, jour ouvrable 平日に en semaine

洋装 vêtements à l'occidentale

容ぼう physionomie 女 美しい容ぼうの人 personne de belle physionomie ◆青い[黒い]目の avoir les yeux bleus [noirs] 髪が黒い[ブロンドの，赤毛の] avoir les cheveux noirs [blonds, roux] 長髪 [ショートヘア] の avoir les cheveux longs [courts] ひげをはやした avoir une moustache [barbe] 顔が丸い [卵形の，長い] avoir un visage rond [oval, long]

羊毛 laine 女, toison 女

要約 résumé 男, sommaire 男 ここまでの話を要約しますと pour nous résumer

ようやく [苦労して] avec peine ；[遅くなったので] enfin, à la fin さあ，ようやく着いた Nous voici enfin arrivés. / ようやく電車に間に合った J'ai pu attraper de justesse le train.

要領 [要点] point essentiel 男 ；[こつ] truc 男 要領よく行う procéder avec méthode /要領を覚える apprendre comment faire /要領を飲み込む comprendre les trucs /要領の悪い人 だ Il n'a pas la main. /あいつの話は要領を得ない Je n'arrive pas à saisir ce qu'il veut dire.

ヨーグルト yaourt 男

ヨーロッパ Europe 女

余暇 loisirs 男複, temps libre 男 余暇を（…に）使う occuper ses loisirs à... /余暇を利用して教養を高める profiter de ses loisirs pour se cultiver

予感 pressentiment 男 そんな予感がしていた J'en avais le pressentiment. / 失敗しそうないやな予感がした J'ai le mauvais pressentiment d'un échec. / 予感が的中した Mes pressentiments se sont verifiés.

予期する s'attendre (à〜予想) 予期したとおりの結末 fin telle qu'on s'y attendait / 予期せぬ障害にぶち当たる se heurter à un obstacle imprévu

余興 divertissement 男, attractions 女 余興に何かやれよ Un peu de divertissement!

預金 dépôt 男 銀行に預金する mettre son argent à la banque / 預金残高はいくらになっていますか Je voudrais connaître l'état de mon compte.

□預金口座 compte de dépôt 男

よく 〔うまく〕bien ; 〔しばしば〕souvent (→よくも) よくなった Tu as fait du bon travail. / よくそんなことが言えるね Tu en as du toupet! / よくあることさ Ça arrive souvent. / よく考えなさい Réfléchis bien. / きみがよくやってくれたおかげで全部おじゃんだ Félicitations! Vous avez tout gâché.

欲 désir 男, avidité 女, cupide, rapace / 欲に走る obéir à ses désirs / 欲を言えばきりがない Les désirs n'ont pas de fin. / あの子は欲っぽい気が出てきた Ce garçon commence à en vouloir.

◆欲の皮 欲の皮が突っ張ったやつだ C'est un type plein d'avarice.

抑圧 oppression 女 ◆〔精神分析〕refoulement 男 自由を抑圧する opprimer la liberté / 抑圧を受けている女性たち femmes sous oppression

浴室 salle de bain 女 ◆シャワー douche 女 栓 bonde 女 洗面台 lavabo 男 洗面器 cuvette 女 タイル carreau 男 体重計 pèse-personne 男 ビデ bidet 男 便器 cuvette 女 浴槽 baignoire 女

翌日 le lendemain, le jour suivant 翌日の夜に le lendemain au soir / その日にできることを翌日に延ばしてはならない Il ne faut jamais remettre au lendemain ce qu'on peut faire le jour même.

欲望 désir 男, envie 女, appétit 男 欲望を満たす satisfaire ses désirs / 欲望を抑える refouler ses désirs / 欲望には切りがない Le désir est insatiable.

よくも よくもやったな Tu m'as fait du beau travail.

余計な superflu(e), inutile 人より余計に勉強する travailler plus que les autres / 余計な物を買う acheter des choses inutiles / 隠されると余計知りたくなる Plus les choses sont cachées, plus on veut les savoir. / 余計な世話ですが、放っておいて下さい。Est-ce que vous pouvez me laisser tranquille?

よける (→避ける) 車が来たので脇によけた Une voiture est arrivée, alors je me suis rangé.

予言・預言 prédiction 女, prophétie 女 予言する prédire, prophétiser / ノストラダムスの予言 les prophéties de Nostradamus / 地震をきみは予言する prédire un tremblement de terre / 予言が的中した La prédiction s'est accomplie.

□予言者 prophète(étesse) 名

横 〔幅〕largeur 女 ; 〔側面〕côté 男 横に : à côté / 机の横にある être à côté du bureau / 私の横に座りなさい Mettez-vous à côté de moi. / 横から口を出すな Ne mets pas ton nez dans les affaires des autres.

◇横になる se coucher 横のものを縦にもしない ne pas remuer [lever] le petit doigt

横切る traverser 黒猫が前を横切った Un chat noir a traversé devant nous.

予告 prévenir, avertir 断水を予告する prévenir d'une coupure de l'eau / テロリストがビル爆破を予告した Les terroristes ont annoncé qu'ils allaient faire sauter l'immeuble.

□予告編 bande annonce 女 当劇場にて近日公開〔予告編の案内で〕Prochainement sur cet écran.

汚す salir, polluer 服を汚す tacher un vêtement / みんなの公園を汚すな Ne laisse pas d'ordures dans le parc public.

横たわる se coucher, s'étendre, s'allonger ごろりと横たわる s'étendre de tout son long

横目 横目でにらむ fixer du coin de l'œil / 騒ぎを横目に通り過ぎる passer sans tenir nul compte du tumulte

汚れ tache 女 ワイシャツの汚れ具合から、着替えていないな On peut voir aux taches de sa chemise qu'il ne s'est pas changé.

汚れる se salir, se tacher 足を彼にされて靴が汚れた On a marché sur mon pied et mon soulier s'est sali.

予算 budget 男, crédits 男複 予算を組む dresser le budget / 予算を超過する dépasser le budget / 予算に制約される être restreint(e) par des limites budgétaires / 国家予算 budget de l'Etat / 予算編成 préparation du budget

予習 préparation 女 予習する préparer ses leçons

寄せる テーブルを窓際に寄せる rapprocher la table de la fenêtre

予選 séries 女複, éliminatoires 女複 予選を通る franchir des éliminatoires / 予選を勝ち抜いて決勝に残る se qualifier aux séries pour la finale

よそ ailleurs, autre part よそを探す chercher ailleurs / よそに行こう Allons autre part. / 仕事をよそに昼寝する faire la sieste en négligeant son travail / これはよそでは決して見られません Vous ne trouverez cela nulle part ailleurs.

予想 prévision 囡, pronostics 男 予想する prévoir / 予想どおり comme prévu / 予想に反して contre toute attente / 試合の勝敗を予想する pronostiquer le résultat d'un match / 今年は暖冬だと予想される On dit que cet hiver sera doux. / 予想が当たった La prévision s'est révélée exacte.

よそする regarder ailleurs

よそ者 étranger(ère) 图

よそゆきの服 habits de sortie 男複

よそよそしい froid(e)

よだれ salive 囡. よだれを垂らす baver, saliver / いいにおいで、よだれが出そう Ah ça sent bon. Ça me met l'eau à la bouche.

余地 place 囡

予知する prévoir 噴火を予知する prévoir une éruption
◘ **予知能力** puissance divinatrice

欲求 besoin 男; 〔欲望〕désir 男 欲求を満たす satisfaire les besoins
◘ **欲求不満** frustration 囡 欲求不満になりそうだ Je sens que je vais être frustré(e).

酔っぱらい ivrogne 图, soûlard(e) 日本社会は酔っぱらいに甘い La société japonaise ne se montre pas sévère envers les ivrognes.

予定 projet 男, plan 男 予定する prévoir / 予定を組む former un projet / 予定を空ける laisser son projet en blanc / 予定は未定です Le projet reste encore en suspens. / 会議は来週に予定されている La réunion est prévue pour la semaine prochaine.

与党 majorité 囡, parti majoritaire [gouvernemental] この法案をめぐって与党と野党が対立している Cette loi divise majorité et opposition.

夜中 nuit 囡, minuit 男 真夜中に en pleine nuit / 夜中まで起きている être éveillé(e) jusqu'à minuit / 夜中に帰ってきて飯を出せ、なんて冗談じゃない Tu voudrais que je te serve ton repas quand tu rentres au milieu de la nuit. Tu plaisantes ou quoi?

夜逃げする mettre la clé sous la porte

世の中 monde 男 世の中にて働き始める débuter dans la vie / 世の中ってこんなものさ Ainsi va le monde. / 今の世の中、どうなってしまったものや Quel monde que le nôtre! / 悪いことばかりは続かない Le monde est bien fait:après la pluie, le beau temps.

余白 marge 囡 〔デリダの〕『哲学の余白』 *Marges de la philosophie*

予備 réserve 囡 予備のタイヤ pneu de rechange
◘ **予備知識** connaissances préalables 囡複 **予備費** fonds de réserve

呼びかけ appel 男 助け合い運動の呼びかけに応じる répondre à l'appel de la campagne pour les aides mutuelles

呼びかける appeler 平和を呼びかける lancer un appel à la paix

呼び鈴 sonnerie 囡

呼ぶ appeler; 〔呼び寄せる〕faire venir; 〔招く〕inviter 本を読んでいると、だれかが私の名前を呼んだ Quand je lisais, quelqu'un m'a appelé. / もらった子犬をポチと呼ぶことにした Nous avons décidé d'appeler Pochi un chiot qu'on nous a donné.

夜更かしする veiller tard 夜更かしの癖がついた J'ai pris l'habitude de me coucher tard. / ゆうべ夜更かしをしたので、けさは眠い Je me suis couché tard hier soir et j'ai sommeil ce matin.

余分 surplus 男, excès 男 余分なお金を貯金する économiser l'argent de reste / 人より余分に働く travailler plus que les autres

予報する annoncer 津波を予報する faire la prévision d'un tsunami

予防 prévention 囡 予防する prévenir / 災害の予防 prévention des désastres
◘ **予防医学** médecine préventive **予防線** ligne de défense 予防線を張る aller au-devant d'une objection **予防接種** vaccination 囡 用心のために予防接種を受ける se faire vacciner contre une maladie par mesure de prévention

よほど よほどのことがない限り sauf en cas exceptionnel / よほど警察に行こうかと思った Je me suis presque décidé d'oser aller à la police. / よほど安心したのだろう、その子は眠ってしまった Cet enfant, enfin entièrement rassuré, s'est endormi.

読み 読みが深いね Tu es très perspicace.

読み返す relire

よみがえる revivre, ressusciter 苦い思いがよみがえった J'ai revécu un souvenir pénible. / 雨で草木の緑がよみがえる La pluie fait revivre les plantes.

読み取る 郵便番号を機械で読み取る lire électroniquement les codes postaux

読む lire 子供たちに本を読んで聞かせる lire un livre aux enfants / すらすらとドイツ語を読む lire l'allemand à livre ouvert / 成功するには先を読め Pour réussir, il faut voir loin.

嫁 〔息子の〕belle-fille 囡; 〔妻〕femme 囡 嫁に行く se marier / 家の嫁さんは元気か Ta femme, elle va bien? / 嫁との仲がうまくいかない Je ne m'entends pas avec ma belle-fille.

予約 réservation 囡, location 囡 予約する réserver, louer / ホテルに部屋を予約する reserver une chambre dans un hôtel [=louer une chambre à l'hôtel] / レストランに席を予約してある avoir une table réservée au restaurant / 予約を確認する confirmer une reservation / 予約を

キャンセルする annuler une réservation. ◎【レストラン】もしもし。夜8時から2名で予約したいのですが Allô? Je voudrais réserver pour deux personnes à 20 heures. /窓際の席をお願いしたいのですが Je voudrais une place près de la fenêtre. 【ホテル】7月10日から3泊で予約したいのですが Je voudrais réserver pour trois nuits à partir du 10 juillet. /シングル［ツイン］でお願いします Une chambre à un lit [deux lits], s'il vous plaît. 【コンサート・劇など】アルゲリッチのチケットを2枚お願いします Je voudrais deux billets pour le concert d'Argerich. /いちばん安い席でお願いします Je voudrais un billet au prix le plus bas. 【ツアー】ツアーに参加したいのですが Je voudrais faire une visite guidée. /ユーロディズニーランドに行くツアーはありますか Il y a un circuit Disneyland Paris? /ロワールの城を見たいのですが Je voudrais voir les châteaux de la Loire.

余裕 囡〔余地〕place 囡;〔時間の〕temps disponible 男 忙しくて時間の余裕がない Je suis trop occupé pour avoir le temps disponible. /列車の乗り換えに30分の余裕は見ておいたほうがよい Il vaut mieux prévoir un battement d'une demi-heure pour changer de train.

寄り合い réunion 囡 町内で寄り合いがある Une réunion de quartier aura lieu.

寄る〔近づく〕s'approcher de...;〔立ち寄る〕passer 絵を近くに寄って見る regarder un tableau de près /左に寄ってくれますか Est-ce que vous pouvez vous rapprocher sur la gauche? /8時にうちに寄ってください Passez chez moi à huit heures.

◇寄ってたかっていじめる Tout le monde persécute. 寄らば大樹の陰 La raison du plus fort est toujours la meilleure. 寄ると触ると寄ると触ればそのうわさばかりだ On parle de cela toujours et partout.

夜 nuit 囡, soir 男 夜になる La nuit arrive. /夜遅く tard dans la nuit /昼も夜も nuit et jour /セリーヌの『夜の果てへの旅』 Voyage au bout de la nuit /【アラン・レネの】『夜と霧』 Nuit et Brouillard

因る〔原因となる〕être causé(e) par, être dû [due] à... 事故はスピードの出し過ぎに因るものだ L'excès de vitesse qui a causé un accident.

よる〔依る・拠る〕dépendre de...;〔依存する・関係する〕dépendre de... 新聞によると selon [d'après] les journaux /力による統治 règne de la force

鎧 よろう cuirasse 囡;〔武具〕armure 囡 鎧を身につける endosser [ceindre] la cuirasse

喜び joie 囡, plaisir 男 喜びを味わう goûter le plaisir /喜びの色を顔に浮かべる exprimer sa joie sur son visage /心からお喜び申し上げます Permettez-moi de vous adresser mes félicitations.

喜ぶ être content(e), se réjouir 喜んで avec plaisir, volontiers /喜んで出席します J'y assisterai avec plaisir. ◎あおい Chouette! /うれしいな Ça me fait plaisir. /最高だ C'est super!

よろしい よろしい。わかりました Bon, c'est entendu.

よろしく お母さんによろしく Donnez bien le bonjour à votre mère. /初めまして。よろしくお願いします Heureux(se) de faire votre connaissance. Enchanté(e).

世論 opinion publique 囡 テレビを通じて世論に訴える faire appel à l'opinion publique par la télévision /世論を操作する manœuvrer l'opinion publique

◘ **世論調査** sondage d'opinion 男 世論調査で1位を占める arriver en tête des sondages /世論調査によれば d'apres les sondages

弱い〔体が〕faible, fragile;〔虚弱な〕chétif(ve);〔程度が〕faible, léger(ère) 数学に弱い être faible en mathématiques /美人に弱い avoir un faible pour les belles femmes /兄さんには弱い Je ne peux pas m'opposer à mon grand frère.

弱音 もうだめだー弱音を吐くなよ Je n'en peux plus. — N'abandonne pas la partie.

弱み faiblesse 囡 弱みを握る connaître le point faible /弱みに付け込む tirer avantage de la faiblesse de...

弱る s'affaiblir, faiblir;〔困る〕être ennuyé(e) 暑さで体が弱る dépérir de chaleur /弱ったなあ C'est ennuyeux. /隣の人がうるさくて弱った Les bruits de mon voisin me gênent.

ら

ライオン lion(ne) 囡

来客 突然の来客に慌てる se troubler à cause d'une visite soudaine

来月 le mois prochain

来週 la semaine prochaine

ライター briquet 男 ガスライター briquet à gaz

来年 l'année prochaine 囡 来年の秋 automne de l'année prochaine /来年のことを言うと鬼が笑う Si l'on prédit l'avenir, même le diable va rire.

ライバル rival(ale) 囡 ライバル意識を持つ avoir l'esprit de rivalité /ライバルと競争する力が伸びる On peut se dépasser quand on s'entraîne avec un rival.

ライ麦 seigle 男

楽な confortable;〔易しい〕facile, aisé(e) どうぞお楽に Faites comme chez vous. /緊張しないで、気を楽にして Ne vous crispez pas, dé-

tendez-vous！／楽な仕事さ C'est un boulot qui n'est pas fatiguant.
◇**楽あれば苦あり** Il n'y a pas de bonnes fêtes sans lendemains.
楽園 paradis 男, éden 男 野鳥の楽園 paradis des oiseaux sauvages／タヒチは地上の楽園さ Tahiti est un paradis terrestre.
落書き griffonnage 男；〔壁や建物などにされた〕graffiti 男複 落書きする griffonner／道路に落書きする graver des inscriptions dans la pierre
楽勝 あいつが相手なら楽勝だ C'est très facile de le vaincre.／逆立ちして歩ける？―楽勝さ Est-ce que tu sais marcher sur les mains？―C'est simple comme bonjour.
落第する 〔留年〕redoubler；〔試験などに〕échouer à…　彼はリーダーとして落第だ Il lui manque les qualités d'un leader.
◆**落第生** recalé(e) 名
楽天家 optimiste 名
楽天的な（→楽観）楽天的に考える voir tout en rose／楽天的な性分だ avoir un caractère optimiste
ラグビー rugby 男
ラケット raquette 女
らしい そんなことを言うのはいかにも彼らしい Ces propos sont bien dignes de lui.
ラジオ radio 女 ラジオを聞く écouter la radio／ラジオをお聞きの皆さん、今晩は Chers auditeurs, chères auditrices, bonsoir.
螺旋（らせん） spirale 女
◆**螺旋階段** escalier en spirale 男
落下 chute 女 リンゴが落下するのを見てニュートンは引力の法則を発見した Voyant choir une pomme, Newton a trouvé la loi de l'attraction.
◆**落下傘** parachute 男 **落下地点** point de chute 男
ラッカー laque 女 壁にラッカーを塗る peindre un mur à la laque
楽観 optimisme 男 楽観的なオプティミスト／なりゆきを楽観する envisager la tournure avec optimisme
ラッシュ〔混雑〕heures de pointe 女複；〔映画撮影〕rush 男；〔スポーツの攻撃で〕forcing ラッシュを避けて電車に乗る éviter les heures de pointe pour prendre le train／雑誌の発刊ラッシュ course à la publication des revues
ラベル étiquette 女 原産地表示ラベル label d'origine
欄〔新聞などの〕rubrique 女；〔書類の〕case 女 新聞のスポーツ欄を読む lire la rubrique sportive du journal／この欄に住所と名前を書いてください Inscrivez dans cet espace vos noms et adresses.
乱雑な désordonné(e), confus(e) 部屋が乱雑だ La chambre est en désordre.
ランドセル cartable à bretelles 男
ランドリー branchisserie 女
乱暴 violence 女 乱暴はやめて Sois moins brutal.／弟に乱暴する faire violence à son frère
乱用 abus 男 職権乱用 abus d'autorité／薬の乱用は体の毒だ L'abus des médicaments nuit à sa santé.

り

利（→利益）漁夫の利を得る pêcher en eau trouble
リーダー dirigeant(e) 名, leader 男；〔読本〕livre de lecture 男
◆**リーダーシップ** リーダーシップに欠ける manquer des qualités requises à un leader
利益 gain 男, bénéfice 男, profit 男 利益になる profitable, rentable／大きな利益を上げる réaliser d'importants profits／利益を3等分する partager les bénéfices en trois parties égales／改革の利益を受けるのは特に農民だ Les bénéfices de la réforme vont surtout aux agriculteurs.
◆**利益集団** coterie 女
理科 science 女 彼女は理科系の学生だ Elle est une scientifique.
理解 compréhension 女 理解する comprendre／理解できる compréhensible／理解できない incompréhensible／理解に苦しむ avoir du mal à comprendre／理解が早い、yeteh comprendre／理解のある親だ Tu as des parents très compréhensifs.
利害 intérêt 男 利害を共にする partager des intérêts communs／双方の利害が絡み合う Les intérêts se mêlent des deux côtés.
陸 terre 女 陸に上がる débarquer／陸の孤島 terre isolée
陸上競技 athlétisme 男
理屈 raison 女, théorie 女, raisonnement 男 理屈通りにはすべてうまくいかない Tout ne va pas comme on le voudrait théoriquement.／理屈に合わないことは許されない Ce qui n'est pas raisonnable n'est pas permis.／理屈をこねている時ではない、行動しなければ Il n'est pas temps de théoriser, il faut agir.
理屈っぽい人 raisonneur(se) 名
利口な intelligent(e), sage じっとしているようが利口だ Il est plus sage de rester immobile.／きょうはお利口さんだこと On est bien sage aujourd'hui！／お利口にしていないとサンタさんが来てくれませんよ Si tu n'es pas sage, le Père-Noël ne viendra pas.
リコールする demander la révocation
利己 利己的な égoïste, intéressé(e)
◆**利己主義** égoïsme 男
離婚 divorce 男 夫と離婚する divorcer avec (d'avec) son mari／離婚を求める demander le divorce／離婚を拒む refuser le divorce／家庭内離婚の状態だ Ils vivent comme s'ils étaient divorcés.

リサイクル recyclage 男 リサイクルする recycler

リサイタル récital 男 ピアノリサイタルを開く donner un récital de piano

利子 intérêt 男 利子がかかる rapporter un intérêt / 高い利子で金を貸す prêter de l'argent à intérêt élevé

リス écureuil 男

リスト liste 女 リストに載せる porter... sur une liste

リストラ restructuration 女

リズム rythme 男 リズムを取る battre / 足でリズムを取って歌う chanter en battant la mesure du pied / リズム感がある avoir le sens du rythme

理性 raison 女 理性のある raisonnable / 理性に訴える faire appel à la raison / どんなときでも理性を失わない ne jamais perdre la raison quelque soit le moment / 理性が欲望に勝つ La raison surmonte le désir. /《カントの》『純粋理性批判』 *Critique de la raison pure* /《カントの》『実践理性批判』 *Critique de la raison pratique*

理想 idéal 男 理想的な idéal(ale) / 理想を高く掲げる professer un idéal élevé / 理想を追う poursuivre un idéal / 理想を実現する réaliser un idéal / 理想の人にやっと出会った J'ai enfin rencontré la personne idéale.
○**理想郷** utopie 女 **理想主義者** idéaliste

率 taux 男, pourcentage 男 利子の率がいい預金 dépôt à taux d'intérêt élevés

立候補 candidature 女 立候補する se porter candidat(e) / 市長選挙に立候補する poser sa candidature à un poste de maire de la ville

立体 solide 男 立体的な映像 image tridimensionnelle
○**立体幾何学** géométrie dans l'espace **立体派** cubisme 男 **立体模型** plan en relief 男

リットル litre 男 デシリットル décilitre 男

りっぱな admirable, remarquable, beau(belle) りっぱな成績で試験に合格する passer brillamment un examen / 彼女はもうりっぱなおとなだ La voilà maintenant une femme. / あのりっぱな決心はどこへ行ったの Que sont devenues vos belles résolutions ? / それはりっぱな犯罪です C'est un crime incontestable.

立方 cube 男 2の立方は8だ Le cube de deux est huit.
○**立方根** racine cubique 女 **立方センチメートル** centimètre cube 男 **立方体** cube 男 **立方メートル** mètre cube 男

リハーサル répétition 女

理髪 coiffure 女 ①どのようにお刈りしましょうか — 襟足を少し短くしてください[お任せします / 前髪を短くしてください] Qu'est-ce que vous voulez qu'on vous fasse ? — Je voudrais me faire un peu ra raccourcir la nuque. [Je m'en remets à votre talent. / Je voudrais me faire raccourcir la frange.]
○**理髪師** coiffer(se) 名《ロッシーニの》『セビリアの理髪師』 *Barbier de Séville* **理髪店** salon de coiffure 男

リハビリ(テーション) rééducation 女, réadaptation fonctionnelle 女 リハビリしないと冬につらいよ Si vous ne faites pas de rééducation, vous souffrirez en hiver.

リボン ruban 男 リボンをかける enrubanner

裏面(→裏) 裏面を見よ Voir au verso.

リモコン télécommande 女

略語 mot en abrégé 男, abréviation 女《*photographie (写真)をphotoと略すなど》[頭文字をとった] sigle 男《* Société nationale des chemins de fer français (フランス国有鉄道)を S. N. C. F. で示すなど》

略奪 pillage 男, saccage 男 店の商品を略奪する mettre à sac une boutique
○**略奪者** pillard(e) 名, saccageur(se) 名

理由 raison 女, cause 女, motif 男 …の理由で en raison de..., à cause de... / さまざまな理由により pour de multiples raisons / 理由を問いかえす questionner sur la raison / 理由もなく不安を抱く s'inquiéter sans raison / 病気を理由に休む s'absenter pour raison de maladie / それは…の理由にはならない Ce n'est pas une raison pour... / 彼の自殺には深い理由がある Son suicide a une raison profonde.

留学 aller étudier à l'étranger フランスに留学する aller faire ses études en France
○**留学生** étudiant(e) étranger(ère) 名

流行 mode 女, vogue 女 流行を追う suivre la mode / 流行にすぐ飛びつく toujours chercher à être à la mode / 姉は流行の先端をいっている Ma sœur est toujours à la dernière mode. / 流行遅れの démodé(e)
○**流行歌** chanson populaire [à la mode] 女 **流行作家** écrivain en vogue 男

硫酸 acide sulfurique 男

流ちょうに couramment 彼のフランス語は流ちょうだ Il parle français couramment.

流通《空気の》ventilation 女, circulation 女 流通する circuler / 商品を流通させる écouler [débiter] des marchandises / 流通システムの近代化 la modernisation du systèmes de distribution
○**流通貨幣** monnaie en circulation 女 **流通コスト** coût de distribution 男

流動 政治情勢の流動性 la fluidité de la situation politique

◻流動食 aliment liquide 男
リュックサック sac à dos
量 quantité 女 仕事の量を減らす réduire la quantité de travail / 量が質 La qualité plutôt que la quantité. / 酒の量を過ごして愕酔いする boire à l'excès et avoir la nausée
漁 pêche 女 漁に出る aller à la pêche
猟 chasse 女 カモ猟に出かける aller à la chasse aux canards / 犬を連れて猟をする chasser avec des chiens
寮 pension 女〔寄宿学校〕pensionnat 男, internat 男 寮に入る être en pension
利用 utilisation 女, usage 男 利用する utiliser / 原子力を平和的に利用する utiliser l'énergie nucléaire à des fins pacifiques / 原油高を利用してもうける profiter de la hausse du prix du pétrole brut
◻利用者 usager 男
領域 domaine 男, champ 男 他人の領域を侵す empiéter sur le domaine des autres / 研究領域を広げる élargir le champ de recherche
了解 entente 女, accord 男, consentement 男 了解を得る obtenir le consentement de ... / 了解 ! Entendu ! [=D'accord!]
両替 change 男 ドルをユーロに両替する changer des dollars en euros / ホテルより銀行で両替したほうがレートが有利だ Le taux de change est plus avantageux à la banque qu'à l'hôtel. / 3万円を3万円分のユーロに両替したいのですが Je voudrais changer trente mille yens. ☺小額紙幣も入れてください Mettez aussi des petites coupures, s'il vous plaît. / このお札を小額紙幣にしてください Je voudrais changer ce billet contre des petites coupures.
◻両替所 (bureau de) change 男
両側 肉の両側を焼く faire griller la viande de chaque côté / 道路の両側に並木が続く Des arbres bordent la rue.
料金〔品物・サービスの〕prix 男〔一覧表になった〕tarif 男;〔公共の〕taxe 女 料金を改定する modifier un prix / 料金を上げる hausser le prix / 10歳以下の子供は半額料金です Les enfants de dix ans et au-dessous paient moitié tarif.
◻料金所 péage 男
漁師 pêcheur(se) 男
領事 consul 男 総領事 consul général
◻領事館 consulat 男
良識 (→常識) 良識ある行動をする agir d'une manière raisonnable / 良識に訴える faire appel au bon sens / 良識に欠けている Ce serait manquer de bon sens. / 良識人だ C'est un homme de bon sens.
両者 両者の言い分を聞く entendre les deux parties / 両者には実力に隔たりがある Il y a une différence de capacité entre les deux.

領収 réception 女 代金を領収する recevoir le prix / 領収済み Pour acquit
◻領収書 reçu 男, quittance 女
両親 parents 男 ご両親によろしく Donnez le bonjour à vos parents.
良心 conscience 女 良心に訴える faire appel à la conscience / 良心に従って行動する agir selon sa conscience / 良心に目覚めた Sa conscience s'est réveillée. / どうも良心がとがめる Ma conscience me le reproche. / そんなことは良心が許さない Ma conscience s'y oppose.
両生類 batraciens 男複 ◆イモリ triton 男 カエル grenouille 女, crapaud 男 サンショウウオ salamandre 女
両手 deux mains 女複 両手でつかんで持ち上げる tenir ... à deux mains / 両手を広げて伸ばす étendre deux bras / 両手がふさがっている Les deux mains sont occupées. / 両手に花 être assis entre deux belles filles
領土 territoire 男
両方 tous (toutes) les deux, l'un(e) et l'autre 君たち両方とも悪い Vous êtes tous deux responsables.
療法 thérapeutique 女
料理 cuisine 女;〔皿に盛った〕mets 男, plat 男 (→180ページ〔囲み〕) 料理をする faire la cuisine / 料理を習う apprendre la cuisine / 料理を頂く prendre des plats / 料理をじっくり味わう savourer un mets / 料理の腕には自信があります Je pense que je suis un bon cordon bleu. / このホテルは料理が評判だ Cet hôtel est réputé pour sa cuisine. / 男も料理ぐらいできないとだめだよ Un homme devrait au moins savoir faire la cuisine. / フランス料理 cuisine française / ブルゴーニュ地方の伝統料理 cuisine traditionnelle de Bourgogne
◻料理人 cuisinier(ère) 料理屋 restaurant 男
両立 compatibilité 女 仕事と遊びを両立させる concilier le plaisir avec le travail / 日本は伝統と新しいものがうまく両立している Tradition et nouveauté coexistent harmonieusement au Japon.
旅館 auberge (japonaise) 女
旅行 voyage 男 旅行する voyager / フランスに旅行する voyager en France / 初めての海外旅行は一人で行くといい C'est bien, pour un premier voyage à l'étranger, de partir seul. / 3泊4日サイパンに旅行してきた J'ai fait un voyage de quatre jours à Saïpan. ☺天気はよかった？ Il faisait beau temps? / 買い物はした？ Vous avez fait du shopping? / お土産は？ Tu m'as rapporté quelque chose?
◻旅行記 récit de voyage 旅行者 voyageur(se) 旅行代理店 agence de voyages
離陸 décollage 男 当機はまもなく離

利率

陸いたします L'avion va bientôt décoller.

利率 taux d'intérêt 男 年5パーセントの利率で預金する placer de l'argent à cinq pour cent par an / 利率の大幅引き下げを図る procéder à une forte baisse des taux d'intérêt

リレー relais 男；〔リレー競走〕course de relais 女 400メートルリレー le quatre cents mètres relais / 聖火リレー ― relais de la flamme [torche] olympique / 水をバケツでリレーする transporter des seaux d'eau en se les passant de l'un à l'autre

履歴 antécédents 男複

理論 théorie 女 理論を打ち立てる postuler une théorie / 理論を実践に移す mettre una théorie en application / 相対性理論なら だれにも分かるように説明する rendre la théorie de la relativité intelligible à tous / 理論的には可能だ C'est théoriquement possible.

輪郭 contour 男, linéaments 男複 輪郭の美しい顔 un visage aux contours harmonieux / 計画の輪郭がはっきりし始める Le projet commence à prendre forme.

臨機応変 臨機応変に行動する agir suivant les circonstances

リンゴ pomme 女 リンゴ食べれば医者いらず Une pomme chaque matin chasse le médecin.
◘**りんご酒** cidre 男

臨時 provisoire, temporaire 男 臨時職員を雇う employer du personnel temporaire

臨床の clinique
◘**臨床医学** médecine clinique 女

輪舞 ronde 女 〔マックス・オフュルスの〕『輪舞』 *La Ronde*

倫理 〔学問・原理としての〕éthique 女；〔道徳〕morale 女 倫理にそむく violer l'éthique / 政治倫理 morale politique

る

類 genre 男, espèce 女 史上類を見ない大惨事 une catastrophe sans analogue dans l'histoire
◘ **類は友を呼ぶ** Qui se ressemble s'assemble.

類似の semblable 類似する ressembler à… / 類似品にご注意ください Méfiez-vous des imitations.

類推 analogie 女, raisonnement analogique 男 類推する raisonner par analogie

ルール règle 女 ルールを守る respecter les règles / ルールを破る briser les règles / ルールに違反する violer les règles / ルール違反だ C'est une enfreinte aux règles.

留守 absence 女 私の留守中に pendant mon absence / ちょっとの間留守にする s'absenter pour quelques instants / 留守を預かる garder la maison son pendant l'absence de la famille / 午後からは留守にします Je serai absent de chez moi à partir du début de l'après-midi.

留守番 garde d'une maison 女 一人で留守番をする garder la maison tout(e) seul(e)
◘**留守番電話** répondeur automatique 男 ステファンです、また電話ください C'est Stéphane. Je te rappellerai.

れ

例 exemple 男；〔前例〕précédent 男 前例のない sans précédent 一例を挙げれば pour prendre un exemple / 例を挙げるときりがない On peut citer tant d'exemples. / 彼はいつものように遅れて来た Il est arrivé en retard comme d'habitude. / 例の場所で待っているよ Je vous attendrai au même endroit que d'habitude. / 例の件はどうなった Qu'est devenue l'affaire dont on avait parlé?

礼 remerciement 男 礼を言う remercier / 深々と礼をする s'incliner cérémonieusement / なんとお礼を申し上げていいか Je ne sais comment vous remercier. / ありがとう ― お礼を言うのは私たちのほうです Merci. ― C'est nous qui vous remercions.

霊 âme 女, esprit 男；〔死者の〕mânes 男複 先祖の霊をまつる adorer les mânes des ancêtres

例外 exception 女 例外を認める admettre les exceptions / 例外なく sans (aucune) exception / ごく少数の例外は別として à de rares exceptions près / 例外のない規則はない Il n'y a pas de règle sans exception

冷害 dégâts causés par le froid 男複

霊感 inspiration 女

礼儀 politesse 女, décence 女, courtoisie 女 礼儀正しい poli(e), courtois(e) / 礼儀作法にとてもうるさい Je suis très à cheval sur les bonnes manières / 最近の若者は礼儀を知らない Les jeunes d'aujourd'hui ignorent les convenances.

冷却 refroidissement 男 冷却期間 délai pour reprendre le sang-froid
◘**冷却ケース** 〔生鮮食料品店の〕présentoir frigorifique 男

冷静 calme, flegmatique, froid(e) 冷静に判断する juger avec sang-froid / 冷静を保つ garder son sang-froid / 冷静さを失ったら負けだ S'il manque de sang-froid il perdra. / 冷静に、こんなつまらないことで取り乱すのはやめよう Du calme! Ne nous énervons pas pour si peu.

冷蔵 réfrigération 女 冷蔵する réfrigérer
◘**冷蔵庫** réfrigérateur 男, frigo 男 〔冰で冷やす〕glacière 女 このお菓子は冷蔵庫で2週間はもちます Ce gâteau se conserve au réfrigérateur pendant deux semaines.

冷淡な froid(e), glacial(ale) 彼女に冷淡すぎないか Tu n'es pas un peu trop froid avec elle?

冷凍 congélation 囡 冷凍する congeler / この店は魚が冷凍だからやだ Dans ce restaurant, on n'aime pas du poisson congelé. Je n'aime pas ça. **○**冷凍庫 congélateur 男 冷凍食品 aliment congelé 男

礼拝 office 男, culte 男 ◆賛美歌 hymne 男, cantique 男 ミサ messe 囡 ロザリオ chapelet 男
○礼拝堂 chapelle 囡

冷房 climatisation 囡 冷房完備のclimatisé(e) / 冷房は控えめにしましょう Evitons trop de climatisation.

レインコート imperméable 男, imper 男

レーサー racer 男, pilote 男

レーザー laser 男
○レーザー光線 rayon laser レーザー脱毛 épilation au laser 囡 レーザーディスク disque laser 男 レーザープリンタ imprimante à laser 囡 レーザーメス bistouri au laser 男

レース 〔競走〕course 囡;〔布〕dentelle 囡

レーダー radar 男 レーダーで飛行機の位置を測定する localiser un avion au radar

レール rail 男 紛争解決のレールを敷く préparer la voie pour résoudre un conflit

歴史 histoire 囡 歴史的な historique / 歴史に名を残す laisser son nom dans l'histoire / 歴史が浅い社会 société qui a peu de poids historique / 歴史は繰り返す L'histoire se répète.
○歴史家 historien(ne)

レクイエム requiem 男 〔ブラームスの〕『ドイツ・レクイエム』 Un Requiem allemand

レクリエーション récréation 囡

レコード disque (vinyle) 男;〔記録〕record 男 レコードをかける passer un disque / レコード破りの暑さ chaleur record
○レコードプレーヤー tourne-disque 男 レコードホルダー 〔記録保持者〕recordman(woman) 男

レジ caisse 囡 レジで会計を済ませる payer la note à la caisse / お支払いはレジでお願いします Veuillez régler à la caisse, s'il vous plaît.
○レジ係 caissier(ère) 男

レシピ recette 囡 レシピブック livre de recettes /女性誌に載っていたレシピを試してみる essayer une recette de cuisine conseillée par un magazine féminin

レジャー loisirs 男 未来の文化はレジャー中心になるだろう La civilisation future sera une civilisation des loisirs.
○レジャー施設 equipement de loisirs 男

レストラン restaurant 男;〔カフェレストラン〕brasserie 囡;〔民芸風カフェレストラン〕taverne 囡;〔いなかのホテル兼レストラン〕auberge 囡;〔居酒屋風食堂〕bistrot 男;〔(駅の) buffet 男;〔学校・工場の〕cantine 囡;〔学校・修道院・軍隊などの〕réfectoire 男 (→予約) レストランで au restaurant / 三つ星レストランで夕食を取る dîner dans un restaurant trois étoiles ☺/ 何時からですか — 6時からです Vous servez à partir de quelle heure? — A partir de 18 heures. / いらしゃいます。ご予約は承っておりますか — いいえ 何名様ですか — 4人です Bonjour Messieurs. Vous avez réservé? — Non. — Vous êtes combien? — Nous sommes quatre. / お勧めはなんですか Qu'est-ce que vous nous recommandez? / 注文していいですか On voudrait commander, s'il vous plaît. / とてもおいしかったです C'était délicieux. / お勘定をお願いします L'addition, s'il vous plaît. / またのご来店をお待ちしております ぜひまた来ます Nous serons toujours heureux de vous revoir. — Je reviendrai avec plaisir.

レスリング lutte 囡 〔プロの〕catch 男

列 ligne 囡;〔横の〕rang 男;〔縦の〕file 囡;〔順番待ちの〕queue 囡 列に並ぶ se mettre à la queue / 二列に並ぶ s'aligner sur deux files / 列を乱す mettre le désordre dans les rangs / 並んで待っている人の列を横切る traverser une file d'attente

レッカー車 dépanneuse 囡

列挙する énumérer 欠点を列挙する énumérer les défauts

列車 train 男 列車に乗る〔乗り込む〕prendre〔monter dans〕le train / 列車から降りる descendre du train / 列車に乗り遅れる manquer son train

レッスン leçon 囡 ピアノのレッスンを受ける〔する〕prendre〔donner〕des leçons de piano

レッテル étiquette 囡, label 男 一度貼られたレッテルはなかなかはがせない Une fois qu'on s'est fait une image de quelqu'un, il est difficile de la changer.

劣等な inférieur(e)
○劣等感 complexe d'infériorité 男
劣等生 cancre 男

列島 archipel 男 日本列島 archipel du Japon

レバー 〔てこ〕levier 男;〔肝臓〕foie 囡 レバーを押す appuyer sur un levier

レパートリー répertoire 男 カラオケに行ってこうレパートリーが増えたので On va au karaoke. — J'ai un répertoire plus étendu.

レベル niveau 男 同じレベルの生徒たち élèves de niveaux homogènes / 今年の新入社員はレベルが高い Les nouveaux employés de cette année ont un niveau élevé.

レポーター reporter 男

レポート rapport 男, compte rendu 男;〔作文〕composition 囡 要領よく

レポートをまとめる rédiger un rapport avec méthode / レポート出した？ Tu as remis ton rapport?
れる 父にしかられる se faire gronder par son père
恋愛 amour / 恋愛結婚をする se marier par amour / 日本人は恋愛べただ Les rencontres amoureuses ne sont pas le fort des Japonais. / (スタンダールの)『恋愛論』*De l'amour* / (ロラン・バルトの)『恋愛のディスクールについての断章』*Fragments d'un discours amoureux*
れんが brique 囡 耐火れんが brique réfractaire
錬金術 alchimie 囡
◘ 錬金術師 alchimiste 图
連合 union 囡, alliance 囡 連合する s'unir, s'associer
◘ 連合国〔大戦後〕les Alliées
レンジ cuisinière 囡 長いレンジで見ると à longue échéance
練習 exercice 男, entraînement 男 練習する s'exercer, s'entraîner / 練習不足である manquer d'entraînement / 生徒に小論文の練習をさせる entraîner des élèves à la dissertation / テープで英会話を練習する faire des exercices de conversation en anglais avec cassette audio à l'appui
◘ 練習試合 match d'entraînement 男 練習問題帳 cahier d'exercices
レンズ lentille 囡; 〔カメラなどの〕objectif 男 凸レンズ lentille convexe / 凹レンズ lentille concave / 広角レンズ objectif à grand angle / 望遠レンズ objectif à très grand angle
連続 continuité 囡, succession 囡 連続する continuer, se succéder / 事件が連続して起こった Des affaires sont arrivées successivement.
◘ 連続殺人 meurtre sériel 男 連続ドラマ série 囡
連帯 solidarité 囡 連帯する se solidariser / 連帯感を抱く avoir l'esprit de corps
◘ 連帯責任 responsabilité solidaire 囡 連帯保証人 caution solidaire 囡
レンタカー voiture de location 囡 ⊙を借りたいんですが Je voudrais louer une voiture. / 保険はかかっていますか Vous êtes assuré(e)? / 乗り捨てはできますか Je peux rendre la voiture sur le lieu d'arrivée?
レンタル location 囡 レンタルする louer
レントゲン rayons Röntgen 男複 レントゲンを撮る passer une radio
連邦 fédération 囡, Etat fédéral 男 連邦の fédéral(ale)
連盟 union 囡, ligue 囡 連盟に加入する entrer dans l'union
連絡 〔交通・通信〕correspondance 囡; 〔人との〕contact 男 警察に事故を連絡する signaler un accident à la police / 連絡先を教えて Laissez-moi vos coordonnées. / 彼女との連絡がつかない Je n'arrive pas à la contacter. / 彼とはまだ連絡取ってるの？ Tu restes en contact avec lui? / その列車に連絡するバスがある Un autobus assure la correspondance avec le train.

ろ

ろう(蠟) cire 囡 ろうを引く cirer
◘ ろう人形館 musée de figurines de cire 男
廊下 couloir 男, corridor 男 廊下を走るな Il ne faut pas courir dans les couloirs.
老化 vieillissement 男, sénescence 囡 老化を防ぐ prévenir le vieillissement / 老化のメカニズムはまだ解明されていない On ignore encore le mécanisme du vieillissement.
老眼 presbytie 囡
老後 老後に備える prendre des précautions pour ses vieux jours / 年金だけでは老後を暮らせない La retraite ne suffit pas aux retraités.
老人 personne âgée 囡, vieillard 男, vieil homme 男, vieille femme 囡; vieux 男, vieille 囡
◘ 老人学 gérontologie 囡 老人病学 gériatrie 囡 老人ホーム asile de vieillards 男
老衰 sénilité 囡
ろうそく bougie 囡, chandelle 囡; 〔教会で用いる〕cierge 男 ろうそくをともす allumer une bougie
労働 travail 男 1日8時間労働する travailler huit heures par jour
◘ 労働争議 conflits du travail 男複 労働運動 mouvement ouvrier 男 労働協約 convention collective (du travail) 囡 労働組合 syndicat ouvrier 男 労働条件 conditions de travail 労働条件の改善を求める réclamer de meilleurs conditions de travail 労働人口 population active 囡 労働争議 conflits du travail 男 労働力 main-d'œuvre 囡
労働者 travailleur(se) 图;〔工場などの〕ouvrier(ère) 图;〔事務〕employé(e) 图;〔未熟練の〕manœuvre 男;〔職人〕artisan(e) 图
浪人 入試に落ちて浪人生活を送る être refusé(e) à un concours d'entrée et se préparer à celui de l'année suivante
浪費 gaspillage 男, dilapidation 囡 金を浪費する gaspiller son argent / 妻の浪費癖に困っている Ma femme gaspille beaucoup. C'est un problème.
◘ 浪費家 gaspilleur(se) 图
労力 peine 囡 労力でオートメ化で労力を省く épargner la peine du travailleur par l'automatisation / 労力を惜しまず働いた Il a travaillé sans économiser sa peine.
ロータリー〔円形交差点〕rond-point 男

ロータリーエンジン (moteur) rotatif

ロープ corde 囡 ロープを張る tendre une corde / ロープをたるませる donner du mou à une corde / ロープを引く tirer une corde / 立ち入り禁止のロープを引き渡す tendre des cordes pour la défence d'entrer

ロープウエー téléphérique 男

ローマ Rome

ローマカトリック教 catholicisme romain 男 ローマ教皇 le Pape ローマ字 alphabet latin ローマ数字 chiffres romains

ローン prêt 男, crédit 男 住宅ローン crédit-logement / 返済は15年ローンになるだろう Le remboursement s'échelonnera sur quinze ans.

録音 enregistrement 男, prise de son 囡 デジタル録音 enregistrement numérique

録画 enregistrement (des images) 男 テレビ番組を録画する faire l'enregistrement d'une émission de télévision / 試合を録画で放送する retransmettre un match en différé / 録画予約をプログラムする programmer un enregistrement

ろくに ろくなことをしない faire des riens / ろくでもない物に金を使う dépenser son argent à des bagatelles / この会社はろくに休みを取れない On ne peut prendre que peu de congés dans cette entreprise. / あいつと会ってからろくなことがない Il n'y a rien de bon depuis la rencontre avec lui.

ろくでなし coquin(e) 男, canaille 囡

ロケット fusée 囡 月にロケットを打ち上げる envoyer une fusée sur la lune / ロケットの打ち上げに失敗した Le lancement de la fusée a été un échec.

露出 (写真の) exposition 囡; (むき出し) dénudation 囡 この服は肌の露出が多すぎる Cette robe a le décolleté trop.

ロッカー vestiaire 男; (コイン式) consigne automatique 囡 荷物をロッカーに入れて街を歩こう Laissons nos bagages à la consigne et allons visiter la ville.

ロック rock 男 ロックバンド groupe de rock

路頭に迷う être sur le pavé

ロバ âne 男, ânesse 囡;(子) ânon 男

ロビー hall 男 ロビーで待ち合わせる prendre rendez-vous au hall

ロビー活動 lobbying 男, action d'un lobby 男

ロボット robot 男, automate 男 人間型ロボット automate à forme humaine

ロボット工学 robotique 囡

路面 chaussée 囡 この路面は滑りやすい路面でも安全に走る Ces pneus ont une bonne tenue sur chaussée glissante.

路面電車 tramway 男

論 論より証拠 Des preuves, non des mots.

論議 discussion 囡 論議を呼ぶ susciter une discussion / その問題はかなり論議の的となるだろう Ce problème fera l'objet de bien de discussions.

論じる traiter de..., discuter sur...; (議論する) discuter de... 政治を論じる parler politique / 経済情勢を論じる disserter sur la situation économique / 論じるまでもない indiscutable

論説 éditorial 男, article de fond

論説委員 éditorialiste 名

論争 débat 男, controverse 囡 激しい論争が巻き起こった Une polémique violente s'est déclenchée.

論文 traité 男, dissertation 囡; (雑誌論文) article 男; (卒業・修士論文) mémoire 男; (博士論文) thèse 囡; (小論文) dissertation 囡 雑誌に論文を発表する publier un article dans une revue

論理 logique 囡 論理的な logique 囡 / 権力の論理 logique du pouvoir / 論理的に推論を進める conduire logiquement un raisonnement

論理学 logique 囡

わ

輪 boucle 囡, anneau 男, cercle 男 輪になって踊る danser en rond / 周りに輪になって集まる faire cercle autour de... / 友だちの輪を広げよう Elargissons le cercle de nos amis.
◇輪を掛ける ばかだねえ、兄貴に輪を掛けたばかだ Qu'il est bête! Il est encore plus bête que son frère.

和 paix 囡, union 囡, harmonie 囡 チームにはメンバーの和が必要だ Une bonne équipe a besoin d'une entente cordiale entre ses membres.

ワープロを打つ taper sur une machine à traitement de texte

わいせつ obscène 強制わいせつ罪 attentat à la pudeur

わい談をする raconter des histoires de cul

わいろ pot-de-vin 男 わいろを要求する demander un pot-de-vin / わいろを使って役人を買収する corrompre un fonctionnaire en lui offrant des pot-de-vins

ワイン vin 男 (→747ページ (囲み)) ワインを発酵させる faire cuver le vin / ワインを樽に詰める mettre du vin en tonneau / ワインを寝かす laisser vieillir le vin / ワインをカラフに移す transvaser du vin dans une carafe / ワインの味をみる déguster le vin / このワインは気が抜けた Le vin s'est éventé. / 赤ワイン vin rouge / 白ワイン vin blanc / ワインリストを見せてください Je pourrais avoir la carte des vins, s'il vous plaît?

若い

わ

レーをお願いします Une bouteille de Beaujolais, s'il vous plaît. /メドックのハーフボトルを Une demi bouteille de Médoc, s'il vous plaît.

若い jeune 私の若いころは au temps de ma jeunesse /あと10歳若かったらなあ Si j'avais dix ans de moins! /まだまだ若いですよ Vous êtes encore jeune. /彼は年より若く見える Il fait plus jeune que son âge. /彼女のファンは若い人が多い。 Elle a beaucoup d'admirateurs parmi les jeunes. /若い番号から呼び出す commencer à faire l'appel en commençant par le plus petit numéro

和解 réconciliation 囡, transaction 囡 和解に応じる accepter une proposition de réconciliation

若返り rajeunissement 男 党幹部の若返りを図る rajeunir les cadres d'un parti

若返る rajeunir スポーツを始めてから若返った Il a rajeuni depuis qu'il s'est mis au sport.

若さ jeunesse 囡

沸かす 〔沸騰させる〕 faire bouillir 〔温める〕chauffer 風呂の湯を沸かす faire chauffer [préparer] un bain

わがまま égoïsme 男, entêtement 男 わがままを言う faire une demande capricieuse /わがままを許す céder aux caprices de…

若者 un jeune homme, une jeune fille /〔青少年〕adolescent(e) 图 /〔総称〕les jeunes, la jeunesse 若者ことば langage des jeunes

分かる 〔理解〕 comprendre, piger; 〔判明〕reconnaître 分からないよ Je ne comprends pas. /分かるように説明してください Expliquez-moi jusqu'à ce que je comprenne. /なるほどね、分かったよ Ça y est, j'ai compris! /それでよく分かりました Maintenant, c'est clair, merci. /きみとは分からなかったよ Je ne t'ai pas reconnu(e).

別れ séparation 囡 別れのあいさつをする dire au revoir à… /別れを惜しむ se séparer de… avec regret

分かれ道 embranchement 男 〔分岐点〕bifurcation 囡

別れる quitter, se séparer (～と); 〔離婚〕divorcer 四つ角で友だちと別れて帰る quitter un(e) ami(e) au carrefour pour rentrer chez soi /ここで別れよう On se quitte ici. /さて、行かなくちゃ Bon, je dois partir. /さようなら Au revoir. /バイバイ bye-bye /では後ほど A tout à l'heure. /またね A bientôt. /会えてよかった Ça m'a fait plaisir de te voir. /名残惜しいよ Ça me fait de la peine de te quitter. /お父さんによろしく Donne le bonjour à ton père.

分かれる 〔分岐〕bifurquer, se séparer; 〔区分〕se diviser パリは20区に分かれている La ville de Paris est divisée en 20 arrondissements.

わき 〔わきの下〕aisselle 囡; 〔側面〕côté 男 かばんをわきに抱える tenir un sac sous le bras /話をわきにそらす faire une digression /わきを固める役割たち acteurs qui jouent bien les seconds rôles

沸き上がる 湯が沸き上がる L'eau bout.

わき毛 poils de l'aisselle 男複 わき毛をそる se raser les aisselles

わき腹 côté 男, flanc 男

わき見する regarder sur les côtés

わき役 second rôle 男

沸く bouillir; 〔興奮〕s'enthousiasmer この朗報に教室はどっと沸いた A cette bonne nouvelle la salle de classe a éclaté en cris de joie.

わく（湧く）〔水が〕jaillir;〔生じる〕venir, naître 勉強への興味がわいてきた L'envie m'est venue de faire des études.

枠 cadre 男, châssis 男 枠にはめる encadrer /予算の枠内で買い物をする faire ses achats dans la limite du budget /法の枠を尊重する respecter le cadre de la légalité /狭い専門の枠にとらわれる être cantonné(e) dans une petite spécialité

惑星 planète 囡 ◆水星 Mercure 男 金星 Vénus 囡 地球 Terre 囡 火星 Mars 男 木星 Jupiter 男 土星 Saturne 男 天王星 Uranus 男 海王星 Neptune 男 冥王星 Pluton 男

ワクチン vaccin 男 ワクチンの動物実験を行う tester un vaccin sur des animaux

▷**ワクチン注射** vaccination

わくわくする avoir un frisson 胸をわくわくさせて結果を待つ attendre un résultat le cœur battant

訳 〔意味〕sens 男 /〔理由・原因〕raison 囡, cause 囡 どういう訳なら s'il en est ainsi /どういう訳か je ne sais pas pourquoi /そういう訳にはいかないよ Ce serait déraisonnable. /訳が分からないよ Je n'en comprends vraiment pas les raisons. /きちんと訳を説明してください Expliquez-vous une bonne fois. /訳もなく悲しい Je suis triste sans raison. /何か訳がありそうだ Il me semble qu'il y a des raisons. /もう昼だ、おなかがすくわけだ Il est déjà midi, c'est naturel d'avoir faim.

分け前 part 囡 /〔一人分の〕portion 囡 分け前にあずかる avoir sa part dans… /遺産の分け前を要求する revendiquer sa part d'héritage

分ける 〔分類〕diviser /〔分配〕partager; 〔分類〕classer クラスを3つのチームに分ける diviser une classe en trois équipes /何段階かに分けて改革を実施する faire une réforme en plusieurs étapes /10回に分けて支払う échelonner des payements en dix fois /あんなからいくらなって分けよう Comme il n'y en a pas beaucoup, on va partager. /彼の反則が勝敗を分けた Il a commis une faute et ça a fait perdre son équipe.

輪ゴム élastique

ワゴン 〔車〕 break 男, type station wagon 女;〔料理を運ぶ〕table roulante 女;〔荷物用〕chariot 男

技・業 art 男, technique 女 / 技を磨く améliorer ses techniques / みごとに技がかかった Ça a été une belle prise.

わざ exprès, volontairement, intentionnellement / わざやったな違うよ。偶然だよ Tu l'as fait exprès. — Mais non, c'était un hasard.

わざとらしい maniéré(e), forcé(e) / あいつはやることがわざとらしい Ce qu'il fait sent le procédé.

ワサビ raifort 男 / ワサビがきいてるな La sauce de raifort fait de l'effet!

災い malheur 男, calamité 女 / 器用さが災いした Son adresse lui a joué des tours.
◇災いを転じて福となす Du malheur naît parfois le bonheur.

わざわざ délibérément / わざわざ荷物を届けてくれた Il est venu exprès m'apporter mes bagages. / わざわざお越しいただいて恐縮です Je suis confus que vous vous soyez dérangé pour venir. / わざわざ会いに来てくれたの Tu es venu spécialement pour me voir ?

ワシ〔鷲〕aigle 男 / 〔ジャン・コクトーの〕『双頭の鷲』L'Aigle à deux têtes

わずか à peine, seulement / 残金はごくわずかだ Il me reste peu d'argent. / 観客はわずか2, 3人だった Il y avait deux ou trois malheureux spectateurs. / わずか3年で街がすっかり変わっていた La ville avait bien changé en l'espace de trois ans seulement. / たばこを減らしなさい。たとえわずかでもそのほうがいい Fumer moins, si peu que ce soit, ce sera mieux.

煩わしい ennuyeux(se), tracassier(ère); 〔込み入った〕compliqué(e) / 煩わしいことはごめんだ Je ne veux pas être impliqué dans cette affaire embarrassante.

忘れ物〔遺失物〕objets perdus / 列車に忘れ物をする oublier quelque chose dans le train / 雨の日は忘れ物が多い Il y a beaucoup de parapluies oubliés les jours de pluie.

忘れる oublier / 通りの名前を忘れる oublier complètement le nom d'une rue / 忘れないうちに言っておく, Avant d'oublier je dois vous dire... / いけない, 窓を閉め忘れた Malédiction! j'ai oublié de fermer la fenêtre.

綿 coton 男 / 綿のように疲れて寝る se coucher courbatu

話題 sujet 男 / デリケートな話題に触れる toucher à un sujet périlleux / 話題を変える changer de conversation / 町じゅうの話題になる faire l'objet de l'attention de toute la ville / 彼は話題が豊富だ Il a de quoi causer. / さて, 別の話題に移ろう Maintenant, nous allons passer à un autre sujet.

私 je; moi / お幸せですか—私ですか, もちろんです Etes-vous heureux ? — Moi ? pourquoi pas ?

渡す passer, remettre / 向こう岸へ船で人を渡す faire passer des gens d'une rive à l'autre / この資料を彼に渡してください Vous lui transmettrez ces documents.

渡る traverser, passer / 道を渡るときは気をつけて Fais attention en traversant la rue. / この地域には毎年冬になると白鳥が渡る C'est une région où le cygne revient chaque hiver.

わたる (亘る) 10年にわたるたゆみぬ訓練 dix ans d'entraînement assidu / 受けた教育の影響は一生にわたる L'éducation reçue nous prédispose durant la vie entière.

ワックス cire 女;〔スキー用の〕fart 男 / カーワックス cire de voiture / 床にワックスをかける mettre de la cire sur le parquet / スキーにワックスを塗る farter ses skis

わな piège 男, trappe 女 / わなを仕掛ける dresser un piège / わなにはまる prendre... au piège / わなにはまる tomber dans un piège

ワニ crocodile 男;〔北米の〕alligator 男;〔中南米の〕caïman 男;〔南アジアの〕gavial 男

わびる s'excuser / 心からわびているうだから, もう許してあげよう Je lui pardonne parce qu'il me semble qu'il est sincère dans ses excuses. / 募る思いで待ちわびる attendre... avec une impatience de plus en plus vive

わら paille 女, chaume 男 / わらにもすがりたい思いだ Je suis prêt(e) à m'accrocher au moindre espoir.

笑い rire 男, sourire 男 / 笑いを浮かべる avoir le sourire / 大笑いする rire aux éclats / みんなの笑いを誘う déclencher les rires de tous / 笑いをこらえるのに苦労する avoir du mal à s'empêcher de rire

笑いごと 笑いごとじゃない Il n'y a pas de quoi rire.

笑い話 histoire drôle 女

笑う rire;〔ほほえむ〕sourire / くすくす笑う rire tout bas / げらげら笑う éclater de rire / 涙が出るほど笑う rire aux larmes / 笑ってすまそうと言って笑われる dire des bêtises et tomber dans le ridicule / 笑ってすまそう Il vaut mieux en rire. / あの人たち何を笑っているの Qu'est-ce qu'ils ont à rire ? / タイガー・ウッズにも勝てるだって？笑わせるな Ne me fais pas rire. Toi, tu en es aussi fort que Tiger Woods?

割 3年に2着の割でスーツを買う acheter en moyenne deux costumes tous les trois ans / 忙しい割に生活が楽になない Bien que je travaille toujours autant, nous ne vivons pas à l'aise.
◇割に合わない 割に合わない仕事

割合 **わ**

une affaire pénible pas assez bien récompensée

割合 proportion 囡, rapport 男 アルコール1に対して水を3の割合で verser trois volumes d'eau pour un alcool / 1対10の割合で dans le rapport d'un à dix

割り勘で払う partager la note

割り算 division 囡 割り算をする poser [faire] une division

割引 réduction 囡, rabais 男, remise 囡；[手形割引] escompte 男 学生割引 réductions pour les étudiants / 本日は牛肉が30%の割引です Aujourd'hui il y a une réduction de 30% sur la viande de bœuf. / 彼の言うことは割引して聞く必要がある Il ne faut prendre de ce qu'il dit que la moitié.

割る [壊す] casser, briser；[分割] couper, diviser 皿を割る casser une assiette / ケーキを3つに割る couper un gâteau en trois / ウイスキーを水で割る rallonger un whisky d'eau

悪い [道徳的に・品質が] mauvais(e)；[有害な] nuisible, mauvais(e)；[過失・責任] être de la faute de；[故障した] mal きみが悪いんだ C'est de ta faute. / 悪いことは言わないから Je ne te dis pas ça pour te faire du mal. / 食べすぎると体を悪くするよ Tu vas te détraquer la santé à tant manger. / 悪いけど, もうそろそろ行かなくちゃ Je regrette, mais il faut que je parte. / きみに悪いから行くのはやめよう Je n'y vais pas parce que tu es à plaindre.

◇**悪くする** 1時間, 2時間, 悪くすると5時間はかかるよ Il faut une ou deux heures... au pire, cinq.

悪賢い rusé(e), malin(gne)

悪気 悪気はなかったんだ Je l'ai fait sans malice.

悪口 injure 囡 陰でこそこそ人の悪口を言う dire du mal d'autrui en son absence

悪乗りする faire trop de mauvaises blagues

悪者 自分だけ悪者になる accepter de jouer le mauvais rôle / その場にいないと悪者にされる Les absents ont toujours tort.

ワルツ valse 囡 ワルツを踊る valser

悪ふざけ 悪ふざけがすぎる Ses mauvaises blagues dépassent les bornes.

我 我思う, ゆえに我あり(デカルト) Je pense, donc je suis. / 我ながらよくやったと思う Quand même, ce n'est pas pour me vanter, mais je me suis bien débrouillé. / 我ながら情けないよ Je m'en voudrais toujours.

◇**我関せず** 我関せずという態度でいる rester sur son quant-à-soi 我に返る revenir à soi 電話の音で我に返った Le téléphone qui m'a fait retrouver mes esprits. 我にもなく 我にもなく涙を流す verser des larmes contre son habitude 我も我も 我も

我もと見物に来た On est venu y assister à qui mieux mieux. 我を忘れる s'oublier；[逆上する] perdre la tête [son sang-froid] 幸せに我を忘れる se laisser aller au bonheur

割れ目 fente 囡, crevasse 囡 パイプの割れ目をふさぐ boucher la fente d'un tuyau

割れる se casser, se briser グラスが割れた Un verre s'est cassé. / 21は7で割れる Vingt et un est divisible par sept.

湾 baie 囡；[大きな] golfe 男；[baieより小さな] anse 囡 東京湾 baie de Tokyo / ペルシア湾 golfe Persique

わんぱく coquin(e) 囡 このわんぱく小僧め Petit coquin!

ワンマン ワンマンショー one man show 男, spectacle solo 男 / 会社をワンマン経営する diriger dictatorialement une entreprise

腕力 [腕の力] force des bras；[体の力] force physique 囡 腕力に訴える recourir à la force / 腕力にものを言わせて par (la) force

わんわん [吠え声] ouah ouah!；[犬をいう幼児語] toutou 男

動詞活用表

- Ⅰ avoir
- Ⅱ être
- Ⅲ laver
- Ⅳ finir
- Ⅴ aller
- Ⅵ faire
- se laver

1. placer
2. manger
3. mener
4. jeter
5. acheter
6. céder
7. protéger
8. dépecer
9. rapiécer
10. noyer
11. appuyer
12. payer
13. envoyer
14. haïr
15. fuir
16. couvrir
17. assaillir
18. cueillir
19. sortir
20. dormir
21. servir
22. vêtir
23. courir
24. bouillir
25. faillir
26. mourir
27. acquérir
28. venir
29. gésir
30. ouïr
31. voir
32. prévoir
33. pourvoir
34. déchoir
35. échoir
36. choir
37. savoir
38. valoir
39. prévaloir
40. falloir
41. asseoir
42. surseoir
43. seoir
44. devoir
45. recevoir
46. mouvoir
47. pleuvoir
48. pouvoir
49. vouloir
50. connaître
51. naître
52. croître
53. paître
54. bruire
55. rire
56. frire
57. conclure
58. vendre
59. répondre
60. perdre
61. rompre
62. vivre
63. suivre
64. battre
65. mettre
66. foutre
67. croire
68. extraire
69. suffire
70. conduire
71. nuire
72. lire
73. plaire
74. clore
75. dire
76. interdire
77. maudire
78. écrire
79. craindre
80. peindre
81. joindre
82. résoudre
83. coudre
84. moudre
85. vaincre
86. boire
87. prendre

付

I avoir 現在分詞 ayant　過去分詞 eu

<table>
<thead>
<tr><th rowspan="2">直説法</th><th colspan="2">現在</th><th colspan="2">複合過去</th><th colspan="2">半過去</th><th colspan="2">大過去</th></tr>
</thead>
<tbody>
<tr><td colspan="2">j' ai</td><td colspan="2">j' ai eu</td><td colspan="2">j' avais</td><td colspan="2">j' avais eu</td></tr>
<tr><td colspan="2">tu as</td><td colspan="2">tu as eu</td><td colspan="2">tu avais</td><td colspan="2">tu avais eu</td></tr>
<tr><td colspan="2">il a</td><td colspan="2">il a eu</td><td colspan="2">il avait</td><td colspan="2">il avait eu</td></tr>
<tr><td colspan="2">n. avons</td><td colspan="2">n. avons eu</td><td colspan="2">n. avions</td><td colspan="2">n. avions eu</td></tr>
<tr><td colspan="2">v. avez</td><td colspan="2">v. avez eu</td><td colspan="2">v. aviez</td><td colspan="2">v. aviez eu</td></tr>
<tr><td colspan="2">ils ont</td><td colspan="2">ils ont eu</td><td colspan="2">ils avaient</td><td colspan="2">ils avaient eu</td></tr>
</tbody>
</table>

直説法	単純未来	前未来	単純過去	前過去
	j' aurai	j' aurai eu	j' eus	j' eus eu
	tu auras	tu auras eu	tu eus	tu eus eu
	il aura	il aura eu	il eut	il eut eu
	n. aurons	n. aurons eu	n. eûmes	n. eûmes eu
	v. aurez	v. aurez eu	v. eûtes	v. eûtes eu
	ils auront	ils auront eu	ils eurent	ils eurent eu

接続法	現在	過去	半過去	大過去
	j' aie	j' aie eu	j' eusse	j' eusse eu
	tu aies	tu aies eu	tu eusses	tu eusses eu
	il ait	il ait eu	il eût	il eût eu
	n. ayons	n. ayons eu	n. eussions	n. eussions eu
	v. ayez	v. ayez eu	v. eussiez	v. eussiez eu
	ils aient	ils aient eu	ils eussent	ils eussent eu

条件法	現在	過去	命令法	
	j' aurais	j' aurais eu	現在	過去
	tu aurais	tu aurais eu	aie	aie eu
	il aurait	il aurait eu	ayons	ayons eu
	n. aurions	n. aurions eu	ayez	ayez eu
	v. auriez	v. auriez eu		
	ils auraient	ils auraient eu		

II être 現在分詞 étant　過去分詞 été

直説法	現在	複合過去	半過去	大過去
	je suis	j' ai été	j' étais	j' avais été
	tu es	tu as été	tu étais	tu avais été
	il est	il a été	il était	il avait été
	n. sommes	n. avons été	n. étions	n. avions été
	v. êtes	v. avez été	v. étiez	v. aviez été
	ils sont	ils ont été	ils étaient	ils avaient été

直説法	単純未来	前未来	単純過去	前過去
	je serai	j' aurai été	je fus	j' eus été
	tu seras	tu auras été	tu fus	tu eus été
	il sera	il aura été	il fut	il eut été
	n. serons	n. aurons été	n. fûmes	n. eûmes été
	v. serez	v. aurez été	v. fûtes	v. eûtes été
	ils seront	ils auront été	ils furent	ils eurent été

接続法	現在	過去	半過去	大過去
	je sois	j' aie été	je fusse	j' eusse été
	tu sois	tu aies été	tu fusses	tu eusses été
	il soit	il ait été	il fût	il eût été
	n. soyons	n. ayons été	n. fussions	n. eussions été
	v. soyez	v. ayez été	v. fussiez	v. eussiez été
	ils soient	ils aient été	ils fussent	ils eussent été

条件法	現在	過去	命令法	
	je serais	j' aurais été	現在	過去
	tu serais	tu aurais été	sois	aie été
	il serait	il aurait été	soyons	ayons été
	n. serions	n. aurions été	soyez	ayez été
	v. seriez	v. auriez été		
	ils seraient	ils auraient été		

III. **laver** 現在分詞 lavant 過去分詞 lavé

<table>
<tr><th rowspan="2"></th><th colspan="2">現 在</th><th colspan="2">複合過去</th><th colspan="2">半過去</th><th colspan="2">大過去</th></tr>
<tr><td colspan="8"></td></tr>
<tr><td rowspan="6">直説法</td><td colspan="2">je lave</td><td colspan="2">j' ai lavé</td><td colspan="2">je lavais</td><td colspan="2">j' avais lavé</td></tr>
<tr><td colspan="2">tu laves</td><td colspan="2">tu as lavé</td><td colspan="2">tu lavais</td><td colspan="2">tu avais lavé</td></tr>
<tr><td colspan="2">il lave</td><td colspan="2">il a lavé</td><td colspan="2">il lavait</td><td colspan="2">il avait lavé</td></tr>
<tr><td colspan="2">n. lavons</td><td colspan="2">n. avons lavé</td><td colspan="2">n. lavions</td><td colspan="2">n. avions lavé</td></tr>
<tr><td colspan="2">v. lavez</td><td colspan="2">v. avez lavé</td><td colspan="2">v. laviez</td><td colspan="2">v. aviez lavé</td></tr>
<tr><td colspan="2">ils lavent</td><td colspan="2">ils ont lavé</td><td colspan="2">ils lavaient</td><td colspan="2">ils avaient lavé</td></tr>
<tr><td colspan="9">単純未来 / 前未来 / 単純過去 / 前過去</td></tr>
<tr><td colspan="2">je laverai</td><td colspan="2">j' aurai lavé</td><td colspan="2">je lavai</td><td colspan="2">j' eus lavé</td></tr>
<tr><td colspan="2">tu laveras</td><td colspan="2">tu auras lavé</td><td colspan="2">tu lavas</td><td colspan="2">tu eus lavé</td></tr>
<tr><td colspan="2">il lavera</td><td colspan="2">il aura lavé</td><td colspan="2">il lava</td><td colspan="2">il eut lavé</td></tr>
<tr><td colspan="2">n. laverons</td><td colspan="2">n. aurons lavé</td><td colspan="2">n. lavâmes</td><td colspan="2">n. eûmes lavé</td></tr>
<tr><td colspan="2">v. laverez</td><td colspan="2">v. aurez lavé</td><td colspan="2">v. lavâtes</td><td colspan="2">v. eûtes lavé</td></tr>
<tr><td colspan="2">ils laveront</td><td colspan="2">ils auront lavé</td><td colspan="2">ils lavèrent</td><td colspan="2">ils eurent lavé</td></tr>
<tr><td rowspan="6">接続法</td><td colspan="2">現 在 — je lave</td><td colspan="2">過 去 — j' aie lavé</td><td colspan="2">半過去 — je lavasse</td><td colspan="2">大過去 — j' eusse lavé</td></tr>
<tr><td colspan="2">tu laves</td><td colspan="2">tu aies lavé</td><td colspan="2">tu lavasses</td><td colspan="2">tu eusses lavé</td></tr>
<tr><td colspan="2">il lave</td><td colspan="2">il ait lavé</td><td colspan="2">il lavât</td><td colspan="2">il eût lavé</td></tr>
<tr><td colspan="2">n. lavions</td><td colspan="2">n. ayons lavé</td><td colspan="2">n. lavassions</td><td colspan="2">n. eussions lavé</td></tr>
<tr><td colspan="2">v. laviez</td><td colspan="2">v. ayez lavé</td><td colspan="2">v. lavassiez</td><td colspan="2">v. eussiez lavé</td></tr>
<tr><td colspan="2">ils lavent</td><td colspan="2">ils aient lavé</td><td colspan="2">ils lavassent</td><td colspan="2">ils eussent lavé</td></tr>
<tr><td rowspan="6">条件法</td><td colspan="2">現 在</td><td colspan="2">過 去</td><td colspan="4">命 令 法</td></tr>
<tr><td colspan="2">je laverais</td><td colspan="2">j' aurais lavé</td><td colspan="2">現 在</td><td colspan="2">過 去</td></tr>
<tr><td colspan="2">tu laverais</td><td colspan="2">tu aurais lavé</td><td colspan="4"></td></tr>
<tr><td colspan="2">il laverait</td><td colspan="2">il aurait lavé</td><td colspan="2">lave</td><td colspan="2">aie lavé</td></tr>
<tr><td colspan="2">n. laverions</td><td colspan="2">n. aurions lavé</td><td colspan="2">lavons</td><td colspan="2">ayons lavé</td></tr>
<tr><td colspan="2">v. laveriez</td><td colspan="2">v. auriez lavé</td><td colspan="2">lavez</td><td colspan="2">ayez lavé</td></tr>
<tr><td colspan="2">ils laveraient</td><td colspan="2">ils auraient lavé</td><td colspan="4"></td></tr>
</table>

IV. **finir** 現在分詞 finissant 過去分詞 fini

<table>
<tr><th></th><th>現 在</th><th>複合過去</th><th>半過去</th><th>大過去</th></tr>
<tr><td rowspan="6">直説法</td><td>je finis</td><td>j' ai fini</td><td>je finissais</td><td>j' avais fini</td></tr>
<tr><td>tu finis</td><td>tu as fini</td><td>tu finissais</td><td>tu avais fini</td></tr>
<tr><td>il finit</td><td>il a fini</td><td>il finissait</td><td>il avait fini</td></tr>
<tr><td>n. finissons</td><td>n. avons fini</td><td>n. finissions</td><td>n. avions fini</td></tr>
<tr><td>v. finissez</td><td>v. avez fini</td><td>v. finissiez</td><td>v. aviez fini</td></tr>
<tr><td>ils finissent</td><td>ils ont fini</td><td>ils finissaient</td><td>ils avaient fini</td></tr>
<tr><th></th><th>単純未来</th><th>前未来</th><th>単純過去</th><th>前過去</th></tr>
<tr><td></td><td>je finirai</td><td>j' aurai fini</td><td>je finis</td><td>j' eus fini</td></tr>
<tr><td></td><td>tu finiras</td><td>tu auras fini</td><td>tu finis</td><td>tu eus fini</td></tr>
<tr><td></td><td>il finira</td><td>il aura fini</td><td>il finit</td><td>il eut fini</td></tr>
<tr><td></td><td>n. finirons</td><td>n. aurons fini</td><td>n. finîmes</td><td>n. eûmes fini</td></tr>
<tr><td></td><td>v. finirez</td><td>v. aurez fini</td><td>v. finîtes</td><td>v. eûtes fini</td></tr>
<tr><td></td><td>ils finiront</td><td>ils auront fini</td><td>ils finirent</td><td>ils eurent fini</td></tr>
<tr><th></th><th>現 在</th><th>過 去</th><th>半過去</th><th>大過去</th></tr>
<tr><td rowspan="6">接続法</td><td>je finisse</td><td>j' aie fini</td><td>je finisse</td><td>j' eusse fini</td></tr>
<tr><td>tu finisses</td><td>tu aies fini</td><td>tu finisses</td><td>tu eusses fini</td></tr>
<tr><td>il finisse</td><td>il ait fini</td><td>il finît</td><td>il eût fini</td></tr>
<tr><td>n. finissions</td><td>n. ayons fini</td><td>n. finissions</td><td>n. eussions fini</td></tr>
<tr><td>v. finissiez</td><td>v. ayez fini</td><td>v. finissiez</td><td>v. eussiez fini</td></tr>
<tr><td>ils finissent</td><td>ils aient fini</td><td>ils finissent</td><td>ils eussent fini</td></tr>
<tr><th></th><th>現 在</th><th>過 去</th><th colspan="2">命 令 法</th></tr>
<tr><td rowspan="6">条件法</td><td>je finirais</td><td>j' aurais fini</td><td>現 在</td><td>過 去</td></tr>
<tr><td>tu finirais</td><td>tu aurais fini</td><td></td><td></td></tr>
<tr><td>il finirait</td><td>il aurait fini</td><td>finis</td><td>aie fini</td></tr>
<tr><td>n. finirions</td><td>n. aurions fini</td><td>finissons</td><td>ayons fini</td></tr>
<tr><td>v. finiriez</td><td>v. auriez fini</td><td>finissez</td><td>ayez fini</td></tr>
<tr><td>ils finiraient</td><td>ils auraient fini</td><td></td><td></td></tr>
</table>

Ⅴ aller 現在分詞 allant 過去分詞 allé

直説法

現在	複合過去	半過去	大過去
je vais	je suis allé(e)	j' allais	j' étais allé(e)
tu vas	tu es allé(e)	tu allais	tu étais allé(e)
il va	il est allé	il allait	il était allé
n. allons	n. sommes allé(e)s	n. allions	n. étions allé(e)s
v. allez	v. êtes allé(e)(s)	v. alliez	v. étiez allé(e)(s)
ils vont	ils sont allés	ils allaient	ils étaient allés

単純未来	前未来	単純過去	前過去
j' irai	je serai allé(e)	j' allai	je fus allé(e)
tu iras	tu seras allé(e)	tu allas	tu fus allé(e)
il ira	il sera allé	il alla	il fut allé
n. irons	n. serons allé(e)s	n. allâmes	n. fûmes allé(e)s
v. irez	v. serez allé(e)(s)	v. allâtes	v. fûtes allé(e)(s)
ils iront	ils seront allés	ils allèrent	ils furent allés

接続法

現在	過去	半過去	大過去
j' aille	je sois allé(e)	j' allasse	je fusse allé(e)
tu ailles	tu sois allé(e)	tu allasses	tu fusses allé(e)
il aille	il soit allé	il allât	il fût allé
n. allions	n. soyons allé(e)s	n. allassions	n. fussions allé(e)s
v. alliez	v. soyez allé(e)(s)	v. allassiez	v. fussiez allé(e)(s)
ils aillent	ils soient allés	ils allassent	ils fussent allés

条件法

現在	過去
j' irais	je serais allé(e)
tu irais	tu serais allé(e)
il irait	il serait allé
n. irions	n. serions allé(e)s
v. iriez	v. seriez allé(e)(s)
ils iraient	ils seraient allés

命令法

現在	過去
va	sois allé(e)
allons	soyons allé(e)s
allez	soyez allé(e)(s)

Ⅵ faire 現在分詞 faisant 過去分詞 fait

直説法

現在	複合過去	半過去	大過去
je fais	j' ai fait	je faisais	j' avais fait
tu fais	tu as fait	tu faisais	tu avais fait
il fait	il a fait	il faisait	il avait fait
n. faisons	n. avons fait	n. faisions	n. avions fait
v. faites	v. avez fait	v. faisiez	v. aviez fait
ils font	ils ont fait	ils faisaient	ils avaient fait

単純未来	前未来	単純過去	前過去
je ferai	j' aurai fait	je fis	j' eus fait
tu feras	tu auras fait	tu fis	tu eus fait
il fera	il aura fait	il fit	il eut fait
n. ferons	n. aurons fait	n. fîmes	n. eûmes fait
v. ferez	v. aurez fait	v. fîtes	v. eûtes fait
ils feront	ils auront fait	ils firent	ils eurent fait

接続法

現在	過去	半過去	大過去
je fasse	j' aie fait	je fisse	j' eusse fait
tu fasses	tu aies fait	tu fisses	tu eusses fait
il fasse	il ait fait	il fît	il eût fait
n. fassions	n. ayons fait	n. fissions	n. eussions fait
v. fassiez	v. ayez fait	v. fissiez	v. eussiez fait
ils fassent	ils aient fait	ils fissent	ils eussent fait

条件法

現在	過去
je ferais	j' aurais fait
tu ferais	tu aurais fait
il ferait	il aurait fait
n. ferions	n. aurions fait
v. feriez	v. auriez fait
ils feraient	ils auraient fait

命令法

現在	過去
fais	aie fait
faisons	ayons fait
faites	ayez fait

se laver

現在分詞 se lavant 過去分詞 lavé

直説法

現在
je	me	lave
tu	te	laves
il	se	lave
elle	se	lave
n.	n.	lavons
v.	v.	lavez
ils	se	lavent
elles	se	lavent

複合過去
je	me suis	lavé(e)
tu	t' es	lavé(e)
il	s' est	lavé
elle	s' est	lavée
n.	n. sommes	lavé(e)s
v.	v. êtes	lavé(e)(s)
ils	se sont	lavés
elles	se sont	lavées

半過去
je	me	lavais
tu	te	lavais
il	se	lavait
elle	se	lavait
n.	n.	lavions
v.	v.	laviez
ils	se	lavaient
elles	se	lavaient

大過去
je	m' étais	lavé(e)
tu	t' étais	lavé(e)
il	s' était	lavé
elle	s' était	lavée
n.	n. étions	lavé(e)s
v.	v. étiez	lavé(e)(s)
ils	s' étaient	lavés
elles	s' étaient	lavées

単純過去
je	me	lavai
...		
n.	n.	lavâmes
...		

前過去
je	me fus	lavé(e)
...		
n.	n. fûmes	lavé(e)s
...		

単純未来
je	me	laverai
tu	te	laveras
il	se	lavera
elle	se	lavera
n.	n.	laverons
v.	v.	laverez
ils	se	laveront
elles se		laveront

前未来
je	me serai	lavé(e)
tu	te seras	lavé(e)
il	se sera	lavé
elle	se sera	lavée
n.	n. serons	lavé(e)s
v.	v. serez	lavé(e)(s)
ils	se seront	lavés
elles	se seront	lavées

接続法

現在
je	me	lave
...		
n.	n.	lavions
...		

過去
je	me sois	lavé(e)
...		
n.	n. soyons	lavé(e)s
...		

半過去
je	me	lavasse
...		
n.	n.	lavassions
...		

大過去
je	me fusse	lavé(e)
...		
n.	n. fussions	lavé(e)s
...		

条件法

現在
je	me	laverais
...		
n.	n.	laverions
...		

過去
je	me serais	lavé(e)
...		
n.	n. serions	lavé(e)s
...		

命令法 (現在)

lave-toi
lavons-nous
lavez-vous

不定詞 現在分詞 過去分詞	直説法			
	現在	半過去	単純過去	単純未来
① **placer** plaçant placé	je place tu places il place n. plaçons v. placez ils placent	plaçais plaçais plaçait placions placiez plaçaient	plaçai plaças plaça plaçâmes plaçâtes placèrent	placerai placeras placera placerons placerez placeront
② **manger** mangeant mangé	je mange tu manges il mange n. mangeons v. mangez ils mangent	mangeais mangeais mangeait mangions mangiez mangeaient	mangeai mangeas mangea mangeâmes mangeâtes mangèrent	mangerai mangeras mangera mangerons mangerez mangeront
③ **mener** menant mené	je mène tu mènes il mène n. menons v. menez ils mènent	menais menais menait menions meniez menaient	menai menas mena menâmes menâtes menèrent	mènerai mèneras mènera mènerons mènerez mèneront
④ **jeter** jetant jeté	je jette tu jettes il jette n. jetons v. jetez ils jettent	jetais jetais jetait jetions jetiez jetaient	jetai jetas jeta jetâmes jetâtes jetèrent	jetterai jetteras jettera jetterons jetterez jetteront
⑤ **acheter** achetant acheté	j' achète tu achètes il achète n. achetons v. achetez ils achètent	achetais achetais achetait achetions achetiez achetaient	achetai achetas acheta achetâmes achetâtes achetèrent	achèterai achèteras achètera achèterons achèterez achèteront
⑥ **céder** cédant cédé	je cède tu cèdes il cède n. cédons v. cédez ils cèdent	cédais cédais cédait cédions cédiez cédaient	cédai cédas céda cédâmes cédâtes cédèrent	céderai céderas cédera céderons céderez céderont
⑦ **protéger** protégeant protégé	je protège tu protèges il protège n. protégeons v. protégez ils protègent	protégeais protégeais protégeait protégions protégiez protégeaient	protégeai protégeas protégea protégeâmes protégeâtes protégèrent	protégerai protégeras protégera protégerons protégerez protégeront
⑧ **dépecer** dépeçant dépecé	je dépèce tu dépèces il dépèce n. dépeçons v. dépecez ils dépècent	dépeçais dépeçais dépeçait dépecions dépeciez dépeçaient	dépeçai dépeças dépeça dépeçâmes dépeçâtes dépecèrent	dépècerai dépèceras dépècera dépècerons dépècerez dépèceront

条件法	接続法		命令法	注記
現在	現在	半過去	現在	
placerais	place	plaçasse		-cer型. [s]音を保つためa, â, oの前でcをçとつづる.
placerais	places	plaçasses	place	
placerait	place	plaçât		
placerions	placions	plaçassions	plaçons	
placeriez	placiez	plaçassiez	placez	
placeraient	placent	plaçassent		
mangerais	mange	mangeasse		-ger型. [ʒ]音を保つためa, â, oの前でgをgeとつづる.
mangerais	manges	mangeasses	mange	
mangerait	mange	mangeât		
mangerions	mangions	mangeassions	mangeons	
mangeriez	mangiez	mangeassiez	mangez	
mangeraient	mangent	mangeassent		
mènerais	mène	menasse		-e+子音+er型. [ɛ]音を表すためのつづりが現れる.
mènerais	mènes	menasses	mène	
mènerait	mène	menât		
mènerions	menions	menassions	menons	
mèneriez	meniez	menassiez	menez	
mèneraient	mènent	menassent		
jetterais	jette	jetasse		-eler, -eter型の大部分. [ɛ]音を表すためl, tを重ねる.
jetterais	jettes	jetasses	jette	
jetterait	jette	jetât		
jetterions	jetions	jetassions	jetons	
jetteriez	jetiez	jetassiez	jetez	
jetteraient	jettent	jetassent		
achèterais	achète	achetasse		-eler, -eter型のうち, ③と同型の活用となるタイプ.
achèterais	achètes	achetasses	achète	
achèterait	achète	achetât		
achèterions	achetions	achetassions	achetons	
achèteriez	achetiez	achetassiez	achetez	
achèteraient	achètent	achetassent		
céderais	cède	cédasse		-é+子音+er型. 発音が語幹末子音で終わるとき, その前のéがèとなる.
céderais	cèdes	cédasses	cède	
céderait	cède	cédât		
céderions	cédions	cédassions	cédons	
céderiez	cédiez	cédassiez	cédez	
céderaient	cèdent	cédassent		
protégerais	protège	protégeasse		-éger型. ②型と⑥型の複合型.
protégerais	protèges	protégeasses	protège	
protégerait	protège	protégeât		
protégerions	protégions	protégeassions	protégeons	
protégeriez	protégiez	protégeassiez	protégez	
protégeraient	protègent	protégeassent		
dépècerais	dépèce	dépeçasse		①型と③型の複合型.
dépècerais	dépèces	dépeçasses	dépèce	
dépècerait	dépèce	dépeçât		
dépècerions	dépecions	dépeçassions	dépeçons	
dépèceriez	dépeciez	dépeçassiez	dépecez	
dépèceraient	dépècent	dépeçassent		

不定詞 現在分詞 過去分詞	直説法			
	現在	半過去	単純過去	単純未来
⑨ **rapiécer** rapiéçant rapiécé	je rapièce tu rapièces il rapièce n. rapiéçons v. rapiécez ils rapiècent	rapiéçais rapiéçais rapiéçait rapiécions rapiéciez rapiéçaient	rapiéçai rapiéças rapiéça rapiéçâmes rapiéçâtes rapiécèrent	rapiécerai rapiéceras rapiécera rapiécerons rapiécerez rapiéceront
⑩ **noyer** noyant noyé	je noie tu noies il noie n. noyons v. noyez ils noient	noyais noyais noyait noyions noyiez noyaient	noyai noyas noya noyâmes noyâtes noyèrent	noierai noieras noiera noierons noierez noieront
⑪ **appuyer** appuyant appuyé	j' appuie tu appuies il appuie n. appuyons v. appuyez ils appuient	appuyais appuyais appuyait appuyions appuyiez appuyaient	appuyai appuyas appuya appuyâmes appuyâtes appuyèrent	appuierai appuieras appuiera appuierons appuierez appuieront
⑫ **payer** payant payé	(a) je paie tu paies il paie n. payons v. payez ils paient	payais payais payait payions payiez payaient	payai payas paya payâmes payâtes payèrent	paierai paieras paiera paierons paierez paieront
	(b) je paye tu payes il paye n. payons v. payez ils payent			payerai payeras payera payerons payerez payeront
⑬ **envoyer** envoyant envoyé	j' envoie tu envoies il envoie n. envoyons v. envoyez ils envoient	envoyais envoyais envoyait envoyions envoyiez envoyaient	envoyai envoyas envoya envoyâmes envoyâtes envoyèrent	enverrai enverras enverra enverrons enverrez enverront
⑭ **haïr** haïssant haï	je hais tu hais il hait n. haïssons v. haïssez ils haïssent	haïssais haïssais haïssait hässions haïssiez haïssaient	haïs haïs haït haïmes haïtes haïrent	haïrai haïras haïra haïrons haïrez haïront
⑮ **fuir** fuyant fui	je fuis tu fuis il fuit n. fuyons v. fuyez ils fuient	fuyais fuyais fuyait fuyions fuyiez fuyaient	fuis fuis fuit fuîmes fuîtes fuirent	fuirai fuiras fuira fuirons fuirez fuiront

条件法	接続法		命令法	注記
現在	現在	半過去	現在	
rapiécerais	rapièce	rapiéçasse		①型と⑥型の複合型.
rapiécerais	rapièces	rapiéçasses	rapièce	
rapiécerait	rapièce	rapiéçât		
rapiécerions	rapiécions	rapiéçassions	rapiéçons	
rapiéceriez	rapiéciez	rapiéçassiez	rapiécez	
rapiéceraient	rapiècent	rapiéçassent		
noierais	noie	noyasse		
noierais	noies	noyasses	noie	
noierait	noie	noyât		
noierions	noyions	noyassions	noyons	-oyer, -uyer型. 発音されないeの前でyがiとなる. ⑬envoyerは例外.
noieriez	noyiez	noyassiez	noyez	
noieraient	noient	noyassent		
appuierais	appuie	appuyasse		
appuierais	appuies	appuyasses	appuie	
appuierait	appuie	appuyât		
appuierions	appuyions	appuyassions	appuyons	
appuieriez	appuyiez	appuyassiez	appuyez	
appuieraient	appuient	appuyassent		
paierais	paie			
paierais	paies		paie	
paierait	paie	payasse		-ayer型. 2通りの活用のどちらも用いられる.
paierions	payions	payasses	payons	
paieriez	payiez	payât	payez	
paieraient	paient	payassions		
		payassiez		
		payassent		
payerais	paye			(a)は⑩型に等しく, (b)は-er型規則活用.
payerais	payes		paye	
payerait	paye			
payerions	payions		payons	
payeriez	payiez		payez	
payeraient	payent			
enverrais	envoie	envoyasse		直・単未, 条・現で語幹がenver-となる以外は⑩と同型.
enverrais	envoies	envoyasses	envoie	
enverrait	envoie	envoyât		
enverrions	envoyions	envoyassions	envoyons	
enverriez	envoyiez	envoyassiez	envoyez	
enverraient	envoient	envoyassent		
haïrais	haïsse	haïsse		直・現, 命の単数でhai-となる. 直・単過, 接・半過でïとはならない.
haïrais	haïsses	haïsses	hais	
haïrait	haïsse	haït		
haïrions	haïssions	haïssions	haïssons	
haïriez	haïssiez	haïssiez	haïssez	
haïraient	haïssent	haïssent		
fuirais	fuie	fuisse		母音の前で語幹がfuy-となる.
fuirais	fuies	fuisses	fuis	
fuirait	fuie	fuît		
fuirions	fuyions	fuissions	fuyons	
fuiriez	fuyiez	fuissiez	fuyez	
fuiraient	fuient	fuissent		

不定詞 現在分詞 過去分詞	直説法			
	現 在	半過去	単純過去	単純未来
⑯ **couvrir** couvrant couvert	je couvre tu couvres il couvre n. couvrons v. couvrez ils couvrent	couvrais couvrais couvrait couvrions couvriez couvraient	couvris couvris couvrit couvrîmes couvrîtes couvrirent	couvrirai couvriras couvrira couvrirons couvrirez couvriront
⑰ **assaillir** assaillant assailli	j' assaille tu assailles il assaille n. assaillons v. assaillez ils assaillent	assaillais assaillais assaillait assaillions assailliez assaillaient	assaillis assaillis assaillit assaillîmes assaillîtes assaillirent	assaillirai assailliras assaillira assaillirons assaillirez assailliront
⑱ **cueillir** cueillant cueilli	je cueille tu cueilles il cueille n. cueillons v. cueillez ils cueillent	cueillais cueillais cueillait cueillions cueilliez cueillaient	cueillis cueillis cueillit cueillîmes cueillîtes cueillirent	cueillerai cueilleras cueillera cueillerons cueillerez cueilleront
⑲ **sortir** sortant sorti	je sors tu sors il sort n. sortons v. sortez ils sortent	sortais sortais sortait sortions sortiez sortaient	sortis sortis sortit sortîmes sortîtes sortirent	sortirai sortiras sortira sortirons sortirez sortiront
⑳ **dormir** dormant dormi	je dors tu dors il dort n. dormons v. dormez ils dorment	dormais dormais dormait dormions dormiez dormaient	dormis dormis dormit dormîmes dormîtes dormirent	dormirai dormiras dormira dormirons dormirez dormiront
㉑ **servir** servant servi	je sers tu sers il sert n. servons v. servez ils servent	servais servais servait servions serviez servaient	servis servis servit servîmes servîtes servirent	servirai serviras servira servirons servirez serviront
㉒ **vêtir** vêtant vêtu	je vêts tu vêts il vêt n. vêtons v. vêtez ils vêtent	vêtais vêtais vêtait vêtions vêtiez vêtaient	vêtis vêtis vêtit vêtîmes vêtîtes vêtirent	vêtirai vêtiras vêtira vêtirons vêtirez vêtiront
㉓ **courir** courant couru	je cours tu cours il court n. courons v. courez ils courent	courais courais courait courions couriez couraient	courus courus courut courûmes courûtes coururent	courrai courras courra courrons courrez courront

条件法	接続法		命令法	注記
現在	現在	半過去	現在	
couvrirais couvrirais couvrirait couvririons couvririez couvriraient	couvre couvres couvre couvrions couvriez couvrent	couvrisse couvrisses couvrît couvrissions couvrissiez couvrissent	couvre couvrons couvrez	不定詞は-ir型だが、活用は-er型と-ir型の複合型.
assaillirais assaillirais assaillirait assaillirions assailliriez assailliraient	assaille assailles assaille assaillions assailliez assaillent	assaillisse assaillisses assaillît assaillissions assaillissiez assaillissent	assaille assaillons assaillez	過去分詞以外は16と同型.
cueillerais cueillerais cueillerait cueillerions cueilleriez cueilleraient	cueille cueilles cueille cueillions cueilliez cueillent	cueillisse cueillisses cueillît cueillissions cueillissiez cueillissent	cueille cueillons cueillez	直・単過、接・半過去、過去分詞以外は-er型. saillirは-ir型の活用もする.
sortirais sortirais sortirait sortirions sortiriez sortiraient	sorte sortes sorte sortions sortiez sortent	sortisse sortisses sortît sortissions sortissiez sortissent	sors sortons sortez	-tir, -mir, -vir型の大部分. 直・現、命の単数で語幹末子音が落ちる.
dormirais dormirais dormirait dormirions dormiriez dormiraient	dorme dormes dorme dormions dormiez dorment	dormisse dormisses dormît dormissions dormissiez dormissent	dors dormons dormez	
servirais servirais servirait servirions serviriez serviraient	serve serves serve servions serviez servent	servisse servisses servît servissions servissiez servissent	sers servons servez	19, 20と同じ.
vêtirais vêtirais vêtirait vêtirions vêtiriez vêtiraient	vête vêtes vête vêtions vêtiez vêtent	vêtisse vêtisses vêtît vêtissions vêtissiez vêtissent	vêts vêtons vêtez	直・現、命の単数で語幹末子音tはつづり上残る.
courrais courrais courrait courrions courriez courraient	coure coures coure courions couriez courent	courusse courusses courût courussions courussiez courussent	cours courons courez	22と異なり、語幹末子音rは発音上も残る. 直・単過、接・半過の語幹はcour(u)-.

不定詞 現在分詞 過去分詞	直説法			
	現在	半過去	単純過去	単純未来
㉔ **bouillir** bouillant bouilli	je bous tu bous il bout n. bouillons v. bouillez ils bouillent	bouillais bouillais bouillait bouillions bouilliez bouillaient	bouillis bouillis bouillit bouillîmes bouillîtes bouillirent	bouillirai bouilliras bouillira bouillirons bouillirez bouilliront
㉕ **faillir** faillant failli	je faux tu faux il faut n. faillons v. faillez ils faillent	faillais faillais faillait faillions failliez faillaient	faillis faillis faillit faillîmes faillîtes faillirent	faillirai failliras faillira faillirons faillirez failliront
㉖ **mourir** mourant mort	je meurs tu meurs il meurt n. mourons v. mourez ils meurent	mourais mourais mourait mourions mouriez mouraient	mourus mourus mourut mourûmes mourûtes moururent	mourrai mourras mourra mourrons mourrez mourront
㉗ **acquérir** acquérant acquis	j' acquiers tu acquiers il acquiert n. acquérons v. acquérez ils acquièrent	acquérais acquérais acquérait acquérions acquériez acquéraient	acquis acquis acquit acquîmes acquîtes acquirent	acquerrai acquerras acquerra acquerrons acquerrez acquerront
㉘ **venir** venant venu	je viens tu viens il vient n. venons v. venez ils viennent	venais venais venait venions veniez venaient	vins vins vint vînmes vîntes vinrent	viendrai viendras viendra viendrons viendrez viendront
㉙ **gésir** gisant	je gis tu gis il gît n. gisons v. gisez ils gisent	gisais gisais gisait gisions gisiez gisaient		
㉚ **ouïr** oyant ouï	j' ois tu ois il oit n. oyons v. oyez ils oient	oyais oyais oyait oyions oyiez oyaient	ouïs ouïs ouït ouïmes ouïtes ouïrent	oirai oiras oira oirons oirez oiront ouïrai ouïras ouïra ouïrons ouïrez ouïront

条件法	接続法		命令法	注 記
現 在	現 在	半過去	現 在	
bouillirais	bouille	bouillisse		直・現, 命の単数で語幹末の-ill-が落ちる.
bouillirais	bouilles	bouillisses	bous	
bouillirait	bouille	bouillît		
bouillirions	bouillions	bouillissions	bouillons	
bouilliriez	bouilliez	bouillissiez	bouillez	
bouilliraient	bouillent	bouillissent		
faillirais	faille	faillisse		直・現在の単数の語幹がfau-となる.
faillirais	failles	faillisses		
faillirait	faille	faillît		
faillirions	faillions	faillissions		
failliriez	failliez	faillissiez		
failliraient	faillent	faillissent		
mourrais	meure	mourusse		発音が語幹末子音で終わるとき, 語幹がmeur-となる.
mourrais	meures	mourusses	meurs	
mourrait	meure	mourût		
mourrions	mourions	mourussions	mourons	
mourriez	mouriez	mourussiez	mourez	
mourraient	meurent	mourussent		
acquerrais	acquière	acquisse		語幹は, 発音が子音で終わるときacquie[è]r-, 直・単未, 条・現でacquer-.
acquerrais	acquières	acquisses	acquiers	
acquerrait	acquière	acquît		
acquerrions	acquérions	acquissions	acquérons	
acquerriez	acquériez	acquissiez	acquérez	
acquerraient	acquièrent	acquissent		
viendrais	vienne	vinsse		語幹はvien(n)-/ven-, viend-, vin-と変化する.
viendrais	viennes	vinsses	viens	
viendrait	vienne	vînt		
viendrions	venions	vinssions	venons	
viendriez	veniez	vinssiez	venez	
viendraient	viennent	vinssent		
				左の形以外は用いられない.
oirais				不定詞, 命, 過去分詞以外は古用. -ir型の活用もする.
oirais				
oirait				
oirions				
oiriez	oie [oye]	ouïsse	ois	
oiraient	oies [oyes]	ouïsses		
	oie [oye]	ouït	oyons	
ouïrais	oyions	ouïssions	oyez	
ouïrais	oyiez	ouïssiez		
ouïrait	oient [oyent]	ouïssent		
ouïrions				
ouïriez				
ouïraient				

不定詞 現在分詞 過去分詞	直説法			
	現在	半過去	単純過去	単純未来
③¹ **voir** voyant vu	je vois tu vois il voit n. voyons v. voyez ils voient	voyais voyais voyait voyions voyiez voyaient	vis vis vit vîmes vîtes virent	verrai verras verra verrons verrez verront
③² **prévoir** prévoyant prévu	je prévois tu prévois il prévoit n. prévoyons v. prévoyez ils prévoient	prévoyais prévoyais prévoyait prévoyions prévoyiez prévoyaient	prévis prévis prévit prévîmes prévîtes prévirent	prévoirai prévoiras prévoira prévoirons prévoirez prévoiront
③³ **pourvoir** pourvoyant pourvu	je pourvois tu pourvois il pourvoit n. pourvoyons v. pourvoyez ils pourvoient	pourvoyais pourvoyais pourvoyait pourvoyions pourvoyiez pourvoyaient	pourvus pourvus pourvut pourvûmes pourvûtes pourvurent	pourvoirai pourvoiras pourvoira pourvoirons pourvoirez pourvoiront
③⁴ **déchoir** déchu	je déchois tu déchois il déchoit n. déchoyons v. déchoyez ils déchoient		déchus déchus déchut déchûmes déchûtes déchurent	déchoirai déchoiras déchoira déchoirons déchoirez déchoiront
③⁵ **échoir** échéant échu	il échoit [échet] ils échoient [échéent]		échut échurent	échoira [écherra] échoiront [écherront]
③⁶ **choir** chu	je chois tu chois il choit ils choient		chus chus chut chûmes chûtes churent	choirai choiras choira choirons choirez choiront
③⁷ **savoir** sachant su	je sais tu sais il sait n. savons v. savez ils savent	savais savais savait savions saviez savaient	sus sus sut sûmes sûtes surent	saurai sauras saura saurons saurez sauront
③⁸ **valoir** valant valu	je vaux tu vaux il vaut n. valons v. valez ils valent	valais valais valait valions valiez valaient	valus valus valut valûmes valûtes valurent	vaudrai vaudras vaudra vaudrons vaudrez vaudront

条件法	接続法		命令法	注 記
現 在	現 在	半過去	現 在	
verrais	voie	visse		語幹は voi[y]-, ver-, vi-と変化する.
verrais	voies	visses	vois	
verrait	voie	vît		
verrions	voyions	vissions	voyons	
verriez	voyiez	vissiez	voyez	
verraient	voient	vissent		
prévoirais	prévoie	prévisse		直・単未, 条・現以外は 31 と同型.
prévoirais	prévoies	prévisses	prévois	
prévoirait	prévoie	prévît		
prévoirions	prévoyions	prévissions	prévoyons	
prévoiriez	prévoyiez	prévissiez	prévoyez	
prévoiraient	prévoient	prévissent		
pourvoirais	pourvoie	pourvusse		直・単過, 接・半過以外は 32 と同型.
pourvoirais	pourvoies	pourvusses	pourvois	
pourvoirait	pourvoie	pourvût		
pourvoirions	pourvoyions	pourvussions	pourvoyons	
pourvoiriez	pourvoyiez	pourvussiez	pourvoyez	
pourvoiraient	pourvoient	pourvussent		
déchoirais	déchoie	déchusse		33 と同型. ただ空白とした形は用いられない.
déchoirais	déchoies	déchusses		
déchoirait	déchoie	déchût		
déchoirions	déchoyions	déchussions		
déchoiriez	déchoyiez	déchussiez		
déchoiraient	déchoient	déchussent		
échoirait [écherrait]	échoie	échût		33 と同型. 不定詞, 過去分詞, 直・現在・3人称以外は稀.
échoiraient [écherraient]	échoient	échussent		
choirais				33 と同型. 不定詞, 直・現 [単過], 過去分詞以外は稀.
choirais				
choirait		chût		
choirions				
choiriez				
choiraient				
saurais	sache	susse		語幹は直・現・単数で sai-, 接・現, 命で sach-, 直・単未, 条・現でsau-.
saurais	saches	susses	sache	
saurait	sache	sût		
saurions	sachions	sussions	sachons	
sauriez	sachiez	sussiez	sachez	
sauraient	sachent	sussent		
vaudrais	vaille	valusse		語幹は直・現・単数で vau-, 接・現で vaill-, 直・単未, 条・現で vaud-.
vaudrais	vailles	valusses		
vaudrait	vaille	valût		
vaudrions	valions	valussions		
vaudriez	valiez	valussiez		
vaudraient	vaillent	valussent		

不定詞 現在分詞 過去分詞	直説法			
	現 在	半過去	単純過去	単純未来
39 **prévaloir** prévalant prévalu	je prévaux tu prévaux il prévaut n. prévalons v. prévalez ils prévalent	prévalais prévalais prévalait prévalions prévaliez prévalaient	prévalus prévalus prévalut prévalûmes prévalûtes prévalurent	prévaudrai prévaudras prévaudra prévaudrons prévaudrez prévaudront
40 **falloir** fallu	il faut	fallait	fallut	faudra
41 **asseoir** (a) asseyant (b) assoyant assis	(a) j' assieds tu assieds il assied n. asseyons v. asseyez ils asseyent (b) j' assois tu assois il assoit n. assoyons v. assoyez ils assoient	asseyais asseyais asseyait asseyions asseyiez asseyaient assoyais assoyais assoyait assoyions assoyiez assoyaient	assis assis assit assîmes assîtes assirent	assiérai assiéras assiéra assiérons assiérez assiéront assoirai assoiras assoira assoirons assoirez assoiront
42 **surseoir** sursoyant sursis	je sursois tu sursois il sursoit n. sursoyons v. sursoyez ils sursoient	sursoyais sursoyais sursoyait sursoyions sursoyiez sursoyaient	sursis sursis sursit sursîmes sursîtes sursirent	surseoirai surseoiras surseoira surseoirons surseoirez surseoiront
43 **seoir** séant [seyant]	il sied ils siéent	seyait seyaient		siéra siéront
44 **devoir** devant dû dus	je dois tu dois il doit n. devons v. devez ils doivent	devais devais devait devions deviez devaient	dus dus dut dûmes dûtes durent	devrai devras devra devrons devrez devront
45 **recevoir** recevant reçu	je reçois tu reçois il reçoit n. recevons v. recevez ils reçoivent	recevais recevais recevait recevions receviez recevaient	reçus reçus reçut reçûmes reçûtes reçurent	recevrai recevras recevra recevrons recevrez recevront

条件法	接続法		命令法	注記
現在	現在	半過去	現在	
prévaudrais prévaudrais prévaudrait prévaudrions prévaudriez prévaudraient	prévale prévales prévale prévalions prévaliez prévalent	prévalusse prévalusses prévalût prévalussions prévalussiez prévalussent		接・現で特殊な語幹が現れないこと以外は 38 と同型.
faudrait	faille	fallût		非人称動詞. 語幹末で, l が重なる以外は 38 と同型.
assiérais assiérais assiérait assiérions assiériez assiéraient	asseye asseyes asseye asseyions asseyiez asseyent	assisse assisses assît assissions assissiez assissent	assieds asseyons asseyez	2 通りの活用のどちらも用いられる. 語幹の変化の少ない (b) は口語的な形で -oi-/-o- の前に不定詞のつづりのように e が入ることもある.
assoirais assoirais assoirait assoirions assoiriez assoiraient	assoie assoies assoie assoyions assoyiez assoient		assois assoyons assoyez	
surseoirais surseoirais surseoirait surseoirions surseoiriez surseoiraient	sursoie sursoies sursoie sursoyions sursoyiez sursoient	sursisse sursisses sursît sursissions sursissiez sursissent	sursois sursoyons sursoyez	直・単未, 条・現で -oi-/-o- の前に e が入る以外は 41 (b) と同型.
siérait siéraient	siée siéent			
devrais devrais devrait devrions devriez devraient	doive doives doive devions deviez doivent	dusse dusses dût dussions dussiez dussent	dois devons devez	過去分詞は男・単 dû, 女・単 due, 男・複 dus, 女・複 dues.
recevrais recevrais recevrait recevrions recevriez recevraient	reçoive reçoives reçoive recevions receviez reçoivent	reçusse reçusses reçût reçussions reçussiez reçussent	reçois recevons recevez	o, u, û の前で c が ç となり, 過去分詞に ̂ がつかないこと以外は 44 と同型.

mille quarante 1040

不定詞 現在分詞 過去分詞	直説法			
	現　在	半過去	単純過去	単純未来
46 **mouvoir** mouvant mû mus	je meus tu meus il meut n. mouvons v. mouvez ils meuvent	mouvais mouvais mouvait mouvions mouviez mouvaient	mus mus mut mûmes mûtes murent	mouvrai mouvras mouvra mouvrons mouvrez mouvront
47 **pleuvoir** pleuvant plu	il pleut	pleuvait	plut	pleuvra
48 **pouvoir** pouvant pu	je peux [puis] tu peux il peut n. pouvons v. pouvez ils peuvent	pouvais pouvais pouvait pouvions pouviez pouvaient	pus pus put pûmes pûtes purent	pourrai pourras pourra pourrons pourrez pourront
49 **vouloir** voulant voulu	je veux tu veux il veut n. voulons v. voulez ils veulent	voulais voulais voulait voulions vouliez voulaient	voulus voulus voulut voulûmes voulûtes voulurent	voudrai voudras voudra voudrons voudrez voudront
50 **connaitre** connaissant connu	je connais tu connais il connaît n. connaissons v. connaissez ils connaissent	connaissais connaissais connaissait connaissions connaissiez connaissaient	connus connus connut connûmes connûtes connurent	connaîtrai connaîtras connaîtra connaîtrons connaîtrez connaîtront
51 **naitre** naissant né	je nais tu nais il naît n. naissons v. naissez ils naissent	naissais naissais naissait naissions naissiez naissaient	naquis naquis naquit naquîmes naquîtes naquirent	naîtrai naîtras naîtra naîtrons naîtrez naîtront
52 **croitre** croissant crû crus	je croîs tu croîs il croît n. croissons v. croissez ils croissent	croissais croissais croissait croissions croissiez croissaient	crûs crûs crût crûmes crûtes crûrent	croîtrai croîtras croîtra croîtrons croîtrez croîtront
53 **paitre** paissant	je pais tu pais il paît n. paissons v. paissez ils paissent	paissais paissais paissait paissions paissiez paissaient		paîtrai paîtras paîtra paîtrons paîtrez paîtront

条件法	接続法		命令法	注記
現在	現在	半過去	現在	
mourrais	meuve	musse		émouvoir, promouvoirでは, 過去分詞にˆはない.
mourrais	meuves	musses	meus	
mourrait	meuve	mût		
mourrions	mouvions	mussions	mouvons	
mourriez	mouviez	mussiez	mouvez	
mourraient	meuvent	mussent		
pleuvrait	pleuve	plût		非人称動詞. 46と同型.
pourrais	puisse	pusse		直・現・1・単のpuisは文章語. ただし倒置形はpuis-jeのみ.
pourrais	puisses	pusses		
pourrait	puisse	pût		
pourrions	puissions	pussions		
pourriez	puissiez	pussiez		
pourraient	puissent	pussent		
voudrais	veuille	voulusse		語幹はveu(l)-, voul-, voud-, veuill-と変化する.
voudrais	veuilles	voulusses	veuille[veux]	
voudrait	veuille	voulût	veuillons [voulons]	
voudrions	voulions	voulussions		
voudriez	vouliez	voulussiez	veuillez[voulez]	
voudraient	veuillent	voulussent		
connaîtrais	connaisse	connusse		-a[o]ître型. tの前でiがîとなる. recroîtreの過去分詞はrecrû.
connaîtrais	connaisses	connusses	connais	
connaîtrait	connaisse	connût		
connaîtrions	connaissions	connussions	connaissons	
connaîtriez	connaissiez	connussiez	connaissez	
connaîtraient	connaissent	connussent		
naîtrais	naisse	naquisse		50に似た活用だが, 直・単過, 接・半過で特殊な語幹naqu(i)-をとる.
naîtrais	naisses	naquisses	nais	
naîtrait	naisse	naquît		
naîtrions	naissions	naquissions	naissons	
naîtriez	naissiez	naquissiez	naissez	
naîtraient	naissent	naquissent		
croîtrais	croisse	crûsse		50と同型だがcroire67との区別のため, tの前以外でもi, uにˆがつく.
croîtrais	croisses	crûsses	croîs	
croîtrait	croisse	crût		
croîtrions	croissions	crûssions	croissons	
croîtriez	croissiez	crûssiez	croissez	
croîtraient	croissent	crûssent		
paîtrais	paisse			50と同型. ただ空白とした形, および複合時制は用いられない.
paîtrais	paisses		pais	
paîtrait	paisse			
paîtrions	paissions		paissons	
paîtriez	paissiez		paissez	
paîtraient	paissent			

不定詞 現在分詞 過去分詞	直説法			
	現在	半過去	単純過去	単純未来
54 **bruire** bruissant bruit	il bruit ils bruissent	bruissait [bruyait] bruissaient [bruyaient]		
55 **rire** riant ri	je ris tu ris il rit n. rions v. riez ils rient	riais riais riait riions riiez riaient	ris ris rit rîmes rîtes rirent	rirai riras rira rirons rirez riront
56 **frire** frit	je fris tu fris il frit			frirai friras frira frirons frirez friront
57 **conclure** concluant conclu	je conclus tu conclus il conclut n. concluons v. concluez ils concluent	concluais concluais concluait concluions concluiez concluaient	conclus conclus conclut conclûmes conclûtes conclurent	conclurai concluras conclura conclurons conclurez concluront
58 **vendre** vendant vendu	je vends tu vends il vend n. vendons v. vendez ils vendent	vendais vendais vendait vendions vendiez vendaient	vendis vendis vendit vendîmes vendîtes vendirent	vendrai vendras vendra vendrons vendrez vendront
59 **répondre** répondant répondu	je réponds tu réponds il répond n. répondons v. répondez ils répondent	répondais répondais répondait répondions répondiez répondaient	répondis répondis répondit répondîmes répondîtes répondirent	répondrai répondras répondra répondrons répondrez répondront
60 **perdre** perdant perdu	je perds tu perds il perd n. perdons v. perdez ils perdent	perdais perdais perdait perdions perdiez perdaient	perdis perdis perdit perdîmes perdîtes perdirent	perdrai perdras perdra perdrons perdrez perdront
61 **rompre** rompant rompu	je romps tu romps il rompt n. rompons v. rompez ils rompent	rompais rompais rompait rompions rompiez rompaient	rompis rompis rompit rompîmes rompîtes rompirent	romprai rompras rompra romprons romprez rompront

条件法	接続法		命令法	注記
現在	現在	半過去	現在	
	bruisse			不定詞以外は -ir 型. 表示した形以外は用いられない.
	bruissent			
rirais	rie	risse		語幹は ri- のみ.
rirais	ries	risses	ris	
rirait	rie	rît		
ririons	riions	rissions	rions	
ririez	riiez	rissiez	riez	
riraient	rient	rissent		
frirais				過去分詞以外は 55 と同型. 表示した形以外は用いられない.
frirais			fris	
frirait				
fririons				
fririez				
friraient				
conclurais	conclue	conclusse		同型動詞 in- clure の過去分詞は inclus, occlure の過去分詞は occlus.
conclurais	conclues	conclusses	conclus	
conclurait	conclue	conclût		
conclurions	concluions	conclussions	concluons	
concluriez	concluiez	conclussiez	concluez	
concluraient	concluent	conclussent		
vendrais	vende	vendisse		
vendrais	vendes	vendisses	vends	
vendrait	vende	vendît		
vendrions	vendions	vendissions	vendons	
vendriez	vendiez	vendissiez	vendez	
vendraient	vendent	vendissent		
répondrais	réponde	répondisse		-a[e,o]ndre, -e[o]rdre 型. 87 pren- dre は例外.
répondrais	répondes	répondisses	réponds	
répondrait	réponde	répondît		
répondrions	répondions	répondissions	répondons	
répondriez	répondiez	répondissiez	répondez	
répondraient	répondent	pépondissent		
perdrais	perde	perdisse		
perdrais	perdes	perdisses	perds	
perdrait	perde	perdît		
perdrions	perdions	perdissions	perdons	
perdriez	perdiez	perdissiez	perdez	
perdraient	perdent	perdissent		
romprais	rompe	rompisse		直・現・単数の語尾が -s, -s, -t となること以外は 58 と同型.
romprais	rompes	rompisses	romps	
romprait	rompe	rompît		
romprions	rompions	rompissions	rompons	
rompriez	rompiez	rompissiez	rompez	
rompraient	rompent	rompissent		

不定詞 現在分詞 過去分詞	直説法			
	現在	半過去	単純過去	単純未来
62 **vivre** vivant vécu	je vis tu vis il vit n. vivons v. vivez ils vivent	vivais vivais vivait vivions viviez vivaient	vécus vécus vécut vécûmes vécûtes vécurent	vivrai vivras vivra vivrons vivrez vivront
63 **suivre** suivant suivi	je suis tu suis il suit n. suivons v. suivez ils suivent	suivais suivais suivait suivions suiviez suivaient	suivis suivis suivit suivîmes suivîtes suivirent	suivrai suivras suivra suivrons suivrez suivront
64 **battre** battant battu	je bats tu bats il bat n. battons v. battez ils battent	battais battais battait battions battiez battaient	battis battis battit battîmes battîtes battirent	battrai battras battra battrons battrez battront
65 **mettre** mettant mis	je mets tu mets il met n. mettons v. mettez ils mettent	mettais mettais mettait mettions mettiez mettaient	mis mis mit mîmes mîtes mirent	mettrai mettras mettra mettrons mettrez mettront
66 **foutre** foutant foutu	je fous tu fous il fout n. foutons v. foutez ils foutent	foutais foutais foutait foutions foutiez foutaient		foutrai foutras foutra foutrons foutrez foutront
67 **croire** croyant cru	je crois tu crois il croit n. croyons v. croyez ils croient	croyais croyais croyait croyions croyiez croyaient	crus crus crut crûmes crûtes crurent	croirai croiras croira croirons croirez croiront
68 **extraire** extrayant extrait	j' extrais tu extrais il extrait n. extrayons v. extrayez ils extraient	extrayais extrayais extrayait extrayions extrayiez extrayaient		extrairai extrairas extraira extrairons extrairez extrairont
69 **suffire** suffisant suffi	je suffis tu suffis il suffit n. suffisons v. suffisez ils suffisent	suffisais suffisais suffisait suffisions suffisiez suffisaient	suffis suffis suffit suffîmes suffîtes suffirent	suffirai suffiras suffira suffirons suffirez suffiront

条件法	接続法		命令法	注記
現在	現在	半過去	現在	
vivrais vivrais vivrait vivrions vivriez vivraient	vive vives vive vivions viviez vivent	vécusse vécusses vécût vécussions vécussiez vécussent	vis vivons vivez	直・現, 命 の単数で語幹末のvが落ち, 直・単過, 接・半過の語幹はvéc(u)-.
suivrais suivrais suivrait suivrions suivriez suivraient	suive suives suive suivions suiviez suivent	suivisse suivisses suivît suivissions suivissiez suivissent	suis suivons suivez	直・単過, 接・半過, 過去分詞以外は 62 と同型.
battrais battrais battrait battrions battriez battraient	batte battes batte battions battiez battent	battisse battisses battît battissions battissiez battissent	bats battons battez	直・現, 命 の単数でtが1つ落ちる. 直・単過, 接・半過の語幹はbatt(i)-.
mettrais mettrais mettrait mettrions mettriez mettraient	mette mettes mette mettions mettiez mettent	misse misses mît missions missiez missent	mets mettons mettez	直・単過, 接・半過, 過去分詞で語幹がmi-となること以外は 64 と同型.
foutrais foutrais foutrait foutrions foutriez foutraient	foute foutes foute foutions foutiez foutent		fous foutons foutez	直・現, 命 の単数でtが落ちる. 64 に似た活用.
croirais croirais croirait croirions croiriez croiraient	croie croies croie croyions croyiez croient	crusse crusses crût crussions crussiez crussent	crois croyons croyez	語幹は母音の前でcroy-, 直・単過, 接・半過でcr(u)-.
extrairais extrairais extrairait extrairions extrairiez extrairaient	extraie extraies extraie extrayions extrayiez extraient		extrais extrayons extrayez	同型動詞のbraireは不定詞と直説法の各時制の3人称以外は稀.
suffirais suffirais suffirait suffirions suffiriez suffiraient	suffise suffises suffise suffisions suffisiez suffisent	suffisse suffisses suffît suffissions suffissiez suffissent	suffis suffisons suffisez	同型の circoncireの過去分詞はcirconcis, confireの過去分詞はconfit.

不定詞 現在分詞 過去分詞	直説法			
	現在	半過去	単純過去	単純未来
70 **conduire** conduisant conduit	je conduis tu conduis il conduit n. conduisons v. conduisez ils conduisent	conduisais conduisais conduisait conduisions conduisiez conduisaient	conduisis conduisis conduisit conduisîmes conduisîtes conduisirent	conduirai conduiras conduira conduirons conduirez conduiront
71 **nuire** nuisant nui	je nuis tu nuis il nuit n. nuisons v. nuisez ils nuisent	nuisais nuisais nuisait nuisions nuisiez nuisaient	nuisis nuisis nuisit nuisîmes nuisîtes nuisirent	nuirai nuiras nuira nuirons nuirez nuiront
72 **lire** lisant lu	je lis tu lis il lit n. lisons v. lisez ils lisent	lisais lisais lisait lisions lisiez lisaient	lus lus lut lûmes lûtes lurent	lirai liras lira lirons lirez liront
73 **plaire** plaisant plu	je plais tu plais il plaît n. plaisons v. plaisez ils plaisent	plaisais plaisais plaisait plaisions plaisiez plaisaient	plus plus plut plûmes plûtes plurent	plairai plairas plaira plairons plairez plairont
74 **clore** closant clos	je clos tu clos il clôt ils closent			clorai cloras clora clorons clorez cloront
75 **dire** disant dit	je dis tu dis il dit n. disons v. dites ils disent	disais disais disait disions disiez disaient	dis dis dit dîmes dîtes dirent	dirai diras dira dirons direz diront
76 **interdire** interdisant interdit	j' interdis tu interdis il interdit n. interdisons v. interdisez ils interdisent	interdisais interdisais interdisait interdisions interdisiez interdisaient	interdis interdis interdit interdîmes interdîtes interdirent	interdirai interdiras interdira interdirons interdirez interdiront
77 **maudire** maudissant maudit	je maudis tu maudis il maudit n. maudissons v. maudissez ils maudissent	maudissais maudissais maudissait maudissions maudissiez maudissaient	maudis maudis maudit maudîmes maudîtes maudirent	maudirai maudiras maudira maudirons maudirez maudiront

条件法	接続法		命令法	注 記
現 在	現 在	半過去	現 在	
conduirais	conduise	conduisisse		71は過去分詞以外は70と同型.71のluire, reluireの直・単過にはje (re)luistu (re)luisil (re)luiils (re)luirentの別形がある.
conduirais	conduises	conduisisses	conduis	
conduirait	conduise	conduisît		
conduirions	conduisions	conduisissions	conduisons	
conduiriez	conduisiez	conduisissiez	conduisez	
conduiraient	conduisent	conduisissent		
nuirais	nuise	nuisisse		
nuirais	nuises	nuisisses	nuis	
nuirait	nuise	nuisît		
nuirions	nuisions	nuisissions	nuisons	
nuiriez	nuisiez	nuisissiez	nuisez	
nuiraient	nuisent	nuisissent		
lirais	lise	lusse		語幹末子音sが現れる.
lirais	lises	lusses	lis	
lirait	lise	lût		
lirions	lisions	lussions	lisons	
liriez	lisiez	lussiez	lisez	
liraient	lisent	lussent		
plairais	plaise	plusse		直・現・3・単でiがtとなる以外は72型.同型のtaireではiはiのまま.
plairais	plaises	plusses	plais	
plairait	plaise	plût		
plairions	plaisions	plussions	plaisons	
plairiez	plaisiez	plussiez	plaisez	
plairaient	plaisent	plussent		
clorais	close			直・現・3・単でoがôとなる.
clorais	closes		clos	
clorait	close			
clorions	closions			
cloriez	closiez			
cloraient	closent			
dirais	dise	disse		直・現, 命の2・複で例外的な語尾-tesが現れる.
dirais	dises	disses	dis	
dirait	dise	dît		
dirions	disions	dissions	disons	
diriez	disiez	dissiez	dites	
diraient	disent	dissent		
interdirais	interdise	interdisse		例外的な語尾-tesとならないこと以外は75と同型.
interdirais	interdises	interdisses	interdis	
interdirait	interdise	interdît		
interdirions	interdisions	interdissions	interdisons	
interdiriez	interdisiez	interdissiez	interdisez	
interdiraient	interdisent	interdissent		
maudirais	maudisse	maudisse		不定詞, 過去分詞は75と同型だが, それ以外は-ir型規則活用.
maudirais	maudisses	maudisses	maudis	
maudirait	maudisse	maudît		
maudirions	maudissions	maudissions	maudissons	
maudiriez	maudissiez	maudissiez	maudissez	
maudiraient	maudissent	maudissent		

mille quarante-huit 1048

不定詞 現在分詞 過去分詞	直説法			
	現　在	半過去	単純過去	単純未来
[78] **écrire** écrivant écrit	j' écris tu écris il écrit n. écrivons v. écrivez ils écrivent	écrivais écrivais écrivait écrivions écriviez écrivaient	écrivis écrivis écrivit écrivîmes écrivîtes écrivirent	écrirai écriras écrira écrirons écrirez écriront
[79] **craindre** craignant craint	je crains tu crains il craint n. craignons v. craignez ils craignent	craignais craignais craignait craignions craigniez craignaient	craignis craignis craignit craignîmes craignîtes craignirent	craindrai craindras craindra craindrons craindrez craindront
[80] **peindre** peignant peint	je peins tu peins il peint n. peignons v. peignez ils peignent	peignais peignais peignait peignions peigniez peignaient	peignis peignis peignit peignîmes peignîtes peignirent	peindrai peindras peindra peindrons peindrez peindront
[81] **joindre** joignant joint	je joins tu joins il joint n. joignons v. joignez ils joignent	joignais joignais joignait joignions joigniez joignaient	joignis joignis joignit joignîmes joignîtes joignirent	joindrai joindras joindra joindrons joindrez joindront
[82] **résoudre** résolvant (1) résolu (2) résous, te	je résous tu résous il résout n. résolvons v. résolvez ils résolvent	résolvais résolvais résolvait résolvions résolviez résolvaient	résolus résolus résolut résolûmes résolûtes résolurent	résoudrai résoudras résoudra résoudrons résoudrez résoudront
[83] **coudre** cousant cousu	je couds tu couds il coud n. cousons v. cousez ils cousent	cousais cousais cousait cousions cousiez cousaient	cousis cousis cousit cousîmes cousîtes cousirent	coudrai coudras coudra coudrons coudrez coudront
[84] **moudre** moulant moulu	je mouds tu mouds il moud n. moulons v. moulez ils moulent	moulais moulais moulait moulions mouliez moulaient	moulus moulus moulut moulûmes moulûtes moulurent	moudrai moudras moudra moudrons moudrez moudront
[85] **vaincre** vainquant vaincu	je vaincs tu vaincs il vainc n. vainquons v. vainquez ils vainquent	vainquais vainquais vainquait vainquions vainquiez vainquaient	vainquis vainquis vainquit vainquîmes vainquîtes vainquirent	vaincrai vaincras vaincra vaincrons vaincrez vaincront

条件法	接続法		命令法	注記
現在	現在	半過去	現在	
écrirais écrirais écrirait écririons écririez écriraient	écrive écrives écrive écrivions écriviez écrivent	écrivisse écrivisses écrivît écrivissions écrivissiez écrivissent	écris écrivons écrivez	多くの活用形で語幹末子音 v が現れる.
craindrais craindrais craindrait craindrions craindriez craindraient	craigne craignes craigne craignions craigniez craignent	craignisse craignisses craignît craignissions craignissiez craignissent	crains craignons craignez	-a[e,o]indre型. 直・単未, 条・現以外で語幹末子音 d が落ち, 代わりに -gn- が現れる. ただし, 直・現, 命の単数では -gn- は現れない.
peindrais peindrais peindrait peindrions peindriez peindraient	peigne peignes peigne peignions peigniez peignent	peignisse peignisses peignît peignissions peignissiez peignissent	peins peignons peignez	
joindrais joindrais joindrait joindrions joindriez joindraient	joigne joignes joigne joignions joigniez joignent	joignisse joignisses joignît joignissions joignissiez joignissent	joins joignons joignez	
résoudrais résoudrais résoudrait résoudrions résoudriez résoudraient	résolve résolves résolve résolvions résolviez résolvent	résolusse résolusses résolût résolussions résolussiez résolussent	résous résolvons résolvez	「分解する, 変える」の意味で過去分詞(2)も可. ab・[dis]soudre は(2)型.
coudrais coudrais coudrait coudrions coudriez coudraient	couse couses couse cousions cousiez cousent	cousisse cousisses cousît cousissions cousissiez cousissent	couds cousons cousez	直・現, 命の単数でつづり字上語幹末の d が残る. 上記の形と直・単未, 条・現以外では, 83で, 84で l という語幹末子音が現れる.
moudrais moudrais moudrait moudrions moudriez moudraient	moule moules moule moulions mouliez moulent	moulusse moulusses moulût moulussions moulussiez moulussent	mouds moulons moulez	
vaincrais vaincrais vaincrait vaincrions vaincriez vaincraient	vainque vainques vainque vainquions vainquiez vainquent	vainquisse vainquisses vainquît vainquissions vainquissiez vainquissent	vaincs vainquons vainquez	語幹末子音 [k] は, 母音字の前で que とつづる. ただし過去分詞は別.

不定詞 現在分詞 過去分詞	直説法			
	現在	半過去	単純過去	単純未来
[86] **boire** buvant bu	je bois tu bois il boit n. buvons v. buvez ils boivent	buvais buvais buvait buvions buviez buvaient	bus bus but bûmes bûtes burent	boirai boiras boira boirons boirez boiront
[87] **prendre** prenant pris	je prends tu prends il prend n. prenons v. prenez ils prennent	prenais prenais prenait prenions preniez prenaient	pris pris prit prîmes prîtes prirent	prendrai prendras prendra prendrons prendrez prendront

条件法	接続法		命令法	注記
現在	現在	半過去	現在	
boirais boirais boirait boirions boiriez boiraient	boive boives boive buvions buviez boivent	busse busses bût bussions bussiez bussent	bois buvons buvez	語幹は boi(v)-, buv-, b(u)- と変化する.
prendrais prendrais prendrait prendrions prendriez prendraient	prenne prennes prenne prenions preniez prennent	prisse prisses prît prissions prissiez prissent	prends prenons prenez	語幹は prend-, prenn-, pren-, pri-と 変化する.

ポケットプログレッシブ
仏和・和仏辞典〈第3版〉

小学館ポケット仏和・和仏辞典
　　1994年1月1日　初版発行
ポケットプログレッシブ仏和・和仏辞典（改称）
　　1999年1月1日　第2版第1刷発行
　　2006年4月1日　第3版第1刷発行

監　修	大　賀　正　喜
編　者	田　桐　正　彦
発行者	大　澤　　　昇

発行所　〔郵便番号　101-8001〕
　　　　東京都千代田区一ツ橋2-3-1

株式会社 小 学 館

電話　編集　東京（03）3230-5169
　　　販売　東京（03）5281-3555

印刷所	凸版印刷株式会社
製本所	株式会社若林製本工場

© SHOGAKUKAN 1994, 1999, 2006

本書の一部あるいは全部を無断で複製・転載することは、法律で認められた場合を除き、著作者および出版者の権利の侵害となります。あらかじめ小社あて許諾を求めてください。

R〈日本複写権センター委託出版物〉
本書の全部または一部を無断で複写（コピー）することは、著作権法上での例外を除き、禁じられています。本書からの複写を希望される場合は、日本複写権センター（☎03-3401-2382）にご連絡ください。

造本には、じゅうぶん注意しておりますが、万一、落丁・乱丁などの不良品がありましたら、小学館「制作局」（☎0120-336-340）あてにお送りください。送料小社負担にてお取りかえいたします。（電話受付は土・日・祝日を除く9:30～17:30です）

☆本辞典の表紙は、地球環境に配慮した素材を使用しています。

★小学館外国語辞典のホームページ
　http://www.l-world.shogakukan.co.jp/
Printed in Japan　　ISBN4-09-506062-X

FRANCE

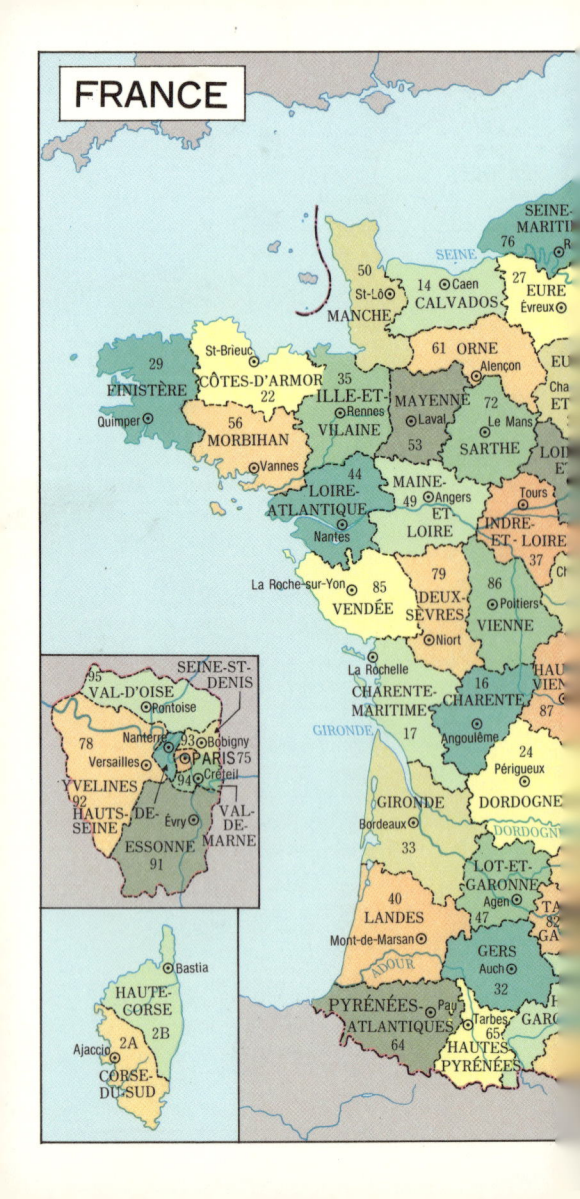

- 76 SEINE-MARITIME
- 50 MANCHE — St-Lô
- 14 CALVADOS — Caen
- 27 EURE — Évreux
- 29 FINISTÈRE — Quimper
- 22 CÔTES-D'ARMOR — St-Brieuc
- 35 ILLE-ET-VILAINE — Rennes
- 61 ORNE — Alençon
- 53 MAYENNE — Laval
- 72 SARTHE — Le Mans
- 56 MORBIHAN — Vannes
- 44 LOIRE-ATLANTIQUE — Nantes
- 49 MAINE-ET-LOIRE — Angers
- 37 INDRE-ET-LOIRE — Tours
- 85 VENDÉE — La Roche-sur-Yon
- 79 DEUX-SÈVRES — Niort
- 86 VIENNE — Poitiers
- 17 CHARENTE-MARITIME — La Rochelle
- 16 CHARENTE — Angoulême
- 87 HAUTE-VIENNE
- 24 DORDOGNE — Périgueux
- 33 GIRONDE — Bordeaux
- 47 LOT-ET-GARONNE — Agen
- 40 LANDES — Mont-de-Marsan
- 32 GERS — Auch
- 64 PYRÉNÉES-ATLANTIQUES — Pau
- 65 HAUTES-PYRÉNÉES — Tarbes

Région parisienne :
- 95 VAL-D'OISE — Pontoise
- 93 SEINE-ST-DENIS — Bobigny
- 75 PARIS
- 78 YVELINES — Versailles
- 92 HAUTS-DE-SEINE — Nanterre
- 94 VAL-DE-MARNE — Créteil
- 91 ESSONNE — Évry

Corse :
- 2B HAUTE-CORSE — Bastia
- 2A CORSE-DU-SUD — Ajaccio